Liste der Lautschriftzeichen

Damit du immer weißt, wie die Wörter, die du in deinem Wörterbuch nachschlägst ausgesprochen werden, steht hinter jedem englischen Stichwort in eckigen Klammern die Lautschrift. Die Lautschriftzeichen bilden eine Art extra Alphabet. In den folgenden Tabellen findest du alle Zeichen des Lautschriftalphabets. Hier wird jedem Zeichen ein Beispielwort zugeordnet, das den jeweiligen Laut enthält.

Vokale und Diphthonge	
[ɑː]	father
[ɑ̃ː]	entrée
[aɪ]	five, life
[aʊ]	house, about
[æ]	man, sad
[e]	get, bed
[eɪ]	name, same
[ᵊ]	ago, better
[ɜː]	bird, her
[ᵊ]	lotion
[eə]	there, care
[ʌ]	but, son
[ɪ]	it, wish
[iː]	read, meet
[ɪə]	here, near
[ɔː]	caught, ought
[əʊ]	no, low
[ɒ]	not, long
[ɔː]	law, all
[ɔɪ]	boy, oil
[ʳ]	bitter, flour
[ʊ]	push, look
[uː]	you, do
[ʊə]	poor, sure

Konsonanten	
[b]	been, blind
[d]	do, had
[ð]	this, father
[dʒ]	jam, object
[f]	father, wolf
[g]	go, beg
[ŋ]	long, sing
[h]	house
[j]	youth
[k]	keep, milk
[kw]	queen
[l]	lamp
[l̩]	fizzle, amicable
[m]	man, am
[n]	no, manner
[p]	paper, happy
[r]	red, dry
[s]	stand, yes
[ʃ]	ship, station
[t]	tell, fat
[tʃ]	church, catch
[θ]	thank, youth
[v]	voice, live
[w]	water, we
[x]	loch
[z]	zeal, gaze
[ʒ]	pleasure

In den Lautschrift werden außer den Schriftzeichen noch [ː], [ˈ] und [ˌ] verwendet.

[ː] bedeutet, dass der vorangegangene Vokal lang ausgesprochen wird: kɑːd – **card**
[ˈ] steht vor der Wortsilbe, die die Hauptbetonung trägt: ˈhjuːmən – **human**
[ˌ] steht in langen Wörtern, da es dann zusätzlich zur Haupt- noch eine Nebenbetonung gibt: ˌgʊdˈlʊkɪŋ – **good-looking**

bedeutet auf Deutsch	Englisch	Deutsch	bedeutet auf Englisch
Art	**mode**	**Mode**	fashion
Backofen	**oven**	**Ofen**	stove; heater
zufällig hören	to **overhear**	**überhören**	(*absichtlich*) to ignore
überwachen	to **oversee**	**übersehen**	to fail to notice
Aufsicht; Versehen	**oversight**	**Übersicht**	overall view
Foto	**photograph**	**Fotograf**	photographer
Arzt/Ärztin	**physician**	**Physiker(in)**	physicist
eingelegtes Gemüse	**pickles** *Plural*	**Pickel** *Plural*	spots, pimples
mollig	**plump**	**plump**	clumsy; (*roh*) crude
voreilig	**rash**	**rasch**	speedy, swift
Quittung	**receipt**	**Rezept**	(*Medizin*) prescription; (*Koch*) recipe
Wiedergewinnung	**reclamation**	**Reklamation**	complaint
Meer	**sea**	**See** *(m)*	lake
vernünftig	**sensible**	**sensibel**	sensitive
ernst	**serious**	**seriös**	(*anständig*) respect-able
scharf; spitz	**sharp**	**scharf**	(*gewürzt*) hot; (*streng*) severe
Schnitzer; Zettel	**slip**	**Slip**	briefs *pl*
das Rauchen	**smoking**	**Smoking**	dinner-jacket, tuxedo (USA)
ausgeben	to **spend**	**spenden**	to donate
entdecken	to **spot**	**spotten**	to mock
bleiben	to **stay**	**stehen**	to stand; (*gut passen*) to suit
noch	**still**	**still**	quiet, silent
Hocker	**stool**	**Stuhl**	chair
Strähne	**strand**	**Strand**	beach
Bach	**stream**	**Strom**	current
mitfühlend	**sympathetic**	**sympathisch**	pleasant, nice
Mitleid	**sympathy**	**Sympathie**	(*Zuneigung*) liking
Tablette	**Tablet**	**Tablett**	tray
Geschmack	**taste**	**Taste**	key
Landstreicher(in)	**tramp**	**Tramper(in)**	hitchhiker
gefühllos	**unsympathetic**	**unsympathisch**	unpleasant
Unterhemd	**vest** (GB)	**Weste**	(*Herren-*) waistcoat; (*Strick-*) cardigan
sich fragen	to **wonder**	**(sich) wundern**	to be surprised

Die wichtigsten englischen falschen Freunde

Auch beim Sprachenlernen muss man sich vor falschen Freunden in Acht nehmen. Ein falscher Freund beim Englischlernen, das ist ein englisches Wort, das ganz ähnlich klingt wie ein deutsches, aber etwas völlig anderes bedeutet.

Damit du beim Englischlernen nicht von falschen Freunden hinters Licht geführt wirst, findest du hier eine praktische Liste.

bedeutet auf Deutsch	Englisch	Deutsch	bedeutet auf Englisch
eigentlich	**actual**	**aktuell**	topical
auch	**also**	**also**	so; (*Füllwort*) well
werden	to **become**	**bekommen**	to get
unbeschrieben	**blank**	**blank**	shining; sheer
blinzeln	to **blink**	**blinken**	(*Auto*) signal, indicate
mutig	**brave**	**brav**	(*Kind*) good, well-behaved
hell	**bright**	**breit**	broad; (*weit*) wide
Hütte	**cabin**	**(Umkleide)kabine**	changing room
Koch/Köchin	**chef**	**Chef**	boss
Pommes frites	**chips** (GB)	**Chips**	crisps
zubereiten	to **cook**	**kochen**	(*Wasser*) to boil
Getreide	**corn**	**Korn**	seed; (*Sand-*) grain
Handwerk	**craft**	**Kraft**	strength; force, power
knapp; barsch	**curt**	**kurz**	short; (*bündig*) brief
stumm	**dumb** (GB)	**dumm**	stupid
Stoff	**fabric**	**Fabrik**	factory
Fußboden	**floor**	**Flur**	hall
heiter	**genial**	**genial**	brilliant
Geschenk	**gift**	**Gift**	poison; (*Tier-*) venom
Blick	**glance**	**Glanz**	shine; glory
kurz ansehen	to **glance**	**glänzen**	to shine; to be brilliant
Vorstellungsgespräch	**(job)interview**	**Interview**	interview
Art	**kind**	**Kind**	child
Mangel	**lack**	**Lack**	varnish; (*Auto-*) paint
Festland	**land**	**Land**	country
Begierde	**lust**	**Lust, – haben**	to feel like
Mann	**man**	**(Ehe)mann**	husband
Landkarte	**map**	**Mappe**	briefcase; (*Hefter*) folder
Bedeutung	**meaning**	**Meinung**	opinion
Mitte	**middle**	**Mittel**	preparation; (*Hilfs-*) means
Dunst	**mist**	**Mist**	dung; (*umgangsspr*) rubbish

Inhalt und Aufbau Englisch – Deutsch

❶ Stichwörter in Blau

❸ Unregelmäßige Verbformen

to **seek** [siːk] <sought, sought> ❶ suchen ❷ erlangen wollen, streben nach *Amt, Posten* ❸ **to seek someone's advice** jemanden um Rat fragen ❹ **to seek to do something** danach trachten, etwas zu tun

❷ Angabe der Lautschrift in eckigen Klammern

❹ Übersetzungen

❺ Zusammengesetzte Verbformen sind mit einer Raute gekennzeichnet

❼ Regionale Angaben

◆to **go together** ❶ zusammenpassen; **pink and orange don't go very well together** rosa und orange passen nicht so gut zusammen ❷ (USA) *(umgangsspr) Liebespaar:* miteinander gehen

❻ Beispielsätze zeigen dir den sprachlichen Zusammenhang

❽ Kontextpartner führen zur passenden Übersetzung

❾ Blaue Hinterlegung für den Grundwortschatz

⓫ Bedeutungshinweise

game[1] [geɪm] ❶ das Spiel ❷ *(Sport)* das Spiel; **the Olympic Games** die Olympischen Spiele ❸ **a game of chess/tennis** eine Partie Schach/Tennis ❹ **games** ⚠ *Plural (Schulfach)* Sport ❺ **what's his game?** *(umgangsspr)* was hat er vor? ❻ *(Kochen, Jagd)* das Wild[bret]

▶ WENDUNGEN: **to play the game** sich an die Spielregeln halten; **the game is up** das Spiel ist aus; **two can play at that game** wie du mir, so ich dir

❿ Ein Warndreieck warnt dich vor typischen Fehlerquellen

⓬ Idiomatische Redewendungen stehen in einem eigenen Absatz

⓭ Infokästen zu Kultur

L **Baseball** ist der amerikanische Nationalsport. Zwei Mannschaften zu je neun Spielern sind abwechselnd *up*, d.h. sie versuchen, *runs* (Punkte) zu machen, indem die Spieler vier *bases* (Platten), die in einem *diamond* (Innenfeld) angeordnet sind, nacheinander berühren.

Grammatik

G Richtiges Konjugieren von **hear**: hear, heard, heard — *Yes, I heard what you said; Have you heard the good news yet?*

falschen Freunden

F Nicht verwechseln mit **aktuell** = topical!

Hinweise zu Fehlerquellen

V **stationary** (mit 2 ‚a') bedeutet stehend, geparkt: *a stationary car;* **stationery** dagegen bedeutet Schreibwaren: *we need to order more stationery*

⓮ Infokästen zur mündlichen und schriftlichen Kommunikation

K ✎

Text message abbreviations		SMS Abkürzungen
B4	before	[be]vor
BTW	by the way	übrigens
CU CU L8R CU 2MORO	see you see you later see you tomorrow	mach's gut bis bald bis morgen
F2F	face to face	von Angesicht zu Angesicht
FYI	for your information	als Info[rmation]
GBH	great big hug	sei umarmt
GR8	great	klasse
ILU	I love you	ich liebe dich
IMO	in my opinion	meiner Meinung nach
L8R	later	später
M8 M8s	mate mates	Kumpel Kumpels
MSG	message	Nachricht
NRG	energy	Energie
OIC	oh, I see	aha[, ich verstehe]
OTT	over the top	zu viel des Guten
OXOX	hugs and kisses	tausend Küsse
PLS	please	bitte
TGIF	thank God it's Friday	endlich Wochenende
THX, TX	thanks	danke
2MORO	tomorrow	morgen
2NITE	tonight	heute Abend
U U2?	you you too?	du du auch?
WKEND	weekend	Wochenende
X	kiss	Kuss

PONS

EXPRESS WÖRTERBUCH
ENGLISCH

+ App mit Verbtabellen

Englisch - Deutsch
Deutsch - Englisch

Neubearbeitung 2018

PONS GmbH
Stuttgart

PONS
Express Wörterbuch
Englisch

Entwickelt auf der Basis des
PONS Express Wörterbuch Englisch
ISBN 978-3-12-517199-2

Bearbeitet von: Ian Dawson, Anette Dralle, Katja Hald,
Johann-Friedrich Weber, Jill Williams

Landkarten
Klett-Perthes, Justus Perthes Verlag, Leipzig

Wörterbuch-App mit Verbtabellen
Die App zu diesem Titel können Sie im Rahmen unserer PONS Schule Bibliothek-App kostenfrei herunterladen.
Bei Verwendung der App gelten die Nutzungsbedingungen, die Sie auch unter www.pons.de/expresswörterbuch-englisch einsehen können.

1. Auflage 2018 (1,01 – 2018)

www.pons.de
E-Mail: info@pons.de

Projektleitung: Ursula Martini
Sprachdatenverarbeitung: Andreas Lang, conTEXT AG
für Informatik und Kommunikation, Zürich
Einbandgestaltung: Ilham Widmann, Stuttgart
Logoentwurf: Erwin Poell, Heidelberg
Logoüberarbeitung: Sabine Redlin, Ludwigsburg
Titelfoto: Shutterstock/arek_malang
Satz: Olaf Mangold Text & Typo, Stuttgart
Druck: Druckerei C.H. Beck, Nördlingen
Printed in Germany

ISBN 978-3-12-516069-9

Inhaltsverzeichnis

Bildseiten

Landkarten

Infoklappe vorne

Infoklappe hinten

Vorwort

Liebe Lehrerinnen und Lehrer, liebe Schülerinnen und Schüler,

effizient nachschlagen, sofort verstehen und sicher Englisch lernen – hierfür steht das **Express-Wörterbuch Englisch von PONS**. In einem internationalen Team erfahrener Lexikographinnen und Lexikographen für Sie entwickelt, ist es optimal auf die Bedürfnisse von **Schülerinnen und Schülern der mittleren Schulbildung** der **Sekundarstufe I** zugeschnitten. Aufgrund der folgenden Eigenschaften hat sich dieses Wörterbuch über die Jahre nicht nur als Nachschlagewerk sondern auch als **außerordentlich hilfreicher Begleiter beim Englischlernen** durchgesetzt:

- Damit Sie die **Stichwörter schneller finden**, haben wir sie besonders stark ausgerückt.
- Durch **zahlreiche Hilfestellungen und Erklärungen zum Wort** verstehen Sie sprachliche Zusammenhänge besser und entwickeln ein gutes Sprachgefühl.
- Dadurch, dass wir **auf die Tilde** (~) **verzichten** und **das Stichwort wiederholen**, wird der Text klarer, und die Merkquote erhöht sich schon während des Nachschlagens.
- Wir haben **auf Abkürzungen im Text** zwecks besserer Verständlichkeit absichtlich **verzichtet**.
- Durch die **Hervorhebung des englischen Grundwortschatzes**, können Sie sich besser auf die wichtigen Lernwörter konzentrieren.
- Sie sparen Zeit beim Nachschlagen, weil wir **bei schwierigen englischen Übersetzungen die Lautschrift angeben**.
- **Unregelmäßige Wortformen** (z. B. ran, women, worse) haben wir **als Stichwörter mit Verweis auf die Grundform** aufgenommen, damit Sie schneller die passende Übersetzung finden.
- Die **zahlreichen Anwendungsbeispiele**, **festen Wortverbindungen** und **typischen Substantive** helfen Ihnen beim Sprechen und Schreiben auf Englisch.

Mit **80.000 Stichwörtern und Wendungen** deckt das Express-Wörterbuch Englisch von PONS den Wortschatz aller wichtigen Englischlehrwerke deutlich ab. Über die genannten Merkmale des Wörterbuchtextes hinaus machen zahlreiche **Extras** dieses Wörterbuch zu einem überragenden Helfer für ein ganzheitliches Sprachenlernen. Die wichtigsten seien hier exemplarisch erwähnt:

- Die **ausklappbare Lautschrifttabelle** ermöglicht es Ihnen, während des Nachschlagens die Erklärungen zur Phonetik stets im Blick zu behalten.
- In der **Minigrammatik** bekommen Sie anhand einfacher Beispielsätze die wichtigsten Regeln der englischen Sprache gezeigt.
- **Über 400 Infokästen** zu landeskundlichen Themen, Grammatik, häufigen Fehlerquellen und typischen Kommunikationssituationen machen die englische Sprache lebendig. So erwerben Sie mehr sprachliche und interkulturelle Kompetenz und gleichzeitig größeres Vertrauen in Ihre Sprachfähigkeit.
- Durch **zehn bunte Bildseiten** zu Themenbereichen aus Alltag und Schule bekommen Sie Impulse zum Aufbau und zur Erweiterung Ihres Wortschatzes.
- Damit Sie die **englischen unregelmäßigen Verben** schneller nachschlagen und lernen können, haben wir sie in einer Tabelle in der hinteren Umschlagsklappe aufgelistet.
- Im **schülerorientierten Einführungsteil** wird Ihnen in leicht verständlicher Sprache und mit zahlreichen praktischen Übungen ein sicherer Einstieg in die Arbeit mit diesem Wörterbuch ermöglicht.

Und das besondere Extra zum Buch:

Mit der **Vokabeltrainer-App von PONS** (für iOS und Android), die Sie kostenfrei herunterladen können, trainieren Sie Ihren Wortschatz und die unregelmäßigen englischen Verben – jederzeit und überall.

Das App-Symbol im Buch zeigt Ihnen an, welchen Wortschatz aus dem Buch Sie im Einzelnen mit der App üben und lernen können.

Viel Erfolg beim Nachschlagen, Üben und Lernen und immer gute Ergebnisse im Englischunterricht wünscht Ihnen

Ihre
PONS-Redaktion
PONS – eine Marke aus dem Hause Klett

Dein Wörterbuch-Training

Die richtige Übersetzung zu finden, ist nicht so schwer, wie du vielleicht denkst. Dein Wörterbuch kann dir dabei eine große Hilfe sein. Vorausgesetzt natürlich, du weißt, wie du all die Informationen, die in ihm stecken, richtig nutzen kannst. Daher bieten wir dir hier ein tolles **Wörterbuch-Training** an. Lies dir einfach in Ruhe alles durch und versuche die Aufgaben zu lösen und schon wirst du bald zum **Wörterbuch-Champion**!

Apropos, weißt du eigentlich, wie **training** und **champion** auf Deutsch heißen? Kannst du die Wörter in deinem Wörterbuch finden?

Dann nimm dir einen Zettel und einen Stift und schreibe schon mal die Antwort auf. Im Anschluss an dieses Wörterbuch-Training findest du die jeweiligen Lösungen zu den Aufgaben. Und jetzt heißt es:

Ready, steady, go! – Auf die Plätze, fertig, los!

Was ist ein Stichwort? 1

Stichwörter nennt man die fett gedruckten blauen Wörter, mit denen jeder Wörterbucheintrag beginnt. Wenn du also z. B. wissen willst, was Kaugummi auf Englisch heißt, suchst du nach dem Stichwort **Kaugummi**. Wie du bestimmt schon bemerkt hast, stehen in diesem Wörterbuch die englischen Stichwörter in der ersten Hälfte des Buches und die deutschen in der zweiten.

Was heißt **Kaugummi** auf Englisch?

Was gibt es alles für Stichwörter? 2

In deinem Wörterbuch stehen nicht nur *normale* Wörter, sondern auch:

- Abkürzungen
- Namen
- Zusammengesetzte Wörter, also Begriffe, die aus mehreren Wörtern bestehen

Kannst du die folgenden englischen Stichwörter finden? Schreibe auf, was sie bedeuten.
PE, **Denmark**, **paper cup**

Ein Wort, mehrere Wortarten 3

Manche Wörter kommen zum Beispiel als Verb und als Substantiv vor. In diesem Wörterbuch findest du all diese unterschiedlichen Wortarten jeweils in einem eigenen Eintrag wieder. Unterscheiden sich die Einträge nicht durch weitere Angaben, haben wir die Stichwörter zusätzlich mit einer hochgestellten arabischen Ziffer markiert, damit du sie besser unterscheiden kannst.

fork [fɔːk] ① die Gabel ② *von Straße:* die Gabelung; (*eine der zwei Straßen*) die Abzweigung

to **fork** [fɔːk] **to fork left** *Straße, Person, Auto:* nach links abbiegen

Euro·pean[1] [ˌjʊərəˈpiən] europäisch

Euro·pean[2] [ˌjʊərəˈpiən] der Europäer/die Europäerin

4 Unterschiedliche Schreibweisen

Manche Wörter kann man auf unterschiedliche Weisen schreiben. Buchstaben, die du wahlweise auch weglassen kannst, haben wir in deinem Wörterbuch eingeklammert.

teen·age(d) ['ti:neɪdʒ(d)] jugendlich; **a teen-age[d] girl** ein Mädchen im Teenageralter

gern(e) 1 gladly, with pleasure ['pleʒəʳ] 2 **aber gern!** of course! 3 **gern geschehen!** you're welcome! 4 **das glaube ich gern** I can well believe it

5 Amerikanische Schreibvarianten

Englisch spricht man unter anderem in Großbritannien und in Amerika (USA). Manche Wörter werden in Amerika aber anders geschrieben als in Großbritannien. Amerikanische Schreibweisen haben wir in deinem Wörterbuch mit (USA) gekennzeichnet.

be·hav·iour, (USA) **be·hav·ior** [bɪ'heɪvjəʳ] das Benehmen, das Verhalten (**to/towards** gegenüber); **to be on one's best behaviour** sich von seiner besten Seite zeigen

Wie schreibt man in Großbritannien das englische Wort für **Zentrum**?
Findest du auch heraus, wie es die Amerikaner schreiben?

6 Silbentrennung

Hast du dich eigentlich schon gefragt, was die Punkte „·" in den englischen Stichwörtern bedeuten sollen? Nun, die Antwort ist ganz einfach. Dieser Punkt zeigt dir an, dass du das Wort an dieser Stelle trennen darfst.

lo·ca·tion [lə(ʊ)'keɪʃən] 1 die Lage, der Standort 2 (*Tat*) die Ortsbestimmung, die Lagebestimmung 3 *von Film:* der Drehort; **to be on location** bei Außenaufnahmen sein

Das englische Wort für **Bergsteigen** heißt mountaineering.
An welchen Stellen darf man dieses Wort trennen?

7 Besonders wichtige Wörter

Im englisch-deutschen Teil deines Wörterbuches findest du immer wieder Stichwörter, die farbig unterlegt sind. Dies sind Wörter, die man oft benutzt und die daher besonders wichtig sind. Wenn du dir diese Wörter gut merkst, ist das schon fast die halbe Miete.

live [laɪv] 1 (*am Leben*) lebend, lebendig; **a real live dog** ein echter Hund 2 *Thema:* aktuell 3 *Kohlen:* glühend 4 *Geschoss:* scharf 5 *Kabel:* Strom führend 6 **live broadcast** die Livesendung 7 **to broadcast live** direkt [*oder* live] übertragen

to **or·gan·ize** ['ɔːgənaɪz] 1 organisieren 2 einteilen *Arbeit, Zeit;* planen *Leben* 3 organisieren *Treffen*

Unregelmäßige Wortformen

Wie im Deutschen gibt es auch im Englischen Wörter mit unregelmäßigen Formen. Diese können zum Beispiel auftreten, wenn man

- ein Wort steigert
- einen Satz in der Vergangenheit bilden will
- von der Mehrzahl (dem Plural) spricht

Im englisch-deutschen Teil deines Wörterbuches findest du diese unregelmäßigen Steigerungs-, Verb- und Pluralformen beim Basiseintrag in den spitzen Klammern „<>“.

Zusätzlich dazu haben wir diese Formen auch als Stichwörter aufgeführt.

many ['meni] <more, most> viele; **as many** ebenso viele; **as many again** noch mal so viele; **as many as 100** sage und schreibe 100; **a good** [*oder* **great**] **many** sehr viele; **there's one too many** einer ist zu viel; **he's had one too many** er hat einen über den Durst getrunken; **many a time** so manches Mal

to **lean** [li:n] <leant *oder* leaned, leant *oder* leaned> 1 sich neigen 2 *Person:* sich [an]lehnen (**against** gegen/an) 3 **to lean the ladder against the wall** die Leiter an die Wand lehnen

wom·an ['wʊmən, *Plural* wɪmɪn] <*Plural* women> die Frau

Suche in deinem Wörterbuch:

1. die Steigerungsformen von **good**
2. die Grundform von **went**
3. die Pluralform von **knife**

Im Innenteil der Klappe des hinteren Vorsatzes findest du übrigens eine Tabelle mit den unregelmäßigen englischen Verben. Immer noch Probleme damit? Dann lad dir doch einfach unsere praktische App zu diesem Wörterbuch herunter. Wie das geht, steht auf der Rückseite der vorderen Umschlagsklappe.

9 Wörter mit unterschiedlichen Bedeutungen und Verwendungsarten

Viele Wörter haben mehr als nur eine Bedeutung oder Verwendungsart. Klar, dass diese dann auch unterschiedlich übersetzt werden müssen. Die Ziffern ①, ②, ③, ④, usw. zeigen dir an, welche Bedeutung oder Verwendung an der jeweiligen Stelle behandelt wird. In manchen Einträgen findest du zusätzlich hinter der Ziffer in Klammern eine schräg gedruckte Angabe, die dir helfen soll, noch besser zu verstehen, um welche Bedeutung es sich handelt.

ac·ces·so·ry [ək'sesᵊri] ① (*Person*) der/die Mitschuldige ② (*Gerät*) das/der Zubehör

Welche Bedeutungen findest du in deinem Wörterbuch unter dem Stichwort **circuit**?

Es gibt darüber hinaus jedoch auch Wörter mit mehreren, sehr unterschiedlichen Bedeutungen. Wenn du z. B. von einer Bank sprichst, könntest du die Sitzgelegenheit oder das Geldinstitut meinen. In solchen Fällen führen wir jede Bedeutung als extra Stichwort auf und kennzeichnen sie mit der hochgestellten Ziffer.

pa·tient¹ ['peɪʃᵊnt] ① geduldig ② beharrlich, ausdauernd

pa·tient² ['peɪʃᵊnt] der Patient/die Patientin, der/die Kranke

der **Strauß¹** (*Blumenstrauß*) bunch of flowers *Plural*

der **Strauß²** (*Laufvogel*) ostrich

Wie heißt auf Englisch die **Bank**, auf der man sitzen kann? Und wie nennt man auf Englisch die **Bank**, in der das Geld verwaltet wird?

10 Weiterlesen lohnt sich!

Wer in seinem Wörterbuch nur die erste Übersetzung hinter dem Stichwort anschaut, übersieht oft gerade das, was er eigentlich sucht. Wer schlau ist, liest also weiter! Auch lohnt es sich immer, gleich einen Blick auf die jeweiligen Folgeeinträge zu werfen. Am besten, du gewöhnst dir das gleich an. So kannst du unnötige Fehler vermeiden und oft sogar noch zusätzliche, interessante Beispielsätze finden.

Das englische Wort **piece** hat sehr viele Bedeutungen. Was bedeutet es beim Schach?

Redewendungen

11

Wer „eine lange Leitung hat“, besitzt natürlich kein langes Stromkabel, sondern ist einfach nur schwer von Begriff. Im Deutschen machen solche Redewendungen natürlich keine Probleme. Aber wenn es ans Sprachenlernen geht, können sie zu einer echten Herausforderung werden. Die Kunst besteht nämlich darin herauszufinden, unter welchem Stichwort man die betreffende Redewendung findet. Auch in deinem Wörterbuch haben wir viele Redewendungen aufgenommen. Sie sind jeweils durch das Symbol ▶ WENDUNGEN gekennzeichnet. Wenn du nun wissen möchtest, wie man eine bestimmte Redewendung übersetzt, überlege dir am besten, welches das wichtigste Wort der Wendung ist und schlage dann unter diesem Stichwort nach.

> Unter welchem Stichwort findest du in deinem Wörterbuch die Redewendung „er hat eine ziemlich lange Leitung“?
> Unter **er**, unter **hat**, unter **eine**, unter **ziemlich**, unter **lange** oder unter **Leitung**?

Wörter ohne direkte Übersetzung

12

Es gibt immer wieder Wörter oder Wendungen, die nur in einer Sprache vorkommen und für die es daher auch keine genauen Übersetzungen gibt. Damit du dennoch verstehen kannst, um was es geht, geben wir in solchen Fällen eine ungefähre Übersetzung an, markiert durch das Zeichen „≈“.

der **Sandkuchen** ≈ Madeira cake

die **Drei** 1 (*Zahl*) [number] three 2 (*Schulnote*) ≈ C; **eine Drei schreiben** ≈ to get a C 3 **die Drei** (*Straßenbahn, Bus*) the number three [tram/bus]

Manchmal macht es auch Sinn, das Wort stattdessen zu erklären. Solche Erklärungen sind in schräger Schrift gedruckt.

char·ity shop GB *Laden, in dem gespendete, meist gebrauchte Waren verkauft werden, um Geld für wohltätige Zwecke zu sammeln*

> Für **Geisterfahrer** gibt es keine direkte englische Entsprechung. Wie könnte man das Wort stattdessen ungefähr übersetzen? Schlag in deinem Wörterbuch nach.
> Der englische Ausdruck **Cornish pasty** hat keine deutsche Übersetzung. Mit welcher Erklärung wird er in deinem Wörterbuch umschrieben?

Achtung, Fehlerquelle!

13

Es gibt eine Reihe von Fehlern, die Englischschüler immer wieder machen. Das Warndreieck ⚠ soll dir dabei helfen, solche Fehler zu vermeiden. Also, am besten den Eintrag noch einmal gut durchlesen, wenn du auf ein solches Warndreieck stößt.

sta·tion·ery ['steɪʃᵊnᵊri] ⚠ *kein Plural* 1 das Briefpapier 2 die Schreibwaren

der **Hafer** oats ⚠ *Plural* ▶ WENDUNGEN: **ihn sticht der Hafer** he's feeling his oats ⚠ *Plural*

> Suche in deinem Wörterbuch nach zwei weiteren Warndreiecken ⚠. Verstehst du, warum sie gerade hier stehen? Tausche dich doch mal mit deinem Englischlehrer oder deinen Klassenkameraden aus.

14 Sprachgebrauch

Natürlich sprichst du mit deinen Freunden anders als zum Beispiel mit deinem Lehrer. Und du wirst auch andere Wörter benutzen. Bei einem Vorstellungsgespräch sollte man sich gut ausdrücken können, aber wenn man so richtig sauer auf jemanden ist, entschlüpft einem auch schon mal ein vulgäres Schimpfwort. All dies fasst man unter Sprachgebrauch zusammen.

Auch im Englischen gibt es Wörter und Wendungen, die du nur in einem bestimmten Sprachgebrauch verwenden solltest. In deinem Wörterbuch haben wir dies durch einen Hinweis in runden Klammern gekennzeichnet. Die folgende Tabelle zeigt dir, welche Bezeichnungen zum Sprachgebrauch in deinem Wörterbuch vorkommen.

Sprachgebrauch	Umschreibung des Sprachgebrauchs
(abwertend)	bezeichnet einen abwertenden Sprachgebrauch. Der Sprecher drückt damit seine abschätzige Haltung aus, z. B. *small-minded – engstirnig; tart – Schlampe.*
(gehoben)	bezeichnet gehobenen Sprachgebrauch, sowohl in der gesprochenen als auch in der geschriebenen Sprache, z. B. *upon – auf; public house – Kneipe*
(übertragen)	bezeichnet übertragenen Sprachgebrauch. Das Wort oder die Wendung dient – in einem übertragenen Sinn – als Bild für das, was man ausdrücken will: *to walk into – zufällig treffen; colourful – lebendig*
(umgangsspr)	bezeichnet umgangssprachlichen Sprachgebrauch wie er zwischen Familienmitgliedern und Freunden in zwangsloser Unterhaltung und in privaten Briefen verwendet wird, z. B. *veg – Gemüse; to waffle – quasseln*
(slang)	bezeichnet stark umgangssprachlichen, saloppen Sprachgebrauch oder Wörter, die als vulgär gelten und daher tabu sind: *jerk – Trottel; to puke – kotzen*

Suche in deinem Wörterbuch je ein Beispiel für die fünf verschiedenen Sprachgebrauchsarten, die in der Tabelle aufgeführt sind.

15 Regionale Angaben: (GB), (USA) und (A), (CH)

Für Stichwörter oder Redewendungen, die nur in Großbritannien benutzt werden, verwenden wir das Länderkennzeichen (GB).

post·box (GB) der Briefkasten

Varianten, die dagegen nur im amerikanischen Englisch vorkommen, erkennst du am Länderkennzeichen (USA).

air·plane ['eəpleɪn] (USA) das Flugzeug

Im deutsch-englischen Teil deines Wörterbuches findest du auch Wörter, die typisch für Österreich oder die Schweiz sind. Sie sind mit (A) bzw. (CH) gekennzeichnet.

der **Paradeiser** (A) tomato [tə'mɑːtəʊ]

parkieren (CH) to park

Die Infokästen

Für alle, die es etwas genauer wissen wollen, gibt es unsere zahlreichen farbig unterlegten Infokästen mit tollen Tipps. Dabei unterscheiden wir fünf unterschiedliche Arten von Infokästen:

L **Land und Leute**: Hier findest du Informationen über die Menschen und das Leben in Großbritannien und Amerika. Dein Wörterbuch hilft dir also nicht nur dabei, Englisch zu lernen. Es bringt dir auch die Gewohnheiten und Besonderheiten der Briten und Amerikaner näher. So macht Lernen gleich noch mehr Spaß!

V **Vorsicht Falle!**: Diese Kästen helfen dir dabei, typische Fehler zu vermeiden, die andere Englischschüler immer wieder machen. So bekommst du zum Beispiel Tipps, welche Wörter du in welchem Zusammenhang verwenden kannst und wann du manche Wörter unbedingt meiden solltest. Hier warnen wir dich auch vor typischen Falschschreibungen. Wenn du also regelmäßig die Vorsicht Falle!-Kästen liest, wirst du schon bald ein gutes Gespür für die englische Sprache entwickeln und so bei deiner Lehrerin oder deinem Lehrer mit deinem Wissen punkten können!

G **Grammatik**: Auch wenn es manchmal schwerfällt - Grammatik ist wichtig! Und so sind unsere Grammatikboxen mit ihren nützlichen Hinweisen ein wertvoller Bestandteil deines Wörterbuches.

F **Falscher Freund**: Manche englischen Wörter sehen deutschen Wörtern sehr ähnlich, bedeuten aber etwas ganz anderes. Solche Wörter nennt man falsche Freunde. Unsere betreffenden Infokästchen warnen wir dich vor solchen Sprachfallen. Natürlich verraten wir dir hier auch immer gleich, wie die korrekte Übersetzung heißen muss. So kannst du typische Fehler vermeiden und gleichzeitig auch noch ein paar nützliche Wörter lernen.

K **Kommunikation**: Bestimmte Situationen erfordern bestimmte Verhaltensregeln. Dies gilt natürlich auch im sprachlichen Bereich. So macht es durchaus einen Unterschied, ob du dich bei deinem Freund bedanken möchtest, eine offizielle E-Mail schreibst, telefonierst oder mal schnell eine SMS tippst. Damit du immer weißt, wie du dich auf Englisch korrekt verhältst und welche Floskeln die richtigen sind, findest du in deinem Wörterbuch zahlreiche Kommunikationskästen. Hier liefern wir dir die passenden Sprachbausteine sowohl für die die schriftliche ✎ als auch für die mündliche ☺ Kommunikation.

Viel Spaß mit deinem Wörterbuch wünscht dir deine

PONS-Redaktion

Die Lösungen zu den Aufgaben

training - die **Schulung**, die **Ausbildung**
champion - (*Sport*) der **Meister**

1 der Kaugummi - **chewing gum**

2 PE - (*in der Schule*) Abkürzung von **physical education** der Sport
Denmark - **Dänemark**
paper cup - der **Pappbecher**

5 Zentrum - (GB) **centre**, (USA) **center**

6 moun·tain·eer·ing

8 1. good, **better**, **best**
2. **go**, went, gone
3. knife, (*Plural*) **knives**

9 circuit:
1. die **Runde**, die **Rundreise**
2. (*Sport*) die **Rennbahn**
3. (*elektrisch*) der **Stromkreis**

die Bank (*Sitz- oder Gartenbank*) - **bench**
die Bank (*Geldinstitut*) - **bank**

10 piece - (*beim Schach*) die **Figur**

11 Die Wendung steht unter dem Stichwort **Leitung**.

12 Geisterfahrer: *person driving in the wrong direction*
Cornish pasty: *Pastete aus Blätterteig mit Fleisch- und Kartoffelfüllung*

13 Schaue dir z. B. die Warnhinweise bei folgenden Stichwörtern an: **drum**, **news**, **spectacle**

14 Schaue dir z. B. folgende Stichwörter an: **swot**, **cease**, **coast**, **cocky**, **crap**

Aa

A <*Plural* A's *oder* As>, **a** [eɪ] <*Plural* a's> ① (*auch Musiknote*) a, das A ② (*Schulnote*) die Eins ▶ WENDUNGEN: **from A to Z** von A bis Z

a [ə, *betont* eɪ], *vor Vokalen* **an** [ᵊn, *betont* æn] ① *unbestimmter Artikel* ein, eine, ein; **she's a teacher** sie ist Lehrerin ② pro; **five pounds an hour** fünf Pfund pro [*oder* die] Stunde; **once a week** einmal in der Woche ③ **half an hour** eine halbe Stunde; **many a student ...** manch ein [*oder* mancher] Student ... ④ **as a professional, ...** als Profi, ...

A4 [ˌeɪˈfɔːʳ] *kein Plural* [DIN-]A4

AA [ˌeɪˈeɪ] GB *Abkürzung von* **Automobile Association: the AA** ≈ der ADAC

aback [əˈbæk] **to be taken aback** erstaunt sein

aba·cus [ˈæbəkəs] <*Plural* abacuses> der Abakus

to **aban·don** [əˈbændən] ① verlassen *Mensch, Haus;* aussetzen *Baby;* im Stich lassen *Familie;* stehen lassen *Auto;* **abandon ship!** alle Mann von Bord! ② aufgeben *Hoffnung, Projekt;* **play** [*oder* **the game**] **was abandoned** das Spiel wurde abgebrochen

aban·doned [əˈbændənd] *Kind:* ausgesetzt; *Auto:* stehen gelassen; *Gebäude:* leer stehend

ab·at·toir [ˈæbətwɑːʳ] der Schlachthof

ab·bey [ˈæbi] die Abtei

to **ab·bre·vi·ate** [əˈbriːvieɪt] abkürzen

ab·bre·via·tion [əˌbriːviˈeɪʃᵊn] die Abkürzung

ABC¹ [ˌeɪbiːˈsiː] das ABC; **as easy as ABC** kinderleicht

> **L** Die **ABC** (*American Broadcasting Company*) mit Hauptsitz in New York ist einer der größten Fernsehsender der USA. Die *Australian Broadcasting Corporation* wird ebenso **ABC** genannt. Sie ist Australiens einziger nationaler, nichtkommerzieller Sender.

to **ab·di·cate** [ˈæbdɪkeɪt] abdanken

ab·do·men [ˈæbdəmən, æbˈdəʊ-] *in der Medizin:* der Unterleib; *in der Zoologie:* der Hinterleib

ab·domi·nal [æbˈdɒmɪnᵊl] Unterleibs-

to **ab·duct** [əbˈdʌkt] entführen

ab·duc·tion [əbˈdʌkʃᵊn] die Entführung

abil·ity [əˈbɪləti] ① die Fähigkeit; **to have the ability to do something** etwas können; **to the best of one's ability** nach besten Kräften ② (*Talent*) die Begabung; **she has little artistic ability** sie ist künstlerisch nicht sehr begabt

able [ˈeɪbl̩] ① (*kompetent*) fähig, tüchtig; **to be able to** können, in der Lage sein zu ② (*talentiert*) begabt

able-bodied [ˌeɪbl̩ˈbɒdɪd] gesund; *Soldat:* [wehr]tauglich

ab·nor·mal [æbˈnɔːmᵊl] anormal; *Wetter:* ungewöhnlich

ab·nor·mal·ity [ˌæbnɔːˈmæləti] ① (*in der Medizin*) die Anomalie ② *kein Plural* (*Ungewöhnlichkeit*) die Abnormität; *einer Lage:* die Außergewöhnlichkeit

aboard [əˈbɔːd] **all aboard!** alles einsteigen!

to **abol·ish** [əˈbɒlɪʃ] abschaffen

abo·li·tion [ˌæbəˈlɪʃᵊn] die Abschaffung

abomi·nable [əˈbɒmɪnəbl̩] furchtbar

Abo·rigi·ne [ˌæbəˈrɪdʒᵊni] der/die Ureinwohner/Ureinwohnerin Australiens

> **L** Die **Aboriginal Flag** wurde zum ersten Mal bei der Demonstration zum *National Aboriginal Day* 1971 von dem Designer der Flagge, dem Künstler Harold Thomas, gehisst. Der schwarze, obere Teil soll das Volk der Aborigines (Ureinwohner Australiens) darstellen, der rote Teil darunter symbolisiert die Erde, und der gelbe Kreis in der Mitte ist die Sonne.

to **abort** [əˈbɔːt] ① eine Fehlgeburt haben ② abtreiben *Embryo* ③ abbrechen *Schwangerschaft, Einsatz*

abor·tion [əˈbɔːʃᵊn] ① die Fehlgeburt ② der Schwangerschaftsabbruch, die Abtreibung

about [əˈbaʊt] ① (*bezüglich*) *Thema:* von; *Buch:* über; *Sache:* in Bezug auf, betreffend; *Grund:* wegen; **what do you know about him?** was wissen Sie über ihn?; **a book about architecture** ein Buch über Architektur; **what's the film about?** wovon handelt der Film?; **what's this all about?** um was geht es hier? ② in, an; **the worst thing about my job is the commuting** das Schlimmste bei meinem Job ist das Pendeln ③ **how about a coke?** wie wäre es mit einer Cola?; **what about going to the cinema this evening?** wie wäre es mit Kino heute Abend? ④ *räumlich* herum, umher; **he walked about the room** er lief im Zimmer umher; **round about** ringsum ⑤ (*nicht weit von*) **the fields about the house** die Felder um das Haus herum ⑥ *örtlich* da; **there's no one about** es ist niemand da; **after a long illness, she's up and about** nach einer langen Krankheit ist sie wieder auf den Beinen; **there's a lot of flu about at the moment** die Grippe geht zurzeit um ⑦ *zeitlich* um, gegen; [**at**] **about five o'clock** gegen fünf Uhr ⑧ **it's just about to snow** es wird jeden Augenblick schneien; **he was about to leave the house** er wollte gerade aus dem Haus gehen ⑨ (*umgangsspr*) ungefähr; **she was about 30** sie war um die 30; **that's about right** das kommt so ungefähr hin; **it's about six metres long** es ist

A

zirka sechs Meter lang; **just about enough** gerade noch genug; **about my size** etwa meine Größe

above[1] [əˈbʌv] ① über, oberhalb; **above sea level** über dem Meeresspiegel ② oben; **from above** von oben; **as [mentioned] above** wie oben erwähnt ③ (*in Rang, Bedeutung, Stellung*) höher; **she's a year above me in school** sie ist in der Klasse über mir ④ mehr als; **above average** überdurchschnittlich; **persons aged 16 and above** Personen im Alter von 16 und älter ▶ WENDUNGEN: **above all** vor allem; **over and above** obendrein; **he is above it** er steht darüber; **it is above me** das ist mir zu hoch

above[2] [əˈbʌv] obig, oben erwähnt

above board (*umgangsspr*) einwandfrei; **it's all above board!** es ist alles korrekt!

abra·sive [əˈbreɪsɪv] ① abreibend; **abrasive cleaner** das Scheuermittel ② *Person:* aggressiv; *Kritik:* harsch; *Tonfall:* scharf

abroad [əˈbrɔːd] im/ins Ausland; **from abroad** aus dem Ausland

ab·rupt [əˈbrʌpt] ① plötzlich, abrupt ② *Verhalten:* schroff, barsch

ab·seil·ing [ˈæbseɪlɪŋ] *kein Plural* (*beim Klettern*) das Abseilen

ab·sence [ˈæbsᵊn(t)s] ① *einer Person:* die Abwesenheit (**from** von); (*von der Arbeit*) das Fernbleiben; **on leave of absence** auf Urlaub ② (*von einer Sache*) das Fehlen, das Nichtvorhandensein ▶ WENDUNGEN: **absence makes the heart grow fonder** Abwesenheit verstärkt die Zuneigung

ab·sent [ˈæbsᵊnt] abwesend, fehlend

ab·sen·tee [ˌæbsᵊnˈtiː] der/die Abwesende

absent-mind·ed [ˌæbsəntˈmaɪndɪd] zerstreut, geistesabwesend

ab·so·lute [ˌæbsəˈluːt] absolut

ab·so·lute·ly [ˈæbsəluːtli, *allein stehend* ˌæbsəˈluːtli] ① **absolutely nothing** absolut nichts ② **absolutely mad** völlig [*oder* vollkommen] verrückt ③ **absolutely!** (*umgangsspr*) genau!, aber sicher!

ab·so·lu·tion [ˌæbsəˈluːʃᵊn] *kein Plural* die Absolution

to **ab·sorb** [əbˈzɔːb, -ˈsɔːb] ① aufsaugen *Flüssigkeit* ② (*übertragen*) verdauen, aufnehmen

ab·sorbed [əbˈzɔːbd, -ˈsɔːbd] (*übertragen*) vertieft

ab·sorb·ent [əbˈzɔːbənt, -ˈsɔː-] absorptionsfähig; *Watte, Papier:* saugfähig

ab·sorb·ing [əbˈzɔːbɪŋ, -ˈsɔː-] fesselnd

ab·sorp·tion [əbˈzɔːpʃᵊn, -ˈsɔːp-] *kein Plural* ① die Aufnahme ② (*Konzentration*) die Versunkenheit

ab·stract[1] [ˈæbstrækt] abstrakt; **abstract noun** das Abstraktum

ab·stract[2] [ˈæbstrækt] die Zusammenfassung; **the abstract** (*verallgemeinerte Form*) das Abstrakte

ab·surd [əbˈzɜːd, -ˈsɜːd] absurd, unsinnig

ab·surd·ity [əbˈzɜːdəti, -ˈsɜː-] die Absurdität; **the absurdity of the situation** das Absurde an der Situation

abun·dance [əˈbʌndən(t)s] *kein Plural* die Fülle; **in abundance** in Hülle und Fülle

abun·dant [əˈbʌndənt] ① reich (**in** an), üppig ② reichlich versehen (**with** mit)

to **abuse** [əˈbjuːz] ① missbrauchen, quälen *Person, Tier* ② (*beleidigen*) beschimpfen *Person* ③ missbrauchen *Macht, Vertrauen*

abuse [əˈbjuːs] ① der Missbrauch (**of** von), der Missstand ② (*Beleidigung*) die Beschimpfung

abu·sive [əˈbjuːsɪv] beleidigend; **abusive language** die Schimpfworte

abys·mal [əˈbɪzmᵊl] entsetzlich

aca·dem·ic[1] [ˌækəˈdemɪk] ① akademisch ② wissenschaftlich, geistig ③ **that is academic** das ist nicht direkt relevant

aca·dem·ic[2] [ˌækəˈdemɪk] der Akademiker/die Akademikerin

acad·emy [əˈkædəmi] die Akademie; **riding academy** die Reitschule; **academy of music** die Musikhochschule

to **ac·cel·er·ate** [əkˈseləreɪt] ① [sich] beschleunigen, schneller werden ② *Autofahrer:* Gas geben

ac·cel·era·tion [əkˌseləˈreɪʃᵊn] die Beschleunigung

ac·cel·era·tor [əkˈseləreɪtəʳ] (*am Auto*) das Gaspedal

ac·cent [ˈæksᵊnt] der Akzent

to **ac·cen·tu·ate** [əkˈsentʃueɪt] betonen

to **ac·cept** [əkˈsept] ① annehmen, akzeptieren ② (*übertragen*) einverstanden sein, glauben; **to accept a fact/reality** eine Tatsache/die Realität anerkennen [*oder* gelten lassen]

ac·cept·able [əkˈseptəbl̩] ① annehmbar ② angenehm, zufrieden stellend

ac·cept·ance [əkˈseptən(t)s] ① die Annahme, die Entgegennahme ② die Zustimmung, die Einwilligung

ac·cess [ˈækses] ① der Zutritt (**to** zu) ② **access road** die Zufahrt[sstraße] ③ **internet access** der Internetzugriff

to **ac·cess** [ˈækses] **to access data** auf Daten zugreifen

ac·ces·sibil·ity [əkˌsesəˈbɪləti] *kein Plural* die Zugänglichkeit

ac·ces·sible [əkˈsesəbl̩] zugänglich, erreichbar (**to** für)

ac·ces·so·ry [əkˈsesᵊri] ① (*Person*) der/die Mitschuldige ② (*Gerät*) das/der Zubehör

ac·ci·dent [ˈæksɪdᵊnt] ① der Zufall; **by accident** zufällig ② das Unglück, der Unfall; **in an accident** bei einem Unfall; **to be accident-prone**

A

zu Unfällen neigen
ac·ci·den·tal [ˌæksɪˈdentᵊl] zufällig, versehentlich
to **ac·cli·ma·tize** [əˈklaɪmətaɪz] sich akklimatisieren (**to** an); sich gewöhnen *an eine neue Umgebung*
to **ac·com·mo·date** [əˈkɒmədeɪt] ① unterbringen *Gäste* ② (*helfen*) entgegenkommen
ac·com·mo·da·tion [əˌkɒməˈdeɪʃᵊn] die Unterkunft, das Fremdenzimmer
to **ac·com·pa·ny** [əˈkʌmpəni] (*auch musikalisch*) begleiten (**on** auf)
ac·com·plice [əˈkʌmplɪs] der Komplize/die Komplizin
to **ac·com·plish** [əˈkʌmplɪʃ] schaffen; erreichen *Ziel;* erledigen *Aufgabe*
ac·com·plished [əˈkʌmplɪʃt] ① (*auch übertragen*) vollendet ② kultiviert, vielseitig
ac·com·plish·ment [əˈkʌmplɪʃmənt] ① *kein Plural einer Aufgabe:* die Vollendung; *eines Ziels:* das Erreichen ② *meist Plural* (*Geschick*) die Fähigkeit
ac·cord [əˈkɔːd] ① das Abkommen ② **with one accord** einstimmig ③ **of one's own accord** von sich aus, von selbst
ac·cord·ance [əˈkɔːdᵊn(t)s] **in accordance with** entsprechend, gemäß
ac·cord·ing·ly [əˈkɔːdɪŋli] dementsprechend, danach
ac·cord·ing to [əˈkɔːdɪŋ] laut, nach; **according to schedule** fahrplanmäßig, zeitplanmäßig
ac·count [əˈkaʊnt] ① das Konto (**with** bei) ② der Bericht; **to give an account of something** über etwas Bericht erstatten, über etwas Rechenschaft ablegen; **she gave a full account of the affair** sie hat ausführlich über die Sache berichtet ③ **accounts** *Plural* (*in der Wirtschaft*) die [Geschäfts]bücher; **to settle accounts with someone** (*auch übertragen*) mit jemandem abrechnen ④ **on account of** wegen, auf Grund; **not on any account, on no account** auf keinen Fall ⑤ **to take into account** in Betracht ziehen, berücksichtigen ⑥ **to do something on one's own account** etwas auf eigene Faust tun
◆to **ac·count for** ① **to account for something** etwas erklären, über etwas Rechenschaft ablegen; **how do you account for that?** wie erklären Sie [sich] das?; **that accounts for it** das ist die Erklärung dafür; **there's no accounting for tastes** über Geschmack lässt sich streiten ② **young people account for a big percentage of our customers** junge Leute machen einen großen Prozentsatz unserer Kunden aus
ac·count·able [əˈkaʊntəbl̩] verantwortlich (**for** für, **to** gegenüber)
ac·count·an·cy [əˈkaʊntən(t)si] die Buchhaltung
ac·count·ant [əˈkaʊntənt] ① der Steuerberater/die Steuerberaterin ② der Buchhalter/die Buchhalterin
to **ac·cu·mu·late** [əˈkjuːmjəleɪt] [sich] ansammeln
ac·cu·mu·la·tion [əˌkjuːmjəˈleɪʃᵊn] die Ansammlung
ac·cu·ra·cy [ˈækjərəsi] die Genauigkeit
ac·cu·rate [ˈækjərət] genau
ac·cu·rate·ly [ˈækjərətli] genau
ac·cu·sa·tion [ˌækjʊˈzeɪʃᵊn] ① die Anklage ② der Vorwurf
ac·cu·sa·tive [əˈkjuːzətɪv] der Akkusativ
to **ac·cuse** [əˈkjuːz] ① anklagen, beschuldigen; **to accuse someone of a crime** jemanden eines Verbrechens beschuldigen ② vorwerfen; **the teacher accused me of having copied my homework** die Lehrerin warf mir vor, meine Hausaufgaben abgeschrieben zu haben
ac·cused [əˈkjuːzd] der/die Angeklagte
ac·cus·tomed [əˈkʌstəmd] **to be accustomed** gewohnt sein (**to** an); **to get accustomed** sich gewöhnen (**to** an)
ace[1] [eɪs] (*Spielkarte; beim Tennis*) das Ass; **the ace of spades** das Pikass; **to play/serve an ace** ein Ass spielen/schlagen
ace[2] [eɪs] (*umgangsspr*) **she's an ace volleyball player** sie ist eine erstklassige Volleyballspielerin; **ace!** spitze!
ache [eɪk] der Schmerz; **aches and pains** die Schmerzen
to **ache** [eɪk] **my foot aches** mein Fuß tut mir weh; **I ache all over** mir tut alles weh
to **achieve** [əˈtʃiːv] zu Stande bringen, verwirklichen; erreichen *Ziel;* erzielen *Erfolg*
achieve·ment [əˈtʃiːvmənt] ① die Vollendung, die Ausführung ② die Leistung, die Errungenschaft
acid[1] [ˈæsɪd] sauer
acid[2] [ˈæsɪd] ① die Säure ② (*Droge*) das Acid
acid house *kein Plural* das Acid House
acid·ic [əˈsɪdɪk] sauer, säurehaltig
acid·ity [əˈsɪdəti] der Säuregehalt
acid rain *kein Plural* der saure Regen
acid test die Säureprobe; (*übertragen*) die Feuerprobe
to **ac·knowl·edge** [əkˈnɒlɪdʒ] ① anerkennen; **she's acknowledged to be an excellent pianist** sie gilt als eine exzellente Pianistin ② **the government has acknowledged that unemployment figures have not fallen** die Regierung hat zugegeben, dass die Arbeitslosenzahl nicht zurückgegangen ist ③ (*danken*) sich erkenntlich zeigen ④ **she didn't even acknowledge them!** sie hat sie gar nicht begrüßt!; **you should acknowledge his greeting** du solltest seine Begrüßung erwidern ⑤ **to acknowledge the receipt of a letter** den Empfang eines

Briefes bestätigen

ac·knowl·edg(e)·ment [ək'nɒlɪdʒmənt] ① *von Macht:* die Anerkennung; *von Verantwortlichkeit:* das Bekenntnis; *eines Fehlers, von Schuld:* das Eingeständnis ② **acknowledgement of a letter** die Empfangsbestätigung eines Briefes ③ Dank; **in acknowledgement of** zum Zeichen der Anerkennung für ④ **acknowledgements** die Danksagung

to **ac·quaint** [ə'kweɪnt] **to acquaint someone with someone** jemanden mit jemandem bekannt machen; **to acquaint someone with something** jemanden mit etwas vertraut machen; **are you acquainted with this software?** sind Sie mit dieser Software vertraut?

ac·quaint·ance [ə'kweɪntən(t)s] ① der/die Bekannte ② **to make someone's acquaintance** jemandes Bekanntschaft machen

to **ac·quire** [ə'kwaɪər] ① erwerben ② sich aneignen *Kenntnisse;* **to acquire a taste for something** Geschmack an etwas finden ③ **it's an acquired taste** es ist gewöhnungsbedürftig

ac·qui·si·tion [ˌækwɪ'zɪʃən] ① (*Kauf*) die Anschaffung ② *kein Plural* (*das Kaufen*) der Erwerb

to **ac·quit** [ə'kwɪt] <acquitted, acquitted> freisprechen

ac·quit·tal [ə'kwɪtəl] der Freispruch

ac·ro·bat ['ækrəbæt] der Akrobat/die Akrobatin

ac·ro·bat·ic [ˌækrə'bætɪk] akrobatisch

across[1] [ə'krɒs] ① [quer] über *die Straße* ② [quer] durch *die Stadt;* **right across** quer durch ③ auf der anderen Seite *der Straße;* **to live across the street** gegenüber wohnen; **just across** gerade gegenüber ④ über *die Grenze* ⑤ **across the board** pauschal

across[2] [ə'krɒs] ① **to come across** herüberkommen ② **to come across someone** jemandem begegnen, auf jemanden stoßen; **to come across something** auf eine Sache stoßen ③ **to come across as [being] nervous** nervös wirken ④ **to get something across to someone** jemandem etwas klarmachen ⑤ **to put across** verständlich machen ⑥ **to swim across** herüber-/hinüberschwimmen ⑦ **ten metres across** zehn Meter breit

acryl·ic [ə'krɪlɪk] ① *kein Plural* das Acryl ② die Acrylfarbe

act [ækt] ① die Handlung, die Tat; **in the act of going** gerade dabei zu gehen; **act of God** höhere Gewalt ② (*im Theater*) der Akt, der Aufzug ③ **Act [of Parliament]** das Gesetz ④ **the Acts [of the Apostles]** die Apostelgeschichte ⑤ **don't put on an act!** (*umgangsspr*) spiel doch kein Theater! ▶ WENDUNGEN: **caught in the act** auf frischer Tat ertappt; **get your act together!** reiß dich zusammen!; **to get in on the act** mit von der Partie sein

to **act** [ækt] ① spielen *eine Rolle;* **don't act the innocent with me!** spiel mir hier nicht den Unschuldigen! ② sich benehmen, sich verhalten; **stop acting like an idiot** hör auf, dich wie ein Idiot aufzuführen! ③ handeln, tun, tätig werden (**as** als); **to act for/on behalf of someone** für jemanden/in jemandes Namen handeln; **you must act quickly** Sie müssen schnell reagieren ④ **to act on someone's advice** jemandes Ratschlag folgen ⑤ **to act on something/someone** auf etwas/jemanden einwirken, etwas/jemanden beeinflussen

◆ to **act out** ① (*erleben*) ausleben ② (*vorführen*) nachspielen

◆ to **act up** ① Theater machen; *Kind:* ungezogen sein ② *Gegenstand:* Ärger machen; *Rechner:* verrückt spielen

> **L** Der **ACT** (*American College Test*) ist eine Prüfung, die in manchen Landesteilen von Schulabsolventen abgelegt werden muss, die eine höhere Schulbildung anstreben. Er dient zur Beurteilung der allgemeinen schulischen Entwicklung der Schüler einer Highschool und ob sie in der Lage sind, die fürs **college** notwendigen Leistungen zu erbringen.

act·ing[1] ['æktɪŋ] stellvertretend, geschäftsführend

act·ing[2] ['æktɪŋ] die Schauspielkunst

ac·tion ['ækʃən] ① das Handeln, die Tat; **to take action** Schritte unternehmen, Maßnahmen ergreifen; **to put a plan into action** einen Plan in die Tat umsetzen ② die Klage, der Prozess ③ der Kampf, die Kampfhandlung; **killed in action** gefallen ④ *eines Romans:* die Handlung ⑤ (*auch im Film*) die Action; **where's the action?** (*slang*) wo geht's ab? ⑥ **in/out of action** in/außer Betrieb

ac·tion-packed *Buch, Roman:* spannend

ac·tion re·play die Wiederholung

ac·tive ['æktɪv] ① aktiv, lebhaft; **to take an active part in something** an etwas regen Anteil nehmen ② *Vulkan:* tätig

ac·tiv·ist ['æktɪvɪst] der Aktivist/die Aktivistin

ac·tiv·ity [æk'tɪvəti] die Tätigkeit, die Aktivität

ac·tor ['æktər] der Schauspieler

ac·tress ['æktrəs] <*Plural* actresses> die Schauspielerin

ac·tual ['æktʃuəl] wirklich, eigentlich

> **F** Nicht verwechseln mit **aktuell** = topical!

ac·tu·al·ly ['æktʃuəli] ① eigentlich, übrigens ② tatsächlich, wirklich

ac·tu·ary ['æktʃuəri] (*im Finanzwesen*) der Versicherungsmathematiker/die Versicherungsmathematikerin, der Aktuar/die Aktuarin

acu·punc·ture ['ækjʊpʌŋ(k)tʃər] *kein Plural* die Akupunktur

acute [ə'kjuːt] ① *Situation, Krankheit:* akut ② *Sinne:* scharf ③ *Winkel:* spitz

ad [æd] (*umgangsspr*) ① die [Zeitungs]anzeige, das Inserat, die Annonce ② die Reklame, die Werbung

AD [ˌeɪ'diː] *Abkürzung von* **anno Domini** n. Chr.

to **adapt** [ə'dæpt] ① anpassen (**to** an) ② bearbeiten *Roman*

adapt·abil·ity [əˌdæptə'bɪləti] *kein Plural* die Anpassungsfähigkeit

adapt·able [ə'dæptəbl̩] anpassungsfähig (**to** an)

ad·ap·ta·tion [ˌædæp'teɪʃən] ① die Anpassung (**to** an) ② *eines Textes:* die Bearbeitung

adapt·er, adap·tor [ə'dæptəʳ] ① (*Gerät*) der Adapter; **universal adaptor plug** der Mehrfachstecker ② (*Person*) der Bearbeiter/die Bearbeiterin

to **add** [æd] ① hinzufügen (**to** zu) ② **to add to something** zu etwas beitragen, etwas vermehren *Probleme* ③ **to add up** zusammenzählen, addieren; **her account of the affair doesn't add up** (*übertragen*) ihre Version der Sache reimt sich nicht; **to add up to** sich belaufen auf

ad·dict ['ædɪkt] der/die Süchtige, der/die Abhängige

ad·dict·ed [ə'dɪktɪd] süchtig; **addicted to drugs** rauschgiftsüchtig

ad·dic·tion [ə'dɪkʃən] die Sucht

ad·di·tion [ə'dɪʃən] ① die Beigabe, die Zugabe ② der Zusatz ③ (*in der Mathematik*) die Addition ④ *zur Familie:* der Zuwachs ⑤ **in addition** außerdem [noch], dazu; **in addition to** [zusätzlich] zu

ad·di·tion·al [ə'dɪʃənəl] zusätzlich, ergänzend; **additional charge** der Preiszuschlag

ad·di·tive ['ædɪtɪv] *zu Lebensmittel:* der Zusatz

add-on ['ædɒn] das Zusatzgerät; **add-ons** das Zubehör

ad·dress [ə'dres] <*Plural* addresses> ① die Anrede, die Ansprache ② die Anschrift, die Adresse

to **ad·dress** [ə'dres] ① adressieren *Brief* ② anreden *Person;* eine Ansprache halten an *Publikum* ③ richten *Anfrage, Frage* (**to** an)

ad·dress book das Adressbuch

ad·dressee [ˌædres'iː] der Empfänger/die Empfängerin, der Adressat/die Adressatin

ad·dress la·bel der Adress[en]aufkleber

ad·equate ['ædɪkwət] ① ausreichend (**to** für) ② (*knapp genügend*) hinreichend ③ (*passend*) angemessen

ad·he·sive¹ [əd'hiːsɪv] klebend, haftend; **adhesive plaster** das Heftpflaster; **adhesive tape** der Kleb[e]streifen

ad·he·sive² [əd'hiːsɪv] der Klebstoff

ad·ja·cent [ə'dʒeɪsənt] angrenzend

ad·jec·tive ['ædʒɪktɪv] das Adjektiv, das Eigenschaftswort

to **ad·journ** [ə'dʒɜːn] vertagen (**for** um); **shall we adjourn to the bar?** (*humorvoll*) sollen wir in der Bar weitermachen?

to **ad·just** [ə'dʒʌst] ① anpassen, abstimmen (**to** auf); [richtig] einstellen *Gerät;* **to adjust [oneself] to something** sich einer Sache anpassen, sich auf eine Sache einstellen ② berichtigen *Rechnung*

ad·just·able [ə'dʒʌstəbl̩] regulierbar, verstellbar

ad·just·ment [ə'dʒʌstmənt] ① die Anpassung, die Angleichung ② *von Gerät:* die Einstellung, die Regulierung

ad·min ['ædmɪn] *kurz für* **administration** die Verwaltung

to **ad·min·is·ter** [əd'mɪnɪstəʳ] ① verwalten *Amt* ② verabreichen *Medizin;* spenden, geben *Sakramente* ③ **to administer justice** Recht sprechen

ad·min·is·tra·tion [ədˌmɪnɪ'streɪʃən] ① die Verwaltung, die Amtsführung ② die Regierung, die Amtszeit ③ *von Medizin:* das Eingeben ④ *von Sakrament:* das Spenden ⑤ *von Eid:* die Abnahme ⑥ **administration of justice** die Rechtspflege

ad·min·is·tra·tive [əd'mɪnɪstrətɪv] administrativ

ad·min·is·tra·tor [əd'mɪnɪstreɪtəʳ] der Verwalter/die Verwalterin, der Leiter/die Leiterin

ad·mi·rable ['ædmərəbl̩] bewundernswert, vortrefflich

ad·mi·ral ['ædmərəl] der Admiral/die Admiralin

ad·mi·ra·tion [ˌædmə'reɪʃən] die Bewunderung (**of/for** für)

to **ad·mire** [əd'maɪəʳ] bewundern (**for** wegen)

ad·mir·er [əd'maɪərəʳ] der Bewunderer/die Bewunderin

ad·mis·sion [əd'mɪʃən] ① der Zutritt, der Einlass; **to gain admission to** Zutritt erhalten zu; **no admission!** Zutritt verboten! ② der Eintritt, der Eintrittspreis; **admission free** Eintritt frei ③ das Eingeständnis, das Zugeständnis; **admission of guilt** das Schuldbekenntnis; **by his own admission** wie er selbst zugibt

to **ad·mit** [əd'mɪt] <admitted, admitted> ① zugeben, eingestehen ② hereinlassen (**into** in), aufnehmen (**to** in); **this ticket admits two children** diese Eintrittskarte ist für zwei Kinder; **to be admitted to hospital** ins Krankenhaus eingeliefert werden ③ (*für gültig erklären*) gestatten, erlauben

ad·mit·tance [əd'mɪtən(t)s] der Einlass, der Zutritt; **no admittance!** Zutritt verboten!; **no unauthorised admittance** kein Zutritt für Unbefugte

ad·mit·ted·ly [əd'mɪtɪdli] zugegebenermaßen

ado·les·cence [ˌædə'lesən(t)s] die Jugend, die

A

Pubertät

ado·les·cent¹ [ˌædəˈlesᵊnt] jugendlich

ado·les·cent² [ˌædəˈlesᵊnt] der/die Jugendliche

to **adopt** [əˈdɒpt] 1 adoptieren *Kind* 2 billigen *Bericht* 3 einnehmen *Einstellung, Haltung* 4 übernehmen *Sitte* 5 **adopted country** die Wahlheimat 6 **she has been adopted as a candidate by the Green Party** sie ist als Kandidatin für die Grünen übernommen worden

adop·tion [əˈdɒpʃᵊn] 1 die Adoption 2 die Annahme

ador·able [əˈdɔːrəbl̩] 1 liebenswert 2 reizend, entzückend

ado·ra·tion [ˌædəˈreɪʃᵊn] *kein Plural* die Verehrung; (*von Maria*) die Anbetung

to **adore** [əˈdɔːʳ] 1 anbeten, verehren 2 (*umgangsspr*) sehr gernhaben

ador·ing [əˈdɔːrɪŋ] liebend; (*selbstlos*) hingebungsvoll; *Mutter, Vater:* liebevoll

adrena·lin(e) [əˈdrenəlɪn] *kein Plural* das Adrenalin

Adri·at·ic [ˌeɪdriˈætɪk] **the Adriatic** [**Sea**] die Adria

adult¹ [ˈædʌlt, əˈdʌlt] 1 *Person:* erwachsen; **adult film** Film nur für Erwachsene 2 *Tier:* ausgewachsen

adult² [ˈædʌlt, əˈdʌlt] 1 der/die Erwachsene 2 das ausgewachsene Tier

adul·tery [əˈdʌltᵊri] der Ehebruch

to **ad·vance** [ədˈvɑːn(t)s] 1 vorrücken; **he advanced towards me** er kam auf mich zu 2 Fortschritte machen 3 vorschießen, vorstrecken *Geld*

ad·vance [ədˈvɑːn(t)s] 1 das Vorrücken 2 **to make advances** (*übertragen*) Annäherungsversuche machen 3 der Fortschritt 4 **any advance on $1000?** wer bietet mehr als $1000? 5 der Vorschuss, die Vorauszahlung, das Darlehen 6 **in advance** im Voraus; **to order in advance** vorbestellen

ad·vanced [ədˈvɑːn(t)st] fortgeschritten

ad·van·tage [ədˈvɑːntɪdʒ] der Vorteil; **to someone's advantage** zu jemandes Gunsten; **to have an advantage over someone** jemandem gegenüber im Vorteil sein; **to take advantage of** ausnutzen; **to turn to advantage** Vorteil [*oder* Nutzen] ziehen aus

ad·ven·ture [ədˈventʃəʳ] das Abenteuer; **adventure playground** der Abenteuerspielplatz

ad·ven·tur·ous [ədˈventʃᵊrəs] 1 *Reise:* abenteuerlich 2 *Person:* abenteuerlustig

ad·verb [ˈædvɜːb] das Adverb, das Umstandswort

ad·verse [ˈædvɜːs] ungünstig; *Kritik, Wirkung:* negativ; *Umstände:* widrig

ad·ver·sity [ədˈvɜːsəti] *kein Plural* die Not; **in adversity** in der Not

ad·vert [ˈædvɜːt] GB (*umgangsspr*) 1 die [Zeitungs]anzeige, das Inserat, die Annonce 2 die Reklame, die Werbung

to **ad·ver·tise** [ˈædvətaɪz] 1 annoncieren, inserieren 2 Reklame machen, Werbung betreiben 3 **to advertise for** inserieren für, durch eine Zeitungsanzeige suchen

ad·ver·tise·ment [ədˈvɜːtɪsmənt] 1 die [Zeitungs]anzeige, das Inserat, die Annonce 2 die Reklame, die Werbung; **TV advertisement** die Fernsehreklame

ad·ver·tis·er [ˈædvətaɪzəʳ] der/die Werbungtreibende; (*in einer Zeitung*) der Inserent/die Inserentin

ad·ver·tis·ing [ˈædvətaɪzɪŋ] die Werbung, die Reklame

ad·ver·tis·ing cam·paign die Marketingaktion

ad·vice [ədˈvaɪs] ⚠ *kein Plural und kein ‚a' oder ‚an'* der Rat[schlag]; **a piece** [*oder* **bit**] **of advice** ein Rat; **to act on someone's advice** jemandes Rat befolgen; **to ask someone's advice** jemanden um Rat fragen

> G **advice** mit ‚c' ist ein Substantiv und wird nie im Plural gebraucht: *that's a useful piece of advice; you need some specialist advice*
> **advise** mit ‚s' ist ein Verb: *Donna advised him to go to Birmingham; I'm sorry, I can't advise you*

ad·vis·able [ədˈvaɪzəbl̩] ratsam, empfehlenswert

to **ad·vise** [ədˈvaɪz] raten, empfehlen; **to be well advised** gut beraten sein

> G **advise** mit ‚s' ist ein Verb: *Donna advised him to go to Birmingham; I'm sorry, I can't advise you*
> **advice** mit ‚c' ist ein Substantiv und wird nie im Plural gebraucht: *that's a useful piece of advice; you need some specialist advice*

ad·vis·er, ad·vis·or [ədˈvaɪzəʳ] der Berater/die Beraterin

to **ad·vo·cate** [ˈædvəkeɪt] befürworten

ad·vo·cate [ˈædvəkət, -keɪt] der Befürworter/die Befürworterin; (*vor Gericht*) der [Rechts]anwalt/die [Rechts]anwältin

Aegean [iːˈdʒiːən] **the Aegean** [**Sea**] die Ägäis

aer·ial¹ [ˈeəriəl] 1 Luft-; **aerial view** das Luftbild 2 *Kabel:* oberirdisch

aer·ial² [ˈeəriəl] GB die Antenne

aero·bics [eəˈrəʊbɪks] *kein Plural* das Aerobic

aero·dy·nam·ics [ˌeərə(ʊ)daɪˈnæmɪks] die Aerodynamik

aero·plane [ˈeərə(ʊ)pleɪn] das Flugzeug

aero·sol [ˈeərəsɒl] die Sprühdose

aes·thet·ics [iːsˈθetɪks] *kein Plural* die Ästhetik

af·fair [əˈfeəʳ] 1 die Angelegenheit, die Sache 2 [**love**] **affair** das Verhältnis 3 die Affäre, der Skandal 4 **the state of affairs** der Stand der Dinge; **to handle someone's affairs** jemands Geschäfte besorgen; **foreign affairs** die auswärtigen Angelegenheiten; **Secretary of State for**

Foreign Affairs der Außenminister/die Außenministerin

to **af·fect** [ə'fekt] 1 beeinflussen, in Mitleidenschaft ziehen *Menschen* 2 *Krankheit:* angreifen, befallen 3 **to affect someone [deeply]** einen [tiefen] Eindruck auf jemanden machen

af·fect·ed [ə'fektɪd] geziert, affektiert

af·fec·tion [ə'fekʃᵊn] die [Zu]neigung, die Liebe (**for/towards** zu)

af·fec·tion·ate [ə'fekʃᵊnət] 1 liebevoll, herzlich 2 **yours affectionately** herzlichst Dein[e]

to **af·fili·ate** [ə'fɪlieɪt] **to be affiliated with something** mit etwas assoziiert sein

af·fili·ate [ə'fɪliət] die Tochtergesellschaft; (*Niederlassung*) die Zweigfirma

af·firma·tive[1] [ə'fɜːmətɪv] bejahend

af·firma·tive[2] [ə'fɜːmətɪv] **to answer in the affirmative** mit „Ja" antworten

to **af·fix** [ə'fɪks] befestigen; aufkleben *Briefmarke;* (*mit einer Klammer*) anheften

to **af·flict** [ə'flɪkt] plagen; **he is afflicted with severe rheumatism** er leidet an schwerem Rheumatismus

af·flu·ent ['æfluənt] reich (**in** an); **affluent society** die Wohlstandsgesellschaft

to **af·ford** [ə'fɔːd] sich erlauben, sich leisten; **I can't afford it** ich kann es mir nicht leisten

af·ford·able [ə'fɔːdəbl̩] leicht erschwinglich

afloat [ə'fləʊt] **to keep/stay afloat** (*auch übertragen*) über Wasser bleiben

afore·men·tioned [ə'fɔːmen(t)ʃᵊnd], **afore·said** [ə'fɔːsed] oben erwähnt

afraid [ə'freɪd] 1 **to be afraid** [sich] fürchten, Angst haben (**of** vor) 2 **I'm afraid I have to go** ich muss leider gehen; **don't be afraid to ...** scheuen Sie sich nicht zu ...

Af·rica ['æfrɪkə] Afrika

Af·ri·can[1] ['æfrɪkən] der Afrikaner/die Afrikanerin

Af·ri·can[2] ['æfrɪkən] afrikanisch

Af·ri·can Ameri·can[1] [ˌæfrɪkənə'merɪkən] der Afroamerikaner/die Afroamerikanerin

Af·ri·can Ameri·can[2] [ˌæfrɪkənə'merɪkən] afroamerikanisch

af·ter ['ɑːftəʳ] 1 (*räumlich*) hinter, nach 2 (*zeitlich*) nach; **day after day** Tag für Tag; **the day after tomorrow** übermorgen; **time after time** immer wieder; **after hours** nach Geschäftsschluss; **after that** danach, nachher 3 nachdem; **after studying all evening, she decided to go out** nachdem sie den ganzen Abend gelernt hatte, beschloss sie auszugehen 4 hinterher, danach, nachher; **shortly after** kurz danach; **for days after** noch Tage danach 5 (*in einer Reihenfolge*) hinter; **one after another** einer nach dem anderen 6 (*als Grund*) auf Grund von, infolge 7 **after all** schließlich, letzten Endes 8 (*als Gegensatz*) trotz

after·life *kein Plural* das Leben nach dem Tod

after·math [-mɑːθ] *kein Plural* die Folgen; **in the aftermath of something** infolge einer Sache

after·noon [ˌɑːftə'nuːn] der Nachmittag; **during the afternoon** im Laufe des Nachmittags; **in the afternoon[s]** nachmittags, am Nachmittag; **at four in the afternoon** um vier Uhr nachmittags; **this afternoon** heute Nachmittag; **good afternoon!** guten Tag!

after·noon tea *kein Plural* GB der Nachmittagstee

af·ters ['ɑːftəz] *kein Plural* GB der Nachtisch

after·shock ['ɑːftəʃɒk] das Nachbeben

after·thought ['ɑːftəθɔːt] die nachträgliche Überlegung

after·wards ['ɑːftəwədz] danach, später

again [ə'gen, əgeɪn] wieder, noch einmal, nochmals; **as much again** noch einmal so viel; **never again** nie wieder, nie mehr; **now and again** dann und wann; **over and over again, time and time again, again and again** immer wieder; **you can say that again!** (*übertragen*) das kannst du aber laut sagen!

against [ə'gen(t)st] gegen; **to be for or against something** für oder gegen etwas sein; **I'm not against it** ich habe nichts dagegen

age [eɪdʒ] 1 das Alter; **at the age of** im Alter von; **over age** über der Altersgrenze; **under age** minderjährig; **to come of age** volljährig werden; **come on, act your age!** komm schon, sei nicht so kindisch!; **to feel one's age** sich alt fühlen 2 das Zeitalter, die Epoche; **the Ice Age** die Eiszeit; **the Middle Ages** das Mittelalter; **in this day and age** heutzutage 3 (*umgangsspr*) **for ages** ewig lang; **to be** [*oder* **take**] **ages** ewig brauchen

to **age** [eɪdʒ] alt werden [lassen], altern

age brack·et die Altersgruppe, die Altersklasse

aged[1] ['eɪdʒd] im Alter von

aged[2] ['eɪdʒɪd] **the aged** die alten Leute

age group die Altersgruppe

age·ing ['eɪdʒɪŋ] *Mensch:* alternd; *Maschine:* veraltend

age·ism ['eɪdʒɪzm] die Diskriminierung auf Grund des Alters

age lim·it die Altersgrenze

agen·cy ['eɪdʒᵊn(t)si] die Agentur, die Vertretung; **government agency** die Behörde, die Dienststelle; **travel agency** das Reisebüro

agen·da [ə'dʒendə] die Tagesordnung; **to be on the agenda** auf der Tagesordnung stehen; **item on the agenda** der Tagesordnungspunkt

agent ['eɪdʒᵊnt] 1 (*Substanz*) das Mittel, das Agens; (*Chemikalie*) der Wirkstoff 2 (*Person*) der Vertreter/die Vertreterin; *eines Künstlers:* der Agent/die Agentin; **travel agent** der Reisebüro-

A

kaufmann/die Reisebürokauffrau ③ (*Spion*) der Agent/die Agentin

to **ag·gra·vate** [ˈægrəveɪt] ① verschlimmern *Situation, Verletzung* ② ärgern, reizen *Person*

ag·gra·vat·ing [ˈægrəveɪtɪŋ] ärgerlich, lästig

ag·gra·va·tion [ˌægrəˈveɪʃᵊn] der Ärger

ag·gre·gate¹ [ˈægrɪgət] ① die Gesamtmenge ② (*im Sport*) das Gesamtergebnis

ag·gre·gate² [ˈægrɪgət] Gesamt-

ag·gres·sion [əˈgreʃᵊn] die Aggression, der Angriff

ag·gres·sive [əˈgresɪv] aggressiv, angriffslustig

ag·gres·sor [əˈgresəʳ] der Angreifer/die Angreiferin

ag·gro [ˈægrəʊ] *kein Plural* (GB) (*slang*) ① der Ärger; **the general aggro of life** die normalen Alltagsprobleme ② (*Ärger, Streit*) der Zoff

ag·ile [ˈædʒaɪl] beweglich, wendig

ag·il·ity [əˈdʒɪləti] *kein Plural* die Flinkheit; (*mental*) die geistige Beweglichkeit

ag·ing (USA) *Mensch:* alternd; *Maschine:* veraltend

agi·ta·tion [ˌædʒɪˈteɪʃᵊn] die Erregung

ago [əˈgəʊ] vor; **three months ago** vor drei Monaten; **that's a long time ago** das ist schon lange her; **[just] a moment ago** eben noch; **not long ago** vor kurzem, unlängst; **a while ago** vor einer Weile; **how long ago?** wie lange ist es her?

ago·niz·ing [ˈægənaɪzɪŋ] qualvoll

ago·ny [ˈægəni] die Qual; **to bend over in agony** sich vor Schmerzen krümmen

ago·ny aunt (GB) die Briefkastentante

> **L** *The agony column* nennt man eine Rubrik in einer Zeitung oder einer Zeitschrift, in der Briefe von Lesern veröffentlicht werden, die Rat für ihre persönlichen Probleme suchen. Eine **agony aunt**, oder ganz selten auch ein *agony uncle*, gibt dann Ratschläge zur Lösung dieser Probleme.

agrar·ian [əˈgreəriən] landwirtschaftlich, agrarisch, Agrar-

to **agree** [əˈgriː] ① (*Erlaubnis geben*) einverstanden sein (**to** mit), einwilligen (**to** in), übereinstimmen (**with** mit) ② (*einer Meinung sein*) sich einigen, einig sein (**on** über); **I couldn't agree more** ich bin ganz deiner Meinung; **we'll just have to agree to differ** wir müssen uns halt darauf einigen, dass wir nicht einer Meinung sind; **we couldn't agree on how to do the experiment** wir konnten uns nicht darüber einigen, wie man das Experiment durchführt ③ **that steak didn't agree with me** das Steak ist mir nicht gut bekommen

agree·ment [əˈgriːmənt] ① die Vereinbarung, die Übereinkunft; **to come to/reach an agreement with someone** sich mit jemandem einigen ② die Zustimmung, das Einverständnis ③ der Vertrag, das Abkommen

ag·ri·cul·tur·al [ˌægriˈkʌltʃᵊrᵊl] landwirtschaftlich; **agricultural land** das Ackerland; **Common Agricultural Policy** die gemeinsame Agrarpolitik [der EU]

ag·ri·cul·ture [ˈægriˈkʌltʃəʳ] die Landwirtschaft

aground [əˈgraʊnd] **to run aground** auf Grund laufen

ah [ɑː] (*einleuchtend*) ach so!; (*freudig*) ah!; (*mitfühlend*) oh!

aha [ɑːˈhɑː] (*einleuchtend*) aha!; (*freudig*) haha!

ahead [əˈhed] vor, voran, voraus; **ahead of** vor; **full speed ahead** volle Kraft voraus; **ahead of time** vorzeitig; **to be ahead of someone** jemandem voraus sein; **to be ahead of one's time** seiner Zeit voraus sein; **Frankfurt is one hour ahead of London** die Frankfurter Ortszeit liegt eine Stunde vor der in London; **to get ahead** vorwärtskommen; **to go ahead** vorangehen, vorausgehen, weitermachen, fortfahren; **go ahead and tell her** sag's ihr doch; **straight ahead** geradeaus; **way ahead** weit voraus

ahoy [əˈhɔɪ] ahoi!

AI [ˌeɪˈaɪ] *kein Plural Abkürzung von* **artificial intelligence** die künstliche Intelligenz

to **aid** [eɪd] **to aid someone** jemandem helfen

aid [eɪd] ① die Hilfe; **to come/go to someone's aid** jemandem helfen, jemandem zu Hilfe kommen; **to give first aid** erste Hilfe leisten ② die Unterstützung; **in aid of the local children's home** zu Gunsten des örtlichen Kinderheims ③ **what was that in aid of?** (*umgangsspr*) was soll denn das?

aid con·voy der Hilfskonvoi

Aids, **AIDS** [eɪdz] *Abkürzung von* **Acquired Immune Deficiency Syndrome** Aids, die Immunschwächekrankheit

ail·ing [ˈeɪlɪŋ] kränkelnd

to **aim** [eɪm] ① zielen (**at** auf/nach) ② richten *Waffe, Fernglas, Kamera* (**at** auf) ③ (*übertragen*) **this programme is aimed at young people** dieses Programm ist für Jugendliche gedacht; **what are you aiming at?** worauf willst du hinaus? ④ **to aim at doing** [*oder* **to do**] **something** beabsichtigen, etwas zu tun

aim [eɪm] ① das Ziel; **to take aim at** zielen auf ② (*übertragen*) der Zweck, die Absicht

ain't [eɪnt] ① (*slang*) *Kurzform von* **am not, is not, are not**: **he ain't here** er ist nicht hier ② (*slang*) *Kurzform von* **has not, have not**: **I ain't told him yet** ich habe es ihm noch nicht gesagt; **you ain't seen nothing yet!** das war nichts! warte mal ab!

air [eəʳ] ① die Luft; **in the open air** unter freiem Himmel; **to get/take some air** frische Luft schnappen ② **to be on [the] air** *Sendung:* senden ③ **by air** auf dem Luftweg, mit Luftpost, mit dem Flugzeug ► WENDUNGEN: **to be up in the air** in der Schwebe sein; **to clear the air**

die Luft reinigen; **to put on** [*oder* **give oneself**] **airs** sich wichtigmachen

to **air** [eəʳ] lüften

air am·bu·lance der Rettungshubschrauber

air bed ['eəˌbed] die Luftmatratze

air·borne ① (*schwebend*) in der Luft befindlich; *Virus:* durch die Luft übertragen ② (*fliegend*) **to be airborne** in der Luft sein; **to get airborne** *Flugzeug:* abheben; *Vogel:* losfliegen

air·brushed (*übertragen*) geschönt

air bub·ble die Luftblase

air-con·di·tioned ['eəkən'dɪʃnd] klimatisiert

air con·di·tion·ing ['eəkən'dɪʃnɪŋ] die Klimaanlage

air·craft ['eəkrɑːft] <*Plural* aircraft> das Flugzeug

air·craft car·ri·er der Flugzeugträger

air·field ['eəfiːld] der Flugplatz

air force die Luftwaffe

air host·ess die Stewardess

air·ing ['eərɪŋ] ① das [Durch]lüften, das Auslüften ② (*bekannt machen*) **to give something an airing** etwas an die Öffentlichkeit bringen

air·ing cup·board (GB) der [Wäsche]trockenschrank

air·line ['eəlaɪn] die Fluglinie, die Fluggesellschaft

air·mail ['eəmeɪl] die Luftpost

air·plane ['eəpleɪn] (USA) das Flugzeug

air pol·lut·ant der Luftschadstoff

air pol·lu·tion die Luftverschmutzung

air·port ['eəpɔːt] der Flughafen

air qual·ity die Luftqualität

air rage *kein Plural* (*umgangsspr*) die Randale im Flugzeug

air raid der Luftangriff

air·sick ['eəsɪk] luftkrank

air·space *kein Plural* der Luftraum

air stew·ard der Flugbegleiter

air stew·ard·ess die Flugbegleiterin

air tick·et der Flugschein

air·tight ['eətaɪt] luftdicht

air traf·fic con·trol·ler der Fluglotse/die Fluglotsin

aisle [aɪl] ① *im Flugzeug, Kino:* der Gang ② *einer Kirche:* das Seitenschiff

ajar [əˈdʒɑːʳ] halboffen, angelehnt

alarm [ə'lɑːm] ① der Alarm; **alarm signal** das Alarmsignal; **to give the alarm** Alarm schlagen ② die Beunruhigung, die Besorgnis

to **alarm** [ə'lɑːm] beunruhigen, erschrecken

alarm clock der Wecker

alarm·ing [ə'lɑːmɪŋ] beunruhigend, alarmierend

Al·ba·nia [æl'beɪniə] Albanien

Al·ba·nian[1] [æl'beɪniən] ① der Albaner/die Albanerin ② (*Sprache*) Albanisch

Al·ba·nian[2] [æl'beɪniən] albanisch

al·bum ['ælbəm] das Album

al·co·hol ['ælkəhɒl] der Alkohol

al·co·hol·ic[1] [ˌælkə'hɒlɪk] alkoholisch

al·co·hol·ic[2] [ˌælkə'hɒlɪk] der Alkoholiker/die Alkoholikerin

al·co·hol·ism ['ælkəhɒlɪzᵊm] *kein Plural* der Alkoholismus

ale [eɪl] das Ale

alert[1] [ə'lɜːt] ① lebhaft, aufgeweckt ② wachsam

alert[2] [ə'lɜːt] ① der Alarm, das Alarmsignal ② **to be on the alert** auf der Hut sein

to **alert** [ə'lɜːt] ① alarmieren *Feuerwehr* ② **to alert someone to something** jemanden vor einer Sache warnen

A lev·el ['eɪlevᵊl] *meist Plural* (GB) ≈ das Abitur; **what A Levels are you taking?** in welchen Fächern machst du deine A Levels?

> **L** Die **A level** (*Advanced level*) ist eine Abschlussprüfung, die Schüler der 12. Klasse in England, Wales und Nordirland ablegen. Die **A levels** wurden in den frühen 50er-Jahren eingeführt und im September 2000 überarbeitet. Alle **A levels** wurden vereinheitlicht und die Prüflinge werden nun im Verlauf des Schuljahrs in ihren Fächern in einzelnen Lerneinheiten geprüft, anstatt am Ende eine einzige Prüfung abzulegen. Das neue **A level** besteht aus zwei Teilen, dem *AS* (*Advanced Subsidiary*) und dem *A2*. Der *AS* ist ein eigenständiger Abschluss und wird wie ein halbes **A level** bewertet. Der *A2* ist der zweite Teil der Abschlussprüfung, der für ein volles **A level** notwendig ist. Die meisten Schüler wählen drei Prüfungsfächer, aber es ist auch möglich, nur ein Fach zu nehmen. Die **A levels** berechtigen zum Studium an einer Universität.

al·ge·bra ['ældʒɪbrə] die Algebra

al·go·rithm ['ælgᵊrɪðᵊm] der Algorithmus

ali·as[1] ['eɪliəs] sonst [... genannt], alias

ali·as[2] ['eɪliəs] der Deckname

ali·bi ['ælɪbaɪ] das Alibi

Alice band ['ælɪs-] (GB) das Haarband

al·ien[1] ['eɪliən] ① (*politisch*) der Ausländer/die Ausländerin ② das außerirdische Wesen

al·ien[2] ['eɪliən] ① außerirdisch ② ausländisch ③ fremd; **killing living beings is alien to this religion** das Töten von Lebewesen liegt dieser Religion fern

to **al·ien·ate** ['eɪliəneɪt] befremden; **to feel alienated from someone** sich jemandem entfremdet fühlen

al·iena·tion [ˌeɪliə'neɪʃᵊn] ① die Entfremdung ② *im Theater:* die Verfremdung, der Verfremdungseffekt

alight [ə'laɪt] ① **to be alight** brennen, in Flammen stehen; **to set alight** in Brand setzen [*oder* stecken]; **to keep alight** nicht ausgehen lassen ② (*übertragen*) **his face was alight with anticipation** sein Gesicht strahlte vor

A

Vorfreude

to **alight** [əˈlaɪt] ① aussteigen (**from** aus) ② *Vogel:* landen

◆ to **alight on** (*übertragen*) **to alight on something** auf etwas stoßen

align·ment [əˈlaɪnmənt] das Ausrichten; **the wheels are out of alignment** die Spur ist falsch eingestellt

alike [əˈlaɪk] ① ähnlich; **they look very alike** sie ähneln sich sehr ② gleich; **they are all alike** sie sind alle gleich ③ in gleicher Weise, ohne Unterschied; **to treat all men alike** alle Menschen gleich behandeln

ali·men·ta·ry ca·nal [ælɪˌmentᵊrikəˈnæl] der Verdauungstrakt

A-list·er [ˈeɪlɪstəʳ] der Promi, der Publikumsliebling

alive [əˈlaɪv] ① lebend[ig]; **is she still alive?** lebt sie noch?; **to keep alive** am Leben erhalten; **alive and kicking** (*umgangsspr*) gesund und munter ② **to be alive to something** sich einer Sache bewusst sein ③ **to be alive with something** von etwas wimmeln

al·ka·line [ˈælkᵊlaɪn] alkalisch

all[1] [ɒːl] ① *mit Plural* alle; **they took all [that] I had** sie nahmen alles was ich hatte; **all the children** alle Kinder; **all my friends** alle meine Freunde; **all of them** sie alle; **all of five minutes** ganze fünf Minuten ② *mit Singular* ganze(r, s); **all the butter** die ganze Butter; **all London** ganz London; **all day/night long** den ganzen Tag/die ganze Nacht hindurch; **all of it** alles; **all of Germany** ganz Deutschland ③ *mit Possessivpronomen* all; **all my life** mein ganzes Leben [lang]; **for all her beauty** trotz [all] ihrer Schönheit ④ **for all that** trotz allem

all[2] [ɒːl] ① *mit Superlativen* **richest of all** am reichsten; **I like that best of all** das mag ich am meisten ② **to be all ears** ganz Ohr sein ③ *mit Adjektiven* ganz; **all alone** ganz allein; **all dirty** ganz schmutzig ④ **all round** rundum ⑤ **all the same** trotzdem; **not as stupid as all that** gar nicht so dumm ⑥ **I'm all for it** ich bin ganz dafür; **our plans are all set** unsere Pläne stehen fest

all[3] [ɒːl] ① alles; **above all** vor allem, vor allen Dingen; **after all** trotzdem, schließlich [und endlich]; **all in all** alles in allem, im Ganzen genommen; **all but** beinahe, fast; **all at once** plötzlich; **all the same** trotzdem; **all of a sudden** auf einmal; **all over [the place]** überall; **all over the world** in der ganzen Welt; **to tremble all over** am ganzen Körper zittern; **all the time** die ganze Zeit; **all told** alles zusammengenommen, alles in allem; **at all** überhaupt; **for all that** trotzdem; **from all over** von überall her; **in all** insgesamt; **not at all** keineswegs, überhaupt nicht; **not at all!** keine Ursache!; **once and for all** ein für alle Mal; **if that's all there is to it** wenn's weiter nichts ist; **that's all I needed** das hat mir gerade noch gefehlt; **it's all very well for you to talk** du kannst gut reden ② (*im Sport*) **two all** zwei zu zwei, zwei beide ③ **to give one's all** alles geben; **he isn't all there** er ist nicht ganz dicht; **all's well that ends well** Ende gut, alles gut

Allah [ˈælə] *ohne Artikel* Allah

all-clear [ˌɔːlˈklɪəʳ] die Entwarnung; **to give the all-clear** Entwarnung geben

al·le·ga·tion [æləˈgeɪʃᵊn] die Behauptung

to **al·lege** [əˈledʒ] behaupten

al·leged [əˈledʒd, -dʒɪd] angeblich

al·leg·ed·ly [əˈledʒɪdli] angeblich

al·le·giance [əˈliːdʒᵊn(t)s] die Loyalität; **oath of allegiance** der Fahneneid; **to pledge allegiance to someone** jemandem Treue schwören

al·le·gori·cal [æləˈgɒrɪkᵊl] allegorisch

al·le·go·ry [ˈælɪgəri] die Allegorie

al·le·luia[1] [ˌælɪˈluːjə] halleluja

al·le·luia[2] [ˌælɪˈluːjə] das Halleluja

al·ler·gic [əˈlɜːdʒɪk] (*auch übertragen*) allergisch (**to** gegen)

al·ler·gy [ˈælədʒi] die Allergie (**to** gegen); **dust/sun allergy** die Staub-/Sonnenallergie

to **al·le·vi·ate** [əˈliːvieɪt] abbauen *Angst;* lindern *Schmerz;* verringern *Stress*

al·ley [ˈæli] ① die Gasse ② **blind alley** die Sackgasse; (*übertragen*) die ausweglose Lage ③ **bowling alley** die Kegelbahn ④ **that's just up his alley** das ist genau seine Sache

> **F** Nicht verwechseln mit **Allee** (die) = avenue!

al·li·ance [əˈlaɪən(t)s] das Bündnis

al·lied [ˈælaɪd] verbündet, alliiert; **the Allied forces** die Alliierten

al·li·ga·tor [ˈælɪgeɪtəʳ] ① der Alligator ② **see you later, alligator** (*umgangsspr*) bis später

all-in [ɔːlˈɪn] alles inbegriffen; **all-in rate** der Inklusivpreis, der Pauschalpreis

al·lit·era·tion [ˌəlɪtəˈreɪʃᵊn] *kein Plural* die Alliteration, der Stabreim

to **al·lo·cate** [ˈæləkeɪt] zuteilen, zuweisen

al·lo·ca·tion [ˌæləˈkeɪʃᵊn] die Zuteilung, die Zuweisung

to **al·lot** [əˈlɒt] <allotted, allotted> zuteilen

al·lot·ment [əˈlɒtmənt] ① die Zuteilung ② (GB) die Parzelle, der Schrebergarten

all-out [ɔːlˈaʊt] total; **to make an all-out attempt to do something** alles daransetzen, etwas zu tun

to **al·low** [əˈlaʊ] ① erlauben, gestatten; **are you allowed to smoke at home?** darfst du zu Hause rauchen? ② **to allow oneself something** sich etwas gönnen [*oder* erlauben] ③ bewilligen, anerkennen ④ **to allow for something** etwas berücksichtigen [*oder* in Betracht ziehen] ⑤ **to allow past** vorbeilassen; **to allow through** durchlassen

al·low·ance [ə'laʊən(t)s] ① der Zuschuss; (*staatlich*) die Beihilfe, die Unterstützung; **family allowance** die Familienzulage; **tax allowance** der Steuerfreibetrag ② (USA) das Taschengeld; **her parents give her a monthly clothing allowance** ihre Eltern geben ihr monatlich Geld für Kleidung ③ (*technisch*) die Toleranz ④ **to make allowance[s] for something** etwas berücksichtigen

all-pur·pose Allzweck-

all right [ˌɔːl'raɪt] ① in Ordnung, okay; **are you feeling all right?** fehlt Ihnen etwas?; **that's all right** schon gut, gern geschehen ② **it was all right** es war ganz gut ③ **she was angry all right** sie war vielleicht sauer ④ **is that all right with you?** ist Ihnen das recht?

all-round Allround-

all-time Rekord-, unübertroffen; **all-time high/low** der Höchst-/Tiefststand

to **al·lude** [ə'luːd] **to allude to something** auf etwas anspielen

al·lur·ing [ə'ljʊəʳɪŋ] anziehend

al·lu·sion [ə'luːʒᵊn] die Anspielung

all-weath·er Allwetter-

ally ['ælaɪ] ① der Bundesgenosse/die Bundesgenossin, der/die Verbündete ② (*historisch*) **the Allies** die Alliierten

al·mighty¹ [ɔːl'maɪti] allmächtig

al·mighty² [ɔːl'maɪti] **the Almighty** der Allmächtige

al·mond ['ɑːmənd] ① die Mandel ② der Mandelbaum

al·most ['ɔːlməʊst] fast, beinahe

aloe vera [ˌæləʊ'vɪərə] die Aloe Vera

alone [ə'ləʊn] ① allein ② **leave it alone!** lassen Sie es bleiben!; **leave me alone!** lass mich in Ruhe! ③ **let alone ...** geschweige denn ...

along¹ [ə'lɒŋ] entlang; **go along here** gehen Sie in dieser Richtung; **the houses along this side of the street** die Häuser auf dieser Straßenseite

along² [ə'lɒŋ] ① weiter; **to move along** weitergehen ② **she'll be along in a minute** sie wird gleich hier sein ③ **to bring/take someone/something along** jemanden/etwas mitbringen/mitnehmen ④ **along with** zusammen mit ⑤ **to get along well** sich gut verstehen (**with** mit); (*mit Arbeit*) gut vorankommen; **how are you getting along?** wie geht es Ihnen denn? ⑥ **all along** schon immer; **all along he's been lying to us** er hat uns die ganze Zeit belogen

along·side [əˌlɒŋ'saɪd] [da]neben

aloof [ə'luːf] unnahbar, zurückhaltend; **to remain aloof** sich abseitshalten

aloud [ə'laʊd] laut; **to read aloud** vorlesen

al·pha·bet ['ælfəbet] das Alphabet

al·pha·beti·cal [ælfə'betɪkᵊl] alphabetisch

al·pine ['ælpaɪn] alpin

Alps [ælps] *Plural* **the Alps** die Alpen

al Qae·da, **al-Qai·da** [æl'kʌaɪdə, ˌalkɑː'iːdə] *kein Plural, ohne Artikel* al Qaida

al·ready [ɔːl'redi] schon, bereits

Al·sa·tian [æl'seɪʃᵊn] (GB) der Schäferhund

also ['ɔːlsəʊ] auch, ebenfalls

al·tar ['ɔːltəʳ] der Altar

al·ter ['ɔːltəʳ] ① [ab]ändern, umändern, verändern ② sich [ver]ändern

al·tera·tion [ˌɔːltəʳ'reɪʃᵊn] ① die Änderung; **subject to alteration** Änderungen vorbehalten ② *an Gebäude:* der Umbau

al·ter·nate [ɔːl'tɜːnət] abwechselnd; **on alternate days** jeden zweiten Tag

to **al·ter·nate** ['ɔːltəneɪt] abwechseln lassen, [sich] abwechseln (**with** mit)

al·ter·nat·ing ['ɔːltəneɪtɪŋ] wechselnd; **alternating current** der Wechselstrom

al·ter·na·tive¹ [ɔːl'tɜːnətɪv] alternativ; **alternative route** die Ausweichstrecke; **alternative suggestion** der Gegenvorschlag

al·ter·na·tive² [ɔːl'tɜːnətɪv] die Alternative; **there is no alternative** es gibt keine andere Möglichkeit; **I had no alternative** es blieb mir keine andere Wahl

al·ter·na·tive·ly [ɔːl'tɜːnətɪvli] stattdessen

al·ter·na·tor ['ɔːltəneɪtəʳ] ① der Wechselstromgenerator ② *am Auto:* die Lichtmaschine

al·though [ɔːl'ðəʊ] obgleich, obwohl

al·ti·tude ['æltɪtjuːd] die Höhe; **at high/low altitude** in großer/niedriger Höhe

alto ['æltəʊ] <*Plural* altos> der Alt

al·to·geth·er [ˌɔːltə'geθəʳ] ① gänzlich, ganz und gar, völlig ② alles in allem, insgesamt, im Ganzen; **what she said is not altogether correct** was sie gesagt hat, ist nicht ganz richtig

alu·min·ium [ˌælə'mɪniəm, -jʊ'mɪnjəm], (USA) **alu·mi·num** [ə'luːmɪnəm] *kein Plural* das Aluminium

al·ways ['ɔːlweɪz] immer, ständig; **as always** wie immer; **the customer is always right** der Kunde ist König; **he's always been shy** er war schon immer schüchtern

am [əm, *betont* æm] **I am** ich bin; **am I to understand that ...** soll das bedeuten, dass ...

a.m. [ˌeɪ'em] *Abkürzung von* **ante meridiem** vormittags; **your appointment is at 7.30 a.m.** ihr Termin ist um 7.30 Uhr

ama·teur ['æmətəʳ] ① der Amateur/die Amateurin ② (*als Kritik*) der Dilettant/die Dilettantin

ama·teur·ish ['æmətᵊrɪʃ] (*abwertend*) dilettantisch

to **amaze** [ə'meɪz] verblüffen, sehr überraschen; **to be amazed at** [*oder* **by**] erstaunt sein über

amaze·ment [ə'meɪzmənt] die Verblüffung, die

A

Verwunderung

amaz·ing [ə'meɪzɪŋ] erstaunlich

Ama·zon ['æməzᵊn] 1 (*Fluss*) der Amazonas 2 (*Kriegerin*) die Amazone; (*übertragen*) das Mannweib

am·bas·sa·dor [æm'bæsədəʳ] der Botschafter/die Botschafterin

am·ber ['æmbəʳ] 1 der Bernstein 2 (*Verkehrsampel*) das Gelb

am·bi·dex·trous [ˌæmbɪ'dekstrəs] beidhändig

am·bi·gu·ity [ˌæmbɪ'gju:əti] die Mehrdeutigkeit, die Zweideutigkeit

am·bigu·ous [æm'bɪgjʊəs] mehrdeutig, zweideutig

am·bi·tion [æm'bɪʃᵊn] der Ehrgeiz

am·bi·tious [æm'bɪʃəs] ehrgeizig

am·bu·lance ['æmbjələn(t)s] der Krankenwagen

am·bush ['æmbʊʃ] der Hinterhalt; **to lie in ambush** im Hinterhalt liegen

to **am·bush** ['æmbʊʃ] aus dem Hinterhalt überfallen

amen [ˌɑ:'men, ˌeɪ-] Amen; **amen to that!** Gott sei's gedankt!

to **amend** [ə'mend] [ab]ändern

amend·ment [ə'men(d)mənt] die Änderung; **the fifth amendment** (USA) der Fünfte Zusatzartikel [zur Verfassung]

amen·ity [ə'mi:nəti] 1 die öffentliche Einrichtung; **close to all amenities** in günstiger Lage 2 **with all amenities** mit allem Komfort

Ameri·ca [ə'merɪkə] Amerika

> **L** Am 12. Oktober 1492 entdeckte Kolumbus Amerika. Seit 1971 wird dieser Tag, der **Columbus Day**, in den USA immer am zweiten Montag im Oktober gefeiert.

Ameri·can[1] [ə'merɪkən] der Amerikaner/die Amerikanerin

Ameri·can[2] [ə'merɪkən] amerikanisch

Ameri·can foot·ball *kein Plural* (GB) der American Football

> **L** Der amerikanische **football** ist ganz anders als der europäische Fußball, der in den USA **soccer** genannt wird. Der Ball hat zwei spitze Enden und wird nicht nur getreten, sondern auch geworfen. Jede Halbzeit fängt mit einem **kickoff** an, d.h. ein Spieler tritt den Ball, und seine Mitspieler versuchen, den Ball mit den Händen zu fangen, um damit zum Tor zu rennen. Die Gegenseite stoppt den Spieler mit dem Ball durch **tackling**, wobei man ihn mit den Armen festhält und zu Boden reißt.

Ameri·can·ism [ə'merɪkənɪzᵊm] der amerikanische Ausdruck, der Amerikanismus

ami·able ['eɪmiəbl̩] freundlich

ami·cable ['æmikəbl̩] freundlich

amid [ə'mɪd], **amidst** [ə'mɪdst] mitten unter, inmitten

amiss [ə'mɪs] **there's something amiss** etwas stimmt nicht; **to take something amiss** etwas übel nehmen

am·mo·nia [ə'məʊniə] das Ammoniak

am·mu·ni·tion [ˌæmjə'nɪʃᵊn] die Munition

am·ne·sia [æm'ni:zɪə] die Amnesie

am·nes·ty [æm'nəsti] die Amnestie

among [ə'mʌŋ], **amongst** [ə'mʌŋst] unter, zwischen; **among other things** unter anderem; **they agreed among themselves** sie stimmten miteinander überein; **settle that among yourselves!** machen Sie das unter sich aus!

amo·rous ['æmᵊrəs] amourös, verliebt

amount [ə'maʊnt] 1 der Betrag, die Summe; **large amounts of money** die beträchtlichen Geldsummen 2 die Menge; **any amount of** beliebig viel

to **amount** [ə'maʊnt] 1 **to amount to something** *Betrag:* sich auf etwas belaufen, etwas betragen [*oder* ausmachen] 2 **to amount to something** etwas bedeuten; *Sache:* auf etwas hinauslaufen; **to amount to nothing** belanglos sein

am·pheta·mine [æm'fetəmi:n] das Amphetamin

am·phibi·ous [æm'fɪbiəs] amphibisch

am·pli·fi·er ['æmplɪfaɪəʳ] der Verstärker

to **am·pli·fy** ['æmplɪfaɪ] verstärken

to **am·pu·tate** ['æmpjəteɪt] amputieren

to **amuse** [ə'mju:z] 1 belustigen, amüsieren; **to be amused at** [*oder* **by**] **something** sich über etwas amüsieren 2 **what's the best way to keep a group of young children amused?** wie unterhält man am besten eine Gruppe Kleinkinder?; **he can amuse himself with the newspaper for a while** er kann sich mit der Zeitung eine Weile beschäftigen; **she amused herself by counting the tiles along the wall** sie hat sich die Zeit vertrieben, indem sie die Fliesen an der Wand gezählt hat

amuse·ment [ə'mju:zmənt] 1 die Belustigung, das Vergnügen (**at** über) 2 die Unterhaltung, der Zeitvertreib

amuse·ment ar·cade die Spielhalle

amuse·ment park (USA) der Freizeitpark

amus·ing [ə'mju:zɪŋ] amüsant, lustig

an [ᵊn, *betont* æn] *unbestimmter Artikel* 1 *vor Vokalen* **an egg** ein Ei; **a European** ein Europäer 2 *vor einem stillen ‚h'* **an hour** eine Stunde; **a house** ein Haus

> **G** Der unbestimmte Artikel **an** wird vor Wörter, die mit den Vokalen ‚a', ‚e', ‚i', ‚o', ‚u' beginnen, gesetzt: *an apple, an egg, an ice-cream, an oyster, an umbrella*; und auch vor ‚h', wenn man es nicht hört: *an hour, an honest man*;
> Wird aber ein ‚u' als [ju] ausgesprochen, dann wird vor das Wort ein **a** gesetzt: *a unit, a university*

anae·mic [əˈniːmɪk] blutarm; **he's very anaemic** er leidet unter Eisenmangel

an·aes·thet·ic [ˌænɪsˈθetɪk] das Betäubungsmittel

to **anaes·the·tize** [əˈniːsθətaɪz] GB betäuben

ana·gram [ˈænəgræm] das Anagramm

anal·ogy [əˈnælədʒi] die Analogie

to **ana·lyse** [ˈænəlaɪz] ① analysieren ② (*übertragen*) untersuchen; auswerten *Bericht*

analy·sis [əˈnæləsɪs, *Plural* -siːz] <*Plural* analyses> ① die Analyse ② die Untersuchung, die Auswertung ③ die Psychoanalyse

ana·lyst [ˈænəlɪst] der Analytiker/die Analytikerin

to **ana·lyze** USA ① analysieren ② (*übertragen*) untersuchen; auswerten *Bericht*

an·ar·chist [ˈænəkɪst] der Anarchist/die Anarchistin

an·ar·chy [ˈænəki] die Anarchie

ana·tomi·cal [ˌænəˈtɒmɪkᵊl] anatomisch

anato·my [əˈnætəmi] ① die Anatomie ② (*übertragen*) der Aufbau

an·ces·tor [ˈænsestəʳ] der Vorfahr/die Vorfahrin

an·ces·tral [ænˈsestrᵊl] **ancestral home** der Stammsitz

an·chor [ˈæŋkəʳ] der Anker; **at anchor** vor Anker; **to cast** [*oder* **drop**] **anchor** Anker werfen; **to weigh anchor** den Anker lichten

to **an·chor** [ˈæŋkəʳ] ① (*auch übertragen*) **to anchor something** etwas verankern ② **they anchored in a bay surrounded by green hills** sie ankerten in einer Bucht umgeben von grünen Hügeln

an·chor·man [ˈæŋkəmæn] <*Plural* anchormen> (*im Fernsehen*) der Moderator

an·chor·woman [ˈæŋkəwʊmən, *Plural* ˈæŋkəwɪmɪn] <*Plural* anchorwomen> (*im Fernsehen*) die Moderatorin

an·cho·vy [ˈæntʃəvi] die An[s]chovis, die Sardelle

an·cient [ˈeɪn(t)ʃᵊnt] ① alt, antik ② (*humorvoll*) uralt

and [ən, ənd, *betont* ænd] und; **better and better** immer besser; **for days and days** tagelang; **years and years** jahrelang; **nice and warm** schön warm; **and so on** und so weiter; **try and do it!** versuch's doch mal!; **to wait and see** abwarten

AND gate das UND-Gatter

An·dor·ra [ænˈdɔːrə] Andorra

an·ec·dote [ˈænɪkdəʊt] die Anekdote

ane·mic [əˈniːmɪk] USA blutarm

an·es·thet·ic [ˌænɪsˈθetɪk] USA das Betäubungsmittel

to **an·es·the·tize** USA betäuben

an·gel [ˈeɪndʒᵊl] (*auch übertragen*) der Engel

an·ger [ˈæŋgəʳ] der Ärger, der Zorn; (*stärker*) die Wut (**at** über); **in** [**a moment of**] **anger** im Zorn

to **an·ger** [ˈæŋgəʳ] wütend machen, [ver]ärgern

an·gle [ˈæŋgl] ① der Winkel; **at an angle** schräg; **at an angle of 45°** in einem Winkel von 45°; **at right angles to** im rechten Winkel zu ② (*übertragen*) der Standpunkt, die Position; **to consider something from all angles** etwas von allen Seiten betrachten

to **an·gle** [ˈæŋgl] ausrichten, einstellen

an·gler [ˈæŋgləʳ] der Angler/die Anglerin

An·gli·can[1] [ˈæŋglɪkən] der Anglikaner/die Anglikanerin

An·gli·can[2] [ˈæŋglɪkən] anglikanisch

An·gli·can Church *kein Plural* die anglikanische Kirche

to **an·gli·cize** [ˈæŋglɪsaɪz] anglisieren

an·gling [ˈæŋglɪŋ] das Angeln

An·glo [ˈæŋgləʊ] Anglo-, englisch-

an·glo·phile [ˈæŋglə(ʊ)faɪl] der Englandliebhaber/die Englandliebhaberin

An·glo-Sax·on[1] [ˌæŋgləʊˈsæksᵊn] der Angelsachse/die Angelsächsin

> **L** Die **Angles** (Angeln) waren ein germanischer Stamm, der von Dänemark aus zusammen mit den **Saxons** (Sachsen) im 5. und 6. Jahrhundert im Süden Britanniens einwanderte und ihn besiedelte. Der Name England bedeutet *land of the Angles* und die Bezeichnung **Anglo-Saxons** (Angelsachsen) sollte die *Saxons of England* von den *Saxons of Germany* unterscheiden.

An·glo-Sax·on[2] [ˌæŋgləʊˈsæksᵊn] angelsächsisch

an·gri·ly [ˈæŋgrɪli] verärgert, wütend

an·gry [ˈæŋgri] <angrier, angriest> ① ärgerlich, zornig; **to be angry at something** über etwas verärgert sein, sich über etwas ärgern; **to be angry with someone** auf jemanden böse sein, sich über jemanden ärgern; **what are you angry about?** worüber ärgerst du dich? ② *Wunde:* entzündet ③ (*übertragen*) *Meer:* aufgewühlt

an·guish [ˈæŋgwɪʃ] *kein Plural* die Qual; **to cause someone anguish** jemandem Leid zufügen

an·gu·lar [ˈæŋgjʊləʳ] kantig; (*dünn*) knochig

ani·mal [ˈænɪmᵊl] (*auch übertragen*) das Tier

ani·mate [ˈænɪmət] belebt

to **ani·mate** [ˈænɪmeɪt] beleben

ani·mat·ed [ˈænɪmeɪtɪd] ① lebhaft, rege, angeregt ② **animated cartoon** der Zeichentrickfilm

ani·ma·tion [ænɪˈmeɪʃᵊn] ① (*Temperament*) die Lebhaftigkeit ② (*Film*) die Animation

ani·mos·ity [ˌænɪˈmɒsəti] die Feindseligkeit, die starke Abneigung (**against** gegen, **between** zwischen)

ani·seed [ænɪsiːd] der Anis[samen]

an·kle [ˈæŋkl] der Fußknöchel; **to sprain one's ankle** sich den Fuß verstauchen

an·kle-deep knöcheltief, bis zum Knöchel

A

an·kle sock das Söckchen
an·klet [ˈæŋklət] das Fußkettchen
to **an·ni·hi·late** [əˈnaɪleɪt] ① vernichten, auslöschen ② *(übertragen)* am Boden zerstören
an·ni·hi·la·tion [əˌnaɪˈleɪʃᵊn] die Vernichtung
an·ni·ver·sa·ry [ænɪˈvɜːsᵊri] der Jahrestag; **wedding anniversary** der Hochzeitstag
to **an·nounce** [əˈnaʊn(t)s] ① bekannt geben, ankündigen ② *im Radio:* ansagen ③ *über Lautsprecher:* durchsagen ④ *in der Zeitung:* anzeigen
an·nounce·ment [əˈnaʊn(t)smənt] ① die Bekanntgabe, die Ankündigung ② *im Radio:* die Ansage ③ *über Lautsprecher:* die Durchsage ④ *in der Zeitung:* die Anzeige
an·nounc·er [əˈnaʊn(t)səʳ] der Ansager/die Ansagerin
to **an·noy** [əˈnɔɪ] ärgern; **to be annoyed** sich ärgern; **he's very annoyed with you for taking the car without asking him** er hat sich über dich aufgeregt, weil du das Auto genommen hast, ohne ihn zu fragen; **to get annoyed** sich aufregen
an·noy·ance [əˈnɔɪən(t)s] ① der Ärger ② die Belästigung, die Plage
an·noyed [əˈnɔɪd] verärgert; **don't get so annoyed** lass dich dadurch nicht ärgern
an·noy·ing [əˈnɔɪɪŋ] lästig, ärgerlich; **the annoying thing is, [that] I can't do anything about it!** das Ärgerliche daran ist, dass ich gar nichts dagegen machen kann!
an·nual¹ [ˈænjuəl] jährlich, im Jahr; **annual general meeting** die Jahreshauptversammlung
an·nual² [ˈænjuəl] ① das Jahrbuch ② die einjährige Pflanze
an·nu·al·ly [ˈænjuəli] jährlich, im Jahr
ano·nym·ity [ˌænəˈnɪməti] die Anonymität
anony·mous [əˈnɒnɪməs] anonym
ano·rak [ˈænəræk] der Anorak
ano·rexia [ˌænəˈreksɪə], **ano·rexia ner·vo·sa** [ˌænəˈreksɪənɜːˈvəʊzə] *kein Plural* die Magersucht
an·other¹ [əˈnʌðəʳ] ① noch eine(r, s), ein weiterer, eine weitere, ein weiteres; **these cakes are delicious, have another** diese Kuchen sind köstlich, nimm dir noch einen; **shall we have another drink?** sollen wir noch was trinken?; **come and see me again in another week** kommen Sie in einer Woche noch mal; **after that, she didn't say another word** danach hat sie nichts mehr gesagt ② ein anderer, eine andere, ein anderes; **at another time** zu einer anderen Zeit
an·other² [əˈnʌðəʳ] ① **one thing leads to another** eines ergibt sich aus dem anderen; **one way or another** so oder so ② **one another** einander, sich; **they love one another** sie lieben sich
an·swer [ˈɑːn(t)səʳ] ① die Antwort; **I did phone but there was no answer** ich habe angerufen, aber es hat sich niemand gemeldet; **in answer to** als Antwort auf ② *eines Problems:* die Lösung
to **an·swer** [ˈɑːn(t)səʳ] ① **to answer someone** jemandem antworten; **answer your aunt when she asks you a question!** antworte deiner Tante, wenn sie dich was fragt! ② beantworten, antworten auf *Frage, Brief* ③ **to answer the door** die Tür öffnen ④ **to answer the telephone** ans Telefon gehen ⑤ entsprechen *Beschreibung, Zweck;* erfüllen *Hoffnung, Wunsch* ⑥ **to answer an accusation** zu einer Beschuldigung Stellung nehmen ⑦ **to answer a prayer** ein Gebet erhören
◆ to **answer back** widersprechen, frech sein; **don't answer back!** keine Widerrede!; **to answer someone back** jemandem widersprechen, jemandem eine freche Antwort geben
◆ to **answer for** verantwortlich sein für, verantworten; **to answer for someone/something** für jemanden/etwas die Verantwortung übernehmen; **he has a lot to answer for** er hat einiges auf dem Gewissen
◆ to **answer to** ① **to answer to someone for something** jemandem für etwas Rechenschaft schuldig sein ② **to answer to the controls** auf die Steuerung ansprechen ③ **to answer to the name of ...** auf den Namen ... hören ④ **to answer to a description** einer Beschreibung entsprechen
an·swer·able [ˈɑːn(t)sᵊrəbl̩] **to be answerable to someone** jemandem gegenüber verantwortlich sein
an·swer·ing ma·chine [ˈɑːnsərɪŋ məˈʃiːn], **an·swer·phone** [ˈɑːn(t)səfəʊn] der Anrufbeantworter
ant [ænt] die Ameise
an·tago·nist [ænˈtægənɪst] der Gegner/die Gegnerin, der Widersacher/die Widersacherin
an·tago·nis·tic [ænˌtægəˈnɪstɪk] **to be antagonistic toward[s] someone** jemandem gegenüber feindselig eingestellt sein
to **an·tago·nize** [ænˈtægənaɪz] **to antagonize someone** jemanden zu seinem Gegner machen
Ant·arc·tic [ænˈtɑːktɪk] **the Antarctic** die Antarktis; **the Antarctic Circle** der Südpolarkreis; **the Antarctic Ocean** das Südpolarmeer, der südliche Ozean
Ant·arc·ti·ca [ænˈtɑːktɪkə] die Antarktis
ant·eater [ˈæntˌiːtəʳ] der Ameisenbär
ante·lope [ˈæntɪləʊp] <*Plural* antelopes *oder* antelope> die Antilope
ante·na·tal [ˌæntɪˈneɪtᵊl] vor der Geburt; **antenatal clinic** die Klinik für werdende Mütter
an·ten·na [ænˈtenə, *Plural* ænˈteniː] ① <*Plural* antennae> *von Insekten:* der Fühler ② <*Plural* antennas> *(Radio, TV)* die Antenne

an·ten·nae [æn'teniː] *Pluralform von* **antenna**

an·them ['æn(t)θəm] die Hymne

ant·hill ['ænthɪl] der Ameisenhaufen

an·thrax ['æn(t)θræks] *kein Plural* der Milzbrand, der Anthrax

anti ['ænti] gegen; **she's always so anti!** sie ist immer kontra!

anti-air·craft [ˌæntɪ'eəkrɑːft] Flugabwehr-; **anti-aircraft gun** die Flak

anti·bi·ot·ic [ˌæntibaɪ'ɒtɪk] das Antibiotikum

anti·body der Antikörper

to **an·tici·pate** [æn'tɪsɪpeɪt] 1 erwarten; **to anticipate trouble** mit Ärger rechnen 2 (*zeitlich*) vorwegnehmen, zuvorkommen 3 vorhersehen, voraussehen

an·tici·pa·tion [ænˌtɪsɪ'peɪʃᵊn] 1 die Erwartung; **the best thing about Christmas is the anticipation** das Beste an Weihnachten ist die Vorfreude 2 **in anticipation of something** in Erwartung einer Sache

anti·cli·max [ˌæntɪ'klaɪmæks] die Enttäuschung, die Antiklimax

anti·clock·wise [ˌæntɪ'klɒkwaɪz] entgegen dem Uhrzeigersinn

anti·cy·clone [ˌæntɪ'saɪkləʊn] das Hochdruckgebiet

anti·dote ['æntɪdəʊt] das Gegenmittel, das Gegengift (**against/for** gegen)

anti·freeze ['æntɪfriːz] das Frostschutzmittel

anti·per·spi·rant [ˌæntɪ'pɜːspərənt] das Deodorant

anti·quat·ed ['æntɪkweɪtɪd] antiquiert

an·tique[1] [æn'tiːk] die Antiquität; **antique dealer** der Antiquitätenhändler/die Antiquitätenhändlerin

an·tique[2] [æn'tiːk] antik

an·tiq·uity [æn'tɪkwəti] 1 das Altertum 2 **antiquities** die Altertümer

anti-rac·ist [ˌæntɪreɪsɪst] antirassistisch

anti-Se·mite der Antisemit/die Antisemitin

anti-Se·mit·ic [ˌæntɪsɪ'mɪtɪk] antisemitisch

anti-Se·mi·tism der Antisemitismus

anti·sep·tic[1] [ˌæntɪ'septɪk] antiseptisch, keimtötend

anti·sep·tic[2] [ˌæntɪ'septɪk] das Antiseptikum

anti·so·cial [ˌæntɪ'səʊʃl] 1 *Mensch:* unsozial, ungesellig 2 *Verhalten:* asozial

an·ti-spam [ˌæntɪ'spæm] Antispam-

anti-war Antikriegs-

ant·ler ['æntləʳ] die Geweihsprosse; **a pair of antlers** ein Geweih

an·to·nym ['æntənɪm] das Antonym

anxi·ety [æŋ'zaɪəti] 1 die Besorgnis, die Angst (**for/about** um), das Angstgefühl; **with anxiety** angstvoll, besorgt 2 der [dringende] Wunsch, das Verlangen (**for** nach)

anx·ious ['æŋ(k)ʃəs] 1 besorgt, beunruhigt (**about** wegen) 2 begierig (**for** nach), gespannt (**for** auf); **he seems very anxious to leave early** er scheint sehr bestrebt zu sein, früh nach Hause zu gehen 3 **anxious situation** die beängstigende Situation; **an anxious time** eine Zeit des Bangens

any[1] [eni, əni] 1 *in Frage- und Bedingungssätzen, in verneinenden Sätzen* **have you any other questions?** haben Sie sonst noch Fragen?; **do you have any money with you?** haben Sie Geld bei sich?; **if it's any help [at all]** wenn das irgendwie hilft; **do you have any idea how much this costs?** hast du eine Ahnung was das hier kostet?; **not any** kein[e] 2 (*egal welche*) irgendein[e]; **take any CD you fancy** suche dir irgendeine CD aus; **which colour would you like? — any will do** welche Farbe möchtest du? — es ist egal, ich nehme irgendeine 3 jede(r, s) beliebige; **come at any time** kommen Sie zu jeder [beliebigen] Zeit; **do it any way you like** mach es wie du willst 4 **in any case** auf jeden Fall; **at any rate** in jedem Fall 5 **if any** wenn überhaupt

any[2] [eni, əni] 1 *mit Steigerungsformen* noch; **any more?** noch mehr? 2 **it hasn't got any colder** es ist nicht kälter geworden; **they couldn't wait any longer** sie konnten nicht länger warten; **she didn't feel any better after his visit** sie fühlte sich nach seinem Besuch auch nicht besser

any·body ['eniˌbɒdi] 1 irgendjemand; **is anybody ill?** ist jemand krank?; **isn't there anybody who wants to go into town?** möchte denn niemand in die Stadt?; **if anybody** wenn [überhaupt] jemand; **if anybody interrupts me again, there'll be trouble!** wenn mich noch mal jemand unterbricht, gibt es Ärger! 2 jeder [beliebige]; **anybody can do that** jeder kann das 3 **anybody else** irgendein anderer; **does anybody else want another cup of coffee?** will noch jemand noch eine Tasse Kaffee? 4 **not anybody** niemand; (*einzelne Person*) keine(r, s) ► WENDUNGEN: **it's anybody's guess** das weiß keiner; **anybody who's anybody** jeder, der etwas auf sich hält

any·how ['enihaʊ] 1 jedenfalls, trotzdem; **anyhow, you can try** du kannst es trotzdem versuchen; **he did it anyhow** er tat es doch 2 irgendwie; **he does his work anyhow** er erledigt seine Arbeit mehr schlecht als recht; **she threw her things just anyhow into the cupboard** sie warf ihre Sachen ohne jegliche Ordnung in den Schrank

any·one ['eniwʌn] 1 irgendjemand; **is anyone ill?** ist jemand krank?; **isn't there anyone who wants to go into town?** möchte denn niemand in die Stadt?; **if anyone** wenn [überhaupt] jemand; **if anyone interrupts me again, there'll be trouble!** wenn mich noch-

A

mal jemand unterbricht, gibt es Ärger! ② jeder [beliebige]; **anyone can do that** jeder kann das ③ **anyone else** irgendein anderer; **does anyone else want another cup of coffee?** will noch jemand noch eine Tasse Kaffee? ④ **not anyone** niemand; (*einzelne Person*) keine(r, s) ▶WENDUNGEN: **it's anyone guess** das weiß keiner; **anyone who's anyone** jeder, der etwas auf sich hält

any·thing [ˈeniθɪŋ] ① irgendetwas, jedes beliebige, alles; **is there anything new?** gibt's was Neues?; **is there anything left over?** ist noch was übrig?; **there isn't anything to eat!** es gibt nichts zu essen!; **she didn't say anything** sie hat nichts gesagt; **scarcely anything** fast nichts, kaum etwas; **take anything you like** nimm dir was dir gefällt; **I would do anything [and everything] to help her** ich würde alles tun, um ihr zu helfen ② **he's even more pedantic today, if anything, than he used to be** er ist heute womöglich [*oder* eher] noch pedantischer als damals ③ **I wouldn't do it for anything** ich würde es um keinen Preis tun ④ **anything but** alles andere als; **did you have a good time? — anything but** habt ihr euch gut amüsiert? — von wegen! ⑤ **is there anything else I can do for you?** gibt es noch etwas, das ich für Sie tun kann?; **here's your salami, anything else?** hier ist die Salami, sonst noch etwas? ⑥ **the price is anything between 10 and 20 dollars** der Preis liegt irgendwo zwischen 10 und 20 Dollar ⑦ **it isn't anything like him** das sieht ihm überhaupt nicht ähnlich; **it's not worth anything like that** es ist bei weitem nicht so viel wert

any·way [ˈeniweɪ] sowieso, trotzdem; **I didn't want to go anyway** ich wollte sowieso nicht gehen; **I did it anyway** ich tat es trotzdem; **anyway, to cut a long story short, ...** auf jeden Fall [*oder* jedenfalls], um es kurz zu machen, ...

any·where [ˈeni(h)weəʳ] ① irgendwo, wo ... auch [immer], überall [hin]; **are you going anywhere tomorrow?** gehen Sie morgen irgendwohin?; **anywhere you go** wohin Sie auch gehen; **he'll never get anywhere** er kommt nie auf einen grünen Zweig; **that won't get you anywhere** damit erreichen Sie gar nichts; **and don't go anywhere near that dog next door!** und geh nicht in die Nähe von dem Hund nebenan!; **if anywhere** wenn überhaupt [irgendwo]; **not anywhere** nirgendwo[hin], nirgends ② **it isn't anywhere near as nice** es ist bei weitem nicht so schön, es ist nicht annähernd so schön; **it isn't anywhere near the truth** es kommt der Wahrheit nicht im Geringsten nah

apart [əˈpɑːt] ① auseinander; **to take apart** auseinandernehmen, zerlegen; **it just fell apart in my hands!** es ist mir in den Händen einfach auseinandergefallen!; **to tell apart** auseinanderhalten können ② (*übertragen*) **the critics just took the play apart** die Kritiker haben das Stück einfach verrissen ③ getrennt; **to live apart** getrennt leben ④ **apart from** abgesehen von, außer ⑤ zur Seite, abseits (**from** von); **to set apart** beiseitelegen; **to stand apart** beiseitestehen; **joking apart!** Spaß beiseite!

apart·heid [əˈpɑːteɪt] die Apartheid

apart·ment [əˈpɑːtmənt] USA die Wohnung, das Apartment

apa·thet·ic [ˌæpəˈθetɪk] apathisch, teilnahmslos

apa·thy [ˈæpəθi] die Apathie, die Teilnahmslosigkeit (**about** gegenüber)

ape [eɪp] der Affe

to **ape** [eɪp] nachäffen

ap·er·ture [ˈæpətʃəʳ] ① die Öffnung ② *von Photoapparat:* die Blende

apolo·get·ic [əˌpɒləˈdʒetɪk] **she was apologetic about the room** sie hat sich für das Zimmer [mehrmals] entschuldigt; **stop being so apologetic!** hör auf, dich dauernd zu entschuldigen!; **we wrote an apologetic letter about the mistake** wir haben einen Brief geschrieben, in dem wir uns für den Fehler entschuldigt haben

apolo·geti·cal·ly [əˌpɒləˈdʒetɪkli] entschuldigend; **to smile apologetically** zaghaft lächeln

to **apolo·gize** [əˈpɒlədʒaɪz] sich entschuldigen; **you should apologize to her for your behaviour** du solltest dich bei ihr für dein Benehmen entschuldigen; **we apologize for the delay in sending the order** für die Verzögerung bei der Lieferung der Waren möchten wir uns entschuldigen

apo·logy [əˈpɒlədʒi] ① die Entschuldigung; **to accept someone's apology** jemandem verzeihen; **please accept our apologies** wir bitten um Entschuldigung; **to make one's apologies** sich entschuldigen; **to offer someone an apology** jemanden um Verzeihung bitten; **I owe you an apology** ich muss mich bei Ihnen entschuldigen ② **an apology for a ...** ein armseliges Exemplar eines/einer ...

apos·tle [əˈpɒsl̩] der Apostel

apos·tro·phe [əˈpɒstrəfi] der Apostroph

app [æp] *kurz für* **application** (*Computer*) die App

to **ap·pal**, USA to **ap·pall** [əˈpɔːl] entsetzen; **to be appalled** entsetzt sein

ap·pal·ling [əˈpɔːlɪŋ] entsetzlich, schrecklich

ap·pal·ling·ly [əˈpɔːlɪŋli] schockierend; (*grausam*) schrecklich

ap·pa·ra·tus [ˌæpəʳˈeɪtəs] der Apparat, das Gerät

ap·par·ent [əˈpærənt] ① offenbar, offensichtlich

Apologizing

Sich entschuldigen

Apologizing	Sich entschuldigen
Admitting, confessing	**Zugeben, eingestehen**
It's my fault.	Es ist meine Schuld.
Yes, it was my mistake.	Ja, es war mein Fehler.
I've really messed things up.	Da hab ich Mist gebaut.
Apologizing	**Sich entschuldigen**
(Oh,) I didn't mean to do that! –	(Oh,) das habe ich nicht gewollt! –
I'm sorry!	Es tut mir leid!
Excuse me!/Sorry!/I beg your pardon!	Entschuldigung!/Verzeihung!/Pardon!
Please excuse me!/I'm sorry!	Entschuldigen Sie bitte!
I didn't mean it.	Das habe ich nicht gewollt.
I really must apologize for that.	Dafür muss ich mich wirklich entschuldigen.
Accepting apologies	**Auf Entschuldigungen reagieren**
That's okay!	Schon okay!/Nichts passiert!
It doesn't matter at all!	Das macht doch nichts!
That's all right!/Never mind!/Not a problem!	Keine Ursache!/Macht nichts!/Kein Problem!
Don't worry about it.	Mach dir deshalb keine Sorgen.

② scheinbar

ap·par·ent·ly [ə'pærᵊntli] anscheinend

ap·peal [ə'pi:l] ① die dringende Bitte (**for** um), der Aufruf, der Appell ② (*übertragen*) die Anziehungskraft ③ (*vor Gericht*) der Einspruch, die Berufung

to **ap·peal** [ə'pi:l] ① sich wenden, appellieren (**to** an) ② (*übertragen*) zusagen, Anklang finden (**to** bei); **I don't think this music will appeal to them** ich glaube nicht, dass diese Musik ihnen gefallen wird ③ *vor Gericht:* Berufung einlegen (**against** gegen)

ap·peal·ing [ə'pi:lɪŋ] ① *Blick:* flehentlich ② (*verlockend*) reizvoll, ansprechend

ap·peal·ing·ly [ə'pi:lɪŋli] ① reizvoll ② flehend

to **ap·pear** [ə'pɪə] ① erscheinen, auftauchen; **to appear in court** vor Gericht erscheinen ② scheinen, den Anschein haben; **everything appears to be in order** alles scheint soweit in Ordnung zu sein ③ *Zeitung:* erscheinen, veröffentlicht werden; *Buch:* herauskommen ④ (*im Theater*) auftreten

ap·pear·ance [ə'pɪərᵊn(t)s] ① das Erscheinen, das Auftauchen; *von Schauspieler:* der Auftritt; **to make an appearance** sich zeigen ② das Aussehen; **neat appearance** das gepflegte Äußere ③ **appearances** *Plural* der Anschein, der Schein; **appearances can deceive** der Schein trügt; **to** [*oder* **from**] **all appearances** allem Anschein nach; **to judge by appearances** nach dem Äußeren urteilen; **to keep up appearances** den äußeren Schein wahren

ap·pen·di·ces [ə'pendɪsi:z] *Pluralform von* **appendix**

ap·pen·di·ci·tis [əˌpendɪ'saɪtɪs] die Blinddarmentzündung

ap·pen·dix [ə'pendɪks, *Plural* -dɪsi:z] <*Plural* appendices *oder* appendixes> ① der Anhang, der Zusatz (**to** zu) ② (*medizinisch*) der Blinddarm

ap·pe·tite ['æpɪtaɪt] ① der Appetit; **she's got a huge appetite** sie kann aber viel essen

A

② (*übertragen*) die Lust (**for** auf), das Verlangen (**for** nach)

ap·pe·tiz·er ['æpɪtaɪzəʳ] ① (*Essen*) der Appetithappen ② (*Getränk*) der Aperitif

ap·pe·tiz·ing ['æpɪtaɪzɪŋ] appetitlich

to **ap·plaud** [ə'plɔːd] Beifall klatschen, applaudieren

ap·plause [ə'plɔːz] der Beifall, der Applaus

ap·ple ['æpl̩] der Apfel ▸WENDUNGEN: **the apple of someone's eye** jemandes Liebling; **the Big Apple** (*umgangsspr*) New York

ap·ple juice der Apfelsaft

ap·ple or·chard der [Obst]garten mit Apfelbäumen

ap·ple pie der gedeckte Apfelkuchen

ap·ple sauce das Apfelmus

ap·ple tree der Apfelbaum

ap·pli·ance [ə'plaɪən(t)s] das Gerät, der Apparat

ap·pli·cable [ə'plɪkəbl̩] zutreffend, anwendbar (**to** auf)

ap·pli·cant ['æplɪkənt] ① (*für Arbeitsstelle*) der Bewerber/die Bewerberin (**for** für) ② (*für Kredit*) der Antragsteller/die Antragstellerin

ap·pli·ca·tion [ˌæplɪ'keɪʃᵊn] ① die Anwendung; **the application of computer technology** der Einsatz von Computertechnologie ② der Antrag (**for** auf), das Gesuch; **to file an application** einen Antrag [*oder* eine Anmeldung] einreichen (**with** bei) ③ (*für Arbeitsplatz*) die Bewerbung (**for** um); **letter of application** das Bewerbungsschreiben ④ *von Salbe:* das Auftragen; **for external application only** nur zur äußerlichen Anwendung ⑤ der Fleiß, der Eifer (**in** bei)

ap·pli·ca·tion form das Bewerbungsformular

ap·plied [ə'plaɪd] angewandt

to **ap·ply** [ə'plaɪ] ① anwenden (**to** auf); benutzen, verwenden *Mittel* ② auftragen *Farbe, Salbe;* auflegen *Pflaster* ③ betätigen *Bremse* ④ sich beziehen, zutreffen (**to** auf), gelten (**to** für) ⑤ sich wenden (**to** an); **for more information, apply to the owner** Näheres beim Eigentümer ⑥ **to apply oneself** sich anstrengen ⑦ sich bewerben; **I am writing to apply for the position advertised** hiermit möchte ich mich für die ausgeschriebene Stelle bewerben ⑧ **to apply for permission** eine Genehmigung beantragen

to **ap·point** [ə'pɔɪnt] ① *als Korrespondent, Lehrer:* einstellen ② *zu einem Amt:* ernennen ③ verabreden, vereinbaren *Zeit, Ort*

ap·point·ed [ə'pɔɪntɪd] ernannt

ap·point·ment [ə'pɔɪntmənt] ① die Ernennung, die Bestellung ② *bei einer Firma:* die Stelle, die Anstellung ③ der Termin, die Verabredung; **doctor's/dentist's appointment** Termin beim Arzt/Zahnarzt; **consultations by appointment** Sprechstunden nach Vereinbarung

ap·point·ment book der Terminkalender

to **ap·pre·ci·ate** [ə'priːʃieɪt] ① **to appreciate something** etwas schätzen, für etwas dankbar sein; **I would appreciate it, if ...** es wäre mir lieb, wenn ... ② gut verstehen, gut begreifen; **I quite appreciate that ...** ich verstehe ganz gut, dass ... ③ anerkennen ④ *Aktien:* im Wert steigen

ap·pre·cia·tion [əˌpriːʃi'eɪʃᵊn] ① die Einschätzung ② die Würdigung, das Verständnis (**of** für) ③ der Dank, die Anerkennung ④ *von Wertpapier, Eigentum:* der Wertzuwachs

ap·pre·cia·tive [ə'priːʃiətɪv] ① verständnisvoll (**of** für) ② dankbar

ap·pre·hen·sion [ˌæprɪ'hen(t)ʃᵊn] die Besorgnis

ap·pre·hen·sive [ˌæprɪ'hen(t)sɪv] besorgt (**for** um, **of** wegen); **she's rather apprehensive about the exams** sie macht sich über die Prüfungen Gedanken

ap·pren·tice [ə'prentɪs] der/die Auszubildende

ap·pren·tice·ship [ə'prentɪsʃɪp] die Ausbildung; **to do an apprenticeship** eine Lehre machen

to **ap·proach** [ə'prəʊtʃ] ① sich nähern ② sich wenden, herantreten ③ zugehen auf; **slowly the lion approached us** langsam kam der Löwe auf uns zu; **she's approaching 40** sie geht auf die 40 zu ④ **to approach a problem** an ein Problem herangehen

ap·proach [ə'prəʊtʃ] ① das Herannahen, die Annäherung; **to make approaches to someone** Annäherungsversuche bei jemandem machen ② (*auch übertragen*) der Zugang; **approach road** die Zufahrt, die Zufahrtsstraße ③ (*übertragen*) der Weg, die Methode (**to** zu), die Einstellung (**to** zu) ④ der Landeanflug

ap·proach·able [ə'prəʊtʃəbl̩] *Person:* umgänglich

ap·pro·pri·ate [ə'prəʊpriət] passend, geeignet (**to/for** für); *Bemerkung:* angebracht; **the appropriate council office** das zuständige Verwaltungsbüro

to **ap·pro·pri·ate** [ə'prəʊprieɪt] sich aneignen

ap·prov·al [ə'pruːvᵊl] die Zustimmung, die Billigung, die Genehmigung (**of** für/zu); **on approval** zur Ansicht, auf Probe; **does it meet with your approval?** hat es Ihre Zustimmung?

to **ap·prove** [ə'pruːv] ① billigen, genehmigen; **to approve of something** einer Sache zustimmen, mit etwas einverstanden sein, etwas billigen ② **she approved of my cake** sie mochte meinen Kuchen

ap·prov·ing·ly [ə'pruːvɪŋli] anerkennend

ap·proxi·mate [ə'prɒksɪmət] annähernd, ungefähr

ap·proxi·mate·ly [ə'prɒksɪmətli] ungefähr, etwa

apri·cot ['eɪprɪkɒt] die Aprikose

April ['eɪprᵊl] ① der April; **in April** im April; **on 15th April, on April 15** (USA) am 15. April; **at**

the beginning of April Anfang April; **at the end of April** Ende April ② **April fool!** April, April!
apron ['eɪprən] die Schürze
apt [æpt] ① passend; *Bemerkung:* treffend ② **to be apt to do something** dazu neigen, etwas zu tun
APT [ˌeɪpiː'tiː] *Abkürzung von* **advanced passenger train** der Hochgeschwindigkeitszug
ap·ti·tude ['æptɪtjuːd] ① die Eignung; **aptitude test** die Eignungsprüfung ② die Begabung (**for** für)
aqua·plan·ing ['ækwəpleɪnɪŋ] (*im Straßenverkehr*) das Aquaplaning
aquar·ium [ə'kweəriəm, *Plural* -riə] <*Plural* aquariums *oder* aquaria> das Aquarium
Aquar·ius [ə'kweəriəs] (*Sternzeichen*) der Wassermann
aqua·ro·bics [ˌækwə'rəʊbɪks] *Plural* das Aquarobic
aquat·ic [ə'kwætɪk] im Wasser lebend, Wasser-
aque·duct ['ækwɪdʌkt] der/das Aquädukt
Arab[1] ['ærəb] der Araber/die Araberin
Arab[2] ['ærəb] arabisch
Ara·bian [ə'reibiən] arabisch; **the Arabian Nights** Tausendundeine Nacht
Ara·bic[1] ['ærəbɪk] das Arabische, die arabische Sprache
Ara·bic[2] ['ærəbɪk] arabisch
ar·able ['ærəbl̩] bebaubar, Acker-
ar·bi·trary ['ɑːbɪtrᵊri] willkürlich
ar·bi·tra·tion [ˌɑːbɪ'treɪʃᵊn] die Schlichtung; **to go to arbitration** einen Schlichter einschalten

> **L** Am **Arbor Day** werden in den USA traditionsgemäß Bäume gepflanzt. In einigen Bundesstaaten ist dieser Tag sogar ein gesetzlicher Feiertag.

arc [ɑːk] der Bogen
ar·cade [ɑː'keɪd] die Arkade, der Bogengang; **amusement arcade** die Spielhalle; **shopping arcade** die Einkaufspassage
arch [ɑːtʃ] ① *von Gebäude:* der Bogen ② **arch of the foot** der Fußrücken, der Spann
to **arch** [ɑːtʃ] ① [sich] wölben ② **the cat arched its back** die Katze machte einen Buckel
ar·chae·olo·gist [ˌɑːkɪ'ɒlədʒɪst] der Archäologe/die Archäologin
ar·chae·ol·ogy [ˌɑːkɪ'ɒlədʒɪ] die Archäologie
arch·angel ['ɑːkeɪndʒᵊl] der Erzengel
arch·bishop [ˌɑːtʃ'bɪʃəp] der Erzbischof
ar·che·olo·gist (USA) der Archäologe/die Archäologin
ar·che·ol·ogy (USA) die Archäologie
arch·er ['ɑːtʃəʳ] der Bogenschütze/die Bogenschützin
ar·chery ['ɑːtʃtᵊri] das Bogenschießen
archi·tect ['ɑːkɪtekt] der Architekt/die Architektin, der Baumeister/die Baumeisterin
archi·tec·ture ['ɑːkɪtektʃəʳ] die Baukunst, die Architektur
ar·chive ['ɑːkaɪv] das Archiv
arch·way ['ɑːtʃweɪ] der Bogengang, der Torbogen
arc·tic ['ɑːktɪk] arktisch, Polar-
Arc·tic ['ɑːktɪk] **the Arctic** die Arktis
Arc·tic Circle der Polarkreis
Arc·tic Ocean das Nordpolarmeer
are [əʳ, *betont* ɑːʳ] **we are** wir sind; **you are** du bist, ihr seid, Sie sind; **they are** sie sind; **are you OK?** ist alles in Ordnung?
area ['eəriə] ① (*auch übertragen*) das Gebiet, der Bereich; **postal area** der Postbezirk; **area of responsibility** der Verantwortungsbereich ② die Grundfläche, die Bodenfläche, der Flächeninhalt ③ (*beim Fußball*) **[penalty] area** der Strafraum
area code die Vorwahl
arena [ə'riːnə] (*auch übertragen*) die Arena
aren't [ɑːnt] *Kurzform von* **are not, am not: we aren't in the phone book** wir sind [*oder* stehen] nicht im Telefonbuch; **I'm late, aren't I?** ich habe mich verspätet, oder?; **you are coming, aren't you?** du kommst doch mit, oder?; **aren't you coming [too]?** kommst du nicht mit?
ar·gu·ably ['ɑːgjuəbli] **he's arguably the best** er ist wohl der Beste
to **ar·gue** ['ɑːgjuː] ① diskutieren, sich auseinandersetzen; **she argued against rebuilding the road** sie hat sich gegen den Umbau der Straße ausgesprochen ② sich streiten (**about** über) ③ ausführen, darlegen *Gesichtspunkt;* **to argue that** behaupten, dass
ar·gu·ment ['ɑːgjəmənt] ① die Auseinandersetzung; **he doesn't want an argument with you** er will nicht mit Ihnen streiten; **to have an argument** sich streiten ② (*Begründung*) das Argument
ar·gu·men·ta·tive [ˌɑːgjə'mentətɪv] *Person:* streitsüchtig
arid ['ærɪd] trocken, dürr, wasserarm
Aries ['eəriːz] (*Sternzeichen*) der Widder
to **arise** [ə'raɪz,] <arose, arisen> ① entstehen (**from/out of** aus) ② *Schwierigkeiten:* sich zeigen, sich ergeben; *Problem:* aufkommen
arisen [ə'rɪzᵊn] *3. Form von* **arise**
ar·is·to·cra·cy [ˌærɪ'stɒkrəsi] die Aristokratie
aris·to·crat ['ærɪstəkræt] der Aristokrat/die Aristokratin
arith·me·tic [ə'rɪθmətɪk] die Arithmetik, das Rechnen
ark [ɑːk] die Arche; **Noah's ark** die Arche Noah
arm [ɑːm] ① der Arm; **to take someone's arm** sich bei jemandem am Arm festhalten; **to fall into each other's arms** sich in die Arme fal-

A

len; **they slept in each other's arms** sie schliefen eng umschlungen; **to hold** [*oder* **keep**] **someone at arm's length** (*übertragen*) sich jemanden vom Leibe halten; **at/beyond arm's reach** (*auch übertragen*) auf Armeslänge/außer Reichweite; **with open arms** (*auch übertragen*) mit offenen Armen; **arm in arm** Arm in Arm, untergehakt ② *von Kleidung:* der Ärmel ③ *von Stuhl:* die Armlehne ▶ WENDUNGEN: **a list as long as your arm** eine ellenlange Liste; **that car cost us an arm and a leg!** das Auto hat uns ein Vermögen gekostet!

to **arm** [ɑːm] sich bewaffnen; **arming our military forces will cost too much** unsere Streitkräfte aufzurüsten wird zuviel kosten

ar·ma·da [ɑː'mɑːdə] die Kriegsflotte

ar·ma·ment ['ɑːməmənt] ① *meist Plural* die Waffen ② *kein Plural* die Bewaffnung

arm can·dy *gut aussehende(r) Begleiter(in) zum Vorzeigen bei gesellschaftlichen Anlässen*

arm·chair ['ɑːmˌtʃeəʳ] der Sessel, der Lehnstuhl

armed [ɑːmd] bewaffnet; **the armed forces** die Streitkräfte

Ar·me·nia [ɑː'miːniə] Armenien

Ar·me·nian[1] [ɑː'miːniən] armenisch

Ar·me·nian[2] [ɑː'miːniən] ① der Armenier/die Armenierin ② (*Sprache*) Armenisch

arm·ful ['ɑːmfʊl] **with an armful of flowers** mit einem Arm voll Blumen

arm·hole das Armloch

ar·mour, (USA) **ar·mor** ['ɑːməʳ] ① der Panzer, die Panzerung ② (*historisch*) die Rüstung; **suit of armour** der Harnisch

ar·moured, (USA) **ar·mored** ['ɑːməd] gepanzert; **armoured vehicle** das Panzerfahrzeug

arm·pit ['ɑːmpɪt] die Achselhöhle

arm·rest ['ɑːmrest] die Armlehne

arms [ɑːmz] *Plural* ① die Waffen; **to take up arms** zu den Waffen greifen; **arms control** die Rüstungskontrolle; **the arms race** das Wettrüsten; **arms reduction** der Rüstungsabbau ② **coat of arms** das Wappen ▶ WENDUNGEN: **to be up in arms about something** über etwas empört sein

army ['ɑːmi] ① die Armee, das Heer; **army headquarters** das Armeeoberkommando; **to be in the army** beim Militär sein; **to join the army** zum Militär gehen ② (*übertragen*) die Menge, das Heer

> **G** Wenn man von **the army** im Sinne von einer Einheit spricht, wird es mit einem Verb im Singular gebraucht: *the army was sent to help earthquake victims*
> Wenn man jedoch von den einzelnen Gruppenmitgliedern sprechen will, wird **the army** mit einem Verb im Plural gebraucht: *the army are pulling out of the war zone*

A-road ['eɪrəʊd] die Straße erster Ordnung, die Bundesstraße

aro·ma [ə'rəʊmə] der Duft

aroma·thera·py [əˌrəʊmə'θerəpi] die Aromatherapie

aro·mat·ic [ˌɑrə(ʊ)'mætɪk] aromatisch

arose [ə'rəʊz] *2. Form von* **arise**

around [ə'raʊnd] ① ringsherum, rundherum; **all around** auf allen Seiten, überall, um ... herum, ringsum; **the young couple had their arms around each other** das junge Paar hielt sich umschlungen; **she had her arm around his neck** sie hatte ihren Arm um ihn gelegt ② (*umgangsspr*) in der Nähe; **is he around?** ist er da? ③ **he's been around!** der kennt sich aus! ④ **I really must get around to sorting those files** ich muss endlich mal die Ordner aussortieren ⑤ **to have a look around** sich umsehen; **we've been all around the place** wir sind überall herumgelaufen; **somewhere around here** irgendwo hier ⑥ ungefähr, etwa; **it's around £5** es ist ungefähr [*oder* um die] £5

to **arouse** [ə'raʊz] ① [auf]wecken ② erregen, erwecken *Interesse, Verdacht*

to **ar·range** [ə'reɪndʒ] ① [an]ordnen, aufstellen ② verabreden, arrangieren; **we've arranged to meet this evening** wir haben uns für heute Abend verabredet; **they arranged for her to be picked up at midnight** sie haben dafür gesorgt, dass sie um Mitternacht abgeholt wird; **I've arranged for him to see the doctor** ich habe veranlasst, dass er zum Arzt geht; **have you got anything arranged for the weekend?** hast du am Wochenende etwas vor?; **as arranged** wie abgesprochen; **arrange it so that ...** richten Sie es so ein, dass ... ③ (*organisieren*) **I'll arrange the music for the party** ich werde mich um die Musik für die Party kümmern ④ umsetzen, bearbeiten *Musikstück*

ar·range·ment [ə'reɪndʒmənt] ① die Anordnung, die Gruppierung ② **to make arrangements** Vorkehrungen treffen ③ die Abmachung, die Vereinbarung; **by arrangement** nach Vereinbarung; **to come to an arrangement** zu einer Einigung kommen ④ *eines Musikstücks:* die Bearbeitung

to **ar·rest** [ə'rest] festnehmen, verhaften

ar·rest [ə'rest] die Verhaftung, die Festnahme; **police have made several arrests** die Polizei hat einige Leute festgenommen; **to be under arrest** verhaftet sein

ar·ri·val [ə'raɪvᵊl] ① die Ankunft, das Eintreffen; *von Waren:* der Eingang; **on arrival** bei Ankunft; **arrivals and departures** Ankunft/Abfahrt, Ankunft/Abflug; **arrivals board** die Ankunftstafel ② (*Person*) der Ankömmling; (*im Hotel*) der neue Gast

to **ar·rive** [ə'raɪv] ① ankommen (**at/in** in), eintreffen; **to arrive home** nach Hause kommen

2 (*übertragen*) **the committee has arrived at a decision** der Ausschuss ist zu einer Entscheidung gekommen 3 Erfolg haben; **after very positive reviews, he felt that he'd arrived** nach sehr positiver Kritik hatte er den Eindruck, sich etabliert zu haben

ar·ro·gance ['ærəgən(t)s] die Arroganz, der Hochmut

ar·ro·gant ['ærəgənt] arrogant, überheblich

ar·row ['ærəʊ] der Pfeil

arse [ɑːs] (*slang*) der Arsch

arse·hole ['ɑːshəʊl] (*slang*) das Arschloch

ar·son ['ɑːsᵊn] die Brandstiftung

art [ɑːt] 1 die Kunst; **work of art** das Kunstwerk; **arts and crafts** *Plural* das Kunstgewerbe 2 (*übertragen*) die Kunstfertigkeit, die Geschicklichkeit 3 **he's an arts student** er studiert Geisteswissenschaften

ar·tery ['ɑːtᵊri] 1 (*medizinisch*) die Arterie, die Schlagader 2 (*übertragen*) die Verkehrsader

art gal·lery die Kunsthalle, die Galerie

ar·thrit·ic [ɑː'θrɪtɪk] arthritisch

ar·thri·tis [ɑː'θraɪtɪs] die Gelenkentzündung, die Arthritis

ar·ti·choke ['ɑːtɪtʃəʊk] die Artischocke

ar·ti·cle ['ɑːtɪkl̩] 1 der Artikel, der Gegenstand; **the finished article** das Endprodukt 2 der Aufsatz; **newspaper article** der Zeitungsartikel 3 (*in der Grammatik*) der Artikel, das Geschlechtswort 4 (*im Gesetz*) der Artikel, der Paragraf 5 **the genuine article** das Wahre

ar·ticu·late [ɑː'tɪkjələt] 1 *Person:* redegewandt 2 *Bericht:* klar, deutlich 3 (*biologisch*) gegliedert

to **ar·ticu·late** [ɑː'tɪkjəleɪt] artikulieren, deutlich aussprechen

ar·ticu·lat·ed [ɑː'tɪkjələtɪd] **articulated bus** der Gelenkbus; **articulated lorry** der Sattelschlepper

ar·ti·fi·cial [ˌɑːtɪ'fɪʃᵊl] 1 künstlich; **artificial ice** das Kunsteis; **artificial insemination** die künstliche Befruchtung; **artificial intelligence** die künstliche Intelligenz; **artificial leather** das Kunstleder; **artificial leg** die Beinprothese 2 *Lächeln:* gekünstelt, unecht

ar·til·lery [ɑː'tɪlᵊri] *kein Plural* die Artillerie

art·ist ['ɑːtɪst] 1 der Künstler/die Künstlerin 2 (*übertragen*) der Könner/die Könnerin

ar·tiste [ɑː'tiːst] der Artist/die Artistin

ar·tis·tic [ɑː'tɪstɪk] 1 künstlerisch, geschmackvoll 2 kunstverständig; **she's very artistic** sie ist künstlerisch begabt

art·work *kein Plural* die Illustrationen

arty ['ɑːti] (*umgangsspr*) gewollt künstlerisch

as¹ [əz, *betont* æz] 1 **as ... as** ebenso ... wie; **not as** [*oder* **so**] **... as** nicht so ... wie; **he's as tall as I am** er ist genauso groß wie ich 2 **as long as they don't make a noise, they can stay** solange sie keinen Krach machen, können sie bleiben 3 **as much ... as** ebenso viel[e] ... wie, bis zu ... 4 **as far as** bis [zu], so viel, so weit 5 **as well** auch; **as well as** sowie, dazu, [und] außerdem 6 **we haven't had an answer as yet** bis jetzt [*oder* bisher] haben wir noch keine Antwort bekommen 7 **I thought as much** das dachte ich mir doch

as² [əz, *betont* æz] 1 da, weil; **he may need some help as he's new** er braucht vielleicht Hilfe, weil er neu ist 2 als, während; **he cooked as she talked** er kochte während [*oder* als] sie redete 3 [in der Art] wie, genauso wie, wie, als, als [ob]; **he spoke to me as he would to a child** er sprach mit mir wie mit einem Kind 4 **as it were** sozusagen, gleichsam 5 **as if** [*oder* **though**] als ob 6 **as ... so** wie ..., so 7 **as soon as** sobald [als], sowie 8 **she's late, as usual** sie hat sich verspätet, wie immer 9 **everything stands as it was** alles bleibt beim Alten 10 **we'll discuss that as and when the problem arises** das werden wir dann besprechen, wenn das Problem auftaucht

as³ [əz, *betont* æz] 1 als, in der Eigenschaft als; **as for** [*oder* **to**] was ... anbetrifft, hinsichtlich 2 **as to whether** ob 3 **so as to** um zu; **so as to be sure** um sicher zu sein

ASAP [ˌeɪeseɪ'piː, 'eɪsæp] *Abkürzung von* **as soon as possible** baldmöglichst

as·bes·tos [æs'bestɒs] der Asbest

ASBO, asbo ['æzbəʊ] *Abkürzung von* **antisocial behaviour order** *gerichtliche Verfügung wegen Erregung öffentlichen Ärgernisses*

to **as·cend** [ə'send] 1 aufsteigen, ansteigen; **to ascend something** etwas besteigen [*oder* ersteigen]; **to ascend the stairs** die Treppe hochgehen; **to ascend the throne** den Thron besteigen 2 *Ton:* steigen 3 (*übertragen*) aufsteigen

as·cent [ə'sent] der Aufstieg

> **L** **Ascot** ist eine Stadt in Berkshire, England, in der 1711 auf Wunsch von Queen Anne eine runde Rennbahn gebaut wurde. Das **Royal Ascot** ist eine viertägige Rennveranstaltung, die jedes Jahr im Juni stattfindet und meistens von der Königin besucht wird. Es ist ein wichtiges gesellschaftliches Ereignis und bekannt für die ausgefallenen Hüte, die dort getragen werden.

ash¹ [æʃ] 1 die Asche 2 **ashes** die Asche, die sterblichen Überreste

ash² [æʃ] die Esche, das Eschenholz

ashamed [ə'ʃeɪmd] **to be ashamed** sich schämen; **he was ashamed of his flat** er schämte sich wegen seiner Wohnung; **she was too ashamed to ask for help** sie schämte sich zu sehr, um Hilfe zu bitten; **you ought to be ashamed of yourself** du solltest dich schämen; **I'm ashamed to say that I didn't tell**

A

them ich muss leider gestehen, dass ich es ihnen nicht erzählt habe

ashore [ə'ʃɔːʳ] **to go ashore** an Land gehen

ash·tray der Aschenbecher

Ash Wednes·day der Aschermittwoch

Asia ['eɪʃə] Asien

Asian¹ ['eɪʃᵊn] asiatisch

Asian² ['eɪʃᵊn] der Asiat/die Asiatin

aside [ə'saɪd] ① beiseite, zur Seite; **to put** [*oder* **set**] **aside** auf die Seite legen, beiseitelegen; *Waren, Geld:* zurücklegen; **to stand** [*oder* **step**] **aside** zur Seite gehen ② **aside from** abgesehen von, außer; [**all**] **joking aside!** Spaß beiseite!

to **ask** [ɑːsk] ① fragen; **does anyone want to ask a question?** will jemand etwas fragen [*oder* eine Frage stellen]?; **we asked someone the time** wir haben jemanden nach der Zeit gefragt; **ask me another!** (*umgangsspr*) frag mich was Leichteres!; **I ask you!** ich muss schon sagen! ② sich erkundigen (**about/after/for** nach), sich informieren (**about** über) ③ einladen; **shall we ask them round to supper?** sollen wir sie zum Abendessen bei uns einladen?; **has he asked you out yet?** hat er dich schon um eine Verabredung gebeten? ④ bitten; **ask your mum for more pocket money!** frag deine Mutter, ob du mehr Taschengeld haben kannst!; **to ask someone's advice** jemanden um Rat fragen; **can I ask you a favour?** kann ich Sie um einen Gefallen bitten?; **she asked him not to smoke in the flat** sie bat ihn, in der Wohnung nicht zu rauchen; **to ask for permission** um Erlaubnis bitten ⑤ **he certainly asks a lot of his students** er verlangt aber viel von seinen Studenten ⑥ **he said it was mine for the asking** er sagte, ich könnte es gerne haben ⑦ **to ask for trouble** Schwierigkeiten heraufbeschwören; **he's just asking for it** er fordert Ärger geradezu heraus; **you asked for it!** (*umgangsspr*) du hast es so gewollt! ⑧ verlangen *Preis;* **how much is he asking?** wie viel will er dafür haben?

◆to **ask after** **to ask after someone** sich nach jemandem erkundigen

◆to **ask around** herumfragen

◆to **ask out** **to ask someone out for dinner** jemanden ins Restaurant einladen; **I'd like to ask her out** ich würde gern mit ihr ausgehen

◆to **ask over** **to ask someone over** [*oder* **round**] jemanden [zu sich] einladen

ask·ing price der Verkaufspreis

asleep [e'sliːp] schlafend; **to be asleep** schlafen; **to fall asleep** einschlafen

as·para·gus [ə'spærəgəs] der Spargel

as·pect ['æspekt] der Aspekt; **apart from the financial aspect, the project looks very good** abgesehen von der finanziellen Seite, sieht das Projekt sehr gut aus

to **as·pire** [ə'spaɪəʳ] **to aspire to something** etwas anstreben

as·pi·rin ['æspᵊrɪn] das Aspirin

as·pir·ing [ə'spaɪərɪŋ] aufstrebend

ass¹ [æs] <*Plural* asses> ① der Esel ② (*übertragen*) **to make an ass of oneself** sich lächerlich machen

ass² [æs] <*Plural* asses> (USA) (*slang*) der Arsch; **this film kicks ass!** dieser Film ist saustark!

to **as·sas·si·nate** [ə'sæsɪneɪt] ermorden

as·sas·si·na·tion [əˌsæsɪ'neɪʃᵊn] die Ermordung, das Attentat; **the assassination of Kennedy** das Attentat auf Kennedy

as·sault [ə'sɔːlt] ① der Angriff, der Überfall (**upon** auf) ② (*rechtlich*) der tätliche Angriff

to **as·sault** [ə'sɔːlt] ① angreifen, überfallen ② (*rechtlich*) angreifen, sich vergehen an

to **as·sem·ble** [ə'sembl̩] ① sich versammeln ② **to assemble something** etwas montieren, zusammensetzen

as·sem·bly [ə'sembli] ① die Versammlung ② (GB) (*in der Schule*) *meist tägliche Zusammenkunft von Schülern und Lehrern zur Morgenandacht;* **assembly hall** die Aula ③ (*politisch*) die gesetzgebende Körperschaft ④ (*technisch*) die Montage, das Zusammensetzen; **assembly line** das Fließband, das Montageband

as·sem·bly line das Montageband

to **as·sent** [ə'sent] zustimmen

as·sent [ə'sent] die Zustimmung

to **as·sert** [ə'sɜːt] ① behaupten, geltend machen ② **to assert oneself** sich durchsetzen

as·ser·tion [ə'sɜːʃᵊn] ① die Behauptung ② *von Recht:* die Geltendmachung

as·ser·tive [ə'sɜːtɪv] bestimmt

to **as·sess** [ə'ses] ① **to assess someone/something** jemanden/etwas bewerten; **we'll have the house assessed** wir werden das Haus schätzen lassen; **the value was assessed at $500** der Wert wurde auf $500 festgesetzt ② (*übertragen*) einschätzen

as·sess·ment [ə'sesmənt] ① die Feststellung, die Festsetzung ② die Abschätzung, die Einschätzung ③ die Bemessung, die Veranlagung

as·sess·ment test (*in der Schule*) der [Einstufungs]test

as·set ['æset] ① (*übertragen*) der Vorteil, das Plus; **he's a real asset to the department** er ist ein Riesengewinn für die Abteilung ② (*finanziell*) die Aktivposten; **assets** *Plural* das Vermögen

ass·hole ['æsˌhəʊl] (USA) (*slang*) das Arschloch

as·sign·ment [ə'saɪnmənt] die Aufgabe, der Auftrag; **homework assignment** die Hausaufgabe; **on assignment** im Auftrag, im Einsatz

to **as·simi·late** [ə'sɪmɪleɪt] ① sich eingliedern ② **to assimilate new members** neue

A

Mitglieder integrieren

to **as·sist** [ə'sɪst] 1 helfen 2 mitwirken; **he can assist in the preparations** er kann bei den Vorbereitungen mitwirken; **he assisted at the opening ceremony** er hat bei der Eröffnungsfeier mitgeholfen

as·sist·ance [ə'sɪstᵊn(t)s] die Hilfe

as·sis·tant¹ [ə'sɪstᵊnt] der Assistent/die Assistentin, der Mitarbeiter/die Mitarbeiterin; *im Laden:* der Verkäufer/die Verkäuferin

as·sis·tant² [ə'sɪstᵊnt] stellvertretend

as·so·ci·ate¹ [ə'səʊʃiət] 1 der Mitarbeiter/die Mitarbeiterin 2 (*in der Wirtschaft*) der Partner/die Partnerin, der Teilhaber/die Teilhaberin

as·so·ci·ate² [ə'səʊʃiət] verbündet, beigeordnet; **associate professor** (USA) der außerordentliche Professor/die außerordentliche Professorin

to **as·so·ci·ate** [ə'səʊʃieɪt] 1 zuordnen, in Zusammenhang bringen 2 **to associate with someone** mit jemandem verkehren; **he never did associate with us very much** er war nie besonders mit uns befreundet; **I cannot associate myself with these remarks** diesen Bemerkungen kann ich mich nicht anschließen

as·so·cia·tion [əˌsəʊʃi'eɪʃᵊn] 1 der Verband, der Verein 2 der Umgang, der Verkehr (**with** mit); **his association with the underworld** seine Beziehungen zur Unterwelt 3 die Gedankenverbindung, die Assoziation 4 **association football** der Fußball

as·sort·ed [ə'sɔːtɪd] gemischt

as·sort·ment [ə'sɔːtmənt] die Auswahl, das Sortiment

to **as·sume** [ə'sjuːm] 1 voraussetzen, annehmen; **assuming that it is true** angenommen, es stimmt; **we cannot just assume that he's guilty** wir können nicht einfach davon ausgehen, dass er schuldig ist 2 **to assume a name** einen Namen annehmen; **assumed name** der Deckname 3 **to assume office** ein Amt antreten; **to assume power** sich Macht anmaßen; **to assume responsibility** Verantwortung übernehmen

as·sumed [ə'sjuːmd] **under an assumed name** unter einem Decknamen

as·sump·tion [ə'sʌm(p)ʃᵊn] 1 *von Amt, Verantwortung:* die Annahme, die Übernahme 2 die Annahme, die Voraussetzung; **on the assumption that ...** in der Annahme, dass ...

as·sur·ance [ə'ʃʊərᵊn(t)s] 1 die Zusicherung; **she gave me her assurance that ...** sie versicherte mir, dass ... 2 die Selbstsicherheit 3 (*in der Wirtschaft*) die Versicherung; **life assurance** die Lebensversicherung

to **as·sure** [ə'ʃʊəʳ] 1 versichern; **he assured her of his loyalty to the team** er hat ihr seine Loyalität zu der Mannschaft beteuert 2 **a rise in interest rates is assured** eine Zinserhöhung ist garantiert [*oder* sicher] 3 beruhigen; **I just want to assure myself that everything's turned off before I go out** bevor ich weggehe, will ich mich nur vergewissern, dass alles ausgeschaltet ist 4 (GB) (*in der Wirtschaft*) **to assure one's life** eine Lebensversicherung abschließen

as·sur·ed·ly [əˈʃʊəˈrɪdli] selbstsicher

as·ter·isk ['æstᵊrɪsk] das Sternchen

as·ter·oid ['æstᵊrɔɪd] der Asteroid

asth·ma ['æsθmə] das Asthma

asth·mat·ic¹ [æsθ'mætɪk] der Asthmatiker/die Asthmatikerin

asth·mat·ic² [æsθ'mætɪk] asthmatisch

to **aston·ish** [ə'stɒnɪʃ] in Erstaunen versetzen, überraschen; **to be astonished** erstaunt sein, überrascht sein (**at** über)

aston·ish·ing [ə'stɒnɪʃɪŋ] erstaunlich

aston·ish·ment [ə'stɒnɪʃmənt] das Erstaunen, die Verwunderung (**at** über)

to **astound** [ə'staʊnd] verblüffen

astride [ə'straɪd] **astride a horse** rittlings auf einem Pferd

as·trolo·ger [ə'strɒlədʒəʳ] der Astrologe/die Astrologin

as·trol·ogy [ə'strɒlədʒi] die Astrologie

as·tro·naut ['æstrənɔːt] der Astronaut/die Astronautin

as·trono·mer [ə'strɒnəməʳ] der Astronom/die Astronomin

as·tro·nomi·cal [ˌæstrə'nɒmɪkᵊl] (*auch übertragen*) astronomisch

as·trono·my [ə'strɒnəmi] die Astronomie

as·tute [ə'stjuːt] schlau, scharfsinnig

asy·lum [ə'saɪləm] 1 das Asyl; **to apply for asylum** Asyl beantragen; **to ask for asylum** um Asyl bitten 2 das Heim; **mental asylum** die Nervenheilanstalt

asy·lum seek·er der Asylbewerber/die Asylbewerberin

at [æt, ət] 1 (*örtlich*) in, bei, an, auf, zu; **at church** in der Kirche; **at the next corner** an der nächsten Ecke; **at the dentist's** beim Zahnarzt; **at a distance** in einiger Entfernung; **at home** zu Hause; **at the office** im Büro; **at school** in der Schule; **at the station** auf dem Bahnhof; **at work** bei der Arbeit; **he's at work** er ist im Büro 2 **at the sight of** beim Anblick; **at the sight of her, he screamed** als er sie sah, schrie er [vor Schock] 3 (*Art und Weise*) in, zu; **to be at a loss** in Verlegenheit sein; **at his request** auf seine Bitte [hin] 4 (*zeitlich*) um, in, zu; **at midnight** um Mitternacht; **at night** in der Nacht; **at noon** mittags; **at the age of** im Alter von; **at Christmas** zu Weihnachten 5 (*Zustand*) in; **at peace** im Frieden; **at rest** in Ruhe; **I feel at ease** mir ist wohl zu Mute 6 (*Richtung*) nach, gegen, zu, an, auf; **to aim at** zielen auf; **to arrive at a decision** zu einer Entscheidung kommen; **to be astonished at** erstaunt sein über; **he is mad at me** er ist wütend auf mich ⑦ (*bei Zahlenangaben*) zu; **he drove at 150kph** er ist mit 150 km/h gefahren; **bidding opened at $500,000** das erste Gebot war $500,000 ⑧ **at all** überhaupt; **not at all** gar nicht, durchaus nicht; **not at all!** gern geschehen!; **at best** bestenfalls; **at first** zuerst; **at last** endlich; **at least** mindestens, wenigstens; **at most** höchstens; **[all] at once** sofort, auf einmal

> **G** ⚠ **at** im örtlichen Sinn wird gebraucht, um zu sagen, wo sich jemand/etwas *genau* befindet: *Sam lives at 248 Main Street; Vera works at Winther's chemist shop;*
> **in** wird dagegen gebraucht, um zu sagen, in welcher *Gegend* sich jemand/etwas befindet: *Douglas lives in the West Midlands; Steve works in Kensington*

ate [et, eɪt] *2. Form von* **eat**

athe·ism ['eɪθiɪzᵊm] *kein Plural* der Atheismus

athe·ist ['eɪθiɪst] der Atheist/die Atheistin

ath·lete ['æθliːt] der Athlet/die Athletin, der Leichtathlet/die Leichtathletin, der Sportler/die Sportlerin

ath·let·ic [æθ'letɪk] sportlich, athletisch

ath·let·ics [æθ'letɪks] *mit Singular oder Plural* die Leichtathletik

At·lan·tic¹ [ət'læntɪk] der Atlantische Ozean, der Atlantik

At·lan·tic² [ət'læntɪk] atlantisch; **on the Atlantic coast** an der Atlantikküste

at·las ['ætləs] der Atlas

at·mos·phere ['ætməsfɪəʳ] (*auch übertragen*) die Atmosphäre

at·mos·pher·ic [ˌætməs'ferɪk] ① atmosphärisch; **atmospheric pollution** die Luftverschmutzung ② (*übertragen*) stimmungsvoll

atom ['ætəm] ① das Atom ② (*übertragen*) die winzige Kleinigkeit; **not an atom of common sense** kein Fünkchen Verstand

atom bomb die Atombombe

atom·ic [ə'tɒmɪk] atomar, Atom-; **atomic weight** das Atomgewicht

atro·cious [ə'trəʊʃəs] ① grausam ② (*umgangsspr*) abscheulich, scheußlich

atroc·ity [ə'trɒsəti] ① die Grausamkeit ② die Gräueltat

at sign (*im Internet*) der Klammeraffe

to **at·tach** [ə'tætʃ] ① anheften, befestigen (**to** an); (*einem Schriftstück*) beifügen ② beilegen, beimessen *Bedeutung;* **to attach value to** Wert legen auf ③ (*übertragen*) **she's attached herself to a very odd group** sie hat sich einer sehr merkwürdigen Gruppe angeschlossen ④ **she's very attached to her cats** sie hängt sehr an ihren Katzen

at·tach·ment [ə'tætʃmənt] ① die Befestigung, die Beifügung ② die Beilage, die Anlage; *einer E-Mail:* die Anlage ③ (*übertragen*) die Zuneigung ④ (*technisch*) das Zusatzgerät

to **at·tack** [ə'tæk] ① (*auch in der Chemie*) angreifen ② anpacken, in Angriff nehmen *Aufgabe* ③ *Krankheit:* befallen

at·tack [ə'tæk] ① der Angriff (**on** auf/gegen) ② *von Krankheit:* der Anfall

to **at·tain** [ə'teɪn] erreichen

at·tain·able [ə'teɪnəbl̩] erreichbar

at·tain·ment [ə'teɪnmənt] ① die Leistung ② *kein Plural* das Erreichen

to **at·tempt** [ə'tem(p)t] versuchen

at·tempt [ə'tem(p)t] ① der Versuch; **to make another attempt** es nochmals versuchen ② **to make an attempt on someone's life** einen Anschlag [*oder* ein Attentat] auf jemanden verüben

to **at·tend** [ə'tend] ① anwesend [*oder* zugegen] sein; **to attend a funeral/a meeting** einer Beerdigung/einer Versammlung beiwohnen; **to attend a lecture** eine Vorlesung hören [*oder* besuchen]; **to attend school** die Schule besuchen ② betreuen, pflegen; *Arzt:* behandeln ③ sich kümmern; **to attend to something** sich mit etwas befassen, sich um etwas kümmern; **to attend to a customer** einen Kunden bedienen; **to attend to one's duties** seine Pflicht erfüllen; **to attend to an order** einen Auftrag ausführen ④ **the Queen was attended by Prince Charles** die Königin wurde von Prinz Charles begleitet

at·tend·ance [ə'tendᵊn(t)s] ① die Anwesenheit; **attendance at school** der Schulbesuch; **attendance list** [*oder* **book**] die Anwesenheitsliste ② die Teilnehmerschaft (**at** bei), die Beteiligung (**at** bei/an); **the attendance at the meeting was poor** die Versammlung war schwach besucht

at·tend·ant [ə'tendᵊnt] ① der Wärter/die Wärterin, der Aufseher/die Aufseherin ② der Begleiter/die Begleiterin ③ der/die Anwesende; **she's a regular attendant at church** sie geht regelmäßig in die Kirche

at·ten·tion [ə'ten(t)ʃᵊn] ① die Aufmerksamkeit; **to call** [*oder* **draw**] **someone's attention to something** jemanden auf etwas hinweisen; **to pay attention** Acht geben, aufpassen; **to pay attention to someone** jemandem aufmerksam zuhören, jemandem Beachtung schenken; **to pay attention to something** etwas beachten, auf etwas achten; **for the attention of** zu Händen von ② (*militärisch*) die Habachtstellung; **to stand to attention** stillstehen; **attention!** stillgestanden! ③ **attention, please! here is an announcement!** Achtung! Hier ist eine Durchsage!

at·ten·tive [ə'tentɪv] ① aufmerksam (**to** auf)

A

(2) zuvorkommend, gefällig (**to** gegenüber)

at·tic ['ætɪk] der Dachboden, der Speicher; **in the attic** auf dem Dachboden

at·ti·tude ['ætɪtjuːd] die Haltung, die Einstellung (**towards** gegenüber)

at·tor·ney [ə'tɜːnɪ] (1) der/die Bevollmächtigte (2) (USA) der Rechtsanwalt/die Rechtsanwältin

to **at·tract** [ə'trækt] (1) (*auch übertragen*) anziehen (2) erregen, auf sich lenken *Aufmerksamkeit;* **without attracting attention** unauffällig (3) (*übertragen*) reizen, anlocken

at·trac·tion [ə'trækʃən] (1) (*auch in der Physik*) die Anziehung (2) der Reiz, der Zauber (3) (*Unterhaltung*) die Attraktion, die Zugnummer

at·trac·tive [ə'træktɪv] (1) anziehend (2) (*übertragen*) *Person:* attraktiv; *Idee:* verlockend

auc·tion ['ɔːkʃən] die Auktion, die [öffentliche] Versteigerung

to **auc·tion** ['ɔːkʃən] **to auction something off** etwas versteigern

audible ['ɔːdəbl] hörbar, vernehmlich

audi·ence ['ɔːdiən(t)s] (1) das Publikum, die Zuhörerschaft; *von TV:* die Zuschauer; *von Radio:* die Hörer; *von Büchern:* die Leser, der Leserkreis (2) *beim Papst:* die Audienz

> **G** Wenn man von **the audience** im Sinne von einer Einheit spricht, wird es mit einem Verb im Singular gebraucht: *the audience was spellbound* Wenn man jedoch von den einzelnen Gruppenmitgliedern sprechen will, wird **the audience** mit einem Verb im Plural gebraucht: *the audience are filling the auditorium*

audio ['ɔːdiəʊ] Ton-, Hör-, Audio-

audio·book das Hörbuch

audio file (*in der Informatik*) die Audiodatei

audio fre·quen·cy die Tonfrequenz, die Hörfrequenz

audio tour, **audio guide** der Audioguide

audio·vis·ual [ɔːdiəʊ'vɪʒuəl] audiovisuell; **audiovisual aids** *Plural* (*im Unterricht*) audiovisuelle Hilfsmittel

audit ['ɔːdɪt] die Rechnungsprüfung

to **audit** ['ɔːdɪt] [amtlich] prüfen

audi·tion [ɔː'dɪʃən] das Vorsingen, das Vorspielen, das Vorsprechen, das Vortanzen

to **audi·tion** [ɔː'dɪʃən] vorsingen, vorspielen, vorsprechen, vortanzen [lassen]; **they're auditioning for the new film** sie suchen Schauspieler für den neuen Film

audi·tor ['ɔːdɪtər] der Rechnungsprüfer/die Rechnungsprüferin

audi·to·rium [ˌɔːdɪ'tɔːriəm, *Plural* -riə] <*Plural* auditoriums *oder* auditoria> der Zuschauerraum

August ['ɔːgəst] der August; **in August** im August; **on 15th August, on August 15** (USA) am 15. August; **at the beginning of August** Anfang August; **at the end of August** Ende August

aunt [ɑːnt] die Tante

aural ['ɔːrəl] Ohr-

Aus·sie[1] ['ɒzi] (*slang*) der Australier/die Australierin

Aus·sie[2] ['ɒzi] (*slang*) australisch

Aus·tralia [ɒs'treɪliə] Australien

> **L** Der **Australia Day** am 26. Januar ist ein nationaler Feiertag zum Gedenken an die Gründung der ersten britischen Siedlung auf australischem Boden 1788 in Sydney Cove. Für die Aborigines, die Ureinwohner Australiens, ist das jedoch der Tag der Inbesitznahme ihres Landes. An diesem Tag finden viele kulturelle Veranstaltungen statt, die alle Bewohner des Landes vereinen sollen.

Aus·tral·ian[1] [ɒs'treɪliən] der Australier/die Australierin

Aus·tral·ian[2] [ɒs'treɪliən] australisch

> **L** Der beliebteste Zuschauersport Australiens ist der **Australian Rules Football**. Auf einem großen, ovalen Feld treten zwei Mannschaften mit je 18 Spielern an. Nach den *Australian Football Rules* ist das *tackling* (Angreifen) mit dem ganzen Körper erlaubt. Und da die Spieler keine Schutzkleidung tragen, ist es eine sehr harte Sportart.

Aus·tria ['ɒstriə] Österreich

Aus·trian[1] ['ɒstriən] der Österreicher/die Österreicherin

Aus·trian[2] ['ɒstriən] österreichisch

authen·tic [ɔː'θentɪk] authentisch, echt

au·then·tic·ity [ˌɔːθen'tɪsəti] die Echtheit

author ['ɔːθər] (1) der Autor/die Autorin, der Verfasser/die Verfasserin, der Schriftsteller/die Schriftstellerin (2) (*übertragen*) der Urheber/die Urheberin

authori·tar·ian [ˌɔːθɒrɪ'teəriən] autoritär; **she has a very authoritarian manner** sie hat eine sehr gebieterische Art

authori·ta·tive [ɔː'θɒrɪtətɪv] (1) Respekt einflößend (2) *Quelle:* maßgebend

author·ity [ɔː'θɒrəti] (1) die Befugnis, die Vollmacht; **to have [the] authority to do something** befugt [*oder* ermächtigt] sein, etwas zu tun; **without authority** unbefugt, unberechtigt; **parental authority** die elterliche Gewalt (2) **the authorities** die Verantwortlichen [*oder* Behörden]; **local authority** (GB) die örtliche Behörde, die Kommunalverwaltung; **to apply to the proper authority** sich an die zuständige Stelle wenden (3) das Ansehen, die Autorität (4) (*Person*) die Autorität; **she's an authority on butterflies** sie ist eine Expertin für Schmetterlinge; **he's regarded as an authority in this field** er gilt als Experte auf diesem Gebiet (5) die Quelle; **I have it on good authority that we're having chips for supper!** (*humorvoll*) ich weiß aus zuverlässiger Quelle, dass es Pom-

A

mes zum Abendessen gibt

authori·za·tion [ˌɔːθᵊraɪˈzeɪʃᵊn] die Genehmigung

to **author·ize** [ˈɔːθᵊraɪz] ① bevollmächtigen, ermächtigen; **to authorize someone** jemandem die Befugnis erteilen ② genehmigen, bewilligen; **to be authorized** befugt [*oder* autorisiert] sein (**to** zu)

auto·bi·og·ra·phy [ˌɔːtəbaɪˈɒgrəfi] die Autobiografie

auto·cue® [ˈɔːtə(ʊ)kjuː] GB der Teleprompter®

auto·graph [ˈɔːtəgrɑːf] das Autogramm

auto·mat·ed [ˈɔːtəmeɪtɪd] automatisiert

auto·mat·ed tell·er ma·chine USA der Geldautomat

auto·mat·ic¹ [ˌɔːtəˈmætɪk] ① automatisch, selbsttätig; **automatic rewind** *von Kamera, Video:* die Rückspulautomatik ② (*übertragen*) mechanisch

auto·mat·ic² [ˌɔːtəˈmætɪk] ① die Maschinenwaffe ② der Automatikwagen

auto·mati·cal·ly [ˌɔːtəˈmætɪkᵊli] automatisch, selbsttätig; (*übertragen*) mechanisch

auto·mat·ic tell·er ma·chine der Geldautomat

auto·mo·bile [ˈɔːtəmə(ʊ)biːl] das Auto[mobil]

auto·mo·tive [ˌɔːtəˈməʊtɪv] Auto-

autono·mous [ɔːˈtɒnəməs] autonom

auto·pi·lot [ˈɔːtəʊpaɪlət] der Autopilot; **to be on autopilot** mit Autopilot fliegen

autumn [ˈɔːtəm] (*auch übertragen*) der Herbst; **in autumn** im Herbst

autum·nal [ɔːˈtʌmnᵊl] herbstlich

aux·ilia·ry [ɔːgˈzɪliᵊri] Hilfs-, zusätzlich; **auxiliary verb** das Hilfsverb

avail [əˈveɪl] **of** [*oder* **to**] **no avail** vergebens

avail·able [əˈveɪləbl̩] ① verfügbar; **she won't be available after 4pm** sie steht nach 16 Uhr nicht mehr zur Verfügung; **to make something available to someone** jemandem etwas zur Verfügung stellen; **by all available means** mit allen verfügbaren Mitteln ② (*in der Wirtschaft*) lieferbar, erhältlich; **no longer available** *Buch:* vergriffen; *Ware:* nicht mehr lieferbar

ava·lanche [ˈævᵊlɑːn(t)ʃ] (*auch übertragen*) die Lawine

avatar [ˈævətɑːʳ] (*im Internet*) der Avatar

Ave. *Abkürzung von* **avenue** Ave.

to **avenge** [əˈvendʒ] rächen

av·enue [ˈævənjuː] ① die Allee ② (*übertragen*) der Weg

av·er·age¹ [ˈævᵊrɪdʒ] der Durchschnitt; **on** [**an**] **average** durchschnittlich, im Durchschnitt; **to be above/below** [**the**] **average** über/unter dem Durchschnitt liegen; **law of averages** das Wahrscheinlichkeitsgesetz

av·er·age² [ˈævᵊrɪdʒ] durchschnittlich, Durchschnitts-; **of average height** mittelgroß

to **av·er·age** [ˈævᵊrɪdʒ] ① **average** [**out**] im Durchschnitt betragen; **over the year the number of visitors averages out at about 2000 a week** im Jahr beträgt die Besucherzahl im Durchschnitt ungefähr 2000 pro Woche ② im Durchschnitt ausmachen ③ **he averages about $1200 a month** er verdient um die $1200 monatlich

aver·sion [əˈvɜːʃᵊn] die Abneigung, die Aversion (**to** gegen)

to **avert** [əˈvɜːt] ① abwenden *Blick, Gedanken* (**from** von) ② verhindern *Katastrophe*

avia·tion [ˌeɪviˈeɪʃᵊn] die Luftfahrt

avid [ˈævɪd] begeistert

avo·ca·do [ˌævəˈkɑːdəʊ] <*Plural* avocados *oder* avocadoes> die Avocado

to **avoid** [əˈvɔɪd] vermeiden; **he always manages to avoid helping with the housework** er schafft es immer wieder, bei der Hausarbeit nicht dabei zu sein; **I managed to avoid hitting the other car** es gelang mir, dem anderen Auto auszuweichen; **try to avoid mentioning the subject** versuch es, das Thema zu meiden; **to avoid someone** jemanden meiden [*oder* aus dem Wege gehen], jemandem ausweichen

avoid·able [əˈvɔɪdəbl̩] vermeidbar

avoid·ance [əˈvɔɪdᵊn(t)s] die Vermeidung; *von Steuern:* die Umgehung

to **await** [əˈweɪt] erwarten, warten auf

to **awake** [əˈweɪk] <awoke *oder* USA AUCH awaked, awoken *oder* USA AUCH awaked> ① aufwachen; **they awoke at 6 this morning** sie sind um 6 heute Morgen wach geworden ② (*übertragen*) **the photo had awoken old memories** das Foto hatte alte Erinnerungen erweckt

awake [əˈweɪk] ① wach, munter; **to be awake** wach sein; **wide awake** hellwach ② (*übertragen*) **you must be awake to the dangers of the situation** du musst dir der Gefahr der Situation bewusst sein

award [əˈwɔːd] der Preis, die Auszeichnung

to **award** [əˈwɔːd] ① zuerkennen, zusprechen ② verleihen *Preis*

award-win·ning [əˈwɔːdwɪnɪŋ] preisgekrönt

aware [əˈweəʳ] bewusst; **I'm aware of that** ich bin mir dessen bewusst; **not that I'm aware of** nicht, dass ich wüsste

aware·ness [əˈweəʳnəs] das Bewusstsein

away [əˈweɪ] ① weg, fort; **to go away** weggehen; **to take away** wegnehmen; **go away!** geh weg! ② entfernt, abseits; **far away** weit weg ③ abwesend; **away on business** geschäftlich unterwegs ④ **far and away** bei weitem; **right** [*oder* **straight**] **away** auf der Stelle, sofort; **to do away with** abschaffen, beseitigen; **to give** [**something**] **away** [etwas] verschenken; **don't give away our secret!** verrate unser Geheimnis nicht!; **to give oneself away** sich verraten;

B

to work away unablässig arbeiten

away match das Auswärtsspiel

awe-in·spir·ing ['ɔːɪnˌspaɪərɪŋ] beeindruckend

awe·some ['ɔːsəm] Ehrfurcht gebietend; **what did you think of it? – awesome!** (*slang*) wie war's? – Geil!

awe·struck ['ɔːˌstrʌk] [von Ehrfurcht] ergriffen

aw·ful ['ɔːfəl] ① furchtbar ② (*umgangsspr*) scheußlich

aw·ful·ly ['ɔːfəli] furchtbar

awk·ward ['ɔːkwəd] ① *Person:* unbeholfen, ungeschickt ② *Gegenstand:* unhandlich ③ *Situation:* peinlich, unangenehm ④ *Frage:* schwierig, peinlich ⑤ *Zeitpunkt:* ungünstig; **he's at that awkward age** er ist jetzt in dem schwierigen Alter

awn·ing ['ɔːnɪŋ] ① die Plane ② die Markise

awoke [əˈwəʊk] *2. Form von* **awake**

awok·en [əˈwəʊkən] *3. Form von* **awake**

axe [æks], (USA) **ax** [æks] die Axt, das Beil ▶ WENDUNGEN: **to get the axe** (*umgangsspr*) *Person:* entlassen werden; *Projekt:* gestrichen werden; **to have an axe to grind** persönliche Interessen verfolgen

to **axe**, (USA) to **ax** [æks] (*übertragen*) radikal kürzen [*oder* abbauen]

axis ['æksɪs, *Plural* -siːz] <*Plural* axes> die Achse

axle ['æksl̩] die Achse, die Radachse

aye [aɪ] (*im Parlament*) die Jastimme; **the ayes have it** die Mehrzahl ist dafür

Azer·bai·jan [ˌæzəbaɪˈdʒɑːn] *kein Plural* Aserbaidschan

Bb

B <*Plural* B's *oder* Bs>, **b** [biː] <*Plural* b's> ① B, b ② (*Musiknote*) H, h ③ (*Schulnote*) gut ④ **b. 1987** geboren 1987

to **bab·ble** ['bæbl̩] ① stammeln, lallen; **stop babbling like an idiot!** hör auf, Schwachsinn zu reden!; **they've been babbling away all morning** sie haben den ganzen Vormittag gequasselt ② *Wasser:* murmeln, plätschern

babe [beɪb] ① das Kind; **as innocent as a newborn babe** unschuldig wie ein neugeborenes Kind ② (*umgangsspr*) **hey, babe!** hey, Süße!

ba·boon [bəˈbuːn] der Pavian

baby ['beɪbi] ① das Baby, der Säugling; **to [be going to] have a baby** ein Kind bekommen; **stop being such a baby** hör auf, dich wie ein kleines Kind zu benehmen ② (*umgangsspr*) Schätzchen ▶ WENDUNGEN: **to be left holding the baby** die Sache am Hals haben

baby car·riage (USA) der Kinderwagen

baby-mind·er (GB) die Tagesmutter; (*beruflich*) der Kinderpfleger/die Kinderpflegerin

baby show·er (USA) *Frauenparty vor einer Geburt, bei der Geschenke überreicht werden*

baby·sit·ter der Babysitter/die Babysitterin

baby·sit·ting das Babysitting, das Babysitten

bach·elor ['bætʃələ'] ① der Junggeselle ② (*Universitätsabschluss*) der Bachelor; **Bachelor of Arts/Science** der Bakkalaureus der philosophischen/naturwissenschaftlichen Fakultät (*unterster akademischer Grad in englischsprachigen Ländern*)

bach·elor·ette par·ty [bætʃələˈret-] (USA) die Junggesellinnenabend (*Party vor der Hochzeit für die Braut und ihre Freundinnen*)

bach·elor par·ty (USA) die Junggesellenabschiedsparty (*Party vor der Hochzeit für den Bräutigam und seine Freunde*)

Bach·elor's de·gree der Bachelor, das Bakkalaureat (*niedrigster akademischer Grad in englischsprachigen Ländern*); **to have a Bachelor's degree [in something]** einen Bachelor [in etwas] haben

back[1] [bæk] ① (*auch übertragen*) der Rücken; **back of a book** der Buchrücken; **back of the hand** der Handrücken; **back to back** Rücken an Rücken; **it happened when my back was turned** (*übertragen*) es geschah, als ich anderweitig beschäftigt war; **behind someone's back** (*auch übertragen*) hinter jemandes Rücken; **with one's back to the wall** (*übertragen*) in der Klemme ② **back to front** verkehrt herum ③ **at the back of** hinter ④ (*im Auto*) der Rücksitz; **you can get in the back and I'll get in the front** steig du hinten ein und ich setze mich nach vorne ⑤ *einer Münze, Seite:* die Rückseite; **the back of the chair** die Rückenlehne ⑥ (*beim Fußball*) der Verteidiger/die Verteidigerin ▶ WENDUNGEN: **to be glad to see the back of someone** froh sein, dass jemand weg ist; **I wish they'd get off my back!** ich wünsche, sie würden mich in Ruhe lassen; **to get someone's back up** jemanden auf die Palme bringen; **to know something like the back of one's hand** etwas wie die eigene Westentasche kennen; **to put one's back into something** sich in eine Sache hineinknien; **she lives at the back of beyond** sie lebt mitten in der Walachei

back[2] [bæk] ① rückwärtig, Hinter- ② *Betrag:*

B

rückständig ③ *Ort, Straße:* abgelegen, fern

back³ [bæk] ① rückwärts, zurück (**from** von), hinten; **back and forth** hin und her; **did you get your sweater back?** hast du deinen Pullover zurückbekommen?; **I've just had a letter back from the bank** ich habe eben ein Antwortschreiben von der Bank bekommen ② **5 years back** vor fünf Jahren ③ **to answer back** frech antworten, widersprechen ④ **to go back on one's word** sein Versprechen nicht halten; **stand** [*oder* **keep**] **back!** zurück[bleiben]!

to **back** [bæk] ① unterstützen ② **to back someone up** jemandem den Rücken decken, jemandem beistehen ③ zurückfahren *Auto;* **you'll have to back** [**the car**] **into that space** du wirst in die Parklücke zurücksetzen müssen ④ **to back a horse/a winner** (*auch übertragen*) auf ein Pferd/einen Gewinner setzen

◆to **back away** zurückweichen

◆to **back down** klein beigeben

◆to **back onto** hinten angrenzen an

◆to **back out** einen Rückzieher machen

◆to **back up** ① zurückfahren *Auto* ② unterstützen, beistehen *Person;* bestätigen *Geschichte;* untermauern *Theorie* ③ sichern *Daten*

back·ache *kein Plural* die Rückenschmerzen

back·bench·er [ˌbæk'bentʃə] GB der/die Abgeordnete (*ohne Position in der Regierung*)

back·bone ['bækbəʊn] (*auch übertragen*) das Rückgrat

to **back·comb** toupieren *Haar*

back door [ˌbæk'dɔːʳ] (*auch übertragen*) die Hintertür

back·er [bækəʳ] der Förderer/die Förderin; *von Projekt:* der Geldgeber

to **back·fire** [ˌbæk'faɪəʳ] ① *Auto:* knallen ② (*übertragen*) *Plan:* schiefgehen; *Sache:* ins Auge gehen

back·ground ['bækgraʊnd] ① der Hintergrund; (*auch übertragen*) die Umwelt, das Milieu ② (*übertragen*) die berufliche Erfahrung, die Ausbildung, die Vorbildung ③ *eines Falls:* die Zusammenhänge

back·hand ['bækhænd] (*beim Tennis*) die Rückhand

back·hand·ed ['bækhændɪd] **backhanded compliment** zweischneidiges Kompliment

back·hand·er ['bækhændəʳ] das Schmiergeld

back·ing ['bækɪŋ] ① die Unterstützung ② (*in der Musik*) die Begleitung ③ (*Material*) die Rückenverstärkung

back·lash ['bæklæʃ] die Gegenreaktion

back·log ['bæklɒg] die Rückstände

back·pack ['bækpæk] der Rucksack

to **back·pack** ['bækpæk] mit dem Rucksack [ver]reisen

back·pack·er der Rucksacktourist/die Rucksacktouristin

back·pack·ers' hos·tel die [Jugend]herberge für Rucksacktouristen [*oder* Backpacker]

back pay die Nachzahlung; **I've got three months' back pay due!** mir stehen noch drei Monatsgehälter zu!

back seat [bæk'siːt] der Rücksitz; **to take a back seat** (*übertragen*) sich zurückhalten; **back seat driver** der besserwisserische Beifahrer/die besserwisserische Beifahrerin

back·side ['bæksaɪd] (*umgangsspr*) der Hintern

back·slash (*in der Informatik*) der Backslash

back·stage [bæk'steɪdʒ] hinter der Bühne

back street ['bæk striːt] die Seitenstraße

back·stroke ['bækstrəʊk] das Rückenschwimmen

back·up ['bækʌp] ① die Unterstützung ② (*Computer*) die Sicherung

back·ward ['bækwəd] ① rückwärtig, rückwärtsgerichtet ② *Kind:* zurückgeblieben ③ *Land:* rückständig

back·wards ['bækwədz] rückwärts, zurück; **backwards and forwards** hin und her; **to know something backwards** etwas in- und auswendig kennen

back·yard [ˌbæk'jɑːd] der Hinterhof

ba·con ['beɪkᵊn] der [durchwachsene] Speck

bac·te·ria [bæk'tɪəriə] *Plural* die Bakterien

bad [bæd] <worse, worst> ① schlecht; **in a bad mood** schlecht gelaunt; **a bad business** eine üble Sache ② *Geruch:* übel ③ *Hund, Kind:* böse, schlimm ④ *Sturz:* böse ⑤ *Verletzung:* schlimm ⑥ *Erkältung, Fehler, Unfall:* schwer ⑦ *Lebensmittel:* verdorben; *Ei:* faul; **to go bad** schlecht werden, verderben ⑧ (*slang*) toll, geil ⑨ **from bad to worse** immer schlimmer; **not** [**half**] **bad** (*umgangsspr*) gar nicht so übel; **he feels very bad about it** es tut ihm sehr leid; **that is too bad!** das ist zu dumm!; **bad luck** Pech

badge [bædʒ] das Abzeichen, der Button

badg·er ['bædʒəʳ] der Dachs

to **badg·er** ['bædʒəʳ] plagen

bad·ly ['bædli] <worse, worst> ① schlecht, schlimm ② arg, dringend; **to want badly** dringend brauchen [*oder* benötigen] ③ **to come off badly** schlecht wegkommen; **to be badly off** finanziell schlecht dran sein ④ **badly beaten** vernichtend geschlagen; **badly paid** schlecht bezahlt

bad·min·ton ['bædmɪntən] der Federball, das Badminton

bad-tem·pered (*Neigung*) leicht aufbrausend; (*Zustand*) schlecht gelaunt

to **baf·fle** ['bæfl̩] verblüffen, verwirren; **I am completely baffled** ich stehe vor einem Rätsel

baf·fling ['bæfl̩ɪŋ] verwirrend

bag [bæg] ① die Tasche, die Handtasche ② (*aus Papier, Plastik*) die Tüte ③ (*zum Zuziehen*) der Beutel ④ **a bag of cement** ein Sack Zement ⑤ **bags** *Plural* das Gepäck ⑥ **bags of** (*umgangsspr*) jede Menge ▸ WENDUNGEN: **to let the cat out of the bag** die Katze aus dem Sack lassen; **old bag** (*umgangsspr*) die alte Schachtel

bag·gage ['bægɪdʒ] das Reisegepäck

> **G** **baggage** ist unzählbar; d.h. es wird nicht mit *a* oder im Plural gebraucht: *her baggage is clearly labelled*
> Wenn man von einem Einzelstück redet, sagt man *a piece of baggage* oder *an item of baggage*: *you may take one piece of baggage onto the aeroplane*

bag·gage car der Gepäckwagen

bag·gage cart (USA) der Kofferkuli

bag·gage check die Gepäckkontrolle

bag·gage check-in count·er der Abfertigungsschalter, der Abflugschalter

bag·gage claim die Gepäckausgabe

bag·gage rack die Gepäckablage

bag·gage re·claim die Gepäckausgabe

bag·gage room die Gepäckaufbewahrung

bag·gage trol·ley der Kofferkuli

bag·gy ['bægi] ① schlabberig *umgangsspr* ② (*unförmig*) ausgebeult

bag·pipes ['bægpaɪps] *Plural* der Dudelsack

bail [beɪl] die Bürgschaft, die Kaution; **out on bail** durch Kaution auf freiem Fuß

to **bail** [beɪl] ① **to bail someone out** jemanden gegen Bürgschaft freibekommen; (*übertragen*) jemanden retten ② schöpfen *Wasser*

to **bait** [beɪt] ① mit einem Köder versehen ② quälen *Menschen, Tier*

bait [beɪt] (*auch übertragen*) der Köder; **to rise to** [*oder* **take**] **the bait** (*übertragen*) anbeißen

to **bake** [beɪk] ① backen *Kuchen, Brot;* **baked apple** der Bratapfel; **baked beans** die Bohnen in Tomatensoße; **baked potato** die Ofenkartoffel ② (*durch Hitze*) härten, dörren; brennen *Ziegel* ③ (*übertragen*) braten; **I'm baking!** ich komme fast um vor Hitze!

bak·er ['beɪkəʳ] der Bäcker/die Bäckerin

bak·ery ['beɪkəri] die Bäckerei

bak·ing[1] ['beɪkɪŋ] das Backen, das Brennen

bak·ing[2] ['beɪkɪŋ] glühend heiß

bak·ing pow·der *kein Plural* das Backpulver

bal·ance ['bælən(t)s] ① die Waage ② das Gleichgewicht; **to catch someone off balance** (*auch übertragen*) jemanden aus dem Gleichgewicht werfen; **to be** [**thrown**] **off balance** (*auch übertragen*) das Gleichgewicht verloren haben ③ die [innere] Ausgeglichenheit, der Gleichmut ④ *von Wirtschaftsbüchern:* die Bilanz; *vom Konto:* der Kontostand ▸ WENDUNGEN: **in the balance** in der Schwebe; **on balance** alles in allem; **to strike a balance between ...** den Mittelweg finden zwischen ...

to **bal·ance** [bælən(t)s] ① balancieren (**on** auf) ② das Gleichgewicht halten ③ ausgleichen; **to balance the books** die Bücher bilanzieren ④ (*übertragen*) **to balance something** etwas abwägen (**against/with** gegen)

bal·anced ['bæləntst] *Person:* ausgeglichen

bal·ance sheet die Bilanz

bal·co·ny ['bælkəni] der Balkon

bald [bɔːld] ① *Kopf:* kahl; **he's bald** er hat eine Glatze; **you're going bald on top!** du bekommst eine Glatze! ② *Reifen:* abgefahren

bald-head·ed glatzköpfig; **a bald-headed man** ein Glatzkopf

bale [beɪl] *Heu:* der Ballen

Bal·kans ['bɔːlkənz] *Plural* **the Balkans** der Balkan

ball[1] [bɔːl] ① der Ball; **to keep one's eye on the ball** den Ball im Auge behalten; (*übertragen*) etwas im Auge behalten ② (*beim Billard*) die Kugel ③ (*aus Kordel, Wolle*) das/der Knäuel ④ **the ball of one's foot/hand** der Fußballen/Handballen ⑤ **balls** *Plural* (*slang*) die Eier ⑥ **balls!** (*slang*) Quatsch!, Scheiße! ▸ WENDUNGEN: **on the ball** auf Draht; **to keep the ball rolling** das Gespräch in Gang halten; **to set the ball rolling** den Stein ins Rollen bringen; **to play ball** mitmachen; **the ball is in his court** jetzt ist er am Zug

ball[2] [bɔːl] der [Tanz]ball

bal·lad ['bæləd] die Ballade

bal·let ['bæleɪ] das Ballett

bal·let danc·er der Balletttänzer/die Balletttänzerin

bal·lis·tic [bə'lɪstɪk] ballistisch ▸ WENDUNGEN: **to go ballistic** (*umgangsspr*) an die Decke gehen, in die Luft gehen

bal·loon [bə'luːn] ① der Ballon ② die Sprechblase

bal·lot ['bælət] die Abstimmung; **secret ballot** die geheime Wahl; **ballot box** die Wahlurne; **ballot paper** der Wahlzettel, der Stimmzettel

to **bal·lot** ['bælət] [geheim] abstimmen (**for** über); **the union balloted its members** die Gewerkschaft hat ihre Mitglieder abstimmen lassen

ball·point ['bɔːlpɔɪnt], **ball·point pen** [ˌbɔːlpɔɪnt'pen] der Kugelschreiber

ball·room ['bɔːlrʊm] der Ballsaal, der Tanzsaal; **ballroom dancing** der Gesellschaftstanz

balls ['bɔːlz] *Plural* (*slang*) die Eier

balls-up (GB) (*slang*) der Scheiß

ba·lo·ney [bə'ləʊni] *kein Plural* ① (USA) ≈ die Fleischwurst ② (*umgangsspr*) der Quatsch

bam·boo [bæm'buː] ① das Bambusrohr ② der Bambus

to **ban** [bæn] <banned, banned> ① verbieten ② sperren *Spieler*

ban [bæn] das Verbot; **to put a ban on some-**

B

B

thing etwas mit einem Verbot belegen; **to lift a ban** ein Verbot aufheben
ba·nal [bə'nɑːl] banal
ba·na·na [bə'nɑːnə] ① die Banane ② **to go bananas** verrückt werden
band[1] [bænd] ① (*modern*) die Band ② (*traditionell*) die [Musik]kapelle
band[2] [bænd] ① *von Farbe:* der Streifen ② (*Kleidung*) das Band; **waist band** der Bund
to **band** [bænd] zusammenbinden; **to band together** sich zusammenschließen
band·age ['bændɪdʒ] die Bandage, die Binde, der Verband
to **band·age** ['bændɪdʒ] verbinden, bandagieren
Band-Aid® USA das Hansaplast®, das Heftpflaster
B & B [ˌbiːᵊnd'biː] GB *Abkürzung von* **bed and breakfast** ① das Zimmer mit Frühstück ② die Frühstückspension
bandit ['bændɪt] der Bandit/die Banditin
band·stand ['bændstænd] der Musikpavillon
band·wagon ['bændwægən] ▸ WENDUNGEN: **to climb** [*oder* **jump**] **on the bandwagon** sich dranhängen, auf den fahrenden Zug aufspringen
bang[1] [bæŋ] ① der [heftige] Schlag ② der [laute] Knall ③ (*übertragen*) **to go off with a bang** ein Bombenerfolg sein
bang[2] [bæŋ] ① heftig, mit lautem Knall; **to go bang** knallen ② peng!
to **bang** [bæŋ] ① knallen (**against** gegen); **I banged my knee on the step** ich bin mit dem Knie gegen die Treppe geknallt; **he banged his fist on the table** er schlug mit der Faust auf den Tisch; **she banged the phone down** sie knallte den Hörer auf die Gabel ② **to bang the door** die Tür zuschlagen [*oder* zuknallen]; **the door banged behind him** die Tür knallte laut hinter ihm zu
◆ to **bang about** Krach machen
ban·gle ['bæŋgl̩] der Armreif, der Armring
bangs [bæŋz] *Plural* USA (*Frisur*) der Pony
ban·is·ter ['bænɪstəʳ] das Treppengeländer
ban·jo ['bændʒəʊ] <*Plural* -s *oder* -es> das Banjo
bank[1] [bæŋk] ① die Bank ② **blood bank** die Blutbank
bank[2] [bæŋk] ① *eines Flusses, Sees:* das Ufer ② (*Abhang*) die Böschung ③ *von Sand, Wolken:* die Bank
to **bank** [bæŋk] **bank money** Geld auf die Bank bringen, Geld einzahlen; **where do you bank?** wo haben Sie Ihr Bankkonto?; **I bank with Lloyds** ich habe ein Konto bei Lloyds
◆ to **bank on** sich verlassen auf, zählen auf
◆ to **bank up** ① aufhäufen ② *Schnee:* sich anhäufen ③ *Wolken:* sich auftürmen
bank ac·count ['bæŋkəkaʊnt] das Bankkonto
bank bal·ance der Kontostand
bank card die Scheckkarte
bank charges *Plural* die Bankgebühren
bank code die Bankleitzahl
bank·er ['bæŋkəʳ] der Banker/die Bankerin
bank holi·day GB der [gesetzliche] Feiertag; USA der Bankfeiertag

> **L** Ursprünglich war ein **bank holiday** ein Tag, an dem die Banken geschlossen haben. Heute ist es ein **public holiday** (gesetzlicher Feiertag), an dem die Banken geschlossen haben, die meisten größeren Geschäfte aber geöffnet sind.

bank·ing ['bæŋkɪŋ] ① das Bankwesen ② *von Flugzeug:* die Schräglage ③ *einer Rennbahn:* die Überhöhung
bank man·ag·er der Bankdirektor/die Bankdirektorin
bank·note die Banknote
bank rob·bery der Banküberfall
bank·rupt ['bæŋkrʌpt] bankrott, zahlungsunfähig; **to go** [*oder* **become**] **bankrupt** bankrottgehen, in Konkurs gehen
bank·rupt·cy ['bæŋkrʌp(t)si] *kein Plural* der Konkurs
bank sort code GB die Bankleitzahl
bank state·ment [bæŋksteɪtmənt] der Kontoauszug
bank trans·fer die Überweisung
ban·ner ['bænəʳ] ① das Banner, die Fahne ② das Spruchband, das Transparent
ban·ner ad·vert (*im Internet*) die Bannerwerbung
bap·tism ['bæptɪzᵊm] (*auch übertragen*) die Taufe; **baptism of fire** die Feuertaufe
Bap·tist ['bæptɪst] der Baptist/die Baptistin
to **bap·tize** [bæp'taɪz] taufen
bar[1] [bɑːʳ] ① die Stange ② *von Schokolade:* die Tafel ③ *von Gold:* der Barren ④ **a bar of soap** ein Stück Seife ⑤ **behind bars** (*im Gefängnis*) hinter Gittern ⑥ (*übertragen*) das Hindernis (**to** für), die Schranke ⑦ (*in der Musik*) der Taktstrich ⑧ (*gerichtlich*) **to be called to the Bar** als Anwalt/Anwältin zugelassen werden ⑨ (*Kneipe*) die Bar ⑩ (*Tresen*) die Theke
bar[2] [bɑːʳ] abgesehen von, außer; **bar none** ohne Ausnahme; **bar one** außer einem
to **bar** [bɑːʳ] <barred, barred> ① verriegeln, zusperren *Tür, Fenster* ② [ver]sperren *Weg* ③ **to bar someone from doing something** jemandem verbieten [*oder* untersagen], etwas zu tun, jemanden daran hindern, etwas zu tun; **he's been barred from the club** er hat Klubverbot
bar·be·cue ['bɑːbɪkjuː] ① der Grill ② die Grillparty
to **bar·be·cue** ['bɑːbɪkjuː] auf dem Rost braten, grillen

> **L** Feste, vor allem solche von Kirchen, Schulen und Vereinen, werden in den USA oft nach dem angebotenen Essen benannt. Ein **barbecue**, manchmal auch **cook-out** genannt, ist ein Grillfest. Bei einem **clam bake** werden — meistens

am Strand — Steine durch ein Feuer erhitzt und mit Seetang bedeckt; anschließend werden darauf Muscheln gegart und gegessen. Bei einem **corn roast** brät man Zuckermaiskolben im Feuer und isst sie heiß mit Butter und Salz. Die freiwillige Feuerwehr gibt oft ein **pancake breakfast**, bei dem jeder für wenig Geld so viele amerikanische Pfannkuchen mit Butter und Ahornsirup essen kann, wie er möchte.

barbed [bɑːbd] **barbed wire** der Stacheldraht

bar·ber ['bɑːbəʳ] der [Herren]friseur

bar chart ['bɑː tʃɑːt] das Balkendiagramm

bar code der Strichcode, der Balkencode

bare [beəʳ] ① nackt, bloß; **with one's bare hands** mit den bloßen Händen ② *Baum, Wand:* kahl ③ *Raum:* unmöbliert, leer ④ *Boden:* nackt ⑤ (*übertragen*) unverhüllt, offen; **the bare facts** die nackten Tatsachen

to **bare** [beəʳ] entblößen; **the dog bared its teeth** der Hund bleckte [*oder* fletschte] die Zähne

bare·foot [ˌbeəˈfʊt], **bare·foot·ed** [ˌbeəˈfʊtɪd] barfuß

bare·ly ['beəli] kaum

bar·gain ['bɑːgɪn] ① günstiges Angebot, Gelegenheitskauf; **it's a bargain at that price!** zu dem Preis ist das geschenkt!; **it's a bargain** es ist sehr günstig; **to drive a hard bargain** (*auch übertragen*) hart handeln ② (*Abmachung*) **it's a bargain!** abgemacht! ③ (*übertragen*) **into the bargain** obendrein, noch dazu

to **bar·gain** ['bɑːgɪn] ① handeln (**for** um) ② (*übertragen*) **he got more than he bargained for** da hat er sich ganz schön was eingebrockt ③ **to bargain on someone/something** auf jemanden/etwas zählen

bar·gain sale der Ausverkauf

barge [bɑːdʒ] der Lastkahn, der Schleppkahn

to **barge** [bɑːdʒ] (*umgangsspr*) **to barge in** dazwischenplatzen, sich einmischen; **to barge into** hineinrennen in, hineinplatzen in

bar·hop·ping *kein Plural* (USA) die Kneipentour

bark¹ [bɑːk] *eines Baums:* die Rinde, die Borke

bark² [bɑːk] das Bellen ▸WENDUNGEN: **his bark is worse than his bite** Hunde, die bellen, beißen nicht

to **bark** [bɑːk] ① *Hund:* bellen ② *Mensch:* anfahren; **to bark at someone** jemanden anbellen ▸WENDUNGEN: **you're barking up the wrong tree** du bist auf dem Holzweg

bar·ley ['bɑːli] die Gerste

bar·maid ['bɑːmeɪd] die Bardame, die Bedienung

bar·man ['bɑːmən] <*Plural* barmen> der Barmann, der Barkeeper

barn [bɑːn] die Scheune, die Scheuer; (USA) der Stall

barn owl die Schleiereule

bar·racks ['bærəks] die Kaserne

bar·rel ['bærəl] ① das Fass ② das [Kanonen]rohr, der [Gewehr]lauf ③ (*Maßeinheit für Öl*) das Barrel ④ (*übertragen*) **he's a barrel of laughs** er ist ein richtiger Spaßvogel; **her job is not exactly a barrel of laughs** ihr Job macht ihr nicht gerade viel Spaß; **to have someone over a barrel** jemanden in der Zange haben

bar·ren ['bærən] unfruchtbar

bar·ri·cade ['bærɪkeɪd, ˌbærə'keɪd] die Barrikade

to **bar·ri·cade** ['bærɪkeɪd, ˌbærə'keɪd] verbarrikadieren

bar·ri·er ['bæriəʳ] ① die Schranke, die Sperre, die Barriere ② (*übertragen*) die Barriere, das Hindernis (**to** für)

bar·ring ['bɑːrɪŋ] außer, ausgenommen; **barring accidents** falls nichts passiert

bar·ris·ter ['bærɪstəʳ] der Barrister, der Rechtsanwalt/die Rechtsanwältin (*vor einem höheren Gericht zugelassen*)

base¹ [beɪs] ① (*auch in der Mathematik*) die Basis, die Grundlinie, die Grundfläche, die Grundzahl ② *von Lampe, Mikroskop, Mauer:* der Fuß ③ *von Schrank, Statue:* der Sockel ④ Grund[lage], die Basis, der Ausgangspunkt ⑤ (*beim Militär*) die Basis, der Stützpunkt ⑥ (*beim Sport*) das Mal, die Standlinie ⑦ (*in der Chemie*) die Base

base² [beɪs] **base metal** das unedle Metall

to **base** [beɪs] ① basieren, gründen (**on** auf); **to be based on** sich stützen auf ② **the company is based in Frankfurt** die Firm hat ihren Hauptsitz in Frankfurt

base·ball ['beɪsbɔːl] der Baseball

L **Baseball** ist der amerikanische Nationalsport. Zwei Mannschaften zu je neun Spielern sind abwechselnd *up*, d.h. sie versuchen, *runs* (Punkte) zu machen, indem die Spieler vier *bases* (Platten), die in einem *diamond* (Innenfeld) angeordnet sind, nacheinander berühren. Der *pitcher* (Werfer) der Gegenseite wirft den Ball und der *batter* (Schlagmann) der Gegenmannschaft versucht, den Ball mit seinem Schläger zu treffen. Der *batter* muss mindestens die erste Platte erreichen, bevor die Gegenseite den Ball unter Kontrolle bekommt.

base·ment ['beɪsmənt] das Kellergeschoss; (*im Kaufhaus*) das Untergeschoss

bases ['beɪsiz] *Pluralform von* **basis**

bash [bæʃ] <*Plural* bashes> ① der heftige Schlag ② **have a bash!** (*umgangsspr*) probier mal!

to **bash** [bæʃ] (*umgangsspr*) heftig schlagen

◆ to **bash on** (GB) (*umgangsspr*) **to bash on [with something]** [mit etwas] weitermachen

◆ to **bash out** **to bash out a report** schnell mal einen Bericht zusammenschreiben; **to bash out a tune on the piano** ein bisschen auf dem Klavier herumklimpern

B

B

bash·ful ['bæʃfᵊl] schüchtern

ba·sic ['beɪsɪk] ① Grund-, grundlegend ② grundsätzlich [wichtig], fundamental ③ *Kenntnisse, Einrichtungen:* elementar

ba·si·cal·ly ['beɪsɪkᵊli] im Grunde

ba·sic sala·ry der Grundlohn

ba·sic vo·cabu·lary der Grundwortschatz

ba·sin ['beɪsᵊn] ① die Schale ② das Waschbecken, die Schüssel

ba·sis ['beɪsɪs, *Plural* -si:z] <*Plural* bases> ① die Basis, die Grundlage; **on a regular basis** regelmäßig; **we work on the basis of 'the customer is always right'** wir arbeiten nach dem Prinzip ‚der Kunde ist König' ② der Grundbestandteil

bas·ket ['bɑ:skɪt] der Korb

bas·ket·ball der Basketball

bass [beɪs] der Bass

bas·soon [bə'su:n] das Fagott

bas·tard ['bɑ:stəd] ① das uneheliche Kind, der Bastard ② (*slang*) der Schweinehund, der Scheißkerl; **poor bastard** armes Schwein

bat[1] [bæt] die Fledermaus ▶ WENDUNGEN: **blind as a bat** stockblind; **old bat** (*umgangsspr*) die alte Hexe; **like a bat out of hell** wie eine Furie

bat[2] [bæt] das Schlagholz, der Schläger ▶ WENDUNGEN: **off one's own bat** auf eigene Faust

to **bat**[1] [bæt] <batted, batted> [mit dem Schlagholz] schlagen

to **bat**[2] [bæt] **don't bat your eyelashes at him like that!** hör auf, ihm schöne Augen zu machen!; **without batting an eyelid** ohne mit der Wimper zu zucken

batch [bætʃ] <*Plural* batches> der Stoß, der Stapel

bat·ed ['beɪtɪd] **with bated breath** mit angehaltenem Atem, voller Spannung

bath [bɑ:θ] ① (*auch in der Chemie*) das Bad; **to have** [*oder* **take**] **a bath** ein Bad nehmen ② die Badewanne ③ **baths** *Plural* das Bad, die Badeanstalt, das Hallenbad

to **bath** [bɑ:θ] ① [sich] baden ② **to bath a baby** ein Baby baden

to **bathe** [beɪð] ① [sich] baden ② **to bathe one's eyes** ein Augenbad machen

bath·ing ['beɪðɪŋ] das Baden

bath·ing cap die Badekappe, die Bademütze

bath·ing cos·tume der Badeanzug

bath·ing trunks *Plural* die Badehose

bath·robe ['bɑ:θrəʊb] der Bademantel

bath·room ['bɑ:θru:m] ① das Badezimmer ② (USA) **where's the bathroom?** wo ist die Toilette?

bath tow·el das Badetuch

bath·tub ['bɑ:θtʌb] die Badewanne

ba·ton ['bætᵊn] ① (*Sport*) der [Staffel]stab ② (*Musik*) der Taktstock ③ *der Polizei:* der Schlagstock

bats·man ['bætsmən] <*Plural* batsmen> der Schlagmann

to **bat·ter** ['bætəʳ] ① verprügeln, zusammenschlagen; **he was battered to death** er wurde zu Tode geprügelt ② **to batter down** niederschlagen; **to batter in** einschlagen ③ trommeln; **to batter at the door** gegen die Tür hämmern

bat·ter ['bætəʳ] ① (*beim Kricket*) der Schlagmann ② der Teig (*zum Frittieren*) ③ der Pfannkuchenteig

bat·tered ['bætəd] *Auto, Hut:* verbeult

bat·tery ['bætᵊri] die Batterie

bat·tery charg·er das Ladegerät

bat·tery farm·ing (GB) die Batteriehaltung

bat·tery hen das Batteriehuhn

bat·tery-op·er·at·ed, **bat·tery-pow·ered** batteriebetrieben

bat·tle ['bætḷ] ① die Schlacht (**against** gegen, **of** bei), das Gefecht (**for** um) ② (*übertragen*) der Kampf (**for** um); **the battle against cancer** der Kampf gegen Krebs; **I'm going to do battle with my physics homework** ich muss mich jetzt mit den Physikhausaufgaben rumschlagen; **that is half the battle** damit ist schon viel gewonnen

to **bat·tle** ['bætḷ] kämpfen (**against** gegen, **for** um, **with** mit)

bat·tle·field ['bætlfi:ld], **bat·tle·ground** ['bætlgraʊnd] das Schlachtfeld

bat·tle·ship ['bætlʃɪp] das Schlachtschiff

bat·ty ['bæti] (*umgangsspr*) bekloppt

Ba·varia [bə'veəriə] *kein Plural* Bayern

Ba·var·ian[1] [bə'veəriən] bay[e]risch

Ba·var·ian[2] [bə'veəriən] ① der Bayer/die Bayerin ② *kein Plural* (*Dialekt*) Bay[e]risch

to **bawl** [bɔ:l] brüllen; grölen *Lied;* (*vor Ärger*) schreien

bay [beɪ] ① die Bucht; **the Bay of Bengal** der Golf von Bengalen; **Hudson Bay** Hudsonbai ② **to hold** [*oder* **keep**] **someone/something at bay** jemanden/etwas in Schach halten

to **bay** [beɪ] bellen; **to bay at someone/something** jemanden/etwas anbellen

bayo·net ['beɪənət] das Bajonett

bay win·dow das Erkerfenster

ba·zaar [bə'zɑ:ʳ] der Basar

BBC [ˌbi:bi:'si:] *Abkürzung von* **British Broadcasting Corporation** die BBC (*britische Rundfunkgesellschaft*)

> **L** Die **BBC** (*British Broadcasting Corporation*) wurde 1922 gegründet und ist heute einer der wichtigsten Fernseh- und Radiosender Großbritanniens. Sie bietet eine Vielzahl von Radio- und Fernsehprogrammen und wird durch Anmeldegebühren finanziert. Sie ist weltweit bekannt für die gute Qualität der Sendungen und verkauft viele Programme in die ganze Welt.

BC [bi:'si:] *Abkürzung von* **before Christ** v. Chr.

B

to **be** [biː, bi] <was *oder* were, been> 1 sein; **I'm her sister** ich bin ihre Schwester; **she's a teacher** sie ist Lehrerin; **that's me** so bin ich 2 (*Zustand*) sein, sich fühlen; **how are you?** wie geht es dir/Ihnen?; **I'm OK** mir geht es gut; **I'm hot** mir ist warm 3 herrschen; **there was a terrible atmosphere** es herrschte eine schreckliche Stimmung 4 (*beruflich*) werden; **what do you want to be?** was willst du mal werden?; **I want to be a lawyer** ich möchte Anwalt werden 5 sein, sich befinden; **where's the toilet?** wo ist die Toilette?; **there's a good restaurant nearby** es gibt ein gutes Restaurant in der Nähe 6 geschehen, sich ereignen; **when's the party?** wann findet die Party statt?; **when is our exam?** wann ist unsere Prüfung? 7 gehören; **whose bag is this?** wem gehört diese Tasche?; **it's mine** es gehört mir 8 betragen, kosten; **how much is that?** wie viel macht das? 9 (*dürfen, sollen*) **tell them they are to register first** sag ihnen, sie müssen [*oder* sollen] sich zuerst anmelden; **you are not to go out without telling us!** du darfst nicht rausgehen, ohne es uns vorher zu sagen! 10 *zur Bildung der Verlaufsform: + -ing* **what are you doing?** was machst du da?; **I'm doing my homework** ich mache meine Hausaufgaben 11 *zur Bildung des Passivs* werden; **he was made redundant** er wurde arbeitslos; **the house was built in 1872** das Haus wurde 1872 erbaut 12 **his wife-to-be** seine Zukünftige 13 **here you are!** bitte schön! 14 **how is it that ...?** wie kommt es, dass ...? 15 **be that as it may!** wie dem auch sei! 16 **let it be!** lass es sein!

beach [biːtʃ] <*Plural* beaches> der Strand; **on the beach** am Strand

> **L** Da Australien eine Insel ist, wird es von **beaches** (Stränden) umgeben. An vielen Stränden gibt es rote und gelbe Fahnen – als Zeichen dafür, dass sie von Rettungsschwimmern überwacht werden. Manche Strände haben auch Netze, um die Schwimmer vor Haien oder **stingers** (Quallen) zu schützen. Stingers sind besonders giftige Quallen. Wird man von ihren Brennfäden berührt, muss die Wunde mit Essig ausgewaschen und wie ein Schlangenbiss versorgt werden. An den nordaustralischen Stränden und den Ufern von Flüssen weisen Warnschilder auf eine weitere Gefahr hin: Krokodile!

beach holi·day der Strandurlaub

bead [biːd] 1 die Perle 2 der Tropfen

beak [biːk] der Schnabel

beak·er ['biːkəʳ] der Becher

beam [biːm] 1 der Balken 2 **beam of light** der [Licht]strahl; **your headlights were on full beam** Ihre Scheinwerfer waren aufgeblendet ▶ WENDUNGEN: **to be way off beam** völlig auf dem Holzweg sein

to **beam** [biːm] **to beam with joy** vor Freude strahlen

bean [biːn] die Bohne ▶ WENDUNGEN: **to spill the beans** nicht dichthalten; **full of beans** voller Übermut

bear [beəʳ] der Bär

to **bear** [beəʳ] <bore, borne *oder* USA AUCH born> 1 tragen *Last, Namen, Waffe, Zeichen* 2 tragen, [hervor]bringen *Frucht* 3 [ein]bringen, eintragen *Zinsen, Geld* 4 (*übertragen*) vertragen, aushalten; **I can't bear it!** das halte ich nicht aus!; **I can't bear her!** ich kann sie nicht ausstehen [*oder* leiden] 5 **it doesn't bear thinking about** der Gedanke allein ist zu schrecklich 6 **to bear to the right** sich rechts halten 7 **to bear someone a grudge** jemandem grollen, jemandem böse sein 8 **to bear someone/something in mind** jemanden/etwas berücksichtigen

◆ to **bear down** sich stürzen, losgehen (**on** auf)

◆ to **bear off** wegtragen

◆ to **bear up** sich tapfer zeigen, standhaft bleiben; **he's bearing up well after his accident** ihm geht's ganz gut nach seinem Unfall

◆ to **bear with** Geduld haben mit

bear·able ['beərəbl] erträglich

beard [bɪəd] der Bart

bear·ing ['beəʳɪŋ] 1 **to lose one's bearings** (*auch übertragen*) die Orientierung verlieren; **to take one's bearings** sich orientieren 2 **to have a bearing upon** [*oder* **on**] von Bedeutung sein für, Einfluss haben auf 3 (*technisch*) [Kugel]lager

beast [biːst] 1 das [wilde] Tier 2 (*übertragen*) das Biest

beast·ly ['biːs(t)li] gemein, scheußlich

beat[1] [biːt] 1 der Schlag 2 der Takt 3 *eines Polizisten:* die Runde, das Revier

beat[2] [biːt] (*umgangsspr*) **I'm beat** ich bin fertig; **dead beat** völlig erledigt, total kaputt

to **beat**[3] [biːt] <beat, beaten> 1 schlagen *Tier, Mensch;* [ver]prügeln *Mensch* 2 klopfen *Teppich* 3 schlagen *Eier, Takt* 4 (*beim Sport, Militär*) schlagen, besiegen; **it beats me** das ist mir ein Rätsel; **she beat me to the bill** beim Bezahlen kam sie mir zuvor 5 **you can't beat ...** es gibt nichts besseres als ..., es geht nichts über ... 6 *Herz:* pochen 7 *Regen:* peitschen 8 **beat it!** hau ab! ▶ WENDUNGEN: **to beat about the bush** wie die Katze um den heißen Brei herumschleichen, um den heißen Brei herumreden; **to beat a retreat** das Weite suchen

◆ to **beat back** zurückschlagen

◆ to **beat down** 1 einschlagen *Tür* 2 drücken, herunterhandeln *Preis* 3 *Sonne:* herunterbrennen 4 *Regen:* niederprasseln

◆ to **beat off** abwehren, zurückschlagen

◆ to **beat up** verdreschen, zusammenschlagen

B

beat·en ['biːt^{ə}n] ① geschlagen ② *Weg:* ausgetreten ③ (*besiegt*) geschlagen ④ **off the beaten track** (*übertragen*) weit abgelegen

beat·ing ['biːtɪŋ] ① die Prügel; **to give someone a good beating** jemandem eine ordentliche Tracht Prügel verpassen ② (*umgangsspr*) die Niederlage

beau·ti·cian [bjuː'tɪʃ^{ə}n] der Kosmetiker/die Kosmetikerin

beau·ti·ful ['bjuːtɪf^{ə}l] *Sache, Frau:* schön, wunderschön; *Landschaft auch:* herrlich, wundervoll

beau·ty ['bjuːti] ① die Schönheit ② das Prachtexemplar ③ **Sleeping Beauty** das Dornröschen

beau·ty spot ① der Schönheitsfleck ② (*auf dem Land*) das schöne Fleckchen [Erde]; **local beauty spot** das Nahausflugsziel

bea·ver ['biːvə^{r}] ① der Biber ② (*übertragen*) **eager beaver** der Streber/die Streberin, der Enthusiast/die Enthusiastin

to **bea·ver** ['biːvə^{r}] **to beaver away at something** etwas eifrig bearbeiten

be·came [bɪ'keɪm] *2. Form von* **become**

be·cause [bɪ'kɒz] ① weil, da ② **because of** wegen; **because of her/him** ihretwegen/seinetwegen

to **beck·on** ['bek^{ə}n] [zu]winken; **she beckoned the waiter over** sie winkte den Kellner zu sich; **he beckoned to the waiting student to follow him** er gab dem wartenden Studenten ein Zeichen, dass er ihm folgen sollte

to **be·come** [be'kʌm] <became, become> ① werden; **what has become of your old school friends?** was ist aus deinen alten Schulfreunden geworden?; **to become accustomed to someone/something** sich an jemanden/etwas gewöhnen ② **that colour becomes you** die Farbe steht dir [gut]

> **F** Nicht verwechseln mit **bekommen** = to get, to receive!

bed [bed] ① das Bett; **in bed** im Bett; **to get into bed** sich ins Bett legen; **to get out of bed** aufstehen; **to get out of bed on the wrong side** (*übertragen*) mit dem falschen Fuß aufstehen; **to go to bed** zu [*oder* ins] Bett gehen; **to put to bed** zu Bett bringen; **double bed** das Doppelbett; **to go to bed with someone** (*umgangsspr*) mit jemandem schlafen ② das [Blumen]beet ③ **river bed** das Flussbett

bed and break·fast ① das Zimmer mit Frühstück ② die Frühstückspension

bed·clothes [bedkləʊ(ð)z] *Plural,* **bed·ding** ['bedɪŋ] das Bettzeug, die Bettwäsche

bed·room ['bedruːm] das Schlafzimmer

bed·side rug der Bettvorleger

bed·side table ['bed,saɪd teɪbl] der Nachttisch

bed·sit ['bed,sɪt], **bed·sit·ter** [,bed'sɪtə^{r}] das Wohn-Schlaf-Zimmer, das möblierte Zimmer

bed·spread ['bedspred] die Tagesdecke

bed·time ['bedtaɪm] die Schlafenszeit; **it's bedtime** es ist Zeit, ins Bett zu gehen

bee [biː] die Biene ▶ WENDUNGEN: **to have a bee in one's bonnet** einen Fimmel haben

beech [biːtʃ] die Buche, das Buchenholz

beef [biːf] das Rindfleisch

bee·hive ['biːhaɪv] der Bienenstock

bee-keep·er ['biː,kiːpə^{r}] der Imker/die Imkerin, der Bienenzüchter/die Bienenzüchterin

bee·line ['biː,laɪn] **to make a beeline for something** schnurstracks auf etwas zugehen

been [biːn] *3. Form von* **be**

beer [bɪər] das Bier

bee·tle ['biːtl̩] der Käfer

beet·root ['biːtruːt] die rote Bete

be·fore[1] [bɪ'fɔː^{r}] ① (*zeitlich*) vor; **the day before yesterday** vorgestern; **before long** bald ② **business before pleasure** erst die Arbeit, dann das Vergnügen ③ (*räumlich*) vor; **before my [very] eyes** vor meinen Augen

be·fore[2] [bɪ'fɔː^{r}] früher, vorher, zuvor; **the day before** am Tag vorher; **long before** lange vorher, viel früher; **have you been to America before?** waren Sie schon einmal in Amerika?

be·fore[3] [bɪ'fɔː^{r}] bevor, ehe; **before you ask, ...** ehe du fragst, ...

before·hand [bɪ'fɔːhænd] im Voraus, schon vorher

to **beg** [beg] <begged, begged> ① betteln (**for** um) ② bitten [um] ③ **I beg your pardon?** wie bitte?; **I beg your pardon!** Verzeihung! ④ **I beg you not to do that!** ich flehe Sie an, tun Sie es nicht!

be·gan [bɪ'gæn] *2. Form von* **begin**

beg·gar ['begə^{r}] ① der Bettler/die Bettlerin ② (*umgangsspr*) das Bürschchen, der Kerl, das Kerlchen; **he's a cheeky little beggar** er ist rotzfrech; **you jammy beggar!** (*slang*) du Glückspilz!

to **be·gin** [bɪ'gɪn] <began, begun> ① beginnen, anfangen; **to begin again** [wieder] von vorn anfangen; **to begin with** erstens, zunächst; **he began by saying ...** zuerst sagte er ... ② **I couldn't even begin to understand what she was on about** ich hatte nicht die leiseste Ahnung wovon sie redete ③ **to begin school** in die Schule kommen; **to begin work** mit der Arbeit beginnen

be·gin·ner [bɪ'gɪnə^{r}] der Anfänger/die Anfängerin

be·gin·ning [bɪ'gɪnɪŋ] ① der Beginn, der Anfang; **in the beginning was the Word** am Anfang war das Wort; **this is the beginning of the end** (*auch übertragen*) das ist der Anfang vom Ende ② der Ausgangspunkt, der Ursprung; **at the very beginning** ganz am Anfang; **from the [very] beginning** von Anfang an; **from**

beginning to end von Anfang bis Ende; **in the beginning** anfangs, am Anfang

be·gun [bɪˈgʌn] *3. Form von* **begin**

be·half [bɪˈhɑːf] **on behalf of** für, im Namen von

to **be·have** [bɪˈheɪv] sich betragen, sich [gut] benehmen; **he doesn't know how to behave** er weiß sich nicht zu benehmen; **behave yourself!** benimm dich!

be·hav·iour, (USA) **be·hav·ior** [bɪˈheɪvjəʳ] das Benehmen, das Verhalten (**to/towards** gegenüber); **to be on one's best behaviour** sich von seiner besten Seite zeigen

be·hind¹ [bɪˈhaɪnd] (1) hinter; **he has someone behind him** es steht jemand hinter ihm; **one behind the other** hintereinander (2) **who's behind that scheme?** wer steckt hinter dem Plan?

be·hind² [bɪˈhaɪnd] [nach] hinten, dahinter; **to be behind in** [*oder* **with**] **something** mit einer Sache im Rückstand [*oder* Verzug] sein; **to fall** [*oder* **lag**] **behind** zurückbleiben

be·hind³ [bɪˈhaɪnd] (*umgangsspr*) der Hintern

be·ing¹ [ˈbiːɪŋ] *-ing Form von* **be**: **being an expert on the subject, ...** da er ein Experte auf dem Gebiet war, ...; **this being so, ...** da dies [nun einmal] so ist, ...

be·ing² [ˈbiːɪŋ] (1) das Dasein, die Existenz (2) das Lebewesen, das Geschöpf; **human being** der Mensch (3) **for the time being** einstweilen, vorläufig (4) **to come into being** entstehen

Be·la·rus [beləˈruːs] Weißrussland

Be·la·ru·sian¹ [ˌbeləˈrʌʃᵊn] der Belarusse/die Belarussin

Be·la·ru·sian² [ˌbeləˈrʌʃᵊn] belarussisch

be·lat·ed [bɪˈleɪtɪd] verspätet

Bel·gian¹ [ˈbeldʒən] der Belgier/die Belgierin

Bel·gian² [ˈbeldʒən] belgisch

Bel·gium [ˈbeldʒəm] Belgien

be·lief [bɪˈliːf] (1) der Glaube[n] (**in** an), das Vertrauen (**in** zu); **beyond** [*oder* **past**] **all belief** unglaublich (2) (*religiös*) der Glaube[n] (3) die Überzeugung; **to the best of one's belief** nach bestem Wissen und Gewissen

be·liev·able [bɪˈliːvəbl̩] glaubwürdig

to **be·lieve** [bɪˈliːv] (1) glauben (**in** an); **they believe he's a ghost** sie halten ihn für einen Geist; **I believe so/not** ich glaube ja/nein; **believe it or not** ob du es glaubst oder nicht (2) **to believe in** Vertrauen haben zu (3) **would you believe it!** hätten Sie das für möglich gehalten!

bell [bel] (1) die Glocke, die Schelle, die Klingel; **to answer the bell** die Tür öffnen; **was that the bell?** hat es geklingelt [*oder* geläutet]? (2) (*Telefon*) **to give someone a bell** (GB) (*umgangsspr*) jemanden anrufen (3) **this rings a bell** (*übertragen*) das kommt mir bekannt vor

▶ WENDUNGEN: **to be saved by the bell** gerade noch mal davonkommen

bell·hop (USA) der [Hotel]page

to **bel·low** [ˈbeləʊ] brüllen

bel·low [ˈbeləʊ] **he gave a bellow of rage** er brüllte vor Wut

bel·ly [ˈbeli] (1) der Bauch (2) der Magen

bel·ly·ache [ˈbelɪˌeɪk] die Bauchschmerzen, das Bauchweh

to **bel·ly·ache** [ˈbelɪˌeɪk] (*umgangsspr*) mächtig jammern, klagen

bel·ly bar der Nabelstecker

bel·ly but·ton (*umgangsspr*) der Bauchnabel

bel·ly-danc·er die Bauchtänzerin

bel·ly land·ing die Bauchlandung

to **be·long** [bɪˈlɒŋ] (1) gehören; **it belongs to him** es gehört ihm (2) **to belong to a club** einem Klub/Verein angehören (3) **to belong somewhere** hergehören; **that doesn't belong there!** das gehört nicht dahin!; **I belong here** hier ist mein Zuhause; **where does that belong?** wohin gehört das?

be·long·ings [bɪˈlɒŋɪŋz] *Plural* das Eigentum, die Habe, die Sachen

Be·lo·rus·sia [ˌbelə(ʊ)ˈrʌʃə] das Weißrussland

Be·lo·rus·sian¹ [ˌbelə(ʊ)ˈrʌʃən] weißrussisch

Be·lo·rus·sian² [ˌbelə(ʊ)ˈrʌʃən] (1) der Weißrusse/die Weißrussin (2) *kein Plural* (*Sprache*) das Weißrussisch

be·low¹ [bɪˈləʊ] unter, unterhalb; **below him** unter seiner Würde; **below ground** unter der Erde

be·low² [bɪˈləʊ] [nach] unten, hinunter; **see below** siehe unten; **to go below** unter Deck gehen

belt [belt] (1) der Gürtel; **to tighten one's belt** (*auch übertragen*) den Gürtel enger schnallen (2) (*besonders beim Sport*) die Gürtellinie; **below the belt** unter der Gürtellinie; (*übertragen*) unfair (3) die Zone, das [Anbau]gebiet; **green belt** *einer Stadt:* der Grüngürtel (4) **safety belt** der Sicherheitsgurt; **fasten your seat belts!** anschnallen! (5) (*technisch*) der Riemen (6) (*umgangsspr*) der Schlag; **he gave the machine a good belt and it started working again** er schlug einmal kräftig auf den Automaten drauf, dann ging er wieder (7) **she's got ten years' experience under her belt** sie hat zehn Jahre Erfahrung hinter sich

to **belt** [belt] (*umgangsspr*) (1) eilen; **he belted along the corridor** er raste den Gang entlang (2) **to belt someone/something** jemanden/etwas schlagen [*oder* hauen]

◆ to **belt out** (*umgangsspr*) schmettern; **she belted out the national anthem on the piano** sie hämmerte die Nationalhymne auf dem Klavier

◆ to **belt up** (1) sich anschnallen (2) (*slang*) die

B

B

Klappe halten

bench [bentʃ] <*Plural* benches> ① die [Sitz]bank ② die Werkbank ③ (*beim Sport*) **to be on the bench** auf der Reservebank sein ④ das Richteramt, das Gericht; **to be on the bench** Richter sein

bend [bend] ① die Biegung, die Kurve ② **round the bend** (*umgangsspr*) verrückt; **he's driving me round the bend** er macht mich wahnsinnig

to **bend** [bend] <bent, bent> ① biegen, beugen, krümmen; **please do not bend** bitte nicht knicken; **to bend something out of shape** etwas verbiegen ② (*übertragen*) **to bend the law** das Gesetz beugen ③ sich biegen, sich krümmen; *Fluss, Straße, Bahn:* eine Biegung machen

◆to **bend back** [sich] zurückbiegen

◆to **bend down** sich bücken

◆to **bend over** sich vorbeugen; **to bend over backwards for someone** (*übertragen*) sich die Beine für jemanden ausreißen

be·neath [bɪ'niːθ] ① unter, unterhalb ② **that's beneath him** das ist unter seiner Würde

ben·efi·cial [ˌbenɪ'fɪʃᵊl] ① nützlich ② wohltuend

ben·efit ['benɪfɪt] ① die Wohltat, die Gunst, die Hilfe ② der Nutzen, der Vorteil; **for the benefit of** zum Nutzen von; **for the public benefit** im öffentlichen Interesse ③ (*finanziell*) die Unterstützung, die Beihilfe; **sickness benefit** das Krankengeld; **unemployment benefit** das Arbeitslosengeld ④ Benefizveranstaltung; (*im Theater*) die Benefizvorstellung; **benefit concert** das Benefizkonzert; **benefit match** das Benefizspiel

to **ben·efit** ['benɪfɪt] gut tun, nützen; **who will benefit from** [*oder* **by**] **this scheme?** wem wird der Plan nützen?, wer wird Nutzen aus diesem Plan ziehen?; **they benefited a great deal from their stay in Canada** sie haben von ihrem Aufenthalt in Kanada viel profitiert

bent[1] [bent] *2. und 3. Form von* **bend**

bent[2] [bent] **to be bent on doing something** entschlossen sein, etwas zu tun

be·reave·ment [bɪ'riːvmənt] der Trauerfall

Ber·mu·da [bə'mjuːdə] die Bermudas, die Bermudainseln

Ber·mu·da shorts [bəˌmjuːdə'ʃɔːts] *Plural* die Bermudas

ber·ry ['beri] die Beere

ber·serk [bə'zɜːk] **to go berserk** wild werden

berth [bɜːθ] ① *im Schiff:* die Koje; *im Zug:* der Schlafwagenplatz ② **to give someone a wide berth** jemandem aus dem Weg gehen

be·side [bɪ'saɪd] ① (*örtlich*) neben ② (*übertragen*) neben, verglichen mit ③ **to be beside oneself** außer sich sein ④ **that is beside the point** [*oder* **question**] das hat nichts mit der Sache zu tun

be·sides[1] [bɪ'saɪdz] außer, abgesehen von

be·sides[2] [bɪ'saɪdz] außerdem; **besides being a mother, she's also a doctor** sie ist Mutter und auch Ärztin

best[1] [best] *Superlativ von* **good** ① beste(r, s) ② **the best part of something** das meiste [*oder* der größte Teil] von etwas

best[2] [best] *Superlativ von* **well** ① am besten, am meisten ② **to like best** am liebsten mögen ③ **as best you can** so gut du kannst ④ **you had best ...** am besten ..., du solltest ...

best[3] [best] **the best** der/die/das Beste ▸ WENDUNGEN: **to make the best of it** das Beste aus der Sache machen; **at best** bestenfalls; **to do one's best** sein Bestes, Möglichstes tun; **all the best!** alles Gute!

best man der Trauzeuge (*des Bräutigams*)

> **L** Der **best man**, der Trauzeuge, ist oft der beste Freund des Bräutigams. Bei einer typischen Hochzeit begleitet er den Bräutigam und bleibt während der ganzen Zeremonie neben ihm. Er reicht ihm den Ehering für die Braut. Bei der **wedding reception**, der Hochzeitsfeier, hält er eine möglichst witzige Rede über den Bräutigam.

best-sell·er ['bestseləʳ] der Bestseller

to **bet** [bet] <bet *oder* betted, bet *oder* betted> ① wetten; **he bet me five pounds** er wettete mit mir um fünf Pfund; **I bet you** [**ten pounds**] **that ...** ich wette mit dir [zehn Pfund], dass ... ② **you bet!** (*umgangsspr*) aber sicher!

bet [bet] ① die Wette; **to make a bet** [**on something**] eine Wette [auf etwas] abschließen ② der Wetteinsatz ③ **that's your best bet!** das wäre die beste Möglichkeit ④ **it's a safe bet** das steht so gut wie fest

> **L** Die Australier sind für ihre Wettleidenschaft bekannt. Sie wetten beim Fußball, bei Pferderennen, bei Hunderennen, beim Hahnenkampf und bei Krebsrennen. Man sagt, sie würden sogar wetten, welche von zwei Fliegen schneller die Wand hochkrabbelt. **Two-Up** heißt ein Spiel, bei dem mit Hilfe eines Holzstückes, dem „kip", zwei Münzen in die Luft geworfen werden; man wettet dann, bei welcher Münze „Kopf" oder „Zahl" oben liegen wird.

to **be·tray** [bɪ'treɪ] ① verraten (**to** an); **to betray someone/oneself** jemanden/sich verraten ② missbrauchen *Vertrauen*

bet·ter[1] ['betəʳ] *Komparativ von* **good** ① besser; **she's better than him** sie ist besser als er ② **I am getting better now** es geht mir [gesundheitlich] wieder besser ③ **the better part** [*oder* **half**] **of** der größere Teil, mehr als die Hälfte

bet·ter[2] ['betəʳ] *Komparativ von* **well** ① besser ② **I know better** da lasse ich mir nichts vormachen ③ **he thought better of it** er überlegte es sich noch einmal ④ **you had better go** du tätest besser daran, jetzt zu gehen; **you had better not!** das will ich dir nicht geraten haben!

bet·ter[3] ['betəʳ] ① **the better** der, die, das Bessere; **to change for the better** sich zum Besseren wenden ② **to get the better of someone** jemanden übertreffen ③ **all the better, so much the better** umso besser

to **bet·ter** ['betəʳ] [ver]bessern, übertreffen; **to better oneself** sich [beruflich] verbessern, vorwärtskommen

be·tween [bɪ'twiːn] ① *räumlich, zeitlich* zwischen ② **in between** dazwischen ③ zwischen, unter; **the money was divided between the three children** das Geld wurde unter den drei Kindern aufgeteilt ④ **they have twenty pounds between them** sie haben zusammen zwanzig Pfund ▶ WENDUNGEN: **between you and me** unter uns [gesagt]

to **be·ware** [bɪ'weəʳ] **beware what you say!** gib Acht auf das, was du sagst!; **beware of the dog!** Achtung, bissiger Hund!

to **be·wil·der** [bɪ'wɪldəʳ] verwirren, verblüffen

be·wil·dered [bɪ'wɪldəd] verwirrt

be·wil·der·ing [bɪ'wɪldəʳrɪŋ] verwirrend

be·wil·der·ment [bɪ'wɪldəmənt] die Verwirrung

be·yond [bi'ɒnd] ① (*auch übertragen*) jenseits, über ... hinaus ② *örtlich* nach, hinter ③ *zeitlich* länger als, später als ④ **beyond belief** unglaublich ▶ WENDUNGEN: **to be beyond someone** jemanden übertreffen; **that is beyond me** das geht über meinen Verstand

bi- [baɪ] ① (*zweimal*) **biweekly/biyearly** zweimal wöchentlich/jährlich; (*jede zweite*) **biweekly/biyearly** vierzehntägig/halbjährlich ② (*mit zwei*) zwei-

bias ['baɪəs] (*übertragen*) ① die Neigung, der Hang (**towards** zu), die Vorliebe (**towards** für) ② das Vorurteil

bi·ased ['baɪəst] ① voreingenommen (**against** gegen) ② (*im Gericht*) befangen

Bi·ble ['baɪbl̩] die Bibel

bib·li·og·ra·phy [ˌbɪbli'ɒgrəfi] die Bibliografie

to **bick·er** ['bɪkəʳ] [sich] zanken (**about/over** um)

bick·er·ing ['bɪkəʳrɪŋ] *kein Plural* das Gezänk

bi·cy·cle ['baɪsɪkl̩] das Fahrrad; **to ride a bicycle** Rad fahren

bi·cy·cle lane der Fahrradweg

to **bid**[1] [bɪd] <bid, bid> bieten (**for** für)

to **bid**[2] [bɪd] <bidden, bid *oder* bade, bid *oder* bidden> ① **to bid someone farewell** jemandem Lebewohl sagen ② **to bid someone [to] do something** jemanden etwas tun heißen

bid [bɪd] ① (*in einer Auktion*) das Gebot ② (*bei einer Ausschreibung*) das Preisangebot ③ der Versuch

big [bɪg] <bigger, biggest> ① groß; *Kleidung:* breit, weit; *Mahlzeit:* reichlich ② kräftig gebaut, groß und kräftig ③ (*erwachsen*) groß; **when I'm big ...** wenn ich groß bin ... ④ **a big decision** eine wichtige Entscheidung ⑤ **I'm a big eater** ich esse gern und viel ⑥ **to talk big** (*umgangsspr*) große Töne spucken

big bang der Urknall

big-bucks (USA) (*umgangsspr*) teuer

Big Easy the Big Easy New Orleans

big·ot·ed ['bɪgətɪd] fanatisch

big shot ['bɪgʃɒt] (*umgangsspr*) der Bonze

bike [baɪk] (*umgangsspr*) das Rad; **by bike** mit dem Rad

bike lane der Radweg

bike shed (GB) der Fahrradschuppen

bi·ki·ni [bɪ'kiːni] der Bikini

bil·berry ['bɪlbəʳri] die Heidelbeere, die Blaubeere

bi·lin·gual [baɪ'lɪŋgwəl] zweisprachig

bill[1] [bɪl] der Schnabel

bill[2] [bɪl] ① die Rechnung; **the bill, please!** bitte zahlen! ② das Plakat; **post no bills!** Plakate ankleben verboten! ③ die Gesetzesvorlage, der Gesetzentwurf; **to pass a bill** ein Gesetz verabschieden ④ (USA) **dollar bill** die $1 Banknote, der Geldschein

to **bill**[3] [bɪl] **to bill someone for something** jemandem etwas in Rechnung stellen

bill·board ['bɪlbɔːd] die Reklametafel

bill·fold ['bɪlfəʊld] (USA) die Brieftasche

bil·liards ['bɪliədz] das Billard[spiel]

bil·lion ['bɪliən] die Milliarde

bi-month·ly zweimal im Monat; (*jeden zweiten Monat*) zweimonatlich

bin [bɪn] ① der Behälter ② (GB) der Mülleimer

to **bind** [baɪnd] <bound, bound> ① binden (**to/on** an) ② verbinden *Wunde* ③ (*beim Kochen*) binden *Soße* ④ (*übertragen*) binden, verpflichten; **to bind oneself to something** sich zu etwas verpflichten ⑤ *Zement:* fest [*oder* hart] werden

◆ to **bind together** zusammenbinden

◆ to **bind up** verbinden *Wunde*

bind·er ['baɪndəʳ] der Hefter, die Mappe

bind·ing[1] ['baɪndɪŋ] bindend, verbindlich (**on** für)

bind·ing[2] ['baɪndɪŋ] *von Skiern:* die Bindung

binge [bɪndʒ] das Gelage; **shopping binge** der Kaufrausch

binge drink·ing der exzessive Alkoholgenuss

bin·go ['bɪŋgəʊ] das Bingo; **bingo!** bingo!

bin·ocu·lars [bɪ'nɒkjələz] ⚠ *Plural* [**pair of**] **binoculars** das Fernglas

> **G** **binoculars** wird im Plural gebraucht: *binoculars are essential for bird watching*
> **a pair of binoculars** wird aber im Singular verwendet: *she watched the birds through a pair of binoculars*

bio-attack der Bioangriff

B

bio·chem·is·try [ˌbaɪəʊˈkemɪstrɪ] die Biochemie
bio·de·fence, (USA) **bio·de·fense** die Gegenwehr gegen Biowaffen
bio·de·grad·able [ˌbaɪəʊdɪˈgreidəbl] biologisch abbaubar
bio·de·grade sich zersetzen
bio·di·ver·sity die Artenvielfalt
bi·og·ra·phy [baɪˈɒgrəfi] die Biografie, die Lebensbeschreibung
bio·logi·cal [ˌbaɪəˈlɒdʒɪkəl] biologisch
bi·olo·gist [baɪˈɒlədʒɪst] der Biologe/die Biologin
bi·ol·ogy [baɪˈɒlədʒi] die Biologie
bio·phys·ics ⚠ *Singular* die Biophysik
bio·rhythm [ˈbaɪəriðəm] der Biorhythmus
bio·ter·ror·ist der Bioterrorist/die Bioterroristin
birch [bɜːtʃ] <*Plural* birches> die Birke
bird [bɜːd] ① der Vogel; **bird of prey** der Raubvogel ② (*slang*) die Puppe, die Biene ③ **early bird** der Frühaufsteher/die Frühaufsteherin
bird·cage der Vogelkäfig
bird flu (*umgangsspr*) die Vogelgrippe
bird's-eye view [ˌbɜːdzaɪˈvjuː] die Vogelperspektive
bird's nest das Vogelnest
bird ta·ble (GB) der Futterplatz (*für Vögel*)
Biro®, **biro®** [ˈbaɪ(ə)rəʊ] (GB) der Kugelschreiber
birth [bɜːθ] ① die Geburt; **from his birth** von Geburt an; **to give birth to** zur Welt bringen; (*übertragen*) ins Leben rufen; **date of birth** das Geburtsdatum; **place of birth** der Geburtsort ② die Abstammung, die Herkunft; **he's Canadian by birth** er ist gebürtiger Kanadier ③ (*übertragen*) die Entstehung
birth cer·tifi·cate die Geburtsurkunde
birth con·trol die Geburtenkontrolle; **birth control pill** die Antibabypille
birth·day [ˈbɜːθdeɪ] der Geburtstag
birth·day par·ty die Geburtstagsfeier, die Geburtstagsparty
birth·day pres·ent das Geburtstagsgeschenk
birth·mark das Muttermal
birth par·ent der biologischer Vater/die biologische Mutter
birth·place der Geburtsort
birth rate die Geburtenziffer
bis·cuit [ˈbɪskɪt] der Keks; (USA) das Brötchen
bish·op [ˈbɪʃəp] ① der Bischof ② (*beim Schach*) der Läufer
bit[1] [bɪt] ① das Stückchen; **a bit at a time, bit by bit** Stück für Stück, schrittweise ② **a bit** ein bisschen, ein Weilchen; **he's a bit better** es geht ihm etwas besser ③ **not a bit** kein bisschen, nicht im Geringsten ④ **to do one's bit** seine Pflicht tun
bit[2] [bɪt] ① (*bei Pferden*) das Gebiss ② der Bohrer ③ **to take the bit between one's teeth** (*übertragen*) sich ins Zeug legen
bit[3] [bɪt] (*Computer*) das Bit
bit[4] [bɪt] *2. Form von* **bite**
bitch [bɪtʃ] <*Plural* -es> ① (*Tier*) die Hündin ② (*abwertend slang*) das Miststück
bite [baɪt] ① der Biss; **in two bites** in zwei Bissen ② die Bisswunde, der Stich ③ **a bite to eat** ein kleiner Happen [*oder* Imbiss]
to **bite** [baɪt] <bit, bitten> ① beißen; **to bite one's nails** an den Nägeln kauen ② *Insekt:* stechen ③ [hinein]beißen (**into/at** in), zubeißen ④ *Fisch:* anbeißen
◆ to **bite off** abbeißen
bite-sized mundgerecht
bit·ing [ˈbaɪtɪŋ] ① *Wind, Kälte:* schneidend ② *Worte:* scharf, beißend
bit·ten [ˈbɪtən] *3. Form von* **bite**
bit·ter[1] [ˈbɪtəʳ] ① bitter ② (*übertragen*) hart, schwer; *Nachricht, Tatsache:* traurig ③ *Kritik:* scharf ④ *Wind:* eisig, rau; *Kälte:* streng ⑤ **to the bitter end** bis zum bitteren Ende
bit·ter[2] [ˈbɪtəʳ] das dunkle Bier
bit·ter·ly [ˈbɪtəli] bitter; **bitterly cold** bitterkalt; **bitterly disappointed** schwer enttäuscht
bi·zarre [bɪˈzɑːʳ] bizarr
to **blab** [blæb] <blabbed, blabbed> (*umgangsspr*) plaudern; **to blab someone's name** jemandes Namen ausplaudern
black[1] [blæk] ① schwarz ② (*übertragen*) *Zukunft:* dunkel, düster ③ *Hautfarbe:* dunkel[häutig] ④ **to have something down in black and white** etwas schwarz auf weiß haben
black[2] [blæk] ① das Schwarz, die schwarze Farbe ② (*Person*) der/die Schwarze ③ **in the black** in den schwarzen Zahlen
◆ to **black out** ① ohnmächtig werden ② verdunkeln *Zimmer*
black and white ① (*niedergeschrieben*) [**down**] **in black and white** schwarz auf weiß ② (*nicht farbig*) schwarzweiß ③ (*offensichtlich*) sehr einfach [*oder* klar]
black·berry [ˈblækbəri] die Brombeere
black·bird [ˈblækbɜːd] die Amsel
black·board [ˈblækbɔːd] die Wandtafel
black·cur·rant [ˌblækˈkʌrənt] die schwarze Johannisbeere
to **black·en** [ˈblækən] ① schwarz machen, schwärzen ② schwarz [*oder* dunkel] werden ③ (*übertragen*) anschwärzen, schlecht sprechen von
black eye [ˌblækˈaɪ] das blaue Auge
black·head [ˈblækhed] der Mitesser
black ice [ˌblækˈaɪs] das Glatteis
black mag·ic die schwarze Magie
black·mail [ˈblækmeɪl] die Erpressung
to **black·mail** [ˈblækmeɪl] erpressen; **they tried to blackmail me into giving them money** sie versuchten mich durch Erpressung zur
black mark der Tadel; (*in der Schule*) der Eintrag
black mar·ket der Schwarzmarkt

black·ness ['blæknəs] *kein Plural* die Schwärze

black·out ['blækaʊt] ① der Stromausfall ② die Bewusstlosigkeit ③ **news blackout** die Nachrichtensperre

black pud·ding die Blutwurst

Black Sea das Schwarze Meer

black sheep (*übertragen*) das schwarze Schaf

black·smith ['blæksmɪθ] der [Huf]schmied

blad·der ['blædəʳ] die Blase

blade [bleɪd] ① die Klinge ② *eines Ruders, einer Säge:* das Blatt; *eines Propellers:* der Flügel ③ **blade of grass** der Grashalm

to **blame** [bleɪm] ① die Schuld geben; **to blame someone for something** jemandem an etwas die Schuld geben, jemanden für etwas verantwortlich machen ② Vorwürfe machen; **to blame something on someone** jemandem wegen etwas Vorwürfe machen, jemandem etwas vorwerfen

blame [bleɪm] die Schuld; **to bear the blame** Schuld haben; **to lay the blame for something on someone** jemandem die Schuld an etwas geben; **to take the blame for something** die Schuld für etwas auf sich nehmen

blame·less ['bleɪmləs] schuldlos

bland [blænd] ① *Antwort:* nichts sagend ② *Geschmack:* fad

blank[1] [blæŋk] ① leer, unbeschrieben; **blank space** der freie Raum, die frei gelassene Stelle ② **blank cheque** der Blankoscheck ③ *Gesicht:* ausdruckslos ④ **to look blank** verblüfft [*oder* verdutzt] aussehen

blank[2] [blæŋk] ① (*auf Formular*) die leere Stelle, der freie Raum ② (*in der Lotterie*) die Niete; **to draw a blank** eine Niete ziehen ③ die Platzpatrone

blank car·tridge die Platzpatrone

blan·ket[1] ['blæŋkɪt] die Decke ▶ WENDUNGEN: **wet blanket** das Weichei *umgangsspr*

to **blan·ket**[2] ['blæŋkɪt] zudecken, einhüllen

blank verse der Blankvers

blas·phe·my ['blæsfəmi] *kein Plural* die Blasphemie

blast[1] [blɑːst] ① der Windstoß ② der Knall, die Explosion ③ **at full blast** auf vollen Touren

blast[2] [blɑːst] (*slang*) **blast** [**it**]! verflucht!

to **blast** [blɑːst] sprengen

blast·ed ['blɑːstɪd] (*slang*) verflixt, verdammt

blast-off ['blɑːstɒf] der [Raketen]start

blaze [bleɪz] ① die [lodernde] Flamme, die Glut ② das Feuer, der Brand ③ der helle Schein

to **blaze** [bleɪz] *Sonne:* brennen; *Feuer:* lodern

blaz·er ['bleɪzəʳ] der Blazer

blaz·ing ['bleɪzɪŋ] ① brennend, lodernd; **blazing hot** glühend heiß ② (*übertragen*) *Augen:* funkelnd

bleach [bliːtʃ] <*Plural* bleaches> das Bleichmittel

to **bleach** [bliːtʃ] bleichen

bleak [bliːk] ① *Landschaft:* kahl, öde ② *Wetter:* kalt, rau ③ (*übertragen*) *Aussichten:* trostlos, trübe

to **bleat** [bliːt] *Schaf:* blöken; *Ziege:* meckern

bled [bled] *2. und 3. Form von* **bleed**

to **bleed** [bliːd] <bled, bled> bluten (**from** von); **to bleed to death** verbluten

bleed·ing[1] ['bliːdɪŋ] die Blutung

bleed·ing[2] ['bliːdɪŋ] (*slang*) verdammt

to **bleep** [bliːp] piepsen; anpiepsen *Arzt*

bleep·er ['bliːpəʳ] der Piepser

blem·ish ['blemɪʃ] <*Plural* blemishes> ① der Fehler, der Mangel, der Makel ② der Hautfleck

to **blend** [blend] ① mischen *Tee, Kaffee, Tabak* ② sich [ver]mischen (**with** mit) ③ *Farben:* harmonieren (**with** mit)

blend [blend] die Mischung

blend·er ['blendəʳ] der Mixer

to **bless** [bles] <blessed, blessed> ① segnen ② **bless you!** Gesundheit!

bless·ed ['blesɪd] ① gesegnet, selig, glücklich; **to be blessed with** gesegnet sein mit ② heilig, selig ③ (*slang*) verflixt

bless·ing ['blesɪŋ] der Segen ▶ WENDUNGEN: **a blessing in disguise** Glück im Unglück

blew [bluː] *2. Form von* **blow**

bli·mey ['blaɪmi] (*slang*) verdammt!

blind[1] [blaɪnd] ① (*auch übertragen*) blind; **to be blind in one eye** auf einem Auge blind sein; **blind panic** die wilde Panik ② (*übertragen*) uneinsichtig, verständnislos (**to** gegenüber) ③ *Kurve:* unübersichtlich

blind[2] [blaɪnd] ① der Rollladen, das Rollo ② **the blind** die Blinden

to **blind** [blaɪnd] ① blind machen, blenden (**to** für) ② (*übertragen*) verblenden

to **blind·fold** ['blaɪn(d)fəʊld] **to blindfold someone** jemandem die Augen verbinden

blind·fold ['blaɪndfəʊld] die Augenbinde

blind·ness ['blaɪndnəs] *kein Plural* die Blindheit

blind spot ① (*im Auge*) der blinde Fleck ② *vom Auto:* der tote Winkel ③ (*übertragen*) der schwache Punkt

bling-bling ['blɪŋblɪŋ] (*umgangsspr*) der Klunker

to **blink** [blɪŋk] ① blinzeln; **to blink one's eyes** mit den Augen zwinkern ② *Licht, Stern:* flimmern; *Licht:* blinken

> **F** Nicht verwechseln mit **blinken** = to indicate *(beim Fahren)!*

blink·ing ['blɪŋkɪŋ] (GB) (*umgangsspr*) verflixt

bliss·ful ['blɪsfᵊl] glückselig

blis·ter ['blɪstəʳ] die Blase

to **blis·ter** ['blɪstəʳ] ① *Haut:* Blasen bekommen ② *Farbe:* Blasen werfen

bliz·zard ['blɪzəd] der Schneesturm

blob [blɒb] der Tropfen, der Klecks

block [blɒk] ① (*aus Holz*) der Klotz; (*aus Stein*) der [Fels]block ② (*zum Spielen*) das Bauklötzchen ③ der Wohnblock, der Häuserblock; **block of flats** der Wohnblock ④ (*übertragen*) der Block, die Gruppe

to **block** [blɒk] ① blockieren; [ver]sperren *Weg* ② verstopfen *Rohr* ③ stoppen *Ball*
◆to **block off** [ver]sperren
◆to **block out** ① unterdrücken; verdrängen *Gefühle, Gedanken;* ausschalten *Lärm, Schmerzen* ② **to block out the light** das Licht nicht durchlassen [*oder* abhalten]
◆to **block up** ① verstopfen; **my nose is all blocked up** meine Nase ist total verstopft ② versperren *Weg*

block·age [ˈblɒkɪdʒ] die Verstopfung, die Blockade

block·bust·er der Bestseller; (*Film*) der Kassenschlager

block let·ters *Plural* die Blockschrift

blog [blɒg] (*im Internet*) das Blog, das Internettagebuch

blog·ging [ˈblɒgɪŋ] *kein Plural, ohne Artikel* (*im Internet*) das Blogging (*das Schreiben von Internet-Tagebüchern*)

blog-o-sphere [ˈblɒgə(ʊ)sfɪər] (*im Internet*) die Blogwelt

bloke [bləʊk] (*slang*) der Kerl, der Bursche

blond(e)[1] [blɒnd] blond

blonde[2] [blɒnd] die Blondine

blood [blʌd] das Blut ▶WENDUNGEN: **in cold blood** kaltblütig; **it made my blood boil** ich kochte vor Wut

blood clot das Blutgerinnsel

blood do·nor der Blutspender/die Blutspenderin

blood group die Blutgruppe

blood or·ange die Blutorange

blood pres·sure der Blutdruck

blood prod·uct das Blutprodukt

blood·shed [ˈblʌdʃed] das Blutvergießen

blood·shot [ˈblʌdʃɒt] blutunterlaufen

blood·stained blutbefleckt

blood·stream der Blutkreislauf

blood test der Bluttest

blood·thirsty blutrünstig

blood trans·fu·sion die [Blut]transfusion

blood ves·sel das Blutgefäß

bloody [ˈblʌdi] ① blutig, blutend ② (*slang*) verdammt, verflucht; **he's bloody good!** er ist verdammt gut!

bloody-mind·ed stur

bloom [bluːm] die Blüte *auch übertragen;* **in [full] bloom** in [voller] Blüte

to **bloom** [bluːm] (*auch übertragen*) blühen

blos·som [ˈblɒsəm] die Blüte; **in blossom** in [voller] Blüte

to **blos·som** [ˈblɒsəm] ① [auf]blühen ② (*übertragen*) erblühen, sich entfalten (**into** zu)

blot [blɒt] ① der Fleck, der Klecks ② (*übertragen*) der Makel, der Schandfleck

blotchy [ˈblɒtʃi] fleckig

blot·ting pa·per *kein Plural* das Löschpapier

blouse [blaʊz] die Bluse

blow [bləʊ] der Schlag, der Stoß; **without striking a blow** ohne jede Gewalt ▶WENDUNGEN: **to come to blows** sich in die Haare geraten

to **blow** [bləʊ] <blew, blown> ① *Wind:* wehen, blasen ② (*im Wind*) wegfliegen ③ pusten; blasen *heißes Getränk* ④ *Sicherung:* durchbrennen ⑤ blasen *Instrument* ⑥ **to blow one's nose** sich die Nase putzen ⑦ **to blow the horn** hupen ⑧ **blow it!** (*umgangsspr*) verdammt noch mal!
◆to **blow away** ① (*im Wind*) wegfliegen ② wegwehen ③ (*slang*) abknallen *Mensch*
◆to **blow down** *Sturm:* umwehen
◆to **blow off** ① (*im Wind*) wegfliegen ② wegwehen
◆to **blow out** ① *Reifen:* platzen ② ausblasen *Streichholz*
◆to **blow over** umstürzen; *Gewitter:* sich legen; (*übertragen*) *Unruhen, Streit:* sich beruhigen; **the tent was blown over** das Zelt wurde vom Wind umgeworfen
◆to **blow up** ① aufblasen, aufpumpen *Luftballon, Luftmatratze* ② sprengen, in die Luft jagen *Gebäude* ③ vergrößern *Foto* ④ (*auch übertragen*) *Person:* explodieren

to **blow-dry** [ˈbləʊˌdraɪ] föhnen

blow·er [ˈbləʊər] ① der Bläser ② das Gebläse

blown [bləʊn] *3. Form von* **blow**

blow-out [ˈbləʊaʊt] ① *einer Sicherung:* das Durchbrennen ② *eines Autos:* die Reifenpanne ③ (*slang*) die Schlemmerei

blue[1] [bluː] ① blau; **dark blue** dunkelblau; **light blue** hellblau ② (*übertragen*) trübsinnig, schwermütig ③ *Witz:* unanständig, zweideutig; **blue movie** der Pornofilm ▶WENDUNGEN: **once in a blue moon** alle Jubeljahre [einmal]

> **L** **Blue Peter** ist eine Kindersendung, die 1958 zum ersten Mal gesendet wurde und jetzt dreimal pro Woche im Fernsehen gezeigt wird. Auf dem Programm stehen Abenteuer in der Natur, Bastelstunden, Tierpflege und andere praktische Dinge; Wettbewerbe und Sammlungen für gute Zwecke werden außerdem organisiert. Die Sendung möchte den Kindern vor allem soziale Verantwortung näher bringen.

blue[2] [bluː] das Blau, die blaue Farbe ▶WENDUNGEN: **out of the blue** aus heiterem Himmel, unerwartet

blue·berry [ˈbluːbəri] die Blaubeere, die Heidelbeere

blue·bot·tle die Schmeißfliege

blue cheese der Blauschimmelkäse

blue-col·lar **blue-collar job** die wenig qualifizierte Arbeit; **blue-collar worker** der Arbeiter/die Arbeiterin

blues [bluːz] *Plural* ① (*umgangsspr*) der Trübsinn; **to have the blues** melancholisch gestimmt sein ② (*Musik*) der Blues

Blue·tooth-com·pat·ible Bluetooth-kompatibel

blue whale der Blauwal

to **bluff** [blʌf] bluffen

bluff [blʌf] der Bluff; **I'd call his bluff** ich würde ihn auf die Probe stellen

bluff·er's guide [blʌfəz'gaɪd] der Ratgeber für Bluffer

blu·ish ['bluːɪʃ] bläulich

to **blun·der** ['blʌndəʳ] einen Bock schießen, sich blamieren

blun·der ['blʌndəʳ] der [dumme] Fehler, der Schnitzer

blunt [blʌnt] ① stumpf ② *Art:* geradeheraus, unverblümt

to **blunt** [blʌnt] ① stumpf machen ② (*übertragen*) abstumpfen

blunt·ly ['blʌntli] freiheraus, unverblümt

to **blur** [blɜːʳ] <blurred, blurred> ① verwischen, verschmieren *Schrift* ② unscharf [*oder* verschwommen] werden *Bild*

blur [blɜːʳ] das undeutliche [*oder* verschwommene] Bild, der Fleck

blurb [blɜːb] (*im Buch*) der Klappentext

blurred [blɜːd] verschwommen, unscharf

to **blurt** [blɜːt] **to blurt something out** mit einer Sache herausplatzen

to **blush** [blʌʃ] erröten, [scham]rot werden (**with** vor)

BNP [ˌbiːen'piː] *Abkürzung von* **British National Party** die Britische Nationalpartei (*rechtsradikale Partei*)

board [bɔːd] ① das Brett, die Diele ② die [Anschlag]tafel, die Wandtafel; **bulletin board** (USA) das schwarze Brett ③ das Spielbrett ④ die Kost, die Verpflegung ⑤ der Ausschuss, die Kommission; **school board** die Schulbehörde ⑥ Bord; **on board** an Bord; **to go on board ship** an Bord gehen ⑦ die Pappe

to **board** [bɔːd] ① verschalen, dielen ② an Bord gehen *Schiff, Flugzeug* ③ (GB) Internatsschüler/Internatsschülerin sein

board·er ['bɔːdəʳ] (GB) der Internatsschüler/die Internatsschülerin

board game das Brettspiel

board·ing ['bɔːdɪŋ] die Unterbringung in einem Internat

board·ing card die Bordkarte

board·ing fees *Plural* die Internatsgebühren

board·ing house die Pension

board·ing ken·nels *Plural* die Tierpension

board·ing pass (USA) die Bordkarte

board·ing school das Internat

board meet·ing die Vorstandssitzung

board·room der Sitzungssaal

board·walk (*am Strand*) die hölzerne Uferpromenade

> **L** An der amerikanischen Ostküste gibt es bei Atlantic City eine breite Uferpromenade, den **Boardwalk**. Sie verbindet Strand, Hotels, Restaurants, Läden, Theater, Kinos, usw. Jedes Jahr im September findet im Convention Center auf dem Boardwalk die *Miss America Pageant* (Wahl der Miss America) statt.

to **boast** [bəʊst] ① prahlen (**of/about** mit) ② sich rühmen

boast·ful ['bəʊstfᵊl] prahlerisch

boat [bəʊt] ① das Boot ② das Schiff ▶ WENDUNGEN: **in the same boat** im gleichen Boot

boating ['bəʊtɪŋ] *kein Plural* das Bootfahren; **boating lake** der See mit Wassersportmöglichkeiten

boat race das Bootsrennen

> **L** Die alljährliche **Oxford and Cambridge Boat Race** wird an einem Samstag im März auf der **Thames** (Themse) von jeweils acht Ruderern der Universitäten Oxford und Cambridge ausgetragen. Das erste Rennen auf der heute noch genutzten 7,2 km langen Strecke fand 1845 statt.

boat trip die Bootsfahrt

to **bob** [bɒb] <bobbed, bobbed> **to bob up and down on the water** auf dem Wasser schaukeln

bob [bɒb] der Bubikopf

bob·ble hat ['bɒblˌhæt] die Bommelmütze

bob·by ['bɒbi] (GB) (*umgangsspr*) der Polizist/die Polizistin

bob·sled ['bɒbsled], **bob·sleigh** ['bɒbsleɪ] der Bob

body ['bɒdi] ① der Körper, der Leib ② der Rumpf ③ **dead body** die Leiche, der Leichnam ④ (*umgangsspr*) die Person, der Mensch ⑤ das Gremium, das Organ ⑥ der Komplex, das Material, die Masse ⑦ (*am Auto*) die Karosserie ⑧ (*Physik*) der Körper

body·guard ['bɒdɪgɑːd] der Leibwächter/die Leibwächterin

body im·age die Körperwahrnehmung

body jew·el·lery der Körperschmuck

body lo·tion die Körperlotion

bog [bɒg] ① der Sumpf, der Morast, das Moor ② (GB) (*umgangsspr*) das Klo
◆ to **bog down** **to be bogged down** feststecken; (*übertragen*) sich festgefahren haben, sich festfahren

bo·gey ['bəʊgi] ① (GB) (*slang*) der Popel ② (*beim Golf*) das Bogey

bog·gy ['bɒgi] sumpfig

to **boil** [bɔɪl] ① kochen, sieden ② **to be on the boil** kochen; **to come to the boil** zu kochen anfangen; **to bring something to the boil** et-

B

was aufkochen lassen ③ (*übertragen: vor Wut*) kochen, schäumen (**with** vor); **to make someone's blood boil** jemanden rasend machen

◆to **boil away** ① verkochen, verdampfen ② weiterkochen

◆to **boil down** ① dickflüssig werden ② **to boil something down** etwas einkochen ▶WENDUNGEN: **to boil down to something** auf etwas hinauslaufen

◆to **boil over** ① überkochen ② (*übertragen*) sich zuspitzen; *Mensch:* explodieren

◆to **boil up** ① aufkochen ② (*übertragen*) *Wut:* sich steigern

boil·er ['bɔɪlə^r] der Warmwasserbereiter, der Boiler

boil·ing ['bɔɪlɪŋ] ① kochend, siedend; **boiling-point** (*auch übertragen*) der Siedepunkt ② **boiling hot** (*umgangsspr*) *Wetter:* glühend heiß; *Essen:* kochend heiß

bois·ter·ous ['bɔɪst^ərəs] ① *Person:* ausgelassen ② *Party:* wild

bold [bəʊld] ① kühn, tapfer ② dreist; **as bold as brass** frech wie Oskar ③ *Farbe:* kräftig; *Muster:* auffällig; *Stil:* ausdrucksvoll ④ *Druck:* fett

Bol·ly·wood ['bɒliwʊd] Bollywood (*in Bombay angesiedelte Unterhaltungsfilmindustrie*)

bolt [bəʊlt] ① der [Tür]riegel ② der Bolzen ▶WENDUNGEN: **a bolt from the blue** ein Blitz aus heiterem Himmel; **to make a bolt for it** Fersengeld geben

to **bolt** [bəʊlt] ① davonstürzen, abhauen ② *Pferd:* durchgehen ③ verriegeln *Tür* ④ zuschrauben *Deckel* ⑤ **to bolt [down]** hinunterschlingen *Essen* ⑥ **bolt upright** kerzengerade; **to sit bolt upright** kerzengerade sitzen

bomb [bɒm] die Bombe ▶WENDUNGEN: **to go like a bomb** (*slang*) ein Bombenerfolg sein; **to cost a bomb** (*slang*) ein Heidengeld kosten

to **bomb** [bɒm] ① bombardieren ② USA (*umgangsspr*) durchfallen

bomb cra·ter ['bɒm,kreɪtə^r] der Bombenkrater

bomb·er ['bɒmə^r] ① der Bomber, das Bombenflugzeug ② der Bombenattentäter/die Bombenattentäterin

bomb·ing ['bɒmɪŋ] der Bombenabwurf

bomb·proof bombensicher

bomb·shell ['bɒmʃel] ① die Bombe ② (*übertragen*) die Überraschung; **the news came like a bombshell** die Nachricht schlug ein wie eine Bombe

bone [bəʊn] ① der Knochen ② *von Fisch:* die Gräte ▶WENDUNGEN: **to the bone** bis auf die Knochen; **frozen to the bone** völlig durchgefroren; **to be nothing but skin and bones** nur noch Haut und Knochen sein; **to have a bone to pick with someone** mit jemandem ein Hühnchen zu rupfen haben; **bone dry, as dry as a bone** knochentrocken

to **bone** [bəʊn] entbeinen *Fleisch;* entgräten *Fisch*

bone den·sity die Knochendichte

bone frac·ture der Knochenbruch

bone idle (*slang*) stinkfaul

bone·yard ['bəʊnjɑːd] (*slang*) der Friedhof

bon·fire ['bɒnfaɪə^r] das Freudenfeuer, das Feuer im Freien

> **L** Guy Fawkes gehörte der katholischen Verschwörung von 1605 an, die als das **Gunpowder Plot** (Schießpulver-Komplott) bekannt wurde. Die Verschwörer planten, das englische Parlament, die **Houses of Parliament**, zusammen mit James I. und allen seinen Ministern in die Luft zu sprengen. Guy Fawkes wurde gefasst, als er am 5. November im Keller Sprengstoff auslegte. Er wurde daraufhin gefoltert, vor Gericht gestellt und gehängt. Dieses Ereignis wird immer noch am 5. November mit **bonfire night** gefeiert, bei der eine Stoffpuppe, die man als *guy* bezeichnet, auf einem Scheiterhaufen verbrannt wird. Außerdem gibt es ein großes Feuerwerk.

bon·net ['bɒnɪt] ① die Haube ② *von Auto:* die Motorhaube

> **L** **Bonnie Prince Charlie**, mit vollem Namen **Prince Charles Edward Stuart**, ist für viele Schotten noch immer ein romantischer Held. Er war der Enkel des Katholiken James II., des letzten Königs aus dem Hause Stuart. Er verlor seinen Thron, als man 1688 William of Orange aus den Niederlanden, dem protestantischen Ehemann von James' Tochter Mary, die Königskrone anbot und ihn als William III. zum König krönte. Die **Jacobites** wollten wieder einen König aus dem Hause Stuart und überredeten Prince Charles dazu, einen Aufstand anzuführen. Charles kam dann 1745 aus dem Exil in Frankreich nach Schottland zurück und war anfangs auch erfolgreich. Doch wurde seine Armee 1746 in der „Battle of Culloden" (bei Inverness) vernichtend geschlagen. Nach vielen Abenteuern flüchtete Charles wieder nach Frankreich.

bo·nus ['bəʊnəs] der Bonus, die Gratifikation

bony ['bəʊni] ① voller Knochen; *Fisch:* voller Gräten ② knöchern ③ knochendürr

boo [buː] der Buhruf

to **boo** [buː] ① buhen ② **to boo someone** jemanden auspfeifen/ausbuhen

boob [buːb] (*umgangsspr*) ① der Schnitzer, der Fehler ② Brust

to **boob** [buːb] (*umgangsspr*) einen Schnitzer machen

boo·by prize der Trostpreis

book [bʊk] ① das Buch ② das Heft; **book of stamps** das Briefmarkenheft; **book of tickets** das Fahrscheinheft ③ **book of matches** das [Streichholz]heftchen ▶WENDUNGEN: **to be in someone's bad/good books** bei jemandem schlecht/gut angeschrieben sein; **in my book** meines Wissens nach

to **book** [bʊk] ① buchen ② aufschreiben *Verwarnung* ③ [vor]bestellen *Platz, Karte;* **to be fully booked** ausgebucht sein; *Hotel:* voll belegt [*oder* ausgebucht] sein
◆ to **book in** ① sich eintragen, absteigen (**at** in) ② eintragen; **to book someone into a hotel** jemandem ein Hotelzimmer reservieren lassen
◆ to **book up** buchen; **to be booked up** ausgebucht sein, ausverkauft sein

book·case ['bʊkkeɪs] der Bücherschrank

bookie ['bʊki] (*umgangsspr*) *kurz für* **bookmaker** der Buchmacher/die Buchmacherin, die Wettannahme

book·ing ['bʊkɪŋ] die Buchung, die Bestellung, die Reservierung

book·ing of·fice der Fahrkartenschalter, die Vorverkaufsstelle

book·keep·ing ['bʊk ˌki:pɪŋ] die Buchhaltung, die Buchführung

book·mak·er ['bʊkˌmeɪkəʳ] der Buchmacher/die Buchmacherin

book·mark ['bʊkmɑ:k] das Lesezeichen

book re·view die Buchbesprechung

book re·view·er der Buchkritiker/die Buchkritikerin

book·seller ['bʊkˌseləʳ] der Buchhändler/die Buchhändlerin

book·shelf <*Plural* bookshelves> das Bücherregal, das Bücherbord

book·shop die Buchhandlung

book·stall ['bʊkstɔ:l] der Bücherstand

book·store ['bʊkstɔ:ʳ] (USA) die Buchhandlung

book to·ken der Büchergutschein

boom [bu:m] ① das Brausen, das Donnern ② der Boom, der Aufschwung, die Hochkonjunktur

to **boom** [bu:m] ① brausen, hallen, dröhnen ② einen Aufschwung nehmen, in die Höhe schnellen; **to be booming** florieren, boomen
◆ to **boom out** dröhnen

to **boost** [bu:st] ① in die Höhe treiben *Preise* ② ankurbeln ③ verstärken *Strom, Leistung*

boost [bu:st] ① der Auftrieb; **to give someone/something a boost** jemandem/einer Sache Auftrieb geben ② *von Strom, Leistung:* die Verstärkung

boost·er seat (*im Auto*) der Kindersitz

boot [bu:t] ① der Stiefel ② (GB) der Kofferraum
▶ WENDUNGEN: **to give someone the boot** (*slang*) jemanden rausschmeißen; **the boot is on the other foot** es ist gerade andersherum

to **boot** [bu:t] ① **to boot something** einer Sache einen Fußtritt geben; **to boot the ball** den Ball kicken ② hochladen *Computer*
◆ to **boot out** (*umgangsspr*) rausschmeißen

booth [bu:ð, bu:θ] die [Markt]bude; **polling booth** die [Wahl]kabine; **[tele]phone booth** die Telefonzelle

boot·lace ['bu:tleɪs] der Schnürsenkel

to **boot·leg** ['bu:tleg] schwarzherstellen, schwarzverkaufen

boot·lick·er ['bu:tlɪkəʳ] der Speichellecker/die Speichelleckerin

B

to **booze** [bu:z] (*umgangsspr*) saufen

booze [bu:z] (*umgangsspr*) ① der Alkohol ② **booze-up** (*slang*) die Sauferei

booz·er ['bu:zəʳ] (*umgangsspr*) ① der Säufer/die Säuferin ② die Kneipe

bor·der ['bɔ:dəʳ] ① der Rand ② die Grenze ③ (*im Garten*) die Rabatte

to **bor·der** ['bɔ:dəʳ] begrenzen, einfassen
◆ to **border on** (*auch übertragen*) grenzen an

bor·der·ing ['bɔ:dᵊrɪŋ] angrenzend

bor·der·line[1] ['bɔ:dᵊlaɪn] *meist Singular* die Grenze

bor·der·line[2] ['bɔ:dᵊlaɪn] Grenz-; **borderline case** der Grenzfall

to **bore**[1] [bɔ:ʳ] bohren

to **bore**[2] [bɔ:ʳ] langweilen; **to bore someone to death** jemanden zu Tode langweilen; **to be bored** sich langweilen

bore[1] [bɔ:ʳ] der langweilige Mensch, der Langweiler

bore[2] [bɔ:ʳ] *2. Form von* **bear**

bored [bɔ:d] gelangweilt

bore·dom ['bɔ:dəm] die Langeweile

bor·ing ['bɔ:rɪŋ] langweilig

born [bɔ:n] geboren; **to be born** geboren werden; (*übertragen*) entstehen; **where were you born?** wo sind Sie geboren?; **he was born in 1988** er ist 1988 geboren; **he was born blind** er ist von Geburt blind

borne [bɔ:n] *3. Form von* **bear**

bor·ough ['bʌrə] der Bezirk, die Stadtgemeinde

to **bor·row** ['bɒrəʊ] borgen, leihen (**from** von)

G ⚠ Wenn man etwas von jemandem ausleiht, heißt es *to borrow from someone: Can I borrow your car?; he borrowed £20 from his friend;* Wenn man aber etwas jemandem verleiht, heißt es *to lend to someone: Sita lent her mobile phone to Jenny; she often lends her son money*

Bos·nia-Her·ze·go·vi·na [ˌbɒzniəˌhɜ:zə'gɒvɪnə] Bosnien-Herzegowina

Bos·nia-Her·ze·go·vi·nian [ˌbɒzniəˌhɜ:tsəgə(ʊ)'vi:nɪən] bosnisch-herzegowinisch

Bos·nian[1] ['bɒzniən] bosnisch

Bos·nian[2] ['bɒzniən] der Bosnier/die Bosnierin

bos·om ['bʊzᵊm] (*auch übertragen*) der Busen

boss [bɒs] (*umgangsspr*) der Boss, der Chef

to **boss** [bɒs] **to boss about** [*oder* **around**] herumkommandieren

bossy ['bɒsi] (*umgangsspr*) herrisch, rechthaberisch

bo·tani·cal [bə'tænɪkᵊl] botanisch

bota·nist ['bɒtᵊnɪst] der Botaniker/die Botanikerin

B

bota·ny ['bɒtᵊni] die Botanik, die Pflanzenkunde

botch [bɒtʃ] der Pfusch; **to make a botch of something** etwas verpfuschen

both¹ [bəʊθ] beide, beides; **we can both go** wir beide können gehen; **both [the] brothers** beide Brüder; **on both sides** auf beiden Seiten

both² [bəʊθ] **both ... and** sowohl ... als auch

to **both·er** ['bɒðəʳ] ① **to bother someone** jemandem lästig sein, jemanden belästigen [*oder* ärgern] ② aufregen, aus der Ruhe bringen ③ sich Sorgen machen (**about** um), sich kümmern (**about** um) ▶ WENDUNGEN: **don't bother!** bemühen Sie sich nicht!; **I can't be bothered!** ich habe keine Lust!

both·er¹ ['bɒðəʳ] ① der Ärger, die Schwierigkeiten ② die Mühe ③ die Plage

both·er² ['bɒðəʳ] **bother [it]**! verflixt!

both·era·tion [ˌbɒðᵊr'eɪʃᵊn] verflixt!

Bo·tox® ['bəʊtɒks] das Botox

bot·tle ['bɒtl̩] die Flasche

to **bot·tle** ['bɒtl̩] in Flaschen füllen

◆to **bottle up** (*übertragen*) in sich hineinfressen

bot·tle bank der Altglascontainer

bottled ['bɒtl̩d] in Flaschen abgefüllt; **bottled beer** das Flaschenbier

to **bot·tle-feed** **to bottle-feed a baby** ein Baby mit der Flasche füttern

bot·tle-feed·ing *kein Plural* die Fütterung mit der Flasche

bot·tle·neck ['bɒtlnek] (*auch übertragen*) der Engpass

bot·tom¹ ['bɒtəm] ① *auch eines Gewässers:* der Boden, der Grund ② das untere Ende, der Fuß; **from top to bottom** von oben bis unten ③ der Schiffsboden ④ (*übertragen*) die Grundlage, der Kern, die Ursache ▶ WENDUNGEN: **at bottom** im Grunde; **from the bottom of my heart** aus tiefstem Herzen; **to get to the bottom of something** einer Sache auf den Grund gehen

bot·tom² ['bɒtl̩] unterste(r, s), niedrigste(r, s)

bought [bɔːt] *2. und 3. Form von* **buy**

boul·der ['bəʊldəʳ] der Felsblock

to **bounce** [baʊn(t)s] ① *Ball:* aufprallen ② springen ③ aufprallen lassen *Ball* ④ (*umgangsspr*) *Scheck:* platzen

◆to **bounce back** (*übertragen*) sich nicht unterkriegen lassen

◆to **bounce off** (*auch übertragen*) abprallen [von]

bounc·er ['baʊn(t)səʳ] (*umgangsspr*) der Rausschmeißer

to **bound** [baʊnd] springen

bound¹ [baʊnd] **to be bound for** auf dem Weg sein nach, gehen nach; **homeward bound** auf der Heimreise [*oder* Heimfahrt]

bound² [baʊnd] **bound hand and foot** an Hand und Fuß gefesselt; **to be bound to do something** etwas bestimmt tun; **it was bound to happen** das musste so kommen

bound³ [baʊnd] *2. und 3. Form von* **bind**

bounda·ry ['baʊndᵊri] die Grenze, die Trennungslinie

bounds [baʊndz] **out of bounds** Betreten verboten; (*übertragen*) tabu; **within the bounds** innerhalb der Grenzen

bout [baʊt] ① *von Grippe:* der Anfall ② (*beim Boxen*) der Kampf

bou·tique [buː'tiːk] die Boutique

bow¹ [bəʊ] ① die Schleife ② (*Waffe*) der Bogen ③ *von Geige:* der Bogen

bow² [baʊ] der Bug

bow³ [baʊ] die Verbeugung

to **bow** [baʊ] ① sich verbeugen ② **to bow one's head** den Kopf senken

◆to **bow down** ① sich verbeugen ② (*gehorchen*) **to bow down to someone** sich jemandem fügen

◆to **bow out** sich verabschieden

bow·els ['baʊəlz] *Plural* der Darm

bowl¹ [bəʊl] die Schüssel, die Schale

bowl² [bəʊl] ① die [schwere] Holzkugel ② **bowls** *Kugelspiel auf dem Rasen*

L Die *English Bowling Association* wurde 1903 gegründet. Die vor allem in Südengland beliebte Sportart eignet sich für jede Altersstufe. Gespielt wird auf einem quadratischen, sehr kurz geschnittenen Rasen: **the green**. Er ist oft in Spielbereiche unterteilt, die sogenannten *rinks*. Spieler versuchen, die *jack*, eine kleine weiße Kugel, mit ihren **bowls** (größere, schwarze Kugeln) zu treffen. Die **bowls** haben eine spezielle Form, was bedeutet, dass sie nicht in gerader Linie, sondern in einer Kurve über das **green** rollen.
Ziel des Spiels ist es, eine oder mehrere Kugeln näher an die *jack* zu bekommen als der Gegner.

to **bowl** [bəʊl] ① werfen *Ball;* schieben, rollen *Kugel* ② Bowling spielen

◆to **bowl over** umwerfen, umstoßen; (*übertragen*) aus dem Konzept bringen; **to be bowled over** sprachlos sein

bow-leg·ged [ˌbəʊ'legd] o-beinig

bowl·er¹ ['bəʊləʳ] (*Kricket*) der Ballmann, der Werfer

bowl·er² ['bəʊləʳ] (*Hut*) die Melone

bowl·ing ['bəʊlɪŋ] ① das Bowlingspiel ② (*Kricket*) das Werfen des Balles

bowl·ing al·ley die Kegelbahn

bowl·ing green der Rasenplatz für Bowling

bow tie die Fliege

bow-wow [ˌbaʊ'waʊ] wauwau!

box [bɒks] ① die Schachtel ② die Kiste, der Karton ③ die Dose, die Büchse ④ (*im Theater*) die Loge

to **box** [bɒks] ① in eine Schachtel packen ② boxen ③ **to box someone's ears** jemanden ohrfeigen

◆ to **box in** einklemmen; (*auch übertragen*) einengen

◆ to **box up** [in Kartons] einpacken

box·er ['bɒksəʳ] der Boxer/die Boxerin

box·er·cise® ['bɒksəsaɪz] *kein Plural* das Boxercise (*Kombination aus Aerobic und Kampfsport*)

box·ing ['bɒksɪŋ] das Boxen, der Boxsport

Box·ing Day der zweite Weihnachtsfeiertag

> **L** In Großbritannien wird der 26. Dezember **Boxing Day** genannt. Der Name stammt aus einer Zeit, als Lehrlinge nach dem ersten Weihnachtstag bei den Kunden ihrer Meister Trinkgelder in *boxes* (Schachteln) einsammelten. Früher wurde auch das Geld, das man einem Lieferanten oder Angestellten zu Weihnachten gab, als *Christmas box* bezeichnet.
> In Irland heißt der 26. Dezember *St Stephen's Day*.

box·ing gloves *Plural* die Boxhandschuhe

box·ing match der Boxkampf

box·ing ring der Boxring

box junc·tion *markierter Kreuzungsbereich, der bei Stau nicht befahren werden darf*

box num·ber ['bɒksnʌmbəʳ] ① die Chiffre[nummer] ② das Postfach

box of·fice die Theaterkasse

boy [bɔɪ] der Junge ▶WENDUNGEN: **my boy!** (*umgangsspr*) mein Lieber!; **old boy!** (*umgangsspr*) alter Junge!; **oh, boy!** Junge! Junge!

boy band die Boygroup (*aus jungen Männern bestehende Popgruppe, die tanzt und singt*)

boy·friend ['bɔɪfrend] der Freund

boy scout der Pfadfinder

bozo ['bəʊzəʊ] (USA) (*slang*) der dumme Kerl

bra [brɑː] der Büstenhalter, der BH

brace [breɪs] ① die Zahnspange ② die Strebe, die Stütze ③ **braces** *Plural*, **pair of braces** (GB) der Hosenträger

to **brace** [breɪs] **to brace oneself for something** sich auf eine Sache gefasst machen

brace·let ['breɪslət] das Armband

brack·et ['brækɪt] ① der Träger, die Konsole ② die Klammer; **in brackets** in Klammern ③ (*übertragen*) **tax/income bracket** die Steuer-/Einkommensklasse

to **brack·et** ['brækɪt] einklammern

to **brag** [bræg] <bragged, bragged> prahlen (**of/about** mit)

Braille [breɪl] *kein Plural* die Blindenschrift

brain [breɪn] ① das Gehirn ② *meist Plural* (*übertragen*) der Verstand, die Intelligenz; **to rack one's brain[s]** sich den Kopf zerbrechen

brain teas·er das Rätsel

brain·wash·ing ['breɪnwɒʃɪŋ] die Gehirnwäsche

brain·wave ['breɪnweɪv] der Geistesblitz

brainy ['breɪni] klug

brake [breɪk] die Bremse; **to put on the brakes** die Bremsen betätigen, bremsen

to **brake** [breɪk] <broke, broken> bremsen

brake lights *Plural* die Bremslichter

brak·ing ['breɪkɪŋ] *kein Plural* das Bremsen

brak·ing dis·tance der Bremsweg

bran [bræn] die Kleie

branch [brɑːn(t)ʃ] ① der Zweig, der Ast ② der Nebenfluss, der [Fluss]arm ③ *von Straße, Bahn:* die Abzweigung, die Nebenstrecke ④ (*übertragen*) der Zweig, der Abschnitt ⑤ *einer Firma:* die Branche, der Zweig

◆ to **branch off** *Straße:* abzweigen; *Auto:* abbiegen

◆ to **branch out** seine Aktivitäten ausdehnen; **to branch out on one's own** sich selbstständig machen

branch of·fice die Filiale

brand [brænd] ① die Marke, das Warenzeichen ② das Brandmal

brand name der Markenname

brand-new [ˌbrænd'njuː] [funkel]nagelneu

bran·dy ['brændi] der Weinbrand

brash [bræʃ] dreist

brass [brɑːs] ① das Messing ② (*im Orchester*) **the brass** die Blechbläser ③ (*slang*) das Geld, der Zaster

brass band die Blaskapelle

bras·siere ['bræsɪəʳ] der Büstenhalter

brat [bræt] (*abwertend*) das Gör, die Göre

brave [breɪv] tapfer, mutig

to **brave** [breɪv] **to brave something** einer Sache mutig entgegentreten [*oder* trotzen]; **to brave it out** mutig die Stirn bieten

brav·ery ['breɪvᵊri] die Tapferkeit, der Wagemut

brawl [brɔːl] die Schlägerei

to **brawl** [brɔːl] sich zanken, sich streiten

to **bray** [breɪ] *Esel:* iahen

bread [bred] das Brot; **a loaf of bread** ein [Laib] Brot; **a slice of bread** eine Scheibe Brot ▶WENDUNGEN: **to earn one's bread** sein Brot verdienen; **to know which side one's bread is buttered** wissen, wo was zu holen ist

bread and but·ter ① das Butterbrot ② (*umgangsspr*) der Lebensunterhalt

bread bin ['bredbɪn] der Brotkasten

bread·crumb ['bredkrʌm] ① die Brotkrume ② **breadcrumbs** *Plural* das Paniermehl

bread-mak·er der Brotbackautomat

breadth [bretθ, bredθ] ① die Breite ② die Weite

bread·win·ner ['bredˌwɪnəʳ] der Ernährer/die Ernährerin

break [breɪk] ① der Bruch ② die Lücke, der Riss, die Spalte ③ die Unterbrechung, die Pause, der Urlaub; **without a break** ununterbrochen ④ (*in Schrift und Druck*) der Absatz ⑤ Wechsel, Umschwung; **at break of day** bei Tagesanbruch ▶WENDUNGEN: **give us a break!** (*um-

gangsspr) halt mal die Luft an!; **bad break** Pech

to **break** [breɪk] <broke, broken> ① zerbrechen, zerreißen; **to be broken** kaputt sein, ruiniert sein ② ruinieren, zu Grunde richten ③ einschlagen *Fensterscheibe* ④ (*übertragen*) übertreten *Gesetz;* nicht halten *sein Wort, Versprechen;* nicht einhalten *Verabredung* ⑤ auflösen *Verlobung* ⑥ unterbrechen, abbrechen *Reise, Urlaub* ⑦ mitteilen, eröffnen; (*umgangsspr*) beibringen; **to break the news to someone** jemandem etwas eröffnen ⑧ *Tag:* anbrechen, beginnen; *Unwetter:* hereinbrechen ⑨ *Wetter:* sich ändern, umschlagen

◆ to **break away** ① abbrechen ② sich losreißen, sich lossagen (**from** von)

◆ to **break down** ① aufhören zu funktionieren, kaputtgehen; *Auto:* eine Panne haben ② abbrechen, scheitern ③ (*übertragen*) brechen *Widerstand* ④ (*übertragen*) versagen, ausfallen; *Mensch:* zusammenbrechen

◆ to **break in** ① einbrechen ② unterbrechen

◆ to **break into** ① einbrechen in ② plötzlich beginnen mit ③ anbrechen *Geld*

◆ to **break loose** ① losbrechen, abbrechen ② ausbrechen

◆ to **break off** ① abbrechen ② (*übertragen*) aufheben, lösen *Verlobung* ③ (*in einer Rede*) aufhören, abbrechen

◆ to **break out** ① *Gefangener, Feuer, Krieg:* ausbrechen ② **to break out in a rash** einen Ausschlag bekommen

◆ to **break through** durchstoßen, durchbrechen

◆ to **break up** ① aufbrechen ② auseinandernehmen ③ (*übertragen*) abbrechen *Veranstaltung;* [sich] auflösen *Versammlung* ④ unterteilen (**into** in), aufgliedern ⑤ in Stücke gehen, zerbrechen ⑥ *Schule:* aufhören; **when do you break up?** wann habt ihr Ferien?

break·able ['breɪkəbl̩] zerbrechlich

break·age ['breɪkɪdʒ] ① der Bruch, die Bruchstelle ② der Bruchschaden

break·away ['breɪkəweɪ] die Absplitterung

break-danc·ing ['breɪkdɑːn(t)sɪŋ] der Breakdance

break·down ['breɪkdaʊn] ① das Versagen, der Ausfall, die [Betriebs]störung; *von Auto:* die Panne ② (*übertragen*) das Versagen, das Scheitern ③ der Nervenzusammenbruch

break·down lor·ry (GB) der Abschleppwagen

break·down ser·vice der Pannendienst

break·fast ['brekfəst] das Frühstück; **to have breakfast** frühstücken

to **break·fast** ['brekfəst] frühstücken

L In Amerika wird viel Wert auf ein großes **breakfast** (Frühstück) gelegt. Neben dem üblichen Frühstück gibt es oft Riesenportionen von Rühreiern, Speck oder Bratwurst und Bratkartoffeln. Am Wochenende isst man auch **pancakes**, eine Art dicke Pfannkuchen oder **French toast** (Brot, das in geschlagene Eier getaucht und kurz angebraten wird.)

break-in der Einbruch

break·neck ['breɪknek] **at breakneck speed** mit halsbrecherischer Geschwindigkeit

break·through ['breɪkθruː] der Durchbruch

break-up ['breɪkʌp] ① das Aufbrechen, das Zerbrechen, das Zerreißen ② (*auch übertragen*) der Zerfall, die Auflösung ③ der Zusammenbruch ④ *einer Ehe:* die Zerrüttung; (*zwischen Freunden*) der Bruch

breast [brest] die Brust; (*auch übertragen*) der Busen

to **breast·feed** ['brestfiːd] <breastfed, breastfed> stillen *Säugling;* **breast-fed child** das Brustkind

breast·stroke ['breststrəʊk] das Brustschwimmen

breath [breθ] ① der Atem; **out of breath** außer Atem; **to catch one's breath** verschnaufen; **to take a deep breath** tief Luft holen; **bad breath** der Mundgeruch ② **to go out for a breath of air** frische Luft schnappen gehen; **breath of wind** der Windhauch ▶WENDUNGEN: **below** [*oder* **under**] **one's breath** leise, flüsternd

to **breatha·lyse**, to **breathalyze** ['breθəlaɪz] (USA) **to breathalyse someone** jemanden pusten lassen

to **breathe** [briːð] ① atmen ② **to breathe again** [*oder* **freely**] (*übertragen*) aufatmen ③ (*übertragen*) flüstern; **don't breathe a word about ...** verrate kein Wort über ...

◆ to **breathe in** einatmen

breath·er ['briːðə^r] die Atempause, die Verschnaufpause; **to take a breather** verschnaufen

breath·ing ['briːðɪŋ] die Atmung

breath·ing space die Atempause, die Ruhepause

breath·less ['breθləs] außer Atem, atemlos

breath·tak·ing ['breθteɪkɪŋ] atemberaubend

bred [bred] *2. und 3. Form von* **breed**

to **breed** [briːd] <bred, bred> ① sich fortpflanzen, sich vermehren; **I was born and bred in England** ich bin in England geboren und aufgewachsen ② Junge bekommen ③ züchten *Vieh* ④ (*übertragen*) hervorbringen, erzeugen, die Ursache sein

breed [briːd] die Zucht, die Rasse, die Art

breed·ing ['briːdɪŋ] ① die Fortpflanzung, das Brüten ② *von Vieh:* die Zucht ③ (*übertragen*) die Erziehung ④ das Benehmen, die Bildung

breeze [briːz] die Brise

◆ to **breeze in** fröhlich hereinschneien

to **brew** [bruː] ① brauen *Bier* ② zubereiten *Getränk* ③ *Tee:* ziehen ④ (*übertragen*) *Gewitter, Böses:* sich zusammenbrauen, im Anzug sein, in der Luft liegen

brew·ery ['bru:ᵊri] die Brauerei
Brexit ['breksɪt] der Brexit (*der Ausstieg Großbritanniens aus der EU*)
bribe [braɪb] das Schmiergeld, das Bestechungsgeld
to **bribe** [braɪb] bestechen
brib·ery ['braɪbᵊri] die Bestechung; **open to bribery** bestechlich; **not open to bribery** unbestechlich
brick [brɪk] ① der Ziegel, der Backstein ② (*Spielzeug*) der Bauklotz
◆ to **brick in**, to **brick up** zumauern, vermauern
brick·lay·er ['brɪkˌleɪəʳ] der Maurer/die Maurerin
bride [braɪd] die Braut
bride·groom ['braɪdgrʊm, -gru:m] der Bräutigam
brides·maid ['braɪdzmeɪd] die Brautjungfer
bridge [brɪdʒ] ① die Brücke ② die Kommandobrücke ③ der Nasenrücken ④ (*Zahnprothese*) die Brücke ⑤ (*Kartenspiel*) das Bridge
to **bridge** [brɪdʒ] ① eine Brücke schlagen [*oder* bauen] über ② (*übertragen*) überbrücken
bri·dle ['braɪdḷ] das Zaumzeug
to **bri·dle** ['braɪdḷ] sich entrüstet wehren (**at** gegen)
bri·dle path, **bri·dle·way** der Reitweg
brief [bri:f] ① kurz ② kurz gefasst, knapp; **in brief** in Kürze, kurz; **to be brief** sich kurz fassen
to **brief** [bri:f] ① **to brief someone** jemandem einen Auftrag geben ② einweisen, instruieren
brief·case ['bri:fkeɪs] die Aktentasche, die Aktenmappe
brief·ly ['bri:fli] kurz, in Kürze, mit wenigen Worten
briefs [bri:fs] *Plural* die Unterhose
bright [braɪt] <brighter, brightest> ① leuchtend, strahlend, hell ② *Wetter:* heiter, klar ③ glücklich, freudig ④ aufgeweckt, gescheit

> **F** Nicht verwechseln mit **breit** = broad, wide!

to **bright·en** ['braɪtᵊn], to **brighten up** ① aufhellen, [auf]polieren ② aufheitern, aufmuntern ③ *Himmel:* sich aufhellen ④ *Gesicht:* aufleuchten
bright·ly ['braɪtli] hell, leuchtend; **the sun is shining brightly** die Sonne strahlt; **brightly coloured** knallbunt
brill [brɪl] (*umgangsspr*) prima, toll, Spitze!
bril·liant ['brɪliənt] ① hell leuchtend ② (*übertragen*) glänzend, brillant; *Mensch:* geistreich ③ **that's brilliant!** das ist fantastisch!; (*ironisch*) na, super [*oder* toll]!
brim [brɪm] ① *von Gefäß:* der Rand; **full to the brim** randvoll ② *von Hut:* die Krempe
brim·ful ['brɪmfʊl] randvoll; **he is brimful of ideas** er steckt voller Ideen
to **bring** [brɪŋ] <brought, brought> ① [mit]bringen, herbringen ② einbringen *Gewinn;* erzielen *Preis* ③ **to bring someone to do something** jemanden dazu bringen [*oder* bewegen], etwas zu tun ④ **to bring to bear** anwenden (**on** auf), anbringen (**on** bei), geltend machen ▶ WENDUNGEN: **to bring to an end** beenden; **to bring to light** ans Licht bringen; **to bring into play** ins Spiel bringen, ins Feld führen
◆ to **bring about** verursachen
◆ to **bring along** mitbringen
◆ to **bring back** ① ins Gedächtnis rufen ② zurückbringen *Gegenstand*
◆ to **bring down** ① herunterbringen, herunterholen ② herabsetzen *Preis*
◆ to **bring forward** ① vorbringen ② vorverlegen ③ zur Sprache bringen
◆ to **bring in** ① (*finanziell*) einbringen ② hereinbringen ③ einführen ④ einbringen *Gesetzesvorlage*
◆ to **bring off** ① retten, wegbringen ② zu Stande [*oder* zu Wege] bringen
◆ to **bring on** ① verursachen, bewirken ② (*Theater*) auftreten lassen ③ fördern, weiterbringen
◆ to **bring out** ① klar [*oder* deutlich] machen ② herausbringen *Buch* ③ auf den Markt bringen *Ware* ④ **to bring someone out of himself** jemandem die Hemmungen nehmen ⑤ **to bring someone out in spots** bei jemandem einen Ausschlag verursachen
◆ to **bring over** herbeibringen
◆ to **bring round** ① wieder zu Bewusstsein bringen ② umstimmen ③ bringen (**to** auf)
◆ to **bring up** ① aufziehen, erziehen ② zur Sprache bringen ③ erbrechen ④ **to bring up the rear** als Letzter kommen
brink [brɪŋk] (*auch übertragen*) der Rand; **on the brink of disaster** am Rande des Abgrunds
brisk [brɪsk] ① lebhaft, munter ② *Schritte:* rasch, flott ③ *Wind:* frisch
bris·tle ['brɪsḷ] die [Bart]stoppel; *eines Tieres:* die Borste
to **bris·tle** ['brɪsḷ] sich sträuben
Brit·ain ['brɪtᵊn] Großbritannien

> **L** Das Königreich England, das Königreich Schottland und das Fürstentum Wales bilden zusammen **Great Britain** (Großbritannien). Great Britain und Nordirland wiederum bilden zusammen das **United Kingdom** (Vereinigte Königreich). Der geographische Begriff **British Isles** (Britische Inseln) bezieht sich auf das Vereinigte Königreich mit zahlreichen Inseln (wie z.B. die Hebriden, die Orkneyinseln, die Shetlandinseln, die Insel Man, die Scilly Inseln, die Kanalinseln) und Irland (Eire).

Brit·ish¹ ['brɪtɪʃ] britisch; **the British Empire** das britische Empire
Brit·ish² ['brɪtɪʃ] **the British** die Briten
Brit·ish Broad·cast·ing Cor·po·ra·tion *kein Plu-*

ral, mit Singular oder Plural die BBC (*britische Rundfunkgesellschaft*)

Brit·ish Na·tion·al Par·ty Britische Nationalpartei (*rechtsradikal*)

Brit·on ['brɪtᵊn] der Brite/die Britin

Brit·ta·ny ['brɪtᵊni] die Bretagne

broad [brɔːd] <broader, broadest> (1) breit, weit (2) allgemein, umfassend (3) grob, vage (4) großzügig, tolerant (5) klar, unmissverständlich; **broad hint** der deutliche Wink (6) *Dialekt:* breit (7) **broad daylight** das helle Tageslicht

B-road ['biːrəʊd] (GB) ≈ die Landstraße

broad·band der Breitband; **broadband radio** das Breitbandradio

broad bean die dicke Bohne

broad·cast ['brɔːdkɑːst] die Rundfunkübertragung, die Fernsehübertragung

to **broad·cast** ['brɔːdkɑːst] <broadcast, broadcast> (1) (*Radio, TV*) senden, übertragen (2) im Rundfunk übertragen, im Fernsehen senden (3) (*umgangsspr*) an die große Glocke hängen, ausposaunen

broad·cast·ing ['brɔːdkɑːstɪŋ] die Rundfunkübertragung, die Fernsehübertragung

to **broad·en** ['brɔːdᵊn] (1) breiter werden (2) verbreitern; **to broaden one's horizons** seinen Horizont erweitern

broad·ly ['brɔːdli] (1) allgemein; **broadly speaking** ganz allgemein gesehen (2) (*klar*) deutlich

broad·mind·ed [ˌbrɔːd'maɪndɪd] tolerant

broad·sheet die großformatige [seriöse] Zeitung

> **L** Traditionell bezieht sich der Begriff **broadsheet** auf großformatige Zeitungen von ungefähr 38 x 61 cm. Im Gegensatz zu den **tabloids**, die etwa halb so groß sind, zählen **Broadsheet**-Zeitungen normalerweise zur seriösen Presse. In letzter Zeit haben allerdings die meisten Zeitungen ihr Format auf eine kompaktere Größe verkleinert und nur *The Daily Telegraph* und *The Financial Times* werden immer noch im traditionellen **Broadsheet**-Format gedruckt. Da sich dieser Begriff aber auch auf die journalistische Qualität bezieht, können Zeitungen wie *The Times* und *The Guardian* trotz des kleineren Formats dieser Gruppe zugerechnet werden.

> **L** Jeder kennt die berühmteste Straße in New York City: den **Broadway**. Es ist eine sehr breite und lange Hauptverkehrsstraße. An dieser Straße befindet sich das berühmte Theaterviertel mit dem gleichen Namen. Broadway steht für das große amerikanische Theater, und fast alle wichtigen Theaterstücke wurden hier gespielt. Theaterstücke, die nicht in diesem Viertel gezeigt werden, sind oft experimentelle oder billige Produktionen und werden als „off-Broadway plays" bezeichnet.

broc·co·li ['brɒkᵊli] der Brokkoli

bro·chure ['brəʊʃəʳ] die Broschüre

to **broil** *besonders* (USA) grillen

broke[1] [brəʊk] *2. Form von* **break**

broke[2] [brəʊk] (*slang*) abgebrannt, pleite

bro·ken[1] ['brəʊkᵊn] *3. Form von* **break**

bro·ken[2] ['brəʊkᵊn] (1) kaputt, gebrochen, zerbrochen (2) *Gesundheit:* zerrüttet (3) **broken English** gebrochenes Englisch; **broken sleep** der unterbrochene Schlaf

bro·ken-down *Maschine:* nicht betriebsfähig/gebrauchsfähig

bro·ken-heart·ed mit gebrochenem Herzen, untröstlich

brol·ly ['brɒli] (GB) (*umgangsspr*) der Schirm

bronze[1] [brɒnz] die Bronze

bronze[2] [brɒnz] bronzen, bronzefarben

Bronze Age die Bronzezeit

brooch [brəʊtʃ] <*Plural* brooches> die Brosche

brood [bruːd] (*auch abwertend*) die Brut

to **brood** [bruːd] (*auch übertragen*) brüten (**on/over** über)

broody ['bruːdi] (*auch übertragen*) brütend

brook [brʊk] der Bach

broom [bruːm, brʊm] der Besen

broom·stick ['bruːmstɪk, 'brʊm-] der Besenstiel

Bros. ['brʌðəz, brɒs] *Plural Abkürzung von* **brothers** Gebr.

broth [brɒθ] die [Fleisch]brühe

broth·er ['brʌðəʳ] (*auch übertragen*) der Bruder; **brother**[s] **and sister**[s] die Geschwister

broth·er-in-law ['brʌðərɪnlɔː] <*Plural* brothers-in-law> der Schwager

brought [brɔːt] *2. und 3. Form von* **bring**

brown[1] [braʊn] braun

brown[2] [braʊn] das Braun

to **brown** [braʊn] (1) bräunen; anbraten *Fleisch* (2) braun werden

brown bread das Mischbrot, das Graubrot

brown·field **brownfield site** aus gewerblichen Brachflächen hervorgegangenes Bauland

brown·ish ['braʊnɪʃ] bräunlich

brown pa·per ['braʊn'peɪpəʳ] das Packpapier

brown rice der Naturreis

to **browse** [braʊz] (*übertragen*) sich umsehen; (*in Büchern*) [herum]schmökern; **to browse the internet** im Internet surfen

brows·er ['braʊzəʳ] der Browser

bruise [bruːz] der Bluterguss, der blaue Fleck

to **bruise** [bruːz] **to bruise oneself** einen blauen Fleck bekommen

brush [brʌʃ] <*Plural* brushes> (1) die Bürste (2) der Pinsel (3) der Besen

to **brush** [brʌʃ] (1) bürsten; **to brush one's teeth** sich die Zähne putzen (2) fegen, kehren *Boden* (3) streifen *Körperteil*

◆ to **brush aside** zur Seite schieben, abtun

◆ to **brush away** abbürsten

◆ to **brush off** (1) abbürsten (2) (*umgangsspr*) abblitzen lassen

◆ to **brush up** (1) aufkehren (2) (*übertragen*)

auffrischen

brush-off ['brʌʃɒf] **to give someone the brush-off** (*umgangsspr*) jemandem eine Abfuhr erteilen

Brus·sels ['brʌsᵊlz] Brüssel

Brus·sel(s) sprout der Rosenkohl

bru·tal ['bruːtᵊl] roh, brutal

brute [bruːt] **by brute force** mit roher Gewalt

BSE *Abkürzung von* **bovine spongiform encephalopathy** BSE

bub·ble ['bʌbl̩] die [Luft]blase, die Seifenblase

to **bub·ble** ['bʌbl̩] sprudeln, blubbern

◆ to **bubble over** überfließen, übersprudeln

bub·ble bath das Schaumbad

bub·ble gum der/das Kaugummi

bub·bly[1] ['bʌbl̩i] ① sprudelnd ② quirlig

bub·bly[2] ['bʌbl̩i] (*umgangsspr*) der Schampus

buck [bʌk] (USA) (*slang*) der Dollar ▶ WENDUNGEN: **to pass the buck** die Verantwortung abschieben (**to** auf)

◆ to **buck up** (*umgangsspr*) ① sich beeilen ② sich zusammenreißen ▶ WENDUNGEN: **to buck someone up** jemandem Dampf machen, jemanden aufmuntern

buck·et ['bʌkɪt] der Eimer, der Kübel ▶ WENDUNGEN: **to kick the bucket** (*slang*) ins Gras beißen

buck·et·ful ['bʌkɪtfʊl] der Eimer voll

> **L** Der **Buckingham Palace** ist der Londoner Wohnsitz des britischen Monarchen. Der Palast wurde von 1821 bis 1830 von John Nash für King George IV. gebaut und hat über 600 Räume. Die Einweihung fand 1837 anlässlich der Thronbesteigung von Queen Victoria statt.

buck·le ['bʌkl̩] die Schnalle, die Spange

to **buck·le** ['bʌkl̩] ① zuschnallen; **buckle your seatbelts** schnallt euch an ② sich werfen, sich verziehen

◆ to **buckle down** **to buckle down to something** etwas ernsthaft in Angriff nehmen

◆ to **buckle in** anschnallen

◆ to **buckle up** sich anschnallen

Buck's Fizz [bʌks'fɪz] Orangensaft mit Sekt [*oder* Champagner]

bud [bʌd] die Knospe ▶ WENDUNGEN: **to nip in the bud** im Keim ersticken

Bud·dhism ['bʊdɪzᵊm] *kein Plural* der Buddhismus

Bud·dhist[1] ['bʊdɪst] der Buddhist/die Buddhistin

Bud·dhist[2] ['bʊdɪst] buddhistisch

bud·ding ['bʌdɪŋ] (*übertragen*) angehend

bud·dy ['bʌdɪ] (USA) (*umgangsspr*) der Kumpel

to **budge** [bʌdʒ] ① sich von der Stelle rühren; **budge up!** rutsch mal rüber! ② sich bewegen

budg·eri·gar ['bʌdʒᵊrɪgɑːʳ] der Wellensittich

budg·et ['bʌdʒɪt] der Etat, das Budget

to **budg·et** ['bʌdʒɪt] **to budget for something** etwas im Haushaltsplan vorsehen

buf·fa·lo ['bʌfᵊləʊ] <*Plural* buffalo *oder* buffaloes> der Büffel, der Bison

buff·er ['bʌfəʳ] der Puffer

buf·fet ['bʊfeɪ, 'bʌ-] das Büfett; **cold buffet** das kalte Büfett

buf·fet car (GB) der Speisewagen

bug [bʌg] ① die Wanze ② (*allgemein*) das Insekt; (USA) der Käfer ③ (*umgangsspr*) der Bazillus ④ (*Abhörgerät*) die Wanze

to **bug** [bʌg] <bugged, bugged> ① eine Wanze einbauen in ② (*umgangsspr*) ärgern

bug·ger ['bʌgəʳ] (*slang*) der Kerl, der Bursche; (*als Schimpfwort*) der Scheißkerl

◆ to **bugger off** (*slang*) abhauen

◆ to **bugger up** (*slang*) versauen

bug·gy ['bʌgi] ① der Buggy ② (USA) der Kinderwagen

build [bɪld] der Körperbau, die Figur

build [bɪld] der Körperbau, die Figur

to **build** [bɪld] <built, built> ① bauen ② aufbauen, erbauen, errichten

◆ to **build in** einbauen, einplanen

◆ to **build on** anbauen

◆ to **build up** ① aufbauen, aufbessern ② steigern, erhöhen ③ bebauen ④ sich verdichten

build·er ['bɪldəʳ] ① der Bauarbeiter/die Bauarbeiterin ② der Bauherr/die Bauherrin

build·ing ['bɪldɪŋ] ① das Bauwerk, das Gebäude ② der Bau, das Bauen

build·ing site die Baustelle

build·ing so·ci·ety die Bausparkasse

build-up ['bɪldʌp] ① die Reklame, die Propaganda ② die Steigerung ③ **a build-up of traffic** eine Verkehrsverdichtung

built [bɪlt] *2. und 3. Form von* **build**

built-in ['bɪlt'ɪn] eingebaut

built-up ['bɪltʌp] **built-up area** das bebaute Gelände, die geschlossene Ortschaft

bulb [bʌlb] ① die [Blumen]zwiebel, die Knolle ② die [Glüh]birne

Bul·garia [bʌl'geəriə] Bulgarien

Bul·gar·ian[1] [bʌl'geəriən] bulgarisch

Bul·gar·ian[2] [bʌl'geəriən] ① der Bulgare/die Bulgarein ② (*Sprache*) Bulgarisch

bulge [bʌldʒ] die Ausbuchtung, die Beule

to **bulge** [bʌldʒ] anschwellen, sich wölben

bulg·ing ['bʌldʒɪŋ] ① prall gefüllt ② **bulging eyes** die Glotzaugen

bu·limia, bu·limia ner·vo·sa [bʊˌlɪmiənɜː'vəʊsə, -liː-] *kein Plural* die Bulimie

bulk [bʌlk] ① die Masse, die Größe; **to buy in bulk** en gros kaufen ② der Hauptteil, die Mehrzahl; **the bulk of the text** der größte Teil des Textes

bulky ['bʌlki] ① umfangreich, massig ② unhandlich, sperrig

bull [bʊl] der Stier, der Bulle ▶ WENDUNGEN: **like a bull in a china shop** wie ein Elefant im Porzellanladen; **to take the bull by the horns** den Stier bei den Hörnern packen

bull·dog ['bʊldɒg] die Bulldogge

to **bull·doze** ['bʊldəʊz] planieren

bull·doz·er ['bʊldəʊzəʳ] die Planierraupe, der Bulldozer

bul·let ['bʊlɪt] die Gewehrkugel, das Geschoss

bul·letin board (USA) das schwarze Brett

bul·let-proof kugelsicher

bull·fight ['bʊlfaɪt] der Stierkampf

bull·shit (*slang*) die Scheiße; **bullshit!** Quatsch!

bul·ly ['bʊli] der Tyrann; (*in der Schule*) der Rabauke

to **bul·ly** ['bʊli] einschüchtern, schikanieren

bum[1] [bʌm] (*umgangsspr*) der Hintern

bum[2] [bʌm] (*slang*) der Penner

◆ to **bum around** (*slang*) rumgammeln

bum·ble·bee ['bʌmblbiː] die Hummel

bump [bʌmp] ① der Stoß, der Puff, der Bums ② **bump on the head** die Beule am Kopf ③ (*in der Straße*) die Unebenheit

to **bump** [bʌmp] ① **to bump something** gegen etwas stoßen, etwas rammen ② auffahren ③ anstoßen (**against** gegen, **into** an) ④ rumpeln, holpern

◆ to **bump off** (*slang*) um die Ecke bringen

bump·er ['bʌmpəʳ] die Stoßstange

bump·er-to-bump·er Haube an Haube

bumpy ['bʌmpi] holp[e]rig

bun [bʌn] ① (GB) das süße Brötchen ② der [Haar]knoten

bunch [bʌn(t)ʃ] <*Plural* bunches> ① das Büschel, das Bündel ② **bunch of flowers** der Blumenstrauß; **bunch of grapes** die Weintraube; **bunch of keys** der Schlüsselbund ③ (*umgangsspr*) der Haufen; **a bunch of people** eine Menschengruppe

to **bunch** [bʌn(t)ʃ] ① **to bunch together** zusammenfassen ② sich bauschen

bun·dle ['bʌndl] (*auch übertragen*) das Bündel, das Paket

to **bun·dle** ['bʌndl] ① [zusammen]bündeln, zusammenbinden ② [unordentlich] hineinstopfen (**into** in) ③ verfrachten *Menschen* ④ **to bundle away/off/out** [schnell] weg-/fort-/hinausbefördern ⑤ **to bundle someone off to bed** jemanden ins Bett packen

bun·ga·low ['bʌŋgələʊ] der Bungalow

bun·gee jump·ing *kein Plural* das Bungeespringen

to **bun·gle** ['bʌŋgl] [ver]pfuschen, stümpern

bunk [bʌŋk] die Koje

bunk bed das Etagenbett, das Stockbett

bun·ny ['bʌni] (*umgangsspr*) das Kaninchen

L Das **bunyip** ist ein australisches Monster, das angeblich in Sümpfen, Lagunen und Wasserlöchern haust. Dieses Fabelwesen tauchte ungefähr zur gleichen Zeit erstmals in den Erzählungen der Aborigines (Ureinwohner Australiens) auf, als die europäischen Siedler Rinder nach Australien brachten. Wissenschaftler vermuten deshalb, dass die Aborigines sich vor dem Gebrüll der ihnen unbekannten Rinder, die sich im Schlamm von Wasserlöchern aufhielten, fürchteten. So soll die Vorstellung vom Sumpfmonster, dem **bunyip**, entstanden sein.

to **bur·ble** ['bɜːbl] plappern; *Wasser:* plätschern

◆ to **burble away** drauflos plappern

◆ to **burble on** drauflos quasseln

bur·den ['bɜːdᵊn] (*auch übertragen*) die Last

to **bur·den** ['bɜːdᵊn] (*auch übertragen*) belasten

bu·reau ['bjʊərəʊ] <*Plural* bureaux *oder* USA AUCH bureaus> **information bureau** die Auskunft

bu·reaux *Pluralform von* **bureau**

bur·ger ['bɜːgəʳ] der Hamburger

bur·glar ['bɜːgləʳ] der Einbrecher/die Einbrecherin

bur·glar-proof einbruchsicher

bur·gla·ry ['bɜːglᵊri] der Einbruch, der Einbruchsdiebstahl

to **bur·gle** ['bɜːgl] einbrechen in; **we were burgled** bei uns wurde eingebrochen

bur·ly ['bɜːli] kräftig [gebaut]

burn [bɜːn] die Brandwunde, die Verbrennung

to **burn** [bɜːn] <burnt *oder* burned, burnt *oder* burned> ① verbrennen ② anzünden, in Brand stecken; **to burn a hole in something** ein Loch in eine Sache brennen ③ verfeuern *Kohle;* brennen *Ziegel* ④ sich verbrennen *den Mund, die Finger* ⑤ anbrennen [lassen] *Essen* ⑥ *Hitze:* versengen, ausdörren ⑦ brennen, in Flammen stehen ⑧ *Licht:* brennen, eingeschaltet sein ⑨ (*übertragen*) darauf brennen (**to** zu) ⑩ (*vor Wut*) kochen, schäumen

◆ to **burn down** abbrennen, niederbrennen

◆ to **burn out** ① völlig ausbrennen/verbrennen, ausgehen ② *Sicherung:* durchbrennen

◆ to **burn up** ① verbrennen ② (*übertragen*) verzehren ③ auflodern ④ verglühen

burn·ing ['bɜːnɪŋ] ① (*auch übertragen*) brennend, glühend; **burning hot** glühend heiß ② (*übertragen*) leidenschaftlich, feurig

burn·out ① *kein Plural* die Erschöpfung ② (USA) (*abwertend*) der ausgebrannte Mensch

L Die **Burns Night** am 25. Januar, dem Geburtstag des schottischen Dichters Robert Burns (1759–96), wird weltweit von Schotten und anderen Burns-Anhängern gefeiert. Zu dieser Feier gibt es ein besonderes Essen, das *Burns Supper,* zu dem *haggis* (mit gewürzten Schafinnereien, Hafer und Zwiebeln gefüllter Schafsmagen), *neeps* (Rüben) und *mashed tatties* (Kartoffelbrei) gehören.

burnt[1] [bɜːnt] *2. und 3. Form von* **burn**

burnt[2] [bɜːnt] verbrannt; **to have a burnt taste** angebrannt schmecken to **burp** [bɜːp] (*umgangsspr*) rülpsen

bur·row ['bʌrəʊ] der Bau

to **bur·row** ['bʌrəʊ] ① sich einwühlen, graben ② (*übertragen*) sich vergraben (**into** in)

burst [bɜːst] ① (*im Rohr*) der Bruch ② die Explosion ③ (*übertragen*) der Ausbruch, der Anfall; **burst of applause** der Beifallssturm

to **burst** [bɜːst] <burst, burst> ① [zer]platzen, explodieren ② *Knospe:* aufbrechen; *Sturm:* ausbrechen ③ (*auch übertragen*) bersten, platzen (**with** vor); **to be bursting with health** vor Gesundheit strotzen; **to burst into tears** in Tränen ausbrechen ④ **to burst open** aufbrechen ⑤ **to be bursting to do something** darauf brennen, etwas zu tun ⑥ sprengen; **the river burst its banks** der Fluss trat über die Ufer

◆ to **burst in** ① (*ins Zimmer*) hineinstürzen ② (*in ein Gespräch*) dazwischenplatzen

◆ to **burst out** ausrufen, [plötzlich] schreien; **to burst out crying/laughing** in Tränen/Lachen ausbrechen

to **bury** ['beri] ① begraben, beerdigen ② eingraben, vergraben ③ verbergen ▶ WENDUNGEN: **to bury oneself in one's books** sich in seinen Büchern vergraben

bus [bʌs] <*Plural* buses *oder* (USA) busses> ① Bus; **to go by bus** mit dem Bus fahren ② (*umgangsspr: Auto, Flugzeug*) die Kiste ▶ WENDUNGEN: **to miss the bus** (*umgangsspr*) den Anschluss verpassen

bus driv·er der Busfahrer/die Busfahrerin

bush [bʊʃ] <*Plural* bushes> ① der Busch, der Strauch, das Gebüsch ② (*in Afrika, Australien*) der Busch ▶ WENDUNGEN: **to beat about the bush** (*übertragen*) wie die Katze um den heißen Brei herumschleichen

> **L** Der Busch Australiens wird algemein *outback* genannt. Er ist der Ursprung vieler Mythen und Legenden, da das **bush land** von Einwanderern als einzigartig angesehen wurde und nicht mit der europäischen Landschaft zu vergleichen war. Das Wissen der einheimischen Australier über das **bush land**, das ihrem Glauben zugrunde liegt sowie ihre Fähigkeit, im Busch zu überleben, haben dazu beigetragen, den Busch als festen Bestandteil der nationalen Identität zu verankern. Und das, obwohl bereits zu Beginn des 20. Jh. die meisten Australier in Städten wohnten.
> In den letzten Jahrzehnten wurde der Busch immer öfter mit Umweltkatastrophen wie Bränden, Dürren sowie Problemen sozialer Natur (Arbeitslosigkeit, Auswanderung) in Verbindung gebracht. Aber die starke Verbindung zwischen Land und Volk bleibt tief im Bewusstsein der Australier verwurzelt.

bushy ['bʊʃi] buschig

busi·ly ['bɪzɪli] geschäftig, eifrig

busi·ness ['bɪznɪs] <*Plural* businesses> ① der Handel, das Gewerbe; **on business** geschäftlich ② Unternehmen, der gewerbliche Betrieb ③ die Aufgabe, die Angelegenheit ④ **to get down to business** zur Sache kommen; **mind your own business!** kümmern Sie sich um Ihre eigenen Angelegenheiten!; **that's none of your business!** das geht Sie nichts an!; **to have no business to** kein Recht haben zu; **to mean business** es ernst meinen

busi·ness ad·dress die Geschäftsadresse

busi·ness card die Visitenkarte

busi·ness class *kein Plural* die Businessclass

busi·ness hours die Geschäftszeit, die Geschäftszeiten

busi·ness·like ['bɪznɪslaɪk] ① geschäftstüchtig ② praktisch [veranlagt], gewandt

busi·ness·man ['bɪznɪsmæn] <*Plural* businessmen> der Geschäftsmann

busi·ness·per·son <*Plural* businesspeople> der Geschäftsmann, die Geschäftsfrau

busi·ness trip die Geschäftsreise

busi·ness·wom·an ['bɪznɪswʊmən, *Plural* 'bɪznɪswɪmɪn] <*Plural* businesswomen> die Geschäftsfrau

busk·er ['bʌskəʳ] der Straßenmusikant/die Straßenmusikantin

bus lane die Busspur

bus ser·vice die Busverbindung

bus sta·tion der Busbahnhof

bus stop die Bushaltestelle

bust[1] [bʌst] ① der Busen ② (*in der Kunst*) die Büste

bust[2] [bʌst] (*umgangsspr*) ① kaputt ② **to go bust** pleitegehen

to **bust** [bʌst] <bust *oder* (USA) busted, bust *oder* (USA) busted> (*umgangsspr*) ① kaputt machen ② kaputtgehen ③ (USA) eine Razzia durchführen

to **bus·tle** ['bʌsl̩] **to bustle about** sehr geschäftig tun

bus·tle ['bʌsl̩] die Geschäftigkeit, die Eile

bust-up ['bʌstʌp] (*slang*) der Krach, der Streit

busy ['bɪzi] <busier, busiest> ① beschäftigt; **to be busy doing something** gerade etwas tun ② bewegt, belebt ③ *Straße:* verkehrsreich, belebt; *Tag:* voll ausgefüllt; *Mensch:* ausgelastet ④ *Telefon:* besetzt

to **busy** ['bɪzi] **to busy oneself** sich beschäftigen (**with** mit)

but[1] [bʌt, bət] ① aber, dennoch, [je]doch ② sondern ③ *nach Verneinung* **not only ... but also** nicht nur ..., sondern auch ④ als; **I had no alternative but to go** es blieb mir nichts anderes übrig als zu gehen

but[2] [bʌt, bət] außer; **anything but** nichts weniger als; **nothing but** nichts als; **the last but one** der Vorletzte; **all but one** alle bis auf einen

but[3] [bʌt, bət] **but for** ohne; **but for my friends and family** wenn es meine Freunde

B

und Familie nicht gegeben hätte

butch·er [ˈbʊtʃəʳ] der Metzger/die Metzgerin, der Fleischer/die Fleischerin; **butcher's shop** die Fleischerei, die Metzgerei

butt [bʌt] der Zigarettenstummel
◆ to **butt in** (*umgangsspr*) sich einmischen
◆ to **butt into** (*umgangsspr*) **to butt into the conversation** dazwischenplatzen

but·ter [ˈbʌtəʳ] die Butter

to **but·ter** [ˈbʌtəʳ] mit Butter bestreichen
◆ to **butter up** **to butter someone up** jemandem schmeicheln

but·ter-dish die Butterdose

but·ter·fly [ˈbʌtəflaɪ] ① der Schmetterling ② (*Schwimmstil*) der Schmetterlingsstil, der Delphinstil

but·tock [ˈbʌtək] ① die Hinterbacke ② *meist Plural* das Hinterteil, das Gesäß

but·ton [ˈbʌtᵊn] ① der Knopf; **to press the button** auf den Knopf drücken ② **button mushroom** der junge Champignon

to **but·ton** [ˈbʌtᵊn] ① zuknöpfen ② **button your lip!** (*slang*) halt den Mund!
◆ to **button up** [zu]knöpfen

to **buy** [baɪ] <bought, bought> ① kaufen, erwerben, erstehen; **to buy at an auction** ersteigern ② lösen *Fahrkarte* ③ (*übertragen*) erkaufen (**with** mit) ④ (*übertragen*) akzeptieren, glauben
◆ to **buy back** zurückkaufen
◆ to **buy off** (*umgangsspr*) bestechen, kaufen
◆ to **buy out** auszahlen, aufkaufen
◆ to **buy up** aufkaufen

buy·er [ˈbaɪəʳ] ① der Käufer/die Käuferin, der Abnehmer/die Abnehmerin ② der Einkäufer/die Einkäuferin

buy-to-let [ˌbaɪtəˈlet] **a buy-to-let property** eine Wohnung zum Kaufen und Vermieten

buzz [bʌz] das Summen, das Brummen; **to give someone a buzz** (*umgangsspr*) jemanden anrufen

to **buzz** [bʌz] ① summen, surren ② *Straße, Stadt:* lebendig sein ③ (USA) (*umgangsspr*) anrufen
◆ to **buzz off** (*slang*) abhauen

buzz·er [ˈbʌzəʳ] der Summer

by[1] [baɪ] ① *örtlich* bei, an, neben; **by the sea** an der See; **sit by me** setz dich zu mir ② *örtlich* an ... vorbei; **we came by your house yesterday** wir sind gestern an deinem Haus vorbeigekommen ③ *zeitlich* während, in, an; **by day** bei [*oder* am] Tage, tagsüber ④ *zeitlich* vor, bis [zu]; **by tomorrow** bis morgen; **by now** bisher, bis jetzt; **by then** bis dahin ⑤ (*je*) **by the day** am Tag, täglich, pro Tag; **by the pound** pfundweise ⑥ von, durch, mit; **a tragedy by Shakespeare** eine Tragödie von Shakespeare; **by car/train/bus/plane** mit dem Wagen/Zug/Bus/Flugzeug ⑦ nach, von; **by name** dem Namen nach; **by the name of** unter dem Namen; **by nature** von Natur [aus] ⑧ **what do you mean by that?** was meinen Sie damit? was wollen Sie damit sagen? ⑨ (*nacheinander*) **little by little** nach und nach; **one by one** einer nach dem andern; **step by step** Schritt für Schritt ▶ WENDUNGEN: **[all] by oneself** [ganz] allein, ohne Hilfe; **by chance** zufällig; **by the way** [*oder* **by[e]**] übrigens

by[2] [baɪ] ① *räumlich* vorbei; **I can't get by** ich kann [*oder* komme] nicht vorbei ② *zeitlich* **in days gone by** in früherer Zeit ▶ WENDUNGEN: **to stand by** in der Nähe sein, bereit sein; **to put** [*oder* **lay**] **by** auf die Seite legen, sparen; **by and by** nach und nach; **by and large** im Großen und Ganzen

bye [baɪ], **bye-bye** [ˌbaɪˈbaɪ] (*umgangsspr*) tschüs[s]!

by-elec·tion (GB) die Nachwahl

by·pass [ˈbaɪpɑːs] ① die Umgehungsstraße ② (*bei Herzoperation*) der Bypass

by-prod·uct [ˈbaɪprɒdʌkt] das Nebenprodukt

byte [baɪt] das Byte; **giga-/kilo-/megabyte** das Giga-/Kilo-/Megabyte

Cc

C <*Plural* C's *oder* Cs>, **c** [siː] <*Plural* c's> ① (*auch Musik*) C, c ② (*Schulnote*) befriedigend

c. *Abkürzung von* **circa** ca.

cab [kæb] ① **taxi-cab** die Taxe, das Taxi; **to go by cab** mit der Taxe fahren ② (*im Kran*) der Führerstand ③ (*im Lastkraftwagen*) das Führerhaus

cab·bage ['kæbɪdʒ] der Kohl

cab·by ['kæbi] (*umgangsspr*) der Taxifahrer/die Taxifahrerin

cab·in ['kæbɪn] ① die Hütte ② das Wochenendhaus ③ die Kabine, die Kajüte ④ (*im Flugzeug*) das Cockpit

> **F** Nicht verwechseln mit *die* **[Umkleide]kabine** = changing room!

cab·in crew *mit Singular oder Plural* das Flugbegleitpersonal

cab·in cruis·er das Motorboot mit Kabine

cabi·net¹ ['kæbɪnət] ① der Glasschrank, die Vitrine ② der Schrank, der Kasten ③ *von Radio:* Gehäuse

cabi·net² ['kæbɪnət] **the Cabinet** (*in der Politik*) das Kabinett

> **L** In Großbritannien ist das **Cabinet** (Kabinett) ein Gremium wichtiger Minister, das regelmäßig mit dem **Prime Minister** (Premierminister) zusammenkommt. Das **Shadow Cabinet** (Schattenkabinett) ist ein Gremium wichtiger Mitglieder der Opposition.

ca·ble ['keɪbl̩] ① das Tau, das Drahtseil ② das Telegramm ③ das Kabel, die Leitung ④ (*umgangsspr*) das Kabel[fernsehen]

to **ca·ble** ['keɪbl̩] kabeln

ca·ble car die Seilbahn

ca·ble net·work das Kabelnetz

ca·ble tele·vi·sion das Kabelfernsehen

cab rank, cab stand ['kæbstænd] der Taxistand, der Taxenstand

to **cack·le** ['kækl̩] gackern; (*übertragen*) plappern, kichern

cac·tus ['kæktəs, *Plural* -taɪ] <*Plural* cactuses *oder* cacti> der Kaktus

to **cadge** [kædʒ] schnorren

Cae·sar·ean [sɪ'zeəriən] **Caesarean [section]** der Kaiserschnitt

café ['kæfeɪ] ① das Café ② das Restaurant

caf·eteria [ˌkæfə'tɪəriə] das Selbstbedienungsrestaurant, die Cafeteria

caf·fein(e) ['kæfiːn] das Koffein

cage [keɪdʒ] ① der Käfig ② (*Aufzug*) die Kabine ③ (*im Bergbau*) der Förderkorb

cag·ey ['keɪdʒi] ① (*umgangssspr*) zurückhaltend ② USA gerissen

ca·goul(e) [kə'guːl] GB die Regenjacke [mit Kapuze]

cake [keɪk] der Kuchen ▶ WENDUNGEN: **to be a piece of cake** (*umgangsspr*) kinderleicht sein

cal·cium ['kælsiəm] das Kalzium

to **cal·cu·late** ['kælkjəleɪt] ① berechnen ② (*übertragen*) schätzen, kalkulieren ③ USA annehmen, meinen

cal·cu·lat·ed ['kælkjəleɪtɪd] berechnet, absichtlich; **to take a calculated risk** ein kalkulierbares Risiko eingehen

cal·cu·lat·ing ['kælkjəleɪtɪŋ] berechnend, überlegt

cal·cu·la·tion [ˌkælkjə'leɪʃᵊn] die Kalkulation, die [Be]rechnung

cal·cu·la·tor ['kælkjəleɪtəʳ] der Taschenrechner

cal·en·dar ['kæləndəʳ] der Kalender

calf [kɑːf, *Plural* kɑːvz] <*Plural* calves> ① das Kalb ② die Wade

Cali·for·nia [ˌkælɪ'fɔːniə] Kalifornien

call [kɔːl] ① der Ruf; **to call for help** der Hilferuf ② der Anruf; **to give someone a call** jemanden anrufen ③ (*für Flug*) der Aufruf ④ die Anfrage (**for** nach), die Nachfrage (**for** nach); **there's not much call for mosquito nets here** Moskitonetze sind hier kaum nötig ⑤ der [kurze] Besuch ⑥ *meist verneint* der Anlass (**for/to** zu), die Veranlassung (**for/to** zu); **he had no call to treat you like that** er hatte keinen Grund, dich so zu behandeln ⑦ **at call** bereit, verfügbar; **on call** auf Abruf, in Bereitschaft

to **call** [kɔːl] ① rufen; (*telefonisch*) anrufen; aufrufen *Namen;* **to call someone names** jemanden beschimpfen [*oder* ausschimpfen] ② holen, rufen *Arzt, Taxe* ③ wecken ④ nennen, bezeichnen; **to be called after someone** nach jemandem heißen [*oder* genannt werden] ⑤ betrachten, ansehen als, halten für ⑥ (*in ein Amt*) berufen ⑦ einberufen *Versammlung* ⑧ einlegen *Pause* ⑨ kurz besuchen ▶ WENDUNGEN: **to call attention to** aufmerksam machen auf; **to call it a day** Feierabend machen; **to call to mind** sich erinnern an; **to call to order** zur Ordnung rufen; **to call into question** in Frage stellen

◆ to **call at** ① vorbeigehen, vorbeischauen ② **to call at a port** einen Hafen anlaufen; **to call at a town/railway station** in einer Stadt/einem Bahnhof halten

◆ to **call back** zurückrufen

◆ to **call for** ① fragen nach, ausrufen lassen *Person* ② GB abholen *Person* ③ benötigen, erfordern; **this calls for a celebration!** das muss

C

C

unbedingt gefeiert werden! ④ **to be called for** *Paket, Brief:* postlagernd
◆to **call in** ① hereinrufen *Person* ② holen, zuziehen *Arzt* ③ vorsprechen (**on** bei)
◆to **call off** ① abrufen, wegrufen ② absagen, abblasen *Veranstaltung*
◆to **call on** ① aufsuchen, besuchen; **call on me at home/in my office** besuchen Sie mich zu Hause/in meinem Büro ② sich wenden an ③ **to call on someone to do something** jemanden auffordern, etwas zu tun
◆to **call out** ① rufen, schreien ② [auf]rufen *Namen* ③ ausrufen *Haltestelle* ④ alarmieren *Feuerwehr* ⑤ zum Streiken auffordern
◆to **call up** ① anrufen ② ins Gedächtnis rufen ③ (*übertragen*) hervorrufen, wachrufen ④ einberufen *Truppen*

call box ['kɔːlbɒks] die Telefonzelle
call di·ver·sion *kein Plural* die Rufumleitung
call·er ['kɔːləʳ] ① der Besucher/die Besucherin ② der Anrufer/die Anruferin
call·ing ['kɔːlɪŋ] (*innerer Auftrag*) die Berufung
call·ing card (USA) ① die Telefon[kredit]karte ② die Visitenkarte
call wait·ing *kein Plural* das Anklopfen
calm[1] [kɑːm] ① die Ruhe, die Stille ② die Windstille, die Flaute ③ (*übertragen*) die [innere] Ruhe
calm[2] [kɑːm] ① ruhig ② [wind]still ③ (*übertragen*) ruhig, friedlich
to **calm** [kɑːm] beruhigen
◆to **calm down** beruhigen; *Wind:* abflauen
calo·rie ['kælᵊri] die Kalorie
calves [kɑːvz] *Pluralform von* **calf**
cam·cord·er ['kæmˌkɔːdəʳ] der Camcorder
came [keɪm] *2. Form von* **come**
cam·el ['kæmᵊl] das Kamel
cam·era ['kæmᵊrə] die Kamera, der Fotoapparat
cam·era dock das Camera Dock
cam·era-phone ['kæmᵊrəfəʊn] das Foto-Handy
camp[1] [kæmp] das [Zelt]lager, der Lagerplatz
camp[2] [kæmp] (*umgangsspr*) tuntenhaft, tuntig
to **camp** [kæmp] zelten
cam·paign [kæm'peɪn] ① der Feldzug; (*übertragen*) die Kampagne, die Aktion ② (*politisch*) der Wahlkampf
to **cam·paign** [kæm'peɪn] (*übertragen*) sich einsetzen (**for** für)
camp·er ['kæmpəʳ] ① (*Person*) der Camper/die Camperin ② (*Auto*) der Campingbus, das Wohnmobil
camp·fire das Lagerfeuer
camp·ground (USA) der Zeltplatz
camp·ing ['kæmpɪŋ] das Zelten, das Camping; **to go camping** zelten [gehen]
camp·ing ground ['kæmpɪŋgraʊnd] der Campingplatz, der Zeltplatz
camp·ing van ['kæmpɪŋvæn] das Wohnmobil
camp·site ['kæmpsait] der Campingplatz, der Zeltplatz
cam·pus ['kæmpəs] das Universitätsgelände, der Campus
can[1] [kæn] ① die Kanne, der Behälter ② die Dose, die Büchse ③ (USA) der Mülleimer
can[2] [kən, *betont* kæn] <could> ① können; **I can't do it** ich kann es nicht tun; **I could have kissed her** ich hätte sie küssen können ② dürfen; **you can't go** du darfst nicht gehen; **can** [*oder* **could**] **I look at it?** darf ich es mir ansehen?
to **can** [kæn] ① einmachen ② (USA) (*slang*) aufhören mit
Cana·da ['kænədə] Kanada

> **L** Am 1. Juli feiern die Kanadier ihren Nationalfeiertag, den **Confederation Day** oder **Canada Day**.

Ca·na·dian[1] [kə'neɪdiən] der Kanadier/die Kanadierin
Ca·na·dian[2] [kə'neɪdiən] kanadisch
ca·nal [kə'næl] der Kanal
to **can·cel** ['kæn(t)sᵊl] <cancelled *oder* (USA) canceled, cancelled *oder* (USA) canceled> ① [aus]streichen, durchstreichen, ungültig machen ② entwerten *Briefmarke, Fahrschein* ③ rückgängig machen; stornieren *Auftrag* ④ absagen *Veranstaltung*
can·cel·la·tion [ˌkæn(t)sᵊl'eɪʃᵊn] ① die Streichung ② die Entwertung ③ die Absage ④ die Kündigung ⑤ die Annullierung; *von Auftrag:* die Stornierung
can·cer ['kæn(t)səʳ] (*Krankheit*) der Krebs

> **L** Australien hat die höchste Erkrankungsrate an **skin cancer** (Hautkrebs) auf der Welt. Deshalb gibt es viele Vorbeugungsprogramme, die den sonnenliebenden Australiern die Gefahren von zu viel Sonnenbestrahlung bewusst machen sollen. Jedes Schulkind muss im Freien einen Sonnenhut tragen, und man bringt ihnen den Spruch bei: „to slip, slop, slap". Das bedeutet, man soll ein Hemd anziehen (to slip), Sonnencreme auftragen (to slop) und einen Sonnenhut aufsetzen (to slap).

Can·cer ['kæn(t)səʳ] (*Sternzeichen*) der Krebs
can·cer·ous ['kæn(t)sᵊrəs] krebsartig
can·did ['kændɪd] ① aufrichtig, ehrlich ② freimütig ③ *Fotografie:* unbemerkt aufgenommen
can·di·date ['kændɪdət] der Kandidat/die Kandidatin, der Bewerber/die Bewerberin
can·dle ['kændḷ] die Kerze; **to light a candle** eine Kerze anzünden
can·dle·light das Kerzenlicht
can·dle·stick der Kerzenhalter, der Leuchter
can·dy ['kændi] ① **sugar-candy** der Kandis[zucker] ② (USA) das Bonbon ③ ⚠ *kein Plural* (USA) die Süßigkeiten
can·dy·floss ['kændɪˌflɒs] (GB) die Zuckerwatte

cane [keɪn] der [Spazier]stock, der Rohrstock
to **cane** [keɪn] [ver]prügeln
cane chair der Rohrstuhl
cane sug·ar der Rohrzucker
canned [kænd] ① eingemacht, Büchsen-, Dosen-; **canned meat** das Büchsenfleisch; **canned milk** die Büchsenmilch ② (*slang*) besoffen ③ **canned music** (*umgangsspr*) die Musikberieselung
can·non ['kænən] die Kanone, das Geschütz
can·not ['kænɒt] *verneinte Form von* **can**: **she cannot swim** sie kann nicht schwimmen; **you cannot park here** hier dürfen Sie nicht parken
ca·noe [kə'nuː] das Kanu, das Paddelboot
to **ca·noe** [kə'nuː] Kanu fahren, paddeln
ca·noe·ing [kə'nuːɪŋ] das Kanufahren
ca·noe·ist [kə'nuːɪst] der Kanufahrer/die Kanufahrerin
can open·er ['kænˌəʊpənə^r] der Büchsenöffner, der Dosenöffner
can't [kɑːnt] *Kurzform von* **cannot**
can·teen [kæn'tiːn] die Kantine
can·vas ['kænvəs] ① das Segeltuch ② die Zeltleinwand ③ (*für Malerei*) die Leinwand
to **can·vass** ['kænvəs] ① werben *Kunden, Wähler* ② einen Wahlfeldzug führen ③ werben (**for** für), sich um Aufträge bemühen
can·yon ['kænjən] die Schlucht
cap [kæp] ① die Mütze, die Kappe, die Haube ② der Aufsatz, der Deckel ③ *einer Flasche:* der Verschluss
to **cap** [kæp] <capped, capped> ① bedecken ② (*übertragen*) übertreffen
ca·pable ['keɪpəbl] ① fähig, tüchtig ② befähigt, geeignet ③ (*abwertend*) fähig (**of** zu); **he is capable of anything** er ist zu allem fähig ④ **to be capable of walking** im Stande sein zu gehen, gehen können
ca·pac·ity [kə'pæsəti] ① der Inhalt, das Volumen ② die Fassungskraft, das Fassungsvermögen; **filled to capacity** (*Theater*) voll [besetzt] ③ (*übertragen*) der Umfang ④ die Fähigkeit, das Vermögen ⑤ die Leistungsfähigkeit ⑥ die Funktion; **in my capacity as** in meiner Eigenschaft als
cape[1] [keɪp] der Umhang, das Cape
cape[2] [keɪp] das Kap; **Cape Horn** Kap Horn; **Cape of Good Hope** Kap der guten Hoffnung
capi·tal[1] ['kæpɪtᵊl] ① das Kapital, das Vermögen ② die Hauptstadt ③ der Großbuchstabe
capi·tal[2] ['kæpɪtᵊl] ① **capital letter** der Großbuchstabe ② **capital punishment** die Todesstrafe ③ **capital crime** das Kapitalverbrechen ④ **capital investment** die Kapitalanlage
capi·tal·ism ['kæpɪtᵊlɪzᵊm] der Kapitalismus
capi·tal·ist[1] ['kæpɪtᵊlɪst] der Kapitalist/die Kapitalistin
capi·tal·ist[2] ['kæpɪtᵊlɪst] kapitalistisch
Cap·ri·corn ['kæprɪkɔːn] (*Sternzeichen*) der Steinbock
to **cap·size** [kæp'saɪz] kentern [lassen]
cap·sule ['kæpsjuːl] die Kapsel
cap·tain ['kæptɪn] ① (*in der Armee*) der Hauptmann ② *eines Schiffs:* der Kapitän ③ der Flugzeugführer, der Flugzeugkapitän ④ (*im Sport*) der Kapitän, der Mannschaftsführer/die Mannschaftsführerin
to **cap·tain** ['kæptɪn] **to captain a team** eine Mannschaft führen
cap·tion ['kæpʃᵊn] die Bilderklärung, die Bildunterschrift
cap·tive[1] ['kæptɪv] gefangen; **to hold/take captive** gefangen halten/nehmen
cap·tive[2] ['kæptɪv] der/die Gefangene
cap·tiv·ity [kæp'tɪvəti] die Gefangenschaft, die Haft
cap·ture ['kæptʃə^r] ① die Gefangennahme ② die Eroberung
to **cap·ture** ['kæptʃə^r] ① gefangen nehmen ② einfangen *Tier, Augenblick* ③ einnehmen, erobern *Stadt;* kapern *Schiff* ④ erbeuten *Preis, Stimmen* ⑤ an sich reißen *Aufmerksamkeit*
car [kɑː^r] ① der Wagen, das Auto[mobil]; **by car** mit dem Wagen/Auto; **to drive a car** einen Wagen/ein Auto fahren ② der Straßenbahnwagen; (USA) der Eisenbahnwagen, der Waggon
cara·van ['kærəvæn] (GB) der Wohnwagen
car bomb [kɑːbɒm] die Autobombe
car·bon ['kɑːbᵊn] *kein Plural* der Kohlenstoff
car·bon·at·ed ['kɑːbᵊneɪtɪd] mit Kohlensäure
car·bon di·ox·ide das Kohlendioxyd
car·bon emis·sions ⚠ *Plural* die CO_2-Emissionen, der Kohlendioxidausstoß
car·bon foot·print die CO_2-Bilanz (*durch die Aktivitäten einer Person, eines Landes oder eines Unternehmens verursachter Kohlendioxidausstoß*)
car·bon mon·ox·ide das Kohlenmonoxyd
car·bon tax die Kohlenstoffsteuer, die CO_2-Steuer (*Besteuerung gemäß des jeweiligen CO_2-Ausstoßes*)
car-boot sale ['kɑːbuːtˌseɪl] *privater Flohmarkt, bei dem der Kofferraum als Verkaufsfläche dient*
car·cino·gen [kɑː'sɪnədʒᵊn] der Krebserreger
car·cino·gen·ic [ˌkɑːsɪnə(ʊ)'dʒenɪk] Krebs erregend
card [kɑːd] ① die Karte; **game of cards** das Kartenspiel ② die Pappe ③ **on the cards** wahrscheinlich, möglich
card·board ['kɑːdbɔːd] die Pappe
card·board box die Pappschachtel, der Pappkarton
car deck ['kɑːˌdek] das Autodeck
car·di·ac ['kɑːdiæk] Herz-
car·di·gan ['kɑːdɪgən] die Strickjacke

car·di·nal num·ber die Kardinalzahl
card in·dex die Kartei
car·dio ['kɑːrdioʊ] (USA) *(umgangsspr) kurz für* **cardiovascular** Kardio-
car door die Autotür

C

card·phone ['kɑːdfəʊn] das Kartentelefon
card ta·ble der Kartenspieltisch
care [keəʳ] ① die Sorgfalt, die Achtsamkeit; **to take care** vorsichtig sein, aufpassen; **take care!** mach's gut! ② **to take care of something** etwas erledigen, etwas aufbewahren ③ **to take care of oneself** sich pflegen ④ *(für Garten)* die Pflege; *(für Auto)* die Wartung ⑤ *(für einen Menschen)* die Fürsorge ⑥ die Obhut; **in** [*oder* **under**] **someone's care** in jemandes Obhut
to **care** [keəʳ] ① sich sorgen (**about** über) ② *fragend und verneint* gernhaben, mögen, Interesse haben an; **I don't care** das ist mir egal; (*neutraler*) das macht mir nichts aus ③ *fragend* **would you care to go for a walk?** würden Sie gerne spazieren gehen?
◆ to **care for** ① sich kümmern um; **to be cared for** versorgt sein ② Interesse haben an, Lust haben zu; **I don't much care for chocolate** ich mache mir nicht viel aus Schokolade
ca·reer [kə'rɪəʳ] ① die Laufbahn, die Karriere ② der Beruf
care·free ['keəfriː] ohne Sorgen, sorglos
care·ful ['keəfᵊl] sorgfältig, achtsam, sorgsam; **to be careful** vorsichtig sein, aufpassen; **be careful!** sei vorsichtig!
care·less ['keələs] ① *Person, Arbeit:* nachlässig ② unachtsam ③ *Handlung, Bemerkung:* gedankenlos
care·less·ness ['keələsnəs] ① die Unachtsamkeit, die Nachlässigkeit ② die Sorglosigkeit
care·tak·er ['keəˌteɪkəʳ] ① der Hausmeister/die Hausmeisterin ② **caretaker government** die Interimsregierung
car fer·ry die Autofähre
car·go ['kɑːgəʊ] <*Plural* cargos *oder* cargoes> die Fracht, die [Schiffs]ladung
car·go air·craft, **car·go plane** das Transportflugzeug
car hire ['kɑːˌhaɪəʳ] die Autovermietung
car in·sur·ance ['kɑːɪnˌʃʊərəns] die Kraftfahrzeugversicherung, die Autoversicherung
car manu·fac·tur·er der Automobilhersteller
car·ni·val ['kɑːnɪvᵊl] ① der Karneval, der Fasching ② der Rummel, das Volksfest

> **L** Im Westen Londons findet Ende August auf den Straßen der **Notting Hill Carnival** statt. Den Höhepunkt bildet ein großer Umzug mit exotischen Kostümen und kunstvoll dekorierten Wagen. Begleitet wird das Ganze von lauter Livemusik, die größtenteils karibischen Ursprungs ist.

car·nivo·rous [kɑː'nɪvᵊrəs] Fleisch fressend
car·ol ['kærᵊl] das Weihnachtslied
car·ol sing·er der Sternsinger/die Sternsingerin
car·ol-sing·ing *kein Plural* das Weihnachtssingen
car own·er der Autobesitzer/die Autobesitzerin
car park ['kɑːpɑːk] der Parkplatz, das Parkhaus
car·pen·ter ['kɑːpᵊntəʳ] der Zimmermann, der Tischler/die Tischlerin
car·pen·try ['kɑːpᵊntri] ① das Zimmerhandwerk ② die Zimmerarbeit
car·pet ['kɑːpɪt] der Teppich, der Läufer
to **car·pet** ['kɑːpɪt] mit einem Teppich [*oder* einem Läufer] belegen
car·riage ['kærɪdʒ] ① der Wagen, die Kutsche ② (GB) der Eisenbahnwagen
car·riageway ['kærɪdʒ'weɪ] die Fahrbahn
car·ri·er ['kæriəʳ] der [Last]träger, der Gepäckträger, der Austräger
car·ri·er bag die Tragetasche
car·rot ['kærət] die Mohrrübe, die Karotte
to **car·ry** ['kæri] ① tragen ② überbringen *Nachricht* ③ befördern *Güter* ④ [bei sich] haben, [mit sich] führen [*oder* tragen] ⑤ halten, stützen; aushalten *Gewicht, Last* ⑥ (USA) führen *Ware* ⑦ drucken, bringen *Nachrichten in Zeitungen* ⑧ *Stimme:* zu hören sein
◆ to **carry along**, to **carry away** ① wegtragen ② (*übertragen*) mitreißen, begeistern
◆ to **carry forward** übertragen *Zwischensumme*
◆ to **carry off** ① wegschleppen, entführen ② gewinnen *Preis*
◆ to **carry on** ① fortsetzen, weiterführen ② betreiben *Geschäft* ③ weitermachen (**with** mit) ④ (*umgangsspr*) sich aufregen, Theater machen (**about** wegen) ⑤ unaufhörlich reden
◆ to **carry out** ausführen, durchführen; halten *Versprechen;* wahrmachen *Drohung*
◆ to **carry over** ① verschieben *Termin* ② vortragen *Zwischensumme*
◆ to **carry through** ① durchbringen *Vorschlag* ② (*beenden*) durchführen
cart [kɑːt] der Karren, der [zweirädrige] Wagen
▶ WENDUNGEN: **to put the cart before the horse** (*übertragen*) das Pferd am Schwanz aufzäumen
◆ to **cart away**, to **cart off** abtransportieren, wegbringen
car·ton ['kɑːtᵊn] der Karton, die Pappschachtel; (*für Milch*) die Tüte; (*für Zigaretten*) die Stange
car·toon [kɑː'tuːn] ① der Cartoon ② der Zeichentrickfilm ③ die Trickzeichnung, das Trickbild
car·tridge ['kɑːtrɪdʒ] ① (*für Gewehr, Füllhalter*) die Patrone ② (*für Fotografie*) die Kassette ③ (*für Plattenspieler*) der Tonabnehmer
cart·wheel ['kɑːt'wiːl] das Wagenrad; **to do** [*oder* **turn**] **a cartwheel** Rad schlagen
to **carve** [kɑːv] ① schnitzen, meißeln ② [ein]rit-

zen, [ein]schneiden *Name* ③ aufschneiden, tranchieren *Fleisch*

◆ to **carve out** (*übertragen*) erkämpfen, erarbeiten

◆ to **carve up** einteilen, in Stücke schneiden

carv·ing ['kɑːvɪŋ] die Schnitzerei

> **L** **Tiki** oder **heitiki** sind Jadeschnitzereien der Maoris und stellen vermutlich den ersten Mann oder die erste Frau auf der Erde dar. Diese Schnitzereien zieren Maori-Siedlungen, und kleine **tikis** werden oft an einem Halsband getragen. Die Maori haben einzigartige Kunstformen entwickelt. Die Männer schnitzen Holzfiguren, und die Frauen weben. Ein anderes bedeutendes Kunsthandwerk ist das Tätowieren. Mit kleinen scharfen Meiseln werden kunstvolle Muster in die Haut geschlagen.

carv·ing knife das Tranchiermesser

car·wash ['kɑːwɒʃ] ① die Autowäsche ② (*Vorrichtung*) die Autowaschanlage

case[1] [keɪs] ① der Fall; [**just**] **in case** im Falle, für den Fall, dass; **in case of** im Fall; **in any case** auf jeden Fall ② (*Linguistik*) der Fall, der Kasus ③ (*juristisch*) der Fall, der Prozess

case[2] [keɪs] ① die Schachtel, der Kasten ② (*für Brille usw.*) das Etui, das Futteral ③ **pillowcase** der Kopfkissenbezug ④ (*für Akten usw.*) die Tasche, die Mappe; **briefcase** die Aktentasche

cash [kæʃ] ① das Bargeld ② (*Zahlung*) die Barzahlung; **for cash, cash down** gegen [*oder* in] bar

to **cash** [kæʃ] ① einwechseln; einlösen *Scheck* ② [ein]kassieren, einziehen

◆ to **cash in** einlösen; **to cash in on** profitieren von, nach Kräften ausnutzen

cash card Ⓖⓑ die Geldautomatenkarte

cash desk die Kasse

cash dis·pens·er ['kæʃ,di'spensə] der Geldautomat

cash·ier [kæʃɪəʳ] der Kassierer/die Kassiererin

cash pay·ment ['kæʃ,peɪmənt] die Barzahlung

cash·point der Geldautomat

cash reg·is·ter die Registrierkasse

cas·ing ['keɪsɪŋ] die Hülle

Cas·pian Sea [,kæspiən'-] das Kaspische Meer

cas·se·role ['kæsᵊrəʊl] die Kasserolle, der Schmortopf

cas·sette [kə'set] die Kassette

cas·sette re·cord·er der Kassettenrecorder

cast [kɑːst] ① (*beim Angeln*) die Wurfweite, das Auswerfen ② **plaster cast** der Gipsverband ③ (*Schauspieler*) die [Rollen]besetzung, das Ensemble

to **cast** [kɑːst] <cast, cast> ① werfen; auswerfen *Netze, Angel* ② formen, gestalten ③ einteilen *Schauspieler* (**for** für); besetzen *Rolle* (**to** mit) ▶ WENDUNGEN: **to cast an eye** [*oder* **a glance**] **at something** einen Blick auf etwas werfen; **to cast a vote** seine [Wahl]stimme abgeben ⑤ gießen *Gips, Metall*

◆ to **cast aside** wegwerfen; (*übertragen*) fallen lassen *Person*

◆ to **cast off** in See stechen

◆ to **cast out** hinauswerfen, vertreiben

cast·er sug·ar Ⓖⓑ der Streuzucker

cast·ing ['kɑːstɪŋ] ① der Guss ② (*im Theater*) das Vorsprechen, das Casting ③ (*bei einer Wahl*) die Stimmabgabe

cast·ing vote die entscheidende Stimme

cas·tle ['kɑːsl̩] ① die Burg, das Schloss ② (*Schach*) der Turm

cast-off [,kɑːst'ɒf] **cast-offs** die abgelegten Kleider

cas·ual ['kæʒjuəl] ① *Begegnung:* zufällig, unerwartet; *Bemerkung:* beiläufig ② *Bekanntschaft:* flüchtig ③ zwanglos; **casual wear** die Freizeitkleidung ④ *Art, Geste:* lässig

cas·ual·ty ['kæʒjuəlti] ① der Un[glücks]fall; **casualty** [**ward**] (*im Krankenhaus*) die Unfallstation ② der/die Verunglückte, der/die Verletzte; (*im Krieg*) der/die Gefallene

cas·ual work die Gelegenheitsarbeit

cas·ual work·er der Gelegenheitsarbeiter/die Gelegenheitsarbeiterin

cat [kæt] die Katze ▶ WENDUNGEN: **to let the cat out of the bag** (*übertragen*) die Katze aus dem Sack lassen; **it's raining cats and dogs** es regnet in Strömen

cata·logue ['kætəlɒg], Ⓤⓢⓐ **cata·log** ['kætᵊlɒg] der Katalog, das Verzeichnis

to **cata·logue** ['kætəlɒg], Ⓤⓢⓐ to **cata·log** ['kætᵊlɒg] katalogisieren

cata·lyst ['kætᵊlɪst] der Katalysator

cata·lyt·ic con·vert·er [,kætəlɪtɪk kən'vɜːtə] der Katalysator

ca·tas·tro·phe [kə'tæstrəfi] die Katastrophe

cata·stroph·ic [,kætə'strɒfɪk] katastrophal

catch [kætʃ] <*Plural* catches> ① *vom Ball:* das Fangen ② (*auch übertragen*) der Fang, die Beute ③ (*Sport*) der Fangball; (*Kinderspiel*) das Fangen ④ *einer Brosche:* der Verschluss ⑤ (*übertragen*) der Haken, der Nachteil

to **catch** [kætʃ] <caught, caught> ① fangen ② auffangen *Flüssigkeit;* einfangen *Tier* ③ einholen *Person* ④ [fest]halten; einklemmen *Finger* ⑤ [noch] erreichen, erwischen *Zug, Bus* ⑥ ertappen, erwischen (**at** bei); **to catch someone in the act** [*oder* **red-handed**] jemanden auf frischer Tat ertappen ⑦ hängen bleiben; **my coat got caught on a nail** ich bin mit meinem Mantel an einem Nagel hängen geblieben ⑧ sich holen, sich zuziehen *Krankheit;* **to catch** [**a**] **cold** sich einen Schnupfen holen ⑨ mitkriegen, hören *Gesprochenes* ⑩ **to catch fire** Feuer fangen ▶ WENDUNGEN: **to catch someone's eye** jemandes Blick [*oder* Aufmerksamkeit] auf sich ziehen

C

C

◆to **catch on** ① begreifen, verstehen ② Anklang finden
◆to **catch out** (*übertragen*) ertappen, erwischen
◆to **catch up** ① aufholen; **to catch up with someone** jemanden einholen ② **to catch up on** [*oder* **with**] **one's work** die Arbeit aufholen ③ **to be caught up in something** in eine Sache verwickelt sein
catch·er ['kætʃəʳ] (*auch im Sport*) der Fänger/die Fängerin
catch·ing ['kætʃɪŋ] ansteckend
catch ques·tion die Fangfrage
catch·up ['kætʃʌp, 'ketʃ-] USA der/das Ketchup
catchy ['kætʃi] *Melodie:* eingängig
cat·ego·ry ['kætəgəri] die Kategorie, die Klasse
to **ca·ter** ['keɪtəʳ] Speisen und Getränke liefern
◆to **cater for** sorgen für; befriedigen *Bedürfnisse*
ca·ter·ing ['keɪtərɪŋ] die Versorgung mit Speisen und Getränken, der Partyservice
cat·er·pil·lar ['kætəpɪləʳ] die Raupe
ca·thar·sis [kə'θɑːsɪs, *Plural* -siːz] <*Plural* -ses> die Katharsis
ca·thedral [kə'θiːdrəl] die Kathedrale, der Dom
Catho·lic[1] ['kæθəlɪk] katholisch
Catho·lic[2] ['kæθəlɪk] der Katholik/die Katholikin
Ca·tholi·cism [kə'θɒlɪsɪzəm] der Katholizismus
cat·tery ['kætəri] ① (*Tierheim*) das Katzenheim ② (*Zucht*) die Katzenzucht
cat·tle ['kætl̩] das Rind[vieh]; **10 [head of] cattle** 10 Stück Rindvieh
cat·ty ['kæti] (*übertragen*) boshaft
caught [kɔːt] *2. und 3. Form von* **catch**
cau·li·flow·er ['kɒliflaʊəʳ] der Blumenkohl
cause [kɔːz] ① die Ursache ② die Veranlassung, der Grund (**for** zu); **to be the cause of something** Anlass zu etwas sein ③ die Sache, die Angelegenheit
to **cause** [kɔːz] ① verursachen; anrichten *Schaden* ② veranlassen ③ hervorrufen *Überraschung*
'cause [kəz] (*slang*) *kurz für* **because** weil, da
cau·tion ['kɔːʃən] ① die Vorsicht, die Bedachtsamkeit ② die Verwarnung

F Nicht verwechseln mit **Kaution** (die) = deposit!

to **cau·tion** ['kɔːʃən] ① warnen (**against** vor) ② verwarnen
cau·tious ['kɔːʃəs] vorsichtig, umsichtig
cave [keɪv] die Höhle
cave·man <*Plural* cavemen> der Höhlenmensch
cave paint·ing die Höhlenmalerei
cav·ern ['kævən] die [große] Höhle
cav·ity ['kævəti] (*im Zahn*) das Loch
CCTV [ˌsiːsiːtiː'viː] *Abkürzung von* **closed-circuit television** die Überwachungskamera
CD [ˌsiː'diː] *Abkürzung von* **compact disc** die CD
CD play·er der CD-Spieler
CD-ROM [ˌsiːdiː'rɒm] *Abkürzung von* **compact disc read-only memory** die CD-ROM
CD-ROM play·er [ˌsiːdiː'rɒmˌpleɪəʳ] das CD-ROM-Laufwerk
CD writ·er der CD-Brenner
to **cease** [siːs] (*gehoben*) ① aufhören ② einstellen, aufhören mit
cease·fire die Waffenruhe
ceil·ing ['siːlɪŋ] ① die [Zimmer]decke ② (*finanziell*) die oberste Grenze, der Höchstpreis
ce·leb [sə'leb] *kurz für* **celebrity** der Promi
to **cel·ebrate** ['seləbreɪt] ① (*kirchlich*) zelebrieren ② feiern
cel·ebrat·ed ['seləbreɪtɪd] gefeiert, berühmt (**for** für/wegen)
cel·ebra·tion [ˌselə'breɪʃən] die Feier
ce·leb·rity [sə'lebrəti] der/die Prominente
cel·ery ['seləri] der Stangensellerie
cell [sel] die Zelle
cel·lar ['seləʳ] der Keller
cel·list ['tʃelɪst] der Cellist/die Cellistin
cel·lo ['tʃeləʊ] <*Plural* cellos> das Cello
cel·lo·phane® ['seləfeɪn] das Cellophan®
cell phone ['selfəʊn] *besonders* USA das Mobiltelefon, das Handy; **cell phone cover/case** die Handyhülle
cel·lu·lar[1] ['seljələʳ] zellular
cel·lu·lar[2] ['seljələʳ] USA das Handy
cel·lu·lar phone [ˌseljʊləʳ 'fəʊn] USA das Handy
Celsius ['selsiəs] Celsius-; **20 degrees Celsius** 20 Grad Celsius
Celt·ic ['keltɪk, 'sel-] keltisch; **Celtic Sea** *südlicher Teil der Irischen See*

L Der Begriff **Celtic tiger** stammt aus der Zeit rapiden wirtschaftlichen Wachstums, die Irland während der 90er Jahre erlebte. Er entstand in Anlehnung an die *East Asian tigers* (Länder wie z.B. Singapur und Südkorea, die während der 80er Jahre einen großen wirtschaftlichen Aufschwung erfuhren). Innerhalb kurzer Zeit hatte sich Irland von einem der ärmsten EU-Länder zu einem der erfolgreichsten entwickelt. Seit 2007 verlangsamte sich jedoch das Wachstum und ging schließlich 2009 sehr stark zurück.

Celts [kelts, selts] *Plural* die Kelten

L Als die Römer vor rund 2000 Jahren Britannien besetzten, war es von den **Celts** (Kelten) bewohnt. Nachdem die Römer wieder abgezogen waren, wanderten von Dänemark und Germanien aus die **Angles** (Angeln) und **Saxons** (Sachsen) im Süden Britanniens ein. Die Kelten blieben jedoch in Wales und Cornwall und ihre Sprache wird noch heute in Wales gesprochen.

ce·ment [sɪ'ment] ① der Zement ② der Kitt, das Bindemittel ③ (*übertragen*) das Band
to **ce·ment** [sɪ'ment] ① [aus]zementieren ② (*übertragen*) festigen

ce·ment mix·er die Betonmischmaschine
cem·etery ['semətᵊri] der Friedhof
cen·sor ['sen(t)səʳ] der Zensor
to **cen·sor** ['sen(t)səʳ] zensieren, prüfen
cent [sent] der Cent
cen·te·nary [sen'ti:nᵊri], USA **cen·ten·nial** [sen'teniəl] die Hundertjahrfeier, das hundertjährige Jubiläum
cen·ter USA ① der Mittelpunkt, das Zentrum; **center of gravity** [*oder* **mass**] der Schwerpunkt ② die Zentrale, die Zentralstelle ③ der Sitz, der Herd
to **cen·ter** ['sentəʳ] USA ① zentrieren ② sich konzentrieren (**on** auf) ③ (*Sport*) zur Mitte abspielen
cen·ti·grade ['sentɪgreɪd] Celsius; **degree centigrade** der Grad Celsius
cen·ti·gram, GB **cen·ti·gramme** ['sentɪgræm] das Zentigramm
cen·ti·me·tre ['sentɪˌmi:təʳ], USA **cen·ti·me·ter** ['sentɪmi:təʳ] das/der Zentimeter
cen·tral¹ ['sentrᵊl] ① in der Mitte gelegen, zentral ② Haupt-
cen·tral² ['sentrᵊl] USA die Zentrale, die Vermittlung
Cen·tral Ameri·ca Mittelamerika
Cen·tral Ameri·can¹ mittelamerikanisch
Cen·tral Ameri·can² der Mittelamerikaner/die Mittelamerikanerin
cen·tral heat·ing die Zentralheizung
cen·tral lock·ing die Zentralverriegelung
cen·tral res·er·va·tion (*auf der Autobahn*) der Mittelstreifen, der Grünstreifen
cen·tral sta·tion der Hauptbahnhof
cen·tre ['sentəʳ] ① der Mittelpunkt, das Zentrum; **centre of gravity** [*oder* **mass**] der Schwerpunkt ② die Zentrale, die Zentralstelle ③ der Sitz, der Herd ④ (*Fußball*) **centre forward** der Mittelstürmer/die Mittelstürmerin
to **cen·tre** ['sentəʳ] ① zentrieren ② sich konzentrieren (**on** auf) ③ (*Sport*) zur Mitte abspielen
◆ to **centre around** **to centre around someone/something** sich um jemanden/etwas drehen
◆ to **centre on** **to centre on someone/something** sich auf jemanden/etwas konzentrieren
cen·tu·ry ['sen(t)ʃᵊri] das Jahrhundert
CEO [ˌsi:i:'əʊ] *Abkürzung von* **chief executive officer** der Generaldirektor/die Generaldirektorin
ce·ram·ic [sə'ræmɪk] keramisch
ce·ram·ics [sə'ræmɪks] ① die Keramik ② die Töpferwaren
ce·real ['sɪəriəl] ① **cereals** das Getreide ② (*Cornflakes, Müsli usw.*) die Getreideflocken, die Frühstücksflocken
ce·real bar der Müsliriegel
cer·emo·nial [ˌserɪ'məʊniəl] ① zeremoniell, feierlich ② förmlich
cer·emo·ny ['serɪməni] ① die Zeremonie ② die Förmlichkeit; **no ceremony, please!** bitte keine Umstände!
cer·tain ['sɜ:tᵊn] ① bestimmt, sicher; **for certain** bestimmt, [ganz] sicher; **to make certain** sich vergewissern ② **to be certain of something** überzeugt sein von etwas, sich einer Sache sicher sein; **to be certain, that ...** überzeugt [*oder* sich sicher] sein, dass ... ③ **a certain John Jones** ein gewisser John Jones; **under certain circumstances** unter bestimmten Umständen
cer·tain·ly ['sɜ:tᵊnli] ① sicher[lich], gewiss; **I certainly won't do it** ich tue es bestimmt nicht ② (*als Antwort*) aber sicher!
cer·tain·ty ['sɜ:tᵊnti] ① die Gewissheit, die Sicherheit ② die unbestrittene Tatsache
cer·tifi·cate [sə'tɪfɪkət] ① das Zeugnis ② *vom Arzt:* die Bescheinigung, das Attest
to **cer·ti·fy** ['sɜ:tɪfaɪ] ① bestätigen, bescheinigen; **this is to certify** hiermit wird bescheinigt ② beurkunden
CET [ˌsi:i:'ti:] *Abkürzung von* **Central European Time** die MEZ
CFC [ˌsi:ef'si:] *Abkürzung von* **chlorofluorocarbon** das FCKW
CFC-free FCKW-frei
chain [tʃeɪn] ① (*auch übertragen*) die Kette ② die Schmuckkette, die Halskette ③ **chains** Ketten, Fesseln; **in chains** in Ketten
to **chain** [tʃeɪn] [an]ketten, fesseln (**to** an)
◆ to **chain up** anketten, an die Kette legen
chain saw die Kettensäge
chain-smok·er der Kettenraucher/die Kettenraucherin
chair [tʃeəʳ] ① der Stuhl, der Sessel; **take a chair** Platz nehmen ② (*übertragen*) der Lehrstuhl ③ der/die Vorsitzende, der Vorsitz
to **chair** [tʃeəʳ] den Vorsitz führen bei
chair·lift der Sessellift
chair·man [tʃeəmən] <*Plural* chairmen> der Vorsitzende; **to act as chairman** den Vorsitz führen
chair·per·son der/die Vorsitzende
chair·wom·an ['tʃeəwʊmən, *Plural* 'tʃeəwɪmɪn] <*Plural* chairwomen> die Vorsitzende
chalk [tʃɔ:k] die Kreide
chal·lenge ['tʃælɪndʒ] ① die Herausforderung ② die schwierige Aufgabe, das Problem
to **chal·lenge** ['tʃælɪndʒ] ① herausfordern ② fordern, beanspruchen, verlangen ③ in Frage stellen ④ *Aufgabe:* reizen
chal·leng·ing ['tʃælɪndʒɪŋ] ① herausfordernd ② schwierig
champ [tʃæmp] (*umgangsspr*) der Meister/die Meisterin
cham·pagne [ʃæm'peɪn] der Champagner

C

cham·pi·on¹ ['tʃæmpiːən] (*Sport*) der Meister/die Meisterin
cham·pi·on² ['tʃæmpiːən] Meister-, Preis-
cham·pi·on·ship ['tʃæmpiːənʃɪp] die Meisterschaft
chance¹ [tʃɑːn(t)s] ① der Zufall; **by chance** zufällig, durch Zufall ② die Möglichkeit, die Chance ③ die Aussicht, die Gelegenheit; **to give someone a chance** jemandem eine Chance geben; **not a chance!** keine Spur! ④ das Wagnis, das Risiko; **to take a chance** es darauf ankommen lassen
chance² [tʃɑːn(t)s] zufällig
to **chance** [tʃɑːn(t)s] **to chance it** es riskieren, wagen
◆ to **chance on**, to **chance upon** stoßen auf, zufällig finden
chan·cel·lor ['tʃɑːnsələʳ] der Kanzler/die Kanzlerin; **Chancellor of the Exchequer** (GB) der Schatzkanzler/die Schatzkanzlerin
change [tʃeɪndʒ] ① die Änderung, die Veränderung; **change of address** die Anschriftenänderung ② der Wechsel; **change in the weather** der Wetterwechsel, der Wetterumschwung ③ die Abwechslung; **for a change** zur Abwechslung ④ das Wechselgeld; **can you give me change for a pound?** können Sie mir ein Pfund wechseln?; **small change** das Kleingeld
to **change** [tʃeɪndʒ] ① [ver]ändern (**into** zu) ② tauschen; umtauschen *Ware;* [um]wechseln *Geld* ③ frisch überziehen *Bett;* anziehen *andere Kleider* ④ umschalten *Sender* ⑤ umsteigen *Zug, Bus* ⑥ wickeln *Baby* ⑦ **to change hands** den Besitzer wechseln ⑧ **to change one's mind** sich eines anderen besinnen, seine Meinung ändern ⑨ sich [ver]ändern, anders werden; **to change for the better/worse** sich verbessern/sich verschlechtern ⑩ (*technisch*) austauschen *Teile* ⑪ (*Auto*) **to change [gear]** schalten
◆ to **change into** ① umwandeln in, verwandeln in ② sich verwandeln in ③ anziehen *Kleidung*
◆ to **change over** ① die Stellung wechseln ② **to change over to** übergehen zu, sich umstellen auf *neues System*
change·able ['tʃeɪndʒəbl̩] ① veränderlich ② wankelmütig
change ma·chine der [Geld]wechselautomat
change·over die Umstellung, die Umschaltung, der Übergang, der Wechsel
chang·ing cu·bi·cle ['tʃeɪndʒɪŋ kjuːbɪkəl] die Umkleidekabine
chang·ing room ['tʃeɪndʒɪŋ ruːm] der Umkleideraum
chan·nel ['tʃænᵊl] ① der Kanal; **the [English] Channel** der Ärmelkanal ② die Rinne, der Graben ③ (*Radio, TV*) der Kanal ④ (*übertragen*) der Weg, die Verbindung, die Vermittlung
Chan·nel Is·lands *Plural* die Kanalinseln

> **L** **The Channel Islands** (die Kanalinseln) liegen vor der französischen Küste, westlich der Halbinsel Cotentin, und gehörten 1066, zur Zeit der normannischen Invasion Englands, den Dukes of Normandy. Seither sind sie ein Schutzgebiet der britischen Krone, gehören jedoch, wie auch die **Isle of Man**, nicht zum **United Kingdom** (Vereinigten Königreich). Sie sind in die zwei *bailiwicks* (Verwaltungseinheiten) **Guernsey** (von wo aus die Inseln *Alderney* und *Sark* verwaltet werden) und **Jersey** unterteilt. Sie haben ihre eigene Rechtsprechung, erheben ihre eigenen Steuern und gelten als **tax haven** (Steuerparadies). Es wird Englisch und Französisch gesprochen und vereinzelt auch ein normannisch-französischer Dialekt.

Chan·nel Tun·nel der [Ärmel]kanaltunnel
chant [tʃɑːnt] der Sprechgesang
cha·os ['keɪɒs] das Chaos
cha·ot·ic [keɪ'ɒtɪk] chaotisch, wirr
chap [tʃæp] (*umgangsspr*) der Kerl, der Bursche
chap·el ['tʃæpᵊl] (*kirchlich*) die Kapelle
chapped [tʃæpt] *Lippen:* aufgesprungen; *Haut:* spröde
chap·ter ['tʃæptəʳ] das Kapitel
char·ac·ter ['kærəktəʳ] ① der Charakter, die Verhaltensweise ② die Persönlichkeit, die Person ③ (*Theater*) die Rolle ④ das Schriftzeichen
char·ac·ter·is·tic¹ [ˌkærəktə'rɪstɪk] charakteristisch, typisch (**of** für)
char·ac·ter·is·tic² [ˌkærəktə'rɪstɪk] das Kennzeichen, das Merkmal
charge [tʃɑːdʒ] ① *oft Plural* die Kosten, der Preis; **there's no charge** es kostet nichts, Eintritt frei; **free of charge** gratis, kostenlos ② die Gebühr, die Taxe ③ die Verantwortung; **to be in charge of something** die Aufsicht über [*oder* die Verantwortung für] etwas haben; **to have charge of something** für etwas verantwortlich sein; **to take charge of something** für etwas die Verantwortung übernehmen; **the person in charge** die verantwortliche Person ④ die [Polizei]aufsicht, die Obhut ⑤ der Schützling, das Mündel ⑥ der Anklage[punkt]; **to bring a charge against someone** jemanden anklagen ⑦ (*militärisch*) das Angriffssignal, der Sturm ⑧ (*elektrisch*) die Ladung
to **charge** [tʃɑːdʒ] ① fordern, verlangen *Preis;* berechnen für *eine Ware, Arbeit;* **to charge too much** zu viel berechnen ② belasten mit *Abnehmer* ③ anvertrauen, beauftragen; **to charge someone with something** jemanden mit etwas beauftragen ④ (*Anweisungen geben*) **to charge someone** jemanden anweisen ⑤ zur Last legen, beschuldigen; **to charge someone with something** jemandem etwas vorwerfen ⑥ anstürmen; (*im Sport*) [an]rempeln; **to charge [at] someone** jemanden angreifen, sich auf jemanden stürzen ⑦ laden

Schusswaffe; aufladen *Batterie*

charge·able ['tʃɑːdʒəbl̩] ① strafbar, anrechenbar ② GB **chargeable income** die zu versteuernden Einkünfte

charge card die [Kunden]kreditkarte

charged geladen

charg·er ['tʃɑːdʒəʳ] das Ladegerät

charging cable ['tʃɑːdʒɪŋkeɪbl̩] das Ladekabel (*für Handy- und Computerakkus*)

charging station ['tʃɑːdʒɪŋsteɪʃᵊn] die Ladestation; (*für Elektrofahrzeuge*) die Stromtankstelle

char·ity ['tʃærɪti] (*Organisation*) der Wohltätigkeitsverein, die karitative Organisation

char·ity shop GB *Laden, in dem gespendete, meist gebrauchte Waren verkauft werden, um Geld für wohltätige Zwecke zu sammeln*

charm [tʃɑːm] ① das Amulett ② der Zauber, der Charme

to **charm** [tʃɑːm] ① verzaubern ② bezaubern, entzücken; **to charm something out of someone** jemandem etwas entlocken

charm·ing ['tʃɑːmɪŋ] bezaubernd, charmant; **charming!** (*ironisch*) [wie] reizend!

chart [tʃɑːt] ① die grafische Darstellung, das Diagramm ② die Seekarte ③ die Tabelle ④ **charts** die Hitparade

to **chart** [tʃɑːt] ① in einer Karte darstellen ② entwerfen, skizzieren

char·ter flight ['tʃɑːtəʳ flaɪt] der Charterflug

chase [tʃeɪs] ① die Verfolgung ② die Jagd

to **chase** [tʃeɪs] ① verfolgen, [nach]jagen ② hetzen

◆ to **chase about** herumrennen

◆ to **chase after** nachjagen, hinterherrennen

◆ to **chase away** wegjagen, verjagen, vertreiben

chat [tʃæt] ① das Geplauder ② (*im Internet*) der Chat

to **chat** [tʃæt] <chatted, chatted> plaudern, sich unterhalten

◆ to **chat up** **to chat someone up** (*umgangsspr*) jemanden anquatschen [*oder* anbaggern]

chat room (*im Internet*) der Chatroom

chat show die Talkshow

to **chat·ter** ['tʃætəʳ] ① *Menschen:* schnattern, plappern ② *Zähne:* klappern

chat·ter ['tʃætəʳ] das Geschnatter, das Geplapper

chat·ter·box das Plappermaul

chat·ty ['tʃæti] ① redselig, geschwätzig ② familiär, formlos

cheap [tʃiːp] <cheaper, cheapest> ① billig, preiswert; **dirt cheap** (*umgangssspr*) spottbillig; **on the cheap** sehr billig; **to get off cheap** billig davonkommen ② verbilligt ③ minderwertig, schlecht ④ *Stil:* kitschig ⑤ schäbig, gemein; **to feel cheap** sich schäbig vorkommen

cheap·ly ['tʃiːpli] billig

to **cheat** [tʃiːt] ① betrügen (**of/out of** um); **to cheat someone out of something** jemanden um etwas bringen [*oder* betrügen] ② mogeln, betrügen

cheat [tʃiːt] der Betrüger/die Betrügerin, der Schwindler/die Schwindlerin

check [tʃek] ① die [Nach]prüfung, die Überprüfung, die Kontrolle, die Probe, der [prüfende] Vergleich ② USA (*Zeichen*) der Haken ③ (*beim Schachspiel*) das Schach; **to be in check** im Schach stehen; **to hold** [*oder* **keep**] **in check** (*auch übertragen*) in Schach halten ④ das Hindernis, der Widerstand; **to act as a check on** hemmend [*oder* nachteilig] wirken auf ⑤ (*Muster*) das Karo[muster], der karierte Stoff ⑥ USA der Scheck ⑦ USA (*im Restaurant*) die Rechnung ⑧ USA der Gepäckschein, die Garderobenmarke

C

to **check** [tʃek] ① hindern, zurückhalten, unterbinden; **to check something** etwas zum Stillstand bringen, einer Sache Einhalt gebieten ② eindämmen, hemmen; (*technisch*) drosseln ③ prüfen, kontrollieren, vergleichen (**by** mit) ④ anstreichen, markieren, abhaken *Punkt, Antwort* ⑤ abgeben, aufgeben *Gepäck;* an der Garderobe abgeben *Hut* ⑥ **to check someone** jemandem Schach bieten ⑦ übereinstimmen

◆ to **check against** **to check something against something** etwas mit etwas vergleichen

◆ to **check in** *Hotelgäste:* sich eintragen, ankommen; *Flugpassagiere:* einchecken

◆ to **check off** abhaken, ankreuzen, [nach]zählen

◆ to **check out** ① *Hotelgäste:* die Rechnung bezahlen und abreisen; abholen *Gepäck* ② sich erkundigen nach, überprüfen; **check it out!** schau es dir mal an!

◆ to **check through** ① durchsehen, durchgehen ② durchchecken *Gepäck*

◆ to **check up** **to check up on something** etwas im Einzelnen nachprüfen [*oder* genau vergleichen]

check·book ['tʃek,bʊk] USA das Scheckheft

check·ers ['tʃekəʳz] ⚠ *mit Singular* das Damespiel

check-in ['tʃekɪn] (*Abfertigung vor dem Flug*) das Einchecken

check-in desk ['tʃekin,desk] der Abfertigungsschalter

check·ing ac·count USA das Girokonto

check-in time die Eincheckzeit

check·list ['tʃek,lɪst] die Kontrollliste

check·mate ['tʃekmeɪt] das Schachmatt

to **check·mate** ['tʃekmeɪt] matt setzen

check·out (*im Supermarkt*) die Kasse

check·point ['tʃekpɔɪnt] die Überwachungsstelle, die Kontrollstelle

check·room USA ① die Gepäckaufbewahrung, der Gepäckschalter ② (*im Hotel*) der Gepäckraum

check-up ['tʃekʌp] ① die genaue Prüfung, die Kontrolle ② (*medizinisch*) die gründliche Untersuchung ③ (*technisch*) die Nachuntersuchung

C

cheek [tʃi:k] ① die Backe, die Wange ② (*umgangsspr*) die Unverschämtheit, die Frechheit ▸ WENDUNGEN: **he said that tongue in cheek** das hat er nicht ernst gemeint

cheeky ['tʃi:ki] (*umgangsspr*) frech, unverschämt

cheer [tʃɪəʳ] ① das Hoch, der Hurraruf; **to give someone a cheer** jemanden hochleben lassen; **three cheers** ein dreifaches Hoch (**for** für) ② der Jubel, der Beifall

to **cheer** [tʃɪəʳ] ① **to cheer someone** jemandem zujubeln, jemandem laut Beifall zollen ② **to cheer at the news** sich über die Nachricht freuen, über die Nachricht jubeln

◆ to **cheer up** ① **to cheer someone** [**up**] jemanden aufmuntern ② bessere Laune bekommen, Mut fassen; **cheer up!** Kopf hoch!

cheer·ful ['tʃɪəfᵊl] ① fröhlich ② gut aufgelegt, aufgeräumt ③ erfreulich, angenehm ④ gefällig, entgegenkommend

cheer·ful·ness ['tʃɪəfᵊlnəs] *kein Plural* die Fröhlichkeit

cheer·ing[1] ['tʃɪəʳɪŋ] *kein Plural* der Jubel

cheer·ing[2] ['tʃɪəʳɪŋ] jubelnd

cheerio ['tʃɪəriəʊ] (*umgangsspr*) tschüs[s]!, mach's gut!

cheer·less ['tʃɪələs] düster, trüb; *Dasein:* freudlos

cheers [tʃɪərz] (*umgangsspr*) ① prost, zum Wohl ② (GB) danke

cheery ['tʃɪəri] heiter

cheese [tʃi:z] der Käse

cheese·cake der Käsekuchen

cheesed-off [ˌtʃi:zd'ɒf] (*umgangsspr*) angeödet

cheesy ['tʃi:zi] ① käsig ② (*umgangsspr*) übel riechend; **cheesy feet** die Käsefüße ③ (*umgangsspr*) **cheesy grin** das Zahnpastalächeln

chee·tah ['tʃi:tə] der Gepard

chef [ʃef] der Koch/die Köchin

chemi·cal[1] ['kemɪkᵊl] die Chemikalie

chemi·cal[2] ['kemɪkᵊl] chemisch

chem·ist ['kemɪst] ① der Chemiker/die Chemikerin ② (GB) der Drogist/die Drogistin; **dispensing chemist** der Apotheker/die Apothekerin; **chemist's** die Apotheke

chem·is·try ['kemɪstri] die Chemie

chem·is·try set der Chemiekasten

cheque [tʃek] der Scheck; **to cash a cheque** einen Scheck einlösen; **to make out a cheque for £100** einen Scheck über £100 ausstellen; **crossed cheque** der Verrechnungsscheck; **traveller's cheque** der Reisescheck

cheque ac·count (GB) das Girokonto, das Scheckkonto

chef

F Nicht verwechseln mit **Chef** (der) = the boss!

cheque·book das Scheckbuch

cheque card die Scheckkarte

cher·ry ['tʃeri] ① die Kirsche ② der Kirschbaum

cher·ry blos·som die Kirschblüte

cher·ry bran·dy der Kirschlikör

cher·ry stone der Kirschkern

chess [tʃes] das Schach

chess·board das Schachbrett

chess-man <*Plural* chess-men>, **chess-piece** die Schachfigur

chest [tʃest] ① die Kiste, der Kasten, die Truhe ② **chest of drawers** die Kommode ③ der Brustkasten; **that's a load off my chest** (*übertragen*) da fällt mir ein Stein vom Herzen

chest·nut[1] ['tʃesnʌt] ① die Kastanie ② der Kastanienbaum

chest·nut[2] ['tʃesnʌt] kastanienbraun

chesty ['tʃesti] (*umgangsspr*) erkältet; *Husten:* rau, tief

to **chew** [tʃu:] kauen; **to chew one's nails** an den Nägeln kauen

chew·ing gum ['tʃu:ɪŋgʌm] der Kaugummi

chick [tʃɪk] das Küken, der junge Vogel

chick·en ['tʃɪkɪn] ① das Huhn, das Hähnchen, das Hühnchen ② (*slang*) der Feigling

◆ to **chicken out** **to chicken out of** [**doing**] **something** vor etwas kneifen

chick·en·pox die Windpocken

chief[1] [tʃi:f] <*Plural* chiefs> ① der Chef/die Chefin, das Oberhaupt ② *eines Stammes:* der Häuptling

chief[2] [tʃi:f] führend, leitend

chief ex·ecu·tive of·fic·er der Geschäftsführer/die Geschäftsführerin

chief·ly ['tʃi:fli] hauptsächlich, besonders

child [tʃaɪld, *Plural* tʃɪldrᵊn] <*Plural* children> das Kind

child abuse ['tʃaɪldəbju:s] die Kindesmisshandlung

child·birth ['tʃaɪldbɜːθ] die Geburt, die Entbindung

child·hood ['tʃaɪldhʊd] die Kindheit

child·ish ['tʃaɪldɪʃ] kindisch

child·less ['tʃaɪldləs] kinderlos

child·like ['tʃaɪlaɪk] kindlich

child·mind·er die Tagesmutter

child·proof kindersicher

chil·dren ['tʃɪldrən] *Pluralform von* **child** die Kinder; **children's allowance** die Kinderzulage

child's play das Kinderspiel

chili ['tʃɪli] <*Plural* chilies> (USA) die Peperoni; (*Gewürz*) der Chili

chill [tʃɪl] ① der Frost, die Kälte ② das Kältegefühl, das Frösteln ③ die Erkältung ④ (*übertragen*) die abgekühlte Atmosphäre

to **chill** [tʃɪl] kühlen

chil·li ['tʃɪli] <*Plural* chillies> die Peperoni; (*Gewürz*) der Chili

to **chill out** [,tʃɪl'aʊt] (*slang*) sich entspannen

chil·ly ['tʃɪli] ① frostig, fröstelnd, kühl; **to feel chilly** frösteln ② (*übertragen*) kühl

to **chime** ['tʃaɪm] ① *Glocken:* läuten ② *Uhr:* schlagen

◆ to **chime in** sich einschalten

chim·ney ['tʃɪmni] der Schornstein

chim·ney·pot der Schornsteinaufsatz

chim·ney·stack der Fabrikschornstein

chim·ney·sweep der Schornsteinfeger/die Schornsteinfegerin

chim·pan·zee [,tʃɪmpən'ziː] der Schimpanse

chin [tʃɪn] das Kinn; **chin up!** Kopf hoch!

chi·na ['tʃaɪnə] das Porzellan

Chi·na ['tʃaɪnə] China

Chi·nese[1] [tʃaɪ'niːz] chinesisch

Chi·nese[2] [tʃaɪ'niːz] <*Plural* Chinese> ① der Chinese/die Chinesin ② Chinesisch, das Chinesische

Chi·nese res·tau·rant das Chinarestaurant

chin·wag ['tʃɪnwæg] (*umgangsspr*) der Schwatz

chip [tʃɪp] ① der Splitter, der Span, die Scherbe ② (*an Porzellan, Glas*) die lädierte Stelle ③ **chips** (GB) die Pommes frites; (USA) die ⚠ Kartoffelchips ④ (*Computer*) der Chip ▶ WENDUNGEN: **he has a chip on his shoulder** er fühlt sich ständig angegriffen

◆ to **chip away** **to chip away at something** an etwas nagen

◆ to **chip in** (*umgangsspr*) ① mithelfen; beisteuern *Geld* ② (GB) dazwischenreden

chipped [tʃɪpt] *Porzellan, Glas:* angestoßen, angeschlagen

chip·py ['tʃɪpi] (GB) (*umgangsspr*) die Pommesbude

chit-chat ['tʃɪttʃæt] *kein Plural* (*umgangsspr*) das Geplauder; **idle chit-chat** das leere Gerede

choc-ice ['tʃɒkaɪs] das Eis mit Schokoladenüberzug

chips

F Nicht verwechseln mit **Chips** (die) = crisps!

chock-a-block [,tʃɒkə'blɒk] (*umgangsspr*) gerammelt [*oder* gedrängt] voll (**with** von)

choco·late ['tʃɒkələt] ① die Schokolade; **bar of chocolate** die Tafel Schokolade; **chocolate bar** der Schoko[laden]riegel ② die Praline

choco·late crispies [tʃɒkələt'krɪspiz] *Plural* das Schokoplätzchen

choice[1] [tʃɔɪs] die Auswahl; **by choice** vorzugsweise; **to make a choice** eine Auswahl treffen; **I have no choice** es bleibt mir nichts anderes übrig

choice[2] [tʃɔɪs] vorzüglich, ausgezeichnet, [aus]gewählt, ausgesucht

choir [kwaɪəʳ] der Chor

choke [tʃəʊk] (*am Auto*) der Choke

to **choke** [tʃəʊk] ① **to choke someone** jemanden erwürgen [*oder* ersticken] ② (*technisch*) abdrosseln ③ ersticken, keine Luft bekommen, würgen

◆ to **choke back** **to choke back the tears** die Tränen unterdrücken [*oder* herunterschlucken]

◆ to **choke up** ① verstopfen ② ersticken

chok·er ['tʃəʊkəʳ] der Halsreif

cho·les·ter·ol [kə'lestərɒl] das Cholesterin

to **choose** [tʃuːz] <chose, chosen> ① [aus]wählen, aussuchen ② vorziehen, lieber wollen, sich entscheiden für; **to have to choose between** die Wahl haben zwischen

choos(e)y ['tʃuːzi] (*umgangsspr*) wählerisch

chop [tʃɒp] ① der Hieb, der Schnitt, der Schlag ② das Kotelett ▶ WENDUNGEN: **to get the chop** (*slang*) rausgeschmissen werden

to **chop** [tʃɒp] <chopped, chopped> ① [zer]hacken; spalten *Holz* ② hacken, hauen, schlagen (**at** nach)

◆ to **chop down** umhacken, umlegen; fällen *Baum*

◆ to **chop off** abhacken, abschneiden, abhauen
◆ to **chop up** zerkleinern
chop-chop (*umgangsspr*) hopphopp
chop·per [ˈtʃɒpəʳ] ① das Hackmesser ② (*umgangsspr*) der Helikopter
chop·ping block [ˈtʃɒpɪŋblɒk] der Hackklotz, der Block
chop·ping board [ˈtʃɒpɪŋbɔːd] das Hackbrett
chop·stick [ˈtʃɒpstɪk] *meist Plural* die Essstäbchen
chord [kɔːd] (*Musik*) der Akkord ▶ WENDUNGEN: **to strike a chord with someone** jemanden berühren; **to strike the right chord** den richtigen Ton treffen
chore [tʃɔːʳ] ① die unangenehme Arbeit ② *meist Plural* die Hausarbeit
cho·rus [ˈkɔːrəs] <*Plural* choruses> ① der Chor ② *von Lied:* der Refrain
chose [tʃəʊz] *2. Form von* **choose**
cho·sen [tʃəʊzᵊn] *3. Form von* **choose**
Christ [kraɪst] ① Christus ② **Christ!** (*slang*) Herrgott!
to **chris·ten** [krɪsᵊn] taufen
chris·ten·ing [ˈkrɪsnɪŋ] die Taufe
Chris·tian¹ [ˈkrɪstʃən] christlich
Chris·tian² [ˈkrɪstʃən] der Christ/die Christin
Chris·ti·an·ity [ˌkrɪstiˈænɪti] das Christentum
Chris·tian name der Vorname
Christ·mas [ˈkrɪs(t)məs] <*Plural* Christmases> Weihnachten; **at Christmas** an Weihnachten; **merry Christmas!** frohe Weihnachten!; **Father Christmas** der Weihnachtsmann
Christ·mas carol das Weihnachtslied
Christ·mas Day der 1. Weihnachtstag (*25. Dez.*)
Christ·mas Eve der Heiligabend

> **L** **Christmas Eve** (Heiligabend) ist in Großbritannien und Irland ein normaler Arbeitstag. Gefeiert wird am **Christmas Day** (25. Dezember). Traditionell isst man einen mit Brät gefüllten Truthahn mit Röstkartoffeln und Preiselbeersoße. Danach gibt es den **Christmas pudding** oder **plum pudding**, eine warme Süßspeise aus Nierenfett, Orangeat, Rosinen und Nüssen. **Christmas crackers** sind hübsch verzierte Papprollen, in denen sich ein kleines Geschenk, ein witziger Spruch und eine Papierkrone befinden. Sie werden meistens während des Mittagessens von jeweils zwei Personen auseinandergerissen. Es ist in Großbritannien üblich, ab Anfang Dezember **Christmas cards** (Weihnachtskarten) an alle Verwandte, Freunde und Bekannte zu verschicken.

Christ·mas pud·ding der Plumpudding (*im Wasserbad gegarter Kuchen mit Korinthen, Rosinen und Sultaninen*)
Christ·mas tree der Weihnachtsbaum, der Christbaum
chron·ic [ˈkrɒnɪk] ① (*medizinisch*) chronisch ② (*slang*) widerlich
chrono·logi·cal [ˌkrɒnəˈlɒdʒɪkᵊl] chronologisch; **in chronological order** in zeitlicher Folge
chub·by [ˈtʃʌbi] pausbäckig
to **chuck** [tʃʌk] (*umgangsspr*) schmeißen
◆ to **chuck away** (*umgangsspr*) ① wegwerfen *Sachen* ② verpassen, versäumen *Gelegenheit*
◆ to **chuck in** (*umgangsspr*) aufgeben
◆ to **chuck out** (*umgangsspr*) hinauswerfen
◆ to **chuck up** (*umgangsspr*) kotzen *umgangsspr,* sich übergeben
to **chuck·le** [tʃʌkl̩] kichern; **to chuckle to oneself** in sich hineinlachen
chuffed [tʃʌft] (GB) (*umgangsspr*) froh
chug [tʃʌg] das Tuckern
to **chug** [tʃʌg] <chugged, chugged> tuckern
◆ to **chug along** (*umgangsspr*) sich dahinschleppen
chum [tʃʌm] der Kamerad; (*umgangsspr*) der Kumpel
chump [tʃʌmp] (*umgangsspr*) der Trottel
chunk [tʃʌŋk] der Brocken, der Klumpen
chunky [ˈtʃʌŋki] (*umgangsspr*) ① *Mensch:* untersetzt ② *Pullover:* dick
Chun·nel [ˈtʃʌnᵊl] (GB) (*umgangsspr*) der Kanaltunnel

> **L** **Chunnel** ist eine Zusammensetzung aus **Channel** und **tunnel** und bezeichnet den Tunnel unterhalb des Ärmelkanals, der Großbritannien und Frankreich verbindet.

church [tʃɜːtʃ] <*Plural* churches> die Kirche; **at** [*oder* **in**] **church** in der Kirche, beim Gottesdienst; **to go to church** in die Kirche gehen, den Gottesdienst besuchen
church·goer [ˈtʃɜːtʃˌgəʊəʳ] der Kirchgänger/die Kirchgängerin
church·yard [ˌtʃɜːtʃˈjɑːd] der Kirchhof
chute [ʃuːt] ① die Rutsche, die Rutschbahn ② (*umgangsspr*) der Fallschirm
ci·der [ˈsaɪdəʳ] der Apfelwein, der Most
ci·gar [sɪˈgɑːʳ] die Zigarre
ciga·rette [ˌsɪgᵊrˈet] die Zigarette
ciga·rette butt, **ciga·rette end** der Zigarettenstummel; (*umgangsspr*) die Kippe
Cind·er·ella [ˌsɪndᵊrˈelə] das Aschenbrödel, das Aschenputtel
cin·ema [ˈsɪnəmə] das Kino
ci·pher code [ˈsaɪfəʳ kəʊd] der Chiffrierschlüssel
cir·cle [ˈsɜːkl̩] ① der Kreis; **full circle** rundherum, im Kreise ② **circle of friends** der Freundeskreis, der Bekanntenkreis ③ (*im Theater*) der Rang
to **cir·cle** [ˈsɜːkl̩] ① umkreisen, sich bewegen um, umfahren, umgeben ② sich im Kreis bewegen; *Vogel, Flugzeug:* kreisen; **to circle round something** um etwas fahren [*oder* segeln] [*oder* fliegen]
cir·cuit [ˈsɜːkɪt] ① die Runde (**of** um), die Rundreise ② (*Sport*) die Rennbahn, die Turnierrunde

③ (*elektrisch*) der Stromkreis, die Schaltung; **short circuit** der Kurzschluss

cir·cuit board das Schaltbrett

cir·cuit train·ing das Zirkeltraining

cir·cu·lar ['sɜːkjə əʳ] kreisförmig, rund

cir·cu·lar ['sɜːkjə əʳ] das Rundschreiben

cir·cu·lar saw die Kreissäge

to **cir·cu·late** ['sɜːkjəleɪt] ① *auch Blut:* zirkulieren, umlaufen ② die Runde machen ③ in Umlauf setzen

cir·cu·la·tion [ˌsɜːkjə'leɪʃᵊn] ① die [Blut]zirkulation, der Kreislauf ② *einer Zeitung:* die Verbreitung, die Auflage[nhöhe], die Auflagenziffer; **with a wide circulation** mit hoher Auflage ③ der Geldumlauf; **to put into circulation** in Umlauf setzen, in Verkehr bringen; **to withdraw from circulation** außer Kurs setzen

cir·cu·la·tory [ˌsɜːkjə'leɪtᵊri] Kreislauf-

cir·cum·stance ['sɜːkəmstæn(t)s] ① *meist Plural* die Umstände; **under the circumstances** unter diesen Umständen; **under no circumstances** auf keinen Fall; **that depends on the circumstances** das kommt darauf an ② **circumstances** die Verhältnisse; **in difficult circumstances** in finanziellen Schwierigkeiten

cir·cus ['sɜːkəs] der Zirkus

citi·zen ['sɪtɪzᵊn] ① der Bürger/die Bürgerin ② der/die Staatsangehörige

citi·zen·ship ['sɪtɪzᵊnʃɪp] *kein Plural* die Staatsbürgerschaft

cit·ric acid die Zitronensäure

cit·rus ['sɪtrəs] <*Plural* citrus *oder* citruses> das Zitrusgewächs; **citrus fruit** die Zitrusfrucht

city ['sɪti] ① die [Groß]stadt; **capital city** die Hauptstadt ② das Zentrum, das Geschäftsviertel

> **L** Viele amerikanische **cities** haben Spitznamen. New York heißt *Gotham* oder *The Big Apple*. In Anspielung auf Letzteres nennen manche Los Angeles *The Big Orange*, andere bevorzugen den Namen *The City of Angels*. Chicago ist *The Windy City*, und New Orleans heißt *The Big Easy*. *The City of Brotherly Love* bezieht sich auf Philadelphia. Denver wird wegen seiner Höhenlage *The Mile-High City* genannt, und Detroit wird als Sitz der Autoindustrie als *Motor City* bezeichnet.

city cen·tre (GB) die Innenstadt

city hall das Rathaus

city toll die Citymaut

civ·il ['sɪvᵊl] ① [staats]bürgerlich ② zivil[rechtlich] ③ zivil, bürgerlich ④ höflich, gesittet

civ·il court das Zivilgericht

ci·vil·ian¹ [sɪ'vɪliən] der Zivilist/die Zivilistin

ci·vil·ian² [sɪ'vɪliən] Zivil-

civi·li·za·tion [ˌsɪvᵊlaɪ'zeɪʃᵊn] die Zivilisation, die Kultur

civ·il lib·er·ties *Plural* die [bürgerlichen] Freiheitsrechte

civ·il mar·riage ['sɪvl 'mærɪdʒ] die standesamtliche Trauung

civ·il rights die Bürgerrechte, die bürgerlichen Ehrenrechte

civ·il serv·ant der Beamter/die Beamtin

civ·il ser·vice der Staatsdienst

civ·il war der Bürgerkrieg

claim [kleɪm] ① der Anspruch, das Anrecht (**to** auf) ② die Forderung ③ die Behauptung; **to make claims about something** Behauptungen über etwas aufstellen

to **claim** [kleɪm] ① Anspruch erheben auf ② beantragen; beanspruchen *Unterstützung* ③ behaupten ④ **to claim attention** Aufmerksamkeit erfordern ⑤ **to claim for something** sich etwas erstatten lassen

to **clam·ber** ['klæmbəʳ] [mühsam] klettern

clam·my ['klæmi] feucht[kalt]; **clammy hands** klamme Hände

clamp [klæmp] die Klammer, die Zwinge; (*für Auto*) die Parkkralle

to **clamp** [klæmp] [ver]klammern, festklemmen; **to clamp a car** ein Auto mit einer Parkkralle festsetzen

◆ to **clamp down** **to clamp down on something** gegen etwas scharf vorgehen

clang [klæŋ] *von Metall:* das Klirren; *von Glocken:* das Läuten

to **clang** [klæŋ] *Schwert, Metallgegenstand:* klirren; *Glocke:* läuten

to **clap** [klæp] <clapped, clapped> ① klatschen; **to clap one's hands** in die Hände klatschen ② (*auch übertragen*) **to clap someone on the shoulder** jemandem [freundschaftlich] auf die Schulter klopfen ③ **to clap eyes on someone** jemanden erblicken

clap [klæp] ① der [laute] Schlag; **clap of thunder** der Donnerschlag ② das [Hände]klatschen, der Beifall ③ (*auch übertragen*) **to give someone a clap on the back** jemandem auf die Schulter klopfen

clapped-out ['klæptaʊt] (GB) (*umgangsspr*) klapprig

clap·per ['klæpəʳ] der [Glocken]klöppel

clap·trap ['klæptræp] *kein Plural* (*abwertend umgangsspr*) der Unsinn

to **clari·fy** ['klærɪfaɪ] klären; **to clarify a statement** eine Äußerung näher erläutern

clari·net [ˌklærɪ'net] die Klarinette

clar·ity ['klærəti] die Klarheit

to **clash** [klæʃ] ① zusammenstoßen; **students clashed with police** es kam zu Zusammenstößen zwischen Studenten und der Polizei ② sich streiten, im Widerspruch stehen (**with** zu); *Persönlichkeit, Stil:* nicht zusammenpassen (**with** mit); *Farben:* sich beißen ③ *Termine:* sich überschneiden

clash [klæʃ] <*Plural* clashes> ① der Zusammenprall, der Zusammenstoß ② (*übertragen*) die Disharmonie; **a clash of opinions** eine Meinungsverschiedenheit ③ *von Interessen:* die Kollision

to **clasp** [klɑːsp] ① umklammern; **to clasp someone in one's arms** jemanden in die Arme schließen; **to clasp someone's hand** jemandem die Hand drücken ② *Schnalle:* befestigen, zuschnappen lassen

clasp [klɑːsp] ① der Verschluss ② die Umklammerung

class [klɑːs] <*Plural* classes> ① die Klasse; **first/second class ticket** Fahrschein erster/zweiter Klasse ② **in a class of its own** von besonderer Qualität, einzigartig ③ **to have class** Stil haben ④ die [Gesellschafts]klasse ⑤ die [Unterrichts]stunde; **evening class** der Abendkurs ⑥ (USA) **class of '99** Jahrgang '99

L Obwohl es in Nordamerika nur eine Gesamtschule gibt, haben die besten Schüler und Schülerinnen die Möglichkeit, besondere Kurse zu belegen, die **regents classes, honors classes** oder **college prep classes** heißen. Solche Kurse bieten entweder Fächer wie Latein oder höhere Mathematik an, die normalerweise nur an der Universität angeboten werden. Manchmal werden diese Kurse auch an der Universität anerkannt.

to **class** [klɑːs] einordnen, in Gruppen einteilen

clas·sic[1] ['klæsɪk] klassisch

clas·sic[2] ['klæsɪk] der Klassiker

clas·si·cal ['klæsɪkᵊl] klassisch; **classical music** die klassische Musik

Clas·si·cism ['klæsɪsɪzᵊm] *kein Plural* die Klassik; (*Architektur*) der Klassizismus

clas·sics ['klæsɪks] *Plural* die Altphilologie

clas·si·fi·ca·tion [ˌklæsɪfɪ'keɪʃᵊn] ① *kein Plural* (*Einteilung*) die Klassifizierung ② (*Kategorie*) die Rubrik

clas·si·fied ['klæsɪfaɪd] **classified ad[vertisement]** die Kleinanzeige

to **clas·si·fy** ['klæsɪfaɪ] klassifizieren, einteilen

class·mate ['klɑːsmeɪt] der Klassenkamerad/die Klassenkameradin

class·room ['klɑːsrʊm] das Klassenzimmer

classy ['klɑːsi] (*umgangsspr*) stilvoll, Nobel-; **she's a classy lady** die Frau hat Klasse

clat·ter ['klætəʳ] das Klappern

to **clat·ter** ['klætəʳ] klappern; **to clatter something** mit etwas klappern

clause [klɔːz] ① der Satz; **main clause** der Hauptsatz; **subordinate clause** der Nebensatz ② (*juristisch*) die Klausel

claw [klɔː] ① die Kralle, die Klaue, die [Krebs]schere ② (*übertragen*) **to get one's claws into someone** auf jemandem herumhacken

to **claw** [klɔː] ① **to claw something** etwas zerkratzen ② **to claw at something** nach etwas greifen

clay [kleɪ] der Lehm, der Ton

clean [kliːn] <cleaner, cleanest> ① sauber, rein; **to keep clean** sauber halten ② neu, unbenutzt; **to make a clean start** (*übertragen*) noch einmal neu anfangen ③ (*übertragen*) makellos, unbefleckt; **to have clean hands** eine reine Weste haben ④ *Bruch, Schnitt:* sauber; *Linien:* klar ⑤ anständig; **clean joke** der salonfähige Witz ⑥ **I clean forgot** das habe ich glatt[weg] vergessen ⑦ (*übertragen umgangsspr*) **to come clean** auspacken *umgangsspr*

to **clean** [kliːn] ① reinigen, säubern, putzen ② **to clean one's hands/teeth** sich die Hände waschen/die Zähne putzen

◆to **clean down** **to clean something down** etwas abwaschen

◆to **clean out** gründlich sauber machen; ausmisten *Stall*

◆to **clean up** ① **to clean something up** etwas aufwischen, gründlich putzen ② aufräumen

clean·er ['kliːnəʳ] ① die Putzhilfe ② der Reiniger, das Reinigungsmittel ③ (*Geschäft*) **dry-cleaner's** die Reinigung

clean·ing ['kliːnɪŋ] die Reinigung, die Säuberung

clean·ing lady, **clean·ing wom·an** die Putzfrau

clean·ly ['kliːnli] sauber

to **cleanse** [klenz] reinigen

clean-shav·en glatt rasiert

cleans·ing cream die Reinigungscreme

cleans·ing tis·sue das Kosmetiktuch

clean-up die Reinigung

clear [klɪəʳ] <clearer, clearest> ① klar, rein; *Himmel:* wolkenlos ② *Foto:* scharf; *Abbild:* deutlich ③ verständlich; **clear instructions** die eindeutigen Anweisungen; **to make oneself clear** sich klar [*oder* verständlich] machen ④ **clear majority** die klare Mehrheit; **clear profit** der Reingewinn ⑤ *Weg, Straße:* frei; **to keep something clear** etwas freihalten ⑥ (*übertragen*) **to keep a clear head** einen kühlen Kopf bewahren; **a clear conscience** ein reines Gewissen ⑦ **all clear!** Gefahr vorbei!; **keep clear!** Vorsicht!

to **clear** [klɪəʳ] ① wegräumen, säubern; freimachen *Straße;* roden *Wald;* **to clear the table** den Tisch abräumen ② leeren *Briefkasten* ③ freisprechen (**of** von) ④ freigeben, genehmigen lassen; **the plane was cleared for take-off** das Flugzeug wurde zum Start freigegeben ⑤ **to clear one's throat** sich räuspern ⑥ *Wetter:* aufklaren; *Nebel:* sich auflösen

◆to **clear away** ① **to clear something away** etwas abräumen [*oder* wegräumen] ② *Nebel:* sich auflösen

◆to **clear off** ① begleichen *Schulden* ② (*umgangsspr*) **clear off!** hau ab!

◆to **clear out** ① **to clear something out** etwas ausräumen ② (*umgangsspr*) sich aus dem Staub machen

◆ to **clear up** ① **to clear something up** etwas aufräumen ② **to clear up a misunderstanding** ein Missverständnis klären ③ *Wetter:* aufklaren

clear·ance ['klɪərən(t)s] *kein Plural* ① die Beseitigung ② der Spielraum ③ *einer Schuld:* die Tilgung

clear·ance sale der Räumungsverkauf

clear·ing ['klɪərɪŋ] die Lichtung

clear·ly ['klɪəli] ① klar [und deutlich] ② offensichtlich; **it's clearly the case** das ist eindeutig der Fall

clef [klef] der [Noten]schlüssel

clem·en·tine ['kleməntiːn] die Klementine

to **clench** [klen(t)ʃ] zusammenpressen; ballen *Faust;* zusammenbeißen *Zähne*

cler·gy ['klɜːdʒi] der Klerus, die Geistlichkeit

cleri·cal ['klerɪkəl] ① (*in der Kirche*) geistlich, klerikal ② Schreib-

cleri·cal er·ror der Schreibfehler

cleri·cal work die Büroarbeit

clerk [klɑːk] der/die Büroangestellte

clev·er ['klevər] ① klug, gescheit ② schlau, clever ③ geschickt (**at** in); **to be clever at something** Geschick bei etwas haben ④ *Gerät, Maschine:* raffiniert

clev·er clogs, **clev·er dick** (*umgangsspr*) der Besserwisser/die Besserwisserin

clev·er·ness ['klevənəs] ① die Klugheit ② die Geschicktheit ③ die Raffinesse

cliché ['kliːʃeɪ] das Klischee

click [klɪk] das Klicken

to **click** [klɪk] ① klicken ② *Tür, Schloss:* zuschnappen ③ (*umgangsspr*) **it's clicked!** ich hab's! ④ (*umgangsspr*) funken; **to click with someone** mit jemandem gleich prima auskommen ⑤ **to click one's tongue** mit der Zunge schnalzen

cli·ent ['klaɪənt] ① der Klient/die Klientin; *von Rechtsanwalt:* der Mandant/die Mandantin ② der Kunde/die Kundin

cliff [klɪf] die Klippe

cli·mate ['klaɪmət] ① das Klima ② (*übertragen*) die Stimmung, die Atmosphäre

cli·mate change *kein Plural* der Klimawandel

cli·mate change levy (GB) die Klimaschutzabgabe (*Abgabe auf den Stromverbrauch im nicht-privaten Sektor*)

cli·mate-neu·tral *Ereignis, Prozess:* klimaneutral

cli·max ['klaɪmæks] ① der Höhepunkt ② der Orgasmus

to **cli·max** ['klaɪmæks] seinen Höhepunkt erreichen

climb [klaɪm] ① der Aufstieg ② **the walk was quite a climb** der Spaziergang war eine richtige Kletterpartie

to **climb** [klaɪm] ① **to climb a mountain** einen Berg besteigen [*oder* erklimmen] ② *Leiter, Stufen:* hinaufsteigen ③ klettern; **to climb the tree** auf den Baum klettern ④ *Straße:* ansteigen ⑤ **to climb into/out of the car** in/aus dem Wagen steigen

◆ to **climb down** ① hinab-/hinunterklettern ② (*übertragen*) nachgeben

climb·er ['klaɪmər] der Kletterer/die Kletterin, der Bergsteiger/die Bergsteigerin

climb·ing ['klaɪmɪŋ] das Klettern, das Bergsteigen

clinch [klɪn(t)ʃ] (*im Boxen*) der Clinch

to **cling** [klɪŋ] <clung, clung> ① *Mensch, Tier:* sich klammern (**to** an); **to cling together** [fest] zusammenhalten ② haften; *Staub:* sich absetzen

cling film die Frischhaltefolie

clin·ic ['klɪnɪk] die Klinik

clini·cal ['klɪnɪkəl] klinisch

to **clink** [klɪŋk] klirren, klimpern

clip [klɪp] ① **paper clip** die Büroklammer; **hair clip** die Haarklammer ② **clip round the ear** die Ohrfeige

to **clip** [klɪp] <clipped, clipped> ① festklammern; **the pages were clipped together** die Seiten waren zusammengeheftet ② schneiden *Haar, Fingernägel;* scheren *Schaf;* knipsen *Fahrschein* ③ **to clip someone's ear** jemandem eins hinter die Ohren geben

clip·board ['klɪpbɔːd] das Klemmbrett

cloak [kləʊk] der Umhang, der [weite] Mantel

cloak·room ['kləʊkrʊm] ① die Garderobe ② (GB) die Gäste-Toilette

clob·ber ['klɒbər] (*umgangsspr*) der Kram, die Klamotten

clock [klɒk] die Uhr; **it's ten o'clock** es ist 10 Uhr; **round the clock** rund um die Uhr

◆ to **clock in** einstempeln

◆ to **clock out** ausstempeln

◆ to **clock up** ① zurücklegen *Entfernung* ② erreichen *Geschwindigkeit*

clock ra·dio der Radiowecker

clock tow·er der Uhrenturm

clock·work ['klɒkwɜːk] das Uhrwerk ▶ WENDUNGEN: **like clockwork** wie am Schnürchen

clog [klɒg] der Holzschuh

to **clog** [klɒg] <clogged, clogged> ① **to be clogged up** verstopft sein ② verstopfen, blockiert werden

clone [kləʊn] der Klon

to **clone** [kləʊn] klonen

close[1] [kləʊs] <closer, closest> ① (*örtlich*) dicht, nahe; **close by** in der Nähe; **close to** dicht, nahe bei; **close to the sea** nahe am Meer; **close to the ground** dicht am Boden ② **she's close to tears** sie ist den Tränen nahe ③ (*zeitlich*) nahe [bevorstehend]; **close on 9**

C

[o'clock] kurz vor 9 [Uhr] ④ **he is a close friend of mine** er ist ein enger Freund von mir ⑤ *Spiel, Ergebnis:* knapp ⑥ sorgfältig; **after close consideration** nach reiflicher Überlegung ⑦ **pay close attention!** jetzt gut aufpassen!

close² [kləʊz] Abschluss, Ende; **to bring to a close** zu Ende bringen; **to draw to close** zu Ende gehen

close³ [kləʊs] (*in Straßennamen*) der Hof

to **close** [kləʊz] ① schließen, zumachen ② sperren *Straße;* stilllegen *Betrieb, Fabrik* ③ abschließen; schließen *Rede* ④ **to close one's eyes** (*übertragen*) die Augen verschließen (**to** vor) ⑤ *Wunde:* sich schließen

◆ to **close down** ① *Betrieb:* stilllegen ② *Geschäft:* schließen

◆ to **close in** *Dunkelheit:* hereinbrechen; **to close in on someone/something** sich jemandem/etwas nähern

◆ to **close off** **to close something off** etwas abriegeln, etwas absperren

◆ to **close up** ① **to close something up** etwas [ver]sperren, etwas blockieren ② zusammenrücken

closed [kləʊzd] ① geschlossen, gesperrt ② **the subject is closed** das Thema ist erledigt; **road closed!** Straße gesperrt!

close-down ['kləʊzdaʊn] die Betriebsstilllegung

close-knit eng verbunden

close·ly ['kləʊsli] ① dicht, eng ② genau

clos·et¹ ['klɒzɪt] besonders (USA) der [Wand]schrank ▶ WENDUNGEN: **to come out of the closet** seine Homosexualität bekennen, sich outen

clos·et² ['klɒzɪt] heimlich; **a closet alcoholic** ein heimlicher Trinker/eine heimliche Trinkerin

close-up die Nahaufnahme

clos·ing ['kləʊzɪŋ] die Schließung, die Stilllegung

clos·ing date der Einsendeschluss

clos·ing down die Schließung

clos·ing-down sale der Räumungsverkauf

clos·ing time ① der Geschäftsschluss, der Ladenschluss ② die Polizeistunde

clo·sure ['kləʊʒəʳ] das Verschließen, die Schließung

clot [klɒt] [**blood**] **clot** das [Blut]gerinnsel

to **clot** [klɒt] <clotted, clotted> gerinnen

cloth [klɒθ] ① das Tuch, der Stoff ② (*zum Putzen*) das Tuch, der Lappen

to **clothe** [kləʊð] ① **to clothe someone** jemanden kleiden ② **to clothe something** (*übertragen*) etwas [ein]hüllen

clothes [kləʊ(ð)z] ⚠ *Plural* die Kleider, die Kleidung; **to put on/take off one's clothes** sich anziehen/ausziehen

> **G** **clothes** wird immer im Plural gebraucht: *warm clothes are essential in cold weather, he loves to buy new clothes*
> **clothing** dagegen, wird nie im Plural gebraucht: *warm clothing is essential in cold weather*

clothes-hang·er der Kleiderbügel

clothes horse der Wäscheständer

clothes line die Wäscheleine

clothes peg die Wäscheklammer

cloth·ing ['kləʊðɪŋ] die Kleidung

cloud [klaʊd] ① die Wolke; **cloud of dust** die Staubwolke ② (*übertragen*) der Schatten, die Drohung ▶ WENDUNGEN: **to be on cloud nine** im siebten Himmel sein

to **cloud** [klaʊd] ① *Himmel:* verhängen ② (*übertragen*) trüben; **this problem is clouding our future** dieses Problem wirft einen Schatten auf unsere Zukunft

◆ to **cloud over**, to **cloud up** *Himmel:* [sich] bewölken

cloud·burst der Wolkenbruch

cloud·ed ['klaʊdɪd] ① bewölkt, bedeckt ② (*übertragen*) trübe

cloud·less ['klaʊdləs] wolkenlos, ungetrübt

cloudy ['klaʊdi] ① *Himmel:* wolkig, bewölkt ② *Wetter, Flüssigkeit:* trübe

clout [klaʊt] der Schlag; **to give someone a clout** (*umgangsspr*) jemandem eine runterhauen; **to give something a clout** auf etwas schlagen

to **clout** [klaʊt] (*umgangsspr*) **to clout someone** jemandem eine schmieren; **to clout something** auf etwas schlagen

clown [klaʊn] ① der Clown ② der Tölpel

to **clown about**, to **clown around** (*übertragen*) den Clown spielen

club [klʌb] ① der Klub, der Verein ② die Keule, der Knüppel ③ der Schläger ④ (*übertragen*) **join the club!** ach, du auch!

to **club** [klʌb] <clubbed, clubbed> ① **to club someone/something** auf jemanden/etwas einknüppeln ② **to club together** sich zusammentun

clubber ['klʌbəʳ] der Discobesucher/die Discobesucherin; **clubbers** die Nachtschwärmer

club·bing ['klʌbɪŋ] *kein Plural* **to go clubbing** in die Disco gehen

club·house das Klubhaus

clubs [klʌbz] *Plural* (*auf Spielkarten*) das Kreuz; **the six of clubs** die Kreuzsechs

clue [klu:] der Anhaltspunkt, der Schlüssel (**to** zu); **he hasn't a clue** er hat keine Ahnung

◆ to **clue up** **to clue someone up** [**on something**] jemanden [über etwas] informieren

clue·less ['klu:ləs] (*umgangsspr*) ahnungslos

clump [klʌmp] ① der Erdklumpen ② der Holzklotz ③ die Baumgruppe

clum·sy ['klʌmzi] ① schwerfällig; *Mensch,*

Bewegung: unbeholfen ② unelegant; *Ausdrucksweise:* ungeschickt ③ taktlos; *Art:* plump

clung [klʌŋ] *2. und 3. Form von* **cling**

clus·ter ['klʌstəʳ] *von Trauben, Beeren:* die Traube; *von Locken:* das Büschel

◆ to **cluster around** sich scharen um

clutch [klʌtʃ] ① der feste Griff ② (*übertragen*) **to fall into someone's clutches** jemandem in die Hände fallen ③ (*am Auto*) die Kupplung

to **clutch** [klʌtʃ] ① **to clutch someone/something** jemanden/etwas [er]greifen, jemanden/etwas umklammern ② greifen, schnappen (**at** nach) ▶ WENDUNGEN: **to clutch at straws** sich an einen Strohhalm klammern

clut·ter ['klʌtəʳ] der Wirrwarr, die Unordnung

coach [kəʊtʃ] ① die Kutsche ② der [Eisenbahn]wagen ③ der Reisebus ④ (*Sport*) der Trainer/die Trainerin

to **coach** [kəʊtʃ] ① **to coach someone** jemanden aufs Examen vorbereiten ② **to coach someone** jemanden trainieren

coach·ing ['kəʊtʃɪŋ] *kein Plural* das Training

coal [kəʊl] die Kohle ▶ WENDUNGEN: **to haul someone over the coals** jemandem die Leviten lesen

coal-fired kohlebeheizt

coa·li·tion [ˌkəʊə'lɪʃᵊn] die Koalition

coal mine ['kəʊlmaɪn] das Kohlenbergwerk, die Zeche

coal min·er der Bergmann

coal min·ing der Kohle[n]bergbau

coal pit ['kəʊlpɪt] das Kohlenbergwerk, die Zeche

coarse [kɔːs] ① *Struktur, Haut:* grob ② *Mensch, Art:* ungehobelt, primitiv; **coarse joke** der derbe Witz

coast [kəʊst] die Küste, das Meeresufer; **on the coast** an der Küste ▶ WENDUNGEN: **the coast is clear** (*übertragen*) die Luft ist rein

coast·al ['kəʊstᵊl] Küsten-

coast·er ['kəʊstəʳ] der Untersetzer

coast·guard die Küstenwache

coast·line die Küstenlinie

coat [kəʊt] ① der Mantel ② *eines Tiers:* das Fell, der Pelz ③ **coat of paint** der Anstrich

to **coat** [kəʊt] ① bestreichen ② überziehen, beschichten

coat·ed ['kəʊtɪd] ① überzogen ② bedeckt (**with** mit) ③ beschichtet

coat hang·er der Kleiderbügel

coat·ing ['kəʊtɪŋ] ① der Überzug, die [äußere] Schicht ② der Anstrich

to **coax** [kəʊks] **to coax someone** jemanden überreden ▶ WENDUNGEN: **to coax something out of someone** jemandem etwas abschmeicheln

cob¹ [kɒb] *kurz für* **corncob** der Kolben

cob² [kɒb] Ⓖⓑ der Laib

cob·ble ['kɒbl] der Kopfstein; **the street was cobbled** die Straße hatte Kopfsteinpflaster

cob·bler ['kɒbləʳ] der Flickschuster ▶ WENDUNGEN: **a load of old cobblers** (*umgangsspr*) ein Haufen Mist

cob·web ['kɒbweb] das Spinngewebe

co·caine [kə(ʊ)'keɪn] *kein Plural* das Kokain

co-citi·zen [kəʊ'sɪtɪzᵊn] der Mitbürger/die Mitbürgerin

cock [kɒk] ① der Hahn ② das [Vogel]männchen ③ (*slang*) der Pimmel

cock-a-doodle-doo [ˌkɒkəduːdl'duː] das Kikeriki

cock·er·el ['kɒkᵊrᵊl] der junge Hahn

cock·er span·iel ['kɒkəʳ-] der Cockerspaniel

Cock·ney ['kɒkni] der Cockney

> **L** Als **Cockney** wurde ursprünglich ein verweichlichter Städter bezeichnet. Im 17. Jahrhundert wurde jeder, der innerhalb der historischen Grenzen der City of London geboren wurde, so genannt. Der **Cockney**-Dialekt wird jetzt hauptsächlich mit dem Londoner East End in Verbindung gebracht. Er zeichnet sich besonders durch den *rhyming slang* aus, in dem ein Wort durch ein Reimpaar ersetzt wird, z.B. *apples and pears = stairs, trouble and strife = wife.*

cock·pit ['kɒkpɪt] das Cockpit, die Kanzel

cock·tail ['kɒkteɪl] der Cocktail

cock-up ['kɒkʌp] (*slang*) der Schlamassel; **what a cock-up!** so ein Mist!

cocky ['kɒki] (*umgangsspr*) keck, frech

co·coa ['kəʊkəʊ] das Kakao[pulver]

coco·nut ['kəʊkənʌt] die Kokosnuss

coco·nut milk die Kokosmilch

coco·nut shy Ⓖⓑ die Wurfbude

cod [kɒd] <*Plural* cod> der Kabeljau, der Dorsch

code [kəʊd] die Chiffre, der Code

to **code** [kəʊd] **to code something** etwas verschlüsseln, etwas chiffrieren

code name der Deckname

code num·ber die Kennnummer

code word das Kennwort

to **codi·fy** ['kəʊdɪfaɪ] kodifizieren

cod·ing ['kəʊdɪŋ] die Kodierung

co-ed [ˌkəʊ'ed] *kurz für* **co-educational**: **co-ed school** die gemischte Schule

co-edu·ca·tion [ˌkəʊedʒuː'keɪʃᵊn] *kein Plural* die Koedukation

co-edu·ca·tion·al [ˌkəʊedʒuː'keɪʃᵊnᵊl] **co-educational school** die gemischte Schule

to **co·erce** [kəʊ'ɜːs] **to coerce someone** jemanden zwingen (**into** zu); **to coerce someone into doing something** jemanden nötigen, etwas zu tun

to **co·ex·ist** [ˌkəʊɪg'zɪst] gleichzeitig [*oder* zusammen] [vorhanden] sein, nebeneinander bestehen (**with** mit)

cof·fee ['kɒfi] der Kaffee

C

cof·fee bar das [kleine] Café

cof·fee bean die Kaffeebohne

cof·fee break die Kaffeepause

cof·fee cup die Kaffeetasse

cof·fee-grind·er die Kaffeemühle

cof·fee ma·chine die Kaffeemaschine

cof·fee pot die Kaffeekanne

cof·fee shop das Café

cof·fin ['kɒfɪn] der Sarg ▶ WENDUNGEN: **to drive a nail into someone's coffin** jemandes Untergang sein

cog [kɒg] der [Rad]zahn ▶ WENDUNGEN: **to be [just] a cog in the machine** [nur] ein Rädchen im Getriebe sein

cog·nac ['kɒnjæk] der Kognak

to **co·hab·it** [kəʊ'hæbɪt] ehelich zusammenwohnen

co·habi·ta·tion [kəʊˌhæbɪ'teɪʃᵊn] ① das eheliche Zusammenwohnen ② der Beischlaf

co·her·ent [kə(ʊ)'hɪərᵊnt] ① zusammenhängend ② *Ausdrucksweise:* klar und verständlich ③ *Argument:* stimmig

co·he·sive [kə(ʊ)'hiːsɪv] ① kohäsiv ② *Einheit:* geschlossen ③ *Argument:* stimmig

coil [kɔɪl] ① **coil of rope/wire** aufgerolltes Seil/Rolle Draht ② (*Empfängnisverhütung*) die Spirale ③ die Windung

to **coil** [kɔɪl] ① **to coil something [up]** etwas [auf]wickeln ② sich winden, sich zusammenrollen

coin [kɔɪn] ① die Münze ② (*übertragen*) **the other side of the coin** die Kehrseite der Medaille

> **L** Die Münzen in den USA haben besondere Namen. Ein **US dollar** hat 100 cents und eine Ein-Cent-Münze heißt ein **penny**. Die Fünf-Cent-Münze heißt **nickel**. Eine Zehn-Cent-Münze wird **dime** genannt. Die 25-Cent-Münze ist ein **quarter** (Vierteldollar). Es gibt dann noch **half dollar** und **dollar coins**.

to **coin** [kɔɪn] prägen *Geld* ▶ WENDUNGEN: **to coin a phrase, ...** ..., um mich mal so auszudrücken

coin-box tele·phone der Münzfernsprecher

to **co·in·cide** [ˌkəʊɪn'saɪd] ① (*räumlich*) sich decken ② (*zeitlich*) zusammenfallen ③ (*übertragen*) übereinstimmen (**with** mit)

co·in·ci·dence [kəʊ'ɪn(t)sɪdᵊn(t)s] ① das Zusammentreffen ② der Zufall; **what a coincidence!** was für ein Zufall!

co·in·ci·dent·al [kəʊˌɪn(t)sɪ'dᵊntᵊl] zufällig

Coke® [kəʊk] *kein Plural kurz für* **Coca Cola** das/die Cola *umgangsspr*

cola ['kəʊlə] das/die Cola

cold[1] [kəʊld] <colder, coldest> ① kalt; **to be** [*oder* **feel**] **cold** frieren; **I am cold** mir ist kalt ② (*übertragen*) kühl; **to be cold to someone** kühl zu jemandem sein ▶ WENDUNGEN: **to give someone the cold shoulder** jemandem die kalte Schulter zeigen

cold[2] [kəʊld] ① die Kälte; **shivering with cold** zitternd vor Kälte ② die Erkältung; **to catch [a] cold** sich erkälten ③ (*übertragen*) **to be left out in the cold** links liegen gelassen werden

cold-blood·ed [ˌkəʊld'blʌdɪd] kaltblütig

cold-heart·ed [ˌkəʊld'hɑːtɪd] gefühllos, herzlos, kaltherzig

cole·slaw ['kəʊlslɔː] *kein Plural* der Krautsalat

col·ey ['kəʊli] <*Plural* coley> (GB) der Seelachs

to **col·labo·rate** [kə'læbᵊreɪt] ① zusammenarbeiten (**with** mit) ② (*mit dem Feind*) kollaborieren

col·labo·ra·tion [kəˌlæbᵊ'reɪʃᵊn] ① die Zusammenarbeit ② (*mit dem Feind*) die Kollaboration

col·labo·ra·tor [kə'læbəreɪtəʳ] ① der Mitarbeiter/die Mitarbeiterin ② (*mit dem Feind*) der Kollaborateur/die Kollaborateurin

col·lage ['kɒlɑːʒ] die Collage

col·lapse [kə'læps] ① *von Gebäude:* der Einsturz ② (*auch übertragen*) *eines Menschen:* der Zusammenbruch; *eines Plans:* das Scheitern; *von Preisen:* der Sturz

to **col·lapse** [kə'læps] ① *Gebäude:* zusammenstürzen, einstürzen; *Gestell, Mensch:* zusammenbrechen ② *Plan:* scheitern; *Preis, Kurs:* einbrechen

col·laps·ible [kə'læpsɪbl̩] zusammenklappbar; **collapsible chair** der Klappstuhl

col·lar ['kɒləʳ] ① der Kragen ② das [Hunde]halsband

to **col·lar** ['kɒləʳ] **to collar someone** (*auch übertragen*) jemanden beim Kragen nehmen, jemanden schnappen

col·lar bone das Schlüsselbein

col·league ['kɒliːg] der Kollege/die Kollegin

to **col·lect** ['kɒ'lekt] ① **to collect something** etwas [ein]sammeln, etwas zusammentragen ② **to collect someone/something** jemanden/etwas abholen ③ sammeln *Briefmarken, Münzen* ④ **to collect one's thoughts** seine Gedanken sammeln ⑤ *Staub, Arbeit:* sich [an]sammeln; *Menschen:* sich versammeln ⑥ eintreiben *Steuer, Schuld*

col·lect [kə'lekt] (USA) **to call collect** ein R-Gespräch führen

col·lect call (USA) das R-Gespräch

col·lect·ed [kə'lektɪd] (*übertragen*) gefasst

col·lec·tion [kə'lekʃᵊn] ① die [An]sammlung, das Sammeln ② die Abholung, die [Briefkasten]leerung ③ *von Steuer:* das Eintreiben ④ die [Geld]sammlung, die Spendensammlung

col·lec·tive [kə'lektɪv] ① gemeinsam, kollektiv ② **collective bargaining** die Tarifverhandlungen

col·lec·tor [kə'lektəʳ] der Sammler/die Sammlerin

col·lege ['kɒlɪdʒ] ① das College ② die [kleinere]

Universität, die Akademie, die [Fach]hochschule ③ das Universitätsgebäude, das Schulgebäude

> **L** In Großbritannien bezieht sich der Begriff **college** normalerweise auf weiterführende Schulen, die hauptsächlich von Schülern zwischen 16 und 18 Jahren besucht werden. Sie können dort eine berufsorientierte Ausbildung oder das Abitur machen.

to **col·lide** [kəˈlaɪd] zusammenstoßen, zusammenprallen (**with** mit)

col·li·sion [kəˈlɪʒᵊn] der Zusammenstoß, der Zusammenprall

col·lo·quial [kəˈləʊkwiəl] umgangssprachlich

co·logne [kəˈləʊn] *kein Plural* das Kölnischwasser

Co·logne [kəˈləʊn] Köln

co·lon [ˈkəʊlɒn] der Doppelpunkt

colo·nel [ˈkɜːnᵊl] der Oberst

to **colo·nize** [ˈkɒlənaɪz] kolonisieren, besiedeln

colo·ny [ˈkɒləni] die Kolonie, die [An]siedlung

col·our [ˈkʌləʳ], USA **color** [ˈkʌləʳ] ① die Farbe; **what colour is it?** was für eine Farbe hat es?; **to change colour** die Farbe ändern ② die Gesichtsfarbe; **to be off colour** (*umgangsspr*) sich nicht wohl fühlen ③ die Hautfarbe

to **col·our**, USA to **color** [ˈkʌləʳ] ① **to colour something** etwas Farbe geben, etwas malen ② sich [ver]färben, erröten

col·our blind, USA **color blind** farbenblind

col·oured, USA **col·ored** [ˈkʌləd] farbig; **coloured pencil** der Farbstift

col·our-fast, USA **col·our-fast** farbecht

col·our·ful, USA **col·or·ful** [ˈkʌləfᵊl] ① farbenreich, farbenprächtig ② (*übertragen*) bunt, lebendig

col·our·ing [ˈkʌlərɪŋ], USA **col·oring** [ˈkʌlᵊrɪŋ] ① die Färbung, der Farbton ② die Gesichtsfarbe, der Teint ③ **food colouring** der Lebensmittelfarbstoff

col·our·less [ˈkʌləlɪs], USA **col·or·less** [ˈkʌlələs] (*auch übertragen*) farblos

col·our tele·vi·sion, USA **col·or tele·vi·sion** das Farbfernsehen

> **L** **Columbus Day** ist der Jahrestag der Entdeckung der Neuen Welt durch den genuesischen Seefahrer Christoph Kolumbus am 12. Oktober 1492. In den USA wird seit 1971 der **Columbus Day** immer am zweiten Montag im Oktober gefeiert. Die Hauptfeierlichkeiten finden in New York statt, wo ein großer Festumzug veranstaltet wird.

col·umn [ˈkɒləm] ① (*auch übertragen*) die Säule; **column of figures** die Zahlenreihe ② die Spalte, die Kolumne; **gossip column** die Klatschspalte

comb [kəʊm] der Kamm

to **comb** [kəʊm] ① **to comb someone's/one's hair** jemandem/sich die Haare kämmen; striegeln *Pferd* ② (*übertragen*) durchkämmen, durchsuchen *Gelände*

com·bat [ˈkɒmbæt] der Kampf, das Gefecht

to **com·bat** [ˈkɒmbæt] <combated *oder* combatted, combated *oder* combatted> ① kämpfen ② **to combat something** etwas bekämpfen

com·bi·na·tion [ˌkɒmbɪˈneɪʃᵊn] ① die Kombination, die Zusammensetzung ② **combination lock** das Kombinationsschloss

to **com·bine** [kəmˈbaɪn] <combined, combined> ① **to combine something** etwas kombinieren, etwas verbinden ② sich verbinden, sich vereinigen (**with** mit)

com·bined [kəmˈbaɪnd] kombiniert

to **come** [kʌm] <came, come> ① kommen; **come here!** komm [mal] her!; **to come and** [*oder* **to**] **see someone** jemanden besuchen; **to come home** heimkommen, nach Hause kommen ② erreichen, gelangen (**to** zu) ③ werden; **to come true** sich verwirklichen, in Erfüllung gehen ④ **come what may!** komme, was [da] wolle! ▶ WENDUNGEN: **I don't know whether I'm coming or going** ich weiß nicht, wo mir der Kopf steht; **to come home to someone** jemandem einleuchten; **come!** hör mal! hör zu!; **how come?** wieso?

◆ to **come about** sich ereignen

◆ to **come across** ① herüberkommen ② **to come across someone** jemanden [zufällig] treffen ③ verstanden werden; *Rede:* gut ankommen

◆ to **come along** ① mitkommen, mitgehen; **come along with me!** komm mal mit! ② *Gelegenheit:* sich zufällig ergeben ③ (*übertragen*) **how's the patient coming along?** wie macht sich der Patient?; *Arbeit:* vorangehen

◆ to **come apart** auseinanderfallen

◆ to **come around**, to **come round** ① [zufällig] vorbeikommen, gelegentlich wiederkommen ② nachgeben, einlenken; **to come around to a way of thinking** sich einer Auffassung anschließen

◆ to **come at** **to come at someone** auf jemanden losgehen; **the ball was coming straight at me** der Ball kam genau auf mich zu

◆ to **come away** ① weggehen ② *Farbe, Papier:* abgehen

◆ to **come back** ① zurückkommen, zurückkehren ② **I'll come back to that question later** auf die Frage werde ich später zurückkommen ③ **it all came back to me** es fiel mir plötzlich wieder ein ④ **to come back into fashion** wieder modern sein

◆ to **come by** ① **to come by something** etwas kriegen ② vorbeikommen

◆ to **come down** ① herunterkommen, heruntergehen (**to** bis) ② *Preis:* sinken ③ *Tradition:* überliefert werden ④ *Baum:* [ein]stürzen;

C

Schnee, Regen: fallen ⑤ (*übertragen: sozial*) [ab]sinken; **they've come down in the world** sie haben einen Abstieg erlebt ▶ WENDUNGEN: **to come down with influenza** sich die Grippe geholt haben; **to come down in favour of someone** jemanden unterstützen

◆to **come forward** vortreten, sich freiwillig melden

◆to **come from** ① kommen von ② **to come from something** *Schmerz, Problem:* von etwas verursacht werden ③ abstammen von; **where do you come from?** von wo kommst du her?

◆to **come in** ① hereinkommen, näher treten; **come in!** herein! ② ankommen, eintreffen; *Zug:* einfahren ③ *Nachricht:* eintreffen ④ (*Sport*) **to come in second** Zweite(r) werden ⑤ **to come in handy** [*oder* **useful**] nützlich sein ⑥ **where do I come in?** und was ist mit mir?

◆to **come into** ① erben ② **to come into sight** in Sicht kommen, auftauchen ③ **to come into fashion** [*oder* **style**] Mode werden ▶ WENDUNGEN: **to come into one's own** zeigen, was in einem steckt; **to come into being** entstehen

◆to **come of nothing came of it** es ist nichts daraus geworden

◆to **come off** ① herunterfallen von; *Knopf:* abgehen ② sich ereignen, stattfinden ③ *Versuch:* gelingen ▶ WENDUNGEN: **come off it!** nun mach aber mal halblang!

◆to **come on** ① **come on!** komm schon! ② anfangen; *Dunkelheit:* hereinbrechen ③ *Schauspieler:* auftreten

◆to **come out** ① herauskommen ② *Fleck:* herausgehen ③ **to come out of something** aus etwas hervorgehen ④ *Zeitung, Druckschrift:* erscheinen, herauskommen ⑤ **to come out against** sich erklären gegen ⑥ **to come out** [**on strike**] streiken ⑦ **to come out with the truth** mit der Wahrheit herausrücken

◆to **come over** ① herüberkommen ② (*übertragen*) **what's come over you?** was ist in dich gefahren?

◆to **come round** ① zu Besuch vorbeikommen ② wieder zu sich kommen ③ **to come round to doing something** dazu kommen, etwas zu tun ④ **she came round to my way of thinking** sie hat sich meiner Denkweise angeschlossen

◆to **come through** ① durchkommen ② überstehen *Krise*

◆to **come to** ① dazu kommen, führen zu; **that will come to nothing** das führt zu nichts; **to come to a standstill** zum Stillstand kommen; **to come to an end** zu Ende kommen, aufhören ② [wieder] zu sich kommen ③ **to come to a decision** zu einer Entscheidung kommen; *Person:* sich entscheiden; **to come to an agreement** zu einer Vereinbarung gelangen

◆to **come under** ① fallen unter ② (*übertragen*) **to come under someone's influence** unter jemandes Einfluss geraten

◆to **come up** ① hochkommen, nach oben kommen, heraufkommen; *Sonne, Mond:* aufgehen ② *Frage, Thema:* aufkommen ③ **to come up against** stoßen auf *Problem* ④ **to come up to** reichen bis zu; **the water came up to his ankles** das Wasser reichte ihm bis zu den Knöcheln ⑤ **to come up for sale** zum Verkauf kommen ⑥ **to come up with a suggestion** vorschlagen ▶ WENDUNGEN: **something has come up** es ist etwas dazwischengekommen

◆to **come upon** ① *Schlaf:* **to come upon someone** jemanden überfallen ② **to come upon someone/something** auf jemanden/etwas stoßen

come·back ['kʌmbæk] das Comeback; **to make a comeback** ein Comeback starten

co·median [kə'miːdiən] der Komiker/die Komikerin

come·down ['kʌmdaʊn] *kein Plural* (*umgangsspr*) ① die Enttäuschung ② *in Wertschätzung:* der Abstieg

com·edy ['kɒmədi] ① das Lustspiel, die Komödie ② die komische Geschichte

come-on ['kʌmɒn] ① das Lockmittel ② die Einladung, die Aufforderung

com·et ['kɒmɪt] der Komet

com·fort ['kʌm(p)fət] ① der Trost, die Beruhigung (**to** für) ② der Komfort, die Behaglichkeit; **to live in comfort** in angenehmen Verhältnissen leben

to **com·fort** ['kʌm(p)fət] **to comfort someone** jemanden trösten, jemanden beruhigen

com·fort·able ['kʌm(p)ftəbl̩] ① bequem, gemütlich ② komfortabel, gut eingerichtet ③ *Einkommen:* ausreichend ④ *Patient:* ohne Beschwerden ⑤ **to feel comfortable** sich wohl fühlen; **to make yourself comfortable!** machen Sie sich's bequem!

com·fort·ably ['kʌm(p)ftəbli] ① bequem ② **comfortably operated** leicht [*oder* komfortabel] bedienbar ③ **they are comfortably off** es geht ihnen [finanziell] gut; **to live comfortably** sorgenfrei leben

com·fort·ing ['kʌm(p)fətɪŋ] tröstlich

com·fy ['kʌm(p)fi] (*umgangsspr*) behaglich

com·ic[1] ['kɒmɪk] ① komisch ② spaßig, lustig

com·ic[2] ['kɒmɪk] ① der Komiker/die Komikerin ② das Comicheft

comi·cal ['kɒmɪkᵊl] ① amüsant, lustig ② drollig, komisch

com·ic book das Comicheft

com·ic strip der Comic[strip]

com·ing[1] ['kʌmɪŋ] kommend, [zu]künftig; **in**

the coming week/month kommende Woche/kommenden Monat

com·ing² ['kʌmɪŋ] **coming!** [ich] komme gleich! ▶ WENDUNGEN: **coming of age** das Mündigwerden

com·ma [ˌkɒmə] das Komma

com·mand [kə'mɑːnd] ① der Befehl; **at your command** zu Ihrer Verfügung ② die Befehlsgewalt; **under someone's command** unter jemandes Befehl ③ die Führung ④ **to have a good command of English** gut Englisch können ⑤ die Herrschaft (**of** über)

to **com·mand** [kə'mɑːnd] ① **to command someone to do something** jemandem befehlen, etwas zu tun ② kommandieren, befehligen ③ verfügen über *Gelder, Wortschatz* ④ **to command someone's respect** jemandem Achtung einflößen ⑤ **to command a high price** hoch im Preis stehen

com·mand·er [kə'mɑːndəʳ] der Kommandant/die Kommandantin, der Befehlshaber/die Befehlshaberin

com·mand·ing [kə'mɑːndɪŋ] gebieterisch; **commanding tone** der Befehlston

com·mand·ing of·fic·er **commanding officer** der befehlshabende Offizier/die befehlshabende Offizierin

com·mand·ment [kə'mɑːn(d)mənt] das Gebot; **the Ten Commandments** die Zehn Gebote

to **com·memo·rate** [kə'meməreɪt] **to commemorate someone/something** jemandes/einer Sache gedenken

to **com·mence** [kə'men(t)s] anfangen; **to commence doing something** beginnen, etwas zu tun

to **com·mend** [kə'mend] **to commend someone** jemanden loben (**on** wegen)

com·mend·able [kə'mendəbl̩] empfehlenswert, lobenswert

com·ment ['kɒment] ① die Bemerkung (**on** über); **to make a comment** eine Bemerkung machen ② der Kommentar, die Stellungnahme; **no comment!** kein Kommentar! ③ die Anmerkung

to **com·ment** ['kɒment] ① **to comment on something** etwas kommentieren ② seine Meinung äußern (**on** über)

com·men·tary ['kɒmentəri] ① der Kommentar (**on** zu) ② **running** [*oder* **live**] **commentary** die Live-Reportage

to **com·men·tate** ['kɒmənteɪt] kommentieren

com·men·ta·tor ['kɒmənteɪtəʳ] der Kommentator/die Kommentatorin

com·merce ['kɒmɜːs] der Handel

com·mer·cial¹ [kə'mɜːʃəl] (*Radio, TV*) der Werbespot

com·mer·cial² [kə'mɜːʃəl] ① kaufmännisch, kommerziell, Handels-; **commercial interests** die Geschäftsinteressen ② **commercial television** das kommerzielle Fernsehen, das Privatfernsehen ③ (*abwertend*) *Musik, Film:* kommerziell

com·mis·sion [kə'mɪʃən] ① Auftrag; **by commission** im Auftrag; **to carry out a commission** einen Auftrag ausführen ② Ausschuss; **commission of enquiry** die Untersuchungskommission; **European Commission** die Europäische Kommission ③ *von Waren:* die Bestellung; *von Kunstwerk:* der Auftrag ④ (*beim Verkauf*) die Provision

to **com·mis·sion** [kə'mɪʃən] ① **to commission someone to do something** jemanden beauftragen, etwas zu tun ② **to commission someone** (*beim Militär*) jemanden [zum Offizier] befördern

com·mis·sion·er [kə'mɪʃənəʳ] der/die Beauftragte; **police commissioner** der Polizeipräsident/die Polizeipräsidentin

to **com·mit** [kə'mɪt] <committed, committed> ① begehen *Ehebruch, Verbrechen, Mord* ② **to commit someone for trial** jemanden einem Gericht überstellen; **to have someone committed to an asylum** jemanden in eine Anstalt einweisen lassen ③ **to commit something** etwas festlegen (**to** auf) ④ sich festlegen; **to commit oneself to do** [*oder* **doing**] **something** sich verpflichten, etwas zu tun

com·mit·ment [kə'mɪtmənt] ① die Verpflichtung; **family commitments** die familiären Verpflichtungen ② das Engagement

com·mit·ted [kə'mɪtɪd] engagiert; **she's a committed Christian** sie ist eine überzeugte Christin

com·mit·tee [kə'mɪti] der Ausschuss, das Komitee

> **G** Wenn man von **the committee** im Sinne von einer Einheit spricht, wird es mit einem Verb im Singular gebraucht: *the committee is meeting this afternoon*
> Wenn man jedoch von den einzelnen Gruppenmitgliedern sprechen will, wird **the committee** mit einem Verb im Plural gebraucht: *the committee are unable to agree*

com·mon¹ ['kɒmən] <commoner *oder* more common, commonest *oder* most common> ① gemein[sam]; **common interests** die gemeinsamen Interessen ② allgemein; *Tiere, Vögel, Sitten:* weit verbreitet; **to be common practice** allgemein üblich sein; **it is common knowledge that...** es ist allgemein bekannt, dass... ③ gewöhnlich; **the common people** die einfachen Leute ④ ordinär, niedrig

> **G** **common** kann sowohl mit *-er/-est* als auch mit *more/most* gesteigert werden:
> *cancer is one of the commonest causes of death among this age group;*

C

this type of lizard is more common in Mediterranean countries

com·mon² ['kɒmən] **to have something in common [with someone]** etwas [mit jemandem] gemein haben; **to have interests in common** gemeinsame Interessen haben

com·mon land das Gemeindeland

com·mon·ly ['kɒmənli] gewöhnlich, im Allgemeinen

com·mon·place ['kɒmənpleɪs] alltäglich, uninteressant

com·mon room der Gemeinschaftsraum

Com·mons ['kɒmənz] *mit Singular oder Plural* **the Commons** das Unterhaus

com·mon sense der gesunde Menschenverstand

Com·mon·wealth ['kɒmənwelθ] **the Commonwealth** das Commonwealth

L Das **Commonwealth of Nations** ist eine freiwillige Organisation unabhängiger Staaten, die nach und nach aus dem **British Empire** hervorgegangen ist. 1931 wurde es offiziell mit dem *Statute of Westminster* gegründet. Zu diesem Zeitpunkt waren Kanada, Australien, Südafrika und Neuseeland bereits selbstverwaltet und bildeten zusammen mit dem Vereinigten Königreich die ersten Mitglieder. Die meisten anderen ehemals von Großbritannien regierten Länder haben sich mit ihrer Unabhängigkeit entschieden, dem Commonwealth beizutreten. Heutzutage fördert die Organisation in erster Linie die kulturelle und wirtschaftliche Zusammenarbeit. Die Staatsoberhäupter der Commonwealth-Länder treffen sich alle zwei Jahre.

com·mu·nal ['kɒmjʊnᵊl, kə'mju:-] 1 kommunal, gemeindeeigen 2 öffentlich 3 **communal living** das Gemeinschaftsleben; **communal kitchen** die Gemeinschaftsküche

to **com·mu·ni·cate** [kə'mju:nɪkeɪt] 1 **to communicate something** etwas mitteilen; übermitteln *Nachrichten;* vermitteln *Gefühl* 2 übertragen *Krankheit* (**to** auf) 3 in Verbindung stehen (**with** mit), sich besprechen (**with** mit)

com·mu·ni·ca·tion [kəˌmju:nɪ'keɪʃᵊn] 1 die Verständigung, die Kommunikation; *von Ideen, Information:* die Vermittlung 2 (*Brief, Nachricht*) die Mitteilung (**to** an) 3 *von Krankheit:* die Übertragung 4 die Verbindung; **to be in communication with someone** mit jemandem in Verbindung stehen 5 **means of communication** das Kommunikationsmittel 6 **[tele]communications** das Fernmeldewesen

com·mun·ism ['kɒmjənɪzᵊm] der Kommunismus

com·mun·ist¹ ['kɒmjənɪst] der Kommunist/die Kommunistin

com·mun·ist² ['kɒmjənɪst] kommunistisch

com·mu·nity [kə'mju:nəti] 1 die Gemeinschaft 2 **the community** die Allgemeinheit

G Wenn man von **community** im Sinne von einer Einheit spricht, wird es mit einem Verb im Singular gebraucht: *the internet community is growing constantly*
Wenn man jedoch von den einzelnen Gruppenmitgliedern sprechen will, wird **the community** mit einem Verb im Plural gebraucht: *most of the community are opposed to the plans*

com·mu·nity cen·tre das Gemeindehaus, das Gemeindezentrum

com·mu·nity home das Erziehungsheim

to **com·mute** [kə'mju:t] pendeln

com·mut·er [kə'mju:təʳ] der Pendler/die Pendlerin

com·pact¹ ['kɒmpækt] 1 **powder compact** die Puderdose 2 (USA) der Kompaktwagen

com·pact² ['kɒmpækt] 1 kompakt 2 *Masse:* fest

to **com·pact** ['kɒmpækt] fest zusammenpressen

com·pact disc, com·pact disk [ˌkɒmpækt 'dɪsk] die Compactdisc, die CD; **compact disc** [*oder* **CD**] **player** der CD-Spieler

com·pan·ion [kəm'pænjən] 1 der Begleiter/die Begleiterin, der Gefährte/die Gefährtin; **travelling companion** der Reisebegleiter/die Reisebegleiterin 2 der Freund/die Freundin, der Kamerad/die Kameradin 3 der Gesellschafter/die Gesellschafterin, der Betreuer/die Betreuerin

com·pa·ny ['kʌmpəni] 1 die Gesellschaft, die Begleitung; **to keep someone company** jemandem Gesellschaft leisten; **to be good/bad/poor company** ein guter/schlechter Gesellschafter sein 2 die Gäste; **we're expecting company** wir erwarten Besuch 3 die Handelsgesellschaft, die Firma, das Unternehmen 4 die Schauspieltruppe 5 (*Militär*) die Kompanie ▶ WENDUNGEN: **two's company, three's a crowd** zu zweit ist es gemütlich, ein Dritter stört nur

G Wenn man von **the company** im Sinne von einer Einheit spricht, wird es mit einem Verb im Singular gebraucht: *the company is involved in overseas projects*
Wenn man jedoch von den einzelnen Gruppenmitgliedern sprechen will, wird **the company** mit einem Verb im Plural gebraucht: *his company are considering a number of changes*

com·pa·rable ['kɒmpᵊrəbl̩] vergleichbar (**to/with** mit)

com·para·tive¹ [kəm'pærətɪv] 1 vergleichend 2 relativ

com·para·tive² [kəm'pærətɪv] der Komparativ

com·para·tive·ly [kəm'pærətɪvli] vergleichsweise, verhältnismäßig

to **com·pare** [kəm'peəʳ] 1 vergleichen (**with/to** mit) 2 gleichsetzen, auf eine Stufe stellen (**to** mit) 3 sich vergleichen [lassen] (**with** mit)

com·pari·son [kəm'pærɪsᵊn] der Vergleich (**to/with** mit); **by/in comparison** vergleichsweise; **in comparison with** im Vergleich zu; **there is no comparison between them** sie lassen sich nicht vergleichen

com·part·ment [kəm'pɑːtmənt] ① *im Schrank, Kühlschrank:* das Fach ② *im Zug:* das Abteil

com·pass ['kʌmpəs] <*Plural* compasses> ① der Kompass; **to take a compass reading** den Kompass lesen ② **compasses** ⚠ *Plural,* **a pair of compasses** ein Zirkel

com·pas·sion [kəm'pæʃᵊn] das Mitleid, das Mitgefühl; **to have compassion for someone** Mitleid mit jemandem haben

com·pas·sion·ate [kəm'pæʃᵊnət] mitleid[s]voll, mitfühlend

com·pat·ible [kəm'pætɪbl] ① vereinbar, verträglich (**with** mit) ② passend; *Menschen:* zueinander passend ③ *Geräte:* kompatibel

to **com·pel** [kəm'pel] <compelled, compelled> **to compel someone to do something** jemanden [dazu] zwingen, etwas zu tun

com·pel·ling [kəm'pelɪŋ] ① zwingend ② (*übertragen*) verlockend, unwiderstehlich

to **com·pen·sate** ['kɒmpənseɪt] ① **to compensate someone for something** jemandem etwas ersetzen, jemanden für etwas entschädigen ② ersetzen, vergüten *Schaden;* **she was awarded £1,000 to compensate the damage** sie erhielt £1,000 Schadenausgleich ③ **to compensate for something** etwas ausgleichen [*oder* kompensieren]

com·pen·sa·tion [ˌkɒmpən'seɪʃᵊn] ① die Entschädigung, der Ersatz; **as compensation for** als Ersatz [*oder* Entschädigung] für ② (USA) die Bezahlung, die Entlohnung, der Lohn, das Gehalt

to **com·pete** [kəm'piːt] ① konkurrieren (**for** um); **to compete against/with each other** miteinander konkurrieren, sich gegenseitig Konkurrenz machen ② (*im Sport*) teilnehmen; **to compete for the gold medal** um die Goldmedaille kämpfen; **to compete against/with someone** gegen jemanden antreten, kämpfen

com·pe·tent ['kɒmpɪtᵊnt] ① fähig, befähigt; **[not] competent to do something** [nicht] kompetent, etwas zu tun; *Service, Antwort:* angemessen ② (*juristisch*) zuständig

com·pe·ti·tion [ˌkɒmpə'tɪʃᵊn] ① der Wettbewerb, der Wettkampf; **chess competition** der Schachwettbewerb; *in Zeitungen:* das Preisausschreiben ② die Konkurrenz (**for** um); **to be in competition with** im Wettbewerb stehen mit; **keen competition** der scharfe Wettbewerb, die harte Konkurrenz

com·peti·tive [kəm'petɪtɪv] ① Wettbewerbs-, Konkurrenz-; **competitive spirit** der Wettbewerbsgeist, der Konkurrenzgeist, der Kampfgeist; **competitive sport** der Leistungssport ② konkurrenzfähig

com·peti·tive·ness [kəm'petɪtɪvnəs] die Wettbewerbsfähigkeit

com·peti·tor [kəm'petɪtəʳ] ① der Mitbewerber/die Mitbewerberin ② der Konkurrent/die Konkurrentin ③ der Wettkämpfer/die Wettkämpferin; **to be a competitor** teilnehmen

to **com·pile** [kəm'paɪl] ① zusammentragen *Material* ② zusammenstellen *Liste*

com·pla·cent [kəm'pleɪsᵊnt] selbstzufrieden, selbstgefällig

to **com·plain** [kəm'pleɪn] ① **to complain of something** *Krankheit, Schmerzen:* über etwas klagen ② sich beschweren (**about** über); **stop complaining!** beklag dich nicht dauernd!, hör auf zu jammern!

com·plaint [kəm'pleɪnt] ① die Klage, die Beschwerde; **she has no cause for complaint** sie kann sich nicht beklagen; **to make a complaint against** [*oder* **about**] **someone** sich über jemanden beschweren ② die Beschwerde, die Krankheit; **to have a heart complaint** ein Herzleiden haben

com·ple·ment ['kɒmplɪmənt] die Ergänzung

to **com·ple·ment** ['kɒmplɪmənt] ergänzen, vervollständigen

com·ple·men·tary [ˌkɒmplɪ'mentᵊri] Ergänzungs-, sich ergänzend; **complementary colours** die Komplementärfarben

com·plete [kəm'pliːt] ① vollständig, ganz; **the complete works of Shakespeare** die gesammelten Werke Shakespeares ② völlig; **a complete fool** ein Vollidiot; **complete and utter** total ③ vollendet, fertig ④ **complete with** mitsamt, komplett mit

to **com·plete** [kəm'pliːt] ① beenden, abschließen; **to complete a job** eine Arbeit fertig stellen ② vervollständigen ③ ausfüllen *Formular*

com·plete·ly [kəm'pliːtli] ganz [und gar], vollkommen; **he's completely wrong** er irrt sich gewaltig

com·ple·tion [kəm'pliːʃᵊn] ① der Abschluss; *eines Projekts, einer Arbeit:* die Fertigstellung; **on completion of** bei Beendigung; **on completion of the course you get a certificate** nach Abschluss des Kurses erhalten Sie eine Urkunde; **the work is nearing completion** die Arbeit steht [kurz] vor dem Abschluss ② *eines Formulars:* das Ausfüllen

com·plex ['kɒmpleks] komplex; *Frage, Idee:* vielschichtig; *Problem, System:* kompliziert

com·plex·ion [kəm'plekʃᵊn] ① der Teint, die Gesichtsfarbe ② (*übertragen*) der Aspekt; **that puts a completely different complexion on things** so sehen die Dinge ganz anders aus

com·plex·ity [kəm'pleksəti] die Komplexität, die Kompliziertheit

to **com·pli·cate** ['kɒmplɪkeɪt] komplizieren, [noch] komplizierter machen

com·pli·cat·ed ['kɒmplɪkeɪtɪd] kompliziert,

C

verwickelt

com·pli·ca·tion [ˌkɒmplɪ'keɪʃ^{ə}n] die Komplikation

com·pli·ment ['kɒmplɪmənt] ① das Kompliment; **to pay someone a compliment** jemandem ein Kompliment machen; [give] **my compliments to the chef** mein Lob [*oder* Kompliment] dem Koch ② **compliments** ⚠ *Plural* die Grüße; **with the compliments of the management** mit den besten Empfehlungen der Geschäftsleitung

to **com·pli·ment** ['kɒmplɪmənt] **to compliment something** wegen [*oder* zu] etwas ein Kompliment machen; **to compliment someone on something** jemandem Komplimente wegen [*oder* zu] etwas machen

com·pli·men·tary [ˌkɒmplɪ'ment^{ə}ri] ① Ehren-, Gratis-; **complimentary ticket** die Freikarte, die Ehrenkarte ② schmeichelhaft

to **com·ply** [kəm'plaɪ] einwilligen; **to comply with something** etwas erfüllen; **to comply with instructions/a request** den Anordnungen/einer Bitte nachkommen

com·po·nent [kəm'pəʊnənt] der Bestandteil

to **com·pose** [kəm'pəʊz] ① komponieren *Musik;* aufsetzen, abfassen *Brief;* verfassen *Rede, Gedicht* ② bilden; **to be composed of** bestehen aus ③ sammeln *Gedanken;* **to compose oneself** sich beruhigen, sich fassen

com·posed [kəm'pəʊzd] gefasst, gelassen

com·pos·er [kəm'pəʊzə^r] der Komponist/die Komponistin

com·po·si·tion [ˌkɒmpə'zɪʃ^{ə}n] ① *von Musik:* die Komposition; *eines Briefs:* das Aufsetzen; *eines Gedichts:* das Verfassen ② die Zusammensetzung, die Bildung ③ der [Schul]aufsatz

com·po·sure [kəm'pəʊʒə^r] die Fassung, die [Gemüts]ruhe

com·pound[1] [kəm'paʊnd] ① zusammengesetzt, aus einzelnen Teilen bestehend ② (*in der Mathematik*) **compound fraction** der Doppelbruch ③ (*von Knochen*) **compound fracture** der komplizierte Bruch

com·pound[2] ['kɒmpaʊnd] die Zusammensetzung

to **com·pound** ['kɒmpaʊnd] verschlimmern *Schwierigkeiten, Verletzung*

to **com·pre·hend** [ˌkɒmprɪ'hend] verstehen, einsehen

com·pre·hen·sible [ˌkɒmprɪ'hen(t)səbl̩] verständlich, begreiflich

com·pre·hen·sion [ˌkɒmprɪ'hen(t)ʃ^{ə}n] ① das Verstehen, das Begreifen; **beyond comprehension** unbegreiflich ② das Verständnis (**of** für)

com·pre·hen·sive [ˌkɒmprɪ'hen(t)sɪv] *Angebot, Sammlung:* umfassend

com·pre·hen·sive school (GB) die Gesamtschule

> **L** Die meisten staatlich geführten **secondary schools** (weiterführende Schulen) in Großbritannien sind **comprehensive schools** (Gesamtschulen) für Schüler zwischen 11 und 18 Jahren. An den **comprehensive schools** werden Kinder mit unterschiedlicher Begabung unterrichtet. Das *streaming* (Einteilung in Leistungsgruppen) unterteilt die Kinder jedoch entsprechend ihrer Begabung für verschiedene Fächer in Schuljahresgruppen mit 3, 6 oder sogar 8 Leistungsstufen. Es ist zum Beispiel möglich, in Mathematik in der ersten und in Geschichte in der letzten Gruppe zu sein. Mit 16 machen die meisten Schüler ihre **GCSE**-Prüfung, und diejenigen mit den besten Noten bleiben oft auf der Schule, um mit **A Level**-Kursen weiterzumachen. Andere wiederum entscheiden sich, am **college** weiterzulernen oder beginnen zu arbeiten.

to **com·press** [kəm'pres] zusammendrücken, [zusammen]pressen

to **com·prise** [kəm'praɪz] umfassen, bestehen aus

com·pro·mise ['kɒmprəmaɪz] der/das Kompromiss

to **com·pro·mise** ['kɒmprəmaɪz] ① einen Kompromiss schließen; **to compromise with someone over something** mit jemandem einen Kompromiss über etwas schließen ② **to compromise someone/something** jemanden/etwas kompromittieren; **to compromise one's reputation** seinem guten Ruf schaden

com·pul·sion [kəm'pʌlʃ^{ə}n] der Zwang

com·pul·sive [kəm'pʌlsɪv] Zwangs-, zwingend

com·pul·so·ry [kəm'pʌls^{ə}ri] obligatorisch; **compulsory subject** das Pflichtfach

to **com·pute** [kəm'pjuːt] berechnen, errechnen

com·put·er [kəm'pjuːtə^r] der Computer, der Rechner

com·put·er-aid·ed, **com·put·er-as·sist·ed** computergestützt

com·put·er-ani·mat·ed computeranimiert

com·put·er game das Computerspiel

com·put·er graph·ics *Plural* die Computergrafik

to **com·put·er·ize** [kəm'pjuːt^{ə}raɪz] auf Computer umstellen *Firma, Methode;* in einen Computer eingeben *Daten*

com·put·er net·work das Computernetzwerk

com·put·er pro·gram·mer der Programmierer/die Programmiererin

com·put·er sci·ence die Informatik

com·put·er sci·en·tist der Informatiker/die Informatikerin

com·put·er vi·rus das Computervirus

to **con** [kɒn] <conned, conned> (*umgangsspr*) **to con someone** jemanden übers Ohr hauen

con [kɒn] ① der Schwindel, der Betrug ② **pros and cons** Für und Wider; **to weigh up the pros and cons** Pro und Kontra abwägen

to **con·ceal** [kən'siːl] verstecken, verbergen (**from** vor)

to **con·cede** [kən'siːd] ① **to concede that...** einräumen/zugeben, dass... ② zugestehen; **to concede a point** in einem Punkt nachgeben; **to concede victory** sich geschlagen geben ③ abtreten *Recht, Land*

con·ceit·ed [kən'siːtɪd] eingebildet

con·ceiv·able [kən'siːvəbl̩] denkbar, vorstellbar

to **con·ceive** [kən'siːv] ① schwanger werden ② (*übertragen*) **to conceive of something** sich etwas vorstellen

to **con·cen·trate** ['kɒn(t)sᵊntreɪt] ① sich konzentrieren (**upon/on** auf); **to concentrate all one's energies on something** sich ganz auf etwas konzentrieren ② **to concentrate on doing something** sich darauf konzentrieren, etwas zu tun

con·cen·trate ['kɒn(t)sᵊntreɪt] das Konzentrat

con·cen·trat·ed ['kɒn(t)sᵊntreɪtɪd] konzentriert

con·cen·tra·tion [ˌkɒn(t)sᵊn'treɪʃᵊn] die Konzentration; **lacking in concentration** unkonzentriert

con·cept ['kɒnsept] der Begriff, die Vorstellung

F Nicht verwechseln mit **Konzept** (das) = *(für Aufsatz)* rough copy!

to **con·cern** [kən'sɜːn] ① **it concerns...** es handelt von...; **the essay concerns love** in diesem Aufsatz geht es um die Liebe ② **to concern someone/something** jemanden/etwas betreffen [*oder* angehen]; **to whom it may concern** (*im Brief*) an die zuständige Stelle; **as concerns ...** was ... betrifft ③ **it concerns me** es beunruhigt mich

con·cern [kən'sɜːn] ① das Geschäft, das Unternehmen ② die Angelegenheit, die Sache; **that is no concern of yours** das geht Sie nichts an ③ die Sorge, die Besorgnis (**over** wegen); **with deep concern** sehr besorgt

con·cerned [kən'sɜːnd] ① beteiligt (**in/with** an); **all concerned** alle Beteiligten; **the people concerned** die Betroffenen; **as far as I am concerned** was mich angeht, von mir aus ② besorgt (**about/at** wegen); **I was concerned at the news** die Nachricht beunruhigte mich

con·cern·ing [kən'sɜːnɪŋ] bezüglich, in Bezug auf

con·cert ['kɒnsət] ① das Konzert; **concert hall** der Konzertsaal ② (*übertragen*) **to work in concert with** zusammenarbeiten mit

con·cert·ed [kən'sɜːtɪd] gemeinsam, konzertiert

con·ces·sion [kən'seʃᵊn] ① die [behördliche] Konzession ② das Zugeständnis; **to make concessions to someone** jemandem Zugeständnisse machen

con·cise [kən'saɪs] kurz [und bündig], knapp; **to be concise** sich knapp fassen

to **con·clude** [kən'kluːd] ① beenden, schließen *Meeting, Rede;* abschließen *Vertrag* ② schließen, folgern (**from** aus); **what did you conclude?** was haben Sie daraus gefolgert? ③ *Geschichte, Film:* enden, aufhören

con·clud·ing [kən'kluːdɪŋ] abschließend, Schluss-

con·clu·sion [kən'kluːʒᵊn] ① der Schluss; **in conclusion** schließlich, zum Abschluss ② *eines Vertrags:* der Abschluss ③ die Schlussfolgerung, die Folgerung; **to draw the conclusion from** den Schluss, die Folgerung ziehen aus; **to come to a conclusion** zu einem Ergebnis kommen

con·clu·sive [kən'kluːsɪv] ① endgültig ② *Beweis:* eindeutig, schlüssig

con·crete¹ ['kɒŋkriːt] ① Beton- ② (*übertragen*) real, konkret

con·crete² ['kɒŋkriːt] der Beton; **concrete mixer** die Betonmischmaschine

con·cur·rent [kən'kʌrᵊnt] ① gleichzeitig, zusammentreffend ② übereinstimmend

con·cus·sion [kən'kʌʃᵊn] die Gehirnerschütterung

to **con·demn** [kən'dem] ① **to condemn someone** jemanden verurteilen, verdammen ② (*juristisch*) verurteilen (**to** zu); **to condemn someone to death** jemanden zum Tode verurteilen

con·dem·na·tion [ˌkɒndem'neɪʃᵊn] die Verdammung, die Verurteilung

con·den·sa·tion [ˌkɒnden'seɪʃᵊn] ① die Kondensation ② das Kondensat ③ das Kondenswasser

to **con·dense** [kən'den(t)s] ① (*wissenschaftlich*) kondensieren ② **condensed milk** die Kondensmilch, die Büchsenmilch ③ (*übertragen*) zusammenfassen *Bericht, Rede*

to **con·de·scend** [ˌkɒndɪ'send] sich herablassen; **to condescend to do something** sich dazu herablassen, etwas zu tun

con·de·scend·ing [ˌkɒndɪ'sendɪŋ] herablassend

con·di·tion [kən'dɪʃᵊn] ① die Bedingung (**of** für), die Voraussetzung (**of** für); **on condition that ...** unter der Voraussetzung, dass ...; **on** [*oder* **under**] **no condition** unter keinen Umständen, auf keinen Fall ② der Zustand; **in good condition** in gutem Zustand, gut erhalten; **out of condition** in schlechtem Zustand ③ (*Mensch*) **to be in good condition** gut in Form sein; **to be in/out of condition** eine gute/keine Kondition haben; **to have a heart condition** ein Herzleiden haben ④ **conditions** die Zustände, die Verhältnisse; **living/working conditions** die Wohn-/Arbeitsbedingungen

to **con·di·tion** [kən'dɪʃᵊn] gewöhnen (**to** an)

con·di·tion·al [kən'dɪʃᵊnᵊl] ① bedingt (**on** durch), abhängig (**on** von) ② (*Grammatik*) konditional, Konditional-; **conditional clause** der Konditionalsatz, der Bedingungssatz

con·di·tion·al·ly [kən'dɪʃᵊnᵊli] unter Vorbehalt

con·di·tioned [kən'dɪʃᵊnd] konditioniert; *Verhalten:* anerzogen

con·di·tion·er [kən'dɪʃᵊnəʳ] die Spülung

con·dom ['kɒndɒm] das Kondom

con·do·min·ium [ˌkɒndə'mɪniəm] (USA) die Eigentumswohnung

to **con·duct** [kən'dʌkt] ① leiten; führen *Gespräch, Geschäft* ② dirigieren *Orchester, Chor* ③ leiten *Strom* ④ **to conduct oneself** sich betragen, sich benehmen

con·duct [kən'dʌkt] ① *eines Unternehmens:* die Führung, die Leitung ② *eines Menschen:* das Verhalten, das Betragen

con·duc·tor [kən'dʌktəʳ] ① *von Orchester, Chor:* der Dirigent/die Dirigentin ② **bus/tram conductor** der Schaffner/die Schaffnerin ③ (USA) der Zugführer/die Zugführerin ④ (*Physik*) der Leiter; **lightning conductor** der Blitzableiter

cone [kəʊn] ① der Kegel; **traffic cone** der Kegel ② **ice-cream cone** die Eistüte ③ der [Tannen]zapfen

con·fec·tion·ery [kən'fekʃᵊnᵊʳi] die Süßwaren

con·fed·era·tion [kənˌfedəreɪʃᵊn] *mit Singular oder Plural von Nationen:* der Bund; *von Firmen:* der Verband

> **L** Der **Confederation Day** oder **Canada Day** ist der Nationalfeiertag Kanadas und wird am 1. Juli gefeiert.

to **con·fer** [kən'fɜːʳ] <conferred, conferred> ① **to confer a title on** [*oder* **upon**] **someone** jemandem einen Titel verleihen ② **to confer with someone** sich mit jemandem beraten

con·fer·ence ['kɒnfᵊrᵊn(t)s] ① die Tagung, die Konferenz ② die Besprechung, die Unterredung; **to be in conference** bei einer Besprechung sein

con·fer·ence call die Konferenzschaltung

to **con·fess** [kən'fes] ① **to confess to something** etwas bekennen [*oder* gestehen]; **to confess one's feelings to someone** jemandem seine Gefühle gestehen ② seine Schuld [*oder* seinen Fehler] eingestehen ③ **I must confess** ich muss zugeben ④ (*in der Kirche*) beichten

con·fes·sion [kən'feʃᵊn] ① das Bekenntnis, das Geständnis; **I have a confession to make** ich muss dir etwas gestehen ② (*in der Kirche*) die Beichte ③ (*Religionszugehörigkeit*) das Bekenntnis, die Konfession

to **con·fide** [kən'faɪd] **to confide something to someone** jemandem etwas anvertrauen; **to confide in someone** sich jemandem anvertrauen

con·fi·dence ['kɒnfɪdᵊn(t)s] ① das Vertrauen (**in** zu); **to take someone into one's confidence** jemanden ins Vertrauen ziehen ② **[self-] confidence** die Selbstsicherheit ③ die vertrauliche Mitteilung; **in strict confidence** streng vertraulich

con·fi·dent ['kɒnfɪdᵊnt] ① überzeugt (**of** von), sicher, zuversichtlich (**of** dass) ② selbstsicher

con·fiden·tial [ˌkɒnfɪ'dən(t)ʃᵊl] *Mitteilung:* vertraulich

con·fi·den·tial·ly [ˌkɒnfɪ'dən(t)ʃᵊli] im Vertrauen

to **con·fig·ure** [kən'fɪgəʳ] konfigurieren

to **con·fine** [kən'faɪn] ① **to confine someone/something to something** jemanden/etwas auf etwas beschränken; **to confine oneself to doing something** sich darauf beschränken, etwas zu tun ② einsperren, gefangen halten (**in/to** in); **to be confined to one's bed** ans Bett gefesselt sein

con·fine·ment [kən'faɪnmənt] ① die Gefangenschaft; *in ein Krankenhaus:* die Einweisung ② (*bei Geburt*) die Entbindung

to **con·firm** [kən'fɜːm] ① **to confirm something** etwas bestätigen; **to confirm one's suspicions** sich in seinem Verdacht bestätigt sehen ② **to confirm someone** jemanden konfirmieren, jemanden firmen

con·fir·ma·tion [ˌkɒnfə'meɪʃᵊn] ① die Bestätigung ② die Konfirmation, die Firmung

con·firmed [kən'fɜːmd] überzeugt; **confirmed bachelor** der eingefleischte Junggeselle

to **con·fis·cate** ['kɒnfɪskeɪt] beschlagnahmen

con·flict ['kɒnflɪkt] der Konflikt, der Widerstreit; **to be in conflict with someone/something** im Widerspruch zu jemandem/etwas stehen; **conflict of interests** der Interessenkonflikt

to **con·flict** [kən'flɪkt] kollidieren (**with** mit), im Widerspruch stehen (**with** zu); **their statements conflicted with each other** ihre Aussagen standen im Widerspruch zueinander

con·flict·ing [kən'flɪktɪŋ] *Gefühle:* widersprüchlich

to **con·form** [kən'fɔːm] ① übereinstimmen (**to** mit); **to not conform to the regulations** den Vorschriften nicht entsprechen ② sich anpassen (**to** an)

to **con·front** [kən'frʌnt] ① **to confront someone with something** jemanden mit etwas konfrontieren ② **to confront someone/something** jemandem/einer Sache entgegentreten

to **con·fuse** [kən'fjuːz] ① durcheinanderbringen; **to confuse the issue** den Sachverhalt unklar machen ② **to confuse someone with someone** jemanden mit jemandem verwechseln

con·fused [kən'fjuːzd] ① *Mensch:* verwirrt ② *Lage:* verworren, unklar

con·fus·ing [kən'fjuːzɪŋ] verwirrend

con·fu·sion [kən'fjuːʒᵊn] ① die Verwirrung, das

Durcheinander; **to throw everything into confusion** alles durcheinanderbringen ② (*Emotionen*) die Verwirrtheit ③ (*zwischen zwei Sachen*) die Verwechs[e]lung ④ die Verlegenheit

con·gen·ial [kən'dʒiːnɪəl] *Mensch, Stimmung:* angenehm

con·gest·ed [kən'dʒestɪd] ① *Straße:* verstopft ② *Stadtviertel:* sehr dicht besiedelt ③ *Nase:* verstopft

con·ges·tion [kən'dʒestʃən] *kein Plural* ① die Überfüllung ② (*Verkehr*) der Stau

con·ges·tion charge ≈ die City-Maut

L Die **congestion charge** wurde im Februar 2003 eingeführt. Sie ist das erste großflächige Mautprojekt Großbritanniens. Im Londoner Zentrum wird sie von Montag bis Freitag erhoben. Die Gebühren können an Tankstellen, in manchen Läden, bei der Post, online, telefonisch oder per SMS bezahlt werden.
Diese Maßnahme soll den Verkehr in der Innenstadt entlasten und soll bewirken, dass Verkehrsteilnehmer verstärkt auf das eigene Auto verzichten und auf umweltfreundlichere Alternativen (wie zum Beispiel öffentlicher Nahverkehr oder das Fahrrad) zurückgreifen.

con·glom·er·ate [kən'glɒmərеɪt] das Konglomerat

to **con·gratu·late** [kən'grætʃʊleɪt] **to congratulate someone** jemandem gratulieren (**on** zu)

con·gratu·la·tions [kən,grætʃʊ'leɪʃənz] *Plural* **congratulations!** gratuliere!, Glückwunsch!; **congratulations on passing the exam!** ich gratuliere zum bestandenen Examen!

to **con·gre·gate** ['kɒŋgrɪgeɪt] zusammenkommen, sich versammeln (**round** um)

con·gre·ga·tion [,kɒŋgrɪ'geɪʃən] die [Kirchen]gemeinde

con·gress ['kɒŋgres] der Kongress, die Tagung; **Congress** (USA) der Kongress

con·gress·man ['kɒŋgresmən] <*Plural* congressmen> der Kongressabgeordnete

con·gress·wom·an ['kɒŋgreswʊmən, *Plural* 'kɒŋgreswɪmɪn] <*Plural* congresswomen> die Kongressabgeordnete

coni·cal ['kɒnɪkəl] konisch, kegelförmig

co·ni·fer ['kɒnɪfəʳ] der Nadelbaum

co·nif·er·ous [kə(ʊ)'nɪfərəs] Nadel-; **coniferous tree** der Nadelbaum

to **con·ju·gate** ['kɒndʒʊgeɪt] konjugiert werden; **to conjugate a verb** ein Verb konjugieren

con·junc·tion [kən'dʒʊŋkʃən] ① die Verbindung; **in conjunction with someone/something** in Verbindung mit jemandem/etwas ② (*Grammatik*) das Bindewort

con·junc·ti·vi·tis [kən,dʒʊŋ(k)tɪ'vaɪtɪs] die Bindehautentzündung

to **con·jure** ['kʌndʒəʳ] zaubern
◆ to **conjure up** hervorzaubern; (*übertragen*) heraufbeschwören, beschwören *Geister*

con·jur·er ['kʌndʒərəʳ] der Zauberkünstler/die Zauberkünstlerin, der Zauberer/die Zauberin

con·jur·ing ['kʌndʒərɪŋ] das Zaubern, die Zauberei

con·jur·ing trick das Zauberkunststück

con·juror ['kʌndʒərəʳ] der Zauberkünstler/die Zauberkünstlerin, der Zauberer/die Zauberin

conk·er ['kɒŋkəʳ] die Rosskastanie

to **conk out** (*umgangsspr*) ① versagen; *Auto:* stehen bleiben ② *Mensch:* umkippen, sterben

con man ['kɒnmæn] <*Plural* conmen> der Schwindler, der Hochstapler

to **con·nect** [kə'nekt] ① **to connect someone/something** jemanden/etwas verbinden (**with** mit); anschließen *Telefon* (**with** an); **I'll connect you** ich verbinde ② **to connect something** etwas koppeln, kuppeln (**to/with** mit), etwas anschalten/einschalten ③ (*übertragen*) in Verbindung bringen; **these things are connected in my mind** diese Dinge gehören für mich zusammen; **to be connected with** in Verbindung stehen mit ④ in Verbindung stehen (**with** mit) ⑤ *Zug:* Anschluss haben (**with** an)

con·nect·ed [kə'nektɪd] ① verbunden ② *Mensch:* verwandt ③ (*übertragen*) zusammenhängend, logisch aufgebaut

con·nect·ing [kə'nektɪŋ] **connecting flight** der Anschlussflug

con·nec·tion [kə'nekʃən] ① die Verbindung ② (*Telefon, Zug*) der Anschluss; **to miss/catch a connection** einen Anschluss verpassen/erreichen ③ der Zusammenhang; **in connection with** im Zusammenhang mit, in Bezug auf ④ **connection[s]** Beziehungen (**with** zu)

con·nec·tiv·ity [,kɒnek'tɪvəti] die Netzwerkfähigkeit

to **con·quer** ['kɒŋkəʳ] ① erobern *Land;* besiegen *Gegner* ② bewältigen, überwinden *Schwierigkeiten;* bezwingen *Neugier, Schmerz*

con·science ['kɒn(t)ʃən(t)s] das Gewissen; **to have something on one's conscience** etwas auf dem Gewissen haben; **to have a clear/guilty conscience** ein gutes/schlechtes Gewissen haben

con·sci·en·tious [,kɒn(t)ʃiː'en(t)ʃəs] gewissenhaft

con·sci·en·tious ob·jec·tor der Kriegsdienstverweigerer/die Kriegsdienstverweigerin, der Wehrdienstverweigerer/die Wehrdienstverweigerin

con·scious ['kɒn(t)ʃəs] ① bewusst; **to be conscious of something** sich einer Sache bewusst sein ② absichtlich; *Entscheidung, Tat:* vorsätzlich ③ **he is [fully] conscious** er ist bei [vollem] Bewusstsein

con·scious·ness ['kɒn(t)ʃəsnəs] ① das Bewusstsein; **to lose/regain consciousness** das Bewusstsein verlieren/wiedererlangen ② das Wissen (**of** um)

con·scrip·tion [kən'skrɪpʃən] ① die Einberufung ② die Wehrpflicht

con·secu·tive [kən'sekjʊtɪv] aufeinanderfolgend, fortlaufend; **on three consecutive days** drei Tage hintereinander

C

to **con·sent** [kən'sent] einwilligen (**to** in), einverstanden sein (**to** mit)

con·sent [kən'sent] die Einwilligung (**to** in), das Einverständnis (**to** zu); **to give one's consent to something** seine Zustimmung zu etwas erteilen

con·se·quence ['kɒn(t)sɪkwən(t)s] ① die Konsequenz, das Ergebnis; **in consequence** folglich; **in consequence of** infolge; **to be the consequence of something** die Folge einer Sache sein ② die Bedeutung, die Wichtigkeit; **of consequence** bedeutend, wichtig (**to** für); **of no consequence** unwichtig, unbedeutend

con·se·quent·ly ['kɒn(t)sɪkwəntli] folglich

con·ser·va·tion [ˌkɒn(t)sə'veɪʃən] ① die Erhaltung ② der Umweltschutz, der Naturschutz; **conservation area** das Naturschutzgebiet, unter Denkmalschutz stehendes Gebiet

con·serva·tive [kən'sɜːvətɪv] ① konservativ, vorsichtig, zurückhaltend ② **the Conservative Party** (GB) die Konservative Partei

Con·serva·tive [kən'sɜːvətɪv] (GB) (*in der Politik*) der/die Konservative

con·serva·tory [kən'sɜːvətri] ① der Wintergarten ② (USA) das Konservatorium

to **con·serve** [kən'sɜːv] ① erhalten, bewahren, konservieren ② sparen *Kräfte*

to **con·sid·er** [kən'sɪdəʳ] ① betrachten, erwägen; **she's considering her position** sie zieht ihre Stelle in Erwägung ② überlegen, prüfen *Idee, Angebot;* **I'll have to consider it** ich muss mir das überlegen ③ berücksichtigen, bedenken *Kosten, Schwierigkeiten;* **all things considered** wenn man alles in Betracht zieht ④ betrachten als; **I consider him to be a friend** ich halte ihn für einen Freund ⑤ denken an; **consider Anne** denken Sie an Anne ⑥ **I consider that...** ich bin der Auffassung, dass...

con·sid·er·able [kən'sɪdərəbl̩] beachtlich, beträchtlich

con·sid·er·ate [kən'sɪdərət] rücksichtsvoll, aufmerksam (**to/towards** gegenüber)

con·sid·era·tion [kənˌsɪdər'eɪʃən] ① die Überlegung; **I'll give it my consideration** ich werde es mir überlegen ② die Rücksicht (**for/of** auf); **out of consideration for** mit Rücksicht auf ③ **to take something into consideration** etwas in Betracht ziehen [*oder* berücksichtigen]; **in consideration of** im Hinblick auf, mit Rücksicht auf ④ **of no consideration** [**at all**] [völlig] belanglos [*oder* unerheblich]

con·sid·ered [kən'sɪdəd] überlegt

con·sid·er·ing [kən'sɪdərɪŋ] ① in Anbetracht; **considering that...** wenn man bedenkt, dass... ② **... considering** wenn man... bedenkt ③ **yes it is, considering** ja, eigentlich schon

to **con·sist** [kən'sɪst] **to consist of** bestehen aus; **to consist in** bestehen in

con·sist·en·cy [kən'sɪstən(t)si] ① *von Meinung:* die Übereinstimmung, die Folgerichtigkeit ② *einer Masse:* die Dichte, die Konsistenz

con·sist·ent [kən'sɪstənt] ① *Meinung:* übereinstimmend (**with** mit) ② *Qualität, Leistung:* beständig, gleich bleibend ③ **to be consistent about something** konsequent in etwas sein

con·so·la·tion [ˌkɒnsə'leɪʃən] der Trost; **consolation prize** der Trostpreis

to **con·sole** [kən'səʊl] **to console someone** jemanden trösten

con·sole ['kɒnsəʊl] (*im Musikstudio*) das Schaltpult

to **con·soli·date** [kən'sɒlɪdeɪt] ① **to consolidate something** etwas stärken [*oder* festigen] ② sich zusammenschließen

con·soli·da·tion [kənˌsɒlɪ'deɪʃən] ① die Festigung ② *von Firmen:* der Zusammenschluss

con·so·nant ['kɒn(t)sənənt] der Konsonant

con·spicu·ous [kən'spɪkjuːəs] auffallend; **to be conspicuous by one's absence** durch Abwesenheit glänzen

con·spira·cy [kən'spɪrəsi] die Verschwörung, das Komplott

con·sta·ble ['kʌn(t)stəbl̩] der Polizist/die Polizistin

con·stant ['kɒn(t)stənt] ① ständig, ununterbrochen ② gleich bleibend; **constant temperature** die konstante Temperatur ③ **constant companion** der treue Gefährte/die treue Gefährtin

con·stant·ly ['kɒn(t)stəntli] [be]ständig, unaufhörlich

con·stitu·en·cy [kən'stɪtjuən(t)si] (*Wahlbezirk*) der Wahlkreis; (*Wähler*) die Wählerschaft eines Wahlkreises

con·sti·tu·tion [ˌkɒn(t)stɪ'tjuːʃən] ① die Verfassung, das Grundgesetz, die Satzung ② die Zusammensetzung, die Struktur ③ die Gesundheit, die Konstitution ④ *eines Komitees:* die Einrichtung

con·sti·tu·tion·al [ˌkɒn(t)stɪ'tjuːʃənəl] ① Verfassungs-; *Regierung, Vorgang:* verfassungsmäßig; **it's not constitutional** das ist verfassungswidrig ② (*in der Medizin*) konstitutionell

to **con·strain** [kən'streɪn] zwingen

to **con·strict** [kən'strɪkt] ① **to constrict something** etwas einengen ② beschränken *Aktivitäten, Lebensstil* ③ *Muskel:* zusammenziehen

to **con·struct** [kən'strʌkt] ① aufbauen; erbauen *Gebäude* ② (*übertragen*) aufbauen; entwickeln

Theorie

con·struc·tion [kən'strʌkʃən] ① das Gebäude, der Bau, das Bauwerk ② der Bau; **construction work** die Bauarbeiten; **to be under** [*oder* **in course of**] **construction** im Bau sein ③ **sentence construction** die Satzstellung

con·struc·tive [kən'strʌktɪv] konstruktiv

con·sul ['kɒn(t)səl] der Konsul

con·sulate ['kɒn(t)sjulət] das Konsulat

to **con·sult** [kən'sʌlt] ① **to consult someone** jemanden um Rat fragen [*oder* zu Rate ziehen]; **to consult a doctor** einen Arzt zu Rate ziehen ② nachschlagen in *Buch, Liste* ③ sich beraten; **to consult with someone about something** sich mit jemandem über etwas beraten

con·sult·ant [kən'sʌltənt] ① der Berater/die Beraterin ② der Facharzt/die Fachärztin

con·sult·ing [kən'sʌltɪŋ] beratend; **consulting room** das Sprechzimmer

to **con·sume** [kən'sju:m] ① konsumieren; verzehren *Nahrung* ② aufbrauchen; verbrauchen *Geld, Kraft;* in Anspruch nehmen *Zeit;* **to be consumed with desire/jealousy** von Begierde/Eifersucht verzehrt werden ③ zerstören, vernichten; verzehren *Feuer*

con·sum·er [kən'sju:məʳ] der Verbraucher/die Verbraucherin; **consumer protection** der Verbraucherschutz

con·sump·tion [kən'sʌm(p)ʃən] der Verbrauch, der Konsum (**of** an); **fuel consumption** der Brennstoffverbrauch

con·tact ['kɒntækt] ① der Kontakt, die Berührung; **to make contact** sich berühren ② (*Strom*) Kontakt; **to make/break a contact** einen Kontakt herstellen/unterbrechen ③ (*übertragen*) die Verbindung (**with** zu), die Beziehung (**with** zu); **to be in contact with someone** mit jemandem in Verbindung stehen; **I'll get in contact** ich melde mich ④ die Kontaktperson

to **con·tact** ['kɒntækt] **to contact someone** sich mit jemandem in Verbindung setzen, sich an jemanden wenden; **to try to contact someone** versuchen, jemanden zu erreichen

con·tact lens die Kontaktlinse

con·ta·gious [kən'teɪdʒəs] (*auch übertragen*) ansteckend

to **con·tain** [kən'teɪn] ① **to contain something** etwas enthalten ② **to contain something** etwas [um]fassen [*oder* einschließen] ③ beherrschen, zügeln *Gefühl;* **she could hardly contain herself** sie konnte sich kaum beherrschen ④ in Grenzen halten *Krankheit*

con·tain·er [kən'teɪnəʳ] ① der Behälter, das Gefäß ② der Container

to **con·tami·nate** [kən'tæmɪneɪt] ① verschmutzen, verunreinigen ② (*radioaktiv*) verseuchen

con·tami·na·tion [kən,tæmɪ'neɪʃən] ① die Verschmutzung, die Verunreinigung ② die Verseuchung

to **con·tem·plate** ['kɒntəmpleɪt] ① betrachten ② **to contemplate something** über etwas nachdenken ③ **to contemplate doing something** daran denken, etwas zu tun

con·tem·pla·tion [,kɒntəm'pleɪʃən] ① die Betrachtung ② das Nachdenken (**of** über)

con·tem·po·rary[1] [kən'tempərəri] ① gleichzeitig; *Literatur, Autor:* zeitgenössisch ② modern; **contemporary art** die moderne Kunst

con·tem·po·rary[2] [kən'tempərəri] der Zeitgenosse/die Zeitgenossin, der Altersgenosse/die Altersgenossin

con·tempt [kən'tem(p)t] ① die Verachtung ② **contempt of court** die Missachtung des Gerichts

to **con·tend** [kən'tend] ① (*im Wettbewerb*) kämpfen (**for** um) ② **to contend that...** behaupten, dass...

◆ to **con·tend with** fertig werden mit *Schwierigkeiten, Umständen;* **to have a lot to contend with** viel um die Ohren haben

con·tent[1] ['kɒntent] ① **contents** ⚠ *Plural* der Inhalt; **table of contents** das Inhaltsverzeichnis ② *einer Substanz:* der Gehalt

con·tent[2] [kən'tent] zufrieden (**with** mit); **to be content to do something** bereit sein, etwas zu tun

to **con·tent** [kən'tent] **to content oneself with something** mit etwas zufrieden sein, sich mit etwas begnügen

con·tent·ed [kən'tentɪd] zufrieden (**with** mit)

con·ten·tious [kən'ten(t)ʃəs] umstritten

con·tent·ment [kən'tentmənt] die Zufriedenheit

to **con·test** [kən'test] ① bestreiten *Behauptung;* anfechten *Wahl* ② kämpfen um (**against** gegen); **to contest a seat** um einen Wahlkreis kämpfen

con·test ['kɒntest] ① der Kampf, der Streit ② der Wettkampf, der Wettstreit (**for** um)

con·test·ant [kən'testənt] ① der [Wettkampf]teilnehmer/die [Wettkampf]teilnehmerin ② der [Mit]bewerber/die [Mit]bewerberin

con·text ['kɒntekst] der Zusammenhang, der Kontext; **in/out of context** im/ohne Kontext; **in this context** in diesem Zusammenhang

con·ti·nent ['kɒntɪnent] das Festland, der Kontinent; **the Continent** Kontinentaleuropa

con·ti·nent·al [,kɒntɪ'nentəl] kontinental, europäisch

con·tin·ual [kən'tɪnjuəl] ständig, unaufhörlich

con·tin·ual·ly [kən'tɪnjuəli] immer wieder, ohne Unterbrechung

con·tinu·ation [kən,tɪnju'eɪʃən] ① die Fortsetzung, die Weiterführung ② die Fortdauer, der Fortbestand

to **con·tinue** [kən'tɪnju] ① fortsetzen; weiterma-

C

chen mit *Tätigkeit;* **to continue to read** weiterlesen; **to be continued** Fortsetzung folgt; **continued on p.12** weiter auf Seite 12; **to continue to do something** etwas weiterhin tun ② nicht aufhören, andauern; **the sunny weather continued** es blieb weiterhin sonnig; **to continue with something** mit etwas fortfahren ③ weiterhin sein, sich weiterhin befinden; **to continue in office** im Amt verbleiben; **to continue in power** an der Macht bleiben ④ **to continue on** [**one's way**] weiterfahren, weiterreisen

con·tinu·ous [kənˈtɪnjuəs] ① ununterbrochen, ständig ② kontinuierlich ③ (*Grammatik*) **continuous form** die Verlaufsform

con·tour [ˈkɒntʊəʳ] die Kontur

contra·cep·tion [ˌkɒntrəˈsepʃᵊn] die Empfängnisverhütung

contra·cep·tive[1] [ˌkɒntrəˈseptɪv] empfängnisverhütend

contra·cep·tive[2] [ˌkɒntrəˈseptɪv] das Verhütungsmittel

con·tract [ˈkɒntrækt] der Vertrag, das Abkommen; **to enter into** [*oder* **make**] **a contract** einen Vertrag abschließen

to **con·tract** [kənˈtrækt] ① *Muskel:* [sich] zusammenziehen; *Pupillen:* sich verengen ② sich zuziehen *Krankheit;* **to contract something from someone** sich bei jemandem mit etwas anstecken ③ **to contract to do something** sich vertraglich verpflichten, etwas zu tun

con·trac·tion [kənˈtrækʃᵊn] ① die Zusammenziehung; *von Pupille:* die Verengung ② (*bei Geburt*) die Wehe ③ die Erkrankung (**of** an)

to **contra·dict** [ˌkɒntrəˈdɪkt] ① **to contradict someone** jemandem widersprechen ② **to contradict someone/something** zu jemandem/zu einer Sache im Widerspruch stehen

contra·dic·tion [ˌkɒntrəˈdɪkʃᵊn] der Widerspruch, die Widerrede

contra·dic·tory [ˌkɒntrəˈdɪktᵊri] [sich] widersprechend, widerspruchsvoll

con·tra·ry[1] [ˈkɒntrᵊri] ① entgegengesetzt; **contrary to** im Gegensatz zu; **contrary to nature** wider die Natur; **contrary to expectations** wider Erwarten ② *Mensch:* widerspenstig

con·tra·ry[2] [kənˈtreəri] das Gegenteil (**to** von); **on the contrary** im Gegenteil

to **con·trast** [kənˈtrɑːst] ① *Farbe, Stil:* sich [stark] abheben (**with** von), abstechen (**with** von/gegen) ② im Gegensatz stehen (**with** zu) ③ **to contrast something with something** etwas mit etwas vergleichen, etwas einer Sache gegenüberstellen

con·trast [ˈkɒntrɑːst] der Gegensatz (**to** zu), der Kontrast; **she's such a contrast to her brother** sie ist ganz anders als ihr Bruder; **in contrast to/with** im Gegensatz zu

to **con·trib·ute** [kənˈtrɪbjuːt] ① beitragen, mitwirken (**to** bei) ② spenden; **to contribute to charity** für die Wohlfahrt spenden ③ **to contribute to a newspaper** für eine Zeitung schreiben

con·tri·bu·tion [ˌkɒntrɪˈbjuːʃᵊn] ① der Beitrag (**to** zu) ② die Spende

con·tribu·tor [kənˈtrɪbjuːtəʳ] ① der Spender/die Spenderin ② der Mitarbeiter/die Mitarbeiterin

con·tribu·tory [kənˈtrɪbjuːtᵊri] **a contributory factor** ein Faktor, der zu etwas beiträgt

to **con·trol** [kənˈtrəʊl] <controlled, controlled> ① beherrschen, Kontrolle haben über; zügeln, mäßigen *Zorn;* **to control oneself** sich beherrschen ② leiten, führen *Geschäft;* regeln *Verkehr* ③ beaufsichtigen, überwachen *Arbeit;* regulieren *Temperatur*

con·trol [kənˈtrəʊl] ① die Herrschaft, die Kontrolle (**of** über); **to lose control of** [*oder* **over**] die Kontrolle verlieren über; **to gain control over, to get control of** die Herrschaft gewinnen über; **to bring** [*oder* **get**] **under control** unter Kontrolle bringen ② *von Gefühlen:* die Beherrschung; **to lose control** [**of oneself**] die Selbstbeherrschung verlieren ③ die Aufsicht (**of/over** über); *einer Arbeit:* die Überwachung ④ *eines Geräts:* der Regler, der Schalter

con·trol desk das Schaltpult, das Regiepult

con·trolled [kənˈtrəʊld] kontrolliert

con·trol·ler [kənˈtrəʊləʳ] ① der Leiter/die Leiterin ② **air-traffic controller** der Fluglotse/die Fluglotsin

con·trol pan·el die Schalttafel; *eines Autos:* das Armaturenbrett

con·trol tow·er der Kontrollturm

con·tro·ver·sial [ˌkɒntrəˈvɜːʃᵊl] strittig, umstritten; **to be highly controversial** stark umstritten sein

con·tro·ver·sy [kənˈtrɒvəsi, ˈkɒntrəvɜːsi] die Kontroverse, der Streit

con·veni·ence [kənˈviːniən(t)s] ① die Bequemlichkeit, die Annehmlichkeit; **convenience foods** die Fertiggerichte ② die Annehmlichkeit, der Komfort; **at your earliest convenience** möglichst bald; **at your** [**own**] **convenience** wenn es Ihnen recht ist [*oder* passt] ③ **public convenience** die öffentliche Toilette

con·veni·ent [kənˈviːniənt] ① praktisch, bequem ② (*zeitlich*) **when it is convenient for you** wenn es Ihnen recht ist

con·vent [ˈkɒnvənt] das Nonnenkloster

con·ven·tion [kənˈven(t)ʃᵊn] ① die Sitte, der Brauch ② die Versammlung, der Kongress; (USA) der Parteitag ③ (*politisch*) das Abkommen, der Vertrag

con·ven·tion·al [kənˈven(t)ʃᵊnᵊl] ① konventionell ② üblich, herkömmlich; (*abwertend*) unoriginell

to **con·verge** [kən'vɜːdʒ] ① (*Mathematik*) konvergieren ② *Straßen:* zusammenlaufen ③ (*übertragen*) *Meinungen:* sich einander annähern

con·ver·sa·tion [ˌkɒnvə'seɪʃᵊn] das Gespräch, die Unterhaltung; **to have a conversation with someone** mit jemandem ein Gespräch führen; **in conversation with** im Gespräch mit

to **con·verse** [kən'vɜːs] sprechen, sich unterhalten (**with** mit, **on** über)

con·ver·sion [kən'vɜːʃᵊn] ① die Umwandlung (**from** von, **into** in) ② *von Gebäude:* der Umbau ③ *von Fahrzeug:* die Umrüstung ④ *bei Zahlen:* die Umrechnung; **conversion table** die Umrechnungstabelle ⑤ *von Person:* die Bekehrung

to **con·vert** [kən'vɜːt] ① verwandeln, umwandeln (**into** in) ② umbauen *Haus;* umrüsten *Fahrzeug;* umstellen *Vorrichtung* ③ (*bei Zahlen*) umrechnen ④ (*Glaube*) **to convert someone [to something]** jemanden [zu etwas] bekehren

con·vert·ible [kən'vɜːtɪbl̩] (*Auto*) das Kabrio[lett]

con·vex ['kɒnveks] konvex

to **con·vey** [kən'veɪ] ① befördern, transportieren *Waren* ② vermitteln; übermitteln, überbringen *Nachricht, Grüße*

con·vey·or belt [kən'veɪəʳbelt] das Förderband

con·vict ['kɒnvɪkt] der Sträfling, der/die Strafgefangene

to **con·vict** [kən'vɪkt] ① verurteilen; **to convict someone of murder** jemanden wegen Mordes verurteilen ② überführen; **to convict someone [of a crime]** jemanden [eines Verbrechens] überführen

con·vic·tion [kən'vɪkʃᵊn] ① die Überführung, die Verurteilung; **to have a previous conviction** vorbestraft sein (**for** wegen) ② die Überzeugung; **moral conviction** die moralische Gesinnung

to **con·vince** [kən'vɪn(t)s] **to convince someone** jemanden überzeugen (**of** von)

con·vinc·ing [kən'vɪn(t)sɪŋ] überzeugend

cook [kʊk] der Koch/die Köchin

to **cook** [kʊk] ① zubereiten, braten, backen ② (*übertragen*) **what's cooking?** (USA) (*umgangsspr*) was gibt's Neues?

cook·book ['kʊkbʊk] (USA) das Kochbuch

cooked [kʊkt] gekocht; **a cooked meal** eine warme Mahlzeit; **to be cooked** *Kuchen, Fleisch:* durch sein

cook·er ['kʊkəʳ] der Kocher, der Herd

cook·ery ['kʊkᵊri] das Kochen, die Kochkunst

cook·ery book das Kochbuch

cookie ['kʊki] ① (USA) der Keks, das Plätzchen ② (*übertragen*) **that's the way the cookie crumbles** so ist das nun mal

cook·ing ['kʊkɪŋ] das Kochen; **French cooking** die französische Küche

cook

F Nicht verwechseln mit **kochen** = to boil!

cool[1] [kuːl] <cooler, coolest> ① kühl, frisch; **to store in a cool place** kühl aufbewahren ② *Mensch:* kühl, zurückhaltend; **to keep cool** Ruhe bewahren; **to keep a cool head** einen kühlen Kopf behalten ③ (*übertragen umgangsspr*) prima, klasse ④ (*umgangsspr*) **a cool £50,000** runde [*oder* glatte] £50.000

L Wie in jeder Sprache ändern sich auch im Englischen die Modeausdrücke für „sehr gut" oder „fantastisch". So gibt es z.B. das Wort **cool**, das auch im Deutschen verwendet wird. Junge Menschen benutzen aber immer häufiger andere Modeausdrücke, wenn sie etwas sehr gut finden: **wicked**: *Those shoes are wicked!*, **nice one**: *I'm getting a car. — Nice one!*, **beltin'**: *That new CD is beltin'!*, **fab**: *that's a fab jacket you've got on;* oder **phat**: *that's some phat rap!*

cool[2] [kuːl] ① die Kühle ② (*übertragen umgangsspr*) **to blow** [*oder* **lose**] **one's cool** die Nerven verlieren

to **cool** [kuːl] ① abkühlen [lassen] ② **cool it!** (*umgangsspr*) nun mach mal halblang! ③ *Leidenschaft:* abkühlen; **their relationship has cooled [down/off]** ihre Beziehung ist abgekühlt

cool·head·ed [ˌkuːl'hedɪd] besonnen

cool·ing ['kuːlɪŋ] [ab]kühlend

cool·ness ['kuːlnəs] ① die Kühle ② (*übertragen*) die Kaltblütigkeit

co-op ['kuːp] (GB) ① die Genossenschaft ② (*Laden*) der Konsum

to **co·oper·ate** [kəʊ'ɒpᵊreɪt] ① mitarbeiten, mitwirken (**in** an) ② **to cooperate [with each other]** kooperieren, zusammenarbeiten

co·opera·tion [ˌkəʊɒpə'reɪʃᵊn] die Kooperation, die Zusammenarbeit; **in cooperation with** in Zusammenarbeit mit

co·opera·tive[1] [kəʊ'ɒpᵊrətɪv] ① hilfsbereit, kooperativ ② genossenschaftlich

C

co·opera·tive² [kəʊ'ɒpᵊrətɪv] die Genossenschaft, die Kooperative
co·or·di·nate [kəʊ'ɔːdɪnət] die Koordinate
to **co·or·di·nate** [kəʊ'ɔːdɪneɪt] koordinieren, aufeinander abstimmen
co·or·di·na·tion [kəʊˌɔːdɪn'eɪʃᵊn] die Koordination, die Koordinierung
cop [kɒp] (*umgangsspr*) ① (*Polizist*) der Bulle ② **it's not much cop** (GB) es ist nichts Besonderes
to **cop** [kɒp] <copped, copped> (*umgangsspr*) **to cop it** Prügel einfangen
to **cope** [kəʊp] zurechtkommen; **to cope with someone/something** mit jemandem/etwas fertig werden
copi·er ['kɒpiəʳ] der Kopierer, das Kopiergerät
co-pi·lot [ˌkəʊ'paɪlət] der Kopilot/die Kopilotin
cop·per ['kɒpəʳ] ① das Kupfer ② (*umgangsspr: Polizist*) der Bulle
to **copu·late** ['kɒpjəleɪt] kopulieren
copu·la·tion [ˌkɒpjə'leɪʃᵊn] *kein Plural* die Kopulation
copy ['kɒpi] ① *eines Kunstwerks:* die Nachbildung ② die Kopie, die Abschrift; *von Foto:* der Abzug ③ die Durchschrift, der Durchschlag ④ der Werbetext ⑤ *eines Buchs:* das Exemplar ⑥ (*Presse*) der Stoff, der Artikel
to **copy** ['kɒpi] ① nachahmen, nachmachen ② (*schreiben*) **to copy something [down]** etwas abschreiben; **to copy something out** etwas abschreiben/ins Reine schreiben ③ kopieren; abziehen *Foto*
copy·cat (*umgangsspr*) der Nachahmer/die Nachahmerin
copy·ing ma·chine das Kopiergerät
copy·ing pa·per das Kopierpapier
copy read·er der Manuskriptbearbeiter/die Manuskriptbearbeiterin; (*für eine Zeitung*) der Redakteur/die Redakteurin; (*bei einem Verlag*) der Lektor/die Lektorin
copy·right ['kɒpiraɪt] das Urheberrecht, das Verlagsrecht
to **copy·right** ['kɒpiraɪt] urheberrechtlich schützen
cor·al ['kɒrəl] die Koralle
cord [kɔːd] ① die Leine, die Kordel; (*Elektrokabel*) die Schnur ② **umbilical cord** die Nabelschnur ③ **[pair of] cords** die Kordhose
cord·less ['kɔːdləs] drahtlos, schnurlos
cor·don ['kɔːdᵊn] die Postenkette, der Kordon
cor·du·roy ['kɔːdjərɔɪ] Cord-
core [kɔːʳ] ① *eines Apfels, einer Birne:* das Kerngehäuse ② (*übertragen*) der Kern; **to the core** bis ins Mark
to **core** [kɔːʳ] entkernen *Apfel, Birne*
core sub·ject das Pflichtfach
core time die Kernarbeitszeit
cork¹ [kɔːk] ① (*Material*) der Kork ② (*Stöpsel*) der Korken
cork² [kɔːk] **to cork [up] a bottle** eine Flasche verkorken [*oder* zukorken]
cork·screw ['kɔːkskruː] der Korkenzieher
corn [kɔːn] das Korn, das Getreide; **[sweet]corn** der Mais

F Nicht verwechseln mit **Korn** (das) = seed, grain!

corn·cob der Maiskolben
cor·ner ['kɔːnəʳ] ① die Ecke; *von Auge, Mund:* der Winkel; **just round the corner** gleich um die Ecke ② die Kurve ③ (*Plätzchen*) der Winkel, die Ecke ▸ WENDUNGEN: **tight corner** die Klemme, die schwierige Lage; **to turn the corner** es überstehen, über den Berg kommen
to **cor·ner** ['kɔːnəʳ] ① **to corner someone** (*übertragen*) jemanden in die Enge treiben ② *Fahrzeug:* die Kurve nehmen
cor·nered in die Enge getrieben
cor·ner kick der Eckball
corn·field (GB) das Getreidefeld; (USA) das Maisfeld
corn·flakes ['kɔːnfleɪks] *Plural* die Cornflakes
corn-flour *kein Plural* (GB) die Maisstärke
corn·flow·er die Kornblume
Cor·nish¹ ['kɔːnɪʃ] aus Cornwall
Cor·nish² ['kɔːnɪʃ] **the Cornish** *Plural* die Bewohner von Cornwall
Cor·nish pas·ty (GB) *Pastete aus Blätterteig mit Fleisch- und Kartoffelfüllung*
Corn·wall ['kɔːnwəl] Cornwall
corny ['kɔːni] (*umgangsspr*) kitschig, abgedroschen; *Witz:* doof
coro·nary ['kɒrənᵊri] der Herzinfarkt
coro·na·tion [ˌkɒrə'neɪʃᵊn] die Krönung
cor·po·ral¹ ['kɔːpᵊrᵊl] körperlich; **corporal punishment** die körperliche Züchtigung
cor·po·ral² ['kɔːpᵊrᵊl] der Unteroffizier
cor·po·rate ['kɔːpᵊrət] ① gemeinschaftlich; **corporate action** das gemeinsame Vorgehen ② (*Wirtschaft*) gesellschaftlich, korporativ
cor·po·ra·tion [ˌkɔːpᵊr'eɪʃᵊn] ① die Gemeinde, die Stadt ② (*Unternehmen*) die Kapitalgesellschaft; (USA) die Aktiengesellschaft
corpse [kɔːps] die Leiche, der Leichnam
cor·rect [kə'rekt] ① richtig, korrekt; **that's correct** das stimmt ② *Antwort:* zutreffend ③ *Verhalten:* einwandfrei; *Kleidung:* vorschriftsmäßig, korrekt
to **cor·rect** [kə'rekt] verbessern, korrigieren, berichtigen
cor·rec·tion [kə'rekʃᵊn] die Berichtigung, die Korrektur
cor·rec·tion flu·id *kein Plural* die Korrekturflüssigkeit
cor·rect·ly [kə'rektli] korrekt, richtig
to **cor·re·spond** [ˌkɒrɪ'spɒnd] ① entsprechen, sich entsprechen; **to correspond with** [*oder* **to**] **something** mit etwas übereinstimmen ② **to**

correspond with someone mit jemandem in Briefwechsel stehen [*oder* korrespondieren]
cor·re·spond·ence [ˌkɒrɪˈspɒndən(t)s] (1) die Übereinstimmung (**with** mit) (2) der Schriftverkehr, der Briefwechsel; **to be in correspondence with** korrespondieren mit (3) die Briefe; (*in der Zeitung*) die Leserbriefe
cor·re·spond·ent [ˌkɒrɪˈspɒndənt] (1) der Briefpartner/die Briefpartnerin (2) (*Zeitung*) der Korrespondent/die Korrespondentin, der Berichterstatter/die Berichterstatterin; **foreign correspondent** der Auslandskorrespondent/die Auslandskorrespondentin
cor·re·spond·ing [ˌkɒrɪˈspɒndɪŋ] entsprechend
cor·ri·dor [ˈkɒrɪdɔːʳ] der Gang, der Korridor
cor·ro·sion [kəˈrəʊʒᵊn] die Korrosion
cor·ro·sive [kəˈrəʊsɪv] zerfressend, zersetzend
cor·ru·gat·ed [ˈkɒrəgeɪtɪd] gewellt; **corrugated iron** das Wellblech
cor·rupt [kəˈrʌpt] bestechlich, korrupt; **morally corrupt** moralisch verdorben, unehrenhaft
to **cor·rupt** [kəˈrekt] **to corrupt someone** jemanden verderben [*oder* korrumpieren]
cor·rup·tion [kəˈrʌpʃᵊn] (1) die Bestechung, die Korruption (2) die Käuflichkeit
cos¹ [kɒz] *Abkürzung von* **cosine** cos
cos² [kəz, kɒz] GB (*umgangsspr*) *Abkürzung von* **because** weil
co·sine [ˈkəʊsaɪn] der Kosinus
co·si·ness [ˈkəʊzɪnəs] die Gemütlichkeit
cos·met·ic [kɒzˈmetɪk] kosmetisch; **cosmetic surgery** die Schönheitschirurgie
cos·met·ics [kɒzˈmetɪks] *Plural* die Kosmetika
to **cost** [kɒst] <cost, cost> (1) kosten; **to cost someone something** jemanden etwas kosten; **how much does it cost?** wie viel kostet es?; **to cost an arm and a leg** [*oder* **a small fortune**] (*übertragen*) sehr teuer sein (2) (*übertragen*) [er]fordern *Zeit, Mühe;* **that will cost him dearly** das wird ihn teuer zu stehen kommen (3) einbringen, machen *Schaden, Ärger*
cost [kɒst] (1) der Preis, die Kosten; **cost of living** die Lebenshaltungskosten; **cost of petrol** die Benzinpreise; **without cost** kostenlos, gratis; **to bear** [*oder* **pay**] **the cost** die Kosten tragen (2) **costs** *Plural* die Ausgaben (3) (*übertragen*) der Preis; **to one's cost** zu seinem Nachteil; **at the cost of** auf Kosten von; **at all** [*oder* **any**] **costs** um jeden Preis
co-star [ˌkəʊˈstɑːʳ] der zweite Hauptdarsteller/die zweite Hauptdarstellerin
cost·ly [ˈkɒstli] kostspielig, teuer
cos·tume [ˈkɒstjuːm] (1) die Tracht; **national costume** die Nationaltracht (2) [**theatrical**] **costume** das Kostüm (3) **costume-jewel**[**le**]**ry** der Modeschmuck
cosy [ˈkəʊzi] gemütlich, behaglich
cot [kɒt] (1) GB das Kinderbett (2) USA das Klappbett, das Feldbett
cot·tage [ˈkɒtɪdʒ] das kleine Haus, das Häuschen, das Ferienhaus
cot·tage cheese der Hüttenkäse
cot·ton¹ [ˈkɒtᵊn] (1) die Baumwolle (2) **cotton** [**yarn**] das Baumwollgarn; **cotton** [**fabric**] der Baumwollstoff
cot·ton² [ˈkɒtᵊn] Baumwoll-
◆ **to cotton on** (*umgangsspr*) etwas kapieren; **he's a bit slow in cottoning on** er ist etwas begriffsstutzig
cot·ton bud GB das Wattestäbchen
cot·ton wool (1) GB die Watte (2) USA die Rohbaumwolle
couch [kaʊtʃ] <*Plural* couches> die Couch, das Liegesofa
cou·chette [kuːˈʃet] der Liegewagenplatz
couch po·ta·to (*umgangsspr*) der Fernsehglotzer/die Fernsehglotzerin
cough [kɒf] der Husten
to **cough** [kɒf] husten
◆ **to cough up** (1) aushusten (2) (*umgangsspr*) herausrücken *Geld, mit der Wahrheit*
cough medi·cine, **cough mix·ture** der Hustensaft
cough sweet das/der Hustenbonbon
could [kʊd, kəd] (1) *3. Form von* **can** (2) *konditional, fragend* könnte; **could you open the window?** könntest du das Fenster aufmachen?
couldn't [ˈkʊdᵊnt] *Kurzform von* **could not** →**can**
coun·cil [ˈkaʊn(t)sᵊl] (1) der Rat, die Ratsversammlung (2) der Stadtrat

> **G** Wenn man von **the council** im Sinne von einer Einheit spricht, wird es mit einem Verb im Singular gebraucht: *a new council has been elected* Wenn man jedoch von den einzelnen Gruppenmitgliedern sprechen will, wird **the council** mit einem Verb im Plural gebraucht: *the council are planning to build a new leisure centre*

coun·cil es·tate GB die Siedlung des sozialen Wohnungsbaus
coun·cil flat, **coun·cil house** GB die Sozialwohnung
coun·sel [ˈkaʊn(t)sᵊl] (1) die Beratung, der Rat[schlag] (2) der [Rechts]anwalt/die Anwältin
to **coun·sel** [ˈkaʊn(t)sᵊl] <counselled *oder* USA counseled, counselled *oder* USA counseled> beraten, raten; **to counsel someone to do something** jemandem raten [*oder* empfehlen], etwas zu tun
coun·sel·ling¹ [ˈkaʊn(t)sᵊlɪŋ], USA **coun·sel·ing** [ˈkaʊn(t)sᵊlɪŋ] *kein Plural* die psychologische Betreuung; **to be in counselling** in Therapie sein
coun·sel·ling² [ˈkaʊn(t)sᵊlɪŋ], USA **coun·sel·ing** [ˈkaʊn(t)sᵊlɪŋ] Beratungs-
coun·sel·lor, USA **coun·se·lor** [ˈkaʊn(t)sᵊləʳ]

C

① der Berater/die Beraterin ② USA der Anwalt, die Anwältin

count[1] [kaʊnt] der Graf

count[2] [kaʊnt] ① die Zählung, die Berechnung; **to keep count of something** etwas [mit]zählen; **to lose count** sich verzählen; (*übertragen*) den Überblick verlieren ② (*juristisch*) der Anklagepunkt; **on all counts** in jeder Beziehung

to **count** [kaʊnt] ① zählen; **he can count to three** er kann bis drei zählen ② nachzählen *Wechselgeld;* **to count the pennies** (*übertragen*) jeden Pfennig umdrehen ③ [mit]zählen; **not counting ...** abgesehen von ...; **not counting the others** die anderen nicht mitgerechnet ④ ins Gewicht fallen, wichtig sein; **money counts** Geld zählt; **that doesn't count** das macht nichts, das gilt nicht ⑤ **counting from now on** von jetzt an ⑥ betrachten; **to count someone as a friend** jemanden als Freund ansehen; **to count oneself lucky** sich glücklich schätzen können

◆ to **count against** **to count against someone** gegen jemanden sprechen

◆ to **count down** ① den Countdown durchführen ② rückwärtszählen

◆ to **count in** mitrechnen, einschließen; **count me in!** ich mache mit!

◆ to **count on** **to count on someone** sich auf jemanden verlassen

◆ to **count out** ① **to count someone/something out** mit jemandem/etwas nicht rechnen ② abzählen, zusammenzählen *Geldstücke* ③ (*beim Boxen*) **to count someone out** jemanden auszählen

◆ to **count up** zusammenzählen

count·able ['kaʊntəbl̩] zählbar

count·down ['kaʊntdaʊn] der/das Countdown

count·er[1] ['kaʊntəʳ] ① der Ladentisch, die Theke; (*bei der Bank, Post*) der Schalter; **at the counter** an der Theke ② der Zähler, der Zählapparat ③ **sold over the counter** *Medikament:* rezeptfrei ▶ WENDUNGEN: **under the counter** unter dem Ladentisch, heimlich

count·er[2] ['kaʊntəʳ] entgegengesetzt, entgegen; **counter to something** gegen etwas

to **count·er** ['kaʊntəʳ] ① antworten auf; **to counter someone** jemandem kontern ② kontern

to **coun·ter·act** [ˌkɑːʊntər'ækt] entgegenwirken

coun·ter·at·tack ['kɑːʊntərətæk] der Gegenangriff

to **coun·ter·at·tack** ['kɑːʊntərətæk] einen Gegenangriff machen

coun·ter-clock·wise USA gegen den Uhrzeigersinn

coun·ter·feit ['kaʊntəfɪt] gefälscht, falsch

coun·ter·foil GB der [Kontroll]abschnitt

coun·ter·meas·ure ['kaʊntəmeʒəʳ] die Gegenmaßnahme

coun·ter·part ['kaʊntəpɑːt] ① das Gegenstück (**of zu**) ② das Gegenüber

coun·ter·pro·duc·tive [ˌkaʊntəprə'dʌktɪv] kontraproduktiv

coun·ter·ter·ror·ism die Terrorabwehr

coun·tess ['kaʊntɪs] <*Plural* countesses> die Gräfin

count·less ['kaʊntləs] zahllos, unzählig

coun·try ['kʌntri] ① das Land; **the country** das Land, die Nation; **from all over the country** aus allen Teilen des Landes; **to go to the country** GB Neuwahlen ausschreiben; **country of origin** das Herkunftsland, das Ursprungsland ② (*nicht in der Stadt*) der Land[strich]; **he lives in the country** er lebt auf dem Land

coun·try·side ['kʌntrɪsaɪd] ① die Landschaft, die Gegend ② (*nicht in der Stadt*) das Land; **in the country** auf dem Lande

coun·ty ['kaʊnti] ① GB die Grafschaft, der Landkreis ② USA der Regierungsbezirk eines US-Staates [*oder* Verwaltungsbezirk]

coun·ty coun·cil *mit Singular oder Plural* GB der Grafschaftsrat

coun·ty court *mit Singular oder Plural* ≈ das Amtsgericht

coun·ty town GB die Bezirkshauptstadt

coup [kuː] (*in der Politik*) der Staatsstreich

coupe ['kuːpeɪ] das Coupé

cou·ple ['kʌpl̩] ① zwei, ein paar; **a couple of days** zwei Tage, ein paar Tage ② das Paar; **married couple** das Ehepaar

cou·pon ['kuːpɒn] ① der Gutschein ② der Wettschein ③ der Kupon; **reply coupon** der Antwortschein

cour·age ['kʌrɪdʒ] der Mut, die Tapferkeit; **to lose courage** den Mut verlieren; **to pluck up courage** sich ein Herz fassen

cou·ra·geous [kə'reɪdʒəs] mutig, tapfer

cour·gette [kɔː'ʒet] die Zucchini

cou·ri·er ['kʊriəʳ] der Kurier/die Kurierin, der Bote/die Botin

course [kɔːs] ① der Kurs, der Lehrgang; **French course** der Französischkurs[us] ② (*zeitlich*) der Verlauf; **in the course of time** im Laufe der Zeit ③ *eines Schiffes, Flugzeugs:* der Kurs; **to set course for something** (*auch übertragen*) etwas ansteuern ④ *einer Linie, Straße:* der Lauf ⑤ (*Sport*) die Strecke, die Bahn ⑥ (*Mahlzeit*) der Gang ⑦ (*Hergang*) der Verlauf; **the course of events** der Lauf der Dinge ⑧ (*übertragen*) der Weg; **what course is open to him?** welche Möglichkeiten hat er?

court [kɔːt] ① das Gericht, der Gerichtshof; **in court** vor, bei Gericht; **to bring to court** vor Gericht bringen ② (*Sport*) das Spielfeld; **tennis court** der Tennisplatz ③ der [Fürsten]hof, der

Hofstaat; **at court** bei Hof ④ der Hof, der Lichthof

to **court** [kɔːt] **to court someone** jemandem den Hof machen, jemanden umwerben

cour·tesy ['kɜːtəsi] ① die Höflichkeit, die Freundlichkeit ② **by courtesy of** mit freundlicher Genehmigung von

court hear·ing die [Gerichts]verhandlung

court·house das Gerichtsgebäude

court·room der Gerichtssaal

court·yard ['kɔːtjɑːd] der Hof

cous·in ['kʌzᵊn] der Cousin/die Cousine

cov·er ['kʌvəʳ] ① *von Topf:* der Deckel ② *von Bett, Sofa:* die Decke; *von Kissen, Bettdecke:* der Überzug; *von Heft:* die [Schutz]hülle ③ *von Buch:* der Einband; **from cover to cover** von der ersten bis zur letzten Seite ④ der Schutz, die Zuflucht; (*auch militärisch*) die Deckung; **to take cover** in Deckung gehen ⑤ der Versicherungsschutz; **to take out cover against fire** eine Feuerversicherung abschließen

to **cov·er** ['kʌvəʳ] ① bedecken; (*mit einer Decke*) zudecken; **to cover one's head** den Kopf bedecken; **the mountain was covered with** [*oder* **in**] **snow** der Berg war mit Schnee bedeckt; **she covered her face with her hands** sie verbarg das Gesicht in den Händen ② (*mit Versicherung*) **to cover oneself against something** sich gegen etwas versichern ③ **to cover someone** (*auch beim Sport*) jemanden decken; **to cover one's tracks** seine Spuren verwischen ④ (*in den Medien*) **to cover something** über etwas berichten ⑤ abdecken, behandeln *Aspekt, Thema*

◆ to **cover for** **can you cover for me?** kannst du für mich einspringen?

◆ to **cover up** ① **cover up — it's getting cold!** zieht euch warm an — es wird kalt! ② (*übertragen*) verheimlichen; **to cover up a mistake** einen Fehler vertuschen ③ **to cover up for someone** jemanden decken

cov·er·age ['kʌvᵊrɪdʒ] ① (*durch die Medien*) die Berichterstattung (**of** über) ② (*durch Versicherung*) die Deckung

cov·er charge ['kʌvətʃɑːdʒ] die Kosten für ein Gedeck

cov·ered ['kʌvəd] bedeckt, überdacht

cov·er·ing ['kʌvᵊrɪŋ] ① die Decke, die Hülle ② **floor covering** der Bodenbelag

cov·er note ① GB (*in Versicherungswesen*) die vorläufige Deckungskarte ② USA das Begleitschreiben

cov·er sto·ry die Titelgeschichte

cov·er-up ['kʌvərʌp] die Verschleierung, die Vertuschung

cow [kaʊ] ① die Kuh ② (*übertragen*) **to wait till the cows come home** warten bis man schwarz wird

cow·ard ['kaʊəd] der Feigling

cow·ard·ly ['kaʊədli] feige

cow·boy [kaʊbɔɪ] ① der Cowboy ② (*übertragen umgangsspr*) der Gauner, der Schwindler

co-work·er [ˌkəʊ'wɜːkəʳ] der Kollege/die Kollegin

cow·pat GB der Kuhfladen

cow·shed ['kaʊʃed] der Kuhstall

cozy ['kəʊzɪ] USA gemütlich, behaglich

CPU [ˌsiːpiːjuː] *Abkürzung von* **central processing unit** die CPU

crab [kræb] die Krabbe, der Krebs

crack [kræk] ① der Sprung, der Riss; (*im Boden*) der Spalt, die Ritze ② (*Geräusch*) der Knall, der Krach; **a crack of thunder** ein Donnerschlag ③ (*umgangsspr*) der Versuch; **to have a crack at something** etwas versuchen ④ (*umgangsspr*) der Witz, der Spaß; **he made cracks about computer freaks** er hat Witze über Computerfreaks gemacht ⑤ (*Droge*) der Crack ▶WENDUNGEN: **at the crack of dawn** bei Tagesanbruch, im Morgengrauen; **to give someone a fair crack of the whip** jemandem eine Chance geben

to **crack** [kræk] ① *Fläche:* rissig werden; *Glas:* springen, einen Sprung bekommen ② *Zweige:* knacken, krachen; *Waffen:* knallen ③ *Stimme:* versagen ④ **get cracking!** los! voran! ⑤ zerbrechen *Vase, Teller* ⑥ knacken *Nuss, Problem* ⑦ **to crack a whip** mit einer Peitsche knallen ⑧ **he cracked his head on the pavement** (*umgangsspr*) er knallte mit dem Kopf aufs Pflaster ▶WENDUNGEN: **to crack a code** (*umgangsspr*) einen Kode knacken; **to crack a joke** (*umgangsspr*) einen Witz reißen

◆ to **crack down** **to crack down on crime** gegen Kriminalität hart vorgehen

◆ to **crack up** ① zerbrechen ② (*umgangsspr*) durchdrehen, einen Nervenzusammenbruch haben

crack·down **a crackdown on drug abuse** ein scharfes Vorgehen gegen Drogenmissbrauch

cracked [krækt] ① gesprungen, rissig ② (*umgangsspr*) verrückt

crack·er ['krækəʳ] ① der Knallkörper, der Feuerwerkskörper; **Christmas cracker** der/das Knallbonbon ② der [salzige] Keks

crack·ers ['krækəz] (*umgangsspr*) verrückt

to **crack·le** ['krækl̩] knistern, rascheln

crack·ling ['kræklɪŋ] das Knistern, das Rascheln

cra·dle ['kreɪdl̩] (*auch übertragen*) die Wiege; **right from the cradle** von klein auf; **from the cradle to the grave** von der Wiege bis zur Bahre

to **cra·dle** ['kreɪdl̩] wiegen; **to cradle to sleep** in den Schlaf wiegen

craft [krɑːft] ① das Handwerk, das Kunstgewerbe ② <*Plural* craft> das Boot

C

F Nicht verwechseln mit **Kraft** (die) = strength!

C

crafts·man ['krɑːftsmən] <*Plural* craftsmen> der Handwerker

crafts·per·son ['krɑːfts,pɜːsən] <craftspeople> der Handwerker/die Handwerkerin

crafty ['krɑːfti] schlau

to **cram** [kræm] <crammed, crammed> ① vollstopfen, vollpacken; **she crammed the books into her bag** sie stopfte die Bücher in ihre Tasche; **her bag was crammed with books** ihre Tasche war mit Büchern vollgestopft ② *Leute:* hineinzwängen ③ (*umgangssspr*) pauken, büffeln

cram·ming ['kræmɪŋ] das Büffeln

cramp [kræmp] der Krampf

crane [kreɪn] ① der Kranich ② der Kran

crank [kræŋk] ① der/die Verrückte ② *einer Maschine:* die Kurbel

◆ to **crank up** (*auch humorvoll*) ankurbeln *Motor*

cranky ['kræŋki] (*umgangssspr*) verschroben

crap¹ [kræp] *meist Singular* (*slang*) die Scheiße

crap² [kræp] (*slang*) mies

crap·py ['kræpi] (*slang*) Scheiß-

to **crash** [kræʃ] ① *Flugzeug, Computer:* abstürzen ② krachen; **to crash into something** gegen etwas krachen [*oder* knallen] ③ **to crash a car** einen Unfall [mit dem Auto] haben; **the car crashed into the wall** das Auto knallte gegen die Wand; **to crash a plane** ein Flugzeug zum Absturz bringen, eine Bruchlandung machen ④ *Firma:* Pleite machen; *Börse:* zusammenbrechen

crash [kræʃ] <*Plural* crashes> ① das Krachen, der Krach; **with a crash** mit einem Krach ② der Unfall; *eines Flugzeugs:* der Absturz; **a car crash** ein Autounfall, ein Zusammenstoß ③ *von Computer:* der Programmabsturz, der Systemabsturz ④ *einer Firma:* der Zusammenbruch; (*an der Börse*) der Crash

crash bar·ri·er die Leitplanke

crash course der Intensivkurs

crash diet die radikale Abmagerungskur, die Crashdiät

crash hel·met der Sturzhelm

to **crash-land** [,kræʃ'lænd] bruchlanden

crash-land·ing [,kræʃ'lændɪŋ] die Bruchlandung

crate [kreɪt] die Kiste

cra·ter ['kreɪtəʳ] der Krater

to **crawl** [krɔːl] ① (*auch übertragen*) kriechen (**to** vor); *Kind:* krabbeln ② wimmeln (**with** von) ③ *Haut:* kribbeln ④ (*Schwimmen*) kraulen ⑤ *Auto:* im Schneckentempo fahren

crawl [krɔːl] ① das Kriechen ② *Auto:* **to go at a crawl** im Schneckentempo fahren

crawl·er ['krɔːləʳ] ① das Krabbelkind ② (*abwertend umgangssspr*) der Kriecher/die Kriecherin

crawl·er lane (*umgangssspr*) die Kriechspur

cray·on ['kreɪɒn] der Zeichenstift, der Pastellstift

craze [kreɪz] die Manie, die fixe Idee; **the latest craze** der letzte Schrei

crazy ['kreɪzi] ① verrückt (**with** vor, **about** nach); **to drive** [*oder* **send**] **someone crazy** jemanden wahnsinnig machen; **to go crazy** verrückt werden ② versessen (**about** auf), wild (**about** nach)

to **creak** [kriːk] *Holz:* knarren; *Tür:* quietschen

cream¹ [kriːm] ① die Sahne, der Rahm ② die Creme ③ die Hautcreme ④ (*übertragen*) **the cream** die Besten, die Elite

cream² [kriːm] cremefarben

to **cream** [kriːm] ① schaumig rühren *Eier, Butter* ② pürieren *Kartoffeln* ③ eincremen *Haut*

cream cheese der Frischkäse

creamy ['kriːmi] ① cremefarben ② *Kuchen:* cremig

crease [kriːs] die Falte; *im Hut:* der Kniff

to **crease** [kriːs] zerknittern

to **cre·ate** [kri'eɪt] ① [er]schaffen, ins Leben rufen ② verursachen; **to create difficulties** Schwierigkeiten machen ③ **to create [a fuss]** Theater/Tamtam machen (**about** um)

crea·tion [kri'eɪʃᵊn] ① die [Er]schaffung ② das Werk, die Kreation, die Modeschöpfung ③ *von Verwirrung, Lärm:* die Verursachung ④ **the Creation** die Schöpfung

crea·tive [kri'eɪtɪv] kreativ, schöpferisch

crea·tor [kri'eɪtəʳ] der Schöpfer/die Schöpferin

crea·ture ['kriːtʃəʳ] das Geschöpf, die Kreatur; **living creature** das Lebewesen

crèche [kreʃ] der Kinderhort

cre·den·tials [krɪ'den(t)ʃᵊlz] *Plural* ① die Referenzen ② die [Ausweis]papiere

cred·ibil·ity [,kredə'bɪləti] die Glaubwürdigkeit

cred·it ['kredɪt] ① (*auf Bankkonto*) das Guthaben, das Haben ② (*Wirtschaft*) der Kredit; **on credit** auf Kredit ③ die Anerkennung; **to take the credit for something** die Lorbeeren für etwas ernten; **to give someone credit for something** jemandem etwas zutrauen/zuschreiben, jemandem etwas zugutehalten ④ die Ehre; **to someone's credit** zu jemandes Ehre; **to do** [*oder* **be a**] **credit to someone/something** jemandem/etwas Ehre machen; **credit where credit is due** Ehre, wem Ehre gebührt

to **cred·it** ['kredɪt] ① **to credit someone/something** jemandem/etwas glauben; **I wouldn't have credited it!** das hätte ich nicht gedacht! ② **to credit someone with something** jemandem etwas zutrauen ③ (*finanziell*) gutschreiben; **to credit £50 to someone** jemandem £50 gutschreiben

cred·it card die Kreditkarte

cred·it crunch die Kreditkrise

cred·it lim·it die Kredit[höchst]grenze
cred·it note GB die Gutschrift
cred·it squeeze GB die Kreditkrise
cred·itwor·thy kreditwürdig
creep [kriːp] ① **he's a real creep** (*umgangsspr*) er ist ein widerlicher Typ ② **it gave me the creeps** dabei lief es mir eiskalt den Rücken runter
to **creep** [kriːp] <crept, crept> ① (*auch übertragen*) schleichen, kriechen ② **it makes my flesh creep** da bekomme ich eine Gänsehaut
◆ to **creep in** sich hineinschleichen; *Problem, Fehler:* sich einschleichen
◆ to **creep up** ① *Preise:* [an]steigen ② *Person:* **to creep up** [**on someone**] sich [an jemanden] anschleichen
creepy ['kriːpi] (*umgangsspr*) grus[e]lig, schaurig
to **cre·mate** [krɪ'meɪt] einäschern *Leiche*
cre·ma·tion [krɪ'meɪʃᵊn] die Einäscherung
crema·to·rium [ˌkremə'tɔːriəm, *Plural* -riə] <*Plural* crematoriums *oder* crematoria>, **crema·tory** ['kremətᵊri] USA das Krematorium
crept [krept] *2. und 3. Form von* **creep**
cres·cent ['kresᵊnt] die Mondsichel, der Halbmond
crest [krest] ① *von Hühnern:* der Kamm ② das Wappen ③ **crest of a hill** der Bergkamm, der Bergrücken
Creutzfeldt-Jakob dis·ease [ˌkrɔɪtsfelt'jækɒb-] das Creutzfeldt-Jakob-Syndrom
crew [kruː] *mit Singular oder Plural* ① *von Schiff:* die Besatzung, die Mannschaft ② (*Sport*) die Mannschaft

> **G** Wenn man von **the crew** im Sinne von einer Einheit spricht, wird es mit einem Verb im Singular gebraucht: *the crew is ready for take-off* Wenn man jedoch von den einzelnen Gruppenmitgliedern sprechen will, wird **the crew** mit einem Verb im Plural gebraucht: *the crew have been working together for years*

crew cut der Bürstenschnitt
crib [krɪb] ① die Krippe ② USA das Kinderbett ③ (*umgangsspr*) der Spickzettel
to **crib** [krɪb] <cribbed, cribbed> abschreiben, spicken
crick·et[1] ['krɪkɪt] die Grille
crick·et[2] ['krɪkɪt] (*Sport*) das Kricket

> **L** **Cricket** entstand sehr wahrscheinlich im 16. Jahrhundert als ein Spiel der Schäfer und wurde im 17. Jahrhundert bei den Aristokraten beliebt. Die ersten *test matches* zwischen England und Australien wurden bereits 1877 ausgetragen. Beim **Cricket** gibt es zwei Teams mit je elf Spielern, die abwechselnd als *batsmen* (Schlagmänner) und *fielders* (Fänger) spielen, mit zwei *bowlers* (Werfern) – einem an jedem Ende des Cricketfeldes. *Batsmen* machen Punkte, indem sie nach dem Schlagen *runs* (Punkte) zwischen den beiden *wickets* (Pfostentore) erzielen.

crime [kraɪm] ① das Verbrechen ② (*übertragen*) die Sünde, die Schande
crimi·nal[1] ['krɪmɪnᵊl] ① verbrecherisch, kriminell, strafbar ② (*übertragen umgangsspr*) schändlich
crimi·nal[2] ['krɪmɪnᵊl] der Verbrecher/die Verbrecherin
crimi·nal court das Strafgericht
crim·son ['krɪmzᵊn] purpurrot, blutrot
to **crin·kle** ['krɪŋkl̩] [zer]knittern; *Kleid, Papier:* knittern
crin·kle ['krɪŋkl̩] die [Knitter]falte
crip·ple ['krɪpl] der Krüppel
to **crip·ple** ['krɪpl] ① **to cripple someone** jemanden zum Krüppel machen ② (*übertragen*) lahmlegen
cri·ses ['kraɪsiːz] *Pluralform von* **crisis**
cri·sis ['kraɪsɪs, *Plural* -siːz] <*Plural* crises> die Krise; **to be in crisis** in einer Krise stecken; **a crisis situation** eine Krisensituation; **economic crisis** die Wirtschaftskrise; **energy crisis** die Energiekrise; **migrant** [*oder* **refugee**] **crisis** die Flüchtlingskrise
crisp[1] [krɪsp] ① *Gebäck:* knusprig; *Obst, Gemüse:* knackig ② *Luft:* frisch ③ *Bemerkung:* knapp; *Art:* forsch
crisp[2] [krɪsp] GB der Kartoffelchip
crisp·bread das Knäckebrot
crispy ['krɪspi] knusp[e]rig
crit·ic ['krɪtɪk] der Kritiker/die Kritikerin
criti·cal ['krɪtɪkᵊl] ① kritisch, bedenklich ② *Augenblick:* entscheidend
criti·cism ['krɪtɪsɪzᵊm] die Kritik (**of** an/über)
to **criti·cize** ['krɪtɪsaɪz] ① **to criticize someone** jemanden kritisieren (**for** wegen) ② **to criticize something** sich kritisch über etwas äußern
to **croak** [krəʊk] ① *Frosch:* quaken ② *Rabe, Person:* krächzen
Croa·tia ['krəʊ'eɪʃə] Kroatien
Croa·tian[1] ['krəʊ'eɪʃᵊn] kroatisch
Croa·tian[2] ['krəʊ'eɪʃᵊn] ① der Kroate/die Kroatin ② (*Sprache*) Kroatisch
crock·ery ['krɒkəri] das Geschirr
croco·dile ['krɒkədaɪl] das Krokodil
crook [krʊk] ① (*umgangsspr*) der Schwindler, der Gauner ② **crook of one's arm** die Armbeuge
crook·ed ['krʊkɪd] ① gekrümmt, schief ② *Weg:* krumm ③ betrügerisch
crop [krɒp] ① die Feldfrüchte, das Getreide; **to bring the crop**[**s**] **in** die Ernte einbringen ② der Ertrag; **a good crop of apples** eine gute Apfelernte
◆ to **crop up** auftauchen
crop top das bauchfreie Top
cross[1] [krɒs] ① das Kreuz; **the sign of the**

C

Cross das Kreuzzeichen ② (*übertragen*) **to have one's cross to bear** sein Kreuz tragen müssen

cross² [krɒs] sauer, böse

to **cross** [krɒs] ① kreuzen, überqueren; **to cross the road** über die Straße gehen; **the bridge crosses the river** die Brücke führt über den Fluss ② **to cross one's arms** die Arme verschränken; **to cross one's legs** die Beine übereinanderschlagen; **I'll keep my fingers crossed!** (*übertragen*) ich drücke dir die Daumen! ③ sich bekreuzigen; **cross your heart!** Hand aufs Herz! ④ (*mit Stift*) ankreuzen ⑤ durchkreuzen, vereiteln *Plan* ⑥ **it crossed my mind that ...** es ist mir eingefallen, dass ...
▶ WENDUNGEN: **don't cross your bridges until you come to them** lass die Probleme auf dich zukommen
◆ to **cross off**, to **cross out** **to cross something off** etwas streichen; (*übertragen*) etwas abhaken

cross·bar die Querlatte; *im Fußball:* die Torlatte

cross-chan·nel Kanal-

cross-coun·try [ˌkrɒsˈkʌntrɪ] ① **cross-country skiing** der Skilanglauf ② querfeldein

cross-ex·ami·na·tion das Kreuzverhör

to **cross-ex·am·ine** **to cross-examine someone** jemanden ins Kreuzverhör nehmen

cross-eyed [ˈkrɒsaɪd] schielend; **to be cross-eyed** schielen

cross·fire *kein Plural* das Kreuzfeuer; **to be caught in the crossfire** (*übertragen*) ins Kreuzfeuer geraten

cross-gen·era·tion·al [ˌkrɒsʤenəˈreɪʃᵊnᵊl] für alle Altersgruppen; **will it have cross-generational appeal?** wird es alle Altersgruppen ansprechen?

cross·ing [ˈkrɒsɪŋ] ① die Überquerung; (*mit einem Schiff*) die Überfahrt ② *einer Straße, Bahn:* die Kreuzung; (*für Fußgänger*) der Übergang

cross-legged [ˌkrɒsˈlegd, -ˈlegɪd] mit gekreuzten Beinen; **to sit cross-legged** im Schneidersitz [da]sitzen

cross·over ① der Übergang; (*Fahrplan*) die Gleisverbindung ② (*Stil*) der [Stil]mix

cross-ref·er·ence der Verweis

cross·roads [ˈkrɒsrəʊdz] <*Plural* crossroads> ① die Wegkreuzung, die Straßenkreuzung ② (*übertragen*) der Scheideweg

cross·walk (USA) der Fußgängerüberweg

cross·word [ˈkrɒswɜːd], **cross·word puz·zle** [ˈkrɒswɜːd pʌzl] das Kreuzworträtsel

crotch·et [ˈkrɒtʃɪt] die Viertelnote

to **crouch** [kraʊtʃ] **to crouch [down]** kauern, sich [nieder]kauern

crow [krəʊ] die Krähe

to **crow** [krəʊ] ① *Hahn, Baby:* krähen ② jubeln (**over** über) ③ (*abwertend*) **stop crowing about it!** hör auf damit anzugeben!

crowd [kraʊd] ① die [Menschen]menge, die Menschenmasse; (*Sport*) die Zuschauermenge ② *kein Plural* **the crowd** die [breite] Masse; **to follow** [*oder* **go with**] **the crowd** mit der Masse gehen

to **crowd** [kraʊd] ① *Menschen:* sich drängen; **to be crowded with** wimmeln von; **to crowd round something** sich um etwas herumdrängen; **they crowded into the tent** sie drängten sich in das Zelt ② *die Straße, einen Platz:* bevölkern

crowd·ed [ˈkraʊdɪd] gedrängt, überfüllt (**with** von); **crowded to capacity** bis auf den letzten Platz gefüllt

crowd·fund·ing [ˈkraʊdfʌndɪŋ] das Crowdfunding

crowd-pleas·er der Publikumsrenner; *person:* der Publikumsliebling

crowd·sourc·ing [ˈkraʊdsɔːsɪŋ] das Crowdsourcing

crown [kraʊn] ① die Krone; **the Crown** der König, die Königin ② der Siegerkranz ③ die [Zahn]krone

to **crown** [kraʊd] ① **to crown someone** jemanden krönen; **to crown someone king/queen** jemanden zum König/zur Königin krönen ② mit einer Krone versehen *Zahn* ③ (*übertragen*) **to crown it all** um der Sache die Krone aufzusetzen

crown jew·els *Plural* die Kronjuwelen

crown prince der Kronprinz

cru·cial [ˈkruːʃᵊl] entscheidend; **at the crucial moment** im entscheidenden Augenblick

cru·ci·fix [ˈkruːsɪfɪks] das Kruzifix

cru·ci·fix·ion [ˌkruːsəˈfɪkʃᵊn] die Kreuzigung

to **cru·ci·fy** [ˈkruːsɪfaɪ] **to crucify someone** jemanden kreuzigen; (*übertragen*) jemanden fertigmachen

crude [kruːd] ① roh ② *Mensch:* grob, ungehobelt ③ *Witz, Bemerkung:* geschmacklos

cru·el [ˈkruːəl] <crueller *oder* more cruel, cruellest *oder* most cruel> ① grausam; *Mensch auch:* herzlos (**to** gegen) ② *Entscheidung, Umstände:* unbarmherzig

> **G** **cruel** kann sowohl mit *-(l)er/-(l)est* als auch mit *more/most* gesteigert werden:
> *in the story, her aunt is much crueller than her uncle;*
> *it was the most cruel form of punishment imaginable*

cru·el·ty [ˈkruːəlti] die Grausamkeit; **cruelty to animals** die Tierquälerei

to **cruise** [kruːz] ① eine Kreuzfahrt machen, kreuzen ② *Auto:* mit Reisegeschwindigkeit fahren

cruise [kraʊd] die Kreuzfahrt, die Schiffsreise

cruis·ing [ˈkruːzɪŋ] (USA) das Herumfahren

crumb [krʌm] ① der Krümel, die Krume ② (*übertragen*) **a crumb of** ein bisschen ..., ein wenig ...

to **crum·ble** ['krʌmbḷ] ① *Brot, Gebäck:* zerkrümeln, zerbröckeln ② *Gebäude:* zerfallen, verfallen

crum·bly ['krʌmbli] krümelig; *Gestein:* bröck[e]lig

crum·my ['krʌmi] (*umgangsspr*) mies

to **crum·ple** ['krʌmpḷ] ① zerknittern *Kleid;* eindrücken *Auto* ② (*umgangsspr*) **to crumple** [**up**] *Mensch:* zusammenbrechen

to **crunch** [krʌntʃ] ① knabbern *Nüsse, Äpfel* ② *Schnee, Kies:* knirschen

crunch [krʌntʃ] ① das Krachen ② (*umgangsspr*) **when it comes to the crunch** wenn es darauf ankommt

crush [krʌʃ] ① das Gedränge ② (*umgangsspr*) die Schwärmerei; **to have a crush on someone** (*umgangsspr*) in jemanden verknallt sein

to **crush** [krʌʃ] ① zerdrücken, zerquetschen ② zerstoßen *Eis* ③ zerknittern *Kleid* ④ (*übertragen*) zerstören; vernichten *Feind;* unterdrücken *Menschen;* zunichtemachen *Hoffnung*

◆ to **crush up** zusammenquetschen; zerstoßen *Gewürze*

crush·ing ['krʌʃɪŋ] niederschmetternd; **crushing blow** ein vernichtender Schlag

crust [krʌst] die [Brot]kruste, die Rinde

crusty ['krʌsti] *Brot:* knusprig

crutch [krʌtʃ] (*auch übertragen*) die Krücke; **to be on crutches** an Krücken gehen

cry [kraɪ] ① der Schrei, der Ruf; **cry for help** der Hilfeschrei ② das Weinen, das Heulen; **to have a good cry** sich ausweinen

to **cry** [kraɪ] ① schreien, rufen; **to cry for help** nach Hilfe schreien ② weinen, heulen; **to cry one's eyes** [*oder* **heart**] **out** sich die Augen aus dem Kopf weinen

◆ to **cry out** ① aufschreien; **to cry out for help** nach Hilfe schreien ② **it's crying out for ...** es schreit nach ...

cry·ing¹ ['kraɪɪŋ] (*übertragen*) dringend; **it is a crying shame** es ist eine wahre Schande

cry·ing² ['kraɪɪŋ] das Weinen, das Schreien

crys·tal ['krɪstᵊl] der Kristall

cub [kʌb] ① *eines Raubtiers:* das Junge ② (*Pfadfinder*) der Wölfling

cube [kju:b] ① der Würfel; **ice cube** der Eiswürfel; **sugar cube** der Zuckerwürfel, das Stück Würfelzucker ② (*Mathematik*) die Kubikzahl; **cube root** die Kubikwurzel

to **cube** [kju:b] ① würfeln, in Würfel schneiden *Fleisch, Kartoffeln* ② (*Mathematik*) in die dritte Potenz erheben

cub·ic ['kju:bɪk] Kubik-; **cubic metre** das Kubikmeter

cu·bi·cle ['kju:bɪkḷ] die Kabine

cuckoo ['kʊku:] der Kuckuck

cuckoo clock die Kuckucksuhr

cu·cum·ber ['kju:kʌmbəʳ] die [Salat]gurke

to **cud·dle** ['kʌdḷ] ① liebkosen; **to cuddle someone** mit jemandem schmusen ② schmusen

cud·dle ['kʌdḷ] die Umarmung; **to give someone a cuddle** jemanden umarmen, mit jemandem schmusen

cue [kju:] ① der Wink, der Hinweis; (*Theater*) das Stichwort; (*Musik*) der Einsatz ② der Billardstock, das Queue ▸ WENDUNGEN: **to take one's cue from someone** sich nach jemandem richten

cuff [kʌf] ① die Manschette ② (USA) der Hosenaufschlag ③ **cuffs** *Plural* die Handschellen ▸ WENDUNGEN: **off the cuff** aus dem Stegreif

to **cuff** ['kʌdḷ] **to cuff someone** jemanden ohrfeigen

cuff link ['kʌflɪŋk] der Manschettenknopf

cul-de-sac ['kʌldəsæk] <*Plural* cul-de-sacs *oder* culs-de-sac> (*auch übertragen*) die Sackgasse

cul·prit ['kʌlprɪt] der/die Schuldige; (*humorvoll*) der Missetäter/die Missetäterin

to **cul·ti·vate** ['kʌltɪveɪt] ① bestellen *Feld* ② anbauen *Getreide, Obst* ③ (*übertragen*) kultivieren, pflegen *Freundschaft;* entwickeln *Fähigkeit*

cul·tur·al ['kʌltʃᵊrᵊl] kulturell

cul·ture ['kʌltʃəʳ] ① die Kultur, die Bildung; **culture shock** der Kulturschock ② (*Biologie*) die [Bakterien]kultur

cul·tured ['kʌltʃəd] ① gebildet, kultiviert ② gezüchtet; **cultured pearl** die Zuchtperle

cu·mu·la·tive ['kju:mjələtɪv] kumulativ; **cumulative total** der Gesamtbetrag

cun·ning ['kʌnɪŋ] schlau, listig; (*umgangsspr*) gerissen

cup [kʌp] ① die Tasse ② (*Sport, Wettbewerb*) der Pokal ③ **that's not my cup of tea** (*umgangsspr*) das ist nicht gerade mein Fall

cup·board ['kʌbəd] der Schrank

cup fi·nal das Pokalendspiel

cup·pa ['kʌpə] (*umgangsspr*) **a cuppa** eine Tasse Tee

cup tie das Pokalspiel

cup win·ner der Pokalsieger/die Pokalsiegerin

cur·able ['kjʊərəbḷ] heilbar

to **curb** [kɜ:b] zügeln; senken *Ausgaben;* bremsen *Inflation*

curb [kɜ:b] ① die Beschränkung; **to keep a curb on something** etwas im Zaum halten; **to put a curb on something** etwas zügeln ② (USA) der Randstein

curd cheese [ˌkɜ:d'-] *kein Plural* (GB) der Quark

cure [kjʊəʳ] ① die Heilung, der Heilungsprozess, das Heilmittel, das Heilverfahren; (*übertragen*) das Mittel (**for** gegen); **there is no cure for that** es gibt kein Mittel dagegen ② die Kur, die Behandlung; **to take a cure at a spa** zur Kur gehen

C

C

to **cure** [kjʊəʳ] ① heilen ② (*übertragen*) **to cure something** einer Sache abhelfen ③ pökeln, einsalzen, räuchern *Lebensmittel*

cur·few ['kɜːfjuː] die Ausgangssperre, das Ausgehverbot

cu·ri·os·ity [ˌkjʊəri'ɒsəti] ① die Neugier[de], der Wissensdurst ② die Seltenheit, die Rarität

cu·ri·ous ['kjʊəriəs] ① neugierig, wissbegierig ② seltsam, eigenartig ③ (*umgangsspr*) komisch

curl [kɜːl] (*im Haar*) die Locke

to **curl** [kɜːl] ① **to curl one's hair** die Haare in Locken legen; **to curl one's lip** die Lippen kräuseln ② *Haare:* sich locken, sich kräuseln

◆ to **curl up** ① **to curl up** *Insekt, Blatt:* [sich] zusammenrollen ② **to curl up laughing** Tränen lachen

curl·er ['kɜːləʳ] der Lockenwickler

curly ['kɜːli] *Haar:* lockig, wellig; *Salat, Blatt:* kraus

cur·rant ['kʌrᵊnt] die Korinthe

cur·ren·cy ['kʌrᵊn(t)si] die Währung; **foreign currency** die Devisen

cur·rent[1] ['kʌrᵊnt] ① *Monat, Jahr:* laufend; *Noten, Münzen:* im Umlauf befindlich; *Idee, Meinung:* verbreitet ② aktuell; **current affairs** *Plural* die Tagespolitik

cur·rent[2] ['kʌrᵊnt] ① (*Fluss, Luft*) die Strömung; **air current** der Luftzug; **to swim with/against the current** (*auch übertragen*) mit dem/gegen den Strom schwimmen ② (*Elektrizität*) der Strom

cur·rent ac·count das Girokonto

cur·rent·ly ['kʌrᵊntli] momentan, zurzeit

cur·ricu·lum [kə'rɪkjələm, *Plural* -lə] <*Plural* curricula> der Studienplan, der Lehrplan

cur·ricu·lum vi·tae [kə'rɪkjʊləm'viːtaɪ] <*Plural* curriculum vitaes *oder* curricula vitae> (GB) der Lebenslauf

cur·ry ['kʌri] der/das Curry; **curry powder** das Currypulver

curse [kɜːs] ① der Fluch; **to be under a curse** unter einem Fluch stehen ② die Verwünschung, der Fluch

to **curse** [kɜːs] ① verfluchen, verdammen ② fluchen ③ **cursed with noisy neighbours** mit lauten Nachbarn gestraft

cur·sor ['kɜːsəʳ] der Cursor

cur·tain ['kɜːtᵊn] ① die Gardine, der Vorhang; **to draw the curtains** die Vorhänge zuziehen/aufziehen ② (*im Theater*) **the curtain rises/falls** der Vorhang geht auf/fällt

curve [kɜːv] ① (*auch Mathematik*) die Kurve ② (*von Fluss*) die Biegung, die Krümmung

to **curve** [kɜːv] sich krümmen; *Straße, Fluss:* eine Biegung machen

cush·ion ['kʊʃᵊn] das Kissen, das Polster

to **cush·ion** ['kʊʃᵊn] ① (*übertragen*) schützen ② [ab]federn, abfangen *Fall, Stoß*

cushy ['kʊʃi] (*abwertend umgangsspr*) bequem; *Job:* ruhig

cus·tard ['kʌstəd] die Vanillesoße

cus·to·dy ['kʌstədi] ① (*für ein Kind*) das Sorgerecht ② die Haft; **to take someone into custody** jemanden verhaften ③ die Obhut, die Verwahrung

cus·tom ['kʌstəm] ① die Sitte, der Brauch ② die Angewohnheit; **as was his custom** wie er es gewohnt war ③ die Kundschaft, der Kundenkreis

cus·tom·ary ['kʌstəmᵊri] üblich

cus·tom·er ['kʌstəməʳ] ① der Kunde/die Kundin; **regular customer** der Stammkunde/die Stammkundin ② **a queer customer** (*umgangsspr*) ein komischer Kauz

cus·tom·er ser·vice *meist Plural* der Kundendienst

cus·toms ['kʌstəmz] *Plural* der Zoll; **to clear customs** den Zoll passieren

cus·toms clear·ance die Zollabfertigung

cus·toms dec·la·ra·tion die Zollerklärung

cus·toms of·fic·er der Zollbeamter/die Zollbeamtin

cut[1] [kʌt] ① der Schnitt; **she had a cut on her forehead** sie hatte eine Schnittwunde auf der Stirn ② (*beim Frisör*) der Haarschnitt; **to cut and blow-dry** Waschen, Schneiden, Fönen ③ **cut of meat** das [Fleisch]stück; **cold cuts** der Aufschnitt ④ *von Gehalt, Leistungen:* die Kürzung; **cut in prices** die Preissenkung ▶ WENDUNGEN: **she's a cut above the rest** sie ist den anderen um einiges überlegen

cut[2] [kʌt] ① geschnitten; **cut flowers** die Schnittblumen ② (*übertragen*) reduziert, gekürzt; **cut-price goods** Waren zu herabgesetzten Preisen

to **cut** [kʌt] <cut, cut> ① schneiden; *Wind auch:* pfeifen (**through** durch); **she cut her finger** sie hat sich in den Finger geschnitten; **to have one's hair cut** sich die Haare schneiden lassen; **to cut something in two** [*oder* **in half**] etwas halbieren; **to cut something to pieces** etwas zerstückeln [*oder* in Stücke schneiden] ② mähen *Gras* ③ hacken, spalten *Holz* ④ zuschneiden *Stoff;* schneiden *Film;* **cut!** Schnitt! ⑤ abheben *Karten* ⑥ kürzen *Gehalt;* herabsetzen, reduzieren *Preise* ⑦ (*umgangsspr*) **to cut school** die Schule schwänzen ⑧ (*slang*) Schluss machen, aufhören mit ⑨ **to cut a tooth** zahnen ▶ WENDUNGEN: **to cut corners** einsparen (**on** bei); **he cut me dead** er hat mich wie Luft behandelt; **to cut and run** (*umgangsspr*) abhauen

◆ to **cut across** **to cut across the street** über die Straße laufen, die Straße überqueren ▶ WENDUNGEN: **to cut across someone** jemandem wi-

dersprechen
◆ to **cut away** wegschneiden, abschneiden
◆ to **cut back** ① kürzen *Lohn;* **we'll have to cut back on our spending** wir müssen unsere Ausgaben einschränken ② zurückschneiden, beschneiden *Baum, Hecke*
◆ to **cut down** ① fällen *Baum* ② verringern, kürzen *Ausgaben;* **to cut the costs down** die Kosten senken; **to cut down on the work** bei der Arbeit kürzertreten; **you should cut down on smoking** du solltest weniger rauchen ▸ WENDUNGEN: **to cut someone down to size** jemanden auf seinen Platz verweisen
◆ to **cut in** ① unterbrechen; **don't cut in on me!** unterbrich mich nicht! ② *Autofahrer:* nach dem Überholen zu rasch einbiegen; **to cut in in front of someone** jemanden schneiden ③ *Maschine:* sich einschalten
◆ to **cut into** ① anschneiden *Torte, Braten* ② sich einschalten in *Gespräch* ③ (*übertragen*) angreifen *Reserven*
◆ to **cut off** ① abschneiden, abhauen, abtrennen ② abschneiden *Weg;* **to be cut off by the snow** durch den Schnee abgeschnitten sein ③ unterbrechen *Telefongespräch;* **he was cut off in the middle of a sentence** er wurde mitten im Satz unterbrochen ④ abstellen *Gas, Strom* ⑤ **to cut someone off** jemanden enterben
◆ to **cut out** ① ausschneiden; **she cut the picture out** sie schnitt das Bild aus ② (*übertragen*) streichen, weglassen, auslassen; **to cut out drinking/smoking** das Trinken/Rauchen aufgeben; **cut it out!** hör auf damit!; **to cut out the boring part** den langweiligen Teil weglassen ③ zuschneiden *Stoff* ④ *Motor:* aussetzen ▸ WENDUNGEN: **to be cut out for something** für etwas geschaffen sein; **to have one's work cut out** alle Hände voll zu tun haben
◆ to **cut short** ① abkürzen, unterbrechen *Weg* ② plötzlich beenden *Reise, Urlaub*
◆ to **cut up** ① zerschneiden *Essen, Papier;* zerlegen *Fleisch* ② **she was very cut up about the situation** die Situation hat sie sehr mitgenommen

cut·back ['kʌtbæk] *von Personal:* die Kürzung, die Verminderung; *von Ausgaben:* die Einschränkung

cute [kjuːt] <cuter, cutest> (USA) (*umgangsspr*) süß, niedlich; *Person:* hübsch

cut-glass (*übertragen*) *Aussprache, Stimme:* kristallklar

cut·lery ['kʌtləri] das Besteck

cut·let ['kʌtlət] ① das Schnitzel; (*aus Hackfleisch*) das Hacksteak ② (*vegetarisch*) der Bratling

cut-price **at cut-price** zu Schleuderpreisen

cut-rate verbilligt

cut·throat mörderisch, gnadenlos

cut·ting[1] ['kʌtɪŋ] ① (GB) der [Zeitungs]ausschnitt ② *von Pflanzen:* der Ableger

cut·ting[2] ['kʌtɪŋ] ① *Kälte, Wind:* schneidend ② (*übertragen*) *Bemerkung:* beißend, verletzend ▸ WENDUNGEN: **to be at the cutting edge of something** in etwas führend sein

cuz [kəz] (USA) (*slang*) *kurz für* **because** weil

CV [ˌsiːˈviː] *Abkürzung von* **curriculum vitae** der Lebenslauf

cy·ber- ['saɪbə] Cyber-, Internet-

cy·ber·beg·ging *kein Plural, ohne Artikel* das Betteln im Internet

cy·ber·café ['saɪbəˌkæfeɪ] das Internetcafé

cy·ber·pet ['saɪbəpet] das virtuelle Haustier

cy·cle ['saɪkl] ① der Kreislauf, der Zyklus ② die Periode ③ (*umgangsspr*) das Fahrrad

to **cy·cle** ['saɪkl] Rad fahren, radeln

cy·cle lane, **cy·cle path** der [Fahr]radweg

cy·cling ['saɪklɪŋ] das Radfahren; **cycling shorts** die Radlerhose

cy·clist ['saɪklɪst] der Radfahrer/die Radfahrerin

cyl·in·der ['sɪlɪndər] der Zylinder

cy·lin·dri·cal [səˈlɪndrɪkəl] zylindrisch

cym·bal ['sɪmbəl] *meist Plural* der Beckenteller; **cymbals** die Becken

Cyp·ri·ot[1] ['sɪpriət] der Zypriot/die Zypriotin

Cyp·ri·ot[2] ['sɪpriət] zypr[iot]isch

Cy·prus ['saɪprəs] *kein Plural* Zypern

czar [zɑːr] der Zar

Czech[1] [tʃek] tschechisch

Czech[2] [tʃek] ① (*Person*) der Tscheche/die Tschechin ② (*Sprache*) Tschechisch, das Tschechische

Czecho·slo·va·kia [ˌtʃekə(ʊ)slə(ʊ)ˈvækiə] *kein Plural* (*historisch*) die Tschechoslowakei

Czech Re·pub·lic die Tschechische Republik

C

Dd

D <*Plural* D's *oder* Ds>, **d** [diː] <*Plural* d's> ① D, d ② (*Schulnote*) ausreichend

to **dab** [dæb] <dabbed, dabbed> ① leicht berühren ② **he dabbed the wound with a cloth** er betupfte die Wunde mit einem Tuch

dab [dæb] **a dab of ice cream/sauce** ein bisschen Eis/Soße

dachs·hund ['dæksənd] der Dackel, der Dachshund

dad [dæd] (*umgangsspr*) der Papa, der Papi; **my dad's a computer specialist** mein Vater ist EDV-Spezialist

dad·dy ['dædi] der Papi, der Papa

daf·fo·dil ['dæfədɪl] die Narzisse, die Osterglocke

daft [dɑːft] (*umgangsspr*) dumm, blöd; **don't be daft!** red kein dummes Zeug!

dag·ger ['dægər] der Dolch ▸WENDUNGEN: **to look daggers at someone** jemanden mit Blicken durchbohren

[dɔɪl]

> **L** Das **Dáil** ist das Unterhaus des *Oireachtas*, des Parlaments der **Republic of Ireland**. Es hat 166 Abgeordnete, die für fünf Jahre demokratisch gewählt werden. Das Oberhaus, der *Seanad* (Senat), hat 60 Abgeordnete, von denen 11 vom *taoiseach* (Premierminister) ernannt werden, sechs werden von den irischen Universitäten gewählt, und 43 werden gewählt, um eine Reihe von wirtschaftlichen, kulturellen und berufsbezogenen Interessen zu vertreten.

dai·ly[1] ['deɪli] täglich

dai·ly[2] ['deɪli] (*Zeitung*) die Tageszeitung

dairy ['deəri] ① (*Fabrik*) die Molkerei ② (*Geschäft*) das Milchgeschäft

dairy cat·tle *Plural* das Milchvieh

dairy pro·duce die Milchprodukte

dai·sy ['deɪziː] das Gänseblümchen ▸WENDUNGEN: **to push up the daisies** (*slang*) die Radieschen von unten angucken; **as fresh as a daisy** taufrisch

dam [dæm] der Staudamm, die Talsperre

◆to **dam up** ① stauen *Fluss* ② (*übertragen*) aufstauen

dam·age ['dæmɪdʒ] ① der Schaden ② **damages** ⚠ *Plural* der Schadenersatz; **to sue for damages** auf Schadenersatz klagen ▸WENDUNGEN: **what's the damage?** (*umgangsspr*) was kostet der Spaß?

to **dam·age** ['dæmɪdʒ] beschädigen *Gegenstand;* schaden *Ruf, Gesundheit;* **smoking damages your health** Rauchen schadet der Gesundheit

to **damn** [dæm] ① **to damn something** etwas verurteilen; verreißen *Buch, Film* ② **to damn someone** jemanden verdammen

damn[1] [dæm] **I don't give a damn** das ist mir piepegal; **he doesn't give a damn** er schert sich den Teufel [darum]

damn[2] [dæm] (*slang*) verdammt; **damn!** verdammt!; **damn fool** der Vollidiot; **the damn thing won't work!** das verfluchte Ding funktioniert nicht!

dam·na·tion [dæm'neɪʃən] die Verdammung

damned [dæmd] ① (*umgangsspr*) verdammt ② **you're damned right!** (*umgangsspr*) da hast du völlig recht!

damp[1] [dæmp] feucht

damp[2] [dæmp] die Feuchtigkeit

to **damp** [dæmp] anfeuchten, befeuchten

to **damp·en** ['dæmpən] ① **to dampen a cloth** ein Tuch anfeuchten ② drosseln, dämpfen *Begeisterung*

to **dance** [dɑːn(t)s] ① tanzen; **would you like to dance [with me]?** möchtest du [mit mir] tanzen? ② hüpfen; **to dance for** [*oder* **with**] **joy** vor Freude tanzen

dance [dɑːns] ① der Tanz ② **there's a dance on at the town hall this evening** heute Abend findet eine Tanzveranstaltung in der Stadthalle statt

danc·er ['dɑːn(t)sər] der Tänzer/die Tänzerin

danc·ing ['dɑːn(t)sɪŋ] das Tanzen

dan·de·lion ['dændɪlaɪən] der Löwenzahn

dan·druff ['dændrʌf] die Schuppen

Dane [deɪn] der Däne/die Dänin

dan·ger ['deɪndʒər] die Gefahr (**to** für); **caution, danger!** Achtung, Lebensgefahr!; **in danger** in Gefahr; **out of danger** außer Gefahr; **to be a danger to someone** eine Gefahr für jemanden darstellen; **to be in danger of losing** Gefahr laufen zu verlieren

dan·ger·ous ['deɪndʒərəs] gefährlich; **it's too dangerous to cross the road here** es ist zu gefährlich, hier über die Straße zu gehen

dan·ger zone die Gefahrenzone

to **dan·gle** ['dæŋgl] ① baumeln ② baumeln lassen ③ (*übertragen*) **to dangle something in front of someone** jemandem etwas in Aussicht stellen

Dan·ish[1] ['deɪnɪʃ] dänisch

Dan·ish[2] ['deɪnɪʃ] Dänisch, das Dänische

Dan·ish pas·try das Blätterteiggebäck

Dan·ube ['dænjuːb] die Donau

to **dare** [deər] ① es wagen, sich trauen; **don't you dare!** untersteh dich!; **how dare you behave like that!** wie wagst du es, dich so zu benehmen!; **we wouldn't have dared to do that** wir hätten es nicht gewagt, so etwas zu tun ② herausfordern; **go on, I dare you to do it!**

na los, mach schon! sei kein Feigling! ③ **I dare say** [*oder* **daresay**] ich könnte mir denken, vermutlich

dare [deəʳ] die Herausforderung; **to do something for a dare** etwas als Mutprobe tun

dar·ing[1] ['deərɪŋ] ① *Tat:* kühn, gewagt; *Mensch:* kühn ② *Kleidung:* gewagt

dar·ing[2] ['deərɪŋ] der Wagemut

dark[1] [dɑːk] <darker, darkest> ① dunkel, finster; **be home before it gets dark** sei vor Einbruch der Dunkelheit zu Hause ② *Farbe, Haut, Haare:* dunkel; **dark blue** dunkelblau ③ (*von Laune*) mutlos, niedergeschlagen ④ *Gedanke:* finster; *Stimmung, Aussichten:* düster; **he gave her a dark look** er sah sie finster an ⑤ (*übertragen*) verborgen, versteckt; **to be a dark horse** ein stilles Wasser sein

dark[2] [dɑːk] ① (*Nacht*) die Dunkelheit, die Finsternis; **before dark** vor Einbruch der Dunkelheit; **after dark** nach Einbruch der Dunkelheit ② (*übertragen*) das Dunkel; **to be in the dark about something** keine Ahnung von etwas haben

to **dark·en** ['dɑːkᵊn] ① dunkel machen *Farbe* ② verdunkeln, abdunkeln *Raum* ③ *Himmel:* dunkel werden

dark·ly ['dɑːkli] ① finster ② traurig

dark·ness ['dɑːknəs] ① die Dunkelheit, die Finsternis; **the hall was in complete darkness** im Saal war es stockdunkel ② (*übertragen*) die Düsterkeit

dar·ling ['dɑːlɪŋ] der Liebling, der Schatz

to **darn** [dɑːn] stopfen

darn [dɑːn] (*umgangsspr*) **darn** [**it**]! verflixt noch mal!; **a darn sight younger** ein ganzes Stück jünger

to **dart** [dɑːt] sausen, flitzen; *Fisch, Zunge:* schnellen

dart [dɑːt] ① der Sprung, der Satz; **he made a dart for the door** er machte einen Satz Richtung Tür ② der Pfeil ③ **darts** ⚠ *mit Singular* Darts; **to play darts** Darts spielen

dart·board die Dartscheibe

to **dash** [dæʃ] ① sausen; **she dashed out of the house** sie stürzte aus dem Haus; **sorry, I must dash!** es tut mir leid, aber ich habe es eilig! ② **to dash off a letter/essay** einen Brief/Aufsatz in aller Eile kritzeln ③ schlagen, prallen; **the boat was dashed against the rocks** das Boot zerschlug an den Felsen; **to dash something to pieces** etwas zerschmettern ④ (*übertragen*) **to dash someone's hopes** jemandes Hoffnungen zunichtemachen

dash [dæʃ] <*Plural* dashes> ① **to make a dash** losstürzen; **she made a dash for the door** sie stürzte zur Tür; **he made a dash for the exit** er raste Richtung Ausgang ② etwas, ein bisschen; **a dash of lemon juice** ein Schuss Zitronensaft ③ der Gedankenstrich ④ (*Morsealphabet*) der Strich

dash·board ['dæʃbɔːd] das Armaturenbrett

dash·ing ['dæʃɪŋ] schneidig

data ['deɪtə] *Plural* die Daten, die Angaben

data·base die Datenbank

data pro·cess·ing die Datenverarbeitung

date[1] [deɪt] ① das Datum; **what date will he arrive?** wann kommt er an?; **what is the date today?** welches Datum [*oder* den Wievielten] haben wir heute?; **date of birth** das Geburtsdatum; **to date** bis heute ② der Termin, der Zeitpunkt; **have you set a date for the wedding?** habt ihr euch einen Termin für die Hochzeit ausgesucht? ③ (*umgangsspr*) die Verabredung; **to have a date** verabredet sein; **to make a date** sich verabreden ④ **out of date** *Mode:* altmodisch; **this bread is out of date** das Haltbarkeitsdatum ist bei diesem Brot bereits abgelaufen ⑤ **up-to-date** auf dem neuesten Stand, aktuell

date[2] [deɪt] die Dattel

to **date** [deɪt] ① datieren *Dokumente* ② **the problem dates back to last year** das Problem fing im letzten Jahr an; **these pots date back to Roman times** diese Töpfe stammen aus der Römerzeit ③ (*umgangsspr*) **to date someone** mit jemandem ausgehen

> **L** Beim **dating** gibt es verschiedene Ausdrücke für eine Beziehung zwischen einem Mädchen und einem Jungen. „Seeing each other" heißt, dass zwei sich öfters verabreden, aber trotzdem frei sind, mit anderen Partnern auszugehen. „Going out" heißt, sie sind fest befreundet. Wenn ein Junge an einem Mädchen Interesse hat, fragt er, ob sie mit ihm ausgehen will. *Do you want to go out sometime?* heißt aber nur *Sollen wir uns mal verabreden?*

dat·ed ['deɪtɪd] altmodisch

dat·ing agency ['deɪtɪŋ-] die Partnervermittlungsagentur

da·tive[1] ['deɪtɪv] *kein Plural* **the dative** der Dativ

da·tive[2] ['deɪtɪv] **the dative case** der Dativ

daugh·ter ['dɔːtəʳ] die Tochter

daugh·ter-in-law ['dɔːtərɪnlɔː] <*Plural* daughters-in-law> die Schwiegertochter

dawn [dɔːn] ① die [Morgen]dämmerung, der Tagesanbruch; **at dawn** bei Tagesanbruch; **from dawn to dusk** von früh bis spät ② (*übertragen*) der Beginn; **at the dawn of a new era** an der Schwelle zu einer neuen Ära

to **dawn** [dɔːn] ① dämmern; **the day dawned bright and cold** der Tag fing sonnig aber kalt an ② (*übertragen*) *Idee:* aufkommen; *Zeitalter:* beginnen, anbrechen ③ **it dawned on me what he had meant** es dämmerte mir, was er gemeint hatte; **hasn't it dawned on him yet**

D

D

what's going on? sieht er denn immer noch nicht, was los ist?

day [deɪ] ① der Tag; **what day of the week is it?** welchen Wochentag haben wir?; **every day** jeden Tag, täglich; **the day after tomorrow** übermorgen; **the day before yesterday** vorgestern; **the other day** kürzlich, neulich; **I saw her the day before I arrived here** ich sah sie am Tag bevor ich hier angekommen bin; **day of arrival** der Ankunftstag; [**three times**] **a day** [dreimal] täglich; **all day** den ganzen Tag; **by day** am Tag[e], bei Tage; **at this time of day** zu dieser Stunde; **from day to day** von Tag zu Tag; **day after** [*oder* **by**] **day** Tag für Tag; **day in, day out** tagein, tagaus; **have a nice day!** einen schönen Tag!; **day off** der freie tag; **to take a day off** einen Tag freinehmen ② [**in**] **those days** damals; **these days** heute, heutzutage; **one day** eines Tages, einmal; **one of these days** eines Tages; **the present day** die Gegenwart; **up to this day** bis heute ▶ WENDUNGEN: **to call it a day** Feierabend [*oder* Schluss] machen; **that'll be the day!** das möchte ich sehen!; **those were the days** das waren noch Zeiten; **it's not my day today!** heute ist nicht mein Tag!; **from day one** vom Anfang an; **at the end of the day, he just doesn't care!** ihm ist es letztendlich egal!; **that idea has had its day** die Idee ist schon Schnee von gestern [*oder* überholt]

day·break der Tagesanbruch

day care cen·tre, (USA) **day care cen·ter** (*für Kinder*) die Kindertagesstätte; (*für Senioren*) die Altentagesstätte

day·light ['deɪlaɪt] das Tageslicht; **in broad daylight** am helllichten Tage ▶ WENDUNGEN: **that's daylight robbery!** das ist der reine Wucher!

day nurse·ry die Kindertagesstätte

day re·turn die [Tages]rückfahrkarte

day shift die Tagschicht

day·time der Tag; **during** [*oder* **in**] **the daytime** bei Tage

day trip der Tagesausflug

daze [deɪz] **to be dazed** ganz benommen sein; **to be in a daze** ganz benommen sein; **she was dazed by the news** sie war durch die Nachricht wie benommen

to **daz·zle** ['dæzl̩] blenden

daz·zled geblendet; (*übertragen*) überwältigt

dead[1] [ded] ① tot, verstorben; **to shoot someone dead** jemanden erschießen; **to strike someone dead** jemanden erschlagen ② *Materie:* unbelebt ③ *Glieder:* taub, abgestorben ④ *Sprache:* tot ⑤ *Maschine:* nicht in Betrieb ⑥ *Stadt:* wie ausgestorben; *Geschäft:* flau ⑦ *Schlaf:* tief ⑧ *Feuer:* aus; *Streichholz:* abgebrannt ⑨ (*elektrisch*) spannungslos; **to go dead** *Telefon:* ausfallen ▶ WENDUNGEN: **to come to a dead stop** völlig zum Stillstand kommen; **he's dead from the neck up** (*umgangsspr*) er ist strohdumm; **I'm dead on my feet!** (*umgangsspr*) ich bin fertig!; **he's dead to the world** er ist in tiefem Schlaf; **I wouldn't be seen dead in that place** (*umgangsspr*) mich kriegst du nicht dahin; **those days are dead and gone** die Zeiten sind vorbei; **their affair is dead and buried** ihre Affäre ist längst vorbei; **as dead as a dodo** [*oder* **doornail**] mausetot; **over my dead body!** nur über meine Leiche!

dead[2] [ded] (*umgangsspr*) völlig; **dead tired** todmüde; **dead drunk** (*umgangsspr*) stockbesoffen; **to be dead against something** völlig gegen etwas sein; **dead on target** genau ins Ziel; **you're dead right there!** da hast du vollkommen Recht!; **she was dead lucky** sie hat wahnsinnig Glück gehabt

dead[3] [ded] ① **the dead** die Toten; **it's enough to wake the dead!** damit könnte man die Toten wecken! ② **in the dead of night** mitten in der Nacht; **in the dead of winter** mitten im Winter

dead cen·tre der Mittelpunkt

dead end [ˌded'end] die Sackgasse; **to come to a dead end** (*übertragen*) in eine Sackgasse geraten

dead-end ['dedend] **dead-end street** die Sackgasse; **a dead-end job** ein Arbeitsplatz ohne Aufstiegsmöglichkeit

dead·line ['dedlaɪn] der letzte Termin, der Einsendeschluss; **to fix** [*oder* **set**] **a deadline** eine Frist setzen; **to meet the deadline** den Termin einhalten

dead·lock ['dedlɒk] der völlige Stillstand; **to come to** [*oder* **reach**] **a deadlock** sich festfahren

dead·ly ['dedli] ① tödlich; **deadly sin** die Todsünde ② (*umgangsspr*) todlangweilig

deaf[1] [def] taub (**to** für/gegenüber); **to be deaf in one ear** auf einem Ohr taub sein; **to be a deaf mute** taubstumm sein ▶ WENDUNGEN: **to turn a deaf ear to something** von etwas nichts hören wollen; **her request fell on deaf ears** ihre Bitte fand kein Gehör; **to be as deaf as a post** stocktaub sein

deaf[2] [def] **the deaf** die Tauben

deaf aid das Hörgerät

to **deaf·en** ['defᵊn] taub machen

deaf·en·ing ['defᵊnɪŋ] ohrenbetäubend

deaf-mute der/die Taubstumme

deaf·ness ['defnəs] die Taubheit

deal [diːl] ① das Abkommen; **to do a deal** zu einer Abmachung kommen; **to make a deal** ein Abkommen treffen; **is it a deal?** sind wir im Geschäft?; **it's a deal!** abgemacht!; **a square deal** ein faires Geschäft ② (*übertragen*) **a raw** [*oder* **rough**] **deal** eine ungerechte Behandlung

3 das [Karten]geben; **who's deal is it?** wer gibt?; **it's your deal** du bist dran mit Geben 4 **big deal!** (*umgangsspr*) na und? 5 die Menge; **a good** [*oder* **a great**] **deal of people** eine Menge Leute; **she saw him a good deal** sie hat ihn ziemlich oft gesehen; **he's a good deal better than I am** er ist um einiges besser als ich

to **deal** [di:l] <dealt, dealt> 1 geben *Karten;* dealen *Drogen* 2 **to deal someone a heavy blow** (*auch übertragen*) jemandem einen Schlag versetzen

◆ to **deal in** 1 **they deal in used cars** sie handeln mit Gebrauchtwagen 2 (*Karten spielen*) **can you deal me in?** kann ich auch mitspielen?

◆ to **deal out** 1 geben *Karten* 2 verteilen *Spende*

◆ to **deal with** 1 umgehen mit 2 verhandeln mit; **they deal with a lot of Asian companies** sie machen mit vielen asiatischen Unternehmen Geschäfte 3 sich kümmern um; **can you deal with this problem for me?** kannst du dich für mich um dieses Problem kümmern? 4 **to deal with someone** mit jemandem fertig werden; **to deal with life at university** mit dem Universitätsleben zurechtkommen 5 handeln von; **the film deals with the American civil war** in dem Film geht es um den amerikanischen Bürgerkrieg

deal·er ['di:ləʳ] 1 der Händler/die Händlerin (**in** für); **she's an antique dealer** sie handelt mit Antiquitäten 2 (USA) (*Börse*) der Makler/die Maklerin 3 der Kartengeber/die Kartengeberin

dealt [delt] *2. und 3. Form von* **deal**

dean [di:n] (*an Universitäten*) der Dekan/die Dekanin

L In den USA werden die Namen von Schülern und Studenten, die besonders gute Noten bekommen haben, in Schul- oder Universitätszeitungen und manchmal auch in Tageszeitungen veröffentlicht. Diese Liste nennt man an Universitäten die **dean's list** und an Schulen **honor roll**. Schüler oder Studenten, die in diesen Listen stehen, werden bei der Bewerbung um einen Studienplatz an Universitäten oder bei der Arbeitssuche von Firmen oft bevorzugt.

dear[1] [dɪəʳ] 1 lieb, teuer 2 (*in der Briefanrede*) Liebe(r), Sehr geehrte(r); **Dear Mr Smith,** Sehr geehrter Herr Smith, 3 kostspielig, teuer

dear[2] [dɪəʳ] 1 der Liebling, der Schatz; **give it to me, there's a dear** gib es mir, sei so lieb 2 **oh, dear!** oje!, ach du liebe Zeit!

dear·ly ['dɪəli] 1 **dearly love to do something** etwas liebend gern tun 2 **I love him dearly** ich liebe ihn von ganzem Herzen 3 teuer

death [deθ] 1 der Tod; **to die a natural/violent death** eines natürlichen/gewaltsamen Todes sterben; **to put someone to death** jemanden hinrichten; **at death's door** an der Schwelle des Todes; **to burn/freeze/starve to death** verbrennen/erfrieren/verhungern 2 der Todesfall 3 (*übertragen*) das Ende, die Vernichtung; **to die a death** zu Ende kommen ▶ WENDUNGEN: **it's a matter of life and death!** es geht um Leben und Tod!; **he'll be the death of me yet** er bringt mich noch ins Grab; **you'll catch your death of cold with no coat!** du wirst dir ohne Mantel den Tod holen!; **he looks like death warmed up** [*oder* (USA) **over**] er sieht aus wie eine Leiche; **a fate worse than death** ein schlimmes Schicksal

death·bed das Totenbett

death cer·ti·fi·cate die Sterbeurkunde

death·ly ['deθli] tödlich

death pen·al·ty die Todesstrafe

death row (USA) **to be on death row** in der Todeszelle sitzen

death threat die Morddrohung

de·bat·able [dɪ'beɪtəbl] *Frage:* umstritten, strittig

de·bate [dɪ'beɪt] die Debatte, die Diskussion; **to be open to debate** ein strittiger Punkt sein

to **de·bate** [dɪ'beɪt] **to debate something** über etwas diskutieren [*oder* debattieren]

to **deb·it** ['debɪt] belasten; **to debit someone's account** jemandes Konto belasten

deb·it card die Debit-Karte

debt [det] die Schuld; **do you have any debts?** sind Sie schuldenfrei?; **out of debt** schuldenfrei; **to be in debt** verschuldet sein; **to run** [*oder* **get**] **into debt** Schulden machen; **to pay off a debt** eine Schuld abzahlen; **to be in someone's debt** jemandem etwas schulden

dec·ade ['dekeɪd, dɪ'keɪd] das Jahrzehnt, die Dekade

de·caf ['di:kæf] (*umgangsspr*) der koffeinfreie Kaffee

de·caf·fein·at·ed [dɪ'kæfɪneɪtɪd] *Kaffee:* koffeinfrei, entkoffeiniert

de·cath·lon [dɪ'kæθlɒn] der Zehnkampf

to **de·cay** [dɪ'keɪ] 1 sich zersetzen; *Essen:* schlecht werden; *Zahn:* verfaulen; *Leiche:* verwesen 2 (*übertragen*) *Person:* verblühen; *Schönheit:* vergehen 3 *Reich, Zivilisation:* untergehen

de·cay [dɪ'keɪ] 1 die Zersetzung; *von Gebäude:* der Zerfall; **tooth decay** die Zahnfäule, das Karies 2 der Niedergang, der Verfall

de·ceased[1] [dɪ'si:st] verstorben

de·ceased[2] [dɪ'si:st] <*Plural* deceased> **the deceased** der/die Verstorbene, die Verstorbenen

to **de·ceive** [dɪ'si:v] 1 täuschen, irreführen *Per-*

D

son; **I don't want to deceive her** ich will sie nicht hintergehen ② *Worte, Geste:* trügen, einen falschen Eindruck erwecken

De·cem·ber [dɪˈsembəʳ] der Dezember; **in December** im Dezember; **on 15th December, on December 15** (USA) am 15. Dezember; **at the beginning of December** Anfang Dezember; **at the end of December** Ende Dezember

D

de·cent [ˈdiːsᵊnt] ① anständig ② (*umgangsspr*) ganz nett, [ganz] ordentlich, annehmbar

de·cep·tive [dɪˈseptɪv] täuschend

to **de·cide** [dɪˈsaɪd] ① beschließen, sich entscheiden (**between** zwischen); **to decide on** sich entscheiden für; **to decide in favour of something** zugunsten von etwas entscheiden; **she's decided against having a party** sie hat beschlossen, keine Party zu geben ② entscheiden; **you decide!** entscheide du!

de·cid·ing [dɪˈsaɪdɪŋ] entscheidend

deci·mal [ˈdesɪmᵊl] die Dezimalzahl; **decimal fraction** der Dezimalbruch; **decimal point** das Komma

de·ci·sion [dɪˈsɪʒᵊn] ① die Entscheidung (**over** über); **to make a decision** eine Entscheidung treffen; **to arrive at** [*oder* **come to**] **a decision** zu einer Entscheidung kommen ② der Entschluss; (*von Komitee*) der Beschluss

de·ci·sive [dɪˈsaɪsɪv] ① entscheidend, ausschlaggebend (**for** für) ② entschieden, entschlossen; *Person:* entschlussfreudig

deck [dek] ① das Deck; **on deck** auf Deck ② **a deck of cards** ein Spiel Karten ③ **tape-deck** das Tapedeck ④ **sun deck** (USA) der Balkon [zur Sonnenseite] ▸WENDUNGEN: **to clear the decks** klar Schiff machen; **not playing with a full deck** (USA) nicht richtig ticken

deck·chair der Liegestuhl

dec·la·ra·tion [ˌdekləˈreɪʃᵊn] ① die Erklärung, die Aussage; **to give** [*oder* **make**] **a declaration** eine Erklärung abgeben ② (*Zoll*) die Deklaration

to **de·clare** [dɪˈkleəʳ] ① erklären, bekannt geben; **to declare war** [**on someone**] [jemandem] den Krieg erklären; **I declare this meeting closed** ich erkläre die Sitzung für geschlossen ② angeben, deklarieren *Waren;* **have you anything to declare?** haben Sie etwas zu verzollen?

de·clared [dɪˈkleəd] erklärt; **declared value** der angemeldete Wert

de·clen·sion [dɪˈklen(t)ʃᵊn] der Fall

to **de·cline** [dɪˈklaɪn] ① schlechter werden; **in declining health** bei schlechter werdender Gesundheit ② nachlassen, abnehmen, geringer werden ③ *Preise:* zurückgehen, sinken, fallen ④ **to decline** [**someone's offer**] [jemandes Angebot] ablehnen

de·cline [dɪˈklaɪn] ① der Rückgang; **decline of the birth rate** der Geburtenrückgang; **to be on the decline** abnehmen ② *von Reich:* der Untergang ③ *von Gesundheit:* die Schwächung

to **de·con·tami·nate** [ˌdiːkənˈtæmɪneɪt] entgiften, entseuchen

de·con·tami·na·tion [ˌdiːkəntæmɪˈneɪʃᵊn] die Entseuchung, die Entgiftung

to **deco·rate** [ˈdekəreɪt] ① dekorieren, schmücken, verzieren ② streichen, tapezieren *Wände, Zimmer* ③ (*mit einem Orden*) auszeichnen (**with** mit)

deco·ra·tion [ˌdekəˈreɪʃᵊn] ① die Verzierung, die Dekoration ② *von Person:* die Auszeichnung, der Orden

deco·ra·tor [ˈdekᵊreɪtəʳ] der Maler/die Malerin, der Tapezierer/die Tapeziererin, der Dekorateur/die Dekorateurin; **interior decorator** der Raumausstatter/die Raumausstatterin

to **de·crease** [dɪˈkriːs, ˈdiːkriːs] ① abnehmen; *Menge:* abnehmen, zurückgehen ② *Preis, Wert:* sich verringern [*oder* reduzieren]

de·crease [ˈdiːkriːs] der Rückgang; *von Gewicht usw.:* die Abnahme, die Verringerung (**in** an); **on the decrease** im Abnehmen; **decrease in population** der Bevölkerungsrückgang

to **de·di·cate** [ˈdedɪkeɪt] ① **to dedicate a book/a building to someone** jemandem ein Buch/ein Gebäude widmen; **to dedicate one's life to something** sein Leben einer Sache widmen; **this song is dedicated to Peter** dieses Lied ist für Peter ② **to dedicate a church** eine Kirche weihen

de·di·cat·ed [ˈdedɪkeɪtɪd] ① (*begeistert*) **she was a dedicated teacher** sie war eine engagierte Lehrerin ② hingebungsvoll; **she was dedicated to her father** sie hing sehr an ihrem Vater

to **de·duct** [dɪˈdʌkt] abziehen (**from** von); einbehalten *Betrag*

de·duct·ible [dɪˈdʌktəbl̩] absetzbar

de·duc·tion [dɪˈdʌkʃᵊn] ① der Abzug ② *vom Preis:* der Rabatt, der Nachlass ③ die Schlussfolgerung

deed [diːd] ① die Tat ② (*juristisch*) die Übertragungsurkunde

dee·jay [ˈdiːdʒeɪ] der Discjockey, der Diskjockey

deep [diːp] <deeper, deepest> ① tief; **a two-metre deep trench** ein zwei Meter tiefer Graben; **she stood knee-deep in mud** sie stand bis zum Knie im Matsch ② (*extrem*) **deep sleep** der Tiefschlaf; **deep green** dunkelgrün; **to take a deep breath** tief einatmen; **he was deep in thought** er war in Gedanken versunken; **deep in debt** hoch verschuldet ③ tiefsinnig, tiefgründig ④ (*übertragen*) schwer verständlich ▸WENDUNGEN: **to be in deep water** (*umgangsspr*) in der Tinte sitzen; **to go off the deep end** aufbrausen; **still waters run deep**

stille Wasser sind tief

deep-condi·tion·ing *Shampoo:* mit pflegender Tiefenwirkung

deep-freeze [ˌdiːp'friːz] der Tiefkühlschrank, die Tiefkühltruhe

deep-froz·en [ˌdiːp'frəʊzn] tiefgefroren; **deep-frozen food** die Tiefkühlkost

to **deep-fry** frittieren

deep·ly ['diːpli] tief, zutiefst; **breathe deeply** atme tief ein; **she was deeply hurt by his remark** sie war durch seine Bemerkung schwer verletzt

deep space der äußere Weltraum

deer [dɪəʳ] <*Plural* deer> der Hirsch, das Reh; **red deer** das Rotwild

to **de·feat** [dɪ'fiːt] ① (*im Krieg, Sport*) **to defeat someone** jemanden schlagen ② ablehnen *Vorschlag* ③ vereiteln, zunichtemachen *Plan*

de·feat [dɪ'fiːt] die Niederlage; **to suffer a defeat** eine Niederlage erleiden; **to admit defeat** eine Niederlage gestehen

de·fect ['diːfekt] der Fehler, der Defekt (**in** an)

to **de·fect** [dɪ'fekt] **to defect to the enemy** zum Feind übergehen, überlaufen

de·fec·tive [dɪ'fektɪv] fehlerhaft, defekt

de·fence [dɪ'fens] ① (*auch im Sport*) die Verteidigung; **in someone's defence** zu jemandes Verteidigung; **to come to someone's defence** jemanden verteidigen; **to speak** [*oder* **say**] **in someone's defence** für jemanden sprechen, jemanden verteidigen ② (*gegen Krankheit*) der Schutz ③ die Befestigung, die Schutzmaßnahme ④ (*juristisch*) die Verteidigung

de·fence·less [dɪ'fen(t)sləs] schutzlos

to **de·fend** [dɪ'fend] ① (*auch juristisch*) **to defend someone** jemanden verteidigen (**against** gegen) ② rechtfertigen *Handeln, Politik* ③ verteidigen *Titel*

de·fend·ant [dɪ'fendənt] der/die Angeklagte

de·fend·er [dɪ'fendəʳ] der Beschützer/die Beschützerin; (*im Sport*) der Verteidiger/die Verteidigerin

de·fense (USA) ① (*auch im Sport*) die Verteidigung; **in someone's defense** zu jemandes Verteidigung; **to come to someone's defense** jemanden verteidigen; **to speak** [*oder* **say**] **in someone's defense** für jemanden sprechen, jemanden verteidigen ② (*gegen Krankheit*) der Schutz ③ die Befestigung, die Schutzmaßnahme ④ (*juristisch*) die Verteidigung

de·fense·less [dɪ'fen(t)sləs] (USA) schutzlos

de·fen·sive[1] [dɪ'fen(t)sɪv] ① **defensive measures** die Schutzmaßnahmen; **defensive weapon** die Verteidigungswaffe ② **to be defensive** sich rechtfertigen

de·fen·sive[2] [dɪ'fen(t)sɪv] die Defensive; **on the defensive** in der Defensive

to **de·fer** [dɪ'fɜːʳ] <deferred, deferred> verschieben; **to defer to someone/something** (*gehoben*) sich jemandem/etwas beugen

de·fer·ment [dɪ'fɜːmənt], **de·fer·ral** [dɪ'fɜːrəl] der Aufschub; *Sitzung, Verhandlung:* die Vertagung

de·fi·ant [dɪ'faɪənt] aufsässig; *Antwort:* trotzig

to **de·fine** [dɪ'faɪn] ① näher bestimmen, festlegen ② definieren *Wort* ③ **to be clearly defined** sich klar abzeichnen

defi·nite ['defɪnət] ① bestimmt, sicher; **it's definite that...** es ist sicher, dass...; **for a definite period** für eine bestimmte Zeit ② *Plan:* fest ③ *Aussage:* klar, deutlich, unmissverständlich ④ **definite article** der bestimmte Artikel

defi·nite ar·ti·cle der bestimmte Artikel

defi·nite·ly ['defɪnətli] sicherlich, zweifellos; **are you going to accept? – definitely!** wirst du akzeptieren? – na klar!

defi·ni·tion [ˌdefɪ'nɪʃən] ① die Definition ② die scharfe Abgrenzung, die Festlegung ③ die Bildschärfe, die Tonschärfe

to **de·flect** [dɪ'flekt] ablenken; abfälschen *Ball;* **to deflect off something** von etwas abprallen; **to deflect someone from doing something** jemanden davon abbringen, etwas zu tun

de·flec·tion [dɪ'flekʃən] die Ablenkung

to **de·frost** [diː'frɒst] ① auftauen *Lebensmittel;* abtauen *Tiefkühltruhe* ② enteisen *Windschutzscheibe*

to **de·fuse** [diː'fjuːz] (*auch übertragen*) entschärfen

to **defy** [dɪ'faɪ] **to defy someone/something** [sich] jemandem/etwas widersetzen, jemandem/etwas trotzen; **to defy convention** sich der Konvention widersetzen; **it defies belief!** es spottet jedem Verstand!

de·gree [dɪ'griː] ① der Grad; **it's 25 degrees Celsius** es ist 25 Grad Celsius; **drop five degrees** um fünf Grad fallen ② (*Landeskunde*) **degree of latitude** der Breitengrad; **degree of longitude** der Längengrad ③ das Maß; **by degrees** nach und nach, allmählich; **to a certain degree** bis zu einem gewissen Grad; **to some degree** einigermaßen; **to such a degree** in solchem Maße, dermaßen ④ **to get one's degree** seinen Universitätsabschluss machen; **he has a degree in geology** er ist Diplomgeologe; **to study for a degree** studieren ⑤ **first degree murder** der Mord; **second degree murder** der Totschlag

de·gree course *Studiengang, der mit einem „bachelor's degree" abschließt*

de·hy·drat·ed [ˌdiːhaɪ'dreɪtɪd] Trocken-, pulverisiert; *Körper:* ausgetrocknet

to **de-ice** [ˌdiː'aɪs] enteisen *Windschutzscheibe*

de·ject·ed [dɪ'dʒektɪd] bedrückt, niedergeschlagen

de·jec·tion [dɪ'dʒekʃən] *kein Plural* die Niedergeschlagenheit

to **de·lay** [dɪˈleɪ] ① verschieben; aufschieben *Ankunft, Abfahrt;* **to delay doing something** etwas verschieben; aufschieben, etwas zu tun; **he delayed writing the letter** er schob den Brief auf; **don't delay!** verlieren Sie keine Zeit! ② **to delay someone** jemanden aufhalten ③ **to be delayed** Verspätung haben *Zug, Flug*

D

de·lay [dɪˈleɪ] ① die Verzögerung; **without delay** sofort, unverzüglich ② *von Zug:* die Verspätung; **a two-hour delay** eine zweistündige Verspätung

to **del·egate** [ˈdelɪgeɪt] ① delegieren (**to** an) ② erteilen *Vollmacht*

del·egate [ˈdelɪgət] der/die Delegierte, der bevollmächtigte Vertreter/die bevollmächtigte Vertreterin

del·ega·tion [ˌdelɪˈgeɪʃᵊn] die Abordnung, die Delegation

to **de·lete** [dɪˈliːt] ① streichen (**from** aus) ② löschen *Daten*

de·lete key die Löschtaste

de·le·tion [dɪˈliːʃᵊn] ① die Löschung; *einer Datei:* das Löschen ② (*von Posten*) die Streichung; **to make a deletion** etwas streichen

deli [ˈdeli] (*umgangsspr*) das Delikatessengeschäft, das Delikatessgeschäft, der Feinschmeckerladen

to **de·lib·er·ate** [dɪˈlɪbəreɪt] ① **to deliberate on something** über etwas nachdenken ② **to deliberate a matter** sich über einen Fall beraten

de·lib·er·ate [dɪˈlɪbᵊrət] ① bewusst, absichtlich ② [wohl] überlegt, bedächtig

de·lib·era·tion [dɪˌlɪbəˈreɪʃᵊn] ① die Überlegung; **after due deliberation** nach reiflicher Überlegung ② die Beratungen (**on** über)

deli·ca·cy [ˈdelɪkəsi] ① die Feinheit, die Zartheit ② *der Gesundheit:* die Anfälligkeit ③ (*Takt*) das Zartgefühl, das Feingefühl; **of great delicacy** heikel, schwierig ④ (*Essen*) die Delikatesse

deli·cate [ˈdelɪkət] ① fein, zart, empfindlich ② *Gesundheit:* empfindlich, anfällig ③ *Situation:* heikel, schwierig ④ (*übertragen*) feinfühlig, zartfühlend ⑤ *Essen:* delikat

deli·ca·tes·sen [ˌdelɪkəˈtesᵊn] das Delikatessengeschäft, das Delikatessgeschäft

de·li·cious [deˈlɪʃəs] *Essen:* köstlich, lecker

to **de·light** [dɪˈlaɪt] **to delight someone** jemanden erfreuen; **someone delights in doing something** es macht jemandem Spaß, etwas zu tun

de·light [dɪˈlaɪt] die Freude, das Vergnügen; **to my delight** zu meiner Freude; **to take delight in doing something** Freude [*oder* Spaß] daran haben, etwas zu tun

de·light·ed [dɪˈlaɪtɪd] hocherfreut; *Lächeln:* vergnügt; **to be delighted that ...** begeistert sein, dass ...

de·light·ful [dɪˈlaɪtfᵊl] entzückend, reizend, bezaubernd

de·liri·ous [dɪˈlɪriəs] ① im Delirium ② **to be delirious with joy/rage** außer sich vor Freude/Wut sein

de·liri·ous·ly [dɪˈlɪriəsli] ① im Delirium ② (*sehr*) wahnsinnig

to **de·liv·er** [dɪˈlɪvəʳ] ① [ab]liefern, ausliefern *Ware;* austragen, zustellen *Post;* **delivered free** frei Haus ② halten *Rede, Vortrag* ③ verkünden *Urteil* ④ zur Welt bringen *Baby* ⑤ werfen *Ball* ⑥ versetzen *Schlag* ⑦ **to deliver someone from something** jemanden von etwas befreien ▶ WENDUNGEN: **but can he deliver the goods?** aber kann er das tun, was er verspricht?

de·liv·ery [dɪˈlɪvᵊri] ① die [Aus]lieferung; *von Post:* die Zustellung; **on delivery** bei Lieferung; **to take delivery of** in Empfang nehmen; **cash on delivery** per Nachnahme ② (*medizinisch*) die Entbindung; **delivery room** der Kreißsaal

de·liv·ery ser·vice der Zustelldienst

de·liv·ery van der Lieferwagen

to **de·lude** [dɪˈluːd] **to delude someone** jemanden täuschen [*oder* irreführen]; **to delude someone into thinking something** jemanden dazu verleiten, etwas zu glauben; **to delude oneself** sich etwas vormachen

del·uge [ˈdeljuːdʒ] ① die Überschwemmung ② **the Deluge** die Sintflut ③ (*übertragen*) die Flut, der Schwall

to **del·uge** [ˈdeljuːdʒ] (*auch übertragen*) überfluten, überschwemmen *Land*

de luxe [dɪˈlʌks] Luxus-

to **de·mand** [dɪˈmɑːnd] ① *Person:* fordern, verlangen; **he demanded to see his lawyer** er verlangte nach seinem Rechtsanwalt ② *Sache:* erfordern, verlangen

de·mand [dɪˈmɑːnd] ① die Forderung, das Verlangen (**for** nach); **to be in great demand** sehr gefragt sein; **on demand** auf Verlangen ② (*Geschäft, Industrie*) der Bedarf, die Nachfrage (**for** nach)

dem·erara [demᵊˈreərə], **dem·erara sug·ar** [demᵊˈreərə-] *kein Plural* der Demerarazucker (*brauner Rohrzucker mit groben Kristallen*)

demi- [ˈdemɪ] halb-

demo [ˈdeməʊ] <*Plural* demos> (*umgangsspr*) die Demo; **to go on a demo** auf eine Demo gehen

de·moc·ra·cy [dɪˈmɒkrəsi] die Demokratie

demo·crat [ˈdeməkræt] der Demokrat/die Demokratin

demo·crat·ic [ˌdeməˈkrætɪk] demokratisch

Demo·crat·ic par·ty *kein Plural* (USA) (*in der Politik*) die Demokratische Partei

de·mog·ra·phy [dɪˈmɒgrəfi] *kein Plural* die Demographie

to **de·mol·ish** [dɪˈmɒlɪʃ] ① abbrechen, niederreißen *Gebäude* ② zunichtemachen *Hoffnung*

demo·li·tion [ˌdeməlɪʃᵊn] der Abbruch

de·mon ['diːmən] der Dämon

to **dem·on·strate** ['demənstreɪt] ① vorführen, demonstrieren *Gerät, Vorrichtung* ② beweisen, nachweisen; (*mit Experimenten*) zeigen ③ (*politisch*) demonstrieren ④ zeigen *Gefühle*

dem·on·stra·tion [ˌdemən'streɪʃᵊn] ① der Beweis, die Beweisführung; *von Gerät:* die Vorführung; **to give a demonstration of something** etwas demonstrieren ② (*politisch*) die Kundgebung, die Demonstration; **to hold a demonstration** eine Demonstration veranstalten ③ *von Gefühlen:* der Ausdruck

dem·on·stra·tor ['demənstreɪtəʳ] (*politisch*) der Demonstrant/die Demonstrantin

to **de·mor·al·ize** [dɪ'mɒrᵊlaɪz] **to demoralize someone** jemanden demoralisieren, entmutigen

to **de·mote** [dɪ'məʊt] zurückstufen; degradieren *Soldat*

den [den] ① *eines Tieres:* die Höhle ② die [Räuber]höhle; **den of iniquity** die Lasterhöhle ③ (*umgangsspr.*) die Bude

de·ni·al [dɪ'naɪəl] **to give an official denial [to something]** [etwas] offiziell dementieren

den·im ['denɪm] ① der Jeansstoff ② **denims** *Plural* die Jeans

Den·mark ['denmaːk] Dänemark

de·nomi·na·tor [dɪ'nɒmɪneɪtəʳ] der Nenner; **[lowest] common denominator** der [kleinste] gemeinsame Nenner

to **de·nounce** [dɪ'naʊn(t)s] ① **to denounce someone/something** jemanden/etwas heftig kritisieren [*oder* anprangern] ② **to denounce someone as a spy** jemanden beschuldigen, ein Spion zu sein

dense [den(t)s] <denser, densest> ① dicht, eng ② (*übertragen*) schwer von Begriff

dense·ly ['den(t)sli] dicht; **a densely populated town** eine dicht bevölkerte Stadt

den·sity ['den(t)sɪti] ① die Dichte; **density of traffic** die Verkehrsdichte; **population density** die Bevölkerungsdichte ② (*Computer*) **single/double density disk** die Diskette mit einfacher/doppelter Schreibdichte

dent [dent] ① die Beule, die Delle ② **that'll make a dent in our holiday money** das wird ein Loch in unsere Urlaubskasse reißen

to **dent** [dent] ① eindrücken, einbeulen ② (*übertragen*) **to dent someone's self-esteem** jemandes Selbstachtung verletzen

den·tal ['dentᵊl] Zahn-; **dental floss** die Zahnseide

den·tist ['dentɪst] der Zahnarzt/die Zahnärztin; **at the dentist['s]** beim Zahnarzt

den·tis·try ['dentɪstri] *kein Plural* die Zahnmedizin

den·tures [den(t)ʃəz] *Plural* die [Zahn]prothese

to **deny** [dɪ'naɪ] ① bestreiten *Aussage;* (*vor Gericht*) leugnen ② verweigern, abschlagen *Wunsch;* **to deny a request** eine Bitte abschlagen ③ **to deny oneself** sich kasteien

de·odor·ant[1] [di'əʊdᵊrᵊnt] desodorierend; **deodorant spray** das Deospray

de·odor·ant[2] [di'əʊdᵊrᵊnt] das Deo, das Deodorant; **roll-on deodorant** der Deoroller

D

to **de·part** [dɪ'pɑːt] ① abreisen, abfahren, wegfahren; *Flugzeug:* abfliegen; **to be ready to depart** startbereit sein ② (*übertragen*) abgehen, abweichen (**from** von)

de·part·ed[1] [dɪ'pɑːtɪd] verstorben

de·part·ed[2] [dɪ'pɑːtɪd] <*Plural* departed> **the departed** der/die Verstorbene, die Verstorbenen

de·part·ment [dɪ'pɑːtmənt] ① *von Laden, Firma:* die Abteilung ② das Amt; *von Regierung:* das Ministerium; **Department of Homeland Security** (USA) das Ministerium für innere Sicherheit ③ (*an einer Universität*) das Institut

de·part·men·tal [ˌdɪpɑːt'mentᵊl] (*an einer Universität*) Instituts-; (*in einer Firma*) Abteilungs-; (*in der Verwaltung*) Amts-

de·part·ment store das Warenhaus, das Kaufhaus

de·par·ture [dɪ'pɑːtʃəʳ] ① die Abreise, die Abfahrt, der Abflug; **he made a hasty departure** er ging in Eile weg ② **departures** ⚠ *Plural* Abfahrt, Abflug ③ das Abweichen (**from** von); **this song is a departure from their normal style** dieses Lied weicht von ihrem normalen Stil ab

de·par·ture gate der Flugsteig, das Gate

de·par·ture lounge die Abflughalle

de·par·ture time die Abfahrtszeit, die Abflugzeit

to **de·pend** [dɪ'pend] ① abhängen, abhängig sein (**on** von); **that** [*oder* **it all**] **depends** das kommt drauf an, je nachdem; **depending on the weather, we want to go for a picnic on Sunday** wenn das Wetter es erlaubt, wollen wir am Sonntag ein Picknick machen ② sich verlassen (**on/upon** auf); **depend upon it!** verlassen Sie sich darauf!

de·pend·able [dɪ'pendəbl̩] zuverlässig

de·pend·ant [dɪ'pendənt] der/die Angehörige

de·pend·ent [dɪ'pendənt] abhängig (**on** von); **to be dependent on** abhängen von, abhängig sein von

to **de·pict** [dɪ'pɪkt] ① abbilden *Landschaft, Person* ② schildern, beschreiben *Ort, Zeitalter*

de·pic·tion [dɪ'pɪkʃᵊn] die Darstellung

de·plet·ed [dɪ'pliːtɪd] [erheblich] verringert *Ressourcen*

de·plor·able [dɪ'plɔːrəbl̩] beklagenswert; *Lage:* erbärmlich

to **de·plore** [dɪ'plɔːʳ] ① (*missbilligen*) verurteilen ② (*bedauern*) beklagen to **de·ploy** [dɪ'plɔɪ] einsetzen *Kraft, Maschine;* stationieren *Raketen*

to **de·port** [dɪ'pɔːt] ausweisen, abschieben, deportieren *Immigrant*

de·por·ta·tion [ˌdiːpɔː'teɪʃən] die Deportation, die Abschiebung

de·por·tee [ˌdiːpɔː'tiː] der/die Ausgewiesene, der/die Deportierte

to **de·pose** [dɪ'pəʊz] absetzen *Regierung* (**from** von)

to **de·pos·it** [dɪ'pɒzɪt] ① hinlegen, hinstellen; absetzen *Mitfahrer* ② **to deposit money in a bank account** Geld auf ein Konto einzahlen ③ (*geologisch*) ablagern (**on** auf)

de·pos·it [dɪ'pɒzɪt] ① (*in Bank*) das Guthaben; **to make a deposit** etwas einzahlen ② die Sicherheit, die Kaution; **to leave** [*oder* **pay**] **a deposit** eine Anzahlung machen ③ *von Kalk usw.:* die Ablagerung

de·pos·it ac·count das Sparkonto

to **de·pre·ci·ate** ['dɪpriːʃɪeɪt] entwerten; *Währung:* an Wert verlieren

de·pre·cia·tion [ˌdɪpriːʃɪ'eɪʃən] *kein Plural* die Wertminderung; *einer Währung:* die Entwertung

to **de·press** [dɪ'pres] **to depress someone** jemanden deprimieren, jemanden bedrücken

de·pressed [dɪ'prest] ① *Person:* deprimiert, niedergeschlagen ② (*wirtschaftlich*) flau, Not leidend; **depressed area** die heruntergewirtschaftete Region

de·press·ing [dɪ'presɪŋ] deprimierend

de·pres·sion [dɪ'preʃən] ① (*in der Medizin*) die Depression ② die Vertiefung, die Senke, die Mulde ③ (*in der Wirtschaft*) die Flaute, die Krise; **the Depression** die Weltwirtschaftskrise ④ (*in der Meteorologie*) das Tief, das Tiefdruckgebiet

to **de·prive** [dɪ'praɪv] **to deprive someone of something** jemandem etwas entziehen; **prisoners are deprived of their freedom** den Gefangenen wird die Freiheit entzogen; **the baby was depriving its parents of sleep** das Baby brachte seine Eltern um den Schlaf

de·prived [dɪ'praɪvd] sozial benachteiligt

depth [depθ] ① die Tiefe; **at a depth of** in einer Tiefe von ② (*übertragen*) die Kraft, die Tiefe; **to get out of one's depth** den Boden unter den Füßen verlieren; **depths** die Tiefen; **in the depths of despair** in tiefster Verzweifelung ③ **in depth** eingehend, intensiv

depu·ty ['depjəti, -jʊ-] ① der Stellvertreter/die Stellvertreterin ② (*politisch*) der/die Delegierte

de·rail·ment [dɪ'reɪlmənt] die Entgleisung; (*übertragen*) *einer Verhandlung:* das Scheitern

to **de·regu·late** [diː'regjuːleɪt] deregulieren

der·elict ['derəlɪkt] verfallen, verlassen

to **de·rive** [dɪ'raɪv] ① **where does the town derive its name from?** woher kommt der Name der Stadt?; **to derive benefit/profit from** Nutzen/Vorteile ziehen aus ② **someone derives pleasure from doing something** etwas bereitet jemandem Vergnügen ③ ableiten, herleiten (**from** von)

de·roga·tory [dɪ'rɒgətəri] abfällig *Bemerkung*

to **de·scend** [dɪ'send] ① herabsteigen, hinabsteigen; hinuntergehen, heruntergehen *Treppe;* **the lift descended slowly** der Aufzug fuhr langsam nach unten ② herfallen (**on/upon** über); **my parents-in-law are descending on us at Christmas** meine Schwiegereltern wollen uns an Weihnachten überfallen

◆ to **descend from** ① *Person:* abstammen von ② *Eigentum:* übergehen [*oder* vererbt werden] auf; *Brauch:* stammen von

de·scend·ant [dɪ'sendənt] der Nachkomme, der Abkömmling

de·scent [dɪ'sent] ① *von Person:* der Abstieg ② die Abstammung, die Herkunft; **she's of Russian descent** sie ist russischer Abstammung ③ der Überfall (**on/upon** auf)

to **de·scribe** [dɪ'skraɪb] ① beschreiben, schildern, darstellen ② **to describe oneself** sich bezeichnen (**as** als) ③ beschreiben *Kreis*

de·scrip·tion [dɪ'skrɪpʃən] ① die Beschreibung, die Schilderung; **beyond description** unbeschreiblich; **to answer to a description** einer Beschreibung entsprechen ② die Bezeichnung ③ (*umgangsspr*) die Art, die Sorte; **of every description** jeder Art

de·scrip·tive [dɪ'skrɪptɪv] beschreibend; *Statistik:* deskriptiv

to **de·sert** [dɪ'zɜːt] ① verlassen, im Stich lassen *Familie usw.;* **deserted street** die verlassene Straße ② (*militärisch*) desertieren

de·sert [dɪ'zɜːt] ① die Wüste ② (*übertragen*) die Einöde

des·ert is·land ['dezət aɪlənd] die einsame Insel

de·serts [dɪ'zɜːtz] *Plural* **to get one's** [**just**] **deserts** das bekommen, was man verdient

to **de·serve** [dɪ'zɜːv] ① verdienen; **he deserves to be punished** er hat seine Strafe verdient ② (*übertragen*) **to deserve a medal** einen Orden verdienen

de·serv·ing [dɪ'zɜːvɪŋ] verdienstvoll; **deserving cause** die gute Sache

de·sign [dɪ'zaɪn] ① der Entwurf, der Plan ② (*in der Mode*) das Muster ③ das Design, die Konstruktion; **at the design stage** in der Entwurfsphase ④ **by design** mit Absicht, absichtlich ⑤ **to have designs on someone/something** es auf jemanden/etwas abgesehen haben

to **de·sign** [dɪ'zaɪn] ① planen ② entwerfen, konstruieren *Maschine usw.* ③ **this language course is designed for beginners** dieser Sprachkurs ist für Anfänger bestimmt; **it's not designed to be used like that!** dafür ist es nicht vorgesehen!

de·sign·er [dɪˈzaɪnəʳ] ① der Designer/die Designerin ② der Konstrukteur/die Konstrukteurin ③ (*beim Theater*) **stage designer** der Bühnenbildner/die Bühnenbildnerin

de·sir·able [dɪˈzaɪərəbl̩] ① wünschenswert, begehrenswert, erstrebenswert ② *Haus:* reizvoll, attraktiv; *Person:* begehrenswert

to **de·sire** [dɪˈzaɪəʳ] ① **to desire something** sich etwas wünschen ② begehren, verlangen nach *Person* ③ **it leaves much to be desired** das lässt viel zu wünschen übrig

de·sire [dɪˈzaɪəʳ] ① der Wunsch, die Sehnsucht (**for** nach) ② das Verlangen, das Begehren (**for** nach)

de·sired erwünscht

desk [desk] ① der Schreibtisch ② die Rezeption; (*im Hotel*) der Empfang; **to ask at the information desk** sich bei der Auskunft erkundigen ③ (*Presse*) das Ressort

desk lamp die Schreibtischlampe

desk tidy der Stifteköcher

deso·late [ˈdesᵊlət] trostlos; *Stimmung:* niedergeschlagen

to **des·pair** [dɪˈspeəʳ] verzweifeln (**of** an); **to despair of something** alle Hoffnung auf etwas aufgeben; **she despaired of ever seeing him alive again** sie hat die Hoffnung aufgegeben, ihn jemals lebendig wiederzusehen

des·pair [dɪˈspeəʳ] die Verzweiflung, die Hoffnungslosigkeit; **in despair** verzweifelt; **she was driven to despair** sie war verzweifelt

des·pair·ing [dɪˈspeərɪŋ] verzweifelt

des·per·ate [ˈdespᵊrət] ① *Person:* verzweifelt ② *Lage:* hoffnungslos, ausweglos ③ (*übertragen*) extrem; **to be in desperate need of something** etwas dringend benötigen ④ **I'm desperate to go to** [*oder* **desperate for**] **the loo!** (*umgangssspr*) ich muss unbedingt aufs Klo!

des·pera·tion [ˌdespᵊˈreɪʃᵊn] **in desperation** aus Verzweiflung; **to drive someone to desperation** jemanden zur Verzweiflung bringen

to **des·pise** [dɪˈspaɪz] **to despise someone/something** jemanden verachten/etwas verschmähen

de·spite [dɪˈspaɪt] trotz

de·spond·ent [dɪˈspɒndənt] niedergeschlagen

des·sert [dɪˈzɜːt] der Nachtisch, das Dessert

des·sert·spoon der Dessertlöffel; (*großer*) der Esslöffel

des·ti·na·tion [ˌdestɪˈneɪʃᵊn] *von Waren:* der Bestimmungsort; *von Personen:* das Reiseziel; *mit dem Zug:* der Zielort

destined [ˈdestɪnd] **to be destined to do something** dazu bestimmt sein, etwas zu tun; **it was destined to happen** es sollte so kommen

des·tined [ˈdestɪnd] ① (*Zweck*) **destined for someone/something** bestimmt für jemanden/etwas ② (*Schicksal*) **destined for someone/something** vorherbestimmt für jemanden/etwas; **destined to fail** zum Scheitern verurteilt ③ (*humorvoll: geplant*) vorherbestimmt

des·ti·ny [ˈdestɪniː] das Schicksal

des·ti·tute[1] [ˈdestɪtjuːt] mittellos

des·ti·tute[2] [ˈdestɪtjuːt] **the destitute** *Plural* die Bedürftigen

to **de-stress** [ˌdiːˈstres] Stress abbauen

to **de·stroy** [dɪˈstrɔɪ] ① zerstören; kaputtmachen *Gegenstand;* vernichten *Dokumente, Ernte* ② einschläfern *Tier* ③ (*übertragen*) zunichtemachen *Hoffnungen, Chancen*

de·struct·ible [dɪˈstrʌktəbl̩] zerstörbar

de·struc·tion [dɪˈstrʌkʃᵊn] ① die Zerstörung, die Vernichtung ② (*übertragen*) die Verwüstung

de·struc·tive [dɪˈstrʌktɪv] zerstörerisch, destruktiv

to **de·tach** [dɪˈtætʃ] abnehmen; abtrennen *Dokument, Papier* (**from** von)

de·tach·able [dɪˈtætʃəbl̩] abnehmbar

de·tached [dɪˈtætʃt] ① *Meinung:* unvoreingenommen ② *Person:* kühl ③ **detached house** das frei stehende Haus

de·tail [ˈdiːteɪl] das Detail, die Einzelheit; **in detail** im Einzelnen, im Detail; **in every detail** Punkt für Punkt; **to go into details** auf Einzelheiten eingehen

de·tailed [ˈdiːteɪld] ausführlich, detailliert

to **de·tain** [dɪˈteɪn] **to detain someone/something** jemanden/etwas zurückhalten [*oder* aufhalten]; (*juristisch*) jemanden festnehmen, jemanden in Haft nehmen

de·tainee [ˌdɪteɪˈniː] der Häftling

to **de·tect** [dɪˈtekt] bemerken; aufdecken *Fehler, Irrtum;* feststellen *Strahlung;* wahrnehmen *Bewegung*

de·tect·able [dɪˈtektəbl̩] feststellbar; *Änderung:* wahrnehmbar

de·tec·tion [dɪˈtekʃᵊn] ① die Aufdeckung, die Entdeckung, die Feststellung ② *von Polizei:* die Ermittlung; **to escape detection** nicht gefasst werden

de·tec·tive [dɪˈtektɪv] der Kriminalbeamter/die Kriminalbeamtin, der Detektiv/die Detektivin

de·tec·tive nov·el der Kriminalroman

de·ten·tion [dɪˈten(t)ʃᵊn] ① (*juristisch*) die Haft, der Gewahrsam ② (*in der Schule*) das Nachsitzen

de·ten·tion cen·tre (GB), (USA) **de·ten·tion home** die Jugendstrafanstalt

to **de·ter** [dɪˈtɜːʳ] <deterred, deterred> verhindern; **to deter someone** jemanden abschrecken

de·ter·gent [dɪˈtɜːdʒᵊnt] das Reinigungsmittel; (*für Wäsche*) das Waschmittel; (*für Geschirr*)

D

das Spülmittel

to **de·terio·rate** [dɪˈtɪəriəreɪt] ① *Verkaufszahlen:* zurückgehen ② *Immobilien:* verfallen

de·ter·mi·na·tion [dɪˌtɜːmɪˈneɪʃən] ① die Entschlossenheit ② die Bestimmung (**of** von), die Festlegung

to **de·ter·mine** [dɪˈtɜːmɪn] ① beschließen ② festlegen, festsetzen *Preis, Datum, Zeit* ③ bestimmen, entscheiden

de·ter·mined [dɪˈtɜːmɪnd] entschlossen; **he is determined to go** er ist [fest] entschlossen hinzugehen

de·ter·rent[1] [dɪˈterənt] die Abschreckung, das Abschreckungsmittel

de·ter·rent[2] [dɪˈterənt] abschreckend

to **de·test** [dɪˈtest] verabscheuen, hassen

de·test·able [dɪˈtestəbl̩] abscheulich, scheußlich

to **deto·nate** [ˈdetəneɪt] zünden, detonieren; explodieren lassen *Bombe*

deto·na·tion [ˌdetənˈeɪʃən] die Zündung, die Detonation

de·tour [ˈdiːtʊər] die Umleitung; **to make a detour** einen Umweg machen

to **de·tour** [ˈdiːtʊər] einen Umweg machen

de·tox [ˌdiːˈtɒks] <*Plural* detoxes> *kurz für* **detoxification** der Entzug

de·tox [ˌdiːˈtɒks] *kurz für* **detoxify** Entzug machen

de·toxi·fi·ca·tion [diːˌtɒksɪfɪˈkeɪʃən] *kein Plural* ① die Entgiftung ② (*Behandlung*) der Entzug

de·toxi·fi·ca·tion cen·tre die Entzugsklinik

de·toxi·fi·ca·tion pro·gramme die Entziehungskur

to **de·toxi·fy** [ˌdiːˈtɒksɪfaɪ] entgiften

det·ri·men·tal [ˌdetrɪˈmentəl] schädlich

deuce [djuːs] (*Tennis*) der Einstand

to **de·value** [ˌdiːˈvæljuː] abwerten

to **dev·as·tate** [ˈdevəsteɪt] ① verwüsten *Stadt, Land* ② **she was devastated by the news** sie war von den Nachrichten zutiefst geschockt

dev·as·tat·ing [ˈdevəsteɪtɪŋ] ① verheerend, vernichtend ② (*umgangsspr*) umwerfend

dev·as·ta·tion [ˌdevəˈsteɪʃən] die Verwüstung

to **de·vel·op** [dɪˈveləp] ① sich entwickeln (**from** aus, **into** zu); entwickeln *Film* ② entfalten, ausweiten *Idee* ③ bekommen *Krankheit* ④ *Talent:* sich entfalten ⑤ entstehen; **the software has developed a fault** bei der Software ist ein Defekt aufgetreten ⑥ (USA) sich herausstellen, sich zeigen; **it developed that ...** es stellte sich heraus, dass...

de·vel·oped [dɪˈveləpt] entwickelt; **developed country** das hoch entwickelte Land; **the developed world** die Industrieländer

de·vel·op·ing [dɪˈveləpɪŋ] **developing country** das Entwicklungsland

de·vel·op·ment [dɪˈveləpmənt] die Entwicklung; **development aid** die Entwicklungshilfe

to **de·vi·ate** [ˈdiːvieɪt] abweichen, abkommen (**from** von)

de·vice [dɪˈvaɪs] das Gerät, die Vorrichtung ▶WENDUNGEN: **to leave someone to his own devices** jemanden sich selbst überlassen

dev·il [ˈdevəl] ① der Teufel ② (*umgangsspr*) der Teufelskerl; **lucky devil** der Glückspilz ③ (*übertragen*) **like the devil** wie ein Verrückter; **to run like the devil** wie ein geölter Blitz sausen; **to work like the devil** wie ein Pferd schuften ▶WENDUNGEN: **go to the devil!** geh zum Teufel!; **there'll be the devil to pay** das dicke Ende kommt noch

dev·il·ish [ˈdevəlɪʃ] teuflisch; *Lage:* verteufelt; **devilish job** die Heidenarbeit

de·vi·ous [ˈdiːviəs] ① verschlagen; *Plan:* krumm ② *Weg:* gewunden; **to take a devious route** einen Umweg fahren

to **de·vise** [dɪˈvaɪz] sich ausdenken; schmieden *Plan*

de·void [dɪˈvɔɪd] **to be devoid of something** ohne etwas sein

de·vo·lu·tion [ˌdiːvəˈluːʃən] *kein Plural* die Dezentralisierung

> **L** Unter **Devolution** versteht man im Vereinigten Königreich einen Prozess der Verteilung der zentralen Staatsgewalt an Teile des Landes. Das **Scottish Parliament**, die **Northern Ireland Assembly** und die **Welsh Assembly** haben in regionalen Angelegenheiten alle Befugnisse. Nur England hat kein eigenes Parlament. Das **Parliament of the United Kingdom** in London ist die oberste gesetzgebende Gewalt für alle Teile des Landes.

to **de·vote** [dɪˈvəʊt] widmen *Leben, Energie;* **she devoted most of her time to her family** sie widmete ihre Zeit fast ausschließlich ihrer Familie

de·vot·ed [dɪˈvəʊtɪd] ① treu; **he was devoted to his dog** er hing sehr an seinem Hund ② *Eltern:* hingebungsvoll, aufopfernd

de·vo·tion [dɪˈvəʊʃən] die Hingabe (**to** an), die Ergebenheit (**to** gegenüber)

to **de·vour** [dɪˈvaʊər] verschlingen *Essen, Buch*

de·vout [dɪˈvaʊt] ① fromm, religiös ② aufrichtig, echt

dew [djuː] der Tau

DHS [ˌdiːeɪtʃˈes] *kein Plural* (USA) *Abkürzung von* **Department of Homeland Security** das Ministerium für innere Sicherheit

dia·be·tes [ˌdaɪəˈbiːtiːz] ⚠ *mit Singular* der Diabetes

dia·bet·ic[1] [ˌdaɪəˈbetɪk] der Diabetiker/die Diabetikerin

dia·bet·ic[2] [ˌdaɪəˈbetɪk] zuckerkrank

dia·bol·ic [ˌdaɪəˈbɒlɪk], **dia·boli·cal** [ˌdaɪəˈbɒlɪkəl] ① teuflisch ② (*umgangsspr*) widerlich, abscheulich to **di·ag·nose** ['daɪəgnəʊz] diagnostizieren *Krankheit*

di·ag·no·sis [ˌdaɪəg'nəʊsɪs, *Plural* -siːz] <*Plural* diagnoses> die Diagnose

di·ago·nal [daɪ'ægᵊnᵊl] diagonal

dia·gram ['daɪəgræm] die grafische Darstellung; (*Mathematik*) das Diagramm

dial [daɪəl] ① (*Telefon*) die Wählscheibe ② (*Radio, TV*) die [Einstell]skala ③ (*Uhr*) das Zifferblatt

to **dial** [daɪəl] <d alled *oder* (USA) dialed, dialled *oder* (USA) dialed> wählen; **dial direct** durchwählen

dia·lect ['daɪəlekt] der Dialekt, die Mundart

dial·ling ['daɪəlɪŋ] *kein Plural* das Wählen

dial·ling code ['daɪəlɪŋkəʊd] die Vorwahlnummer

dial·ling tone ['daɪəlɪŋtəʊn] das Amtszeichen, der Wählton

dia·logue, (USA) **dia·log** ['daɪəlɒg] der Dialog

di·am·eter [daɪ'æmətəʳ] der Durchmesser; **to be one metre in diameter** einen Durchmesser von einem Meter haben

dia·mond ['daɪəmənd] ① der Diamant; **rough diamond** der Rohdiamant ② (*Form*) der Rhombus ③ (*Baseball*) das Innenfeld

dia·monds ['daɪəməndz] das Karo

dia·mond wed·ding die diamantene Hochzeit

dia·per ['daɪəpəʳ] (USA) die Windel

di·ar·rhoea, (USA) **di·ar·rhea** [ˌdaɪə'rɪə] der Durchfall

dia·ry ['daɪəriː] ① das Tagebuch ② der Terminkalender

dice [daɪs] <*Plural* dice> ① der Würfel; **to play dice** Würfel spielen ② **no dice!** (USA) (*umgangsspr*) keine Chance!

to **dice** [daɪs] in Würfel schneiden ▶ WENDUNGEN: **to dice with death** mit dem Tod[e] spielen

to **dic·tate** [dɪk'teɪt] ① diktieren *Brief* ② **to dictate to someone** jemandem Vorschriften machen

dic·ta·tion [dɪk'teɪʃᵊn] (*in der Schule, im Büro*) das Diktat; **to write a dictation** ein Diktat machen; **to take a dictation** ein Diktat aufnehmen

dic·ta·tor [dɪk'teɪtəʳ] der Diktator/die Diktatorin

dic·ta·tor·ship [dɪk'teɪtəʃɪp] die Diktatur

dic·tion·ary ['dɪkʃᵊnᵊri] das Wörterbuch

did [dɪd] *2. Form von* **do**

didn't ['dɪdᵊnt] *Kurzform von* **did not**

to **die** [daɪ] <died, died> ① sterben (**of** an); (*im Krieg*) fallen; **to die of hunger** verhungern; **to be dying** im Sterben liegen; **to die a natural/violent death** eines natürlichen/gewaltsamen Todes sterben ② *Liebe:* vergehen, erlöschen ③ *Sitte:* aussterben, untergehen ▶ WENDUNGEN: **to be dying to do something** darauf brennen, etwas zu tun; **I nearly died of shame!** ich habe mich zu Tode geschämt!; **to die laughing** sich kaputtlachen

◆ to **die away** nachlassen; *Wind, Lärm, Ärger:* sich legen

◆ to **die down** ① *Sturm, Wind:* nachlassen; **the fire died down** das Feuer brannte herunter ② *Lärm:* schwächer werden ③ *Aufregung:* sich legen

◆ to **die out** aussterben

die·back ['daɪˌbæk] das Baumsterben, das Waldsterben

die·sel ['diːzᵊl] ① **diesel [engine]** der Dieselmotor ② der Dieselkraftstoff

diet [daɪət] ① die Nahrung ② die Diät; **to go on a diet** eine Diät machen; **to keep to a strict diet** streng Diät halten; **to put someone on a diet** jemandem eine Diät verordnen; **he is on a diet** er ist auf Diät, er macht eine Abmagerungskur

to **diet** [daɪət] nach einer Diät leben; (*zum Abnehmen*) eine Abmagerungskur machen

di·etary ['daɪətᵊri] Ernährungs-, Ess-; (*kontrolliert*) Diät-

di·etary fi·bre die Ballaststoffe

to **dif·fer** ['dɪfəʳ] ① (*in Aussehen, Wesen*) verschieden sein, sich unterscheiden ② verschiedener, entgegengesetzter Meinung sein; **we differ on this point** in diesem Punkt sind wir verschiedener Meinung; **to agree to differ** verschiedene Meinungen zugestehen; **I beg to differ** Verzeihung, da bin ich anderer Ansicht

dif·fer·ence ['dɪfᵊrᵊn(t)s] ① der Unterschied (**between** zwischen); **difference in age** der Altersunterschied; **it was a party with a difference!** die Party war mal etwas ganz anders; **does it make any difference if ...?** macht es was aus, wenn ...? ② *von Preis, Summe:* die Differenz; **to pay the difference** den Rest bezahlen; **to split the difference** sich auf halbem Wege einigen ③ **differences [of opinion]** die Meinungsverschiedenheiten ④ **what's the difference?** (*umgangsspr*) was macht das schon?; **[it's the] same difference!** (*umgangsspr*) es ist dasselbe!; **it makes no difference to me, whether ...** es ist mir egal, ob ...

dif·fer·ent ['dɪfᵊrᵊnt] ① andere(r, s), anders (**from/to** als); **that's a different matter!** das ist etwas anderes!; **let's do something completely different** lass uns etwas ganz anderes machen ② verschieden, unterschiedlich; **in what way are they different?** wie unterscheiden sie sich?

to **dif·fer·en·ti·ate** [ˌdɪfᵊ'ren(t)ʃieɪt] unterscheiden

dif·fi·cult ['dɪfɪkᵊlt] ① schwer, schwierig; *Lage:* heikel; **it's difficult to know whether he's right** es ist schwer zu sagen, ob er Recht hat ② *Person:* schwierig

dif·fi·cul·ty ['dɪfɪkᵊlti] ① die Schwierigkeit; **she had difficulty in understanding him** sie hatte

Schwierigkeiten, ihn zu verstehen; **with difficulty** mit Mühe ② **to be in difficulties** Schwierigkeiten haben; **to get into difficulties** in Schwierigkeiten geraten

dif·fu·sion [dɪ'fjuːʒᵊn] *kein Plural* ① die Verbreitung; *von Ideen:* die Ausbreitung ② (*in der Chemie, Physik*) die Diffusion

D

dig [dɪg] ① der Stoß; **to give someone a dig in the ribs** jemanden in die Rippen stoßen ② (*übertragen*) der Seitenhieb; **she's always making digs at his clothes** sie macht ständig spitze Bemerkungen über seine Kleidung ③ (*in der Archäologie*) die Ausgrabung

to **dig** [dɪg] <dug, dug> ① ausgraben; graben *Loch* ② ausheben *Graben* ③ (*slang*) **to dig someone/something** jemanden/etwas stark finden ▶ WENDUNGEN: **to dig one's own grave** sein eigenes Grab schaufeln

◆to **dig around** (*umgangsspr*) **to dig around for a book/pen** nach einem Buch/einem Kugelschreiber herumsuchen

◆to **dig for** **to dig for gold** nach Gold graben

◆to **dig in** ① (*beim Essen*) zugreifen ② (*militärisch*) sich eingraben ▶ WENDUNGEN: **to dig one's heels in** sich auf die Hinterbeine stellen

◆to **dig into** ① **to dig into something** in etwas wühlen ② (*umgangsspr*) herfallen über *Essen* ▶ WENDUNGEN: **he's just digging himself into a hole** er gräbt sich selbst eine Grube

◆to **dig out** ① **to dig something out** etwas ausgraben ② (*umgangsspr*) **have you dug out that photo yet?** hast du das Foto schon gefunden?

◆to **dig up** ① aufwühlen, umgraben *Erde, Garten* ② (*übertragen*) ausgraben *Vergangenheit*

to **di·gest** [daɪ'dʒest] ① **to digest food** Essen verdauen ② (*übertragen*) geistig verarbeiten *Idee, Nachrichten*

di·gest·ible [dɪ'dʒestəbl̩] verdaulich

di·ges·tion [dɪ'dʒestʃᵊn] die Verdauung

dig·ger ['dɪgəʳ] ① der Gräber/die Gräberin ② (*Archäologe*) der Ausgräber/die Ausgräberin ③ (*Maschine*) der Bagger

digi·cam ['dɪdʒɪkæm] *kurz für* **digital camera** die Digitalkamera

dig·it ['dɪdʒɪt] ① der Finger, die Zehe ② (*mathematisch*) die Ziffer

digi·tal ['dɪdʒɪtᵊl] digital; **digital camera** die Digitalkamera; **digital radio** das Digitalradio; **digital technology** die Digitaltechnik; **digital watch** die Digitaluhr

to **digi·tal·ize** ['dɪdʒɪtᵊlaɪz] digitalisieren

dig·ni·fied ['dɪgnɪfaɪd] würdevoll

dig·ni·ty ['dɪgnɪti] die Würde; **beneath someone's dignity** unter jemandes Würde

to **di·gress** [daɪ'gres] abschweifen

di·gres·sion [daɪ'greʃᵊn] die Abschweifung, der Exkurs

dike [daɪk] ① der [Wasser]graben ② der Deich, der Damm

di·lapi·da·ted [dɪ'læpɪdeɪtɪd] heruntergekommen; *Gebäude:* verfallen

to **di·late** [daɪ'leɪt] erweitern; *Pupille:* sich weiten

dili·gent ['dɪlɪdʒᵊnt] ① fleißig ② sorgfältig, gewissenhaft

to **di·lute** [daɪ'luːt] ① verdünnen (**with** mit) ② (*übertragen*) abschwächen, mildern *Effekt*

di·lu·tion [daɪ'luːʃᵊn] ① *kein Plural* das Verdünnen ② (*Flüssigkeit*) die Verdünnung

dim [dɪm] ① *Licht:* schwach, dunkel ② *Farbe:* trüb, matt ③ *Umrisse:* undeutlich, verschwommen ④ *Erinnerung:* blass, verschwommen ⑤ (*umgangsspr*) schwer von Begriff ⑥ **to take a dim view of something** nicht viel von etwas halten

to **dim** [dɪm] <dimmed, dimmed> ① *Licht:* schwächer werden; **to dim the lights** das Licht ausgehen lassen; **to dim the headlights** abblenden ② verdunkeln *Raum* ③ *Gefühl:* nachlassen

dime (USA) der Dime, das Zehncentstück ▶ WENDUNGEN: **a dime a dozen** spottbillig

> **L** In den USA haben **coins** (Münzen) bestimmte Namen. Ein Eincentstück wird **penny** und ein Fünfcentstück **nickel** genannt. Ein Zehncentstück wird als **dime** bezeichnet und ein 25-Cent-Stück als **quarter** (Vierteldollar). Außerdem gibt es noch *half dollars* und *dollar coins*.

di·men·sion [ˌdaɪ'men(t)ʃᵊn] ① (*auch mathematisch*) die Dimension ② die Abmessung ③ **dimensions** *Plural* die Ausmaße

to **di·min·ish** [dɪ'mɪnɪʃ] ① nachlassen; *Zahl:* sich verringern, sich vermindern; verringern, vermindern *Zahl* ② *Einfluss, Effekt:* abnehmen (**in** an)

di·minu·tive[1] [dɪ'mɪnjətɪv] die Verkleinerungsform

di·minu·tive[2] [dɪ'mɪnjətɪv] winzig; (*in den Sprachwissenschaften*) diminutiv

dim·mer ['dɪməʳ] ① der Dimmer ② (USA) der Abblendschalter, die Abblendvorrichtung

dim-wit·ted dusselig

din [dɪn] *kein Plural* der Lärm; **the din of the traffic** der Verkehrslärm

to **dine** [daɪn] speisen; **to dine out** auswärts speisen

din·er ['daɪnəʳ] ① der/die Speisende ② (*im Zug*) der Speisewagen ③ (USA) das Diner

> **L** In den USA ist ein **diner** eine Art Restaurant, das eine Theke und Nischen statt normalen Tischen hat. Ursprünglich hatten die Diners in den 50er Jahren Hamburger, Pommes und ähnliches Fast-Food auf der Speisekarte. Heute sind sie dafür bekannt, dass dort die Speisekarte „so lang wie ein Roman" ist und sie auch Sandwiches,

Asking directions	Nach dem Weg fragen
Excuse me, how do I get to …?	Entschuldigung, wie komme ich bitte nach…?
Could you tell me how to get to the post office?	Können Sie mir sagen, wie ich zur Post komme?
Straight ahead until …	Immer geradeaus bis zu …
Turn right at the traffic lights.	Dann bei der Ampel rechts abbiegen.
Follow the signs.	Folgen Sie den Schildern.
You can't miss it.	Sie können es nicht verfehlen.
Which bus goes to …?	Welcher Bus fährt nach …?
Is this the right bus for …?	Ist dies der richtige Bus nach …?
How far is it?	Wie weit ist das?
You're in the wrong place. You need to go back to …	Sie sind hier falsch. Sie müssen zurückfahren bis zu …

Steaks, Hähnchen und Eiergerichte anbieten. Da viele Diners von griechischen Einwanderern betrieben werden, gibt es dort auch griechische Spezialitäten.

din·ghy ['dɪŋgi] das Dingi
din·gy ['dɪndʒi] schmuddelig
din·ing car ['daɪnɪŋ,-] (*im Zug*) der Speisewagen
din·ing room ['daɪnɪŋruːm] das Esszimmer, das Speisezimmer
din·ing ta·ble ['daɪnɪŋteɪbl] der Esstisch
din·ner ['dɪnəʳ] die Hauptmahlzeit, das Mittagessen, das Abendessen; **after dinner** nach dem Essen; **at dinner** beim Essen; **to be having one's dinner** zu Abend/Mittag essen; **to ask someone to dinner** jemanden zum Essen einladen; **dinner is served!** bitte zu Tisch!
din·ner jack·et (GB) der Smoking
din·ner lady (GB) *servierende Aufseherin an Schulen*
din·ner par·ty die Abendgesellschaft
din·ner ta·ble die Tafel
din·ner·time die Mittagessenszeit, die Abendessenszeit; **it's dinner time!** Zeit zum Essen!
di·no·saur ['daɪnəsɔːʳ] der Dinosaurier
dip¹ [dɪp] (*Soße*) der Dip
dip² [dɪp] **to go for** [*oder* **take**] **a dip** baden gehen
to **dip** [dɪp] <dipped, dipped> ① [ein]tauchen, [ein]tunken (**in** in) ② abblenden *Scheinwerfer* ③ **the sun dipped below the horizon** die Sonne verschwand [*oder* senkte sich] hinter dem Horizont
◆ to **dip into** ① **to dip into something** in etwas greifen ② **to dip into one's savings** seine Ersparnisse angreifen ③ **to dip into a book** einen kurzen Blick in ein Buch werfen ④ **to dip one's toe[s] into something** (*übertragen*) seine Fühler nach etwas ausstrecken
di·plo·ma [dɪ'pləʊmə] das Diplom (**in** in)
di·plo·ma·cy [dɪ'pləʊməsi] die Diplomatie
dip·lo·mat ['dɪpləmæt] der Diplomat/die Diplomatin
dip·lo·mat·ic [,dɪplə'mætɪk] diplomatisch; **diplomatic relations** die diplomatischen Beziehungen
dip·lo·mati·cal·ly [,dɪplə'mætɪkli] diplomatisch
dip·py ['dɪpi] (*slang*) verrückt
dip·stick der [Öl]messstab
di·rect [dɪ'rekt] ① direkt ② unmittelbar ③ *Zug:* durchgehend, direkt; **direct flight** Direktflug ④ *Bemerkung:* offen, deutlich
to **di·rect** [dɪ'rekt, daɪ'rekt] ① richten (**towards** auf); **those words were directed at you** die Worte richteten sich an dich; **could you direct me to the station, please?** könnten Sie mir bitte sagen, wo der Bahnhof ist? ② leiten *Organisation* ③ Regie führen bei *Film* ④ regeln *Verkehr* ⑤ befehlen; **the magistrate directed him to pay his debts** der Richter wies ihn an, seine Schulden zu begleichen ⑥ adressieren, schicken *Brief* (**to** an) ⑦ dirigieren, leiten *Orchester* ⑧ (*ärztlich*) **as directed** wie ver-

ordnet
di·rect deb·it *kein Plural* (GB) die Einzugsermächtigung
di·rect hit der Volltreffer
di·rec·tion [dɪ'rekʃᵊn] ① die Richtung; **sense of direction** der Orientierungssinn ② die Leitung, die Führung; **under the direction of** unter [der] Leitung von ③ (*Theater, Film*) die Regie ④ **directions** ⚠ *Plural* die Wegbeschreibung; **directions for use** die Gebrauchsanweisung; **to follow the directions** der Gebrauchsanweisung/Wegbeschreibung folgen

di·rec·tive [dɪ'rektɪv] die Anweisung
di·rect·ly [dɪ'rektli] ① direkt, unmittelbar ② sofort, gleich ③ sobald wie
di·rect ob·ject das direkte Objekt
di·rec·tor [dɪ'rektəʳ] ① der Direktor/die Direktorin, der Leiter/die Leiterin; **board of directors** der Verwaltungsrat, der Vorstand; **director general** der Generaldirektor/die Generaldirektorin ② (*Theater, Film*) der Regisseur/die Regisseurin
di·rec·tory [dɪ'rektᵊri] ① das Adressbuch, das Verzeichnis ② **telephone directory** das Telefonbuch
di·re·ctory en·quiries *Plural* die Telefonauskunft
dirt [dɜːt] der Schmutz, der Dreck *auch übertragen;* **to treat someone like dirt** jemanden wie Dreck behandeln
dirt cheap [ˌdɜːt'tʃiːp] spottbillig
dirty¹ ['dɜːti] <dirtier, dirtiest> ① schmutzig, verschmutzt; **dirty work** die Schmutzarbeit ② *Witz:* unflätig, zotig ③ *Trick:* niederträchtig, gemein ④ stürmisch, windig; **dirty weather** das Dreckwetter ▶WENDUNGEN: **to give someone a dirty look** jemandem einen bösen Blick zuwerfen; **to play a dirty trick on someone** jemandem einen üblen Streich spielen
dirty² ['dɜːti] ▶WENDUNGEN: **to do the dirty on someone** jemanden reinlegen
to **dirty** ['dɜːti] schmutzig machen, verschmutzen
dis·abil·ity [ˌdɪsə'bɪləti] die Behinderung
dis·abled¹ [dɪ'seɪbl̩d] *Person:* behindert; **disabled person** der/die Behinderte
dis·abled² [dɪ'seɪbl̩d] **the disabled** die Behinderten
dis·ad·vant·age [ˌdɪsəd'vɑːntɪdʒ] der Nachteil; **at a disadvantage** im Nachteil; **to someone's disadvantage** zu jemandes Nachteil; **to put someone at a disadvantage** jemanden benachteiligen
dis·af·fect·ed [ˌdɪsə'fektɪd] ① entfremdet ② unzufrieden
to **dis·agree** [ˌdɪsə'griː] ① nicht übereinstimmen (**with** mit), nicht einverstanden sein ② eine Meinungsverschiedenheit haben ③ *Essen, Klima, Erlebnis:* schlecht bekommen; **fish disagrees with her** Fisch bekommt ihr nicht
dis·agree·able [ˌdɪsə'griːəbl̩] ① unangenehm, widerwärtig ② *Person:* unsympathisch
dis·agree·ment [ˌdɪsə'griːmənt] ① der Streit, die Meinungsverschiedenheit ② die Unstimmigkeit, die Uneinigkeit
to **dis·al·low** [ˌdɪsə'laʊ] nicht erlauben; (*im Sport*) nicht anerkennen; annullieren *Tor;* abweisen *Klage*
to **dis·ap·pear** [ˌdɪsə'pɪəʳ] verschwinden (**from** von/aus)
dis·ap·pear·ance [ˌdɪsə'pɪəᵊn(t)s] das Verschwinden
to **dis·ap·point** [ˌdɪsə'pɔɪnt] ① **to disappoint someone** jemanden enttäuschen ② durchkreuzen, zunichtemachen *Absicht, Plan*
dis·ap·point·ed [ˌdɪsə'pɔɪntɪd] enttäuscht; **she was very disappointed with** [*oder* **in**] **you** sie war von dir sehr enttäuscht
dis·ap·point·ing [ˌdɪsə'pɔɪntɪŋ] enttäuschend
dis·ap·point·ment [ˌdɪsə'pɔɪntmənt] die Enttäuschung
to **dis·ap·prove** [ˌdɪsə'pruːv] dagegen sein; **to disapprove** [*oder* **be disapproving**] **of someone/something** jemanden ablehnen/etwas missbilligen
dis·arma·ment [dɪ'sɑːməmənt] *kein Plural* die Abrüstung
dis·ar·ray [ˌdɪsᵊ'reɪ] *kein Plural* die Unordnung; **her hair was in disarray** ihr Haar war [ganz] zerzaust
dis·as·ter [dɪ'zɑːstəʳ] ① die Katastrophe; **disaster area** das Katastrophengebiet; **disaster film** der Katastrophenfilm ② (*übertragen*) das Fiasko
dis·as·trous [dɪ'zɑːstrəs] katastrophal, verheerend
dis·be·lief [ˌdɪsbɪ'liːf] *kein Plural* der Unglaube; **in disbelief** ungläubig
disc [dɪsk] ① die Scheibe ② (*Computer*) die Diskette; **hard disk** die Festplatte ③ (*am Rückgrat*) die Bandscheibe ④ die CD
to **dis·card** [dɪ'skɑːd] wegwerfen; ablegen *Mantel, Hut*
dis·card ['dɪskɑːd] der Ausschuss
to **dis·charge** [dɪs'tʃɑːdʒ] ① entlassen *Patienten;* **to discharge a patient from hospital** einen Patienten aus dem Krankenhaus entlassen ② abfeuern *Schuss* ③ freisprechen *Angeklagte*
dis·charge ['dɪstʃɑːdʒ] ① die Entlassung; **discharge from hospital** Entlassung aus dem Krankenhaus ② der Ausfluss; **nasal discharge** das Nasensekret
dis·ci·ple [dɪ'saɪpl̩] der Jünger/die Jüngerin
dis·ci·pli·nary [ˌdɪsə'plɪnᵊri] Disziplinar-; **disciplinary problems** die Disziplinprobleme
dis·ci·pline ['dɪsəplɪn] ① die Disziplin; (*Strafmaßnahme*) die disziplinarische Maßnahme; **to keep** [*oder* **maintain**] **discipline** die Disziplin aufrechterhalten ② (*Universität*) das Lehrfach

to **dis·ci·pline** ['dɪsəplɪn] **to discipline someone** jemanden disziplinieren, jemanden bestrafen

disc jock·ey ['dɪskdʒɒkɪ] der Discjockey, der Diskjockey

to **dis·close** [dɪs'kləʊz] ① enthüllen ② bekannt machen, mitteilen *Information*

dis·clo·sure [dɪs'kləʊʒəʳ] die Enthüllung, die Mitteilung

dis·co ['dɪskəʊ] <*Plural* discos> die Disko

dis·com·fort [dɪ'skʌm(p)fət] *kein Plural* ① die Beschwerden ② das Unbehagen

to **dis·con·cert** [ˌdɪskən'sɜːt] beunruhigen

to **dis·con·nect** [ˌdɪskə'nekt] ① *Verbindung:* trennen (**from** von); (*technisch*) auskuppeln ② ausschalten, abschalten *Elektrizität* ③ abstellen *Telefon, Wasser*

dis·con·nect·ed [ˌdɪskə'nektɪd] ① unzusammenhängend; **she seemed disconnected from reality** sie schien von der Realität abgeschnitten ② abgeschaltet, abgestellt

to **dis·con·tinue** [ˌdɪskən'tɪnjuː] ① aufgeben; abbrechen *Behandlung* ② aufgeben *Geschäft;* **discontinued line** die ausgelaufene Serie ③ einstellen *Klage*

dis·co·theque ['dɪskətek] die Diskothek

dis·count ['dɪskaʊnt] der Nachlass, der Rabatt (**on** auf); **at a discount** mit Rabatt; **discount for cash** der/das Skonto bei Barzahlung

to **dis·count** [dɪ'skaʊnt] (*übertragen*) unberücksichtigt lassen *Meinung;* widerlegen *Beweis*

to **dis·cour·age** [dɪ'skʌrɪdʒ] ① **to discourage someone** jemanden entmutigen [*oder* mutlos machen]; **to become discouraged** den Mut verlieren ② **to discourage someone from doing something** jemanden davon abhalten, etwas zu tun; **he tried to discourage her from going to the film** er versuchte sie davon abzubringen, in den Film zu gehen

dis·cour·ag·ing [dɪ'skʌrɪdʒɪŋ] entmutigend

dis·cour·teous [dɪ'skɜːtiəs] unhöflich

to **dis·cov·er** [dɪ'skʌvəʳ] entdecken, finden; (*nach Suche*) ausfindig machen

dis·cov·ery [dɪ'skʌvəri] die Entdeckung

Dis·cov·ery Day *Feiertag in Neufundland und Labrador*

to **dis·cred·it** [dɪ'skredɪt] ① in Verruf bringen, diskreditieren ② unglaubwürdig machen

dis·cred·it [dɪ'skredɪt] *kein Plural* der Misskredit

dis·creet [dɪ'skriːt] diskret, rücksichtsvoll

dis·crep·an·cy [dɪ'skrepən(t)si] die Diskrepanz

dis·cre·tion [dɪ'skreʃən] ① die Diskretion ② das Ermessen; **to leave something to someone's discretion** etwas in jemandes Ermessen stellen

to **dis·crimi·nate** [dɪ'skrɪmɪneɪt] ① unterscheiden (**from** von, **between** zwischen) ② **to discriminate in favour of someone** jemanden bevorzugen [*oder* begünstigen]; **to discriminate against someone** jemanden diskriminieren [*oder* benachteiligen]

dis·crimi·nat·ing [dɪ'skrɪmɪneɪtɪŋ] kritisch; *Gaumen:* fein

dis·crimi·na·tion [dɪˌskrɪmɪ'neɪʃən] ① die Unterscheidung ② die Diskriminierung; **racial discrimination** die Rassendiskriminierung

dis·crimi·na·tory [dɪ'skrɪmɪnətəri] diskriminierend

dis·cus ['dɪskəs] <*Plural* discuses> der Diskus

to **dis·cuss** [dɪ'skʌs] diskutieren, besprechen

dis·cus·sion [dɪ'skʌʃən] ① die Diskussion; **to be under discussion** zur Diskussion stehen; **after much discussion** nach langen Diskussionen ② die Besprechung, die Beratung

dis·cus throw·er der Diskuswerfer/die Diskuswerferin

dis·dain·ful [dɪs'deɪnfəl] verächtlich

dis·ease [dɪ'ziːz] die Krankheit; **contagious disease** die ansteckende Krankheit

dis·eased [dɪ'ziːzd] krank

to **dis·em·bark** [ˌdɪsɪm'bɑːk] von Bord gehen, ausschiffen

to **dis·en·tan·gle** [ˌdɪsɪn'tæŋgl̩] entwirren; **to disentangle oneself** sich befreien

dis·grace [dɪs'greɪs] ① die Ungnade ② die Schande (**to** für); **to bring disgrace on someone** jemandem Schande machen; **to be in disgrace** in Ungnade sein

to **dis·grace** [dɪs'greɪs] ① **to disgrace someone** Schande über jemanden bringen; **to be disgraced** blamiert sein ② **to disgrace oneself** sich blamieren

dis·grace·ful [dɪs'greɪsfəl] schändlich, skandalös

dis·grun·tled [dɪs'grʌntl̩d] **disgruntled** verstimmt (**with** über)

to **dis·guise** [dɪs'gaɪz] ① **to disguise oneself** sich verkleiden (**as** als); verstellen *Stimme;* tarnen *Gegenstand* ② verbergen *Irrtum*

dis·guise [dɪs'gaɪz] die Verkleidung, die Verstellung; **in disguise** verkleidet, maskiert

dis·gust [dɪs'gʌst] der Ekel (**at** vor)

to **dis·gust** [dɪs'gʌst] ① **to disgust someone** jemanden anekeln, jemanden anwidern ② **to be disgusted with someone** über jemanden empört sein

dis·gust·ing [dɪs'gʌstɪŋ] ekelhaft, widerlich

dish [dɪʃ] <*Plural* dishes> ① die Schüssel, die Schale ② das Gericht, die Speise; **dish of the day** das Tagesgericht ③ **dishes** ⚠ *Plural* das Geschirr; **to do the dishes** das Geschirr spülen ④ **satellite dish** die Satellitenschüssel

◆ to **dish out** ① **to dish out food** das Essen austeilen ② (*umgangsspr*) **you shouldn't dish it out if you can't take it** du solltest es nicht austeilen wenn du es nicht wegstecken kannst

◆ to **dish up** **to dish up food** das Essen servieren

D

dish·cloth [ˈdɪʃklɒθ] ① das Spültuch ② das Geschirrtuch
to **dis·heart·en** [dɪsˈhɑːtᵊn] entmutigen
dis·hon·est [dɪˈsɒnɪst] unehrlich
dis·hon·es·ty [dɪˈsɒnɪsti] die Unehrlichkeit
dis·hon·our [dɪsˈɒnəʳ], (USA) **dis·hon·or** [dɪˈsɒnəʳ] die Schande, die Unehre

D

to **dis·hon·our**, to **dis·hon·or** [dɪˈsɒnəʳ] (USA) entehren; nicht einhalten *Versprechen*
dish·rag (USA) ① das Spültuch ② das Geschirrtuch
dish tow·el *besonders* (USA) das Geschirrtuch
dish·wash·er die Geschirrspülmaschine
dishy [ˈdɪʃi] (GB) (*slang*) sexy
dis·il·lu·sioned [dɪsɪˈluːʒᵊnd] desillusioniert
dis·in·clined [ˌdɪsɪnˈklaɪnd] abgeneigt
dis·in·fect·ant [ˌdɪsɪnˈfektənt] das Desinfektionsmittel
to **dis·in·te·grate** [dɪˈsɪntɪgreɪt] auflösen, zersetzen, zerfallen
dis·in·ter·est·ed [dɪˌsɪntrəstɪd, -trɪst-] ① desinteressiert ② unparteiisch, unvoreingenommen
disk [dɪsk] (USA) ① die Scheibe ② (*Computer*) die Diskette; **hard disk** die Festplatte ③ (*Rückgrat*) die Bandscheibe ④ die CD
disk drive das Diskettenlaufwerk
disk·ette [dɪˈsket] die Diskette
disk op·er·at·ing sys·tem das Plattenbetriebssystem
to **dis·like** [dɪsˈlaɪk] **to dislike someone/something** jemanden/etwas nicht mögen; **to dislike doing something** etwas ungern tun
dis·like [dɪsˈlaɪk] die Abneigung, der Widerwille (**of/for** gegen); **to take a dislike to something** eine Abneigung gegen etwas entwickeln
to **dis·lo·cate** [ˈdɪslə(ʊ)keɪt] ausrenken, verrenken; **she's got a dislocated shoulder** sie hat sich die Schulter verrenkt
to **dis·lodge** [dɪˈslɒdʒ] lösen; verdrängen *Person*
dis·loy·al [dɪˈslɔɪəl] treulos; **he's disloyal to his friends** er ist seinen Freunden gegenüber nicht loyal
dis·loy·al·ty [dɪˈslɔɪəlti] *kein Plural* die Illoyalität
dis·mal [ˈdɪzməl] düster; *Landschaft:* trostlos
to **dis·man·tle** [dɪsˈmæntl̩] zerlegen, demontieren *Möbelstück usw.*
dis·may [dɪsˈmeɪ] die Bestürzung; **in dismay** bestürzt
to **dis·miss** [dɪsˈmɪs] ① entlassen *Angestellten* ② abtun *Thema;* verwerfen *These* ③ abweisen *Klage*
dis·miss·al [dɪsˈmɪsᵊl] ① die Entlassung, die Kündigung ② *eines Themas:* das Abtun; *einer These:* die Ablehnung ③ *einer Klage:* die Abweisung
to **dis·mount** [dɪsˈmaʊnt] (*vom Fahrrad, Pferd*) absteigen
dis·obedi·ence [ˌdɪsə(ʊ)ˈbiːdiən(t)s] der Ungehorsam
dis·obedi·ent [ˌdɪsə(ʊ)ˈbiːdiənt] ungehorsam
to **dis·obey** [ˌdɪsə(ʊ)ˈbeɪ] ① **to disobey someone** jemandem nicht gehorchen ② **to disobey an order** sich einem Befehl widersetzen
dis·or·der [dɪˈsɔːdəʳ] die Unordnung, das Durcheinander; **in disorder** durcheinander
dis·or·der·ed [dɪsˈɔːdəd] unordentlich; *Gesundheit:* gestört
dis·or·der·ly [dɪˈsɔːdəli] ① unordentlich, unaufgeräumt ② *Menge:* aufrührerisch ③ *Benehmen:* undiszipliniert
dis·or·gan·ized [dɪˈsɔːgənaɪzd] schlecht organisiert
dis·ori·ent·ed desorientiert
to **dis·own** [dɪˈsəʊn] verleugnen; (*humorvoll*) nicht mehr kennen
dis·pas·sion·ate [dɪˈspæʃᵊnət] objektiv
to **dis·patch** [dɪˈspætʃ] ① abschicken, absenden, aufgeben *Brief, Paket* ② schnell erledigen *Aufgabe* ③ töten *Person, Tier*
dis·patch [dɪˈspætʃ] <*Plural* dispatches> ① die Absendung; **dispatch [department]** der Versand, die Versandabteilung ② (*von einem Journalisten*) der Bericht
to **dis·pel** [dɪˈspel] <dispelled, dispelled> vertreiben, zerstreuen *Befürchtung;* unterdrücken *Gefühl, Erinnerung*
dis·pen·sable [dɪˈspen(t)səbl̩] entbehrlich
to **dis·pense** [dɪˈspens] ① austeilen, verteilen ② zubereiten, ausgeben *Arznei* ③ **to dispense with something** auf etwas verzichten
dis·pens·er [dɪˈspensəʳ] (*Automat*) der Spender; **cash dispenser** der Geldautomat
dis·pens·ing chem·ist [dɪˌspen(t)sɪŋˈ-] (GB) der Apotheker/die Apothekerin
dis·pens·ing ma·chine der Automat
dis·pens·ing op·ti·cian (GB) der Optiker/die Optikerin
to **dis·perse** [dɪˈspɜːs] ① auflösen; zerstreuen *Menschenmenge;* verteilen *Flugblätter* ② *Menge:* auseinandergehen
dis·pir·it·ed [dɪˈspɪrɪtɪd] mutlos, niedergedrückt
to **dis·place** [dɪsˈpleɪs] ① ersetzen *Angestellten, Politiker* ② versetzen, verschieben *Gegenstand* ③ vertreiben; **displaced person** der/die Vertriebene
to **dis·play** [dɪˈspleɪ] ① [offen] zeigen, zur Schau stellen, ausstellen *Waren, Bilder* ② demonstrieren *Macht* ③ *Computer:* anzeigen
dis·play [dɪˈspleɪ] ① die Ausstellung; **to be on display** ausgestellt sein ② (*Geschäft*) die Auslage ③ *vom Computer:* Display, die Anzeige ④ die Zurschaustellung; **to make a display of one's feelings** seine Gefühle zur Schau stellen
dis·play window das Schaufenster
to **dis·please** [dɪsˈpliːz] ① **to displease someone** jemandem missfallen ② verstimmen, verärgern; **to be displeased with someone** über

jemanden verärgert sein

dis·pleas·ure [dɪs'pleʒəʳ] *kein Plural* das Missfallen

dis·pos·able [dɪ'spəʊzəbl̩] ① wegwerfbar, Einweg-; **disposable nappy** die Wegwerfwindel ② verfügbar; **disposable income** das verfügbare Einkommen

dis·pos·al [dɪ'spəʊzəl] ① die Beseitigung, die Entsorgung; **waste-disposal unit** der Müllschlucker ② **to be at someone's disposal** jemandem zur Verfügung stehen

to **dis·pose** [dɪ'spəʊz] **to dispose someone to[wards] something** jemanden zu etwas bewegen

◆ to **dispose of** ① beseitigen, entsorgen *Müll* ② erledigen *Frage, Problem*

dis·posed [dɪ'spəʊzd] **to be disposed to do something** geneigt sein, etwas zu tun

to **dis·pos·sess** [ˌdɪspə'zes] enteignen

dis·pro·por·tion·ate [ˌdɪsprə'pɔːʃənət] **to be disproportionate to something** in keinem Verhältnis zu etwas stehen

to **dis·prove** [dɪ'spruːv] widerlegen *Beweis, Theorie*

dis·put·able [dɪ'spjuːtəbl̩] anfechtbar, zweifelhaft

to **dis·pute** [dɪ'spjuːt] ① streiten (**with/against** mit, **on/about** über); **to dispute something** sich über etwas streiten ② bestreiten, anfechten *Rechtsanspruch*

dis·pute [dɪ'spjuːt] ① die Meinungsverschiedenheit, der Streit ② **industrial** [*oder* **wage**] **dispute** der Tarifkonflikt ③ **beyond** [*oder* **past**] **dispute** unbestritten; **without dispute** zweifellos; **in dispute** strittig, fraglich; **to settle a dispute** einen Streit beilegen

dis·quali·fi·ca·tion [dɪˌskwɒlɪfɪ'keɪʃən] ① die Disqualifizierung ② (*Sport*) der Ausschluss

to **dis·quali·fy** [dɪ'skwɒlɪfaɪ] ① disqualifizieren, ausschließen *Spieler* (**from** von) ② **to disqualify someone from driving** jemandem den Führerschein entziehen

to **dis·re·gard** [ˌdɪsrɪ'gɑːd] ① nicht beachten, ignorieren *Rat, Verwarnung* ② missachten *Gefahr*

dis·re·gard [ˌdɪsrɪ'gɑːd] ① die Nichtbeachtung ② die Missachtung ③ die Geringschätzung; **she showed a total disregard for his feelings** ihr waren seine Gefühle völlig egal

dis·re·pair [ˌdɪsrɪ'peəʳ] *kein Plural* die Baufälligkeit; **to fall into disrepair** verfallen

dis·repu·table [dɪs'repjətəbl̩] verrufen, anrüchig

dis·re·pute [ˌdɪsrɪ'pjuːt] der schlechte Ruf; **to fall into disrepute** in Verruf kommen

dis·re·spect [ˌdɪsrɪ'spekt] die Respektlosigkeit (**to** gegenüber)

dis·re·spect·ful [ˌdɪsrɪ'spektfəl] respektlos

to **dis·rupt** [dɪs'rʌpt] unterbrechen; stören *Klasse, Sitzung*

dis·rup·tion [dɪs'rʌpʃən] die Störung, die Unterbrechung

dis·rup·tive [dɪs'rʌptɪv] störend

dis·sat·is·fac·tion [dɪsˌsætɪs'fækʃən] die Unzufriedenheit (**with** mit)

dis·sat·is·fied [dɪs'sætɪsfaɪd] unzufrieden (**with** mit)

D

to **dis·sect** [dɪ'sekt, daɪ-] ① sezieren *Leiche* ② zergliedern *Text;* **stop dissecting everything I say!** hör auf, alles was ich sage, auf die Goldwaage zu legen!

dis·sec·tion [dɪ'sekʃən, daɪ-] *kein Plural* die Zerlegung; *einer Leiche:* die Sektion

to **dis·sent** [dɪ'sent] anderer Ansicht sein (**from** als)

dis·sent [dɪ'sent] die Ablehnung

dis·simi·lar [dɪs'sɪmɪləʳ] unterschiedlich

to **dis·solve** [dɪ'zɒlv] ① auflösen *Tablette;* **it dissolves in water** es löst sich im Wasser auf ② scheiden *Ehe* ③ auflösen *Parlament;* aufheben *Versammlung* ▶ WENDUNGEN: **to dissolve into thin air** sich in nichts auflösen; **to dissolve into tears** in Tränen zerfließen

to **dis·suade** [dɪ'sweɪd] abbringen

dis·tance ['dɪstən(t)s] ① die Entfernung, die Distanz; **at** [*oder* **from**] **a distance** von fern, von weitem; **at some distance** in einiger Entfernung; **in the distance** in der Ferne; **it's within walking distance** es ist zu Fuß erreichbar ② die Strecke; **to cover a distance** eine Strecke zurücklegen ③ der Abstand; **to keep one's distance** Abstand halten; **to keep someone at a distance** jemanden auf Distanz halten

dis·tance learn·ing *kein Plural* der Fernunterricht; **distance learning course** der Fernkurs

dis·tant ['dɪstənt] ① weit entfernt, fern; **in the distant future** in ferner Zukunft ② *Verwandte(r):* weitläufig, entfernt ③ (*übertragen*) zurückhaltend

dis·tant·ly ['dɪstəntli] **distantly related** entfernt verwandt

dis·taste·ful [dɪ'steɪstfəl] abscheulich

dis·till·ery [dɪ'stɪləri] die Whiskybrennerei, die Branntweinbrennerei

dis·tinct [dɪ'stɪŋ(k)t] ① *Eigenschaft:* deutlich, klar, ausgeprägt ② verschieden; **as distinct from** im Unterschied zu ③ (*übertragen*) eigen, individuell

dis·tinc·tion [dɪ'stɪŋ(k)ʃən] ① die Unterscheidung, der Unterschied; **to draw a distinction between** einen Unterschied machen zwischen ② die Auszeichnung; **of distinction** ausgezeichnet, von Rang

dis·tinc·tive [dɪ'stɪŋ(k)tɪv] charakteristisch, unverwechselbar

to **dis·tin·guish** [dɪ'stɪŋgwɪʃ] ① erkennen ② **to distinguish between people/things** zwischen Personen/Dingen unterscheiden ③ **to**

distinguish blue from green Blau und Grün auseinanderhalten, Blau von Grün unterscheiden ④ **to distinguish oneself** sich auszeichnen, sich hervortun

dis·tin·guish·able [dɪ'stɪŋgwɪʃəbl̩] unterscheidbar; **to be clearly distinguishable** leicht zu unterscheiden sein

D

dis·tin·guished [dɪ'stɪŋgwɪʃt] ① von hohem Rang, hervorragend ② vornehm

to **dis·tort** [dɪ'stɔ:t] verzerren; (*übertragen*) verdrehen *Wahrheit*

dis·tor·tion [dɪ'stɔ:ʃᵊn] die Verzerrung; *eines Gesichts:* die Entstellung; (*übertragen*) die Verdrehung

to **dis·tract** [dɪ'strækt] ablenken; **don't distract her from her work** lenk sie bitte nicht von der Arbeit ab

dis·tract·ed [dɪ'stræktɪd] besorgt, beunruhigt; **she was distracted with worry about her missing son** sie war außer sich vor Sorge über ihren vermissten Sohn

dis·trac·tion [dɪ'strækʃᵊn] ① die Unaufmerksamkeit; **she had an air of distraction about her** sie schien ziemlich unaufmerksam ② die Ablenkung, die Störung ③ **distractions** *Plural* die Zerstreuung ④ **she loved him to distraction** sie hat ihn wahnsinnig geliebt; **to drive someone to distraction** jemanden wahnsinnig machen

dis·tress [dɪ'stres] ① der Kummer, die Verzweiflung; **to be in great distress** sehr leiden ② das Elend, die Not; **a plane in distress** ein Flugzeug in Not

dis·tressed [dɪ'strest] ① (*traurig*) bekümmert ② (*geschockt*) erschüttert ③ **to be distressed** in Not sein

dis·tress·ing [dɪ'stresɪŋ] ① erschreckend ② *Erinnerung:* schmerzlich

to **dis·tri·bute** [dɪ'strɪbju:t] ① verteilen, austeilen (**to** an, **among** unter) ② vertreiben *Waren*

dis·tri·bu·tion [ˌdɪstrɪ'bju:ʃᵊn] ① die Verteilung, die Zuteilung ② (*geschäftlich*) der Vertrieb

dis·trict ['dɪstrɪkt] ① (*von Land*) das Gebiet, das Land, der Landstrich ② (*von Stadt*) das Viertel ③ der [Verwaltungs]bezirk

dis·trict at·tor·ney USA der Bezirksanwalt/die Bezirksanwältin

dis·trict coun·cil GB das Bezirksamt

dis·trust [dɪ'strʌst] das Misstrauen (**of/towards** gegen)

to **dis·trust** [dɪ'strʌst] **to distrust someone** jemandem misstrauen

to **dis·turb** [dɪ'stɜ:b] ① **to disturb someone/something** jemanden/etwas stören, jemanden/etwas unterbrechen; **do not disturb!** bitte nicht stören!; **sorry to disturb you, but ...** entschuldigen Sie bitte die Störung, aber ... ② beunruhigen; **he was disturbed by what she said** was sie gesagt hat, hat ihn beunruhigt

dis·turb·ance [dɪ'stɜ:bᵊn(t)s] ① die Störung; **to cause a disturbance** eine Ruhestörung verursachen ② **disturbances** *Plural* die Unruhen

dis·turbed [dɪ'stɜ:bd] ① beunruhigt ② *Verhalten:* gestört; **to be [mentally] disturbed** [geistig] gestört sein

dis·turb·ing [dɪ'stɜ:bɪŋ] beunruhigend

dis·use [dɪs'ju:s] **to fall into disuse** außer Gebrauch kommen

dis·used [dɪs'ju:zd] ungenutzt; *Gebäude:* leer stehend; *Lager:* stillgelegt

ditch [dɪtʃ] <*Plural* ditches> der Graben

to **ditch** [dɪtʃ] ① (*umgangsspr*) abservieren *Person;* wegschmeißen *Gegenstand* ② **he's ditched his wife** er hat seine Frau sitzen lassen

dith·er ['dɪðəʳ] *kein Plural* **in a dither** ganz aufgeregt

to **dith·er** ['dɪðəʳ] schwanken

dit·to ['dɪtəʊ] genauso, ebenso; **I'd like a cup of tea — ditto** ich möchte eine Tasse Tee — ich auch

dive [daɪv] ① der Kopfsprung ② der Tauchgang ③ (*von Flugzeug*) der Sturzflug ④ (*umgangsspr*) die Spelunke ⑤ (*umgangsspr*) **to make a dive for something** sich auf etwas stürzen

to **dive** [daɪv] <dived *oder* USA dove, dived *oder* USA dove> ① einen Kopfsprung machen (**into** in) ② tauchen (**into** in) ③ (*übertragen*) **he dived into the crowd** er verschwand plötzlich in der Menge

◆ to **dive in** hineinspringen

◆ to **dive into** ① **she dived into her bag to find her address book** sie fischte in ihrer Tasche nach ihrem Adressbuch ② **to dive into bed** sich ins Bett fallenlassen; **to dive into a pub** in eine Kneipe stürzen

div·er ['daɪvəʳ] der Taucher/die Taucherin, der Turmspringer/die Turmspringerin, der Kunstspringer/die Kunstspringerin

to **di·verge** [daɪ'vɜ:dʒ] auseinandergehen; **to diverge from something** von etwas abweichen

di·verse ['daɪvɜ:s] verschieden[artig]

di·ver·sion [daɪ'vɜ:ʃᵊn] ① die Umleitung ② (*übertragen*) die Ablenkung; **to create a diversion** ablenken

di·ver·sity [daɪ'vɜ:səti] die Vielfalt

to **di·vert** [daɪ'vɜ:t] ① umleiten *Verkehr;* **the plane has diverted** das Flugzeug wurde umgeleitet ② ablenken; **he tried to divert her from the topic** er versuchte, sie vom Thema abzulenken

di·vert·ing [daɪ'vɜ:tɪŋ] unterhaltsam

di·vide [dɪ'vaɪd] (*zwischen Gruppen, Menschen*) die Kluft

to **di·vide** [dɪ'vaɪd] ① sich teilen, sich gliedern; **to divide something** etwas teilen (**into** in); **to divide in half** halbieren; **to be divided into** sich gliedern in ② aufteilen, verteilen *Geld*

3 **she divided the class into three groups** sie teilte die Klasse in drei Gruppen ein 4 (*mathematisch*) dividieren; **you can't divide 25 by 3** 25 lässt sich nicht durch 3 dividieren 5 (*übertragen*) entzweien *Familie, Partei;* **to be divided over something** über etwas verschiedener Meinung sein

◆ to **divide off** [ab]teilen

◆ to **divide out** **to divide something out** etwas aufteilen (**among** unter)

◆ to **divide up** 1 **to divide up a cake** einen Kuchen aufteilen; **the flat is divided up into three rooms** die Wohnung ist in drei Zimmer aufgeteilt 2 **the pupils divided up into groups of three** die Schüler teilten sich in Dreiergruppen ein

di·vid·ed [dɪˈvaɪdɪd] uneinig

di·vid·ed high·way USA die Schnellstraße

div·ing [ˈdaɪvɪŋ] das Tauchen; (*von Brett*) das Kunstspringen

div·ing board [ˈdaɪvɪŋbɔːd] das Sprungbrett

div·ing suit [ˈdaɪvɪŋsjuːt] der Taucheranzug

di·vi·sible [dɪˈvɪzəbl] teilbar

di·vi·sion [dɪˈvɪʒᵊn] 1 die Teilung, die [Ein]teilung, die Verteilung; **division of labour** die Arbeitsteilung 2 (*mathematisch*) die Division 3 (*in einer Firma*) die Abteilung 4 (*Fußball*) die Liga 5 (*Armee*) die Division

di·vorce [dɪˈvɔːs] die Scheidung; **to file for divorce** die Scheidung einreichen; **divorce proceedings** der Scheidungsprozess

to **di·vorce** [dɪˈvɔːs] **to get divorced** sich scheiden lassen; **he divorced his wife** er ließ sich von seiner Frau scheiden

di·vorced [dɪˈvɔːst] geschieden

di·vor·cee [dɪˈvɔːsiː] der/die Geschiedene

DIY [ˌdiːaɪˈwaɪ] *Abkürzung von* **do-it-yourself** das Heimwerken; **DIY shop** der Baumarkt

diz·zy [ˈdɪzi] 1 schwind[e]lig; **dizzy spell** der Schwindelanfall; **someone feels dizzy** jemandem ist schwindlig 2 *Höhe:* Schwindel erregend 3 **dizzy with joy** verrückt vor Freude

DJ [ˈdiːˌdʒeɪ] *Abkürzung von* **disc jockey** der DJ

DNA [ˌdiːenˈeɪ] *Abkürzung von* **desoxyribonucleic acid** DNS

do [duː] <*Plural* dos> 1 (*umgangsspr*) die Veranstaltung, die Fete 2 die Sitte; **the dos and don'ts** was man tun und nicht tun sollte

to **do** [duː] <does, did, done> 1 tun, machen; **what are you doing now?** was machst du nun? 2 (*ausführen*) **to do the housework** die Hausarbeit machen; **to do the shopping** einkaufen gehen; **what can I do for you?** was kann ich für Sie tun?; **what do you want me to do?** und was soll ich tun? 3 durchnehmen, behandeln *Themen* 4 lösen *Rätsel* 5 (*richten*) **to do one's hair** sich frisieren; **to do one's nails** sich die Nägel lackieren; **I will do you next, sir** Sie kommen als Nächster dran 6 (*vollenden*) **the work's done now** die Arbeit ist gemacht 7 (*umgangsspr*) besuchen *Museum, Sehenswürdigkeiten* 8 fahren, machen *Geschwindigkeit, Entfernung;* **I do twenty lengths of the pool every morning** ich schwimme zwanzig Bahnen jeden Morgen 9 machen, kochen, vorbereiten *Essen;* **we don't do meals for small children** wir haben kein Essen für kleine Kinder 10 handeln; **he did right** er hat richtig gehandelt 11 vorankommen; **to do well/badly at school** gut/schlecht in der Schule sein 12 **how are you doing?** wie geht es Ihnen?; **the business is doing well** das Geschäft geht gut 13 gehen; **that will never do!** das geht nicht!; **nothing doing** nichts zu machen; **it just isn't done!** das gehört sich nicht! 14 reichen; **one packet of pasta will do for the four of us** eine Packung Nudeln wird für uns vier reichen; **I'm not very hungry, a salad will do me** ich habe nicht viel Hunger, ein Salat würde mir genügen; **that'll do!** jetzt reicht's aber! 15 **it's nothing to do with him** das hat nichts mit ihm zu tun; **he wants nothing to do with her** er will mit ihr nichts zu tun haben 16 *zur Bildung von Fragen* **do you understand?** verstehen Sie?; *zur Bildung von verneinten Sätzen;* **I do not** [*oder* **don't**] **understand** ich verstehe nicht 17 *zur Betonung* **do stop the noise!** hör mit dem Lärm auf!; **but I do like it** aber es gefällt mir wirklich 18 *um die Wiederholung des Verbs zu vermeiden* **you speak better Italian than I do** Sie sprechen besser Italienisch als ich 19 *zur Bestätigung* **he lives in London, doesn't he?** er lebt doch in London?; **you don't know him, do you?** Sie kennen ihn nicht, oder? 20 *um bei Antworten das Verb zu ersetzen* **they speak English — do they really?** sie sprechen Englisch — wirklich?; **may I come in? — yes, do!** darf ich hereinkommen? — ja, bitte! ▶ WENDUNGEN: **to do one's nut** (*umgangsspr*) ausflippen; **you've been done!** (*umgangsspr*) du bist reingelegt worden; **he's absolutely done [in]!** er ist völlig geschafft!

◆ to **do away** 1 **to do away with something** etwas abschaffen [*oder* vernichten] 2 (*umgangsspr*) **to do away with someone** jemanden um die Ecke bringen

◆ to **do by** **to do well/badly by someone** jemanden gut/schlecht behandeln

◆ to **do down** (*umgangsspr*) **to do someone/something down** jemanden/etwas schlechtmachen

◆ to **do for** 1 fertigmachen *Person;* **he's done for** er ist erledigt 2 **that dress does nothing for her** das Kleid steht ihr überhaupt nicht

◆ to **do in** 1 (*slang*) **to do someone in** jeman-

D

den um die Ecke bringen ② (*umgangsspr*) **to be done in** fertig, geschafft sein ③ (*umgangsspr*) **you'll do your back in lifting that** du wirst deinem Rücken schaden, wenn du das hebst

◆to **do out** ① aufräumen, putzen *Zimmer* ② **her bedroom is done out in pink** ihr Schlafzimmer ist ganz in Pink gehalten ③ **to do someone out of his job** jemanden um eine Stelle bringen

◆to **do over** (*slang*) **to do someone over** jemanden zusammenschlagen

◆to **do up** ① **to do a zip up** einen Reißverschluss zumachen ② zusammenpacken *Waren* ③ (*umgangsspr*) neu herrichten *Zimmer* ④ **to do oneself up** sich zurechtmachen

◆to **do with** ① brauchen; **I could do with a cup of tea** ich könnte eine Tasse Tee vertragen; **I can't be doing with this noise** ich kann diesen Lärm nicht ertragen ② **what has that got to do with it?** was hat das damit zu tun? ③ **she didn't know what to do with herself** sie wusste nichts mit sich anzufangen

◆to **do without** ① **to do without something** ohne etwas auskommen; **I can't do without my tea in the morning** auf meine Tasse Tee kann ich morgens nicht verzichten ② (*umgangsspr*) **I can do without his criticism** ich kann auf seine Kritik verzichten

doc [dɒk] (*umgangsspr*) *kurz für* **doctor** der Arzt/die Ärztin

dock [dɒk] ① das Dock, der Kai ② **docks** ⚠ *Plural* der Hafen ③ (*juristisch*) **to stand** [*oder* **be**] **in the dock** auf der Anklagebank sitzen

to **dock** [dɒk] *Schiff:* anlegen

dock·yard ['dɒkjɑːd] die Werft

Doc Mar·tens [ˌdɒk'mɑːtɪnz] *Plural* die Doc Martens

doc·tor ['dɒktəʳ] ① der Arzt/die Ärztin, der Doktor/die Doktorin; **to go to the doctor** zum Arzt gehen ② (*Person mit akademischem Grad*) der Doktor/die Doktorin; **doctor of medicine** der Doktor der Medizin; **doctor of philosophy** der Doktor der Philosophie

to **doc·tor** ['dɒktəʳ] ① (*übertragen*) frisieren *Bilanzen;* verfälschen *Dokumente* ② **to doctor someone's drink** jemandem etwas ins Getränk mischen ③ (*umgangsspr*) kastrieren *Tier*

doc·tor·ate ['dɒktᵊrət] der Doktortitel

> **L** Ein **doctorate** in einem Fach ist in der Regel der höchste akademische Grad, den man für eine wissenschaftliche Arbeit von einer Universität verliehen bekommt. Der am häufigsten verliehene **doctorate** ist ein *PhD* oder ein *DPhil (Doctor of Philosophy)* für eine Doktorarbeit in geisteswissenschaftlichen Fächern.

doc·tor's of·fice die Praxis

docu·ment ['dɒkjəmənt] die Urkunde, das Dokument

to **docu·ment** ['dɒkjəmənt] dokumentieren; **his life is well documented** sein Leben ist gut belegt

docu·men·tary [ˌdɒkjə'mentᵊri] der Dokumentarfilm

docu·soap ['dɒkjuːsəʊp] die Doku-Soap

to **dod·der** ['dɒdəʳ] (*umgangsspr*) wacklig gehen

to **dodge** [dɒdʒ] ausweichen *Schlag, Ball, Frage;* sich drücken vor *Arbeit;* umgehen *Steuer;* **he dodged out of sight** er verschwand blitzschnell

Dodg·em® ['dɒdʒəm], **Dodg·em car®** ['dɒdʒəm-] der Autoskooter

dodgy ['dɒdʒi] (*umgangsspr*) ① *Knie, Rücken:* schwach ② *Situation:* verzwickt ③ *Maschine:* nicht einwandfrei

dodo ['dəʊdəʊ] <*Plural* dodos *oder* dodoes> der Dodo ▶WENDUNGEN: **as dead as a dodo** völlig überholt

doer ['duːəʳ] der Macher

does [dʌz, dəz] *3. Person Singular Präsens von* **do**

doesn't [dʌzᵊnt] *Kurzform von* **does not**

dog [dɒg] der Hund ▶WENDUNGEN: **he's** [**as**] **sick as a dog** ihm ist hundeelend; **to go to the dogs** vor die Hunde gehen; **to fight like cat and dog** sich wie Hund und Katze vertragen; **to be as happy as** [*oder* **be like**] **a dog with two tails** sich wie verrückt freuen; **let sleeping dogs lie** schlafende Hunde soll man nicht wecken

to **dog** [dɒg] <dogged, dogged> verfolgen *Person;* **to be dogged by bad luck** vom Pech verfolgt werden

dog bis·cuit der Hundekuchen

dog col·lar ① das Hundehalsband ② (*umgangsspr*) der Halskragen [eines Geistlichen]

dog-eared ['dɒgˌɪərd] *Buch:* mit Eselsohren

dog·gy bag **could I have a doggy bag for the rest of my pizza?** könnten Sie mir den Rest der Pizza einpacken?

dog·gy pad·dle *hundeartige Schwimmbewegungen*

dog·house ① die Hundehütte ② (*übertragen*) **to be in the doghouse** in Ungnade sein

do-good·er der Weltverbesserer/die Weltverbesserin

dog-tired [ˌdɒg'taɪəd] hundemüde

dog walk·er der Hundeausführer/die Hundeausführerin

doi·ly ['dɔɪli] das Zierdeckchen, das Platzdeckchen

do·ing ['duːɪŋ] das Tun; **this is your doing** das ist dein Werk; **it was none of my doing** ich hatte nichts damit zu tun

do-it-your·self¹ [ˌduːɪtjɔː'self] das Heimwerken

do-it-your·self² [ˌduːɪtjɔː'self] Bastler-, Hobby-

dole [dəʊl] (*umgangsspr*) das Arbeitslosengeld, die Stütze *umgangsspr;* **to go** [*oder* **be**] **on the dole** stempeln gehen
doll [dɒl] die Puppe; **doll's house** das Puppenhaus
dol·lar ['dɒləʳ] der Dollar
dol·lar store (USA) der Ramschladen
dol·lop ['dɒləp] der Klacks
dol·ly ['dɒli] (*Kindersprache*) das Püppchen
dol·phin ['dɒlfɪn] der Delphin
dome [dəʊm] die Kuppel
do·mes·tic [də'mestɪk] 1 häuslich; **domestic appliance** das Haushaltsgerät; **domestic science** die Hauswirtschaftslehre; **domestic violence** die Gewalt in der Familie 2 (*politisch, wirtschaftlich*) Innen-, Binnen-; **domestic flight** der Inlandsflug; **domestic policy** die Innenpolitik 3 **domestic animals** die Haustiere
domi·nant ['dɒmɪnənt] [be]herrschend, bestimmend; *Farbe, Kultur:* vorherrschend
to **domi·nate** ['dɒmɪneɪt] dominieren; **to dominate someone/something** jemanden/etwas beherrschen
Domi·ni·ca [ˌdə'mɪnɪkə] Dominica
Do·mini·can Re·pub·lic die Dominikanische Republik
domi·no ['dɒmɪnəʊ] <*Plural* dominoes> 1 (*Spielstein*) der Dominostein 2 (*Spiel*) **dominoes** das Dominospiel
to **do·nate** [də(ʊ)'neɪt] spenden *Organe;* spenden, stiften *Geld*
do·na·tion [də(ʊ)'neɪʃᵊn] die Spende, die Stiftung
done[1] [dʌn] *3. Form von* **do**
done[2] [dʌn] 1 **once the work is done, you can go** wenn die Arbeit getan [*oder* erledigt] ist, könnt ihr gehen 2 *Essen:* fertig, gar 3 (*umgangsspr*) **I'm done** [**in**] ich bin erschöpft [*oder* kaputt]
don·key ['dɒŋki] der Esel ▸WENDUNGEN: **donkey's years** eine Ewigkeit
don·key work die Dreckarbeit
do·nor ['dəʊnəʳ] der Spender/die Spenderin
don't [dəʊnt] *Kurzform von* **do not**
do·nut (USA) der glasierte Donut
doo·dah ['du:dɑ:] (GB) (*umgangsspr*) das Dings[bums], das Dingsda
to **doo·dle** ['du:dl] vor sich hinkritzeln
doo·dle ['du:dl] das Gekritzel
doom[1] [du:m] das Verhängnis, das Schicksal
doom[2] [du:m] **to be doomed** verloren sein; **to be doomed to fail** zum Scheitern verurteilt sein
dooms·day der Jüngste Tag; **until doomsday** noch eine Ewigkeit
door [dɔ:ʳ] die Tür, der Eingang; **to live two doors away** zwei Häuser weiter wohnen; **next door** nebenan; **out of doors** draußen; **who's that at the door?** wer ist an der Tür?; **I'll show you to the door** ich begleite Sie hinaus ▸WENDUNGEN: **to show someone the door** jemanden vor die Tür setzen; **to close the door on something** etwas unmöglich machen; **to open the door to other possibilities** anderen Möglichkeiten Tür und Tor öffnen; **when one door closes, another opens** wenn eine Tür zugeht, geht eine andere auf
door·bell ['dɔ:bel] die Türklingel
door·knob die Türklinke, der Türgriff
door·man der Portier
door·mat 1 die Fußmatte 2 (*übertragen: Person*) der Waschlappen
door poli·cy *of a club, bar etc:* die Einlasskriterien
door·step ['dɔ:step] die Türstufe
door·way [dɔ:weɪ] 1 der Eingang 2 (*übertragen*) der Weg
dope [dəʊp] (*umgangsspr*) 1 das Marihuana; (*Rauschgift allgemein*) der Stoff 2 (*Person*) der Trottel
to **dope** [dəʊp] 1 dopen *Pferde, Sportler* 2 **to dope a drink** einem Getränk ein Betäubungsmittel beimischen
dopey ['dəʊpi] 1 benebelt 2 (*abwertend*) blöd
dorm [dɔ:m] *kurz für* **dormitory** der Schlafsaal
dor·mi·tory ['dɔ:mɪtᵊri] 1 der Schlafsaal 2 (USA) das [Studenten]wohnheim
DOS [dɒs] *kein Plural, ohne Artikel Abkürzung von* **disk operating system** das DOS
dos·age ['dəʊsɪdʒ] die Dosis, die Dosierung
dose [dəʊs] die Dosis; **in small doses** in kleinen Mengen ▸WENDUNGEN: **like a dose of salts** in null Komma nichts

> **F** Nicht verwechseln mit **Dose** (die) = tin, can!

to **doss** [dɒs] (GB) (*umgangsspr*) pennen
◆to **doss around** (*slang*) **he just dosses around** er hängt einfach herum
◆to **doss down** (*slang*) **you can doss down on our floor** du kannst bei uns auf dem Boden pennen
doss·er ['dɒsəʳ] (GB) (*abwertend slang*) 1 der Penner/die Pennerin 2 der Faulenzer/die Faulenzerin
doss·house (GB) (*slang*) die Penne
dot [dɒt] 1 der Punkt, das Pünktchen 2 **on the dot** auf die Minute
to **dot** [dɒt] <dotted, dotted> punktieren; **to dot one's i's and cross one's t's** peinlich genau sein
dot·com ['dɒtkɒm] das Dotcom-Unternehmen, die Internetfirma
dot·ing ['dəʊtɪŋ] vernarrt
dot·ted line [ˌdɒtɪd'-] die gepunktete Linie; **to sign on the dotted line** unterschreiben

D

dou·ble[1] ['dʌbl̩] ① doppelt, zweifach; **to see double** doppelt sehen; **he's double your age** er ist doppelt so alt wie du ② Doppel-; **double murder** der Doppelmord ③ **to bend double** sich krümmen ④ (*übertragen*) zweideutig, scheinheilig; **to have a double meaning** doppeldeutig sein; **to lead a double life** ein Doppelleben führen

dou·ble[2] ['dʌbl̩] ① [das] Doppelte, [das] Zweifache ② das Ebenbild, der Doppelgänger/die Doppelgängerin ③ (*Theater, Film*) das Double ④ (*Tennis*) das Doppel[spiel] ⑤ **double or quits** doppelt oder nichts ⑥ **at the double** im Laufschritt

to **dou·ble** ['dʌbl̩] ① sich verdoppeln; **to double something** etwas verdoppeln ② (*Theater, Film*) **to double for someone** jemandes Double sein ③ (*Kartenspiel*) verdoppeln
◆to **double back** kehrtmachen, zurückgehen
◆to **double up** ① **to double up with laughter** sich vor Lachen krümmen ② **to double up with someone** sich mit jemandem teilen *Zimmer;* gemeinsam benutzen *Gegenstand*

dou·ble-bar·relled, (USA) **dou·ble-bar·reled** ① *Gewehr:* doppelläufig ② (USA) zweideutig ③ (GB) **double-barrelled name** der Doppelname

dou·ble bass der Kontrabass

dou·ble bed das Doppelbett

dou·ble-breast·ed zweireihig; **double-breasted suit** der Zweireiher

to **dou·ble-check** doppelt prüfen

to **dou·ble-cross** **to double-cross someone** mit jemandem ein Doppelspiel treiben

dou·ble-deck·er [dʌbl'dekər] der Doppeldecker

dou·ble Dutch *kein Plural* ① (*umgangsspr*) das Kauderwelsch ② (USA) das Seilhüpfen mit zwei Seilen

dou·ble-edged (*übertragen auch*) zweischneidig

dou·ble-glaz·ing das Doppelfenster

dou·ble-joint·ed äußerst gelenkig

to **dou·ble-park** in der zweiten Reihe parken

dou·bles ['dʌbl̩z] *mit Singular oder Plural* (*Sport*) das Doppel

dou·ble time *kein Plural* ① **to be paid double time** den doppelten Stundenlohn erhalten ② der Laufschritt

doubt [daʊt] der Zweifel (**about** an); **when in doubt** im Zweifelsfall; **to cast doubt on something** etwas in Zweifel ziehen; **without** [**a**] **doubt** ohne Zweifel; **beyond** [**all**] **doubt** ohne [jeden] Zweifel; **to have no doubt about something** etwas nicht bezweifeln

to **doubt** [daʊt] bezweifeln; **I doubt whether he will come** ich bezweifle, dass er kommen wird; **she doubted him** sie zweifelte an ihm

doubt·er ['daʊtəʳ] der Zweifler/die Zweiflerin, der Skeptiker/die Skeptikerin

doubt·ful ['daʊtfᵊl] ① unsicher, zweifelhaft, ungewiss; **to be doubtful about something** an etwas zweifeln; **to look doubtful** skeptisch aussehen ② *Charakter:* zweifelhaft, zwielichtig

doubt·less ['daʊtləs] ohne Zweifel, zweifellos

dough [dəʊ] ① der Teig ② (*slang*) die Knete, die Moneten

dough·nut ['dəʊnʌt] der Berliner

dove[1] [dʌv] die Taube

dove[2] [doʊv] (USA) *2. Form von* **dive**

down[1] [daʊn] die Daunen, der Flaum

down[2] [daʊn] **downs** ⚠ *Plural* das Hügelland

down[3] [daʊn] herunter, hinunter, nach unten; **head down** mit dem Kopf nach unten; **up and down** auf und ab; **to fall down** herunterfallen; **to go down the hill** den Berg hinuntergehen; **he was walking down the street** er ging die Straße entlang; **he lives down the street** er wohnt ein Stückchen weiter die Straße runter; **she's down the shops** (*slang*) sie ist einkaufen gegangen; **let's go down the pub** (*umgangsspr*) lasst uns in die Kneipe gehen

down[4] [daʊn] ① nach unten ② (*statische Position*) unten; **down there** da unten; **the sun is down** die Sonne ist untergegangen; **he can't keep anything down** er behält nichts bei sich ③ (*an einem anderen Punkt*) **on the way down from London** auf dem Weg von London hierher; **down South** im Süden ④ (*Computer*) ausgefallen ⑤ (*im Volumen, in der Menge*) **the price of fruit is down** die Obstpreise sind gefallen ⑥ (*in der Stärke*) **the wind died down** der Wind legte sich; **the fire burnt down** das Feuer ist ausgegangen; **the tyres are down** die Reifen sind platt; **to be worn down** abgetragen sein ⑦ **to write something down** etwas aufschreiben; **to get something down** etwas notieren ⑧ (*angemeldet*) **to be down for the next race** für das nächste Rennen gemeldet sein; **he put me down to do the washing-up** er hat mich zum Spülen eingeteilt ⑨ **he's down with flu** er liegt mit Grippe im Bett
▶ WENDUNGEN: **to be down on someone** es auf jemanden abgesehen haben; **to be down in the mouth** niedergeschlagen sein; **ups and downs** gute und schlechte Zeiten

to **down** [daʊn] ① **to down tools** die Arbeit niederlegen ② **to down a glass of beer** ein Glas Bier runterkippen

down-and-out[1] heruntergekommen

down-and-out[2] der Penner/die Pennerin

down·cast niedergeschlagen; *Augen:* gesenkt

down·fall ['daʊnfɔːl] ① der Sturz, der Fall ② (*übertragen*) der Ruin, der Untergang

to **down·grade** herunterstufen; degradieren *Soldat*

down·grade ① die Degradierung ② (USA) das

Gefälle

down·heart·ed niedergeschlagen

down·hill [ˌdaʊnˈhɪl] bergab, abwärts; **to go downhill** bergab gehen; (*übertragen*) auf dem absteigenden Ast sein

Down·ing Street [ˈdaʊnɪŋˌ-] die Downing Street

> **L** Die „Number 10 **Downing Street**" ist der offizielle Wohnsitz des britischen **prime minister** (Premierminister). Das Haus stammt aus dem 17. Jahrhundert und wurde von Sir George Downing, einem Politiker, Immobilienspekulanten und Spion, gebaut. Der Premierminister wohnt in einem oberen Stockwerk, im übrigen Gebäude befinden sich die Regierungsbüros sowie die Sitzungsräume des Kabinetts. Der **Chancellor of the Exchequer** (Finanzminister) wohnt im Haus nebenan, in „Number 11".

to **down·load** herunterladen, downloaden *Programm, Daten*

down pay·ment die Anzahlung; **to make** [*oder* **put**] **a down payment on something** eine Anzahlung für etwas leisten

down·pour [ˈdaʊnpɔːʳ] der Platzregen

down·right [ˈdaʊnraɪt] ① *Lüge:* glatt ② *Lügner:* ausgesprochen ③ **she was downright rude** sie war ausgesprochen unverschämt

down·stairs[1] [ˌdaʊnˈsteəz] die Treppe hinunter; **your slippers are downstairs** deine Pantoffeln sind unten

down·stairs[2] [daʊnˈsteəz] Parterre-; **the downstairs rooms** die unteren Zimmer

down·stairs[3] [ˌdaʊnˈsteəz] das Parterre

down·stream [ˌdaʊnˈstriːm] stromabwärts

down-to-earth nüchtern

down·town[1] [ˈdaʊntaʊn] (USA) **to go downtown** in die Innenstadt gehen; **to live downtown** im Zentrum wohnen

down·town[2] [ˈdaʊntaʊn] **downtown LA** die Innenstadt von LA

down·turn der Rückgang; **economic downturn** der Konjunkturabschwung

down un·der [daʊnˈʌndəʳ] (*umgangsspr*) Australien und Neuseeland

down·ward [ˈdaʊnwəd] nach unten [gerichtet]; **downward trend** der Abwärtstrend

down·wards [ˈdaʊnwədz] abwärts, nach unten; **the road slopes gently downwards** die Straße fällt sanft ab; **the water filters downwards through the rock** das Wasser sickert durch den Felsen nach unten

doz. *Abkürzung von* **dozen** Dtzd.

doze [dəʊz] das Nickerchen

to **doze** [dəʊz] [vor sich hin] dösen

◆ to **doze off** einnicken

doz·en [ˈdʌzᵊn] das Dutzend; **dozens of times** x-mal, tausendmal

dozy [ˈdəʊzi] ① schläfrig ② (GB) (*umgangsspr*) dumm; **dozy idiot** der Trottel

drab [dræb] <drabber, drabbest> trist; *Farben:* trüb

draft [drɑːft] (USA) ① der [Luft]zug, die Zugluft; **there's a draft in here** hier zieht's ② **draft beer** das Bier vom Fass, das Fassbier

draft [drɑːft] die Skizze, der Entwurf

to **draft** [drɑːft] ① skizzieren, entwerfen *Plan, Vertrag* ② (USA) einziehen *Wehrpflichtige* ③ **to draft someone in to do something** jemanden beauftragen, etwas zu tun

drafts [drɑːfts] ⚠ *mit Singular* (USA) das Damespiel

drafty (USA) zugig; **it's drafty in here** hier zieht es

drag [dræg] ① der Luftwiderstand ② (*slang*) *einer Zigarette:* der Zug ③ (*umgangsspr*) **to be in drag** *Mann:* Frauenkleidung tragen; **drag queen** der Transvestit ④ (*Belästigung*) **that's a drag — we've run out of coffee** das ist ja echt ätzend — wir haben keinen Kaffee mehr; **the party was an awful drag** die Party war so was von stinklangweilig

to **drag** [dræg] <dragged, dragged> ① schleppen; **to drag one's feet** [mit den Füßen] schlurfen; **he dragged himself into work** er schleppte sich zur Arbeit; **the exhaust pipe's dragging on the ground** der Auspuff schleift auf dem Boden ② (*Computer*) [mit der Maus] ziehen ③ *Zeit:* sich hinziehen, sich in die Länge ziehen ④ **to drag a river** den Fluss mit einem Schleppnetz absuchen ⑤ **to drag on a cigarette** an einer Zigarette ziehen ▶ WENDUNGEN: **to drag one's heels** etwas schleifen lassen; **to drag someone's name through the mud** jemanden/jemandes guten Namen in den Schmutz ziehen

◆ to **drag away** ① **I had to drag her away from the shop** ich musste sie von dem Laden wegzerren ② **to drag one's eyes away from the television** die Augen vom Fernsehen losreißen

◆ to **drag behind** hinterherhinken

◆ to **drag down** **to drag something down** etwas herunterziehen

◆ to **drag in** **to drag something in** etwas hineinziehen

◆ to **drag on** sich in die Länge ziehen, sich hinschleppen

◆ to **drag out** in die Länge ziehen

◆ to **drag up** ausgraben *Vergangenheit*

drag·on [ˈdrægᵊn] der Drache

drag·on·fly [ˈdrægənflaɪ] die Libelle

drain [dreɪn] ① das Rohr, das Abflussrohr ② **drains** ⚠ *Plural* die Kanalisation ③ (*übertragen*) die Belastung ▶ WENDUNGEN: **to go down the drain** vor die Hunde gehen; **to throw money down the drain** das Geld zum Fenster hinauswerfen

to **drain** [dreɪn] ① ablaufen; ableiten *Wasser* ② entwässern, trockenlegen *Land* ③ abtropfen lassen *Gemüse, Nudeln*

◆ to **drain away** ① *Wasser:* ablaufen ② (*übertragen*) *Geld:* dahinschwinden

◆ to **drain off** ① abgießen ② abtropfen lassen *Geschirr, Gemüse*

drain·ing board ['dreɪnɪŋ-] das Abtropfbrett

drain·pipe das Regenrohr; (*in der Kanalisation*) das Abflussrohr

dra·ma ['drɑːmə] das Drama

dra·mat·ic [drə'mætɪk] ① dramatisch ② schauspielerisch

drank [dræŋk] *2. Form von* **drink**

dras·tic ['dræstɪk] drastisch; *Veränderung:* radikal

draught [drɑːft] ① der [Luft]zug, die Zugluft; **there's a draught in here** hier zieht's ② **draught beer** das Bier vom Fass, das Fassbier

draughts [drɑːfts] ⚠ *mit Singular* (GB) das Damespiel

draughty ['drɑːfti] zugig

draw [drɔː] ① (*Lotterie*) die Ziehung; **it's the luck of the draw** (*übertragen*) man muss es nehmen wie es kommt ② (*beim Sport*) das Unentschieden; **to end in a draw** unentschieden ausgehen ▶ WENDUNGEN: **to be slow on the draw** schwer von Begriff sein; **to be quick on the draw** schlagfertig sein

to **draw** [drɔː] <drew, drawn> ① zeichnen, malen *Bild* ② ziehen (**from** aus); **to draw the curtains** die Vorhänge zuziehen; **to draw someone into something** jemanden in etwas hineinziehen ③ erregen *Interesse* ④ anlocken *Menge;* **to be drawn to someone** sich zu jemandem hingezogen fühlen ⑤ **to draw breath** einatmen; **to draw a deep breath** tief Luft holen; **she drew deeply on her cigarette** sie zog tief an ihrer Zigarette ⑥ (*Los*) **to draw first prize** den ersten Preis gewinnen; **Germany's been drawn against England in the World Cup** Deutschland muss gegen England in der Weltmeisterschaft spielen ⑦ (*Sport*) unentschieden spielen ⑧ **to draw money from** Geld abheben *Bank, Konto* ⑨ **to draw to a close** dem Ende zugehen; **to draw nearer** näher kommen ⑩ **to draw comfort from something** sich mit etwas trösten ▶ WENDUNGEN: **to draw the line at something** bei etwas die Grenze ziehen

◆ to **draw apart** sich lösen

◆ to **draw aside** **to draw someone aside** jemanden beiseitenehmen

◆ to **draw away** ① losfahren ② *Läufer:* davonziehen ③ *Person:* sich entfernen ④ weglocken

◆ to **draw in** ① *Zug:* einfahren ② *Tage:* kürzer werden ③ einziehen *Luft* ④ **to be drawn into an argument** in eine Auseinandersetzung hineingezogen werden

◆ to **draw off** ablassen *Flüssigkeit*

◆ to **draw on** ① sich stützen auf *Information* ② ziehen *Zigarette* ③ **as time drew on** mit der Zeit

◆ to **draw out** ① herausziehen ② in die Länge ziehen *Sitzung* ③ *Zug:* abfahren ④ *Tage:* länger werden

◆ to **draw up** ① *Auto:* anhalten ② entwerfen, ausarbeiten *Plan, Vertrag;* aufsetzen *Testament;* aufstellen *Liste* ③ **draw up a chair** hol dir einen Stuhl ④ **to draw oneself up** sich aufrichten

draw·back ['drɔːbæk] der Nachteil

draw·er[1] ['drɔːr] die Schublade

draw·er[2] ['drɔːər] ① der Zeichner/die Zeichnerin ② (*im Bankwesen*) der Aussteller/die Ausstellerin

draw·ing ['drɔːɪŋ] die Zeichnung

draw·ing board **to go back to the drawing board** wieder von vorne anfangen

draw·ing pin (GB) die Reißzwecke

draw·ing room das Wohnzimmer

drawn [drɔːn] *3. Form von* **draw**

draw·string das Zugband

draw·string pants *Plural* die Tunnelzughose

to **dread** [dred] **to dread something** sich vor etwas [sehr] fürchten; **to dread doing something** [große] Angst haben, etwas zu tun

dread [dred] *kein Plural* die Furcht; **to live in dread of something** in [ständiger] Angst vor etwas leben; **to fill someone with dread** jemanden mit Angst und Schrecken erfüllen

dread·ful ['dredf(ə)l] furchtbar, schrecklich

dread·ful·ly ['dredf(ə)li] sehr, schrecklich

dream [driːm] ① der Traum; **to have a bad dream** schlecht träumen; **to have a dream about something** von etwas träumen; **he walks around in a dream** er lebt in einer Traumwelt ② (*übertragen*) der Traum, das Gedicht, das Wunder; **he was a real dream** (*umgangsspr*) er war ein richtiger Traummann; **we had a dream holiday** wir hatten einen Traumurlaub; **it went like a dream** (*umgangsspr*) es lief wie am Schnürchen; **it was beyond her wildest dreams** das hätte sie sich nicht träumen lassen

to **dream** [driːm] <dreamed *oder* dreamt, dreamed *oder* dreamt> träumen; **to dream something** [von] etwas träumen

◆ to **dream up** sich einfallen lassen, ausdenken *Idee*

dreamt [drem(p)t] *2. und 3. Form von* **dream**

> **L** Die **dreamtime** ist in der Mythologie der Aborigines (Ureinwohner Australiens) die Zeit der Erschaffung der Welt und ihrer Gesetze. Die Erzählungen aus dieser **dreamtime**, die seit Jahrhunderten mündlich überliefert werden, bilden den Kern ihrer Stammesrechte.

dreary [drɪəri] trostlos; *Tag:* trüb; *Rede:* eintönig

to **drench** [dren(t)ʃ] **to be drenched to the skin** bis auf die Haut durchnässt sein

dress [dres] <*Plural* dresses> ① das Kleid ② **evening dress** die Abendkleidung; **national dress** die Nationalkleidung

to **dress** [dres] ① sich anziehen, sich kleiden; anziehen *Kind;* **he's always well dressed** er ist immer gut gekleidet; **dressed to kill** (*übertragen*) todschick aufgemacht ② mit Kleidung versorgen *Person, Familie* ③ dekorieren *Schaufenster* ④ verbinden *Wunde* ⑤ herrichten, vorbereiten *Essen* ⑥ anmachen *Salat*

◆to **dress up** ① sich fein machen ② sich verkleiden ③ (*übertragen*) ausschmücken, interessant machen *Thema, Idee;* frisieren *Tatsachen*

dress·ing ['dresɪŋ] ① der Verband ② **[salad] dressing** die Salatsoße, das Dressing

dress·ing-down [ˌdresɪŋ'daʊn] (*umgangsspr*) **to give someone a [good] dressing-down** jemandem eine Standpauke halten

dress·ing gown der Morgenrock

dress·ing ta·ble die Frisierkommode

dress·mak·ing *kein Plural* die Damenschneiderei

dress re·hears·al die Generalprobe

drew [druː] *2. Form von* **draw**

to **drib·ble** ['drɪbl] ① träufeln *Soße, Dressing* ② *Baby, Person:* sabbern ③ (*im Sport*) dribbeln

drib·ble ['drɪbl] ① das Tröpfchen ② (*im Sport*) das Dribbling

dried[1] [draɪd] *2. und 3. Form von* **dry**

dried[2] [draɪd] getrocknet; **dried fruit** das Dörrobst, das Backobst; **dried milk** das Milchpulver

dried-up ausgetrocknet

drier ['draɪəʳ] der Wäschetrockner; **spin drier** die Wäscheschleuder

drift [drɪft] die [Schnee]verwehung

to **drift** [drɪft] ① getrieben werden, verweht werden ② **to drift [off-course]** vom Kurs abweichen ③ (*übertragen*) **to drift [along]** sich treiben lassen, planlos/ziellos umherwandern; **to let things drift** die Dinge laufen lassen

◆to **drift apart** *Ehepaar:* sich auseinanderleben

◆to **drift in** hereinschneien

◆to **drift off** ① **to drift off to sleep** einschlafen ② (*umgangsspr*) sich verkrümeln

drill [drɪl] der Bohrer

to **drill** [drɪl] bohren (**for** nach); bohren *Loch*

drill·ing rig (*auf dem Land*) der Bohrturm; (*im Meer*) die Bohrinsel

drink [drɪŋk] das Getränk; **to have a drink** ein Gläschen trinken; **to have a drink problem** ein Problem mit Alkohol haben

to **drink** [drɪŋk] <drank, drunk> ① trinken; **to drink to someone's health** auf jemandes Gesundheit trinken; **to drink to someone/something** auf jemanden/etwas trinken; **you shouldn't drink and drive** man sollte nicht Alkohol trinken und dann Auto fahren ② *Tier:* saufen ③ (*umgangsspr*) **I'll drink to that!** jawohl!, der Meinung bin ich auch! ▶ WENDUNGEN: **to drink someone under the table** jemanden unter den Tisch trinken

◆to **drink in** (*übertragen*) begierig aufnehmen *Worte, Atmosphäre*

◆to **drink up** austrinken

drink-driv·ing *kein Plural* (GB) die Trunkenheit am Steuer

drink·er ['drɪŋkəʳ] der Trinker/die Trinkerin

drink·ing ['drɪŋkɪŋ] *kein Plural* das Trinken; **this water is not for drinking** das ist kein Trinkwasser; **drinking and driving is dangerous** Alkohol am Steuer ist gefährlich

drink·ing foun·tain der Trinkwasserbrunnen

> **L** Ein **drinking fountain** ist ein kleines Becken, aus dem man Wasser trinken kann. Man drückt auf einen Knopf oder tritt auf einen Fußschalter, um einen kleinen Wasserstrahl zu erzeugen. **Drinking fountains** findet man besonders häufig in Nordamerika und Australien z.B. an Schulen, in öffentlichen Gebäuden und manchmal auch in Supermärkten.

drink·ing wa·ter das Trinkwasser

to **drip** [drɪp] <dripped, dripped> ① tropfen, tröpfeln (**from** von) ② (*übertragen*) triefen (**with** von)

drip [drɪp] ① der Tropfen, das Tröpfeln ② das Tropfgeräusch ③ (*in der Medizin*) der Tropf

drip·ping[1] ['drɪpɪŋ] klatschnass; **dripping wet** klatschnass; **to be dripping** tropfen; **to be dripping with something** (*humorvoll*) *Schmuck:* über und über mit etwas behängt sein

drip·ping[2] ['drɪpɪŋ] das Schmalz

drive [draɪv] ① die Fahrt; **to go for a drive** ein bisschen [raus]fahren ② die Einfahrt, die Ausfahrt; **she left the car in the drive** sie parkte das Auto in der Einfahrt ③ (*Computer*) **[disk] drive** das Laufwerk ④ *von Maschine:* der Antrieb, das Triebwerk ⑤ (*im Sport*) der heftige Schlag, der Stoß ⑥ (*psychologisch*) der Trieb, der Schwung, der Unternehmungsgeist; **she's certainly got a lot of drive** sie hat jedenfalls viel Energie [*oder* Tatkraft] ⑦ die Kampagne, die Aktion

to **drive** [draɪv] <drove, driven> ① *Auto, Fahrer:* fahren; **can you drive?** kannst du fahren? [*oder* hast du einen Führerschein?]; **I drove to Cologne yesterday** gestern bin ich mit dem Auto nach Köln gefahren; **she drove him home** sie hat ihn nach Hause gefahren; **to drive into a tree** gegen einen Baum fahren ② (*zwingen*) treiben; **she drove him to it** sie trieb ihn dazu; **she was driven by greed** Habgier hat sie angetrieben; **you shouldn't drive yourself too hard** du sollst dich nicht so hart herannehmen; **to drive someone to suicide**

D

D

jemanden in den Selbstmord treiben; **to drive someone out of their home** jemanden aus seinem Haus [*oder* seiner Wohnung] vertreiben ③ **to drive something somewhere** etwas irgendwohin treiben ④ antreiben *Maschine* ⑤ treiben *Tier* ⑥ einrammen *Pfahl;* einschlagen *Nagel* ▶ WENDUNGEN: **to drive a hard bargain** harte Forderungen stellen; **to drive something home to someone** jemandem etwas einbläuen; **to drive someone up the wall** [*oder* **round the bend**] jemanden wahnsinnig machen

◆ to **drive against** *Schnee, Regen, Wind:* peitschen; **the wind drove the rain against their faces** der Wind peitschte ihnen den Regen ins Gesicht

◆ to **drive at** **what are you driving at?** worauf wollen Sie hinaus?

◆ to **drive off** ① wegfahren ② wegjagen

◆ to **drive out** ① hinausjagen *Tiere;* (*übertragen*) austreiben ② (*mit dem Auto*) hinausfahren, herausfahren

◆ to **drive up** ① **we drove up to the hotel entrance** wir sind zum Hoteleingang vorgefahren; **they drove from Munich up to Hamburg** sie sind von München nach Hamburg gefahren ② hochtreiben *Kosten*

drive-in das Autokino

driv·en ['drɪvᵊn] *3. Form von* **drive**

driv·er ['draɪvəʳ] der Fahrer/die Fahrerin, der Chauffeur/die Chauffeurin

driv·er's li·cense (USA) der Führerschein

drive·way die Einfahrt

driv·ing[1] ['draɪvɪŋ] ① treibend ② heftig, stark; **driving rain** der peitschende Regen

driv·ing[2] ['draɪvɪŋ] das Fahren; **drunken driving** die Trunkenheit am Steuer

driv·ing ban der Führerscheinentzug

driv·ing force *kein Plural* die treibende Kraft

driv·ing in·struc·tor der Fahrlehrer/die Fahrlehrerin

driv·ing les·son die Fahrstunde

driv·ing li·cence (GB) der Führerschein

driv·ing test die Fahrprüfung

to **driz·zle** ['drɪzl] nieseln

driz·zle ['drɪzl] der Sprühregen

to **droop** [dru:p] schlaff herunterhängen; *Blumen:* die Köpfe hängen lassen; *Person:* schlapp sein

drop [drɒp] ① der Tropfen; **drop of rain** der Regentropfen; **drop of blood** der Blutstropfen ② **a drop more** noch ein bisschen; **would you like another drop of wine?** möchtest du noch einen Schluck Wein? ③ das Sinken, das Fallen; *von Land:* der Abfall, der Absturz ④ *von Menge, Qualität:* der Rückgang; **drop in temperature** der Temperaturrückgang, der Temperatursturz ▶ WENDUNGEN: **he's had a drop too much** er hat zu tief ins Glas geschaut; **a drop in the ocean** [*oder* **bucket**] ein Tropfen auf den heißen Stein; **at the drop of a hat** auf der Stelle

to **drop** [drɒp] <dropped, dropped> ① fallen, herunterfallen; **to drop something** etwas fallen lassen; **to drop anchor/bombs** Anker werfen/Bomben abwerfen ② **I dropped everything and rushed to the hospital** ich ließ alles stehen und liegen und eilte zum Krankenhaus ③ fallen lassen *Freund, Freundin;* **she was dropped from the team** sie wurde aus der Mannschaft genommen ④ hineingeraten (**into** in); **you really dropped me in it!** (*übertragen*) da hast du mich ganz schön reingeritten! ⑤ hinfallen, umfallen, zusammenbrechen, tot umfallen; **he nearly dropped with exhaustion** er fiel vor Erschöpfung fast tot um ⑥ schwächer werden, nachlassen; *Wind:* abflauen; *Temperatur:* fallen, sinken ⑦ niederlegen *Arbeit* ⑧ absetzen *Fahrgast* ⑨ auslassen *Buchstaben, Wort* ⑩ **to let drop a remark** eine Bemerkung fallen lassen; **he let drop the news that he was leaving** er hat so nebenbei erwähnt, dass er vorhat, wegzugehen; **to drop a hint** eine Andeutung machen ⑪ **to drop a line to someone** jemandem ein paar Zeilen schreiben

◆ to **drop across** (*umgangsspr*) vorbeikommen

◆ to **drop behind** zurückbleiben [hinter]

◆ to **drop by**, to **drop in** besuchen; **he dropped in** [*oder* **by**] **for a chat** er kam auf ein Schwätzchen vorbei

◆ to **drop off** ① herunterfallen; *Blätter:* abfallen ② **to drop something off** etwas abgeben (**at** bei); **to drop someone off** jemanden aussteigen lassen ③ einnicken ④ *Interesse:* nachlassen; *Geschäft:* zurückgehen

◆ to **drop out** ① nicht mehr teilnehmen (**of** an); **he dropped out of university** er hat sein Studium abgebrochen ② [aus der Gesellschaft] aussteigen ③ (*im Sport, Wettbewerb*) ausscheiden

◆ to **drop round** vorbeischauen

drop-in cen·tre (GB) die Beratungsstelle

drop·out ['drɒpaʊt] ① der Aussteiger/die Aussteigerin, der Studienabbrecher/die Studienabbrecherin ② (*abwertend*) der/die Asoziale

drop·pings ['drɒpɪŋz] *Plural* der Kot; *vom Pferd:* die Pferdeäpfel

drought [draʊt] die Trockenheit, die Dürre[periode], die Dürrezeit

drove [drəʊv] *2. Form von* **drive**

to **drown** [draʊn] ① ertrinken; **to drown someone/something** jemanden/etwas ertränken; **to drown one's sorrows** (*übertragen*) seine Sorgen ertränken ② (*übertragen*) übertönen *Geräusch;* ersticken *Gefühl*

drown·ing ['draʊnɪŋ] das Ertrinken

drowsy ['draʊzi] ① schläfrig ② einschläfernd

drug [drʌg] ① das Medikament ② die Droge, das

Rauschgift; **to be on drugs** drogensüchtig sein; **I don't do drugs** (*umgangsspr*) ich nehme keine Drogen

to **drug** [drʌg] <drugged, drugged> ① **to drug someone's drink/food** jemandes Getränk/Essen etwas untermischen ② **to drug someone** jemanden betäuben [*oder* narkotisieren]

drug abuse der Drogenmissbrauch

drug ad·dict der/die Drogensüchtige, der/die Rauschgiftsüchtige

drug ad·dic·tion die Drogenabhängigkeit

drug·gist ['drʌgɪst] (USA) der Apotheker/die Apothekerin

drug push·er der Drogenhändler/die Drogenhändlerin

drug·store (USA) die Drogerie

drum [drʌm] ① die Trommel ② **drums** ⚠ *Plural* das Schlagzeug

to **drum** [drʌm] <drummed, drummed> ① trommeln; **to drum one's fingers on the table** mit den Fingern auf dem Tisch trommeln ② einhämmern; **how can I drum it into him that he can't do that?** wie kann ich ihm einhämmern, dass er so was nicht machen darf?

◆ to **drum up** auftreiben *Kunden, Unterstützung;* zusammentrommeln *Interesse;* **to drum up business** die Werbetrommel rühren

drum·mer ['drʌməʳ] der Trommler/die Trommlerin, der Schlagzeuger/die Schlagzeugerin

drum·stick ['drʌmstɪk] ① der Trommelstock ② *vom Geflügel:* die Keule

drunk¹ [drʌŋk] *3. Form von* **drink**

drunk² [drʌŋk] ① betrunken; **to get drunk** sich betrinken ② (*übertragen*) trunken (**with** vor)

drunk³ [drʌŋk] der/die Betrunkene, der Säufer/die Säuferin

drunk·ard ['drʌŋkəd] der Trinker/die Trinkerin

drunk·en ['drʌŋkᵊn] betrunken

dry [draɪ] <drier, driest> ① *Boden, Wetter, Humor:* trocken; *Holz:* dürr; *Wein:* herb, trocken; **"keep dry"** „vor Feuchtigkeit schützen"; **there wasn't a dry eye in the house** (*übertragen*) da blieb kein Auge trocken ② (*übertragen*) trocken, langweilig; **as dry as dust** pulvertrocken

to **dry** [draɪ] <dried, dried> trocken werden; trocknen *Haare;* abtrocknen *Geschirr;* **to dry one's eyes/hands** sich die Tränen abwischen/sich die Hände abtrocknen

◆ to **dry out** austrocknen

◆ to **dry up** ① abtrocknen; *Fluss:* austrocknen ② *Ideen:* versiegen

dry clean·er's (*Geschäft*) die chemische Reinigung

dry·er ['draɪəʳ] der Wäschetrockner; **spin dryer** die Wäscheschleuder

dry ice *kein Plural* das Trockeneis

dry·ing up ['draɪɪŋ-] **you wash and I'll do the drying-up** du kannst spülen, und ich trockne ab

dry land *kein Plural* das Festland

DSL [ˌdiːes'el] *Abkürzung von* **digital subscriber line** DSL

dual ['djuːəl] zweifach, doppelt

dual car·riage·way (GB) die vierspurige Straße, die Schnellstraße

D

to **dub** [dʌb] <dubbed, dubbed> synchronisieren *Film*

dub·bing ['dʌbɪŋ] die Synchronisation

du·bi·ous ['djuːbiəs] ① zweifelhaft, fraglich ② verdächtig ③ ungewiss *Zukunft, Ergebnis* ④ unsicher, im Zweifel (**of/about** über)

duch·ess ['dʌtʃɪs] <*Plural* duchesses> die Herzogin

duck [dʌk] die Ente ▶ WENDUNGEN: **to be like water off a duck's back** an jemandem einfach abprallen

to **duck** [dʌk] ① sich ducken; **to duck one's head** den Kopf schnell einziehen ② **to duck someone** jemanden [kurz] untertauchen

ducky ['dʌki] <*Plural* duckies> (GB) (*umgangsspr*) das Schätzchen

due¹ [djuː] ① (*erwartet*) **when is the train due?** wann soll der Zug ankommen?; **she's due back tomorrow** sie kommt morgen zurück [*oder* wir erwarten sie morgen]; **when is she due?** wann soll das Baby kommen?, wann ist es soweit? ② *Geld, Miete:* fällig, zahlbar ③ **the car's due for a service** das Auto muss demnächst zur Inspektion; **she's due for a promotion** sie ist mit einer Beförderung an der Reihe ④ **due to** auf Grund von, wegen, zurückzuführen auf; **there will be long delays due to bad weather** auf Grund schlechten Wetters kommt es zu längeren Wartezeiten; **it's due to her that ...** es ist ihr zu verdanken, dass ... ⑤ **he never received the recognition due to him** die ihm gebührende Anerkennung hat er nie bekommen ⑥ **due east** Richtung Ost ⑦ **after due consideration** nach reiflicher Überlegung; **in due course** zur rechten Zeit; **with due care** mit der nötigen Vorsicht

due² [djuː] ① **it's her due** es steht ihr zu; **to give him his due ...** aber das muss man ihm lassen ... ② **dues** ⚠ *Plural* die Abgaben, die Gebühren, der [Mitglieds]beitrag

dug [dʌg] *2. und 3. Form von* **dig**

duke [djuːk] der Herzog

dull [dʌl] ① *Licht:* trüb, matt ② *Wetter:* grau ③ langweilig; **as dull as ditch water** sterbenslangweilig ④ *Person:* schwerfällig, langsam ⑤ *Schmerz:* dumpf

to **dull** [dʌl] ① lindern *Schmerz* ② abstumpfen *Sinne, Verstand*

dumb [dʌm] (*abwertend*) ① stumm ② schweigend, sprachlos (**with** vor); **to be struck dumb** sprachlos sein ③ doof

dumb·struck sprachlos

dum·my ['dʌmi] ① die Attrappe, die Schaufensterpuppe; (*von Buch*) der Dummy ② GB (*für Baby*) der Schnuller ③ USA (*abwertend*) der Dummkopf

D

dump [dʌmp] ① die Müllhalde, die Müllkippe ② (*abwertend umgangsspr*) das Dreckloch ▶ WENDUNGEN: **to be down in the dumps** (*umgangsspr*) niedergeschlagen sein

to **dump** [dʌmp] ① (*unordentlich*) hinschmeißen; [hin]werfen, abladen *Abfall* ② ausladen, auskippen *Last* ③ (*umgangsspr*) **to dump someone** mit jemandem Schluss machen *Freund, Freundin*

dump·ing ['dʌmpɪŋ] ① (*wirtschaftlich*) das Dumping ② *von Abfall:* das Abladen; **"no dumping!"** „Schutt abladen verboten!"

dump·ling ['dʌmplɪŋ] der Knödel, der Kloß

dune [dju:n] die Düne

dun·ga·rees [ˌdʌŋgə'ri:z] ⚠ *Plural* die Latzhosen

> **G** **dungarees** wird im Plural gebraucht: *dungarees are out of fashion*
> **a pair of dungarees** wird aber im Singular verwendet: *Samantha wore a pair of dungarees and a baggy jumper*

dun·geon ['dʌndʒᵊn] das Verlies

to **dunk** [dʌŋk] [ein]tunken

du·plex ['dju:pleks] <*Plural* -es> USA das Doppelhaus

du·pli·cate[1] ['dju:plɪkət] doppelt, zweifach; **duplicate key** der Zweitschlüssel

du·pli·cate[2] ['dju:plɪkət] das Duplikat, die Kopie

to **du·pli·cate** ['dju:plɪkeɪt] kopieren, vervielfältigen

du·rable ['djʊərəbl̩] dauerhaft, haltbar; *Stoff, Material:* widerstandsfähig

du·ra·tion [ˌdjʊ(ə)'reɪʃᵊn] die Dauer, die Laufzeit

dur·ing ['djʊərɪŋ] während

dusk [dʌsk] die Abenddämmerung; **at dusk** bei Einbruch der Dunkelheit

dust [dʌst] der Staub; **to give something a dust** etwas abstauben ▶ WENDUNGEN: **when the dust settles** wenn die Wogen sich geglättet haben; **you couldn't see him for dust** der hat sich aber schnell aus dem Staub gemacht

to **dust** [dʌst] ① Staub wischen; **to dust something [down** [*oder* **off**]] etwas abstauben ② **the cake was dusted with icing sugar** der Kuchen wurde mit Puderzucker bestäubt ▶ WENDUNGEN: **it's all done and dusted** es ist fertig

dust·bin ['dʌstbɪn] GB die Mülltonne

dust·cart GB der Müllwagen

dust cov·er der Schonbezug; *eines Geräts:* die Abdeckhaube; *eines Buches:* der Schutzumschlag

dust·er ['dʌstəʳ] das Staubtuch

dust jack·et der Schutzumschlag

dust·man ['dʌstmən] <*Plural* dustmen> der Müllarbeiter

dust mite die Hausmilbe

dust·pan die Kehrschaufel

dusty ['dʌsti] staubig, verstaubt

Dutch[1] [dʌtʃ] holländisch, niederländisch ▶ WENDUNGEN: **to go Dutch** getrennte Kasse machen; **Dutch courage** der angetrunkene Mut

Dutch[2] [dʌtʃ] ① Niederländisch, das Niederländische ② **the Dutch** die Niederländer

duty ['dju:ti] ① die Pflicht (**to** gegenüber) ② die Aufgabe, die Obliegenheit; **to be off duty** nicht im Dienst sein, dienstfrei haben; **to be on duty** Dienst haben ③ der Zoll

duty-free zollfrei

du·vet ['dju:veɪ, 'du:-] die Steppdecke, die Daunendecke

DVD [ˌdi:vi:'di:] *Abkürzung von* **digital versatile disc** die DVD

DVD play·er der DVD-Player

DVD-ROM [di:vi:ˌdi:'rɒm] *Abkürzung von* **digital versatile disc read-only memory** die DVD-ROM

dwarf [dwɔ:f, *Plural* dwɔ:vz] <*Plural* dwarves> der Zwerg/die Zwergin

to **dwarf** [dwɔ:f] **to dwarf someone/something** jemanden/etwas klein erscheinen lassen

dwarves [dwɔ:vz] *Pluralform von* **dwarf**

to **dwell** [dwel] <dwelt *oder* dwelled, dwelt *oder* dwelled> wohnen, leben

dwelt [dwelt] *2. und 3. Form von* **dwell**

to **dwin·dle** ['dwɪndl̩] *Hoffnung, Gewinn:* schwinden; **to dwindle away to nothing** dahinschwinden

dye [daɪ] der Farbstoff

to **dye** [daɪ] färben

dy·ing ['daɪɪŋ] ① sterbend ② *Rasse:* aussterbend ③ *Zivilisation:* untergehend

dyke [daɪk] ① der [Wasser]graben ② der Deich, der Damm

dy·nam·ic [daɪ'næmɪk] dynamisch

dy·na·mite ['daɪnəmaɪt] das Dynamit

d'you [dʒu:, dju:, dʒə, djə] *Kurzform von* **do you**

Ee

E <*Plural* E's *oder* Es>, **e** [iː] <*Plural* e's> ① E, e ② (*Schulnote*) mangelhaft

each [iːtʃ] ① jede(r, s); **each** [**and every**] **one** jede(r, s) Einzelne; **each of you** jede(r) von euch ② **each other** einander, sich [gegenseitig]; **we help each other** wir helfen uns gegenseitig, wir helfen einander; **with each other** miteinander; **to shake hands with each other** sich die Hand geben ③ je; **$3 each** $3 pro Stück

eager [ˈiːgəʳ] <more eager, most eager> ① eifrig ② begierig (**for** nach), versessen (**about** auf); **she's very eager to see you again** sie wartet sehnsüchtig darauf, dich wieder zu sehen; **he's eager to leave early** er will früh los; **she's very eager to please** sie ist bemüht, alles richtig zu machen

eager·ness [ˈiːgənəs] der Eifer, die Ungeduld

eagle [ˈiːgl̩] der Adler

eagle-eyed scharfsichtig; **to be eagle-eyed** Adleraugen haben

ear [ɪəʳ] ① das Ohr ② das Gehör (**for** für); **to play by ear** nach Gehör spielen ▸ WENDUNGEN: **to be all ears** ganz Ohr sein; **to fall on deaf ears** auf taube Ohren stoßen; **when I say anything it goes in one ear and out the other** wenn ich rede, stellt er die Ohren auf Durchzug; **to be out on one's ear** (*umgangsspr*) plötzlich seinen Job los sein [*oder* auf der Straße sitzen]; **to have one's ear to the ground** [*oder* **keep one's ears open**] Augen und Ohren offen halten; **his ears must be burning** ihm müssen die Ohren klingen; **to prick up one's ears** die Ohren spitzen; **to play it by ear** es auf sich zukommen lassen; **to be up to one's ears in debt/problems/work** bis über die Ohren in Schulden/Problemen/Arbeit stecken

ear·ache [ˈɪəreɪk] die Ohrenschmerzen

ear·drum das Trommelfell

ear in·fec·tion die Ohrenentzündung

earl [ɜːl] (GB) der Graf

ear·lobe [ˈɪələʊb] das Ohrläppchen

ear·ly [ˈɜːli] ① früh, frühzeitig; **you're early!** du bist aber früh!; **very early on** zu sehr früher Zeit; **from an early age** von klein auf; **in her early days** in ihrer Jugend; **as early as May** schon im Mai; **in early summer** im Frühsommer; **in the early hours** in den frühen Morgenstunden; **early next month** Anfang nächsten Monats ② **at your earliest convenience** so bald wie möglich ③ **early closing** [**day**] der halbe Geschäftstag; **early morning call** der telefonische Weckruf; **early retirement** die vorzeitige Pensionierung, der vorgezogene Ruhestand ▸ WENDUNGEN: **early bird** der Frühaufsteher/die Frühaufsteherin; **the early bird catches the worm** Morgenstund hat Gold im Mund

to **earn** [ɜːn] ① verdienen *Geld, Einkommen;* [sich] erwerben *Respekt;* **her last book earned her praise and recognition** ihr letztes Buch hat ihr Lob und Anerkennung eingebracht ② bringen *Zinsen*

ear·nest¹ [ˈɜːnɪst] ernst

ear·nest² [ˈɜːnɪst] **she began to work in earnest** sie fing an, ernsthaft zu arbeiten; **she spoke in earnest** sie hat es ernst gemeint

earn·ings [ˈɜːnɪŋz] *Plural* das Einkommen, die Einkünfte

ear·phones [ˈɪəfəʊnz] *Plural* der Kopfhörer

ear·piece der Hörer

ear·plug *meist Plural* der Ohrenstöpsel

ear·ring [ˈɪərɪŋ] der Ohrring

ear·shot *kein Plural* **within earshot** in Hörweite; **out of earshot** außer Hörweite

earth [ɜːθ] ① **the earth** [*oder* **Earth**] die Erde; **it didn't cost the earth** es hat nicht die Welt gekostet; **why on earth ...?** warum in aller Welt ...?; **on earth** auf der Erde, auf Erden ② der [Erd]boden, die Erde ▸ WENDUNGEN: **to be down to earth** mit beiden Füßen fest auf der Erde stehen, praktisch sein; **to come down to earth** auf den Boden der Tatsachen zurückkehren; **to move heaven and earth** Himmel und Hölle in Bewegung setzen

to **earth** [ɜːθ] erden *Kabel, Stecker*

earth·ly [ˈɜːθli] ① irdisch ② (*umgangsspr*) möglich; **to not have an earthly chance** nicht die geringste Chance haben

earth·quake [ˈɜːθkweɪk] das Erdbeben

ease [iːz] ① **at ease** entspannt; **with ease** mit Leichtigkeit, mühelos; **to be** [**ill**] **at ease** sich [nicht] wohl fühlen; **to put** [*oder* **set**] **someone at ease** jemandem die Befangenheit nehmen ② (*militärisch*) [**stand**] **at ease!** rührt euch!

to **ease** [iːz] ① erleichtern *Arbeit;* **to ease someone of a burden** jemanden von einer Last befreien ② lindern *Schmerz, Sorge;* **it eased my mind to know she was home** es beruhigte mich zu wissen, dass sie zu Hause war ③ **she eased** [**herself**] **into the chair** sie setzte sich vorsichtig hin; **he eased the car into second gear** er legte behutsam den zweiten Gang ein

◆ to **ease off** ① *Regen, Belastung:* nachlassen ② **to ease off** [**at work**] [auf der Arbeit] kürzertreten

◆ to **ease up** ① sich verlangsamen; **ease up, you're going too fast!** langsam! du fährst zu schnell! ② sich entspannen; **when the pro-**

E

ject's finished we can ease up wenn das Projekt abgeschlossen ist, haben wir wieder Luft

easi·ly ['iːzɪli] 1 leicht, mühelos 2 zweifellos, bestimmt

E

east¹ [iːst] 1 der Osten; **in the east** im Osten; **the sun rises in the east** die Sonne geht im Osten auf 2 **the East** (*die Staaten Osteuropas bzw. Asiens*) der Osten

east² [iːst] 1 östlich 2 nach Osten; **to travel east** Richtung Osten fahren 3 **east of Paris** östlich von Paris

East·er ['iːstəʳ] Ostern; **at Easter** an Ostern; **happy Easter!** frohe Ostern!

East·er Day der Ostersonntag

East·er egg das Osterei

East·er holi·days *Plural* die Osterferien

east·er·ly¹ ['iːstəli] östlich, nach/von Osten

east·er·ly² ['iːstəli] der Ostwind

East·er Mon·day der Ostermontag

east·ern ['iːstən] östlich; **Eastern Germany** die neuen Bundesländer

East·er Sun·day der Ostersonntag

East Ger·ma·ny [ˌiːst'dʒɜːməni] 1 Ostdeutschland 2 (*historisch*) DDR

east·ward¹ ['iːstwəd] östlich

east·ward² ['iːstwəd] ostwärts, nach Osten

east·wards ['iːstwədz] ostwärts, nach Osten

easy ['iːzi] <easier, easiest> 1 leicht, mühelos; **easy to clean/use** leicht zu reinigen/nutzen; **it's easy for you to talk** du hast gut reden; **easier said than done!** leichter gesagt als getan! 2 **easy [does it]!** [immer] sachte!; **to take things easy** sich schonen; **take it easy!** immer mit der Ruhe! 3 bequem, angenehm; *Stimmung:* zwanglos; **easy on the eye/ear** angenehm zu sehen/zu hören 4 *Geld:* leicht verdient 5 **I'm easy** (*umgangsspr*) mir ist es eigentlich egal 6 **to go easy on** [*oder* **with**] **something** mit etwas sparsam umgehen; **to go easy on someone** jemanden nicht zu streng behandeln

easy-go·ing unkompliziert

easy-peasy [ˌiːzi'piːzi] GB (*umgangsspr*) babyleicht *umgangsspr*

to **eat** [iːt] <ate, eaten> essen; *Tier:* fressen; **to eat lunch/dinner** zu Mittag/Abend essen; **to eat in/out** zu Hause essen/essen gehen ▶ WENDUNGEN: **what's eating you?** (*umgangsspr*) was hast du denn?; **I could eat a horse!** ich habe einen Bärenhunger!; **to eat one's words** das Gesagte zurücknehmen; **to eat humble pie** klein beigeben; **to eat someone out of house and home** jemandem die Haare vom Kopf fressen; **he had them eating out of his hand** sie fraßen ihm aus der Hand; **I'll eat my hat!** ich fresse einen Besen!; **to eat one's heart out** sich in Kummer verzehren

◆ to **eat up** 1 aufessen; **eat up your food** du sollst aufessen 2 (*auch übertragen*) verbrauchen; **the accident ate up our savings** der Unfall hat unsere Ersparnisse aufgefressen; **he's eaten up with jealousy** er vergeht vor Eifersucht

eat·en ['iːtən] *3. Form von* **eat**

eat·ery ['iːtəri] die Kantine, das Restaurant

eat·ing dis·or·der die Essstörung

eats *Plural* (*umgangsspr*) die Snacks, das Häppchen

echo ['ekəʊ] <*Plural* echoes> das Echo; (*übertragen*) der Anklang

to **echo** ['ekəʊ] 1 widerhallen (**with** von) 2 zurückwerfen *Schall* 3 (*übertragen*) wiederholen *Wörter*

eclipse [ɪ'klɪps] **eclipse of the sun** die Sonnenfinsternis; **eclipse of the moon** die Mondfinsternis

to **eclipse** [ɪ'klɪps] 1 verfinstern *Sonne, Mond* 2 (*übertragen*) in den Schatten stellen *Erfolg, Mensch*

eco-con·scious umweltbewusst

eco-friend·ly umweltfreundlich

eco·logi·cal [ˌiːkə'lɒdʒɪkəl] ökologisch, Öko-; **ecological disaster** die Umweltkatastrophe; **ecologically friendly** [*oder* **sound**] umweltfreundlich

eco·logi·cal·ly [ˌiːkə'lɒdʒɪkəli] ökologisch; **ecologically friendly** umweltfreundlich; **ecologically harmful** umweltschädlich

ecolo·gist [iː'kɒlədʒɪst] der Ökologe/die Ökologin

ecol·ogy [iː'kɒlədʒi] die Ökologie

ecol·ogy move·ment die Umweltbewegung

e-com·merce [ˌiː'kɒmɜːs] *kurz für* **electronic commerce** *kein Plural* der E-Commerce (*Vertrieb von Waren oder Dienstleistungen über das Internet*)

eco·nom·ic [ˌiːkə'nɒmɪk] 1 ökonomisch, wirtschaftlich, Wirtschafts-; **economic adviser** der Wirtschaftsberater/die Wirtschaftsberaterin; **economic agreement** das Handelsabkommen, das Wirtschaftsabkommen; **economic aid** die Wirtschaftshilfe; **economic growth** das Wirtschaftswachstum; **economic policy** die Wirtschaftspolitik; **economic situation** die Wirtschaftslage 2 **Economic and Monetary Union** die Wirtschafts- und Währungsunion

eco·nomi·cal [ˌiːkə'nɒmɪkəl] wirtschaftlich, sparsam; **she's rather economical with the truth** sie nimmt es mit der Wahrheit nicht so genau

eco·nom·ics [ˌiːkə'nɒmɪks] *Plural* 1 ⚠ *mit Singular* die Wirtschaftswissenschaften, die Volkswirtschaft[slehre] 2 ⚠ *Plural* die Wirtschaftlichkeit

econo·mist [ɪ'kɒnəmɪst] der Wirtschaftswissenschaftler/die Wirtschaftswissenschaftlerin, der

Volkswirt/die Volkswirtin

to **econo·mize** [ɪ'kɒnəmaɪz] **to economize on something** mit etwas sparsam sein

econo·my [ɪ'kɒnəmi] ① die Wirtschaft; **state of the economy** die Wirtschaftslage, die Konjunkturlage ② die Wirtschaftlichkeit, die Sparsamkeit ③ die Sparmaßnahme, die Einsparung; **to make economies** sparen ④ **economy class** die Touristenklasse, die Economyklasse; **economy price** der Sparpreis; **economy size** die Sparpackung

eco·sys·tem ['i:kə(ʊ)-] das Ökosystem

ec·sta·sy ['ekstəsi] ① die Verzückung, die Ekstase ② (*Droge*) die Ecstasy

Ecua·dor ['ekwədɔ:ʳ] Ekuador

Ecua·do·rian[1] ['ekwədɔ:riən] der Ekuadorianer/die Ekuadorianerin

Ecua·do·rian[2] ['ekwədɔ:riən] ekuadorianisch

Eden ['i:dᵊn] *kein Plural* das Eden; **garden of Eden** Garten Eden

edge [edʒ] ① *von Klinge:* die Schneide ② *von Tisch:* die Kante ③ der Rand; *von See, Fluss:* das Ufer; **at the edge of** am Rande ▶ WENDUNGEN: **to be on edge** nervös sein; **to have the edge on someone** (*umgangsspr*) jemandem gegenüber im Vorteil sein; **to set someone's teeth on edge** jemanden aufregen

to **edge** [edʒ] ① säumen *Straße;* besetzen *Kleidung;* **the path is edged with stones** der Weg ist mit Steinen eingefasst ② sich schieben; **to edge one's way through a crowd** sich durch eine Menschenmenge drängen

◆ to **edge away** sich davonschleichen; **to edge away from someone** (*übertragen*) von jemandem abrücken

◆ to **edge forward** sich vorschieben, vorrücken

edgy ['edʒi] nervös

ed·ible ['edɪbl̩] essbar, genießbar

to **edit** ['edɪt] ① herausgeben *Buch* ② redigieren *Zeitung, Text* ③ schneiden *Film* ④ editieren; aufbereiten *Daten*

edi·tion [ɪ'dɪʃᵊn] ① (*Buch*) die Ausgabe ② die Auflage; **morning/evening edition** die Morgenausgabe/Abendausgabe

edi·tor ['edɪtəʳ] ① der Herausgeber/die Herausgeberin ② der Redakteur/die Redakteurin ③ (*Computer*) der Editor ④ (*Film*) der Cutter/die Cutterin

edi·to·rial[1] [ˌedɪ'tɔ:riəl] **editorial assistant** der Redaktionsassistent/die Redaktionsassistentin

edi·to·rial[2] [ˌedɪ'tɔ:riəl] (*Zeitung*) der Leitartikel

to **edu·cate** ['edʒʊkeɪt] **to educate someone** jemanden erziehen; **she was educated in Richmond** sie ging in Richmond zur Schule

edu·cat·ed ['edʒʊkeɪtɪd] gebildet; **to make an educated guess** eine begründete Vermutung äußern

edu·ca·tion [ˌedʒʊ'keɪʃᵊn] ① (*an Schule, Uni usw.*) die Ausbildung ② (*Prozess*) die Erziehung ③ (*kulturelles Wissen*) die Bildung ④ (*Fachgebiet*) die Erziehungswissenschaft, die Pädagogik

edu·ca·tion·al [ˌedʒʊ'keɪʃᵊnᵊl] Bildungs-, pädagogisch; **educational background** der schulische Werdegang; **educational film** der Lehrfilm; **educational psychology** die Schulpsychologie; **educational qualifications** die schulischen Qualifikationen

eel [i:l] der Aal

eerie ['ɪəri] <eerier, eeriest> schaurig, gespenstisch

ef·fect [ɪ'fekt] ① die Wirkung (**on** auf); **the effect of this is that ...** dies hat zur Folge, dass ...; **with effect from ...** mit Wirkung vom ...; **to come into** [*oder* **take**] **effect** (*auch Gesetz*) in Kraft treten; **to put something into effect** etwas in Kraft setzen; **of no effect** wirkungslos; **to this effect** zu diesem Zweck; **words to that effect** etwas in diesem Sinne ② der Eindruck, der Effekt; **he only did it for effect** er hat es nur getan, um Eindruck zu machen ③ **in effect** in Wirklichkeit

ef·fec·tive [ɪ'fektɪv] ① wirksam; **to become effective** *Gesetz:* in Kraft treten ② wirkungsvoll, eindrucksvoll ③ tatsächlich, effektiv

ef·fi·cien·cy [ɪ'fɪʃᵊn(t)si] (*von Person, Betrieb*) die Leistungsfähigkeit, die Effizienz, die Produktivität

ef·fi·cient [ɪ'fɪʃᵊnt] *Person, Betrieb:* leistungsfähig, effizient

ef·fort ['efət] ① die Anstrengung, die Mühe, die Bemühung; **to make an effort** sich anstrengen [*oder* bemühen]; **without effort** mühelos; **it's worth the effort** die Mühe lohnt sich; **to make every effort** sich alle Mühe geben; **to spare no effort** keine Mühe scheuen ② der Versuch; **one last effort** ein letzter Versuch

ef·fort·less ['efətləs] mühelos

egg [eg] ① das Ei; **boiled/scrambled/fried egg** das gekochte Ei/Rührei/Spiegelei ② (*biologisch*) das Ei, die Eizelle ▶ WENDUNGEN: **to have egg on one's face** (*umgangsspr*) dumm dastehen; **to put all one's eggs in one basket** alles auf eine Karte setzen

◆ to **egg on** **to egg someone on** jemanden anstacheln

egg cup der Eierbecher

egg·shell die Eierschale

egg tim·er die Eieruhr

egg yolk das Eigelb

e-gift ['i:gɪft] das Internet-Geschenk

ego ['i:gəʊ] das Ego

ego·ist ['i:gəʊɪst] der Egoist/die Egoistin

ego·is·tic [ˌi:gəʊ'ɪstɪk] egoistisch

to **ego surf** ego-surfen (*in Internetsuchmaschinen den eigenen Namen eingeben*)

ego surf·ing *kein Plural, ohne Artikel* das Ego-

Surfen (*Eingabe des eigenen Namens in Internetsuchmaschinen*)

ego·tist ['egəʊɪst] der Egotist/die Egotistin

Egypt ['i:dʒɪpt] Ägypten

Egyp·tian¹ [ɪ'dʒɪpʃᵊn] ägyptisch

Egyp·tian² [ɪ'dʒɪpʃᵊn] der Ägypter/die Ägypterin

eh [eɪ] (*umgangsspr*) **eh?** (*Verwirrung ausdrücken*) was?, hä?; (*nach Antwort fragen*) nicht [wahr]?

E

Eiffel Tow·er [ˌaɪfᵊl'-] **the Eiffel Tower** der Eiffelturm

eight¹ [eɪt] acht; **a quarter to eight** viertel vor acht

eight² [eɪt] die Acht; **the eight of hearts** die Herzacht

eight·een¹ [eɪ'ti:n] achtzehn

eight·een² [eɪ'ti:n] die Achtzehn

eight·eenth¹ [eɪ'ti:nθ] achtzehnte(r, s)

eight·eenth² [eɪ'ti:nθ] ① (*Datum*) **the eighteenth** der Achtzehnte ② (*Bruchzahl*) das Achtzehntel

eighth¹ [eɪtθ] achte(r, s)

eighth² [eɪtθ] ① (*Datum*) **the eighth** der Achte ② (*Bruchzahl*) das Achtel

eight-hour achtstündig; **eight-hour day** der Achtstundentag

eighti·eth¹ ['eɪtiəθ] achtzigste(r, s)

eighti·eth² ['eɪtiəθ] ① Achtzigste(r, s) ② (*Bruchteil*) das Achtzigstel

eighty¹ ['eɪti] achtzig

eighty² ['eɪti] ① die Achtzig ② **in the eighties** in den Achtzigern; **she must be in her eighties** sie muss in den Achtzigern sein

Eire ['eərə] (*gälischer Name*) Irland

either¹ ['aɪðəʳ, 'i:-] jede(r, s), beide(s); **on either side** auf jeder Seite, auf beiden Seiten; **take either of the books** nimm irgendeins der Bücher

either² ['aɪðəʳ, 'i:-] **either ... or** entweder ... oder

either³ ['aɪðəʳ, 'i:-] ① *mit Verneinung* auch nicht; **I won't go either** ich gehe auch nicht; **I don't either** ich auch nicht; **I haven't seen either** ich habe keinen von beiden gesehen ② eine(r, s) von beiden; **is either of you interested?** ist einer von euch beiden daran interessiert?

to **eject** [ɪ'dʒekt] ① hinauswerfen *Person* (**from** aus) ② *Pilot:* den Schleudersitz betätigen

elabo·rate [ɪ'læbᵊrət] kompliziert; *Handarbeit:* kunstvoll [gearbeitet]

to **elabo·rate** [ɪ'læbᵊreɪt] ins Detail gehen; **to elaborate on something** etwas näher ausführen

elas·tic¹ [ɪ'læstɪk] ① dehnbar, biegsam ② elastisch ③ **elastic band** das Gummiband

elas·tic² [ɪ'læstɪk] das Gummiband

el·bow ['elbəʊ] der Ellbogen ▸ WENDUNGEN: **to be up to one's elbows in something** (*umgangsspr*) bis über beide Ohren in etwas stecken

to **el·bow** ['elbəʊ] **she elbowed her way through the crowd** sie bahnte sich einen Weg durch die Menge; **to elbow someone out of the way** jemanden zur Seite drängen

el·bow room die Bewegungsfreiheit, der Spielraum

el·der¹ ['eldəʳ] ältere(r, s)

el·der² ['eldəʳ] der/die Ältere

el·der·ly¹ ['eldᵊli] ältere(r, s)

el·der·ly² ['eldᵊli] **the elderly** die älteren Menschen

eld·est¹ ['eldɪst] älteste(r, s)

eld·est² ['eldɪst] **the eldest** der/die Älteste

to **elect** [ɪ'lekt] wählen; **to elect a president** jemanden zum Präsidenten wählen

elec·tion [ɪ'lekʃᵊn] die Wahl; **to hold an election** eine Wahl durchführen; **to stand for election** kandidieren

elec·tion cam·paign der Wahlkampf

elec·tion day der Wahltag

elec·tion de·feat die Wahlniederlage

elec·tion·eer·ing [ɪˌlekʃə'nɪərɪŋ] *kein Plural* (*abwertend*) die Wahlpropaganda

elec·tion mani·fes·to das Wahlprogramm

elec·tion post·er das Wahlplakat

elec·tion re·sults *Plural* das Wahlergebnis

elec·tion speech die Wahlrede

elec·tor·al [ɪ'lektᵊrᵊl] Wahl-

elec·tor·ate [ɪ'lektᵊrət] die Wähler, die Wählerschaft

elec·tric [ɪ'lektrɪk] ① *Strom, Rasierapparat:* elektrisch ② (*übertragen*) elektrisierend

elec·tri·cal [ɪ'lektrɪkᵊl] elektrisch; **electrical appliances** die Elektrogeräte; **electrical engineering** die Elektrotechnik

elec·tric bike das Elektrofahrrad, das E-Bike

elec·tric blan·ket die Heizdecke

elec·tric car das Elektroauto, das E-Auto

elec·tric chair (*Jura*) der elektrische Stuhl

elec·tric cook·er der Elektroherd

elec·tric fire der Heizstrahler

elec·tric gui·tar die E-Gitarre

elec·tri·cian [ˌelɪk'trɪʃᵊn, ˌi:lek'-] der Elektriker/die Elektrikerin

elec·tric·ity [ˌelɪk'trɪsəti, ˌi:lek'-] die Elektrizität, der Strom; **electricity meter** der Stromzähler

elec·tric light bulb die Glühbirne

elec·tro·mag·net der Elektromagnet

elec·tro·mag·net·ic elektromagnetisch

elec·tric mo·tor der Elektromotor

elec·tric shock der Stromschlag

elec·tron [ɪ'lektrɒn] das Elektron

elec·tron·ic [ˌelek'trɒnɪk, ˌi:lek'-] elektronisch; **electronic mail** die elektronische Post

elec·tron·ics [ˌelek'trɒnɪks, ˌi:lek'-] *Plural* die Elektronik

el·egant ['elɪgᵊnt] elegant

el·ement ['elɪmənt] ① der Bestandteil; **there was an element of surprise in her voice** sie klang etwas überrascht; **an element of truth** ein Fünkchen Wahrheit ② (*mathematisch, chemisch*) das Element ③ **the elements** die Elemente; **to be out in the elements** dem Wetter ausgesetzt sein ④ **the elements of science/philosophy** die Grundlagen [*oder* Grundbegriffe] der Wissenschaft/Philosophie ▶ WENDUNGEN: **in one's element** in seinem Element; **to be out of one's element** fehl am Platz sein

el·emen·ta·ry [ˌelɪ'mentᵊri] ① elementar, einführend; **elementary course** der Anfängerkurs ② einfach; **elementary mistake** der grobe Fehler

el·emen·ta·ry school (USA) die Grundschule

el·ephant ['elɪfənt] der Elefant

el·evat·ed ['elɪveɪtɪd] erhöht; **elevated road** die Hochstraße

el·eva·tor ['elɪveɪtəʳ] (USA) der Aufzug, der Fahrstuhl

elev·en[1] [ɪ'levᵊn] elf; **a quarter to eleven** Viertel vor elf

elev·en[2] [ɪ'levᵊn] die Elf

elev·enth[1] [ɪ'levᵊnθ] elfte(r, s)

elev·enth[2] [ɪ'levᵊnθ] ① (*Datum*) **the eleventh** der Elfte ② (*Bruchzahl*) das Elftel

eli·gible ['elɪdʒəbl̩] ① [teilnahme]berechtigt (**for** für), geeignet; **to be eligible** in Frage kommen ② **an eligible bachelor** ein begehrter Junggeselle

to **elimi·nate** [ɪ'lɪmɪneɪt] ① beseitigen *Fehler;* ausräumen *Zweifel* ② ausschließen *Möglichkeit* ③ ausschalten, eliminieren *Feind, Gegner*

elo·quence ['eləkwən(t)s] die Sprachgewandtheit, die Wortgewandtheit

El Sal·va·dor [ˌel sælvədɔːʳ] El Salvador

else [els] ① (*zusätzlich*) sonst noch; **anybody/anything else?** sonst noch jemand/etwas?; **nobody else** sonst niemand; **nothing else** nichts weiter; **what else?** was noch?, was sonst?; **who else?** wer sonst?; **no one else** sonst [*oder* weiter] niemand ② (*stattdessen*) andere(r, s); **what else could I have done?** was hätte ich sonst tun können?; **everybody else** alle anderen; **anybody** [*oder* **someone**] **else** jemand anders; **nobody else** niemand anders; **everything else** alles andere; **nothing else** nichts anderes; **something** [*oder* **anything**] **else** etwas anderes; **somewhere else** woanders, woandershin ③ **or else** sonst, andernfalls; **do it or else!** (*umgangsspr*) tu, was ich sage, sonst gibt's was!

else·where ['els(h)weəʳ] ① anderswo, sonst wo, woanders ② anderswohin

e-mail, email ['iːmeɪl] die E-Mail

to **e-mail, email** ['iːmeɪl] mailen

e-mail ad·dress die E-Mail-Adresse

to **em·bark** [ɪm'bɑːk, em'-] ① an Bord gehen ② abreisen, abfahren (**for** nach) ③ (*übertragen*) anfangen; **to embark [up]on a new project** mit einem neuen Projekt anfangen

to **em·bar·rass** [ɪm'bærəs] **to embarrass someone** jemanden in Verlegenheit bringen

em·bar·rassed [ɪm'bærəst] verlegen

em·bar·rass·ing [ɪm'bærəsɪŋ] peinlich, unangenehm

em·bar·rass·ment [ɪm'bærəsmənt] die Verlegenheit; **to be an embarrassment to someone** jemanden blamieren

em·bassy ['embəsi] die Botschaft

to **em·bed** [ɪm'bed, em'-] <embedded, embedded> einlassen, einbetten; (*übertragen*) verankern

em·bed·ded [ɪm'bedɪd, em'-] (*übertragen auch*) eingebettet

em·bers ['embəz] *Plural* die Glut

em·blem ['embləm] das Emblem

> **L** Das **national emblem** (Nationalsymbol) Englands ist die **Tudor rose**, die weiße, flache Rose des Königshauses York auf der roten Rose des Hauses Lancaster. Irlands Nationalsymbol ist der **shamrock**, eine Art Klee, den der Schutzpatron St.Patrick zur Veranschaulichung der Dreieinigkeit verwendet haben soll. Die **thistle** (Distel) von Schottland wurde von König James III im 15. Jh. als Nationalsymbol bestimmt. Der **dragon** (Drachen) von Wales wurde vor sehr langer Zeit als ein Emblem auf den Kriegsfahnen verwendet. Der **leek** (Lauch) gilt ebenfalls als Symbol der Waliser und erschien erstmals bei der Schlacht von Poitiers gegen die Franzosen (1356); die **daffodil** (Osterglocke) ist ein hübscher Ersatz dafür aus dem 20.Jh.

to **em·brace** [ɪm'breɪs, em'-] ① **to embrace someone** jemanden umarmen ② ergreifen *Gelegenheit, Beruf* ③ annehmen *Glauben, Angebot* ④ hegen *Hoffnung* ⑤ (*übertragen*) enthalten; umfassen *Themen*

em·brace [ɪm'breɪs, em'-] die Umarmung

to **em·broi·der** [ɪm'brɔɪdəʳ, em'-] ① sticken ② sticken *Muster;* besticken *Stoff*

em·bryo ['embriəʊ] <*Plural* embryos> der Embryo

em·er·ald[1] ['emᵊrᵊld] der Smaragd

em·er·ald[2] ['emᵊrᵊld] smaragdgrün

to **emerge** [ɪ'mɜːdʒ, iː'-] ① auftauchen; **we emerged from the underground station** wir kamen aus der U-Bahn-Station; *Wasser:* heraustreten ② *Problem, Idee:* entstehen (**from/out of** aus) ③ (*übertragen*) sich herausstellen, bekannt werden

emer·gen·cy [ɪ'mɜːdʒən(t)si, iː'-] ① der Notfall, die Notlage; **in an** [*oder* **in case of**] **emergency** im Notfall, im Ernstfall; **state of emergency** der Notstand; **to declare a state of**

emergency den Ausnahmezustand ausrufen ② **emergency aid** die Soforthilfe; **emergency brake** die Notbremse; **emergency call** der Notruf; **emergency exit** der Notausgang; **emergency room** die Notaufnahme; **to make an emergency landing** notlanden; **emergency service** der Notdienst; **emergency stop** die Vollbremsung

emerg·ing [ɪ'mɜːdʒɪŋ, iː'-] *Problem:* auftauchend; *Markt:* aufstrebend

emi·grant ['emɪgrənt] der Auswanderer/die Auswanderin, der Emigrant/die Emigrantin

to **emi·grate** ['emɪgreɪt] auswandern, emigrieren (**from** aus, **to** nach)

emi·gra·tion [ˌemɪ'greɪʃᵊn] die Auswanderung, die Emigration

emi·nent ['emɪnənt] bedeutend; *Person:* angesehen, berühmt

emis·sion [ɪ'mɪʃᵊn, iː'-] ① (*Physik*) die Emission, die Ausstrahlung; *von Wärme, Schall:* die Abgabe ② das Ausströmen, der Austritt; *von Flüssigkeit:* der Ausfluss

to **emit** [ɪ'mɪt, iː-] <emitted, emitted> ausstrahlen *Licht;* abgeben *Geräusch;* ausstoßen *Rauch*

emo·ti·con [ɪ'məʊtɪkɒn] das Emoticon

emo·tion [ɪ'məʊʃᵊn] das Gefühl, die Emotion

emo·tion·al [ɪ'məʊʃᵊnᵊl] ① *Rede:* gefühlvoll ② *Person:* empfindsam, gefühlsbetont

em·per·or ['empᵊrəʳ] der Kaiser

em·pha·sis ['em(p)fəsɪs] <*Plural* emphases> die Betonung (**on** auf); **to put** [*oder* **lay**] **emphasis on something** die Betonung auf etwas legen

to **em·pha·size** ['em(p)fəsaɪz] nachdrücklich betonen, hervorheben, unterstreichen

em·phat·ic [ɪm'fætɪk, em'-] nachdrücklich; *Ablehnung:* entschieden

em·pire ['empaɪəʳ] ① das Reich ② (*übertragen*) das Imperium

to **em·ploy** [ɪm'plɔɪ] ① **to employ someone** jemanden beschäftigen [*oder* einstellen] ② **to employ something** etwas benutzen [*oder* anwenden]

em·ployed [ɪm'plɔɪd] **he is not gainfully employed** er ist nicht erwerbstätig; **self-employed** selbstständig

em·ployee [ɪm'plɔɪiː] der Arbeitnehmer/die Arbeitnehmerin, der/die Angestellte; **the employees** die Belegschaft

em·ploy·er [ɪm'plɔɪəʳ] der Arbeitgeber/die Arbeitgeberin

em·ploy·ment [ɪm'plɔɪmənt] ① die Beschäftigung, die Arbeit, das Arbeitsverhältnis; **out of employment** arbeitslos; **full-time employment** die Ganztagsbeschäftigung ② **employment agency** [*oder* **bureau**] die Arbeitsvermittlung ③ *von Gerät, Methode:* die Verwendung

em·press ['emprəs] <*Plural* empresses> die Kaiserin

emp·ties ['em(p)tiz] *Plural* das Leergut

emp·ti·ness ['em(p)tɪnəs] die Leere

emp·ty ['em(p)ti] leer; *Haus:* leer stehend; **on an empty stomach** auf nüchternen Magen; **to feel empty** sich innerlich leer fühlen

to **emp·ty** ['em(p)ti] leeren (**into** in); **to empty something** etwas ausleeren [*oder* entleeren]

emp·ty-hand·ed [ˌemptɪ'hændɪd] mit leeren Händen

emu ['iːmjuː] <*Plural* emu *oder* emus> der Emu

to **emu·late** ['emjəleɪt] nacheifern

emul·sion [ɪ'mʌlʃᵊn] ① die Emulsion ② (GB) die Dispersionsfarbe

to **en·able** [ɪ'neɪbl̩] ① **to enable something** etwas ermöglichen, möglich machen; **the security key enabled him to open the safe** mit dem Sicherheitsschlüssel konnte er den Safe öffnen ② berechtigen, ermächtigen *Person*

to **en·case** [ɪn'keɪs] einschließen; **a diamond encased in gold** ein in Gold gefasster Diamant; **to be encased in plaster** eingegipst sein

to **en·cash** [ɪn'kæʃ] (GB) einlösen *Scheck*

to **en·chant** [ɪn'tʃɑːnt] entzücken; **to be enchanted** entzückt sein (**by/with** über)

en·chant·ing [ɪn'tʃɑːntɪŋ] bezaubernd, entzückend

to **en·cir·cle** [ɪn'sɜːkl̩] ① umgeben; umschließen *Garten, Stadt* ② einkreisen *Buchstabe, Wort*

to **en·close** [ɪn'kləʊz] ① umgeben, einschließen (**in** in) ② beilegen; **I enclose a price list** als Anlage schicke ich Ihnen eine Preisliste

en·closed [ɪn'kləʊzd] **please find enclosed ...** beiliegend erhalten Sie ...

en·clo·sure [ɪn'kləʊʒəʳ] ① das Gehege ② (*mit Brief*) die Anlage

to **en·code** [ɪn'kəʊd] verschlüsseln

to **en·com·pass** [ɪn'kʌmpəs] umfassen

en·core ['ɒŋkɔːʳ] die Zugabe

to **en·coun·ter** [ɪn'kaʊntəʳ] ① **to encounter someone** jemanden [unerwartet] treffen ② stoßen auf *Schwierigkeiten*

en·coun·ter [ɪn'kaʊntəʳ] ① die Begegnung ② das Gefecht

to **en·cour·age** [ɪn'kʌrɪdʒ] ① **to encourage someone** jemanden ermutigen; **don't encourage him to do that!** ermuntere ihn nicht noch dazu, so was zu tun! ② bestärken, unterstützen; **he encouraged her in her attempts to buy a boat** er unterstützte ihre Bemühungen, ein Boot zu kaufen ③ begünstigen, fördern *Verkäufe* ④ **I was encouraged by the news** die Nachricht hat mir neuen Mut gegeben

en·cour·age·ment [ɪn'kʌrɪdʒmənt] ① die Ermutigung ② (*von Vorhaben*) die Unterstützung, die Bestärkung

en·cour·ag·ing [ɪn'kʌrɪdʒɪŋ] ermutigend, viel versprechend

en·cy·clo·p(a)e·dia [ɪnˌsaɪklə'piːdiə] die Enzyklopädie

end [end] ① *vor. Zeitperiode, Ereignis:* das Ende, der Schluss; **end of the month** das Monatsende; **at the end of February** Ende Februar; **end-of-summer sale** der Sommerschlussverkauf; **in the end** am Ende, schließlich; **without end** endlos; **to be at an end** zu Ende sein; **to come to an end** zu Ende gehen; **to put an end to something** einer Sache ein Ende setzen; **there is no end of problems** es gibt unendlich viele Probleme; **there is no end to it** es nimmt kein Ende ② der Zweck, das Ziel, die Absicht; **to this end** zu diesem Zweck; **the end justifies the means** (*übertragen*) der Zweck heiligt die Mittel ③ das Ergebnis, die Folge, die Konsequenz ▸ WENDUNGEN: **at the end of the day** wenn alles vorbei ist; **to come to a bad** [*oder* **sticky**] **end** ein böses Ende nehmen; **to go off the deep end** wütend werden; **to make ends meet** gerade [mit seinem Geld] auskommen; **to be at a loose end** (*umgangsspr*) nichts [Besonderes] vorhaben; **I've still got a few loose ends to clear up** ich habe noch einige Kleinigkeiten zu erledigen; **to stand on end** *Haare:* zu Berge stehen, sich sträuben; **to reach the end of one's tether** [endgültig] die Geduld verlieren; **to be on the receiving end of something** etwas einstecken müssen

to **end** [end] enden, zu Ende sein; **to end in disaster** in einer Katastrophe enden; **to end something** etwas beenden

◆ to **end up** enden; **she ended up as the company president** sie wurde schließlich Präsidentin der Firma; **to end up doing something** schließlich etwas tun; **he always ends up doing the washing-up** am Ende bleibt das Abspülen immer an ihm hängen; **to end up in prison** im Gefängnis landen

to **en·dan·ger** [ɪn'deɪndʒəʳ] gefährden

en·dan·gered spe·cies [ɪnˌdeɪndʒəd'-] vom Aussterben bedrohte Art

to **en·deav·our**, (USA) to **en·deav·or** [ɪn'devəʳ] **to endeavour to do something** sich bemühen [*oder* sich anstrengen], etwas zu tun

end·ing ['endɪŋ] das Ende, der Ausgang

end·less ['endləs] ① endlos, ohne Ende ② unendlich

en·dor·phin [en'dɔːfɪn] das Endorphin; **endorphin rush** die Endorphinausschüttung

to **en·dorse** [ɪn'dɔːs] unterstützen; indossieren *Scheck*

en·dorse·ment [ɪn'dɔːsmənt] ① die Billigung ② *eines Schecks:* das Indossament

end prod·uct das Endprodukt

en·dur·ance [ɪn'djʊərən(t)s] die Ausdauer, das Durchhaltevermögen; **past** [*oder* **beyond**] **endurance** nicht auszuhalten, unerträglich; **endurance test** die Belastungsprobe

to **en·dure** [ɪn'djʊəʳ] ① ertragen, aushalten; **I can't endure these meetings** ich kann diese Sitzungen nicht ausstehen; **to endure pain** Schmerz erleiden ② fortdauern, durchhalten

end user ① der Endverbraucher/die Endverbraucherin ② *von Software:* der Anwender/die Anwenderin

ENE *Abkürzung von* **east-north-east** ONO

en·emy ['enəmi] der Feind; **to make an enemy of someone** sich jemanden zum Feind machen; **he is his own worst enemy** er schadet sich selbst am meisten

> **G** Wenn man von **the enemy** im Sinne von einer Einheit spricht, wird es mit einem Verb im Singular gebraucht: *the enemy has fallen*
> Wenn man jedoch von den einzelnen Gruppenmitgliedern sprechen will, wird **the enemy** mit einem Verb im Plural gebraucht: *they are the new enemy*

en·er·get·ic [ˌenə'dʒetɪk] ① *Person:* energiegeladen ② *Unterstützung:* tatkräftig ③ *Einsatz:* energisch

en·er·gy ['enədʒi] die Energie; **to have no energy** *Person:* keine Kraft haben

en·er·gy re·sources *Plural* die Energieressourcen

en·er·gy-sav·ing Energie sparend

to **en·force** [ɪn'fɔːs] durchsetzen *Gesetz, Anspruch*

to **en·gage** [ɪn'geɪdʒ] ① **to engage someone** jemanden einstellen; **to engage a band** eine Band engagieren ② **to engage someone in conversation** jemanden in ein Gespräch verwickeln ③ (*Auto*) **to engage the clutch** einkuppeln; **to engage third gear** den dritten Gang einlegen

en·gaged [ɪn'geɪdʒd] ① verlobt; **to get engaged to someone** sich mit jemandem verloben; **we are engaged to be married** wir sind verlobt ② *Person:* beschäftigt; **to be engaged in doing something** damit beschäftigt sein, etwas zu tun ③ *Toilette, Telefon:* besetzt; **engaged tone** das Besetztzeichen

> **F** Nicht verwechseln mit **engagiert** = committed!

en·gage·ment [ɪn'geɪdʒmənt] ① die Verlobung (**to** mit) ② der Termin; **a dinner engagement** eine Verabredung zum Essen; **I have an engagement** ich bin verabredet ③ *von Künstler:* das Engagement

en·gage·ment book, **en·gage·ment dia·ry** der Terminkalender

en·gage·ment ring der Verlobungsring

en·gag·ing [ɪn'geɪdʒɪŋ] bezaubernd; *Wesen:* einnehmend

en·gine ['endʒɪn] ① der Motor; **to start/stop the engine** den Motor anlassen/abstellen;

engine trouble die Motorstörung; **petrol engine** der Benzinmotor ② *von Schiff:* die Maschine ③ *von Zug:* die Lokomotive; **engine driver** der Lokführer/die Lokführerin

en·gi·neer [ˌendʒɪˈnɪəʳ] ① (*mit Hochschulabschluss*) der Ingenieur/die Ingenieurin; **civil engineer** der Bauingenieur/die Bauingenieurin; **mechanical engineer** der Maschinenbauingenieur/die Maschinenbauingenieurin ② der Techniker/die Technikerin ③ USA der Lokführer/die Lokführerin

E

en·gi·neer·ing [ˌendʒɪˈnɪəʳɪŋ] das Ingenieurwesen; **mechanical engineering** der Maschinenbau; **civil engineering** der Hoch- und Tiefbau; **electrical engineering** die Elektrotechnik

Eng·land [ˈɪŋglənd] England

Eng·lish[1] [ˈɪŋglɪʃ] englisch; **the English Channel** der Ärmelkanal; **he's English** er ist Engländer

Eng·lish[2] [ˈɪŋglɪʃ] ① (*Sprache*) Englisch, das Englische; **in English** auf Englisch; **his English is good** er spricht ein gutes Englisch; **the Queen's** [*oder* **the King's**] **English** das hochsprachliche Englisch ② **the English** die Engländer ③ **in plain English** schlicht und einfach [ausgedrückt]; (*übertragen*) unverblümt

Eng·lish·man [ˈɪŋglɪʃmən] <*Plural* Englishmen> der Engländer

Eng·lish speak·er der/die Englischsprachige

English-speak·ing englischsprachig

Eng·lish·wom·an [ˈɪŋglɪʃˌwʊmən, *Plural* ˈɪŋglɪʃwɪmɪn] <*Plural* Englishwomen> die Engländerin

to **en·grave** [ɪnˈgreɪv] [ein]gravieren

en·grav·ing [ɪnˈgreɪvɪŋ] ① der Stich ② *kein Plural* das Gravieren

to **en·joy** [ɪnˈdʒɔɪ] ① **she enjoys dancing and swimming** sie tanzt und schwimmt gern; **he enjoys music** er mag Musik; **she enjoyed the film** der Film hat ihr gut gefallen ② **to enjoy oneself** sich gut unterhalten, sich amüsieren; **enjoy yourselves at the party!** viel Spaß auf der Party! ③ **how are you enjoying London?** wie gefällt es Ihnen in London?; **they enjoyed seeing you again** sie haben sich gefreut, euch wiederzusehen ④ **are you enjoying your meal?** schmeckt Ihnen das Essen?; **enjoy your meal!** guten Appetit! ⑤ genießen *Recht, Vorteil*

en·joy·able [ɪnˈdʒɔɪəbl̩] *Abend, Empfindung:* angenehm; *Buch, Film:* unterhaltsam

en·joy·ment [ɪnˈdʒɔɪmənt] die Freude, der Spaß (**of** an)

to **en·large** [ɪnˈlɑːdʒ] ① vergrößern *Foto* ② erweitern *Wissen*

en·large·ment [ɪnˈlɑːdʒmənt] die Erweiterung; *auch Foto:* die Vergrößerung

to **en·list** [ɪnˈlɪst] sich melden; anwerben *Rekruten;* **to enlist in the army** in die Armee eintreten

enor·mous [ɪˈnɔːməs] ① *Menge, Tier:* riesig, enorm ② *Unterschied, Kraft:* gewaltig; *Problem:* ungeheuer

enough[1] [ɪˈnʌf] ① genug, genügend; **is there enough cake?** ist genügend Torte da?; **there's enough room** es gibt Platz genug ② **this meat isn't cooked enough** das Fleisch ist nicht richtig durch ▶WENDUNGEN: **good enough!** sehr gut!; **surprisingly enough** überraschenderweise

enough[2] [ɪˈnʌf] ① genug; **to have enough** genug haben; **we've got enough to live on** es reicht uns zum Leben; **I had enough to do** ich hatte genug [*oder* alle Hände voll] zu tun; **I've had enough [of your cheek]!** jetzt reicht's mir aber [mit deiner Frechheit]! ② (*beim Essen*) **that's enough, thanks** danke, das reicht; **I've had enough, thank you!** danke, ich bin satt! ▶WENDUNGEN: **enough is enough!** mal muss es auch genug sein!; **enough said!** mehr braucht man dazu nicht zu sagen!

to **en·quire** [ɪnˈkwaɪəʳ] ① sich erkundigen (**about/after** nach), fragen (**about** nach) ② **to enquire into a matter** eine Angelegenheit untersuchen

en·quiry [ɪnˈkwaɪəri] ① die Anfrage (**about** über); **on enquiry** auf Anfrage ② *meist Plural* die Erkundigung; **to make enquiries [about something]** [über etwas] Erkundigungen einziehen ③ (*polizeilich*) die Untersuchung; **to hold an enquiry into something** eine Untersuchung über etwas durchführen ④ **enquiries** ⚠ *Plural* die Auskunft

en·raged [ɪnˈreɪdʒd] wütend, aufgebracht, entrüstet (**at/by** über)

to **en·rol**, USA to **en·roll** [ɪnˈrəʊl] <enrolled, enrolled> ① (*für einen Kurs*) sich einschreiben; (*an der Uni*) sich immatrikulieren; **to enrol someone on** [*oder* **for**] **a course** jemanden für einen Kurs einschreiben ② (*in einem Verein*) Mitglied werden; **to enrol members** Mitglieder anwerben

en·rol·ment, USA **en·roll·ment** [ɪnˈrəʊl-] die Einschreibung; (*für einen Kurs*) die Anmeldung

en route [ˌɑ̃ː(n)ˈruːt] auf dem Weg (**to/for** nach/zu)

en suite [ˌɑ̃ː(n)ˈswiːt] **all rooms are en suite** alle Zimmer haben [ein] Bad; **en suite bathroom** das angeschlossene Badezimmer

to **en·sure** [ɪnˈʃɔːʳ] ① gewährleisten, sicherstellen; **please ensure that the doors are locked** bitte sorgen Sie dafür, dass die Türen abgeschlossen sind ② **to ensure success** Erfolg garantieren

to **en·tail** [ɪnˈteɪl] mit sich bringen

to **en·tan·gle** [ɪnˈtæŋgl̩] **to get entangled in something** sich in etwas verfangen; (*übertragen*) sich in etwas verwickeln to **en·ter** ['entəʳ] ① hineingehen; (*von innen gesehen*) hereinkommen; **enter!** herein!; **to enter a building/room** ein Gebäude/einen Raum betreten ② **to enter university** auf die Universität gehen; **to enter teaching** den Lehrberuf ergreifen ③ **to enter a competition** an einem Wettbewerb teilnehmen; **to enter for an examination** sich einer Prüfung unterziehen ④ (*in Land*) einreisen ⑤ **to enter one's name for something** sich für etwas einschreiben [*oder* eintragen] ⑥ eingeben *Daten* ⑦ **it never entered my head!** das ist mir nie in den Sinn gekommen! ⑧ (*im Theaterstück*) **enter Orpheus** Orpheus tritt auf

◆ to **enter into** ① sich einlassen auf; teilnehmen an *Debatte, Wettbewerb* ② **to enter into discussion[s]** sich an Diskussionen beteiligen ③ **to enter into an agreement** eine Vereinbarung treffen ④ **to enter into correspondence** in [einen] Briefwechsel treten (**with** mit) ⑤ eingehen *Partnerschaft, Ehe* ⑥ **the money doesn't enter into it at all** das Geld hat damit gar nichts zu tun

en·ter key die Entertaste, die Eingabetaste

en·ter·prise ['entəpraɪz] ① (*Vorhaben*) das Unternehmen ② (*Geschäft*) das Unternehmen; **free enterprise** das freie Unternehmertum ③ *von Person:* der Unternehmungsgeist

en·ter·pris·ing ['entəpraɪzɪŋ] unternehmungslustig, einfallsreich

to **en·ter·tain** [ˌentə'teɪn] ① **to entertain someone** jemanden unterhalten ② **to entertain someone** jemanden bewirten; **to entertain someone to dinner** jemanden zum Essen einladen; **they entertain a great deal** sie haben sehr oft Gäste ③ **to entertain a suspicion** einen Verdacht hegen; **to entertain the view** die Ansicht haben [*oder* vertreten]; **to entertain a suggestion** einen Vorschlag in Erwägung ziehen

en·ter·tain·er [ˌentə'teɪnəʳ] der Entertainer/die Entertainerin

en·ter·tain·ing [ˌentə'teɪnɪŋ] unterhaltend, unterhaltsam

en·ter·tain·ment [ˌentə'teɪnmənt] ① die Unterhaltung, das Vergnügen ② (*öffentliche Darbietung*) die Unterhaltungsshow ③ *von Gästen:* die Bewirtung

en·thu·si·asm [ɪn'θjuːziæzᵊm] die Begeisterung, der Enthusiasmus (**for** für)

en·thu·si·as·tic [ɪn'θjuːziæstɪk] begeistert (**about** von)

en·tic·ing [ɪn'taɪsɪŋ] verlockend, verführerisch

en·tire [ɪn'taɪəʳ] ganz; **the entire week** die ganze Woche; **the entire country** das gesamte Land

en·tire·ly [ɪn'taɪəʳli] gänzlich; **entirely different** grundverschieden

en·ti·tled [ɪn'taɪtld] ① **to be entitled to something** Anspruch haben auf etwas; **to be entitled to a pension/to vote** pensionsberechtigt/stimmberechtigt sein ② **to be entitled to do something** das Recht haben, etwas zu tun

en·trance ['entrən(t)s] ① der Eingang, die Eingangstür ② (*für Fahrzeug*) die Einfahrt ③ (*am Theater*) der Auftritt; **to make one's entrance** auftreten ④ das Eintrittsgeld ⑤ der Eintritt; **entrance is by ticket only** man kommt nur mit einer Eintrittskarte hinein ⑥ **no entrance!** Zutritt verboten!; **no entrance except on business** Unbefugten ist der Zutritt verboten ⑦ **to gain entrance to a university** die Zulassung zu einer Universität erhalten; **entrance exam** die Aufnahmeprüfung

en·trance ex·ami·na·tion ['entrəns ɪgˌzæmɪ'neɪʃn] die Aufnahmeprüfung

en·trance fee ① das Eintrittsgeld ② (*in Verein*) die Aufnahmegebühr, die Einschreib[e]gebühr

en·trance form das Anmeldeformular

en·trance hall die Vorhalle, der Hausflur

en·trance re·quire·ment die Aufnahmebedingung

en·trant ['entrənt] der Teilnehmer/die Teilnehmerin

en·trée ['ɑ̃ː(n)treɪ] ① (GB) die Vorspeise ② (USA) das Hauptgericht

en·tre·pre·neur [ˌɒntrəprə'nɜːʳ] der Unternehmer/die Unternehmerin

en·tre·pre·neur·ship [ˌɒntrəprə'nɜːrʃɪp] das Unternehmertum

to **en·trust** [ɪn'trʌst] **to entrust something to someone** jemandem etwas anvertrauen; **to entrust a task to someone** [*oder* **someone with a task**] jemanden mit einer Aufgabe betrauen

en·try ['entri] ① der Eintritt (**to** in); **to gain entry** Einlass finden ② (*Tür*) der Eingang, die Eingangstür ③ (*für Fahrzeug*) die Einfahrt ④ die Eingangshalle, der Flur ⑤ (*in ein Land*) die Einreise ⑥ (*im Telefonbuch*) der Eintrag (**in** in); (*im Lexikon*) das Stichwort ⑦ **no entry!** (*auf einer Tür*) Zutritt verboten!; (*auf der Straße*) keine Einfahrt!

en·try fee ① das Eintrittsgeld ② (*für Wettbewerb*) die Teilnahmegebühr

en·try form ① das Anmeldeformular ② (*für Wettbewerb*) der Teilnahmeschein

En·try·phone® ['entrɪfəʊn] die Türsprechanlage, die Wechselsprechanlage

en·try test der Zulassungstest

to **en·vel·op** [ɪn'veləp, en'-] ① [ein]hüllen, einwickeln (**in** in) ② (*übertragen*) **the house was enveloped in flames** das Haus war ganz von Flammen umgeben

en·velope ['envələʊp] ① der [Brief]umschlag

② die Hülle
en·vi·able ['enviəbl̩] beneidenswert
en·vi·ous ['enviəs] neidisch (**of** auf)
en·vi·ron·ment [ɪn'vaɪ(ə)rᵊnmənt] ① (*Natur*) die Umwelt ② die Umgebung ③ (*soziale Umstände*) das Milieu; **working environment** die Arbeitswelt
en·vi·ron·men·tal [ɪnˌvaɪ(ə)rᵊn'mentᵊl] Umwelt-; **environmental pollution** die Umweltverschmutzung
en·vi·ron·men·tal·ist [ɪnˌvaɪ(ə)rᵊn'mentᵊlɪst] der Umweltschützer/die Umweltschützerin
envy ['envi] der Neid (**of** auf), die Missgunst; **his house was the envy of all his friends** alle seine Freunde beneideten ihn um sein Haus
to **envy** ['envi] **to envy someone something** jemanden um etwas beneiden, jemandem etwas neiden
en·zyme ['enzaɪm] das Enzym
epic ['epɪk] ① erzählend; **epic drama** die epische Drama ② (*übertragen: abenteuerlich*) **epic journey** die abenteuerliche Reise; **epic struggle** der heroische Kampf
epi·cen·tre, (USA) **epi·cen·ter** ['epɪsentəʳ] das Epizentrum
epi·dem·ic [ˌepɪ'demɪk] (*auch übertragen*) die Epidemie, die Seuche
epi·logue, (USA) **epi·log** ['epɪlɒg] der Epilog
epi·sode ['epɪsəʊd] die Episode; *von Serie:* die Folge
equal[1] ['iːkwəl] ① gleich; **equal in height** gleich hoch; (*in Qualität*) gleichwertig; **to be equal in size to something** ebenso groß wie etwas sein; **they are of equal value** sie haben den gleichen Wert ② *Person:* **she is equal to him** sie ist ihm ebenbürtig; (*politisch gleich*) sie ist ihm gleichberechtigt; **equal opportunities for women** Gleichberechtigung der Frauen; **to be on equal terms with someone** mit jemandem auf gleicher Stufe stehen ③ **to be equal to a task/an occasion** einer Aufgabe/Situation gewachsen sein; **to be equal to doing something** im Stande sein, etwas zu tun ④ **in equal parts** zu gleichen Teilen
equal[2] ['iːkwəl] ① der/die Gleichgestellte ② **my equals** *Plural* meinesgleichen; **he has no equal** er ist einsame Spitze ③ **to be the equal of something** einer Sache gleich sein; **to be someone's equal** jemandem gleich sein
to **equal** ['iːkwəl] <equalled, equalled> ① **to equal someone/something** jemandem/einer Sache gleichen [*oder* gleichkommen] ② **three times two equals six** drei mal zwei ist [gleich] sechs
equali·ty [ɪ'kwɒləti] ① die Gleichheit ② **equality of women** die Gleichberechtigung der Frauen
to **equal·ize** ['iːkwᵊlaɪz] ① **to equalise** angleichen ② (*bei Fußball usw.*) ausgleichen; **the equalizing goal** das Ausgleichstor
equal·iz·er ['iːkwəlaɪzəʳ] (*Sport*) der Ausgleich, das Ausgleichstor
equal·ly ['iːkwəli] ① gleich ② ebenso; **they're equally tall** sie sind genauso hoch ③ **to distribute something equally** etwas gleichmäßig verteilen
equal op·por·tu·nities die Chancengleichheit
equal(s) sign (*Mathematik*) das Gleichheitszeichen
equa·tion [ɪ'kweɪʒᵊn] die Gleichung
equa·tor [ɪ'kweɪtəʳ] der Äquator
equa·to·rial [ˌekwe'tɔːriəl] äquatorial
equi·lat·eral [ˌiːkwɪ'lætᵊrᵊl] gleichseitig
to **equip** [ɪ'kwɪp] <equipped, equipped> ① **to equip someone/something** jemanden/etwas ausrüsten ② ausstatten *Zimmer* ③ **fully equipped** komplett ausgerüstet [*oder* ausgestattet]
equip·ment [ɪ'kwɪpmənt] ① *von Schiff usw.:* die Ausrüstung ② *von Küche usw.:* die Ausstattung; *von Labor:* die Einrichtung ③ **climbing equipment** die Bergsteigerausrüstung; **diving equipment** die Taucherausrüstung

> **G** **equipment** ist nicht zählbar; d.h. es wird nicht mit *an* oder im Plural gebraucht: *the equipment in the laboratory is outdated; the hospital invested in some new equipment*
> Wenn man von einem Einzelstück redet, sagt man: *a piece of equipment: this piece of equipment costs £100,000*

equiva·lent[1] [ɪ'kwɪvᵊlənt] äquivalent, entsprechend; **to be equivalent to something** etwas entsprechen
equiva·lent[2] [ɪ'kwɪvᵊlənt] das Äquivalent, die Entsprechung
er [ɜːʳ] (*umgangsspr*) äh[m] *umgangsspr*
era ['ɪərə] die Ära, das Zeitalter
to **eradi·cate** [ɪ'rædɪkeɪt] ausrotten, völlig vernichten
to **erase** [ɪ'reɪz] ① **to erase a mistake/writing** einen Fehler/Geschriebenes ausradieren ② löschen *Daten* ③ (*übertragen*) auslöschen (**from** aus)
eras·er [ɪ'reɪzəʳ] der Radiergummi
erect [ɪ'rekt] aufrecht, aufgerichtet; **with head erect** erhobenen Hauptes
to **erect** [ɪ'rekt] ① aufrichten ② aufbauen; errichten *Gebäude;* aufstellen *Zelt*
to **erode** [ɪ'rəʊd] ① zerfressen, zernagen ② *Meer:* auswaschen
ero·sion [ɪ'rəʊʒᵊn] ① die Erosion ② (*übertragen*) der langsame Verlust (**of** an)
erot·ic [ɪ'rɒtɪk] erotisch
eroti·cism [ɪ'rɒtɪsɪzm] die Erotik
er·rat·ic [er'ætɪk] ① *Person:* unberechenbar ② *Denken:* sprunghaft ③ *Arbeit:* ungleichmäßig

er·ror ['erəʳ] 1 der Fehler; **free from error** fehlerfrei, fehlerlos 2 der Irrtum, das Versehen; **to be in error** im Irrtum sein; **error of judgement** die Fehleinschätzung

er·ror mes·sage die Fehlermeldung

to **erupt** [ɪ'rʌpt] 1 *Vulkan, Streit, Krieg:* ausbrechen 2 *Pickel, Ausschlag:* sich ausbreiten 3 *Person:* explodieren

erup·tion [ɪ'rʌpʃᵊn] 1 *von Vulkan, Streit, Krieg:* der Ausbruch 2 der [Haut]ausschlag

to **es·ca·late** ['eskəleɪt] 1 *Preise, Kosten:* ansteigen 2 *Krieg:* sich ausweiten 3 **to escalate something** etwas eskalieren lassen; **to escalate prices** die Preise sprunghaft steigen lassen

es·ca·la·tor ['eskəleɪtəʳ] die Rolltreppe

to **es·cape** [ɪ'skeɪp, es'-] 1 entfliehen, flüchten (**from** aus); (*mit Erfolg*) entkommen; *Vögel:* entfliegen; (*aus Gefängnis, Käfig*) ausbrechen 2 *Flüssigkeit:* auslaufen; *Gas:* ausströmen (**from** aus) 3 **to escape danger/punishment** einer Gefahr/Strafe entgehen; **he escaped alive** [*oder* **with his life**] er ist mit dem Leben davongekommen; **to escape an enemy** einem Feind entkommen; **to escape death** dem Tode entgehen 4 **to escape notice** unbemerkt bleiben 5 **his name escapes me** sein Name ist mir entfallen

es·cape [ɪ'skeɪp, es'-] 1 die Flucht; (*aus Gefängnis*) der Ausbruch 2 das Entkommen, die Rettung (**from** von); **to have a narrow escape** mit knapper Not entkommen 3 *von Gas:* das Ausströmen 4 **escape attempt** der Fluchtversuch 5 **escape chute** die Notrutsche

es·cort ['eskɔːt] 1 der Begleiter/die Begleiterin 2 (*Bewacher*) der Geleitschutz, die Eskorte

to **es·cort** [ɪ'skɔːt, es'-] 1 begleiten 2 eskortieren, Geleitschutz geben

ESE *Abkürzung von* **east-south-east** OSO

es·pe·cial·ly [ɪ'speʃᵊli, es'-] [ganz] besonders, vor allem

es·pio·nage ['espiənɑːʒ] die Spionage

es·say ['eseɪ] der/das Essay; (*in der Schule*) der Aufsatz

es·sence ['esᵊn(t)s] 1 *von Fleisch, Pflanzen:* die Essenz 2 *von Theorie:* das Wesentliche; **in essence** im Wesentlichen

es·sen·tial [ɪ'sen(t)ʃᵊl] 1 wesentlich, grundlegend (**to** für); **essential difference** der wesentliche Unterschied 2 unentbehrlich; *Nahrungsmittel:* [lebens]notwendig (**to** für)

es·sen·tial·ly [ɪ'sen(t)ʃᵊli] im Wesentlichen, in der Hauptsache

es·sen·tials [ɪ'sen(t)ʃᵊlz] *Plural* **the essentials** das Notwendigste; **the bare essentials** das Allernötigste

to **es·tab·lish** [ɪ'stæblɪʃ, es'-] 1 eröffnen *Geschäft* 2 einführen *Regelung* 3 aufnehmen *Verbindung* 4 herstellen *Ordnung* 5 stiften *Frieden* 6 sich verschaffen *Autorität* 7 bilden *Regierung* 8 aufstellen *Rekord* 9 nachweisen *Theorie* 10 beweisen, nachweisen *Schuld, Tatbestand* 11 glaubhaft machen *Anspruch* 12 sich etablieren; **to establish one's reputation** sich einen Namen machen

es·tab·lished [ɪ'stæblɪʃt, es'-] 1 fest; **it is established practice ...** es ist üblich, ... 2 *Identität:* nachgewiesen 3 *Firma:* gegründet

es·tab·lish·ment [ɪ'stæblɪʃmənt, es'-] 1 (*Eröffnung*) *von Firma:* die Gründung; *von Regierung:* die Bildung 2 *von Beweis:* die Feststellung 3 das Unternehmen, die Firma 4 GB (*Gesellschaft*) das Establishment

es·tate [ɪ'steɪt, es'-] 1 der Besitz, das Eigentum, das Vermögen 2 der Grundbesitz, der Landbesitz 3 das Landgut 4 GB **housing estate** die Wohnsiedlung 5 **industrial estate** das Industriegebiet

es·tate agent der Immobilienmakler/die Immobilienmaklerin

es·tate car der Kombi[wagen]

es·thet·ics USA die Ästhetik

to **es·ti·mate** ['estɪmeɪt] 1 schätzen; abschätzen, einschätzen *Entfernung, Zahl* 2 **to estimate the costs** die Kosten veranschlagen

es·ti·mate ['estɪmət] 1 die [Ab]schätzung, die Bewertung 2 der Kostenvoranschlag 3 **at a rough estimate** grob geschätzt

es·ti·mat·ed ['estɪmeɪtɪd] geschätzt; (*prognostiziert*) voraussichtlich; **estimated figure** die Schätzung

es·ti·ma·tion [ˌestɪ'meɪʃᵊn] 1 die Beurteilung 2 die Ansicht, die Meinung; **in my estimation** meiner Ansicht nach 3 die Hochschätzung, die Achtung; **to go up/down in someone's estimation** in jemandes Achtung steigen/sinken

Es·to·nia [es'təʊniə] Estland

Es·to·nian¹ [es'təʊniən] 1 (*Sprache*) Estnisch, das Estnische 2 (*Person*) der Este/die Estin

Es·to·nian² [es'təʊniən] estnisch

es·tu·ary ['estjʊəri] die Mündung

> **L** **Estuary English** (abgeleitet von *Thames estuary*, dem Mündungsgebiet der Themse) ist die Bezeichnung für die vom *Cockney* (Dialekt des Londoner East Ends) beeinflusste Aussprache vieler junger Leute und auch von Leuten mittleren Alters aller Klassen im gesamten Südosten Englands.

e-tail ['iːteɪl] *kein Plural* der Internet-Handel

e-tail·er ['iːteɪləʳ] der Internethändler/die Internethändlerin

etc. *Abkürzung von* **et cetera** usw., und so weiter

et cet·era [ɪt'setᵊrə] und so weiter

to **etch** [etʃ] ätzen; **to be etched on someone's memory** in jemandes Gedächtnis eingebrannt sein

E

eter·nal [ɪ'tɜːnᵊl] ewig
eter·nal·ly [ɪ'tɜːnᵊli] 1 für immer 2 (*umgangsspr*) ununterbrochen
eter·nity [ɪ'tɜːnəti] (*auch übertragen*) die Ewigkeit
Ether·net ['iːθəʳnet] (*in der Informatik*) das Ethernet
ethi·cal ['eθɪkᵊl] moralisch, ethisch
eth·ics ['eθɪks] *Plural* die Ethik, die Moral
eth·nic ['eθnɪk] ethnisch; **ethnic minority** die ethnische Minderheit

E

L Jahrhundertelang sind Menschen aus allen Teilen der Welt auf die britischen Inseln ausgewandert. Während des Römischen Reiches und danach haben sich Einwanderer vom europäischen Festland unter die einheimische Bevölkerung gemischt. Iren siedeln sich schon lange in Großbritannien an und viele britische Städte haben eine hohe Anzahl irischer Einwohner. Während des 19. und 20. Jahrhunderts zogen viele Juden nach Großbritannien und ein Mangel an Arbeitskräften nach dem zweiten Weltkrieg brachte viele Einwanderer von den Westindischen Inseln und aus Südasien nach Großbritannien. Personen mit Herkunft aus Indien, Pakistan und Bangladesch stellen heute mehr als die Hälfte der gesamten **ethnic minorities** und Einwanderer von den Westindischen Inseln bilden die zweitgrößte Gruppe.

EU [ˌiː'juː] *Abkürzung von* **European Union** die EU
Eucha·rist ['juːkᵊrɪst] *kein Plural* die Eucharistie
eu·phe·mism ['juːfəmɪzᵊm] *kein Plural* die Beschönigung
EUR *kurz für* **Euro** EUR
euro ['jʊərəʊ] der Euro
euro·cent der Eurocent
Euro·cheque ['jʊrətʃek] der Euroscheck
euro coins *Plural* die Euromünzen
Euro·cur·ren·cy die Euro-Währung
Euro·land *kein Plural* (*umgangsspr*) die Eurozone
Europe ['jʊərəp] Europa; **the Council of Europe** der Europarat
Euro·pean¹ [jʊərə'piən] europäisch
Euro·pean² [jʊərə'piən] der Europäer/die Europäerin
Euro·pean Cen·tral Bank die Europäische Zentralbank
Euro·pean Cham·pi·on·ship die Europameisterschaft
Euro·pean Com·mis·sion die Europäische Kommission
Euro·pean Com·mu·nity *kein Plural* **the European Community** die Europäische Gemeinschaft
Euro·pean Coun·cil Europäischer Rat, der Rat der Europäischen Union
Euro·pean Court of Jus·tice der Europäische Gerichtshof
Euro·pean Par·lia·ment das Europaparlament, das Europäische Parlament
Euro·pean Un·ion die Europäische Union
Euro·vi·sion ['jʊərəʊvɪʒᵊn] *kein Plural* die Eurovision
Euro·zone die Euro-Zone, die Euroländer
to **evacu·ate** [ɪ'vækjueɪt] 1 **to evacuate a house** ein Haus räumen 2 evakuieren *Bevölkerung*
evacu·ation [ɪˌvækju'eɪʃᵊn] 1 die Räumung 2 die Evakuierung
evac·uee [ɪˌvækju'iː] der/die Evakuierte
to **evade** [ɪ'veɪd] ausweichen; sich entziehen *Arbeit*
to **evalu·ate** [ɪ'væljueɪt] 1 [ab]schätzen *Wert, Kosten;* **to evaluate something at £1,000** etwas auf £1,000 taxieren 2 auswerten *Ergebnis* 3 beurteilen *Chance*
evalu·ation [ɪˌvælju'eɪʃᵊn] 1 die Abschätzung 2 die Wertberechnung, die Bewertung 3 *von Daten:* die Auswertung
evan·geli·cal [ˌiːvæn'dʒelɪkᵊl] evangelisch
to **evapo·rate** [ɪ'væpᵊreɪt] 1 verdampfen 2 **evaporated milk** die Dosenmilch, die Kondensmilch 3 *Alkohol:* sich verflüchtigen 4 (*übertragen*) *Hoffnung:* [dahin]schwinden, vergehen
eva·sion [ɪ'veɪʒᵊn] 1 *von Problem:* das Umgehen, das Vermeiden 2 *von Steuer:* die Hinterziehung
eva·sive [ɪ'veɪsɪv] ausweichend; **he is so evasive** er weicht dauernd aus
eve [iːv] der Vorabend; **on the eve of** am Tage vor
even ['iːvᵊn] 1 *Fläche:* eben; *Oberfläche:* glatt 2 (*in Größe*) gleich [groß]; (*in Form*) gleichförmig 3 *Atmung, Geschwindigkeit:* gleichmäßig; *Zähne:* regelmäßig 4 *Zahl:* gerade; **odd or even** gerade oder ungerade 5 **to make something even** etwas ebnen [*oder* glätten] 6 **to be even with someone** mit jemandem quitt sein; **to break even** sein Geld wieder herausbekommen, kostendeckend arbeiten; **to get even [with someone]** [mit jemandem] abrechnen 7 sogar, selbst; **he cleaned everything, even the tiles!** er hat alles geputzt, sogar die Fliesen! 8 sogar, noch; **that's even better** das ist sogar [noch] besser 9 (*als Betonung*) **he left without even saying goodbye** er ist gegangen und hat sich noch nicht einmal verabschiedet; **not even she knows** nicht einmal sie weiß es; **even if you were a millionaire** selbst wenn du ein Millionär wärst 10 **even though** obwohl 11 **even so** trotzdem 12 **even if** sogar wenn
◆ to **even out** 1 *Straße, Fläche:* eben werden 2 *Preise:* sich einpendeln 3 ausgleichen 4 glätten; eben machen *Fläche* 5 gleichmäßig verteilen *Reichtum*

◆to **even up** ① ausgleichen *Unterschiede* ② aufrunden *Summe;* bezahlen *Schulden*

eve·ning ['i:vnɪŋ] der Abend; **in the evening** abends, am Abend; **on Sunday evening** am Sonntagabend; **one evening** eines Abends; **this/yesterday/tomorrow evening** heute/gestern/morgen Abend

eve·ning class die Abendschule, der Abendkurs

eve·ning dress ① das Abendkleid ② der Abendanzug

eve·ning pa·per die Abendzeitung

eve·ning per·for·mance die Abendvorstellung

eve·ning prayer das Abendgebet

eve·ning ser·vice der Abendgottesdienst

even·ly ['i:vᵊnli] ① **to say something evenly** etwas in einem ruhigen Ton erklären ② **to be evenly matched** einander ebenbürtig sein

event [ɪ'vent] ① das Ereignis, die Veranstaltung ② das Geschehnis, der Fall; **in the event of illness** im Falle einer Krankheit; **at all events** auf alle Fälle; **in any event** jedenfalls, sowieso ③ (*im Sport*) der Wettkampf, die Disziplin

even-tem·pered ausgeglichen

event·ful [ɪ'ventfᵊl] ereignisreich

even·tual [ɪ'ventʃuəl] schließlich; **the affair led to her eventual resignation** die Angelegenheit führte schließlich zu ihrem Rücktritt

F Nicht verwechseln mit **eventuell** = possible, possibly!

even·tu·al·ity [ɪˌventʃu'æləti] die Eventualität; **in that eventuality** in diesem Fall

even·tu·al·ly [ɪ'ventʃuəli] letzt[end]lich, letztlich, schließlich

ever ['evəʳ] ① je, jemals; **have you ever been to Scotland?** bist du schon einmal in Schottland gewesen?; **his best performance ever** seine beste Vorstellung überhaupt; **it's worse than ever** es ist schlimmer als je zuvor; **hardly ever** fast nie; **it hardly ever snows here** hier schneit es so gut wie nie; **not ever** noch nie; **never ever** nie im Leben ② immer; **for ever [and ever]** für alle Zeiten, für immer; **the young think they will live for ever** junge Menschen glauben, sie werden ewig leben; **as ever** wie immer ③ **ever since** seitdem ④ (*umgangsspr: als Betonung*) **ever so kind** unheimlich nett; **thanks ever so much!** tausend Dank!; **I'm ever so sorry!** es tut mir sehr leid! ⑤ (*als Betonung*) **what ever/where ever/who ever ... ?** was/wo/wer ... bloß?; **what ever shall we do?** was sollen wir bloß machen?

every ['evri] ① jede(r, s), alle; **every day** jeden Tag; **every other day** jeden zweiten Tag; **every other week** alle vierzehn Tage; **every time** jedes Mal; **every now and then** [*oder* **again**] ab und zu, von Zeit zu Zeit ② **each and every one** jede(r, s) einzelne; **every one of them** sie alle ohne Ausnahme; **he has every reason** er hat allen Grund; **in every way** in jeder Hinsicht; **I wish you every happiness** ich wünsche dir alles Gute ③ **she's every bit as funny as her sister** sie ist genauso witzig wie ihre Schwester; **every bit as much** genauso viel

every·body ['evriˌbɒdi] jeder, alle; **everybody is ready** alle sind bereit; **everybody knows that!** das weiß doch jeder!; **everybody else** alle anderen [*oder* übrigen]

G ⚠ **everybody** wird im Singular gebraucht: *is everybody ready?; everybody likes chocolate*

every·day ['evrɪdeɪ] alltäglich, gewöhnlich; **in everyday life** im Alltag

every·one [evriwʌn] jeder, alle; **everyone is ready** alle sind bereit; **everyone knows that!** das weiß doch jeder!; **everybody else** alle anderen [*oder* übrigen]

G ⚠ **everyone** wird im Singular gebraucht: *everyone loves him; is everyone coming?*

every·thing ['evriθɪŋ] ① alles; **she is everything to him** sie ist sein Ein und Alles; **money is everything to him** Geld ist für ihn das Wichtigste ② **everything new** alles Neue ③ **everything else** alles andere ④ **everything OK?** alles klar?

every·where ['evri(h)weəʳ] ① überall; **everywhere in London** überall in London ② **everywhere you look ...** wohin du auch schaust ...

to **evict** [ɪ'vɪkt] kündigen *Mieter;* rausschmeißen *Störer*

evi·dence [evɪdᵊn(t)s] ① der Beweis, das Beweismaterial, das Beweisstück; **for lack of evidence** aus Mangel an Beweisen ② *von Zeugen:* die Zeugenaussage; **to give evidence** eine Aussage machen ③ der Anhaltspunkt, der Nachweis ④ **in evidence** deutlich sichtbar, offenkundig; **to be in evidence** auffallen; **pollution is very much in evidence** die Umweltverschmutzung ist nicht zu übersehen

G **evidence** ist unzählbar; d.h. es wird nicht mit *an* oder im Plural gebraucht: *there was no evidence against her, the evidence is mounting up* Wenn man von einem einzelnen Beweisstück reden will, sagt man *a piece of evidence: a crucial piece of evidence was missing*

evi·dent ['evɪdᵊnt] offenkundig, augenscheinlich

evil¹ ['i:vᵊl] ① *Charakter:* schlecht, böse ② *Geruch:* übel, schlimm ③ *Beispiel:* schlecht, übel

evil² ['i:vᵊl] das Böse, das Übel; **to wish someone evil** jemandem Böses wünschen; **to deliver us from evil** erlöse uns von dem Bösen; **the lesser evil** das kleinere Übel to **evoke** [ɪ'vəʊk] hervorrufen *Antwort, Bewunderung;* **to evoke happy memories** glückliche Erinnerungen wachrufen

evo·lu·tion [ˌiːvə'luːʃᵊn] ① die Entwicklung ② die Evolution; **theory of evolution** die Evolutionstheorie

to **evolve** [ɪ'vɒlv] [sich] entwickeln

ewe [juː] das Mutterschaf

ex¹ [eks] (*ehemalig*) **his ex-wife** seine Exfrau

ex² [eks] <*Plural* exes> (*umgangsspr: ehemalige(r) Ehemann/Ehefrau*) der Exmann/die Exfrau; (*ehemalige(r) Freund/Freundin*) der Exfreund/die Exfreundin; **he's my ex** das ist mein Exfreund

ex·act [ɪg'zækt] ① genau, exakt; **the exact opposite** genau das Gegenteil ② **exact fare** das passende Fahrgeld

ex·act·ing [ɪg'zæktɪŋ] anspruchsvoll; **she is [very] exacting** sie verlangt viel

ex·act·ly [ɪg'zæktli] ① genau; **when exactly did she go?** wann genau ging sie?; **not exactly sure** nicht ganz sicher; **exactly!** ganz genau! ② **at six o'clock exactly** Punkt sechs Uhr ③ (*humorvoll*) **not exactly friendly** nicht gerade freundlich

to **ex·ag·ger·ate** [ɪg'zædʒᵊreɪt] übertreiben

ex·ag·ger·at·ed [ɪg'zædʒᵊreɪtɪd] übertrieben

ex·ag·gera·tion [ɪgˌzædʒᵊr'eɪʃᵊn] die Übertreibung

exam [ɪg'zæm] die Prüfung

ex·ami·na·tion [ɪgˌzæmɪ'neɪʃᵊn] ① die Prüfung, das Examen (**in** in); **examination paper** die [schriftliche] Prüfungsarbeit; **examination question** die Prüfungsfrage ② (*medizinisch*) die Untersuchung ③ (*im Gericht*) die Vernehmung ④ **[up]on examination** bei näherer [*oder* eingehender] Prüfung; **to be under examination** geprüft [*oder* untersucht] werden

to **ex·am·ine** [ɪg'zæmɪn] ① untersuchen ② (*im Gericht*) verhören, vernehmen

ex·ami·nee [ɪgˌzæmɪ'niː] der Examenskandidat/die Examenskandidatin

ex·am·in·er [ɪg'zæmɪnəʳ] der Prüfer/die Prüferin

ex·am·in·ing board der Prüfungsausschuss

ex·am·ple [ɪg'zɑːmpl̩] ① das Beispiel (**of** für); **for example** zum Beispiel; **to take something as an example** etwas als Beispiel nehmen ② **to give** [*oder* **set**] **an example** mit gutem Beispiel vorangehen; **to be a good example to someone** jemandem ein gutes Vorbild sein ③ **to make an example of someone** ein Exempel an jemandem statuieren

ex·as·per·at·ing [ɪg'zæspᵊreɪtɪŋ] ärgerlich

ex·as·pera·tion [ɪgˌzæspə'reɪʃᵊn] *kein Plural* die Verzweiflung; **in exasperation** verärgert

to **ex·ca·vate** ['ekskəveɪt] ① ausheben *Loch;* ausgraben *Ruinen* ② *Archäologe:* Ausgrabungen machen

ex·ca·va·tion [ˌekskə'veɪʃᵊn] das Ausheben; (*in der Archäologie*) die Ausgrabung

to **ex·ceed** [ɪk'siːd] ① überschreiten ② *Kosten, Anzahl:* übersteigen ③ **to exceed someone's expectations** jemandes Erwartungen übertreffen

ex·ceed·ing·ly [ɪk'siːdɪŋli] äußerst

to **ex·cel** [ɪk'sel] <excelled, excelled> ① übertreffen, überragen (**in** in) ② **to excel oneself** sich selbst übertreffen ③ sich auszeichnen (**as** als)

ex·cel·lence ['eksᵊlᵊn(t)s] ① die Vorzüglichkeit ② die hervorragende Leistung (**at/in** in)

ex·cel·lent ['eksᵊlᵊnt] ausgezeichnet, hervorragend

to **ex·cept** [ɪk'sept] **to except someone/something** jemanden/etwas ausnehmen [*oder* ausschließen] (**from** aus)

ex·cept [ɪk'sept] ① außer, ausgenommen; **the museum is open daily except Mondays** außer montags ist das Museum täglich geöffnet ② **except for** bis auf, mit Ausnahme; **the twins are identical except that one has a birthmark** die Zwillinge gleichen sich, außer dass einer ein Muttermal hat ③ (*umgangsspr*) doch, jedoch

ex·cep·tion [ɪk'sepʃᵊn] ① die Ausnahme (**to** von); **as an** [*oder* **by way of**] **exception** ausnahmsweise; **with the exception of those people** mit Ausnahme dieser Leute; **with certain exceptions** mit bestimmten Ausnahmen; **without exception** ausnahmslos; **to be an exception** eine Ausnahme bilden; **exceptions prove the rule** Ausnahmen bestätigen die Regel ② der Anstoß; **to take exception [to something]** [an etwas] Anstoß nehmen, etwas beanstanden

ex·cep·tion·al [ɪk'sepʃᵊnᵊl] außergewöhnlich; **exceptional case** der Ausnahmefall

ex·cep·tion·al·ly [ɪk'sepʃᵊnᵊli] außergewöhnlich, ungewöhnlich

ex·cerpt ['eksɜːpt] der Auszug, das Exzerpt (**from** aus)

ex·cess [ɪk'ses, ek-] <*Plural* excesses> ① das Übermaß (**of** an); **in excess of a million** über eine Million; **to be in excess of** hinausgehen über ② **excesses** *Plural* die Exzesse, die Ausschweifungen

ex·cess bag·gage das Übergepäck

ex·cess charge die zusätzliche Gebühr; (*Post*) das Nachporto

ex·ces·sive [ɪk'sesɪv, ek-] übermäßig, übertrieben

ex·cess lug·gage *kein Plural* das Übergepäck

to **ex·change** [ɪks'tʃeɪndʒ, eks-] ① tauschen (**with** mit); **to exchange addresses** Adressen austauschen ② **to exchange money** Geld wechseln (**for** gegen) ③ **to exchange blows** sich schlagen ④ **to exchange words** einen Wortwechsel haben

ex·change [ɪks'tʃeɪndʒ, eks-] ① der Tausch; *von Gefangenen, Studenten:* der Austausch; *von Geld, Waren:* der Umtausch; **in exchange for** im Tausch gegen, als Ersatz für ② (*für Waren*) das Tauschgeschäft; (*für Geld*) die Wechselstube ③ [**telephone**] **exchange** die [Telefon]zentrale, das Fernamt ④ **rate of exchange** der Wechselkurs ⑤ **exchange of letters** der Briefwechsel; **exchange of views** der Meinungsaustausch

ex·change rate der Wechselkurs

ex·change stu·dent der Austauschstudent/die Austauschstudentin

ex·cheq·uer [ɪks'tʃekəʳ, eks-] **the Chancellor of the Exchequer** der Finanzminister/die Finanzministerin

ex·cise ['eksaɪz] **excise** [**duty**] die Verbrauchssteuer

ex·cit·able [ɪk'saɪtəbl̩, ek-] leicht erregbar

to **ex·cite** [ɪk'saɪt, ek-] ① aufregen; **she was excited by the news** die Nachricht hat sie sehr aufgeregt ② begeistern; **she became very excited by the idea** die Idee begeisterte sie ③ **to excite interest** Interesse wecken ④ **to excite someone** jemanden erregen

ex·cit·ed [ɪk'saɪtɪd, ek-] ① aufgeregt; **to get excited** sich aufregen (**over** über) ② begeistert

ex·cite·ment [ɪk'saɪtmənt, ek-] ① die Aufregung ② die Begeisterung

ex·cit·ing [ɪk'saɪtɪŋ, ek-] aufregend, spannend

to **ex·claim** [ɪks'kleɪm, eks-] [aus]rufen; **she exclaimed that I was wrong** sie rief, dass ich mich geirrt hatte

ex·cla·ma·tion [ˌeksklə'meɪʃən] der Ausruf; **exclamation mark** [*oder* (USA) **point**] das Ausrufezeichen

to **ex·clude** [ɪks'kluːd, eks-] ausschließen (**from** aus)

ex·clud·ing [ɪks'kluːdɪŋ, eks-] nicht inbegriffen, ausgenommen

ex·clu·sion [ɪks'kluːʒən, eks-] der Ausschluss

ex·clu·sive [ɪks'kluːsɪv, eks-] ① **the theories are mutually exclusive** die Theorien schließen sich gegenseitig aus ② *Kleidung:* vornehm, elegant; *Verein:* exklusiv ③ *Macht:* alleinig; **exclusive interview** das Exklusivinterview ④ (*umgangsspr. Laden:* teuer

ex·clu·sive·ly [ɪks'kluːsɪvli, eks-] ausschließlich

ex·cru·ci·at·ing [ɪk'skruːʃieɪtɪŋ, ek-] schmerzhaft; (*übertragen*) qualvoll; **excruciating pain** fürchterliche Schmerzen

ex·cur·sion [ɪk'skɜːʃən, eks-] ① der Ausflug; **to go on an excursion** einen Ausflug machen ② die Rundfahrt, die Rundreise

ex·cus·able [ɪk'skjuːzəbl̩, ek-] verzeihlich, entschuldbar

to **ex·cuse** [ɪk'skjuːz, ek-] ① **to excuse someone's behaviour** jemandes Benehmen entschuldigen; **to excuse someone** jemandem verzeihen; **to excuse someone for being late** jemandes Zuspätkommen entschuldigen ② **excuse me!** entschuldigen Sie!; **excuse me, what did you say?** Verzeihung, was haben Sie gesagt? ③ (*befreien*) **to excuse someone from something** jemandem etwas erlassen ④ **to excuse oneself** sich entschuldigen; **she excused herself from the meeting** sie entschuldigte sich und verließ das Meeting ⑤ (USA) **excuse me?** wie bitte?

E

ex·cuse [ɪk'skjuːs, ek-] ① die Entschuldigung ② **to make an excuse** sich entschuldigen (**to** bei); **to make excuses for someone** jemanden entschuldigen ③ die Ausrede; **excuses, excuses!** nichts als Ausreden!

ex-di·rec·tory [ˌeksdə'rektəri] nicht im Telefonbuch eingetragen

to **ex·ecute** ['eksɪkjuːt] ① ausführen *Arbeit;* durchführen, erledigen *Auftrag* ② hinrichten

ex·ecu·tion [ˌeksɪ'kjuːʃən] ① *von Arbeit:* die Ausführung; *von Auftrag, Plan:* die Durchführung; **in the execution of one's duty** in Erfüllung seiner Pflicht ② *von Urteil:* die Vollstreckung ③ die Hinrichtung

ex·ecu·tive[1] [ɪg'zekjətɪv, eg-] ① *Ausschuss, Macht:* ausführend, exekutiv ② geschäftsführend; *Stellung:* leitend

ex·ecu·tive[2] [ɪg'zekjətɪv, eg-] ① (*Regierung*) die Exekutive ② (*Wirtschaft*) der Geschäftsführer/die Geschäftsführerin, der/die leitende Angestellte; **top executive** die Spitzenkraft

to **ex·empt** [ɪg'zempt, eg-] **to exempt someone** jemanden befreien [*oder* freistellen] (**from** von)

ex·empt [ɪg'zempt, eg-] befreit, ausgenommen (**from** von); **exempt from charges** spesenfrei, kostenfrei; **exempt from duty** gebührenfrei, abgabenfrei; **exempt from postage** portofrei; **exempt from taxation** steuerfrei, von den Steuern befreit

ex·emp·tion [ɪg'zempʃən, eg-] ① die Befreiung, die Freistellung (**from** von) ② der Steuerfreibetrag; **exemption from taxation** die Steuerfreiheit; **exemption from duty** die Gebührenfreiheit, die Abgabenfreiheit ③ **exemption from liability** der Haftungsausschluss

ex·er·cise ['eksəsaɪz] ① (*Aufgabe*) die Übung; (*in der Schule*) die [Schul]aufgabe ② (*körperlich*) die Bewegung; **I need to take more exercise** ich sollte mehr Sport machen; **stomach exercises** die Bauchübungen ③ (*militärisch*) die Übung ④ der Gebrauch; *von Autorität:* die Ausübung

to **ex·er·cise** ['eksəsaɪz] ① **to exercise the body** den Körper trainieren ② **to exercise the mind** die geistigen Fähigkeiten herausfordern ③ **to exercise a dog** einen Hund spazieren führen;

to exercise a horse ein Pferd bewegen ④ **to exercise troops** die Truppen exerzieren ⑤ **to exercise caution** Vorsicht walten lassen; **to exercise influence/power** Einfluss/Macht ausüben; **to exercise patience** Geduld aufbringen ⑥ sich üben (**in** in), sich Bewegung verschaffen; **I don't exercise regularly** ich treibe nicht regelmäßig Sport

ex·er·cise book das Heft

E

to **ex·ert** [ɪgˈzɜːt, eg-] ① ausüben *Kontrolle* ② **to exert oneself** sich anstrengen

ex·er·tion [ɪgˈzɜːʃᵊn, eg-] ① die Anstrengung ② *von Kraft:* die Anwendung; *von Druck:* die Ausübung; *von Einfluss:* die Aufbietung

to **ex·hale** [eksˈheɪl] ausatmen

to **ex·haust** [ɪgˈzɔːst, eg-] ① ermüden ② (*aufbrauchen*) **her patience is exhausted** ihre Geduld ist erschöpft; **to exhaust a topic** ein Thema erschöpfen[d behandeln]

ex·haust [ɪgˈzɔːst, eg-] ① **exhaust** [**pipe**] der Auspuff, das Auspuffrohr ② **exhaust** [**fumes**] die Abgase

ex·haust·ed [ɪgˈzɔːstɪd, eg-] erschöpft

ex·haust·ing [ɪgˈzɔːstɪŋ, eg-] ① *Bewegung, Person:* anstrengend, ermüdend ② *Aufgabe:* mühsam

ex·haus·tion [ɪgˈzɔːstʃᵊn, eg-] die Erschöpfung

ex·haus·tive [ɪgˈzɔːstɪv, eg-] erschöpfend; *Liste:* vollständig

ex·haust pipe das Auspuffrohr

ex·haust sys·tem die Abgasanlage; *von Auto:* der Auspuff

to **ex·hi·b·it** [ɪgˈzɪbɪt, eg-] ① vorzeigen ② ausstellen *Bilder* ③ auslegen *Waren* ④ vorzeigen, vorlegen *Papiere* ⑤ ausstellen, eine Ausstellung machen

ex·hi·b·it [ɪgˈzɪbɪt, eg-] ① (*im Museum*) das Ausstellungsstück, der Ausstellungsgegenstand ② (*im Gericht*) das Beweisstück

ex·hi·bi·tion [ˌeksɪˈbɪʃᵊn] ① *von Bildern:* die Ausstellung; *von Waren:* die Auslage ② *von Methode:* die Vorführung ③ **to put on an exhibition** eine Ausstellung veranstalten; **exhibition hall** die Ausstellungshalle; **exhibition of paintings** die Gemäldeausstellung ④ **to make an exhibition of oneself** sich lächerlich machen

ex·hi·bi·tor [ɪgˈzɪbɪtəʳ, eg-] der Aussteller/die Ausstellerin

ex·hila·rat·ing [ɪgˈzɪlᵊreɪtɪŋ, egˈ-] erhebend

ex·hila·ra·tion [ɪgˌzɪlᵊrˈeɪʃᵊn, egˌ-] das erhebende Gefühl

ex-hus·band der Exmann

ex·ile [ˈeksaɪl] ① die Verbannung, das Exil; **to live in exile** im Exil leben ② (*Person*) der/die Verbannte

to **ex·ile** [ˈeksaɪl] verbannen (**from** aus)

to **ex·ist** [ɪgˈzɪst, egˈ-] ① existieren ② *Brauch, Zweifel:* bestehen ③ **to exist on something** von etwas leben ④ **do fairies exist?** gibt es Feen?

ex·ist·ence [ɪgˈzɪstᵊn(t)s, egˈ-] ① das Dasein, die Existenz ② *einer Person:* das Leben, die Lebensweise, das Vorhandensein ③ **to be in existence** bestehen; **to bring** [*oder* **call**] **into existence** ins Leben rufen; **to come into existence** [plötzlich] auftreten; **to remain in existence** weiter bestehen

ex·ist·ing [ɪgˈsɪstɪŋ, eg-] existierend, bestehend; *Regeln:* gegenwärtig

exit [ˈeksɪt, ˈegz-] ① (*aus einem Gebäude*) der Ausgang ② (*im Theater*) der Abgang ③ (*für Fahrzeug*) die Ausfahrt ④ (*aus einem Land*) die Ausreise

to **exit** [ˈeksɪt, ˈegz-] ① hinausgehen ② (*Bühnenanweisung*) abgehen; **exit the queen** die Königin ab ③ (*im Computer*) **to exit a program** ein Programm beenden

exit visa das Ausreisevisum

ex·or·bi·tant [ɪgˈzɔːbɪtᵊnt, eg-] übertrieben, maßlos; **exorbitant price** der Wucherpreis

ex·ot·ic [ɪgˈzɒtɪk, eg-] fremdartig, exotisch

to **ex·pand** [ɪkˈspænd, ek-] ① ausbreiten, [aus]dehnen ② vergrößern *Einfluss, Erfahrung* ③ erweitern *Aktivitäten, Wissen* (**into** zu) ④ **to expand the economy** das Wirtschaftswachstum fördern ⑤ **to expand** [**with heat**] sich ausdehnen [durch Hitze] ⑥ *Horizont, Wissen:* sich erweitern [*oder* verbreitern] ⑦ *Herstellung:* zunehmen ⑧ **to expand on a topic** sich über ein Thema näher auslassen

ex·pand·able [ɪkˈspændəbl̩, ek-] ① ausdehnbar ② *Computer:* aufrüstbar

ex·pan·sion [ɪkˈspæn(t)ʃᵊn, ek-] ① *von Gas:* die Ausdehnung ② *von Wissen, Gebäude:* die Erweiterung ③ *von Wirtschaft:* die Expansion

ex·pat·ri·ate¹ [ɪkˈspætriət, ekˈ-] im Ausland lebend

ex·pat·ri·ate² [ɪkˈspætriət] der/die im Ausland Lebende

to **ex·pect** [ɪkˈspekt, ek-] ① erwarten; **she's expecting you tonight** sie erwartet dich heute Abend ② **to expect something of someone** etwas von jemandem erwarten ③ **to expect someone to do something** von jemandem erwarten, dass er etwas tut; (*befürchten*) damit rechnen, dass jemand etwas tut; **I expected as much!** das habe ich erwartet!; **I can't be expected to do everything!** man kann nicht von mir erwarten, dass ich alles mache! ④ meinen, vermuten; **I expect you'd like to see her** ich nehme an, dass du sie sehen möchtest ⑤ **I expect so!** ich glaube schon! ⑥ (*umgangsspr: schwanger sein*) **she's expecting** sie ist in anderen Umständen

ex·pec·tan·cy [ɪkˈspektᵊn(t)si, ek-] die Erwartung; **life expectancy** die Lebenserwartung

ex·pec·tant [ɪk'spektənt, ek-] ① [er]wartend ② **expectant mother** die werdende Mutter

ex·pec·ta·tion [ekspek'teɪʃən] ① **in expectation of something** in Erwartung einer Sache ② **expectations** *Plural* die Erwartung, die Aussicht; **against** [*oder* **contrary to**] **all expectation[s]** wider Erwarten; **beyond expectation[s]** über Erwarten; **to meet** [*oder* **come up to**] **someone's expectations** jemandes Erwartungen entsprechen; **to fall short of someone's expectations** jemandes Erwartungen nicht entsprechen

ex·pedi·tion [ˌekspɪ'dɪʃən] ① die Expedition, die Forschungsreise ② (*militärisch*) der Feldzug ③ **to go on a shopping expedition** eine Einkaufstour machen

to **ex·pel** [ɪk'spel, ek-] <expelled, expelled> ① **to expel someone** jemanden ausweisen; (*mit Gewalt*) jemanden vertreiben ② **he was expelled from school** er wurde von der Schule verwiesen ③ **to expel someone from a club** jemanden aus einem Verein ausschließen; **to expel someone from a country** jemanden aus einem Land ausweisen ④ ausstoßen *Gas, Flüssigkeit*

ex·pendi·ture [ɪk'spendɪtʃər, ek-] ① *von Geld:* die Ausgaben (**on** für) ② *von Energie, Zeit:* der Aufwand (**of** an)

ex·pense [ɪk'spen(t)s, ek-] ① die Kosten; **at one's own expense** auf eigene Kosten; **at little/great expense** mit geringen/hohen Kosten; **to go to great expense** sich in Unkosten stürzen; **to spare no expense** keine Kosten scheuen ② **expenses** *Plural* die Auslagen, die Spesen ③ (*übertragen*) **at someone's expense** auf jemandes Kosten

ex·pense ac·count das Spesenkonto

ex·pen·sive [ɪk'spen(t)sɪv, ek-] kostspielig, teuer

ex·peri·ence [ɪk'spɪəriən(t)s, ek-] ① die Erfahrung (**of** von); **from experience** aus Erfahrung; **to gain experience** Erfahrungen sammeln; **to have [a] wide experience** über umfangreiche Erfahrungen verfügen; **to learn by experience** aus der Erfahrung lernen ② (*Geschehen*) das Erlebnis; **an unforgettable experience** ein unvergessliches Erlebnis ③ *von Fachgebiet:* die Sachkenntnis (**in** von) ④ **practical experience** die Praxis, die praktischen Kenntnisse

to **ex·peri·ence** [ɪk'spɪəriən(t)s, ek-] ① erleben ② durchmachen *Krankheit* ③ erleiden *Verluste* ④ erfahren *Enttäuschung* ⑤ stoßen [auf] *Schwierigkeiten*

ex·peri·enced [ɪk'spɪəriən(t)st, ek-] ① erfahren; (*in einem Fachgebiet*) sachkundig ② *Augen, Ohr:* geschult

ex·peri·ment [ɪk'sperɪmənt, ek-] ① der Versuch, das Experiment (**on** an, **with** mit) ② **to do an experiment** ein Experiment machen

to **ex·peri·ment** [ɪk'sperɪment] Versuche anstellen, experimentieren (**on** an, **with** mit)

ex·peri·men·tal [ɪkˌsperɪ'mentəl, ekˌ-] ① experimentell ② (*für Versuchszwecke*) Versuchs-; **on an experimental basis** versuchsweise

ex·pert[1] ['ekspɜːt] ① sachkundig, sachverständig ② geübt, geschickt (**in/at** in, **with** an)

ex·pert[2] ['ekspɜːt] ① der Experte/die Expertin; **to be an expert in a field** Fachmann [*oder* Fachfrau] auf einem Gebiet sein ② (*im Recht*) der/die Sachverständige, der Gutachter/die Gutachterin

ex·pert ad·vice der fachmännische Rat

to **ex·pire** [ɪk'spaɪər] *Amtszeit:* enden; *Vertrag:* auslaufen; *Pass:* ablaufen

ex·pi·ry [ɪk'spaɪ(ə)ri] der Ablauf

ex·pi·ry date der Ablauftermin, das Verfallsdatum

to **ex·plain** [ɪk'spleɪn, ek'-] ① **to explain something [to someone]** [jemandem] etwas erklären ② erläutern *Bild, Gedanken* ③ begründen *Entscheidung* ④ **to explain something away** etwas rechtfertigen ⑤ **that explains everything** damit wird alles klar ⑥ **to explain oneself** sich rechtfertigen

ex·pla·na·tion [ˌeksplə'neɪʃən] ① die Erklärung ② *von Bild, Gedanken:* die Erläuterung ③ *von Entscheidung:* die Begründung (**of** für); *von Tat:* die Rechtfertigung

ex·plana·tory [ɪk'splænətəri, ek'-] ① erklärend ② **explanatory remark** die erläuternde Bemerkung

ex·plic·it [ɪk'splɪsɪt, ek'-] ① *Aussage, Warnung:* eindeutig, klar ② *Sprache, Filmszene:* ausdrücklich, unverhüllt

to **ex·plode** [ɪk'spləʊd, ek'-] ① *Bombe:* explodieren, [zer]platzen ② **to explode with laughter** in Gelächter ausbrechen ③ **to explode with fury** vor Wut platzen ④ **the population has exploded** die Bevölkerung hat sich explosionsartig vermehrt ⑤ **to explode a bomb/mine** eine Bombe/Mine sprengen ⑥ (*übertragen*) **to explode a myth** einen Mythos zerstören

ex·ploit ['eksplɔɪt] die Heldentat

to **ex·ploit** [ɪk'splɔɪt, ek'-] ① (*verwerten*) nutzen *Mittel;* abbauen *Bergwerk* ② (*abwertend*) ausbeuten *Arbeiter;* ausnutzen *Freund, Unwissenheit*

ex·ploi·ta·tion [ˌeksplɔɪ'teɪʃən] ① (*Verwertung*) die Nutzung; *von Erzen:* der Abbau ② (*abwertend*) *von Arbeiter:* die Ausbeutung; *von Freund, Unwissenheit:* die Ausnutzung

ex·plo·ra·tion [ˌeksplə'reɪʃən] ① *von unbekanntem Land:* die Erforschung ② (*auch medizinisch*) die Untersuchung

ex·plora·tory [ɪk'splɒrətəri, ek-] ① Forschungs-;

E

Bohren, Brunnen: Probe- ② (*übertragen*) **exploratory talks** die Sondierungsgespräche

to **ex·plore** [ɪk'splɔːʳ, ek'-] ① erforschen ② (*auch medizinisch*) untersuchen

ex·plor·er [ɪk'splɔːʳəʳ, ek'-] der/die Forschungsreisende

ex·plo·sion [ɪk'spləʊʒᵊn, ek'-] ① *von Bombe:* die Explosion ② (*übertragen*) der sprunghafte Anstieg ③ (*vor Wut*) der Ausbruch; **explosion of laughter** der Lachanfall ④ **population explosion** die Bevölkerungsexplosion

E

ex·plo·sive[1] [ɪk'spləʊsɪv, ek'-] ① explosiv ② (*übertragen*) jähzornig; *Temperament:* aufbrausend ③ **an explosive situation** eine brisante Situation

ex·plo·sive[2] [ɪk'spləʊsɪv, ek'-] der Sprengstoff

to **ex·port** [ɪk'spɔːt, ek'-] ausführen, exportieren

ex·port ['ɪkspɔːt] ① die Ausfuhr; *von Waren:* der Export ② **exports** *Plural* die Ausfuhrgüter

to **ex·pose** [ɪk'spəʊz, ek'-] ① freilegen; entblößen *Körperteil* ② **to expose something to the weather** etwas dem Wetter aussetzen; **to expose someone to a danger** jemanden einer Gefahr aussetzen ③ (*übertragen*) aufdecken *Plan, Missstand, Skandal* ④ (*übertragen*) **to expose someone as a liar** jemanden als Lügner bloßstellen [*oder* entlarven] ⑤ belichten *Negativ*

ex·posed [ɪk'spəʊzd, ek'-] ① ungeschützt; **exposed to the weather** dem Wetter ausgesetzt ② (*auch übertragen*) exponiert ③ *Teile:* sichtbar ④ *Negativ:* belichtet

ex·po·sure [ɪk'spəʊʒəʳ, ek'-] ① das Aussetzen; **exposure to the rain** dem Regen Ausgesetztsein ② **to die of exposure** *Person:* erfrieren ③ (*übertragen*) die Bloßstellung; *von Verbrecher:* die Entlarvung ④ (*beim Fotografieren*) die Belichtung[szeit]; **exposure meter** der Belichtungsmesser; **time exposure** die Zeitaufnahme ⑤ **media exposure** die Publicity

to **ex·press** [ɪk'spres, ek'-] ① ausdrücken; zum Ausdruck bringen *Dank, Liebe;* äußern *Meinung;* **to express oneself** sich ausdrücken [*oder* verständlich machen] ② **it expresses the meaning** es gibt den Sinn wieder

ex·press[1] [ɪk'spres, ek'-] ① *Wunsch, Befehl:* ausdrücklich ② *Brief, Paket:* **by express delivery** per Eilzustellung

ex·press[2] [ɪk'spres, ek'-] ① der Eilbote; **to send a parcel by express** ein Paket als Eilsendung schicken ② **express** [**train**] der Schnellzug

ex·pres·sion [ɪk'spreʃᵊn, ek'-] ① (*Redewendung*) der Ausdruck ② (*mit Worten*) die Äußerung, der Ausdruck ③ **the expression on her face** ihr Gesichtsausdruck

ex·pres·sion·less [ɪk'spreʃᵊnləs, ek'-] ausdruckslos

ex·pres·sive [ɪk'spresɪv, ek'-] ausdrucksvoll; *Stimme:* ausdrucksstark; **to be expressive of something** etwas ausdrücken

ex·press·ly [ɪk'spresli, ek'-] ausdrücklich

ex·press·way [ɪk'spresweɪ] (USA) die Autobahn

ex·pul·sion [ɪk'spʌlʃᵊn, ek'-] ① *von Volk:* die Vertreibung (**from** aus) ② (*aus einem Land*) die Ausweisung ③ (*aus Schule, Verein*) der Ausschluss (**from** aus/von)

ex·quis·ite [ɪk'skwɪzɪt, ek'-] fein [gearbeitet]

to **ex·tend** [ɪk'stend, ek'-] ① ausstrecken *Hand, Bein;* ausbreiten *Flügel* ② (*räumlich*) vergrößern; ausbauen *Geschäft, Gebäude;* anbauen [an] *Haus;* [aus]dehnen *Grenze* ③ (*zeitlich*) verlängern; ausdehnen *Besuch;* verlängern lassen *Visum* ④ *Grundstück:* sich erstrecken (**beyond** über, **to** bis)

ex·tend·ed [ɪk'stendɪd, ek'-] verlängert; **extended family** die Großfamilie

ex·ten·sion [ɪk'sten(t)ʃᵊn, ek'-] ① (*auch zeitlich*) die Verlängerung; **extension to a deadline** die Fristverlängerung; **could I have a week's extension for my essay?** könnte ich den Aufsatz eine Woche später einreichen? ② *von Gebäude:* der Erweiterungsbau; *von Haus:* der Anbau ③ *von Firma:* die Vergrößerung ④ *von Telefon:* der [Neben]anschluss, der Apparat; (*österreichisch*) die Klappe

ex·ten·sion ca·ble, **ex·ten·sion cord** das Verlängerungskabel, die Verlängerungsschnur

ex·ten·sive [ɪk'sten(t)sɪv, ek'-] ① ausgedehnt ② (*übertragen*) umfassend ③ **extensive knowledge** umfangreiches Wissen ④ **to make extensive use of ...** ... viel benutzen

ex·tent [ɪk'stent, ek'-] ① *von Gebäude, Fläche:* die Ausdehnung, die Größe ② *von Wissen, Macht:* der Umfang ③ *von Schaden:* das Ausmaß ④ **to a certain extent** bis zu einem gewissen Grad; **to the full extent** in vollem Umfang; **to a great extent** in hohem Maße; **to some extent** bis zu einem gewissen Grad; **to what extent is he responsible for this problem?** inwieweit ist er für dieses Problem verantwortlich?; **it rained to such an extent that ...** es regnete so sehr, dass ...

ex·te·ri·or[1] [ɪk'stɪəriəʳ, ek'-] äußere(r, s), Außen-

ex·te·ri·or[2] [ɪk'stɪəriəʳ, ek'-] ① *von Gebäude:* das Äußere, die Außenseite ② *von Person:* der [äußere] Schein

to **ex·ter·mi·nate** [ɪk'stɜːmɪneɪt, ek'-] ① (*auch übertragen*) ausrotten ② vertilgen *Ungeziefer*

ex·ter·nal [ɪk'stɜːnᵊl, ek'-] ① äußere(r, s) ② *Prüfung, Kandidat:* extern ③ *Medizin:* **for external use only** nur äußerlich anzuwenden

ex·tinct [ɪk'stɪŋkt, ek'-] ① *Vulkan:* erloschen ② *Tier, Pflanze:* ausgestorben; **to become extinct** aussterben

ex·tinc·tion [ɪk'stɪŋkʃᵊn, ek'-] *von Tier:* das Aussterben, die Ausrottung; **extinction of species**

der Artenschwund

to **ex·tin·guish** [ɪk'stɪŋgwɪʃ, ek'-] ① [aus]löschen *Feuer;* ausschalten *Licht* ② vernichten *Hoffnung*

ex·tor·tion [ɪk'stɔːʃᵊn, ek'-] die Erpressung

ex·tor·tion·ate [ɪk'stɔːʃᵊnət, ek'-] erpresserisch, wucherisch

ex·tra¹ ['ekstrə] ① zusätzlich; **drinks are extra** die Getränke kosten extra; **to charge something extra** etwas gesondert berechnen; **extra charge** der Aufschlag, der Zuschlag; **we need an extra chair** wir brauchen noch einen Stuhl ② übrig, Reserve-; **a few extra books** ein paar Bücher mehr; **these copies are extra** diese Exemplare sind übrig ③ extra, besonders; **please be extra quiet** sei bitte besonders leise

ex·tra² ['ekstrə] ① (*für Arbeiter usw.*) die Sonderleistung ② (*bei Autos*) das Extra, die Sonderausstattung ③ (*auf Rechnung*) der Zuschlag ④ (*im Film, Theater*) der Statist/die Statistin ⑤ **extras** *Plural* die Nebenausgaben, die Nebeneinnahmen

to **ex·tract** [ɪk'strækt, ek'-] ① [her]ausziehen, herausnehmen (**from** aus) ② ziehen *Zahn* ③ auspressen *Saft* ④ (*übertragen*) entlocken *Information;* **to extract a promise from someone** jemandem ein Versprechen abpressen; **to extract a confession from someone** von jemandem ein Geständnis erpressen

ex·tract ['ekstrækt] *von Buch, Film:* der Auszug

ex·trac·tion [ɪk'strækʃᵊn, ek'-] ① das Herausziehen ② das Zahnziehen ③ *von Metall:* die Gewinnung ④ (*übertragen*) *von Informationen:* das Herauslocken ⑤ die Herkunft; **she's of foreign extraction** sie ist ausländischer Abstammung

extra·cur·ricu·lar [ˌekstrəkə'rɪkjələʳ] außerhalb des Lehrplans

extra·mari·tal [ˌekstrə'mærɪtᵊl] außerehelich

extraor·di·nary [ɪk'strɔːdᵊnᵊri] ① außerordentlich, außergewöhnlich ② merkwürdig; **how extraordinary!** wie seltsam! ③ **an extraordinary meeting** eine Sondersitzung

ex·tra time ['ekstrətaɪm] (*im Sport*) die Verlängerung

ex·trava·gant [ɪk'strævəgənt] ① verschwenderisch; **she's very extravagant with money** sie gibt das Geld mit vollen Händen aus ② **an extravagant lifestyle** ein aufwendiger Lebensstil

ex·treme [ɪk'striːm] ① äußerste(r, s); **on the extreme left of the picture** ganz links im Bild; **in the extreme north** im äußersten Norden ② *Gefahr:* höchste(r, s); *Armut, Wichtigkeit:* größte(r, s) ③ (*politisch*) extrem, radikal; **extreme right-wing views** die rechtsextremen Ansichten

ex·treme [ɪk'striːm] das Extrem, das Äußerste; **in the extreme** im höchsten Grade; **to go to extremes** bis zum Äußersten gehen; **to go from one extreme to the other** von einem Extrem ins andere fallen

ex·treme·ly [ɪk'striːmli] äußerst, höchst

extro·vert·ed ['ekstrəvɜːtɪd] extravertiert

ex-wife die Exfrau

eye [aɪ] ① das Auge; **to be up to one's eyes in work** (*übertragen*) bis über die Ohren in Arbeit stecken; **to keep an eye on something** etwas im Auge behalten; **to close one's eyes to something** etwas nicht sehen wollen; **to cry one's eyes out** sich die Augen ausweinen ② der Blick; **his eye fell on her book** sein Blick fiel auf ihr Buch; **under the very eyes of someone** direkt unter jemandes Augen; **to catch someone's eye** jemandes Aufmerksamkeit auf sich lenken; **with an eye to something** in der Hoffnung auf etwas, in der Absicht zu etwas; **to make eyes at someone** jemandem verliebte Blicke zuwerfen ③ (*übertragen*) **in someone's eyes** nach jemandes Ansicht; **to see eye to eye with someone** mit jemandem einer Meinung sein ④ *von Kartoffel:* das Auge; (*auf Feder*) das Pfauenauge; *von Nadel:* das Öhr, die Öse ⑤ **eye of a storm** [windstilles] Zentrum eines Sturmes

to **eye** [aɪ] <eyed, eyed> mustern, anstarren

eye·ball der Augapfel ▶ WENDUNGEN: **drugged up to the eyeballs** (*slang*) total breit *slang,* bekifft *slang*

eye·brow ['aɪbraʊ] ① die Augenbraue; **eyebrow pencil** der Augenbrauenstift ② **to raise one's eyebrows** die Stirn runzeln (**at** über)

eye con·tact *kein Plural* **to make eye contact** [**with someone**] Blickkontakt [mit jemandem] aufnehmen

eye drops *Plural* die Augentropfen

eye·lash ['aɪlæʃ] die Wimper

eye·lid ['aɪlɪd] das Augenlid

eye·lin·er ['aɪlaɪnəʳ] der Eyeliner, der Lidstrich

eye-open·er **to be an eye-opener for someone** jemandem die Augen öffnen; (*überraschend*) alarmierend für jemanden sein

eye-open·ing aufschlussreich, erhellend

eye-shad·ow ['aɪˌʃædəʊ] der Lidschatten

eye·sight ['aɪsaɪt] **to have bad/good eyesight** schlecht/gut sehen

eye·sore der Schandfleck

eyewear *no pl* die Brillen [und Kontaktlinsen]

eye·wit·ness der Augenzeuge

e-zine ['iːziːn] das Internet-Magazin

Ff

F <*Plural* F's *oder* Fs>, **f** [ef] <*Plural* f's> ① (*auch bei Musik*) F, f ② USA (*Schulnote*) ungenügend

FA [ˌefˈeɪ] *kein Plural Abkürzung von* **Football Association** ≈ der DFB

F

L Der **FA Cup**, der 1871 zum ersten Mal stattfand, ist der jährliche Ausscheidungskampf zwischen den Fußballclubs des englischen Fußballverbandes (*Football Association, FA*), der mit dem **Cup Final** (Pokalendspiel) im *Wembley Stadium* in London endet.

fa·ble [ˈfeɪbl̩] (*Geschichte*) die Fabel

fab·ric [ˈfæbrɪk] ① der Stoff, das Gewebe ② *von Gesellschaft usw.:* die Struktur, das Gefüge

fabric

F Nicht verwechseln mit **Fabrik** (die) = factory!

fabu·lous [ˈfæbjələs] ① sagenhaft, legendär; **fabulous beast** das Fabeltier ② (*übertragen*) fantastisch

face [feɪs] ① das Gesicht; **face to face** Auge in Auge; **to come face to face with someone** jemanden treffen; **to look someone in the face** jemanden ansehen ② (*übertragen*) **to have the face to do something** die Stirn haben, etwas zu tun ③ der Gesichtsausdruck; **to pull a face** das Gesicht verziehen ④ das Ansehen; **to save one's face** (*übertragen*) das Gesicht wahren ⑤ **in the face of danger/difficulty** angesichts der Gefahr/Schwierigkeit ⑥ *von Uhr:* das Zifferblatt ⑦ **to disappear off the face of the earth** spurlos verschwinden

to **face** [feɪs] ① **to face [someone]** [jemandem] gegenüberstehen ② **their house faces ours** ihr Haus liegt unserem gegenüber; **the window faces the garden** das Fenster geht zum Garten hinaus; **the room faces north** der Raum liegt nach Norden ③ (*übertragen*) entgegentreten; **to face bankruptcy** vor dem Bankrott stehen; **to be faced with something** sich einer Sache gegenübersehen; **to face danger** sich der Gefahr stellen; **to face the facts** den Tatsachen ins Auge blicken; **to face the music** die Suppe auslöffeln; **I can't face doing the washing-up** ich bringe es einfach nicht über mich abzuwaschen ④ **please face the front!** wende dich bitte nach vorne!; **to face forwards** (*im Zug usw.*) in Fahrtrichtung sitzen

◆ to **face up** ① nach oben zeigen ② **to face up to something** etwas ins Auge sehen; **to face up to the facts** den Tatsachen ins Auge sehen ③ **to face up to responsibility** die Verantwortung auf sich nehmen

face·cloth der Waschlappen

face cream die Gesichtscreme

face value [ˈfeɪsvælju:] ① *von Banknote usw.:* der Nennwert ② (*übertragen*) **to take something at face value** etwas für bare Münze nehmen

fa·cil·ity [fəˈsɪlɪti] ① *meist Plural* die Einrichtung; **cooking facilities** die Kochgelegenheit; **shopping facilities** die Einkaufsmöglichkeiten ② *von Person:* die Fähigkeit ③ *von Gerät:* die Funktion

fac·simi·le ma·chine das Faxgerät

fact [fækt] ① die Tatsache, der Fakt; **facts and figures** Fakten und Zahlen; **fact and fiction** Dichtung und Wahrheit ② **as a matter of fact** eigentlich; **in fact** in Wirklichkeit ③ **to stick to the facts** sachlich bleiben ④ **it's a fact of life** es ist eine Tatsache; **tell him about the facts of life** (*umgangsspr*) kläre ihn [sexuell] auf

fact-find·ing [ˈfæktfaɪndɪŋ] *Fahrt, Reise:* Erkundungs-; **fact-finding mission** die Erkundungsmission

fac·tor [ˈfæktəʳ] der Faktor; **to be a contributing factor in something** zu etwas beitragen; **two is a factor of six** sechs ist durch zwei teilbar

fac·to·ry [ˈfæktᵊri] die Fabrik[anlage], das Werk

fac·to·ry farm der [voll] automatisierte landwirtschaftliche Betrieb

fac·tual [ˈfæktʃʊəl] sachlich

fa·cul·ty [ˈfækᵊlti] ① (*an der Uni*) die Fakultät ② USA der Lehrkörper ③ **mental faculties** ⚠ *Plural* das geistige Vermögen

fad [fæd] (*umgangsspr*) die Modeerscheinung

to **fade** [feɪd] ① *Farben:* verblassen, verbleichen ② *Blume:* [ver]welken ③ (*übertragen*) **to fade [away]** schwächer werden, verblassen; *Laut:* verklingen

◆ to **fade away** *Mut, Hoffnung:* schwinden; *Erinnerungen:* verblassen; *Schönheit:* verblühen

◆ to **fade in** einblenden *Bild, Musik*

◆ to **fade out** ausblenden *Bild, Musik*

fag [fæg] (GB) (*slang*) die Kippe

Fahr·en·heit ['færənhaɪt] das Fahrenheit

to **fail** [feɪl] 1 versagen, keinen Erfolg haben; **I failed!** ich habe versagt!; **to fail in one's duty** seine Pflicht nicht tun; **to fail to do something** etwas nicht tun; **if all else fails** wenn alle Stricke reißen 2 *Plan:* misslingen; *Ehe:* scheitern; *Versuch:* fehlschlagen 3 *Geschäft:* eingehen 4 *Ernte:* schlecht ausfallen 5 (*im Examen*) durchfallen 6 *Gesundheit:* sich verschlechtern, schwächer werden 7 *Strom:* ausfallen; *Bremsen, Motor:* versagen

fail [feɪl] 1 **without fail** ganz bestimmt 2 **he got a fail in maths** in Mathematik ist er durchgefallen

fail·ing[1] ['feɪlɪŋ] die Schwäche

fail·ing[2] ['feɪlɪŋ] 1 **failing eyesight** die Sehschwäche; **to be in failing health** eine angeschlagene Gesundheit haben; **in the failing light** in der Dämmerung 2 mangels; **failing that** ansonsten

fail·ure ['feɪljər] 1 der Misserfolg 2 *von Verhandlungen, Plan:* der Fehlschlag; *von Ehe:* das Scheitern 3 *von Radio, Strom:* der Ausfall; *von Motor:* das Versagen 4 (*Mensch*) der Versager/die Versagerin, die Niete 5 die Unterlassung; **failure to pay** das Nichtbezahlen

faint[1] [feɪnt] 1 schwach, kraftlos 2 **he looked faint** er schien einer Ohnmacht nahe 3 *Hoffnung:* gering 4 *Geruch:* schwach; *Ton:* leise; *Spur:* undeutlich 5 **I haven't the faintest idea!** ich habe nicht die leiseste Ahnung!

faint[2] [feɪnt] die Ohnmacht

to **faint** [feɪnt] **to faint** ohnmächtig werden; **to faint with hunger** vor Hunger ohnmächtig werden

fair[1] [feər] <fairer, fairest> 1 fair; **to be fair to someone** jemandem gegenüber gerecht sein; **fair enough!** na schön! 2 den Regeln entsprechend; **to play fair** fair spielen 3 **fair and square** offen und ehrlich 4 ziemlich; **a fair amount of work** ziemlich viel Arbeit 5 *Wetter:* schön, heiter, sonnig 6 *Haare:* blond, hell

fair[2] [feər] 1 der [Jahr]markt 2 (*Ausstellung*) die Messe; **book fair** die Buchmesse

fair·ground ['feəgraʊnd] der Rummelplatz

fair·ly ['feəli] 1 **it's fairly expensive** es ist ziemlich teuer 2 *behandeln:* gerecht 3 **to play fairly** fair spielen

fair·ness ['feərnəs] die Gerechtigkeit, die Fairness; **in all fairness [to someone]** um fair [gegen jemanden] zu sein

fairy ['feəri] die Fee

fairy-tale das Märchen

faith [feɪθ] 1 (*religiös*) der Glaube[n] (**in** an) 2 das Vertrauen; **to have faith in someone** jemandem vertrauen; **to lose faith in someone** das Vertrauen zu jemandem verlieren 3 **in good faith** in gutem Glauben; **in bad faith** in böser Absicht

faith·ful ['feɪθfəl] 1 **to be faithful to someone** jemandem treu sein 2 (*Abschrift*) genau

faith·ful·ly ['feɪθfəli] 1 treu 2 (*formeller Briefschluss*) **Yours faithfully** mit freundlichen Grüßen

to **fake** [feɪk] 1 fälschen *Unterschrift, Pass* 2 erfinden *Geschichte* 3 vortäuschen *Unfall, Interesse;* **he's just faking!** er tut nur so!

fake [feɪk] die Fälschung

fall [fɔːl] 1 *von Person:* der Fall, der Sturz; **my grandma had a fall** meine Oma ist gestürzt 2 *von Stadt:* die Einnahme, die Eroberung; *von Regierung:* der Sturz 3 **fall of rain** der Regenfall; **fall of snow** der Schneefall 4 *von Preisen:* das Sinken, das Fallen; *von Temperatur:* der Abfall 5 (USA) der Herbst; **in the fall** im Herbst 6 **falls** ⚠ *Plural* der Wasserfall 7 **fall in the birth rate** der Geburtenrückgang; **fall in price** der Preisrückgang; **fall in prices** (*Börse*) der Kursrückgang

to **fall** [fɔːl] <fell, fallen> 1 *Person:* stürzen; **he fell [over]** er fiel hin 2 fallen, herabfallen, hinunterfallen 3 (*im Kampf*) fallen; **to fall [down] dead** tot umfallen 4 **snow/rain is falling** es regnet/schneit 5 *Blätter:* abfallen; *Federn, Haare:* ausfallen 6 *Temperatur, Preise:* sinken, fallen 7 *Nacht:* hereinbrechen 8 (*übertragen*) **his face fell** er machte ein langes Gesicht 9 **to fall asleep** einschlafen; **to fall ill** krank werden; **to fall silent** still werden; **to fall to pieces** *Plan, Verhältnis:* in die Brüche gehen

◆ to **fall about** **to fall about [laughing]** sich kranklachen

◆ to **fall apart** auseinanderfallen

◆ to **fall away** abfallen

◆ to **fall back on** zurückgreifen auf *Reserven*

◆ to **fall behind** 1 zurückbleiben 2 (*mit Zahlungen*) in Verzug geraten (**with** mit)

◆ to **fall down** 1 *Person:* hinfallen; *Gegenstand:* herunterfallen 2 hinunterfallen *Treppe* 3 (*übertragen*) versagen, scheitern

◆ to **fall for** (*umgangsspr*) 1 **to fall for someone** sich in jemanden verknallen 2 **to fall for a trick** auf einen Trick hereinfallen

◆ to **fall in** 1 *Gebäude, Dach:* einstürzen 2 **to fall in love with someone** sich in jemanden verlieben 3 **to fall in with someone** sich jemandem anschließen

◆ to **fall into** 1 hineinfallen in 2 **to fall in[to] three sections** sich in drei Teile gliedern; **to fall into a category** unter eine Kategorie fallen

◆ to **fall off** ① *Produktion:* zurückgehen ② *Gesundheit:* schwächer werden ③ *Interesse:* nachlassen ④ **to fall off a branch/table** von einem Ast/Tisch herunterfallen; **she fell off her horse** sie fiel von ihrem Pferd herunter

◆ to **fall on** ① **to fall on one's enemy/prey** über seinen Feind/seine Beute herfallen ② (*übertragen*) **the responsibility fell on him** die Verantwortung fiel ihm zu ③ **last year his birthday fell on a Saturday** letztes Jahr fiel sein Geburtstag auf einen Samstag

◆ to **fall out** ① *Haar:* ausfallen ② **to fall out with someone** sich mit jemandem streiten

◆ to **fall over** ① *Person:* hinfallen ② **to fall over something** über etwas fallen ③ (*übertragen*) **to fall over backwards to do something** sich die größte Mühe geben, etwas zu tun

◆ to **fall through** (*übertragen*) *Plan:* fehlschlagen, danebengehen

fall·en [ˈfɔːlən] ① *3. Form von* **fall** ② gefallen

fall·out [ˈfɔːlaʊt] der Fallout, der radioaktive Niederschlag

false [fɔːls] falsch; **false friend** der falsche Freund

false alarm (*auch übertragen*) der blinde Alarm

false·hood [ˈfɔːls(h)ʊd] die Unwahrheit

false start (*Sport*) der Fehlstart

false teeth *Plural* die dritten Zähne, das [künstliche] Gebiss

to **fal·si·fy** [ˈfɔːlsɪfaɪ] **to falsify a document** ein Dokument [ver]fälschen

fame [feɪm] der Ruhm

fa·mili·ar [fəˈmɪliəʳ] ① *Anblick, Umgebung:* vertraut, gewohnt; **are you familiar with this type of machine?** kennen Sie sich mit solchen Geräten aus?; **to make oneself familiar with something** sich mit etwas vertraut machen ② *Person:* bekannt; **he looks familiar** er kommt mir bekannt vor ③ vertraulich; **the tone of the meeting was fairly familiar** der Ton des Gespräches war ziemlich ungezwungen; **to be on familiar terms with someone** mit jemandem auf vertrautem Fuß stehen

fami·ly [ˈfæmᵊli] ① die Familie ② **the whole family is coming for Christmas!** die ganze Verwandtschaft kommt an Weihnachten! ③ die Herkunft, die Abstammung ④ **it runs in the family** das liegt in der Familie

> **G** Wenn man von **family** im Sinne von einer Einheit spricht, wird es mit einem Verb im Singular gebraucht: *his family owns all of the land*
> Wenn man jedoch von den einzelnen Gruppenmitgliedern sprechen will, wird **family** mit einem Verb im Plural gebraucht: *are all your family coming to the wedding?*

fami·ly allow·ance das Kindergeld

fami·ly doc·tor der Hausarzt/die Hausärztin

fami·ly name der Familienname

fami·ly plan·ning die Familienplanung

fami·ly tree der Stammbaum

fam·ine [ˈfæmɪn] die Hungersnot

fa·mous [ˈfeɪməs] berühmt (**for** für/wegen)

fa·mous·ly [ˈfeɪməsli] bekanntermaßen; **to get on famously** (*umgangsspr*) sich blendend verstehen

fan [fæn] ① der Fächer ② der Ventilator ③ *von Auto:* das Gebläse ④ (*umgangsspr*) der Fan, der Verehrer/die Verehrerin

to **fan** [fæn] <fanned, fanned> ① **to fan someone/oneself** jemandem/sich zufächeln ② anfachen *Feuer;* entfachen *Leidenschaft*

fa·nat·ic[1] [fəˈnætɪk] fanatisch

fa·nat·ic[2] [fəˈnætɪk] der Fanatiker/die Fanatikerin

fa·nati·cal [fəˈnætɪkᵊl] fanatisch

fan belt [ˈfænbelt] der Keilriemen

fan club [ˈfænklʌb] der Fanclub

fan·cy[1] [ˈfæn(t)si] ① **a passing fancy** nur so eine Laune; **to have a fancy for something** Lust zu etwas haben; **to take a fancy to something** an etwas Gefallen [*oder* Geschmack] finden; **to take** [*oder* **tickle**] **someone's fancy** jemandem gefallen ② die Fantasie; **just a fancy** nur Einbildung

fan·cy[2] [ˈfæn(t)si] ① kunstvoll, schick ② *Idee:* überspannt ③ **fancy prices** die gepfefferten Preise; **a big fancy car** ein toller Schlitten ④ (USA) Delikatess-

to **fan·cy** [ˈfæn(t)si] ① sich vorstellen ② meinen, sich einbilden ③ **fancy that!** sieh mal einer an!; **fancy doing that!** so was zu tun!; **fancy him doing that!** nicht zu fassen, dass er das getan hat! ④ **fancy a cup of tea?** wie wäre es mit einer Tasse Tee?; **what do you fancy doing this evening?** worauf hättest du Lust heute Abend?; **I don't fancy living here!** hier zu wohnen, würde mir nicht gefallen! ⑤ (*umgangsspr*) **she fancies him** er hat's ihr angetan *umgangsspr* ⑥ **to fancy oneself** von sich eingenommen sein; **he fancies himself as a singer** er hält sich für einen Sänger

fan·cy dress das Maskenkostüm; **fancy-dress ball** der Kostümball

fan·cy-free ungebunden, frei

fan mail [ˈfænmeɪl] die Fanpost

fan·tas·tic [fænˈtæstɪk] ① (*umgangsspr*) toll ② fantastisch; *Geschichte:* unwahrscheinlich

fan·ta·sy [ˈfæntəsi] (*Vorstellungskraft*) die Fantasie

fan·zine [ˈfænziːn] das Fanmagazin

far [fɑːʳ] <farther *oder* further, farthest *oder* furthest> ① (*auch übertragen: räumlich*) weit, fern; **at the far end** am hinteren Ende; **the far end of the room** das andere Ende des Zimmers; **in the far distance** in weiter Ferne; **from far** von weitem; **far and near** überall, nah und fern; **far and wide** weit und breit; **how far have you got?** (*übertragen*) wie weit bist du gekommen?; **so far** so weit, bis hierher ② **the train goes as far as York** der Zug fährt bis nach York ③ **far away** weit entfernt; **does he live far away?** wohnt er weit weg?; **to see something from far away** etwas aus der Ferne sehen ④ (*zeitlich*) **far into the night** bis spät in die Nacht hinein; **as far back as 1900** schon 1900; **I've done three so far** ich habe bis jetzt drei gemacht ⑤ (*als Betonung*) **far too expensive** viel zu teuer; **far longer/better** weit[aus] länger/besser; **better by far** weitaus besser; **far and away** [*oder* **by far**] **the best** bei weitem das Beste; **so far so good** so weit, so gut ⑥ **in so far as** insofern; **as far as I know** soweit ich weiß; **as far as I am concerned** was mich betrifft ⑦ **is the film good? – far from it!** ist der Film gut? — überhaupt nicht! ⑧ (*übertragen*) **to go far** es weit bringen; **that's going too far** das geht zu weit ⑨ **I wouldn't carry things too far** ich würde die Sache nicht auf die Spitze treiben

far·away [ˌfɑːrəˈweɪ] ① weit entfernt, abgelegen ② *Blick:* verträumt

fare [feəʳ] ① das Fahrgeld, der Fahrpreis; (*im Flugzeug*) der Flugpreis ② **any more fares, please?** noch jemand zugestiegen?; **have your fares ready!** Fahrgeld bereithalten!; **what's the fare?** was kostet die Fahrt? ③ **fare dodger** der Schwarzfahrer/die Schwarzfahrerin

Far East [ˌfɑːʳˈiːst] der Ferne Osten

fare·well [ˌfeəˈwel] ① der Abschied ② **to make one's farewells** sich verabschieden

fare zone [ˈfeəʳzəʊn] die Tarifzone

far-fetched [ˌfɑːˈfetʃt] weit hergeholt

farm [fɑːm] der Bauernhof, der Gutshof, die Farm

to **farm** [fɑːm] ① **to farm the land** das Land bewirtschaften ② Landwirtschaft betreiben

farm·er [ˈfɑːməʳ] der Bauer/die Bäuerin, der Landwirt/die Landwirtin

farm·ers' mar·ket der Bauernmarkt

farm·hand der Landarbeiter/die Landarbeiterin

farm·house das Bauernhaus

farm·ing [ˈfɑːmɪŋ] die Landwirtschaft, der Ackerbau

farm·yard [ˈfɑːmjɑːd] der Hof

far-off [ˈfɑːrɒf] [weit] entfernt

far-reach·ing [fɑːˈriːtʃɪŋ] weit reichend

far-right rechtsextrem

far-sight·ed [ˌfɑːˈsaɪtɪd] ① *Person:* weitsichtig ② (*übertragen*) weit blickend, vorausschauend

fart [fɑːt] (*slang*) der Furz

to **fart** [fɑːt] (*slang*) furzen

far·ther [ˈfɑːðəʳ] weiter entfernt, weiter [weg]

far·thest [ˈfɑːðɪst] entfernteste(r, s); **the farthest place** der am weitesten entfernte Ort

to **fas·ci·nate** [ˈfæsɪneɪt] **to fascinate someone** jemanden faszinieren [*oder* begeistern]; **the book fascinated me** das Buch hat mich gefesselt

fas·ci·nat·ing [ˈfæsɪneɪtɪŋ] faszinierend, spannend; *Buch:* fesselnd

fas·ci·na·tion [ˌfæsɪˈneɪʃᵊn] die Faszination, der Zauber

fas·cism [ˈfæʃɪzəm] der Faschismus

fas·cist[1] [ˈfæʃɪst] der Faschist/die Faschistin

fas·cist[2] [ˈfæʃɪst] faschistisch

fash·ion [ˈfæʃᵊn] ① die Mode; **in fashion** in Mode, modern; **to come into fashion** Mode werden; **out of fashion** aus der Mode, unmodern; **to go out of fashion** unmodern werden ② die Sitte; **that was the fashion in those days** das war damals Brauch ③ Art und Weise; **to behave in a strange fashion** sich merkwürdig verhalten; **after** [*oder* **in**] **a fashion** in gewisser Weise; **in the usual fashion** wie üblich

fash·ion·able [ˈfæʃᵊnəbl̩] modisch, schick

fash·ion de·sign·er der Modeschöpfer/die Modeschöpferin, der Designer/die Designerin

fash·ion-for·ward modebewusst

fash·ion·ista [fæʃᵊnˈiːstə] der Modefreak; (*Designer*) der Modepapst/die Modepäpstin; (*Journalist*) der Trendjournalist/die Trendjournalistin

fash·ion mod·el das Model

fash·ion show die Modenschau

fast[1] [fɑːst] <faster, fastest> ① schnell; **a fast car** ein schnelles Auto; **he runs very fast** er läuft sehr schnell ② **my watch is fast** meine Uhr geht vor ③ **fast food** das Fastfood; **fast food restaurant** der Schnellimbiss ④ **fast lane** die Überholspur ⑤ **fast forward** (*Tonband*) der Schnellvorlauf; **fast rewind** (*Tonband*) der Schnellrücklauf ⑥ **to stick fast** festsitzen; **to be fast asleep** tief schlafen

fast[2] [fɑːst] ① das Fasten; **to break one's fast** das Fasten brechen ② die Fastenzeit

to **fast** [fɑːst] fasten

to **fas·ten** [ˈfɑːsᵊn] ① befestigen, festmachen (**to** an) ② zumachen *Knopf* ③ **to fasten one's jacket** seine Jacke zumachen; **to fasten one's shoes** seine Schuhe binden ④ **to fasten one's seat-belt** sich anschnallen ⑤ sich schließen [*oder* zumachen] lassen

◆ to **fasten up** **to fasten up a jacket** eine Jacke zumachen

fas·ten·er [ˈfɑːsᵊnəʳ] **zip fastener** der Reißverschluss

fast food *kein Plural* das Fastfood

fat[1] [fæt] <fatter, fattest> ① fett, dick; **to get fat** dick werden ② *Gewinn:* üppig, satt; *Scheck:* dick ③ **a fat lot of good you are!** (*humorvoll*) du bist ja 'ne schöne Hilfe!

fat[2] [fæt] das Fett

fa·tal [ˈfeɪtᵊl] ① *Irrtum:* verhängnisvoll, fatal (**to**

F

für) ② *Unfall:* tödlich
fa·tal·i·ty [fə'tæləti] der Todesfall
fa·tal·ly ['feɪtᵊli] tödlich
fat cat (*umgangsspr*) der Bonze
fate [feɪt] das Schicksal, das Los
fat·ed ['feɪtɪd] vom Schicksal bestimmt
fat·head ['fæthed] der Dummkopf
fa·ther ['fɑːðəʳ] ① der Vater ② der Begründer ③ der Pfarrer; **Father** (*Gott*) Vater; (*Pfarrer*) Herr Pfarrer ④ **fathers** USA die Väter, die Vorfahren
to **fa·ther** ['fɑːðəʳ] **to father a child** ein Kind zeugen
Fa·ther Christ·mas der Weihnachtsmann
fa·ther·hood ['fɑːðəhʊd] die Vaterschaft
fa·ther-in-law ['fɑːðərɪnlɔː] <*Plural* fathers-in-law> der Schwiegervater
fa·ther·less ['fɑːðələs] vaterlos
fa·ther·ly ['fɑːðᵊli] väterlich
Fa·ther's Day der Vatertag
to **fat·ten** ['fætᵊn] **to fatten an animal** ein Tier mästen
fat·ten·ing ['fætᵊnɪŋ] dick machend; **fattening foods** die Dickmacher
fat·ty ['fæti] *Essen:* fett[ig], fetthaltig
fau·cet ['fɔːsɪt] USA der [Wasser]hahn
fault [fɔːlt] ① der Fehler, der Mangel ② *von Maschine:* der Defekt ③ **it isn't my fault** es ist nicht meine Schuld; **through no fault of mine** ohne mein Verschulden; **the fault lies with him** die Schuld liegt bei ihm ④ *von Erdkruste:* die Verwerfung ⑤ (*Tennis*) der Fehler ⑥ **to be at fault** im Irrtum sein ⑦ **to find fault with something** etwas an etwas auszusetzen haben
fault·less ['fɔːltləs] untadelig; *Englisch:* fehlerfrei; *Aussehen:* tadellos
faulty ['fɔːlti] fehlerhaft, mangelhaft; *Maschine:* defekt
fa·vour, USA **fa·vor** ['feɪvəʳ] ① der Gefallen, die Gefälligkeit; **to ask a favour of someone** jemanden um einen Gefallen bitten; **to do someone a favour** jemandem einen Gefallen tun; **as a favour to him** ihm zuliebe ② die Gunst, das Wohlwollen; **to fall out of favour** in Ungnade fallen; **to be out of favour** nicht mehr beliebt sein ③ **to be in favour of something** für etwas sein
to **fa·vour**, USA to **fa·vor** ['feɪvəʳ] ① für gut halten, bevorzugen ② **to favour someone** jemanden begünstigen
fa·vour·able, USA **fa·vor·able** ['feɪvᵊrəbl̩] ① günstig, vorteilhaft (**to** für) ② *Antwort, Eindruck:* positiv
fa·vour·ite¹, USA **fa·vor·ite** ['feɪvᵊrɪt] ① der Liebling ② (*bei Sport*) der Favorit/die Favoritin
fa·vour·ite², USA **fa·vor·ite** ['feɪvᵊrɪt] Lieblings-; **favourite food** das Lieblingsessen
to **fax** [fæks] fernkopieren, [tele]faxen
fax [fæks] <*Plural* faxes> ① (*Gerät*) das [Tele]fax ② das Fax, die Fernkopie
fax ma·chine das Telefax[gerät]

> **L** Die amerikanische Bundespolizei heißt **the Federal Bureau of Investigation (FBI)**. Ihre Beamten werden oft kurz **feds** genannt. Der Auslandsgeheimdienst heißt **the Central Intelligence Agency (CIA)**.

fear [fɪəʳ] ① die Angst, die Furcht; **fear of flying** die Flugangst; **fear of heights** die Höhenangst ② die Sorge, die Befürchtung; **she talked quietly for fear of waking the child** sie sprach leise, um das Kind nicht aufzuwecken ③ **make the same mistake again? no fear!** denselben Fehler noch mal machen? keine Sorge!
to **fear** [fɪəʳ] ① [sich] fürchten, Angst haben; **to fear for someone/something** um jemanden/etwas fürchten ② befürchten ③ **to fear God** vor Gott Ehrfurcht haben
fear·ful ['fɪəfᵊl] ① ängstlich (**of** vor) ② **to be fearful for one's life** um sein Leben fürchten
fear·less ['fɪələs] furchtlos
fea·sible ['fiːzəbl̩] ① machbar, realisierbar; *Plan, Vorschlag:* durchführbar ② *Ausrede:* glaubhaft, plausibel
feast [fiːst] ① (*religiös*) das Fest ② das Festmahl, das Festessen, das Bankett
feat [fiːt] ① die Heldentat ② die [Meister]leistung; **feat of engineering** die technische Großtat
feath·er ['feðəʳ] ① die Feder; **as light as a feather** federleicht ② **feathers** ⚠ *Plural* das Gefieder ▸ WENDUNGEN: **a feather in one's cap** etwas, auf das man stolz sein kann
fea·ture ['fiːtʃəʳ] ① das Kennzeichen, das Merkmal ② *von Raum, Gebäude:* die Besonderheit; **to make a feature of something** etwas besonders hervorheben ③ (*im Fernsehen*) der Dokumentarbericht, das Feature ④ (*in Zeitung*) der Sonderbericht ⑤ **a feature of his style is ...** sein Stil ist durch ... gekennzeichnet
to **fea·ture** ['fiːtʃəʳ] ① (*in der Presse*) **to feature a story** eine Geschichte bringen ② **a film featuring someone** ein Film mit jemandem in der Hauptrolle ③ (*auch im Theaterstück*) **to feature in a play** eine bedeutende Rolle in einem Stück spielen
fea·ture film der Spielfilm
Feb·ru·ary ['februᵊri] der Februar; **in February** im Februar; **on 15th February, on February 15** USA am 15. Februar; **at the beginning of February** Anfang Februar; **at the end of February** Ende Februar
fed [fed] *2. und 3. Form von* **feed**
fed·er·al ['fedᵊrᵊl] ① bundesstaatlich, föderativ ② USA **federal state** der Staat; **Federal Bureau**

of Investigation, FBI das Bundeskriminalamt ③ the Federal Republic of Germany die Bundesrepublik Deutschland

fed·era·tion [ˌfedᵊr'eɪʃᵊn] ① (*politisch*) der Zusammenschluss; *von Staaten:* das Bündnis ② (*sportlich*) die Föderation, der Verband

fed up [ˌfed'ʌp] **I'm fed up!** ich habe die Nase voll!; **I'm fed up with it** es hängt mir zum Hals heraus

fee [fiː] ① die Gebühr; **on payment of a small fee** gegen eine geringe Gebühr ② *von Arzt, Künstler:* das Honorar ③ *von Schauspieler:* die Gage ④ *von Verwalter:* die Bezüge ⑤ **school fees** das Schulgeld

fee·ble ['fiːbl̩] <feebler, feeblest> ① schwach ② *Stimme:* matt ③ *Versuch:* zaghaft

fee·ble-mind·ed ['fiːbl'maɪndɪd] dümmlich

feed [fiːd] ① *eines Babys:* die Mahlzeit, das Essen ② *eines Tieres:* das Futter

to **feed** [fiːd] <fed, fed> ① **to feed someone** jemanden verpflegen; **to feed the family** die Familie ernähren ② **to feed an animal** einem Tier zu fressen geben; **to feed a baby** ein Baby füttern; (*an der Brust*) ein Baby stillen ③ versorgen *Maschine* ④ **to feed a meter** Geld in einen Münzzähler einwerfen ⑤ **to feed someone with information** jemanden mit Informationen versorgen ⑥ **to feed oneself** sich selbst verpflegen ⑦ *Tier:* fressen

◆ to **feed in** **to feed in data** Daten eingeben

◆ to **feed off**, to **feed on** **to feed off** [*oder* **on**] **something** sich von etwas ernähren

◆ to **feed up** **to feed an animal up** ein Tier mästen; **are you trying to feed me up?** (*humorvoll*) willst du mich mästen?

feed·back ['fiːdbæk] ① (*Reaktion*) das Feedback, die Rückmeldung; **feedback information** die Rückinformation ② (*in Lautsprecheranlage*) die Rückkoppelung

feed·ing bot·tle ['fiːdɪŋˌbɒtl] das Babyfläschchen

feel [fiːl] ① **to have a rubbery/silky feel** sich gummiartig/seidig anfühlen ② (*übertragen*) **to have a feel for something** ein Gefühl für etwas haben

to **feel** [fiːl] <felt, felt> ① fühlen, befühlen ② empfinden *Eifersucht, Mitleid, Gefühl;* **to feel the sun on one's skin** die Sonne auf der Haut spüren; **to feel the cold/heat** unter der Kälte/Hitze leiden ③ glauben; **she felt it necessary ...** sie hielt es für notwendig...; **how do you feel about him?** was halten Sie von ihm?; **what do you feel about it?** was halten Sie davon?; **I feel as if I've seen him before** mir ist, als ob ich ihn schon mal gesehen hätte ④ (*übertragen*) **to feel one's way** sich vortasten ⑤ sich fühlen; **to feel well** sich wohl fühlen; **I'm feeling much better** es geht mir viel besser; **to feel hungry** hungrig sein; **I feel hot** mir ist heiß ⑥ sich anfühlen; **it feels hard** es fühlt sich hart an; **it feels like leather** es fühlt sich an wie Leder ⑦ **to feel like something** Lust auf etwas haben; **I feel like an ice-cream** ich hätte jetzt Lust auf ein Eis; **I feel like going for a walk** ich habe Lust, spazieren zu gehen

◆ to **feel about** umhertasten

◆ to **feel for** **to feel for someone** mit jemandem Mitleid haben

feel·ing ['fiːlɪŋ] ① die Empfindung, das Gefühl ② **I have a feeling that ...** ich habe das Gefühl, dass ... ③ die Meinung, die Ansicht; **the general feeling was that...** man war allgemein der Ansicht, dass... ④ **feelings** die Gefühle; **I hope you haven't any hard feelings** ich hoffe, Sie sind [mir] nicht böse; **to hurt someone's feelings** jemanden verletzen

feet [fiːt] *Pluralform von* **foot**

fell [fel] *2. Form von* **fall**

to **fell** [fel] **to fell a tree** einen Baum fällen

fel·low ['feləʊ] der Bursche, der Kerl; **old fellow** der alte Knabe

fel·low mem·ber der Klubkamerad/die Klubkameradin; *einer Partei:* der Parteigenosse/die Parteigenossin

fel·low pas·sen·ger der/die Mitreisende

fel·low stu·dent der Kommilitone/die Kommilitonin

fel·low work·er der Kollege/die Kollegin

felt[1] [felt] *2. und 3. Form von* **feel**

felt[2] [felt] der Filz

felt-tip der Filzstift

fe·male[1] ['fiːmeɪl] weiblich

fe·male[2] ['fiːmeɪl] ① *von Tieren:* das Weibchen ② (*abwertend*) das Weib

femi·nine ['femɪnɪn] feminin, weiblich

femi·nism ['femɪnɪzᵊm] der Feminismus

femi·nist[1] ['femɪnɪst] feministisch, Frauen-

femi·nist[2] ['femɪnɪst] der Feminist/die Feministin, der Frauenrechtler/die Frauenrechtlerin

fence [fen(t)s] ① der Zaun ② (*für Pferde*) das Hindernis ③ (*umgangsspr*) der Hehler ④ (*übertragen*) **to sit on the fence** neutral bleiben

to **fence** [fen(t)s] ① umzäunen; **to fence an animal in** ein Tier einzäunen; **the area was fenced off** das Gebiet war abgesperrt ② fechten

fenc·er ['fen(t)səʳ] der Fechter/die Fechterin

fenc·ing ['fen(t)sɪŋ] ① der Zaun, die Umzäunung ② das Fechten

to **fend** [fend] **to fend for oneself** für sich selbst sorgen; **to fend off the enemy** den Feind abwehren; **to fend off an attack** einen Angriff abwehren

fe·ro·cious [fə'rəʊʃəs] *Person, Tier:* wild; *Stimme:* grimmig; *Schlag, Streit:* heftig

fer·ry ['feri] die Fähre

F

to **fer·ry** ['feri] ① [mit der Fähre] übersetzen ② transportieren *Güter*
fer·ry boat die Fähre
fer·ry·man <*Plural* ferrymen> der Fährmann
fer·tile ['fɜːtaɪl] ① *Land:* fruchtbar, ertragreich ② (*übertragen*) reich (**of**/**in** an)
fer·til·ity [fə'tɪləti] die Fruchtbarkeit
to **fer·ti·lize** ['fɜːtɪlaɪz] ① düngen *Acker* ② befruchten *Tier, Pflanze*
fer·ti·liz·er ['fɜːtɪlaɪzəʳ] der Dünger
fes·ti·val ['festɪvᵊl] ① das Fest ② (*kulturell*) die Festspiele; **music festival** die Musikfestspiele

> **L** Seit 1947 findet jedes Jahr ab Mitte August drei Wochen lang in Edinburgh, der Hauptstadt Schottlands, das **Edinburgh International Festival** mit vielen Theater-, Musik-, Opern-, Tanz- und Kunstveranstaltungen statt. Gleichzeitig gibt es ein großes *Film Festival*, ein *Jazz Festival* und ein *Book Festival*. Neben dem offiziellen Festival hat sich ein sehr großes, lebendiges und innovatives *Fringe Festival* (Alternativfestival) mit über 1000 verschiedenen Veranstaltungen entwickelt.

fes·tive ['festɪv] festlich; **festive mood** die Feststimmung
fes·tiv·ity [fes'tɪvəti] **festivities** *Plural* die Feierlichkeiten
to **fetch** [fetʃ] ① holen, bringen; **he fetched her from the station** er holte sie vom Bahnhof ab ② **his car fetched $1,000 at auction** sein Auto brachte $1000 bei der Versteigerung
fetch·ing ['fetʃɪŋ] (*umgangsspr*) bezaubernd
fête [feɪt] das [Garten]fest
fe·tus ['fiːtəs] (USA) der Fötus, der Fetus
fe·ver ['fiːvəʳ] ① das Fieber ② (*übertragen*) die Erregung; **to be at fever pitch** in höchster Erregung sein
fe·ver·ish ['fiːvᵊrɪʃ] ① fiebernd ② (*übertragen*) fieberhaft
few [fjuː] ① wenige; **few people** wenige Leute; **no fewer than ...** nicht weniger als ... ② **a few people** ein paar Leute; **a few times** ein paar Mal; **quite a few** ziemlich viele ③ **every few days** alle paar Tage ④ **few and far between** dünn gesät

> **G** **fewer** wird für zählbare Dinge, Tiere oder Personen gebraucht: *there are fewer people on the trains after 7 p.m.; this time I made fewer mistakes;*
> **less** wird für nicht zählbare Dinge und Mengen gebraucht: *you need to take less luggage next time; the patient made less progress this week*

few·er ['fjuːəʳ] weniger; **no fewer than ...** nicht weniger als ...
few·est [fjuːɪst, -əst] [**the**] **fewest** die Wenigsten
fi·an·cé [fi'ɑ̃ː(n)seɪ] der Verlobte
fi·an·cée [fi'ɑ̃ː(n)seɪ] die Verlobte
fib [fɪb] (*umgangsspr*) die Schwindelei; **to tell a fib** flunkern
to **fib** [fɪb] <fibbed, fibbed> flunkern, schwindeln
fib·ber ['fɪbəʳ] der Flunkerer
fi·bre ['faɪbəʳ], (USA) **fi·ber** ['fɪbəʳ] ① (*bei Pflanzen usw.*) die Faser ② [**dietary**] **fibre** die Ballaststoffe; **glass fibre** die Glasfiber, die Glasfaser ③ (*übertragen*) **moral fibre** die Charakterstärke
fi·bre·glass ['faɪbəglɑːs], (USA) **fi·ber·glass** das Fiberglas
fi·bre op·tic ca·ble ['faɪbəʳɒptɪk'keɪbl] das Glasfaserkabel
fic·tion ['fɪkʃᵊn] ① die Erfindung, die Fiktion ② die Erzählliteratur, die Prosaliteratur
fic·tion·al ['fɪkʃᵊnᵊl] erfunden, erdichtet
fic·ti·tious [fɪk'tɪʃəs] ① *Geschichte:* [frei] erfunden; *Figur:* fiktiv ② falsch
fid·dle ['fɪdl̩] ① die Fiedel, die Geige ② (*umgangsspr*) die Schiebung ③ **to be fit as a fiddle** gesund und munter sein
to **fid·dle** ['fɪdl̩] ① geigen ② (*umgangsspr*) **to fiddle the books** die Bücher frisieren
◆ to **fiddle about** herumspielen, herumfummeln
fid·dly ['fɪdl̩i] (*umgangsspr*) knifflig
fidg·et ['fɪdʒɪt] (*umgangsspr*) der Zappelphilipp
to **fidg·et** ['fɪdʒɪt] nervös sein, zappeln
fidg·ety ['fɪdʒəti] zappelig, nervös
field [fiːld] ① das Feld, der Acker; (*mit Tieren*) die Weide; **to work in the fields** auf dem Feld arbeiten ② (*Sport*) das Feld; **playing field** der Sportplatz ③ (*militärisch*) das Feld; **field of battle** das Schlachtfeld ④ (*übertragen*) das [Fach]gebiet, der Bereich, der Sektor; **in this field** auf diesem Gebiet, in diesem Bereich ⑤ **field of vision** das Blickfeld, das Gesichtsfeld
to **field** [fiːld] ① (*Kricket, Baseball*) **to field the ball** den Ball auffangen und zurückwerfen ② als Fänger spielen
field·er ['fiːldəʳ] der Feldspieler/die Feldspielerin
field events *Plural* die Sprung- und Wurfdisziplinen
field mouse <*Plural* field mice> die Feldmaus
field sports *Plural* der Sport im Freien (*besonders Jagen und Fischen*)
field trip (*Schule*) die Exkursion
field·work ['fiːldwɜːk] ① die Arbeit im Gelände ② *von Wissenschaftler:* die Feldforschung
fierce [fɪəs] ① *Erscheinung:* wild ② *Blick:* böse ③ *Hund:* scharf ④ *Kampf:* heftig ⑤ *Konkurrenz:* erbittert
fiery ['faɪ(ə)ri] ① feurig, glühend, heiß ② (*übertragen*) erregt, aufwühlend; **to have a fiery temper** ein Hitzkopf sein
fif·teen¹ [fɪf'tiːn] fünfzehn
fif·teen² [fɪf'tiːn] die Fünfzehn
fif·teenth¹ [fɪf'tiːnθ] fünfzehnte(r, s)
fif·teenth² [fɪf'tiːnθ] ① (*Datum*) **the fifteenth**

der Fünfzehnte ② (*Bruchzahl*) das Fünfzehntel
fifth[1] [fɪfθ] fünfte(r, s)
fifth[2] [fɪfθ] ① (*Datum*) **the fifth** der Fünfte ② (*Bruchzahl*) das Fünftel
fif·ti·eth[1] ['fɪftiəθ] fünfzigste(r, s)
fif·ti·eth[2] ['fɪftiəθ] ① Fünfzigste(r, s) ② (*Bruchzahl*) das Fünfzigstel
fif·ty[1] ['fɪfti] ① fünfzig ② **to go fifty-fifty with someone** mit jemandem halbe-halbe machen
fif·ty[2] ['fɪfti] ① die Fünfzig ② **in the fifties** in den Fünfzigern; **she must be in her fifties** sie muss in den Fünfzigern sein
fig [fɪg] die Feige
fight [faɪt] ① (*auch übertragen*) der Kampf, das Gefecht; **to have a fight with someone** sich mit jemandem schlagen; **to put up a fight** sich zur Wehr setzen ② die Kampfkraft, der Kampfgeist
to **fight** [faɪt] <fought, fought> ① kämpfen (**for** um); **to fight someone/something** gegen jemanden/etwas [*oder* mit jemandem/etwas] kämpfen, jemanden/etwas bekämpfen ② (*mit Worten*) sich streiten ③ (*mit den Fäusten*) sich prügeln ④ **to fight for one's life** um sein Leben kämpfen; **to fight shy of something** einer Sache aus dem Weg gehen ⑤ **to fight a campaign** eine Kampagne führen; **to fight a losing battle** (*übertragen*) auf verlorenem Posten stehen
◆ to **fight back** zurückschlagen, sich wehren
◆ to **fight off** abwehren
◆ to **fight on** weiterkämpfen
fight·er ['faɪtəʳ] ① der Kämpfer/die Kämpferin ② das Jagdflugzeug ③ der Boxer
fight·ing[1] ['faɪtɪŋ] der Kampf, das Gefecht
fight·ing[2] ['faɪtɪŋ] **fighting spirit** der Kampfgeist; **he's got a fighting chance** er hat eine reelle Chance
fig·ura·tive ['fɪgjᵊrətɪv] bildlich, übertragen
fig·ure ['fɪgəʳ] ① die Zahl, die Ziffer; *von Geld:* die Summe; **to be good at figures** gut rechnen können; **a five-figure number** eine fünfstellige Zahl ② (*geometrisch*) die Form ③ (*Körper*) die Gestalt, die Figur; **she has a good figure** sie hat eine gute Figur ④ die Persönlichkeit; **figure of fun** die Witzfigur; **a public figure** eine Persönlichkeit des öffentlichen Lebens
to **fig·ure** ['fɪgəʳ] ① (USA) meinen; **I figured he'd be late** ich dachte, er würde zu spät kommen ② (*umgangsspr*) **that figures!** das hätte ich mir denken können!
◆ to **figure out** ① **to figure something out** etwas ausrechnen ② **to figure out a problem** ein Problem verstehen ③ **to figure someone out** jemanden verstehen
fig·ure-skat·ing ['fɪgəʳ 'skeɪtɪŋ] der Eiskunstlauf
Fi·ji ['fiːdʒiː] **the Fiji Islands** die Fidschiinseln
file [faɪl] ① der Aktenhefter, der Aktenordner ② **to keep a file on someone** eine Akte über jemanden führen ③ (*in der Informatik*) die Datei ④ **on file** aktenkundig; **to put something on file** etwas zu den Akten nehmen ⑤ die Feile ⑥ die Reihe; **in single file** im Gänsemarsch
to **file** [faɪl] ① **to file something [away]** etwas zu den Akten legen [*oder* ablegen] ② **to file a report** einen Bericht einsenden ③ (*im Gericht*) einreichen *Antrag;* **to file a suit** Klage erheben ④ feilen *Fingernägel*
◆ to **file in** hereinmarschieren
◆ to **file out** hinausgehen
file ex·ten·sion (*in der Informatik*) die Datei[namen]erweiterung
file name (*in der Informatik*) der Dateiname
fil·ing ['faɪlɪŋ] ① *von Akten:* das Ablegen, das Abheften ② *von Antrag:* die Einreichung
fil·ing cabi·net der Aktenschrank
to **fill** [fɪl] ① füllen; **light filled the room** Licht strömte in das Zimmer ② zustopfen *Loch;* stopfen *Pfeife;* plombieren *Zahn* ③ **filled with admiration** von Bewunderung erfüllt; **the thought filled him with anger** der Gedanke erfüllte ihn mit Zorn ④ **the position is already filled** die Stelle ist schon besetzt ⑤ voll werden, sich füllen
◆ to **fill in** ① **to fill in a hole** ein Loch auffüllen ② **to fill in a form** ein Formular ausfüllen; **please fill in your name** bitte setzen Sie Ihren Namen ein ③ **to fill in for someone** für jemanden einspringen ④ **to fill someone in on something** jemanden über etwas ins Bild setzen
◆ to **fill out** ① sich blähen, dicker werden ② ausfüllen *Formular*
◆ to **fill up** ① **to fill something up** etwas vollfüllen ② **to fill up a car** volltanken ③ sich füllen, voll werden
fil·let ['fɪlɪt] das Filet; **fillet steak** das Filetsteak
to **fil·let** ['fɪlɪt] filetieren *Fleisch, Fisch*
fill·ing[1] ['fɪlɪŋ] ① (*für Zahn*) die Plombe, die Füllung ② (*für Brot*) der Belag
fill·ing[2] ['fɪlɪŋ] *Essen:* sättigend
fill·ing sta·tion die Tankstelle
film [fɪlm] ① (*dünner Belag*) die Schicht, der Film ② (*für Fotoapparat, im Kino*) der Film; **to make** [*oder* **shoot**] **a film** einen Film drehen
to **film** [fɪlm] ① [ver]filmen ② sich verfilmen lassen
film cam·era die Filmkamera
film speed die Lichtempfindlichkeit
film star der Filmstar
film stu·dio das Filmatelier, das Filmstudio
fil·ter ['fɪltəʳ] der/das Filter
to **fil·ter** ['fɪltəʳ] filtern
◆ to **filter in** ① langsam eindringen, einsickern ② *Auto:* sich einordnen
◆ to **filter out** ① herausfiltern ② langsam herausgehen

◆ to **filter through** durchsickern

fil·ter lane GB die Abbiegespur

fil·ter pa·per das Filterpapier

fil·ter tip ① der/das Filter, das Filtermundstück ② die Filterzigarette

filthy ['fɪlθi] ① schmutzig, dreckig ② (*übertragen*) unanständig, schweinisch ③ (*umgangsspr*) **filthy rich** stinkreich *umgangsspr*

fin [fɪn] die Flosse

fi·nal[1] ['faɪnᵊl] ① letzte(r, s); **final word** das letzte Wort; **final score** der Schlussstand; **final whistle** der Schlusspfiff ② *Resultat, Ziel:* Endgültig ③ *Urteil, Entscheidung:* endgültig

fi·nal[2] ['faɪnᵊl] ① *meist Plural* die Abschlussprüfung ② (*im Sport*) das Endspiel, das Finale

fi·nal·ist ['faɪnᵊlɪst] (*im Sport*) der Finalist/die Finalistin

to **fi·nal·ize** ['faɪnᵊlaɪz] **to finalize a plan** einen Plan endgültig festlegen; **to finalize a deal** ein Geschäft zum Abschluss bringen

fi·nal·ly ['faɪnᵊli] ① (*nach langem Warten*) schließlich; **and finally he was ready!** und endlich war er fertig! ② (*zeitlich*) zum Schluss; **firstly, ... secondly,... and finally ...** erstens, ... zweitens, ... und zuletzt ...

fi·nance ['faɪnæn(t)s] ① das Finanzwesen ② **finances** die Finanzen

to **fi·nance** ['faɪnæn(t)s] finanzieren

fi·nan·cial [faɪ'næn(t)ʃᵊl] finanziell; **financial adviser** der Finanzberater/die Finanzberaterin; **financial assistance** die Finanzhilfe; **the financial year** das Geschäftsjahr

find [faɪnd] der Fund

to **find** [faɪnd] <found, found> ① finden; (*unerwartet*) entdecken ② (*besorgen*) **to find something for someone** jemandem etwas besorgen; **did you find what you wanted?** hast du bekommen, was du wolltest? ③ **it has been found that...** es hat sich herausgestellt, dass... ④ (*bemerken*) **you'll find that he's lying** du wirst feststellen, dass er lügt ⑤ (*halten für*) **she found all the questions easy** sie fand alle Fragen leicht ⑥ (*übertragen*) **to find one's feet** sich zurechtfinden; **to find one's voice** [*oder* **tongue**] die Sprache wiederfinden ⑦ (*auch übertragen*) **to find one's way** seinen Weg finden ⑧ **to find fault with something** etwas an etwas auszusetzen haben ⑨ **he found himself in hospital** er fand sich im Krankenhaus wieder; **she found herself unable to work** sie sah sich außer Stande zu arbeiten ⑩ (*im Gericht*) **to find someone guilty** jemanden für schuldig befinden; **to find for the accused** den Angeklagten freisprechen

◆ to **find out** ① herausfinden; **you'll have to find out!** du wirst es herausfinden müssen! ② erwischen *Person* ③ dahinterkommen

find·ing ['faɪndɪŋ] ① **findings** ⚠ *Plural* das Ergebnis; (*medizinisch*) der Befund ② *von Gericht:* das Urteil

fine[1] [faɪn] <finer, finest> ① fein; *Wetter:* schön; **one fine day** eines schönen Tages ② *Sportler, Künstler:* ausgezeichnet, hervorragend ③ prächtig; **fine clothes** feine Kleider ④ *Material:* fein, zart ⑤ **fine words** schöne Worte ⑥ *Werkzeug:* genau; *Nadel, Pinsel:* fein, spitz; *Spitze:* scharf; **to chop something up fine** etwas fein zerhacken ⑦ **fine dust** der feine Staub; **fine rain** der Nieselregen ⑧ gesund; **I'm feeling fine** mir geht's bestens; **how are you? — fine, thanks!** wie geht's? — gut, danke! ⑨ **that's fine!** das ist prima!; **everything's fine** alles ist in Ordnung; **that will suit me fine** das passt mir gut ⑩ (*umgangsspr*) prima

fine[2] [faɪn] das Bußgeld, die Geldstrafe

to **fine** [faɪn] mit einer Geldstrafe belegen

fine art *kein Plural*, **fine arts** *Plural* die schönen Künste

fine-tooth(ed) comb der fein gezahnte Kamm ▶ WENDUNGEN: **to examine something with a fine-toothed comb** etwas sorgfältig unter die Lupe nehmen *umgangsspr*

fin·ger ['fɪŋgəʳ] ① der Finger; **to cut one's finger** sich in den Finger schneiden; **I didn't lay a finger on you!** ich habe dich gar nicht berührt!; **if they lay a finger on her ...** wenn sie ihr nur ein Haar krümmen ... ② **to burn one's fingers** (*auch übertragen*) sich die Finger verbrennen ③ (*übertragen*) **to let something slip through one's fingers** sich etwas entgehen lassen; **to twist someone around one's [little] finger** jemanden um den kleinen Finger wickeln

fin·ger·nail der Fingernagel

fin·ger·print ['fɪŋgəprɪnt] der Fingerabdruck

fin·ger·tip ['fɪŋgətɪp] die Fingerspitze ▶ WENDUNGEN: **to have something at one's fingertips** etwas parat haben

fin·ish ['fɪnɪʃ] ① das Ende, der Schluss; **it would be the finish of him as a politician** das würde das Ende seiner Karriere als Politiker bedeuten ② (*Endpunkt eines Rennens*) Ziel; (*Endphase eines Rennens*) der Endkampf, der Endspurt ③ der Schliff; (*bei Waren*) die Verarbeitung, die Vollendung ④ **paint with a matt finish** der Mattlack; **paint with a gloss finish** der Hochglanzlack ⑤ (*übertragen*) **to be in at the finish** das Ende miterleben; **to fight to the finish** bis zu einer Entscheidung kämpfen

to **fin·ish** ['fɪnɪʃ] ① beenden ② **to finish [off]** erledigen, vollenden *Arbeit;* auslesen *Buch* ③ **to finish doing something** aufhören, etwas zu tun; **to have finished doing something** mit etwas fertig sein; **to finish writing** fertig schreiben; **have you finished?** bist du fertig?; **finish your drink** trink aus ④ fertig stellen; **to finish**

something [**off**] einer Sache den letzten Schliff geben ⑤ (*auch übertragen*) umbringen; **another illness like that would finish him** [**off**] noch so eine Krankheit würde das Ende für ihn bedeuten; **that last call just about finished me** [**off**] der letzte Besuch hat mich aber fertiggemacht ⑥ zu Ende sein, fertig sein, aufhören; **when does the concert finish?** wann ist das Konzert aus? ⑦ (*beim Rennen*) das Ziel erreichen ⑧ vervollkommnen; **it finished** [**off**] **the evening perfectly** es hat dem Abend den letzten Schliff gegeben ⑨ **to finish by doing something** zum Schluss etwas tun

◆ to **finish off** ① aufhören, Schluss machen ② **to finish something off** etwas fertig machen ③ aufessen *Essen* ④ den Gnadenschuss geben *Tier* ⑤ (*auch übertragen*) **to finish someone off** jemandem den Rest geben

◆ to **finish up** ① **he finished up in third place** er landete auf dem dritten Platz ② **to finish up with a brandy/song** zum Abschluss einen Brandy trinken/ein Lied singen ③ aufessen *Essen;* austrinken *Getränk*

◆ to **finish with** ① **have you finished with the paper?** brauchst du die Zeitung noch?; **to finish with a book** ein Buch auslesen ② (*übertragen*) **to finish with someone** mit jemandem fertig sein [*oder* nichts mehr zu tun haben wollen]; **to finish with a girlfriend/boyfriend** mit einem Freund/einer Freundin Schluss machen

fin·ished ['fɪnɪʃt] ① **he's finished** er ist fertig ② *Person:* erledigt *umgangsspr* ③ *Holz, Metall:* fertig bearbeitet ④ *Erscheinung:* vollendet ⑤ **finished product** das Fertigprodukt

fin·ish·ing line ['fɪnɪʃɪŋˌlaɪn] die Ziellinie

fin·ish·ing post ['fɪnɪʃɪŋˌpəʊst] der Zielpfosten

fi·nite ['faɪnaɪt] begrenzt; **a finite number** eine endliche Zahl

Fin·land ['fɪnlənd] Finnland

Finn·ish[1] ['fɪnɪʃ] Finnisch

Finn·ish[2] ['fɪnɪʃ] finnisch

fir [fɜːʳ] die Tanne, die Fichte

fir-cone der Tannenzapfen

fire ['faɪəʳ] ① das Feuer; **danger of fire** die Brandgefahr; **to catch fire** Feuer fangen ② (*von Gebäude, Wald*) der Brand; **to be on fire** in Flammen stehen; **to set fire to a house, to set a house on fire** ein Haus in Brand stecken ③ das Kaminfeuer ④ (*militärisch*) das Feuer; **to come under fire** unter Beschuss geraten ⑤ **to play with fire** (*auch übertragen*) mit dem Feuer spielen

to **fire** ['faɪəʳ] ① (*umgangsspr*) feuern *umgangsspr,* entlassen ② befeuern *Ofen* ③ brennen *Ziegel* ④ abfeuern *Feuerwaffe, Geschoss* ⑤ *Waffe:* feuern, schießen

◆ to **fire away** (*umgangsspr*) losschießen

◆ to **fire off** **to fire off a gun** ein Gewehr abfeuern

fire alarm ['faɪərəˌlɑːm] ① der Feueralarm ② (*Gerät*) der Feuermelder

fire·arm die Feuerwaffe, die Schusswaffe

fire bri·gade die Feuerwehr

fire·crack·er der Knallkörper

fire de·part·ment (USA) die Feuerwehr

fire en·gine das Feuerwehrauto

fire es·cape die Feuertreppe, die Feuerleiter

fire ex·tin·guish·er der Feuerlöscher

fire-fight·er der Feuerwehrmann

fire haz·ard die Brandgefahr

fire house (USA) die Feuerwache

fire·man ['faɪəmən] <*Plural* firemen> der Feuerwehrmann

fire·place ['faɪəpleɪs] der Kamin

fire·proof feuerfest, feuersicher

fire·side ['faɪəsaɪd] Platz um den Kamin; **by the fireside** am Kamin

fire·wom·an ['faɪəwʊmən, *Plural* 'faɪəwɪmɪn] <firewomen> *Plural* die Feuerwehrfrau

fire·wood ['faɪəwʊd] das Brennholz

fire·work ① der Feuerwerkskörper ② **fireworks** das Feuerwerk

firm[1] [fɜːm] <firmer, firmest> ① fest, stabil ② *Freundschaft:* beständig, dauerhaft ③ *Basis:* sicher ④ *Angebot:* bindend ⑤ **to stand firm on something** fest bei etwas bleiben

firm[2] [fɜːm] die Firma, das Unternehmen

firm·ness ['fɜːmnəs] die Festigkeit

first[1] [fɜːst] ① erste(r, s); **first novel** der Erstlingsroman; **for the first time** zum ersten Mal; **in first place** (*beim Rennen*) an erster Stelle; **he was first to arrive** er kam als Erster an; **first thing every morning** gleich morgens früh ② zuerst, als Erste(r, s); **to come in first** das Rennen gewinnen; **Ladies first!** den Damen der Vortritt!; **first come, first served** wer zuerst kommt, mahlt zuerst ③ als Erstes, zunächst; **first of all, I'm going to unpack** zuallererst werde ich auspacken ④ zum ersten Mal; **when did you first meet him?** wann hast du ihn das erste Mal getroffen? ⑤ zuerst; **I must finish this first** ich muss das erst fertig machen ⑥ (*übertragen*) **at first hand** aus erster Hand; **at first sight** auf den ersten Blick ⑦ **first things first** eins nach dem anderen; **to not know the first thing about something** keinen blassen Schimmer von etwas haben

first[2] [fɜːst] ① **the first** der/die/das Erste; **he was the first to arrive** er kam als Erster an ② (GB) (*Note an der Uni*) die Eins ③ (*im Fahrzeug*) der erste Gang ④ **the first of July** der erste Juli ⑤ **at first** zuerst, zunächst; **from first to last** von Anfang bis Ende

first aid die erste Hilfe; **first aid box** der Verbandskasten

first-class [ˌfɜːst'klɑːs] ① erstklassig; **first-class compartment** das Abteil erster Klasse ② (GB) **first-class stamp** die Briefmarke für Eilpost

> **L** In Großbritannien gibt es für Inlandsbriefe **first class stamps** und **second class stamps**. **First class** ist etwas teurer als **second class**, aber dafür kommen die Postsendungen schneller an. Briefmarken für Auslandsbriefe sind teurer.

first·ly ['fɜːs(t)li] erstens
first name ['fɜːst neɪm] der Vorname; **to be on first name terms** sich duzen
first night (*am Theater*) die Erstaufführung

first-rate [ˌfɜːst'reɪt] ① erstrangig, erstklassig ② (*umgangsspr*) prima, großartig
fis·cal ['fɪskᵊl] fiskalisch; **fiscal policy** die Finanzpolitik; **fiscal year** das Geschäftsjahr
fish [fɪʃ] <*Plural* fish *oder* fishes> ① der Fisch; **fish and chips** frittierter Fisch und Pommes frites ② **to drink like a fish** saufen wie ein Loch *umgangsspr;* **to feel like a fish out of water** sich fehl am Platz vorkommen

> **G** Der Plural von **fish** bleibt in den meisten Fällen unverändert **fish**: *the fishermen caught hundreds of fish*
> Wenn man jedoch von verschiedenen Fischarten spricht, verwendet man **fishes**: *cod, haddock, herring and other fishes*

to **fish** [fɪʃ] ① fischen ② angeln (**for** nach) ③ **she fished in her bag for her lipstick** sie kramte in ihrer Handtasche nach ihrem Lippenstift
fish·bone ['fɪʃbəʊn] die Fischgräte
fish·cake ['fɪʃkeɪk] die Fischfrikadelle
fish·er·man ['fɪʃəmən] <*Plural* fishermen> der Fischer, der Angler
fish fin·ger [ˌfɪʃ'fɪŋgəʳ] das Fischstäbchen
fish·ing ['fɪʃɪŋ] das Fischen, das Angeln
fish·ing line die Angelschnur
fish·ing rod die Angelrute
fish·monger ['fɪʃmʌŋgəʳ] (GB) der Fischhändler/die Fischhändlerin
fish·pond der Fischteich
fishy ['fɪʃi] ① *Geruch, Geschmack:* fischartig ② (*umgangsspr*) verdächtig, faul
fist [fɪst] die Faust
fit¹ [fɪt] ① (*medizinisch*) der Anfall; **fit of coughing** der Hustenanfall ② **fit of anger** der Wutanfall ③ (*umgangsspr*) **by** [*oder* **in**] **fits and starts** stoßweise; **to give someone a fit** (*umgangsspr*) jemandem einen Schrecken einjagen ④ *von Kleidungsstück:* die Passform; **it's a good fit** es sitzt gut
fit² [fɪt] <fitter, fittest> ① *Person:* gesund, in Form; **to keep fit** in Form bleiben ② geeignet; **this coat isn't fit for use** diesen Mantel kann man nicht mehr anziehen ③ **fit to drink** trinkbar; **fit for a position** für eine Stelle geeignet; **fit for work** arbeitsfähig ④ angebracht; **to see fit to do something** es für richtig halten, etwas zu tun
to **fit** [fɪt] <fitted *oder* (USA) fit, fitted *oder* (USA) fit> ① **the lid fits the jar** der Deckel passt auf den Topf; **the key fits the lock** der Schlüssel passt in das Schloss ② *Kleidung:* passen, sitzen ③ montieren, einbauen *Schloss;* einsetzen *Scheibe, Tür* ④ **the facts fit the description** die Tatsachen entsprechen der Beschreibung
◆ to **fit in** ① **to fit something in** etwas unterbringen ② **to fit someone in** jemandem einen Termin geben; **to fit a visit in** einen Besuch einschieben; **I can fit you in on Monday** am Montag hätte ich Zeit für Sie ③ einbauen *Scheibe usw.* ④ **she doesn't fit in with her colleagues** sie passt nicht zu ihren Kollegen ⑤ in Einklang [*oder* Übereinstimmung] sein (**with** mit)
◆ to **fit out** ausrüsten, ausstatten
◆ to **fit together** zusammenpassen
◆ to **fit up** ① ausrüsten *Person* (**with** mit) ② montieren *Maschine*
fit·ness ['fɪtnəs] die Fitness, die Kondition
fit·ted ['fɪtɪd] ① eingerichtet, ausgestattet (**with** mit) ② *Hemd, Kleid:* tailliert ③ **fitted carpet** der Teppichboden; **fitted kitchen** die Einbauküche; **fitted sheet** das Spannbetttuch
fit·ting ['fɪtɪŋ] angebracht, geeignet
five [faɪv] fünf; **a quarter to five** viertel vor fünf
five [faɪv] die Fünf; **the five of hearts** die Herzfünf
fiv·er ['faɪvəʳ] (*umgangsspr*) die Fünfpfundnote
fix [fɪks] ① (*umgangsspr*) **to be in a fix** in der Klemme sein ② (*slang*) *Drogen:* der Fix
to **fix** [fɪks] ① *mit Schrauben usw.:* festmachen, befestigen (**to** an) ② aufhängen *Bild* ③ **to fix one's eyes on something** den Blick auf etwas heften ④ fesseln *Aufmerksamkeit;* **to fix something in one's mind** sich etwas fest einprägen ⑤ festsetzen, festlegen *Preis* (**at** auf) ⑥ abmachen; **nothing has been fixed yet** es ist noch nichts Endgültiges ausgemacht; **to fix a date** ein Treffen vereinbaren ⑦ ansetzen *Besprechung* ⑧ (*umgangsspr*) in Ordnung bringen; **to fix the radio** das Radio reparieren ⑨ (*umgangsspr*) manipulieren *Rennen, Kampf* ⑩ **to fix the blame on someone** die Schuld auf jemanden schieben ⑪ **I'll fix him!** dem werde ich's schon zeigen! ⑫ **to fix one's hair** sich frisieren ⑬ machen *Essen, Kaffee*
◆ to **fix on to fix on an idea** sich auf einen Gedanken konzentrieren
◆ to **fix up** ① anbringen ② arrangieren, festmachen *Termin, Urlaub* ③ **to fix someone up for the night** jemanden für die Nacht unterbringen ④ **to fix someone up with something** jemandem etwas besorgen
fixed [fɪkst] ① fest ② *Idee:* fix ③ *Lächeln:* starr
fix·ture ['fɪkstʃəʳ] ① **fixtures** ⚠ *Plural* die Aus-

stattung, das unbewegliche Inventar ② (*Sport*) das Spiel

to **fizz** [fɪz] (*Geräusch*) zischen; *Getränk:* sprudeln, moussieren

fizz [fɪz] ① das Zischen ② *von Getränk:* der Sprudel

to **fiz·zle** ['fɪzl̩] zischen

fizzy ['fɪzi] sprudelnd; **fizzy drinks** die kohlensäurehaltigen Getränke

flab·by ['flæbi] ① *Körperteil:* schlaff ② (*übertragen*) saft- und kraftlos

flag [flæg] die Fahne; *von Staat, Schiff:* die Flagge

flag·pole ['flægpəʊl] die Fahnenstange

fla·grant ['fleɪgrənt] ① *Verbrechen:* himmelschreiend, empörend ② *Verstoß:* skandalös, eklatant

flair [fleəʳ] das Gespür, das Fingerspitzengefühl; **to have a flair for something** eine Nase für etwas haben

flake [fleɪk] *Schnee, Farbe, Seife:* die Flocke

to **flake** [fleɪk] ① **to flake [away [*oder* off]]** *Farbe:* abblättern ② *Haut:* sich schuppen

◆ to **flake out** (*umgangsspr*) abschlaffen

flaky ['fleɪki] ① flockig; *Haut:* schuppig; *Farbe, Verputz:* bröck[e]lig; **flaky pastry** der Blätterteig ② Ⓤⓢⓐ (*slang*) verrückt

flame [fleɪm] die Flamme; **to be in flames** in Flammen stehen; **to burst into flames** in Flammen aufgehen

to **flame** [fleɪm] lodern, brennen; **to flame up** auflodern

flam·ing ['fleɪmɪŋ] ① lodernd, brennend ② (*umgangsspr*) **he's flaming mad** er kocht vor Wut ③ (*umgangsspr*) verdammt *umgangsspr*

flam·mable ['flæməbl] leicht brennbar

flan [flæn] ① (*süß*) die Torte ② (*pikant*) die Quiche

Flan·ders ['flɑːndəz] Flandern

flan·nel ['flænəl] ① der Waschlappen ② **flannels** ⚠ *Plural* die Flanellhose ③ der Flanell

flap [flæp] ① die Klappe; (*am Briefumschlag*) die Lasche ② **flap of skin** der Hautlappen ③ (*umgangsspr*) **to get into a flap** in helle Aufregung geraten

to **flap** [flæp] <flapped, flapped> ① *Flügel:* schlagen; *Fahne, Segel:* flattern; **to flap its wings** mit den Flügeln schlagen; **to flap away** davonfliegen ② (*umgangsspr*) **stop flapping [about]!** reg dich ab! ③ **his ears were flapping** er spitzte die Ohren

to **flare** [fleəʳ] ① [auf]flackern ② (*übertragen*) aufbrausen; **tempers flared** die Gemüter erhitzten sich

◆ to **flare up** ① (*auch übertragen*) aufflammen; *Krankheit:* [wieder] ausbrechen ② aufbrausen

to **flash** [flæʃ] ① aufleuchten, aufblitzen ② [auf]blitzen, funkeln; **her eyes flashed with anger** ihre Augen blitzten vor Zorn; **the lightning flashed** es blitzte ③ (*übertragen*) sausen, flitzen; **to flash in and out** rein und raus flitzen; **a smile flashed across his face** ein Lächeln huschte über sein Gesicht ④ **to flash by** vorbeisausen; **the time flashed past** die Zeit verflog im Nu; **the idea flashed through my mind** der Gedanke schoss mir durch den Kopf ⑤ (*im Buch, Film*) **to flash back** zurückblenden ⑥ **to flash one's headlights at someone** jemanden anblinken

flash [flæʃ] <*Plural* flashes> ① das Aufblinken, das Blitzen ② *am Fotoapparat:* der Blitz, das Blitzlicht ③ **flash of lightning** der Blitz; **a flash of wit [*oder* genius]** ein Geistesblitz ④ **a flash in the pan** ein Strohfeuer ⑤ **in a flash** im Nu; **as quick as a flash** blitzschnell

flash·back ['flæʃbæk] (*im Buch, Film*) die Rückblende

flash·bulb die Blitzbirne

flash flood die flutartige Überschwemmung

flash·gun ['flæʃgʌn] das Blitzlichtgerät

flash·light ['flæʃlaɪt] ① (*für Signale*) das Blinklicht ② Ⓤⓢⓐ die Taschenlampe ③ (*beim Fotografieren*) das Blitzlicht

flash·mob ['flæʃmɒb] der Flashmob

flash·point ['flæʃpɔɪnt] der Flammpunkt

flashy ['flæʃi] auffallend, auffällig

flask [flɑːsk] ① (*im Labor*) der Glaskolben ② die Thermosflasche ③ (*für Schnaps*) der Flachmann

flat¹ [flæt] <flatter, flattest> ① *Fläche:* flach, eben; *Reifen:* platt ② *Batterie:* leer ③ *Getränk:* schal, abgestanden ④ (*übertragen*) *Stimmung:* fade ⑤ **flat rate of pay** der Pauschallohn ⑥ *Note:* erniedrigt; (*beim Singen*) zu tief; **to sing flat** zu tief singen ⑦ *Ablehnung:* kategorisch; **he told me flat that ...** er sagte mir klipp und klar, dass ... ⑧ **flat broke** (*umgangsspr*) total pleite ⑨ **flat out** total erledigt; **to work flat out** auf Hochtouren arbeiten

flat² [flæt] ① (*Musik*) das Erniedrigungszeichen ② die Reifenpanne ③ Ⓖⓑ die Wohnung

flat-foot·ed [flæt'fʊtɪd] plattfüßig

flat-pack **flat-pack furniture** Möbel zur Selbstmontage [*oder* im Flachkarton]

flat rate die Flatrate, der Pauschalsatz

flat screen (*Monitor*) der Flachbildschirm; (*TV*) das Fernsehgerät mit Flachbildschirm

to **flat·ten** ['flætən] ① platt drücken ② dem Erdboden gleichmachen *Stadt*

to **flat·ter** ['flætəʳ] ① schmeicheln; **to feel flattered** sich geschmeichelt fühlen ② **to flatter oneself that ...** sich einbilden, dass ...

flat·ter·ing ['flætərɪŋ] schmeichelhaft

flat·tery ['flætəri] die Schmeichelei

fla·vour ['fleɪvəʳ], Ⓤⓢⓐ **fla·vor** ['fleɪvəʳ] ① der Geschmack, das Aroma ② (*übertragen*) der Beigeschmack

fla·vour·ing, (USA) **fla·vor·ing** ['fleɪvərɪŋ] das Aroma

flaw [flɔː] der Fehler, der Mangel

flea [fliː] der Floh

flea mar·ket der Flohmarkt

fled [fled] *2. und 3. Form von* **flee**

to **flee** [fliː] <fled, fled> 1 fliehen, flüchten (**from** vor) 2 **to flee someone/something** vor jemandem/aus etwas fliehen

fleet [fliːt] 1 *Schiffe:* die Flotte 2 **fleet** [**of cars** [*oder* **lorries**]] der Fuhrpark

F

fleet·ing ['fliːtɪŋ] flüchtig, vergänglich; **fleeting visit** die Stippvisite

flesh [fleʃ] das Fleisch; **flesh and blood** Fleisch und Blut; **more than flesh and blood can stand** mehr als ein Mensch ertragen kann

flew [fluː] *2. Form von* **fly**

to **flex** [fleks] 1 beugen; [an]spannen *Muskeln;* **to flex one's muscles** (*übertragen*) seine Muskeln spielen lassen 2 sich beugen; *Muskeln:* sich [an]spannen

flex [fleks] <*Plural* flexes> das Kabel

flex·ible ['fleksɪbḷ] 1 biegsam, elastisch 2 (*übertragen*) anpassungsfähig, flexibel

flexi·time ['fleksitaɪm] die gleitende Arbeitszeit, die Gleitzeit

flick [flɪk] 1 der [kurze] Schlag 2 (GB) (*umgangsspr*) **the flicks** *Plural* das Kino

to **flick** [flɪk] 1 **to flick someone** jemandem einen [leichten] Schlag versetzen 2 schnalzen mit *Peitsche;* **to flick channels** durch die Kanäle zappen; **to flick the light switch on/off** das Licht an-/ausknipsen

F Nicht verwechseln mit **flicken** = to mend!

◆ to **flick through** (*umgangsspr*) [schnell] durchblättern

to **flick·er** ['flɪkər] 1 flattern 2 *Flamme:* flackern, zucken

flick·er ['flɪkər] 1 *von Flamme:* das Flackern 2 **flicker of hope** der Hoffnungsschimmer

flier ['flaɪər] 1 der Flieger/die Fliegerin 2 der Senkrechtstarter *umgangsspr* 3 (*Flugzettel*) der Flyer, der Handzettel

flight [flaɪt] 1 der Flug, das Fliegen; **in flight** im Flug 2 die Flugstrecke 3 **flight of stairs** die Treppe 4 die Flucht; **to put to flight** in die Flucht schlagen

flight at·tend·ant der Flugbegleiter/die Flugbegleiterin

flight deck ['flaɪtdek] das Flugdeck

flight num·ber die Flugnummer

flim·sy ['flɪmzi] 1 dünn, nicht stabil 2 *Ausrede:* fadenscheinig

to **fling** [flɪŋ] <flung, flung> 1 schleudern; **to fling back one's head** den Kopf zurückwerfen 2 **to fling something at someone** jemandem etwas an den Kopf werfen

◆ to **fling off** abwerfen, abschütteln

◆ to **fling open** aufreißen *Tür;* **to fling the window open** das Fenster aufstoßen

◆ to **fling out** hinauswerfen

to **flip** [flɪp] <flipped, flipped> 1 **to flip something** [**over**] etwas wenden 2 (*umgangsspr*) ausflippen

flip-flop® ['flɪpflɒp] (*umgangsspr*) die Zehensandale, die Badeschlappe

flip·per ['flɪpər] 1 (*Tier*) die Flosse 2 (*beim Taucher*) die [Schwimm]flosse

to **flirt** [flɜːt] (*auch übertragen*) flirten; **to flirt with danger** mit der Gefahr spielen

flirt [flɜːt] **he is such a flirt** er kann das Flirten nicht lassen

to **float** [fləʊt] 1 schwimmen, treiben; (*in Luft*) schweben 2 (*übertragen*) **to float an idea** eine Idee zur Debatte stellen; **to float something on the market** etwas auf den Markt bringen

L **Float trips** sind eine beliebte Freizeitbeschäftigung im *Midwest* der USA. Man kann sich z. B. ein Kanu mieten, den Fluss entlang paddeln und sich später vom Kanuvermieter wieder abholen lassen. Andere legen einen aufgepumpten Gummischlauch ins Wasser und setzen sich darauf. Im Sommer werden auch **raft races** (Floßrennen) mit selbst gebauten Flößen veranstaltet.

◆ to **float off** wegtreiben; (*in die Luft*) davon schweben

flock [flɒk] 1 *von Schafen, auch religiös:* die Herde 2 *von Vögeln:* der Schwarm 3 *von Personen:* die Schar, der Haufen

to **flock** [flɒk] in Scharen kommen

flood [flʌd] 1 das Hochwasser, die Überschwemmung; **the Flood** die Sintflut 2 **flood tide** (*Ebbe*) die Flut 3 (*übertragen*) die Flut, der Schwall; **flood of tears** der Tränenstrom

to **flood** [flʌd] 1 überschwemmen, überfluten; **the cellar was flooded** [**out**] der Keller stand unter Wasser 2 (*übertragen*) überschütten (**with** mit); **to flood the market** den Markt überschwemmen 3 *Fluss:* über die Ufer treten

◆ to **flood in** hereinstürmen, hineinströmen

flood·light ['flʌdlaɪt] der Scheinwerfer, das Scheinwerferlicht, das Flutlicht

floor [flɔːr] 1 der Fußboden 2 der Tanzboden 3 **first floor** (GB) der erste Stock; (USA) das Erdgeschoss

floor·board ['flɔːbɔːd] die Diele

to **flop** [flɒp] <flopped, flopped> 1 fallen, sich fallenlassen 2 *Theaterstück usw.:* nicht ankommen 3 **to flop down on the bed** sich auf das Bett fallen lassen

flop [flɒp] (*umgangsspr*) der Reinfall, der Misserfolg

floor

F Nicht verwechseln mit **Flur** (der) = hall!

flop·py ['flɒpi] ① schlaff, schlapp ② **floppy disk** die Floppy Disc, die Floppy Disk, die Diskette

Flori·da ['flɒrɪdə] Florida

flo·rist ['flɒrɪst] der Blumenhändler/die Blumenhändlerin; **florist's shop** der Blumenladen

flour ['flaʊəʳ] das Mehl

to **flour·ish** ['flʌrɪʃ] blühen; (*Geschäft auch*) florieren

flour·ish·ing ['flʌrɪʃɪŋ] blühend, florierend

to **flow** [fləʊ] ① *Fluss:* fließen, strömen; **to flow in** hereinströmen; **the river flows into the lake** der Fluss mündet in den See ② *Gas:* strömen ③ *Tränen:* rinnen ④ (*übertragen*) **to flow freely** in Strömen fließen

flow [fləʊ] ① (*auch übertragen*) der Strom, der Fluss; **flow of traffic** der Verkehrsstrom ② **flow of information** der Informationsfluss; **flow of words** der Redefluss

flow·chart das Flussdiagramm

flow·er ['flaʊəʳ] die Blume, die Blüte; **in flower** in Blüte

to **flow·er** ['flaʊəʳ] blühen

flow·er ar·range·ment das Blumengesteck

flow·er·bed ['flaʊəbed] das Blumenbeet

flow·er·pot ['flaʊəpɒt] der Blumentopf

flown [fləʊn] *3. Form von* **fly**

flu [flu:] (*umgangsspr*) die Grippe

flu·ent ['flu:ənt] ① *Stil:* flüssig ② *Redner:* gewandt ③ **to speak fluent English** fließend Englisch sprechen

fluffy ['flʌfi] flaumig

flu·id¹ ['flu:ɪd] ① flüssig ② (*übertragen*) veränderlich, ungewiss; *Situation:* unklar

flu·id² ['flu:ɪd] die Flüssigkeit

flung [flʌŋ] *2. und 3. Form von* **fling**

to **flunk** [flʌŋk] (*umgangsspr: in einer Prüfung*) durchfallen

flur·ry ['flʌri] ① **snow flurry** das Schneegestöber ② (*übertragen*) die Unruhe; **in a flurry of excitement** in großer Aufregung

to **flush** [flʌʃ] ① **to flush the toilet** spülen ② *Person:* rot werden

flushed [flʌʃt] rot, gerötet

to **flus·ter** ['flʌstəʳ] nervös machen

flus·ter ['flʌstəʳ] *kein Plural* **to be/get in a fluster** nervös sein/werden

flute [flu:t] die Querflöte

to **flut·ter** ['flʌtəʳ] ① *Motte, Fahne:* flattern ② **to flutter something** mit etwas flattern; **to flutter one's eyelashes** mit den Wimpern klimpern

flut·ter ['flʌtəʳ] ① das Flattern ② *Person:* **in a flutter** in heller Aufregung ③ GB (*umgangsspr*) **to have a flutter** ein paar Scheinchen riskieren *umgangsspr*

fly [flaɪ] ① die Fliege ② **flies** ⚠ *Plural* der Hosenschlitz

to **fly** [flaɪ] <flew, flown> ① fliegen; **to fly an aeroplane** ein Flugzeug fliegen; **to fly British Airways** mit British Airways fliegen; **to fly into Glasgow** in Glasgow landen ② **to fly a kite** einen Drachen steigen lassen ③ **the door flew open** die Tür flog auf ④ *Zeit:* vergehen ⑤ **she flew past him in a great hurry** sie sauste eilig an ihm vorbei ⑥ *Fahne:* wehen; **they're flying the skull and crossbones!** sie lassen die Totenkopfflagge wehen! ⑦ (*übertragen*) **rumours are flying about him** es gehen Gerüchte über ihn um ⑧ **to fly into a rage** einen Wutanfall bekommen; **to fly at someone** auf jemanden losgehen

◆ to **fly away** wegfliegen; *Flugzeug:* abfliegen

◆ to **fly in** einfliegen; **she's flying in from New York** sie kommt mit dem Flugzeug aus New York

◆ to **fly off** *Flugzeug:* abfliegen; *Vogel, Insekt, Hut:* wegfliegen; **she flew off to India** sie flog nach Indien

◆ to **fly out** ausfliegen; **he's flying out to Australia** er fliegt nach Australien

fly·er ['flaɪəʳ] ① der Flieger/die Fliegerin ② der Flyer, der Handzettel

fly·ing¹ ['flaɪɪŋ] das Fliegen

fly·ing² ['flaɪɪŋ] ① fliegend; **two hours' flying time** zwei Flugstunden ② (*übertragen*) **to pass with flying colours** glänzend abschneiden

L Ein **flying doctor** ist in Australien ein Arzt, der mit seinem Flugzeug abgelegene ländliche Gebiete versorgt. Es kommt häufig vor, dass ein flying doctor über Funk Medikamente verschreibt. Die flying doctors versorgen auf diese Art rund zwei Drittel der Bevölkerung Australiens.

fly·ing sauc·er die fliegende Untertasse

fly·ing start der fliegende Start; **he's got off to a**

flying start er hatte einen glänzenden Start
fly·ing vis·it die Stippvisite
fly·over ['flaɪəʊvə(r)] GB (*Straße*) die Überführung
foam [fəʊm] der Schaum
to **foam** [fəʊm] *Meer, Person:* schäumen (**with** vor); **to be foaming at the mouth** vor Wut schäumen
fo·cal ['fəʊk(ə)l] **focal point** der Brennpunkt
fo·ci ['fəʊkaɪ] *Pluralform von* **focus**
fo·cus ['fəʊkəs, *Plural* 'fəʊsaɪ] <*Plural* focuses, foci> ① (*auch übertragen*) der Brennpunkt ② (*beim Fotografieren*) die Brennweite; **in/out of focus** scharf/unscharf eingestellt; **to bring into focus** scharf einstellen ③ (*übertragen*) **to see things in focus** die Dinge sehen, wie sie sind ④ (*übertragen*) der Mittelpunkt; **to be the focus of attention** im Mittelpunkt stehen
to **fo·cus** ['fəʊkəs] <focussed, focussed *oder* focused, focused> einstellen; (*übertragen*) konzentrieren (**on** auf)
foe·tus ['fiːtəs] der Fetus
fog [fɒg] der Nebel
fog·gy ['fɒgi] ① neb[e]lig ② (*übertragen*) unklar ③ (*übertragen*) **I haven't the foggiest [idea]** ich habe überhaupt keine Ahnung
to **foil** [fɔɪl] **to foil someone [in something]** jemandem [bei einer Sache] einen Strich durch die Rechnung machen; **to foil a plan** einen Plan durchkreuzen
foil [fɔɪl] die Folie; **aluminium foil** die Alufolie
fold [fəʊld] die Falte
to **fold** [fəʊld] ① zusammenfalten; zusammenlegen *Wäsche;* zusammenklappen *Klappstuhl* ② **to fold one's arms** die Arme verschränken; **to fold one's hands** die Hände falten ③ **to fold someone in one's arms** jemanden in die Arme schließen ④ (*umgangsspr*) *Geschäft:* eingehen
◆ to **fold up** zusammenklappen *Stuhl*
fold·er ['fəʊldə(r)] ① der Schnellhefter, der Aktendeckel ② das Merkblatt
fold·ing ['fəʊldɪŋ] zusammenklappbar
folk [fəʊk] ⚠ *Plural* ① die Leute ② **my folks** (*umgangsspr*) meine Leute ③ (*umgangsspr*) **a lot of folk think ...** viele denken ...
folk mu·sic die Volksmusik
folk song das Volkslied
to **fol·low** ['fɒləʊ] ① **please follow me** bitte folgen Sie mir, mir nach! ② (*zeitlich*) **the programme follows the news** die Sendung schließt sich an die Nachrichten an ③ **he's being followed** er wird verfolgt; **to have someone followed** jemanden verfolgen lassen ④ (*auch übertragen*) folgen *Weg, Trend;* befolgen *Regel, Rat* ⑤ ausüben, nachgehen *Beruf* ⑥ mitmachen, folgen *Mode* ⑦ verfolgen *Serie* ⑧ **do you follow me?** können Sie mir folgen? ⑨ [er]folgen, sich ergeben (**from** aus) ⑩ **as follows** wie folgt; **it follows that ...** daraus folgt [*oder* ergibt sich], dass ...
◆ to **follow on** *Person:* nachkommen; *Tatsache:* sich ergeben (**from** aus)
◆ to **follow through** zu Ende führen
◆ to **follow up** ① weiterverfolgen ② nachgehen *Hinweis* ③ fortsetzen, ausbauen *Erfolg*
fol·low·er ['fɒləʊə(r)] ① der Anhänger/die Anhängerin ② (*abwertend*) der Mitläufer/die Mitläuferin
fol·low·ing[1] ['fɒləʊɪŋ] folgend; **the following day** am darauf folgenden Tag; **following wind** (*auch übertragen*) der Rückenwind
fol·low·ing[2] ['fɒləʊɪŋ] ① die Anhängerschaft ② **he said the following** er sagte Folgendes
fol·low-up[1] die Fortsetzung (**to** von)
fol·low-up[2] Folge-; **follow-up treatment** die Nachbehandlung
fond [fɒnd] ① *Blick:* liebevoll; **fondest regards** mit lieben Grüßen ② **to be fond of someone/something** jemanden/etwas mögen [*oder* gernhaben]; **to be fond of doing something** etwas gern tun
food [fuːd] ① die Nahrung, das Essen; (*für Tiere*) das Futter ② das Nahrungsmittel; (*im Laden*) das Lebensmittel ③ (*übertragen*) **food for thought** Stoff zum Nachdenken
food chain die Nahrungskette
food in·tol·er·ance die Lebensmittelunverträglichkeit
food poi·son·ing die Lebensmittelvergiftung
food pro·cess·ing die Lebensmittelverarbeitung
food pro·ces·sor die Küchenmaschine
fool [fuːl] ① der Dummkopf, der Narr ② **to make a fool of oneself** sich lächerlich machen; **to make a fool of someone** jemanden zum Narren machen; **April Fool!** April, April!
to **fool** [fuːl] **to fool someone** jemanden reinlegen, mit jemandem seinen Spaß haben
◆ to **fool about**, to **fool around** herumblödeln, herumalbern; **stop fooling about!** lass den Blödsinn!
fool·ish ['fuːlɪʃ] dumm, töricht
fool·ish·ly ['fuːlɪʃli] töricht
fool·proof ['fuːlpruːf] *Gerät:* narrensicher, idiotensicher; *Plan:* todsicher
foot [fʊt, *Plural* fiːt] <*Plural* feet> ① der Fuß; **on foot** zu Fuß; **to get to one's feet** aufstehen; **to set foot on** [*oder* **in**] **something** etwas betreten ② *von Bett:* das Fußende ③ (*Längenmaß*) der Fuß (*30,48 cm*) ▶ WENDUNGEN: **to be [back] on one's feet** (*nach einer Krankheit*) wieder auf den Beinen sein; **to stand on one's own two feet** auf eigenen Füßen stehen; **to put one's foot down** ein Machtwort sprechen; **to put one's foot in it** ins Fettnäpfchen treten; **to find one's feet** sich eingewöhnen

to **foot** [fʊt] ▸WENDUNGEN: **to foot the bill** (*umgangsspr*) für die Rechnung aufkommen

foot·ball ['fʊtbɔːl] ① der Fußball ② der amerikanische Fußball, der Football

L Der amerikanische **football** ist anders als der europäische Fußball, der in den USA *soccer* genannt wird. Zwei Mannschaften mit je elf Spielern versuchen, den eiförmigen Lederball über die gegnerische Grundlinie zu platzieren. Punkte können hauptsächlich dadurch erzielt werden, dass der Ball über die Grundlinie des Gegners getragen wird (*touchdown*) oder durch die gegnerischen Torstangen geschossen wird (*field goal*). Jede der vier Spielzeiten à 15 Minuten fängt mit einem *kick-off* an. Die Gegenseite stoppt den Spieler mit dem Ball durch *tackling*, wobei man ihn mit den Armen festhält und zu Boden drückt.

foot·ball hoo·li·gan der Fußballrowdy

foot·bridge ['fʊtbrɪdʒ] die Fußgängerbrücke

foot·ing ['fʊtɪŋ] ① der Stand; **to lose one's footing** den Halt verlieren ② (*übertragen*) die Grundlage, die Basis ③ **to be on a friendly footing with someone** mit jemandem auf freundschaftlichem Fuß[e] stehen

foot·note die Fußnote

foot·path ['fʊtpɑːθ] der Fußweg, der Gehweg

foot·print ['fʊtprɪnt] der Fußabdruck

foot·rest die Fußstütze

foot·step ['fʊtstep] ① der Schritt, der Tritt ② **to follow in someone's footsteps** (*auch übertragen*) in jemandes Fußstapfen treten

for [fɔːʳ, fəʳ] ① (*räumlich*) **the train for Glasgow** der Zug nach Glasgow; **we walked for two miles** wir sind zwei Meilen weit gelaufen ② (*zeitlich*) **he's been working there for six months** er arbeitet seit sechs Monaten dort; **I'm going to be here for three weeks** ich bin für drei Wochen hier ③ (*Zweck*) **for example** zum Beispiel; **what's this box for?** wozu dient dieser Kasten?; **to go for a walk** spazieren gehen; **to take someone for a ride in the car** jemanden im Auto spazieren fahren; **to phone for an ambulance** nach einem Krankenwagen telefonieren; **to work for a living** für den Lebensunterhalt arbeiten; **prescription for something** Rezept gegen etwas ④ (*Grund*) aus; **for this reason** aus diesem Grund; **to shout for joy** vor Freude jauchzen; **well-known for his work** bekannt wegen seiner Arbeit ⑤ **to have something for breakfast/dessert** etwas zum Frühstück/Nachtisch essen ⑥ (*betreffend*) **anxious for someone** um jemanden besorgt; **as for him** was ihn betrifft ⑦ bestimmt; **a letter for you** ein Brief für dich; **it's not for me to say** es steht mir nicht an, mich dazu zu äußern ⑧ (*dafür*) **are you for or against it?** sind Sie dafür oder dagegen? ⑨ trotz; **for all her money, she's never happy** trotz all ihres Geldes ist sie nie zufrieden; **for all that** trotzdem ⑩ (*im Wert von*) **a cheque for £200** ein Scheck in Höhe von 200 Pfund ⑪ (*im Austausch*) **to pay £2 for a ticket** zwei Pfund für eine Karte zahlen; **how much did you pay for that?** wie viel hast du dafür bezahlt? ⑫ **to hope for news** auf Nachrichten hoffen; **to wait for someone** auf jemanden warten ⑬ **a weakness for chocolate** eine Schwäche für Schokolade; **a talent for languages** eine Begabung für Sprachen ⑭ **for this to be possible** damit dies möglich wird; **the best would be for you to go** das Beste wäre, wenn Sie gingen ⑮ (*umgangsspr*) **he is in for it!** er ist dran!

for·bad(e) [fə'bæd] *2. Form von* **forbid**

to **for·bid** [fə'bɪd] <forbad *oder* forbade, forbidden> ① **I forbid you to do that again!** ich verbiete dir, so was noch mal zu tun! ② (*auf einem Schild*) **use of mobile phones forbidden** das Benutzen von Mobiltelefonen ist untersagt ③ **God forbid!** Gott bewahre!

for·bid·den [fə'bɪdᵊn] *3. Form von* **forbid**

for·bid·ding [fə'bɪdɪŋ] ① bedrohlich; *Landschaft:* unfreundlich ② (*übertragen*) *Aussicht:* grauenhaft

force [fɔːs] ① die Stärke; **in force** in voller Stärke ② (*übertragen*) die Kraft; **force of character** die Charakterstärke; **force of gravity** die Schwerkraft ③ die Gewalt, der Zwang, der Druck; **by force** mit Gewalt; **to resort to** [*oder* **use**] **force** Gewalt anwenden ④ *Gesetz:* **to come into/be in force** rechtskräftig werden/sein ⑤ **the forces** die Streitkräfte ⑥ **to join forces** sich zusammentun

to **force** [fɔːs] ① drängen; **don't force him** [**to do it**]**!** zwinge ihn nicht dazu[, so etwas zu tun]!; **I was forced to do it** ich musste es tun ② **to force one's way in** sich mit Gewalt Zutritt verschaffen ③ **to force something open** etwas aufbrechen ④ **you can't force things** das lässt sich nicht übers Knie brechen

◆to **force down** drücken *Preise, Gehälter, Inflationsrate*

◆to **force off** gewaltsam abmachen

◆to **force on to force something on someone** jemandem etwas aufdrängen

◆to **force up** hoch treiben *Priese, Gehälter, Inflationsrate*

◆to **force upon the task was forced upon them** die Aufgabe wurde ihnen aufgezwungen

forced [fɔːst] ① erzwungen ② *Lächeln:* gezwungen ③ **forced landing** die Notlandung

force·ful ['fɔːsfᵊl] *Person, Maßnahme:* kraftvoll, energisch; *Persönlichkeit:* stark; *Worte:* eindringlich

for·cibly ['fɔːsəbli] zwangsweise, gewaltsam

fore·arm ['fɔːʳɑːm] der Unterarm

to **fore·cast** ['fɔːʳkɑːst] <forecast *oder* forecasted,

F

forecast *oder* forecasted> vorhersehen; vorhersagen *Wetter*

G Richtiges Konjugieren von **forecast**: forecast, forecast, forecast — *the weatherman forecast thunderstorms; Thunderstorms had been forecast.*

fore·cast [ˈfɔːʳkɑːst] ① die Voraussage; (*wirtschaftlich*) die Prognose ② **weather forecast** die Wettervorhersage

fore·court [ˈfɔːkɔːt] der Vorhof

fore·fin·ger [ˈfɔːfɪŋgəʳ] der Zeigefinger

fore·front *kein Plural* **at the forefront** an der Spitze

to **fore·go** <forewent, foregone> verzichten auf

fore·gone [fɔːˈgɒn] *3. Form von* **forego**

fore·ground [ˈfɔːgraʊnd] **in the foreground** im Vordergrund

fore·hand [ˈfɔːhænd] (*Tennis*) die Vorhand

fore·head [ˈfɒrɪd] die Stirn

for·eign [ˈfɒrɪn] ① fremd, nicht dazugehörig ② auswärtig, ausländisch ③ **foreign travel** die Reisen ins Ausland

for·eign affairs *Plural* die Außenpolitik

for·eign cor·re·spond·ent der Auslandskorrespondent/die Auslandskorrespondentin

for·eign cur·ren·cy die Devisen, die Fremdwährung

for·eign·er [ˈfɒrɪnəʳ] der Ausländer/die Ausländerin

for·eign exchange die Devisen

for·eign lan·guage die Fremdsprache

For·eign Of·fice (*in GB*) das Außenministerium

for·eign poli·cy die Außenpolitik

For·eign Sec·re·tary (*in GB*) der Außenminister/die Außenministerin

fore·man [ˈfɔːmən] <*Plural* foremen> der Vorarbeiter, der Polier

fore·most [ˈfɔːməʊst] führend; **first and foremost** zuallererst

fore·name [ˈfɔːneɪm] der Vorname

fore·saw [fɔːˈsɔː] *2. Form von* **foresee**

to **fore·see** [fɔːˈsiː] <foresaw, foreseen> **to foresee a problem** ein Problem vorhersehen; **to foresee a result** ein Ergebnis voraussehen

fore·see·able [fɔːˈsiːəbl̩] **in the foreseeable future** in absehbarer Zeit

fore·seen [fɔːˈsiːn] *3. Form von* **foresee**

fore·sight [ˈfɔːsaɪt] die Voraussicht, die Weitsicht

for·est [ˈfɒrɪst] der Wald, der Forst

for·est·er [ˈfɒrɪstəʳ] der Förster/die Försterin

for·est·ry [ˈfɒrɪstri] die Forstwirtschaft

fore·taste [ˈfɔːteɪst] der Vorgeschmack

for·ever [fəˈrevəʳ] ① für immer ② (*abwertend*) ständig; **she's forever complaining!** sie ist immer am Meckern! *umgangsspr*

to **fore·warn** [fɔːˈwɔːn] vorwarnen ▶WENDUNGEN: **forewarned is forearmed** bist du gewarnt, bist du gewappnet

fore·went [fɔːˈwent] *2. Form von* **forego**

fore·wom·an [ˈfɔːwʊmən, *Plural* ˈfɔːwɪmɪn] <*Plural* forewomen> die Vorarbeiterin

fore·word [ˈfɔːwɜːd] das Vorwort

for·gave [fəˈgeɪv] *2. Form von* **forgive**

to **forge** [fɔːdʒ] **to forge a banknote** eine Banknote fälschen

forg·ery [ˈfɔːdʒəri] *von Bild, Banknote:* die Fälschung

to **for·get** [fəˈget] <forgot, forgotten> ① vergessen; **to forget about doing something** vergessen, etwas zu tun; **did you buy any milk? — sorry, I forgot** hast du Milch gekauft? — tut mir leid, ich habe es vergessen ② **to forget how to ride a bicycle** das Radfahren verlernen ③ **to forget oneself** sich vergessen, aus der Rolle fallen

for·get·ful [fəˈgetfəl] vergesslich

to **for·give** [fəˈgɪv] <forgave, forgiven> vergeben, verzeihen; **can you forgive me?** kannst du mir verzeihen?; **Lord, forgive us our sins** O Herr, verzeih uns unsere Sünden

for·giv·en [fəˈgɪvən] *3. Form von* **forgive**

for·giv·ing [fəˈgɪvɪŋ] versöhnlich

to **for·go** [fɔːˈgəʊ] <forwent, forgone> verzichten auf

for·gone [fɔːˈgɒn] *3. Form von* **forgo**

for·got [fəˈgɒt] *2. Form von* **forget**

for·got·ten [fəˈgɒtən] *3. Form von* **forget**

fork [fɔːk] ① die Gabel ② *von Straße:* die Gabelung; (*eine der zwei Straßen*) die Abzweigung

to **fork** [fɔːk] **to fork left** *Straße, Person, Auto:* nach links abbiegen

forked [fɔːkt] gegabelt; *Zunge:* gespalten; **forked lightning** der Linienblitz

fork-lift truck der Gabelstapler

form [fɔːm] ① (*Art*) die Form; **form of government** die Regierungsform; **in book form** als Buch ② die Gestalt, die Figur; **to take form** die Gestalt annehmen; **in human form** in menschlicher Gestalt ③ das Formblatt, der Vordruck; **to fill in a form** ein Formular ausfüllen ④ (*Kondition*) die Form, die [körperliche] Verfassung; **to be in good form** in guter Verfassung sein; **to be out of form** nicht in Form sein ⑤ (GB) die Schulklasse

to **form** [fɔːm] ① bilden ② formen, gestalten *Pressform;* (*übertragen*) formen *Charakter* ③ **to form a judg[e]ment/an opinion** sich ein Urteil/eine Meinung bilden ④ sich bilden, sich entwickeln; **the idea formed in her mind** ihre Idee nahm Gestalt an ⑤ entwickeln *Idee* ⑥ gewinnen *Eindruck*

for·mal [ˈfɔːməl] ① *Einladung, Person:* formell, förmlich ② offiziell ③ **to make a formal apology** sich in aller Form entschuldigen ④ **formal dress** die Gesellschaftskleidung

for·mal·ity [fɔːˈmæləti] ① *von Zeremonie:* die

Förmlichkeit ② die Formalität, die Formsache; **it's a mere formality** es ist eine reine Formsache; **as a formality** der [bloßen] Form wegen

to **for·mal·ize** ['fɔːmᵊlaɪz] formalisieren

for·mat ['fɔːmæt] *von Buch:* das Format, die Aufmachung

to **for·mat** ['fɔːmæt] <formatted, formatted> **to format a disk** eine Diskette formatieren

for·ma·tion [fɔː'meɪʃᵊn] ① die Bildung; *von Gegenstand:* die Gestalt, die Gestaltung ② die Struktur; *von Netzwerk, Organisation:* der Aufbau ③ *von Gesellschaft:* die Gründung

for·mat·ting ['fɔːmætɪŋ] die Formatierung

for·mer[1] ['fɔːməʳ] ① früher, ehemalig; **in former times** früher ② erstere(r, s), erstgenannte(r, s)

for·mer[2] ['fɔːməʳ] **the former** der/die/das Erstere

for·mer·ly ['fɔːməʳli] früher, ehemals

for·mi·dable ['fɔːmɪdəbl] ① schwierig ② kolossal

for·mu·la ['fɔːmjələ, *Plural* -liː] <*Plural* formulas, formulae> die Formel

formula

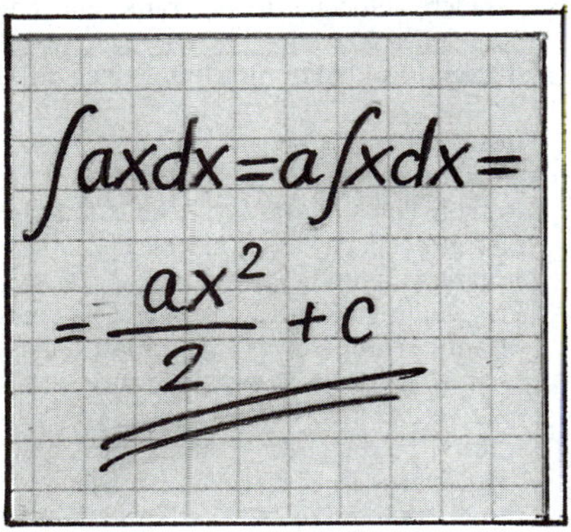

F Nicht verwechseln mit **Formular** (das) = form!

for·mu·lae ['fɔːmjʊliː] *Pluralform von* **formula**

to **for·sake** [fə'seɪk] <forsook, forsaken> aufgeben *Ziel;* verlassen *Familie, Eigentum*

for·sak·en[1] [fə'seɪkᵊn] *3. Form von* **forsake**

for·sak·en[2] [fə'seɪkᵊn] verwahrlost

for·sook [fə'sʊk] *2. Form von* **forsake**

fort [fɔːt] ① das Fort ② **to hold the fort** (*übertragen*) die Stellung halten

forth [fɔːθ] **... and so forth** ... und so weiter; **back and forth** hin und her

forth·com·ing [ˌfɔːθ'kʌmɪŋ] ① [unmittelbar] bevorstehend ② *Film:* in Kürze anlaufend; **forthcoming books** die Neuerscheinungen ③ (*übertragen*) *Person:* mitteilsam

forth·right ['fɔːθraɪt] ① *Person:* offen, aufrichtig ② *Antwort:* unverblümt

for·ti·eth[1] ['fɔːtiəθ] vierzigste(r, s)

for·ti·eth[2] ['fɔːtiəθ] ① Vierzigste(r, s) ② (*Bruchzahl*) das Vierzigstel

to **for·ti·fy** ['fɔːtɪfaɪ] ① (*übertragen*) bestärken, bekräftigen ② **to fortify a town** eine Stadt befestigen

fort·night ['fɔːtnaɪt] vierzehn Tage, zwei Wochen; **for a fortnight** für vierzehn Tage; **today/tomorrow/next Monday fortnight** heute/morgen/Montag in zwei Wochen

fort·night·ly ['fɔːtnaɪtli] ① vierzehntägig, halbmonatlich ② **the magazine appears fortnightly** die Zeitschrift erscheint alle 14 Tage

for·tu·nate ['fɔːtʃᵊnət] **he was fortunate in having ...** er hatte das Glück, ... zu haben; **it was fortunate that ...** es war ein Glück, dass ...

for·tu·nate·ly ['fɔːtʃᵊnətli] glücklicherweise

for·tune ['fɔːtʃuːn] ① das Schicksal; **to have one's fortune told** sich die Zukunft vorhersagen lassen ② der Wohlstand, der Reichtum; **to make a fortune** ein Vermögen verdienen ③ **by good fortune** glücklicherweise

for·tune tell·er der Wahrsager/die Wahrsagerin

for·tune-tell·ing die Wahrsagerei

for·ty[1] ['fɔːti] ① vierzig ② (*übertragen*) **to have forty winks** (*umgangsspr*) ein Nickerchen machen

for·ty[2] ['fɔːti] ① die Vierzig ② **in the forties** in den Vierzigern; **she must be in her forties** sie muss in den Vierzigern sein

for·ward[1] ['fɔːwəd] ① **forward[s]** vorwärts, nach vorn; **to step forward** vortreten; **to come forward** sich melden ② **from that** [*oder* **this**] **time forwards** seitdem ③ **to bring a meeting forward** eine Sitzung vorverlegen ④ voraus; **forward planning** die Vorausplanung ⑤ *Person:* dreist ⑥ **forward gear** der Vorwärtsgang

for·ward[2] ['fɔːwəd] (*im Sport*) der Stürmer/die Stürmerin

to **for·ward** ['fɔːwəd] ① befördern, schicken *Waren* ② nachschicken *Brief;* **please forward!** bitte nachsenden!

for·ward·ing ad·dress die Nachsendeadresse

for·ward-look·ing ['fɔːwədˌlʊkɪŋ] fortschrittlich, vorausblickend

for·wards ['fɔːwədz] vorwärts; **as she moved forwards ...** als sie nach vorne trat ...

for·went [fɔː'went] *2. Form von* **forgo**

fos·sil ['fɒsᵊl] das Fossil; **fossil fuel** der fossile Brennstoff

to **fos·ter** ['fɒstəʳ] ① **to foster a child** ein Kind in Pflege nehmen ② (*übertragen*) fördern, begünstigen

fos·ter broth·er der Pflegebruder

fos·ter child das Pflegekind

F

fos·ter fa·ther der Pflegevater
fos·ter home die Pflegefamilie
fos·ter moth·er die Pflegemutter
fos·ter sis·ter die Pflegeschwester
fought [fɔːt] *2. und 3. Form von* **fight**
foul[1] [faʊl] 1 *Geruch:* übel 2 *Person, Verhalten:* gemein, fies 3 *Wetter:* schlecht 4 *Sprache:* anstößig, gemein 5 (*Sport*) **foul play** das Foulspiel 6 **the police suspect foul play** die Polizei geht von einem Gewaltverbrechen aus
foul[2] [faʊl] (*im Sport*) das Foul
to **foul** [faʊl] 1 beschmutzen; verpesten *Luft* 2 (*im Sport*) foulen 3 **to foul one's own nest** (*übertragen*) das eigene Nest beschmutzen
foul-mouthed ['faʊlmaʊðd] unflätig, vulgär
to **found**[1] [faʊnd] 1 gründen *Schule usw.* 2 begründen *Argument, Theorie*
found[2] [faʊnd] *2. und 3. Form von* **find**
foun·da·tion [ˌfaʊn'deɪʃᵊn] 1 *von Schule, Firma:* die Gründung 2 (*wohltätig*) die Stiftung 3 **foundations** ⚠ *Plural* die Grundmauer, das Fundament 4 (*übertragen*) *von Theorie usw.:* die Grundlage, die Basis
foun·da·tion course der Grundkurs
foun·da·tion sub·ject (GB) das Pflichtfach
found·er ['faʊndəʳ] der Gründer/die Gründerin, der Stifter/die Stifterin
foun·tain ['faʊntɪn] 1 der Springbrunnen, die Fontäne 2 **drinking fountain** der Trinkwasserbrunnen
foun·tain pen der Füller, der Füllfederhalter
four[1] [fɔːʳ] vier; **a quarter to four** viertel vor vier
four[2] [fɔːʳ] 1 die Vier; **the four of spades** die Pikvier 2 **on all fours** auf allen vieren
four-door viertürig
four·teen[1] [ˌfɔː'tiːn] vierzehn
four·teen[2] [ˌfɔː'tiːn] die Vierzehn
four·teenth[1] [ˌfɔː'tiːnθ] vierzehnte(r, s)
four·teenth[2] [ˌfɔː'tiːnθ] 1 (*Datum*) **the fourteenth** der Vierzehnte 2 (*Bruchzahl*) das Vierzehntel
fourth[1] [fɔːθ] vierte(r, s)
fourth[2] [fɔːθ] 1 (*Datum*) **the fourth** der Vierte 2 (*Bruchzahl*) das Viertel
four-wheel drive der Allradantrieb, der Vierradantrieb
fox [fɒks] der Fuchs
foy·er ['fɔɪeɪ] (*im Theater*) das Foyer, die Empfangshalle
frac·tion ['frækʃᵊn] 1 (*übertragen*) der Bruchteil 2 (*Mathematik*) der Bruch
frac·ture[1] ['fræk(t)ʃəʳ] 1 der Bruch 2 die Fraktur; **fracture of the skull** der Schädelbruch
to **frac·ture**[2] ['fræk(t)ʃəʳ] brechen; **to fracture one's leg** sich das Bein brechen
frag·ile ['frædʒaɪl] 1 zerbrechlich; **fragile – handle with care!** Vorsicht zerbrechlich! 2 *Gesundheit:* anfällig 3 *Person:* gebrechlich
frag·ment ['frægmənt] das Bruchstück; *von Porzellan:* die Scherbe; *von Kunstwerk:* das Fragment
fra·grance ['freɪgrən(t)s] der Duft
fra·grant ['freɪgrənt] wohlriechend
to **frame**[1] [freɪm] 1 rahmen; einrahmen *Gesicht;* **to frame a picture** ein Bild rahmen 2 (*formulieren*) ausarbeiten *Plan, Methode;* entwerfen *Gesetz, Politik* 3 (*umgangsspr*) **to frame someone** jemanden fälschlicherweise bezichtigen
frame[2] [freɪm] 1 *von Bild, Fahrrad:* der Rahmen; *von Bett, Brille:* das Gestell 2 *von Person, Tier:* der Körperbau, die Figur, die Gestalt 3 **frame of reference** das Bezugssystem 4 **good frame of mind** die gute Laune; **bad frame of mind** die schlechte Laune 5 *von Film:* die Einzelaufnahme
frame-up ['freɪmʌp] (*umgangsspr*) das/der Komplott, die Machenschaften
frame·work das Gerüst, das Gestell; (*übertragen*) der Rahmen
France [frɑːn(t)s] Frankreich
frank[1] [fræŋk] 1 freimütig, offen 2 *Meinung:* ehrlich, aufrichtig; **to be frank** aufrichtig gesagt, offen gestanden
to **frank**[2] [fræŋk] **to frank a letter** einen Brief frankieren
frank·furt·er ['fræŋkfɜːtəʳ] das Frankfurter Würstchen
frank·ly ['fræŋkli] **frankly, I can't stand her** offen gesagt, kann ich sie nicht leiden
fran·tic ['fræntɪk] 1 verzweifelt 2 *Person, Tier:* rasend; **to go frantic** außer sich geraten; **to be frantic with pain** vor Schmerz fast wahnsinnig sein 3 **to drive someone frantic** jemanden zur Verzweiflung treiben
fraud [frɔːd] 1 der Betrug, der Schwindel 2 (*Person*) der Betrüger/die Betrügerin
fraudu·lent ['frɔːdjələnt] betrügerisch
to **fray** [freɪ] ausfransen; (*übertragen*) anspannen
fray [freɪ] die Auseinandersetzung; **to enter** [*oder* **join**] **the fray** sich einmischen
to **freak** [friːk] **to freak** [**out**] (*slang*) ausflippen
freck·le ['frekl̩] die Sommersprosse
free[1] [friː] 1 frei; **free of something** frei von etwas; **free from pain** schmerzfrei 2 **to get free** sich befreien; **to set someone free** jemanden freilassen 3 ungehindert, zwanglos; **you're free to choose** die Wahl steht Ihnen frei; **please feel free to ask!** bitte, fragen Sie ruhig!; **free and easy** ungezwungen; **can I borrow your dictionary? — feel free!** kann ich dein Wörterbuch benutzen? — klar doch! 4 kostenlos, gratis; **free delivery** der freie Versand; **free sample** die Gratisprobe; **admission free** Eintritt frei; **to get something free** etwas umsonst kriegen *umgangsspr* 5 *Platz, Zimmer:*

frei, nicht besetzt ⑥ *Bewegung:* ungezwungen ⑦ **to have one's hands free** freie Hand haben ⑧ (*übertragen*) **to give someone a free hand** jemandem freie Hand lassen

to **free²** [friː] <freed, freed> ① freilassen *Tier; Mensch;* (*übertragen*) befreien ② lösen *Schraube;* losmachen *Propeller*

◆ to **free up** freimachen

free·bie ['friːbi] (*umgangsspr*) das Werbegeschenk

free·dom ['friːdəm] ① die Freiheit ② *einer Person:* die Unabhängigkeit, die Ungebundenheit ③ **freedom of the press** die Pressefreiheit; **freedom of religion** die Religionsfreiheit

free en·ter·prise [ˌfriː'entəpraɪz] die freie Marktwirtschaft

free kick (*im Fußball*) der Freistoß

free·lance¹ ['friːlɑːn(t)s] der Freiberufler/die Freiberuflerin, der/die Freischaffende

free·lance² ['friːlɑːn(t)s] freiberuflich

to **free·lance** ['friːlɑːn(t)s] freiberuflich tätig sein

free·lanc·er ['friːlɑːn(t)səʳ] der Freiberufler/die Freiberuflerin, der/die Selbstständige

free·ly ['friːli] ① reichlich, großzügig ② **to travel freely** ungehindert reisen ③ **to speak freely** offen sprechen

free-range *Huhn:* frei laufend; **free-range egg** das Freilandei

free speech die Redefreiheit

free·style ['friːstaɪl] (*Sport*) der Freistil

free·way ['friːweɪ] (USA) die [gebührenfreie] Autobahn

to **free·wheel** (*mit Fahrrad*) im Freilauf fahren

free will der freie Wille; **to do something of one's own free will** etwas aus freien Stücken tun

freeze [friːz] ① der Frost, die Frostperiode ② **wage freeze** der Lohnstopp; **price freeze** der Preisstopp

to **freeze** [friːz] <froze, frozen> ① frieren ② **it's freezing** es ist bitter kalt; **I'm freezing** mir ist eiskalt; **to freeze to death** erfrieren ③ *Wasser:* [ge]frieren; *Wasserleitung:* einfrieren ④ einfrieren; **this dish is easy to freeze** dieses Gericht lässt sich gut einfrieren ⑤ (*übertragen*) **to freeze wages** die Löhne einfrieren ⑥ (*übertragen*) erstarren

◆ to **freeze over** *Teich:* zufrieren

◆ to **freeze up** *Rohr:* zufrieren; *Windschutzscheibe:* vereisen

freez·er ['friːzəʳ] die Tiefkühltruhe, der Gefrierschrank

freez·ing¹ ['friːzɪŋ] eisig, eiskalt

freez·ing² ['friːzɪŋ] das Einfrieren; **below freezing** unter dem Gefrierpunkt

freight [freɪt] das Frachtgut

freight car (USA) (*im Zug*) der Güterwagen

freight·er ['freɪtəʳ] ① das Frachtschiff, der Frachter ② das Transportflugzeug

freight train der Güterzug

French¹ [fren(t)ʃ] französisch; **he is French** er ist Franzose

French² [fren(t)ʃ] ① Französisch, das Französische ② **the French** die Franzosen

French dress·ing das Salatdressing, die Vinaigrette

French fried po·ta·toes *Plural,* **French fries** *Plural* die Pommes frites

French horn das Waldhorn

French·man ['frentʃmən] <*Plural* Frenchmen> der Franzose

French win·dow die Verandatür, die Balkontür

French·wom·an ['frentʃwʊmən, *Plural* 'frentʃwɪmɪn] <*Plural* Frenchwomen> die Französin

fre·quen·cy ['friːkwən(t)si] ① die Häufigkeit ② *von Sender:* die Frequenz

fre·quent ['friːkwənt] häufig; *Theaterbesucher usw.:* eifrig

fre·quent·ly ['friːkwəntli] oft, häufig

fresh [freʃ] <fresher, freshest> ① frisch; **in the fresh air** an der frischen Luft ② kühl, erfrischend ③ **to make a fresh start** neu anfangen ④ **fresh water** das Süßwasser ⑤ **fresh from the oven** ofenfrisch

to **fresh·en** ['freʃᵊn] *Wind:* auffrischen

◆ to **freshen up** sich frisch machen

> **L** Ein **freshman** ist in den USA ein Schüler der neunten Klasse, ein **sophomore** ist ein Schüler der 10. Klasse, ein **junior** ein Schüler der 11. Klasse und ein **senior** ein Schüler der 12. Klasse. Dies sind die üblichen Bezeichnungen der Highschool-Klassen, auch wenn die Highschool in vielen Gegenden jetzt erst mit der 10. Klasse beginnt. Diese Begriffe werden außerdem für Studenten in den vier College-Jahren verwendet.

fric·tion ['frɪkʃᵊn] ① die Reibung ② (*übertragen*) die Reibungen, die Spannungen

Fri·day ['fraɪdeɪ] der Freitag; **on Friday** am Freitag; **on Fridays** freitags; **Good Friday** der Karfreitag

fridge [frɪdʒ] (GB) (*umgangsspr*) der Kühlschrank

fried [fraɪd] gebraten; **fried chicken** das Brathähnchen

fried egg das Spiegelei

friend [frend] ① der Freund/die Freundin ② der/die Bekannte ③ **to be friends with someone** ⚠ *Plural* mit jemandem befreundet sein; **to be great friends** ⚠ *Plural* eng miteinander befreundet sein; **to make friends with someone** ⚠ *Plural* sich mit jemandem anfreunden

to **friend** [frend] (*im Internet*) **to friend someone** jemanden [in seiner Kontaktliste] als Freund markieren [*oder* eintragen]

friend·ly ['frendli] <friendlier, friendliest>

F

① freundschaftlich ② freundlich, angenehm ③ **to be on friendly terms with someone** mit jemandem auf freundschaftlichem Fuß stehen

friend·ship ['fren(d)ʃɪp] die Freundschaft

Friends of the Earth Inter·na·tion·al *internationales Netzwerk für den Natur- und Umweltschutz*

fright [fraɪt] der Schreck[en]; **to give someone a fright** jemanden erschrecken; **to take fright** erschrecken

to **fright·en** ['fraɪt(ə)n] ① erschrecken ② *Drohung:* jemandem Angst machen, jemanden ängstigen ③ **to be frightened of something** vor etwas Angst haben; **to be frightened by something** vor etwas erschrecken; **in a frightened voice** mit angsterfüllter Stimme
◆ to **frighten away** **to frighten someone away** jemanden abschrecken

fright·ened ['fraɪt(ə)nd] verängstigt; **to be frightened [that]** ... Angst haben, [dass] ...; **to be frightened of something** sich vor etwas fürchten

fright·en·ing ['fraɪt(ə)nɪŋ] schrecklich

fright·ful ['fraɪtf(ə)l] schrecklich, fürchterlich

fringe [frɪndʒ] ① (*übertragen*) der Rand ② *von Frisur:* der Pony ③ *von Teppich:* die Fransen

fringe group *mit Singular oder Plural* die Randgruppe

to **frisk** [frɪsk] ① *junge Tiere:* herumtollen ② **to frisk someone** jemanden durchsuchen

frivo·lous ['frɪv(ə)ləs] ① frivol ② *Mensch:* leichtfertig, leichtsinnig

friz·zy ['frɪzi] *Haar:* kraus, gekräuselt

fro [frəʊ] **to and fro** hin und her

frock [frɒk] das Kleid

frog [frɒg] ① der Frosch ② **to have a frog in one's throat** (*übertragen*) einen Frosch im Hals haben

from [frɒm, frəm] ① (*Ausgangspunkt*) von, aus; **the train from London** der Zug aus London; **to drink from a glass** aus einem Glas trinken; **from inside** von innen; **from beneath something** unter etwas hervor; **from among the trees** zwischen den Bäumen hervor; **from house to house** von Haus zu Haus; **to go from bad to worse** immer schlimmer werden ② (*zeitlich*) seit, von ... an; **from his childhood** von Kindheit an; **from time to time** von Zeit zu Zeit ③ (*Entfernung*) von ... weg; **their house is 10 km from the city centre** ihr Haus ist 10 km vom Stadtzentrum entfernt ④ (*weg*) **to go away from home** von zu Hause weggehen; **to escape from prison** aus dem Gefängnis entkommen ⑤ **to steal something from someone** jemandem etwas stehlen ⑥ (*Herkunft*) **where are you from?** wo sind Sie her? ⑦ (*Quellenangabe*) **translated from the English** aus dem Englischen übersetzt; **quotations from Shakespeare** Zitate nach Shakespeare ⑧ (*unterste Grenze angebend*) ab; **from the age of 18** ab 18 Jahren; **dresses from £20 upwards** Kleider von zwanzig Pfund aufwärts ⑨ (*Grund*) wegen, infolge; **weak from hunger** schwach vor Hunger; **from experience** aus Erfahrung; **from what I heard** nach dem, was ich gehört habe ⑩ **to judge from appearances** nach dem Äußeren urteilen; **to prevent someone from doing something** jemanden daran hindern, etwas zu tun

front[1] [frʌnt] ① die Vorderseite, die Front ② *von Gebäude:* die Vorderfront, die Fassade ③ (*militärisch*) die Front ④ (*am Meer*) die Strandpromenade ⑤ **in front** vorne; **in front of someone** vor jemandem ⑥ **to sit in the front of the car** im Auto vorne sitzen; **at the front of the procession** an der Spitze des Umzugs ⑦ (*Wetter*) **cold front** die Kaltluftfront

front[2] [frʌnt] ① vorderste(r, s), erste(r, s) ② **front brake** die Vorderbremse; **front garden** der Vorgarten ③ **to move up front** nach vorne rücken

front bench [ˌfrʌnt'bentʃ] (GB) die Regierungsbank

front door die Haustür

front-end ① Vorder- ② *Programm, Computer:* Frontend- ③ (*umgangssp*) *Zahlung:* Voraus-

fron·tier [frʌn'tɪə(r)] die Grenze, die Landesgrenze, das Grenzgebiet

front line die Frontlinie; (*übertragen*) die vorderste Front

front page *von Zeitung:* die Titelseite

front run·ner (*übertragen*) der Spitzenreiter/die Spitzenreiterin

front-wheel drive der Vorderradantrieb

frost [frɒst] ① der Frost, der Raureif ② (*übertragen*) die Kühle, die Kälte

frost·ed ['frɒstɪd] **frosted glass** das Milchglas

frosty ['frɒsti] frostig, eisig

frothy ['frɒθi] schaumig, schäumend

to **frown** [fraʊn] ① die Stirn runzeln (**at** über) ② **to frown on something** etwas missbilligen

frown [fraʊn] das Stirnrunzeln

froze [frəʊz] *2. Form von* **freeze**

froz·en[1] [frəʊz(ə)n] *3. Form von* **freeze**

froz·en[2] [frəʊz(ə)n] ① *Fluss:* [zu]gefroren ② *Körper:* erfroren; **I'm frozen** (*übertragen*) mir ist eiskalt ③ **frozen foods** die Tiefkühlkost; **frozen meat** das Gefrierfleisch ④ *Löhne:* eingefroren

fruit [fruːt] ① die Frucht, das Obst ② (*übertragen*) *Projekt, Plan:* **to bear fruit** Früchte tragen ③ **the fruits of the earth** die Früchte des Feldes

G **fruit** wird in der Einzahl gebraucht: *I like fresh fruit with my muesli; the old pear tree still produces fruit*
fruits wird für verschiedene Obstsorten gebraucht: *I like apples, bananas, cherries and most other fruits*

fruit·cake der Kuchen mit Trockenobst
fruit·er·er ['fruːtᵊrəʳ] GB der Obsthändler/die Obsthändlerin
fruit·ful ['fruːtfᵊl] fruchtbar, ertragreich
frui·tion [fru'ɪʃᵊn] *kein Plural* die Verwirklichung; **to come to** [*oder* **reach**] **fruition** verwirklicht werden
fruit·less ['fruːtləs] (*übertragen*) fruchtlos, ergebnislos; *Versuch:* nutzlos
fruit ma·chine GB der Spielautomat
fruit sal·ad der Obstsalat
fruity ['fruːti] *Geschmack:* fruchtartig, fruchtig
to **frus·trate** [frʌs'treɪt] ① zunichtemachen *Hoffnungen* ② durchkreuzen *Pläne* ③ **to frustrate someone** jemanden frustrieren
frus·trat·ed [frʌs'treɪtɪd] frustriert
frus·tra·tion [frʌs'treɪʃᵊn] ① *von Hoffnungen, Plänen:* die Zerschlagung ② *von Person:* die Frustration
to **fry** [fraɪ] braten
fry·ing pan ['fraɪɪŋ-] die Bratpfanne ▶ WENDUNGEN: **out of the frying-pan into the fire** vom Regen in die Traufe
fry-up GB (*umgangsspr*) das Pfannengericht
ft *Abkürzung von* **feet, foot** ft
F2F *Abkürzung von* **face-to-face** persönlich
to **fuck** [fʌk] (*slang*) ① ficken ② **to fuck about** verarschen ③ **fuck off!** verpiss dich!
fuck-up *kein Plural* (*slang*) die Scheiße
fuel ['fjuːᵊl] ① das Heizmaterial, das Brennmaterial, der Brennstoff ② (*für Auto*) der Kraftstoff, das Benzin ③ (*übertragen*) **to add fuel to the fire** Öl ins Feuer gießen
fuel cell die Brennstoffzelle
fuel-cell car das Brennstoffzellenauto
fuel con·sump·tion der Benzinverbrauch
fuel costs die Treibstoffkosten
fuel-efficient Benzin sparend
fuel gauge die Tankuhr
to **ful·fil**, USA to **ful·fill** [fʊl'fɪl] <fulfilled, fulfilled> ① erfüllen *Wunsch* ② ausführen *Aufgabe, Befehl* ③ einlösen *Versprechen* ④ einhalten *Verpflichtung*
ful·fil·ment, USA **ful·fill·ment** [fʊl'fɪlmənt] *kein Plural* die Erfüllung
full¹ [fʊl] <fuller, fullest> ① (*gefüllt*) voll; **the bucket is full of water** der Eimer ist voll Wasser; **full to overflowing** bis zum Überlaufen voll ② **the bus was full** der Bus war voll besetzt; **the city was full of people** in der Stadt wimmelte es von Menschen ③ (*vollständig*) voll; **a full day** ein ganzer Tag; *Bericht:* umfassend; **the full details** alle Einzelheiten ④ *Figur:* füllig ⑤ **full house** (*im Theater*) ausverkauft ⑥ **full up** voll besetzt ⑦ **I'm full up** ich bin satt ⑧ **at full speed** in voller Fahrt; **in full bloom** in voller Blüte; **in full daylight** am helllichten Tag ⑨ **to be in full swing** in vollem Gange sein ⑩ **to come to a full stop** plötzlich stehen bleiben
full² [fʊl] **in full** ganz, vollständig; **to write one's name in full** seinen Namen ausschreiben; **to the full** vollständig
full·back ['fʊlbæk] (*im Sport*) der Verteidiger/die Verteidigerin
full-bodied [ˌfʊl'bɒdɪd] *Wein:* würzig, schwer
full-cream milk [ˌfʊl'kriːm mɪlk] die Vollmilch
full-grown [ˌfʊl'grəʊn] voll ausgewachsen
full-length [ˌfʊl'leŋθ] ① *Film:* abendfüllend ② *Porträt:* lebensgroß
full moon der Vollmond
full-page ganzseitig
full stop der Punkt
full time (*im Sport*) der Abpfiff
full-time ganztägig; **to work full-time** ganztags arbeiten
ful·ly ['fʊli] ① völlig, ganz ② **fully qualified** voll qualifiziert
to **fum·ble** ['fʌmbl̩] ① **to fumble** [**around** [*oder* **about**]] **with something** an etwas herumfingern; **to fumble for something** nach etwas tasten ② **to fumble** [**the ball**] den Ball fallen lassen
to **fume** [fjuːm] (*übertragen*) wütend sein (**about/over** über)
fumes [fjuːmz] *Plural* der Rauch, der Dampf; *von Auto:* die Abgase
fun [fʌn] ① der Spaß; **dancing is fun** Tanzen macht Spaß; **for fun** zum Spaß; **to have fun** Spaß haben; **have fun!** viel Spaß!; **he is great fun** man hat mit ihm viel zu lachen ② **to make fun of someone, to poke fun at someone** sich über jemanden lustig machen
func·tion ['fʌŋ(k)ʃᵊn] ① *von Gerät usw.:* die Funktion ② *von Person:* die Aufgaben, die Pflichten ③ die Veranstaltung; (*offiziell*) die Feier
to **func·tion** ['fʌŋ(k)ʃᵊn] ① *Maschine, System:* funktionieren, laufen ② *Herz:* arbeiten ③ **to function as** fungieren als
func·tion·al ['fʌŋ(k)ʃᵊnᵊl] ① funktionsfähig ② (*nützlich, praktisch*) funktionell, zweckmäßig
func·tion key (*in der Informatik*) die Funktionstaste
fund [fʌnd] ① der Vorrat, der Schatz ② (*von Geld*) der Fonds ③ **funds** die Gelder, die Geldmittel; **to raise funds** die Mittel aufbringen
to **fund** [fʌnd] finanzieren
fun·da·men·tal [ˌfʌndə'mentᵊl] grundlegend

(**to** für)

fun·da·men·tal·ly [ˌfʌndəˈment(ə)li] ① im Wesentlichen ② **fundamentally important** von grundlegender Bedeutung

fu·ner·al [ˈfju:n(ə)rəl] ① die Beerdigung, das Begräbnis ② **that's his funeral** (*übertragen*) das ist sein Problem

fu·ner·al par·lour [ˈfju:n(ə)rəlˌpɑ:lə(r)] das Bestattungsunternehmen

fun·fair [ˈfʌnfeə(r)] der Rummelplatz

fun·gi [ˈfʌŋgaɪ] *Pluralform von* **fungus**

fun·gus [ˈfʌŋgəs, *Plural* -gaɪ] <*Plural* fungi> der Pilz

fun-lov·ing [ˈfʌnˌlʌvɪŋ] lebenslustig

fun·nel [ˈfʌn(ə)l] ① der Trichter ② *von Schiff:* der Schornstein

to **fun·nel** [ˈfʌn(ə)l] <funnelled, funnelled> schleusen *Flüssigkeit, Energie*

fun·ny [ˈfʌni] <funnier, funniest> ① *Person, Witz:* lustig, komisch ② seltsam, merkwürdig

fun·ny bone (*umgangsspr*) der Musikantenknochen

fur [fɜ:(r)] das Fell; (*als Mantel*) der Pelz

fu·ri·ous [ˈfjʊəriəs] wütend; **she was furious with him** sie war zornig auf ihn; **to be furious about something** über etwas wütend sein

to **fur·nish** [ˈfɜ:nɪʃ] ① einrichten *Haus;* **furnished room** das möblierte Zimmer ② liefern, geben *Informationen*

fur·nished [ˈfɜ:nɪʃt] eingerichtet; *Zimmer:* möbliert

fur·ni·ture [ˈfɜ:nɪtʃə(r)] die Möbel; **a piece of furniture** ein Möbelstück

> **G** **furniture** ist unzählbar; d.h. es wird nicht mit *a* oder im Plural gebraucht: *their furniture was rather old*
> Wenn man von einem Einzelstück redet, sagt man *a piece of furniture*: *this is a beautiful piece of furniture*

fur·ni·ture van (GB) der Möbelwagen

fur·ry [ˈfɜ:ri] Pelz-; *Stoff:* haarig; *Zunge:* belegt, pelzig

fur·ther [ˈfɜ:ðə(r)] *Komparativ von* **far** ① (*räumlich, zeitlich*) weiter; **till further notice** bis auf weiteres; **further on** weiter; **further back** weiter zurück, früher; **to get further and further away** sich immer weiter entfernen ② (*übertragen*) weiter, ferner

fur·ther edu·ca·tion *kein Plural* (GB) die Weiterbildung; (*beruflich*) die Fortbildung

fur·ther·more [ˌfɜ:ðəˈmɔ:(r)] ferner

fur·thest [ˈfɜ:ðɪst] *Superlativ von* **far** weiteste(r, s), entfernteste(r, s); **the furthest way round** den längsten Weg

fury [ˈfjʊəri] ① die Wut, die Raserei ② **to be in a fury** wütend sein; **to fly into a fury** in Wut geraten

to **fuse** [fju:z] durchbrennen; **to fuse the lights** die Sicherung durchbrennen lassen

fuse [fju:z] ① die Sicherung; **to blow a fuse** eine Sicherung durchbrennen lassen; (*übertragen*) aufbrausen ② *von Bombe:* der Zünder; *von Feuerwerkskörper:* die Zündschnur

fuse box der Sicherungskasten

fuss [fʌs] der Wirbel, die Aufregung; **to make** [*oder* **kick up**] **a fuss** ein Theater aufführen; **don't make a fuss!** stell dich nicht so an!

fussy [ˈfʌsi] kleinlich, pingelig; **to be fussy about food** sehr eigen sein, was das Essen angeht; **he's not fussy** er ist nicht wählerisch

fu·tile [ˈfju:taɪl] vergeblich, nutzlos

fu·ture[1] [ˈfju:tʃə(r)] künftig, zukünftig; **future generations** die kommenden Generationen; **future prospects** die Zukunftsaussichten

fu·ture[2] [ˈfju:tʃə(r)] ① die Zukunft; **in the near future** in naher Zukunft ② (*in der Grammatik*) die Zukunft, das Futur

fu·ture per·fect *kein Plural* das vollendete Futur, das Futur II

fu·ture tense *kein Plural* das Futur; **to be in the future tense** im Futur stehen

to **fuze** [fju:z] (USA) durchbrennen; **to fuse the lights** die Sicherung durchbrennen lassen

fuze [fju:z] (USA) ① die Sicherung; **to blow a fuse** eine Sicherung durchbrennen lassen; (*übertragen*) aufbrausen ② *von Bombe:* der Zünder; *von Feuerwerkskörper:* die Zündschnur

fuzz [fʌz] (*slang: Polizei*) die Bullen

fuzzy [ˈfʌzi] ① *Bild:* unklar ② *Haar:* kraus

Gg

G <*Plural* G's *oder* Gs>, **g** [dʒiː] <*Plural* g's> G, g

gadg·et ['gædʒɪt] (*umgangsspr*) ① das Gerät, der Apparat ② das Dingsda

gage [geɪdʒ] (USA) ① das Messgerät; **petrol gage** die Benzinuhr; **pressure gage** der Druckmesser; **temperature gage** der Temperaturanzeiger ② **narrow gage** die Schmalspur; **standard gage** die Normalspur

F Nicht verwechseln mit **Gage** (die) = fee!

to **gage** [geɪdʒ] (USA) ① messen ② beurteilen, abschätzen

gai·ly ['geɪli] fröhlich

gain [geɪn] ① der Gewinn, der Vorteil ② die Steigerung, die Zunahme; **gain in weight** die Gewichtszunahme

to **gain** [geɪn] ① gewinnen; **to gain the upper hand** die Oberhand gewinnen ② erwerben *Ruf, Wissen* ③ erlangen *Freiheit* ④ erreichen *Ziel* ⑤ **to gain a footing** [festen] Fuß fassen ⑥ **to gain ground** (*übertragen*) Fortschritte machen, sich durchsetzen ⑦ **to gain speed** schneller werden ⑧ **to gain weight** zunehmen ⑨ einen Vorteil erlangen (**on** über)

gala ['gɑːlə] ① das Fest, die Festlichkeit; **swimming gala** das Schwimmfest ② (*im Theater usw.*) die Galaveranstaltung

gal·axy ['gæləksi] die Galaxie, das Sternsystem

gale [geɪl] ① der Sturm; **gale-force wind** der stürmische Wind ② **gales of laughter** das schallende Gelächter

gale warn·ing die Sturmwarnung

gal·lery ['gælᵊri] ① (*für Kunst*) die Galerie ② *von Theater:* der oberste Rang, die Galerie ③ *von Kirche:* die Empore, die Galerie

gal·lon ['gælən] die Gallone (*4,55 l; Am 3,79 l*)

gal·lop ['gæləp] der Galopp; **at a gallop** im Galopp

to **gal·lop** ['gæləp] ① galoppieren ② (*übertragen*) **galloping inflation** die galoppierende Inflation

to **gam·ble** ['gæmbl̩] ① [um Geld] spielen ② (*übertragen*) riskieren, wagen; **to gamble with something** etwas aufs Spiel setzen ③ (*an der Börse*) spekulieren ④ **to gamble away** verspielen

gam·ble ['gæmbl̩] das gewagte Spiel, das Risiko

gam·bler ['gæmbl̩əʳ] der Spieler/die Spielerin; (*an der Börse*) der Spekulant/die Spekulantin

gam·bling ['gæmbl̩ɪŋ] das Spielen; (*auf Pferde, Hunde*) das Wetten; **gambling debts** die Spielschulden; **gambling machine** der Spielautomat

game¹ [geɪm] ① das Spiel ② (*Sport*) das Spiel; **the Olympic Games** die Olympischen Spiele ③ **a game of chess/tennis** eine Partie Schach/Tennis ④ **games** ⚠ *Plural* (*Schulfach*) Sport ⑤ **what's his game?** (*umgangsspr*) was hat er vor? ⑥ (*Kochen, Jagd*) das Wild[bret] ▶ WENDUNGEN: **to play the game** sich an die Spielregeln halten; **the game is up** das Spiel ist aus; **two can play at that game** wie du mir, so ich dir

game² [geɪm] mutig; **to be game** mitmachen; **to be game for anything** für alles zu haben sein; **to be game to do something** bereit sein, etwas zu tun

gamer ['geɪməʳ] der Gamer/die Gamerin, der Computerspieler/die Computerspielerin

game show die Quizsendung

gam·mon ['gæmən] *kein Plural* (GB) der leicht geräucherte Schinken

gang [gæŋ] ① *von Arbeitern:* die Kolonne, die Rotte ② *von Gefangenen:* der Trupp ③ *von Verbrechern:* die Bande
◆ to **gang up** sich zusammentun; **to gang up on someone** auf jemanden losgehen, sich gegen jemanden verschwören

gan·gly ['gæŋgli] <ganglier, gangliest> schlaksig

gang·ster ['gæŋ(k)stəʳ] der Gangster

gang·way ['gæŋweɪ] ① *von Flugzeug, Schiff:* die Gangway ② (*zwischen Sitzreihen*) der Gang

gaol [dʒeɪl] das Gefängnis; **in gaol** im Gefängnis

V Die Schreibweise **gaol** für **jail** [Gefängnis] wird nur noch im britischen Englisch in offiziellen Texten gebraucht: *The criminal spent ten years in gaol.*

gap [gæp] ① die Lücke; **to bridge** [*oder* **fill**] **a gap** eine Lücke schließen ② der Abstand; **the gap between the cars** der Abstand zwischen den Autos

to **gape** [geɪp] ① **to gape at someone** jemanden anstarren ② **to gape open** aufklaffen

gap·ing ['geɪpɪŋ] *Wunde:* klaffend; *Loch:* gähnend

gap·per ['gæpəʳ] *jemand, der ein Jahr Auszeit nimmt,* (*oft zwischen Schule und Studienantritt*)

gap year *ein freies Jahr, oft zwischen Schule und Studienantritt*

gar·age ['gærɑːʒ] ① (*zum Parken*) die Garage ② (*zum Tanken*) die Tankstelle ③ (*für Reparaturen*) die Werkstatt

gar·bage ['gɑːbɪdʒ] ① der Abfall, der Müll ② (*übertragen*) der Schund, der Unsinn

gar·bage can (USA) der Mülleimer, die Mülltonne

gar·bage chute der Müllschlucker

gar·bage col·lec·tor (USA) der Müllmann, der Müllwerker

gar·bage dis·pos·er der Müllschlucker

gar·bage dump (USA) die Mülldeponie

gar·bage truck (USA) das Müllauto

gar·den ['gɑːdən] (1) der Garten (2) **gardens** die Anlagen, der Park ▶ WENDUNGEN: **to lead someone up the garden path** (*umgangsspr*) jemanden an der Nase herumführen

to **gar·den** ['gɑːdən] im Garten arbeiten

gar·den·er ['gɑːdənər] der Gärtner/die Gärtnerin

gar·den·ing ['gɑːdənɪŋ] die Gartenarbeit; **Dad's doing the gardening** Papa arbeitet im Garten

gar·den par·ty das Gartenfest, die Gartenparty

gar·lic ['gɑːlɪk] der Knoblauch

gar·ment ['gɑːmənt] das Kleidungsstück

gas [gæs] <*Plural* gases *oder* gasses> (1) das Gas; **to turn on/off the gas** den Gashahn aufdrehen/zudrehen (2) (USA) das Benzin; **gas guzzler** der Spritfresser; **to step on the gas** (*umgangsspr*) Gas geben

to **gas** [gæs] <gassed, gassed> (1) **to gas someone/an animal** jemanden/ein Tier vergasen (2) (*slang*) faseln

gas cook·er der Gaskocher, der Gasherd

gas·eous ['gæsiəs] gasförmig

gas fire der Gasofen

to **gash** [gæʃ] aufschlitzen; sich aufreißen *Arm, Bein;* sich aufschlagen *Kopf, Knie, Ellbogen*

gash [gæʃ] <*Plural* gashes> der [tiefe] Schlitz; (*Verletzung*) die [tiefe] Schnittwunde

gas heat·ing ['gæshiːtɪŋ] die Gasheizung

gas·man [gæsmæn] <*Plural* gasmen> (GB) (*umgangsspr*) der Gasableser

gas mask die Gasmaske

gas me·ter der Gaszähler, die Gasuhr

gaso·line ['gæsəliːn] (USA) das Benzin

to **gasp** [gɑːsp] (1) keuchen, nach Luft schnappen; **I gasped in surprise** mir stockte der Atem vor Überraschung (2) mühsam hervorbringen *Worte*

gasp [gɑːsp] das Keuchen, das schwere Atmen; **to give a gasp of surprise** vor Überraschung nach Luft schnappen

gas pipe ['gæspaɪp] das Gasrohr, die Gasleitung

gas pump ['gæspʌmp] (USA) die Zapfsäule

gas ring (GB) der Gaskocher

gas sta·tion ['gæssteɪʃn] (USA) die Tankstelle

gas stove der Gasherd

gas·tro·en·teri·tis [ˌgæstrəʊˌentə'raɪtɪs] der Magen-Darm-Katarr[h]

gas·works ['gæswɜːks] das Gaswerk

gate [geɪt] (1) das Tor (**to** zu) (2) (*in Bahnhöfen*) die Sperre (3) (*in Flughäfen*) der Flugsteig, das Gate (4) (*im Sportstadion*) die Besucherzahl (5) (*Eintrittsgelder*) die Gesamteinnahmen

to **gate·crash** ['geɪtkræʃ] ungebeten erscheinen (**in** bei)

gate·crash·er ['geɪtkræʃər] der ungebetene Gast

gate·post der Torpfosten ▶ WENDUNGEN: **between you, me and the gatepost** in strengstem Vertrauen, unter uns gesagt

gate·way ['geɪtweɪ] das Tor (**to** zu)

to **gath·er** ['gæðər] (1) sammeln; **to gather information** Erkundigungen einziehen (2) einbringen *Ernte* (3) pflücken *Blumen* (4) schließen (**from** aus); **as far as I can gather** soweit ich weiß (5) zunehmen an *Geschwindigkeit, Kraft* (6) *Menschen:* sich versammeln, zusammenkommen (7) *Wolken:* sich zusammenziehen

gath·er·ing ['gæðərɪŋ] die Versammlung

gauge [geɪdʒ] (1) das Messgerät; **petrol gauge** die Benzinuhr; **pressure gauge** der Druckmesser; **temperature gauge** der Temperaturanzeiger (2) **narrow gauge** die Schmalspur; **standard gauge** die Normalspur

to **gauge** [geɪdʒ] (1) messen (2) (*übertragen*) beurteilen, [ab]schätzen

gave [geɪv] *2. Form von* **give**

to **gawk** [gɔːk] (*umgangsspr*) glotzen; **to gawk at someone/something** jemanden/etwas anglotzen

gawky ['gɔːki] <gawkier, gawkiest> (1) schlaksig (2) linkisch, unbeholfen

to **gawp** [gɔːp] (GB) (*umgangsspr*) glotzen; **to gawp at someone** jemanden anglotzen

gawp [gɔːp] (GB) (*umgangsspr*) der lange Blick

gay[1] [geɪ] (1) (*umgangsspr: homosexuell*) schwul (*auch abwertend, umgangsspr*) (2) lustig, vergnügt, fröhlich

gay[2] [geɪ] (*umgangsspr*) der Schwule (*auch abwertend, umgangsspr*)

to **gaze** [geɪz] starren, glotzen (**at**/[**up**]**on** auf)

gaze [geɪz] der starre Blick

GB [dʒiː'biː] *Abkürzung von* **Great Britain** GB

GCSE [ˌdʒiːsiːes'iː] (*Schulabschluss*) *Abkürzung von* **General Certificate of Secondary Education** ≈ die mittlere Reife

> **L** Das **GCSE** (*General Certificate of Secondary Education*) ist die erste Prüfung, die Schüler im Alter von 16 Jahren in England, Wales und Nordirland ablegen. Es ist möglich, nur ein Fach zu wählen, aber die meisten Schüler versuchen, die Prüfung in acht oder neun Fächern zu machen. In Schottland heißt die erste Prüfung *Standard Grade*.

Gdns *Abkürzung von* **Gardens** *bei Adressenangaben, z.B.: 25 Egerton Gdns*

GDR [ˌdʒiːdiː'ɑːr] (*historisch*) *Abkürzung von* **German Democratic Republic**: **the GDR** die DDR

gear [gɪər] (1) der Gang; **to change** [*oder* (USA) **shift**] **into first gear** den ersten Gang einlegen; **to change** [*oder* (USA) **shift**] **gear** schalten; **first** [*oder* **bottom**] **gear** der erste Gang; **top gear** der höchste Gang; **reverse gear** der Rückwärtsgang (2) (*in Maschinerie*) das Getriebe (3) (*am*

Fahrrad) die Gangschaltung, die Übersetzung ④ das Gerät, die Ausrüstung; (*umgangsspr*) die Sachen, das Zeug ⑤ (*umgangsspr: Kleidung*) die Klamotten, die Sachen ⑥ **landing gear** das Fahrgestell

gear·box ['gɪəbɒks] das Getriebe

gear stick, (USA) **gear·shift** der Schaltknüppel, der Schalthebel

geese [giːs] *Pluralform von* **goose**

Geiger count·er ['gaɪgə,-] der Geigerzähler

gel [dʒel] das Gel

to **gel** [dʒel] <-ll-> gelieren, fest werden

gem [dʒem] ① der [geschliffene] Edelstein ② (*übertragen*) die Perle, das Prachtstück

Gemi·ni ['dʒemɪnaɪ, -niː] (*Sternbild*) die Zwillinge

gen·der ['dʒendəʳ] das Geschlecht

gene [dʒiːn] das Gen

gen·er·al[1] ['dʒenᵊrᵊl] ① allgemein; **as a general rule, in general** im Allgemeinen ② (*weit verbreitet*) üblich, gewöhnlich, normal ③ (*nicht exakt*) unbestimmt, allgemein gehalten

gen·er·al[2] ['dʒenᵊrᵊl] der General

gen·er·al an·aes·thet·ic die Vollnarkose

Gen·er·al As·sem·bly die UNO-Vollversammlung

gen·er·al de·liv·ery (USA) postlagernd

gen·er·al di·rec·tor der Generaldirektor/die Generaldirektorin

gen·er·al elec·tion die Parlamentswahlen

to **gen·er·al·ize** ['dʒenᵊrᵊlaɪz] verallgemeinern

gen·er·al·ly ['dʒenᵊrᵊli] im Allgemeinen, allgemein

gen·er·al man·ag·er der Generaldirektor/die Generaldirektorin

Gen·er·al Post Of·fice the General Post Office die Hauptpost

gen·er·al prac·ti·tion·er der Arzt für Allgemeinmedizin/die Ärztin für Allgemeinmedizin

> **L** In Großbritannien heißen praktische Ärzte **GPs (general practitioners)** . Die GPs arbeiten in der Regel in einer „group practice" (Gemeinschaftspraxis) mit anderen Ärzten zusammen.

gen·er·al store (USA) der Gemischtwarenladen

gen·er·al strike der Generalstreik

gen·er·al view *kein Plural* **the general view** die allgemein verbreitete Meinung

to **gen·er·ate** ['dʒenᵊreɪt] ① erzeugen *Energie* ② (*übertragen*) verursachen

gen·era·tion [,dʒenə'reɪʃᵊn] ① die Generation; **the next/younger/older generation** die nächste/jüngere/ältere Generation; **the generation gap** der Generationskonflikt ② *von Energie:* die Erzeugung

> **L** In Amerika teilt man die Bevölkerung in drei Altersgruppen, die angeblich auch gemeinsame Eigenschaften besitzen. Die **Baby Boomers**, so genannt, weil die Bevölkerung in der Nachkriegszeit sehr stark gewachsen ist, sind diejenigen, die zwischen 1945 und 1960 geboren wurden. Angeblich sind diese Menschen tüchtig, aber auch selbstsüchtig und von Geld und Macht besessen. Zur nächsten Gruppe, der **Generation X**, gehören diejenigen, die zwischen 1961 und 1981 zur Welt kamen. Sie werden als pessimistisch, faul, weltfremd, aber auch als erfinderisch und innovativ charakterisiert. Die neue Generation heißt nun die **Millennials** oder **Generation Y**. Sie hat Grips, ist selbstbewusst, freigebig und optimistisch.

gen·era·tor ['dʒenᵊreɪtəʳ] der Generator

gen·er·ous ['dʒenᵊrəs] ① großzügig; *Person:* freigebig ② *Portion:* reichlich

gene thera·py *meist Singular* die Gentherapie

ge·net·ic [dʒə'netɪk] genetisch; **genetic engineering** die Gentechnologie; **genetic research** die Genforschung

gen·et·ical·ly [dʒə'netɪkᵊli] genetisch; **genetically engineered** gentechnisch verändert

gen·et·ic en·gi·neer·ing *kein Plural* die Gentechnik

gen·et·ics [dʒə'netɪks] die Genetik

Ge·neva [dʒə'niːvə] Genf

Ge·neva Con·ven·tion ['dʒəniːvə-] **the Geneva Convention** die Genfer Konvention

genii ['dʒiːniaɪ] *Pluralform von* **genius**

geni·ta·lia [,dʒenɪ'teɪliə] *Plural,* **geni·tals** ['dʒenɪtᵊlz] *Plural* die Geschlechtsorgane, die Genitalien

geni·tive ['dʒenɪtɪv] der Genitiv

ge·ni·us ['dʒiːniəs, *Plural* niaɪ] <*Plural* geniuses, genii> ① (*Person*) das Genie, genialer Mensch ② (*Fähigkeit*) der Genius

geno·cide ['dʒenəsaɪd] der Völkermord

gent [dʒent] ① (*umgangsspr*) der Gentleman ② **Gents** (GB) die Herrentoilette

gen·tle ['dʒentḷ] <gentler *oder* more gentle, gentlest *oder* most gentle> ① *Abhang:* sanft ② *Art, Wesen:* sanft ③ *Shampoo:* mild ④ *Übung:* leicht ⑤ *Berührung:* zart; *Brise:* leicht

> **G** **gentle** kann sowohl mit *-er/-est* als auch mit *more/most* gesteigert werden:
> *please try to be more gentle!;*
> *he was the most gentle dentist I had ever visited*

gen·tle·man ['dʒentḷmən] <*Plural* gentlemen> ① (*Mann*) der Herr; **[Ladies and] Gentlemen!** meine [Damen und] Herren! ② (*Ehrenmann*) der Gentleman

gen·tle·ness ['dʒentḷnəs] *kein Plural* die Sanftheit

gen·tly ['dʒentli] sanft, behutsam; **to break the news gently to someone** jemandem etwas schonend beibringen

genu·ine ['dʒenjuɪn] ① (*authentisch*) echt ② *Gefühl, Person:* aufrichtig

ge·og·ra·pher [dʒiː'ɒgrəfəʳ] der Geograph/die Geographin

G

geo·graph·ic(al) [ˌdʒiːə(ʊ)ˈɡræfɪk(ᵊl)] geographisch

ge·og·ra·phy [dʒiːˈɒɡrəfi, ˈdʒɒɡ-] die Erdkunde, die Geographie

geo·logi·cal [ˌdʒiːə(ʊ)ˈlɒdʒɪkᵊl] geologisch

ge·olo·gist [dʒiːˈɒlədʒɪst] der Geologe/die Geologin

ge·ol·ogy [dʒiːˈɒlədʒi] die Geologie

geo·met·ric(al) [ˌdʒiːə(ʊ)ˈmetrɪk(ᵊl)] geometrisch

ge·om·etry [dʒiːˈɒmɪtri] die Geometrie

Geor·gia [ˈdʒɔːdʒə] ① (*Republik in Transkaukasien*) Georgien ② (*Bundesstaat der USA*) Georgia

Geor·gian¹ [ˈdʒɔːdʒən] georgisch

Geor·gian² [ˈdʒɔːdʒən] ① der Georgier/die Georgierin ② der Einwohner aus Georgia

germ [dʒɜːm] der Keim

Ger·man¹ [ˈdʒɜːmən] ① deutsch; **I am German** ich bin Deutsche(r); **a German teacher** ein deutscher Lehrer/eine deutsche Lehrerin ② **my German teacher** mein Deutschlehrer/meine Deutschlehrerin

Ger·man² [ˈdʒɜːmən] ① (*Sprache*) Deutsch, das Deutsche; **to say something in German** etwas auf Deutsch sagen; **I don't speak German** ich spreche kein Deutsch; **do you speak German?** sprechen Sie Deutsch?; **translated into German** ins Deutsche übersetzt ② (*Person*) der/die Deutsche

Ger·man·ic [dʒəˈmænɪk] [indo]germanisch

Ger·man mea·sles *Plural* die Röteln

Ger·man shep·herd (USA) der deutsche Schäferhund

Ger·ma·ny [ˈdʒɜːməni] Deutschland; **the Federal Republic of Germany** die Bundesrepublik Deutschland

germ-free keimfrei, steril

to **ger·mi·nate** [ˈdʒɜːmɪneɪt] ① keimen ② zum Keimen bringen

ger·mi·na·tion [ˌdʒɜːmɪˈneɪʃᵊn] *kein Plural* das Keimen

germ war·fare der Bakterienkrieg

ger·und [ˈdʒerᵊnd] das Gerundium

ges·ta·tion [dʒesˈteɪʃᵊn] *kein Plural* die Schwangerschaft; *von Tieren:* die Trächtigkeit; (*übertragen*) das Reifwerden

to **ges·ticu·late** [dʒesˈtɪkjəleɪt] gestikulieren

ges·ture [ˈdʒestʃəʳ] die Geste

to **get** [get] <got, got *oder* (USA) gotten> ① (*empfangen*) bekommen, kriegen *Geld, Geschenk, Krankheit;* empfangen, reinkriegen *Sender;* erhalten *Eindruck* ② (*holen*) besorgen, beschaffen; **to get something for someone** jemandem etwas besorgen; **what can I get you?** was kann ich Ihnen anbieten?; **can I get you a drink?** möchten Sie etwas trinken?; **we need to get some milk** wir müssen Milch kaufen ③ (*werden*) **it's getting warmer** es wird wärmer ④ kommen; **when did you get there?** wann bist du angekommen?; **how do I get to the station?** wie komme ich zum Bahnhof?; **Amundsen got to the South Pole before Scott** Amundsen erreichte den Südpol vor Scott ⑤ (*fangen*) fassen, schnappen; **to get hold of someone** jemanden zu fassen kriegen ⑥ verstehen, begreifen; **get it?** alles klar?; **I get it** ich verstehe schon; **I've got it!** ich hab's! ⑦ veranlassen, überreden; **to get someone to do something** jemanden dazu bewegen, etwas zu machen; **to get one's hair cut** sich die Haare schneiden lassen; **to get something going** etwas in Gang bringen [*oder* setzen]; **to get someone talking** jemanden zum Reden bringen ⑧ (*umgangsspr*) **to get someone** jemanden kriegen; **I'll get him for that!** dem werde ich es besorgen!; **to get someone at it** (*verwirren*) jemanden drankriegen ⑨ **to have got** haben; **I've got a headache/boat** ich habe Kopfschmerzen/ein Boot; **I've got the wrong number** ich habe mich verwählt ⑩ **to have got to do something** etwas tun müssen; **I've got to go/say** ich muss gehen/sagen ⑪ **to get the better of someone** jemanden kleinkriegen ⑫ **to get to know something** etwas erfahren [*oder* in Erfahrung bringen]; **to get to know someone** jemanden kennen lernen ⑬ **to get married** sich verheiraten; **they got married in June** sie haben im Juni geheiratet ⑭ **to get there** (*umgangsspr*) sein Ziel erreichen; **we'll get there in the end** wir werden es schon schaffen ⑮ **to get one's own way** seinen Kopf durchsetzen

◆to **get about** ① *Person:* [viel] herumkommen ② *Nachricht:* sich verbreiten

◆to **get across** ① hinüberkommen ② **to get someone/something across** jemanden/etwas hinüberbringen ③ (*übertragen*) verständlich machen *Idee;* gut rüberbringen *Witz* ④ (*übertragen*) sich verständlich machen ⑤ *Witz:* ankommen

◆to **get ahead** ① vorwärtskommen, vorankommen ② **to get ahead of someone** jemanden überholen

◆to **get along** ① vorankommen (**with** mit); **how are you getting along?** wie kommen Sie zurecht? ② **to get along with someone** mit jemandem auskommen, sich mit jemandem vertragen

◆to **get around** ① *Person:* [viel] herumkommen ② *Nachricht:* sich verbreiten ③ **to get around to doing something** dazu kommen, etwas zu tun

◆to **get at** ① **to get at someone** (*slang*) jemanden beeinflussen, auf jemandem herumhacken; **stop getting at me!** lass mich endlich in

Ruhe! ② **to get at something** an etwas herankommen, etwas herausfinden ③ **what are you getting at?** worauf willst du hinaus?

◆ to **get away** ① wegbringen; **get him away from me!** schaff ihn mir vom Leib! ② *Person:* davonkommen, sich aus dem Staube machen; **to get away from someone** von jemandem loskommen; **get away from me!** hau bloß ab! ③ **to get away with something** sich etwas erlauben können ④ **get away!** (*umgangsspr*) sag bloß!

◆ to **get back** ① zurückbekommen; **can I get my CDs back please?** (USA) kann ich bitte meine CDs zurückhaben? ② *Person:* zurückkommen; **she got back home late** sie kam spät nach Hause ③ **to get back at someone** (*umgangsspr*) es jemandem heimzahlen

◆ to **get behind** ① **to get behind someone** jemanden unterstützen ② **to get behind with one's work** mit seiner Arbeit in Rückstand kommen

◆ to **get by** ① (*passieren*) vorbeikommen ② (*umgangsspr*) durchkommen; **I can just about get by in Italian** mein Italienisch reicht gerade, um mich zu verständigen ③ auskommen (**on** mit); **it's hard to get by on my pension** es ist schwer, mit meiner Rente auszukommen

◆ to **get down** ① **to get someone/something down** jemanden/etwas hinunterbringen ② schlucken *Tablette* ③ (*übertragen*) deprimieren; **this bad weather is getting me down** das schlechte Wetter macht mir zu schaffen ④ *Person:* hinuntersteigen (**from** von) ⑤ **to get down to something** sich auf etwas konzentrieren; **let's get down to business** lass uns zur Sache kommen

◆ to **get in** ① hineinbringen; **to get the washing in** die Wäsche reinholen ② einbringen *Ernte* ③ (*in Disco, Verein*) hineinkommen ④ *Zug, Flug:* ankommen ⑤ **to get in with a bad crowd** in schlechte Gesellschaft geraten ⑥ **to get in on something** (*übertragen*) bei etwas einsteigen

◆ to **get into** ① einsteigen in *Auto* ② annehmen *Gewohnheit* ③ **he got into Oxford University** er wurde von der Universität Oxford angenommen ④ kommen, gelangen; **to get into a situation** in eine Situation geraten; **to get into a temper** wütend werden ⑤ **what's got into him?** was ist nur in ihn gefahren?

◆ to **get off** ① absteigen von *Fahrrad, Pferd* ② aussteigen aus *Bus, Zug* ③ **to get something off** ausziehen *Kleidung;* entfernen *Fleck* ④ **to get off with a fine** mit einer Geldstrafe davonkommen ⑤ **when do you get off work?** wann hast du Feierabend? ⑥ **to get a day off** einen Tag freibekommen ⑦ **to get off with someone** (*slang*) jemanden aufreißen *slang*

◆ to **get on** ① anziehen *Kleidung* ② aufsitzen; aufsteigen auf *Fahrrad, Pferd* ③ einsteigen in *einen Bus, Zug* ④ **to get on with one's work** mit der Arbeit weitermachen ⑤ **how did you get on?** wie ist es dir ergangen?; **to get on in the world** es zu etwas bringen ⑥ **I get on well with Nancy** ich verstehe mich gut mit Nancy, Nancy und ich kommen gut miteinander aus

◆ to **get out** ① herauskommen; verlassen *Zimmer;* **open the door — I can't get out!** öffne die Tür — ich komme nicht raus! ② (*aus einem Fahrzeug*) aussteigen (**of** aus) ③ *Geheimnis:* herauskommen ④ **get out of my sight!** verschwinde!

◆ to **get over** hinwegkommen über

◆ to **get round** ① umgehen *Gesetz, Schwierigkeit* ② herumkriegen *Person* ③ **as soon as I get round to it** sobald ich dazu komme

◆ to **get straight** ① in Ordnung bringen ② **let me get this straight** lass mich das klarstellen

◆ to **get through** ① (*am Telefon*) **to get through to someone/to Germany** zu jemandem/nach Deutschland durchkommen ② **to get through to someone** zu jemandem durchdringen; **I can't get it through to him** ich kann es ihm nicht klarmachen ③ **we'll get through somehow** wir werden schon irgendwie durchkommen ④ *Person, Nachricht:* durchkommen ⑤ **to get through to the final** in die Endrunde kommen

◆ to **get together** ① *Personen:* zusammenkommen, sich treffen; **let's get together sometime** wir könnten uns doch mal wieder treffen ② zusammenbringen *Leute* ③ **to get one's things together** seine Sachen zusammenpacken

◆ to **get up** ① aufstehen; **can you get Mum up — breakfast is ready!** kannst du [die] Mama wecken — das Frühstück ist fertig! ② anstellen; **what have you been getting up to?** was hast du so getrieben?

get·away [ˈgetəweɪ] das Entkommen

get·away car der Fluchtwagen

get-togeth·er [ˈgettəˈgeðəʳ] die Zusammenkunft, das gemütliche Beisammensein

ghast·ly [ˈgɑːstli] ① *Unfall, Verletzungen:* entsetzlich ② *Fehler:* schrecklich ③ *Wetter:* grässlich

gher·kin [ˈgɜːkɪn] die Essiggurke, die Gewürzgurke

ghet·to [ˈgetəʊ] <*Plural* ghettos *oder* ghettoes> das G[h]etto

ghost [gəʊst] ① der Geist, das Gespenst ② **to give up the ghost** den Geist aufgeben

ghost·ly [ˈgəʊstli] geisterhaft; (*unheimlich*) gespenstisch

ghost sto·ry die Gespenstergeschichte
GI [ˌdʒiːˈaɪ] (*umgangsspr*) der GI
gi·ant¹ [ˈdʒaɪənt] der Riese
gi·ant² [ˈdʒaɪənt] riesig; **a giant packet** ein Riesenpaket
Gi·bral·tar [dʒɪˈbrɔːltəʳ] *kein Plural* Gibraltar
gid·di·ly [ˈgɪdɪli] ① benommen ② leichtfertig
gid·di·ness [ˈgɪdinəs] *kein Plural* das Schwindelgefühl
gid·dy [ˈgɪdi] schwind[e]lig; **I feel giddy** mir ist schwindlig
gift [gɪft] ① das Geschenk ② (*übertragen*) die Begabung, das Talent (**for** zu)

gift

F Nicht verwechseln mit **Gift** (das) = poison!

gift·ed [ˈgɪftɪd] begabt, talentiert
gift shop der Geschenkartikelladen
gift to·ken, gift vouch·er der Geschenkgutschein
gig [gɪg] der Gig
giga·byte [ˈgɪgəbaɪt] das Gigabyte
gi·gan·tic [dʒaɪˈgæntɪk] riesig; *Appetit:* gewaltig
to **gig·gle** [ˈgɪgl̩] kichern
gig·gle [ˈgɪgl̩] das Kichern, das Gekicher; **to do something for a giggle** etwas zum Spaß tun
gim·mick [ˈgɪmɪk] ① der Trick ② die Attraktion
gim·micky [ˈgɪmɪki] marktschreierisch
gin [dʒɪn] der Gin; **gin and tonic** der Gin Tonic
gin·ger¹ [ˈdʒɪndʒəʳ] der Ingwer
gin·ger² [ˈdʒɪndʒəʳ] ① *Geschmack:* Ingwer- ② *Haare:* rotblond
gin·ger·bread *kein Plural* der Lebkuchen
gin·ger-haired dunkelblond
gin·ger·ly [ˈdʒɪndʒəli] behutsam
gin·ger nut (GB), (USA) **gin·ger snap** der Ingwerkeks
gip·sy [ˈdʒɪpsɪ] der Zigeuner/die Zigeunerin
gi·raffe [dʒɪˈrɑːf] die Giraffe
girl [gɜːl] ① das Mädchen ② **my youngest girl** meine jüngste Tochter
girl·friend [ˈgɜːlfrend] die Freundin
Girl Guide (GB) die Pfadfinderin
girl·hood [ˈgɜːlhʊd] *kein Plural* die Mädchenjahre
girlie [ˈgɜːli], **girl·ish** [ˈgɜːlɪʃ] mädchenhaft
Girl Scout (USA) die Pfadfinderin
giro ac·count das Girokonto
gist [dʒɪst] **the gist** das Wesentliche; **to get the gist of something** den Sinn von etwas verstehen

G Richtiges Konjugieren von **give**: give, gave, given — *Dave gave Jenny his phone number; Have you given him the car key?; I was given a present*

to **give** [gɪv] <gave, given> ① (*allgemein*) geben ② schenken *Geschenk;* geben *Spende;* spenden *Blut* ③ von sich geben *Geräusch;* **she gave a loud cry** sie stieß einen lauten Schrei aus ④ geben; angeben *Grund;* aufführen *Beispiel;* erstatten *Bericht* ⑤ **he's given us a lot of homework** er hat uns eine Menge Hausaufgaben aufgegeben ⑥ **to give someone a good game** jemandem ein gutes Spiel liefern ⑦ **to give someone the right to do something** jemandem das Recht einräumen, etwas zu tun ⑧ **to give birth** *Frau:* entbinden; *Tier:* jungen, werfen ⑨ *Material:* nachgeben; *Schnur:* reißen; *Kraft, Stimme:* versagen ⑩ **to give it to someone** (*umgangsspr*) jemandem die Meinung sagen; **give her my regards** bestellen Sie ihr Grüße von mir ⑪ **I don't give a damn** (*umgangsspr*) ich scher mich den Teufel darum *umgangsspr* ⑫ (*umgangsspr*) **what gives?** was gibt's?
◆to **give away** ① weggeben, verschenken ② verpassen *Gelegenheit* ③ verraten *Geheimnis;* **to give oneself away** sich verraten ④ **to give away one's daughter** seine Tochter zum Altar führen
◆to **give back** zurückgeben
◆to **give in** ① einreichen *Aufsatz;* abgeben *Paket* ② *Person:* nachgeben; **don't give in to his threats** gehe nicht auf seine Drohungen ein
◆to **give off** ① abgeben *Wärme* ② ausstrahlen *Licht* ③ ausströmen *Geruch*
◆to **give out** ① **to give something out** etwas austeilen [*oder* verteilen] ② zu Ende gehen *Geduld, Kraft, Vorräte*
◆to **give over** ① **to give something over [to someone]** [jemandem] etwas übergeben ② **to be given over to something** für etwas beansprucht werden; **to give oneself over to something** sich etwas ganz hingeben ③ (GB) (*umgangsspr*) aufhören; **they've doubled your salary? give over!** sie haben wirklich dein Gehalt verdoppelt?!
◆to **give up** ① aufgeben; **I don't give up that easily** so leicht werfe ich die Flinte nicht ins Korn; **to give up smoking** das Rauchen aufge-

ben ② **I give up on you!** du bist ein hoffnungsloser Fall! ③ **to give up one's share** auf seinen Anteil verzichten ④ **to give oneself up** sich stellen

give-and-take [ˌgɪvənˈteɪk] das gegenseitige Entgegenkommen, die Kompromissbereitschaft

give·away ① **it was a real giveaway** es verriet alles ② die Gratisprobe; **giveaway price** der Schleuderpreis

giv·en¹ [ˈgɪvᵊn] *3. Form von* **give**

giv·en² [ˈgɪvᵊn] ① gegeben ② **at the given time** zur festgesetzten Zeit; **at a given point in time** zu einem festgesetzten Zeitpunkt ③ **to be given to doing something** die Gewohnheit haben, etwas zu tun ④ **given that ...** vorausgesetzt [*oder* angenommen], dass ... ⑤ **[if] given the chance** sofern sich die Möglichkeit ergibt ⑥ **given name** der Vorname

giv·er [ˈgɪvəʳ] der Geber/die Geberin

gla·cial [ˈgleɪsiəl] ① glazial; **glacial lake** der Gletschersee ② (*übertragen*) eisig

glaci·er [ˈglæsiəʳ] der Gletscher

glad [glæd] <gladder, gladdest> ① *Person:* froh (**about** über); **I am so glad** das freut mich; **she was glad to find somewhere to sit down** sie war froh, dass sie sich endlich setzen konnte ② **glad to meet you!** sehr angenehm! ③ **I'd be glad to!** aber gern!; **I'd be glad to help you** ich helfe Ihnen gern ④ **to be glad of something** für etwas dankbar sein

glad·ly [ˈglædli] gern[e]

glam·or·ous [ˈglæmᵊrəs] glamourös

glance [glɑːn(t)s] der [flüchtige] Blick; **at a glance** auf einen Blick; **to give someone a glance** jemandem einen Blick zuwerfen

> **F** Nicht verwechseln mit **Glanz** (der) = gleam, shine!

to **glance** [glɑːn(t)s] schauen, blicken; **to glance at someone/something** jemanden/etwas kurz ansehen; **to glance over something** etwas überfliegen; **to glance round** sich umsehen

> **F** Nicht verwechseln mit **glänzen** = to shine!

to **glare** [gleəʳ] ① *Licht:* grell scheinen ② **to glare at someone** jemanden [wütend] anstarren

glare [gleəʳ] ① das grelle Licht ② der wütende, starre Blick

glar·ing [ˈgleəʳɪŋ] ① blendend hell; *Licht:* grell ② *Irrtum:* eklatant; **a glaring error** ein grober Fehler

glass [glɑːs] das Glas

glasses [glɑːsɪz] ⚠ *Plural* **a pair of glasses** eine Brille; **where are my glasses?** wo ist meine Brille?

> **G** **glasses** wird im Plural gebraucht: *do those sunglasses have UV protection?*
> **a pair of glasses** wird aber im Singular verwendet: *I need a new pair of glasses*

glass fi·bre die Glasfaser

glass·house das Gewächshaus

to **glaze** [gleɪz] glasieren *Kuchen;* verglasen *Fenster;* **to glaze [over]** *Augen:* glasig werden

glaze [gleɪz] die Glasur

gla·zi·er [ˈgleɪziəʳ] der Glaser/die Glaserin

to **gleam** [gliːm] schimmern

gleam [gliːm] der Schimmer

glee [gliː] *kein Plural* das Entzücken

glee·ful [ˈgliːfᵊl] ausgelassen

to **glide** [glaɪd] ① *Segelflugzeug:* gleiten, schweben ② *Person:* [segel]fliegen

glid·er [ˈglaɪdəʳ] das Segelflugzeug

glid·er pi·lot der Segelflieger/die Segelfliegerin

glid·ing [ˈglaɪdɪŋ] das Segelfliegen

to **glim·mer** [ˈglɪməʳ] ① *Feuer:* glimmen ② *Licht:* schimmern

glim·mer [ˈglɪməʳ] ① das Glimmen ② **glimmer of light** der Lichtschimmer; **glimmer of hope** der Hoffnungsschimmer

glimpse [glɪm(p)s] der kurze Blick; **to catch a glimpse of something** etwas flüchtig zu sehen bekommen

to **glimpse** [glɪm(p)s] im Vorübergehen sehen

to **glint** [glɪnt] glitzern

glint [glɪnt] das Glitzern

to **glis·ten** [ˈglɪsᵊn] glitzern, glänzen

to **glit·ter** [ˈglɪtəʳ] glitzern, funkeln

glit·ter [ˈglɪtəʳ] ① das Glitzern, das Funkeln ② (*übertragen*) die Pracht

glit·ter·ing [ˈglɪtᵊrɪŋ] ① glitzernd ② (*übertragen*) glänzend

glitzy [ˈglɪtsi] <glitzier, glitziest> glanzvoll

to **gloat** [gləʊt] sich hämisch freuen (**over** über), sich weiden (**over** an)

glob·al [ˈgləʊbᵊl] ① global, weltweit; **global warming** der globale Temperaturanstieg ② **looking at the global view ...** global gesehen ...

glob·ali·za·tion [ˌgləʊbᵊlaɪˈzeɪʃᵊn] *kein Plural* die Globalisierung

globe [gləʊb] ① (*Form*) die Kugel ② (*Welt*) der Erdball, der Globus ③ (*Karte*) der Globus

globe·trot·ter der Weltenbummler/die Weltenbummlerin

gloom [gluːm] ① das Dunkel, die Dunkelheit ② (*übertragen*) die Traurigkeit, die Schwermut; **an atmosphere of gloom** eine düstere [*oder* gedrückte] Stimmung

gloomy [ˈgluːmi] düster, trüb[e], trübselig

glo·ri·ous [ˈglɔːriəs] ① *Sieg:* ruhmreich ② *Wetter:* herrlich ③ *Anblick:* prächtig

glo·ry [ˈglɔːri] ① (*Berühmtheit*) der Ruhm ② (*Schönheit*) die Herrlichkeit, die Pracht

gloss paint der Glanzlack

glossy[1] ['glɒsi] ① glänzend ② **glossy paper** das Glanzpapier; **glossy magazine** das Hochglanzmagazin

glossy[2] ['glɒsi] das [Hochglanz]magazin

glove [glʌv] der Handschuh; **boxing glove** der Boxhandschuh; **to fit like a glove** wie angegossen sitzen

glove com·part·ment das Handschuhfach

to **glow** [gləʊ] ① glühen ② *Gesicht:* leuchten (**with** vor)

glow [gləʊ] ① die Glut ② **her cheeks had a healthy glow** ihre Wangen hatten eine gesunde Farbe

to **glow·er** ['glaʊəʳ] verärgert aussehen; **to glower at someone** jemanden zornig anstarren

glow·er ['glaʊəʳ] der finstere Blick

glu·cose ['glu:kəʊs] der Traubenzucker

glue [glu:] der Klebstoff, der Leim

to **glue** [glu:] ① leimen, kleben (**on** auf, **to** an) ② (*übertragen*) **to be glued to someone** jemandem nicht von der Seite weichen; **his eyes were glued to the screen** er sah wie gebannt auf den Bildschirm; **as if glued to the spot** wie angewurzelt

glue stick der Klebestift

glum [glʌm] <glummer, glummest> niedergeschlagen; *Gesicht:* mürrisch

GM[1] [ˌdʒi:'em] (GB) *Abkürzung von* **grant-maintained** *Schule:* öffentlich bezuschusst

GM[2] [ˌdʒi:'em] *Abkürzung von* **general manager** der Hauptgeschäftsführer/die Hauptgeschäftsführerin

GM[3] [ˌdʒi:'em] *Abkürzung von* **genetically modified** *Pflanzen:* gentechnisch behandelt

GMO [ˌdʒi:em'əʊ] *Abkürzung von* **genetically modified organism** der gentechnisch veränderte Organismus

GMT [ˌdʒi:em'ti:] *kein Plural Abkürzung von* **Greenwich Mean Time** WEZ

> **L** Das **Royal Observatory** (Sternwarte) in Greenwich wurde 1675 erbaut, um genaue Angaben über Positionen der Sterne für die Erstellung von Schifffahrtskarten zu erhalten. 1884 wurde der **Greenwich meridian** für die ganze Welt als Längengrad 0° offiziell festgelegt. Die Zeit in den 24 Weltzeitzonen wird deshalb auf der Basis der Zeit in Greenwich berechnet, die als **Greenwich Mean Time (GMT)** oder **Universal Time** allgemein bekannt ist.

gnash·ers ['næʃəz] *Plural* (GB) (*umgangsspr*) die Kauwerkzeuge

to **gnaw** [nɔ:] nagen (**at/on** an)

gnaw·ing[1] ['nɔ:ɪŋ] nagend

gnaw·ing[2] ['nɔ:ɪŋ] *kein Plural* das Nagen

go [gəʊ] <*Plural* goes> ① der Versuch; **to have a go at something** etwas versuchen; **let me have a go** lass mich mal ② (*Tatkraft*) der Schwung ③ **[always] on the go** [immer] auf Trab

> **G** Richtiges Konjugieren von **go**: go, went, gone — *Mr Lee went to the same school as his son; My pen has gone; Lucy has been gone for an hour.*

to **go** [gəʊ] <goes, went, gone> ① gehen; **who goes there?** wer da?; **to go to see someone** jemanden besuchen ② *Fahrzeug:* fahren, reisen; *Flugzeug:* fliegen; **to go by car/train** mit dem Auto/Zug fahren; **to go by air** fliegen ③ *Maschine:* in Betrieb sein, funktionieren; **to keep the engine going** den Motor laufen lassen ④ *Straße:* führen (**to** nach) ⑤ **first prize went to the red team** der erste Preis ging an die rote Mannschaft ⑥ *Party, Prüfung, Tag:* verlaufen; **how did the exam go? — it went all right, thanks** wie war die Prüfung? — sie war ganz o.k., danke ⑦ *Zeit:* vergehen, verstreichen ⑧ werden; **to go grey** grau werden; **to go blind/mad** blind/verrückt werden; **to go bad** schlecht werden, verderben; **to go wrong** schiefgehen ⑨ **the rumour goes that ...** es geht das Gerücht, dass ... ⑩ *Gegenstand:* kommen, gehören; **where do you want it to go?** wo soll es hin? ⑪ (*aufbrechen*) weggehen; **I must be going now** ich muss jetzt gehen, ich gehe jetzt ⑫ **where did my pen go?** wohin ist mein Stift verschwunden?, wo ist mein Stift? ⑬ (*nachlassen*) *Material, Maschine:* kaputtgehen; *Augen, Gesundheit:* schlechter werden; *Bremsen:* versagen ⑭ (*Geräusche nachahmen*) **a gorilla goes like this** ein Gorilla macht so ⑮ *zur Futurbildung* werden, wollen; **I am going to write soon** ich werde bald schreiben; **he was going to do it** er wollte es machen ⑯ *mit der -ing Form* gehen; **to go swimming/shopping** schwimmen/einkaufen gehen
▶ WENDUNGEN: **it's no go** da ist nichts zu machen; **there you go!** bitte schön!; **to go into effect** in Kraft treten; **to go to pieces** durchdrehen; **to go unnoticed** unbemerkt bleiben; **as things go** wie es nun mal so ist; **let go!** los!; **go easy!** übernimm dich nicht!; **ready, steady, go!** Achtung — fertig — los!

◆ to **go about** ① herumgehen ② *Segelboot:* wenden ③ *Gerücht, Krankheit:* umgehen

◆ to **go after** ① **to go after someone** jemandem nachgehen [*oder* nachlaufen] ② (*übertragen*) anstreben; sich bemühen um *Job*

◆ to **go against** ① widerstreben *Prinzipien* ② **the case went against him** es wurde gegen ihn entschieden

◆ to **go ahead** ① **to go ahead of someone** jemandem vorausgehen; **you go ahead, I'll catch you up later** geh voraus, ich komme gleich nach ② **to go ahead with something** etwas durchführen ③ vorangehen; **the meet-**

ing went ahead without him die Besprechung fand ohne ihn statt ④ (*übertragen*) **go ahead!** nur zu!

◆ to **go along** ① **to go along with someone** jemanden begleiten, mit jemandem mitgehen ② **I'm happy to go along with whatever you decide** ich schließe mich gerne dem an, was ihr entscheidet

◆ to **go around** ① herumgehen ② **there's enough bread to go around** es ist genug Brot für alle da

◆ to **go at** ① **to go at someone** auf jemanden losgehen ② **to go at something** etwas anpacken

◆ to **go away** ① weggehen, verreisen ② *Schmerzen:* weggehen; *Fleck:* herausgehen

◆ to **go back** ① zurückgehen, zurückfahren ② (*zeitlich*) sich zurückführen lassen (**to** auf) ③ **to go back on one's word** sein Wort brechen ④ **the clocks go back an hour tomorrow** die Uhren werden morgen um eine Stunde zurückgestellt

◆ to **go beyond** hinausgehen über

◆ to **go by** ① *Gelegenheit, Person:* vorbeigehen ② *Zeit:* vergehen ③ **to go by an example/the clock** sich nach einem Beispiel/der Uhr richten; **to go by the rules** sich an die Regeln halten

◆ to **go down** ① hinuntergehen *Treppe usw.* ② *Schiff, Sonne:* untergehen ③ *Fieber, Preise:* sinken, fallen ④ **to go down well/badly** gut/schlecht ankommen ⑤ **to go down with flu** die Grippe bekommen ⑥ **to go down in history** in die Geschichte eingehen

◆ to **go for** ① **I'm going for an ice-cream** ich gehe mir ein Eis holen ② **to go for a drive/walk** ausfahren/einen Spaziergang machen ③ **that goes for you too** das gilt auch für dich ④ **to go for someone** (*umgangsspr*) auf jemanden losgehen ⑤ (*Sport*) **to go for gold** nach Gold streben

◆ to **go in** ① hineingehen; **it's really cold, why don't we go in?** es ist echt kalt, warum gehen wir nicht rein? ② sich interessieren für, Spaß haben an; **I've never really gone in for classical music** auf klassische Musik stand ich noch nie sonderlich ③ teilnehmen an *Prüfung*

◆ to **go into** ① untersuchen; sich befassen mit *Fach, Thema* ② **I won't go into detail now** ich werde jetzt keine Einzelheiten nennen ③ **to go into politics** in die Politik gehen ④ **to go into hospital** ins Krankenhaus gehen ⑤ **to go into a tree** gegen einen Baum fahren

◆ to **go off** ① weggehen; **he just went off without saying goodbye** er ging einfach, ohne sich zu verabschieden ② *Gewehr:* losgehen; *Bombe:* explodieren ③ **to go off to sleep** einschlafen ④ *Lebensmittel:* schlecht werden ⑤ **to go off well/badly** auf Zustimmung/Ablehnung stoßen ⑥ (*umgangsspr*) **to go off one's head** den Verstand verlieren

◆ to **go on** ① weitermachen, fortfahren (**with** mit); **to go on talking** weiterreden; **he went on and on about it** er hat unentwegt davon geredet; **this can't go on any longer** das kann nicht mehr so weitergehen ② **what's going on here?** was geht hier vor?, was ist hier los? ③ **to go on at someone** auf jemandem herumhacken ④ **to go on to do something** etwas als Nächstes tun; **she went on to become ...** sie wurde schließlich noch ...; **he went on to say that ...** weiterhin sagte er, dass ... ⑤ **to go on to the next item** zum nächsten Punkt übergehen ⑥ **to be going on [for] fifty** auf die Fünfzig zugehen ⑦ **go on, tell me what happened** komm schon, erzähl mir, was passiert ist

◆ to **go out** ① hinausgehen; **he went out to get some milk** er ist hinausgegangen, um Milch zu holen ② (*zum Vergnügen*) ausgehen ③ *Feuer, Licht:* ausgehen ④ *Flut:* zurückgehen, ablaufen ⑤ **to go out of fashion** aus der Mode kommen ⑥ **to go out of one's way to do something** sich große Mühe geben, etwas zu tun ⑦ **to go out to work** arbeiten gehen ⑧ **to go out with someone** mit jemandem gehen; **are you going out with anyone?** hast du einen festen Freund/eine feste Freundin?

◆ to **go over** ① hinübergehen (**to** zu) ② (*wechseln*) übergehen (**to** zu) ③ **could you go over my homework please?** könntest du bitte meine Hausaufgaben durchsehen?; **to go over the figures** nachrechnen ④ **let's go over that again** lasst uns das noch einmal durchgehen

◆ to **go through** ① durchgehen; durchsehen *Post, Text* ② durchsuchen *Koffer* ③ *Straße:* durchführen ④ *Gesuch, Gesetz:* durchgehen, angenommen werden ⑤ durchmachen *schwierige Situation, Scheidung* ⑥ **to go through with something** etwas zu Ende führen [*oder* vollenden]

◆ to **go together** ① zusammenpassen; **pink and orange don't go very well together** rosa und orange passen nicht so gut zusammen ② (USA) (*umgangsspr*) *Liebespaar:* miteinander gehen

◆ to **go under** ① *Schiff:* untergehen, sinken; **to go under water** unter Wasser tauchen ② (*übertragen*) *Geschäft:* zugrunde gehen, eingehen

◆ to **go up** ① hinaufgehen *Treppe;* hinaufsteigen *Leiter* ② *Preis:* steigen ③ **to go up in flames/in smoke** in Flammen/in Rauch aufgehen ④ **to go up to someone** auf jemanden zugehen

◆ to **go with** ① (USA) (*als Freund[in]*) gehen mit ② **that top goes well with your trousers** das

G

Oberteil passt gut zu deiner Hose ③ **long hours go with the job** in diesem Job sind Überstunden erforderlich

◆ to **go without** ① **to go without food** nichts essen; **to go without sleep** ohne Schlaf auskommen; **I'll have to go without it** darauf werde ich verzichten müssen ② **that goes without saying** das versteht sich von selbst

go-ahead ['gəʊəhed] **to give someone the go-ahead** jemandem grünes Licht geben

goal [gəʊl] ① das Tor; **to score a goal** ein Tor schießen; **to win by three goals to one** 3 : 1 gewinnen; **to keep** [*oder* **play in**] **goal** Torwart sein; **goal area** der Torraum ② (*übertragen*) das Ziel

goalie ['gəʊli] (*umgangsspr*) →**goalkeeper**

goal·keep·er der Torwart/die Torwartin, der Torhüter/die Torhüterin

goal kick der Abstoß

goal line die Torlinie

goal-ori·ent·ed zielorientiert

goal·post der Torpfosten

goat [gəʊt] die Ziege

goatee [gəʊ'tiː] der Spitzbart

gob [gɒb] (GB) (*slang*) das Maul; **shut your gob!** halt's Maul!

to **gob·ble** ['gɒbl̩] ① *Truthahn:* kollern ② (*umgangsspr*) [hinunter]schlingen

go-between ['gəʊbɪtwiːn] der Vermittler/die Vermittlerin

gob·lin ['gɒblɪn] der Kobold

go-cart (USA) der Gokart

god [gɒd] der Gott; **God** Gott; **God willing** so Gott will; **God forbid** Gott bewahre; **God knows who** weiß der Himmel, wer; **for God's sake!** (*erbost*) mein Gott!; **thank God!** Gott sei Dank!

god-aw·ful (*umgangsspr*) beschissen

god·child ['gɒdtʃaɪld] <*Plural* godchildren> das Patenkind

god·damned gottverdammt

god·daugh·ter ['gɒdˌdɔːtəʳ] die Patentochter

god·dess ['gɒdes] <*Plural* goddesses> die Göttin

god·fa·ther ['gɒdˌfɑːðəʳ] der Pate

god-fear·ing gottesfürchtig

god-for·sak·en gottverlassen

god·moth·er ['gɒdˌmʌðəʳ] die Patin

god·par·ent ['gɒdˌpeərənt] der Pate/die Patin

god·send (*umgangsspr*) das Gottesgeschenk

god·son ['gɒdsʌn] der Patensohn

goes [gəʊz] *3. Person Singular Präsens von* **go**

go-get·ter der Tatmensch

to **gog·gle** ['gɒgl̩] glotzen *umgangsspr*, starren; **to goggle at someone** jemanden anglotzen

gog·gle-box (*slang*) die Glotze *umgangsspr*

gog·gle-eyed (*umgangsspr*) mit Kulleraugen

gog·gles ['gɒgl̩z] die Schutzbrille; (*zum Schwimmen*) die Schwimmbrille, die Taucherbrille

go·ing ['gəʊɪŋ] ① *Maschine:* in Gang, funktionierend; **to set something going** etwas in Gang bringen ② vorhanden, erhältlich; **these seats were the best ones going** diese Plätze sind die besten, die noch übrig waren; **I'll take any job going** ich nehme jede Arbeit an ③ *Preis:* gängig; *Satz:* üblich ④ gut gehend; *Unternehmen:* gesund ⑤ **to get going** (*umgangsspr*) in Gang kommen ⑥ **going! going! gone!** zum Ersten! zum Zweiten! zum Dritten!

go·ing price ① der Marktwert ② der aktuelle Preis

go·ings-on [ˌgəʊɪŋz'ɒn] *Plural* **such goings-on** derartige Vorfälle

go-kart ['gəʊkɑːt] der Gokart

gold[1] [gəʊld] das Gold ▶ WENDUNGEN: **to be as good as gold** ganz brav sein

gold[2] [gəʊld] golden, Gold-

gold coin die Goldmünze

gold·en ['gəʊldᵊn] ① golden; **golden wedding** goldene Hochzeit ② (*übertragen*) *Gelegenheit:* einmalig

gold·fish ['gəʊldfɪʃ] der Goldfisch

gold med·al die Goldmedaille

gold·mine die Goldgrube

golf [gɒlf] das Golf

golf ball der Golfball

golf club ① der Golfschläger ② (*Verein*) der Golfklub

golf course der Golfplatz

golf·er ['gɒlfəʳ] der Golfspieler/die Golfspielerin, der Golfer/die Golferin

gone[1] [gɒn] *3. Form von* **go**

gone[2] [gɒn] ① **it's** [**just**] **gone six o'clock** es ist [gerade] sechs Uhr durch ② **to be gone on someone** (*slang*) in jemanden verknallt sein ③ **all gone** alle, alles leer; **the milk is all gone** die Milch ist alle

gon·er ['gɒnəʳ] (*umgangsspr*) **to be a goner** es nicht mehr lange machen

goo [guː] *kein Plural* (*umgangsspr*) die Schmiere

good[1] [gʊd] <better, best> ① gut; **to have good looks** gut aussehen; **to have a good time** sich gut unterhalten; **good morning/evening!** guten Morgen/Abend!; **good to see you** schön, dich zu sehen; **good for you!** gut so! bravo!; **that's a good one!** das ist ein guter Witz; wer's glaubt wird selig!; **no good** nichts wert, unbrauchbar ② *Angebot, Gelegenheit:* günstig ③ *Arbeiter:* tüchtig ④ begabt; **to be good at figures** gut im Rechnen sein ⑤ (*wohlerzogen*) artig, brav ⑥ freundlich; **would you be so good as** [*oder* **be good enough**] **to give me a hand?** würden Sie so freundlich sein und mir helfen?; **that's good of**

you das ist lieb [*oder* nett] von dir 7 erfreulich; **it is good to hear that ...** es ist erfreulich zu hören, dass ...; **it would be good if ...** es wäre erfreulich, wenn ... 8 gültig; **this ticket is good for one year** diese Fahrkarte ist ein Jahr gültig 9 **a good deal** ziemlich viel, eine Menge; **a good many** ziemlich viele, eine Menge; **a good half** gut die Hälfte; **a good hour** eine gute Stunde 10 **all in good time** alles zu seiner Zeit 11 **as good as** so gut wie; **as good** [*oder* **well**] **as could be expected** so gut wie zu erwarten war; **as good as gold** sehr brav; **he as good as accused me of lying** er hat mich praktisch als Lügner bezeichnet 12 **for good** für immer, endgültig 13 **to make good** (*nachholen*) wiedergutmachen; **to make good the damage** für den Schaden aufkommen 14 **what good is it?** hat es Sinn [*oder* einen Zweck]? 15 **too much of a good thing** zu viel des Guten 16 **good fortune** das Glück 17 **good nature** die Gutmütigkeit 18 **to feel good** sich wohl fühlen 19 **that's not good enough** so geht das nicht

G ⚠*he is a* ***good*** guitarist, aber: *he plays the guitar* ***well***

good² [gʊd] 1 das Gute; **good and evil** Gut und Böse 2 das Wohl; **the common good** das allgemeine Wohl; **for your own good** zu deinem Besten 3 der Nutzen; **what's the good of ...?** was nützt ...?

good·bye [gʊ(d)'baɪ, gʊd'baɪ] **Goodbye!** auf Wiedersehen!; (*am Telefon*) auf Wiederhören!

good·bye [gʊ(d)'baɪ, gʊd'baɪ] das Lebewohl; **they said a tearful goodbye** sie verabschiedeten sich unter Tränen

good-for-noth·ing¹ der Taugenichts

good-for-noth·ing² nichtsnutzig

Good Fri·day der Karfreitag

good-hu·moured, USA **good-hu·mored** [ˌgʊd'hju:məd] 1 fröhlich 2 gutmütig

good-look·ing gut aussehend

good looks *Plural* das gute Aussehen

good-na·tured [ˌgʊd'neɪtʃəd] gutmütig

good·ness ['gʊdnəs] 1 die Güte 2 *von Nahrungsmitteln:* der Nährwert 3 **goodness gracious!, goodness me!** [ach] du meine Güte!; **for goodness' sake!** um Himmels willen!

goods [gʊdz] *Plural* die Güter, die Waren; **goods train** der Güterzug

good-sized [recht] groß

good-tem·pered gutmütig

goody ['gʊdi] (*umgangsspr*) 1 (*Held* [*in*]) der/die Gute 2 **goodies** die Süßigkeiten, die Leckereien

goody-two-shoes (*abwertend umgangsspr*) der Tugendbold

goo·ey ['gu:i] <gooier, gooiest> (*umgangsspr*) klebrig; *Roman, Lied:* schmalzig

goof [gu:f] USA (*umgangsspr*) der Patzer

to **goof** [gu:f] USA (*umgangsspr*) Mist bauen *umgangsspr*

◆ to **goof up** USA (*umgangsspr*) 1 vermasseln 2 Mist bauen *umgangsspr*

to **google** ['gu:gl] (*umgangsspr*) **to google something** im Internet nach etwas suchen

goose [gu:s] <*Plural* geese> die Gans

goose·ber·ry ['gʊzbəri] die Stachelbeere

goose bumps *Plural*, **goose pim·ples** *Plural* die Gänsehaut

goose-pim·ples *Plural* die Gänsehaut

gorge [gɔ:dʒ] die Schlucht, die Klamm

gor·geous ['gɔ:dʒəs] 1 prächtig, prachtvoll 2 (*umgangsspr*) sagenhaft, großartig

go·ril·la [gə'rɪlə] der Gorilla

gory ['gɔ:ri] blutig, blutrünstig

gos·pel ['gɔspəl] 1 das Evangelium; **the Gospel according to St Luke** das Evangelium nach Lukas; **St Luke's Gospel** das Lukasevangelium 2 (*Musik*) der/das Gospel

gos·sip ['gɒsɪp] 1 (*Wörter*) der Klatsch 2 (*Person*) die Klatschbase

to **gos·sip** ['gɒsɪp] klatschen, tratschen

gos·sip col·umn die Klatschspalte

got [gɒt] *2. und 3. Form von* **get**

got·ten ['gɒtən] USA *3. Form von* **get**

to **gov·ern** ['gʌvən] 1 regieren *Land, Volk* 2 verwalten; leiten *Kolonie, Provinz* 3 *Vorschriften:* bestimmen 4 **to be governed by** geregelt werden durch

gov·ern·ing ['gʌvənɪŋ] regierend; **governing body** der Vorstand; **self-governing** autonom

gov·ern·ment ['gʌvənmənt] 1 die Regierung 2 (*System*) die Regierungsform

G Wenn man von **the government** im Sinne von einer Einheit spricht, wird es mit einem Verb im Singular gebraucht: *this government was elected last year*
Wenn man jedoch von den einzelnen Gruppenmitgliedern sprechen will, wird **the government** mit einem Verb im Plural gebraucht: *the government are discussing an amendment to the law*

gov·ern·ment spokes·per·son der Regierungssprecher/die Regierungssprecherin

GP [ˌdʒi:'pi:] *Abkürzung von* **General Practitioner** der Arzt für Allgemeinmedizin/die Ärztin für Allgemeinmedizin

GPS [ˌdʒi: pi:'es] *Abkürzung von* **Global Positioning System** das GPS

to **grab** [græb] <grabbed, grabbed> 1 **to grab someone/something** jemanden/etwas packen, sich jemanden/etwas schnappen 2 **to grab at something** nach etwas greifen

grab [græb] **to make a grab at something** nach etwas greifen

grace [greɪs] 1 **to do something with good/**

bad grace etwas anstandslos/widerwillig tun ② **to say grace** das Tischgebet sprechen ▸ WENDUNGEN: **to give someone a day's grace** jemandem einen Tag Aufschub gewähren

gra·cious ['greɪʃəs] [**good**] **gracious!**, **gracious me!** ach du liebe Güte!

grade [greɪd] ① (*in der Schule*) die Note, die Zensur ② USA die Schulklasse ③ **grade school** USA die Grundschule ④ (*Niveau*) die Stufe ⑤ (*Rang*) der Grad ⑥ *von Waren:* die Güteklasse, die Qualität ⑦ **grade crossing** USA der schienengleiche Bahnübergang

> **L** Das übliche Notensystem der USA, das **grading system**, verwendet die Buchstaben: A, B, C, D, E und F, wobei das E oft fehlt. A ist die beste Note und F (= **Fail**) bedeutet durchgefallen. Großbritannien verwendet die Buchstaben A bis E; hier bedeutet ein E durchgefallen. Die Buchstaben können auch mit einem Plus oder Minus versehen werden. Wer eine A+ erhält, hat wirklich eine Superleistung erbracht.

G

to **grade** [greɪd] ① USA (*in der Schule*) zensieren ② einstufen ③ (*nach Größe, Qualität*) sortieren

grad·ual ['grædʒuəl] ① allmählich ② *Steigung:* sanft

grad·ual·ly ['grædʒuəli] allmählich

gradu·ate ['grædʒuət] ① der Universitätsabsolvent/die Universitätsabsolventin ② USA der Schulabsolvent/die Schulabsolventin

to **gradu·ate** ['grædʒueɪt] ① einen Hochschulabschluss machen; **he graduated in 2010** er hat 2010 das Examen gemacht; **she graduated from Bristol** sie hat Ihren Hochschulabschluss an der Universität Bristol gemacht ② USA die Schulabschlussprüfung bestehen

gradu·at·ed ['grædʒueɪtɪd] *Gebühren:* gestaffelt

gradu·ate school USA die Universität für höhere Fachsemester (*nach Erlangen eines Bachelors*)

gradua·tion [ˌgrædʒu'eɪʃᵊn] ① der Universitätsabschluss, der Lehrgangsabschluss; USA der Schulabschluss ② **I'm going to India after graduation** nach meinem Examen gehe ich nach Indien ③ **graduation day** *Tag, an dem das Hochschulabschlusszeugnis feierlich überreicht wird*

grain [greɪn] ① (*allgemein*) das Getreide, das Korn ② *von Holz:* die Maserung ▸ WENDUNGEN: **not a grain of truth** kein Körnchen Wahrheit

gram [græm] das Gramm

gram·mar ['græməʳ] die Grammatik; **his grammar is awful** er ist in Grammatik ganz schlecht

gram·mar book die Grammatik

gram·mar school das Gymnasium

gram·mati·cal [grə'mætɪkᵊl] grammatisch, grammatikalisch

gramme [græm] GB das Gramm

gran [græn] (*umgangsspr*) die Oma

grana·ry bread ['grænərɪ ləʊf] das Mehrkornbrot

grand[1] [grænd] ① groß; *Person:* bedeutend ② prächtig; *Gebäude, Zeremonie:* prachtvoll ③ (*umgangsspr*) großartig, fantastisch

grand[2] [grænd] ① **grand piano** der Flügel ② <*Plural* grand> (*umgangsspr*) tausend Pfund; USA tausend Dollar

grand·child ['græntʃaɪld] <*Plural* grandchildren> das Enkelkind

grand·dad, **gran·dad** ['grændæd] der Opa

grand·daugh·ter ['grænˌdɔːtəʳ] die Enkelin

grand·fa·ther ['grændˌfɑːðəʳ] der Großvater

grand·fa·ther clock die Standuhr

grand jury *mit Singular oder Plural* USA die Anklagejury

grand·ma ['grænmɑː] die Oma

grand·moth·er ['grænˌmʌðəʳ] die Großmutter

> **L** Das **Grand National** ist ein Pferderennen in Großbritannien und das berühmteste Hindernisrennen der Welt. 1836 fand das erste Rennen statt und seit 1839 wird es jedes Jahr in Aintree in Liverpool abgehalten. Die Rennstrecke ist 7,2 km lang und hat 30 schwierige Hindernisse.

grand·pa ['grænpɑː] der Opa

grand·par·ents ['grænˌpeərənts] *Plural* die Großeltern

grand pia·no der Flügel

grand·son ['grænsʌn] der Enkel

grand·stand die Haupttribüne

grand sum, **grand to·tal** die Gesamtsumme

gran·ite ['grænɪt] *kein Plural* der Granit

gran·nie, **gran·ny** ['græni] <*Plural* grannies> (*umgangsspr*) die Oma, die Omi

to **grant** [grɑːnt] ① gewähren; erfüllen *Wunsch, Bitte* ② erteilen *Erlaubnis* ③ **to take something for granted** etwas als selbstverständlich voraussetzen

grant [grɑːnt] das Stipendium; **grant-aided** gefördert, subventioniert

granu·lat·ed ['grænjəleɪtɪd] **granulated sugar** der Kristallzucker

grape [greɪp] die Weintraube; **a bunch of grapes** eine Traube

grape·fruit ['greɪpfruːt] <*Plural* grapefruit *oder* grapefruits> die Grapefruit, die Pampelmuse

grape juice der Traubensaft

grape·vine der Weinstock, die Weinrebe ▸ WENDUNGEN: **I heard it on the grapevine** es ist mir zu Ohren gekommen

graph [grɑːf] die grafische Darstellung, der Graph; **graph paper** das Millimeterpapier

graph·ic ['græfɪk] ① grafisch; **graphic art**[**s**] die Grafik ② *Darstellung:* anschaulich

graph·ics ['græfɪks] *Plural* die Grafik

graph·ics card die Grafikkarte

to **grasp** [grɑːsp] ① [er]greifen, fassen, packen; **to grasp at something** nach etwas greifen

Gratitude	Sich bedanken
Expressing gratitude	**Sich bedanken**
Thank you!/Thanks!	Danke!
Thank you very much!/Many thanks!	Danke schön!/Vielen Dank!
Thanks a million!	Tausend Dank!
Thanks, that's really kind of you!	Danke, das ist sehr lieb von dir!
Thank you very much indeed!	Vielen herzlichen Dank!
Reacting to being thanked	**Auf Dank reagieren**
You're welcome!	Bitte (schön)
My pleasure!	Gern geschehen!
Don't mention it!	Keine Ursache!/Nichts zu danken!
Please don't mention it!	Aber bitte, das ist doch nicht der Rede wert!
Not at all!	Bitte, bitte!
It was a pleasure!/The pleasure was mine!	Aber das war doch selbstverständlich!
I was happy to do it!	Das hab ich doch gern gemacht!

2 (*übertragen*) begreifen, verstehen

grasp [grɑːsp] 1 der Griff 2 (*übertragen*) das Verständnis; **to have a good grasp of something** etwas sehr gut beherrschen 3 **within someone's grasp** für jemanden zum Greifen nahe

grass [grɑːs] <*Plural* grasses> 1 das Gras 2 der Rasen; **keep off the grass!** Betreten des Rasens verboten! 3 (*slang*) der Spitzel 4 (*slang: Marihuana*) das Gras *slang*

grass·hop·per ['grɑːshɒpəʳ] die Heuschrecke

grass snake die Ringelnatter

to **grate** [greɪt] 1 reiben *Käse* 2 raspeln *Gemüse* 3 **to grate one's teeth** mit den Zähnen knirschen 4 *Tür:* knirschen

grate [greɪt] der Rost

grate·ful ['greɪtfᵊl] dankbar

grati·tude ['grætɪtjuːd] die Dankbarkeit (**to** gegenüber); **in gratitude for** aus Dankbarkeit für

gra·tu·ity [grə'tjuːəti] das Trinkgeld; **no gratuities!** kein Trinkgeld!

grave[1] [greɪv] ernst, ernsthaft

grave[2] [grɑːv] das Grab

grav·el ['grævᵊl] der Kies

grav·el-pit die Kiesgrube

grave·stone ['greɪvstəʊn] der Grabstein

grave·yard ['greɪvjɑːd] der Friedhof

grav·ity ['grævəti] 1 *von Situation:* der Ernst 2 die Gravitation, die Schwerkraft; **specific gravity** das spezifische Gewicht

gra·vy ['greɪvi] die Bratensoße

gra·vy boat die Soßenschüssel

gray (USA) grau

to **graze**[1] [greɪz] *Kuh:* grasen, weiden

to **graze**[2] [greɪz] 1 [auf]schürfen *Knie usw.* 2 streifen *Auto*

graze [greɪz] die Schramme, die Schürfwunde

grease [griːs] das Fett, das Schmierfett

grease·proof pa·per das Butterbrotpapier

greasy ['griːsi] 1 *Haar:* fettig; *Essen:* fett 2 *Maschinerie:* schmierig 3 *Straße:* glitschig 4 (*übertragen*) *Person:* schmierig

great [greɪt] <greater, greatest> 1 groß 2 *Leistung:* hervorragend 3 *Freund:* sehr gut 4 (*umgangsspr*) **to be great at something** [ganz] groß in etwas sein 5 (*umgangsspr*) großartig, prima, spitze *umgangsspr* 6 **a great deal** eine [ganze] Menge, viel; **a great many** sehr viele

great-aunt die Großtante

K

Good wishes | Glückwünsche

Good wishes	Glückwünsche
Congratulations!	Herzlichen Glückwunsch!
Good luck!	Viel Erfolg!
Best of luck!/Good luck!	Viel Glück!
Get well soon!	Gute Besserung!
Have a great holiday!	Schöne Ferien!
Happy Easter!	Frohe Ostern!
Merry Christmas and a Happy New Year!	Frohe Weihnachten und ein gutes neues Jahr!
Happy Birthday!	Alles Gute zum Geburtstag!
Best wishes on your birthday!/Many happy returns of the day!	Meine besten Wünsche zum Geburtstag!
I'll keep my fingers crossed (for you)!	Ich drücke dir die Daumen.

G

Great Brit·ain Großbritannien

L **Great Britain** (Großbritannien) besteht aus dem Königreich England, dem Königreich Schottland und dem Fürstentum Wales. (König Edward I. von England annektierte 1282 Wales und gab es 1301 seinem eigenen Sohn als *Prince of Wales*. König James VI. von Schottland erbte 1603 als James I. die englische Krone und 1707 wurden die Parlamente der beiden Königreiche vereint.) Zusammen mit Nordirland bilden diese Länder das **United Kingdom** (Vereinigte Königreich). Der geografische Begriff **British Isles** (Britische Inseln) bezieht sich auf die Hauptinsel Großbritannien einschließlich Irlands, die Isle of Man, die Hebrides, Orkney, Shetland, die Scilly Isles und die **Channel Islands** (Kanalinseln).

Great·er Lon·don ['greɪtə 'lʌndən] Groß-London

great-grand·child <*Plural* great-grandchildren> der Urenkel/die Urenkelin

great-grand·daugh·ter die Urenkelin

great-grand·fa·ther der Urgroßvater

great-grand·moth·er die Urgroßmutter

great-grand·par·ents *Plural* die Urgroßeltern

great-grand·son der Urenkel

great·ly ['greɪtli] sehr; **greatly admired/influenced** stark bewundert/beeinflusst; **greatly improved** bedeutend verbessert

great·ness ['greɪtnəs] die Größe, die Bedeutung

great-un·cle der Großonkel

Gre·cian ['griːʃᵊn] griechisch

Greece [griːs] Griechenland

greed [griːd], **greedi·ness** ['griːdɪnəs] die Gier (**for** nach)

greedy ['griːdi] ① gierig (**for** nach); **to be greedy for something** auf etwas begierig sein, nach etwas gieren ② (*beim Essen*) gefräßig

Greek[1] [griːk] griechisch

Greek[2] [griːk] ① (*Person*) der Grieche/die Griechin ② (*Sprache*) Griechisch, das Griechische

green[1] [griːn] grün; **he was green with envy** er platzte vor Neid

green[2] [griːn] ① das Grün ② die Grünfläche, der Rasen; **village green** der Dorfanger, der Dorfplatz ③ **greens** das grüne Gemüse

green beans *Plural* die grünen Bohnen

green belt der Grüngürtel

green card ① (GB) die internationale Grüne Versicherungskarte ② (USA) die Greencard (*Aufenthaltserlaubnis mit Arbeitsgenehmigung*)

green·ery ['griːnᵊri] *kein Plural* das Grün

green·gro·cer ['griːn,grəʊsəʳ] der Obst- und Gemüsehändler/die Obst- und Gemüsehändlerin

green·house ['griːnhaʊs] das Gewächshaus, das Treibhaus

green·house ef·fect der Treibhauseffekt

green·house gas das Treibhausgas

green·ish ['griːnɪʃ] grünlich

green is·sue die Umweltfrage

Green Par·ty *mit Singular oder Plural* die Grünen

Green·peace ['griːnpiːs] ⚠ *mit Singular oder Plural, kein Plural* Greenpeace

green pep·per [,griːn'pepəʳ] die grüne Paprikaschote

to **greet** [griːt] grüßen, begrüßen; **to greet someone with flowers** jemanden mit Blumen empfangen

greet·ing ['gri:tɪŋ] die Begrüßung, der Gruß; **greeting[s] card** die Glückwunschkarte; **birthday greetings** Glückwünsche zum Geburtstag

gre·nade [grə'neɪd] die [Hand]granate

grew [gru:] *2. Form von* **grow**

grey¹ [greɪ] ① grau ② *Person:* grauhaarig; **to turn grey** grau werden

grey² [greɪ] ① das Grau ② (*Pferd*) der Grauschimmel

grey·hound ['greɪhaʊnd] der Windhund

grid [grɪd] ① das Gitter ② (*beim Autorennen*) der Start[platz]

grief [gri:f] ① der Kummer, das Leid, die Trauer ② **to come to grief** zu Schaden kommen; *Plan:* scheitern

to **grieve** [gri:v] trauern (**for** um)

grill [grɪl] ① (*Gerät*) der Grill ② (*Restaurant*) der Grillroom, das Grillrestaurant

to **grill** [grɪl] ① grillen ② (*übertragen*) in die Mangel nehmen *Person*

grim [grɪm] ① grimmig ② *Nachricht:* abschreckend; *Anblick:* abstoßend ③ *Kampf:* verbissen

to **grin** [grɪn] grinsen; **I had to grin and bear it** ich musste gute Miene zum bösen Spiel machen

grin [grɪn] das Grinsen; **wipe that grin off your face!** hör auf zu grinsen!

to **grind** [graɪnd] <ground, ground> ① mahlen; **to grind something to dust** etwas zu Staub zermahlen ② **to grind one's teeth** mit den Zähnen knirschen

> **G** Richtiges Konjugieren von **grind**: grind, ground, ground — *She ground the pepper in a pepper mill; The coffee has been finely ground.*

to **grind down** (*übertragen*) **to grind someone down** jemanden zermürben

grind·stone ['graɪn(d)stəʊn] der Schleifstein ▶ WENDUNGEN: **to keep one's nose to the grindstone** (*übertragen*) schuften; (*für die Schule*) büffeln

grip [grɪp] ① (*am Seil, auf der Straße*) der Griff, der Halt; **to lose one's grip** den Halt verlieren ② *von Reifen:* die Griffigkeit ③ das Haarklemmchen ④ die Reisetasche ⑤ (*übertragen*) die Herrschaft (**on** über) ⑥ (*übertragen*) **to lose one's grip on the situation** die Situation nicht mehr unter Kontrolle haben; **to get to grips with** (*übertragen*) in den Griff bekommen; **to get a grip on oneself** (*übertragen*) sich wieder fangen

to **grip** [grɪp] <gripped, gripped> ① [er]greifen, packen ② fesseln *Publikum*

grip·ping ['grɪpɪŋ] spannend; *Buch:* fesselnd

gris·tle ['grɪsl] *kein Plural* der Knorpel

grit [grɪt] (*für Straßen*) der Streusand

to **grit** [grɪt] <gritted, gritted> ① mit Sand [*oder* Kies] bestreuen ② **to grit one's teeth** die Zähne zusammenbeißen

griz·zly¹ ['grɪzli] <grizzlier, grizzliest> GB quengelig

griz·zly² ['grɪzli] <*Plural* grizzlies> der Grizzlybär/die Grizzlybärin

to **groan** [grəʊn] stöhnen (**with** vor)

groan [grəʊn] das Stöhnen

gro·cer ['grəʊsəʳ] der Lebensmittelhändler/die Lebensmittelhändlerin

gro·cery ['grəʊsᵊri] ① das Lebensmittelgeschäft ② **groceries** das Lebensmittel

grog·gy ['grɒgi] ① wack[e]lig auf den Beinen ② (*umgangsspr*) groggy *umgangsspr*

groin [grɔɪn] die Leiste, die Leistengegend

groom [gru:m] der Bräutigam

to **groom** [gru:m] ① striegeln *Pferd* ② *Menschen:* sich pflegen; **well groomed** gepflegt ③ **to groom someone for something** jemanden für etwas vorbereiten

groove [gru:v] die Rille

groovy ['gru:vi] <groovier, grooviest> (*slang*) klasse *umgangsspr*

to **grope** [grəʊp] ① **to grope about** herumtasten; **to grope for something** nach etwas tasten; **to grope one's way** sich tastend seinen Weg suchen ② (*umgangsspr*) befummeln *umgangsspr*

grope [grəʊp] (*umgangsspr*) das Befummeln *umgangsspr*

gross [grəʊs] ① dick, fett; *Figur:* feist ② grob, ordinär; *Benehmen:* unanständig ③ schwer; *Fehler:* grob ④ krass *slang; Angelegenheit:* ungeheuer[lich] ⑤ **gross income** der Bruttoverdienst; **gross profit** der Bruttogewinn; **gross domestic product** das Bruttoinlandsprodukt; **gross national product** das Bruttosozialprodukt

gross·ly ['grəʊsli] extrem

grot·ty ['grɒti] (*slang*) mies *umgangsspr*

to **grouch** [graʊtʃ] [herum]nörgeln (**about** an)

grouch [graʊtʃ] <*Plural* grouches> ① der Griesgram ② die Beschwerde

grouchy ['graʊtʃi] <grouchier, grouchiest> griesgrämig

ground¹ [graʊnd] *2. und 3. Form von* **grind**

ground² [graʊnd] ① der Boden; **above/below ground** über/unter der Erde; **to work above/below ground** über/unter Tage arbeiten ② **to cover a lot of ground** eine große Strecke zurücklegen; (*übertragen*) viel umfassen ③ (*Motiv, Anlass*) der Grund (**for** für/zu); **grounds for divorce** der Scheidungsgrund; **ground for suspicion** das Verdachtsmoment; **on the grounds of** aufgrund, wegen ④ **grounds** die Anlagen, das Gelände ⑤ **down to the ground** (*umgangsspr*) voll und ganz ⑥ **to gain ground** (*übertragen*) um sich greifen, an Boden gewinnen; **to lose ground** an Boden verlieren ⑦ **to get off the ground**

G

(*übertragen*) einen guten Anfang machen ⑧ **to give ground** nachgeben, weichen; **to hold** [*oder* **stand**] **one's ground** seinen Platz behaupten [*oder* Mann stehen] ⑨ **to keep one's feet on the ground** mit den Füßen auf festem Boden bleiben ⑩ **that suits me down to the ground** genau das wollte ich, das passt mir ausgezeichnet

to **ground³** [graʊnd] ① **to be grounded** Stubenarrest haben ② **to be well grounded in something** in etwas gute Vorkenntnisse haben

ground beef *kein Plural* (USA) das Rinderhackfleisch

ground crew *mit Singular oder Plural* das Bodenpersonal

ground floor das Erdgeschoss

ground frost der Bodenfrost

ground·hog (USA) das Waldmurmeltier

> **L** In den USA heißt der 2. Februar **Groundhog Day**. An diesem Tag kommt das **groundhog** (Murmeltier) angeblich aus seinem Erdloch, in dem es seinen Winterschlaf gehalten hat. Sieht es seinen Schatten, so geht das Murmeltier wieder in seinen Bau und der Winter dauert nach dem Volksglauben noch sechs Wochen. Ist es jedoch bewölkt und es sieht seinen Schatten nicht, bleibt es draußen, weil der Frühling kommt.

ground·ing ['graʊndɪŋ] die Grundkenntnisse; **to give someone a grounding in German** jemandem die Grundlagen des Deutschen beibringen

ground·less ['graʊndləs] grundlos, unbegründet

ground·sheet ['graʊndʃiːt] der Zeltboden, die Bodenplane

grounds·man <*Plural* groundsmen> (GB) der Platzwart

ground staff das Bodenpersonal

ground·work ['graʊndwɜːk] die Vorarbeiten

group [gruːp] ① die Gruppe ② die Unternehmensgruppe, der Konzern

group book·ing die Gruppenbuchung

group prac·tice ['gruːpˌpræktɪs] die Gemeinschaftspraxis

group thera·py *kein Plural* die Gruppentherapie

group tick·et der Sammelfahrschein

group work die Gruppenarbeit

to **grow** [grəʊ] <grew, grown> ① wachsen; **to let one's hair grow** sich die Haare wachsen lassen; **to grow a beard** sich einen Bart wachsen lassen ② (*übertragen*) zunehmen *Lärm* ③ werden (**into** zu); **she's growing very thin** sie wird immer dünner ④ züchten *Blumen;* anbauen *Gemüse, Getreide* ⑤ **to grow on someone** jemandem ans Herz wachsen

> **G** Richtiges Konjugieren von **grow**: grow, grew, grown — *She grew roses in her garden; You have grown tall since I last saw you.*

◆ to **grow away from** sich entfremden von

◆ to **grow into** ① heranwachsen [*oder* werden] zu ② hineinwachsen in *Kleidung*

◆ to **grow out** **to grow out of one's clothes** aus seiner Kleidung herauswachsen; **he's grown out of playing such games** er ist für solche Spiele [schon] zu alt

◆ to **grow up** ① aufwachsen; **I grew up in Scotland** ich bin in Schottland aufgewachsen ② (*übertragen*) erwachsen werden; **grow up!** sei nicht kindisch!

◆ to **grow worse** sich verschlimmern

grow·ing pains *Plural* ① die Wachstumsschmerzen ② (*übertragen*) die Anfangsschwierigkeiten

growl [graʊl] das Knurren

to **growl** [graʊl] knurren; **to growl at someone** jemanden anknurren

grown¹ [grəʊn] *3. Form von* **grow**

grown² [grəʊn] **fully grown** ausgewachsen

grown-up¹ ['grəʊnʌp] erwachsen

grown-up² ['grəʊnʌp] der/die Erwachsene

growth [grəʊθ] ① das Wachstum ② (*übertragen*) die Zunahme, der Zuwachs (**in** an) ③ (*am Körper*) die Geschwulst, das Gewächs

grub [grʌb] ① die Larve ② *kein Plural* (*umgangsspr*) die Fressalien *umgangsspr;* **grub**['**s**] **up!** Essen fassen!; **pub grub** das Kneipenessen

grub·by ['grʌbi] <grubbier, grubbiest> (*umgangsspr*) schmudd[e]lig; *Hände:* schmutzig

to **grudge** [grʌdʒ] ① missgönnen; **I don't grudge you that** das gönne ich dir wirklich ② **to grudge doing something** etwas ungern [*oder* widerwillig] tun ③ **I grudge the time** es ist mir leid um die Zeit

grudge [grʌdʒ] der Groll; **to have a grudge against someone** einen Groll auf jemanden haben; **to bear someone a grudge** jemandem etwas nachtragen

grudg·ing·ly ['grʌdʒɪŋli] [nur] ungern [*oder* widerwillig]

gru·el·ling, (USA) **gru·el·ing** ['grʊəlɪŋ] aufreibend, zermürbend

grue·some ['gruːsəm] grausig, schauerlich

gruff [grʌf] barsch

to **grum·ble** ['grʌmbl̩] murren (**at/about** über)

grum·ble ['grʌmbl̩] das Murren

grump [grʌmp] (*umgangsspr*) der Griesgram

grumpy ['grʌmpi] mürrisch

to **grunt** [grʌnt] ① *Schwein:* grunzen ② *Mensch:* ächzen ③ **to grunt something** (*undeutlich äußern*) etwas grunzen

gua·rana [gwɑː'rɑːnə] das Guarana

guar·an·tee [ˌgærᵊn'tiː] ① (*für Produkt*) die Garantie, die Gewährleistung ② (*für Schulden*) die Bürgschaft

to **guar·an·tee** [ˌgærᵊn'tiː] ① garantieren, gewährleisten; **he cannot guarantee that** dafür kann er nicht garantieren ② bürgen [*oder* Bürgschaft leisten] für

guar·an·teed [ˌgærᵊnˈtiːd] garantiert

guar·an·tor [ˌgærᵊnˈtɔːʳ] ① der Garant/die Garantin ② der Bürge/die Bürgin

guard [gɑːd] ① die Wache; **to stand** [*oder* **keep**] **guard** Wache stehen ② die Wachsamkeit; **to be on/off one's guard** auf/nicht auf der Hut sein ③ (*Gruppe*) die Wache, die Wachmannschaft; (*einzelne Person*) der Wachmann, der Posten ④ der [Gefangenen]wärter/die [Gefangenen]wärterin ⑤ der Schaffner/die Schaffnerin; (USA) der Bahnwärter/die Bahnwärterin

to **guard** [gɑːd] ① bewachen ② behüten, beschützen (**from/against** vor)
◆ to **guard against** ① sich in Acht nehmen vor, sich hüten vor *Gefahr* ② vorbeugen *Krankheit, Missverständnis* ③ verhüten *Unfall*

guard dog der Wachhund

guard·ian [ˈgɑːdiən] ① der Hüter/die Hüterin, der Wächter/die Wächterin; **guardian angel** der Schutzengel ② *eines Minderjährigen:* der Vormund

guard·ian·ship [ˈgɑːdiənʃɪp] *kein Plural* ① die Vormundschaft ② die Obhut

Gua·te·ma·la [ˌgwætəˈmɑːlə, ˌgwɑː-] Guatemala

Guern·sey [ˈgɜːnzi] [**the island of**] **Guernsey** Guernsey

gue(r)·ril·la [gəˈrɪlə] der Guerilla, der Guerillakämpfer/die Guerillakämpferin

to **guess** [ges] ① raten; **guess what?** rate mal!; (*richtig*) erraten ② schätzen, vermuten; **I guess it's about four o'clock** ich schätze, es ist ungefähr vier Uhr ③ (*umgangsspr*) annehmen, glauben; **are you coming? — I guess so** kommst du mit? — ich denke schon

guess [ges] <*Plural* guesses> ① die Schätzung ② **at a guess** schätzungsweise ③ **to make a guess at something** etwas raten; **have a guess!** rate mal!; **I'll give you three guesses** dreimal darfst du raten ④ **your guess is as good as mine** ich weiß so wenig wie Sie

guess·work [ˈgeswɜːk] die Vermutung

guest [gest] ① der Gast ② **be my guest!** bitte sehr!

guest·house die Pension, das Gästehaus

guest room das Gästezimmer, das Fremdenzimmer

guest work·er der Gastarbeiter/die Gastarbeiterin

guid·ance [ˈgaɪdᵊn(t)s] ① (*Anleitung*) die Führung, die Leitung; **under someone's guidance** unter jemandes Leitung ② (*Rat*) die Beratung; **spiritual guidance** der geistige Rat; **vocational guidance** die Berufsberatung; **to pray for guidance** um Erleuchtung beten

guide [gaɪd] ① (*Person*) der Fremdenführer/die Fremdenführerin ② (*Buch*) der Reiseführer ③ das Handbuch (**to** über), die Einführung (**to** in) ④ (*Hinweis*) der Anhaltspunkt (**to** für) ⑤ (GB) die Pfadfinderin

to **guide** [gaɪd] ① führen *Menschen* ② leiten, lenken *Diskussion*

guide·book der Reiseführer

guid·ed [ˈgaɪdɪd] ① **guided tour** die Führung ② **guided missile** das ferngelenkte Geschoss

guide dog der Blindenhund

guide·line die Richtlinie

guid·ing prin·ci·ple die Richtschnur

guild [gɪld] die Gilde, die Zunft, die Innung

guil·lo·tine [ˈgɪlətiːn] das Fallbeil, die Guillotine

guilt [gɪlt] die Schuld; **to admit one's guilt** sich schuldig bekennen

guilty [ˈgɪlti] schuldig; *Blick:* schuldbewusst; **to feel guilty** ein schlechtes Gewissen haben; **to plead guilty** sich schuldig bekennen

guilty con·science das schlechte Gewissen

Guin·ean¹ [ˈgɪniən] guineisch

Guin·ean² [ˈgɪniən] der Guineer/die Guineerin

guinea pig [ˈgɪnɪ-pɪg] ① das Meerschweinchen ② (*übertragen*) das Versuchskaninchen

gui·tar [gɪˈtɑːʳ] die Gitarre

gui·tar·ist [gɪˈtɑːrɪst] der Gitarrist/die Gitarristin

gulf [gʌlf] ① der Meerbusen, der Golf; **the Golf Stream** der Golfstrom; **the Persian Golf** der Persische Golf; **the Golf War** der Golfkrieg ② die Kluft

gull [gʌl] die Möwe

gul·lible [ˈgʌlɪbl̩] leichtgläubig

to **gulp** [gʌlp] ① hinunterschlingen *Essen* ② hinunterstürzen *Getränk* ③ **to gulp back tears** Tränen hinunterschlucken ④ (*vor Überraschung*) schlucken

gulp [gʌlp] der [große] Schluck

gum¹ [gʌm] *meist Plural* das Zahnfleisch

gum² [gʌm] (USA) der Kaugummi

gun [gʌn] ① die Schusswaffe, die Pistole; **to carry a gun** bewaffnet sein; **to draw** [*oder* **pull**] **a gun on someone** jemanden mit der Waffe bedrohen ② das Geschütz, die Kanone ③ (*Sport*) die Startpistole; **to jump the gun** einen Frühstart machen; (*übertragen*) voreilig sein ▶ WENDUNGEN: **to stick to one's guns** durchhalten, bei der Stange bleiben
◆ to **gun down** erschießen, niederschießen

gun·fight die Schießerei

gun·fire die Schüsse

gun·man [ˈgʌnmən] <*Plural* gunmen> der/die Bewaffnete

gun·pow·der [ˈgʌnˌpaʊdəʳ] das Schießpulver

gun·shot [ˈgʌnʃɒt] ① der Schuss; **gunshot wound** die Schusswunde ② **within/out of gunshot** in/außer Schussweite

to **gur·gle** [ˈgɜːgl̩] ① *Baby:* glucksen ② *Wasser:* plätschern

to **gush** [gʌʃ] (1) herausschießen, strömen (**from** aus) (2) (*übertragen: überschwänglich reden*) schwärmen (**over** von)

gush·ing ['gʌʃɪŋ] schwärmerisch

gust [gʌst] der Windstoß, die Bö

gusty ['gʌsti] böig, stürmisch

gut [gʌt] <better, best> (1) der Darm (2) **guts** (*umgangsspr*) die Eingeweide (3) **to hate someone's guts** (*umgangsspr*) jemanden nicht ausstehen können; **to work one's guts out** (*umgangsspr*) wie verrückt schuften *umgangsspr;* **gut reaction** die gefühlsmäßige Reaktion (4) **to have guts** (*umgangsspr*) Mumm [*oder* Mut] haben

G

gut·less ['gʌtləs] (*umgangsspr*) feige

gut·sy ['gʌtsi] <gutsier, gutsiest> mutig

gut·ter ['gʌtəʳ] (1) die Dachrinne (2) der Rinnstein, die Gosse

gut·ter press die Skandalpresse

guy [gaɪ] (1) (*umgangsspr*) der Kerl, der Typ *umgangsspr* (2) GB *Guy Fawkes verkörpernde Puppe, die in der Guy Fawkes Night auf einem Scheiterhaufen verbrannt wird*

L **Guy Fawkes** gehörte der katholischen Verschwörung von 1605 an, die als der **Gunpowder Plot** [Schießpulver-Komplott] bekannt wurde. Sie versuchte, das englische **Houses of Parliament** [Parlamentsgebäude] zusammen mit König James I und allen seinen Ministern in die Luft zu sprengen. Guy Fawkes wurde geschnappt, als er am 5. November im Keller Sprengstoff auslegte. Er wurde daraufhin gefoltert, vor Gericht gestellt und dann gehängt. Dieses Ereignis wird immer noch am 5. November mit **bonfire parties** gefeiert, bei denen eine Stoffpuppe, die man als einen **guy** bezeichnet, auf einem Scheiterhaufen verbrannt wird. Außerdem gibt es noch ein großes Feuerwerk.

to **guz·zle** ['gʌzl̩] (*umgangsspr*) (1) in sich hineinstopfen *Essen;* in sich hineinkippen *Getränk* (2) schlingen

gym [dʒɪm] (*umgangsspr*) (1) (*in der Schule*) die Turnhalle; (*im Hotel*) der Fitnessraum (2) (*Club*) das Fitnessstudio (3) (*Schulfach*) Turnen, die Turnstunde; **gym shoes** die Turnschuhe

gym-goer (*umgangsspr*) der/die Besucher/Besucherin eines Fitnesscenters

gym·na·sia [dʒɪm'neɪzɪə] *Pluralform von* **gymnasium**

gym·na·sium [dʒɪm'neɪziəm, *Plural* -ziə] <*Plural* gymnasiums *oder* gymnasia> die Turnhalle

F Nicht verwechseln mit **Gymnasium** (das) = grammar school!

gym·nast ['dʒɪmnæst] der Turner/die Turnerin

gym·nas·tics [dʒɪm'næstɪks] ⚠ *mit Singular* (1) das Turnen (2) (*Leibesübungen*) die Gymnastik

gym shoes *Plural* die Turnschuhe

gym shorts *Plural* die Turnhose

gyp·sy ['dʒɪpsi] (*abwertend*) der Zigeuner/die Zigeunerin (*abwertend*)

Hh

H <*Plural* H's *oder* Hs>, **h** [eɪtʃ] <*Plural* h's> H, h

hab·it ['hæbɪt] die Angewohnheit; **from** [*oder* **out of**] **habit** aus Gewohnheit; **to be in the habit of doing something** die Angewohnheit haben, etwas zu tun; **to get into/out of the habit of doing something** sich etwas angewöhnen/abgewöhnen

hab·it·able ['hæbɪtəbl̩] bewohnbar

ha·bitu·al [hə'bɪtʃuəl] ① ständig ② gewohnt ③ gewohnheitsmäßig; **habitual smoker** der Gewohnheitsraucher/die Gewohnheitsraucherin

to **hack** [hæk] ① zerhacken; **to hack to pieces** in Stücke hacken ② (*Computer*) hacken

hack [hæk] (*abwertend*) der Schreiberling

hack·er ['hækəʳ] (*Computer*) der Hacker/die Hackerin

hack·saw die Bügelsäge

had [hæd, həd] *2. und 3. Form von* **have**

> **G** Die verneinte Form von **had** ist **had not** oder kurz **hadn't**: You **hadn't told** him, **had** you?

had·dock ['hædək] <*Plural* haddock> der Schellfisch

hadn't ['hædᵊnt] *Kurzform von* **had not**

haemo·philia [ˌhiːmə'fɪliə] *kein Plural* die Bluterkrankheit, die Hämophilie

haemo·phili·ac [ˌhiːməʊ'fɪlɪæk] der Bluter/die Bluterin

haem·or·rhage ['hemᵊrɪdʒ] die [schwere] Blutung, der Blutsturz

to **haem·or·rhage** ['hemᵊrɪdʒ] stark bluten

haem·or·rhoids ['hemərɔɪdz] *Plural* die Hämorrhoiden

hag [hæg] die Hexe

to **hag·gle** ['hægl̩] feilschen (**about/over** um)

hail [heɪl] der Hagel

to **hail** [heɪl] ① hageln ② **to hail someone** jemandem zurufen; **to hail a taxi** ein Taxi rufen

hail·stone das Hagelkorn

hair [heəʳ] ① das Haar ② die Haare; **to do one's hair** sich frisieren; **to have one's hair cut** sich die Haare schneiden lassen ③ (*am Körper*) die Behaarung ▸WENDUNGEN: **by a hair's breadth** um Haaresbreite; **to let one's hair down** aus sich herausgehen; **to split hairs** Haarspalterei treiben; **his hair stood on end** die Haare standen ihm zu Berge

> **G** **hair** ist unzählbar; d.h. es wird nicht im Plural gebraucht: *his hair is long and full of knots; my hair needs cutting*

hair·brush ['heəbrʌʃ] die Haarbürste

hair·care die Haarpflege

hair con·di·tion·er die Pflegespülung

hair curler der Lockenwickler

hair·cut ['heəkʌt] der Haarschnitt; **to have a haircut** sich die Haare schneiden lassen

hair·do ['heəduː] <*Plural* hairdos> die Frisur

hair·dress·er ['heəˌdresəʳ] der Friseur/die Friseurin, die Friseuse

hair·dress·ing sa·lon der Frisiersalon

hair·dry·er, hair·dri·er ['heədraɪəʳ] der Föhn; (*Heißluftgerät*) die Trockenhaube

hair ex·ten·sion *meist Plural* die Haarverlängerung

hair gel das Haargel

hair·grip die Haarklammer

hair·line der Haaransatz

hair·line crack der Haarriss

hair·net ['heənet] das Haarnetz

hair·piece ['heəpiːs] das Haarteil, das Toupet

hair·pin ['heəpɪn] die Haarnadel

hair·pin bend die Haarnadelkurve

hair-rais·ing ['heəreɪzɪŋ] haarsträubend

hair re·mov·er ['heərɪˌmuːvəʳ] das Haarentfernungsmittel

hair re·stor·er ['heərɪˌstɔːrəʳ] das Haarwuchsmittel

hair rol·ler der Lockenwickler

hair-slide die Haarspange

hair-split·ting ['heəsplɪtɪŋ] die Haarspalterei, die Wortklauberei

hair·spray ['heəspreɪ] das Haarspray

hair·style ['heəstaɪl] die Frisur

hairy ['heəri] ① behaart, haarig ② (*übertragen*) haarsträubend; *Situation:* haarig

> **L** Der **haka** ist ein traditioneller Kriegstanz der Maoris auf Neuseeland. Die Teilnehmer stampfen mit den Füßen, schneiden Grimassen und schlagen sich auf verschiedene Körperteile. Das neuseeländische Rugby-Team im schwarzen Trikot, *the All Blacks*, führt vor jedem Spiel diesen Tanz auf. Damit sollen die Zuschauer unterhalten und vielleicht auch die gegnerische Mannschaft eingeschüchtert werden.

half¹ [hɑːf] <*Plural* halves> ① die Hälfte; **to cut in half** [*oder* **in**[**to**] **halves**] halbieren ② **to go halves with someone in** [*oder* **on**] **something** bei etwas halbe-halbe mit jemandem machen ③ (*Sport*) die Halbzeit

half² [hɑːf] ① halb; **half an hour** eine halbe Stunde; **at** [*oder* **for**] **half the price** zum halben Preis ② zur Hälfte; **it's half finished/full** es ist zur Hälfte fertig/voll; **half as long/much** halb so lang/viel ③ **half past three** halb vier ④ fast; **half finished** fast fertig; **half asleep** halb im Schlaf ▸WENDUNGEN: **too good**

H

by half viel zu gut

half·back (*Fußball*) der Läufer/die Läuferin; (*Rugby*) der Halbspieler/die Halbspielerin

half-baked (*umgangsspr*) unausgereift

half-broth·er der Halbbruder

half-emp·ty halb leer

half-fare der halbe Fahrpreis

half-full halb voll

half-heart·ed [ˌhɑːfˈhɑːtɪd] halbherzig; *Darstellung:* ohne Schwung

half-price der halbe Preis; **at half-price** zum halben Preis

half-sister die Halbschwester

half-time [ˌhɑːfˈtaɪm] (*Sport*) die Halbzeit; **at half-time** bei Halbzeit

half·way 1 auf halbem Weg; **halfway between London and Manchester** auf halbem Wege zwischen London und Manchester 2 **halfway point** die Mitte; **we're well over the halfway mark** wir haben gut die Hälfte geschafft 3 **to be halfway through a book** die Hälfte eines Buchs gelesen haben 4 **to meet someone halfway** (*übertragen*) jemandem [auf halbem Wege] entgegenkommen

H

hall [hɔːl] 1 (*großer Raum*) die Halle, der Saal 2 (*Eingangshalle*) die Diele, der Flur 3 **hall [of residence]** das Wohnheim 4 (*Gutshaus*) der Herrensitz

Hal·low·een [ˌhæləʊˈwiːn] Halloween

> L **Halloween** ist am 31. Oktober, dem Tag vor *All Saints' Day* oder *All Hallows* (Allerheiligen), und wird seit alters her mit Geistern und Hexen in Verbindung gebracht. In Schottland und Irland basteln Kinder *turnip lanterns* (Rübenlaternen) und gehen *guising*, d.h. sie gehen verkleidet von Haus zu Haus, singen oder sagen ein Gedicht auf und erhalten dafür Geld. Halloween ist von den USA in England und inzwischen auch in geringerem Maße in Deutschland übernommen worden. Auch in England ziehen die Kinder von Tür zu Tür und fordern von den Bewohnern mit dem Spruch „Trick or treat!" Geld oder Süßigkeiten.

to **hal·lu·ci·nate** [həˈluːsɪneɪt] halluzinieren

hal·lu·ci·na·tion [həˌluːsɪˈneɪʃᵊn] die Halluzination

hal·lu·cino·gen·ic [həˌluːsɪnə(ʊ)ˈdʒenɪk] halluzinogen

halo [ˈheɪləʊ] <*Plural* halos *oder* haloes> der Heiligenschein

halo·gen bulb die Halogenglühbirne

halt [hɒlt] **call a halt to something** einer Sache ein Ende machen; **to come to a halt** anhalten, stehen bleiben; *Fahrzeug auch:* zum Stillstand kommen; **halt sign** das Stoppschild

to **halve** [hɑːv] 1 halbieren 2 (*zeitlich*) um die Hälfte verkürzen 3 **to halve something with someone** etwas mit jemandem teilen

halves [hɑːvz] *Pluralform von* **half**

ham [hæm] der Schinken

ham·burg·er [ˈhæmˌbɜːgəʳ] die flache Frikadelle; (*in Brötchen*) der Hamburger

ham·mer [ˈhæməʳ] 1 der Hammer 2 **throwing the hammer** (*Sport*) das Hammerwerfen

to **ham·mer** [ˈhæməʳ] 1 hämmern, schlagen; **to hammer at the door** gegen die Tür hämmern 2 (*übertragen*) **to hammer something into someone['s head]** jemandem etwas einhämmern [*oder* einbläuen] 3 (*übertragen*) besiegen, schlagen; **we were hammered 6-0** wir wurden [mit] 6-0 abgefertigt

◆ to **hammer in** 1 einschlagen *Nagel* 2 (*übertragen: nachdrücklich sagen*) einhämmern; **alright, you don't have to hammer it in!** schon gut, du brauchst es nicht hundertmal zu sagen!

◆ to **hammer out** 1 ausklopfen *Delle* 2 (*übertragen*) ausarbeiten *Vereinbarung*

ham·mock [ˈhæmək] die Hängematte

ham·ster [ˈhæm(p)stəʳ] der Hamster

ham·string [ˈhæmstrɪŋ] 1 *von Mensch:* die Kniesehne 2 *von Tier:* die Achillessehne

hand [hænd] 1 die Hand; **keep your hands off that!** lass die Finger davon!; **hands off!** Hände weg!; **hands up!** Hände hoch!; **to shake someone's hand** [*oder* **hands with someone**] jemandem die Hand drücken [*oder* geben] 2 (*an einer Uhr*) der Zeiger 3 der Beifall, der Applaus; **to give someone a big hand** jemandem großen Applaus geben 4 (*beim Kartenspiel*) das Blatt; **to show one's hand** seine Karten aufdecken 5 der Arbeiter; (*auf einem Schiff*) das Besatzungsmitglied; **all hands** die ganze Mannschaft 6 **at hand** zur Hand, greifbar, in Reichweite; (*zeitlich*) in greifbarer Nähe 7 **at first/second hand** aus erster/zweiter Hand 8 **in hand** (*verfügbar*) bei der Hand; (*zu erledigen*) in Bearbeitung; (*unter Kontrolle*) im Griff; **to take in hand** in die Hand [*oder* in Angriff] nehmen 9 **on hand** in Reichweite; *Waren:* auf Lager, vorrätig 10 **on the one hand ..., [but] on the other [hand]** ... einerseits ..., andererseits ..., auf der einen Seite ..., auf der anderen Seite ... 11 **to get out of hand** außer Kontrolle geraten 12 **to lend** [*oder* **give**] **someone a hand** jemandem helfen [*oder* behilflich sein]; **can you give me a hand with this suitcase?** kannst du mir mit dem Koffer helfen? 13 (*übertragen*) **to change hands** in andere Hände übergehen; **to get the upper hand** die Oberhand gewinnen; **to have something on one's hands** etwas am Hals haben; **to play into someone's hands** jemandem in die Hände spielen; **to win hands down** leichtes Spiel haben; **the matter is out of my hands** ich kann in der Sache nichts mehr tun

to **hand** [hænd] **to hand something to someone** jemandem etwas geben [*oder* reichen] ▶ WEN-

DUNGEN: **you've got to hand it to her** (*umgangsspr*) man muss es ihr lassen

◆ to **hand around** herumreichen

◆ to **hand back** zurückgeben

◆ to **hand down** ① hinunterreichen, hinuntergeben *Gegenstand* ② (*übertragen*) überliefern *Tradition* ③ (*übertragen*) vererben *Erbstück*

◆ to **hand in** ① abgeben *Arbeit, Aufsatz* ② einreichen *Gesuch*

◆ to **hand on** weitergeben (**to** an)

◆ to **hand out** ① austeilen, verteilen *Sache, Arbeit* ② geben *Rat* ③ verhängen *Strafe*

◆ to **hand over** ① hergeben *Geld, Waffen* ② (*übertragen*) übergeben *Amt, Macht*

◆ to **hand round** herumreichen; austeilen *Prüfungsbögen*

hand·bag ['hændbæg] die Handtasche

hand·book ['hændbʊk] ① das Handbuch ② (*für Touristen*) der Reiseführer

hand·brake ['hændbreɪk] die Handbremse

to **hand·cuff** ['hændkʌf] **to handcuff someone** jemandem Handschellen anlegen

hand·cuffs ['hændkʌfs] *Plural* die Handschellen

hand·ful ['hæn(d)fʊl] ① Handvoll; **a handful of peanuts** eine Handvoll Erdnüsse ② **a handful of people** ein paar Leute ③ **the children are a real handful** die Kinder halten einen ganz schön in Trab

hand gre·nade die Handgranate

handi·cap ['hændɪkæp] das Handikap

to **handi·cap** ['hændɪkæp] <handicapped, handicapped> ① behindern, benachteiligen ② **mentally/physically handicapped** geistig/körperlich behindert; **handicapped people** die Behinderten

hand·ker·chief ['hæŋkətʃi:f] das Taschentuch

han·dle ['hændl̩] ① der Griff, der Handgriff ② *von Besen, Kamm, Topf:* der Stiel ③ *von Korb, Tasse:* der Henkel ④ *von Pumpe:* der Schwengel ▶ WENDUNGEN: **to fly off the handle** (*umgangsspr*) aufbrausen, wütend werden

to **han·dle** ['hændl̩] ① anfassen; **glass! handle with care!** Vorsicht, Glas! ② umgehen mit, sich befassen mit *Sache;* behandeln *Menschen;* **how should we handle this problem?** wie sollen wir dieses Problem angehen?; **I don't know how to handle him** ich weiß nicht, wie ich mit ihm umgehen soll ③ erledigen *Geschäft, Korrespondenz* ④ **the car handles well** das Auto fährt sich gut

han·dle·bars ['hændlbɑ:z] *Plural* die Lenkstange

han·dling ['hændlɪŋ] *kein Plural* ① das Berühren ② die Handhabung; (*einer Person*) die Behandlung; (*einer Maschine*) der Umgang (**of** mit) ③ *von Auto:* das Fahrverhalten

han·dling charge, han·dling fee die Bearbeitungsgebühr

hand lug·gage das Handgepäck

hand·made [ˌhænd'meɪd] handgearbeitet

hand-op·er·at·ed handbetrieben

hand·out ① das Almosen; **government handout** die staatliche Unterstützung ② das Flugblatt; (*in der Schule*) das Arbeitsblatt

hand-picked [ˌhænd'pɪkt] handverlesen

hand·rail ['hændreɪl] das Geländer

hand·shake ['hændʃeɪk] der Händedruck

hand·some ['hæn(d)səm] <handsomer *oder* more handsome, handsomest *oder* most handsome> ① *Mensch:* gut aussehend ② ansehnlich; *Preis, Summe:* beträchtlich

> **G** **handsome** kann sowohl mit *-er/-est* als auch mit *more/most* gesteigert werden:
> *he's more handsome than his brother,*
> *Alex was the handsomest man in the room*

hands-on [hændz'ɒn] praxisorientiert

hand·spring der Handstandüberschlag

hand·stand ['hændstænd] der Handstand

hand·writ·ing ['hændˌraɪtɪŋ] die Handschrift

hand·writ·ten [ˌhænd'rɪtn] handgeschrieben

handy ['hændi] ① praktisch, handlich; **to come in handy** sich als nützlich erweisen ② **to keep something handy** etwas griffbereit halten ③ **the house is handy for the station** das Haus liegt günstig zum Bahnhof

handy·man <*Plural* handymen> der Heimwerker

hang [hæŋ] **to get the hang of something** (*umgangsspr*) etwas herauskriegen

to **hang** [hæŋ] <hung, hung> ① *Mantel, Bild:* hängen (**from/on** an); **hang your coats on a hanger** hängt eure Jacken auf einen Kleiderbügel ② aufhängen *Bild;* einhängen *Tür* ③ ankleben *Tapete* ④ **to hang one's head** den Kopf hängen lassen ⑤ **to hang oneself** sich erhängen; *Verbrecher:* gehängt werden ▶ WENDUNGEN: **hang in there!** halte durch!

> **G** Richtiges Konjugieren von **hang**: hang, hung, hung — *Paul hung up his coat; Have you all hung your coats up?*

◆ to **hang about, hang around** ① sich herumtreiben [*oder* herumdrücken]; **they hung around the mall all afternoon** sie hingen den ganzen Nachmittag im Einkaufszentrum herum ② (*umgangsspr*) warten; **hang about!** warte [*oder* Moment] mal! ▶ WENDUNGEN: **he doesn't hang about** (*umgangsspr*) er ist ganz schön schnell

◆ to **hang back** zögern, sich zurückhalten

◆ to **hang behind** hinterhertrödeln

◆ to **hang on** ① **to hang on to something** sich an etwas festhalten; (*übertragen*) etwas behalten ② durchhalten; **to hang on to the finish** bis zum Ziel durchhalten ③ warten; **hang on a minute, I'll see what I can find** warte mal kurz, ich sehe nach, was ich finden kann; **hang on [a minute]!** Moment mal! ④ (*am Telefon*) am Apparat bleiben

◆ to **hang out** ① *Zunge:* heraushängen ② aufhängen *Wäsche* ③ (*umgangsspr*) herumhängen *umgangsspr;* **he hangs out at the mall** er hängt gerne im Einkaufszentrum rum; **she hangs out with her friends after school** nach der Schule trifft sie sich mit ihren Freunden

◆ to **hang together** *Argument:* schlüssig sein

◆ to **hang up** ① aufhängen ② auflegen *Hörer;* **he hung up on me** er legte einfach auf

hang·er ['hæŋəʳ] der Kleiderbügel

hang-glid·ing ['hæŋglaɪdɪŋ] das Drachenfliegen

hang·over ['hæŋˌəʊvəʳ] (*nach Alkoholkonsum*) der Kater

hang-up ['hæŋʌp] (*umgangsspr*) der Komplex, der Fimmel

hankie, hanky ['hæŋki] (*umgangsspr*) das Taschentuch

to **hap·pen** ['hæpᵊn] ① sich ereignen, geschehen; **the party never happened** die Party fand nie statt; **to happen to someone** jemandem zustoßen ② **to happen to do** zufällig tun; **I happened to bump into Amy yesterday** ich habe gestern zufällig Amy getroffen; **he happened to be there** er war zufällig[erweise] dort ③ **to happen [up]on someone/something** zufällig auf jemanden/etwas stoßen ④ **how does it happen that ...?** wie kommt es, dass ...?

hap·pi·ly ['hæpɪli] ① glücklich; **to smile happily** glücklich lächeln; **happily married** glücklich verheiratet ② glücklicherweise; **happily, no one got hurt** zum Glück wurde niemand verletzt

hap·pi·ness ['hæpɪnəs] das Glück

hap·py ['hæpi] <happier, happiest> ① glücklich; **to feel happy about something** über etwas erfreut sein ② zufrieden (**about/with** mit) ③ **happy birthday!** herzlichen Glückwunsch zum Geburtstag!; **happy Christmas!** frohe Weihnachten!; **happy New Year!** ein gutes [*oder* glückliches] neues Jahr!

har·bour, (USA) **har·bor** ['hɑːbəʳ] der Hafen

hard [hɑːd] <harder, hardest> ① *Gelee, Zement:* hart, fest; *Droge, Wasser:* hart ② *Schlag, Tritt, Stoß:* kräftig; *Regen:* stark, heftig ③ *Arbeit:* anstrengend, hart; **to work hard** hart arbeiten; **to try hard** sich große Mühe geben; **a hard fight** ein schwerer Kampf ④ schwer; *Problem:* schwierig; **to do something the hard way** nicht den einfachen Weg wählen; **he is hard to get on with** es ist nicht leicht, mit ihm auszukommen; **hard to believe** kaum zu glauben; **hard to please** nicht leicht zufrieden zu stellen ⑤ hart; *Situation:* drückend ⑥ *Mensch:* hart[herzig], streng; **to be hard [up]on someone** mit jemandem streng sein ⑦ **hard drink/liquor** die scharfen Sachen; **hard drinker** der Säufer/die Säuferin ⑧ **the hard facts** die harten Tatsachen ⑨ **hard luck!** Pech [gehabt]! ⑩ (*regnen, schneien*) stark ⑪ (*schlagen*) heftig, kräftig ⑫ **she's taking it hard** sie nimmt es schwer ▸ WENDUNGEN: **hard up** knapp bei Kasse

hard·back ['hɑːdbæk] die gebundene Ausgabe

hard-boiled [ˌhɑːd'bɔɪld] hart gekocht

hard copy der Ausdruck

hard cur·ren·cy die harte Währung

hard disk (*Computer*) die Festplatte

hard drug *meist Plural* die harte Droge

hard-earned ehrlich verdient; *Geld:* hart verdient

to **hard·en** ['hɑːdᵊn] ① härten *Metall* ② *Butter, Wachs:* hart werden ③ (*übertragen*) **to become hardened to** sich gewöhnen an ④ **hardened criminal** der Gewohnheitsverbrecher/die Gewohnheitsverbrecherin

hard feel·ings [ˌhɑːd'fiːlɪŋz] *Plural* **no hard feelings** nichts für ungut

hard-heart·ed [ˌhɑːd'hɑːtɪd] hartherzig

hard-hit schwer getroffen

hard·ly ['hɑːdli] kaum, fast nicht; **hardly any** fast kein; **hardly ever** kaum je[mals], fast nie

hard·ship ['hɑːdʃɪp] die Not

hard shoul·der [ˌhɑːd'ʃəʊldəʳ] (GB) *von Autobahn:* der Randstreifen, der Seitenstreifen

hard tar·get das harte Ziel

hard·ware *kein Plural* (*in der Informatik*) die Hardware

hard-wear·ing [ˌhɑːd'weərɪŋ] strapazierfähig

hard-work·ing [ˌhɑːd'wɜːkɪŋ] fleißig

hare [heəʳ] der Hase

harm [hɑːm] der Schaden; **to do harm** Schaden anrichten; **to do someone harm** jemanden verletzen, jemandem schaden; **to mean no harm** es nicht böse meinen; **there's no harm in trying** ein Versuch kann nicht schaden

to **harm** [hɑːm] schaden; **it won't harm you to try** es wird dir sicher nicht schaden, es zu versuchen

harm·ful ['hɑːmfᵊl] schädlich

harm·less ['hɑːmləs] harmlos, unschädlich

har·mo·ny ['hɑːməni] die Harmonie; **peace and harmony** Friede[n] und Eintracht; **in harmony with nature** im Einklang mit der Natur

harp [hɑːp] die Harfe

harsh [hɑːʃ] ① *Klima:* rau ② *Licht:* grell ③ *Stimme:* schrill ④ *Strafe:* hart; **don't be too harsh on [*oder* with] them** sei nicht zu streng mit ihnen

har·vest ['hɑːvɪst] die Ernte; **bad harvest** die Missernte

to **har·vest** ['hɑːvɪst] ernten

har·vest fes·ti·val das Erntedankfest

has [həz, *betont* hæz] *3. Person Singular Präsens von* **have**

hash [hæʃ] (*umgangsspr*) **to make a hash of something** etwas vermasseln

hasn't ['hæzᵊnt] *Kurzform von* **has not**

to **has·sle** ['hæsl̩] ärgern, belästigen

has·sle ['hæsl̩] (*umgangsspr*) der Ärger, die Mühe; **it's such a hassle** das ist so mühsam

haste [heɪst] die Hast, die Eile ▶WENDUNGEN: **more haste, less speed** eile mit Weile

has·ty ['heɪsti] 1 eilig, schnell 2 *Entscheidung, Reaktion:* hastig, voreilig

hat [hæt] 1 der Hut 2 **to take one's hat off to someone** vor jemandem den Hut abnehmen ▶WENDUNGEN: **I'll eat my hat if ...** ich fresse einen Besen, wenn ... *umgangsspr*

to **hatch** [hætʃ] *Vogel:* ausschlüpfen

hatch [hætʃ] <*Plural* hatches> 1 die Luke 2 (*im Esszimmer*) die Durchreiche ▶WENDUNGEN: **down the hatch!** (*umgangsspr*) hoch die Tassen!, runter damit!

hatch·back ['hætʃbæk] das Schrägheckmodell

to **hate** [heɪt] 1 hassen, nicht ausstehen können 2 **to hate doing** [*oder* **to do**] **something** etwas ungern [*oder* nicht gern] tun; **I hate to say it, but ...** ich sage es ungern, aber ...

hate [heɪt] 1 der Hass (**for** auf) 2 **traffic jams are my pet hate** ich hasse es wie die Pest, im Verkehr stecken zu bleiben

hate·ful ['heɪtfᵊl] 1 *Blick:* hasserfüllt; (*gehässig*) gemein 2 abscheulich; *Person:* unausstehlich; **hateful remarks** die hässlichen Bemerkungen

ha·tred ['heɪtrɪd] der Hass (**of** auf/gegen)

haul [hɔːl] 1 der [Fisch]fang 2 (*übertragen*) die Beute 3 der Transportweg, die Strecke; **short haul** der kurze Weg; **long haul** der weite Weg

to **haul** [hɔːl] ziehen, schleppen

◆to **haul up** hochziehen; (*mit Mühe*) hochschleppen

to **haunt** [hɔːnt] *Gespenst:* umgehen in

haunt·ed ['hɔːntɪd] 1 **haunted house** das Spukhaus, das Haus, in dem es spukt 2 **a haunted look** ein gequälter Blick

to **have** [hæv, həv] <has, had, had> 1 *zur Bildung der Vergangenheit* haben; *besonders bei Verben der Bewegung* sein; **he has seen** er hat gesehen; **they have gone** sie sind gegangen; **how long have you been here?** seit wann lebst [*oder* wohnst] du hier?; **have you been waiting long?** hast du schon lange gewartet?; **he has been living there** er hat da gewohnt; **have you finished?** bist du/sind Sie fertig?; **having said that, ...** obwohl ich das gesagt habe, ...; **you have taken it, haven't you?** du hast das doch genommen, oder?; **you haven't taken it, have you?** du hast es doch nicht genommen, oder? 2 *modal, mit Infinitiv* müssen; **you have to do it** du musst das machen; **I don't have to if I don't want to** wenn ich nicht will, muss ich es nicht machen; **you had better go** du gehst jetzt besser; **what would you have me do?** was soll[te] ich denn machen?

to **have** [həv, *betont* hæv] <has, had, had> 1 haben; **to have got** (GB) haben; **a cat has four legs** eine Katze hat vier Beine; **I have** [*oder umgangsspr* **I've got**] **a red car** ich habe ein rotes Auto; **do you have** [*oder* **have you got**] **any children?** haben Sie Kinder?; **you can have it if you like** wenn du willst, kannst du es haben; **if you have time** wenn du Zeit hast; **have you got a light?** hast du mal Feuer? 2 **I have a cold** ich bin erkältet; **I have a headache** ich habe Kopfschmerzen 3 bekommen, erhalten, kriegen *umgangsspr;* **to have an injection** eine Spritze bekommen; **she's having** [*oder* **going to have**] **a baby** sie bekommt [*oder* kriegt] ein Kind; **I had a letter/[phone]call from John** ich habe einen Brief/Anruf von John bekommen 4 *mit Substantiven* **to have a bath/shower/wash** ein Bad nehmen/[sich] duschen/sich waschen; **to have a game** ein Spiel machen; **to have a game of chess** Schach spielen; **have a look at this** sieh dir das mal an; **to have a swim** schwimmen, baden; **to have a walk** spazieren gehen 5 haben; **have fun!, have a good time!** viel Spaß!; **did you have a good holiday?** hattet ihr einen schönen Urlaub? 6 (*zu sich nehmen*) **to have breakfast** frühstücken; **to have lunch/dinner** zu Mittag/Abend essen; **to have people round for dinner** Leute zum Essen dahaben; **to have a cigarette** eine Zigarette rauchen; **have a biscuit!** nimm ein Plätzchen!; **I haven't had a drink for ages!** ich habe schon lange nichts mehr getrunken!; **I'll have the lasagne** ich nehme die Lasagne 7 [zu]lassen, gestatten; **I'm not having that!** das lasse ich mir nicht bieten!; **I won't have pets in the kitchen** ich dulde keine Tiere in der Küche 8 **to have something done** etwas machen lassen; **we had the flat renovated** wir haben die Wohnung renovieren lassen 9 (*als Gast haben*) **thank you for having me** vielen Dank für Ihre Gastfreundschaft 10 **to have to do with someone/something** mit jemandem/etwas zu tun haben 11 **I have** [*oder umgangsspr* **I've got**] **it!** ich hab's! ▶WENDUNGEN: **have had it** (*umgangsspr*) die Nase voll haben (**with** von); **let him have it!** (*umgangsspr*) gib's ihm!; **he's had it** er ist erledigt; **to have it in for someone** jemanden auf dem Kieker haben; **you've been had!** (*umgangsspr*) da hat man dich über's Ohr gehauen!; **to have it off with someone** (*slang*) mit jemandem schlafen

H

◆ to **have around** ① zu Besuch haben ② **it's good to have you around** es ist gut, dich in der Nähe zu haben

◆ to **have back** zurückbekommen

◆ to **have in** ① **we're having someone in to fix the floor** es kommt jemand, der den Boden repariert ② (*umgangsspr*) **to have [got] it in one** das Zeug[s] zu etwas haben ③ (*umgangsspr*) **to have [got] it in for someone** jemanden auf dem Kieker haben

◆ to **have off** GB (*slang*) **to have it off [with someone]** es mit jemandem treiben *umgangsspr*

◆ to **have on** ① anhaben *Kleider, Licht, Radio* ② **to have something on one** etwas bei [*oder* an] sich haben ③ vorhaben; **have you got anything on tomorrow?** hast du morgen etwas vor? ④ (*slang*) auf den Arm nehmen *umgangsspr*; **you're having me on!** du ziehst mich auf!

◆ to **have out** **to have a tooth out** sich einen Zahn ziehen lassen; **to have one's tonsils out** sich die Mandeln herausnehmen lassen

◆ to **have over** **to have someone over** jemanden zu Besuch haben; **we should have them over for a drink** wir sollten sie auf einen Drink einladen

haven't ['hævᵊnt] *Kurzform von* **have not**

hawk [hɔːk] ① der Habicht, der Falke ② (*Politiker*) der Falke

hay [heɪ] das Heu ▸ WENDUNGEN: **to make hay while the sun shines** das Eisen schmieden, solange es heiß ist

hay fe·ver der Heuschnupfen

hay·stack ['heɪstæk] der Heuhaufen

hay·wire (*umgangsspr*) **to go haywire** verrückt spielen

haz·ard ['hæzəd] ① die Gefahr, das Risiko ② **hazard warning lights** *von Auto:* die Warnlichtanlage

haz·ard·ous ['hæzədəs] ① gefährlich; **hazardous to one's health** gesundheitsgefährdend ② riskant

haze [heɪz] der Dunst[schleier]

ha·zel·nut ['heɪzlnʌt] die Haselnuss

hazy ['heɪzi] ① *Wetter:* dunstig, diesig ② *Umriss:* verschwommen, unklar ③ *Erinnerung:* vage

he[1] [hiː, hi] er

he[2] [hiː, hi] (*bei Tieren*) das Männchen; **a he** ein Er; **the baby is a he** das Baby ist ein Junge

head[1] [hed] ① der Kopf; **to shake one's head** den Kopf schütteln (**at** über); **my head is spinning** (*übertragen*) mir dreht sich alles; **a** [*oder* **per**] **head** pro Kopf; **head first** kopfüber ② (*übertragen*) der Kopf, der Verstand; **to lose one's head** den Kopf verlieren; **to be off** [*oder* **out of**] **one's head** aus dem Häuschen sein, den Verstand verloren haben; **to put something out of one's head** sich etwas aus dem Kopf schlagen; **to take it into one's head** sich etwas in den Kopf setzen; **to have a head for business** einen guten Geschäftssinn haben; **to have a head for figures** mathematisch begabt sein; **to have a head for heights** schwindelfrei sein; **to have a poor head for something** keine Begabung haben für etwas ③ der Leiter/die Leiterin; (*umgangsspr*) *von Schule:* der Schulleiter/die Schulleiterin; *von Familie, Kirche:* das Oberhaupt; **head of department** der Abteilungsleiter/die Abteilungsleiterin; **head of government** der Regierungschef/die Regierungschefin; **head of state** das Staatsoberhaupt ④ die führende Stellung, die Spitze; **at the head of the queue** an der Spitze der Schlange ⑤ *von Tal, Treppe:* der oberste Teil, das obere Ende; *von Bett, Tisch:* der Kopf, das Kopfende; *von Brief, Hammer, Nagel:* der Kopf; *von Fluss:* die Quelle ⑥ *von Bier:* die Blume, der Schaum, die Schaumkrone ⑦ *von Salat, Münze:* der Kopf; **heads or tails?** Kopf oder Zahl? ⑧ (*übertragen*) der Höhepunkt, die Krise; **to bring to a head** zur Entscheidung bringen; **to come to a head** sich zuspitzen, zum Krach kommen ▸ WENDUNGEN: **to go to someone's head** *Alkohol, Erfolg:* jemandem zu Kopf steigen; **to go over someone's head** über jemandes Kopf hinweg handeln; **to laugh one's head off** sich fast totlachen; **to talk one's head off** sich dumm und dämlich reden; **to turn someone's head** jemandem den Kopf verdrehen; **to be head over heels in love** bis über beide Ohren verliebt sein; **to be unable to make head or tail of something** nicht schlau werden aus einer Sache

head[2] [hed] Haupt-, Ober-; **head office** das Hauptbüro, die Zentrale; **head waiter** der Oberkellner

to **head** [hed] ① anführen *Prozession, Tabelle* ② führen, leiten *Organisation* ③ köpfen *Ball* ④ sich bewegen, fahren; **where are you headed?** wo wollen Sie hin?; **the car was heading straight towards** [*oder* **for**] **him** das Auto kam direkt auf ihn zu; **to head home** nach Hause gehen

◆ to **head back** zurückgehen, zurückfahren

◆ to **head for** ① **to head for the coast** in Richtung Küste fahren; **to head for home** sich auf den Heimweg machen ② **you're heading for trouble** du bist auf dem besten Weg, dich in Schwierigkeiten zu bringen

◆ to **head off** ① **to head someone off** jemanden abfangen ② (*übertragen*) abwenden *Streik, Streit* ③ **to head off home** nach Hause fahren

head·ache ['hedeɪk] ① das Kopfweh, die Kopfschmerzen; **to have a bad headache** schlimme Kopfschmerzen haben ② (*umgangs-*

spr) das Problem; **that boy's a real headache** der Junge ist ein echter Problemfall

head·band ['hedbænd] das Stirnband

head·first ['hed'fɜːst] kopfüber, mit dem Kopf voran

head·ing ['hedɪŋ] (*Titel*) die Überschrift

head·lamp ['hedlæmp], **head·light** ['hedlaɪt] der Scheinwerfer

head·line ['hedlaɪn] die Schlagzeile

head·mas·ter [ˌhed'mɑːstəʳ] der Rektor, der Schulleiter

head·mis·tress [ˌhed'mɪstrɪs] die Rektorin, die Schulleiterin

head of·fice die Zentrale

head-on [ˌhed'ɒn] ① **head-on collision** der Frontalzusammenstoß; **to collide head-on** frontal zusammenstoßen ② (*übertragen*) **to confront** [*oder* **meet**] [*oder* **tackle**] **someone/something head-on** jemanden/etwas direkt konfrontieren

head·phones ['hedfəʊnz] ⚠ *Plural* der Kopfhörer

head·quar·ters [ˌhed'kwɔːtəz] *Plural, oft mit Singular* ① *von Militär:* das Hauptquartier; **police headquarters** die Polizeidirektion ② *von Unternehmen:* die Zentrale, die Hauptgeschäftsstelle; **party headquarters** die Parteizentrale

head·rest ['hedrest] die Kopfstütze

head·room ['hedrʊm] ① die lichte Höhe ② (*im Auto*) der Kopfraum

head·scarf [ˌhedskɑːf, *Plural* ˌhedskɑːvz] <*Plural* headscarves> das Kopftuch

head·set das Headset

head start der Vorsprung

head teach·er GB der Schulleiter/die Schulleiterin

head wait·er der Oberkellner

head·way *kein Plural* **to make headway** [gut] vorankommen

to **heal** [hiːl] ① heilen ② *Wunde:* heilen; **to heal up** verheilen

heal·ing[1] ['hiːlɪŋ] heilsam

heal·ing[2] ['hiːlɪŋ] *kein Plural* die Heilung; *von Schnittwunden:* das Verheilen

health [helθ] ① die Gesundheit, der Gesundheitszustand; **to be in poor health** kränklich sein ② **to drink** [**to**] **someone's health** auf jemandes Wohl trinken; **good** [*oder* **your**] **health!** zum Wohl!

health care die Gesundheitsfürsorge

health cen·tre das Ärztezentrum

health cer·tifi·cate das ärztliche Attest

health club das Fitnesscenter

health edu·ca·tion *kein Plural* die Gesundheitserziehung

health food die Reformkost

health food shop der Naturkostladen, das Reformhaus

health in·sur·ance die Krankenversicherung

Health Ser·vice GB das Gesundheitswesen

health visi·tor GB der/die Krankenpfleger/Krankenpflegerin der Sozialstation

healthy ['helθi] gesund

heap [hiːp] ① der Haufen; **in heaps** in Haufen, haufenweise ② **heaps of** (*umgangsspr*) jede Menge, massig *umgangsspr*

> **G** Richtiges Konjugieren von **hear**: hear, heard, heard — *Yes, I heard what you said; Have you heard the good news yet?*

to **hear** [hɪəʳ] <heard, heard> ① hören (**about/from/of** von) ② erfahren; **to hear something about someone/something** etwas über jemanden/etwas erfahren; **to hear of something by chance** von einer Sache durch Zufall erfahren ③ anhören; **you could hear the relief in his voice** man hörte ihm die Erleichterung an ④ [an]hören *Gesuch* ⑤ *Richter:* verhandeln *Fall* ⑥ **to hear someone out** jemanden ausreden lassen ⑦ **let me hear from you** lassen Sie von sich hören; **to wait to hear from someone** auf Bescheid von jemandem warten ⑧ **he won't hear of it** er will davon nichts wissen ▶ WENDUNGEN: **hear! hear!** bravo!, richtig!; (*bei einer Debatte*) hört! hört!

> **G** ⚠ *to **hear** something* heißt *etwas hören* (mit den Ohren wahrnehmen): *can you hear the birds singing outside?*;
> *to listen to something* heißt *etwas zuhören* (aufmerksam hören): *I love listening to African music*

heard [hɜːd] *2. und 3. Form von* **hear**

hear·ing ['hɪərɪŋ] ① das Gehör; **sense of hearing** der Gehörsinn; **hard of hearing** schwerhörig; **his hearing is poor** er hört schlecht ② **within/out of hearing** in/außer Hörweite ③ (*politisch*) das Hearing, die Anhörung ④ (*zivilrechtlich*) die Verhandlung

hear·ing aid das Hörgerät

heart [hɑːt] ① das Herz ② (*übertragen*) **with all one's heart** von ganzem Herzen; **to have a heart** ein Herz haben, Verständnis haben; **I didn't have the heart to tell him** ich brachte es nicht übers Herz, es ihm zu sagen; **to set one's heart on something** sein Herz an etwas hängen ③ der Mut; **to take heart** Mut fassen; **don't lose heart!** verlier den Mut nicht!; **my heart sank** mein Mut sank ④ das Wesentliche, der Kern; **to get to the heart of something** einer Sache auf den Grund kommen; **at heart** im Innersten, im Grunde genommen ⑤ **by heart** auswendig

heart at·tack der Herzanfall, der Herzinfarkt

heart·break·ing ['hɑːtbreɪkɪŋ] herzzerreißend

heart·bro·ken ['hɑːtˌbrəʊkən] untröstlich

heart·burn ['hɑːtbɜːn] das Sodbrennen

heart dis·ease die Herzkrankheit

to **heart·en** ['hɑːtən] ermutigen

heart·en·ing ['hɑːtənɪŋ] ermutigend

heart·felt tief empfunden; (*ernsthaft*) aufrichtig

heart·rend·ing herzzerreißend

hearts [hɑːts] *Plural* (*auf Spielkarten*) das Herz; **the six of hearts** die Herzsechs

heart-to-heart [ganz] offen

heart-to-heart to have a heart-to-heart sich aussprechen

heart-warm·ing herzerfreuend

heat [hiːt] ① die Hitze ② (*Physik*) die Wärme ③ (*übertragen*) die Erregung; **in the heat of the moment** in der Hitze [*oder* im Eifer] des Gefechts ④ (*Sport*) der Vorlauf, die Vorrunde; **dead heat** das unentschiedene Rennen ⑤ **in** [*oder* **on**] **heat** brünstig, läufig

to **heat** [hiːt] ① heizen *Raum* ② beheizen *Schwimmbad* ③ erhitzen *Flüssigkeit* ◆ to **heat up** aufwärmen, warm machen *Essen*

heat·ed ['hiːtɪd] ① *Raum:* geheizt; *Schwimmbad:* beheizt ② (*übertragen*) *Diskussion:* hitzig, erregt; **to get heated** sich erhitzen

heat·er ['hiːtər] ① der Ofen ② (*im Auto*) die Heizung ③ (*für Wasser*) der Boiler

heath·er ['heðər] die Heide, das Heidekraut, die Erika

heat·ing ['hiːtɪŋ] die Heizung

heat·proof hitzebeständig

heat rash der Hitzeausschlag

heat-re·sist·ant, heat-re·sist·ing hitzebeständig; *Auflaufform, Geschirr:* feuerfest

heat-wave ['hiːtweɪv] die Hitzewelle

heav·en ['hevən] der Himmel; **in heaven** im Himmel ▶ WENDUNGEN: **for heaven's sake!** um Himmels [*oder* Gottes] Willen!; **good heavens!** du meine Güte!; **thank heavens!** Gott sei Dank!

heavi·ly ['hevɪli] ① (*sehr*) stark; **heavily armed/guarded** schwer bewaffnet/bewacht; **to sleep heavily** tief schlafen; **to rain/snow heavily** stark regnen/schneien ② (*massig*) schwer; **heavily built** kräftig gebaut ③ (*mühevoll*) schwer

heavy ['hevi] <heavier, heaviest> ① (*nicht leicht*) schwer; *Mantel:* dick; **heavy artillery** die schwere Artillerie; **heavy industry** die Schwerindustrie ② *Kampf, Schaden, Schlag, Strafe, Sturm:* schwer; *Wolken:* dicht ③ *Raucher, Wind:* stark; *Regen, Schlag:* heftig; **heavy traffic** das starke Verkehrsaufkommen ④ *Geldstrafe, Schulden, Verluste:* hoch ⑤ *Druck, Kritik:* massiv; **with heavy sarcasm** mit beißendem Sarkasmus ⑥ *Speise:* schwer ⑦ *Boden:* schwer ⑧ **this book is heavy going** das Buch liest sich schwer ⑨ **with a heavy heart** schweren Herzens

heavy-hand·ed ungeschickt

heavy met·al ① (*Metall*) das Schwermetall ② (*Musik*) der Heavymetal

heavy·weight ['hevɪweɪt] das Schwergewicht; (*Person auch*) der Schwergewichtler/die Schwergewichtlerin

he'd [hiːd] *Kurzform von* **he had; he would**

hedge [hedʒ] die Hecke

hedge·hog ['hedʒhɒg] der Igel

hedge·row die Hecke

to **heed** [hiːd] beachten

heed [hiːd] *kein Plural, ohne Artikel* die Beachtung; **to pay** [**no**] **heed to something** auf etwas [nicht] achten

heel [hiːl] ① die Ferse; **to be at** [*oder* **on**] **someone's heels** jemandem auf den Fersen sein ② *von Schuh:* der Absatz ③ **down at heel** schäbig, heruntergekommen ④ **heel!** (*Hundebefehl*) [bei] Fuß!

hefty ['hefti] <heftier, heftiest> ① kräftig ② mächtig; **hefty workload** die hohe Arbeitsbelastung ③ *Kritik:* deutlich; *Strafe:* saftig *umgangsspr*

height [haɪt] ① die Höhe; **what's the height of Everest?** wie hoch ist der Mount Everest?; **to be five metres in height** fünf Meter hoch sein ② die [Körper]größe; **what height are you?** wie groß bist du? ③ (*übertragen*) der Höhepunkt; **height of fashion** die neueste Mode ④ **to be afraid of heights** nicht schwindelfrei sein

heir [eər] der Erbe; **heir to the throne** der Thronfolger/die Thronfolgerin

heir·ess ['eəres] <*Plural* heiresses> die Erbin

heir·loom ['eəluːm] das Erbstück

held [held] *2. und 3. Form von* **hold**

heli·cop·ter ['helɪkɒptər] der Hubschrauber, der Helikopter

heli·cop·ter par·ents *Plural* die Helikoptereltern (*übertrieben fürsorgliche Eltern*)

heli·pad ['helɪ-] der Hubschrauberlandeplatz

heli·port ['helɪpɔːt] der Heliport, der Hubschrauberlandeplatz

hell [hel] ① die Hölle ② (*umgangsspr*) [**oh,**] **hell!** verdammt [noch mal]!; **go to hell!** scher dich zum Teufel!; **what the hell are you doing here?** was zum Teufel machen Sie denn hier? ③ (*umgangsspr*) **a hell of a noise** ein Höllenlärm; **a hell of a lot of money** wahnsinnig viel Geld ④ (*umgangsspr*) **for the hell of it** nur zum Spaß ⑤ (*umgangsspr*) **like hell!** nie im Leben!; **it hurts like hell** es tut höllisch weh; **to run/work like hell** wie der Teufel rennen/arbeiten ⑥ (*umgangsspr*) **to give someone hell** jemandem die Hölle heißmachen

he'll [hiːl] *Kurzform von* **he will; he shall**

hell·ish ['helɪʃ] ① höllisch; *Kälte, Hitze:* mörderisch ② (GB) (*umgangsspr*) **hellish cold** verdammt kalt

hel·lo [heˈləʊ] hallo!; **say hello to your mother** grüß deine Mutter von mir

hel·met [ˈhelmət] der Helm; **crash helmet** der Sturzhelm

help [help] die Hilfe; **thanks for all your help** vielen Dank für all deine Hilfe; **you've been a great help** du warst eine große Hilfe; **a great help you were!** (*ironisch*) du warst vielleicht eine schöne Hilfe!; **to give someone some help [with something]** jemandem [bei etwas] helfen

to **help** [help] ① helfen; **to help someone [with something]** jemandem [bei etwas] helfen [*oder* behilflich sein]; **can I help you?** kann ich Ihnen behilflich sein?; (*im Geschäft*) womit kann ich Ihnen dienen?; **how is that going to help anyone?** wem sollte das nützen?, für wen sollte das gut sein?; **to help oneself** sich selbst helfen; (*bei Tisch*) sich bedienen; **help yourself!** bedienen Sie sich!; **to help oneself to potatoes** sich Kartoffeln nehmen ② **I can't help it** ich kann nichts dafür [*oder* daran ändern]; **that can't be helped** das lässt sich nicht ändern; **I couldn't help laughing** ich musste einfach lachen ▶WENDUNGEN: **so help me God!** so wahr mir Gott helfe!

◆to **help out** ① aushelfen ② **to help someone out [with something]** jemandem [mit etwas] helfen

help·er [ˈhelpəʳ] der Helfer/die Helferin

help·ful [ˈhelpfᵊl] ① *Person:* hilfsbereit ② *Sache:* hilfreich, nützlich

help·ing¹ [ˈhelpɪŋ] die Portion; **to take a second helping** sich noch einmal nehmen

help·ing² [ˈhelpɪŋ] **to give someone a helping hand** jemandem helfen

help·less [ˈhelpləs] hilflos

hem [hem] der Saum

hemo·philia [ˌhiːməˈfɪliə] *kein Plural* (USA) die Bluterkrankheit, die Hämophilie

hemo·phili·ac [ˌhiːməˈfɪliæk] (USA) der Bluter/die Bluterin

to **hem·or·rhage** (USA) bluten

hem·or·rhoids *Plural* (USA) die Hämorrhoiden

hen [hen] die Henne, das Huhn

hence [hen(t)s] ① von jetzt an; **four weeks hence** in vier Wochen ② daher

hen·house der Hühnerstall

hen night [ˈhennaɪt] der Junggesellinnenabschied

her¹ [hɜːʳ, həʳ] ① sie; **he loves her** er liebt sie; **it's her** sie ist es ② ihr; **he gave her a ring** er gab ihr einen Ring ③ **with her children around her** mit ihren Kindern um sich

her² [hɜːʳ, həʳ] ihr; **her mother** ihre Mutter

herb [hɜːb] ① (*zum Kochen*) das Kraut, das Küchenkraut ② (*in der Medizin*) das Heilkraut

herb·al [ˈhɜːbᵊl] Kräuter-

her·bivo·rous [hɜːˈbɪvᵊrəs] Pflanzen fressend

herd [hɜːd] die Herde, das Rudel

here [hɪəʳ] ① hier ② **come here!** komm her!; **come here, please** kommen Sie bitte [hier]her ③ **look here!** sieh [*oder* schau] mal [her]! ④ **here he comes!** da kommt er [ja]! ⑤ **here you are!** (*bei der Übergabe von etwas*) bitte schön!; (*wenn man jemanden gefunden hat*) ach, hier bist du! ⑥ **here we are!** (*bei Ankunft*) hier sind wir!, da wären wir! ⑦ **here goes!** dann mal los! ⑧ **here we go again!** es geht schon wieder los! ⑨ **here's to Peter!** auf Peters Wohl! ▶WENDUNGEN: **here and there** hier und da, hier[hin] und dort[hin]; **here, there and everywhere** überall

hero [ˈhɪərəʊ] <*Plural* heroes> der Held

he·ro·ic¹ [hɪˈrəʊɪk] ① heldenhaft; *Versuch:* kühn; **heroic deed** die Heldentat ② heroisch

he·ro·ic² [hɪˈrəʊɪk] **heroics** *Plural* die Heldentaten

hero·in [ˈherəʊɪn] das Heroin

hero·in ad·dict der/die Heroinsüchtige

hero·ine [ˈherəʊɪn] die Heldin

hero·ism [ˈherəʊɪzᵊm] *kein Plural* das Heldentum; **act of heroism** die heldenhafte Tat

her·on [ˈherᵊn] der Reiher

her·ring [ˈherɪŋ] <*Plural* herring *oder* herrings> der Hering ▶WENDUNGEN: **red herring** das Ablenkungsmanöver; **that's a red herring** das führt vom Thema weg

hers [hɜːz] ihre(r, s); **a friend of hers** einer ihrer Freunde, ein Freund von ihr; **the book is hers** das Buch gehört ihr

her·self [həˈself] ① sich ② (*betont*) [sie] selbst; **she herself said it** sie hat es selbst gesagt; **she'll do it herself** sie macht das selbst ③ **all by herself** ganz allein, ohne [fremde] Hilfe ④ **she's not herself today** sie ist heute nicht wie sonst

he's [hiːz] *Kurzform von* **he is; he has**

hesi·tant [ˈhezɪtᵊnt] zögernd; **hesitant speech** stockende Rede

hesi·tant·ly [ˈhezɪtᵊntli] zögerlich

to **hesi·tate** [ˈhezɪteɪt] ① zögern; **to hesitate to do something** Bedenken haben, etwas zu tun ② (*beim Sprechen*) stocken

hesi·ta·tion [ˌhezɪˈteɪʃᵊn] das Zögern; **without a moment's hesitation** ohne einen Augenblick zu zögern; **to have no hesitation in doing something** keine Bedenken haben, etwas zu tun

hetero·sex·ual¹ [ˌhetᵊrə(ʊ)ˈsekʃuᵊl] heterosexuell

hetero·sex·ual² [ˌhetᵊrə(ʊ)ˈsekʃuᵊl] der/die Heterosexuelle

hexa·gon [ˈheksəgən] das Sechseck

hex·ago·nal [hekˈsægᵊnᵊl] sechseckig

hey [heɪ] (*umgangsspr*) he! *umgangsspr*
hi [haɪ] **hi!** hallo!
to **hi·ber·nate** ['haɪbəneɪt] Winterschlaf halten
hi·ber·na·tion [ˌhaɪbə'neɪʃən] der Winterschlaf
hic·cup ['hɪkʌp] der Schluckauf; **to have the hiccups** Schluckauf haben
to **hic·cup** ['hɪkʌp] den Schluckauf haben
hid [hɪd] *2. und 3. Form von* **hide**
hid·den[1] ['hɪdən] *3. Form von* **hide**
hid·den[2] ['hɪdən] verborgen, versteckt
to **hide** [haɪd] <hid, hidden> ① verstecken (**from** vor); **to hide from someone** sich vor jemandem verstecken ② verbergen *Gefühle* (**from** vor) ③ verheimlichen *Wahrheit* (**from** vor)

> **G** Richtiges Konjugieren von **hide**: hide, hid, hidden: — *Sandra hid in the loft; Where have you hidden your report?*

◆ to **hide away** [sich] verstecken
hide-and-seek [ˌhaɪdn'siːk] das Versteckspiel; **to play** [**at**] **hide-and-seek** Versteck spielen
hide·away (*auch übertragen umgangsspr*) das Versteck
hide·ous ['hɪdiəs] scheußlich
hide·out ['haɪdaʊt] das Versteck, der Schlupfwinkel, der Unterschlupf
hid·ing[1] ['haɪdɪŋ] **to go into hiding** untertauchen; **to be in hiding** sich versteckt halten
hid·ing[2] ['haɪdɪŋ] (*umgangsspr*) ① die Tracht Prügel; **to give someone a good hiding** jemandem eine ordentliche Tracht Prügel verpassen ② (*übertragen: Sport*) die Schlappe; **to get a real hiding** sich eine schwere Abfuhr holen
hi-fi [ˌhaɪ'faɪ] die Hi-Fi-Anlage
high[1] [haɪ] <higher, highest> ① hoch; **a high building** ein hohes Gebäude; **high prices** die hohen Preise ② (*slang: von Drogen*) high *slang* ③ **high society** die vornehme Gesellschaft ④ **in high spirits** in guter Laune; **feelings were running high** es herrschte eine gereizte Stimmung ⑤ **it's high time** es ist höchste Zeit ▶ WENDUNGEN: **to search high and low** überall suchen
high[2] [haɪ] ① der Höchststand, der Rekord, die Rekordhöhe ② (*Wetterlage*) das Hoch, das Hochdruckgebiet ③ (*slang*) **to be on a high** (*auch von Drogen*) high sein *slang*
high beams *Plural* (USA) das Fernlicht
high·chair ['haɪtʃeər] (*für Kinder*) der Hochstuhl
high court das oberste Gericht
high·er edu·ca·tion *kein Plural* die Hochschulbildung; (*System*) das Hochschulwesen
High·er Grade, **High·ers** *Plural* ≈ das Abitur (*Prüfung für die Hochschulreife*)

> **L** In Schottland ist die **Higher Grade** eine Prüfung, die Schüler in ihrem fünften Schuljahr ablegen (ein Jahr nach der **GCSE**). Es ist möglich, nur in einem Fach geprüft zu werden, aber die meisten Schüler versuchen, ungefähr fünf **Highers** abzulegen.

high-fly·er, **high-flier** [ˌhaɪ'flaɪər] (*übertragen*) der Senkrechtstarter, der/die Hochbegabte
high fre·quen·cy die Hochfrequenz
high-hand·ed selbstherrlich
high heels *Plural* die hohen Absätze
high jump der Hochsprung
High·land dress die schottische Tracht
High·land Games *Plural* die Hochlandspiele

> **L** Im 11. Jahrhundert organisierte der schottische König King Malcolm III. einen Sportwettbewerb, um die stärksten und schnellsten Männer des Landes auszuwählen. Er hat sie dann zu seinen persönlichen Leibwächtern und Dienstboten ernannt. Aus diesem Wettbewerb entstanden die **Highland Games**, die auch heute große Beliebtheit genießen.
> Die bekanntesten **Highland Games** finden Anfang September in Braemar statt und stehen nach wie vor unter der Schirmherrschaft des Monarchen. Traditionelle Wettkämpfe wie *the caber toss* (Werfen eines Baumstamms), Tauziehen und Gewichtheben werden von traditioneller Musik begleitet.
> Auch in anderen Ländern finden **Highland Games** statt. In den USA sind zwei Veranstaltungen besonders bekannt, die bei Grandfather Mountain in Nord-Carolina sowie in Pleasanton, Kalifornien.

high·lands ['haɪləndz] *Plural* das Hochland; **the Highlands** das schottische Hochland
high·light ['haɪlaɪt] ① (*übertragen*) der Höhepunkt; **to show the highlights of the match** die Höhepunkte des Spiels übertragen ② (*im Haar*) die Strähne
to **high·light** ['haɪlaɪt] ① **the sentence was highlighted in yellow** der Satz war gelb markiert ② (*übertragen*) **to highlight a problem** ein Problem hervorheben
high·light·er ['haɪlaɪtər] der Leuchtstift, der Markierstift
high·ly ['haɪli] ① **highly critical** äußerst kritisch; **highly inflammable** leicht entzündlich; **highly sensitive** hoch empfindlich; **highly spiced** stark gewürzt; **highly strung** überreizt, nervös ② **to speak highly of someone** von jemandem in den höchsten Tönen reden; **to think highly of someone** große Stücke auf jemanden halten
high·ness ['haɪnəs] **His/Your** [**Royal**] **Highness** Seine/Eure [Königliche] Hoheit
high point der Höhepunkt
high-pres·sure Hochdruck-; **high-pressure area** das Hochdruckgebiet
high-rank·ing <higher-ranking, highest-ranking> hochrangig
high-rise build·ing das Hochhaus
high-risk <higher-risk, highest-risk> hochriskant; **to be in a high-risk category** einer Risikokategorie angehören

high school (USA) die weiterführende Schule, die Highschool

> **L** In den USA dauert die Highschool drei bis sechs Jahre und ist für Schüler im Alter von 13 bis 18 Jahren. In manchen Schulsystemen beginnen die Schüler die Highschool jedoch erst mit 15.

high sea·son die Hochsaison
high-speed train der Hochgeschwindigkeitszug
high-spir·it·ed ausgelassen; *Pferd:* temperamentvoll
high spir·its *Plural* die gehobene Stimmung
high street die Hauptstraße
high tea der Tee mit Imbiss
high-tech [ˌhaɪˈtek] Hightech-
high tech·nol·ogy die Spitzentechnologie
high tide die Flut
high·way [ˈhaɪweɪ] ① (GB) die Hauptstraße, die Landstraße ② (USA) die Fernstraße; **Highway Code** die Straßenverkehrsordnung
to **hi·jack** [ˈhaɪdʒæk] ① entführen *Flugzeug* ② überfallen *Fahrzeug*
hi·jack [ˈhaɪdʒæk] die Flugzeugentführung
hi·jack·er [ˈhaɪdʒækəʳ] der Flugzeugentführer/die Flugzeugentführerin
hi·jack·ing [ˈhaɪdʒækɪŋ] *kein Plural* die Entführung
hike [haɪk] die Wanderung
to **hike** [haɪk] wandern
hik·er [ˈhaɪkəʳ] der Wanderer/die Wanderin
hik·ing [ˈhaɪkɪŋ] das Wandern
hill [hɪl] der Hügel; (*höher*) der Berg ▶WENDUNGEN: **to be over the hill** (*umgangsspr*) seine beste Zeit hinter sich haben
hill·side der Hang
hill·top die Hügelkuppe
hill-walk·ing *kein Plural* (GB) das Bergwandern
hilly [ˈhɪli] hüg[e]lig, bergig
him¹ [hɪm, ɪm] ① ihn; **she loves him** sie liebt ihn; **it's him** er ist es ② ihm; **she gave him a book** sie gab ihm ein Buch
him² [hɪm, ɪm] sich; **with his pupils around him** mit seinen Schülern um sich
Hima·la·yas [ˌhɪməˈleɪjəz] *Plural* **the Himalayas** der Himalaya
him·self [hɪmˈself] ① sich ② (*betont*) [er] selbst; **he himself said it** er hat es selbst gesagt; **he'll do it himself** er macht es selbst ③ **all by himself** ganz allein, ohne [fremde] Hilfe ④ **he's not himself today** er ist heute nicht wie sonst
hin·drance [ˈhɪndrən(t)s] die Behinderung; **you're more of a hindrance than a help** du störst mehr, als dass du hilfst
hind·sight [ˈhaɪndsaɪt] **with hindsight** im Nachhinein
Hin·du¹ [ˌhɪnˈduː] Hindu
Hin·du² [ˌhɪnˈduː] hinduistisch, Hindu-
Hin·du·ism [ˈhɪnduːɪzᵊm] *kein Plural* der Hinduismus
hinge [hɪndʒ] die Türangel, das Scharnier
hint [hɪnt] der Hinweis, der Wink, die Andeutung; **to drop a hint** eine Bemerkung fallen lassen; **to take a hint** es sich gesagt sein lassen; **a big hint** ein Wink mit dem Zaunpfahl
to **hint** [hɪnt] hinweisen (**at** auf)
hip [hɪp] die Hüfte; **hip pocket** die Gesäßtasche
hip flask der Flachmann
hip-hop *kein Plural* der Hiphop

> **L** **Hiphop** bezeichnet die Kultur der Schwarzen der innerstädtischen Ghettos, die sich in der Bronx, New York City, unter afrikanischen und karibischen Einflüssen entwickelt hat. Hiphop besteht aus mehreren Elementen: der Graffiti-Kunst, Breakdancing, einem eigenen Slang, einem Modestil und natürlich aus dem Musikstil Rap, der auch für sich manchmal als Hiphop bezeichnet wird. Die erste Rapaufnahme, *Rapper's Delight*, von der Gruppe Sugarhill Gang, erschien 1979. Seitdem haben sich mehrere Richtungen wie Gangsta-Rap, Jazz-Rap oder G-Funk entwickelt.

hip·po [ˈhɪpəʊ] <*Plural* hippos> (*umgangsspr*) das Nilpferd
hip·po·pota·mi [ˌhɪpəˈpɒtəmaɪ] *Pluralform von* **hippopotamus**
hip·po·pota·mus [ˌhɪpəˈpɒtəməs] <*Plural* hippopotamuses, hippopotami> das Flusspferd, das Nilpferd
hip·py [ˈhɪpi] <*Plural* hippies> der Hippie
hire [haɪəʳ] **for hire** zu vermieten; *Taxi:* frei
to **hire** [haɪəʳ] ① mieten *Auto;* leihen *Anzug;* **hire[d] car** der Mietwagen ② engagieren *Anwalt* ③ einstellen *Arbeitskraft*
◆ to **hire out** vermieten
hire pur·chase **to buy something on hire purchase** etwas auf Raten [*oder* Abzahlung] kaufen
his¹ [hɪz, ɪz] sein(e, r); **a friend of his** einer seiner Freunde, ein Freund von ihm; **the book is his** das Buch gehört ihm
his² [hɪz, ɪz] sein; **his trousers** seine Hose; **he cut his hand** er hat sich in die Hand geschnitten
His·pan·ic¹ [hɪˈspænɪk] hispanisch
His·pan·ic² [hɪˈspænɪk] der Hispanoamerikaner/die Hispanoamerikanerin
to **hiss** [hɪs] zischen; *Katze:* fauchen
his·to·rian [hɪˈstɔːriən] der Historiker/die Historikerin
his·tor·ic [hɪˈstɒrɪk] historisch
his·tori·cal [hɪˈstɒrɪkᵊl] historisch, geschichtlich; **historical novel** historischer Roman
his·tory [ˈhɪstᵊri] ① die Geschichte; **ancient history** die alte Geschichte; **medi(a)eval history** die mittlere Geschichte; **modern history** die neuere Geschichte; **history of art** die Kunstgeschichte; **to make history** Geschichte machen ② *von Krankheit:* die Vorgeschichte

hit [hɪt] ① der Schlag ② (*genau aufs Ziel*) der Treffer ③ (*übertragen*) der Erfolg, der Knüller; (*Lied*) der Schlager, der Hit ④ **to be a hit with someone** bei jemandem gut ankommen ⑤ (*im Internet*) der Hit

to **hit** [hɪt] <hit, hit> ① schlagen; **to hit someone in the stomach/on the head** jemanden in den Bauch/auf den Kopf schlagen; **to hit one's head against something** mit dem Kopf gegen etwas schlagen [*oder* stoßen], mit dem Kopf auf etwas aufschlagen ② *Auto:* auffahren; **the car hit the tree** das Auto fuhr [*oder* prallte] gegen den Baum ③ treffen; **I've been hit!** ich bin getroffen!; **the ball hit me in the face/on the leg** der Ball traf mich im Gesicht/am Bein; **to be hit by lightning** vom Blitz getroffen werden; **to hit the nail on the head** (*übertragen*) den Nagel auf den Kopf treffen ④ erreichen; **to hit an all-time high** eine Rekordhöhe erreichen ▶ WENDUNGEN: **to hit the rush hour** in den Stoßverkehr geraten; **to hit the road** (*umgangsspr*) aufbrechen; **to hit the sack** (*umgangsspr*) sich in die Falle hauen

H

G Richtiges Konjugieren von **hit**: hit, hit, hit — *Kevin hit his head against a lamppost; Bart was hit by a stone.*

◆ to **hit back** zurückschlagen

◆ to **hit off** ▶ WENDUNGEN: **to hit it off with someone** sich mit jemandem gut verstehen

◆ to **hit on** **to hit on something** auf etwas kommen

◆ to **hit out** **to hit out at someone** auf jemanden losschlagen; (*übertragen*) jemanden angreifen

◆ to **hit upon** **to hit upon something** auf etwas kommen

hit-and-run [ˌhɪtən'rʌn] **hit-and-run accident** der Unfall mit Fahrerflucht

to **hitch** [hɪtʃ] ① **he hitched across Europe** er fuhr per Anhalter [*oder* trampte] durch Europa ② **to hitch a lift** [*oder* (USA) **ride**] per Anhalter fahren ▶ WENDUNGEN: **to get hitched** (*umgangsspr*) heiraten

hitch [hɪtʃ] <*Plural* hitches> die Schwierigkeit, der Haken; **without a hitch** reibungslos, glatt; **technical hitch** das technische Versagen

hitch·er ['hɪtʃəʳ] der Anhalter/die Anhalterin, der Tramper/die Tramperin

to **hitch-hike** ['hɪtʃhaɪk] per Anhalter fahren, trampen

hitch-hik·er ['hɪtʃhaɪkəʳ] der Anhalter/die Anhalterin, der Tramper/die Tramperin

hitch-hik·ing ['hɪtʃhaɪkɪŋ] das Trampen

HIV [ˌeɪtʃaɪ'viː] *Abkürzung von* **human immunodeficiency virus** HIV

hive [haɪv] der Bienenstock, der Bienenkorb

HIV-posi·tive HIV-positiv

hoard [hɔːd] der Vorrat

to **hoard** [hɔːd] horten, hamstern

hoar frost *kein Plural* der Raureif

hoarse [hɔːs] rau, heiser

hoax [həʊks] ① (*Falschmeldung*) der Schwindel, die Ente; **hoax call** der blinde Alarm; **hoax story** die Zeitungsente ② (*Scherz*) der Streich, der Ulk; **to play a hoax on someone** jemandem einen Streich spielen

hob [hɒb] das Kochfeld

to **hob·ble** ['hɒbl̩] humpeln

hob·by ['hɒbi] das Hobby, das Steckenpferd

hock·ey ['hɒki] ① das Hockey; **ice hockey** das Eishockey ② (USA) das Eishockey

hock·ey stick der Hockeyschläger

hog [hɒg] ① das Mastschwein ② (*slang*) das Schwein; **road hog** der rücksichtslose Fahrer/die rücksichtslose Fahrerin

to **hog** [hɒg] <hogged, hogged> (*umgangsspr*) ① **to hog something** etwas an sich reißen ② für sich in Anspruch nehmen; **to hog the road** in der Mitte der Straße fahren; **stop hogging the bathroom!** andere wollen auch mal ins Bad!

L **Hogmanay** sagt man in Schottland und Nordengland für **New Year's Eve** (Silvester), den 31. Dezember. Die Schotten sind dafür bekannt, **hogmanay** besonders ausgelassen zu feiern. Tausende von Menschen kommen im Zentrum Edinburghs zusammen, wo dann auf den Straßen eine große Silvesterparty mit Bands und Feuerwerk stattfindet. Das Wort **hogmanay** stammt aus Nordfrankreich: *hoginané*, und bedeutet ursprünglich etwa *bitte ein Geschenk zum neuen Jahr.*

to **hoist** [hɔɪst] aufziehen, hochziehen; hissen *Flagge, Segel*

hold [həʊld] ① der Griff; **to catch/get/take hold of something** etwas fassen/packen/ergreifen; **to get a hold of oneself** sich in den Griff bekommen; **to keep hold of something** etwas festhalten; **to let go one's hold** [*oder* **lose hold**] **of something** etwas loslassen ② (*beim Bergsteigen*) der Halt; **to miss one's hold** fehlgreifen ③ (*übertragen*) die Gewalt, die Macht; **to have a hold on someone** starken Einfluss auf jemanden haben ④ *von Schiff:* der Laderaum

to **hold** [həʊld] <held, held> ① [fest]halten; **to hold hands** sich an der Hand halten; *Liebespaar:* Händchen halten ② tragen; *Seil:* halten, nicht reißen; **I don't think the bridge will hold our weight** ich glaube nicht, dass die Brücke uns trägt; **he can't hold his drink** er verträgt nichts; **to hold water** wasserdicht sein ③ besitzen *Aktien* ④ innehaben, ausüben; **to hold office** an der Macht [*oder* im Amt] sein; **to hold the record for the high jump** den Rekord im Hochsprung halten ⑤ abhalten *Versammlung;* führen *Gespräch* ⑥ *Raum, Gefäß:* enthalten, fassen; **the bus holds 36 people** der Bus ist für 36 Personen vorgesehen ⑦ vertreten *Ansicht, Meinung* ⑧ **to hold someone's attention** jemandes Aufmerksamkeit fesseln; **to hold one's breath** den Atem anhalten ⑨ **to hold the line** am Apparat bleiben ▶WENDUNGEN: **there's no holding him** er ist nicht zu halten; **hold it!** halt!

G Richtiges Konjugieren von **hold**: hold, held, held — *Jane held the puppy in her arms; He was held by the police for questioning.*

◆to **hold against** **to hold something against someone** jemandem etwas verübeln

◆to **hold back** ① **to hold something back** etwas zurückhalten; verschweigen *Wahrheit* ② **to hold someone back from doing something** jemanden [daran] hindern, etwas zu tun ③ **to hold back from doing something** zögern, etwas zu tun

◆to **hold down** ① **to hold something down** etwas niedrig halten ② (*übertragen*) unterdrücken *Volk* ③ **to hold a job down** sich in einer Stelle halten

◆to **hold off** ① abwehren ② verschieben *Termin* ③ warten; **the rain held off all day** es hat den ganzen Tag nicht geregnet

◆to **hold on** ① [sich] festhalten (**to** an) ② (*übertragen*) durchhalten ③ (*umgangsspr*) warten; **hold on!** einen Moment!; (*beim Telefonieren*) bleiben Sie am Apparat!

◆to **hold onto** ① festhalten ② behalten

◆to **hold out** ① sich halten, aushalten ② *Vorräte:* reichen ③ **to hold out for something** auf etwas bestehen ④ **to hold out one's hand** die Hand ausstrecken; **to hold out one's arms** die Arme ausbreiten

◆to **hold over** vertagen (**until** auf)

◆to **hold together** zusammenhalten

◆to **hold up** ① aufrecht halten, stützen; **the tree is holding the fence up** der Baum stützt den Zaun; **we stood on either side of him to hold him up** wir stützten ihn von beiden Seiten, um ihn aufrecht zu halten ② **to hold up one's hand** die Hand [hoch]heben ③ **to hold something up to the light** etwas gegen das Licht halten ④ **to hold someone/something up as an example** (*übertragen*) jemanden/etwas als Beispiel hinstellen ⑤ (*verlangsamen*) aufhalten, verzögern; **to be held up** aufgehalten werden

hold·all ['həʊldɔːl] die Reisetasche

hold·er ['həʊldəʳ] ① der Inhaber/die Inhaberin ② (*Sport*) **the cup holders** die Pokalverteidiger ③ (*Gegenstand*) der Halter; **cigarette holder** die Zigarettenspitze; **pen holder** der Federhalter

hold-up ['həʊldʌp] ① die Verzögerung ② (*im Verkehr*) die Behinderung, der Stau, die Stockung ③ der [bewaffnete] Raubüberfall

hold-ups *Plural* die halterlosen Strümpfe

hole [həʊl] ① das Loch ② **to pick holes in something** (*übertragen*) an etwas herumkritisieren ③ *von Fuchs, Kaninchen:* der Bau ④ (*umgangsspr: Elendsquartier*) das Loch; (*Ort*) das Kaff ⑤ (*umgangsspr*) **to be in a hole** in der Patsche [*oder* Klemme] sitzen

to **hole** [həʊl] in ein Loch spielen *Ball*

◆to **hole up** (*umgangsspr*) sich verkriechen

hole punch, hole punch·er der Locher

holi·day ['hɒlədeɪ] ① der [arbeits]freie Tag ② **[public] holiday** der [gesetzliche] Feiertag; **bank holiday** GB der [gesetzliche] Feiertag ③ **holidays** der Urlaub, die Ferien; **the school holidays** die Schulferien; **on holiday** in Urlaub, in den Ferien; **to be on holiday** im Urlaub sein, Ferien haben; **to go on holiday** in Urlaub gehen [*oder* fahren]; **to take a holiday** Urlaub nehmen

holi·day camp das Ferienlager

holi·day course GB der Ferienkurs

holi·day en·ti·tle·ment GB der Urlaubsanspruch

holi·day flat GB die Ferienwohnung

holi·day home die Ferienwohnung

holi·day house das Ferienhaus

holi·day·mak·er der Feriengast, der Urlauber/die Urlauberin

holi·day re·sort der Ferienort

holi·ness ['həʊlɪnəs] *kein Plural* die Heiligkeit

Hol·land ['hɒlənd] Holland

hol·low ['hɒləʊ] hohl

hol·ly ['hɒli] die Stechpalme

L Einen Stadtteil von Los Angeles kennt jeder: **Hollywood**, das als Zentrum der Filmindustrie berühmt geworden ist. Der erste Hollywood-Film wurde schon 1911 gedreht. In Hollywood befindet sich auch der **Walk of Fame**, wo viele Namen aus der Unterhaltungsindustrie auf dem Gehsteig verewigt sind.

holo·gram ['hɒləgræm] das Hologramm

holy ['həʊli] heilig

Holy Com·mun·ion die heilige Kommunion

Holy Fa·ther **the Holy Father** der Heilige Vater

home[1] [həʊm] ① das Heim, das Haus, die Wohnung; **at home** daheim, zu Hause; **away from home** von zu Hause weg; **his home is in Vienna** er ist in Wien zu Hause ② die Heimat; **Hamburg has become his second home** ihm ist Hamburg zur zweiten Heimat geworden ③ (*Anstalt*) das Heim; **old people's home** das Altenheim ④ **the home of the mountain gorilla** die Heimat der Berggorillas ⑤ **at home and abroad** im In- und Ausland ⑥ **to be/feel at home** (*übertragen*) zu Hause sein/sich zu

H

Hause fühlen; **to make oneself at home** es sich bequem machen ▶WENDUNGEN: **home sweet home** trautes Heim, Glück allein

home² [həʊm] 1 heim, nach Hause; **to go home** nach Hause gehen, heimgehen; **to drive someone home** jemanden [mit dem Auto] nach Hause bringen; **to see someone home** jemanden nach Hause begleiten 2 daheim, zu Hause; **I must be home before midnight** ich muss vor Mitternacht zu Hause sein 3 **to bring something home to someone** jemandem etwas klarmachen 4 **to drive home** einschlagen *Nagel* ▶WENDUNGEN: **nothing to write home about** nichts Besonderes

home ad·dress die Privatanschrift

home af·fairs *Plural* GB die inneren Angelegenheiten; **home affairs correspondent** der/die Korrespondent/Korrespondentin für Innenpolitik

> **L** **Homecoming** ist in den USA ein wichtiges Fest an der High School und an der Universität. An diesem Tag kommt die Footballmannschaft zu einem Heimspiel „nach Hause". Es gibt eine Riesenparty, und eine beliebte Schülerin bzw. Studentin wird zur **homecoming queen** gekürt.

home cook·ing die Hausmannskost

home eco·nom·ics die Hauswirtschaft[slehre]

home-grown [ˌhəʊm'grəʊn] selbst gezogen; **home-grown produce** das einheimische Erzeugnis

home help die Haushaltshilfe

home·land ['həʊmlænd] die Heimat, das Heimatland

home·less ['həʊmləs] obdachlos

home-made [ˌhəʊm'meɪd] selbst gemacht

Home Of·fice ['həʊmˈɒfɪs] GB das Innenministerium

homeo·path ['həʊmiə(ʊ)pæθ] der Homöopath/die Homöopathin

homeo·path·ic ['həʊmiə(ʊ)pæθɪk] homöopathisch

home page die Homepage

Home Sec·re·tary GB der Innenminister/die Innenministerin

home·sick ['həʊmsɪk] **to be homesick** Heimweh haben

home straight, **home stretch** (*auch übertragen*) die Zielgerade

home team die Heimmannschaft

home·town die Heimatstadt

home truth die bittere Wahrheit

home·ward ['həʊmwəd] heimwärts, nach Hause; **homeward journey** die Heimreise

home·work ['həʊmwɜːk] die Hausaufgaben; **to do one's homework** seine Hausaufgaben machen; (*übertragen*) sich mit der Materie vertraut machen

> **G** **homework** ist unzählbar; d.h. es wird nicht mit *a* oder im Plural gebraucht: *the students have been given too much homework; my homework is very difficult*

homi·cide ['hɒmɪsaɪd] 1 *kein Plural* der Mord 2 der Mordfall; **homicide rate** die Mordrate; **homicide squad** die Mordkommission

homoeopa·thy [ˌhəʊmɪ'ɒpəθɪ] die Homöopathie

Homo sa·pi·ens [ˌhəʊməʊ'sæpiənz] *kein Plural* der Homo sapiens

homo·sex·ual¹ [ˌhəʊmə(ʊ)'sekʃuəl] homosexuell

homo·sex·ual² [ˌhəʊmə(ʊ)'sekʃuəl] der/die Homosexuelle

homo·sex·ual·ity [ˌhəʊmə(ʊ)ˌsekʃu'æləti] *kein Plural* die Homosexualität

Hon·du·ras [hɒn'djʊərəs] Honduras

hon·est ['ɒnɪst] ehrlich, aufrichtig

hon·est·ly ['ɒnɪstli] 1 ehrlich; **to tell you honestly** offen gestanden 2 (*tatsächlich*) wirklich; **honestly!** ehrlich!; (*verärgert*) also wirklich!

hon·es·ty ['ɒnɪsti] die Ehrlichkeit, die Aufrichtigkeit; **in all honesty** ganz ehrlich

hon·ey ['hʌni] 1 der Honig 2 USA (*umgangsspr*) der Schatz, der Liebling

hon·ey·bee die Honigbiene

hon·ey·comb die Honigwabe; (*aus Wachs*) die Bienenwabe; **honeycomb pattern** das Wabenmuster

hon·ey·moon ['hʌnɪmuːn] die Flitterwochen; **to go on honeymoon** seine Hochzeitsreise machen

> **L** Von 1842 bis 1997 war **Hong Kong** (Hongkong) eine britische Kronkolonie. Auf Kantonesisch bedeutet der Name „würziger" (Hong) „Hafen" (Kong), weil es früher ein Handelshafen für Gewürze und Weihrauch war. Es besteht aus der Hongkong-Insel, **Kowloon** (neun Drachen) und den **New Territories** auf dem chinesischen Festland sowie anderen umliegenden Inseln. Hongkong wird häufig auch „Perle des Orients" genannt und ist heute ein bedeutendes Wirtschafts- und Finanzzentrum.

honk [hɒŋk] das Hupen

to **honk** [hɒŋk] hupen; **to honk one's horn** auf die Hupe drücken

hon·or·ary ['ɒnərəri] ehrenamtlich, Ehren-

hon·our ['ɒnər], USA **hon·or** ['ɒnər] die Ehre; **guest of honour** der Ehrengast; **word of honour** das Ehrenwort

to **hon·our** ['ɒnər], USA to **hon·or** ['ɒnər] ehren

hon·our·able, USA **hon·or·able** ['ɒnərəbl̩] 1 ehrenhaft; *Berufung:* ehrenvoll 2 GB **the honourable member for Stafford** der Herr Abgeordnete für Stafford

hon·ours de·gree ≈ das Staatsexamen

hon·ours list GB die Liste der verliehenen Titel

hons *kurz für* **honours** *höherer akademischer Grad*

hood [hʊd] ① die Kapuze ② *von Auto:* das Verdeck ③ USA die Motorhaube

hoodie, hoody ['hʊdi] <*Plural* hoodies> die Kapuzenjacke, das Kapuzenshirt

hoof [huːf] <*Plural* hoofs, hooves> der Huf

hook [hʊk] ① der Haken, der Kleiderhaken ② **fish-hook** der Angelhaken ③ (*beim Boxen*) der Haken ④ **to leave the phone off the hook** nicht auflegen ▸ WENDUNGEN: **he's off the hook** (*slang*) er ist aus dem Schneider

to **hook** [hʊk] ① mit [einem] Haken befestigen (**to** an); festhaken *Tür* ② angeln *Fisch* ③ (*umgangsspr*) **to get/be hooked on something** von etwas abhängig werden/sein; **she's hooked on jazz** sie steht auf Jazz

◆ to **hook up** ① zuhaken *Kleidungsstück;* **this dress hooks up at the back** dieses Kleid wird hinten mit Haken zugemacht ② zusammenschalten *Sender* ③ ankoppeln *Anhänger*

hooked [hʊkt] ① hakenförmig; **hooked nose** die Hakennase ② abhängig; **hooked on drugs** drogenabhängig ③ **to be hooked** total begeistert sein; **she's hooked on jazz** sie ist völlig besessen von Jazz

hook·er ['hʊkəʳ] USA (*slang*) die Nutte

hooky ['hʊki] **to play hooky** USA die Schule schwänzen

hoo·li·gan ['huːlɪgᵊn] der Hooligan, der Rowdy

hoo·ray [hʊ'reɪ, hə-] hurra

to **hoot** [huːt] ① **to hoot [with laughter]** johlen, sich kaputtlachen ② *Eule:* schreien ③ *Fahrzeug:* hupen

hoot [huːt] ① **hoots of laughter** das Gejohle ② *von Eule:* der Ruf, der Schrei ③ *von Auto:* das Hupen; *von Sirene:* das Heulen ▸ WENDUNGEN: **I don't give a hoot!** (*umgangsspr*) das ist mir völlig egal!; **that was a hoot!** (*umgangsspr*) das war zum Schreien komisch!

hoot·er ['huːtəʳ] ① die Sirene ② *von Auto:* die Hupe

to **Hoo·ver®** ['huːtəʳ] GB staubsaugen; saugen *Teppich*

Hoo·ver® ['huːtəʳ] GB der Staubsauger

hooves [huːvz] *Pluralform von* **hoof**

hop [hɒp] ① der Sprung ② (*umgangsspr*) der kurze Flug ③ **to catch someone on the hop** (*umgangsspr*) jemanden unvorbereitet erwischen [*oder* treffen]

to **hop** [hɒp] <hopped, hopped> ① hüpfen; **to hop over something** über etwas springen ② **hop it!** hau ab!

◆ to **hop about**, to **hop around** umherhüpfen, herumhopsen

◆ to **hop in** ① hineinhüpfen ② (*umgangsspr*) einsteigen; **to hop into the car** sich ins Auto schwingen

◆ to **hop out** ① heraushüpfen ② (*umgangsspr*) aussteigen; **to hop out of bed** aus dem Bett springen

hope [həʊp] die Hoffnung (**of** auf); **there's no hope of winning** es besteht keine Hoffnung, dass wir gewinnen; **past** [*oder* **beyond**] **hope** hoffnungslos; **to hold out a hope** Hoffnung haben; **to live in hope of something** auf etwas hoffen; **what a hope!** schön wär's!; **to raise someone's hopes** jemandem Hoffnung machen

to **hope** [həʊp] ① hoffen (**for** auf); **I hope you're right** hoffentlich hast du Recht; **I hope so/not!** hoffentlich/hoffentlich nicht! ② **he hopes to go to Brazil** er hofft, nach Brasilien reisen zu können

hope·ful ['həʊpfᵊl] hoffnungsvoll; *Situation:* viel versprechend; **to be hopeful** sich Hoffnungen machen, hoffen

hope·ful·ly ['həʊpfᵊli] ① hoffnungsvoll ② **will you be on time? — hopefully** kommst du rechtzeitig? — hoffentlich

hope·less ['həʊpləs] ① hoffnungslos ② **she's hopeless at drawing** sie kann überhaupt nicht zeichnen ③ **he's a hopeless case** er ist ein hoffnungsloser Fall

hope·less·ly ['həʊpləsli] hoffnungslos

hopp·ing mad ['hɒpɪŋ 'mæd] (*umgangsspr*) fuchsteufelswild

ho·ri·zon [hə'raɪzᵊn] (*auch übertragen*) der Horizont

ho·ri·zon·tal [ˌhɒrɪ'zɒntᵊl] horizontal, waagerecht

hor·mone ['hɔːməʊn] das Hormon

horn [hɔːn] ① *von Tier:* das Horn ② die Sirene; *von Auto:* die Hupe; **to blow** [*oder* **sound**] **the horn** hupen ③ (*Musik*) das Horn ▸ WENDUNGEN: **to be caught on the horns of a dilemma** in einer Zwickmühle sitzen

hor·net ['hɔːnɪt] die Hornisse ▸ WENDUNGEN: **to stir up a hornet's nest** in ein Wespennest stechen

horo·scope ['hɒrəskəʊp] das Horoskop

hor·ren·dous [hɒ'rendəs] ① *Verbrechen:* entsetzlich ② *Preise, Lüge:* horrend

hor·ri·ble ['hɒrəbl̩] ① schrecklich, furchtbar, entsetzlich ② unfreundlich

hor·rid ['hɒrɪd] abscheulich, ekelhaft

hor·ri·fic [hɒ'rɪfɪk] schrecklich

to **hor·ri·fy** ['hɒrɪfaɪ] ① **to horrify someone** jemandem einen Schrecken einjagen ② entsetzen *Person;* **to be horrified** schockiert sein (**at/by** von)

hor·ror ['hɒrəʳ] ① der Schrecken, das Entsetzen; **a scene of horror** ein Bild des Grauens ② der Abscheu, der Ekel (**of** vor); **snakes give me the horrors** vor Schlangen habe ich eine panische Angst ③ **horror film** der Horrorfilm

H

hor·ror-strick·en ['hɒrəstrɪkn], **hor·ror-struck** ['hɒrəstrʌk] von Entsetzen gepackt

hors d'oeuvre [ˌɔː'dɜːv] <*Plural* hors d'oeuvre *oder* hors d'oeuvres> das Horsd'“uvre, die Vorspeise

horse [hɔːs] das Pferd ▶ WENDUNGEN: **straight from the horse's mouth** direkt von der Quelle; **wild horses would not drag me there** dahin würden mich keine zehn Pferde bringen; **to back the wrong horse** aufs falsche Pferd setzen; **to eat like a horse** fressen wie ein Scheunendrescher *umgangsspr;* **to put the cart before the horse** das Pferd beim Schwanz aufzäumen; **a dark horse** ein unbeschriebenes Blatt

◆ to **horse about**, to **horse around** herumalbern

H

horse·back ['hɔːsbæk] **on horseback** zu Pferde

horse·box <*Plural* horseboxes>, (USA) **horse·car** der Pferdetransporter

horse chest·nut die Rosskastanie

horse·play der grobe Unfug

horse·pow·er ['hɔːspaʊəʳ] <*Plural* horsepower> die Pferdestärke

horse race das Pferderennen

horse rac·ing (1) der Pferderennsport (2) das Pferderennen

> **L** Der **Melbourne Cup** (Pokal), der immer am ersten Dienstag im November stattfindet, ist Australiens beliebtestes Pferderennen. Da an diesem Tag fast alle das Rennen im Fernsehen oder Radio verfolgen, kommt in diesen paar Minuten in Australien alles zum Stillstand. Es werden Millionen von Dollar auf die Pferde gewettet. Außerdem ziehen sich viele Leute festlich an, und mittags gibt es dann überall Hähnchen und Sekt.

horse·shoe ['hɔːsʃuː] das Hufeisen

to **hose** [həʊz] **to hose something [down]** etwas abspritzen

hose [həʊz] der [Gummi]schlauch

> **F** Nicht verwechseln mit **Hose** (die) = trousers!

hos·pice ['hɒspɪs] das Pflegeheim für unheilbar Kranke

hos·pi·table [hɒs'pɪtəbl̩] *Hotel, Klima:* gastlich; *Person:* gastfreundlich

hos·pi·tal ['hɒspɪtᵊl] die Klinik, das Krankenhaus

hos·pi·tal·ity [ˌhɒspɪ'tæləti] die Gastlichkeit; *von Person:* die Gastfreundschaft

to **hos·pi·tal·ize** ['hɒspɪtᵊlaɪz] **to hospitalize someone** jemanden in ein Krankenhaus einliefern

host [həʊst] (1) der Gastgeber (**to** für) (2) (*Tier*) der Wirt, das Wirtstier (3) (*beim TV*) der Showmaster (4) **a host of ...** eine Unzahl von ..., sehr viele ...

to **host** [həʊst] **our club hosted the tournament** unser Verein war Gastgeber bei dem Turnier

hos·tage ['hɒstɪdʒ] die Geisel; **to take someone hostage** jemanden als Geisel nehmen

hos·tage-tak·er der Geiselnehmer/die Geiselnehmerin

hos·tage-tak·ing *kein Plural* die Geiselnahme

host coun·try ['həʊstˌkʌntrɪ] das Gastland

hos·tel ['hɒstᵊl] das Wohnheim; **youth hostel** die Jugendherberge

host·ess [həʊstɪs] <*Plural* hostesses> (1) die Gastgeberin (2) die Empfangsdame, die Hostess (3) die Stewardess

host fami·ly die Gastfamilie

hos·tile ['hɒstaɪl] (1) feindlich (2) *Person, Atmosphäre:* feindselig (**to** gegen)

hos·til·ity [hɒs'tɪləti] (1) die Feindschaft (**towards/against** gegen) (2) **hostilities** die Feindseligkeiten

hot [hɒt] <hotter, hottest> (1) heiß; *Wasser, Mahlzeit:* warm; **I'm hot** mir ist heiß; **hot and bothered** [so ziemlich] durch den Wind (2) *Speise:* stark gewürzt, scharf (3) *Kampf:* heiß, heftig; *Spur:* heiß; **I'm hot on his trail** ich bin ihm dicht auf den Fersen (4) (*slang: gestohlen*) heiß ▶ WENDUNGEN: **to blow hot and cold** nicht wissen, was man will; **to get hot under the collar** vor Wut kochen; **to get into hot water** in Teufels Küche kommen; **it's too hot to handle** das ist ein heißes Eisen

hot-air bal·loon der Heißluftballon

hot choco·late *kein Plural* die [heiße] Schokolade, der Kakao

hot dog (*Wurst*) das Wiener Würstchen; (*im Brötchen*) der Hotdog

ho·tel [hə(ʊ)'tel] das Hotel

ho·tel ac·com·mo·da·tion (1) *kein Plural* das Hotelzimmer (2) (USA) **hotel accommodations** *Plural* die Hotelunterkunft

ho·tel bill die Hotelrechnung

ho·tel reg·is·ter das Gästebuch

hot·head der Hitzkopf

hot·head·ed [ˌhɒt'hedɪd] hitzköpfig, unbeherrscht

hot·house das Treibhaus

hot·line die Hotline

hot·plate ['hɒtpleɪt] die Kochplatte, die Warmhalteplatte

hot-tem·pered heißblütig

hot-wa·ter bot·tle die Bettflasche, die Wärmflasche

hound [haʊnd] der Jagdhund

to **hound** [haʊnd] **to hound someone** jemanden [beständig] hetzen

hour [aʊəʳ] (1) die Stunde; **by the hour** stundenweise; **for hours** stundenlang; **every hour on the hour** jeweils zur vollen Stunde; **the small hours** die frühen Morgenstunden (2) die Zeit, der Zeitpunkt; **rush hour** die Stoßzeit; **working**

hours die Dienststunden, die Arbeitszeit; **opening hours** die Geschäftszeiten; *von Arzt:* die Sprechstunde; **after hours** nach Geschäftsschluss; *von Kneipe:* nach der Polizeistunde; *von Arzt:* außerhalb der Sprechstunde; **at all hours** zu jeder Tages- und Nachtzeit ▶ WENDUNGEN: **at the eleventh hour** in letzter Minute

hour hand der Stundenzeiger

hour·ly ['aʊəli] stündlich; **hourly wage** der Stundenlohn

house [haʊs] ① das Haus; **at my house** bei mir zu Hause; **to keep house [for someone]** [jemandem] den Haushalt führen ② die Dynastie ③ (*im Theater*) die Vorstellung, das Publikum ④ (*an einer Universität*) das College; (*an einem Internat*) das Wohngebäude ⑤ das Parlament; **Lower House** das Unterhaus; **Upper House** das Oberhaus; **the House of Commons/Lords** GB das Unterhaus/Oberhaus; **the Houses of Parliament** GB das Parlamentsgebäude; **the House of Representatives** USA das Repräsentantenhaus ⑥ **on the house** auf Kosten des Hauses ▶ WENDUNGEN: **to get on like a house on fire** bestens miteinander auskommen; **to bring the house down** großen Beifall ernten

to **house** [haʊz] ① **to house someone** jemanden beherbergen ② unterbringen *Gegenstände, Waren*

house·boat das Hausboot

house doc·tor der Wohnberater/die Wohnberaterin (*in einer Fernsehserie, bei der es um Verbesserungen oder Reparaturen am Haus geht*)

house·hold ['haʊshəʊld] ① der Haushalt ② **it's a household name** [*oder* **word**] das ist ein Begriff

house·hold·er der Hauseigentümer/die Hauseigentümerin

house hus·band der Hausmann

house·keep·er ['haʊsˌki:pəʳ] die Haushälterin

house·keep·ing ['haʊsˌki:pɪŋ] ① die Führung eines Haushalts ② das Haushalten; **housekeeping money** das Haushaltsgeld

house·plant die Zimmerpflanze

house rules ⚠ *Plural* die Hausordnung

house-trained ['haʊstreɪnd] *Tier:* stubenrein

house-warm·ing ['haʊsˌwɔ:mɪŋ] das Einzugsfest

house·wife ['haʊswaɪf] <*Plural* housewives> die Hausfrau

house·work ['haʊswɜ:k] die Hausarbeit

hous·ing ['haʊzɪŋ] ① die Wohnungen ② die Wohnungsbeschaffung ③ *von Waren:* die Lagerung ④ die Unterkunft

hous·ing ben·efit die Wohnbeihilfe, das Wohngeld

hous·ing con·di·tions *Plural* die Wohnbedingungen

hous·ing de·vel·op·ment USA, **hous·ing es·tate** GB die Wohnsiedlung

hous·ing short·age der Wohnraummangel

HOV [ˌeɪtʃoʊ'vi:] USA *Abkürzung von* **high occupancy vehicle** Fahrzeug mit mindestens zwei Insassen

hov·er ['hɒvə] ① schweben (**over** über) ② sich herumtreiben; **to hover in the background/near a door** sich im Hintergrund/in der Nähe einer Tür herumdrücken ③ (*übertragen*) schwanken

hov·er·craft ['hɒvəkrɑ:ft] das Luftkissenfahrzeug, das Hovercraft

hov·er·port ['hɒvəpɔ:t] der Hafen für Luftkissenfahrzeuge

how [haʊ] ① wie, wieso; **how about ...?** wie wäre es mit ...?; **how come ...?** wie kommt es ...?; **how many?** wie viele?; **how much?** wie viel?; **how are you?** wie geht's?; **how do you do?** guten Morgen/Tag/Abend ② **to learn how to do something** etwas lernen ③ (*umgangsspr*) **and how!** und wie!

how·ever[1] [haʊ'evəʳ] wie auch immer; **however big/intelligent** wie groß/intelligent auch immer

how·ever[2] [haʊ'evəʳ] jedoch, aber, trotzdem

howl [haʊl] das Geheul

to **howl** [haʊl] ① *Tier, Wind:* heulen ② **to howl with laughter/pain** vor Lachen/Schmerzen schreien ③ (*weinen*) brüllen

◆ to **howl down** **to howl someone down** jemanden niederbrüllen

howl·er ['haʊləʳ] (*umgangsspr*) der Schnitzer, der dumme Fehler

HP, hp [ˌeɪtʃ'pi:] ① *Abkürzung von* **hire purchase** mit Ratenzahlung ② *Abkürzung von* **horse power** *von Motor:* PS

HTML [ˌeɪtʃti:em'el] *Abkürzung von* **hypertext mark-up language** HTML

hub [hʌb] ① *von Rad:* die Nabe ② (*übertragen*) der Mittelpunkt

hub·cap ['hʌbkæp] die Radkappe

hud·dle ['hʌdl] die dicht gedrängte Gruppe

to **hud·dle** ['hʌdl] ① sich drängen [*oder* drücken] ② sich schmiegen (**to** an); **to huddle together** sich aneinanderschmiegen

◆ to **huddle down** sich hinkuscheln

◆ to **huddle up** sich zusammenkauern

to **huff** [hʌf] **huff and puff** schnaufen und keuchen

huff [hʌf] (*umgangsspr*) **to go into a huff** schmollen; **to go off in a huff** beleidigt abziehen

to **hug** [hʌg] <hugged, hugged> ① umarmen; **to hug someone** jemanden [an sich] drücken ② sich dicht halten an; **the boat hugged the shore** das Boot fuhr dicht an der Küste entlang ③ *Kleidungsstück:* eng anliegen an

hug [hʌg] die Umarmung

huge [hjuːdʒ] riesig, ungeheuer; *Interesse, Verbesserung:* gewaltig
huge·ly ['hjuːdʒli] ungeheuer
hul·lo [hə'ləʊ] hallo! nanu!
to **hum** [hʌm] <hummed, hummed> ① summen *Lied;* **who's humming to themselves?** wer summt vor sich hin? ② dröhnen (**with** vor) ③ **hum and haw** herumdrucksen
hum [hʌm] das Summen; *von Maschine:* das Brummen
hu·man¹ ['hjuːmən] ① menschlich; **I'm only human!** ich bin auch nur ein Mensch! ② **human error** menschliches Versagen; **human rights** die Menschenrechte; **human rights organization** die Menschenrechtsgruppe
hu·man² ['hjuːmən] der Mensch
hu·man be·ing der Mensch
hu·mane [hjuː'meɪn] menschlich, human
hu·mani·tar·ian [hjuːˌmænɪ'teəriən] menschenfreundlich, humanitär
hu·man·ity [hjuː'mænəti] ① die Menschheit ② die Menschlichkeit ③ **the humanities** die Geisteswissenschaften
hu·man·ly ['hjuːmənli] **humanly possible** menschenmöglich
hu·man re·sources ① ⚠ *Singular* die Personalabteilung ② ⚠ *Plural* die Arbeitskräfte
hum·ble ['hʌmbl̩] <humbler, humblest> ① *Person:* demütig, bescheiden ② *Rang:* einfach ③ *Haus:* einfach, bescheiden ▸ WENDUNGEN: **to eat humble pie** zurückstecken, klein beigeben
to **hum·ble** ['hʌmbl̩] **to humble someone** jemanden demütigen
hu·mid ['hjuːmɪd] feucht
hu·midi·fi·er [hjuː'mɪdɪfaɪəʳ] der Verdunster, die Luftbefeuchtungsanlage
hu·mid·ity [hjuː'mɪdəti] die Feuchtigkeit
to **hu·mili·ate** [hjuː'mɪlieɪt] **to humiliate someone** jemanden demütigen
hu·milia·tion [hjuːˌmɪli'eɪʃᵊn] die Demütigung
hu·mil·ity [hjuː'mɪləti] die Demut, die Bescheidenheit
hu·mor·ous ['hjuːmᵊrəs] amüsant, komisch; *Person:* humorvoll
hu·mour ['hjuːməʳ], USA **hu·mor** ['hjuːməʳ] **sense of humour** der Humor
to **hu·mour** ['hjuːməʳ], USA to **hu·mor** ['hjuːməʳ] **to humour someone** jemandem gegenüber nachgeben, jemandem den Willen lassen
hump [hʌmp] ① *von Kamel:* der Höcker ② *von Mensch:* der Buckel ③ der Hügel ④ (*umgangsspr*) **to get the hump** beleidigt sein
to **hump** [hʌmp] (*umgangsspr*) **to hump something** etwas schleppen
hu·mus ['hjuːməs] *kein Plural* der Humus
to **hunch** [hʌntʃ] **to hunch one's back** einen Buckel machen; **to hunch one's shoulders** die Schultern hochziehen
hunch [hʌntʃ] <*Plural* hunches> (*umgangsspr*) die Ahnung, die Vorahnung; **to have a hunch** eine Ahnung haben
hunch·back ['hʌntʃbæk] ① der Buckel ② der/die Bucklige; **to be a hunchback** bucklig sein, einen Buckel haben
hun·dred¹ ['hʌndrəd] hundert
hun·dred² ['hʌndrəd] die Hundert; **a hundred** hundert; **one hundred** einhundert; **hundreds of ...** Hunderte von ...
hun·dredth¹ ['hʌndrədθ] hundertste(r, s)
hun·dredth² ['hʌndrədθ] ① Hundertste(r, s) ② (*Bruchteil*) das Hundertstel
hung [hʌŋ] *2. und 3. Form von* **hang**
Hun·gar·ian¹ [hʌŋ'geəriən] ungarisch
Hun·gar·ian² [hʌŋ'geəriən] ① (*Person*) der Ungar/die Ungarin ② (*Sprache*) Ungarisch, das Ungarische
Hun·ga·ry ['hʌŋgᵊri] Ungarn
hun·ger ['hʌŋgəʳ] ① der Hunger ② (*übertragen*) das Verlangen (**for/after** nach); **to die of hunger** verhungern, vor Hunger sterben; **hunger strike** der Hungerstreik
to **hun·ger** ['hʌŋgəʳ] sich sehnen, [heftig] verlangen (**for/after** nach)
hun·gry ['hʌŋgri] ① hungrig; **to be hungry** Hunger haben, hungrig sein ② (*übertragen*) verlangend, [be]gierig (**for** nach)
hunk [hʌŋk] ① *von Brot:* das dicke Stück, der Ranken ② [**gorgeous**] **hunk** (*umgangsspr*) der geile Typ
hunt [hʌnt] ① die Jagd, die Fuchsjagd ② (*übertragen*) die Jagd, die Suche (**for** nach)
to **hunt** [hʌnt] ① jagen; **to hunt animals** Jagd auf Tiere machen; **to go hunting** auf die Jagd gehen ② [eifrig] suchen *Gegenstand, Verbrecher*
◆ to **hunt down** **to hunt someone down** jemanden zur Strecke bringen
◆ to **hunt out** **to hunt something out** etwas ausfindig machen
◆ to **hunt up** ausfindig machen
hunt·er ['hʌntəʳ] ① der Jäger ② das Jagdpferd
hunt·ing ['hʌntɪŋ] ① das Jagen, die Jagd ② die Suche
hunt·ing sea·son die Jagdzeit
hur·dle ['hɜːdl̩] ① die Hürde ② (*Sport*) **hurdles** ⚠ *mit Singular* der Hürdenlauf ③ (*übertragen*) das Hindernis, die Hürde
hur·dler ['hɜːdləʳ] der Hürdenläufer/die Hürdenläuferin
to **hurl** [hɜːl] **to hurl something** etwas schleudern
hur·rah [hə'rɑː], **hur·ray** [hə'reɪ] hurra; **hurray for the Queen!** ein Hoch der Königin!
hur·ri·cane ['hʌrɪkən] der Wirbelsturm; (*auch übertragen*) der Orkan
hur·ri·cane warn·ing die Sturmwarnung
hur·ried ['hʌrid] ① hastig, eilig ② übereilt

hur·ry ['hʌri] ① die Eile, die Hast; **in a hurry** in [großer] Eile; **he was in a hurry to leave early** er hatte es sehr eilig, frühzeitig zu gehen; **to be in no hurry to do something** es nicht eilig haben, etwas zu tun; **there is no hurry** damit hat's keine Eile; **why [all] this hurry?** warum diese Eile? ② die Übereilung

to **hur·ry** ['hʌri] ① sich beeilen; **don't hurry!** immer mit der Ruhe! ② **stop hurrying me!** hör auf, mich zu drängen!

◆ to **hurry along** ① sich beeilen ② drängen; **to hurry someone along** jemanden zur Eile antreiben [*oder* vorantreiben]

◆ to **hurry away**, to **hurry off** ① forteilen ② schnell wegbringen

◆ to **hurry on** ① schnell weitergehen ② weiterreden, weiterlesen ③ **to hurry someone/something on** jemanden/etwas antreiben

◆ to **hurry up** ① sich beeilen; **hurry up!** beeil dich! ② **hurry something up** etwas vorantreiben

to **hurt** [hɜːt] <hurt, hurt> ① wehtun; **you're hurting me!** du tust mir weh! ② (*seelisch*) verletzen, kränken; **her remarks hurt him badly** ihre Bemerkungen haben ihn sehr verletzt; **to feel hurt** sich gekränkt [*oder* verletzt] fühlen; **to hurt someone's feelings** jemanden kränken [*oder* verletzen] ③ **the affair hurt the school's reputation** die Affäre hat dem Ruf der Schule geschadet ④ **that won't hurt!** das schadet nichts!

hurt [hɜːt] ① der Schmerz ② (*seelisch*) die Verletzung ③ der Schaden

hurt·ful ['hɜːtfᵊl] ① verletzend ② schädlich, nachteilig (**to** für)

to **hur·tle** ['hɜːtl] rasen

hus·band ['hʌzbən(d)] der Ehemann, der Mann; **husband and wife** die Eheleute

hush [hʌʃ] ① die Stille ② **hush!** still! Ruhe [da]!

◆ to **hush up** vertuschen *Skandal*

hush-hush [ˌhʌʃ'hʌʃ] (*umgangsspr*) streng geheim

husky[1] ['hʌski] *Stimme:* rau

husky[2] ['hʌski] der Husky, der Schlittenhund

hus·tle ['hʌsl] das Gedränge, die Hetze; **hustle and bustle** das rege Treiben, die Betriebsamkeit

to **hus·tle** ['hʌsl] ① **to hustle someone** jemanden drängen (**into** zu) ② **stop hustling me!** hör auf, mich zu hetzen!

hus·tler ['hʌslər] ① USA das Strichmädchen, der Strichjunge ② USA (*umgangsspr*) der Gauner

hut [hʌt] die Hütte, die Baracke

hutch [hʌtʃ] der [Kaninchen]stall

hydro·elec·tric [ˌhaɪdrəʊɪ'lektrɪk] hydroelektrisch; **hydroelectric power station** das Wasserkraftwerk

hydro·gen ['haɪdrədʒən] der Wasserstoff

hy·giene ['haɪdʒiːn] die Gesundheitspflege, die Hygiene; **personal hygiene** die Körperpflege

hy·gien·ic [haɪ'dʒiːnɪk] hygienisch

hymn [hɪm] die Hymne, das Loblied

hymn·book ['hɪmbʌk] das Gesangbuch

hype [haɪp] die [reißerische] Publicity

hy·per ['haɪpər] (*umgangsspr*) aufgedreht; **to go hyper** ausrasten

hyper·link (*im Internet*) der Hyperlink

hyper·mar·ket ['haɪpəmɑːkɪt] GB der Großmarkt, der Verbrauchermarkt

hyper·text [ˌhaɪpə'tekst] der Hypertext

hy·phen ['haɪfᵊn] ① der Bindestrich ② der Trennungsstrich, der Trennstrich

to **hy·phen·ate** ['haɪfᵊneɪt] **to hyphenate a word** ein Wort mit einem Bindestrich schreiben

hyp·no·sis [hɪp'nəʊsɪs] *kein Plural* die Hypnose; **to be under hypnosis** sich in Hypnose befinden

hyp·no·thera·py [ˌhɪpnə(ʊ)'θerəpi] *kein Plural* die Hypnotherapie

hyp·no·tist ['hɪpnətɪst] der Hypnotiseur/die Hypnotiseurin

to **hyp·no·tize** ['hɪpnətaɪz] hypnotisieren

hypo·crite ['hɪpəkrɪt] der Heuchler/die Heuchlerin, der/die Scheinheilige

hy·pote·nuse [haɪ'pɒtᵊnjuːz] die Hypotenuse

hypo·theti·cal [ˌhaɪpə(ʊ)'θetɪkᵊl] hypothetisch

hys·ter·ec·to·my [ˌhɪstə'rektəmi] die Hysterektomie

hys·ter·ic [hɪ'sterɪk] hysterisch

hys·teri·cal [hɪ'sterɪkᵊl] ① hysterisch ② (*umgangsspr*) irrsinnig komisch

hys·ter·ics [hɪ'sterɪks] *Plural* **to go into hysterics** einen hysterischen Anfall bekommen; **to be in hysterics** (*umgangsspr*) sich totlachen

H

I

I <*Plural* I's *oder* Is>, **i** [aɪ] <*Plural* i's> I, i

I [aɪ] ich

ice [aɪs] ① das Eis ② das Speiseeis ▸ WENDUNGEN: **to be skating on thin ice** sich aufs Glatteis begeben; **to break the ice** das Eis brechen; **to cut no ice** keine Wirkung haben; **to put a plan on ice** einen Plan auf Eis legen

to **ice** [aɪs] glasieren *Kuchen*

◆ to **ice over**, to **ice up** *Fenster, Auto:* zufrieren, vereisen

Ice Age die Eiszeit

ice·berg ['aɪsbɜːg] der Eisberg

ice-break·er ① der Eisbrecher ② (*übertragen*) *Spiele zur Auflockerung der Atmosphäre*

ice cap die Eiskappe (*an den Polen*)

ice-cold eiskalt

ice cream das Eis, die Eiscreme

ice cube ['aɪskjuːb] der Eiswürfel

iced [aɪst] ① eisgekühlt; **iced coffee** der Eiskaffee ② *Kuchen:* glasiert

ice hock·ey das Eishockey

ice lol·ly [ˌaɪs'lɒlɪ] (GB) das Eis am Stil

ice pack der Eisbeutel

ice rink ['aɪsrɪŋk] die Schlittschuhbahn

to **ice-skate** ['aɪsˌkeɪt] eislaufen

ice-skate ['aɪsˌkeɪt] der Schlittschuh

ice-skat·ing ['aɪskeɪtɪŋ] der Eislauf, das Schlittschuhlaufen

ici·cle ['aɪsɪkl̩] der Eiszapfen

ici·ness ['aɪsɪnəs] *kein Plural* ① die Vereisung ② die klirrende Kälte

ic·ing ['aɪsɪŋ] ① der Zuckerguss, die Glasur ② die Vereisung ▸ WENDUNGEN: **the icing on the cake** das Tüpfelchen auf dem i

ic·ing sug·ar der Puderzucker

icon ['aɪkɒn] ① (*religiös*) die Ikone ② (*Computer*) das Ikon

icy ['aɪsi] ① *Wetter:* eisig [kalt] ② *Straße:* vereist ③ *Stimmung:* eisig

I'd [aɪd] *Kurzform von* **I had; I would**

ID [ˌaɪ'diː] *kein Plural Abkürzung von* **identification** ① (*umgangsspr*) der Personalausweis ② die Kennzahl

ID card [aɪ'diːˌkaːd] der Personalausweis

idea [aɪ'dɪə, -'diːə] ① der Gedanke, die Idee; **good idea!** gute Idee!; **what an idea!** was für eine Idee! ② die Vorstellung; **to get ideas into one's head** sich [trügerischen] Hoffnungen hingeben ③ die Ahnung; **I have an idea that...** mir ist [so], als ob...; **I have no idea** ich habe keine Ahnung; **I haven't the faintest** [*oder* **slightest**] **idea** ich habe nicht die leiseste [*oder* geringste] Ahnung ④ **that's the idea** so ist's richtig

ideal[1] [aɪ'dɪəl, -'diːəl] ideal, vorbildlich

ideal[2] [aɪ'dɪəl, -'diːəl] das Ideal

iden·ti·cal [aɪ'dentɪkᵊl] identisch, völlig gleich; **identical twins** die eineiigen Zwillinge

iden·ti·fi·able [aɪˌdentɪ'faɪəbl̩] erkennbar, identifizierbar

iden·ti·fi·ca·tion [aɪˌdentɪfɪ'keɪʃᵊn] ① die Identifizierung ② (*Dokument*) die Ausweispapiere

iden·ti·fi·ca·tion pa·pers *Plural* die Ausweispapiere

iden·ti·fi·ca·tion pa·rade (GB) *Gegenüberstellung, um einen Täter zu identifizieren*

to **iden·ti·fy** [aɪ'dentɪfaɪ] ① identifizieren *Leiche, Verbrecher* ② wiedererkennen *Gegenstand* ③ **to identify oneself** sich ausweisen; **to identify oneself with someone** sich mit jemandem identifizieren

iden·ti·ty [aɪ'dentɪti] ① die Identität ② die Gleichheit, die Übereinstimmung ③ **to prove one's identity** sich ausweisen

iden·ti·ty card der Ausweis, der Personalausweis

iden·ti·ty fraud *kein Plural* der Identitätsbetrug

iden·tity theft der Identitätsdiebstahl

ideol·ogy [ˌaɪdi'ɒlədʒi] die Ideologie, die Weltanschauung

idiom ['ɪdiəm] ① die idiomatische Redewendung ② die Sprache, die Ausdrucksweise

idio·mat·ic [ˌɪdiə(ʊ)'mætɪk] idiomatisch

idi·ot ['ɪdiət] (*umgangsspr*) der Idiot, der Dummkopf

idi·ot·ic [ˌɪdi'ɒtɪk] blöd[sinnig], idiotisch

idle ['aɪdl̩] ① *Person:* faul, träge ② (*nicht arbeitend*) untätig; (*im Arbeitsverhältnis*) unbeschäftigt ③ *Motor, Gerät:* nicht in Betrieb; **to stand idle** stillstehen ④ *Worte:* leer, nutzlos, vergeblich ⑤ **his money is lying idle** sein Geld arbeitet nicht ⑥ **idle fear** die unbegründete Angst

to **idle** ['aɪdl̩] *Motor, Gerät:* leerlaufen

◆ to **idle about** faulenzen

◆ to **idle away** vertun, vertrödeln *Zeit*

if[1] [ɪf] ① wenn, falls; **if it rains tomorrow ...** für den Fall, dass es morgen regnet ...; **if I were you ...** an deiner Stelle ... ② ob; **I wonder if he'll come** ich bin gespannt, ob er kommt ③ **as if** als ob [*oder* wenn]; **as if by chance** wie zufällig; **if ever** wenn jemals; **if so** wenn ja; **if not** falls nicht; **and if ...!** und ob ...!; **even if** auch wenn; **if only she'd told me!** wenn sie mir das nur gesagt hätte!

if[2] [ɪf] **ifs and buts** das Wenn und Aber

if·fy ['ɪfi] (*umgangsspr*) *Sache:* fraglich, zweifelhaft

ig·loo ['ɪgluː] der/das Iglu

to **ig·nite** [ɪɡˈnaɪt] 1 sich entzünden 2 anzünden *Brennstoff*

ig·ni·tion [ɪɡˈnɪʃᵊn] 1 (*im Auto*) die Zündung 2 *kein Plural* (*Vorgang*) das Entzünden

ig·ni·tion key der Zündschlüssel

ig·ni·tion switch der Zündschalter

ig·no·rance [ˈɪɡnᵊrᵊn(t)s] 1 die Unwissenheit, die Ignoranz; **ignorance [of the law] is no excuse** Unkenntnis schützt vor Strafe nicht 2 der Mangel an Bildung

ig·no·rant [ˈɪɡnᵊrᵊnt] 1 unwissend 2 nicht informiert; **to be ignorant of something** etwas nicht wissen 3 unkultiviert

ig·no·rant·ly [ˈɪɡnᵊrᵊntli] unwissentlich

to **ig·nore** [ɪɡˈnɔːʳ] ignorieren, nicht beachten; nicht befolgen *Befehl, Rat*

ill[1] [ɪl] 1 krank; **to fall** [*oder* **be taken**] **ill** erkranken (**with** an), krank werden; **to feel ill** sich unwohl fühlen 2 schlecht; **ill effects** die schädlichen Wirkungen; **ill feeling** das böse Blut; **ill humour** die schlechte Laune ▶ WENDUNGEN: **it's an ill wind that does nobody any good** des einen Leid, des anderen Freud

ill[2] [ɪl] das Übel, das Böse; **to speak/think ill of someone** Schlechtes über jemanden sagen/denken

I'll [aɪl] *Kurzform von* **I will; I shall**

ill-ad·vised [ˌɪlədˈvaɪzd] unklug; **to be ill-advised** schlecht beraten sein

il·legal [ɪˈliːɡᵊl] unerlaubt, ungesetzlich, illegal

il·leg·ible [ɪˈledʒəbl̩] unleserlich

il·le·giti·mate [ˌɪlɪˈdʒɪtəmət] 1 *Kind:* unehelich 2 (*juristisch*) unrechtmäßig

ill-in·formed [ˈɪlɪnˈfɔːmd] schlecht informiert

il·lit·er·ate[1] [ɪˈlɪtᵊrət] des Schreibens und Lesens unkundig

il·lit·er·ate[2] [ɪˈlɪtᵊrət] der Analphabet/die Analphabetin

ill-judged unüberlegt, verfehlt

ill-man·nered [ˌɪlˈmænəd] unhöflich, schlecht erzogen

ill·ness [ˈɪlnəs] die Krankheit

il·logi·cal [ɪˈlɒdʒɪkᵊl] unlogisch

ill-tem·pered [ˌɪlˈtempəd] schlecht gelaunt; (*ständig*) launisch

ill-timed [ˌɪlˈtaɪmd] ungelegen; *Bemerkung:* unpassend

to **il·lu·mi·nate** [ɪˈluːmɪneɪt] 1 beleuchten; *Mond, Sonne:* erleuchten 2 illuminieren *Handschrift* 3 (*übertragen*) erhellen *Frage* 4 **illuminated display** die Leuchtanzeige

il·lu·mi·nat·ing [ɪˈluːmɪneɪtɪŋ] (*übertragen*) aufschlussreich

il·lu·mi·na·tion [ɪˌluːmɪˈneɪʃᵊn] 1 die Beleuchtung 2 **illuminations** ⚠ *Plural* die Festbeleuchtung 3 die Erleuchtung

il·lu·sion [ɪˈluːʒᵊn] 1 die Illusion, die trügerische Hoffnung; **to have no illusions about someone/something** sich von jemandem/etwas keine falschen Vorstellungen machen; **to be under the illusion that ...** sich einbilden, dass ... 2 die Sinnestäuschung

to **il·lus·trate** [ˈɪləstreɪt] 1 [bildlich] darstellen 2 illustrieren *Buch* 3 (*übertragen*) erklären, anschaulicher machen *Sache*

il·lus·tra·tion [ˌɪləˈstreɪʃᵊn] 1 die Erklärung; **by way of illustration** als Beispiel 2 die Abbildung 3 die Illustration

I'm [aɪm] *Kurzform von* **I am**

im·age [ˈɪmɪdʒ] 1 das Bild 2 das Abbild; **he's the spitting image of his sister** er ist das Ebenbild seiner Schwester 3 die Vorstellung 4 das Image; **to improve one's image** sein Image aufbessern

im·age·ry [ˈɪmɪdʒᵊri] die Metaphorik

im·agi·nable [ɪˈmædʒɪnəbl̩] vorstellbar; **everything imaginable** alles Erdenkliche

im·agi·nary [ɪˈmædʒɪnəri] unwirklich, imaginär

im·agi·na·tion [ɪˌmædʒɪˈneɪʃᵊn] 1 die Fantasie 2 die Einbildung

im·agi·na·tive [ɪˈmædʒɪnətɪv] fantasievoll, einfallsreich

to **im·ag·ine** [ɪˈmædʒɪn] 1 sich ausdenken [*oder* vorstellen] 2 glauben; **just imagine!** denken Sie nur [mal]!; **I imagine so** ich glaube schon

im·ag·ing [ˈɪmɪdʒɪŋ] *kein Plural* die digitale Bildverarbeitung

imam [ɪˈmɑːm] der Imam, der Gelehrte des Islams

im·bal·ance [ɪmˈbælən(t)s] die Unausgeglichenheit

im·becile[1] [ˈɪmbəsiːl] schwachsinnig

im·becile[2] [ˈɪmbəsiːl] der/die Schwachsinnige

IMF [ˌaɪemˈef] *Abkürzung von* **International Monetary Fund** IWF, der Internationale Währungsfonds

to **imi·tate** [ˈɪmɪteɪt] 1 nachahmen, imitieren 2 kopieren *Bild, Stil;* fälschen *Unterschrift*

imi·ta·tion[1] [ˌɪmɪˈteɪʃᵊn] 1 die Nachahmung; **in imitation of** nach dem Vorbild von 2 die Imitation

imi·ta·tion[2] [ˌɪmɪˈteɪʃᵊn] falsch; **imitation leather** das Kunstleder

im·macu·late [ɪˈmækjələt] 1 fleckenlos 2 untadelig

im·ma·ture [ˌɪməˈtjʊəʳ] 1 unreif, unentwickelt 2 *Ideen:* unausgegoren

im·ma·tur·ity [ˌɪməˈtjʊərəti] *kein Plural* die Unreife

im·meas·ur·able [ɪˈmeʒᵊrəbl̩] unermesslich, unmessbar

im·media·cy [ɪˈmiːdiəsi] die Unmittelbarkeit

im·medi·ate [ɪˈmiːdiət] 1 unmittelbar, direkt 2 (*am nächsten*) **in immediate future** in nächster Zukunft; **our immediate neighbours** unsere nächsten Nachbarn 3 *Antwort:* um-

I

gehend

im·medi·ate·ly [ɪˈmiːdiətli] ① direkt, unmittelbar ② sofort; **immediately after/before** unmittelbar danach/davor

im·mense [ɪˈmen(t)s] ungeheuer [groß], immens

to **im·merse** [ɪˈmɜːs] ① eintauchen, versenken; **to be immersed in water** bis zum Hals im Wasser sein ② (*übertragen*) sich stürzen (**in** in); **to be immersed in one's work** in seine Arbeit vertieft sein

im·mer·sion heat·er ① GB der Heißwasserspeicher ② der Tauchsieder

im·mi·grant[1] [ˈɪmɪgrənt] **immigrant worker** der ausländische Arbeitnehmer/die ausländische Arbeitnehmerin

im·mi·grant[2] [ˈɪmɪgrənt] der Einwanderer/die Einwanderin

to **im·mi·grate** [ˈɪmɪgreɪt] einwandern (**into** nach)

im·mi·gra·tion [ˌɪmɪˈgreɪʃᵊn] ① die Einwanderung ② die Einwanderungskontrolle

im·mi·nent [ˈɪmɪnənt] nahe bevorstehend; **to be imminent** nahe bevorstehen

to **im·mo·bi·lize** [ɪˈməʊbᵊlaɪz] ① lahmlegen *Verkehr* ② festlegen *Geld* ③ bewegungsunfähig machen *Armee* ④ stilllegen *Auto, Bein*

im·mor·al [ɪˈmɒrᵊl] unmoralisch; **immoral person** der unmoralische [*oder* sittenlose] Mensch; **immoral behaviour** das unmoralische Benehmen

im·mor·tal [ɪˈmɔːtᵊl] ① unsterblich ② *Ruhm:* unvergänglich

im·mor·tal·ity [ˌɪmɔːˈtæləti] ① die Unsterblichkeit ② die Unvergänglichkeit

im·mov·able [ɪˈmuːvəbl̩] ① unbeweglich ② (*übertragen*) unüberwindlich ③ *Glaube:* fest, unerschütterlich

im·mune [ɪˈmjuːn] ① immun (**against/to** gegen); **immune system** das Immunsystem ② (*übertragen*) sicher (**from** vor)

im·mu·nity [ɪˈmjuːnəti] ① die Immunität ② (*juristisch*) die Straffreiheit; **diplomatic immunity** die diplomatische Immunität ③ (*übertragen*) die Unempfindlichkeit, die Sicherheit

to **im·mu·nize** [ˈɪmjənaɪz] **to immunize someone** jemanden immunisieren (**against** gegen)

im·pact [ˈɪmpækt] ① der Aufprall; *von Bombe:* der Einschlag ② (*übertragen*) die Auswirkung, die Wirkung; **to make an impact on someone/something** Eindruck auf jemanden/etwas machen

to **im·pair** [ɪmˈpeəʳ] behindern; beeinträchtigen *Fähigkeit*

im·paired [ɪmˈpeəʳd] geschädigt; **impaired hearing/vision** die Hör-/Sehbehinderung

im·par·tial [ɪmˈpɑːʃᵊl] unparteiisch, vorurteilslos

im·par·tial·ity [ɪmˌpɑːʃiˈæləti] die Unparteilichkeit

im·pass·able [ɪmˈpɑːsəbl̩] unpassierbar

im·pas·sioned [ɪmˈpæʃᵊnd] leidenschaftlich

im·pas·sive [ɪmˈpæsɪv] gelassen

im·pa·tience [ɪmˈpeɪʃᵊn(t)s] ① die Ungeduld ② die Unduldsamkeit (**of** gegen)

im·pa·tient [ɪmˈpeɪʃᵊnt] ① ungeduldig ② unduldsam (**of** gegen)

to **im·pede** [ɪmˈpiːd] behindern *Erfolg, Verkehr*

im·pera·tive [ɪmˈperətɪv] ① *Mensch, Art:* gebieterisch ② unbedingt erforderlich; *Wunsch:* dringend

im·per·cep·tible [ˌɪmpəˈseptəbl̩] ① nicht wahrnehmbar ② unmerklich

im·per·fect [ɪmˈpɜːfɪkt] ① unvollständig, unvollkommen ② mangelhaft ③ *Wettbewerb:* ungleich

im·per·fec·tion [ˌɪmpəˈfekʃᵊn] ① der Mangel ② die Unvollkommenheit

im·perial [ɪmˈpɪəriəl] ① Reichs-, kaiserlich ② (*des British Empire*) Empire- ③ *Maße:* britisch

im·per·son·al [ɪmˈpɜːsᵊnᵊl] unpersönlich, sachlich

to **im·per·son·ate** [ɪmˈpɜːsᵊneɪt] ① **to impersonate someone** sich als jemand ausgeben ② nachahmen *berühmte Leute*

im·per·ti·nence [ɪmˈpɜːtɪnən(t)s] *kein Plural* die Unverschämtheit, die Frechheit

im·per·ti·nent [ɪmˈpɜːtɪnənt] unverschämt

im·petu·ous [ɪmˈpetʃuəs] ① stürmisch; *Person:* ungestüm ② *Entscheidung:* übereilt

im·petus [ˈɪmpɪtəs] ① die Wucht, der Schwung ② (*übertragen*) der Impuls

to **im·plant** [ɪmˈplɑːnt] (*medizinisch*) **to implant something in someone** jemandem etwas einpflanzen

im·plant [ˈɪmplɑːnt] das Implantat

im·plaus·ible [ɪmˈplɔːzəbl̩] unglaubwürdig

im·ple·ment [ˈɪmplɪmənt] das Gerät, das Werkzeug

to **im·ple·ment** [ˈɪmplɪment] ① ausführen, durchführen *Plan* ② erfüllen *Vertrag* ③ vollziehen *Gesetz*

to **im·pli·cate** [ˈɪmplɪkeɪt] **to implicate someone in something** jemanden in etwas verwickeln

im·pli·ca·tion [ˌɪmplɪˈkeɪʃᵊn] ① die Verwicklung ② die Implikation; **by implication** implizit ③ *von Gesetzen:* die Auswirkung

im·plic·it [ɪmˈplɪsɪt] ① stillschweigend, implizit ② *Drohung:* indirekt, unausgesprochen ③ *Gehorsam:* unbedingt

im·plic·it·ly [ɪmˈplɪsɪtli] ① implizit ② völlig, bedingungslos

to **im·plore** [ɪmˈplɔːʳ] **to implore someone** jemanden anflehen (**for** um); **"please", he implored** „bitte", flehte er

im·plor·ing [ɪmˈplɔːʳɪŋ] flehend

to **im·ply** [ɪm'plaɪ] ① **to imply something** etwas implizieren; **what are you implying?** was wollen Sie damit sagen? ② **to imply something** auf etwas schließen lassen ③ **to imply something** etwas bedeuten [*oder* mit sich bringen]

im·po·lite [ˌɪmpəˈlaɪt] unhöflich

im·po·lite·ness [ˌɪmpəˈlaɪtnəs] die Unhöflichkeit

to **im·port** [ɪm'pɔːt] einführen, importieren *Waren* (**into/in** nach)

im·port ['ɪmpɔːt] ① die Einfuhr, der Import ② **imports** die Importe ③ (*übertragen*) die Bedeutung, der Sinn

im·por·tance [ɪm'pɔːtən(t)s] ① die Wichtigkeit ② der Grund, die Bedeutung; **of no importance** bedeutungslos, belanglos; **she attached no importance to their remarks** sie maß ihren Bemerkungen keine Bedeutung bei

im·por·tant [ɪm'pɔːtənt] ① wichtig (**to** für) ② einflussreich

im·por·tant·ly [ɪm'pɔːtəntli] ① wichtigtuerisch ② entscheidend

im·port·er ['ɪmpɔːtəʳ] der Importeur/die Importeurin; (*Land*) die Importnation

to **im·pose** [ɪm'pəʊz] ① erheben *Steuer* (**on** auf) ② **to impose conditions on someone** jemandem Bedingungen auferlegen [*oder* aufzwingen] ③ **he didn't want to impose on them** er wollte ihnen nicht zur Last fallen

im·pos·ing [ɪm'pəʊzɪŋ] ① imposant ② imponierend

im·po·si·tion [ˌɪmpə'zɪʃən] ① die Zumutung ② die Auferlegung; *von Steuern:* die Erhebung

im·pos·sibil·ity [ɪmˌpɒsə'bɪləti] die Unmöglichkeit

im·pos·sible [ɪm'pɒsəbl̩] ① unmöglich ② (*umgangsspr*) unausstehlich, unerträglich

im·post·or [ɪm'pɒstəʳ] der Betrüger/die Betrügerin, der Hochstapler/die Hochstaplerin

im·po·tence ['ɪmpətən(t)s] ① die Schwäche, die Machtlosigkeit ② (*sexuell*) die Impotenz

im·po·tent ['ɪmpətənt] ① schwach, unfähig ② (*sexuell*) impotent

to **im·pound** [ɪm'paʊnd] beschlagnahmen, in Verwahrung nehmen *Waren*

to **im·pov·er·ish** [ɪm'pɒvərɪʃ] verarmen lassen *Mensch;* **to be impoverished** verarmt sein

im·prac·ti·cable [ɪm'præktɪkəbl̩] impraktikabel; *Plan:* nicht anwendbar

im·prac·ti·cal [ɪm'præktɪkəl] unpraktisch

im·pre·cise [ˌɪmprɪ'saɪs] ungenau

im·preg·nable [ɪm'pregnəbl̩] uneinnehmbar

to **im·preg·nate** ['ɪmpregneɪt] ① befruchten *Frau, Tier* ② tränken *Tuch, Stoff* (**with** mit)

to **im·press** [ɪm'pres] ① eindrücken *Muster* (**on** auf) ② beeindrucken *Person;* **the painting impressed her enormously** sie war von dem Gemälde sehr beeindruckt ③ **to impress something on someone** jemandem etwas einschärfen

im·pres·sion [ɪm'preʃən] ① die Prägung, der Abdruck ② (*übertragen*) der Eindruck; **to give the impression** den Eindruck erwecken; **to be under the impression** den Eindruck haben ③ **to do an impression of someone** jemanden imitieren

im·pres·sion·able [ɪm'preʃənəbl̩] leicht zu beeindrucken

im·pres·sive [ɪm'presɪv] eindrucksvoll

to **im·print** [ɪm'prɪnt] ① aufdrücken *Stempel, Muster* (**on** auf) ② **something is imprinted on** [*oder* **in**] **someone's memory** etwas hat sich jemandem eingeprägt

im·print ['ɪmprɪnt] der Abdruck, der Aufdruck

to **im·pris·on** [ɪm'prɪzən] **to imprison someone** jemanden inhaftieren

im·pris·on·ment [ɪm'prɪzənmənt] die Inhaftierung, die Gefangenschaft; **to sentence someone to one year's imprisonment** jemanden zu einem Jahr Gefängnis verurteilen; **life imprisonment** die lebenslängliche Freiheitsstrafe

im·prob·abil·ity [ɪmˌprɒbə'bɪləti] die Unwahrscheinlichkeit

im·prob·able [ɪm'prɒbəbl̩] unwahrscheinlich

im·prop·er [ɪm'prɒpəʳ] ① unpassend, unangebracht (**to** für) ② unsachgemäß ③ *Verhalten:* unanständig

to **im·prove** [ɪm'pruːv] ① sich bessern; **to improve something** etwas verbessern ② ausbauen *Beziehungen* ③ verfeinern *Essen* ④ *Wetter:* schöner werden ⑤ *Produktion:* sich erhöhen ⑥ **to improve on** [*oder* **upon**] **something** etwas überbieten *Angebot*

im·prove·ment [ɪm'pruːvmənt] ① die Verbesserung; **to make improvements** Verbesserungen erzielen; **to carry out improvements on a house** Ausbesserungsarbeiten an einem Haus vornehmen ② *von Absatz:* die Steigerung; *von Gehalt:* die Aufbesserung; *von Preisen:* das Anziehen ③ der Fortschritt (**on/over** gegenüber)

im·provi·sa·tion [ˌɪmprəvaɪ'zeɪʃən] die Improvisation, das Improvisieren

to **im·pro·vise** ['ɪmprəvaɪz] improvisieren

im·pru·dent [ɪm'pruːdənt] unklug, unüberlegt

im·pu·dence ['ɪmpjədən(t)s] die Unverschämtheit, die Frechheit

im·pu·dent ['ɪmpjədənt] unverschämt, frech

im·pulse ['ɪmpʌls] ① der Anstoß, der Impuls; **to act on impulse** impulsiv handeln ② (*psychologisch*) der Drang

im·pul·sive [ɪm'pʌlsɪv] impulsiv, spontan

im·pun·ity [ɪm'pjuːnəti] **with impunity** straflos

im·pure [ɪm'pjʊəʳ] ① unrein ② *Motiv:* unsauber ③ *Essen:* verunreinigt

im·pur·ity [ɪm'pjʊərəti] ① die Unreinheit ② *von*

I

Wasser: die Verschmutzung

in¹ [ɪn] ① *räumlich* in; **in the house** im Hause; **in the street** auf der Straße; **sitting in the window** am Fenster sitzend; **in bed** im Bett; **the train is in** der Zug ist angekommen ② *zeitlich* in, während; **in 2017** 2017; **in July** im Juli; **in the morning/afternoon/evening** morgens/nachmittags/abends; **in the beginning** am Anfang; **in time** rechtzeitig; **in a week** in einer Woche ③ (*Art, Zustand*) **to speak in a loud voice** laut [*oder* mit lauter Stimme] sprechen; **to speak in German** Deutsch reden; **in this way** so; **in anger** im Zorn; **in black** in Schwarz gekleidet; **to write in ink** mit Tinte schreiben ④ (*Ausmaß*) **in part** teilweise ⑤ (*betreffend*) **a rise in prices** ein Preisanstieg

G ⚠ **in** wird gebraucht, um zu sagen, in welcher *Gegend* sich jemand/etwas befindet: *Pam lives in Scotland; he goes to university in Durham;* **at** im örtlichen Sinn wird dagegen gebraucht, um zu sagen, wo sich jemand/etwas *genau* befindet: *the children are at school until half past three; what time will you be at the station?*

in² [ɪn] ① daheim, zu Hause; **is Michael in?** ist Michael da? ② (*modisch, aktuell*) **green is in** Grün ist in; **strawberries are in now** es ist Erdbeerzeit ▶ WENDUNGEN: **to be in for something** etwas zu erwarten [*oder* zu befürchten] haben; **now you are in for it!** jetzt bist du dran!; **to be in on something** an einer Sache beteiligt sein, über etwas Bescheid wissen; **to be in with someone** mit jemandem auf gutem Fuße stehen

in·abil·ity [ˌɪnəˈbɪləti] die Unfähigkeit; **inability to pay** die Zahlungsunfähigkeit

in·ac·ces·sible [ˌɪnəkˈsesəbl̩] (*auch übertragen*) unzugänglich (**to** für)

in·ac·cu·rate [ɪnˈækjərət] unrichtig, ungenau

in·ac·tion [ɪnˈækʃᵊn] die Untätigkeit, das Nichtstun

in·ac·tive [ɪnˈæktɪv] ① untätig ② *Mensch:* müßig ③ *Geld:* brachliegend ④ *Vulkan:* erloschen

in·ad·equate [ɪnˈædɪkwət] ① unzulänglich; **he feels inadequate for the task** er fühlt sich der Aufgabe nicht gewachsen ② *Mittel:* unzureichend ③ unangemessen ④ nicht geeignet

in·ad·ver·tent [ˌɪnədˈvɜːtᵊnt] unbeabsichtigt, ungewollt

in·ad·vis·able [ˌɪnədˈvaɪzəbl̩] unratsam, nicht zu empfehlen

in·ani·mate [ɪˈnænɪmət] ① leblos ② *Natur:* unbelebt

in·ap·pli·cable [ˌɪnəˈplɪkəbl̩] nicht anwendbar (**to** auf)

in·ap·pro·pri·ate [ˌɪnəˈprəʊpriət] ① unangemessen, unangebracht ② ungelegen; *Zeit:* unpassend

in·ar·ticu·late [ˌɪnɑːˈtɪkjələt] undeutlich; **he is very inarticulate** er kann sich nur schlecht ausdrücken

in·as·much [ɪnəzˈmʌtʃ] **inasmuch as** da, weil

in·at·ten·tive [ˌɪnəˈtentɪv] unaufmerksam (**to** gegenüber)

in·audible [ɪˈnɔːdəbl̩] unhörbar

in·augu·ra·tion [ɪˌnɔːgjəˈreɪʃᵊn] ① die Amtseinführung ② die Einweihung, die Eröffnung

in·aus·pi·cious [ˌɪnɔːˈspɪʃəs] Unheil verheißend

in·born [ˌɪnˈbɔːn] angeboren

in-box der Posteingangsordner

in·built [ˌɪnˈbɪlt] ① eingebaut ② instinktiv, angeboren

in·cal·cu·lable [ɪnˈkælkjələbl̩] ① *Betrag:* unschätzbar, unabsehbar ② (*mathematisch*) nicht berechenbar

in·ca·pable [ɪnˈkeɪpəbl̩] ① unfähig, nicht im Stande [*oder* in der Lage]; **to be incapable of doing something** unfähig sein, etwas zu tun; **incapable of working** arbeitsunfähig ② untauglich, ungeeignet (**of** für)

in·ca·pac·ity [ˌɪnkəˈpæsəti] ① die Unfähigkeit ② (*juristisch*) die mangelnde Berechtigung

in·cen·di·ary [ɪnˈsendiᵊri] ① aufrührerisch ② Brand-; **incendiary bomb** die Brandbombe

in·cense [ˈɪnsen(t)s] der Weihrauch

to **in·cense** [ɪnˈsen(t)s] **to incense someone** jemanden erbosen

in·cen·tive [ɪnˈsentɪv] der [finanzielle] Anreiz (**to** zu)

in·cen·tive scheme das leistungsabhängige Schema

in·ces·sant [ɪnˈsesᵊnt] unablässig, unaufhörlich

inch [ɪn(t)ʃ] <*Plural* inches> ① der Zoll (= *2,54 cm*) ② ein bisschen, [ein] wenig; **inch by inch** Zentimeter um Zentimeter; **the car missed me by inches** das Auto hat mich um Haaresbreite verfehlt ▶ WENDUNGEN: **he came within an inch of his life** sein Leben stand auf des Messers Schneide

◆ to **inch along**, to **inch forward** **inch something forward** etwas zentimeterweise bewegen; **she inched her way along the window ledge** sie bewegte sich langsam am Fenstersims entlang

in·ci·dence [ˈɪn(t)sɪdᵊn(t)s] ① das Vorkommen ② die Häufigkeit; **a high incidence of crime** eine hohe Verbrechensquote

in·ci·dent [ˈɪn(t)sɪdᵊnt] ① der Vorfall, das Ereignis ② der Zwischenfall

in·ci·den·tal [ˌɪn(t)sɪˈdentᵊl] ① nebensächlich ② verbunden (**to** mit) ③ zufällig ④ **incidental music** die Begleitmusik

in·ci·den·tal·ly [ˌɪn(t)sɪˈdentᵊli] übrigens, nebenbei gesagt

to **in·cin·er·ate** [ɪnˈsɪnᵊreɪt] einäschern, verbrennen *Müll*

in·cin·era·tor [ɪnˈsɪnᵊreɪtəʳ] (*für Müll*) die Verbrennungsanlage

in·ci·sion [ɪnˈsɪʒᵊn] der Einschnitt

in·ci·sive [ɪnˈsaɪsɪv] 1 *Verstand:* scharf 2 *Bemerkung:* beißend, scharfsinnig

to **in·cite** [ɪnˈsaɪt] aufwiegeln *Massen;* **to incite someone to violence** jemanden zu Gewalttätigkeiten aufhetzen

in·cli·na·tion [ˌɪnklɪˈneɪʃᵊn] 1 der Hang; *von Dach:* die Neigung 2 (*übertragen*) die Vorliebe (**for** für) 3 das Gefälle

in·clined [ɪnˈklaɪnd] 1 geneigt; **to be inclined to do something** Lust haben [*oder* dazu neigen], etwas zu tun; **I am inclined to think that ...** ich neige zu der Ansicht, dass ... 2 **to be well inclined towards someone** jemandem gewogen sein

to **in·clude** [ɪnˈkluːd] 1 **to include something** etwas einschließen (**in** in); **breakfast is included in the price** das Frühstück ist im Preis enthalten 2 **the panel includes two students** zu dem Rateteam gehören zwei Studenten; **the children included** einschließlich der Kinder 3 **his name isn't included on the list** sein Name steht nicht auf der Liste

in·clud·ing [ɪnˈkluːdɪŋ] einschließlich, inklusive

in·clu·sion [ɪnˈkluːʒᵊn] die Einbeziehung (**in** in)

in·clu·sive [ɪnˈkluːsɪv] einschließlich, inklusive; **to be inclusive of something** etwas einschließen; **Monday to Friday inclusive** von Montag bis einschließlich Freitag

in·co·her·ent [ˌɪnkə(ʊ)ˈhɪərᵊnt] 1 zusammenhanglos 2 *Rede:* wirr

in·come [ˈɪŋkʌm] das Einkommen, die Einkünfte (**from** aus)

in·come sup·port die Sozialhilfe

in·come tax die Einkommensteuer, die Lohnsteuer; **income tax return** die Einkommensteuererklärung, die Lohnsteuererklärung

in·com·ing [ˌɪŋˈkʌmɪŋ] 1 *Zug:* einfahrend; *Schiff:* einlaufend 2 **incoming tide** die Flut 3 hereinkommend; *Mieter, Regierung:* neu

in·com·pa·rable [ɪnˈkɒmpᵊrəbl̩] nicht vergleichbar (**to/with** mit), unvergleichlich

in·com·pat·ible [ˌɪnkəmˈpætəbl̩] unvereinbar (**with** mit); **to be incompatible** nicht zusammenpassen

in·com·pe·tent [ɪnˈkɒmpɪtᵊnt] 1 unfähig, untauglich 2 (*juristisch*) unzuständig (**to** für)

in·com·plete [ˌɪnkəmˈpliːt] unvollständig

in·com·pre·hen·sible [ɪnˌkɒmprɪˈhen(t)səbl̩] unbegreiflich; *Sprache, Theorie:* unverständlich

in·com·pre·hen·sibly [ɪnˌkɒmprɪˈhen(t)səbli] unverständlicherweise, unbegreiflicherweise

in·com·pre·hen·sion [ɪnˌkɒmprɪˈhen(t)ʃᵊn] *kein Plural* das Unverständnis, die Verständnislosigkeit

in·con·ceiv·able [ˌɪnkənˈsiːvəbl̩] 1 unvorstellbar 2 unfassbar

in·con·clu·sive [ˌɪnkənˈkluːsɪv] ergebnislos; *Beweis:* nicht schlüssig

in·con·sequen·tial [ɪnˌkɒn(t)sɪˈkwen(t)ʃᵊl] belanglos

> **F** Nicht verwechseln mit **inkonsequent** = inconsistent!

in·con·sid·er·ate [ˌɪnkənˈsɪdᵊrət] 1 unaufmerksam 2 rücksichtslos

in·con·sist·ent [ˌɪnkənˈsɪstənt] 1 widersprüchlich 2 *Arbeit:* unbeständig 3 **her behaviour is inconsistent with her beliefs** ihr Verhalten stimmt mit ihren Ansichten nicht überein

in·con·sol·able [ˌɪnkənˈsəʊləbl̩] untröstlich

in·con·spicu·ous [ˌɪnkənˈspɪkjuəs] unauffällig, unscheinbar

in·con·ven·ience [ˌɪnkənˈviːniən(t)s] die Unannehmlichkeit; **to put someone to great inconvenience** jemandem große Umstände bereiten

to **in·con·ven·ience** [ˌɪnkənˈviːniən(t)s] **to inconvenience someone** jemandem Umstände bereiten

in·con·ven·ient [ˌɪnkənˈviːniənt] unbequem; *Zeit:* unpassend; *Lage:* ungünstig; *Design:* unpraktisch

in·cor·rect [ˌɪnkᵊˈrekt] 1 falsch, unrichtig 2 unkorrekt

in·cor·rupt·ible [ˌɪnkəˈrʌptəbl̩] unbestechlich

to **in·crease** [ɪnˈkriːs] 1 zunehmen; **to increase in size/price** größer/teurer werden 2 **to increase something** etwas vergrößern (**to** auf); etwas erhöhen *Preis, Temperatur* 3 verstärken *Bemühung* 4 vermehren *Besitz*

in·crease [ˈɪnkriːs] 1 die Vergrößerung 2 *von Preis, Kosten:* die Erhöhung (**on** gegenüber); **increase in value** die Wertsteigerung 3 die Zunahme, der Zuwachs; **to be on the increase** ständig zunehmen; **increase in population** die Bevölkerungszunahme

in·creas·ing [ɪnˈkriːsɪŋ] zunehmend, steigend

in·cred·ible [ɪnˈkredɪbl̩] 1 unglaubhaft 2 unglaublich

to **in·crimi·nate** [ɪnˈkrɪmɪneɪt] **to incriminate someone** jemanden belasten

in·cuba·tion pe·ri·od die Inkubationszeit

to **in·cur** [ɪnˈkɜːʳ] <incurred, incurred> sich zuziehen; **to incur debts** Schulden machen; **to incur a loss** einen Verlust erleiden

in·cur·able [ɪnˈkjʊərəbl̩] unheilbar; (*übertragen*) unverbesserlich

in·debt·ed [ɪnˈdetɪd] (*übertragen*) **to be indebted to someone** [**for something**] jemandem [für etwas] zu Dank verpflichtet sein

in·de·cent [ɪnˈdiːsᵊnt] 1 unsittlich 2 anstößig, unanständig; **indecent assault** der sexuelle Übergriff

in·de·ci·pher·able [ˌɪndɪˈsaɪfᵊrəbl̩] nicht zu entziffern

in·de·ci·sion [ˌɪndɪˈsɪʒᵊn] die Unentschlossenheit

in·de·ci·sive [ˌɪndɪˈsaɪsɪv] ① unentschlossen ② nichts entscheidend; *Diskussion:* ergebnislos

in·de·ci·sive·ness [ˌɪndɪˈsaɪsɪvnəs] *kein Plural* die Unschlüssigkeit

in·de·clin·able [ˌɪndɪˈkleɪnəbl̩] undeklinierbar

in·deed [ɪnˈdiːd] ① in der Tat, tatsächlich; **thank you very much indeed!** vielen herzlichen Dank!; **are you pleased? — yes, indeed!** bist du zufrieden? — oh ja, sehr sogar! ② **indeed** wirklich; **if indeed ...** falls ... wirklich

in·de·fen·sible [ˌɪndɪˈfen(t)səbl̩] ① unhaltbar ② (*übertragen*) *Benehmen:* unentschuldbar

in·de·fin·able [ˌɪndɪˈfaɪnəbl̩] unbestimmbar, undefinierbar

in·defi·nite [ɪnˈdefɪnət] ① unbegrenzt, unbestimmt ② (*übertragen*) unklar

in·defi·nite ar·ti·cle der unbestimmte Artikel

in·del·ible [ɪnˈdeləbl̩] (*auch übertragen*) nicht zu entfernen, unauslöschlich; **indelible ink** die Wäschetinte; **indelible pencil** der Kopierstift

in·de·pend·ence [ˌɪndɪˈpendən(t)s] ① die Unabhängigkeit (**from** von) ② **Independence Day** (USA) der Unabhängigkeitstag (*Jahrestag vom 4. Juli 1776*)

> **L** Der **Fourth of July** oder **Independence Day** ist der höchste amerikanische nichtkonfessionelle Feiertag zum Gedenken an die *Declaration of Independence* (Unabhängigkeitserklärung), in der die amerikanischen Kolonien am 4. Juli 1776 ihre Unabhängigkeit von Großbritannien erklärten. Man trifft sich zu Picknicks, Familienfeiern und professionellen Baseballspielen. Als Höhepunkt des Tages findet in allen Städten ein großes Feuerwerk statt.

in·de·pend·ent[1] [ˌɪndɪˈpendənt] ① unabhängig (**of** von), selbstständig ② (*politisch*) parteilos

in·de·pend·ent[2] [ˌɪndɪˈpendənt] ① der/die Unabhängige ② (*politisch*) der/die Parteilose

in·de·pend·ent school (GB) die Privatschule

> **L** **Independent schools** sind vom staatlichen Schulsystem unabhängige Privatschulen. In Großbritannien heißen sie auch **public schools**.

In·de·pend·ent Tele·vi·sion *kein Plural, ohne Artikel* (GB) *kommerzielle britische Fernsehanstalt*

in-depth [ˌɪnˈdepθ] *Studie:* eingehend; *Suche:* gründlich

in·de·scrib·able [ˌɪndɪˈskraɪbəbl̩] unbeschreiblich

in·de·struct·ible [ˌɪndɪˈstrʌktəbl̩] unzerstörbar

in·dex [ˈɪndeks, *Plural* -dɪsiːz] ① <*Plural* indexes> das Register, der Index; **index of sources** das Quellenverzeichnis ② <*Plural* indices> das Hinweiszeichen ③ <*Plural* indices> (*mathematisch*) der Exponent

in·dex fin·ger der Zeigefinger

In·dia [ˈɪndiə] *kein Plural* Indien

In·dian[1] [ˈɪndiən] ① (*südasiatisch*) indisch ② (*amerikanisch*) indianisch, Indianer-

In·dian[2] [ˈɪndiən] ① der Inder/die Inderin ② (*amerikanischer Ureinwohner*) der Indianer/die Indianerin

to **in·di·cate** [ˈɪndɪkeɪt] ① anzeigen *Temperatur* ② **to indicate something** auf etwas hinweisen; andeuten, zum Ausdruck bringen *Gefühle* ③ *Maschine:* anzeigen ④ *Auto:* blinken

in·di·ca·tion [ˌɪndɪˈkeɪʃᵊn] ① *von Gerät:* die Anzeige ② der Hinweis (**of** auf), das Anzeichen (**of** für); **she gave no indication of her feelings** sie hat überhaupt nicht erkennen lassen, wie sie sich fühlte; **there is every indication that ...** alles weist darauf hin, dass ...

in·dica·tive [ɪnˈdɪkətɪv] bezeichnend (**of** für); **to be indicative of something** ein Hinweis für etwas sein

in·di·ca·tor [ˈɪndɪkeɪtəʳ] ① der Anzeiger ② (*Chemie, Betriebswirtschaft*) der Indikator ③ *von Auto:* der Fahrtrichtungsanzeiger, der Blinker ④ (*übertragen*) das Anzeichen

in·di·ces [ˈɪndɪsiːz] *Pluralform von* **index**

to **in·dict** [ɪnˈdaɪt] **to indict someone** jemanden anklagen (**for** wegen)

In·dies [ˈɪndiz] *Plural* (*historisch*) **the Indies** der indische Subkontinent

in·dif·fer·ence [ɪnˈdɪfᵊrən(t)s] die Gleichgültigkeit (**to/towards** gegen), die Interesselosigkeit

in·dif·fer·ent [ɪnˈdɪfᵊrənt] ① gleichgültig (**to/towards** gegenüber) ② *Beobachter:* unbeteiligt ③ mittelmäßig, durchschnittlich

in·dig·enous [ɪnˈdɪdʒɪnəs] einheimisch; *Bevölkerung:* eingeboren; **indigenous to Europe** in Europa heimisch

in·di·gest·ible [ˌɪndɪˈdʒestəbl̩] (*auch übertragen*) unverdaulich

in·diges·tion [ˌɪndɪˈdʒestʃᵊn] die Magenverstimmung

in·dig·nant [ɪnˈdɪgnənt] entrüstet, empört (**at/about** über)

in·dig·na·tion [ˌɪndɪgˈneɪʃᵊn] die Entrüstung, die Empörung (**at/about/over** über)

in·dig·nity [ɪnˈdɪgnəti] die Demütigung

in·di·rect [ˌɪndɪˈrekt] ① indirekt, mittelbar; **an indirect question** eine indirekte Frage ② **by indirect means** auf Umwegen

in·di·rect ob·ject das indirekte Objekt

in·di·rect speech *kein Plural* die indirekte Rede

in·dis·ci·pline [ɪnˈdɪsəplɪn] der Mangel an Disziplin

in·dis·creet [ˌɪndɪˈskriːt] indiskret; *Benehmen:* taktlos

in·dis·cre·tion [ˌɪndɪˈskreʃᵊn] die Indiskretion, die Taktlosigkeit

in·dis·crimi·nate [ˌɪndɪˈskrɪmɪnət] ① kritiklos ② wahllos, willkürlich

in·dis·pen·sable [ˌɪndɪˈspen(t)səbḷ] unbedingt notwendig, unentbehrlich (**to** für)

in·dis·tinct [ˌɪndɪˈstɪŋ(k)t] ① undeutlich, verschwommen ② *Geräusch:* schwach

in·dis·tin·guish·able [ˌɪndɪˈstɪŋgwɪʃəbḷ] ① nicht zu unterscheiden ② nicht erkennbar

in·di·vid·ual[1] [ˌɪndɪˈvɪdʒuəl] ① *Portion:* einzeln ② **individual cases** die Einzelfälle ③ persönlich ④ individuell; *Geschmack:* eigen

in·di·vid·ual[2] [ˌɪndɪˈvɪdʒuəl] ① der/die Einzelne ② das Individuum

in·di·vidu·al·ism [ˌɪndɪˈvɪdʒuəlɪzᵊm] der Individualismus

in·di·vidu·al·ist [ɪndɪˈvɪdʒuəlɪst] der Individualist/die Individualistin

in·di·vis·ible [ˌɪndɪˈvɪzəbḷ] unteilbar

in·door [ˌɪnˈdɔːʳ] Innen-, Haus-; **indoor aerial** die Zimmerantenne; **indoor swimming-pool** das Hallenbad

in·doors [ˌɪnˈdɔːz] im Hause; **to go indoors** nach drinnen gehen

to **in·duce** [ɪnˈdjuːs] ① **to induce someone to do something** jemanden dazu veranlassen, etwas zu tun ② herbeiführen *Reaktion, Schlaf* ③ einleiten *Geburt* ④ (*in der Physik*) induzieren

in·duc·tion course der Einführungskurs

to **in·dulge** [ɪnˈdʌldʒ] ① **to indulge someone [in something]** jemandem [in etwas] nachgeben; verwöhnen *Kind* ② **to indulge a wish/desire** einem Wunsch/Verlangen nachgeben ③ **to indulge in something** sich etwas gönnen, in etwas schwelgen

in·dul·gent [ɪnˈdʌldʒənt] nachsichtig, nachgiebig (**to** gegen)

in·dus·trial [ɪnˈdʌstriəl] ① gewerblich, industriell ② Betriebs-; **industrial action** die Streikmaßnahmen; **industrial dispute** der Tarifkonflikt; **industrial estate** das Industriegelände, der Industriepark; **industrial injury** der Arbeitsunfall; **industrial relations** die Arbeitgeber-Arbeitnehmer-Beziehungen; **Industrial Revolution** die industrielle Revolution; **industrial tribunal** das Arbeitsgericht; **industrial waste** der Industriemüll

in·dus·tri·al·ist [ɪnˈdʌstriəlɪst] der/die Industrielle

in·dus·tri·ali·za·tion [ɪnˌdʌstriəlaɪˈzeɪʃᵊn] die Industrialisierung

to **in·dus·tri·al·ize** [ɪnˈdʌstriəlaɪz] industrialisieren *Gebiet, Landschaft;* **industrialized country** das Industrieland

in·dus·tri·ous [ɪnˈdʌstriəs] fleißig

in·dus·try [ˈɪndəstri] ① die Industrie, der Industriezweig; **automobile industry** die Kraftfahrzeugindustrie; **heavy industry** die Schwerindustrie; **light industry** die Leichtindustrie; **hotel industry** das Hotelgewerbe; **tourist industry** die Touristik ② der Fleiß

in·ed·ible [ɪˈnedɪbḷ] ungenießbar

in·ef·fec·tive [ˌɪnɪˈfektɪv] ① unwirksam, wirkungslos ② *Person:* untauglich, unfähig

in·ef·fec·tual [ˌɪnɪˈfektʃuᵊl] ineffektiv

in·ef·fi·cient [ˌɪnɪˈfɪʃᵊnt] ① *Person:* unfähig, inkompetent ② *Maschine:* unwirtschaftlich ③ *Betrieb:* unrationell

in·eli·gible [ɪˈnelɪdʒəbḷ] ① ungeeignet, nicht qualifiziert; **she's ineligible for the position** sie kommt für die Position nicht in Frage ② (*für Leistungen*) nicht berechtigt

in·ept [ɪˈnept] ① unfähig, untauglich (**at** für) ② *Bemerkung:* unangebracht

in·equal·ity [ˌɪnɪˈkwɒləti] die Ungleichheit

in·es·cap·able [ˌɪnɪˈskeɪpəbḷ] unentrinnbar, unvermeidbar

in·evi·table [ɪˈnevɪtəbḷ] unvermeidbar, zwangsläufig

in·ex·act [ˌɪnɪgˈzækt] ungenau

in·ex·cus·able [ˌɪnɪkˈskjuːzəbḷ] unentschuldbar, unverzeihlich

in·ex·haust·ible [ˌɪnɪgˈzɔːstəbḷ] unerschöpflich

in·ex·pen·sive [ˌɪnɪkˈspen(t)sɪv] billig, preiswert

in·ex·pe·ri·enced [ˌɪnɪkˈspɪəriən(t)st] unerfahren

in·ex·pli·cable [ˌɪnɪkˈsplɪkəbḷ] unerklärlich, unfasslich

in·fal·libil·ity [ɪnˌfæləˈbɪləti] *kein Plural* die Unfehlbarkeit

in·fal·lible [ɪnˈfæləbḷ] ① unfehlbar ② *Methode:* zuverlässig

in·fal·libly [ɪnˈfæləbli] ① fehlerfrei ② immer

in·fa·mous [ˈɪnfəməs] ① berüchtigt ② schändlich, niederträchtig

in·fan·cy [ˈɪnfən(t)si] ① die frühe Kindheit ② die Minderjährigkeit ③ (*übertragen*) die Anfänge; **flying was still in its infancy** die Fliegerei steckte noch in den Kinderschuhen

in·fant [ˈɪnfənt] ① das Kleinkind, der Säugling; **infant mortality** die Säuglingssterblichkeit ② (*juristisch*) der/die Minderjährige ③ (GB) **the Infants** *Plural die erste und zweite Grundschulklasse*

in·fan·tile [ˈɪnfəntaɪl] ① kindisch, infantil ② (*medizinisch*) Kinder-

in·fan·try [ˈɪnfəntri] die Infanterie

in·fant school (GB) *die erste und zweite Grundschulklasse*

in·fatu·at·ed [ɪnˈfætjueɪtɪd] verknallt *umgangsspr;* **to be infatuated with someone** in jemanden vernarrt sein

to **in·fect** [ɪnˈfekt] ① **to infect someone** jemanden infizieren (**with** mit); **the wound became infected** die Wunde hat sich entzündet ② verseuchen *Wasser* ③ (*übertragen*) anstecken *Per-*

I

son, Stimmung; **to become** [*oder* **get**] **infected by a spirit of optimism** von Optimismus angesteckt werden

in·fec·tion [ɪnˈfekʃᵊn] ① die Infektion; **throat infection** die Halsentzündung ② *von Wasser:* die Verseuchung; **spread of infection** die Durchseuchung

in·fec·tious [ɪnˈfekʃəs] (*auch übertragen*) ansteckend, infektiös; **infectious disease** die Infektionskrankheit

to **in·fer** [ɪnˈfɜːʳ] <inferred, inferred> ① **to infer something** etwas [schluss]folgern (**from** aus) ② andeuten *Idee*

in·fer·ence [ɪnˈfᵊrᵊn(t)s] die Folgerung, der Schluss

in·fe·ri·or¹ [ɪnˈfɪəriəʳ] ① (*im Beruf usw.*) **to be inferior to someone** jemandem untergeordnet sein ② *Qualität:* geringer (**to** als), geringwertiger (**to** als); **to be inferior to something** schlechter als etwas sein ③ *Person:* unterlegen; **to feel inferior** Minderwertigkeitsgefühle haben

in·fe·ri·or² [ɪnˈfɪəriəʳ] der/die Untergebene

in·fe·ri·or·ity [ɪnˌfɪəriˈɒrəti] die Minderwertigkeit; *von Person:* die Unterlegenheit

in·fe·ri·or·ity com·plex der Minderwertigkeitskomplex

in·fer·no [ɪnˈfɜːnəʊ] ① das flammende Inferno ② (*Hölle*) das Inferno

in·fer·tile [ɪnˈfɜːtaɪl] unfruchtbar

in·fer·til·ity [ˌɪnfəˈtɪləti] die Unfruchtbarkeit

to **in·fest** [ɪnˈfest] **to be infested with rats** mit Ratten verseucht sein

in·fes·ta·tion [ˌɪnfesˈteɪʃᵊn] ① *kein Plural* (*Zustand*) die Verseuchung ② (*durch Schädlinge*) der Befall (**of** durch); **infestation of rats** die Rattenplage

in·fi·del·ity [ˌɪnfɪˈdeləti] die Untreue

in·fight·ing [ˈɪnfaɪtɪŋ] *kein Plural* der interne Machtkampf

to **in·fil·trate** [ˈɪnfɪltreɪt] ① *Truppen:* infiltrieren; (*politisch*) sich einschleusen (**into** in); unterwandern *Organisation* ② *Flüssigkeit:* einsickern in

in·fi·nite [ˈɪnfɪnət] ① unendlich, unbegrenzt ② *Vergnügen:* grenzenlos

in·fini·tesi·mal [ˌɪnfɪnɪˈtesɪmᵊl] unendlich klein

in·fini·tive¹ [ɪnˈfɪnɪtɪv] der Infinitiv; **to be in the infinitive** im Infinitiv stehen

in·fini·tive² [ɪnˈfɪnɪtɪv] Infinitiv-; **infinitive form** die Grundform, der Infinitiv

in·fin·ity [ɪnˈfɪnəti] ① die Unendlichkeit ② (*mathematisch*) das Unendliche

in·firm [ɪnˈfɜːm] schwach, gebrechlich

in·fir·mary [ɪnˈfɜːmᵊri] ① das Krankenhaus ② (*in Schulen*) das Krankenzimmer

to **in·flame** [ɪnˈfleɪm] *Wunde:* sich entzünden

in·flamed [ɪnˈfleɪmd] ① *Wunde:* entzündet ② (*übertragen*) **inflamed with anger** wutentbrannt

in·flam·mable [ɪnˈflæməbl̩] ① leicht entzündbar, feuergefährlich ② (*übertragen*) explosiv

in·flam·ma·tion [ˌɪnfləˈmeɪʃᵊn] die Entzündung

in·flam·ma·tory [ɪnˈflæmətᵊri] (*übertragen*) aufreizend, aufrührerisch

in·flat·able [ɪnˈfleɪtəbl̩] aufblasbar; *Boot:* Schlauch-

to **in·flate** [ɪnˈfleɪt] ① aufblasen, aufpumpen ② in die Höhe treiben *Preise;* **to inflate the economy** Inflationspolitik betreiben ③ (*übertragen*) **to be inflated with pride** vor Stolz geschwellt sein

in·flat·ed [ɪnˈfleɪtɪd] ① aufgebläht ② *Preise:* inflationär ③ (*übertragen*) geschwollen

in·fla·tion [ɪnˈfleɪʃᵊn] ① das Aufblasen, das Aufpumpen ② die Inflation; **inflation rate** die Inflationsrate

in·fla·tion·ary [ɪnˈfleɪʃᵊnᵊri] inflationär, inflationistisch

in·flex·ible [ɪnˈfleksəbl̩] ① steif, starr ② (*übertragen*) unnachgiebig, starr

to **in·flict** [ɪnˈflɪkt] ① zufügen *Schmerz* ② **to inflict a punishment on someone** jemandem eine Strafe auferlegen; **to inflict oneself** [*oder* **one's company**] **on someone** sich jemandem aufdrängen

in-flight Bord-, während des Fluges

in·flu·ence [ˈɪnfluən(t)s] der Einfluss (**over** auf); **to be a good influence** [**on someone**] einen guten Einfluss [auf jemanden] haben; **to bring one's influence to bear on someone** seinen Einfluss bei jemandem geltend machen; **he used his influence to get her the job** er hat seine Beziehungen benutzt, um die Stelle für sie zu bekommen; **under the influence** [**of alcohol**] unter Alkoholeinfluss

to **in·flu·ence** [ˈɪnfluən(t)s] **to influence someone/something** jemanden/etwas beeinflussen

in·flu·en·tial [ˌɪnfluˈen(t)ʃᵊl] einflussreich

in·flu·en·za [ˌɪnfluˈenzə] die Grippe

in·flux [ˈɪnflʌks] der Einfluss, der Zustrom, die Zufuhr; **influx of visitors** der Besucherstrom

info [ˈɪnfəʊ] *kein Plural* (*umgangsspr*) *kurz für* **information** die Information

to **in·form** [ɪnˈfɔːm] ① **to inform someone** jemanden informieren (**about** über); **I'm pleased to inform you that ...** ich freue mich, Ihnen mitteilen zu können, dass...; **to be informed of the situation** von der Situation in Kenntnis gesetzt werden; **to keep someone informed** jemanden auf dem Laufenden halten ② **to inform against someone** jemanden anzeigen [*oder* denunzieren]

in·for·mal [ɪnˈfɔːmᵊl] ① informell, inoffiziell ② *Party:* zwanglos

in·form·ant [ɪnˈfɔːmənt] der Gewährsmann, der

Informant/die Informantin

in·for·ma·tion [ˌɪnfəˈmeɪʃᵊn] die Information; **a piece of information** eine Auskunft; **for your information** zur Kenntnisnahme; **to get information about someone/something** sich über jemanden/etwas informieren; **lack of information** das Informationsdefizit

> **G** **information** ist unzählbar; d.h. es wird nicht mit *an* oder im Plural gebraucht: *this website is full of information; thank you for all the information* Wenn man von einer Information reden will, sagt man *a piece of information* oder *a bit of information: that is a useful piece of information*

in·for·ma·tion sci·ence *meist Plural* die Informatik

in·for·ma·tion super·high·way (*Computer*) die Datenautobahn

in·for·ma·tion tech·nol·ogy die Informationstechnologie

in·forma·tive [ɪnˈfɔːmətɪv] belehrend, informativ; *Dokument:* aufschlussreich

in·form·er [ɪnˈfɔːməʳ] der Denunziant/die Denunziantin, der Spitzel

infra·red [ˌɪnfrəˈred] infrarot

in·fre·quent [ɪnˈfriːkwənt] gelegentlich

to **in·fringe** [ɪnˈfrɪndʒ] verstoßen gegen *Gesetz;* **to infringe upon someone's rights** in jemandes Rechte eingreifen

to **in·furi·ate** [ɪnˈfjʊərieɪt] **to infuriate someone** jemanden wütend machen

in·gen·ious [ɪnˈdʒiːniəs] ① scharfsinnig; *Methode, Idee:* genial ② erfinderisch

in·grained [ɪnˈgreɪnd] ① (*übertragen*) [fest] eingewurzelt, eingefleischt ② *Schmutz:* tief sitzend

in·grati·tude [ɪnˈgrætɪtjuːd] der Undank, die Undankbarkeit

in·gre·di·ent [ɪnˈgriːdiənt] ① (*im Essen*) die Zutat ② der Bestandteil, die Ingredienz

in·grow·ing [ɪnˈgrəʊɪŋ] **ingrowing toenail** der eingewachsene Zehennagel

to **in·hab·it** [ɪnˈhæbɪt] **to inhabit a place** einen Ort bewohnen

in·hab·it·able [ɪnˈhæbɪtəbl̩] bewohnbar

in·hab·it·ant [ɪnˈhæbɪtᵊnt] der Bewohner/die Bewohnerin, der Einwohner/die Einwohnerin

to **in·hale** [ɪnˈheɪl] einatmen; inhalieren *Zigarettenrauch*

in·hal·er [ɪnˈheɪləʳ] der Inhalationsapparat

to **in·her·it** [ɪnˈherɪt] erben

in·her·it·ance [ɪnˈherɪtᵊn(t)s] die Erbschaft, das Erbe; **to come into an inheritance** eine Erbschaft machen

in·hi·bi·tion [ˌɪn(h)ɪˈbɪʃᵊn] die Hemmung

in·hos·pi·table [ˌɪnhɒsˈpɪtəbl̩] ① ungastlich ② *Gegend:* unwirtlich

in-house [ˈɪnhaʊs] [betriebs]intern, innerbetrieblich

in·hu·man [ɪnˈhjuːmən] unmenschlich

in·hu·mane [ˌɪnhjuːˈmeɪn] inhuman, menschenunwürdig

ini·tial[1] [ɪˈnɪʃᵊl] anfänglich; **initial letter** der Anfangsbuchstabe

ini·tial[2] [ɪˈnɪʃᵊl] die Initiale

to **ini·tial**[3] [ɪˈnɪʃᵊl] abzeichnen *Dokument;* paraphieren *Vertrag*

ini·tial·ly [ɪˈnɪʃᵊli] anfangs, am Anfang

ini·tia·tion [ɪˌnɪʃiˈeɪʃᵊn] ① die Einführung, die Einweihung (**into** in); **initiation ceremony** die Initiationszeremonie ② die Eröffnung

ini·tia·tive [ɪˈnɪʃətɪv] die Initiative; **on one's own initiative** aus eigenem Antrieb; **to take the initiative** die Initiative ergreifen

ini·tia·tor [ɪˈnɪʃieɪtəʳ] der Urheber/die Urheberin, der Initiator/die Initiatorin

to **in·ject** [ɪnˈdʒekt] ① einspritzen (**into** in); **to inject someone with something** jemandem etwas injizieren ② einwerfen, dazwischenwerfen *Bemerkung*

in·jec·tion [ɪnˈdʒekʃᵊn] die Injektion, die Spritze; **engine with fuel injection** der Einspritzmotor; **injection of money** die Finanzspritze

in·junc·tion [ɪnˈdʒʌŋ(k)ʃᵊn] die Anordnung, die gerichtliche Verfügung

to **in·jure** [ˈɪndʒəʳ] **to injure someone** (*auch übertragen*) jemanden verletzen

in·jured [ˈɪndʒəd] verletzt; **seriously/slightly injured** schwer/leicht verletzt

in·ju·ry [ˈɪndʒᵊri] ① die Verletzung (**to** an) ② (*auch übertragen*) **to do someone an injury** jemanden verletzen

in·ju·ry time *kein Plural* (GB) die Nachspielzeit

in·jus·tice [ɪnˈdʒʌstɪs] ① die Ungerechtigkeit ② das Unrecht; **to do someone an injustice** jemandem Unrecht tun

ink [ɪŋk] ① die Tinte; **to write in ink** mit Tinte schreiben ② die Tusche ③ die Stempelfarbe ④ **printer's ink** die Druckerschwärze

ink bot·tle das Tintenfass

ink-jet print·er der Tintenstrahldrucker

ink·ling [ˈɪŋklɪŋ] **to have no inkling of something** von etwas keine Ahnung haben

in·land [ˈɪnlənd, ˈɪnlænd] ① Binnen- ② inländisch, Inland[s]- ③ landeinwärts; **to live inland** im Landesinneren leben

In·land Rev·enue (GB) das Finanzamt

in-laws [ˈɪnlɔːz] *Plural* (*umgangsspr*) ① der/die angeheiratete Verwandte ② die Schwiegereltern

in·let [ˈɪnlet] ① der Meeresarm, der Flussarm ② die Öffnung ③ (*technisch*) die Zuleitung

in-liner [ˈɪnlaɪnə], **in-line skate** *meist Plural* der Inliner, der Inlineskate

in-line skat·ing *kein Plural* das Inlineskaten, das Inlineskating

in·mate [ˈɪnmeɪt] der Insasse/die Insassin

inn [ɪn] der Gasthof, das Wirtshaus

in·ner [ˈɪnəʳ] ① innere(r, s), Innen- ② (*übertragen*) innere(r, s), verborgene(r, s) ③ **inner circle of friends** der engste Freundeskreis

in·ner·most [ˈɪnəmə(ʊ)st] innerste(r, s), geheimste(r, s)

in·ner tube *Reifen:* der Schlauch

in·nings [ˈɪnɪŋz] *mit Singular oder Plural* (*beim Kricket*) der Durchgang

inn·keep·er der Gastwirt/die Gastwirtin

in·no·cence [ˈɪnəsᵊn(t)s] die Unschuld

in·no·cent [ˈɪnəsᵊnt] ① unschuldig (**of** an) ② naiv, ahnungslos

to **in·no·vate** [ˈɪnə(ʊ)veɪt] Neuerungen einführen

in·no·va·tion [ˌɪnə(ʊ)ˈveɪʃᵊn] ① die Innovation ② die Neuerung

in·nu·en·do [ˌɪnjuˈendəʊ] <*Plural* innuendoes *oder* innuendos> die versteckte Andeutung

in·nu·mer·ate [ɪˈnjuːmᵊrət] **to be innumerate** nicht rechnen können

to **in·ocu·late** [ɪˈnɒkjəleɪt] **to inoculate someone** jemanden impfen (**against** gegen)

in·ocu·la·tion [ɪˌnɒkjəˈleɪʃᵊn] die Impfung

in·of·fen·sive [ɪnəˈfen(t)sɪv] harmlos

in·op·er·able [ɪˈnɒpᵊrəbl̩] ① (*medizinisch*) nicht operierbar ② *Plan:* nicht durchführbar

in·op·era·tive [ɪˈnɒpᵊrətɪv] ① außer Kraft, ungültig ② *Maschine:* außer Betrieb

in-pa·tient [ˈɪnpeɪʃnt] der stationär behandelte Patient/die stationär behandelte Patientin

in·put [ˈɪnpʊt] ① (*technisch*) die Energiezufuhr ② (*Computer*) der Input ③ (*betriebswirtschaftlich*) die Investition ④ der Arbeitsaufwand

in·put data *mit Singular oder Plural* die Eingabedaten

in·quest [ˈɪŋkwest] die gerichtliche Untersuchung

to **in·quire** [ɪnˈkwaɪəʳ] **to inquire about** [*oder* **after**] **something** sich nach etwas erkundigen, nach etwas fragen; **to inquire into something** etwas untersuchen

in·quiry ① die Anfrage (**about** über); **on inquiry** auf Anfrage ② die Erkundigung (**about** über); **to make inquiries** [**about someone**] Erkundigungen [über jemanden] einziehen, Nachforschungen [über jemanden] anstellen; **to give someone an inquiring look** jemanden fragend anblicken ③ die Untersuchung; **to hold an inquiry into something** eine Untersuchung über etwas durchführen

in·quisi·tive [ɪnˈkwɪzətɪv] wissbegierig, neugierig

in·sane [ɪnˈseɪn] ① geisteskrank ② wahnsinnig

in·sani·tary [ɪnˈsænɪtᵊri] unhygienisch

in·san·ity [ɪnˈsænəti] ① die Geisteskrankheit ② (*übertragen*) der Wahnsinn

in·scrip·tion [ɪnˈskrɪpʃᵊn] ① die Inschrift; *von Münze:* die Aufschrift ② *von Buch:* die Widmung

in·sect [ˈɪnsekt] das Insekt; **insect bite** der Insektenstich; **insect repellent** das Insektenschutzmittel

in·sec·ti·cide [ɪnˈsektɪsaɪd] das Insektenvernichtungsmittel

in·se·cure [ˌɪnsɪˈkjʊəʳ] ① unsicher ② *Gebäude:* nicht sicher

in·sen·sible [ɪnˈsensɪbl] ① bewusstlos ② unempfindlich; **he's insensible to the cold** er empfindet keine Kälte

in·sen·si·tive [ɪnˈsen(t)sətɪv] ① *Person, Benehmen:* gefühllos (**to** gegen) ② (*physisch*) unempfindlich ③ unempfänglich

in·sepa·rable [ɪnˈsepᵊrəbl̩] untrennbar; *Freunde, Zwillinge:* unzertrennlich

to **in·sert** [ɪnˈsɜːt] **to insert something** etwas hineinstecken [*oder* einsetzen] (**in** in); etwas einwerfen *Münze;* etwas einfügen *Wort, Satz*

in·sert [ˈɪnsɜːt] ① (*in Zeitschrift*) die Beilage; (*in Kleidungsstück*) die Einlage ② (*Anzeige*) das Inserat

in-ser·vice [ˈɪnsɜvɪs] **in-service training** die innerbetriebliche Fortbildung

in·side¹ [ˌɪnˈsaɪd] ① das Innere, die Innenseite ② (*umgangsspr*) die Eingeweide ③ **the wind blew her umbrella inside out** der Wind hat ihren Schirm umgestülpt; **to turn something inside out** etwas auf den Kopf stellen; **to know something inside out** etwas in- und auswendig kennen

in·side² [ˌɪnˈsaɪd] innere(r, s), Innen-; **inside lane** [*oder* **track**] die Innenbahn

in·side³ [ˌɪnˈsaɪd] innen, im Innern, drinnen; **come inside out of the rain!** kommen Sie herein, aus dem Regen raus! ▶ WENDUNGEN: **to be inside** (*slang*) [im Gefängnis] sitzen

in·side⁴ [ˌɪnˈsaɪd] ① in; **here inside the house** hier drinnen im Haus; **to go inside the house** ins Haus gehen ② **inside an hour** innerhalb einer Stunde

in·sid·er [ɪnˈsaɪdəʳ] der Insider, der/die Eingeweihte; **insider dealing** [*oder* **trading**] der Insiderhandel

in·sight [ˈɪnsaɪt] ① das Verständnis ② der Einblick; **to gain an insight into something** einen Einblick in etwas bekommen

in·sig·nifi·cant [ˌɪnsɪgˈnɪfɪkᵊnt] ① bedeutungslos ② *Summe, Unterschied:* geringfügig

in·sin·cere [ˌɪnsɪnˈsɪəʳ] unaufrichtig; *Ausdruck:* falsch

to **in·sist** [ɪnˈsɪst] bestehen (**on/upon** auf); **if you insist** wenn Sie darauf bestehen; **to insist on a point** auf einem Punkt beharren; **to insist on doing something** darauf bestehen, etwas zu tun

in·sist·ence [ɪnˈsɪstᵊn(t)s] das Bestehen (**on** auf); **I did it at her insistence** ich tat es auf ihr Drängen hin

in·sist·ent [ɪnˈsɪstᵊnt] ① beharrlich; *Person:*

hartnäckig; **to be insistent that ...** darauf bestehen, dass ...; **he was most insistent** er ließ nicht locker ② *Forderung, Ton:* nachdrücklich, penetrant

in·so·far [ˌɪnsə(ʊ)ˈfɑːr] **insofar as** soweit

in·sole [ˈɪnsəʊl] die Einlegesohle

in·so·lent [ˈɪn(t)sᵊlənt] unverschämt, frech

in·sol·uble [ɪnˈsɒljəbl̩] ① *Substanz:* unauflöslich, unlöslich ② *Problem:* unlösbar

in·som·nia [ɪnˈsɒmniə] die Schlaflosigkeit

to **in·spect** [ɪnˈspekt] ① kontrollieren, prüfen ② inspizieren *Räumlichkeiten*

in·spec·tion [ɪnˈspekʃᵊn] ① die Prüfung, die Kontrolle ② (*militärisch*) die Inspektion

in·spec·tor [ɪnˈspektəʳ] ① der Kontrolleur/die Kontrolleurin, der Prüfungsbeamter/die Prüfungsbeamtin, der Aufsichtsbeamter/die Aufsichtsbeamtin ② der Inspektor/die Inspektorin; **inspector [of police]** der Polizeikommissar/die Polizeikommissarin

in·spi·ra·tion [ˌɪn(t)spᵊrˈeɪʃᵊn] die Eingebung, die Inspiration

to **in·spire** [ɪnˈspaɪəʳ] ① **to inspire someone** jemanden inspirieren ② wecken, hervorrufen *Gefühl*

in·sta·bil·ity [ˌɪnstəˈbɪləti] die Instabilität; (*geistig*) die Labilität

to **in·stall**, to **in·stal** [ɪnˈstɔːl] <installed, installed> ① aufstellen *Maschinen;* installieren *Heizung, Wassersystem;* einbauen *Badezimmer, Küche;* verlegen *Kabel, Rohre;* anschließen *Telefon, Waschmaschine;* installieren *Software* ② **to install oneself** sich installieren; (*in einem Haus*) sich einrichten; **to install someone in an office** jemanden in ein Amt einsetzen

in·stal·la·tion [ˌɪnstəˈleɪʃᵊn] ① die Amtseinsetzung ② *von Heizung:* die Installation; *von Badezimmer, Küche:* der Einbau ③ die Anlage

in·stal·ment, (USA) **in·stall·ment** [ɪnˈstɔːlmənt] ① die Ratenzahlung, die Teilzahlung; **to pay by** [*oder* **in**] **instalments** in Raten zahlen; **monthly instalments** die Monatsraten ② *von Roman:* die Fortsetzung; *von Film:* die Folge; **to appear in instalments** in Fortsetzungen erscheinen

in·stance [ˈɪn(t)stən(t)s] ① das Beispiel; **for instance** zum Beispiel ② der Fall; **in this instance** in diesem Fall ③ **in the first instance** zuerst

in·stant[1] [ˈɪn(t)stənt] ① unmittelbar; **an instant success** ein sofortiger Erfolg; **instant access** der sofortige Zugriff ② *Suppe, Getränk:* Tüten-; **instant coffee** der Pulverkaffee; **instant soup** die Tütensuppe, die Dosensuppe

in·stant[2] [ˈɪn(t)stənt] der Augenblick, der Moment; **at this instant** in diesem Augenblick; **in an instant** im Nu

in·stant·ly [ˈɪn(t)stəntli] sofort, augenblicklich

In·stant Mes·sag·ing *kein Plural* das Versenden von Sofortnachrichten

in·stead[1] [ɪnˈsted] stattdessen

in·stead[2] [ɪnˈsted] **instead of something** anstelle einer Sache; **instead of going to work** statt zur Arbeit zu gehen

to **in·sti·gate** [ˈɪn(t)stɪgeɪt] anstiften; initiieren *Idee, Reform*

to **in·stil**, (USA) to **in·still** [ɪnˈstɪl] <instilled, instilled> (*übertragen*) **to instil knowledge into someone** jemandem Wissen beibringen; **to instil fear into someone** jemandem Angst einflößen

in·stinct [ˈɪn(t)stɪŋ(k)t] der Instinkt; **by** [*oder* **from**] **instinct** instinktiv

in·stinc·tive [ɪnˈstɪŋ(k)tɪv] instinktiv

to **in·sti·tute** [ˈɪn(t)stɪtjuːt] einführen *Brauch, Reform;* einleiten *Suche, Verfahren*

in·sti·tute [ˈɪn(t)stɪtjuːt] das Institut

in·sti·tu·tion [ˌɪn(t)stɪˈtjuːʃᵊn] ① das Institut, die Anstalt ② *von Reform:* die Einführung ③ (*übertragen*) **to become an institution** zur Institution werden

to **in·struct** [ɪnˈstrʌkt] ① belehren; unterrichten *Klasse* ② **to instruct someone** jemandem Anweisungen geben ③ unterrichten, informieren *Person*

in·struc·tion [ɪnˈstrʌkʃᵊn] ① der Unterricht, die Schulung ② die Instruktion, die Anweisung; **instructions for use** die Gebrauchsanweisung; **according to instructions** auftragsgemäß, weisungsgemäß

in·struc·tion book die Gebrauchsanweisung

in·struc·tion leaf·let der Beipackzettel

in·struc·tive [ɪnˈstrʌktɪv] instruktiv

in·struc·tor [ɪnˈstrʌktəʳ] ① der Lehrer/die Lehrerin, der Ausbilder/die Ausbilderin; **driving instructor** der Fahrlehrer/die Fahrlehrerin ② (USA) der Dozent/die Dozentin

in·stru·ment [ˈɪnstrəmənt] ① das Werkzeug, das Instrument ② das [Musik]instrument ③ (*übertragen: Person*) das Werkzeug

in·stru·men·tal [ˌɪn(t)strəˈmentᵊl] ① förderlich; **to be instrumental in something** bei etwas behilflich sein ② (*Musik*) instrumental, Instrumental-

in·stru·ment board, **in·stru·ment pan·el** das Instrumentenbrett

in·suf·fi·cient [ˌɪnsəˈfɪʃᵊnt] ① ungenügend ② unzulänglich

in·su·lar [ˈɪn(t)sjələʳ] ① insular, Insel- ② (*übertragen*) engstirnig

in·su·lar·ity [ˌɪn(t)sjəˈlærəti] (*übertragen*) die Engstirnigkeit

to **in·su·late** [ˈɪn(t)sjəleɪt] ① isolieren (**from** von) ② isolieren *Kabel, Haus* (**from/against** gegen)

in·su·lat·ing [ˈɪn(t)sjəleɪtɪŋ] **insulating tape** das Isolierband

in·su·la·tion [ˌɪn(t)sjəˈleɪʃᵊn] (*elektrisch*) die Isolierung, das Isoliermaterial

in·sult ['ɪnsʌlt] die Beleidigung

to **in·sult** [ɪn'sʌlt] **to insult someone** jemanden beleidigen

in·sur·ance [ɪn'ʃʊərᵊn(t)s] ① die Versicherung; **to take out an insurance policy** eine Versicherung abschließen ② die Versicherungssumme

in·sur·ance poli·cy die Versicherungspolice

to **in·sure** [ɪn'ʃʊəʳ] **to insure a building [against fire]** ein Gebäude [gegen Feuer] versichern

in·sured [ɪn'ʃʊəd] versichert

in·sur·er [ɪn'ʃʊərəʳ] der Versicherer

in·tact [ɪn'tækt] unversehrt, intakt

in·take ['ɪnteɪk] ① (*in Schule*) die Aufnahme; (*beim Militär*) die Rekrutierung ② *von Wasser, Strom:* die Aufnahme ③ das Zuflussrohr ④ **intake of breath** das Atemholen ⑤ **food intake** die Nahrungsaufnahme

I

in·te·ger ['ɪntɪdʒəʳ] die ganze Zahl

in·te·gral ['ɪntɪgrəl] ① wesentlich ② vollständig, ganz

in·te·grat·ed ['ɪntɪgreɪtɪd] ① einheitlich, ein Ganzes bildend ② *Gesellschaft, Schule:* ohne Rassentrennung

in·tel·lect ['ɪntᵊlekt] ① der Verstand, der Intellekt ② (*Mensch*) der große Geist

in·tel·lec·tual[1] [ˌɪntᵊl'ektjuəl] intellektuell

in·tel·lec·tual[2] [ˌɪntᵊl'ektjuəl] der/die Intellektuelle

in·tel·li·gence [ɪn'telɪdʒᵊn(t)s] ① die Intelligenz ② die Nachricht, die Auskunft ③ der Nachrichtendienst; **military intelligence** der militärische Geheimdienst

in·tel·li·gence ser·vice der Nachrichtendienst

in·tel·li·gence test der Intelligenztest

in·tel·li·gent [ɪn'telɪdʒᵊnt] intelligent, klug

to **in·tend** [ɪn'tend] ① beabsichtigen; **he didn't intend me to hear that** er wollte nicht, dass ich das höre ② **to intend to do something** fest vorhaben, etwas zu tun; **what do you intend doing today?** was haben Sie heute vor?; **he intends to win** er hat fest vor zu gewinnen ③ **what did you intend by that joke?** was wolltest du mit diesem Witz sagen?

in·tend·ed[1] [ɪn'tendɪd] beabsichtigt, geplant

in·tend·ed[2] [ɪn'tendɪd] **his intended** seine zukünftige Ehefrau

in·tense [ɪn'ten(t)s] *Emotionen:* äußerst groß; *Angst, Freude:* intensiv; *Schmerz:* heftig; *Diskussion:* lebhaft; *Person:* ernsthaft

to **in·ten·si·fy** [ɪn'ten(t)sɪfaɪ] ① *Regen:* sich verstärken; *Kampf:* sich verschärfen ② intensivieren *Suche;* vertiefen *Beziehung*

in·ten·sity [ɪn'ten(t)səti] die Intensität

in·ten·sive [ɪn'ten(t)sɪv] ① intensiv ② **intensive care** die Intensivpflege; **intensive course** der Intensivkurs

in·tent[1] [ɪn'tent] ① *Blick:* durchdringend ② **to be intent on doing something** fest entschlossen sein, etwas zu tun

in·tent[2] [ɪn'tent] die Absicht; **to all intents and purposes** in jeder Hinsicht; **with intent** mit der Absicht (**to** zu)

in·ten·tion [ɪn'ten(t)ʃᵊn] die Absicht, das Vorhaben; **with the best of intentions** in der besten Absicht

in·ten·tion·al [ɪn'ten(t)ʃᵊnᵊl] absichtlich, vorsätzlich

inter·ac·tive [ˌɪntəʳ'æktɪv] interaktiv

to **inter·cept** [ˌɪntə'sept] **to intercept someone/something** jemanden/etwas abfangen

inter·cep·tion [ˌɪntə'sepʃᵊn] das Abfangen

inter·change ['ɪntətʃeɪndʒ] *von Straßen:* die Kreuzung; **motorway interchange** das Autobahnkreuz

inter·change·able [ˌɪntə'tʃeɪndʒəbl̩] austauschbar, auswechselbar

inter·city [ˌɪntə'sɪti] **intercity train** der Intercityzug, der IC

inter·com ['ɪntəkɒm] die Gegensprechanlage

inter·course ['ɪntəkɔːs] **sexual intercourse** der Geschlechtsverkehr

in·ter·est ['ɪntrəst] ① das Interesse (**in** für/an); **to take an interest in someone** sich für jemanden interessieren; **this is of no interest to me** das interessiert mich nicht; **just out of interest** nur interessehalber ② **in your own interests** in deinem eigenen Interesse; **of public interest** von öffentlichem Interesse ③ (*Finanzwesen*) die Zinsen; **rate of interest** der Zinssatz; **to pay interest on something** etwas verzinsen; **interest-free** zinslos ④ die Bedeutung; **of great interest** von großer Wichtigkeit

to **in·ter·est** ['ɪntrəst] **to interest someone** jemanden interessieren

in·ter·est·ed ['ɪntrəstɪd] interessiert; **to be interested in sport/music** sich für Sport/Musik interessieren; **I'm interested to hear what he says** ich höre mir gerne an, was er zu sagen hat

in·ter·est·ing ['ɪntrəstɪŋ] interessant, fesselnd

to **inter·fere** [ˌɪntə'fɪəʳ] ① sich einmischen (**in** in) ② **to interfere with something** etwas beeinträchtigen ③ stören *Radio, Fernseher*

inter·fer·ence [ˌɪntə'fɪərᵊn(t)s] ① die Einmischung ② (*im Radio, TV*) die Störung

in·te·ri·or[1] [ɪn'tɪəriəʳ] Innen-, Binnen-

in·te·ri·or[2] [ɪn'tɪəriəʳ] ① *von Gebäude:* das Innere; (*in der Kunst*) das Interieur ② *von Land:* das Landesinnere ③ (USA) **the Department of the Interior** das Innenministerium; **Interior Minister** der Innenminister/die Innenministerin

in·te·ri·or de·sign·er der Innenarchitekt/die Innenarchitektin

inter·jec·tion [ˌɪntəˈdʒekʃᵊn] der Einwurf, die Zwischenbemerkung

inter·mar·riage [ˌɪntəˈmærɪdʒ] *kein Plural* die Mischehen

inter·medi·ate [ˌɪntəˈmiːdiət] ① Zwischen- ② (*Schule*) **intermediate** [**level**] die Mittelstufe

to **inter·min·gle** [ˌɪntəˈmɪŋgl̩] sich vermischen

inter·mis·sion [ˌɪntəˈmɪʃᵊn] die Unterbrechung, die Pause

in·ter·nal [ɪnˈtɜːnᵊl] ① innere(r, s) ② (*in einem Land*) innere(r, s); **internal affairs** die inneren Angelegenheiten; **internal trade** der Binnenhandel ③ (*in einer Firma*) betriebsinterne(r, s) ④ **Internal Revenue Service, IRS** (USA) das Finanzamt

in·ter·nal·ly [ɪnˈtɜːnᵊli] (*medizinisch*) **not to be taken internally** nur zur äußerlichen Anwendung; **to bleed internally** eine innere Blutung haben

inter·na·tion·al[1] [ˌɪntəˈnæʃᵊnᵊl] international; **international call** das Auslandsgespräch; **international date line** die Datumsgrenze; **international law** das Völkerrecht; **International Monetary Fund** der Internationale Währungsfonds; **IMF** der IWF

inter·na·tion·al[2] [ˌɪntəˈnæʃᵊnᵊl] ① (*beim Sport*) das Länderspiel ② der Nationalspieler/die Nationalspielerin

inter·net, **Inter·net** [ˈɪntənet] das Internet

inter·net bank *kein Plural* die Onlinebank

inter·net bank·ing *kein Plural* das Onlinebanking

inter·net search en·gine die Internet-Suchmaschine

inter·play [ˈɪntəpleɪ] das Wechselspiel

Inter·pol [ˈɪntəpɒl] die Interpol

to **in·ter·pret** [ɪnˈtɜːprɪt] ① interpretieren ② dolmetschen *Fremdsprache*

in·ter·pre·ta·tion [ɪnˌtɜːprɪˈteɪʃᵊn] die Interpretation; *eines Traums:* die Deutung

in·ter·pret·er [ɪnˈtɜːprɪtəʳ] der Dolmetscher/die Dolmetscherin

Inter·Rail® [ˌɪntəˈreɪl] das Interrail®; **InterRail® pass** das Interrailticket

inter·re·lat·ed [ˌɪntərɪˈleɪtɪd] zusammenhängend; *Probleme:* miteinander zusammenhängend

inter·re·la·tion [ˌɪntərɪˈleɪʃᵊn], **inter·re·la·tion·ship** [ˌɪntərɪˈleɪʃᵊnʃɪp] die Wechselbeziehung, der Zusammenhang

to **in·ter·ro·gate** [ɪnˈterəgeɪt] **to interrogate someone** jemanden verhören; jemanden vernehmen *Zeugen*

in·ter·ro·ga·tion [ɪnˌterəˈgeɪʃᵊn] das Verhör

in·ter·ro·ga·tive[1] [ˌɪntəˈrɒgətɪv] das Interrogativ

in·ter·ro·ga·tive[2] [ˌɪntəˈrɒgətɪv] interrogativ, Frage-

to **in·ter·rupt** [ˌɪntəˈrʌpt] ① unterbrechen ② **you're always interrupting her!** du fällst ihr immer ins Wort ③ stören, behindern *Arbeit*

in·ter·rup·tion [ˌɪntəˈrʌpʃᵊn] die Unterbrechung; **without interruption** ununterbrochen

inter·sec·tion [ˌɪntəˈsekʃᵊn] ① (*mathematisch*) der Schnittpunkt ② *von Straße, Bahn:* die Kreuzung; *von Autobahn:* das Kreuz

in·ter·val [ˈɪntəvᵊl] ① der Zwischenraum, der Abstand; **at intervals** in Abständen ② (*auch im Theater*) die Pause ③ **sunny intervals** die Aufheiterungen

to **inter·vene** [ˌɪntəˈviːn] ① eingreifen (**in** in) ② (*politisch*) intervenieren ③ einschreiten; **her attempt to intervene between them failed** ihr Versuch, zwischen den beiden zu vermitteln, ist fehlgeschlagen ④ **if fate had not intervened** wenn das Schicksal nicht dazwischengekommen wäre

inter·ven·ing [ˌɪntəˈviːnɪŋ] dazwischenliegend

inter·ven·tion [ˌɪntəˈven(t)ʃᵊn] ① das Eingreifen ② (*politisch*) die Intervention

inter·view [ˈɪntəvjuː] ① das Vorstellungsgespräch ② das Interview, die Befragung

to **inter·view** [ˈɪntəvjuː] ① (*bei einer Bewerbung*) **to interview someone** ein Vorstellungsgespräch mit jemandem führen ② interviewen *Politiker, Filmstar*

inter·viewee [ˌɪntəvjuˈiː] ① (*bei einer Bewerbung*) der Kandidat/die Kandidatin ② (*im TV, Radio*) der/die Interviewte

inter·view·er [ˈɪntəvjuːəʳ] der Interviewer/die Interviewerin

in·tes·tine [ɪnˈtestɪn] ① **intestines** ⚠ *Plural* der Darm ② **large intestine** der Dickdarm; **small intestine** der Dünndarm

in·ti·mate [ˈɪntɪmət] ① *Freund:* vertraut; (*sexuell*) intim ② *Problem:* persönlich; *Gefühl:* privat ③ *Wissen:* gründlich

to **in·timi·date** [ɪnˈtɪmɪdeɪt] **to intimidate someone** jemanden einschüchtern [*oder* unter Druck setzen]

in·timi·da·tion [ɪnˌtɪmɪˈdeɪʃᵊn] die Einschüchterung

into [ˈɪntə, -tu] ① *räumlich* in; **to go into the house** ins Haus gehen; **to walk into the door** gegen die Tür laufen ② (*umgangsspr*) **he's into jazz** er steht auf Jazz ③ (*mathematisch*) **three into six goes twice** sechs durch drei gibt zwei ④ *zeitlich* **to work late into the night** bis tief in die Nacht arbeiten ⑤ **to translate into French** ins Französische übersetzen

in·tol·er·able [ɪnˈtɒlᵊrəbl̩] unerträglich

in·tol·er·ant [ɪnˈtɒlᵊrᵊnt] intolerant (**of** gegenüber)

in·to·na·tion [ˌɪntə(ʊ)ˈneɪʃᵊn] *meist Singular* die Intonation

in·toxi·cat·ing [ɪnˈtɒksɪkeɪtɪŋ] berauschend

in·toxi·ca·tion [ɪnˌtɒksɪˈkeɪʃᵊn] die Trunkenheit, der Rausch
Intra·net [ˌɪntrəˈnet] das Intranet
in·tran·si·tive[1] [ɪnˈtræn(t)sətɪv] intransitiv
in·tran·si·tive[2] [ɪnˈtræn(t)sətɪv] das Intransitivum
in-tray [ˈɪntreɪ] die Ablage für Eingänge
in·tri·cate [ˈɪntrɪkət] kompliziert, schwierig
in·trigue [ɪnˈtriːg] die Intrige
in·tri·guing [ɪnˈtriːgɪŋ] sehr spannend, höchst interessant
to **intro·duce** [ˌɪntrəˈdjuːs] 1 vorstellen *Personen;* **she introduced herself to the director** sie hat sich der Direktorin vorgestellt; **can I introduce you to my partner?** darf ich dich mit meinem Partner bekannt machen? 2 einführen *Ware, Tier, Pflanze* 3 einführen *Neuerung, Brauch* 4 zur Sprache bringen *Thema* 5 hineinstecken *Schlüssel, Rohr*

I

intro·duc·tion [ˌɪntrəˈdʌkʃᵊn] 1 *von Neuheit:* die Einführung 2 *von Personen:* die Vorstellung 3 *von Buch, Musikstück:* die Einleitung
intro·duc·tory [ˌɪntrəˈdʌktᵊri] **introductory offer** das Einführungsangebot
to **in·trude** [ɪnˈtruːd] **am I intruding?** störe ich?; **to intrude on someone** jemanden stören; **to intrude on someone's privacy** in jemandes Privatsphäre eindringen
in·trud·er [ɪnˈtruːdəʳ] der Eindringling
in·tru·sion [ɪnˈtruːʒᵊn] 1 die Störung 2 das Aufdrängen
in·tru·sive [ɪnˈtruːsɪv] aufdringlich
in·tui·tion [ˌɪntjuˈɪʃᵊn] 1 die Intuition; **to know something by intuition** etwas intuitiv wissen 2 die Vorahnung
in·tui·tive [ɪnˈtjuːɪtɪv] intuitiv
to **in·vade** [ɪnˈveɪd] 1 **to invade a country** in ein Land einmarschieren 2 (*übertragen*) *Kinder, Touristen:* überschwemmen 3 **to invade someone's privacy** in jemandes Privatsphäre eindringen
in·vad·er [ɪnˈveɪdəʳ] der Eindringling
in·va·lid[1] [ˈɪnvəlɪd] der/die Invalide, der/die Körperbehinderte
in·va·lid[2] [ˈɪnvəlɪd] krank, invalide
in·va·lid[3] [ɪnˈvælɪd] *Vertrag, Pass, Fahrkarte:* ungültig; *Annahme:* nicht zulässig
in·vali·da·tion [ɪnˌvælɪˈdeɪʃᵊn] *kein Plural* die Ungültigkeitserklärung; *von rechtlichem Verhältnis:* die Nichtigkeitsurteil
in·valu·able [ɪnˈvæljuəbl̩] unschätzbar
in·vari·able [ɪnˈveəriəbl̩] unveränderlich, ständig
in·va·sion [ɪnˈveɪʒᵊn] 1 die Invasion (**of** in); (*militärisch*) der Einmarsch 2 die Störung
to **in·vent** [ɪnˈvent] erfinden
in·ven·tion [ɪnˈven(t)ʃᵊn] die Erfindung
in·ven·tive [ɪnˈventɪv] erfinderisch, einfallsreich
in·ven·tor [ɪnˈventəʳ] der Erfinder/die Erfinderin
in·ven·tory [ˈɪnvᵊntri] das Inventar, die Bestandsaufnahme; **to take inventory** Inventur machen
in·verse[1] [ɪnˈvɜːs] umgekehrt, entgegengesetzt
in·verse[2] [ɪnˈvɜːs] das Gegenteil
to **in·vert** [ɪnˈvɜːt] 1 **to invert something** etwas auf den Kopf stellen [*oder* umkehren] 2 **inverted commas** das Anführungszeichen
to **in·vest** [ɪnˈvest] 1 anlegen, investieren *Geld* 2 investieren *Zeit, Mühe* 3 **to invest someone with a position/title/medal** jemandem ein Amt/einen Titel/einen Orden verleihen
to **in·ves·ti·gate** [ɪnˈvestɪgeɪt] 1 Ermittlungen anstellen; untersuchen *Verbrechen;* **to investigate a case** in einem Fall ermitteln 2 überprüfen *Forderung* 3 nachforschen
in·ves·ti·ga·tion [ɪnˌvestɪˈgeɪʃᵊn] 1 die Ermittlung, die Untersuchung; **he's under investigation** gegen ihn wird ermittelt 2 die Forschung
in·ves·ti·ga·tor [ɪnˈvestɪgeɪtəʳ] der Ermittlungsbeamter/die Ermittlungsbeamtin, der Ermittler/die Ermittlerin
in·vest·ment [ɪnˈves(t)mənt] die Anlage, die Investition; **to make an investment** investieren
in·vest·ment trust die Investmentgesellschaft
in·ves·tor [ɪnˈvestəʳ] der Investor/die Investorin, der Kapitalanleger/die Kapitalanlegerin
to **in·vigi·late** [ɪnˈvɪdʒəleɪt] (*bei einer Prüfung*) Aufsicht führen
in·vigi·la·tor [ɪnˈvɪdʒəleɪtəʳ] (*bei einer Prüfung*) die Aufsichtsperson
in·vig·or·at·ing [ɪnˈvɪgᵊreɪtɪŋ] erfrischend
in·vin·cible [ɪnˈvɪn(t)səbl̩] unbesiegbar
in·vis·ible [ɪnˈvɪzəbl̩] unsichtbar, nicht wahrnehmbar (**to** für)
in·vi·ta·tion [ˌɪnvɪˈteɪʃᵊn] die Einladung
to **in·vite** [ɪnˈvaɪt] 1 **to invite someone [to a party/restaurant]** jemanden [zu einer Party/in ein Restaurant] einladen 2 **to invite someone to do something** jemanden auffordern, etwas zu tun 3 bitten um *Fragen, Spende* 4 herausfordern *Kritik*
◆ to **invite in** **to invite someone in** jemanden hereinbitten
in·vit·ing [ɪnˈvaɪtɪŋ] verlockend, einladend
in·voice [ˈɪnvɔɪs] die Rechnung, die Faktura
to **in·voice** [ˈɪnvɔɪs] **to invoice someone** jemandem eine Rechnung schicken; **to be invoiced for something** eine Rechnung für etwas erhalten
in·vol·un·tary [ɪnˈvɒləntᵊri] 1 *Bewegung:* unwillkürlich 2 unbeabsichtigt, ungewollt
to **in·volve** [ɪnˈvɒlv] 1 **to involve someone/something** jemanden/etwas einbeziehen; **to involve someone in a quarrel** jemanden in einen Streit verwickeln 2 **to be involved in a**

project an einem Projekt mitarbeiten ③ **to get involved with someone** sich mit jemandem einlassen; (*sexuell*) eine Affäre mit jemandem anfangen ④ **what does your job involve?** worin besteht Ihre Arbeit? ⑤ **it would involve a lot of work** das würde viel Arbeit mit sich bringen ⑥ **this involves all of you** das geht euch alle an; **those involved** die Betroffenen

in·volved [ɪn'vɒlvd] ① verwickelt; (*politisch*) engagiert ② *Geschichte, Plan:* kompliziert

in·ward ['ɪnwəd] ① innere(r, s); *Lächeln:* innerliche(r, s) ② *Kurve:* nach innen gehend

in·ward·ly ['ɪnwədli] innerlich

in·wards ['ɪnwədz] einwärts; **the door opens inwards** die Tür geht nach innen auf

IOU [ˌaɪəʊ'juː] *Abkürzung von* **I-owe-you** der Schuldschein

IQ [ˌaɪ'kjuː] *Abkürzung von* **intelligence quotient** der IQ, der Intelligenzquotient

IRA [ˌaɪɑː'reɪ] *Abkürzung von* **Irish Republican Army** die IRA, die Irisch-Republikanische Armee

Ire·land ['aɪələnd] Irland; **Republic of Ireland** die Republik Irland

> **L** Während der nördliche Teil Irlands zum Vereinigten Königreich gehört, ist der größte Teil der irischen Insel ein unabhängiger Staat, die **Irish Republic** oder **Republic of Ireland** (Republik Irland). Mit dem „Anglo-Irish Treaty" (anglo-irisches Abkommen) von 1921 erhielt Irland den dominion status innerhalb des Commonwealth als der **Irish Free State**. 1949 trat Irland jedoch aus dem Commonwealth aus und ist seit 1973 Mitglied der EU.

Irish[1] ['aɪ(ə)rɪʃ] irisch

Irish[2] ['aɪ(ə)rɪʃ] ① (*Sprache*) Irisch, das Irische ② (*Personen*) **the Irish** die Iren

Irish·man ['aɪərɪʃmən] <*Plural* Irishmen> der Ire

Irish·wom·an ['aɪərɪʃwʊmən, *Plural* 'aɪərɪʃwɪmɪn] <*Plural* Irishwomen> die Irin

iris rec·og·ni·tion die Iriserkennung (*zur Identifizierung einer Person*)

iron[1] ['aɪən] ① das Eisen ② (*für Kleider*) das Bügeleisen ③ **in irons** in Ketten [*oder* Fesseln] ④ (*beim Golf*) das Eisen ▶ WENDUNGEN: **to rule with a rod of iron** mit eiserner Faust regieren; **to strike while the iron is hot** das Eisen schmieden, solange es heiß ist

iron[2] ['aɪən] ① eisern ② (*übertragen*) eisern, streng

to **iron** ['aɪən] bügeln *Kleider*

◆ to **iron out** (*übertragen*) ausbügeln *Schwierigkeiten*

Iron Age die Eisenzeit

Iron Cur·tain (*historisch*) **the Iron Curtain** der Eiserne Vorhang

iron·ic [aɪ(ə)'rɒnɪk], **iron·ic·al** [aɪ(ə)'rɒnɪkel] ① ironisch; *Lächeln:* spöttisch ② (*übertragen*) paradox

iron·ing ['aɪənɪŋ] **to do the ironing** bügeln

iron·ing board das Bügelbrett

iro·ny ['aɪ(ə)rᵊni] die Ironie

ir·ra·tion·al [ɪ'ræʃᵊnᵊl] unvernünftig, irrational

ir·regu·lar [ɪ'regjələʳ] ① unregelmäßig ② uneben, ungleichmäßig ③ unvorschriftsmäßig

ir·rel·evance [ɪ'reləvᵊn(t)s], **ir·rel·evan·cy** [ɪ'reləvᵊn(t)si] die Bedeutungslosigkeit, die Irrelevanz

ir·rel·evant [ɪ'reləvᵊnt] belanglos, irrelevant

ir·repa·rable [ɪ'repərᵊbl̩] nicht wiedergutzumachen, irreparabel

ir·re·place·able [ˌɪrɪ'pleɪsəbl̩] unersetzlich

ir·re·sist·ible [ˌɪrɪ'zɪstəbl̩] unwiderstehlich

ir·re·spec·tive [ˌɪrɪ'spektɪv] **irrespective of something** ohne Rücksicht auf etwas

ir·re·spon·sible [ˌɪrɪ'spɒn(t)səbl̩] unverantwortlich; *Person:* verantwortungslos

ir·rev·er·ent [ɪ'revᵊrᵊnt] respektlos

ir·re·vers·ible [ˌɪrɪ'vɜːsəbl̩] nicht umkehrbar

ir·ri·ga·tion [ˌɪrɪ'geɪʃᵊn] *kein Plural* die Bewässerung

ir·ri·table ['ɪrɪtəbl̩] reizbar, gereizt

ir·ri·tant ['ɪrɪtᵊnt] ① der Reizstoff ② das Ärgernis

to **ir·ri·tate** ['ɪrɪteɪt] ① **to irritate someone** jemanden ärgern [*oder* irritieren]; **to be irritated by someone/something** sich über jemanden/etwas ärgern ② (*medizinisch*) reizen

ir·ri·ta·tion [ˌɪrɪ'teɪʃᵊn] ① der Ärger, die Verärgerung (**at/against** über) ② (*medizinisch*) die Reizung

is [ɪz, z] *3. Person Singular Präsens von* **be**

ISDN [ˌaɪesdiː'en] *Abkürzung von* **integrated services digital network** ISDN

Is·lam ['ɪzlæm] der Islam

Is·lam·ic [ɪz'læmɪk] islamisch

Is·lamo·pho·bia [ˌɪzlæmə'fəʊbiə] *kein Plural* der Anti-Islamismus

is·land ['aɪlənd] die Insel

is·land·er ['aɪləndəʳ] der Inselbewohner/die Inselbewohnerin

isle [aɪl] die [kleine] Insel; **Isle of Wight** die Isle of Wight; **the British Isles** die Britischen Inseln

> **L** Die **Isle of Man** (Insel Man) gehört nicht zum **United Kingdom** (Vereinigtes Königreich). Sie ist ein Schutzgebiet der Krone und hat als Oberhaupt einen *Lieutenant Governor* (Vizegouverneur). In der Eisenzeit wurde sie von Kelten besiedelt und bis Mitte des 19. Jahrhunderts wurde das keltische **Manx** überall auf der Insel gesprochen. Sie hat ein eigenes Parlament (*Tynwald*), gibt ihre eigenen Geldscheine und Münzen heraus und erhebt unabhängig Steuern, so dass sie wie die **Channel Islands** (Kanalinseln) ein *tax haven* (Steuerparadies) ist.

isn't [ɪzᵊnt] *Kurzform von* **is not**

to **iso·late** ['aɪsəleɪt] (*auch technisch*) **to isolate someone/something** jemanden/etwas isolieren (**from** von); **to isolate oneself** sich isolieren [*oder* abkapseln]

iso·lat·ed [ˈaɪsəleɪtɪd] ① isoliert, abgeschnitten; **isolated house** das einsame [*oder* abgelegene] Haus ② einzeln; **isolated case** der Einzelfall

iso·la·tion [ˌaɪsəlˈeɪʃən] ① die Absonderung, die Isolierung ② die Isoliertheit, die Abgeschnittenheit

iso·la·tion ward die Isolierstation

isos·celes tri·an·gle [aɪˌsɒsəliːzˈ-] das gleichschenklige Dreieck

is·sue [ˈɪʃuː] ① die Frage; **at issue** zur Debatte stehend, strittig; **to become an issue** zum Problem werden; **to take issue with someone over something** jemandem in etwas widersprechen; **to make an issue of something** etwas aufbauschen ② die Ausgabe, die Lieferung; *von Banknoten, Zeitschrift:* die Ausgabe; *von Aktien:* die Emission ③ **date of issue** der Ausgabetag; **place of issue** der Ausstellungsort ④ das Ergebnis; **to force the issue** eine Entscheidung erzwingen

to **is·sue** [ˈɪʃuː] ① **to issue something to someone** etwas an jemanden ausgeben; jemandem etwas ausstellen *Dokument;* **the issuing authorities** die ausstellende Behörde; **to issue someone with a visa** jemandem ein Visum ausstellen ② herausgeben *Bücher* ③ (*auch übertragen*) *Fluss:* [her]ausfließen; *Personen:* herausströmen (**from** aus)

it [ɪt] ① *je nach Geschlecht* (*vorher Genanntes*) er, sie, es, ihn, sie, es, ihm, ihr, ihm ② *Geschlecht unbekannt* (*vorher Genanntes*) es; **do you see the tree? he's behind/in front of/beside it** siehst du den Baum? er ist dahinter/davor/daneben ③ **who is it? — it's me** wer ist da? — ich bin's; **what is it?** was ist das? ④ **it's raining** es regnet; **it's 12 o'clock** es ist 12 Uhr ⑤ **that's it!** ja, genau!; **that's it! I'm going home!** Feierabend! ich gehe nach Hause!; **that's it! I've had enough!** so, das war's! mir reicht's!

IT [ˌaɪˈtiː] *Abkürzung von* **information technology** IT

Ital·ian[1] [ɪˈtæliən] italienisch

Ital·ian[2] [ɪˈtæliən] ① der Italiener/die Italienerin ② Italienisch, das Italienische

ital·ic[1] [ɪˈtælɪk] kursiv

ital·ic[2] [ɪˈtælɪk] **in italics** in Kursivschrift

Ita·ly [ˈɪtəli] Italien

to **itch** [ɪtʃ] jucken; **my back itches** mir juckt der Rücken ▶ WENDUNGEN: **to itch to do something** darauf brennen, etwas zu tun

itch [ɪtʃ] <*Plural* itches> ① das Jucken, der Juckreiz ② (*übertragen*) **I have an itch to do something** es reizt mich, etwas zu tun

itchy [ˈɪtʃi] juckend ▶ WENDUNGEN: **to have itchy feet** von der Reiselust gepackt sein

item [ˈaɪtəm] ① das Ding, der Gegenstand; (*im Laden*) der Artikel ② (*auf einer Rechnung*) die Buchung, der Posten; (*auf einer Liste, Agenda*) der Punkt ③ **item [of news]** die Nachricht; **a short news item** eine Kurzmeldung ④ **are those two an item?** (*umgangsspr*) haben die beiden etwas miteinander?

itin·er·ary [aɪˈtɪnərəri] ① die Reiseroute ② die Reisebeschreibung

it'll [ˈɪtəl] *Kurzform von* **it will; it shall**

its [ɪts] seine(r, s)

it's [ɪts] *Kurzform von* **it is; it has**

it·self [ɪtˈself] ① sich; **look at the cat washing itself!** guck mal, wie die Katze sich putzt! ② (*betont*) selbst; **do it yourself!** tu es doch selbst! ③ **by itself** allein, von selbst; **in itself, it's not a problem** an sich ist das kein Problem

ITV [ˌaɪtiːˈviː] *kein Plural, ohne Artikel* (GB) *Abkürzung von* **Independent Television** *kommerzielle britische Fernsehanstalt*

> **L** Das **ITV** ist das größte kommerzielle Fernsehnetzwerk Großbritanniens. **ITV1**, das beliebteste kommerzielle britische Fernsehprogramm, besteht aus einem Netzwerk von 15 regionalen Sendern. Es bietet eine Mischung aus nationalen und regionalen Sendungen und wird durch Werbung finanziert.

I've [aɪv] *Kurzform von* **I have**

ivo·ry [ˈaɪvəri] das Elfenbein

Ivo·ry Coast **the Ivory Coast** die Elfenbeinküste

ivo·ry tow·er ① der weltabgeschiedene Ort, der Elfenbeinturm; **to live in an ivory tower** im Elfenbeinturm leben ② die Weltabgeschiedenheit

ivy [ˈaɪvi] der Efeu

Jj

J <*Plural* J's *oder* Js>, **j** [dʒeɪ] <*Plural* j's> J, j

to **jab** [dʒæb] <jabbed, jabbed> ① **to jab something** etwas stoßen (**into** in); **to jab someone with a knife** jemanden mit einem Messer stechen ② **she jabbed her finger** sie hat sich in den Finger gestochen

jab [dʒæb] ① der Stich, der [kurze] Stoß ② (*beim Boxen*) die [kurze] Gerade ③ (*umgangsspr*) **to have a jab** eine Spritze bekommen

jack [dʒæk] ① (*für Auto*) der Wagenheber ② (*im Kartenspiel*) der Bube

◆ to **jack in** (*umgangsspr*) **to jack something in** etwas hinschmeißen

◆ to **jack up** aufbocken *Auto*

jack·et ['dʒækɪt] ① die Jacke; (*von Anzug*) das Jackett ② **life jacket** die Schwimmweste ③ *Buch:* der Schutzumschlag, die Hülle ④ (*für Boiler*) der Mantel ⑤ **potatoes in their jackets** in der Schale gebackene Kartoffeln, die gebackenen Kartoffeln

jack·et po·ta·to in der Schale gebackene Kartoffel, die gebackene Kartoffel

jack-in-the-box ['dʒækɪnðəbɒks] (*Spielzeug*) der Springteufel

jack·pot ['dʒækpɒt] *Lotto:* der Jackpot, der Haupttreffer; **to hit the jackpot** den Jackpot knacken; (*übertragen*) das große Los ziehen

Ja·cuz·zi® [dʒə'ku:zi] der Whirlpool

jag·ged ['dʒægɪd] ① zackig, gezahnt ② *Küste:* zerklüftet

jail [dʒeɪl] das Gefängnis; **in jail** im Gefängnis

jail·break der Ausbruch aus dem Gefängnis

jail·er ['dʒeɪləʳ] der Gefängnisaufseher/die Gefängnisaufseherin

jail·house (USA) das Gefängnis

to **jam** [dʒæm] <jammed, jammed> ① einklemmen *Finger* ② **he managed to jam everything into the suitcase** er konnte alles in den Koffer hineinstopfen ③ *Gegenstand:* festklemmen; *Maschine, Gerät:* klemmen ④ stören *Übertragung* ⑤ **to jam on the brakes** voll auf die Bremsen treten

jam [dʒæm] ① die Marmelade, die Konfitüre ② **traffic jam** der Stau; **paper jam** der Papierstau ③ (*technisch*) die Verklemmung ▶ WENDUNGEN: **to be in a jam** (*umgangsspr*) in einer schwierigen Lage sein

jam jar ['dʒæmdʒɑ:ʳ] das Marmelade[n]glas

jam-packed [ˌdʒæm'pækt] (*umgangsspr*) proppenvoll

Janu·ary ['dʒænjuəri] der Januar; **in January** im Januar; **on 15th January, on January 15** (USA) am 15. Januar; **at the beginning of January** Anfang Januar; **at the end of January** Ende Januar

Ja·pan [dʒə'pæn] Japan

Japa·nese¹ [ˌdʒæpən'i:z] <*Plural* Japanese> ① (*Person*) der Japaner/die Japanerin ② *kein Plural* (*Sprache*) Japanisch

Japa·nese² [ˌdʒæpən'i:z] japanisch

jar [dʒɑ:ʳ] ① *Marmelade:* das Glas ② **to have a jar** (*umgangsspr*) ein Bierchen trinken

Java ['dʒɑ:və] ① (*indonesische Insel*) Java ② (*Programmiersprache*) die Java

jave·lin ['dʒævəlɪn] der Speer; (*Sportart*) das Speerwerfen

jaw [dʒɔ:] ① der Kiefer ② **jaws** ⚠ *Plural Tier:* das Maul, der Rachen

jazz [dʒæz] ① der Jazz ② **and all that jazz** (*umgangsspr*) und der ganze Kram

to **jazz up** **to jazz something up** etwas aufmotzen

jazzy ['dʒæzi] ① jazzartig ② *Kleid:* poppig

JCB® [ˌdʒeɪsi:'bi:] (GB) der [Erdräum]bagger

jeal·ous ['dʒeləs] eifersüchtig (**of** auf)

jeal·ousy ['dʒeləsi] die Eifersucht (**of** auf)

jeans [dʒi:nz] ⚠ *Plural* die Jeans

> **G** **jeans** wird im Plural gebraucht: *jeans never go out of fashion; his jeans are very baggy*
> **a pair of jeans** wird aber im Singular verwendet: *I am going to buy a new pair of jeans*

jeep [dʒi:p] der Jeep

to **jeer** [dʒɪəʳ] ausbuhen, spotten (**at** über)

jeer [dʒɪəʳ] die höhnische Bemerkung

jel·ly ['dʒeli] ① der/das Gelee ② **to have legs like jelly** Pudding in den Knien haben

jel·ly baby (GB) das Fruchtgummi (*in Form eines Babys*)

jel·ly bean das [bohnenförmige] Geleebonbon

jel·ly·fish die Qualle

jeop·ardy ['dʒepədi] die Gefahr; **to put something in jeopardy** etwas gefährden

to **jerk** [dʒɜ:k] ① heftig ziehen an *Seil* ② *Körperteil:* zucken, zusammenzucken ③ **the car jerked to a stop** das Auto blieb ruckartig stehen

jerk [dʒɜ:k] ① der Ruck; **with a jerk** mit einem Ruck ② *von Körperteil:* das Zusammenzucken, die Zuckung ③ (*slang*) der Trottel

jer·sey ['dʒɜ:zi] ① der Pullover ② (*für Sport*) das Trikot

Jesus ['dʒi:zəs], **Jesus Christ** [ˌdʒi:zəs'kraɪst] *kein Plural, ohne Artikel* Jesus Christus

to **jet** [dʒet] <jetted, jetted> (*umgangsspr*) jetten

jet [dʒet] ① *von Flüssigkeit:* der Strahl ② die Düse ③ das Düsenflugzeug

jet en·gine ['dʒetˌendʒɪn] das Düsentriebwerk

jet fight·er der Düsenjäger

jet·foil ['dʒetfɔɪl] das Tragflügelboot

jet lag ['dʒetlæg] der Jetlag
jet plane das Düsenflugzeug
jet-pro·pelled [ˌdʒetprə'peld] mit Düsenantrieb
jet set ['dʒetset] der Jetset
jet·ty ['dʒeti] ① der Hafendamm, die Mole ② die Landungsbrücke
Jew [dʒu:] der Jude/die Jüdin
jew·el ['dʒu:əl] ① der Edelstein; (*auch übertragen*) das Juwel ② **jewels** ⚠ *Plural* der Schmuck
je·wel·ler ['dʒu:ələʳ], USA **je·wel·er** ['dʒu:ələʳ] der Juwelier
je·wel·lery ['dʒu:əlrɪ], USA **je·wel·ry** ['dʒu:əlri] die Juwelen, der Schmuck
Jew·ess ['dʒu:əs] <*Plural* jewesses> (*abwertend*) die Jüdin
Jew·ish ['dʒu:ɪʃ] jüdisch
jif·fy ['dʒɪfi] (*umgangsspr*) **in a jiffy** im Nu; **just a jiffy!** einen Augenblick bitte!
Jif·fy bag® die gepolsterte Versandtasche
jig·saw ['dʒɪgsɔ:] ① **jigsaw [puzzle]** das Puzzle ② die Stichsäge
ji·had·ist [dʒɪ'hɑ:dɪst] Jihad-
to **jin·gle** ['dʒɪŋgl̩] ① *Schlüssel, Münzen, Schmuck:* klimpern; *kleine Glöckchen:* bimmeln ② klimpern mit *Schlüssel, Münzen*
jin·gle ['dʒɪŋgl̩] ① *von Schlüsseln, Münzen, Schmuck:* das Klimpern; *von Glöckchen:* das Bimmeln ② (*im Radio*) der Jingle
job [dʒɒb] ① die Arbeit; **to do a job for someone** für jemanden etwas erledigen; **to do a good/bad job** seine Sache gut/schlecht machen; **to do odd jobs** Gelegenheitsarbeiten verrichten; **out of a job** arbeitslos ② die Stelle, der Job ③ (*zu erfüllen*) die Aufgabe; **he's only doing his job** er tut nur seine Pflicht ④ (*umgangsspr*) **it's quite a job!** es ist eine schwierige Sache! ⑤ (*slang: Straftat*) das Ding ▶ WENDUNGEN: **just the job** genau das Richtige; **that should do the job** das müsste hinhauen; **I had a job doing it** es war nicht leicht; **to make the best of a bad job** das Beste aus etwas machen
job ad·ver·tise·ment die Stellenausschreibung
job ap·pli·ca·tion die Stellenbewerbung
job·cen·tre GB ≈ die Bundesagentur für Arbeit (*für Arbeitsvermittlung, Durchführung arbeitsmarktpolitischer Maßnahmen und Gewährung von Lohnersatzleistungen zuständig*)
job coun·sel·lor der Arbeitsberater/die Arbeitsberaterin
job crea·tion scheme die Arbeitsbeschaffungsmaßnahme
job cuts *Plural* der Stellenabbau
job de·scrip·tion die Stellenbeschreibung
job hunt die Stellensuche
job inter·view das Vorstellungsgespräch
job·less ['dʒɒbləs] arbeitslos
job mar·ket der Arbeitsmarkt

J

job·seek·er ['dʒɒbˌsi:kəʳ] der/die Arbeitssuchende
job·seek·er's al·low·ance GB das Arbeitslosengeld, die Arbeitslosenhilfe
job-share GB die Arbeitsplatzteilung
to **job-share** GB sich einen Arbeitsplatz teilen
job-shar·ing die Arbeitsplatzteilung
job ti·tle die Berufsbezeichnung
jock·ey ['dʒɒki] der Jockey, der Rennreiter/die Rennreiterin
jog [dʒɒg] **to go for a jog** joggen gehen
to **jog** [dʒɒg] <jogged, jogged> ① laufen gehen, joggen ② **to jog someone's memory** jemandes Gedächtnis nachhelfen
◆ to **jog along**, to **jog on** sich fortschleppen
jog·ger ['dʒɒgəʳ] der Läufer/die Läuferin, der Jogger/die Joggerin
jog·ging ['dʒɒgɪŋ] Jogging; **to go jogging** joggen
john [dʒɒn] USA (*slang*) das Klo
John [dʒɒn] **John the Baptist** Johannes der Täufer
john·ny, john·nie ['dʒɒni] ① der Kerl, der Bursche ② (*slang*) das Kondom, der Pariser
join [dʒɔɪn] die Verbindungsstelle, die Fuge, die Naht
to **join** [dʒɔɪn] ① **to join something** etwas verbinden (**to/onto** mit) ② **to join someone** sich zu jemandem gesellen, sich jemandem anschließen; **come and join us!** setzt dich doch zu uns!, komm mit uns!; **to join a club** in einen Verein eintreten; **to join a company** anfangen, für eine Firma zu arbeiten; **to join forces with someone** sich mit jemandem zusammenschließen, mit jemandem zusammenarbeiten; **to join hands with someone** sich an den Händen fassen; (*übertragen*) mit jemandem gemeinsame Sache machen ③ *Fluss:* sich vereinigen, münden in; *Straße:* zusammenlaufen; *Land:* angrenzen (**to** an) ④ einstimmen (**in** in); **everybody join in the chorus!** alle im Chor!
◆ to **join in** mitmachen (**with** bei)
◆ to **join on** ① **to join something on** etwas verbinden ② **our garden joins onto theirs** unser Garten grenzt an ihren
◆ to **join up** ① (*beim Militär*) einrücken ② miteinander verbinden
join·er ['dʒɔɪnəʳ] der Tischler/die Tischlerin, der Schreiner/die Schreinerin
joint¹ [dʒɔɪnt] ① (*anatomisch*) das Gelenk; **out of joint** ausgerenkt; (*übertragen*) aus den Fugen ② die Keule; **lamb joint** die Lammkeule; **the Sunday joint** der Sonntagsbraten ③ die Naht, die Fuge ④ (*umgangsspr*) die Kneipe, die Spielhölle ⑤ (*umgangsspr: Marihuana*) der Joint ▶ WENDUNGEN: **to put someone's nose out of joint** jemanden vor den Kopf stoßen
joint² [dʒɔɪnt] gemeinsam, gemeinschaftlich; **to**

take joint action gemeinsam vorgehen
joint ac·count das Gemeinschaftskonto
joint·ed ['dʒɔɪntɪd] gegliedert
joint ef·fort die Gemeinschaftsarbeit
joint·ly ['dʒɔɪntli] gemeinsam, zusammen
joint own·er der Miteigentümer/die Miteigentümerin
joint ven·ture das Joint Venture
joke [dʒəʊk] ① der Spaß, der Scherz; **a practical joke** ein Streich; **it's no joke** das ist kein Scherz; **to carry the joke too far** den Spaß zu weit treiben; **to make a joke of something** etwas ins Lächerliche ziehen, einen Witz aus etwas machen; **to play a joke on someone** jemandem einen Streich spielen; **he can't take a joke** er versteht keinen Spaß; **I don't see the joke** was soll daran lustig sein?; **the joke was on him** er war der Narr ② **to tell a joke** einen Witz erzählen; **it's a standing joke** die ganze Welt lacht darüber
to **joke** [dʒəʊk] Witze machen, scherzen; **you must be joking!** das kann doch wohl nicht dein Ernst sein!; **I was only joking** ich habe das nicht ernst gemeint
jok·er ['dʒəʊkə^r] ① der Witzbold ② (*umgangsspr*) der Kerl, der Bursche ③ (*im Kartenspiel*) der Joker
jok·ing¹ ['dʒəʊkɪŋ] scherzhaft
jok·ing² ['dʒəʊkɪŋ] *kein Plural* das Scherzen; **joking apart** Spaß beiseite
jok·ing·ly ['dʒəʊkɪŋli] im Scherz
jol·ly ['dʒɒli] ① fröhlich, lustig ② (*umgangsspr*) mächtig, sehr; **it was a jolly good evening** es war ein prima Abend; **you can jolly well do it yourself!** du kannst es verdammt noch mal selber tun! ③ **Jolly Roger** die Piratenflagge
to **jolt** [dʒəʊlt] ① **to jolt something** etwas [durch]rütteln ② (*übertragen*) **to jolt someone** jemanden erschüttern; **to jolt someone into action** jemanden auf Trab bringen ③ *Auto, Traktor:* holpern
jolt [dʒəʊlt] ① der plötzliche Stoß ② der Schock
to **jos·tle** ['dʒɒsl] drängeln; **to jostle someone** jemanden anrempeln
jot [dʒɒt] **not a jot** kein Fünkchen
◆ to **jot down** **to jot something down** [sich] etwas kurz notieren
jot·ter ['dʒɒtə^r], **jot·ter pad** ['dʒɒtə^r-] (GB) der Notizblock
jot·tings ['dʒɒtɪŋz] *Plural* die Notizen
jour·nal ['dʒɜːnᵊl] ① das Tagebuch ② das Journal ③ die Zeitschrift
jour·nal·ism ['dʒɜːnᵊlɪzᵊm] der Journalismus
jour·nal·ist ['dʒɜːnᵊlɪst] der Journalist/die Journalistin
jour·ney ['dʒɜːni] die Reise; **to break one's journey** die Reise unterbrechen; **to go on a journey** eine [lange] Reise antreten; **a day's journey** eine Tagesreise
joy [dʒɔɪ] ① die Freude (**in/of** an, **at** über); **to wish someone joy** jemandem viel Vergnügen wünschen; **to dance for** [*oder* **with**] **joy** vor Freude tanzen; **to their great joy** zu ihrer großen Freude ② **I didn't have any joy** (*umgangsspr*) ich hatte keinen Erfolg
joy·ful ['dʒɔɪfᵊl] ① voller Freude ② freudig, froh, glücklich
joy·less ['dʒɔɪləs] freudlos, traurig
joy·ous ['dʒɔɪəs] freudig, froh
joy·ride *Fahrt in einem gestohlenen Auto*
joy·stick ① der Steuerknüppel ② (*für den Computer*) der Steuerknüppel, der Joystick
JP *Abkürzung von* **Justice of the Peace** der Friedensrichter/die Friedensrichterin
ju·bi·lant ['dʒuːbɪlənt] überglücklich, frohlockend
ju·bi·la·tion [ˌdʒuːbɪ'leɪʃᵊn] der Jubel
ju·bi·lee ['dʒuːbɪliː] das Jubiläum; **silver jubilee** das 25-jährige Jubiläum; **diamond jubilee** das 60-jährige Jubiläum
Ju·da·ism ['dʒuːdeɪɪzᵊm] *kein Plural* der Judaismus, das Judentum
judge [dʒʌdʒ] ① der Richter/die Richterin (**of** über) ② der Schiedsrichter/die Schiedsrichterin, der Preisrichter/die Preisrichterin ③ der Kenner/die Kennerin; **to be no judge of something** sich in etwas nicht auskennen; **he's the best judge of that** er kennt sich am besten damit aus
to **judge** [dʒʌdʒ] ① (*in einem Gerichtsfall*) richten; **to judge a case** einen Fall verhandeln, die Verhandlung über einen Fall führen ② (*in einem Wettbewerb*) die Entscheidung treffen ③ urteilen; **to judge someone/something** jemanden/etwas beurteilen; **as far as I can judge** soweit ich das beurteilen kann; **judging by the size, it weighs very little** gemessen an der Größe, wiegt es sehr wenig ④ [ab]schätzen *Situation* ⑤ **to judge someone to be something** jemanden für etwas halten, jemanden als etwas ansehen
judg(e)·ment ['dʒʌdʒmənt] ① das Urteil (**on** über); **to pass judgement** ein Urteil fällen (**on** über); **to sit in judgement** (*auch übertragen*) zu Gericht sitzen (**on** über) ② der Richterspruch ③ (*übertragen*) die Meinung; **in my judgement** meines Erachtens ④ der gesunde Menschenverstand; **against one's better judgement** gegen die eigene Überzeugung
ju·di·cial [dʒuː'dɪʃᵊl] richterlich; **judicial inquiry** die gerichtliche Untersuchung
ju·di·ci·ary [dʒuː'dɪʃᵊri] **the judiciary** die Richterschaft
ju·di·cious [dʒuː'dɪʃəs] klug
judo ['dʒuːdəʊ] Judo
jug [dʒʌg] der Krug, die Kanne

J

jug·ger·naut [ˈdʒʌgənɔːt] GB der Schwerlaster
to **jug·gle** [ˈdʒʌgl̩] (*auch übertragen*) jonglieren
jug·gler [ˈdʒʌglə^r] der Jongleur/die Jongleurin
Ju·go·slav[1] [ˈjuːgə(ʊ)slɑːv] (*historisch*) jugoslawisch
Ju·go·slav[2] [ˈjuːgə(ʊ)slɑːv] (*historisch*) der Jugoslawe, die Jugoslawin
Ju·go·sla·via [juːgə(ʊ)ˈslɑːvɪə] (*historisch*) Jugoslawien
juice [dʒuːs] ① der Saft; **juice extractor** der Entsafter ② (*umgangsspr*) das Benzin ③ (*umgangsspr: Elektrizität*) der Strom, der Saft
juicy [ˈdʒuːsi] ① saftig ② *Geschichte, Skandal:* pikant ③ Gewinn bringend
juke·box [ˈdʒuːkbɒks] der Musikautomat
July [dʒʊˈlaɪ] der Juli; **in July** im Juli; **on 15th July, on July 15** USA am 15. Juli; **at the beginning of July** Anfang Juli; **at the end of July** Ende Juli
jum·ble [ˈdʒʌmbl̩] der Mischmasch, das Durcheinander
◆ to **jumble up to jumble something up** etwas [ver]mischen; (*übertragen*) etwas durcheinanderbringen
jum·ble sale ① der Trödelmarkt ② der Wohltätigkeitsbasar
jum·bo [ˈdʒʌmbəʊ] riesig; **jumbo jet** der Jumbo [Jet]
jump [dʒʌmp] ① der Sprung; **high jump** der Hochsprung; **long jump** der Weitsprung; **triple jump** der Dreisprung ② *von Körper:* die Zuckung ③ *von Preisen:* das plötzliche Ansteigen ④ der Gedankensprung
to **jump** [dʒʌmp] ① springen; **to jump something** über etwas springen ② *Person:* zusammenzucken ③ *Preise:* in die Höhe schnellen ④ *Gerät:* überspringen; **to jump the rails** *Zug:* entgleisen ⑤ **jump to it!** (*umgangsspr*) mach schon! ⑥ **to jump to conclusions** voreilige Schlüsse ziehen ▶ WENDUNGEN: **to jump bail** untertauchen (*während man auf Kaution frei ist*); **to jump ship** ohne Erlaubnis abheuern; **to jump the gun** vorher anfangen; (*beim Sport*) einen Frühstart machen; **to jump the queue** sich vordrängeln
◆ to **jump about** herumhüpfen
◆ to **jump at** sich stürzen auf; **he jumped at the chance** er hat die Gelegenheit beim Schopf gepackt
◆ to **jump down** hinabspringen, hinunterspringen (**from** von) ▶ WENDUNGEN: **to jump down someone's throat** (*umgangsspr*) jemanden anfahren [*oder* anschnauzen]
◆ to **jump in** ① hineinspringen *Wasser* ② hineinsteigen *Auto, Zug*
◆ to **jump off** herabspringen; **to jump off something** von etwas springen
◆ to **jump on** ① aufspringen; **to jump on [to] one's bicycle** sich aufs Fahrrad schwingen ② **to jump on someone** jemanden anfahren ▶ WENDUNGEN: **to jump on the bandwagon** auf den fahrenden Zug aufspringen
◆ to **jump out** hinausspringen; aussteigen *Auto, Zug*
◆ to **jump up** aufspringen, hochspringen
jumped-up [ˈdʒʌmptʌp] (*umgangsspr*) eingebildet, hochnäsig
jump·er [ˌdʒʌmpə^r] ① der Springer/die Springerin; **high jumper** der Hochspringer/die Hochspringerin; **long jumper** der Weitspringer/die Weitspringerin ② GB der Pullover
jump·ing jack [ˈdʒʌmpɪŋˈdʒæk] der Knallfrosch
jump leads [ˈdʒʌmpˌliːdz] *Plural* das Starthilfekabel
jump·suit der Overall
jumpy [ˈdʒʌmpi] (*umgangsspr*) nervös, schreckhaft
junc·tion [ˈdʒʌŋkʃ^ən] ① der Verbindungspunkt, der Schnittpunkt ② **road junction** die [Straßen]kreuzung, der [Verkehrs]knotenpunkt ③ der Eisenbahnknoten[punkt] ④ (*Elektrizität*) die Anschlussstelle
June [dʒuːn] der Juni; **in June** im Juni; **on 15th June, on June 15** USA am 15. Juni; **at the beginning of June** Anfang Juni; **at the end of June** Ende Juni
jun·gle [ˈdʒʌŋgl̩] der Dschungel, der Urwald
jun·ior[1] [ˈdʒuːniə^r] ① jünger ② von geringerem Dienstalter, von niedrigerem Rang (**to** als) ③ (*nach einem Namen*) **Smith Junior** Smith Junior
jun·ior[2] [ˈdʒuːniə^r] ① der/die Jüngere; **to be someone's junior** jünger als jemand sein; **he's her junior by two years** er ist zwei Jahre jünger als sie ② der/die Rangniedrigere ③ USA der/die Schüler/Schülerin im 3. Schuljahr ④ USA der/die Student/Studentin im 3. Studienjahr
jun·ior col·lege USA *College für die beiden ersten Studienjahre*
jun·ior high school USA *Schule, die das 8. und 9. Schuljahr umfasst*
jun·ior school GB die Grundschule

> **L** In Großbritannien ist eine **junior school** eine Art Grundschule für Kinder im Alter von 7–11 Jahren.

junk [dʒʌŋk] ① der Abfall, das Gerümpel ② der Ramsch
junk food [ˌdʒʌŋkˈfuːd] die minderwertige Kost
junkie [ˈdʒʌŋki] (*umgangsspr*) der/die Rauschgiftsüchtige, der Junkie
junk mail [ˈdʒʌŋmeɪl] die [unerwünschte] Reklamesendung
junk shop der Trödelladen
junk·yard [ˈdʒʌŋkjɑːd] der Schrottplatz
ju·ror [ˈdʒʊərə^r] der/die Geschworene, der Schöf-

fe/die Schöffin

jury ['dʒʊəri] 1 [die] Geschworenen, [die] Schöffen 2 die Jury; **trial by jury** die Schwurgerichtsverhandlung; **to do jury service** Schöffe/Schöffin sein

G Wenn man von **the jury** im Sinne von einer Einheit spricht, wird es mit einem Verb im Singular gebraucht: *the jury is still out*
Wenn man jedoch von den einzelnen Gruppenmitgliedern sprechen will, wird **the jury** mit einem Verb im Plural gebraucht: *The jury are a panel of 12 local people aged between 18 and 70*

just[1] [dʒʌst] 1 *Strafe:* gerecht; *Person:* redlich 2 rechtmäßig 3 *Zorn:* berechtigt 4 *Maß:* recht

just[2] [dʒʌst, dʒəst] 1 genau; **just as good/bad/interesting** genauso gut/schlecht/interessant; **just as well** auch gut; **that's just it!** darum geht es ja gerade!; **just so** ganz richtig, genauso 2 gerade; **just as he arrived the phone rang** gerade als er ankam, hat das Telefon geklingelt; **just then** gerade in diesem Augenblick; **only just** gerade noch; **he [only] just made it** er hat es gerade noch [*oder* mit knapper Not] geschafft; **just now** gerade [so] eben; **just after/before** direkt nach/vor; **it's just after/before 10** es ist kurz nach/vor 10 Uhr 3 **just enough** gerade genug; **I've just about had enough of this** mir reicht's langsam; **just about** beinahe, ungefähr 4 (*umgangsspr*) ganz, einfach; **just like that** einfach so; **that's just crazy!** das ist einfach verrückt!; **"he wouldn't do it!" — "wouldn't he just!"** „er würde es nicht tun!" — „und ob!" 5 **just a moment!** einen Augenblick! 6 **just tell me!** sag doch mal! 7 **just in case** für alle Fälle, für den Fall, dass 8 **just the same** trotzdem

just[3] [dʒʌst] **the just** die Gerechten ▶WENDUNGEN: **to sleep the sleep of the just** den Schlaf der Gerechten schlafen

jus·tice ['dʒʌstɪs] 1 die Gerechtigkeit; **to do someone/something justice** jemandem/etwas gerecht werden 2 das Recht; **to administer** [*oder* **dispense**] **justice** Recht sprechen; **court of justice** das Gericht, der Gerichtshof 3 der Richter/die Richterin; **Justice of the Peace** der Friedensrichter/die Friedensrichterin

jus·ti·fi·able ['dʒʌstɪfaɪəbl] zu rechtfertigen, vertretbar

jus·ti·fi·ca·tion [ˌdʒʌstɪfɪ'keɪʃᵊn] die Rechtfertigung; **in justification** zur Rechtfertigung (**of** von)

to **jus·ti·fy** ['dʒʌstɪfaɪ] rechtfertigen (**to** vor); **they'd be justified in complaining** sie sollten sich ruhig beschweren ▶WENDUNGEN: **the end justifies the means** der Zweck heiligt die Mittel

just·ly ['dʒʌstli] verdientermaßen, gerechterweise

ju·venile[1] ['dʒuːvᵊnaɪl] 1 jugendlich, jung 2 unreif

ju·venile[2] ['dʒuːvᵊnaɪl] der/die Jugendliche

ju·venile court das Jugendgericht

ju·venile crime, **ju·venile de·lin·quen·cy** die Jugendkriminalität

ju·venile de·lin·quent der jugendliche Straftäter/die jugendliche Straftäterin

J

Kk

K <*Plural* K's *oder* Ks>, **k** [keɪ] <*Plural* k's> K, k

ka·mi·ka·ze at·tack der Kamikazeangriff

kan·ga·roo [ˌkæŋgᵊr'uː] das Känguru

ka·rao·ke [ˌkæri'əʊki] *kein Plural* das Karaoke

ka·ra·te [kə'rɑːti] Karate

ka·ra·te chop der Karateschlag

kay·ak ['kaɪæk] der Kajak

KB [ˌkeɪ'biː] *Abkürzung von* **kilobyte** KB, Kbyte

ke·bab [kɪ'bæb] der Kebab

keel [kiːl] der Kiel ▶WENDUNGEN: **to be on an even keel** ausgeglichen sein
◆to **keel over** kentern; (*übertragen*) umkippen

keen [kiːn] ① *Interesse:* lebhaft, stark; *Person:* stark interessiert (**on** an); **she is keen on riding** sie ist eine leidenschaftliche Reiterin; **I am not very keen on meeting him** ich bin nicht besonders scharf darauf, ihn kennen zu lernen ② *Augen, Messer, Verstand:* scharf ③ *Wind:* schneidend ④ *Kälte:* durchdringend, streng ⑤ *Schmerz:* stechend, heftig ⑥ *Appetit:* stark, groß ⑦ *Wettstreit:* heftig

keep [kiːp] ① die Unterhaltskosten; **to earn one's keep** seinen Lebensunterhalt verdienen ② **for keeps** (*umgangsspr*) für immer

to **keep** [kiːp] <kept, kept> ① behalten; **to keep something under control** etwas in Schranken halten; **to keep something in mind** etwas im Auge behalten; **to keep a promise** ein Versprechen halten; **can you keep a secret?** kannst du etwas für dich behalten?; **to keep something from someone** etwas vor jemandem verheimlichen; **to keep something in [good] repair** etwas in gutem Zustand [er]halten; **to keep silent** Stillschweigen bewahren; **to keep someone in suspense** jemanden in der Schwebe lassen; **to keep watch** aufpassen ② **to keep [to the] left** sich links halten; *Auto:* links fahren ③ einhalten, befolgen *Gesetz, Regeln* ④ aufbewahren *Waren;* **to keep cool** kühl aufbewahren; *Lebensmittel:* sich halten ⑤ unterhalten *Haus, Familie;* **to keep house** haushalten ⑥ halten *Vieh* ⑦ beschäftigen *Personal* ⑧ führen *Waren, Tagebuch* ⑨ feiern *Jahrestag* ⑩ betreiben *Hotel* ⑪ (*im Geschäft*) **do you keep tablecloths?** haben Sie Tischdecken? ⑫ aufhalten, abhalten *Person* (**from** von); **don't let me keep you** lass dich [von mir] nicht aufhalten; **what kept you?** wo warst du denn so lange?; **to keep someone waiting** jemanden warten lassen ⑬ **to keep hold of something** etwas festhalten; **to keep one's seat** sitzen bleiben ⑭ **to keep calm** [*oder* **quiet**] ruhig bleiben; **to keep one's temper** ruhig bleiben ⑮ **to keep doing something** etwas weiterhin tun, etwas dauernd tun; **keep going!** gehen Sie weiter!; (*übertragen*) machen Sie weiter!; **keep smiling!** Kopf hoch!; **keep talking!** reden Sie weiter! ⑯ **to keep someone company** jemandem Gesellschaft leisten ⑰ **to keep [good] time** *Uhr:* richtig gehen; *Person:* Takt halten ⑱ **to keep track of something** sich etwas merken ⑲ **keep your hands off!** nehmen Sie Ihre Hände weg! ⑳ **how is he keeping?** wie geht es ihm?; **to keep fit** fit bleiben ㉑ **that can keep** das kann warten ▶WENDUNGEN: **to keep one's head** die Ruhe bewahren
◆to **keep ahead** vorne bleiben; **to keep ahead of the others** in Führung bleiben
◆to **keep at** **to keep at something** mit etwas weitermachen; **keep at it!** nicht aufgeben!
◆to **keep away** ① wegbleiben ② **to keep someone/something away** jemanden/etwas fernhalten (**from** von); **he can't keep away from it** er kann die Finger nicht davon lassen
◆to **keep back** ① zurückbleiben ② **to keep something back** etwas zurückhalten; zurückbehalten *Geld* ③ verschweigen, zurückhalten *Informationen* ④ **to keep someone back** jemanden aufhalten
◆to **keep down** ① unten lassen; einziehen *Kopf;* **keep your voice down!** rede nicht so laut! ② einschränken *Ausgaben;* niedrig halten *Steuern, Preise* ③ (*übertragen*) unterdrücken *Person* ④ bei sich behalten *Essen*
◆to **keep from** **to keep from doing something** etwas unterlassen, etwas vermeiden
◆to **keep in** ① **to keep someone in** jemanden am Ausgehen hindern; **to keep a pupil in** einen Schüler nachsitzen lassen ② zügeln *Gefühle* ③ **to keep in with someone** die Beziehung zu jemandem pflegen; **to keep in with a customer** einen Kundenkontakt pflegen ④ einziehen *Bauch*
◆to **keep off** ① **to keep off something** von etwas wegbleiben [*oder* fernbleiben]; **keep off!** betreten verboten!; **keep off the grass!** betreten des Rasens verboten! ② **to keep someone off something** jemanden von etwas abhalten
◆to **keep on** ① aufbehalten *Hut;* anbehalten *Kleidung* ② weiterbeschäftigen *Person* ③ **keep on with your work** arbeitet doch weiter; **he keeps on calling me** er ruft mich immer wieder an; **she kept on sneezing** sie konnte nicht aufhören zu niesen; **to keep on at someone** jemanden nicht in Ruhe lassen; **to keep on about something** dauernd von etwas reden; **to keep on talking** weiterreden (**about** über)

4 **to keep on down this road** (*mit dem Auto*) diese Straße immer weiterfahren; (*zu Fuß*) diese Straße immer weitergehen; **to keep straight on** immer geradeaus gehen [*oder* fahren]

◆to **keep out** 1 **to keep someone/something out** jemanden/etwas nicht hereinlassen; abhalten *Kälte* 2 sich fernhalten (**of** von); **keep out!** Eintritt verboten! 3 **to keep out of danger** Gefahr meiden

◆to **keep to** 1 **to keep to the rules/a diet** sich an die Regeln/eine Diät halten 2 **to keep to the path** auf dem Weg bleiben; **to keep to the left** sich links halten, links fahren 3 **to keep oneself to oneself** für sich bleiben

◆to **keep together** 1 **to keep something together** etwas zusammenhalten 2 zusammenbleiben

◆to **keep up** 1 fortfahren mit, weitermachen [mit] *gute Arbeit, Leistung;* **keep it up!** nur so weiter! nicht nachgeben!; **I hope this weather keeps up** hoffentlich hält das Wetter an 2 festhalten an; aufrecht halten *Gewohnheit, Brauch;* aufrechterhalten *Standard, Bemühungen, Freundschaft* 3 halten *Tempo* 4 **to keep up with someone** (*auch übertragen*) mit jemandem Schritt halten; (*mit Bekanntschaft*) mit jemandem Kontakt halten; **to keep up with the news** auf dem Laufenden bleiben; **he talked so fast, I couldn't keep up** er sprach so schnell, dass ich kaum mitkam 5 fortführen *Geschäft* 6 unterhalten *Haus;* in Stand halten *Straße* 7 **to keep one's spirits up** den Kopf nicht hängen lassen; **to keep up appearances** den Schein wahren 8 **to keep someone up** jemanden vom Schlafengehen abhalten ▶WENDUNGEN: **to keep up with the Joneses** mit den anderen gleichziehen

keep·er ['kiːpəʳ] 1 **[game]keeper** der Wildhüter 2 **zookeeper** der Tierwärter/die Tierwärterin 3 **[goal]keeper** der Torwart

keep-fit *kein Plural* das Fitnesstraining

keep·ing ['kiːpɪŋ] 1 **in keeping with** in Übereinstimmung mit, in Einklang mit 2 **for safe keeping** zur sicheren Aufbewahrung

keg beer (GB) das Bier vom Fass, das Fassbier

ken·nel ['kenᵊl] 1 die Hundehütte 2 **kennels** ⚠ *Plural* der Hundezwinger; **boarding kennels** die Hundepension

kept [kept] *2. und 3. Form von* **keep**

kerb [kɜːb] die Bordkante

ketch·up ['ketʃʌp] der/das Ketchup

ket·tle ['ketl̩] der Kessel; **to put the kettle on** Teewasser/Kaffeewasser aufsetzen ▶WENDUNGEN: **a pretty kettle of fish!** eine schöne Bescherung!; **that's a different kettle of fish [altogether]!** das ist ja etwas ganz anderes!

key¹ [kiː] 1 der Schlüssel 2 (*übertragen*) die Lösung (**of** für) 3 *von Klavier, Schreibmaschine:* die Taste 4 *eines Blasinstruments:* die Klappe 5 (*in der Musik*) die Tonart; **to sing off key** falsch singen 6 die Zeichenerklärung

key² [kiː] wichtigste(r, s); **key man** die Schlüsselfigur; **key point** der springende Punkt; **key position** die Schlüsselposition

◆to **key in** eingeben *Daten*

◆to **key up** 1 **to be keyed up** aufgedreht sein 2 **to key someone up for something** jemanden auf etwas einstimmen

key·board ['kiːbɔːd] die Klaviatur; *von Computer:* die Tastatur

key·board in·stru·ment das Tasteninstrument

key·board·ist der Keyboardspieler/die Keyboardspielerin

key·hole ['kiːhəʊl] das Schlüsselloch

key mon·ey die Kaution

key·note ad·dress, key·note speech die programmatische Rede, das Grundsatzreferat

key·pad ['kiːpæd] das Tastenfeld

key per·son·nel ⚠ *Singular* der/die leitende Angestellte

key ring der Schlüsselring

kick [kɪk] 1 der Fußtritt, der Stoß 2 (*beim Fußball*) der Schuss 3 **to get a big kick out of something** (*umgangsspr*) viel Spaß an etwas haben; **to do something for kicks** (*umgangsspr*) etwas zum Spaß tun; **to live for kicks** (*umgangsspr*) nur zu seinem Vergnügen leben

to **kick** [kɪk] 1 treten; *Pferd:* ausschlagen; *Baby:* strampeln; **to kick someone** jemandem einen Tritt geben 2 kicken *Fußball;* schießen *Tor* 3 (*umgangsspr*) **to kick a habit** etwas aufgeben; **to kick heroin** vom Heroin runterkommen 4 **I could have kicked myself** (*umgangsspr*) ich hätte mich selber in den Hintern treten können

◆to **kick about** 1 **to kick an animal/someone about** ein Tier/jemanden schlecht behandeln 2 herumkicken *Ball* 3 herumbummeln

◆to **kick against to kick against something** gegen etwas treten

◆to **kick around** 1 **to kick an animal/someone around** ein Tier/jemanden schlecht behandeln 2 herumkicken *Ball* 3 herumbummeln, herumliegen

◆to **kick at to kick at something** gegen etwas treten

◆to **kick away to kick something away** etwas wegstoßen

◆to **kick back** (*umgangsspr*) 1 (*mit dem Fuß*) zurücktreten 2 zurückschießen *Ball*

◆to **kick in to kick something in** etwas eintreten; **to kick someone's teeth in** jemandem die Zähne einschlagen

◆to **kick off** 1 wegschleudern; (*beim Fußball*) anspielen 2 (*umgangsspr*) beginnen

K

◆ to **kick out** (*umgangsspr*) 1 **to kick someone/something out** jemanden/etwas rauswerfen 2 (*beim Fußball*) ins Aus schießen 3 *Pferd:* ausschlagen; *Person:* um sich treten

◆ to **kick up** **to kick up a fuss** [*oder* **row**] (*übertragen*) Krach schlagen

kick-off ['kɪkɒf] 1 (*beim Fußball*) der Anstoß, das Anspiel 2 (*umgangsspr*) der Anfang 3 **for a kick-off** zunächst [einmal]

kid [kɪd] (*umgangsspr*) 1 das Kind; **when you were a kid** als du klein warst; **that's kid's stuff** das ist etwas für kleine Kinder, das ist kinderleicht; **listen, kid** hör mal zu, Kleiner 2 **kid sister** die jüngere Schwester; **kid brother** der jüngere Bruder

to **kid** [kɪd] <kidded, kidded> (*umgangsspr*) Spaß machen; **don't kid yourself** mach dir doch nichts vor

to **kid·nap** ['kɪdnæp] <kidnapped, kidnapped> **to kidnap someone** jemanden entführen

kid·nap·per ['kɪdnæpəʳ] der Kidnapper/die Kidnapperin, der Entführer/die Entführerin

kid·nap·ping ['kɪdnæpɪŋ] die Entführung, der Menschenraub

K

kid·ney ['kɪdni] die Niere

kid·ney do·nor der Nierenspender/die Nierenspenderin

kid·ney fail·ure das Nierenversagen

kid·ney ma·chine die künstliche Niere

kill [kɪl] *eines Tieres:* die Beute ▶ WENDUNGEN: **to be in at the kill** am Schluss dabei sein

to **kill** [kɪl] 1 **to kill someone** jemanden töten; (*absichtlich*) jemanden umbringen; (*durch Schläge*) jemanden totschlagen; **smoking can kill you** das Rauchen kann tödliche Folgen haben 2 **to be killed in action** (*militärisch*) im Kampf fallen 3 schlachten, erlegen *Tier* 4 abtöten *Bakterien, Schmerz* 5 abwürgen *Motor;* anhalten, zum Stehen bringen *Maschine;* **to kill the light** das Licht ausschalten 6 **to kill time** Zeit totschlagen ▶ WENDUNGEN: **to dress to kill** sich herausputzen; **to kill two birds with one stone** zwei Fliegen mit einer Klappe schlagen; **my feet are killing me** meine Füße tun mir [wahnsinnig] weh; **to kill oneself laughing** sich totlachen

◆ to **kill off** vernichten *Feind;* abschlachten *Tiere*

kill [kɪl] *eines Tieres:* die Beute ▶ WENDUNGEN: **to be in at the kill** am Schluss dabei sein

kill·er ['kɪləʳ] 1 der Mörder/die Mörderin 2 **it's a real killer** (*umgangsspr*) das ist der glatte Mord

kill·er in·stinct der Tötungsinstinkt; **to have the killer instinct** (*übertragen*) bereit sein, über Leichen zu gehen

kill·er whale der Schwertwal, der Killerwal

kill·ing[1] ['kɪlɪŋ] 1 tödlich 2 (*übertragen*) mörderisch, ermüdend

kill·ing[2] ['kɪlɪŋ] 1 das Töten, der Mord 2 *eines Tieres:* das Abschlachten ▶ WENDUNGEN: **to make a killing** (*umgangsspr*) viel auf einmal verdienen, einen Reibach machen

kilo ['ki:lə(ʊ)] <*Plural* kilos> das Kilo

kilo·byte ['kɪlə(ʊ)baɪt] das Kilobyte

kilo·gram, GB **kilo·gramme** ['kɪlə(ʊ)græm] das Kilogramm

kilo·me·tre ['kɪləmi:təʳ], USA **kilo·me·ter** [kɪ'lɒmɪtəʳ, 'kɪlə(ʊ)mi:təʳ] der Kilometer

kilt [kɪlt] der Kilt, der Schottenrock

> **L** Der **kilt** oder **Highland dress** eines Schotten stammt aus dem 16. Jahrhundert und bestand damals aus einem einzigen Stück Stoff. Im 17. Jahrhundert wurden daraus zwei getrennte Kleidungsstücke: der **kilt** (Schottenrock) und das **plaid** (Umhangtuch aus Wolle). Aus dieser Zeit stammt auch der **sporran** (ein Beutel, der am Gürtel hängt). Zu besonderen Anlässen, wie Hochzeiten, tragen viele Männer auch heute noch einen **kilt**.

kin [kɪn] die Verwandtschaft; **the next of kin** die nächsten Angehörigen

kind[1] [kaɪnd] 1 die Art; **a kind of toy** eine Art Spielzeug; **this kind of thing** so etwas; **something of the kind** so etwas Ähnliches 2 die Sorte, die Klasse; **what kind of bird is it?** was für ein Vogel ist das?; **I am not that kind of person** so bin ich nicht; **they are two of a kind** sie sind vom gleichen Schlag; **the same kind** von derselben Sorte 3 (*umgangsspr*) **it was kind of funny/stupid** es war irgendwie witzig/doof

> **F** Nicht verwechseln mit **Kind** (das) = child!

kind[2] [kaɪnd] freundlich, nett; **to be kind to someone** nett zu jemandem sein; **kind to animals** tierlieb

kin·der·gar·ten ['kɪndəˌgɑ:tᵊn] *besonders* GB der Kindergarten; *besonders* USA die Vorschule

kind-heart·ed [ˌkaɪnd'hɑ:tɪd] gutmütig, gütig

kind·ly ['kaɪndli] 1 gütig, freundlich; **to take kindly to someone** jemanden lieb gewinnen 2 nett, liebenswürdig 3 **he very kindly helped us** er hat uns liebenswürdigerweise geholfen; **to thank someone kindly** jemandem herzlich danken 4 gefälligst; **kindly put it back** bitte seien Sie so freundlich und stellen Sie es zurück

kind·ness ['kaɪndnəs] <*Plural* kindnesses> 1 die Freundlichkeit, die Liebenswürdigkeit 2 die Gefälligkeit

king [kɪŋ] der König

king·dom ['kɪŋdəm] das Königreich; **the animal/vegetable kingdom** das Tierreich/Pflanzenreich; **kingdom of heaven** das Himmelreich; **the United Kingdom** das Vereinigte

Königreich

king·fish·er ['kɪŋ,fɪʃəʳ] der Eisvogel

king-size(d) (*umgangsspr*) besonders groß

kink [kɪŋk] ① der Knick ② (*im Haar*) die Kräuselung, die Welle

kinky ['kɪŋki] (*umgangsspr: sexuell*) abartig

ki·osk ['ki:ɒsk] der Kiosk, die Bude; **telephone kiosk** GB die Telefonzelle

kip [kɪp] (*umgangsspr*) das Schläfchen; **to get some** [*oder* **have a**] **kip** (*umgangsspr*) eine Runde pennen

to **kip** [kɪp] (*umgangsspr*) schlafen

kip·per ['kɪpəʳ] der Räucherhering

to **kiss** [kɪs] **to kiss someone/something** jemanden/etwas küssen

kiss [kɪs] <*Plural* kisses> der Kuss; **kiss of life** die Mund-zu-Mund-Beatmung

kiss-proof kussecht

kit [kɪt] ① (*auch militärisch*) die Ausrüstung; **sports kit** das Sportzeug ② (*umgangsspr*) der Satz ③ das Handwerkszeug; **repair kit** der Reparatursatz ④ **first-aid kit** das Verbandszeug

◆ to **kit out**, to **kit up** [kɪt] **to kit someone out** jemanden ausrüsten; ausstaffieren *Zimmer*

kitch·en ['kɪtʃɪn] die Küche

kitch·en·ette [,kɪtʃɪ'net] die Kochnische

kitch·en foil die Alufolie

kitch·en knife das Küchenmesser

kitch·en pa·per *kein Plural* das Küchenpapier

kitch·en sink ① die Spüle, der [Küchen]ausguss ② (*übertragen*) **he arrived here with everything but the kitchen sink** er kam mit Sack und Pack an

kitch·en ta·ble der Küchentisch

kitch·en tow·el ① *kein Plural* das Küchenpapier ② USA das Geschirrtuch

kitch·en unit der Küchenschrank

kite [kaɪt] ① (*Vogel*) der Milan ② der Drachen; **to fly a kite** einen Drachen steigen lassen; (*übertragen*) einen Versuchsballon steigen lassen

Kite·mark GB das [amtliche] Qualitätssiegel

kit·ten ['kɪtᵊn] ① das Kätzchen ② (*umgangsspr*) **to have kittens** Zustände kriegen

kit·ty ['kɪti] ① das Kätzchen ② die gemeinsame Kasse

kJ *Abkürzung von* **kilojoule** kJ

Kleen·ex® ['kli:neks] das Tempotaschentuch®

km/h *Abkürzung von* **kilometres per hour** km/h

knack [næk] ① der Kniff, der Trick; **there's a knack to it** man muss den Dreh kennen ② **it has the knack of stopping at the wrong moment** es neigt dazu, im falschen Moment anzuhalten

knack·ered ['nækəd] (*umgangsspr*) geschafft, todmüde

knee [ni:] ① das Knie; **on one's knees** auf den Knien; (*übertragen*) kniefällig ② **knee-jerk reaction** (*übertragen*) die spontane Abwehrreaktion

knee·cap ['ni:,kæp] die Kniescheibe

to **kneel** [ni:l] <knelt, knelt> knien; **to kneel down** niederknien

knee sock der Kniestrumpf

knees-up GB (*umgangsspr*) die [ausgelassene] Party

knelt [nelt] *2. und 3. Form von* **kneel**

knew [nju:] *2. Form von* **know**

knick·ers ['nɪkəʳz] *Plural* (*umgangsspr*) der [Damen]schlüpfer ▶ WENDUNGEN: **to get one's knickers in a twist** (*umgangsspr*) sich aufregen, durchdrehen

knife [naɪf, *Plural* naɪvz] <*Plural* knives> das Messer; **knives and forks** das Besteck

to **knife** [naɪf] **to knife someone/something** jemanden/etwas erstechen

knif·ing ['naɪfɪŋ] die Messerstecherei

knight [naɪt] ① der Ritter ② (*beim Schach*) der Springer

to **knight** [naɪt] **to knight someone** jemanden zum Ritter schlagen

knight·hood ['naɪthʊd] die Ritterwürde, der Ritterstand

> **L** In Großbritannien werden Personen, die sich mit außerordentlichen Leistungen um das Land verdient gemacht haben, in den **knighthood** (Adelsstand) erhoben und erhalten den Titel **Sir** vor ihrem Namen, z.B. *Sir John Smith* (Anrede: „Sir John"). Die Frau eines **Sir** hat den Titel **Lady**, z.B. *Lady Smith* (und man würde sie auch so anreden). Zusammen hießen sie *Sir John and Lady Smith*. Seit 1917 ist es auch für eine Frau möglich, den Titel **Dame** für Verdienste um das Land zu erhalten; z.B. *Dame Mary Smith* (Anrede: „Dame Mary").

to **knit** [nɪt] <knit *oder* knitted, knit *oder* knitted> ① stricken ② **to knit one's brow** die Stirn runzeln ③ (*übertragen*) *Knochen:* zusammenwachsen

knit·ting ['nɪtɪŋ] ① die Strickarbeit, das Strickzeug ② das Stricken

knit·ting-nee·dle die Stricknadel

knit·wear ['nɪtweəʳ] die Strickwaren, die Strickkleidung

knob [nɒb] ① der Griff, der Knopf, der Knauf ② die Beule ③ **a knob of butter** ein Stückchen Butter

knock [nɒk] ① der Schlag, der Stoß ② das Klopfen ③ (*umgangsspr*) der Tiefschlag, die Kritik; **to take a knock** (*übertragen*) erschüttert werden, einen schweren finanziellen Verlust erleiden

to **knock** [nɒk] ① **to knock someone/something** jemanden/etwas stoßen [*oder* schlagen] (**on/against** gegen) ② klopfen; **to knock at the door** an die Tür klopfen ▶ WENDUNGEN: **don't knock it!** (*umgangsspr*) mecker nicht darüber!; **that knocks you sideways** (*umgangsspr*) das haut dich um

◆to **knock about**, to **knock around** ① *Person:* sich herumtreiben; **to knock about** [*oder* **around**] **with someone** sich mit jemandem herumtreiben ② *Gegenstand:* herumliegen ③ **to knock someone/an animal about** [*oder* **around**] jemanden/ein Tier schlagen [*oder* verprügeln]

◆to **knock back** (*umgangsspr*) ① hinunterstürzen *Getränk* ② **it'll knock you back a bit** es wird dich was kosten ③ **it knocked me back** es hat mich ganz schön überrascht

◆to **knock down** ① **to knock someone down** jemanden umstoßen; (*mit Fahrzeug*) jemanden umfahren ② **to knock something down** etwas umstürzen; abbrechen *Gebäude* ③ herabsetzen *Preis*

◆to **knock into** ① **I can't seem to knock it into her head** ich kann es ihr nicht einbläuen ② **to knock something into shape** etwas in Form bringen

◆to **knock off** ① **to knock off** [**work**] (*umgangsspr*) Feierabend machen ② abschlagen *Gegenstand* ③ (*umgangsspr*) **to knock ten pounds off** [**the price**] zehn Pfund vom Preis nachlassen ④ (*umgangsspr*) **it was knocked off** es ist geklaut ⑤ (*umgangsspr*) erledigen *Person*

◆to **knock out** ① ausklopfen *Pfeife* ② (*beim Boxen*) k.o. schlagen ③ (*umgangsspr*) **I was really knocked out by the news** ich war von der Nachricht verblüfft

◆to **knock over** ① **to knock something over** etwas umwerfen ② umfahren *Person*

◆to **knock together** ① **to knock a meal together** ein Essen zaubern ② zusammenzimmern *Hütte* ③ **his knees were knocking together** ihm schlotterten die Knie ▶WENDUNGEN: **I'll knock their heads together!** ich werde die beiden schütteln!

◆to **knock up** ① hochschlagen *Ball* ② (GB) erzielen *Punktzahl* ③ zusammenzimmern *Hütte* ④ rasch zubereiten *Essen* ⑤ (GB) wecken *Person* ⑥ (*slang*) **he knocked her up** er hat ihr ein Kind angehängt

knock·er ['nɒkəʳ] der Türklopfer

knock·ing-off time *kein Plural* der Feierabend

knock·out ['nɒkaʊt] ① **knock-out blow** der K.o.-Schlag ② (*übertragen*) die vernichtende Niederlage ③ (*umgangsspr*) der Pfundskerl, das Pfundsweib ④ die Ausscheidung[srunde]

knot [nɒt] ① der Knoten; **to tie/untie a knot** einen Knoten machen/aufmachen ② (*im Holz*) der Ast ▶WENDUNGEN: **to tie oneself** [**up**] **in knots** in Schwierigkeiten geraten

to **knot** [nɒt] <knotted, knotted> ① sich verknoten; **to knot something** in etwas [einen] Knoten machen ② (*umgangsspr*) **get knotted!** lass mich in Ruh!

to **know** [nəʊ] <knew, known> ① wissen (**about** über); **I should have known better** ich hätte es besser wissen müssen; **not that I know of** nicht, dass ich wüsste; **to know the difference between right and wrong** Gut und Böse unterschieden können ② kennen *Person;* **I don't know her** ich kenne sie nicht; **to get to know someone** jemanden kennen lernen; **do you know each other?** haben Sie sich schon kennen gelernt?; **she's known to the police** sie ist der Polizei bekannt; **to make oneself known** sich bekannt machen ③ **to know someone by his/her voice/walk** jemanden an der Stimme/am Gang erkennen ④ können *Sprache;* sich auskennen mit *Gerät;* **do you know anything about car engines?** verstehst du etwas von Automotoren?; **to know how to do something** es verstehen, etwas zu tun ⑤ erfahren *Furcht, Zorn;* herausfinden *Methode* ⑥ **to come to be known** bekannt werden ⑦ **to let someone know** jemanden wissen lassen, jemandem Bescheid geben ⑧ **to know different** es besser wissen; **to know what's what** wissen, wie es in der Welt zugeht

know [nəʊ] **to be in the know** im Bilde sein

know-all ['nəʊɔːl] der Besserwisser/die Besserwisserin; **don't be such a know-all!** sei nicht so besserwisserisch!

know-how ['nəʊhaʊ] das Fachwissen; (*technisch*) das Know-how

know·ing ['nəʊɪŋ] **a knowing look/smile** ein viel sagender Blick/viel sagendes Lächeln

know·ing·ly ['nəʊɪŋli] ① viel sagend ② bewusst

know-it-all ['nəʊɪtɔːl] (USA) der Besserwisser/die Besserwisserin

knowl·edge ['nɒlɪdʒ] ① die Kenntnisse (**of** in); **knowledge of English** die Englischkenntnisse ② das Wissen, die Kenntnis; **to** [**the best of**] **my knowledge** soviel ich weiß; **without my knowledge** ohne mein Wissen

> **G** **knowledge** ist unzählbar; d.h. es wird nicht mit *a* oder im Plural gebraucht: *I have little knowledge of the subject; she has some knowledge of the local area*

knowl·edg(e)·able ['nɒlɪdʒ] kenntnisreich, bewandert (**about** in)

known[1] [nəʊn] *3. Form von* **know**

known[2] [nəʊn] bekannt, anerkannt

knuck·le ['nʌkḷ] ① der Knöchel ② (*Fleisch*) die Haxe ▶WENDUNGEN: **to give someone a rap on the knuckles** jemandem auf die Finger klopfen; **near the knuckle** an der Grenze zum Anstößigen

kohl [kəʊl] *kein Plural* das Kajal

Ko·ran [kɒr'ɑːn] der Koran

kph *Abkürzung von* **kilometres per hour** km/h

K

L

L <*Plural* L's *oder* Ls>, **l** [el] <*Plural* l's> L, l

LA [ˌel'eɪ] *Abkürzung von* **Los Angeles** Los Angeles

lab [læb] (*umgangsspr*) das Labor; **language lab** das Sprachlabor

la·bel ['leɪbᵊl] ① das Schildchen, das Etikett ② die Plattenfirma; (*auf CD, Schallplatte*) das Label ③ (*übertragen*) das Etikett

to **la·bel** ['leɪbᵊl] <labelled *oder* (USA) labeled, labelled *oder* (USA) labeled> ① etikettieren *Ware* ② (*übertragen*) bezeichnen *Person, Tier;* **to label someone as something** jemanden als etwas etikettieren

la·bor ['leɪbəʳ] (USA) ① die Arbeit; **to do something as a labor of love** etwas aus Liebe zur Sache tun ② die Arbeitskräfte ③ **to be in labor** Wehen haben

> **F** Nicht verwechseln mit **Labor** (das) = laboratory!

to **la·bor** ['leɪbəʳ] (USA) ① arbeiten (**at** an) ② sich [ab]mühen (**for** für)

la·bora·tory [lə'bɒrətᵊri] das Labor[atorium]

la·bora·tory as·sis·tant der Laborant/die Laborantin

> **L** **Labor Day**, der amerikanische Tag der Arbeit, wird nicht am 1. Mai, sondern am ersten Montag im September gefeiert und ist schon seit 1894 ein Nationalfeiertag.

la·bor·er (USA) der Arbeiter/die Arbeiterin

la·bo·ri·ous [lə'bɔːriəs] ① mühsam ② umständlich

la·bour ['leɪbəʳ] ① die Arbeit; **to do something as a labour of love** etwas aus Liebe zur Sache tun ② die Arbeitskräfte ③ **to be in labour** Wehen haben ④ **Labour** (GB) (*politisch*) die Labour Party

to **la·bour** ['leɪbəʳ] ① arbeiten (**at** an) ② sich [ab]mühen (**for** für)

la·bour camp das Arbeitslager

la·bour·er ['leɪbərəʳ] der Arbeiter/die Arbeiterin

la·bour mar·ket der Arbeitsmarkt

la·bour pains *Plural* die Wehen

La·bour Par·ty *kein Plural* (GB) **the Labour Party** die Labour Party

la·bour re·la·tions *Plural* das Arbeitgeber-Arbeitnehmerverhältnis

la·bour-sav·ing arbeitssparend

la·bour ward der Kreißsaal

lace [leɪs] ① (*für Schuh*) der Schnürsenkel, der Senkel ② *kein Plural* (*Textil*) die Spitze
◆ to **lace up** schnüren *Schuhe*

lace-ups ['leɪsʌps] *Plural* die Schnürschuhe

labour

> **F** Nicht verwechseln mit **Labor** (das) = laboratory!

lack [læk] der Mangel (**of** an); **for lack of love/money** aus Mangel an Liebe/Geld

> **F** Nicht verwechseln mit **Lack** (der) = varnish!

to **lack** [læk] fehlen; **to lack something** etwas nicht haben; **he lacks talent** ihm fehlt es an Talent; **you lack confidence** Ihnen fehlt das Selbstvertrauen; **they lack for nothing** es fehlt ihnen an nichts; **we lack the money for it** uns fehlt das Geld dazu

lack·ing ['lækɪŋ] fehlend; **to be lacking** fehlen; **she's lacking in confidence** ihr fehlt das Selbstvertrauen

lad [læd] ① der Junge ② der Typ; **the lads** (*umgangsspr*) die Jungs

lad·der ['lædəʳ] ① die Leiter ② (GB) die Laufmasche ③ (*übertragen*) die Stufenleiter, der Weg

to **lad·der** ['lædəʳ] (GB) *Strumpfhosen:* Laufmaschen bekommen

lad·dish ['lædɪʃ] (GB) (*abwertend*) jungenhaft, spitzbübisch

lad·en ['leɪdᵊn] beladen

la·dle ['leɪdl] ① der Schöpflöffel ② die Kelle

to **la·dle** ['leɪdl] schöpfen *Suppe, Eintopf*
◆ to **ladle out** ① **to ladle out the soup** die Suppe austeilen ② (*übertragen*) verschwenderisch verteilen

lady ['leɪdi] ① die Dame ② (*Adelsprädikat*) **Lady** die Lady ③ **Ladies and Gentlemen** meine Damen und Herren ④ **Ladies** (GB) die Damentoilette

lady·bird ['leɪdɪbɜːd] (GB) der Marienkäfer

lady·bug ['leɪdɪbʌg] (USA) der Marienkäfer

lag [læg] ① der Rückstand ② das Zurückbleiben;

L

time lag der Zeitabstand

to **lag** [læg] <lagged, lagged> zurückbleiben; **sales are lagging** der Verkauf läuft schleppend; **to lag behind** [**someone/something**] [hinter jemandem/etwas] zurückbleiben

la·ger ['lɑːgəʳ] das helle Bier

> **F** Nicht verwechseln mit **Lager** (das) = camp, store!

la·ger lout der [alkoholisierte] Randalierer

lag·ging ['lægɪŋ] *kein Plural* die Isolierung

laid [leɪd] *2. und 3. Form von* **lay**

laid-off [ˌleɪd'ɒf] [vorübergehend] arbeitslos

lain [leɪn] *3. Form von* **lie**

lake [leɪk] der See

lamb [læm] ① das Lamm ② **lamb** ⚠ *kein Plural* das Lammfleisch

lamb chop das Lammkotelett

lambs-wool ['læmzwʊl] die Lammwolle

lame [leɪm] ① lahm (**in** auf) ② (*übertragen*) schwach, nicht überzeugend; **lame excuse** die faule Ausrede

la·ment [lə'ment] das Klagelied (**for** über)

to **la·ment** [lə'ment] **to lament something** über etwas klagen; **to lament someone** um jemanden trauern; **to lament over something** etwas beklagen

la·men·table [lə'mentəbl̩] beklagenswert; *Versuch:* erbärmlich

lamp [læmp] die Lampe, die Laterne

lamp·post ['læmppəʊst] der Laternenpfahl

lamp·shade ['læmpʃeɪd] der Lampenschirm

land [lænd] ① das Land, das Festland; **by land** auf dem Landweg; **on land** auf dem Boden ② (*Acker, Wald*) das Land, Grund und Boden ③ das Land, der Staat ④ der Landbesitz, der Grundbesitz ▶ WENDUNGEN: **to see how the land lies** sehen, wie die Dinge liegen

to **land** [lænd] ① landen *Flugzeug;* anlegen *Schiff* ② *Flugpassagiere, Waren:* landen; *Schiffspassagiere:* an Land gehen; **they landed in Genoa** sie gingen in Genoa an Land ③ (*umgangsspr*) bekommen *Stelle, Geschäftsabkommen* ④ (*umgangsspr*) verpassen, versetzen *Schlag* ▶ WENDUNGEN: **to land on one's feet** auf die Füße fallen; **to land oneself in trouble** [*oder* **hot water**] in Ärger hineingeraten

land·ing ['lændɪŋ] ① das Landen, die Landung; **to make a safe landing** glücklich landen; **emergency landing** die Notlandung ② *von Fracht:* das Löschen ③ (*im Haus*) der Treppenabsatz, der Treppenflur

land·ing gear das Fahrgestell

land·ing strip die Landebahn

land·lady ['lænˌleɪdɪ] ① *von Wohnung, Haus:* die Vermieterin; *von Grund:* die Grundbesitzerin ② *von Hotel, Gaststätte:* die Wirtin

land·locked ['lændlɒkt] *Land:* ohne Zugang zum Meer; *Bucht, Hafen:* vom Land eingeschlossen

land·lord ['lænlɔːd] ① *von Wohnung, Haus:* der Vermieter, der Hauseigentümer; *von Grundstück:* der Grundbesitzer ② *von Hotel, Gaststätte:* der Gastwirt

land·mark ['lændmɑːk] ① der Grenzstein ② das Seezeichen ③ (*übertragen*) der Markstein

land·own·er ['lændˌəʊnəʳ] der Grundbesitzer/die Grundbesitzerin, der Gutsbesitzer/die Gutsbesitzerin

land·scape ['lændskeɪp] die Landschaft

land·scape paint·er der Landschaftsmaler/die Landschaftsmalerin

land·slide ['lændslaɪd] ① der Erdrutsch ② (*übertragen: in der Politik*) der überwältigende [Wahl]sieg, der Erdrutschsieg

lane [leɪn] ① (*in der Stadt*) die Gasse ② (*auf dem Land*) die schmale Landstraße ③ (*im Sport*) die [Renn]bahn ④ (*auf der Straße*) die Spur; **get in lane!** bitte einordnen! ⑤ **shipping lanes** die Schifffahrtswege

lan·guage ['læŋgwɪdʒ] ① die Sprache ② die Ausdrucksweise, die Redeweise; **bad language** die unanständigen Ausdrücke

lanky ['læŋki] schlaksig

lan·tern ['læntən] die Laterne

lap¹ [læp] der Schoß

lap² [læp] (*im Sport*) die Runde; **lap of honour** die Ehrenrunde

to **lap**¹ [læp] <lapped, lapped> (*im Sport*) überrunden

to **lap**² [læp] <lapped, lapped> ① *Tier:* schlecken ② *Wasser:* plätschern (**at/against** an)

◆ to **lap up** [auf]lecken

lap belt der Beckengurt

la·pel [lə'pel] das Revers

lapse [læps] ① das Versehen, der Fehler, der Irrtum ② *von Zeit:* die Zeitspanne, der Zeitraum

to **lapse** [læps] ① *Zeit:* vergehen, verstreichen ② (*juristisch*) verfallen, erlöschen, hinfällig werden ③ (*in Koma, Schweigen*) verfallen (**into** in)

lapsed [læpst] ① (*juristisch*) verfallen ② (*Religion*) vom Glauben abgefallen

lap·top ['æptɒp] der Laptop

larch [lɑːtʃ] <*Plural* larches> die Lärche

lard [lɑːd] das Schmalz

lar·der ['lɑːdəʳ] die Speisekammer, der Vorratsschrank

lardy ['lɑːdi] <lardier, lardiest> (*abwertend umgangsspr*) fett

large [lɑːdʒ] <larger, largest> ① groß ② **at large** auf freiem Fuß ③ **by and large** im Großen und Ganzen

large·ly ['lɑːdʒli] größtenteils

large-scale ['lɑːdʒskeɪl] in großem Maßstab,

groß angelegt, Groß-

lark¹ [lɑːk] die Lerche

lark² [lɑːk] der Spaß, der Ulk, der Scherz; **for a lark** zum Spaß

◆to **lark about** herumalbern

la·ser ['leɪzəʳ] der Laser

la·ser beam der Laserstrahl

la·ser print·er der Laserdrucker

la·ser show die Lasershow

la·ser sur·gery die Laserchirurgie

lash [læʃ] <*Plural* lashes> die Augenwimper

◆to **lash about**, to **lash around** [wild] um sich schlagen

◆to **lash down** ① **to lash something down** etwas festbinden ② *Regen:* niederprasseln

◆to **lash out** ① *Mensch:* [wild] um sich schlagen; **to lash out at someone** nach jemandem schlagen ② *Pferd:* ausschlagen ③ (*übertragen*) ausfallend werden (**at** gegen)

last¹ [lɑːst] ① letzte(r, s); **last night** gestern Abend, heute Nacht; **last week** letzte Woche, in der letzten [*oder* vorigen] Woche ② **for the last time** zum letzten Mal ③ **last but one** vorletzte(r, s); **the week before last** vorletzte Woche ④ **that's the last thing I should do** das wäre das Letzte, was ich täte ⑤ **the Last Supper** das Abendmahl ⑥ **last but not least** nicht zuletzt ⑦ zuletzt, zum Schluss, am Ende; **to come last** letzte(r) sein ⑧ das letzte Mal, zuletzt; **when did you last see him?** wann hast du ihn das letzte Mal gesehen? ⑨ **last of all** zuallerletzt

last² [lɑːst] ① **the last** der/die/das Letzte ② **at last** schließlich, endlich, zuletzt; **at long last** zu guter Letzt, schließlich ③ **to the last** bis zum Letzten [*oder* Äußersten]

to **last** [lɑːst] ① andauern, anhalten ② aushalten; **how long did you last [out]?** wie lange hast du es ausgehalten? ③ [aus]reichen; **while stocks last** solange Vorrat reicht ④ **the coat has lasted me five years** ich habe den Mantel schon fünf Jahre

last·ing ['lɑːstɪŋ] ① *Beziehung, Friede:* dauerhaft ② *Eindruck, Wirkung:* nachhaltig

last·ly ['lɑːstli] zuletzt, schließlich

last-min·ute [ˌlɑːst'mɪnɪt] allerletzte(r, s); **we've had a last-minute change of plan** wir haben unsere Pläne in letzter Minute geändert

last name der Nachname

latch [lætʃ] ① der Riegel ② **on the latch** *Tür:* nur eingeklinkt

late [leɪt] <later, latest> ① spät ② verspätet, zu spät; **to be late for something** zu etwas zu spät kommen; **to make someone late** jemanden aufhalten, jemanden zu spät kommen lassen ③ [jüngst] verstorben; **the late John Smith** der verstorbene John Smith ④ **as late as last week** erst [*oder* noch] letzte Woche ⑤ **of late** [erst] kürzlich ⑥ **to keep late hours** lange aufbleiben ⑦ **late show** die Spätvorstellung ⑧ **late starter** (*übertragen*) der Spätzünder

late·com·er ['leɪtˌkʌməʳ] der/die Spätkommende, der Nachzügler/die Nachzüglerin

late·ly ['leɪtli] in letzter Zeit, neuerdings

lat·er ['leɪtəʳ] *Komparativ von* **late** später; **one day later** einen Tag darauf; **later on** später; **sooner or later** früher oder später; **see you later!** bis später! bis nachher!

lat·est¹ ['leɪtɪst] *Superlativ von* **late** ① späteste(r, s); **when is the latest flight out in the evening?** wann ist abends der letzte Abflug? ② neueste(r, s); **the latest fashion** die neueste Mode ③ letzte(r, s); **the latest news** die letzten Neuigkeiten

lat·est² ['leɪtɪst] **the latest** das Allerneueste; **at the latest** spätestens

Lat·in¹ ['lætɪn] ① lateinisch ② *Temperament:* südländisch

Lat·in² ['lætɪn] Latein, das Lateinische

Lat·in Ameri·ca Lateinamerika

Lat·in Ameri·can [ˌlætɪnə'merɪkᵊn] lateinamerikanisch

lati·tude ['lætɪtjuːd] die Breite

lat·ter ['lætəʳ] ① zweite(r, s) ② spätere(r, s); **in the latter part of the year** in der zweiten Jahreshälfte ③ **the latter** der/die/das Letztere

Lat·via ['lætviə] Lettland

Lat·vian¹ ['lætviən] ① der Lette/die Lettin ② (*Sprache*) Lettisch

Lat·vian² ['lætviən] lettisch

laugh [lɑːf] ① das Lachen, das Gelächter; **with a laugh** lachend ② der Spaß; **to do something for a laugh** etwas aus Spaß machen

to **laugh** [lɑːf] ① lachen (**at** über) ② (*höhnisch*) **to laugh at someone** jemanden auslachen; **to laugh in someone's face** jemandem ins Gesicht lachen

◆to **laugh away** loslachen

◆to **laugh off** sich lachend hinwegsetzen über

laugh·able ['lɑːfəbl̩] lächerlich, lachhaft

laugh·ing¹ ['lɑːfɪŋ] ① lachend; **it's no laughing matter** das ist nicht zum Lachen ② **to make a laughing stock of someone** jemanden lächerlich machen

laugh·ing² ['lɑːfɪŋ] das Lachen

laugh·ing gas ['lɑːfɪŋ-] *kein Plural* das Lachgas

laugh·ing stock **to be a laughing stock** die Zielscheibe des Spotts sein

laugh·ter ['lɑːftəʳ] das Gelächter

launch [lɔːn(t)ʃ] ① *eines Schiffes:* der Stapellauf ② *einer Rakete, eines Torpedos:* der Abschuss ③ *eines Raumschiffs:* der Start ④ *einer Firma:* die Gründung ⑤ *eines Produkts:* die Einführung

to **launch** [lɔːn(t)ʃ] ① vom Stapel lassen *Schiff*

② aussetzen *Boot* ③ abschießen *Rakete, Torpedo* ④ starten *Raumschiff* ⑤ gründen *Firma* ⑥ lancieren *Film* ⑦ herausbringen *Buch* ⑧ einführen, auf den Markt bringen *Produkt* ⑨ **to launch an attack** zum Angriff übergehen

◆to **launch into** **to launch into something** sich [begeistert] in etwas stürzen; **to launch into a verbal attack** eine Schimpfkanonade loslassen

◆to **launch out** anfangen, beginnen

launch pad ① die Startrampe, die Abschussrampe ② (*übertragen*) das Sprungbrett

laun·d(e)rette [ˌlɔːndərˈet], (USA) **Laun·dro·mat®** [ˈlɔːndroʊmæt] der Waschsalon

laun·dry [ˈlɔːndri] ① (*Geschäft*) die Wäscherei ② (*schmutzige Kleidung*) die Wäsche

laun·dry bas·ket, (USA) **laun·dry ham·per** der Wäschekorb

laun·dry ser·vice der Wäscheservice

lava·tory [ˈlævətəri] die Toilette

lava·tory seat (GB) der Toilettensitz

law [lɔː] ① das Gesetz, das Recht; **according to law** nach dem Gesetz, gesetzmäßig; **by law** von Rechts wegen; **to become law** Gesetzeskraft erlangen; **international law** das Völkerrecht; **maintenance of law and order** Aufrechterhaltung der öffentlichen Sicherheit; **law of supply and demand** Gesetz von Angebot und Nachfrage ② (*Studienfach*) Jura, Rechtswissenschaft; **to read law** Rechtswissenschaft studieren ③ (*im Sport*) die Spielregel ④ (*umgangsspr*) die Polizei; **I'll get the law on you!** ich werde die Polizei holen!

law-abid·ing [ˈlɔːəˌbaɪdɪŋ] gesetzestreu

law court der Gerichtshof

law en·force·ment der Gesetzesvollzug

law·ful [ˈlɔːfəl] rechtmäßig, legitim

lawn [lɔːn] der Rasen

lawn bowls das Bowls

lawn·mow·er [ˈlɔːnˌməʊər] der Rasenmäher

lawn ten·nis das Rasentennis

law school [ˈlɔːˌskuːl] (USA) juristische Fakultät

law stu·dent der Jurastudent/die Jurastudentin

law·suit [ˈlɔːˌs(j)uːt] der Rechtsstreit, der [Zivil]prozess

law·yer [ˈlɔɪər] ① der Rechtsanwalt/die Rechtsanwältin ② (*allgemein*) der Jurist/die Juristin

laxa·tive [ˈlæksətɪv] das Abführmittel

lay [leɪ] *2. Form von* **lie**

to **lay** [leɪ] <laid, laid> ① (*allgemein*) legen *auch Eier* ② verlegen *Kabel, Rohr* ③ niederlegen *Kranz* ④ **to lay the table** den Tisch decken ⑤ **to lay the blame on someone** jemandem die Schuld zuschieben

◆to **lay aside** beiseitelegen; (*übertragen*) auf Eis legen *Projekt, Arbeit;* beilegen *Meinungsverschiedenheiten;* beiseitelegen *Ersparnisse*

◆to **lay back** ① zurücklegen *Kopf* ② anlegen *Ohren*

◆to **lay down** ① hinlegen; **to lay down one's arms** die Waffen niederlegen ② [ein]lagern, einkellern *Wein* ③ festlegen *Bedingungen, Regeln* ④ festsetzen *Preise* ⑤ hinterlegen *Kaution* ⑥ **to lay down the law to someone** jemandem Vorschriften machen

◆to **lay into** (*umgangsspr*) verdreschen, fertigmachen

◆to **lay off** ① [vorübergehend] entlassen ② (*umgangsspr*) aufhören; **lay off me!** lass mich in Ruhe!

◆to **lay on** ① auftragen *Farbe* ② (*übertragen*) sorgen für *Essen, Unterhaltung* ③ veranstalten *Ausflug* ④ einsetzen *Busse* ⑤ anschließen *Wasser, Elektrizität*

◆to **lay out** ① auslegen, ausbreiten ② zurechtlegen *Kleider* ③ aufbahren *Leiche* ④ anlegen, gestalten *Garten* ⑤ aufteilen *Gebäude* ⑥ gestalten *Buch* ⑦ ausgeben *Geld*

◆to **lay up** **to be laid up [in bed] with flu** wegen Grippe das Bett hüten [müssen]

lay·about [ˈleɪəˌbaʊt] (GB) der Faulenzer/die Faulenzerin

lay-by [ˈleɪbaɪ] (GB) die Parkbucht

lay·er [ˈleɪər] die Schicht, die Lage; **to arrange in layers** schichtweise anordnen

lay·ered [ˈleɪəd] Stufen-, Schicht-

lay-off [ˈleɪɒf] die [vorübergehende] Entlassung

lay·out [ˈleɪaʊt] ① *eines Büros, Gartens:* die Anlage, die Anordnung ② *eines Buchs, einer Zeitschrift:* das Lay-out

lazi·ness [ˈleɪzɪnəs] die Faulheit, die Trägheit

lazy [ˈleɪzi] ① faul, träge ② **we spent a lazy afternoon by the river** wir verbrachten einen gemütlichen Nachmittag am Fluss

lead¹ [led] ① das Blei ② (*in Bleistift*) die [Blei]mine

lead² [liːd] ① (*erste Stelle*) die Führung; **to be in the lead** führen, an der Spitze sein; **he has a lead of two metres** [*oder* **a two-metre lead**] er hat einen Vorsprung von zwei Metern [*oder* er hat zwei Meter Vorsprung]; **to take the lead** die Führung übernehmen ② Beispiel; **to follow someone's lead, to take one's lead from someone** jemandes Beispiel folgen ③ der Anhaltspunkt, der Hinweis; **the police have a lead** die Polizei hat eine Spur ④ (*im Theater, Film*) die Hauptrolle; (*Person*) der Hauptdarsteller/die Hauptdarstellerin ⑤ die [Hunde]leine; **to keep on a/the lead** an der Leine führen ⑥ (*elektrisch*) die Leitung, der Leitungsdraht, das Kabel ⑦ (*beim Kartenspiel*) **it's my lead** ich spiele aus

to **lead** [liːd] <led, led> ① führen, leiten; **to lead the way** vorangehen; (*übertragen*) führend sein ② [hin]führen, bringen; **this road leads to the coast** diese Straße führt zur Küste; **she led**

us to the rebel leader sie führte uns zu dem Rebellenanführer; **what will it lead to?** wohin soll das führen?; **to lead nowhere** zu nichts führen; **to lead to trouble** zu Schwierigkeiten führen; **low inflation leads to greater prosperity** niedrige Inflation führt zu größerem Wohlstand ③ anführen *Abordnung, Revolution;* leiten *Mannschaft, Orchester;* **to lead a party** Parteivorsitzender/Parteivorsitzende sein ④ (*im Sport*) führen, an der Spitze stehen, in Führung sein; **he was leading [the race] until the final bend** er war bis zur letzten Kurve in Führung ⑤ **to lead someone to do something** jemanden veranlassen, etwas zu tun; **I was led to believe that ...** ich hatte Grund zu der Annahme, dass ...; **it leads me to think** es lässt mich meinen ⑥ (*beim Kartenspiel*) ausspielen; **to lead a diamond** Karo ausspielen

◆ to **lead along** führen

◆ to **lead aside** beiseitenehmen

◆ to **lead astray** auf Abwege führen

◆ to **lead away** ① wegführen ② abführen *Gefangenen*

◆ to **lead back** zurückführen

◆ to **lead off** ① abführen *Gefangenen* ② *Straße:* abgehen

◆ to **lead on** ① **lead on!** geh vor! ② **to lead someone on** jemanden hinters Licht führen

◆ to **lead to** zur Folge haben

◆ to **lead up** hinführen (**to** zu); **what's this all leading up to?** was soll das Ganze?; **the events which led up to the strike** die Ereignisse, die zum Streik führten; **to lead up to a climax** dem Höhepunkt zutreiben

lead·ed ['ledɪd] verbleit, bleihaltig *Kraftstoff*

lead·er ['liːdə^r] ① der Führer/die Führerin ② *einer Expedition:* der Leiter/die Leiterin ③ *einer Partei:* der/die Vorsitzende ④ *einer Bande:* der Anführer/die Anführerin ⑤ (*in einer Zeitung*) der Leitartikel ⑥ (*im Sport*) **to overtake the leader** den Ersten/die Erste überholen; **to catch up with the leaders** sich an die Spitze heranarbeiten ⑦ (*im Orchester*) der Konzertmeister/die Konzertmeisterin, der erste Geiger/die erste Geigerin

lead·er·ship ['liːdəʃɪp] die Führung, die Leitung

lead-free ['ledfriː] *Kraftstoff:* unverbleit, bleifrei

leading ['liːdɪŋ] ① führend ② (*im Rennen*) führend, an der Spitze

lead·ing ar·ti·cle der Leitartikel

lead·ing ques·tion die Suggestivfrage

lead pen·cil [led'-] der Bleistift

lead sing·er ['liːd,sɪŋə^r] der Leadsänger/die Leadsängerin

lead sto·ry [liːd'-] der Aufmacher

lead-up ['liːdʌp] die Vorbereitungsphase

leaf [liːf, *Plural* liːvz] <*Plural* leaves> ① *einer Pflanze:* das Blatt; **to come into leaf** grün werden, ausschlagen ② *eines Buchs:* das Blatt ③ *von Tisch:* die Platte ▶WENDUNGEN: **to take a leaf out of someone's book** jemandes Beispiel folgen, sich ein Beispiel an jemandem nehmen; **to turn over a new leaf** einen neuen Anfang machen

leaf·let ['liːflət] ① (*mit Werbung*) der Handzettel, der Reklamezettel ② (*mit Information*) das Merkblatt; (*politisch auch*) das Flugblatt

leafy ['liːfi] <leafier, leafiest> belaubt

league [liːg] ① der Bund, das Bündnis; **League of Nations** der Völkerbund ② (*im Sport*) die Liga; **the league leaders** der Tabellenführer; **they are not in the same league** (*übertragen*) sie sind nicht gleichwertig

to **leak** [liːk] ① undicht sein ② *Wasserhahn:* tropfen ③ *Flüssigkeit:* durchsickern, auslaufen ④ **to leak something** etwas durchlassen; **the pipe is leaking oil** die Leitung leckt Öl ⑤ (*übertragen*) **to leak details to the press** Einzelheiten an die Presse durchsickern lassen

leak [liːk] ① das Leck, die undichte Stelle; **to spring a leak** ein Leck bekommen, undicht werden ② (*übertragen*) **there's been a leak to the press** der Presse sind Informationen zugespielt worden

leaky ['liːki] leck, undicht

lean [liːn] ① *Fleisch, Ernte:* mager ② *Person:* hager

to **lean** [liːn] <leant *oder* leaned, leant *oder* leaned> ① sich neigen ② *Person:* sich [an]lehnen (**against** gegen/an) ③ **to lean the ladder against the wall** die Leiter an die Wand lehnen

◆ to **lean back** sich zurücklehnen

◆ to **lean forward** sich vorbeugen

◆ to **lean on** ① **she leant her head on his shoulder** sie lehnte ihren Kopf an seine Schulter ② **don't lean your elbows on the table!** nimm die Ellbogen vom Tisch! ③ **to lean on someone** sich auf jemanden verlassen [*oder* stützen]

◆ to **lean out** sich hinauslehnen; **don't lean out of the window!** nicht hinauslehnen!

◆ to **lean over** ① sich neigen ② **to lean something over** etwas schräg stellen ③ *Person:* sich vorbeugen; **I leant over his shoulder** ich beugte mich über seine Schulter ④ **to lean over backward[s]** (*umgangsspr*) sich mächtig anstrengen

◆ to **lean towards** **to lean towards something** (*übertragen*) zu etwas hinneigen

lean·ing ['liːrɪŋ] schief, schräg; **the Leaning Tower of Pisa** der Schiefe Turm von Pisa

leant [lent] *2. und 3. Form von* **lean**

leap [liːp] der Sprung; **a leap in the dark** (*übertragen*) ein Sprung ins Ungewisse; **by leaps and bounds** sprunghaft

to **leap** [liːp] <leapt *oder* leaped, leapt *oder*

leaped> ① springen ② *Herz:* hüpfen ③ **the hare leapt over the ditch** der Hase sprang über den Graben

◆to **leap at** sich stürzen auf; **to leap at an opportunity** eine Gelegenheit [beim Schopf] ergreifen

◆to **leap out** ① hinausspringen ② (*übertragen*) ins Auge springen

◆to **leap up** ① hochspringen ② *Preise:* in die Höhe schnellen

leapt [lept] *2. und 3. Form von* **leap**

leap year das Schaltjahr

to **learn** [lɜːn] <learnt *oder* learned, learnt *oder* learned> ① [er]lernen; **to learn something by heart** etwas auswendig lernen ② erfahren, hören (**from** von)

learned¹ [lɜːnd] angelernt

learned² [lɜːnd] gelehrt

learn·er [ˈlɜːnəʳ] ① der Anfänger/die Anfängerin ② *von Sprachen:* der/die Lernende, der Lerner/die Lernerin ③ (*im Auto*) der Fahrschüler/die Fahrschülerin ④ **to be a slow learner** [nur] langsam lernen, sich schwertun

L Wer gerade das Autofahren lernt, muss am Fahrzeug sowohl vorne als auch hinten ein großes, rotes **„L"** anbringen. Damit sollen die anderen Verkehrsteilnehmer gewarnt werden, dass es sich um einen Fahrschüler handelt.

learn·ing [ˈlɜːnɪŋ] *kein Plural* ① das Lernen ② die Bildung

learn·ing dis·abil·ity die Lernbehinderung

learnt [lɜːnt] *2. und 3. Form von* **learn**

lease·hold·er [ˈliːshəʊldəʳ] der Pächter/die Pächterin

leash [liːʃ] die [Hunde]leine; **to keep on a/the leash** an der Leine führen

least¹ [liːst] ① kleinste(r, s), geringste(r, s), wenigste(r, s); **at least** wenigstens; **last but not least** nicht zuletzt ② am wenigsten; **least of all** am allerwenigsten

least² [liːst] ① **the least** der/die/das Kleinste [*oder* Geringste] ② **not in the least** nicht im Geringsten; **to say the least** gelinde gesagt

leath·er [ˈleðəʳ] das Leder; **leather jacket** die Lederjacke

leath·ery [ˈleðᵊri] ① led[e]rig ② (*abwertend*) *Fleisch:* zäh

leave [liːv] ① der Urlaub; **on leave** auf Urlaub; **to go on leave** in Urlaub gehen ② der Abschied; **to take one's leave** Abschied nehmen (**of** von)

to **leave** [liːv] <left, left> ① fortgehen, weggehen, fortfahren ② verlassen; **to leave school** die Schule verlassen; (*frühzeitig*) von der Schule abgehen; **to leave home** von zu Hause weggehen; **to leave one's job** seine Stelle aufgeben ③ *Person:* abreisen; *Fahrzeug:* abfahren; *Flugzeug:* abfliegen; **he's leaving in the morning for Australia** morgen früh reist er nach Australien ab ④ lassen; **she left her cat with her neighbours** sie hat ihre Katze bei den Nachbarn gelassen; **he left his room in a dreadful state** er hinterließ sein Zimmer in einem furchtbaren Zustand; **to leave open** offen lassen *Tür;* **to leave someone alone** jemanden in Ruhe lassen; **to leave someone in the lurch** jemanden im Ungewissen lassen; **to leave it at that** es dabei bewenden lassen; **let's leave this for now** lassen wir das jetzt ⑤ hinterlassen *Erbe, Nachricht* ⑥ liegen lassen, stehen lassen; **to leave the watch [lying] on the table** die Uhr auf dem Tisch liegen lassen; **to leave clothes lying around** Kleider herumliegen lassen; **to leave one's dinner** sein Abendessen stehen lassen ⑦ **to leave some [of it] for me** lass mir etwas [davon] übrig; **to be left** übrig bleiben, übrig sein; **all he has left** alles, was er noch hat ⑧ **to leave it up to someone** es jemandem überlassen ⑨ **nothing was left for him but to go** da konnte er nur noch gehen

◆to **leave behind** ① zurücklassen ② (*aus Versehen*) stehen lassen, liegen lassen ③ **to leave the competition behind** die Konkurrenz hinter sich lassen

◆to **leave off** ① aufhören ② aufgeben *Tätigkeit* ③ nicht anziehen *Kleidungsstück*

◆to **leave on** ① anbehalten *Mantel* ② anlassen *Radio, Licht*

◆to **leave out** ① (*übersehen*) auslassen ② draußen lassen ③ **the books were left out on the table** die Bücher wurden auf dem Tisch gelassen

◆to **leave over** ① übrig lassen; **to be left over** übrig [geblieben] sein ② verschieben

leaves [liːvz] *Pluralform von* **leaf**

leav·ing par·ty die Abschiedsparty

lec·ture [ˈlektʃəʳ] ① die Vorlesung, der Vortrag; **to give [someone] a lecture on something** [jemandem] eine Vorlesung [*oder* einen Vortrag] über etwas halten ② die Strafpredigt

to **lec·ture** [ˈlektʃəʳ] ① eine Vorlesung [*oder* einen Vortrag] halten; **to lecture [someone] on something** [jemandem] über etwas eine Vorlesung [*oder* einen Vortrag] halten ② (*abkanzeln*) **to lecture someone** jemandem eine Strafpredigt halten

lec·ture notes *Plural* die Vorlesungsmitschrift

lec·tur·er [ˈlektʃᵊrəʳ] ① der/die Vortragende, der Redner/die Rednerin ② (*an einer Hochschule*) der/die Lehrbeauftragte, der Dozent/die Dozentin

lec·ture room, lec·ture thea·tre der Vortragssaal, der Hörsaal

led [led] *2. und 3. Form von* **lead**

ledge [ledʒ] der [Fels]vorsprung

leek [liːk] der Lauch, der Porree

left¹ [left] ① linke(r, s) ② [nach] links; **to turn left** links abbiegen

left² [left] ① die linke Seite; **on the left** links; **to the left [of]** nach links, links [von]; **to keep to the left** links fahren [*oder* gehen] ② (*politisch*) **the left** die Linke

left³ [left] *2. und 3. Form von* **leave**

left-hand ['lefthænd] linke(r, s); **left-hand drive** die Linkssteuerung; **to take the left-hand turn** links abbiegen

left-hand·ed [ˌleft'hændɪd] ① linkshändig ② *Werkzeug:* für Linkshänder

left-hand·er der Linkshänder/die Linkshänderin

left-lug·gage [ˌleft'lʌgɪdʒ] **left-luggage office** die Gepäckaufbewahrung

left·overs ['leftˌəʊvəz] *Plural* ① die Essensreste ② die Reste, das Überbleibsel

left wing [ˌleft'wɪŋ] der linke Flügel

left-wing ['leftwɪŋ] links stehend

left-wing·er ['leftwɪŋəʳ] der Anhänger der Linken

leg [leg] ① das Bein; **to give someone a leg up** jemandem aufhelfen; (*übertragen*) jemandem unter die Arme greifen; **to stretch one's legs** sich die Beine vertreten ② die Keule; **leg of lamb** die Lammkeule ③ *von Reise, Rennen:* die Strecke, die Etappe ④ (*im Sport*) **first leg** das Hinspiel; **second leg** das Rückspiel ▶ WENDUNGEN: **to pull someone's leg** (*umgangsspr*) jemanden auf den Arm nehmen

le·gal ['liːgᵊl] ① (*einem Gesetz entsprechend*) gesetzlich, rechtlich, legal ② (*dem Recht nach*) gesetzmäßig, rechtmäßig ③ (*die Rechtswissenschaft betreffend*) juristisch; **to take legal action** den Rechtsweg beschreiten, prozessieren; **legal advice** die Rechtsberatung; **legal aid** die Rechtshilfe

le·gal·ity [liː'gæləti] ① *kein Plural* die Legalität, die Gesetzmäßigkeit ② **legalities** *Plural* die gesetzlichen Bestimmungen

to **le·gal·ize** ['liːgᵊlaɪz] legalisieren

le·gal·ly ['liːgᵊli] ① legal, gesetzlich ② **legally married** rechtmäßig verheiratet; **legally speaking** vom rechtlichen Standpunkt aus; **legally valid** rechtsgültig

leg·end ['ledʒənd] die Legende

leg·end·ary ['ledʒəndᵊri] sagenhaft; (*berühmt*) legendär

leg·gings ['legɪŋz] ⚠ *Plural* die Leggings

> **G** **leggings** wird im Plural gebraucht: *leggings look great under long shirts*
> **a pair of leggings** wird aber im Singular verwendet: *you should wear a pair of leggings to keep out the cold*

leg·gy ['legi] <leggier, leggiest> ① langbeinig, mit langen Beinen ② (*unbeholfen*) staksig

leg·ible ['ledʒəbl̩] lesbar, leserlich

leg·is·la·tion [ˌledʒɪ'sleɪʃᵊn] *kein Plural* die Gesetze; **a piece of legislation** ein Gesetz

le·giti·mate [lɪ'dʒɪtəmət] ① rechtmäßig, gesetzmäßig, legitim ② *Kind:* ehelich

leg·less ['legəs] GB (*slang*) sternhagelvoll *umgangsspr*

leg·room ['legrʊm] die Beinfreiheit, der Platz für die Beine

lei·sure ['leʒəʳ] ① die Freizeit ② **to do something at leisure** etwas in [aller] Ruhe [*oder* mit Muße] tun ③ **at one's leisure** wenn man Zeit hat, wenn es einem passt

lei·sure cen·tre, **lei·sure com·plex** das Freizeitzentrum

lei·sure·ly ['leʒəli] ① gemächlich ② ohne Eile

lei·sure·wear die Freizeitkleidung

lem·on¹ ['lemən] ① die Zitrone ② (*Baum*) der Zitronenbaum ③ (*übertragen*) die Niete

> **F** Nicht verwechseln mit **Limone** = lime!

lem·on² ['lemən] zitronengelb

lem·on·ade [ˌlemə'neɪd] die Limonade

lem·on juice der Zitronensaft

lem·on peel, **lem·on rind** die Zitronenschale

lem·on squash GB ① *kein Plural* der Zitronensirup ② das Zitronensaftgetränk

lem·on squeez·er die Zitronenpresse

lem·on tea der Tee mit Zitrone

to **lend** [lend] <lent, lent> ① [aus]leihen, verleihen ② **to lend a [helping] hand** behilflich sein

> **G** ⚠ Wenn man etwas jemandem verleiht, heißt es *to lend to someone: I lent him my laptop; could you lend me some money?*;
> Wenn man aber etwas von jemandem ausleiht, heißt es *to borrow from someone: She asked if she could borrow his car, You can borrow books and CDs from the library*

lend·er ['lendəʳ] der Verleiher/die Verleiherin

lend·ing ['lendɪŋ] *kein Plural* das Leihen

length ['leŋ(k)θ] ① die Länge; **full length** der Länge nach; **three feet in length** drei Fuß lang ② *zeitlich* die Dauer ③ (*im Sport*) die Länge; **to win by a length** um eine Länge gewinnen ④ **to go to any length** vor nichts zurückschrecken; **to go to great lengths** sehr weit gehen, alles Erdenkliche tun ⑤ **to keep someone at arm's length** (*übertragen*) Abstand zu jemandem wahren, jemanden auf Distanz halten

to **length·en** ['leŋ(k)θən] ① länger werden ② **to lengthen something** etwas verlängern

length·ways ['leŋ(k)θweɪz], **length·wise** ['leŋ(k)θwaɪz] der Länge nach

lengthy ['leŋ(k)θi] ① ziemlich lang ② (*abwertend*) weitschweifig

le·ni·ent ['liːniənt] mild, nachsichtig

lens [lenz] <*Plural* lenses> ① die Linse ② *von*

L

Brille: das Glas ③ *von Kamera:* das Objektiv

lent [lent] *2. und 3. Form von* **lend**

Lent [lent] die Fastenzeit

len·til ['lentᵊl] die Linse

Leo ['liːəʊ] (*Sternbild*) der Löwe

leop·ard ['lepəd] der Leopard

leo·tard ['liːətɑːd] der Gymnastikanzug, das Trikot

lep·re·chaun ['leprəkɔːn] der Kobold

> **L** Der **leprechaun** ist ein kleiner rothaariger Kobold aus der irischen Folklore, der ganz in Grün gekleidet ist. Er ist etwa so groß wie ein kleines Kind, wird jedoch oft als griesgrämiger alter Mann dargestellt. **Leprechauns** stellen gerne Unfug an, sind aber sehr fleißig und arbeiten meistens als Schuster. Sie sind Besitzer vergrabener Schätze.

les·bian¹ ['lezbiən] lesbisch

les·bian² ['lezbiən] die Lesbierin

less [les] ① kleiner, geringer, weniger; **you should work more and talk less** du solltest mehr arbeiten und weniger reden ② weniger, in geringerem Maße; **none the less** nichtsdestoweniger; **I had less money than I thought** ich hatte weniger Geld als ich dachte ③ (*abzüglich*) weniger; **less than ...** weniger als ... ④ **what is five less three?** was macht fünf minus drei?

> **G** **less** wird für nicht zählbare Dinge und Mengen gebraucht: *you should spend less time chatting and more time working; I have spent less money this month;*
> **fewer** wird für zählbare Dinge, Tiere oder Personen gebraucht: *there are fewer pages in this book than in that one; stricter speed limits mean fewer accidents*

to **less·en** ['lesᵊn] ① weniger werden; *Wind:* abnehmen, nachlassen ② verringern, vermindern *Risiko, Schmerz*

less·er ['lesəʳ] kleiner, geringer; **to a lesser extent** in geringerem Maße; **the lesser crime** das weniger schlimme Verbrechen

les·son ['lesᵊn] ① die Lehrstunde, die Unterrichtsstunde; **lessons** der Unterricht; **to give lessons** Unterricht geben, unterrichten; **to have a driving lesson** eine Fahrstunde bekommen; **to have** [*oder* **take**] **driving lessons** Fahrunterricht nehmen ② (*Übung*) die Lektion ③ die Lehre; **to teach someone a lesson** jemandem eine Lehre erteilen; **let this be a lesson to you!** lass dir das eine Lehre sein!

let [let] (*beim Tennis*) das Netz, der Netzaufschlag

to **let** [let] <let, let> ① lassen; **to let someone do something** jemanden etwas tun lassen; **we cannot let that happen** wir dürfen nicht zulassen, dass das passiert; **let me help you** kann ich Ihnen helfen? ② *Absicht und Intention* **let's go!** gehen wir!; **let's talk it over** lass uns darüber reden; **let us pray** lasset uns beten ③ **to let someone/something go** [*oder* **let go of someone/something**] jemanden/etwas loslassen ④ **to let someone go** [*oder* **leave**] jemanden gehen lassen ⑤ **to let something go** (*vernachlässigen*) etwas herunterkommen lassen *Haus* ⑥ **to let oneself go** (*ungehemmt*) sich gehen lassen; (*ungepflegt*) sich vernachlässigen ⑦ (*belassen*) **to let it go at that** es dabei bewenden lassen; **to let be** in Ruhe lassen ⑧ **to let someone into a secret** jemanden in ein Geheimnis einweihen ⑨ **to let someone know** jemandem Bescheid sagen ⑩ **let us suppose ...** nehmen wir an ... ⑪ **..., let alone ...** ..., geschweige denn ... ⑫ vermieten; **to let!** zu vermieten!

◆ to **let by** vorbeilassen

◆ to **let down** ① herunterlassen ② (*enttäuschen*) im Stich lassen ③ die Luft herauslassen aus *Reifen* ▶ WENDUNGEN: **to let one's hair down** (*übertragen*) aus sich herausgehen

◆ to **let in** ① hineinlassen, hereinlassen ② durchlassen *Wasser* ③ **to let someone in on something** jemanden in etwas einweihen ④ **to let oneself into the house** die Haustür aufschließen

◆ to **let off** ① abbrennen *Feuerwerk;* abfeuern *Gewehr;* hochgehen lassen *Bombe* ② ablassen *Dampf* ③ **to let someone off** jemanden aussteigen [*oder* absteigen] lassen, jemanden absetzen ④ **to let someone off something** jemandem etwas erlassen; **to let someone off with a warning** jemanden mit einer Verwarnung davonkommen lassen ⑤ (*slang*) einen fahren lassen

◆ to **let on** (*umgangsspr*) **to not let on** sich nichts anmerken lassen

◆ to **let out** ① herauslassen, hinauslassen ② auslaufen lassen *Flüssigkeit* ③ auslassen *Saum* ④ **to let someone out** jemanden aussteigen lassen, jemanden absetzen ⑤ entlassen *Gefangenen* ⑥ **to let out a flat** eine Wohnung vermieten ⑦ ausplaudern, verraten *Geheimnis* ⑧ ausstoßen *Schrei* ▶ WENDUNGEN: **to let the cat out of the bag** die Katze aus dem Sack lassen; **that lets him out of it** da kommt er schon mal nicht in Frage

let-down ['letdaʊn] (*umgangsspr*) die Enttäuschung

le·thal ['liːθᵊl] tödlich

le·thar·gic [lə'θɑːdʒɪk] lethargisch

let·ter ['letəʳ] ① der Buchstabe; **capital letter** der Großbuchstabe; **to the letter** genau nach Vorschrift ② der Brief, das Schreiben (**to** an); **by letter** brieflich; **letter of application** das Bewerbungsschreiben; **letter of thanks** [*oder* **thank-you letter**] das Dankschreiben; **letter to**

K

Letters and e-mails | Briefe und E-Mails

Letters and e-mails	Briefe und E-Mails
Forms of address	**Anrede**
Dear Anne,/Dear Bill,	Liebe Anne,/Lieber Bill,
Hello, ...!/Hi, ...!	Hallo, ...!/Hi, ...!
Dear Mrs ...,/Dear Mr ...,	Sehr geehrte Frau ...,/Sehr geehrter Herr ...,
Dear Sir or Madam,	Sehr geehrte Damen und Herren,
Ending	**Schlussformeln**
All the best!	Alles Gute!
With love from .../Love, ...	Herzliche/Liebe Grüße
Best wishes/Kind regards,	Viele Grüße
Yours,	Mit den besten Grüßen
Yours sincerely/faithfully,	Mit freundlichen Grüßen

L

the editor der Leserbrief

let·ter·box (GB) der Briefkasten

let·ter·head 1 der Briefkopf 2 *kein Plural* das Geschäfts-/Firmenbriefpapier

let·ter·ing ['letᵊrɪŋ] die Beschriftung

let·tuce ['letɪs] der Kopfsalat

lev·el¹ ['levᵊl] 1 die Höhe; **on a level** auf gleicher Höhe (**with** mit); **at eye level** in Augenhöhe 2 **sea level** der Meeresspiegel; **water level** der Pegel, der Wasserstand 3 das Niveau, der Stand; **on a high/low level** auf hohem/niedrigem Niveau; **level of performance** das Leistungsniveau 4 (*in Gebäude*) die Etage, das Geschoss 5 der Anteil; **alcohol level** [*oder* **level of alcohol**] der Alkoholspiegel; **high level of radiation** das hohe Strahlungsniveau

lev·el² ['levᵊl] 1 *Boden:* eben; *Land:* flach; *Regal:* waagerecht 2 gleich hoch; **to be level with something** so hoch sein wie etwas 3 **the two riders were level** die zwei Reiter waren auf gleicher Höhe 4 (*übertragen*) von gleicher Bedeutung, gleich[wertig], gleich gut

to **lev·el** ['levᵊl] <levelled *oder* (USA) leveled, levelled *oder* (USA) leveled> 1 planieren, [ein]ebnen *Boden* 2 einreißen *Gebäude* 3 dem Erdboden gleichmachen *Stadt*

◆ to **level off**, to **level out** 1 *Gelände:* eben, flach werden 2 *Flugzeug:* sich fangen, horizontal fliegen 3 (*übertragen*) sich einpendeln, ausgleichen 4 **to level something off** [*oder* **out**] etwas einebnen, planieren

◆ to **level up** erhöhen, nach oben ausgleichen

lev·el cross·ing [ˌlevl'krɒsɪŋ] (GB) der Bahnübergang

lev·el-head·ed [ˌlevl'hedɪd] ausgeglichen, besonnen

lev·er ['liːvəʳ] 1 der Hebel 2 (*Werkzeug*) die Brechstange 3 (*übertragen*) das Druckmittel

to **lev·er** ['liːvəʳ] mit einer Brechstange, einem Hebel heben

lia·bil·ity [ˌlaɪə'bɪləti] 1 (*Verantwortung*) die Haftung 2 (*Last*) die Belastung 3 die Pflicht; **to have a tax liability of £2000** £2000 Steuern zahlen müssen 4 (*für Infektion, Krankheit*) die Anfälligkeit (**to** für) 5 **liabilities** (*Schulden*) die Verbindlichkeiten, die Passiva

lia·ble ['laɪəbl] 1 haftbar (**for** für); **to be liable for something** für etwas haften; **liable for damages/tax** schadenersatzpflichtig/steuerpflichtig 2 **to be liable to do something** dazu neigen, etwas zu tun; **he is liable to change his mind** es kann durchaus sein, dass er es sich anders überlegt; **it's liable to happen** das ist durchaus möglich

liar ['laɪəʳ] der Lügner/die Lügnerin

lib [lɪb] **women's lib** (*umgangsspr*) die Frauenbewegung

li·bel ['laɪbᵊl] die [schriftliche] Verleumdung

to **li·bel** ['laɪbᵊl] <libelled *oder* USA libeled, libelled *oder* USA libeled> [schriftlich] verleumden

li·bel·lous, USA **li·bel·ous** ['laɪbᵊləs] verleumderisch

lib·er·al[1] ['lɪbᵊrᵊl] 1 freigiebig, großzügig (**of** mit) 2 liberal, aufgeschlossen 3 (*politisch*) liberal

lib·er·al[2] ['lɪbᵊrᵊl] der/die Liberale

Lib·er·al Demo·crats *Plural* GB die Liberaldemokraten

lib·er·al·ism ['lɪbᵊrᵊlɪzᵊm] *kein Plural* der Liberalismus

to **lib·er·ate** ['lɪbᵊreɪt] befreien (**from** von)

lib·era·tion [ˌlɪbᵊ'reɪʃᵊn] 1 die Befreiung 2 **women's liberation** [**movement**] die Frauenbewegung

lib·er·ty ['lɪbəti] 1 die Freiheit; **at liberty** frei, auf freiem Fuß 2 **to be at liberty to do something** (*übertragen*) etwas tun dürfen 3 **to take the liberty of doing** [*oder* **to do**] **something** sich die Freiheit nehmen, etwas zu tun 4 **to take liberties with someone** sich jemandem gegenüber Freiheiten herausnehmen

L

Li·bra ['liːbrə] (*Sternbild*) die Waage

li·brar·ian [laɪ'breəriən] der Bibliothekar/die Bibliothekarin

li·brary ['laɪbrᵊri] die Bibliothek, die Bücherei; **reference library** die Präsenzbibliothek

L Die **British Library**, die britische Nationalbibliothek, die 1994 vom **British Museum** in einen Neubau bei St Pancras in London umgezogen ist, beherbergt rund 14 Millionen Bücher sowie Zeitschriften, Zeitungen, Tonaufnahmen, Patente, Datenbanken, Karten und vieles mehr.

li·cence, USA **li·cense** ['laɪsᵊn(t)s] 1 die Genehmigung, die Konzession, die Lizenz; **under licence** mit Erlaubnis, Genehmigung; **requiring** [*oder* **subject to**] **a licence** genehmigungspflichtig, konzessionspflichtig 2 **driving licence** GB der Führerschein; **gun licence** der Waffenschein; **hunting licence** der Jagdschein 3 **TV licence** die Fernsehgenehmigung 4 **dog licence** die Hundemarke

to **li·cense** ['laɪsᵊn(t)s] 1 **to be licensed to do something** die Genehmigung haben, etwas zu tun 2 eine Lizenz [*oder* eine Konzession] erteilen 3 **to license a car** Kraftfahrzeugsteuer bezahlen

li·censed ['laɪsᵊn(t)st] konzessioniert; **fully licensed** mit voller Schankerlaubnis

li·cense plate USA das Autokennzeichen

to **lick** [lɪk] 1 lecken; **to lick one's lips** (*auch übertragen*) sich die Lippen lecken 2 **to lick into shape** (*umgangsspr*) auf Hochglanz, in Form bringen ► WENDUNGEN: **to lick someone's boots** (*übertragen*) vor jemandem kriechen

lid [lɪd] 1 der Deckel 2 *von Auge:* das Lid 3 (*übertragen*) **to take the lid off something** etwas enthüllen

lie[1] [laɪ] 1 die Lage 2 **the lie of the land** (*übertragen*) die Lage der Dinge, die Sachlage

lie[2] [laɪ] die Lüge; **to tell a lie** lügen

to **lie**[1] [laɪ] 1 lügen; **to lie to someone** jemanden anlügen; **to lie through one's teeth** lügen wie gedruckt 2 **to lie oneself** [*oder* **one's way**] **out of trouble** sich aus den Schwierigkeiten herauslügen

to **lie**[2] [laɪ] <lay, lain> 1 liegen; **to lie in bed** im Bett liegen; **to lie dead** tot daliegen; **to lie still** still daliegen; **to lie dying** im Sterben liegen 2 **the city lies near the equator** die Stadt liegt in der Nähe des Äquators 3 **to lie at anchor** vor Anker liegen 4 **she's lying third at the moment** sie liegt momentan an dritter Stelle 5 **the problem lies in the fact that ...** das Problem besteht darin, dass ... 6 **to take something lying down** (*übertragen*) etwas wortlos schlucken

◆ to **lie about** herumliegen

◆ to **lie around** 1 herumliegen 2 herumgammeln *umgangsspr*

◆ to **lie back** 1 sich zurücklegen, sich zurücklehnen 2 (*übertragen: nichts tun*) sich ausruhen

◆ to **lie behind** 1 *Grund:* **to lie behind something** etwas zugrunde liegen 2 *Vergangenheit:* **to lie behind** [**someone**] hinter jemandem liegen

◆ to **lie down** sich hinlegen

◆ to **lie in** [morgens] lang im Bett bleiben

lie-down [ˌlaɪ'daʊn] GB **to have a lie-down** sich kurz hinlegen, ein Nickerchen machen

lie-in [ˌlaɪ'ɪn] **to have a lie-in** [sich] ausschlafen

lieu·ten·ant [lef'tenənt] der Leutnant; GB (*in der Armee*) der Oberleutnant; (*in der Marine*) der Kapitänleutnant

life [laɪf, *Plural* laɪvz] <*Plural* lives> 1 das Leben; **to take someone's/one's own life** jemanden umbringen/sich das Leben nehmen; **he had the time of his life** er amüsierte sich bestens; **family life** das Familienleben; **this is a matter of life and death** hier geht es um Leben und Tod; **not on your life!** todsicher nicht! 2 die Lebenszeit; **for life** auf Lebenszeit, lebenslänglich 3 die Lebensgeschichte, die Biografie; **he's writing a life of Princess Diana** er schreibt eine Biografie über Prinzessin Diana 4 die Lebensweise; **miners have a hard life** Bergarbeiter haben eine schwere Existenz 5 *einer Maschine:* die Lebensdauer 6 (*Lebenskraft*) der Schwung; **to come to life** in Schwung kommen; **full of life** voller Leben, sehr lebendig

life·belt ['laɪfbelt] der Rettungsring

life·boat ['laɪfbəʊt] das Rettungsboot
life cy·cle der Lebenszyklus
life draw·ing die Aktzeichnung
life ex·pec·tan·cy die Lebenserwartung
life form das Lebewesen
life·guard ['laɪfgɑːd] ① der Rettungsschwimmer/die Rettungsschwimmerin ② (*im Schwimmbad*) der Bademeister/die Bademeisterin
life im·pris·on·ment die lebenslängliche Freiheitsstrafe
life in·sur·ance die Lebensversicherung
life jack·et die Schwimmweste
life·less ['laɪfləs] ① leblos, unbelebt ② (*übertragen*) matt, flau, trüb
life·like ['laɪflaɪk] echt, naturgetreu
life·long lebenslang
life raft das Rettungsfloß
life·sav·er ① der Lebensretter/die Lebensretterin, der Rettungsschwimmer/die Rettungsschwimmerin ② (*übertragen*) der rettende Engel
life sen·tence die lebenslängliche Freiheitsstrafe
life-size(d) ['laɪfsaɪz(d)] lebensgroß, in Lebensgröße
life·span *einer Person:* die Lebenserwartung; *einer Sache:* die Lebensdauer
life·style der Lebensstil
life sup·port sys·tem die lebenserhaltenden Apparate
life-threat·en·ing *Krankheit:* lebensbedrohend; *Situation:* lebensgefährlich
life·time ['laɪftaɪm] die Lebenszeit; **in** [*oder* **during**] **someone's lifetime** zu jemandes Lebzeiten; **the chance of a lifetime** die Chance meines/deines Lebens; **once in a lifetime** einmal im Leben; **a once-in-a-lifetime opportunity** eine einmalige Gelegenheit
lift [lɪft] ① GB der Aufzug, der Fahrstuhl, der Lift ② die Mitfahrgelegenheit; **to give someone a lift** jemanden mitnehmen, jemanden mitfahren lassen; **do you want a lift?** willst du mitfahren?, kann ich dich mitnehmen? ③ der Auftrieb; **to give someone a lift** jemandem Auftrieb geben, jemanden aufmuntern ④ (*technisch*) der Hub; **in one lift** in einem Hub
to **lift** [lɪft] ① [auf]heben, in die Höhe heben ② ziehen, lüften *Hut* ③ liften *Gesicht, Busen* ④ aufheben *Sperre* ⑤ (*umgangsspr*) klauen ⑥ **to not lift a finger** (*übertragen*) keinen Finger rühren [*oder* krümmen] ⑦ *Rakete, Flugzeug:* abheben ⑧ *Nebel:* sich auflösen, sich heben
◆ to **lift down** herunterheben
◆ to **lift off** abheben
◆ to **lift up** hochheben
lift-off ['lɪftɒf] *von Rakete:* das Abheben, der Start; **to have lift-off** abheben
light¹ [laɪt] ① das Licht, die Helligkeit ② (*Lichtquelle*) das Licht, die Beleuchtung ③ (*am Auto*) **lights** die Lichter, die Scheinwerfer ④ **lights** (*umgangsspr*) die Ampel; **to turn right at the lights** an der Ampel rechts abbiegen ⑤ (*für Zigarette*) das Feuer; **have you got a light?** haben Sie Feuer? ⑥ **in the light of** angesichts, im Hinblick auf ▶ WENDUNGEN: **to bring to light** an den Tag [*oder* ans Licht] bringen; **to come to light** an den Tag kommen; **to shed** [*oder* **throw**] **light on something** Licht in etwas bringen; **to see something/someone in a new light** etwas/jemanden in ganz neuem Licht sehen
light² [laɪt] <lighter, lightest> ① *auch Essen, Musik:* leicht; **as light as a feather** federleicht ② *Erde:* locker ③ *Farbe:* hell; **light blue** hellblau ④ **light reading** die Unterhaltungslektüre ⑤ **to make light of something** etwas nicht ernst nehmen ⑥ **to travel light** mit wenig [*oder* leichtem] Gepäck reisen
to **light** [laɪt] <lit *oder* lighted, lit *oder* lighted> ① anzünden *Feuer* ② (*mit Scheinwerfern*) anstrahlen, beleuchten, erleuchten; befeuern *Flugplatz* ③ **to light someone's way** jemandem leuchten
◆ to **light up** ① aufleuchten ② anzünden *Zigarette, Pfeife* ③ beleuchten, erhellen *Himmel, Zimmer* ④ anmachen *Lampe*
light bulb ['laɪtbʌlb] die Glühbirne
to **light·en¹** ['laɪtᵊn] ① (*auch übertragen*) heller machen, aufhellen ② hell werden, sich aufhellen
to **light·en²** ['laɪtᵊn] leichter machen; **to lighten someone's burden** [*oder* **load**] jemandem etwas abnehmen
light·er ['laɪtəʳ] das Feuerzeug
light-head·ed ① benommen ② schwind[e]lig
light-heart·ed [ˌlaɪt'hɑːtɪd] sorglos, unbeschwert
light·house ['laɪthaʊs] der Leuchtturm
light·ing ['laɪtɪŋ] die Beleuchtung; **emergency lighting** die Notbeleuchtung; **lighting-equipment** die Beleuchtungsanlage
light·ly ['laɪtli] ① leicht ② **to get off lightly** glimpflich davonkommen ③ **to treat something** [**too**] **lightly** etwas nicht ernst [genug] nehmen
light·ning ['laɪtnɪŋ] der Blitz; **flash of lightning** der Blitz, der Blitzschlag; **to be struck by lightning** vom Blitz getroffen werden; **like lightning** wie der Blitz; **with lightning speed** blitzschnell
light·ning con·duc·tor, USA **light·ning rod** (*auch übertragen*) der Blitzableiter
light·weight¹ ① *kein Plural* (*Sportkategorie*) das Leichtgewicht ② (*Boxer*) der Leichtgewichtler/die Leichtgewichtlerin ③ (*umgangsspr*) das Leichtgewicht; (*abwertend*) der Schwächling
light·weight² ① leicht ② trivial ③ (*abwertend*)

L

bedeutungslos

light year ['laɪtjɜːʳ, -jɪəʳ] das Lichtjahr

lik·able ['laɪkəbl] (USA) liebenswert, sympathisch

like[1] [laɪk] ① ähnlich, wie; **to be like someone** wie jemand sein, jemandem ähnlich sein; **they are very like each other** sie sehen sich sehr ähnlich ② **what is he like?** was ist er für ein Mensch?; **what is it like?** wie ist es? wie sieht es aus? ③ **it was like him to do that** das sieht ihm ähnlich; **that's not like her** das ist nicht ihre Art ④ **something like that** so etwas Ähnliches ⑤ **there is nothing like ...** es geht nichts über ... ⑥ **I don't feel like work[ing] today** ich bin heute nicht zum Arbeiten aufgelegt ⑦ **it looks like rain[ing]** es sieht nach Regen aus ⑧ **like mad** wie verrückt ⑨ (*slang*) **she's, like, really nice** sie ist irgendwie echt nett

like[2] [laɪk] die Vorliebe; **she knows his likes and dislikes** sie weiß, was er mag und was er nicht mag; **the likes of you** (*umgangsspr*) Leute wie Sie, ihresgleichen

to **like** [laɪk] ① mögen, gernhaben; **I like it** das gefällt mir, das mag ich; **he likes classical music** er mag klassische Musik; **how do you like Newcastle/the book?** wie gefällt dir Newcastle/das Buch? ② wollen, gerne mögen; **would you like a cup of tea?** möchten Sie eine Tasse Tee?; **I should like a little bit more time** ich hätte gerne etwas mehr Zeit; **I should like to know** ich wüsste gern

like·able ['laɪkəbl̩] liebenswert, sympathisch

like·li·hood ['laɪklihʊd] die Wahrscheinlichkeit; **in all likelihood** höchstwahrscheinlich

like·ly[1] ['laɪkli] <likelier *oder* more likely, likeliest *oder* most likely> ① wahrscheinlich; **he is likely to come** es ist wahrscheinlich, dass er kommt; **it's likely to cause problems** das wird wahrscheinlich Probleme mit sich bringen; **the likely outcome** das voraussichtliche Resultat ② *Geschichte:* glaubhaft; **a likely story!** das soll mal einer glauben!

> **G** **likely** kann sowohl mit *-er/-est* als auch mit *more/most* gesteigert werden:
> *a draw would be a more likely result,*
> *she's the likeliest candidate for the job*

like·ly[2] ['laɪkli] **as likely as not** höchstwahrscheinlich; **not likely** schwerlich, kaum; **very** [*oder* **most**] **likely** höchstwahrscheinlich, sehr wahrscheinlich; **that's more likely** das ist eher möglich

like-mind·ed gleich gesinnt

to **lik·en** ['laɪkᵊn] **to liken someone/something to someone/something** jemanden/etwas mit jemandem/etwas vergleichen

like·wise ['laɪkwaɪz] ebenfalls, gleichfalls; **to do likewise** es genauso machen

lik·ing ['laɪkɪŋ] die Vorliebe; **to have a liking for** mögen; **to someone's liking** nach jemandes Geschmack

li·lac ['laɪlək] ① (*Pflanze*) der Flieder ② (*Farbe*) Lila

lily ['lɪli] die Lilie; **water lily** die Seerose

limb [lɪm] das Glied

lime [laɪm] ① (*Frucht*) die Limone ② (*Laubbaum*) die Linde

lim·er·ick ['lɪmᵊrɪk] der Limerick

lim·it ['lɪmɪt] ① die Grenze, die Beschränkung; **within limits** in Grenzen; **without limit** unbegrenzt, unbeschränkt; **speed limit** die Geschwindigkeitsbegrenzung ② (*kommerziell*) das Limit, die Preisgrenze ③ **time limit** die Frist ▶ WENDUNGEN: **that's the limit !** (*umgangsspr*) das ist doch die Höhe!; **you're the limit!** das ist unerhört [von Ihnen]!; **off limits!** Zutritt verboten!

to **lim·it** ['lɪmɪt] ① begrenzen, beschränken, einschränken ② limitieren *Preis*

lim·it·ed ['lɪmɪtɪd] ① begrenzt ② (*kommerziell*) beschränkt (**to** auf); **limited [liability] company** Gesellschaft mit beschränkter Haftung

limo ['lɪməʊ] (*umgangsspr*) *kurz für* **limousine** die [Luxus]limousine

to **limp** [lɪmp] hinken

limp[1] [lɪmp] das Hinken; **to walk with a limp** hinken, humpeln

limp[2] [lɪmp] ① schlaff ② *Blumen:* welk

line [laɪn] ① (*Schnur, Seil*) die Leine ② **fishing line** die Angelschnur ③ **telephone line** die Telefonleitung; **bad line** die schlechte Verbindung; **to hold the line** am Apparat bleiben; **line engaged!** (GB), **line busy!** (USA) besetzt! ④ (*Markierung*) die Linie, der Strich ⑤ (*beim Sport*) die Grenzlinie ⑥ (*in der Hand*) die Handlinie; (*auf der Stirn*) die Falte, die Runzel ⑦ (*Bahnlinie*) das Gleis, die Strecke ⑧ (USA) die Menschenschlange; **to stand in line** anstehen, Schlange stehen, sich anstellen (**for** um) ⑨ die Reihe; **a line of houses** eine Häuserreihe; **a line of trees** eine Baumreihe; **to keep in line** in Reih und Glied bleiben ⑩ (*Reihe von Wörtern*) die Zeile, der Vers; **to drop someone a line** jemandem ein paar Zeilen schreiben; **to forget one's lines** (*auf der Bühne*) seinen Text vergessen; **to read between the lines** (*übertragen*) zwischen den Zeilen lesen ⑪ (*Familie*) die Linie; **he comes from a long line of actors** er stammt aus einer alten Schauspielerfamilie ⑫ (*Verlauf*) die Richtung ⑬ (*Beschäftigung*) die Branche, das Fachgebiet, das Interessengebiet; **line of business** der Geschäftszweig; **that's not in my line** das liegt mir nicht ⑭ (*kommerziell*) der Artikel, die Kollektion, die Linie ⑮ (*militärisch*) die Linie; **front line** die Front[linie] 16 **in line with** auf einer Linie mit; (*übertragen*) in Einklang mit 17 **to be in line for a job** eine Stelle wahrscheinlich bekommen ▶ WENDUNGEN: **to bring someone into line** jemanden in seine Schranken weisen; **to come** [*oder* **fall**] **into line** sich anschließen, sich einfügen (**with** in); (*umgangsspr*) mitmachen (**with** mit); (*umgangsspr*) nicht aus der Reihe tanzen; **to step out of line** aus der Reihe tanzen; **to draw the line at** eine Grenze ziehen bei; **to reach the end of the line** das bittere Ende erreichen

to **line¹** [laɪn] 1 lin[i]ieren *Papier* 2 entlang stehen an, säumen; **lined with trees** Baum bestanden

to **line²** [laɪn] 1 füttern *Kleidungsstück* 2 (*technisch*) auskleiden ▶ WENDUNGEN: **to line one's pockets** in die eigene Tasche wirtschaften

◆ to **line up** 1 aufstellen 2 *Personen:* sich aufstellen; USA Schlange stehen; **to be lined up** anstehen 3 (*planen*) sorgen für, organisieren 4 Stellung beziehen (**against** gegen), sich zusammentun (**with** mit)

lin·en ['lɪnɪn] 1 (*Material*) das Leinen 2 (*Bettwäsche, Tischwäsche*) die Wäsche

lin·er ['laɪnəʳ] 1 der Einsatz; [**dust**]**bin** [*oder* USA **garbage can**] **liner** der Müllsack 2 (*Schiff*) der Liniendampfer; **ocean liner** der Ozeandampfer

line-up ['laɪnʌp] (*auch Sport*) die Aufstellung

lin·gua fran·ca [ˌlɪŋgwə'fræŋkə] (*Sprache*) die Verkehrssprache

lin·guist ['lɪŋgwɪst] der Linguist/die Linguistin, der Sprachwissenschaftler/die Sprachwissenschaftlerin; **to be a good linguist** sprachbegabt sein

lin·ing ['laɪnɪŋ] 1 das Futter, der Futterstoff 2 (*technisch*) die Auskleidung

link [lɪŋk] 1 das [Ketten]glied 2 (*übertragen*) das Bindeglied, die Verbindung

to **link** [lɪŋk] verbinden; **to link arms** sich unterhaken; **to link hands** sich an den Händen fassen

link-up ['lɪŋkʌp] 1 die Verbindung 2 *von Raumschiff:* die Koppelung, das Koppelungsmanöver

lion ['laɪən] der Löwe

li·on·ess ['laɪənes] <*Plural* lionesses> die Löwin

lion's share der Löwenanteil

lip [lɪp] 1 die Lippe; **to keep a stiff upper lip** (*übertragen*) die Ohren steifhalten 2 *eines Gefäßes:* der Rand 3 (*umgangsspr*) **none of your lip!** sei nicht unverschämt!

lip balm die Lippenpflege

lip gloss das Lipgloss

lip lin·er ['lɪpˌlaɪnəʳ] der Lippenkonturenstift

to **lip-read** ['lɪpriːd] vom Mund [*oder* von den Lippen] ablesen

lip salve Lippenpomade

lip ser·vice *kein Plural* (*abwertend*) das Lippenbekenntnis

lip·stick ['lɪpstɪk] der Lippenstift

li·queur [lɪ'kjʊəʳ] der Likör

liq·uid¹ ['lɪkwɪd] (*auch finanziell*) flüssig

liq·uid² ['lɪkwɪd] die Flüssigkeit

liq·ui·da·tion [ˌlɪkwɪ'deɪʃᵊn] *einer Firma:* die Auflösung; *von Schulden:* die Tilgung; **to go into liquidation** in Liquidation gehen

li·quid crys·tal tele·vi·sion der Fernseher mit LCD-Flachbildschirm

to **liq·uid·ize** ['lɪkwɪdaɪz] im Mixer pürieren

liq·uid·iz·er ['lɪkwɪdaɪzəʳ] der Mixer

li·quid soap *kein Plural* die Flüssigseife

liq·uor ['lɪkəʳ] USA der Alkohol

> **L** Überall in Australien gibt es die so genannten **drive through bottle shops**. Da sie wie eine offene Garage oder Scheune aussehen, nennt man sie auch **liquor barns**. Man fährt mit dem Auto hinein und kann dort Wein, Bier und Spirituosen kaufen ohne auszusteigen.

Lis·bon ['lɪzbən] Lissabon

to **lisp** [lɪsp] **to** [**speak with a**] **lisp** lispeln

list [lɪst] die Liste, das Verzeichnis, die Aufstellung; **list of applicants** die Bewerberliste; **list of members** das Mitgliederverzeichnis; **shopping list** der Einkaufszettel; **to be on a list** auf einer Liste stehen; **to draw up** [*oder* **make out**] **a list** eine Liste aufstellen; **to put on a list** auf eine Liste setzen

> **F** Nicht verwechseln mit **List** (die) = artfulness, cunning!

to **list** [lɪst] 1 in eine Liste eintragen, auflisten; (*verbal*) aufzählen 2 aufführen *Posten* 3 **listed building** GB Gebäude unter Denkmalschutz

to **lis·ten** ['lɪsᵊn] hören, horchen (**to** auf); **to listen for something** auf etwas horchen; **to listen to someone** jemandem zuhören; **don't listen to him!** hören Sie nicht auf ihn!; **she wouldn't listen to him** sie wollte nicht auf ihn hören; **to listen to the radio** Radio hören

> **G** ⚠ *to **listen** to something* heißt *etwas zuhören* (aufmerksam hören): *Listen carefully to what I have to say.*
> *to hear something* heißt *etwas hören* (mit den Ohren wahrnehmen): *Speak up – I can't hear you!*

◆ to **listen in** 1 **to listen in to** [*oder* **on**] **a conversation** ein Gespräch mithören 2 **to listen in to a program**[**me**] ein Programm hören

lis·ten·er ['lɪsᵊnəʳ] 1 der Zuhörer/die Zuhörerin; **to be a good listener** gut zuhören können 2 *von Radio:* der Hörer/die Hörerin

lit [lɪt] *2. und 3. Form von* **light**

li·ter ['liːtəʳ] USA der/das Liter

lit·era·cy ['lɪtᵊrəsi] die Lese- und Schreibfertigkeit

lit·er·al ['lɪtᵊrᵊl] 1 wörtlich 2 buchstäblich, im wahrsten Sinne des Wortes 3 (*umgangsspr*) **fifteen years of literal hell** fünfzehn Jahre lang die reinste Hölle

L

lit·er·al·ly ['lɪtᵊrᵊli] ① (*wortgetreu*) wörtlich; **to take something literally** etwas wörtlich nehmen ② (*wirklich*) buchstäblich; **he had lost literally everything** er hatte buchstäblich alles verloren

lit·er·ary ['lɪtᵊrᵊri] Literatur-

lit·er·ate ['lɪtᵊrət] des Lesens und Schreibens kundig

lit·era·ture ['lɪtrətʃəʳ] die Literatur

Lithua·nia [ˌlɪθju'eɪniə] Litauen

Lithua·nian[1] [ˌlɪθju'eɪniən] ① der Litauer/die Litauerin ② *kein Plural* Litauisch

Lithua·nian[2] [ˌlɪθju'eɪniən] litauisch

li·tre ['liːtəʳ] GB der/das Liter

lit·ter ['lɪtəʳ] ① der Abfall; **do not throw litter!** bitte keine Abfälle zurücklassen ② (*neugeborene Tiere*) der Wurf ③ (*für Tiere*) die Streu, das Stroh

to **lit·ter** ['lɪtəʳ] verstreuen; **to be littered with something** mit etwas übersät sein

lit·tle[1] ['lɪtl] <smaller, smallest> ① klein; **a little car** ein kleines Auto ② **in a little while** in kurzer Zeit, bald; **a little while ago** vor kurzem ③ wenig; **to have little chance/money/time** kaum eine Chance/wenig Geld/Zeit haben; **I know little Spanish and even less Portuguese** ich spreche [nur] wenig Spanisch und noch weniger Portugiesisch; **I go there very little** ich gehe sehr selten dorthin ④ **of little interest/value** von geringem Interesse/Wert

L

lit·tle[2] ['lɪtl] ① **the little I know of him** das Wenige, was ich von ihm weiß ② **a little** ein [klein] wenig, ein bisschen; **after a little** nach einer Weile; **for a little** für ein Weilchen; **not a little** nicht wenig ③ **little by little** nach und nach, allmählich

live [laɪv] ① (*am Leben*) lebend, lebendig; **a real live dog** ein echter Hund ② *Thema:* aktuell ③ *Kohlen:* glühend ④ *Geschoss:* scharf ⑤ *Kabel:* Strom führend ⑥ **live broadcast** die Livesendung ⑦ **to broadcast live** direkt [*oder* live] übertragen

to **live** [lɪv] ① leben; **to live and let live** leben und leben lassen; **to live for something** für etwas leben ② *Patient:* am Leben bleiben, überleben ③ wohnen (**with** bei, **at** in); **where do you live?** wo wohnen Sie?; **to live with someone** mit jemandem zusammenleben

◆ to **live down** **I'll never live that down** das werde ich noch lange zu hören kriegen

◆ to **live in** im Hause wohnen; *Student:* im Wohnheim wohnen

◆ to **live off** **to live off one's parents** auf Kosten seiner Eltern leben

◆ to **live on** ① *Erinnerung:* weiterleben ② leben von; **to live on [a diet of] fish** sich von Fisch ernähren ③ **to live on one's reputation** (*übertragen*) von seinem Ruf zehren

◆ to **live out** **to live out one's life** sein Leben verbringen

◆ to **live through** überstehen; **to live through an experience** eine Erfahrung durchmachen

◆ to **live together** zusammenleben

◆ to **live up to** **he has a lot to live up to** an ihn werden hohe Erwartungen gestellt

live·ly ['laɪvli] ① lebhaft, lebendig ② *Beschreibung:* lebendig ③ (*umgangsspr*) aufregend; **to make things lively for someone** jemandem zu schaffen machen

to **liven** ['laɪvᵊn] **to liven someone up** jemanden aufmuntern; **to liven up a party** mehr Schwung in eine Party bringen; **to liven a place up** Leben in die Bude bringen

liv·er ['lɪvəʳ] die Leber

lives [laɪvz] *Pluralform von* **life**

liv·id ['lɪvɪd] wütend

liv·ing[1] ['lɪvɪŋ] ① lebend; **within living memory** seit Menschengedenken ② **living conditions** die Lebensbedingungen, die Wohnverhältnisse

liv·ing[2] ['lɪvɪŋ] ① der Lebensunterhalt; **to make a living as an artist/out of painting** sein Auskommen als Künstler/durch Malerei haben ② das Leben; **standard of living** der Lebensstandard ③ **the living** die Lebenden

liv·ing quar·ters *Plural* der Wohnbereich; (*von Soldaten*) das Quartier

liv·ing room das Wohnzimmer

liz·ard ['lɪzəd] die Eidechse

lla·ma ['lɑːmə] das Lama

load [ləʊd] ① (*Fracht*) die Ladung, die Fuhre ② *einer Achse:* die Belastung, die Traglast ③ (*übertragen*) die Last, die Bürde; **that's a load off my mind** damit fällt mir ein Stein vom Herzen ④ **a load of nonsense** [*oder* **rubbish**]**!** (*umgangsspr*) Quatsch! Blödsinn! ⑤ **loads of ...** jede Menge ...

to **load** [ləʊd] ① laden ② beladen *Transportmittel;* verladen *Ladung* ③ laden *Feuerwaffe* ④ einen Film einlegen in *Fotoapparat*

◆ to **load up** [be]laden

load·ed ['ləʊdɪd] ① beladen; **loaded to capacity** voll beladen ② *Gewehr:* geladen ③ *Würfel:* präpariert ④ **he's loaded** (*umgangsspr*) er hat Geld wie Heu ⑤ **loaded question** die Fangfrage

loaf [ləʊf, *Plural* 'ləʊvz] <*Plural* loaves> ① der Laib, das Brot ② **meat loaf** der Hackbraten ③ **use your loaf!** (*slang*) streng deinen Grips an!

loan [ləʊn] ① (*finanziell*) das Darlehen, die Anleihe ② die Leihgabe; **as a loan** als Leihgabe; **on loan** leihweise, ausgeliehen; **to have something on loan** etwas geliehen haben; **to give someone the loan of something** jemandem etwas [aus]leihen to **loan** [ləʊn] [aus]leihen, verleihen (**to** an)

loaves [ləʊvz] *Pluralform von* **loaf**

lob·by ['lɒbi] ① *eines Hotels:* die Eingangshalle ② (*im Parlament*) die Lobby, die Wandelhalle ③ (*übertragen*) die Lobby, die Interessengruppe

to **lob·by** ['lɒbi] beeinflussen *Abgeordnete*

lob·by·ist ['lɒbiɪst] der Lobbyist/die Lobbyistin

lob·ster ['lɒbstəʳ] der Hummer

lo·cal¹ ['ləʊkᵊl] ① örtlich, lokal, ortsansässig, hiesig; **local authority** die Ortsbehörde, die Kommunalverwaltung; **local call** das Ortsgespräch; **local elections** die Kommunalwahlen; **local government** die Gemeindeverwaltung, die Kommunalverwaltung; **local news** die Lokalnachrichten; **local opinion** die Meinung vor Ort; **local paper** die Lokalzeitung; **local people** der/die Ortsansässige; **local time** die Ortszeit ② **local anaesthetic** die örtliche Betäubung, die Lokalanästhesie

lo·cal² ['ləʊkᵊl] ① der/die Ortsansässige ② (*umgangsspr*) die Stammkneipe

lo·cal area net·work, LAN (*in der Informatik*) das lokale [Rechner]netz

to **lo·cate** [lə(ʊ)'keɪt] ① (*finden*) ausfindig machen ② (*platzieren*) errichten; einrichten *Firma, Gebäude* ③ **to be located** liegen, sich befinden

lo·ca·tion [lə(ʊ)'keɪʃᵊn] ① die Lage, der Standort ② (*Tat*) die Ortsbestimmung, die Lagebestimmung ③ *von Film:* der Drehort; **to be on location** bei Außenaufnahmen sein

loch [lɒk, *in Schottland* lɒx] der See, der Meeresarm

> **L** Das **Loch Ness Monster** ist ein riesiges, unbekanntes Wesen, das angeblich in den Gewässern des **Loch Ness** im Nordosten Schottlands lebt. Es soll eine Art Wasserdinosaurier mit einem langen wellenförmigen Schwanz sein. Einige Leute behaupten, das Ungeheuer gesehen zu haben, obwohl es bis heute keinen wirklich ernst zu nehmenden Nachweis dafür gibt. Geschichten darüber gibt es schon seit dem 6. Jahrhundert.

lock [lɒk] ① *von Tür:* das Schloss ② (*technisch*) der Verschluss, die Sperre ③ (*in Fluss, Kanal*) die Schleuse

to **lock** [lɒk] ① abschließen, zuschließen ② **to lock someone in a room** jemanden in ein[em] Zimmer einschließen [*oder* einsperren] ③ *Räder:* blockieren

◆ to **lock away** ① wegschließen *Sache* ② einsperren *Person*

◆ to **lock in** einschließen, einsperren

◆ to **lock out** aussperren

◆ to **lock up** ① abschließen *Sache* ② wegschließen *Wertsachen* ③ einsperren *Person* ④ fest anlegen *Kapital*

lock·er ['lɒkəʳ] das Schließfach; **locker room** der Umkleideraum

lock·smith ['lɒksmɪθ] der Schlosser/die Schlosserin

lo·co·mo·tive [ˌləʊkə'məʊtɪv] die Lokomotive; **diesel locomotive** die Diesellokomotive

lodge [lɒdʒ] ① (*Sport*) die Hütte, das Pförtnerhaus ② *von Freimaurern:* die Loge ③ *von Biber:* der Bau

to **lodge** [lɒdʒ] ① einlegen *Beschwerde* ② **to lodge with someone** bei jemandem zur Untermiete wohnen ③ *Kugel:* stecken bleiben

lodg·er ['lɒdʒəʳ] der Untermieter/die Untermieterin

lodg·ing ['lɒdʒɪŋ] ① **board and lodging** Kost und Logis ② **lodgings** das möblierte Zimmer, die möblierte Wohnung; **to live in lodgings** möbliert wohnen

lodg·ing house GB die Pension

loft [lɒft] der Dachboden; **loft conversion** der Dachausbau

log [lɒg] ① der [Holz]klotz, der Block; (*für Feuer*) das Holzscheit ② **to sleep like a log** wie ein Murmeltier schlafen

◆ to **log in** (*in der Informatik*) sich einloggen [*oder* anmelden]

◆ to **log out** (*in der Informatik*) sich ausloggen [*oder* abmelden]

log cab·in [lɒg'kæbɪn] das Blockhaus

log fire das Holzfeuer

log·ic ['lɒdʒɪk] die Logik

logi·cal ['lɒdʒɪkᵊl] logisch

logo ['ləʊgəʊ] das Logo

loin [lɔɪn] die Lende

to **loi·ter** ['lɔɪtəʳ] herumlungern

lol·li·pop ['lɒlipɒp] der Lutscher

lol·ly ['lɒli] ① (*umgangsspr*) der Lutscher ② **ice[d] lolly** Eis am Stiel ③ (*slang*) das Geld

> **L** **The London Eye** ist der umgangssprachliche Name für das Riesenrad, das am Südufer der Themse in London errichtet wurde, um den Jahreswechsel 1999/2000 zu feiern. Es hat 32 Gondeln, die die Passagiere während einer 30-minütigen Fahrt in 135 m Höhe bringen. Von oben kann man dann fast 40 km weit sehen. Im Riesenrad können bis zu 800 Fahrgäste mitfahren.

lone [ləʊn] einsam

lone·li·ness ['ləʊnlɪnəs] die Einsamkeit

lone·ly ['ləʊnli] einsam

lon·er ['ləʊnəʳ] der Einzelgänger/die Einzelgängerin

long¹ [lɒŋ] <longer, longest> ① lang ② **it's a long way to Scotland** bis nach Schottland ist es sehr weit ③ **I haven't seen him for a long time** ich habe ihn seit langem nicht mehr gesehen ④ **all night long** die ganze Nacht ⑤ **to take a long time** viel Zeit brauchen/nehmen ⑥ **in the long run** auf die Dauer ⑦ **don't be long!** beeil dich!

long² [lɒŋ] ① **as** [*oder* **so**] **long as** solange ② **at**

L

the longest höchstens, längstens ③ **before long** in Kürze ④ **no longer** nicht mehr ⑤ **long after** lange nachher, viel später; **long before** lange vorher, viel früher ⑥ **long ago** vor langer Zeit ⑦ **have you been waiting long?** warten Sie schon lange? ⑧ **so long!** (*umgangsspr*) bis später!

to **long** [lɒŋ] sich sehnen (**for** nach)

long-dis·tance **long-distance call** das Ferngespräch; **long-distance flight** der Langstreckenflug; **long-distance lorry driver** der Fernfahrer/die Fernfahrerin

long-haired [ˌlɒŋˈheəd] langhaarig

long-haul **long-haul flight** der Langstreckenflug

long·ing¹ [ˈlɒŋɪŋ] die Sehnsucht, das Verlangen (**for** nach)

long·ing² [ˈlɒŋɪŋ] sehnsüchtig

lon·gi·tude [ˈlɒndʒɪtjuːd] die [geographische] Länge

long jump der Weitsprung

long-life haltbar; **long-life milk** die H-Milch

long-lived langlebig

long-lost lang verloren geglaubt; *Person:* lang vermisst geglaubt

long-range ① *Rakete:* Langstrecken- ② langfristig; **long-range forecast** die Langzeitprognose

long shot **to be a long shot** ziemlich aussichtslos sein; [**not**] **by a long shot** (*umgangsspr*) bei weitem [nicht]

long-sight·ed [ˌlɒŋˈsaɪtɪd] weitsichtig

long-stand·ing seit langem bestehend; *Freundschaft, Beziehung:* langjährig

long-suf·fer·ing langmütig

long-term langfristig; **long-term damage** der Spätschaden; **long-term effect** die Langzeitwirkung; **long-term unemployed** [**person**] der/die Langzeitarbeitslose, der/die Dauerarbeitslose

long va·ca·tion die großen Ferien, die Sommersemesterferien

long wave (*Radio*) die Langwelle

long·ways der Länge nach, längs

long-wind·ed [ˌlɒŋˈwɪndɪd] langatmig

loo [luː] (GB) (*umgangsspr*) das Klo

look [lʊk] ① der Blick; **to have a look at something** [sich] etwas ansehen, einen Blick auf etwas werfen; **to give someone a dirty look** jemandem einen vernichtenden Blick zuwerfen ② **the look on his face** sein Gesichtsausdruck ③ **looks** das Aussehen; **good looks** das gute Aussehen ④ **I don't like the look of it** es gefällt mir nicht

to **look** [lʊk] ① sehen, schauen, gucken; **to look someone in the eye** jemandem [gerade] in die Augen sehen ② **to look at someone/something** jemanden/etwas ansehen [*oder* anschauen] ③ Acht geben, aufpassen; **look what you're doing!** pass auf, was du machst! ④ (*suchen*) nachsehen; **to look and see** nachsehen ⑤ gehen nach; **this window looks south** dieses Fenster geht nach Süden; **the front of the house looks towards the river** die Vorderseite des Hauses liegt zum Fluss hin ⑥ aussehen; **it looks like rain** es sieht nach Regen aus ⑦ **look sharp!** dalli, dalli! ⑧ **look here!** sieh her!, hör mal gut zu! ⑨ **he looks his age** man sieht ihm sein Alter an

◆to **look about** sich umsehen, sich umschauen (**for** nach)

◆to **look after** sich kümmern um, aufpassen auf

◆to **look ahead** ① nach vorne sehen ② (*übertragen*) die Zukunft planen, vorausschauen

◆to **look around** sich umsehen (**for** nach)

◆to **look at** ① ansehen; **look at those birds!** sieh dir diese Vögel an!; **to look at one's watch** auf seine Uhr schauen ② sich ansehen, überprüfen *Bücher, Unterlagen* ③ (*überlegen*) betrachten; **I look at things differently now, after my accident** nach meinem Unfall sehe ich viele Dinge anders ④ (*umgangsspr*) rechnen mit; **he's looking at three years for a second offence** weil es seine zweite Straftat ist, muss er mit drei Jahren rechnen

◆to **look away** wegsehen

◆to **look back** ① sich umsehen ② **to look back on** [*oder* **to**] **something** (*übertragen*) auf etwas zurückblicken; **looking back, ...** zurückblickend ... ③ **since changing jobs he's never looked back** (*übertragen*) seitdem er die Stelle gewechselt hat, geht es mit ihm ständig bergauf

◆to **look down** ① heruntersehen, hinuntersehen ② **to look down on someone** auf jemanden hinuntersehen

◆to **look down** **to look down on someone/something** auf jemanden/etwas hinuntersehen

◆to **look for** suchen [nach]; **who are you looking for?** wen suchen Sie?

◆to **look forward** ① nach vorne sehen ② **to look forward to something** sich auf etwas freuen

◆to **look in** ① hineinsehen, hereinsehen ② **to look in on someone** bei jemandem vorbeikommen/vorbeischauen

◆to **look into** untersuchen, nachgehen

◆to **look on** ① zusehen ② **to look** [**up**]**on someone as/with ...** jemanden als/mit ... ansehen [*oder* betrachten]

◆to **look out** ① hinaussehen, heraussehen; **to look out of the window** aus dem Fenster sehen ② aufpassen, Acht geben (**for** auf); **look out!** aufpassen! Achtung! Vorsicht! ③ hinaussehen, hinausgehen (**on** auf); **the house looks out over the valley** vom Haus hat man einen Blick ins Tal ④ **to look something/someone out** sich etwas/jemanden aussuchen ⑤ **to**

look out for something/someone Ausschau nach etwas/jemandem halten
◆to **look over** ① sich ansehen *Haus* ② durchsehen *Text* ③ mustern *Person*
◆to **look round** sich umsehen
◆to **look through** ① **to look through the window** aus dem Fenster schauen; **to look through the telescope** durch das Fernrohr gucken ② durchsehen *Text* ③ **to look straight through someone** durch jemanden hindurchsehen
◆to **look to** ① **to look to something** sich um etwas kümmern; **to look to one's motives** seine Motive [genau] prüfen ② **to look to someone** auf jemanden bauen
◆to **look up** ① aufblicken, aufsehen (**at** zu) ② **to look up to someone** (*übertragen*) zu jemandem aufsehen ③ *Lage:* besser werden; **things are looking up** es geht bergauf ④ nachschlagen *Wort* ⑤ **to look someone up** (*umgangsspr*) jemanden besuchen ⑥ **to look someone up and down** jemanden von Kopf bis Fuß mustern

look-alike ['lʊkəˌlaɪk] der Doppelgänger/die Doppelgängerin

look·out ['lʊkˌaʊt] ① (*Platz*) der Ausguck ② (*Person*) die Wache ③ **to be on the lookout for** Ausschau halten nach ④ **that's his lookout** (*umgangsspr*) das ist seine Sache; **that's not my lookout** das geht mich nichts an

loom [lu:m] der Webstuhl

to **loom** [lu:m] drohend näher rücken; *Sturm:* heraufziehen; *Probleme, Schwierigkeiten:* sich auftürmen

loony[1] ['lu:ni] <*Plural* loonies> (*umgangsspr*) der/die Irre

loony[2] ['lu:ni] <loonier, looniest> (*umgangsspr*) verrückt

loop [lu:p] ① die Schlinge, die Schleife ② *von Flugzeug:* das/der Looping; **to loop the loop** einen Looping fliegen

loop·hole ['lu:phəʊl] **a loophole in the law** eine Gesetzeslücke

loose[1] [lu:s] <looser, loosest> ① *Tier:* lose, frei ② *Ware:* lose ③ *Knopf, Zahn:* lose, locker; **loose connection** der Wackelkontakt ④ *Kleidung:* weit ⑤ *Boden:* locker, aufgelockert ⑥ *Bedeutung:* ungenau ⑦ *Übersetzung:* frei ⑧ *Lebenswandel:* locker ⑨ **to be at a loose end** nichts mit sich anzufangen wissen ⑩ **loose change** das Kleingeld ⑪ **to break loose** sich losreißen ⑫ **to come** [*oder* **work**] **loose** *Knopf, Knoten, Schraube:* sich lockern

loose[2] [lu:s] **to be on the loose** frei herumlaufen

loose·ly ['lu:sli] locker, lose; **loosely speaking** grob gesagt

to **loos·en** ['lu:sᵊn] ① lösen, lockern ② sich lösen, sich lockern ③ **to loosen up** Lockerungsübungen machen; (*übertragen*) lockerer werden

loot [lu:t] die Beute

to **loot** [lu:t] plündern

loot·ing ['lu:tɪŋ] die Plünderung

lop·sid·ed schief; (*übertragen*) einseitig

lord [lɔ:d] ① der Herr (**of** über) ② Ⓖⓑ der Lord; **the House of Lords** das britische Oberhaus ③ [**Our**] **Lord** der Herr; **the Lord's Prayer** das Vaterunser ④ **Lord only knows where ...** weiß der Himmel wo ...

Lord May·or der Oberbürgermeister

lor·ry ['lɒri] Ⓖⓑ der Lastkraftwagen, der Lkw, der Laster; **lorry driver** der Lastwagenfahrer/die Lastwagenfahrerin, der Lkw-Fahrer/die Lkw-Fahrerin

to **lose** [lu:z] <lost, lost> ① verlieren, einbüßen ② versäumen *Gelegenheit* ③ abschütteln *Verfolger* ④ vergessen *Gelerntes* ⑤ *Uhr:* nachgehen ⑥ **to lose someone something** jemanden um etwas bringen, jemanden etwas kosten ⑦ **to be lost** verloren sein, verschwunden sein, sich verlaufen haben; **I'm lost** ich habe mich verlaufen; (*übertragen*) ich verstehe nichts mehr ⑧ **the child got lost** das Kind hatte sich verirrt; **get lost!** verschwinde! hau ab! ⑨ **to lose oneself in a book** sich in einem Buch verlieren, ganz in einem Buch aufgehen ⑩ **to lose one's head** (*übertragen*) den Kopf verlieren; **to lose one's temper** die Beherrschung verlieren ⑪ **to lose one's life** ums Leben kommen ⑫ **to lose sight of** aus den Augen verlieren ⑬ **to lose one's way** sich verirren, sich verlaufen ⑭ **to lose weight** abnehmen
◆to **lose out** verlieren, unterliegen; **to lose out on a deal** große Verluste bei einem Geschäft erleiden

los·er ['lu:zəʳ] der Verlierer/die Verliererin

loss [lɒs] <*Plural* losses> ① der Verlust ② **loss of appetite** die Appetitlosigkeit; **loss of blood** der Blutverlust; **loss of confidence** der Vertrauensverlust; **loss of earnings** der Ertragsausfall; **loss of life** die Verluste an Menschenleben; **loss of time** der Zeitverlust; **loss in weight** der Gewichtsverlust ③ **to be at a loss how to do something** nicht wissen, wie man etwas anfangen soll; **to be at a loss for words** um Worte verlegen sein ④ **to be a dead loss** nutzlos, unbrauchbar sein ⑤ **to sell at a loss** mit Verlust verkaufen

loss-mak·ing **loss-making business** der Verlustbetrieb

lost[1] [lɒst] *2. und 3. Form von* **lose**

lost[2] [lɒst] ① verloren ② verirrt ▶WENDUNGEN: **to be lost upon someone** auf jemanden keinen Eindruck machen; **to be lost in thought** in Gedanken versunken sein; **a lost cause** eine aussichtslose Sache

lost prop·er·ty *kein Plural* ① die Fundsachen ② GB das Fundbüro

lost-prop·er·ty of·fice das Fundbüro

lot [lɒt] ① (*Schicksal*) das Los ② (*bei Verlosung*) das Los; **to draw lots for something** um etwas losen ③ (*Land*) die Parzelle; **parking lot** der Parkplatz ④ (*umgangsspr*) der Haufen; **you lot** ihr [alle] ⑤ (*bei Auktion*) das Los ⑥ **a lot of, lots of** viele, eine Menge ⑦ **a lot** viel; **a lot better** viel besser; **I liked it a lot** es war sehr gut; **to have lots** [*oder* **a lot**] **to do** viel zu tun haben ⑧ **the lot** alles, das Ganze

lo·tion ['ləʊʃən] *kein Plural* die Lotion; **suntan lotion** das Sonnenöl, die Sonnencreme

lotta ['lɒtə] (*umgangsspr*) *kurz für* **lot of** eine Menge

lot·tery ['lɒtəri] ① die Lotterie ② (*übertragen*) das Glücksspiel

loud [laʊd] <louder, loudest> ① laut ② (*übertragen*) *Farbe:* grell, schreiend; *Kleider:* auffällig ③ **to say something out loud** etwas laut sagen

loud·mouth (*umgangsspr*) das Großmaul

loud·speak·er [,laʊd'spiːkər] der Lautsprecher, die Box

lounge [laʊndʒ] ① *im Hotel:* der Gesellschaftsraum ② *im Flughafen:* der Warteraum; **departure lounge** die Abflughalle ③ *im Haus:* das Wohnzimmer

◆ to **lounge about**, to **lounge around** [laʊndʒ] ① herumsitzen, herumstehen ② faulenzen

lounge bar die [vornehme] Bar

lounge suit GB der Straßenanzug

lousy ['laʊzi] (*umgangsspr*) ① *Bezahlung, Streich, Wetter:* lausig, mies ② **to feel lousy** sich elend fühlen ③ **to be lousy at history/cooking** eine Niete in Geschichte/ein miserabler Koch [*oder* eine miserable Köchin] sein ④ **lousy with** (*slang*) voll von, übersät mit

lout [laʊt] der Lümmel, der Flegel

lout·ish ['laʊtɪʃ] (*umgangsspr*) rüpelhaft

love [lʌv] ① die Liebe (**for/of** zu); **love of adventure** die Abenteuerlust; **love of cooking/life** die Freude am Kochen/Leben; **for the love of someone** jemandem zuliebe ② **to be in love with someone** in jemanden verliebt sein; **to fall in love with someone/something** sich in jemanden/eine Sache verlieben ③ **to make love to someone** mit jemandem schlafen ④ (*Briefschluss*) [**with**] **love from ...** liebe Grüße von ... ⑤ (*Grüße*) **to send one's love to someone** jemanden grüßen lassen; **to give him my love** grüßen Sie ihn von mir ⑥ (*Anrede*) Liebling, Schatz; **can I help you, love?** (*umgangsspr: im Geschäft*) was darf's denn sein? ⑦ (*Tennis*) **fifteen love** fünfzehn null ▶ WENDUNGEN: **for the love of God!** um Himmels willen!; **not for love nor money** nicht für Geld und gute Worte; **there's no love lost between them** sie können sich nicht ausstehen

to **love** [lʌv] ① lieben, lieb haben ② (*übertragen*) [gern] mögen; **to love to do something** etwas gern tun; **I'd love to go** ich würde [liebend] gern gehen

love·able ['lʌvəbl] liebenswert

loved-up verliebt; **I sat next to this loved-up couple** ich saß neben diesem Zärtlichkeiten austauschenden Paar

love let·ter der Liebesbrief

love life das Liebesleben

love·ly ['lʌvli] <lovelier, loveliest> ① [wunder]schön, herrlich ② (*umgangsspr*) toll, großartig; **lovely and warm** schön warm

lov·er ['lʌvər] ① der Liebhaber/die Liebhaberin, der/die Geliebte; **they are lovers** sie sind ein Liebespaar ② (*übertragen*) der Liebhaber/die Liebhaberin, der Freund/die Freundin; **lover of horses** der Pferdeliebhaber/die Pferdeliebhaberin; **to be a lover of good wine** einen guten Tropfen lieben

love·sick ['lʌvsɪk] **to be lovesick** Liebeskummer haben

love song das Liebeslied

love sto·ry die Liebesgeschichte

lov·ing ['lʌvɪŋ] ① *Person:* liebend ② *Blick:* liebevoll

low[1] [ləʊ] <lower, lowest> ① niedrig ② *Stimme, Ton, Verbeugung:* tief; **in a low voice** leise ③ *Land:* tief liegend ④ *Wolke:* tief hängend ⑤ *Bluse, Kleid:* tief ausgeschnitten ⑥ (*übertragen*) schwach, kraftlos, energiearm; **to be in low health** bei schlechter Gesundheit sein ⑦ **to be in low spirits** in gedrückter Stimmung sein, niedergeschlagen sein ⑧ *Intelligenz, Sichtweite, Wert:* gering ⑨ *Herkunft, Rang:* niedrig, nieder ⑩ *Trick:* niederträchtig, gemein ⑪ **to have a low opinion of someone** nicht viel von jemandem halten ⑫ *Puls:* schwach ⑬ knapp; **we are a bit low on petrol** unser Benzin ist ein bisschen knapp; **our supplies are running low** unsere Vorräte gehen allmählich zur Neige; **low on funds** (*umgangsspr*) knapp bei Kasse ⑭ **to lie low** (*übertragen*) sich versteckt halten

low[2] [ləʊ] ① das Tief, das Tiefdruckgebiet ② (*übertragen*) der Tiefpunkt, der Tiefstand; **to hit** [*oder* **reach**] **a new/an all-time low** einen neuen/absoluten Tiefstand erreichen

low-calo·rie kalorienarm

low-cut [ləʊ'kʌt] tief ausgeschnitten

low·er ['ləʊər] ① niedriger; **lower jaw** der Unterkiefer ② tiefer [gelegen]; **lower down** weiter unten

to **low·er** [laʊər] ① hinunterlassen, herunterlassen; **to lower oneself into a chair** sich in einen Sessel [hinein]fallen lassen ② niederschlagen

Augen ③ senken *Blick, Stimme* ④ herabsetzen, senken *Preis* ⑤ herunterschrauben *Niveau* ⑥ ausfahren *Fahrwerk*

lower-case in lower case in Kleinbuchstaben

low-key unauffällig, zurückhaltend; **to keep something low-key** vermeiden, dass etwas Aufsehen erregt

low-main·te·nance pflegeleicht

low-paid schlecht bezahlt; **low-paid worker** der Billiglohnarbeiter/die Billiglohnarbeiterin

low pres·sure das Tiefdruck; **area of low pressure** das Tiefdruckgebiet

low pro·file to keep a low profile (*übertragen*) sich im Hintergrund halten

low-rise low-rise trousers auf den Hüften sitzende Hose

low sea·son die Nebensaison, die Zwischensaison

low tide die Ebbe

low wa·ter das Niedrigwasser, die Ebbe

loy·al [lɔɪəl] treu, loyal

loy·al·ty ['lɔɪəlti] die Treue, die Loyalität

LP [ˌel'piː] *Abkürzung von* **long-playing record** die LP

to **lu·bri·cate** ['luːbrɪkeɪt] schmieren

luck [lʌk] ① das Glück; **good luck** das Glück; **bad luck** das Pech, das Unglück; **good luck!** viel Glück!; **for luck** als Glückbringer; **to be in luck** Glück haben; **to be out of luck** kein Glück haben; **worse luck** unglücklicherweise, leider; **to be down on one's luck** (*umgangsspr*) Pech haben; **to try one's luck** sein Glück versuchen; **just my luck!, tough luck!** (*umgangsspr*) so ein Pech! ② der Zufall, das Schicksal; **as luck would have it** wie es der Zufall wollte

lucki·ly ['lʌkɪli] glücklicherweise; **luckily for him** zu seinem Glück

lucky ['lʌki] <luckier, luckiest> **to be lucky** Glück haben; **that's lucky** das ist ein Glück; **to have a lucky escape** glücklich davonkommen; **lucky shot** der Glückstreffer; **to count oneself lucky** sich glücklich schätzen; **I should be so lucky** das möchte ich mal erleben; **lucky you!** du Glückliche(r)!

lug·gage ['lʌgɪdʒ] (GB) das [Reise]gepäck; **hand luggage** das Handgepäck; **luggage rack** die Gepäckablage

> **G** **luggage** ist unzählbar; d.h. es wird nicht mit *a* oder im Plural gebraucht: *your luggage will be taken to the hotel; is that your luggage?*
> Wenn man von einem Einzelstück redet, sagt man *a piece of luggage* oder *an item of luggage*: *one piece of luggage was left unclaimed*

luke·warm [ˌluːk'wɔːm] ① *Flüssigkeit:* lauwarm ② (*übertragen*) *Beifall:* lau, gleichgültig ③ (*übertragen*) *Unterstützung:* halbherzig

lulla·by ['lʌləbaɪ] das Wiegenlied

to **lum·ber** ['lʌmbəʳ] **to lumber someone with something/someone** jemandem etwas/jemanden aufhalsen

lu·mi·nous ['luːmɪnəs] leuchtend, Leucht-

lump [lʌmp] ① der Klumpen ② (*im Körper*) die Beule; (*krebsartig*) der Knoten ③ **a lump of sugar** ein Stück Zucker ④ **lump of wood** der Holzklotz ⑤ **to have a lump in one's throat** einen Kloß im Hals haben

lump sum der Pauschalbetrag

lumpy ['lʌmpi] <lumpier, lumpiest> *Flüssigkeit:* klumpig; *Figur:* plump; *Person:* pummelig

lu·na·cy ['luːnəsi] *kein Plural* (*auch übertragen*) der Wahnsinn

lu·nar ['luːnəʳ] **lunar module** die Mondfähre

lu·na·tic[1] ['luːnətɪk] blödsinnig, verrückt

lu·na·tic[2] ['luːnətɪk] der/die Wahnsinnige

lunch [lʌn(t)ʃ] <*Plural* lunches> das Mittagessen; **to have lunch** zu Mittag essen

lunch break die Mittagspause

lunch·eon ['lʌn(t)ʃən] das Mittagessen

lunch·eon meat das Frühstücksfleisch

lunch·eon vouch·er der Essensbon, die Essensmarke

lunch hour die Mittagspause

lunch·time ['lʌntʃtaɪm] der Mittag, die Mittagszeit

lung [lʌŋ] die Lunge; **her right lung** ihr rechter Lungenflügel; **he has weak lungs** er hat eine schwache Lunge ▶ WENDUNGEN: **at the top of his lungs** aus vollem Halse

lung can·cer der Lungenkrebs

lurch [lɜːtʃ] <*Plural* lurches> ① der Ruck; **to give a lurch** rucken ② **to leave in the lurch** im Stich lassen

to **lurch** [lɜːtʃ] rucken

to **lure** [lʊəʳ] an]locken; **to lure someone away from something** jemanden von etwas weglocken

lure [lʊəʳ] ① *kein Plural* der Reiz ② (*auch übertragen*) der Köder

to **lurk** [lɜːk] lauern

lust [lʌst] ① die Gier; **lust for power** die Machtgier ② (*sexuell*) die Begierde (**for** nach)

lus·trous ['lʌstrəs] glänzend, strahlend; *Haar:* glänzend, schimmernd; *Lächeln:* strahlend

Lux·em·bourg ['lʌksᵊmbɜːg] Luxemburg

Lux·em·bourg·er ['lʌksᵊmbɜːgəʳ] der Luxemburger/die Luxemburgerin

luxu·ry ['lʌkʃᵊri] ① der Luxus; **to lead a life of luxury** ein Luxusleben führen ② der Luxusgegenstand; **luxury goods** die Luxusgüter

ly·ing[1] ['laɪɪŋ] lügnerisch, unaufrichtig

ly·ing[2] ['laɪɪŋ] die Lügen; **that would be lying** das wäre gelogen

lyr·ic[1] ['lɪrɪk] lyrisch

lyr·ic[2] ['lɪrɪk] ① das lyrische Gedicht ② **lyrics** *Plural* der [Lied]text

Mm

M <*Plural* M's *oder* Ms>, **m** [em] <*Plural* m's> M, m

ma [mɑː] (*umgangsspr*) die Mama, die Mutti

mac [mæk] (*umgangsspr*) *kurz für* **mackintosh** der Regenmantel

Mac [mæk] (*umgangsspr: in der Informatik*) *kurz für* **Macintosh®** der Mac

maca·ro·ni [ˌmækə'reʊni] die Makkaroni

maca·roon [ˌmækə'ruːn] die Makrone

Mac·edo·nia [ˌmæsɪ'dəʊniə] Makedonien, Mazedonien

Mac·edo·nian¹ [ˌmæsɪ'dəʊniən] der Makedonier/die Makedonierin, der Mazedonier/die Mazedonierin

Mac·edo·nian² [ˌmæsɪ'dəʊniən] makedonisch, mazedonisch

ma·chine [mə'ʃiːn] ① die Maschine ② *für Zigaretten:* der Automat ③ der Apparat; **the party machine** der Parteiapparat

ma·chine gun das Maschinengewehr, MG

ma·chin·ery [mə'ʃiːnəri] ① die Maschinerie, die Maschinen ② (*übertragen*) der Apparat

M

G **machinery** ist unzählbar; d.h. es wird nicht mit *a* oder im Plural gebraucht: *the machinery is checked every week; this kind of machinery is very expensive*
Wenn man von einem Einzelstück redet, sagt man *a piece of machinery*: *the factory invested in a new piece of machinery*

macke·rel ['mækərəl] die Makrele

mack·in·tosh ['mækɪntɒʃ] der Regenmantel

macro- ['mækrəʊ] makro-, Makro-

macro·eco·nom·ics [ˌmækrə(ʊ)iːkə'nɒmɪks] ⚠ *mit Singular* die Makroökonomie

mad [mæd] <madder, maddest> ① wahnsinnig, verrückt; **to go mad** verrückt werden; **to drive someone mad** jemanden wahnsinnig machen; **like mad** wie verrückt ② **to be mad at someone** auf jemanden böse sein; **to be mad about** [*oder* **at**] **something** über etwas wütend sein ③ **to be mad about** [*oder* **on**] **something** auf etwas versessen sein; **to be mad keen on someone/something** ganz scharf auf jemanden/etwas sein

mad·am ['mædəm] die gnädige Frau

mad·cap ['mædkæp] verrückt; *Idee:* ausgeflippt

mad cow dis·ease [mæd'kaʊdɪziːz] der Rinderwahnsinn, BSE

to **mad·den** ['mædən] ① verrückt machen; **to madden someone** jemanden um den Verstand bringen ② (*übertragen*) **to madden someone** jemanden maßlos ärgern

mad·den·ing ['mædənɪŋ] äußerst ärgerlich, unerträglich; **it is maddening** es ist zum Verrücktwerden

made [meɪd] *2. und 3. Form von* **make**

made-to-meas·ure [meɪdtə'meʒər] maßgeschneidert; **made-to-measure suit** der Maßanzug

made-up ['meɪdʌp] ① *Geschichte:* erfunden ② *Gesicht:* geschminkt

mad·house (*umgangsspr*) die Irrenanstalt

mad·ly ['mædli] ① wie verrückt ② (*umgangsspr*) wahnsinnig; **it's madly exciting** es ist unglaublich aufregend

mad·man ['mædmən] <*Plural* madmen> der/die Irre, der/die Verrückte

mad·ness ['mædnəs] der Wahnsinn

ma·fia ['mæfiə] *mit Singular oder Plural* die Mafia

mag [mæg] (*umgangsspr*) *kurz für* **magazine** die Zeitschrift

maga·zine [ˌmægə'ziːn] ① die Zeitschrift, das Magazin ② *im Gewehr:* das Magazin

mag·ic¹ ['mædʒɪk] ① die Magie, die Zauberei ② (*übertragen*) der Zauber; **as if by magic** wie durch ein Wunder

mag·ic² ['mædʒɪk] Zauber-, magisch

magi·cal ['mædʒɪkəl] magisch, Zauber-; (*außergewöhnlich*) zauberhaft

mag·ic car·pet der fliegende Teppich

ma·gi·cian [mə'dʒɪʃən] ① (*literarisch*) der Magier/die Magierin ② (*Künstler*) der Zauberer/die Zauberin

mag·is·trate ['mædʒɪstreɪt] der Friedensrichter/die Friedensrichterin

mag·lev ['mæglev] *kein Plural kurz für* **magnetic levitation** das magnetische Schweben; **maglev train** die Magnet[schwebe]bahn

mag·net ['mægnət] (*auch übertragen*) der Magnet

mag·net·ic [mæg'netɪk] ① magnetisch; **magnetic field** das Magnetfeld ② (*übertragen*) faszinierend

mag·net·ism ['mægnətɪzəm] *kein Plural* der Magnetismus; (*übertragen*) die magnetischen Kräfte

mag·nifi·cent [mæg'nɪfɪsənt] prächtig, prunkvoll, großartig

to **mag·ni·fy** ['mægnɪfaɪ] vergrößern; **magnifying glass** das Vergrößerungsglas, die Lupe

mag·pie ['mægpaɪ] die Elster

ma·hoga·ny [mə'hɒgəni] ① der Mahagonibaum ② *kein Plural* das Mahagoni[holz]

maid [meɪd] das Dienstmädchen, die Hausangestellte

maid·en name der Mädchenname

mail [meɪl] die Post; **to send by** [*oder* **via**] **air**

mail mit Luftpost verschicken

to **mail** [meɪl] ① mit der Post [ver]senden, abschicken, aufgeben ② (*E-Mail*) mailen

mail·bag der Postsack

mail·box ['meɪlbɒks] ① USA der Briefkasten ② *im Computer, Handy:* die Mailbox

mail·ing list die Anschriftenliste

mail·man ['meɪlmæn] <*Plural* mailmen> USA der Briefträger

mail-or·der cata·logue der Versandhauskatalog

mail·shot die Briefwerbeaktion

main[1] [meɪn] Haupt-; **the main concern** das wichtigste Anliegen; **the main reason** der Hauptgrund; **the main thing** die Hauptsache

main[2] [meɪn] ① die Hauptleitung ② **mains** das Versorgungsnetz, das Stromnetz; **to turn the electricity off at the mains** den Strom am Hauptschalter abschalten; **to turn the gas/water off at the mains** den Haupthahn [für das Gas/Wasser] abstellen ③ **in the main** im Großen und Ganzen

main course das Hauptgericht

main·frame ['meɪnfreɪm] der Großrechner, der Zentralrechner

main·land ['meɪnlænd] das Festland

main·line ['meɪn aɪn] die Hauptstrecke

main·ly ['meɪnli] hauptsächlich, in erster Linie

main road die Hauptverkehrsstraße

main·sail ['meɪnseɪl] das Großsegel

main·stream[1] *kein Plural* die Hauptströmung; **the mainstream** (*übertragen*) der Mainstream

main·stream[2] *Film, Musik:* kommerziell; **to go mainstream** sich an ein breites Publikum wenden

to **main·tain** [meɪn'teɪn] ① aufrechterhalten, beibehalten ② warten *Maschine* ③ in Stand halten *Gebäude* ④ unterhalten *Beziehungen, Familie, Straße* ⑤ halten, behaupten *Stellung* ⑥ (*mit Worten*) behaupten, vertreten

main·te·nance ['meɪntənən(t)s] ① die Aufrechterhaltung, die Beibehaltung ② *einer Maschine:* die Instandhaltung, die Wartung ③ *einer Familie:* der Unterhalt

mai·son·(n)ette [ˌmeɪzə'net] die Maison[n]ette

maize [meɪz] GB der Mais

maj·es·ty ['mædʒəsti] die Majestät

ma·jor[1] ['meɪdʒər] ① größer, Haupt-, bedeutend[er]; **major road** die Hauptverkehrsstraße ② (*in der Musik*) Dur; **A flat major** das As-Dur

ma·jor[2] ['meɪdʒər] ① der Major ② USA das Hauptfach

to **ma·jor** ['meɪdʒər] USA **to major in something** etwas als Hauptfach studieren

ma·jor·ity [mə'dʒɒrəti] ① die Mehrheit; **majority decision** der Mehrheitsbeschluss; **majority [share]holding** die Mehrheitsbeteiligung; **to be in a majority** in der Mehrzahl sein; **the majority of cases** die Mehrzahl der Fälle; **a two-thirds majority** eine Zweidrittelmehrheit; **[by] a majority of votes** [mit] Stimmenmehrheit ② (*juristisch*) die Volljährigkeit, die Mündigkeit; **to attain one's** [*oder* **reach the age of**] **majority** volljährig, mündig werden

make [meɪk] die Marke, das Fabrikat

to **make** [meɪk] <made, made> ① machen *Bemerkung, Fehler, Vorschlag;* treffen *Entscheidung;* halten *Rede;* geben *Versprechen* ② anfertigen *Kleidung* ③ (*industriell*) herstellen (**from/of** aus); **made in Germany** in Deutschland hergestellt ④ **to make bread/a cake** Brot/einen Kuchen backen ⑤ [zu]bereiten *Mahlzeit, Tee* ⑥ ausdenken, formulieren *Plan* ⑦ ergeben *Summe;* **1 plus 1 makes 2** 1 und 1 ist 2 ⑧ erwerben, verdienen *Geld;* einstreichen, einstecken *Gewinn;* gewinnen *Spiel;* erleiden *Verlust* ⑨ noch erreichen *Zug* ⑩ + *Adjektiv* (*Zustand*) **to make someone happy** jemanden glücklich machen; **to make oneself comfortable** es sich bequem machen; **to make oneself useful** sich nützlich machen; **to make oneself heard** sich Gehör verschaffen ⑪ **he was made Foreign Secretary** er wurde zum Außenminister ernannt ⑫ **to make someone a present of something** jemandem etwas schenken ⑬ + *Infinitiv* **to make someone do something** jemanden dazu bringen, etwas zu tun; **to make someone laugh** jemanden zum Lachen bringen; **to make someone understand** jemandem etwas verständlich machen; **to make oneself do something** sich dazu zwingen, etwas zu tun ⑭ **it makes no difference to me** es ist mir gleich ⑮ **to make it with someone** (*umgangsspr*) mit jemandem schlafen ⑯ **we've made it!** wir haben es geschafft! ⑰ **what time do you make it?** wie spät hast du es?

◆to **make for** ① zuhalten auf; *Menschenmenge:* zuströmen auf ② führen zu; den Grund legen für *gute Beziehungen*

◆to **make of** halten von; **what do you make of him?** was hältst du von ihm?

◆to **make off** sich aus dem Staub machen (**with** mit)

◆to **make out** ① (*verstehen*) herausbekommen, entziffern ② aufstellen *Liste* ③ ausfüllen *Formular* ④ ausstellen *Rechnung, Scheck* ⑤ behaupten; **it's not as bad as it's made out to be** es ist nicht so schlimm wie behauptet wird ⑥ **to make out a case for something** für etwas argumentieren ⑦ **to make someone out to be clever** jemanden als klug hinstellen; **to make out that ...** es so hinstellen, als ob ... ⑧ auskommen, zurechtkommen (**with** mit)

◆to **make over** ① umbauen *Haus* ② übertragen, vermachen *Eigentum*

◆to **make up** ① erfinden, sich ausdenken *Aus-*

rede; **it was all made up** es war alles nur erfunden ② schminken *Gesicht* ③ zusammenstellen *Liste* ④ **to make up one's mind** sich entschließen ⑤ **to make up for something** etwas ausgleichen; **to make up for the loss of someone/lack of something** jemanden/etwas ersetzen; **to make up for lost time** verlorene Zeit wieder aufholen

mak·er ['meɪkəʳ] ① der Hersteller ② **our Maker** unser Schöpfer

make-up ['meɪkʌp] ① das Make-up, die Schminke; (*im Theater*) die Maske ② *einer Mannschaft:* die Zusammenstellung ③ (*Charakter*) die Veranlagung

make-up art·ist der Visagist/die Visagistin

mak·ing ['meɪkɪŋ] ① die Herstellung, die Fabrikation ② **he has the makings of a first-class tennis player** er hat das Zeug zu einem erstklassigen Tennisspieler; **this has the makings of a full-blown crisis** das bietet alle Voraussetzungen für eine ausgewachsene Krise

ma·laria [mə'leəriə] die Malaria

male¹ [meɪl] ① männlich ② Männer-

male² [meɪl] ① (*Mensch*) der Mann ② (*Tier*) das Männchen

to **mal·func·tion** [ˌmæl'fʌŋ(k)ʃᵊn] nicht funktionieren; (*versagen*) ausfallen

M

mal·func·tion [ˌmæl'fʌŋ(k)ʃᵊn] der Ausfall; *Leber, Niere:* die Funktionsstörung

ma·li·cious [mə'lɪʃəs] böswillig

ma·lig·nant [mə'lɪgnənt] bösartig

mall [mɔːl] das Einkaufszentrum

mal·nu·tri·tion [ˌmælnjuː'trɪʃᵊn] die Unterernährung

mal·prac·tice [ˌmæl'præktɪs] *kein Plural* das Berufsvergehen, das [berufliche] Vergehen

malt [mɔːlt] das Malz

Mal·ta ['mɔːltə] Malta

> **L** Seit einigen Jahren ist **Malta** als ein „English language learning centre" (Sprachzentrum für Englisch) bekannt. Vor allem Jugendliche aus ganz Europa besuchen Malta, um an renommierten Schulen Englisch zu lernen. Meistens wohnen die Schüler bei maltesischen Familien. Die „Republic of Malta" (Republik Malta), ein Staat im zentralen Mittelmeer, war von 1814 bis 1947 britische Kronkolonie und ein wichtiger britischer Flottenstützpunkt.

Mal·tese¹ [ˌmɔːl'tiːz] maltesisch

Mal·tese² [ˌmɔːl'tiːz] ① der Malteser/die Malteserin ② (*Sprache*) Maltesisch

mam·mal ['mæmᵊl] das Säugetier

mam·moth¹ ['mæməθ] das Mammut

mam·moth² ['mæməθ] gewaltig, kolossal

man [mæn, *Plural* men] <*Plural* men> ① der Mann; **a man of the world** ein Mann von Welt; **to make a man out of someone** einen Mann aus jemandem machen; **no man** niemand; **any man** jeder; **to a man** bis auf den letzten Mann; **he is not a man to ...** er ist nicht der Typ, der ...; **the man in the street** der Mann auf der Straße ② *ohne Artikel* der Mensch; **man evolved from the apes** der Mensch stammt vom Affen ab; **Stone Age man** der Steinzeitmensch ③ (*beim Schach*) die Figur; (*beim Damespiel*) der Stein ④ **man, that's wicked!** (*slang*) Mensch, das ist ja geil!

> **F** Nicht verwechseln mit **[Ehe]mann** (der) = husband!

to **man** [mæn] ① bemannen *Schiff* ② besetzen *Festung* ③ bedienen *Telefon*

to **man·age** ['mænɪdʒ] ① leiten *Betrieb* ② verwalten *Geld, Grundstück* ③ managen *Künstler, Sportler* ④ zurechtkommen mit *Kinder* ⑤ bewältigen, schaffen *Aufgabe;* **he managed it very well** er hat das sehr gut gemacht; **to manage to do something** es schaffen, etwas zu tun ⑥ **can you manage another slice of cake?** kannst du noch ein Stück Kuchen vertragen? ⑦ **to manage without something** ohne etwas auskommen

man·age·ment ['mænɪdʒmənt] ① die Leitung, die Führung, die Verwaltung ② (*Personal*) das Management, die Unternehmensleitung, die Betriebsleitung

man·ag·er ['mænɪdʒəʳ] ① *einer Firma:* der Geschäftsführer/die Geschäftsführerin, der Manager/die Managerin ② *einer Abteilung:* der Abteilungsleiter/die Abteilungsleiterin; *einer Filiale:* der Filialleiter/die Filialleiterin; **sales manager** der Verkaufsleiter/die Verkaufsleiterin ③ *eines Künstlers, Sportlers:* der Manager/die Managerin ④ *eines Theaters:* der Intendant/die Intendantin ⑤ *eines Gutes:* der Verwalter/die Verwalterin

man·ag·er·ess [ˌmænɪdʒᵊr'es] <*Plural* manageresses> die Geschäftsführerin, die Managerin

man·ag·ing di·rec·tor ['mænɪdʒɪŋdɪ'rektəʳ] der Geschäftsführer/die Geschäftsführerin

man·da·rin ['mændᵊrɪn] die Mandarine

ma·neu·ver [mə'nuːvəʳ] (USA) ① **maneuvers** das Manöver, die Truppenübung ② (*übertragen*) der Schachzug, die List

to **ma·neu·ver** [mə'nuːvəʳ] (USA) manövrieren; **to maneuver someone into doing something** jemanden dazu bringen, etwas zu tun

to **man·gle** ['mæŋgl̩] zerstören

man·gle ['mæŋgl̩] ① (GB) die [Wäsche]mangel ② (USA) die [Heiß]mangel

man·go ['mæŋgəʊ] die Mango

man·hole der Einstieg, der Einstiegsschacht

man·hunt die Fahndung, die Verbrecherjagd

ma·ni·ac ['meɪniæk] der/die Wahnsinnige; **football maniac** der Fußballfanatiker/die Fußballfanatikerin

mani·fes·to [ˌmænɪ'festəʊ] <*Plural* manifestos

oder manifestoes> das Manifest

to **ma·nipu·late** [mə'nɪpjəleɪt] ① (*auch übertragen*) manipulieren ② frisieren *Daten*

ma·nipu·la·tion [məˌnɪpjə'leɪʃᵊn] die Manipulation

man·kind [mæn'kaɪnd] die Menschheit

man·ly ['mænli] männlich

man-made ['mænmeɪd] künstlich [hergestellt]

manned [mænd] ① *Raumschiff:* bemannt ② *Posten:* besetzt

man·ner ['mænəʳ] ① die Art, die Weise; **in this manner** auf diese Art und Weise ② **manners** das Benehmen, die Manieren, die Umgangsformen; **he has no manners** er hat keine Manieren; **it's bad manners** es schickt sich nicht ③ **manners** *einer Gesellschaft:* die Sitten ④ **all manner of** jede Art ⑤ **in a manner of speaking** sozusagen

man·ner·ism ['mænᵊrɪzᵊm] die Eigenart

ma·noeu·vre [mə'nuːvəʳ] ① **manoeuvres** das Manöver, die Truppenübung ② (*übertragen*) der Schachzug, die List

to **ma·noeu·vre** [mə'nuːvəʳ] manövrieren; **to manoeuvre someone into doing something** jemanden dazu bringen, etwas zu tun

man·or ['mænəʳ] das Landgut; **manor house** das Herrenhaus

man·pow·er ['mænpaʊəʳ] das Arbeitspotential, die Arbeitskräfte

man·sion ['mæn(t)ʃᵊn] ① die Villa ② das Herrenhaus

man·slaugh·ter ['mænslɔːtəʳ] der Totschlag

man·tel·piece ['mæntᵊlpiːs] der/das Kaminsims

manu·al[1] ['mænjuəl] manuell; **manual labour** die körperliche Arbeit; **manual labourer** der Schwerarbeiter/die Schwerarbeiterin; **manual work** die manuelle Tätigkeit; **manual worker** der Arbeiter/die Arbeiterin; **manual transmission** das Schaltgetriebe

manu·al[2] ['mænjuəl] das Handbuch

manu·al·ly ['mænjuəli] manuell

manu·fac·ture [ˌmænjə'fæktʃəʳ] die Herstellung, die Fertigung; **products of foreign manufacture** die ausländischen Erzeugnisse

to **manu·fac·ture** [ˌmænjə'fæktʃəʳ] ① herstellen, fertigen ② (*übertragen*) erfinden *Ausrede*

manu·fac·tur·er [ˌmænjə'fæktʃᵊrəʳ] der Hersteller, der Fabrikant

manu·fac·tur·ing[1] [ˌmænjə'fæktʃᵊrɪŋ] Herstellungs-, Produktions-; **manufacturing industry** die verarbeitende Industrie

manu·fac·tur·ing[2] [ˌmænjə'fæktʃᵊrɪŋ] *kein Plural* die Fertigung

ma·nure [mə'njʊəʳ] der Dünger

manu·script ['mænjəskrɪpt] das Manuskript; (*handgeschrieben auch*) die Handschrift

many ['meni] <more, most> viele; **as many** ebenso viele; **as many again** noch mal so viele; **as many as 100** sage und schreibe 100; **a good** [*oder* **great**] **many** sehr viele; **there's one too many** einer ist zu viel; **he's had one too many** er hat einen über den Durst getrunken; **many a time** so manches Mal

> **G** **many** wird für zählbare Dinge, Tiere und Personen gebraucht: *Queen Victoria died many years ago; how many potatoes would you like?*; **much** wird für nicht zählbare Dinge und Mengen gebraucht: *Norman has eaten too much ice-cream; have you got much work to do?*

many-sid·ed vielseitig; (*komplex*) vielschichtig

Mao·ri[1] ['maʊ(ə)ri] der/die Maori

> **L** Die **Maoris** sind ein polynesisches Volk, das vor etwa 800 Jahren von Tahiti und Rarotonga aus über 3000 km in Kanus zurücklegte und sich in Neuseeland niederließ.

Mao·ri[2] ['maʊ(ə)ri] Maori-, maorisch

map [mæp] ① die Landkarte ② der Stadtplan

map

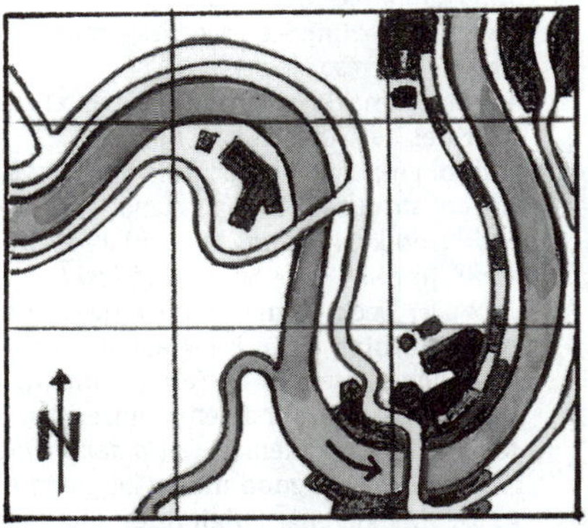

> **F** Nicht verwechseln mit **Mappe** (die) = briefcase, *(Hefter)* folder!

mara·thon ['mærəθᵊn] ① (*Sport*) der Marathonlauf ② (*übertragen*) der Marathon

mar·ble ['mɑːbl̩] ① (*Gestein*) der Marmor ② (*Spielzeug*) die Murmel, der Klicker *umgangsspr*

mar·bled ['mɑːbl̩d] marmoriert

March [mɑːtʃ] März; **in March** im März; **on 15th March, on March 15** (USA) am 15. März; **at the beginning of March** Anfang März; **at the end of March** Ende März

to **march** [mɑːtʃ] ① marschieren; **march in** einmarschieren; **march out** abmarschieren; **march past someone** an jemandem vorbeimarschieren ② **march someone off** jemanden abführen

march [mɑːtʃ] <*Plural* marches> der Marsch; **on the march** auf dem Marsch

M

L Ähnlich wie bei uns Karneval oder Fasching, feiert man in einigen Gegenden der USA **Mardi Gras**. Es hat seinen Ursprung in der Zeit, als New Orleans noch eine französische Kolonie war. Aber auch in Biloxi/Mississippi und Mobile/Alabama wird Mardi Gras gefeiert. Die „krewes" (Karnevalsvereine) in New Orleans veranstalten während der Saison viele Parties und Bälle und am Faschingsdienstag einen großen Umzug.

mar·ga·rine [ˌmɑːdʒəˈriːn] die Margarine
marge [mɑːdʒ] (*umgangsspr*) *kurz für* **margarine** die Margarine
mar·gin [ˈmɑːdʒɪn] ① der Rand; **in the margin** am Rande ② (*übertragen*) der Spielraum; **margin of error** der Fehlerspielraum; **by a narrow margin** knapp ③ (*kommerziell*) die Gewinnspanne, die Marge
mar·gin·al·ly [ˈmɑːdʒɪnəli] geringfügig; **marginally better** etwas besser
ma·ri·hua·na, **ma·ri·jua·na** [ˌmærɪˈwɑːnə] *kein Plural* das Marihuana
ma·ri·na [məˈriːnə] der Jachthafen
to **mari·nate** [ˈmærɪneɪt] marinieren
ma·rine¹ [məˈriːn] See-, Meer[es]-; **marine biology** die Meeresbiologie
ma·rine² [məˈriːn] der Marineinfanterist; **the Marines** die Marineinfanterie
mari·tal [ˈmærɪtəl] ehelich, Ehe-
mari·tal sta·tus der Familienstand
mark¹ [mɑːk] (*Währungseinheit*) die Mark
mark² [mɑːk] ① die Spur; (*auf Kleidung, Teppich*) der Fleck; **to make** [*oder* **leave**] **a mark on something** einen Fleck auf etwas machen [*oder* hinterlassen] ② das Zeichen; **distinguishing marks** die besonderen Kennzeichen [*oder* Merkmale] ③ der Stempel ④ (*in der Schule*) die Note, die Zensur; **good marks** die guten Noten ⑤ die Markierung; **high-tide** [*oder* **high-water**] **mark** die Hochwassermarke ▶ WENDUNGEN: **to be quick off the mark** blitzschnell handeln; **to be wide of the mark** danebentreffen; **on your marks, get set, go!** auf die Plätze, fertig, los!; **to leave one's mark on something** einer Sache seinen Stempel aufdrücken
to **mark** [mɑːk] ① Flecken machen auf *Teppich, Kleidung* ② kennzeichnen, markieren; **mark something in red** etwas rot anstreichen; **his death marked the end of an era** mit seinem Tod ging eine Ära zu Ende ③ benoten, zensieren *Prüfungsaufgabe;* **to mark something wrong** etwas als Fehler anstreichen ④ (*im Sport*) decken, markieren *Gegenspieler* ⑤ **mark my words** eins kann ich dir sagen
◆ to **mark down** ① (*schriftlich*) notieren ② herabsetzen *Preise*
◆ to **mark off** abgrenzen
◆ to **mark out** abstecken; markieren *Spielfeld*
◆ to **mark up** heraufsetzen *Preise*
mark·down ① die Preissenkung; (*an der Börse*) der Kursabschlag ② das Sonderangebot
marked [mɑːkt] ① deutlich, ausgeprägt; (*hervorspringend*) auffallend, markant; *Verbesserung:* deutlich ② *Geldscheine:* markiert, gekennzeichnet
mark·er [ˈmɑːkər] ① *einer Prüfung:* der Korrektor/die Korrektorin ② (*im Sport*) der Bewacher/die Bewacherin; *eines Gegenspielers:* der Beschatter/die Beschatterin
mark·er pen der Textmarker, der Markierstift
mar·ket [ˈmɑːkɪt] ① der Markt; **at the market** auf dem Markt; **to go to** [**the**] **market** zum Markt gehen; **to be on the market** auf dem Markt sein; **to put on the market** auf den Markt bringen ② das Absatzgebiet, der Absatzmarkt; **to find a ready market** guten Absatz finden ③ die Börse; **to play the market** spekulieren
to **mar·ket** [ˈmɑːkɪt] vertreiben
mar·ket econo·my die Marktwirtschaft
mar·ket forces *Plural* die Marktkräfte
mar·ket·ing [ˈmɑːkɪtɪŋ] das Marketing
mar·ket place der Marktplatz
mar·ket re·search die Marktforschung
mar·ket town ⒼⒷ der Marktort
mar·ket trad·er der Markthändler/die Markthändlerin
mark·ing [ˈmɑːkɪŋ] ① das Kennzeichen, die Markierung ② *von Fell:* die Zeichnung ③ (*in der Schule*) die Korrektur ④ (*im Sport*) das Decken, die Deckung
mark-up [ˈmɑːkʌp] der [Kalkulations]aufschlag
mar·ma·lade [ˈmɑːməleɪd] die Orangenmarmelade

F Nicht verwechseln mit **Marmelade** (die) = jam!

L In Großbritannien isst man oft zum Frühstück **Marmite®** auf Toast oder auf dem Pausenbrot. Dieser dunkelbraune, Brotaufstrich besteht aus einem Gemüse- und Hefeextrakt und schmeckt sehr streng.

mar·quee [mɑːˈkiː] das Festzelt
mar·riage [ˈmærɪdʒ] ① (*Zustand*) die Ehe ② (*Zeremonie*) die Heirat, die Hochzeit (**to** mit)
mar·riage cer·emo·ny die Trauung
mar·riage cer·tifi·cate die Heiratsurkunde
mar·riage guid·ance ⒼⒷ die Eheberatung; **marriage guidance office** die Eheberatungsstelle
mar·ried [ˈmærid] verheiratet (**to** mit); **to get married** [sich ver]heiraten; **married couple** das Ehepaar
to **mar·ry** [ˈmæri] ① **to marry someone, to get married to someone** jemanden heiraten, sich mit jemandem verheiraten ② *Pfarrer:* trauen
marsh [mɑːʃ] <*Plural* marshes> der Sumpf, die

Marsch, das Marschland

marshy ['mɑːʃi] <marshier, marshiest> sumpfig

mar·tyr ['mɑːtəʳ] der Märtyrer/die Märtyrerin

mar·vel ['mɑːvᵊl] das Wunder

mar·vel·lous ['mɑːvləs], USA **mar·vel·ous** ['mɑːvᵊləs] wunderbar, fantastisch

L **Mary, Queen of Scots**, war Mary Stuart, die Tochter von James V von Schottland, eine Katholikin. Bereits als Baby wurde sie 1542 Königin von Schottland. Sie wurde aber am französischen Königshof erzogen. 1561 kehrte sie nach Schottland zurück und heiratete ihren Cousin Henry Stuart, Lord Darnley. Ihr gemeinsamer Sohn war der spätere James VI König von Schottland, der auch als James I König von England wurde. Lord Darnley wurde 1567 ermordet. Mary heiratete danach den Earl of Bothwell — jenen Mann, der als Mörder Darnleys verdächtigt wurde. Daraufhin rebellierte der protestantische Adel Schottlands und Mary wurde gezwungen abzudanken. Sie stellte sich unter den Schutz der protestantischen Königin Elizabeth I von England, von der sie jedoch 20 Jahre lang im Fotheringay Castle gefangen gehalten wurde. Als Katholiken ein Komplott schmiedeten, um Mary an Stelle von Elizabeth auf den englischen Thron zu setzen, ließ Elizabeth Mary Stuart 1587 enthaupten.

mas·cara [mə'skɑːrə] die Wimperntusche, die Mascara

mas·cu·line ['mæskjəlɪn] männlich

mash [mæʃ] ① der Brei ② (*umgangsspr*) der Kartoffelbrei

to **mash** [mæʃ] [zer]stampfen; **mashed potatoes** der Kartoffelbrei

mask [mɑːsk] die Maske

maso·chist ['mæsəkɪst] der Masochist/die Masochistin

mass[1] [mæs] (*Gottesdienst*) die Messe; **to go to mass** zur Messe gehen; **to hear mass** die Messe feiern; **to say mass** die Messe lesen

mass[2] [mæs] ① die Masse ② *von Menschen:* die Menge ③ **the masses** die Masse ④ (*umgangsspr*) **masses of** massenhaft, massig; **we have masses of time** wir haben jede Menge Zeit

mas·sa·cre ['mæsəkəʳ] das Massaker

to **mas·sa·cre** ['mæsəkəʳ] niedermetzeln, massakrieren

mas·sage ['mæsɑː(d)ʒ] die Massage

to **mas·sage** ['mæsɑː(d)ʒ] massieren

mas·sive ['mæsɪv] ① massiv, wuchtig ② *Aufgabe:* gewaltig ③ *Schulden:* enorm, riesig ④ *Herzanfall:* massiv

mass me·dia [ˌmæs'miːdɪə] *Plural* die Massenmedien

mass meet·ing die Massenversammlung; (*organisiert auch*) die Massenveranstaltung

mass mur·der·er der Massenmörder/die Massenmörderin

to **mass-pro·duce** serienmäßig herstellen

mass pro·duc·tion die Massenproduktion

mass un·em·ploy·ment *kein Plural* die Massenarbeitslosigkeit

mast [mɑːst] der Mast

mas·ter ['mɑːstəʳ] ① der Herr; **to be master of the situation** Herr der Lage sein, die Situation im Griff haben ② der Meister; **master craftsman** der Handwerksmeister ③ der Lehrer

to **mas·ter** ['mɑːstəʳ] ① unter Kontrolle bringen ② bewältigen *Aufgabe* ③ beherrschen *Fähigkeit*

mas·ter bed·room das große Schlafzimmer

mas·ter copy das Original

mas·ter key der Hauptschlüssel

mas·ter·ly ['mɑːstəli] meisterhaft, Meister-

mas·ter·mind ['mɑːstəmaɪnd] der führende Kopf

to **mas·ter·mind** ['mɑːstəmaɪnd] geschickt lenken

Mas·ter of Arts Magister der philosophischen Fakultät

Mas·ter of Sci·ence **to be a Master of Science** ≈ ein Diplom in einer Naturwissenschaft haben

mas·ter·piece ['mɑːstəpiːs] das Meisterwerk, das Meisterstück

Mas·ter's, **Mas·ter's de·gree** ['mɑːstəz] ≈ der Magister

mas·ter switch der Hauptschalter

mat [mæt] ① die Matte; **door mat** der Türvorleger ② (*auf Tisch*) der Untersetzer

match[1] [mætʃ] <*Plural* matches> ① (*im Sport*) der Wettkampf, der/das Match; **a boxing match** ein Boxkampf ② **to be a match for someone** sich mit jemandem messen können, jemandem gewachsen sein; **to meet one's match** seinen Meister finden ③ **to be a good match** gut zusammenpassen ④ die Heirat; **to make a good match** eine gute Partie machen

match[2] [mætʃ] das Streichholz, das Zündholz

to **match** [mætʃ] ① zusammenpassen, passen (**with** zu); **it doesn't match** das passt nicht zusammen ② **to be matched against someone** gegen jemanden antreten; **to be well-matched** [*oder* **equally matched**] sich ebenbürtig sein, gleichwertig sein ③ **no one can match him in geography** niemand kann ihm in Geographie das Wasser reichen

match·box die Streichschachtel, die Zündholzschachtel

match·ing ['mætʃɪŋ] [zusammen]passend

match point der Matchball

match·stick ['mætʃˌstɪk] das Streichholz

match·wood *kein Plural* das Kleinholz

mate[1] [meɪt] ① der Freund/die Freundin, der Kamerad/die Kameradin; **listen, mate!** jetzt hör mal, Freundchen! ② **builder's mate** der Baugehilfe ③ **flatmate** der Mitbewohner/die Mitbewohnerin ④ **schoolmate** der Schulfreund/die Schulfreundin ⑤ **workmate** der Arbeitskollege/die Arbeitskollegin, der Kumpel ⑥ (*bei Tieren*) das Männchen, das Weibchen ⑦ (*auf

M

dem Schiff) der Maat

mate[2] [meɪt] (*beim Schach*) das Matt

to **mate** [meɪt] sich paaren

ma·terial [məˈtɪəriəl] das Material, der Stoff; **building materials** die Baustoffe; **raw materials** die Rohstoffe; **writing materials** das Schreibzeug

ma·ter·nal [məˈtɜːnᵊl] mütterlich; **maternal grandfather** Großvater mütterlicherseits; **maternal instincts** die Mutterinstinkte

ma·ter·nity [məˈtɜːnəti] die Mutterschaft

ma·ter·nity dress das Umstandskleid

ma·ter·nity leave der Mutterschaftsurlaub

ma·ter·nity ward die Entbindungsstation

matey [ˈmeɪti] GB (*umgangsspr*) der Kumpel

math [mæθ] USA (*umgangsspr*) Mathe

math·emati·cal [ˌmæθᵊmˈætɪkᵊl] mathematisch

math·ema·ti·cian [ˌmæθᵊməˈtɪʃᵊn] der Mathematiker/die Mathematikerin

math·emat·ics [mæθᵊmˈætɪks] ⚠ *mit Singular* die Mathematik

maths [mæθs] ⚠ *mit Singular* GB (*umgangsspr*) Mathe

mati·nee [ˈmætɪneɪ] die Matinee

mat·ri·mo·ny [ˈmætrɪməni] *kein Plural* die Ehe

matt, **matte** [mæt] matt

mat·ted [ˈmætɪd] verflochten; *Haar:* verfilzt

mat·ter [ˈmætəʳ] ① (*in der Physik*) die Materie, der Stoff ② die Sache, die Angelegenheit; **business matters** die geschäftlichen Angelegenheiten; **the matter in hand** die vorliegende Angelegenheit; **as matters stand** wie die Dinge liegen; **to make matters worse** zu allem Unglück; **it's no laughing matter** das ist nicht zum Lachen; **it's a matter of life and death** es geht um Leben und Tod; **a matter of taste** [eine] Geschmackssache; **a matter of time** eine Frage der Zeit ③ **for that matter, as a matter of fact** eigentlich ④ **that's quite another matter** das ist etwas ganz anderes ⑤ **no matter what he does** ganz gleich [*oder* einerlei] was er tut ⑥ **no matter!** macht nichts! ⑦ **what's the matter** [**with you**]? was ist [denn] [mit dir] los? ⑧ **printed matter** die Drucksache

to **mat·ter** [ˈmætəʳ] von Bedeutung (**to** für); **it doesn't matter** es macht nichts; **it doesn't matter to me what you do** es ist mir egal, was du machst; **what does it matter?** was macht das [schon]?

mat·ter-of-fact [ˌmætərəvˈfækt] sachlich, nüchtern

mat·tress [ˈmætrəs] <*Plural* mattresses> die Matratze

ma·ture [məˈtjʊəʳ] <maturer *oder* more mature, maturest *oder* most mature> ① *Person:* reif; *Kind:* vernünftig ② *Käse:* reif ③ *Pflanze:* ausgewachsen

> **G** **mature** kann sowohl mit *-er/-est* als auch mit *more/most* gesteigert werden:
> *she's more mature than her sister,*
> *the maturest cheeses taste the best*

to **ma·ture** [məˈtjʊəʳ] reifen [lassen]

ma·tur·ity [məˌtjʊərəti] die Reife; **to reach maturity** erwachsen werden

Maun·dy Thurs·day [ˈmɔːndiˌ-] GB der Gründonnerstag

> **L** **Maundy Thursday** ist der Donnerstag vor Ostern. In Großbritannien findet an diesem Tag die *Ceremony of the Royal Maundy* statt, ein Brauchtum, das aus der Zeit von Edward I. stammt. Die Queen verteilt **Maundy Money** an ausgewählte ältere Bürger, die einen besonderen Beitrag zum Wohl ihrer Gemeinden geleistet haben. Sie bekommen zwei Beutel: einen roten und einen weißen. Der rote Beutel enthält Geld, das die Kleidung und Nahrungsmittel, die in früheren Zeiten geschenkt wurden, ersetzt. Der weiße Beutel enthält speziell gefertigte Silbermünzen, die **Maundy Coins**.

mauve [məʊv] malvenfarben

maxi·ma [ˈmæksɪmə] *Pluralform von* **maximum**

maxi·mum[1] [ˈmæksɪməm, *Plural* ˈmæksɪmə] <*Plural* maximums, maxima> das Maximum

maxi·mum[2] [ˈmæksɪməm] Höchst-, maximal

may [meɪ] <might> ① können; **it may** [*oder* **might**] **rain** es könnte regnen; **it may be that ...** vielleicht ...; **you may be right** Sie könnten Recht haben; **we may** [*oder* **might**] **as well go** ich glaube, wir können gehen ② dürfen; **may I go now?** darf ich jetzt gehen?; **may I have the pleasure of the next dance?** darf ich Sie zum nächsten Tanz auffordern? ③ **may you both be happy!** ich wünsche euch beiden viel Glück; **may the best man win!** auf dass der Beste gewinnt!

May [meɪ] ① der Mai; **in May** im Mai; **on 15th May, on May 15** USA am 15. Mai; **at the beginning of May** Anfang Mai; **at the end of May** Ende Mai ② **May Day** der 1. Mai, der Maifeiertag

may·be [ˈmeɪbi] vielleicht

mayor [meəʳ] der Bürgermeister

mayor·ess [ˌmeəˈres] <*Plural* mayoresses> ① die Bürgermeisterin ② die Ehefrau des Bürgermeisters

may·pole [ˈmeɪpəʊl] der Maibaum

maze [meɪz] ① der Irrgarten, das Labyrinth ② (*übertragen*) der Wirrwarr, das Gewirr

MB [ˌemˈbiː] *Abkürzung von* **megabyte** MB

MD [ˌemˈdi] *Abkürzung von* **managing director** der geschäftsführende Direktor/die geschäftsführende Direktorin

me [miː, mɪ] ① mich; **he likes me** er mag mich; **she is taller than me** sie ist größer als ich ② mir; **give me my pen back!** gib mir meinen Stift zurück! ③ (*umgangsspr*) ich; **it's me** ich bin's

mead·ow ['medəʊ] die Wiese

mea·gre, USA **mea·ger** ['mi:gə^r] mager, dürftig, kärglich

meal [mi:l] die Mahlzeit, das Essen; **to go for a meal** essen gehen

meal·time die Essenszeit

to **mean** [mi:n] <meant, meant> ① meinen; **he means no harm** er meint es nicht böse; **to mean well by someone** es gut mit jemandem meinen ② vorhaben, beabsichtigen; **to mean to do something** etwas tun wollen; **to be meant for someone** für jemanden bestimmt sein ③ ernst meinen; **I'll call the police – I mean it!** ich werde die Polizei anrufen – ich meine es ernst! ④ sagen wollen (**by** mit); **what do you mean by that?** was willst du damit sagen?; **I meant it as a joke** das sollte ein Witz sein ⑤ *Wort:* bedeuten

mean¹ [mi:n] ① (*mit Geld*) geizig, knauserig ② *Verhalten:* gemein ③ *Aussehen:* schäbig, armselig ④ USA (*umgangsspr*) spitze; **she's a mean swimmer** sie ist eine spitze Schwimmerin

mean² [mi:n] das Mittel

mean³ [mi:n] durchschnittlich; **mean value** der Mittelwert; **the mean daytime temperature** die durchschnittliche Tagestemperatur

mean·ing ['mi:nɪŋ] der Sinn, die Bedeutung; **what's the meaning of ...?** was heißt ...?; **to mistake someone's meaning** jemanden missverstehen; **do you get my meaning?** haben Sie mich verstanden?

F Nicht verwechseln mit **Meinung** (die) = opinion!

mean·ing·ful ['mi:nɪŋfəl] bedeutungsvoll, sinnvoll

mean·ing·less ['mi:nɪŋləs] bedeutungslos, sinnlos

means [mi:nz] <*Plural* means> ① ⚠ *Singular* die Möglichkeit, das Mittel; **there is no means of doing it** es ist unmöglich, das zu tun; **by means of something** durch etwas, mittels einer Sache; **by this means** dadurch; **by some means or other** auf irgendeine Art und Weise; **by no means** keineswegs ② *im Plural* das Mittel, die Gelder; **a man of means** ein vermögender Mann; **to live beyond one's means** über seine Verhältnisse leben

meant [ment] *2. und 3. Form von* **mean**

mean·time ['mi:ntaɪm] inzwischen; **in the meantime** in der Zwischenzeit

mean·while [ˌmi:n'(h)waɪl] inzwischen, unterdessen

mea·sles ['mi:zl̩z] ⚠ *mit Singular* die Masern

meas·ure ['meʒə^r] ① das Maß, die Maßeinheit ② (*übertragen*) der Maßstab; **it gave us some measure of the problem** es gab uns einen Begriff von dem Problem; **there's a measure of truth in what he says** an dem, was er sagt, ist etwas Wahres dran ③ die Menge; **in some measure** in gewisser Hinsicht; **to a large measure** in hohem Maße ④ die Maßnahme; **to take measures to do something** Maßnahmen ergreifen, um etwas zu tun

to **meas·ure** ['meʒə^r] ① messen; **to measure someone** bei jemandem Maß nehmen ② abmessen *Länge* ③ ausmessen *Raum* ④ vermessen *Land*

meas·ured ['meʒəd] gemäßigt; *Stimme, Ton:* bedächtig; *Antwort:* wohl überlegt

meas·ure·ment ['meʒəmənt] ① (*Vorgang*) die Messung ② **measurements** *Plural* die Maße; **to take someone's measurements** bei jemandem Maß nehmen

meas·ur·ing cyl·in·der der Messzylinder

meas·ur·ing equip·ment ⚠ *kein Plural* die Messgeräte

meas·ur·ing jug GB der Messbecher

meas·ur·ing spoon der Messlöffel

meas·ur·ing tape ['meʒərɪŋˌteɪp] das Maßband, das Bandmaß

meat [mi:t] ① das Fleisch; **cold meat** der kalte Braten ② (*übertragen*) der Inhalt, die Substanz

meat·ball ['mi:tbɔ:l] das Fleischklößchen

meat-eat·er der Fleischfresser

meat grind·er USA der Fleischwolf

meat·loaf ['mi:tləʊf] der Hackbraten

meat prod·ucts *Plural* die Fleischwaren

Mec·ca ['mekə] das Mekka; **a Mecca of bookshops** (*übertragen*) ein Mekka der Buchläden

me·chan·ic [mɪ'kænɪk] der Mechaniker/die Mechanikerin

me·chani·cal [mɪ'kænɪkəl] mechanisch; **mechanical engineering** der Maschinenbau

med·al ['medəl] ① (*im Sport*) die Medaille ② (*für Verdienste*) der Orden

med·al·ist USA der Medaillengewinner/die Medaillengewinnerin

me·dal·lion [mɪ'dæliən] das Medaillon

med·al·list ['medəlɪst] der Medaillengewinner/die Medaillengewinnerin

to **med·dle** ['medl̩] sich einmischen (**in** in); **to meddle with something** sich mit etwas abgeben

me·dia ['mi:diə] *Pluralform von* **medium** die Medien

me·dia cov·er·age die Berichterstattung durch die Medien

me·di·aeval mittelalterlich

me·dia·tor ['mi:dieɪtə^r] der Vermittler/die Vermittlerin, der Schlichter/die Schlichterin

med·ic ['medɪk] (*umgangsspr*) der Mediziner/die Medizinerin

Med·ic·aid *kein Plural* USA *Gesundheitsfür-*

M

sorgeprogramm in den USA für einkommensschwache Gruppen

medi·cal¹ ['medɪkəl] medizinisch, ärztlich; **medical card** die Krankenversicherungskarte; **medical certificate** das ärztliche Attest; **medical examination** die ärztliche Untersuchung; **medical history** die Krankengeschichte; **medical insurance** die Krankenversicherung

medi·cal² ['medɪkəl] die ärztliche Untersuchung

Medi·care ['medɪkeəʳ] (USA) die staatliche Gesundheitsfürsorge [für Senioren]

medi·ca·tion [ˌmedɪ'keɪʃən] die Medikamente

medi·cine ['medsən] (1) (*Wissenschaft*) die Medizin, die Heilkunde; **to practise medicine** den Arztberuf ausüben (2) (*Medikament*) die Arznei (3) (*übertragen*) **to give someone a taste of his own medicine** es jemandem mit gleicher Münze heimzahlen

me·di·eval [ˌmedi'iːvəl] mittelalterlich

to **medi·tate** ['medɪteɪt] nachdenken (**on/upon** über), meditieren

Medi·ter·ra·nean [ˌmedɪtər'eɪniən] das Mittelmeer; **the Mediterranean climate** das Mittelmeerklima

me·dium¹ ['miːdiəm] *kein Plural* die Mitte; **the happy medium** der goldene Mittelweg

me·dium² ['miːdiəm] (1) mittlere(r, s), mittel-; **of medium height** mittelgroß (2) *Steak:* medium, halb durch; **medium-rare** rosa, englisch

me·dium³ ['miːdiəm] <*Plural* media> das Medium; **through the medium of the press** durch die Presse; **advertising medium** der Werbeträger

me·dium term **in the medium term** mittelfristig; **growth over the medium term** das mittelfristige Wachstum

me·dium wave (*im Radio*) die Mittelwelle

to **meet** [miːt] <met, met> (1) treffen; **to meet someone** sich mit jemandem treffen; **to arrange to meet someone** sich mit jemandem verabreden (2) bekannt werden mit, kennen lernen; **have you two met before?** kennen Sie sich schon?; **pleased to meet you!** sehr angenehm! (3) abholen; **I'll meet your train** ich hole dich vom Zug ab (4) (*im Sport*) treffen auf *Gegner;* **the two teams will meet in the next round** in der nächsten Runde treffen die zwei Mannschaften aufeinander (5) **to meet someone half-way** (*übertragen*) jemandem auf halbem Weg entgegenkommen (6) erfüllen *Erwartung* (7) stoßen auf *Widerstand* (8) **to meet the deadline** den Termin einhalten (9) **to meet a demand** einer Forderung entsprechen, eine Nachfrage befriedigen; **to meet an obligation** einer Verpflichtung nachkommen (10) **their eyes met** ihre Blicke trafen sich (11) *Fluss:* münden in, sich vereinigen [mit] (12) *Gesellschaft:* sich versammeln, tagen

◆to **meet with** (1) stoßen auf *Widerstand* (2) erleiden *Unfall* (3) (USA) treffen *Mensch*

meet·ing ['miːtɪŋ] (1) das Treffen, die Begegnung (2) (*offiziell*) die Besprechung, die Sitzung, die Versammlung (3) (*im Sport*) die Veranstaltung

meet·ing place der Treffpunkt

mega·byte das Megabyte

mega·phone das Megafon

mela·no·ma [ˌmelə'nəʊmə] das Melanom

> **L** Der **Melbourne Cup**, der immer am ersten Dienstag im November abgehalten wird, ist Australiens beliebtestes Pferderennen. An diesem Renntag kommt im ganzen Land für drei Minuten alles zum Stillstand, da viele Australier das Rennen im Fernsehen oder Radio verfolgen. Millionen von Dollar werden verwettet; man zieht sich festlich an und mittags gibt es Hähnchen mit Sekt.

melo·dra·ma ['melə(ʊ)ˌdrɑːmə] das Melodrama

melo·dy ['melədi] die Melodie

mel·on ['melən] die Melone

to **melt** [melt] (1) *Schnee, Teer:* schmelzen (2) *Butter:* zergehen (3) **his heart melted** (*übertragen*) er ließ sich erweichen (4) **to melt something** etwas schmelzen; **the sun melted the snow** der Schnee schmolz in der Sonne (5) **to melt butter in a pan** Butter in einem Topf zerlassen

◆to **melt away** (1) *Schnee:* wegschmelzen (2) *Gefühle:* verfliegen (3) *Menschenmenge, Nebel:* sich auflösen

◆to **melt down** (1) einschmelzen *Metall* (2) *Reaktorkern:* schmelzen

melt·ing pot (*auch übertragen*) der Schmelztiegel; **cultural melting pot** der Schmelztiegel der Kulturen

mem·ber ['membəʳ] (1) das Mitglied; **member of the family** das Familienmitglied, der/die Familienangehörige (2) **member of staff** (*in Betrieb*) der Mitarbeiter/die Mitarbeiterin; (*in Schule*) der Kollege/die Kollegin (3) **member states** [*oder* **countries**] die Mitgliedsstaaten

Mem·ber of Par·lia·ment das Parlamentsmitglied, der/die [Parlaments]abgeordnete

mem·ber·ship ['membəʃɪp] (1) die Mitgliedschaft (**of** in) (2) die Mitgliederzahl; **to have a membership of 300** 300 Mitglieder haben

mem·ber·ship card der Mitgliedsausweis

memo ['meməʊ] <*Plural* memos> die Notiz, die Mitteilung

memo pad der Notizblock

memo·rable ['memərəbl̩] (1) *Ereignis:* denkwürdig (2) *Film:* unvergesslich

me·mo·rial [mə'mɔːriəl] das Denkmal, die Gedenkstätte

Me·mo·rial Day (USA) der Volkstrauertag

> **L** Der **Memorial Day** ist der letzte Montag im Mai und ist fast überall in den USA (außer in ein paar Südstaaten) ein gesetzlicher Feiertag. An

M

diesem Tag gedenkt man der Gefallenen aller US-Kriege.

to **memo·rize** ['memᵊraɪz] sich einprägen, auswendig lernen

memo·ry ['memᵊri] ① (*Erinnerungsvermögen*) das Gedächtnis; **from memory** aus dem Kopf; **to the best of my memory** soweit ich mich erinnern kann; **within living memory** seit Menschengedenken ② die Erinnerung (**of** an) ③ *von Computer:* der Speicher ④ **in memory of** zur Erinnerung an

memo·ry card (*in der Informatik*) die Speicherkarte

memo·ry lane *kein Plural* ▶ WENDUNGEN: **to take a stroll down memory lane** in Erinnerungen schwelgen

memo·ry span die Gedächtnisspanne

memo·ry stick der Speicherstick, der Memorystick®

men [men] *Pluralform von* **man**

men·ac·ing ['menɪsɪŋ] drohend

men·ac·ing·ly ['menɪsɪŋli] drohend

to **mend** [mend] ① ausbessern, reparieren ② flicken *Kleidung* ③ **to mend one's ways** sich bessern ④ *Knochen:* verheilen

men's room ['menz,ru:m] (USA) die Herrentoilette

men·tal ['mentᵊl] geistig, seelisch; **mental age** der geistige Entwicklungsstand; **mental arithmetic** das Kopfrechnen; **mental breakdown** der Nervenzusammenbruch; **mental health** der Geisteszustand; **mental hospital** die Nervenklinik; **mental illness** die Geisteskrankheit

men·tal·ly ['mentᵊli] geistig; **mentally disabled** geistig behindert

men·tion ['men(t)ʃᵊn] die Erwähnung; **to get a mention** erwähnt werden

to **men·tion** ['men(t)ʃᵊn] erwähnen; **not to mention, without mentioning** abgesehen von, ganz zu schweigen von; **don't mention it!** keine Ursache! gern geschehen!; **that's not worth mentioning** das ist nicht der Rede wert

menu ['menju:] ① (*im Restaurant*) die Speisekarte ② (*am Bildschirm*) das Menü

MEP [,emi:'pi:] (GB) *Abkürzung von* **Member of the European Parliament** der/die Abgeordnete zum Europäischen Parlament

mer·chan·dise ['mɜ:tʃᵊndaɪs] *kein Plural* die Handelsware

mer·chant ['mɜ:tʃᵊnt] der [Groß]kaufmann; **wine merchant** der Weinhändler/die Weinhändlerin

mer·chant bank die Handelsbank

mer·chant navy die Handelsmarine

mer·cury ['mɜ:kjᵊri] das Quecksilber

Mer·cury ['mɜ:kjᵊri] der Merkur

mer·cy ['mɜ:si] die Gnade, das Erbarmen; **to be at the mercy of someone** jemandem ausgeliefert sein; **at the mercy of the elements** dem Spiel der Elemente preisgegeben; **to beg for mercy** um Gnade bitten; **to show someone mercy** Erbarmen mit jemandem haben; **without mercy** erbarmungslos, mitleidlos

mere [mɪəʳ] bloß, nichts als, rein; **she's a mere child** sie ist bloß ein Kind; **the merest hint of something** die kleinste Andeutung von etwas; **the mere thought of it** allein der Gedanke daran

mere·ly ['mɪəli] bloß, nur, lediglich

to **merge** [mɜ:dʒ] ① *Farben:* ineinander übergehen ② **to merge into the background** mit dem Hintergrund verschmelzen ③ *Straßen:* ineinander einmünden, zusammenlaufen ④ *Firmen:* fusionieren, [sich] zusammenschließen

mer·ger ['mɜ:dʒəʳ] die Fusion, der Zusammenschluss

mer·it ['merɪt] ① *kein Plural* das Verdienst ② die gute Eigenschaft, der Vorzug ③ **on its own merits** für sich betrachtet

to **mer·it** ['merɪt] verdienen

mer·ry ['meri] ① fröhlich, heiter, lustig, vergnügt; **Merry Christmas!** fröhliche Weihnachten! ② (*umgangsspr*) beschwipst

mer·ry-go-round ['merɪgəʊ,raʊnd] das Karussell

mess [mes] <*Plural* messes> ① die Unordnung, das Durcheinander; **to be in a mess** unordentlich sein, ein Durcheinander sein; **to make a mess of something** etwas durcheinanderbringen; (*übertragen*) etwas verpfuschen ② der Schmutz, der Dreck; **who's going to clean the mess on the stove?** wer putzt die Schweinerei auf dem Ofen weg? ③ schwierige Lage, Schlamassel; **to get into a mess** in Schwierigkeiten geraten

◆to **mess about, mess around** ① herumpfuschen (**with** an); **to mess about with computers** an Computern herumspielen/herumbasteln; **he likes messing about in boats** es macht ihm Spaß, mit dem Boot herumzugondeln ② **to mess someone about** [*oder* **around**] mit jemandem nach Belieben umspringen; **stop messing me about!** hör auf, mich an der Nase herumzuführen! ③ herumalbern; **will you stop messing about!** hör endlich mit dem Blödsinn auf!

◆to **mess up** ① in Unordnung bringen ② (*übertragen*) verpfuschen, vermasseln

mes·sage ['mesɪdʒ] ① die Mitteilung, die Nachricht; **to take a message to someone** jemandem eine Nachricht überbringen; **to send a message to someone** jemanden benachrichtigen ② *eines Films, Romans:* die Aussage, die Botschaft ③ **I get the message** (*slang*) [Ich hab] schon kapiert

mes·sen·ger ['mesɪndʒəʳ] der Bote/die Botin

mess-up ['mesʌp] das Durcheinander

M

messy ['mesi] 1 unordentlich 2 schmutzig, dreckig 3 (*übertragen*) *Situation:* vertrackt
met [met] *2. und 3. Form von* **meet**
met·al ['metᵊl] das Metall
me·tal·lic [mə'tælɪk] metallisch
me·tal·work·er der Metallarbeiter/die Metallarbeiterin
meta·phor ['metəfəʳ] die Metapher
meta·phor·ic(al) [ˌmetə'fɒrɪk(ᵊl)] metaphorisch
me·teor·ol·ogy [ˌmiːtiᵊr'ɒlədʒi] die Meteorologie
me·ter[1] ['miːtəʳ] der Zähler; **gas-meter** die Gasuhr; **parking-meter** die Parkuhr
me·ter[2] ['miːtəʳ] (USA) der Meter
me·thane ['miːθeɪn] das Methan
meth·od ['meθəd] die Methode, das Verfahren; **method of payment** die Zahlungsweise
me·thodi·cal [mə'θɒdɪkᵊl] 1 methodisch, systematisch 2 sorgfältig
me·tre 1 der Meter 2 (*in Gedicht*) das Versmaß
met·ric ['metrɪk] metrisch; **the metric system** das metrische System
met·ropo·lis [mə'trɒpəlɪs] 1 die Metropole 2 die Hauptstadt
met·ro·poli·tan [ˌmetrə'pɒlɪtᵊn] 1 weltstädtisch 2 hauptstädtisch
Met·ro·poli·tan Po·lice *kein Plural* (GB) **the Metropolitan Police** die Londoner Polizei

M

mice [maɪs] *Pluralform von* **mouse**
mickey ['mɪki] **to take the mickey [out of someone/something]** (*umgangsspr*) jemanden auf den Arm nehmen, jemanden/etwas durch den Kakao ziehen
micro ['maɪkrə(ʊ)] (*umgangsspr*) *kurz für* **microcomputer** der Mikrocomputer
micro·bi·ol·ogy [ˌmaɪkrəʊbaɪ'ɒlədʒɪ] die Mikrobiologie
micro·chip ['maikrəʊˌtʃɪp] das Mikrochip
micro·phone ['maɪkrəfəʊn] das Mikrofon
micro·pro·ces·sor [ˌmaɪkrə'prəʊsesəʳ] der Mikroprozessor
micro·scope ['maɪkrəskəʊp] das Mikroskop
micro·scop·ic [ˌmaɪkrə'skɒpɪk] 1 (*umgangsspr*) winzig; **to look at something in microscopic detail** etwas haargenau prüfen 2 *Algen:* mikroskopisch klein
micro·wave ['maɪkrə(ʊ)weɪv] die Mikrowelle, der Mikrowellenherd
to **micro·wave** ['maɪkrə(ʊ)weɪv] in der Mikrowelle erwärmen
mid [mɪd] Mittel-; **in mid-morning** mitten am Vormittag; **from mid-May to mid-June** von Mitte Mai bis Mitte Juni; **in mid-air** in der Luft; **she's in her mid-twenties** sie ist Mitte zwanzig; **in the mid-nineties** Mitte der neunziger Jahre
mid·day [ˌmɪd'deɪ] der Mittag; **at midday** mittags; **midday meal** die Mittagsmahlzeit
mid·dle[1] ['mɪdl̩] 1 die Mitte, der mittlere Teil; **in the middle of the night** mitten in der Nacht; **to be in the middle of doing something** mitten drin sein, etwas zu tun; **down the middle** in der Mitte 2 *von Obst:* [das] Innere 3 *von Körper:* die Taille

F Nicht verwechseln mit **Mittel** (das) = *(Präparat)* preparation; *(Hilfsmittel)* means!

mid·dle[2] ['mɪdl̩] mittlere(r, s), Mittel-
mid·dle-aged [ˌmɪdl'eɪdʒd] in den mittleren Jahren, mittleren Alters
Mid·dle Ages *Plural* das Mittelalter
mid·dle-class [ˌmɪdl'klɑːs] bürgerlich
mid·dle class der Mittelstand
Mid·dle East der Nahe Osten
mid·dle name der zweite Vorname
mid·dle-of-the-road gemäßigt; (*abwertend: langweilig*) mittelmäßig, anspruchslos
mid·field das Mittelfeld
midge [mɪdʒ] die Mücke
midg·et[1] ['mɪdʒɪt] der Liliputaner/die Liliputanerin; (*Kind*) der Knirps *umgangsspr,* der Zwerg *humorvoll*
midg·et[2] ['mɪdʒɪt] winzige(r, s), Mini-
mid·night ['mɪdnaɪt] die Mitternacht; **at midnight** um Mitternacht; **midnight sun** die Mitternachtssonne
mid·sum·mer [ˌmɪd'sʌməʳ] der Hochsommer; **Midsummer Day** der Johannistag, die Sommersonnenwende
mid·term[1] *kein Plural* (*in der Politik*) die Halbzeit der Amtsperiode; (*in der Schule*) das Schulhalbjahr; (*an der Universität*) die Semesterhälfte
mid·term[2] mitten im Trimester, mitten im Schulhalbjahr; **midterm elections** die Zwischenwahlen
mid·way [ˌmɪd'weɪ] auf halbem Weg[e] (**between** zwischen)
mid·wife ['mɪdwaɪf, *Plural* 'mɪdwaɪvz] <*Plural* midwives> die Hebamme
mid·win·ter [ˌmɪd'wɪntəʳ] die Mitte des Winters, der tiefe Winter
might[1] [maɪt] **it might rain** es könnte regnen; **you might be right** Sie könnten Recht haben; **we might as well go** ich glaube, wir können gehen; **might I open the window?** dürfte ich wohl das Fenster öffnen?
might[2] [maɪt] die Macht; **with all one's might** mit aller Kraft
mighty ['maɪti] mächtig, gewaltig
mi·graine ['miːgreɪn] die Migräne
mike [maɪk] (*umgangsspr*) das Mikrofon
mild [maɪld] 1 *Geschmack:* leicht, mild 2 *Klima:* mild 3 *Tadel:* leicht, sanft
mild·ly ['maɪldli] leicht, milde; **to put it mildly** gelinde gesagt
mile [maɪl] 1 die Meile (*1,61 km*)*;* **miles and miles** meilenweit; **a 30-mile journey** eine

Fahrt von 30 Meilen; **to walk for miles** meilenweit gehen 2 *(übertragen)* **to be miles away** mit den Gedanken ganz woanders sein; **to feel miles better** sich erheblich besser fühlen; **to miss/win by miles** meilenweit verfehlen/haushoch gewinnen

mile·age ['maɪlɪdʒ] *kein Plural* 1 der Kraftstoffverbrauch; **he gets bad/good mileage from his car** sein Auto verbraucht viel/wenig Kraftstoff 2 der Meilenstand

mili·tary¹ ['mɪlɪtri] militärisch; **military police** die Militärpolizei; **military service** der Militärdienst, der Wehrdienst

mili·tary² ['mɪlɪtri] **the military** das Militär

milk [mɪlk] die Milch

to **milk** [mɪlk] melken

milk choco·late die [Voll]milchschokolade

milk·man ['mɪlkmən] <*Plural* milkmen> der Milchmann

milk pow·der *kein Plural* das Milchpulver

milk·shake ['mɪlkʃeɪk] der Milchshake

milk tooth ['mɪlktu:θ] <*Plural* milk teeth> der Milchzahn

milky ['mɪlki] <milkier, milkiest> 1 **milky coffee** der Milchkaffee 2 *Glas, Wasser:* milchig

Milky Way ['mɪlkɪˌweɪ] die Milchstraße

mill [mɪl] die Mühle

mil·len·nia [mɪ'eniə] *Pluralform von* **millennium**

mil·len·nial [mɪ'leniəl] tausendjährig; **millennial celebrations** die Tausendjahrfeiern

mil·len·nium [mɪ'leniəm, *Plural* -niə] <*Plural* millennia> das Jahrtausend; **at the turn of the millennium** um die Jahrtausendwende

mil·le·pede ['mɪlɪpi:d] der Tausendfüßler

mil·ler ['mɪləʳ] der Müller

mil·li·gram ['mɪlɪgræm], GB **mil·li·gramme** ['mɪlɪgræm] das Milligramm

mil·li·li·tre, USA **mil·li·li·ter** ['mɪlɪˌli:təʳ] der Milliliter

mil·lion ['mɪljən] die Million; **two million people** zwei Millionen Menschen

mil·lion·aire [ˌmɪljə'neəʳ] der Millionär/die Millionärin

mil·lionth¹ ['mɪljən(t)θ] millionste(r, s)

mil·lionth² ['mɪljən(t)θ] das Millionstel

mil·li·pede ['mɪlɪpi:d] der Tausendfüßler

to **mime** [maɪm] **to mime something** etwas pantomimisch darstellen

to **mince** [mɪn(t)s] hacken

mince [mɪn(t)s] GB das Hackfleisch

mince·meat 1 *Gebäckfüllung aus Trockenfrüchten* 2 **to make mincemeat of someone** Hackfleisch aus jemandem machen

mince pie die gefüllte [süße] Pastete

L In Großbritannien isst man zu Weihnachten **mince pies**, kleine, runde Gebäckstückchen, die mit **mincemeat** (einer Mischung aus Rosinen, Sultaninen, Zitronat, Äpfeln und Gewürzen) gefüllt sind.

minc·er ['mɪn(t)səʳ] der Fleischwolf

mind [maɪnd] 1 *(Intellekt)* der Geist, der Verstand; **to be out of one's mind** den Verstand verloren haben, von Sinnen sein; **it's all in the mind** das ist alles nur Einbildung 2 die Denkweise; **frame of mind** die seelische Verfassung; **state of mind** der Geisteszustand 3 die Gedanken; **to have one's mind on other things** mit den Gedanken woanders sein; **to keep one's mind on** achten, aufpassen auf; **to take one's mind off** nicht mehr denken an, sich nicht mehr kümmern um; **that'll take your mind off things** das wird Sie auf andere Gedanken bringen 4 *(Erinnerung)* das Gedächtnis; **to bear** [*oder* **keep**] **something in mind** etwas nicht vergessen; **it went right out of my mind** ich habe es total vergessen; **to put someone in mind of something** jemanden an etwas erinnern 5 *(Neigung)* die Absicht, der Wille, der Wunsch; **to have in mind to do something** vorhaben, etwas zu tun; **to have half a mind to do something** gute Lust haben, etwas zu tun; **to set one's mind on something** sich etwas in den Kopf setzen 6 die Meinung, die Ansicht; **to my mind** meiner Meinung nach; **to change one's mind** seine Meinung ändern; **to know one's own mind** wissen, was man will; **to be in two minds** nicht wissen, was man will; **to make up one's mind** zu einem Entschluss kommen; **to give someone a piece of one's mind** jemandem [gründlich] die Meinung sagen; **to speak one's mind** offen seine Meinung sagen 7 *(Mensch)* der Geist, der Kopf; **he was one of the finest minds of his generation** er zählte zu den größten Geistern seiner Generation

to **mind** [maɪnd] 1 achten, aufpassen auf; **mind what you're doing!** pass doch auf!; **mind your temper** nimm dich zusammen; **mind the step!** Vorsicht Stufe!; **mind the dog!** Warnung vor dem Hund! 2 sich kümmern um; **mind your own business!** kümmern Sie sich um Ihre [eigenen] Angelegenheiten! 3 etwas haben gegen; **do you mind my smoking?** macht es Ihnen etwas aus, wenn ich rauche?; **would you mind opening the window?** würden Sie bitte das Fenster öffnen?; **no one seemed to mind** niemand schien etwas dagegen zu haben; **... if you don't mind my asking** ... wenn ich fragen darf; **I don't mind the cold** die Kälte macht mir nichts aus 4 **mind you** allerdings 5 **never mind** macht nichts, ist doch egal, mach dir nichts draus; **never mind about that now!** vergiss das jetzt mal!

mind·less ['maɪn(d)ləs] sinnlos; *Gewalt, Eifersucht:* blind; *Arbeit, Gerede:* geistlos

mind map die/das Mindmap

mine[1] [maɪn] meine(r, s); **mine is better** meine(r, s) ist besser; **this is mine** das gehört mir; **a friend of mine** einer meiner Freunde, ein Freund von mir

mine[2] [maɪn] (1) das Bergwerk, die Grube, die Zeche (2) (*übertragen*) die Quelle, die Fundgrube (**of** an); **mine of information** die Informationsquelle (3) (*Sprengkörper*) die Mine

to **mine** [maɪn] (1) Bergbau treiben, graben (**for** nach) (2) abbauen, schürfen *Bodenschätze* (3) fördern *Kohle* (4) (*mit Minen versehen*) verminen

mine·field ['maɪnfiːld] (*auch übertragen*) das Minenfeld

min·er ['maɪnəʳ] der Bergmann, der Kumpel

min·er·al ['mɪnᵊrᵊl] das Mineral

min·er·al wa·ter *kein Plural* das Mineralwasser; **carbonated mineral water** das kohlensäurehaltige Mineralwasser; **still mineral water** das stille Mineralwasser

min·estro·ne [ˌmɪnɪ'strəʊni], **min·estro·ne soup** [ˌmɪnɪ'strəʊni-] *kein Plural* die Minestrone

to **min·gle** ['mɪŋgl̩] (1) mischen (2) sich untereinander vermischen; **to mingle with the guests** sich unter die Gäste mischen

M

mini·bus ['mɪnɪbʌs] der Kleinbus, der Minibus

mini·cab ['mɪnɪkæb] das Kleintaxi

mini·mal ['mɪnɪmᵊl] minimal

to **mini·mize** ['mɪnɪmaɪz] (1) auf ein Minimum beschränken, minimieren (2) schlechtmachen; **to minimize someone's concerns** jemandes Sorgen herunterspielen

mini·mum ['mɪnɪməm] <*Plural* minimums *oder* minima> das Minimum; **reduce to a minimum** auf ein Minimum reduzieren; **minimum temperature** die Tiefsttemperatur; **minimum wage** der Mindestlohn

min·ing ['maɪnɪŋ] der Bergbau; **open-cast mining** der Tagebau

mini-note·book (*Computer*) das Mini-Notebook

mini·skirt ['mɪnɪskɜːt] der Minirock

min·is·ter ['mɪnɪstəʳ] (1) (*politisch*) der Minister/die Ministerin (2) (*religiös*) der Pfarrer/die Pfarrerin, der Pastor/die Pastorin

min·is·try ['mɪnɪstri] (*politisch*) das Ministerium; **Ministry of the Environment** das Umweltministerium

mi·nor[1] ['maɪnəʳ] (1) kleiner, unbedeutend, unwichtig; **a minor role** eine Nebenrolle (2) *Verletzung:* leicht (3) *Planet:* klein (4) (*in der Musik*) Moll-; **C Minor** c-Moll

mi·nor[2] ['maɪnəʳ] (1) (*Person*) der/die Minderjährige (2) USA (*an Universität*) das Nebenfach

mi·nor·ity [maɪ'nɒrəti] die Minderheit; **to be in a minority** in der Minderheit sein; **minority government** die Minderheitsregierung

mint [mɪnt] (1) (*Pflanze*) die Minze; **mint sauce** die Minzsoße (2) (*Bonbon*) das Pfefferminz[bonbon]

mi·nus[1] ['maɪnəs] weniger, minus; **minus 10 degrees centigrade** minus 10 Grad Celsius

mi·nus[2] ['maɪnəs] minus; **what is 57 minus 39?** was ist 57 minus 39?

mi·nus[3] ['maɪnəs] <*Plural* minuses> das Minuszeichen

min·ute[1] ['mɪnɪt] (1) die Minute; **minute hand** der Minutenzeiger (2) (*übertragen*) der Augenblick; **at this very minute** gerade jetzt; **in a minute** sofort; **any minute** jeden Augenblick; **at the last minute** in letzter Minute; **to the minute** genau, pünktlich; **just a minute!** Moment [*oder* Augenblick] mal!; **have you got a minute?** hast du mal einen Moment Zeit? (3) **minutes** das Protokoll; **to take the minutes** das Protokoll führen

min·ute[2] ['mɪnɪt] (1) winzig (2) *Untersuchung:* minuziös, ganz genau

mira·cle ['mɪrəkl̩] das Wunder; **to work miracles** Wunder wirken; **by some miracle** wie durch ein Wunder

mi·racu·lous [mɪ'rækjələs] wunderbar

mir·ror ['mɪrəʳ] der Spiegel

mir·ror im·age das Spiegelbild

to **mis·be·have** [ˌmɪsbɪ'heɪv] sich schlecht benehmen

mis·be·hav·iour [ˌmɪsbɪ'heɪvɪəʳ], USA **mis·be·hav·ior** [ˌmɪsbɪ'heɪvjəʳ] das schlechte Benehmen

misc. *kurz für* **miscellaneous** verschiedene(r, s)

to **mis·cal·cu·late** [ˌmɪs'kælkjəleɪt] (1) sich verrechnen (2) **to miscalculate something** etwas falsch berechnen; (*übertragen*) etwas falsch einschätzen

mis·cal·cu·la·tion [ˌmɪsˌkælkjə'leɪʃᵊn] (1) der Rechenfehler, der Kalkulationsfehler (2) (*übertragen*) die Fehleinschätzung

mis·car·riage [mɪ'skærɪdʒ] (1) die Fehlgeburt (2) **miscarriage of justice** der Justizirrtum

to **mis·car·ry** [mɪ'skæri] eine Fehlgeburt haben

mis·chief ['mɪstʃɪf] (1) der Unfug, der Unsinn; **to make mischief** Unfrieden stiften; **he's up to some mischief** er führt etwas im Schilde; **to keep out of mischief** keinen Unfug machen (2) das Unheil, der Schaden; **to do oneself/someone a mischief** sich/jemandem etwas antun

to **mis·count** [mɪ'skaʊnt] (1) sich verrechnen, sich verzählen (2) **to miscount something** etwas falsch zählen

mi·ser ['maɪzəʳ] der Geizhals

mis·er·able ['mɪzᵊrəbl̩] (1) unglücklich; **to feel miserable** sich elend [*oder* miserabel] fühlen; **to make life miserable for someone** jemandem das Leben schwer machen ② *Behausung, Leben:* armselig, elend, erbärmlich, jämmerlich ③ *Versager, Schuft:* elend ④ *Entlohnung:* armselig, kläglich ⑤ *Existenz, Wetter:* trist

mis·er·ably ['mɪzᵊrəbli] ① *leben, murmeln:* unglücklich ② *spielen:* erbärmlich ③ *bezahlen:* miserabel, mies ④ *versagen:* jämmerlich, kläglich

mis·ery ['mɪzᵊri] ① das Elend; **a life of misery** ein erbärmliches Leben; **to make someone's life a misery** jemandem das Leben zur Qual machen; **to put an animal out of its misery** ein Tier von seinen Qualen erlösen ② **to put someone out of his misery** (*übertragen*) jemanden nicht länger auf die Folter spannen

mis·fit ['mɪsfɪt] der Außenseiter/die Außenseiterin

mis·for·tune [mɪs'fɔːtʃuːn] *kein Plural* das Pech, das Unglück

mis·guid·ed [mɪs'gaɪdɪd] ① *Mensch:* töricht ② *Meinung:* irrig ③ *Freundlichkeit:* unangebracht

mis·hap ['mɪshæp] das Missgeschick; **a slight mishap** eine [kleine] Panne; **without mishap** ohne Zwischenfälle

to **mis·hear** [mɪs'hɪəʳ] <misheard, misheard> ① sich verhören ② **to mishear something/someone** etwas/jemanden falsch verstehen

to **mis·in·form** [ˌmɪsɪn'fɔːm] falsch informieren

to **mis·judge** [mɪs'dʒʌdʒ] falsch beurteilen, falsch einschätzen

to **mis·lead** [mɪ'sliːd] <misled, misled> irreführen, täuschen

mis·lead·ing [mɪ'sliːdɪŋ] irreführend

to **mis·place** [mɪ'spleɪs] verlegen

mis·print ['mɪsprɪnt] der Druckfehler

to **mis·pro·nounce** [ˌmɪsprə'naʊn(t)s] falsch aussprechen

to **mis·read** [mɪs'riːd] <misread, misread> ① falsch lesen ② (*übertragen*) missverstehen, missdeuten

to **mis·rep·re·sent** [ˌmɪsreprɪ'zent] falsch darstellen; **she was misrepresented as an extremist** sie wurde als Extremistin hingestellt; **to misrepresent facts** Tatsachen entstellen; (*vor Gericht*) falsche Tatsachen vorspiegeln

miss¹ [mɪs] ① **Miss Jones** Frau/Fräulein Jones ② **Miss!** (*zur Bedienung*) Fräulein!; (*zur Lehrerin*) Frau ...!

miss² [mɪs] <*Plural* misses> ① der Fehlschuss, Fehlschlag ② **to give something a miss** sich etwas schenken

to **miss** [mɪs] ① verfehlen *Ziel;* **missed** [**me**]! nicht getroffen! ② verpassen; versäumen *Gelegenheit, Zug* ③ übersehen, überhören ④ nicht mitbekommen; **I missed that** das ist mir entgangen ⑤ vermeiden; **if we leave now we'll miss the traffic** wenn wir jetzt losfahren, kommen wir nicht in den Hauptverkehr; **we narrowly missed having an accident** wir hätten um ein Haar einen Unfall gehabt ⑥ noch ausweichen können *Hindernis* ⑦ vermissen, [sehr] entbehren; **I miss you** du fehlst mir ⑧ nicht bekommen *Preis* ⑨ *Ball, Schuss:* danebengehen

◆ to **miss out** ① zu kurz kommen; **to miss out on something** etwas verpassen ② **to miss something out** etwas auslassen, weglassen; (*aus Versehen*) etwas übersehen

mis·sile ['mɪsaɪl] ① (*per Hand*) das [Wurf]geschoss ② (*per Antrieb*) die Rakete

mis·sing ['mɪsɪŋ] ① fehlend, vermisst; **to be missing** fehlen, vermisst werden; **missing person** der/die Vermisste ② *Gegenstand:* verschwunden, fehlend

mis·sion ['mɪʃᵊn] die Mission

to **mis·spell** [mɪs'spel] <misspelt *oder* USA misspelled, misspelt *oder* USA misspelled> falsch schreiben

mist [mɪst] der Nebel, der Dunst

mist

F Nicht verwechseln mit **Mist** (der) = dung!

◆ to **mist over**, to **mist up** [sich] beschlagen

to **mis·take** [mɪ'steɪk] <mistook, mistaken> ① verwechseln (**for** mit); **there's no mistaking her writing** ihre Schrift ist unverkennbar ② falsch verstehen, missverstehen ③ **to be mistaken** sich irren, sich täuschen

mis·take [mɪ'steɪk] ① der Fehler; **to make a mistake** einen Fehler machen, sich irren ② der Irrtum, das Missverständnis; **by mistake** irrtümlich, versehentlich, aus Versehen; **there's no mistake about it!** Irrtum ausgeschlossen!

mis·tak·en¹ [mɪ'steɪkᵊn] *3. Form von* **mistake**

mis·tak·en² [mɪ'steɪkᵊn] ① **to be mistaken** sich irren; **to be mistaken about** [*oder* **in**] **something** sich in einer Sache täuschen ② **mistaken idea** die falsche Vorstellung; **a case of mistaken identity** eine Verwechslung

Mis·ter ['mɪstəʳ] ① Herr ② **listen to me,**

Mister hören Sie mal zu

mis·tle·toe ['mɪsl̩təʊ] der Mistelzweig

> **L** An Weihnachten wird in Großbritannien ein **mistletoe** aufgehängt, meistens über der Tür. Nach einem alten Brauch trifft man sich unter dem Mistelzweig und gibt sich einen Kuss.

mis·took [mɪ'stʊk] *2. Form von* **mistake**

to **mis·treat** [mɪs'tri:t] schlecht behandeln

mis·tress ['mɪstrəs] <*Plural* mistresses> ① die Geliebte ② die Herrin, die Hausherrin ③ die Lehrerin

to **mis·trust** [mɪ'strʌst] **to mistrust someone/something** jemandem/einer Sache misstrauen

mis·trust [ˌmɪs'trʌst] das Misstrauen (**of** gegen)

misty ['mɪsti] ① neblig, dunstig ② (*übertragen*) verschwommen, unklar

to **mis·under·stand** [ˌmɪsʌndə'stænd] <misunderstood, misunderstood> missverstehen, falsch verstehen

mis·under·stand·ing [ˌmɪsʌndə'stændɪŋ] das Missverständnis

mit·ten ['mɪt(ə)n] der Fausthandschuh

mix [mɪks] die Mischung

to **mix** [mɪks] ① [ver]mischen, [ver]mengen ② verrühren *Zutaten;* anrühren *Teig* ③ (*übertragen*) verbinden; **to mix business with pleasure** das Angenehme mit dem Nützlichen verbinden ④ sich mischen lassen, sich vermischen; **oil and water do not mix** Öl und Wasser lassen sich nicht mischen ⑤ (*übertragen*) zusammenpassen; **oil and water don't mix** das ist ein Gegensatz wie Feuer und Wasser ⑥ **to mix well** kontaktfreudig [*oder* gesellig] sein

◆ to **mix up** ① vermischen; verrühren *Zutaten* ② durcheinanderbringen; **to mix someone up with someone [else]** jemanden mit jemandem verwechseln ③ **to mix someone up in something** jemanden in etwas hineinziehen; **to be mixed up in something** in etwas verwickelt sein

mixed [mɪkst] ① gemischt; **to have mixed feelings about someone** jemandem gegenüber gemischte Gefühle haben; **mixed doubles** das gemischte Doppel; **mixed marriage** die Mischehe; **mixed reaction** die unterschiedliche Reaktion ② **mixed-up** durcheinander, konfus

mix·er ['mɪksə(r)] ① der Mixer ② die [Beton]mischmaschine ③ (*für Musik*) der Toningenieur, das Mischpult

mix·ture ['mɪkstʃə(r)] die Mischung, das Gemisch

mix-up ['mɪksʌp] ① das Durcheinander ② das Missverständnis

mm *Abkürzung von* **millimetre** mm

MMS [ˌemem'es] *Abkürzung von* **Multimedia Messaging Service** die MMS

to **moan** [məʊn] ① stöhnen, ächzen ② (*umgangsspr*) meckern

mob [mɒb] **the mob** die [breite] Masse, der Mob *abwertend*

mo·bile[1] ['məʊbaɪl] ① das Mobile ② (*umgangsspr*) das Handy, das Mobiltelefon

mo·bile[2] ['məʊbaɪl] ① beweglich, mobil ② fahrbar; **mobile library** der Bücherbus, die Fahrbücherei; **mobile home** der Wohnwagen

mo·bile de·vice das Mobilgerät

mo·bile-free zone (GB) die handyfreie Zone

mo·bile mes·sage die Textnachricht

mo·bile phone *besonders* (GB) das Mobiltelefon, das Handy; **mobile phone cover/case** die Handyhülle

mock[1] [mɒk] ① nachgemacht, Schein-; **mock leather** das Lederimitat ② *Prüfung:* Probe-, simuliert

mock[2] [mɒk] (GB) (*umgangssspr*) das Probeexamen

to **mock** [mɒk] spotten, höhnen; **to mock someone** sich über jemanden lustig machen, jemanden verspotten

mod·al ['məʊd(ə)l] Modal-; **modal verb** das Modalverb

mod con [ˌmɒd'kɒn] *Abkürzung von* **modern conveniences: with all mod cons** mit allem Komfort

mode [məʊd] ① die Weise, die Methode ② (*in der Informatik*) der Modus

mod·el ['mɒd(ə)l] ① das Modell ② das Model[l], das Mannequin, der Dressman ③ *eines Autos:* der Typ, das Modell ④ (*übertragen*) das Muster, das Vorbild

to **mod·el** ['mɒd(ə)l] <modelled *oder* (USA) modeled, modelled *oder* (USA) modeled> ① **to model something on something** etwas als Vorlage [*oder* Muster] für eine Sache benützen ② **to model oneself on someone** sich jemanden zum Vorbild nehmen ③ (*in Ton*) modellieren, formen ④ modeln; vorführen *Kleider*

mo·dem ['məʊdəm] das Modem

mod·er·ate[1] ['mɒd(ə)rət] ① *politische Einstellung:* gemäßigt ② *Appetit:* mäßig; *Trinken:* maßvoll; **moderate demands** die maßvollen Forderungen ③ *Preis, Summe:* vernünftig, angemessen ④ *Erfolg:* mittelmäßig, bescheiden

mod·er·ate[2] ['mɒd(ə)rət] (*Politiker*) der/die Gemäßigte

to **mod·er·ate** ['mɒd(ə)reɪt] ① **to moderate one's demands** seine Forderungen einschränken ② mildern *Effekt, Kritik* ③ *Sturm, Wind:* nachlassen

mod·ern ['mɒd(ə)n] ① modern, neuzeitlich; **in modern times** in der heutigen Zeit ② **modern languages** die modernen Fremdsprachen

to **mod·ern·ize** ['mɒd(ə)naɪz] modernisieren

mod·est ['mɒdɪst] ① *Charakter, Haus, Kleidung:* bescheiden ② *Lebensweise:* genügsam ③ *Forde-*

rung: maßvoll; *Preis:* mäßig

mod·es·ty ['mɒdɪsti] die Bescheidenheit

modi·fi·ca·tion [ˌmɒdɪfɪ'keɪʃᵊn] die Abänderung, die Abwandlung, die Modifikation

modu·lar ['mɒdjələʳ] modular, Modul-, Baukasten-; **modular system** das Kursmodulsystem

mod·ule ['mɒdjuːl] ① *Raumfahrt:* die Raumkapsel; **lunar module** die Mondlandefähre ② (*in der Informatik*) der Modul ③ (*in der Schule*) die Unterrichtseinheit

moist [mɔɪst] feucht, nass (**with** von)

to **mois·ten** ['mɔɪsᵊn] **to moisten a cloth** ein Tuch anfeuchten

mois·ture ['mɔɪstʃəʳ] die Feuchtigkeit

mois·tur·iz·er ['mɔɪstʃᵊraɪzəʳ] die Feuchtigkeitscreme

mo·lar ['məʊləʳ] der Backenzahn

mold[1] [məʊld] USA die [Guss]form

mold[2] [məʊld] USA der Schimmel, der Schimmelpilz

to **mold** [məʊld] USA (*auch übertragen*) formen (**into** zu)

Mol·da·vian [mɔl'deɪviən] der Moldawier/die Moldawierin

Mol·do·va [mɒl'dəʊvə] *kein Plural* Moldawien

Mol·do·van [mɒl'dəʊvən] → **Moldavian**

moldy USA schimmelig, verschimmelt

mole[1] [məʊl] das Muttermal, der Leberfleck

mole[2] [məʊl] der Maulwurf

mo·lecu·lar [mə(ʊ)'lekjələʳ] **molecular biology** die Molekularbiologie

mole·hill ['məʊlhɪl] der Maulwurfshügel, der Maulwurfshaufen ► WENDUNGEN: **to make a mountain out of a molehill** aus einer Mücke einen Elefanten machen

mol·ten ['məʊltᵊn] *Lava:* geschmolzen

mom USA die Mama

mo·ment ['məʊmənt] ① der Augenblick, der Moment; **at the moment** im Augenblick, momentan; **at any moment** jederzeit, jeden Augenblick; **at the last moment** im letzten Augenblick; **in a moment** im Nu; **I'll be back in a few moments!** ich bin sofort zurück!; **please wait a moment!** warten Sie bitte einen Augenblick! ② **the man of the moment** der rechte Mann zur rechten Zeit; **moment of truth** der Augenblick der Wahrheit

mo·men·tari·ly ['məʊməntᵊrᵊli] ① einen Augenblick [lang] ② USA in wenigen Minuten

mo·men·tary ['məʊməntᵊri] flüchtig, von kurzer Dauer

mo·men·tous [mə(ʊ)'mentəs] *Entscheidung, Ereignis:* bedeutsam

mo·men·tum [mə(ʊ)'mentəm] ① der Impuls ② (*übertragen*) der Schwung, die Wucht ③ **to gain momentum** *Kampagne, Idee:* an Boden gewinnen

mon·arch ['mɒnək] der Monarch/die Monarchin, der Herrscher/die Herrscherin

mon·ar·chy ['mɒnəki] die Monarchie

mon·as·tery ['mɒnəstᵊri] das [Mönchs]kloster

Mon·day ['mʌndeɪ] der Montag; **on Monday** am Montag; **on Mondays** montags

mon·etary ['mʌnɪtᵊri] **monetary policy** die Währungspolitik

mon·ey ['mʌni] ① das Geld; **to lose/make money** Geld verlieren/verdienen; **to spend money** Geld ausgeben; **to get one's money's worth** etwas für sein Geld bekommen ② **to have money to burn** Geld wie Heu haben

> **G** **money** ist unzählbar; d.h. es wird nicht mit *a* oder im Plural gebraucht: *your money must last you all week; money makes the world go round*

mon·ey·box die Sparbüchse

mon·ey or·der die Postanweisung

mon·ey-spin·ner der Verkaufsschlager

moni·tor ['mɒnɪtəʳ] ① (*Schüler/Schülerin*) der Klassensprecher/die Klassensprecherin ② *von Computer, Fernseher:* der Monitor ③ *von Überwachungsanlage:* der Kontrollschirm

to **moni·tor** ['mɒnɪtəʳ] ① beobachten *Bewegung, Wetter;* abhören *Sendung* ② kontrollieren *Kosten*

monk [mʌŋk] der Mönch

mon·key ['mʌŋki] ① der Affe ② (*Kind*) der Strolch, der Schlingel ③ **to make a monkey out of someone** jemanden verulken
◆ to **monkey about**, to **monkey around** herumalbern

monk·fish <*Plural* monkfish *oder* monkfishes> der Seeteufel

mono·logue, **mono·log** ['mɒnᵊlɒg] der Monolog

to **mo·nopo·lize** [mə'nɒpᵊlaɪz] ① monopolisieren, beherrschen ② (*übertragen*) an sich reißen, in Beschlag nehmen

mo·nopo·ly [mə'nɒpᵊli] ① das Monopol ② **to have the monopoly on something** das Monopol auf etwas Haben; (*übertragen*) etwas für sich gepachtet haben

mono·rail ['mɒnə(ʊ)reɪl] die Einschienenbahn

mo·noto·nous [mə'nɒtᵊnəs] eintönig, monoton

mo·noto·ny [mə'nɒtᵊni] die Eintönigkeit, die Monotonie

mon·soon [mɒn'suːn] der Monsun

mon·ster[1] ['mɒn(t)stəʳ] ① (*Fabelwesen*) das Ungeheuer, das Monster ② (*riesiges Ding*) das Monstrum

mon·ster[2] ['mɒn(t)stəʳ] Riesen-, Monster-

mon·strous ['mɒn(t)strəs] scheußlich; *Tat, Verbrechen:* schrecklich, furchtbar, abscheulich

Mon·te·ne·grin[1] [ˌmɒntɪ'niːgrən] montenegrinisch

Mon·te·ne·grin[2] [ˌmɒntɪ'niːgrən] der Montene-

M

griner/die Montenegrinerin

Mon·te·ne·gro [ˌmɒntɪ'ni:grəʊ] *kein Plural* das Montenegro

month [mʌn(t)θ] ① der Monat; **at the end of the month** am Monatsende; **by the month** monatlich; **every two months** alle zwei Monate; **once/twice a month** einmal/zweimal im Monat ② **one month's salary** ein Monatsgehalt

month·ly[1] ['mʌn(t)θli] monatlich, Monats-

month·ly[2] ['mʌn(t)θli] ① jeden Monat ② **twice monthly** zweimal pro Monat

month·ly[3] ['mʌn(t)θli] die Monatszeitschrift

monu·ment ['mɒnjəmənt] das [Bau]denkmal, das Monument (**to** für)

monu·men·tal [ˌmɒnjə'mentᵊl] (*übertragen*) riesig, gewaltig, enorm

to **moo** [mu:] *Kuh:* muhen

mood [mu:d] ① die Stimmung ② die Laune; **bad mood** die schlechte Laune; **good mood** die gute Laune; **to be in a mood** schlecht aufgelegt sein; **he's in a good mood** er ist gut gelaunt; **to be in the mood for dancing** zum Tanzen aufgelegt sein

moody ['mu:di] ① launisch, launenhaft ② schlecht gelaunt

moon [mu:n] der Mond; **full moon** der Vollmond; **half-moon** der Halbmond; **new moon** der Neumond ▶WENDUNGEN: **to be over the moon** überglücklich sein; **once in a blue moon** alle Jubeljahre einmal

moon·light ['mu:nlaɪt] der Mondschein, das Mondlicht

to **moon·light** ['mu:nlaɪt] <moonlighted, moonlighted> (*umgangsspr*) schwarzarbeiten

moon·light·ing *kein Plural* die Schwarzarbeit

moon·lit ['mu:nlɪt] mondbeschienen, mondhell; **moonlit night** die Mondnacht

moor [mɔ:ʳ] das Hochmoor; **moorland** die Heide, das Heideland

to **moor** [mɔ:ʳ] vertäuen, festmachen *Schiff*

moor·ing ['mɔ:rɪŋ] ① der Anlegeplatz, der Liegeplatz ② (*Seile*) **moorings** die Vertäuung

moose [mu:s] <*Plural* moose> der Elch

mop [mɒp] ① der Mopp ② (*übertragen*) der Wuschelkopf

to **mop** [mɒp] <mopped, mopped> ① **to mop the floor** den Fußboden wischen; **to mop up** [feucht] aufwischen ② **to mop one's face** sich den Schweiß vom Gesicht wischen

mo·ped ['məʊped] das Moped

mor·al[1] ['mɒrᵊl] ① *Pflicht, Wert:* sittlich, moralisch ② *Person:* tugendhaft ③ **moral support** die moralische Unterstützung; **to have a moral right to something** jedes Recht auf etwas haben

mor·al[2] ['mɒrᵊl] ① *einer Geschichte:* die Moral; **to draw a moral from something** eine Lehre aus etwas ziehen ② **morals** die Moral

mo·rale [mə'rɑ:l] *von Mannschaft, Person:* die Moral, die Stimmung; **high morale** die gute Moral; **low morale** die schlechte Moral

mo·ral·ity [mə'ræləti] ① *von Gesellschaft, Person:* die Moralität ② (*Wertesystem*) die Moral, die Ethik

to **mor·al·ize** ['mɒrᵊlaɪz] moralisieren (**on** über)

more[1] [mɔ:ʳ] <most> mehr, noch mehr; **more people live in the city than in the country** mehr Menschen wohnen in der Großstadt als auf dem Land; **no more money** kein Geld mehr; **would you like some more tea?** möchtest du noch [etwas] Tee?; **one more day** noch ein Tag; **a few more friends** noch ein paar Freunde

more[2] [mɔ:ʳ] <most> ① *zur Bildung von Steigerungsformen* **more beautiful** schöner; **more and more expensive** immer teurer; **to like something more** etwas lieber mögen; **no more than ten people** nicht mehr als zehn Leute ② **more and more** immer mehr; **once more** noch einmal; **never more** nie mehr; **not any more** nicht mehr ③ **more or less** mehr oder weniger

more[3] [mɔ:ʳ] <most> ① **a little more** etwas mehr; **no more** nichts mehr; **some more** noch etwas; **even more** noch mehr ② **what more do you want?** was willst du denn noch? ③ **all the more** umso mehr; **all the more so because ...** umso mehr, weil ...

more·over [mɔ:ʳ'əʊvəʳ] überdies, zudem, außerdem

morgue [mɔ:g] das Leichenschauhaus

morn·ing[1] ['mɔ:nɪŋ] ① der Morgen; **good morning!** guten Morgen!; **from morning till night** von früh bis spät; **in the morning** am Morgen, morgens, vormittags; **early in the morning** in der Frühe; **at 8 in the morning** um 8 Uhr morgens; **this morning** heute Morgen; **Friday morning** Freitag früh; **the morning after** am nächsten Tag ② (*vor zwölf*) der Vormittag

morn·ing[2] ['mɔ:nɪŋ] Morgen-, morgendlich

morn·ing-af·ter pill [ˌmɔ:niŋ'ɑftəʳ] die Pille danach

morn·ing pa·per die Morgenzeitung

morn·ing sick·ness das [Schwangerschafts]erbrechen

mor·phine ['mɔ:fi:n] das Morphium

Morse [mɔ:s] **Morse code** das Morsezeichen

mor·tal[1] ['mɔ:tᵊl] ① *Mensch:* sterblich ② *Verletzung:* tödlich ③ **mortal sin** die Todsünde

mor·tal[2] ['mɔ:tᵊl] der/die Sterbliche

mor·tal·ity [mɔ:'tæləti] ① die Sterblichkeit ② (*Todesfälle*) die Sterblichkeit, die Sterblichkeitsziffer ③ **mortality rate** die Sterbeziffer

mort·gage ['mɔ:gɪdʒ] die Hypothek (**on** auf)

M

to **mort·gage** [ˈmɔːɡɪdʒ] **to mortgage a house** ein Haus mit einer Hypothek belasten

mor·tu·ary [ˈmɔːtʃuəri] die Leichenhalle

mo·sa·ic [mə(ʊ)ˈzeɪɪk] das Mosaik, die Mosaikarbeit

Mos·cow [ˈmɒskəʊ] Moskau

Mos·lem[1] [ˈmɔːɡɪdʒ] der Moslem/die Moslemin

Mos·lem[2] [ˈmɔːɡɪdʒ] mohammedanisch, muslimisch

mosque [mɒsk] die Moschee

mos·qui·to [mɒsˈkiːtəʊ] <*Plural* mosquitoes *oder* mosquitos> die Stechmücke, der Moskito

mos·qui·to bite der Mückenstich

mos·qui·to net das Moskitonetz

moss [mɒs] <*Plural* mosses> das Moos

mossy [ˈmɒsi] ① moosig ② moosbedeckt, bemoost

most[1] [məʊst] <many> (*Menge*) meiste(r, s), größte(r, s); **most people** die meisten Leute; **for the most part** größtenteils

most[2] [məʊst] <many> ① (*Rang*) am meisten; **he likes that the most** das gefällt ihm am meisten; **most of all** am allermeisten ② *zur Bildung von Superlativen* **the most beautiful ...** der/die/das schönste ... ③ **most likely** höchstwahrscheinlich

most[3] [məʊst] <many> ① das meiste, die meisten; **most of his friends** die meisten seiner Freunde; **most of the time** die meiste Zeit; **he spent most of his holiday on the beach** er verbrachte den größten Teil seines Urlaubs am Strand ② **to make the most of something** etwas voll ausnützen; **to make the most of oneself** das Beste aus sich machen

most·ly [ˈməʊs(t)li] ① hauptsächlich, zum größten Teil ② *zeitlich* meist, meistens

MOT [ˌeməʊˈtiː] ① *Abkürzung von* **Ministry of Transport** das Verkehrsministerium ② **MOT [test]** TÜV

mo·tel [məʊˈtel] das Motel

moth [mɒθ] die Motte

moth·ball ① die Mottenkugel ② **to put clothes in mothballs** Kleider einmotten

moth-eat·en [ˈmɒθˌiːtn] ① mottenzerfressen ② (*übertragen*) abgenutzt, veraltet

moth·er [ˈmʌðər] ① die Mutter; **a mother of three** eine Mutter von drei Kindern ② **Mother's Day** der Muttertag

to **moth·er** [ˈmʌðər] ① aufziehen, großziehen *Kind* ② bemuttern *Person*

moth·er·hood [ˈmʌðəhʊd] die Mutterschaft

moth·er·ing [ˈmʌðərɪŋ] *Eigenschaft:* Mutter-, mütterlich

moth·er-in-law [ˈmʌðərɪnlɔː] <*Plural* mothers-in-law> die Schwiegermutter

moth·er·ly [ˈmʌðəli] mütterlich

moth·er tongue die Muttersprache

moth·proof [ˈmɒθˌpruːf] mottenfest

mo·tion [ˈməʊʃən] ① die Bewegung; **to be in motion** sich bewegen, laufen; **to put** [*oder* **set**] **something in motion** etwas in Gang bringen [*oder* setzen] ② der Wink, das Zeichen ③ **to go through the motions** den Anschein erwecken, etwas mechanisch tun

to **mo·tion** [ˈməʊʃən] ① **to motion to someone to do something** jemandem bedeuten, etwas zu tun ② **to motion someone in** jemanden hereinwinken

mo·tion·less [ˈməʊʃənləs] bewegungslos, reglos

mo·tion pic·ture der Film

to **mo·ti·vate** [ˈməʊtɪveɪt] **to motivate someone** jemanden motivieren

mo·ti·va·tion [ˌməʊtɪˈveɪʃən] die Motivation

mo·tive [ˈməʊtɪv] das Motiv, der Beweggrund (**for** zu)

mo·tor[1] [ˈməʊtər] der Motor

mo·tor[2] [ˈməʊtər] ① Motor- ② **the motor industry** die Automobilindustrie

to **mo·tor** [ˈməʊtər] ① Auto fahren ② GB (*umgangsspr*) schnell vorankommen

mo·tor·bike das Motorrad

mo·tor·boat das Motorboot

mo·tor·car das Auto, das Automobil, der Kraftwagen

mo·tor·cy·cle das Motorrad, das Kraftrad

mo·tor·cy·cling das Motorradfahren

mo·tor·cy·clist der Motorradfahrer/die Motorradfahrerin

mo·tor-driv·en mit Motorantrieb

mo·tor·ing[1] [ˈməʊtərɪŋ] ① Auto- ② **motoring offence** der Verkehrsverstoß

mo·tor·ing[2] [ˈməʊtərɪŋ] das Autofahren

mo·tor·ist [ˈməʊtərɪst] der Autofahrer/die Autofahrerin

mo·tor rac·ing der Autorennsport

mo·tor scoot·er der Motorroller

mo·tor ve·hi·cle das Kraftfahrzeug, Kfz

mo·tor·way [ˈməʊtəweɪ] GB die Autobahn

mot·to [ˈmɒtəʊ] <*Plural* mottos *oder* mottoes> das Motto, der Wahlspruch

mould[1] [məʊld] die [Guss]form

mould[2] [məʊld] der Schimmel, der Schimmelpilz

to **mould** [məʊld] (*auch übertragen*) formen (**into** zu)

mouldy [ˈməʊldɪ] mod[e]rig, schimm[e]lig, verschimmelt; **to go mouldy** verschimmeln

mound [maʊnd] ① der Erdhügel ② **a mound of books** ein Haufen Bücher

mount[1] [maʊnt] **Mount Everest** der Mount Everest; **Mount Vesuvius** der Vesuv

mount[2] [maʊnt] ① das Reittier ② *von Bild, Foto:* der Rahmen ③ *von Edelstein:* die Fassung

to **mount** [maʊnt] ① hinaufsteigen *Treppe;* steigen auf *Plattform, Reittier* ② rahmen *Bild;* einfassen *Edelstein* ③ inszenieren *Stück;* organisieren *Aus-*

M

stellung usw. ④ **to mount up** sich häufen

moun·tain ['maʊntɪn] ① (*auch übertragen*) der Berg ② **mountains** das Gebirge; **in the mountains** im Gebirge

moun·tain bike das Mountainbike

moun·tain chain die Bergkette

moun·tain·eer [ˌmaʊntɪ'nɪəʳ] der Bergsteiger/die Bergsteigerin

moun·tain·eer·ing [ˌmaʊntɪ'nɪərɪŋ] das Bergsteigen

moun·tain·ous ['maʊntɪnəs] ① bergig, gebirgig ② (*übertragen*) riesenhaft, ungeheuer

moun·tain range der Gebirgszug

to **mourn** [mɔːn] trauern; **to mourn someone** jemanden betrauern; **to mourn for** [*oder* **over**] **someone** um jemanden trauern

mourn·er ['mɔːnəʳ] der/die Trauernde

mourn·ing ['mɔːnɪŋ] ① das Trauern ② **to be in mourning for someone** um jemanden trauern ③ **to be dressed in mourning** Trauer tragen

mouse [maʊs, *Plural* maɪs] <*Plural* mice> ① (*Tier, auch von Computer*) die Maus ② (*übertragen: Person*) der Angsthase

mouse hole das Mauseloch

mouse mat, **mouse pad** das Mauspad

mouse·trap die Mausefalle

mous·tache [mə'stɑːʃ] der Schnurrbart

mouth [maʊθ] ① der Mund; **to keep one's mouth shut** den Mund halten; **shut your mouth!** (*slang*) halt den Mund! ② *von Tier:* das Maul ③ *von Tunnel:* der Eingang ④ *von Fluss:* die Mündung ▶ WENDUNGEN: **by word of mouth** mündlich; **to put something into someone's mouth** jemandem etwas in den Mund legen; **down in the mouth** niedergeschlagen, betrübt

to **mouth** [maʊð] lautlos sagen

mouth·ful ['maʊθfʊl] ① *von Essen:* Mund voll, der Bissen, der Happen; *von Getränk:* der Schluck ② (*umgangsspr*) der Zungenbrecher

mouth or·gan die Mundharmonika

mouth·piece ['maʊθpiːs] ① *von Blasinstrument:* das Mundstück ② (*übertragen*) das Sprachrohr

mouth-to-mouth re·sus·ci·ta·tion [-rɪˌsʌsɪ'teɪʃᵊn] die Mund-zu-Mund-Beatmung

mouth·wash das Mundwasser

mouth-wa·ter·ing lecker, appetitlich

move [muːv] ① die Bewegung; **to be on the move** in Bewegung sein, auf Achse sein ② (*in neues Haus*) der Umzug ③ (*bei Brettspielen*) der Zug; **it's my move!** ich bin dran! ④ der Schritt; *von Regierung usw.:* die Maßnahme; **to make the first move** den ersten Schritt machen; **to make a move to do something** Anstalten machen, etwas zu tun ⑤ **to get a move on** sich beeilen

to **move** [muːv] ① sich bewegen; **to move something** etwas bewegen, aus dem Weg räumen; **to move something to a different place** etwas an einen anderen Platz stellen; **don't move!** keine Bewegung!; **keep moving** nicht stehen bleiben; **to move closer to something** sich einer Sache nähern ② bewegen, rühren *Körperteil;* wegziehen *Hand* ③ transportieren *Güter;* vertreiben *Vieh* ④ **to move someone** jemanden rühren, bewegen; **to be moved** gerührt sein; **to move someone to tears** jemanden zu Tränen rühren ⑤ umziehen (**to** nach); **to move house** umziehen ⑥ (*auf einem Brettspiel*) einen Zug machen ⑦ (*übertragen*) Maßnahmen ergreifen

◆ to **move about** sich hin und her bewegen; **to move something about** etwas umstellen, umräumen

◆ to **move along** ① **to move a car along** einen Wagen vorfahren ② Platz machen; **move along, please!** fahren/gehen Sie bitte weiter! ③ **to move a project along** ein Projekt vorantreiben

◆ to **move away** ① abgehen, abfahren; **to move something away** etwas wegräumen, etwas wegfahren ② aus dem Weg gehen; (*aus einem Ort*) wegziehen (**from** aus)

◆ to **move back** ① **to move something back** etwas zurückstellen ② zurückweichen ③ (*zu einem Ort*) sich zurückziehen

◆ to **move down** nach hinten aufrücken; **to move something down** etwas nach unten stellen

◆ to **move forward** vorrücken, sich vorwärtsbewegen; **to move something forward** etwas vorgehen lassen, etwas vorziehen

◆ to **move in** ① **to move something in** etwas hineinstellen ② (*in ein Haus*) einziehen; **to move in with someone** mit jemandem zusammenziehen ③ sich nähern; *Polizei, Truppen:* anrücken

◆ to **move off** ① **to move someone off** jemanden wegschicken ② sich in Bewegung setzen ③ *Auto usw.:* abfahren

◆ to **move on** ① **to move someone/something on** jemanden/etwas zum Weitergehen/Weiterfahren auffordern ② weitergehen, weiterfahren ③ (*beim Reden*) weitermachen

◆ to **move out** *Person:* ausziehen

◆ to **move over** ① **to move something over** etwas herüberschieben ② zur Seite rücken

◆ to **move up** ① **to move something up** etwas nach oben stellen ② *Aktienpreise:* steigen ③ befördert werden; **to move someone up** jemanden befördern

move·ment ['muːvmənt] ① die Bewegung ② der Trend, die Entwicklung ③ (*politisch usw.*) die [Massen]bewegung ④ *von Symphonie:* der Satz

movie ['muːviː] (USA) der Film; **to go to the movies** ins Kino gehen

movie cam·era die Filmkamera
movie·goer ['mu:vɪgəʊə^r] (USA) (*umgangsspr*) der Kinogänger/die Kinogängerin
movie star der Filmstar
movie thea·ter (USA) das Kino
mov·ing ['mu:vɪŋ] ① beweglich ② (*übertragen*) rührend, bewegend
to **mow** [məʊ] <mowed, mown *oder* mowed> ① mähen *Rasen* ② **to mow someone down** (*übertragen*) jemanden niedermähen, jemanden niedermetzeln
mow·er ['məʊə^r] ① der Mäher ② die Mähmaschine, der Rasenmäher
mown [məʊn] *3. Form von* **mow**
MP [ˌem'pi:] *Abkürzung von* **Member of Parliament** der/die [Parlaments]abgeordnete
MP3 [ˌempi:'θri:] *Abkürzung von* **MPEG-Audio-Layer-3** MP3
MP3-play·er der MP3-Player
mph [ˌempi:'eɪtʃ] *Abkürzung von* **miles per hour** Meilen pro Stunde
Mr ['mɪstə^r] (*Anredeform*) Herr
Mrs ['mɪsɪz] (*Anredeform für eine verheiratete Frau*) Frau
Ms [məz] (*Anredeform für alle Frauen*) Frau

L Der Anrede **Ms** kann man nicht entnehmen, ob eine Frau verheiratet ist oder nicht. Viele Frauen bevorzugen daher diese Anrede gegenüber **Miss** oder **Mrs**, wenn sie ihren Familienstand nicht unbedingt nennen wollen.

much[1] [mʌtʃ] <more, most> ① viel; **how much is this watch?** wie viel kostet diese Uhr?; **that much** so viel; **the work is too much for him** die Arbeit ist für ihn zu viel; **three times as much** dreimal so viel; **as much as you want** so viel du willst; **as much again** noch einmal so viel; **so much** so viel; **too much** zu viel, zu sehr ② **it's a bit much!** es ist ein bisschen zu viel; **she's not much of a reader** sie ist keine große Leserin

G **much** wird für nicht zählbare Dinge und Mengen gebraucht: *new parents never get much sleep; you spend too much time on the computer;* **many** wird für zählbare Dinge, Tiere und Personen gebraucht: *how many cars does he own?; there weren't many people on the train today*

much[2] [mʌtʃ] <more, most> ① **I don't care much** es ist mir ziemlich egal; **they don't go out much** sie gehen nicht viel aus; **I don't think much of him** ich halte nicht viel von ihm; **she's made much of her success** sie hat viel Wind um ihren Erfolg gemacht ② **much better** viel besser; **much more expensive** viel teurer ③ **much to my astonishment** zu meinem großen Erstaunen; **much as I would like to come ...** so gerne ich mitkommen würde, ... ④ **thank you very much!** vielen Dank!
muck [mʌk] *kein Plural* (GB) der Dreck *umgangsspr; (Abfall)* der Müll; **[to be] common as muck** (*umgangsspr*) furchtbar ordinär [sein] *abwertend*
◆ to **muck about** ① (*slang*) herumalbern, herumblödeln ② **to muck someone about** jemanden hinhalten; (*slang*) jemanden verarschen
◆ to **muck out** ausmisten *umgangsspr*
◆ to **muck up** ① **to muck one's clothes up** seine Kleider dreckig machen ② (*übertragen*) **to muck something up** etwas vermasseln
muck-up ['mʌkʌp] (*umgangsspr*) das Durcheinander, die Katastrophe
mucky ['mʌki] ① schmutzig, dreckig ② *Boden:* matschig
mud [mʌd] ① der Schlamm, der Matsch ② **to sling** [*oder* **throw**] **mud at someone** (*übertragen*) jemanden mit Dreck bewerfen, verleumden ▶WENDUNGEN: **as clear as mud** so klar wie Kloßbrühe
to **mud·dle** ['mʌdl̩] ① **to muddle something** [**up**] etwas durcheinanderbringen ② **to muddle someone/something** [**up**] (*übertragen*) jemanden/etwas verwechseln ③ **she's a bit muddled** sie ist ein bisschen verwirrt ④ **to muddle along** vor sich hin wursteln; **to muddle through** sich durchwursteln
mud·dle ['mʌdl̩] ① das Durcheinander; **to make a muddle of something** etwas völlig durcheinanderbringen ② (*übertragen*) die Verwirrung; **to be in a muddle** ganz verwirrt sein
mud·dy ['mʌdi] ① schmutzig, schlammig ② (*übertragen*) verworren
to **mud·dy** ['mʌdi] **to muddy one's shoes** seine Schuhe schmutzig machen
mud·guard ['mʌdgɑ:d] *von Fahrrad:* das Schutzblech
mud·pack (*fürs Gesicht*) die Schlammpackung
mues·li ['mju:zli] *kein Plural* das Müsli
mug [mʌg] ① der Becher; *für Bier:* der Krug; **a mug of tea** ein Becher Tee ② (*slang: Person*) der Trottel ③ (*umgangsspr*) die Visage, die Fresse *slang*
to **mug** [mʌg] <mugged, mugged> **to mug someone** jemanden überfallen und berauben
mug·ger ['mʌgə^r] der Straßenräuber/die Straßenräuberin
mug·ging ['mʌgɪŋ] der [Straßen]raub, der Überfall (*auf offener Straße*)
mug·gy ['mʌgi] schwül, drückend
mule [mju:l] der Maulesel, das Maultier
to **mull** [mʌl] **to mull something over** sich etwas durch den Kopf gehen lassen
multi·col·oured [ˌmʌlti'kʌləd], (USA) **multi·col·ored** mehrfarbig
multi·cul·tur·al multikulturell
multi·lin·gual [ˌmʌltɪ'lɪŋgwəl] mehrsprachig
multi·me·dia[1] *kein Plural* die Multimedia

M

multi·me·dia² multimedial
multi·mil·lion·aire [ˌmʌltɪmɪljəˈneəʳ] der Multimillionär/die Multimillionärin
multi·na·tion·al¹ [ˌmʌltɪˈnæʃnəl] multinational
multi·na·tion·al² [ˌmʌltɪˈnæʃnəl] der multinationale Konzern
multi·ple¹ [ˈmʌltɪpl̩] ① vielfach, mehrfach ② **multiple choice** das Multiple-Choice-Verfahren
multi·ple² [ˈmʌltɪpl̩] (*Zahl*) [das] Vielfache
multi·plex [ˈmʌltɪpleks] das Multiplex-Kino
multi·pli·ca·tion [ˌmʌltɪplɪˈkeɪʃᵊn] ① die Vervielfachung, die Vermehrung ② *von Zahlen:* die Multiplikation
to **multi·ply** [ˈmʌltɪplaɪ] ① vervielfältigen *Chancen* ② multiplizieren; **2 multiplied by 3 is 6** 2 mal 3 ist 6 ③ *Tiere:* sich vermehren
multi-pur·pose [ˌmʌltɪˈpɜːpəs] Mehrzweck-
multi-sto·rey, (USA) **multi-sto·ry** mehrgeschossig; **multi-storey car park** das Parkhaus
to **multi·task** multitasken
multi-task·ing das Multitasking
multi·tude [ˈmʌltɪtjuːd] die Menge; **a multitude of people** eine Schar von Menschen
mum [mʌm] (*umgangsspr*) die Mutti, die Mama
to **mum·ble** [ˈmʌmbl̩] [vor sich hin] murmeln
mum·my [ˈmʌmi] (*umgangsspr*) die Mutti, die Mama
mumps [mʌmps] ⚠ *Singular* der Mumps
to **munch** [mʌn(t)ʃ] mampfen *Essen*
Mu·nich [ˈmjuːnɪk] München
mu·ral [ˈmjʊərᵊl] das Wandgemälde, die Wandmalerei
mur·der [ˈmɜːdəʳ] ① der Mord (**of** an), die Ermordung ② **to commit [a] murder** einen Mord begehen; **to be accused of murder** unter Mordanklage stehen ▶ WENDUNGEN: **to get away with murder** sich alles erlauben können
to **mur·der** [ˈmɜːdəʳ] ① **to murder someone** jemanden [er]morden [*oder* umbringen] ② (*übertragen*) verhunzen, verderben *Lied usw.*
mur·der·er [ˈmɜːdᵊrəʳ] der Mörder
mur·der·ess [ˈmɜːdᵊrɪs] die Mörderin
mur·der·ous [ˈmɜːdᵊrəs] ① mörderisch ② blutdürstig
murky [ˈmɜːki] ① trübe, dunkel ② *Foto:* unscharf ③ *Charakter:* finster
mur·mur [ˈmɜːməʳ] ① das Murmeln; *von Wasser:* das Rauschen ② (*Widerstand*) das Murren; **without a murmur** ohne zu murren
to **mur·mur** [ˈmɜːməʳ] ① [vor sich hin] murmeln ② murren (**about/against** gegen)
mus·cle [ˈmʌsl̩] ① der Muskel; **to pull a muscle** sich eine Muskelzerrung zuziehen ② **to move a muscle** sich rühren
◆ to **muscle in** sich [rücksichtslos] einmischen; **to muscle in on a party** sich in eine Party [mit aller Gewalt] hineindrängeln

mus·cu·lar [ˈmʌskjələʳ] muskulös, kräftig, stark
mu·seum [mjuːˈziːəm] das Museum
mush·room [ˈmʌʃrʊm, -ruːm] der [essbare] Pilz
mu·sic [ˈmjuːzɪk] ① die Musik; **background music** die musikalische Untermalung; **to set something to music** etwas vertonen ② die Noten ③ **to face the music** (*umgangsspr*) für etwas geradestehen
mu·si·cal¹ [ˈmjuːzikᵊl] ① *Person, Unterhaltung:* musikalisch ② **musical box** die Spieldose; **musical instrument** das Musikinstrument ③ **to play musical chairs** die Reise nach Jerusalem spielen
mu·si·cal² [ˈmjuːzikᵊl] das Musical
mu·sic box (USA) die Spieldose
mu·si·cian [mjuːˈzɪʃᵊn] der Musiker/die Musikerin
mu·sic stand [ˈmjuːzɪkˌstænd] der Notenständer
Mus·lim¹ [ˈmʊslɪm] der Moslem/die Moslemin
Mus·lim² [ˈmʊslɪm] mohammedanisch, muslimisch
mus·sel [ˈmʌsᵊl] die [Mies]muschel
must¹ [mʌst] ① müssen; **you must go** Sie müssen gehen; **must I?** ja, wirklich?, muss das sein? ② **must not** nicht dürfen; **you mustn't do that** Sie dürfen das nicht tun ③ **you must be hungry** Sie haben doch bestimmt Hunger; **I must have lost it** ich muss es wohl verloren haben ④ **you must be joking!** das soll wohl ein Witz sein!
must² [mʌst] **it's a must!** das ist ein Muss!
mus·tache [ˈmʌstæʃ] (USA) der Schnurrbart
mus·tard [ˈmʌstəd] der Senf
must-have (*umgangsspr*) unentbehrlich
mustn't [ˈmʌsᵊnt] *Kurzform von* **must not**
mu·ti·ny [ˈmjuːtɪni] die Meuterei
to **mu·ti·ny** [ˈmjuːtɪni] meutern
to **mut·ter** [ˈmʌtəʳ] ① murmeln ② (*sich beklagen*) murren (**at/about** über)
mut·ter [ˈmʌtəʳ] das Gemurmel
mut·ton [ˈmʌtᵊn] das Hammelfleisch
mu·tu·al [ˈmjuːtʃuːəl] ① *Interesse:* gemeinsam; *Respekt:* gegenseitig, wechselseitig; *Vorstand:* beiderseitig ② **by mutual consent** in beiderseitigem Einverständnis; **the feeling is mutual** das beruht auf Gegenseitigkeit
muz·zle [ˈmʌzl̩] ① *eines Tiers:* das Maul ② *für Hund:* der Maulkorb ③ *von Gewehr:* die Mündung
to **muz·zle** [ˈmʌzl̩] ① **to muzzle a dog** einem Hund einen Maulkorb anlegen ② (*übertragen*) mundtot machen *Presse*
my¹ [maɪ] mein; **this is my car** das ist mein Auto; **it's a room of my own** es ist mein eigenes Zimmer
my² [maɪ] **my!** ach du Schreck!
my·self [maɪˈself] ① mich, mir; **I hurt myself** ich habe mir wehgetan; **I said to myself** ich

sagte mir (2) *betont* [ich] selbst; **I said so myself** das habe ich auch gesagt; **[all] by myself** [ganz] allein, ohne Hilfe; **I'll do it myself** das mache ich selbst (3) **I'm not myself today** ich bin heute nicht ganz auf der Höhe

mys·teri·ous [mɪ'stɪəriəs] *Fremder, Verhalten:* geheimnisvoll; *Vorfall:* rätselhaft, mysteriös

mys·tery ['mɪstəri] das Geheimnis; **it's a mystery to me** es ist mir ein Rätsel

myth [mɪθ] (1) der Mythos (2) (*übertragen*) die Fabel, die Fiktion

mythi·cal [mɪθɪkəl] (1) mythisch (2) (*übertragen*) fiktiv, erfunden

my·thol·ogy [mɪ'θɒlədʒi] die Mythologie

Nn

N <*Plural* N's *oder* Ns>, **n** [en] <*Plural* n's> N, n

to **nab** [næb] <nabbed, nabbed> (*umgangsspr*) (1) klauen (2) schnappen *Dieb*

naff [næf] (1) (*slang*) ätzend (2) **naff off!** verschwinde!

to **nag** [næg] <nagged, nagged> nörgeln; **to nag someone** an jemandem [dauernd] herumnörgeln; **to nag someone to do something** jemandem die Hölle heißmachen, damit er etwas tut

nag [næg] (*altes Pferd*) der Klepper, die Mähre

nag·ging ['nægɪŋ] (1) *Person:* nörgelnd (2) *Schmerz:* bohrend

nail [neɪl] *von Finger, aus Metall:* der Nagel; **to bite one's nails** an den Nägeln kauen; **to hammer a nail into something** einen Nagel in etwas schlagen ▶ WENDUNGEN: **to hit the nail on the head** den Nagel auf den Kopf treffen

to **nail** [neɪl] (1) **to nail something to the wall** etwas an die Wand nageln; **to nail something up** etwas annageln/zunageln (2) **to nail someone down** (*übertragen*) jemanden festnageln (**to** auf)

nail-bit·ing[1] *kein Plural* das Nägelkauen

nail-bit·ing[2] spannungsgeladen

nail clip·pers *Plural* der Nagelknipser

nail file die Nagelfeile

nail pol·ish der Nagellack

nail scis·sors *Plural* die Nagelschere

nail var·nish (GB) der Nagellack

na·ive, na·ïve [naɪ'i:v] naiv

na·ïve·té [naɪ'i:vəteɪ], **na·ive·ty** [naɪ'i:vəti] *kein Plural* die Naivität

na·ked ['neɪkɪd] (1) (*auch übertragen*) nackt; **to strip naked** sich nackt ausziehen (2) **with the naked eye** mit bloßem Auge; **the naked truth** die reine Wahrheit

name [neɪm] (1) der Name; **what's your name?** wie heißen Sie?; **to know someone by name** jemanden dem Namen nach kennen; **in name only** nur dem Namen nach; **under the name of ...** unter dem Namen ... (2) **to put one's name down for something** für etwas kandidieren, sich zu etwas anmelden (3) der Ruf; **to get a bad name** in Verruf kommen; **to have a good name** einen guten Ruf haben; **to have a name for** bekannt sein für; **to make a name for oneself** sich einen Namen machen (4) **in the name of love** im Namen der Liebe; **the name of the game** der Zweck, das Wesentliche der Sache (5) **to call someone names** jemanden beschimpfen

to **name** [neɪm] (1) **to name someone Tom** jemanden Tom [be]nennen; **a woman named Linda** eine Frau namens Linda; **to name a child after someone** ein Kind nach jemandem nennen (2) **to name someone director** jemanden zum Direktor ernennen (3) **to name a date** ein Datum festsetzen; **name the capital of Scotland** nenne die Hauptstadt von Schottland; **name your price** nennen Sie Ihren Preis

name·ly ['neɪmli] nämlich

name·plate ['neɪmpleɪt] das Namensschild

nan [næn] (*umgangsspr*) die Oma, die Omi

nan·ny ['næni] (1) das Kindermädchen (2) (*umgangsspr*) die Oma, die Omi

nap [næp] das Schläfchen, das Nickerchen; **to take a nap** ein Nickerchen machen

nap·kin ['næpkɪn] die Serviette

nap·py ['næpi] (GB) die Windel

nar·cot·ic[1] [nɑ:'kɒtɪk] narkotisch, betäubend

nar·cot·ic[2] [nɑ:'kɒtɪk] das Rauschgift

to **nar·rate** [nə'reɪt] **to narrate a story** eine Geschichte erzählen

nar·ra·tion [nə'reɪʃən] *kein Plural* die Schilderung; *einer Geschichte:* die Erzählung

nar·ra·tive ['nærətɪv] (*Geschichte*) die Erzählung; (*Beschreibung*) die Schilderung

nar·ra·tor [nə'reɪtər] der Erzähler/die Erzählerin

nar·row ['nærəʊ] <narrower *oder* more narrow, narrowest *oder* most narrow> (1) *Straße:* eng, schmal (2) *Ideen:* engstirnig, beschränkt (3) *Mehrheit, Sieg:* knapp; **to have a narrow escape** mit knapper Not davonkommen

> **G** **narrow** kann sowohl mit *-er/-est* als auch mit *more/most* gesteigert werden:
> *the more narrow streets are difficult to drive along; it's famous for being the narrowest building in Amsterdam*

to **nar·row** ['nærəʊ] 1 *Fluss, Straße:* sich verengen, enger/schmaler werden 2 **with narrowed eyes** mit zusammengekniffenen Augen 3 **to narrow the possibilities down** die Möglichkeiten begrenzen

nar·row boat das Kanalboot

nar·row·ly ['nærəʊli] beinahe, fast, mit knapper Not; **he narrowly escaped drowning** er wäre fast ertrunken

nar·row-mind·ed [ˌnærəʊ'maɪndɪd] engstirnig

nas·ty ['nɑːsti] 1 *Geschmack, Geruch:* ekelhaft 2 *Überraschung:* böse, unangenehm 3 *Wetter:* abscheulich 4 *Person:* gemein; **he turned nasty** er wurde unangenehm; **he has a nasty temper** mit ihm ist nicht gut Kirschen essen 5 *Bemerkung:* gehässig, übel 6 *Krankheit:* schwer 7 *Film:* anstößig, ekelhaft

na·tion ['neɪʃᵊn] die Nation; **to address the nation** zum Volk sprechen

na·tion·al¹ ['næʃᵊnᵊl] 1 national; **national anthem** die Nationalhymne; **national assembly** die Nationalversammlung; **national costume** die Volkstracht; **national park** der Nationalpark 2 staatlich; **national currency** die Landeswährung; **national curriculum** der staatliche Lehrplan; **national debt** die Staatsschuld; **national insurance** die Sozialversicherung; **national security** die Staatssicherheit; **national service** der Wehrdienst, der Militärdienst 3 **National Guard** (USA) die Nationalgarde

na·tion·al² ['næʃᵊnᵊl] der/die Staatsangehörige

> **L** Das **national emblem** (Nationalsymbol) Englands ist die **Tudor rose**, die weiße, flache Rose des Königshauses York auf der roten Rose des Hauses Lancaster. Irlands Nationalsymbol ist das **shamrock** (Kleeblatt), das der Schutzpatron St Patrick zur Veranschaulichung der Dreieinigkeit verwendet haben soll. Die **thistle** (Distel) von Schottland wurde von König James III. im 15. Jahrhundert als Nationalsymbol ausgewählt. Der **dragon** (Drache) von Wales wurde bereits vor sehr langer Zeit als Emblem auf den Kriegsfahnen verwendet. Die Waliser haben auch den **leek** (Lauch) als Symbol, der, Shakespeare zufolge, bei der Schlacht von Poitiers 1356 gegen die Franzosen als Emblem getragen wurde; die **daffodil** (Osterglocke) ist ein hübscherer Ersatz dafür aus dem 20. Jahrhundert.

Na·tion·al Front (GB) **the National Front** *rechtsradikale Partei*

Na·tion·al Health Ser·vice (GB) der staatliche Gesundheitsdienst

na·tion·al·ism ['næʃᵊnᵊlɪzᵊm] *kein Plural* der Nationalismus

na·tion·al·ist¹ ['næʃᵊnᵊlɪst] nationalistisch

na·tion·al·ist² ['næʃᵊnᵊlɪst] der Nationalist/die Nationalistin

na·tion·al·ity [ˌnæʃᵊn'æləti] die Staatsangehörigkeit, die Nationalität

na·tion·al park der Nationalpark

> **L** Im Jahr 1810 kam die Idee von einem **national park** zum ersten Mal auf, als der englische Dichter Wordsworth den englischen Lake District als eine Art nationales Eigentum bezeichnete. Die ersten Bemühungen vonseiten einer Regierung zum Schutz einer besonderen Landschaft wurden jedoch in den USA unternommen: 1872 wurde der erste offizielle **national park** gekürt, der *Yellowstone National Park* in den US-Bundesstaaten Wyoming, Montana und Idaho. Kurze Zeit später wurden **national parks** in Kanada, Australien und Neuseeland gegründet. Heute gibt es in den USA 58 offizielle **national parks**. Zu den bekanntesten zählen Yellowstone, Yosemite, Rocky Mountains und Hot Springs.

> **L** Die Stiftung **National Trust** ist eine 1895 gegründete, gemeinnützige Natur- und Denkmalschutzorganisation mit über einer Million Mitgliedern. Sie besitzt historisch bedeutsame Häuser und Gärten sowie landschaftlich schöne Gegenden, die der Allgemeinheit zugänglich sind. Schottland hat seinen eigenen **Scottish National Trust**.

Na·tion·al Vo·ca·tion·al Quali·fi·ca·tion (GB) ≈ die Fachhochschulreife

na·tion·wide [ˌneɪʃn'waɪd] landesweit

na·tive¹ ['neɪtɪv] 1 Heimat-, Mutter-; **native country** das Vaterland; **native language** die Muttersprache; **the native inhabitants** die Einheimischen; **native speaker** der Muttersprachler/die Muttersprachlerin 2 gebürtig; (*bei Naturvölkern*) eingeboren; **she's a native American** sie ist amerikanische Ureinwohnerin 3 *Pflanze, Tier:* einheimisch

na·tive² ['neɪtɪv] 1 der/die Einheimische, der/die Eingeborene; **a native of Germany** ein gebürtiger Deutscher, eine gebürtige Deutsche 2 der Ureinwohner/die Ureinwohnerin

Na·tive Ameri·can der/die amerikanische Ureinwohner/Ureinwohnerin

Na·tiv·ity [nə'tɪvəti] **the Nativity** die Geburt Christi; **Nativity play** das Krippenspiel

NATO ['neɪtəʊ] *Abkürzung von* **North Atlantic Treaty Organization** die NATO

to **nat·ter** ['nætəʳ] (*umgangsspr*) schwätzen

nat·ter ['nætəʳ] (*umgangsspr*) der Schwatz; **to have a natter** schwätzen

natu·ral¹ ['nætʃᵊrᵊl] 1 natürlich; **to die a natural death** eines natürlichen Todes sterben; **in its natural state** im Naturzustand 2 *Rechte:* naturgegeben 3 *Fähigkeit:* angeboren; **he's a natural orator** er ist ein geborener Redner 4 *Art, Benehmen:* natürlich 5 *Eltern:* leiblich

natu·ral² ['nætʃᵊrᵊl] (*Mensch*) das Naturtalent

natu·ral child·birth *kein Plural* die natürliche Geburt

natu·ral gas *kein Plural* das Erdgas

natu·ral his·to·ry *kein Plural* die Naturgeschichte; (*in der Schule*) die Naturkunde

natu·ral·ly ['nætʃᵊrᵊli] ① von Natur aus; **something comes naturally to someone** etwas fällt jemandem leicht ② **naturally!** natürlich!

natu·ral re·sources *Plural* die Bodenschätze

natu·ral sci·ence *Plural* die Naturwissenschaft

natu·ral se·lec·tion die natürliche Auslese

na·ture ['neɪtʃəʳ] ① die Natur; **against nature** gegen die Natur; **from nature** nach der Natur ② *eines Menschen:* das Wesen, die Natur; **she's a placid child by nature** sie ist von Natur aus ein ruhiges Kind; **it's not in my nature** es entspricht nicht meiner Art; **human nature** die menschliche Natur ③ die Art; **things of this nature** Derartiges; **it's in the nature of things** das liegt in der Natur der Sache

na·ture con·ser·va·tion *kein Plural* der Naturschutz

na·ture lov·er der Naturfreund/die Naturfreundin

na·ture re·serve das Naturschutzgebiet

na·ture study *kein Plural* die Naturkunde

na·ture trail der Naturlehrpfad

naught [nɔːt] ① *kein Plural* das Nichts ② (USA) die Null

naugh·ty ['nɔːti] ① unartig, ungezogen, frech ② *Wort:* unanständig

nau·ti·cal ['nɔːtɪkᵊl] nautisch

na·val ['neɪvᵊl] See-, Marine-

na·vel ['neɪvᵊl] der Nabel

to **navi·gate** ['nævɪgeɪt] ① navigieren; **to navigate an aeroplane/ship** ein Schiff/Flugzeug navigieren ② befahren, befliegen *Strecke*

navi·ga·tor ['nævɪgeɪtəʳ] ① der Navigator/die Navigatorin ② (*im Auto*) der Beifahrer/die Beifahrerin

navy ['neɪvi] ① die [Kriegs]marine ② **navy blue** marineblau

Nazi ['nɑːtsi] der Nazi

NB [ˌen'biː] *Abkürzung von* **nota bene** NB

near¹ [nɪəʳ] ① *räumlich, zeitlich* nahe ② *Verwandte:* nah; *Freund, Freundin:* vertraut ③ beinahe, fast; **that was a near miss** [*oder* **thing**] das war knapp

near² [nɪəʳ] ① *räumlich* nahe; **near at hand** zur Hand; **to come nearer** näher kommen ② *zeitlich* nahe; **in the near future** in nächster Zukunft ③ **near to tears** den Tränen nahe; **it's nowhere near enough** das ist bei weitem nicht genug

near³ [nɪəʳ] ① *räumlich* nahe an, in der Nähe von; **it's nearest to the door** es ist der Tür am nächsten; **she lives near the hospital** sie wohnt in der Nähe vom Krankenhaus ② *zeitlich* gegen; *Ereignis:* kurz bevorstehend; **near 7 o'clock** kurz vor 7 Uhr; **near the beginning/end of a film** zu Anfang/gegen Ende eines Films ③ **near to death** dem Tode nahe

to **near** [nɪəʳ] **to near something** sich einer Sache nähern; **the project is nearing completion** das Projekt ist beinahe fertig gestellt

near·by¹ [ˌnɪə'baɪ] in der Nähe

near·by² [ˌnɪə'baɪ] *Stadt, Straße:* nahe gelegen

Near East der Nahe Osten

near·ly ['nɪəli] fast, beinahe; **not nearly** [auch] nicht annähernd

near miss der Beinahezusammenstoß

near-sight·ed [ˌnɪə'saɪtɪd] kurzsichtig

neat [niːt] ① *Mensch, Zimmer:* ordentlich, sauber; *Haar:* gepflegt ② *Äußerung:* kurz und bündig, treffend ③ *Arbeit:* gelungen; *Stil:* gewandt ④ *alkoholisches Getränk:* pur, unverdünnt ⑤ (USA) prima, tadellos

neat·ly ['niːtli] ordentlich

nec·es·sari·ly ['nesəsᵊrᵊli] notwendigerweise, unbedingt

nec·es·sary ['nesəsᵊri] ① notwendig, nötig, erforderlich (**to/for** für); **it's necessary to stay here** man muss hierbleiben; **it isn't necessary for him to come** es ist nicht nötig, dass er mitkommt; **if necessary** wenn nötig ② *Ergebnis, Folge:* unausweichlich

ne·ces·sity [nə'sesəti] ① die Notwendigkeit, die Unerlässlichkeit, die Unumgänglichkeit; **the necessities of life** das Lebensnotwendige ② **of** [*oder* **by**] **necessity** notwendigerweise ③ die Not; **in case of necessity** im Notfall; **necessity is the mother of invention** Not macht erfinderisch

N

neck [nek] ① *auch von Flasche:* der Hals ② *von Kleidung:* der Ausschnitt ③ **to break one's neck to do something** (*übertragen*) sich das Genick brechen, etwas zu tun; **to risk one's neck** (*übertragen*) Kopf und Kragen riskieren; **to save one's neck** (*übertragen*) seinen Hals aus der Schlinge ziehen; **to win by a neck** (*übertragen*) um eine Kopflänge gewinnen; **to be up to one's neck in work** (*übertragen*) bis über die Ohren in Arbeit stecken; **to get it in the neck** (*slang*) eins aufs Dach kriegen; **to stick one's neck out** (*slang*) Kopf und Kragen riskieren ④ (*bei Rennen*) **to be neck and neck** Kopf an Kopf liegen

to **neck** [nek] (*slang*) knutschen

neck·lace ['nekləs] die Halskette

neck·line ['neklaɪn] *von Kleid:* der Ausschnitt; **with a low neckline** tief ausgeschnitten

neck·tie ['nektaɪ] die Krawatte, der Schlips

née [neɪ] geborene

need [niːd] ① das Bedürfnis (**of** nach), der Bedarf (**of** an); **she has no need of a car** sie braucht kein Auto; **my needs are few** ich stelle nur geringe Ansprüche ② die Notwendigkeit; **there is no need for you to come** du brauchst nicht zu kommen; **there is no need to worry** es besteht kein Grund zur Sorge; **in need of repair** reparaturbedürftig sein; **if need be** nötigenfalls ③ die Not[lage], die Bedürftigkeit, die Armut; **in case of need** notfalls; **in times of need** in Zeiten der Not; **to be in great need** große Not leiden

to **need** [ni:d] ① **to need something** etwas nötig haben, etwas brauchen ② **to need to do something** etwas tun müssen; **the ironing needs doing** [*oder* **to be done**] es muss gebügelt werden ③ brauchen, müssen; **you don't need to go** du brauchst nicht zu gehen; **you needn't have waited** du hättest nicht zu warten brauchen ④ **he needs no introduction** er benötigt keine spezielle Einführung

nee·dle ['ni:dl̩] die Nadel; **to look for a needle in a haystack** eine Stecknadel im Heuhaufen suchen

to **nee·dle** ['ni:dl̩] (*umgangsspr*) **to needle someone** jemanden ärgern, sticheln

need·less ['ni:dləs] ① unnötig, überflüssig ② **needless to say** selbstverständlich

need·less·ly ['ni:dləsli] unnötig[erweise]

needy ['ni:di] bedürftig, Not leidend

ne·ga·tion [nɪ'geɪʃᵊn] *kein Plural* die Verneinung

nega·tive¹ ['negətɪv] ① negativ ② *Antwort:* verneinend

nega·tive² ['negətɪv] ① die Verneinung; **to answer in the negative** eine verneinende Antwort geben, mit Nein antworten ② *Foto:* das Negativ

N

to **ne·glect** [nɪ'glekt] ① **to neglect someone** jemanden vernachlässigen ② versäumen, unterlassen *Gelegenheit;* **to neglect to tell someone something** es versäumen, jemandem etwas zu sagen

ne·glect [nɪ'glekt] ① die Vernachlässigung; **the garden is in a state of neglect** der Garten ist ganz verwahrlost ② *von Gelegenheit:* das Versäumnis ③ (*Verbrechen*) die Nachlässigkeit

ne·glect·ful [nɪ'glektfᵊl] nachlässig (**of** gegenüber)

neg·li·gent ['neglɪdʒənt] nachlässig, unachtsam (**of** gegen)

neg·li·gible ['neglɪdʒəbl̩] *Summe:* geringfügig, unerheblich

to **ne·go·tiate** [nɪ'gəʊʃieɪt] verhandeln, unterhandeln (**for/about** um/wegen); **to negotiate a contract** einen Vertrag aushandeln

ne·go·tia·tion [nɪˌgəʊʃi'eɪʃᵊn] die Verhandlung; *von Vertrag:* die Aushandlung; **to enter into negotiations with someone** mit jemandem in Verhandlungen [ein]treten

ne·go·tia·tor [nɪ'gəʊʃieɪtəʳ] der Unterhändler/die Unterhändlerin

to **neigh** [neɪ] *Pferd:* wiehern

neigh [neɪ] *von Pferd:* das Wiehern

neigh·bour, USA **neigh·bor** ['neɪbəʳ] der Nachbar/die Nachbarin

neigh·bour·hood ['neɪbəʳhʊd], USA **neigh·bor·hood** ['neɪbəhʊd] ① die Nachbarschaft ② *in Stadt, Gegend:* das Viertel, die Wohngegend ③ **the price is in the neighbourhood of £200** es kostet so um die £200

neigh·bour·ing, USA **neigh·bor·ing** ['neɪbᵊrɪŋ] benachbart, angrenzend

neigh·bour·ly, USA **neigh·bor·ly** ['neɪbᵊli] [gut]nachbarlich, freundschaftlich

nei·ther ['naɪðəʳ] ① keine(r, s); **neither of you** keiner von euch beiden; **neither of the children** keines der Kinder; **in neither case** in keinem Fall ② **neither ... nor** weder ... noch ③ **me neither!** ich auch nicht!

neon ['niɒn] *kein Plural* das Neon; **neon lamp** die Neonlampe; **neon sign** die Leuchtreklame

neo-Nazi¹ [ˌniə(ʊ)'nɑ:tsi] neonazistisch

neo-Nazi² [ˌniə(ʊ)'nɑ:tsi] der Neonazi

neph·ew ['nefju:] der Neffe

nerd [nɜ:d] (*umgangsspr*) der Depp; **computer nerd** der Computerfreak

nerve [nɜ:v] ① (*körperlich*) der Nerv ② (*geistig*) **to be all** [*oder* **a bundle of**] **nerves** ein Nervenbündel sein; **to suffer from nerves** nervös sein ③ der Mut; **to have the nerve to do something** sich trauen, etwas zu tun; **to lose one's nerve** die Nerven/den Mut verlieren ④ die Frechheit, die Unverschämtheit; **what a nerve!** das ist doch wirklich eine Frechheit! ⑤ **to get on someone's nerves** (*umgangsspr*) jemandem auf die Nerven gehen

nerv·ous ['nɜ:vəs] ① (*geistig, körperlich*) Nerven-, nervös; **nervous breakdown** der Nervenzusammenbruch; **nervous system** das Nervensystem ② nervös, aufgeregt; **to feel nervous** nervös sein; **I am nervous about him** mir ist bange um ihn ③ **to be** [*oder* **feel**] **a nervous wreck** völlig mit den Nerven fertig sein

nerv·ous·ness ['nɜ:vəsnəs] die Nervosität

nervy ['nɜ:vi] (*umgangsspr*) nervös, aufgeregt

nest [nest] das [Vogel]nest

to **nest** [nest] *Vögel:* nisten

nest egg ['nesteg] (*übertragen*) der Notpfennig, der Notgroschen

nest·ing box ['nestɪŋbɒks] der Nistkasten

net¹ [net] ① das Netz ② (*Textil*) das Netzgewebe ③ **the net** das Internet

net² [net] **net profit** der Reingewinn, der Nettoertrag

net·ball ['netbɔ:l] (*Sportart*) Korbball

net-based netzbasiert

net cur·tain die Tüllgardine

Neth·er·lands ['neðələn(d)z] ⚠ *Plural* **the Netherlands** die Niederlande

neti·quette ['netɪket] (*im Internet*) die Netiquette

net·speak der Internetjargon
nett (GB) **nett profit** der Reingewinn, der Nettoertrag
net·ting ['netɪŋ] das Netzwerk, das Geflecht; **wire netting** der Maschendraht
net·tle ['netl̩] die Nessel
net·work ['net͵wɜːk] ① (*elektrisch*) das Netzwerk ② *von Straßen usw.:* das Netz ③ *Rundfunk, TV:* das Sendenetz ④ (*im Internet*) **social network** das soziale Netzwerk, das Social Network
to **network** ['net͵wɜːk] Kontakte knüpfen und nutzen, netzwerken *umgangsspr;* **to network with somebody** mit jemandem Kontakt knüpfen
net·work·er der Networker/die Networkerin
net·work·ing ['net͵wɜːkɪŋ] *kein Plural* ① das Kontaktknüpfen ② *von Rechnern:* das Vernetzen
neu·ro·sur·geon [͵njʊərəʊ'sɜːdʒᵊn] der Neurochirurg/die Neurochirurgin
neu·ro·sur·gery [͵njʊərəʊ'sɜːdʒᵊri] *kein Plural* die Neurochirurgie
neu·rot·ic[1] [njʊə'rɒtɪk] neurotisch
neu·rot·ic[2] [njʊə'rɒtɪk] der Neurotiker/die Neurotikerin
to **neu·ter** ['njuːtəʳ] kastrieren *Tier*
neu·tral[1] ['njuːtrᵊl] neutral
neu·tral[2] ['njuːtrᵊl] ① der/die Neutrale ② (*im Auto*) der Leerlauf; **to be in neutral** im Leerlauf sein
neu·tral·ity [njuː'trælətі] die Neutralität
nev·er ['nevəʳ] ① nie, niemals; **I have never seen him before** ich habe ihn noch nie gesehen; **never before** noch nie; **he never even apologised** er hat sich noch nicht einmal entschuldigt ② **that will never do!** das geht ganz und gar nicht; **well I never [did]!** nein, so was!; **never mind!** macht nichts!
nev·er-end·ing [͵nevər'endɪŋ] endlos, unaufhörlich
nev·er·the·less [͵nevəðə'les] nichtsdestoweniger, trotzdem
new [njuː] <newer, newest> ① neu; *Mode:* modern, neu; *Ort:* unbekannt ② **that's nothing new** das ist nichts Neues; **to be as good as new** so gut wie neu sein
new·com·er ['njuː͵kʌməʳ] (*in Stadt*) der Neuankömmling; (*in Beruf*) der Neuling
new·ish ['njuːɪʃ] ziemlich neu
new·ly ['njuːli] ① frisch, neu; **newly made bed** das frisch gemachte Bett ② **newly married** frisch verheiratet
news [njuːz] ⚠ *nur mit Singular verwendet* ① die Nachricht; **the news is bad** es gibt schlechte Nachrichten; **a piece of news** eine Neuigkeit [*oder* Nachricht]; **to break the news to someone** jemandem die schlimme Nachricht überbringen; **what's the news?** was gibt's Neues?; **that's news to me** das ist mir neu; **I've had no news from him for a long time** ich habe lange nichts von ihm gehört ② *TV, Radio:* die Nachrichten; **news in brief** die Kurznachrichten

> **G** **news** ist unzählbar; d.h. es wird nur im Singular benutzt: *the news was good; is there any news of Anna?*

news agen·cy die Nachrichtenagentur
news·agent ['njuːz͵eɪdʒənt] (GB) der Zeitschriftenhändler/die Zeitschriftenhändlerin; **the newsagent's** das Zeitschriftengeschäft, der Kiosk
news·flash ['njuːzflæʃ] die Kurzmeldung
news·group (*im Internet*) die Newsgroup
news item die Nachricht
news·let·ter ['njuːz͵letəʳ] das Rundschreiben
news·pa·per ['njuːspeɪpəʳ] die Zeitung; **newspaper report** der Zeitungsbericht
news·read·er ['njuːzriːdəʳ] der Nachrichtensprecher/die Nachrichtensprecherin
news·reel ['njuːzriːl] die Wochenschau
news·room ['njuːzrʊm] die Nachrichtenredaktion
news-stand der Zeitungsstand, der Zeitungskiosk
news·wor·thy ['njuːz͵wɜːðɪ] berichtenswert
New Tes·ta·ment **the New Testament** das Neue Testament
New Year [͵njuː'jɜːʳ, -'jɪəʳ] das neue Jahr; **New Year's Day** der Neujahr[stag]; **New Year's Eve** der Silvesterabend; **a Happy New Year!** ein glückliches neues Jahr!

> **L** In Schottland und Nordengland sagt man **Hogmanay** für „New Year's Eve" (Silvester). Das Wort Hogmanay stammt aus Nordfrankreich; „hoginané" bedeutet ursprünglich etwa: „bitte ein Geschenk zum neuen Jahr". Die Schotten feiern Hogmanay besonders ausgelassen.

New Zea·land [͵njuː'ziːlənd] Neuseeland
New Zea·land·er [͵njuː'ziːləndəʳ] der Neuseeländer/die Neuseeländerin
next[1] [nekst] ① *zeitlich* nächste(r, s); **next time I see him** wenn ich ihn das nächste Mal sehe; **this time next week** nächste Woche um diese Zeit; **the year after next** übernächstes Jahr ② *räumlich* nächste(r, s); **in the next room** im nächsten Raum; **next to someone** neben jemandem; **next to the skin** direkt auf der Haut ③ (*Reihenfolge*) **it's my turn next** ich komme als Nächste(r) dran; **the next best thing** die zweitbeste Sache; **what shall we do next?** was sollen wir als Nächstes machen? ④ **next to impossible** nahezu unmöglich
next[2] [nekst] nächste(r); **next please!** der Nächste bitte!
next door [͵neks'dɔːʳ] nebenan; **they live next**

N

door to us sie wohnen direkt neben uns
next-door **the house next-door** das Nebenhaus; **they are our next-door neighbours** sie wohnen direkt neben uns
next of kin die nächsten Verwandten
NHS [ˌenerɪtʃ'es] GB *Abkürzung von* **National Health Service** der staatliche Gesundheitsdienst

> **L** Der 1948 gegründete **NHS** (*National Health Service*) ist der staatliche Gesundheitsdienst des Vereinigten Königreiches. Er hat zum Grundsatz: Gesundheitsfürsorge für alle, egal ob reich oder arm, und wird hauptsächlich durch Steuergelder finanziert. Die Dienste des **NHS** sind kostenlos und stehen allen, die in Großbritannien wohnen, zur Verfügung.
> Mit über 1,5 Millionen Mitarbeitern – darunter etwa 125 000 Ärzte – zählt der **NHS** zu den fünf größten Arbeitgebern der Welt.

Ni·aga·ra Falls [naɪ'ægᵊrə'fɔːlz] *Plural* **the Niagara Falls** die Niagarafälle
nib [nɪb] die Feder[spitze]
to **nib·ble** ['nɪbl̩] knabbern (**at** an)
nice [naɪs] <nicer, nicest> 1 angenehm; **did you have a nice time?** haben Sie sich gut unterhalten?; **how nice to see you!** schön Sie zu sehen! 2 *Person:* nett, sympathisch; **nice-looking** gut aussehend 3 *Essen:* gut, lecker; *Geruch:* fein, gut 4 **it's nice and warm** es ist angenehm warm; **to take it nice and easy** überanstrengen Sie sich nicht; **come nice and early!** komm schön früh!
nice·ly ['naɪsli] 1 angenehm, nett 2 gut; **the plan is going nicely** der Plan läuft wie geschmiert; **that will do nicely!** das reicht vollauf!
ni·cety ['naɪsəti] 1 **niceties** die Feinheiten, die Details 2 **social niceties** die gesellschaftlichen Feinheiten
niche [niːʃ] 1 (*in einer Wand*) die Nische 2 (*übertragen*) das Plätzchen (**for** für)
nick[1] [nɪk] 1 (*in einer Fläche*) die Kerbe 2 **in the nick of time** gerade noch rechtzeitig
nick[2] [nɪk] (*slang*) der Knast, das Kittchen
to **nick**[1] [nɪk] **to nick one's chin** sich am Kinn schneiden
to **nick**[2] [nɪk] (*slang*) klauen
nick·el ['nɪkl̩] 1 (*Metall*) das Nickel 2 USA das Fünfcentstück
nick·name ['nɪkneɪm] der Spitzname
to **nick·name** ['nɪkneɪm] **to nickname someone** jemandem einen Spitznamen geben
nico·tine ['nɪkətiːn] das Nikotin
niece [niːs] die Nichte
nif·ty ['nɪfti] (*slang*) 1 schick, fesch, smart 2 *Werkzeug:* geschickt gemacht, raffiniert
Ni·geria [naɪ'dʒɪəriə] Nigeria
Ni·gerian[1] [naɪ'dʒɪəriən] nigerianisch
Ni·gerian[2] [naɪ'dʒɪəriən] der Nigerianer/die Nigerianerin
to **nig·gle** ['nɪgl̩] 1 herumkritisieren (**about** an) 2 **to niggle someone** jemanden plagen, quälen
nig·gling ['nɪgl̩ɪŋ] 1 überkritisch, pingelig 2 *Zweifel:* nagend, bohrend
nig·gly ['nɪgli] nörglerisch; *Argumente:* pingelig
night [naɪt] 1 die Nacht; (*vor dem Schlafengehen*) der [späte] Abend; **all night** [**long**] die ganze Nacht [über]; **at night** abends; (*nach dem Schlafengehen*) bei Nacht, nachts; **during the night** während der Nacht; **late at night** spät am Abend, spät abends; **by night** bei Nacht, in der Nacht, nachts; **last night** gestern Abend; **the night before last** vorgestern Abend; **night and day** Tag und Nacht; **to stay the night** die Nacht verbringen (**at** in, **with** bei) 2 die Dunkelheit, die Finsternis 3 (*im Theater*) die Vorstellung, die Aufführung; **first night** die Erstaufführung, die Premiere, die Eröffnungsvorstellung 4 **to have a night out** ausgehen, einen freien Abend haben
night blind·ness die Nachtblindheit
night·cap ['naɪtkæp] 1 die Nachtmütze 2 (*umgangsspr*) der Schlummertrunk
night·club ['naɪtklʌb] das Nachtlokal, der Nachtklub
night cream die Nachtcreme
night·dress ['naɪtdres] das Nachthemd
night·fall ['naɪtfɔːl] **at nightfall** beim Einbruch der Dunkelheit
night·gown das Nachthemd
nightie ['naɪti] (*umgangsspr*) das Nachthemd
night·in·gale ['naɪtɪŋgeɪl] die Nachtigall
night·life ['naɪtlaɪf] das Nachtleben
night·light das Nachtlicht
night·long ['naɪtlɒŋ] die Nacht hindurch, nächtelang
night·ly[1] ['naɪtli] nächtlich, allnächtlich, abendlich
night·ly[2] ['naɪtli] jeden Abend, jede Nacht
night·mare ['naɪtmeəʳ] der Albtraum
night·mar·ish ['naɪtmeərɪʃ] beklemmend, albtraumhaft
night-nurse die Nachtschwester
night owl (*Person*) die Nachteule
night-por·ter der Nachtportier
night safe der Nachtsafe
night school die Abendschule
night shift die Nachtschicht; **to be on night shift** Nachtschicht haben
night·shirt ['naɪtʃɜːt] das [Herren]nachthemd
night·spot ['naɪtspɒt] das Nachtlokal
night·stick USA der Schlagstock
night stor·age heat·er der Nachtspeicherofen
night-time die Nachtzeit; **at night-time** nachts
night-watch die Nachtwache

N

night watch·man <*Plural* night-watchmen> der Nachtwächter

ni·hil·ism ['ni:ɪlɪzᵊm] der Nihilismus

ni·hil·ist ['ni:ɪlɪst] der Nihilist/die Nihilistin

ni·hil·is·tic [ˌni:ɪ'lɪstɪk] nihilistisch

nil [nɪl] die Null; **two [goals to] nil** zwei zu null

Nile [naɪl] **the [river] Nile** der Nil

nim·ble ['nɪmbl̩] ① wendig, behände, flink (**at/in** bei); **nimble-footed** leichtfüßig ② [geistig] gewandt; **nimble-witted** schlagfertig

Nimby ['nɪmbi] <*Plural* Nimbies, Nimbys> (*abwertend*) *Abkürzung von* **not in my back yard** *Person, die sich gegen umstrittene Bauvorhaben in der eigenen Nachbarschaft stellt, aber nichts dagegen hat, wenn diese woanders realisiert werden*

nine[1] [naɪn] ① neun; **a quarter to nine** viertel vor neun ② **nine months** das Dreivierteljahr

nine[2] [naɪn] ① die Neun; **the nine of hearts** die Herzneun ② **dressed up to the nines** (*umgangsspr*) geschniegelt und gebügelt

9-11, 9/11 [naɪnɪ'levᵊn] *kein Plural, ohne Artikel* der 11. September (*Terrorangriffe am 11.9. 2001 auf das World Trade Center in New York und das Pentagon in Washington*)

nine·teen[1] [ˌnaɪn'ti:n] ① neunzehn ② **to talk nineteen to the dozen** wie ein Wasserfall reden

nine·teen[2] [ˌnaɪn'ti:n] die Neunzehn

nine·teenth[1] [ˌnaɪn'ti:n(t)θ] neunzehnte(r, s)

nine·teenth[2] [ˌnaɪn'ti:n(t)θ] ① (*Datum*) **the nineteenth** der Neunzehnte ② (*Bruchzahl*) das Neunzehntel

nine·ti·eth[1] ['naɪntiəθ] neunzigste(r, s)

nine·ti·eth[2] ['naɪntiəθ] ① Neunzigste(r, s) ② (*Bruchteil*) das Neunzigstel

nine·ty[1] ['naɪnti] neunzig

nine·ty[2] ['naɪnti] ① die Neunzig ② **in the nineties** in den Neunzigern; **she must be in her nineties** sie muss in den Neunzigern sein

ninth[1] ['naɪn(t)θ] neunte(r, s)

ninth[2] ['naɪn(t)θ] ① (*Datum*) **the ninth** der Neunte ② (*Bruchzahl*) das Neuntel

nip[1] [nɪp] *von Getränk:* das Schlückchen

nip[2] [nɪp] ① der Kniff; (*mit Zähnen*) der Biss ② **there's a nip in the air** es ist ganz frisch ③ **it was nip and tuck** (USA) das war knapp

to **nip** [nɪp] <nipped, nipped> ① zwicken; **to nip oneself** sich in den Finger kneifen ② *Frost, Kälte:* schneiden ③ **to nip something in the bud** (*übertragen*) etwas im Keim ersticken ④ (*umgangsspr*) flitzen

◆ to **nip along** (*umgangsspr*) dahinsausen, sich beeilen

◆ to **nip in** (*umgangsspr*) auf einen Sprung vorbeikommen

◆ to **nip off** **to nip off a bud** eine Knospe abkneifen [*oder* abzwicken]

◆ to **nip out** hinaussausen

nip·ple ['nɪpl̩] ① die Brustwarze ② (*an Saugflasche*) der Sauger

nip·py ['nɪpi] (*umgangsspr*) ① *Wetter:* frisch, kühl ② fix, flink

nit [nɪt] ① (*Ei einer Laus*) die Nisse ② (*umgangsspr*) der Blödmann

nit·pick·ing ['nɪtpɪkɪŋ] kleinlich, pingelig

nit·picky ['nɪtpɪki] (*umgangsspr*) pedantisch

ni·trate ['naɪtreɪt] das Nitrat

ni·tric ['naɪtrɪk] salpetersauer; **nitric acid** die Salpetersäure

ni·trite ['naɪtraɪt] das Nitrit

ni·tro·gen ['naɪtrədʒən] der Stickstoff

nit·ty-grit·ty [ˌnɪti'grɪti] **to get down to the nitty-gritty** zur Sache kommen

nit·wit ['nɪtwɪt] (*umgangsspr*) der Dummkopf

NNE *Abkürzung von* **north-northeast** NNO

NNW *Abkürzung von* **north-northwest** NNW

no[1] [nəʊ, nə] ① nein; **the answer is no!** die Antwort ist: Nein! ② nicht; **no later than last week** erst letzte Woche ③ kein; **I have no more money** ich habe kein Geld mehr; **a person of no intelligence** ein Mensch ohne jede Intelligenz; **it's no use** das hat keinen Zweck; **no smoking!** Rauchen verboten!; **there's no saying when/if ...** man kann nie wissen, wann/ob ...; **there's no denying it** es lässt sich nicht leugnen; **in no time** im Nu; **there is no such thing** so etwas gibt es nicht

no[2] [nəʊ, nə] <*Plural* noes *oder* nos> ① das Nein ② die Neinstimme; **the noes have it** die Mehrheit ist dagegen

no. <*Plural* nos> *Abkürzung von* **number** Nr.

to **nob·ble** ['nɒbl̩] (GB) (*slang*) ① bestechen ② ruinieren

Nobel prize [ˌnəʊbel'-] der Nobelpreis; **Nobel prize winner** der Nobelpreisträger/die Nobelpreisträgerin

no·bil·ity [nə(ʊ)'bɪləti] ① der Hochadel ② (*Eigenschaft*) der Adel, das Edle

no·ble[1] ['nəʊbl̩] ① adlig ② (*übertragen*) edel, hochherzig ③ *Monument:* stattlich, prächtig, prachtvoll

F Nicht verwechseln mit **nobel** = generous!

no·ble[2] ['nəʊbl̩] der/die Adlige

no·ble·man ['nəʊblmən] <*Plural* noblemen> der Adlige

no·ble-mind·ed [ˌnəʊbl'maɪndɪd] edel, vornehm

no·bly ['nəʊbli] ① vornehm ② nobel, edelmütig

no·body[1] ['nəʊbədi] niemand, keiner; **we saw nobody we knew** wir sahen niemanden, den wir kannten

no·body[2] ['nəʊbədi] <*Plural* nobodies> (*umgangsspr*) der Niemand, die Null

no-claim(s) bo·nus GB, **no-claims dis·count** GB der Schadenfreiheitsrabatt

no-con·fi·dence vote das Misstrauensvotum

noc·tur·nal [nɒk'tɜːnᵊl] nächtlich

to **nod** [nɒd] <nodded, nodded> ① nicken, wippen; **to nod one's head** mit dem Kopf nicken; **to nod to someone** jemandem zunicken ② **to nod in agreement** zustimmend nicken

nod [nɒd] ① das Nicken, das Zunicken; **to give someone a nod** jemandem zunicken ② **the land of Nod** das Land der Träume

nod·ding ['nɒdɪŋ] nickend

node [nəʊd] der Knoten; *zwischen Computernetzwerken:* die Schnittstelle

noes [nəʊz] *Pluralform von* **no**

no-go area [nəʊgəʊ'eərɪə] das Sperrgebiet

no-hop·er [ˌnəʊ'həʊpəʳ] (*umgangsspr*) die Niete

noise [nɔɪz] ① das Geräusch; (*unangenehm*) der Lärm, das Geschrei; **to make a noise** Krach machen; **to make a lot of noise about something** viel Geschrei um etwas machen ② **a big noise** (*slang*) ein großes Tier

noise bar·ri·er die Lärmschutzwand

noise·less ['nɔɪzləs] ① geräuschlos ② *Schritt:* lautlos

noise pol·lu·tion die Lärmbelästigung

noise pre·ven·tion der Lärmschutz

noisy ['nɔɪzi] ① geräuschvoll, laut, lärmend ② *Debatte:* lebhaft, turbulent

no·mad ['nəʊmæd] der Nomade

no·mad·ic [nə(ʊ)'mædɪk] nomadisch, wandernd, unstet

no-man's-land ['nəʊmænzlænd] das Niemandsland

no·men·cla·ture [nə'menklətʃəʳ] die Nomenklatur

nomi·nal ['nɒmɪnᵊl] ① nominell ② **nominal amount** der Nennbetrag; **nominal income** das Nominaleinkommen; **nominal value** der Nennwert

nomi·nal·ly ['nɒmɪnᵊli] nominell

to **nomi·nate** ['nɒmɪneɪt] ① **to nominate someone** jemanden ernennen ② **to nominate someone for an election** jemanden für eine Wahl nominieren

nomi·na·tion [ˌnɒmɪ'neɪʃᵊn] ① die Ernennung (**to** zu) ② (*für eine Wahl*) die Nominierung, der Kandidatenvorschlag

nomi·na·tive[1] ['nɒmɪnətɪv] **the nominative** der Nominativ

nomi·na·tive[2] ['nɒmɪnətɪv] Nominativ-; **to be in the nominative case** im Nominativ stehen

nomi·nee [ˌnɒmɪ'niː] der Kandidat/die Kandidatin

non- [ˌnɒn] nicht-

non-al·co·hol·ic alkoholfrei

non-at·tend·ance die Nichtteilnahme

non·cha·lant ['nɒn(t)ʃᵊlənt] lässig, nonchalant

non-com·bat·ant (*militärisch*) der Nichtkämpfer

non-com·bust·ible [-kəm'bʌstəbl̩] nicht brennbar

non-com·mis·sioned of·fic·er der Unteroffizier

non-com·mit·tal [ˌnɒnkə'mɪtəl] zurückhaltend, unverbindlich

non-com·pli·ance [-kəm'plaɪən(t)s] **noncompliance with something** Nichtbefolgung [*oder* Nichteinhaltung] einer Sache

non·con·form·ist[1] [-kən'fɔːmɪst] der Nonkonformist/die Nonkonformistin

non·con·form·ist[2] [kən'fɔːmɪst] nonkonformistisch

non·con·form·ity [ˌnɒnkən'fɔːmətɪ] die Nichteinhaltung, das Nichtkonformgehen (**with** mit)

non-co·op·era·tion [ˌnɒnkəʊɒpə'reɪʃn] die unkooperative Haltung

non·de·script ['nɒndɪskrɪpt] ① *Geschmack:* unbestimmbar ② *Erscheinung:* unauffällig

none [nʌn] ① keine(r, s), keine; **none at all** kein Einziger; **the new arrival was none other than ...** der Neuankömmling war kein anderer als ...; **none of that!** lass das! Schluss damit!; **that's none of your business** das geht dich nichts an ② **to be none the wiser** nicht klüger sein als zuvor; **none the less** nichtsdestoweniger, trotzdem; **none too soon** gerade noch zur rechten Zeit; **I'm none too sure** ich bin durchaus nicht sicher; **it's none too warm** es ist keineswegs zu warm

non·en·tity [ˌnɒn'entəti] ① (*Mensch*) **a nonentity** ein Niemand ② (*Sache*) die Belanglosigkeit

non-es·sen·tial [nɒnɪ'senʃl] unwesentlich, unnötig, nicht lebenswichtig

none·the·less [ˌnʌnðə'les] nichtsdestoweniger, trotzdem

non-event (*umgangsspr*) der Reinfall, die Pleite

non-ex·ist·ence das Nichtvorhandensein

non-ex·ist·ent [-ɪg'zɪstᵊnt, eg-] nicht existierend

non-fic·tion[1] [ˌnɒn'fɪkʃn] die Sachbücher

non-fic·tion[2] [ˌnɒn'fɪkʃn] Sachbuch-

non-flam·mable nicht brennbar, nicht entflammbar

non-gov·ern·men·tal *Einrichtung:* regierungsunabhängig

non-in·fec·tious nicht ansteckend

non-iron *Kleider:* bügelfrei

non-mem·ber coun·try (*der EU*) das Drittland

non-ne·go·tiable [-nɪ'gəʊʃiəbl̩] *Preis, Vertrag:* nicht übertragbar

no-non·sense sachlich, nüchtern

to **non·plus** [ˌnɒn'plʌs] <nonplussed, nonplussed> **to nonplus someone** jemanden verblüffen; **to be nonplussed** verdutzt sein

non-pol·lut·ing [ˌnɒnpə'luːtɪŋ] umweltfreundlich

non-pro·duc·tive unproduktiv

non-prof·it-mak·ing *Organisation:* nicht auf Gewinn ausgerichtet, gemeinnützig

non-pro·lif·era·tion trea·ty der Atomsperrvertrag

non-re·fund·able [-riːˈfʌndəbl̩] nicht erstattungsfähig

non-re·new·able re·sources *Plural* die nicht erneuerbaren Energien

non-resi·dent[1] [ˌnɒnˈrezɪdənt] nicht [orts]ansässig

non-resi·dent[2] [ˌnɒnˈrezɪdənt] 1 der/die Nichtortsansässige 2 (*im Hotel*) der nicht im Haus wohnende Gast

non-re·turn·able [-rɪˈtɜːnəbl̩] Einweg-

non-sched·uled außerplanmäßig

non·sense [ˈnɒnsənˈ(t)s] der Unsinn, der Quatsch, das dumme Zeug; **to make [a] nonsense of something** etwas ad absurdum führen; **to stand no nonsense** keine Dummheiten dulden; **no more of your nonsense!** Schluss mit dem Unsinn!

non·sen·si·cal [nɒnsen(t)sɪkl̩] unsinnig, blödsinnig

non-shrink [ˌnɒnˈʃrɪŋk] *Kleider:* nicht einlaufend

non-slip rutschfest

non-smok·er der Nichtraucher/die Nichtraucherin

non-smok·ing Nichtraucher-; **non-smoking compartment** das Nichtraucherabteil; **non-smoking zone** die Nichtraucherzone

non-start·er 1 (*Mensch*) die Niete 2 (*Idee*) der Blindgänger

non-stick [ˌnɒnˈstɪk] *Bratpfanne:* antihaftbeschichtet

non-stop durchgehend, ohne Unterbrechung, Nonstop-; **non-stop flight** der Nonstopflug; **non-stop train** der durchgehende Zug; **to fly non-stop** nonstop fliegen

non-swim·mer [ˌnɒnˈswɪməʳ] der Nichtschwimmer/die Nichtschwimmerin

non-tax·able [ˌnɒnˈtæksəble] steuerfrei, nicht steuerpflichtig

non-tox·ic [ˌnɒnˈtɒksɪk] ungiftig

non-ver·bal [ˌnɒnˈvɜːbl] nonverbal

non-vio·lent [ˌnɒnˈvaɪələnt] gewaltlos

noo·dle [ˈnuːdl] die Nudel

nook [nʊk] die Zimmerecke; **in every nook and cranny** in jedem Winkel

noon [nuːn] der Mittag; **at noon** um zwölf Uhr mittags

no one [ˈnəʊwʌn] niemand, keiner; **we saw no one we knew** wir sahen niemanden, den wir kannten

noose [nuːs] die Schlaufe, die Schlinge; **to put one's head in the noose** (*übertragen*) den Kopf in die Schlinge stecken

nope [nəʊp] (*slang*) nein

nor [nɔːʳ, nəʳ] 1 noch; **neither ... nor** weder ... noch 2 **nor ...** ... auch nicht; **nor I** [*oder* **me**] ich auch nicht

Nor·dic [ˈnɔːdɪk] nordisch

norm [nɔːm] die Richtschnur, die Norm

nor·mal [ˈnɔːməl] 1 normal, üblich 2 **his temperature is above normal** er hat erhöhte Temperatur

nor·mal·ity [nɔːˈmæləti] die Normalität; **our life has returned to normality** unser Leben hat sich wieder normalisiert

to **nor·mal·ize** [ˈnɔːməlaɪz] normalisieren

nor·mal·ly [ˈnɔːməli] normalerweise, gewöhnlich

Nor·man[1] [ˈnɔːmən] normannisch; **the Norman Conquest** der normannische Eroberungszug

Nor·man[2] [ˈnɔːmən] der Normanne, die Normannin

north[1] [nɔːθ] 1 der Norden; **in the north** im Norden; **to the north of the country** im Norden des Landes; **the house faces north** das Haus liegt nach Norden 2 **the North-South divide** das Nord-Süd-Gefälle

north[2] [nɔːθ] 1 nördlich 2 nach Norden; **to travel north** Richtung Norden fahren 3 **north of London** nördlich von London

North Ameri·ca Nordamerika

North Ameri·can[1] der Nordamerikaner/die Nordamerikanerin

North Ameri·can[2] nordamerikanisch

north-east[1] [ˌnɔːθˈiːst] der Nordost[en]

north-east[2] [ˌnɔːθˈiːst] nordöstlich

north-east·ern [ˌnɔːθˈiːstən] nordöstlich

nor·ther·ly[1] [ˈnɔːðəli] nördlich

nor·ther·ly[2] [ˈnɔːðəli] nach [*oder* von] Norden

north·ern [ˈnɔːðən] nördlich

north·ern·er [ˈnɔːðənəʳ] 1 der Nordländer/die Nordländerin 2 (GB) der Nordengländer/die Nordengländerin 3 (USA) der Nordstaatler/die Nordstaatlerin

North·ern Ire·land Nordirland

> **L** **Northern Ireland** (Nordirland), das oft auch einfach **Ulster** genannt wird, ist der nordöstliche Teil Irlands, der Teil des **United Kingdom** (Vereinigtes Königreich) blieb, als der Rest des Landes 1921 den Status eines **dominion** (Herrschaftsgebiet) innerhalb des Commonwealth erhielt. Die neue **Northern Ireland Assembly** (Parlament) wurde am 25. Juni 1998 gegründet und hat 108 Abgeordnete; sie kann in regionalen Angelegenheiten Gesetze erlassen und tagt im Stormont Castle in der Nähe von Belfast.

North·ern Irish nordirisch

north·ern lights *Plural* **the Northern Lights** das Nordlicht

north·ern·most [ˈnɔːðənməʊst] nördlichste(r, s)

North Pole [ˈnɔːθpəʊl] der Nordpol

N

North Sea die Nordsee
north·ward [ˈnɔːθwəd] nach Norden, Nord-; **northward direction** die nördliche Richtung
north-west[1] [ˌnɔːθˈwest] der Nordwest[en]
north-west[2] [ˌnɔːθˈwest] nordwestlich
north-west·er·ly [ˌnɔːθˈwestəlɪ] nordwestlich
Nor·way [ˈnɔːweɪ] Norwegen
Nor·we·gian[1] [nɔːˈwiːdʒᵊn] norwegisch
Nor·we·gian[2] [nɔːˈwiːdʒᵊn] ① der Norweger/die Norwegerin ② (*Sprache*) Norwegisch, das Norwegische
nose [nəʊz] ① die Nase; **to blow one's nose** sich die Nase putzen; **to hold one's nose** sich die Nase zuhalten; **the tip of one's nose** die Nasenspitze ② der Geruch, der Geruchssinn, die Nase (**for** für) ③ (*Vorderteil eines Schiffs usw.*) die Nase ④ **to cut off one's nose to spite one's face** (*übertragen*) sich ins eigene Fleisch schneiden; **to do something right under someone's nose** etwas direkt vor jemandes Augen tun; **follow your nose** immer der Nase nach; **to get up someone's nose** (*slang*) jemandem auf den Keks gehen; **to look down one's nose at someone** auf jemanden herabsehen; **to pay through the nose** einen zu hohen Preis bezahlen; **to put someone's nose out of joint** (*übertragen*) jemanden vor den Kopf stoßen; **to stick one's nose into something** (*übertragen*) seine Nase in etwas stecken; **to turn up one's nose at something** die Nase über etwas rümpfen

> **L** Alle zwei Jahre findet der **Red Nose Day** statt, eine große Spendensammelaktion zugunsten von „Comic Relief". Dies ist eine Hilfsorganisation, die Arme in Afrika und auch in Großbritannien unterstützt. Sie wurde 1985 von britischen Komikern ins Leben gerufen. Viele Prominente aus Sport und Medien nehmen am „Red Nose Day" teil. Viele tragen dann eine rote Plastiknase, die man überall kaufen kann.

to **nose** [nəʊz] ① **to nose one's way forward** sich vorsichtig seinen Weg vorwärtsbahnen ② **to nose into someone's affairs** seine Nase in jemandes Angelegenheiten stecken
◆ to **nose about** herumschnüffeln
◆ to **nose out** ① **to nose something out** etwas aufspüren, etwas ausschnüffeln ② *Auto:* sich vorschieben
nose·bag [ˈnəʊzbæg] der Futtersack
nose·bleed [ˈnəʊzbliːd] das Nasenbluten
nose·dive [ˈnəʊzdaɪv] der Sturzflug
to **nose·dive** [ˈnəʊzdaɪv] einen Sturzflug machen; **to nosedive off something** vornüber von etwas stürzen
nose job [ˈnəʊzdʒɒb] (*slang*) die Nasenkorrektur
nose ring der Nasenring
nosey [ˈnəʊzi] (*umgangsspr*) neugierig
nosh [nɒʃ] (*slang*) das Futter; **let's have a quick nosh** lass uns schnell einen Happen essen
nosh-up [ˈnɒʃʌp] (*slang*) das Fressgelage
nos·tal·gia [nɒsˈtældʒə] die Nostalgie
nos·tal·gic [nɒsˈtældʒɪk] nostalgisch
nos·tril [ˈnɒstrᵊl] das Nasenloch; (*bei Pferd*) die Nüster
nosy [ˈnəʊzi] (*umgangsspr*) neugierig
nosy par·ker (*umgangsspr*) der Schnüffler/die Schnüfflerin
not [nɒt] ① nicht; **she is not a teacher** sie ist keine Lehrerin; **he warned me not to be late** er ermahnte mich, nicht zu spät zu kommen ② **not a bit** kein bisschen; **not any more** nicht mehr; **not yet** noch nicht; **not any more** nicht mehr; **not in the least** nicht im Geringsten; **not so** nein ③ **I'm afraid not** ich fürchte nicht; **you are coming, are you not?** [*oder* **aren't you?**] Sie kommen doch, oder?; **you haven't forgotten, have you? — certainly not!** du hast es nicht vergessen, oder? — gewiss nicht!; **are you tired? — not at all** sind Sie müde? — überhaupt nicht; **thanks a lot! — not at all!** vielen Dank! — keine Ursache!
no·table [ˈnəʊtəbl̩] ① *Erfolg:* bemerkenswert ② *Mensch:* bedeutend ③ *Unterschied:* beträchtlich, beachtlich
no·tab·ly [ˈnəʊtəbli] insbesondere, hauptsächlich
no·ta·ry [ˈnəʊtərɪ] der Notar/die Notarin
no·ta·tion [nə(ʊ)ˈteɪʃᵊn] ① das Zeichen; **system of notation** das Zeichensystem ② (*in der Musik*) die Notenschrift
notch [nɒtʃ] <*Plural* notches> die Kerbe; (*im Gürtel*) das Loch; **to make a notch in something** etwas einkerben
to **notch** [nɒtʃ] **to notch up points** Punkte erzielen; **to notch up success** Erfolg verzeichnen können
note [nəʊt] ① die Notiz; **to make a note of something** sich etwas aufschreiben; **to speak without notes** frei sprechen; **to take note of something** etwas zur Kenntnis nehmen; **to take notes** sich Notizen machen (**of** über) ② der Brief, die kurze Mitteilung; **to send someone a note** jemandem ein paar Zeilen schicken ③ (*auf Buchseite*) die Anmerkung, der Vermerk, die Fußnote ④ (*in der Musik*) die Note, der Ton ⑤ (*Geld*) [**bank**] **note** die Banknote, der Schein ⑥ **to strike the right/wrong note** (*übertragen*) den richtigen/falschen Ton treffen
to **note** [nəʊt] **to note something** etwas bemerken/beachten, etwas zur Kenntnis nehmen
◆ to **note down** **to note something down** [sich] etwas notieren
note·book [ˈnəʊtbʊk] ① das Notizbuch ② (*Computer*) das Notebook ③ (USA) das Übungsheft

not·ed ['nəʊtɪd] berühmt (**for** wegen)

note·pad ['nəʊtpæd] ① der Notizblock ② (*Computer*) das Notepad

note·paper ['nəʊtˌpeɪpəʳ] das Schreibpapier, das Briefpapier

note·wor·thy ['nəʊtˌwɜːði] bemerkenswert, beachtenswert

not-for-prof·it *Unternehmen, Organisation:* nicht auf Gewinn ausgerichtet

noth·ing[1] ['nʌθɪŋ] das Nichts; (*Mensch*) der Niemand

noth·ing[2] ['nʌθɪŋ] ① nichts; **to eat/say nothing** nichts essen/sagen; **five feet nothing** genau 5 Fuß; **she got the dress for nothing** sie bekam das Kleid umsonst; **he has nothing on** (*nackt*) er hat nichts an; (*ohne Verabredungen*) er hat nichts vor; **that's nothing!** das ist gar nichts! ② **little or nothing** wenig oder [gar] nichts; **next to nothing** fast nichts; **nothing else** sonst nichts; **nothing more, nothing less** nicht mehr, nicht weniger; **nothing much** nicht viel; **nothing new** nichts Neues ③ **it's nothing less than stupidity** es ist reine Dummheit; **the idea came to nothing** aus der Idee wurde nichts; **to have nothing to do with something** nichts mit etwas zu tun haben; **to make nothing of something** sich nichts aus etwas machen; **to say nothing of something** ganz von etwas zu schweigen; **there is nothing to it** es ist kinderleicht; **there was nothing for it but to run away** es gab keine andere Möglichkeit als wegzulaufen; **to think nothing of something** nichts von etwas halten

noth·ing·ness ['nʌθɪŋnəs] das Nichts

no·tice ['nəʊtɪs] ① (*Information*) die Benachrichtigung, die Mitteilung; (*in Zeitung*) die Anzeige; **to give someone notice of something** jemanden von etwas benachrichtigen ② (*Zettel*) die Bekanntmachung; (*am schwarzen Brett*) der Anschlag ③ die Beachtung; **to bring something to someone's notice** jemandem etwas zur Kenntnis bringen; **to take notice of something** etwas beachten [*oder* zur Kenntnis nehmen]; **to take no notice of someone** jemanden ignorieren; **to make someone sit up and take notice** jemanden aufhorchen lassen ④ die Kündigung; **to give someone notice** jemandem kündigen; **to hand in one's notice** kündigen; **a month's notice** eine einmonatige Kündigungsfrist ⑤ die Frist; **at a moment's notice** sofort, jederzeit; **at short notice** kurzfristig; **at a week's notice** innerhalb einer Woche; **until further notice** bis auf weiteres

F Nicht verwechseln mit **Notiz** (die) = *(Vermerk)* note!

to **no·tice** ['nəʊtɪs] bemerken

no·tice·able ['nəʊtɪsəbl̩] ① erkennbar, wahrnehmbar ② *Verbesserung:* merklich

no·tice·board das Anschlagbrett, das schwarze Brett

no·ti·fi·able ['nəʊtɪfaɪəbl̩] meldepflichtig, anzeigepflichtig

no·ti·fi·ca·tion [ˌnəʊtɪfɪ'keɪʃən] ① die Benachrichtigung, die Mitteilung ② *eines Verlustes:* die Meldung, die Anzeige

to **no·ti·fy** ['nəʊtɪfaɪ] **to notify someone of something** jemanden von etwas benachrichtigen, jemandem etwas mitteilen; **to be notified of something** über etwas informiert werden, von etwas benachrichtigt werden

no·tion ['nəʊʃən] ① die Idee, die Vorstellung; **to give someone notions** jemanden auf Ideen bringen ② die Ahnung; **to have no notion of something** von etwas keine Ahnung haben

no·to·ri·ety [ˌnəʊtəˈraɪəti] die traurige Berühmtheit

no·to·ri·ous [nə(ʊ)'tɔːriəs] *Mensch, Tatsache:* berühmt, berüchtigt; *Lügner:* notorisch; **to be notorious for something** für etwas berüchtigt sein

not·with·stand·ing [ˌnɒtwɪθ'stændɪŋ] ① trotz, ungeachtet ② trotzdem, dennoch ③ **notwithstanding that** obgleich, obwohl

nou·gat ['nuːgɑː] das Nugat, das Nougat

nought [nɔːt] (*Ziffer*) die Null

noun [naʊn] das Hauptwort, das Substantiv

to **nour·ish** ['nʌrɪʃ] ① [er]nähren *Mensch* (**on/with** von); *Essen:* nahrhaft sein ② (*übertragen*) nähren, hegen *Hoffnungen*

nour·ish·ing ['nʌrɪʃɪŋ] *Essen:* nahrhaft

nour·ish·ment ['nʌrɪʃmənt] die Nahrung

nov·el[1] ['nɒvəl] *Idee:* neu[artig]

nov·el[2] ['nɒvəl] der Roman

nov·el·ist ['nɒvəlɪst] der Romanschriftsteller/die Romanschriftstellerin

nov·el·ty ['nɒvəlti] ① die Neuheit ② **it's a novelty** es ist etwas Neues ③ **novelties** der Krimskrams

No·vem·ber [nəʊ'vembəʳ] der November; **in November** im November; **on 15th November, on November 15** (USA) am 15. November; **at the beginning of November** Anfang November; **at the end of November** Ende November

nov·ice ['nɒvɪs] ① (*Mönch, Nonne*) der Novize, die Novizin ② (*übertragen*) der Anfänger/die Anfängerin, der Neuling

now [naʊ] ① jetzt, nun; (*in der Gegenwart*) heute, heutzutage; **just now** gerade eben ② **before now** bis jetzt, schon früher; **for now** im Moment, vorläufig; **from now on** von nun an; **from now until then** bis dahin; **up to** [*oder* **till**] **now** bis jetzt; **now and then** [*oder* **again**] ab und zu, von Zeit zu Zeit, gelegentlich

3 gleich, sofort; **I'll do it right now** ich mache es jetzt gleich; **it's now or never** jetzt oder nie 4 (*beim Reden*) **well now, tell me what's wrong!** also, sag mir was los ist!; **now then** also jetzt, na; **bye for now!** bis bald!

nowa·days ['naʊədeɪz] heute, heutzutage

no·where ['nəʊ(h)weəʳ] 1 nirgends, nirgendwo, nirgendwohin; **to appear from nowhere** [wie] aus dem Nichts auftauchen 2 **to get nowhere** zu nichts, auf keinen grünen Zweig kommen

nowt [naʊt] (*umgangsspr*) nix, nichts

nox·ious ['nɒkʃəs] giftig, schädlich

noz·zle ['nɒzl̩] die Düse

nu·ance ['nju:ɑ:n(t)s] die Nuance, die Schattierung

nu·clear ['nju:kliəʳ] 1 **nuclear energy** die Atomenergie, die Kernenergie; **nuclear-free** atomwaffenfrei; **nuclear physics** die Kernphysik; **nuclear power** die Kernkraft; **a nuclear power** (*Land*) eine Atommacht; **nuclear weapon** die Atomwaffe, die Nuklearwaffe 2 **nuclear family** die Kernfamilie

nu·clei ['nju:kliaɪ] *Pluralform von* **nucleus**

nu·cleus ['nju:kliəs, *Plural* 'nju:kliaɪ] <*Plural* nuclei> der Kern

nude[1] [nju:d] nackt, unbekleidet

nude[2] [nju:d] 1 (*Kunst*) das Aktmodell; **to paint a nude** einen Akt malen 2 **in the nude** nackt

to **nudge** [nʌdʒ] 1 stoßen; **to nudge someone** jemanden anstoßen 2 **to nudge someone's memory** jemandes Gedächtnis nachhelfen

nudge [nʌdʒ] der kleine Stoß

nud·ism ['nju:dɪzᵊm] der Nudismus, die Freikörperkultur

nud·ist ['nju:dɪst] der Anhänger der Freikörperkultur, die Anhängerin der Freikörperkultur

nud·ist beach der FKK-Strand, der Nacktbadestrand

nu·dity ['nju:dəti] die Nacktheit

nug·get ['nʌgɪt] **gold nugget** der [Gold]klumpen

nui·sance ['nju:sᵊn(t)s] 1 (*Person*) die Plage, die Nervensäge; **to make a nuisance of oneself** lästig werden 2 (*Geschehen*) das Ärgernis, der Missstand; **public nuisance** das öffentliche Ärgernis; **what a nuisance!** wie ärgerlich!

to **nuke** [nju:k] (*umgangsspr*) **to nuke something** eine Atombombe auf etwas [ab]werfen

null [nʌl] **null and void** null und nichtig

numb [nʌm] 1 taub, empfindungslos, gefühllos; **fingers numb with cold** Finger, die vor Kälte taub sind 2 (*übertragen*) betäubt

to **numb** [nʌm] **to numb the pain** den Schmerz betäuben

num·ber ['nʌmbəʳ] 1 die Zahl, die Ziffer; **even numbers** die geraden Zahlen; **odd numbers** die ungeraden Zahlen 2 die Anzahl; **a number of problems** eine Anzahl von Problemen; **on a number of occasions** des Öfteren; **in equal numbers** ebenso viel; **ten in number** zehn an der Zahl; **they were few in number** es waren nur wenige; **many in number** zahlreich; **a fair number of times** ziemlich oft 3 *von Haus, Telefon usw.:* die Nummer 4 *einer Zeitschrift:* die Nummer, die Ausgabe 5 **numbers** das Rechnen 6 **to look after** [*oder* **take care of**] **number one** (*umgangsspr*) an sich selbst denken; **my number's up** (*umgangsspr*) meine Tage sind gezählt

to **num·ber** ['nʌməʳ] 1 zählen *Betrag;* **the prisoners numbered 12** sie waren insgesamt 12 Gefangene 2 nummerieren *Seiten, Plätze* 3 **to number among the best** zu den Besten zählen 4 **his days are numbered** seine Tage sind gezählt

num·ber·ing ['nʌmbᵊrɪŋ] *kein Plural* die Nummerierung

num·ber plate das Nummernschild

numb·ness ['nʌmnəs] die Taubheit

nu·mera·cy ['nju:mᵊrəsi] *kein Plural* das Rechnen

nu·mer·al ['nju:mᵊrᵊl] die Ziffer; **Arabic numerals** die arabischen Ziffern; **Roman numerals** die römischen Ziffern

nu·mer·ate ['nju:mᵊrət] rechenfähig

nu·meri·cal [nju:'merɪkl̩] numerisch, zahlenmäßig; **to put in numerical order** numerisch ordnen

nu·mer·ous ['nju:mᵊrəs] zahlreich

num·skull ['nʌmskʌl] der Dummkopf

nun [nʌn] die Nonne

nun·nery ['nʌnᵊri] das Nonnenkloster

nurse [nɜ:s] 1 die Krankenschwester 2 **male nurse** der Krankenpfleger

to **nurse** [nɜ:s] 1 **to nurse a baby** ein Baby stillen 2 **to nurse someone** jemanden pflegen; **to nurse someone back to health** jemanden gesund pflegen 3 behandeln, kurieren *Krankheit;* **to nurse a cold** eine Erkältung auskurieren

nurse·ry ['nɜ:sᵊri] 1 die Kindertagesstätte 2 (*im Haus*) das Kinderzimmer 3 (*für Pflanzen*) die Baumschule

nurse·ry rhyme der Kindervers

nurse·ry school der Kindergarten; **nursery school teacher** der Erzieher/die Erzieherin

nurs·ing[1] ['nɜ:sɪŋ] (*Beruf*) die Krankenpflege

nurs·ing[2] ['nɜ:sɪŋ] Pflege-, pflegerisch; **nursing home** das Pflegeheim; **nursing staff** das Pflegepersonal

nur·ture ['nɜ:tʃəʳ] die Erziehung, die Aufzucht

to **nur·ture** ['nɜ:tʃəʳ] **to nurture someone** [**on something**] jemanden [mit etwas] aufziehen

nut [nʌt] 1 (*Frucht*) die Nuss 2 (*aus Metall*) die [Schrauben]mutter 3 (*übertragen*) **this prob-**

N

lem is a hard [*oder* **tough**] **nut to crack** dieses Problem ist eine harte Nuss ④ (*slang: Kopf*) die Birne; **to be off one's nut** (*slang*) nicht ganz bei Trost sein; **to be nuts about something** verrückt nach etwas sein ⑤ (*slang: verrückter Mensch*) der Spinner/die Spinnerin ⑥ **nuts** (*slang: Hoden*) die Eier

nut·crack·er der Nussknacker

nut·house (*slang*) die Klapsmühle

nut·meg ['nʌtmeg] die Muskatnuss

nu·tri·ent ['nju:triənt] der Nährstoff

nu·tri·tion [nju:'trɪʃ^ə^n] die Ernährung

nu·tri·tion·al [nju:'trɪʃ^ə^n^ə^l] Ernährungs-; **nutritional supplement** die Nahrungsergänzung; **nutritional value** der Nährwert

nu·tri·tion·ist [nju:'trɪʃ^ə^nɪst] der Ernährungswissenschaftler/die Ernährungswissenschaftlerin

nu·tri·tious [nju:'trɪʃəs] nahrhaft

nuts [nʌts] (*slang*) ① **to be nuts** spinnen; **to go nuts** durchdrehen ② **to be nuts about someone** von jemandem ganz hingerissen sein

nut·shell ['nʌtʃel] ① die Nussschale ② **to put it** [*oder* **the matter**] **in a nutshell** kurz gesagt

nut·ty ['nʌti] ① *Essen, Geschmack:* nussig ② (*slang*) bekloppt, plemplem

nuz·zle ['nʌzl] **to nuzzle up against** [*oder* **up to**] **someone** sich an jemanden schmiegen

NVQ [ˌenvi:'kju:] *Abkürzung von* **National Vocational Qualification** ≈ die Fachhochschulreife

L Nach Abschluss der Schule entscheiden sich manche britische Schüler für die **National Vocational Qualifications (NVQs)**. Das ist eine berufsorientierte Abschlussprüfung, die nicht innerhalb eines bestimmten Zeitraums abgelegt werden muss. Sie kann von Vollzeitangestellten absolviert werden oder auch von Schülern, die einen Teilzeitjob oder ein Praktikum machen. Die **NVQs** sind in fünf Stufen angelegt, die auf die für den Beruf erforderlichen Fähigkeiten abgestimmt sind. Hierbei entsprechen die Stufen 1-3 am häufigsten den Lernenden zwischen 14 und 19 Jahren.

ny·lon ['naɪlɒn] das Nylon

nymph [nɪm(p)f] die Nymphe

nym·pho·ma·ni·ac [ˌnɪm(p)fə(ʊ)'meɪniæk] die Nymphomanin

O o

O <*Plural* O's *oder* Os>, **o** [əʊ] <*Plural* o's> ① O, o ② (*bei Telefonnummern*) die Null

oak [əʊk] die Eiche, das Eichenholz

OAP [ˌəʊeɪ'pi] *Abkürzung von* **old-age pensioner** der Rentner/die Rentnerin

oar [ɔ:^r^] das Ruder, der Riemen; **to put** [*oder* **stick**] **one's oar in** (*übertragen*) sich einmischen

oasis [əʊ'eɪsɪs, *Plural* -si:z] <*Plural* oases> (*auch übertragen*) die Oase

oat [əʊt] der Hafer; **oats** die Haferflocken

oath [əʊθ] der Schwur, der Eid; **to swear** [*oder* **take**] **an oath** [einen Eid] schwören; **to be under oath** unter Eid stehen

obedi·ence [ə(ʊ)'bi:diən(t)s] der Gehorsam

obedi·ent [ə(ʊ)'bi:diənt] gehorsam, folgsam; **to be obedient** [**to someone**] [jemandem] gehorchen [*oder* folgen]

to **obey** [ə(ʊ)'beɪ] ① gehorchen, folgen; **to obey someone** jemandem gehorchen [*oder* folgen] ② sich halten an, befolgen *Regeln*

object ['ɒbdʒɪkt] ① (*Ding*) der Gegenstand ② (*Ziel*) der Zweck; **that is not the object of the exercise!** das ist nicht der Sinn der Sache!

to **object** [əb'dʒekt] ① dagegen sein, Einwände haben ② **to object to something** etwas ablehnen; **do you object to my smoking?** stört es Sie, wenn ich rauche?

ob·jec·tion [əb'dʒekʃ^ə^n] der Einwand (**to** gegen); (*auch vor Gericht*) der Einspruch; **I have no objection to his going away** ich habe nichts dagegen, dass er weggeht; **are there any objections?** erhebt jemand Einspruch?; **to raise** [*oder* **make**] **an objection** einen Einwand erheben

ob·jec·tive[1] [əb'dʒektɪv] ① objektiv, sachlich ② wirklich, real

ob·jec·tive[2] [əb'dʒektɪv] das Ziel

ob·jec·tor [əb'dʒektə^r^] der Gegner/die Gegnerin

ob·li·ga·tion [ˌɒblɪ'geɪʃ^ə^n] die Verpflichtung, die Pflicht; **to be under an/no obligation to do something** verpflichtet/nicht verpflichtet sein, etwas zu tun; **there's no obligation to buy** es besteht kein Kaufzwang

to **oblige** [ə'blaɪdʒ] ① **to oblige someone to do something** jemanden zwingen, etwas zu tun; **you are not obliged to answer** Sie müssen nicht antworten ② **to oblige someone** jemandem gefällig sein, jemandem entgegenkommen; **she is always ready to oblige** sie ist immer sehr gefällig; **much obliged!** herzlichen Dank!; **I am much obliged to you for this!** ich bin Ihnen dafür sehr verbunden

ob·long[1] ['ɒblɒŋ] rechteckig

ob·long[2] ['ɒblɒŋ] das Rechteck

ob·scene [əb'si:n] unanständig, obszön, un-

O

züchtig

ob·scure [əb'skjʊəʳ] <obscurer *oder* more obscure, obscurest *oder* most obscure> ① undeutlich ② *Hinweis:* unklar; *Text:* schwer verständlich; **for some obscure reason** aus einem unerfindlichen Grund ③ *Dichter, Herkunft, Ort:* unbekannt, obskur

> **G** **obscure** kann sowohl mit *-er/-est* als auch mit *more/most* gesteigert werden:
> *the more obscure jokes were missed by the audience;*
> *this is an example of the poet at his obscurest*

to **ob·scure** [əb'skjʊəʳ] verdecken, verbergen

ob·ser·vant [əb'zɜːvᵊnt] aufmerksam, wachsam

ob·ser·va·tion [ˌɒbzə'veɪʃᵊn] ① die Beobachtung, das Beobachten; **to keep someone under observation** jemanden unter Beobachtung halten ② **powers of observation** die Beobachtungsgabe ③ die Bemerkung, die Äußerung (**on** über)

ob·ser·va·tory [əb'zɜːvətri] die Sternwarte, das Observatorium

to **ob·serve** [əb'zɜːv] ① zusehen, beobachten; **to observe someone/something** jemanden/etwas beobachten [*oder* wahrnehmen]; (*polizeilich*) jemanden/etwas überwachen ② beachten, befolgen *Vorschrift* ③ einhalten; feiern *Feiertag* ④ bemerken, feststellen

ob·serv·er [əb'zɜːvəʳ] ① der Zuschauer/die Zuschauerin ② (*polizeilich usw.*) der Beobachter/die Beobachterin

O

to **ob·sess** [əb'ses] **to be obsessed by** [*oder* **with**] **someone/something** von jemandem/etwas besessen sein; **women obsess him** er ist von Frauen besessen

ob·sessed [əb'sest] **to be obsessed with something/someone** von etwas/jemandem besessen sein

ob·ses·sion [əb'seʃᵊn] ① die Besessenheit (**with** von) ② die fixe Idee, die fixe Manie

ob·ses·sive [əb'sesɪv] zwanghaft

ob·so·lete ['ɒbsᵊliːt] veraltet, überholt

ob·stacle ['ɒbstəkl̩] ① (*auch übertragen*) das Hindernis (**to** für); **to be an obstacle to something** einer Sache entgegenstehen ② (*übertragen*) **to put obstacles in someone's way** jemandem Steine in den Weg legen

ob·sta·cle race das Hindernisrennen

ob·sti·nate ['ɒbstɪnət] hartnäckig, starrsinnig

to **ob·struct** [əb'strʌkt] ① **to obstruct something** etwas [ver]sperren, blockieren; **to obstruct traffic** den Verkehr behindern; **to obstruct someone's view** jemandem die Sicht versperren ② (*übertragen*) **to obstruct someone** jemanden [be]hindern; **to obstruct progress** den Fortschritt aufhalten

ob·struc·tion [əb'strʌkʃᵊn] ① das Versperren; *einer Straße:* die Verstopfung ② *von Fortschritt, Plan:* die Behinderung (**to** für)

ob·struc·tive [əb'strʌktɪv] obstruktiv, behindernd

to **ob·tain** [əb'teɪn] ① erhalten, erlangen, bekommen; **to obtain something for someone** jemandem etwas verschaffen ② erzielen *Preis, Resultat* ③ erwerben *akademischen Grad, Wissen*

ob·tain·able [əb'teɪnəbl̩] erhältlich

ob·tru·sive [əb'truːsɪv] aufdringlich, penetrant

ob·tuse [əb'tjuːs] ① *Winkel:* stumpf ② *Mensch:* begriffsstutzig

ob·vi·ous ['ɒbviəs] ① offenbar, offensichtlich, augenfällig; **it's obvious** das liegt auf der Hand ② *Unterschied:* offenkundig ③ *Lösung:* einleuchtend, naheliegend

ob·vi·ous·ly ['ɒbviəsli] offensichtlich; **he was obviously very upset** er war sichtlich sehr aufgebracht

oc·ca·sion [ə'keɪʒᵊn] ① (*Zeitpunkt*) die Gelegenheit, der Anlass; **on occasion** gelegentlich; **on that occasion** damals; **on several occasions** mehrmals ② (*Fest usw.*) das Ereignis; **to celebrate the occasion** zur Feier des Tages; **on the occasion of your marriage** anlässlich Ihrer Hochzeit ③ (*günstiger Moment*) die Gelegenheit, die Möglichkeit; **he took the occasion to make a speech** er hat die Gelegenheit ergriffen, um eine Rede zu halten ④ **should the occasion arise** nötigenfalls

oc·ca·sion·al [ə'keɪʒᵊnᵊl] gelegentlich, hin und wieder

oc·ca·sion·al·ly [ə'keɪʒᵊnᵊli] gelegentlich, ab und zu

oc·cu·pant ['ɒkjəpənt] ① der Bewohner/die Bewohnerin ② *einer Stelle:* der Inhaber/die Inhaberin ③ *eines Autos:* der Insasse/die Insassin

oc·cu·pa·tion [ˌɒkjə'peɪʃᵊn] ① der Beruf, die Tätigkeit ② (*Betätigung, Hobby usw.*) die Beschäftigung ③ *eines Landes, einer Stadt:* die Besetzung

oc·cu·pa·tion·al [ˌɒkjə'peɪʃᵊnᵊl] ① beruflich; **occupational hazard** das Berufsrisiko ② **occupational therapy** die Beschäftigungstherapie

oc·cu·pi·er ['ɒkjəpaɪəʳ] *von Haus:* der Bewohner/die Bewohnerin

to **oc·cu·py** ['ɒkjəpaɪ] ① bewohnen; belegen *Zimmer* ② (*militärisch, polizeilich*) besetzen *Gebäude, Stadt* ③ **this seat is occupied** dieser Platz ist besetzt ④ innehaben *Stellung* ⑤ einnehmen *Raum* ⑥ in Anspruch nehmen *Zeit* ⑦ **to occupy someone, to keep someone occupied** jemanden beschäftigen; **to occupy oneself** sich beschäftigen

to **oc·cur** [ə'kɜːʳ] <occurred, occurred> ① vorkommen; *Unfall, Vorfall:* sich ereignen, geschehen;

Problem: sich ergeben 2 **to occur to someone** jemandem einfallen, in den Sinn kommen; **it occurs to me that he may be right** ich habe den Eindruck, er könnte Recht haben; **did it ever occur to you that ...?** hast du eigentlich je daran gedacht, dass ...?

oc·cur·rence [əˈkʌrᵊn(t)s] 1 (*Begebenheit*) das Ereignis, das Vorkommnis; **an everyday occurrence** ein alltägliches Ereignis 2 *von Pflanzen, Tieren, usw.:* das Vorkommen

ocean [ˈəʊʃᵊn] der Ozean, das Meer

o'clock [əˈklɒk] **it's 2 o'clock** es ist 2 Uhr

oc·ta·gon [ˈɒktəgən] das Achteck

Oc·to·ber [ɒkˈtəʊbəʳ] der Oktober; **in October** im Oktober; **on 15th October, on October 15** (USA) am 15. Oktober; **at the beginning of October** Anfang Oktober; **at the end of October** Ende Oktober

oc·to·pus [ˈɒktəpəs, *Plural* -pəsɪz, -paɪ] <*Plural* octopuses *oder* octopi> der Tintenfisch, der Krake

odd [ɒd] 1 **odd number** die ung[e]rade Zahl 2 *Schuh, Socke:* einzeln; **odd one** [*oder* **man**] **out** das fünfte Rad am Wagen 3 *Ereignis, Mensch:* merkwürdig, seltsam 4 gelegentlich, zeitweilig; **at odd times** hin und wieder, dann und wann; **odd-job man** der Gelegenheitsarbeiter 5 *Geld, Zeit:* übrig 6 **I've lived here for thirty-odd years** ich habe so um die dreißig [Jahre] hier gelebt

odd·ly [ˈɒdli] eigenartig, sonderbar, merkwürdig; **oddly enough** seltsamerweise

odds [ɒdz] *Plural* 1 (*beim Wetten*) die Gewinnchancen; **the odds are 2 to 1** die Chancen stehen 2 zu 1 2 **the odds are against us** alles spricht gegen uns; **the odds are in his favour** der Vorteil ist auf seiner Seite 3 **to pay over the odds** einiges mehr bezahlen 4 **it makes no odds** es spielt keine Rolle 5 **to be at odds with someone over something** mit jemandem in etwas nicht einig sein 6 **odds and ends** das Überbleibsel, der Krimskrams, der Kram

odds-on [ˌɒdzˈɒn] **he's odds-on to win** er ist klarer Favorit

ode [əʊd] die Ode (**to** an)

odour, (USA) **odor** [ˈəʊdəʳ] der Geruch; **sweet odour** der Duft

odour·less, (USA) **odor·less** [ˈəʊdələs] geruchlos

of [əv, *betont:* ɒv] 1 *Besitzverhältnis* von; **a friend of mine** ein Freund von mir; **the works of Shakespeare** Shakespeares Werk 2 *örtlich* **the city of Birmingham** die Stadt Birmingham; **north of London** nördlich von London; **the Battle of Hastings** die Schlacht von [*oder* bei] Hastings 3 *zeitlich* **your letter of 10th June** Ihr Brief vom 10. Juni; **today of all days** ausgerechnet heute; **of late** seit neuestem; **of old** einst, ehemals; **a quarter of six** (USA) Viertel vor sechs 4 *Angabe des Grundes/der Ursache* **to die of hunger** verhungern; **to be proud of something** stolz auf etwas sein; **what has become of him?** was ist aus ihm geworden? 5 *Angabe des Geruchs/Materials* **it smells of leather** es riecht nach Leder; **a table made of wood** ein Holztisch 6 *Angabe der Beschäftigung/Qualität* **doctor of medicine** Doktor der Medizin; **man of courage** der mutige Mensch; **of no importance** bedeutungslos; **she has a fear of the dark** sie fürchtet sich vor der Dunkelheit; **love of money** die Liebe zum Geld; **you of all people ought to know** gerade Sie sollten das wissen 7 *mit Quantität* **the five of us** wir fünf; **many of them came** viele kamen; **one of the best** einer der Besten; **a glass of wine** ein Glas Wein; **a pound of oranges** ein Pfund Orangen

of course **of course!** natürlich!, selbstverständlich!; **of course not!** natürlich nicht!

off [ɒf] 1 *Entfernung* abgelegen von; **far off** weit weg; **the inn was two miles off the main road** der Gasthof lag zwei Meilen von der Hauptstraße entfernt; **the town is five miles off** die Stadt ist fünf Meilen entfernt 2 *Angabe eines Weggangs* fort, weg; **he's gone off** er ist weggegangen; **off with him!** fort mit ihm!; **it's time I was off** es ist Zeit, dass ich gehe 3 *Angabe einer Bewegung* **to fall off a ladder** von einer Leiter fallen; **to get off the bus** aus dem Bus aussteigen 4 *zeitlich* **how are we off for time?** wie viel Zeit haben wir noch?; **it rained off and on** es regnete ab und an; **the holidays are not far off** es ist nicht mehr lang bis zu den Ferien 5 (*bei der Arbeit, in der Schule*) frei; **to get a day off** einen Tag freibekommen; **to be off sick** wegen Krankheit fehlen 6 *Gerät, Licht usw.:* aus; **to turn** [*oder* **switch**] **the light off** das Licht ausschalten 7 *Deckel:* nicht drauf; **to get the lid off** den Deckel abbekommen 8 **she borrowed money off her father** sie lieh sich von ihrem Vater Geld 9 (*umgangsspr*) **to be off one's food** keinen Appetit haben; **he's off drugs now** er ist jetzt von den Drogen runter 10 *Speisen:* verdorben, schlecht; *Milch:* sauer 11 **I'm afraid the veal is off now** das Kalbfleisch ist leider ausgegangen 12 *Spiel, Streik:* abgesagt; **the party is off** die Party fällt aus 13 **to be badly/well off** nicht gut/gut gestellt sein 14 **that's a bit off!** das ist ein dicker Hund!

off-cen·tre [ˌɒfˈsentəʳ], (USA) **off-cen·ter** nicht in der Mitte, asymmetrisch

off-chance [ˈɒftʃɑːns] **I came on the off-chance of seeing him** ich kam in der Hoffnung, ihn [vielleicht] zu sehen

off-col·our [ˌɒfˈkʌləʳ], (USA) **off-col·or** unwohl

O

of·fence [əˈfen(t)s] ① (*vor dem Gericht*) die Straftat, das Vergehen (**against** gegen); **to commit an offence** sich strafbar machen ② die Kränkung, die Beleidigung; **to cause** [*oder* **give**] **offence to someone** jemanden kränken; **to take offence at something** wegen etwas gekränkt sein, an etwas Anstoß nehmen ③ (*beim Sport*) der Angriff

to **of·fend** [əˈfend] beleidigend sein; **to offend someone** jemanden beleidigen, verletzen, bei jemandem Anstoß erregen

of·fend·er [əˈfendəʳ] der Täter/die Täterin, der Verkehrssünder/die Verkehrssünderin

of·fense [əˈfen(t)s] (USA) ① die Straftat, das Vergehen; **to commit an offense** sich strafbar machen ② die Kränkung, die Beleidigung; **to take offense at something** wegen etwas gekränkt sein, an etwas Anstoß nehmen ③ (*beim Sport*) der Angriff

of·fen·sive[1] [əˈfen(t)sɪv] ① offensiv, Angriffs-; **offensive weapon** die Angriffswaffe, die Offensivwaffe ② *Geruch:* unangenehm, widerlich ③ *Film:* anstößig ④ *Benehmen:* beleidigend, kränkend

of·fen·sive[2] [əˈfen(t)sɪv] der Angriff, die Offensive; **on the offensive** in der Offensive

to **of·fer** [ˈɒfəʳ] ① anbieten; **to offer to do something** anbieten etwas zu tun; **to offer to help** seine Hilfe anbieten ② **to offer an explanation** eine Erklärung geben; **to offer an opinion** sich äußern; [an]bieten *Rat* ③ aussetzen *Belohnung, Preis, Summe* ④ **to offer resistance** Widerstand leisten ⑤ **Scotland has a lot to offer** Schottland hat eine Menge zu bieten

of·fer [ˈɒfəʳ] ① das Angebot; **to make an offer of something to someone** jemandem etwas anbieten; **to accept/turn down** [*oder* **decline**] **an offer** ein Angebot annehmen/ablehnen ② (*Waren*) **on offer** [zum Verkauf] angeboten, im Sonderangebot; **the house is under offer** für das Haus liegt ein Kaufangebot vor

off·hand[1] [ˌɒfˈhænd] so ohne weiteres, auf Anhieb; **I don't know offhand** das weiß ich nicht auswendig

off·hand[2] [ˌɒfˈhænd] *Person:* lässig; *Benehmen:* gleichgültig

of·fice [ˈɒfɪs] ① das Büro; **at the office** im Büro ② das Amt; **to hold office** im Amt sein; **to take office** das Amt antreten; (*von Partei*) die Regierung übernehmen ③ **Home Office** (GB) das Innenministerium

of·fice block das Bürohaus, der Bürokomplex

of·fice build·ing das Bürogebäude

of·fice equip·ment die Büroausstattung

of·fice hours *Plural* die Dienstzeit, die Geschäftszeit, die Öffnungszeiten

of·fic·er [ˈɒfɪsəʳ] ① (*militärisch*) der Offizier ② (*polizeilich*) der Beamter/die Beamtin

of·fice staff das Büropersonal

of·fice sup·plies *Plural* der Bürobedarf

of·fice work·er der/die Büroangestellte

of·fi·cial[1] [əˈfɪʃᵊl] amtlich, dienstlich, offiziell; **official statement** die amtliche Verlautbarung

of·fi·cial[2] [əˈfɪʃᵊl] ① der Beamter/die Beamtin ② *von Verein:* der Funktionär/die Funktionärin

of·fi·cial·ly [əˈfɪʃᵊli] offiziell

off-li·cence [ˈɒflaɪsns] (GB) die Wein- und Spirituosenhandlung

off·line offline; **to go offline** auf Offlinebetrieb schalten

off-peak [ˈɒfpiːk] **off-peak charges** der verbilligte Tarif; **during off-peak hours** außerhalb der Stoßzeiten

off-put·ting [ˌɒfˈpʊtɪŋ] (*umgangsspr*) wenig einladend; *Person, Verhalten:* abstoßend

off sea·son [ˈɒfsiːzn] die Nebensaison

off·shore [ˌɒfˈʃɔːʳ] ① von der Küste weg; **to sail offshore** vor der Küste segeln ② küstennah, Küsten-; **offshore wind** der Landwind

off·side[1] [ˌɒfˈsaɪd] ① (*beim Sport*) im Abseits; **to be offside** abseitsstehen ② *im Auto:* auf der Fahrerseite

off·side[2] [ˌɒfˈsaɪd] *von Auto:* die Fahrerseite

off·side rule die Abseitsregel

off-white [ˌɒfˈwaɪt] gebrochen weiß

of·ten [ˈɒfᵊn] oft, häufig; **we often go there** wir gehen häufig dahin; **as often as not** [*oder* **more often than not**] meistens; **every so often** öfters, von Zeit zu Zeit; **how often?** wie oft?

oh [əʊ] oh! ach!; **oh well** na ja!; **oh dear!** o je!; **oh yes?** ach ja?

OHP [ˌəʊeɪtʃˈpiː] *Abkürzung von* **overhead projector** der Overheadprojektor

oil [ɔɪl] ① das Öl ② das Erdöl, das Petroleum ③ **oils** die Ölfarbe, das Ölgemälde

to **oil** [ɔɪl] [ein]ölen, schmieren

oil change (*von Auto*) der Ölwechsel

oil com·pa·ny der Ölkonzern

oil con·sump·tion *kein Plural* der Ölverbrauch

oil-fired ölbeheizt; **oil-fired heating system** die Ölheizung

oil in·dus·try die Ölindustrie

oil paint die Ölfarbe

oil paint·ing ① (*Bild*) das Ölgemälde ② (*Beschäftigung*) die Ölmalerei

oil pipe·line die Ölpipeline

oil plat·form die Ölplattform

oil-pro·duc·ing Öl fördernd; **oil-producing country** das Ölförderland

oil pro·duc·tion *kein Plural* die [Erd]ölförderung

oil rig der Bohrturm, die Bohrinsel

oil·skin **oilskins** das Ölzeug

oil slick der Ölteppich, die Öllache

oil tank·er der Öltanker, das Tankschiff

oil well die Ölquelle

oily ['ɔɪli] ① (*auch übertragen*) ölig ② *Finger:* voller Öl; *Haar, Haut:* fettig

oink [ɔɪŋk] (*umgangsspr*) grunz

oint·ment ['ɔɪntmənt] die Salbe

OK[1], **okay** [ə(ʊ)'keɪ] ① okay!, einverstanden!, in Ordnung! ② in Ordnung, okay; **that's okay with me** das ist mir recht; **to be okay for money** genug Geld haben ③ gut; **he's doing OK** er macht seine Sache gut

OK[2], **okay** [ə(ʊ)'keɪ] die Zustimmung; **I gave the plan my OK** ich gab dem Plan mein Okay

to **OK**, to **okay** [ə(ʊ)'keɪ] gutheißen, billigen *Plan*

old [əʊld] <older, oldest> ① alt; **old people** die alten Leute; **he's forty years old** er ist 40; **a seven-year-old girl** eine Siebenjährige; **an old friend of his** ein alter Freund von ihm ② früher, ehemalig; **in the old days** früher; **his old school** seine ehemalige Schule ▸WENDUNGEN: **to be an old hand** ein alter Hase sein; **any old thing** irgendwas

old age das Alter; **to reach old age** ein hohes Alter erreichen; **old-age pension** die Altersrente; **old age pensioner, OAP** der Rentner/die Rentnerin

old-fash·ioned [əʊld'fæʃnd] altmodisch

old peo·ple's home das Altersheim

old-style im alten Stil

Old Tes·ta·ment **the Old Testament** das Alte Testament

ol·ive[1] ['ɒlɪv] ① die Olive; **olive tree** der Olivenbaum ② *Farbe:* das Olivgrün

ol·ive[2] ['ɒlɪv] olivgrün

ol·ive oil ['ɒlɪv,ɔɪl] das Olivenöl

Olym·pic [ə(ʊ)'lɪmpɪk] olympisch; **the Olympic Games** die Olympischen Spiele; **Olympic stadium** das Olympiastadion

ome·lette ['ɒmlɪt], (USA) **omelet** ['ɒmlət] das Omelett, der Eierkuchen

to **omit** [ə(ʊ)'mɪt] <omitted, omitted> ① auslassen (**from** aus) ② **to omit doing** [*oder* **to do**] **something** unterlassen [*oder* versäumen], etwas zu tun

on [ɒn] ① *räumlich* auf, an; **on the table** auf dem Tisch; **pictures on the wall** Bilder an der Wand; **on the right/left** rechts/links; **a house on the coast** ein Haus am Meer ② *zeitlich* an; **on Sunday** am Sonntag; **on the evening of May the first** am Abend des ersten Mai; **on the dot** auf die Minute genau; **from that day on** von diesem Tag an ③ (*mit Transportmittel*) **to go on the train** mit dem Zug fahren; **on foot** zu Fuß; **on a bicycle** mit dem Fahrrad ④ (*mit Thema*) über; **a lecture on Shakespeare** ein Vortrag über Shakespeare ⑤ (*Mittel*) **to live on one's income** von seinem Einkommen leben; **to live on bread** sich von Brot ernähren ⑥ bei; **on my arrival** bei meiner Ankunft; **on request** auf Wunsch; **on receiving his letter** auf seinen Brief hin ⑦ (*mit Beschäftigung, Arbeit usw.*) **to work on a project** an einem Projekt arbeiten; **he is on the committee** er gehört dem Ausschuss an; **to be on duty** im Dienst sein ⑧ (*mit Instrumenten*) **to play on the violin** auf der Geige spielen ⑨ (*mit Geld*) **this is on me** das geht auf meine Kosten; **he has no money on him** er hat kein Geld bei sich ⑩ **to have nothing on** nichts anhaben, nackt sein; **I have nothing on tonight** ich habe heute Abend nichts vor; **I put a hat on** ich setzte einen Hut auf; **to keep on talking** immer weiterreden ⑪ **on and on** ununterbrochen, andauernd; **to be on at someone** (*umgangsspr*) dauernd auf jemandem herumhacken; **what's he on about?** wovon redet er nun schon wieder? ⑫ *Gerät, Licht:* an; **to be on** an sein ⑬ **on the radio** im Radio; **who's on tonight?** wer spielt heute Abend?; **what's on in town?** was läuft in der Stadt? ⑭ **it's just not on** das gibt es einfach nicht

once [wʌn(t)s] ① (*zahlenmäßig*) einmal; **once a week** einmal in der Woche; **once more** noch einmal; **once and for all** ein für allemal; **once or twice** ein- oder zweimal ② (*vergangen*) früher einmal, einst; **once upon a time there was ...** es war einmal ... ③ **at once** sofort, auf einmal; **all at once** ganz plötzlich ④ wenn, als

on·com·ing ['ɒn,kʌmɪŋ] **oncoming traffic** der Gegenverkehr

one[1] [wʌn] ① (*Zahl*) ein, eine, ein; **the baby is one** [**year old**] das Kind ist ein Jahr [alt]; **it is one o'clock** es ist ein Uhr; **one hundred pounds** hundert Pfund ② (*unbestimmt*) **one morning** eines Morgens; **one day next week** nächste Woche einmal ③ (*einzig*) **my one hope** meine einzige Hoffnung; **my one thought was ...** mein einziger Gedanke war ... ④ (*ohne Unterschied*) **they are one and the same person** das ist ein und dieselbe Person; **it is all one** das ist einerlei ⑤ (*einig sein*) **we are one on the subject** wir sind uns in dieser Sache einig

one[2] [wʌn] ① eine(r, s); **she is one of us** sie ist eine von uns; **the one who ...** derjenige, der ...; **a bigger one** ein größerer; **no one of these people** keiner dieser Leute; **any one** irgendeine(r, s); **every one** jede(r, s); **this one** diese(r, s); **the little ones** die Kleinen; **I'm not one to go out often** ich bin nicht der Typ, der oft ausgeht; **they came one and all** sie kamen alle; **one by one** einzeln; **one after the other** einer nach dem anderen ② *unpersönlich* **to wash one's face** sich das Gesicht waschen

one[3] [wʌn] die Eins; **in ones and twos** in

O

kleinen Gruppen

one-piece [ˌwʌn'piːs] einteilig; **one-piece swimsuit** der Einteiler

one·self [wʌn'self] 1 sich; **to cut oneself** sich schneiden 2 *betont* [man] selbst; **by oneself** ganz allein, ohne Hilfe; **if one doesn't do everything oneself** wenn man nicht alles selbst macht 3 **to be oneself** sich so geben, wie man ist; **to come to oneself** wieder zu sich kommen, sich fassen

one-way ['wʌnweɪ] **one-way street** die Einbahnstraße; **one-way ticket** die einfache Fahrkarte

on·go·ing ['ɒnˌgəʊɪŋ] *Problem:* laufend; *Situation:* andauernd; *Suche:* im Gang befindlich

on·ion ['ʌnɪən] die Zwiebel

on·line [ˌɒn'laɪn] online; **to work online** online arbeiten

on·line ac·cess der Internetzugang, der Onlinezugang

on·line bank·ing das Onlinebanking

on·line edi·tion die Onlineausgabe

on·line gam·ing das Online-Spiel

on·line or·der die Onlinebestellung

on·line tick·et das Onlineticket

on·look·er ['ɒnˌlʊkəʳ] der Zuschauer/die Zuschauerin

only ['əʊnli] 1 einzige(r, s); **he's an only child** er ist ein Einzelkind; **the only thing** das Einzige; **her only answer was a shrug** ihre Antwort bestand nur aus einem Achselzucken; **my one and only hope** meine einzige Hoffnung 2 nur; **only last week** erst letzte Woche; **if only** wenn doch nur; **not only ... but also** nicht nur ... sondern auch; **if only that hadn't happened** wenn das bloß nicht passiert wäre; **only just** eben erst 3 **I'd love to go, only I'm busy** ich würde gern hingehen, aber ich habe so viel zu tun

O

o.n.o. [ˌəʊen'əʊ] *Abkürzung von* **or near**(**est**) **offer** oder gegen Höchstgebot, die Verhandlungsbasis, VB

on·side [ˌɒn'saɪd] (*beim Sport*) nicht im Abseits

onto ['ɒntʊ] 1 auf 2 **to be onto someone** jemandem auf die Schliche kommen

on·ward ['ɒnwəd] 1 **onward**[**s**] voran, vorwärts, weiter; **from today onwards** von heute an 2 nach vorn [gerichtet]

oops [uːps] (*umgangsspr*) hoppla

open¹ ['əʊpᵊn] 1 *Augen, Buch, Fenster:* offen; **to keep the door open** die Tür offen lassen; **a shirt open at the neck** ein am Hals offenes Hemd 2 *Bank, Geschäft:* geöffnet; **open** geöffnet; **open on Sundays** Sonntags geöffnet; **open to the public** der Öffentlichkeit zugänglich; **to declare something open** etwas einweihen [*oder* eröffnen] 3 *Blick:* frei, offen; *Charakter:* offen, aufrichtig; **to be open to advice** Ratschlägen zugänglich sein 4 *Feuer, Gelände:* offen; **in the open air** im Freien; **road open to traffic** Durchfahrt frei 5 *Frage:* offen, ungeklärt; **an open secret** ein offenes Geheimnis; **to leave something open** (*übertragen*) etwas offenlassen; **to have an open mind on something** einer Sache aufgeschlossen gegenüberstehen 6 **in open court** in öffentlicher Verhandlung 7 **to be open to attack** Angriffen ausgesetzt sein

open² ['əʊpᵊn] 1 **in the open** im Freien 2 **to come out into the open** (*übertragen*) Farbe bekennen; **to force something out into the open** etwas zur Sprache bringen

to **open** ['əʊpᵊn] 1 *Fenster, Tür:* sich öffnen, aufgehen 2 öffnen, aufmachen *Mund;* aufschlagen *Buch, Zeitung* 3 *Laden:* öffnen, aufmachen; **doors open at 6 o'clock** Einlass ab 18 Uhr; eröffnen *Ausstellung, Konto* 4 (*übertragen*) beginnen (**with** mit); eröffnen, beginnen *Debatte, Diskussion* 5 **to open one's heart to someone** jemandem sein Herz ausschütten 6 *Zimmer:* führen (**into/onto** in)

◆to **open out** 1 *Landschaft:* sich verbreitern 2 *Karte:* sich ausfalten lassen; **to open out a map** eine Karte auseinanderfalten

◆to **open up** 1 *Knospe:* sich öffnen; **to open up parcel** ein Paket aufmachen 2 aufschließen *Tür;* **the door opened up** die Tür ging auf 3 *Firma:* sich niederlassen 4 erschließen *Gebiet;* eröffnen *Geschäft* 5 (*übertragen*) *Person:* gesprächiger werden

open-air [ˌəʊpn'eəʳ] im Freien; **open-air swimming pool** das Freibad; **open-air theatre** das Freilichttheater

open-end·ed [ˌəʊpn'endɪd] (*übertragen*) offen, zeitlich nicht begrenzt; **open-ended discussion** die Endlosdiskussion

open·er ['əʊpᵊnəʳ] 1 **bottle-opener** der Flaschenöffner; **tin-opener** [*oder* (USA) **can-opener**] der Büchsenöffner 2 **for openers** für den Anfang

open·ing¹ ['əʊpᵊnɪŋ] 1 *von Loch usw.:* die Öffnung 2 *von Ausstellung usw.:* die Eröffnung 3 der Beginn, der Anfang 4 *von Paket:* das Aufmachen 5 die Möglichkeit, die Chance 6 (*Arbeit*) die freie Stelle

open·ing² ['əʊpᵊnɪŋ] erste(r, s), Eröffnungs-

open·ing bal·ance die Eröffnungsbilanz

open·ing bid das Eröffnungsgebot

open·ing hours *Plural* die Öffnungszeiten

open·ing night die Eröffnungsvorstellung

open·ing time die Öffnungszeit

open·ly ['əʊpᵊnli] 1 **to speak openly** offen reden 2 öffentlich

open-mind·ed [ˌəʊpn'maɪndɪd] aufgeschlossen

open sand·wich das belegte Brot

Open Uni·ver·sity (GB) die Fernuniversität

> **L** Die **Open University** (Fernuniversität), die 1971, als sie in Großbritannien gegründet wurde, noch *University of the Air* genannt wurde, ist eine Hochschule, an der Studenten (auch ohne akademische Qualifikation) von zu Hause aus studieren können. Unterrichtet wird über Fernseh- und Radioprogramme sowie Internet, die Übungsmaterialien werden den Studenten zugeschickt.

op·era ['ɒpᵊrə] die Oper; **to go to the opera** in die Oper gehen

to **op·er·ate** ['ɒpᵊreɪt] ① *Maschine:* in Betrieb, in Gang sein; *Bus, Zug:* verkehren ② **to operate a machine** eine Maschine bedienen ③ **the radio operates on batteries** das Radio funktioniert mit Batterien ④ **to operate on someone** jemanden operieren; **to be operated on** operiert werden ⑤ betreiben, führen *Geschäft* ⑥ (*militärisch*) operieren

op·er·at·ing ['ɒpᵊreɪtɪŋ] ① Betriebs-; **operating system** (*in der Informatik*) das Betriebssystem ② (*medizinisch*) Operations-; **operating room** der Operationssaal

op·era·tion [ˌɒpᵊ'reɪʃᵊn] ① *von Maschine:* der Gang, der Lauf; **to be in/out of operation** in/außer Betrieb sein ② (*medizinisch*) die Operation; **to have an operation** operiert werden (**for** wegen) ③ (*militärisch*) die Operation ④ **the law comes into operation soon** das Gesetz wird bald in Kraft treten

op·era·tion·al [ˌɒpᵊ'reɪʃᵊnᵊl] *Maschine:* betriebsbereit

op·era·tive ['ɒpᵊretɪv] in Betrieb; *Gesetz:* wirksam; *Behandlung:* operativ; **to become operative** in Kraft treten

op·era·tor ['ɒpᵊreɪtəʳ] ① (*am Telefon*) die Vermittlung ② der Maschinenarbeiter/die Maschinenarbeiterin, der Operator/die Operatorin ③ **a clever** [*oder* **smooth**] **operator** (*umgangsspr*) ein raffinierter Kerl

opin·ion [ə'pɪnjən] die Meinung, die Ansicht (**about/on** zu); **in my opinion** meiner Ansicht nach; **in the opinion of most people** nach Ansicht der meisten Menschen; **it's a matter of opinion** das ist Ansichtssache; **to have a good opinion of someone** eine gute Meinung von jemanden haben; **public opinion** die öffentliche Meinung

opin·ion poll die Meinungsumfrage

op·po·nent [ə'pəʊnənt] der Gegner/die Gegnerin, der Gegenspieler/die Gegenspielerin

op·por·tu·nity [ˌɒpə'tjuːnəti] die Gelegenheit; **at the first opportunity** bei der erstbesten Gelegenheit; **to take the opportunity to do** [*oder* **of doing**] **something** die Gelegenheit nutzen, etwas zu tun

to **op·pose** [ə'pəʊz] ① **to oppose something** sich einer Sache widersetzen; **to oppose a plan** einen Plan ablehnen ② (*bei Wahl*) **to oppose someone** gegen jemanden kandidieren

op·posed [ə'pəʊzd] ① dagegen ② **to be opposed to something** gegen etwas sein ③ **as opposed to** im Gegensatz zu

op·pos·ing [ə'pəʊzɪŋ] ① gegnerisch; **opposing team** die Gegenmannschaft ② *Ansichten usw.:* entgegengesetzt

op·po·site¹ ['ɒpəzɪt] ① *Richtung:* entgegengesetzt; *Seite.* gegenüberliegend ② gegenüber; **they live opposite the theatre** sie wohnen gegenüber dem Theater; **they sat opposite** sie saßen uns/sich gegenüber; **opposite one another** einander [*oder* sich] gegenüber ③ (*übertragen*) entgegengesetzt; **the opposite sex** das andere Geschlecht

op·po·site² ['ɒpəzɪt] das Gegenteil, der Gegensatz; **quite the opposite!** ganz im Gegenteil!

op·po·si·tion [ˌɒpə'zɪʃᵊn] ① der Gegensatz (**to** zu) ② der Widerstand, die Opposition; **without opposition** widerstandslos ③ (GB) (*politisch*) **the Opposition** die Opposition

> **G** Wenn man von **the opposition** im Sinne von einer Einheit spricht, wird es mit einem Verb im Singular gebraucht: *the opposition is growing* Wenn man jedoch von den einzelnen Gruppenmitgliedern sprechen will, wird **the opposition** mit einem Verb im Plural gebraucht: *the opposition have enjoyed a huge victory*

op·ti·cal ['ɒptɪkᵊl] optisch; **optical fibre** die Glasfaser; **optical illusion** die optische Täuschung

op·ti·cian [ɒp'tɪʃᵊn] der Optiker/die Optikerin

op·ti·mism ['ɒptɪmɪzᵊm] der Optimismus

op·ti·mist ['ɒptɪmɪst] der Optimist/die Optimistin

op·ti·mis·tic [ˌɒptɪ'mɪstɪk] optimistisch

op·ti·mum¹ ['ɒptɪməm] optimal

op·ti·mum² ['ɒptɪməm] <*Plural* optima *oder* optimums> das Optimum

op·tion ['ɒpʃᵊn] ① die Wahl, die Möglichkeit; **I have little/no option** mir bleibt kaum eine/keine andere Wahl; **she had no option but to leave** ihr blieb nichts anderes übrig als zu gehen; **to leave one's options open** sich alle Möglichkeiten offenlassen ② (*an Schule, Uni*) das Wahlfach

op·tion·al ['ɒpʃᵊnᵊl] freiwillig, wahlfrei, fakultativ; **optional extras** die Extras

or [ɔːʳ] ① oder; **a minute or two** ein paar Minuten; **he could not read or write** er konnte weder lesen noch schreiben ② **either ... or** entweder ... oder; **whether ... or not** ob ... oder; **or else** sonst, andernfalls; **or even** oder sogar; **or rather** oder vielmehr

oral¹ ['ɔːrəl] ① mündlich ② (*medizinisch*) oral

oral² ['ɔːrəl] (*umgangsspr*) die mündliche Prüfung

or·ange¹ ['ɒrɪndʒ] 1 (*Frucht*) die Apfelsine, die Orange 2 (*Farbe*) das Orange

or·ange² ['ɒrɪndʒ] orange[farben]

or·ange·ade [ˌɒrɪndʒ'eɪd] die Orangeade

or·ange juice der Orangensaft

or·ange peel die Orangenschale

or·bit ['ɔːbɪt] 1 *von Planeten usw.:* die Kreisbahn, die Umlaufbahn, die Planetenbahn, der Orbit; **to put a satellite into orbit** einen Satelliten in die Umlaufbahn schießen 2 (*übertragen*) der Machtbereich, die Einflusssphäre

to **or·bit** ['ɔːbɪt] kreisen; **to orbit the Earth** die Erde umkreisen

or·chard ['ɔːtʃəd] der Obstgarten; (*kommerziell*) die Obstplantage

or·ches·tra ['ɔːkɪstrə] das Orchester

or·ches·tral [ɔː'kestrəl] Orchester-, orchestral

or·ches·tra pit der Orchestergraben

or·chid ['ɔːkɪd] die Orchidee

or·deal [ɔː'diːl] die Tortur, die Qual

or·der ['ɔːdəʳ] 1 die Ordnung, die Anordnung, die Reihenfolge; **in alphabetical order** in alphabetischer Reihenfolge; **word order** die Wortstellung; **in order of preference** in der bevorzugten Reihenfolge; **to put something in order** etwas ordnen 2 (*geordneter Zustand*) die Ordnung; **to be out of order** *Maschine:* nicht funktionieren, außer Betrieb sein; **her passport is in order** ihr Pass ist in Ordnung; **to put one's affairs in order** Ordnung in seine Angelegenheiten bringen; **to keep order** Ordnung wahren 3 (*im Restaurant*) die Bestellung; **last orders, please!** (*in einer Kneipe*) letzte Runde bitte! 4 *von Waren:* der Auftrag, die Bestellung, die Order; **made to order** auf Bestellung angefertigt 5 (*militärisch*) das Kommando, der Befehl; **to be under orders to do something** Instruktionen haben, etwas zu tun; **until further orders** bis auf weiteren Befehl 6 *von Gericht:* die Verfügung; **law and order** Recht und Ordnung 7 **in order to do something** um etwas zu tun; **in order that ...** damit ...

to **or·der** ['ɔːdəʳ] 1 (*im Geschäft, Restaurant*) bestellen; **are you ready to order?** darf ich Ihre Bestellung aufnehmen? 2 **to order someone to do something** jemanden anweisen, etwas zu tun; (*militärisch*) jemandem befehlen, etwas zu tun; **the doctor ordered me to stay in bed** der Arzt verordnete mir Bettruhe 3 ordnen *Bücher, Dokumente usw.* 4 **to order someone about** jemanden herumkommandieren

or·der form das Bestellformular

or·der·ly¹ ['ɔːdəli] 1 ordentlich, geordnet, systematisch 2 *Leben:* geregelt 3 *Gruppe:* gesittet, friedlich

or·der·ly² ['ɔːdəli] **medical orderly** der Pfleger/die Pflegerin, der Sanitäter/die Sanitäterin

or·di·nal ['ɔːdɪnəl], **or·di·nal num·ber** die Ordnungszahl

or·di·nari·ly ['ɔːdənərəli] gewöhnlich, normalerweise

or·di·nary¹ ['ɔːdənəri] 1 gewöhnlich, normal; **in the ordinary way** unter gewöhnlichen Umständen; **ordinary use** der normale Gebrauch 2 durchschnittlich, alltäglich 3 **ordinary people** die einfachen Leute

F Nicht verwechseln mit **ordinär** = vulgar!

or·di·nary² ['ɔːdənəri] **nothing out of the ordinary** nichts Außergewöhnliches

ord·nance ['ɔːdnən(t)s] **Ordnance Survey map** die amtliche topographische Karte

or·gan ['ɔːgən] 1 (*körperlich*) das Organ 2 (*übertragen*) das Sprachrohr; *einer Partei:* das Organ 3 (*Instrument*) die Orgel

or·gan do·nor der Organspender/die Organspenderin

or·gan·ic [ɔː'gænɪk] organisch; **organic farming** die biologisch-dynamische Landwirtschaft; **organic waste** der organische Abfall, der Biomüll

or·gan·ism ['ɔːgənɪzəm] der Organismus

or·gan·ist ['ɔːgənɪst] (*in der Musik*) der Organist/die Organistin

or·gani·za·tion [ˌɔːgənaɪ'zeiʃən] 1 die Organisation, die Einteilung 2 der Aufbau, die Struktur, die Bildung, die Gliederung, die Planung 3 die Organisation, das Unternehmen

or·gani·za·tion·al [ˌɔːgənaɪ'zeiʃənəl] organisatorisch

to **or·gan·ize** ['ɔːgənaɪz] 1 organisieren 2 einteilen *Arbeit, Zeit;* planen *Leben* 3 organisieren *Treffen*

or·gan·ized ['ɔːgənaɪzd] 1 organisiert, geregelt; **he isn't very organized** bei ihm geht alles drunter und drüber 2 **organized crime** das organisierte Verbrechen

or·gasm ['ɔːgæzəm] der Orgasmus

ori·en·tal [ˌɔːri'entəl] *Kultur, Land:* östlich; **oriental studies** die Orientalistik

to **ori·en·tate** ['ɔːriənteɪt] (*übertragen*) ausrichten (**to/towards** auf)

ori·en·ta·tion [ˌɔːriən'teɪʃən] die Orientierung; (*auch übertragen*) die Ausrichtung

ori·en·teer·ing [ˌɔːriən'tɪərɪŋ] *kein Plural* der Orientierungslauf

ori·gin ['ɒrɪdʒɪn] 1 der Ursprung, die Herkunft, die Abstammung; **country of origin** das Ursprungsland, das Herkunftsland; **place of origin** der Ursprungsort; **proof of origin** der Herkunftsnachweis 2 *der Welt:* die Entstehung 3 **the problem has its origin in the lack of resources** das Problem geht auf den Mangel an

Mitteln zurück

origi·nal[1] [əˈrɪdʒɪnəl] 1 ursprünglich, anfänglich; **original sin** die Erbsünde; **original inhabitants** die Ureinwohner 2 *Gemälde:* original 3 *Idee:* originell

origi·nal[2] [əˈrɪdʒɪnəl] das Original, die Vorlage

origi·nal·ity [əˌrɪdʒɪˈnæləti] die Originalität

origi·nal·ly [əˈrɪdʒɪnəli] 1 ursprünglich, anfänglich; **he originally comes from Ireland** er stammt ursprünglich aus Irland 2 originell

to **origi·nate** [əˈrɪdʒɪneɪt] 1 entstehen, entspringen; **to originate from a country** aus einem Land stammen 2 **the idea originated from him** die Idee stammte von ihm 3 hervorbringen, erfinden

or·na·ment [ˈɔːnəmənt] der Schmuck, die Verzierung, das Dekor, die Dekoration

or·na·men·tal [ˌɔːnəˈmentəl] dekorativ, Zier-, schmückend; **ornamental object** der Ziergegenstand

or·ni·thol·ogy [ˌɔːnɪˈθɒlədʒi] die Vogelkunde, die Ornithologie

or·phan [ˈɔːfən] die Waise, das Waisenkind; **to be orphaned** zur Waise werden

or·phan·age [ˈɔːfənɪdʒ] das Waisenhaus

ortho·don·tist [ˌɔːθə(ʊ)ˈdɒntɪst] der Kieferorthopäde, die Kieferorthopädin

Ortho·dox Church *kein Plural* **the Orthodox Church** die christlich orthodoxe Kirche

Os·car® [ˈɒskəʳ] der Oscar®; **Oscar® winner** der Oscar®-Preisträger/die Oscar®-Preisträgerin

os·trich [ˈɒstrɪtʃ] (*Vogel*) der Strauß

oth·er [ˈʌðəʳ] 1 andere(r, s); **the others** die anderen; **other people** andere Leute 2 **one other thing** noch eins; **are there any others there?** sind sonst noch welche da?; **do you have any other questions?** haben Sie sonst noch Fragen?; **in other words** mit anderen Worten 3 **each other** einander, sich; **they kissed each other** sie küssten sich 4 **the other day** neulich; **some other time** ein andermal, ein anderes Mal; **every other** jede(r, s) zweite 5 **somehow/someone/sometime/somewhere or other** irgendwie/irgendjemand/irgendwann/irgendwo 6 anders; **there is no other way** es geht nicht anders; **other than** anders als; **anyone other than you** [*oder* **yourself**] jeder außer dir

oth·er·wise [ˈʌðəwaɪz] 1 anders; **to think otherwise** anderer Meinung sein 2 **he was otherwise engaged** er war anderweitig beschäftigt 3 **she must study even harder, otherwise she'll fail** sie muss noch fleißiger lernen, sonst wird sie durchfallen; **he's got a cold, but otherwise he's OK** er hat eine Erkältung, aber ansonsten geht es ihm nicht schlecht

OTT [ˌəʊtiːˈtiː] *Abkürzung von* **over the top** übertrieben

ouch [aʊtʃ] au! autsch!

ought [ɔːt] 1 **I ought to go** ich sollte hingehen; **he ought to have come** er hätte kommen sollen 2 *vorschlagend* **you ought to see that film** den Film sollten Sie sehen 3 (*wahrscheinlich*) **he ought to win the race** er müsste [eigentlich] das Rennen gewinnen

ounce [aʊn(t)s] (*Gewicht*) die Unze (= *28,35 g*)

our [aʊəʳ] 1 unser 2 (*im Gebet*) **Our Father** das Vaterunser

ours [aʊəz] unsere(r, s), der/die/das Unsere; **this house is ours** das ist unser Haus; **that is ours** das gehört uns; **a friend of ours** ein Freund von uns, einer unserer Freunde

our·selves [aʊəˈselvz] 1 uns 2 *betont* [wir] selbst; [**all**] **by ourselves** [ganz] allein, ohne Hilfe; **we did it ourselves** wir haben es selbst gemacht

out [aʊt] 1 *Richtung* hinaus, heraus, aus; **out!** raus!; **to go out** hinausgehen; **he went out** [**of**] **the door** er ging zur Tür hinaus; **to go out of the country** außer Landes gehen; **to look out of the window** aus dem Fenster sehen; **to throw someone out** jemanden hinauswerfen 2 *Position* außen, draußen; **I'm afraid she's out** leider ist sie nicht zu Hause; **he lives out in the country** er lebt draußen auf dem Land; **he likes to be out and about** er ist gern unterwegs 3 (*übertragen*) **the sun is out** die Sonne scheint; **the secret is out** das Geheimnis ist bekannt geworden; **out with it!** heraus mit der Sprache!; **before the day is out** vor Ende des Tages 4 *Gerät:* abgestellt; *Feuer, Licht:* aus 5 *Buch:* heraus, erschienen 6 (*nicht richtig*) **I am out in my calculations** ich liege mit meinen Berechnungen daneben; **my watch is five minutes out** meine Uhr geht fünf Minuten falsch 7 **we have run out of cheese** der Käse ist uns ausgegangen; **I'm out of money** ich habe kein Geld 8 **out of curiosity** aus Neugier; **out of date** überholt, veraltet; *Kleider:* altmodisch; **made out of wood** aus Holz gemacht; **out of sight** außer Sicht; **two out of three Americans** zwei von drei Amerikanern 9 **to have it out with someone** (*umgangsspr*) etwas mit jemandem ausdiskutieren; **they are out for trouble** sie suchen Streit

out [aʊt] **the ins and outs** alle Einzelheiten

out·back *kein Plural* das Hinterland [Australiens]; **to live in the outback** im [australischen] Busch leben

out·board [ˈaʊtbɔːd] der Außenbordmotor

out·break [ˈaʊtbreɪk] *von Krieg, Seuche:* der Ausbruch

out·burst [ˈaʊtbɜːst] *von Zorn usw.:* der Ausbruch

to **out·class** [ˌaʊtˈklɑːs] **to outclass someone** jemandem überlegen sein

out·come ['aʊtkʌm] das Ergebnis, das Resultat

out·cry ['aʊtkraɪ] der Aufschrei, die Protestwelle (**against** gegen)

out·dat·ed [aʊt'deɪtɪd] veraltet, überholt

to **out·do** [aʊt'duː] <outdid, outdone> **to outdo someone in something** jemanden an etwas übertreffen

out·door ['aʊtdɔːʳ] **outdoor clothes** die warme Kleidung; **outdoor games** Spiele im Freien; **outdoor [swimming] pool** das Freibad

out·doors [ˌaʊt'dɔːz] draußen, im Freien; **to go outdoors** nach draußen gehen

out·er ['aʊtəʳ] äußere(r, s), Außen-; **outer garments** die Oberbekleidung; **outer space** der tiefe Weltraum

out·er·most ['aʊtəməʊst] äußerste(r, s)

out·fit ['aʊtfɪt] die Kleidung

out·go·ing [ˌaʊt'gəʊɪŋ] ① (*übertragen*) *Mensch:* gesellig, kontaktfreudig ② *Beamte:* scheidend ③ **outgoing flight** der Abflug; **outgoing tide** die Ebbe

out·go·ings ['aʊtˌgəʊɪŋ] *Plural* Ⓖⓑ die Ausgaben

to **out·grow** [ˌaʊt'grəʊ] <outgrew, outgrown> ① **to outgrow someone** jemandem über den Kopf wachsen ② herauswachsen aus *Kleider* ③ **to outgrow a habit** einer Gewohnheit entwachsen

out·ing ['aʊtɪŋ] der Ausflug; **to go for** [*oder* **on**] **an outing** einen Ausflug machen

out·law ['aʊtlɔː] der/die Vogelfreie

to **out·law** ['aʊtlɔː] ① **to outlaw someone** jemanden ächten, jemanden für vogelfrei erklären ② für ungesetzlich erklären *Zeitung*

out·let ['aʊtlet] ① *für Flüssigkeit:* der Abfluss; *für Gas, Rauch:* der Abzug ② (*übertragen*) *für Gefühle:* das Ventil ③ *von Fabrik:* die Verkaufsstelle

out·line ① der Umriss, die Silhouette; **to draw something in outline** etwas im Umriss zeichnen ② (*übertragen*) *von Plan usw.:* der Grundriss, der Abriss; *von Aufsatz usw.:* der Entwurf; **in outline** in groben Zügen

to **out·line** ['aʊtlaɪn] ① **to outline something** die Umrisse einer Sache zeichnen ② (*übertragen*) **to outline a plan** einen Plan skizzieren [*oder* umreißen]

to **out·live** [ˌaʊt'lɪv] **to outlive someone** jemanden überleben [*oder* überdauern]

out·look ['aʊtlʊk] ① der Ausblick, die Aussicht (**over/onto** auf) ② (*übertragen*) die Ansicht, die Auffassung, der Standpunkt; **his outlook [up]on life** seine Einstellung zum Leben ③ **the weather outlook** die Wetteraussichten

to **out·num·ber** [ˌaʊt'nʌmbəʳ] **to outnumber someone** jemandem zahlenmäßig überlegen sein; **we were outnumbered 4 to 1** die anderen waren viermal so viele wie wir

out-of-date [ˌaʊtəv'deɪt] veraltet; *Stil:* unmodern, altmodisch; *Karte:* ungültig

out-of-the-way [ˌaʊtəvðə'weɪ] abgelegen, einsam

out-of-work [ˌaʊtəv'wɜːk] arbeitslos

out·pa·tient ['aʊtpeɪʃnt] der/die Kranke in ambulanter Behandlung; **outpatients' [department]** die Ambulanz

to **out·play** [ˌaʊt'pleɪ] **to outplay someone** besser als jemand spielen

out·put ['aʊtpʊt] ① *einer Maschine:* der Ausstoß, der Ertrag, die Leistung ② (*wirtschaftlich*) die Jahresproduktion, der Output ③ *von Daten:* die Ausgabe

out·rage ['aʊtreɪdʒ] ① (*Verbrechen usw.*) die Schandtat ② (*öffentliche Reaktion*) die Empörung, die Entrüstung

to **out·rage** ['aʊtreɪddʒ] ① **to outrage someone** jemanden beleidigen ② **to be outraged by something** über etwas empört sein

out·ra·geous [ˌaʊt'reɪdʒəs] ① *Verbrechen:* abscheulich, verabscheuungswürdig ② *Verhalten:* empörend, unerhört, unverschämt ③ *Kleider:* ausgefallen, unmöglich

out·right ['aʊtraɪt] ① ausgemacht; *Lüge:* glatt; *Unsinn:* total ② **they were killed outright** sie waren auf der Stelle tot ③ **to admit something outright** etwas ohne Umschweife zugeben

out·set ['aʊtset] der Beginn, der Anfang; **at the outset** am Anfang; **from the outset** von Anfang an

to **out·shine** [ˌaʊt'ʃaɪn] <outshone *oder* outshined, outshone *oder* outshined> **to outshine someone** jemanden in den Schatten stellen

out·side[1] [ˌaʊt'saɪd] die Außenseite

out·side[2] ['aʊtsaɪd] ① Außen-, äußere(r, s); **the outside world** die Außenwelt ② **an outside chance** eine kleine Chance ③ draußen; **to go outside** nach draußen gehen; **outside the town** außerhalb der Stadt; **the car outside the house** das Auto vor dem Haus ④ **outside lane** Ⓖⓑ die Überholspur; (*Rennbahn*) die Außenbahn

out·sid·er [ˌaʊt'saɪdəʳ] der Außenseiter/die Außenseiterin

out·skirts ['aʊtskɜːts] *Plural* die Außengebiete; **on the outskirts of Glasgow** am Stadtrand von Glasgow

out·stand·ing [ˌaʊt'stændɪŋ] ① hervorragend; **of outstanding ability** außerordentlich begabt; **of outstanding importance** von höchster Bedeutung ② *Merkmal:* hervorstechend ③ **a lot of work is still outstanding** viel Arbeit ist noch unerledigt ④ **outstanding debts** die Außenstände

out·stretched [ˌaʊt'stretʃt] ausgestreckt

out·tray die Ablage für Ausgänge

out·ward ['aʊtwəd] ① äußerlich; *Erscheinung:* äußere(r, s) ② **outward journey** die Hinfahrt ③ **open outward[s]** nach außen aufgehen

out·ward·ly ['aʊtwədli] nach außen hin

out·wards ['aʊtwədz] nach außen

oval[1] ['əʊvəl] das Oval

oval[2] ['əʊvəl] oval, eiförmig

oven ['ʌvən] der Backofen

oven cloth ['ʌvnklɒθ] der Topflappen

oven glove, (USA) **oven mitt** der Topfhandschuh

oven·proof ['ʌvnpru:f] hitzebeständig, feuerfest

oven-ready ['ʌvnredɪ] *Gericht:* bratfertig

over ['əʊvər] ① *mit Bewegung, Richtung* hinüber, herüber; **they swam over to us** sie schwammen zu uns herüber ② *räumlich* über; **the bridge over the river** die Brücke über den Fluss; **to spread a cloth over the table** ein Tischtuch auf den Tisch legen; **over there** da drüben; **she is over here** sie ist hier; **I am aching all over** mir tut alles weh ③ **to turn over the page** die Seite umblättern ④ (*zu Ende*) **the rain is over** der Regen hat aufgehört ⑤ übrig; **there is a lot of meat left over** es ist viel Fleisch übrig ⑥ (*mehr*) **children of 14 and over** Kinder ab 14; **he spoke for over an hour** er sprach über eine Stunde ⑦ (*mehrmals*) **she read it twice over** sie hat es zweimal gelesen; **over and over again** immer und immer wieder ⑧ *zeitlich* während, in; **to stay over the weekend** über das Wochenende bleiben; **over the summer** den Sommer über ⑨ **to come over tonight** kommen Sie heute Abend vorbei; **he is famous all over the world** er ist in der ganzen Welt berühmt; **they talked over a cup of tea** sie unterhielten sich bei einer Tasse Tee; **I heard it over the radio** ich habe es im Radio gehört

over·all[1] [ˌəʊvər'ɔ:l] ① gesamt, insgesamt; **overall majority** die absolute Mehrheit; **overall situation** die Gesamtlage; **overall it cost £18** die Gesamtkosten betrugen 18 Pfund ② im Großen und Ganzen; *Verbesserung, Wirkung:* allgemein

over·all[2] ['əʊvərɔ:l] **overalls** der Overall, der Arbeitsanzug

over·board ['əʊvəbɔ:d] über Bord

to **over·book** [ˌəʊvə'bʊk] **to overbook a flight/hotel** einen Flug/ein Hotel überbuchen

over·cast [ˌəʊvə'kɑ:st] *Himmel:* bedeckt, bewölkt

to **over·charge** [ˌəʊvə'tʃɑ:dʒ] **to overcharge someone for something** jemandem für etwas zu viel berechnen

over·coat der Mantel

to **over·come** [ˌəʊvə'kʌm] <overcame, overcome> ① überwältigen, bezwingen *Feind* ② überwinden, meistern *Angewohnheit* ③ **he was overcome by grief** der Schmerz übermannte ihn

over·crowd·ed [ˌəʊvə'kraʊdɪd] ① (*mit Menschen*) überfüllt, übervölkert ② (*mit Sachen*) überladen

to **over·do** [ˌəʊvə'du:] <overdid, overdone> ① **to overdo something** etwas übertreiben ② verkochen, verbrennen *Essen*

over·done [ˌəʊvə'dʌn] ① übertrieben ② *Essen:* verkocht, verbrannt

over·dose ['əʊvədəʊs] die Überdosis

over·draft ['əʊvədrɑ:ft] die Kontoüberziehung

to **over·draw** <overdrew, overdrawn> [sein Konto] überziehen

over·drawn *Konto:* überzogen

over·due [ˌəʊvə'dju:] überfällig

to **over·es·ti·mate** [ˌəʊvər'estɪmeɪt] überschätzen *Kosten usw.*

over·ex·cit·ed [ˌəʊvəɪk'saɪtɪd] überreizt

to **over·flow** [ˌəʊvə'fləʊ] ① *Bad, Topf:* überlaufen; **a river overflowing its banks** ein Fluss, der über die Ufer tritt ② (*übertragen*) überfließen; **the room is full to overflowing with people** der Raum ist von Menschen überfüllt

over·grown überwuchert

over·hang ['əʊvəhæŋ] <overhung, overhung> der Überhang; (*Maschinenteil*) der vorspringende Teil

to **over·hang** [ˌəʊvə'hæŋ] <overhung, overhung> **to overhang something** über etwas hinausragen, über etwas hervorstehen

over·head[1] [ˌəʊvə'hed] oben, am Himmel, in der Luft

over·head[2] ['əʊvəhed] **overhead lighting** die Deckenbeleuchtung; **overhead projector** der Overheadprojektor, der Tageslichtprojektor

over·heads ['əʊvəhedz] *Plural von Geschäft:* die Gemeinkosten, die allgemeinen Unkosten

to **over·hear** [ˌəʊvə'hɪər] <overheard, overheard> **to overhear a conversation** ein Gespräch zufällig [mit]hören

> **F** Nicht verwechseln mit **überhören** = to ignore!

to **over·heat** [ˌəʊvə'hi:t] überhitzen

over·hung *2. und 3. Form von* **overhang**

over·joyed [ˌəʊvə'dʒɔɪd] überglücklich

to **over·lap** [ˌəʊvə'læp] <overlapped, overlapped> ① überlappen; *Fläche, Dachziegel:* sich überlappen ② **the holiday overlaps with school time** der Urlaub überschneidet sich mit der Schulzeit

over·lap ['əʊvəlæp] die Überschneidung, die Überlappung

over·leaf [ˌəʊvə'li:f] umseitig

over·load ['əʊvələʊd] (*Last*) die Überbelastung; (*in Stromkreis*) die Überlastung; (*in Transportmittel*) das Übergewicht to **over·load** [ˌəʊvəlˈəʊd] überladen *Fahrzeug;* überlasten *Stromkreis*

to **over·look** [ˌəʊvəˈlʊk] 1 *Fenster:* überblicken 2 übersehen *Fehler;* (*versäumen*) vergessen 3 (*ignorieren*) **to overlook something** über etwas hinwegsehen

over·night¹ [ˌəʊvəˈnaɪt] über Nacht; **to stay overnight with someone** bei jemandem übernachten

over·night² [ˈəʊvənaɪt] 1 Nacht-; **overnight bag** die Reisetasche 2 (*übertragen*) ganz plötzlich; **to be an overnight success** über Nacht Erfolg haben

over·pass (USA) die Überführung

over·popu·lat·ed [ˌəʊvəˌpɒpjʊleɪtɪd] übervölkert

to **over·pow·er** [ˌəʊvəˈpaʊəʳ] **to overpower someone** jemanden überwältigen [*oder* übermannen]

over·pow·er·ing [ˌəʊvəˈpaʊərɪŋ] 1 überwältigend 2 *Parfüm:* aufdringlich

over·ran *2. Form von* **overrun**

to **over·re·act** [ˌəʊvərɪˈækt] überreagieren

over·re·ac·tion [ˌəʊvərɪˈækʃən] die Überreaktion

over·rid·ing¹ vorrangig

over·rid·ing² *kein Plural* das Fahren über das Fahrziel hinaus

to **over·run** <overran, overrun> 1 überrollen; **to overrun a country** in ein Land einfallen 2 überziehen *Termin;* überschreiten *Budget*

over·seas [ˌəʊvəˈsiːz] **to go overseas** nach Übersee gehen

to **over·see** <oversaw, overseen> beaufsichtigen; leiten *project*

to **over·shad·ow** überschatten; (*übertragen*) in den Schatten stellen

over·sight das Versehen

> **F** Nicht verwechseln mit **Übersicht** (die) = overall view!

to **over·sleep** [ˌəʊvəˈsliːp] <overslept, overslept> verschlafen

to **over·spend** <overspent, overspent> zuviel [Geld] ausgeben; **to overspend on a budget** ein Budget überschreiten

over·spent *2. und 3. Form von* **overspend**

to **over·step** [ˌəʊvəˈstep] <overstepped, overstepped> (*übertragen*) **to overstep the mark** zu weit gehen

to **over·take** [ˌəʊvəˈteɪk] <overtook, overtaken> 1 (GB) überholen 2 (*übertragen*) **to be overtaken by fear** von Furcht übermannt sein

over·taken [ˌəʊvəˈteɪkn] *3. Form von* **overtake**

over·threw [ˌəʊvəˈθruː] *2. Form von* **overthrow**

to **over·throw** [ˌəʊvəˈθrəʊ] <overthrew, overthrown> 1 **to overthrow a government** eine Regierung stürzen 2 umstoßen *Pläne*

over·thrown [ˌəʊvəˈθrəʊn] *3. Form von* **overthrow**

over·time [ˈəʊvətaɪm] die Überstunden; **to be on** [*oder* **do**] **overtime** Überstunden machen; **to work overtime** Überstunden machen

over·took [ˌəʊvəˈtʊk] *2. Form von* **overtake**

to **over·turn** [ˌəʊvəˈtɜːn] 1 *Auto, Gegenstand:* umkippen; *Boot:* kentern; **to overturn something** etwas umwerfen [*oder* umstoßen] [*oder* umstürzen] 2 stürzen *Regierung*

over·view [ˈəʊvəvjuː] der Überblick

over·weight [ˌəʊvəˈweɪt] zu schwer; **he is overweight** er hat Übergewicht

over·whelm·ing [ˌəʊvəˈ(h)welmɪŋ] überwältigend; **an overwhelming majority** eine erdrückende Mehrheit

to **over·work** [ˌəʊvəˈwɜːk] 1 sich überarbeiten 2 überstrapazieren

to **owe** [əʊ] 1 **to owe someone money** jemandem Geld schulden; **how much do I owe you?** was bin ich schuldig? 2 **I owe my life to him** ich verdanke ihm mein Leben

ow·ing [ˈəʊɪŋ] 1 unbezahlt; **how much is still owing?** wie viel steht noch aus? 2 **owing to** wegen, infolge; **owing to the circumstances** umständehalber

owl [aʊl] die Eule

own [əʊn] 1 eigen; **his own car** sein eigenes Auto; **that's my own** das ist mein eigenes; **I have money of my own** ich habe selbst Geld 2 **get one's own back on someone** es jemandem heimzahlen 3 **all on one's own** ganz allein, selbst

to **own** [əʊn] besitzen, haben; **who owns that car?** wem gehört dieses Auto?

◆ to **own up** **to own up to something** etwas zugeben

own·er [ˈəʊnəʳ] 1 der Besitzer/die Besitzerin, der Eigentümer/die Eigentümerin 2 *einer Firma, eines Kontos:* der Inhaber/die Inhaberin 3 **at owner's risk** auf eigene Gefahr

own·er-oc·cu·pied *Wohnung:* eigengenutzt, vom Eigentümer/von der Eigentümerin selbst bewohnt

own·er·ship [ˈəʊnəʃɪp] der Besitz; **under new ownership** unter neuer Leitung

ox [ɒks, *Plural* ˈɒksən] <*Plural* oxen> der Ochse

oxen [ˈɒksən] *Pluralform von* **ox**

to **oxi·dize** [ˈɒksɪdaɪz] oxidieren

oxy·gen [ˈɒksɪdʒən] der Sauerstoff

oxy·gen cyl·in·der die Sauerstoffflasche

oxy·gen mask die Sauerstoffmaske

oys·ter [ˈɔɪstəʳ] 1 die Auster 2 **the world's his oyster** die ganze Welt liegt ihm zu Füßen

oz <*Plural* oz> *Abkürzung von* **ounce** die Unze (= *28,35 g*)

Oz [ɒz] (GB) (*umgangsspr*) Australien

ozone [ˈəʊzəʊn] *kein Plural* das Ozon

ozone lay·er die Ozonschicht

O

Pp

P <*Plural* P's *oder* Ps>, **p** [piː] <*Plural* p's> P, p

PA [ˌpiː'eɪ] *Abkürzung von* **personal assistant** der persönliche Assistent/die persönliche Assistentin, der Chefsekretär/die Chefsekretärin

pa [pɑː] (*umgangsspr*) der Papa

p.a. [ˌpiː'eɪ] *Abkürzung von* **per annum** pro Jahr

pace [peɪs] ① der Schritt; **to keep pace with someone** mit jemandem Schritt halten ② *von Pferd:* der Gang, die Gangart ③ das Tempo; **to set the pace** das Tempo angeben; (*übertragen*) den Ton angeben

to **pace** [peɪsi] ① **to pace up and down** auf- und abgehen ② (*bei Rennen usw.*) **to pace someone** für jemanden das Tempo angeben

pace·mak·er ['peɪsˌmeɪkəʳ] (*im Sport, in der Medizin*) der Schrittmacher

Pa·cif·ic [pə'sɪfɪk] [der] Pazifik; **a Pacific island** eine Insel im Pazifik

paci·fist[1] ['pæsɪfɪst] pazifistisch

paci·fist[2] ['pæsɪfɪst] der Pazifist/die Pazifistin

pack [pæk] ① das Bündel ② (USA) *von Zigaretten:* die Schachtel ③ *von Wölfen:* das Rudel; *von Jagdhunden:* die Meute ④ **[back]pack** der Rucksack ⑤ **a pack of cards** ein Kartenspiel; **a pack of thieves** eine Diebesbande ⑥ **a pack of lies** lauter Lügen

to **pack** [pæk] ① [seine Sachen] packen; packen *Koffer;* **that won't pack into one case** das passt nicht in einen Koffer ② *Menschen:* sich drängen; füllen *Raum;* **to be packed out** gerammelt voll sein ③ **to pack something in plastic** etwas in Plastik verpacken ④ **to send someone packing** jemanden davonjagen

◆ to **pack away** **to pack something away** etwas wegpacken [*oder* wegräumen]

◆ to **pack in** ① **to pack something in** etwas einpacken; hineinpferchen *Menschen* ② (GB) (*umgangsspr*) **to pack a job in** eine Stelle hinschmeißen; **pack it in!** hör auf!

◆ to **pack off** **to pack someone/something off** jemanden/etwas [weg]schicken

◆ to **pack up** ① **to pack something up** etwas verpacken ② zusammenpacken *Sachen* ③ (*umgangsspr*) *Motor:* stehen bleiben

pack·age ['pækɪdʒ] (*auch übertragen*) das Paket

pack·age deal das Pauschalangebot

pack·age holi·day, **pack·age tour** die Pauschalreise

pack·ag·ing ['pækɪdʒɪŋ] die Verpackung

pack·et ['pækɪt] ① das Paket, das Päckchen ② *von Zigaretten:* die Packung ③ **to make a packet** (GB) (*umgangsspr*) eine Stange Geld verdienen; **to cost a packet** (*umgangsspr*) ein Heidengeld kosten

pack·ing ['pækɪŋ] ① **to do one's packing** (*umgangsspr*) packen ② das Packmaterial

pack·ing case die Kiste, der Umzugskarton

pad [pæd] ① das Kissen, das Polster ② *von Tier:* der [Fuß]ballen ③ **writing pad** der Schreibblock ④ (*für Sport*) der Beinschützer ⑤ (*slang*) die Wohnung, die Bude

to **pad** [pæd] <padded, padded> [aus]polstern, wattieren

◆ to **pad out** (*übertragen*) **to pad an essay out** einen Aufsatz auswalzen (**with** durch)

pad·ded ['pædɪd] *Jacke:* wattiert, gepolstert

pad·ding ['pædɪŋ] ① die Polsterung, die Wattierung ② das Polstermaterial ③ (*übertragen*) der Füller

pad·dle ['pædl] ① das Paddel ② die Schaufel, das Schaufelrad; **to go for a paddle** im Wasser planschen gehen

to **pad·dle** ['pædl] ① paddeln ② im Wasser planschen

pad·dling pool ['pædlɪŋˌpuːl] das Planschbecken

pad·lock ['pædlɒk] das Vorhängeschloss

to **pad·lock** ['pædlɒk] mit einem Vorhängeschloss verschließen

pae·dia·tri·cian [ˌpiːdiə'trɪʃᵊn] der Kinderarzt/die Kinderärztin

pae·di·at·rics [ˌpiːdi'ætrɪks] ⚠ *Singular* die Kinderheilkunde

pa·gan ['peɪgᵊn] der Heide/die Heidin

page[1] [peɪdʒ] das Blatt; *von Buch:* die Seite

page[2] [peɪdʒ] der [Hotel]page, der Boy

to **page** [peɪdʒ] (*mit Piepser*) **to page someone** jemanden anpiepen

page lay·out der Seitenlayout

pag·er ['peɪdʒəʳ] der Piepser

paid[1] [peɪd] *2. und 3. Form von* **pay**

paid[2] [peɪd] ① bezahlt; **paid holidays** der bezahlte Urlaub ② (GB) (*umgangsspr*) **to put paid to something** etwas zunichtemachen

pain [peɪn] ① (*körperlich*) die Schmerzen; **to be in/feel pain** Schmerzen haben/empfinden; **I have a pain in my knee** mein Knie tut weh; **to be a pain [in the neck]** (*umgangsspr*) jemandem auf den Wecker gehen ② (*seelisch*) der Kummer, die Qualen ③ **to be at pains to do something** sehr darauf bedacht sein, etwas zu tun; sich große Mühe geben, etwas zu tun; **to take pains over something** sich mit etwas [große] Mühe geben

pain·ful ['peɪnfᵊl] ① schmerzhaft, schmerzend; **to be painful** wehtun ② (*übertragen*) peinlich, unangenehm

pain·kill·er das schmerzstillende Mittel

pain·less ['peɪnləs] (1) schmerzlos (2) mühelos

to **paint** [peɪnt] malen; **to paint a picture** ein Bild malen; anstreichen *Wand;* lackieren *Auto, Tür*

paint [peɪnt] (1) die Farbe, der Anstrich (2) (*für Auto*) der Lack (3) **wet paint!** frisch gestrichen!

paint·box der Malkasten

paint·brush ['peɪntbrʌʃ] der Pinsel

paint·er ['peɪntəʳ] (1) der Maler/die Malerin (2) **[house] painter** der Anstreicher/die Anstreicherin

paint·ing ['peɪntɪŋ] (1) das Malen; (*von Haus usw.*) das Anstreichen (2) (*Kunst*) die Malerei (3) (*Kunstwerk*) das Bild, das Gemälde

pair [peəʳ] (1) das Paar; **in pairs** paarweise (2) **a pair of gloves/shoes** ein Paar Handschuhe/Schuhe; **a pair of scissors/tongs/trousers** eine Schere/Zange/Hose (3) (*Tiere, Spielkarten*) das Pärchen

◆ to **pair off** (1) Paare bilden; **to pair things off** Dinge in Zweiergruppen anordnen (2) verkuppeln *Menschen*

pair work *kein Plural* die Paararbeit

pa·jam·as [pə'dʒɑːməz] ⚠ *Plural* (USA) der Schlafanzug, der Pyjama

Pa·ki·stan [ˌpɑːkɪ'stɑːn] Pakistan

Pa·ki·stani¹ [ˌpɑːkɪ'stɑːni] pakistanisch

Pa·ki·stani² [ˌpɑːkɪ'stɑːni] der/die Pakistani, der Pakistaner/die Pakistanerin

pal [pæl] (*slang*) der Kumpel

pal·ace ['pælɪs] der Palast

pale [peɪl] <paler, palest> (1) bleich, blass; **to turn pale** blass [*oder* bleich] werden; erbleichen (2) **pale blue** blassblau (3) *Licht:* schwach (4) (*übertragen*) schwach, matt, farblos

to **pale** [peɪl] (1) erbleichen, erblassen (2) (*übertragen*) verblassen (**before/beside** neben)

pale·ness ['peɪlnəs] die Blässe

Pal·es·tine ['pæləstaɪn] Palästina

Pal·es·tin·ian¹ [ˌpælə'stɪniən] palästinensisch

Pal·es·tin·ian² [ˌpælə'stɪniən] der Palästinenser/die Palästinenserin

palm¹ [pɑːm] (*Baum*) die Palme

palm² [pɑːm] (1) (*Körperteil*) der Handteller, die Handfläche; **to read someone's palm** jemandem aus der Hand lesen (2) *von Handschuh:* die Innenfläche (3) **to grease someone's palm** jemanden bestechen

◆ to **palm off** **to palm something off on[to] someone** jemandem etwas andrehen

palm·top der Palmtop

palm tree die Palme

to **pam·per** ['pæmpəʳ] verwöhnen, verhätscheln

pam·phlet ['pæmflɪt] die Broschüre, das Flugblatt

pan [pæn] (1) (*zum Kochen*) die Pfanne, der Kochtopf (2) (*zum Wiegen*) die Waagschale (3) *von Toilette:* das Becken

◆ to **pan out** sich entwickeln; **it all panned out well** alles hat gut geklappt

Pana·ma [ˌpænə'mɑː] Panama; **Panama Canal** der Panamakanal

pan·cake ['pænkeɪk] der Pfannkuchen; **Pancake Day** der Fastnachtsdienstag

> **L** Der **Pancake Day** oder **Shrove Tuesday** (Fastnachtsdienstag) ist der Tag vor dem **Ash Wednesday** (Aschermittwoch). Traditionell isst man Pfannkuchen, weil es früher üblich war, noch alle Eier im Haus aufzubrauchen, bevor **Lent** (die Fastenzeit) begann.

pan·da ['pændə] der Panda

pan·dem·ic [pæn'demɪk] die Pandemie

p & p [ˌpiːənd'piː] →**postage and packing** Porto und Verpackung

pane [peɪn] die Fensterscheibe

pan·el ['pænəl] (1) (*aus Glas, Holz*) die Platte; (*aus Holz*) die Tafel (2) (*bei Radioprogramm usw.*) das Podium (3) der Ausschuss, die Kommission; **panel of experts** der Sachverständigenausschuss (4) *von Maschine:* die Schalttafel

pan·el dis·cus·sion die Podiumsdiskussion

pan·el game das Ratespiel

pan·ic ['pænɪk] die Panik, der panische Schreck[en]; **to get into a panic about something** wegen etwas in panische Angst geraten

to **pan·ic** ['pænɪk] <panicked, panicked> in Panik geraten; **to panic someone** jemandem einen Schreck einjagen; **don't panic!** keine Panik!

pan·ic-strick·en ['pænɪkˌstrɪkən] in panischem Schrecken

pan·sy ['pænzi] das Stiefmütterchen

to **pant** [pænt] *Person:* keuchen; *Hund:* hecheln; **to pant for breath** nach Luft schnappen

pan·ther ['pæn(t)θəʳ] der Panther

panties ['pæntiz] *Plural* **[pair of] panties** der Schlüpfer; (*für Kinder*) das Höschen

pan·to·mime ['pæntəmaɪm] (1) (*in Großbritannien*) die Weihnachtsaufführung (2) (*übertragen*) das Theater

pan·try ['pæntri] die Vorratskammer, die Speisekammer

pants [pænts] *Plural* (1) (USA) die Hose (2) (GB) die Unterhose

pan·ty·hose (USA) die Strumpfhose

panty lin·er die Slipeinlage

pa·pal ['peɪpəl] päpstlich

pa·per ['peɪpəʳ] (1) das Papier; **a piece of paper** ein Blatt Papier (2) die Zeitung; **to do a paper round** Zeitungen austragen (3) (*akademischer Bericht*) das Paper, das Referat (**on** über) (4) **examination paper** die Prüfungsarbeit (5) **papers** (*Ausweis usw.*) die Papiere (6) **papers** (*im Büro*) die Akten, die Papiere (7) **on paper** auf dem Papier; (*übertragen*) in der Theorie

to **pa·per** ['peɪpəʳ] tapezieren

◆ to **paper over** ① überkleben ② **to paper over the cracks of something** (*übertragen*) etwas übertünchen
pa·per·back ['peɪpəbæk] das Taschenbuch
pa·per bag die Tüte
pa·per boy der Zeitungsjunge
pa·per case das Papierbackförmchen
pa·per chain die Girlande
pa·per clip die Büroklammer
pa·per cup der Pappbecher
pa·per feed *von Drucker:* der Papiereinzug
pa·per girl die Zeitungsausträgerin
pa·per mill die Papierfabrik
pa·per plate der Pappteller
pa·per round GB, **pa·per route** USA die Zeitungszustellung; **to have a paper route** Zeitungen austragen
pa·per-thin hauchdünn
pa·per tis·sue das Kosmetiktuch
pa·per·work ['peɪpəwɜːk] die Schreibarbeit
pap·ri·ka ['pæprɪkə] (*Gewürz*) der Paprika
para·ble ['pærəbl̩] die Parabel, das Gleichnis
para·chute ['pærəʃuːt] der Fallschirm
to **para·chute** ['pærəʃuːt] abspringen
para·chute jump der Fallschirmabsprung
pa·rade [pə'reɪd] ① *von Truppen:* die Parade; **parade ground** der Exerzierplatz, der Paradeplatz ② (*bei Festlichkeiten*) der Aufzug, der Festzug, die Prozession ③ (*gegen eine Sache*) die Demonstration ④ (*am Meer*) die Promenade ⑤ (*übertragen*) die Zurschaustellung
to **pa·rade** ['pærəʃuːt] ① aufmarschieren lassen *Truppen;* **the soldiers paraded through the streets** die Soldaten marschierten durch die Straßen ② (*übertragen*) sich zur Schau stellen; **she paraded up and down with the hat on** den Hut auf dem Kopf stolzierte sie auf und ab ③ *Demonstranten:* ziehen (**through** durch)
para·dise ['pærədaɪs] das Paradies
para·glid·ing ['pærəˌglaɪdɪŋ] *kein Plural* das Gleitschirmfliegen
para·graph ['pærəgrɑːf] ① der Absatz, der Abschnitt ② der [kurze] Zeitungsartikel
Para·guay ['pærəgwaɪ] Paraguay
Para·guay·an¹ [ˌpærə'gwaɪən] paraguayisch
Para·guay·an² [ˌpærə'gwaɪən] der Paraguayer/die Paraguayerin
par·al·lel¹ ['pærəlel] ① parallel (**with/to** mit) ② (*übertragen*) **parallel to something** einer Sache entsprechend
par·al·lel² ['pærəlel] ① (*auch übertragen*) die Parallele (**to** zu) ② (*übertragen*) die Entsprechung; **to draw a parallel between** eine Parallele ziehen zwischen
par·al·lel bars *Plural* (*Gymnastik*) der Barren
Para·lym·pic Games [ˌpærə'lɪmpɪk-], **Para·lym·pics** [ˌpærə'lɪmpɪks] *Plural* **the Paralympics** die Paralympischen Spiele

to **para·lyse** ['pærəlaɪz] ① lähmen ② lahmlegen *Verkehr* ③ (*übertragen*) zum Erliegen bringen, unwirksam machen; **paralysed with fear** starr vor Schrecken
pa·raly·ses [pə'ræləsiːz] *Pluralform von* **paralysis**
pa·raly·sis [pə'ræləsɪs, *Plural* -siːz] <*Plural* paralyses> die Lähmung
para·lyt·ic¹ [ˌpærə'lɪtɪk] ① paralytisch, gelähmt ② (*umgangsspr*) volltrunken
para·lyt·ic² [ˌpærə'lɪtɪk] der/die Gelähmte, der Paralytiker/die Paralytikerin
to **para·lyze** ['pærəlaɪz] USA ① lähmen ② lahmlegen *Verkehr* ③ (*übertragen*) zum Erliegen bringen, unwirksam machen; **paralysed with fear** starr vor Schrecken
para·med·ic [ˌpærə'medɪk] der Sanitäter/die Sanitäterin
para·mili·tary [ˌpærə'mɪlɪtᵊri] paramilitärisch
para·noid [ˌpærə'nɔɪd] paranoid
para·phrase ['pærəfreɪz] die Umschreibung
to **para·phrase** ['pærəfreɪz] umschreiben
para·site ['pærəsaɪt] der Schmarotzer; (*auch übertragen*) der Parasit
para·troop·er ['pærəˌtruːpəʳ] der Fallschirmjäger/die Fallschirmjägerin
para·troops ['pærətruːps] *Plural* die Fallschirmtruppen, die Luftlandetruppen
to **par·boil** ['pɑːbɔɪl] kurz vorkochen *Lebensmittel*
par·cel ['pɑːsᵊl] ① das Paket, das Päckchen ② **parcel of land** die Landparzelle
par·cel de·liv·ery die Paketzustellung
par·cel of·fice der Paketschalter
par·cel post die Paketpost; **to send by parcel** als Postpaket schicken
to **par·don** ['pɑːdᵊn] ① (*juristisch*) begnadigen ② **to pardon [someone]** [jemandem] vergeben [*oder* verzeihen] ③ **pardon me!** Entschuldigung!; **pardon me?** USA wie bitte?
par·don ['pɑːdᵊn] ① die Verzeihung, die Vergebung ② (*juristisch*) die Begnadigung ③ **I beg your pardon!** Entschuldigung!; **I beg your pardon?** wie bitte?
par·ent ['peərᵊnt] ① der Elternteil ② **parents** die Eltern, **parents-in-law** die Schwiegereltern
pa·ren·tal [pə'rentᵊl] elterlich, Eltern-; **parental control** die Beaufsichtigung durch die Eltern; **parental leave** der Erziehungsurlaub
par·ent com·pa·ny die Muttergesellschaft
pa·ren·thesis [pə'ren(t)θəsɪs, *Plural* -siːz] <*Plural* -ses> *meist Plural, besonders* USA **in parentheses** in [runden] Klammern
par·ent·hood ['peərᵊnthʊd] *kein Plural* die Elternschaft
par·ish ['pærɪʃ] ① die [Pfarr]gemeinde, die Kirchengemeinde ② **civil parish** die [Land]gemeinde
park [pɑːk] ① der Park; **a theme park** ein Frei-

P

zeitpark ② **a national park** ein Nationalpark ③ USA der Sportplatz

to **park** [pɑːk] ① abstellen; parken *Auto;* abstellen *Fahrrad* ② (*umgangsspr*) abstellen *Sachen;* **to park oneself** (*umgangsspr*) sich platzieren

park-and-ride das Park-and-ride-System

park·ing ['pɑːkɪŋ] ① das Parken; **no parking** Parken verboten ② (*Platz*) die Parkplätze

park·ing area der Parkplatz

park·ing bay die Parkbucht

park·ing brake USA die Feststellbremse

park·ing disc die Parkscheibe

park·ing light USA das Standlicht

park·ing lot der Parkplatz

park·ing me·ter die Parkuhr

park·ing space die Parklücke

park·ing tick·et der Strafzettel (*für falsches Parken*)

park keep·er ['pɑːk kiːpəʳ] der Parkwächter/die Parkwächterin

park·way ['pɑːkweɪ] USA die Allee

parky ['pɑːki] GB (*umgangsspr*) kühl

par·lia·ment ['pɑːləmənt] das Parlament; **to enter** [*oder* **go into**] **Parliament** ins Parlament gewählt werden; **to stand for Parliament** für das Unterhaus kandidieren; **Member of Parliament** das Parlamentsmitglied

> **L** Das **Parliament** besteht nach der britischen Verfassung aus den beiden *Houses of Parliament* und dem Monarchen. Die *Houses of Parliament* befinden sich im *Palace of Westminster* in London. Das **House of Commons** (Unterhaus) wird vom Volk gewählt und stellt die meisten der Minister. Seine Abgeordneten heißen **members of parliament** oder **MPs**. Das **House of Lords** (Oberhaus) kann nur bedingt Gesetze verabschieden, ist allerdings die höchste Gerichtsbarkeit.

P

par·lia·men·tary [ˌpɑːlə'mentᵊri] **parliamentary elections** die Parlamentswahl; **parliamentary party** die Fraktion

paro·dy ['pærədi] ① *einer Person:* die Parodie, die Persiflage (**of** auf) ② (*schwache Nachahmung*) der Abklatsch; **the trial was a parody of justice** der Prozess war eine Farce

to **paro·dy** ['pærədi] parodieren

pa·role [pə'rəʊl] **on parole** auf Bewährung

to **pa·role** [pə'rəʊl] auf Bewährung entlassen

par·rot ['pærət] ① der Papagei ② **to repeat something parrot-fashion** etwas wie ein Papagei wiederholen

pars·ley ['pɑːsli] die Petersilie

pars·nip ['pɑːsnɪp] die Pastinake

part¹ [pɑːt] ① der Teil; **part of the body** der/das Körperteil; **I lost part of it** ich habe einen Teil davon verloren ② (*technisch*) der Teil, der Bauteil ③ *einer Serie:* die Folge, die Fortsetzung ④ (*beim Theater, im Film*) die Rolle; **to play** [*oder* **take**] **a part** (*auch übertragen*) eine Rolle spielen ⑤ (*Musik*) die Stimme, die Partie ⑥ die Seite, die Partei; **to take someone's part** für jemanden [*oder* jemandes] Partei ergreifen; **for my part** meinerseits, was mich betrifft; **on the part of** vonseiten, seitens ⑦ (*Region*) **which part of Austria is he from?** von wo in Österreich kommt er?; **in these parts** in dieser Gegend, hierzulande ⑧ **for the most part** meist[ens], größtenteils, meistenteils ⑨ **in parts** teilweise, teils, zum Teil, teil-; **in equal parts** zu gleichen Teilen ⑩ **part of speech** die Wortart ⑪ **to take part** teilnehmen, sich beteiligen (**in** an) ⑫ **to take in part exchange** in Zahlung nehmen ▶ WENDUNGEN: **the nice part of it is** das Nette daran ist; **to take something in good part** etwas nicht übel nehmen; **to be part and parcel of something** von etwas ein wesentlicher Bestandteil sein

part² [pɑːt] teils, teilweise; **she's part English, part German** sie ist halb Engländerin und halb Deutsche

to **part** [pɑːt] ① teilen; scheiteln *Haar* ② trennen (**from** von) ③ *Personen, Paar:* sich trennen (**with** von); **till death us do part** bis dass der Tod uns scheidet; **to part as friends** in Freundschaft auseinandergehen ④ *Lippen, Vorhang:* sich öffnen

par·tial ['pɑːʃᵊl] ① teilweise; **partial success** der Teilerfolg ② (*nicht objektiv*) voreingenommen, parteiisch

par·tial·ly ['pɑːʃᵊli] teilweise

par·tici·pant [pɑː'tɪsɪpᵊnt] der Teilnehmer/die Teilnehmerin

to **par·tici·pate** [pɑː'tɪsɪpeɪt] teilnehmen, sich beteiligen (**in** an)

par·tici·pa·tion [pɑːˌtɪsɪ'peɪʃᵊn] die Mitwirkung, die Teilnahme (**in** an), die Beteiligung

par·ti·ci·ple [pɑː'tɪsɪpl̩] das Partizip

par·ti·cle ['pɑːtɪkl̩] ① *Staub:* das Teilchen ② (*übertragen*) die Spur ③ (*Grammatik*) die Partikel

par·ticu·lar [pɑː'tɪkjələʳ] ① besondere(r, s); bestimmt *Grund;* **in particular** insbesondere; **nothing in particular** nichts Besonderes ② *Mensch:* eigen, wählerisch, [über]genau ③ **she's very particular about cleanliness** sie nimmt es mit der Sauberkeit sehr genau

par·ticu·lar·ly [pɑː'tɪkjələli] im Besonderen, insbesondere

par·ticu·lars [pɑː'tɪkjələʳz] *Plural* ① Näheres, die Details, die Einzelheiten (**about/of** über); **without giving particulars** ohne nähere Angaben [zu machen]; **without going into particulars** ohne auf Einzelheiten einzugehen ② die Personalien

part·ing¹ ['pɑːtɪŋ] der Abschied

part·ing² ['pɑːtɪŋ] GB der Scheitel; **side parting** der Seitenscheitel; **middle parting** der Mittelscheitel

part·ing shot die letzte Bemerkung

par·ti·tion [pɑː'tɪʃᵊn] 1 die Teilung 2 die Aufteilung 3 (*in einem Haus*) die Trennwand, der Raumteiler

to **par·ti·tion** [pɑː'tɪʃᵊn] teilen; **to partition something off** etwas abtrennen

part·ly ['pɑːtli] teilweise, zum Teil; **partly eaten** halbgegessen; **it was partly his fault** es war zum Teil seine Schuld

part·ner ['pɑːtnəʳ] 1 der Partner/die Partnerin 2 (*im Geschäft*) der Partner/die Partnerin, der Teilhaber/die Teilhaberin (**in** an), der Gesellschafter/die Gesellschafterin

to **part·ner** ['pɑːtnəʳ] **to partner someone** jemandes Partner/Partnerin sein

part·ner·ship ['pɑːtnəʃɪp] *kein Plural* die Partnerschaft

part-time [ˌpɑːt'taɪm] Teilzeit-; **part-time job** die Teilzeitbeschäftigung; **part-time work** die Teilzeitarbeit; **to do part-time work** einer Teilzeitarbeit nachgehen; **part-time worker** die Teilzeitkraft; **he is only part-time** er arbeitet nur Teilzeit

par·ty ['pɑːti] 1 (*politisch*) die Partei; **parliamentary party** die Fraktion 2 (*Feier*) die Party; **at the party** auf der Party; **to have a party** eine Party feiern; **to go to a party** auf eine Party gehen; **we're having a dinner party tonight** wir haben heute Abend Gäste zum Abendessen 3 **a party of five** eine Gruppe von fünf Personen 4 **the party concerned** der/die Beteiligte, der/die Betroffene 5 **to be a party to something** an etwas beteiligt sein, bei etwas mitmachen

par·ty-goer ['pɑːtɪˌgəʊəʳ] der Partygänger/die Partygängerin

par·ty head·quar·ters die Parteizentrale

par·ty line 1 (*Telefon*) der Gemeinschaftsanschluss 2 (*politisch*) die Parteilinie; **to follow the party line** linientreu sein

par·ty po·liti·cal broad·cast die parteipolitische Sendung

par·ty poli·tics *mit Singular oder Plural* die Parteipolitik

par·ty pop·per (GB) der Partyknaller

pash·mi·na [pæʃ'miːnə] der Pashminaschal

pass [pɑːs] <*Plural* passes> 1 der Ausweis; (*beim Militär*) der Passierschein 2 **he got a pass in maths** er hat die Matheprüfung bestanden 3 (*beim Sport*) der Pass 4 (*im Gebirge*) der Pass 5 **to make a pass at someone** bei jemandem Annäherungsversuche machen

to **pass** [pɑːs] 1 *Person:* vorbeigehen; *Fahrzeug:* vorbeifahren (**by** an); **to pass through the crowd** durch die Menge hindurchgehen; **to let someone pass** jemanden vorbeilassen 2 (*geben*) herumreichen *Snack;* **can you pass me the butter please?** kannst du mir bitte die Butter reichen? 3 **don't worry, it'll pass** keine Angst, das geht vorbei 4 *Zeit:* vergehen, verstreichen; **to pass the time** die Zeit verbringen 5 bestehen *Prüfung;* mitmachen, absolvieren *Lehrgang* 6 verabschieden *Gesetz* 7 **to pass for something** als etwas gelten 8 (*im Kartenspiel*) passen 9 (*Sport*) den Ball weitergeben; **to pass the ball to someone** jemandem den Ball zuspielen 10 **to let something pass** *Ereignis, Bemerkung:* etwas durchgehen lassen; **to pass unnoticed** nicht bemerkt werden

◆ to **pass away** 1 (*sterben*) *Mensch, Tier:* entschlafen, hinscheiden 2 **to pass away the time** die Zeit verbringen

◆ to **pass by** 1 vorbeigehen; *Fahrzeug:* vorbeifahren; **he passed by the shops** er ging an den Läden vorbei 2 *Zeit:* vergehen

◆ to **pass down** weitergeben *Tradition, Brauch* (**to** an)

◆ to **pass off** **to pass oneself off as** sich ausgeben als; **she could pass herself off as an English girl** man könnte sie gut für eine Engländerin halten

◆ to **pass on** 1 weitersagen *Geheimnis, Information* 2 weitergeben *Krankheit* 3 weiterreichen; **could you pass the papers on to the next row?** könntest du die Papiere an die nächste Reihe weitergeben?

◆ to **pass out** das Bewusstsein verlieren, in Ohnmacht fallen

◆ to **pass through** 1 **I'm just passing through** ich bin nur auf der Durchreise 2 **you'll pass through London** Sie werden durch London fahren

pas·sage ['pæsɪdʒ] 1 die Durchfahrt, die Durchreise 2 (*mit Schiff*) die Seefahrt; **to book one's passage** einen Schiffsplatz belegen (**for** nach) 3 **right of passage** das Durchgangsrecht, das Durchfahrtsrecht 4 (*in einem Gebäude*) der [Durch]gang, der Korridor; (*zwischen Gebäuden*) die Gasse, der Weg 5 die Textstelle 6 (*Musik*) die Passage, das Stück 7 *eines Gesetzes:* die Verabschiedung, die Annahme

pas·sage·way ['pæsɪdʒweɪ] der Durchgang, die Passage

pass·book ['pɑːsbʊk] das Sparbuch

pas·sen·ger ['pæsᵊndʒəʳ] der/die Reisende; (*im Bus, Taxi*) der Fahrgast; (*auf einem Schiff*) der Passagier; (*im Flugzeug*) der Fluggast, der Passagier; (*im Auto*) der Mitfahrer/die Mitfahrerin, der Beifahrer/die Beifahrerin

pas·sen·ger list die Passagierliste

pas·sen·ger train der Personenzug

pass·er-by [ˌpɑːsə'baɪ] <*Plural* passers-by> der Passant/die Passantin

pass·ing[1] ['pɑːsɪŋ] 1 vorübergehend; *Fahrzeug:*

P

vorbeifahrend; *Wolken:* vorüberziehend ② (*übertragen*) flüchtig, kurz, beiläufig; *Jahre:* vergehend; **passing remark** die flüchtige Bemerkung

pass·ing[2] ['pɑːsɪŋ] ① das Vorübergehen ② (*beim Autofahren*) das Überholen ③ *einer Prüfung:* das Bestehen ④ *eines Gesetzes:* die Annahme, die Verabschiedung ⑤ das Hinscheiden, das Ableben ⑥ **she remarked in passing that he was late** sie bemerkte beiläufig [*oder* nebenbei], dass er zu spät gekommen war

pass·ing lane (USA) die Überholspur

pass·ing place die Ausweichstelle

pas·sion ['pæʃᵊn] ① die Leidenschaft, die Leidenschaftlichkeit; **fit of passion** Anfall von Leidenschaft ② die Begeisterung, die Vorliebe (**for** für), das heftige Verlangen (**for** nach) ③ **in a fit of passion she broke the window** in einem Wutanfall hat sie das Fenster kaputtgemacht

pas·sion·ate ['pæʃᵊnət] leidenschaftlich

pas·sive[1] ['pæsɪv] das Passiv

pas·sive[2] ['pæsɪv] ① passiv; **passive smoking** das Passivrauchen ② (*Grammatik*) **passive voice** das Passiv

pass key ['pɑːs kiː] der Hauptschlüssel

pass mark die Mindestpunktzahl (*zum Bestehen einer Klausur*)

pass·port ['pɑːspɔːt] ① der Reisepass ② (*übertragen*) der Weg, der Schlüssel (**to** zu)

pass·port con·trol die Passkontrolle

pass·port hold·er der Passinhaber/die Passinhaberin

pass·word ['pɑːswɜːd] ① (*im Internet*) das Passwort ② das Kennwort

past[1] [pɑːst] ① *räumlich* vorüber, vorbei; **to walk/drive/run past something** an etwas vorbeigehen/vorbeifahren/vorbeilaufen; **the supermarket is past the post office** der Supermarkt ist hinter [*oder* nach] der Post ② *zeitlich* **that's past history** das ist längst vorbei; **what's past is past** was vorbei ist, ist vorbei; **in the past week** letzte [*oder* vergangene] Woche; **ten past three** zehn nach drei; **half past three** halb vier; **past forty** über vierzig ③ (*Grammatik*) **past tense** die Vergangenheit; **past participle** das Partizip Perfekt; **past perfect** das Plusquamperfekt ▶ WENDUNGEN: **I'm past caring** das ist mir jetzt egal; **to be past something** für etwas zu alt sein; **I'm past that** ich bin darüber weg; **he is [getting] past it** er bringt es nicht mehr; **this machine is getting past it** die Maschine taugt langsam nichts mehr; **I wouldn't put it past him** (*umgangsspr*) das würde ich ihm zutrauen

past[2] [pɑːst] die Vergangenheit; **in the past** früher, in der Vergangenheit; **to be a thing of the past** der Vergangenheit angehören

pas·ta ['pæstə] die Teigwaren, die Pasta

paste [peɪst] ① der Brotaufstrich; **anchovy paste** die Sardellenpaste ② der Kleister ③ **make a paste of flour and water** machen Sie einen [flüssigen] Teig aus Mehl und Wasser

to **paste** [peɪst] ① zukleben, zukleistern (**with** mit) ② kleben (**on** auf); **to paste the two pieces together** kleben Sie die zwei Teile zusammen

pas·tel[1] ['pæstᵊl] ① der Pastellstift ② (*Farbe*) der Pastellton

pas·tel[2] ['pæstᵊl] pastellfarben; **pastel shades** die Pastelltöne

to **pas·teur·ize** [ˌpæstʃᵊraɪz] pasteurisieren, keimfrei machen

pas·try ['peɪstri] ① der Kuchenteig ② das Backwerk, das Gebäck; **Danish pastry** das Teilchen

pas·ture land ['pɑːstʃəʳ lænd] das Weideland

pasty[1] ['pæsti] *Gesicht:* bleich, blass, käsig

pasty[2] ['peɪsti] (GB) die Pastete (*mit Fleisch und Kartoffeln*)

pat [pæt] der leichte Schlag, der Klaps; **give yourself a pat on the back** klopf dir auf die Schulter

to **pat** [pæt] <patted, patted> ① tätscheln; festklopfen *Erde, Sand* ② **to pat something dry** etwas trockentupfen ③ **to pat someone on the back** jemandem auf die Schulter klopfen; **she patted her hair down** sie drückte sich die Haare zurecht

patch [pætʃ] <*Plural* patches> ① (*zum Reparieren*) der Flicken ② die [Augen]klappe ③ der Fleck, die Stelle; *von Land:* das Stück; (*im Garten*) das Beet; **icy patches** stellenweise Glatteis ④ (*zeitlich*) die Phase; **to go through a bad patch** eine schlechte Phase durchmachen; **to hit** [*oder* **strike**] **a bad patch** eine Pechsträhne haben ⑤ (*umgangsspr*) *von Polizist, Prostituierter:* das Revier ▶ WENDUNGEN: **it's not a patch on our old car** es ist kein Vergleich zu unserem alten Auto

to **patch** [pætʃ] flicken

◆ to **patch up** ① zusammenflicken *Kleidungsstück* ② beilegen *Streit;* **to patch up a relationship** eine Beziehung kitten; **I don't want to patch things up again** ich möchte das nicht wieder so hinbiegen

patch·work[1] ① *kein Plural* das Patchwork ② (*übertragen*) das Flickwerk

patch·work[2] **patchwork family** die Patchworkfamilie; **patchwork quilt** die Patchworkdecke

patchy ['pætʃi] ① *Qualität, Arbeit:* unregelmäßig, ungleichmäßig ② *Kenntnisse:* lückenhaft ③ *Stoff:* gefleckt ④ **there will be patchy showers** es gibt hin und wieder Regen

pâté ['pæteɪ] die Pastete

pa·tent ['peɪtᵊnt, 'pæt-] das Patent; **to take out a patent on something** etwas patentieren lassen

to **pa·tent** ['peɪtᵊnt, 'pæt-] patentieren lassen
pa·ter·nal [pə'tɜːnᵊl] väterlich; **my paternal aunt** meine Tante väterlicherseits
pa·ter·nity leave der Vaterschaftsurlaub
pa·ter·nity suit die Vaterschaftsklage
path [pɑːθ] ① der Pfad, der Weg ② (*astrologisch*) die Bahn ③ (*übertragen*) der Weg; **to cross someone's path** jemanden zufällig treffen
pa·thet·ic [pə'θetɪk] ① Mitleid erweckend, ergreifend, erschütternd ② armselig, jämmerlich, unzureichend; **that's really pathetic!** das ist ja zum Heulen!

> **F** Nicht verwechseln mit **pathetisch** = emotive!

pa·thos ['peɪθɒs] *kein Plural* das Pathos
path·way ['pɑːθweɪ] der Pfad, der Weg
pa·tience ['peɪʃᵊn(t)s] ① die Geduld; **to lose one's patience** die Geduld verlieren; **I have no patience with him!** ich habe keine Geduld mehr mit ihm! ② (*Kartenspiel*) die Patience; **to play patience** eine Patience legen
pa·tient¹ ['peɪʃᵊnt] ① geduldig ② beharrlich, ausdauernd
pa·tient² ['peɪʃᵊnt] der Patient/die Patientin, der/die Kranke
pa·tio ['pætiəʊ] <*Plural* patios> ① der Innenhof ② (*am Haus*) die Terrasse
pat·ri·ot·ic [ˌpætri'ɒtɪk, ˌpeɪ-] patriotisch
pa·trol [pə'trəʊl] ① *von Polizei:* die Streife, die Runde; **on patrol** auf Streife ② *von Militär:* die Patrouille; **on patrol** auf Patrouille
to **pa·trol** [pə'trəʊ] <patrolled, patrolled> *Polizist:* auf Streife sein; *Wächter:* die Runde machen; *Soldat:* [ab]patrouillieren
to **pat·ron·ize** ['pætrᵊnaɪz] ① (*abwertend*) gönnerhaft behandeln ② fördern *Wohltätigkeit, Verein*
pat·ron·iz·ing ['pætrᵊnaɪzɪŋ] gönnerhaft, herablassend
pa·tron saint der Schutzpatron/die Schutzpatronin

> **L** In England, Irland, Schottland und Wales gibt es jeweils einen Feiertag für den **patron saint** (Schutzpatron). St George (in England) wird am 23. April gefeiert, St Patrick (in Irland) am 17. März, St David (in Wales) am 1. März und St Andrew (in Schottland) am 30. November. Da der Apostel Andreas an ein X-förmiges Kreuz genagelt wurde, zeigt die schottische Flagge ein weißes St Andrew's cross auf blauem Grund.

to **pat·ter** ['pætəʳ] ① *Füße:* trappeln, trippeln ② *Regen:* plätschern
pat·ter ['pætəʳ] ① *von Füßen:* das Getrappel ② *von Regen:* das Plätschern ③ das Gerede, die Sprüche; **sales patter** die Verkaufssprüche
pat·tern ['pætᵊn] ① (*auf Papier, Stoff*) das Muster ② **paper pattern** das Schnittmuster ③ (*übertragen*) das Vorbild, das Muster ④ *von Verhalten:* das Schema
paunch [pɔːn(t)ʃ] <*Plural* paunches> der dicke Bauch, der Fettwanst
pause [pɔːz] die Pause; **without a pause** ununterbrochen
to **pause** [pɔːz] ① (*während einer Aktivität*) stehen bleiben, anhalten, innehalten ② (*zum Entspannen*) eine Pause machen; **to pause for breath** eine Atempause machen ③ **to pause for thought** eine Denkpause einlegen; **to make someone pause** jemanden zum Überlegen bringen
to **pave** [peɪv] ① pflastern ② (*übertragen*) **to pave the way for the newcomers** den Neulingen den Weg ebnen
pave·ment ['peɪvmənt] ① (USA) die Fahrbahn ② (GB) der Bürgersteig, der Gehweg, das Trottoir
pave·ment art·ist der Pflastermaler/die Pflastermalerin
pa·vil·ion [pə'vɪljən] ① der Pavillon ② (*Sport*) das Klubhaus ③ das große Zelt
pav·ing stone (GB) der Pflasterstein
paw [pɔː] ① die Pfote, die Tatze ② (*umgangsspr*) die Pfote, die Hand
to **paw** [pɔː] ① berühren ② (*umgangsspr*) betatschen
pawn [pɔːn] ① (*beim Schach*) der Bauer ② (*übertragen*) die Schachfigur, das Werkzeug ③ das Pfand, das Pfandstück; **in pawn** verpfändet; **to put in pawn** verpfänden
to **pawn** [pɔːn] verpfänden, versetzen
pawn·bro·ker ['pɔːnˌbrəʊkəʳ] der Pfandleiher/die Pfandleiherin
pawn·brok·er's shop, **pawn·shop** ['pɔːnʃɒp] das Leihhaus
pawn tick·et der Pfandschein
pay [peɪ] die Bezahlung, der Lohn, das Gehalt; **without pay** unbezahlt, ehrenamtlich; **to be in someone's pay** in jemandes Dienst sein; **I get less pay in my new job** ich habe mich in meinem neuen Job finanziell verschlechtert
to **pay** [peɪ] <paid, paid> ① zahlen, bezahlen; **to pay one's way** seinen Anteil bezahlen; **to pay on account** auf Rechnung bezahlen; **to pay as you go** immer gleich bezahlen; **to pay through the nose** Wucherpreise bezahlen; **to pay by credit card** mit Kreditkarte bezahlen ② begleichen *Rechnung, Schulden* ③ tragen, erstatten *Kosten* ④ Gewinn abwerfen ⑤ (*übertragen*) sich lohnen für, sich auszahlen für; **it doesn't pay him to work** es lohnt sich nicht für ihn zu arbeiten; **that doesn't pay** das lohnt sich nicht ⑥ **to pay someone a visit** [*oder* **call**] jemanden besuchen, jemandem einen Besuch abstatten; **to pay attention** aufpassen

⑦ büßen (**for** für)
◆ to **pay back** ① zurückzahlen ② (*übertragen*) **to pay someone back** es jemandem heimzahlen
◆ to **pay in** einzahlen
◆ to **pay off** ① abbezahlen, tilgen *Schulden* ② zurückzahlen *Darlehen* ③ befriedigen *Gläubiger* ④ auszahlen *Arbeiter* ⑤ sich rentieren [*oder* lohnen]
◆ to **pay up** [voll] bezahlen

pay·able ['peɪəbl̩] zahlbar, fällig; **payable in advance** im Voraus zahlbar; **to make a cheque payable to someone** einen Scheck auf jemanden ausstellen

pay cheque, (USA) **pay check** der Gehaltsscheck, der Lohnscheck

pay day der Zahltag

pay desk die Kasse

payee [peɪ'i:] der Zahlungsempfänger/die Zahlungsempfängerin

pay·ing ['peɪɪŋ] ① **paying guest** der zahlende Gast ② (*bei der Bank*) **paying-in slip** der Einzahlungsbeleg

pay·ment ['peɪmənt] ① die Zahlung, die Bezahlung; **on payment of** bei Bezahlung von; **in payment of** als Bezahlung für; **payment by** [*oder* **in**] **instalments** die Ratenzahlung; **terms of payment** die Zahlungsbedingungen ② *von Schulden:* die Rückzahlung

pay pack·et die Lohntüte

pay·phone der Münzfernsprecher

pay rise die Gehaltserhöhung, die Lohnerhöhung

pay·roll **to be on the payroll** angestellt [*oder* beschäftigt] sein; **payroll deductions** die Lohnabzüge, die Gehaltsabzüge

pay round die Tarifrunde

pay·slip der Gehaltsstreifen, der Lohnstreifen

pay TV das Pay-TV

PC [ˌpi:'si:] ① *Abkürzung von* **personal computer** der PC ② (GB) *Abkürzung von* **Police Constable** der Polizeibeamter/die Polizeibeamtin

PE [ˌpi:'i:] (*in der Schule*) *Abkürzung von* **physical education** der Sport

pea [pi:] die Erbse

peace [pi:s] ① der Friede[n]; **to be at peace** in Frieden leben (**with** mit); **to make peace** Frieden schließen; **to make one's peace with** sich versöhnen [*oder* vertragen] mit ② (*gesetzlich*) Ruhe [und Ordnung]; **breach of the peace** die Ruhestörung; **to keep the peace** die öffentliche Sicherheit und Ordnung wahren ③ (*übertragen*) die Ruhe, die Stille; **peace and quiet** Ruhe und Frieden; **to give someone no peace** jemanden nicht in Ruhe lassen; **to hold** [*oder* **keep**] **one's peace** sich ruhig verhalten, still sein; **to leave someone in peace** jemanden in Ruhe lassen

peace·ful ['pi:sfəl] ① friedlich ② *Schlaf, Zeit:* ruhig; *Tod:* sanft

peace·keep·ing¹ ['pi:ski:pɪŋ] Friedens-; **peacekeeping force** die Friedenstruppe

peace·keep·ing² ['pi:ski:pɪŋ] die Friedenserhaltung

peace move·ment die Friedensbewegung

peace ne·go·tia·tions *Plural* die Friedensverhandlungen

peace of·fer, **peace of·fer·ing** das Friedensangebot

peace set·tle·ment das Friedensabkommen

peace trea·ty der Friedensvertrag

peach [pi:tʃ] <*Plural* peaches> ① der Pfirsich, der Pfirsichbaum ② (*Farbe*) der Pfirsichton ③ (*übertragen*) **a peach of an idea** eine tolle Idee; **a peach of a hat** ein todschicker Hut

pea·cock ['pi:kɒk] der Pfau; **peacock-blue** pfauenblau

peak [pi:k] ① die Spitze ② *eines Berges:* der Gipfel ③ der Mützenschirm ④ (*übertragen*) *der Konjunktur:* Höchst-, der Höhepunkt; **peak value** der Höchstwert

to **peak** [pi:k] einen Höchststand erreichen

peak hours *Plural von Verkehr:* die Hauptverkehrszeit; *vom Stromnetz:* die Spitzenzeit; **during peak hours** während der Stoßzeit

peak sea·son die Hochsaison

peal [pi:l] das Dröhnen; **peal of bells** das Glockengeläut[e]

to **peal** [pi:l] *Donner:* dröhnen; *Glocken:* läuten

pea·nut ['pi:nʌt] ① die Erdnuss ② **peanuts** (*umgangsspr*) die lächerliche Kleinigkeit; **the pay is peanuts** die Bezahlung ist miserabel

pea·nut but·ter die Erdnussbutter

pear [peər] die Birne

pearl [pɜ:l] die Perle

pear tree [peər tri:] der Birnbaum

peas·ant ['pezənt] der Bauer/die Bäuerin

peb·ble ['pebl̩] der Kieselstein

to **peck** [pek] ① hacken *Loch,* picken (**at** nach) ② aufpicken *Futter* ③ (*umgangsspr*) flüchtig küssen ④ (*umgangsspr*) herumnaschen (**at** an)

peck [pek] ① der [Schnabel]hieb ② der flüchtige Kuss

peck·ish ['pekɪʃ] (GB) (*umgangsspr*) hungrig

pe·cu·liar [pɪ'kju:liər] ① sonderbar, eigenartig, seltsam ② eigen, eigentümlich; **to be peculiar to someone** typisch für jemanden sein

ped·al ['pedəl] ① das Pedal ② (*am Musikinstrument*) der Pedalton

to **ped·al** ['pedəl] <pedalled *oder* (USA) pedaled, pedalled *oder* (USA) pedaled> ① das Pedal bedienen ② **to pedal a bicycle up the hill** mit dem Fahrrad den Berg hinaufstrampeln

ped·al bin der Treteimer

ped·al boat, peda·lo ['pedᵊləʊ] <*Plural* pedalos> das Tretboot

pe·des·trian[1] [pɪ'destriən] **pedestrian crossing** der Fußgängerüberweg; **pedestrian precinct** die Fußgängerzone

pe·des·trian[2] [pɪ'destriən] der Fußgänger/die Fußgängerin

pe·dia·tri·cian [ˌpiːdiə'trɪʃᵊn] (USA) der Kinderarzt/die Kinderärztin

pe·di·at·rics [ˌpiːdi'ætrɪks] ⚠ *Singular* (USA) die Kinderheilkunde

pedi·gree[1] ['pedɪgriː] der Stammbaum

pedi·gree[2] ['pedɪgriː] reinrassig, mit Stammbaum

pedi·gree dog der Rassehund

to **pee** [piː] (*umgangsspr*) **to go for** [*oder* **have a**] **pee** pinkeln

peek [piːk] der flüchtige Blick

to **peek** [piːk] gucken *umgangsspr;* **to peek into something** in etwas hineinspähen

peel [piːl] die Schale

to **peel** [piːl] ① schälen, die Haut abziehen ② sich häuten, sich abschälen; **the paintwork is peeling** die Farbe geht [*oder* blättert] ab
◆ to **peel away** ① sich lösen ② abziehen *Tapete;* abschälen *Rinde;* abstreifen *Einband*
◆ to **peel back** abziehen
◆ to **peel off** abziehen, abschälen, abstreifen

peel·er ['piːləʳ] der Schäler

peel·ings ['piːlɪŋz] *Plural* die Schalen

to **peep** [piːp] ① [verstohlen] gucken (**at** nach) ② allmählich sichtbar werden, zum Vorschein kommen ③ *Vogel, Tier:* piepen, piepsen

peep [piːp] ① der flüchtige Blick, der heimliche Blick; **to take a peep at something** verstohlen nach etwas schauen ② (*Geräusch*) das Piepen ③ (*slang*) **I couldn't get a peep out of him** ich konnte keinen Ton aus ihm rauskriegen

to **peer** [pɪəʳ] starren, angestrengt schauen, blicken (**at** auf, **into** in, **for** nach)

peg [peg] ① (*aus Holz*) der Stift; (*für Zelt*) der Hering; (*beim Bergsteigen*) der Haken ② (GB) die Wäscheklammer ③ **off-the-peg** von der Stange ▶ WENDUNGEN: **to take someone down a peg or two** jemanden demütigen; **to be a square peg in a round hole** am falschen Platz sein
◆ to **peg out** ① abgrenzen, abstecken ② **to peg out the washing** die Wäsche aufhängen ③ (*umgangsspr*) *Mensch:* abkratzen; *Maschine:* den Geist aufgeben

pe·jo·ra·tive[1] [pɪ'dʒɒrətɪv] abwertend

pe·jo·ra·tive[2] [pɪ'dʒɒrətɪv] der abwertende Ausdruck

peli·can ['pelɪkᵊn] der Pelikan

to **pelt** [pelt] ① werfen; **they pelted him with mud** sie bewarfen ihn mit Matsch ② **the rain pelted [down] on the roof** der Regen trommelte [*oder* prasselte] auf das Dach; **it was pelting with rain** es schüttete; **pelting rain** der Platzregen

pelt [pelt] **at full pelt** mit voller Geschwindigkeit

pen [pen] ① der Füllfederhalter, der Füller ② der Kugelschreiber ③ (*für Tiere*) der Pferch
◆ to **pen up** einsperren

pen·al·ty ['penᵊlti] ① die Strafe; **on** [*oder* **under**] **penalty of** bei Androhung einer Strafe von ② die Geldstrafe ③ (*übertragen*) der Nachteil ④ (*Sport*) der Strafpunkt; (*beim Fußball*) der Elfmeter ⑤ (*übertragen*) **to pay the penalty** die Folgen tragen

pen·al·ty area (*Fußball*) der Strafraum

pen·al·ty box (*Eishockey*) die Strafbank

pen·al·ty clause die Strafklausel

pen·al·ty kick (*Fußball*) der Elfmeter

pence [pen(t)s] *Plural* (GB) (*Währungseinheit*) die Pence

pen·cil ['pen(t)sᵊl] der Bleistift; **to write in pencil** mit Bleistift schreiben
◆ to **pencil in** ① mit einem Bleistift markieren ② (*übertragen*) vorläufig notieren *Termin*

pen·cil case das Federmäppchen

pen·cil sharp·en·er der Bleistiftspitzer

pen·dant ['pendənt] der Anhänger

to **pen·etrate** ['penɪtreɪt] ① *Armee:* vordringen, eindringen in ② *Strahlen:* durchdringen, durchstoßen ③ (*übertragen*) infiltrieren *Organisation*

pen·etrat·ing ['penɪtreɪtɪŋ] ① *Kälte:* durchdringend ② *Auge:* scharf ③ (*übertragen*) scharfsinnig

pen·friend ['penfrend] der Brieffreund/die Brieffreundin

pen·guin ['peŋgwɪn] der Pinguin

pen·hold·er ['penˌhəʊldəʳ] der Federhalter

peni·cil·lin [ˌpenɪ'sɪlɪn] das Penizillin

pen·in·su·la [pə'nɪn(t)sjələ] die Halbinsel

pe·nis [piːnɪs, *Plural* -niːz] <*Plural* penises *oder* penes> der Penis

pen·knife ['pennaɪf, *Plural* 'pennaɪvz] <*Plural* penknives> das Taschenmesser

pen·ni·less ['penɪləs] völlig mittellos

pen·ny ['peni, *Plural* pen(t)s] <*Plural* pennies, pence> der Penny; **a pretty penny** eine schöne Stange Geld ▶ WENDUNGEN: **the penny dropped** der Groschen ist gefallen; **in for a penny, in for a pound** wer A sagt, muss auch B sagen; **a penny for your thoughts** woran denkst du gerade?; **to spend a penny** (*umgangsspr*) mal verschwinden

pen pal ['penpæl] der Brieffreund/die Brieffreundin

pen·sion ['pen(t)ʃᵊn] die Altersrente, die Pension; **to be entitled to a pension** rentenberechtigt [*oder* pensionsberechtigt] sein; **to draw a pension** eine Rente beziehen; **to retire on a pension** in Rente gehen; **disability pension**

P

K

Letter to a new penfriend

Jessica Daiger
Maierstr. 34
70012 Stuttgart

5th December 2017

Dear Christine,

My name is Jessica Daiger and I am 16 years old. Yesterday in class my English teacher gave us a list of kids from Britain who are looking for pen friends in Germany. I picked you out because we are almost exactly the same age and have the same hobbies.

I live with my parents and my younger brother Markus in Stuttgart. My father works as an engineer for Porsche. He builds those cool sports cars – you know the ones! My mum is a teacher. My brother Markus is only eight and still goes to primary school. I am in Year 9 of the Mörike School and have been learning English since Year 5. My favourite subjects are English (of course), Sport and Maths. What Year are you in and what are your favourite subjects? Do you have any brothers or sisters and what do your parents do? Like you, my hobbies are reading, listening to music, and cycling; I've also been learning the piano for six years. Do you play an instrument too?

I hope you write back soon, as I want to know sooo much about you and Britain, e.g. what sort of music you like and what you and your friends do at weekends.

With love from

Jessica

Brief an eine neue Brieffreundin

P

Jessica Daiger
Maierstr. 34
70012 Stuttgart

5. Dezember 2017

Liebe Christine,

ich heiße Jessica Daiger und bin 16 Jahre alt. Mein Englischlehrer hat uns gestern im Unterricht eine Liste mit Jungs und Mädchen aus Großbritannien gegeben, die eine Brieffreundin oder einen Brieffreund in Deutschland suchen. Ich habe dich ausgesucht, weil wir fast gleich alt sind und du die gleichen Hobbys wie ich hast.

Ich wohne mit meinen Eltern und meinem kleinen Bruder Markus in Stuttgart. Mein Vater ist Ingenieur bei Porsche. Er baut die coolen schnellen Autos, die du sicherlich auch kennst. Meine Mama ist Lehrerin. Mein Bruder Markus ist erst acht und geht noch in die Grundschule. Ich gehe in die 9. Klasse der Mörike-Realschule und lerne seit dem 5. Schuljahr Englisch. Meine Lieblingsfächer sind natürlich Englisch, Sport und Mathe. In welche Klasse gehst du und was sind deine Lieblingsfächer? Hast du auch Geschwister und was machen deine Eltern beruflich? Meine Hobbys sind wie deine Lesen, Musik hören und Rad fahren, außerdem spiele ich seit sechs Jahren Klavier. Spielst du auch ein Instrument?

Ich hoffe, du schreibst mir bald, denn ich will noch sooo viel über dich und Großbritannien wissen, z. B. welche Musik du gern hörst und was du mit deinen Freundinnen so am Wochenende machst.

Viele liebe Grüße

Jessica

die Erwerbsunfähigkeitsrente

◆ to **pension off** ① pensionieren, auf Rente setzen ② vorzeitig in Rente schicken ③ (*übertragen*) ausrangieren

pen·sion con·tri·bu·tion der Rentenversicherungsbeitrag

pen·sion en·ti·tle·ment der Rentenanspruch

pen·sion·er ['pen(t)ʃənər] der Pensionär/die Pensionärin, der Rentenempfänger/die Rentenempfängerin, der Rentner/die Rentnerin

pen·sion fund der Rentenfonds

pen·sion scheme die Rentenversicherung; **the company's pension scheme** die betriebliche Altersversorgung

pen·ta·gon ['pentəgən] ① (*Form*) das Fünfeck, das Pentagon ② **the Pentagon** (USA) das Pentagon

pen·tath·lon [pen'tæθlɒn] der Fünfkampf

pent-up [ˌpent'ʌp] ① *Mensch:* geladen, innerlich angespannt ② *Gefühl:* unterdrückt, angestaut; *Atmosphäre:* geladen

pe·nul·ti·mate [pə'nʌltɪmət] vorletzte(r, s)

peo·ple ['pi:pl] ⚠ *Plural* ① die Leute, die Menschen ② **how many people are there in Germany?** wie viele Einwohner hat Deutschland?; **local people** der/die Einheimische ③ **the common people** das gemeine Volk ④ *mit Possessivpronomen* **my people** meine Familie [*oder* Leute] ⑤ **people say** man sagt ⑥ **you! of all people!** ausgerechnet du! ⑦ **the peoples of the world** die Völker der Erde

> **G** **people** wird meistens im Plural gebraucht: *most people like watching TV; the people there were very friendly*
> **a people** bedeutet ein Volk und der Plural heißt **peoples**: *the peoples of Europe*

pep·per ['pepər] ① der Pfeffer ② **green/red pepper** der grüne/rote Paprika

to **pep·per** ['pepər] ① pfeffern ② **to pepper someone with bullets** jemanden mit Kugeln durchsieben; **to be peppered with mistakes** vor Fehlern strotzen

pep·per·corn das Pfefferkorn

pep·per mill die Pfeffermühle

pep·per·mint ['pepəmɪnt] ① die Pfefferminze ② (*Bonbon*) das Pfefferminz

pep·per pot der Pfefferstreuer

pep talk (*umgangsspr*) die aufmunternden Worte; **to give someone a pep talk** mit jemandem ein Motivationsgespräch führen

per [pɜ:r, pər] pro, je, für; [**as**] **per account** laut Rechnung; **per annum** pro Jahr; **per hour** in der Stunde; **50 km per hour** 50 Stundenkilometer; **as per sample** gemäß dem Muster; **as per usual** (*umgangsspr*) wie gewöhnlich

per cent[1] [pə'sent], (USA) **per·cent** das Prozent

per cent[2] [pə'sent], (USA) **per·cent** **25/50 percent** 25-/50-prozentig; **I'm 100 percent sure that ...** ich bin mir hundertprozentig sicher, dass ...

per·cent·age point der Prozentpunkt

per·cep·tion [pə'sepʃən] die Wahrnehmung

per·cep·tive [pə'septɪv] ① einfühlsam; **that's very perceptive of you** das hast du sehr scharf beobachtet ② *Auge:* scharf; *Nase, Ohr:* fein

perch [pɜ:tʃ] <*Plural* perches> ① die Vogelstange, die Hühnerstange ② (*umgangsspr*) der Sitzplatz; **take a perch** setz dich doch ③ (*Fisch*) der Flussbarsch

to **perch** [pɜ:tʃ] ① sich setzen (**on** auf); **to be perched on** sitzen [*oder* hocken] auf ② thronen ③ [hoch hinauf]stellen; **she perched her bag on the shelf** sie stellte ihre Tasche auf das Regal

per·cus·sion [pə'kʌʃən] **percussion instruments** die Schlaginstrumente

per·cus·sion·ist [pə'kʌʃənɪst] der Schlagzeuger/die Schlagzeugerin

per·fect ['pɜ:fɪkt] ① vollendet, vollkommen ② *Leistung:* tadellos, fehlerlos ③ vollständig, völlig, gänzlich; **perfect strangers** die wildfremden Menschen; **he is a perfect stranger to me** er ist mir völlig unbekannt ④ **practice makes perfect** Übung macht den Meister

to **per·fect** [pə'fekt] vervollkommnen

per·fec·tion [pə'fekʃən] ① die Vervollkommnung ② die Vollkommenheit

per·fect·ly ['pɜ:fɪk(t)li] ① vollkommen, völlig, durchaus, absolut ② tadellos ③ (*umgangsspr*) **perfectly awful** ganz furchtbar

to **per·form** [pə'fɔ:m] ① ausführen *Aufgabe;* **how did he perform?** wie war er? ② durchführen *Operation* ③ vollziehen *Zeremonie* ④ *Künstler:* auftreten, spielen; aufführen, spielen *Stück, Konzert;* vortragen *Solo, Duett;* spielen *Rolle;* vorführen *Kunststück;* vollbringen *Wunder* ⑤ vornehmen *Handlung* ⑥ erfüllen *Pflicht, Versprechen* ⑦ **to perform a duty** einer Verpflichtung nachkommen ⑧ (*technisch*) *Maschine, Gerät:* funktionieren; **this car performs well** dieses Auto ist sehr leistungsstark

per·for·mance [pə'fɔ:mən(t)s] ① die Leistung ② (*technisch*) das Funktionieren, die Leistung, die Effizienz ③ (*im Theater*) die Aufführung, die Vorstellung; (*im Kino*) die Vorstellung; **afternoon performance** die Nachmittagsvorstellung; **evening performance** die Abendvorstellung ④ *einer Rolle:* die Darstellung ⑤ (*umgangsspr*) der Umstand, das Theater, das schlechte Benehmen

per·form·er [pə'fɔ:mər] der Künstler/die Künstlerin, der/die Ausführende

per·fume [ˈpɜːfjuːm] der Duft, das Parfüm
per·haps [pəˈhæps, præps] vielleicht, eventuell
per·il [ˈperᵊl] 1 die Gefahr; **to be in peril** in Gefahr sein 2 das Risiko
peri·lous [ˈperᵊləs] gefährlich
pe·ri·od [ˈpɪəriəd] 1 die Periode, der Zeitraum, die Dauer; **for a period of** für die Dauer von; **within a period of** innerhalb einer Frist von; **period of office** die Amtszeit 2 (*historisch*) die Epoche 3 [**menstrual**] **period** die Periode; **I've got my period** ich habe meine Tage 4 USA (*Satzzeichen*) der Punkt 5 die Unterrichtsstunde 6 (*slang*) Schluss!, [und damit] basta!
pe·ri·odi·cal [ˌpɪəriˈɒdɪkᵊl] die Zeitschrift, das Magazin
to **per·ish** [ˈperɪʃ] 1 zu Grunde gehen, umkommen (**by** durch, **of/with** an) 2 *Waren:* verderben
per·ish·able [ˈperɪʃəbl̩] *Ware:* verderblich, nicht haltbar
per·ish·ing [ˈperɪʃɪŋ] 1 **perishing** [**cold**] sehr kalt 2 **this perishing machine** dieses verflixte Gerät
per·jury [ˈpɜːdʒᵊri] der Meineid; **to commit perjury** einen Meineid leisten
perk [pɜːk] GB die Vergünstigung
◆ to **perk up** 1 aufleben, munter [*oder* lebhaft] werden 2 *Börse:* fester tendieren
perm [pɜːm] die Dauerwelle
to **perm** [pɜːm] **to have one's hair permed** sich Dauerwellen machen lassen
per·ma·nent [ˈpɜːmᵊnənt] 1 ständig, beständig, dauerhaft 2 auf Lebenszeit; **permanent appointment** die feste Anstellung; **permanent position** [*oder* **post**] die Lebensstellung, die Dauerstellung 3 **permanent residence** der feste Wohnsitz 4 **permanent staff** das Stammpersonal
per·mis·sion [pəˈmɪʃᵊn] die Genehmigung, die Erlaubnis; **by special permission** mit besonderer Genehmigung; **without permission** unbefugt, unerlaubt; **to ask someone's** [*oder* **someone for**] **permission** jemanden um Erlaubnis bitten; **to give permission** eine Erlaubnis erteilen; **to give someone permission to do something** jemandem erlauben, etwas zu tun; **to grant someone permission to speak** jemandem das Wort erteilen
to **per·mit** [pəˈmɪt] <permitted, permitted> 1 erlauben, gestatten, zulassen, dulden; **to permit someone to do something** jemandem erlauben, etwas zu tun; **am I permitted to go?** darf ich gehen? 2 **weather permitting** wenn das Wetter mitmacht
per·mit [ˈpɜːmɪt] 1 die Genehmigung, die Bewilligung, die Konzession (**to** für) 2 **residence permit** die Aufenthaltsgenehmigung, die Aufenthaltserlaubnis 3 **hunting permit** der Jagdschein; **fishing permit** der Angelschein
per·pen·dicu·lar[1] [ˌpɜːpᵊnˈdɪkjʊləʳ] senkrecht (**to** zu); *Klippe:* senkrecht abfallend
per·pen·dicu·lar[2] [ˌpɜːpᵊnˈdɪkjʊləʳ] die Senkrechte, das Lot
per·pet·ual [pəˈpetʃuəl] dauernd, ständig; **perpetual motion** [**machine**] das Perpetuum mobile
to **per·se·cute** [ˈpɜːsɪkjuːt] 1 verfolgen; **to be persecuted** Verfolgungen ausgesetzt sein 2 belästigen, plagen (**with** mit)
per·se·cu·tion [ˌpɜːsɪˈkjuːʃᵊn] die Verfolgung, die Belästigung
to **per·se·vere** [ˌpɜːsɪˈvɪəʳ] durchhalten, nicht aufgeben
Per·sia [ˈpɜːʃə] Persien
to **per·sist** [pəˈsɪst] 1 **she persisted that she was right** sie beharrte [*oder* bestand] darauf, Recht zu haben 2 nicht nachgeben, nicht aufhören; **he persisted in bothering her** er hörte nicht auf, sie zu belästigen 3 **if the pain persists ...** falls der Schmerz anhält ...
per·sis·tent [pəˈsɪstᵊnt] 1 *Mensch:* beharrlich, unnachgiebig 2 [an]dauernd, beständig
per·son [ˈpɜːsᵊn] <*Plural* people> der Mensch, die Person; **in person** in Person, persönlich; **there is no such person** so jemanden gibt es nicht; **on** [*oder* **about**] **one's person** bei sich; **per person** pro Person
per·son·al [ˈpɜːsᵊnᵊl] persönlich; (*auf einem Brief*) privat; *Daten:* personenbezogen; **personal affair** [*oder* **business**] die Privatangelegenheit; **to get** [*oder* **become**] **personal** persönlich werden
per·son·al as·sis·tant der persönliche Assistent/die persönliche Assistentin, der Chefsekretär/die Chefsekretärin
per·son·al col·umn die Familienanzeigen
per·son·al com·put·er der Personal Computer
per·son·al iden·ti·fi·ca·tion num·ber die persönliche Geheimzahl
per·son·al·ity [ˌpɜːsᵊnˈæləti] die Persönlichkeit; **personality cult** der Personenkult
per·son·al·ly [ˈpɜːsᵊnᵊli] persönlich
per·son·al or·gan·iz·er der Terminplaner
per·son·al pro·noun das Personalpronomen
per·son·al train·er der Privattrainer/die Privattrainerin
per·son·nel [ˌpɜːsᵊnˈel] das Personal, die Belegschaft; (*im Flugzeug, Schiff*) die Besatzung
per·son·nel de·part·ment die Personalabteilung
per·son·nel di·rec·tor, per·son·nel man·ag·er der Personalchef/die Personalchefin
per·spec·tive [pəˈspektɪv] 1 (*in der Kunst*) die Perspektive 2 (*übertragen*) der Standpunkt, der Blick; **to get something out of**

P

perspective etwas verzerrt sehen; **to see something in perspective** etwas mit Abstand betrachten

to **per·spire** [pəˈspaɪəʳ] schwitzen

to **per·suade** [pəˈsweɪd] ① überreden ② verleiten, dazu bringen; **I was persuaded into leaving the company** ich wurde dazu verleitet, die Firma zu verlassen ③ überzeugen; **to be persuaded of** überzeugt sein von

per·sua·sion [pəˈsweɪʒᵊn] ① die Überredung ② die Überzeugung; **powers of persuasion** die Überzeugungskraft ③ der Glaube

per·sua·sive [pəˈsweɪsɪv] überzeugend

Peru [pəˈruː] Peru

Peru·vian[1] [pəˈruːviən] peruanisch

Peru·vian[2] [pəˈruːviən] der Peruaner/die Peruanerin

per·verse [pəˈvɜːs] ① *Gedanke, Benehmen:* pervers, widernatürlich ② *Mensch:* eigensinnig, störrisch

per·ver·sion [pəˈvɜːʃᵊn] ① (*sexuell*) die Perversion ② *der Wahrheit:* die Verzerrung, die Verdrehung; **perversion of justice** die Rechtsbeugung

to **per·vert** [pəˈvɜːt] ① verdrehen *Tatsache* ② verderben, pervertieren *Menschen* ③ **to pervert the course of justice** das Recht beugen

per·vert [ˈpɜːvɜːt] der perverse Mensch

pes·si·mism [ˈpesɪmɪzᵊm] der Pessimismus

pes·si·mist [ˈpesɪmɪst] der Pessimist/die Pessimistin

pes·si·mis·tic [ˌpesɪˈmɪstɪk] pessimistisch

pest [pest] ① (*umgangsspr: Mensch*) die Nervensäge, die Plage ② der Schädling

pest con·trol die Schädlingsbekämpfung

to **pes·ter** [ˈpestəʳ] belästigen, plagen (**with** mit)

pes·ti·cide [ˈpestɪsaɪd] das Schädlingsbekämpfungsmittel

pet[1] [pet] ① das Haustier ② der Liebling

pet[2] [pet] Lieblings-; **pet name** der Kosename; **that's my pet hate** das ist mir ein Gräuel; **pet shop** die Tierhandlung; **pet subject** das Lieblingsthema

to **pet** [pet] <petted, petted> ① streicheln, verwöhnen ② (*umgangsspr*) fummeln, Petting machen

pet·al [ˈpetᵊl] ① das Blütenblatt ② (*umgangsspr*) das Schätzchen

to **pe·ter** [ˈpiːtəʳ] **to peter out** nachlassen, allmählich zu Ende gehen

pe·ti·tion [pəˈtɪʃᵊn] ① die Bittschrift, die Eingabe, das Gesuch, die Petition ② die Unterschriftenliste ③ (*vor Gericht*) der Antrag (**for** auf); **to file a petition** einen Antrag einreichen; **to petition for divorce** die Scheidungsklage; **to petition for mercy** das Gnadengesuch

pet·rol [ˈpetrᵊl] (GB) das Benzin; **to fill up with petrol** auftanken

pet·rol can der Benzinkanister

pet·rol com·pa·ny die Erdölgesellschaft

pet·rol con·sump·tion *kein Plural* (GB) der Benzinverbrauch

pet·rol en·gine der Benzinmotor

pe·tro·leum [pəˈtrəʊliəm] das Erdöl, das Mineralöl; **petroleum-exporting countries** die Erdöl exportierenden Länder; **petroleum jelly** die Vaseline®

> **F** Nicht verwechseln mit **Petroleum** (das) = paraffin!

pet·rol gauge die Benzinuhr, die Benzinanzeige

pet·rol pump ① (*im Auto*) die Benzinpumpe ② (*an der Tankstelle*) die Zapfsäule

pet·rol sta·tion die Tankstelle

pet·rol tank (GB) der Benzintank

pet·ti·coat [ˈpetɪkəʊt] der Unterrock

pet·ty [ˈpeti] ① *Problem, Einzelheit:* klein, geringfügig, unbedeutend, nebensächlich ② **petty cash** die [Porto]kasse, die Handkasse ③ *Person:* kleinlich, engstirnig

pew [pjuː] ① der Kirchenstuhl ② **take a pew!** (*umgangsspr*) pflanz dich!

phan·tom [ˈfæntəm] ① das Phantom, das Gespenst, der Geist ② das Hirngespinst, das Trugbild

phar·ma·cist [ˈfɑːməsɪst] (USA) der Apotheker/die Apothekerin

phar·ma·cy [ˈfɑːməsi] ① die Pharmazie ② die Apotheke

phase [feɪz] ① die Phase, das Stadium, der Abschnitt; **she's just going through a phase** das ist nur so eine Phase bei ihr ② (*technisch*) die Phase

◆ to **phase in** stufenweise einführen

◆ to **phase out** ① allmählich abbauen ② (*Produktion*) auslaufen lassen

PhD [ˌpiːeɪtʃˈdiː] ① (*akademischer Grad*) Dr. phil. ② die Doktorarbeit; **to do one's PhD** seinen Doktor machen, promovieren

pheas·ant [ˈfezᵊnt] der Fasan

phe·nom·ena [fɪˈnɒmɪnə] *Pluralform von* **phenomenon**

phe·nom·enal [fɪˈnɒmɪnᵊl] außergewöhnlich, außerordentlich, phänomenal

phe·nom·enon [fɪˈnɒmɪnən, *Plural* -mɪnə] <*Plural* phenomena> das Phänomen

phi·loso·pher [fɪˈlɒsəfəʳ] der Philosoph/die Philosophin

philo·soph·ic(al) [ˌfɪləˈsɒfɪk(ᵊl)] philosophisch

to **phi·loso·phize** [fɪˈlɒsəfaɪz] philosophieren

phi·loso·phy [fɪˈlɒsəfi] ① die Philosophie; **natural philosophy** die Naturwissenschaft; **philosophy of history** die Geschichtsphilosophie ② **philosophy of life** die Lebensanschauung, die Weltanschauung

to **phish** [fɪʃ] phischen (*im Internet persönliche*

P

Daten und Passwörter auskundschaften, um von den Betroffenen Geld zu stehlen)

phish·er [ˈfɪʃəʳ] der Phisher/die Phisherin (*Betrüger, der mit gefälschten E-Mails Passwörter und persönliche Benutzerdaten ausspioniert*)

phish·ing [ˈfɪʃɪŋ] das Phishing (*betrügerisches Ausspionieren von Passwörtern und persönlichen Benutzerdaten*)

pho·bia [ˈfəʊbiə] die Phobie

phone [fəʊn] das Telefon

to **phone** [fəʊn] telefonieren, anrufen

◆ to **phone back** zurückrufen

◆ to **phone in** (1) anrufen; **to phone in ill** sich telefonisch krank melden (2) telefonisch durchgeben

◆ to **phone up** anrufen

phone book das Telefonbuch

phone booth (USA) die Telefonzelle

phone box (GB) die Telefonzelle

phone call (1) das Telefongespräch (2) der Anruf

phone·card [ˈfəʊnkɑːd] die Telefonkarte

phone-in [ˈfəʊnɪn] die Hörersendung

phone num·ber die Telefonnummer

pho·net·ic [fə(ʊ)ˈnetɪk] phonetisch; **phonetic script** die Lautschrift

pho·ney [ˈfəʊni] (*umgangsspr*) unecht, falsch

phos·pho·res·cent [ˌfɒsfᵊrˈesᵊnt] phosphoreszierend

phos·pho·rus [ˈfɒsfᵊrəs] der Phosphor

pho·to [ˈfəʊtəʊ] <*Plural* photos> das Foto, die Fotografie

pho·to·bomb [ˈfəʊtəʊˌbɒm] (*umgangsspr*) **to photobomb somebody** jemandem in die Aufnahme platzen; **I was** [*oder* **got**] **photobombed by a tourist** mir ist ein Tourist in die Aufnahme geplatzt

P

pho·to·copi·er [ˈfəʊtəʊˌkɒpɪəʳ] das Fotokopiergerät, der Fotokopierer

pho·to·copy [ˈfəʊtə(ʊ)ˌkɒpi] die Fotokopie

to **pho·to·copy** [ˈfəʊtə(ʊ)ˌkɒpi] fotokopieren

pho·to fin·ish das Fotofinish

pho·to·graph [ˈfəʊtəgrɑːf] das Foto, die Fotografie; **to take a photograph** eine Aufnahme machen

to **pho·to·graph** [ˈfəʊtəgrɑːf] fotografieren

pho·to·graph al·bum das Fotoalbum

pho·tog·ra·pher [fəˈtɒgrəfəʳ] der Fotograf/die Fotografin

pho·to·graph·ic [ˌfəʊtəˈgræfɪk] fotografisch; **photographic equipment** die Fotoausrüstung

pho·tog·ra·phy [fəˈtɒgrəfi] die Fotografie

pho·to·jour·nal·ism [ˌfəʊtəʊˈdʒɜːnlɪzəm] der Fotojournalismus

pho·tom·eter [fə(ʊ)ˈtɒmɪtəʳ] der Belichtungsmesser

pho·to·mon·tage [ˌfəʊtə(ʊ)mɒnˈtɑːʒ] die Fotomontage

pho·to op·por·tu·nity [ˌfəʊtəʊɒpəˈtjuːnətɪ] der

photograph

F Nicht verwechseln mit **Fotograf** (der) = photographer!

Fototermin

pho·to re·port·er [ˈfəʊtəʊrɪˌpɔːtəʳ] der Bildberichterstatter/die Bildberichterstatterin

pho·to shoot der Fototermin

pho·to·syn·the·sis *kein Plural* die Photosynthese

phras·al [ˈfreɪzᵊl] Satz-; **phrasal verb** das Phrasal Verb (*Grundverb mit präpositionaler oder adverbialer Ergänzung*)

phrase [freɪz] (1) der Ausdruck, die Redewendung; **to coin a phrase** (*humorvoll*) um mich mal so auszudrücken (2) der Satzteil, die Wortgruppe (3) (*Musik*) die Phrase

to **phrase** [freɪz] (1) in Worte kleiden, zum Ausdruck bringen (2) phrasieren *Musik*

phrase book [ˈfreɪzbʊk] der Sprachführer

physi·cal[1] [ˈfɪzɪkᵊl] (1) physisch (2) körperlich; **physical appearance** die äußere Erscheinung; **physical condition** der Gesundheitszustand; **physical education** der Sportunterricht; **physical fitness** die Tauglichkeit; **physical training** die Leibesübungen (3) *Untersuchung:* ärztlich (4) **physical science**[**s**] die Naturwissenschaften

physi·cal[2] [ˈfɪzɪkᵊl] die ärztliche Untersuchung

physi·cal·ly [ˈfɪzɪkᵊli] körperlich; **it's just not physically possible** das ist schon rein physisch nicht möglich; **physically disabled** körperbehindert

phy·si·cian [fɪˈzɪʃᵊn] der Arzt/die Ärztin

F Nicht verwechseln mit **Physiker** (der) = physicist!

physi·cist [ˈfɪzɪsɪst] der Physiker/die Physikerin

phys·ics [ˈfɪzɪks] ⚠ *Singular* die Physik

physio [ˈfɪziəʊ] <*Plural* physios> (GB) (1) (*umgangsspr*) *kurz für* **physiotherapist** der Physiotherapeut/die Physiotherapeutin (2) *kein Plural kurz für* **physiotherapy** die Physiotherapie

physio·thera·pist [ˌfɪziə(ʊ)'θerəpɪst] der Krankengymnast/die Krankengymnastin, der Physiotherapeut/die Physiotherapeutin

physio·thera·py [ˌfɪziə(ʊ)'θerəpi] die Krankengymnastik, die Physiotherapie

phy·sique [fɪ'ziːk] der Körperbau, die Konstitution

pia·nist ['piːənɪst] der Pianist/die Pianistin, der Klavierspieler/die Klavierspielerin

pi·ano [pi'ænəʊ] <*Plural* pianos> das Klavier; **to play the piano** Klavier spielen; **grand piano** der Flügel; **piano lesson** die Klavierstunde; **piano teacher** der Klavierlehrer/die Klavierlehrerin

pick [pɪk] ① die Auswahl, die Auslese; **the pick of the bunch** das Beste [von allem]; **to have** [*oder* **take**] **one's pick** seine Wahl treffen; **to have first pick** die erste Wahl haben; **he was our pick** (USA) wir haben ihn gewählt ② die Spitzhacke, die Haue ③ (*Musik*) das Plektrum

to **pick** [pɪk] ① auswählen; aufstellen *Mannschaft;* **you do pick them!** du gerätst auch immer an den Falschen!; **to pick one's words carefully** seine Worte mit Bedacht wählen; **to pick one's way** [*oder* **steps**] vorsichtig gehen, sich durchschlängeln; **to pick and choose** sich den/die/das Beste herauspicken ② zupfen an; kratzen an *Pickel, Haut* ③ bohren *Loch;* (*mit dem Schnabel*) [auf]hacken ④ pflücken *Obst, Blumen;* lesen *Trauben* ⑤ *Vogel:* [auf]picken ⑥ **to pick a lock** ein Schloss knacken ⑦ **to pick one's nose** in der Nase bohren; **to pick one's teeth** in den Zähnen stochern ▶WENDUNGEN: **to pick a fight** [*oder* **quarrel**] einen Streit vom Zaun brechen; **to have a bone to pick with someone** mit jemandem ein Hühnchen zu rupfen haben; **to pick someone's pockets** *Taschendieb:* jemanden bestehlen; **to pick holes in something** etwas bemäkeln; **to pick holes in a theory** eine Theorie auseinandernehmen; **to pick something to pieces** etwas verreißen; **to pick someone's brains** jemanden [mit Fragen] löchern

◆to **pick at** ① herummeckern an ② **to pick at one's food** im Essen herumstochern

◆to **pick off** ① abpflücken; wegzupfen *Blätter* ② abschießen *Mensch, Tier*

◆to **pick on** ① aussuchen, auswählen ② (*umgangsspr*) herumhacken auf; **why pick on me?** warum gerade ich?

◆to **pick out** ① heraussuchen, auswählen ② (*übertragen*) auslesen *Schlechtes* ③ ausmachen, entdecken ④ **to pick out a tune** eine Melodie anschlagen

◆to **pick over** [genau] überprüfen, durchsehen

◆to **pick up** ① aufpicken, aufheben, auflesen ② **to pick up the bill** die Rechnung bezahlen ③ mitnehmen *Fahrgast;* **can you pick me up from school?** kannst du mich von der Schule abholen? ④ finden, sammeln, zusammenbringen ⑤ erstehen *Schnäppchen* ⑥ herausfinden, herausbringen, in Erfahrung bringen; verstehen, erfassen *Information* ⑦ sich aneignen *Kenntnisse* ⑧ (*umgangsspr*) zufällig kennen lernen; **where on earth did you pick her up?** wo hast du denn die aufgelesen? ⑨ empfangen *Radiosendung* ⑩ bergen, retten ⑪ sich erholen, wieder zu Kräften kommen ⑫ *Kurse:* anziehen, sich festigen ⑬ **to pick up speed** an Geschwindigkeit gewinnen ⑭ **I'll pick up on that later** ich werde später darauf zurückkommen

pick·et ['pɪkɪt] der Streikposten

to **pick·et** ['pɪkɪt] ① durch Streikposten absperren, Streikposten aufstellen ② als Streikposten stehen

pick·et·ing ['pɪkɪtɪŋ] *kein Plural* das Aufstellen von Streikposten

pick·et line die Streikpostenkette

pick·le ['pɪkl̩] ① [**mixed**] **pickles** *Plural* das eingelegte Gemüse ② die Marinade, die Salzlake ③ (*umgangsspr*) die schöne Bescherung; **to get into a pickle** in eine unangenehme Lage [*oder* Verlegenheit] geraten

pickles

F Nicht verwechseln mit **Pickel** (der) = spot!

to **pick·le** ['pɪkl̩] einlegen *Gurken, Zwiebeln*

pick·led ['pɪkl̩d] ① gepökelt, eingemacht ② (*slang*) besoffen

pick·pock·et ['pɪkpɒkɪt] der Taschendieb/die Taschendiebin; **beware of pickpockets!** vor Taschendieben wird gewarnt!

pick-up ['ɔɪkʌp] **pick-up point** der Treffpunkt, die Haltestelle

pic·nic ['pɪknɪk] das Picknick

to **pic·nic** ['pɪknɪk] <picnicked, picnicked> ein Picknick veranstalten, picknicken

pic·nick·er ['pɪknɪkəʳ] *jemand, der ein Picknick macht*

P

> **L** Die **Picts** waren die Einwohner der nördlichen Hälfte Schottlands zu der Zeit, als die Römer Britannien besetzten. Vermutlich waren es Kelten. Die Römer berichteten, dass sie ihre Körper bemalten, und nannten sie deshalb „Picti" (lateinisch für „die Bemalten"). Die Picts waren hervorragende Handwerker. Ihre Sprache, die auf Inschriften von Steinen überliefert ist, wurde bisher noch nicht entschlüsselt.

pic·ture ['pɪktʃəʳ] ① das Bild, das Gemälde ② (*Foto*) die Aufnahme; **to take a picture of** fotografieren, aufnehmen ③ **to go to the pictures** ins Kino gehen; **how was the picture?** wie war der Film? ④ (*übertragen: schöne Verkörperung*) **she looked a picture** (*umgangsspr*) sie sah bildhübsch aus; **as pretty as a picture** bildschön; **to look the picture of health** wie das blühende Leben aussehen ⑤ die Vorstellung, die Darstellung, die Beschreibung ⑥ **to be in the picture** im Bilde sein; **to put someone in the picture** jemanden ins Bild setzen; **get the picture?** [haben Sie] verstanden?

to **pic·ture** ['pɪktʃəʳ] ① abbilden, malen, zeichnen ② (*übertragen*) schildern, beschreiben ③ (*übertragen*) sich vorstellen; **picture us on a deserted beach ...** stell dir vor, wir sind an einem einsamen Strand ...

pic·ture book das Bilderbuch, der Bildband

pic·ture frame der Bilderrahmen

pic·ture mes·sag·ing das Picture Messaging

pic·ture post·card die Ansichtskarte

pie [paɪ] ① die Pastete; **meat pie** die Fleischpastete ② **apple pie** der gedeckte Apfelkuchen ▶WENDUNGEN: **as easy as pie** (*umgangsspr*) kinderleicht; **as sweet as pie** unheimlich freundlich; **to eat humble pie** klein beigeben; **to have a finger in the pie** die Hand im Spiel haben; **pie in the sky** die Luftschlösser

P

piece [piːs] ① das Stück; **piece of chocolate** das Stück Schokolade; **piece by piece** Stück für Stück; **piece of evidence** das Beweisstück; **a piece of land** ein Grundstück; **a piece of music** ein Musikstück ② **a piece of news** eine Neuigkeit; **a fine piece of work** eine saubere Arbeit ③ (*in einem Buch*) der Abschnitt, die Stelle ④ *eines Service, Sets:* das Einzelteil ⑤ **in pieces** entzwei, kaputt ⑥ **in one piece** (*umgangsspr*) unbeschädigt; *Person:* unverletzt ⑦ **to pieces** in Stücke, kaputt; **to fall to pieces** auseinanderfallen; **to go to pieces** (*umgangsspr*) *Person:* durchdrehen; **to take to pieces** (*auch übertragen*) zerlegen, auseinandernehmen; **to tear to pieces** (*auch übertragen*) zerreißen, zerpflücken ⑧ (*Brettspiel*) der Stein; (*beim Schach*) die Figur ⑨ (*Musik, Theater*) das Stück ⑩ **piece in the paper** der Zeitungsartikel ⑪ **a piece of advice** ein Rat ▶WENDUNGEN: **a nasty piece of work** (*umgangsspr*) eine üble Person; **to give someone a piece of one's mind** (*umgangsspr*) jemandem gehörig die Meinung sagen; **to say one's piece** seine Meinung sagen; **to pull to pieces** zerpflücken *Argument;* bekritteln *Person;* **it was a piece of cake** (*umgangsspr*) es war ein Kinderspiel

◆to **piece together** zusammenstückeln; (*übertragen*) sich zusammenreimen; zusammenfügen *Beweise*

piece rate der Akkordlohn

piece·work *kein Plural* die Akkordarbeit

piece·work·er der Akkordarbeiter/die Akkordarbeiterin

pie chart das Kreisdiagramm

pier [pɪəʳ] der Landungssteg, der Pier

to **pierce** [pɪəs] ① eindringen in ② *Dolch, Messer:* durchbohren ③ *Schall, Licht:* durchdringen ④ (*übertragen*) durchdringen

pierc·ing ['pɪəsɪŋ] ① *Geräusch:* durchdringend; *Schrei:* gellend ② *Kälte:* schneidend; *Blick:* stechend, durchdringend

pig [pɪg] ① das Schwein ② (*umgangsspr*) das Schwein ▶WENDUNGEN: **to make a pig of oneself** fressen wie ein Scheunendrescher; **to make a pig's ear of something** etwas vermasseln; **and pigs might fly** es geschehen noch Wunder

◆to **pig out** (*umgangsspr*) sich den Bauch vollschlagen

pi·geon ['pɪdʒən] die Taube

pi·geon-hole ['pɪdʒɪnhəʊl] (*im Büro*) das Fach

pig·gy·back ['pɪgɪ bæk] huckepack

pig·gy bank das Sparschweinchen

pig-head·ed [ˌpɪg'hedɪd] verbohrt, halsstarrig

pig·let ['pɪglət] das Ferkel, das Schweinchen

pig·sty ['pɪgstaɪ] (*auch übertragen*) der Schweinestall

pig·tail ['pɪgteɪl] der Zopf

Pi·la·tes ['pɪlɑːteɪz, -tiːz] *kein Plural* das Pilates

pile [paɪl] ① der Haufen, der Stoß, der Stapel; **to put in a pile** stapeln, auf einen Haufen legen ② (*umgangsspr*) der [große] Haufen, die Menge, die Masse; **piles of food** Berge von Essen

to **pile** [paɪl] stapeln

◆to **pile in** (*umgangsspr*) *Menschen:* hereinströmen, hineindrängen

◆to **pile on** (*umgangsspr*) **to pile it on** dick auftragen

◆to **pile up** sich anhäufen, stapeln; *Schnee, Arbeit:* sich türmen; *Schulden:* anhäufen

piles [paɪlz] *Plural* die Hämorrhoiden

pile-up ['paɪlʌp] die Massenkarambolage

pil·grim ['pɪlgrɪm] der Pilger/die Pilgerin

pil·grim·age ['pɪlgrɪmɪdʒ] die Pilgerfahrt, die Wallfahrt (**to** nach); **to go on a pilgrimage** auf Pilgerfahrt gehen

pill [pɪl] die Pille, die Tablette; **to be on the pill**

(*umgangsspr*) die Pille nehmen

pil·lar [ˈpɪləʳ] die Säule

pil·lar box GB der Briefkasten

pil·low [ˈpɪləʊ] das Kopfkissen

pil·low·case der Kopfkissenbezug

pi·lot [ˈpaɪlət] ① der Lotse/die Lotsin ② der Pilot/die Pilotin ③ (*Radio, TV*) die Probesendung

to **pi·lot** [ˈpaɪlət] ① lotsen *Schiff* ② fliegen *Flugzeug* ③ (*übertragen*) führen, lenken, durchbringen

pi·lot boat das Lotsenboot

pi·lot light die Zündflamme

pi·lot scheme das Pilotprojekt

pi·lot's li·cence, USA **pi·lot's li·cense** der Flugschein, der Pilotenschein

pi·lot study die Pilotstudie

to **pi·lot-test** **to pilot-test something** eine erste Testreihe von etwas durchführen

pi·lot-test·ing *kein Plural* die Durchführung einer ersten Testreihe

pimp [pɪmp] der Zuhälter

pim·ple [ˈpɪmpl̩] der Pickel, die Pustel

PIN [pɪn] *Abkürzung von* **personal identification number** die PIN-Nummer, die persönliche Geheimzahl

pin [pɪn] ① die Stecknadel ② die Reißzwecke ③ die Anstecknadel, die Brosche ④ (*technisch*) der Stift, der Dorn, der Bolzen ⑤ (*elektrisch*) der Pol ⑥ (*beim Bowling*) der Kegel ⑦ **my feet have [got] pins and needles** mir sind die Füße eingeschlafen

to **pin** [pɪn] <pinned, pinned> ① festmachen, anstecken, [an]heften (**to** an); **he was pinned to the wall** er wurde an die Wand gedrückt ② (*umgangsspr*) **to pin the blame on someone** jemandem die Schuld zuschieben ▶ WENDUNGEN: **to pin one's hopes on** seine Hoffnung setzen auf; **to pin back one's ears** die Ohren spitzen

◆ to **pin down** (*übertragen*) festnageln, festlegen

◆ to **pin together** zusammenheften

◆ to **pin up** anheften; hochstecken *Haare;* stecken *Saum*

pin·ball ma·chine [ˈpɪnbɔːlməˈʃiːn] der Flipper

to **pinch** [pɪn(t)ʃ] ① kneifen, zwicken ② *Schuhe:* drücken ③ (*umgangsspr*) klauen, stibitzen

pinch [pɪn(t)ʃ] <*Plural* pinches> ① das Kneifen, der Kniff ② **a pinch of salt** eine Prise Salz ▶ WENDUNGEN: **at** [*oder* **in**] **a pinch** zur Not; **if it comes to the pinch** notfalls; **to feel the pinch** knapp bei Kasse sein

pine [paɪn] ① die Kiefer, die Föhre ② die Pinie

to **pine** [paɪn] sich sehnen (**for/after** nach)

pine·ap·ple [ˈpaɪnæpl̩] die Ananas

pine cone [ˈpaɪnkəʊn] der Kiefernzapfen, der Fichtenzapfen

pine nee·dle die Kiefernnadel, die Fichtennadel

pine wood ① der Kiefernwald ② das Kiefernholz

ping-pong [ˈpɪŋˌpɒŋ] (*umgangsspr*) das Tischtennis

pink[1] [pɪŋk] ① (*Farbe*) das Rosa; **bright pink** das Pink ② (*Blume*) die Nelke

pink[2] [pɪŋk] rosa, rosig

pin·point [ˈpɪnpɔɪnt] der Punkt; **a pinpoint of light** ein Lichtpunkt

to **pin·point** [ˈpɪnpɔɪnt] ① markieren *Ziel* ② (*übertragen*) genau festlegen

pin·stripe (*Textil*) der Nadelstreifen; **pinstripe suit** der Nadelstreifenanzug

pint [paɪnt] das Pint (*0,568 l*)

pio·neer [ˌpaɪəˈnɪəʳ] ① der Pionier/die Pionierin ② (*übertragen*) der Vorkämpfer/die Vorkämpferin, der Bahnbrecher/die Bahnbrecherin

to **pio·neer** [ˌpaɪəˈnɪəʳ] ① vorbereiten *einen Weg* ② (*übertragen*) Pionierarbeit leisten, den Weg bahnen

pi·ous [ˈpaɪəs] fromm, gottesfürchtig; **pious hope** der fromme Wunsch; **pious words** die frommen Sprüche

pip [pɪp] ① *von Obst:* der Kern ② (*Radio*) der Kurzton; **the pips** *Plural* das Zeitzeichen ③ (*Radar*) die Echoanzeige

to **pip** [pɪp] <pipped, pipped> **to be pipped at the post** kurz vor Schluss besiegt werden

pipe [paɪp] ① (*zum Rauchen*) die Pfeife ② (*Musik*) die Flöte, die Orgelpfeife; **to play the pipes** *Plural* den Dudelsack spielen ③ das Rohr, die Leitung ▶ WENDUNGEN: **put that in your pipe and smoke it** das kannst du dir an den Hut stecken

◆ to **pipe down** (*umgangsspr*) das Maul halten, kleinlaut werden

◆ to **pipe up** loslegen, zu sprechen anfangen, sich bemerkbar machen

pipe clean·er [ˈpaɪpkliːnəʳ] der Pfeifenreiniger

pipe dream (*umgangsspr*) der Wunschtraum, das Luftschloss

pipe-fit·ter [ˈpaɪpfɪtəʳ] der Klempner/die Klempnerin

pipe·line [ˈpaɪplaɪn] die Pipeline, die Rohrleitung ▶ WENDUNGEN: **in the pipeline** in Vorbereitung

pip·er [ˈpaɪpəʳ] der Flötenspieler/die Flötenspielerin, der Pfeifer/die Pfeiferin, der Dudelsackbläser/die Dudelsackbläserin

pip·ing [ˈpaɪpɪŋ] ① schrill, piepsend ② **piping hot** siedend heiß

pi·ra·cy [ˈpaɪ(ə)rəsi] ① die Piraterie, die Seeräuberei ② (*übertragen*) der Raubdruck, die Raubpressung

pi·rate [ˈpaɪ(ə)rət] ① der Seeräuber, der Pirat ② das Piratenschiff ③ **pirate radio** der Piratensender ④ **pirate copy** der Raubdruck

Pi·sces [ˈpaɪsiːz] <*Plural* Pisces> *Plural* (*Sternzeichen*) die Fische

piss [pɪs] (*slang*) ① die Pisse, der Urin; **to go for**

a piss pissen gehen ② **to take the piss out of someone** jemanden verarschen; **piss artist** (*slang*) der Säufer/die Säuferin

to **piss** [pɪs] (*slang*) ① pissen ② **it's pissing it down [with rain]** es regnet in Strömen

◆ to **piss about**, to **piss around** (*slang*) herummachen

◆ to **piss off** (*slang*) ① **piss off!** verpiss dich! ② **to piss someone off** jemanden ankotzen, jemandem auf den Sack gehen

pissed [pɪst] ① (*slang*) besoffen, blau, voll ② (USA) (*slang*) stinksauer

piss-up ['pɪsʌp] (*slang*) das Besäufnis

pis·ta·chio [pɪ'stɑːʃiəʊ] <*Plural* pistachios> die Pistazie

piste [piːst] die Piste

pis·tol ['pɪstəl] die Pistole

pis·tol shot der Pistolenschuss

pis·ton ['pɪstən] der Kolben

pit [pɪt] ① (*Bergbau*) die Grube, die Zeche ② (*in der Werkstatt*) die Grube ③ (*beim Autorennen*) die Box ④ (*übertragen*) **the pits** das Letzte ⑤ (GB) (*im Theater*) der Orchestergraben ⑥ (USA) (*im Obst*) der Stein

pitch [pɪtʃ] <*Plural* pitches> ① der Wurf, der Stoß ② der Platz; **football pitch** der Fußballplatz; **caravan pitch** der Stellplatz für einen Wohnwagen; **tent pitch** der Zeltplatz ③ (*Musik*) die Tonhöhe; **perfect pitch** das absolute Gehör

to **pitch** [pɪtʃ] ① aufschlagen *Zelt* ② werfen, schleudern; aufladen *Heu* ③ **don't pitch your hopes too high!** schraube deine Hoffnungen nicht zu hoch!

◆ to **pitch in** ① hineinwerfen ② (*umgangsspr*) einspringen; **to pitch in together** zusammen anpacken

pitch-black pechschwarz

pitch-dark stockfinster

pitch dark·ness *kein Plural* die völlige Dunkelheit

pitched [pɪtʃt] **pitched battle** der offene Kampf

pitch·er[1] ['pɪtʃər] der Werfer

pitch·er[2] ['pɪtʃər] die Kanne, der Krug

pitch·fork ['pɪtʃfɔːk] die Heugabel, die Mistgabel

pit·fall ['pɪtfɔːl] die Falle

pith [pɪθ] *einer Orange, Grapefruit:* die weiße Haut

piti·ful ['pɪtifəl] ① *Person, Zustand:* bemitleidenswert ② *Blick:* Mitleid erregend ③ *Ausrede:* erbärmlich, jämmerlich

piti·less ['pɪtiləs] ① mitleid[s]los, erbarmungslos ② unbarmherzig

pit·ta ['pɪtə], **pit·ta bread** *kein Plural* das Pitabrot

pity ['pɪti] ① das Mitleid; **out of pity** aus Mitleid; **to have** [*oder* **take**] **pity on** Mitleid haben mit ② **what a pity!** wie schade!; **it's a pity that ...** es ist schade, dass ...; **the pity is that ...** es ist ein Jammer, dass ...; **for pity's sake!** um Himmels willen!; **more's the pity** (*umgangsspr*) leider

to **pity** ['pɪti] bemitleiden, bedauern; **I pity you** Sie tun mir leid

pix·el ['pɪksəl] das Pixel

piz·za ['piːtsə] die Pizza

piz·za place die Pizzeria

plac·ard ['plækɑːd] das Plakat, das Transparent

place [pleɪs] ① der Platz, der Ort, die Stelle; **place of birth** der Geburtsort; **place of origin** der Ursprungsort, der Herkunftsort, der Heimatort; **place of residence** der Wohnort; **all over the place** überall, an allen Orten; **from place to place** von Ort zu Ort; **from this place** ab hier; **in places** stellenweise; **in all places** überall; **no place** (USA) (*umgangssprr*) nirgendwo ② der [Sitz]platz ③ **in place** am richtigen Platz; **out of place** nicht am [rechten] Platz; (*übertragen*) fehl am Platz, unangebracht ④ (*Sport*) der Platz ⑤ (*übertragen: in einer Ordnung, Reihenfolge*) die Stelle, der Platz; **in the first place** in erster Linie ⑥ **to be someone's place to do something** jemandes Sache/Aufgabe sein, etwas zu tun; **to put someone in his place** jemanden in seine Schranken verweisen; **to take someone's place** jemandes Stelle einnehmen, an jemandes Stelle treten ⑦ (*im Beruf*) die Stelle, die Anstellung; **place of work** der Arbeitsplatz; **to hold a place** eine Stellung haben ⑧ **in place of someone** an jemandes Stelle, stellvertretend für jemanden ⑨ **my place or yours?** zu mir oder zu dir?; **at my place** bei mir ⑩ (*übertragen*) **to go places** seinen/ihren Weg machen ⑪ (*übertragen*) **to know one's place** wissen, was sich für einen ziemt ⑫ **to lay** [*oder* **set**] **a place for someone** ein Gedeck für jemanden auflegen ⑬ **to take place** stattfinden

to **place** [pleɪs] ① setzen, stellen, legen; **she placed the vase on the table** sie stellte die Vase auf den Tisch; **we were well placed to see the match** wir hatten einen Platz, von dem aus wir das Spiel gut sehen konnten ② setzen, aufgeben *Anzeige* ③ **he placed the matter in the hands of a lawyer** er übergab die Sache einem Rechtsanwalt ④ **to place trust in someone** Vertrauen in jemanden setzen ⑤ **to place an order** einen Auftrag erteilen, eine Bestellung aufgeben ⑥ (*übertragen*) einordnen; **to be placed** liegen; **he was placed second** er wurde Zweiter ⑦ **I can't place him** ich weiß nicht, woher ich ihn kenne, ich kann ihn nicht einordnen ⑧ **how are you placed for money?** wie sieht es mit deinen Finanzen aus?; **we are better placed now** wir stehen jetzt besser da ⑨ **to place emphasis on something** etwas

P

betonen ⑩ **to place a strain on someone** jemanden belasten

place card ['pleɪsˌkɑːd] die Tischkarte

place mat das Set

place name ['pleɪsˌneɪm] der Ortsname

plague [pleɪg] ① die Seuche, die Pest ② die Plage

to **plague** [pleɪs] plagen

plaice [pleɪs] <*Plural* plaice> die Scholle

Plaid Cymru [ˌplaɪd'kʌmri] ⚠ *mit Singular, kein Plural walisische Nationalpartei*

plain¹ [pleɪn] <plainer, plainest> ① einfach; *Kleidung:* einfach, schlicht; **in plain clothes** *Polizist, Soldat:* in Zivil ② *Farbe:* uni, einfarbig ③ **plain chocolate** die Bitterschokolade ④ (*unmissverständlich*) *Frage, Antwort:* klar; *Wahrheit:* rein; *Aussage:* deutlich; **in plain English** geradeheraus; **to be plain** [*oder* **use plain language**] **with someone** jemandem offen seine Meinung sagen; **to make something plain** [**to someone**] [jemandem] etwas deutlich machen [*oder* zu verstehen geben] ⑤ *Aussehen:* nicht überwältigend, alltäglich; **she was very plain** sie war nicht sonderlich hübsch ⑥ **to be plain sailing** ganz einfach sein

plain² [pleɪn] die Ebene

plain·ly ['pleɪnli] ① einfach, klar; **to put it plainly** um es klar auszudrücken ② offensichtlich

plain-spo·ken [ˌpleɪn'spəʊkən] freimütig, offen

plait [plæt] die Flechte, der Zopf

to **plait** [plæt] flechten

plan [plæn] ① der Plan, der Entwurf ② (*übertragen*) das Vorhaben, das Projekt; **to go according to plan** planmäßig verlaufen; **five-year plan** der Fünfjahresplan, der Fünfjahrplan; **to change one's plans** umdisponieren

to **plan** [plæn] <planned, planned> ① planen; **to plan for something** etwas einplanen; **to plan on something** mit etwas rechnen, etwas vorhaben ② entwerfen, skizzieren ③ planen, vorhaben, beabsichtigen; **planned economy** die Planwirtschaft

◆ to **plan out** ausarbeiten, vorplanen

plane¹ [pleɪn] das Flugzeug; **to go by plane** fliegen

plane² [pleɪn] ① die Ebene ② (*übertragen*) das Niveau, die Ebene, die Stufe; **on the same plane** auf der gleichen Ebene (**as** wie)

plane³ [pleɪn] der Hobel

plane⁴ [pleɪn] flach, eben

to **plane** [pleɪn] hobeln, glätten, planieren

plane crash der Flugzeugabsturz

plan·et ['plænɪt] der Planet

plan·etar·ium [ˌplænɪ'teəriəm, *Plural* -riə] <*Plural* planetariums *oder* planetaria> das Planetarium

plank [plæŋk] das Brett

plan·ner ['plænəʳ] der Planer/die Planerin

plan·ning ['plænɪŋ] die Planung; **family planning** die Geburtenkontrolle; **town** [*oder* **city**] **planning** die Städteplanung; **planning permission** die Baugenehmigung

plant [plɑːnt] ① die Pflanze ② die Fabrik, das Werk; **power plant** das Kraftwerk

to **plant** [plɑːnt] ① pflanzen ② bepflanzen *Gelände* ③ **who planted that idea in your head?** wer hat dir denn diesen Floh ins Ohr gesetzt? ④ (*slang*) verpassen, versetzen *Schlag* ⑤ (*slang*) verstecken *Diebesgut* ⑥ **to plant a bomb** eine Bombe legen ⑦ **to plant oneself in a chair** sich in einen Stuhl fallen lassen

plan·ta·tion [ˌplæn'teɪʃᵊn] ① die Plantage ② (*im Wald*) die Schonung

plaque¹ [plɑːk, plæk] die Gedenktafel

plaque² [plɑːk, plæk] der Zahnbelag

plas·ter ['plɑːstəʳ] ① (*Baumaterial*) der Putz, der Bewurf ② **plaster** [**of Paris**] der Gips ③ GB (*für Wunden*) das Pflaster

to **plas·ter** ['plɑːstəʳ] ① verputzen, gipsen ② bepflastern, bekleben

plas·ter·board ['plɑːstəbɔːd] die Gipsplatte

plas·ter cast ① (*Kunst*) der Gipsabguss ② (*medizinisch*) der Gipsverband

plas·tered ['plɑːstəd] (*umgangsspr*) besoffen

plas·ter·er ['plɑːstᵊrəʳ] der Gipser/die Gipserin, der Stuckateur/die Stuckateurin

plas·tic¹ ['plæstɪk] ① Plastik-, aus Plastik ② formbar, knetbar, plastisch

plas·tic² ['plæstɪk] das Plastik, der Kunststoff

plas·tic bag die Plastiktüte

plas·tic bul·let das Plastikgeschoss

plas·tic ex·plo·sive der Plastiksprengstoff

Plas·ti·cine® ['plæstəsiːn] die Knetmasse

plas·tic money das Plastikgeld

plas·tic sur·gery die plastische Chirurgie, die kosmetische Operation

plate [pleɪt] ① (*für Essen*) der Teller, die Platte; **hot plate** die Wärmeplatte ② (*auch technisch*) die Platte ③ der Überzug; **gold plate** die Vergoldung; **silver plate** die Versilberung ④ **door** [*oder* **name**] **plate** das Türschild; **number** [*oder* **licence**] **plate** (*Auto*) das Nummernschild ► WENDUNGEN: **to hand someone something on a plate** jemandem etwas auf einem Tablett servieren

plat·ed [pleɪtɪd] **chromium-plated** verchromt; **gold-plated** vergoldet

plate·ful ['pleɪtfʊl] der Teller [voll]

plate glass das Flachglas

plate rack der Geschirrständer

plat·form ['plætfɔːm] ① das Podium, die Plattform ② (*im Bahnhof*) der Bahnsteig, das Gleis

plati·num ['plætɪnəm] das Platin

play [pleɪ] ① das Spiel ② (*Sport*) **to abandon play** das Spiel abbrechen; *Ball:*; **out of play** im

P

Aus; **fair play** die Fairness ③ **at play** beim Spiel ④ **in play** im Spaß, als Scherz ⑤ das Theaterspiel, das Theaterstück ⑥ die Bewegungsfreiheit, der Spielraum ▸ WENDUNGEN: **to bring into play** ins Spiel bringen; **to come into play** in Tätigkeit treten

to **play** [pleɪ] ① **to play** [**a game**] spielen; **they didn't play their best team** sie haben ihre beste Mannschaft nicht eingesetzt; **they're playing Manchester United** sie spielen gegen Manchester United; ausspielen *Karte* ② (*Theater, Musik*) spielen; **to play the piano** Klavier spielen ③ **to play for money** um Geld spielen; **to play for time** Zeit rausschinden wollen ④ **to play a joke on someone** jemandem einen Streich spielen; **to play a** [**dirty**] **trick on someone** jemanden hereinlegen; **to play the fool** herumalbern ⑤ **to play with the idea** mit dem Gedanken spielen; **the company won't play ball with that idea** die Firma wird bei der Idee nicht mitspielen ⑥ (*technisch*) Spielraum haben ▸ WENDUNGEN: **what are you playing at?** was soll das?; **to play** [**it**] **safe** auf Nummer sicher gehen

◆ to **play about** spielen, herumspielen

◆ to **play along** ① mitspielen ② **to play someone along** jemanden hinters Licht führen

◆ to **play around** spielen, herumspielen

◆ to **play at** ① spielen ② **what do you think you're playing at?** was soll denn das?

◆ to **play down** herunterspielen

◆ to **play off** **she's trying to play them off against each other** sie versucht sie gegeneinander auszuspielen

P

◆ to **play on** ① weiterspielen ② **he's playing on her generosity** er nutzt ihre Großzügigkeit aus

◆ to **play up** ① (*Musik*) lauter spielen ② (*umgangsspr*) *Kind:* Ärger machen ③ **to play up to someone** jemandem schöntun ④ **to play something up** etwas hochspielen

play·back ['pleɪbæk] die Wiedergabe, das Playback

play·boy der Playboy

play·er ['pleɪəʳ] ① der Spieler/die Spielerin ② der Schauspieler/die Schauspielerin

play·fel·low ['pleɪfeləʊ] der Spielkamerad/die Spielkameradin

play·ful ['pleɪfᵊl] ① *Kind:* verspielt ② *Bemerkung:* spaßig, spaßhaft

play·ground ['pleɪgraʊnd] ① der Spielplatz ② der Schulhof ③ (*übertragen*) der Tummelplatz

play·group ['pleɪgru:p] die Spielgruppe

play·ing card ['pleɪɪŋ-] die Spielkarte

play·ing field ['pleɪɪŋ'fi:ld] der Sportplatz

play·mate ['pleɪmeɪt] der Spielkamerad/die Spielkameradin

play-off ['pleɪɒf] das Entscheidungsspiel

play·pen der Laufstall

play·room ['pleɪrʊm] das Spielzimmer

play·school ['pleɪsku:l] der Kindergarten

play·time ['pleɪtaɪm] (*in der Schule*) die Pause

play·wright ['pleɪraɪt] der Bühnenschriftsteller/die Bühnenschriftstellerin, der Dramatiker/die Dramatikerin

plc [ˌpi:el'si:] *Abkürzung von* **public limited company** ≈ die AG

to **plead** [pli:d] <pleaded, pleaded *oder* USA AUCH pled, pled> ① bitten (**for** um); **to plead with someone to do something** jemanden [inständig] bitten, etwas zu tun ② (*vor Gericht*) das Plädoyer halten; **to plead guilty/not guilty** sich schuldig/nicht schuldig bekennen; **to plead someone's case** jemanden vertreten; **to plead the case for the defence** die Verteidigung vertreten ③ **to plead for something** für etwas plädieren ④ **to plead the case for something** sich für etwas einsetzen

pleas·ant ['plezᵊnt] <pleasanter *oder* more pleasant, pleasantest *oder* most pleasant> ① *Erfahrung:* angenehm, erfreulich ② *Mensch:* umgänglich, liebenswürdig

G **pleasant** kann sowohl mit *-er/-est* als auch mit *more/most* gesteigert werden:
I can't imagine a more pleasant evening!; the dessert was the pleasantest part of the meal

to **please** [pli:z] ① gefallen, angenehm sein ② zufrieden stellen; **to please his parents** seinen Eltern zuliebe; **you can't please everybody** man kann es nicht allen recht machen; **he is hard to please** man kann es ihm schwer recht machen ③ eine Freude machen ④ **I'm pleased to help** ich helfe gern ⑤ **as you please** [*oder* **please yourself**] wie du willst; **to do as one pleases** tun, was man will

please [pli:z] bitte; **please do!** bitte sehr!; **more potatoes? — please** noch Kartoffeln? — gern; **may I ...? — please do** darf ich ...? — selbstverständlich

pleased [pli:zd] ① erfreut; **to be pleased about something** sich über etwas freuen; **pleased to meet you!** angenehm!, freut mich! ② zufrieden; **to be pleased with** [*oder* **about**] **something** mit etwas zufrieden sein; **to be pleased with oneself** (*auch abwertend*) selbstgefällig sein

pleas·ing ['pli:zɪŋ] angenehm; **to be pleasing to the ear/eye** hübsch klingen/aussehen

pleas·ur·able ['pleʒᵊrəbl̩] angenehm

pleas·ure ['pleʒəʳ] ① das Vergnügen, die Freude; **for pleasure** zum Vergnügen; **with pleasure** mit Vergnügen; **to give great pleasure** großes Vergnügen machen; **to have the pleasure of doing something** das Vergnügen haben, etwas zu tun; **to take pleasure in** Gefallen finden an; **it gives me no pleasure** es ist für mich kein Vergnügen; **may I have the pleasure of the next dance?** darf ich Sie um den nächsten Tanz bitten? ② **thank you – my pleasure** danke – gern geschehen

pleas·ure boat der Vergnügungsdampfer

pleat [pliːt] die Falte

pleb [pleb] *meist Plural* GB (*abwertend umgangsspr*) *kurz für* **plebeian** der Prolet/die Proletin; **the plebs** der Mob

pledge [pledʒ] das Versprechen, die Zusicherung; **to make a pledge** versprechen, zusichern

to **pledge** [pledʒ] **to pledge one's word** sein Ehrenwort geben

plen·ti·ful ['plentɪfᵊl] reichlich, im Überfluss

plen·ty¹ ['plenti] der Reichtum, die Fülle; **plenty of** eine Menge ..., reichlich ..., sehr viel ...; **plenty more** viel mehr; **in plenty** in Hülle und Fülle, in rauen Mengen

plen·ty² ['plenti] USA ① reichlich, im Überfluss ② (*umgangsspr*) **it's plenty big enough** es ist wirklich groß genug

pli·ers ['plaɪəz] ⚠ *Plural* die Kneifzange

> **G** **pliers** wird im Plural gebraucht: *pliers are sold in most DIY stores*
> **a pair of pliers** wird aber im Singular verwendet: *Jane took a pair of pliers and forced open the box*

plight [plaɪt] die schwierige Lage, die Not

plim·soll ['plɪm(p)sᵊl] der Turnschuh

to **plod** [plɒd] <plodded, plodded> ① (*umgangsspr*) stapfen; **to plod along the road** sich die Straße entlang schleppen ② (*umgangsspr*) **to plod away at work** schuften

plod·ding ['plɒdɪŋ] schwerfällig

plonk [plɒŋk] GB (*abwertend*) der billige Wein, der Fusel

to **plonk** [plɒŋk] ① **to plonk something down** etwas hinknallen ② **to plonk oneself down** sich hinschmeißen; **to plonk oneself down in a chair** sich in einen Sessel fallen lassen

plonk·er ['plɒŋkəʳ] GB (*slang*) der Blödmann *umgangsspr*

plop¹ [plɒp] der Platsch[er]; **it fell into the water with a plop** es platschte ins Wasser

plop² [plɒp] platschend

to **plop** [plɒp] <plopped, plopped> platschen *umgangsspr*

plot¹ [plɒt] ① das Stück Land, das Gartenbeet; **building plot** das Grundstück, die Parzelle ② USA der Grundriss, der Plan

plot² [plɒt] die Verschwörung

to **plot¹** [plɒt] <plotted, plotted> ① feststellen *Position, Kurs* ② aufzeichnen *Kurve;* (*in einer Karte*) einzeichnen

to **plot²** [plɒt] <plotted, plotted> sich verschwören (**against** gegen)

plot·ter ['plɒtəʳ] ① der Verschwörer/die Verschwörerin ② (*Computer*) der Plotter

plough [plaʊ], USA **plow** [plaʊ] der Pflug

to **plough** [plaʊ], USA to **plow** [plaʊ] ① pflügen; ziehen *Furche* ② bahnen *Weg*

◆ to **plough through** durchpflügen *Wasser;* sich kämpfen durch *Schnee;* **to plough [one's way] through a book** sich durch ein Buch durchkämpfen

◆ to **plough up** umpflügen

to **pluck** [plʌk] ① rupfen *Geflügel* ② zupfen *Augenbrauen* ③ zerren, zupfen, ziehen (**at** an)

◆ to **pluck up** **to pluck up courage** Mut fassen

plucky ['plʌki] mutig, kühn

plug [plʌg] ① der Stöpsel ② (*elektrisch*) der Stecker; (*umgangssprr*) die Steckdose ③ (*Auto*) die Zündkerze ④ (*Werbung*) **to give something a plug** für etwas Schleichwerbung machen

▶ WENDUNGEN: **to pull the plug on someone** (*umgangsspr*) jemanden im Stich lassen

to **plug** [plʌg] <plugged, plugged> ① **to plug [up]** zustopfen; plombieren, füllen *Zahn;* zustopfen *Ohren* ② stecken (**into** in) ③ (*umgangsspr*) Reklame machen für

◆ to **plug away** (*umgangsspr*) verbissen [*oder* hart] arbeiten (**at** an)

◆ to **plug in** einstecken, anschließen *Gerät*

plug·hole ['plʌghəʊl] der Abfluss

plug-in (*im Internet*) das Plug-in

plum¹ [plʌm] ① die Pflaume, die Zwetsch[g]e ② das Pflaumenblau

plum² [plʌg] (*umgangsspr*) **he got a plum job** er hat eine tolle Stelle bekommen

plumb·er ['plʌməʳ] der Klempner/die Klempnerin, der Installateur/die Installateurin

plumb·ing ['plʌmɪŋ] ① die Klempnerarbeit ② die Leitungen ③ die sanitären Anlagen

to **plum·met** ['plʌmɪt] ① senkrecht hinunterfallen, [ab]stürzen ② (*übertragen*) **prices have plummeted** die Preise sind stark gefallen

plump [plʌmp] ① rundlich, mollig ② gut gefüttert *Tier*

◆ to **plump down** ① plumpsen, fallen lassen; **to plump oneself down into a chair** sich auf einen Stuhl fallen lassen ② schmeißen, knallen

to **plunge** [plʌndʒ] ① tauchen, tunken ② stürzen (**in/into** in) ③ **the room was plunged into darkness** das Zimmer lag plötzlich im Dunkeln ④ *Hang:* steil abfallen; *Straße:* steil hinabführen ⑤ *Preise:* fallen ⑥ *Kleid:* **to have a plunging neckline** tief blicken lassen

plunge [plʌndʒ] **to take the plunge** sich zu einem Entschluss durchringen

plunge pool kleiner Swimmingpool; (*in Sauna*) das Tauchbecken

plu·per·fect [ˌpluːˈpɜːfɪkt] das Plusquamperfekt

plu·ral ['plʊərᵊl] der Plural, die Mehrzahl

plus[1] [plʌs] plus, und

plus[2] [plʌs] <*Plural* pluses *oder Plural* plusses> ① das Plus, das Mehr ② **plus-sign** das Pluszeichen

plush [plʌʃ] (*umgangsspr*) ① luxuriös ② plüschig

plus-size *Person:* übergroß; *Kleidung:* in Übergrößen

plu·to·nium [pluː'təʊniːəm] das Plutonium

ply·wood ['plaɪwʊd] das Sperrholz

p.m. [ˌpiː'em] *Abkürzung von* **post meridiem** nachmittags; **at 3 pm** um 15 Uhr

PM [ˌpiː'em] *Abkürzung von* **Prime Minister** der Premierminister/die Premierministerin

pneu·mat·ic [njuː'mætɪk] **pneumatic drill** der Pressluftbohrer

pneu·mo·nia [njuː'məʊniːə] die Lungenentzündung

to **poach** [pəʊtʃ] ① pochieren *Ei;* **poached eggs** die verlorenen Eier ② unberechtigt jagen *Wild,* wildern

poach·er[1] ['pəʊtʃəʳ] der Dünster; **egg poacher** der Eierkocher

poach·er[2] ['pəʊtʃəʳ] der Wilderer

poach·ing ['pəʊtʃɪŋ] *kein Plural* die Wilderei; (*übertragen*) das Wegnehmen

PO Box ['piːəʊˌbɒks] *Abkürzung von* **post office box** das Postfach

pock·et ['pɒkɪt] ① die Tasche ② (*Billard*) das Loch ▶ WENDUNGEN: **to be in pocket** reicher sein; **to be out of pocket** ärmer sein

to **pock·et** ['pɒkɪt] ① in die Tasche stecken, einstecken ② sich aneignen

pock·et·book ① das Notizbuch ② (USA) die Brieftasche ③ (USA) das Handtäschchen

pock·et-cam *kurz für* **pocket camera** die Pocketkamera

pock·et knife <pocket-knives> *Plural* das Taschenmesser

pock·et mon·ey das Taschengeld

pock·mark die Pockennarbe

pod [pɒd] die Schote, die Hülse

pod·cast ['pɒdkɑːst] der Podcast

po·dia ['pəʊdiə] *Pluralform von* **podium**

po·dium ['pəʊdiəm, *Plural* -diə] <*Plural* podia> das Podest

poem ['pəʊɪm] das Gedicht

poet ['pəʊɪt] der Dichter/die Dichterin, der Poet/die Poetin

po·et·ic(al) [pəʊ'etɪk(əl)] dichterisch; (*Sprache*) die Dichtersprache

poet lau·reate [ˌpəʊɪt 'lɒrɪət] <*Plural* poets laureate> der Hofdichter/die Hofdichterin

po·et·ry ['pəʊɪtri] ① die Dichtung, die Poesie ② die Gedichte

point [pɔɪnt] ① (*Note, Bewertung*) der Punkt; **he won on points** (*beim Boxen*) er hat nach Punkten gewonnen ② *von Messer usw.:* die Spitze, das spitze Ende ③ (*auf einem Kompass*) der Strich, der Grad ④ (*Dezimalpunkt*) das Komma; **three point two, 3.2** drei Komma zwei, 3,2 ⑤ (*genauer Ort*) die Stelle, der Platz; **at this point** (*auch übertragen*) an dieser Stelle ⑥ der Zeitpunkt, der Moment, der Augenblick; **to be on the point of doing something** im Begriff sein, etwas zu tun ⑦ der Grad; **up to a certain point** bis zu einem gewissen Grad ⑧ die Einzelheit, das Detail; **let's go through the plan point by point** lass uns den Plan Punkt für Punkt durchgehen ⑨ (*eines Arguments*) der Punkt; **the point is ...** der springende Punkt ist ...; **that's beside the point** das ist irrelevant [*oder* nicht der Punkt], das gehört nicht zur Sache ⑩ **not to put too fine a point on it** rundheraus gesagt ⑪ (*das, worum es geht*) **that's just** [*oder* **exactly**] **the point!** genau das ist es [eben]!; **to come** [*oder* **get**] **to the point** zur Sache kommen; **to get away from the point** vom Thema abschweifen; **to keep to the point** bei der Sache bleiben; **to get the point** (*umgangsspr*) verstehen, kapieren; **you just don't get the point** du kapierst einfach nicht, worum es geht; **to miss the point** nicht verstehen, worum es wirklich geht; *von einer Geschichte:* die Pointe nicht kapieren ⑫ **he's got a point** er hat nicht so unrecht; **to make one's point** seinen Standpunkt klar machen; **I don't see your point** ich weiß nicht, worauf Sie hinauswollen ⑬ **point of view** die Ansicht, der Standpunkt ⑭ (*übertragen*) die besondere Eigenschaft, der Vorzug; **strong point** die Stärke ⑮ der Sinn, der Zweck; **I see no point in doing that** ich halte es für sinnlos, das zu tun; **there is no point in that** das hat keinen Sinn; **that's the whole point** genau das ist Sinn und Zweck der ganzen Sache; **what's the point?** wozu? ⑯ (*übertragen*) **to make a point of something** auf etwas bestehen [*oder* Wert legen]; **to make a point of doing something** darauf achten, etwas zu tun

to **point** [pɔɪnt] ① zeigen (**at** auf) ② richten *Waffe* (**at** auf) ③ hinweisen (**to** auf)

◆to **point out** ① zeigen auf ② hinweisen auf *Tatsache;* **we'll have to point out to them that ...** wir müssen sie darauf aufmerksam machen, dass ...

◆to **point to**, to **point towards** (*übertragen*) hinweisen auf

◆to **point up** ① hervorheben ② zeigen

point-blank [ˌpɔɪnt'blæŋk] ① direkt; **he was shot at point-blank range** er wurde aus kürzester Entfernung erschossen ② (*übertragen*) geradeheraus, unverblümt; **she refused point-blank** sie hat es glattweg abgelehnt

point·ed ['pɔɪntɪd] ① spitz ② (*übertragen*) scharf, beißend, treffend

point·er ['pɔɪntəʳ] ① der Zeiger, der Zeigestock ② der Vorstehhund ③ (*umgangsspr*) der Tipp, der Wink

point·less ['pɔɪntləs] ① bedeutungslos ② sinnlos, zwecklos

poi·son ['pɔɪzᵊn] (*auch übertragen*) das Gift

to **poi·son** ['pɔɪzᵊn] ① vergiften ② (*übertragen*) verderben; **to poison someone's mind against** jemanden aufhetzen gegen

poi·son·ous ['pɔɪzᵊnəs] ① giftig, Gift- ② (*übertragen*) zersetzend, verderblich

poke [pəʊk] ① der Stoß; **give him a poke** schubs ihn doch an ② **to take a poke at someone** jemandem einen Schlag versetzen

to **poke** [pəʊk] ① [an]stoßen; **to poke someone in the ribs** jemandem einen Rippenstoß versetzen ② bohren *ein Loch* ③ stochern (**at** in) ④ herausstehen ▸WENDUNGEN: **to poke fun at someone** sich über jemanden lustig machen; **to poke one's nose into** seine Nase stecken in

◆ to **poke about**, to **poke around** (*umgangsspr*) herumstöbern, herumwühlen (**in** in)

pok·er¹ ['pəʊkəʳ] der Feuerhaken

pok·er² ['pəʊkəʳ] (*Spiel*) das Poker

poky ['pəʊki] *Räumlichkeit:* eng

Po·land ['pəʊlənd] Polen

po·lar ['pəʊləʳ] polar

po·lar bear der Eisbär

po·lar lights [ˌpəʊlə'laɪts] *Plural* das Nordlicht

Pole [pəʊl] der Pole/die Polin

pole [pəʊl] ① der Pfahl, der Pfosten, der Mast ② (*Sport*) der Stab, der Skistock ③ (*Geographie, Elektrizität*) der Pol ④ **they are poles apart** zwischen ihnen liegen Welten

Pole Star ['pəʊl stɑːʳ] der Polarstern

pole vault ['pəʊl vɔːlt] der Stabhochsprung

pole-vault·er ['pəʊl vɔːltəʳ] der Stabhochspringer/die Stabhochspringerin

po·lice [pə'liːs] die Polizei

> **F** Nicht verwechseln mit **Police** (die) = insurance policy!

to **po·lice** [pə'liːs] polizeilich überwachen

po·lice car das Polizeiauto, der Streifenwagen

po·lice con·sta·ble (GB) der Polizeiwachtmeister/die Polizeiwachtmeisterin

po·lice dog der Polizeihund

po·lice es·cort die Polizeibegleitung

po·lice force die Polizei

po·lice·man [pə'liːsmən] <*Plural* policemen> der Polizist

po·lice of·fic·er der Polizeibeamter/die Polizeibeamtin

po·lice pa·trol die Polizeistreife

po·lice raid die Razzia

po·lice sta·tion das Polizeirevier, die Wache

po·lice·wom·an <*Plural* policewomen> die Polizistin

poli·cy ['pɒləsi] ① die Politik; **foreign policy** die Auslandspolitik ② **policies** die politischen Maßnahmen ③ (*übertragen*) der Grundsatz, das Ziel; **his policy is to ...** es ist sein Prinzip, zu ... ④ **insurance policy** die Versicherungspolice; **to take out an insurance policy** eine Versicherung abschließen

poli·cy·hold·er der Versicherungsnehmer/die Versicherungsnehmerin

po·lio ['pəʊliəʊ], **po·lio·my·eli·tis** [ˌpəʊliə(ʊ)maɪə'laɪtɪs] die Kinderlähmung

Po·lish¹ ['pəʊlɪʃ] polnisch; **he's Polish** er ist Pole

Po·lish² ['pəʊlɪʃ] (*Sprache*) Polnisch, das Polnische

pol·ish ['pɒlɪʃ] ① die Politur, die Schuhcreme, die Schuhwichse ② (*übertragen*) die Eleganz, die Verfeinerung; (*umgangsspr*) der Schliff

to **pol·ish** ['pɒlɪʃ] ① polieren ② bohnern, schmirgeln

◆ to **polish off** (*umgangsspr*) schnell erledigen; verputzen *Essen;* hinunterschütten *Getränk*

◆ to **polish up** (*umgangsspr*) aufpolieren, aufmöbeln; auffrischen *Kenntnisse*

pol·ished ['pɒlɪʃt] ① poliert, glänzend ② (*übertragen*) fein, elegant, makellos, tadellos; *Sprache:* geschliffen

po·lite [pə'laɪt] <politer *oder* more polite, politest *oder* most polite> höflich

> **G** **polite** kann sowohl mit *-er/-est* als auch mit *more/most* gesteigert werden:
> *it's more polite to switch off your mobile;*
> *she is the politest of children*

po·lite·ness [pə'laɪtnəs] die Höflichkeit

po·liti·cal [pə'lɪtɪkᵊl] politisch

po·liti·cal cor·rect·ness *kein Plural* die politische Korrektheit

po·liti·cal·ly cor·rect politisch korrekt

poli·ti·cian [ˌpɒlɪ'tɪʃᵊn] der Politiker/die Politikerin

poli·tics ['pɒlətɪks] ① *Plural* [die] Politik, die politischen Ansichten; (USA) die Taktik; **to talk politics** politisieren; **engaged in politics** politisch tätig ② ⚠ *mit Singular* (*Fach*) die Politik; **I think politics is important** ich halte Politik für wichtig

poll [pəʊl] ① die Umfrage, die Erhebung; **to conduct a public opinion poll** eine öffentliche Meinungsumfrage durchführen ② (*politisch*) die Wahl, die Abstimmung; **to be defeated at the polls** eine Wahlniederlage erleiden; **to go to the polls** zur Wahl gehen

to **poll** [pəʊl] ① befragen ② bei der Wahl abschneiden

pol·len ['pɒlən] der Blütenstaub, der Pollen

pol·len count die Pollenflugdichte

poll·ing booth ['pəʊlɪŋ buːð] die Wahlkabine

poll·ing card der Wahlausweis

P

poll·ing day der Wahltag
poll·ing sta·tion das Wahllokal
pol·lu·tant [pəˈluːtᵊnt] der Schadstoff
to **pol·lute** [pəˈluːt] ① verunreinigen, verschmutzen ② (*sittlich*) verderben
pol·lut·er [pəˈluːtəʳ] der Umweltverschmutzer
pol·lu·tion [pəˈluːʃᵊn] die Verschmutzung, die Verunreinigung, die Schadstoffbelastung; **environmental pollution** die Umweltverschmutzung
polo [ˈpəʊləʊ] das Polo; **game of polo, polo game** das Polospiel
polo neck, polo-neck sweat·er der Rollkragenpullover
polo shirt das Polohemd
Poly·nesia [ˌpɒlɪˈniːʒə] Polynesien
poly·sty·rene [ˌpɒlɪˈstaɪ(ə)riːn] das Styropor
poly·tech·nic [ˌpɒlɪˈteknɪk] das Polytechnikum, die Fachhochschule
poly·thene[1] [ˈpɒlɪθiːn] *kein Plural* GB das Polyäthylen
poly·thene[2] [ˈpɒlɪθiːn] GB Polyäthylen-; **polythene bag** die Plastiktüte
poly·un·satu·rates [ˌpɒliʌnˈsætʃᵊreɪts] *Plural* die mehrfach ungesättigten Fettsäuren
pomp [pɒmp] der Pomp
pomp·ous [ˈpɒmpəs] wichtigtuerisch, aufgeblasen
pond [pɒnd] der Teich
to **pon·der** [ˈpɒndəʳ] nachdenken (**on** über), sich überlegen
pon·der·ous [ˈpɒndᵊrəs] ① schwer, unhandlich ② (*übertragen*) schwerfällig, langweilig
pong [pɒŋ] GB (*umgangsspr*) der unangenehme Geruch
to **pong** [pɒŋ] GB (*umgangsspr*) stinken
pony [ˈpəʊni] das Pony
pony·tail (*Frisur*) der Pferdeschwanz
poo·dle [ˈpuːdḷ] der Pudel
pooh [puː] (*umgangsspr*) igitt!
pool [puːl] ① der Teich ② die Pfütze, die Lache ③ **swimming pool** das Schwimmbecken ④ die gemeinsame Kasse ⑤ das Poolbillard ⑥ **pools** das/der Toto ⑦ (*Geschäft*) das Kartell, der Pool, die Interessengemeinschaft ⑧ **car pool** die Fahrgemeinschaft
to **pool** [puːl] ① zusammenlegen ② *Flüssigkeit:* sich stauen
pooped [puːpt] USA (*umgangsspr*) erledigt; **I'm pooped!** bin ich geschafft!
poor[1] [pɔːʳ] <poorer, poorest> ① arm; **as poor as a church mouse** so arm wie eine Kirchenmaus ② *Zeugnis, Arbeit:* schlecht ③ *Ernte, Ergebnis:* mager ④ *Boden:* dürftig ⑤ bedauernswert, arm; **poor you!** du Ärmster! ⑥ **that is [a] poor consolation** das ist ein schwacher Trost ⑦ **to have a poor opinion of someone** nicht viel von jemandem halten

poor[2] [pɔːʳ] **the poor** ⚠ *Plural* die Armen
poor·ly [ˈpɔːli] ① (*übertragen*) schlecht, mangelhaft, dürftig; **to think poorly of someone** nicht viel von jemandem halten; **they did poorly in the examination** sie haben im Examen schlecht abgeschnitten ② (*umgangsspr*) kränklich; **to feel poorly** sich schlecht fühlen
pop [pɒp] ① die Popmusik ② *einer Sektflasche:* der Knall ③ (*umgangsspr*) die Brause; USA die Limo
to **pop** [pɒp] <popped, popped> ① knallen ② [zer]springen, platzen ③ zum Platzen bringen ④ **his eyes almost popped out of his head** ihm fielen beinahe die Augen aus ⑤ (*umgangsspr*) **to pop one's head round the corner** den Kopf um die Ecke stecken; **to pop a hat on** einen Hut aufsetzen ⑥ (*umgangsspr*) **to pop round [to] the shops** schnell einkaufen gehen ⑦ (*umgangsspr*) **to pop the question** einen Heiratsantrag machen
◆ to **pop in to pop in on someone** bei jemandem auf einen Sprung vorbeikommen; **to pop in for a coffee** auf einen Kaffee vorbeikommen
◆ to **pop off** (*umgangsspr*) ① weggehen ② abkratzen, sterben
◆ to **pop out** ① herausspringen ② (*weggehen*) kurz weg sein; **to pop out for something** schnell etwas besorgen
◆ to **pop up** ① hochfahren, auffahren ② plötzlich auftauchen ③ (*in der Informatik*) *Fenster:* aufpoppen
pop con·cert [ˈpɒpˌkɒnsət] das Popkonzert
pop·corn [ˈpɒpkɔːn] das Popcorn
Pope [pəʊp] der Papst
pop group [ˈpɒpgruːp] die Popgruppe
pop·lar [ˈpɒpləʳ] die Pappel
pop mu·sic [ˈpɒpˈmjuːzɪk] die Popmusik
pop·per [ˈpɒpəʳ] GB (*umgangsspr*) der Druckknopf
pop·pet [ˈpɒpɪt] das Schätzchen
pop·py [ˈpɒpi] die Mohnblume
Pop·py Day (*am 11. November*) ≈ der Volkstrauertag
pop·py seed der Mohn
pop sing·er [ˈpɒpsɪŋəʳ] der Popsänger/die Popsängerin
pop song der Popsong
pop star der Popstar
popu·lar [ˈpɒpjələʳ] ① beliebt, populär (**with** bei); **to be very popular** sehr gefragt sein; **to make oneself popular** sich beliebt machen (**with** bei) ② weit verbreitet; **by popular request** auf allgemeinen Wunsch
popu·lar·ity [ˌpɒpjəˈlærəti] die Popularität, die Beliebtheit (**with** bei)
to **popu·late** [ˈpɒpjəleɪt] ① **to be populated** bevölkert sein; *Insel:* bewohnt sein (**by/with** von) ② (*bewohnen*) besiedeln

P

popu·la·tion [ˌpɒpjəˈleɪʃᵊn] ① die Bevölkerung; **civil[ian] population** die Zivilbevölkerung; **rural population** die Landbevölkerung; **urban population** die Stadtbevölkerung ② die Einwohnerschaft, die Einwohnerzahl; **fall in population** die Bevölkerungsabnahme; **increase in population** die Bevölkerungszunahme

popu·la·tion den·sity die Bevölkerungsdichte

porce·lain [ˈpɔːsᵊlɪn] das Porzellan

porch [pɔːtʃ] <*Plural* porches> der Vorbau, die Veranda

por·cu·pine [ˈpɔːkjəpaɪn] das Stachelschwein

pore [pɔːʳ] die Pore

◆ to **pore over** ① [nach]sinnen über, grübeln über ② **to pore over a book** in ein Buch vertieft sein

pork [pɔːk] das Schweinefleisch

pork chop das Schweinskotelett

pork pie die Schweinefleischpastete

porn [pɔːn] (*umgangsspr*) die Pornografie

por·no·graph·ic [ˌpɔːnəˈgræfɪk] pornografisch

por·nog·ra·phy [pɔːˈnɒgrəfi] die Pornografie

po·rous [ˈpɔːrəs] durchlässig, porös

por·poise [ˈpɔːpəs] der Tümmler

por·ridge [ˈpɒrɪdʒ] der Haferbrei

por·ridge oats *Plural* die Haferflocken

port¹ [pɔːt] ① der Hafen; **to come into** [*oder* **reach**] **port** in den Hafen einlaufen; **to leave port** auslaufen ② die Hafenstadt ③ *eines Schiffs:* das Backbord

port² [pɔːt] der Portwein

port·able¹ [ˈpɔːtəbl̩] tragbar

port·able² [ˈpɔːtəbl̩] (*Fernseher*) das Portable

por·ter [ˈpɔːtəʳ] ① (*im Hotel*) der Portier, der Gepäckträger ② (USA) der Schlafwagenschaffner/die Schlafwagenschaffnerin ③ der Pförtner/die Pförtnerin, der Portier; **porter's lodge** die Pförtnerloge

port·fo·lio [ˌpɔːtˈfəʊliəʊ] <*Plural* portfolios> ① die Mappe ② der Bestand an Wertpapieren

por·tion [ˈpɔːʃᵊn] ① der Teil (**of** an) ② *einer Karte:* der Abschnitt ③ *von Essen:* die Portion

port·ly [ˈpɔːtli] korpulent

por·trait [ˈpɔːtrɪt] das Porträt; **to have one's portrait painted** sich porträtieren lassen

por·trait·ist [ˈpɔːtrɪtɪst], **por·trait paint·er** der Porträtmaler/die Porträtmalerin

to **por·tray** [pɔːˈtreɪ] ① malen ② (*übertragen*) schildern, beschreiben ③ (*Theater*) darstellen

por·tray·al [pɔːˈtreɪəl] ① (*übertragen*) die Schilderung, die Beschreibung ② (*Theater*) die Darstellung

Por·tu·gal [ˈpɔːtʃəgᵊl] Portugal

Por·tu·guese¹ [ˌpɔːtʃəˈgiːz] portugiesisch

Por·tu·guese² [ˌpɔːtʃəˈgiːz] ① <*Plural* Portuguese> der Portugiese/die Portugiesin ② *kein Plural* Portugiesisch, das Portugiesische

pose [pəʊz] ① die Haltung ② (*gekünstelt*) die Pose

to **pose** [pəʊz] ① (*Person*) sich affektiert benehmen; **to pose for someone** für jemanden Modell stehen ② (*verursachen*) **that will pose a problem** das wird ein Problem werden; **to pose a threat** eine Bedrohung darstellen

◆ to **pose as** **to pose as someone** sich als jemand ausgeben

pos·er [ˈpəʊzəʳ] ① die schwierige Frage, das schwierige Problem ② der affektierte Mensch, der Angeber/die Angeberin

posh [pɒʃ] (*umgangsspr*) piekfein, vornehm; **what a posh car!** was für ein toller Wagen!

po·si·tion [pəˈzɪʃᵊn] ① der Platz, die Stelle, der Standort, die Lage; **in/out of position** am rechten/falschen Platz ② (*übertragen*) die Situation, die Lage; **in a difficult/an awkward position** in einer schwierigen/unbequemen Lage; **to be in a position to do something** in der Lage sein, etwas zu tun; **to place in a difficult position** in eine schwierige Lage bringen; **legal position** die Rechtslage ③ (*übertragen*) die Haltung, die Stellung, die Position; **to take up a position** Stellung beziehen ④ der Standpunkt ⑤ (*Sport*) der Platz ⑥ die gesellschaftliche Stellung ⑦ (*Arbeit*) die Stelle, die Stellung (**with** bei); **to hold** [*oder* **occupy**] **a position** eine Stelle haben; **permanent position** die feste Stelle

to **po·si·tion** [pəˈzɪʃᵊn] aufstellen; **he positioned himself where he could see** er stellte sich so, dass er gut sehen konnte

posi·tive [ˈpɒzətɪv] ① positiv ② *Einstellung:* positiv, bejahend; *Kritik:* konstruktiv; **positive thinking** die positive Einstellung, das positive Denken ③ *Mensch, Auftreten, Ton:* bestimmt, streng; *Antwort:* definitiv ④ **are you positive?** bist du ganz sicher? ⑤ **it's a positive miracle** es ist ein wahres Wunder

posi·tive·ly [ˈpɒzətɪvli] absolut, ohne jeden Zweifel, ganz sicher; **to state positively that ...** eindeutig erklären, dass ...

to **pos·sess** [pəˈzes] ① besitzen ② **to be possessed by** ergriffen [*oder* besessen] sein von, [ganz] eingenommen sein von; **what possessed you to do that?** was ist in Sie gefahren, so etwas zu tun?

pos·ses·sion [pəˈzeʃᵊn] ① der Besitz; **to be in possession of** im Besitz sein von; **to have something in one's possession** etwas in Besitz haben; **to come into possession** in den Besitz [*oder* Genuss] kommen; **to take possession of** Besitz ergreifen von, in Besitz nehmen ② das Eigentum ③ **possessions** der Besitz, die Habe

pos·ses·sive [pəˈzesɪv] ① **to be possessive** sein Besitzrecht stark betonen, besitzergreifend sein ② **possessive pronoun** das Possessivpro-

P

nomen, das besitzanzeigende Fürwort

pos·sibil·ity [ˌpɒsəˈbɪləti] ① die Möglichkeit; **possibility of doing something** die Möglichkeit, etwas zu tun ② (*umgangsspr*) **she's a possibility** sie kommt schon in Frage

pos·sible [ˈpɒsəbl̩] ① möglich; **would it be possible for me to see him?** dürfte ich zu ihm?; **as early/as soon as possible** so früh/so bald wie möglich; **if [it is] possible** wenn möglich; **they did everything possible** sie haben alles Menschenmögliche getan ② denkbar, geeignet ③ (*umgangsspr*) annehmbar

pos·sibly [ˈpɒsəbli] ① möglicherweise, eventuell; **if I possibly can** wenn ich irgend kann; **I cannot possibly come** ich kann unmöglich kommen; **how could he possibly have been so stupid?** wie konnte er so dumm sein? ② vielleicht

post [pəʊst] ① der Pfosten, der Pfahl, der Mast ② die Stelle; (*auch beim Militär*) der Posten ③ (GB) die Post; **by post** mit der Post; **by return of post** postwendend; **by the same post** mit gleicher Post; **by today's post** mit der heutigen Post; **by separate post** mit getrennter Post; **is there any post for me?** ist Post für mich da?; **letter/parcel post** Brief-/Paketpost

to **post** [pəʊst] ① in den Briefkasten werfen, auf die Post bringen *Brief* ② aufgeben, abschicken, absenden *Brief* ③ (*im Internet*) **to post something [in a forum]** etwas [in einem Forum] posten; **to post something on the [inter]net** etwas über das Internet bekanntgeben ④ **to post a notice** durch Aushang bekannt geben ⑤ **she was posted to London** sie wurde nach London versetzt

P

post-9-11 [ˈpəʊstnaɪnɪˌlevᵊn], **post-Sept. 11** [ˈpəʊstsepˌtembəʳɪˌlevᵊn] nach dem 11. September (*bezieht sich auf die Zeit nach dem 11. September 2001, nach den Terrorangriffen auf New York und Washington*)

post·age [ˈpəʊstɪdʒ] das Porto, die Postgebühr; **what is the postage on a letter to China?** wie viel kostet ein Brief nach China?; **postage and packing** Porto und Verpackung

post·age paid portofrei

post·age stamp die Briefmarke, das Postwertzeichen

post·al [ˈpəʊstᵊl] Post-, postalisch; **postal address** die Postanschrift; **postal charge** die Postgebühr; **postal code** die Postleitzahl; **postal district** der Postbezirk; **postal order** (GB) die Postanweisung; **postal vote** die Briefwahl

post·bag (GB) der Postsack; (*Inhalt*) die Zuschriften

post·box (GB) der Briefkasten

post·card [ˈpəʊstkɑːd] die Postkarte; **picture postcard** die Ansichtskarte

post·code (GB) die Postleitzahl

to **post-date** [ˌpəʊstˈdeɪt] vordatieren *Scheck*

post·ed [ˈpəʊstɪd] **to keep someone posted** jemanden auf dem Laufenden halten

post·er [ˈpəʊstəʳ] das Plakat, das Poster

poste res·tante[1] [ˌpəʊstˈrestɑːnt] postlagernd

poste res·tante[2] [ˌpəʊstˈrestɑːnt] die Abteilung für postlagernde Sendungen

post-free [ˌpəʊstˈfriː] portofrei, frankiert

post·gradu·ate [ˌpəʊs(t)ˈɡrædʒuət] der/die Postgraduierte (*Hochschulabsolvent/Hochschulabsolventin, der/die ein Aufbaustudium macht*)

post·man [ˈpəʊstmən] <*Plural* postmen> der Briefträger

post·mark [ˈpəʊstmɑːk] der Poststempel; **date as postmark** das Datum des Poststempels

post-mor·tem [ˌpəʊs(t)ˈmɔːtem] ① die Autopsie, die Leichenöffnung ② (*übertragen*) die Überprüfung

post-nine-eleven [ˈpəʊstnaɪnɪˌlevᵊn], **post-Sept. 11** [ˈpəʊstsepˌtembəʳɪˌlevᵊn] nach dem 11. September (*bezieht sich auf die Zeit nach dem 11. September 2001, nach den Terrorangriffen auf New York und Washington*)

Post Of·fice [ˈpəʊstˌɒfɪs, ˌpiːˈəʊ] das Postamt; **the Post Office** die Post; **post office box** das Postfach

post-paid [ˌpəʊstˈpeɪd] frankiert; **post-paid reply card** die frankierte Rückantwortkarte

to **post·pone** [pəʊs(t)ˈpəʊn] verlegen, verschieben *Termin*

post·pone·ment [pəʊs(t)ˈpəʊnmənt] die Verschiebung

post·script [ˈpəʊsskrɪp, ˌpiːˈes] die Nachschrift

pos·ture [ˈpɒstʃəʳ] die Haltung

post-war [ˈpəʊstwɔː] Nachkriegs-

pot [pɒt] ① der Topf, die Kanne; **coffee pot** die Kaffeekanne; **chamber pot** der Nachttopf ② (*slang: Rauschgift*) das Gras ③ **to go to pot** (*umgangsspr*) in die Brüche gehen, auf den Hund kommen

po·ta·to [pəˈteɪtəʊ] <*Plural* potatoes> die Kartoffel; **boiled potatoes** die Salzkartoffeln; **fried potatoes** die Bratkartoffeln, die Röstkartoffeln; **mashed potato[es]** der Kartoffelbrei; **sweet [*oder* Spanish] potato** die Batate; **jacket [*oder* baked] potatoes** die Ofenkartoffeln

po·ta·to crisps, (USA) **po·ta·to chips** *Plural* die Kartoffelchips

po·ta·to mash·er der Kartoffelstampfer

po·ta·to peel·er der Kartoffelschäler

po·tent [ˈpəʊtᵊnt] ① *alkoholisches Getränk:* stark ② *Argument:* überzeugend, zwingend

po·ten·tial[1] [pə(ʊ)ˈten(t)ʃᵊl] potenziell, möglich

po·ten·tial[2] [pə(ʊ)ˈten(t)ʃᵊl] das Potenzial; **to show potential** gute Anlagen haben (**as** zu)

po·ten·tial·ly [pə(ʊ)ˈten(t)ʃᵊli] möglicherweise, potenziell

pot·hole das Schlagloch
pot luck ['pɒt'lʌk] **to take potluck** mit dem vorliebnehmen, was es gerade gibt

> **L** Ein **pot luck** ist in den USA eine Party, bei der jeder Gast einen Salat, ein Hauptgericht oder einen Nachtisch mitbringt. Man hofft, dass man ein richtiges Menü zusammen bekommt; es kann aber passieren, dass alle nur z.B. Nachtisch mitbringen.

pot roast ['pɒtrəʊst] der Schmorbraten
pot-shot **to take a potshot at someone** jemanden aufs Geratewohl anschießen
pot·ted ['pɒtɪd] Topf-; *Nahrungsmittel:* eingelegt
pot·ter ['pɒtəʳ] der Töpfer/die Töpferin; **potter's wheel** die Töpferscheibe
◆ to **potter about**, to **potter around** herumtrödeln, herumbummeln
pot·tery ['pɒtəri] ① die Töpferei ② die Töpferwaren
pot·ty[1] ['pɒti] (GB) (*umgangsspr*) verrückt; **to be potty about something** ganz verrückt sein auf etwas; **you're driving me potty** du bringst mich um den Verstand
pot·ty[2] ['pɒti] (*umgangsspr: für Kinder*) das Töpfchen
pouch [paʊtʃ] <*Plural* pouches> ① (*auch eines Beuteltiers*) der Beutel ② **tobacco pouch** der Tabaksbeutel ③ (*unter den Augen*) der Tränensack
poul·try ['pəʊltri] das Geflügel
poul·try farm die Geflügelfarm
poul·try farm·ing die Hühnerzucht
to **pounce** [paʊn(t)s] losspringen, einen Satz machen; (*übertragen*) zuschlagen
◆ to **pounce on** [paʊn(t)s] (*auch übertragen*) sich stürzen auf, herfallen über
pound[1] [paʊnd] ① das Pfund (*16 Unzen = 453,592 g*); **by the pound** pfundweise ② **pound sterling** das Pfund
pound[2] [paʊnd] das Tierasyl
to **pound** [paʊnd] ① [zer]stoßen, [zer]stampfen ② **she pounded on the door** sie trommelte an die Tür ③ *Maschine:* stampfen ④ *Herz:* pochen, heftig schlagen
pound·ing ['paʊndɪŋ] ① das Hämmern, das Stampfen ② das Dröhnen ▶ WENDUNGEN: **the team took a real pounding** die Mannschaft steckte eine schwere Niederlage ein
to **pour** [pɔːʳ] ① gießen, schütten; **could you pour the tea?** könntest du den Tee einschenken? ② (*auch übertragen*) **pouring rain** der strömende Regen; **it's pouring** es gießt in Strömen, es schüttet
◆ to **pour in** hereinströmen, hineinströmen
◆ to **pour out** ① *Menschen:* herausströmen ② ausgießen ③ einschenken *Tee, Kaffee* ④ ausschütten; **he poured his troubles out to me** er hat mir sein Leid geklagt

to **pout** [paʊt] schmollen
pout [paʊt] das Schmollen, der Schmollmund
pov·er·ty ['pɒvəti] die Armut; **to be reduced to poverty** verarmt sein
pov·er·ty line **to live below the poverty line** unter der Armutsgrenze leben
pov·er·ty-strick·en ['pɒvətɪˌstrɪkən] verarmt
pow·der ['paʊdəʳ] ① der Puder ② das Pulver
to **pow·der** ['paʊdəʳ] ① pudern; **to powder one's nose** sich die Nase pudern; (*humorvoll*) zur Toilette gehen ② bestreuen (**with** mit)
pow·dered ['paʊdəd] **powdered egg** das Eipulver; **powdered milk** das Milchpulver; **powdered sugar** (USA) der Puderzucker, der Staubzucker
pow·der room die Damentoilette
pow·der snow der Pulverschnee
pow·dery ['paʊdəri] pulvrig
pow·er ['paʊəʳ] ① die Kraft, die Stärke, die Wucht; (*übertragen*) die Überzeugungskraft ② die Macht; **world power** die Weltmacht; **to be in power** an der Macht sein; **to be within/beyond someone's power** in/nicht in jemandes Macht liegen; **to be in someone's power** in jemandes Gewalt sein; **to do all in one's power** alles in seiner Macht Stehende tun; **the power of love** die Macht der Liebe ③ die Herrschaft (**over** über) ④ der Einfluss (**with** auf) ⑤ (*technisch*) die Kraft, die Energie, die Leistung, der Strom; **hydroelectric power** die Wasserkraft; **nuclear power** die Kernkraft; (*politisch*) die Atommacht; **source of power** die Kraftquelle, die Energiequelle; **solar power** die Solarenergie ⑥ (*mathematisch*) die Potenz ⑦ **it did me a power of good** es hat mir sehr gut getan ⑧ **his powers of hearing** sein Hörvermögen
pow·er-as·sist·ed brakes *Plural* die Servobremsen
pow·er-as·sist·ed steer·ing die Servolenkung
pow·er·boat das Rennboot
pow·er brakes *Plural* die Servobremsen
pow·er cable das Starkstromkabel
pow·er cut, **pow·er fail·ure** der Stromausfall
pow·er·ful ['paʊəfəl] ① mächtig, stark, einflussreich ② leistungsfähig, leistungsstark
pow·er·ful·ly ['paʊəfəli] (*umgangsspr*) mächtig, gewaltig; **powerfully built** kräftig gebaut
pow·er·less ['paʊələs] kraftlos, machtlos
pow·er line die Starkstromleitung, die Hochspannungsleitung
pow·er out·age (USA) der Stromausfall
pow·er pack das Netzteil
pow·er plant das Kraftwerk
pow·er point die Energiequelle, die Steckdose
pow·er sta·tion das Kraftwerk; **nuclear power station** das Kernkraftwerk
pow·er steer·ing die Servolenkung

pow·er strip die Steckdosenleiste
pow·er tool das Motorwerkzeug
PR [ˌpiːˈɑːʳ] *Abkürzung von* **public relations** PR
prac·ti·cable [ˈpræktɪkəbl̩] praktikabel, durchführbar, machbar
prac·ti·cal [ˈpræktɪkᵊl] ① praktisch; *Mensch:* praktisch [veranlagt]; *Lösung, Idee:* praxisnah, praxisorientiert; **practical knowledge** das Erfahrungswissen ② **practical joke** der Streich
prac·ti·cal·ly [ˈpræktɪkᵊli] ① in der Praxis ② praktisch, so gut wie, nahezu; **it's practically the same** es ist fast dasselbe
prac·tice [ˈpræktɪs] ① die Gewohnheit, der Brauch; **to make it a practice to do/make a practice of doing something** es sich zur Gewohnheit machen, etwas zu tun ② (*geschäftlich*) die Verfahrensweise, die Praxis; **business practices** die Geschäftspraktiken ③ *eines Arztes, eines Anwaltes:* die Praxis; **to be in practice** praktizieren ④ (*nicht Theorie*) die Praxis; **to put in[to] practice** in die Tat umsetzen ⑤ die Übung; **out of practice** aus der Übung; **practice makes perfect** Übung macht den Meister; (*Sport*) das Training ⑥ (*Theater, Musik*) die Probe
to **prac·tise**, (USA) to **prac·tice** [ˈpræktɪs] ① üben; proben *Lied, Stück* ② praktisch tätig sein, praktizieren ③ ausüben *Beruf;* **to practise law** als Anwalt tätig sein; **to practise medicine** eine ärztliche Praxis haben ④ (*Sport*) trainieren
prac·tised, (USA) **prac·ticed** [ˈpræktɪst] erfahren, routiniert
prac·tis·ing [ˈpræktɪsɪŋ] *Arzt:* praktizierend; *Kommunist, Christ:* aktiv

P

to **praise** [preɪz] loben (**for** für)
praise [preɪz] ① das Lob; **to sing someone's praises** jemanden in den Himmel loben ② die Anerkennung ③ **praise be** Gott sei Dank!
praise·wor·thy [ˈpreɪzˌwɜːði] lobenswert
pram [præm] (GB) der Kinderwagen
prank [præŋk] der [üble] Streich; **to play a prank on someone** jemandem einen Streich spielen
prat [præt] (GB) (*slang*) der dumme Kerl
to **prat·tle** [ˈprætl̩] plappern; (*endlos*) labern *abwertend umgangsspr;* **to prattle away** ununterbrochen plappern
prat·tle [ˈprætl̩] *kein Plural* das Geplapper
to **prattle on** [ˈprætl] [daher]schwatzen, plappern
prawn [prɔːn] die Garnele
prawn cock·tail der Krabbencocktail
to **pray** [preɪ] ① beten (**to** zu, **for** um) ② flehen, flehentlich bitten (**for** um)
prayer [ˈpreəʳ] ① das Gebet; **to say one's prayers** sein Gebet verrichten; **the Lord's Prayer** das Vaterunser ② die Andacht
prayer book das Gebetbuch
prayer meet·ing die Betstunde
prayer rug der Gebetsteppich
prayer wheel die Gebetsmühle
pray·ing man·tis [ˈpreɪɪŋˈmæntɪs] die Gottesanbeterin
pre-9-11 [ˈpriːˌnaɪnɪˌlevᵊn], **pre-Sept. 11** [ˈpriːsepˌtembəʳɪˌlevᵊn] vor dem 11. September (*bezieht sich auf die Zeit vor dem 11. September 2001, nach den Terrorangriffen auf New York und Washington*)
to **preach** [priːtʃ] ① predigen (**on/about** über); **to preach to someone** (*übertragen*) jemandem eine Predigt halten ② verfechten, sich einsetzen für ③ **to preach caution** zur Vorsicht raten ④ **to practise what you preach** fass dir [erst mal] an die eigene Nase
preach·er [ˈpriːtʃəʳ] der Prediger/die Predigerin
to **pre-ar·range** [ˌpriːəˈreɪndʒ] vorher festlegen [*oder* bestimmen]
pre·cari·ous [prɪˈkeəriəs] ① unsicher, ungewiss ② prekär, gefährlich
pre·cau·tion [prɪˈkɔːʃᵊn] die Vorsichtsmaßnahme; **to take the precaution of doing something** etwas vorsichtshalber tun; **to take precautions** Vorsichtsmaßnahmen treffen, empfängnisverhütende Mittel nehmen
pre·cau·tion·ary [prɪˈkɔːʃᵊnᵊri] Vorsichts-, vorbeugend
to **pre·cede** [priːˈsiːd] vorausgehen, vorangehen
prec·edence [ˈpresɪdᵊn(t)s] ① der Vorrang, der Vortritt; **to have** [*oder* **take**] **precedence over** den Vorrang haben vor, rangieren vor ② **in order of precedence** der Rangordnung nach
prec·edent [ˈpresɪdᵊnt] ① der Präzedenzfall ② **precedents** die früheren Fälle
pre·ced·ing [priːˈsɪːdɪŋ] vorhergehend
pre·cinct [ˈpriːsɪŋ(k)t] ① **shopping precinct** das Einkaufsviertel ② **pedestrian precinct** die Fußgängerzone ③ der Bezirk; **precincts** das Gelände, die Umgebung
pre·cious [ˈpreʃəs] ① wertvoll (**to** für), kostbar ② **precious metal** das Edelmetall; **precious stone** der Edelstein ③ **precious few/little** (*umgangsspr*) herzlich wenige/wenig
preci·pice [ˈpresɪpɪs] der Abgrund
pre·cise [prɪˈsaɪs] genau, exakt; **to be precise** genau gesagt; **at that precise moment** in dem Augenblick
pre·cise·ly [prɪˈsaɪsli] genau; **precisely!** genau!, so ist es!
pre·ci·sion [prɪˈsɪʒᵊn] die Genauigkeit
pre·co·cious [prɪˈkəʊʃəs] *Kind:* frühreif
pre·co·cious·ness [prɪˈkəʊʃəsnəs], **pre·coc·ity** [prɪˈkɒsəti] die Frühreife
to **pre-cook** [ˌpriːˈkʊk] vorkochen
preda·tor [ˈpredətəʳ] das Raubtier
preda·tory [ˈpredətᵊri] räuberisch, Raub-
pre·de·ces·sor [ˌpriːdɪˈsesəʳ] der Vorgänger/die Vorgängerin

pre·des·ti·na·tion [ˌpriːdestɪˈneɪʃᵊn] die Vorherbestimmung, die Prädestination
pre·dica·ment [prɪˈdɪkəmənt] die missliche Lage; **to be in a predicament** in der Klemme sitzen
to **pre·dict** [prɪˈdɪkt] vorhersagen, prophezeien
pre·dict·able [prɪˈdɪktəbl̩] vorhersehbar
pre·dic·tion [prɪˈdɪkʃᵊn] die Vorhersage, die Prognose
pre·domi·nant [prɪˈdɒmɪnənt] vorherrschend, überwiegend
to **pre·domi·nate** [prɪˈdɒmɪneɪt] ① überlegen sein, die Oberhand haben (**over** über) ② *Menge:* überwiegen (**over** vor)
pre·fab [ˈpriːfæb] der Fertigbau
to **pre·fab·ri·cate** [ˌpriːˈfæbrɪkeɪt] vorfertigen
pre·fab·ri·cat·ed [ˌpriːˈfæbrɪkeɪtɪd] vorgefertigt; **prefabricated house** das Fertighaus
pref·ace [ˈprefɪs] das Vorwort
pre·fect [ˈpriːfekt] (GB) der Vertrauensschüler/die Vertrauensschülerin
to **pre·fer** [prɪˈfɜːʳ] <preferred, preferred> vorziehen, bevorzugen; **he prefers red to white wine** Rotwein ist ihm lieber als Weißwein; **I'd rather go to the cinema than stay here** ich würde lieber ins Kino gehen als hierbleiben
pref·er·able [ˈprefᵊrəbl̩] **to be preferable to** vorzuziehen sein; **that would be preferable to the original plan** das wäre besser als der ursprüngliche Plan
pref·er·ably [ˈprefᵊrəbli] am liebsten
pref·er·ence [ˈprefᵊrᵊn(t)s] die Vorliebe (**for** für); **by preference** vorzugsweise; **in preference to** lieber als; **to give preference to someone** jemandem den Vorzug geben; **to have a preference for** eine Vorliebe haben für
pref·er·en·tial [ˌprefᵊrˈen(t)ʃᵊl] bevorzugt, bevorrechtigt; **preferential treatment** die bevorzugte Behandlung, die Bevorzugung
pre·ferred [prɪˈfɜːd] ① bevorzugt ② bevorrechtigt
pre·fix [ˈpriːfɪks] <*Plural* prefixes> ① (*Grammatik*) die Vorsilbe ② (USA) (*Telefon*) die Vorwahl
preg·nan·cy [ˈpregnən(t)si] ① (*einer Frau*) die Schwangerschaft ② (*eines Tiers*) die Trächtigkeit
preg·nan·cy test der Schwangerschaftstest
preg·nant [ˈpregnənt] ① schwanger; **she's eight months pregnant** sie ist im achten Monat [schwanger] ② *Tier:* trächtig ③ (*übertragen*) bedeutungsvoll, gewichtig
to **pre·heat** [ˌpriːˈhiːt] vorheizen
pre·his·tor·ic [ˌprɪ(h)ɪˈstɒrɪk] prähistorisch
pre·his·to·ry [ˌpriːˈhɪstᵊri] die Vorgeschichte, die Urgeschichte
to **pre·judge** [ˌpriːˈdʒʌdʒ] vorschnell verurteilen
preju·dice [ˈpredʒədɪs] das Vorurteil, die vorgefasste Meinung (**against** gegen)
to **preju·dice** [ˈpredʒədɪs] ① ungünstig beeinflussen ② sich nachteilig auswirken auf, Abbruch tun; **it prejudiced his chances** es schmälerte seine Chancen
preju·diced [ˈpredʒədɪst] voreingenommen
pre·limi·nary [prɪˈlɪmɪnᵊri] ① einleitend ② vorbereitend ③ vorläufig, einstweilig; **preliminary agreement** [*oder* **contract**] der Vorvertrag; **preliminary talks** die Vorbesprechungen; **preliminary draft** der Vorentwurf; **preliminary examination** die Aufnahmeprüfung; **preliminary investigation** die Voruntersuchung; **preliminary round** (*Sport*) die Vorrunde
pre·limi·nary ex·ami·na·tions *Plural*, **pre·lims** [ˈpriːlɪmz] *Plural* (*nur in Schottland*) die Vorprüfung (*ca. sechs Monate vor der eigentlichen Prüfung zum ‚Higher Grade'*)
prel·ude [ˈpreljuːd] ① (*Musik*) das Vorspiel, das Präludium ② (*übertragen*) der Auftakt
pre·mari·tal [ˌpriːˈmærɪtᵊl] vorehelich
prema·ture [ˈpremətʃəʳ] ① vorzeitig, zu früh ② (*übertragen*) voreilig; **premature baby** die Frühgeburt
pre·medi·tat·ed [ˌpriːˈmedɪteɪtɪd] vorsätzlich, vorbedacht
prem·ier[1] [ˈpremiəʳ] führend
prem·ier[2] [ˈpremiəʳ] der Premierminister/die Premierministerin
prem·ière [ˈpremieəʳ] die Premiere
Prem·ier League (*Fußball*) **the Premier League** die Premier League, ≈ die erste Liga
prem·ises [ˈpremɪsɪz] das Gelände, das Gebäude, das Anwesen; **to escort someone off the premises** jemanden hinausbegleiten; **bank premises** das Bankgebäude; **factory premises** das Fabrikgebäude; **business premises** die Geschäftsräume
pre·mium [ˈpriːmiəm] ① (*Versicherung*) die Prämie ② der Zuschlag, der Bonus ③ (*übertragen*) **to be at a premium** sehr geschätzt [*oder* gesucht] sein; **to put a premium on something** etwas hoch bewerten
Pre·mium Bond (GB) die Sparprämienanleihe
pre·mium qual·ity die erstklassige Qualität
pre·oc·cu·pa·tion [priːˌɒkjəˈpeɪʃᵊn] die [innere] Beschäftigung (**with** mit); **her preoccupation with the children** ihre ständige Sorge um die Kinder
pre·oc·cu·pied [ˌpriːˈɒkjəpaɪd] gedankenverloren, geistesabwesend; **to be preoccupied with something** nur an etwas denken, mit etwas ganz beschäftigt sein
to **pre·oc·cu·py** [ˌpriːˈɒkjəpaɪ] ausschließlich beschäftigen, ganz beherrschen
prep [prep] *kein Plural* (*umgangsspr*) ① die Vorbereitung ② (GB) die Hausaufgaben
pre·paid [ˌpriːˈpeɪd] [voraus]bezahlt; **postage prepaid** vorfrankiert, freigemacht

P

pre·paid re·ply die bezahlte Rückantwort

prepa·ra·tion [ˌprepᵊr'eɪʃᵊn] ① die Vorbereitung; **to make preparations** Vorbereitungen treffen (**for** für); **in preparation for** als Vorbereitung für ② (*Medikament*) das Präparat

pre·para·tory [prɪ'pærətᵊri] vorbereitend, einführend; **preparatory to something** um auf etwas vorzubereiten; **preparatory course** der Vorbereitungslehrgang; **preparatory work** die Vorarbeit

> **L** In Großbritannien können Jungen zwischen 7 und 13 Jahren oder Mädchen zwischen 7 und 11 Jahren eine **preparatory school** besuchen, in der sie vor allem für eine **public school** (⚠ = Privatschule) vorbereitet werden.

to **pre·pare** [prɪ'peəʳ] ① [sich] vorbereiten (**for** auf); **to prepare yourself for a shock** mach dich auf einen Schock gefasst ② zubereiten *Essen* ③ aufstellen *Rechnung* ④ aufsetzen, entwerfen *Vertrag* ⑤ aufbereiten *Daten*

pre·pared [prɪ'peəd] ① bereit, fertig (**for** für); **be prepared!** allzeit bereit! ② vorbereitet, gefasst (**for** auf); **to be prepared for the worst** auf das Schlimmste gefasst sein ③ **I'm not prepared to lend him money** ich denke nicht daran, ihm Geld zu leihen

to **pre·pay** [ˌpriː'peɪ] <prepaid, prepaid> ① im Voraus bezahlen, vorauszahlen ② freimachen, frankieren *Postsendung*

prepo·si·tion [ˌprepə'zɪʃᵊn] die Präposition

prep school (*umgangsspr*) ① GB *vorbereitende Privatschule für die Aufnahme an einer „Public School" (höheren Privatschule)* ② USA *vorbereitende [Privat]schule für die Aufnahme an einem College*

P

pre-school ['priːskuːl] vorschulisch, Vorschul-

to **pre·scribe** [prɪ'skraɪb] ① vorschreiben ② *Arzt:* verschreiben, verordnen

pre·scrip·tion [prɪ'skrɪpʃᵊn] ① die Vorschrift, die Anordnung ② (*medizinisch*) das Rezept; **only available on prescription** rezeptpflichtig; **prescription charge** die Rezeptgebühr

pres·ence ['prezᵊn(t)s] ① die Gegenwart, die Anwesenheit; **in the presence of** in Anwesenheit von; **presence of mind** die Geistesgegenwart; **military presence** die Militärpräsenz ② das Auftreten, das Benehmen

pres·ent[1] ['prezᵊnt] ① (*räumlich*) anwesend, zugegen, vorhanden; **all present** alle Anwesenden; **present company excepted** Anwesende ausgenommen ② (*räumlich und zeitlich*) gegenwärtig ③ (*zeitlich*) augenblicklich, momentan; **at the present time** gegenwärtig; **up to the present time** bis zum heutigen Tage, bis heute; **in the present circumstances** unter den gegebenen Umständen; **present participle** das Partizip Präsens; **present perfect** die vollendete Gegenwart; **present tense** die Gegenwartsform ④ vorliegend, laufend; **in the present case** im vorliegenden Fall

pres·ent[2] ['prezᵊnt] das Geschenk

pres·ent[3] ['prezᵊnt] ① die Gegenwart; **at present** zurzeit, im Augenblick; **for the present** vorerst; **there's no time like the present** jetzt ist die beste Gelegenheit ② (*Grammatik*) die Gegenwart, das Präsens

to **pres·ent** ['prezᵊnt] ① übergeben, überreichen ② schenken; **they presented her with a watch** sie haben ihr eine Uhr geschenkt ③ unterbreiten *Vorschlag* ④ bieten *Anblick, Möglichkeit, Angriffsziel* ⑤ (*Radio, TV*) präsentieren, moderieren; (*Theater*) zeigen ⑥ (*gehoben*) **to present one's apologies** sich entschuldigen; **to present one's compliments to someone** jemandem Grüße ausrichten lassen ⑦ **that presents us with a problem** das stellt uns vor ein Problem ⑧ erscheinen; **to present oneself for an exam** zur Prüfung erscheinen ⑨ **to present itself** *Gelegenheit, Problem:* sich ergeben

pre·sent·able [prɪ'zentəbl̩] gesellschaftsfähig, ansehnlich, respektabel; **to be presentable** sich sehen lassen können

pres·en·ta·tion [ˌprezᵊn'teɪʃᵊn] ① (*Theater*) die Aufführung, die Darstellung ② die Überreichung, die Schenkung ③ (*Rede*) die Präsentation; **to give a presentation** eine Präsentation machen ④ **on presentation** gegen Vorzeigung

pres·ent-day [ˌprezənt'deɪ] gegenwärtig, heutig, zeitgenössisch, zeitgemäß, modern

pre·sent·er [prɪ'zentəʳ] GB (*im Fernsehen*) der Moderator/die Moderatorin

pres·ent·ly ['prezᵊntli] ① bald, in kurzem, in Kürze ② gegenwärtig

pres·er·va·tion [ˌprezə'veɪʃᵊn] ① die Erhaltung; **to be in a good state of preservation** gut erhalten sein ② die Konservierung, das Einmachen, das Einkochen

pre·serva·tive [prɪ'zɜːvətɪv] der Konservierungsstoff

to **pre·serve** [prɪ'zɜːv] ① bewahren, schützen (**from** vor) ② erhalten, in Stand halten ③ konservieren; einmachen, einkochen *Nahrungsmittel* ④ beibehalten, aufrechterhalten ⑤ schützen *Wild, Wald*

pre·serve [prɪ'zɜːv] ① **preserves** [das] Eingemachte ② die Konfitüre

pre·served [prɪ'zɜːvd] ① konserviert ② **well preserved** gut erhalten

presi·den·cy ['prezɪdᵊn(t)si] ① der Vorsitz ② das Amt eines Präsidenten ③ USA die Präsidentschaft

presi·dent ['prezɪdᵊnt] ① der/die Vorsitzende ② (*politisch*) der Präsident/die Präsidentin ③ USA der Rektor/die Rektorin

presi·den·tial [ˌprezɪˈden(t)ʃᵊl] **presidential address** die Ansprache des Präsidenten; **presidential candidate** der Präsidentschaftskandidat/die Präsidentschaftskandidatin; **presidential election** die Präsidentenwahl

Presi·dents' Day *kein Plural* (USA) *amerikanischer Feiertag am dritten Montag im Februar zum Gedenken an die Geburtstage von Washington und Lincoln*

press [pres] ① der Druck ② der Andrang, das Gedränge ③ die [Frucht]presse, die Ölpresse ④ **printing press** die Druckpresse ⑤ die Presse, die Zeitungen, das Zeitungswesen, das Pressewesen; **the gutter press** die Boulevardpresse; **to have a good/bad press** eine gute/schlechte Presse haben, gut/schlecht aufgenommen [*oder* beurteilt] werden

to **press** [pres] ① [fest] drücken (**to** an) ② pressen; auspressen *Obst* ③ plätten, bügeln ④ aufdrängen; **I won't press the matter** ich möchte in dieser Sache nicht weiter drängen ⑤ **to press hard** bedrängen ⑥ **to be pressed for time** unter Zeitdruck stehen ⑦ **to be hard pressed** unter großem Druck stehen

◆ to **press ahead** ① vorantreiben ② weitermachen

◆ to **press forward** weiterdrängen, sich beeilen

◆ to **press on** ① vorantreiben ② weitermachen ③ aufdrucken

press ag·en·cy das Nachrichtenbüro, die Presseagentur

press cam·paign der Pressefeldzug, die Pressekampagne

press card der Presseausweis

press clip·ping der Zeitungsausschnitt

press con·fer·ence die Pressekonferenz

press cov·er·age die Presseberichterstattung

press cut·ting der Zeitungsausschnitt

to **press-gang** zwingen, drängen

press·ing [ˈpresɪŋ] dringend, eilig

press of·fice die Pressestelle

press of·fic·er der Pressereferent/die Pressereferentin

press pho·tog·ra·pher der Fotoreporter/die Fotoreporterin, der Pressefotograf/die Pressefotografin

press re·lease die Pressemitteilung

press re·port der Pressebericht, der Zeitungsbericht

press stud (GB) der Druckknopf

press-up [ˈpresˌʌp] der Liegestütz

pres·sure [ˈpreʃəʳ] ① der Druck; **atmospheric pressure** der Luftdruck; **blood pressure** der Blutdruck; **high pressure** der Hochdruck; **low pressure** der Tiefdruck; **tyre pressure** der Reifendruck ② (*übertragen*) der Druck, der Zwang; **under pressure** unter Druck; **he's under a lot of pressure at work** er hat viel Stress bei der Arbeit; **to put pressure on someone** jemanden unter Druck setzen; **pressure to succeed** der Erfolgsdruck

pres·sure cook·er der Schnellkochtopf

pres·sure gauge der Druckmesser, das Manometer

pres·sure group die Interessengruppe, die Pressuregroup

to **pres·sur·ize** [ˈpreʃᵊraɪz] ① (*übertragen*) unter Druck setzen, zwingen ② mit Druckausgleich ausstatten; **pressurized cabin** die Druckkabine; **pressurized water reactor** der Druckwasserreaktor

pres·tige [presˈtiːʒ] das Prestige

pres·tig·ious [presˈtɪdʒəs] renommiert; **to be prestigious** einen großen Prestigewert haben

pre·sum·ably [prɪˈzjuːməbli] vermutlich

to **pre·sume** [prɪˈzjuːm] ① annehmen, vermuten ② schließen (**from** aus) ③ sich herausnehmen, sich anmaßen

pre·sum·ing [prɪˈzjuːmɪŋ] anmaßend

pre·sump·tion [prɪˈzʌmpʃᵊn] ① die Vermutung; **on the presumption that ...** in der Annahme, dass ... ② die Anmaßung, die Unverschämtheit

pre·sump·tuous [prɪˈzʌmptʃuəs] überheblich, anmaßend, unverschämt

pre·tence [prɪˈtens], (USA) **pre·tense** [prɪˈten(t)s] ① der Anspruch (**to** auf) ② der Anschein, die Vorspiegelung, die Ausrede, die Ausflucht; **under false pretences** unter Vorspiegelung falscher Tatsachen; **it's just a pretence** es ist nur gespielt; **to make a pretence of something** etwas vorschützen/vortäuschen; **devoid of all pretence** offen, aufrichtig

to **pre·tend** [prɪˈtend] ① vorgeben, vortäuschen; **to pretend [that]** so tun [als ob]; **he's just pretending** er tut nur so ② **to pretend to be** sich ausgeben als

pre·ten·tious [prɪˈten(t)ʃəs] (*abwertend*) ① anmaßend, überheblich ② bombastisch

pre·text [ˈpriːtekst] der Vorwand; **under** [*oder* **on**] **the pretext of** unter dem Vorwand

pret·ty [ˈprɪti] <prettier, prettiest> ① nett, hübsch; **to be sitting pretty** sein Schäfchen im Trockenen haben ② ziemlich, [ganz] ordentlich, ganz schön, beachtlich; **pretty bad** ziemlich mies; **pretty good** [gar] nicht [so] übel, ganz gut; **pretty much** so ziemlich; **he's doing pretty well** es geht ihm ganz gut; **a pretty penny** eine schöne Stange Geld; **I've pretty well finished** ich bin beinahe [*oder* fast] fertig ③ **that's pretty much the same [thing]** das läuft so ziemlich auf eins hinaus

pre·vail·ing [prɪˈveɪlɪŋ] *Wind:* vorherrschend; *Wetter, Zustand:* derzeit herrschend; **under the prevailing circumstances** unter den gegebenen Umständen

to **pre·vent** [prɪˈvent] ① verhindern ② verhüten,

vermeiden ③ abhalten, zurückhalten; **how are you going to prevent her doing it?** wie willst du sie davon abhalten, das zu tun?

> **G** **prevent** wird oft zusammen mit **from** gebraucht: *Zoe prevented him from leaving*

pre·ven·tion [prɪ'ven(t)ʃᵊn] ① die Verhinderung, die Vermeidung ② die Vorbeugung, die Verhütung; **prevention is better than cure** Vorbeugen ist besser als Heilen; **prevention of accidents** die Unfallverhütung ③ **Royal Society for the Prevention of Cruelty to Animals, RSPCA** GB der Tierschutzverein

pre·ven·tive [prɪ'ventɪv] verhütend; **preventive medicine** die Gesundheitspflege, die vorbeugende Medizin, die Präventivmedizin

pre·view ['pri:vju:] (*Theater*) die Probeaufführung; (*Ausstellung*) die Vorbesichtigung; (*Film*) die Vorschau, die Preview

pre·vi·ous ['pri:viəs] ① (*zeitlich*) vorausgehend, vorhergehend, früher; **on the previous day** am Vortag ② **previous to** vor; **without previous notice** ohne Vorankündigung

pre·vi·ous con·vic·tion die Vorstrafe; **to have [no] previous convictions** [nicht] vorbestraft sein

pre·vi·ous ex·peri·ence die Vorkenntnisse, die Vorbildung

pre·vi·ous hold·er der Vorbesitzer/die Vorbesitzerin

pre·vi·ous·ly ['pri:viəsli] früher, vorher

pre·vi·ous month der Vormonat

pre·vi·ous speak·er der Vorredner/die Vorrednerin

pre·vi·ous year das Vorjahr

P

prey [preɪ] die Beute; **bird of prey** der Raubvogel

to **prey** [preɪ] ① **to prey on birds** Beute machen auf Vögel ② (*übertragen*) lasten (**on/upon** auf), nagen, zehren (**on** an); **it is preying on my mind** es lastet mir auf der Seele

price [praɪs] ① der Preis; **at the price of** (*auch übertragen*) zum Preis von; **at half-price** zum halben Preis; **at a low price** billig ② (*an der Börse*) der Kurs, die Notierung ③ der Wert ④ *einer Wette:* die Quote ⑤ **at any price** (*übertragen*) um jeden Preis

to **price** [praɪs] ① einen Preis festsetzen für, bewerten ② mit einem Preis versehen, auszeichnen

price con·trol die Preiskontrolle

price cut die Preissenkung

price la·bel das Preisschild

price·less ['praɪsləs] ① unbezahlbar, unschätzbar, unvergleichlich ② GB (*umgangsspr*) amüsant

price list die Preisliste

price rise die Preiserhöhung

price tag, **price tick·et** das Preisschild

pricey ['praɪsi] (*umgangsspr*) teuer

prick [prɪk] ① (*durch eine Nadel*) der Stich ② der stechende Schmerz ③ (*slang*) der Schwanz ④ (*slang: Person*) das Arschloch ⑤ (*übertragen*) **pricks of conscience** die Gewissensbisse

to **prick** [prɪk] ① stechen ② sich stechen ③ (*auch übertragen*) **to prick up one's ears** die Ohren spitzen

prick·le ['prɪkḷ] ① der Stachel, der Dorn ② das Prickeln

to **prick·le** ['prɪkḷ] ① stechen ② prickeln

prick·ly ['prɪkli] stach[e]lig; **prickly heat** das Hitzebläschen

pride[1] [praɪd] ① der Stolz ② der Hochmut ③ **pride of place** der erste Platz ④ **she takes a pride in her work** sie ist sehr stolz auf ihre Arbeit ⑤ **pride goes before a fall** Hochmut kommt vor dem Fall

pride[2] [praɪd] *von Löwen:* das Rudel

to **pride** [praɪd] **to pride oneself [up]on** stolz sein auf, sich viel einbilden auf

priest [pri:st] ① der Priester/die Priesterin ② der Pfarrer/die Pfarrerin, der Pastor/die Pastorin

priest·hood ['pri:sthʊd] *kein Plural* ① das Priestertum ② (*Priester*) die Priesterschaft

pri·mari·ly [praɪ'merᵊli] vorwiegend, hauptsächlich

pri·ma·ry[1] ['praɪmᵊri] ① Haupt-, wesentlich; **primary colour** die Grundfarbe; **primary concern** die Hauptsorge; **of primary importance** von größter Wichtigkeit ② Primär-, primär; **primary school** die Grundschule

> **L** In Großbritannien ist eine **primary school** normalerweise eine staatliche Schule für Kinder im Alter von 5–11 Jahren; im Anschluss daran besuchen sie eine **secondary school**.

pri·ma·ry[2] ['praɪmᵊri] USA (*bei Wahlen*) die Vorwahl

prime[1] [praɪm] ① wesentlich, Haupt-; **the matter is of prime importance** die Sache ist von höchster Wichtigkeit ② *Qualität:* erstklassig ③ **prime number** die Primzahl

prime[2] [praɪm] die Blütezeit; **in one's prime** in der Blüte des Lebens

to **prime** [praɪm] ① vorbereiten ② grundieren *Malfläche* ③ schussbereit machen *Geschütz;* scharfmachen *Bombe*

prime min·is·ter der Premierminister/die Premierministerin, der Ministerpräsident/die Ministerpräsidentin

> **L** In der „Number 10 **Downing Street**" wohnt der britische **Prime Minister** (Premierminister). Das Haus stammt aus dem 17. Jh. und wurde von Sir George Downing gebaut. Der Premierminister wohnt in einem oberen Stockwerk, und im übrigen Gebäude befinden sich die Regierungsbüros sowie die Sitzungsräume des Kabinetts. Der

Chancellor of the Exchequer (Finanzminister) wohnt im Haus nebenan, in „Number 11"; außerdem gibt es in der Downing Street noch weitere Regierungsgebäude.

prime num·ber die Primzahl

prime time die Hauptsendezeit

primi·tive ['prɪmɪtɪv] ① primitiv ② *Kunst:* naiv

prim·rose ['prɪmrəʊz] die Primel, die Schlüsselblume

prince [prɪn(t)s] ① (*Herrscher*) der Fürst ② (*in Königsfamilie*) der Prinz; **Prince of Wales** der Prinz von Wales; **Prince Charming** (*übertragen*) der Märchenprinz

prin·cess [prɪn'ses] <*Plural* princesses> ① (*Frau eines Fürsten*) die Fürstin ② (*in Königsfamilie*) die Prinzessin

prin·ci·pal[1] ['prɪn(t)səpᵊl] Haupt-, wichtigste(r, s), bedeutendste(r, s)

prin·ci·pal[2] ['prɪn(t)səpᵊl] ① *einer Schule:* der Rektor/die Rektorin ② (*im Theater*) der Hauptdarsteller/die Hauptdarstellerin

prin·ci·ple ['prɪn(t)səpl̩] der Grundsatz, das Prinzip; **in principle** im Prinzip, grundsätzlich; **on principle** aus Prinzip, grundsätzlich; **as a matter of principle** grundsätzlich, prinzipiell

print [prɪnt] ① der Druck; **large print** der Großdruck; **in big** [*oder* **large**] **print** groß gedruckt; **in print** gedruckt; **out of print** vergriffen ② [das] Gedruckte; **to read the small print** das Kleingedruckte lesen ③ (*Foto*) der Abzug ④ (*Textil*) der bedruckte Stoff, das Druckmuster ⑤ *von Hand, Fuß:* der Abdruck

to **print** [prɪnt] ① drucken *Dokument* ② bedrucken *Stoff* ③ veröffentlichen *Roman, Artikel* ④ in Druckschrift schreiben ⑤ abziehen *Foto*

print·ed ['prɪntɪd] gedruckt; **printed form** der Vordruck, das Formular; **printed matter** die Drucksache

print·er ['prɪntəʳ] ① (*Gerät*) der Drucker ② (*Werk*) die Druckerei

print·ing ['prɪntɪŋ] das Drucken

print·out ['prɪntaʊt] (*Computer*) der Ausdruck

pri·or ['praɪəʳ] ① vorherig, früher; **prior engagement** die frühere Verabredung ② **prior to** vor; **prior to my arrival** vor meiner Ankunft; **prior to doing something** bevor man etwas tut/tat

pri·or·ity [praɪ'ɒrəti] ① die Priorität, der Vorrang; **that's my top priority** das ist mir am wichtigsten; **to give priority to something** einer Sache Vorrang geben; **to have** [*oder* **take**] **priority** Vorrang haben ② (*im Straßenverkehr*) die Vorfahrt

prism ['prɪzᵊm] das Prisma

pris·on ['prɪzᵊn] das Gefängnis; **in prison** im Gefängnis; **to send someone to prison** jemanden ins Gefängnis stecken

pris·on camp das [Kriegs]gefangenenlager; (*politisch*) das Straflager

pris·on cell die Gefängniszelle

pris·on·er ['prɪzᵊnəʳ] der/die Gefangene, der Häftling; **to hold** [*oder* **keep**] **someone prisoner** jemanden gefangen halten; **to take someone prisoner** jemanden gefangen nehmen; **prisoner of war** der/die Kriegsgefangene

pri·va·cy ['prɪvəsi] ① die Privatsphäre, die Intimsphäre, das Privatleben; **invasion of privacy** der Einbruch in die Privatsphäre ② die Zurückgezogenheit; **there is no privacy here** man kann hier nichts unbeobachtet tun

pri·vate[1] ['praɪvɪt] ① privat, Privat-; **private conversation** das Privatgespräch; **private detective** [*oder* **eye**] der Privatdetektiv/die Privatdetektivin; **private life** das Privatleben; **private matter** die Privatsache, die Privatangelegenheit; **private property** das Privateigentum; **private school** die Privatschule; **private tuition** der Privatunterricht ② nicht öffentlich *Sitzung, Versammlung* ③ **private and confidential** streng vertraulich ④ **for private use** für den eigenen Gebrauch ⑤ **to keep something private** etwas geheim halten

pri·vate[2] ['praɪvɪt] ① der [einfache] Soldat ② **in private** privat, unter vier Augen

pri·vate·ly ['praɪvɪtli] ① privat; **privately owned** in Privathand ② vertraulich; **to speak to someone privately** mit jemandem unter vier Augen sprechen

pri·vati·za·tion [ˌpraɪvɪtaɪ'zeɪʃᵊn] die Privatisierung

to **pri·va·tize** ['praɪvɪtaɪz] privatisieren

privi·lege ['prɪvᵊlɪdʒ] ① das Privileg, das Vorrecht ② die Ehre; **it was a privilege to meet her** es war eine besondere Ehre, sie kennen zu lernen

privi·leged ['prɪvᵊlɪdʒd] ① privilegiert, bevorrechtigt ② **to be privileged to do something** die Ehre haben, etwas zu tun

prize[1] [praɪz] ① der Preis ② (*in der Lotterie*) der Gewinn ③ (*übertragen*) der Preis, der Lohn

prize[2] [praɪz] ① preisgekrönt; **prize bull** preisgekrönte Bulle ② Preis-; **prize money** das Preisgeld

prize win·ner *einer Lotterie:* der Preisträger/die Preisträgerin, der Gewinner/die Gewinnerin

pro[1] [prəʊ] <*Plural* pros> (*umgangsspr*) der Profi

pro[2] [prəʊ] das Für; **the pros and cons** das Für und Wider

pro- [prəʊ] für, pro-; **pro-democracy** prodemokratisch; **pro-environment** umweltfreundlich

prob·abil·ity [ˌprɒbə'bɪləti] die Wahrscheinlichkeit; **in all probability** aller Wahrscheinlichkeit nach

prob·able ['prɒbəbl̩] wahrscheinlich

P

prob·ably ['prɒbəbli] wahrscheinlich

pro·ba·tion [prə(ʊ)'beɪʃᵊn] ① die Probe, die Probezeit; **on probation** auf Probe ② (*juristisch*) die Bewährung; **on probation** mit Bewährung; **probation officer** der Bewährungshelfer/die Bewährungshelferin

probe [prəʊb] ① (*technisch*) die Sonde ② (*juristisch*) die Untersuchung

to **probe** [prəʊb] sondieren, untersuchen

prob·lem ['prɒbləm] ① das Problem; **what's the problem?** (*umgangsspr*) wo fehlt's denn? ② (*mathematisch*) die Aufgabe

pro·cedure [prə(ʊ)'si:dʒəʳ] das Verfahren, das Vorgehen

to **pro·ceed** [prə(ʊ)'si:d] ① weitergehen; (*bei einer Reise*) weiterreisen; (*mit dem Auto*) weiterfahren ② (*mit einer Beschäftigung*) weitermachen, fortfahren (**with** mit) ③ schreiten; **to proceed to a vote** zur Abstimmung schreiten ④ anfangen, beginnen; **with that, it proceeded to rain** und schon fing es an zu regnen ⑤ übergehen; **to proceed to the next question** zur nächsten Frage übergehen ⑥ **to proceed against someone** gegen jemanden gerichtlich vorgehen, jemanden verklagen

pro·ceed·ing [prə(ʊ)'si:dɪŋ] ① das Vorgehen; (*Art*) die Vorgehensweise ② (*vor Gericht*) **proceedings** *Plural* das Verfahren; **to take legal proceedings against someone** gegen jemanden gerichtlich vorgehen ③ (*Event*) **proceedings** *Plural* die Veranstaltung

pro·ceeds ['prəʊsi:dz] *Plural* der Ertrag, der Erlös (**from** aus)

pro·cess ['prəʊses] <*Plural* processes> ① der Prozess; **in process** im Gange; **in** [**the**] **process of** im Verlauf von ② das [Arbeits]verfahren ③ (*juristisch*) das Verfahren, der Prozess

to **pro·cess** [prə(ʊ)'ses] ① verarbeiten *Atommüll, Daten, Rohstoffe* ② konservieren *Nahrungsmittel* ③ sterilisieren *Milch* ④ entwickeln *Film* ⑤ bearbeiten *Akte, Antrag* ⑥ abfertigen *Menschen*

pro·cessed ['prəʊsest] *Nahrungsmittel:* behandelt; **processed cheese** der Schmelzkäse

pro·cess·ing ['prəʊsesɪŋ] *kein Plural eines Antrags:* die Bearbeitung; *eines Rohstoffs:* die [Weiter]verarbeitung; (*mit Rechner*) die Verarbeitung

pro·ces·sion [prə'seʃᵊn] ① (*religiös*) die Prozession ② (*festlich*) der [feierliche] Umzug, der [Fest]zug; **funeral procession** der Trauerzug

to **pro·claim** [prə(ʊ)'kleɪm] erklären; **to proclaim someone king** jemanden zum König ausrufen

to **prod** [prɒd] <prodded, prodded> ① stoßen, knuffen; **to prod something with something** mit etwas in etwas stechen ② (*übertragen*) **to prod someone into doing something** jemanden zu etwas antreiben [*oder* anspornen]; **to prod someone into action** jemandem einen Stoß geben [*oder* versetzen]

prod [prɒd] ① der Stoß ② (*übertragen*) der Anstoß

to **pro·duce** [prə'dju:s] ① produzieren, herstellen, erzeugen ② fördern *Kohle, Erdöl* ③ schreiben *Buch, Artikel;* schaffen *Kunstwerk* ④ abwerfen *Ertrag* ⑤ vorzeigen, vorweisen, vorlegen *Papiere;* beibringen *Zeugen;* erbringen, führen *Nachweis;* anführen *Gründe* ⑥ tragen *Früchte;* liefern *Ernte* ⑦ (*verursachen*) bewirken, hervorrufen ⑧ inszenieren *Theaterstück;* produzieren *Film*

pro·duce ['prɒdju:s] *kein Plural* das Erzeugnis, das Produkt

pro·duc·er [prə'dju:səʳ] ① der Erzeuger; *von Waren:* der Hersteller ② *eines Theaterstücks:* der Regisseur/die Regisseurin; *eines Films:* der Produzent/die Produzentin; *eines Hörspiels:* der Sendeleiter/die Sendeleiterin

prod·uct ['prɒdʌkt] ① das Produkt, das Erzeugnis ② (*übertragen*) das Produkt, das Ergebnis ③ (*kommerziell*) das Fabrikat, die Ware; **food products** die Nahrungsmittel

pro·duc·tion [prə'dʌkʃᵊn] ① die Erzeugung, die Herstellung, die Produktion, die Fertigung; **to go into production** die Produktion aufnehmen ② (*Bergbau*) die Förderung ③ (*im Theater*) die Aufführung, die Inszenierung ④ *von Film:* die Produktion ⑤ *eines Dokuments:* die Vorlage, die Beibringung

pro·duc·tion line das Fließband, die Fertigungsstraße

pro·duc·tive [prə'dʌktɪv] ① produktiv ② *Boden:* ertragreich

prod·uc·tiv·ity [ˌprɒdʌk'tɪvəti] die Produktivität

to **pro·fess** [prə'fes] ① erklären; (*betonend*) beteuern ② **to profess something** sich zu etwas bekennen

pro·fessed [prə'fest] ① *Marxist:* erklärt ② angeblich

pro·fes·sion [prə'feʃᵊn] ① der Beruf; **by profession** von Beruf ② der Berufsstand; **the legal/medical profession** die Anwaltschaft/Ärzteschaft

pro·fes·sion·al[1] [prə'feʃᵊnᵊl] ① beruflich, berufsmäßig; **professional musician** der Berufsmusiker/die Berufsmusikerin; **professional soldier** der Berufssoldat/die Berufssoldatin; **he does it on a professional basis** er macht das [haupt]beruflich; **to turn professional** Profi werden ② fachmännisch, professionell; **to take professional advice on something** einen Fachmann um etwas befragen ③ **the professional classes** die gehobenen Berufe

pro·fes·sion·al[2] [prə'feʃᵊnᵊl] ① der Profi ② der Berufssportler/die Berufssportlerin

pro·fes·sor [prə'fesəʳ] der Professor/die Professorin; **assistant professor** der Dozent/die Dozentin

pro·fi·cien·cy [prəˈfɪʃᵊn(t)si] die Tüchtigkeit, die Leistung; **certificate of proficiency** der Befähigungsnachweis; **cycling proficiency test** die Fahrradprüfung

pro·fi·cient [prəˈfɪʃᵊnt] fähig, gut; **to be proficient in a language** eine Sprache beherrschen

pro·file [ˈprəʊfaɪl] 1 das Profil, die Seitenansicht; **in profile** im Profil 2 (*Kurzbiografie*) das Porträt 3 (*technisch*) der Längsschnitt, der Querschnitt ▶ WENDUNGEN: **to keep a low profile** (*übertragen*) sich zurückhalten

prof·it [ˈprɒfɪt] 1 der Gewinn, der Profit; **to sell at a profit** mit Gewinn verkaufen; **to make a profit on something** bei etwas einen Gewinn erzielen; **clear** [*oder* **net**] **profit** der Reingewinn 2 (*übertragen*) der Nutzen, der Gewinn

to **prof·it** [ˈprɒfɪt] profitieren (**by/from** von), Nutzen ziehen (**from/by** aus)

prof·it·abil·ity [ˌprɒfɪtəˈbɪləti] die Rentabilität

prof·it·able [ˈprɒfɪtəbl̩] 1 Gewinn bringend, rentabel; **to be profitable** sich rentieren 2 (*übertragen*) lohnend, nützlich

prof·it mar·gin die Gewinnspanne

prof·it-shar·ing [ˈprɒfɪtˌʃeərɪŋ] die Gewinnbeteiligung

pro·found [prəˈfaʊnd] 1 *Schlaf, Schweigen:* tief 2 *Bemerkung, Gedanken:* tiefgründig, tief schürfend 3 *Veränderung:* tief greifend

pro·gram [ˈprəʊgræm] 1 (*Computer*) das Programm 2 (USA) das Programm; (*Radio, TV*) die Sendung

to **pro·gram** [ˈprəʊgræm] <programmed *oder* (USA) programed, programmed *oder* (USA) programed> programmieren *Computer*

pro·gram·ma·ble [prə(ʊ)ˈgræməbl̩] programmierbar

pro·gramme [ˈprəʊgræm] 1 das Programm 2 (*Radio, TV*) die Sendung

to **pro·gramme** [ˈprəʊgræm] 1 programmieren 2 (*übertragen*) vorprogrammieren

pro·gram·mer [ˈprəʊgræməʳ] der Programmierer/die Programmiererin

pro·gram·ming [ˈprəʊgræmɪŋ] *kein Plural einer Software:* das Programmieren; *von Rundfunk, Fernsehen:* die Programmgestaltung

pro·gress [ˈprəʊgres] 1 der Fortschritt; **to make progress** Fortschritte machen, vorankommen 2 (*Vorwärtsbewegung*) das Fortschreiten; **to make slow progress** langsam vorankommen 3 **in progress** im Gange

> **G** **progress** ist unzählbar; d.h. es wird nicht mit *a* oder im Plural gebraucht: *their progress was slow, she made good progress*

to **pro·gress** [prə(ʊ)ˈgres] 1 vorrücken (**towards** gegen) 2 Fortschritte machen 3 *Zeit, Arbeit:* voranschreiten

pro·gres·sive [prə(ʊ)ˈgresɪv] 1 fortschreitend, zunehmend 2 (*im Denken*) fortschrittlich, progressiv 3 *Krankheit, Steuer:* progressiv

to **pro·hib·it** [prə(ʊ)ˈhɪbɪt] 1 verbieten; **to prohibit someone from doing something** jemandem verbieten, etwas zu tun 2 verhindern; **to prohibit someone from doing something** jemanden daran hindern, etwas zu tun

pro·hi·bi·tion [ˌprəʊ(h)ɪˈbɪʃᵊn] 1 das Verbot 2 *kein Plural* das Verbieten

pro·hibi·tive [prəʊˈhɪbətɪv] 1 verhindernd 2 (*umgangsspr*) *Preis:* unerschwinglich

proj·ect [ˈprɒdʒekt] 1 das Projekt, das Vorhaben 2 (*in der Schule*) das Projekt

to **proj·ect** [prə(ʊ)ˈdʒekt] 1 projizieren 2 planen 3 hervorragen 4 abschießen

pro·jec·tion [prə(ʊ)ˈdʒekʃᵊn] 1 *eines Gebäudes:* der Vorsprung, die Auskragung 2 *eines Bildes:* die Projektion 3 *eines Films:* die Vorführung 4 die Vorhersage, die Prognose; *von Statistik:* die Hochrechnung

pro·jec·tor [prə(ʊ)ˈdʒektəʳ] der Projektor, das Vorführgerät

pro·lif·ic [prə(ʊ)ˈlɪfɪk] 1 fruchtbar 2 (*übertragen*) produktiv

pro·logue, (USA) **pro·log** [ˈprəʊlɒg] 1 der Prolog (**to** zu) 2 (*übertragen*) der Auftakt; **to be the prologue to something** zu etwas den Auftakt bilden

to **pro·long** [prə(ʊ)ˈlɒŋ] 1 verlängern 2 hinauszögern *Qual*

prom¹ [prɒm] (GB) das Promenadenkonzert

prom² [prɒm] (USA) der Schülerball

> **L** **Proms** wird in Großbritannien als Abkürzung für **promenade concerts** gebraucht. Diese Konzerte finden im Sommer statt, und man kann dort sowohl sitzen als auch stehen oder herumspazieren. Hauptveranstaltungsort ist die Royal Albert Hall in London. Der Höhepunkt ist immer die „last night of the proms", bei der das Publikum mitsingt und Fahnen geschwenkt werden.

prom·enade [ˌprɒməˈnɑːd] die [Strand]promenade

promi·nent [ˈprɒmɪnənt] 1 *Backenknochen:* vorstehend 2 *Fels, Nase:* vorspringend 3 *Kennzeichen:* auffällig 4 (*übertragen*) [wohl] bekannt, prominent

pro·mis·cu·ous [prəˈmɪskjuəs] (*abwertend*) promisk

prom·ise [ˈprɒmɪs] 1 das Versprechen; **to make a promise** ein Versprechen geben 2 die [feste] Aussicht, die Hoffnung (**of** auf); **to show great promise** zu großen Hoffnungen berechtigen, viel versprechend sein

to **prom·ise** [ˈprɒmɪs] 1 versprechen; **to promise someone something, promise something to someone** jemandem etwas versprechen

P

② **to promise oneself something** sich etwas versprechen ③ andeuten, hindeuten auf; **to promise well** viel versprechend sein

prom·is·ing [ˈprɒmɪsɪŋ] viel versprechend

to **pro·mote** [prəˈməʊt] ① (*beruflich*) befördern ② (*Sport*) **to be promoted** aufsteigen (**to** in) ③ (*unterstützen*) fördern ④ werben für *ein Produkt*

pro·mo·tion [prəˈməʊʃ(ə)n] ① (*beruflich*) die Beförderung; **to get one's promotion** befördert werden; **promotion chances** [*oder* **prospects**] die Aufstiegschancen ② (*Sport*) der Aufstieg ③ (*Unterstützung*) die Förderung ④ (*kommerziell*) die Werbung, die Werbekampagne

prompt [prɒm(p)t] ① *Handeln:* umgehend, sofortig, unverzüglich ② *Mensch:* pünktlich ③ **at 9 o'clock prompt** Punkt neun Uhr, pünktlich um neun Uhr

to **prompt** [prɒm(p)t] ① veranlassen; **to prompt someone to do something** jemanden [dazu] veranlassen, etwas zu tun ② (*im Theater*) **to prompt someone** jemandem soufflieren ③ wecken *Gefühle*

prompt·ly [ˈprɒm(p)tli] pünktlich; **to attend to something promptly** etwas umgehend erledigen; **to start promptly at eight** Punkt acht Uhr anfangen

prone [prəʊn] ① **to be prone to** neigen zu *Übertreibung;* anfällig sein für *Krankheiten* ② **to be prone to do something** dazu neigen, etwas zu tun

prong [prɒŋ] *einer Gabel:* die Zinke

pro·noun [ˈprəʊnaʊn] das Pronomen, das Fürwort

to **pro·nounce** [prəˈnaʊn(t)s] ① verkünden; (*feierlich*) erklären; **the jury pronounced him guilty** die Geschworenen erklärten ihn für schuldig ② aussprechen *Wort*

pro·nounced [prəˈnaʊn(t)st] ① ausgesprochen ② *Akzent:* ausgeprägt; **to have a pronounced limp** stark hinken ③ *Verbesserung:* deutlich

pro·nun·cia·tion [prəˌnʌn(t)siˈeɪʃ(ə)n] die Aussprache

proof[1] [pruːf] der Beweis, der Nachweis; **by way of proof** als Beweis

proof[2] [pruːf] unempfindlich (**against** gegen); **to be proof against wind and weather** wetterfest sein; **to be proof against burglars** einbruchssicher sein

to **proof·read** [ˈpruːfˌriːd] <proofread, proofread> Korrektur lesen

prop [prɒp] ① (*auch übertragen*) die Stütze ② (*umgangsspr*) der Propeller ③ **props** (*im Theater*) die Requisiten

to **prop** [prɒp] ① stützen ② **to prop something/oneself against something** etwas/sich gegen [*oder* an] etwas lehnen

◆ to **prop up** stützen ▶ WENDUNGEN: **to prop up the bar** (*humorvoll*) an der Bar hängen

propa·gan·da [ˌprɒpəˈgændə] die Propaganda

to **pro·pel** [prəˈpel] <propelled, propelled> antreiben

pro·pel·lant [prəˈpelənt] das Treibgas, das Treibmittel

pro·pel·ler [prəˈpeləʳ] der Propeller

prop·er [ˈprɒpəʳ] ① richtig, passend, geeignet; **at the proper time** zur rechten Zeit; **through the proper channels** auf dem Dienstweg ② (*umgangsspr*) echt, richtig; **a proper writer** ein echter Schriftsteller; **a proper thrashing** eine ordentliche Tracht Prügel ③ (*umgangsspr*) anständig, gehörig; **that's not proper** das gehört sich nicht

prop·er·ly [ˈprɒp(ə)li] ① korrekt, richtig ② anständig, ordentlich ③ **properly speaking** genau genommen, eigentlich, in Wirklichkeit

prop·er name, **prop·er noun** der Eigenname

prop·er·ty [ˈprɒpəti] ① das Eigentum, der Besitz; **private property** das Privateigentum; **public property** das Eigentum der öffentlichen Hand ② (*Land und Gebäude*) der Grundbesitz, der Landbesitz ③ **get off my property** verlassen Sie mein Grundstück ④ (*geschäftsbringend*) die Immobilien ⑤ die Eigenschaft; **medicinal properties** die Heilkräfte

prop·er·ty de·vel·op·er der Bauträger

proph·ecy [ˈprɒfəsi] die Prophezeiung

to **prophe·sy** [ˈprɒfəsaɪ] prophezeien

proph·et [ˈprɒfɪt] der Prophet

pro·por·tion [prəˈpɔːʃ(ə)n] ① der Teil, der Anteil, die Quote; **only a small proportion of the voters** nur ein geringer Anteil der Wähler ② das Verhältnis; (*auch mathematisch*) die Proportion; **in proportion to** im Verhältnis zu; **out of all proportion to** in gar keinem Verhältnis zu; **a sense of proportion** ein Sinn für Proportionen; **to keep a sense of proportion** (*übertragen*) die Dinge im richtigen Licht sehen ③ **proportions** die Dimensionen, die Proportionen

pro·por·tion·al [prəˈpɔːʃ(ə)n(ə)l] proportional (**to** zu); **to be proportional to something** einer Sache entsprechen; **proportional representation** das Verhältniswahlrecht

pro·por·tioned [prəˈpɔːʃ(ə)nd] **beautifully/finely proportioned** ebenmäßig/anmutig proportioniert

pro·po·sal [prəˈpəʊz(ə)l] ① der Vorschlag ② **proposal** [**of marriage**] der [Heirats]antrag

to **pro·pose** [prəˈpəʊz] ① vorschlagen; **to propose something to someone** jemandem etwas vorschlagen; **to propose doing something** anregen, etwas zu tun ② beabsichtigen, vorhaben; **to propose to do something** beabsichtigen, etwas zu tun ③ **to propose to** someone jemandem einen Heiratsantrag machen ④ **to propose a toast to someone** einen Toast auf jemanden ausbringen ⑤ (*im Parlament*) einbringen, stellen *Antrag*

propo·si·tion [ˌprɒpəˈzɪʃən] ① der Vorschlag ② die Aussage; (*philosophisch*) der Satz ③ (*Unternehmen*) die Sache; **it will never be a commercial proposition** es wird nie ein lohnendes Geschäft sein

pro·pri·etor [prəˈpraɪətəʳ] der Besitzer/die Besitzerin, der [Geschäfts]inhaber/die [Geschäfts]inhaberin

pro·pri·etress [prəˈpraɪətrɪs] <*Plural* proprietresses> die Besitzerin, die Inhaberin

pro·pul·sion [prəˈpʌlʃən] der Antrieb; **jet propulsion** der Strahlantrieb, der Düsenantrieb

to **pro·scribe** [prə(ʊ)ˈskraɪb] verbieten

prose [prəʊz] die Prosa

to **pros·ecute** [ˈprɒsɪkjuːt] ① **to prosecute someone [for something]** jemanden [wegen etwas] strafrechtlich verfolgen ② *Anwalt:* die Anklage vertreten, als Kläger auftreten

pros·ecut·ing [ˈprɒsɪkjuːtɪŋ] **prosecuting counsel, prosecuting attorney** (USA) der Anklagevertreter/die Anklagevertreterin, der Staatsanwalt/die Staatsanwältin

pros·ecu·tion [ˌprɒsɪˈkjuːʃən] ① die Strafverfolgung; **liable to prosecution** strafbar ② **the prosecution** die Staatsanwaltschaft, die Anklagevertretung; **prosecution witness, witness for the prosecution** der Belastungszeuge/die Belastungszeugin

pros·ecu·tor [ˈprɒsɪkjuːtəʳ] der Kläger/die Klägerin; **public prosecutor** der Anklagevertreter/die Anklagevertreterin, der Staatsanwalt/die Staatsanwältin

pros·pect [ˈprɒspekt] die Aussicht; **in prospect** in Aussicht; **what are your prospects?** welche Aussichten haben Sie?; **to have no prospects** keine Zukunft haben

pro·spec·tive [prəˈspektɪv] voraussichtlich, zukünftig; **prospective buyer [*oder* customer]** der Interessent/die Interessentin

pro·spec·tus [prəˈspektəs] der Prospekt

to **pros·per** [ˈprɒspəʳ] ① gedeihen, blühen ② *Geschäft:* gut gehen ③ *Mensch:* Erfolg haben, Glück haben; **he is prospering** es geht ihm gut

pros·per·ity [prɒsˈperəti] der Wohlstand

pros·per·ous [ˈprɒspərəs] wohlhabend, gut gehend

pros·ti·tute [ˈprɒstɪtjuːt] der/die Prostituierte; **male prostitute** der Strichjunge

pros·ti·tu·tion [ˌprɒstɪˈtjuːʃən] die Prostitution

pro·tago·nist [prəʊˈtægənɪst] der Protagonist/die Protagonistin

to **pro·tect** [prəˈtekt] ① [be]schützen, bewahren (**from** vor, **against** gegen); **to protect oneself** sich sichern (**against** gegen) ② wahren *Interessen, Rechte*

pro·tec·tion [prəˈtekʃən] ① der Schutz (**from** vor); **protection of the environment** der Umweltschutz ② *von Interessen, Rechten:* die Wahrung ③ **protection [money]** das Schutzgeld

pro·tec·tion fac·tor *von Sonnenöl:* der Lichtschutzfaktor, der Sonnenschutzfaktor

pro·tec·tive [prəˈtektɪv] ① schützend, Schutz-; **protective clothing** die Schutzkleidung ② **to be protective towards someone** fürsorglich gegenüber jemandem sein

pro·tec·tor [prəˈtektəʳ] ① (*Person*) der Beschützer/die Beschützerin ② (*Gegenstand*) der Schutz

pro·tein [ˈprəʊtiːn] das Protein; **proteins** die Eiweißstoffe

to **pro·test** [prə(ʊ)ˈtest] ① beteuern *Unschuld* ② protestieren [gegen], sich verwahren (**against** gegen); **to protest to someone** bei jemandem Einspruch [*oder* Protest] erheben

pro·test [ˈprəʊtest] der Einspruch, der Protest (**against** gegen); **as a protest, in protest** aus Protest; **under protest** unter Protest; **without protest** widerspruchslos, vorbehaltlos

Prot·es·tant[1] [ˈprɒtɪstənt] der Protestant/die Protestantin

Prot·es·tant[2] [ˈprɒtɪstənt] protestantisch

pro·test·er [prəˈtestəʳ] der/die Protestierende, der Demonstrant/die Demonstrantin

pro·test march der Protestmarsch

pro·test vote die Proteststimme

pro·trac·tor [prəʊˈtræktəʳ] der Winkelmesser

pro·trud·ing [prəʊˈtruːdɪŋ] herausragend; *Kinn:* vorstehend; *Ohren:* abstehend

proud [praʊd] <prouder, proudest> ① stolz (**of** auf) ② (*abwertend*) hochmütig

to **prove** [pruːv] <proved *oder* proven, proved *oder* proven> ① beweisen, nachweisen, unter Beweis stellen; **to prove one's identity** sich ausweisen ② beglaubigen *Testament* ③ **to prove oneself innocent** sich als unschuldig erweisen ④ **to prove [to be]** sich erweisen [*oder* herausstellen] als

prov·en [ˈpruːvn] *3. Form von* **prove**

prov·erb [ˈprɒvɜːb] das Sprichwort

to **pro·vide** [prə(ʊ)ˈvaɪd] ① besorgen, sorgen für ② heranschaffen, liefern ③ zur Verfügung stellen *Dienst;* bereitstellen *Geld* ④ **to provide someone with something** jemanden mit etwas versorgen/ausstatten/beliefern ⑤ **to provide for someone** jemanden versorgen ⑥ **to provide for the future** für die Zukunft vorsorgen ⑦ **the contract provides for an annual rent increase** der Vertrag sieht eine jährliche Mieterhöhung vor

pro·vid·ed [prə(ʊ)ˈvaɪdɪd] **provided [that]** vorausgesetzt, [dass]

pro·vid·er [prə(ʊ)ˈvaɪdəʳ] ① *einer Familie:* der

P

Ernährer/die Ernährerin ② (*im Internet*) der Provider

pro·vid·ing [prə(ʊ)'vaɪdɪŋ] **providing** [**that**] vorausgesetzt, [dass]

prov·ince ['prɒvɪn(t)s] ① die Provinz ② **the provinces** die Provinz

pro·vin·cial [prə(ʊ)'vɪn(t)ʃᵊl] ① Provinz- ② (*abwertend*) provinziell

pro·vi·sion [prə(ʊ)'vɪʒᵊn] ① die Vorkehrung, die Vorsorge; **to make provision for** vorsorgen für, Vorsorge treffen für ② *von Material, Mitteln:* die Bereitstellung ③ **provisions** Lebensmittel

> **F** Nicht verwechseln mit **Provision** (die) = commission!

pro·vi·sion·al [prə(ʊ)'vɪʒᵊnᵊl] vorläufig, provisorisch; **provisional driving licence** der vorläufige Führerschein für Fahrschüler

> **L** Die **provisional driving licence** erlaubt Fahrschülern in Großbritannien, auf öffentlichen Straßen Auto zu fahren, vorausgesetzt, sie werden vom Besitzer eines voll gültigen Führerscheins, der älter als 21 Jahre ist, begleitet. Die Fahrschüler sind gesetzlich verpflichtet, am Fahrzeug vorne und hinten ein weißes Schild mit einem roten „L" (**L plate**) anzubringen. Damit sollen die anderen Verkehrsteilnehmer gewarnt werden, dass es sich um einen Fahrschüler handelt.

pro·vi·so [prə(ʊ)'vaɪzəʊ] die Auflage, die Bedingung; **with/on the proviso that ...** unter der Bedingung, dass ...

provo·ca·tion [ˌprɒvə'keɪʃᵊn] die Herausforderung, die Provokation

pro·voca·tive [prə'vɒkətɪv] herausfordernd, provokativ

to **pro·voke** [prə'vəʊk] ① provozieren, [auf]reizen ② hervorrufen *Ärger, Kritik, Lächeln*

to **prowl** [praʊl] ① durchstreifen *Straßen* ② **to prowl about** [*oder* **around**] herumschleichen, herumstreichen

prowl [praʊl] **to be on the prowl** herumstreichen; **prowl car** (USA) der Streifenwagen

prox·im·ity [prɒk'sɪməti] *kein Plural* die Nähe

pru·dent ['pruːdᵊnt] ① *Person:* umsichtig, besonnen ② *Verhalten:* klug, vernünftig

prune [pruːn] die Backpflaume

to **pry** [praɪ] neugierig sein

PS [ˌpiː'es] *Abkürzung von* **post scriptum** das PS

psalm [sɑːm] der Psalm

pseudo·nym ['sjuːdənɪm] das Pseudonym

psy·chi·at·ric [ˌsaɪki'ætrɪk] psychiatrisch

psy·chia·trist [saɪ'kaɪətrɪst] der Psychiater/die Psychiaterin

psy·chia·try [saɪ'kaɪətri] die Psychiatrie

psy·chic ['saɪkɪk] **you must be psychic** du kannst wohl Gedanken lesen

psycho·ana·lyst [ˌsaɪkəʊ'ænᵊlɪst] der Psychoanalytiker/die Psychoanalytikerin

psycho·logi·cal [ˌsaɪkə'lɒdʒɪkᵊl] psychologisch

psy·cholo·gist [saɪ'kɒlədʒɪst] der Psychologe/die Psychologin

psy·chol·ogy [saɪ'kɒlədʒi] die Psychologie; **child psychology** die Kinderpsychologie

psycho·path ['saɪkə(ʊ)pæθ] der Psychopath/die Psychopathin

psycho·path·ic [ˌsaɪkə(ʊ)'pæθɪk] psychopathisch

psycho·thera·pist [ˌsaɪkə(ʊ)'θerəpɪst] der Psychotherapeut/die Psychotherapeutin

psycho·thera·py [ˌsaɪkə(ʊ)'θerəpi] die Psychotherapie

pt *Abkürzung von* **pint** das Pint (*0,568 l*)

PT [ˌpiː'tiː] *Abkürzung von* **physical training** (*in der Schule*) der Sport

PTA [ˌpiːtiː'eɪ] *mit Singular oder Plural Abkürzung von* **parent-teacher association** die Eltern-Lehrer-Organisation

PTO [ˌpiːtiː'əʊ] *Abkürzung von* **please turn over** b.w.

pub [pʌb] die Kneipe, das Wirtshaus

pu·ber·ty ['pjuːbəti] die Pubertät

pub·lic[1] ['pʌblɪk] ① öffentlich ② allgemein bekannt; **to become public** bekannt werden

pub·lic[2] ['pʌblɪk] die Öffentlichkeit; **in public** öffentlich, in der Öffentlichkeit; **the cinema-going/the theatre-going public** das Filmpublikum/das Theaterpublikum

> **G** Wenn man von **the public** im Sinne von einer Einheit spricht, wird es mit einem Verb im Singular gebraucht: *the public is at risk*
> Wenn man jedoch von den einzelnen Gruppenmitgliedern sprechen will, wird **the public** mit einem Verb im Plural gebraucht: *the public are encouraged to take part*

pub·lic ad·dress sys·tem die Lautsprecheranlage

pub·li·can ['pʌblɪkən] der Gastwirt/die Gastwirtin

pub·lic ap·pear·ance der öffentliche Auftritt

pub·lic ap·point·ment die öffentliche Bestellung

pub·li·ca·tion [ˌpʌblɪ'keɪʃᵊn] die Publikation, die Veröffentlichung; **monthly publication** die Monatsschrift; **weekly publication** die Wochenschrift; **new publication** die Neuerscheinung; **publication date** das Erscheinungsdatum

pub·lic com·pa·ny die Aktiengesellschaft

pub·lic con·veni·ence die öffentliche Bedürfnisanstalt

pub·lic health ser·vice das [staatliche] Gesundheitssystem

pub·lic holi·day der gesetzliche Feiertag

> **L** Feiertage, die früher von der „Bank of England" als Urlaubstage gerechnet wurden, heißen **bank holidays**. Davon gab es ursprünglich 30; heute ist ein bank holiday ein **public holiday** (gesetzlicher Feiertag).

P

pub·lic house Ⓖ (*gehoben*) das Wirtshaus, das Gasthaus, die Gaststätte

pub·lic·ity [pʌbˈlɪsəti] ① die Publizität, die Publicity ② die Werbung, die Reklame; **publicity campaign** die Werbeaktion, die Werbekampagne

to **pub·li·cize** [ˈpʌblɪsaɪz] ① bekannt machen ② werben für, Reklame machen für

pub·lic li·brary die öffentliche Bibliothek

pub·lic lim·it·ed com·pa·ny ≈ die Aktiengesellschaft

pub·lic·ly [ˈpʌblɪkli] ① öffentlich ② staatlich

pub·lic opin·ion die öffentliche Meinung

pub·lic prop·er·ty das Staatseigentum

pub·lic pros·ecu·tor der Staatsanwalt/die Staatsanwältin

pub·lic re·la·tions *Plural* die Öffentlichkeitsarbeit, die Public Relations

pub·lic school ① GB die Privatschule ② USA die öffentliche, staatliche Schule

L In Großbritannien werden unabhängige Schulen als **public schools** bezeichnet. Sie werden nicht durch staatliche Mittel finanziert, sondern größtenteils durch Schulgebühren. Viele **public schools** stammen aus dem 19. Jahrhundert. Die ältesten Schulen waren ursprünglich *grammar schools* für arme Studenten, z. B. *Winchester, Eton* und *Harrow*.
In den USA ist eine **public school** jedoch eine kostenlose, durch Steuern finanzierte Schule, die von der lokalen Regierung kontrolliert wird.

pub·lic sec·tor der öffentliche Sektor

pub·lic ser·vice ① der öffentliche Dienst ② *kein Plural* der Dienst an der Allgemeinheit

pub·lic-spir·it·ed von Gemeinsinn zeugend; **she's a very public-spirited person** sie hat viel Gemeinsinn

pub·lic tele·phone GB der öffentliche Fernsprecher

pub·lic trans·port die öffentlichen Verkehrsmittel

to **pub·lish** [ˈpʌblɪʃ] ① [öffentlich] bekannt geben, bekannt machen ② veröffentlichen, herausgeben *Buch, Zeitschrift;* publizieren, veröffentlichen *Forschungsarbeit* ③ *Verlag:* verlegen

pub·lish·er [ˈpʌblɪʃəʳ] ① der Verleger/die Verlegerin ② **publisher, publishers** *Plural* der Verlag

pub·lish·ing [ˈpʌblɪʃɪŋ] das Verlagswesen; **publishing company** der Verlag, das Verlagshaus

pud·ding [ˈpʊdɪŋ] ① (*süß*) die Nachspeise, der Nachtisch ② **black pudding** die Blutwurst

pud·dle [ˈpʌdl̩] die Pfütze

puff [pʌf] ① **puff of air** der Atemstoß; **puff of wind** der Windstoß ② (*an einer Zigarette*) der Zug ③ (*umgangsspr*) die Puste; **to be out of puff** außer Puste sein

to **puff** [pʌf] ① schnaufen, keuchen; *Pferd:* schnau-

pudding

F Nicht verwechseln mit **Pudding** (der) = blancmange!

ben ② *Raucher:* paffen (**at** an)

◆to **puff out** ① aufblähen; *Federn:* aufplustern ② GB erschöpfen

◆to **puff up** ① *Augen, Gesicht:* anschwellen ② aufplustern *Federn*

puff·ball skirt der Ballonrock

puff pas·try der Blätterteig

puf·fy [ˈpʌfi] <puffier, puffiest> geschwollen

to **puke** [pjuːk] (*slang*) kotzen

pull [pʊl] ① der Zug, der Ruck; **to give a pull** ziehen ② (*auch übertragen*) die Anziehungskraft ③ *einer Strömung:* der Sog

to **pull** [pʊl] ① (*zerren*) ziehen; **to pull to the left** *Auto:* nach links ziehen ② (*reißen*) ziehen an *Glocke, Seil;* **to pull someone by the hair** jemanden an den Haaren ziehen ③ ziehen *Zahn;* herausziehen *Korken, Unkraut* ④ zapfen *Bier* ⑤ zerren *Muskel* ⑥ **to pull a face** (*übertragen*) das Gesicht verziehen ⑦ **to pull to pieces** in Stücke reißen, zerreißen; (*übertragen*) kein gutes Haar lassen an ⑧ **to pull for someone** USA jemanden unterstützen ⑨ **the train pulled into the station** der Zug fuhr in den Bahnhof ein ▶ WENDUNGEN: **to pull a fast one on someone** jemanden hereinlegen; **to pull a job** ein Ding drehen; **to pull someone's leg** jemanden auf den Arm nehmen; **to pull strings** Beziehungen spielen lassen; **to pull one's weight** seinen Beitrag leisten

◆to **pull about** herumzerren

◆to **pull apart** ① auseinanderziehen ② trennen *Streitende* ③ auseinandernehmen *Apparat* ④ (*übertragen*) kein gutes Haar lassen an

◆to **pull away** ① wegziehen ② *Auto:* anfahren ③ *Läufer:* sich absetzen

◆to **pull back** ① einen Rückzieher machen (**from** von); *Soldaten:* sich zurückziehen; zurückziehen *Streitkräfte* ② zurückschrecken

P

◆to **pull down** abreißen, demolieren *Gebäude*
◆to **pull in** ① einziehen *Krallen* ② (*übertragen*) anziehen *Zuschauer* ③ (*umgangsspr*) verhaften ④ *Zug:* einfahren ⑤ *Auto:* anhalten
◆to **pull off** ① ausziehen *Kleider* ② [mit Erfolg] abwickeln; an Land ziehen *Geschäft, Auftrag*
◆to **pull out** ① [her]ausziehen ② ausziehen *Tisch* ③ ziehen *Zahn* ④ (*von Truppen*) abziehen ⑤ *Zug:* abfahren ⑥ *Auto:* ausscheren
◆to **pull over** ① *Fahrer, Wagen:* an die Seite fahren ② anhalten
◆to **pull through** ① [hin] durchziehen ② durchbringen *Kranken* ③ *Kranker:* durchkommen
◆to **pull together** ① (*übertragen*) am gleichen Strang ziehen ② **to pull oneself together** (*übertragen*) sich zusammennehmen, sich zusammenreißen
◆to **pull up** ① hochziehen ② herausreißen *Unkraut* ③ anhalten, zum Stehen bringen *Fahrzeug* ④ zurechtweisen, korrigieren *Person* ⑤ *Fahrzeug:* anhalten, stehen bleiben (**at** an/bei)
pul·ley ['pʊli] der Flaschenzug
pull-out ['pʊlaʊt] ① *einer Zeitschrift:* der heraustrennbare Teil ② *von Truppen:* der Abzug
pull·over ['pʊləʊvəʳ] der Pullover
pull-up ['pʊlʌp] der Klimmzug
pul·pit ['pʌlpɪt] die Kanzel; **in the pulpit** auf der Kanzel
to **pul·sate** [pʌl'seɪt] pulsieren; *Gebäude, Lautsprecher:* vibrieren
pulse [pʌls] (*auch übertragen*) der Puls; **to feel** [*oder* **take**] **someone's pulse** jemandem den Puls fühlen
pump [pʌmp] die Pumpe
to **pump** [pʌmp] ① pumpen; **to pump dry** leer pumpen ② **to pump someone for information** jemanden aushorchen, Auskünfte aus jemandem herausholen
◆to **pump out** ① auspumpen, leer pumpen *Boot, Keller* ② ausstoßen *Abgase*
◆to **pump up** ① aufpumpen *Reifen* ② heraufpumpen *Öl*
pump·kin ['pʌmpkɪn] der Kürbis
pun [pʌn] das Wortspiel
to **punch** [pʌn(t)ʃ] ① lochen *Karte, Papier;* stanzen *Loch* ② **to punch someone/something** jemanden/etwas mit der Faust schlagen
punch¹ [pʌn(t)ʃ] <*Plural* punches> ① der Locher, die Lochzange ② der Faustschlag ③ (*übertragen*) der Pep, der Schwung
punch² [pʌn(t)ʃ] der Punsch
Punch [pʌn(t)ʃ] der Kasper, das Kasperle; **Punch-and-Judy show** das Kasper[le]theater
punch·line die Pointe
punch-up ['pʌntʃʌp] (*umgangsspr*) die Schlägerei

P

punc·tu·al ['pʌŋktʃuəl] pünktlich
punc·tu·al·ity [,pʌŋktʃu'æləti] *kein Plural* die Pünktlichkeit
punc·tua·tion [,pʌŋktʃu'eɪʃᵊn] die Interpunktion, die Zeichensetzung; **punctuation mark** das Satzzeichen
punc·ture ['pʌŋktʃəʳ] die [Reifen]panne
to **punc·ture** ['pʌŋktʃəʳ] ① durchstechen ② perforieren *Lunge* ③ *Reifen:* ein Loch bekommen, platt werden
to **pun·ish** ['pʌnɪʃ] [be]strafen
pun·ish·able ['pʌnɪʃəbl̩] strafbar
pun·ish·ing ['pʌnɪʃɪŋ] *Zeitplan:* mörderisch, aufreibend
pun·ish·ment ['pʌnɪʃmənt] ① die Bestrafung ② die Strafe; **as a punishment** zur Strafe ③ (*umgangsspr*) die schlechte Behandlung; **to take a lot of punishment** viel aushalten, stark strapaziert werden
punk [pʌŋk] ① (*Person*) der Punk, der Punker/die Punkerin ② (*Musik*) der Punk[rock]
pun·net ['pʌnɪt] das [Früchte]körbchen
punt [pʌnt] der Stechkahn
to **punt** [pʌnt] staken; **to go punting** Stechkahn fahren
puny ['pju:ni] <punier, puniest> (*abwertend*) schwächlich; (*übertragen*) schwach
pup [pʌp] (*junger Hund*) der Welpe; (*von Otter, Seehund*) das Junge; **to be in pup** trächtig sein
pu·pil¹ ['pju:pᵊl] der Schüler/die Schülerin

> **L** In Großbritannien tragen die meisten **pupils** eine Schuluniform. Der Unterricht dauert von 8.30 Uhr oder 9.00 Uhr bis etwa 15.30 Uhr. Deshalb essen die Schüler in der Schule zu Mittag. Entweder sie bringen ihre eigenen Lunchpakete mit, oder sie kaufen das Mittagessen, das von der Schule angeboten wird.

pu·pil² ['pju:pᵊl] (*im Auge*) die Pupille
pup·pet ['pʌpɪt] die [Hand]puppe; (*auch übertragen*) die Marionette; **puppet-show** das Puppenspiel
pup·py ['pʌpi] (*junger Hund*) der Welpe
to **pur·chase** ['pɜ:tʃəs] [an]kaufen, erwerben
pur·chase ['pɜ:tʃəs] der Kauf, die Anschaffung
pur·chas·er ['pɜ:tʃəsəʳ] ① der Käufer/die Käuferin; (*laut Gesetz*) der Erwerber/die Erwerberin ② (*Agent*) der Einkäufer/die Einkäuferin
pur·chas·ing ['pɜ:tʃəsɪŋ] *kein Plural* der Erwerb, das [Ein]kaufen; **purchasing department** die Einkaufsabteilung; **purchasing power** die Kaufkraft
pure [pjʊəʳ] ① rein ② (*übertragen*) *Unsinn, Wahnsinn:* hell, reinste(r, s)
pu·rée ['pjʊəreɪ] das Püree; **tomato purée** das Tomatenmark
to **pu·rée** ['pjʊəreɪ] <puréed, puréed> pürieren
pure·ly ['pjʊəli] rein
to **pu·ri·fy** ['pjʊərɪfaɪ] reinigen

pur·ity ['pjʊərəti] die Reinheit

pur·ple ['pɜːpl̩] ① violett, lila ② *Gesicht:* hochrot

pur·pose ['pɜːpəs] ① die Absicht; **on purpose** absichtlich, mit Absicht ② der Zweck; **for that purpose** zu diesem Zweck, deswegen, deshalb; **for what purpose?** weshalb?; **for advertising purposes** zu Werbezwecken; **to serve no purpose** zwecklos sein; **sense of purpose** das Zielbewusstsein

pur·pose-built [ˈɜːpəsˌbɪlt] speziell angefertigt, speziell gebaut

pur·pose·ful ['pɜːpəsfᵊl] ① zielstrebig ② entschlossen

pur·pose·ly ['pɜːpəsli] ① absichtlich, bewusst ② ausdrücklich gezielt

to **purr** [pɜːʳ] ① *Katze:* schnurren ② *Motor:* surren

purr [pɜːʳ] ① *Katze:* das Schnurren ② *Motor:* das Surren

purse [pɜːs] ① GB der Geldbeutel, die Geldbörse, das Portemonnaie ② USA die Handtasche

to **pur·sue** [pəˈsjuː] ① verfolgen ② betreiben, nachgehen *Tätigkeit, Beruf*

pur·su·er [pəˈsjuːəʳ] der Verfolger/die Verfolgerin

pur·suit [pəˈsjuːt] ① die Verfolgung, die Jagd (**of** auf) ② (*übertragen*) das Streben (**of** nach); **in pursuit of pleasure** auf der Jagd nach Vergnügen

pus [pʌs] der Eiter

push [pʊʃ] <*Plural* pushes> ① der Stoß, der Schubs; **my car won't start — can you give me a push?** mein Auto springt nicht an — kannst du mich anschieben? ② (*auch militärisch*) der Vorstoß (**for** auf) ③ die Anstrengung; **a sales push** eine Verkaufskampagne ④ **at a push** im Notfall ⑤ **to get the push** (*umgangsspr*) *Arbeitnehmer(in)*: entlassen werden, rausfliegen; *Freund(in)*: den Laufpass bekommen; **to give someone the push** (*umgangsspr*) *Arbeitgeber(in)*: jemanden rausschmeißen; *Freund, Freundin:* jemandem den Laufpass geben

to **push** [pʊʃ] ① stoßen, schieben; **to push [start] a car** ein Auto anschieben ② drücken *Knopf, Tür* ③ (*übertragen*) drängen, [an]treiben *Person;* **he pushed them to the limit** er trieb sie bis an ihre Grenzen; **to push for something** auf etwas drängen ④ eifrig [*oder* energisch] betreiben *Angelegenheit* ⑤ intensiv werben für, propagieren ⑥ pushen, dealen *Drogen* ⑦ *Mensch[enmenge]*: drängen, drängeln; **stop pushing!** hören Sie auf zu drängeln! ▶ WENDUNGEN: **to be pushed for time/money** in Zeitschwierigkeiten/in Geldnot sein; **don't push your luck!** treib's nicht zu weit!; **he's pushing forty** er geht auf die vierzig zu

◆ to **push along** ① **to push something along** etwas vorantreiben ② (*übertragen umgangsspr*) sich [wieder] auf die Socken machen

◆ to **push around** herumkommandieren, schlecht behandeln

◆ to **push aside** zur Seite schieben; (*mit Gewalt*) zur Seite stoßen; (*übertragen*) verdrängen *Problem*

◆ to **push away** wegstoßen, wegschieben

◆ to **push back** ① zurückschieben, zurückstoßen ② zurückdrängen *Menschen* ③ **to push one's hair back** sich das Haar zurückstreichen

◆ to **push down** umstoßen; hinunterdrücken *Hebel*

◆ to **push forward** ① [ein großes Stück] voranbringen *Projekt* ② *Armee:* vorrücken ③ **to push oneself forward** sich vordrängen ④ (*nicht aufhören*) weitermachen; *Auto:* weiterfahren

◆ to **push in** (*in einer Schlange*) sich vordrängeln

◆ to **push off** ① wegdrücken *Deckel* ② abstoßen *Boot* ③ (*umgangsspr*) abhauen; **push off!** hau ab!

◆ to **push on to push on with something** etwas vorantreiben

◆ to **push out** (*übertragen*) hinausdrängen

◆ to **push over** umstoßen

◆ to **push through** ① durchschieben, durchstoßen; **to push [one's way] through the crowd** sich durch die Menge schieben [*oder* drängen] ② durchsetzen *Forderung* ③ durchbringen, durchdrücken *Gesetz, Vorschlag*

◆ to **push up** ① hinaufschieben ② (*übertragen*) hochtreiben *Preise*

push·bike GB (*umgangsspr*) das [Fahr]rad

push-but·ton tele·phone das Tastentelefon

push·chair [ˈpʊʃtʃeəʳ] GB (*für Kleinkinder*) der Sportwagen

push·over [ˈpʊʃəʊvəʳ] (*umgangsspr*) das Kinderspiel

push·pin [ˈpʊʃpɪn] USA die Reißzwecke

push-start to give someone a push-start jemanden anschieben

push-up [ˈpʊʃʌp] der Liegestütz

pushy [ˈpʊʃi] (*abwertend*) aufdringlich, penetrant

puss [pʊs], **pussy** [ˈpʊsi] die [Mieze]katze

to **put** [pʊt] <put, put> ① legen, setzen, stellen, tun; **to put a child to bed** ein Kind ins [*oder* zu] Bett bringen; **she put her head round the door** sie streckte den Kopf zur Tür herein; **to put health before wealth** Gesundheit über Reichtum stellen; **to put money into a business** Geld in ein Geschäft stecken ② stecken (**into** in); **to put one's hands in one's pockets** die Hände in die Taschen stecken ③ (*übertragen*) bringen, versetzen; **to put someone in a bad mood** jemanden missmutig stimmen; **to put someone out of action** jemanden außer Gefecht setzen ④ (*umsetzen*) **to put in order** in Ordnung bringen; **to put into**

P

practice in die Praxis umsetzen; **to put right** verbessern, in Ordnung bringen; **to put an end to something** einer Sache ein Ende setzen; **to put a stop to something** mit etwas Schluss machen; **to put something to the vote** über etwas abstimmen lassen ⑤ (*auferlegen*) **to put pressure on someone** auf jemanden Druck ausüben; **to put the blame on someone** jemandem die Schuld zuschieben ⑥ (*ausdrücken, sagen*) **to put something into words** etwas in Worte fassen; **how shall I put it?** wie soll ich es sagen?; **to put it differently** es anders formulieren; **to put it mildly** gelinde gesagt; **to put something into French** etwas ins Französische übersetzen ⑦ stellen *Frage;* unterbreiten *Vorschlag;* **to put it to someone** jemandem vorschlagen ... ⑧ ansetzen, schätzen *Kosten* (**at** mit/auf); **I would put the value of this painting at a million pounds** ich schätze dieses Gemälde auf eine Million Pfund ⑨ schreiben; machen *Komma;* **to put something on a list** etwas auf eine Liste setzen; **to put a tick in the box** ein Häkchen in das Kästchen machen; **to put a cross against something** etwas ankreuzen; **to put something in writing** etwas schriftlich machen ⑩ **to put something out of one's head** sich etwas aus dem Kopf schlagen ⑪ **to put to death** hinrichten ⑫ **to put the shot** die Kugel stoßen ⑬ (*umgangsspr*) **I wouldn't put it past him** ich traue es ihm zu ⑭ **to put to sea** in See stechen ⑮ **to stay put** sich nicht von der Stelle rühren

◆ to **put about** verbreiten *Nachricht*

◆ to **put across** **to put something across** [**to someone**] [jemandem] etwas verständlich machen

◆ to **put aside** ① **to put something aside** [**for someone**] [für jemanden] etwas zurücklegen [*oder* aufheben] ② auf die Seite legen *Geld*

◆ to **put away** ① weglegen, wegräumen, einräumen ② zurücklegen, sparen *Geld* ③ einstellen *Auto* ④ (*umgangsspr*) einsperren *Kriminellen* ⑤ (*umgangsspr*) verdrücken *Essen*

◆ to **put back** ① zurücklegen *an seinen Platz* ② zurückstellen *Uhr* ③ verzögern; verschieben *Termin*

◆ to **put by** zurücklegen, beiseitelegen *Geld*

◆ to **put down** ① hinstellen, hinlegen; auflegen *Hörer;* **the book was so exciting I couldn't put it down** das Buch war so spannend, ich konnte es nicht weglegen; **you can put your hands down now** ihr könnt eure Hände jetzt runternehmen ② einschieben *Antenne* ③ niederschlagen *Aufstand* ④ demütigen, herabsetzen ⑤ einschläfern *Haustier* ⑥ aufschreiben, notieren; **to put something down in writing** etwas schriftlich niederlegen ⑦ **to put someone down for something** jemanden für etwas eintragen/anmelden/vormerken ⑧ **to put something down to someone** etwas jemandem zuschreiben ⑨ halten (**as** für); **I put you down as a family man** ich habe dich als Familienvater eingeschätzt ⑩ absetzen *Fahrgäste* ⑪ anzahlen; **to put down a deposit** eine Anzahlung machen

◆ to **put forward** ① **to put someone forward** jemanden vorschlagen ② unterbreiten, vorlegen *Vorschlag* ③ vorbringen *Bitte* ④ vorstellen *Uhr* ⑤ vorverlegen *Termin*

◆ to **put in** ① installieren, einbauen ② einsetzen *Glasscheibe* ③ vorlegen, unterbreiten, einreichen *Antrag* ④ **to put in a claim** einen Anspruch stellen ⑤ verwenden, hineinstecken *Zeit* ⑥ einlegen *Extrastunde* ⑦ einwerfen *Bemerkung* ⑧ setzen *Anzeige, Geld* ⑨ **to put in at a port** einen Hafen anlaufen ⑩ **to put in for a job** sich um eine Stelle bewerben ⑪ **to put in an appearance** in Erscheinung treten ⑫ **to put in a good word for** ein gutes Wort einlegen für

◆ to **put into** hineinstecken *Arbeit, Geld*

◆ to **put off** ① **to put someone off** jemanden ablenken [*oder* abschrecken] ② **to put someone off doing something** jemanden davon abbringen, etwas zu tun ③ **to put someone off their food** jemandem den Appetit verderben ④ **to put someone off until** jemanden vertrösten auf ⑤ verschieben *Termin*

◆ to **put on** ① anmachen *Licht* ② anziehen *Kleidung;* aufsetzen *Hut* ③ **to put 5p on a litre of petrol** den Benzinpreis um 5 Pence erhöhen ④ einsetzen *Sonderzug* ⑤ aufsetzen *Essen* ⑥ aufführen *Schauspiel;* veranstalten *Ausstellung* ⑦ heucheln, vorgeben; **it's all put on** es ist reine Schau; **to put on an act/show** eine Show abziehen ⑧ **to put on speed** schneller fahren, beschleunigen ⑨ **to put on weight/four pounds** zunehmen/vier Pfund zunehmen

◆ to **put out** ① hinausbringen, hinausstellen *Abfall;* vor die Tür setzen *Katze* ② **to put the washing out** die Wäsche raushängen ③ ausstrecken *Hand* ④ ausrenken *Schulter* ⑤ ausmachen *Licht;* löschen *Feuer* ⑥ aussenden *Hilferuf* ⑦ vergeben, außer Haus geben *Arbeit* ⑧ **to be put out** [**by something**] [über etwas] verärgert sein ⑨ **to put someone/oneself out** jemandem/sich Umstände machen

◆ to **put through** ① (*am Telefon*) **to put someone through** [**to someone**] jemanden [mit jemandem] verbinden ② **to put someone through something** jemanden etwas durchmachen lassen; **the course instructors really put us through it** die Kursleiter haben uns wirklich stark beansprucht

◆ to **put together** ① (*an einem Ort*) zusammensetzen, zusammenlegen ② (*montieren*) zusammensetzen, zusammenbauen ③ **better than all the others put together** besser als alle anderen zusammen

◆to **put up** ① [hoch]heben *Hand* ② aufstellen *Zelt;* errichten, [auf]bauen *Bauwerk* ③ erhöhen *Preis* ④ aufbringen *Geld* ⑤ **to put up a fight/struggle** sich wehren, sich zur Wehr setzen ⑥ **to put something up for sale** etwas zum Verkauf anbieten ⑦ **to put someone up** jemanden unterbringen [*oder* beherbergen] ⑧ **to put up with something** sich mit einer Sache abfinden; **I won't put up with it any longer!** das lasse ich mir nicht länger gefallen! ⑨ **to put someone up to something** jemanden zu etwas anstiften

◆to **put upon** **to put upon someone** jemanden ausnützen; **to feel put-upon** sich ausgenützt fühlen

to **putt** [pʌt] putten

putt [pʌt] der Putt

to **puz·zle** ['pʌzl̩] ① verblüffen; **just one thing puzzles me** nur eins ist mir rätselhaft ② rätseln, sich den Kopf zerbrechen (**about/over** über), knobeln (**over** an) ③ **to be puzzled about something** etwas nicht verstehen

puz·zle ['pʌzl̩] ① (*auch übertragen*) das Rätsel; **crossword puzzle** das Kreuzworträtsel ② das Geduldsspiel ③ das Puzzle

puz·zled ['pʌzl̩d] verwirrt; *Gesicht:* ratlos

puz·zling ['pʌzl̩ɪŋ] rätselhaft

py·ja·mas [pɪ'dʒɑːməz] ⚠ *Plural* der Schlafanzug, der Pyjama

G **pyjamas** wird im Plural gebraucht: *where are my pyjamas?*
a pair of pyjamas wird aber im Singular verwendet: *don't forget to pack a pair of pyjamas*

py·lon ['paɪlɒn] der Mast

pyra·mid ['pɪrəmɪd] die Pyramide

Pyr·enees [ˌpɪrə'niːz] *Plural* die Pyrenäen

Py·rex® ['paɪ(ə)reks] das Jenaer Glas®

py·thon ['paɪθᵊn] die Pythonschlange

Qq

Q <*Plural* Q's *oder* Qs>, **q** [kjuː] <*Plural* q's> Q, q

to **quack** [kwæk] *Ente:* schnattern, quaken

quad·rat·ic [kwɒd'rætɪk] quadratisch

quad·ri·lat·er·al [ˌkwɒdrɪ'lætᵊrᵊl] das Viereck

to **quad·ru·ple** ['kwɒdrʊpl̩] vervierfachen

quad·ru·ple ['kwɒdrʊpl̩] vierfach

quaint [kweɪnt] *Dorf:* malerisch, reizend, urig

to **quake** [kweɪk] ① *Erde:* beben ② *Person:* zittern (**with** vor)

quake [kweɪk] (*umgangsspr*) das Erdbeben

quali·fi·ca·tion [ˌkwɒlɪfɪ'keɪʃᵊn] ① die Qualifikation, die Voraussetzung ② (*Sport*) die Qualifikation ③ die Einschränkung, der Vorbehalt; **without qualification** vorbehaltlos

quali·fied ['kwɒlɪfaɪd] ① ausgebildet, qualifiziert, graduiert, Diplom- ② berechtigt; **to be qualified to vote** wahlberechtigt sein ③ bedingt, nicht uneingeschränkt; **a qualified success** kein voller Erfolg

to **quali·fy** ['kwɒlɪfaɪ] ① berechtigen (**for** zu); **to qualify someone to do something** jemanden berechtigen, etwas zu tun ② einschränken *Kritik;* modifizieren *Feststellung, Meinung* ③ seine Ausbildung abschließen, sich qualifizieren; **to qualify as a teacher** die Lehrbefähigung erhalten ④ (*beim Sport*) sich qualifizieren ⑤ in Frage kommen (**for** für); **to qualify for a government grant** die Voraussetzungen für eine staatliche Subvention erfüllen

quali·fy·ing ['kwɒlɪfaɪɪŋ] **qualifying examination** die Auswahlprüfung; **qualifying round** die Qualifikationsrunde

qual·ity ['kwɒləti] ① die Qualität, die Güteklasse; **they vary in quality** sie sind qualitativ verschieden ② (*Merkmal*) die Eigenschaft

to **quan·ti·fy** ['kwɒntɪfaɪ] mengenmäßig messen

quan·tity ['kwɒntəti] ① die Quantität, die Menge ② (*in der Mathematik*) die Größe ③ **in vast quantities** in Unmengen

quan·tity sur·vey·or der Baukostenkalkulator/die Baukostenkalkulatorin

quar·an·tine ['kwɒrᵊntiːn] die Quarantäne; **to put someone/an animal in quarantine** jemanden/ein Tier unter Quarantäne stellen

to **quar·an·tine** ['kwɒrᵊntiːn] unter Quarantäne stellen

quar·rel ['kwɒrᵊl] ① der Streit, die Auseinandersetzung; **they have had a quarrel** sie haben sich gestritten; **to start** [*oder* **pick**] **a quarrel** einen Streit anfangen ② der Einwand (**with** gegen); **I have no quarrel with him** ich habe nichts gegen ihn

to **quar·rel** ['kwɒrᵊl] <quarrelled *oder* USA quarreled, quarrelled *oder* USA quarreled> ① sich streiten (**with** mit, **about/over** über) ② etwas auszusetzen haben (**with** an); **I wouldn't quarrel with that** das würde ich nicht bestreiten

quar·rel·some ['kwɒrᵊlsəm] streitsüchtig

Q

quar·ry ['kwɒri] der Steinbruch

quar·ter ['kwɔːtəʳ] 1 das Viertel; **to divide something into quarters** etwas in vier Teile teilen; **a quarter of a mile** eine Viertelmeile 2 das Vierteljahr, das Quartal 3 (*in Uhrzeiten*) **a quarter of an hour** eine Viertelstunde; **a quarter to seven** GB, **a quarter of seven** USA Viertel vor sieben; **a quarter past seven** GB, **a quarter after seven** USA Viertel nach sieben 4 der Vierteldollar, das 25-Centstück 5 **quarters** *Plural* das Quartier, die Unterkunft 6 **the Arab quarter** das arabische Viertel

quar·ter·fi·nal ['kwɔːtəʳˌfaɪnəl] das Viertelfinale

quar·ter·ly ['kwɔːtəli] vierteljährlich

quar·tet, quar·tette [kwɔː'tet] das Quartett

quartz [kwɔːts] der Quarz

quartz clock die Quarzuhr

quartz watch die Quarzuhr

to **qua·ver** ['kweɪvəʳ] *Stimme:* zittern

qua·ver ['kweɪvəʳ] (*in der Musik*) die Achtelnote

quay [kiː] der Kai

quea·sy ['kwiːzi] **I feel queasy** mir ist übel; **a queasy feeling** ein Gefühl der Übelkeit

queen [kwiːn] 1 die Königin 2 (*beim Schach, Kartenspiel*) die Dame; **the queen of spades** die Pikdame 3 (*slang*) die Tunte

queen bee die Bienenkönigin

Queen Moth·er die Königinmutter

Queen's Eng·lish die englische Hochsprache

queer[1] [kwɪəʳ] 1 eigenartig, komisch, seltsam, sonderbar 2 (*umgangsspr*) unwohl; **I feel queer** mir ist nicht gut 3 (*abwertend slang*) schwul

queer[2] [kwɪəʳ] (*abwertend slang*) der Schwule

to **quell** [kwel] 1 [gewaltsam] unterdrücken; niederschlagen *Aufstand* 2 (*übertragen*) **to quell one's anger** seinen Zorn zügeln; **to quell one's fear** seine Angst überwinden

Q

to **quench** [kwen(t)ʃ] stillen *Durst*

que·ry ['kwɪəri] die Frage

to **que·ry** ['kwɪəri] 1 in Frage stellen, bezweifeln; **I query whether ...** ich bezweifle, ob ... 2 **to query something with someone** etwas mit jemandem abklären

quest [kwest] die Suche (**for** nach); **in quest of** auf der Suche nach; **quest for knowledge** der Wissensdrang

ques·tion ['kwestʃən] 1 die Frage; **to ask someone a question** jemandem eine Frage stellen; **what a question!** was für eine Frage! 2 der Zweifel; **beyond [all] [***oder*** without [any]] question** ohne Frage, ohne [jeden] Zweifel; **to call something into question** etwas in Frage stellen; **there's no question of a strike** von einem Streik kann keine Rede sein; **that's out of the question** das kommt nicht in Frage 3 die Frage, das Problem; **that's another question altogether** das ist etwas völlig anderes; **that's not the question** darum geht es nicht; **the matter in question** die fragliche Angelegenheit 4 (*im Parlament*) die Anfrage

to **ques·tion** ['kwestʃən] 1 befragen (**about** nach) 2 *Polizei:* vernehmen, verhören 3 *Prüfer:* prüfen 4 bezweifeln, zweifeln an, in Frage stellen; **I question whether it's worth it** ich bezweifle, dass es der Mühe wert ist

ques·tion·able ['kwestʃənəbl̩] 1 (*verdächtig*) fragwürdig 2 (*zweifelhaft*) fraglich

ques·tion·er ['kwestʃənəʳ] der Fragesteller/die Fragestellerin

ques·tion·ing[1] ['kwestʃənɪŋ] fragend

ques·tion·ing[2] ['kwestʃənɪŋ] das Verhör, die Vernehmung

ques·tion mark das Fragezeichen

ques·tion·naire [ˌkwestʃə'neəʳ] der Fragebogen

ques·tion tag die Bestätigungsfrage

ques·tion time die Zeit für Fragen, die Diskussionszeit; (*im Parlament*) die Fragestunde

queue [kjuː] die Schlange; **to form a queue** eine Schlange bilden; **to stand in a queue** Schlange stehen, anstehen; **to join the queue** sich hinten anstellen; **to jump the queue** sich vordrängeln

to **queue** [kjuː] **to queue [up]** sich anstellen, eine Schlange bilden; **we queued for an hour** wir haben eine Stunde angestanden

quiche [kiːʃ] <*Plural* quiche> die Quiche

quick [kwɪk] <quicker, quickest> 1 schnell; **be quick!** schnell!; **be quick about it!** aber ein bisschen dalli!; **to be quick to do something** etwas ganz schnell tun; **what's the quickest way to the station?** wie komme ich am schnellsten zum Bahnhof?; **we had a quick meal** wir haben schnell etwas gegessen 2 *Antwort:* prompt 3 *Kuss:* flüchtig 4 *Rede:* kurz 5 *Verstand:* wach; **he is quick at figures** er kann schnell rechnen; **she's very quick** sie kapiert schnell 6 **he is quick to anger** er wird leicht zornig

to **quick·en** ['kwɪkᵊn] 1 schneller werden; **to quicken something** etwas beschleunigen; **his pulse quickened** sein Pulsschlag erhöhte sich 2 (*übertragen*) anregen; **to quicken someone's curiosity/interest** jemandes Neugier/Interesse wecken

quick·ly ['kwɪkli] schnell

quick-n-easy kinderleicht; **the quick-n-easy way** die [aller]einfachste Art

quick·sand ['kwɪksænd] der Treibsand

quick-tem·pered [-'tempəd] hitzköpfig

quick-wit·ted [-'wɪtɪd, -ˌɪtɪd] geistesgegenwärtig; *Antwort:* schlagfertig

quid [kwɪd] <*Plural* quid> GB (*umgangsspr: Geldsumme*) das Pfund

qui·et[1] [kwaɪət] <quieter, quietest> 1 ruhig, still; **be quiet!** Ruhe!; **to go quiet** still werden;

to keep quiet still [*oder* leise] leise sein ② *Fahrzeug, Musik, Schritte, Stimme:* leise ③ *Abend:* geruhsam ④ *Charakter:* sanft; *Mensch:* zurückhaltend ⑤ *Markt:* flau; **business is quiet** das Geschäft ist ruhig ⑥ **to keep quiet about something** über etwas Stillschweigen bewahren; **he kept the matter quiet** er behielt die Sache für sich

qui·et² [kwaɪət] ① die Ruhe, die Stille ② **on the quiet** (*umgangssprachlich*) heimlich

to **qui·et·en** ['kwaɪətᵊn] ① sich beruhigen ② *Wind, Meer:* ruhiger werden ③ beruhigen *Baby;* **to quieten someone's fears** jemands Ängste zerstreuen

◆ to **quieten down** ① leiser werden, sich beruhigen ② **to quieten someone down** jemanden beruhigen

qui·et·ly ['kwaɪətli] leise, ruhig; **there I was, quietly minding my own business ...** da saß ich, ruhig vor mich hindenkend ...

qui·et·ness ['kwaɪətnəs] die Stille, die Ruhe

quilt [kwɪlt] die Steppdecke, das Federbett

quince [kwɪn(t)s] die Quitte

quin·tet(te) [kwɪn'tet] das Quintett

to **quin·tu·ple** ['kwɪntju:pl] verfünffachen

quin·tu·plet [kwɪn'tju:plət] der Fünfling

quirk [kw3:k] ① die Marotte ② die Merkwürdigkeit; **by some strange quirk of fate** durch eine [merkwürdige] Laune des Schicksals

to **quit** [kwɪt] <quit *oder* quitted, quit *oder* quitted> ① kündigen, aufgeben *Stelle;* **notice to quit** die Kündigung; **I've given her notice to quit** ich habe ihr gekündigt ② aufhören mit; **to quit doing something** aufhören, etwas zu tun; **to quit smoking** das Rauchen aufgeben ③ (*umgangssprachlich*) verlassen *Stadt*

> **F** Nicht verwechseln mit **quittieren** = to give a receipt for!

quite [kwaɪt] ① ganz, völlig; **quite wrong** völlig falsch; **you're being quite impossible** du bist völlig unmöglich; **I quite agree with you** ich stimme völlig mit Ihnen überein; **that's quite another matter** das ist doch etwas ganz anderes; **not quite** nicht ganz; **quite so!** genau! ② ziemlich; **quite likely** sehr wahrscheinlich; **quite a few people** ziemlich viele Leute ③ wirklich; **she's quite a beauty** sie ist wirklich eine Schönheit; **it was quite a shock** es war ein ziemlicher Schock

quits [kwɪts] quitt; **to be quits with someone** mit jemandem quitt sein

to **quiv·er** ['kwɪvəʳ] zittern; **to quiver with rage** vor Wut beben

quiv·er ['kwɪvəʳ] das Zittern

quiz [kwɪz] <*Plural* quizzes> ① das Quiz ② USA (*in der Schule*) der kleine Test

to **quiz** [kwɪz] ① ausfragen (**about** über) ② USA abfragen, prüfen *Schüler*

quiz show das Quiz, die Quizsendung

quo·ta ['kwəʊtə] die Quote, das Kontingent

quo·ta·tion [kwə(ʊ)'teɪʃᵊn] ① das Zitat; **a quotation from Shakespeare** ein Shakespeare-Zitat ② (*finanziell*) der Kostenvoranschlag

quo·ta·tion marks *Plural* das Anführungszeichen

to **quote** [kwəʊt] ① zitieren (**from** aus); **don't quote me on that** bitte wiederholen Sie das nicht; (*übertragen*) da bin ich mir nicht hundertprozentig sicher; **you can quote me on that** Sie können das ruhig wörtlich wiedergeben; (*übertragen*) dafür kann ich bürgen; **he was quoted as saying that ...** er soll gesagt haben, dass ... ② **to quote someone as an example** jemanden als Beispiel anführen ③ nennen *Preis* ④ (*an der Börse*) notieren (**at** mit); **the shares are quoted at ...** die Aktien werden mit ... notiert

quote [kwəʊt] (*umgangssprachlich*) ① das Zitat ② **quotes** das Anführungszeichen ③ der Kostenvoranschlag

Rr

R [ɑːʳ] <*Plural* R's *oder* Rs>, **r** <*Plural* r's> R, r; **the three R's** das Lesen, das Schreiben, das Rechnen

rab·bi ['ræbaɪ] der Rabbiner/die Rabbinerin, der Rabbi

rab·bit ['ræbɪt] das Kaninchen

ra·bies ['reɪbiːz] die Tollwut

to **race** [reɪs] ① **to race [against] someone** mit jemandem um die Wette laufen [*oder* schwimmen], gegen jemanden laufen [*oder* schwimmen] ② rasen, jagen, rennen; **to race about** herumrasen; **to race after someone** hinter jemandem herjagen

race[1] [reɪs] ① das Rennen, der Wettlauf; (*beim Schwimmen*) das Wettschwimmen; **to have a race with someone** mit jemandem um die Wette laufen [*oder* schwimmen] ② (*übertragen*) **a race against time** ein Wettlauf mit der Zeit

race[2] [reɪs] die Rasse; **the human race** das Menschengeschlecht; **of mixed race** gemischtrassig

race·course die Rennbahn

race·horse das Rennpferd

rac·er ['reɪsəʳ] ① der Läufer/die Läuferin, der Rennfahrer/die Rennfahrerin ② die Rennjacht, das Rennpferd, das Rennrad, der Rennwagen

race re·la·tions *Plural* die Beziehungen zwischen den Rassen

race riot die Rassenunruhen

ra·cial ['reɪʃᵊl] rassisch; **racial discrimination** die Rassendiskriminierung; **racial equality** die Rassengleichheit (*Gleichberechtigung verschiedener ethnischer Gruppen in einer Gesellschaft*)

R

rac·ing[1] ['reɪsɪŋ] das Pferderennen, das Motorrennen

rac·ing[2] ['reɪsɪŋ] Renn-; **racing bicycle** das Rennrad; **racing car** der Rennwagen; **racing driver** der Rennfahrer/die Rennfahrerin

rac·ism ['reɪsɪzᵊm] der Rassismus

rac·ist[1] ['reɪsɪst] der Rassist/die Rassistin

rac·ist[2] ['reɪsɪst] rassistisch

rack [ræk] ① (*für Toast, Zeitschriften*) der Ständer ② (*für Flaschen, Teller*) das Gestell ③ (*für Werkzeug*) das Regal ④ (*für Gepäck*) die Ablage ⑤ (*auf Fahrrädern*) der Gepäckträger ⑥ (*historisch*) die Folterbank

to **rack** [ræk] ① quälen, plagen; **to be racked with pain** von Schmerzen gequält werden ② **to rack one's brains** sich den Kopf zerbrechen

rack·et[1] ['rækɪt] (*umgangsspr*) ① der Krach, der Lärm; **to make a racket** Krach schlagen ② die Schiebung, die Gaunerei; **drugs racket** das Drogengeschäft

rack·et[2] ['rækɪt] (*beim Sport*) der Schläger

racket

F Nicht verwechseln mit **Rakete** (die) = rocket, missile!

ra·dar ['reɪdɑːʳ] der/das Radar; **radar trap** die Radarfalle

ra·di·ant ['reɪdiənt] strahlend, leuchtend; **to be radiant with joy** vor Freude strahlen

to **ra·di·ate** ['reɪdieɪt] ausstrahlen *Licht, Wärme*

ra·dia·tion [ˌreɪdi'eɪʃᵊn] ① *von Hitze:* die Ausstrahlung ② die [radioaktive] Strahlung; **radiation therapy** die Strahlenbehandlung

ra·dia·tor ['reɪdieɪtəʳ] ① der Heizkörper ② (*am Auto*) der Kühler; **radiator cap** der Kühlerverschluss

radi·cal[1] ['rædɪkᵊl] radikal

radi·cal[2] ['rædɪkᵊl] der/die Radikale

ra·dii ['reɪdiaɪ] *Pluralform von* **radius**

ra·dio ['reɪdiəʊ] <*Plural* radios> ① (*Medium*) der Rundfunk; (*privat*) der Funk; **to listen to the radio** Radio hören; **to hear something on the radio** etwas im Radio hören; **over the** [*oder* **by**] **radio** über [*oder* per] Funk ② (*Apparat*) das Radio, das Funkgerät

to **ra·dio** ['reɪdiəʊ] funken, über Funk verständigen; **radio for help** per Funk einen Hilferuf durchgeben

ra·dio·ac·tive [ˌreɪdiəʊ'æktɪv] radioaktiv; **radioactive waste** der radioaktive Müll

ra·dio·ac·tiv·ity [ˌreɪdiəʊæk'tɪvəti] die Radioaktivität

ra·dio a·larm ['reɪdɪəʊ ə'lɑːm] der Radiowecker

ra·dio an·nounc·er der Radiosprecher/die Radiosprecherin

ra·dio broad·cast die Rundfunksendung

ra·dio cas·sette re·cord·er der Radiorecorder

ra·dio con·tact der Funkkontakt

ra·di·olo·gist [ˌreɪdiˈɒlədʒɪst] der Radiologe/die Radiologin
ra·di·ol·ogy [ˌreɪdiˈɒlədʒi] *kein Plural* die Radiologie
ra·dio play das Hörspiel
ra·dio pro·gramme das Radioprogramm
ra·dio show die Radiosendung
ra·dio sta·tion die Rundfunkstation
ra·dio-tele·phone [ˌreɪdɪəʊˈtelɪfəʊn] das Funksprechgerät
ra·dio tele·scope das Radioteleskop
ra·dio·thera·py [ˌreɪdɪəʊˈθerəpɪ] die Röntgentherapie
rad·ish [ˈrædɪʃ] <*Plural* radishes> der Rettich
ra·dius [ˈreɪdiəs, *Plural* -diaɪ] <*Plural* radii> ① (*in der Mathematik*) der Halbmesser, der Radius ② **within a two-mile radius** [*oder* **a radius of two miles**] in einem Umkreis von zwei Meilen ③ (*Armknochen*) die Speiche
RAF [ˌɑːˈreɪˈef] *Abkürzung von* **Royal Air Force** die britische Luftwaffe
raf·fle [ˈræfl̩] die Tombola
to **raf·fle** [ˈræfl̩] verlosen
raft [rɑːft] das Floß
rag [ræg] der Lumpen, der Lappen, der Fetzen
rage [reɪdʒ] ① die Wut, der Zorn; **to be in a rage** wütend sein; **to fly into a rage** einen Wutanfall bekommen ② **to be all the rage** der letzte Schrei sein
to **rage** [reɪdʒ] ① *Sturm:* rasen, toben, wüten ② *Person:* wettern; **to rage against something** mit etwas hadern
rag·ged [ˈrægɪd] ① *Kleidung:* abgerissen, zerlumpt ② *Rand:* ausgefranst
rag·ing [ˈreɪdʒɪŋ] *Fluss:* reißend; *Brand:* lodernd; *Inferno:* flammend
raid [reɪd] ① der Überfall ② (*militärisch*) der Überraschungsangriff; **air raid** der Luftangriff ③ *von Polizei:* die Razzia
to **raid** [reɪd] ① überfallen *Bank* ② *Polizei:* eine Razzia durchführen in ③ (*humorvoll*) plündern *Kühlschrank*
rail [reɪl] ① *einer Treppe:* das Geländer ② *eines Schiffes:* die Reling ③ (*für Gardinen*) die Schiene ④ (*für Handtücher*) der Handtuchhalter ⑤ (*für Züge*) die Schiene; **rails** *Plural* die Gleise; **to go off the rails** entgleisen; (*übertragen*) auf die schiefe Bahn geraten, zu spinnen anfangen ⑥ **to travel by rail** mit der Bahn fahren
rail·card ⒼⒷ die Bahnkarte
rail·ing [ˈreɪlɪŋ] *meist Plural* ① *einer Treppe:* das Geländer ② *eines Schiffes:* die Reling ③ der Zaun, das Gitter
rail·road [ˈreɪlrəʊd] ⓊⓈⒶ die Eisenbahn
rail strike der Bahnstreik
rail·way [ˈreɪlweɪ] ⒼⒷ die Eisenbahn
rail·way bridge die Eisenbahnbrücke
rail·way cross·ing der Bahnübergang
rail·way en·gine die Lokomotive
rail·way line ① die Eisenbahnlinie ② die Eisenbahngleise
rail·way sta·tion der Bahnhof
rail·way track das Gleis
rain [reɪn] ① der Regen; **it looks like rain** es sieht nach Regen aus ② **the rains** die Regenzeit ③ **to take a rain check** ⓊⓈⒶ die Sache verschieben
to **rain** [reɪn] regnen; **it is raining** es regnet; **it's raining cats and dogs** (*umgangsspr*) es gießt wie aus Kübeln
◆to **rain off** wegen Regen abgebrochen [*oder* abgesagt] werden
rain·bow [ˈreɪnbəʊ] der Regenbogen
rain·coat [ˈreɪnkəʊt] der Regenmantel
rain·drop [ˈreɪndrɒp] der Regentropfen
rain·fall [ˈreɪnfɔːl] der Niederschlag
rain for·est der Regenwald
rainy [ˈreɪni] *Tag:* regnerisch, verregnet; *Sommer:* regenreich; **the rainy season** die Regenzeit ▶WENDUNGEN: **to keep something for a rainy day** etwas für Notzeiten zurücklegen
to **raise** [reɪz] ① [hoch]heben, hochziehen ② heben *Glas;* **to raise one's glass to someone** jemandem zutrinken ③ lichten *Anker* ④ erhöhen *Mauer* ⑤ erhöhen, anheben, heraufsetzen *Gehalt* ⑥ schaffen, aufwerfen *Problem;* erheben *Einwand* ⑦ aufziehen, großziehen *Kinder* ⑧ erheben *Steuern* ⑨ aufbringen, auftreiben *Geld* ⑩ aufnehmen *Darlehen* ⑪ **to raise someone's hopes** jemandem Hoffnung[en] machen ⑫ **to raise a smile** ein Lächeln hervorrufen ⑬ **to raise one's voice** lauter sprechen
raise [reɪz] ⓊⓈⒶ die Gehaltserhöhung, die Lohnerhöhung
rai·sin [ˈreɪzɪn] die Rosine
rake [reɪk] der Rechen, die Harke
to **rake** [reɪk] ① harken, rechen *Laub* ② schüren *Feuer*
◆to **rake in** kassieren *Geld*
◆to **rake up** zusammenharken ▶WENDUNGEN: **to rake up the past** in der Vergangenheit wühlen
to **ral·ly** [ˈræl] ① versammeln, zusammenrufen *Truppen* ② *Leute:* sich versammeln; **to rally round** sich scharen um ③ *Kranker:* Fortschritte machen ④ (*wirtschaftlich*) anziehen, sich erholen ⑤ **to go rallying** eine Rallye fahren
ral·ly [ˈræli] ① die Versammlung; (*politisch*) die Kundgebung ② (*beim Tennis*) der Ballwechsel ③ (*im Motorsport*) die Rallye ④ (*wirtschaftlich*) der Aufschwung, die Erholung
ral·ly driv·er der Rallyefahrer/die Rallyefahrerin
RAM [ræm] *Abkürzung von* **random access memory** der/das RAM
ram [ræm] ① (*Tier*) der Widder ② (*Gerät*) die Ramme, der Rammbock
to **ram** [ˈræli] <rammed, rammed> ① rammen

R

Pfosten ② *Auto:* rammen ▶WENDUNGEN: **to ram something down someone's throat** jemandem etwas eintrichtern

to **ram·ble** ['ræmbl̩] ① wandern, streifen ② **to ramble [on]** (*übertragen*) schwafeln

ram·ble ['ræmbl̩] die Wanderung, der Streifzug

ram·bler ['ræmbləʳ] der Wanderer/die Wanderin

ram·bling[1] ['ræmbl̩ɪŋ] ① *Rede:* weitschweifig, umständlich ② *Pflanze:* rankend ③ *Gebäude:* weitläufig

ram·bling[2] ['ræmbl̩ɪŋ] ① das Wandern; **rambling club** der Wanderverein ② (*übertragen*) das Geschwafel

ramp [ræmp] ① die Rampe ② (*zum Flugzeug*) die Gangway ③ (*auf der Straße*) die Bodenschwelle

ram·page ['ræmpeɪdʒ] **to go on the rampage** randalieren

ran [ræn] *2. Form von* **run**

ranch [rɑːn(t)ʃ] <*Plural* ranches> die Ranch

ran·dom ['rændəm] ① willkürlich, Zufalls-; **random sample** die Stichprobe ② **at random** aufs Geratewohl; **to hit out at random** ziellos um sich schlagen

randy ['rændi] (*umgangsspr*) scharf, geil

rang [ræŋ] *2. Form von* **ring**

to **range** [reɪndʒ] ① **to range from ... to ...** von ... bis ... gehen [*oder* reichen] ② **the conversation ranged over ...** die Unterhaltung kreiste um ... ③ **the search ranged over the whole area** die Suche erstreckte sich auf das ganze Gebiet

R

range [reɪndʒ] ① der Aktionsradius ② die Reichweite; *einer Rakete, eines Gewehrs:* die Schussweite; **out of range** außer Hörweite/Reichweite/Schussweite; **range of vision** das Gesichtsfeld ③ **at a range of** in einer Entfernung von; **at close/long range** aus kurzer/großer Entfernung ④ die Skala, die Palette; **in this price range** in dieser Preislage; **a range of temperatures** die unterschiedlichen Temperaturen; **temperature range** der Temperaturbereich ⑤ *an Waren:* das Angebot, die Auswahl, das Sortiment; **a wide range** eine große Auswahl, ein breites Spektrum; **a whole range of sizes** sämtliche Größen ⑥ *eines Instruments:* der Tonumfang; *einer Stimme:* der Stimmumfang ⑦ (*übertragen*) die Kompetenz, der Bereich ⑧ **[rifle] range** der Schießstand ⑨ der Kochherd, der Küchenherd ⑩ **mountain range** die Bergkette

rang·er ['reɪndʒəʳ] ① der Förster/die Försterin ② (USA) der Ranger

rank [ræŋk] ① (*militärisch*) der Rang ② die [soziale] Stellung, der Stand, die Schicht ③ die Reihe; (*militärisch*) das Glied; **the rank and file** die Mannschaft; (*übertragen*) *einer Partei:* die Basis; **taxi rank** der Taxistand

to **rank** [ræŋk] ① einreihen, einordnen, klassifizieren ② **to rank among** zählen zu; **to rank above someone** bedeutender sein als jemand, rangmäßig über jemandem stehen

ran·som ['ræn(t)sᵊm] das Lösegeld; **to hold someone to ransom** jemanden als Geisel festhalten; (*übertragen*) jemanden erpressen

to **rant** [rænt] Tiraden loslassen; **to rant and rave at someone** mit jemandem schimpfen

to **rap** [ræp] <rapped, rapped> klopfen (**at** an, **on** auf)

rap[1] [ræp] das Klopfen; **there was a rap at the door** es hat an der Tür geklopft; **to give someone a rap on** [*oder* **over**] **the knuckles** (*übertragen*) jemandem auf die Finger klopfen ▶WENDUNGEN: **to take the rap** (*umgangsspr*) den Kopf hinhalten

rap[2] [ræp] (*Musik*) der Rap

rape [reɪp] die Vergewaltigung

to **rape** [reɪp] vergewaltigen

rap·id ['ræpɪd] ① schnell, rasch, rapide; **Rapid Reaction Force** die Schnelleingreiftruppe ② *Abstieg:* steil

rap·ids ['ræpɪdz] *Plural* die Stromschnellen

rap·ist ['reɪpɪst] der Vergewaltiger

rare [reəʳ] <rarer, rarest> ① selten, rar ② *Luft:* dünn ③ *Fleisch:* roh; *Steak:* blutig, englisch

rare·ly ['reəli] selten

rar·ity ['reərəti] die Seltenheit, die Rarität

ras·cal ['rɑːskᵊl] (*humorvoll*) der Schlingel

rash[1] [ræʃ] hastig, voreilig

> **F** Nicht verwechseln mit **rasch** = speedy, swift!

rash[2] [ræʃ] <*Plural* rashes> der [Haut]ausschlag

rash·er ['ræʃəʳ] **rasher [of bacon]** die Speckscheibe

rasp·berry ['rɑːzbᵊri] die Himbeere; **raspberry bush** der Himbeerstrauch

rat [ræt] ① die Ratte ② (*übertragen*) der Verräter; **to smell a rat** Lunte riechen

rate [reɪt] ① die Rate; **rate of inflation** die Inflationsrate; **pulse rate** der Puls; **unemployment rate** die Arbeitslosenquote ② (*Geschwindigkeit*) das Tempo; **at a great rate** in hohem Tempo ③ (*finanziell*) der Satz, der Kurs; **rate of exchange** der Wechselkurs; **rate of interest** der Zinssatz; **rate of return** die Rendite, die Rentabilität ④ **at any rate** auf jeden Fall

to **rate** [reɪt] ① einschätzen; **to rate someone highly** jemanden hoch einschätzen; **to rate someone among ...** jemanden zu ... zählen; **to rate someone as ...** jemanden für ... halten ② **something rates among** etwas zählt zu; **something rates as** etwas gilt als

ra·ther ['rɑːðəʳ] ① lieber, eher; **I'd rather not** lieber nicht; **I would rather you came your-**

self mir wäre es lieber, Sie kämen selbst; **rather than wait, he went away** er ging lieber, als dass er wartete ② **or rather** oder vielmehr, genauer gesagt ③ ziemlich; **it's rather too difficult for me** es ist etwas zu schwierig für mich; **I rather think he's wrong** ich glaube fast, er hat Unrecht

rat·ing ['reɪtɪŋ] ① *kein Plural* die Einschätzung ② die Einstufung ③ **ratings** *Plural* die [Einschalt]quoten

ra·tio ['reɪʃiəʊ] <*Plural* ratios> das Verhältnis; **in the ratio of 2 to 3** im Verhältnis 2 zu 3

ra·tion ['ræʃ(ə)n] die Ration

to **ra·tion** ['ræʃ(ə)n] rationieren; **to ration out** zuteilen

ra·tion·al ['ræʃ(ə)n(ə)l] ① *Wesen:* vernunftbegabt, rational ② *Denken, Person:* vernünftig, rational

F Nicht verwechseln mit **rationell** = efficient!

ra·tion·ali·za·tion [ˌræʃ(ə)n(ə)laɪ'zeɪʃ(ə)n] die Rationalisierung

to **ra·tion·al·ize** ['ræʃ(ə)n(ə)laɪz] ① eine rationale Erklärung finden ② (*kommerziell*) rationalisieren

ra·tion·ing ['ræʃ(ə)nɪŋ] die Rationierung

rat race der berufliche Existenzkampf

rat·tle ['rætl̩] die Rassel, die Klapper

to **rat·tle** ['rætl̩] ① *Fenster, Schlüssel:* klappern ② *Ketten:* rasseln, klirren ③ **to rattle at the door** an der Tür rütteln ④ *Fahrzeug:* **to rattle along** entlangrattern ⑤ klappern mit *Geschirr, Schlüssel* ⑥ rasseln mit *Kette* ⑦ durcheinanderbringen *Mensch;* **the news rattled her** die Nachricht hat ihr einen Schock versetzt

◆ to **rattle off** herunterrasseln

◆ to **rattle on** quasseln

rat·tle·snake ['rætlsneɪk] die Klapperschlange

to **rave** [reɪv] ① *Kranker:* im Fieberwahn reden, fantasieren ② (*übertragen*) schwärmen (**about/over** von) ③ wüten, toben ④ **to rave against someone** gegen jemanden wettern

rave[1] [reɪv] die Party, der/das Rave (*mit Technomusik*)

rave[2] [reɪv] *Kritik:* begeistert

ra·ven ['reɪv(ə)n] der Rabe

rav·en·ous ['ræv(ə)nəs] ausgehungert; *Beutetier:* räuberisch; *Appetit:* unbändig

ra·vine [rə'vi:n] die Schlucht

rav·ing ['reɪvɪŋ] **a raving lunatic** ein kompletter Idiot; **to be raving mad** vollkommen übergeschnappt sein

raw [rɔ:] ① *Nahrung:* roh ② (*unverarbeitet*) roh; **raw material** der Rohstoff ③ *Haut:* wund ④ *Wetter:* rau, nasskalt ⑤ (*übertragen*) *Rekrut:* unerfahren; *Anfänger:* blutig

ray[1] [reɪ] ① der [Licht]strahl ② (*übertragen*) der Schimmer; **ray of hope** der Hoffnungsschimmer

ray[2] [reɪ] (*Fisch*) der Rochen

ra·zor ['reɪzə(r)] der Rasierapparat, das Rasiermesser; **razor blade** die Rasierklinge

RC [ˌɑ:'si:] *Abkürzung von* **Roman Catholic** r.-k., röm.-kath.

RE [ˌɑ:(r)'i:] *Abkürzung von* **religious education** der Religionsunterricht

re [ri:] mit Bezug auf, betreffend; **re: your letter of the 10th** Betreff: Ihr Schreiben vom 10.

reach [ri:tʃ] <*Plural* reaches> die Reichweite; **within someone's reach** in jemandes Reichweite; **within arm's reach** in greifbarer Nähe; **within easy reach of the sea** in unmittelbarer Nähe des Meers

to **reach** [ri:tʃ] ① erreichen, ankommen; **to reach page 100** bis Seite 100 kommen ② erlangen *Perfektion* ③ erzielen, gelangen zu *Einigung* ④ reichen, gehen bis zu; **the lead won't reach the plug** das Kabel reicht nicht bis zum Stecker ⑤ **to be able to reach something** an etwas heranreichen können ⑥ *Gebiet:* sich erstrecken, gehen, reichen ⑦ **to reach for something** nach etwas greifen

◆ to **reach down** ① hinunterreichen ② **to reach something down to someone** etwas jemandem herunterreichen

◆ to **reach out** die Hände ausstrecken; **to reach out for something** nach etwas greifen

◆ to **reach over** hinübergreifen

◆ to **reach up** hinaufgreifen

to **re·act** [ri'ækt] reagieren (**to** auf); **to react against** negativ reagieren auf

re·ac·tion [ri'ækʃ(ə)n] die Reaktion (**to** auf, **against** gegen)

re·ac·tor [ri'æktə(r)] der Reaktor

read [ri:d] ① **to have a quiet read** ungestört [*oder* in Ruhe] lesen ② **to be a good read** sich gut lesen

to **read** [ri:d] <read, read> ① lesen; **to read aloud** laut lesen; **to read to oneself** für sich lesen; **to read to someone** jemandem vorlesen ② **she's reading Philosophy at Cambridge** sie studiert Philosophie in Cambridge ③ ablesen *Thermometer* ④ **to read something into a text** etwas in einen Text hineinlesen [*oder* hineininterpretieren] ⑤ *Messgerät:* anzeigen ⑥ *Text:* lauten; **the message reads as follows** die Nachricht lautet wie folgt

◆ to **read off** ablesen

◆ to **read on** weiterlesen

◆ to **read out** vorlesen

◆ to **read over**, to **read through** durchlesen

◆ to **read up** sich informieren (**on** über)

read·able ['ri:dəbl̩] ① lesbar, leserlich ② lesenswert

read·er ['ri:də(r)] ① der Leser/die Leserin ② (*Schulbuch*) das Lesebuch, die Fibel ③ (*Maschine*) das Lesegerät

R

read·er·ship ['ri:dəʃɪp] der Leserkreis, die Leserschaft

readi·ly ['redɪli] 1 bereitwillig; **she agreed readily enough on the phone to help** sie hat sich am Telefon umgehend bereit erklärt zu helfen 2 gleich, sofort, ohne weiteres; **readily available** umgehend erhältlich

readi·ness ['redɪnəs] die Bereitschaft; **to be [kept] in readiness** bereitgehalten werden; **her readiness to help** ihre Hilfsbereitschaft

read·ing ['ri:dɪŋ] 1 das Lesen 2 die Lektüre; **reading matter** der Lesestoff 3 (*auch im Parlament*) die Lesung; **poetry reading** die Dichterlesung 4 die Interpretation, das Verständnis; **my reading of the situation is ...** wie ich die Lage sehe ... 5 *eines Messgeräts, Zählers:* der Stand

read·ing glasses ⚠ *Plural* die Lesebrille

read·ing lamp die Leselampe

read-only *Datenzugriff:* Nur-Lese-; *Daten auch:* Fest-; **read-only memory** der Festspeicher

ready ['redi] 1 bereit, fertig; **ready to leave** abfahrbereit; **ready for anything** zu allem bereit; **are you ready to go?** sind Sie so weit?; **ready when you are!** ich bin fertig, bist du auch so weit?; **to get ready to do something** sich bereitmachen, etwas zu tun; **to get ready for something** sich auf etwas vorbereiten 2 (*willens*) bereit (**to** zu); **ready to do something** bereit, etwas zu tun 3 **to be ready with an excuse** eine Entschuldigung parat haben 4 **ready, steady, go!** Achtung [auf die Plätze], fertig, los!

ready cash das Bargeld

ready-made gebrauchsfertig; **ready-made meal** das Fertiggericht

real [rɪəl] 1 *Freundschaft, Gefühle, Gold, Notfall:* echt; **it's not the real thing** das ist nicht das Wahre 2 *Ereignis, Grund, Meinung, Welt, Wesen:* wirklich; **in real life** im wirklichen Leben; **there's no real point in trying** es hat eigentlich keinen Zweck, es zu versuchen 3 *Name, Vater:* richtig; **a real idiot** ein richtiger [*oder* kompletter] Idiot 4 (USA) echt, wirklich; **real pretty** wirklich schön; **get real!** machen wir uns doch nichts vor! 5 **for real** wirklich, echt, im Ernst

real es·tate ['rɪəl ɪˌsteɪt] die Immobilien

re·al·ist ['rɪəlɪst] der Realist

re·al·is·tic [ˌrɪə'lɪstɪk] 1 realistisch 2 *Preis:* reell

re·al·ity [ri'æləti] die Wirklichkeit, die Realität; **in reality** in Wirklichkeit; **to become [a] reality** sich verwirklichen

re·al·ity check (*umgangsspr*) der Augenöffner; **to do a reality check** der Wahrheit ins Auge blicken

re·al·ity se·ries die Realityserie

re·al·ity show die Realityshow

re·al·ity TV das Realityfernsehen

re·ali·za·tion [ˌrɪəlaɪ'zeɪʃᵊn] 1 die Erkenntnis 2 *eines Plans:* die Realisierung, die Verwirklichung

to **re·al·ize** ['rɪəlaɪz] 1 erkennen, begreifen; **I realized what he meant** mir ist klar geworden, was er meinte; **I've just realized** das ist mir eben klar geworden; **I hadn't realized how late it was** ich hatte gar nicht gemerkt, wie spät es war; **he'll never realize** das wird er nie merken 2 verwirklichen, realisieren *Plan*

re·al·ly ['rɪəli] wirklich, tatsächlich; **I really don't know what to think** ich weiß wirklich nicht, was ich davon halten soll; **I don't really think so** das glaube ich eigentlich nicht; **really and truly** wirklich; **I really must say ...** ich muss schon sagen ...; **really glad** richtig froh; **not really!** ach wirklich?; **really, Peter!** also wirklich, Peter!

to **re·ap·pear** [ˌri:ə'pɪəʳ] wieder erscheinen, wieder auftauchen

to **re·ap·ply** [ˌri:ə'plaɪ] 1 erneut bewerben 2 erneut auftragen *Farbe*

rear[1] [rɪəʳ] 1 der hintere Teil; **at** [*oder* **in**] **the rear** hinten; **at** [*oder* **to**] **the rear of the house** hinter dem Haus; **from the rear** von hinten; **to bring up the rear** den Schluss bilden 2 (*umgangsspr*) der Hintern

rear[2] [rɪəʳ] hintere(r, s); **rear door** die hintere Tür; **rear light** das Rücklicht; **rear wheel** das Hinterrad; **rear window** die Heckscheibe

to **rear** [rɪəʳ] 1 großziehen, aufziehen *Familie, Tier* 2 **to rear [up]** *Pferd:* sich aufbäumen

to **re·ar·range** [ˌri:ə'reɪndʒ] 1 umgruppieren, neu ordnen *Möbel* 2 erneut vereinbaren *Termin*

rear-view mir·ror ['rɪəˌvju:'mɪrəʳ] der Rückspiegel

rear-wheel drive der Hinterradantrieb

rea·son ['ri:zᵊn] 1 der Grund (**for** für); **the reason for my going** weshalb ich gehe; **the reason why** weswegen; **there is reason to believe that ...** es gibt Grund zu der Annahme, dass ...; **for that very reason** eben deswegen; **with good reason** mit gutem Grund; **without any reason** grundlos; **for no reason at all** ohne ersichtlichen Grund; **for no particular reason** ohne einen bestimmten Grund; **by reason of** wegen; **for what reason?** aus welchem Grund? 2 der Verstand; **to lose one's reason** den Verstand verlieren 3 die Vernunft; **to listen to reason** Vernunft annehmen; **to make someone see reason** jemanden zur Einsicht bringen; **that stands to reason** das ist logisch

to **rea·son** ['ri:zᵊn] 1 logisch denken 2 **to reason with someone** mit jemandem vernünftig reden 3 **to reason something out** etwas durchdenken

rea·son·able ['ri:zᵊnəbl̩] 1 vernünftig; **a rea-**

R

sonable person ein verständnisvoller Mensch ② *Preis:* angemessen, vernünftig ③ *Zweifel:* berechtigt ④ ordentlich, ganz gut; **with a reasonable amount of luck** mit einigem [*oder* einer Portion] Glück

rea·son·ably ['riːzᵊnəbli] ① vernünftig; **reasonably priced** preisgünstig, preiswert ② einigermaßen, ziemlich; **I'm reasonably well** mir geht's einigermaßen gut

re·as·sur·ance [ˌriːə'ʃʊərᵊn(t)s] ① die Beruhigung; **to give someone reassurance** jemanden beruhigen ② die Bestätigung; **despite her reassurances** trotz ihrer Versicherungen

to **re·as·sure** [ˌriːə'ʃʊəʳ] ① beruhigen ② **to reassure someone of something** jemandem etwas versichern

re·as·sur·ing [ˌriːə'ʃʊərɪŋ] beruhigend

re·bate ['riːbeɪt] ① der Preisnachlass, der Rabatt ② die Rückvergütung, die Rückzahlung

re·bel ['rebᵊl] der Rebell/die Rebellin

to **re·bel** [rɪ'bel] <rebelled, rebelled> rebellieren, sich auflehnen (**against** gegen)

re·bel·lion [rɪ'beliən] die Rebellion, der Aufstand

re·bel·lious [rɪ'beliəs] ① aufrührerisch, rebellisch ② *Kind:* rebellisch, widerspenstig

to **re·boot** [ˌriː'buːt] neu laden, rebooten *Computer*

to **re·bound** [rɪ'baʊnd] ① *Ball:* abprallen, zurückprallen ② (*übertragen*) zurückfallen ((**up**)**on** auf)

re·bound ['riːbaʊnd] ① der Abprall, der Rückprall ② (*übertragen*) der Rückschlag, der Umschwung

to **re·call** [rɪ'kɔːl] ① zurückrufen *Produkt* ② zurückfordern *Euch* ③ abberufen *Botschafter* ④ sich erinnern an

re·cap ['riːkæp] <recapped, recapped> *kurz für* **recapitulate** [kurz] zusammenfassen

re·cap ['riːkæp] *kurz für* **recapitulation** die [kurze] Zusammenfassung

to **re·cede** [rɪ'siːd] zurückgehen

re·ceipt [rɪ'siːt] ① die Quittung, der Beleg ② der Erhalt, der Eingang ③ **receipts** die Einnahmen

to **re·ceive** [rɪ'siːv] ① erhalten, bekommen, empfangen ② empfangen, aufnehmen *Besucher* ③ erfahren *Ablehnung* ④ gewinnen, bekommen *Eindruck* ⑤ erleiden *Schock* ⑥ **to receive stolen goods** Hehlerei begehen ⑦ *Rundfunk, TV:* empfangen *Signal* ⑧ (*beim Tennis*) rückschlagen, den Aufschlag nehmen

re·ceiv·er [rɪ'siːvəʳ] ① der Empfänger/die Empfängerin ② (*am Telefon*) der Hörer ③ (*Radio*) der Empfänger ④ (*beim Tennis*) der Rückschläger/die Rückschlägerin ⑤ [**official**] **receiver** der Konkursverwalter/die Konkursverwalterin

re·cent ['riːsᵊnt] ① neueste(r, s), letzte(r, s); **most recent** neueste(r, s); **in the recent past** in jüngerer Zeit; **in recent years** in den letzten Jahren ② *Erfindung:* neu

receipt

F Nicht verwechseln mit **Rezept** (das) = prescription!

re·cent·ly ['riːsᵊntli] ① neulich, kürzlich, vor kurzem; **until quite recently** bis vor kurzem; **as recently as** erst ② in letzter Zeit

re·cep·tion [rɪ'sepʃᵊn] ① die Aufnahme, der Empfang; **to give someone a warm reception** jemanden herzlich empfangen ② (*zu einem offiziellen Anlass*) der Empfang ③ (*Rundfunk, TV*) der Empfang ④ (*im Hotel*) die Rezeption, der Empfang

re·cep·tion class die erste Grundschulklasse

re·cep·tion desk der Empfang, die Rezeption

re·cep·tion·ist [rɪ'sepʃᵊnɪst] ① (*im Hotel*) der Empfangschef/die Empfangschefin, die Empfangsdame ② (*im Büro*) der Empfangssekretär/die Empfangssekretärin ③ (*beim Arzt*) die Sprechstundenhilfe

re·ces·sion [rɪ'seʃᵊn] die Rezession

to **re·charge** [ˌriː'tʃɑːdʒ] aufladen *Batterie*

re·charge·able [ˌriː'tʃɑːdʒəbl] *Batterie:* aufladbar

reci·pe ['resɪpi] das Rezept ▶ WENDUNGEN: **recipe for success** das Erfolgsrezept; **that's a recipe for disaster** das führt mit Sicherheit in die Katastrophe

re·cipi·ent [rə'sɪpiənt] der Empfänger/die Empfängerin

re·cit·al [rɪ'saɪtᵊl] ① der Vortrag ② das Konzert

to **re·cite** [rɪ'saɪt] ① vortragen, rezitieren ② (*übertragen*) aufzählen

reck·less ['rekləs] ① leichtsinnig ② *Fahrer:* rücksichtslos ③ *Versuch:* gewagt

to **reck·on** ['rekᵊn] ① ausrechnen, berechnen *Kosten* ② (*umgangsspr*) glauben, schätzen; **what do you reckon?** was meinen Sie?; **I reckon** [**that**] ... ich schätze mal, [dass] ... ③ rechnen; **reckoning from tomorrow** ab morgen gerechnet

◆ to **reckon on** rechnen mit, zählen auf

◆ to **reckon up** ① zusammenrechnen *Kosten*

R

2 **to reckon up with someone** mit jemandem abrechnen
◆ to **reckon with** rechnen mit
◆ to **reckon without** nicht rechnen mit

reck·on·ing ['rekᵊnɪŋ] die Berechnung; **by my reckoning** nach meiner Rechnung; **to be out in one's reckoning** sich verrechnet haben; **the day of reckoning** der Tag der Abrechnung

to **re·claim** [rɪ'kleɪm] 1 [wieder]gewinnen *Land* 2 zurückfordern, zurückverlangen *Rechte* 3 abholen *Gepäck*

F Nicht verwechseln mit **reklamieren** = to query, to make a complaint!

to **re·cline** [rɪ'klaɪn] 1 *Person:* sich zurücklehnen 2 *Sitz:* sich [nach hinten] verstellen lassen 3 zurückstellen, nach hinten verstellen *Sitz*

re·clin·er [rɪ'klaɪnəʳ], **re·clin·ing seat** der Liegesitz, der Ruhesitz

rec·og·ni·tion [ˌrekəg'nɪʃᵊn] 1 die Anerkennung; **in recognition of his achievements** in Anerkennung seiner Leistungen 2 das Erkennen; **to change beyond all recognition** nicht wiederzuerkennen sein

rec·og·niz·able [ˌrekəg'naɪzəbl̩] erkennbar

to **rec·og·nize** ['rekəgnaɪz] 1 [wieder] erkennen (**by** an) 2 (*offiziell*) anerkennen 3 einsehen *Fehler*

rec·og·nized ['rekəgnaɪzd] anerkannt

to **re·coil** [rɪ'kɔɪl] 1 (*vor Angst*) zurückschrecken 2 (*vor Ekel*) zurückschaudern 3 *Gewehr:* zurückstoßen, einen Rückstoß haben

to **rec·ol·lect** [ˌrekᵊ'lekt] sich erinnern [an]

rec·ol·lec·tion [ˌrekᵊ'lekʃᵊn] die Erinnerung (**of** an); **to the best of my recollection** soweit ich mich erinnern kann

to **rec·om·mend** [ˌrekə'mend] 1 empfehlen (**as** als); **to recommend someone something** jemandem etwas empfehlen; **it is not to be recommended** es ist nicht zu empfehlen 2 sprechen für; **the island has much/little to recommend it** es spricht viel/wenig für die Insel, die Insel ist sehr/nicht gerade empfehlenswert

rec·om·mend·able [ˌrekə'mendəbl̩] empfehlenswert

rec·om·men·da·tion [ˌrekəmen'deɪʃᵊn] die Empfehlung; **on the recommendation of** auf Empfehlung von

to **rec·on·cile** ['rekᵊnsaɪl] 1 versöhnen, aussöhnen *Menschen;* **to become reconciled** [**with someone**] sich [mit jemandem] versöhnen; **to reconcile oneself to something** sich mit etwas abfinden 2 beilegen, schlichten *Streit* 3 in Einklang bringen *Ideen;* **how do you reconcile your love of fast cars with your views on fuel conservation?** wie lässt sich deine Vorliebe für schnelle Autos mit deinen Ansichten über das Benzinsparen vereinbaren?

rec·on·cilia·tion [ˌrekᵊnsɪli'eɪʃᵊn] 1 die Versöhnung, die Aussöhnung (**between** zwischen, **with** mit) 2 *eines Streits:* die Beilegung 3 (*übertragen*) die Vereinbarung

re·con·nais·sance [rɪ'kɒnɪsᵊn(t)s] die Aufklärung, die Erkundung

to **re·con·sid·er** [ˌriːkᵊn'sɪdəʳ] wieder in Betracht ziehen, nochmals erwägen, nachprüfen

to **re·con·struct** [ˌriːkᵊn'strʌkt] 1 wieder aufbauen; wieder herstellen *Wirtschaft, Regierung* 2 rekonstruieren *Ereignisse, Verbrechen*

re·con·struc·tion [ˌriːkᵊn'strʌkʃᵊn] 1 die Rekonstruktion 2 der Wiederaufbau

to **re·cord** [rɪ'kɔːd] 1 aufzeichnen, verzeichnen *Ereignisse* 2 (*offiziell*) dokumentieren, eintragen; (*in das Protokoll*) protokollieren; **it's not recorded anywhere** das ist nirgends dokumentiert 3 festhalten, niederschreiben *seine Gedanken* 4 (*auf Tonband*) aufnehmen, aufzeichnen; **a recorded programme** eine Aufzeichnung

rec·ord¹ ['rekɔːd] 1 (*Rechenschaft*) die Aufzeichnung; **to keep a record of something** über etwas Buch führen; **photographic record** die Bilddokumentation 2 *von Anwesenden:* die Liste 3 (*offizieller Bericht*) das Protokoll; **it is on record that ...** es gibt Belege dafür, dass ...; **he's on record as having said ...** es ist belegt, dass er gesagt hat ...; **to put something on record** etwas schriftlich festhalten; **for the record** der Ordnung halber; **off the record** inoffiziell, ganz im Vertrauen 4 (*Dokument*) die Unterlage; **medical records** das Krankenblatt 5 **to have a** [**police** [*oder* **criminal**]] **record** vorbestraft sein 6 die Vorgeschichte, die Leistungen; **to have an excellent record** ausgezeichnete Leistungen vorweisen können 7 die Schallplatte; **to make a record** eine Schallplatte aufnehmen; **record label** das Plattenlabel; **record player** der Plattenspieler; **record token** der Plattengutschein 8 (*im Sport*) der Rekord; **to beat** [*oder* **break**] **the record** den Rekord brechen; **to hold the record** den Rekord halten; **record holder** der Rekordhalter/die Rekordhalterin

rec·ord² ['rekɔːd] Rekord-; **record losses** die Rekordverluste; **record profits** die Höchstgewinne; **record sales** die Spitzenumsätze

rec·ord-break·ing ['rekɔːdˌbreɪkɪŋ] **record-breaking result** das Rekordergebnis; **a record-breaking year** ein Rekordjahr

re·cord·ed [rɪ'kɔːdɪd] 1 aufgezeichnet 2 *Geschehen:* schriftlich belegt 3 **by recorded delivery** per Einschreiben

re·cord·er [rɪ'kɔːdəʳ] 1 (*Messinstrument*) das Registriergerät 2 (*Musikinstrument*) die Blockflöte 3 **cassette recorder** der Kassettenrekor-

R

der; **tape recorder** das Tonbandgerät

re·cord·ing [rɪˈkɔːdɪŋ] ① *von Film:* die Aufzeichnung ② die Tonaufnahme; **recording studio** das Aufnahmestudio, das Tonstudio

to **re·count**[1] [rɪˈkaʊnt] erzählen, wiedergeben

to **re·count**[2] [ˌriːˈkaʊnt] nachzählen

re·count[3] [ˈriːkaʊnt] die Nachzählung

to **re·cov·er** [rɪˈkʌvəʳ] ① sich erholen, wieder zu sich kommen ② (*wirtschaftlich*) sich wieder beleben ③ wiederfinden *Verlorenes* ④ wiedergewinnen *Selbstvertrauen;* **to recover one's sight** wieder sehen können ⑤ wiedererlangen *Gesundheit;* **to recover consciousness** wieder zu Bewusstsein gelangen ⑥ wiederbekommen *Vermögen* ⑦ wiedergutmachen *Verlust* ⑧ bergen *Wrack* ⑨ decken, wieder einholen *Ausgaben* ⑩ wieder aufholen *verlorene Zeit*

re·cov·ery [rɪˈkʌvəri] ① *von Verlorenem:* das Wiederfinden, die Wiedergewinnung ② *von Krankheit:* die Erholung, die Genesung; **to make a good recovery** sich gut erholen ③ (*wirtschaftlich*) der konjunkturelle Aufschwung

re·cov·ery ser·vice der Abschleppdienst

re·crea·tion [ˌriːkriˈeɪʃən] ① die Erholung, die Entspannung ② die Freizeitbeschäftigung, das Hobby

rec·rea·tion·al [ˌrekriˈeɪʃənəl] Freizeit-

rec·rea·tion·al ve·hi·cle (USA) das Wohnmobil

re·crea·tion cen·tre das Freizeitzentrum

rec·rea·tion ground das Freizeitgelände

rec·rea·tion room (USA) das Wohnzimmer

to **re·cruit** [rɪˈkruːt] ① rekrutieren *Soldaten* ② werben *Mitglieder* ③ einstellen *Arbeitskräfte*

re·cruit [rɪˈkruːt] ① der Rekrut/die Rekrutin ② (*übertragen*) das neue Mitglied

re·cruit·ment[1] [rɪˈkruːtmənt] *kein Plural Soldaten:* die Rekrutierung; *Arbeitskräfte:* der Personalaufbau; *Mitglieder:* die Anwerbung

re·cruit·ment[2] [rɪˈkruːtmənt] **recruitment agency** die Personal[vermittlungs]agentur; **recruitment drive** die Anwerbungskampagne

rec·tan·gle [ˈrektæŋgl̩] das Rechteck

rec·tan·gu·lar [rekˈtæŋgjələʳ] rechteckig, rechtwinklig

rec·tor [ˈrektəʳ] ① der Pfarrer/die Pfarrerin, der Pastor/die Pastorin ② *von Schule, College:* der Direktor/die Direktorin ③ *einer Universität:* der Rektor/die Rektorin

to **re·cur** [rɪˈkɜːʳ] <recurred, recurred> ① *Krankheit:* wiederkehren ② *Fehler:* sich wiederholen ③ *Problem:* wieder auftreten ④ *Frage:* sich wiederstellen ⑤ *Idee:* wieder auftauchen

re·cur·rence [rɪˈkʌrən(t)s] die Wiederholung, das erneute Auftreten

re·cur·rent [rɪˈkʌrənt], **re·cur·ring** [rɪˈkɜːrɪŋ] sich wiederholend; *Traum:* [ständig] wiederkehrend

to **re·cy·cle** [rɪˈsaɪkl̩] wiederverwerten, recyceln; **recycled paper** das Umweltpapier, das Recyclingpapier

re·cy·cling [rɪˈsaɪkl̩ɪŋ] die Wiederverwertung, das Recycling

red[1] [red] <redder, reddest> rot; **red with anger** rot vor Zorn; **to be red** rot sein; **to go red** rot werden

red[2] [red] ① das Rot; **to be in the red** (*übertragen*) in den roten Zahlen sein ② (*umgangsspr*) der Rotwein; **a glass of house red** ein Glas roten Hauswein

red cab·bage der Rotkohl, das Rotkraut

red car·pet to roll out the red carpet den roten Teppich ausrollen

Red Cres·cent der Rote Halbmond

Red Cross das Rote Kreuz

red·cur·rant die [rote] Johannisbeere

red deer der Rothirsch, das Rotwild

to **red·den** [ˈredən] rot werden, sich röten

red·dish [ˈredɪʃ] rötlich

to **re·deco·rate** [ˌriːˈdekəreɪt] neu tapezieren, neu streichen

to **re·deem** [rɪˈdiːm] ① einlösen *Marken, Pfand* (**for** gegen) ② einhalten, erfüllen *Versprechen* ③ tilgen, abtragen *Schulden* ④ retten *Situation* ⑤ wettmachen *Fehler* ⑥ (*in der Religion*) erlösen

Re·deem·er [rɪˈdiːməʳ] der Erlöser, der Heiland

re·deem·ing [rɪˈdiːmɪŋ] ausgleichend; **he has absolutely no redeeming qualities** er hat aber auch gar nichts Gewinnendes an sich

re·demp·tion [rɪˈdem(p)ʃən] ① *von Marken, Pfand:* die Einlösung ② *von Schulden:* die Tilgung ③ (*übertragen*) die Rettung; **beyond** [*oder* **past**] **redemption** nicht mehr zu retten, rettungslos ④ (*in der Religion*) die Erlösung

to **re·de·vel·op** [ˌriːdɪˈveləp] sanieren

re·de·vel·op·ment [ˌriːdɪˈveləpmənt] die Sanierung

red-haired [-ˈheəd] rothaarig

red-hand·ed [ˌredˈhændɪd] ▶ WENDUNGEN: **to catch someone red-handed** jemanden auf frischer Tat ertappen

red·head [ˈredhed] der/die Rothaarige

red-head·ed rothaarig

red her·ring (*übertragen*) das Ablenkungsmanöver; **that's a red herring** das führt vom Thema ab

red-hot [ˌredˈhɒt] ① rot glühend, glühend heiß ② (*übertragen*) *Nachrichten:* brandaktuell

Red In·dian der Indianer/die Indianerin

to **re·di·rect** [ˌriːdɪˈrekt] ① umadressieren, nachsenden *Brief* ② umleiten *Anruf, Verkehr*

red light ① (*Verkehrsampel*) das Rotlicht; **to go** [*oder* **drive**] **through a red light** bei Rot über die Ampel fahren ② (*Warnsignal*) das rote Licht

red-light dis·trict das Rotlichtviertel

red·ness [ˈrednəs] die Röte

R

to **re·do** [ˌriːˈduː] <redid, redone> neu machen
to **re·dou·ble** [ˌriːˈdʌbl̩] [sich] verdoppeln
red pep·per [ˌredˈpepəʳ] der rote Paprika
Red Sea [redˈsiː] das Rote Meer
red tape (*übertragen*) der Papierkrieg, der Behördenkram
to **re·duce** [rɪˈdjuːs] ① verringern, reduzieren ② verlangsamen *Tempo;* **to reduce speed** langsamer fahren ③ senken, ermäßigen, herabsetzen *Preis* ④ drosseln, reduzieren, abbauen *Produktion* ⑤ kürzen *Lohn* ⑥ einkochen lassen *Sauce* ⑦ **to reduce** [**one's**] **weight, to reduce** (USA) abnehmen ⑧ **to reduce a city to ruins** eine Stadt in Schutt und Asche legen ⑨ **to reduce someone to tears** jemanden zum Weinen bringen
re·duced [rɪˈdjuːst] *Preis:* reduziert, heruntergesetzt; *Größe, Menge:* reduziert, verringert; *Risiko:* niedrig; *Gefängnisstrafe:* herabgesetzt
re·duc·tion [rɪˈdʌkʃᵊn] ① die Verringerung, die Verminderung, die Herabsetzung, die Reduzierung ② **reduction in price**[**s**] die Preissenkung, die Preisermäßigung; **a reduction of £50** ein Preisnachlass von 50 Pfund ③ **reduction in salary** die Gehaltskürzung ④ **reduction in speed** die Verminderung der Geschwindigkeit ⑤ **reduction in staff** der Personalabbau; **staff reductions** die Personalkürzungen
re·dun·dan·cy [rɪˈdʌndən(t)si] ① die Arbeitslosigkeit ② **redundancies** die Entlassungen
re·dun·dan·cy pay·ment die Abfindung
re·dun·dant [rɪˈdʌndənt] ① überflüssig, unnötig ② *Arbeiter:* arbeitslos; **to become** [*oder* **be made**] **redundant** den Arbeitsplatz verlieren
reed [riːd] das Schilf, das Riedgras
reef [riːf] das [Felsen]riff
reel [riːl] die Rolle, die Spule
to **reel** [riːl] ① aufspulen ② **to reel in** einrollen ③ *Mensch:* schwanken, taumeln ▶ WENDUNGEN: **my head is reeling** in meinem Kopf dreht sich alles; **my brain was reeling with all the information** mir schwirrte der Kopf vor lauter Informationen
◆ to **reel off** (*übertragen*) herunterleiern
to **re-elect** [ˌriːɪˈlekt] wiederwählen
re-en·try [ˌriːˈentri] ① (*in die Erdatmosphäre, Konzerthalle*) der Wiedereintritt ② (*ins Land*) die Wiedereinreise
ref[1] [ref] →**reference**: **your/our ref** Ihr/unser Zeichen
ref[2] [ref] →**referee** der Schiri
re·fec·tory [rɪˈfektᵊri] die Mensa
to **re·fer** [rɪˈfɜːʳ] <referred, referred> ① **to refer something to someone** etwas an jemanden weiterleiten ② **to refer someone to someone/something** jemanden an jemanden/auf eine Sache verweisen ③ zurückschicken *Scheck* ④ **to refer to someone/something** sich auf jemanden/etwas berufen [*oder* beziehen]; **to refer back to** sich beziehen auf; **the letter refers to you all** der Brief gilt euch allen ⑤ nachschauen in, konsultieren *Buch;* **he referred to his notes** er hielt sich an seine Notizen
ref·eree[1] [ˌrefᵊrˈiː] ① der Schiedsrichter/die Schiedsrichterin ② (*beim Boxen*) der Ringrichter ③ (*für Bewerbung*) die Referenz
to **ref·eree**[2] [ˌrefᵊrˈiː] Schiedsrichter sein
ref·er·ence [ˈrefᵊrᵊn(t)s] ① **to make a reference to something** etwas erwähnen ② die Referenz, das Zeugnis; **to give someone as a reference** jemanden als Referenz angeben ③ (*im Buch*) der Verweis (**to** auf) ④ (*im Brief*) das Zeichen ⑤ **in** [*oder* **with**] **reference to** in Bezug auf, was ... anbetrifft; **without reference to** ohne Bezug auf, unabhängig von
ref·er·ence book das Nachschlagewerk
ref·er·ence li·brary die Präsenzbibliothek
ref·er·ence num·ber das Aktenzeichen
ref·er·en·dum [ˌrefᵊrˈendəm, *Plural* -də] <*Plural* referendums *oder* referenda> der Volksentscheid, das Referendum
to **re·fill** [ˌriːˈfɪl] wiederfüllen, nachfüllen
re·fill [ˈriːfɪl] die Nachfüllpatrone; **refill** [**pack**] die Nachfüllpackung
to **re·fine** [rɪˈfaɪn] ① raffinieren *Zucker, Öl* ② (*übertragen*) verfeinern, kultivieren
re·fined [rɪˈfaɪnd] ① raffiniert ② (*übertragen*) kultiviert, fein
re·fin·ery [rɪˈfaɪnᵊri] die Raffinerie
to **re·flect** [rɪˈflekt] ① reflektieren, widerspiegeln, zurückwerfen; **the moon was reflected in the lake** der Mond spiegelte sich im See ② **to reflect well/badly** [**up**]**on someone/something** ein gutes/schlechtes Licht auf jemanden/etwas werfen ③ nachdenken (**on/upon** über); **do you ever reflect that ...?** denken Sie je darüber nach, dass ...?
re·flec·tion [rɪˈflekʃᵊn] ① die Reflexion, die [Wider]spiegelung ② das Spiegelbild; **to see one's reflection in a mirror** sich im Spiegel sehen ③ das Nachdenken, die Betrachtung, die Überlegung (**on** über); **on reflection** wenn man sich das recht überlegt
re·flec·tive [rɪˈflektɪv] ① reflektierend ② nachdenklich, gedankenvoll
re·flec·tor [rɪˈflektəʳ] der Rückstrahler
re·flex [ˈriːfleks] <*Plural* reflexes> der Reflex; **reflex action** die Reflexhandlung
re·flex·ive [rɪˈfleksɪv] rückbezüglich, reflexiv
re·flex·olo·gist [ˌriːflekˈsɒlədʒɪst] der Reflexologe, die Reflexologin
re·flex·ol·ogy [ˌriːflekˈsɒlədʒi] die Reflexologie
to **re·form** [rɪˈfɔːm] ① reformieren; verbessern *Welt* ② bessern *Menschen* ③ sich bessern
re·form [rɪˈfɔːm] die Reform

R

ref·or·ma·tion [ˌrefəˈmeɪʃᵊn] ① die Reformierung, die Besserung ② **the Reformation** (*kirchlich*) die Reformation

re·form·er [rɪˈfɔːməʳ] der Reformer/die Reformerin

to **re·fract** [rɪˈfrækt] brechen *Strahlen*

re·frac·tion [rɪˈfrækʃᵊn] die Lichtbrechung

to **re·frain** [rɪˈfreɪn] **she refrained from comment** sie enthielt sich eines Kommentars; **please refrain from smoking** bitte unterlassen Sie das Rauchen

to **re·fresh** [rɪˈfreʃ] erfrischen, stärken; **to refresh oneself** eine Erfrischung zu sich nehmen; **to refresh one's memory** sein Gedächtnis auffrischen

re·fresh·ing [rɪˈfreʃɪŋ] erfrischend

re·fresh·ment [rɪˈfreʃmənt] ① die Belebung ② **refreshments** *Plural* die Erfrischungen

to **re·frig·er·ate** [rɪˈfrɪdʒᵊreɪt] ① kühlen; **"refrigerate after opening"** „nach dem Öffnen kühl aufbewahren" ② tiefkühlen

re·frig·era·tor [rɪˈfrɪdʒᵊreɪtəʳ] der Kühlschrank

to **re·fuel** [ˌriːˈfjuːəl] <refuelled *oder* (USA) refueled, refuelled *oder* (USA) refueled> auftanken

ref·uge [ˈrefjuːdʒ] die Zuflucht (**from** vor); **to take refuge** Zuflucht nehmen (**in** in); **place of refuge** der Zufluchtsort

refu·gee [ˌrefjʊˈdʒiː] der Flüchtling; **refugee camp** das Flüchtlingslager

to **re·fund** [ˌriːˈfʌnd] zurückzahlen, zurückerstatten, rückvergüten

re·fund [ˈriːfʌnd] die Rückvergütung, die [Rück]erstattung

re·fus·al [rɪˈfjuːzᵊl] ① die Ablehnung; **to give someone first refusal of something** jemandem etwas als Erstem anbieten ② die Verweigerung; **to meet with [a] refusal** eine Absage erhalten; **refusal to do something** die Weigerung, etwas zu tun

to **re·fuse** [rɪˈfjuːz] ① ablehnen ② **to refuse someone something** jemandem etwas abschlagen; **to be refused something** etwas nicht bekommen ③ verweigern *Antrag;* **to refuse food** die Nahrung verweigern ④ **to refuse to do something** sich weigern, etwas zu tun

re·fuse [ˈrefjuːs] der Müll, der Abfall; **refuse collection** die Müllabfuhr; **refuse collector** der Müllwerker; (*umgangsspr*) der Müllmann

re·fut·able [ˈrefjʊtəbl̩] widerlegbar, falsifizierbar

to **re·gain** [rɪˈgeɪn] zurückgewinnen; **to regain control of something** etwas wieder unter Kontrolle bringen; **to regain one's health** wieder gesund werden; **to regain consciousness** das Bewusstsein wieder erlangen, wieder zu sich kommen

re·gal [ˈriːgᵊl] königlich

to **re·gard** [rɪˈgɑːd] ① betrachten; **to regard someone/something as something** jemanden/etwas für etwas halten; **to be regarded as ... als ...** angesehen werden; **to regard someone highly** jemanden sehr schätzen ② **as regards someone/something** was jemanden/etwas angeht [*oder* betrifft]

re·gard [rɪˈgɑːd] ① die Rücksicht (**for** auf); **to show little regard for someone** wenig Rücksichtnahme für jemanden zeigen ② die [Hoch]achtung, die Wertschätzung; **to hold someone in high regard** jemanden achten ③ der Bezug, die Beziehung (**to** auf); **in this regard** in diesem Zusammenhang; **in** [*oder* **with**] **regard to** in Bezug auf ④ **regards** ⚠ *Plural* der Gruß; **to send someone one's regards** jemanden grüßen lassen; **give him my regards** grüßen Sie ihn von mir

re·gard·ing [rɪˈgɑːdɪŋ] in Bezug auf, bezüglich

re·gard·less [rɪˈgɑːdləs] ① **regardless of** ohne Rücksicht auf, ungeachtet ② trotzdem; **to carry on regardless** trotzdem weitermachen

re·gards [rɪˈgɑːdz] *Plural* die Grüße; **kind regards** viele Grüße; **Jim sends his regards** Jim lässt grüßen

reg·gae [ˈregeɪ] *kein Plural* der Reggae

re·gion [ˈriːdʒᵊn] ① das Gebiet, die Region ② (*übertragen*) der Bereich; **in the region of** um, etwa

re·gion·al [ˈriːdʒᵊnᵊl] regional, Regional-

reg·is·ter [ˈredʒɪstəʳ] ① das Register ② (*im Hotel*) das Gästebuch ③ (*in der Schule*) das Klassenbuch; **to take the register** die Namen aufrufen ④ das Verzeichnis; **register of members** das Mitgliedsbuch, das Mitgliederverzeichnis; **electoral register** das Wählerverzeichnis; **register of births, deaths and marriages** das Personenstandsbuch

to **reg·is·ter** [ˈredʒɪstəʳ] ① registrieren, sich eintragen [lassen] ② anmelden *neuen Wohnsitz;* **to register with the police** sich polizeilich anmelden ③ *Messgerät:* registrieren ④ einschreiben *Brief* ⑤ *Student:* sich einschreiben; **to register for a course** einen Kurs belegen ⑥ (*übertragen*) registrieren; **it hasn't registered** [**with her**] [**yet**] sie hat das [noch] nicht registriert

reg·is·tered [ˈredʒɪstəd] **registered letter** das Einschreiben; **registered trademark** das eingetragene Warenzeichen

reg·is·tra·tion [ˌredʒɪˈstreɪʃᵊn] ① die Registrierung, der Eintrag, die Eintragung ② die Anmeldung, die Einschreibung ③ *eines Briefes:* das Einschreiben

reg·is·tra·tion docu·ment der Kraftfahrzeugbrief

reg·is·tra·tion fee die Anmeldegebühr; (*für Studenten*) die Einschreibegebühr

reg·is·tra·tion num·ber das polizeiliche Kennzeichen

reg·is·try [ˈredʒɪstri] <*Plural* registries> (GB) das

Standesamt; **business registry** das Handelsregister; **land registry** das Katasteramt

reg·is·try of·fice ['redʒɪstrɪˌɒfɪs] (GB) das Standesamt

to **re·gret** [rɪ'gret, re-] <regretted, regretted> bedauern; **I regret to say that ...** ich muss Ihnen leider mitteilen, dass ...; **it is to be regretted that ...** es ist bedauerlich, dass ...; **you won't regret it** Sie werden es nicht bereuen

re·gret [rɪ'gret, re-] das Bedauern (**at** über); **much to my regret** sehr zu meinem Bedauern; **to have no regrets** nichts bereuen

re·gret·ful·ly [rɪ'gretfəli, re-] bedauerlicherweise, mit Bedauern

re·gret·table [rɪ'gretəbl̩, re-] bedauerlich

regu·lar[1] ['regjələʳ] 1 (*auch grammatisch*) regelmäßig; **at regular intervals** in regelmäßigen [*oder* gleichmäßigen] Abständen 2 *Atemzüge, Tempo:* gleichmäßig 3 *Anstellung, Einkommen:* fest, regulär 4 *Arbeit, Leben:* geregelt; **to keep regular hours** feste Zeiten haben 5 *Preis:* normal; **regular size** die Standardgröße 6 *Kunde:* Stamm-; **regular staff** das fest angestellte Personal, das Stammpersonal

regu·lar[2] ['regjələʳ] 1 der Berufssoldat/die Berufssoldatin 2 der Stammkunde/die Stammkundin

regu·lar·ity [ˌregjə'lærəti] die Regelmäßigkeit, die Gleichmäßigkeit

regu·lar·ly ['regjələli] 1 regelmäßig 2 **to breathe regularly** gleichmäßig atmen

to **regu·late** ['regjəleɪt] 1 (*steuern*) regeln 2 regulieren, einstellen *Maschine*

regu·la·tion [ˌregjə'leɪʃən] 1 die Regelung, die Regulierung 2 die Vorschrift; **according to regulations** laut Vorschrift; **safety regulations** die Sicherheitsvorschriften

regu·la·tor ['regjəleɪtəʳ] 1 (*technisch*) der Regler 2 die Aufsicht führende Person

R

to **re·ha·bili·tate** [ˌriːhə'bɪlɪteɪt] 1 rehabilitieren 2 eingliedern *Flüchtling*

re·ha·bili·ta·tion [ˌriːhəˌbɪlɪ'teɪʃən] 1 die Rehabilitation 2 *eines Flüchtlings:* die Eingliederung in die Gesellschaft

re·hears·al [rɪ'hɜːsəl] *eines Theaterstücks:* die Probe

to **re·hearse** [rɪ'hɜːs] proben *Theaterstück*

reign [reɪn] die Regentschaft, die Herrschaft; **in the reign of** während der Regierungszeit

to **reign** [reɪn] regieren, herrschen (**over** über)

to **re·im·burse** [ˌriːɪm'bɜːs] 1 zurückerstatten, ersetzen *Kosten* 2 entschädigen *Person;* **to reimburse someone for his expenses** jemandem seine Auslagen zurückerstatten 3 ersetzen *Verlust*

rein [reɪn] der Zügel ▶WENDUNGEN: **to keep a tight rein on someone** bei jemandem die Zügel kurz halten; **to give free rein to someone/something** jemandem freie Hand geben/einer Sache freien Lauf lassen

rein·deer ['reɪndɪəʳ] <*Plural* reindeer> das Rentier

to **re·in·force** [ˌriːɪn'fɔːs] 1 verstärken; **reinforced concrete** der Stahlbeton 2 stützen, bestätigen *Aussage*

re·in·force·ment [ˌriːɪn'fɔːsmənt] die Verstärkung

to **re·ject** [rɪ'dʒekt] 1 ablehnen, ausschlagen, zurückweisen 2 verwerfen *Plan* 3 durchfallen lassen *Kandidaten* 4 (*medizinisch*) nicht vertragen, abstoßen

re·ject ['riːdʒekt] der Ausschuss; **reject shop** der Laden für Ausschussware

re·jec·tion [rɪ'dʒekʃən] 1 *eines Antrags, Bewerbers:* die Ablehnung, die Zurückweisung 2 *einer Klage:* die Abweisung, das Verwerfen 3 (*medizinisch*) *eines verpflanzten Organs:* die Abstoßung

to **re·joice** [rɪ'dʒɔɪs] sich freuen (**at** an, **over** über)

re·joic·ing [rɪ'dʒɔɪsɪŋ] der Jubel

to **re·ju·venate** [rɪ'dʒuːvəneɪt] 1 revitalisieren 2 verjüngen; modernisieren *Fabrik, Stadtteil*

to **re·lapse** ['riːlæps] 1 *Kranker:* einen Rückfall haben 2 **to relapse into crime** rückfällig werden

re·lapse [rɪ'læps] (*auch medizinisch*) der Rückfall

to **re·late** [rɪ'leɪt] 1 erzählen *Geschichte;* **strange to relate** so unglaublich es klingt 2 in Verbindung bringen (**to/with** mit) 3 **to relate to something** mit etwas zusammenhängen 4 **to relate to someone** eine Beziehung zu jemandem aufnehmen

re·lat·ed [rɪ'leɪtɪd] 1 *Familie:* verwandt (**to** mit) 2 (*verbunden*) zusammenhängend; **to be related to something** mit etwas zusammenhängen [*oder* verwandt sein]

G **related** wird zusammen mit **to** gebraucht: *Peter is not related to Paul; they are just friends; the price of petrol is related to the cost of oil*

re·lat·ing [rɪ'leɪtɪŋ-] **relating to** zusammenhängend mit, bezüglich

re·la·tion [rɪ'leɪʃən] 1 die Beziehung, das Verhältnis; **in relation to** in Bezug auf, im Verhältnis zu; **to bear no relation to** keinerlei Beziehung haben zu 2 der/die Verwandte; **she's a relation of mine** sie ist mit mir verwandt 3 **relations** die Beziehungen; **to break off relations with someone** die Beziehungen zu jemandem abbrechen

re·la·tion·ship [rɪ'leɪʃənʃɪp] die Beziehung, das Verhältnis; **to have a relationship with** eine Beziehung haben zu; **there is a proven relationship between smoking and lung cancer**

es ist nachgewiesen, dass eine Verbindung zwischen Rauchen und Lungenkrebs besteht

rela·tive[1] ['relətɪv] 1 relativ; **relative to** sich beziehend auf 2 **relative clause** der Relativsatz; **relative pronoun** das Relativpronomen

rela·tive[2] ['relətɪv] der/die Verwandte

rela·tive·ly ['relətɪvli] verhältnismäßig

rela·tiv·ity [ˌrelə'tɪvəti] die Relativität; **theory of relativity** die Relativitätstheorie

to **re·lax** [rɪ'læks] 1 lockern; **to relax one's grip** [*oder* **hold**] **on something** den Griff bei etwas lockern 2 sich entspannen; entspannen *Muskeln* 3 nachlassen *Aufmerksamkeit* 4 sich beruhigen

re·laxa·tion [ˌriːlæk'seɪʃᵊn] 1 die Lockerung, die Entspannung 2 die Entspannung, die Erholung

re·lax·ing [rɪ'læksɪŋ] entspannend, erholsam

re·lay ['riːleɪ] 1 **to work in relays** sich ablösen, schichtweise arbeiten 2 (*Sport*) die Staffel, der Staffellauf

to **re·lay** ['riːleɪ] 1 (*im Radio*) übertragen 2 **to relay a message to someone** jemandem eine Nachricht weitergeben

to **re·lease** [rɪ'liːs] 1 freilassen, befreien *Tier, Menschen;* **to release someone on bail** jemanden gegen Kaution freilassen 2 *aus Gefängnis:* entlassen 3 freigeben *Fußballspieler* 4 *von Versprechen:* entbinden 5 *von Schmerz:* erlösen, befreien 6 lösen *Bremse* 7 abwerfen *Bombe* 8 herausbringen *Film* 9 veröffentlichen *Nachricht* 10 freisetzen *Hormone;* ablassen *Gas* 11 **to release one's hold on something** etwas loslassen

re·lease [rɪ'liːs] 1 die Freilassung, die Befreiung; *aus Gefängnis:* die Entlassung 2 *eines Fußballspielers:* die Freigabe 3 *von Verbindlichkeiten:* die Entbindung 4 *von Schmerzen:* die Erlösung 5 *eines Films:* das Herausbringen, die Veröffentlichung; **on general release** in allen Kinos; **a new release** eine Neuerscheinung 6 *einer Nachricht:* die Veröffentlichung 7 *von Gas, Hormonen:* die Freisetzung

to **rel·egate** ['relɪgeɪt] 1 (*herunterstufen*) degradieren 2 (*beim Sport*) absteigen lassen; **to be relegated to the second division** in die zweite Liga absteigen

to **re·lent** [rɪ'lent] nachgeben

re·lent·less [rɪ'lentləs] erbarmungslos, unerbittlich

rele·vant ['reləvənt] 1 relevant (**to** für) 2 *Behörde:* zuständig 3 *Frage, Untersuchung:* sachbezogen

re·li·abil·ity [rɪˌlaɪə'bɪləti] 1 die Zuverlässigkeit, die Verlässlichkeit 2 *einer Firma:* die Seriosität

re·li·able [rɪ'laɪəbl̩] 1 zuverlässig, verlässlich 2 *Firma:* seriös, vertrauenswürdig

re·li·ance [rɪ'laɪən(t)s] das Vertrauen (**on** auf)

re·li·ant [rɪ'laɪənt] **to be reliant** [**up**]**on someone/something** auf jemanden/etwas angewiesen sein

re·lief[1] [rɪ'liːf] 1 die Erleichterung (**from** von); **what a relief!** was für eine Erleichterung!; **to breathe a sigh of relief** erleichtert aufatmen 2 *von Eintönigkeit:* die Abwechslung 3 die Hilfe, die Entlastung; **to send relief to someone** jemandem Hilfsgüter schicken 4 *einer Wache:* die Ablösung

re·lief[2] [rɪ'liːf] (*in der Kunst*) das Relief; **relief map** die Reliefkarte

re·lief road die Entlastungsstraße

re·lief work·er der Katastrophenhelfer/die Katastrophenhelferin

to **re·lieve** [rɪ'liːv] 1 **to relieve someone** jemanden erleichtern; **he was relieved to learn that ...** er war erleichtert, als er das hörte ... 2 **to relieve someone of something** *von Last:* jemanden von etwas befreien; *von Kleidungsstück, Koffer:* jemandem etwas abnehmen 3 mildern, schwächen *Angst;* lindern *Schmerz, Not;* **it helps to relieve headaches** das hilft gegen [*oder* bei] Kopfschmerzen 4 abbauen *Spannung* 5 ablösen *Wache* 6 befreien *Stadt*

re·lieved [rɪ'liːvd] erleichtert; **I'm so relieved to find you** ich bin so froh, dich zu sehen

re·li·gion [rɪ'lɪdʒᵊn] die Religion, der Glaube[n]

re·li·gious [rɪ'lɪdʒəs] 1 religiös; **religious education** der Religionsunterricht; **religious leader** der Religionsführer/die Religionsführerin 2 gläubig, fromm

rel·ish ['relɪʃ] 1 der Genuss, die Vorliebe; **to do something with relish** etwas mit Genuss tun 2 (*würzige Soße*) das Relish

to **rel·ish** ['relɪʃ] 1 genießen 2 **I don't relish doing that** das ist gar nicht nach meinem Geschmack

to **re·load** [ˌriː'ləʊd] nachladen *Gewehr*

re·luc·tance [rɪ'lʌktᵊn(t)s] die Abneigung, der Widerwillen; **to do something with reluctance** etwas widerwillig tun

re·luc·tant [rɪ'lʌktᵊnt] unwillig, widerwillig; **he was reluctant to leave** er ging nur ungern

to **rely** [rɪ'laɪ] **to rely on** sich verlassen [*oder* angewiesen sein] auf; **he can be relied on** man kann sich auf ihn verlassen

to **re·main** [rɪ'meɪn] 1 bleiben; **that remains to be seen** das wird sich zeigen; **to remain silent** weiterhin schweigen; **it remains the same** das bleibt sich gleich 2 übrig bleiben; **much remains to be done** es bleibt noch viel zu tun; **nothing remains to be said** es gibt nichts mehr zu sagen

re·main·ing [rɪ'meɪnɪŋ] übrig, restlich

re·mains [rɪ'meɪnz] *Plural* 1 die Reste, die Überreste 2 **Roman remains** die Relikte aus der Römerzeit

re·mand [rɪ'mɑːnd] **to be on remand** in Untersuchungshaft sein

re·mand cen·tre GB das Untersuchungsgefängnis für Jugendliche

to **re·mark** [rɪ'mɑːk] ① bemerken ② **to remark [up]on something** über eine Sache eine Bemerkung machen; **nobody remarked on it** niemand hat etwas dazu gesagt [*oder* hat sich dazu geäußert]

re·mark [rɪ'mɑːk] die Bemerkung

re·mark·able [rɪ'mɑːkəbl̩] bemerkenswert, beachtlich, außergewöhnlich

rem·edy ['remədi] ① das Heilmittel (**for** gegen) ② (*übertragen*) das Gegenmittel

to **re·mem·ber** [rɪ'membəʳ] ① sich erinnern [an]; **if I remember right[ly]** wenn ich mich recht erinnere; **I remember doing it** ich erinnere mich daran, dass ich es getan habe ② denken an; **to remember to do something** daran denken, etwas zu tun; **that's easy to remember** das kann man sich leicht merken

> **L** Der **Remembrance Sunday, Remembrance Day** oder auch **Poppy Day** ist der zweite Sonntag im November (zur Erinnerung an den *Armistice Day* am 11. November 1918), an dem in Großbritannien aller Soldaten, die in den beiden Weltkriegen gefallen sind, in Gottesdiensten und Zeremonien gedacht wird. Für eine Spende werden rote Mohnblumen (*poppies*) aus Stoff oder Papier verkauft, die am Revers getragen werden. Sie sollen die auf den Schlachtfeldern von Flandern nach dem Ersten Weltkrieg blühenden Mohnblumen symbolisieren. Um elf Uhr wird ein zweiminütiges Schweigen eingehalten.

to **re·mind** [rɪ'maɪnd] erinnern (**of** an); **to remind someone about something** jemanden an etwas erinnern; **to remind someone to do something** jemanden daran erinnern, etwas zu tun; **that reminds me!** dabei fällt mir etwas ein!

re·mind·er [rɪ'maɪndəʳ] ① die Gedächtnisstütze ② (*kommerziell*) die Mahnung, der Mahnbescheid

re·mit·tance [rɪ'mɪtᵊn(t)s] die Überweisung (**to** an)

re·morse [rɪ'mɔːs] die Reue (**for/about** über); **without remorse** erbarmungslos

re·mote [rɪ'məʊt] <remoter *oder* more remote, remotest *oder* most remote> ① (*auch übertragen*) entfernt ② *Dorf, Gebiet:* abgelegen, entlegen; **in a remote spot** an einem abgelegenen Ort ③ *Vergangenheit, Zukunft:* fern ④ *Art, Person:* unnahbar, unzulänglich ⑤ *Chance:* gering, winzig; **I haven't the remotest idea** ich habe nicht die geringste [*oder* leiseste] Ahnung ⑥ *Ähnlichkeit, Aussichten:* schwach

> **G** **remote** kann sowohl mit *-er/-est* als auch mit *more/most* gesteigert werden:
> *it was impossible to imagine a place more remote; they live in the remotest corner of Wales*

re·mote con·trol ① die Fernsteuerung ② (*für TV usw.*) die Fernbedienung

re·mote-con·trolled ferngesteuert

re·mov·al [rɪ'muːvᵊl] ① die Entfernung, die Beseitigung ② (*medizinisch*) das Herausnehmen ③ *einer Beschränkung:* die Aufhebung ④ *von Befürchtungen, Verdacht, Zweifel:* die Zerstreuung ⑤ GB der Umzug

re·mov·al firm die Möbelspedition

re·mov·al van der Möbelwagen

to **re·move** [rɪ'muːv] ① entfernen ② beseitigen *Spur* ③ forträumen, wegnehmen, wegschaffen *Papiere;* **to remove something from someone** jemandem etwas wegnehmen ④ (*technisch*) ausbauen ⑤ aufheben *Steuern* ⑥ zerstreuen *Zweifel* ⑦ ausziehen, ablegen *Kleidung* ⑧ beseitigen *Schwierigkeiten* ⑨ streichen *Namen* ⑩ entlassen, absetzen *Beamte* ⑪ **to be far removed from ...** weit entfernt sein von ... ⑫ **a cousin once removed** ein Cousin ersten Grades

re·mov·er [rɪ'muːvəʳ] ① GB der Möbelpacker ② (*für Flecken, Nagellack*) der Entferner

ren·dez·vous ['rɒndɪvuː, *Plural* 'rɒndɪvuːz] <*Plural* rendezvous> ① der Treffpunkt ② das Rendezvous, die Verabredung

to **ren·dez·vous** ['rɒndɪvuː] sich treffen (**with** mit)

to **re·new** [rɪ'njuː] ① erneuern; **with renewed energy** mit frischer [*oder* neuer] Energie ② wieder aufnehmen *Verhandlung* ③ erneuern, auffrischen *Vorräte* ④ verlängern *Vertrag;* **to renew a library book** ein Buch verlängern lassen

re·new·able [rɪ'njuːəbl̩] ① *Energiequelle:* erneuerbar ② *Ausweis, Vertrag:* verlängerbar

re·newed [rɪ'njuːd] erneuert; *Interesse:* wieder erwacht

to **reno·vate** ['renəveɪt] renovieren

reno·va·tion [ˌrenə'veɪʃᵊn] die Renovierung

rent [rent] ① (*für Haus, Wohnung*) die Miete ② (*für Land*) die Pacht; **for rent** USA *Haus:* zu vermieten; *Land:* zu verpachten

to **rent** [rent] ① mieten *Haus, Wohnung* ② pachten *Land, Geschäftsräume* ③ **to rent [out]** vermieten, verpachten

> **F** Nicht verwechseln mit **sich rentieren** = to be worth it!

rent·al ['rentᵊl] ① (*für Haus, Wohnung*) die Miete ② (*für Land, Geschäftsräume*) die Pacht

to **re·open** [ˌriː'əʊpᵊn] ① wieder öffnen ② wieder beginnen mit *Verhandlungen*

to **re·or·gan·ize** [riː'ɔːgᵊnaɪz] ① neu organisieren ② neu einteilen *Arbeit, Zeit*

rep [rep] →**representative** der Vertreter/die Vertreterin

re·paid [ˌriː'peɪd, rɪ'-] *2. und 3. Form von* **repay**

to **re·pair** [rɪ'peəʳ] ① ausbessern, reparieren

2 (*übertragen*) wiedergutmachen

re·pair [rɪ'peəʳ] 1 die Ausbesserung, die Reparatur; **to be under repair** in Reparatur sein; **to put something in for repair** etwas zur Reparatur bringen; **beyond repair** nicht mehr zu reparieren; **to be in good repair** in gutem Zustand sein 2 (*übertragen*) die Wiedergutmachung 3 **repairs** die Instandsetzungsarbeiten; **closed for repairs** wegen Reparaturarbeiten geschlossen

re·pair kit das Flickzeug

re·pair·man [riː'peəʳmən] <*Plural* repairmen> der Handwerker

re·pair shop die Reparaturwerkstatt

to **re·pay** [ˌriː'peɪ] <repaid, repaid> 1 zurückzahlen 2 erstatten *Auslagen* 3 abzahlen *Schuld* 4 erwidern *Gefälligkeit, Besuch* 5 vergelten *Unrecht;* **to repay someone for something** jemandem etwas vergelten 6 belohnen *Mühe*

re·pay·ment [ˌriː'peɪmənt] 1 die Rückzahlung, die Vergütung; **in repayment** als Rückzahlung 2 (*übertragen*) der Lohn

to **re·peat** [rɪ'piːt] 1 wiederholen; **to repeat oneself** sich wiederholen; **repeat after me** sprecht mir nach 2 **to repeat something to someone** jemandem etwas weitersagen

re·peat [rɪ'piːt] die Wiederholung

re·peat·ed [rɪ'piːtɪd] wiederholt

re·peat·ed·ly [rɪ'piːtɪdli] mehrmals

to **re·pel** [rɪ'pel] <repelled, repelled> 1 zurückschlagen, zurückstoßen 2 abwehren *Angriff, Insekt* 3 abstoßen *Flüssigkeit* 4 (*übertragen*) anwidern, abstoßen

re·pel·lent¹ [rɪ'pelᵊnt] (*übertragen*) widerwärtig; **I find this idea repellent** diese Vorstellung ist mir zuwider

re·pel·lent² [rɪ'pelᵊnt] **insect repellent** das Insektenschutzmittel

rep·eti·tion [ˌrepɪ'tɪʃᵊn] die Wiederholung

re·peti·tive [rɪ'petətɪv] sich wiederholend; (*abwertend*) eintönig

to **re·place** [rɪ'pleɪs] 1 zurückstellen, zurücklegen, zurücksetzen; **to replace the receiver** den Hörer auflegen 2 **to replace someone/something** jemanden/etwas ersetzen (**with** durch) 3 (*erneuern*) austauschen *Teile;* auswechseln *Glühbirne*

re·place·ment [rɪ'pleɪsmənt] 1 der Ersatz; **replacement part** das Ersatzteil 2 (*Person auch*) die Vertretung

to **re·play** [ˌriː'pleɪ] **to replay a match** ein Spiel wiederholen

re·play ['riːpleɪ] 1 (*im Sport*) das Wiederholungsspiel 2 (*TV*) die Wiederholung

rep·li·ca ['replɪkə] die Kopie

to **re·ply** [rɪ'plaɪ] antworten, entgegnen, erwidern; **to reply to someone/something** jemandem/auf eine Sache antworten; **to reply to a letter** einen Brief beantworten

re·ply [rɪ'plaɪ] die Antwort, die Erwiderung; **in reply to your letter** in Beantwortung Ihres Briefes

re·ply-paid **reply-paid envelope** der Freiumschlag

to **re·port** [rɪ'pɔːt] 1 berichten über; (*offiziell*) melden; **he is reported as having said ...** er soll gesagt haben ...; **to report someone missing** jemanden als vermisst melden; **to report someone sick** jemanden krankmelden 2 melden *Verbrechen;* anzeigen *Person* (**for** wegen) 3 sich melden (**to** bei); **to report for duty** sich zum Dienst melden; **to report sick** sich krankmelden 4 **to report on** berichten [*oder* Bericht erstatten] über 5 **to report back to someone** jemandem Bericht erstatten 6 **to report to someone** jemandem unterstehen

re·port [rɪ'pɔːt] 1 der Bericht (**on** über); **to give a report on something** einen Bericht über eine Sache erstatten; **an official report on something** ein Gutachten über eine Sache 2 (*in den Medien*) die Reportage 3 das Gerücht; **there is a report that ...** es wird gesagt, dass ... 4 das [Schul]zeugnis; **report card** (USA) das [Schul]zeugnis

re·port·ed [rɪ'pɔːtɪd] 1 gemeldet; **there has been a reported hijack in Tel Aviv** einer Meldung zufolge hat in Tel Aviv eine Entführung stattgefunden 2 **reported speech** indirekte Rede

re·port·er [rɪ'pɔːtəʳ] der Reporter/die Reporterin, der Berichterstatter/die Berichterstatterin

to **rep·re·sent** [ˌreprɪ'zent] 1 (*stehen für*) darstellen 2 (*juristisch*) vertreten

rep·re·sen·ta·tive¹ [ˌreprɪ'zentətɪv] repräsentativ (**of** für)

rep·re·sen·ta·tive² [ˌreprɪ'zentətɪv] 1 (*kommerziell*) der Vertreter/die Vertreterin 2 (*juristisch*) der/die Bevollmächtigte, der/die Beauftragte 3 (*politisch*) der/die Abgeordnete

re·pres·sion [rɪ'preʃᵊn] 1 die Unterdrückung 2 (*psychologisch*) die Verdrängung

re·pres·sive [rɪ'presɪv] repressiv; *Regime:* unterdrückerisch

rep·ri·mand ['reprɪmaːnd] der Tadel, der Verweis

to **rep·ri·mand** ['reprɪmaːnd] tadeln

to **re·print** [ˌriː'prɪnt] nachdrucken, neu auflegen

re·print ['riːprɪnt] die Neuauflage, der Nachdruck

re·pris·al [rɪ'praɪzᵊl] die Vergeltungsmaßnahme

to **re·proach** [rɪ'prəʊtʃ] **to reproach someone** jemandem Vorwürfe machen; **to reproach someone for a mistake** jemandem einen Fehler vorwerfen

re·proach [rɪ'prəʊtʃ] <*Plural* reproaches> der Vorwurf; **to be above** [*oder* **beyond**] **reproach** über jeden Vorwurf erhaben sein;

R

Requesting

Bitten

Requesting something	Um etwas bitten
Can/Could you please take the rubbish down?	Kannst/Könntest du bitte den Müll runterbringen?
Be a love and bring me my jacket.	Bitte sei doch so lieb und bring mir meine Jacke.
Would you be good enough to bring me back a paper?	Wärst du so nett und würdest mir eine Zeitung mitbringen?
Would you mind moving your luggage slightly to one side?	Würden Sie bitte so freundlich sein und Ihr Gepäck etwas zur Seite rücken?
Could I ask you to turn your music down a little?	Darf ich Sie bitten, Ihre Musik etwas leiser zu stellen?
Asking for help	**Um Hilfe bitten**
Could you help me, please?	Könnten Sie mir bitte helfen?
Could you give me a hand, please?	Könnten Sie mir bitte behilflich sein?
Could you do me favour, please?	Kannst du mir bitte einen Gefallen tun?

look of reproach der vorwurfsvolle Blick

re·proach·ful [rɪ'prəʊtʃfᵊl] vorwurfsvoll

to **re·pro·cess** [ˌriː'prəʊses] wieder aufbereiten *Atommüll*

re·pro·cess·ing plant die Wiederaufbereitungsanlage

R

to **re·pro·duce** [ˌriːprə'djuːs] ① wiedergeben, reproduzieren ② (*biologisch*) sich fortpflanzen

re·pro·duc·tion [ˌriːprə'dʌkʃᵊn] ① (*Prozess*) die Reproduktion, die Wiedergabe ② (*biologisch*) die Fortpflanzung ③ (*Kopie*) die Reproduktion

rep·tile ['reptaɪl] das Reptil

re·pub·lic [rɪ'pʌblɪk] die Republik

re·pub·lic·an[1] [rɪ'pʌblɪkən] republikanisch

re·pub·lic·an[2] [rɪ'pʌblɪkən] der Republikaner/die Republikanerin

Re·pub·lic·an Par·ty *kein Plural* (USA) (*in der Politik*) die republikanische Partei

Re·pub·lic of Ire·land die Republik Irland

L Die **Republic of Ireland** (Republik Irland) erstreckt sich über die gesamte irische Insel mit Ausnahme von **Ulster** (Nordirland) im Nordosten, das zum **United Kingdom** (Vereinigtes Königreich) gehört. Durch den *Anglo-Irish Treaty* (anglo-irisches Abkommen) von 1921 erhielt Irland, wie auch Kanada und Australien, den Status eines **dominion** (Herrschaftsgebiet) innerhalb des Commonwealth als **Irish Free State**. Die Republik zog sich 1949 aus dem Commonwealth zurück und trat 1973 der Europäischen Gemeinschaft bei. Das Staatsoberhaupt ist der für sieben Jahre gewählte **President**.

Re·pub·lic of Mal·ta die Republik Malta

L Die **Republic of Malta** (Republik Malta) ist eine Insel im Mittelmeer und war von 1814 bis 1947 britische Kronkolonie und Flottenstützpunkt. 1964 wurde Malta unabhängig und ist jetzt Mitglied der EU.

re·pul·sion [rɪ'pʌlʃᵊn] *kein Plural* ① der Abscheu, der Ekel ② (*elektromagnetisch*) die Abstoßung, die Repulsion

re·pul·sive [rɪ'pʌlsɪv] abstoßend, widerwärtig

repu·table ['repjətəbḷ] angesehen, achtbar

repu·ta·tion [ˌrepjə'teɪʃᵊn] der Ruf, der Name; **to have a good reputation** großes Ansehen genießen; **he has a reputation for being a liar** er hat den Ruf, ein Lügner zu sein

re·pute [rɪ'pjuːt] *kein Plural* das Ansehen; **of repute** angesehen; **of ill/good repute** von zweifelhaftem/gutem Ruf

re·put·ed [rɪ'pjuːtɪd] ① angenommen ② **she is reputed to be ...** man sagt, dass sie ... sei; **to**

be reputed to be rich als reich gelten

re·quest [rɪ'kwest] die Bitte, der Wunsch; **at someone's request** auf jemandes Bitte; **on** [*oder* **by**] **request** auf Wunsch; **to make a request for something** um etwas bitten

to **re·quest** [rɪ'kwest] bitten, ersuchen; **to request silence** um Ruhe bitten; **to request something from someone** jemanden um etwas bitten

re·quest stop (GB) (*für Bus*) die Bedarfshaltestelle

to **re·quire** [rɪ'kwaɪəʳ] ① brauchen, benötigen; **as required** nach Bedarf; **if required** falls notwendig; **when required** auf Wunsch ② erfordern *Arbeit, Sorgfalt* ③ wünschen, mögen; **do you require anything else?** wünschen Sie außerdem noch etwas? ④ verlangen; **to require someone to do something** von jemandem verlangen, dass er etwas tut; **to be required to do something** etwas tun müssen; **required reading** die Pflichtlektüre; **as required by law** den gesetzlichen Bestimmungen gemäß

re·quire·ment [rɪ'kwaɪəmənt] ① das Bedürfnis, der Bedarf; **to meet someone's requirements** jemandes Bedürfnisse erfüllen, jemandes Wünschen entsprechen ② das Erfordernis; **to fit the requirements** den Erfordernissen entsprechen

to **re·run** [ˌriː'rʌn] <-ran, -run> wiederholen; **to rerun a film** einen Film noch einmal zeigen

re·run ['riːrʌn] die Wiederholung

re·sale ['riːseɪl] **not for resale** nicht zum Weiterverkauf bestimmt

re·sat [ˌriː'sæt] *2. und 3. Form von* **resit**

to **res·cue** ['reskjuː] ① retten; **to rescue someone from drowning** jemanden vor dem Ertrinken retten ② befreien

res·cue ['reskjuː] ① die Rettung, die Hilfe; **to come to someone's rescue** jemandem zu Hilfe kommen ② die Befreiung

res·cue op·era·tion die Rettungsaktion

re·search [rɪ'sɜːtʃ] die Forschung (**into/on** über); **to do research** forschen; **a piece of research** eine Forschungsarbeit

> **G** **research** ist unzählbar; d.h. es wird nicht mit *a* oder im Plural gebraucht: *the research is being carried out by doctors; this research is of vital importance*

to **re·search** [rɪ'sɜːtʃ] forschen, Forschung betreiben (**into** über); **to research** [**into**] **something** etwas erforschen [*oder* untersuchen]

re·search·er [rɪ'sɜːtʃəʳ] der Forscher/die Forscherin

to **re·sem·ble** [rɪ'zembl̩] **to resemble someone/something** jemandem/etwas ähneln [*oder* ähnlich sehen]; **they resemble each other** sie ähneln [*oder* gleichen] sich [*oder* einander]

to **re·sent** [rɪ'zent] übel nehmen, sich ärgern über; **he resents my being here** er nimmt es mir übel, dass ich hier bin

re·sent·ful [rɪ'zentfᵊl] **to be resentful of someone** auf jemanden ärgerlich sein; **to be resentful of something** etwas übel nehmen

re·sent·ment [rɪ'zentmənt] der Ärger, der Groll; **out of resentment at something** aus Groll über eine Sache; **to feel resentment towards someone** einen Groll auf jemanden haben

res·er·va·tion [ˌrezə'veɪʃᵊn] ① der Vorbehalt; **with reservations** unter Vorbehalt; **without reservation** vorbehaltlos, ohne Vorbehalt ② die Reservierung; **to make a reservation at the hotel** ein Zimmer im Hotel reservieren ③ das [Indianer]reservat ④ **central reservation** (GB) der Mittelstreifen

to **re·serve** [rɪ'zɜːv] ① reservieren [lassen] *Buch, Tisch* ② aufsparen, aufheben; **to reserve judgement** sich mit seiner Meinung zurückhalten; **to reserve oneself for something** sich für etwas schonen

re·serve [rɪ'zɜːv] ① die Rücklage, die Reserve; (*kommerziell auch*) der Vorrat; **reserves of energy** die Kraftreserven; **to have/keep in reserve** in Reserve haben/halten ② der Vorbehalt; **without reserve** ohne Vorbehalt, vorbehaltlos ③ das Reservat; **nature reserve** das Naturschutzgebiet ④ (*kühles Verhalten*) die Reserve, die Zurückhaltung ⑤ (*militärisch*) die Reserve; **the reserves** die Reservetruppen ⑥ (*im Sport*) der Ersatzspieler/die Ersatzspielerin, der Reservespieler/die Reservespielerin; **to play in the reserves** bei der Reserve spielen

re·served [rɪ'zɜːvd] ① *Person:* zurückhaltend, reserviert ② *Tisch, Zimmer:* reserviert ③ **all rights reserved** alle Rechte vorbehalten

res·er·voir ['rezəvwɑːʳ] das Reservoir, der Stausee

re·shuf·fle [ˌriː'ʃʌfl̩] die Umbildung; **Cabinet reshuffle** die Kabinettsumbildung

resi·dence ['rezɪdᵊn(t)s] ① der Wohnsitz ② *eines Staatsoberhauptes:* die Residenz ③ der Aufenthalt; **residence permit** die Aufenthaltsgenehmigung; **place of residence** der Wohnort

R

resi·dent[1] ['rezɪdᵊnt] wohnhaft, ansässig (**in** in)

resi·dent[2] ['rezɪdᵊnt] ① *eines Hauses:* der Bewohner/die Bewohnerin ② *einer Stadt:* der Einwohner/die Einwohnerin; **local resident** der Anwohner/die Anwohnerin; **residents only** Anlieger frei ③ der Hotelgast

resi·den·tial [ˌrezɪ'den(t)ʃᵊl] Wohn-; **residential area** die Wohngegend; **residential course** der mehrtägige Kurs [mit Unterkunft]

to **re·sign** [rɪ'zaɪn] ① *Arbeitnehmer:* kündigen ② **to resign one's job** seine Stelle kündigen ③ **to resign from a post** von einer Stellung zurücktreten ④ **to resign oneself to a problem** sich mit einem Problem abfinden

res·ig·na·tion [ˌrezɪg'neɪʃᵊn] ① der Rücktritt; **to**

hand in one's resignation seinen Rücktritt einreichen ② die Amtsniederlegung ③ die Kündigung ④ (*übertragen*) die Resignation

re·signed [rɪ'zaɪnd] ① resigniert ② **to become resigned to a problem** sich mit einem Problem abfinden

re·sili·ent [rɪ'zɪliənt] ① elastisch, federnd ② (*übertragen*) unverwüstlich

to **re·sist** [rɪ'zɪst] ① **to resist a plan** sich einem Plan widersetzen ② **to resist an enemy** Widerstand gegen einen Feind leisten ③ **to resist temptation** der Versuchung widerstehen

re·sist·ance [rɪ'zɪstən(t)s] ① der Widerstand (**to** gegen); **to offer no resistance to someone** jemandem keinen Widerstand leisten; **to meet with resistance** auf Widerstand stoßen ② **resistance to heat** die Hitzebeständigkeit

re·sis·tant [rɪ'zɪstənt] widerstandsfähig (**to** gegen)

to **re·sit** [ˌriː'sɪt] <resat, resat> **to resit an exam** eine Prüfung wiederholen

reso·lu·tion [ˌrezəl'uːʃən] ① der Beschluss ② (*übertragen*) die Entschlossenheit, die Bestimmtheit ③ **to make New Year's resolutions** gute Vorsätze fürs Neue Jahr fassen

to **re·sort** [rɪ'zɔːt] ① greifen (**to** zu) ② **to resort to alcohol** sich dem Alkohol zuwenden; **to resort to violence** Gewalt anwenden

re·sort [rɪ'zɔːt] ① **[holiday] resort** der Urlaubsort; **health resort** der Kurort; **seaside resort** das Seebad ② die Rettung; **as a last resort** als letzter Ausweg

re·sound·ing [rɪ'zaʊndɪŋ] (*übertragen*) *Sieg:* gewaltig; *Erfolg:* durchschlagend

re·source [rɪ'zɔːs] ① **resources** *Plural* die Mittel, die Ressourcen ② **financial resources** die Geldmittel; **mineral resources** die Bodenschätze ③ **he's been left to his own resources** er ist sich selbst überlassen gewesen

R

re·source·ful [rɪ'zɔːsfəl] *Person:* findig; *Plan:* einfallsreich

to **re·spect** [rɪ'spekt] ① **to respect someone** jemanden achten [*oder* respektieren] ② anerkennen *Fähigkeit*

re·spect [rɪ'spekt] ① die Achtung, der Respekt (**for** vor); **to command respect** Respekt abnötigen ② die Rücksicht (**for** auf); **to treat with respect** rücksichtsvoll behandeln; **out of respect for someone** aus Rücksicht auf jemanden ③ **in some respects** in gewisser Hinsicht; **with respect to ...** was ... anbetrifft; **in many respects** in vieler Hinsicht; **in this respect** in dieser Hinsicht ④ **give my respects to your wife** meine Empfehlung an Ihre Frau

re·spect·able [rɪ'spektəbl̩] ① *Mensch:* geachtet ② *Beschäftigung:* anständig ③ *Summe:* beachtlich

re·spect·ed [rɪ'spektɪd] angesehen

re·spect·ful [rɪ'spektfəl] respektvoll (**towards** gegenüber)

re·spect·ful·ly [rɪ'spektfəli] respektvoll

re·spect·ing [rɪ'spektɪŋ] bezüglich

re·spec·tive [rɪ'spektɪv] jeweilig; **we took our respective glasses** jeder nahm sein Glas

re·spec·tive·ly [rɪ'spektɪvli] beziehungsweise

res·pi·ra·tor ['respəreɪtər] das Atemgerät

to **re·spond** [rɪ'spɒnd] ① antworten (**to** auf) ② reagieren (**to** auf) ③ **to respond to a call** einem Ruf folgen

re·sponse [rɪ'spɒn(t)s] ① die Antwort; **in response to your letter** in Beantwortung Ihres Schreibens ② die Reaktion (**to** auf) ③ **to meet with little response** wenig Anklang finden

re·spon·sibil·ity [rɪˌspɒn(t)sə'bɪləti] ① die Verantwortung (**for**/**of** für); **sense of responsibility** das Verantwortungsgefühl; **to accept** [*oder* **assume**] **the responsibility for something** die Verantwortung für etwas übernehmen ② **responsibilities** die Verpflichtung

re·spon·sible [rɪ'spɒn(t)səbl̩] ① verantwortlich (**for** für) ② *Haltung:* verantwortungsvoll; *Person:* verantwortungsbewusst ③ **to be responsible to someone for something** jemandem gegenüber für etwas verantwortlich sein; **to hold someone responsible for something** jemanden für etwas verantwortlich machen

re·spon·sive [rɪ'spɒn(t)sɪv] aufgeschlossen; *Publikum:* mitgehend

to **rest** [rest] ① **to rest [oneself]** [sich] ausruhen; ausruhen *Augen;* **to be rested** ausgeruht sein ② (*bei der Arbeit usw.*) Pause machen ③ **to have a good night's rest** sich ordentlich ausschlafen ④ *Leiter:* lehnen (**on** an) ⑤ stützen *Ellbogen;* **to rest one's head on the table** den Kopf auf den Tisch legen ⑥ **to let a matter rest** eine Sache auf sich beruhen lassen

rest[1] [rest] ① die Ruhe[pause] ② *von Person:* die Rast, die Erholung; **to have** [*oder* **take**] **a rest** sich ausruhen ③ (*bei der Arbeit usw.*) die Pause, die Unterbrechung ④ **to put someone's mind at rest** jemanden beruhigen ⑤ **to come to rest** zum Stillstand kommen, sich niederlassen

rest[2] [rest] ① **the rest** der Rest; **the rest of the money** das übrige Geld ② **and all the rest of it** und so weiter und so fort; **for the rest** im Übrigen

res·tau·rant ['restərɔ̃(ŋ)] das Restaurant, die Gaststätte

L In Australien haben nicht alle Restaurants die Erlaubnis, alkoholische Getränke auszuschenken. Deshalb können in **BYO-restaurants** (Bring Your Own) die Gäste ihre eigenen alkoholischen Getränke mitbringen.

res·tau·rant car der Speisewagen
rest day der Ruhetag
rest·ful ['restfəl] ① *Platz:* ruhig, friedlich ② *Beschäftigung:* erholsam
rest home das Altersheim
rest·less ['restləs] ① rastlos ② *Person:* unruhig; **she had a restless night** sie konnte nicht schlafen
res·to·ra·tion [ˌrestəˈreɪʃən] ① *von Vertrauen, Gesundheit:* die Wiederherstellung ② *von Bauwerk:* die Restaurierung
to **re·store** [rɪˈstɔːr] ① wiederherstellen *Vertrauen, Gesundheit;* **restored to health** wiederhergestellt ② restaurieren *Gebäude* ③ **to restore someone to power** jemanden wieder an die Macht bringen
to **re·strain** [rɪˈstreɪn] ① **to restrain someone from doing something** jemanden davon abhalten, etwas zu tun ② bändigen *Tier* ③ unterdrücken *Gefühl* ④ **to restrain oneself** sich beherrschen
re·straint [rɪˈstreɪnt] ① die Einschränkung ② *von Gefühlen:* die Beherrschung ③ **without restraint** ungehemmt
to **re·strict** [rɪˈstrɪkt] ① beschränken *Freiheit* ② begrenzen *Zeit* (**to** auf)
re·strict·ed [rɪˈstrɪktɪd] ① eingeschränkt; *Zulassung:* begrenzt ② *Dokument:* geheim ③ **restricted area** das Sperrgebiet; (*für Autos*) das Gebiet mit Geschwindigkeitsbegrenzung
re·stric·tion [rɪˈstrɪkʃən] ① die Beschränkung, die Einschränkung ② **to place restrictions on something** etwas beschränken; **without restrictions** uneingeschränkt ③ **speed restrictions** die Geschwindigkeitsbegrenzung, die Geschwindigkeitsbeschränkung
re·stric·tive [rɪˈstrɪktɪv] restriktiv, einschränkend
rest·room ['restruːm] (USA) die [öffentliche] Toilette
re·struc·tur·ing [ˌriːˈstrʌktʃərɪŋ] die Umstrukturierung
to **re·sult** [rɪˈzʌlt] ① sich ergeben, resultieren (**from** aus) ② **to result in something** zu etwas führen
re·sult [rɪˈzʌlt] ① das Ergebnis, das Resultat; **without result** ergebnislos ② die Folge; **to be the result of something** resultieren aus etwas ③ **as a result of this** folglich; **as a result of my inquiry** auf meine Anfrage hin ④ **to get results** Erfolge erzielen
to **re·sume** [rɪˈzjuːm] ① wieder aufnehmen *Arbeit* ② weitermachen mit *Tätigkeit* ③ fortfahren mit *Erzählung* ④ fortsetzen *Reise* ⑤ wieder beginnen
ré·su·mé ['rezjuːmeɪ] ① das Resümee, die Zusammenfassung ② (USA) der Lebenslauf
re·sump·tion [rɪˈzʌm(p)ʃən] ① *von Arbeit:* die Wiederaufnahme, der Wiederbeginn ② *von Reise:* die Fortsetzung
res·ur·rec·tion [ˌrezərˈekʃən] **the Resurrection** die Auferstehung
re·tail ['riːteɪl] *kein Plural* der Einzelhandel
re·tail busi·ness der Einzelhandel; (*Laden*) das Einzelhandelsgeschäft
re·tail·er ['riːteɪlər] der Einzelhändler/die Einzelhändlerin
re·tail price der Einzelhandelspreis
re·tail trade der Einzelhandel
to **re·tain** [rɪˈteɪn] ① bewahren *Eigenschaft, Fähigkeit;* zurückbehalten *Gelder* ② **to retain the facts** die Tatsachen [im Gedächtnis] behalten ③ **to retain control of something** etwas weiterhin in der Gewalt [*oder* unter Kontrolle] haben
to **re·take** [ˌriːˈteɪk] <retook, retaken> ① zurückerobern *Stadt usw.* ② wiederholen *Prüfung*
re·take ['riːteɪk] die Wiederholung, die Wiederholungsprüfung
re·tak·en [ˌriːˈteɪkən] *3. Form von* **retake**
to **re·tali·ate** [rɪˈtælieɪt] ① Vergeltung üben, sich revanchieren, sich rächen (**on** an) ② **he retaliated by pointing out that ...** er konterte, indem er darauf hinwies, dass ...
re·talia·tion [rɪˌtæliˈeɪʃən] die Vergeltung, der Vergeltungsschlag; **in retaliation for** als Vergeltung für
re·tard [rɪˈtɑːd] **mentally retarded** geistig zurückgeblieben
to **retch** [retʃ] würgen
to **retell** [ˌriːˈtel] <retold, retold> wieder [*oder* nochmals] erzählen; **the film retells the story of Anne Frank** der Film erzählt die Geschichte der Anne Frank
re·ten·tive [rɪˈtentɪv] *Gedächtnis:* aufnahmefähig
to **re·think** [ˌriːˈθɪŋk] <rethought, rethought> **to rethink a plan** einen Plan überdenken
re·think ['riːθɪŋk] **to have a rethink** etwas noch einmal überdenken
re·thought [ˌriːˈθɔːt] *2. und 3. Form von* **rethink**
reti·cent ['retɪsənt] zurückhaltend; **to be reticent about something** in Bezug auf etwas nicht sehr gesprächig sein
to **re·tire** [rɪˈtaɪər] ① in Rente gehen ② ausscheiden, zurücktreten (**from** aus)
re·tir·ed [rɪˈtaɪəd] **a retired teacher** ein pensionierter Lehrer
re·tire·ment [rɪˈtaɪəmənt] ① das Ausscheiden aus dem Arbeitsleben ② (*Periode*) der Ruhestand ③ **to come out of retirement** wieder zurückkommen ④ **to live in retirement** zurückgezogen leben
re·tire·ment age das Pensionsalter, das Rentenalter, die Altersgrenze
re·tire·ment pay, re·tire·ment pen·sion die Altersrente, die Pension
re·tir·ing [rɪˈtaɪərɪŋ] ① *Charakter:* zurückhal-

R

tend, reserviert ② **retiring age** die Altersgrenze

re·told [ˌriːˈtəʊld] *2. und 3. Form von* **retell**

re·took [ˌriːˈtʊk] *2. Form von* **retake**

to **re·trace** [rɪˈtreɪs] **to retrace one's steps** den gleichen Weg zurückgehen

to **re·tract** [rɪˈtrækt] ① **to retract an offer** ein Angebot zurückziehen ② zurücknehmen *Äußerung* ③ einziehen, einfahren *Fahrgestell* ④ einen Rückzieher machen ⑤ *Krallen:* eingezogen werden

re·tract·able [rɪˈtræktəbl̩] zurückziehbar, einziehbar

to **re·train** [rɪˈtreɪn] **to retrain someone** jemanden umschulen

re·treat [rɪˈtriːt] ① (*auch militärisch*) der Rückzug; **to beat a retreat** den Rückzug antreten ② (*übertragen*) die Zuflucht, der Zufluchtsort

to **re·treat** [rɪˈtriːt] ① den Rückzug antreten ② (*übertragen*) zurückweichen

re·trial [ˌriːˈtraɪəl] das Wiederaufnahmeverfahren

ret·ri·bu·tion [ˌretrɪˈbjuːʃᵊn] die Vergeltung

re·triev·al [rɪˈtriːvəbl̩] ① *kein Plural* das Wiedererlangen ② *kein Plural* die Rettung ③ **data retrieval** der Datenabruf; **information retrieval** der Informationsabruf; (*nach Absturz*) das Retrieval

to **re·trieve** [rɪˈtriːv] ① **to retrieve something** etwas zurückholen ② **to retrieve someone** jemanden bergen (**from** aus) ③ retten *Situation* ④ abfragen, abrufen, aufrufen *Daten usw.*

re·triev·er [rɪˈtriːvəʳ] (*Hunderasse*) der Retriever

retro·spect [ˈretrə(ʊ)spekt] **in retrospect** rückblickend, im Nachhinein

retro·spec·tive¹ [ˌretrə(ʊ)ˈspektɪv] rückblickend

retro·spec·tive² [ˌretrə(ʊ)ˈspektɪv] *Film:* die Retrospektive

to **re·turn** [rɪˈtɜːn] ① zurückkommen; **to return home** wieder nach Hause gehen; **to return to school** wieder in die Schule gehen; **to return to one's hometown** in seine Heimatstadt zurückkehren ② *Fahrzeug:* zurückfahren ③ wiederkehren; *Krankheit:* wieder auftreten ④ **to return something** [**to someone**] [jemandem] etwas zurückgeben; (*mit der Post*) etwas zurückschicken ⑤ zurückweisen *Scheck* ⑥ erwidern *Gruß, Besuch* ⑦ **to return a blow** zurückschlagen

R

re·turn [rɪˈtɜːn] ① die Rückkehr, die Rückfahrt; **on my return** bei meiner Rückkehr; **return home** die Heimkehr; **return to school** der Schulbeginn ② **by return** [**of post**] postwendend ③ (*übertragen*) die Wiederkehr ④ *von Eigenschaft usw.:* die Rückgabe ⑤ **return ticket** die Rückfahrkarte ⑥ *von Ball:* der Rückschlag ⑦ **return to health** die Genesung ⑧ **returns** *Plural* die Einkünfte ⑨ **in return** dafür; **in return for** für ⑩ **many happy returns** [**of the day**] herzlichen Glückwunsch zum Geburtstag ⑪ **tax return** die Steuererklärung

re·turn·able [rɪˈtɜːnəbl̩] wiederverwendbar, Mehrweg-; **returnable bottle** die Mehrwegflasche

re·turn ad·dress der Absender

re·turn fare der Preis für Hin- und Rückfahrt

re·turn flight der Rückflug

re·turn·ing of·fic·er [rɪˈtɜːnɪŋˈɒfɪsəʳ] der Wahlleiter/die Wahlleiterin

re·turn journey die Rückreise

re·turn match das Rückspiel

re·turn tick·et die Rückfahrkarte, der Rückflugschein

re·uni·fi·ca·tion [ˌriːjuːnɪfɪˈkeɪʃᵊn] die Wiedervereinigung

re·union [ˌriːˈjuːniən] ① die Zusammenkunft ② (*Feier*) das Treffen

to **re·unite** [ˌriːjuːˈnaɪt] ① **to reunite a family** eine Familie wieder zusammenbringen ② **to reunite a country** ein Land wiedervereinigen ③ wieder zusammenkommen

re·us·able [ˌriːˈjuːzəbl̩] wiederverwendbar

to **re·use** [ˌriːˈjuːz] wiederverwenden, wiederverwerten

to **rev** [rev] <revved, revved> (*umgangsspr*) **to rev an engine** einen Motor auf Touren bringen

to **re·veal** [rɪˈviːl] ① **to reveal something** etwas zum Vorschein bringen ② enthüllen, aufdecken *Tatsachen* ③ **to reveal one's identity** seine Identität preisgeben

rev·ela·tion [ˌrevᵊlˈeɪʃᵊn] ① die Aufdeckung, die Enthüllung ② (*kirchlich*) die Offenbarung; **the Book of Revelation**[**s**] die Offenbarung

rev·ell·er [ˈrevələʳ], (USA) **rev·el·er** [ˈrevᵊləʳ] der/die Feiernde

to **re·venge** [rɪˈvendʒ] ① **to revenge someone/something** jemanden/etwas rächen ② **to be revenged for something** sich für etwas rächen ③ **to revenge oneself on someone** sich an jemandem rächen

re·venge [rɪˈvendʒ] ① die Rache; **out of revenge** aus Rache; **in revenge for something** als Rache für etwas ② **to get one's revenge** sich rächen; **he took revenge on his brother** er rächte sich an seinem Bruder

rev·enue [ˈrevᵊnjuː] ① die Einkünfte, die Einnahmen ② **state revenue** die Staatseinkünfte, die öffentlichen Einnahmen ③ **Inland Revenue** (GB) das Finanzamt

rev·er·ence [ˈrevᵊrᵊn(t)s] ① die Ehrfurcht, die Verehrung (**for** für) ② **to treat something with reverence** etwas ehrfürchtig behandeln

rev·er·end [ˈrevᵊrᵊnd] ① der Pastor, der Pfarrer ② (*als Titel*) **the Reverend Peter Jones** Hochwürden Peter Jones

rev·er·ent [ˈrevᵊrᵊnt] ehrfürchtig

re·verse¹ [rɪˈvɜːs] ① umgekehrt (**to** zu); *Richtung:* entgegengesetzt ② **in reverse order** in umgekehrter Reihenfolge ③ **reverse-charge call** das R-Gespräch

re·verse² [rɪ'vɜːs] ① das Gegenteil ② *von Münze:* die Rückseite, die Kehrseite ③ (*im Auto*) der Rückwärtsgang; **to go into reverse** in den Rückwärtsgang schalten

to **re·verse** [rɪ'vɜːs] ① **to reverse something** etwas umkehren [*oder* umdrehen] ② wenden *Kleidungsstück* ③ umstoßen *Entscheidung* ④ **to reverse a car into the garage** rückwärts in die Garage fahren ⑤ **to reverse the order of something** etwas herumdrehen ⑥ **to reverse the charges** (*beim Telefonieren*) ein R-Gespräch führen ⑦ sich rückwärtsbewegen

re·ver·sible [rɪ'vɜːsəbl̩] ① umkehrbar ② *Kleidungsstück:* beidseitig tragbar ③ *Entscheidung:* umstoßbar

re·view [rɪ'vjuː] ① die Überprüfung; **to come under review** überprüft werden ② *von Vergangenheit:* der Rückblick (**of** auf) ③ Ⓤⓢⓐ *von Schulstoff:* die Wiederholung ④ *von Buch, Theaterstück, Konzert:* die Kritik, die Rezension ⑤ die Zeitschrift

to **re·view** [rɪ'vjuː] ① **to review a policy** eine Politik überdenken ② **to review the past week** auf die vergangene Woche zurückblicken ③ erneut überprüfen *Fall* ④ besprechen, rezensieren *Buch*

re·view·er [rɪ'vjuːəʳ] der Rezensent/die Rezensentin, der Kritiker/die Kritikerin

to **re·vise** [rɪ'vaɪz] ① wiederholen *Lernstoff* ② überprüfen, revidieren *Text;* **revised edition** die überarbeitete Ausgabe ③ überholen, revidieren *Meinung* ④ **to revise for an exam** auf eine Prüfung lernen

re·vi·sion [rɪ'vɪʒᵊn] ① *von Lernstoff:* die Wiederholung ② die Revision; *von Text:* die überarbeitete Ausgabe ③ *von Meinung:* die Revision

to **re·vive** [rɪ'vaɪv] ① wieder zu sich kommen ② **to revive someone** jemanden wiederbeleben ③ wieder erwecken *Interesse* ④ wieder aufleben lassen *Brauch* ⑤ wachrufen *Erinnerung*

re·volt [rɪ'vəʊlt] ① die Revolte, der Aufruhr, der Aufstand (**against** gegen) ② **to rise in revolt** [*oder* **break out in revolt**] sich erheben, einen Aufstand machen; **to be in revolt against** rebellieren gegen

to **re·volt** [rɪ'vəʊlt] ① revoltieren, rebellieren (**against** gegen) ② *Magen:* rebellieren ③ **to revolt someone** jemanden anwidern

re·volt·ing [rɪ'vəʊltɪŋ] (*übertragen*) ekelhaft, widerlich; *Person auch:* abstoßend

revo·lu·tion [ˌrevᵊl'uːʃᵊn] (*auch übertragen*) die Revolution

revo·lu·tion·ary¹ [ˌrevᵊl'uːʃᵊnᵊri] der Revolutionär/die Revolutionärin

revo·lu·tion·ary² [ˌrevᵊl'uːʃᵊnᵊri] revolutionär, umstürzlerisch

to **revo·lu·tion·ize** [ˌrevᵊl'uːʃᵊnaɪz] **to revolutionize science** die Wissenschaft revolutionieren

to **re·volve** [rɪ'vɒlv] sich drehen; **to revolve on an axis/around the sun** sich um eine Achse/um die Sonne drehen

re·volv·ing [rɪ'vɒlvɪŋ] **revolving door** die Drehtür

re·vul·sion [rɪ'vʌlʃᵊn] der Abscheu, der Ekel (**at** vor)

re·ward [rɪ'wɔːd] ① die Belohnung, das Entgelt ② **as a reward for** als Belohnung für; **reward offered for the return of ...** Finderlohn für ...

to **re·ward** [rɪ'wɔːd] **to reward someone** jemanden belohnen

re·ward·ing [rɪ'wɔːdɪŋ] lohnend, einträglich

to **re·wind** [ˌriː'waɪnd] <rewound, rewound> ① wieder aufwickeln ② wieder aufziehen *Uhr* ③ zurückspulen *Film, Tonband*

re·wound [ˌriː'waʊnd] *2. und 3. Form von* **rewind**

rhe·tori·cal [rɪ'tɒrɪkᵊl] rhetorisch

rheu·ma·tism ['ruːmətɪzᵊm] das Rheuma, der Rheumatismus

Rhine [raɪn] *kein Plural* **the Rhine** der Rhein

rhi·no ['raɪnəʊ] (*umgangsspr*) *kurz für* **rhinoceros** das Nashorn, das Rhinozeros

rhi·noc·er·os [raɪ'nɒsᵊrəs] <*Plural* rhinoceroses> das Nashorn, das Rhinozeros

rhom·bus ['rɒmbəs, *Plural* -baɪ] <*Plural* rhombuses *oder* rhombi> der Rhombus

rhu·barb ['ruːbɑːb] der Rhabarber

rhyme [raɪm] ① der Reim ② das Gedicht; **nursery rhyme** der Kinderreim ③ **without rhyme or reason** ohne Sinn und Verstand

to **rhyme** [raɪm] [sich] reimen (**with** auf)

rhythm ['rɪðᵊm] der Rhythmus

rhyth·mic(al) ['rɪðmɪk(ᵊl)] rhythmisch

rib [rɪb] ① die Rippe; **rib cage** der Brustkorb ② **to dig** [*oder* **poke**] **someone in the ribs** jemanden in die Rippen stoßen

rib·bon ['rɪbᵊn] ① das Band ② *von Schreibmaschine:* das Farbband ③ **to tear something to ribbons** etwas zerfetzen; (*übertragen*) etwas verreißen

rice [raɪs] der Reis

rice crisp·ies [-'krɪspiːz] *Plural* die Reis-Knusperflocken

rice pud·ding der Milchreis

rich¹ [rɪtʃ] <richer, richest> ① reich, wohlhabend ② *Stil:* prächtig, großartig ③ *Essen, Wein:* schwer; **a rich diet** eine reichhaltige Kost ④ *Erde:* fruchtbar; **rich in minerals** reich an Bodenschätzen ⑤ *Farben:* satt ⑥ *Stimme:* voll, klangreich ⑦ (*übertragen*) köstlich

rich² [rɪtʃ] ① **the rich** ⚠ *Plural* die Reichen ② **riches** die Reichtümer

to **rid** [rɪd] <rid, rid> **to rid oneself of someone/something** sich jemanden/etwas vom Halse

R

schaffen; **to be rid of someone/something** jemanden/etwas los sein; **to get rid of someone/something** jemanden/etwas loswerden; **he can't get rid of the suspicion** er wird den Verdacht nicht los

rid·den[1] ['rɪdᵊn] *3. Form von* **ride**

rid·den[2] ['rɪdᵊn] **ridden by fears** angsterfüllt; **ridden by doubts** von Zweifeln geplagt

rid·dle ['rɪdl̩] das Rätsel

ride [raɪd] ① (*zu Pferd*) der Ritt; **to go for a ride** ausreiten ② (*mit dem Auto usw.*) die Fahrt; (*mit dem Fahrrad*) die Radfahrt ③ **to give someone a ride** jemanden mitnehmen; **to go for a ride in the car** eine Autofahrt machen ④ **to have a rough ride** (*übertragen*) viel durchmachen müssen; **to take someone for a ride** (*übertragen*) jemanden anschmieren

to **ride** [raɪd] <rode, ridden> ① reiten *Pferd* (**on** auf); **he rode his horse away** er ritt mit seinem Pferd weg ② fahren *Fahrrad* ③ **to ride on a bus/in a train** in einem Bus/Zug fahren ④ **to ride away** wegfahren, davonfahren

G Richtiges Konjugieren von **ride**: ride, rode, ridden — *Have you ever ridden a pony?; Tessa rode ten miles on her bicycle.*

◆ to **ride out** ① **to ride out the storm** (*auch übertragen*) den Sturm überstehen ② (*zu Pferd*) ausreiten

◆ to **ride up** *Kleid:* rutschen

rid·er ['raɪdəʳ] ① *von Pferd:* der Reiter/die Reiterin ② *von Motorrad:* der Fahrer/die Fahrerin

ridge [rɪdʒ] ① *von Stoff:* die Rippe ② der Bergrücken, der Kamm, der Grat ③ der [Dach]first ④ *von Nase:* der Rücken

ridi·cule ['rɪdɪkju:l] der Spott; **to lay oneself open to ridicule** sich lächerlich machen; **to hold someone up to ridicule** jemanden lächerlich machen

to **ridi·cule** ['rɪdɪkju:l] **to ridicule someone** jemanden verspotten

ri·dicu·lous [rɪ'dɪkjələs] lächerlich

rid·ing ['raɪdɪŋ] das Reiten

rid·ing crop die Reitgerte

rid·ing school die Reitschule

ri·fle ['raɪfl̩] das Gewehr

ri·fle range der Schießstand

rift [rɪft] ① der Spalt ② (*übertragen*) der Riss

to **rig** [rɪg] <rigged, rigged> ① auftakeln *Schiff* ② (*übertragen*) manipulieren *Wahlen* ③ **they rigged him out in a costume** sie staffierten ihn in ein Kostüm aus ④ **to rig up a tent/an aerial** ein Zelt/eine Antenne aufbauen

rig [rɪg] ① *von Schiff:* die Takelage ② **oil rig** die Ölbohrinsel

rig·ging ['rɪgɪŋ] ① *von Schiff:* die Takelung ② (*übertragen*) *von Wahlergebnissen:* die Manipulation

right[1] [raɪt] ① (*wahr, korrekt*) *Antwort, Zeit:* richtig; **right enough!** das stimmt!; **you're quite right** Sie haben ganz Recht; **to put someone right** jemanden berichtigen; **to do something the right way** etwas richtig machen; **on the right track** auf dem rechten [*oder* richtigen] Weg; **if I remember right** wenn ich mich recht erinnere; **to do something right** etwas richtig machen; **nothing is going right for me** bei mir klappt nichts ② (*moralisch gut*) recht, richtig; **it's only right** es ist nur recht und billig; **to do the right thing by someone** sich jemandem gegenüber anständig benehmen ③ (*geeignet*) richtig; **the right man for the job** der rechte Mann für die Stelle ④ (*in Ordnung*) richtig, korrekt; **to put** [*oder* **set**] **something right** etwas richtigstellen ⑤ **to feel right** sich wohl fühlen; **to be as right as rain** kerngesund sein; **to be in one's right mind** bei klarem Verstand sein ⑥ **right!** [*oder* **right-oh!**] gut, schön, okay ⑦ genau; **right in front of you** direkt vor Ihnen; **right here** genau hier ⑧ (*völlig*) ganz; **rotten right through** durch und durch verfault ⑨ **right away** sofort, schnurstracks; **right off** auf Anhieb; **right now** in diesem Augenblick

right[2] [raɪt] ① (*nicht links*) rechte(r, s); **right hand** die rechte Hand; **right, left and centre** überall ② rechts; **turn right** biegen Sie rechts ab

right[3] [raɪt] ① das Recht; **to be in the right** im Recht sein; **to know right from wrong** Recht von Unrecht unterscheiden können; **to put something to rights** etwas in Ordnung bringen ② das Anrecht, der Anspruch; **to have a right to something** einen Anspruch auf etwas haben; **right to strike** das Streikrecht; **by what right?** mit welchem Recht?; **by rights** rechtmäßig, von Rechts wegen

right[4] [raɪt] ① die rechte Seite; **to drive on the right** rechts fahren; **to keep to the right** sich rechts halten ② **the Right** (*politisch*) die Rechte ③ **in one's own right** selber, selbst

to **right** [raɪt] ① **to right a boat/box** ein Boot/einen Kasten aufrichten ② **the problem should right itself** das Problem müsste sich von selbst lösen

right an·gle der rechte Winkel; **at right angles** rechtwinklig (**to** zu)

right-an·gled ['raɪtæŋgld] rechtwinklig

right·ful ['raɪtfᵊl] ① rechtmäßig ② *Bestrafung:* gerecht

right-hand ['raɪthænd] rechte(r, s); **right-hand drive** die Rechtssteuerung; **to take the right-hand turn** rechts abbiegen; **he's my right-hand man** er ist meine rechte Hand

right-hand·ed [ˌraɪt'hændɪd] ① rechtshändig ② *Schlag:* mit der rechten Hand

right-hand·er [ˌraɪtˈhændəʳ] 1 der Rechtshänder/die Rechtshänderin 2 (*Schlag*) die Rechte

right·ly [ˈraɪtli] 1 richtig; **rightly or wrongly** ob das nun richtig ist oder nicht; **I don't rightly know** ich weiß nicht genau 2 mit [*oder* zu] Recht; **and rightly so** und zwar mit Recht

right-mind·ed [ˌraɪtˈmaɪndɪd] vernünftig

right of way das Wegerecht; *von Auto:* die Vorfahrt

right wing (*in der Politik, im Sport*) der rechte Flügel

right-wing (*politisch*) rechtsgerichtet; **right-wing extremism** der Rechtsextremismus

rig·id [ˈrɪdʒɪd] 1 starr, steif; **rigid with fear** starr vor Angst 2 (*übertragen*) unbeugsam, unnachgiebig 3 *Disziplin:* streng 4 *System:* starr

rig·or·ous [ˈrɪgᵊrəs] 1 *Maßnahmen:* rigoros 2 *Disziplin:* streng, strikt 3 *Test:* gründlich

rim [rɪm] *von Tasse usw.:* der Rand

rind [raɪnd] 1 die [Käse]rinde 2 *von Schinken:* die Schwarte 3 *von Frucht:* die Schale

ring[1] [rɪŋ] 1 *von Glocken:* der Klang, das Läuten; *von Klingel:* das Klingeln; **there was a ring at the door** es hat geläutet 2 der Anruf; **to give someone a ring** jemanden anrufen 3 (*übertragen*) der Klang; **that has the ring of truth** das klingt glaubhaft

ring[2] [rɪŋ] 1 der Ring; **to have rings round one's eyes** Ringe unter den Augen haben; **to stand in a ring** im Kreis stehen 2 der [Box]ring; *von Zirkus:* die Manege 3 (*Gruppe*) der Ring; (*wirtschaftlich*) das Kartell 4 **to run rings round someone** jemanden in die Tasche stecken

to **ring** [rɪŋ] <rang, rung> 1 *Glocke:* klingen, läuten; **the doorbell rang** es hat geläutet; **to ring for someone** nach jemandem läuten; **to ring the doorbell** an der Tür läuten 2 *Worte:* tönen, schallen, erklingen; **to ring false/true** falsch/wahr klingen 3 **my ears are ringing** mir klingen die Ohren 4 (*telefonieren*) **to ring someone up** jemanden anrufen 5 **that rings a bell** das kommt mir bekannt vor

> **G** Richtiges Konjugieren von **ring**: ring, rang, rung — *Peter rang the doorbell; has Mary rung yet?*

◆ to **ring back** **to ring [someone] back** (*telefonisch*) jemanden zurückrufen

◆ to **ring off** aufhängen, den Hörer auflegen

◆ to **ring up** **to ring someone up** jemanden anrufen

ring bind·er [ˈrɪŋbaɪndəʳ] das Ringbuch, der Ringordner

ring fin·ger [ˈrɪŋfɪŋgəʳ] der Ringfinger

ring·ing [ˈrɪŋɪŋ] *Lachen:* schallend

ring·ing tone (*am Telefon*) das Freizeichen, das Rufzeichen

ring·lead·er [ˈrɪŋliːdəʳ] der Rädelsführer/die Rädelsführerin

ring·let [ˈrɪŋlɪt] die Ringellocke

ring road [ˈrɪŋrəʊd] die Ringstraße

ring·side [ˈrɪŋsaɪd] **at the ringside** am Ring; **to have a ringside seat** einen Logenplatz haben

ring tone der Klingelton

rink [rɪŋk] die Eisbahn, die Rollschuhbahn

to **rinse** [rɪns] 1 [ab]spülen, ausspülen; **to rinse one's hands** sich die Hände abspülen 2 **to rinse something down** etwas abspülen 3 **to rinse out the clothes** die Kleider auswaschen

rinse [rɪns] 1 die Spülung 2 (*Haarfarbe*) die Tönung

riot [ˈraɪət] 1 der Aufstand, der Aufruhr; **riot squad** das Überfallkommando 2 (*Tumult*) der Krawall 3 **to run riot** randalieren; *Pflanzen:* wuchern 4 **to be a riot** zum Schreien sein

to **riot** [ˈraɪət] randalieren

ri·ot·er [ˈraɪətəʳ] der Aufrührer/die Aufrührerin, der Unruhestifter/die Unruhestifterin

riot gear die Schutzausrüstung

riot·ing [ˈraɪətɪŋ] **rioting in the streets** die Straßenkrawalle

rip [rɪp] der Riss, der Schlitz

to **rip** [rɪp] <ripped, ripped> 1 **to rip something** einen Riss in etwas machen, etwas zerreißen; **to rip a parcel open** ein Paket aufreißen 2 *Stoff:* reißen 3 **to let rip** loslegen

◆ to **rip down** herunterreißen

◆ to **rip off** 1 abreißen 2 (*umgangsspr*) **to rip someone off** jemanden neppen

◆ to **rip out** herausreißen

◆ to **rip up** zerreißen

ripe [raɪp] 1 *Obst:* reif; *Käse, Wein:* ausgereift 2 (*übertragen*) **to be ripe for something** reif für etwas sein; **to live to a ripe old age** ein hohes Alter erreichen ► WENDUNGEN: **the time is ripe** die Zeit ist gekommen

to **rip·en** [ˈraɪpᵊn] 1 reifen 2 **to ripen a pear** eine Birne reifen lassen

rip-off [ˈrɪpɒf] der Wucher, der Nepp, der Schwindel

to **rise** [raɪz] <rose, risen> 1 sich erheben; *Rauch usw.:* aufsteigen 2 *Preis:* ansteigen 3 *Lift:* hochfahren, nach oben fahren 4 *Vorhang:* sich heben 5 *Mond:* aufgehen 6 *Sturm:* aufkommen 7 *Stimme:* höher werden 8 *Gebäude:* entstehen 9 *Hoffnung:* steigen, wachsen, zunehmen 10 *Berg:* sich erheben 11 **to rise up** aufstehen; (*auch übertragen*) sich erheben 12 **to rise to the surface** an die Oberfläche kommen

rise [raɪz] 1 *von Sonne:* der Aufgang; *von Vorhang:* das Aufgehen 2 *von Preisen:* der Anstieg; *von Temperatur:* die Zunahme; **a rise in the population** ein Bevölkerungszuwachs 3 (*Hügel*) die Erhebung, die Steigung 4 **[pay] rise** die Gehaltserhöhung 5 **crime is on the**

R

rise die Verbrechensrate ist ansteigend ⑥ **to give rise to speculation** Anlass zu Spekulation geben

ris·en ['rɪzn] *3. Form von* **rise**

ris·er ['raɪzəʳ] **early riser** der Frühaufsteher/die Frühaufsteherin; **late riser** der Spätaufsteher/die Spätaufsteherin

ris·ing[1] ['raɪzɪŋ] ① *Kosten, Temperatur:* steigend ② *Sonne:* aufgehend ③ *Wind:* aufkommend ④ *Wut:* wachsend ⑤ **she's rising twelve** sie ist fast zwölf

ris·ing[2] ['raɪzɪŋ] der Aufstand

risk [rɪsk] ① die Gefahr; **at one's own risk** auf eigene Gefahr; **at the risk of his life** unter Einsatz seines Lebens; **children at risk** die gefährdeten Kinder; **to put someone at risk** jemanden gefährden ② das Risiko; **to take** [*oder* **run**] **a risk doing something** ein Risiko eingehen, etwas zu tun

to **risk** [rɪsk] riskieren; **to risk one's life** sein Leben aufs Spiel setzen

risky ['rɪski] riskant, gewagt

ritu·al ['rɪtjuəl] das Ritual; **religious ritual** die religiösen Riten

ri·val[1] ['raɪvᵊl] ① der Rivale/die Rivalin ② **business rival** der Konkurrent/die Konkurrentin

ri·val[2] ['raɪvᵊl] konkurrierend

ri·val·ry ['raɪvᵊlri] die Rivalität; (*wirtschaftlich*) die Konkurrenz

riv·er ['rɪvəʳ] ① der Fluss, der Strom ② **down river** flussabwärts; **up river** flussaufwärts

riv·er bed das Flussbett

riv·er po·lice die Wasserpolizei

riv·er·side ['rɪvəsaɪd] das Flussufer; **on the riverside** am Fluss

riv·et·ing ['rɪvɪtɪŋ] (*übertragen*) fesselnd

RN [ˌɑːr'en] GB *Abkürzung von* **Royal Navy** die Königliche Marine

road [rəʊd] ① die Straße; **is this the road to ...?** geht es hier nach ...?; **by road** *von Gütern:* per Spedition; *von Menschen:* mit dem Auto/Bus; **just across the road** gerade gegenüber ② **the car is off the road** das Auto hat eine Panne; **to be on the road** unterwegs sein; *von Theatergruppe usw.:* auf Tournee sein ③ (*übertragen*) der Weg; **to be on the right road** auf dem richtigen Weg sein; **on the road to success** auf dem Weg zum Erfolg

> **G** **road** wird für Verkehrsstraßen außerhalb der Städte und Dörfer gebraucht: *which is the road to Bristol?; take care when crossing the main road;* **street** wird für Straßen mit Häusern und Geschäften in Städten und Dörfern gebraucht: *you'll find lots of shops in the high street; she lives in the same street as her grandmother*

road ac·ci·dent der Verkehrsunfall

road·block die Straßensperre

road con·struc·tion *kein Plural* der Straßenbau

road haul·age die Spedition

road hog (*umgangsspr*) der Verkehrsrowdy

road map die Straßenkarte, die Autokarte

road rage die aggressive Fahrweise

road safe·ty die Verkehrssicherheit

road·side ['rəʊdsaɪd] der Straßenrand

road sign das Verkehrszeichen, das Straßenschild

road sweep·er der Straßenkehrer/die Straßenkehrerin

road us·er der Verkehrsteilnehmer/die Verkehrsteilnehmerin

road·works ['rəʊdwɜːks] *Plural* die Straßenbauarbeiten

to **roam** [rəʊm] ① **to roam about** umherschweifen, herumwandern ② **to roam the streets** herumstreunen

to **roar** [rɔːʳ] ① *Tier, Mensch:* brüllen; **to roar with laughter** vor Lachen brüllen; **to roar at someone** jemanden anbrüllen ② *Feuer:* prasseln ③ *Wind:* heulen ④ *Wasser:* tosen ⑤ *Donner:* toben ⑥ *Gewehr:* donnern

roar [rɔːʳ] ① *von Löwe:* das Gebrüll ② *von Feuer:* das Prasseln ③ *von Wind:* das Heulen ④ *von Wasser:* das Tosen ⑤ *von Sturm:* das Toben, das Heulen ⑥ **roars of laughter** das brüllende Gelächter

roar·ing ['rɔːrɪŋ] ① *Löwe:* brüllend (**with** vor) ② *Sturm, Wasser:* donnernd, tosend ③ *Feuer:* prasselnd ④ **a roaring success** ein durchschlagender Erfolg; **to do a roaring trade** ein Riesengeschäft machen

to **roast** [rəʊst] ① braten *Fleisch* ② rösten *Kaffee* ③ (*übertragen umgangsspr*) *Mensch:* irrsinnig schwitzen, in der Sonne braten

roast[1] [rəʊst] der Braten; **pork roast** der Schweinebraten

roast[2] [rəʊst] gebraten; **roast pork** der Schweinebraten

roast beef das Roastbeef

roast chick·en das Brathuhn

roast·ing ['rəʊstɪŋ] glühend heiß

to **rob** [rɒb] <robbed, robbed> ① ausrauben *Bank* ② berauben *Person;* **she's been robbed** sie ist bestohlen worden; **to rob someone of something** jemanden einer Sache berauben, jemandem etwas wegnehmen

rob·ber ['rɒbəʳ] der Räuber/die Räuberin

rob·bery ['rɒbᵊri] der Raub; **bank robbery** der Bankraub

robe [rəʊb] ① die Robe; *von Richter usw.:* der Talar ② USA der Morgenmantel, der Bademantel

rob·in ['rɒbɪn], **rob·in red·breast** [ˌrɒbɪn'redbrest] das Rotkehlchen

ro·bot ['rəʊbɒt] der Roboter

rock[1] [rɒk] ① das Gestein, der Fels[en] ② der Felsbrocken, der große Stein; **falling rocks** der Steinschlag; **as solid as a rock** massiv wie ein Fels; (*übertragen*) *Mensch:* unerschütterlich

③ die Lutschstange, der Kandis ④ **on the rocks** *Getränk:* mit Eiswürfeln; *Heirat:* kaputt

rock[2] [rɒk] **rock music** der Rock, die Rockmusik; **rock 'n' roll** der Rock and Roll

to **rock** [rɒk] ① **to rock a baby** ein Kind wiegen; **to rock someone to sleep** jemanden in den Schlaf wiegen ② rütteln, erschüttern, ins Wanken bringen ③ **to rock the boat** (*übertragen*) für Unruhe sorgen ④ schaukeln ⑤ schwanken; *Schiff:* schlingern ⑥ *Musik:* rocken ⑦ **to rock with laughter** sich schütteln vor Lachen

rock band *mit Singular oder Plural* die Rockband

rock-bottom [ˌrɒk'bɒtəm] der Tiefpunkt, der Nullpunkt; **rock-bottom prices** die Tiefstpreise

rock climb·er der Bergsteiger/die Bergsteigerin

rock climb·ing das Klettern, der Klettersport

rock·er ['rɒkə^r] ▶WENDUNGEN: **to be** [*oder* **go**] **off one's rocker** (*umgangsspr*) übergeschnappt sein, überschnappen

rock·ery ['rɒk^{ə}ri] der Steingarten

rock·et ['rɒkɪt] die Rakete

to **rock·et** ['rɒkɪt] *Preise:* rasch steigen, hochschnellen

rock·fall der Steinschlag

rock·ing ['rɒkɪŋ] schaukelnd

rock·ing chair der Schaukelstuhl

rock·ing horse das Schaukelpferd

rock mu·sic ['rɒk'mjuːzɪk] die Rockmusik

rock salt das Steinsalz

rock star ['rɒkstɑː^r] der Rockstar

rocky ['rɒki] felsig, steinig

Rocky Moun·tains *Plural* **the Rocky Mountains** die Rocky Mountains

rod [rɒd] ① die Rute, die Gerte; **fishing rod** die Angelrute ② der Stab, die Stange

rode [rəʊd] *2. Form von* **ride**

ro·dent ['rəʊd^{ə}nt] das Nagetier

roe[1] [rəʊ] der [Fisch]rogen

roe[2] [rəʊ] **roe deer** das Reh

rog·er ['rɒdʒə^r] (*beim Funkverkehr*) verstanden

rogue [rəʊg] der Schuft, der Schurke, der Strolch, der Schlingel

role [rəʊl] (*auch übertragen*) die Rolle; **leading role** die Hauptrolle; **title role** die Titelrolle

role mod·el das Rollenbild

role play das Rollenspiel

role re·ver·sal der Rollentausch

roll [rəʊl] ① *von Papier:* die Rolle ② *von Stoff:* der Ballen ③ *von Banknoten:* das Bündel ④ **bread roll** das Brötchen ⑤ (*Bewegung*) das Rollen; **to do a roll** eine Rolle machen ⑥ *von Donner:* das Rollen, das Brausen ⑦ **a roll of film** eine Rolle Film ⑧ **to be on a roll** eine Glückssträhne haben ⑨ **roll of honour** die Ehrenliste; **to strike someone's name off the rolls** jemandes Namen von der Liste streichen

to **roll** [rəʊl] ① *auch Augen, Wogen:* rollen; **to roll down the hill** den Berg hinunterkugeln ② *Trommel:* wirbeln ③ *Schiff:* schlingern ④ *Donner:* grollen ⑤ **he's rolling in money** er schwimmt im Geld ⑥ **to roll something between one's fingers** etwas zwischen den Fingern drehen; drehen *Zigarette* ⑦ ausrollen *Teig* ⑧ **rolled oats** die Haferflocken ⑨ **to roll one's r's** das R rollen

◆ to **roll back** ① zurückrollen *Teppich* ② **to roll back the years** die Uhr zurückdrehen

◆ to **roll by** ① *Auto:* vorbeirollen ② *Wolken:* vorbeiziehen ③ *Jahre:* dahinziehen

◆ to **roll in** *Briefe, Geld, Ideen:* hereinströmen

◆ to **roll on** ① weiterrollen ② *Zeit:* verfliegen

◆ to **roll out** ① ausrollen *Teig* ② **to roll out the red carpet for someone** (*übertragen*) für jemanden den roten Teppich ausrollen

◆ to **roll over** ① herumrollen ② *Fahrzeug:* umkippen ③ *Person:* sich umdrehen; **to roll something over** etwas umdrehen

◆ to **roll up** ① **to roll up a carpet** einen Teppich aufrollen/zusammenrollen ② hochkrempeln *Ärmel* ③ kommen, erscheinen; **roll up! roll up!** treten Sie näher!

roll bar *von Auto:* der Überrollbügel

roll call ['rəʊlkɔːl] der Namensaufruf

roll·er ['rəʊlə^r] ① die Rolle, die Walze ② **pastry roller** das Nudelholz ③ **hair roller** der Lockenwickler; **to put one's hair in rollers** sich die Haare aufdrehen ④ (*Welle*) der Brecher

roll·er blind das Springrollo

roll·er coast·er die Achterbahn, die Berg-und-Tal-Bahn

roll·er skate ['rəʊlə skeɪt] der Rollschuh

to **roll·er-skate** ['rəʊləskeɪt] Rollschuh laufen

roll·er-skat·ing *kein Plural* das Rollschuhlaufen

roll·ing news die 24-Stunden-Nachrichten

roll·ing pin das Nudelholz, die Teigrolle

roll-neck ['rəʊlnek] der Rollkragen

ROM [rɒm] *Abkürzung von* **Read Only Memory** der/das ROM

Ro·man[1] ['rəʊmən] römisch; **Roman numerals** die römischen Ziffern

Ro·man[2] ['rəʊmən] der Römer/die Römerin

Ro·man Catho·lic[1] römisch-katholisch

Ro·man Catho·lic[2] der Katholik/die Katholikin

ro·mance[1] [rə(ʊ)'mæn(t)s] ① die Romanze ② die Liebesgeschichte, der Ritterroman, der Abenteuerroman, der Liebesroman ③ (*übertragen*) die Romantik

ro·mance[2] [rə(ʊ)'mæn(t)s] **Romance languages** die romanischen Sprachen

Ro·ma·nia [rʊ'meɪniə] Rumänien

Ro·ma·nian[1] [rʊ'meɪniən] rumänisch

Ro·ma·nian[2] [rʊ'meɪniən] ① der Rumäne/die Rumänin ② (*Sprache*) Rumänisch, das Rumänische

ro·man·tic[1] [rə(ʊ)'mæntɪk] ① romantisch ② (*übertragen*) romantisch veranlagt

R

ro·man·tic² [rə(ʊ)'mæntɪk] der Romantiker/die Romantikerin

Rome [rəʊm] Rom

roof [ruːf] ① das Dach ② **the roof of the mouth** der Gaumen ③ **to raise the roof** [etwas tun,] dass die Wände wackeln

roof gar·den der Dachgarten

roof rack *von Auto:* der Dachgepäckträger

rook [rʊk] ① die Saatkrähe ② (*beim Schach*) der Turm

rookie ['rʊki] (USA) (*slang*) der Neuling, der Grünschnabel

room [ruːm] ① das Zimmer, der Raum; **rooms to let** Zimmer zu vermieten; **room and board** die Unterkunft und Verpflegung ② der Platz; **there is room for two** es ist genügend Platz für zwei; **to make room for someone** jemandem Platz machen ③ (*übertragen*) der Spielraum; **there is no room for doubt** es kann keinen Zweifel geben; **there is room for improvement** es ließe sich noch manches verbessern

room·ful ['ruːmfʊl] **a roomful of people** ein Zimmer voll[er] Leute

room·mate der Zimmergenosse/die Zimmergenossin

room ser·vice der Zimmerservice

roomy ['ruːmi] geräumig

roost·er ['ruːstə^r] der Hahn

root [ruːt] ① *von Pflanze, Haar, Zahn:* die Wurzel; **by the roots** mit der Wurzel; **to take root** Wurzeln schlagen ② (*übertragen*) die Grundlage, die Ursache; **the root of the matter** der Kern der Sache; **to get to the root of the problem** dem Problem auf den Grund gehen, das Problem bei den Wurzeln packen ③ **to have no roots** nirgends zu Hause sein; **to put down roots in a country** in einem Land Fuß fassen

to **root** [ruːt] ① Wurzeln schlagen ② **the problem is deeply rooted** das Problem ist tief verwurzelt ③ **to root something out** etwas mit der Wurzel ausreißen; (*übertragen*) etwas aufspüren

> **L** **Root beer** nennt man eine amerikanische Art Limonade mit verschiedenen Wurzelextrakten. Daraus kann man auch einen **root beer float** machen: man gibt Milchspeiseeis in das root beer und trinkt es mit einem Strohhalm.

root veg·eta·ble das Wurzelgemüse

rope [rəʊp] ① das Seil; *von Schiff:* das Tau ② **to know the ropes** sich auskennen; **to show someone the ropes** jemanden in alles einweihen

to **rope** [rəʊp] ① **to rope something** etwas verschnüren ② mit dem Lasso fangen *Tier* ③ (*übertragen*) **to rope someone in** jemanden einspannen ④ **to rope an area off** ein Gebiet mit einem Seil absperren

rope lad·der die Strickleiter

ropey, ropy ['rəʊpi] (*slang*) miserabel, mitgenommen; **I feel a bit ropey** mir geht's nicht so gut [*oder* nicht besonders]

rose¹ [rəʊz] *2. Form von* **rise**

rose² [rəʊz] ① die Rose ② (*Farbe*) das Rosa

rose³ [rəʊz] rosa[rot]

rose·bud die Rosenknospe

rose·bush der Rosenstrauch

rose gar·den der Rosengarten

rose·hip die Hagebutte

rose·mary ['rəʊzmᵊri] der Rosmarin

ros·ter ['rɒstə^r] der Dienstplan

rosy ['rəʊzi] ① rosarot, rosig ② *Zukunft, Aussichten:* rosig

to **rot** [rɒt] <rotted, rotted> ① faulen; **to rot away** verfaulen, vermodern ② (*übertragen*) verkommen, verderben

rot [rɒt] ① die Fäulnis, der Moder ② **dry rot** die Trockenfäule

rota ['rəʊtə] (GB) der Dienstplan

rota sys·tem das Rotationsprinzip

to **ro·tate** [rə(ʊ)'teɪt] ① [sich] drehen; **to rotate a wheel** ein Rad rotieren lassen ② (*übertragen*) [sich] turnusmäßig [ab]wechseln; **to rotate jobs** Aufgaben turnusmäßig erledigen; **to rotate crops** im Fruchtwechsel anbauen

ro·ta·tion [rə(ʊ)'teɪʃᵊn] ① die Umdrehung, die Rotation ② (*übertragen*) der turnusmäßige Wechsel; **by** [*oder* **in**] **rotation** abwechselnd, im Turnus

rot·ten ['rɒtᵊn] ① *Zahn, Ei:* faul ② *Holz:* morsch ③ *Früchte:* verdorben ④ (*übertragen*) korrupt, verdorben ⑤ *Wetter, Zustand:* mies ⑥ **what rotten luck!** so ein Pech!

rough¹ [rʌf] <rougher, roughest> ① rau; *Gelände:* uneben; *Straße:* holprig; *See:* rau, stürmisch ② *Geschmack:* rau; *Wein:* sauer ③ *Ton:* hart; *Worte:* grob, hart ④ *Benehmen:* ungehobelt, roh; *Behandlung:* grob, hart; **to be rough with someone** grob mit jemandem umgehen ⑤ *Sport:* hart ⑥ *Rechnung:* grob, ungefähr ⑦ *Entwurf, Manuskript:* roh; **rough book** (*in der Schule*) das Schmierheft; **rough copy** das Konzept; **rough paper** das Konzeptpapier ⑧ **he had a rough time** (*umgangsspr*) er hat eine schlimme Zeit durchgemacht ⑨ **she feels rough today** (*umgangsspr*) heute fühlt sie sich mies

rough² [rʌf] **to take the rough with the smooth** die Dinge nehmen, wie sie kommen

to **rough** [rʌf] ① **to rough it** primitiv leben ② **to rough out a plan** einen Plan grob entwerfen ◆ to **rough up** ① zerzausen *Haar* ② **to rough someone up** jemanden zusammenschlagen

rough-and-tum·ble die Balgerei, die Schlägerei

to **rough·en** ['rʌfᵊn] ① **to roughen something** et-

R

was uneben machen, etwas rau machen ② *Haut:* rau werden ③ *Ton:* hart werden

rough·ly ['rʌfli] ① rau, grob, barsch ② ungefähr ③ **roughly speaking** grob geschätzt

round[1] [raʊnd] <rounder, roundest> ① rund ② *Figur:* rundlich ③ **round figure** [*oder* **number**] die runde Zahl

round[2] [raʊnd] ① *von Verhandlungen:* die Runde; **round of talks** die Gesprächsrunde ② (*Rundgang*) *von Polizei:* die Runde; **the postman's making his rounds** der Briefträger macht seine Runde ③ (*beim Sport, Spiel*) die Runde; **a round of golf** eine Runde Golf ④ (*in der Musik*) der Kanon ⑤ **a round of toast** eine Scheibe Toast ⑥ **to pay for a round** [**of drinks**] eine Runde bezahlen ⑦ **a round of applause** der Applaus ⑧ **a round of ammunition** eine Ladung

round[3] [raʊnd] ① herum, ringsherum, rundherum; **all** [*oder* **right**] **round** ganz herum; **round and round** rundherum; **the long way round** der längere Weg ② **the other way round** umgekehrt ③ **he'll be round at 2 o'clock** er wird um 2 Uhr da sein ④ **for the second time round** zum zweiten Mal; **all** [**the**] **year round** das ganze Jahr über ⑤ **taking things all round** [*oder* **taken all round**] insgesamt gesehen, wenn man alles zusammennimmt ⑥ um ... herum; **round the table** um den Tisch; **all round the house** im ganzen Haus; **to go round a corner** um eine Kurve [*oder* Ecke] gehen; **to look round a house** sich ein Haus ansehen; **to show someone round a town** jemandem eine Stadt zeigen; **she's doing a tour round the world** sie macht eine Weltreise; **does he live round here?** wohnt er hier in der Nähe? ⑦ ungefähr; **round** [**about**] **4 o'clock** ungefähr um 4 Uhr; **somewhere round £50** so um die 50 Pfund

to **round** [raʊnd] ① runden, rund machen *Lippen, Rücken* ② **to round the corner** um die Ecke biegen

◆ to **round down** abrunden *Preis*

◆ to **round off** ① abrunden *Preis, Zahl* ② beschließen *Mahlzeit*

◆ to **round up** ① zusammentrommeln *Leute;* hochnehmen *Verbrecher* ② zusammentreiben *Vieh* ③ aufrunden *Preis, Zahl*

round·about[1] ['raʊndəˌbaʊt] ① **roundabout route** der Umweg; **by roundabout means** auf Umwegen ② **what a roundabout way of doing things!** wie kann man nur so umständlich sein!

round·about[2] ['raʊndəˌbaʊt] ① das Karussell ② (GB) der Kreisverkehr, der Kreisel

round-the-clock rund um die Uhr

round trip die Rundreise; (USA) die Hin- und Rückfahrt

round-trip tick·et (USA) die Rückfahrkarte

round-up ['raʊndʌp] **a round-up of the news** eine Zusammenfassung der Nachrichten

rous·ing ['raʊzɪŋ] ① *Applaus:* stürmisch ② *Rede:* zündend, mitreißend ③ *Musik:* schwungvoll

route [ruːt] ① die Strecke, die Route ② **bus route** die Buslinie ③ **he has a paper route** (USA) er trägt Zeitungen aus

rou·tine[1] [ruː'tiːn] die Routine; **as a matter of routine** routinemäßig

rou·tine[2] [ruː'tiːn] ① Routine-, gewohnheitsmäßig; **routine search** die Routinedurchsuchung ② **it's routine procedure** es ist Routine ③ **routine duties** die täglichen Pflichten

row[1] [rəʊ] die Reihe; **in rows** reihenweise; **to stand in a row** sich anstellen, in einer Reihe stehen

row[2] [rəʊ] die Ruderfahrt, die Ruderstrecke; **to go for a row** rudern gehen

row[3] [raʊ] ① der Lärm, der Krach ② der Streit; **to have a row with someone** mit jemandem Krach haben

to **row**[1] [rəʊ] rudern; **to row someone across a river** jemanden einen Fluss hinüberrudern

to **row**[2] [raʊ] sich streiten

row·boat ['rəʊbəʊt] (USA) das Ruderboot

row·dy ['raʊdi] laut, randalierend

row·er ['rəʊəʳ] der Ruderer/die Ruderin

row house (USA) das Reihenhaus

row·ing ['rəʊɪŋ] das Rudern, der Rudersport

row·ing boat ['rəʊɪŋbəʊt] (GB) das Ruderboot

row·ing club der Ruderklub

roy·al[1] ['rɔɪəl] königlich

roy·al[2] ['rɔɪəl] (*umgangsspr*) das Mitglied der königlichen Familie

> **L** Die **Royal Academy of Arts** wurde 1768 von Künstlern (Maler, Bildhauer und Architekten) gegründet. Sie ist eine unabhängige, privat finanzierte Institution. Neben ganz unterschiedlichen hochqualitativen Ausstellungen stellt sie jedes Jahr Werke von zeitgenössischen Künstlern in der *Summer Exhibition* (Sommerausstellung) aus. Jeder kann Werke einreichen, eine Jury trifft die Auswahl. Die **Royal Academy** hat ihren Sitz im *Burlington House* in Piccadilly, London.

Roy·al Air Force *kein Plural, mit Singular oder Plural* (GB) **the Royal Air Force** die Königliche Luftwaffe

Roy·al High·ness His Royal Highness Seine Königliche Hoheit; **Your Royal Highness** Eure Königliche Hoheit

roy·al·ist ['rɔɪəlɪst] der Royalist/die Royalistin

Roy·al Navy *kein Plural, mit Singular oder Plural* (GB) **the Royal Navy** die Königliche Marine

> **L** Die 1662 gegründete **Royal Society** (kurz für *Royal Society of London for the Promotion of Natural Knowledge*) ist die angesehenste und

auch älteste wissenschaftliche Gesellschaft in Großbritannien. Heutzutage wird die Aufnahme in die **Royal Society** als eine der höchsten Auszeichnungen angesehen, die ein Wissenschaftler erhalten kann.

roy·al·ty ['rɔɪəlti] ① die Mitglieder des Königshauses ② **royalties** die Tantiemen

RSPCA [ˌɑːesˌpiːsiː'eɪ] *kein Plural, mit Singular oder Plural* GB *Abkürzung von* **Royal Society for the Prevention of Cruelty to Animals** ≈ der Tierschutzverein

RSVP [ˌɑːesviː'piː] *Abkürzung von* **répondez s'il vous plaît** u. A. w. g.

rub [rʌb] das Reiben; **to give something a rub** etwas reiben

to **rub** [rʌb] <rubbed, rubbed> ① reiben (**on/against** an); **to rub one's hands** [**together**] sich die Hände reiben ② **to rub oneself with a lotion** sich mit einer Lotion einreiben; **to rub something dry** etwas trockenreiben ③ **to rub shoulders with someone** mit jemandem in Berührung kommen

◆ to **rub down** ① **to rub something down** etwas abreiben ② striegeln *Pferd*

◆ to **rub in** ① einreiben *Salbe* ② **to rub it in** (*übertragen*) darauf herumreiten

◆ to **rub off** ① *Schmutz:* abgehen; **to rub dirt off** den Schmutz wegreiben ② *Farbe:* abreiben ③ **to rub off on someone** (*übertragen*) auf jemanden abfärben

◆ to **rub out** **to rub an error out** einen Fehler ausradieren

◆ to **rub up** ① **to rub something up** etwas blank reiben ② **to rub someone up the wrong way** (*übertragen*) bei jemandem anecken

rub·ber ['rʌbəʳ] ① der Gummi ② GB der Radiergummi ③ USA (*umgangsspr*) das Kondom

rub·ber ball der Gummiball

rub·ber band das Gummiband

rub·ber boots *Plural* die Gummistiefel

rub·ber bul·let das Gummigeschoss

rub·ber gloves *Plural* die Gummihandschuhe

rub·ber tree der Kautschukbaum

rub·bery ['rʌbᵊri] gummiartig; *Fleisch:* zäh

rub·bish ['rʌbɪʃ] ① der Abfall, die Abfälle; **household rubbish** der Hausmüll ② (*übertragen*) der Blödsinn; **don't talk rubbish!** red keinen Quatsch!

rub·bish bin der Abfalleimer, der Mülleimer

rub·bish chute der Müllschlucker

rub·bish col·lec·tion die Müllabfuhr

rub·bish con·tain·er GB der Müllcontainer

rub·bish dump die Müllkippe

rub·bish tip die Müllkippe

rub·bishy ['rʌbɪʃi] wertlos; (*umgangsspr*) blödsinnig

rub·ble ['rʌbl̩] die Trümmer

ru·bel·la [ruː'belə] *kein Plural* die Röteln

ruby[1] ['ruːbi] der Rubin

ruby[2] ['ruːbi] rubinrot

ruck·sack ['rʌksæk] der Rucksack

rud·der ['rʌdəʳ] das Ruder

rud·der·less ['rʌdələs] ohne Ruder; (*übertragen*) führungslos

rud·dy ['rʌdi] *Gesichtsfarbe:* rot, gesund

rude [ruːd] ① *Person:* unhöflich, unverschämt, grob ② *Witz:* unanständig ③ **it's rude to stare** man starrt andere Leute nicht an; **a rude awakening** ein böses Erwachen

ru·di·men·ta·ry [ˌruːdɪ'mentᵊri] elementar; **rudimentary knowledge** die Grundkenntnisse

to **ruf·fle** ['rʌfl̩] ① kräuseln; **the bird ruffled up its feathers** der Vogel plusterte sich auf ② zerzausen *Haare* ③ **she's easily ruffled** man bringt sie leicht aus der Fassung

rug [rʌg] ① der Teppich; **bedside rug** der Bettvorleger ② die Wolldecke

rug·by ['rʌgbi] das Rugby

rug·ged ['rʌgɪd] ① *Grund:* felsig; *Landschaft:* rau ② *Fels:* zerklüftet ③ *Gesicht:* markig

ruin ['ruːɪn] ① *von Gebäude:* der Verfall; **to go** [*oder* **fall**] **to ruin** verfallen ② **ruins** *Plural* die Ruinen, die Trümmer ③ der Ruin; *von Hoffnung:* das Ende; **she's facing ruin** sie steht vor dem Ruin

to **ruin** ['ruːɪn] ① verwüsten, zerstören *Gebäude, Leben* ② ruinieren *Ruf* ③ verderben *Kind, Gesundheit* ④ **to be ruined** (*finanziell*) ruiniert sein

rule [ruːl] ① die Regel; *von Spielen:* die Spielregel; **as a rule** in der Regel; **against the rules** regelwidrig; **to play by the rules** die Spielregeln einhalten; **to make it a rule to do something** es sich zur Regel machen, etwas zu tun ② (*Verwaltung*) die Vorschrift, die Bestimmung; **it's a rule that ...** es ist Vorschrift, dass ... ③ die Herrschaft, die Regierungszeit; **the rule of law** die Rechtsstaatlichkeit

to **rule** [ruːl] ① *Monarch, Diktator:* regieren, herrschen über ② **he's ruled by jealousy** er wird von Eifersucht beherrscht ③ *Gericht:* entscheiden; **to rule in favour of/against someone** zugunsten von jemandem/gegen jemanden entscheiden ④ linieren *Papier*

◆ to **rule off** ausmessen; ziehen *Linie*

◆ to **rule out** ① **to rule out a mistake** einen Fehler ausschließen ② **to rule out an idea/a plan** eine Idee/einen Plan unmöglich machen

rule·book ['ruːlbʊk] das Regelheft, das Vorschriftenbuch

rul·er[1] ['ruːləʳ] der Herrscher (**of** über)

rul·er[2] ['ruːləʳ] das Lineal

rul·ing[1] ['ruːlɪŋ] ① *Meinung:* herrschend; *Charakterzug:* vorherrschend ② **the ruling class**

die herrschende Klasse; **the ruling party** die Regierungspartei

rul·ing² ['ru:lɪŋ] *von Gericht, Richter:* die Entscheidung

rum [rʌm] der Rum

Ru·ma·nia [rʊ'meɪniə] *kein Plural* Rumänien

Ru·ma·nian¹ [rʊ'meɪniən] rumänisch

Ru·ma·nian² [rʊ'meɪniən] ① der Rumäne/die Rumänin ② (*Sprache*) Rumänisch, das Rumänische

to **rum·ble** ['rʌmbl̩] ① *Donner:* grollen ② *Magen:* knurren

rum·ble ['rʌmbl̩] *von Donner:* das Grollen; *von Magen:* das Knurren

rum·bling ['rʌmblɪŋ] *von Donner:* das Grollen; *von Magen:* das Knurren

rum·my ['rʌmi] (*Kartenspiel*) das Rommee

ru·mour, USA **ru·mor** ['ru:məʳ] das Gerücht (**of** über); **there is a rumour of war** es gehen Kriegsgerüchte um

to **ru·mour** ['ru:məʳ] **it is rumoured that ...** es geht das Gerücht um, dass ..., man munkelt, dass ...

rump [rʌmp] **rump steak** das Rumpsteak

run [rʌn] ① (*auch im Sport*) der Lauf; **to break into a run** zu laufen anfangen; **to make a run for it** abhauen; **on the run [from the police]** auf der Flucht [vor der Polizei] ② (*mit Fahrzeug*) die Fahrt, der Ausflug; **to go for a run in the car** eine Spazierfahrt im Auto machen ③ (*bekannte Straße*) die Strecke ④ die Reihe, die Serie; **to have a long run** viele Aufführungen erleben; **a run of luck** eine Glückssträhne ⑤ die Tendenz; **the ordinary run of things** der normale Gang der Dinge ⑥ (*wirtschaftlich*) der Ansturm, der Run (**on** auf) ⑦ (*für Tiere*) das Gehege ⑧ **ski run** die Bahn ▶ WENDUNGEN: **he has had a good run for his money** er hat was für sein Geld bekommen; **to give someone the run of one's house** jemandem sein Haus überlassen; **in the short run** fürs Nächste; **in the long run** auf [die] Dauer

to **run** [rʌn] <ran, run> ① laufen, rennen; **he came running out** er kam herausgelaufen; **to run for the bus** zum Bus laufen; **she ran to help him** sie kam ihm schnell zu Hilfe ② (*Leistungssport*) laufen; **to run a race** ein Rennen laufen; **to run [in] the 100 metres** die 100 Meter laufen; **to run 2 km** 2 km laufen ③ davonlaufen, wegrennen; **to run for one's life** um sein Leben rennen ④ *Fahrzeug:* rollen, gleiten ⑤ **he runs a car** er fährt ein Auto ⑥ fahren, bringen *Personen;* **he ran her home** er brachte sie nach Hause ⑦ *Verkehrsmittel:* verkehren; **it runs on wheels** es fährt auf Rädern; **the buses run once an hour** die Busse fahren stündlich; **all planes are running late** alle Flugzeuge haben Verspätung ⑧ führen, leiten *Hotel;* **to run a company** ein Unternehmen leiten; **to run a store** ein Geschäft haben ⑨ *Wasser:* laufen; *Augen:* tränen; **tears ran down her cheeks** Tränen liefen ihr übers Gesicht; **to run [water into] a bath** Wasser in die Badewanne einlaufen lassen ⑩ *Farbe:* zerfließen, ineinanderfließen ⑪ *Strom, Gewässer:* fließen, strömen; **to run dry** austrocknen; **the river runs into the sea** der Fluss mündet ins Meer ⑫ *Straße:* führen, gehen; *Berge:* sich ziehen, sich erstrecken; **a wall runs round the garden** um den Garten führt eine Mauer ⑬ (*funktionieren*) *Fabrik:* arbeiten; *Geschäft, Maschine:* gehen, laufen, in Betrieb sein; betreiben *Maschine;* **the radio runs off the mains** das Radio läuft auf Netz ⑭ sich aufstellen lassen; aufstellen *Kandidaten;* **to run for President** für die Präsidentschaft kandidieren ⑮ *Worte:* lauten; **the wording ran as follows** es lautete folgendermaßen ⑯ *Neuigkeit:* umgehen; **a rumour ran through the school** ein Gerücht ging in der Schule um ⑰ **the affair has run its course** diese Sache ist jetzt zu Ende; **the idea ran through my head** der Gedanke ging mir durch den Kopf; **so the story runs** so heißt es; **to run down the list** die Liste durchgehen; **to run one's eye over a page** eine Seite überfliegen ⑱ **to run a film** einen Film zeigen ⑲ *Körper:* **to run with sweat** schweißüberströmt sein; **to run a fever** Fieber haben; **to run one's fingers through one's hair** sich mit den Fingern durch die Haare fahren ⑳ **a shiver ran down her spine** es lief ihr kalt den Rücken hinunter; **his blood ran cold** das Blut gefror ihm in den Adern ㉑ **it runs in the family** es liegt in der Familie ㉒ **to run someone off his feet** jemanden ständig auf Trab halten; **to run one's own life** sein eigenes Leben führen

R

G Richtiges Konjugieren von **run**: run, ran, run — *Rupert ran to the door; Mrs Smith has run the shop for ten years.*

◆ to **run about** herumlaufen, umherlaufen

◆ to **run across** ① hinüberlaufen ② zufällig treffen *Leute*

◆ to **run after** **to run after someone** jemandem hinterherlaufen

◆ to **run against** (*politisch*) **to run against someone** jemandes Gegenkandidat sein

◆ to **run along** (*umgangsspr*) **run along!** ab mit dir!

◆ to **run around** herumrennen *umgangsspr;* **to run around with someone** sich mit jemandem herumtreiben *umgangsspr*

◆ to **run away** wegrennen; **to run away from home** von zu Hause weglaufen

◆ to **run back** zurücklaufen

◆to **run down** ① hinunterlaufen ② *Batterie:* leer werden ③ **to run someone down** jemanden überfahren ④ abbauen, auflösen *Lagerbestand* ⑤ (*übertragen*) verringern *Firma usw.*
◆to **run in** ① hineinlaufen ② einfahren *Auto* ③ (*umgangsspr*) hoppnehmen *Verbrecher*
◆to **run into** ① **to run into someone** jemanden zufällig treffen ② *Auto:* fahren gegen ③ **to run into difficulties** Schwierigkeiten bekommen; **to run into danger** in Gefahr geraten
◆to **run off** ① weglaufen, wegrennen ② *Wasser:* ablassen ③ zu Papier bringen *Brief*
◆to **run on** ① weiterlaufen, weiterrennen ② *Worte:* fortlaufend geschrieben sein; ohne Absatz gedruckt sein
◆to **run out** ① hinausgehen, herauslaufen ② *Ware:* ausgehen, zu Ende gehen ③ *Bescheinigung:* ablaufen ④ *Vorräte:* ausgehen
◆to **run over** ① kurz hinüberlaufen ② *Flüssigkeit:* überlaufen ③ **to run someone over** jemanden überfahren
◆to **run through** ① **to run through the park** durch den Park laufen ② durchgehen *Text* ③ durchspielen *Theaterstück*
◆to **run up** ① hinauflaufen, hinaufeilen ② **to run up a dress** ein Kleid schnell zusammennähen ③ **to run up against difficulties** auf Schwierigkeiten stoßen ④ machen *Schulden*

run-around ['rʌnəˈraʊnd] (*umgangsspr*) **to give someone the run-around** jemanden an der Nase herumführen

run·away[1] ['rʌnəweɪ] der Ausreißer/die Ausreißerin

run·away[2] ['rʌnəweɪ] ① durchgebrannt, entlaufen ② *Inflation:* unkontrollierbar ③ **to have a runaway victory** einen leichten Sieg haben

run-down[1] [ˌrʌnˈdaʊn] ① *Gebäude:* heruntergekommen ② *Person:* abgespannt

run-down[2] ['rʌndaʊn] die Zusammenfassung

R

rung[1] [rʌŋ] *3. Form von* **ring**

rung[2] [rʌŋ] *von Leiter:* die Sprosse

run-in ['rʌnˌɪn] (*umgangsspr*) der Streit

run·ner ['rʌnəʳ] ① der Läufer/die Läuferin ② das Rennpferd ③ der Bote/die Botin, der Laufbursche ④ die [Schlitten]kufe ⑤ **to do a runner** (*slang*) eine Fliege machen

run·ner bean die Stangenbohne

run·ner-up [ˌrʌnərˈʌp] <*Plural* runners-up> (*im Rennen*) der/die Zweite

run·ning[1] ['rʌnɪŋ] ① das Laufen, das Rennen; **running shoe** der Laufschuh ② *von Firma:* die Leitung, die Führung ③ *von Maschine:* das Laufen ④ **to make the running** das Rennen machen; **to be in the running** im Rennen liegen; **to be out of the running** aus dem Rennen sein

run·ning[2] ['rʌnɪŋ] ① *Wasser:* fließend ② *Erklärung:* fortlaufend ③ **running jump** der Sprung mit Anlauf ④ **4 days running** 4 Tage hintereinander ⑤ **up and running** in Betrieb

run·ning costs *Plural* die Betriebskosten

run·ning joke immer wiederkehrender Scherz

run·ny ['rʌni] ① flüssig ② **I've got a runny nose** mir läuft die Nase ③ *Augen:* wässrig

run-off ① die Stichwahl ② *bei Wettrennen, in der Leichtathletik:* der Entscheidungslauf

run-through ['rʌnθruː] *von Text:* das Durchgehen

run-up ['rʌnʌp] ① **to take a run-up** Anlauf nehmen ② **the run-up to an event** das Vorfeld eines Ereignisses

run·way ['rʌnweɪ] die Start- und Landebahn, die Runway

ru·ral ['rʊərəl] ländlich, Land-

rush [rʌʃ] ① **to make a rush for something** sich auf etwas stürzen ② der Ansturm (**for** auf/nach) ③ die Eile; **to be in a rush** in Eile sein; **what's [all] the rush?** wozu diese Hast? ④ **the Christmas rush** der Weihnachtsbetrieb; **a rush of orders** eine Flut von Aufträgen

to **rush** [rʌʃ] ① hasten, hetzen; **to rush to help** zu Hilfe eilen; **to be rushed** in Eile sein; **to be rushed off one's feet** dauernd auf Trab sein ② *Wasser:* schießen, stürzen; **the blood rushed to his face** das Blut schoss ihm ins Gesicht ③ **to rush someone to hospital** jemanden schnell ins Krankenhaus bringen ④ hastig machen *Arbeit* ⑤ **to rush someone into a decision** jemanden zu einer schnellen Entscheidung treiben; **to rush someone into doing something** jemanden dazu treiben, etwas überstürzt zu tun
◆to **rush at to rush at something** auf etwas losstürzen
◆to **rush out** hinauseilen, hinausstürzen
◆to **rush through** durchpeitschen *Gesetz*
◆to **rush up** hinaufeilen

rushes ['rʌʃɪz] *Plural* die erste Probekopie (*eines Films*)

rush hour ['rʌʃaʊə] die Hauptgeschäftszeit, die Hauptverkehrszeit, die Stoßzeit

Rus·sia ['rʌʃə] Russland

Rus·sian[1] ['rʌʃən] ① der Russe/die Russin ② (*Sprache*) Russisch, das Russische

Rus·sian[2] ['rʌʃən] russisch

rust [rʌst] der Rost; **rust-proof** rostfrei

to **rust** [rʌst] ① rosten lassen *Auto usw.* ② rosten, einrosten

to **rus·tle** ['rʌsl̩] ① rascheln; *Seide:* knistern; rascheln mit *Papieren* ② **to rustle up a meal** ein Essen improvisieren

rus·tle ['rʌsl̩] das Geraschel, das Knistern

rus·tler ['rʌsl̩əʳ] (USA) (*umgangsspr*) der Viehdieb

rusty ['rʌsti] ① *Auto usw.:* rostig, verrostet ② **I'm a bit rusty** ich bin etwas aus der Übung; **my German is a bit rusty** mein Deutsch ist etwas eingerostet

F Nicht verwechseln mit **rüstig** = sprightly!

rut [rʌt] ① die Spur, die Furche ② (*übertragen*) der Trott; **to be [stuck] in a rut** im Trott sein
ruth·less ['ru:θləs] rücksichtslos
Rwan·da [ru'wændə] Ruanda
Rwan·dan[1] [ru'wændən] ruandisch
Rwan·dan[2] [ru'wændən] der Ruander/die Ruanderin
rye [raɪ] ① der Roggen; **rye bread** das Roggenbrot ② (USA) der [Roggen]whiskey

Ss

S [es] <*Plural* S's *oder* Ss>, **s** [es] <*Plural* s's> S, s
sabo·tage ['sæbətɑ:(d)ʒ] die Sabotage
to **sabo·tage** ['sæbətɑ:(d)ʒ] **to sabotage a plan** einen Plan sabotieren
sac·cha·rin ['sækərɪn] der Süßstoff, das Saccharin
sa·chet ['sæʃeɪ] ① der Beutel ② *Puder:* das Päckchen ③ *Shampoo:* das Briefchen
sack [sæk] ① der Sack ② (*umgangsspr*) **to get the sack** gefeuert werden; **to give someone the sack** jemanden entlassen, jemanden hinauswerfen ③ **to hit the sack** (*slang*) sich in die Falle hauen
to **sack** [sæk] (*umgangsspr*) **to sack someone** jemanden feuern
sa·cred ['seɪkrɪd] ① heilig ② *Musik:* geistlich ③ *Gebäude:* sakral
sac·ri·fice ['sækrɪfaɪs] ① (*auch übertragen*) das Opfer ② die Opfergabe; **to make sacrifices** Opfer bringen
to **sac·ri·fice** ['sækrɪfaɪs] **to sacrifice something [to someone]** [jemandem] etwas opfern
sac·ri·lege ['sækrɪlɪdʒ] das Sakrileg, der Frevel
sac·ri·legious [ˌsækrɪ'lɪdʒəs] frevelhaft; (*übertragen*) verwerflich
sad [sæd] <sadder, saddest> ① *Person:* traurig, betrübt (**about** über); **to feel sad** traurig sein ② *Verlust:* schmerzlich ③ *Fehler:* bedauerlich ④ *Farbe:* trist ⑤ *Ort:* düster
to **sad·den** ['sædən] **to sadden someone** jemanden betrüben
sad·dle ['sædḷ] *von Pferd, Fahrrad:* der Sattel
to **sad·dle** ['sædḷ] satteln *Pferd* ▶ WENDUNGEN: **to saddle someone with something** jemandem etwas aufhalsen; **to be saddled with something** etwas am Hals haben
sa·dis·tic [sə'dɪstɪk] sadistisch
sad·ness ['sædnəs] die Traurigkeit
sae, **SAE** [ˌeseɪ'i:] *Abkürzung von* **stamped addressed envelope** der frankierte Rückumschlag
sa·fa·ri [sə'fɑ:ri] die Safari, die Großwildjagd; **to be on safari** eine Safari machen
sa·fa·ri park der Safaripark
safe[1] [seɪf] der Safe, der Tresor, der Panzerschrank
safe[2] [seɪf] <safer, safest> ① sicher, unverletzt; **to be safe** in Sicherheit sein; **safe and sound** gesund und wohlbehalten; **to be safe from someone** vor jemandem sicher sein ② ungefährlich; *Fahrer, Methode:* sicher, zuverlässig; **the beach is safe for bathing** an dem Strand kann man gefahrlos baden; **just to be safe** [*oder* **on the safe side**] um ganz sicher zu gehen ③ **to keep something safe** etwas sicher aufbewahren; **the secret is safe with her** bei ihr ist das Geheimnis sicher ④ *Politik:* vorsichtig, risikolos, realistisch ⑤ **it is safe to say** man kann ruhig sagen; **it is a safe guess** es ist so gut wie sicher ▶ WENDUNGEN: **to play [it] safe** auf Nummer sicher gehen; **better safe than sorry** Vorsicht ist besser als Nachsicht
safe-de·pos·it box der Banksafe, das Bankschließfach
safe·guard ['seɪfgɑ:d] der Schutz; **as a safeguard against** zum Schutz gegen
to **safe·guard** ['seɪfgɑ:d] schützen (**against** vor); **to safeguard someone's interests** jemandes Interessen wahren
safe-keep·ing [ˌseɪf'ki:pɪŋ] die sichere Verwahrung [*oder* Aufbewahrung]
safe·ly ['seɪfli] ① (*ungefährdet*) sicher, gefahrlos; **the house was safely locked up** das Haus war sicher verschlossen; **the bomb was safely defused** die Bombe wurde gefahrlos entschärft ② vorsichtig, besonnen; **drive safely!** fahr vorsichtig! ③ wohlbehalten; **the parcel arrived safely** das Paket kam heil an; **to land safely** sicher landen
safe sex [seɪf'seks] der geschützte Geschlechtsverkehr
safe·ty ['seɪfti] die Sicherheit; **in a place of safety** an einem sicheren Ort; **there's safety in numbers** zu mehreren ist man sicherer
safe·ty belt der Sicherheitsgurt
safe·ty catch die Sicherung; **is the safety catch on?** ist die Waffe gesichert?
safe·ty lock das Sicherheitsschloss

S

safe·ty mar·gin der Sicherheitsspielraum
safe·ty net das Sicherheitsnetz
safe·ty pin die Sicherheitsnadel
safe·ty regu·la·tion die Sicherheitsvorschrift
to **sag** [sæg] <sagged, sagged> 1 *Seil, Dach:* durchhängen 2 *Schultern:* herabhängen 3 *Produktion:* zurückgehen 4 (*übertragen*) *Interesse:* nachlassen
sag [sæg] 1 *von Seil, Dach:* das Durchhängen 2 **the sag of his shoulders** seine herabhängenden Schultern
sage [seɪdʒ] der Salbei
Sag·it·ta·rius [ˌsædʒɪ'teəriəs] (*Sternzeichen*) Schütze
said [sed] *2. und 3. Form von* **say**
sail [seɪl] 1 das Segel 2 die Schifffahrt, die Seefahrt; **to set sail** abfahren, absegeln; **to go for a sail** segeln gehen
to **sail** [seɪl] 1 segeln, fahren; segeln mit *Schiff* 2 abfahren, auslaufen (**for** nach) 3 **to sail through an exam** eine Prüfung spielend schaffen
sail·boat USA das Segelboot
sail·ing ['seɪlɪŋ] 1 das Segeln, der Segelsport 2 *von Schiff:* die Abfahrt
sail·ing boat GB das Segelboot
sail·or ['seɪləʳ] der Seemann, der Matrose; **to be a good sailor** seefest sein
saint [seɪnt, sᵊnt] der/die Heilige; **Saint Anne** die heilige Anna

> **L** Der **Saint Patrick's Day** am 17. März ist das Fest des Schutzpatrons Irlands. Er ist in den USA zwar kein gesetzlicher Feiertag, doch gibt es in manchen Städten Umzüge, und viele Leute tragen dann die Farbe Grün. Der größte und berühmteste Umzug findet in New York City statt.

saint·ly ['seɪntli] heilig
sake [seɪk] 1 **for my sake** meinetwegen 2 **for goodness** [*oder* **heaven's**] **sake!** um Himmels willen! 3 **for the sake of peace and quiet** um des lieben Friedens willen; **... and all for the sake of a few pounds** ... und alles wegen ein paar Pfund

S

sal·able ['seɪləbl̩] USA verkäuflich, absatzfähig
sal·ad ['sæləd] der Salat; **fruit salad** der Obstsalat
sal·ad bowl die Salatschüssel
sal·ad cream die Salatmayonnaise
sal·ad dress·ing die Salatsoße, das Salatdressing
sa·la·mi [sə'lɑːmi] die Salami
sala·ried ['sælᵊriːd] bezahlt; **salaried employee** der Gehaltsempfänger/die Gehaltsempfängerin
sala·ry ['sælᵊri] das Gehalt
sala·ry cut die Gehaltskürzung
sala·ry in·crease die Gehaltserhöhung
sale [seɪl] 1 der Verkauf; **for sale** zu verkaufen; **to put something up for sale** etwas zum Verkauf anbieten; **not for sale** nicht verkäuflich; **to be on sale** verkauft werden; **sale or return** Kauf mit Rückgaberecht 2 (*im Laden*) der Ausverkauf, der Schlussverkauf; **to buy something in** [*oder* **at**] **the sales** etwas im Ausverkauf kaufen 3 **sales** *Plural* (*Verkaufszahlen*) der Absatz 4 die Auktion
sale·able ['seɪləbl̩] verkäuflich, absatzfähig
sale price der Ausverkaufspreis
sales as·sist·ant ['seɪlzəˌsɪstənt] GB der Verkäufer/die Verkäuferin
sales clerk ['seɪlzklɜːrk] USA der Verkäufer/die Verkäuferin
sales con·fer·ence die Vertreterkonferenz
sales de·part·ment die Verkaufsabteilung
sales ex·ecu·tive der Vertriebsleiter/die Vertriebsleiterin
sales in·voice die Verkaufsrechnung
sales·man ['seɪlzmən, *Plural* 'seɪlzmen] <*Plural* salesmen> 1 der Verkäufer 2 der Handelsvertreter
sales·per·son der Verkäufer/die Verkäuferin
sales re·ceipt der Kassenbeleg
sales rep·re·senta·tive, *umgangsspr* **sales rep** der Vertreter/die Vertreterin
sales tax *kein Plural, besonders* USA die [allgemeine] Umsatzsteuer
sales·wom·an ['seɪlzwʊmən, *Plural* 'seɪlzwɪmɪn] <*Plural* saleswomen> 1 die Verkäuferin 2 die Handelsvertreterin
sa·li·va [sə'laɪvə] der Speichel
salm·on ['sæmən] <*Plural* salmon> 1 der Lachs 2 (*Farbe*) das Lachs[rosa]
sal·mo·nel·la pois·on·ing [ˌsælmə'neləˈpɔɪzənɪŋ] die Salmonellenvergiftung
sa·loon [sə'luːn] 1 der Saal 2 USA der Saloon 3 GB **saloon car** die Limousine
sal·sa ['sælsə] *kein Plural* 1 die Salsasoße 2 die Salsamusik
salt¹ [sɔːlt] 1 das Salz 2 **to be worth one's salt** etwas taugen 3 **to take something with a pinch of salt** etwas nicht ganz wörtlich nehmen
salt² [sɔːlt] Salz-, gesalzen
to **salt** [sɔːlt] salzen *Essen*
salt cel·lar der Salzstreuer
salt wa·ter das Salzwasser
salt-wa·ter Meeres-, Salz-
salty ['sɔːlti] salzig
to **sa·lute** [sə'luːt] 1 grüßen, begrüßen 2 [militärisch] grüßen; **to salute someone** vor jemandem salutieren
sa·lute [sə'luːt] 1 der Gruß, die Begrüßung 2 (*militärisch*) der Salut[schuss]
sal·vage ['sælvɪdʒ] 1 die Bergung 2 das Bergungsgut
to **sal·vage** ['sælvɪdʒ] bergen (**from** aus)
sal·va·tion [sæl'veɪʃᵊn] 1 die Rettung 2 (*kirch-*

lich) das Heil

Sal·va·tion Army die Heilsarmee

salve [sælv] die Salbe

Sa·mari·tan [səˈmærɪtᵊn] ① der barmherzige Mensch ② GB **the Samaritans** *Plural* die Telefonseelsorge

sam·ba [ˈsæmbə] der/die Samba

same [seɪm] ① **the same** der, die, das Gleiche, derselbe, dieselbe, dasselbe; **they are all the same** sie sind alle gleich; **she's much the same** sie hat sich kaum verändert; **it's always the same** es ist immer das Gleiche; **it's not the same as before** es ist nicht wie früher; **it's all the same to me** es ist mir egal ② **it comes to the same** das kommt aufs Gleiche hinaus; **all** [*oder* **just**] **the same** trotzdem ③ **it's the same thing** das ist das Gleiche; **at the same time** zur selben Zeit; **this same person** eben dieser Mensch; **in the same way** auf gleiche Weise, ebenso ④ **same to you** ebenfalls, gleichfalls

same·ness [ˈseɪmnəs] *kein Plural* (*Äußeres*) die Gleichheit; (*Konsequenz*) die Gleichförmigkeit

sam·ple [ˈsɑːmpl] ① die Probe ② (*in der Statistik*) die Stichprobe, die Auswahl ③ (*übertragen*) das Beispiel ④ *von Waren:* das Muster

to **sam·ple** [ˈsɑːmpl] probieren, kosten *Wein*

sam·pler [ˈsɑːmpləʳ] der Sampler

sana·to·rium [ˌsænəˈtɔːriəm, *Plural* -riə] <*Plural* sanatoriums *oder* sanatoria> das Sanatorium

sanc·tion [ˈsæŋ(k)ʃᵊn] ① die Zustimmung ② **economic sanctions** die wirtschaftlichen Sanktionen

to **sanc·tion** [ˈsæŋ(k)ʃᵊn] sanktionieren

sanc·tity [ˈsæŋ(k)təti] die Heiligkeit

sanc·tu·ary [ˈsæŋ(k)tʃʊəri] ① das Heiligtum ② (*übertragen*) die Zuflucht; **to seek sanctuary with someone** Zuflucht suchen bei jemandem ③ **wildlife sanctuary** das Naturschutzgebiet

sand [sænd] ① der Sand ② **sands** ⚠ *Plural* der Sandstrand

to **sand** [sænd] **to sand something down** etwas [ab]schmirgeln

san·dal [ˈsændᵊl] die Sandale

sand·bag [ˈsændbæg] der Sandsack

sand·bank [ˈsændbæŋk], **sand·bar** [ˈsændbɑːʳ] die Sandbank

sand·cas·tle die Sandburg

sand dune die Sanddüne

sand·pa·per [ˈsændpeɪpəʳ] das Sandpapier, das Schmirgelpapier

sand·pit der Sandkasten

sand·wich [ˈsænwɪdʒ] <*Plural* sandwiches> das Sandwich

to **sand·wich** [ˈsænwɪdʒ] einklemmen, einzwängen (**between** zwischen)

sand·wich count·er USA die Imbisshalle

sand·wich course GB *Ausbildungsgang, der Theorie und Praxis verbindet*

sandy [ˈsændi] ① sandig ② (*Farbe*) rötlich, rotblond

sane [seɪn] ① geistig gesund ② (*übertragen*) vernünftig, sinnvoll, gesund

sang [sæŋ] *2. Form von* **sing**

sani·tary [ˈsænɪtᵊri] ① hygienisch ② **sanitary towel** [*oder* USA **napkin**] die Damenbinde, die Monatsbinde

sani·ta·tion [ˌsænɪˈteɪʃᵊn] die sanitären Anlagen

san·ity [ˈsænəti] ① die geistige Gesundheit ② (*übertragen*) die Vernünftigkeit

sank [sæŋk] *2. Form von* **sink**

San·ta, **San·ta Claus** [ˌsæntəˈklɔːz] der Weihnachtsmann; (*am 6. Dezember*) der Nikolaus

sap [sæp] *von Pflanzen:* der Saft

sap·ling [ˈsæplɪŋ] der junge Baum

sar·casm [ˈsɑːkæzᵊm] der Sarkasmus

sar·cas·tic [sɑːˈkæstɪk] sarkastisch

sar·dine [sɑːˈdiːn] die Sardine; **packed** [**in**] **like sardines** wie die Sardinen

sar·ky [ˈsɑːki] <sarkier, sarkiest> GB (*umgangsspr*) sarkastisch

SARS, **Sars** [sɑːz] *kein Plural, ohne Artikel Abkürzung von* **severe acute respiratory syndrome** SARS

sash[1] [sæʃ] <*Plural* sashes> die Schärpe

sash[2] [sæʃ] **sash window** das Schiebefenster

sas·sy [ˈsæsi] <sassier, sassiest> USA (*umgangsspr*) spritzig

sat [sæt] *2. und 3. Form von* **sit**

Satan [ˈseɪtᵊn] der Satan

satch·el [ˈsætʃᵊl] der Schulranzen, die Schultasche

sat·el·lite [ˈsætᵊlaɪt] der Satellit

sat·el·lite broad·cast·ing das Satellitenfernsehen

sat·el·lite dish (*für Fernseher*) die Parabolantenne, die Satellitenschüssel *umgangsspr*

sat·el·lite navi·ga·tion die Satellitennavigation

sat·el·lite tele·vi·sion das Satellitenfernsehen

sat·el·lite town die Trabantenstadt

sat·in[1] [ˈsætɪn] der Satin

sat·in[2] [ˈsætɪn] Satin-, samtig

sat·ire [ˈsætaɪəʳ] die Satire (**on** auf)

sa·tiri·cal [səˈtɪrɪkᵊl] satirisch, spöttisch

to **sati·rize** [ˈsætᵊraɪz] satirisch darstellen

sat·is·fac·tion [ˌsætɪsˈfækʃᵊn] ① die Befriedigung; **to get satisfaction out of something** Befriedigung in etwas finden ② (*Zustand*) die Zufriedenheit (**at** mit); **to feel a sense of satisfaction at something** Genugtuung über etwas empfinden; **it is no satisfaction to me to know that ...** es ist kein Trost zu wissen, dass ... ③ **to demand/obtain satisfaction from someone** Genugtuung von jemandem verlangen/erhalten ④ *von Vertrag:* die Erfüllung

S

sat·is·fac·tory [ˌsætɪs'fækt(ə)ri] (1) zufrieden stellend, befriedigend (**to** für); **your attitude is not satisfactory** Ihre Einstellung lässt zu wünschen übrig (2) (*Schulnote*) ausreichend

sat·is·fied ['sætɪsfaɪd] zufrieden

to **sat·is·fy** ['sætɪsfaɪ] (1) stillen *Hunger, Durst;* **to satisfy someone** (*mit Essen*) jemanden sättigen (2) erfüllen, nachkommen *Bedingungen, Verpflichtungen;* genügen *Anforderungen* (3) **to be satisfied with something** mit etwas zufrieden sein; **nothing satisfies him** er ist nie zufrieden (4) **to satisfy oneself about something** sich von etwas überzeugen

sat·is·fy·ing ['sætɪsfaɪɪŋ] (1) befriedigend (2) sättigend

sat·nav ['sætnæv] (*umgangsspr*) *kurz für* **satellite navigation [system]** das Navisystem

sat·phone ['sætfəʊn] *kurz für* **satellite phone** das Satellitentelefon

sat·su·ma [ˌsæt'suːmə] die Satsuma (*Mandarinenart*)

satu·ra·tion point [ˌsætʃə'reɪʃn pɔɪnt] der Sättigungspunkt, der Sättigungsgrad

Sat·ur·day ['sætədeɪ] der Sonnabend, der Samstag; **on Saturday** am Sonnabend

Sat·urn ['sætən] der Saturn

sauce [sɔːs] die Soße, die Sauce

sauce·boat die Sauciere

sauce·pan ['sɔːspən] der Kochtopf

sauc·er ['sɔːsə(r)] (1) die Untertasse (2) **flying saucer** die fliegende Untertasse

saucy ['sɔːsi] (1) frech (2) (*umgangsspr*) schick, kess

Saudi[1] ['saʊdi] der Saudi-Araber/die Saudi-Araberin

Saudi[2] ['saʊdi] saudisch, saudi-arabisch

Saudi Ara·bia [ˌsaʊdiə'reɪbiə] Saudi-Arabien

Saudi Ara·bian[1] [ˌsaʊdiə'reibiən] der Saudi-Araber/die Saudi-Araberin

Saudi Ara·bian[2] [ˌsaʊdiə'reibiən] saudisch, saudi-arabisch

sau·na ['sɔːnə, 'saʊnə] die Sauna

sau·sage ['sɒsɪdʒ] die Wurst; **not a sausage** (*umgangsspr*) nicht die Bohne

sau·sage dog (*umgangsspr*) der Dackel

sau·sage meat die Wurstmasse

sau·sage roll das Würstchen im Schlafrock

sav·age[1] ['sævɪdʒ] (1) wild (2) *Kampf:* brutal (3) *Tier:* gefährlich (4) *Maßnahmen:* rigoros, drastisch, brutal (5) **savage criticism** die schonungslose Kritik

sav·age[2] ['sævɪdʒ] der Barbar/die Barbarin

to **sav·age** ['sævɪdʒ] *Tier:* anfallen *Mensch*

save [seɪv] (*beim Sport*) die Parade

to **save** [seɪv] (1) **to save someone [from something]** jemanden [vor etwas] retten; **to save someone's life** jemandem das Leben retten; **to save the day** jemandes Rettung sein (2) sparen *Geld;* **to save for something** auf etwas sparen (3) sparsam umgehen mit *Wasser, Mittel;* aufsparen *Kraft* (4) sichern, abspeichern *Daten;* **to save something on disk** etwas auf einer Diskette abspeichern (5) **to save oneself the trouble** sich die Mühe sparen; **it saves me time** dabei spare ich Zeit (6) **to save one's skin** (*übertragen*) mit heiler Haut davonkommen; **to save someone's bacon** (*umgangsspr*) jemandes Rettung sein

◆ to **save up** (1) sparen *Geld* (2) aufheben, aufbewahren

sav·er ['seɪvə(r)] (1) der Sparer/die Sparerin (2) **it's a money-saver** es spart Geld

sav·ing ['seɪvɪŋ] (1) **savings** die Ersparnisse, die Spareinlagen (2) die Einsparung, die Ersparnis (3) die Rettung

sav·ings ac·count ['seɪvɪŋz-] das Sparkonto

sav·ings and loan as·so·cia·tion (USA) ≈ die Bausparkasse

sav·ings bank die Sparkasse

sav·ings book das Sparbuch

sav·iour, (USA) **sav·ior** ['seɪvjə(r)] der Retter/die Retterin; **the Saviour** der Erlöser

to **sa·vour**, (USA) to **sa·vor** ['seɪvə(r)] (1) kosten *Duft, Geschmack* (2) **to savour the moment** den Augenblick genießen [*oder* auskosten]

sa·voury, (USA) **sa·vory** ['seɪv(ə)ri] (*nicht süß*) pikant; **savoury biscuits** das Salzgebäck

Sa·voy, Sa·voy cab·bage [sə'vɔɪ-] der Wirsing

saw[1] [sɔː] die Säge

saw[2] [sɔː] *2. Form von* **see**

to **saw** [sɔː] <sawed, sawn *oder* (USA) sawed> (1) sägen; **to saw something in two** etwas entzweisägen (2) **sawn timber** das Schnittholz

◆ to **saw down** **to saw a tree down** einen Baum absägen

◆ to **saw off** **to saw something off** etwas absägen

◆ to **saw up** **to saw wood up** Holz zersägen (**into** in)

saw·dust ['sɔːdʌst] das Sägemehl

saw·mill die Sägemühle

sawn ['sɔːn] *3. Form von* **saw**

Sax·on[1] ['sæks(ə)n] sächsisch

Sax·on[2] ['sæks(ə)n] (1) (*Mensch*) der Sachse/die Sächsin (2) (*Sprache*) Sächsisch, das Sächsische

> **L** Bei den **Saxons** (Sachsen) handelt es sich um Bewohner des nördlichen Teils Germaniens, die zusammen mit den **Angles** (Angeln) im 5. und 6. Jh. im Süden Britanniens einfielen. Die Ortsnamen Wessex, Middlesex, Essex und Sussex weisen auf diese Besiedlung hin.

Saxo·ny ['sæks(ə)ni] Sachsen

saxo·phone ['sæksəfəʊn] das Saxophon

sax·opho·nist ['sæksəfəʊnɪst] der Saxophonist/die Saxophonistin

to **say** [seɪ] <said, said> (1) sagen; **he said some-**

thing about going out er hat etwas von Ausgehen gesagt; **she hasn't got much to say for herself** sie gibt nicht viel von sich; **he had nothing to say for himself** er hatte keine Entschuldigung; **that says a lot for him** das spricht für ihn; **she is said to be clever** sie soll klug sein; **what do you say?** was meinen Sie?; **it goes without saying that ...** es ist selbstverständlich, dass ...; es versteht sich von selbst, dass ...; **there's much to be said for his suggestion** sein Vorschlag hat viel für sich; **what would you say to a holiday?** (*vorschlagend*) wie wär's mit Urlaub? ② **to say goodbye to someone** sich von jemandem verabschieden ③ aufsagen *Gedicht,* sprechen; aussprechen *Wort;* **it says in the papers that ...** in den Zeitungen steht, dass ...; **the weather forecast said that ...** es hieß im Wetterbericht, dass ..., laut Wetterbericht ... ④ *Uhr:* zeigen; *Thermometer:* anzeigen ▶ WENDUNGEN: **no sooner said than done** gesagt, getan; **it's easier said than done** das ist leichter gesagt als getan; **well, I must say!** na, ich muss schon sagen!; **I should say so/not!** ich glaube schon/nicht!; **that is to say ...** das heißt ..., mit anderen Worten ...; **just say the word!** Sie brauchen bloß das Zeichen zu geben!; **you can say that again!** das kann man wohl sagen

say [seɪ] **let him have his say** lass ihn mal reden; **to have a say in something** bei etwas etwas zu sagen haben; **to have the last say** letztlich entscheiden, das letzte Wort haben

say·ing ['seɪɪŋ] die Redensart, das Sprichwort

say-so ['seɪsəʊ] (*slang*) das Wort; **on whose say-so?** wer hat das angeordnet?

scab [skæb] der Schorf, der Grind

scaf·fold·ing ['skæfᵊldɪŋ] das Baugerüst

to **scald** [skɔːld] **to scald someone** jemanden verbrühen

scald·ing ['skɔːldɪŋ] siedend, siedend heiß

scale¹ [skeɪl] ① die Skala, die Gradeinteilung ② (*übertragen*) das Ausmaß; **on a national scale** auf nationaler Ebene; **to plan on a large scale** in großem Rahmen planen ③ *von Musik:* die Tonleiter; **the scale of F** die F-Dur-Tonleiter ④ (*technisch*) der Maßstab; **to scale** maßstabgerecht; **on the scale of one to ten** im Maßstab eins zu zehn; **to be out of scale** nicht maßstabgerecht sein

scale² [skeɪl] *von Fisch usw.:* die Schuppe ▶ WENDUNGEN: **to take the scales from someone's eyes** jemandem die Augen öffnen

to **scale** [skeɪl] **to scale a wall** eine Mauer erklettern

◆ to **scale down** ① verkleinern *Maß* ② (*übertragen*) verringern

◆ to **scale up** ① vergrößern *Maß* ② erhöhen *Preise* ③ hochfahren *Produktion*

scales [skeɪlz] ⚠ *Plural* die Waage; **a pair of scales** eine Waage

scal·lop ['skæləp] (*Essen*) die Jakobsmuschel; (*Tier*) die Kammmuschel

scalp [skælp] die Kopfhaut

scaly ['skeɪli] schuppig

scam [skæm] (*slang*) der Betrug

to **scamp·er** ['skæmpəʳ] ① *Kind:* trippeln ② *Maus:* huschen

to **scan** [skæn] <scanned, scanned> ① absuchen *Gebiet* (**for** nach); überfliegen *Text,* flüchtig durchsehen ② einlesen, einscannen *Daten, Bilder* ③ *Gedicht:* das korrekte Versmaß haben

scan [skæn] ① (*durch Text*) die flüchtige Durchsicht ② (*Suche*) die Abtastung, der Scan; **brain scan** die Computertomographie des Schädels; **ultrasound scan** die Ultraschalluntersuchung

scan·dal ['skændᵊl] der Skandal

Scan·di·na·via [ˌskændɪ'neɪviə] Skandinavien

Scan·di·na·vian¹ [ˌskændɪ'neɪviən] skandinavisch

Scan·di·na·vian² [ˌskændɪ'neɪviən] der Skandinavier/die Skandinavierin

scan·ner ['skænəʳ] der Scanner, der Abtaster

scan·ning ['skænɪŋ] das Scannen

scape·goat ['skeɪpgəʊt] (*übertragen*) der Sündenbock

scar [skɑːʳ] ① die Narbe ② (*übertragen*) die Wunde, der Makel

to **scar** [skɑːʳ] <scarred, scarred> ① **to scar someone** bei jemandem Narben hinterlassen ② **he was scarred for life** (*übertragen*) er war fürs Leben gezeichnet

scarce [skeəs] ① *Pflanzensorte usw.:* selten, rar ② *Essen, Mittel:* knapp, nicht ausreichend vorhanden

scarce·ly ['skeəsli] kaum; **scarcely anybody** kaum jemand; **scarcely anything** fast nichts; **scarcely ever** kaum jemals

scare [skeəʳ] ① der Schreck[en]; **to give someone a scare** jemandem einen Schrecken einjagen ② die Panikstimmung; **to create a scare** Panik auslösen

to **scare** [skeəʳ] ① **to scare someone** jemandem einen Schrecken einjagen, jemandem Angst machen; (*plötzlich*) jemanden erschrecken ② **to be easily scared** sehr schreckhaft sein, sehr scheu sein; **I don't scare easily** ich bekomme nicht so schnell Angst; **I'm scared at the thought** der Gedanke macht mir Angst ③ **to be scared out of one's wits** Todesängste ausstehen

◆ to **scare away** **to scare someone away** jemanden verscheuchen, jemanden verjagen

scare·crow ['skeəkrəʊ] die Vogelscheuche

scared [skeəd] verängstigt; **he's scared for her** er hat Angst um sie

scarf [skɑːf, *Plural* skɑːvz] <*Plural* scarves> der

Schal; **silk scarf** das Seidentuch; **wool scarf** der Wollschal

scar·let[1] ['skɑːlət] das Scharlachrot

scar·let[2] ['skɑːlət] scharlachrot

scar·let fe·ver der Scharlach

to **scarp·er** [skɑːpəʳ] GB (*umgangsspr*) abhauen

scarves [skɑːvz] *Pluralform von* **scarf**

scary ['skeəri] (*umgangsspr*) unheimlich, gruselig

scat [skæt] (*slang*) **scat!** verschwinde!

scath·ing ['skeɪðɪŋ] 1 *Person, Humor:* bissig 2 *Bemerkung:* schneidend 3 *Kritik:* beißend, scharf

to **scat·ter** ['skætəʳ] 1 *Menge:* sich zerstreuen; **to scatter a crowd** eine Menge zerstreuen 2 **to scatter seeds** [**around**] Samen verstreuen 3 *Dinge:* sich verteilen, sich auflösen

scat·ter·brain ['skætəbreɪn] der Schussel

scat·ter·brained ['skætəbreɪnd] zerstreut, fahrig

scat·tered ['skætəd] 1 verstreut 2 *Wolken, Regenschauer:* vereinzelt

scat·ter·ing ['skætᵊrɪŋ] **a scattering of snow** ein bisschen Schnee

scene [siːn] 1 der Schauplatz; **the scene of the crime** der Tatort 2 *von Theater, Roman usw.:* der Ort der Handlung 3 (*im Theater*) das Bühnenbild; **behind the scenes** hinter den Kulissen 4 **to set the scene** den Rahmen abstecken 5 (*übertragen*) die Szene; **drug scene** die Drogenszene; **to come on the scene** auftauchen, auf der Bildfläche erscheinen 6 **to make a scene** eine Szene machen; **that's not my scene** (*slang*) das interessiert mich nicht 7 (*Landschaft*) der Anblick

scen·ery ['siːnᵊri] 1 (*im Theater*) das Bühnenbild 2 die Landschaft

scent [sent] 1 der Geruch, der Duft 2 GB das Parfüm 3 *von Tier:* die Witterung, die Fährte, die Spur; **to be on the scent** auf der Fährte sein; **to put** [*oder* **throw**] **someone off the scent** (*übertragen*) jemanden von der richtigen Fährte ablenken 4 (*übertragen*) die Vorahnung

S

scep·tic ['skeptɪk] der Skeptiker/die Skeptikerin

scep·ti·cal ['skeptɪkl] skeptisch, zweifelnd

sched·ule ['ʃedjuːl] 1 das Programm, der Zeitplan 2 USA *von Schüler:* der Stundenplan 3 der Fahrplan, der Flugplan; **the train is behind schedule** der Zug hat Verspätung; **to be on schedule** pünktlich sein 4 USA das Verzeichnis 5 **according to schedule** planmäßig, nach Plan

to **sched·ule** ['ʃedjuːl] 1 planen; **this is not scheduled for this year** das steht für dieses Jahr nicht auf dem Programm 2 **to schedule an appointment** einen Termin ansetzen 3 **the plane is scheduled for ...** planmäßige Ankunft/der planmäßige Abflug ist ...

sched·uled ['ʃedjuːld] 1 vorgesehen, geplant 2 *Abflug, Ankunft:* planmäßig 3 **scheduled flight** der Linienflug

scheme [skiːm] 1 (*Plan*) das Programm, das Projekt 2 das System; **pension scheme** die Rentenversicherung 3 die Intrige 4 **housing scheme** die Siedlung

> **F** Nicht verwechseln mit **Schema** (das) = (*Muster*) pattern!

to **scheme** [skiːm] 1 Pläne schmieden 2 (*gegen Person*) intrigieren

schem·ing ['skiːmɪŋ] raffiniert, durchtrieben, intrigant

schizo·phre·nia [ˌskɪtsə(ʊ)'friːniə] die Schizophrenie

schizo·phren·ic[1] [ˌskɪtsə(ʊ)'frenɪk] schizophren

schizo·phren·ic[2] [ˌskɪtsə(ʊ)'frenɪk] der/die Schizophrene

schol·ar ['skɒləʳ] 1 der/die Gelehrte 2 der Student/die Studentin 3 (*Student mit Stipendium*) der Stipendiat/die Stipendiatin

schol·ar·ship ['skɒləʃɪp] 1 die Gelehrsamkeit 2 das Stipendium; **to win a scholarship to ...** ein Stipendium für ... bekommen; **on a scholarship** mit einem Stipendium

school[1] [skuːl] 1 die Schule; **there is no school tomorrow** morgen ist schulfrei 2 USA das College, die Universität 3 **at school** in der Schule; USA im College, an der Universität; **to go to school** in die Schule gehen; USA ins College, zur Universität gehen; **to go to law/medical school** Jura/Medizin studieren 4 **school of thought** die Lehrmeinung

> **L** In den riesigen und dünn besiedelten ländlichen Gegenden Australiens gehen die Kinder nicht zur Schule, sondern sie bekommen Unterricht in der **school of the air** über Funk. Ein Dutzend dieser Schulen deckt ein Gebiet von 2,5 Millionen km² ab und erreicht Hunderte von Kindern. Die Schüler bekommen ihre Unterrichtsmaterialien per Post zugeschickt und senden ihre erledigten Hausaufgaben zurück. Die Kinder sprechen über Funk mit ihren Lehrern und Klassenkameraden und werden meistens von ihren Eltern oder einer Hauslehrerin beaufsichtigt.

school[2] [skuːl] *von Fischen:* der Schwarm

to **school** [skuːl] 1 **to school someone in something** jemanden in etwas unterrichten 2 dressieren *Tier*

school age ['skuːleɪdʒ] das schulpflichtige Alter; **a child of school age** ein Kind im schulpflichtigen Alter

school at·tend·ance der Schulbesuch

school bag die Schultasche

school board USA die Schulaufsichtsbehörde

school·book das Schulbuch

school·boy ['skuːlbɔɪ] der Schuljunge, der Schüler

school·child ['skuːltʃaɪld, *Plural* 'skuːltʃɪldrən] <*Plural* schoolchildren> das Schulkind
school·days *Plural* die Schulzeit
school din·ner das Schulessen
school fees *Plural* die Schulgebühren
school·girl ['skuːlgɜːl] das Schulmädchen, die Schülerin
school hall die Aula
school·ing ['skuːlɪŋ] die Ausbildung, die Schulung; **compulsory schooling** die Schulpflicht
school leav·er ['skuːlliːvə'] der Schulabgänger/die Schulabgängerin
school-leav·ing cer·tifi·cate [ˌskuːlliːvɪŋsə'tɪfɪkət] das Abgangszeugnis
school maga·zine die Schülerzeitung
school·mate der Schulkamerad/die Schulkameradin
school re·port das Zeugnis
school·room ['skuːlrʊm] das Klassenzimmer
school run **to do the school run** die Kinder von der Schule abholen/zur Schule bringen
school sys·tem das Schulsystem

> **L** Das amerikanische **school system** (Schulsystem) beginnt mit der **elementary school** (erste bis sechste oder achte Klasse). In manchen Gegenden gehen die Schüler nach der *sixth grade*, der sechsten Klasse, schon in eine andere Schule, in die **junior high school** (siebte bis neunte Klasse). Danach besuchen sie drei Jahre lang die **high school**. In Gegenden ohne **junior high school** gehen die Schüler nach acht Jahren **elementary school** direkt zur **high school**, die dann mit der *ninth grade*, der neunten Klasse, anfängt. Die Schule endet einheitlich nach der *twelfth grade*, der zwölften Klasse.

school·teach·er der Lehrer/die Lehrerin
school trip die Klassenfahrt, der Klassenausflug
school year das Schuljahr
sci·ence ['saɪən(t)s] ① die Wissenschaft; **natural science** die Naturwissenschaft; **social science** die Sozialwissenschaften ② (*übertragen*) die Kunst, die Lehre
sci·ence fic·tion die Sciencefiction
sci·en·tif·ic [ˌsaɪən'tɪfɪk] wissenschaftlich
sci·en·tist ['saɪəntɪst] der [Natur]wissenschaftler/die [Natur]wissenschaftlerin
scis·sors ['sɪzəz] ⚠ *Plural* die Schere; **a pair of scissors** eine Schere

> **G** **scissors** wird immer im Plural gebraucht: *where are my scissors?*
> **a pair of scissors** wird aber im Singular verwendet: *take a pair of scissors and cut out a hole*

to **scoff**[1] [skɒf] spotten; **to scoff at someone** sich über jemanden lustig machen
to **scoff**[2] [skɒf] **to scoff one's food** das Essen verschlingen
to **scold** [skəʊld] ① **to scold someone** jemanden ausschimpfen (**for** wegen) ② schelten, zanken, schimpfen
scone [skɒn] (GB) *brötchenartiges Gebäck, das mit Marmelade bestrichen zum Tee serviert wird*
scoop [skuːp] ① die Schaufel ② *von Eis:* die Kugel ③ *für eine Zeitung:* der Knüller
to **scoop** [skuːp] schaufeln *Kohlen;* schöpfen *Schaum, Suppe*
◆ to **scoop out** **to scoop something out** etwas herausschaufeln (**of** aus); auslöffeln *Fruchtfleisch;* aushöhlen *Loch*
◆ to **scoop up** **to scoop something up** etwas aufschaufeln
to **scoot** [skuːt] (*umgangsspr*) abhauen, laufen, rennen
scoot·er ['skuːtə'] ① der [Tret]roller ② **motor scooter** der [Motor]roller
scope [skəʊp] ① *von Suche, Sitzung:* der Rahmen; **this idea is not within the scope of our discussion** diese Idee bleibt nicht im Rahmen unserer Diskussion ② der Kompetenzbereich; **that is beyond my scope** das übersteigt mein Fassungsvermögen ③ die Entfaltungsmöglichkeit, der Spielraum; **there is scope for improvement** es könnte noch verbessert werden
to **scorch** [skɔːtʃ] ① versengen; **the sun scorched our faces** die Sonne brannte auf unsere Gesichter ② **the sun scorched down** die Sonne brannte herunter
scorch·er ['skɔːtʃə'] (*umgangsspr*) **yesterday was a scorcher** gestern war eine Knallhitze
scorch·ing ['skɔːtʃɪŋ] sengend, glühend heiß
score [skɔː'] ① (*im Sport*) der Punktestand, der Spielstand; **what's the score?** wie steht's?; **there was no score at half-time** zur Halbzeit stand es 0 : 0; **to keep [the] score** Punkte zählen ② (*Musik*) die Partitur; *von Filmen:* die Filmmusik ③ (*übertragen*) die Zeche, die Rechnung ④ **scores** *Plural* **of ...** Dutzende von ...; **by the score** massenweise ▶ WENDUNGEN: **to know the score** wissen, was gespielt wird; **what's the score?** was bin ich schuldig?, wie sieht's aus?; **to pay off old scores** alte Schulden begleichen; **on that score** was das betrifft
to **score** [skɔː'] ① erzielen *Punkte;* **to score well/badly** gut/schlecht abschneiden ② **to score a goal** ein Tor schießen, einen Punkt erzielen ③ (*umgangsspr*) sich Drogen beschaffen ▶ WENDUNGEN: **to score an advantage** im Vorteil sein; **to score a point off someone** auf jemandes Kosten glänzen; **to score a hit with someone** jemanden stark beeindrucken
score·board die Anzeigetafel
score·card das Spielprotokoll
scor·er ['skɔːrə'] ① der Torschütze/die Torschützin ② der Punktezähler/die Punktezählerin
scor·ing ['skɔːrɪŋ] ① das Erzielen eines Punktes

② (*im Fußball*) der Torschuss

Scor·pio ['skɔːpiəʊ] (*Sternzeichen*) der Skorpion

scor·pi·on ['skɔːpiən] der Skorpion

Scot [skɒt] der Schotte/die Schottin

Scotch [skɒtʃ] <*Plural* scotches> (*Whisky*) der Scotch

scot-free [ˌskɒt'friː] **to get off scot-free** ungestraft davonkommen

Scot·land ['skɒtlənd] Schottland

Scots[1] [skɒts] schottisch

Scots[2] [skɒts] ① (*Dialekt*) Schottisch ② **the Scots** *Plural* die Schotten

Scots·man [skɒtsmən] <*Plural* Scotsmen> der Schotte

Scots·wom·an [skɒtswʊmən, *Plural* skɒtswɪmɪn] <*Plural* Scotswomen> die Schottin

Scot·tish[1] ['skɒtɪʃ] schottisch

Scot·tish[2] ['skɒtɪʃ] ① (*Dialekt*) Schottisch, das Schottische ② **the Scottish** ⚠ *Plural* die Schotten

Scot·tish Na·tion·al Par·ty ⚠ *mit Singular, kein Plural schottische Nationalpartei*

scout [skaʊt] ① **boy scout** der Pfadfinder ② **to have a scout about** [*oder* **around**] **for something** sich nach etwas umsehen

to **scout** [skaʊt] **to scout about** [*oder* **around**] sich umsehen (**for** nach)

scout·mas·ter ['skaʊtmɑːstəʳ] der Pfadfinderführer

to **scowl** [skaʊl] finster blicken, ein böses Gesicht machen; **to scowl at someone** jemanden böse ansehen

scowl [skaʊt] der finstere Blick

to **scrab·ble** ['skræbl̩] **to scrabble about** herumsuchen, herumtasten

scram [skræm] **scram!** hau ab!

to **scram·ble** ['skræmbl̩] ① klettern, krabbeln ② sich balgen, sich reißen (**for** um) ③ verrühren *Eier;* **scrambled eggs** das Rührei, die Rühreier ④ chiffrieren, verschlüsseln *Kode*

scram·ble ['skræmbl̩] ① das Klettern ② das Gedränge, die Balgerei (**for** um)

scrap[1] [skræp] ① das Stück[chen]; **scrap of paper** der Papierfetzen ② **scraps** *Plural* die Reste ③ **scrap metal** der Schrott ④ **not a scrap** kein bisschen; **not a scrap of evidence** nicht der geringste Beweis

scrap[2] [skræp] (*umgangsspr*) die Rauferei

to **scrap**[1] [skræp] <scrapped, scrapped> ① **to scrap a car** ein Auto verschrotten ② (*übertragen*) fallen lassen *Plan*

to **scrap**[2] [skræp] (*umgangsspr*) sich raufen (**with** mit)

scrap·book ['skræpbʊk] das Sammelalbum

scrape [skræp] ① das Kratzen, das Scharren ② (*Verletzung*) der Kratzer, die Schramme ③ (*übertragen*) die Klemme, die Patsche; **to get into a scrape** sich in die Nesseln setzen

to **scrape** [skræp] ① [ab]kratzen, abbürsten ② schrammen *Auto* ③ [wund] scheuern, aufschürfen *Knie* ④ abstreifen *Schuhe* ⑤ **to scrape the bottom of the barrel** (*übertragen*) den letzten Rest zusammenkratzen ⑥ **the chair scraped on the floor** der Stuhl kratzte auf dem Boden

◆ to **scrape off** **to scrape rust off** Rost abkratzen

◆ to **scrape through** **to scrape through an exam** mit Ach und Krach durch eine Prüfung kommen

◆ to **scrape together** ① **to scrape money together** Geld zusammenkratzen ② **to scrape a living together** sich gerade so über Wasser halten

scrap heap ['skræphiːp] der Schrotthaufen

scrap iron ['skræpaɪən] das Alteisen

scrap·py ['skræpi] ① zusammengestückelt ② *Wissen:* lückenhaft

scratch [skrætʃ] <*Plural* scratches> ① der Kratzer, die Schramme ② (*Geräusch*) das Kratzen, das Scharren ③ **to have a scratch** sich kratzen ④ **to start from scratch** ganz von vorne anfangen; **to be** [*oder* **come**] **up to scratch** die Erwartungen erfüllen; **to bring something up to scratch** etwas auf Vordermann bringen

to **scratch** [skrætʃ] ① kratzen; **to scratch something** etwas [zer]kratzen; **he scratched his name in the wood** er ritzte seinen Namen ins Holz ② **to scratch one's head** sich am Kopf kratzen; **to scratch oneself** sich kratzen; (*sich verletzen*) sich schrammen ③ **if you scratch my back, I'll scratch yours** eine Hand wäscht die andere

◆ to **scratch out** **to scratch something out** etwas auskratzen

scratch card ['skrætʃkɑːd] die Rubbelkarte

scratchy ['skrætʃi] ① *Geräusch:* kratzend ② *Platte:* zerkratzt ③ *Pullover:* kratzig

to **scrawl** [skrɔːl] schmieren, kritzeln; **to scrawl a note on a piece of paper** eine Notiz auf ein Stück Papier kritzeln

scrawl [skrɔːl] das Gekritzel, die Kritzelei

to **scream** [skriːm] ① schreien; *Sirene:* heulen; **to scream out for something** nach etwas schreien; **to scream at someone** jemanden anschreien ② **to scream with pain** vor Schmerzen schreien; **to scream with laughter** brüllen vor Lachen ③ **to scream one's head off** sich die Lunge aus dem Leib schreien; **to scream oneself hoarse** sich heiser brüllen

scream [skriːm] ① der Schrei ② das Heulen ③ *von Bremsen:* das Kreischen ④ (*umgangsspr*) der ulkige Kerl ⑤ (*umgangsspr*) **to be a scream** zum Schreien sein

to **screech** [skriːtʃ] ① schreien ② *Affe, Kind:* kreischen ③ *Fahrzeug:* quietschen ④ **to screech**

S

with laughter vor Lachen kreischen

screech [skriːtʃ] <*Plural* screeches> ① der Schrei ② *von Bremsen:* das Kreischen

screen [skriːn] ① *von Fernseher:* der Bildschirm ② (*Möbelstück*) die Trennwand ③ (*übertragen*) der Schutz ④ (*im Kino*) die Leinwand

to **screen** [skriːn] ① abschirmen (**from** vor) ② **to screen one's eyes from the sun** seine Augen vor der Sonne schützen ③ **to screen a programme** ein Programm senden; **to screen a film** einen Film vorführen ④ (*medizinisch*) **to screen someone** jemanden untersuchen

◆to **screen off** **to screen something off** etwas [mit einer Trennwand] abtrennen

screen·ing [ˈskriːnɪŋ] *von Film:* die Vorführung

screen·shot der Screenshot

screw [skruː] ① die Schraube ② (*slang*) der Gefängniswärter ③ **he's got a screw loose** (*umgangsspr*) bei dem ist eine Schraube locker; **to put the screws on someone** (*umgangsspr*) jemandem die Daumenschrauben anlegen

to **screw** [skruː] ① schrauben (**to** an, **onto** auf) ② **to screw one's head round** seinen Kopf herumdrehen ③ (*slang*) **to screw someone** jemanden bumsen

◆to **screw down** anschrauben, festschrauben

◆to **screw on** ① aufschrauben *Deckel* ② **to have one's head screwed on the right way** ein vernünftiger Mensch sein

◆to **screw up** ① anziehen *Mutter* ② zusammenknüllen *Papier* ③ zusammenkneifen *Augen* ④ (*slang*) vermasseln *Plan* ⑤ (*slang*) **to screw someone up** jemanden aus der Bahn werfen

screw·driv·er der Schraubenzieher

screwed [skruːd] ① (*slang*) geliefert ② **screwed up** neurotisch; **to get screwed up about something** sich in etwas hineinsteigern

screw top der Schraubverschluss

to **scrib·ble** [ˈskrɪb] kritzeln; **to scribble a note on a piece of paper** eine Notiz auf ein Stück Papier kritzeln

scrib·ble [ˈskrɪbl] das Gekritzel

script [skrɪpt] ① *Film:* das Drehbuch; *Theaterstück:* das Regiebuch ② (*in der Informatik*) das Script

scrip·ture [ˈskrɪptʃəʳ] **the** [**Holy**] **Scriptures** die Heilige Schrift

script·writ·er [ˈskrɪptraɪtəʳ] *von Film:* der Drehbuchautor/die Drehbuchautorin

to **scroll** [skrəʊl] (*am Computer*) blättern

scroll [skrəʊl] die Schriftrolle

to **scroll-find** (*am Computer*) **to scroll-find something** etwas durch Blättern suchen, etwas runter scrollen *umgangsspr*

Scrooge [skruːdʒ] der Geizhals

to **scrounge** [skraʊndʒ] (*umgangsspr*) schnorren, abstauben (**from** bei)

scroung·er [ˈskraʊndʒəʳ] (*umgangsspr*) der Schnorrer/die Schnorrerin

to **scrub** [skrʌb] <scrubbed, scrubbed> ① [ab]schrubben, scheuern ② putzen *Gemüse* ③ (*umgangsspr*) **to scrub a project** ein Projekt abblasen

scrub [skrʌb] das Schrubben; **to give something a good scrub** etwas gründlich scheuern

scrub·bing-brush [ˈskrʌbɪŋ-] die Scheuerbürste

scruff [skrʌf] **to grab someone by the scruff of the neck** jemanden am Kragen packen

scruffy [ˈskrʌfi] (*umgangsspr*) *Mensch:* vergammelt, verlottert

scrump·tious [ˈskrʌm(p)ʃəs] (*umgangsspr*) *Essen:* lecker

scrunch [skrʌn(t)ʃ] das Knirschen

to **scrunch** [skrʌn(t)ʃ] knirschen

to **scru·ti·nize** [ˈskruːtɪnaɪz] genau prüfen

scu·ba div·ing [ˈskuːbə ˈdaɪvɪŋ] das Sporttauchen

to **scuff** [skʌf] verschrammen, zerkratzen

to **scuf·fle** [ˈskʌfl] sich raufen

scuf·fle [ˈskʌfl] die Balgerei, das Handgemenge

to **sculpt** [ˈskʌlpt] formen, ausarbeiten

sculp·tor [ˈskʌlptəʳ] der Bildhauer/die Bildhauerin

sculp·ture [ˈskʌlptʃəʳ] ① (*Kunstform*) die Bildhauerei ② die Skulptur

scum [skʌm] der Schaum, der Rand ▸WENDUNGEN: **the scum of the earth** der Abschaum der Menschheit

to **scur·ry** [ˈskʌri] **to scurry along** entlanghasten

to **scut·tle** [ˈskʌtl] ① schnell laufen, rennen ② *Tier:* hoppeln, krabbeln ③ **to scuttle off in a hurry** (*umgangsspr*) davonflitzen

to **scuttle away**, to **scuttle off** davoneilen

sea [siː] ① die See, das Meer; **heavy seas** die schwere See; **at sea** auf [hoher] See; **by sea** auf dem Seeweg; **to travel by sea** mit dem Schiff fahren; **to put to sea** in See stechen ② (*übertragen*) die große Menge; **a sea of faces** ein Meer von Gesichtern ③ **to be all at sea** (*übertragen*) keinen Durchblick [mehr] haben

sea·food [ˈsiːfuːd] die Meeresfrüchte

sea·front [ˈsiːfrʌnt] die Strandpromenade

sea·gull [ˈsiːgʌl] die Seemöwe

sea·horse das Seepferdchen

seal[1] [siːl] ① (*für Dokument*) das Siegel ② (*für Rohr*) die Dichtung ③ (*aus Metall*) die Plombe ④ (*übertragen*) die Bekräftigung, die Bestätigung; **to give something one's seal of approval** seine Zustimmung zu etwas geben

seal[2] [siːl] der Seehund

to **seal** [siːl] ① **to seal a document** ein Dokument versiegeln ② zukleben *Brief;* **sealed envelope** der verschlossene Briefumschlag ③ luftdicht verschließen *Kiste usw.;* abdichten *Rohr* ④ (*übertragen*) bekräftigen, bestätigen ⑤ **to seal someone's fate** jemandes Schicksal be-

S

sea

F Nicht verwechseln mit **See** (der) = lake!

siegeln

◆ to **seal off** **to seal something off** etwas hermetisch abriegeln

◆ to **seal up** abdichten *Rohr;* **to seal a letter up** einen Brief zukleben

sea lion ['siːˌlaɪən] der Seelöwe

seam [siːm] der Saum, die Naht

seamy ['siːmi] **the seamy side of life** die Schattenseite des Lebens

search [sɜːtʃ] ① die Suche (**for** nach) ② *von Gebäude usw.:* die Durchsuchung ③ **to go in search of someone** auf die Suche nach jemandem gehen

to **search** [sɜːtʃ] ① suchen (**for** nach); **to search someone/something** jemanden/etwas durchsuchen ② erforschen *Gewissen* ③ **search me!** was weiß ich!

◆ to **search out** **to search something out** etwas herausfinden; **to search someone out** jemanden aufspüren

search en·gine (*im Internet*) die Suchmaschine

search·ing ['sɜːtʃɪŋ] ① *Blick:* prüfend, forschend ② *Frage:* bohrend

S

search·light ['sɜːtʃlaɪt] der Suchscheinwerfer

search par·ty die Rettungsmannschaft, die Bergungsmannschaft, die Suchmannschaft

search war·rant der Durchsuchungsbefehl

sear·ing ['sɪə(r)ɪŋ] ① *Hitze:* glühend ② *Schmerz:* scharf

sea salt das Meersalz

sea·shell die Muschel

sea·shore ['siːʃɔː(r)] der Strand; **on the seashore** am Strand

V **seashore** bedeutet das Strandufer: *we walked along the seashore collecting shells;* — **seaside** bedeutet ein Ort am Meer: *we went to the seaside this summer.*

sea·sick ['siːsɪk] seekrank

sea·sick·ness ['siːsɪknɪs] die Seekrankheit

sea·side ['siːsaɪd] **at the seaside** am Meer; **to go to the seaside** ans Meer fahren

sea·son ['siːz(ə)n] ① die Jahreszeit ② die Saison; **holiday season** die Ferienzeit; **at the height of the season** in der Hochsaison ③ **strawberries are in season** jetzt ist Erdbeerzeit

sea·son·al ['siːz(ə)n(ə)l] jahreszeitlich; **seasonal unemployment** die saisonbedingte Arbeitslosigkeit

sea·son·ing ['siːz(ə)nɪŋ] (*auch übertragen*) die Würze

sea·son tick·et GB ① die Dauerkarte ② (*Theater*) das Abonnement

seat [siːt] ① der Sitz, die Sitzgelegenheit; **to take a seat** einen Platz einnehmen; **driver's seat** der Fahrersitz ② (*im Theater*) der [Theater]platz ③ (*im Parlament*) der Sitz; **to lose/win a seat** ein Mandat verlieren/gewinnen ④ *von Stuhl:* die Sitzfläche; *von Hose:* der Hosenboden ⑤ (*übertragen*) der Schauplatz

to **seat** [siːt] ① **to seat someone** jemanden setzen; **the bus seats 40 passengers** der Bus hat 40 Sitzplätze ② **to seat oneself** sich [hin]setzen; **please be seated** bitte nehmen Sie Platz; **to remain seated** sitzen bleiben

seat belt *von Auto, Flugzeug:* der Sicherheitsgurt; **to fasten one's seat belt** sich anschnallen

-seat·er ['siːtə(r)] *Auto, Sofa usw.:* **four-seater** der Viersitzer

seat·ing ['siːtɪŋ] die Sitzplätze

seat·ing ar·range·ments *Plural* die Sitzordnung

sea·wa·ter das Seewasser

sea·weed ['siːwiːd] der Seetang

sea·wor·thy ['siːˌwɜːðɪ] seetüchtig

se·clud·ed [sɪ'kluːdɪd] ① *Leben:* zurückgezogen ② *Haus:* abgelegen, einsam

sec·ond[1] ['sek(ə)nd] ① zweite(r, s); **every second house** jedes zweite Haus; **to be second** Zweite(r, s) sein; **the second of May** der zweite Mai; **in second place** an zweiter Stelle; **for the second time** zum zweiten Mal ② **in the second place** zweitens ③ **to be second to none** unübertroffen sein; **to have second thoughts about something** sich etwas anders überlegen ④ zweit-, an zweiter Stelle; **to come/lie second** an zweiter Stelle kommen/liegen

sec·ond[2] ['sek(ə)nd] ① *von Auto:* der zweite Gang; **to drive in second** im zweiten Gang fahren ② (*im Rennen usw.*) **to come a good second** einen guten zweiten Platz belegen ③ (*Universitätsabschluss*) *mittlere Note bei der Abschlussprüfung* ④ **seconds** die Waren zweiter Wahl ⑤ (*beim Essen*) **can I have seconds?** kann ich noch etwas nachbekommen?

sec·ond[3] ['sek(ə)nd] ① die Sekunde ② **Moment** der Augenblick; **just a second!** einen Augenblick!; **at that very second** genau in dem Augenblick

sec·ond·ary ['sekəndəri] ① zweitrangig, untergeordnet, geringer ② *Schule:* höher, Sekundar-

sec·ond·ary school (GB) die höhere Schule (*für Schüler vom 11. bis zum 16./18. Lebensjahr*)

sec·ond best¹ [ˌsekənd'best] zweitbeste(r, s); **to come off second-best** den Kürzeren ziehen

sec·ond best² [ˌsekənd'best] Zweitbeste(r, s)

sec·ond class die zweite Klasse

sec·ond-class ① **to travel second class** zweiter Klasse reisen ② (GB) **to send something second class** etwas auf dem gewöhnlichen Postweg verschicken

sec·ond cous·in der Cousin zweiten Grades/die Cousine zweiten Grades

sec·ond floor **on the second floor** im zweiten [*oder* (USA) ersten] Stock

sec·ond-hand ① *Information:* aus zweiter Hand ② *Auto:* gebraucht ③ *Kleider:* getragen ④ *Buch:* antiquarisch

sec·ond hand der Sekundenzeiger

sec·ond lan·guage die erste Fremdsprache

sec·ond·ly ['sekəndli] zweitens, an zweiter Stelle

sec·ond-rate zweitrangig, zweitklassig

se·cre·cy ['siːkrəsi] die Geheimhaltung, die Verschwiegenheit; **in strict secrecy** ganz im Geheimen

se·cret¹ ['siːkrət] ① geheim; **to keep something secret** etwas geheim halten ② *Bewunderer, Trinker:* heimlich ③ **secret agent** der Geheimagent/die Geheimagentin

se·cret² ['siːkrət] ① das Geheimnis; **in secret** im Geheimen ② **to be in on the secret** eingeweiht sein; **to keep a secret** ein Geheimnis bewahren; **to make no secret of something** kein Geheimnis aus etwas machen

F Nicht verwechseln mit **Sekret** (das) = secretion!

sec·re·tary ['sekrətəri] ① der Sekretär/die Sekretärin ② (*in der Politik*) der Minister/die Ministerin; **Secretary-General** der Generalsekretär/die Generalsekretärin; **Secretary of State** (GB) der Minister/die Ministerin; (USA) der Außenminister/die Außenministerin

se·cre·tive ['siːkrətɪv] ① *Charakter:* zurückhaltend, verschwiegen ② *Lächeln:* geheimnisvoll

sect [sekt] die Sekte

sec·tion ['sekʃən] ① das Teil ② *von Gebäude:* der Trakt ③ *von Buch:* der Abschnitt ④ *von Gesetz:* der Absatz, der Paragraph

sec·tor ['sektəʳ] der Sektor

se·cure [sɪ'kjʊəʳ] ① sicher; **to be secure against** [*oder* **from**] **something** vor etwas sicher sein; **to make something secure** etwas sichern ② *Existenz:* gesichert ③ *Knoten:* fest ④ *Person:* **to feel secure** sich sicher fühlen

to **se·cure** [sɪ'kjʊəʳ] ① [ab]sichern; **to secure a boat** ein Boot festmachen ② **to secure something against fire** etwas vor Feuer schützen ③ sich sichern; **to secure a good price** einen guten Preis erzielen

se·cu·rities [sɪ'kjʊərətiz] *Plural* die Wertpapiere

se·cu·rity [sɪ'kjʊərəti] die Sicherheit, der Schutz (**against/from** vor); **for security** zur Sicherheit

se·cu·rity check die Sicherheitskontrolle

Se·cu·rity Coun·cil der Sicherheitsrat

Se·cu·rity Force die Friedenstruppe

se·cu·rity guard die Wache, der Wächter/die Wächterin

se·da·tion [sɪ'deɪʃən] **to put someone under sedation** jemandem Beruhigungsmittel geben

seda·tive ['sedətɪv] das Beruhigungsmittel

to **se·duce** [sɪ'djuːs] **to seduce someone** jemanden verführen; **to seduce someone into doing something** jemanden zu etwas verleiten

se·duc·tion [sɪ'dʌkʃən] die Verführung

se·duc·tive [sɪ'dʌktɪv] verführerisch; *Angebot:* verlockend

to **see** [siː] <saw, seen> ① sehen; **to see someone do something** sehen, wie jemand etwas macht; **I saw it happen** ich habe gesehen, wie es passiert ist; **as far as the eye can see** so weit das Auge reicht; **see for yourself!** sieh doch selbst!; **it's too late, [you] see** weißt du, es ist zu spät; **something is worth seeing** etwas ist sehenswert; **I must be seeing things!** ich sehe wohl Gespenster! ② **to see a film** einen Film ansehen ③ **to see something in the newspaper** etwas in der Zeitung lesen; **see page 10** siehe Seite 10 ④ **to see someone** jemanden sprechen (**about** wegen), jemanden besuchen; **to see a doctor** zum Arzt gehen; **she refused to see us** sie wollte uns nicht empfangen; **to see someone to the door** jemanden zur Tür bringen; **to see someone to the station** jemanden zum Bahnhof bringen; **be seeing you! see you later!** bis später! bis nachher!; **see you!** bis bald! ⑤ sich vorstellen; **I can't see that working** ich kann mir kaum vorstellen, dass das klappt; **I can see it happening** ich sehe es kommen; **as far as I can see** so wie ich das sehe ⑥ verstehen, erkennen; **I see what you mean** ich verstehe, was du meinst; **to make someone see something** jemandem etwas klarmachen; **I don't see how it works** es ist mir nicht klar, wie das funktioniert; **as I see it** so, wie ich es sehe ⑦ **I can't see myself doing that** ich sehe mich nicht in der Lage das zu tun; **that remains to be seen** das wird sich zeigen ⑧ **to live to see something** etwas miterleben ⑨ **let me see** lass mich überlegen; **let's see** lassen Sie mich mal sehen

S

◆ to **see about** **to see about something** sich um etwas kümmern; **he came to see about the rent** er ist wegen der Miete gekommen; **I'll see about it** ich will mal sehen

◆ to **see in** ① hineinsehen ② **to see the New Year in** das Neue Jahr begrüßen

◆ to **see into** ① **to see into something** in etwas hineinsehen ② untersuchen, prüfen, nachgehen *Angelegenheit, Klage*

◆ to **see off** ① **to see someone off** jemanden verabschieden; **to see someone off at the station** jemanden zum Bahnhof bringen ② **to see someone off** (*verjagen*) jemandem Beine machen

◆ to **see out** **to see someone out** jemanden hinausbegleiten; **to see oneself out** allein hinausfinden

◆ to **see through** ① **to see through someone** jemanden durchschauen ② zu Ende bringen *Arbeit* ③ **to see someone through a bad time** jemandem über eine schwierige Zeit hinweghelfen

◆ to **see to** sich kümmern um; **to see to it that ...** sieh zu, dass ...

seed [si:d] ① *von Pflanzen:* der Same[n], das Samenkorn ② (*in der Landwirtschaft*) das Saatgut ③ *von Obst:* der [Obst]kern ④ (*übertragen*) der Keim; **to go** [*oder* **run**] **to seed** herunterkommen; **to sow the seeds of doubt** Zweifel säen

to **seed** [si:d] ① (*im Sport*) **to seed someone** jemanden setzen, platzieren ② Samen tragen

seed·ling ['si:dlɪŋ] der Sämling

seedy [si:di] ① *Charakter:* zweifelhaft, zwielichtig ② *Kleider:* schäbig, abgerissen ③ *Stadtteil:* heruntergekommen

see·ing[1] ['si:ɪŋ] **seeing that ...** da ...

see·ing[2] ['si:ɪŋ] das Sehen; **seeing is believing** ich glaube, was ich sehe

to **seek** [si:k] <sought, sought> ① suchen ② erlangen wollen, streben nach *Amt, Posten* ③ **to seek someone's advice** jemanden um Rat fragen ④ **to seek to do something** danach trachten, etwas zu tun

◆ to **seek out** [si:k] <sought, sought> **to seek something out** etwas ausfindig machen; **to seek someone out** jemanden aufsuchen

to **seem** [si:m] ① [er]scheinen, vorkommen; **he seems** [**to be**] **honest** er scheint ein ehrlicher Mann zu sein; **he seems younger than he is** er wirkt jünger, als er ist; **things aren't always what they seem** vieles ist anders, als es scheint ② **so it seems** es sieht ganz so aus; **it seems as if** es sieht so aus, als ob

seem·ing ['si:mɪŋ] scheinbar

seem·ing·ly ['si:mɪŋli] allem Anschein nach, anscheinend

seen [si:n] *3. Form von* **see**

to **seep** [si:p] *Wasser usw.:* **to seep** [**through**] durchsickern

◆ to **seep away** versickern

see-saw ['si:sɔ:] ① das Schaukelbrett, die Wippe ② (*übertragen*) das Hin und Her, das Auf und Ab

see-through ['si:θru:] durchsichtig

to **seg·re·gate** ['segrɪgeɪt] (*nach Rassen, Geschlechtern*) trennen; **segregated** getrennt

seg·re·ga·tion [ˌsegrɪ'geɪʃᵊn] **racial segregation** die Rassentrennung

to **seize** [si:z] ① packen, ergreifen; **to seize someone's arm** jemanden am Arm packen ② beschlagnahmen *Schmuggelware* ③ fassen *Verbrecher* ④ **to seize the chance** [*oder* **opportunity**] die Gelegenheit ergreifen; **to seize power** die Macht ergreifen

◆ to **seize up** *Bremsen:* sich festfressen

sei·zure ['si:ʒəʳ] ① (*medizinisch*) der Anfall ② *von Schmuggelware:* die Beschlagnahme ③ *von Flugzeug, Gebäude:* die Übernahme

sel·dom ['seldəm] selten

to **se·lect** [sɪ'lekt] auswählen (**from** aus)

se·lect [sɪ'lekt] *Hotel usw.:* exklusiv, ausgewählt

se·lec·tion [sɪ'lekʃᵊn] ① die Auswahl (**from** aus) ② **to make a selection** (*eine Sache*) eine Wahl treffen; (*mehrere Sachen*) eine Auswahl treffen ③ **natural selection** die natürliche Auslese

se·lec·tive [sɪ'lektɪv] ① wählerisch, selektiv ② *Leser:* kritisch, anspruchsvoll ③ *Schule:* Elite-

self [self, *Plural* selvz] <*Plural* selves> ① das Selbst; **one's other self** sein anderes Ich ② **he's his old self again** er ist wieder der Alte

self-ad·dressed en·velope der Rückumschlag

self-ad·he·sive la·bel das Selbstklebeetikett

self-as·ser·tive selbstbewusst, anmaßend

self-as·sured [ˌselfə'ʃʊəd] selbstsicher

self-aware·ness die Selbsterfahrung

self-ca·ter·ing [ˌself'keɪtᵊrɪŋ] für Selbstversorger

self-cen·tred [ˌself'sentəd], (USA) **self-cen·tered** egozentrisch, ichbezogen

self-com·pla·cent selbstgefällig

self-com·posed ruhig, gelassen

self-con·fessed [selfkən'fest] erklärt

self-con·fi·dence das Selbstvertrauen

self-con·scious befangen, gehemmt

self-con·tained [ˌselfkən'teɪnd] ① *Wohnung:* separat ② *Person:* selbstgenügsam

self-con·trol die Selbstbeherrschung

self-criti·cal [ˌself'krɪtɪkl] selbstkritisch

self-de·ceit, **self-de·cep·tion** *kein Plural* der Selbstbetrug, die Selbsttäuschung

self-de·feat·ing [ˌselfdə'fi:tɪŋ] sinnlos, unsinnig

self-de·fence, (USA) **self-de·fense** die Selbstverteidigung; **to kill someone in self-defence** jemanden in Notwehr töten

to **self-de·struct** [ˌselfdɪ'strʌkt] sich selbst zerstören

self-dis·ci·pline die Selbstdisziplin
self-em·ployed[1] selbstständig; *Künstler:* freischaffend; *Journalist:* freiberuflich
self-em·ployed[2] **the self-employed** die Selbstständigen, die Freiberufler
self-es·teem [ˌselfɪ'stiːm] die Selbstachtung
self-ex·plana·tory [ˌselfɪk'splænətᵊri] **something is self-explanatory** etwas erklärt sich von selbst
self-ex·pres·sion [ˌselfɪk'spreʃn] die Selbstdarstellung
sel·fie ['selfi] das Selfie; **to take a selfie** ein Selfie machen
sel·fie stick der Selfiestick, die Selfie-Stange
self-im·port·ant eingebildet, selbstherrlich
self-in·dul·gent [ˌselfɪn'dʌldʒənt] nachgiebig gegen sich selbst
self-in·flict·ed [ˌselfɪn'flɪktɪd] ① *Wunde:* selbst zugefügt ② *Strafe:* selbst auferlegt
self-in·ter·est der Eigennutz, das eigene Interesse
self·ish ['selfɪʃ] selbstsüchtig, egoistisch
self·ish·ness ['selfɪʃnəs] die Selbstsucht, der Egoismus
self·less ['selfləs] selbstlos
self-pity das Selbstmitleid
self-por·trait das Selbstporträt
self-pos·sessed [ˌselfpə'zest] selbstbeherrscht
self-pre·ser·va·tion die Selbsterhaltung
self-re·li·ant [ˌselfrɪ'laɪənt] selbstständig
self-re·spect die Selbstachtung
self-re·spect·ing [ˌselfrɪ'spektɪŋ] anständig; **no self-respecting person** niemand, der etwas auf sich hält
self-right·eous [ˌself'raɪtʃəs] selbstgerecht
self-sac·ri·fice die Selbstaufopferung
self-sat·is·fied selbstzufrieden
self-ser·vice die Selbstbedienung; **self-service restaurant** das Selbstbedienungsrestaurant
self-suf·fi·cient ① *Person:* selbstständig ② *Land:* autark
self-sup·port·ing [ˌselfsə'pɔːtɪŋ] ① *Person:* finanziell unabhängig ② *Firma usw.:* sich selbst tragend
self-taught ['selftɔːt] autodidaktisch erlernt
self-willed [ˌself'wɪld] eigenwillig, eigensinnig
self-wind·ing [ˌself'waɪndɪŋ] Automatik-
to **sell** [sel] <sold, sold> ① verkaufen; **to sell something to someone** jemandem etwas [*oder* etwas an jemanden] verkaufen; **the shop sells shoes** in dem Laden gibt es Schuhe [zu kaufen]; **the book is selling well** das Buch verkauft sich gut ② kosten; **what are they selling at?** wie viel kosten sie? ③ **to sell oneself** sich profilieren; (*im negativen Sinn*) sich verkaufen (**to** an) ④ **to sell someone on something** jemanden von etwas überzeugen; **to be sold on someone** von jemandem begeistert sein ⑤ **to sell one's soul to someone** jemandem seine Seele verschreiben; **to sell someone down the river** jemanden ganz schön verschaukeln
◆ to **sell off** **to sell off goods/shares** Waren/Aktien abstoßen
◆ to **sell out** ① ausverkaufen; **the show was sold out** die Show war ausverkauft; **we've sold out of tickets** die Karten sind ausverkauft ② **to sell someone out** jemanden verraten (**to** an) ③ (*umgangsspr*) sich verkaufen (**to** an)
◆ to **sell up** **they've sold up** sie haben alles verkauft
sell·able ['seləbl̩] verkäuflich
sell-by date ['selbaɪˌdeɪt] das Frischhaltedatum, das Haltbarkeitsdatum
sell·er ['selə^r] ① (*Person*) der Verkäufer/die Verkäuferin ② (*Ware*) **big seller** der Verkaufsschlager; **bad seller** der Ladenhüter
sell·ing ['selɪŋ] der Verkauf, das Verkaufen
Sel·lo·tape® ['selə(ʊ)teɪp] der Tesafilm®
sell-out ['selaʊt] ① (*Spiel, Show usw.*) **it was a sell-out** es war ausverkauft ② (*umgangsspr*) der faule Kompromiss
selves [selvz] *Pluralform von* **self**
semi- ['semi] halb-
semi ['semi] →**semi-detached** (**house**) die Doppelhaushälfte
semi·cir·cle ['semɪˌsɜːkl] der Halbkreis
semi·cir·cu·lar [ˌsemɪ'sɜːkjʊlə^r] halbkreisförmig
semi·co·lon [ˌsemɪ'kəʊ lən] das Semikolon, der Strichpunkt
semi-con·scious halb bewusstlos
semi-de·tached [ˌsemɪdɪ'tætʃt] **semi-detached house** die Doppelhaushälfte
semi-fi·nal (*im Sport*) das Halbfinale, das Semifinalspiel
semi-fi·nal·ist der Teilnehmer am Halbfinale/die Teilnehmerin am Halbfinale
semi·nar ['semɪnɑː^r] das Seminar
semi-pre·cious **semi-precious stone** der Halbedelstein
semi-skilled angelernt; **semi-skilled work** die Anlerntätigkeit
semo·li·na [ˌsemᵊl'iːnə] der Grieß
sen·ate ['senɪt] der Senat
sena·tor ['senətə^r] der Senator/die Senatorin
to **send** [send] <sent, sent> ① **to send someone for something** jemanden nach etwas schicken; **to send someone to prison** jemanden ins Gefängnis stecken ② **to send something by post** etwas mit der Post schicken; **to send something by fax** etwas [tele]faxen; übersenden, versenden *Ware* ③ **to send a rocket into space** eine Rakete in den Weltraum schießen; **the blow sent him sprawling** der Schlag schleuderte ihn zu Boden ④ **send him my best wishes** grüßen Sie ihn von mir; **she sent**

S

to say that ... sie ließ ausrichten, dass ...
◆to **send after** **to send someone after someone** jemanden jemandem nachschicken
◆to **send along** **to send someone along** jemanden hinschicken
◆to **send away** (1) **to send someone away** jemanden wegschicken [*oder* fortschicken] (2) **to send away for something** etwas anfordern
◆to **send back** **to send someone/something back** jemanden/etwas zurückschicken
◆to **send down** (1) fallen lassen; senken *Preise* (2) verurteilen *Angeklagte* (**for** zu)
◆to **send for** (1) **to send for someone** jemanden kommen lassen; rufen *Polizei* (2) anfordern *Katalog*
◆to **send in** einschicken, einsenden *Brief;* einreichen *Bericht;* **to send one's name in** sich anmelden
◆to **send off** (1) **to send something off** etwas abschicken (2) **to send someone off** jemanden verabschieden; wegschicken *Kinder* (3) vom Platz verweisen *Spieler* (4) **to send off for something** etwas bestellen [*oder* anfordern]
◆to **send on** (1) nachschicken *Brief* (2) vorausschicken *Gepäck* (3) aufs Feld schicken, einsetzen *Spieler*
◆to **send out** (1) **to send someone out** jemanden hinausschicken (2) aussenden, abgeben *Strahlen;* ausstoßen *Rauch* (3) verschicken *Prospekte*
◆to **send out** **to send out for something** etwas holen lassen; **to send someone out for something** jemanden nach etwas schicken
◆to **send up** (1) steigen lassen *Ballon* (2) hochtreiben *Preise* (3) (GB) (*umgangsspr*) **to send someone up** jemanden verulken

send·er ['sendəʳ] der Absender/die Absenderin; **return to sender** an Absender zurück

send-off ['sendɒf] der Abschied, die Verabschiedung; **to give someone a good send-off** jemanden ganz groß verabschieden

S

send-up ['sendʌp] (GB) (*umgangsspr*) die Verulkung

Sen·egal [ˌsenɪ'gɔːl] Senegal

Sen·ega·lese[1] [ˌsenɪgə'liːz] senegalesisch

Sen·ega·lese[2] [ˌsenɪgə'liːz] der Senegalese/die Senegalesin

se·nile ['siːnaɪl] senil, altersschwach

sen·ior[1] ['siːniəʳ] (1) älter (**to** als); **senior citizens** die Senioren (2) ranghöher; *Position:* höher, leitend; **he is senior to me** er ist mir übergeordnet; **senior manager** die obere Führungskraft (3) **senior high school** (USA) die Oberstufe (*Schulform nach der Junior High School, die die Stufen 10, 11 und 12 enthält*)

sen·ior[2] ['siːniəʳ] (1) der Senior/die Seniorin (2) (USA) der/die Student/Studentin des letzten Studienjahres (3) **he is my senior** er ist älter als ich; (*im Beruf*) er ist mir übergeordnet

sen·ior citi·zen **senior citizens** die älteren Menschen, die Senioren

sen·sa·tion[1] [sen'seɪʃᵊn] das Gefühl, die Empfindung, der Sinneseindruck; **a sensation of falling** das Gefühl zu fallen; **a sensation of hunger** ein Hungergefühl

sen·sa·tion[2] [sen'seɪʃᵊn] (1) (*Ereignis*) die Sensation (2) (*Aufregung*) das Aufsehen; **to cause** [*oder* **create**] **a sensation** Aufsehen erregen

sen·sa·tion·al [sen'seɪʃᵊnᵊl] sensationell, Aufsehen erregend

sense [sen(t)s] (1) **sense of sight** das Sehvermögen; **sense of hearing** der Gehörsinn; **sense of smell** der Geruchssinn; **sense of taste** der Geschmackssinn; **sense of touch** der Tastsinn (2) **senses** der Verstand; **to frighten someone out of his senses** jemanden zu Tode erschrecken; **to bring someone to his senses** jemanden zur Vernunft bringen; **to come to one's senses** zur Vernunft kommen (3) **common sense** der gesunde Menschenverstand; **to have the sense to ...** so vernünftig sein und ...; **what's the sense of doing this?** welchen Sinn hat es denn, das zu tun?; **there is no sense in doing that** es ist zwecklos, das zu tun; **to talk sense** vernünftig reden; **to make someone see sense** jemanden zur Vernunft bringen (4) (*übertragen*) das Gefühl, der Sinn (**of** für); **sense of duty** das Pflichtbewusstsein; **to have a sense of one's own importance** sich selbst wichtig nehmen (5) der Sinn; *von Wort usw.:* die Bedeutung; **I can't make sense of it** ich kann mir darauf keinen Reim machen (6) **in a sense** in gewisser Hinsicht; **in every sense** in jeder Hinsicht

to **sense** [sen(t)s] spüren, empfinden, fühlen

sense·less ['sen(t)sləs] (1) *Mensch:* besinnungslos, bewusstlos; **to beat somebody senseless** jemanden k.o. schlagen (2) *Handlung:* unvernünftig, unsinnig (3) *Diskussion:* sinnlos

sen·sibil·ity [ˌsen(t)sɪ'bɪləti] (1) *von Körper:* die Empfindlichkeit (2) *von Gefühl:* die Empfindsamkeit (3) **sensibilities** das Zartgefühl

sen·sible ['sen(t)sɪbl̩] vernünftig; **be sensible about it!** seien Sie vernünftig!

F Nicht verwechseln mit **sensibel** = sensitive!

sen·sibly ['sen(t)sɪbli] vernünftig, vernünftigerweise

sen·si·tive ['sen(t)sɪtɪv] (1) *Körperteil:* empfindlich; **sensitive to cold/heat** kälteempfindlich/wärmeempfindlich (2) *Person:* **to be sensitive about something** empfindlich auf etwas reagieren (3) *Verständnis:* einfühlsam (4) (*übertragen*) *Thema usw.:* heikel

sent [sent] *3. Form von* **send**

sen·tence¹ ['sentən(t)s] der Satz

sen·tence² ['sentən(t)s] *von Gericht:* die Strafe; **under sentence of death** zum Tode verurteilt; **to pass sentence on someone** über jemanden das Urteil verkünden

to **sen·tence** ['sentən(t)s] **to sentence someone** jemanden verurteilen (**to** zu)

sen·ti·men·tal [ˌsentɪ'mentᵊl] ① empfindsam, gefühlsselig ② **for sentimental reasons** aus Sentimentalität

sen·try ['sentri] der Wachposten, die Wache; **to be on sentry duty** auf Wache sein

sen·try box das Wachhäuschen

sepa·rable ['sepᵊrəbḷ] trennbar

to **sepa·rate** ['sepᵊreɪt] ① **to separate something** etwas aufteilen (**into** in) ② **to separate people** Leute trennen (**from** von); *Ehepaar:* sich trennen

sepa·rate ['sepᵊrət] ① [ab]getrennt, gesondert (**from** von); **to go separate ways** eigene Wege gehen; **to keep separate** auseinanderhalten ② *Teil:* extra, einzeln ③ *Wohnung:* separat; *Zimmer:* getrennt ④ *Rechnung:* gesondert ⑤ **that is a separate question** das ist eine andere Frage; **on a separate occasion** bei einer anderen Gelegenheit

sepa·rat·ed ['sepᵊreɪtɪd] getrennt; *Ehepaar:* getrennt lebend

sepa·rate·ly ['sepᵊrətli] getrennt

sepa·ra·tion [ˌsepᵊr'eɪʃᵊn] die Trennung

Sep·tem·ber [sep'tembəʳ] der September; **in September** im September; **on 15th September, on September 15** (USA) am 15. September; **at the beginning of September** Anfang September; **at the end of September** Ende September

sep·tic ['septɪk] septisch

se·quel ['siːkwᵊl] ① *von Roman, Film:* die Fortsetzung ② (*übertragen*) die Folge (**to** von)

se·quence ['siːkwən(t)s] ① *von Ereignissen:* die Folge; **logical sequence** die logische Abfolge ② die Reihenfolge; *von Zahlen:* die Reihe; **in sequence** der Reihe nach ③ *von Film:* die Szene, die Episode

se·quin ['siːkwɪn] die Paillette

Serb [sɜːb] der Serbe/die Serbin

Ser·bia ['sɜːbiə] Serbien

Ser·bian ['sɜːbiən] serbisch

Serbo-Croat [ˌsɜːbəʊ'krəʊæt] das Serbokroatisch

ser·geant ['sɑːdʒᵊnt] ① (*militärisch*) der Feldwebel ② der Polizeimeister/die Polizeimeisterin

se·rial¹ ['sɪəriəl] ① Serien-; **serial killer** der Serienmörder/die Serienmörderin ② **serial number** die fortlaufende Nummer, die Fabrikationsnummer

se·rial² ['sɪəriəl] ① der Fortsetzungsroman ② (*im Radio, TV*) die Serie ③ die periodisch erscheinende Zeitschrift

se·ries ['sɪəriːz] <*Plural* **series**> ① die Serie ② **series of events** eine Folge von Ereignissen ③ *von Zahlen:* die Reihe ④ **TV series** die Fernsehserie

se·ri·ous ['sɪəriəs] ① ernst, ernsthaft; **to be serious about doing something** etwas ernsthaft beabsichtigen; **I'm serious [about it]** ich meine das ernst ② *Interesse:* seriös ③ *Frage, Zweifel:* ernsthaft ④ *Verlust:* schwer, schlimm ⑤ *Gefahr:* ernstlich; *Situation:* ernst, bedenklich; **it's getting serious** es wird ernst

> **F** Nicht verwechseln mit **seriös** = *(anständig)* respectable!

se·ri·ous·ly ['sɪəriəsli] ① ernst, im Ernst ② *krank:* ernstlich; *verletzt:* schwer ③ **to take someone seriously** jemanden ernst nehmen ④ **seriously now!** jetzt mal ganz im Ernst!

ser·mon ['sɜːmən] die Predigt

ser·pent ['sɜːpᵊnt] die Schlange

serv·ant ['sɜːvᵊnt] der Diener/die Dienerin

serve [sɜːv] (*beim Tennis*) der Aufschlag

to **serve** [sɜːv] ① **to serve someone/something** jemandem/etwas dienen; **to serve one's country** seinem Land dienen ② *Gegenstand:* sich verwenden lassen; **to serve as [***oder* **for] something** als etwas dienen; **to serve its purpose** seinen Zweck erfüllen; **if my memory serves me right** wenn ich mich recht erinnere ③ (*zeitlich*) durchmachen, durchlaufen *Lehre;* verbüßen *Strafe* ④ (*im Laden, Restaurant*) bedienen *Gast, Kunden;* einschenken *Wein;* **to serve someone with something** jemandem etwas servieren; **are you being served?** werden Sie schon bedient?; **dinner is served** das Essen ist aufgetragen ⑤ **serves 4** für 4 Personen ⑥ (*beim Tennis*) aufschlagen; **to serve an ace** ein Ass schlagen ⑦ **it serves him right** es geschieht ihm ganz recht

◆ to **serve up** **to serve up food** das Essen servieren

serv·er ['sɜːvəʳ] ① (*beim Tennis*) der Aufschläger/die Aufschlägerin ② (*Computer*) der Server ③ **salad servers** das Salatbesteck

ser·vice ['sɜːvɪs] ① der Dienst; **to do someone a service** jemandem einen Dienst erweisen; **to be of service** nützlich sein; **military service** der Militärdienst ② (*im Hotel usw.*) der Service, die Bedienung; **to be at someone's service** jemandem zur Verfügung stehen ③ der Betrieb; **to be out of service** außer Betrieb sein; **to come into service** in Betrieb genommen werden ④ **bus service** die Busverbindung; **telephone service** der Telefondienst; **medical service** die ärztliche Versorgung ⑤ **services** *Plural* die Dienstleistungen, das Versorgungsnetz ⑥ *von Maschinen:* die Wartung; **to put one's**

S

car in for service sein Auto zur Inspektion bringen ⑦ (*beim Tennis*) der Aufschlag

to **ser·vice** ['sɜːvɪs] warten *Auto, Maschine*

ser·vice area die Tankstelle und Raststätte

ser·vice cen·tre, (USA) **ser·vice cen·ter** die Reparaturwerkstatt

ser·vice charge das Bedienungsgeld, die Bearbeitungsgebühr

ser·vice con·tract ① der Arbeitsvertrag ② die Garantie

ser·vice de·part·ment die Kundendienstabteilung

ser·vice el·eva·tor (USA) der Lastenaufzug

ser·vice en·trance der Dienstboteneingang

ser·vice lift der Lastenaufzug

ser·vice road die Zufahrtsstraße

ser·vice sta·tion die Tankstelle [mit Reparaturwerkstatt]

ser·vi·ette [ˌsɜːvi'et] die Serviette

serv·ing ['sɜːvɪŋ] die Portion; **serving spoon** der Vorlegelöffel

sesa·me ['sesəmi] der Sesam

ses·sion ['seʃᵊn] ① *von Parlament:* die Sitzung, die Sitzungsperiode, die Legislaturperiode; **to be in session** eine Sitzung abhalten, tagen ② *von Leuten:* das Treffen ③ (*beim Arzt usw.*) die Sitzung, die Behandlung ④ (*an Schule, Universität*) das Semester, das Studienjahr ⑤ **recording session** die Aufnahme

set¹ [set] ① fertig, bereit; **to be all set for something** für etwas gerüstet sein; **to be all set to do something** bereit sein, mit etwas anzufangen ② *Zeit:* festgesetzt, bestimmt ③ **set book** die Pflichtlektüre; **set menu** die Tageskarte; **set phrase** der feststehende Ausdruck; **set price** der Fixpreis, der festgesetzte Preis ④ **to be set in one's ways** in seinen Gewohnheiten festgefahren sein; **to be dead set on something/on doing something** etwas auf Biegen und Brechen haben/tun wollen

S

set² [set] ① der Satz; **set [of two]** das Paar; **tea set** das Teeservice; **set of books** die Buchreihe; **a set of teeth** ein Gebiss ② (*Radio, Fernseher*) das Gerät, der Apparat ③ (*im Theater*) das Bühnenbild ④ die Reihe; **a whole set of questions** eine ganze Reihe Fragen ⑤ *von Menschen:* der Kreis ⑥ (*beim Tennis*) der Satz ⑦ *von Kleidung:* der Sitz, die Haltung ⑧ **shampoo and set** Waschen und Legen

to **set** [set] <set, set> ① **to set the tray on the table** das Tablett auf den Tisch stellen ② einstellen *Maschine, Gerät* (**at** auf); stellen *Uhr* (**to** auf) ③ **the book is set in Paris** das Buch spielt in Paris; **the house is set in the valley** das Haus liegt im Tal ④ festlegen *Ziel;* festsetzen *Termin, Preis* ⑤ (*in der Schule*) **Macbeth is set this year** Macbeth steht dieses Jahr auf dem Lehrplan ⑥ **to set someone a question** jemandem eine Frage stellen; **to set someone a problem** jemanden vor ein Problem stellen ⑦ **to set the table** den Tisch decken ⑧ **to set a guard on something** etwas bewachen lassen; **to set a dog on someone** einen Hund auf jemanden hetzen; **to set something going** etwas in Gang bringen; **to set someone free** jemanden freilassen; **to set something right** etwas in Ordnung bringen; **to set someone right** jemanden berichtigen ⑨ **to set a good example** ein gutes Beispiel geben ⑩ **to set something to music** etwas vertonen ⑪ *Sonne:* untergehen ⑫ *Zement:* hart werden; **to set stones in concrete** Steine einzementieren

G Richtiges Konjugieren von **set**: set, set, set — *Ben set the table; the sun has set.*

◆ to **set about** **to set about doing something** sich daranmachen, etwas zu tun

◆ to **set against** **to set oneself against something** sich einer Sache entgegenstellen

◆ to **set apart** **to set something apart** etwas abheben (**from** von)

◆ to **set aside** ① beiseitelegen *Gegenstand, Geld* ② einplanen *Zeit* ③ aufschieben *Pläne, Arbeit*

◆ to **set back** ① zurücksetzen *Haus* ② verzögern, behindern *Plan, Fortschritt* ③ **it's set me back £100** es hat mich 100 Pfund gekostet

◆ to **set down** ① absetzen *Ladung;* aussteigen lassen *Passagier* ② schriftlich niederlegen *Gedanken*

◆ to **set in** ① *Winter:* einsetzen ② *Dunkelheit:* anbrechen

◆ to **set off** ① auslösen *Alarmanlage;* losgehen lassen *Feuerwerk* ② führen zu *Reaktion* ③ *Person:* sich auf den Weg machen; *Bus, Zug usw.:* losfahren ④ **that set us all off laughing** das brachte uns alle zum Lachen

◆ to **set on** **to set on someone** jemanden überfallen

◆ to **set out** ① ausbreiten *Ware* ② darlegen *Gedanke* ③ *Person:* aufbrechen, sich auf den Weg machen ④ **to set out to do something** sich daranmachen, etwas zu tun

◆ to **set to** loslegen, reinhauen; **to set to work** sich an die Arbeit machen

◆ to **set up** ① **to set something up** etwas aufstellen; errichten *Denkmal usw.* ② eröffnen, gründen *Geschäft;* einrichten *Schule* ③ **to set something up for someone** etwas für jemanden vorbereiten; **to set someone up with something** jemanden mit etwas versorgen ④ aufstellen *Rekord, Zeit* ⑤ anstimmen *Protest* ⑥ **to set oneself up as a therapist** sich als Therapeut niederlassen; **to be set up for life** für sein ganzes Leben ausgesorgt haben; **to be well set up** sich gut stehen ⑦ **to set someone up** (*umgangsspr*) jemandem etwas anhängen

set·back ['setbæk] der Rückschlag
set·square (GB) das [Zeichen]dreieck
set·tee [set'iː] das Sofa
set·ting ['setɪŋ] ① *von Sonne:* der Untergang ② (*übertragen*) der Rahmen; *von Roman usw.:* der Schauplatz ③ **place setting** das Gedeck
to **set·tle** ['setḷ] ① sich niederlassen (**on** auf); **dust settled on the floor** der Staub setzte sich am Boden ab; **she settled comfortably in an armchair** sie machte es sich in einem Sessel bequem ② (*im Haus*) sich eingewöhnen (**into** in); **to settle someone** jemanden unterbringen; **to settle into a habit** sich etwas angewöhnen ③ besiedeln *Land* ④ **to settle something** etwas entscheiden; klären *Problem;* sich einigen auf, aushandeln *Preis;* abschließen *Vertrag;* **to settle one's affairs** seine Angelegenheiten in Ordnung bringen; **that settles it!** damit wäre der Fall erledigt!; **I'll soon settle him** dem werd ich's geben ⑤ bezahlen, begleichen *Rechnung* ⑥ *Person:* sich beruhigen; versorgen *Baby* ⑦ *Wetter:* beständig werden ⑧ *Ablagerungen:* sich setzen
◆ to **settle down** ① **to settle down to watch TV** es sich vor dem Fernseher gemütlich machen ② sich legen ③ *Person:* sich beruhigen; **to settle the baby down to sleep** das Baby schlafen legen ④ **to settle down at school** sich an der Schule eingewöhnen ⑤ **to [marry and] settle down** [heiraten und] häuslich werden
◆ to **settle for** **to settle for something** sich mit etwas zufriedengeben
◆ to **settle in** sich einleben, sich eingewöhnen
◆ to **settle on** **to settle on a price** sich auf einen Preis einigen
◆ to **settle up** **to settle up [with someone]** [mit jemandem] abrechnen
◆ to **settle upon** **to settle upon a price** sich auf einen Preis einigen
◆ to **settle with** **to settle with someone** mit jemandem abrechnen; **to settle something with someone** sich mit jemandem auf etwas einigen
set·tled ['setḷd] ① *Wetter:* beständig ② *Meinung:* fest ③ **to be settled** etabliert sein, festen Fuß gefasst haben, ruhiger sein; **to feel settled** sich wohl fühlen
set·tle·ment ['setḷmənt] ① die Regelung; **to reach a settlement** sich einigen ② *von Streit:* die Beilegung, die Schlichtung ③ *von Leuten:* die Siedlung
set·tler ['setḷəʳ] der Siedler/die Siedlerin
set-to [ˌset'tuː] (*umgangsspr*) der Krach, die Streiterei; **to have a set-to** sich in die Haare geraten
set-up ['setʌp] ① die Zustände, die Umstände; **what's the set-up here?** wie läuft das hier? ② die Organisation, das System ③ (*slang*) das abgekartete Spiel
sev·en[1] ['sevᵊn] sieben; **a quarter to seven** viertel vor sieben
sev·en[2] ['sevᵊn] die Sieben; **the seven of hearts** die Herzsieben
sev·en·fold ['sevᵊnfəʊld] siebenfach
sev·en·teen[1] ['sevᵊntiːn] siebzehn
sev·en·teen[2] ['sevᵊntiːn] die Siebzehn
sev·en·teenth[1] ['sevᵊntiːn(t)θ] siebzehnte(r, s)
sev·en·teenth[2] ['sevᵊntiːn(t)θ] ① (*Datum*) **the seventeenth** der Siebzehnte ② (*Bruchzahl*) das Siebzehntel
sev·enth[1] ['sevᵊn(t)θ] siebte(r, s)
sev·enth[2] ['sevᵊn(t)θ] ① (*Datum*) **the seventh** der Siebte ② (*Bruchzahl*) das Siebtel
sev·en·ti·eth[1] ['sevᵊntiəθ] siebzigste(r, s)
sev·en·ti·eth[2] ['sevᵊntiəθ] ① Siebzigste(r, s) ② (*Bruchzahl*) das Siebzigstel
sev·en·ty[1] ['sevᵊnti] siebzig
sev·en·ty[2] ['sevᵊnti] ① die Siebzig ② **the seventies** die Siebzigerjahre; **he's in his seventies** er ist [so] um die Siebzig
sev·er·al ['sevᵊrᵊl] ① einige, mehrere, verschiedene; **several times** mehrere Male ② **several of us** einige von uns
se·vere [sə'vɪəʳ] ① *Person:* streng ② *Kritik:* hart, scharf ③ *Test:* schwer ④ *Ausdruck:* ernst ⑤ *Krankheit:* schwer, schlimm ⑥ *Sturm:* stark, heftig; *Wetter:* rau
se·vere·ly [sə'vɪəli] streng; *verletzt:* schwer; *bestraft:* hart; *eingeschränkt:* enorm
to **sew** [səʊ] <sewed, sewn *oder* sewed> ① nähen ② **to sew something on** etwas annähen
◆ to **sew up** **to sew something up** etwas zunähen
sew·age ['suːɪdʒ] das Abwasser
sew·er ['sʊəʳ] der Abwasserkanal
sew·ing ['səʊɪŋ] ① das Nähen ② die Näharbeit
sew·ing bas·ket der Nähkorb
sew·ing ma·chine die Nähmaschine
sewn [səʊn] *3. Form von* **sew**
sex[1] [seks] <*Plural* sexes> ① das Geschlecht; **of both sexes** beiderlei Geschlechts ② die Sexualität, der Sex; **to have sex with someone** Geschlechtsverkehr mit jemandem haben
sex[2] [seks] Geschlechts-, Sexual-
sex ap·peal ['seksəˌpiːl] der Sexappeal
sex dis·crimi·na·tion die Diskriminierung auf Grund des Geschlechts
sex edu·ca·tion die Sexualerziehung, der Aufklärungsunterricht
sex·ism ['seksɪzᵊm] der Sexismus
sex·ist ['seksɪst] sexistisch
sex life das Geschlechtsleben
sex·ual ['sekʃʊəl] ① sexuell, geschlechtlich ② **sexual harassment** die sexuelle Belästigung; **sexual intercourse** der Geschlechtsver-

S

kehr

sex·ual·ity [ˌsekʃu'æləti] die Sexualität

sex·ual·ly ['sekʃʊəli] ① sexuell ② **sexually transmitted disease** die Geschlechtskrankheit

sexy ['seksi] (*umgangsspr*) sexy, aufreizend

shab·by ['ʃæbi] schäbig

shack [ʃæk] die Hütte, der Schuppen

shade [ʃeɪd] ① der Schatten; **to give shade** Schatten spenden ② (*von Lampe*) der [Lampen]schirm ③ der Farbton ④ die Nuance; **shades of meaning** die Bedeutungsnuancen; **a shade too much** eine Spur zu viel ⑤ **to put someone in the shade** (*übertragen*) jemanden in den Schatten stellen ⑥ **shades** ⚠ *Plural* (*umgangsspr*) die Sonnenbrille

to **shade** [ʃeɪd] **to shade something from the light** etwas gegen das Licht abschirmen
◆ to **shade in** **to shade something in** etwas ausmalen

shad·ing ['ʃeɪdɪŋ] (*in der Kunst*) die Schattierung, die Schraffierung

shad·ow ['ʃædəʊ] ① (*auch übertragen*) der Schatten; **in the shadows** im Dunkeln; **to be in someone's shadow** (*übertragen*) in jemandes Schatten stehen ② **without a shadow of doubt** ohne den geringsten Zweifel ③ **to be just a shadow of one's former self** nur noch ein Schatten seiner selbst sein

shad·ow cabi·net (GB) (*in der Politik*) das Schattenkabinett

Shad·ow Chan·cel·lor (GB) der/die Finanzminister/Finanzministerin des Schattenkabinetts

shad·owy ['ʃædəʊi] ① schattig ② (*übertragen*) unbestimmt, vage, verschwommen

shady ['ʃeɪdi] ① schattig, Schatten spendend ② (*übertragen*) *Geschäft:* zweifelhaft, anrüchig

shaft [ʃɑːft] ① *von Pfeil, Werkzeug usw.:* der Schaft ② *von Aufzug, im Bergbau:* der Schacht ③ **shaft of light** der [Licht]strahl

to **shag** [ʃæg] (*slang*) bumsen

shag·gy ['ʃægi] ① zottig, struppig ② *Haare:* zottelig

shake [ʃeɪk] ① das Zittern, das Beben; **to give someone a good shake** jemanden kräftig schütteln ② **milk shake** der Milchshake ▸ WENDUNGEN: **in two shakes** (*umgangsspr*) in zwei Sekunden; **to be no great shakes** (*slang*) nicht umwerfend sein

to **shake** [ʃeɪk] <shook, shaken> ① schütteln; erschüttern *Gebäude* ② beben; **to shake with cold** vor Kälte zittern; **to shake with laughter** sich vor Lachen schütteln ③ **to shake hands with someone** jemandem die Hand geben; **to shake one's head** den Kopf schütteln; **to shake one's fist at someone** jemandem mit der Faust drohen ④ **to shake someone** *Ereignis, Nachricht:* jemanden erschüttern; **they were badly shaken by the news** die Nachricht hatte sie sehr mitgenommen ⑤ **to shake oneself free** sich losmachen
◆ to **shake down** (USA) ① **to shake something down** etwas durchsuchen ② (*slang*) **to shake someone down** jemanden ausquetschen
◆ to **shake off** abschütteln
◆ to **shake out** ausschütteln *Staubtuch, Teppich*
◆ to **shake up** ① **to shake something up** etwas aufschütteln ② **she was badly shaken up by the accident** der Unfall hat ihr einen schweren Schock versetzt ③ umkrempeln *Betrieb*

shak·en ['ʃeɪkᵊn] *3. Form von* **shake**

shake-up ['ʃeɪkʌp] ① (*umgangsspr*) die Umstrukturierung ② **to give something a good shake-up** etwas total umkrempeln

shaki·ly ['ʃeɪkɪli] wackelig, zitterig

shak·ing ['ʃeɪkɪŋ] das Zittern

shaky ['ʃeɪki] ① *Hand:* zitterig; *Position:* wackelig ② *Beweis:* fragwürdig, unsicher ③ **in rather shaky English** in ziemlich holprigem Englisch

shall [ʃæl, ʃᵊl] <should> ① werden; **I shall arrive tomorrow** ich werde morgen ankommen; **you shall pay for this!** dafür sollst du büßen! ② sollen; **what shall we do?** was sollen wir machen?, was machen wir?

> **G** Die Kurzform für **I shall** heißt **I'll**; für **we shall** — **we'll**; für **shall not** — **shan't**.

shal·low ['ʃæləʊ] <shallower *oder* more shallow, shallowest *oder* most shallow> ① flach; *Wasser auch:* seicht ② *Mensch, Unterhaltung:* oberflächlich

> **G** **shallow** kann sowohl mit *-er/-est* als auch mit *more/most* gesteigert werden:
> *the shallower water is safer for bathing;*
> *she's the most shallow woman I've ever met*

sham[1] [ʃæm] (*übertragen*) vorgetäuscht

sham[2] [ʃæm] (*übertragen*) **it's just a sham** es ist nur Heuchelei

to **sham·ble** ['ʃæmbl̩] **to shamble along the road** die Straße entlangschlurfen

sham·bles ['ʃæmbl̩z] *Plural* **your room is a shambles** dein Zimmer ist ein einziger Saustall

shame [ʃeɪm] ① (*Ungnade*) die Schande; **to put someone to shame** jemandem Schande machen; **to my shame** zu meiner Schande; **shame on you!** du solltest dich schämen! ② (*Gefühl*) die Scham; **without shame** schamlos; **to hang one's head in shame** den Kopf vor Scham hängen lassen; **to blush with shame** vor Scham erröten ③ **what a shame!** wie schade!

shame·ful ['ʃeɪmfᵊl] beschämend

shame·less ['ʃeɪmləs] schamlos, unverschämt

to **sham·poo** [ʃæm'puː] schamponieren

sham·poo [ʃæm'puː] das Shampoo

shan·dy ['ʃændi] (GB) (*Mischgetränk*) das Radler

shan't [ʃɑːnt] *Kurzform von* **shall not**

shape [ʃeɪp] ① die Form, die Gestalt; **in the shape of a heart** in Form [*oder* Gestalt] eines Herzens; **in the shape of a circle** kreisförmig ② **to take shape** (*auch übertragen*) Gestalt annehmen ③ **she likes chocolate in any shape or form** sie mag jede Art von Schokolade ④ (*technisch*) die Form, das Modell, das Muster ⑤ (*gesundheitlich*) der Zustand, die [gesundheitliche] Verfassung; **to be in great shape** glänzend in Form sein; **to be in bad shape** in schlechter Verfassung sein; **to be out of shape** (*körperlich*) nicht in Form sein

to **shape** [ʃeɪp] ① bearbeiten, formen *Holz, Ton* (**into** zu) ② (*übertragen*) formen, prägen *Charakter;* gestalten, bestimmen *Leben;* formen *Gesellschaft*

◆ to **shape up** sich entwickeln; **to be shaping up well** *Leistung, Projekt:* sich gut entwickeln, viel versprechend sein

shaped [ʃeɪpt] geformt; **to be shaped like a sausage** wurstförmig sein

share [ʃeəʳ] ① der Anteil, der Teil; **to do one's share of the housework** seinen Beitrag zur Hausarbeit leisten; **to have a share in something** an etwas beteiligt sein; **to take one's share of responsibility** seinen Teil der Verantwortung tragen; **let's go shares on the bill** (*umgangsspr*) lass uns die Rechnung teilen; **to have more than one's share of bad luck** ein Pechvogel sein ② (*in der Wirtschaft*) **to hold shares** Aktien haben; **to have a share in a business** einen Geschäftsanteil besitzen (**in** an)

to **share** [ʃeəʳ] [sich] teilen; **let's share a portion of chips** lass uns einen Teller Pommes teilen; **to share the same name** den gleichen Namen haben; **to share and share alike** brüderlich teilen

◆ to **share out** austeilen, verteilen

share·hold·er der Aktionär/die Aktionärin

share·ware ['ʃeəʳweəʳ] (*in der Informatik*) die Shareware

shark [ʃɑːk] ① der Hai[fisch] ② (*übertragen*) der Hai, der Wucherer

sharp¹ [ʃɑːp] <sharper, sharpest> ① scharf; **at 3 o'clock sharp** um Punkt 3 Uhr; **to turn a sharp left** scharf nach links abbiegen ② *Nadel, Bleistift:* spitz ③ *Kurve:* scharf ④ *Abhang:* steil; **sharp rise in price** der steile Preisanstieg; **sharp fall in price** der steile Preissturz ⑤ *Bild:* scharf umrissen deutlich ⑥ *Geruch:* beißend, stechend; *Geschmack:* scharf, herb ⑦ *Schmerz:* heftig ⑧ *Tonfall:* hart, streng ⑨ *Bemerkung:* scharfsinnig; *Kritik:* scharf; **sharp wit** der scharfe Verstand; **that was pretty sharp of him** das war ziemlich clever von ihm ⑩ (*übertragen*) **to keep a sharp eye on someone** jemanden scharf im Auge behalten; **be sharp about it!** mach ein bisschen schnell!

> **F** Nicht verwechseln mit **scharf** = *(gewürzt)* hot, *(streng)* severe!

sharp² [ʃɑːp] das Kreuz

to **sharp·en** ['ʃɑːpᵊn] ① schärfen; spitzen *Bleistift;* schleifen, wetzen *Axt, Messer* ② (*übertragen*) **a walk will sharpen your appetite** ein Spaziergang regt den Appetit an

sharp·en·er ['ʃɑːpᵊnəʳ] **pencil sharpener** der Bleistiftspitzer

sharp-eyed [ˌʃɑːp'aɪd] scharfsichtig

sharp-sight·ed [-'saɪtɪd] scharfsichtig

sharp-tongued [ˌʃɑːp'tʌŋd] scharfzüngig

sharp-wit·ted [ˌʃɑːp'wɪtɪd] klug, gewitzt

to **shat·ter** ['ʃætəʳ] ① zerschmettern, zerbrechen ② *Knochen:* zersplittern ③ (*übertragen*) zerstören; **to shatter one's hopes** seine Hoffnungen zunichtemachen; **she was shattered by his death** sein Tod hat sie erschüttert ④ (*umgangsspr*) **I'm/I feel shattered** ich bin kaputt

shat·ter·ing ['ʃætᵊrɪŋ] ① *Schlag, Explosion:* gewaltig; *Niederlage:* vernichtend ② (*übertragen*) *Schlag:* wuchtig ③ (*umgangsspr*) *Neuigkeit, Unkenntnis, Offenheit:* erschütternd; *Erlebnis, Wirkung:* umwerfend ④ **to have a shattering effect on something** sich verheerend auf etwas auswirken; **it must have been shattering for you** es muss entsetzlich für Sie gewesen sein

shat·ter·proof ['ʃætəpruːf] *Glas:* splitterfrei

to **shave** [ʃeɪv] <shaved, shaved *oder* shaven> [sich] rasieren; **to shave something off** etwas abrasieren

shave [ʃeɪv] ① die Rasur ② **that was a close shave** das wäre um ein Haar schiefgegangen

shav·en ['ʃeɪvᵊn] **clean shaven** glatt rasiert

shav·er ['ʃeɪvəʳ] der Rasierapparat

shav·ing¹ ['ʃeɪvɪŋ] Rasier-

shav·ing² ['ʃeɪvɪŋ] *meist Plural* der Hobelspan

shav·ing cream die Rasiercreme

shav·ings ['ʃeɪvɪŋz] *Plural* die Späne

shawl [ʃɔːl] das Schultertuch, der Umhang

she [ʃiː, ʃi] ① sie ② **our dog is a she** unser Hund ist eine Sie

to **shear** [ʃɪəʳ] <sheared, sheared *oder* shorn> scheren *Schaf*

shears [ʃɪəz] *Plural* [**pair of**] **shears** die Metallschere, die Gartenschere

to **shed** [ʃed] <shed, shed> ① vergießen *Tränen, Blut* ② **to shed light on something** Licht auf etwas werfen ③ abwerfen *Blätter, Haut;* verlieren *Haar;* **to shed skin** sich häuten; **to shed a few kilos** ein paar Kilo abnehmen ④ (*übertragen*) loswerden *Kummer, Sorge*

shed [ʃed] der Schuppen

she'd [ʃiːd] *Kurzform von* **she had; she would**

sheep [ʃiːp] <*Plural* sheep> das Schaf ▶ WENDUNGEN: **a black/lost sheep** ein schwarzes/

verlorenes Schaf; **a wolf in sheep's clothing** ein Wolf im Schafspelz

G ⚠ Die Pluralform von **sheep** ist ebenfalls **sheep**: *there are lots of sheep in the field*

sheep·dog ['ʃi:pdɒg] der Schäferhund
sheep·ish ['ʃi:pɪʃ] verlegen
sheep·skin ['ʃi:pskɪn] das Schaffell
sheer [ʃɪəʳ] ① rein; **sheer silk** reine Seide ② (*übertragen*) bloß, rein; **it was sheer cheek** es war eine reine Unverschämtheit; **sheer madness** der helle Wahnsinn; **by sheer chance/coincidence** rein zufällig
sheet [ʃi:t] ① das Betttuch; [**as**] **white as a sheet** leichenblass ② **a sheet of paper** ein Blatt Papier; **attendance sheet** die Anwesenheitsliste ③ *Glas:* die Scheibe; **sheet of ice** die Eisfläche; **sheet metal** das Blech
sheet feed (*Drucker*) der Einzelblatteinzug
sheik(h) [ʃeɪk, ʃi:k] der Scheich
shelf [ʃelf] <*Plural* shelves> ① das Brett; **book shelf** das Bücherregal ② (*in der Erdkunde*) **continental shelf** der Kontinentalsockel ▶ WENDUNGEN: **to be left on the shelf** sitzen geblieben sein
shell [ʃel] ① die Schale; *von Erbsen:* die Hülse; *eines Weichtiers:* die Muschel; *einer Schnecke:* das Haus; *einer Schildkröte:* der Panzer ② *vom Auto:* die Karosserie ③ *vom Schiff:* das Gerippe, der Rumpf ④ (*Waffe*) die Granate ⑤ (USA) die Patrone ▶ WENDUNGEN: **to come out of one's shell** aus sich herausgehen; **to retire into one's shell** sich in sein Schneckenhaus verkriechen
to **shell** [ʃel] ① schälen; enthülsen *Erbsen* ② mit Granaten beschießen *Ort, Soldaten*
◆ to **shell out** (*umgangsspr*) blechen, bezahlen
she'll [ʃi:l] *Kurzform von* **she will**
shell·fish ['ʃelfɪʃ] <*Plural* shellfish> das Schaltier
shell·ing ['ʃəlɪŋ] der Granatbeschuss
shell-shocked ['ʃelʃɒkt] unter Kriegsneurose leidend; (*übertragen*) verstört
shel·ter ['ʃəltəʳ] ① der Unterschlupf; **to give someone shelter** jemanden beherbergen; (*für Obdachlose*) das Obdach ② (*auch übertragen*) der Schutz; **under shelter** geschützt; **to take shelter** Schutz suchen (**from** vor) ③ **bus shelter** das Wartehäuschen; **air-raid shelter** der [Luft]schutzraum
to **shel·ter** ['ʃəltəʳ] ① **to shelter someone** jemanden beherbergen, jemandem Obdach gewähren ② **to shelter someone from something** jemanden vor etwas [be]schützen ③ **they sheltered under the trees** sie suchten Schutz unter den Bäumen
shel·tered ['ʃəltəd] **sheltered housing** das betreute Wohnen
shelves [ʃəlvz] *Pluralform von* **shelf**

S

sher·iff ['ʃerɪf] (USA) der Sheriff
sher·ry ['ʃeri] der Sherry
she's [ʃi:z, ʃɪz] ① *Kurzform von* **she is** →**be** ② *Kurzform von* **she has** →**have**
shield [ʃi:ld] der Schild; (*auch übertragen*) der Schutz
to **shield** [ʃi:ld] schützen (**from** vor)
to **shift** [ʃɪft] ① schieben, bewegen ② (*übertragen*) [von sich] abwälzen *Schuld* (**on** auf); **to shift the responsibility onto someone** jemandem die Verantwortung zuschieben ③ (*am Auto*) **to shift gear** schalten ④ *Interessen:* sich verschieben, sich verlagern ⑤ *Wind:* umspringen, sich drehen
shift [ʃɪft] ① (*übertragen*) die Veränderung, die Verlagerung ② (*Arbeit*) die Schicht; **to work in shifts** schichtweise arbeiten; **late shift** die Spätschicht; **night shift** die Nachtschicht
shift key die Umschalttaste, die Shifttaste
shifty ['ʃɪfti] *Mensch:* durchtrieben, hinterhältig
shin [ʃɪn] **shin**[**bone**] das Schienbein
◆ to **shin up** hinaufklettern
to **shine** [ʃaɪn] <shone *oder* shined, shone *oder* shined> ① *Sonne:* scheinen ② *Lampe:* leuchten; **shine the torch over here** leuchte [mit der Taschenlampe] hierher; **their faces shone with happiness** sie strahlten vor Freude ③ *Mond, Stern:* glänzen, funkeln ④ (*übertragen*) glänzen, sich hervortun (**at** bei) ⑤ putzen, wichsen *Schuh*
shine [ʃaɪn] ① der Schein, der Glanz ② die Politur ③ (USA) das Schuhputzen ▶ WENDUNGEN: **to take the shine off something** einen Schatten auf etwas werfen; **to take a shine to someone** (*slang*) sich in jemanden vergucken; **I'll come, rain or shine** ich komme auf jeden Fall
shin·er ['ʃaɪnəʳ] (*slang*) das blaue Auge
shin·gles ['ʃɪŋg|z] *Plural* die Gürtelrose
shin·ing ['ʃaɪnɪŋ] ① glänzend, leuchtend ② *Beispiel:* glänzend
shiny ['ʃaɪni] glänzend, [glatt] poliert; **to be shiny** *Stoff:* glänzen
ship [ʃɪp] das Schiff; **by ship** mit dem Schiff
to **ship** [ʃɪp] <shipped, shipped> verschiffen *Waren;* (USA) [ver]senden, befördern, verladen
◆ to **ship out** versenden
ship·build·ing *kein Plural* der Schiffbau
ship·ping com·pa·ny die Reederei
ship·shape ['ʃɪpʃeɪp] aufgeräumt, sauber, ordentlich
ship·wreck ['ʃɪprek] der Schiffbruch
to **ship·wreck** ['ʃɪprek] ① Schiffbruch erleiden ② (*übertragen*) scheitern lassen, ruinieren
ship·yard ['ʃɪpjɑ:d] die [Schiffs]werft
shire ['ʃaɪəʳ] (GB) die Grafschaft
to **shirk** [ʃɜ:k] sich drücken [vor] *Arbeit, Verantwortung*
shirk·er ['ʃɜ:kəʳ] der Drückeberger/die Drü-

ckebergerin

shirt [ʃɜːt] 1 das Hemd 2 (*für Damen*) die Hemdbluse ▶ WENDUNGEN: **keep your shirt on!** (*umgangsspr*) immer mit der Ruhe!; **to put one's shirt on something** alles auf etwas setzen

shirt·sleeve **in one's shirtsleeves** in Hemdsärmeln

shirty ['ʃɜːti] (*umgangsspr*) [leicht] beleidigt, eingeschnappt

to **shit** [ʃɪt] <shit, shit *oder* shat> (*slang*) scheißen ▶ WENDUNGEN: **he's shitting bricks** (*umgangsspr*) er macht sich vor Angst in die Hose

shit [ʃɪt] (*umgangsspr*) 1 die Scheiße 2 (*übertragen: Blödsinn*) der Scheiß

shit·ty ['ʃɪti] (*slang*) beschissen

to **shiv·er** ['ʃɪvəʳ] zittern

shiv·er ['ʃɪvəʳ] 1 das Zittern, der Schauder; **a shiver went up and down her spine** es lief ihr kalt den Rücken hinunter 2 **shivers** *Plural* der Schüttelfrost, der Fieberschauer; **it gave me the shivers** mich überlief es kalt

shiv·ery ['ʃɪvəri] fröstelnd; **to feel shivery** frösteln

shock [ʃɒk] 1 der Schock; **to be in [a state of] shock** unter Schock stehen; **it comes as a shock** das ist ein [großer] Schock; **to be a great shock for someone** für jemanden ein schwerer Schlag sein; **it gave him a nasty shock** das hat ihm einen bösen Schrecken eingejagt; **he'll be in for a shock** der wird sein blaues Wunder erleben 2 der heftige Stoß, die Erschütterung 3 der [elektrische] Schlag; (*medizinisch*) der Elektroschock 4 (*beim Erdbeben*) der Erdstoß

to **shock** [ʃɒk] 1 erschüttern, bestürzen; **she was deeply shocked by the news** die Nachricht war ein schwerer Schock für sie 2 **the whole town was shocked by the scandal** über diesen Skandal war die ganze Stadt schockiert 3 **to shock someone into doing something** jemandem einen solchen Schrecken einjagen, dass er etwas tut

shock ab·sorb·er ['ʃɒkæbˌzɔːbəʳ] der Stoßdämpfer

shock·ing ['ʃɒkɪŋ] 1 erschütternd 2 schockierend 3 (*umgangsspr*) schrecklich

shock·proof stoßfest

shock wave die Druckwelle; (*übertragen*) die Erschütterung

shod·dy ['ʃɒdi] schäbig, minderwertig; (*übertragen*) *Arbeit:* gepfuscht

shoe [ʃuː] 1 der Schuh 2 **horse shoe** das Hufeisen ▶ WENDUNGEN: **I wouldn't like to be in his shoes!** ich möchte nicht in seiner Haut stecken!; **to put oneself in someone's shoes** sich in jemandes Lage versetzen

shoe·lace ['ʃuːleɪs] der Schnürsenkel

shoe pol·ish das Schuhputzmittel

shoe size die Schuhgröße

shoe·string **to start on a shoestring** klein anfangen

shone [ʃɒn] *2. und 3. Form von* **shine**

to **shoo** [ʃuː] **to shoo [away [*oder* off]]** verscheuchen; **shoo!** sch!, fort!, weg!

shook [ʃʊk] *2. Form von* **shake**

shoot[1] [ʃuːt] die Jagd

shoot[2] [ʃuːt] *von Pflanzen:* der Trieb, der Keim, der Schössling

to **shoot** [ʃuːt] <shot, shot> 1 schießen; abfeuern *Waffe* 2 (*verletzen*) anschießen *Mensch;* **he shot himself in the arm** er hat sich in den Arm geschossen; **he was shot in the arm** er wurde am Arm getroffen 3 (*töten*) erschießen; **he was shot dead** er wurde erschossen 4 **she shot a withering look at him** sie warf ihm einen bösen Blick zu; **to shoot a question at someone** an jemanden eine Frage richten 5 (*Sport*) schießen *Tor;* **to shoot at the goal** auf das Tor schießen 6 drehen *Film, Szene* 7 **to shoot the lights** bei Rot über die Ampel fahren; **to shoot rapids** Stromschnellen durchfahren 8 *Schmerz:* stechen 9 **you'll get me shot** (*umgangsspr*) du bringst mich um Kopf und Kragen; **he should be shot** er ist reif für den Galgen

◆ to **shoot ahead** vorpreschen, sich an die Spitze setzen

◆ to **shoot by** **to shoot by [someone/something]** [an jemandem/etwas] vorbeischießen

◆ to **shoot off** 1 abschießen *Waffe* 2 (*umgangsspr*) **he shot off before I could tell him** er schoss davon, bevor ich es ihm sagen konnte 3 (*umgangsspr*) **to shoot one's mouth off** das Maul aufreißen

◆ to **shoot past** **to shoot past [someone/something]** [an jemandem/etwas] vorbeischießen

◆ to **shoot up** 1 *Kind, Pflanze, Baum:* in die Höhe schießen, schnell wachsen; *Gebäude:* aus dem Boden schießen 2 *Flammen:* herausschlagen (**from** aus) 3 *Preise:* in die Höhe schnellen 4 **the town was badly shot up during the war** die Stadt wurde während des Kriegs schwer beschossen

shoot·ing ['ʃuːtɪŋ] 1 das Schießen; **the shooting of the president** die Erschießung des Präsidenten; (*militärisch*) das Feuer 2 das Jagen, das Jagdrecht 3 die Schießerei 4 das Filmen, das Drehen

shoot·ing star die Sternschnuppe

shop [ʃɒp] 1 der Laden, das Geschäft, die Verkaufsstelle; **to set up shop** ein Geschäft eröffnen; **baker's shop** der Bäckerladen, die Bäckerei; **fruit shop** das Obstgeschäft 2 die Werkstatt, die Werkstätte, der Betrieb; **repair shop**

Shopping	Einkaufen
Where can I find ...?	Wo finde ich ...?
Can you recommend a delicatessen/food store?	Können Sie mir ein Feinkost-/Lebensmittelgeschäft empfehlen?
Are you being served?	Werden Sie schon bedient?
I'm just looking, thanks.	Danke, ich sehe mich nur um.
What would you like?	Was darf es sein?
Could I have ..., please	Geben Sie mir bitte ...
I'd like ...	Ich möchte ...
Would you like anything else?	Darf es sonst noch etwas sein?
Could you wrap it up for me, please?	Können Sie es mir bitte einpacken?

die Reparaturwerkstatt 3 **to talk shop** fachsimpeln

to **shop** [ʃɒp] <shopped, shopped> 1 **to shop** [*oder* **go shopping**] einkaufen [gehen]; **to shop around** Preise und Qualität/Leistung vergleichen 2 (*slang*) verpfeifen
◆ to **shop around** 1 (*einkaufen*) einen Einkaufsbummel machen 2 (*Angebote vergleichen*) Preise vergleichen 3 (*etwas suchen*) sich umsehen

shopa·hol·ic [ʃɒpəˈhɒlɪk] (*umgangsspr*) der/die Kaufsüchtige

shop as·sis·tant der Verkäufer/die Verkäuferin

shop·keep·er [ˈʃɒpkiːpəʳ] der Ladenbesitzer/die Ladenbesitzerin, der Geschäftsinhaber/die Geschäftsinhaberin, der Einzelhändler/die Einzelhändlerin

S

shop·lift·er [ˈʃɒplɪftəʳ] der Ladendieb/die Ladendiebin

shop·lift·ing [ˈʃɒplɪftɪŋ] der Ladendiebstahl

shop·per [ˈʃɒpəʳ] 1 der Käufer/die Käuferin 2 der Einkaufsroller

shop·ping [ˈʃɒpɪŋ] der Einkauf, das Einkaufen; **to do one's shopping** Einkäufe [*oder* Besorgungen] machen; **window-shopping** der Schaufensterbummel

shop·ping ar·cade die Einkaufspassage

shop·ping bag die Einkaufstasche

shop·ping cart USA der Einkaufswagen

shop·ping cen·tre, USA **shop·ping cen·ter** das Einkaufszentrum, das Geschäftsviertel

shop·ping list der Einkaufszettel

shop·ping mall USA das Einkaufszentrum (*überdacht*)

shop·ping street die Einkaufsstraße

shop·ping trol·ley der Einkaufswagen

shop-soiled [-sɔɪld] *Ware:* angestaubt

shop win·dow [ʃɒpˈwɪndəʊ] (*auch übertragen*) das Schaufenster

shore [ʃɔːʳ] 1 die Küste, der Küstenstreifen, das Küstengebiet; **off shore** auf See; **on shore** an Land 2 *eines Flusses:* das Ufer 3 der Strand

shore·line die Küstenlinie

short[1] [ʃɔːt] <shorter, shortest> 1 (*räumlich*) kurz 2 (*zeitlich*) kurz; **a short time ago** vor kurzem; **at short notice** kurzfristig; **in a short time** in kurzer Zeit; **I'll be back in a short while** ich bin bald wieder da; **time is getting short** es wird knapp; **in the short term** kurzfristig 3 *Mensch:* klein 4 knapp (**of** an); **we're getting short of butter** wir haben nicht mehr viel Butter; **to be in short supply** knapp sein; **to be short of money** knapp bei Kasse sein; **to go short of something** an etwas Mangel leiden 5 (*übertragen*) kurz angebunden, barsch (**with** gegen); **to have a short temper** unbeherrscht sein 6 **Liz is short for Elizabeth** Liz ist die Kurzform von Elizabeth 7 **short and sweet** kurz und schmerzlos 8 **in short** kurzum, kurz gesagt 9 plötzlich, unerwartet; **to stop short** plötzlich anhalten [*oder* abbrechen]; (*beim Reden*) plötzlich innehalten ▶ WENDUNGEN: **short of breath** außer Atem, kurzatmig; **to stop short of [doing] something** vor etwas zurückschrecken; **to cut short** [vorzeitig] abbrechen *Rede, Reise;* **to be taken short** (*umgangsspr*) dringend [aufs Klo] müssen; **it was little short of murder!** es war beinahe Mord!

short² [ʃɔːt] ① (*Elektrizität*) der Kurzschluss ② (*Getränk*) der Kurze

to **short** [ʃɔːt] (*umgangsspr*) **the lamp has shorted** die Lampe hat einen Kurzschluss

short·age ['ʃɔːtɪdʒ] der Mangel, die Knappheit, die Verknappung (**of** an); **there is no shortage of money** es fehlt nicht an Geld

short cir·cuit [ˌʃɔːt'sɜːkɪt] der Kurzschluss

to **short-cir·cuit** [ˌʃɔːt'sɜːkɪt] ① *elektrisches Gerät:* einen Kurzschluss bekommen/verursachen ② (*übertragen*) abkürzen *Prozess, Vorgang*

short·com·ings ['ʃɔːtˌkʌmɪŋ] *Plural* die Unzulänglichkeit; *eines Menschen:* die Schwächen

short cut ['ʃɔːtˌcʌt] ① die Abkürzung, der Schleichweg ② (*übertragen*) das abgekürzte Verfahren

to **short·en** ['ʃɔːtᵊn] ① kürzen ② kürzer werden

short·fall der Mangel; **shortfall in trade** das Handelsdefizit

short·hand ['ʃɔːthænd] die Kurzschrift, die Stenografie

short·hand·ed [ˌʃɔːt'hændɪd] **to be shorthanded** zu wenig Arbeitskräfte haben

to **short-list** ['ʃɔːtlɪst] in die engere Auswahl ziehen

short-list ['ʃɔːtlɪst] die Auswahlliste

short-lived ['ʃɔːtlɪvd] kurzlebig

short·ly ['ʃɔːtli] ① (*zeitlich*) in Kürze, bald; **shortly after** bald danach ② **she spoke shortly about the accident** sie sprach kurz über den Unfall ③ (*im Umgang*) scharf, barsch

short-range Kurzstrecken-

shorts [ʃɔːts] *Plural* die Shorts, die kurze Hose

> **G** **shorts** werden immer im Plural gebraucht: *whose shorts are these?*
> **a pair of shorts** wird aber im Singular verwendet: *it was hot so I put on a pair of shorts*

short-sight·ed [ˌʃɔːt'saɪtɪd] (*auch übertragen*) kurzsichtig

short-sleeved [-ˌsliːvd] kurzärmelig

short-staffed [-'stɑːft] unterbesetzt

short sto·ry die Kurzgeschichte

short-tem·pered [-'tempəd] reizbar, leicht aufgebracht

short-term kurzfristig; **short-term memory** das Kurzzeitgedächtnis; *von Computer:* der Kurzzeitspeicher

short wave die Kurzwelle

short-wind·ed [-'wɪndɪd] außer Atem, kurzatmig

shot¹ [ʃɒt] *2. und 3. Form von* **shoot**

shot² [ʃɒt] ① (*im Sport*) der Schuss; (*mit Ball*) der Wurf; (*beim Tennis, Golf*) der Schlag; **shot-putting** das Kugelstoßen; **to put the shot** die Kugel stoßen; **putting the shot** das Kugelstoßen ② (*übertragen*) der Versuch; **to have a shot at something** etwas probieren [*oder* versuchen] ③ das Geschoss, der Schrot ④ **he's a good shot** er ist ein guter Schütze; **good shot!** gut getroffen! ⑤ (*Foto, Film*) die Aufnahme ⑥ (*umgangsspr*) die Spritze, die Impfung; **to need a shot in the arm** (*übertragen*) etwas zum Aufputschen brauchen ⑦ (*Alkohol*) der Schuss ▸ WENDUNGEN: **like a shot** sofort, wie der Blitz; **his question is a shot in the dark** er fragt aufs Geratewohl; **a big shot** (*umgangsspr*) ein hohes Tier; **not by a long shot** (*umgangsspr*) bei weitem nicht

shot³ [ʃɒt] **to get shot of someone/something** jemanden/etwas loswerden

shot·gun ['ʃɒtgʌn] die Schrotflinte

shot put das Kugelstoßen

shot put·ter [-'pʊtəʳ] der Kugelstoßer/die Kugelstoßerin

should [ʃʊd] ① (*Pflicht*) **he/we should do that** er sollte/wir sollten das tun; **I should have ...** ich hätte ... sollen; **I should think so** das will ich meinen; **how should I know?** wie soll ich das wissen? ② (*Vermutung*) **we should arrive soon** wir müssten bald da sein; **this should be enough for you** das müsste Ihnen eigentlich reichen ③ (*Überraschung*) **who should be there but Manfred** und wer war da? ausgerechnet Manfred! ④ (*Möglichkeit*) **if he should come** wenn er kommen sollte; **we should have been happy** wir wären glücklich gewesen; **I don't know why it shouldn't work out** ich weiß nicht, warum das nicht klappen sollte; **I shouldn't be surprised if it did** es würde mich nicht überraschen, wenn das so käme; **I shouldn't worry about it** darüber würde ich mir keine Sorgen machen ⑤ (*Einschränkung*) **I shouldn't like to say** dazu möchte ich mich nicht äußern; **I should think there were about 50 people there** ich würde sagen, es waren etwa 50 Leute da; **I should say yes** (*gehoben*) ich würde sagen ja

> **G** Die Kurzform für **I should** heißt **I'd**; für **we should** — **we'd**; für **should not** — **shouldn't**.

shoul·der ['ʃəʊldəʳ] ① die Schulter; **shoulder to shoulder** Schulter an Schulter; **to shrug one's shoulders** mit den Schultern zucken; **to cry on someone's shoulder** sich bei jemandem ausweinen ② **hard shoulder** (*an Straße*) der Seitenstreifen, die Standspur ▸ WENDUNGEN: **to give someone the cold shoulder** jemandem die kalte Schulter zeigen; **to be head and shoulders above someone** jemanden beträchtlich überragen *übertragen,* viel tüchtiger sein als jemand; **to rub shoulders with** engen Umgang haben mit *Prominenten, Stars*

shoul·der bag die Umhängetasche

shoul·der blade das Schulterblatt

shoul·der pad das Schulterpolster

shouldn't ['ʃʊdᵊnt] *Kurzform von* **should not**

S

→**should**

shout [ʃaʊt] ① der Schrei, der Ruf ② (*umgangsspr*) **whose shout is it?** wer zahlt die Runde?

to **shout** [ʃaʊt] schreien, rufen; **to shout for someone** nach jemandem rufen; **to shout for joy** vor Freude jauchzen; **to shout for help** um Hilfe rufen; **to shout to someone** jemandem zurufen; **to shout at someone** jemanden anbrüllen ▸ WENDUNGEN: **nothing to shout about** nichts Besonderes

◆to **shout at** **to shout at someone** jemanden anbrüllen

◆to **shout out** [aus]rufen

shout·ing [ˈʃaʊtɪŋ] *kein Plural* das Schreien, das Geschrei

shove [ʃʌv] der Stoß, der Schubs; **to give someone a shove** jemanden schubsen [*oder* stoßen]

to **shove** [ʃʌv] (*umgangsspr*) ① schubsen ② **stop shoving!** hör auf zu drängeln!

◆to **shove off** ① vom Ufer abstoßen *Boot* ② (*umgangsspr*) abhauen

◆to **shove over** (*umgangsspr*) **shove over!** rutsch mal rüber!

shov·el [ˈʃʌvᵊl] die Schaufel, die Schippe

to **shov·el** [ˈʃʌvᵊl] <shovelled *oder* USA shoveled, shovelled *oder* USA shoveled> schaufeln

show [ʃəʊ] ① die Schau, die Darbietung; **on show** zur Besichtigung, ausgestellt ② die Ausstellung, die Messe; **motor show** die Autoausstellung ③ die Schau, der falsche Schein; **for show** zum Schein, nur fürs Auge; **to make a show of doing something** Anstalten machen, etwas zu tun; **to put on a show** so tun als ob, heucheln ④ (*im Theater*) die Aufführung, die Show ⑤ (*im Radio, TV*) die Sendung; *eines Films:* die Vorführung ⑥ USA die Darlegung, der Nachweis ▸ WENDUNGEN: **let's get this show on the road** lass uns die Arbeit in Angriff nehmen; **to give the [whole] show away** alles verraten

to **show** [ʃəʊ] <showed, shown *oder* showed> ① zeigen, vorzeigen; **to show one's gratitude** sich dankbar zeigen; **to show one's cards** [*oder* **hand**] seine Karten aufdecken; **to show someone the way** jemandem den Weg zeigen; **we had nothing to show for it** wir hatten nichts vorzuweisen; **that showed him!** dem habe ich's aber gezeigt!; **it all goes to show that ...** das zeigt [*oder* beweist] ganz klar, dass ...; **to show willing** guten Willen zeigen ② zur Schau stellen, ausstellen ③ erkennen lassen ④ aufweisen, an den Tag legen ⑤ **it shows [that] he was wrong!** es beweist, dass er Unrecht hatte! ⑥ **to show someone the door** jemandem die Tür weisen ⑦ **to show a film** einen Film zeigen

◆to **show around** herumführen

◆to **show in** hereinführen

◆to **show off** ① **to show off [in front of someone]** [vor jemandem] angeben ② **to show something off** mit etwas protzen (**to** vor) ③ zur Geltung bringen, hervorheben *Vorteilhaftes*

◆to **show out** hinausführen, hinausbegleiten

◆to **show up** ① hinaufführen, hinaufbringen ② **that blue shows up your eyes** das Blau bringt deine Augen zur Geltung ③ bloßstellen *Mensch* ④ **I was surprised he showed up** ich war überrascht, dass er sich blicken ließ

show·down [ˈʃəʊdaʊn] die Kraftprobe, die endgültige Auseinandersetzung

show·er [ˈʃaʊəʳ] ① der [Regen]schauer, der Schneeschauer ② die Dusche; **to take** [*oder* **have**] **a shower** sich duschen ③ **what a shower!** (*umgangsspr*) so ein Gesindel!

to **show·er** [ˈʃaʊəʳ] ① sich duschen ② *Regen:* niederprasseln ③ (*übertragen*) überschütten, überhäufen

show·er gel [ˈʃaʊəʳˌdʒel] das Duschgel

show·ery [ˈʃaʊəri] mit einzelnen Regenschauern

show·ground das Ausstellungsgelände, das Zirkusgelände

show house das Musterhaus

show·ing-off [ˌʃəʊɪŋˈɒf] die Angeberei

show jump·er ① das Springpferd ② der Springreiter/die Springreiterin

show-jump·ing [ˈʃəʊˌdʒʌmpɪŋ] das Springreiten

shown [ˈʃəʊn] *3. Form von* **show**

show-off [ˈʃəʊɒf] der Angeber/die Angeberin

show·room der Ausstellungsraum

show trial der Schauprozess

showy [ˈʃəʊi] (*abwertend*) protzig, auffällig; *Zeremonie:* bombastisch; *Farbe:* grell, auffällig

shrank [ʃræŋk] *2. Form von* **shrink**

shred [ʃred] ① der Fetzen, der/das [Papier]schnipsel ② (*übertragen*) die Spur, das Fünkchen ③ **to tear to shreds** zerfetzen; (*übertragen*) verreißen

to **shred** [ʃred] <shredded, shredded> ① zerfetzen ② in Stücke reißen

shred·der [ˈʃredəʳ] der Reißwolf

to **shriek** [ʃriːk] kreischen; **to shriek with laughter** vor Lachen schreien; **to shriek with pain** vor Schmerz aufschreien

shriek [ʃriːk] der [schrille, kurze] Schrei

shrimp [ʃriːmp] der Shrimp, die Krabbe, die Garnele

to **shrink** [ʃrɪŋk] <shrank *oder* USA shrunk, shrunk *oder* USA shrunken> ① schrumpfen ② (*übertragen*) abnehmen, nachlassen ③ **to shrink from doing something** etwas höchst ungern tun

shrink [ʃrɪŋk] (*umgangsspr*) der Psychiater/die Psychiaterin

to **shriv·el** [ˈʃrɪvᵊl] <shrivelled *oder* USA shriveled, shrivelled *oder* USA shriveled> [zusammen]schrumpfen; *Obst:* schrumpeln; *Pflanzen:*

welken; *Haut:* faltig werden

to **shrivel up** ['ʃrɪvl ʌp] ① zusammenschrumpfen ② (*übertragen*) sich verkriechen, kleinlaut werden

shrub [ʃrʌb] der Strauch, der Busch, die Staude

shrug [ʃrʌg] das Achselzucken; **to give a shrug** mit den Achseln zucken

to **shrug** [ʃrʌg] <shrugged, shrugged> **to shrug one's shoulders** mit den Schultern zucken

◆ to **shrug off** mit einem Achselzucken abtun

shrunk [ʃrʌŋk] *2. Form von* **shrink**

to **shud·der** ['ʃʌdəʳ] ① [er]schaudern (**at** bei) ② **to shudder with cold/fear** vor Kälte/Angst schlottern [*oder* zittern]; **I shudder** [**at the thought**] mich schaudert bei dem Gedanken

shud·der ['ʃʌdəʳ] der Schauder

to **shuf·fle** ['ʃʌfl] ① (*gehen*) schlurfen ② mischen *Karten*

to **shun** [ʃʌn] meiden

to **shush** [ʃʊʃ] **to shush someone up** jemanden zum Schweigen bringen; **will you shush!** (*umgangsspr*) jetzt halt die Klappe!; **shush!** psst!

shut [ʃʌt] ① geschlossen, zu; **we are shut** wir haben geschlossen ② **his mind is shut to anything unfamiliar** er verschließt sich gegenüber allem Fremden

to **shut** [ʃʌt] <shut, shut> ① schließen; *Fenster, Tür:* zugehen; *Geschäft, Fabrik:* geschlossen werden, schließen; **when do the shops shut?** wann schließen die Geschäfte? ② verriegeln *Tür, Fenster;* **to shut the door in someone's face** jemandem die Türe vor der Nase zuschlagen; **to shut one's ears to the truth** die Ohren vor der Wahrheit verschließen; **to shut one's eyes** die Augen zumachen; **to shut one's mouth** den Mund halten

◆ to **shut away** wegschließen, einschließen; **to shut oneself away** sich einschließen; **to shut someone away** jemanden einsperren, jemanden isolieren

◆ to **shut down** ① *Fabrik:* [vorübergehend] schließen, den Betrieb einstellen ② abschalten *Kraftwerk, Computer*

◆ to **shut in** ① einschließen, einsperren ② **to shut one's finger in the door** sich den Finger in der Tür einklemmen

◆ to **shut off** ① ausschließen (**from** von) ② ausschalten, zudrehen, abdrehen; abstellen *Motor* ③ **to shut oneself off** sich absondern

◆ to **shut out** ① ausschließen, aussperren ② (*übertragen*) ausschalten

◆ to **shut up** ① verschließen, zuschließen; **to shut up shop** (*umgangsspr*) den Laden dicht machen ② zum Schweigen bringen, den Mund halten; **that'll shut her up** da wird sie nichts mehr sagen; **shut up!** halt die Klappe!

shut·ter ['ʃʌtəʳ] ① der Fensterladen ② *einer Kamera:* der Verschluss

shut·tle ['ʃʌtl̩] der Shuttle, der Pendelzug

shut·tle bus der Shuttlebus

shut·tle·cock [-kɒk] der Federball

shut·tle flight der Shuttleflug

shut·tle ser·vice der Pendelverkehr

shy [ʃaɪ] schüchtern, scheu; **to be shy of** [*oder* **with**] **someone** jemandem gegenüber gehemmt sein; **to be shy of doing something** Hemmungen haben, etwas zu tun; **to make someone shy** jemanden verschüchtern; **don't be shy!** nur keine Hemmungen!

◆ to **shy away** **to shy away from something** vor etwas zurückschrecken

shy·ness ['ʃaɪnəs] die Scheu, die Schüchternheit

Sia·mese twins *Plural* die siamesischen Zwillinge

sick [sɪk] <sicker, sickest> ① krank (**with** vor); **to be sick** krank sein; (*bei Übelkeit*) sich erbrechen; **to fall** [*oder* **be taken**] **sick** krank werden; **I feel sick** mir ist übel ② (*übertragen*) **to be sick** [**to death**] **of something** etwas satthaben; **I'm getting sick and tired of it** es hängt mir zum Hals heraus; **it makes me sick** das macht mich ganz krank ③ (*umgangsspr*) *Witz:* geschmacklos, makaber; *Mensch:* abartig ④ **I'm worried sick about it** ich bin darüber höchst beunruhigt

sick bag die Spucktüte

sick bay das Krankenrevier

sick·en·ing ['sɪkᵊnɪŋ] ① Ekel erregend ② (*übertragen*) entsetzlich, widerlich, ekelhaft

sick leave [sɪkli:v] **to be on sick leave** krankgeschrieben sein

sick·ness ['sɪknəs] <*Plural* sicknesses> ① die Krankheit ② die Übelkeit, das Erbrechen

sick·ness ben·efit das Krankengeld

sick note die Krankmeldung

sick pay der Lohn im Krankheitsfall

side[1] [saɪd] ① die Seite; **side by side** Seite an Seite; **on every side** auf [*oder* von] allen Seiten; **on the right/wrong side of 50** unter/über 50 Jahre alt; **this side up!** Vorsicht, nicht stürzen!; **at the side of the road** am Straßenrand; **I've got a pain in my side** ich habe Seitenstechen ② der Rand; **on the side** (*umgangsspr*) nebenbei, nebenher; **to put on** [*oder* **to**] **one side** vorübergehend zurückstellen ③ (*übertragen*) die Seite, der Standpunkt; **to take sides** parteiisch sein, Partei ergreifen; **whose side are you on?** auf welcher Seite stehen Sie? ④ die Seite, die Partei, die Mannschaft

▶ WENDUNGEN: **to be on the safe side** um sicher zu gehen; **look on the bright side!** nimm's leicht!; **to get on the wrong side of someone** es sich mit jemandem verderben; **it's on the big side** es ist ziemlich groß

side[2] [saɪd] Seiten-, Neben-

to **side** [saɪd] **to side with** Partei ergreifen für

side·board ['saɪdbɔːd] das Büfett, die Anrichte
side dish die Beilage
side ef·fect die Nebenwirkung
side·line ① der Nebenerwerb, die Nebenbeschäftigung ② (*im Sport*) die Seitenlinie; **to be on the sideline[s]** (*übertragen*) ein unbeteiligter Zuschauer sein
side road die Nebenstraße
side sal·ad der Beilagensalat
side·step ['saɪdstep] der Schritt zur Seite; (*beim Tanzen*) der Seitenschritt; (*übertragen*) das Ausweichmanöver
to **side·step** ['saɪdstep] <sidestepped, sidestepped> ausweichen
side street die Nebenstraße
to **side·track** (*übertragen*) ablenken
side·walk ['saɪdwɔːk] (USA) der Gehweg
side·ways ['saɪdwəɪz] seitlich, seitwärts
sieve [sɪv] das Sieb
to **sift** [sɪft] ① sieben *Mehl* ② (*übertragen*) **to sift through something** etwas durchgehen
to **sigh** [saɪ] seufzen (**with** vor); **to sigh with relief** erleichtert aufatmen
sigh [saɪ] der Seufzer; **to heave a sigh of relief** einen Seufzer der Erleichterung ausstoßen
sight [saɪt] ① der Blick, der Anblick; **at first sight** auf den ersten Blick; **within sight** in Sicht; **in the sight of God** vor Gott; **out of sight** außer Sicht, weit weg; (*umgangsspr*) unerschwinglich; **to know by sight** vom Sehen [her] kennen; **to lose sight of something** (*auch übertragen*) etwas aus den Augen verlieren ② das Sehvermögen; **long sight** die Weitsichtigkeit; **near sight** die Kurzsichtigkeit; **he has very good sight** er sieht sehr gut ③ **sights** *Plural* die Sehenswürdigkeiten; **to see the sights of London** London besichtigen ④ **to lower one's sights** seine Ansprüche zurückschrauben; **to set one's sights too high** seine Ziele zu hoch stecken ⑤ (*übertragen*) **to be a sight** (*umgangsspr*) fürchterlich [*oder* verheerend] aussehen; **you're a sight for sore eyes!** schön, dich zu sehen!; **to be unable to bear the sight of someone** jemanden nicht ausstehen können
sight·see·ing ['saɪtˌsiːɪŋ] die Besichtigung von Sehenswürdigkeiten, das Sightseeing
sight·see·ing tour die Stadtrundfahrt
sight·seer ['saɪtˌsiːəʳ] der Tourist/die Touristin
sign [saɪn] ① das Zeichen, das Vorzeichen; **as a sign of good will** als Zeichen guten Willens; **there was no sign of it** es war keine Spur davon zu entdecken; **what sign are you?** welches Sternzeichen bist du?; **at the first sign of a cold** beim geringsten Anzeichen einer Erkältung ② das Schild; **road sign** der Wegweiser; **traffic sign** das Verkehrszeichen
to **sign** [saɪn] ① unterzeichnen, unterschreiben; **to sign one's name** unterschreiben; **to sign the guest book** sich ins Gästebuch eintragen; **to sign the register** sich eintragen; **to sign a picture** ein Bild signieren ② ein Zeichen geben, winken ③ (*im Fußball*) verpflichten *Spieler*
◆to **sign away** (*übertragen*) abtreten
◆to **sign in** sich einschreiben
◆to **sign off** ① (*im Radio, TV*) das Programm beenden ② (*im Brief*) Schluss machen ③ (*am Computer*) sich abmelden
◆to **sign on** ① sich verpflichten, sich melden; *Arbeitnehmer:* den Arbeitsvertrag unterschreiben; **to sign on [the dole]** sich arbeitslos melden, stempeln gehen; (*für einen Kurs*) sich einschreiben ② (*im Radio*) sich melden ③ (*am Computer*) sich anmelden
◆to **sign out** ① sich abmelden ② [sich] austragen
◆to **sign over** übertragen
◆to **sign up** ① **to sign someone up** jemanden anstellen, jemanden verpflichten ② sich verpflichten; (*für einen Kurs*) [sich] einschreiben
sig·nal ['sɪgnəl] ① (*auch übertragen*) das Zeichen, der Wink ② die Ampel; (*für Züge*) das Signal ③ (*Radio, Internet*) der Empfang; **to be getting** [*oder* **to be not getting**] **a signal** ein/kein Netz haben ④ (USA) (*am Auto*) der Blinker
to **sig·nal** ['sɪgnəl] <signalled *oder* (USA) signaled, signalled *oder* (USA) signaled> ① [ein] Zeichen geben ② signalisieren, ankündigen ③ **it signals her feelings** es ist ein Zeichen für ihre Gefühle
sig·na·tory ['sɪgnətəri] der Unterzeichner/die Unterzeichnerin
sig·na·ture ['sɪgnətʃəʳ] ① die Unterschrift ② die Unterzeichnung
sig·nifi·cance [sɪg'nɪfɪkən(t)s] die Bedeutung, die Wichtigkeit, die Tragweite
sig·nifi·cant [sɪg'nɪfɪkənt] ① bedeutungsvoll, wichtig (**for** für) ② *Blick:* viel sagend
to **sig·ni·fy** ['sɪgnɪfaɪ] ① andeuten, anzeigen ② bedeuten
sign lan·guage ['saɪnˌlæŋgwɪdʒ] die Zeichensprache
sign·post der Wegweiser
si·lence ['saɪlən(t)s] ① das Schweigen, die Stille ② das [Ver]schweigen, das Stillschweigen; **in silence** schweigend; **silence!** Ruhe!
to **si·lence** ['saɪlən(t)s] zum Schweigen bringen
si·lent ['saɪlənt] ① schweigend ② stumm; **silent movie** der Stummfilm ③ schweigsam, still
si·lent·ly ['saɪləntli] lautlos, schweigend
sili·con ['sɪlɪkən] das Silikon
sili·con chip die Siliziumscheibe
silk [sɪlk] die Seide, der Seidenstoff, das Seidengewand
silk dress das Seidenkleid

S

silky ['sɪlki] 1 seiden 2 *Haar, Fell:* seidig; *Stimme:* samtig
sill [sɪl] die Fensterbank, das Sims
sil·li·ness ['sɪlɪnəs] *kein Plural* die Albernheit
sil·ly ['sɪli] <sillier, silliest> dumm, albern
sil·ver¹ ['sɪlvəʳ] 1 das Silber 2 das Silbergeld 3 das [Tafel]silber, das Silbergeschirr
sil·ver² ['sɪlvəʳ] silbern, silberhaltig, versilbert
sil·ver foil die Silberfolie, die Alufolie
sil·ver ju·bi·lee das 25-jährige Jubiläum
sil·ver·ware ['sɪlvəweəʳ] das Silber[geschirr]
sil·ver wedd·ing die silberne Hochzeit
SIM ['sɪm] *Abkürzung von* **subscriber identity module: SIM** [**card**] (*für das Handy*) die SIM-Karte
simi·lar ['sɪmɪləʳ] [**in a**] **similar** [**way**] ähnlich, genauso
simi·lar·ity [ˌsɪmɪ'lærəti] die Ähnlichkeit, die Gleichartigkeit (**to** mit)
simi·le ['sɪmɪli] das Gleichnis
to **sim·mer** ['sɪməʳ] 1 sieden, köcheln 2 (*übertragen*) **to simmer with rage** vor Zorn kochen
◆ to **simmer down** sich beruhigen
sim·ple ['sɪmpl] <simpler *oder* more simple, simplest *oder* most simple> 1 einfach; **pure and simple** ganz einfach; **the simple fact** die bloße Tatsache 2 *Problem, Aufgabe:* unkompliziert, leicht 3 *Stil, Mensch:* schlicht 4 *Wahrheit:* rein, nackt 5 (*abwertend*) einfältig, dumm

> **G** **simple** kann sowohl mit *-er/-est* als auch mit *more/most* gesteigert werden:
> *we can complete the more simple tasks relatively quickly;*
> *the simplest recipes are the best*

sim·ple-mind·ed [-'maɪndɪd] einfältig, simpel
sim·plic·ity [sɪm'plɪsəti] **for the sake of simplicity** der Einfachheit halber
sim·pli·fi·ca·tion [ˌsɪmplɪfɪ'keɪʃᵊn] die Vereinfachung
sim·ply ['sɪmpli] 1 [ganz] einfach 2 bloß, nur; **he's simply jealous** er ist nur eifersüchtig 3 (*umgangsspr*) **simply wonderful/dreadful** einfach toll/grässlich
simu·la·tion [ˌsɪmjə'leɪʃᵊn] 1 die Vortäuschung, die Heuchelei 2 (*in der Technik*) die Simulation
sim·ul·ta·neous [ˌsɪmᵊl'teɪniəs] gleichzeitig (**with** mit); *Gleichung, Dolmetschen:* Simultan-
sin [sɪn] 1 die Sünde; **deadly** [*oder* **mortal**] **sin** die Todsünde; **original sin** die Erbsünde 2 (*übertragen*) das Vergehen (**against** gegen), die Versündigung; **to live in sin** in wilder Ehe leben

> **F** Nicht verwechseln mit **Sinn** (der) = sense!

to **sin** [sɪn] <sinned, sinned> sündigen (**against** gegen)
since [sɪn(t)s] 1 seit[dem]; **he's been working here since last year** er arbeitet hier seit letztem Jahr 2 **ever since** seither; **since when?** seit wann?; **have you seen him since?** hast du ihn seither gesehen? 3 (*bei Begründung*) **since he's always late ...** da er immer zu spät kommt ... 4 (*mittlerweile*) inzwischen; **but they've since become vegetarian** aber sie sind inzwischen Vegetarier geworden
sin·cere [sɪn'sɪəʳ] ehrlich, aufrichtig
sin·cere·ly [sɪn'sɪəli] aufrichtig, ehrlich; **Yours sincerely** mit freundlichen Grüßen
sine [saɪn] (*in der Mathematik*) der Sinus
to **sing** [sɪŋ] <sang *oder* (USA) sung, sung> 1 singen; **to sing someone to sleep** jemanden in den Schlaf singen; *Ohren:* klingen, dröhnen; *Wasserkessel:* summen, pfeifen 2 (*übertragen*) **to sing someone's praises** ein Loblied auf jemanden singen
◆ to **sing along** mitsingen
◆ to **sing up** (GB) lauter singen
Sin·ga·pore [ˌsɪŋə'pɔːʳ] Singapur

> **L** Der Name **Singapore** (Singapur) bedeutet Stadt (pura) des Löwen (singa) und wurde ihr von einem Prinzen aus Sumatra gegeben, als er bei seiner Landung auf der Insel im Jahre 1299 einen Löwen sah. Deshalb wurde der Löwe das Nationalsymbol Singapurs. In Singapur leben verschiedene ethnische Gruppen nebeneinander. Es sind die Nachkommen der Einwanderer, die im frühen 19. Jh. aus Malaysia, China und Indien nach Singapur kamen. Man spricht deshalb von einer **multiracial society** (multikulturelle Gesellschaft). Die verschiedenen ethnischen Gruppen haben mittlerweile eine gemeinsame Identität als **Singaporeans** gefunden, aber sie pflegen noch ihre Bräuche, Traditionen und Feste. Heute sind die Chinesen, Malayen, Inder und Eurasier die wichtigsten ethnischen Gruppen in Singapur.

sing·er ['sɪŋəʳ] der Sänger/die Sängerin
sing·ing ['sɪŋɪŋ] 1 das Singen, der Gesang 2 (*in den Ohren*) das Klingen 3 *von Wasserkessel:* das Summen, das Pfeifen
sing·ing les·son die Singstunde, die Gesangstunde
sin·gle¹ ['sɪŋgl] 1 einzig; **not a single person said 'Hello'** kein Einziger begrüßte uns; **every single one** jeder [Einzelne] 2 unverheiratet, allein stehend; **single parent** der/die Alleinerziehende 3 einfach; **single ticket to ...** eine einfache Fahrkarte nach ... 4 **single bed** das Einzelbett; **single bedroom** das Einzelzimmer; **single currency** die einheitliche Währung
sin·gle² ['sɪŋgl] 1 die einfache Fahrkarte 2 (*im Hotel*) das Einzelzimmer 3 (*Schallplatte*) die Single 4 (*Alleinstehende(r)*) der Single
◆ to **single out** aussondern (**from** aus)
sin·gle·dom ['sɪŋgldəm] (*humorvoll umgangs-*

S

spr) das Single-Dasein

sin·gle-fig·ure *Zahl:* einstellig

sin·gle-hand·ed [ˌsɪŋgl̩ˈhændɪd] ohne Hilfe, allein

sin·gle·hood [ˈsɪŋgl̩hʊd] *kein Plural* (USA) das Single-Dasein

sin·gle-mind·ed [ˌsɪŋgl̩ˈmaɪndɪd] zielstrebig, beharrlich

sin·gle-par·ent fami·ly die Einelternfamilie

sin·gles [ˈsɪŋgl̩z] <*Plural* -> (*Tennis*) das Einzel; **men's/ladies' singles** das Herren-/Dameneinzel

sin·gle-sex nach Geschlechtern getrennt; **single-sex school** [**for boys/girls**] die reine Jungen-/Mädchenschule

sin·gle-sex school die reine Jungenschule, die reine Mädchenschule

sin·gle tick·et [ˈsɪŋglˌtɪkɪt] der Einzelfahrschein, die einfache Fahrkarte

sin·gle·ton [ˈsɪŋgl̩tən] der Single

sin·gu·lar¹ [ˈsɪŋgjələʳ] ① einzig ② außergewöhnlich, einzigartig

sin·gu·lar² [ˈsɪŋgjələʳ] der Singular, die Einzahl

sink [sɪŋk] der Ausguss, die Spüle

to **sink** [sɪŋk] <sank, sunk> ① sinken, untergehen ② *Preis:* sinken ③ versenken *Schiff* ④ (*übertragen*) *Gesundheit:* schwächer werden, nachlassen ⑤ **to sink into a chair/onto a bed** sich in einen Sessel/auf ein Bett fallen lassen; **to sink into a deep sleep** in einen tiefen Schlaf fallen; **to sink to the ground** zu Boden sinken ⑥ *Sonne:* untergehen ⑦ *Stimme:* sich senken ⑧ **to be left to sink or swim** ganz auf sich selbst gestellt sein ⑨ **my heart sank** ich wurde mutlos; **with sinking heart** verzagt ⑩ **sunk in thought** in Gedanken versunken

> **G** Richtiges Konjugieren von **sink**: sink, sank, sunk — *the ship sank in the storm; the houseboat was sunk.*

◆to **sink down** [zurück]sinken

◆to **sink in** (*übertragen*) kapiert werden; **I hope it has finally sunk in** ich hoffe, der Groschen ist endlich gefallen

sink·ing [ˈsɪŋkɪŋ] *Gefühl:* flau, ungut

sin·ner [ˈsɪnəʳ] der Sünder/die Sünderin

to **sip** [sɪp] <sipped, sipped> schlürfen, nippen

sip [sɪp] das Schlückchen

sir [sɜːʳ, səʳ] ① (*Anrede ohne Namen*) der Herr; **yes, sir** jawohl [mein Herr]; **Dear Sir or Madam** sehr geehrte Damen und Herren ② (*Titel*) der Sir

si·ren [ˈsaɪ(ə)rən] die Sirene

sir·loin steak das Lendensteak

sis·sy¹ [ˈsɪsi] <*Plural* sissies> (*abwertend umgangsspr*) der Waschlappen

sis·sy² [ˈsɪsi] <sissier, sissiest> (*abwertend umgangsspr*) verweichlicht

sis·ter [ˈsɪstəʳ] ① (*auch im Kloster*) die Schwester; **brothers and sisters** die Geschwister ② (*im Krankenhaus*) die [Ober]schwester

sis·ter-in-law [ˈsɪstərɪnlɔː] <*Plural* sisters-in-law> die Schwägerin

to **sit** [sɪt] <sat, sat> ① sitzen, sich setzen; **to sit bolt upright** kerzengerade dasitzen; **to sit a child on a chair** ein Kind auf einen Stuhl setzen ② *Parlament, Gericht:* tagen; **to sit on a committee** einem Ausschuss angehören ③ sich befinden, stehen ④ (*technisch*) aufliegen ⑤ *Kleidungsstück:* sitzen (**on** bei) ⑥ ablegen *Prüfung* ⑦ (*übertragen*) liegen, ruhen (**on** auf) ▶ WENDUNGEN: **to sit on the fence** unentschlossen sein, neutral bleiben; **to be sitting pretty** (*umgangsspr*) gut dran sein; **to sit tight** sich nicht [von der Stelle] rühren

◆to **sit about**, to **sit around** herumsitzen [und nichts tun]

◆to **sit back** sich zurücklehnen; (*übertragen*) abwarten; **to sit back and relax** sich ausruhen

◆to **sit down** sich [hin]setzen, Platz nehmen ▶ WENDUNGEN: **to take something sitting down** sich etwas gefallen lassen

◆to **sit in** **to sit in for someone** jemanden vertreten

◆to **sit on** ① sitzen bleiben ② sitzen in, Mitglied sein bei *Ausschuss* ③ hinauszögern *Entscheidung* ④ unterdrücken *Nachricht* ⑤ **to sit on someone** jemandem den Kopf zurechtrücken

◆to **sit out** ① im Freien sitzen ② bis zum Ende ausharren, aussitzen ③ auslassen *Tanz*

◆to **sit through** aussitzen, über sich ergehen lassen

◆to **sit up** ① aufrecht sitzen, aufrichten; **to sit up to table** sich an den Tisch setzen ② aufbleiben; **to sit up for someone** aufbleiben und auf jemanden warten; **to sit up with someone** bei jemandem wachen ③ (*übertragen*) **to sit up and take notice** hellhörig werden; **to make someone sit up** jemanden aufhorchen lassen

sit·com [ˈsɪtkɒm] (*umgangsspr*) die Situationskomödie

site [saɪt] ① die Lage, das Gelände ② der Standort; *einer Firma:* der Sitz ③ **building site** der Bauplatz, das Baugrundstück ④ **camping site** der Campingplatz

sit-in [ˈsɪtɪn] das Sit-in, die Sitzblockade

sit·ting duck (*übertragen*) die leichte Beute

sit·ting room das Wohnzimmer

to **situ·ate** [ˈsɪtjueɪt] ① platzieren; anlegen *Flicken, Beet* ② im Zusammenhang sehen (**in** zu)

situ·at·ed [ˈsɪtjueɪtɪd] **to be situated** liegen, gelegen sein

situa·tion [ˌsɪtjuˈeɪʃᵊn] ① die Lage ② (*übertragen*) die Situation, die Umstände; **to be equal to the situation** der Situation gewach-

S

sen sein ③ **situations vacant** die Stellenangebote; **situations wanted** die Stellengesuche
sit-up ['sɪtʌp] der Sit-up (*Bauchmuskelübung*)
six¹ [sɪks] ① sechs; **a quarter to six** viertel vor sechs ② **it's six of one and half a dozen of the other** das ist Jacke wie Hose
six² [sɪks] ① die Sechs; **the six of hearts** die Herzsechs ② **at sixes and sevens** durcheinander; **to knock someone for six** jemanden verblüffen
six·teen¹ [ˌsɪk'stiːn] sechzehn
six·teen² [ˌsɪk'stiːn] die Sechzehn
six·teenth¹ [ˌsɪk'stiːnθ] sechzehnte(r, s)
six·teenth² [ˌsɪk'stiːnθ] ① (*Datum*) **the sixteenth** der Sechzehnte ② (*Bruchzahl*) das Sechzehntel
sixth¹ [sɪksθ] ① sechste(r, s) ② (*Schulklasse*) **sixth form** GB die Abschlussklasse (*das letzte Schuljahr, das mit A-Levels abgeschlossen wird*) ③ **sixth sense** der sechste Sinn
sixth² [sɪksθ] ① (*Datum*) **the sixth** der Sechste ② (*Bruchzahl*) das Sechstel
six·ti·eth¹ ['sɪkstiəθ] sechzigste(r, s)
six·ti·eth² ['sɪkstiəθ] ① Sechzigste(r, s) ② (*Bruchzahl*) das Sechzigstel
six·ty¹ ['sɪksti] sechzig
six·ty² ['sɪksti] ① die Sechzig ② **the sixties** die Sechzigerjahre; **to be in one's sixties** über sechzig sein
siz·able ['saɪzəbl] beträchtlich, ansehnlich
size [saɪz] ① die Größe, der Umfang ② *von Kleidung:* die Größe ③ (*übertragen*) das Ausmaß, die Bedeutung ▸WENDUNGEN: **that's about the size of it** (*umgangssprachlich*) so sieht die Sache aus; **to cut someone down to size** jemanden runterputzen
◆ to **size up** abschätzen
size·able ['saɪzəbl] beträchtlich, ansehnlich
skate [skeɪt] ① der Schlittschuh ② der Rollschuh ③ **to get one's skates on** (*übertragen*) sich beeilen
to **skate** [skeɪt] Schlittschuh/Rollschuh laufen ▸WENDUNGEN: **to skate on thin ice** sich aufs Glatteis begeben; **to skate over something** über etwas geschickt hinweggehen
skate·board ['skeɪtbɔːd] das Skateboard
skate·board·er ['skeɪtˌbɔːdəʳ] der Skateboardfahrer/die Skateboardfahrerin

L Obwohl Kinder in den USA schon in den 30er Jahren Rollschuhräder auf Bretter festgenagelt und diese zum Fahren benutzt haben, wurde das **skateboard** zum ersten Mal in den frühen 60er Jahren in Kalifornien an Surfer verkauft. Damals wurde **skateboarding** auch **sidewalk-surfing** (Gehweg-Surfen) genannt. Fünfzehn Jahre später, nach der Erfindung von Rädern aus Polyurethan und den Kunststücken wie dem **ollie** (Springen), wurde Skateboarding zu einer beliebten Sportart.

skate·board·ing ['skeɪtbɔːdɪŋ] das Skateboarden
skat·er ['skeɪtəʳ] der Schlittschuhläufer/die Schlittschuhläuferin, der Rollschuhläufer/die Rollschuhläuferin
skat·ing rink ['skeɪtɪŋrɪŋk] die Eisbahn, die Rollschuhbahn
skel·eton ['skelɪtᵊn] ① das Skelett, das Gerippe ② *einer Idee:* der Umriss, der Entwurf ▸WENDUNGEN: **a skeleton in the closet** eine Leiche im Keller
skel·eton key der Hauptschlüssel
skel·eton staff die Rumpfbelegschaft
skep·tic ['skeptɪk] USA der Skeptiker/die Skeptikerin
skep·ti·cal ['skeptɪkl] USA skeptisch, zweifelnd
sketch [sketʃ] <*Plural* sketches> ① die Skizze ② (*im Theater*) der Sketch ③ der Entwurf
to **sketch** [sketʃ] skizzieren
skew·er ['skjuːəʳ] der Fleischspieß
ski [skiː] der Ski, der Schi
to **ski** [skiː] Ski fahren
ski boot der Skistiefel
skid [skɪd] das Schleudern; **to go into a skid** ins Schleudern kommen
to **skid** [skɪd] <skidded, skidded> rutschen, schleudern
ski·er ['skiːəʳ] der Skiläufer/die Skiläuferin, der Skifahrer/die Skifahrerin
ski gog·gles *Plural* die Skibrille
ski·ing ['skiːɪŋ] das Skifahren
ski·ing holi·day der Skiurlaub
ski in·struc·tor ['skiːɪnˌstrʌktəʳ] der Skilehrer/die Skilehrerin
ski jump ① das Skispringen ② die Sprungschanze
skil·ful ['skɪlfl] geschickt, erfahren (**at** in)
ski lift ['skiː lɪft] der Skilift
skill [skɪl] ① das Geschick, die Geschicklichkeit ② (*im Beruf*) die Fähigkeit, die Fertigkeit (**in/at** in); **communication skills** die Kommunikationsfähigkeit
skilled [skɪld] **skilled worker** der Facharbeiter/die Facharbeiterin, der gelernte Arbeiter/die gelernte Arbeiterin
skill·ful ['skɪlfl] USA geschickt, gewandt, tüchtig, erfahren (**at** in)
to **skim** [skɪm] <skimmed, skimmed> flüchtig lesen; **to skim through a book** ein Buch überfliegen
skimmed milk [ˌskɪmd'-], USA **skim milk** die Magermilch
skin [skɪn] ① die Haut ② *von einem Tier:* das Fell ③ *von Obst, Gemüse:* die Schale ▸WENDUNGEN: **to get under someone's skin** (*berühren*) jemandem unter die Haut gehen; (*aufregen*) jemandem auf die Nerven gehen; **by the skin of one's teeth** mit knapper Not; **to have a thick**

S

skin ein dickes Fell haben; **to jump out of one's skin** erschrecken; **it's no skin off my nose** (*umgangsspr*) das juckt mich nicht

skin·care *kein Plural* die Hautpflege

skin div·ing das Sporttauchen

skin·head ['skɪnhed] der Skinhead

skin·ny ['skɪni] mager, knochig

to **skin·ny-dip** <skinny-dipped, skinny-dipped> (*umgangsspr*) **to go skinny-dipping** nackt baden

skint [skɪnt] (GB) (*umgangsspr*) **to be skint** pleite sein

skin-tight [skɪn'taɪt] hauteng

to **skip** [skɪp] <skipped, skipped> ① hüpfen, springen ② **to skip** [*oder* (USA) **skip rope**] seilspringen, seilhüpfen ③ (*übertragen*) auslassen, überspringen *Abschnitt, Frage;* ausfallen lassen *Mahlzeit; Herzschlag:* aussetzen; **skip it!** vergiss es! ④ schwänzen *Schule*

skip [skɪp] der Container

ski pole der Skistock

skip·per ['skɪpəʳ] ① der Kapitän ② (*Sport*) der Mannschaftsführer/die Mannschaftsführerin

skip·ping-rope ['skɪpɪŋrəʊp] das Springseil

ski re·sort der Wintersportort

skirt [skɜːt] der Rock

to **skirt** [skɜːt] **to skirt** [**around**] umfahren, umschiffen

ski run ['skiːrʌn] die Piste

ski school die Skischule

ski slope die Skipiste

skit·tle ['skɪtl̩] der Kegel; **skittles** (*Spiel*) das Kegeln; **to play skittles** kegeln

to **skive** [skaɪv] (*umgangsspr*) **to skive** [**off**] sich vor der Arbeit drücken, blaumachen; schwänzen *Schule*

skiv·er ['skaɪvəʳ] der Drückeberger/die Drückebergerin

skull [skʌl] ① der Schädel ② (*Symbol*) **the skull and crossbones** der Totenkopf

sky [skaɪ] der Himmel; **in the sky** am Himmel ▸ WENDUNGEN: **out of a clear** [**blue**] **sky** aus heiterem Himmel; **the sky's the limit** alles ist möglich

sky blue himmelblau

sky·div·ing ['skaɪˌdaɪvɪŋ] das Fallschirmspringen

sky-high *auch Preise:* himmelhoch; **to blow something sky-high** etwas in die Luft jagen; (*übertragen*) etwas völlig zunichtemachen *Theorie*

to **sky·jack** entführen

sky·jack ['skaɪdʒæk] die Flugzeugentführung

sky·light das Oberlicht; *im Dach:* das Dachfenster

sky·line ['skaɪlaɪn] der Horizont, die Stadtsilhouette

sky·scrap·er ['skaɪskreɪpəʳ] der Wolkenkratzer

slab [slæb] ① (*aus Stein*) die Platte ② *von Käse, Kuchen, Schokolade:* das große Stück

slack [slæk] ① *Seil:* schlaff, locker ② *Zeit:* flau, ruhig; *Wirtschaft:* flau; *Geschäft:* stagnierend ③ (*übertragen*) träge, nachlässig

to **slack·en** ['slækᵊn] ① *Seil:* schlaffer [*oder* lockerer] werden, sich lockern ② *Geschwindigkeit:* **to slacken** [**off**] sich verlangsamen ③ (*übertragen*) **to slacken** [**off**] abschwächen, verringern; **his work has slackened** [**off**] seine Arbeit hat nachgelassen

slack·er ['slækəʳ] der Bummelant/die Bummelantin

slacks [slæks] *Plural* die Hose

slag [slæg] ① die Schlacke ② (*slang*) die Schlampe

to **slam** [slæm] <slammed, slammed> ① zuschlagen *Tür;* **to slam the door in someone's face** jemandem die Tür vor der Nase zuschlagen ② **to slam on the brakes** voll auf die Bremsen treten

◆ to **slam down** aufknallen *Telefonhörer*

slam·mer ['slæməʳ] (*slang*) der Knast

slan·der ['slɑːndəʳ] die Verleumdung, die üble Nachrede

to **slan·der** ['slɑːndəʳ] verleumden

slan·der·ous ['slɑːndᵊrəs] verleumderisch

slang [slæŋ] der Slang, der Jargon

slang·ing match die gegenseitige Beschimpfung

to **slant** [slɑːnt] schräg sein, sich neigen

slant [slɑːnt] ① die Schräge, die Neigung; **at a slant** schräg ② (*übertragen*) der Blickwinkel, die Tendenz

slant·ing ['slɑːntɪŋ] schief, geneigt, schräg

slap [slæp] der Klaps, der Schlag; **to give someone a slap on the back** (*auch übertragen*) jemandem auf den Rücken klopfen; **a slap in the face** eine Ohrfeige; (*übertragen*) ein Schlag ins Gesicht

to **slap** [slæp] <slapped, slapped> schlagen, einen Klaps geben; **to slap someone on the back** (*auch übertragen*) jemandem auf den Rücken klopfen; **to slap someone's face** jemanden ohrfeigen

◆ to **slap down** ① **to slap something down** etwas hinknallen ② **to slap someone down** jemanden zusammenstauchen

slap·dash ['slæpdæʃ] *Arbeit:* schlampig

slap-up ['slæpʌp] (*umgangsspr*) **a slap-up meal** (*umgangsspr*) ein Essen mit allem Drum und Dran

to **slash** [slæʃ] ① aufschlitzen; **to slash one's wrists** sich die Pulsadern aufschneiden ② (*übertragen*) [drastisch] kürzen, zusammenstreichen

slash [slæʃ] <*Plural* slashes> ① der Schnitt ② der Schrägstrich ③ **to have a slash** (*slang*) pinkeln gehen

slate [sleɪt] ① der Schiefer, die Schieferplatte ② (*zum Schreiben*) die Schiefertafel ③ (USA) die

S

Kandidatenliste ▶WENDUNGEN: **to put something on the slate** (*umgangsspr*) etwas anschreiben [lassen]; **to wipe the slate clean** reinen Tisch machen

to **slate** [sleɪt] (*umgangsspr*) scharf kritisieren, verreißen

to **slaugh·ter** ['slɔːtəʳ] ① schlachten *Vieh* ② niedermetzeln *Menschen* ③ (*beim Spiel*) haushoch schlagen

Slav[1] [slɑːv] der Slawe/die Slawin

Slav[2] [slɑːv] slawisch

slave [sleɪv] der Sklave/die Sklavin

◆to **slave away** schuften, sich abplagen (**at** mit)

slav·ery ['sleɪvᵊri] die Sklaverei

Slav·ic ['slɑːvɪk] slawisch

sleaze [sliːz] die Schweinerei

sleazy ['sliːzi] (*umgangsspr*) schweinisch

sledge [sledʒ], (USA) **sled** der Schlitten

sledge·ham·mer der Vorschlaghammer

sleek [sliːk] ① *Haar, Fell:* glatt und glänzend ② (*übertragen*) elegant ③ (*abwertend*) aalglatt

sleep [sliːp] der Schlaf; **to go to sleep** einschlafen; **to get some sleep** schlafen; **to get** [*oder* **have**] **a good night's sleep** sich richtig ausschlafen; **to walk in one's sleep** schlafwandeln; **to put someone to sleep** jemanden betäuben; **to put a dog to sleep** einen Hund einschläfern [lassen]

to **sleep** [sliːp] <slept, slept> ① schlafen; **to sleep like a log** [*oder* **top**] wie ein Murmeltier [*oder* Stein] schlafen; **to sleep late** ausschlafen, lange schlafen; **to sleep rough** draußen schlafen; **he didn't sleep a wink** er hat kein Auge zugetan ② **to sleep someone** jemandem Unterkunft bieten

◆to **sleep around** (*umgangsspr*) herumbumsen

◆to **sleep in** ① ausschlafen ② verschlafen

◆to **sleep off** **to sleep it off** einen Rausch ausschlafen

◆to **sleep on** ① weiterschlafen ② **to sleep on a decision/an idea** eine Entscheidung/eine Idee überschlafen

◆to **sleep over** *Kind:* bei einer Freundin/einem Freund übernachten

◆to **sleep through** weiterschlafen; **I must have slept through the alarm** ich muss den Wecker verschlafen haben

◆to **sleep together** miteinander schlafen; (*im selben Zimmer*) zusammen in einem Zimmer schlafen

sleep·er ['sliːpəʳ] ① der Schlafwagen, der Platz im Schlafwagen ② **to be a good/bad sleeper** gut/schlecht schlafen; **to be a heavy/light/sound sleeper** einen festen/leichten/gesunden Schlaf haben

sleep·ing ['sliːpɪŋ] schlafend; **Sleeping Beauty** das Dornröschen

sleep·ing bag der Schlafsack

sleep·ing car der Schlafwagen

sleep·ing pill die Schlaftablette

sleep·ing po·lice·man die Bodenschwelle

sleep·ing tab·let die Schlaftablette

sleep·less ['sliːpləs] schlaflos

sleep-over ['sliːpˌəʊvə] **Mum, can I have a sleepover?** Mutti, kann ich einige Freunde zum Übernachten einladen?

to **sleep·walk** schlafwandeln

sleep·walk·er der Schlafwandler/die Schlafwandlerin

sleepy ['sliːpi] ① schläfrig ② verschlafen ③ (*übertragen*) *Stadt, Dorf:* still, ruhig, tot

sleepy·head ['sliːpihed] (*umgangsspr*) die Schlafmütze

sleet [sliːt] der Schneeregen

to **sleet** [sliːt] **it was sleeting** es gab Schneeregen

sleeve [sliːv] ① der Ärmel ② die Schallplattenhülle ▶WENDUNGEN: **to roll up one's sleeves** die Ärmel hochkrempeln, sich ernsthaft an die Arbeit machen; **to have something** [*oder* **a card**] **up one's sleeve** etwas auf Lager [*oder* in petto] haben

sleeve·less ['sliːvləs] ärmellos

sleigh [sleɪ] der [Pferde]schlitten

slen·der ['slendəʳ] ① schlank, schmal ② (*übertragen*) *Einkommen:* mager, dürftig; *Mittel:* knapp; **his chances of winning are extremely slender** seine Gewinnchancen sind minimal

slept [slept] *2. und 3. Form von* **sleep**

slice [slaɪs] ① *von Brot, Kuchen:* die Scheibe ② (*übertragen*) das Stück, der Anteil ③ **cake slice** die [Torten]schaufel ④ (*im Sport*) der Drall; **to put a slice on a ball** einen Ball anschneiden

to **slice** [slaɪs] ① in Scheiben schneiden ② anschneiden *Ball* ③ **to slice through something** etwas durchschneiden

◆to **slice off** abschneiden

◆to **slice up** in Scheiben schneiden; aufschneiden *Brot;* aufteilen *Gewinn*

sliced [slaɪst] geschnitten, aufgeschnitten ▶WENDUNGEN: **the best thing since sliced bread** (*umgangsspr*) eine Wucht, eine tolle Sache

slick[1] [slɪk] ① *Oberfläche, Straße:* [spiegel]glatt ② *Haare:* geschniegelt ③ (*umgangsspr*) *Idee:* raffiniert ④ *Mensch:* aalglatt

slick[2] [slɪk] **oil slick** der Ölteppich

◆to **slick back** **to slick back one's hair** (*mit Gel*) sich die Haare anklatschen

slid [slɪd] *2. und 3. Form von* **slide**

to **slide** [slaɪd] <slid, slid> ① gleiten, rutschen; **he slid into the room** er schlich in das Zimmer ② **he slid the drawer in** er schob die Schublade zu ③ *Preise, Aktien:* absinken, nachgeben

S

4 (*übertragen*) **to slide into bad habits** schlechte Angewohnheiten annehmen; **to let things slide** alles schleifen lassen

G Richtiges Konjugieren von **slide**: slide, slid, slid — *he slid the glass towards me; the ring had slid down the side of the armchair.*

slide [slaɪd] 1 die Rutschbahn, die Rutsche 2 das Dia[positiv]; *von Mikroskop:* der Objektträger 3 (*an einem Gerät*) der Schlitten, der Schieber 4 GB die Haarspange

slide pro·jec·tor der Diaprojektor

slide rule der Rechenschieber

slid·ing ['slaɪdɪŋ] gleitend; *Tür, Dach:* Schiebe-

slight[1] [slaɪt] 1 geringfügig, belanglos; *Erkältung:* leicht; *Unterschied:* klein 2 *Eindruck:* oberflächlich 3 **I haven't got the slightest [idea]** ich habe überhaupt keine Ahnung

slight[2] [slaɪt] 1 die Kränkung 2 **not in the slightest** nicht im Geringsten

slight·ly ['slaɪtli] ein wenig, leicht

slim [slɪm] <slimmer, slimmest> 1 *Mensch:* schlank 2 *Chance:* gering[fügig], schwach

to **slim** [slɪm] abnehmen

slimy ['slaɪmi] (*auch übertragen*) schleimig

to **sling** [slɪŋ] <slung, slung> werfen; **to sling someone out** (*umgangsspr*) jemanden rausschmeißen; **to sling something out** (*umgangsspr*) etwas wegschmeißen

G Richtiges Konjugieren von **sling**: sling, slung, slung — *Kate slung her jacket over her shoulder; her jacket was slung over her shoulder.*

sling [slɪŋ] 1 (*Verband*) die Schlinge 2 die Babytragetasche

slip [slɪp] 1 das Ausgleiten, das Ausrutschen 2 (*übertragen*) der Irrtum, das Versehen; **it was a slip of the tongue** ich habe mich versprochen; **slip of the pen** der Schreibfehler 3 der Unterrock 4 **to give someone the slip** jemandem entwischen 5 **a [mere] slip of a boy/girl** ein schmächtiges Kerlchen/zartes Ding; **slip [of paper]** der Zettel

S

F Nicht verwechseln mit **Slip** (der) = briefs!

to **slip** [slɪp] <slipped, slipped> 1 ausgleiten, ausrutschen 2 **to slip through the water** durch das Wasser gleiten 3 (*auch übertragen*) **to slip through someone's fingers** jemandem durch die Finger schlüpfen, jemandem entgehen; **to let something slip through one's fingers** sich etwas entgehen lassen 4 (*übertragen*) **I let it slip** das ist mir [so] herausgerutscht 5 hineinstecken; **she quickly slipped the money into her bag** rasch steckte sie das Geld in ihre Tasche; **to slip someone money** jemandem Geld zustecken 6 (*vergessen*) **to slip someone's mind** jemandem entfallen; **it's slipped my memory** ich habe es vergessen; **to slip someone's notice** jemandem entgehen 7 **to slip a disc** einen Bandscheibenschaden erleiden

◆to **slip away** 1 sich davonstehlen 2 entschlafen 3 *Zeit:* vergehen; *Chance:* schwinden

◆to **slip by** vorbeihuschen; *Jahre:* verfliegen; *Fehler, Irrtum:* durchgehen

◆to **slip down** herunterrutschen; **a cool beer slips down wonderfully easily** ein kühles Bier geht runter wie nichts

◆to **slip in** sich hereinschleichen; einbringen *Bemerkung*

◆to **slip into** 1 **slip into your coat** schlüpf mal in deinen Mantel 2 **to slip into a role** sich verwandeln 3 **to slip into bad habits** schlechte Gewohnheiten annehmen

◆to **slip off** 1 hinausschlüpfen aus *Kleidungsstück* 2 herunterrutschen; **it slipped off the table** es ist vom Tisch heruntergerutscht 3 sich davonmachen

◆to **slip on** anziehen; sich anstecken *Ring*

◆to **slip out** 1 kurz weggehen 2 *Wort:* herausrutschen

◆to **slip up** einen Fehler machen; **well, you certainly slipped up there!** da hast du dir aber einen groben Schnitzer geleistet!

slip·pers ['slɪpəz] *Plural* die Hausschuhe

slip·pery ['slɪpəri] 1 schlüpfrig, glatt 2 (*übertragen*) unzuverlässig

slip road ['slɪprəʊd] (*auf der Autobahn*) die Auffahrt, die Ausfahrt

slip·shod ['slɪpʃɒd] (*übertragen*) schlampig

slip-up ['slɪpʌp] (*umgangsspr*) die Panne

to **slit** [slɪt] <slit, slit> [auf]schlitzen

slit [slɪt] der Schlitz

to **slith·er** ['slɪðəʳ] 1 rutschen 2 *Schlange:* kriechen

sliv·er ['slɪvəʳ] der Splitter

slob [slɒb] (*umgangsspr*) der Schmutzfink

to **slog** [slɒg] <slogged, slogged> (*umgangsspr*) schuften; **to slog away at something** sich mit etwas abrackern; **to slog through something** (*bei der Arbeit*) sich durch etwas kämpfen; (*beim Gehen*) durch etwas stapfen

slog [slɒg] (*umgangsspr*) **[hard] slog** (*bei Arbeit*) die Schufterei; (*beim Gehen*) der Fußmarsch

slo·gan ['sləʊgən] 1 der Wahlspruch, das Schlagwort 2 der Werbespruch

slope [sləʊp] 1 *von Berg:* der Hang, der Abhang, die Böschung; **on a slope** am Hang 2 (*Dach, Straße*) die Neigung, das Gefälle, die Schräge 3 **ski slope** die Piste

to **slope** [sləʊp] sich neigen; **to slope away** [*oder* **down**] abfallen

◆to **slope off** (*umgangsspr*) davonschleichen

slop·ing ['sləʊpɪŋ] *Decke, Boden:* schräg; *Schul-*

tern: hängend; *Garten:* am Hang [gelegen]

slop·pi·ness ['slɒpɪnəs] die Schlampigkeit, die Nachlässigkeit

slop·py ['slɒpi] ① (*umgangsspr*) schlampig, nachlässig ② (*umgangsspr*) sentimental

slot [slɒt] ① der Schlitz, der [Münz]einwurf; **to put money in the slot** Geld einwerfen ② (*umgangsspr: in einer Liste*) der Platz, die Lücke
◆ **to slot in** hineinstecken; (*in Rahmen*) einpassen; dazwischenschieben *Termin*
◆ **to slot together** *Teile:* zusammenpassen; **to slot something together** etwas ineinanderstecken

slot ma·chine ['s ɒtməʃi:n] der [Waren]automat, der Spielautomat

slot me·ter der Münzzähler

to **slouch** [slaʊtʃ] sich lümmeln, herumhängen

slouch [slaʊtʃ] <*Plural* slouches> **to have a [dreadful] slouch** eine schlechte Haltung haben

Slo·vak[1] ['sləʊvæk], **Slo·vak·ian** [slə(ʊ)'vækiən] ① der Slowake/die Slowakin ② *kein Plural* das Slowakisch

Slo·vak[2] ['sləʊvæk], **Slo·vak·ian** [slə(ʊ)'vækiən] slowakisch

Slo·vakia [slə(ʊ)'vækiə] *kein Plural* die Slowakei

Slo·vene[1] [slə(ʊ)'vi:n] ① der Slowene/die Slowenin ② *kein Plural* das Slowenisch

Slo·vene[2] [slə(ʊ)'vi:n] slowenisch

Slo·venia [slə(ʊ)'vi:niə] *kein Plural* Slowenien

Slo·ven·ian[1] [slə(ʊ)'vi:niən] ① der Slowene/die Slowenin ② *kein Plural* das Slowenisch

Slo·ven·ian[2] [slə(ʊ)'vi:niən] slowenisch

slow [sləʊ] <slower, slowest> ① langsam; **it's slow work** das geht langsam [voran]; **he is a slow worker/reader** er arbeitet/liest langsam; **to be slow to do something** sich bei etwas Zeit lassen; **not to be slow to do something** schnell dabei sein, etwas zu tun; **to go slow** langsam fahren; *Arbeiter:* einen Bummelstreik machen ② *Börse:* flau ③ **slow off the mark** [*oder* **on the uptake**] schwer von Begriff; **he's slow in catching on** er hat eine lange Leitung ④ **to be slow** *Uhr:* nachgehen
◆ **to slow down** ① langsamer werden, verlangsamen; **slow down!** fahr [*oder* geh] langsamer! ② *Inflation:* abflauen ③ drosseln *Motor*

slow·coach ['sləʊkəʊtʃ] die Schlafmütze

slow·ly ['sləʊli] langsam

slow mo·tion die Zeitlupe

slow-mov·ing [ˌsləʊ'mu:vɪŋ] <slower-moving, slowest-moving> langsam vorankommend; *Verkehr:* kriechend; *Film, Roman:* langatmig

slow train (GB) der Bummelzug

slow-wit·ted [ˌsləʊ'wɪtɪd] begriffsstutzig

slug·gish ['slʌgɪʃ] ① träge, langsam ② *Wirtschaft:* schleppend, stagnierend

sluice [slu:s] die Schleuse

to **sluice** [slu:s] **to sluice something out/down** etwas abwaschen/abspritzen

slum [slʌm] ① **slum[s]** das Elendsviertel ② (*übertragen*) der Saustall

slum clear·ance die Beseitigung der Slums, die Stadtsanierung

slum dwell·er der Slumbewohner/die Slumbewohnerin

to **slump** [slʌmp] ① **to slump [down]** zusammensinken, zusammensacken ② (*übertragen*) *Preise, Absatz:* fallen, nachlassen ③ **to slump into a chair** sich auf einen Stuhl fallen lassen

slump [slʌmp] der [Preis]sturz, der Kurssturz, der Konjunktureinbruch; **slump in prices** der Preisverfall; **slump in production** der Produktionsrückgang

slung [slʌŋ] *2. und 3. Form von* **sling**

to **slur** [slɜ:ʳ] <slurred, slurred> undeutlich [aus]sprechen

slur [slɜ:ʳ] (*übertragen*) die Verunglimpfung; **to cast a slur on someone/something** jemanden/etwas verunglimpfen

to **slurp** [slɜ:p] (*umgangsspr*) schlürfen

slush [slʌʃ] der Schneematsch, der Matsch

slushy ['slʌʃi] <slushier, slushiest> matschig; (*übertragen*) kitschig

slut [slʌt] ① die Schlampe ② das Flittchen

sly [slaɪ] ① schlau, verschlagen ② falsch, hinterhältig ③ **on the sly** heimlich

to **smack** [smæk] ① [klatschend] schlagen; **to smack someone's bottom** jemandem den Hintern versohlen ② (*übertragen*) **to smack of** riechen nach

smack[1] [smæk] ① der Klaps, der Schlag ② (*umgangsspr: Kuss*) der Schmatz

smack[2] [smæk] **it's smack bang in front of you!** es ist direkt vor deiner Nase!

smack·ing ['smækɪŋ] die Tracht Prügel

small[1] [smɔ:l] <smaller, smallest> ① klein; **to feel small** sich klein vorkommen; (*übertragen*) sich schämen ② *Zahl, Menge:* klein, gering; *Vermögen:* bescheiden ③ **in a small way** in bescheidenem Umfang

small[2] [smɔ:l] **the small of the back** das Kreuz

small change das Kleingeld, das Wechselgeld

small-mind·ed [-'maɪndɪd] (*abwertend*) engstirnig

small·pox ['smɔ:lpɒks] die Pocken

small print [das] Kleingedruckte

small-scale <smaller-scale, smallest-scale> **small-scale map** die Karte in einem kleinen Maßstab; **a small-scale operation** ein kleiner Betrieb

smarmy ['smɑ:mi] (*umgangsspr*) glatt, kriecherisch

smart [smɑ:t] ① *Aussehen:* schick, gepflegt ② *Mensch, Plan:* klug, gewitzt, raffiniert;

(*abwertend*) neunmalklug; **he thinks it's smart to do that** er kommt sich dabei toll vor ③ **to get smart** USA (*umgangsspr*) sich zusammenreißen; **to get smart with someone** (*umgangsspr*) jemandem frech kommen

to **smart** [smɑ:t] *Wundestelle:* brennen

smart alec(k) ['smɑ:tˌælek] der Besserwisser/die Besserwisserin

smart arse, USA **smart ass** (*abwertend slang*) der Klugscheißer/die Klugscheißerin

to **smart·en** ['smɑ:tᵊn] **to smarten oneself up** (*im Aussehen*) sich in Schale werfen *umgangsspr;* (*im Benehmen*) sich zusammenreißen; **to smarten up one's act** sich ins Zeug legen *umgangsspr*

smash [smæʃ] <*Plural* smashes> ① der heftige Schlag ② (*beim Tennis*) der Schmetterball ③ der Knall ④ der Zusammenstoß

to **smash** [smæʃ] ① zerschmettern, zerschlagen; **to smash something against the wall** etwas an der Wand zerschmettern; **to smash to bits** in tausend Stücke zerbrechen [*oder* zerschlagen]; **he's smashed [up] his car** er hat sein Auto zu Schrott gefahren ② zerbrechen ③ einschlagen *Fenster* ④ (*übertragen*) vernichtend schlagen, schwer treffen ⑤ (*beim Tennis*) schmettern

◆to **smash into** **to smash into something** gegen etwas prallen

◆to **smash up** zertrümmern; zu Schrott fahren *Auto*

smashed [smæʃt] (*slang: betrunken*) völlig zu

smash hit der Bombenerfolg

smash·ing ['smæʃɪŋ] (*umgangsspr*) toll, fantastisch

smat·ter·ing ['smætᵊrɪŋ] die oberflächliche Kenntnis; **he has a smattering of French** er kann ein paar Brocken Französisch

to **smear** [smɪəʳ] ① schmieren *Farbe, Creme* ② verschmieren *Fenster, Spiegel* ③ einschmieren *Haut* ④ verleumden

smear [smɪəʳ] ① **smear of blood** der Blutfleck; **smear of paint** der Farbfleck ② **smear campaign** die Schmutzkampagne, die Verleumdungskampagne ③ **smear test** der Abstrich

smell [smel] ① der Geruch, der Duft ② (*abwertend*) der Gestank

to **smell** [smel] <smelled *oder* smelt, smelt *oder* smelled> ① riechen; **the flowers smell wonderful** die Blumen duften wunderbar ② stinken; **this room smells** dieses Zimmer stinkt; **her breath smells** sie hat Mundgeruch; **to smell to high heaven** zum Himmel stinken ③ (*übertragen*) wittern; **to smell of** erinnern an ▶ WENDUNGEN: **to smell a rat** Lunte riechen

> **G** Richtiges Konjugieren von **smell**: smell, smelt/smelled, smelt/smelled — *the red roses smelt beautiful; have you ever smelt the lovely perfume of oleander?*

◆to **smell out** aufstöbern, aufspüren *Verschwörung*

smelly ['smeli] (*umgangsspr*) stinkend

smelt [smelt] *2. und 3. Form von* **smell**

to **smile** [smaɪl] lächeln; **to smile at someone** jemanden anlächeln; **to smile at something** über etwas lächeln ▶ WENDUNGEN: **keep smiling!** lass dich nicht unterkriegen!

smile [smaɪl] das Lächeln; **to give someone a smile** jemandem zulächeln; **come on, give me a smile!** nun lach doch mal; **to be all smiles** übers ganze Gesicht strahlen

smil·ing ['smaɪlɪŋ] lächelnd

to **smirk** [smɜ:k] grinsen, hämisch lächeln

smirk [smɜ:k] das Grinsen

smog [smɒg] der Smog

smog alert, smog warn·ing der Smogalarm

smoke [sməʊk] ① der Rauch, der Qualm ② die Zigarette; **to have a smoke** eine rauchen ▶ WENDUNGEN: **to go up in smoke** in Rauch aufgehen, ergebnislos verlaufen

to **smoke** [sməʊk] ① rauchen, qualmen ② (*umgangsspr*) Haschisch rauchen ③ räuchern *Schinken, Fisch*

◆to **smoke out** ① ausräuchern ② (*umgangsspr*) verräuchern, einräuchern

smoke bomb die Rauchbombe

smoked [sməʊkt] geräuchert, Räucher-; **smoked salmon** der Räucherlachs; *Glas:* Rauch-

smoke de·tec·tor der Rauchmelder

smoke·less ['sməʊkləs] *Zone:* rauchfrei

smok·er ['sməʊkəʳ] ① der Raucher/die Raucherin ② (*im Zug*) das Raucherabteil

smoke-stained ['sməʊksteɪnd] rauchgeschwärzt

smok·ing ['sməʊkɪŋ] das Rauchen; **no smoking!** Rauchen verboten!

> **F** Nicht verwechseln mit **Smoking** (der) = dinner-jacket!

smok·ing ban das Rauchverbot

smok·ing com·part·ment, USA **smok·ing car** das Raucherabteil

smoky ['sməʊki] ① *Feuer:* qualmend ② *Raum:* rauchig, verräuchert ③ rauchgeschwärzt

to **smol·der** USA schwelen; **smoldering look** der glühende Blick

to **smooch** [smu:tʃ] (*umgangsspr*) schmusen, knutschen

smooth [smu:ð] ① *Oberfläche:* glatt, eben; *See:* ruhig ② *Haare:* weich ③ *Überfahrt, Flug:* ruhig; *Start, Landung:* glatt, weich ④ *Ablauf:* reibungslos, glatt ⑤ *Stil:* flüssig, glatt; *Ton:* sanft; *Redeweise:* flüssig; (*abwertend*) glatt; **to have a smooth manner** [*oder* **tongue**] aalglatt sein ⑥ (*abwertend*) *Benehmen, Verkäufer:* glatt, aalglatt ⑦ (*umgangsspr*) gepflegt

to **smooth** [smu:θ] **to smooth** [**away/out**] glätten; (*übertragen*) besänftigen
◆to **smooth away** glätten
◆to **smooth down** glatt streichen
◆to **smooth over** geradebiegen, beschönigen

smoothie ['smu:θi], **smoothy** ['smu:θi] (*umgangsspr*) der Lackaffe

to **smoth·er** ['smʌθəʳ] ① ersticken ② (*übertragen*) überschütten, überhäufen (**in/with** mit)

to **smoul·der** ['sməʊldəʳ] schwelen; **smouldering look** der glühende Blick

SMS [ˌesem'es] *Abkürzung von* **short message service** die SMS

smudge [smʌdʒ] der Schmutzfleck, der Klecks

to **smudge** [smʌdʒ] verschmieren

smudge-proof *Lippenstift:* kussecht; *Mascara:* wischfest

smudgy ['smʌdʒi] ① schmutzig, schmierig ② verwischt

smug [smʌg] <smugger, smuggest> ① selbstgefällig ② eingebildet, blasiert

to **smug·gle** ['smʌgl] schmuggeln

smug·gling ['smʌglɪŋ] der Schmuggel

smut·ty ['smʌti] *Witz:* schmutzig; *Bemerkung:* unanständig

snack [snæk] der Imbiss, der Snack, die Kleinigkeit zu essen

snack bar die Imbissstube

snacky ['snæki] (*umgangsspr*) *Essen:* für zwischendurch

snag [snæg] (*übertragen*) die Schwierigkeit, der Haken; **to hit a snag** in Schwierigkeiten kommen; **there's a** [*oder* **one**] **snag** die Sache hat einen Haken

to **snag** [snæg] <snagged, snagged> aufreißen

snail [sneɪl] die Schnecke; **at a snail's pace** im Schneckentempo

snail mail die normale Post; **don't send it by snail mail, send an e-mail** schicke es nicht per Post, schicke eine E-Mail

snake [sneɪk] die Schlange

to **snake** [sneɪk] *Autoschlange, Menschenschlange:* sich schlängeln, sich winden

snake bite der Schlangenbiss

snap[1] [snæp] ① das Foto, der Schnappschuss ② **cold snap** der Kälteeinbruch

snap[2] [snæp] **snap decision** der plötzliche Entschluss; **snap vote** die Blitzabstimmung

to **snap** [snæp] <snapped, snapped> ① schnappen (**at** nach) ② zuschnappen; **to snap shut** *Tür, Schloss:* zuschlagen, zuschnappen ③ [zer]springen, [zer]reißen ④ **his patience snapped** er verlor die Geduld; **something snapped in me** da bin ich durchgedreht ⑤ **to snap at someone** jemanden anfahren ⑥ **snap to it!** zack, zack! ⑦ knipsen *Foto* ⑧ **to snap one's fingers** mit den Fingern schnippen
◆to **snap away** ① wegschnappen, entreißen ② (*Fotos machen*) viel knipsen
◆to **snap off** abreißen, abbrechen ▶WENDUNGEN: **to snap someone's head off** jemanden anfahren
◆to **snap out** ① brüllen ② **to snap out of something** sich zusammenreißen; **snap out of it!** genug damit! Kopf hoch!
◆to **snap up** wegschnappen *Angebot*

snap·py ['snæpi] ① (*umgangsspr*) schnell, zackig, kurz und treffend; **make it snappy!** (*umgangsspr*) fix!, los, los! ② *Bemerkung:* bissig

to **snarl** [snɑ:l] (*auch übertragen*) knurren; **to snarl at someone** jemanden anknurren; **to snarl out** knurrend sagen

snarl [snɑ:l] das Knurren

to **snatch** [snætʃ] ① greifen, entreißen; **she snatched it out of my hand!** sie hat es mir aus der Hand gerissen!; **don't snatch!** (*zu einem Hund*) Aus!; **to snatch a kiss** [**from someone**] [jemandem] einen Kuss rauben ② **to snatch an opportunity** eine Gelegenheit beim Schopf packen ③ (*umgangsspr*) stehlen *Tasche usw.;* kidnappen *Mensch* ④ **to snatch a meal** (*umgangsspr*) schnell etwas essen
◆to **snatch at** **to snatch at something** nach etwas greifen, etwas schnappen
◆to **snatch away** **to snatch something away from someone** jemandem etwas entreißen
◆to **snatch up** schnappen, an sich reißen

snaz·zy ['snæzi] <snazzier, snazziest> (*slang*) schick *umgangsspr*

sneak [sni:k] (*umgangsspr*) der Petzer, die Petzliese

to **sneak** [sni:k] <sneaked *oder* (USA) snuck, sneaked *oder* (USA) snuck> ① schleichen; **to sneak away** [*oder* **off**] davonschleichen, sich davonmachen; **to sneak out** sich herausschleichen (**of** aus); (*übertragen*) sich drücken (**of** vor) ② (*slang*) petzen; **to sneak on someone** jemanden verpetzen ③ **to sneak a look at** einen heimlichen Blick werfen auf ④ stibitzen, klauen
◆to **sneak up** **to sneak up on someone/something** (*auch übertragen*) sich an jemanden/etwas heranschleichen

sneak·ers ['sni:kəz] *Plural* die Turnschuhe

sneak·ing ['sni:kɪŋ] geheim; **to have a sneaking suspicion** einen heimlichen Verdacht hegen

sneaky ['sni:ki] heimtückisch

to **sneer** [snɪəʳ] ① höhnisch lächeln ② spotten (**at** über)

sneer [snɪəʳ] ① das spöttische Grinsen ② die spöttische Bemerkung

sneer·ing ['snɪərɪŋ] höhnisch, spöttisch

to **sneeze** [sni:z] ① niesen ② **it is not to be sneezed at** das ist nicht zu verachten

sneeze [sni:z] das Niesen

to **snick·er** ['snɪkəʳ] [gemein] kichern

snide [snaɪd] (*umgangsspr*) *Bemerkung:* abfällig, höhnisch

sniff [snɪf] ① das Schnüffeln; **to have a sniff at something** an etwas riechen ② (*übertragen*) das Naserümpfen

to **sniff** [snɪf] ① schniefen ② schnüffeln, schnuppern; **to sniff glue** schnüffeln ③ (*übertragen*) wittern

◆ to **sniff at** ① schnüffeln an ② (*übertragen*) die Nase rümpfen über; **not to be sniffed at** (*umgangsspr*) nicht zu verachten

◆ to **sniff out** aufspüren; aufdecken *Komplott*

sniff·er dog der Spürhund

to **snif·fle** ['snɪfl̩] schniefen, schnüffeln

snif·fle ['snɪfl̩] ① das Schniefen ② **to have the sniffles** (*umgangsspr*) Schnupfen haben

to **snig·ger** ['snɪgəʳ] [gemein] kichern (**at/about** über)

to **snip** [snɪp] schnippen, [ab]schnippeln, schneiden; **to snip off** abschneiden

snip [snɪp] (*umgangsspr*) das Schnäppchen; **it's a snip at only 100 euros** für nur 100 Euro ist es sehr günstig

snip·er ['snaɪpəʳ] der Heckenschütze/die Heckenschützin

to **sniv·el** ['snɪvᵊl] <snivelled *oder* (USA) sniveled, snivelled *oder* (USA) sniveled> flennen *abwertend umgangsspr*

snob·bish ['snɒbɪʃ] großtuerisch, snobistisch

snog [snɒg] (*slang*) das Knutschen; **to have a snog with someone** mit jemandem knutschen

to **snog** [snɒg] <snogged, snogged> (*slang*) [rum]knutschen

snook·er ['snu:kəʳ] das Snooker

to **snoop** [snu:p] (*umgangsspr*) schnüffeln; **to snoop on someone** jemanden ausspionieren

◆ to **snoop about**, to **snoop around** (*umgangsspr*) herumschnüffeln, herumspionieren

snooty ['snu:ti] (*umgangsspr*) hochnäsig

snooze [snu:z] (*umgangsspr*) das Nickerchen

S

to **snooze** [snu:z] (*umgangsspr*) dösen

to **snore** [snɔ:ʳ] schnarchen

to **snort** [snɔ:t] schnauben

snort [snɔ:t] das Schnauben, das Schnaufen

snot [snɒt] (*umgangsspr*) der Rotz

snot·ty ['snɒti] (*umgangsspr*) ① rotzig ② (*übertragen*) frech, patzig

snout [snaʊt] die Schnauze

snow [snəʊ] der Schnee, der Schneefall

to **snow** [snəʊ] schneien; **we were snowed in** wir waren eingeschneit

◆ to **snow in** **to be/get snowed in** eingeschneit sein/werden

snow·ball ['snəʊbɔ:l] ① der Schneeball; **snowball fight** die Schneeballschlacht; **to throw snowballs at someone** jemanden mit Schneebällen bewerfen ② **snowball effect** der Schneeballeffekt

snow·board ['snəʊbɔ:d] das Snowboard

snow·board·ing ['snəʊbɔ:dɪŋ] das Snowboarden

snow chains *Plural* die Schneeketten

snow·drift die Schneewehe

snow·fall ['snəʊfɔ:l] der Schneefall, die Schneemenge; **there was a heavy snowfall** es schneite stark

snow·flake ['snəʊfleɪk] die Schneeflocke

snow·man ['snəʊmæn] <*Plural* snowmen> der Schneemann

snow·storm ['snəʊstɔ:m] der Schneesturm

snow tyre, (USA) **snow tire** der Winterreifen

Snow White das Schneewittchen

snowy ['snəʊi] ① verschneit; **snowy weather** das Schneewetter; **it was very snowy** es hat viel geschneit; **snowy mountains** die schneebedeckten Berge ② (*Farbe*) schneeweiß

to **snub** [snʌb] <snubbed, snubbed> schneiden, ignorieren

snub [snʌb] die Brüskierung

snub-nosed ['snʌbnəʊzd] stupsnasig

to **snuf·fle** ['snʌfl̩] ① schnüffeln ② (*wegen einer Erkältung*) schniefen ③ (*laut*) schnaufen

snug [snʌg] behaglich, gemütlich

to **snug·gle** ['snʌgl̩] sich kuscheln, sich anschmiegen (**against** an)

◆ to **snuggle up** sich zusammenkuscheln, sich anschmiegen

so [səʊ] ① so, dermaßen, derart; **so late/long/many that ...** so spät/so lange/so viele, dass ...; **not so ... as** nicht so ... wie ② **I'm tired – so am I** ich bin müde – ich auch ③ **thanks ever so much** vielen Dank! ④ **so they say** so heißt es, man sagt so; **and so on** und so weiter; **is that so?** wirklich?; **so I see** ich seh's, das sehe ich; **so to speak** sozusagen ⑤ **three weeks or so** drei Wochen oder so ⑥ **so far** bis jetzt, bisher; **so far, so good** so weit, so gut ⑦ **so long as** solange; **so long!** (*umgangsspr*) tschüss! ⑧ **I hope so** ich hoffe es; **I think so** glaube ich; **I told you so** ich sagte es doch ⑨ **so help me God!** so wahr mir Gott helfe! ⑩ deshalb; **it's raining so take your umbrella** es regnet, also nimm deinen Regenschirm mit ⑪ **we left a note so [that] they'd know where we are** wir haben einen Zettel hingelegt, so dass [*oder* damit] sie wissen, wo wir sind ⑫ **so that's that!** (*umgangsspr*) so, das wär's! ⑬ **so what?** (*umgangsspr*) na und?

to **soak** [səʊk] ① einweichen *Wäsche;* **soak the lentils overnight** die Linsen über Nacht einweichen lassen ② **you're soaked!** du bist patschnass!; **soaked in sweat** schweißgebadet ③ *Flüssigkeit:* eindringen

◆ to **soak in** ① einziehen ② (*übertragen*) **the news hasn't soaked in yet** er/sie hat die

Nachricht noch nicht begriffen
◆to **soak off** ① ablösen ② sich ablösen
◆to **soak up** ① aufsaugen; genießen *Sonne* ② (*übertragen*) in sich aufnehmen
soak·ing ['səʊkɪŋ] **soaking** [**wet**] klatschnass
so-and-so ['səʊənsəʊ] Herr/Frau Soundso; **that old so-and-so!** dieser gemeine Kerl!
soap [səʊp] die Seife
to **soap** [səʊp] einseifen
soap dis·pens·er der Seifenspender
soap op·era die Seifenoper
soap pow·der das Seifenpulver
soapy ['səʊpi] <soapier, soapiest> seifig; **soapy water** das Seifenwasser
to **soar** [sɔːr] ① aufsteigen, sich in die Lüfte schwingen ② *Gebäude:* hochragen ③ *Preise:* in die Höhe schnellen; *Hoffnung:* steigen; *Stimmung:* sich heben
to **sob** [sɒb] <sobbed, sobbed> schluchzen; **to sob oneself to sleep** sich in den Schlaf weinen; **to sob one's heart out** herzergreifend schluchzen
so·ber ['səʊbər] ① (*ohne Alkohol*) nüchtern ② ruhig, besonnen ③ *Farbe:* schlicht
◆to **sober up** ① nüchtern machen [*oder* werden] ② (*übertragen*) zur Vernunft bringen, vernünftig werden
sob sto·ry ['sɒb,stɔːrɪ] (*umgangsspr*) die rührselige Geschichte
so-called [,səʊ'kɔːld] so genannt; **one of his so-called friends** einer seiner angeblichen Freunde
soc·cer ['sɒkər] der Fußball, das Fußballspiel

> **L** **Soccer** wurde in England im 19. Jahrhundert entwickelt mit dem Ziel, die Regeln der verschiedenen *public schools* zu vereinheitlichen. Aus diesen Bemühungen entstand die **Football Association**, die 1863 in London gegründet wurde. Kurze Zeit später wurde in Birmingham die erste Fußballliga der Welt gegründet mit 12 Mannschaften aus Mittel- und Nordengland.
> Der Begriff **soccer** wird vor allem in Ländern wie den USA und Australien verwendet, da sich dort das Wort *football* auf andere Sportarten bezieht. Das Wort stammt dennoch aus England: 1880 kürzten Studenten das Wort *association* zu *SOC* ab und hängten *ER* an – so entstand das Wort **soccer**.

so·cia·ble ['səʊʃəbl] gesellig
so·cial ['səʊʃəl] ① gesellschaftlich ② sozial; **social democrat** der Sozialdemokrat/die Sozialdemokratin; **social policy** die Sozialpolitik; **social science** die Sozialwissenschaften; **social security** GB die Sozialhilfe; **to be on social security** Sozialhilfe bekommen; **social services** (*staatlich*) die Sozialleistungen; **social studies** die Gemeinschaftskunde; **social worker** der Sozialarbeiter/die Sozialarbeiterin
so·cial·ism ['səʊʃəlɪzəm] *kein Plural* der Sozialismus
so·cial·ist[1] ['səʊʃəlɪst] der Sozialist/die Sozialistin
so·cial·ist[2] ['səʊʃəlɪst] sozialistisch
to **so·cial·ize** ['səʊʃəlaɪz] ① verkehren (**with** mit) ② ein geselliges Leben führen
so·ci·ety [sə'saɪəti] ① **society** die Gesellschaft ② die Gesellschaft, der Verein, die Vereinigung ③ (*in der Wirtschaft*) die Gesellschaft, die Genossenschaft, der Verband; **building society** die Bausparkasse
so·ci·ol·ogy [,səʊʃi'ɒlədʒi, -si-] die Soziologie
sock [sɒk] die Socke, der Kniestrumpf ▶WENDUNGEN: **to pull one's socks up** (*umgangsspr*) sich am Riemen reißen; **put a sock in it!** GB sei doch still!
to **sock** [sɒk] (*umgangsspr*) schlagen, hauen
sock·et ['sɒkɪt] die Steckdose; (*für Birne*) die Fassung
sod[1] [sɒd] die Grassode, die Grasnarbe
sod[2] [sɒd] GB (*slang*) die Sau; **lucky sod** der Glückspilz; **poor sod** das arme Schwein
◆to **sod off** GB (*slang*) **sod off!** zieh Leine!
sod·den ['sɒdən] durchnässt; *Erde:* durchweicht
sod·ding ['sɒdɪŋ] GB (*slang*) verdammt
sofa ['səʊfə] das Sofa
sofa bed die Bettcouch, das Schlafsofa
soft [sɒft] <softer, softest> ① weich; **to get soft** weich werden, verweichlichen ② mild, sanft ③ *Farbe:* sanft ④ *Licht:* gedämpft ⑤ *Ton:* leise; *Stimme:* weich ⑥ **soft drink** das alkoholfreie Getränk; **soft drug** die weiche Droge ⑦ **to be soft on someone** in jemanden verliebt sein; **you're too soft on your children!** du gehst zu nachsichtig mit den Kindern um! ⑧ **soft toy** das Plüschtier ⑨ **to have a soft spot for** eine Schwäche haben für
soft-boiled [,sɒft'bɔɪld] (*auch übertragen*) weich gekocht
to **sof·ten** ['sɒfən] ① weich werden; *Eiscreme:* schmelzen ② *Stimme:* sanft werden ③ enthärten *Wasser* ④ dämpfen *Licht, Ton* ⑤ **to soften the blow** (*übertragen*) den Schock mildern
◆to **soften up** ① weich werden [*oder* machen] ② *Mensch:* nachgiebig werden ③ *Widerstand:* schwächen ④ **to soften someone up** jemanden einschüchtern [*oder* gefügig machen]
soft-heart·ed [,sɒft'hɑːtɪd] weichherzig, gutmütig
softie ['sɒfti] der weichliche Typ, der Softi
soft·ly ['sɒftli] ① sanft ② leise, leicht
soft·ness ['sɒftnəs] *kein Plural* die Weichheit; *von Haut:* die Glätte; *von Haar:* die Seidigkeit; *von Farben:* die Zartheit
soft·ware ['sɒf(t)weər] die Software
soft·ware de·vel·op·er der Softwareentwickler/die Softwareentwicklerin
soft·ware pack·age das Softwarepaket
softy ['sɒftɪ] der weichliche Typ, der Softi
sog·gy ['sɒgɪ] durchweicht, durchnässt

S

soil [sɔɪl] der Boden, die Erde; **on German soil** auf deutschem [Grund und] Boden; **soil conservation** die Bodenerhaltung, der Bodenschutz
so·lar ['səʊləʳ] Sonnen-, Solar-
so·lar cell die Solarzelle
so·lar eclipse die Sonnenfinsternis
so·lar en·er·gy die Sonnenenergie, die Solarenergie
so·lar farm die Solarfarm, die Sonnenfarm
so·lar heat·ing die Solarheizung
so·lar pan·el der Sonnenkollektor
so·lar pow·er die Sonnenkraft, die Solarkraft
so·lar pow·er s·ta·tion das Sonnenkraftwerk, das Solarkraftwerk
so·lar sys·tem das Sonnensystem
sold [səʊld] *2. und 3. Form von* **sell**
sol·dier ['səʊldʒəʳ] 1 der Soldat/die Soldatin 2 (*übertragen*) der Kämpfer/die Kämpferin
◆ to **soldier on** **to soldier on** verbissen weitermachen
sold out [ˌsəʊld'aʊt] ausverkauft
sole¹ [səʊl] die Sohle
sole² [səʊl] die Seezunge
sole³ [səʊl] 1 einzig 2 *Verantwortung:* alleinig 3 **for the sole purpose of ...** einzig und allein um ...
sole·ly ['səʊlli] einzig und allein
so·lemn ['sɒləm] 1 *Zeremonie:* feierlich, festlich 2 *Stimmung:* ernst
so·lici·tor [sə'lɪsɪtəʳ] 1 der Rechtsanwalt/die Rechtsanwältin 2 USA der Werber/die Werberin
sol·id¹ ['sɒlɪd] 1 *Körper:* fest; **to be frozen solid** fest zugefroren sein; **to be on solid ground** festen Boden unter den Füßen haben 2 massiv 3 *Bauweise:* solid 4 (*übertragen*) *Grund:* triftig 5 (*übertragen*) *Unterstützung:* zuverlässig, verlässlich 6 (*übertragen*) **it rained for five hours solid** es hat ununterbrochen fünf Stunden lang geregnet
sol·id² ['sɒlɪd] 1 (*in der Mathematik, Physik*) der Körper 2 **solids** *Plural* die feste Nahrung
soli·dar·ity [ˌsɒlɪ'dærəti] die Solidarität; **in solidarity with** aus Solidarität mit
to **so·lidi·fy** [sə'lɪdɪfaɪ] fest werden
sol·id·ly ['sɒlɪdli] solide; *arbeiten:* ununterbrochen
soli·tary ['sɒlɪtᵊri] 1 einsam; **solitary confinement** die Einzelhaft 2 *Dorf usw.:* abgelegen 3 *Bemerkung, Fehler:* einzig
soli·tude ['sɒlɪtjuːd] die Einsamkeit
solo¹ ['səʊləʊ] 1 Solo- 2 allein; *Musik spielen:* solo
solo² ['səʊləʊ] <*Plural* solos> das Solo
solo·ist ['səʊləʊɪst] der Solist/die Solistin
sol·uble ['sɒljəbl̩] löslich
so·lu·tion [sə'luːʃᵊn] 1 *von Problem, Aufgabe:* die Lösung 2 (*chemisch*) die Lösung
to **solve** [sɒlv] 1 lösen *Rätsel, Aufgabe* 2 aufklären *Mord* 3 beseitigen *Schwierigkeit*
sol·vent¹ ['sɒlvᵊnt] zahlungsfähig
sol·vent² ['sɒlvᵊnt] das Lösungsmittel
som·bre ['sɒmbəʳ], USA **som·ber** 1 *Farbe:* düster, dunkel 2 (*übertragen*) ernst
some [sʌm, sᵊm] <more, most> 1 einige, ein paar; **would you like some nuts?** möchten Sie gern ein paar Nüsse?; **some more tea?** noch etwas Tee?; **try some** probieren Sie doch mal; **would you like some?** möchten Sie welche?; **some more** noch ein paar, noch etwas 2 *mit Singular* etwas, ein wenig; **I would like some butter on my toast** ich möchte etwas [*oder* ein wenig] Butter auf meinem Toast; **would you like some cheese?** möchten Sie etwas Käse? 3 manche(r, s); **some people say** manche Leute sagen; **some were interested, others were bored** manche [Leute] fanden es interessant, andere hingegen langweilten sich; **some of them** einige von ihnen 4 (*unbestimmt*) irgendein; **some woman phoned up** da hat irgend so eine Frau angerufen; **in some way or other** irgendwie; **some time before lunch** irgendwann vor dem Mittagessen; **some other time** ein andermal; **some time or other** irgendwann einmal; **some day** eines Tages 5 *verstärkend* ziemlich; **that was some party!** was für ein Fest!; (*abwertend*) vielleicht [ein]; **some teacher you are!** du bist vielleicht ein Lehrer! 6 **to some extent** in gewisser Weise 7 **quite some time** ganz schön lange 8 ungefähr; **some three hours** ungefähr drei Stunden; **some twenty of them** etwa zwanzig von ihnen 9 **for some time** [für] einige Zeit, eine Zeit lang; **some time ago** vor einiger Zeit

> **G** **some — more — most**: *Susy ate some ice-cream, Andrew ate more and Jane ate most of all.*

some·body ['sʌmbədi] jemand, irgendjemand, irgendwer; **somebody else** jemand anders; **somebody or other** irgendjemand
some·how ['sʌmhaʊ] irgendwie; **somehow or other** irgendwie
some·one ['sʌmwʌn] jemand, irgendjemand, irgendwer; **someone else** jemand anders; **someone or other** irgendjemand
some·place ['sʌmpleɪs] USA irgendwo; **are you going someplace?** gehst du irgendwohin?
som·er·sault ['sʌməsɔːlt] der Purzelbaum, der Salto; **to turn a somersault** einen Purzelbaum schlagen
to **som·er·sault** ['sʌməsɔːlt] einen Salto machen; **the car somersaulted** das Auto überschlug sich
some·thing ['sʌm(p)θɪŋ] 1 etwas; **something nice** etwas Nettes; **something or other** irgendetwas; **it was quite something, it was**

something else (USA) das war toll ② **a little something** eine Kleinigkeit ③ **or something like that** oder so

some·time ['sʌmtaɪm] irgendwann; **at sometime or other** irgendwann mal

some·times ['sʌmtaɪmz] manchmal, ab und zu

G ⚠ **sometime** (irgendwann) wird ohne ein ‚s' am Ende geschrieben: *we'll go on holiday sometime in August*
sometimes (manchmal) wird dagegen mit einem ‚s' am Ende geschrieben: *sometimes James likes to sing very loudly*

some·what ['sʌm(h)wɒt] etwas, ein wenig

some·where ['sʌm(h)weəʳ] ① **somewhere [or other]** irgendwo; **shall we go out somewhere this evening?** wollen wir heute Abend irgendwo hingehen?; **somewhere else** anderswo, irgendwo anders ② **to get somewhere** weiterkommen, Fortschritte machen ③ **somewhere around forty** so um [die] vierzig

son [sʌn] der Sohn; **son of a bitch** (USA) (*slang*) der Scheißkerl

song [sɒŋ] ① der Gesang; **to burst into song** ein Lied anstimmen ② das Lied ▶ WENDUNGEN: **to make a song and dance about something** ein Theater wegen etwas machen

song·book das Liederbuch

son-in-law ['sʌnɪnlɔː] <*Plural* sons-in-law> der Schwiegersohn

son·net ['sɒnɪt] das Sonett

soon [suːn] ① bald; **soon after his arrival** kurz nach seiner Ankunft; **soon afterwards** kurz danach; **as soon as** sobald, sowie; **as soon as possible** so bald wie möglich ② **how soon can you be here?** wann kannst du hier sein? ③ früh, zeitig; **it's too soon to say** es ist zu früh zu sagen

soon·er [suːnəʳ] *Komparativ von* **soon** ① eher, früher; **sooner or later** früher oder später; **no sooner ... than** kaum ..., als; **no sooner said than done** gesagt, getan ② lieber

soot [sʊt] der Ruß

sooth·ing ['suːðɪŋ] ① *Klang:* beruhigend ② *Salbe:* lindernd

so·phis·ti·cat·ed [sə'fɪstɪkeɪtɪd] [geistig] verfeinert; (*weltmännisch*) kultiviert; *Zuhörer, Leser:* niveauvoll; *Zivilisation:* hoch entwickelt

sop·py ['sɒpi] (*umgangssspr*) rührselig

sore [sɔːʳ] ① schmerzhaft; **my knee is sore** mir tut das Knie weh ② wund, entzündet; **to have a sore throat** Halsweh haben ③ (USA) (*umgangsspr*) beleidigt, verärgert ④ (*übertragen*) **a sore point** ein wunder Punkt

sore·ly ['sɔːli] äußerst; **I was sorely tempted** ich kam stark in Versuchung

sor·row ['sɒrəʊ] ① der Kummer (**at** über), das Leid (**for** um); (*über Tod*) die Trauer ② **to drown one's sorrows** seine Sorgen ertränken

sor·ry ['sɒri] ① **sorry!** Verzeihung!; **I'm really sorry** es tut mir wirklich leid; **I am sorry to ...** es tut mir leid, zu [*oder* dass] ... ② **to look sorry for oneself** ein klägliches Bild abgeben ③ **to feel sorry for someone** jemanden bedauern; **I feel sorry for you** Sie tun mir leid ④ **do you have any brandy? – sorry!** haben Sie Weinbrand? – leider nicht!

sort[1] [sɔːt] ① die Sorte; **of all sorts** aller Art; **all sorts of things** alles Mögliche; **what sort of ...?** was für ein ...?; **nothing of the sort** nichts Derartiges, nichts dergleichen; **he's not the sort to do that** das ist nicht seine Art; **he's not my sort** er ist nicht mein Typ ② *eines Autos:* die Marke ③ **of sorts, of a sort** so was wie ... ▶ WENDUNGEN: **out of sorts** schlecht gelaunt; (*gesundheitlich*) nicht auf dem Posten; **not a bad sort** [gar] nicht so übel

sort[2] [sɔːt] **sort of** (*umgangssspr*) gewissermaßen, irgendwie; **I sort of knew that ...** ich habe es irgendwie gewusst, dass ...

to **sort** [sɔːt] ① sortieren ② (*umgangssspr*) klären *Situation;* lösen *Problem*

◆ to **sort out** ① aussortieren ② (*übertragen*) in Ordnung bringen; lösen *Problem;* klären *Situation;* **it'll sort itself out** das wird sich schon von selbst erledigen; **to sort oneself out** zur Ruhe kommen; **to sort someone out** (*umgangsspr*) jemandem den Kopf waschen

sort code ≈ die Bankleitzahl

SOS [ˌesəʊ'es] das SOS

so-so ['səʊsəʊ] so lala, so einigermaßen

sought [sɔːt] *2. und 3. Form von* **seek**

sought-after ['sɔːtˌaːftə] gefragt

soul [səʊl] ① (*auch übertragen*) die Seele; **not a soul** kein Mensch ② (*Musik*) der Soul ▶ WENDUNGEN: **to be the life and soul of the party** der Stimmungsmacher sein

soul-de·stroy·ing ['səʊldɪˌstrɔɪɪŋ] geisttötend

soul-search·ing *kein Plural* die Prüfung des Gewissens

sound[1] [saʊnd] ① *Mensch, Tier:* gesund; **sound as a bell** kerngesund ② *Gegenstand usw.:* einwandfrei, fehlerfrei ③ *Grund:* stichhaltig, triftig ④ *Charakterzug:* zuverlässig, vernünftig ⑤ **sound advice** der gute Rat ⑥ *Schlaf:* tief, fest; **to sleep soundly** tief schlafen; **sound asleep** fest eingeschlafen

sound[2] [saʊnd] ① das Geräusch; **to not make a sound** still sein; **within sound of** in Hörweite; **not a sound was heard** es war kein Ton zu hören; **sounds of laughter** das Gelächter ② (*Physik*) der Schall ③ (*Musik*) der Klang; (*umgangsspr*) der Sound ④ (*TV, Radio*) der Ton ⑤ (*übertragen*) **I don't like the sound of it** das hört sich gar nicht gut an

to **sound** [saʊnd] ① ertönen, erklingen; **to sound the alarm** Alarm schlagen; **to sound the horn**

S

hupen; **to sound a note of warning** warnen ② (*auch übertragen*) sich anhören, klingen; **that sounds fishy to me** das klingt nicht ganz geheuer; **she sounds angry** sie hört sich verärgert an; **he sounds like a nice person** er scheint ein netter Mensch zu sein ③ *Arzt:* abhorchen, abklopfen *Patient*

◆to **sound off** (*umgangsspr*) **to sound off** viel reden (**about** über); **he's always sounding off** er ist immer schnell dabei, seine Meinung zu sagen

◆to **sound out** **to sound someone out** jemandem auf den Zahn fühlen

sound ef·fect der Toneffekt

sound·proof [ˈsaʊndpruːf] schalldicht

soup [suːp] die Suppe ▶WENDUNGEN: **to be in the soup** in der Tinte sitzen

soup plate der Suppenteller

sour [ˈsaʊəʳ] ① sauer, säuerlich; **to turn sour** *Milch:* sauer werden; (*übertragen*) sich verschlechtern ② (*übertragen*) verärgert, missmutig

source [sɔːs] ① (*auch übertragen*) die Quelle; **source of energy** die Energiequelle; **source of income** die Einkommensquelle ② (*übertragen*) der Ursprung, die Wurzel; **from official sources** aus amtlichen Quellen ③ **source file** (*Computer*) die Ursprungsdatei

sour cream der Sauerrahm

south[1] [saʊθ] ① der Süden; **in the south** im Süden; **to the south of the country** im Süden des Landes; **the house faces south** das Haus liegt nach Süden ② **the North-South divide** das Nord-Süd-Gefälle ③ (*in den USA*) **the South** die Südstaaten

south[2] [saʊθ] ① südlich ② nach Süden; **to travel south** Richtung Süden fahren ③ **south of** südlich von; **the South of France** Südfrankreich

South Af·ri·ca [ˌsaʊθˈæfrɪkə] Südafrika

South Af·ri·can[1] südafrikanisch

South Af·ri·can[2] der Südafrikaner/die Südafrikanerin

South Ameri·ca [ˌsaʊθəˈmerɪkə] Südamerika

South Ameri·can[1] [ˌsaʊθəˈmerɪkən] südamerikanisch

South Ameri·can[2] [ˌsaʊθəˈmerɪkən] der Südamerikaner/die Südamerikanerin

south·bound [ˈsaʊθbaʊnd] nach Süden fahrend [*oder* reisend]

south-east[1] [ˌsaʊθˈiːst] südöstlich

south-east[2] [ˌsaʊθˈiːst] der Südosten

south-east·er·ly[1] [ˌsaʊθˈiːstəlɪ] südöstlich, aus Südost

south-east·er·ly[2] [ˌsaʊθˈiːstəlɪ] der [starke] Südostwind

south-east·ern [ˌsaʊθˈiːstən] südöstlich, aus Südost

south-east·ward(s) [ˌsaʊθˈiːstwəd(z)] nach Südosten, südostwärts

south·er·ly[1] [ˈsʌðᵊli] südlich, nach Süden

south·er·ly[2] [ˈsʌðᵊli] der Südwind

south·ern [ˈsʌðən] südlich, Süd-; **southern hemisphere** die Südhalbkugel

South·ern Cross das Kreuz des Südens

south·ern·er [ˈsʌðᵊnəʳ] ① der/die Bewohner/Bewohnerin des Südens, der Südländer/die Südländerin ② (GB) der Südengländer/die Südengländerin ③ (USA) der Südstaatler/die Südstaatlerin ④ der/die Süddeutsche

South Pole der Südpol

south·ward(s) [ˈsaʊθwəd(z)] südlich, nach Süden, südwärts

south-west[1] [ˌsaʊθˈwest] der Südwesten

south-west[2] [ˌsaʊθˈwest] südwestlich, nach Südwest, südwestwärts

south-west·er·ly[1] [ˌsaʊθˈwestəlɪ] südwestlich, aus Südwest

south-west·er·ly[2] [ˌsaʊθˈwestəlɪ] der [starke] Südwestwind

south-west·ern [ˌsaʊθˈwestən] südwestlich, aus Südwest

south-west·ward(s) [ˌsaʊθˈwestwəd(z)] nach Südwesten

sou·ve·nir [ˌsuːvᵊnˈɪəʳ] das Andenken (**of** an)

So·vi·et[1] [ˈsəʊviət] (*historisch*) der Sowjetbürger/die Sowjetbürgerin; **the Soviets** die Sowjets

So·vi·et[2] [ˈsəʊviət] sowjetisch; **Soviet citizen** der Sowjetbürger/die Sowjetbürgerin

So·vi·et Un·ion (*historisch*) die Sowjetunion

to **sow** [səʊ] <sowed, sown *oder* sowed> säen

> **G** Richtiges Konjugieren von **sow**: sow, sowed, sown — *the gardener sowed grass in the back garden; this field has been sown with rye.*

sow [saʊ] die Sau

sown [səʊn] *3. Form von* **sow**

soya [ˈsɔɪə], (USA) **soy** [sɔɪ] die Soja

soya bean die Sojabohne

soya sauce die Sojasoße

soz·zled [ˈsɒzl̩d] (GB) (*umgangsspr*) beschwipst

spa [spɑː] das Heilbad, der Kurort

space [speɪs] ① der Raum, der Platz; **to save/take up space** Platz sparen/einnehmen ② der Abstand; **parking space** die Parklücke; **blank space** die freie Stelle ③ [**outer**] **space** der Weltraum ④ **to stare into space** Löcher in die Luft starren ⑤ **wide open spaces** das weite, offene Land ⑥ **within the space of three hours** innerhalb von drei Stunden ⑦ **air space** der Luftraum

space bar die Leertaste

space cen·tre, (USA) **space cen·ter** das Weltraumzentrum

space·craft [ˈspeɪsˌkrɑːft] <*Plural* spacecraft>

S

das Raumfahrzeug
space flight der Weltraumflug
space·ship ['speɪsʃɪp] das Raumschiff
space shut·tle die Raumfähre
space sta·tion die Weltraumstation
space trav·el *kein Plural* die Raumfahrt
spac·ing ['speɪsɪŋ] *kein Plural* die Abstände
spa·cious ['speɪʃəs] geräumig
spade [speɪd] ① der Spaten ② **spades** (*Kartenspiel*) das Pik; **Queen of Spades** die Pikdame ▶ WENDUNGEN: **to call a spade a spade** das Kind beim Namen nennen
spade·work ['speɪdwɜːk] die Vorarbeit, das Vorarbeiten
spa·ghet·ti [spə'geti] die Spaghetti
Spain [speɪn] Spanien
Spam® [spæm] *kein Plural* das Frühstücksfleisch
spam [spæm] *kein Plural* (*slang*) die Spammail, der Spam
span [spæn] die Spanne
to **span** [spæn] <spanned, spanned> ① *Brücke:* [über]spannen ② (*übertragen*) umfassen
Span·iard ['spænjəd] der Spanier/die Spanierin
Span·ish[1] ['spænɪʃ] spanisch
Span·ish[2] ['spænɪʃ] ① (*Sprache*) Spanisch, das Spanische ② **the Spanish** (*Menschen*) die Spanier
to **spank** [spæŋk] **I'll spank you** [*oder* **your bottom**]**!** ich werde dir den Hintern versohlen!
spank·ing [spæŋkɪŋ] **at a spanking pace** mit großer Geschwindigkeit
span·ner [spænəʳ] der Schraubenschlüssel
spare[1] [speəʳ] ① übrig; **do you have a spare pen?** hast du einen Stift für mich?; **there are two spare seats** es sind zwei Plätze frei; **if you have a spare minute** wenn du mal eine Minute Zeit hast ② *Teil:* Ersatz-; **spare battery** die Reservebatterie; **spare tyre** (*Auto*) der Ersatzreifen; (*humorvoll: Bauch*) der Rettungsring ③ **spare time** die Freizeit ④ *Bett, Zimmer:* Gäste- ⑤ **spare rib** das Rippchen ▶ WENDUNGEN: **to drive someone spare** (*umgangsspr*) jemanden wahnsinnig machen
spare[2] [speəʳ] ① (*technisch*) das Ersatzteil ② *von Auto:* der Ersatzreifen, das Ersatzteil
to **spare** [speəʳ] ① übrig haben; **to have something to spare** etwas übrig haben; **can you spare me five minutes?** hast du fünf Minuten Zeit für mich?; **can you spare me 5 euros?** kannst du mir 5 Euro leihen? ② entbehren; **I can't spare her/that** ich kann auf sie/das nicht verzichten, ich brauche sie/das unbedingt ③ **they spared no expense** sie haben keine Kosten gescheut ④ verschonen; **to spare someone's feelings** jemandes Gefühle schonen; **to spare oneself/someone something** sich/jemandem etwas ersparen
spark [spɑːk] ① der Funke[n] ② (*übertragen*) das Fünkchen, die Spur; **a spark of interest/life** ein Fünkchen Interesse/Leben ▶ WENDUNGEN: **sparks were flying** die Funken flogen; **a bright spark** (*umgangsspr*) ein Intelligenzbolzen
to **spark** [spɑːk] ① entzünden; **to spark [off] an explosion** eine Explosion auslösen ② (*übertragen*) auslösen
to **spar·kle** ['spɑːkl̩] ① funkeln, glitzern (**with** vor) ② *Flüssigkeit:* sprudeln, perlen, schäumen
spar·kle ['spɑːkl̩] das Funkeln, das Glitzern
spar·kler ['spɑːkləʳ] die Wunderkerze
spar·kling ['spɑːkl̩ɪŋ] ① funkelnd, glitzernd ② *Wasser:* mit Kohlensäure; **sparkling wine** der Schaumwein ③ (*übertragen*) *Laune:* sprühend
spark plug ['spɑːkˌplʌg] die Zündkerze
spar·row ['spærəʊ] der Spatz, der Sperling
sparse [spɑːs] ① [weit] verstreut; **sparsely populated** dünn besiedelt ② spärlich
spat [spæt] *2. und 3. Form von* **spit**
to **spat·ter** ['spætəʳ] [be]spritzen (**with** mit)
spat·ter ['spætəʳ] **a spatter of rain** ein paar Tropfen Regen
to **speak** [spiːk] <spoke, spoken> ① sprechen (**of** von, **on/about** über, **to** mit/zu, **for** für); **to speak down to someone** mit jemandem herablassend sprechen; **not to speak of** ganz zu schweigen von; **so to speak** sozusagen, gewissermaßen; **to speak well of someone** Gutes über jemanden sagen; **to speak one's mind** seine Meinung sagen ② reden (**of** von/über), sich äußern (**of** über) ③ **to speak to a group** vor einer Gruppe eine Rede [*oder* einen Vortrag] halten ④ (*am Telefon*) **speaking!** am Apparat! ⑤ sprechen *Sprache* ▶ WENDUNGEN: **to speak volumes** Bände sprechen
◆ to **speak for** ① unterstützen *Vorschlag;* **to speak for someone** in jemandes Namen sprechen, sich für jemanden einsetzen ② **to speak for oneself** für sich selbst sprechen; **speaking for myself** was mich betrifft; **speak for yourself!** du vielleicht!; **that speaks for itself** das sagt alles ③ **that speaks well for him** das spricht für ihn ④ **to be spoken for** vergeben sein; **she's spoken for** sie ist in festen Händen
◆ to **speak out** ① laut reden ② (*übertragen*) seine Meinung sagen; **to speak out in favour of** sich einsetzen für; **to speak out against** sich äußern gegen
◆ to **speak up** ① lauter reden ② (*übertragen*) seine Meinung sagen; **to speak up for someone/something** für jemanden/etwas eintreten
speak·er ['spiːkəʳ] ① der Sprecher/die Sprecherin, der/die Vorsitzende, der Redner/die Rednerin ② der Lautsprecher ③ **Speaker** (GB) der

S

Parlamentspräsident/die Parlamentspräsidentin

speak·ing ['spi:kɪŋ] ① (*am Telefon*) **speaking!** am Apparat! ② **French-speaking** französischsprachig ③ **generally speaking** im Großen und Ganzen; **strictly speaking** genau genommen

spear [spɪəʳ] der Speer, der Spieß

to **spear** [spɪəʳ] aufspießen

to **spear·head** an der Spitze stehen von

spe·cial[1] ['speʃᵊl] ① besondere(r, s) ② außergewöhnlich; **special case** der Sonderfall, der Spezialfall; **special offer** das Sonderangebot; **special** [**train**] der Sonderzug; **special edition** die Sonderausgabe ③ **special delivery** die Eilzustellung ④ **special effects** (*im Film*) die Tricks

spe·cial[2] ['speʃᵊl] ① der Sonderzug ② (*im Fernsehen*) die Extrasendung ③ USA das Sonderangebot ④ (*im Restaurant*) die Tagesspezialität

spe·cial·ist[1] ['speʃᵊlɪst] Fach-

spe·cial·ist[2] ['speʃᵊlɪst] ① der Spezialist/die Spezialistin, der Fachmann/die Fachfrau ② der Facharzt/die Fachärztin; **heart specialist** der/die Facharzt/Fachärztin für Herzkrankheiten

spe·ci·al·ity [ˌspeʃi'æləti] die Spezialität

to **spe·cial·ize** ['speʃᵊlaɪz] sich spezialisieren (**in** in/auf)

spe·cial·ly ['speʃᵊli] besonders, insbesondere

> **V** **specially** bedeutet **extra zu diesem Zweck**: *Lisa got the pink dress specially for the party.* — **especially** bedeutet **besonders**: *I like dogs, especially labradors.*

spe·cial·ty ['speʃəltɪ] USA die Spezialität

spe·cies ['spi:ʃi:z] <*Plural* species> die Spezies

spe·cif·ic [spə'sɪfɪk] ① spezifisch ② konkret; **to be specific** genau sein

spe·cifi·cal·ly [spə'sɪfɪkli] **I specifically said not to do that!** ich habe ausdrücklich gesagt, dass ihr das nicht tun dürft!

speci·fi·ca·tion [ˌspesɪfɪ'keɪʃᵊn] **specifications** das Leistungsverzeichnis, die technischen Daten

to **speci·fy** ['spesɪfaɪ] ① genau angeben ② vorschreiben; **for a specified purpose** für einen bestimmten Zweck

speci·men ['spesəmɪn] ① das Exemplar, das Muster; **a beautiful specimen** ein Prachtexemplar; **specimen copy** das Belegexemplar ② *von Blut, Harn:* die Probe; **specimen signature** die Unterschriftsprobe

speck [spek] der Fleck, das Fleckchen; **a speck** [**of**] ein bisschen [...]; **speck of dust** das Staubkörnchen

specs [speks] *Plural* (*umgangsspr*) die Brille

spec·ta·cle ['spektəkl] **spectacles** ⚠ *Plural,* **pair of spectacles** die Brille

spec·ta·cle case das Brillenetui

spec·ta·cles ['spektək|z] ⚠ *Plural* **a pair of spectacles** eine Brille

> **G** **spectacles** (oder umgangssprachlich **specs**) wird im Plural gebraucht: *are those spectacles new?*
> **a pair of spectacles/specs** wird aber im Singular verwendet: *I need a new pair of specs*

spec·tacu·lar [spek'tækjələʳ] sensationell, atemberaubend

spec·ta·tor [spek'teɪtəʳ] der Zuschauer/die Zuschauerin

spec·tra ['spektrə] *Pluralform von* **spectrum**

spec·trum ['spektrəm, *Plural* -trə] <*Plural* spectra> das Spektrum

specu·la·tion [ˌspekjə'leɪʃᵊn] ① die Vermutung ② (*in der Wirtschaft*) die Spekulation

sped [sped] *2. und 3. Form von* **speed**

speech [spi:tʃ] <*Plural* speeches> ① (*wie jemand spricht*) die Sprache, die Sprechweise; **power of speech** das Sprachvermögen ② die Rede; **to deliver** [*oder* **make**] **a speech** eine Rede halten (**on/about** über, **to** vor); **after-dinner speech** die Tischrede; **freedom of speech** die Redefreiheit

speech day die [Schul]schlussfeier

speech de·fect der Sprachfehler

speech·less ['spi:tʃləs] sprachlos (**with** vor)

speed [spi:d] ① die Geschwindigkeit, das Tempo; **at a speed of** mit einer Geschwindigkeit von; **at full** [*oder* **top**] **speed** mit Höchstgeschwindigkeit; **cruising speed** die Reisegeschwindigkeit ② *von Fahrrad:* der Gang ③ *von Film:* die Empfindlichkeit ④ (*slang: Droge*) das Speed

to **speed** [spi:d] <speeded *oder* sped, sped, speeded> ① (*zu schnell fahren*) rasen ② **to speed along** vorbeisausen ③ **the time sped by** die Zeit verging wie im Flug

> **G** Richtiges Konjugieren von **speed**: speed, sped/ speeded, sped/ speeded — *Tim sped along on his bike; the car had sped out of sight.*

◆ to **speed up** ① schneller werden; *Auto:* beschleunigen ② antreiben *Mensch, Arbeit*

speed·boat ['spi:dbəʊt] das Rennboot

speed bump die Bodenschwelle

speed dat·ing *kein Plural, ohne Artikel organisierte Partnersuche, wobei man mit jedem Kandidaten nur wenige Minuten spricht*

speed-dial but·ton ['spi:dˌdaɪəlˌbʌtᵊn] die Kurzwahltaste

speed·ing ['spi:dɪŋ] das Überschreiten der zulässigen Höchstgeschwindigkeit

speed lim·it die Geschwindigkeitsbegrenzung, das Tempolimit

> **L** Auf allen Landstraßen und Autobahnen in Großbritannien beträgt das **speed limit** (Tempolimit) 70 mph (etwa 110 km/h). Innerhalb von Ortschaften darf man 30 mph (etwa 50 km/h) fahren. Und, wie jeder weiß, wird links gefahren!

speedy ['spi:di] ① *Auto:* schnell ② *Antwort:* prompt

spell [spel] ① (*auch übertragen*) der Zauber, das Zauberwort; **to be under someone's spell** von jemandem verzaubert sein ② die [kurze] Zeit, die [Zeit]dauer, die Periode; **for a spell** eine Weile ③ (*Wetter*) **cold spell** die Kältewelle; **hot spell** die Hitzewelle

to **spell** [spel] <spelled *oder* spelt, spelled *oder* spelt> ① buchstabieren; **he can't spell** er kann keine Rechtschreibung ② sich schreiben (**with** mit) ③ (*übertragen*) bedeuten; **she spells trouble!** mit ihr gibt's immer Ärger!

◆ to **spell out** ① [laut] buchstabieren, entziffern ② (*übertragen*) klarmachen; **shall I spell it out for you?** muss ich noch deutlicher werden?

spell·bound ['spelbaʊnd] verzaubert, hingerissen

spell check ['spel,tʃek] die Rechtschreibprüfung

spell·er ['spelə^r] **to be a bad speller** viele Rechtschreibfehler machen

spell·ing ['spelɪŋ] ① das Buchstabieren ② die Rechtschreibung

spelt [spelt] *2. und 3. Form von* **spell**

to **spend** [spend] <spent, spent> ① ausgeben *Geld;* **to spend money like water** das Geld mit beiden Händen ausgeben; verschwenden *Vermögen* ② verbringen *Zeit* ③ **to spend a lot of effort on something** sich für etwas sehr anstrengen

> **F** Nicht verwechseln mit **spenden** = to donate!

spend·ing mon·ey ① das Taschengeld ② das verfügbare Geld

spend·thrift ['spend,θrɪft] der Verschwender/die Verschwenderin

spent¹ [spent] *2. und 3. Form von* **spend**

spent² [spent] ① erschöpft, abgespannt ② (*technisch*) verbraucht

sperm [spɜ:m] <*Plural* sperm *oder* sperms> das Sperma

to **spew** [spju:] **to spew** [**up**] (*slang*) kotzen

sphere [sfɪə^r] ① (*mathematisch*) die Kugel ② der Lebensbereich, der Wirkungskreis; **sphere of influence** der Einflussbereich

spheri·cal ['sferɪkəl] kugelförmig

spice [spaɪs] ① das Gewürz ② (*übertragen*) die Würze; **the spice of life** die Würze des Lebens

to **spice** [spaɪs] würzen (**with** mit)

spicy ['spaɪsi] ① [stark] gewürzt, scharf ② (*übertragen*) pikant

spi·der ['spaɪdə^r] die Spinne

spi·der's web, **spi·der-web** das Spinnennetz

spike [spaɪk] ① die Spitze ② der große Nagel ③ **spikes** die Rennschuhe, die Spikes

spiky ['spaɪki] ① spitzig, stachelig ② (*übertragen*) empfindlich

to **spill** [spɪl] <spilled *oder* spilt, spilled *oder* spilt> ① verschütten ② *Flüssigkeit:* überlaufen ▶ WENDUNGEN: **to spill the beans** (*umgangsspr*) sich verplappern; **it's no use crying over spilt milk** es hat keinen Sinn, Vergangenem nachzuweinen

◆ to **spill over** ① *Flüssigkeit:* überlaufen ② *Unruhen:* sich ausbreiten

spilt [spɪlt] *2. und 3. Form von* **spill**

spin [spɪn] ① **to go into a spin** ins Schleudern geraten ② *von Ball:* der Spin ▶ WENDUNGEN: **to go for a spin** (*umgangsspr*) mit dem Auto spazieren fahren; **to be in a flat spin** durchdrehen

to **spin** [spɪn] <span *oder* spun, spun> ① *Mensch, Spinne:* spinnen ② [schnell] drehen, herumwirbeln; **my head is spinning** mir dreht sich alles ③ schleudern *Wäsche*

◆ to **spin out** strecken *Geld;* in die Länge ziehen *Zeit;* ausspinnen *Geschichte*

◆ to **spin round** sich [schnell] drehen, herumwirbeln

spin·ach ['spɪnɪtʃ] der Spinat

spin-dri·er, **spin-dry·er** [,spɪn'draɪə^r] die Trockenschleuder

spine [spaɪn] ① *von Pflanze:* der Dorn ② *von Mensch, Tier:* das Rückgrat ③ der [Buch]rücken

spin·ster ['spɪn(t)stə^r] die alte Jungfer

spiny ['spaɪnɪ] stach[e]lig, dornig

spi·ral¹ ['spaɪərəl] spiralig, in Spiralen; **spiral staircase** die Wendeltreppe

spi·ral² ['spaɪərəl] die Spirale

spire [spaɪər] die Turmspitze

spir·it ['spɪrɪt] ① der Geist ② **to have a lot of spirit** viel Mut beweisen, tatkräftig sein ③ *einer Mannschaft, Party:* die Stimmung; **in high** [*oder* **great**] **spirits** in gehobener Stimmung, gut aufgelegt; **to keep up one's spirits** den Kopf nicht hängen lassen; **to enter into the spirit of something** sich an etwas anpassen ④ (*in der Chemie*) der Spiritus ⑤ **spirits** die Spirituosen ⑥ **community spirit** der Gemeinschaftssinn ⑦ **that's the spirit!** so ist's recht!

◆ to **spirit away** wegzaubern

spir·it·ed ['spɪrɪtɪd] temperamentvoll; *Gespräch:* lebhaft

spir·itu·al ['spɪrɪtʃuəl] ① geistig, innerlich ② (*in der Religion*) geistlich

spit [spɪt] der Speichel

to **spit** [spɪt] <spat, spat> ① spucken (**at/on** auf)

S

② (*übertragen*) herausspucken *Worte* ③ *Katze:* fauchen ▶WENDUNGEN: **to be the spitting image of someone** jemandem wie aus dem Gesicht geschnitten sein

> **G** Richtiges Konjugieren von **spit**: spit, spat, spat — *Tom spat out the cherry stones.*

◆ to **spit out** ① ausspucken ② (*übertragen*) hervorstoßen *Worte;* **spit it out!** nun sag's schon!

spite [spaɪt] ① die Bosheit (**against** gegen); **from** [*oder* **out of**] **spite** aus Bosheit ② **in spite of** trotz; **in spite of the fact that ...** obgleich ..., obwohl ...

to **spite** [spaɪt] ärgern

spite·ful ['spaɪtfᵊl] boshaft

splash [splæʃ] <*Plural* splashes> ① das Spritzen; **he dived into the pool with a big splash** es platschte, als er in den Pool sprang ② *von Wellen:* das Plätschern ③ **to add a splash of wine** einen Schuss Wein dazu tun ④ **there are splashes of paint everywhere!** überall sind Farbspritzer! ▶WENDUNGEN: **to make a splash** Furore machen, Aufsehen erregen

to **splash** [splæʃ] ① [ver]spritzen; **to splash something over someone** jemanden mit etwas bespritzen ② *Regen:* klatschen ③ (*in der Presse*) groß rausbringen

◆ to **splash about**, to **splash around** herumplatschen, herumplanschen ▶WENDUNGEN: **to splash one's money about** [*oder* **around**] mit dem Geld um sich werfen

◆ to **splash down** *Raumfähre, Raumsonde:* wassern

◆ to **splash out** (*umgangsspr*) viel Geld ausgeben (**on** für)

to **splat·ter** ['splætəʳ] ① spritzen ② bespritzen

splen·did ['splendɪd] ① großartig, glanzvoll ② (*umgangsspr*) herrlich, ausgezeichnet

splen·dour, Ⓤⓢⓐ **splen·dor** ['splendəʳ] *kein Plural* die Pracht

splint [splɪnt] die Schiene

to **splin·ter** ['splɪntəʳ] ① [zer]splittern ② (*übertragen*) sich spalten

splin·ter ['splɪntəʳ] der Splitter

split¹ [splɪt] ① der Spalt, der Riss ② (*übertragen*) die Entzweiung, die Spaltung ③ **splits** ⚠ *Plural* der Spagat ④ **banana split** der Bananensplit

split² [splɪt] ① gespalten, aufgeteilt ② **in a split second** im Bruchteil einer Sekunde

to **split** [splɪt] <split, split> ① zerreißen, [sich] spalten; **to split into** aufteilen [in]; **to split open** aufplatzen ② *Paar:* **to split** [**up**] sich trennen ③ aufteilen *Kosten* (**among** unter) ④ (*in der Chemie, Physik*) spalten ▶WENDUNGEN: **to split the difference** sich einen Differenzbetrag teilen; **to split hairs** Haarspalterei [be]treiben; **to split one's sides laughing** Tränen lachen; **my head is splitting** ich habe furchtbare Kopfschmerzen; **let's split!** (*umgangsspr*) hauen wir ab!

◆ to **split off** abtrennen, sich lösen; (*übertragen*) sich trennen (**from** von)

◆ to **split up** ① aufteilen; *Partei:* sich spalten ② beenden *Versammlung* ③ *Paar:* sich [voneinander] trennen ④ *Menge:* zerstreuen

split·ting ['splɪtɪŋ] ① **splitting headache** die starken Kopfschmerzen ② **ear-splitting** *Krach:* ohrenbetäubend

split-up ['splɪtʌp] der Bruch, die Trennung; *einer Partei:* die Spaltung

splodge [splɒdʒ], **splotch** [splɒtʃ] der Fleck, der Klecks

splotchy [splɒtʃi] fleckig

to **splut·ter** ['splʌtəʳ] *Mensch:* prusten; *Motor:* stottern

to **spoil** [spɔɪl] <spoiled *oder* spoilt, spoiled *oder* spoilt> ① (*auch übertragen*) verderben; **to spoil someone's fun** jemandem die Freude verderben ② verwöhnen, verziehen *Kind;* **to be spoilt for choice** die Qual der Wahl haben

> **G** Richtiges Konjugieren von **spoil**: spoil, spoilt/ spoiled, spoilt/ spoiled — *His bad behaviour spoilt the party; our holiday was spoilt by the accident.*

spoil·sport ['spɔɪlspɔːt] der Spielverderber/die Spielverderberin, der Spaßverderber/die Spaßverderberin

spoilt [spɔɪlt] *2. und 3. Form von* **spoil**

spoke [spəʊk] *2. Form von* **speak**

spok·en [spəʊkᵊn] *3. Form von* **speak**

spokes·per·son ['spəʊkspɜːsn] <*Plural* spokespeople> der Sprecher/die Sprecherin

sponge [spʌndʒ] ① der Schwamm ② Ⓖⓑ (*Kuchen*) **sponge** [**cake**] der Biskuitkuchen

to **sponge** [spʌndʒ] ① [mit einem Schwamm] abwischen, abtupfen ② (*umgangsspr*) schnorren

◆ to **sponge down** [ab]waschen

◆ to **sponge off** ① abwischen ② **to sponge off someone** jemandem auf der Tasche liegen ③ **can I sponge a cigarette off you?** kann ich eine Zigarette von dir schnorren?

sponge bag Ⓖⓑ der Waschbeutel, der Kulturbeutel

sponge cake der Biskuitkuchen

spong·er ['spʌndʒəʳ] (*umgangsspr*) der Schmarotzer/die Schmarotzerin

spon·sor ['spɒn(t)səʳ] ① *von Verein, Wohltätigkeit:* der Förderer/die Förderin ② (*rechtlich*) der Bürge/die Bürgin ③ (*in der Wirtschaft, Kultur*) der Geldgeber/die Geldgeberin, der Sponsor/die Sponsorin

to **spon·sor** ['spɒn(t)səʳ] ① fördern, unterstützen *Verein, Wohltätigkeit* ② bürgen für *Mensch*

3 (*in der Wirtschaft, Kultur*) sponsern

spon·ta·neous [spɒnˈteɪniəs] spontan, von sich aus

spooky [ˈspuːki] (*umgangsspr*) gespensterhaft

spoon [spuːn] der Löffel

to **spoon-feed** [ˈspuːnfiːd] <spoon-fed, spoon-fed> mit dem Löffel füttern; **to spoon-feed somebody** (*übertragen*) jemandem alles vorkauen

spoon·ful [ˈspuːnfʊl] **a spoonful of sugar** ein Löffel Zucker

sport [spɔːt] 1 der Sport, die Sportart; **to do sports** Sport treiben; **to be good at sport[s]** gut im Sport sein 2 **to be a [good] sport** alles mitmachen; **to be a bad sport** ein Spielverderber/eine Spielverderberin sein

> **L** In den USA bezeichnet man ungewöhnliche Sportarten wie Bungee-Jumping, Skateboarding oder Snowboarding als **extreme sports** oder **alternative sports**. Auch Heliskiing, Cave-Diving, Wakeboarding und the Street-Luge gehören zu den **extreme sports** und sind in Mode, gerade weil sie als gefährlicher, schneller oder ausgefallener gelten als Sportarten wie z.B. Fußball oder Tennis.

sport·ing [ˈspɔːtɪŋ] 1 sportlich, Sports-; **sporting events** die Wettkämpfe 2 fair; **to give someone a sporting chance** jemandem eine faire Chance geben

sports arena das Sportstadion

sports bar *Kneipe mit Fernseher für Sportübertragungen*

sports bra der Sport-BH

sports car [ˈspɔːtskɑːʳ] der Sportwagen, der Rennwagen

sports coat das Sportsakko

sports com·men·ta·tor der Sportkommentator/die Sportkommentatorin

sports day das [Schul]sportfest

sports equip·ment *kein Plural* die Sportausrüstung

sports field, **sports ground** der Sportplatz

sports jack·et das Sportsakko

sports·man [ˈspɔːtsmən] <*Plural* sportsmen> der Sportler

sports·man·ship [ˈspɔːtsmənʃɪp] die Sportlichkeit, die sportliche Haltung

sports shop das Sportgeschäft

sports·wear [ˈspɔːtsweəʳ] die Sportkleidung

sports·wom·an [ˈspɔːtswʊmən, *Plural* ˈspɔːtswɪmɪn] <*Plural* sportswomen> die Sportlerin

sporty [ˈspɔːti] 1 sportbegeistert, sportlich 2 (*übertragen*) *Kleidung, Aussehen:* flott

spot [spɒt] 1 der Tupfen, der Punkt 2 (*übertragen*) der Makel 3 der Pickel 4 (*Standort*) der Platz, die Stelle; **a pleasant spot** ein schönes Fleckchen; **on the spot** an Ort und Stelle; **an on-the-spot report** ein Bericht vom Ort des Geschehens 5 **a spot of** ein bisschen ▶ WENDUNGEN: **to be in a [tight] spot** in der Klemme sitzen; **to put someone in a spot** jemanden in Verlegenheit bringen

to **spot** [spɒt] <spotted, spotted> entdecken, sehen

> **F** Nicht verwechseln mit **spotten** = to mock!

spot check die Stichprobe

spot·less [ˈspɒtləs] 1 tadellos 2 *Ruf:* makellos, untadelig

spot·light [ˈspɒtlaɪt] 1 der Scheinwerfer, das Scheinwerferlicht 2 (*Lampe*) der Strahler 3 (*übertragen*) **to be in the spotlight** im Rampenlicht stehen; **to turn the spotlight on someone** die Aufmerksamkeit auf jemanden lenken

spot-on [spɔtˈɒn] (*umgangsspr*) exakt, haarscharf richtig

spot re·mov·er der Fleckentferner

spot·ted [ˈspɒtɪd] gesprenkelt, getüpfelt

spot·ty [ˈspɒti] pickelig

spout [spaʊt] 1 *einer Kanne:* der Ausguss, der Schnabel 2 *eines Wals:* das Atemloch ▶ WENDUNGEN: **up the spout** (*umgangsspr*) im Eimer

to **sprain** [spreɪn] verrenken, verstauchen; **to sprain one's ankle** sich den Fuß verstauchen

sprain [spreɪn] die Verrenkung, die Verstauchung

sprang [spræŋ] *2. Form von* **spring**

to **sprawl** [sprɔːl] 1 der Länge nach hinfallen 2 **to be sprawled over something** ausgestreckt auf etwas liegen

sprawl·ing [ˈsprɔːlɪŋ] 1 *Stadt:* wild wuchernd 2 *Körper:* ausgestreckt

spray [spreɪ] 1 *von Wasser:* der/die Gischt, der Sprühnebel 2 **spray can** die Sprühdose; **spray bottle** der Zerstäuber 3 *für Haare:* der/das Spray

to **spray** [spreɪ] 1 spritzen; **water sprayed all over the place** Wasser spritzte überallhin 2 besprühen *Pflanzen* 3 sprühen *Wasser* 4 **we sprayed the fence** wir haben den Zaun spritzlackiert

to **spread** [spred] <spread, spread> 1 ausbreiten; ausstrecken *Beine, Arme* 2 bestreichen *Brot* 3 verbreiten *Nachrichten, Tratsch* 4 (*auch übertragen*) verteilen *Sand, Zahlungen, Risiko* 5 **to spread a cloth on something** ein Tuch über etwas breiten 6 sich erstrecken (**over/across** über); *Krankheit:* sich verbreiten; **the epidemic has spread to the next city** die Epidemie hat die nächste Stadt erreicht

> **G** Richtiges Konjugieren von **spread**: spread, spread, spread — *Kate spread jam on her piece of toast; the books were spread out on the floor.*

spread [spred] ① die Spannweite, die Flügelspanne ② *von Krankheiten:* die Verbreitung ③ (*Größe*) die Ausbreitung, die Ausdehnung ④ (*umgangsspr*) das Festessen ⑤ der Brotaufstrich; **cheese spread** der Streichkäse ⑥ **middle-age spread** der Altersspeck
spread·sheet ['spredʃiːt] die Tabellenkalkulation
spree [spriː] **shopping spree** der Großeinkauf
spright·ly ['spraitli] munter, lebendig, lebhaft
spring[1] [sprɪŋ] der Frühling; **in spring** im Frühjahr
spring[2] [sprɪŋ] die Quelle
spring[3] [sprɪŋ] ① (*technisch*) die Feder ② die Elastizität
to **spring** [sprɪŋ] <sprang, sprung> ① springen; **to spring to one's feet** aufspringen; **to spring out of bed** aus dem Bett hüpfen ② **to spring to mind** einem einfallen

> **G** Richtiges Konjugieren von **spring**: spring, sprang, sprung — *the cat sprang onto the wall; mushrooms have sprung up overnight*

spring bind·er der Klemmhefter
spring·board das Sprungbrett
to **spring-clean** gründlich putzen, Frühjahrsputz machen
spring on·ion die Lauchzwiebel, die Frühlingszwiebel
spring roll die Frühlingsrolle
springy ['sprɪŋi] ① elastisch ② *Boden:* federnd
to **sprin·kle** ['sprɪŋkl̩] ① sprenkeln ② bestreuen *Kuchen* ③ streuen *Salz*
sprin·kle ['sprɪŋkl̩] die Prise
sprin·kler ['sprɪŋkləʳ] ① (*für den Garten*) der Sprinkler ② (*gegen Feuer*) die Sprinkleranlage
sprin·kling ['sprɪŋklɪŋ] ① ein paar Tropfen, die Prise ② (*übertragen*) der Anflug, die Spur
to **sprint** [sprɪnt] sprinten, rennen
sprint [sprɪnt] der Lauf, der Sprint
sprint·er ['sprɪntəʳ] der Sprinter/die Sprinterin, der Kurzstreckenläufer/die Kurzstreckenläuferin
spritz·er ['sprɪtsəʳ] die Schorle
to **sprout** [spraʊt] ① *Knospen:* sprießen ② *Saat:* keimen [lassen] ③ treiben *Blätter, Knospen*
sprout [spraʊt] ① der Trieb ② **bean sprouts** die Sojasprossen; [**Brussels**] **sprouts** der Rosenkohl
spruce[1] [spruːs] die Fichte
spruce[2] [spruːs] gepflegt
sprung [sprʌŋ] *3. Form von* **spring**
spud [spʌd] (*umgangsspr*) die Kartoffel
spun [spʌn] *2. und 3. Form von* **spin**
spur [spɜːʳ] ① **on the spur of the moment** ganz spontan ② (*beim Reiten*) der Sporn ③ (*übertragen*) der Ansporn
to **spur** [spɜːʳ] <spurred, spurred> **to spur someone on to do something** jemanden zu etwas ermuntern [*oder* anspornen]
spurt [spɜːt] ① der Strahl ② (*auch übertragen*) der Spurt
to **sput·ter** ['spʌtəʳ] *Mensch:* prusten
to **spy** [spaɪ] ① spionieren; **to spy on someone** jemanden bespitzeln ② **to spy out** ausfindig machen
spy [spaɪ] der Spion/die Spionin, der Spitzel
to **squab·ble** [skwɒbl̩] (*über Kleinigkeit*) sich zanken
squab·ble [skwɒbl̩] der Zank
squad [skwɒd] ① (*der Polizei*) das Kommando, das Dezernat ② (*im Sport*) der Kader
squal·id ['skwɒlɪd] ① schmutzig und verwahrlost ② *Dasein:* elend, erbärmlich
to **squan·der** ['skwɒndəʳ] verschwenden, vergeuden *Geld, Zeit;* verschleudern *Vermögen;* nicht nutzen *Chance*
square[1] [skweəʳ] ① (*in der Mathematik*) das Quadrat; **the square of 3 is 9** die Quadratzahl von 3 ist 9 ② das Viereck, das Rechteck; **to cut into squares** in Rechtecke zuschneiden ③ (*Muster*) das Karo ④ (*in der Stadt*) der Platz ⑤ (USA) der Block ▶ WENDUNGEN: **to go back to square one** noch einmal von vorne anfangen
square[2] [skweəʳ] ① quadratisch, viereckig, vierkantig ② *Winkel:* recht ③ *Klammer:* eckig ④ (*Mathematik*) rechtwinklig, Quadrat-; **2 square metres** 2 Quadratmeter ⑤ ehrlich, fair; **fair and square** offen und ehrlich
to **square** [skweəʳ] ① **3 squared is 9** 3 hoch 2 ist 9 ② **it doesn't square** [**up**] es stimmt nicht überein
squared pa·per [skweəd-] das Millimeterpapier
square num·ber die Quadratzahl
square root die Quadratwurzel
to **squash** [skwɒʃ] ① zerdrücken, zerquetschen ② **to squash in** sich einquetschen; **to squash someone in** jemanden einquetschen; **to be squashed together** eng zusammengepresst sein ③ (*übertragen*) zum Schweigen bringen
squash [skwɒʃ] ① das Fruchtsaftgetränk, das Fruchtsaftkonzentrat ② die Menschenmenge, das Gedränge ③ (*Sport*) das Squash
squash court die Squashhalle
squash rack·et der Squashschläger
squashy ['skwɒʃi] ① *Kissen:* weich ② *Obst, Gemüse:* matschig
to **squat** [skwɒt] <squatted, squatted> ① hocken, kauern ② **to squat down** sich hinhocken ③ sich illegal ansiedeln; **to squat in a house** ein Haus besetzen
squat [skwɒt] ① die Hausbesetzung ② das besetzte Haus
squat·ter ['skwɒtəʳ] der Hausbesetzer/die Hausbesetzerin
to **squeak** [skwiːk] ① *Tür usw.:* quietschen, knarren ② *Tier:* quieken

S

squeak [skwiːk] ① *von Tür:* das Quietschen ② *von Tier, Vogel:* das Piepsen, das Quieken

to **squeal** [skwiːl] ① *Tier, Kind:* schreien, quieken; **to squeal with pain** vor Schmerz aufheulen ② *Bremsen:* kreischen ③ (*umgangsspr*) jammern ④ (*umgangsspr*) petzen; **to squeal on someone** jemanden verpfeifen

squeal [skwiːl] ① der Schrei ② *von Bremsen:* das Kreischen ③ *von Tier:* das Quieken

squeam·ish ['skwiːmɪʃ] **I'm not squeamish** mir wird nicht so schnell übel, ich bin nicht so zimperlich

squeeze [skwiːz] ① das Drücken, das Pressen; **to give something a squeeze** etwas drücken ② das Gedränge; **it was a tight squeeze** es war fürchterlich eng ▶ WENDUNGEN: **to be in a tight squeeze** in der Klemme sein; **to put the squeeze on someone** jemandem die Daumenschrauben anlegen

to **squeeze** [skwiːz] ① drücken ② auspressen *Apfelsine;* ausdrücken *Tube, Schwamm* ③ (*in Tür usw.*) einquetschen ④ [sich] zwängen (**into** in) ⑤ **to squeeze someone dry** (*übertragen*) jemanden ausnehmen ⑥ **to be squeezed to death** erdrückt werden ⑦ **to squeeze past someone** sich an jemandem vorbeidrücken

◆ to **squeeze out** ① auspressen *Früchte* ② ausdrücken *Schwamm, Tube*

squeez·er [skwiːzəʳ] (*für Saft*) die Presse

to **squelch** [skweltʃ] patschen *umgangssprr*

squelch [skweltʃ] <*Plural* squelches> *meist Singular* das Gepatsche *umgangssprr*

squid [skwɪd] der Tintenfisch

squig·gle ['skwɪgl̩] der Schnörkel

to **squint** [skwɪnt] ① schielen (**at** nach) ② die Augen zusammenkneifen

squint [skwɪnt] ① das Schielen ② der Seitenblick

to **squirm** [skwɜːm] ① sich winden, sich krümmen ② **the idea makes me squirm** bei dem Gedanken wird mir regelrecht übel

squir·rel ['skwɪrᵊl] das Eichhörnchen

to **squirt** [skwɜːt] ① **water squirted everywhere** das Wasser spritzte überallhin ② bespritzen; **to squirt water at someone** jemanden mit Wasser bespritzen

squirt [skwɜːt] der Spritzer

Sri Lan·ka [ˌsriː'æŋkə] Sri Lanka

Sri Lan·kan[1] [ˌsriː'læŋkən] srilankisch

Sri Lan·kan[2] [ˌsriː'læŋkən] der Srilanker/die Srilankerin

St *Abkürzung von* **Saint** St., Sankt

St. *Abkürzung von* **street** Str., Straße

to **stab** [stæb] <stabbed, stabbed> ① stechen ② **to stab someone** jemanden niederstechen; **to stab someone to death** jemanden erstechen; **to stab someone with a knife** jemanden mit einem Messerstich verletzen ▶ WENDUNGEN: **to stab someone in the back** jemandem in den Rücken fallen

stab [stæb] der Stich; **stab wound** die Stichwunde ▶ WENDUNGEN: **a stab in the back** ein Dolchstoß; **to have a stab at something** etwas versuchen

stab·bing ['stæbɪŋ] *Schmerz:* stechend

sta·bil·ity [stə'bɪləti] die Stabilität

to **sta·bi·lize** ['steɪbəlaɪz] [sich] stabilisieren

sta·ble[1] ['steɪbl̩] <stabler, stablest> ① stabil *auch übertragen* ② *Charakter:* gefestigt

sta·ble[2] ['steɪbl̩] der Stall

stack [stæk] ① der Stapel, der Stoß ② **to have stacks of time** (*umgangssprr*) jede Menge Zeit haben

to **stack** [stæk] stapeln; **to stack up** aufstapeln

sta·dium ['steɪdiəm, *Plural* -iə] <*Plural* stadiums *oder* stadia> das Stadion

staff[1] [stɑːf] ① das Personal, der Mitarbeiterstab; **to be on the staff** zum Personal gehören ② *einer Schule:* der Lehrkörper

G Wenn man von **the staff** im Sinne von einer Einheit spricht, wird es mit einem Verb im Singular gebraucht: *the staff is striking*
Wenn man jedoch von den einzelnen Gruppenmitgliedern sprechen will, wird **the staff** mit einem Verb im Plural gebraucht: *the staff work in shifts*

staff[2] [stɑːf] der Stab, der Stock

staff·room das Lehrerzimmer

stag [stæg] der Hirsch

stage [steɪdʒ] ① (*im Theater*) die Bühne; **on stage** auf der Bühne; **to go on stage** die Bühne betreten; **to come off stage** von der Bühne abtreten ② (*in einer Halle*) das Podium ③ *einer Entwicklung:* das Stadium, die Phase; **at this stage** zu diesem Zeitpunkt; **in the early stages** im Anfangsstadium ④ (*auch übertragen*) die Etappe, der Abschnitt; **in** [*oder* **by**] **stages** etappenweise ⑤ *einer Rakete:* die Stufe

to **stage** [steɪdʒ] ① auf die Bühne bringen, aufführen *Stück* ② (*übertragen*) inszenieren, arrangieren, veranstalten

stage fright to suffer from stage fright Lampenfieber haben

to **stag·ger** ['stægəʳ] ① *Nachrichten:* den Atem verschlagen; **she was staggered** es hat ihr den Atem verschlagen ② staffeln *Ferien* ③ schwanken, wanken, taumeln, torkeln

stag·ger·ing ['stægᵊrɪŋ] ① schwankend, wankend, torkelnd ② (*übertragen*) atemberaubend, umwerfend

stag·nant ['stægnənt] ① *Wasser:* stehend, abgestanden ② (*übertragen*) stagnierend

to **stag·nate** [stæg'neɪt] stagnieren

stag night der Junggesellenabschied

to **stain** [steɪn] ① beflecken ② färben; beizen *Holz* ③ Flecken hinterlassen ④ fleckig werden

stain [steɪn] ① der Fleck; **stain remover** der Fleckenentferner ② (*übertragen*) der Schandfleck; **without a stain on his character** ohne Makel ③ der Farbstoff; (*für Holz*) die Beize

stained [steɪnd] **stained glass** die Glasmalerei

stain·less ['steɪnləs] **stainless steel** der Edelstahl; **"stainless steel"** „rostfrei"

stair [steəʳ] ① die [Treppen]stufe ② **stairs** die Treppe; **at the top of the stairs** oben auf der Treppe

stair·case die Treppe, das Treppenhaus

stake [steɪk] ① der Pfahl, der Pfosten, der Pflock ② der Scheiterhaufen ③ **to have a stake in something** einen Anteil an etwas haben ④ **to be at stake** auf dem Spiel stehen

stale [steɪl] ① *Brot:* altbacken ② *Wasser, Luft:* abgestanden, verbraucht

stalk [stɔ:k] der Stängel, der Stiel, der Strunk

to **stalk** [stɔ:k] ① jagen, sich anpirschen ② **to stalk someone** jemandem nachstellen

stalk·er [stɔ:kəʳ] *jemand, der jemanden ständig verfolgt und belästigt*

stall [stɔ:l] ① (*im Stall*) die Box, die Bucht ② die Marktbude, der Verkaufsstand ③ **stalls** *Plural* GB (*im Theater*) das Parkett

to **stall** [stɔ:l] ① abwürgen *Motor* ② *Motor:* absaufen ③ (*übertragen*) aufschieben, hinhalten, vertrösten ④ Zeit schinden; **to stall for time** versuchen, Zeit zu gewinnen

stall hold·er GB der Markthändler/die Markthändlerin

stami·na ['stæmɪnə] das Stehvermögen, das Durchhaltevermögen

to **stam·mer** ['stæməʳ] ① stammeln ② stottern

stam·mer ['stæməʳ] das Stottern

stamp [stæmp] ① die Briefmarke ② die [Stempel]marke ③ (*Gerät*) der Stempel

to **stamp** [stæmp] ① stampfen, trampeln; **to stamp one's foot** mit dem Fuß aufstampfen; **to stamp the ground** auf den Boden stampfen ② frankieren *Brief;* **stamped addressed envelope** der frankierte Rückumschlag ③ abstempeln *Formular, Pass* ④ [auf]prägen

◆ to **stamp out** ① austreten *Feuer* ② ausrotten *Verbrechen* ③ unterdrücken *Widerstand*

stamp al·bum das Briefmarkenalbum

stam·pede [stæm'pi:d] ① *von Tieren:* die wilde Flucht ② *von Menschen:* der [Menschen]auflauf; (*auf etwas*) der Massenansturm

stance [stɑ:n(t)s] die Haltung; (*übertragen*) der Standpunkt

stand [stænd] ① der [Verkaufs]stand ② Ständer; **hat stand** der Hutständer ③ (*für Taxis*) der Stand ④ (*Sport*) die Tribüne ⑤ USA (*bei Gericht*) der Zeugenstand ⑥ (*übertragen*) der Standpunkt, die Einstellung; **to take** [*oder* **make**] **a stand** klar Stellung beziehen (**against** gegen)

to **stand** [stænd] <stood, stood> ① stehen; **she stood by the window** sie stand am Fenster; **to stand still** stillstehen ② aufstehen; **all stand!** [alles] aufstehen! ③ **to stand the pressure** *Objekt:* dem Druck standhalten; *Mensch:* dem Druck gewachsen sein ④ ertragen, aushalten *Lärm;* **I can't stand him** ich kann ihn nicht ausstehen ⑤ vertragen *Klima;* verkraften *Verlust* ⑥ *Angebot, Versprechen:* gelten ⑦ *Rekord:* stehen ⑧ *Thermometer:* stehen (**at** auf) ⑨ **to stand as a candidate** kandidieren ⑩ **as things stand** nach Lage der Dinge

◆ to **stand about** herumstehen

◆ to **stand aside** zur Seite treten

◆ to **stand back** ① zurücktreten ② zurückstehen ③ (*übertragen*) Abstand nehmen

◆ to **stand by** ① danebenstehen, herumstehen; **to stand by and do nothing** tatenlos zusehen ② sich bereithalten; **to stand by for further news** auf weitere Nachrichten warten ③ **to stand by a promise/someone** ein Versprechen/zu jemandem halten

◆ to **stand down** ① verzichten, zurücktreten ② (*bei Gericht*) den Zeugenstand verlassen

◆ to **stand for** ① stehen für ② hinnehmen, sich gefallen lassen ③ **to stand for election to something** für etwas kandidieren

◆ to **stand in** einspringen (**for** für)

◆ to **stand out** ① [her]vorstehen, vorragen ② (*in Kontrast*) hervorstechen, auffallen; **to stand out against something** sich von etwas abheben

◆ to **stand over** **to stand over someone** jemandem auf die Finger sehen

◆ to **stand up** ① aufstehen ② stehen ③ **to stand something up** etwas hinstellen ④ **to stand someone up** (*umgangsspr*) jemanden versetzen ⑤ **to stand up for someone** für jemanden eintreten ⑥ **to stand up to something** *Objekt:* einer Sache standhalten; *Mensch:* einer Sache gewachsen sein ⑦ **to stand up to someone** sich jemandem gegenüber behaupten

stand·ard[1] ['stændəd] ① die Norm, der Maßstab; **above/below standard** über/unter der Norm; **to be up to standard** den Anforderungen genügen ② das Niveau; **of high/low standard** von hohem/niedrigem Niveau; **standard of living** der Lebensstandard ③ **standards** die Wertvorstellungen

stand·ard[2] ['stændəd] üblich, Standard-, Normal-; **standard class** (*im Zug, Flugzeug*) zweite Klasse

to **stand·ard·ize** ['stændədaɪz] standardisieren; (*abgleichen*) vereinheitlichen; **to standardize on something** etwas zum Vorbild nehmen

stand·ard lamp ['stændədlæmp] die Stehlampe

stand·by[1] ['stæn(d)baɪ] ① der Ersatz, die Reserve ② **standby ticket** das Standby-Ticket ③ **on**

standby in Bereitschaft; **to be on 24-hour standby** 24 Stunden Bereitschaftsdienst haben

stand·by² ['stæn(d)baɪ] ① Reserve-, Ersatz- ② *Ticket:* Standby-

stand-in ['stændɪn] ① der Ersatz, der Stellvertreter/die Stellvertreterin ② (*Film*) das Double

stand·ing¹ ['stændɪŋ] ① stehend; **standing room only** nur Stehplätze; **standing ticket** die Stehplatzkarte ② aus dem Stand; **a standing start** ein Start aus dem Stand ③ **it's a standing joke** es wird ständig darüber gewitzelt ④ **standing order** der Dauerauftrag ⑤ **standing ovation** die stehende Ovation

stand·ing² ['stændɪŋ] ① der Ruf, das Ansehen ② die Dauer; **of long standing** alt, langjährig, von langer Dauer

stand·point ['stændpɔɪnt] der Standpunkt

stand·still ['stændstɪl] ① der Stillstand ② **to be at a standstill** *Fahrzeug:* stehen; *Verkehr:* stillstehen; *Produktion:* ruhen ③ **to come to a standstill** *Fahrzeug:* zum Stehen kommen; *Verkehr:* zum Stillstand kommen; *Produktion:* zum Erliegen kommen

stand-up ['stændˌʌp] ① **stand-up collar** der Stehkragen ② *Mahlzeit:* im Stehen ③ **stand-up comedian** der Alleinunterhalter/die Alleinunterhalterin

stank [stæŋk] *2. Form von* **stink**

sta·ple ['steɪpl̩] die Heftklammer

to **sta·ple** ['steɪpl̩] heften

sta·pler ['steɪpləʳ] der Hefter

star¹ [stɑːʳ] ① der Stern ② (*Zeichen*) das Sternchen ③ (*Person*) der Star ④ **the Stars and Stripes** das Sternenbanner ▶ WENDUNGEN: **to thank one's lucky stars** von Glück sagen können

> **L** Die **U.S. flag** hat verschiedene Namen: *The Stars and Stripes* bezieht sich auf die inzwischen 50 Sterne, die die heutigen US-Staaten symbolisieren und die 13 Streifen für die ursprünglich 13 US-Staaten. Die patriotische Bezeichnung *Old Glory* stammt von dem Schiffskapitän William Driver. Der Titel der amerikanischen Nationalhymne, *The Star-spangled Banner,* bezieht sich auch auf die Flagge.

star² [stɑːʳ] Haupt-, Star-

to **star** [stɑːʳ] <starred, starred> **the film starred ...** die Hauptrolle spielte ...; **starring ...** in der Hauptrolle ...

star·board ['stɑːbəd] das Steuerbord

starch [stɑːtʃ] die Stärke

star·dom ['stɑːdəm] die Berühmtheit

to **stare** [steəʳ] ① starren; **to stare at someone in horror** jemanden entsetzt anstarren ② **the answer was staring us in the face** (*übertragen*) die Antwort lag klar auf der Hand

stare [steəʳ] der starre Blick; **to give someone a stare** jemanden anstarren

star·ing ['steərɪŋ] starrend; **with staring eyes** mit starrem Blick

stark [stɑːk] ① *Kontrast:* krass ② *Entsetzen, Wahrheit:* nackt ③ *Licht:* grell ④ völlig, gänzlich; **stark-naked** splitter[faser]nackt; **stark raving mad** (*umgangsspr*) total verrückt

star-span·gled [-'spæŋgl̩d] **the Star-Spangled Banner** (*in den USA*) das Sternenbanner

star-stud·ded [-'stʌdɪd] mit zahlreichen Stars in den Hauptrollen

start [stɑːt] ① Beginn, Anfang; **at the start** am Anfang; **for a start** fürs Erste, zunächst einmal; **from the start** von Anfang an; **from start to finish** von Anfang bis Ende; **to give someone a good start in life** jemandem eine gute Starthilfe geben; **to make a start on something** mit etwas anfangen ② (*Sport*) der Start ③ *einer Reise:* der Aufbruch; **to make an early start** frühzeitig aufbrechen ④ **to wake with a start** aus dem Schlaf hochschrecken

to **start** [stɑːt] ① beginnen, anfangen; **to start something** mit etwas anfangen, etwas beginnen; **to get started** anfangen; **to start on a journey** sich auf eine Reise machen; **to start smoking** mit dem Rauchen anfangen; **to start talking** zu sprechen beginnen; **starting from ...** ab ... ② *Maschine, Motor:* anspringen, starten ③ einschalten; starten *Auto;* anstellen *Maschine;* anlassen *Motor* ④ *Gerücht:* in Umlauf kommen; in Umlauf setzen *Gerücht* ⑤ antreten *Reise, neue Stelle, Strafe* ⑥ starten *Rennen* ⑦ auslösen *Reaktion* ⑧ anzünden *Feuer* ⑨ gründen *Firma* ⑩ **to start work** anfangen zu arbeiten

◆ to **start back** sich auf den Rückweg machen

◆ to **start off** ① anfangen, losgehen ② *zu einer Reise:* aufbrechen ③ (*Sport*) starten ④ **to start something off** etwas anfangen ⑤ **to start someone off on something** jemanden zu etwas veranlassen ⑥ **to start off with ...** erstens ..., zunächst ...

◆ to **start out** ① sich auf den Weg machen, aufbrechen ② anfangen, beginnen; **to start out on a journey** sich auf eine Reise machen [*oder* begeben]

◆ to **start up** ① *Motor:* anspringen; anlassen *Auto* ② *Geräusch:* anfangen ③ gründen *Firma* ④ schließen *Freundschaft* ⑤ beginnen *Gespräch*

start·er ['stɑːtəʳ] ① (*im Rennen*) der Teilnehmer/die Teilnehmerin ② *eines Rennens:* der Starter/die Starterin ③ die Vorspeise ④ **for starters** (*slang*) für den Anfang

start·ing ['stɑːtɪŋ] Start-, Anfangs-; **starting grid** (*beim Autorennen*) der Startplatz; **starting gun** die Startpistole; **starting point** der Ausgangspunkt

to **star·tle** ['stɑːtl̩] erschrecken

star·tling ['stɑːtl̩ɪŋ] erstaunlich, überraschend

S

start-up ① (*von Firma*) die Neugründung; (*Firma*) das Start-up[-Unternehmen] ② *von Motor:* der Start; *von Maschine auch:* die Inbetriebnahme; *von Rechner:* das Hochfahren

star·va·tion [stɑːˈveɪʃᵊn] das Verhungern, der Hunger; **to die of starvation** verhungern

to **starve** [stɑːv] ① verhungern, hungern; **to starve to death** verhungern; **to starve out** aushungern; **I'm starving!** (*umgangsspr*) ich sterbe vor Hunger! ② **to starve someone of something** jemandem etwas vorenthalten

state¹ [steɪt] der Zustand; **what a state of affairs!** was sind das für Zustände!; **state of the economy** die Wirtschaftslage

state² [steɪt] ① (*politisch*) der Staat ② **to get into a state [about something]** [wegen etwas] durchdrehen ③ **to lie in state** aufgebahrt sein ④ **the States** die Vereinigten Staaten

state³ [steɪt] ① staatlich, Staats- ② bundesstaatlich

to **state** [steɪt] ① darlegen, vortragen *Fakten* ② angeben, nennen *Einzelheiten* ③ **to state that ...** feststellen, dass ...; **unless otherwise stated** wenn nicht anders angegeben

State De·part·ment (*in den USA*) das Außenministerium

state edu·ca·tion *kein Plural* das staatliche Bildungswesen

state·ment [ˈsteɪtmənt] ① *von Fakten:* die Darstellung ② die Feststellung; (*offiziell*) die Erklärung, die Stellungnahme; **to make a statement to the press** eine Presseerklärung abgeben ③ (*bei Polizei, vor Gericht*) die Aussage ④ der Kontoauszug

state-of-the-art [ˈsteɪtəvðiːˌɑːt] technisch auf dem neusten Stand

state school die öffentliche Schule

sta·tion [ˈsteɪʃᵊn] ① Bahnhof; **at the station** am Bahnhof ② die Station ③ (*Polizei*) die Wache ④ (*TV*) der Sender, die Sendestation

S

sta·tion·ary [ˈsteɪʃᵊnᵊri] stehend; **to be stationary** [still]stehen

sta·tion·ery [ˈsteɪʃᵊnᵊri] ⚠ *kein Plural* ① das Briefpapier ② die Schreibwaren

> **V** **stationary** (mit 2 ‚a') bedeutet stehend, geparkt: *a stationary car*, **stationery** dagegen bedeutet Schreibwaren: *we need to order more stationery*

sta·tion wag·on (USA) der Kombiwagen

sta·tis·tics [stəˈtɪstɪks] ⚠ *Plural* die Statistik

statue [ˈstætʃuː] die Statue, das Standbild

Statue of Lib·er·ty **the Statue of Liberty** die Freiheitsstatue

> **L** Die **Statue of Liberty** (Freiheitsstatue) steht auf Liberty Island im New Yorker Hafen. Das weltweite Symbol der Freiheit ist 102m hoch und stellt eine Frau dar, die eine Fackel in der rechten Hand trägt. Entworfen wurde die Statue von dem französischen Bildhauer Frédéric Auguste Bartholdie. Sie wurde 1886 als Freundschaftsgeschenk Frankreichs an die Vereinigten Staaten gegeben.

sta·tus [ˈsteɪtəs] ① die Stellung; **equal status** die Gleichstellung ② der Status; **marital status** der Familienstand

sta·tus sym·bol das Statussymbol

stay [steɪ] der Aufenthalt

to **stay** [steɪ] ① bleiben; **to stay for supper** zum Abendessen bleiben; **if it stays fine** wenn es schön bleibt; **to stay put** an Ort und Stelle bleiben ② wohnen, übernachten; **to stay at a hotel** im Hotel wohnen; **to stay with someone** bei jemandem wohnen; **he came to stay** er ist zu Besuch gekommen

> **F** Nicht verwechseln mit **stehen** = to stand!

◆ to **stay away** wegbleiben, sich fernhalten (**from** von)

◆ to **stay behind** zurückbleiben

◆ to **stay down** ① unten bleiben ② (*in der Schule*) eine Klasse wiederholen ③ *Preise:* stabil bleiben

◆ to **stay in** ① zu Hause [*oder* daheim] bleiben ② **to stay in [after school]** nachsitzen

◆ to **stay on** ① *Hut, Deckel:* halten ② *Licht:* anbleiben ③ noch bleiben, noch nicht fortgehen ④ **to stay on [at school]** [mit der Schule] weitermachen

◆ to **stay out** ① draußen bleiben ② (*nicht nach Hause kommen/gehen*) wegbleiben ③ **to stay out [on strike]** weiterstreiken ④ **to stay out of something** sich aus etwas heraushalten

◆ to **stay up** ① (*nicht zu Bett gehen*) aufbleiben ② *Zelt:* stehen bleiben ③ *Bild:* hängen bleiben ④ **his socks won't stay up** seine Socken rutschen ständig

steadi·ly [ˈstedɪli] ① fest ② ständig ③ *regnen:* ununterbrochen ④ *steigen:* stetig

steady [ˈstedi] <steadier, steadiest> ① *Hand, Nerven:* ruhig; **to hold the ladder steady** halt die Leiter fest ② *Blick:* fest, unverwandt ③ *Wind:* ständig ④ *Zuwachs:* stetig ⑤ *Job, Freund(in):* fest; **to go steady** einen festen Freund/eine feste Freundin haben ⑥ *Tempo:* gleichmäßig ⑦ **steady!** vorsichtig!

to **steady** [ˈstedi] ① beruhigen *Nerven, Pferd* ② festhalten *Leiter* ③ wieder ins Gleichgewicht bringen *Boot* ④ **to steady oneself** sich stabilisieren ⑤ *Märkte:* sich festigen ⑥ *Kurs:* sich behaupten ⑦ *Preise:* sich stabilisieren

steak [steɪk] das Steak

to **steal** [stiːl] <stole, stolen> ① stehlen; **to steal something from someone** jemandem etwas stehlen ② **to steal away** sich wegstehlen; **to steal up on someone** sich an jemanden heranschleichen

steam [stiːm] ① der Dampf, der Dunst ② **full steam ahead!** volle Kraft voraus! ▶WENDUNGEN: **to let off steam** Dampf ablassen; **to run out of steam** (*übertragen*) den Schwung verlieren

to **steam** [stiːm] ① *Essen, Schiff, Zug:* dampfen ② dämpfen, dünsten *Essen*

◆to **steam up** ① *Scheibe:* beschlagen ② **to be all steamed up** ganz beschlagen sein; (*übertragen*) sich aufregen

steam·er ['stiːməʳ] ① (*Schiff*) der Dampfer ② (*zum Kochen*) der Dünster

steamy ['stiːmi] <steamier, steamiest> ① dampfig ② (*umgangsspr*) heiß, scharf; *Liebesszene, Roman auch:* prickelnd

steel [stiːl] der Stahl

to **steel** [stiːl] **to steel oneself to do something** allen Mut zusammennehmen, um etwas zu tun

steel·work·er der Stahlarbeiter/die Stahlarbeiterin

steel·works *mit Singular oder Plural* das Stahlwerk

steep [stiːp] ① steil ② *Preisanstieg, Preissenkung:* stark ③ (*umgangsspr*) *Preis:* gesalzen, unverschämt

stee·ple ['stiːpl̩] der Kirchturm

stee·ple·chase ['stiːpltʃeɪs] ① (*für Pferde*) das Hindernisrennen ② (*in der Athletik*) der Hindernislauf

to **steer** [stɪəʳ] ① steuern, lenken; **to steer for something** etwas ansteuern, auf etwas zusteuern; **to steer due south** Kurs nach Süden halten ② **to steer clear of someone** jemandem aus dem Weg gehen; **to steer clear of something** etwas meiden

steer·ing lock das Lenkradschloss

steer·ing wheel das Lenkrad, das Steuerrad

stem [stem] ① *einer Pflanze, eines Glases:* der Stiel ② *eines Wortes:* der Stamm ③ *von Getreide:* der Halm ④ *einer Pfeife:* der Hals

to **stem** [stem] <stemmed, stemmed> ① aufhalten ② eindämmen *Flut* ③ stillen *Blut* ④ **to stem from something** von etwas kommen, von etwas herrühren, auf etwas zurückgehen

step[1] [step] ① der Schritt, der Tritt; **to take a step** einen Schritt machen; **to watch one's step** Acht geben, sich vorsehen; **it's only a few steps** es sind nur ein paar Schritte ② die Stufe; **steps** die Treppe; **mind the step!** Vorsicht, Stufe! ③ **steps** *Plural* die Stehleiter, die Trittleiter ④ der Takt; **to be in step** im Gleichschritt sein, im Takt sein; **to be out of step** nicht im Tritt sein, nicht im Gleichklang sein ⑤ (*übertragen*) die Stufe, der Abschnitt; **step by step** Schritt für Schritt ⑥ (*übertragen*) die Maßnahme; **to take steps to do something** Maßnahmen ergreifen, um etwas zu tun; **to take legal steps** gerichtlich vorgehen

step[2] [step] *kurz für* **step aerobics** das Steppaerobic

to **step** [step] <stepped, stepped> ① **to step in something** in etwas treten; **to step into the bath** ins Bad steigen; **to step into the room** in das Zimmer eintreten; **to step on something** auf etwas treten; **to step on someone's foot** jemandem auf den Fuß treten; **to step onto the bus/plane/train** in den Bus/das Flugzeug/den Zug steigen; **to step onto the boat/platform** das Schiff/den Bahnsteig betreten; **to step onto the scales** sich auf die Waage stellen; **to step off the boat/scales** vom Schiff/von der Waage heruntergehen; **to step out of the bath/car** aus dem Bad/Auto steigen; **to step out in front of something** vor eine Sache treten; **to step over something** über etwas steigen; **to step over the line** über die Linie treten; **step this way, please!** bitte hier entlang!; **to step inside** hineintreten; **to step outside** hinaustreten ② **step on it!** mach mal ein bisschen schneller!, gib Gas!

◆to **step aside** Platz machen, zur Seite treten

◆to **step back** ① zurücktreten, zurückweichen ② **to step back from something** von etwas Abstand gewinnen

◆to **step down** ① hinabsteigen ② *von einem Amt:* zurücktreten

◆to **step in** ① eintreten ② (*übertragen*) eingreifen, einschreiten

◆to **step up** ① **to step up on[to] the stage** die Bühne betreten ② vortreten; **to step up to someone** auf jemanden zugehen ③ intensivieren *Kampagne* ④ steigern *Produktion* ⑤ verschärfen *Sicherheitsmaßnahmen* ⑥ **to step up the pressure on someone** den Druck auf jemanden verstärken

step- [step] Stief-; **stepsister** die Stiefschwester; **stepfather** der Stiefvater

step·lad·der ['stepˌlædəʳ] die Stehleiter, die Trittleiter

step·ping stone ['stepɪŋstəʊn] ① der Trittstein ② (*übertragen*) das Sprungbrett

ste·reo ['steriəʊ] ① das Stereo; **in stereo** in Stereo ② (*Gerät*) die Stereoanlage

ste·reo·type ['steriə(ʊ)taɪp] das Stereotyp

ster·ile ['steraɪl] steril

to **steri·lize** ['sterəlaɪz] sterilisieren

ster·ling ['stɜːlɪŋ] **in [pounds] sterling** in Pfund Sterling

stern[1] [stɜːn] ① streng; **with a stern face** mit strenger Miene ② *Warnung:* ernst

stern[2] [stɜːn] *eines Bootes:* das Heck

to **stew** [stjuː] schmoren, dünsten

stew [stjuː] der Eintopf

stew·ard ['stju:əd] ① (*Flugzeug, Kreuzfahrt*) der Flug-/Schiffsbegleiter/die Flug-/Schiffsbegleiterin ② (*Veranstaltung*) der Ordner/die Ordnerin

stewed [stju:d] ① **stewed apples** das Apfelkompott; **stewed meat** das geschmorte Fleisch ② (USA) (*umgangsspr*) besoffen

stick [stɪk] ① *von Baum:* der Zweig ② der [Spazier]stock ③ (*Sport*) der Schläger ④ *von Dynamit, Rhabarber, Sellerie:* die Stange ⑤ *von Kreide:* das Stück ▶WENDUNGEN: **to get hold of the wrong end of the stick** etwas falsch verstehen; **to take a lot of stick** (*umgangsspr*) viel einstecken müssen

to **stick** [stɪk] <stuck, stuck> ① kleben (**to** an); **to stick a stamp on an envelope** eine Briefmarke auf einen Umschlag kleben ② stecken; **she stuck a needle into her finger** sie stach sich mit einer Nadel in den Finger ③ (*umgangsspr*) tun, stecken; **to stick one's hands in one's pockets** die Hände in die Taschen stecken; **to stick one's head out of the window** den Kopf aus dem Fenster strecken; **to stick one's head round the door** den Kopf zur Tür reinstrecken [*oder* rausstrecken]; **stick it on the table!** stell's [*oder* leg's] auf den Tisch! ④ (*umgangsspr*) aushalten, durchhalten; **I can't stick it any longer!** ich halte das nicht mehr aus! ⑤ *Auto:* stecken bleiben ⑥ **I'm stuck!** ich stecke fest!; (*mit einer Aufgabe*) ich komme nicht weiter! ⑦ *Schublade, Tür:* klemmen ⑧ **to stick in someone's mind** jemandem im Gedächtnis bleiben

> **G** Richtiges Konjugieren von **stick**: stick, stuck, stuck — *Harry stuck the stamp on the envelope; the car had got stuck in the mud.*

◆to **stick around** (*umgangsspr*) ① in der Nähe bleiben ② warten

◆to **stick at** ① bleiben an ② **to stick at nothing** vor nichts zurückschrecken

◆to **stick by** (*umgangsspr*) ① **to stick by someone** zu jemandem halten ② **to stick by one's word** zu seinem Wort stehen

◆to **stick down** ① ankleben; zukleben *Umschlag* ② (*umgangsspr*) aufschreiben ③ (*umgangsspr*) abstellen; **just stick it down anywhere** stell [*oder* leg] es einfach irgendwohin

◆to **stick in** ① einkleben ② hineinstecken; **to stick something in something** etwas in etwas stecken

◆to **stick on** ① **to stick something on** etwas aufkleben ② (*umgangsspr*) **stick the kettle on!** kannst du das Wasser aufsetzen? ③ kleben, haften; **it won't stick on!** es klebt nicht!

◆to **stick out** ① vorstehen ② *Ohren:* abstehen ③ **there was a pair of legs sticking out from underneath the car** zwei Beine ragten unter dem Auto hervor ④ (*übertragen*) auffallen ⑤ ausstrecken *Hand;* **don't stick your tongue out at me!** streck mir ja nicht die Zunge raus! ⑥ (*umgangsspr*) durchhalten

◆to **stick to** bleiben bei *einer Entscheidung, Meinung;* **to stick to one's principles** an seinen Grundsätzen festhalten; **to stick to a diet** eine Diät einhalten

◆to **stick together** ① zusammenkleben ② (*übertragen*) zusammenhalten

◆to **stick up** ① *Kragen:* hochstehen ② *Nagel:* herausstehen ③ zukleben ④ **to stick one's hand up** die Hand heben; **stick 'em up!** Hände hoch! ⑤ (*umgangsspr*) anschlagen *Poster* ⑥ (*umgangsspr*) aufschlagen *Zelt* ⑦ (*umgangsspr*) überfallen *Bank*

◆to **stick up** ① aufhängen; **to stick up a notice** einen Aushang machen ② **to stick up for someone** sich für jemanden einsetzen; **I can stick up for myself** ich komme schon allein zurecht

stick·er ['stɪkəʳ] der Aufkleber, der Sticker

stick·ing plaster ['stɪkɪŋ,plɑ:stəʳ] das Heftpflaster

sticky ['stɪki] ① klebrig ② *Wetter:* schwül, drückend ③ *Farbe:* feucht ④ *Haut:* verschwitzt ⑤ *Problem:* schwierig ⑥ *Situation:* heikel

stiff [stɪf] ① steif; **stiff with cold** steif gefroren; **the lock is stiff** das Schloss klemmt ② *Bürste:* hart ③ *Teig:* fest ④ *Kampf:* zäh, hart ⑤ *Brise:* steif ⑥ *Drink:* stark ⑦ *Examen:* schwer, schwierig ⑧ **that's a bit stiff** (*umgangsspr*) das ist ganz schön happig

to **stiff·en** ['stɪfᵊn] ① steif machen ② stärken *Kragen* ③ (*übertragen*) *Person:* ganz starr werden

to **sti·fle** ['staɪfl̩] ersticken; (*übertragen*) unterdrücken

sti·fling ['staɪflɪŋ] ① *Hitze:* drückend; **it's stifling in here** es ist zum Ersticken hier drin ② (*übertragen*) beengend

still[1] [stɪl] ① still, ruhig; **to keep still** stillhalten; **to hold something still** etwas ruhig halten; **to be/stand still** stillstehen ② *Mineralwasser:* ohne Kohlensäure

still[2] [stɪl] ① [immer] noch, noch immer; **he is still busy** er ist noch beschäftigt; **it still hasn't come** es ist immer noch nicht gekommen; **I will still be here** ich werde noch da sein ② trotzdem; **still, she is my mother** sie ist trotz allem meine Mutter ③ *mit Komparativ* noch; **still better** noch besser

still·birth die Totgeburt

still·born tot geboren

to **stimu·late** ['stɪmjəleɪt] ① anregen, stimulieren ② beleben *Körper* ③ reizen *Nerven* ④ (*über-*

tragen) animieren, anspornen ⑤ ankurbeln *Wirtschaft*

to **sting** [stɪŋ] <stung, stung> ① *Insekt:* stechen ② *Nessel, Qualle:* brennen; **the smoke made our eyes sting** der Rauch brannte uns in den Augen ③ (*übertragen*) schmerzen; **to make a stinging remark** eine bissige Bemerkung machen

sting [stɪŋ] ① *eines Insekts:* der Stachel ② (*Verletzung durch Insekt*) der Stich; *von Nessel, Qualle:* die Quaddel ③ der stechende Schmerz

sting·ing net·tle [ˌstɪŋɪŋˈnetl] die Brennnessel

stin·gy [ˈstɪndʒi] ① *Person:* geizig, knauserig, knickerig ② *Portion:* schäbig

to **stink** [stɪŋk] <stank, stunk> ① stinken ② (*umgangsspr*) **the idea stinks** das ist eine miserable Idee

stink [stɪŋk] ① der Gestank (**of** nach) ② (*umgangsspr*) **to kick up a stink** [**about**] Stunk machen [wegen]

stir [stɜːʳ] **to give something a stir** etwas [um]rühren ▶ WENDUNGEN: **to cause** [*oder* **create**] **a stir** Aufsehen erregen

to **stir** [stɜːʳ] <stirred, stirred> ① **to stir something** etwas [um]rühren ② bewegen, rühren *Glieder* ③ (*übertragen*) anregen *Fantasie* ④ sich regen, sich rühren

◆ to **stir up** (*übertragen*) **to stir up hatred** Hass schüren; **to stir trouble** Unruhe stiften

stir-fry <*Plural* stir-fries> die Chinapfanne

to **stir-fry** kurz anbraten

stitch [stɪtʃ] <*Plural* stitches> ① (*beim Nähen, auch medizinisch*) der Stich; **to put stitches in a wound** eine Wunde nähen; **the cut needed stitches** die Wunde musste genäht werden; **she had her stitches taken out** ihr wurden die Fäden gezogen ② (*beim Stricken*) die Masche ③ **to have a stitch** Seitenstechen haben ④ **to be in stitches** (*umgangsspr*) sich schieflachen

to **stitch** [stɪtʃ] (*auch medizinisch*) nähen

◆ to **stitch up** ① nähen, zunähen ② umnähen *Saum*

stock¹ [stɒk] ① der Vorrat, der Bestand (**of** an); **to have something in stock** etwas vorrätig haben; **to be in/out of stock** vorrätig/nicht vorrätig sein; **to keep something in stock** etwas auf Vorrat haben ② der Viehbestand ③ (*Essen*) die Brühe ④ **stocks and shares** die Wertpapiere

stock² [stɒk] Standard-, Serien-

to **stock** [stɒk] ① führen *Waren* ② ausstatten *Laden* ③ mit einem Viehbestand versehen

◆ to **stock up** sich eindecken (**on/with** mit)

stock·bro·ker [ˈstɒkˌbrəʊkəʳ] der Börsenmakler/die Börsenmaklerin

stock ex·change die Börse

stock·ing [ˈstɒkɪŋ] der Strumpf

stock mar·ket die Börse

stocky [ˈstɒki] stämmig, untersetzt

stodgy [ˈstɒdʒi] *Essen:* schwer, pampig

stole [stəʊl] *2. Form von* **steal**

stol·en [ˈstəʊlən] *3. Form von* **steal**

stom·ach [ˈstʌmək] ① der Magen, der Bauch; **to lie on one's stomach** auf dem Bauch liegen; **on an empty/a full stomach** mit leerem/vollem Magen; **on an empty stomach** auf nüchternen Magen ② (*übertragen*) die Lust (**for** auf), die Neigung (**for** zu)

to **stom·ach** [ˈstʌmək] vertragen, ausstehen

stom·ach ache die Magenschmerzen

stom·ach up·set die Magenverstimmung

stone [stəʊn] <*Plural* stone> ① der Stein ② (GB) (*Gewichtseinheit*) = *6,35 kg* ▶ WENDUNGEN: **a heart of stone** ein Herz aus Stein; **a stone's throw away from ...** nur einen Katzensprung von ... entfernt

Stone Age die Steinzeit

stone-cold eiskalt; **stone-cold sober** stocknüchtern *umgangsspr*

stoned [stəʊnd] ① *Oliven, Kirschen:* entsteint ② (*slang*) high ③ (*slang*) besoffen

stone deaf stocktaub *umgangsspr*

stony [ˈstəʊni] ① *Boden:* steinig ② *Substanz:* steinartig ③ (*übertragen*) *Miene:* steinern; *Schweigen:* eisig

stood [stʊd] *2. und 3. Form von* **stand**

stool [stuːl] ① der Hocker, der Schemel ② (*medizinisch*) der Stuhl[gang]

stool

F Nicht verwechseln mit **Stuhl** (der) = chair!

to **stoop** [stuːp] sich beugen; **to stoop down** sich bücken; **to stoop to someone's level** (*übertragen*) sich auf jemandes Niveau herablassen

stoop¹ [stuːp] *meist Singular* der krumme Rücken, der Buckel

stoop² [stuːp] (USA) die offene Veranda

stop [stɒp] ① der Halt; **to be at a stop** stillstehen; **to bring something to a stop** etwas zum Stehen bringen; (*übertragen*) einer Sache ein

Ende machen; **to come to a stop** anhalten; **to come to a dead stop** abrupt anhalten; **to put a stop to something** einer Sache einen Riegel vorschieben ② die Haltestelle; **bus stop** die Bushaltestelle ③ Pause; **to have** [*oder* **make**] **a stop** Halt machen ④ der Aufenthalt; **we had a 20 minute stop in Vienna** in Wien hatten wir 20 Minuten Aufenthalt ⑤ die Zwischenlandung; **we're flying to Australia, with a stop in Singapore** wir fliegen nach Australien, mit einer Zwischenlandung in Singapur

to **stop** [stɒp] <stopped, stopped> ① anhalten, stoppen *Person, Fahrzeug;* **stop thief!** haltet den Dieb! ② abstellen *Maschine* ③ zum Stehen bringen *Verkehr;* zum Stillstand bringen *Produktion* ④ stillen, unterbinden *Blutung* ⑤ beenden *Krieg, Spiel, Treffen, Versuch;* ein Ende machen *einem Gerücht* ⑥ aufhalten *Fortschritt, Verbrecher* ⑦ aufhören mit *Lärm, Unsinn;* **it has stopped raining** es hat aufgehört zu regnen; **to stop doing something** aufhören, etwas zu tun, etwas nicht mehr tun; **to stop smoking** mit dem Rauchen aufhören ⑧ einstellen *Zahlung;* sperren *Scheck;* abbestellen *Zeitung* ⑨ verhindern *Unfall, Verbrechen* ⑩ abhalten; **to stop someone** [**from**] **doing something** jemanden davon abhalten, etwas zu tun; **don't let me stop you** ich will Sie nicht davon abhalten ⑪ **I couldn't stop myself** ich konnte mich nicht beherrschen ⑫ *Fahrzeug:* halten, stoppen ⑬ *Fußgänger, Uhr:* stehen bleiben; **to stop dead** plötzlich stehen bleiben ⑭ *Maschine:* nicht mehr laufen; *Herz:* aufhören zu schlagen ⑮ *Person:* Halt machen; **to stop at nothing** (*übertragen*) vor nichts Halt machen ⑯ *Schmerzen:* vergehen ⑰ (*umgangsspr*) bleiben (**at** in); **to stop for supper** zum Abendessen bleiben

G ⚠ *to stop* ***to do*** something bedeutet eine Pause machen, um etwas anderes zu tun: *we stopped to have tea;*
to stop ***doing*** something heißt mit etwas aufhören: *you should stop smoking*

◆ to **stop by** kurz vorbeikommen, hereinschauen

◆ to **stop in** (*umgangsspr*) zu Hause bleiben

◆ to **stop off** einen kurzen Halt machen, [unterwegs] kurz anhalten

◆ to **stop over** ① kurz Halt machen, Zwischenstation machen (**in** in) ② (USA) übernachten

◆ to **stop up** ① zustopfen *Loch* ② (*umgangsspr*) aufbleiben; **we let the children stop up till midnight** die Kinder durften bis Mitternacht aufbleiben

stop·over ['stɒpəʊvəʳ] ① *einer Person:* die Zwischenstation, der Zwischenstopp ② *eines Flugzeugs:* die Zwischenlandung

stop sign das Stoppschild

stop·watch ['stɒpwɒtʃ] die Stoppuhr

stor·age ['stɔːrɪdʒ] ① die [Ein]lagerung ② *von Dokumenten:* die Aufbewahrung ③ *von Daten, Elektrizität, Wasser:* die Speicherung ④ (*im Computer*) der Speicher

stor·age space der Stauraum; (*im Lager*) der Lagerraum

store [stɔːʳ] ① der Vorrat (**of** an); **to have** [*oder* **keep**] **something in store** etwas lagern, etwas auf Lager haben ② das Lager ③ das Kaufhaus, das Warenhaus ④ (USA) der Laden ⑤ *im Computer:* der Speicher ⑥ **to be in store for someone** jemandem bevorstehen

to **store** [stɔːʳ] ① lagern, aufbewahren ② speichern *Wärme* ③ *im Computer:* abspeichern ④ **to store something up** einen Vorrat von etwas anlegen; (*übertragen*) anstauen *Ärger, Hass*

store card die Kundenkarte

store de·tec·tive der Kaufhausdetektiv/die Kaufhausdetektivin

store·house (USA) das Kaufhaus, das Warenhaus

store·room der Lagerraum

sto·rey ['stɔːrɪ] das Stockwerk, die Etage; **on the second storey** im zweiten Stock; (USA) im ersten Stock

storm [stɔːm] ① (*mit starkem Wind*) der Sturm; (*mit Regen*) das Unwetter; (*mit Donner*) das Gewitter ② (*übertragen*) *von Beschimpfungen:* die Flut; *von Beifall, Protest:* der Sturm; *von Schlägen, Wurfgeschossen:* der Hagel

to **storm** [stɔːm] stürmen

stormy ['stɔːmi] stürmisch

sto·ry[1] ['stɔːri] ① die Geschichte, die Erzählung; **the story goes that ...** man erzählt sich, dass ...; **to cut a long story short** um es kurz zu machen; **to tell stories** (*umgangsspr*) Märchen erzählen ② (*in der Presse*) der Artikel, die Story ③ die Handlung, die Story

sto·ry[2] ['stɔːrɪ] (USA) das Stockwerk, die Etage; **on the second story** (USA) im ersten Stock

sto·ry·tell·er (*in Roman*) der Erzähler/die Erzählerin

stout[1] [staʊt] der Stout (*dunkles Bier*)

stout[2] [staʊt] ① beleibt, korpulent ② kräftig, stabil

stove [stəʊv] der Ofen, der Herd

stow·away ['stəʊəˌweɪ] der blinde Passagier

to **strag·gle** ['strægḷ] ① *Häuser:* verstreut liegen ② *Haare:* unordentlich hängen ③ *Pflanze:* wuchern ④ *Menschen:* **to straggle in** vereinzelt kommen

strag·gler ['stræglәʳ] der Nachzügler/die Nachzüglerin

straight[1] [streɪt] ① gerade; *Hosen:* gerade geschnitten; *Haar:* glatt; **to pull something straight** etwas geradeziehen ② *Pass, Schuss:* direkt ③ *Denken:* klar; **to think straight** klar denken ④ *Antwort:* offen, direkt, ehrlich;

Ablehnung: ohne Umschweife; **to be straight with someone** offen und ehrlich zu jemandem sein; **to say something straight out** etwas offen [*oder* geradeheraus] sagen ⑤ *Drink:* pur, unverdünnt; **to drink something straight** etwas pur trinken ⑥ *Verhandlungen:* direkt ⑦ ununterbrochen; **to win in straight sets** ohne Satzverlust gewinnen; **to have five straight wins** fünfmal hintereinander gewinnen ⑧ (*umgangsspr*) *Mensch:* hetero ⑨ **straight A's** (*in der Schule*) glatte Einsen ⑩ direkt; **to look someone straight in the eye** jemandem direkt in die Augen sehen ⑪ sofort; **straight after that** sofort danach; **straight away** sofort; **to come straight to the point** sofort zur Sache kommen ⑫ **to look straight ahead** geradeaus sehen; **to drive straight on** geradeaus weiterfahren ▶ WENDUNGEN: **to keep a straight face** ernst bleiben, das Gesicht nicht verziehen; **to put someone straight about something** jemandem etwas klarmachen

straight² [streɪt] **the back/final straight** die Gegengerade/Zielgerade

straight·away [ˌstreɪtə'weɪ] sofort, geradewegs

to **straight·en** ['streɪtᵊn] ① gerade machen ② begradigen *Fluss, Straße* ③ glatt ziehen *Tuch* ④ gerade biegen *Draht* ⑤ gerade hängen *Bild* ⑥ (*übertragen*) in Ordnung bringen *Zimmer* ⑦ zurechtrücken *Krawatte* ⑧ *Pflanze, Straße:* gerade werden ⑨ *Haar:* glatt werden ⑩ *Person:* sich aufrichten

◆ to **straighten out** ① gerade machen ② gerade biegen *Draht* ③ (*übertragen*) klären, in Ordnung bringen

◆ to **straighten up** ① gerade machen ② gerade hängen *Bild* ③ (*übertragen*) in Ordnung bringen *Zimmer* ④ sich aufrichten

straight·for·ward [streɪt'fɔːwəd] ① *Person:* aufrichtig ② *Blick:* offen, freimütig ③ *Problem:* einfach

straight-out [ˌstreɪt'aʊt] (*umgangsspr*) unverblümt, offen, glatt

to **strain** [streɪn] ① belasten *Freundschaft;* strapazieren *Geduld, Nerven* ② zerren *Muskel* ③ [über]anstrengen, strapazieren *Augen, Rücken;* belasten *Herz* ④ **to strain one's ears** angestrengt lauschen ⑤ **to strain oneself** sich anstrengen ⑥ [durch]seihen; **to strain the vegetables** das Gemüse abgießen ⑦ **to strain to do something** sich anstrengen [*oder* sich abmühen], etwas zu tun

strain [streɪn] ① (*technisch*) die Belastung; **the strain on a rope** die Seilspannung; **to put a strain on something** etwas belasten; **to take the strain off something** etwas entlasten ② (*seelisch*) die Belastung (**on** für); **to show signs of strain** Zeichen von Überlastung zeigen ③ (*medizinisch*) die Zerrung

strained [streɪnd] ① durchgesiebt; *Gemüse:* abgegossen ② *Muskel:* gezerrt; *Augen, Rücken:* überanstrengt ③ *Stil:* unnatürlich, gekünstelt ④ *Lächeln:* gezwungen ⑤ *Beziehungen:* angespannt

strait [streɪt] ① **the Straits of Dover** die Straße von Dover ② **to be in dire straits** in großen Nöten sein

to **strand** [strænd] **to be [left] stranded** auf dem Trockenen sitzen

strand [strænd] ① die [Haar]strähne ② der [Woll]faden

F Nicht verwechseln mit **Strand** (der) = beach!

strand·ed ['strændɪd] gestrandet; **to be stranded** (*übertragen*) festsitzen; (*mittellos*) auf dem Trockenen sitzen *humorvoll*

strange [streɪndʒ] ① seltsam, sonderbar, merkwürdig; **by a strange coincidence** durch einen merkwürdigen Zufall; **strange to say** so seltsam es klingen mag ② *Umgebung:* fremd

strange·ly ['streɪndʒli] seltsam, sonderbar, merkwürdig; **strangely enough** seltsamerweise

strang·er [streɪndʒəʳ] der/die Fremde; **I'm a stranger here** ich bin hier fremd; **hallo stranger!** (*umgangsspr*) hallo, lange nicht gesehen!

to **stran·gle** ['stræŋgl̩] ① erwürgen, erdrosseln ② (*übertragen*) abwürgen, ersticken; **the collar is strangling me** der Kragen schnürt mir den Hals zu

strap [stræp] ① der Riemen, der Gurt ② (*im Bus*) der Haltegriff, die Schlaufe ③ (*an Kleid*) der Träger ④ (*an Armbanduhr*) das [Arm]band

to **strap** [stræp] <strapped, strapped> ① festschnallen (**to** an); **to strap something onto something** etwas auf etwas schnallen; **to strap someone down** jemanden festschnallen; **to strap on one's watch** sich die Uhr umbinden ② **to strap [up]** bandagieren *Bein*

strap·less ['stræpləs] trägerlos

strat·egy ['strætədʒi] die Strategie

straw [strɔː] ① das Stroh ② der Strohhalm ③ der Trinkhalm ④ **it's the last straw!** das ist der Gipfel!

straw·berry ['strɔːbᵊri] die Erdbeere

to **stray** [streɪ] ① sich verirren; **to stray from** [*oder* **off**] **a path** von einem Weg abkommen ② (*übertragen*) *Gedanken:* abschweifen

streak [striːk] ① der Streifen ② *von Licht:* der Strahl; **streak of lightning** der Blitz[strahl] ③ (*im Haar*) die Strähne ④ **a winning streak** eine Glückssträhne

to **streak** [striːk] ① streifen; **to be streaked** gestreift sein; **streaked with dirt** von Dreck verschmiert ② *Blitz:* zucken ③ flitzen; (*nackt*) blitzen

streak·er [striːkəʳ] der Blitzer/die Blitzerin

streaky ['striːki] ① *Fenster:* verschmiert ② **streaky bacon** der durchwachsene Speck

stream [striːm] ① der Bach ② *von Flüssigkeit, Luft, Menschen:* der Strom ③ die Strömung; **to go with/against the stream** mit dem/gegen den Strom schwimmen ④ *von Licht:* die Flut ⑤ *von Worten:* der Schwall ⑥ (*in der Schule*) die Leistungsgruppe

F Nicht verwechseln mit **Strom** (der) = current!

to **stream** [striːm] ① strömen ② *Augen:* tränen ③ *Licht:* fluten ④ *Fahne:* wehen ⑤ in Leistungsgruppen einteilen *Schüler*

stream·er ['striːməʳ] ① der Wimpel, das Banner ② (*aus Stoff*) das Band ③ (*aus Papier*) die Luftschlange

to **stream·line** ['striːmlaɪn] (*übertragen*) rationalisieren

stream·lined ['striːmlaɪnd] ① *Auto:* windschnittig ② (*übertragen*) rationalisiert, modernisiert

street [striːt] ① die Straße; **in the street, on the street** (USA) auf der Straße ② **it's right up my street** (*umgangsspr*) das ist genau mein Fall

G **street** wird für Straßen mit Häusern und Geschäften in Städten und Dörfern gebraucht: *John met his friend in the street; the street I live in is very quiet;*
road wird für Verkehrsstraßen außerhalb der Städte und Dörfer gebraucht: *we are on the road to Manchester, cars go fast along the main road*

street·car ['striːtkɑːʳ] (USA) die Straßenbahn

street cred, street cred·ibil·ity (*umgangsspr*) das In-Sein, die Glaubwürdigkeit [innerhalb einer Gruppe]

street lamp die Straßenlaterne

strength [streŋ(k)θ] ① die Kraft, die Stärke; **to recover one's strength** seine Kräfte wiedererlangen; **to save one's strength** mit seinen Kräften haushalten; **the strength of the dollar** die Stärke des Dollars; **strength of will** die Willensstärke ② *einer Konstruktion:* die Stabilität ③ *einer Meinung:* die Überzeugtheit ④ *eines Arguments:* die Überzeugungskraft ⑤ *einer Farbe:* die Intensität ⑥ **on the strength of something** auf Grund einer Sache ⑦ **to be at full strength** vollzählig sein

to **strength·en** ['streŋ(k)θən] ① stärken ② (*übertragen*) bestärken; **to strengthen someone's determination** jemanden in seinem Entschluss bestärken ③ *Wind:* stärker werden

strenu·ous ['strenjuəs] ① anstrengend ② *Bemühungen, Versuch:* unermüdlich, energisch ③ *Ablehnung:* hartnäckig ④ *Protest:* heftig

stress [stres] <*Plural* stresses> ① der Stress, die Belastung; **to put someone under great stress** jemanden großen Belastungen aussetzen; **times of stress** die Krisenzeiten ② die Betonung; **to put the stress on something** etwas betonen ③ (*technisch*) die Belastung

to **stress** [stres] ① betonen, großen Wert legen auf ② betonen *Silbe* ③ (*technisch*) belasten

◆ to **stress out** (*umgangsspr*) **to be stressed out** völlig gestresst sein

stressed [strest] gestresst

stress·ful ['stresfʊl] anstrengend, stressig

stretch [stretʃ] <*Plural* stretches> ① **to have a stretch** sich strecken, sich dehnen; **to give something a stretch** etwas dehnen ② *von Material:* die Elastizität, die Dehnbarkeit ③ *einer Straße, eines Flusses:* das Stück; *einer Reise:* der Abschnitt; **the stretch of coast between ...** das Stück Küste zwischen ... ④ (*zeitlich*) der Zeitraum; **at a stretch** ohne Unterbrechung; **for hours at a stretch** stundenlang ⑤ **to be at full stretch** bis zum Äußersten gedehnt sein, mit aller Kraft arbeiten

to **stretch** [stretʃ] ① strecken *Arm, Hand;* **to stretch one's legs** sich die Beine vertreten; **to stretch one's neck** den Hals recken ② dehnen *Gummiband;* **to become stretched** *Jeans:* ausleiern ③ ausbreiten *Decke, Flügel* ④ spannen *Seil;* **to stretch something tight** etwas straffen ⑤ voll ausnutzen *Reserven* ⑥ es nicht so genau nehmen mit *Gesetz, Wahrheit;* **to stretch a point** ein Auge zudrücken ⑦ *Person, Tier:* sich strecken, sich dehnen; **to stretch to reach something** sich recken, um etwas zu erreichen ⑧ *Ebene, Zeit:* sich erstrecken (**to** bis (zu)) ⑨ *Essen, Geld:* reichen ⑩ **to stretch back to** zurückreichen bis

◆ to **stretch out** ① ausstrecken *Arm, Bein* ② ausbreiten *Decke, Flügel* ③ *Person:* sich ausstrecken ④ (*räumlich*) sich ausbreiten ⑤ (*zeitlich*) sich erstrecken

stretch·er ['stretʃəʳ] die Tragbahre

strict [strɪkt] ① streng, strikt; **in strict confidence** streng vertraulich ② *Katholik:* strenggläubig ③ *Neutralität:* absolut

strict·ly ['strɪktli] ① streng ② genau; **strictly speaking** genau genommen

to **stride** [straɪd] <strode, stridden> schreiten; **to stride along** [*oder* **out**] ausschreiten

stride [straɪd] der Schritt

strike [straɪk] ① der Streik, der Ausstand; **to be on strike** streiken, im Ausstand sein; **to go on strike** in den Streik treten ② *von Gold, Öl:* der Fund ③ (*militärisch*) der Angriff

to **strike** [straɪk] <struck, struck> ① schlagen ② *Geschoss, Unglück:* treffen ③ anzünden *Streichholz* ④ *Schmerz:* durchzucken ⑤ *Person:* stoßen gegen; **to strike one's head against something** mit dem Kopf gegen etwas stoßen ⑥ *Auto:* fahren gegen ⑦ **the ship struck the**

S

rocks das Schiff lief auf die Felsen auf ⑧ *Blitz:* einschlagen in *Baum;* treffen *Person;* **to be struck by lightning** vom Blitz getroffen werden ⑨ (*übertragen*) in den Sinn kommen; **that strikes me as a good idea** das kommt mir sehr vernünftig vor; **it strikes me that ...** ich habe den Eindruck, dass ...; mir fällt auf, dass ...; **a thought struck me** mir kam plötzlich ein Gedanke ⑩ beeindrucken; **how does it strike you?** wie finden Sie das? ⑪ stoßen auf *Öl* ⑫ **to be struck on someone** von jemandem beeindruckt sein ⑬ **to strike it rich** das große Geld machen ⑭ **to be struck off a list** von einer Liste gestrichen werden ⑮ (*militärisch*) zuschlagen, angreifen ⑯ *Panik:* ausbrechen ⑰ *Uhr:* schlagen ⑱ *Arbeiter:* streiken

G Richtiges Konjugieren von **strike**: strike, struck, struck — *Fergus struck a match; the school was struck by lightning.*

◆to **strike back** ① zurückschlagen ② (*übertragen*) sich wehren; **to strike back at someone** sich gegen jemanden zur Wehr setzen

◆to **strike off** ① *Blitz:* abschlagen *Ast* ② *von einer Liste:* streichen

◆to **strike out** ① [aus]streichen *Text* ② schlagen; **to strike out wildly** wild um sich schlagen ③ sich aufmachen, losziehen; **to strike out in a new direction** neue Wege gehen

◆to **strike up** ① machen, anknüpfen *Bekanntschaft* ② anfangen *Gespräch* ③ anstimmen *Melodie*

strik·er [ˈstraɪkəʳ] ① der/die Streikende ② (*Sport*) der Stürmer/die Stürmerin

strik·ing [ˈstraɪkɪŋ] ① *Ähnlichkeit, Aussehen:* auffallend ② *Unterschied:* verblüffend ③ *Schönheit:* umwerfend ④ *Arbeiter:* streikend

string [strɪŋ] ① die Schnur, der Bindfaden ② *einer Bohne:* der Faden ③ **string of pearls** die Perlenschnur ④ (*übertragen*) die Serie, die Reihe; **a string of phone calls** eine Reihe von Telefonaten ⑤ (*Musik, Sport*) die Saite; **the strings** die Streichinstrumente ▶WENDUNGEN: **to pull strings** Beziehungen spielen lassen; **to pull the strings** die Fäden ziehen; **without strings** ohne Bedingungen

to **string** [strɪŋ] <strung, strung> ① besaiten *Gitarre* ② bespannen *Tennisschläger*

◆to **string along** ① **to string someone along** jemanden hinhalten ② sich anschließen

◆to **string out** sich verteilen; **the runners were well strung out** das Feld folgte in weiten Abständen

stringed in·stru·ment [ˌstrɪŋdˈ-] das Saiteninstrument

to **strip** [strɪp] <stripped, stripped> ① ausziehen *Person* ② abziehen *Bett* ③ abkratzen *Farbe* ④ **to strip the wallpaper off the walls** die Tapete von den Wänden abziehen [*oder* entfernen] ⑤ abbeizen *Holzoberfläche* ⑥ ausräumen *Schrank* ⑦ (*übertragen*) **to strip someone of something** jemandem etwas rauben ⑧ (*technisch*) demontieren, auseinandernehmen *Maschine;* **to strip down** zerlegen ⑨ **stripped of its decorations, the Christmas tree looked rather forlorn** ohne den Schmuck sah der Weihnachtsbaum ziemlich traurig aus ⑩ **to strip off** ausziehen *Kleidung;* entfernen *Blätter, Dekorationen* ⑪ *Person:* **to strip [off]** sich ausziehen; (*beim Arzt*) sich freimachen; **to strip to the waist** den Oberkörper freimachen

strip [strɪp] ① der Streifen ② (*Sport*) der Trikot, der Dress

stripe [straɪp] der Streifen

striped [straɪpt] gestreift

strip·per [ˈstrɪpəʳ] der Stripper/die Stripperin, der Stripteasetänzer/die Stripteasetänzerin

to **strive** [straɪv] <strove, striven> sich bemühen; **to strive to do something** bestrebt sein, etwas zu tun; **to strive for something** etwas anstreben; **to strive against something** gegen etwas kämpfen

striv·en [ˈstrɪvᵊn] *3. Form von* **strive**

strode [strəʊd] *2. Form von* **stride**

stroke [strəʊk] ① der Schlag, der Hieb; **at a** [*oder* **one**] **stroke** mit einem Schlag ② (*beim Kricket, Golf, Rudern, Tennis*) der Schlag; (*beim Schwimmen*) der Zug; **what's your best stroke?** in welchem Schwimmstil bist du am besten? ③ *eines Pinsels:* der Strich ④ (*übertragen*) der Schlag; **he doesn't do a stroke of work** er rührt keinen Finger ⑤ (*medizinisch*) der Schlaganfall; **to have a stroke** einen Schlaganfall bekommen ⑥ **a stroke of luck** ein Glücksfall ⑦ **to give someone a stroke** jemanden streicheln ⑧ **two-stroke engine** der Zweitaktmotor

to **stroke** [strəʊk] streicheln

to **stroll** [strəʊl] spazieren, bummeln; **to stroll along the road** die Straße entlangbummeln

stroll [strəʊl] der Spaziergang, der Bummel; **to take a stroll** einen Bummel machen

strong [strɒŋ] <stronger, strongest> ① stark, kräftig ② *Wand:* stabil, solide ③ *Konstitution:* robust ④ *Charakter:* fest ⑤ *Einfluss:* groß, stark ⑥ *Argument:* überzeugend ⑦ *Protest:* energisch ⑧ (*zahlenmäßig*) stark ⑨ *Akzent, Parfüm:* stark ⑩ *Geruch:* stark, streng ⑪ *Farbe:* kräftig ⑫ *Lösung:* konzentriert ⑬ *Währung:* stark ⑭ **to have strong feelings about something** in Bezug auf etwas stark engagiert sein; **to have strong feelings for something** eine starke Bindung an etwas haben ⑮ **his strong point** seine Stärke; **he is strong in History** Geschichte ist seine Stärke ⑯ **a strong drink** ein harter Drink ⑰ **to be going strong** gut in Form sein, in

S

Schwung sein

strong·ly ['strɒŋli] ① *vermuten:* stark ② *scheinen, treten:* kräftig ③ *protestieren:* energisch ④ **to strongly believe that ...** fest daran glauben, dass ... ⑤ **I strongly advise you ...** ich möchte Ihnen dringendst raten ... ⑥ **strongly built** *Ding:* solide gebaut; *Person:* kräftig gebaut ⑦ **I feel very strongly about this** es liegt mir viel daran

strong-mind·ed [-'maɪndɪd] willensstark

strop·py ['strɒpi] (*umgangsspr*) pampig

strove [strəʊv] *2. Form von* **strive**

struck [strʌk] *2. und 3. Form von* **strike**

struc·ture ['strʌktʃəʳ] ① die Struktur, der Aufbau, das Gefüge; **bone structure** der Knochenbau ② das Bauwerk, die Konstruktion, das Gebilde

to **struc·ture** ['strʌktʃəʳ] ① strukturieren ② aufbauen, gliedern *Aufsatz*

to **strug·gle** ['strʌgl̩] ① kämpfen ② (*finanziell*) in Schwierigkeiten sein ③ (*übertragen*) sich abmühen, sich quälen; **to struggle to do something** sich abmühen, etwas zu tun; **to struggle for air/words** nach Luft/Worten ringen; **to struggle to one's feet** sich [mühsam] aufrappeln; **to struggle along** sich durchschlagen

strug·gle ['strʌgl̩] der Kampf (**for** um); **to put up a struggle** sich wehren; **struggle for survival** der Überlebenskampf; **without a struggle** kampflos; **to have a hard struggle to do something** große Mühe haben, etwas zu tun

strung [strʌŋ] *2. und 3. Form von* **string**

stub [stʌb] ① *eines Bleistifts:* der Stummel ② *einer Zigarette:* die Kippe ③ *eines Schecks:* der Abschnitt

to **stub** [stʌb] <stubbed, stubbed> ① **to stub one's toe** mit dem Zeh an etwas stoßen ② **to stub out a cigarette** eine Zigarette ausdrücken

stub·born ['stʌbən] ① stur, störrisch ② *Husten, Widerstand:* hartnäckig

stuck[1] [stʌk] *2. und 3. Form von* **stick**

stuck[2] [stʌk] ① **I'm stuck!** ich stecke fest!; (*mit einer Aufgabe*) ich komme nicht weiter! ② **the car got stuck** das Auto ist stecken geblieben ③ **the door is stuck** die Tür klemmt ④ **he was stuck at the airport without any money** er saß ohne Geld am Flughafen fest ⑤ **I was stuck for an answer** ich wusste nicht, was ich sagen sollte ⑥ **to get stuck into someone** jemanden richtig in die Mangel nehmen ⑦ **to get stuck into something** etwas in Angriff nehmen ⑧ **to be stuck with something** etwas am Hals haben

stuck-up [ˌstʌk'ʌp] (*umgangsspr*) hochnäsig

stud[1] [stʌd] (*Schmuck*) der [Ohr]stecker; **stud earring** der Ohrstecker

stud[2] [stʌd] (*Pferd*) der Zuchthengst

stu·dent ['stju:dᵊnt] ① der Student/die Studentin ② (USA) der Schüler/die Schülerin

stu·dent loan das Studiendarlehen, das Ausbildungsdarlehen

stu·dent un·ion, **stu·dents' un·ion** das Studentenwerk

studies ['stʌdiz] *Plural* ① das Studium; **he enjoys his studies** ihm macht sein Studium Spaß ② (*Fachgebiet*) **business studies** die Betriebswirtschaft

stu·dio ['stju:diəʊ] <*Plural* studios> ① das Studio ② *eines Malers:* das Atelier

stu·di·ous ['stju:diəs] ① fleißig, eifrig ② lernbegierig

study ['stʌdi] ① das Studium, das Lernen; **during my studies** während meines Studiums ② die Studie (**of** über), die Untersuchung (**of** über); **to make a study of something** etwas untersuchen ③ das Arbeitszimmer

to **study** ['stʌdi] ① studieren; (*in der Schule*) lernen; **to study for an exam** für eine Prüfung lernen; **to study under someone** bei jemandem studieren ② beobachten *Natur* ③ sich befassen mit *Text*

stuff [stʌf] ① das Zeug; **green stuff** das Grünzeug ② (*umgangsspr*) der Kram, die Sachen; **books and stuff** Bücher und so; **and stuff like that** und so was ③ (*slang: Drogen*) der Stoff ④ **to know one's stuff** wissen, wovon man redet

to **stuff** [stʌf] ① vollstopfen *Behälter* ② zustopfen *Ohren* ③ füllen *Gans, Kissen* ④ **to stuff oneself** (*umgangsspr*) sich vollstopfen ⑤ **to stuff something away** etwas wegstecken ⑥ **to stuff something into an envelope** etwas in einen Umschlag stecken ⑦ **to be stuffed up** verschnupft sein ⑧ **stuff it!** (*umgangsspr*) Scheiß drauf! *slang;* **get stuffed!** (*umgangsspr*) du kannst mich mal! *slang*

stuff·ing ['stʌfɪŋ] ① (*Essen*) die Füllung ② das Polstermaterial; *von Kissen:* die Füllung

stuffy ['stʌfi] ① *Raum:* stickig, dumpf ② (*übertragen*) spießig, prüde

to **stum·ble** ['stʌmbl̩] stolpern; **to stumble against something** gegen etwas stoßen; **to stumble on something** über etwas stolpern; **to stumble on** [*oder* **across**] **something** (*übertragen*) auf etwas stoßen; **she stumbled through her speech** stockend hielt sie ihre Rede

stum·bling block der Stolperstein

stump [stʌmp] der Stumpf

to **stump** [stʌmp] ① **you've got me stumped** (*umgangsspr*) da bin ich überfragt ② stapfen; **to stump along** entlangstapfen ③ **to stump up** (*umgangsspr*) blechen *umgangsspr*

to **stun** [stʌn] <stunned, stunned> ① betäuben ② (*übertragen*) aus der Fassung bringen

stung [stʌŋ] *2. und 3. Form von* **sting**

stunk [stʌŋk] *3. Form von* **stink**

stunned [stʌnd] ① betäubt, benommen ② (*übertragen*) fassungslos

stun·ning ['stʌnɪŋ] ① *Schlag:* wuchtig, betäubend ② (*umgangsspr*) prächtig, toll, blendend; **stunningly beautiful** umwerfend schön

stu·pid ['stju:pɪd] <stupider *oder* more stupid, stupidest *oder* most stupid> ① dumm ② blöd[e]; **don't be stupid** sei doch nicht blöd

G **stupid** kann sowohl mit *-er/-est* als auch mit *more/most* gesteigert werden:
the more stupid jokes got the loudest laughs; that's the stupidest answer I've ever heard!

stu·pid·ity [stju:'pɪdəti] die Dummheit

stur·dy ['stɜ:di] ① *Person, Pflanze:* kräftig, stämmig ② *Material:* kräftig, robust ③ *Auto:* stabil

to **stut·ter** ['stʌtəʳ] stottern

stut·ter ['stʌtəʳ] das Stottern; **to have a stutter** stottern

sty [staɪ] der Schweinestall

style [staɪl] ① der Stil; **to do things in style** alles im großen Stil tun ② die Art; **that's not my style** das ist nicht meine Art

to **style** [staɪl] ① entwerfen, gestalten ② stylen *Frisur*

styl·ish ['staɪlɪʃ] ① modisch, elegant ② *Möbel:* stilvoll

styl·ist ['staɪlɪst] der Friseur/die Friseurin, die Friseuse

sub [sʌb] (*umgangsspr*) ① →**submarine** das U-Boot ② →**substitute** der Ersatzspieler/die Ersatzspielerin ③ →**subscription** der Beitrag, das Abo

sub·con·scious[1] [sʌb'kɒn(t)ʃəs] unterbewusst

sub·con·scious[2] [sʌb'kɒn(t)ʃəs] **the subconscious** das Unterbewusstsein

to **sub·due** [sʌb'dju:] ① besiegen, unterwerfen *Land, Rebellen* ② überwältigen *Gewalttäter* ③ bändigen, zähmen *Tier*

sub·dued [sʌb'dju:d] ① *Licht, Stimme:* gedämpft ② **you seem rather subdued** du machst einen etwas niedergeschlagenen Eindruck

sub·ject[1] ['sʌbdʒɪkt] ① anfällig (**to** für); **prices are subject to change without notice** Preisänderungen vorbehalten ② abhängig (**to** von); **subject to availability** solange Vorrat reicht; **the contract is subject to government approval** der Vertrag unterliegt staatlicher Genehmigung

sub·ject[2] ['sʌbdʒɪkt, -dʒekt] ① das Thema; **to change the subject** das Thema wechseln; **on the subject of ...** zum Thema ... ② (*in Schule*) das Fach ③ (*grammatisch*) das Subjekt ④ der Gegenstand; **to be the subject of an investigation/much criticism** Gegenstand einer Untersuchung/heftiger Kritik sein; **subject of research** das Forschungsobjekt

sub·ject[3] ['sʌbdʒɪkt, -dʒekt] der Staatsbürger/die Staatsbürgerin; *einer Monarchie:* der Untertan/die Untertanin

to **sub·ject** [səb'dʒekt] ① unterwerfen ② **to subject someone to something** jemanden einer Sache aussetzen; **to subject oneself to something** sich einer Sache unterziehen

sub·jec·tive [səb'dʒektɪv] subjektiv

sub·junc·tive [səb'dʒʌŋ(k)tɪv] der Konjunktiv

to **sub·let** [sʌb'let] <sublet, sublet> untervermieten

sub·ma·rine [ˌsʌbməʳ'i:n] das Unterseeboot, das U-Boot

to **sub·merge** [səb'mɜ:dʒ] ① untertauchen; **to submerge something in water** etwas in Wasser [ein]tauchen ② *Wasser:* überschwemmen, überfluten ③ *Taucher, U-Boot:* tauchen

sub·merged [səb'mɜ:dʒd] ① *Felsen:* unter Wasser ② *Wrack:* gesunken

sub·mis·sion [səb'mɪʃᵊn] ① die Unterwerfung (**to** unter); **to force someone into submission** jemanden zwingen, sich zu ergeben; **to starve someone into submission** jemanden aushungern ② die Einreichung; **to make a submission to someone** jemandem eine Vorlage machen

sub·mis·sive [səb'mɪsɪv] gehorsam, unterwürfig

to **sub·mit** [səb'mɪt] <submitted, submitted> ① einreichen, einsenden *Antrag, Bewerbung;* **to submit something to someone** jemandem etwas vorlegen ② verweisen an; **to submit something to investigation** etwas einer Untersuchung unterziehen ③ **to submit to someone/something** sich jemandem/etwas beugen ④ (*Sport*) aufgeben ⑤ **to submit oneself to something** sich einer Sache unterziehen

sub·or·di·nate[1] [sə'bɔ:dᵊnət] untergeordnet; **subordinate clause** der Nebensatz

sub·or·di·nate[2] [sə'bɔ:dɪneɪt] der/die Untergebene

sub·prime ['sʌbpraɪm] **subprime loans** die zweitklassigen Kredite, die Kredite mit geringer Bonität; **subprime mortgage** die Ramschhypothek

to **sub·scribe** [səb'skraɪb] ① **to subscribe for shares** Aktien zeichnen ② **to subscribe to an appeal** sich an einer Spendenaktion beteiligen ③ **to subscribe to a magazine** eine Zeitschrift abonnieren ④ **to subscribe to the view that ...** sich der Meinung anschließen, dass ...

sub·scrib·er [səb'skraɪbəʳ] ① *einer Zeitschrift:* der Abonnent/die Abonnentin ② (*für einen Wohltätigkeitsverein*) der Spender/die Spenderin ③ **telephone subscriber** der Fernsprechteilnehmer/die Fernsprechteilnehmerin ④ *von Aktien:* der Zeichner/die Zeichnerin

sub·scrip·tion [səb'skrɪpʃᵊn] ① das Abonne-

S

ment; **to take out a subscription to something** etwas abonnieren ② der Mitgliedsbeitrag

sub·se·quent ['sʌbsɪkwənt] ① folgend ② (*zeitlich*) später

sub·se·quent·ly ['sʌbsɪkwəntli] später, anschließend

to **sub·side** [səb'saɪd] ① *Flut:* sinken ② *Boden, Haus:* sich senken

sub·sidi·ary [səb'sɪdiəri] ① **subsidiary [company]** die Tochtergesellschaft ② **subsidiary subject** das Nebenfach

to **sub·si·dize** ['sʌbsɪdaɪz] ① subventionieren *Firma* ② finanziell unterstützen *Person*

sub·si·dy ['sʌbsɪdi] die Subvention, der Zuschuss

to **sub·sist** [səb'sɪst] ① existieren ② leben (**on** von)

sub·stance ['sʌbstən(t)s] ① (*Materie*) die Substanz, der Stoff ② (*Gehalt*) die Substanz, der Kern

sub·stan·tial [səb'stæn(t)ʃəl] ① *Mahlzeit, Mensch:* kräftig ② *Gebäude:* solide ③ *Beweis:* schlüssig ④ *Grund:* stichhaltig ⑤ *Einkommen:* beträchtlich, bedeutend; *Wissen:* umfangreich

sub·stan·tial·ly [səb'stæn(t)ʃəli] ① erheblich, beträchtlich, wesentlich ② im Wesentlichen

sub·sti·tute ['sʌbstɪtju:t] ① der Ersatz, die Vertretung ② (*Sport*) der Ersatzspieler/die Ersatzspielerin

to **sub·sti·tute** ['sʌbstɪtju:t] ① **to substitute something for something** etwas durch etwas ersetzen ② **to substitute for someone** jemanden vertreten ③ **to substitute for something** etwas ersetzen

sub·sti·tu·tion [ˌsʌbstɪ'tju:ʃən] ① das Ersetzen ② (*Sport*) der Austausch

sub·ti·tle ['sʌbˌtaɪtl̩] der Untertitel

sub·tle ['sʌtl̩] <subtler *oder* more subtle, subtlest *oder* most subtle> ① *Aroma:* fein ② *Parfüm:* zart ③ *Charme:* unaufdringlich ④ *Humor:* hintersinnig ⑤ *Bemerkung:* scharfsinnig ⑥ *Unterschied:* subtil ⑦ *Plan:* raffiniert

S

G **subtle** kann sowohl mit *-er/-est* als auch mit *more/most* gesteigert werden:
the subtler styles suited her better,
he is sensitive to the most subtle changes in the weather

sub·to·tal ['sʌbˌtəʊtəl] die Zwischensumme

to **sub·tract** [səb'trækt] abziehen, subtrahieren (**from** von)

sub·trac·tion [səb'trækʃən] die Subtraktion

sub·urb ['sʌbɜ:b] der Vorort; **in the suburbs** am Stadtrand

sub·ur·ban [sə'bɜ:bən] ① vorstädtisch; **suburban theatre** das Vorstadttheater; **suburban traffic** der Vorort[s]verkehr ② (*abwertend*) kleinbürgerlich, spießig

sub·ver·sive[1] [səb'vɜ:sɪv] subversiv, umstürzlerisch, staatsgefährdend

sub·ver·sive[2] [səb'vɜ:sɪv] der Umstürzler/die Umstürzlerin, das subversive Element

to **sub·vert** [sʌb'vɜ:t] stürzen; untergraben *Grundsätze*

sub·way ['sʌbweɪ] ① die [Fußgänger]unterführung ② (USA) die Untergrundbahn, die U-Bahn

sub-zero [ˌsʌb'zɪərəʊ] unter Null, unter dem Gefrierpunkt

to **suc·ceed** [sək'si:d] ① erfolgreich sein, Erfolg haben; **I succeeded in doing it** es gelang mir, es zu tun ② *Plan:* gelingen ③ nachfolgen; **to succeed to an estate** einen Besitz erben; **to succeed to the throne** die Thronfolge antreten ④ **to succeed someone** jemandes Nachfolger/Nachfolgerin werden

suc·ceed·ing [sək'si:dɪŋ] aufeinanderfolgend, nachfolgend

suc·cess [sək'ses] <*Plural* success> der Erfolg; **to make a success of something** mit etwas Erfolg haben; **without success** ohne Erfolg, erfolglos

suc·cess·ful [sək'sesfəl] erfolgreich; **to be successful at everything** bei allem Erfolg haben; **to be entirely successful** ein voller Erfolg sein; **to be successful at** [*oder* **in**] **doing something** etwas mit Erfolg tun

suc·ces·sion [sək'seʃən] ① die Folge; **a succession of visitors** eine Reihe von Besuchern; **in succession** nacheinander, hintereinander; **in quick succession** in rascher Folge ② **in succession to someone** als jemandes Nachfolger/Nachfolgerin; **succession to the throne** die Thronfolge

suc·ces·sive [sək'sesɪv] aufeinanderfolgend

suc·ces·sor [sək'sesər] ① *Person:* der Nachfolger/die Nachfolgerin (**to** für) ② *Produkt:* das Nachfolgemodell

such[1] [sʌtʃ, sətʃ] ① solche(r, s); **such a book** so ein Buch; **such a thing** so etwas; **no such thing** nichts dergleichen; **in such a case** in einem solchen Fall; **men such as these** Männer wie diese; **she's such a beauty** sie ist solch eine Schönheit; **his behaviour was such that ...** sein Verhalten war so, dass ... ② so, solch; **it's such a long time ago** es ist so lange her

such[2] [sʌtʃ, sətʃ] **such was not my intention** das war nicht meine Absicht; **such is life!** so ist das Leben!; **as such** an sich; **such as it is** so, wie es nun mal ist

to **suck** [sʌk] ① saugen an *Brust, Trinkhalm* ② lutschen *Bonbon;* lutschen an *einem Eis;* **to suck one's thumb** am Daumen lutschen; **to suck one's dummy** am Schuller nuckeln ③ *Baby:* saugen, nuckeln

◆ to **suck down** hinunterziehen

◆ to **suck in** ① aufsaugen *Flüssigkeit, Staub*

Making suggestions

How about/What about a cup of tea?

What do you think about going out for dinner?

Would you like to go for a walk?

Etwas vorschlagen

Wie wär's mit einer Tasse Tee?

Was hältst du davon, essen zu gehen?

Hättest du Lust, spazieren zu gehen?

② ansaugen *Luft;* einziehen *Backen*

◆ to **suck under** hinunterziehen, verschlingen

◆ to **suck up** ① aufsaugen ② **to suck up to someone** (*umgangsspr*) jemandem schöntun

suck·er [ˈsʌkəʳ] **to be a sucker for something** auf etwas hereinfallen; (*mögen*) eine Schwäche für etwas haben

sud·den¹ [ˈsʌdᵊn] plötzlich

sud·den² [ˈsʌdᵊn] **all of a sudden** [ganz] plötzlich

sud·den·ly [ˈsʌdᵊnli] plötzlich

to **sue** [suː] ① **to sue someone for damages** jemanden auf Schadenersatz verklagen ② klagen; **to sue for divorce** die Scheidung einreichen; **to sue for peace** um Frieden bitten

suede [sweɪd] das Wildleder

to **suf·fer** [ˈsʌfəʳ] ① erleiden *Rückschlag, Schmerz, Verlust* ② leiden *Hunger, Not* ③ **to suffer from headaches/the heat** unter Kopfschmerzen/der Hitze leiden; **to suffer from rheumatism** an Rheuma leiden ④ **you'll suffer for that!** das wirst du büßen! ⑤ **to suffer the consequences** die Folgen tragen

suf·fer·ing [ˈsʌfᵊrɪŋ] das Leiden

to **suf·fice** [səˈfaɪs] genügen, [aus]reichen; **suffice [it] to say that ...** es genügt [*oder* reicht] wohl, wenn ich sage, dass ...

suf·fi·cient [səˈfɪʃᵊnt] genügend, genug, ausreichend, hinreichend; **to be sufficient** genügen, ausreichen, genug sein

suf·fix [ˈsʌfɪks] die Nachsilbe, das Suffix

to **suf·fo·cate** [ˈsʌfəkeɪt] ersticken

suf·fo·cat·ing [ˈsʌfəkeɪtɪŋ] erstickend; *Luft:* stickig; *Atmosphäre:* erdrückend

sug·ar [ˈʃʊgəʳ] ① der Zucker; **sugar basin, sugar bowl** die Zuckerdose; **a sugar lump** ein Stück Würfelzucker ② (*umgangsspr*) der Liebling, das Schätzchen

sug·ary [ˈʃʊgᵊri] ① süß ② (*übertragen*) zuckersüß, süßlich

to **sug·gest** [səˈdʒest] ① vorschlagen; **I suggest going** ich schlage vor, dass wir gehen ② vorbringen, nahelegen *Theorie;* **I suggest [to you] that ...** ich möchte [Ihnen] nahelegen, dass ... ③ andeuten, unterstellen; **what are you trying to suggest?** worauf wollen Sie hinaus?; **to suggest something to someone** jemandem etwas suggerieren ④ *Gedicht, Musik:* denken lassen an; *Farben:* andeuten

sug·ges·tion [səˈdʒestʃᵊn] ① der Vorschlag; **following his suggestion** auf seinen Vorschlag hin; **at the suggestion of** auf Anregung von; **suggestion box** der Kummerkasten ② die Vermutung; **to make the suggestion that ...** die Vermutung äußern, dass ... ③ die Andeutung, die Anspielung; **there is no suggestion that ...** niemand unterstellt, dass ... ④ die Spur, der Anflug; **with a suggestion of irony** mit einer Spur von Ironie ⑤ der Eindruck, die Vorstellung; **in order to create a suggestion of depth** um den Eindruck von Tiefe zu erwecken

sug·ges·tive [səˈdʒestɪv] ① *Bemerkung:* zweideutig, anzüglich ② **to be suggestive of something** den Eindruck von etwas erwecken, auf etwas hindeuten

sui·cide [ˈsuːɪsaɪd] der Selbstmord, der Suizid; **to commit suicide** Selbstmord begehen

suit [suːt] ① (*für Männer*) der Anzug; (*für Frauen*) das Kostüm; **suit of armour** die Rüstung ② (*juristisch*) der Prozess, das Verfahren ③ *von Karten:* die Farbe; **to follow suit** Farbe bedienen; (*übertragen*) jemandes Beispiel folgen

to **suit** [suːt] ① **to suit someone** *Termin:* jemandem passen; *Farbe, Frisur, Kleider:* jemandem gut stehen; **that suits me fine!** das passt mir gut! ② **to suit someone** *Klima:* jemandem bekommen ③ **to be suited to** geeignet sein für; **they are well suited [to each other]** sie passen gut zusammen ④ **suit yourself!** wie du willst!

suit·able [ˈsuːtəbl̩] passend, geeignet, angemessen; **to be suitable for someone** *Termin:* jemandem passen; *Film, Stelle:* für jemanden geeignet sein; **she's not suitable for him** sie passt nicht zu ihm; **to be suitable for something** für etwas geeignet sein; **suitable for the masses** massenkompatibel

suit·case [ˈsuːtkeɪs] der Koffer

S

to **sulk** [sʌlk] schmollen, eingeschnappt sein
sulky ['sʌlki] eingeschnappt, schmollend
sul·len ['sʌlən] verdrießlich, mürrisch
sul·phu·ric [sʌl'fjʊərɪk] **sulphuric acid** die Schwefelsäure
sul·tana [səl'tɑːnə] (*Rosinenart*) die Sultanine
sul·try ['sʌltri] 1 schwül 2 (*übertragen*) sinnlich, erotisch
sum [sʌm] 1 die [Geld]summe, der Betrag 2 die Rechenaufgabe; **to do sums** [**in one's head**] [im Kopf] rechnen
◆ to **sum up** 1 zusammenfassen 2 einschätzen; **she summed me up at a glance** sie taxierte mich mit einem Blick
to **sum·ma·rize** ['sʌmᵊraɪz] zusammenfassen
sum·mary ['sʌmᵊri] die Zusammenfassung
sum·mer ['sʌməʳ] der Sommer; **in** [**the**] **summer** im Sommer; **two summers ago** vorletzten Sommer; **a summer's day** ein Sommertag; **summer holidays** [*oder* USA **vacations**] die Sommerferien

> **L** Die **summer vacations** dauern in den USA zweieinhalb Monate — von Anfang Juni bis Mitte August. Ursprünglich waren die Ferien so lang, damit die Kinder auf einem Bauernhof oder einer Ranch arbeiten konnten. Um die Jahrhundertwende, als immer mehr Leute in die Städte zogen, wurden **summer camps** (Ferienlager), auf denen die Stadtkinder die Natur erleben konnten, immer beliebter. Heutzutage kann man ein Ferienlager für Musik, Baseball, Pferdereiten usw. besuchen.

sum·mer·time ['sʌmətaɪm] 1 der Sommer 2 die Sommerzeit
sum·mit ['sʌmɪt] 1 der Gipfel 2 die Gipfelkonferenz
to **sum·mon** ['sʌmən] 1 (*juristisch*) vor Gericht laden 2 **to summon someone to do something** jemanden auffordern, etwas zu tun 3 **to summon up one's courage** seinen Mut zusammennehmen
sum·mons ['sʌmənz] <*Plural* summonses> (*juristisch*) die Vorladung; **to take out a summons against someone** jemanden vorladen lassen
sun [sʌn] die Sonne
to **sun** [sʌn] **to sun oneself** sich sonnen
to **sun·bathe** ['sʌnbeɪð] sonnenbaden
sun-bed ['sʌnbed] die Sonnenbank
sun-block der Sonnenblocker
sun·burn ['sʌnbɜːn] der Sonnenbrand
sun·burnt ['sʌnbɜːnt] **to be/get sunburnt** einen Sonnenbrand haben/bekommen
sun-cream die Sonnenschutzcreme
sun·dae ['sʌndeɪ] der Eisbecher mit Früchten
Sun·day ['sʌndeɪ] der Sonntag; **on Sunday** am Sonntag; **on Sundays** sonntags; **Sunday school** die Sonntagsschule

S

sun·dial ['sʌndaɪəl] die Sonnenuhr
sun·down ['sʌndaʊn] USA der Sonnenuntergang
sun·dries ['sʌndrɪz] *Plural* (*Posten einer Rechnung*) Verschiedenes
sun·dry ['sʌndri] verschiedene ▸ WENDUNGEN: **all and sundry** Hinz und Kunz
sun·flow·er ['sʌnˌflaʊəʳ] die Sonnenblume
sung [sʌŋ] *3. Form von* **sing**
sun·glasses ['sʌnˌglɑːsɪz] ⚠ *Plural* die Sonnenbrille
sun hat der Sonnenhut
sunk [sʌŋk] *3. Form von* **sink**
sunk·en ['sʌŋkən] 1 *Schiff:* versunken, untergegangen 2 *Augen, Garten:* tief liegend 3 *Wangen:* eingefallen
sun·light ['sʌnlaɪt] das Sonnenlicht; **in the sunlight** in der Sonne
sun·lit ['sʌnlɪt] von der Sonne beschienen
sun·ny ['sʌni] 1 sonnig 2 (*übertragen*) heiter, freundlich
sun·rise ['sʌnraɪz] der Sonnenaufgang; **at sunrise** bei Sonnenaufgang
sun·roof das Schiebedach
sun·room der Wintergarten
sun·set ['sʌnset] der Sonnenuntergang; **at sunset** bei Sonnenuntergang
sun·shade ['sʌnʃeɪd] 1 der Sonnenschirm 2 USA die Markise
sun·shine ['sʌnʃaɪn] der Sonnenschein; **hours of sunshine** die Sonnenstunden
sun·stroke ['sʌnstrəʊk] der Sonnenstich
sun·tan ['sʌntæn] die Sonnenbräune; **suntan lotion** die Sonnenmilch; **suntan oil** das Sonnenöl
sun·tanned ['sʌntænd] braun gebrannt
sun·up ['sʌnʌp] USA der Sonnenaufgang
sun vi·sor das Sonnenschild
su·per ['suːpəʳ] (*umgangsspr*) super, klasse, prima
su·perb [suː'pɜːb] 1 großartig, prächtig 2 *Qualität:* ausgezeichnet, hervorragend
super·fi·cial [ˌsuːpə'fɪʃᵊl] 1 oberflächlich 2 *Ähnlichkeit:* äußerlich
super·flu·ous [suː'pɜːfluəs] überflüssig
super·glue® ['suːpəgluː] der Sekundenkleber
super·in·ten·dent [ˌsuːpᵊrɪn'tendᵊnt] 1 die Aufsicht 2 (*im Park*) der Parkwächter/die Parkwächterin 3 (*bei der Polizei*) ≈ der Kommissar/die Kommissarin 4 **superintendent of schools** der Schulrat/die Schulrätin 5 USA der Hausverwalter/die Hausverwalterin
su·peri·or[1] [suː'pɪəriəʳ] 1 *Qualität:* besser (**to** als) 2 *Fähigkeit, Intelligenz:* überlegen; **to be superior to someone** jemandem überlegen sein 3 *Arbeit, Hotel, Technik:* großartig, hervorragend 4 (*im Rang*) höher; **to be superior to someone** jemandem übergeordnet sein; **superior officer** der/die Vorgesetzte 5 *Kraft:*

größer 6 (*abwertend*) *Art:* überheblich

su·peri·or² [suːˈpɪəriəʳ] 1 der/die Vorgesetzte 2 der/die Überlegene

su·peri·or·ity [suːˌpɪəriˈɒrəti] 1 *von Waren:* die bessere Qualität 2 *von Fähigkeit:* die Überlegenheit 3 *von Rang:* die höhere Stellung 4 (*zahlenmäßig*) die Überlegenheit 5 (*abwertend*) die Überheblichkeit

super·la·tive [suːˈpɜːlətɪv] der Superlativ

super·mar·ket [ˈsuːpəˌmɑːkɪt] der Supermarkt

super·mar·ket trol·ley der Einkaufswagen

super·natu·ral¹ [ˈsuːpəˌnætʃərəl] übernatürlich

super·natu·ral² [ˈsuːpəˌnætʃərəl] **the supernatural** das Übernatürliche

super·pow·er [ˌsuːpəˈpaʊəʳ] die Weltmacht, die Großmacht

super·sized [ˈsuːpəsaɪzd] gigantisch

super·son·ic [ˌsuːpəˈsɒnɪk] Überschall-

super·star [ˈsuːpəstɑːʳ] der Superstar

super·sti·tious [ˌsuːpəˈstɪʃəs] abergläubisch

super·store [ˈsuːpəstɔːʳ] der Verbrauchermarkt

to **super·vise** [ˈsuːpəvaɪz] 1 beaufsichtigen 2 Aufsicht führen

super·vi·sion [ˌsuːpəˈvɪʒən] die Aufsicht, die Beaufsichtigung

super·vi·sor [ˈsuːpəvaɪzəʳ] 1 der Aufseher/die Aufseherin, die Aufsicht[sperson] 2 (*in der Schule*) der Fachbereichsleiter/die Fachbereichsleiterin, der Tutor/die Tutorin

super·vi·sory [ˌsuːpəˈvaɪzəri] beaufsichtigend, überwachend; **supervisory board** der Aufsichtsrat

sup·per [ˈsʌpəʳ] das Abendessen; **to have supper** zu Abend essen

sup·ple [ˈsʌpl] geschmeidig

sup·ple·ment [ˈsʌplɪmənt] 1 die Ergänzung, der Zusatz (**to** zu) 2 (*im Buch*) der Nachtrag, der Anhang; (*extra*) der Ergänzungsband 3 (*zu einer Zeitung*) die Beilage 4 (*zu einem Preis*) der Zuschlag

to **sup·ple·ment** [ˈsʌplɪment] ergänzen; **to supplement one's income** sein Einkommen aufbessern

sup·ple·men·ta·ry [ˌsʌpləˈmentəri] ergänzend, zusätzlich; **supplementary charge** der Zuschlag; **supplementary income** das Zusatzeinkommen

sup·pli·er [səˈplaɪəʳ] der Lieferant/die Lieferantin, der Anbieter/die Anbieterin

to **sup·ply** [səˈplaɪ] 1 sorgen für *Getränke, Unterkunft* 2 liefern *Beweis, Elektrizität, Waren* 3 [zur Verfügung] stellen *Arbeitskleidung, Schreibmaterial* 4 beliefern *Fabrik, Kunden* 5 versorgen *Stadt, System* (**with** mit)

sup·ply [ˈsʌpli] 1 die Versorgung; **electricity supply** die Stromversorgung 2 die Lieferung (**to** an); **supply and demand** Angebot und Nachfrage 3 der Vorrat, der Proviant; **to be in short supply** knapp sein; **medical supplies** die Arzneimittel

sup·ply teach·er der Aushilfslehrer/die Aushilfslehrerin

to **sup·port** [səˈpɔːt] 1 [ab]stützen, tragen *Gewicht* 2 (*übertragen*) unterstützen; **without his family to support him** ohne die Unterstützung seiner Familie 3 (*übertragen*) fördern *Kunst* 4 erhärten, untermauern *Theorie* 5 befürworten *Antrag* 6 **to support oneself** sich stützen (**on** auf), sich ernähren

sup·port [səˈpɔːt] 1 die Stütze; **to give support to someone** jemanden stützen; **to lean on someone for support** sich auf jemanden stützen 2 (*übertragen*) die Unterstützung; **in support of** zur Unterstützung; **to depend on someone for financial support** von jemandem finanziell abhängig sein

sup·port·er [səˈpɔːtəʳ] 1 der Anhänger/die Anhängerin; *einer Theorie auch:* der Befürworter/die Befürworterin 2 (*Sport*) der Fan

sup·port·ing [səˈpɔːtɪŋ] **supporting programme** das Beiprogramm; **supporting role** die Nebenrolle

sup·por·tive [səˈpɔːtɪv] **to be very supportive [of someone]** [jemandem] eine große Hilfe [*oder* Stütze] sein

to **sup·pose** [səˈpəʊz] 1 annehmen; **let's suppose that ...** angenommen, dass ...; nehmen wir einmal an, dass ... 2 annehmen, denken; **I suppose he'll do it** er wird es wohl [*oder* vermutlich] tun; **I don't suppose he'll do it** ich glaube kaum, dass er es tut; **I suppose so** ich glaube schon; **I don't suppose so** ich glaube kaum; **I suppose not** wohl kaum 3 *in Passivkonstruktion* sollen; **she is supposed to be intelligent** sie soll intelligent sein; **to be supposed to do something** etwas tun sollen; **you are not supposed to park here** hier dürfen Sie nicht parken; **what's that supposed to mean?** was soll das bedeuten? 4 **suppose we go now?** wie wär's, wenn wir jetzt gingen?

sup·posed [səˈpəʊzd] vermutet, angenommen

sup·pos·ed·ly [səˈpəʊzɪdli] angeblich

sup·pos·ing [səˈpəʊzɪŋ] angenommen

to **sup·press** [səˈpres] unterdrücken

su·prema·cy [suːˈpreməsi] die Vormachtstellung; **air supremacy** die Luftherrschaft; **naval supremacy** die Seeherrschaft

su·preme [suːˈpriːm] 1 höchste(r, s), oberste(r, s); **Supreme Court** das oberste Gericht 2 *Mut, Gleichgültigkeit:* größte(r, s), äußerste(r, s)

sur·charge [ˈsɜːtʃɑːdʒ] 1 der Aufschlag, der Zuschlag, der Aufpreis 2 das Nachporto, das Strafporto

sure [ʃɔːʳ, ʃʊəʳ] 1 sicher; **he is sure to come** er kommt sicher; **are you sure you won't come?**

S

wollen Sie wirklich nicht kommen?; **I'm sure I don't know** ich weiß es sicher nicht; **I'm not sure why/how** ich weiß nicht genau, warum/wie (2) **to be sure of something** etwas sicher wissen; **to be sure of oneself** sich seiner Sache sicher sein, selbstsicher sein (3) **to make sure** nachsehen, kontrollieren, sich vergewissern; **make sure you ...** achten Sie darauf, dass Sie ...; **be sure not to forget your book** vergessen Sie ja ihr Buch nicht (4) **for sure** sicher, gewiss; **sure thing** USA (*umgangsspr*) klar, sicher (5) sicher, klar, gewiss; **sure enough** tatsächlich; **as sure as can be** todsicher

sure·ly [ˈʃɔːli, ˈʃʊə-] sicher[lich], gewiss; **he surely ought to know that** das müsste er doch wissen

surf [sɜːf] die Brandung

to **surf** [sɜːf] (1) surfen; **to go surfing** surfen gehen (2) **to surf the net** im Internet surfen

sur·face [ˈsɜːfɪs] (1) die Oberfläche; **on the surface** auf/an der Oberfläche; (*übertragen*) oberflächlich betrachtet, äußerlich, nach außen hin (2) **road surface** der Straßenbelag, die Straßendecke

to **sur·face** [ˈsɜːfɪs] (1) mit einem Belag versehen, asphaltieren *Straße* (2) *U-Boot:* auftauchen

sur·face area der Flächeninhalt

sur·face mail *Postsendung, die auf dem Land- bzw. Seeweg befördert wird*

sur·face ten·sion die Oberflächenspannung

surf·board [ˈsɜːfbɔːd] das Surfbrett

surf·er [ˈsɜːfəʳ] der Wellenreiter/die Wellenreiterin; (*auch im Internet*) der Surfer/die Surferin

surf·ing [ˈsɜːfɪŋ] das Wellenreiten; (*auch im Internet*) das Surfen

surge [sɜːdʒ] **surge of adrenalin** der Adrenalinstoß; **surge in demand** der Nachfrageschub; **surge of interest** das stark zunehmende Interesse

to **surge** [sɜːdʒ] **the crowd surged forward** die Menschenmenge drängte sich vorwärts

sur·geon [ˈsɜːdʒᵊn] (1) der Chirurg/die Chirurgin (2) **dental surgeon** der Zahnarzt/die Zahnärztin

sur·gery [ˈsɜːdʒᵊri] (1) die Chirurgie; **to have surgery** operiert werden (2) das Sprechzimmer; **dental surgery** die Zahnarztpraxis (3) die Sprechstunde; **surgery hours** die Sprechstunden

sur·ly [ˈsɜːli] schlecht gelaunt, mürrisch

sur·name [ˈsɜːneɪm] der Familienname, der Nachname

sur·plus [ˈsɜːpləs] <*Plural* surpluses> der Überschuss (**of** an)

to **sur·prise** [səˈpraɪz] (1) überraschen; **to be surprised** überrascht sein; **to be surprised at something** sich über etwas wundern; **I shouldn't be surprised** es würde mich nicht überraschen; **I'm surprised to see you here** ich bin erstaunt, Sie hier zu sehen; **nothing surprises me any more** ich wundere mich über nichts mehr; **I'm surprised at you!** Sie überraschen mich! (2) [plötzlich] überfallen, überrumpeln *Feind*

sur·prise [səˈpraɪz] (1) die Überraschung; **to catch** [*oder* **take**] **by surprise** überraschen; **to give someone a surprise** jemandem eine Überraschung bereiten; **you'll get the surprise of your life** Sie werden Ihr blaues Wunder erleben; **surprise visit** der Überraschungsbesuch (2) die Verwunderung (**at** über); [**much**] **to my surprise** zu meiner [großen] Überraschung (3) **surprise, surprise!** (*ironisch*) was du nicht sagst!

sur·pris·ing [səˈpraɪzɪŋ] erstaunlich, überraschend

sur·pris·ing·ly [səˈpraɪzɪŋli] (1) erstaunlich (2) überraschenderweise

to **sur·ren·der** [sᵊrˈendəʳ] (1) ausliefern; übergeben *Waffen* (2) frühzeitig einlösen *Versicherungspolice* (3) *Soldat:* kapitulieren, sich ergeben; **to surrender to the police** sich der Polizei ergeben [*oder* stellen] (4) **to surrender oneself to something** sich einer Sache hingeben

sur·ren·der [sᵊrˈendəʳ] (*auch übertragen*) Kapitulation (**to** vor)

sur·ro·gate [ˈsʌrəgɪt] Ersatz-; **surrogate mother** die Leihmutter

to **sur·round** [səˈraʊnd] (1) umgeben; **to be surrounded with** [*oder* **by**] umringt [*oder* umgeben] sein von (2) (*auch militärisch*) einschließen, umzingeln, umstellen

sur·round·ing [səˈraʊndɪŋ] umliegend

sur·round·ings [səˈraʊndɪŋz] *Plural* die Umgebung

sur·veil·lance [sɜːˈveɪlən(t)s] die Überwachung; **to be under surveillance** überwacht werden

to **sur·vey** [səˈveɪ] (1) betrachten (2) ein Gutachten erstellen über *Gebäude* (3) vermessen *Land* (4) befragen *Personen*

sur·vey [ˈsɜːveɪ] (1) der Überblick (**of** über) (2) die Umfrage, die Untersuchung (**of/on** über) (3) *von Land:* die Vermessung; (*Bericht*) das Vermessungsgutachten (4) *eines Gebäudes:* das Gutachten

sur·viv·al [səˈvaɪvᵊl] (*auch übertragen*) das Überleben; **in the event of survival** im Erlebensfall

to **sur·vive** [səˈvaɪv] (1) überleben, am Leben bleiben (2) überstehen *Katastrophe, Unfall* (3) *Artefakt, Tradition:* erhalten bleiben

sur·viv·ing [səˈvaɪvɪŋ] noch lebend; (*übertragen*) [noch] vorhanden; *Verwandte:* hinterblieben

sur·viv·or [səˈvaɪvəʳ] der/die Überlebende

sus·cep·tible [səˈseptəbl̩] (1) **to be susceptible to something** für etwas anfällig sein *Krankheiten, Verletzungen;* für etwas empfänglich sein

Schmeichelei ② leicht beeinflussbar

sus·pect¹ ['sʌspekt] der/die Verdächtige

sus·pect² ['sʌspekt] verdächtig

to **sus·pect³** [sə'spekt] ① **to suspect someone of something** jemanden einer Sache verdächtigen; **to suspect someone of having done something** jemanden verdächtigen, etwas getan zu haben; **he is a suspected member** er steht im Verdacht, Mitglied zu sein ② vermuten *Betrug, Verschwörung* ③ anzweifeln *Motiv* ④ vermuten; **I suspected as much** das habe ich mir doch gedacht; **a suspected case of cholera** ein Fall, bei dem Choleraverdacht besteht

to **sus·pend** [sə'spend] ① [frei] [auf]hängen *Lampe* (**from** an) ② [zeitweilig] einstellen *Erscheinen, Zahlungen* ③ aussetzen *Verhandlung, Urteil, Rechte;* **to be given a suspended sentence** seine Strafe zur Bewährung ausgesetzt bekommen ④ einziehen *Genehmigung* ⑤ suspendieren *Beamte* ⑥ [zeitweilig] ausschließen *Schüler* ⑦ sperren *Sportler*

sus·pend·er [sə'spendəʳ] ① GB der Strumpfhalter ② **suspenders** USA die Hosenträger

sus·pense [sə'spen(t)s] die Spannung; **to wait in suspense** gespannt warten; **don't keep me in suspense any longer** spanne mich nicht länger auf die Folter

sus·pen·sion [sə'spen(t)ʃᵊn] ① die [zeitweilige] Einstellung ② *von Verein:* der [zeitweilige] Ausschluss ③ *von Sportler:* die Sperre ④ *von Beamten:* die [vorläufige] Suspendierung ⑤ (*technisch*) die Federung, die [Rad]aufhängung

sus·pen·sion bridge die Hängebrücke

sus·pi·cion [sə'spɪʃᵊn] ① der Verdacht, der Argwohn (**of/about** gegen); **above suspicion** über jeden Verdacht erhaben; **on [the] suspicion of having done something** unter dem Verdacht, etwas getan zu haben; **to be under suspicion** unter Verdacht stehen ② (*übertragen*) die Andeutung, die Spur, der Hauch (**of** von)

sus·pi·cious [sə'spɪʃəs] ① *Verhalten:* verdächtig ② **to be suspicious of someone** jemandem gegenüber misstrauisch sein; **to be suspicious of** [*oder* **about**] **something** etwas mit Skepsis betrachten

to **suss** [sʌs] GB (*umgangsspr*) herausbekommen; **I can't suss him out** bei ihm blicke ich nicht durch

to **sus·tain** [sə'steɪn] ① **to sustain damage** Schaden erleiden; beschädigt werden *Sache* ② aufrechterhalten

sus·tain·able [sə'steɪnəbl̩] ① haltbar; *Argument:* stichhaltig; **something is sustainable** etwas kann aufrechterhalten werden ② erhaltbar; *Ressourcen, Energie:* erneuerbar

sus·tained [sə'steɪnd] ① *Anstrengung:* ausdauernd ② *Beifall:* anhaltend

sus·te·nance ['sʌstɪnən(t)s] *kein Plural* ① die Nahrung ② der Nährwert

to **swag·ger** ['swægəʳ] stolzieren

swal·low ['swɒləʊ] die Schwalbe

to **swal·low** ['swɒləʊ] ① schlucken; (*aus Versehen*) verschlucken ② (*übertragen*) schlucken *Beleidigung;* überwinden *Stolz* ▶ WENDUNGEN: **that's hard to swallow** das kann man kaum glauben

◆ to **swallow up** (*übertragen*) *Nebel:* verschlingen; **I wish the ground would open and swallow me up** ich würde am liebsten in den Boden versinken

swam [swæm] *2. Form von* **swim**

swamp [swɒmp] der Sumpf

to **swamp** [swɒmp] (*auch übertragen*) überschwemmen

swan [swɒn] der Schwan

to **swap** [swɒp] <swapped, swapped> ① tauschen; **to swap something for something** etwas für etwas eintauschen; **to swap places with someone** mit jemandem [die Plätze] tauschen ② austauschen *Geschichten, Erinnerungen*

swap [swɒp] **to do a swap with someone** mit jemandem tauschen

swarm [swɔːm] der Schwarm

to **swarm** [swɔːm] ① *Bienen:* schwärmen ② **the place was swarming with ...** dort wimmelte es von ...

swas·ti·ka ['swɒstɪkə] das Hakenkreuz

to **sway** [sweɪ] ① schwanken ② *Bäume:* sich wiegen ③ **to be easily swayed by someone/something** sich von jemandem/etwas leicht beeinflussen lassen

to **swear** [sweəʳ] <swore, sworn> ① fluchen; **to swear at someone** auf jemanden fluchen ② schwören; **to swear on the Bible** auf die Bibel schwören ③ **I wouldn't like to swear to it** ich könnte es nicht beschwören

> **G** Richtiges Konjugieren von **swear**: swear, swore, sworn — *the thief swore to tell the truth; I could have sworn I heard the bell ring*

◆ to **swear by** schwören auf

◆ to **swear in** vereidigen *Geschworenen, Zeugen*

swear·ing [sweərɪŋ] *kein Plural* das Fluchen

swear word das derbe Schimpfwort, der Fluch

to **sweat** [swet] ① (*auch übertragen*) schwitzen (**with** vor) ② (*umgangsspr*) schwer arbeiten

sweat [swet] ① der Schweiß ② (*umgangsspr*) die Plackerei ③ **no sweat!** (*umgangsspr*) kein Problem!

sweat·er ['swetəʳ] der Pullover

sweat gland die Schweißdrüse

sweat·shirt das Sweatshirt

S

sweaty ['sweti] verschwitzt; *Hände:* schweißig; **sweaty feet** die Schweißfüße

swede [swi:d] (GB) die Kohlrübe, die Steckrübe

Swede [swi:d] der Schwede/die Schwedin

Swe·den ['swi:dᵊn] Schweden

Swe·dish[1] ['swi:dɪʃ] schwedisch

Swe·dish[2] ['swi:dɪʃ] Schwedisch, das Schwedische

sweep [swi:p] ① **to give something a sweep** etwas kehren/fegen ② der Schornsteinfeger/die Schornsteinfegerin

to **sweep** [swi:p] <swept, swept> ① kehren, fegen ② *Wind:* fegen über ③ **to sweep past someone** an jemandem vorbeirauschen ▶ WENDUNGEN: **to sweep the board** einen vollen Erfolg verbuchen; **to sweep under the carpet** unter den Teppich kehren

> **G** Richtiges Konjugieren von **sweep**: sweep, swept, swept — *Laura swept the kitchen floor; the kitchen has been swept clean.*

◆ to **sweep aside** ① wegfegen ② (*übertragen*) vom Tisch fegen

◆ to **sweep away** ① wegfegen ② *Lawine:* wegreißen ③ *Flut:* wegschwemmen ④ (*übertragen*) fortraffen, abschaffen

◆ to **sweep down the mountains sweep down to the sea** die Berge fallen in sanftem Bogen zum Meer ab

◆ to **sweep off** ① *Person:* davonrauschen ② **to sweep something off something** etwas von etwas herunterfegen ③ **he was swept off to bed/into hospital** er wurde schnell ins Bett/Krankenhaus gebracht ④ (*auch übertragen*) **to be swept off one's feet** umgehauen [*oder* mitgerissen] werden; **she swept him off his feet** sie hat ihm völlig den Kopf verdreht

◆ to **sweep out** ① *Person:* hinausrauschen ② **to sweep something out** etwas ausfegen [*oder* auskehren]

◆ to **sweep up** ① *Person:* heransausen ② *Straße:* im Bogen hinaufführen ③ zusammenfegen, zusammenkehren *Blätter* ④ hochstecken *Haare*

sweep·er ['swi:pəʳ] ① der Straßenkehrer/die Straßenkehrerin ② die Kehrmaschine ③ (*beim Fußball*) der Libero

sweet[1] [swi:t] <sweeter, sweetest> ① (*auch übertragen*) süß; **sweet dreams!** träum süß!, träum was Schönes! ② lieb, freundlich (**to** gegenüber/zu); **that's very sweet of you** das ist sehr lieb von dir ③ (*umgangsspr*) reizend, goldig *Kind, Lächeln*

sweet[2] [swi:t] ① die Süßigkeit; **sweets** die Süßigkeiten, die Bonbons ② die Süßspeise, der Nachtisch ③ (*übertragen*) der Liebling

sweet-and-sour süßsauer

sweet chest·nut die Esskastanie

sweet corn der Zuckermais

to **sweet·en** ['swi:tᵊn] süßen, zuckern

sweet·en·er ['swi:tᵊnəʳ] ① der Süßstoff ② (*slang*) das Bestechungsgeld

sweet·heart ['swi:thɑ:t] der Schatz

sweet·ness ['swi:tnəs] die Süßigkeit, die Süße

sweet tooth to have a sweet tooth (*umgangsspr*) gerne Süßes essen

to **swell** [swel] <swelled, swollen *oder* swelled> *Körperteil, Fluss:* anschwellen

> **G** Richtiges Konjugieren von **swell**: swell, swelled swollen — *Katie's finger swelled up; the river has swollen with rain.*

swell[1] [swel] die Dünung

swell[2] [swel] (USA) (*umgangsspr*) prima, großartig

swell·ing ['swelɪŋ] die Schwellung

swel·ter·ing ['sweltᵊrɪŋ] glühend heiß, schwül

swept [swept] *2. und 3. Form von* **sweep**

to **swerve** [swɜ:v] ① **to swerve to the right/left** nach rechts/links ausschwenken; **to swerve round something** einen Bogen um etwas machen ② *Ball:* **to swerve in the air** in der Luft abdrehen

swift [swɪft] schnell, rasch, flink

to **swim** [swɪm] <swam, swum> ① schwimmen ② **to swim the Channel** den Ärmelkanal durchschwimmen ③ **my head is swimming** es schwimmt mir alles vor den Augen

swim [swɪm] **to have a swim** schwimmen; **to go for a swim** schwimmen gehen

swim·mer ['swɪməʳ] der Schwimmer/die Schwimmerin

swim·ming ['swɪmɪŋ] das Schwimmen; **I like swimming** ich schwimme gern

swim·ming baths das Schwimmbad, das Hallenbad

swim·ming cap die Bademütze

swim·ming cos·tume der Badeanzug

swim·ming gala der Schwimmwettkampf

swim·ming pool ① das Schwimmbecken, der Swimmingpool ② (*öffentlich*) das Schwimmbad ③ (*drinnen*) das Hallenbad ④ (*draußen*) das Freibad

swim·ming trunks *Plural* die Badehose

swim·suit der Badeanzug

to **swin·dle** ['swɪndl̩] **to swindle someone out of something** jemanden um etwas betrügen

swin·dle ['swɪndl̩] der Schwindel, der Betrug

swine [swaɪn] <*Plural* swine> das Schwein

swine flu *kein Plural* die Schweinegrippe

swing [swɪŋ] ① (*für Kinder*) die Schaukel ② der Schwung, das Schwingen; *von Zeiger:* der Ausschlag ③ (*beim Boxen*) der Schwinger; (*beim Golf*) der Schwung ④ (*übertragen*) der Meinungsumschwung ⑤ (*Rhythmus*) der Schwung; (*Musikart, Tanzart*) der Swing ▶ WENDUNGEN: **to get into the swing of things** in

S

Fahrt kommen; **to be in full swing** voll im Gang sein

to **swing** [swɪŋ] <swung, swung> ① schwingen; **to swing to and fro** hin- und herschwingen ② schlenkern, baumeln, schaukeln ③ sich schwingen; **he swung himself up onto his horse** er schwang sich auf sein Pferd ④ (*übertragen*) Schwung haben, auf Zack sein ⑤ **to swing into action** aktiv werden ⑥ **to swing open** sich öffnen; **to swing shut** zuschlagen ⑦ (*übertragen*) umstimmen *Person*

◆ to **swing round** ① *Person:* sich [schnell] umdrehen, herumfahren ② *Auto, Boot, Kran:* herumschwenken ③ *Zeiger:* ausschlagen ④ (*übertragen*) *öffentliche Meinung:* umschwenken ⑤ **to swing someone round** jemanden herumschleudern; (*übertragen*) jemanden umstimmen

◆ to **swing to** *Tür:* zuschlagen

swing door die Pendeltür

swipe [swaɪp] der harte Schlag; **to take a swipe at someone** nach jemandem schlagen

to **swipe** [swaɪp] ① schlagen (**at** nach) ② (*umgangsspr*) mopsen, klauen ③ durch ein elektronisches Lesegerät ziehen *Kreditkarte*

to **swirl** [swɜːl] wirbeln

Swiss[1] [swɪs] Schweizer, schweizerisch; **Swiss franc** Schweizer Franken; **Swiss German** Schweizerdeutsch

Swiss[2] [swɪs] der Schweizer/die Schweizerin; **the Swiss** ⚠ *Plural* die Schweizer

switch [swɪtʃ] ① der Schalter ② (*übertragen*) der Wechsel; **to do** [*oder* **make**] **a switch** tauschen

to **switch** [swɪtʃ] ① wechseln, ändern ② umschalten *Gerät* (**to** auf) ③ verlegen, umstellen *Produktion* ④ lenken *Aufmerksamkeit* (**to** auf) ⑤ (*umgangsspr*) tauschen, vertauschen ⑥ *Person:* überwechseln (**to** zu)

◆ to **switch back** zurückschalten (**to** auf)

◆ to **switch off** ① ausschalten *Licht* ② abschalten *Gerät* ③ abstellen *Gas, Wasser* ④ (*übertragen*) *Person:* abschalten

◆ to **switch on** ① anschalten, einschalten *Licht, Gerät* ② anstellen *Gas, Wasser* ③ (*automatisch*) sich einschalten ④ *Person:* **to be switched on** (*umgangsspr*) auf Draht sein

◆ to **switch over** ① (*beim Fernsehen*) auf ein anderes Programm umschalten ② verlegen, umstellen *Produktion* (**to** auf) ③ (*übertragen*) *Person:* überwechseln (**to** zu)

◆ to **switch round** ① [ver]tauschen ② umstellen *Möbel*

Swit·zer·land ['swɪtsəlænd] die Schweiz

to **swiv·el** ['swɪvəl] sich drehen

swiv·el chair der Drehstuhl

swol·len ['swəʊlən] *3. Form von* **swell**

to **swoop** [swuːp] ① *Person:* sich stürzen (**on** auf) ② *Polizei:* eine Razzia machen (**on** in/bei) ③ **to swoop down** *Vogel:* herabstoßen (**on** auf)

swoop [swuːp] ① der Sturzflug ② (*übertragen*) die Razzia ③ **at one** [**fell**] **swoop** mit einem Schlag

sword [sɔːd] das Schwert

swore [swɔː] *2. Form von* **swear**

sworn [swɔːn] *3. Form von* **swear**

to **swot** [swɒt] <swotted, swotted> GB (*umgangsspr*) ① ochsen, büffeln, pauken (**for** für) ② **to swot up on something** sich über etwas informieren

swot [swɒt] GB (*abwertend*) der Streber/die Streberin

swum [swʌm] *3. Form von* **swim**

swung [swʌŋ] *2. und 3. Form von* **swing**

syl·la·ble ['sɪləbl] die Silbe

syl·la·bus ['sɪləbəs, *Plural* -aɪ] <*Plural* syllabuses> der Lehrplan

sym·bol ['sɪmbəl] das Sinnbild, das Symbol, das Zeichen (**of** für)

sym·bol·ic [sɪm'bɒlɪk] symbolisch (**of** für)

to **sym·bol·ize** ['sɪmbəlaɪz] symbolisieren

sym·met·ri·cal [sɪ'metrɪkəl] symmetrisch

sym·me·try ['sɪmətri] die Symmetrie

sym·pa·thet·ic [ˌsɪmpə'θetɪk] ① mitfühlend ② verständnisvoll ③ **to be sympathetic to new ideas** für neue Ideen empfänglich sein ④ **a sympathetic ear** ein offenes Ohr

> **F** Nicht verwechseln mit **sympathisch** = pleasant, nice!

to **sym·pa·thize** ['sɪmpəθaɪz] ① mitfühlen, Mitleid haben (**with** mit) ② Verständnis haben (**with** für) ③ sympathisieren (**with** mit); **to sympathize with someone's views** jemandes Meinung teilen

sym·pa·thy ['sɪmpəθi] ① Mitleid, Mitgefühl (**for** mit); **to feel** [*oder* **have**] **sympathy for someone** mit jemandem Mitleid haben ② (*im Todesfall*) das Beileid; **our deepest sympathies** unser aufrichtiges Beileid

> **F** Nicht verwechseln mit **Sympathie** (die) = liking!

sym·pho·ny ['sɪm(p)fəni] die Sinfonie

symp·tom ['sɪm(p)təm] das Symptom, das Anzeichen (**of** für)

syna·gogue ['sɪnəgɒg] die Synagoge

to **syn·chro·nize** ['sɪŋkrənaɪz] **we'd better synchronize** [**our**] **watches** wir sollten Uhrenvergleich machen

syno·nym ['sɪnənɪm] das Synonym

syn·op·sis [sɪ'nɒpsɪs, *Plural* -siːz] <*Plural* synopses> die Zusammenfassung

syn·thet·ic [sɪn'θetɪk] ① synthetisch; **synthetic material** Kunststoff ② (*übertragen*) künstlich

sy·ringe [sɪ'rɪndʒ] die Spritze

syr·up ['sɪrəp] ① der Sirup ② **cough syrup** der Hustensaft

sys·tem ['sɪstəm] ① das System ② **railway system** das Eisenbahnnetz ③ **I have to get it out of my system** ich muss irgendwie darüber hinwegkommen ④ **all systems go!** jetzt aber voll ran!

sys·tem·at·ic [ˌsɪstə'mætɪk] systematisch

Tt

T <*Plural* T's *oder* Ts>, **t** [tiː] <*Plural* t's> T, t ▸WENDUNGEN: **to a T** ganz genau

ta [tɑː] (*umgangsspr*) danke

tab [tæb] ① die Lasche ② das Schildchen ③ der [Karten]reiter ④ USA (*umgangsspr*) die Rechnung; **to pick up the tab** [die Rechnung] bezahlen ⑤ USA der Dosenring

ta·ble ['teɪbl̩] ① der Tisch; **at the table** am Tisch; **at table** bei Tisch; **to lay/clear the table** den Tisch decken/abräumen ② *Personen:* der Tisch, die [Tisch]runde ③ die Tabelle; **table of contents** das Inhaltsverzeichnis; **multiplication tables** das Einmaleins ▸WENDUNGEN: **to turn the tables [on someone]** [jemandem gegenüber] den Spieß umdrehen

ta·ble·cloth das Tischtuch

ta·ble·spoon ['teɪblspuːn] der Esslöffel

tab·let ['tæblət] die Tablette

tablet

F Nicht verwechseln mit **Tablett** (das) = tray!

ta·ble ten·nis das Tischtennis

tab·loid ['tæblɔɪd] die Boulevardzeitung

L Der Begriff **tabloid** bezieht sich auf kleinformatige Zeitungen von ungefähr 30 x 40cm. Diese Zeitungen werden traditionell mit der Regenbogenpresse in Verbindung gebracht und sind bekannt für fette Schlagzeilen, Sensationsjournalismus und kurze Artikel. Bekannte britische **tabloids** sind unter anderem *The Mirror* und *The Sun*.

ta·boo¹ [tə'buː] das Tabu; **to break a taboo** gegen ein Tabu verstoßen

ta·boo² [tə'buː] tabu, Tabu-; **taboo subject** das Tabuthema

tack [tæk] ① der kleine Nagel ② der Heftstich ③ *eines Segelboots:* der [Kreuz]schlag

to **tack** [tæk] ① mit Stiften befestigen ② heften ③ *Segelboot:* aufkreuzen, wenden

tack·le ['tækl̩] ① die Ausrüstung; **fishing tackle** das Angelsportgerät; (*umgangsspr*) das Angelzeug ② (*Sport*) der Angriff, das Tackling

to **tack·le** ['tækl̩] ① (*Sport*) angreifen ② ergreifen, packen *Dieb* ③ anpacken, in Angriff nehmen *Problem, Arbeit* ④ **to tackle someone about [*oder* over] something** jemanden um etwas angehen

tacky ['tæki] ① klebrig ② (*umgangsspr*) schäbig, billig, geschmacklos

tact·ful ['tæktfəl] taktvoll

tac·tic ['tæktɪk] die Taktik; **delaying tactics** die Verzögerungstaktik; **dubious tactics** die zweifelhaften Methoden

tac·ti·cal ['tæktɪkəl] taktisch

tac·ti·cian [tæk'tɪʃən] der Taktiker/die Taktikerin

tac·tics ['tæktɪks] ⚠ *Plural* die Taktik

tact·less ['tæktləs] taktlos

tad·pole ['tædpəʊl] die Kaulquappe

tag [tæg] ① das Etikett, das Schild[chen]; **name tag** das Namensschild; **price tag** das Preisschild ② (*am Tier*) die Ohrmarke ③ (*Kinderspiel*) das Fangen

to **tag** [tæg] <tagged, tagged> ① etikettieren; auszeichnen *Waren* ② **to tag after someone** jemandem hinterherlaufen

◆ to **tag along** mitgehen, mitkommen

◆ to **tag on** [sich] anhängen (**to** an)

tail [teɪl] ① der Schwanz; **to wag its tail** *Hund:* mit dem Schwanz wedeln ② *eines Kometen:* der Schweif ③ **tails** *einer Münze:* die Zahlseite; **heads or tails?** Kopf oder Zahl? ④ **tails** der Frack

◆ to **tail back** *Verkehr:* sich stauen

◆ to **tail away** abnehmen, schwächer werden

tail·back *von Autos:* der Rückstau

tail light *eines Autos:* das Rücklicht

tai·lor ['teɪləʳ] der Schneider/die Schneiderin

tai·lor-made maßgeschneidert; **to have something tailor-made** [sich] etwas maßschneidern

T

lassen

to **take** [teɪk] <took, taken> ① nehmen ② mitnehmen ③ **to take someone home** jemanden nach Hause bringen [*oder* begleiten] ④ machen *Foto, Prüfung, Reise, Spaziergang* ⑤ unterrichten *Klasse;* **Mr Marshall takes us for physics** in Physik haben wir Herrn Marshall ⑥ nehmen *Fach;* machen *Test;* ablegen *Prüfung* ⑦ einnehmen *Arznei* ⑧ messen *Temperatur* ⑨ **to take someone's picture** jemanden fotografieren ⑩ annehmen *Stelle* ⑪ vertragen *Alkohol* ⑫ (*verkraften*) fertig werden mit *Enttäuschung;* reagieren auf *Nachricht;* **I can't take it any more** ich kann nicht mehr; **I find that hard to take** es fällt mir schwer, das hinzunehmen [*oder* zu verkraften] [*oder* zu ertragen] ⑬ (*grammatisch*) **'mit' takes the dative** nach ‚mit' steht der Dativ ⑭ (*einnehmen*) **to take a seat** sich setzen, Platz nehmen; **to take a deep breath** tief Atem holen ⑮ **to take a look at** einen Blick werfen auf ⑯ (*in Anspruch nehmen*) **to take someone's advice** jemandes Rat folgen; **to take legal advice** zum Rechtsanwalt [*oder* zur Rechtsberatung] gehen ⑰ **to take cover** Schutz suchen, in Deckung gehen ⑱ **to take note of something** von etwas Notiz nehmen, etwas notieren; **to take notice of** beachten, Notiz nehmen von ⑲ **to take a note of something** sich etwas notieren; **to take notes** sich Notizen machen ⑳ **to take turns** sich abwechseln ㉑ **to take to pieces** auseinandernehmen ㉒ **to take part in** teilnehmen an ㉓ **to take place** stattfinden ㉔ **to take someone's place** an jemandes Stelle treten ㉕ **to take interest in** Interesse haben an ㉖ **to take responsibility for something** die Verantwortung für etwas übernehmen ㉗ **to be taken ill** krank werden ㉘ (*benötigen*) **it takes 5 hours** man braucht 5 Stunden; **she takes a size five shoe** sie hat Schuhgröße 38; **that doesn't take much brains** dazu gehört nicht viel Verstand; **to take long** lange dauern ▶ WENDUNGEN: **take it from me!** glaube mir!; **take it or leave it** wie du willst

> **G** Richtiges Konjugieren von **take**: take, took, taken — *Kate took the books back to library; Tom has taken a shower.*

◆ to **take after** **to take after someone** nach jemandem geraten, jemandem ähnlich sein

◆ to **take along** mitnehmen

◆ to **take apart** auseinandernehmen

◆ to **take away** ① **to take something away from someone** jemandem etwas wegnehmen ② **to take someone away** jemanden wegbringen [*oder* abführen] ③ (*mathematisch*) abziehen ④ mitnehmen *Essen* ⑤ **to take away from something** etwas schmälern [*oder* mindern]

◆ to **take back** ① zurücknehmen ② zurückbringen *Ware*

◆ to **take down** ① herunternehmen ② herunterlassen, herunterziehen *Hose* ③ abnehmen *Gardinen, Plakat, Weihnachtsschmuck* ④ abbauen *Gerüst, Zelt* ⑤ aufschreiben, notieren *Nachricht*

◆ to **take for** halten für

◆ to **take in** ① einholen *Wäsche* ② [bei sich] aufnehmen *Person* ③ enger machen *Kleidungsstück* ④ (*verstehen*) begreifen ⑤ täuschen, hereinlegen; **to be taken in by someone/something** auf jemanden/etwas hereinfallen

◆ to **take off** ① ausziehen *Kleidung;* abnehmen *Hut* ② abnehmen *Telefonhörer, Deckel* ③ abziehen *Bettwäsche* ④ (*mathematisch*) abziehen, subtrahieren; (*vom Preis*) nachlassen ⑤ **to take someone off** jemanden nachmachen, nachäffen ⑥ **to take someone's mind off something** jemanden von etwas ablenken ⑦ **to take a day off** [sich] einen Tag freinehmen; **I'm taking Monday off** ich werde mir Montag freinehmen ⑧ *Person:* sich entfernen ⑨ *Flugzeug:* starten ⑩ *Springer:* abspringen

◆ to **take on** ① einstellen *Arbeiter* ② annehmen *Arbeit* ③ auf sich nehmen *Verantwortung* ④ spielen [*oder* kämpfen] gegen, sich auseinandersetzen mit ⑤ bekommen, annehmen *Farbe, Ausdruck*

◆ to **take out** ① herausnehmen; ziehen *Zahn;* entfernen *Blinddarm* ② hinausbringen; herausfahren *Auto* ③ abheben *Geld* ④ abschließen *Versicherung;* **to take a patent out on something** etwas patentieren lassen ⑤ (USA) mitnehmen *Essen* ⑥ **to take someone out** mit jemandem ausgehen; **to take someone out for a meal** [*oder* **to a restaurant**] jemanden zum Essen einladen; **to take the dog out for a walk** den Hund ausführen ⑦ zerstören, töten; (*übertragen*) ausschalten ⑧ **to take it out of someone** jemanden mitnehmen [*oder umgangsspr* schlauchen] ⑨ **to take it out on someone** seinen Ärger an jemandem auslassen

◆ to **take over** ① übernehmen *Geschäft, Amt* ② hinüberbringen *Person* ③ an die Macht kommen; (*umgangsspr*) das Heft an sich reißen ④ **to take over from someone** jemanden ablösen

◆ to **take to** ① Gefallen finden an; sympathisch finden *Person* ② Zuflucht nehmen zu ③ **to take to doing something** anfangen, etwas zu tun

◆ to **take up** ① aufnehmen, hochheben ② hinaufbringen ③ aufnehmen *Flüssigkeit* ④ in Anspruch nehmen *Zeit;* einnehmen *Platz* ⑤ übernehmen *Pflicht* ⑥ aufnehmen *Beschäftigung* ⑦ sich zulegen *Hobby;* **to take up pottery** an-

T

fangen zu töpfern ⑧ annehmen *Einladung;* aufnehmen *Kredit* ⑨ kürzer machen *Rock* ⑩ eingehen auf *Angelegenheit* ⑪ wieder aufnehmen *Thema;* aufgreifen *Gedanken, Thema* ⑫ fördern, sich einsetzen für *Sache* ⑬ **I'll take you up on that** ich nehme Sie beim Wort ⑭ **to be taken up with** beschäftigt sein mit
◆to **take up with** sich anfreunden mit

take·away ['teɪkəweɪ] ① das Essen zum Mitnehmen ② die Imbissstube, das Restaurant für Außer-Haus-Verkauf

take-home pay ['teɪkhəʊm'peɪ] der Nettolohn

tak·en ['teɪkən] *3. Form von* **take**

take-off ['teɪkɒf] ① der Start, das Abheben ② (*Sport*) der Absprung ③ (*umgangsspr*) das Nachmachen, die Nachahmung; **to do a take-off of someone** jemanden nachmachen

take-out ['teɪkaʊt] (USA) das Fertiggericht zum Mitnehmen

take·over ['teɪk,əʊvər] die Übernahme

tak·ings ['teɪkɪŋz] die Einnahmen

tal·cum pow·der *kein Plural* der Talkpuder

tale [teɪl] ① die Erzählung, die Geschichte ② **to tell tales** petzen

tal·ent ['tælənt] das Talent, die Begabung; **to have a talent for** begabt sein für

tal·ent·ed ['tæləntɪd] begabt

Tali·ban ['tælibæn] der Taliban; **the Taliban** die Taliban

talk [tɔːk] ① das Gespräch, die Unterhaltung; **could I have a talk with you?** könnte ich Sie mal sprechen? ② (*Diskussion*) die Aussprache, die Besprechung ③ das Gerede, das Geschwätz; **there is talk of ...** es ist die Rede von ... ④ der Vortrag

to **talk** [tɔːk] ① sprechen, reden (**to** mit, **about** über, **of** von); **to be talked about** [*oder* **of**] ins Gerede kommen ② **talk to me!** sag doch was! ③ **to talk to oneself** Selbstgespräche führen ④ **talking of football** da wir gerade vom Fußball sprechen ⑤ **you can talk!** du hast gut reden! ⑥ sprechen *Sprache* ⑦ reden *Unsinn;* **to talk sense** vernünftig reden ⑧ **to talk politics/sport** über Politik/Sport reden ⑨ **to talk shop** fachsimpeln ⑩ **to talk someone into doing something** jemanden überreden, etwas zu tun; **to talk someone into something** jemandem etwas einreden; **to talk someone out of something** jemandem etwas ausreden
◆to **talk back** [scharf] erwidern [*oder* antworten], frech sein
◆to **talk down to talk down to someone** mit jemandem herablassend reden
◆to **talk out** ① **to talk someone out of something** jemanden von etwas abbringen ② **to talk one's way out of something** sich aus etwas herausreden
◆to **talk over** bereden, besprechen
◆to **talk round** ① **to talk someone round** jemanden umstimmen ② **to talk round something** um etwas herumreden
◆to **talk through** ① **to talk something through** etwas diskutieren ② **to talk someone through something** etwas mit jemandem durchsprechen

talka·tive ['tɔːkətɪv] gesprächig, redselig

talk·er ['tɔːkər] ① der Redner/die Rednerin ② (*abwertend*) der Schwätzer/die Schwätzerin

talk·ing point der Gesprächsgegenstand

talk show die Talkshow

tall [tɔːl] <taller, tallest> hoch; *Person, Tier:* groß

> **V** **tall** wird besonders für die Größe von Personen und schmalen, aufragenden Gegenständen gebraucht: *Tim is tall; the office is that tall building on the corner,* — **high** wird für sehr hohe Objekte gebraucht: *a high shelf/wall/mountain.*

Tal·mud ['tælmʊd] *kein Plural* der Talmud

tam·bou·rine [,tæmbər'iːn] das Tamburin

tame [teɪm] ① zahm ② matt, fade, schal ③ langweilig, uninteressant

to **tame** [teɪm] zähmen

to **tam·per** ['tæmpər] **to tamper with something** an etwas herummachen *umgangsspr;* (*in einer Angelegenheit*) sich [insgeheim] in etwas einmischen

to **tamper with** ['tæmpər 'wɪð] sich zu schaffen machen an, herumpfuschen an

tam·pon ['tæmpɒn] der Tampon

tan [tæn] die [Sonnen]bräune

to **tan** [tæn] <tanned, tanned> braun werden

tan·dem[1] ['tændəm] ① (*Fahrrad*) das Tandem ② *von Zylindern, Antrieben:* die Reihe[nanordnung]

tan·dem[2] ['tændəm] **to ride tandem** Tandem fahren

tang [tæŋ] ① der penetrante Geruch ② der scharfe Geschmack

tan·gent ['tændʒənt] die Tangente

tan·ge·rine [,tændʒər'iːn] die Mandarine

tan·gible ['tændʒəbl̩] ① fühlbar, greifbar ② (*übertragen*) *Beweis, Resultat:* greifbar

to **tan·gle** ['tæŋgl̩] ① verwirren ② **to get tangled [up]** sich verwickeln [*oder* verwirren]; (*übertragen*) verwickelt werden (**in** in)

tan·gle ['tæŋgl̩] ① das Gewirr ② (*übertragen*) der Wirrwarr, das Durcheinander

tank [tæŋk] ① der Tank, der Behälter ② der Tank, der Panzer

tank·er ['tæŋkər] ① der Tanker, das Tankschiff ② das Tankerflugzeug ③ der Tankwagen ④ der Tanklastzug

tanned [tænd] ① *Person:* braun ② *Tierhäute:* gegerbt

tan·ta·liz·ing ['tæntəlaɪzɪŋ] verlockend

tan·trum ['tæntrəm] der Wutanfall
Tan·zania [ˌtænzə'niːə] Tansania
Tan·za·nian [ˌtænzə'niːən] tansanisch
tap¹ [tæp] ① der Hahn; **cold tap** der Kaltwasserhahn; **hot tap** der Warmwasserhahn; **tap water** das Leitungswasser ② **on tap** vom Fass; (*übertragen*) verfügbar
tap² [tæp] das Klopfen; **to give someone a tap on the shoulder** jemandem auf die Schulter klopfen; **there was a tap on** [*oder* **at**] **the window** es klopfte an das Fenster
to **tap¹** [tæp] <tapped, tapped> ① anzapfen *Baum* ② anstechen, anzapfen *Fass* ③ abhören, anzapfen *Telefon* ④ erschließen *Markt, Ressourcen*
to **tap²** [tæp] <tapped, tapped> klopfen; **to tap someone on the shoulder** jemandem auf die Schulter klopfen [*oder* tippen]; **to tap one's foot** [ungeduldig] mit dem Fuß auf den Boden klopfen; **to tap one's foot in time to the music** mit dem Fuß den Takt schlagen
to **tap dance** ['tæpdɑːns] steppen
tap-dance ['tæpdɑːns] der Stepptanz
tape [teɪp] ① das Band ② das Klebeband, der Klebestreifen ③ das Tonband, das Videoband ④ (*Sport*) das Zielband ⑤ **red tape** die Bürokratie, der Amtsschimmel *umgangsspr*
to **tape** [teɪp] ① mit einem Band befestigen ② mit einem Klebestreifen verkleben ③ auf Band aufnehmen
tape meas·ure das Bandmaß
to **tap·er** ['teɪpəʳ] spitz zulaufen, sich verjüngen
tape re·cord·er ['teɪprɪ'kɔːdəʳ] das Tonbandgerät
tape re·cord·ing ['teɪprɪ'kɔːdɪŋ] die Bandaufnahme
tar [tɑːʳ] der Teer
to **tar** [tɑːʳ] <tarred, tarred> teeren *Straße*
to **tar·get** ['tɑːgɪt] <targeted, targeted> zielen [*oder* richten] auf
tar·get [tɑːʳ] ① (*Sport*) die Schießscheibe, die Zielscheibe; **to be on/off target** treffen/danebengehen ② (*politisch, wirtschaftlich*) das Ziel; **sales target** das Verkaufsziel; **to be on target for something** auf eine Sache zusteuern
tar·get·ed (GB) *Kunde, Gruppe:* Ziel-; *Gewinn:* angestrebt; **to be targeted** als Zielgruppe ausgewählt werden; **places targeted by terrorists** von Terroristen ins Visier genommene Orte
tar·iff ['tærɪf] die Preisliste
tar·mac® ['tɑːmæk] ① der Asphalt ② (*am Flughafen*) das [asphaltierte] Rollfeld
to **tar·nish** ['tɑːnɪʃ] ① stumpf werden lassen *Metall* ② (*übertragen*) beflecken *Namen, Ruf* ③ *Metall:* stumpf werden, anlaufen
ta·rot ['tærəʊ] das/der Tarot
tart¹ [tɑːt] ① *Geschmack:* scharf, herb, sauer ② (*übertragen*) *Bemerkung:* beißend, spitz
tart² [tɑːt] ① das Törtchen ② (*abwertend slang*) die Schlampe
tar·tan ['tɑːtᵊn] das Schottenmuster
tar·tar(e) sauce [ˌtɑːtəʳ-] die Remouladensoße
task [tɑːsk] ① die Aufgabe ② **to take someone to task** jemanden zurechtweisen (**for/about** wegen)
task force die Sondereinheit
to **taste** [teɪst] ① kosten, versuchen *Speise* ② [ab]schmecken ③ (*übertragen*) erfahren, erleben ④ *Speise:* schmecken (**of** nach)
taste [teɪst] ① *einer Speise:* der Geschmack; **to have no taste** nach nichts schmecken ② (*übertragen*) der Geschmack; **in good taste** geschmackvoll; **in bad** [*oder* **poor**] **taste** geschmacklos; **to someone's taste** nach jemandes Geschmack; **taste in music** der musikalische Geschmack; **add salt to taste** salzen nach Belieben ③ [**sense of**] **taste** der Geschmackssinn ④ die Kostprobe; **have a taste – what do you think?** probieren Sie mal – was meinen Sie dazu? ⑤ (*übertragen*) der Vorgeschmack; **a taste of things to come** ein Vorgeschmack dessen, was noch kommt ⑥ **to have a taste for something** (*übertragen*) eine Vorliebe für etwas haben

> **F** Nicht verwechseln mit **Taste** (die) = key, button!

taste·ful ['teɪstfᵊl] geschmackvoll
taste·less ['teɪstləs] ① fade, nach nichts schmeckend ② (*übertragen*) geschmacklos
tasty ['teɪsti] ① wohlschmeckend ② (*slang*) interessant
ta-ta [tə'tɑː] (GB) (*umgangsspr*) tschüs
to **tat·too** [tæt'uː] tätowieren
tat·too [tæt'uː] die Tätowierung
tat·ty ['tæti] (*umgangsspr*) schäbig
taught [tɔːt] *2. und 3. Form von* **teach**
to **taunt** [tɔːnt] verspotten; **to taunt someone about something** jemanden wegen einer Sache hänseln
taunt [tɔːnt] ① die spöttische Bemerkung ② die Hänselei
Taurus ['tɔːrəs] (*Sternzeichen*) der Stier
taut [tɔːt] ① *Seil:* gespannt, straff ② *Gesicht:* angespannt
tav·ern ['tævᵊn] die Schenke
to **tax** [tæks] ① besteuern ② (*übertragen*) strapazieren *Geduld, Kräfte*
tax [tæks] <*Plural* taxes> die Steuer, die Abgabe (**on** auf); **after tax** netto, nach Steuern; **before tax** brutto, vor Steuern; **exempt from** [*oder* **free of**] **tax** steuerfrei
tax·able ['tæksəbl̩] steuerpflichtig
tax ad·vis·er der Steuerberater/die Steuerberaterin
taxa·tion [tæk'seɪʃᵊn] die Besteuerung
tax brack·et die Steuerklasse

tax-de·duc·tible (USA) steuerlich absetzbar
tax disc (GB) die Steuerplakette
tax dodg·er (*umgangsspr*) der Steuerhinterzieher/die Steuerhinterzieherin
tax-free steuerfrei
taxi ['tæksi] die Taxe, das Taxi
to **taxi** ['tæksi] *Flugzeug:* rollen; **to taxi to a standstill** ausrollen
taxi driv·er der Taxifahrer/die Taxifahrerin
taxi rank, taxi stand der Taxistand
tax·pay·er ['tæks,peɪəʳ] der Steuerzahler/die Steuerzahlerin
tax re·turn die Steuererklärung
tax year das Steuerjahr
tea [tiː] der Tee; **to have tea** Tee trinken; **to make [the] tea** Tee zubereiten; **a cup of tea** eine Tasse Tee; **three teas please** dreimal Tee bitte ▶WENDUNGEN: **not my cup of tea** (*umgangsspr*) nicht mein Fall

> **L** **Tea** trinkt man in Großbritannien gewöhnlich stark und mit frischer Milch und nach Belieben auch mit Zucker.

tea bag der Teebeutel
tea break die Teepause
to **teach** [tiːtʃ] <taught, taught> ① lehren, unterrichten ② **to teach someone to do something** jemandem etwas beibringen ③ **this has taught him a lot** er hat viel daraus gelernt; **that'll teach you!** das wird dir eine Lehre sein!; **to teach someone a lesson** jemandem eine Lektion erteilen

> **G** Richtiges Konjugieren von **teach**: teach, taught, taught — *Mrs King taught history in our school; Spanish was not taught in my school.*

teach·er ['tiːtʃəʳ] der Lehrer/die Lehrerin
teach·ing ['tiːtʃɪŋ] ① der Unterricht ② der Lehrberuf ③ **teachings** die Lehren
tea cloth ['tiːklɒθ] das Geschirrtuch
tea cosy ['tiːkəʊzɪ] der Teewärmer
tea·cup ['tiːkʌp] die Teetasse; **a storm in a teacup** ein Sturm im Wasserglas
tea leaf ['tiːliːf] das Teeblatt

team [tiːm] ① (*Sport*) die Mannschaft, das Team ② die Arbeitsgruppe, das Team ③ *von Ochsen, Pferden:* das Gespann

> **G** Wenn man von **the team** im Sinne von einer Einheit spricht, wird es mit einem Verb im Singular gebraucht: *our team is young and highly motivated*
> Wenn man jedoch von den einzelnen Gruppenmitgliedern sprechen will, wird **the team** mit einem Verb im Plural gebraucht: *the team are celebrating their victory*

◆to **team up** sich zusammentun (**with** mit)
team-mate der Mannschaftskamerad/die Mannschaftskameradin
team spir·it der Mannschaftsgeist, der Teamgeist
team·work die Gemeinschaftsarbeit, das Teamwork
tea·pot ['tiːpɒt] die Teekanne
tear[1] [tɪəʳ] die Träne; **in tears** in Tränen [aufgelöst]; **to burst into tears** in Tränen ausbrechen
tear[2] [teəʳ] der Riss
to **tear** [teəʳ] <tore, torn> ① **to tear something** etwas zerreißen ② **to tear to pieces** [*oder* **bits**] in Stücke reißen ③ **to tear a hole in something** ein Loch in etwas reißen ④ **to tear something open** etwas aufreißen; **to tear here** hier aufreißen [*oder* abtrennen] ⑤ **to tear one's fingernail** sich einen Fingernagel einreißen ⑥ [heraus]reißen (**from** aus), wegreißen (**from** von) ⑦ **to tear one's hair [out]** sich die Haare raufen ⑧ (*übertragen*) [auf]spalten, zersplittern; **to be torn between two things** zwischen zwei Dingen hin- und hergerissen sein ⑨ *Material:* [zer]reißen ⑩ *Muskel:* reißen ⑪ *Person:* rasen, sausen; **to tear off** losrasen; **to tear past** vorbeirasen

> **G** Richtiges Konjugieren von **tear**: tear, tore, torn — *Dave tore the paper into small pieces; this picture was torn out of a magazine.*

◆to **tear along** **he tore along the street** er raste die Straße hinunter
◆to **tear apart** ① auseinanderreißen ② (*übertragen*) auseinandernehmen
◆to **tear at** ① herumreißen an; **to tear at someone's heartstrings** jemandem das Herz zerreißen ② (*umgangsspr*) sich hermachen über *Essen*
◆to **tear away** ① losreißen, wegreißen ② *Person:* davonrasen
◆to **tear down** ① abreißen *Haus* ② herunterreißen *Plakat* ③ **to tear down the street** die Straße hinunterrasen
◆to **tear into** heftig kritisieren
◆to **tear off** ① abreißen ② sich vom Leib reißen *Kleider* ③ *Person:* davonrasen
◆to **tear open** aufreißen
◆to **tear out** [her]ausreißen
◆to **tear up** ① zerreißen *Papier* ② aufreißen *Straße*
tear·away ['teərəweɪ] der Schlingel
tear·drop die Träne
tear·ful ['tɪəfᵊl] ① *Person:* weinend ② *Abschied:* tränenreich, traurig ③ *Gesicht:* tränenüberströmt
tear gas das Tränengas
tear·jerk·er ['tɪə,dʒɜːkəʳ] (*umgangsspr*) der sentimentale Film, die Schnulze
tea room ['tiːrʊm] die Teestube
to **tease** [tiːz] ① hänseln, necken (**about** wegen) ② ärgern, reizen *Tier* ③ **he gets teased at school** er wird in der Schule gehänselt
tea·spoon ['tiːspuːn] der Teelöffel

Making a phone call	Telefonieren
Where is the nearest phone box?	Wo ist die nächste Telefonzelle?
What's the (international dialling) code for Switzerland?	Wie ist die Vorwahl von der Schweiz?
I'd like to make a reverse-charge call.	Ich möchte ein R-Gespräch anmelden.
Hello, who's calling, please?	Hallo, mit wem spreche ich?
Could I speak to Mrs. Hooper, please?	Kann ich bitte Mrs. Hooper sprechen?
I'll put you through.	Ich verbinde.
Please hold the line.	Bleiben Sie bitte am Apparat.
I'm sorry, she's not here.	Tut mir leid, sie ist nicht da.
Would you like to leave a message?	Möchten Sie eine Nachricht hinterlassen?
I'll call/phone again later.	Ich rufe später noch mal an.
The number you have called has not been recognized.	Kein Anschluss unter dieser Nummer.

tea-strain·er [-ˌstreɪnəʳ] das Teesieb

teat [tiːt] ① *eines Säugetiers:* die Zitze ② *einer Flasche:* der Sauger

tea·time ['tiːtaɪm] die Teestunde

tea tow·el das Geschirrtuch

tech·ni·cal ['teknɪkᵊl] ① technisch ② fachlich, Fach-; **technical term** der Fachausdruck

tech·ni·cian [tek'nɪʃᵊn] der Techniker/die Technikerin

tech·nique [tek'niːk] die Technik, das Verfahren

tech·no ['teknəʊ] *kein Plural* der/das Techno

tech·no·logi·cal [ˌteknə'lɒdʒɪkᵊl] technologisch

tech·nol·ogy [tek'nɒlədʒi] die Technologie, die Technik

ted·dy bear ['tedɪbeəʳ] der Teddybär

tee [tiː] (*in Golf*) die Abschlagstelle

◆ to **tee off** ① (*in Golf*) abschlagen ② (*umgangsspr*) beginnen

teen [tiːn] der Teenager

teen·age(d) ['tiːneɪdʒ(d)] jugendlich; **a teenage[d] girl** ein Mädchen im Teenageralter

teen·ager ['tiːnˌeɪdʒəʳ] der Teenager, der/die Jugendliche

teens [tiːnz] *Plural* **she is still in her teens** sie ist noch im Teenageralter

tee·ny ['tiːni] <teenier, teeniest> (*umgangsspr*) klitzeklein; **a teeny weeny bit** (*humorvoll*) ein klein wenig

tee shirt ['tiːʃɜːt] das T-Shirt

teeth [tiːθ] *Pluralform von* **tooth**

to **teethe** [tiːð] zahnen

tee·to·tal [ˌtiː'təʊtᵊl] abstinent

tee·to·tal·ler, (USA) **tee·to·tal·er** [ˌtiː'təʊtᵊləʳ] der Abstinenzler/die Abstinenzlerin

tele·com·muni·ca·tions [ˌtelɪkəˌmjuːnɪ'keɪʃᵊnz] ⚠ *mit Singular* die Telekommunikation, das Fernmeldewesen

tele·gram ['telɪgræm] das Telegramm

te·lepa·thy [tɪ'lepəθi] die Telepathie, die Gedankenübertragung

tele·phone ['telɪfəʊn] das Telefon; **by telephone** telefonisch; **on the telephone** am Telefon; **where is Peter? – he's on the telephone** wo ist [*oder* was macht] Peter? – er telefoniert [gerade]; **to answer the telephone** ans Telefon gehen; **your mother is on the telephone** deine Mutter ist am Apparat; **he is wanted on the telephone** er wird am Telefon verlangt

to **tele·phone** ['telɪfəʊn] ① anrufen, telefonieren; **to telephone someone** jemanden anrufen ② telefonisch durchgeben *Nachricht*

tele·phone book das Telefonverzeichnis, das Telefonbuch

tele·phone box, (USA) **tele·phone booth** die Telefonzelle

tele·phone call der [Telefon]anruf, das Telefongespräch

T

tele·phone con·ver·sa·tion das Telefongespräch
tele·phone di·rec·tory das Telefonverzeichnis, das Telefonbuch
tele·phone ex·change die Fernsprechvermittlung
tele·phone num·ber die Telefonnummer, die Rufnummer
tele·phone op·era·tor (USA) die Vermittlung
te·lepho·nist [tɪˈlefᵊnɪst] (GB) der Telefonist/die Telefonistin
tele·pho·to lens [ˌtelɪˈfəʊtəʊ ˈlens] das Teleobjektiv
tele·sales [ˈtelɪseɪlz] *Plural* das Telefonmarketing
tele·scope [ˈtelɪskəʊp] das Teleskop, das Fernrohr
tele·scop·ic [ˌtelɪˈskɒpɪk] ausziehbar; **telescopic lens** das Teleobjektiv
tele·text [ˈtelɪtekst] *kein Plural* der Videotext
to **tele·vise** [ˈtelɪvaɪz] im Fernsehen übertragen; **televised debate** die Fernsehdebatte
tele·vi·sion [ˈtelɪvɪʒᵊn] ① das Fernsehen; **to watch television** fernsehen; **to be on television** im Fernsehen kommen; **to see something on television** etwas im Fernsehen sehen ② **television [set]** der Fernseher, der Fernsehapparat
tele·vi·sion an·nounc·er der Fernsehsprecher/die Fernsehsprecherin
tele·vi·sion cam·era die Fernsehkamera
tele·vi·sion li·cence (GB) die Fernsehgenehmigung
tele·vi·sion pro·gramme, (USA) **tele·vi·sion pro·gram** das Fernsehprogramm
tele·vi·sion stu·dio das Fernsehstudio
tele·work·er [ˈtelɪˌwɜːkəʳ] der Telearbeiter/die Telearbeiterin
to **tell** [tel] <told, told> ① sagen *Adresse, Namen;* **to tell someone the time** jemandem sagen, wie spät es ist; **to tell the truth** die Wahrheit sagen; **to tell the truth** ehrlich gesagt; **I told you** ich habe es Ihnen doch gesagt; **you are telling me!** wem sagen Sie das! ② erzählen, berichten *Geschichte, Neuigkeit* (**of** von, **about** über), mitteilen; **to tell lies** lügen ③ erkennen, feststellen; **I cannot tell who it is from this distance** aus dieser Entfernung kann ich nicht erkennen, wer es ist; **to tell in advance** voraussagen; **to tell the time** *Kind:* die Uhr kennen ④ unterscheiden, auseinanderhalten; **it's difficult to tell them apart** es ist schwierig, sie auseinanderzuhalten ⑤ (*anweisen*) sagen; **to tell someone [not] to do something** jemandem sagen, dass er etwas [nicht] tun soll; **I thought I told you to go to bed** ich habe dir schon einmal gesagt, du sollst ins Bett gehen ⑥ **all told** alles in allem ⑦ **how can I tell?** wie soll ich das wissen?; **who can tell?** wer kann das sagen?, wer will das wissen?; **you never can tell** man kann nie wissen ⑧ **to tell against someone/something** sich nachteilig für jemanden/auf eine Sache auswirken
◆ to **tell apart** auseinanderhalten
◆ to **tell off** ausschimpfen (**for** wegen)
◆ to **tell on** **to tell on someone** jemanden verraten [*oder* verpetzen]
tell·er [ˈteləʳ] ① (*bei einer Wahl*) der Stimmenzähler/die Stimmenzählerin ② (USA) der Kassierer/die Kassiererin
tell·ing[1] [ˈtelɪŋ] ① *Argument:* schlagend; **with telling effect** mit durchschlagender Wirkung ② *Antwort:* aufschlussreich
tell·ing[2] [ˈtelɪŋ] **there is no telling what may happen** man weiß nie, was [alles] passieren kann; **that would be telling** das verrate ich dir nicht
tell·ing-off [ˈtelɪŋˈɒf] <*Plural* tellings-off> die Standpauke
tell·tale[1] [ˈtelteɪl] der/die Petze
tell·tale[2] [ˈtelteɪl] verräterisch
tel·ly [ˈteli] (*umgangsspr*) ① das Fernsehen ② der Fernseher
temp [temp] (*umgangsspr*) der Zeitarbeiter/die Zeitarbeiterin; **to work as a temp** als Aushilfskraft arbeiten
tem·per [ˈtempəʳ] die Laune, die Stimmung; **[bad] temper** die Wut; **to be in a temper** wütend sein; **to get** [*oder* **fly**] **into a temper about** ärgerlich werden über; **to keep** [*oder* **control**] **one's temper** sich beherrschen; **to lose one's temper** die Geduld verlieren
tem·pera·men·tal [ˌtempᵊrəˈmentᵊl, -prəˈ-] launisch
tem·pera·ture [ˈtemprətʃəʳ] die Temperatur; **to have** [*oder* **run**] **a temperature** Fieber haben; **to take someone's temperature** bei jemandem Fieber messen
tem·pest [ˈtempɪst] der Sturm
temp·ing agen·cy [ˈtempɪŋ-] die Zeitarbeitsfirma
tem·ple[1] [ˈtempl̩] (*Kultstätte*) der Tempel
tem·ple[2] [ˈtempl̩] (*Kopfteil*) die Schläfe
tem·po [ˈtempəʊ, *Plural* -piː] <*Plural* tempos *oder* tempi> das Tempo
tem·po·rari·ly [ˈtempᵊrᵊli] vorübergehend
tem·po·rary [ˈtempᵊrᵊri] ① vorübergehend, zeitweilig; **temporary work** die Zeitarbeit ② *Konstruktion, Maßnahme:* provisorisch
to **tempt** [tempt] ① versuchen, verlocken; **to tempt someone into doing something** jemanden dazu verführen, etwas zu tun; **to be tempted to do something** versucht sein, etwas zu tun ② **to tempt fate** das Schicksal herausfordern
temp·ta·tion [tempˈteɪʃᵊn] die Versuchung; **to lead into temptation** in Versuchung führen
tempt·ing [ˈtemptɪŋ] verführerisch; *Angebot:*

verlockend

ten[1] [ten] zehn; **a quarter to ten** viertel vor zehn

ten[2] [ten] die Zehn; **the ten of spades** die Pikzehn

ten·ant ['tenənt] *von Land:* der Pächter/die Pächterin; *von Haus, Wohnung:* der Mieter/die Mieterin

to **tend** [tend] **he tends to come early** er kommt meistens früh

ten·den·cy ['tendən(t)si] (*übertragen*) der Hang, die Neigung, die Tendenz (**to/towards** zu); **to have a tendency to do something** dazu neigen, etwas zu tun

to **ten·der** ['tendəʳ] **to tender exact fare** Fahrgeld abgezählt bereithalten

ten·der ['tendəʳ] ① *Körperteil:* empfindlich ② *Fleisch:* zart ③ *Blick, Zuwendung:* zärtlich, liebevoll

ten·der·ness ['tendənəs] *kein Plural* ① die Zärtlichkeit ② die [Schmerz]empfindlichkeit

ten·don ['tendən] die Sehne

ten·fold ['tenfəʊld] zehnfach

ten·nis ['tenɪs] das Tennis; **tennis ball** der Tennisball; **tennis court** der Tennisplatz; **tennis player** der Tennisspieler/die Tennisspielerin; **tennis racket** der Tennisschläger

ten·or ['tenəʳ] der Tenor

ten·pin bowl·ing ['tenpɪn 'bəʊlɪŋ] das Bowling

tense[1] [ten(t)s] ① *Gesicht, Muskel, Stille:* angespannt ② *Lage:* gespannt ③ *Person:* [über]nervös

tense[2] [ten(t)s] das Tempus, die Zeit[form]; **present tense** die Gegenwart; **past tense** die Vergangenheit; **future tense** die Zukunft

ten·sion ['ten(t)ʃᵊn] ① (*technisch*) die Spannung; **high tension** die Hochspannung ② (*übertragen*) die Anspannung

tent [tent] Zelt; **tent peg** der Zeltpflock, der Hering; **tent pole** die Zeltstange

ten·ta·cle ['tentəkl̩] der Fangarm

ten·ta·tive ['tentətɪv] vorsichtig; *Bericht:* vorläufig

tenth[1] [ten(t)θ] zehnte(r, s)

tenth[2] [ten(t)θ] ① (*Datum*) **the tenth** der Zehnte ② (*Bruchzahl*) das Zehntel

tep·id ['tepɪd] lau[warm]

term [tɜːm] ① die Dauer, der Zeitraum; *eines Vertrags:* die Laufzeit; **in the long term** auf lange Sicht, langfristig; **in the short term** auf kurze Sicht, kurzfristig ② (*an Schule, Hochschule*) das Trimester, das Semester ③ der Ausdruck, der Fachbegriff; **in terms of ...** was ... betrifft ④ **terms** *Plural* das Verhältnis, die Beziehung; **to be on good/bad terms with someone** zu jemandem ein gutes/schlechtes Verhältnis haben; **to come to terms with someone** sich mit jemandem einigen; **to come to terms with a situation** sich mit einer Situation abfinden; **we are not on speaking terms** wir sprechen nicht miteinander ⑤ **terms** *Plural* die Bedingungen; **on easy terms** zu günstigen Bedingungen

ter·mi·nal[1] ['tɜːmɪnᵊl] unheilbar

ter·mi·nal[2] ['tɜːmɪnᵊl] ① (*am Flughafen, Bahnhof, Kai*) der/das Terminal ② (*für Busse, Züge*) die Endstation ③ (*Computer*) der/das Terminal ④ *einer Batterie:* der Pol

to **ter·mi·nate** ['tɜːmɪneɪt] ① beenden ② lösen *Vertrag* ③ unterbrechen *Schwangerschaft* ④ enden ⑤ *Vertrag:* ablaufen

ter·mi·nus ['tɜːmɪnəs, *Plural* -naɪ] <*Plural* terminuses *oder* termini> die Endstation

ter·race ['terɪs] ① die Terrasse ② die Häuserreihe ③ **terraces** (*Sport*) die Ränge

ter·raced house ['terəst'haʊs] das Reihenhaus

ter·ri·ble ['terəbl̩] schrecklich, furchtbar, fürchterlich

ter·ri·bly ['terəbli] furchtbar, fürchterlich, schrecklich

ter·rif·ic [tə'rɪfɪk] ① *Idee, Party:* sagenhaft, toll ② *Kraft, Geschwindigkeit, Spaß:* unheimlich, enorm

to **ter·ri·fy** ['terəfaɪ] **to terrify someone** jemandem schreckliche Angst einjagen, jemanden in Angst und Schrecken versetzen; **to be terrified [of something]** fürchterliche Angst [vor etwas] haben; **a terrified look** ein angsterfüllter Blick

ter·ri·fy·ing ['terəfaɪɪŋ] erschreckend, grauenvoll

ter·ri·tory ['terɪtᵊri] ① das [Staats]gebiet, das Territorium ② *eines Tiers:* das Revier

ter·ror ['terəʳ] ① das Entsetzen, der Schreck[en]; **in terror** in panischer Angst ② (*politisch*) der Terror; **war on terror** der Antiterrorkrieg ③ (*Person*) der Schrecken; (*Kind*) der Satansbraten

ter·ror·ism ['terᵊrɪzᵊm] der Terrorismus; **act of terrorism** der Terrorakt

ter·ror·ist ['terᵊrɪst] der Terrorist/die Terroristin

ter·ror·ist at·tack der Terroranschlag

ter·ror·ist cell die Terrorzelle

ter·ror·ist mili·tia *kein Plural* die Terrormiliz

ter·ror·ist net·work das Terrornetzwerk

to **ter·ror·ize** ['terᵊraɪz] terrorisieren

ter·tiary[1] ['tɜːʃᵊri] ① **tertiary education** die Hochschulbildung ② *Verbrennung:* dritten Grades ③ (*Ära*) **Tertiary** Tertiär-

ter·tiary[2] ['tɜːʃᵊri] <*Plural* tertiaries> das Tertiär

test [test] ① die Prüfung, die Klassenarbeit; **to take a test** eine Prüfung ablegen; **driving test** die Fahrprüfung; **written test** die schriftliche Prüfung; **to fail a test** eine Prüfung nicht bestehen ② Untersuchung; **blood test** die Blutprobe; **urine test** die Urinprobe ③ **to put to the test** auf die Probe stellen to **test** [test] 1 testen *Augen, Gehör, Intelligenz* 2 untersuchen *Wasser;* **to test for something** auf etwas hin untersuchen 3 erproben *Medikament* 4 prüfen *Schüler*

tes·ta·ment ['testəmənt] das Testament

test drive die Probefahrt

tes·ti·cle ['testɪkl̩] der Hoden

to **tes·ti·fy** ['testɪfaɪ] 1 **to testify to something** etwas bezeugen 2 **to testify against someone** gegen jemanden aussagen; **to testify on someone's behalf** zu jemandes Gunsten aussagen; **to refuse to testify** die Aussage verweigern

tes·ti·mo·ny ['testɪməni] die [Zeugen]aussage

test·ing[1] ['testɪŋ] die [Über]prüfung, die Erprobung

test·ing[2] ['testɪŋ] hart, schwierig

test tube das Reagenzglas

teta·nus ['tetᵊnəs] der Tetanus, der Wundstarrkrampf

teth·er ['teðəʳ] ▶ WENDUNGEN: **to be at the end of one's tether** am Ende seiner Kräfte [*oder* Geduld] sein

Tex·an[1] ['teksᵊn] der Texaner/die Texanerin

Tex·an[2] ['teksᵊn] texanisch

Tex·as ['teksəs] Texas

text [tekst] der Text; (*Nachricht*) die SMS

to **text** [tekst] **to text someone something** jemandem eine SMS[-Nachricht] schicken

text·book ['tekstbʊk] das Lehrbuch

text·er ['tekstəʳ] **she is an avid texter** sie schickt oft SMS

tex·tile ['tekstaɪl] 1 der Stoff 2 **textiles** die Textilien, die Textilwaren

to **text mes·sage** ['tekst,mesɪdʒ] **to text-message someone** jemandem eine SMS[-Nachricht] senden; **to text-message something** etwas per SMS schicken

text mes·sage ['tekst,mesɪdʒ] der/die SMS

Thai[1] [taɪ] 1 der/die Thai, der Thailänder/die Thailänderin 2 *kein Plural* (*Sprache*) das Thai

Thai[2] [taɪ] thailändisch

Thai·land ['taɪlænd] Thailand

Thames [temz] die Themse

than [ðæn, ðᵊn] als

to **thank** [θæŋk] 1 **to thank someone** [**for something**] jemandem [für etwas] danken, sich bei jemandem [für etwas] bedanken; **thank you** danke; **thank you very much** vielen Dank; **no, thank you** nein, danke 2 **to have** [**only**] **oneself to thank for something** etwas sich selbst zuzuschreiben haben

thank·ful ['θæŋkfᵊl] 1 froh 2 dankbar

thank·ful·ly ['θæŋkfʊli] glücklicherweise, zum Glück

thank·less ['θæŋkləs] undankbar

thanks [θæŋks] *Plural* 1 der Dank; **thanks very much** [*oder* **a lot**]**!** vielen Dank! 2 **thanks to** dank; (*negativ*) wegen

thanks·giv·ing [,θæŋks'gɪvɪŋ] die Danksagung; **Thanksgiving Day** (USA) Thanksgiving Day, ≈ das Erntedankfest

> **L** **Thanksgiving** (Erntedank) ist einer der wichtigsten Feiertage in den USA. Er wird am vierten Donnerstag im November gefeiert. Der erste **Thanksgiving Day** wurde 1621 von den **Pilgrims** (Pilger) in Plymouth Colony zum Dank an Gott für Beistand und Hilfe in schweren Zeiten gefeiert. Traditionell trifft man sich mit der Familie zu einem Festessen mit *stuffed turkey* (gefüllter Truthahn), *cranberry sauce* (Cranberrysoße), *yams* (Süßkartoffeln) und *corn* (Mais).

thank you ['θæŋkju:] das Dankeschön; **without even a thank you** ohne ein Wort des Dankes

thank-you let·ter, **thank-you note** der Dankesbrief

that[1] [ðæt, ðət] <*Plural* those> 1 das; **what is that?** was ist das? 2 (*hinweisend*) das da, jenes 3 **to be not as stupid as that** nicht so dumm sein 4 **like that** so 5 **that's it!** das ist es!, richtig! 6 **that's why ...** deshalb ... 7 **after/before/over that** danach/davor/darüber

that[2] [ðæt, ðət] <*Plural* those> 1 der/die/das, jene(r, s); **that poor dog** der arme Hund; **what about that car of yours?** was ist mit deinem Auto? 2 (*umgangsspr*) **I was that pleased** ich habe mich so gefreut

that[3] [ðæt, ðət] der/die/das; **everything/nothing that ...** alles/nichts, das ...; **the man that told me** der Mann, der mir erzählte; **the minute that he arrived** in dem Augenblick, als er ankam

that[4] [ðæt, ðət] dass; **I told you that I couldn't come** ich habe dir gesagt, dass ich nicht kommen kann

to **thatch** [θætʃ] mit Stroh decken; **thatched roof** das Strohdach

to **thaw** [θɔ:] 1 [auf]tauen 2 (*übertragen*) auftauen

thaw [θɔ:] (*auch übertragen*) das Tauwetter

the [ði:, ði, ðə] 1 *bestimmter Artikel* der/die/das 2 **the ... the ...** je ... desto ...; **the earlier the better** je eher, desto besser 3 **all the better/worse** umso besser/schlimmer 4 **to play the piano** Klavier spielen

thea·tre, (USA) **thea·ter** ['θɪətəʳ] 1 das Theater, das Schauspielhaus; **to go to the theatre** ins Theater gehen 2 **lecture theatre** der Hörsaal 3 **operating theatre** der Operationssaal 4 (*übertragen*) der Schauplatz

thea·tre com·pa·ny das [Theater]ensemble, die Schauspieltruppe

thea·tre crit·ic der Theaterkritiker/die Theaterkritikerin

thea·tre·goer ['θɪətəʳgəʊəʳ] der Theaterbesucher/die Theaterbesucherin

T

Text message abbreviations — SMS Abkürzungen

B4	before	[be]vor
BTW	by the way	übrigens
CU	see you	mach's gut
CU L8R	see you later	bis bald
CU 2MORO	see you tomorrow	bis morgen
F2F	face to face	von Angesicht zu Angesicht
FYI	for your information	als Info[rmation]
GBH	great big hug	sei umarmt
GR8	great	klasse
ILU	I love you	ich liebe dich
IMO	in my opinion	meiner Meinung nach
L8R	later	später
M8	mate	Kumpel
M8s	mates	Kumpels
MSG	message	Nachricht
NRG	energy	Energie
OIC	oh, I see	aha[, ich verstehe]
OTT	over the top	zu viel des Guten
OXOX	hugs and kisses	tausend Küsse
PLS	please	bitte
TGIF	thank God it's Friday	endlich Wochenende
THX, TX	thanks	danke
2MORO	tomorrow	morgen
2NITE	tonight	heute Abend
U	you	du
U2?	you too?	du auch?
WKEND	weekend	Wochenende
X	kiss	Kuss

the·at·ri·cal [θiˈætrɪkəl] Theater-; (*übertragen*) theatralisch

theft [θeft] der Diebstahl

their [ðeəʳ, ðəʳ] ihr; **everyone knows their duty** jeder kennt seine Pflicht

theirs [ðeəz] ihre(r, s), der/die/das Ihre [*oder* Ihrige]; **a friend of theirs** einer ihrer Freunde, ein Freund von ihnen; **it's theirs** es gehört ihnen

them [ðem, ðəm] ① sie; **can you give them to me?** gibst du sie mir? ② ihnen; **that's them** das sind sie; **with their children around them** mit ihren Kindern um sich

theme [θiːm] das Thema

theme mu·sic die Titelmusik

theme park der Themenpark

them·selves [ðəmˈselvz] ① sich ② *betont* [sie] selbst; **they ... themselves** sie ... selbst; **to themselves** für sich [allein] ③ [**all**] **by themselves** [ganz] allein, ohne Hilfe; **they'll do it themselves** sie machen es selbst

then¹ [ðen] ① dann; **before then** zuvor; **by** [*oder* **until**] **then** bis dahin; [**every**] **now and then** dann und wann; **from then onwards** von da an; **what then?** was dann? ② damals, da; **I was better at maths then** damals war ich in Mathe besser ③ außerdem, ferner; **then I'd like two pounds of carrots please** dann hätte ich noch gerne zwei Pfund Karotten bitte ④ folglich; **so then I decided to stay** folglich beschloss ich zu bleiben

then² [ðen] damalig; **my then best friend Joan** meine damalige beste Freundin Joan

the·ol·ogy [θiˈɒlədʒi] die Theologie

theo·reti·cal [θɪəˈretɪkəl] theoretisch

theo·ry [ˈθɪəri] die Theorie; **in theory** theoretisch; **the theory of relativity** die Relativitätstheorie

thera·peut·ic [ˌθerəˈpjuːtɪk] therapeutisch

thera·pist [ˈθerəpɪst] der Therapeut/die Therapeutin

thera·py [ˈθerəpi] die Therapie, die Behandlung

there¹ [ðeəʳ, ðəʳ] ① dort, da, dorthin, dahin; **there you are!** da bist du ja!; **here and there** hier und da, gelegentlich; **over there** dort drüben ② **there is/are** es ist/sind, es gibt; **there is no one there** es ist niemand da ③ **there you are!** da hast du's! ④ **there and then** auf der Stelle

T

there² [ðeəʳ, ðəʳ] nanu! na also! da haben wir es!; **there, that's enough** so, nun ist's aber genug!

there·abouts [ˈðeərəbaʊts] in der Gegend, so etwa; **at 3 or thereabouts** so um 3 Uhr herum

there·by [ðeəˈbaɪ] dadurch

there·fore [ˈðeəfɔːʳ] ① deshalb, deswegen ② folglich, also

ther·mal [ˈθɜːməl] **thermal baths** die Thermalbäder; **thermal underwear** die Thermowäsche

ther·mom·eter [ˈθɜːmɒmɪtəʳ] das Thermometer

Thermos®, **Thermos® flask** [ˈθɜːmɒs-] die Thermosflasche

ther·mo·stat [ˈθɜːməstæt] der Thermostat

these [ðiːz] *Pluralform von* **this**

the·ses [ˈθiːsiːz] *Pluralform von* **thesis**

the·sis [ˈθiːsəs, *Plural* -siːz] <*Plural* theses> ① die These, die Behauptung ② die Dissertation, die Doktorarbeit ③ die Diplomarbeit

they [ðeɪ] ① sie; **they who** diejenigen, welche ② man, es; **they say that ...** man sagt, dass ...

they'd [ðeɪd] *Kurzform von* **they had; they would**

they'll [ðeɪl] *Kurzform von* **they shall; they will**

they're [ðeəʳ] *Kurzform von* **they are**

they've [ðeɪv] *Kurzform von* **they have**

thick¹ [θɪk] <thicker, thickest> ① dick ② *Nebel, Haar, Gestrüpp:* dicht ③ *Flüssigkeit, Sahne:* dickflüssig ④ *Luft:* schlecht ⑤ *Akzent:* stark, breit ⑥ (*umgangsspr*) dumm, stupide ⑦ (*umgangsspr*) dick, eng befreundet ⑧ **thick with** voller, voll von

thick² [θɪk] **in the thick of** mitten in; **through thick and thin** durch dick und dünn

to **thick·en** [ˈθɪkən] ① eindicken *Sauce* ② *Nebel:* sich verdichten, dichter werden

thick·ness [ˈθɪknəs] ① die Dicke, die Stärke ② die Dichte ③ die Dickflüssigkeit ④ die Lage, die Schicht

thick-skinned [ˌθɪkˈskɪnd] (*übertragen*) dickfellig

thief [θiːf] <*Plural* thieves> der Dieb/die Diebin; **stop thief!** haltet den Dieb!

thieves [ˈθiːvz] *Pluralform von* **thief**

thiev·ing¹ [ˈθiːvɪŋ] das Stehlen

thiev·ing² [ˈθiːvɪŋ] diebisch

thigh [θaɪ] der Oberschenkel

thim·ble [ˈθɪmbl̩] der Fingerhut

thin [θɪn] <thinner, thinnest> ① dünn ② mager, hager ③ *Gesicht:* schmal ④ *Publikum:* spärlich; **thinly populated** dünn besiedelt ⑤ *Bier:* dünn, wässerig ⑥ (*übertragen*) *Ausrede:* schwach, fadenscheinig

to **thin** [θɪn] <thinned, thinned> ① dünner machen ② verdünnen *Sauce* ③ *Haare:* schütter werden ④ *Nebel:* sich lichten ⑤ *Menschenmenge:* sich verlaufen

◆ to **thin out** ① ausdünnen *Haare* ② lichten *Wald* ③ vereinzeln *Pflanzen* ④ *Menschenmenge:* kleiner werden

thing [θɪŋ] ① das Ding, die Sache, der Gegenstand ② (*umgangsspr*) das Ding, der Dingsda, der Dingsbums ③ **things** die Sachen, die Kleider ▶ WENDUNGEN: **among other things** unter anderem; **to do one's own thing** (*umgangsspr*) sein Ding machen; **first thing** zuerst [*oder* zunächst] [einmal]; **first thing in the morning**

morgens früh als Erstes; **first things first!** immer schön der Reihe nach!; **for one thing** einmal, vor allem; **just the thing** genau das Richtige; **no such thing** nichts dergleichen; **the real thing** das Richtige; **the very thing** genau das; **a thing like that** so etwas; **to have a thing about something** eine Schwäche [*oder* Vorliebe] haben für etwas; **he's got a thing about snakes** er kann Schlangen nicht ausstehen; (*fasziniert von*) er ist verrückt auf Schlangen; **it's a funny thing, but ...** es ist seltsam, aber ...; **that was a near thing!** das ist noch mal gut gegangen; **how are things?** wie geht's?; **I'm going to tell him a thing or two** dem werde ich was erzählen!; **there is no such thing** so was gibt es nicht; **the thing is ...** die Sache ist die, ...; **the nice thing about it** das Schöne daran; **another thing** noch etwas, etwas anderes; **things are going well** es läuft gut; **to think things over** sich die Sache überlegen; **you poor thing!** du Arme(r)!; **I must be seeing things!** ich sehe wohl nicht richtig!

think [θɪŋk] **to have a think about something** sich etwas überlegen, über etwas nachdenken

to **think** [θɪn] <thought, thought> ① denken; **who would have thought it!** wer hätte das gedacht! ② glauben, meinen; **I think you had better do that** ich meine, du solltest das lieber tun; **do you think he'll manage?** glauben Sie, er schafft es?; **that's what you think!** das meinst du wohl!; **what do you think?** was meinen Sie [dazu]? ③ sich vorstellen, sich einbilden; **just think** stell dir mal vor ④ halten für, ansehen als; **you must think me rude** Sie müssen mich für unhöflich halten ⑤ **I should think not!** das will ich auch nicht hoffen! ⑥ denken; **to think aloud** laut denken; **I think so** ich denke schon ⑦ nachdenken; **I've been thinking** ich habe nachgedacht; **it makes you think** das stimmt einen nachdenklich; **let me think** lass mich überlegen; **he wasn't thinking** (*übertragen*) er hat geschlafen ⑧ **to think twice** [es] sich noch mal überlegen; **to act without thinking** unüberlegt handeln

> **G** Richtiges Konjugieren von **think**: think, thought, thought — *I never thought Mike would come to the party; have you ever thought what might happen?*

◆to **think about** ① nachdenken über ② sich überlegen; **to think about something** sich etwas überlegen [*oder* durch den Kopf gehen lassen] ③ **to think about doing something** vorhaben, etwas zu tun

◆to **think ahead** vorausdenken

◆to **think back** sich zurückversetzen (**to** in)

◆to **think of** ① denken an; **to think of doing something** daran denken [*oder* planen] [*oder* beabsichtigen], etwas zu tun; **we are thinking of moving to France** wir tragen uns mit dem Gedanken, nach Frankreich zu ziehen; **I'll think of something** ich werde mir etwas einfallen lassen; **to think better of something** sich etwas noch mal überlegen ② sich vorstellen; **it's hard to think of a world without poverty** eine Welt, in der es keine Armut gibt, ist kaum vorstellbar ③ sich ausdenken *Idee, Lösung* ④ **to think highly** [*oder* **much**] **of** viel halten von; **what do you think of him/it?** was halten Sie von ihm/davon?; **to think nothing of something** von etwas nichts halten; **think nothing of it!** das ist nicht der Rede wert! ⑤ sich erinnern an, sich besinnen auf; **I can't think of her name** ich komme nicht auf ihren Namen, mir fällt ihr Name nicht ein

◆to **think out** sich ausdenken, sich gut überlegen

◆to **think over** sich überlegen, nachdenken [über]; **to think things over** die Lage überdenken

◆to **think through** durchdenken

◆to **think up** sich ausdenken

think·er ['θɪŋkəʳ] der Denker/die Denkerin

think·ing ['θɪŋkɪŋ] **to my [way of] thinking** meiner Meinung nach; **that's wishful thinking** das ist ein frommer Wunsch

third[1] [θɜːd] dritte(r, s)

third[2] [θɜːd] ① (*Datum*) **the third** der Dritte ② (*Bruchzahl*) das Drittel ③ *von Auto:* der dritte Gang

third·ly ['θɜːdli] drittens

third-par·ty in·sur·ance die Haftpflichtversicherung

third-rate [ˌθɜːd'reɪt] drittrangig, minderwertig

Third World **the Third World** die Dritte Welt

thirst [θɜːst] der Durst; **to die of thirst** verdursten; **thirst for knowledge** der Wissensdurst

thirsty ['θɜːsti] durstig ▶WENDUNGEN: **thirsty for knowledge** begierig nach Wissen, wissbegierig

thir·teen[1] [θɜː'tiːn] dreizehn

thir·teen[2] [θɜː'tiːn] die Dreizehn

thir·teenth[1] [θɜː'tiːn(t)θ] dreizehnte(r, s)

thir·teenth[2] [θɜː'tiːn(t)θ] ① (*Datum*) **the thirteenth** der Dreizehnte ② (*Bruchzahl*) das Dreizehntel

thir·ti·eth[1] ['θɜːtiəθ] dreißigste(r, s)

thir·ti·eth[2] [θɜːtiəθ] ① (*Datum*) **the thirtieth** der Dreißigste ② (*Bruchzahl*) das Dreißigstel

thir·ty[1] ['θɜːti] dreißig

thir·ty[2] ['θɜːti] ① die Dreißig ② **in the thirties** in den Dreißigern; **she must be in her thirties** sie muss in den Dreißigern sein

this[1] [ðɪs, ðəs] <*Plural* these> ① diese(r, s); **this one is smaller** diese(r, s) ist kleiner ② **this morning/evening/night** heute Morgen/

T

Abend/Nacht; **this time** diesmal; **this time last month** letzten Monat um diese Zeit; **these days** heutzutage; **what are you doing these days?** was machen Sie [so] in letzter Zeit? ③ **come here this minute!** komm sofort hierher!

this² [ðɪs, ðəs] <*Plural* these> ① *substantivisch* dies, das; **what/who is this?** was/wer ist das?; **these are my friends** das sind meine Freunde; **this is to prove ...** hiermit wird bewiesen ...; **this and that** dieses und jenes; **this is Anna [speaking]** [hier ist] Anna ② **it's like this** es ist so

this³ [ðɪs, ðəs] so; **this late/much** so spät/viel

this·tle ['θɪsl̩] die Distel

thorn [θɔːn] der Dorn

thorny ['θɔːni] ① dornig ② (*übertragen: schwierig*) heikel

thor·ough ['θʌrə] ① *Untersuchung:* gründlich, genau ② *Nervensäge:* ausgemacht

thor·ough·fare ['θʌrəfeəʳ] **no thoroughfare!** keine Durchfahrt!

thor·ough·ly ['θʌrəli] ① *untersuchen:* gründlich ② *durchnässt:* völlig; *erschöpft, verwöhnt:* total; *langweilig:* ausgesprochen; *beschämt:* zutiefst

those [ðəʊz] *Pluralform von* **that**

though [ðəʊ] ① obgleich, wenn auch; **as though** als ob; **even though** obwohl ② doch; **she did do it though** sie hat es aber doch getan

thought¹ [θɔːt] *2. und 3. Form von* **think**

thought² [θɔːt] ① das [Nach]denken, die Überlegung; **after serious thought, on second thoughts** nach reiflicher Überlegung; **to have second thoughts about something** sich etwas noch einmal überlegen; **to give some thought to** nachdenken über; **to have no thought of doing something** nicht daran denken, etwas zu tun; **don't give it another thought** denken Sie gar nicht daran; **[lost] in thought** in Gedanken [versunken] ② der Gedanke; **I've had a sudden thought** mir ist gerade etwas eingefallen; **that's a thought** das ist eine gute Idee ③ die Rücksicht; **she has no thought for others** sie nimmt keine Rücksicht auf andere

T

thought·ful ['θɔːtfᵊl] ① *Person:* nachdenklich ② *Bemerkung:* wohl überlegt ③ aufmerksam, rücksichtsvoll

thought·less ['θɔːtləs] ① gedankenlos, unbesonnen ② rücksichtslos (**of** gegen), unachtsam

thought-out [ˌθɔːt'aʊt] **a well thought-out plan** ein wohl durchdachter Plan

thought-pro·vok·ing [ˌθɔːtprə'vəʊkɪŋ] geistige Anstöße vermittelnd, anregend

thou·sand¹ ['θaʊzᵊnd] tausend; **a thousand times** tausendmal

thou·sand² ['θaʊzᵊnd] das Tausend; **thousands of birds/pounds** Tausende von Vögeln/Pfund; **one thousand** eintausend

thou·sandth¹ ['θaʊzᵊn(d)θ] tausendste(r, s)

thou·sandth² ['θaʊzᵊn(d)θ] ① das Tausendstel ② Tausendste(r, s)

to **thrash** [θræʃ] ① verprügeln, verdreschen ② (*umgangsspr*) [vernichtend] besiegen

◆ to **thrash about** um sich schlagen

◆ to **thrash out** ausdiskutieren

thrash·ing ['θræʃɪŋ] ① die Tracht Prügel ② (*übertragen*) **to give someone a thrashing** jemandem eine vernichtende Niederlage beibringen

thread [θred] ① (*auch übertragen*) der Faden ② *einer Schraube:* das Gewinde

to **thread** [θred] ① einfädeln *Nadel* ② aufreihen *Perlen* ③ **to thread one's way through [something]** sich [durch etwas] durchschlängeln [*oder* durchwinden]

threat [θret] ① die Drohung; **is that a threat?** soll das eine Drohung sein? ② die Bedrohung (**to** für), die Gefahr (**to** für); **there's a threat of rain** es sieht nach Regen aus

to **threat·en** ['θretᵊn] ① **to threaten someone [with something]** jemandem [mit etwas] drohen, jemandem [etwas] androhen ② **to threaten someone with a knife** jemanden mit einem Messer bedrohen ③ **to threaten to do something** drohen, etwas zu tun ④ **the river threatened to burst its banks** der Fluss drohte, über die Ufer zu treten ⑤ **to be threatened with extinction** vom Aussterben bedroht sein

threat·en·ing ['θretᵊnɪŋ] ① (*feindlich*) drohend, Droh-; **threatening letter** der Drohbrief ② (*beängstigend*) bedrohlich; *Wolken:* dunkel

three¹ [θriː] drei; **a quarter to three** viertel vor drei

three² [θriː] die Drei; **the three of spades** die Pikdrei

three-D, **3D** [θriː'diː] (*umgangsspr*) *kurz für* **three-dimensional** 3-D-, 3D-; **three-D printer** der 3-D-Drucker; **three-D film** (GB), **three-D movie** (USA) der 3-D-Film

three-di·men·sion·al dreidimensional

three·fold¹ ['θriːfəʊld] dreifach

three·fold² ['θriːfəʊld] **the threefold** das Dreifache

three-part ['θriːpɑːt], **three-piece** [ˌθriː'piːs] dreiteilig

three-quar·ters [ˌθriː'kwɔːtəʳs] dreiviertel; **three-quarters of an hour** eine Dreiviertelstunde

thresh·old ['θreʃ(h)əʊld] (*auch übertragen*) die Schwelle

threw [θruː] *2. Form von* **throw**

to **thrill** [θrɪl] **to be thrilled about something** von etwas begeistert [*oder* hingerissen] sein; **to be thrilled to bits** vor Freude ganz aus dem Häuschen sein

thrill [θrɪl] der Nervenkitzel; **thrill of excitement/anticipation** die prickelnde Erregung/Vorfreude

thrill·er ['θrɪlə^r] der Reißer, der Krimi

thrill·ing ['θrɪlɪŋ] ① aufregend ② *Buch, Film:* spannend ③ *Ereignis:* packend

thriv·ing ['θraɪvɪŋ] blühend; *Geschäft:* florierend; *Gemeinde:* gut funktionierend

throat [θrəʊt] ① die Kehle, die Gurgel; **to grip someone by the throat** jemanden an der Gurgel packen ② der Rachen, der Schlund; **to clear one's throat** sich räuspern; **to have a sore throat** Halsschmerzen haben

to **throb** [θrɒb] <throbbed, throbbed> klopfen; *Herz, Puls:* pochen

throne [θrəʊn] der Thron

throt·tle ['θrɒtl̩] ① das Drosselventil ② **at full throttle** mit Vollgas

to **throt·tle** ['θrɒtl̩] ① erdrosseln ② (*übertragen*) unterdrücken

◆ to **throttle back**, to **throttle down** ① drosseln ② Gas wegnehmen

through[1] [θru:] ① *räumlich* durch ② *zeitlich* über; **through the night** die Nacht über; **all through her life** ihr ganzes Leben lang; **Monday through Friday** von Montag bis [einschließlich] Freitag ③ *kausal* durch, infolge, mit Hilfe; **through the post** mit der Post

through[2] [θru:] ① durch; **through and through** durch und durch, völlig; **wet through** patschnass ② **to carry through** zu Ende bringen ③ **to get through** durchkommen ④ **to put someone through to someone** jemanden mit jemandem verbinden

through[3] [θru:] ① fertig; **I'm through with him** der ist für mich gestorben ② *Zug:* durchgehend; **through traffic** der Durchgangsverkehr; **no through road** Durchfahrt verboten

through·out[1] [θru:'aʊt] ① überall in; **throughout the world** in der ganzen Welt ② während; **throughout his stay** seinen ganzen Aufenthalt über; **throughout his life** sein ganzes Leben lang

through·out[2] [θru:'aʊt] ① überall; **carpeted throughout** ganz mit Teppichboden ausgelegt ② die ganze Zeit [über]

throw [θrəʊ] der Wurf

to **throw** [θrəʊ] <threw, thrown> ① werfen (**at** nach); **to throw someone something** jemandem etwas zuwerfen ② *Pferd:* abwerfen ③ (*umgangsspr*) **that's totally thrown me** das hat mich total verwirrt [*oder* aus der Fassung gebracht] ④ **to throw dice** würfeln ⑤ **to throw oneself at someone** (*übertragen*) sich jemandem an den Hals werfen

G Richtiges Konjugieren von **throw**: throw, threw, thrown — *she threw the empty carton away; Tom was thrown off the horse.*

◆ to **throw away** ① wegwerfen ② verschwenden *Geld* ③ verpassen *Gelegenheit*

◆ to **throw back** ① zurückwerfen ② **to be thrown back upon** angewiesen sein auf

◆ to **throw down** ① hinunterwerfen ② wegwerfen *Waffen*

◆ to **throw in** ① einwerfen *Ball, Bemerkung* ② [gratis] dazugeben; **with ... thrown in** mit ... als Zugabe

◆ to **throw into** **to throw oneself into one's work** sich in die Arbeit stürzen

◆ to **throw off** ① abwerfen *Kleider* ② ablegen *Verkleidung* ③ losbekommen *Erkältung* ④ von sich geben *Funken* ⑤ abschütteln *Verfolger* ⑥ **to throw someone off the scent** jemanden von der Spur ablenken

◆ to **throw on** sich [schnell] überwerfen *Kleidungsstück*

◆ to **throw open** ① aufstoßen *Tür* ② für die Öffentlichkeit freigeben *Gebäude*

◆ to **throw out** ① hinauswerfen *Person* ② wegwerfen *Abfall* ③ ablehnen, verwerfen *Gesetzesvorlage* ④ äußern *Bemerkung, Gedanken* ⑤ abgeben *Hitze* ⑥ durcheinanderbringen *Berechnungen, Pläne*

◆ to **throw together** ① zusammenwerfen *Zutaten* ② hinhauen; runterschreiben *Aufsatz, Artikel* ③ zusammenbringen *Leute*

◆ to **throw up** ① hochwerfen *Ball* ② hervorbringen *Führer, Ideen* ③ aufgeben *Arbeit* ④ sich entgehen lassen *Gelegenheit* ⑤ erbrechen *Essen* ⑥ sich übergeben

throw·away ['θrəʊəweɪ] ① *Flasche:* Wegwerf-, Einweg-; **throwaway paper cup** der Papierbecher zum Wegwerfen ② *Bemerkung:* beiläufig

throw·er ['θrəʊə^r] der Werfer/die Werferin

throw-in ['θrəʊɪn] (*Sport*) der Einwurf

throw·ing [θrəʊɪŋ] das Werfen; **throwing the hammer** das Hammerwerfen; **throwing the javelin** das Speerwerfen

thrown [θrəʊn] *3. Form von* **throw**

thrush [θrʌʃ] <*Plural* thrushes> (*Singvogel*) die Drossel

to **thrust** [θrʌst] <thrust, thrust> ① [heftig] stoßen; **to thrust one's hands into one's pockets** die Hände in die Tasche stecken ② stecken *Nadel* (**into** in)

T

thru·way ['θru:weɪ] USA die Schnellstraße

thud [θʌd] der [dumpfe] Schlag, das [dumpfe] Geräusch, der Bums

to **thud** [θʌd] <thudded, thudded> dumpf aufschlagen (**to** auf)

thug [θʌg] der Schläger[typ]

thumb [θʌm] der Daumen ▶ WENDUNGEN: **to be under someone's thumb** unter jemandes Fuchtel stehen; **to give something/someone the thumbs up** einer Sache/jemandem grünes Licht geben to **thumb** [θʌm] ① **to thumb a lift** [*oder* **ride**] (*umgangsspr*) per Anhalter fahren ② **to thumb through a book** ein Buch durchblättern; **a well-thumbed book** ein abgegriffenes Buch

thumb in·dex das Daumenregister

thumb·nail [ˈθʌmneɪl] der Daumennagel

thumb·print der Daumenabdruck

thumb·tack (USA) die Heftzwecke, der Reißnagel

thumb typ·ing *kein Plural Tippen auf einer winzigen Tastatur nur mit beiden Daumen*

thump [θʌmp] der dumpfe Schlag, der Bums

to **thump** [θʌmp] ① schlagen ② dumpf aufschlagen ③ *Herz:* heftig pochen (**with** vor)

thun·der [ˈθʌndəʳ] ① der Donner ② (*übertragen*) das Getöse

to **thun·der** [ˈθʌndəʳ] ① donnern ② **to thunder at someone** jemanden anbrüllen ③ **to thunder something** etwas brüllen

thun·der·clap [ˈθʌndəklæp] der Donnerschlag

thun·der·cloud die Gewitterwolke

thun·der·ing[1] [ˈθʌndᵊrɪŋ] *kein Plural* das Donnern

thun·der·ing[2] [ˈθʌndᵊrɪŋ] *Beifall:* tosend; *Schlag:* enorm

thun·der·ous [ˈθʌndᵊrəs] donnernd

thun·der·storm [ˈθʌndəstɔːm] das Gewitter

thun·dery [ˈθʌndᵊri] gewittrig

Thurs·day [ˈθɜːzdeɪ] der Donnerstag; **on Thursday** am Donnerstag; **on Thursdays** donnerstags

thus [ðʌs] ① so, auf diese Weise ② folglich ③ **thus far** so weit

thyme [taɪm] der Thymian

thy·roid [ˈθaɪrɔɪd] die Schilddrüse

Ti·bet [tɪˈbet] Tibet

tick [tɪk] ① *einer Uhr:* das Ticken ② (*Zeichen*) das Häkchen ③ (*umgangsspr*) der Augenblick; **in a tick** gleich, sofort ④ (*umgangsspr*) der Kredit; **to buy on tick** auf Pump kaufen ⑤ die Zecke

to **tick** [tɪk] ① *Uhr:* ticken ② abhaken *Antwort*

◆ to **tick off** ① abhaken ② (*umgangsspr*) abkanzeln

tick·et [ˈtɪkɪt] ① die Karte, die Eintrittskarte ② die Fahrkarte, der Fahrschein ③ die Flugkarte, das Ticket ④ der [Gepäck]schein, der Parkschein ⑤ **lottery ticket** das Lotterielos ⑥ das Etikett, das Schildchen, der Preiszettel ⑦ (USA) die Kandidatenliste, das Wahlprogramm ⑧ **parking ticket** der Strafzettel

tick·et agen·cy die Vorverkaufsstelle

tick·et·col·lec·tor der Fahrkartenkontrolleur/die Fahrkartenkontrolleurin, der Schaffner/die Schaffnerin

tick·et count·er der Fahrkartenschalter

tick·et hold·er der Karteninhaber/die Karteninhaberin

tick·et ma·chine der Fahrscheinautomat

tick·et·of·fice der Fahrkartenschalter

tick·ing-off [ˈtɪkɪŋˈɒf] <*Plural* tickings-off> (*umgangsspr*) der Anpfiff, der Anschnauzer

to **tick·le** [ˈtɪkḷ] kitzeln

tick·lish [ˈtɪklɪʃ] kitz[e]lig

tid·al [ˈtaɪdᵊl] **tidal energy** die Gezeitenenergie; **tidal river** der Tidefluss; **tidal wave** die Flutwelle

tide [taɪd] ① Ebbe und Flut, die Gezeiten; **the tide is** [**coming**] **in**/[**going**] **out** es ist Flut/Ebbe; **ebb** [*oder* **low**] **tide** die Ebbe, das Niedrigwasser; **flood** [*oder* **high**] **tide** die Flut, das Hochwasser; **at high tide** bei Flut ② (*übertragen*) der Trend, die Strömung; **to go** [*oder* **swim**] **against the tide** gegen den Strom schwimmen

tidy [ˈtaɪdi] ① ordentlich, sauber, aufgeräumt ② (*umgangsspr*) **a tidy sum** eine nette Summe

to **tidy** [ˈtaɪdi] in Ordnung bringen

◆ to **tidy up** aufräumen; **to tidy oneself up** sich zurechtmachen

tie [taɪ] ① die Krawatte, der Schlips ② das Band, die Schnur ③ **ties** *Plural* (*übertragen*) die Verbindungen; **family ties** die familiären Bindungen ④ (*Sport*) das Unentschieden; **to end in a tie** unentschieden enden [*oder* ausgehen]

to **tie** [taɪ] <tied, tied> ① binden (**to** an) ② zusammenschnüren *Paket* ③ **to tie a knot in something** einen Knoten in etwas machen ④ (*Sport*) punktgleich sein (**with** mit), unentschieden spielen; **the match was tied** das Spiel war unentschieden ⑤ **my hands are tied** (*übertragen*) mir sind die Hände gebunden

> **G** Richtiges Konjugieren von **tie**: tie, tied, tied — *Lisa tied her pony to the fence; the old suitcase was tied with string.*

◆ to **tie back** zurückbinden

◆ to **tie down** ① festbinden ② (*übertragen*) binden (**to** an); festlegen, festnageln *Gesprächspartner;* **he doesn't want to tie himself down** er möchte sich nicht binden [*oder* festlegen]; **a pet really ties you down** mit einem Haustier ist man angebunden

◆ to **tie on** anbinden

◆ to **tie up** ① verschnüren *Paket;* binden *Schnürsenkel* ② anbinden *Tier;* fesseln *Gefangene;* festmachen *Boot* ③ unter Dach und Fach bringen *Geschäft* ④ fest anlegen *Kapital* ⑤ beschäftigen *Menschen;* auslasten *Maschinen;* **I am tied up tomorrow** morgen bin ich beschäftigt ⑥ **to be tied up with something** mit etwas zusammenhängen

tier [tɪəʳ] ① die [Sitz]reihe; (*im Theater*) der Rang ② (*übertragen*) die Stufe; **in tiers** stufenweise

ti·ger [ˈtaɪgəʳ] der Tiger

tight [taɪt] <tighter, tightest> ① *Deckel, Schraube:* fest [sitzend]; **the cork is too tight**

der Korken sitzt zu fest ② *Umarmung:* fest ③ *Kleidungsstück, Platz:* eng ④ *Kontrolle:* streng ⑤ *Seil, Haut:* straff ⑥ *Zeit, Geld, Rennen:* knapp ⑦ *Lage:* schwierig ⑧ (*umgangsspr*) geizig ⑨ (*umgangsspr*) blau, besoffen ⑩ **airtight/watertight** luftdicht/wasserdicht ⑪ **to hold tight** fest halten ⑫ **to shut tight** fest zumachen ⑬ **to sit tight** sich nicht rühren ⑭ **sleep tight!** schlaf gut!

to **tight·en** ['taɪtən] ① anziehen *Schraube, Knoten* ② straffen *Seil* ③ enger schnallen *Gürtel* ④ verschärfen *Bestimmungen* ⑤ *Seil:* sich straffen

tight·rope das Drahtseil; **to walk the tightrope** auf dem Drahtseil tanzen

tights [taɪts] ⚠ *Plural* (GB) die Strumpfhose

> **G** **tights** wird immer im Plural gebraucht: *her tights are bright red*
> **a pair of tights** wird aber im Singular verwendet: *I always carry a spare pair of tights in my bag*

tile [taɪl] ① der [Dach]ziegel ② die Kachel, die Fliese ③ die [Kork]platte ④ die [Teppich]fliese

to **tile** [taɪl] ① mit Fliesen belegen *Fußboden* ② mit Ziegeln decken *Dach* ③ kacheln *Wand*

till[1] [tɪl] *zeitlich* bis [zu]; **not till** nicht vor, erst; **till now** bis jetzt; **till then** bis dahin; **till such time as** bis

till[2] [tɪl] die [Laden]kasse

till·er ['tɪlər] die [Ruder]pinne

to **tilt** [tɪlt] ① kippen ② schräg stellen, schief halten ③ geneigt [*oder* schräg] sein

tilt [tɪlt] ① die Neigung ② [**at**] **full tilt** (*übertragen*) mit aller Gewalt

tim·ber ['tɪmbər] ① das Bauholz, das Schnittholz, das Nutzholz ② der Balken ③ der Nutzwald; **timber!** Baum fällt!

time [taɪm] ① die Zeit; **time is up** die Zeit ist [her]um [*oder* vorbei]; **time will tell** kommt Zeit, kommt Rat; **local time** die Ortszeit; **a matter of time** eine Frage der Zeit; **spare time** die Freizeit; **waste of time** die Zeitverschwendung; **time of arrival** die Ankunftszeit; **time of departure** die Abflugzeit, die Abfahrtszeit; **the time of day** die Tageszeit; **all the time** die ganze Zeit [über]; **at the same time** zur gleichen Zeit, gleichzeitig; **at that time** damals, zu der Zeit; **by that time** bis dahin, unterdessen; **in half the time** in der halben Zeit; **in no time** im Nu; **in time** rechtzeitig; **on time** pünktlich; **to do time** (*umgangsspr*) [im Gefängnis] sitzen; **to have no time to lose** keine Zeit zu verlieren haben; **to have a good time** sich gut unterhalten, sich amüsieren; **to make good time** aufholen, ein hohes Tempo haben; **to take time** Zeit erfordern; **take your time over it** lassen Sie sich Zeit dazu ② das Mal; **another time** ein andermal; **at times** manchmal, hin und wieder; **at all times** immer; **every time** jedes Mal; **for the time being** im Augenblick, zurzeit; **from time to time** von Zeit zu Zeit; **many times** [*oder* **a time**] oft[mals]; **next time** das nächste Mal; **once upon a time** [**there was**] ... es war einmal ...; **this time** diesmal; **three times** dreimal; **three times three is** [*oder* **equals**] **nine** drei mal drei ist neun ③ **to ask someone the time** jemanden nach der Uhrzeit fragen; **what time do we eat?** um wie viel Uhr essen wir? ④ der Takt; **to beat/keep time** den Takt schlagen/halten ⑤ *meist Plural* die Zeiten; **in Roman times** in der Römerzeit

> **V** **in time** heißt rechtzeitig: *Ben arrived in time for lunch;* — **on time** heißt dagegen pünktlich: *please be on time for my party.*

to **time** [taɪm] ① **to time something well** den richtigen Zeitpunkt für etwas aussuchen; **you timed that beautifully** Sie haben genau den richtigen Augenblick gewählt ② (*mit einer Stoppuhr*) die Zeit stoppen [*oder* nehmen]; **time yourself to see how long it takes you** sehen Sie auf die Uhr, um herauszufinden, wie lange Sie brauchen ③ messen *Geschwindigkeit* ④ **well-timed** gut getimt *Ball*

time bomb die Zeitbombe

time clock die Stechuhr

time-con·sum·ing zeitintensiv

time dif·fer·ence der Zeitunterschied

time·keep·er ['taɪm,kiːpər] (*Sport*) der Zeitnehmer/die Zeitnehmerin

time lim·it die Zeitbeschränkung, die Frist; **to put a time limit on something** etwas befristen

time line der Zeitstrahl

time·ly ['taɪmli] rechtzeitig, zur rechten Zeit

time off die Freizeit; **to get time off** frei bekommen

time-out [,taɪm'aʊt] (USA) ① (*Sport*) die Auszeit ② (*übertragen*) die Pause

tim·er ['taɪmər] der Zeitmesser, die Schaltuhr

time-sav·ing ['taɪm,seɪvɪŋ] zeitsparend

time·ta·ble ['taɪm,teɪbl] ① der Fahrplan, der Flugplan ② der Stundenplan ③ (*auf einem Kongress*) das Programm

time zone die Zeitzone

tim·id ['tɪmɪd] <timider, timidest> furchtsam, ängstlich

tim·ing ['taɪmɪŋ] ① das Timing; **that was perfect timing** das kommt gerade richtig ② die Zeitmessung

tin [tɪn] ① (*Metall*) das Zinn; (*raffiniert*) das Weißblech ② (GB) die Büchse, die Dose

tin can die Blechdose

tin·foil ['tɪnfɔɪl] das Stanniol, die Alufolie

to **tinge** [tɪndʒ] **tinged with** mit einer Spur von; **tinged with pink** leicht rosa getönt

tinge [tɪndʒ] **with a tinge of** mit einer Spur von

to **tin·gle** ['tɪŋgl] prickeln, kribbeln (**with** vor)

T

tinned [tɪnd] **tinned fruit** die Obstkonserven; **tinned meat** das Büchsenfleisch

tin·ny ['tɪni] *Ton:* blechern

tin-open·er ['tɪnəʊpənəʳ] der Dosenöffner, der Büchsenöffner

tin·sel ['tɪn(t)sᵊl] Lametta

tint [tɪnt] ① die Färbung, die Tönung ② der Farbton

tiny ['tɪni] <tinier, tiniest> winzig

tip [tɪp] ① *von Eisberg, Zunge:* die Spitze ② das Trinkgeld ③ der Tipp, der Hinweis ④ (GB) der Schuttabladeplatz, die Müllhalde; (*übertragen*) der Schweinestall ▶ WENDUNGEN: **it's on the tip of my tongue** es liegt mir auf der Zunge

to **tip** [tɪp] <tipped, tipped> ① **to tip someone** jemandem ein Trinkgeld geben ② tippen [*oder* wetten] [*oder* setzen] auf *Pferd* ③ kippen, umkippen; schütten *Flüssigkeit, Sand;* **"no tipping"** „Schutt [*oder* Müll] abladen verboten"

◆ to **tip back** nach hinten kippen

◆ to **tip off** **to tip someone off** jemandem einen Tipp [*oder* Wink] geben

◆ to **tip out** ① auskippen; ausschütten *Flüssigkeit, Sand* ② herauskippen; *Flüssigkeit:* auslaufen; *Sand:* herausrutschen

◆ to **tip over** umkippen

◆ to **tip up** ① [um]kippen ② hochklappen *Sitz*

tip-off ['tɪpɒf] (*umgangsspr*) der Wink, der Tipp

tip·sy ['tɪpsi] angeheitert, beschwipst

to **tip·toe** ['tɪptəʊ] auf Zehenspitzen gehen

tip·toe ['tɪptəʊ] **on tiptoe** auf Zehenspitzen

to **tire** ['taɪəʳ] ① ermüden, müde machen; **to tire of doing something** müde werden, etwas zu tun ② **to be tired out** völlig erschöpft sein

tire ['taɪəʳ] (USA) der Reifen

tired ['taɪəd] ① müde (**with** von) ② **tired out** erschöpft ③ **to be tired of something** einer Sache überdrüssig sein; **I'm tired of it** ich habe es satt

tired·ness ['taɪədnəs] die Müdigkeit

tire·less ['taɪələs] unermüdlich

tire·some ['taɪəsəm] lästig, ärgerlich

tir·ing ['taɪərɪŋ] anstrengend, ermüdend

T

tis·sue ['tɪʃuː, -sjuː] ① (*Zellen*) das Gewebe ② das Papiertaschentuch ③ **tissue paper** das Seidenpapier

tit [tɪt] ① (*Vogel*) die Meise ② (*slang: Brust*) die Titte

ti·tle ['taɪtḷ] ① *von Buch, Person:* der Titel ② *eines Kapitels:* die Überschrift ③ (*juristisch*) der Rechtsanspruch (**to** auf)

ti·tle·hold·er (*Sport*) der Titelverteidiger/die Titelverteidigerin

ti·tle page die Titelseite

ti·tle role die Hauptrolle, die Titelrolle

to **tit·ter** ['tɪtəʳ] kichern

tit·ter ['tɪtəʳ] das Gekicher

to¹ [tuː, tu, tə] ① (*Richtung*) zu; (*bei Ländern, Städten*) nach; **to go to school** zur Schule gehen; **to go to the theatre/cinema** ins Theater/Kino gehen; **to go to America/New York** nach Amerika/New York fahren [*oder* fliegen]; **to Switzerland** in die Schweiz; **to go to bed** ins [*oder* zu] Bett gehen; **come to me!** komm zu mir! ② (*Erstreckung*) bis; **children** [**up**] **to the age of 10** Kinder bis 10; [**from**] **30 to 40** 30 bis 40; **10 km to Stuttgart** 10 km nach Stuttgart; **to this day** bis auf den heutigen Tag ③ *als Dativobjekt* **to give something to someone** jemandem etwas geben; **I said to myself** ich habe mir gesagt; **to sing to oneself** vor sich hin singen; **addressed to me** an mich adressiert ④ (*Widmung*) an; (*Trinkspruch*) auf ⑤ (*Nähe, Berührung*) an; **close to something** dicht an etwas; **to nail something to the wall** etwas an die Wand nageln ⑥ (*Uhrzeit*) vor; **20** [**minutes**] **to 3** 20 [Minuten] vor 3 ⑦ (*Vergleich*) als; **superior to** besser als ⑧ (*Beziehung*) zu; **3 goals to 1** 3 zu 1 Tore; **a majority of 5 to 1** eine Mehrheit von 5 zu 1 ⑨ pro; **one litre to one person** ein Liter pro Person ▶ WENDUNGEN: **to my knowledge** meines Wissens; **to my surprise** zu meiner Überraschung; **to his taste** nach seinem Geschmack

to² [tuː, tu, tə] ① *zur Bildung des Infinitivs* zu; **to go** gehen ② (*Vorhaben*) **I hope to succeed** ich hoffe, Erfolg zu haben; **I want you to do that** ich möchte, dass Sie das tun; **do you want to do that?** möchten Sie das tun? ③ **to hear you talk one could think ...** wenn man dich so reden hört, könnte man meinen ...; **to tell the truth** um ehrlich zu sein ④ **he is not the type to do that** es ist nicht seine Art, so etwas zu tun; **you'll be the first to hear it** Sie werden der Erste sein, der es erfährt ⑤ **it's hard to say** es ist schwer zu sagen ⑥ *anstelle des vorangegangenen Verbs* **does he want to?** will er denn?; **I would like to but I can't** ich würde ja gerne, aber ich kann nicht

to³ [tuː, tu, tə] ① *Tür:* angelehnt ② **to and fro** hin und her, auf und ab

toad [təʊd] die Kröte

toad-in-the-hole [ˌtəʊdɪndə'həʊl] das Würstchen in Pfannkuchenteig

toad·stool ['təʊdstuːl] der [Gift]pilz

toast [təʊst] ① (*Brot*) der Toast ② der Trinkspruch, der Toast; **to propose a toast to someone** einen Toast auf jemanden ausbringen

to **toast** [təʊst] ① toasten, rösten ② **to toast someone** jemandem zutrinken

toast·er ['təʊstəʳ] der Toaster, der Brotröster

toast rack ['təʊstræk] der Toastständer

to·bac·co [tə'bækəʊ] der Tabak

to·bac·co·nist [tə'bækᵊnɪst] **tobacconist's** [**shop**] der Tabakladen

to-be [tə'biː] **my wife to-be** meine zukünftige

Frau
to·bog·gan [tə'bɒgən] der [Rodel]schlitten
to **to·bog·gan** [tə'bɒgən] rodeln, Schlitten fahren
to·bog·gan run die Rodelbahn
to·day [tə'deɪ] ① heute; **a week today** heute in einer Woche; **a year ago today** heute vor einem Jahr; **today's paper** die Zeitung von heute ② **today's youth** die heutige Jugend; **the youth of today** die Jugend von heute
tod·dler ['tɒdləʳ] das Kleinkind
toe [təʊ] die Zehe ▶ WENDUNGEN: **to be on one's toes** auf Draht sein; **to step** [*oder* **tread**] **on someone's toes** jemandem zu nahe treten
toe·nail der Zehennagel, der Fußnagel
tof·fee ['tɒfɪ] der/das Karamellbonbon, das Toffee; **toffee apple** der kandierte Apfel
tofu ['təʊfu:] *kein Plural* der Tofu
to·geth·er [tə'geðəʳ] ① zusammen (**with** mit) ② miteinander, gemeinsam ③ zugleich, zu gleicher Zeit ④ **close together** nahe beieinander
toi·let ['tɔɪlɪt] die Toilette
toi·let pa·per das Toilettenpapier
toi·let·ries ['tɔɪlɪtriz] *Plural* die Toilettenartikel; **toiletries bag** (USA) der Kulturbeutel
toi·let roll die Rolle Toilettenpapier
to·ken¹ ['təʊkən] ① Schein-; **token charge** die nominelle Gebühr ② (*abwertend*) Pro-forma-; **a token offer** ein Pro-forma-Angebot; **a token gesture** eine leere Geste
to·ken² ['təʊkən] ① das Zeichen; **as a token of our appreciation** zum [*oder* als] Zeichen unserer Dankbarkeit ② (*Geschenk*) das Andenken ③ die [Wert]marke, der Gutschein, der Bon
told [təʊld] *2. und 3. Form von* **tell**
tol·er·ance ['tɒlərən(t)s] die Toleranz (**of/towards** gegenüber)
tol·er·ant ['tɒlərənt] tolerant (**of/towards** gegen)
to **tol·er·ate** ['tɒləreɪt] ① dulden, zulassen ② ertragen, aushalten
toll [təʊl] ① das Brückengeld, das Wegegeld, die Maut, die Autobahngebühr ② (USA) die Fernsprechgebühr ③ **it took a heavy toll of life** es hat viele Menschenleben gekostet; **the death toll** die Zahl der Opfer [*oder* Toten]
to **toll** [təʊl] läuten; **for whom the bell tolls** wem die Stunde schlägt
toll call (USA) das Ferngespräch
toll-free (USA) gebührenfrei
toll road die gebührenpflichtige Straße, die Mautstraße
to·ma·to [tə'mɑ:təʊ] <*Plural* tomatoes> die Tomate
to·ma·to juice der Tomatensaft
to·ma·to ketch·up der/das [Tomaten]ketchup
to·ma·to soup die Tomatensuppe
tomb [tu:m] das Grab[mal]
tom·boy ['tɒmbɔɪ] (*Mädchen*) der Wildfang
tomb·stone ['tu:mstəʊn] der Grabstein
tom·cat ['tɒmkæt] der Kater
to·mor·row [tə'mɒrəʊ] morgen; **tomorrow morning/afternoon/night** morgen früh/Nachmittag/Abend; **tomorrow week** morgen in acht Tagen; **the day after tomorrow** übermorgen; **tomorrow's headlines** die Schlagzeilen von morgen [*oder* die morgigen Schlagzeilen]; **see you tomorrow!** bis morgen!; **this time tomorrow** morgen um diese Zeit
ton [tʌn] die Tonne ▶ WENDUNGEN: **tons of** eine Menge; **that/he weighs a ton** das/er ist wahnsinnig schwer
tone [təʊn] ① der Ton, der Klang; **don't speak to me in that tone** [**of voice**] ich verbiete mir einen solchen Ton ② der Farbton ③ (*Stimmung*) der Ton ④ **to lower the tone of the conversation** das Niveau der Unterhaltung senken
◆ to **tone down** abmildern; abschwächen *Farbe, Klang*
tone-deaf ohne musikalisches Gehör
ton·er ['təʊnəʳ] der Toner; **toner cartridge** die Tonerpatrone
tongs [tɒŋz] *Plural* die Zange; **a pair of tongs** eine Zange
tongue [tʌŋ] ① die Zunge; **to stick one's tongue out at someone** jemandem die Zunge herausstrecken; **to hold one's tongue** den Mund halten ② die Sprache; **native tongue** die Muttersprache ▶ WENDUNGEN: **tongue in cheek** scherzhaft, ironisch
tongue-tied sprachlos; **to be tongue-tied with surprise** vor Überraschung kein Wort herausbekommen
tongue twist·er ['tʌŋˌtwɪstəʳ] der Zungenbrecher
ton·ic ['tɒnɪk], **ton·ic wa·ter** ['tɒnɪk-] ① das Tonic[water] ② **it was a real tonic** es hat mir richtig gut getan
to·night [tə'naɪt] ① heute Abend; **see you tonight!** bis heute Abend!; **tonight's performance** die heutige Abendvorstellung ② heute Nacht; **tonight's weather** das Wetter heute Nacht
ton·sil ['tɒnsl] (*im Hals*) die Mandel
ton·sil·li·tis [ˌtɒn(t)səˈlaɪtɪs] die Mandelentzündung
ton·sils ['tɒn(t)səlz] *Plural* die Mandeln
too [tu:] ① [gar] zu, allzu; **too bad** zu schade, bedauerlich; **too much** zu viel; (*umgangsspr*) toll; **it's too much for him** es geht über seine Kräfte ② auch; **me too** ich auch ③ auch noch; **she not only passed the exam but got the top grade too** sie hat die Prüfung nicht nur bestanden, sondern auch noch die beste Note bekommen ④ besonders; **none too happy** [**with**]

nicht besonders zufrieden [mit]; **I'm not too sure** ich bin mir nicht ganz sicher

took [tʊk] *2. Form von* **take**

tool [tu:l] (*auch übertragen*) das Werkzeug

tool bag die Werkzeugtasche

tool·box, **tool chest** der Werkzeugkasten

tool kit das Werkzeug, die Werkzeugausrüstung

tool shed ['tu:lʃed] der Geräteschuppen

tooth [tu:θ, *Plural* ti:θ] <*Plural* teeth> der Zahn; **to have a tooth out** [*oder* (USA) **pulled**] sich einen Zahn ziehen lassen; [**set of**] **false teeth** das Gebiss ▶ WENDUNGEN: **to have a sweet tooth** gern naschen

> **V** **teeth** ist die Pluralform von **a tooth**: *the lion has sharp teeth.*

tooth·ache ['tu:θeɪk] die Zahnschmerzen

tooth·brush ['tu:θbrʌʃ] die Zahnbürste

> **L** Wenn einem Kind ein Milchzahn ausfällt, ist es in Großbritannien üblich, diesen Milchzahn unter das Kopfkissen zu legen. Die **Tooth Fairy** (Zahnfee) holt ihn dann in der Nacht und hinterlässt dafür eine Münze.

tooth·paste ['tu:θpeɪst] die Zahnpasta

tooth·pick ['tu:θpɪk] der Zahnstocher

top¹ [tɒp] (*Spielzeug*) der Kreisel

top² [tɒp] (1) der obere Teil, die Spitze (2) *eines Baums:* der Wipfel (3) *eines Bergs:* der Gipfel (4) *einer Welle:* der Kamm (5) *von Möhren:* das Kraut (6) *eines Tischs, Betts:* das Kopfende (7) *einer Straße:* das obere Ende (8) (*Kleidungsstück*) das Top; *eines Kleids, Bikinis:* das Oberteil (9) Oberfläche; *eines Schranks:* die obere Seite (10) der Deckel, die Kappe, die [Flaschen]kapsel (11) (*übertragen*) der Gipfel, der Höhepunkt, die höchste Stellung (12) **at the top of one's voice** aus vollem Halse (13) **at the top of the list/page/table** oben auf der Liste/Seite/Tabelle; **at the top of the stairs/wall** oben auf der Treppe/an der Wand; **at the top of the hill/tree** oben auf dem Berg/Baum (14) **from top to bottom** von oben bis unten, von vorn bis hinten; **from top to toe** von Kopf bis Fuß (15) **in top** [**gear**] mit dem höchsten Gang (16) **on top** oben; (*übertragen*) obenauf (17) **on top of** auf, über; (*übertragen*) über ... hinaus; **it's getting on top of me** es wächst mir über den Kopf (18) **over the top** übertrieben (19) **top of the pops** der Spitzenreiter [in der Hitparade]

top³ [tɒp] (1) *Schicht, Stockwerk:* oberste(r, s) (2) *Äste, Auszeichnung, Preis, Priorität, Ton:* höchste(r, s); **at top speed** mit Höchstgeschwindigkeit; *Maschine:* auf Hochtouren; *Person:* im Schnellverfahren (3) *Noten, Schüler, Spieler:* beste(r, s); **top priority** die höchste Priorität; **top quality** die Spitzenqualität

to **top** [tɒp] <topped, topped> (1) bedecken; **topped with cream** mit Sahne [obendrauf] (2) an der Spitze stehen; **to top the bill** Star der Show sein; **to top the table** die Tabelle anführen (3) übersteigen; **to top it all** zur Krönung des Ganzen (4) **to top oneself** (*slang*) sich umbringen

◆ to **top off** abrunden

◆ to **top up** auffüllen

top·coat ['tɒpkəʊt] (1) der Mantel (2) die oberste Farbschicht

top hat der Zylinder

top-heavy kopflastig

top·ic ['tɒpɪk] das Thema

topi·cal ['tɒpɪkᵊl] aktuell

top·less ['tɒpləs] oben ohne, Oben-ohne-, topless

top-lev·el Spitzen-

top·ping ['tɒpɪŋ] **with a topping of cream** mit Sahne [*oder* einer Sahnehaube]

to **top·ple** ['tɒpl̩] (1) umwerfen *Stapel* (2) (*übertragen*) stürzen *Regierung* (3) *Stapel, Turm:* kippen (4) **to topple over** [um]fallen

top pri·or·ity die höchste Priorität

top se·cret streng geheim

top-up card ['tɒpʌp] (*fürs Handy*) die Aufladekarte

To·rah ['tɔ:rə] *kein Plural* **the Torah** die Thora

torch [tɔ:tʃ] <*Plural* torches> (1) (GB) die Taschenlampe (2) die Fackel

torch·light ['tɔ:tʃlaɪt] (1) das Licht der Taschenlampe (2) der Fackelschein; **torchlight procession** der Fackelzug

tore [tɔ:ʳ] *2. Form von* **tear**

tor·ment ['tɔ:ment] die Qual

to **tor·ment** [tɔ:'ment] quälen; **to be tormented by** [*oder* **with**] **something** von etwas gequält werden

torn [tɔ:n] *3. Form von* **tear**

tor·na·do [tɔ:'neɪdəʊ] <*Plural* tornadoes> der Wirbelsturm, der Tornado

tor·pe·do [tɔ:'pi:dəʊ] <*Plural* torpedoes> der Torpedo

to **tor·pe·do** [tɔ:'pi:dəʊ] (*auch übertragen*) torpedieren

tor·rent ['tɒrᵊnt] (1) der Sturzbach (2) (*übertragen*) der Strom, die Flut

tor·ren·tial [tə'ren(t)ʃᵊl] *Regen:* wolkenbruchartig

tor·toise ['tɔ:təs] die [Land]schildkröte

tor·ture ['tɔ:tʃəʳ] (1) die Folter (2) (*übertragen*) die Qual

to **tor·ture** ['tɔ:tʃəʳ] (1) foltern (2) (*übertragen*) quälen

Tory ['tɔ:ri] (GB) (*politisch*) der/die Konservative, der Tory

toss [tɒs] <*Plural* tosses> (1) der Wurf; **toss of a coin** das Hochwerfen einer Münze (2) das [Aus]losen; **to win/lose the toss** beim Losen gewinnen/verlieren

T

to **toss** [tɒs] ① werfen *Ball* ② hochwerfen *Münze* ③ [durch Hochwerfen] wenden *Pfannkuchen* ④ *Pferd:* abwerfen *Reiter* ⑤ anmachen *Salat* ⑥ **to toss one's head** den Kopf zurückwerfen ⑦ (*mit einer Münze*) **to toss for something** etwas auslosen; **to toss someone for something** mit jemandem um etwas losen ⑧ **to toss and turn** sich [unruhig] hin und her wälzen

◆to **toss about** ① *Person:* sich [unruhig] hin und her wälzen ② *Boot:* **to be tossed about** hin und her geworfen werden

◆to **toss away** wegwerfen

◆to **toss off** (GB) (*slang*) sich einen runterholen

◆to **toss out** hinauswerfen

◆to **toss up** ① werfen, hochwerfen ② (*mit einer Münze*) losen (**for** um)

to·tal[1] [ˈtəʊtᵊl] ① völlig; **total eclipse** die totale Finsternis; **total loss** der Totalverlust ② gesamt; **total amount** der Gesamtbetrag

to·tal[2] [ˈtəʊtᵊl] der Gesamtbetrag, die Gesamtmenge, die [End]summe; **in total** insgesamt; **what does the total come to?** wie hoch ist der Gesamtbetrag?

to **to·tal** [ˈtəʊtᵊl] <totalled *oder* (USA) totaled, totalled *oder* (USA) totaled> sich belaufen auf

to·tali·tar·ian [tə(ʊ)ˌtælɪˈteəriən] totalitär

to·tal·ly [ˈtəʊtᵊli] völlig

to **tot·ter** [ˈtɒtəʳ] ① *Person:* [sch]wanken; *Baby:* tapsen ② (*übertragen*) schwanken

touch [tʌtʃ] ① die Berührung ② **sense of touch** der Tastsinn; **to be soft to the touch** sich weich anfühlen ③ **to be/keep in touch** in Verbindung stehen/bleiben (**with** mit); **keep in touch!** lass [wieder einmal] von dir hören!; **to be out of touch with** nicht mehr in Verbindung stehen mit ④ **a touch of irony** ein Anflug von Ironie; **a touch higher** eine Idee [*oder* ein bisschen] höher ⑤ **a personal touch** eine persönliche Note; **a subtle touch** ein raffinierter Einfall; **to lose one's touch [for something]** das Gefühl [für etwas] verlieren ⑥ (*beim Fußball, Rugby*) **in touch** im Aus

to **touch** [tʌtʃ] ① [sich] berühren, streifen ② anfassen; **don't touch it!** fass das nicht an! ③ (*emotional*) rühren; **deeply touched** tief gerührt ④ **to not touch** nicht anrühren *Alkohol* ⑤ (*übertragen*) erreichen, heranreichen an; **no one can touch him** niemand kann es mit ihm aufnehmen ⑥ (*übertragen*) **they can't touch me** sie können mir nichts anhaben

◆to **touch down** *Flugzeug:* aufsetzen, landen

◆to **touch off** (*auch übertragen*) auslösen

◆to **touch on** berühren, anschneiden, erwähnen *Thema*

◆to **touch up** ① auffrischen *Make-up* ② retuschieren *Foto* ③ (*umgangsspr*) befummeln *Person*

◆to **touch upon** kurz berühren, streifen *Thema*

touch·down [ˈtʌtʃdaʊn] ① *eines Flugzeugs:* die Landung ② (*beim amerikanischen Fußball*) der Versuch; **to score a touchdown** einen Versuch erzielen

touch·ing [ˈtʌtʃɪŋ] rührend, ergreifend

touch·pad [ˈtʌtʃpæd] (*in der Informatik*) das Tastfeld, das Touchpad

touch·screen [ˈtʌtʃskriːn] (*in der Informatik*) der Touchscreen

touchy [ˈtʌtʃi] ① *Person:* empfindlich ② *Thema:* heikel, riskant

tough [tʌf] <tougher, toughest> ① *Fleisch, Person:* zäh ② *Haltung, Konkurrenz:* hart ③ *Material:* widerstandsfähig, robust ④ schwierig, schwer; **to have a tough time** eine schwere Zeit durchmachen ⑤ **it is really tough that ...** es ist wirklich hart, dass ...; **tough [luck]!** Pech!

to **tough·en** [ˈtʌfᵊn] ① härten *Material* ② stählen, hart machen *Menschen* ③ verschärfen *Disziplin, Gesetze* ④ *Material:* hart werden ⑤ *Fleisch:* zäh werden ⑥ *Haltung:* sich verhärten

tou·pee [ˈtuːpeɪ] das Toupet

tour [tɔːʳ, tʊəʳ] ① die Tour (**of** durch), die Rundreise, die Rundfahrt; **to go on a tour of France** eine Reise durch Frankreich machen; **coach tour** die Busreise; **tour guide** der Reiseleiter/die Reiseleiterin; **tour operator** der Reiseveranstalter ② der Rundgang; **to make a tour of the building** einen Rundgang durchs Gebäude machen; **guided tour** die Führung; **tour guide** der Fremdenführer/die Fremdenführerin; **tour of inspection** die [Inspektions]runde ③ (*Sport, Theater*) die Tournee; **on tour** auf Tournee

to **tour** [tɔːʳ, tʊəʳ] ① bereisen, reisen durch *Gegend* ② einen Rundgang machen durch; besichtigen *Gebäude, Stadt* ③ (*Sport, Theater*) eine Tournee machen, auf Tournee sein

tour·ism [ˈtɔːrɪzᵊm, ˈtʊə-] der Fremdenverkehr, der Tourismus

tour·ist [ˈtɔːrɪst, ˈtʊə-] der Tourist/die Touristin; **tourist [information] office** das Fremdenverkehrsbüro; **tourist visa** das Touristenvisum

tour·ist class die Touristenklasse

tour·ist guide der Fremdenführer/die Fremdenführerin; (*Euch*) der Reiseführer

tour·ist in·dus·try die Tourismusindustrie

tour·ist in·for·ma·tion of·fice, **tour·ist of·fice** die Touristeninformation

tour·na·ment [ˈtɔːnəmənt, ˈtʊə-] das Turnier

tour op·era·tor der Reiseveranstalter/die Reiseveranstalterin

tout [taʊt] der Kartenschwarzhändler/die Kartenschwarzhändlerin

to **tow** [təʊ] ① ziehen *Anhänger, Wasserskiläufer* ② [ab]schleppen *Auto;* **to have/take in tow** im Schlepptau haben/ins Schlepptau nehmen; **can we give you a tow?** können wir Sie abschlep-

T

pen?

to·ward(s) ['tə'wɔ:d(z)] 1 auf ... zu, nach ... zu, in Richtung ...; **to work towards an agreement** auf eine Vereinbarung hinarbeiten 2 gegenüber; **his attitude towards his father** seine Haltung seinem Vater gegenüber 3 *zeitlich* gegen; **towards the end of the week** gegen Ende der Woche 4 zu; **a contribution towards the costs** ein Beitrag zu den Kosten; **some coursework counts towards your final grade** ein Teil der Arbeiten geht in die Endnote ein

tow bar ['təʊbɑ:ʳ] die Anhängerkupplung

tow·el ['taʊəl] das Handtuch, das Badetuch

tow·el·ling, USA **tow·el·ing** ['taʊəlɪŋ] das/der Frottee

tow·el rail, USA **tow·el rack** der Handtuchhalter

tow·er [taʊəʳ] der Turm

◆ to **tower above**, to **tower over** emporragen über, überragen

tow·er block das Hochhaus

town [taʊn] die Stadt; **in town** in der Stadt; **to be out of town** verreist sein; **to go to town** in die Stadt gehen/fahren; (*übertragen*) sich ins Zeug legen

town cen·tre das Stadtzentrum, die Stadtmitte

town coun·cil *mit Singular oder Plural* der Stadtrat

town hall das Rathaus

town house 1 das Stadthaus 2 USA das Reihenhaus

town plan·ning *kein Plural* die Stadtplanung

town twin·ning *kein Plural* die Städtepartnerschaft

tow truck USA der Abschleppwagen

toy [tɔɪ] das Spielzeug; **toy car** das Spielzeugauto; **toys** *Plural* die Spielwaren

◆ to **toy with** (*auch übertragen*) spielen mit

toy·shop die Spielwarenhandlung

trace [treɪs] die Spur; **without a trace** spurlos

to **trace** [treɪs] 1 (*finden*) aufspüren, ausfindig machen 2 **trace** [**back**] zurückverfolgen, zurückführen *Ereignisse* (**to** auf) 3 (*nachzeichnen*) [durch]pausen

T

trac·ing pa·per das Pauspapier

track [træk] 1 die Spur, die Fährte; **to be on the track of someone** jemandem auf der Spur sein 2 der Pfad, der Weg 3 (*übertragen*) die Bahn 4 (*Sport*) die Rennbahn 5 (*für Züge*) das Gleis, der Schienenstrang 6 das Musikstück, der Track ▶ WENDUNGEN: **to keep track of someone** jemanden im Auge behalten; **to keep track of something** etwas verfolgen; **to lose track of someone** jemanden aus den Augen verlieren

to **track** [træk] verfolgen

◆ to **track down** aufspüren, ausfindig machen

track and field die Leichtathletik

track rec·ord der Leistungsnachweis; **what's his track record?** was hat er vorzuweisen?

track shoe der Laufschuh, der Rennschuh, der Turnschuh

track·suit der Trainingsanzug, der Jogginganzug

trac·tor ['træktəʳ] der Traktor, die Zugmaschine

trade [treɪd] 1 das Gewerbe, das Handwerk; **by trade** von Beruf 2 (*kommerziell*) der Handel; **trade agreement** das Handelsabkommen; **trade route** der Handelsweg; **export trade** der Außenhandel 3 die Branche, das Gewerbe; **the building trade** das Baugewerbe; **the trade press** die Fachpresse

to **trade** [treɪd] 1 **to trade something for something** etwas für etwas eintauschen 2 **to trade in something** mit einer Sache handeln [*oder* Handel treiben]; **to trade with someone** mit jemandem Geschäfte machen

◆ to **trade in** in Zahlung geben

trade defi·cit das Außenhandelsdefizit

trade fair die [Fach]messe

trade gap das Außenhandelsdefizit

trade·mark das Warenzeichen

trade price der Großhandelspreis

trad·er ['treɪdəʳ] der Händler/die Händlerin

trade se·cret das Betriebsgeheimnis

trades·man ['treɪdzmən] <*Plural* tradesmen> der/die Gewerbetreibende, der Handwerker/die Handwerkerin; **tradesmen's entrance** der Lieferanteneingang

trade un·ion [ˌtreɪd'ju:njən] die Gewerkschaft

trade un·ion·ist der Gewerkschaft[l]er/die Gewerkschaft[l]erin

trade wind der Passatwind

trad·ing ['treɪdɪŋ] der Handel

trad·ing es·tate das Gewerbegebiet

tra·di·tion [trə'dɪʃᵊn] die Tradition, der Brauch

tra·di·tion·al [trə'dɪʃᵊnᵊl] traditionell, herkömmlich, üblich

traf·fic ['træfɪk] 1 der Verkehr, der Flugverkehr, der Luftverkehr 2 der Handel (**in** mit)

> **G** **traffic** ist unzählbar; d.h. es wird nicht mit *a* oder im Plural gebraucht: *the traffic is very heavy during rush hour*

to **traf·fic** ['træfɪk] <trafficked, trafficked> handeln; **to traffic in arms** Waffenhandel betreiben; **to traffic in drugs** mit Drogen handeln

traf·fic cir·cle USA der Kreisverkehr

traf·fic is·land 1 die Verkehrsinsel 2 USA der Mittelstreifen

traf·fic jam der Verkehrsstau

traf·ficked ['træfɪkt] *2. und 3. Form von* **traffic**

traf·fick·er ['træfɪkəʳ] der Händler/die Händlerin; **arms trafficker** der Waffenschieber/die Waffenschieberin; **drug trafficker** der Drogenhändler/die Drogenhändlerin, der Dealer/die Dealerin

traf·fic light *meist Plural* die Verkehrsampel

traf·fic war·den die Politesse, der Hilfspolizist/die Hilfspolizistin

trag·edy ['trædʒədi] die Tragödie

trag·ic ['trædʒɪk] tragisch

trail [treɪl] ① die Spur; **trail of blood** die Blutspur; **trail of dust** die Staubwolke; **trail of smoke** die Rauchfahne ② *eines Meteors:* der Schweif ③ die Spur; *eines Tieres:* die Fährte; [**hot**] **on someone's trail** [dicht] auf jemandes Spur ④ der Pfad; **nature trail** der Naturlehrpfad

to **trail** [treɪl] ① [ver]folgen *Mensch, Tier* ② ziehen *Anhänger* ③ **she trailed her coat behind her** sie schleifte ihren Mantel hinter sich her ④ (*Sport*) [weit] zurückliegen; **to be trailing by two goals to nil** mit zwei zu null im Rückstand liegen [*oder* sein]

◆ to **trail away** verstummen

◆ to **trail behind** zurückbleiben; **to trail behind someone** jemandem hinterherlaufen

trail·er ['treɪləʳ] ① der Anhänger, der Trailer ② (USA) der Wohnwagen ③ die [Film]vorschau, der Trailer

trail·er camp, **trail·er park** (USA) der Campingplatz für Wohnwagen, die Wohnwagenkolonie

train [treɪn] ① der Zug; **by train** mit dem Zug, mit der Bahn; **to board** [*oder* **get on**] **a train** in einen Zug einsteigen; **on the train** im Zug; **to change trains** umsteigen ② (*übertragen*) *von Ereignissen:* die Kette, die Folge; **train of thought** der Gedankengang ③ *eines Hochzeitskleids:* die Schleppe

> **L** In den großen Weiten Australiens gibt es die **road trains**, große Lastwagen mit zwei oder drei Anhängern, die von Vieh bis Benzin alles transportieren. Road trains fahren nur in ländlichen Gebieten, wo es kaum Verkehr gibt. Überall in den nördlichen Regionen wurden für diese riesigen Viehtransporter **beef roads** (wörtlich: „Rindfleischstraßen") mit einer Länge von 10.000 km gebaut.

to **train** [treɪl] ① ausbilden, schulen *Menschen;* **to train someone as something** jemanden zu etwas ausbilden; **to train oneself to do something** sich dazu erziehen, etwas zu tun; **to train as a teacher** eine Lehrerausbildung machen, für das Lehramt studieren ② erziehen *Kind* ③ einweisen, unterweisen *Auszubildende(n), Anfänger* ④ (*Sport*) trainieren ⑤ schulen *Gehirn* ⑥ abrichten, dressieren *Tier* ⑦ richten *Gewehr Fernglas* (**on** auf) ⑧ wachsen lassen, ziehen *Pflanze*

train driv·er der Lokführer/die Lokführerin

trained [treɪnd] ausgebildet; *Auge, Ohr:* geschult

trainee [ˌtreɪ'niː] der/die Auszubildende, der Azubi, der Praktikant/die Praktikantin; **he is a trainee** er befindet sich noch in der Ausbildung; **trainee teacher** der Referendar/die Referendarin

trainee·ship [ˌtreɪ'niːʃɪp] die Ausbildung

train·er ['treɪnəʳ] ① der Trainer/die Trainerin ② *von Tieren:* der Dresseur/die Dresseurin, der Dompteur/die Dompteurin ③ *meist Plural* der Turnschuh

train·ing ['treɪnɪŋ] ① die Schulung, die Ausbildung ② *von Tieren:* die Dressur ③ (*Sport*) das Training; **in/out of training** in/aus der Übung

train·ing course der Vorbereitungskurs

trait [treɪ, treɪt] die Eigenschaft; **character trait** der Charakterzug; **genetic trait** das genetische Merkmal

trai·tor ['treɪtəʳ] der Verräter/die Verräterin (**to** an)

tra·jec·tory [trə'dʒektəri] die Flugbahn

tram [træm] die Straßenbahn; **to go by tram** mit der Straßenbahn fahren

tram·line ['træmlaɪn] ① die Straßenbahnlinie ② **tramlines** (*beim Tennis*) die Linien des Doppelspielfelds

tramp [træmp] der Landstreicher/die Landstreicherin, der/die Wohnsitzlose

> **F** Nicht verwechseln mit **Tramper** (der) = hitchhiker!

to **tram·ple** ['træmpḷ] stampfen, [zer]trampeln; **to trample someone underfoot** jemanden niedertrampeln; **to trample on someone** auf jemandem herumtrampeln

tram·po·line ['træmpəliːn] das Trampolin

tran·quil ['træŋkwɪl] ruhig, friedlich

tran·quil·liz·er, (USA) **tran·quil·iz·er** ['træŋkwɪlaɪzəʳ] das Beruhigungsmittel, der Tranquilizer

to **trans·act** [træn'zækt] abwickeln, tätigen *Geschäfte*

trans·ac·tion [træn'zækʃən] ① (*Abwicklung*) der Abschluss, die Tätigung ② (*Resultat*) das Geschäft; (*finanziell*) die Transaktion

to **trans·fer** [træn(t)s'fɜːʳ] <transferred, transferred> ① verlegen *Betrieb, Gefangene(n)* ② versetzen *Angestellte(n), Arbeiter, Schüler* (**to** nach) ③ (*Sport*) transferieren *Spieler* ④ übertragen *Eigentum, Recht BED....: Eigentum, Recht* (**to** auf) ⑤ überweisen *Geld* (**to** auf) ⑥ *Person:* überwechseln (**to** zu); (*Sport*) wechseln (**to** zu) ⑦ (*auf Reisen*) umsteigen

trans·fer ['træn(t)sfɜːʳ] ① *eines Betriebs:* die Verlegung ② *einer Person:* die Versetzung (**to** nach) ③ (*juristisch*) die Übertragung (**to** auf) ④ (*finanziell*) die Überweisung, der Transfer, die Umbuchung ⑤ (*auf Reisen*) das Umsteigen; (USA) (*Fahrkarte*) die Umsteigefahrkarte ⑥ (*Sport*) der Transfer, der Wechsel ⑦ das Abziehbild

trans·ferred charge call [ˌtræn(t)sfɜːdtʃɑːdʒ'-] das R-Gespräch

to **trans·form** [træn(t)s'fɔːm] verwandeln, umwandeln

T

trans·for·ma·tion [ˌtræn(t)sfəˈmeɪʃᵊn] die Verwandlung, die Umwandlung
trans·form·er [træn(t)sˈfɔːməʳ] der Transformator
trans·fu·sion [træn(t)sˈfjuːʒᵊn] **blood transfusion** die Bluttransfusion; **blood transfusion service** der Blutspendedienst
tran·sis·tor [trænˈzɪstəʳ] ① (*Elektronik*) der Transistor ② **transistor** [**radio**] das Kofferradio
tran·sit [ˈtræn(t)sɪt] **in transit** auf dem Transport, unterwegs; **transit camp** das Durchgangslager; **transit desk** der Transitschalter; **transit lounge** der Transitraum; **transit passenger** der/die Transitreisende; **transit visa** das Durchreisevisum, das Transitvisum
tran·si·tion [trænˈzɪʃᵊn] der Übergang; **period of transition** die Übergangszeit
tran·si·tion·al [trænˈzɪʃᵊnᵊl] Übergangs-
tran·si·tive [ˈtræn(t)sətɪv] transitiv
to **trans·late** [trænzˈleɪt] ① übersetzen; **to translate from English into German** aus dem Englischen ins Deutsche übersetzen ② sich übersetzen lassen ▶ WENDUNGEN: **to translate words into actions** Worte in die Tat umsetzen
trans·la·tion [trænzˈleɪʃᵊn] die Übersetzung
trans·la·tor [trænzˈleɪtəʳ] der Übersetzer/die Übersetzerin
trans·lu·cent [trænzˈluːsᵊnt] lichtdurchlässig; *Logik, Prosa:* klar
trans·mis·sion [trænzˈmɪʃᵊn] ① *von Nachrichten:* die Übersendung, die Übermittlung ② (*biologisch, physikalisch*) die Übertragung; **transmission speed** die Datenübertragungsrate ③ (*technisch*) die Transmission; (*im Auto*) das Getriebe ④ (*Radio*) die Sendung
to **trans·mit** [trænzˈmɪt] <transmitted, transmitted> ① übersenden, übermitteln *Nachricht* ② übertragen *Krankheit, Recht* ③ leiten *Elektrizität, Wärme* ④ senden *Programm*
trans·par·en·cy [trænsˈpærᵊn(t)si] ① die Durchsichtigkeit, die Transparenz ② das Diapositiv ③ die Overheadfolie
trans·par·ent [trænsˈpærᵊnt] ① durchsichtig ② (*übertragen*) durchschaubar, offenkundig, offensichtlich
to **trans·plant** [trænˈsplɑːnt] ① umpflanzen *Pflanze* ② (*übertragen*) umsiedeln *Menschen* (**to** nach) ③ (*medizinisch*) transplantieren, verpflanzen
trans·plant [ˈtræn(t)splɑːnt] ① (*Operation*) die Transplantation ② (*Organ*) das Transplantat
to **trans·port** [trænˈspɔːt] befördern, transportieren
trans·port [ˈtræn(t)spɔːt] ① die Beförderung, der Transport ② das Beförderungsmittel; **public transport** die öffentlichen Verkehrsmittel
trans·por·ta·tion [ˌtræn(t)spɔːˈteɪʃᵊn] ① die Beförderung, der Transport ② das Beförderungsmittel, das Verkehrsmittel

T

trans·port café (GB) die Fernfahrerraststätte
trap [træp] ① die Falle; **to set a trap for someone** jemandem eine Falle stellen; **to fall** [*oder* **walk**] **into a trap** in die Falle gehen ② (*slang*) die Schnauze; **shut your trap!** halt die Schnauze!
to **trap** [træp] <trapped, trapped> ① (*in einer Falle*) fangen *Tier* ② (*übertragen*) in die Falle locken *Menschen* ③ **the miners were trapped** die Bergleute waren eingeschlossen
trap·door die Falltür
tra·peze [trəˈpiːz] (*Sport*) das Trapez
tra·pezium [trəˈpiːziəm, *Plural* -ziə] <*Plural* trapeziums *oder* trapezia>, (USA) **trap·ezoid** [ˈtræpɪzɔɪd] das Trapez
trap·per [ˈtræpəʳ] der Trapper/die Trapperin
trash [træʃ] (USA) ① der Abfall ② (*umgangsspr*) der Schund, der Plunder ③ (*abwertend*) das Gesindel
trash can (USA) der Abfalleimer
trashy [ˈtræʃi] minderwertig, Schund-
trau·ma [ˈtrɔːmə] <*Plural* traumas *oder* traumata> das Trauma
trau·mat·ic [trɔːˈmætɪk] traumatisch
to **trau·ma·tize** [ˈtrɔːmətaɪz] **to be traumatized by something** durch etwas traumatisiert sein
to **trav·el** [ˈtrævᵊl] <travelled *oder* (USA) traveled, travelled *oder* (USA) traveled> ① reisen; **to travel round the world** eine Reise um die Welt machen ② fahren; **to travel 20 km** 20 km fahren ③ *Licht, Schall:* sich ausbreiten, sich fortpflanzen ④ bereisen *Land* ⑤ zurücklegen, fahren *Strecke*
trav·el [ˈtrævᵊl] das Reisen
trav·el agen·cy, **trav·el bu·reau** das Reisebüro
trav·el·ator [ˌtrævəˈleɪtəʳ] der Rollsteg
trav·el bag die Reisetasche
trav·el·card [ˈtrævlkɑːd] die Netzkarte, die Zeitkarte; **daily travelcard** die Tageskarte; **weekly travelcard** die Wochenkarte; **monthly travelcard** die Monatskarte
trav·el clock der Reisewecker
trav·el cot das Kinderreisebett
trav·el·er (USA) der/die Reisende; **traveler's check** der Reisescheck
trav·el ex·penses *Plural* die Reisekosten
trav·el·ing (USA) das Reisen
trav·el in·sur·ance [ˈtrævlɪnˈʃʊərəns] die Reiseversicherung
trav·el·ler [ˈtrævləʳ] der/die Reisende; **traveller's cheque** der Reisescheck, der Travellerscheck; **commercial traveller** der Vertreter/die Vertreterin
trav·el·ling [ˈtrævlɪŋ] das Reisen
trav·el·ling sales·man der Vertreter/die Vertreterin
trav·el-sick [ˈtrævlsɪk] reisekrank
trav·el sick·ness [ˈtrævlsɪknəs] die Reisekrank-

heit

trawl·er ['trɔːləʳ] der Fischdampfer, der Trawler

tray [treɪ] ① das Tablett ② **baking tray** das Backblech ③ (*im Büro*) die Ablage, der Ablagekorb

treach·er·ous ['tretʃᵊrəs] ① *Handlung:* verräterisch ② *Person:* treulos ③ (*übertragen*) *Glatteis, Hang:* tückisch, gefährlich

treach·ery ['tretʃᵊri] der Verrat

trea·cle ['triːkl̩] der Zuckerrübensirup

tread [tred] ① der Tritt, der Schritt ② *eines Reifens:* das Profil

to **tread** [tred] <**trod, trodden**> ① treten (**on** auf); **to tread dirt into the carpet** Schmutz in den Teppich treten ② **to tread carefully** vorsichtig auftreten; (*übertragen*) vorsichtig vorgehen

> **G** Richtiges Konjugieren von **tread**: tread, trod, trodden — *Larry trod on Jenny's toes by mistake; they discovered a well-trodden path and followed it.*

◆ to **tread down**, to **tread in** festtreten *Erde, Krümel*

◆ to **tread out** austreten *Zigarette*

trea·son ['triːzᵊn] der Verrat

treas·ure ['treʒəʳ] (*auch übertragen*) der Schatz

to **treas·ure** ['treʒəʳ] (*übertragen*) sehr schätzen

treas·ure hunt die Schatzsuche

treas·ure map die Schatzkarte

treas·ur·er ['treʒᵊrəʳ] ① *eines Vereins:* der Kassenwart/die Kassenwartin ② *einer Partei, eines Klubs:* der Schatzmeister/die Schatzmeisterin ③ *einer Firma:* der Leiter der Finanzabteilung/die Leiterin der Finanzabteilung

Treas·ury ['treʒᵊri] das Finanzministerium, das Schatzamt

Treas·ury Sec·re·tary (*in den USA*) der Finanzminister/die Finanzministerin

to **treat** [triːt] ① behandeln *Person, Tier;* umgehen mit *Bücher* ② (*medizinisch*) behandeln (**for** wegen, **with** mit) ③ ansehen, betrachten (**as** als); **to treat something as a joke** etwas als Witz nehmen ④ (*im Buch*) behandeln, sich befassen mit *Thema* ⑤ behandeln *Material;* klären *Abwasser* ⑥ freihalten; **to treat oneself to something** sich etwas gönnen; **to treat someone to something** jemandem etwas spendieren; **I am going to treat you** ich lade dich ein

treat [triːt] ① die besondere Freude, das besondere Vergnügen; **to give someone a treat** jemandem eine besondere Freude machen; **it's a real treat** das ist ein wahrer Genuss ② **it's my treat** das geht auf meine Rechnung

treat·ment ['triːtmənt] die Behandlung (**for** wegen)

trea·ty ['triːti] der Vertrag; **peace treaty** der Friedensvertrag

tre·ble¹ ['trebl̩] ① dreifach ② dreimal

tre·ble² ['trebl̩] ① das Dreifache ② der Diskant, der Sopran; **treble clef** der Violinschlüssel; **treble recorder** die Altflöte

to **tre·ble** ['trebl̩] [sich] verdreifachen

tree [triː] der Baum

tree·top ['triːtɒp] der Baumwipfel

tree trunk der Baumstamm

trek [trek] die anstrengende Wanderung

to **trek** [trek] <**trekked, trekked**> eine anstrengende Wanderung machen

trek·king ['trekɪŋ] das Trekking

to **trem·ble** ['trembl̩] zittern (**with** vor)

tre·men·dous [trɪ'mendəs] ① gewaltig, riesig ② (*übertragen*) toll, hervorragend

trem·or ['treməʳ] das Zittern, das Beben

trench [tren(t)ʃ] <*Plural* **trenches**> ① der Graben ② (*militärisch*) der Schützengraben

trend [trend] ① der Trend, die Tendenz ② die Mode, der Trend

trend·set·ter ['trend,setəʳ] der Trendsetter/die Trendsetterin

trendy ['trendi] modisch

to **tres·pass** ['trespəs] widerrechtlich betreten; **no trespassing!** Betreten verboten!

tres·pass·er ['trespəsəʳ] **trespassers will be prosecuted!** Betreten [bei Strafe] verboten!

tri·al [traɪəl] ① der Versuch, die Probe; **by trial and error** durch Ausprobieren; **on trial** auf [*oder* zur] Probe ② (*juristisch*) das Gerichtsverfahren, die Gerichtsverhandlung; **to be on trial** angeklagt sein; **trial by jury** das Schwurgerichtsverfahren ③ (*übertragen*) die Unannehmlichkeit, die schwere Belastung, die Last

tri·al pe·ri·od die Probezeit

tri·al run die Generalprobe; *eines Autos:* die Probefahrt

tri·an·gle ['traɪæŋgl̩] ① das Dreieck ② (*Musikinstrument*) der Triangel

tri·an·gu·lar [traɪ'æŋgjələʳ] dreieckig

tri·ath·lon [traɪ'æθlɒn] das Triathlon

trib·al ['traɪbᵊl] Stammes-

tribe [traɪb] der [Volks]stamm

tribes·man ['traɪbzmən] <*Plural* **tribesmen**> der/die Stammesangehörige

tri·bu·nal [traɪ'bjuːnᵊl] das Gericht, der Gerichtshof

trib·une ['trɪbjuːn] die Tribüne

tribu·tary ['trɪbjətᵊri] der Nebenfluss

trib·ute ['trɪbjuːt] der Tribut, das Zeichen der Hochachtung; **to pay [a] tribute to someone** jemandem Anerkennung zollen

trick [trɪk] ① die List, der Trick ② das Kunststück, der Trick; **card trick** das Kartenkunststück, der Kartentrick ③ der Streich; **to play a trick on someone** jemandem einen Streich spielen ④ die Eigenheit; **to have a trick of doing something** die Eigenheit haben, etwas zu tun ⑤ (*Kartenspiel*) der Stich ⑥ **trick of the light**

T

die Augentäuschung ⑦ **how's tricks?** (*umgangsspr*) wie geht's?

to **trick** [trɪk] beschwindeln, betrügen, hereinlegen; **to trick someone into doing something** jemanden mit einem Trick [*oder* einer List] dazu bringen, etwas zu tun

trick·le ['trɪkl̩] ① das Rinnsal ② (*übertragen*) **a steady trickle of visitors** ein langsamer aber stetiger Zustrom von Besuchern

to **trick·le** ['trɪkl̩] tröpfeln

◆ to **trickle away** langsam abfließen; (*übertragen*) versiegen

trick·le ['trɪkl] ① das Rinnsal ② (*übertragen*) **a steady trickle of visitors** ein langsamer aber stetiger Zustrom von Besuchern

tricky ['trɪki] ① *Person, Plan:* gerissen, durchtrieben ② *Problem:* schwierig; *Situation:* kitzlig

tri·cy·cle ['traɪsɪkl̩] das Dreirad

tri·er ['traɪəʳ] jemand, der sich Mühe gibt

tri·fle ['traɪfl̩] ① (*Nachspeise*) das Trifle (*geschichtetes Dessert aus in Alkohol eingeweichten Löffelbiskuits, Erdbeeren, Vanillepudding und Schlagsahne mit Schokoraspeln*) ② die Kleinigkeit, die Bagatelle ③ **a trifle concerned** ein bisschen besorgt

trig·ger ['trɪgəʳ] der Abzug; **to pull the trigger** abdrücken

to **trig·ger** ['trɪgəʳ] **to trigger something** [**off**] etwas auslösen

tril·lion ['trɪljən] die Billion

tril·ogy ['trɪlədʒi] die Trilogie

to **trim** [trɪm] ① beschneiden *Hecke* ② stutzen *Bart* ③ nachschneiden *Haare* ④ (*schmücken*) besetzen *Kleid*

trim[1] [trɪm] ① **to give something a trim** etwas zurechtschneiden, etwas stutzen ② **in good trim** in gutem Zustand; (*umgangsspr*) in Form

trim[2] [trɪm] <trimmer, trimmest> gepflegt

trim·ming ['trɪmɪŋ] **with all the trimmings** (*übertragen*) mit allem Drum und Dran

trio ['triəʊ] <*Plural* trios> das Trio

trip [trɪp] ① die Reise, der Ausflug ② (*slang: Drogenrausch*) der Trip

> **Float trips** sind eine beliebte Freizeitbeschäftigung im Midwest der USA. Man kann sich z.B. ein Kanu mieten, den Fluss entlang paddeln und sich später vom Kanuvermieter wieder abholen lassen. Manche setzen sich auch nur auf den Gummischlauch eines Lkw-Reifens und lassen sich auf dem Wasser treiben. Mit selbst gebauten Flößen veranstaltet man im Sommer oft auch **raft races** (Floßrennen).

to **trip** [trɪp] <tripped, tripped> ① stolpern; **to trip over something** über etwas stolpern ② **to trip someone** [**up**] jemandem ein Bein stellen, jemanden stolpern lassen

◆ to **trip over** stolpern über ► WENDUNGEN: **to trip over one's words** über seine Worte stolpern

◆ to **trip up** ① stolpern; (*übertragen*) einen Fehler machen ② **to trip someone up** jemandem ein Bein stellen, jemanden stolpern lassen; (*übertragen*) jemandem eine Falle stellen

tri·ple ['trɪpl̩] dreifach; **triple jump** der Dreisprung

to **tri·ple** ['trɪpl̩] [sich] verdreifachen

tri·plet ['trɪplət] *meist Plural* der Drilling

tri·pod ['traɪpɒd] das Stativ

tri·umph ['traɪəm(p)f] der Triumph, der Sieg (**over** über)

to **tri·umph** ['traɪəm(p)f] triumphieren (**over** über)

tri·um·phant [traɪ'ʌm(p)fənt] triumphierend, siegreich

triv·ial ['trɪvɪəl] belanglos, unwichtig, trivial

trod [trɒd] *2. Form von* **tread**

trod·den ['trɒdᵊn] *3. Form von* **tread**

trol·ley ['trɒli] ① **luggage trolley** der Kofferkuli ② **shopping** [*oder* **supermarket**] **trolley** der Einkaufswagen ③ **tea trolley** der Teewagen

trom·bone [trɒm'bəʊn] die Posaune

troop [tru:p] ① die Gruppe, die Schar ② **troops** die Truppen; **1000 troops** 1000 Soldaten

to **troop** [tru:p] ① strömen; **to troop into** hineinströmen in; **to troop out of** scharenweise herauskommen aus; **to troop past something** an etwas vorbeiziehen ② **to troop the colours** eine Fahnenparade abhalten

> **Trooping the Colour** ist auf ein Brauchtum des Militärs zurückzuführen. Die spektakuläre Parade findet jedes Jahr im Juni statt anlässlich des Geburtstages der britischen Königin, der aber tatsächlich im April liegt.
> Im 17. Jahrhundert waren die Farben eines Regiments im Krieg ein wichtiges Erkennungsmerkmal. Jedes Regiment hatte eine eigene Farbe, die regelmäßig vorgeführt wurde, um sie in den Köpfen der Soldaten zu verankern. Dies wurde 1805 zum ersten Mal gemacht, um den Geburtstag des Monarchen zu feiern. Heutzutage marschieren Tausende von Soldaten mit viel Prunk vom *Buckingham Palace* zur *Horse Guards Parade* und zurück. Die Queen nimmt an den Feierlichkeiten teil.

tro·phy ['trəʊfi] die Trophäe

trop·ic ['trɒpɪk] **tropics** die Tropen; **Tropic of Cancer/Capricorn** Wendekreis des Krebses/des Steinbocks

tropi·cal ['trɒpɪkᵊl] tropisch; **tropical disease** die Tropenkrankheit; **tropical rainforest** der tropische Regenwald

trot [trɒt] ① der Trab ② (*umgangsspr*) **three weeks on the trot** drei Wochen lang ③ **trots** (*umgangsspr*) der Durchfall

to **trot** [trɒt] <trotted, trotted> *Pferd:* traben

◆ to **trot along** traben

trot·ter ['trɒtəʳ] ① **trotters** *Plural* die Schweinshaxen ② (*Pferd*) der Traber

to **trou·ble** ['trʌbl̩] ① beunruhigen, bedrücken, aufregen; **to be troubled about something** sich wegen etwas Sorgen machen ② belästigen, bemühen (**for** um); **I am sorry to trouble you** es tut mir leid, dass ich Sie stören muss; **to trouble to do something** sich bemühen, etwas zu tun ③ **I shan't trouble with that** das werde ich mir ersparen

trou·ble ['trʌbl̩] ① die Schwierigkeiten, der Ärger, die Unannehmlichkeiten; **to ask** [*oder* **look**] **for trouble** sich Ärger einhandeln; **to be in trouble** in Schwierigkeiten sein; **to be a trouble to someone** jemandem Ärger machen; **to get into trouble** sich Unannehmlichkeiten einhandeln; **to get someone into trouble** jemanden in Schwierigkeiten bringen; **to have trouble with** Ärger [*oder* Scherereien] haben mit; **to make trouble** Ärger machen ② die Mühe, die Umstände; [**it will be**] **no trouble** [**at all**] das ist nicht der Rede wert ③ (*medizinisch*) das Leiden; **heart trouble** das Herzleiden ④ **troubles** (*politisch*) die Unruhen ⑤ **what's the trouble?** was ist los?; **the trouble is that ...** das Problem ist, dass ...

trou·bled ['trʌbl̩d] besorgt; *Lage:* bedrängt

trou·ble·mak·er ['trʌbl̩ˌmeɪkəʳ] der Unruhestifter/die Unruhestifterin

trou·ble-shoot·er ['trʌbl̩ʃuːtəʳ] ① der Störungssucher/die Störungssucherin ② (*bei Auseinandersetzungen*) der Schlichter/die Schlichterin, der Vermittler/die Vermittlerin

trou·ble·shoot·ing *kein Plural* ① die Fehlerbeseitigung, die Störungsbeseitigung ② die Vermittlung

trou·ble·some ['trʌbl̩səm] lästig, schwierig

trou·ble spot der Krisenherd

trough [trɒf] ① der Trog; **drinking trough** der Wassertrog ② das Wellental ③ (*meteorologisch*) der Trog

trou·sers ['traʊzəz] ⚠ *Plural* die Hose; **an old pair of trousers** eine alte Hose

> **G** **trousers** wird immer im Plural gebraucht: *these trousers are too tight!*
> **a pair of trousers** wird aber im Singular verwendet: *she put on a pair of blue trousers*

trou·ser suit der Hosenanzug

trout [traʊt] die Forelle

trout farm·ing die Forellenzucht

trow·el ['traʊəl] die [Maurer]kelle

tru·ant ['truːənt] der Schulschwänzer/die Schulschwänzerin; **to play truant** [die Schule] schwänzen

truce [truːs] der Waffenstillstand

truck [trʌk] ① (USA) der Lastwagen ② *eines Zuges:* der offene Güterwagen

to **truck** [trʌk] (USA) ① transportieren ② Lastwagen fahren

truck driv·er ['trʌkˌdraɪvəʳ], (USA) **truck·er** ['trʌkəʳ] der Lastwagenfahrer/die Lastwagenfahrerin

to **trudge** [trʌdʒ] sich schleppen, stapfen (**through** durch)

true [truː] <truer, truest> ① wahr; [**it is**] **true** allerdings, zwar ② *Bericht, Beschreibung:* wahrheitsgemäß; *Kopie:* getreu ③ *Gefühle:* wahr, echt; *Grund:* wirklich ④ *Freund:* treu ⑤ *Wand, Fläche:* gerade; *Kreis:* rund ⑥ **to come true** Wirklichkeit werden; **to prove true** sich bewahrheiten

truf·fle ['trʌfl] die Trüffel

tru·ly ['truːli] ① aufrichtig, wahrhaftig ② **Yours truly** Hochachtungsvoll

trump [trʌmp] der Trumpf, die Trumpfkarte

to **trump** [trʌmp] übertrumpfen

◆ to **trump up** erfinden *Beschuldigung*

trum·pet ['trʌmpɪt] die Trompete ▸ WENDUNGEN: **to blow one's own trumpet** sich selbst loben

trum·pet·er ['trʌmpɪtəʳ] der Trompeter/die Trompeterin

trun·cheon ['trʌn(t)ʃᵊn] der [Gummi]knüppel

trunk [trʌŋk] ① der [Baum]stamm ② *eines Menschen:* der Rumpf ③ *eines Elefanten:* der Rüssel ④ der große Koffer ⑤ (USA) der Kofferraum

trunks [trʌŋks] ⚠ *Plural* **a pair of trunks** eine Badehose

> **G** **trunks** wird immer im Plural gebraucht: *he put on his trunks to go swimming*
> **a pair of trunks** wird aber im Singular verwendet: *take a pair of trunks and a towel with you; I bought a new pair of trunks*

trust [trʌst] ① das Vertrauen (**in** zu), das Zutrauen (**in** zu); **to put one's trust in someone** sein Vertrauen in jemanden setzen; **on trust** auf Treu und Glauben ② (*finanziell*) die Treuhand; **family trust** die Familienstiftung; **investment trust** die Investmentgesellschaft; **unit trust** der offene Investmentfonds ③ (USA) (*Monopol*) der Trust

to **trust** [trʌst] ① **to trust someone** jemandem vertrauen; **to trust in someone/something** auf jemanden/etwas vertrauen; **to trust someone with something** jemandem etwas anvertrauen; **to trust someone to do something** jemandem zutrauen, dass er/sie etwas tut, sich darauf verlassen, dass jemand etwas tut ② **to trust something** einer Sache trauen ③ **trust you!** typisch! ④ hoffen; **you are coming, I trust** Sie kommen doch hoffentlich

trus·tee [trʌs'tiː] der Treuhänder/die Treuhänderin, der Vermögensverwalter/die Vermögensverwalterin

trust fund der Treuhandfonds

trust·ing ['trʌstɪŋ] vertrauensvoll

trust·wor·thy ['trʌstˌwɜːði] vertrauenswürdig

trusty ['trʌsti] <trustier, trustiest> (*humorvoll*) zuverlässig

truth [truːθ, *Plural* truːðz] <*Plural* truths> die Wahrheit; **in truth** in Wirklichkeit; **to tell the truth** ehrlich gesagt; **there is no truth in it** es ist nichts Wahres daran

truth·ful ['truːθfəl] ehrlich

try [traɪ] der Versuch; **to give something a try** etwas versuchen; **have a try!** versuchen Sie es mal!; **it was a good try** das war gar nicht schlecht

to **try** [traɪ] ① versuchen; **just you try it!** untersteh dich!; **why don't you try him?** warum versuchst du es nicht mal mit ihm?; **I'll try** ich werde es versuchen; **try and come** versuch doch zu kommen ② probieren; **if that bolt doesn't fit, try a smaller one** wenn diese Schraube nicht passt, probier es mit einer kleineren; **try it and see what you think** probier mal, ob es dir schmeckt ③ auf die Probe stellen *Geduld, Kraft, Mut* ④ (*juristisch*) vor Gericht stellen *Menschen;* verhandeln *Fall;* **to be tried for murder** wegen Mordes vor Gericht stehen

◆ to **try for** sich bemühen um *Stelle*

◆ to **try on** anprobieren *Kleidungsstück;* aufprobieren *Hut* ▸ WENDUNGEN: **she's trying it on** sie probiert, wie weit sie gehen kann, sie will nur provozieren; **to try it on with someone** jemanden provozieren; **don't try it on with me** komm mir bloß nicht so

◆ to **try out** ausprobieren; **to try someone out** einen Versuch mit jemandem machen, jemandem eine Chance geben

try·ing ['traɪɪŋ] anstrengend, mühsam

tsar [zɑːʳ] der Zar

tsa·ri·na [zɑː'riːnə] die Zarin

T-shirt ['tiːʃɜːt] das T-Shirt

tsu·na·mi [tsʊ'nɑːmi] der Tsunami

tub [tʌb] ① der Kübel, der Zuber ② (*für Eiscreme, Margarine*) der Becher ③ (*umgangsspr*) die [Bade]wanne

tub·by ['tʌbi] (*umgangsspr*) pummelig, rundlich

tube [tjuːb] ① das Rohr, der Schlauch ② (*für Zahnpasta*) die Tube ③ (*in London*) die U-Bahn; **tube station** die U-Bahn-Station

tu·ber·cu·lo·sis [tjuːˌbɜːkjə'ləʊsɪs] *kein Plural* die Tuberkulose

to **tuck** [tʌk] stecken

◆ to **tuck away** ① wegstecken ② (*umgangsspr*) wegputzen *Essen* ③ **tucked away** versteckt *Haus*

◆ to **tuck in** ① hineinstecken; **to tuck one's shirt in** das Hemd in die Hose stecken ② zudecken *Kind* ③ (*umgangsspr: beim Essen*) zulangen

◆ to **tuck up** ① hochkrempeln *Ärmel, Hose* ② anziehen *Beine* ③ **to tuck up in bed** ins Bett stecken

tuck shop (*in einer Schule*) das Süßwarengeschäft

Tues·day ['tjuːzdeɪ] der Dienstag; **on Tuesday** am Dienstag; **on Tuesdays** dienstags

tuft [tʌft] das Büschel

to **tug** [tʌg] <tugged, tugged> heftig ziehen; **he tugged [at] her sleeve** er zerrte an ihrem Ärmel; **she tugged [on] the rope** sie zerrte am Seil

tug [tʌg] ① **to give something a tug** an etwas ziehen; **he felt a tug on his sleeve** er spürte, wie ihn jemand am Ärmel zog; **he felt a tug on the line** er spürte, wie etwas an der Angel zog ② (*Boot*) der Schlepper ③ **tug-of-war** das Tauziehen

tui·tion [tju'ɪʃən] der Unterricht

tu·lip ['tjuːlɪp] die Tulpe

tum·ble ['tʌmbl̩] der Sturz; **to have** [*oder* **take**] **a tumble** stürzen, hinfallen

to **tum·ble** ['tʌmbl̩] ① stürzen, fallen (**off** von) ② *Preise:* fallen

◆ to **tumble over** umfallen

tum·ble·down ['tʌmblˌdaʊn] baufällig

tum·ble dri·er, **tum·ble dry·er** der Wäschetrockner

tum·bler ['tʌmbl̩əʳ] ① das Becherglas ② der Wäschetrockner

tum·my [tʌmi] (*umgangsspr*) der Bauch

tum·my ache (*umgangsspr*) das Bauchweh

tu·mour, (USA) **tu·mor** ['tjuːməʳ] die Geschwulst, der Tumor

tu·mul·tu·ous [tjuː'mʌltjuəs] *Beifall, Empfang:* stürmisch

tuna ['tjuːnə] der Thunfisch

tune [tjuːn] ① die Melodie ② **to sing in/out of tune** richtig/falsch singen; **to be in/out of tune** *Instrument:* richtig gestimmt/verstimmt sein

to **tune** [tjuːn] ① stimmen *Musikinstrument* ② einstellen *Radio* ③ tunen *Motor*

◆ to **tune in** ① einschalten *Radio* ② **to tune in to** einschalten *Programm, Sender*

◆ to **tune up** [die Instrumente] stimmen

tun·er ['tjuːnəʳ] ① (*Radioempfänger*) der Tuner ② **piano tuner** der Klavierstimmer/die Klavierstimmerin

tu·nic ['tjuːnɪk] der Kittel; (*römisch*) die Tunika

tun·ing fork ['tjuːnɪŋ fɔːk] die Stimmgabel

Tu·ni·sia [tjuː'nɪziə] Tunesien

Tu·ni·sian[1] [tjuː'nɪziən] der Tunesier/die Tunesierin

Tu·ni·sian[2] [tjuː'nɪziən] tunesisch

tun·nel ['tʌnəl] ① der Tunnel, die Unterführung; **Channel Tunnel** der Kanaltunnel ② (*beim Bergbau*) der Stollen ③ *von Tieren:* der Bau

to **tun·nel** ['tʌnəl] <tunnelled *oder* (USA) tunneled, tunnelled *oder* (USA) tunneled> einen Tunnel anlegen (**through** durch, **into** in); **to tunnel under** untertunneln

tup·pence ['tʌpᵊn(t)s] *kein Plural* GB (*umgangsspr*) zwei Pence; **to not give tuppence for something** (*übertragen*) keinen Pfifferling auf etwas geben *umgangsspr;* **to not matter tuppence** überhaupt keine Rolle spielen

tur·bine ['tɜ:baɪn] die Turbine

tur·bo·charged ['tɜ:bəʊˌtʃa:dʒəd] mit Turbolader

tur·bo die·sel der Turbodiesel

tur·bo en·gine der Turbomotor

tur·bu·lence ['tɜ:bjələn(t)s] (*beim Fliegen*) die Turbulenzen

tur·bu·lent ['tɜ:bjələnt] turbulent; *Meer auch:* unruhig

turd [tɜ:d] (*slang*) ① die Kacke, der Scheißhaufen ② der Scheißkerl

turf [tɜ:f] <*Plural* turfs *oder* turves> *von Sportplatz:* der Rasen

to **turf** [tɜ:f] ① mit Rasen[stücken] bedecken ② **to turf out** (*slang*) rausschmeißen

Turk [tɜ:k] der Türke/die Türkin

tur·key ['tɜ:ki] der Truthahn

Tur·key ['tɜ:ki] die Türkei

Turk·ish¹ ['tɜ:kɪʃ] türkisch

Turk·ish² ['tɜ:kɪʃ] Türkisch, das Türkische

Turk·ish de·light *kein Plural* das Lokum (*geleeartiges, mit Puderzucker bestäubtes Konfekt*)

turn [tɜ:n] ① die Drehung, die Umdrehung; **to give something a turn** etwas drehen ② die Wende; **to make a turn to the right** eine Rechtskurve machen, rechts einbiegen [*oder* abbiegen]; **the turn of the century** die Jahrhundertwende; **turn of the tide** der Gezeitenwechsel ③ **by turns** abwechselnd; **in turn** der Reihe nach, abwechselnd; **out of turn** außer der Reihe; **it's your turn** du bist an der Reihe [*oder* dran]; **to miss a turn** einmal aussetzen; **to take turns at doing something** sich bei etwas abwechseln, etwas abwechselnd tun ④ **to do someone a good turn** jemandem einen guten Dienst erweisen ⑤ (*medizinisch*) der Anfall; **to give someone a turn** jemandem einen Schrecken einjagen

to **turn** [tɜ:n] ① sich drehen; *Mensch auch:* sich umdrehen ② *Fahrer, Auto:* abbiegen, wenden; **to turn left/right** rechts/links abbiegen; **to turn the corner** um die Ecke biegen ③ drehen *Lenkrad, Schlüssel;* drehen, wenden *Kopf;* umdrehen *Magen;* **to turn one's back on someone** jemandem den Rücken zeigen [*oder* zuwenden] ④ wenden *Auto* ⑤ umblättern *Seite* ⑥ werden; **she has just turned 14** sie ist gerade 14 geworden; **it has turned two o'clock** es ist zwei Uhr vorbei ⑦ (*in einen anderen Zustand*) sich verwandeln; **his hair turned grey** sein Haar wurde grau; **to turn traitor** zum Verräter werden ⑧ *Wetter:* umschlagen ⑨ **he didn't know which way to turn** er wusste nicht mehr aus noch ein

◆to **turn against** ① **to turn someone against someone** jemanden gegen jemanden aufbringen ② **to turn against someone** sich gegen jemanden wenden ③ **she turned his own arguments against him** sie wendete seine eigenen Argumente gegen ihn

◆to **turn away** ① **to turn someone away** jemanden wegschicken [*oder* abweisen] ② abwenden *Gesicht* ③ **to turn away business** Aufträge ablehnen ④ *Person:* sich abwenden

◆to **turn back** ① **to turn someone back** jemanden zurückschicken [*oder* zurückweisen] ② zurückstellen *Uhr;* (*übertragen*) zurückdrehen ③ zurückschlagen *Bettdecke;* umknicken *Buchseite* ④ *Person:* umkehren, sich umdrehen ⑤ (*im Buch*) zurückblättern

◆to **turn down** ① zurückschlagen *Bettdecke;* umlegen *Kragen* ② herunterdrehen, klein stellen *Flamme;* leiser stellen *Radio* ③ ablehnen, abschlagen *Angebot;* abweisen, zurückweisen *Person* ④ **to turn down a street** in eine Straße einbiegen

◆to **turn in** ① **to turn someone in** [**to the police**] jemanden [bei der Polizei] anzeigen; **to turn something in** etwas abgeben ② *Auto:* einbiegen ③ (*umgangsspr*) *Person:* zu Bett gehen ④ **her toes turn in when she walks** sie geht über den großen Onkel ⑤ **to turn in on oneself** sich in sich selbst zurückziehen

◆to **turn into** [sich] verwandeln in; **the witch turned the prince into a frog** die Hexe verzauberte den Prinz in einen Frosch

◆to **turn off** ① abschalten *Strom;* abstellen *Wasser, Gas* ② ausschalten *Licht;* zudrehen *Wasserhahn* ③ **to turn someone off** jemanden anwidern ④ *von der Straße:* abbiegen

◆to **turn on** ① anmachen *Licht;* einschalten *elektrisches Gerät* ② aufdrehen *Gas-, Wasserhahn* ③ richten auf *Blick, Gewehr;* **to turn on someone** sich gegen jemanden wenden ④ **to turn someone on** (*slang*) jemanden anturnen [*oder* scharfmachen]

◆to **turn out** ① ausmachen *Licht* ② ausräumen *Schrank* ③ stürzen *Kuchen* ④ **to turn out one's pockets** seine Taschen umdrehen; **to turn something inside out** etwas nach außen kehren ⑤ hinauswerfen *Person* ⑥ produzieren, herstellen *Waren* ⑦ *Person:* [heraus]kommen, erscheinen ⑧ sich erweisen, sich herausstellen; **it turned out to be right** es stellte sich als richtig heraus; **it turned out to be a disaster** es erwies sich als ein großer Reinfall ⑨ ausgehen, ausfallen; **the evening turned out fine** das Wetter wurde am Abend schön; **everything turned out all right in the end** alles endete

T

gut; **how did it turn out?** wie ist es ausgegangen?

◆ to **turn over** ① umdrehen ② umblättern *Seite* ③ **to turn someone/something over to the police** jemanden/etwas der Polizei übergeben [*oder* ausliefern] ④ umsetzen, verkaufen *Waren* ⑤ **to turn something over [in one's mind]** über etwas nachdenken ⑥ laufen lassen *Motor* ⑦ *Person:* sich umdrehen ⑧ *Gegenstand:* umkippen ⑨ *Motor:* laufen ⑩ (*im Buch*) umblättern; **please turn over** bitte wenden

◆ to **turn round** ① drehen *Kopf* ② umdrehen *Stuhl* ③ sanieren, in die Gewinnzone bringen *Unternehmen* ④ *Person:* sich umdrehen, umkehren ⑤ **to turn round the corner** um die Ecke biegen ⑥ **the earth turns round the sun** die Erde dreht sich um die Sonne ⑦ **you can't just turn round and deny it** du kannst das nicht einfach abstreiten

◆ to **turn to** **to turn to someone** sich an jemanden wenden; **to turn to something** sich einer Sache zuwenden

◆ to **turn up** ① hochschlagen *Kragen;* hochkrempeln *Ärmel* ② höherstellen *Gas, Heizung;* lauter stellen *Radio;* aufdrehen *Lautstärke;* heller machen *Licht* ③ finden, entdecken, ausfindig machen ④ **to turn up one's nose at something** die Nase über etwas rümpfen ⑤ (*erscheinen*) auftauchen ⑥ sich ergeben; **something will** [*oder* **is sure to**] **turn up** irgendetwas wird sich [schon] finden ⑦ *Nase:* nach oben gebogen sein; **a turned-up nose** eine Himmelfahrtsnase

turn·about ['tɜːnəˌbaʊt], **turn·around** ['tɜːnəˌraʊnd] die Kehrtwendung

> **L** Der **Turner Prize**, der nach dem englischen Maler JMW Turner (1775–1851) benannt wurde, ist seit 1984 ein mit inzwischen 40 000 Pfund dotierter Preis für zeitgenössische Kunst und wird jedes Jahr einem in Großbritannien lebenden Künstler unter 50 Jahren verliehen. Der Wettbewerb wird von der Londoner *Tate Gallery* organisiert und die Werke von vier ausgewählten Kandidaten inklusive des Gewinners werden in der Tate Modern ausgestellt.

T

turn·ing ['tɜːnɪŋ] die Abzweigung

turn·ing point der Wendepunkt

tur·nip ['tɜːnɪp] die Rübe

turn-off ['tɜːnɒf] ① die Abzweigung; *von der Autobahn:* die Ausfahrt ② **it's a real turn-off** (*umgangsspr*) da vergeht einem doch alles

turn·out ['tɜːnaʊt] ① die [Wahl]beteiligung, die Besucherzahl ② **to give something a turnout** etwas entrümpeln

turn·over ['tɜːnˌəʊvə^r] (*wirtschaftlich*) der Umsatz; *von Personal:* die Fluktuation

turn sig·nal (USA) der Blinker, das Blinklicht

turn·stile ['tɜːnstaɪl] das Drehkreuz

turn·ta·ble der Plattenteller

turn-up ['tɜːnʌp] ① (GB) (*an Hosen*) der Aufschlag ② (*umgangsspr*) die Überraschung

tur·quoise[1] ['tɜːkwɔɪz] (*Stein*) der Türkis; (*Farbe*) das Türkis

tur·quoise[2] ['tɜːkwɔɪz] türkis[farben]

tur·ret ['tʌrɪt] ① *eines Gebäudes:* das Türmchen ② *eines Panzers:* der Geschützturm

tur·tle ['tɜːtl̩] die [Wasser]schildkröte

tusk [tʌsk] *eines Elefanten:* der Stoßzahn; *eines Walrosses:* der Eckzahn; *eines Ebers:* der Hauer

tu·tor ['tjuːtə^r] ① der Privatlehrer/die Privatlehrerin ② der Nachhilfelehrer/die Nachhilfelehrerin ③ (*an einer Universität*) der Tutor/die Tutorin

to **tu·tor** ['tjuːtə^r] ① unterrichten ② Nachhilfeunterricht geben

tu·to·rial [tjuː'tɔːriəl] das Kolloquium, die Seminarübung

tux <*Plural* tuxes> (USA) (*umgangsspr*) *kurz für* **tuxedo** der Smoking

tux·edo <*Plural* tuxedos> (USA) der Smoking

TV [ˌtiː'viː] *Abkürzung von* **television** ① das Fernsehen; **on TV** im Fernsehen; **to watch TV** fernsehen ② (*Gerät*) der Fernseher

TV guide die Fernsehzeitschrift

TV star der Fernsehstar

tween·ager, **tween·ie** [twiːni] (*umgangsspr*) *8 bis 12 Jahre altes Kind*

tweez·ers ['twiːzəz] ⚠ *Plural* die Pinzette; **a pair of tweezers** eine Pinzette

> **G** **tweezers** wird im Plural gebraucht: *I use these tweezers to pluck my eyebrows*
> **a pair of tweezers** wird aber im Singular verwendet: *he pulled out the splinter with a pair of tweezers*

twelfth[1] [twelfθ] zwölfte(r, s)

twelfth[2] [twelfθ] ① (*Datum*) **the twelfth** der Zwölfte ② (*Bruchzahl*) das Zwölftel

twelve[1] [twelv] zwölf; **a quarter to twelve** viertel vor zwölf

twelve[2] [twelv] die Zwölf

twen·ti·eth[1] ['twentiɪθ] zwanzigste(r, s)

twen·ti·eth[2] ['twentiɪθ] ① (*Datum*) **the twentieth** der Zwanzigste ② (*Bruchzahl*) das Zwanzigstel

twen·ty[1] ['twenti] zwanzig

twen·ty[2] ['twenti] ① die Zwanzig ② **in the twenties** in den Zwanzigern; **she must be in her twenties** sie muss in den Zwanzigern sein

> **L** **24/7** (sprich: **twenty-four, seven**) ist ein Modeausdruck, der in den USA 24 Stunden am Tag, 7 Tage die Woche, also ständig oder pausenlos, bedeutet. Typische Sätze wie *We're open 24/7* oder *I'm available 24/7* hört man in der Werbung, sieht man im Internet und sagt jemand, der einen coolen Eindruck machen will.

twice [twaɪs] zweimal; **twice as much/many**

doppelt [*oder* zweimal] so viel/so viele; **twice the amount** der doppelte Betrag

to **twid·dle** ['twɪdl] **to twiddle one's thumbs** Däumchen drehen

twig [twɪg] der [kleine] Zweig

twi·light ['twaɪlaɪt] die [Abend]dämmerung; **at twilight** in der Dämmerung

twin[1] [twɪn] ① Zwillings-; **twin brother** der Zwillingsbruder; **twin sister** die Zwillingsschwester ② **twin beds** zwei Einzelbetten ③ **twin town** die Partnerstadt

twin[2] [twɪn] ① (*Person*) der Zwilling ② (*Gegenstand*) das Gegenstück, das Pendant

to **twin** [twɪn] <twinned, twinned> durch Partnerschaft verbinden; **Stafford is twinned with Dreieich** Dreieich und Stafford sind Partnerstädte

twin-en·gined zweimotorig

twinge [twɪndʒ] der leichte Schmerz

to **twin·kle** ['twɪŋkl] funkeln, glitzern

twin·kle ['twɪŋkl] das Funkeln, das Glitzern; **with a twinkle in one's eyes** augenzwinkernd

twin·kling ['twɪŋklɪŋ] funkelnd

twin·ning ['twɪnɪŋ] **town twinning** die Städtepartnerschaft

to **twirl** [twɜːl] ① wirbeln (**around** über) ② zwirbeln *Schnurrbart*

twist [twɪst] ① die Drehung; **to give something a twist** etwas [herum]drehen, an etwas drehen ② *einer Straße:* die Kurve, die Biegung ③ (*übertragen*) *einer Geschichte:* die Wendung ④ (*Tanz*) der Twist

to **twist** [twɪst] ① drehen, wickeln (**around** um) ② verbiegen *Metall* ③ verrenken *Körperteil;* **to twist one's ankle** sich den Fuß vertreten; **to twist someone's arm** jemandem den Arm verdrehen ④ (*übertragen*) **you're twisting my words** du verdrehst mir die Worte im Mund ⑤ *Fluss, Person:* sich winden; **to twist and turn** sich drehen und winden ⑥ (*tanzen*) twisten

◆ to **twist off** ① abdrehen, abschrauben ② **the top twists off** der Deckel lässt sich abschrauben

twist·ed ['twɪstɪd] (*gebogen*) verdreht; (*geschlängelt*) verschlungen; (*pervers*) verdreht; **twisted ankle** der gezerrte Knöchel; **twisted mind** der verworrene Geist

twist·er ['twɪstəʳ] (USA) der Wirbelsturm

twit [twɪt] (*umgangsspr*) der Depp

to **twitch** ['twɪtʃ] zucken

twitch ['twɪtʃ] <*Plural* twitches> das Zucken, die Zuckung; **to have a nervous twitch** nervöse Zuckungen haben

to **twit·ter** ['twɪtəʳ] ① zwitschern ② (*im Internet*) twittern

two[1] [tuː] ① zwei; **a quarter to two** viertel vor zwei ② **the two families** die beiden Familien

two[2] [tuː] die Zwei; **the two of us** wir beide; **in twos** paarweise, zu zweit [*oder* zweien]; **in two** entzwei; **to break in two** in zwei Teile brechen; **to cut in two** halbieren; **in a day or two** in ein paar Tagen; **to put two and two together** zwei und zwei zusammenzählen; **that makes two of us** mir geht's genauso

two-di·men·sion·al [-ˌdaɪ'men(t)ʃənəl] zweidimensional; (*abwertend*) *Charakter, Handlung:* flach

two-door[1] zweitürig

two-door[2] das zweitürige Auto

two-faced [ˌtuː'feɪst] (*übertragen*) falsch, heuchlerisch

two·fold ['tuːfəʊld] zweifach, doppelt

two·pence ['tʌpən(t)s] *kein Plural* (GB) (*umgangsspr*) zwei Pence; **to not give twopence for something** (*übertragen*) keinen Pfifferling auf etwas geben *umgangsspr;* **to not matter twopence** überhaupt keine Rolle spielen

two-piece der Bikini; (*Anzug*) der Zweiteiler

two-seat·er [-'siːtəʳ] der Zweisitzer

two·some ['tuːsəm] das Paar; (*Entertainer*) das Duo; (*Tanz*) der Paartanz

two-way [ˌtuː'weɪ] in beide Richtungen; **two-way traffic** der Gegenverkehr

TXT [tekst] *kurz für* **text** texten

TXT mes·sag·ing *kein Plural kurz für* **text messaging** das Versenden von SMS-Nachrichten

ty·coon [taɪ'kuːn] der Tycoon, der Magnat

type [taɪp] ① die Art, die Sorte; (*Menschenart auch*) der Typ; **this type of car** dieser Autotyp; **that type of behaviour** ein solches Benehmen; **she is not my type** sie ist nicht mein Typ; **he is not the type to do that** es ist nicht seine Art, so etwas zu tun ② die Type; **small type** die kleinen Buchstaben; **bold type** der Fettdruck

to **type** [taɪp] tippen, [mit der] Maschine schreiben

◆ to **type out** tippen

◆ to **type up** abtippen *Bericht*

type·writ·er ['taɪpˌraɪtəʳ] die Schreibmaschine

type·writ·ten maschine[n]geschrieben

ty·phoon [taɪ'fuːn] der Taifun

typi·cal ['tɪpɪkəl] typisch (**of** für)

typi·cal·ly ['tɪpɪkəli] typisch; **typically, ...** normalerweise ...

typ·ing ['taɪpɪŋ] **typing error** der Tippfehler; **typing speed** die Schreibgeschwindigkeit, die Anschläge pro Minute

typ·ist ['taɪpɪst] die Schreibkraft

tyr·an·ny ['tɪrəni] die Tyrannei

ty·rant ['taɪrənt] der Tyrann/die Tyrannin

tyre ['taɪəʳ] der Reifen; **flat tyre** der platte Reifen; **tyre pressure** der Reifendruck

Ty·rol [tɪ'rəʊl] **the Tyrol** Tirol

tzar [zɑːʳ] der Zar

T-zone die T-Zone

Uu

U [juː] <*Plural* U's *oder* Us>, **u** [juː] <*Plural* u's> ① U, u ② jugendfrei, der jugendfreie Film

ud·der [ˈʌdəʳ] das Euter

UEFA [juːˈeɪfə] *kein Plural, mit Singular oder Plural Abkürzung von* **Union of European Football Associations** die UEFA

UFO [juːefˈəʊ] *Abkürzung von* **unidentified flying object** das Ufo, das UFO

Ugan·da [juːˈgændə] Uganda

Ugan·dan[1] [juːˈgændən] der Ugander/die Uganderin

Ugan·dan[2] [juːˈgændən] ugandisch

ugh [ʊg, ʊh] (*umgangsspr*) igitt!

ugli·ness [ˈʌglɪnəs] die Hässlichkeit

ugly [ˈʌgli] hässlich

UK [juːˈkeɪ] *Abkürzung von* **United Kingdom** das Vereinigte Königreich

UKIP [juːkɪp] *Abkürzung von* **UK Independence Party** *radikal-liberale Partei, die den Austritt Großbritanniens aus der EU fordert*

Ukraine [juːˈkreɪn] **the Ukraine** die Ukraine

Ukrain·ian[1] [juːˈkreɪniən] ① der Ukrainer/die Ukrainerin ② *kein Plural* das Ukrainisch

Ukrain·ian[2] [juːˈkreɪniən] ukrainisch

ul·cer [ˈʌlsəʳ] das Geschwür

Ul·ster [ˈʌlstəʳ] Ulster

ul·te·ri·or [ʌlˈtɪəriəʳ] **ulterior motive** der Hintergedanke

ul·ti·mata [ˌʌltɪˈmeɪtə] *Pluralform von* **ultimatum**

ul·ti·mate[1] [ˈʌltɪmət] ① (*unschlagbar*) beste(r, s) ② höchste(r, s) ③ letzte(r, s); *Entscheidung auch:* endgültig; **the ultimate destination** das Endziel ④ grundsätzlich; **the ultimate problem** das Grundproblem

ul·ti·mate[2] [ˈʌltɪmət] **the ultimate** das Nonplusultra

ul·ti·mate·ly [ˈʌltɪmətli] schließlich, letzten Endes, im Grunde

ul·ti·ma·tum [ˌʌltɪˈmeɪtəm] <*Plural* ultimatums *oder* ultimata> das Ultimatum (**to** an); **to deliver an ultimatum** ein Ultimatum stellen

U

ultra-pre·cise äußerst genau

ultra-re·li·able extrem zuverlässig

ultra·sound [ˈʌltrəsaʊnd] der Ultraschall

ultra·vio·let [ˌʌltrəˈvaɪələt] ultraviolett

um·bili·cal [ʌmˈbɪlɪkl̩] **umbilical cord** die Nabelschnur

um·brel·la [ʌmˈbrelə] der Regenschirm, der Sonnenschirm

um·pire [ˈʌmpaɪəʳ] der Schiedsrichter/die Schiedsrichterin

to **um·pire** [ˈʌmpaɪəʳ] ① als Schiedsrichter leiten *Spiel* ② Schiedsrichter sein

ump·teen [ʌm(p)ˈtiːn] (*umgangsspr*) zig; **umpteen times** x-mal

ump·teenth [ʌm(p)ˈtiːnθ] (*umgangsspr*) **for the umpteenth time** zum x-ten Mal

UN [ˌjuːˈen] *Abkürzung von* **United Nations** die UNO

un·able [ʌnˈeɪbl̩] **to be unable to do something** etwas nicht tun können, außer Stande sein, etwas zu tun; **unable to pay** zahlungsunfähig

un·abridged [ˌʌnəˈbrɪdʒd] *Text:* ungekürzt

un·ac·cep·table [ˌʌnəkˈseptəbl̩] unannehmbar (**to** für)

un·ac·com·pa·nied [ˌʌnəˈkʌmpᵊnɪd] ohne Begleitung; **unaccompanied minor** das allein reisende Kind

un·ac·count·able [ˌʌnəˈkaʊntəbl̩] ① nicht verantwortlich ② unerklärlich

un·ac·count·ed for [ˌʌnəˈkaʊntɪdˌfɔːʳ] ① ungeklärt ② nicht erfasst; *Person:* vermisst

un·ac·cus·tomed [ˌʌnəˈkʌstəmd] ungewohnt; **to be unaccustomed to something** etwas nicht gewohnt sein

un·ad·ven·tur·ous [ˌʌnədˈventʃᵊrəs] *Leben:* wenig abenteuerlich, ereignislos; *Mensch:* wenig unternehmungslustig

un·af·fect·ed [ˌʌnəˈfektɪd] ① nicht betroffen (**by** von) ② *Benehmen:* ungekünstelt, natürlich

un·afraid [ˌʌnəˈfreɪd] unerschrocken; **to be unafraid of someone/something** vor jemandem/etwas keine Angst haben; **to be unafraid of doing something** keine Angst davor haben, etwas zu tun

un·am·bigu·ous [ˌʌnæmˈbɪgjuəs] unzweideutig

unani·mous [juːˈnænɪməs] einstimmig, einmütig

un·an·nounced [ˌʌnəˈnaʊn(t)st] ohne Ankündigung

un·an·swered [ʌnˈɑːn(t)sᵊd] unbeantwortet

un·ap·proach·able [ˌʌnəˈprəʊtʃəbl̩] unzugänglich

un·armed [ʌnˈɑːmd] unbewaffnet

un·asked [ʌnˈɑːskt] ① ungefragt ② ungebeten; **unasked-for** unerwünscht

un·as·sum·ing [ˌʌnəˈsjuːmɪŋ] bescheiden

un·at·tached [ˌʌnəˈtætʃt] ① *Gegenstand:* unbefestigt ② *Person:* unabhängig, frei

un·at·tain·able [ˌʌnəˈteɪnəbl̩] unerreichbar

un·at·trac·tive [ˌʌnəˈtræktɪv] unschön, unattraktiv, unsympathisch

un·author·ized [ʌnˈɔːθᵊraɪzd] unbefugt, nicht ermächtigt; **no entry for unauthorized persons!** Zutritt für Unbefugte verboten!

un·avail·able [ˌʌnəˈveɪləbl̩] ① *Produkt:* nicht erhältlich ② *Person:* nicht zu erreichen
un·avoid·able [ˌʌnəˈvɔɪdəbl̩] ① unvermeidlich ② *Folgerung:* unausweichlich
un·aware [ˌʌnəˈweəʳ] nicht bewusst; **to be unaware of something** sich einer Sache nicht bewusst sein, etwas nicht bemerken
un·awares [ˌʌnəˈweəz] unerwartet; **to catch** [*oder* **take**] **someone unawares** jemanden überraschen
un·bear·able [ʌnˈbeərəbl̩] unerträglich, unausstehlich
un·beat·able [ʌnˈbiːtəbl̩] unschlagbar, unbesiegbar
un·beat·en [ʌnˈbiːtᵊn] ① ungeschlagen ② *Rekord:* ungebrochen
un·be·liev·able [ˌʌnbɪˈliːvəbl̩] unglaublich
un·bi·as(s)ed [ʌnˈbaɪəst] unvoreingenommen
to **un·bolt** [ʌnˈbəʊlt] entriegeln
un·born [ʌnˈbɔːn] ungeboren
un·break·able [ʌnˈbreɪkəbl̩] ① unzerbrechlich ② *Versprechen:* unverbrüchlich
un·brok·en [ʌnˈbrəʊkᵊn] ① unbeschädigt, heil, ganz ② (*übertragen*) *Rekord:* ungebrochen; *Redefluss:* ununterbrochen
to **un·but·ton** [ʌnˈbʌtᵊn] aufknöpfen
un·called-for [ʌnˈkɔːldfɔːʳ] unnötig; *Kritik:* ungerechtfertigt
un·can·ny [ʌnˈkæni] unheimlich
un·cared-for [ʌnˈkeədfɔːʳ] vernachlässigt
un·ceas·ing [ʌnˈsiːsɪŋ] unaufhörlich
un·cer·tain [ʌnˈsɜːtᵊn] ① ungewiss ② *Wetter:* unbeständig
un·cer·tain·ty [ʌnˈsɜːtᵊnti] die Ungewissheit, die Unsicherheit
un·chal·lenged [ʌnˈtʃælɪndʒd] unbestritten, unangefochten
un·changed [ʌnˈtʃeɪndʒd] unverändert
un·char·ac·ter·is·tic [ʌnkærəktᵊrˈɪstɪk] uncharakteristisch, untypisch
un·checked [ʌnˈtʃekt] ① ungehindert ② ungeprüft, unkontrolliert
un·claimed [ʌnˈkleɪmd] ① *Brief, Gepäckstück, Preis:* nicht abgeholt ② *Sozialhilfe:* nicht beansprucht ③ *Güter:* herrenlos
un·cle [ˈʌŋkl̩] der Onkel
un·clear [ʌnˈklɪəʳ] unklar; **to be unclear about something** sich über etwas nicht im Klaren sein
un·com·fort·able [ʌnˈkʌm(p)ftəbl̩] ① *Gegenstand:* unbequem ② *Person:* **to be** [*oder* **feel**] **uncomfortable** sich unbehaglich [*oder* nicht wohl] fühlen
un·com·mon [ʌnˈkɒmən] ungewöhnlich
un·con·cerned [ˌʌnkənˈsɜːnd] unbekümmert, gleichgültig
un·con·di·tion·al [ˌʌnkənˈdɪʃᵊnᵊl] bedingungslos, vorbehaltlos
un·con·firmed [ˌʌnkənˈfɜːmd] unbestätigt
un·con·scious [ʌnˈkɒn(t)ʃəs] ① bewusstlos, ohnmächtig ② **to be unconscious of something** sich einer Sache nicht bewusst sein ③ unbewusst, unabsichtlich
un·con·scious·ly [ʌnˈkɒn(t)ʃəsli] unbewusst
un·con·scious·ness [ʌnˈkɒn(t)ʃəsnəs] die Bewusstlosigkeit
un·con·sti·tu·tion·al [ʌnˌkɒn(t)stɪˈtjuːʃᵊnᵊl] verfassungswidrig, satzungswidrig
un·con·trol·lable [ˌʌnkənˈtrəʊləbl̩] ① unkontrollierbar ② *Kind:* nicht zu bändigen ③ *Drang:* unbezwingbar
un·con·trolled [ˌʌnkənˈtrəʊld] ① *Hunde, Kinder:* unbeaufsichtigt ② *Weinen:* hemmungslos
un·con·vinced [ˌʌnkənˈvɪn(t)st] nicht überzeugt
un·con·vinc·ing [ˌʌnkənˈvɪn(t)sɪŋ] nicht überzeugend
un·cooked [ʌnˈkʊkt] ungekocht, roh
un·co·opera·tive [ˌʌnkəʊˈɒpᵊrətɪv] nicht entgegenkommend, wenig hilfsbereit
to **un·cork** [ʌnˈkɔːk] entkorken
un·count·able [ʌnˈkaʊntəbl̩] unzählbar; **an uncountable number of people** unzählige Menschen
to **un·cov·er** [ʌnˈkʌvəʳ] ① aufdecken ② (*übertragen*) enthüllen, aufdecken
un·dam·aged [ʌnˈdæmɪdʒd] unbeschädigt, unversehrt
un·daunt·ed [ʌnˈdɔːntɪd] unerschrocken; **to remain undaunted** unverzagt bleiben
un·de·cid·ed [ˌʌndɪˈsaɪdɪd] ① *Person:* unentschlossen, unschlüssig ② *Sache:* nicht entschieden
un·de·liv·ered [ˌʌndɪˈlɪvəd] *Post:* nicht zugestellt
un·de·ni·able [ˌʌndɪˈnaɪəbl̩] unbestritten; *Beweis:* eindeutig
un·de·ni·ably [ˌʌndɪˈnaɪəbli] unbestreitbar
un·der[1] [ˈʌndəʳ] ① *räumlich* unter; [**from**] **under the bed** unter dem Bett [hervor]; **he crawled under the bed** er kroch unter das Bett ② *zeitlich, in Mengenangaben* **under an hour/twenty pounds** weniger als eine Stunde/zwanzig Pfund ③ (*Zustand*) **under construction** im Bau [befindlich]; **under repair** in Reparatur ④ **to be under the impression that ...** den Eindruck haben, dass ... ⑤ **under the terms of the agreement** gemäß [*oder* nach] den Vertragsbestimmungen
un·der[2] [ˈʌndəʳ] darunter; **she lifted the blanket and crawled under** sie hob die Decke hoch und verkroch sich darunter
to **under·achieve** [ˌʌndərəˈtʃiːv] hinter den Erwartungen zurückbleiben
under·age [ˌʌndərˈeɪdʒ] minderjährig, von Min-

U

derjährigen

to **under·charge** [ˌʌndəˈtʃɑːdʒ] **to undercharge someone** jemandem zu wenig berechnen

under·clothes [ˈʌndəkləʊ(ð)z] die Unterwäsche

under·coat [ˈʌndəkəʊt] der Grundanstrich

under·cov·er [ˌʌndəˈkʌvəʳ] geheim

under·cur·rent die Unterströmung; (*übertragen*) der Unterton

to **under·cut** [ˌʌndəˈkʌt] <undercut, undercut> unterbieten

under·de·vel·oped [ˌʌndədɪˈveləpt] unterentwickelt

under·dog [ˈʌndədɒg] der/die Benachteiligte

under·done [ˌʌndəˈdʌn] nicht durchgebraten, blutig

to **under·es·ti·mate** [ˌʌndərˈestɪmeɪt] unterschätzen

under·foot unter den Füßen; **it was very muddy underfoot** der Weg war sehr schlammig

to **under·go** [ˌʌndəˈgəʊ] <underwent, undergone> ① durchmachen, erleben ② sich unterziehen [müssen] *Operation*

under·gradu·ate [ˌʌndəˈgrædʒʊət] der Student/die Studentin

under·ground[1] [ˈʌndəgraʊnd] ① (GB) die U-Bahn, die Untergrundbahn; **to go** [*oder* **travel**] **by underground** mit der U-Bahn fahren ② (*übertragen*) der Untergrund, die Untergrundbewegung

under·ground[2] [ˈʌndəgraʊnd] ① unterirdisch; **underground car park** die Tiefgarage ② (*übertragen: geheim*) Untergrund- ③ **to lie/work underground** unter der Erde liegen/unter Tage arbeiten

under·ground rail·way die Untergrundbahn

under·growth [ˈʌndəgrəʊθ] das Gestrüpp, das Unterholz

under·hand (GB) hinterhältig; *Machenschaften:* betrügerisch

to **under·line** [ˌʌndəˈlaɪn] (*auch übertragen*) unterstreichen

under·ly·ing [ˌʌndəˈlaɪɪŋ] *Grund:* eigentlich; *Problem:* zu Grunde liegend; *Ehrlichkeit:* grundlegend

under·manned unterbesetzt

to **under·mine** [ˌʌndəˈmaɪn] ① (*auch übertragen*) unterminieren ② (*übertragen*) untergraben *Autorität, Ruf;* angreifen *Gesundheit*

under·neath[1] [ˌʌndəˈniːθ] unter; [**from**] **underneath the bed** unter dem Bett [hervor]

under·neath[2] [ˌʌndəˈniːθ] darunter; **the grass snake slithered towards the stone and disappeared underneath** [**it**] die Ringelnatter schlängelte sich zum Stein hin und verschwand darunter

under·neath[3] [ˌʌndəˈniːθ] die Unterseite

under·nour·ished [ˌʌndəˈnʌrɪʃt] unterernährt

under·paid [ˌʌndəˈpeɪd] unterbezahlt

under·pants [ˈʌndəpænts] *Plural* die Unterhose; **a pair of underpants** eine Unterhose

under·pass [ˈʌndəpɑːs] <*Plural* underpasses> die Unterführung

under·privi·leged[1] unterprivilegiert

under·privi·leged[2] **the underprivileged** *Plural* die Unterprivilegierten

to **under·rate** unterschätzen

under·shirt (USA) das Unterhemd

under·signed [ˈʌndəsaɪnd] <*Plural* undersigned> **the undersigned** der/die Unterzeichnete

under·staffed [ˌʌndəˈstɑːft] unterbesetzt; **to be understaffed** an Personalmangel leiden

to **under·stand** [ˌʌndəˈstænd] <understood, understood> ① verstehen; **to understand one another** sich [gut] verstehen; **I cannot understand why he did that** ich begreife nicht, warum er das getan hat ② **I understand that ...** ich habe gehört, dass ...; **so I understand** wie ich höre ③ **am I to understand that ...?** soll das heißen, dass ...?; **to give someone to understand that ...** jemandem zu verstehen geben, dass ... ④ **to make oneself understood** sich verständlich machen; **it's understood** es ist selbstverständlich [*oder* versteht sich von selbst]; **is that understood?** ist das klar?; **understand?** verstanden?

under·stand·able [ˌʌndəˈstændəbḷ] verständlich

under·stand·ing[1] [ˌʌndəˈstændɪŋ] ① das Verständnis (**of** für); **to show** [**some**] **understanding for someone** Verständnis für jemanden haben ② das Übereinkommen, die Verständigung; **to come to** [*oder* **reach**] **an understanding** zu einer Verständigung kommen, sich einigen ③ die Voraussetzung; **on the understanding that ...** unter der Voraussetzung, dass ...

under·stand·ing[2] [ˌʌndəˈstændɪŋ] verständnisvoll

under·state·ment [ˌʌndəˈsteɪtmənt] die Untertreibung, das Understatement

under·stood [ˌʌndəˈstʊd] *2. und 3. Form von* **understand**

to **under·take** [ˌʌndəˈteɪk] <undertook, undertaken> ① unternehmen *Arbeit, Reise* ② übernehmen *Aufgabe* ③ auf sich nehmen *Pflicht* ④ **to undertake to do something** sich verpflichten, etwas zu tun ⑤ (*garantieren*) sich verbürgen

under·tak·er [ˈʌndəteɪkəʳ] der Leichenbestatter/die Leichenbestatterin, der Beerdigungsunternehmer/die Beerdigungsunternehmerin; **undertakers** das Beerdigungsinstitut

F Nicht verwechseln mit **Unternehmer** (der) = entrepreneur, employer!

under·tak·ing [ˌʌndəˈteɪkɪŋ] ① das Unternehmen, das Projekt ② die Zusicherung; **to give an undertaking that ...** zusichern, dass ...; **to give an undertaking to do something** sich verpflichten, etwas zu tun ③ das Beerdigungsgewerbe
under·wa·ter [ˈʌndəwɔːtəʳ] Unterwasser-
under·wear [ˈʌndəweəʳ] die Unterwäsche
under·weight [ˌʌndəˈweɪt] untergewichtig; **he is several pounds underweight** er hat mehrere Pfund Untergewicht
under·went [ˌʌndəˈwent] *2. Form von* **undergo**
under·world die Unterwelt; **the Underworld** (*nach dem Tod*) die Unterwelt
un·de·served [ˌʌndɪˈzɜːvd] unverdient
un·de·sir·able [ˌʌndɪˈzaɪ(ə)rəbl̩] unerwünscht
un·de·tect·ed [ˌʌndɪˈtektɪd] unentdeckt
un·de·vel·oped [ˌʌndɪˈveləpt] unausgereift; *Grundstück:* unerschlossen; *Wirtschaft:* unterentwickelt; *Foto:* nicht entwickelt
un·did [ʌnˈdɪd] *2. Form von* **undo**
un·dies [ˈʌndiz] *Plural* (*umgangsspr*) die Unterwäsche
un·dis·ci·plined [ʌnˈdɪsɪplɪnd] undiszipliniert
un·di·vid·ed [ˌʌndɪˈvaɪdɪd] ungeteilt
to **un·do** [ʌnˈduː] <undid, undone> ① aufmachen; lösen *Knoten;* öffnen *Paket* ② ungeschehen machen *Tat* ③ (*in der Informatik*) rückgängig machen
un·done [ʌnˈdʌn] ① **with his shoelaces undone** mit offenen Schnürsenkeln; **to come undone** aufgehen ② *Aufgabe:* unerledigt; **to leave something undone** etwas liegen lassen
un·doubt·ed [ʌnˈdaʊtɪd] unzweifelhaft, unbestritten
un·doubt·ed·ly [ʌnˈdaʊtɪdli] zweifellos
to **un·dress** [ʌnˈdres] [sich] ausziehen; **to get undressed** sich ausziehen
un·dressed [ʌnˈdrest] unbekleidet; **to get undressed** sich ausziehen
un·ease [ʌnˈiːz] das Unbehagen
un·easi·ness [ʌnˈiːzɪnəs] *kein Plural* das Unbehagen (**over/at** über)
un·easy [ʌnˈiːzi] ① unbehaglich; **I feel uneasy about ...** mir ist wegen ... unbehaglich zu Mute ② *Schlaf:* unruhig ③ *Frieden:* unsicher
un·em·ployed [ˌʌnɪmˈplɔɪd] arbeitslos, erwerbslos; **the unemployed** die Arbeitslosen
un·em·ploy·ment [ˌʌnɪmˈplɔɪmənt] die Arbeitslosigkeit
un·em·ploy·ment ben·efit das Arbeitslosengeld, die Arbeitslosenhilfe
un·en·dur·able [ˌʌnɪnˈdjʊərəbl̩] unerträglich
un·equal [ʌnˈiːkwəl] ① *Maße:* unterschiedlich ② *Kampf:* ungleich ③ *Verteilung:* unausgeglichen ④ **to be unequal to a task** einer Aufgabe nicht gewachsen sein
un·even [ʌnˈiːvən] ① *Fläche:* uneben ② *Linie:* ungerade ③ *Dicke:* ungleich ④ *Atmung, Pulsschlag:* unregelmäßig ⑤ *Verteilung:* ungleichmäßig ⑥ *Charakter:* unausgeglichen ⑦ *Zahl:* ungerade
un·event·ful [ˌʌnɪˈventfəl] ereignislos
un·ex·cep·tion·al [ˌʌnɪkˈsepʃənəl] nicht außergewöhnlich
un·ex·pect·ed [ˌʌnɪkˈspektɪd] unerwartet
un·ex·plored [ˌʌnɪkˈsplɔːd] unerforscht
un·fair [ʌnˈfeəʳ] ① unfair, ungerecht[fertigt]; **to be unfair to someone** jemandem gegenüber unfair [*oder* ungerecht] sein ② (*unsportlich*) unfair ③ *Wettbewerb:* unlauter
un·faith·ful [ʌnˈfeɪθfəl] untreu; **to be unfaithful to someone** jemandem untreu sein
un·fa·mil·iar [ˌʌnfəˈmɪljəʳ] ① *Umgebung:* fremd, unbekannt ② *Tätigkeit:* ungewohnt ③ **to be unfamiliar with something** etwas nicht kennen, mit etwas nicht vertraut sein
to **un·fas·ten** [ʌnˈfɑːsən] öffnen *Knopf, Gürtel;* abnehmen *Schmuck*
un·fa·vour·able [ˌʌnˈfeɪvrəbl], (USA) **un·fa·vor·able** [ʌnˈfeɪvərəbl̩] ungünstig, unvorteilhaft (**for/to** für)
un·filled [ʌnˈfɪld] ① *Gefäß:* leer ② *Stelle:* frei, offen, unbesetzt
un·fin·ished [ʌnˈfɪnɪʃt] ① unvollendet ② *Geschäft:* unerledigt
un·fit [ʌnˈfɪt] ① unfähig; **unfit for work** arbeitsunfähig; **unfit to drive** fahruntüchtig ② ungeeignet; **unfit for human consumption** zum Verzehr nicht geeignet ③ (*Sport*) nicht fit [*oder* in Form]
to **un·fold** [ʌnˈfəʊld] (*auch übertragen*) [sich] entfalten
un·fore·see·able [ˌʌnfɔːˈsiːəbl̩] unvorhersehbar
un·fore·seen [ˌʌnfɔːˈsiːn] unvorhergesehen
un·for·get·table [ˌʌnfəˈgetəbl̩] unvergesslich
un·for·giv·able [ˌʌnfəˈgɪvəbl̩] unverzeihlich
un·for·tu·nate [ʌnˈfɔːtʃənət] ① *Person:* glücklos, unglücklich ② *Vorfall:* bedauerlich, unglücklich ③ *Zeit:* ungünstig ④ *Bemerkung:* unpassend
un·for·tu·nate·ly [ʌnˈfɔːtʃənətli] leider, unglücklicherweise
to **un·friend** (*im Internet*) **to unfriend someone** jemanden von seiner Freundesliste streichen
un·friend·ly [ʌnˈfrendli] unfreundlich (**to** zu)
un·ful·filled [ˌʌnfʊlˈfɪld] *Auftrag:* unvollendet; *Leben:* unausgefüllt
un·fur·nished [ʌnˈfɜːnɪʃt] unmöbliert
un·grate·ful [ʌnˈgreɪtfəl] undankbar
un·hap·pi·ness [ʌnˈhæpɪnəs] *kein Plural* die Traurigkeit
un·hap·py [ʌnˈhæpi] ① (*traurig*) unglücklich ② nicht zufrieden (**about/with** mit); **to feel unhappy about something** nicht glücklich über etwas sein, ein ungutes Gefühl bei etwas haben

un·harmed [ʌnˈhɑːmd] unbeschädigt, unversehrt, wohlbehalten

un·healthy [ʌnˈhelθi] ① ungesund ② *Einfluss:* schädlich; *Angewohnheit:* schlecht

un·heard [ʌnˈhɜːd] ungehört

un·heard-of [ʌnˈhɜːdɒv] [völlig] unbekannt; **it used to be unheard-of for women to play football** es war früher unvorstellbar, dass Frauen Fußball spielten

un·hesi·tat·ing [ʌnˈhezɪteɪtɪŋ] unverzüglich

un·hurt [ʌnˈhɜːt] unverletzt

uni [ˈjuːni] (GB) (*umgangsspr*) *kurz für* **university** die Uni

uni·corn [ˈjuːnɪkɔːn] das Einhorn

un·iden·ti·fied [ˌʌnaɪˈdentɪfaɪd] nicht identifiziert, unbekannt; **unidentified flying object** das unbekannte Flugobjekt

uni·fi·ca·tion [ˌjuːnɪfɪˌkeɪʃᵊn] Vereinigung

uni·form¹ [ˈjuːnɪfɔːm] ① einheitlich ② *Qualität, Temperatur:* gleich bleibend

uni·form² [ˈjuːnɪfɔːm] die Uniform

uni·form·ity [ˌjuːnɪˈfɔːməti] *kein Plural* die Einheitlichkeit; (*abwertend*) die Eintönigkeit

Uni·form Re·source Lo·ca·tor, **URL** die Internetadresse, die URL

to **uni·fy** [ˈjuːnɪfaɪ] ① [ver]einigen *Länder, Volk* ② vereinheitlichen *System*

un·im·agi·nable [ˌʌnɪˈmædʒɪnəbl̩] unvorstellbar

un·im·por·tant [ˌʌnɪmˈpɔːtᵊnt] unwichtig, unbedeutend

un·in·hab·it·able [ˌʌnɪnˈhæbɪtəbl̩] unbewohnbar

un·in·hab·it·ed [ˌʌnɪnˈhæbɪtɪd] unbewohnt

un·in·hib·it·ed [ˌʌnɪnˈhɪbɪtɪd] ungehemmt

un·in·jured [ʌnˈɪndʒəd] unverletzt

to **un·in·stall** [ˌʌnɪnˈstɔːl] (*am Computer*) **to uninstall software** Software deinstallieren

un·in·tel·li·gible [ˌʌnɪnˈtelɪdʒəbl̩] unverständlich

un·in·ten·tion·al [ˌʌnɪnˈten(t)ʃᵊnᵊl] unabsichtlich, unbeabsichtigt

un·in·ter·est·ed [ʌnˈɪntrəstɪd] uninteressiert (**in** an)

un·in·ter·est·ing [ʌnˈɪntrəstɪŋ] uninteressant

un·in·ter·rupt·ed [ʌnˌɪntᵊrˈʌptɪd] ununterbrochen

un·ion [ˈjuːnjən] ① die Vereinigung, der Zusammenschluss ② (*Staatenbund*) die Union ③ die Gewerkschaft

Un·ion Jack [ˈjuːnɪənˈdʒæk] die britische Nationalflagge

> **L** **Union Jack** ist ein gängiger Name für die **Union Flag**, die Nationalflagge des Vereinigten Königreichs. Sie besteht aus drei separaten Kreuzen: dem *St George's Cross* von England, dem *St Andrew's Cross* von Schottland und dem *St Patrick's Cross* von Irland.

unique [juːˈniːk] einzigartig, einmalig

uni·son [ˈjuːnɪsᵊn] **in unison** einstimmig

unit [ˈjuːnɪt] ① die Einheit, das Stück ② (*Möbelstück*) das Element ③ (*in einer Organisation*) die Abteilung ④ (*mathematisch*) der Einer

to **unite** [juːˈnaɪt] ① vereinigen, verbinden ② sich vereinigen, sich zusammenschließen; **to unite in doing something** etwas gemeinsam tun

unit·ed [juːˈnaɪtɪd] ① vereinigt, verbunden ② *Gruppe:* geschlossen ③ *Kräfte:* vereint

Unit·ed Arab Emir·ates *Plural* **the United Arab Emirates** die Vereinigten Arabischen Emirate

Unit·ed King·dom das Vereinigte Königreich (*Großbritannien und Nordirland*)

Unit·ed Na·tions ⚠ *mit Singular* die Vereinten Nationen

Unit·ed States, **Unit·ed States of Ameri·ca** die Vereinigten Staaten [von Amerika]

unity [ˈjuːnəti] *kein Plural* die Einheit; (*Harmonie*) die Einigkeit

uni·ver·sal [ˌjuːnɪˈvɜːsᵊl] allgemein, universal

uni·verse [ˈjuːnɪvɜːs] das Weltall, das Universum

uni·ver·sity [ˌjuːnɪˈvɜːsəti] die Universität; **to be at** [*oder* **go to**] **university** die Universität besuchen, studieren

uni·ver·sity edu·ca·tion die Hochschulbildung

uni·ver·sity lec·ture die Vorlesung

uni·ver·sity lec·tur·er der Hochschuldozent/die Hochschuldozentin

uni·ver·sity town die Universitätsstadt

un·just [ʌnˈdʒʌst] ungerecht

un·jus·ti·fi·able [ʌnˌdʒʌstɪˈfaɪəbl̩] nicht zu rechtfertigen

un·jus·ti·fied [ʌnˈdʒʌstɪfaɪd] ① ungerechtfertigt ② *Text:* nicht ausgerichtet, im Flattersatz

un·just·ly [ʌnˈdʒʌstli] ungerecht; **to be unjustly condemned** zu Unrecht verurteilt werden

un·kind [ʌnˈkaɪnd] unfreundlich

un·kind·ly [ʌnˈkaɪndli] unfreundlich; **she speaks unkindly of him** sie hat für ihn kein gutes Wort übrig

un·known [ʌnˈnəʊn] unbekannt

un·law·ful [ʌnˈlɔːfᵊl] rechtswidrig; *Besitz:* illegal

un·lead·ed [ʌnˈledɪd] bleifrei, unverbleit

un·less [ʌnˈles] außer wenn, es sei denn; **unless otherwise agreed** soweit nichts Gegenteiliges vereinbart

un·like [ʌnˈlaɪk] ① **to be unlike someone/something** jemandem/einer Sache nicht ähnlich sein; **she's very unlike her sister** sie ist ganz anders als ihre Schwester ② **it's very unlike her to lose her temper** das sieht ihr gar nicht ähnlich, dass sie ihre Beherrschung verliert ③ **unlike you, I ...** im Gegensatz zu dir, ... ich

un·like·ly [ʌnˈlaɪkli] ① unwahrscheinlich; **they are unlikely to come to the party** es ist ziem-

U

lich sicher, dass sie nicht zur Party kommen ② *Geschichte:* unglaubwürdig

un·lim·it·ed [ʌn'lɪmɪtɪd] unbegrenzt

to **un·load** [ʌn'ləʊd] ① ausladen *Gepäck* ② entladen *Fahrzeug* ③ löschen *Schiffsladung* ④ (*übertragen*) abladen *Kinder, Probleme*

to **un·lock** [ʌn'lɒk] aufschließen

un·locked [ʌn'lɒkt] unverschlossen

un·loved [ʌn'lʌvd] ungeliebt

un·lucky [ʌn'lʌki] **to be unlucky** *Person:* Pech haben; *Umstand:* Unglück bringen; **unlucky number** die Unglückszahl

un·manned ['ʌnmænd] unbemannt

un·mar·ried [ʌn'mærɪd] unverheiratet, ledig

un·men·tion·able [ʌn'men(t)ʃənəbl̩] unaussprechlich; **to be unmentionable** tabu sein

un·men·tioned [ʌn'men(t)ʃənd] unerwähnt

un·mis·tak(e)·able [ʌnmɪ'steɪkəbl̩] unverkennbar

un·moved [ʌn'mu:vd] ungerührt

un·natu·ral [ʌn'nætʃərəl] ① unnatürlich ② (*abnorm*) widernatürlich

un·nec·es·sari·ly [ʌnˌnesə'serɪli] unnötigerweise; *kompliziert:* unnötig

un·nec·es·sary [ʌn'nesəsəri] unnötig

un·no·ticed [ʌn'nəʊtɪst] unbemerkt

un·ob·tain·able [ˌʌnəb'teɪnəbl̩] nicht erhältlich; **number unobtainable** kein Anschluss unter dieser Nummer

un·oc·cu·pied [ʌn'ɒkjəpaɪd] *Gebäude:* unbewohnt; (*von Soldaten*) nicht besetzt

un·of·fi·cial [ˌʌnə'fɪʃəl] inoffiziell

un·opened [ʌn'əʊpənd] ungeöffnet, [noch] verschlossen

to **un·pack** [ʌn'pæk] auspacken

un·paid [ʌn'peɪd] unbezahlt

un·pleas·ant [ʌn'plezənt] ① *Person:* unangenehm, unfreundlich ② *Bemerkung:* unfreundlich ③ *Nachricht:* unerfreulich

un·pleas·ant·ness [ʌn'plezəntnəs] die Unerfreulichkeit, die Gemeinheit; (*zwischen Menschen*) die Unstimmigkeiten, die Spannungen

to **un·plug** [ʌn'plʌg] <unplugged, unplugged> den Stecker herausziehen

un·popu·lar [ʌn'pɒpjələr] unbeliebt, unpopulär

un·prec·edent·ed [ʌn'presɪdəntɪd] einmalig, beispiellos, noch nie da gewesen

un·pre·dict·able [ˌʌnprɪ'dɪktəbl̩] ① *Resultat:* unvorhersehbar ② *Person, Wetter:* unberechenbar

un·pre·pared [ˌʌnprɪ'peəd] unvorbereitet; **to be unprepared for something** (*auf Ereignis*) auf etwas nicht vorbereitet sein; (*auf Reaktion*) auf etwas nicht gefasst sein

un·pro·fes·sion·al [ˌʌnprə'feʃənəl] ① *Verhalten:* berufswidrig ② *Arbeit:* unfachmännisch, stümperhaft

un·prof·it·able [ʌn'prɒfɪtəbl̩] unrentabel

un·pro·tect·ed [ˌʌnprə'tektɪd] schutzlos; *Gefangene:* unbewacht; *Sex:* ungeschützt

un·pub·lished [ʌn'pʌblɪʃt] unveröffentlicht

un·quali·fied [ʌn'kwɒlɪfaɪd] ① unqualifiziert, ungeeignet ② *Zustimmung:* uneingeschränkt ③ *Erfolg:* voll

un·ques·tion·able [ʌn'kwestʃənəbl̩] unbestritten, fraglos

un·ques·tion·ing [ʌn'kwestʃənɪŋ] bedingungslos, blind

to **un·rav·el** [ʌn'rævəl] <unravelled *oder* (USA) unraveled, unravelled *oder* (USA) unraveled> ① [sich] auftrennen, [sich] aufziehen ② entwirren *Fäden* ③ (*übertragen*) lösen *Rätsel*

un·read·able [ʌn'ri:dəbl̩] ① *Schrift:* unleserlich ② *Buch:* unlesbar

un·real [ʌn'rɪəl] ① unwirklich ② (*slang*) unglaublich

un·re·al·is·tic [ˌʌnrɪə'lɪstɪk] unrealistisch, realitätsfern

un·rea·son·able [ʌn'ri:zənəbl̩] ① unvernünftig ② *Ansprüche, Forderung:* übertrieben, unangemessen, unzumutbar

un·re·li·able [ˌʌnrɪ'laɪəbl̩] unzuverlässig

un·re·peat·able [ˌʌnrɪ'pi:təbl̩] nicht zu wiederholen

un·re·served [ˌʌnrɪ'zɜ:vd] ① *Platz:* nicht reserviert ② *Zustimmung:* uneingeschränkt

un·rest [ʌn'rest] die Unruhen

un·re·strict·ed [ˌʌnrɪ'strɪktɪd] ① unbeschränkt, uneingeschränkt ② *Sicht:* frei

un·re·ward·ing [ˌʌnrɪ'wɔ:dɪŋ] nicht lohnend, undankbar

un·ripe [ʌn'raɪp] unreif

un·ri·valled [ʌn'raɪvld], (USA) **un·ri·valed** [ʌn'raɪvəld] konkurrenzlos, unvergleichlich, einzigartig

to **un·roll** [ʌn'rəʊl] [sich] aufrollen

un·ru·ly [ʌn'ru:li] ① *Person:* ungebärdig, wild ② *Haar:* widerspenstig

un·safe [ʌn'seɪf] ① nicht sicher, unsicher ② *Bau, Leitungen, Spielzeug:* gefährlich

un·said [ʌn'sed] unausgesprochen; **to leave something unsaid** etwas ungesagt lassen

un·sat·is·fac·tory [ʌnˌsætɪs'fæktəri] unbefriedigend

un·sat·is·fied [ʌn'sætɪsfaɪd] ① unzufrieden; **to leave someone/something unsatisfied** jemanden/etwas nicht befriedigen ② nicht überzeugt

un·scru·pu·lous [ʌn'skru:pjələs] skrupellos, gewissenlos

un·seem·ly [ʌn'si:mli] unschicklich

un·seen [ʌn'si:n] ungesehen, unbemerkt

un·self·ish [ʌn'selfɪʃ] selbstlos, uneigennützig

to **un·set·tle** [ʌn'setl̩] durcheinanderbringen, beunruhigen, verunsichern

un·set·tled [ʌn'setl̩d] ① *Gebiet:* unbesiedelt

U

② *Rechnung:* unbezahlt ③ *Frage:* ungeklärt; *Zukunft:* ungewiss ④ *Wetter, Markt, Verhältnisse:* unbeständig; *Leben:* unstet

un·set·tling [ʌn'setl̩ɪŋ] beunruhigend; **to have the unsettling feeling that ...** das ungute Gefühl haben, dass ...

un·shak·able [ʌn'ʃeɪkəbl] unerschütterlich

un·shav·en [ʌn'ʃeɪvən] unrasiert

un·sight·ly [ʌn'saɪtli] unansehnlich, hässlich

un·signed [ʌn'saɪnd] nicht unterzeichnet

un·skilled [ʌn'skɪld] ungelernt; **unskilled labour** [*oder* **workers**] die ungelernten Arbeitskräfte, die Hilfsarbeiter

un·so·ciable [ʌn'səʊʃəbl̩] ungesellig

un·so·cial [ʌn'səʊʃəl] **to work unsocial hours** außerhalb der normalen Arbeitszeiten arbeiten

un·speak·able [ʌn'spiːkəbl̩] unbeschreiblich

un·sta·ble [ʌn'steɪbl̩] ① (*auch übertragen*) instabil ② *Person:* labil

un·stuck [ʌn'stʌk] **to come unstuck** sich lösen; (*übertragen*) *Plan:* schiefgehen; **we came unstuck** wir sind gescheitert

un·suc·cess·ful [ˌʌnsək'sesfəl] erfolglos; *Versuch:* vergeblich; *Ergebnis:* nicht erfolgreich; **to be unsuccessful** keinen Erfolg haben

un·suit·able [ʌn'sjuːtəbl̩] unpassend, ungeeignet (**to/for** für)

un·sure [ʌn'ʃʊəʳ] unsicher

un·sur·passed [ˌʌnsə'pɑːst] unübertroffen, einzigartig

un·sus·pect·ing [ˌʌnsə'spektɪŋ] nichts ahnend

un·sweet·ened [ʌn'swiːtənd] ungesüßt

un·think·able [ʌn'θɪŋkəbl̩] undenkbar, unvorstellbar

un·tidi·ness [ʌn'taɪdɪnəs] *kein Plural* die Unordnung; *von Person, Kleidung:* die Unordentlichkeit

un·tidy [ʌn'taɪdi] unordentlich

to **un·tie** [ʌn'taɪ] <untied, untied> ① lösen *Knoten* ② aufbinden *Schnürsenkel* ③ aufschnüren *Paket* ④ losbinden *Person, Tier*

un·til [ʌn'tɪl] ① bis [zu]; **until the end** bis zum Ende; **we waited until half past six** wir warteten bis halb sieben; **I laughed until tears rolled down my face** ich lachte, bis mir die Tränen kamen ② **not until** nicht vor, erst; **he didn't have a girlfriend until he was thirty-five** er hatte erst mit 35 eine Freundin

un·time·ly [ʌn'taɪmli] ungelegen

un·told [ʌn'təʊld] ungesagt; (*äußerst viel*) unsagbar; *Schaden:* immens

un·touched [ʌn'tʌtʃt] ① unberührt ② (*unverletzt*) heil, intakt ③ (*unbeeinflusst*) ungerührt

un·treat·ed [ʌn'triːtɪd] unbehandelt

un·true [ʌn'truː] unwahr, falsch; **that's untrue** das ist nicht wahr

un·trust·wor·thy [ʌn'trʌstˌwɜːði] unzuverlässig

un·truth·ful [ʌn'truːθfəl] unwahr; *Person:* unaufrichtig

un·used[1] [ʌn'juːzd] ① ungebraucht, unbenutzt ② *Kredit:* nicht beansprucht

un·used[2] [ʌn'juːst] **to be unused to something** etwas nicht gewöhnt sein; **to be unused to doing something** nicht gewohnt sein, etwas zu tun

un·usual [ʌn'juːʒəl] ungewöhnlich

un·usual·ly [ʌn'juːʒəli] ungewöhnlich; **unusually for me, ...** ganz gegen meine Gewohnheit ...

un·vary·ing [ʌn'veəriɪŋ] unveränderlich, gleich bleibend; *Landschaft:* eintönig

to **un·veil** [ʌn'veɪl] enthüllen *Gedenktafel, Plan*

un·waged [ʌn'weɪdʒd] **the unwaged** die Erwerbslosen

un·well [ʌn'wel] unwohl; **to feel** [*oder* **be**] **unwell** sich nicht wohl fühlen

un·wieldy [ʌn'wiːldi] unhandlich, sperrig

un·will·ing [ʌn'wɪlɪŋ] widerwillig; **to be unwilling to do something** nicht bereit sein, etwas zu tun, etwas nicht tun wollen

to **un·wind** [ʌn'waɪnd] <unwound, unwound> ① [sich] abwickeln ② (*umgangsspr*) abschalten, sich entspannen

un·wise [ʌn'waɪz] unklug

un·wor·thy [ʌn'wɜːði] unwürdig; **to be unworthy of something** einer Sache nicht würdig sein

un·wound [ʌn'waʊnd] *2. und 3. Form von* **unwind**

to **un·wrap** [ʌn'ræp] <unwrapped, unwrapped> auswickeln, auspacken

un·writ·ten [ʌn'rɪtən] ungeschrieben; **unwritten agreement** die mündliche Vereinbarung, die stillschweigende Übereinkunft; **unwritten law** das ungeschriebene Gesetz

to **un·zip** [ʌn'zɪp] <unzipped, unzipped> **to unzip a bag** den Reißverschluss einer Tasche öffnen

up[1] [ʌp] ① *räumlich* oben, nach oben; **up here** hier oben; **up there** da oben; **up and down** auf und ab, hin und her; **up and up** immer höher ② *örtlich* **up in Scotland** oben in Schottland; **up to London** nach London ③ *mit Verben der Bewegung* hinauf, hoch; **to jump up** aufspringen; **to look up** hochsehen; **stand up!** steh auf! ④ (*nicht im Bett*) auf; **to get up** aufstehen ⑤ *Preise:* gestiegen ⑥ **to be up** stehen; *Gerüst:* aufgestellt sein; *Bild, Mitteilung, Tapete, Vorhänge:* hängen ⑦ aufwärts; **from $3 up** von $3 aufwärts, ab $3; **from the age of 18 up** ab 18 Jahren ⑧ bis; **up to here/now/20 pounds** bis hier/jetzt/20 Pfund ⑨ (*Sport*) in Führung; **England are 2-0 up** England führt zwei zu null ⑩ zu Ende, vorüber, um; **time's up** die Zeit ist um; **it's all up with her** es ist aus mit ihr ⑪ **to be/feel up to something** einer Sache gewachsen sein/sich einer Sache gewachsen fühlen ⑫ **it's up to him to do that** es liegt an ihm, das zu tun ⑬ **to be up against problems** Schwierigkeiten haben; **I know what we're up against** ich weiß, was uns bevorsteht ⑭ **to lean something up against the wall** etwas an die Wand lehnen ⑮ **what are you up to?** was machst du?, was hast du vor?; **he is up to something** er führt irgendetwas im Schilde ⑯ **what's up?** (*umgangsspr*) was ist los?; **what's up with you?** was ist mit dir los? ⑰ **to be up for discussion** zur Diskussion stehen; **to be up for sale** zu verkaufen sein, zum Verkauf stehen; **to be up for trial** vor Gericht stehen ▶ WENDUNGEN: **things are looking up** es geht bergauf; **to be one up on someone** jemandem um einen Schritt voraus sein

up[2] [ʌp] ① hinauf, oben auf; **to go up the hill** den Berg hinaufgehen; **to run up and down the stairs** die Treppe rauf und runter rennen; **further up the street** die Straße weiter rauf; **to row up the river** flussaufwärts rudern ② **to travel up and down the country** durch das ganze Land [*oder* landauf, landab] reisen

up[3] [ʌp] **ups and downs** Höhen und Tiefen

to **up** [ʌp] <upped, upped> (*umgangsspr*) ① erhöhen *Preis* ② ankurbeln *Produktion*

up-and-com·ing ['ʌpən'kʌmɪŋ] aufstrebend, im Aufstieg

up·beat ['ʌpbi:t] (*umgangsspr*) fröhlich, optimistisch

up·bring·ing ['ʌp,brɪŋɪŋ] die Erziehung

up·com·ing ['ʌp,kʌmɪŋ] (USA) bevorstehend

to **up·date** [ʌp'deɪt] auf den neuesten Stand bringen, aktualisieren

up·date ['ʌpdeɪt] die Aktualisierung

to **up·grade** [ʌp'greɪd] höher einstufen; befördern *Beschäftigte;* erweitern, nachrüsten *Computer;* aufstufen *Fluggast;* aufbessern, aufwerten *Image, Verdienst*

up·heav·al [ʌp'hi:vᵊl] *kein Plural* der Aufruhr; **political upheaval** die politischen Umwälzungen

up·held [ʌp'held] *2. und 3. Form von* **uphold**

up·hill [ʌp'hɪl] ① *Straße:* [an]steigend, bergauf führend ② **uphill ski** der Bergski ③ (*übertragen*) mühselig; **an uphill struggle** ein harter Kampf ④ bergan, bergauf

to **up·hold** [ʌp'həʊld] <upheld, upheld> aufrechterhalten; pflegen *Bräuche;* [achten und] wahren *Gesetz*

up·hol·stery [ʌp'həʊlstᵊri] die Polsterung; **upholstery fabric** der Möbelstoff

up·keep ['ʌpki:p] ① der Unterhalt ② die Unterhaltungskosten

to **up·load** (*in der Informatik*) **to upload something** etwas laden

upon [ə'pɒn] ① (*gehoben*) auf ② **once upon a time ...** es war einmal ...

up·per[1] ['ʌpəʳ] höhe(r, s), obere(r, s); **upper deck** das Oberdeck; **upper lip** die Oberlippe; **the Upper House** das Oberhaus

up·per[2] ['ʌpəʳ] *von Schuhwerk:* das Obermaterial

up·per case die Großbuchstaben

up·per class upper class[es] die Oberschicht

up·per-class der Oberschicht; **in upper-class circles** in den gehobenen Kreisen

up·per·cut der Kinnhaken

up·per·most ['ʌpəməʊst] ① oberste(r, s), höchste(r, s) ② (*übertragen*) an der ersten Stelle; **to say what is uppermost in one's mind** sagen, was einem am wichtigsten ist

up·right[1] ['ʌpraɪt] ① aufrecht, senkrecht ② (*übertragen*) *Mensch:* aufrecht, ehrlich

up·right[2] ['ʌpraɪt] der Ständer, der Pfosten

up·ris·ing ['ʌp,raɪzɪŋ] der Aufstand

up·roar ['ʌprɔ:ʳ] ① der Lärm, das Spektakel ② **there was [an] uproar at the suggestion** dieser Vorschlag löste Aufruhr aus

to **up·root** [ʌp'ru:t] entwurzeln

to **up·set** [ʌp'set] <upset, upset> ① umstoßen, umwerfen ② **to upset someone** *Ereignis, Tod:* jemanden bestürzen [*oder* mitnehmen] ③ verletzen; **to be upset by someone's behaviour/comments** verletzt sein durch jemandes Benehmen/Bemerkungen; **now you've upset him** (*auch humorvoll*) jetzt ist er beleidigt ④ aufregen; **don't upset yourself** regen Sie sich nicht auf ⑤ durcheinanderbringen *Pläne;* umstoßen *Theorie* ⑥ verderben *Magen;* **fatty food upsets my stomach** fettes Essen vertrage ich nicht

up·set[1] [ʌp'set] ① *Mensch:* mitgenommen, bestürzt, gekränkt; **I'd be upset if she did that** ich wäre traurig, wenn sie das täte ② *Magen:* verdorben

up·set[2] ['ʌpset] ① **there was a big upset at the meeting** bei der Besprechung gab es große Aufregung ② **stomach upset** die Magenverstimmung

up·side down [,ʌpsaɪd 'daʊn] verkehrt herum; **to turn something upside down** (*auch übertragen*) etwas auf den Kopf stellen

to **up·stage** [ʌp'steɪdʒ] **to upstage someone** jemandem die Schau stehlen

up·stairs[1] [ʌp'steəz] ① oben, im oberen Stock ② [die Treppe] hinauf, in den oberen Stock; **to go upstairs** nach oben gehen

up·stairs[2] [ʌp'steəz] das obere Stockwerk

up·stream [ʌp'stri:m] flussaufwärts, stromaufwärts

up·take ['ʌpteɪk] **to be quick on the uptake** schnell begreifen; **to be slow on the uptake** schwer von Begriff sein

up·tight [ʌp'taɪt] (*umgangsspr*) ① verklemmt; **to be uptight about something** etwas eng sehen ② verärgert; **to get uptight about some-**

thing wegen etwas ausflippen

up-to-date [ˌʌptəˈdeɪt] ① auf dem neuesten Stand, hochaktuell; **to keep up-to-date** auf dem Laufenden bleiben; **to bring up-to-date** auf den neuesten Stand bringen, aktualisieren ② modern

up-to-the-min·ute [ˈʌptəðəˈmɪnɪt] ① modernste(r, s) ② *Information:* auf dem neuesten Stand

up·turn [ˈʌptɜːn] (*übertragen*) der Aufschwung; **economic upturn** die Konjunkturbelebung

up·turned [ˈʌptɜːnd] nach oben gewendet; **upturned nose** die Stupsnase

up·ward [ˈʌpwəd] ① (*auch übertragen*) Aufwärts-, nach oben; **upward mobility** die Aufstiegsmöglichkeiten; **upward slope** die Steigung ② (*auch übertragen*) **upward[s]** aufwärts ③ **from $3 upwards** ab $3; **upwards of $3** mehr als $3

up·ward·ly [ˈʌpwədli] nach oben, aufwärts; **upwardly mobile** aufstrebend und erfolgreich

up·wards [ˈʌpwədz] (*auch übertragen*) aufwärts

ura·nium [jʊəˈreɪniəm] *kein Plural* das Uran

ur·ban [ˈɜːbᵊn] städtisch; **urban renewal** die Stadtsanierung

ur·bani·za·tion [ˌɜːbᵊnaɪˈzeɪʃᵊn] die Verstädterung

urge [ɜːdʒ] ① das Verlangen, der Drang ② (*körperlich*) der Trieb

to **urge** [ɜːdʒ] ① **to urge someone to do something** jemanden drängen, etwas zu tun ② (*auch übertragen*) **to urge [on]** weitertreiben, vorantreiben

ur·gen·cy [ˈɜːdʒᵊn(t)si] die Dringlichkeit; **it's a matter of urgency** es ist dringend

ur·gent [ˈɜːdʒᵊnt] ① dringend, eilig; **to be urgent** eilen; **to be in urgent need of something** etwas dringend brauchen; **to give urgent attention to something** etwas vordringlich behandeln ② *Ton, Bitte:* dringlich; **to be urgent about something** etwas eindringlich betonen

ur·gent·ly [ˈɜːdʒᵊntli] dringend

uri·nal [jʊəˈraɪnᵊl, -rɪ-] das Pissoir

urine [ˈjʊərɪn] der Urin, der Harn

U

urn [ɜːn] die Urne; **funeral urn** die Totenurne

Uru·guay [ˈjʊərəgwaɪ] Uruguay

Uru·guay·an¹ [ˌjʊərəˈgwaɪən] uruguayisch

Uru·guay·an² [ˌjʊərəˈgwaɪən] der Uruguayer/die Uruguayerin

us [əs, *betont* ʌs] uns; **all/both of us** wir alle/beide; **it's us** wir sind es

USA [ˌjuːesˈeɪ] *Abkürzung von* **United States of America** die USA

USB [ˌjuːesˈbiː] *Abkürzung von* **Universal Serial Bus** USB; **USB flash drive** der USB-Stick; **USB port** [*oder* **interface**] die USB-Schnittstelle

use [juːs] ① die Verwendung, die Benutzung, der Gebrauch; (*juristisch*) die Nutznießung; **to be in use** in Betrieb sein; **to be out of use** nicht in Betrieb sein; **to come into use** in Gebrauch kommen; **to have the use of something** etwas benutzen können; **to have no use for something** etwas nicht gebrauchen können, für etwas keine Verwendung haben; **direction[s] for use** die Gebrauchsanweisung ② *einer Methode, Fähigkeit, von Gewalt:* die Anwendung ③ *eines Vorteils:* die Nutzung; *von Abfallprodukt:* die Verwertung ④ **to be of use** von Nutzen sein; **what use is it?** wofür ist das denn gut?; **it's no use doing that!** es hat keinen Zweck, das zu tun!; **it's no use!** es hat keinen Zweck!; **what's the use?** was nützt das schon? ⑤ **for the use of** für ⑥ **can I be of any use?** kann ich irgendwie helfen?

to **use** [juːz] ① benutzen, verwenden, gebrauchen; anwenden *Methode, Gewalt, Fähigkeit;* nehmen *Medikamente;* **how to use something** wie man mit etwas umgeht ② ausnutzen; nutzen *Vorteil;* verwerten *Abfall* ③ (*abwertend*) ausnutzen; **I feel used** ich komme mir ausgenutzt vor ④ **I could use a whisky** ich könnte einen Whisky vertragen; **I could use a few pounds** ich könnte ein paar Pfund [gut] gebrauchen ⑤ *nur in der Vergangenheit* **he used to play tennis** früher spielte er [regelmäßig] Tennis; **I used to like it** früher mochte ich das; **things aren't what they used to be** es ist alles nicht mehr so wie früher; **he didn't use** [*oder* **used not**] **to smoke** er hat früher nicht geraucht

◆ to **use up** [ver]brauchen; **it's used up** es ist alle

used¹ [juːst] gebraucht; *Waren, Auto:* Gebraucht-; *Briefmarke:* gestempelt; *Handtuch usw.:* benutzt

used² [juːzd] **to be used to something** an etwas gewöhnt [*oder* etwas gewohnt] sein; **to get used to something** sich an etwas gewöhnen

use·ful [ˈjuːsfᵊl] ① nützlich, brauchbar, praktisch ② (*umgangsspr*) fähig, tüchtig; **to prove [to be] useful** sich als nützlich erweisen; **to make oneself useful** sich nützlich machen; **to come in useful** gut zu gebrauchen sein

use·ful·ness [ˈjuːsfᵊlnəs] die Nützlichkeit, die Brauchbarkeit

use·less [ˈjuːsləs] ① nutzlos; **talking to him is useless** mit ihm zu reden ist zwecklos ② *Gegenstand:* unbrauchbar

user [ˈjuːzəʳ] ① der Benutzer/die Benutzerin ② (*wirtschaftlich*) der Verbraucher/die Verbraucherin ③ (*Computer*) der Anwender/die Anwenderin ④ **road user** der Verkehrsteilnehmer/die Verkehrsteilnehmerin

user-friend·ly [ˈjuzəˈfrendlɪ] benutzerfreundlich

user·name (*in der Informatik*) der Benutzername

ush·er ['ʌʃər] ① (*im Theater, Kino*) der Platzanweiser/die Platzanweiserin ② der Gerichtsdiener/die Gerichtsdienerin

ush·er·ette [ˌʌʃər'et] (*im Theater, Kino*) die Platzanweiserin

USSR [ˌju:eses'ɑ:] *Abkürzung von* **Union of Soviet Socialist Republics: the USSR** die UdSSR

usu·al ['ju:ʒəl] gewöhnlich, üblich; **as usual** wie gewöhnlich; **the usual** das Übliche, wie üblich

usu·al·ly ['ju:ʒəli] gewöhnlich, im Allgemeinen

util·ity [ju:'tɪləti] ① **public utility** der [öffentliche] Versorgungsbetrieb ② (*in der Informatik*) **utility program** das Dienstprogramm ③ **utility room** der Abstellraum

to **uti·lize** ['ju:tɪlaɪz] verwenden, nutzen

ut·most¹ ['ʌtməʊst] ① größte(r, s), höchste(r, s); **with the utmost speed** so schnell wie möglich ② äußerste(r, s); **of the utmost importance** äußerst wichtig

ut·most² ['ʌtməʊst] ① das Beste; **to do one's utmost** sein Möglichstes tun ② das Äußerste

to **ut·ter** ['ʌtər] äußern, von sich geben; ausstoßen *Schrei*

ut·ter ['ʌtər] völlig, total; **what utter nonsense!** was für ein Unsinn!

ut·ter·ly ['ʌtəli] völlig, total; **to despise someone utterly** jemanden zutiefst verachten; **utterly beautiful** umwerfend schön

U-turn ['ju:tɜ:n] (*auch übertragen*) die Kehrtwendung; **no U-turns!** Wenden verboten!

UV [ˌju:'vi:] *Abkürzung von* **ultraviolet** UV

Uz·beki·stan [ʊzˌbekɪ'stɑ:n] Usbekistan

V v

V <*Plural* V's *oder* Vs>, **v** [vi:] <*Plural* v's> V, v

vac [væk] (*umgangsspr*) die Semesterferien

va·can·cy ['veɪkən(t)si] ① das freie Zimmer; (*im Hotel*) Zimmer frei ② (*Arbeit*) die offene Stelle ③ **Vacancies** (*Zeitungsrubrik*) die Stellenangebote, der Stellenmarkt

va·cant ['veɪkənt] ① leer ② *Raum, Wohnung, Haus:* leer stehend, unbewohnt ③ *Toilette, Zimmer, Platz:* frei ④ *Stelle:* unbesetzt, frei ⑤ (*übertragen*) geistesabwesend

to **va·cate** [və'keɪt] räumen *Wohnung, Gebäude*

va·ca·tion [və'keɪʃən] *besonders* (USA) die Ferien, der Urlaub; **on vacation** in Urlaub; **to take a vacation** Ferien machen, Urlaub nehmen; **summer vacation** die Sommerferien

to **vac·ci·nate** ['væksɪneɪt] impfen (**against** gegen)

vac·ci·na·tion [ˌvæksɪ'neɪʃən] die Impfung

vac·cine ['væksi:n] der Impfstoff

vacuum ['vækju:m, *Plural* -kjuə] <*Plural* vacuums *oder* vacua> der [luft]leere Raum, das Vakuum

to **vacuum** ['vækju:m, *Plural* -kjuə] staubsaugen

vacuum bot·tle die Thermosflasche®

vacuum clean·er der Staubsauger

vacuum flask die Thermosflasche®

va·gi·na [və'dʒaɪnə] die Scheide, die Vagina

va·grant ['veɪgrənt] der Landstreicher/die Landstreicherin

vague [veɪg] ① vage, verschwommen; **to have a vague understanding of physics** eine vage Vorstellung von Physik haben; **not the vaguest idea** nicht die leiseste Ahnung ② geistesabwesend

vain [veɪn] ① eitel, eingebildet ② *Versuch, Hoffnung:* vergeblich; **in vain** vergeblich

val·en·tine ['væləntaɪn] ① die Person, der man am Valentinstag einen Gruß schickt ② **valentine [card]** die Karte zum Valentinstag

Val·en·tine's Day der Valentinstag

val·id ['vælɪd] ① *Pass:* gültig; *Vertrag:* rechtskräftig; *Anspruch:* berechtigt; **valid for three months** drei Monate gültig; **valid until recalled** gültig bis auf Widerruf; **to become valid** gültig [*oder* rechtswirksam] werden; **to remain valid** Gültigkeit behalten ② *Grund:* stichhaltig, triftig; *Einwand:* berechtigt

va·lid·ity [və'lɪdəti] ① *Pass:* die Gültigkeit; *Vertrag:* die Rechtswirksamkeit ② *Grund, Einwand:* die Stichhaltigkeit

val·ley ['væli] das Tal

valu·able ['væljʊəbl] wertvoll, kostbar

valu·ables ['væljʊəblz] *Plural* die Wertgegenstände, die Wertsachen

valua·tion [ˌvælju'eɪʃən] die Schätzung

value ['vælju:] ① der Wert; **of no/little value** nichts/wenig wert; **to be good value** preiswert sein; **to the value of** im Wert von; **to go down in value** an Wert verlieren; **to get value for money** etwas für sein Geld bekommen ② **values** die sittlichen Werte ③ (*mathematisch*) der Wert

to **value** ['vælju:] ① [ab]schätzen, bewerten *Haus, Eigentum* (**at** auf) ② (*übertragen*) [wert]schätzen *Arbeit, Mühe*

value add·ed tax die Mehrwertsteuer

valued ['vælju:d] geschätzt

value·less ['vælju:ləs] wertlos

valve [vælv] ① das Ventil; **safety valve** das Sicherheitsventil ② (*anatomisch*) die Klappe

vam·pire ['væmpaɪəʳ] der Vampir

van [væn] (GB) der Lieferwagen, der Kleintransporter

van·dal ['vændəl] (*übertragen*) der Rowdy

van·dal·ism ['vændəlɪzəm] der Vandalismus

to **van·dal·ize** ['vændəlaɪz] mutwillig zerstören

va·nil·la [və'nɪlə] die Vanille

to **van·ish** ['vænɪʃ] verschwinden; *Angst, Sorgen:* sich legen; *Hoffnung:* schwinden; *Rasse, Kultur:* untergehen; **to vanish into thin air** sich in Luft auflösen

van·ity ['vænəti] die Eitelkeit

van·ity bag, van·ity case der Kosmetikkoffer

van·tage point ['vɑːntɪdʒ pɔɪnt] der [günstige] Aussichtspunkt

va·por (USA) der Dampf; **water vapour** der Wasserdampf

va·por·ous ['veɪpərəs] dunstig, nebelhaft

va·pour ['veɪpəʳ] der Dampf; **water vapour** der Wasserdampf

va·pour trail der Kondensstreifen

vari·able¹ ['veəriəbl̩] ① veränderlich, variabel ② (*technisch*) regulierbar, einstellbar ③ (*übertragen*) *Wetter, Stimmung:* unbeständig

vari·able² ['veəriəbl̩] (*mathematisch*) die Variable, die veränderliche Größe

vari·ance ['veəriən(t)s] **to be at variance with something** *Meinung, Ergebnis:* im Widerspruch zu etwas stehen; **to be at variance with someone** anderer Meinung als jemand sein

vari·ant ['veəriənt] die Variante

varia·tion [ˌveəri'eɪʃən] ① die Veränderung, die Variation; *von Wetter, Aktienkurs:* die Schwankung; **variation in quality** die unterschiedliche Qualität ② (*Musik*) die Variation (**on** zu) ③ (*auch biologisch*) die Variante

var·ied ['veərid] ① unterschiedlich ② *Leben:* abwechslungsreich ③ *Arbeit, Stil:* vielseitig

va·ri·ety [və'raɪəti] ① die Vielfalt; **a variety of colours** die verschiedensten Farben; **for a variety of reasons** aus verschiedenen Gründen ② die Abwechslung; **to add** [*oder* **give**] **variety to something** Abwechslung in etwas bringen ③ (*botanisch, zoologisch*) die Art, die Sorte; **twenty varieties of rose** zwanzig Sorten von Rosen ④ die Spielart, die Variante ⑤ (*Theater*) das Varieté ►WENDUNGEN: **variety is the spice of life** Abwechslung muss sein

V

va·ri·ety show ① (*Theater*) das Varieté ② (*TV, Radio*) die Unterhaltungssendung

vari·fo·cal ['veərɪfəʊkəl] *Brille, Linse:* Gleitsicht-

vari·ous ['veəriəs] ① verschiedene; **at various times** zu verschiedenen Zeiten; **for various reasons** aus verschiedenen Gründen ② (*umgangsspr*) mehrere

var·nish ['vɑːnɪʃ] <*Plural* varnishes> Lack; **clear varnish** der Klarlack; **nail varnish** der Nagellack

to **var·nish** ['vɑːnɪʃ] lackieren

to **vary** ['veəri] ① variieren ② **opinions vary** die Meinungen gehen auseinander ③ sich wandeln, sich [ver]ändern; **his income varies from month to month** sein Einkommen schwankt von Monat zu Monat

vary·ing ['veəriɪŋ] *Beschaffenheit:* unterschiedlich; *Entwicklung:* variierend

vase [vɑːz] die [Blumen]vase

vast [vɑːst] ① *Größe:* riesig; *Fläche:* weit ② (*übertragen*) enorm; **vast amount of time/money** enorm viel Zeit/Geld; **vast majority** die überwiegende Mehrheit

vast·ly ['vɑːstli] in hohem Maße

VAT [ˌviːeɪ'tiː] *Abkürzung von* **Value Added Tax** MwSt.

Vati·can ['vætɪkən] der Vatikan

vault [vɔːlt] ① die Stahlkammer, der Tresor[raum] ② **vaults** ⚠ *Plural* der Keller, das Kellergewölbe ③ (*Sport*) der Sprung

to **vault** [vɔːlt] springen (**over** über); **to vault something** etwas überspringen

vault·ing horse das Sprungpferd

VCR [ˌviːsiː'ɑː] *Abkürzung von* **Video-Cassette Recorder** der Videorecorder

VDU [ˌviːdiː'juː] *Abkürzung von* **Visual Display Unit** das Datensichtgerät, das Bildschirmgerät

veal [viːl] das Kalbfleisch

veal cut·let das Kalbsschnitzel

to **veer** [vɪəʳ] *Auto:* **to veer** [**to the right**] [nach rechts] ausscheren

veg [vedʒ] (*umgangsspr*) das [gekochte] Gemüse

ve·gan ['viːgən] der Veganer/die Veganerin

veg·eta·ble¹ ['vedʒtəbl̩] das Gemüse ►WENDUNGEN: **to become a vegetable** nur noch dahinvegetieren

veg·eta·ble² ['vedʒtəbl̩] ① *Fett:* pflanzlich ② *Suppe, Gericht:* Gemüse-

veg·eta·ble fat das pflanzliche Fett

veg·eta·ble gar·den der Gemüsegarten

veg·eta·ble king·dom das Pflanzenreich

veg·eta·ble oil das Pflanzenöl

veg·etar·ian¹ [ˌvedʒɪ'teəriən] der Vegetarier/die Vegetarierin

veg·etar·ian² [ˌvedʒɪ'teəriən] vegetarisch

to **veg·etate** ['vedʒɪteɪt] (*übertragen*) [dahin]vegetieren

veg·eta·tion [ˌvedʒɪ'teɪʃən] die Vegetation

veg·gie ['vedʒi] (*umgangsspr*) ① *kurz für* **vegetarian** der Vegetarier/die Vegetarierin ② (USA) (*umgangsspr*) *kurz für* **vegetable** das Gemüse

veg·gie box die Abokiste

veg·gie bur·ger ['vedʒiˌbɜːgəʳ] der Gemüseburger

ve·he·mence ['viːəmən(t)s] *kein Plural* die Vehemenz

ve·he·ment ['viːəmənt] heftig; *Rede:* leidenschaftlich

ve·hi·cle ['vɪəkl̩] ① das Fahrzeug; **motor vehicle** das Kraftfahrzeug ② das Medium, das Mittel

ve·hi·cle reg·is·tra·tion cen·tre die Kraftfahrzeugzulassungsstelle

ve·hi·cle reg·is·tra·tion num·ber das Kraftfahrzeugkennzeichen

veil [veɪl] der Schleier

veiled [veɪld] (*auch übertragen*) verschleiert, versteckt

vein [veɪn] ① (*auch bei Pflanzen*) die Ader ② (*medizinisch auch*) die Vene

Vel·cro® ['velkrəʊ] **Velcro fastener** der Klettverschluss®

ve·loc·ity [vɪ'lɒsəti] die Geschwindigkeit

vel·vet ['velvɪt] der Samt

vel·vety ['velvɪti] samtweich

ven·det·ta [ven'detə] die Fehde, die Blutrache

vend·ing ma·chine ['vendɪŋməʃiːn] der Verkaufsautomat, der Warenautomat

ven·dor ['vendɔːʳ] der Verkäufer/die Verkäuferin

ven·er·able ['venᵊrəbl̩] ehrwürdig

ve·nereal dis·ease [və'nɪərɪəl dɪ'ziːz] die Geschlechtskrankheit

Ve·netian blind [vəˌniːʃn'blaɪnd] die Jalousie

Ven·ezue·la [ˌvenɪ'zweɪlə] Venezuela

Ven·ezue·lan¹ [ˌvenɪ'zweɪlən] venezolanisch, venezuelisch

Ven·ezue·lan² [ˌvenɪ'zweɪlən] der Venezolaner/die Venezolanerin

venge·ance ['vendʒᵊn(t)s] die Rache; **to take vengeance** [**up**]**on someone** sich an jemandem rächen ▶WENDUNGEN: **with a vengeance** (*umgangsspr*) wie toll [*oder* verrückt]

veni·son ['venɪsᵊn] das Rehfleisch

ven·om ['venəm] ① das Gift ② (*übertragen*) die Bosheit

ven·om·ous ['venəməs] ① giftig; **venomous snake** die Giftschlange ② (*übertragen*) boshaft, bösartig

to **ven·ti·late** ['ventɪleɪt] lüften, entlüften, belüften

ven·ti·la·tion [ˌventɪ'leɪʃᵊn] die Belüftung, die Entlüftung

ven·ti·la·tor ['ventɪleɪtəʳ] der Ventilator

ven·trilo·quist [ven'trɪləkwɪst] der Bauchredner/die Bauchrednerin

ven·ture ['ventʃəʳ] das Unternehmen, das Unterfangen, das Projekt; **joint venture** das Gemeinschaftsunternehmen

to **venture out** sich hinauswagen

venue ['venjuː] ① der Treffpunkt, die Begegnungsstätte ② (*Sport*) der Austragungsort; (*juristisch*) der Verhandlungsort

Ve·nus ['viːnəs] die Venus

ve·ran·da(h) [və'rændə] die Veranda

verb [vɜːb] das Verb, das Zeitwort

ver·bal ['vɜːbᵊl] mündlich

ver·bal·ly ['vɜːbᵊli] mündlich

ver·ba·tim [vɜː'beɪtɪm] **to quote verbatim** Wort für Wort zitieren

ver·dict ['vɜːdɪkt] ① das Urteil; **verdict of guilty** der Schuldspruch; **verdict of not guilty** der Freispruch ② die Meinung; **to give one's verdict on** [*oder* **about**] **something** sein Urteil über etwas abgeben; **what is your verdict on this book?** was halten Sie von diesem Buch?; **what is the verdict?** (*humorvoll*) was hältst du davon?

verge [vɜːdʒ] ① (*auch übertragen*) der Rand; **on the verge of** (*übertragen*) am Rande, nahe an; **to be on the verge of doing something** nahe daran sein, etwas zu tun ② *einer Straße:* der Seitenstreifen

◆ to **verge on** (*übertragen*) grenzen an; **he is verging on sixty** er ist fast sechzig

veri·fi·able [ˌverɪ'faɪəbl̩] nachprüfbar

veri·fi·ca·tion [ˌverɪfɪ'keɪʃᵊn] ① die Überprüfung ② die Bestätigung, der Nachweis

to **veri·fy** ['verɪfaɪ] ① [über]prüfen *Echtheit, Richtigkeit* ② bestätigen *Aussage* ③ beglaubigen *Zeugnis*

ver·mi·cel·li [ˌvɜːmɪ'tʃeli] *Plural* die Fadennudeln

ver·min ['vɜːmɪn] ① das Ungeziefer ② (*übertragen*) das Gesindel

ver·ru·ca [və'ruːkə, *Plural* -kiː] <*Plural* verrucas *oder* verrucae> die Warze

ver·sa·tile ['vɜːsətaɪl] vielseitig

ver·sa·til·ity [ˌvɜːsə'tɪləti] die Vielseitigkeit

verse [vɜːs] ① *eines Liedes:* die Strophe ② *eines Gedichtes:* die Dichtung ③ *der Bibel:* der Vers ④ **in verse** in Versform

versed [vɜːst] **to be well versed in** bewandert [*oder* versiert] sein in

ver·sion ['vɜːʃᵊn, -ʒᵊn] ① die Version; *von Geschehnis, Text:* die Darstellung ② *von Auto, Gerät:* das Modell, die Ausführung ③ **the French version** die französische Ausgabe

ver·sus ['vɜːsəs] gegen

ver·te·bra ['vɜːtɪbrə, *Plural* -briː] <*Plural* vertebrae> der Rückenwirbel

ver·te·brae ['vɜːtɪbriː] *Pluralform von* **vertebra**

ver·te·brate ['vɜːtɪbreɪt] das Wirbeltier

ver·ti·cal ['vɜːtɪkᵊl] senkrecht; **vertical clearance** lichte Höhe; **vertical take-off aircraft** der Senkrechtstarter

ver·ti·go ['vɜːtɪgəʊ] **to suffer from vertigo** nicht schwindelfrei sein

verve [vɜːv] der Schwung

very ['veri] ① sehr; **thank you very much** danke sehr, vielen Dank ② äußerste(r, s); **the very best** der/die/das Allerbeste; **at the very latest** allerspätestens; **at the very end** am äußersten Ende ③ **the very same** genau derselbe; **the very next day** gleich am nächsten Tag; **the very same day** noch am selben Tag; **the very**

thing genau das Richtige ④ **it's very possible** es ist gut möglich ⑤ **how very peculiar!** wie eigenartig! ⑥ **very well** na, nun gut, sehr wohl ⑦ **the very thought** der bloße Gedanke; **the very idea** [**of it**]! um Gotteswillen!, wo denkst du hin!

ves·sel ['vesəl] ① (*anatomisch, pflanzlich*) das Gefäß ② das Schiff

vest [vest] ① GB das Unterhemd ② USA die Weste

vest

F Nicht verwechseln mit **Weste** (die) = waistcoat!

vet [vet] ① der Tierarzt/die Tierärztin ② USA (*umgangsspr*) der Veteran/die Veteranin

to **vet** [vet] <vetted, vetted> überprüfen *Plan, Projekt*

vet·er·an[1] ['vetərən] der Veteran/die Veteranin

vet·er·an[2] ['vetərən] *Mensch:* erfahren; *Gerät:* altgedient; **veteran car** der Oldtimer

vet·eri·nar·ian [ˌvetərɪ'neərɪən] USA der Tierarzt/die Tierärztin

vet·eri·nary ['vetərɪnəri] tierärztlich, veterinär-; **veterinary medicine** die Veterinärmedizin; **veterinary surgeon** der Tierarzt/die Tierärztin

veto ['viːtəʊ] <*Plural* vetoes> ① das Veto, der Einspruch ② **power** [*oder* **right**] **of veto** das Vetorecht, das Einspruchsrecht

to **veto** ['viːtəʊ] ① sein Veto einlegen gegen ② verbieten, untersagen

V

VHF [ˌviːeitʃ'ef] *Abkürzung von* **very high frequency** UKW

via ['vaɪə] ① über; **the flight goes via Frankfurt** der Flug geht über Frankfurt ② per, via; **sent via e-mail** per E-Mail geschickt

vi·able ['vaɪəbl̩] ① lebensfähig ② *Plan:* machbar, durchführbar ③ (*wirtschaftlich*) rentabel, lebensfähig

via·duct ['vaɪədʌkt] das Viadukt

vibes [vaɪbz] *Plural* ① das Vibraphon ② (*slang*) *eines Ortes:* die Atmosphäre; *eines Menschen:* die Ausstrahlung

vi·brant ['vaɪbrənt] ① (*übertragen*) *Ort:* pulsierend ② *Mensch:* lebhaft ③ *Farbe:* kräftig

to **vi·brate** [vaɪ'breɪt] ① vibrieren, zittern (**with** vor) ② **to vibrate with life** vor Leben sprühen; **to vibrate with activity** von regem Treiben erfüllt sein

vi·bra·tion [vaɪ'breɪʃən] ① die Schwingung, die Vibration ② **vibrations** *Plural* (*slang*) die Atmosphäre

vic·ar ['vɪkər] der Pfarrer/die Pfarrerin, der Pastor/die Pastorin

vic·ar·age ['vɪkərɪdʒ] das Pfarrhaus

vice[1] [vaɪs] ① das Laster ② **vice squad** die Sittenpolizei ③ der Schraubstock; **vice-like grip** der eiserne Griff

vice[2] [vaɪs] Vize-

vice-chair·man der stellvertretende Vorsitzende

vice-chan·cel·lor der Vizekanzler/die Vizekanzlerin; (*an Universität*) der Rektor/die Rektorin

vice-presi·dent der Vizepräsident/die Vizepräsidentin

vice ver·sa [ˌvaɪsi'vɜːsə] umgekehrt

vi·cin·ity [vɪ'sɪnəti] die Nachbarschaft, die Nähe; **in the immediate vicinity** in unmittelbarer Umgebung

vi·cious ['vɪʃəs] ① *Mensch:* bösartig; *Taten:* boshaft ② *Hund:* bissig ③ *Schmerz:* gemein

vi·cious cir·cle der Teufelskreis

vic·tim ['vɪktɪm] das Opfer; **to fall victim to** das Opfer werden von

to **vic·tim·ize** ['vɪktɪmaɪz] unfair behandeln, schikanieren

vic·tor ['vɪktər] der Sieger/die Siegerin, der Gewinner/die Gewinnerin

Victoria Cross [vɪktɔːriə'-] *höchste Tapferkeitsauszeichnung in Großbritannien*

Vic·to·rian [vɪk'tɔːriən] ① (*historisch*) viktorianisch ② (*übertragen*) spießbürgerlich, prüde

vic·to·ri·ous [vɪk'tɔːriəs] siegreich (**over** über)

vic·tory ['vɪktəri] der Sieg; **to gain** [*oder* **win**] **a narrow victory over** einen knappen Sieg erringen über

to **video** ['vɪdiəʊ] auf Band aufnehmen

video ['vɪdiəʊ] <*Plural* videos> der Videorekorder

video cam·era die Videokamera

video cas·sette die Videokassette

video clip der Videoclip

video game das Videospiel, das Telespiel

video·phone das Bildtelefon

video re·cord·er der Videorekorder

video sur·veil·lance *kein Plural* die Videoüberwachung

video tape die Videokassette

video trans·mit·ter der Videosender

Vi·en·na [vi'enə] Wien

Vi·en·nese[1] [ˌvɪə'niːz] <*Plural* Viennese> der

Wiener/die Wienerin

Vi·en·nese² [ˌvɪəˈniːz] wienerisch, Wiener-

Vi·et·cong [ˌvjetˈkɒŋ] <*Plural* Vietcong> der Vietcong

Vi·et·nam [ˌvjetˈnæm] Vietnam

Vi·et·nam·ese¹ [ˌvjetnəˈmiːz] ① der Vietnamese/die Vietnamesin ② Vietnamesisch, das Vietnamesische

Vi·et·nam·ese² [ˌvjetnəˈmiːz] vietnamesisch

view [vjuː] ① die Sicht; **to come into view** in Sicht kommen; **out of view** nicht zu sehen; **in full view of all these people** vor den Augen all dieser Leute; **hidden from view** verdeckt ② die Aussicht; **in view** zu sehen; **on view** ausgestellt, zur Ansicht; **a view of the mountains** ein Blick auf die Berge ③ die Meinung, die Ansicht; **in my view** meines Erachtens, meiner Ansicht nach; **he takes the view that ...** er vertritt die Ansicht, dass ...; **to take a dim** [*oder* **poor**] **view of something** etwas nicht gut finden ④ **with a view to** mit Aussicht auf; **with a view to doing something** mit der Absicht, etwas zu tun ⑤ **in view of** (*übertragen*) im Hinblick auf

to **view** [vjuː] ① ansehen, betrachten ② besichtigen ③ (*übertragen*) sehen, beurteilen *Problem*

view·er [ˈvjuːəʳ] der [Fernseh]zuschauer/die [Fernseh]zuschauerin

view·find·er (*Kamera*) der Sucher

view·ing [ˈvjuːɪŋ] ① die Besichtigung ② (*im Fernsehen*) **viewing figures** die Einschaltquoten; **peak viewing time** die Haupteinschaltzeit

view·point [ˈvjuːpɔɪnt] der Standpunkt

vig·il [ˈvɪdʒɪl] die Nachtwache; **to keep vigil** Nachtwache halten (**over** bei)

vigi·lant [ˈvɪdʒɪlənt] wachsam

vig·or (USA) die Energie, die Vitalität

vig·or·ous [ˈvɪgᵊrəs] energisch

vig·our [ˈvɪgᵊr] die Energie, die Vitalität

Vi·king [ˈvaɪkɪŋ] der Wikinger/die Wikingerin

> **L** Die **Vikings** oder **Norsemen** waren Krieger aus Skandinavien, die zwischen dem 8. und dem 11. Jahrhundert Teile der britischen Inseln eroberten. Zuerst fielen sie als Piraten an der Ostküste Englands ein und griffen hauptsächlich Klöster an, wurden dann aber Siedler und Händler. Sie übernahmen die Herrschaft im Norden auf den Orkneyinseln und den Shetlandinseln, im Westen Schottlands, auf der Insel Man und in Teilen Irlands. 1016 wurde der dänische König Canute (Knut) König von England. Während des 10. und 11. Jahrhunderts traten die Wikinger zum Christentum über. 1066 wurde England von Frankreich aus durch die **Normans** (Normannen) besetzt, die Nachkommen der Wikinger waren.

vile [vaɪl] ① (*sittlich*) schlecht, gemein ② widerlich, ekelhaft ③ (*umgangsspr*) schlecht, abscheulich

vil·lage [ˈvɪlɪdʒ] das Dorf

vil·lage green die Dorfwiese

vil·lag·er [ˈvɪlɪdʒəʳ] der Dorfbewohner/die Dorfbewohnerin

vil·lain [ˈvɪlən] ① der Bösewicht ② (*humorvoll*) der Schelm, der Schlingel ③ (*umgangsspr*) der Verbrecher

vin·dic·tive [vɪnˈdɪktɪv] nachtragend, rachsüchtig

vine [vaɪn] ① der Weinstock, die Rebe ② die Kletterpflanze

vin·egar [ˈvɪnɪgəʳ] der Essig

vine·yard [ˈvɪnjəd] der Weinberg

vin·tage¹ [ˈvɪntɪdʒ] (*Wein*) der Jahrgang

vin·tage² [ˈvɪntɪdʒ] ① hervorragend; **vintage year** der gute Jahrgang ② alt; **vintage car** der Oldtimer

vio·la [viˈəʊ ə] die Bratsche

to **vio·late** [ˈvaɪəleɪt] ① verletzen *Recht, Gesetz;* brechen *Vertrag* ② entehren *geweihten Ort;* schänden *Grab* ③ verletzen *Gefühl, Empfinden* ④ stören *Stille, Frieden* ⑤ vergewaltigen *Frau*

vio·la·tion [ˌvaɪəˈleɪʃᵊn] ① die Verletzung; (*gegen Recht, Gesetz*) der Verstoß; **violation of human rights** die Menschenrechtsverletzung ② *von Ort, Grab:* die Schändung ③ *von Frieden, Stille:* die Störung ④ *einer Frau:* die Vergewaltigung

vio·lence [ˈvaɪəlᵊn(t)s] ① die Gewalt, die Gewalttätigkeit; **to do violence to someone** jemandem Gewalt antun; **robbery with violence** der Raubüberfall; **an outbreak of violence** ein Ausbruch der Gewalt ② *eines Sturms:* die Heftigkeit

vio·lent [ˈvaɪəlᵊnt] ① gewaltsam, gewalttätig; **to meet with a violent death** eines gewaltsamen Todes sterben; **by violent means** unter Gewaltanwendung ② heftig, stark; **violent storm** der heftige Sturm; **to have a violent temper** jähzornig sein

vio·let¹ [ˈvaɪələt] das Veilchen

vio·let² [ˈvaɪələt] violett

vio·lin [ˌvaɪəˈlɪn] die Geige, die Violine; **to play the violin** Geige spielen

vio·lin·ist [vaɪəˈlɪnɪst] der Geiger/die Geigerin

V.I.P., **VIP** [ˌviːaɪˈpiː] *Abkürzung von* **very important person** der/die VIP; **to give someone the VIP treatment** jemanden wie einen Ehrengast behandeln

vir·gin¹ [ˈvɜːdʒɪn] die Jungfrau

vir·gin² [ˈvɜːdʒɪn] ① jungfräulich ② (*übertragen*) *Land, Schnee:* unberührt

vir·gin·ity [vəˈdʒɪnəti] die Unschuld, die Jungfräulichkeit

Vir·go [ˈvɜːgəʊ] <*Plural* Virgos> die Jungfrau

vir·ile [ˈvɪraɪl] ① männlich ② (*übertragen*) kraftvoll

vi·ril·ity [vɪˈrɪləti] ① die Männlichkeit ② die Po-

V

tenz, die Manneskraft

vir·tual ['vɜːtʃuəl] ① **she was a virtual heroine** sie war praktisch eine Heldin ② (*Physik*) virtuell ③ **virtual reality** die virtuelle Realität

vir·tu·al·ly ['vɜːtʃuəli] praktisch, so gut wie

vir·tue ['vɜːtjuː, -tʃuː] ① die Tugend ② die Tugendhaftigkeit ③ **the virtue of this plan ...** der Vorteil dieses Plans ... ④ **by virtue of his office** kraft seines Amtes

vir·tu·ous ['vɜːtʃuəs, -tju-] tugendhaft

viru·lent ['vɪrʊlᵊnt] ① (*medizinisch*) bösartig; *Gift:* stark, tödlich ② (*übertragen*) boshaft, gehässig

vi·rus ['vaɪ(ə)rəs] <*Plural* viruses> das Virus

visa ['viːzə] das Visum

vise [vaɪs] (USA) der Schraubstock

vis·ibil·ity [ˌvɪsə'bɪləti] ① die Sichtbarkeit ② die Sicht[weite]; **visibility was poor** die Sicht war schlecht

vis·ible ['vɪsəbl̩] ① sichtbar, wahrnehmbar ② (*übertragen*) sichtlich

vi·sion ['vɪʒᵊn] ① die Sehkraft, das Sehvermögen; **field of vision** das Gesichtsfeld, das Blickfeld ② (*übertragen*) die Vision; **vision of the future** die Zukunftsvision ③ die Vorstellung; **I had visions of having to do it all again** ich sah mich schon das alles noch einmal machen

to **vi·sit** ['vɪzɪt] ① besuchen ② besichtigen *Sehenswürdigkeit* ③ **we're just visiting** wir sind nur auf Besuch

vi·sit ['vɪzɪt] ① der Besuch (**to** bei); **for** [*oder* **on**] **a visit** auf Besuch; **to pay someone/something a visit** jemanden/etwas besuchen ② (*umgangsspr*) **to have to pay a visit** pinkeln müssen

vis·it·ing ['vɪzɪtɪŋ] ① **to be on visiting terms** sich [gegenseitig] besuchen ② **visiting hours** die Besuchszeit ③ **visiting professor** der Gastprofessor/die Gastprofessorin; **the visiting team** die Gäste

visi·tor ['vɪzɪtəʳ] ① *von Sehenswürdigkeiten:* der Besucher/die Besucherin ② der Gast; **visitors' book** das Gästebuch; **to have visitors** Besuch haben

vi·sor ['vaɪzəʳ] ① (*historisch*) das Visier ② der Mützenschirm ③ (*am Auto*) **sun visor** die Sonnenblende

vis·ual ['vɪʒuəl] ① visuell ② Seh- ③ **visual aids** das Anschauungsmaterial; **visual display unit** das Bildschirmgerät

to **visu·al·ize** ['vɪʒuᵊlaɪz] sich vorstellen

visu·al·ly ['vɪʒuəli] visuell; **visually impaired** sehbehindert

vi·tal ['vaɪtᵊl] ① lebenswichtig, lebensnotwendig, Lebens-; **vital organs** die lebenswichtigen Organe ② (*übertragen*) wesentlich, unerlässlich (**to** für); **of vital importance** äußerst wichtig; **it is vital that ...** es ist unbedingt notwendig, dass ... ③ **at the vital moment** im entscheidenden [*oder* kritischen] Moment

vi·tal·ity [vaɪ'tæləti] die Vitalität, die Lebenskraft

vita·min ['vɪtəmɪn] das Vitamin

vita·min de·fi·cien·cy der Vitaminmangel

vita·min tab·lets *Plural* die Vitamintabletten

vi·va·cious [vɪ'veɪʃəs] lebhaft

viv·id ['vɪvɪd] ① lebhaft, lebendig ② *Farbe:* kräftig, leuchtend; *Licht:* hell ③ *Erinnerung:* frisch, lebhaft

vix·en ['vɪksᵊn] die Füchsin

V-neck ['viːnek] der V-Ausschnitt

vo·cabu·lary [və(ʊ)'kæbjələri] ① das Wörterverzeichnis, das Vokabular ② der Wortschatz

vo·cal ['vəʊkᵊl] ① Stimm-; **vocal cords** die Stimmbänder ② (*übertragen*) lautstark; **to become vocal** sich zu Wort melden, seine Meinung lautstark kundtun

vo·cal·ist ['vəʊkᵊlɪst] der Sänger/die Sängerin

vo·ca·tion [və(ʊ)'keɪʃᵊn] ① die Berufung ② die Eignung (**for** für) ③ der Beruf

vo·ca·tion·al [və(ʊ)'keɪʃᵊnᵊl] beruflich, Berufs-; **vocational guidance** die Berufsberatung; **vocational training** die Berufsausbildung

vo·cif·er·ous [və(ʊ)'sɪfᵊrəs] lautstark

vod·ka ['vɒdkə] der Wodka

vogue [vəʊg] die Mode

voice [vɔɪs] ① die Stimme; **in a loud voice** mit lauter Stimme; **to raise one's voice** lauter sprechen; (*auch übertragen*) seine Stimme erheben (**against** gegen) ② das Mitspracherecht ▶ WENDUNGEN: **with one voice** einstimmig; **to give voice to something** etwas zum Ausdruck bringen

to **voice** [vɔɪs] äußern, zum Ausdruck bringen

voicemail die Voicemail

voice-over ['vɔɪsəʊvəʳ] der Begleitkommentar

void[1] [vɔɪd] ① leer ② (*juristisch*) ungültig, nichtig; **null and void** null und nichtig ③ **void of** ohne

void[2] [vɔɪd] die Leere

vola·tile ['vɒlətaɪl] ① (*in der Chemie*) flüchtig ② *Mensch:* impulsiv ③ *Lage:* gespannt, brisant

vol·can·ic [vɒl'kænɪk] ① vulkanisch; **volcanic eruption** der Vulkanausbruch; **volcanic rock** das Eruptivgestein ② (*übertragen*) explosiv

vol·ca·no [vɒl'keɪnəʊ] <*Plural* volcanos *oder* volcanoes> der Vulkan

vole [vəʊl] ① die Feldmaus ② **water-vole** die Wasserratte

vo·li·tion [və(ʊ)'lɪʃᵊn] der Wille; **to do something of one's own volition** etwas aus eigenem Antrieb tun

vol·ley ['vɒli] ① die Salve ② (*übertragen*) *von Fragen, Bemerkungen:* der Hagel ③ (*Sport*) der Flugball, der Volley

to **vol·ley** ['vɒli] ① eine Salve abfeuern ② (*Sport*) **to volley [the ball]** einen Volley spielen

vol·ley·ball ['vɒlibɔːl] der Volleyball
volt [vəʊlt, vɒlt] das Volt
volt·age ['vəʊltɪdʒ] die Spannung; **what voltage is it?** wie viel Volt hat es?
vol·ume ['vɒljuːm] 1 die Lautstärke 2 der Rauminhalt, das Volumen; **volume of trade** das Handelsvolumen 3 der Band, das Buch
vol·ume con·trol der Lautstärkeregler
vol·ume dis·count der Mengenrabatt
vol·ume regu·la·tor der Lautstärkeregler
vol·un·tary ['vɒlənt^ə^ri] 1 freiwillig 2 **voluntary work** die ehrenamtliche Arbeit
vol·un·tary or·gani·za·tion die Wohltätigkeitsorganisation
vol·un·tary re·dun·dan·cy das freiwillige Ausscheiden aus einem Betrieb
vol·un·teer [ˌvɒlənˈtɪə^r^] der/die Freiwillige
to **vol·un·teer** [ˌvɒlənˈtɪə^r^] 1 anbieten *Hilfe* 2 machen *Vorschlag;* geben *Auskunft* 3 sich freiwillig melden, etwas freiwillig tun; **to volunteer for something** sich für etwas zur Verfügung stellen; **to volunteer to do something** anbieten, etwas zu tun
vom·it ['vɒmɪt] das Erbrochene
to **vom·it** ['vɒmɪt] [sich] erbrechen
voo·doo ['vuːduː] der Voodoo
vote [vəʊt] 1 die Abstimmung; **to put to the vote** zur Abstimmung bringen; **to take a vote on** abstimmen über 2 die Stimme; **to cast one's vote** seine Stimme abgeben; **by 5 votes to 3** mit 5 gegen 3 Stimmen; **by a majority of 2 votes** mit einer Mehrheit von 2 Stimmen; **casting vote** die ausschlaggebende Stimme 3 das Wahlrecht, das Stimmrecht; **to have a/the vote** ein/das Stimmrecht haben 4 der Wahlzettel 5 **vote of confidence** das Vertrauensvotum; **vote of no confidence** das Misstrauensvotum
to **vote** [vəʊt] 1 abstimmen 2 wählen, seine Stimme abgeben (**for** für, **against** gegen)
◆ to **vote down** niederstimmen, ablehnen *Vorschlag, Antrag*
◆ to **vote in** wählen *Mensch*
◆ to **vote on** abstimmen über
◆ to **vote out** **to vote someone out of office** jemanden abwählen
vot·er ['vəʊtə^r^] der Wähler/die Wählerin
vot·ing ['vəʊtɪŋ] 1 die Wahlbeteiligung 2 **voting paper** der Stimmzettel; **voting right** das Stimmrecht
vot·ing booth die Wahlkabine
vot·ing box <*Plural* voting boxes> die Wahlurne
to **vouch** [vaʊtʃ] sich verbürgen (**for** für); **to vouch that ...** dafür bürgen, dass ...
vouch·er ['vaʊtʃə^r^] der Gutschein; **luncheon voucher** die Essensmarke, der Essensbon; **credit voucher** die Gutschrift; **gift voucher** der Geschenkgutschein
vow [vaʊ] das Gelöbnis; **to make a vow to do something** geloben, etwas zu tun; **to take** [*oder* **make**] **a vow** ein Gelöbnis ablegen
to **vow** [vaʊ] geloben, feierlich erklären
vow·el [vaʊəl] der Vokal, der Selbstlaut
voy·age ['vɔɪɪdʒ] 1 die Reise 2 (*Raumfahrt*) der Flug; **on the voyage out/home** auf der Hinreise/Rückreise
vul·gar ['vʌlgə^r^] 1 vulgär, ordinär 2 (*in der Mathematik*) *Bruch:* gemein
vul·ner·able ['vʌln^ə^rəbl̩] 1 verwundbar, verletzlich 2 anfällig; **vulnerable to the cold** kälteempfindlich; **vulnerable to temptation** für Versuchungen anfällig; **to be vulnerable to criticism** keine Kritik vertragen 3 angreifbar; **to be vulnerable to attack** leicht angreifbar sein; **to be vulnerable to criticism** Kritik ausgesetzt sein
vul·ture ['vʌltʃə^r^] der Geier

Ww

W <*Plural* W's *oder* Ws>, **w** ['dʌbḷju:] <*Plural* w's> W, w

wad [wɒd] ① der/das Knäuel; *von Watte:* der Bausch ② *von Banknoten, Papieren:* das Bündel

to **wad·dle** ['wɒdḷ] watscheln

to **wade** [weɪd] ① waten (**through** durch) ② (*übertragen*) **to wade through work/a report** sich [mühsam] durch die Arbeit/einen Bericht (hin)durcharbeiten ③ (*umgangsspr*) sich hineinstürzen (**in/into** in); **to wade into someone** (*umgangsspr*) auf jemanden losgehen

wad·er ['weɪdəʳ] ① der Watvogel ② **waders** die [hohen] Gummistiefel

wa·fer ['weɪfəʳ] ① die Waffel ② die Oblate ③ (*in der Kirche*) die Hostie ④ (*für Mikrochips*) der Wafer

wa·fer-thin hauchdünn

waf·fle ['wɒfḷ] ① die Waffel ② GB (*abwertend*) das Gequassel, das Geschwafel

to **waf·fle** ['wɒfḷ] GB (*umgangsspr*) quasseln, schwafeln

waf·fle iron das Waffeleisen

to **wag** [wæg] <wagged, wagged> ① **to wag its tail** *Hund:* mit dem Schwanz wedeln ② **to wag one's finger at someone** jemandem mit dem Finger drohen ▶ WENDUNGEN: **to set tongues wagging** Anlass zu Gerede geben

wage [weɪdʒ] *oft Plural* der [Arbeits]lohn; **at a wage of** bei einem Lohn von

to **wage** [weɪdʒ] **to wage war** Krieg führen

wage dis·pute die Lohnstreitigkeit

wage earn·er der Lohnempfänger/die Lohnempfängerin

wage freeze der Lohnstopp

wage in·crease die Lohnerhöhung

wage lev·el das Lohnniveau

wage ne·go·tia·tion die Lohnverhandlung

wage pack·et die Lohntüte

wa·ger ['weɪdʒəʳ] die Wette

to **wa·ger** ['weɪdʒəʳ] wetten

wage slip der Lohnstreifen

wag·gle ['wægḷ] das Wackeln

to **wag·gle** ['wægḷ] wackeln

wag·(g)on ['wægən] ① der Wagen ② **to be on the wagon** (*umgangsspr*) keinen Alkohol trinken

wag·on train (*historisch*) der Planwagenzug

to **wail** [weɪl] ① wehklagen, jammern (**over** über) ② *Wind:* heulen

wail·ing ['weɪlɪŋ] das Wehklagen; **Wailing Wall** (*in Jerusalem*) die Klagemauer

waist [weɪst] die Taille

waist·band ['weɪstbænd] der [Rock]bund, der Hosenbund

waist·coat ['weɪstkəʊt] GB die Weste

waist deep hüfthoch, bis zur Hüfte

waist·line die Taille; **to watch one's waistline** auf die schlanke Linie achten

wait [weɪt] ① das Warten, die Wartezeit; **to have a long wait** lange warten müssen ② **to lie in wait for someone** jemandem auflauern

to **wait** [weɪt] ① warten (**for** auf, **until** bis); **to wait for someone to do something** warten, bis jemand etwas tut; **wait a minute!** Augenblick!; **wait and see** abwarten; **I can't wait** ich kann's kaum erwarten, ich bin gespannt; **to keep someone waiting** jemanden warten lassen; **what are you waiting for?** worauf wartest du? ② *Arbeit:* unerledigt bleiben ③ **to wait [at table]** [bei Tisch] bedienen ④ **to wait one's turn** abwarten, bis man an der Reihe ist

◆ to **wait about**, to **wait around** warten

◆ to **wait behind** zurückbleiben [und warten]

◆ to **wait in** zu Hause warten

◆ to **wait on** ① noch länger warten ② **to wait on someone** (*beim Essen*) jemanden bedienen; **to wait on someone hand and foot** jemandem jeden Wunsch von den Augen ablesen

◆ to **wait out** aussitzen

◆ to **wait up** aufbleiben (**for** wegen)

> **L** Der **Waitangi Day** oder **New Zealand Day** wird am 6. Februar gefeiert. An diesem Tag im Jahr 1840 unterschrieben 512 Maori-Häuptlinge einen Vertrag mit der britischen Regierung, der die Gründung der neuen Nation Neuseeland bedeutete.

wait·er ['weɪtəʳ] der Kellner; **head waiter** der Ober[kellner]; (*Anrede*) Herr Ober!

wait·ing ['weɪtɪŋ] ① das Warten; **no waiting** (*Schild*) Halteverbot ② das Servieren, das Bedienen

wait·ing game die Geduldsprobe; **to play a waiting game** zunächst einmal abwarten

wait·ing list die Warteliste

wait·ing room (*beim Arzt, Zahnarzt*) das Wartezimmer

wait·ress ['weɪtrɪs] <*Plural* waitresses> die Kellnerin; (*Anrede*) Fräulein!

wake[1] [weɪk] das Kielwasser ▶ WENDUNGEN: **to follow in someone's wake** in jemandes Kielwasser segeln

wake[2] [weɪk] die Totenwache

to **wake** [weɪk] <woke *oder* waked, woken *oder* waked> **to wake** aufwachen; **I woke at 6** ich wurde um 6 wach; **to wake someone** jemanden [auf]wecken

W

G Richtiges Konjugieren von **wake**: wake, woke, woken — *on her first day at her new school Lisa woke up early; Peter was woken by a loud clap of thunder.*

◆ to **wake up** ① aufwachen; **to wake up to a problem** (*übertragen*) auf ein Problem aufmerksam werden, sich eines Problems bewusst werden ② **to wake someone up** jemanden aufwecken

Wales [weɪlz] Wales

walk [wɔːk] ① der Spaziergang, die Wanderung; **to go for** [*oder* **take**] **a walk** einen Spaziergang machen ② (*Sport*) das Gehen, der Geherwettkampf ③ der Gang, die Gangart ④ der Weg; **it's a 5 minute walk** es sind 5 Minuten zu Fuß ⑤ **at a walk** *Pferd:* im Schritt ▶ WENDUNGEN: **from all walks of life** aus allen Gesellschaftsschichten

to **walk** [wɔːk] ① [zu Fuß] gehen; **it takes 5 minutes to walk there** zu Fuß sind es 5 Minuten bis dahin ② wandern, spazieren gehen; **I like to go walking** ich gehe gerne spazieren [*oder* wandern] ③ **to walk in one's sleep** schlafwandeln ④ **to walk the dog** mit dem Hund spazieren gehen, den Hund spazieren führen ⑤ gehen, laufen *Strecke* ⑥ **to walk someone home** jemanden [zu Fuß] nach Hause bringen [*oder* begleiten]; **to walk someone off his feet** jemanden dazu bringen, sich die Beine abzulaufen

◆ to **walk away** ① weggehen; **he walked away unhurt** er ist unverletzt davongekommen ② **to walk away with something** etwas mitnehmen [*oder* leicht gewinnen]

◆ to **walk back** zurücklaufen

◆ to **walk in** hereinkommen; **to walk in on someone/something** bei jemandem/etwas hereinplatzen *umgangsspr*

◆ to **walk into** ① hineingehen in ② laufen gegen ③ (*übertragen*) zufällig treffen *Freund, Bekannten* ④ (*übertragen*) **to walk into a job** eine Arbeitsstelle mühelos bekommen

◆ to **walk off** ① weggehen ② **to walk off with** mitgehen lassen; kassieren *Preis*

◆ to **walk on** ① weitergehen ② betreten ③ (*Theater*) auf der Bühne erscheinen

◆ to **walk out** ① gehen ② **to walk out on someone** jemanden im Stich lassen ③ *Arbeiter:* in Streik treten, die Arbeit niederlegen

◆ to **walk over** ① leicht besiegen ② (*umgangsspr*) **to walk all over someone** jemandem auf der Nase herumtanzen

◆ to **walk through** (*umgangsspr*) spielend schaffen, mit links machen *Examen*

◆ to **walk up** ① [zu Fuß] hinaufgehen ② **to walk up to someone** auf jemanden zugehen

walk·about (GB) (*umgangsspr*) der Rundgang ▶ WENDUNGEN: **to go walkabout** (*humorvoll*) verschwinden

walk·er ['wɔːkəʳ] ① der Spaziergänger/die Spaziergängerin ② (*Sport*) der Geher/die Geherin

walkie-talkie [ˌwɔːki'tɔːki] das Sprechfunkgerät, das Walkie-Talkie

walk-in ['wɔːkɪn] **walk-in cupboard** begehbarer Schrank

walk·ing[1] ['wɔːkɪŋ] das Gehen, das Spazierengehen, das Wandern

walk·ing[2] ['wɔːkɪŋ] ① **at a walking pace** im Schritt; **within walking distance** zu Fuß erreichbar ② (*humorvoll*) wandelnd ③ **the walking wounded** die Leichtverletzten

walk·ing shoes *Plural* die Wanderschuhe

walk·ing stick der Spazierstock

walk·ing tour die [Fuß]wanderung

walk-on ['wɔːkɒn] **walk-on part** die Statistenrolle

walk·out ['wɔːkaʊt] (*umgangsspr*) ① der Ausstand, der Streik ② das demonstrative Verlassen des Saales

walk·over ['wɔːkəʊvəʳ] der leichte Sieg; (*übertragen*) das Kinderspiel

walk·way ['wɔːkweɪ] der Fußweg

wall [wɔːl] die Wand, die Mauer; **the Great Wall of China** die Chinesische Mauer ▶ WENDUNGEN: **with one's back to the wall** in die Enge getrieben; **to drive someone up the wall** jemanden auf die Palme bringen; **to go to the wall** *Unternehmen:* kaputtgehen; **to go up the wall** die Wände hochgehen, ausrasten; **to bang one's head against a brick wall** mit dem Kopf gegen die Wand rennen

◆ to **wall in** mit Mauern umgeben; (*übertragen*) umgeben, einschließen

◆ to **wall off** durch eine Mauer abtrennen

◆ to **wall up** zumauern

wall chart die Schautafel

wall clock die Wanduhr

wal·let ['wɒlɪt] ① (GB) die Brieftasche ② (USA) der Geldbeutel, das Portemonnaie

to **wal·lop** ['wɒləp] (*umgangsspr*) schlagen

wal·lop ['wɒləp] (*umgangsspr*) der Schlag

to **wal·low** ['wɒləʊ] ① sich wälzen, sich suhlen ② (*übertragen*) schwelgen (**in** in); **to wallow in self-pity** in Selbstmitleid schwelgen

wall·pa·per ['wɔːlpeɪpəʳ] die Tapete

to **wall·pa·per** ['wɔːlpeɪpəʳ] tapezieren

wall sock·et die Steckdose

wall-to-wall ['wɔːltə'wɔːl] **wall-to-wall carpeting** der Teppichboden

wal·nut ['wɔːlnʌt] ① die Walnuss ② der Walnussbaum ③ das Nussbaumholz

wal·rus ['wɔːlrəs] das Walross

wal·rus mous·tache der Hängeschnurrbart

waltz [wɒls] <*Plural* waltzes> der Walzer

to **waltz** [wɒls] Walzer tanzen [mit], herumwirbeln

◆ to **waltz about**, to **waltz around** herum-

tanzen
◆to **waltz in** hereintanzen *umgangsspr*
◆to **waltz off** abtanzen *umgangsspr*
◆to **waltz out** (*umgangsspr*) abrauschen; **to waltz out of the room** aus dem Zimmer rauschen

wand [wɒnd] der Zauberstab

to **wan·der** ['wɒndəʳ] ① umherwandern ② **to wander off the topic** vom Thema abschweifen ③ **to wander [away]** sich verlaufen, sich verirren ④ *Blick:* umherschweifen ⑤ **his mind is wandering** er ist geistig abwesend
◆to **wander about**, to **wander around** herumirren

to **wane** [weɪn] *Mond:* abnehmen

wane [weɪn] **to be on the wane** im Abnehmen begriffen sein, schwinden

to **wan·gle** ['wæŋgl̩] ① hinkriegen, deichseln ② **to wangle something out of someone** etwas aus jemandem herauskitzeln *Geheimnis, Tratsch*

wan·na ['wɒnə] (*umgangsspr*) *Kurzform von* **want to**

want [wɒnt] ① der Mangel (**of** an); **for want of** aus Mangel an, mangels ② das Bedürfnis, der Wunsch ③ **for want of something to do** weil ich nichts zu tun hatte ④ **it wasn't for want of trying** nicht, dass er sich nicht bemüht hätte

to **want** [wɒnt] ① wollen, mögen; **to want to do something** etwas tun wollen; **I want you to do it** ich möchte, dass du das machst; **if you want [to]** wenn Sie möchten ② nötig haben, brauchen; **all it wants is a little paint** es braucht nur etwas Farbe; **to feel wanted** das Gefühl haben, dass man gebraucht wird; **she wants for nothing** es fehlt ihr an nichts ③ sollen, müssen; **you want to get professional advice** Sie sollten einen Fachmann befragen; **your hair wants cutting** du solltest dir die Haare schneiden lassen ④ **wanted by the police** polizeilich gesucht ⑤ **you are wanted on the telephone** Sie werden am Telefon verlangt
◆to **want in** (*umgangsspr*) **to want in [on something]** [bei etwas] dabei sein wollen
◆to **want out** (*umgangsspr*) **to want out [of something]** [aus etwas] aussteigen wollen

want·ing ['wɒntɪŋ] ① **he's wanting in ...** es fehlt ihm an ... ② **to be found wanting** den Ansprüchen nicht genügen

war [wɔːʳ] ① der Krieg; **at war** im Kriegszustand; **to wage war [up]on** Krieg führen gegen ② (*übertragen*) der Kampf

war cor·res·pond·ent der Kriegsberichterstatter/die Kriegsberichterstatterin

war crime das Kriegsverbrechen

war crimi·nal der Kriegsverbrecher/die Kriegsverbrecherin

ward [wɔːd] ① (*Mensch*) das Mündel ② (*im Krankenhaus*) die Station
◆to **ward off** abwehren, fernhalten *Gefahr, Krankheit, Schlag*

war·den ['wɔːdᵊn] ① der Herbergsvater/die Herbergsmutter ② (*im Museum*) der Aufseher/die Aufseherin ③ (USA) der Gefängnisdirektor/die Gefängnisdirektorin ④ der Heimleiter/die Heimleiterin

war·der ['wɔːdəʳ] der Gefängniswärter/die Gefängniswärterin

ward·robe ['wɔːdrəʊb] ① die Garderobe ② (*Möbel*) der Kleiderschrank

ware·house ['weəhaʊs] das Lagerhaus

> **F** Nicht verwechseln mit **Warenhaus** (das) = department store!

war·fare ['wɔːfeəʳ] der Krieg, die Kriegführung

war·head ['wɔːhed] der Sprengkopf

wari·ly ['weəʳəli] vorsichtig, misstrauisch; **to tread warily** sich vorsehen, vorsichtig sein

war·lord der Kriegsherr

warm [wɔːm] <warmer, warmest> warm; **I feel** [*oder* **am**] **warm** mir ist warm

to **warm** [wɔːm] wärmen, erwärmen; **to warm one's feet** sich die Füße wärmen; **to warm the soup** die Suppe aufwärmen
◆to **warm to** **to warm to someone/an idea** sich mit jemandem/einer Idee anfreunden
◆to **warm up** ① [er]wärmen; **the room's warmed up now** das Zimmer ist jetzt wärmer ② aufwärmen *Speise* ③ (*übertragen*) *Stimmung:* in Schwung kommen ④ *Auto:* warm laufen [lassen] ⑤ (*beim Sport*) sich warm laufen [*oder* machen]

warm-blood·ed [-'blʌdɪd] warmblütig

warm front die Warmluftfront

warm-heart·ed [-'hɑːtɪd] warmherzig, herzlich

warmth [wɔːmθ] die Wärme

warm-up ['wɔːmʌp] das Aufwärmen

to **warn** [wɔːn] ① warnen (**about/against** vor); **to warn someone not to do something** jemanden davor warnen, etwas zu tun ② Bescheid geben; **to warn someone that ...** jemanden darauf hinweisen, dass ...; **you might have warned us** du hättest uns vorher Bescheid sagen können ③ (*juristisch*) verwarnen

warn·ing[1] ['wɔːnɪŋ] ① die Warnung; **without [any] warning** überraschend, unerwartet; **he's already had two warnings about lack of punctuality** er ist wegen mangelnder Pünktlichkeit schon zweimal verwarnt worden ② **give me some days' warning** sagen Sie mir einige Tage vorher Bescheid ③ (*juristisch*) die Verwarnung ④ **gale warning** die Sturmwarnung

warn·ing[2] ['wɔːnɪŋ] warnend, Warn-; **warning light** das Warnlicht; **warning sign** das Warnzeichen; (*übertragen*) das erste Anzeichen

warped [wɔːpt] ① verzogen ② (*übertragen*) *Ansicht, Sinn für Humor:* verschroben

war·rant ['wɒrᵊnt] der Haftbefehl; **death warrant** der Hinrichtungsbefehl; **search warrant** der Durchsuchungsbefehl

war·ran·ty ['wɒrᵊnti] die Garantie; **it's under warranty** darauf ist Garantie

war·ri·or ['wɒriəʳ] der Krieger/die Kriegerin, der Kämpfer/die Kämpferin

War·saw ['wɔːsɔː] Warschau

war·ship ['wɔːʃɪp] das Kriegsschiff

wart [wɔːt] die Warze

wart·hog ['wɔːthɒg] das Warzenschwein

war-torn ['wɔːtɔːn] vom Krieg erschüttert

wary ['weəri] vorsichtig; *Blick:* misstrauisch; **to be wary of something** sich vor etwas vorsehen; **to keep a wary eye on** ein wachsames Auge haben auf

war zone ['wɔːzəʊn] das Kriegsgebiet

was [wɒz, wəz] *2. Form von* **be**

wash [wɒʃ] <*Plural* washes> ① die Wäsche; **to have a wash** sich waschen; **to give something a wash** etwas waschen ② das Kielwasser, der Luftstrudel

to **wash** [wɒʃ] ① waschen; abwaschen, spülen *Geschirr;* aufwaschen *Boden;* sich waschen *Körperteil;* **wash your hands!** wasch dir die Hände! ② *Fluss, See:* [weg]spülen; **the body was washed ashore** die Leiche wurde an Land gespült [*oder* geschwemmt] ▶ WENDUNGEN: **to wash one's hands of something** mit etwas nichts mehr zu tun haben wollen; **that won't wash** das kauft dir keiner ab

◆to **wash away** wegspülen; **to wash away someone's sins** (*übertragen*) jemanden von seinen Sünden reinwaschen

◆to **wash down** ① waschen *Auto* ② hinunterspülen *Bissen*

◆to **wash off** ① sich abwaschen lassen ② abwaschen

◆to **wash out** ① **it'll wash out** es wird sich auswaschen lassen ② **to be washed out** *Grillfest, Spiel:* wegen schlechten Wetters abgesagt [*oder* abgebrochen] werden ③ (*übertragen*) **he's washed out** er ist todmüde

◆to **wash over** abwischen *Boden, Tisch*

◆to **wash up** ① abwaschen, spülen *Geschirr* ② *Meer:* anspülen ③ **to be washed up** (*übertragen*) fertig [*oder* erledigt] sein

wash·able ['wɒʃəbl̩] waschbar

wash-bag der Kulturbeutel

wash·ba·sin [wɒʃˌbeɪsn] das Waschbecken

wash·bowl ['wɒʃbəʊl] die Waschschüssel, das Waschbecken

wash·cloth (USA) der Waschlappen

washed-out [ˌwɒʃt'aʊt] ① *Farbe:* verwaschen, verblasst ② (*umgangsspr*) *Mensch:* ausgelaugt

wash·er ['wɒʃəʳ] ① (USA) die Waschmaschine ② (*technisch*) der Dichtungsring

wash·ing [wɒʃɪŋ] ① die Wäsche; **to do the washing** die Wäsche waschen ② **he dislikes washing** er wäscht sich nicht gern

wash·ing ma·chine die Waschmaschine

wash·ing pow·der das Waschpulver

wash·ing-up [ˌwɒʃɪŋ'ʌp] das Abwaschen, das Geschirrspülen; **to do the washing-up** [das] Geschirr spülen

wash·ing-up ba·sin (GB) das Spülbecken

wash·ing-up bowl die Spülschüssel

wash·ing-up liq·uid das [Geschirr]spülmittel

wash·out ['wɒʃaʊt] ① das Fiasko ② (*Mensch*) die Niete

wash·room ['wɒʃrʊm] der Waschraum

wasn't ['wɒzᵊnt] *Kurzform von* **was not**

wasp [wɒsp] die Wespe

wasps' nest das Wespennest

waste[1] [weɪst] ① überschüssig, ungenutzt ② Abfall-

waste[2] [weɪst] ① der Abfall, die Abfallstoffe; **nuclear waste** der Atommüll; **toxic waste** der Giftmüll ② die Verschwendung; **to go** [*oder* **run**] **to waste** umkommen, verkommen; *Fähigkeiten, Geld, Land:* ungenutzt bleiben; *Talent:* verkümmern; **waste of energy/money/time** die Kraft-/Geld-/Zeitverschwendung; **what a waste!** so eine Verschwendung!

to **waste** [weɪst] verschwenden, vergeuden; **you're wasting your time** das ist reine Zeitverschwendung; **you didn't waste much time!** das ging ja schnell!; **all our efforts were wasted** alle Mühe war umsonst [*oder* vergeblich]; **you are wasted on that man** für den Mann bist du viel zu schade; **art is wasted on him** er hat keinen Sinn für Kunst; **you're wasting your breath** du kannst dir deine Worte sparen

◆to **waste away** dahinsiechen

waste·bas·ket der Papierkorb

waste bin der Abfalleimer

waste dis·pos·al die Müllbeseitigung

waste-dis·pos·al unit der Müllschlucker

waste·ful ['weɪs(t)fᵊl] verschwenderisch (**of** mit)

waste·land ['weɪstlænd] das Ödland

waste·pa·per ['weɪst 'peɪpəʳ] ① die Papierabfälle ② (*zum Wiederverwerten*) das Altpapier

waste·pa·per bas·ket der Papierkorb

waste pipe das Abflussrohr

waste prod·uct das Abfallprodukt

waste sepa·ra·tion *kein Plural* die Mülltrennung

watch [wɒtʃ] ① die [Armband]uhr ② die Wache ③ die Wache, die Wachmannschaft; **to be on the watch** auf der Hut sein, Ausschau halten (**for** nach)

W

to **watch** [wɒtʃ] ① aufpassen (**over** auf); **watch your health** achte auf deine Gesundheit; **watch it** [*oder* **yourself**]**!** sei vorsichtig! ② zusehen, beobachten; **he needs close watching** man muss ihm auf die Finger sehen ③ Wache halten ④ **to watch one's step** vorsichtig zu Werke gehen; **watch your language!** drück dich bitte etwas gepflegter aus!

◆ to **watch for** ① **to watch for someone/something** nach jemandem/etwas Ausschau halten ② (*übertragen*) **to watch for something** etwas abwarten

◆ to **watch out** ① aufpassen ② **to watch out for someone** sich vor jemandem hüten ③ **watch out!** Vorsicht!

watch·dog [ˈwɒtʃdɒg] ① der Wachhund ② (*übertragen*) das Überwachungsgremium; (*staatseigen*) die Aufsichtsbehörde

watch·er [ˈwɒtʃəʳ] der Beobachter/die Beobachterin

watch·ful [ˈwɒtʃfəl] wachsam, aufmerksam (**for** auf)

watch·man [ˈwɒtʃmən] <*Plural* watchmen> ① der Wachmann ② **night watchman** der Nachtwächter

watch·strap das Uhrarmband

watch·tow·er der Wachturm

wa·ter [ˈwɔːtəʳ] ① das Wasser ② **to pass water** Wasser lassen ③ **waters** das Gewässer ④ **by water** auf dem Wasserweg ▸ WENDUNGEN: **to be in deep water** in Schwierigkeiten stecken; **to get into hot water** in Teufels Küche kommen; **to hold water** wasserdicht sein; **to pour cold water on something** die Begeisterung für etwas dämpfen

to **wa·ter** [ˈwɔːtəʳ] ① bewässern, begießen ② tränken *Vieh* ③ *Augen:* tränen ④ **my mouth is watering** mir läuft das Wasser im Munde zusammen

◆ to **water down** [mit Wasser] verdünnen; (*übertragen*) abschwächen, mildern

wa·ter-borne auf dem Wasserweg befördert; *Seuche:* durch Wasser übertragen

wa·ter bot·tle die Wasserflasche

wa·ter·colour, (USA) **wa·ter·color** ① die Wasserfarbe, die Aquarellfarbe ② das Aquarell

wa·ter-cooled [ˈwɔːtəkuːld] wassergekühlt

wa·ter·cress [ˈwɔːtəkres] die Brunnenkresse

wa·ter·fall [ˈwɔːtəfɔːl] der Wasserfall

wa·ter·front [ˈwɔːtəfrʌnt] ① (*in einer Stadt*) der Uferbezirk ② das Hafenviertel

wa·ter heat·er der Warmwasserbereiter, das Heißwassergerät

wa·ter hole das Wasserloch

wa·ter·ing [ˈwɔːtərɪŋ] ① das Begießen, das Bewässern ② *von Vieh:* das Tränken

wa·ter·ing can die Gießkanne

wa·ter lev·el der Wasserstand, der Pegelstand

wa·ter lily die Seerose

wa·ter main ① das Hauptwasserrohr ② **water mains** das Wasserleitungsnetz

wa·ter·mel·on [ˈwɔːtəmelən] die Wassermelone

wa·ter me·ter der Wasserzähler, die Wasseruhr

wa·ter pipe ① das Wasserrohr ② die Wasserpfeife

wa·ter pis·tol die Wasserpistole

wa·ter polo der Wasserball

wa·ter pres·sure der Wasserdruck

wa·ter·proof[1] [ˈwɔːtəpruːf] wasserdicht, wasserfest

wa·ter·proof[2] [ˈwɔːtəpruːf] der Regenmantel

wa·ter-re·pel·lent Wasser abstoßend

wa·ter·shed die Wasserscheide; (*übertragen*) der Wendepunkt

wa·ter short·age der Wassermangel

to **wa·ter-ski** Wasserski fahren

wa·ter-ski·ing [ˈwɔːtəˌskiːɪŋ] das Wasserskilaufen

wa·ter sof·ten·er der Enthärter

wa·ter sup·ply die Wasserversorgung

wa·ter ta·ble der Grundwasserspiegel

wa·ter tank der Wassertank

wa·ter·tight [ˈwɔːtətaɪt] ① wasserdicht ② (*übertragen*) stichhaltig

wa·ter·way die Wasserstraße, der Schifffahrtsweg

wa·ter wings [ˈwɔːtəwɪŋz] *Plural* der Schwimmflügel

wa·ter·works [ˈwɔːtəwɜːks] *Plural* ① das Wasserwerk ② (*umgangsspr*) **to turn on the waterworks** auf die Tränendrüsen drücken

wa·tery [ˈwɔːtəri] ① wässerig ② *Augen:* tränend, feucht ③ *Licht, Sonne:* fahl

watt [wɒt] das Watt

watt·age [ˈwɒtɪdʒ] die Wattleistung; **what wattage?** wie viel Watt?

wave [weɪv] ① die Welle ② (*übertragen*) **wave of enthusiasm** die Welle der Begeisterung; **wave of strikes** die Streikwelle ③ **to give someone a wave** jemandem zuwinken; **wave of the hand** die Handbewegung

to **wave** [weɪv] ① winken; **to wave to someone** jemandem winken; **to wave one's hand at someone** jemandem winken; **to wave someone goodbye** jemandem zum Abschied winken; **he waved us over to his table** er winkte uns zu sich an seinen Tisch hinüber ② *Fahne:* flattern; *Korn:* wogen; *Äste:* sich hin und her bewegen; **to wave the flag** die Fahne schwenken ③ *Haare:* sich wellen

◆ to **wave aside** ① zur Seite winken ② (*übertragen*) einfach abtun

◆ to **wave down** anhalten *Fahrzeug*

◆ to **wave on** weiterwinken

◆ to **wave through** ① durchwinken ② (*übertragen*) ohne Einwände annehmen *Antrag*

wave-band das Frequenzband

wave·length (*auch übertragen*) die Wellenlänge

wave pow·er die Wellenenergie

to **wa·ver** ['weɪvəʳ] ① (*übertragen*) schwanken; *Mut:* wanken; *Unterstützung:* nachlassen ② *Licht:* flackern

wavy ['weɪvi] wellenförmig, wellig; **wavy line** die Schlangenlinie

wax [wæks] ① **beeswax** das [Bienen]wachs ② **earwax** das Ohrenschmalz ③ **sealing wax** der Siegellack

to **wax** [wæks] ① [ein]wachsen, bohnern ② zunehmen; **waxing moon** der zunehmende Mond

waxed [wækst] gewachst; *Fußboden:* gebohnert

wax·works ['wæksw3ːks] *Plural* das Wachsfigurenkabinett

waxy ['wæksi] wachsartig, wächsern, Wachs-

way¹ [weɪ] ① der Weg; **to ask the way** nach dem Weg fragen; **in the way** im Weg, hinderlich; **to lose one's way** sich verlaufen; *Autofahrer:* sich verfahren; **on the way** auf dem Weg, unterwegs (**to** nach); **way in** der Eingang; **way out** der Ausgang; **way home** der Heimweg ② die Entfernung; **a long way from** weit entfernt von; **a long way off** weit weg; **to be out of the way** *Haus, Ort:* abgelegen sein; *Problem:* erledigt sein ③ die Richtung; **which way is it?** in welcher Richtung ist es?; **this way** hierher, hier entlang; **"this way up"** „hier oben"; **to lead the way** vorangehen; (*übertragen*) ein Beispiel geben ④ **to give way** nachgeben, Platz machen; *Auto:* die Vorfahrt beachten; **to have right of way** Vorfahrt haben; **to make way** Platz machen (**for** für) ⑤ (*übertragen*) die Art, die Weise, die Art und Weise; **way of thinking** die Denkweise; **way of life** die Lebensweise; **a good way to ...** eine gute Möglichkeit, ...; **a good way to do something** eine gute Möglichkeit, etwas zu tun; **in a way** in gewisser Weise, gewissermaßen; **one way or another** irgendwie; **this/that way** so, auf diese Weise; **to do something the hard way** sich etwas schwer machen; **to have a way with children/animals/machines** mit Kindern/Tieren/Geräten umzugehen verstehen; **that's the way he wants it** so will er es haben; **to have it both ways** das eine tun und das andere nicht lassen ⑥ **ways** *Plural* die Sitten; **ways and means** die Mittel und Wege ⑦ (*Wille*) **to get** [*oder* **have**] **one's** [**own**] **way** seinen Willen durchsetzen; **have it your own way!** wie du willst!; **if I had my way** wenn es nach mir ginge; **no way!** (*slang*) ich denke nicht daran! ▶ WENDUNGEN: **by the way** übrigens; **to be in a bad way** *Patient:* in schlechtem Zustand sein; *Projekt:* schlecht laufen; **he'll go a long way** er wird es weit bringen; **in the family way** (*umgangsspr*) in anderen Umständen; **to be under way** vorankommen, Fortschritte machen; **to go out of one's way** sich große Mühe geben (**for** wegen)

way² [weɪ] (*umgangsspr*) ① **way back** weit zurück; (*zeitlich*) vor langer Zeit; **we're business partners from way back** wir sind alte Geschäftspartner ② **way behind/down/up** ganz hinten/unten/oben; **way out/over** weit draußen/drüben ③ **way to go!** (USA) (*umgangsspr*) gut gemacht! super!

way out [ˌweɪ'aʊt] der Ausgang; (*für Fahrzeuge*) die Ausfahrt

way-out [ˌweɪ'aʊt] (*slang*) irre

way·side der Straßenrand; **to fall by the wayside** (*übertragen*) auf der Strecke bleiben

we [wiː, wi] wir

weak [wiːk] <weaker, weakest> ① schwach ② *Spieler:* schlecht ③ *Flüssigkeit:* dünn ④ *Charakter:* labil ⑤ *Argument:* nicht überzeugend

to **weak·en** ['wiːkᵊn] ① schwächen ② schwächer werden ③ (*übertragen*) *Mensch:* nachgeben

weak·ling ['wiːklɪŋ] der Schwächling

weak·ly ['wiːkli] schwach

weak·ness ['wiːknəs] <*Plural* weaknesses> (*auch übertragen*) die Schwäche (**for** für)

wealth [welθ] ① der Reichtum, das Vermögen ② (*übertragen*) die Fülle (**of** von)

wealthy¹ ['welθi] vermögend, wohlhabend

wealthy² [welθi] **the wealthy** ⚠ *mit Plural* die Reichen

weap·on ['wepən] die Waffe; **weapons of mass destruction** die Massenvernichtungswaffen

wear [weəʳ] ① **wear** [**and tear**] die Abnutzung, der Verschleiß ② **to have had a lot of wear out of something** etwas oft getragen haben; **there is a lot of wear left in this material** dieses Material hält noch lange ③ **for hard wear** strapazierfähig; **to be the worse for wear** *Gegenstand, Auto:* abgenutzt [*oder* in schlechtem Zustand] sein; **I was none the worse for wear** ich war völlig auf der Höhe ④ (*Bekleidung*) **evening wear** die Abendgarderobe; **suit for everyday wear** der Alltagsanzug; **men's wear** die Herrenbekleidung

to **wear** [weəʳ] <wore, worn> ① tragen *Kleidung, Brille, Schmuck;* **what did she wear?** was hatte sie an?; **what shall I wear?** was soll ich anziehen?; **he has nothing to wear** er hat nichts anzuziehen ② *Kleidung, Reifen:* sich abnutzen ③ abtragen *Kleidung;* austreten *Stufen;* abfahren *Reifen;* **to wear a hole in one's trousers** seine Hose durchwetzen ④ **to wear smooth** *Stufen:* austreten ⑤ **to wear** [**well**] *Stoff, Material:* halten; **he has worn well** (*humorvoll*) er hat sich gut gehalten ▶ WENDUNGEN: **they won't wear it!** (*umgangsspr*) das werden sie nicht anneh-

W

K

Talking about the weather | Unterhaltung über das Wetter

SALLY:	Hi, Anna, **what's it like out there today?**	Hallo Anne, wie sieht's heute draußen aus?
ANNA:	**What's the weather like**, you mean?	Du meinst, wie das Wetter ist?
SALLY:	Yeah, is it raining?	Ja, regnet es?
ANNA:	**It's raining heavily** – absolutely **pouring** – it's really **wet. Freezing cold**, too. But at least it's not snowing.	Es regnet stark – besser gesagt: es gießt in Strömen – es ist echt siffig. Und dazu noch eiskalt. Aber wenigstens schneit es nicht.
SALLY:	Oh no! I thought it looked like **rain**; just when the weather was **improving** too. It was a **lovely, sunny day** yesterday.	Oh nein! Ich dachte, es sähe nach Regen aus, dabei hatte sich das Wetter doch gemacht. Es war doch gestern noch ein wunderschöner, sonniger Tag.
ANNA:	Yes, a bit **chilly**, though; there was a **bitterly cold wind**.	Ja, obwohl es auch ziemlich frisch war und es ging ein bitterkalter Wind.
SALLY:	Mmm, it was **rather windy**; but I like it **bright** and **breezy** like that. It wasn't bad for late February.	Mhm, es war ziemlich windig; aber ich mag es so klar und windig. Es war gar nicht so schlecht für Ende Februar.
ANNA:	Hah! I prefer it **warm** and **calm**, or better still, **boiling hot**.	Ah! Ich habe es lieber warm und windstill oder noch besser: so richtig heiß.
SALLY:	Yes, but when it's too hot it gets **stormy** and **thundery**; I don't like **thunderstorms**; I'm even quite scared of **thunder** and **lightning**.	Ja schon, aber wenn es zu heiß ist, wird es leicht stürmisch und gewittrig. Ich mag keine Gewitter; ich habe sogar ziemliche Angst vor Blitz und Donner.
JEN:	Morning! What **dreadful weather!**	Guten Morgen! Was für ein schreckliches Wetter!
ANNA:	Yeah, **rotten**, isn't it?	Ja, grässlich, nicht wahr?
SALLY:	Well, it's not **raining** quite so hard now; it's only **drizzling**; and it's not as **cloudy** as it was. The **mist's** definitely **clearing** and I think it's **brightening** a little. I think it may be going to **clear up** after all.	Na ja, es regnet jetzt nicht mehr so stark, es nieselt nur noch und es ist auch nicht mehr so bewölkt wie zuvor. Auf jeden Fall lichtet sich der Nebel und ich glaube, es hellt sich ein bisschen auf. Ich denke, es könnte doch noch aufklaren.

men!; **my patience is wearing thin** meine Geduld geht langsam zu Ende; **the excuse is wearing thin** die Ausrede zieht langsam nicht mehr

◆to **wear away** ① *Stein, Fels:* abtragen; austreten *Stufen; Inschrift:* verwischen, verwittern ② (*übertragen*) schwächen; zehren an *Geduld* ③ (*übertragen*) schwinden

◆to **wear down** ① abnutzen *Gegenstand* ② ermüden *Mensch* ③ zermürben *Widerstand* ④ erschöpfen *Geduld*

◆to **wear off** *Kopfschmerzen:* vergehen; *Aufregung:* sich legen

◆to **wear on** *Zeit:* sich hinziehen

◆to **wear out** ① abtragen, abnutzen *Gegenstand* ② erschöpfen, ermüden *Mensch*

wear·ing ['weərɪŋ] ermüdend

weary ['wɪəri] ① abgespannt, erschöpft (**with** von) ② ermüdend, lästig, unangenehm

wea·sel ['wi:zᵊl] das [kleine] Wiesel

weath·er ['weðəʳ] das Wetter, die Witterung; **in wet weather** bei nassem Wetter; **in all weathers** bei jeder Witterung ▶WENDUNGEN: **under the weather** (*umgangsspr*) nicht auf dem Posten; **to make heavy weather of something** etwas schwierig finden

to **weath·er** ['weðəʳ] ① verwittern ② [aus]trocknen, ablagern lassen *Holz* ③ (*übertragen*) gut überstehen

weath·er-beat·en ['weðə,bi:tn] ① *Wand, Haus, Zaun:* durch Witterungseinflüsse beschädigt ② *Haut, Gesicht:* wettergegerbt

weath·er fore·cast die Wettervorhersage

weath·er·man ['weðəmæn] <*Plural* weathermen> der Meteorologe

weath·er re·port der Wetterbericht

weath·er sta·tion die Wetterstation

to **weave** [wi:v] <wove, woven> ① weben ② [ein]flechten (**into** in) ③ *Auto:* ständig die Spur wechseln; **to weave one's way** *Mensch, Auto:* sich durchlavieren (**through** durch); *Weg:* sich schlängeln

> **G** Richtiges Konjugieren von **weave**: weave, wove, woven — *Paul wove a small basket; this cloth is woven from the wool of local sheep*

Web [web] → **World Wide Web**: **the Web** das [World Wide] Web; **on the Web** im Netz

web [web] ① das Spinnennetz ② **web of lies** das Lügengewebe, das Lügengespinst

web brows·er der [Web-]Browser

web·cam ['webkæm] die Webcam

web·cast ['webkɑ:st] das Webcast

web-foot·ed [,web'fʊtɪd] mit Schwimmfüßen

web·log das Weblog

web·mail die Webmail

web·mas·ter ['webmɑ:stəʳ] der Web-Administrator/die Web-Administratorin

web page die Webseite

web·site die Website

web surf·er der Internetsurfer/die Internetsurferin

web·zine ['webzi:n] das Webzine

to **wed** [wed] <wedded *oder* wed, wedded *oder* wed> heiraten

we'd [wi:d, wid] *Kurzform von* **we had; we would**

wed·ded[1] ['wedɪd] verheiratet, Ehe-; **wedded bliss** das Eheglück

wed·ded[2] ['wedɪd] *2. und 3. Form von* **wed**

wed·ding ['wedɪŋ] die Hochzeit

wed·ding an·ni·ver·sa·ry der Hochzeitstag

wed·ding cake der Hochzeitskuchen

wed·ding day der Hochzeitstag, der Tag der Trauung

wed·ding dress das Hochzeitskleid

wed·ding ring der Trauring, der Ehering

wedge [wedʒ] ① der Keil ② *von Torte, Kuchen:* das keilförmige Stück ③ *von Schuh:* der Keilabsatz ④ (*beim Golf*) der Wedge

to **wedge** [wedʒ] ① verkeilen ② **to wedge oneself in** sich hineinzwängen; **to be wedged between** eingekeilt sein zwischen

Wednes·day ['wenzdeɪ] der Mittwoch; **on Wednesday** am Mittwoch; **on Wednesdays** mittwochs

wee[1] [wi:] winzig [klein]; **a wee bit** ein kleines bisschen, ein wenig

wee[2] [wi:] (*umgangsspr*) das Pipi

to **wee** [wi:] (*umgangsspr*) Pipi machen

weed [wi:d] das Unkraut

to **weed** [wi:d] (*im Garten*) [Unkraut] jäten

◆to **weed out** (*übertragen*) aussondern (**from** aus)

weed-kill·er ['wi:dkɪləʳ] das Unkrautvertilgungsmittel

weedy ['wi:di] ① voller Unkraut ② (*übertragen*) schwächlich

week [wi:k] die Woche; **by the week** wochenweise, wöchentlich; **for weeks** wochenlang; **tomorrow/Sunday week** morgen/Sonntag in 8 Tagen; **once a week** [einmal] wöchentlich; **week in, week out, week after week** Woche für Woche; **a week or two** ein paar Wochen

week·day ['wi:kdeɪ] der Wochentag, der Arbeitstag; **on weekdays** werktags

week·end [,wi:k'end] das Wochenende; **long weekend** das verlängerte Wochenende

week·ly[1] ['wi:kli] wöchentlich; **weekly report** der Wochenbericht; **weekly travelcard** die Wochenkarte

week·ly[2] ['wi:kli] das Wochenblatt

to **weep** [wi:p] <wept, wept> ① weinen (**for** um, **at/over** über); **to weep bitter tears** bittere Tränen weinen ② *Wunde:* nässen

Talking about plans for the weekend | Unterhaltung über Wochenendpläne

JOHN	**What are you up to** this weekend, Kerry?	Was hast du dieses Wochenende vor, Kerry?
KERRY	On Saturday morning **I'm going to** visit my gran with my mum and dad and on Sunday **I'm meeting** Tina at the swimming baths. **What about you?**	Am Samstagmorgen besuche ich mit Ma und Pa meine Oma und am Sonntag will ich Tina im Schwimmbad treffen. Und was machst du?
JOHN	**I'll be revising** most of the weekend for that chemistry test.	Ich werde einen Großteil des Wochenendes für die Chemiearbeit lernen.
KERRY	Poor you! Aren't you even **going to go** bowling with the others on Saturday night?	Du Armer! Willst du noch nicht einmal mit den anderen am Samstagabend zum Bowling gehen?
JOHN	I can't; I'm grounded for **staying out** too late last week and anyway, **I'm trying** to save money so I can buy a new bike.	Ich kann nicht; ich habe Hausarrest, weil ich letzte Woche zu lange weggeblieben bin und überhaupt versuche ich gerade Geld zu sparen, damit ich mir ein neues Rad kaufen kann.
KERRY	I see. **How about meeting up** for a while on Saturday afternoon? **We could** go for a coffee in town.	Verstehe. Wie wäre es, wenn wir uns am Samstagnachmittag treffen würden? Wir könnten in der Stadt einen Kaffee trinken gehen.
JOHN	**Why not? Do you fancy** trying that new café near the station? **It's supposed to be** really cool inside.	Ja, warum eigentlich nicht? Hast du Lust, das neue Café neben dem Bahnhof auszuprobieren? Es soll innen echt cool aussehen.
KERRY	Good idea! **Why don't we** meet at 3 o'clock outside the station?	Gute Idee! Wollen wir uns um 3.00 Uhr vor dem Bahnhof treffen?
JOHN	OK; **looking forward to it!**	In Ordnung; ich freu' mich schon!

W

weep·ing ['wi:pɪŋ] 1 weinend 2 **weeping willow** die Trauerweide

to **weigh** [weɪ] 1 wiegen; **to weigh oneself** sich wiegen 2 (*übertragen*) abwägen (**against** gegen) 3 *Wort, Meinung:* gelten, Gewicht haben 4 (*übertragen*) lasten (**on** auf) 5 **to weigh anchor** den Anker lichten
◆ to **weigh down** (*auch übertragen*) niederdrücken
◆ to **weigh in to weigh in at 80 kilos** 80 Kilo wiegen
◆ to **weigh out** abwiegen
◆ to **weigh up** abwägen; einschätzen *Mensch, Situation*

weight [weɪt] 1 das Gewicht; **by weight** nach Gewicht; **to lose/put on weight** *Mensch:* abnehmen/zunehmen 2 (*übertragen*) die [schwere] Last [*oder* Bürde] 3 die Wichtigkeit, die Bedeutung, der Einfluss; **to throw one's weight about** (*umgangsspr*) sich wichtigmachen

to **weight** [weɪt] 1 (*mit Gewicht*) beschweren

(2) gewichten *Statistik* (3) **to be weighted against someone** jemanden benachteiligen
◆ to **weight down** (1) beschweren (2) (*übertragen*) belasten

weight·ing ['weɪtɪŋ] die Zulage

weight·less ['weɪtləs] schwerelos

weight·less·ness ['weɪtləsnəs] die Schwerelosigkeit

weight·lift·er ['weɪtlɪftəʳ] der Gewichtheber/die Gewichtheberin

weight·lift·ing ['weɪtlɪftɪŋ] das Gewichtheben

weighty ['weɪti] (1) schwer (2) (*übertragen*) [ge]wichtig, schwierig

weir [wɪəʳ] das Wehr

weird [wɪəd] (1) unheimlich, übernatürlich (2) (*umgangsspr*) seltsam

weirdo ['wɪədəʊ] <*Plural* weirdos> (*abwertend umgangsspr*) die seltsame Person

wel·come[1] ['welkəm] (1) *Pause:* willkommen (2) *Besuch:* gern gesehen (3) *Nachricht:* erfreulich (4) **you're welcome to use my car** mein Wagen steht zu Ihrer Verfügung; **you're welcome!** bitte sehr!, gern geschehen!

wel·come[2] ['welkəm] (1) das Willkommen, der Willkommensgruß; **to give someone a warm welcome** jemandem einen herzlichen Empfang bereiten (2) **welcome!** herzlich willkommen!; **welcome home!** willkommen zu Hause!

to **wel·come** ['welkəm] (1) willkommen heißen (2) (*übertragen*) begrüßen, gern sehen

wel·com·ing ['welkəmɪŋ] *Drink, Komitee:* Begrüßungs-; *Stimmung:* freundlich

to **weld** [weld] schweißen

wel·fare ['welfeəʳ] (1) das Wohlergehen (2) die Wohlfahrt (3) (USA) die Sozialhilfe; **to be on welfare** Sozialhilfe beziehen

wel·fare ser·vices *Plural* (1) die Sozialleistungen (2) *mit Singular* das Sozialamt

wel·fare state der Wohlfahrtsstaat

wel·fare work *kein Plural* die Fürsorgearbeit

wel·fare work·er der Sozialarbeiter/die Sozialarbeiterin

we'll [wiːl, wɪl] *Kurzform von* **we shall; we will**

well[1] [wel] (1) der Brunnen[schacht] (2) (*Bergbau*) das Bohrloch, die Ölquelle

well[2] [wel] <better, best> (1) gut; **to do well** seine Sache gut machen, gut vorankommen; **the patient is doing well** der Patient ist wohlauf; **business is doing well** die Geschäfte gehen gut; **to do well out of something** bei etwas profitieren; **to do well by someone** jemandem gegenüber großzügig sein; **to let well alone** die Finger davon lassen (2) **I can well understand it** ich kann es durchaus verstehen; **he can well afford it** er kann es sich sehr gut leisten; **it was well worth it** es hat sich sehr gelohnt; **he may well have said that** es kann gut sein, dass er das gesagt hat; **you may well ask!** das kann man wohl fragen! (3) **well past/over/under** weit nach/über/unter (4) **well done!** bravo!; **well played!** gut gespielt! (5) **as well** auch; **to go as well** mitgehen; **as well as** ebenso wie; **all** [*oder* **only**] **too well** nur zu gut; **it's well and truly broken!** jetzt ist es wirklich kaputt; **you might as well come** du könntest eigentlich kommen; **I might as well** warum eigentlich nicht?; **I might as well not be there** ich könnte ebenso gut nicht da sein (6) gesund; **get well soon!** gute Besserung!; **she is not well** es geht ihr nicht gut (7) **all is not well** es steht gar nicht gut (8) **that's all very well but ...** das ist ja gut und schön, aber ...; **it's all very well for you to talk** Sie haben gut reden; **just as well you asked** nur gut, dass Sie gefragt haben (9) **you're well out of it** sei froh, dass du damit nichts zu tun hast ► WENDUNGEN: **all's well that ends well** Ende gut, alles gut (11) **to wish someone well** jemandem alles Gute wünschen (12) **well!** also, tja!; **well, I think so** naja, glaube ich zumindest; **well, well!** na so etwas!; **very well** [**then**] na schön

G ⚠ *he plays the guitar **well**, aber: he is a **good** guitarist*

well-ad·vised [ˌweləd'vaɪzd] **to be well-advised** gut beraten sein

well-bal·anced [ˌwel'bælənst] (1) *Ernährung, Programm:* ausgewogen (2) *Mensch:* ausgeglichen

well-be·haved [ˌwelbɪ'heɪvd] wohlerzogen, artig

well-be·ing [ˌwel'biːɪŋ] das Wohl

well-bred [ˌwel'bred] wohlerzogen

well-chos·en [ˌwel'tʃəʊzᵊn] gut [aus]gewählt, passend

well-con·nect·ed [ˌwelkə'nektɪd] mit guten Beziehungen

well-de·served [ˌweldɪ'zɜːvd] wohlverdient

well-de·vel·oped [ˌweldɪ'veləpt] *Mensch:* gut entwickelt; *Wirtschaft:* hoch entwickelt

well-done [ˌwel'dʌn] *Fleisch:* gar, gut durch

well-dressed [ˌwel'drest] gut angezogen [*oder* gekleidet]

well-earned [ˌwel'ɜːnd] wohlverdient

well-edu·cat·ed gebildet

well-fed [ˌwel'fed] wohlgenährt

well-found·ed [ˌwel'faʊndɪd] [wohl] begründet

wel·ling·ton, **wel·ling·ton boot** ['welɪŋtən-] (GB) der Gummistiefel

well-known [ˌwel'nəʊn] [wohl] bekannt

well-man·nered [ˌwel'mænəd] höflich

well-mean·ing [ˌwel'miːnɪŋ] wohlmeinend

well-meant [ˌwel'ment] gut gemeint

well-off [ˌwel'ɒf] <better-off, best-off> (1) reich,

wohlhabend (2) **to be well-off** gut dran sein
well-paid gut bezahlt
well-read [ˌwelˈred] *Mensch:* belesen
well-spok·en höflich; (*gewandt*) beredt
well-thought-of [ˌwelˈθɔːtɒv] angesehen, von gutem Ruf
well-timed [ˌwelˈtaɪmd] im rechten Augenblick
well-to-do [ˌweltəˈduː] wohlhabend
well-wish·er [ˈwelwɪʃəʳ] der Gönner/die Gönnerin
well-worn [ˌwelˈwɔːn] (1) *Kleidung:* abgetragen; *Teppich:* abgelaufen; *Weg:* ausgetreten (2) (*übertragen*) *Spruch:* abgedroschen
wel·ly [ˈweli] (GB) (*umgangsspr*) der Gummistiefel
Welsh[1] [welʃ] walisisch
Welsh[2] [welʃ] (1) (*Sprache*) Walisisch, das Walisische (2) **the Welsh** (*Volk*) die Waliser

> **L** Walisisch oder *Cymraeg* ist eine keltische Sprache, die mit den gälischen Sprachen von Schottland und Irland sowie Bretonisch verwandt ist. Es ist die lebendigste der keltischen Sprachen und wird heute von über einer halben Million Menschen in Wales, vor allem in den nördlichen und westlichen Landesteilen, gesprochen. Diese Zahl steigt kontinuierlich an. Walisisch ist in Wales offiziell gleichberechtigt neben dem Englischen.

> **L** Am 18. September 1997 stimmten die Waliser durch ein Referendum für die Errichtung einer **Welsh Assembly** (eines Parlaments), die einige der Befugnisse des *Secretary of State for Wales* übernehmen sollte. Die **Assembly** mit ihren 60 Abgeordneten hat seit 1999 ihren neuen Sitz in der Landeshauptstadt Cardiff.

Welsh·man [ˈwelʃmən, *Plural* ˈwelʃmen] <Welshmen> *Plural* der Waliser
Welsh·wom·an [ˈwelʃwʊmən, *Plural* ˈwelʃwɪmɪn] <Welshwomen> *Plural* die Waliserin
went [went] *2. Form von* **go**
wept [wept] *2. und 3. Form von* **weep**
were [wɜːʳ, wəʳ] (1) *2. Form von* **be: you were** du warst, Sie waren, ihr wart; **we were** wir waren; **they were** sie waren (2) *zur Bildung des Konditionals* **if I were to do that** wenn ich das tun würde
we're [wiːəʳ] *Kurzform von* **we are**
weren't [wɜːnt] *Kurzform von* **were not**
west[1] [west] (1) der Westen; **in the west** im Westen (2) (*in den USA*) **the West** die Weststaaten
west[2] [west] (1) nach Westen; **to travel west** Richtung Westen fahren (2) **west of London** westlich von London (3) **to go west** (*umgangsspr*) draufgehen
west·bound [ˈwestbaʊnd] nach Westen gehend
West End[1] *kein Plural* **the West End** das [Londoner] Westend
West End[2] **the West End theatres** die Theater des Londoner Westends
west·er·ly [ˈwestəli] westlich
west·ern[1] [ˈwestən] westlich; **western Germany** der westliche Teil Deutschlands, die alten Bundesländer
west·ern[2] [ˈwestən] der Western
west·ern·er [ˈwestənəʳ] der Abendländer/die Abendländerin
to **west·ern·ize** [ˈwestənaɪz] (1) verwestlichen (2) sich dem Westen anpassen
West Ger·ma·ny Westdeutschland
West In·dies [westˈɪndiːz] die Westindischen Inseln
west·ward(s) [ˈwes(t)wəd(z)] westwärts, nach Westen
wet[1] [wet] <wetter, wettest> (1) nass, feucht (**with** von); **soaking wet** nass bis auf die Haut (2) *Wetter:* regnerisch (3) **wet paint!** frisch gestrichen! (4) (GB) (*umgangsspr*) weichlich ▸ WENDUNGEN: **wet blanket** (*abwertend umgangsspr*) der Miesmacher/die Miesmacherin
wet[2] [wet] (1) die Nässe, die Feuchtigkeit (2) (GB) (*abwertend*) der Waschlappen
to **wet** [wet] <wet *oder* wetted, wet *oder* wetted> nass machen; **to wet the bed** ins Bett machen

> **G** Richtiges Konjugieren von **wet**: wet, wet/ wetted, wet/ wetted — *Jenny wet/wetted her hair and put shampoo on it; the puppy has wet the floor.*

wet sea·son die Regenzeit
we've [wiːv, wiv] *Kurzform von* **we have**
to **whack** [(h)wæk] (*umgangsspr*) schlagen
whack [wet] (1) der Schlag; **to give someone/an animal a whack** jemandem/einem Tier einen Schlag versetzen (2) *kein Plural* (*umgangsspr*) **to pay full whack** den vollen Satz bezahlen (3) *kein Plural* (*umgangsspr*) **a fair whack** ein fairer Handel ▸ WENDUNGEN: **to be out of whack** (USA) nicht in Ordnung sein; **to have a whack at something** (*umgangsspr*) etwas mal versuchen
whacked [(h)wækt] (*umgangsspr*) hundemüde
whack·ing[1] [ˈ(h)wækɪŋ] riesig, enorm; **a whacking big kiss** ein dicker Kuss
whack·ing[2] [ˈ(h)wækɪŋ] (GB) die Prügel
whale [(h)weɪl] (1) der Wal[fisch] (2) **we had a whale of a time** es war fantastisch
whal·ing [ˈ(h)weɪlɪŋ] der Walfang
wharf [(h)wɔːf, *Plural* (h)wɔːvz] <*Plural* wharfs, wharves> der Kai
what[1] [(h)wɒt] (1) *fragend und ausrufend* was, wie; **what are you doing?** was tust du?; **what's your name?** wie heißt du?; **what about ...?** (*Vorschlag*) wie wäre es mit ...?; (*nachfragend*) was ist mit ...?; **what for?** wozu?, warum?; **what's this for?** wozu ist das

gut?; **what if ...?** was ist, wenn ...?; **what next?** was nun?; **what's that to you?** was geht Sie das an?; **what's up?** was ist los?; **so what?** na und? ② *relativ* [das,] was ▶ WENDUNGEN: **and what is more** und außerdem; **to give someone what for** es jemandem tüchtig geben; **she knows what's what** sie kennt sich aus; **Mr what's-his-name** Herr Soundso

what² [(h)wɒt] ① *fragend* welche(r, s); **what good would that be?** wozu sollte das gut sein?; **what time is it?** wie viel Uhr ist es?; **what sort of ...?** was für ein(e) ...?; **what else?** was noch? ② *relativ* der/die/das ③ *ausrufend* **what glorious weather!** was für ein fantastisches Wetter!; **what an idiot I have been!** was war ich doch für ein Idiot!

what·ever¹ [(h)wɒt'evəʳ] was [auch immer], egal was; **whatever does he want?** was will er wohl?; (*ungeduldig*) was will er denn?; **whatever does he mean?** was meint er bloß?

what·ever² [(h)wɒt'evəʳ] ① egal welche(r, s); **for whatever reason** warum auch immer ② *verneint* überhaupt; **nothing whatever** überhaupt nichts ③ *fragend* was denn [*oder* wohl]; **whatever good can that be?** was kann das schon helfen?

what·so·ever¹ [ˌ(h)wɒtsəʊ'evəʳ] was [auch immer], egal was

what·so·ever² [ˌ(h)wɒtsəʊ'evəʳ] ① egal welche(r, s) ② *verneint* überhaupt; **none whatsoever** überhaupt keine

wheat [(h)wiːt] der Weizen

wheat belt (USA) der Weizengürtel (*extensives Weizenanbaugebiet*)

wheat·germ ['wiːtˌdʒɜːm] der Weizenkeim

wheel [wiːl] ① das Rad; **meals on wheels** das Essen auf Rädern ② **steering wheel** das Steuer[rad], das Lenkrad; **at the wheel** am Steuer ③ **spinning wheel** das Spinnrad ④ **potter's wheel** die Töpferscheibe ⑤ **wheels** (*umgangsspr: Auto*) die Mühle, die Kiste

to **wheel** [wiːl] schieben *Fahrrad, Einkaufswagen;* fahren *Rollstuhl*

◆ to **wheel in** ① hereinfahren ② (*umgangsspr*) vorstellen, anschleppen

◆ to **wheel round** sich schnell umdrehen

wheel·bar·row ['wiːlˌbærəʊ] der Schubkarren

wheel·chair der Rollstuhl

wheel clamp die Parkkralle

wheelie bin (GB) die Mülltonne mit Rollen

wheel·ing ['(h)wiːlɪŋ] **wheeling and dealing** die Machenschaften

to **wheeze** [(h)wiːz] keuchen

when¹ [(h)wen] ① *fragend* wann ② *relativ* als, wo, da; **since/until when?** seit/bis wann?

when² [(h)wen] ① wenn, als ② *mit Verlaufsform* beim; **when using the equipment, ...** beim Benutzen des Gerätes ... ③ **say when!** (*beim Einschenken*) sag, wenn es genug ist!

when·ever [(h)wen'evəʳ] ① wann auch immer ② jedes Mal wenn

where¹ [(h)weəʳ] wo; **where [to]** wohin; **where shall I put it?** wohin damit?; **where from** woher

where² [(h)weəʳ] [da,] wo; **this is where we were** da waren wir; **where this is concerned** was das betrifft

where·abouts¹ [ˌ(h)weərə'baʊts] wo, wohin

where·abouts² ['(h)weərəbaʊts] ⚠ *Plural* der Aufenthalt[sort]

where·as [(h)weə'ræz] während, wohingegen

where·by [(h)weəʳ'baɪ] wodurch, woran

wher·ever [(h)weə'revəʳ] ① (*Ort*) egal wo, wo auch immer ② (*Richtung*) wohin [auch immer] ③ (*allgemein*) überall, wo

wheth·er ['(h)weðəʳ] ob; **I don't know whether to go or not** ich weiß nicht, ob ich gehen soll oder nicht

whew [fjuː] puh!

which¹ [(h)wɪtʃ] ① *relativ* der/die/das, welche(r, s), was; **a conference in Vienna which ended on Friday** eine Konferenz in Wien, die am Freitag geendet hat ② *fragend* welche(r, s), wer; **which is mine?** welches gehört mir?

which² [(h)wɪtʃ] welche(r, s); **which doctor did you see?** bei welchem Arzt warst du?; **which button do I press next?** auf welchen Knopf muss ich als Nächstes drücken?

which·ever [(h)wɪtʃ'evəʳ] welche(r, s) auch immer

whiff [(h)wɪf] ① der Duft ② (*übertragen*) der Hauch, die Spur

while¹ [(h)waɪl] die Weile; **a long while ago** vor langer Zeit; **all this while** die ganze Zeit; **for a while** eine Zeit lang; **in a little while** bald, in Kürze; **once in a while** gelegentlich; **a short while** eine kleine Weile

while² [(h)waɪl] ① während, solange ② zwar, obwohl ③ *gegenüberstellend* während

◆ to **while away** sich vertreiben *Zeit*

whim [(h)wɪm] die Laune

to **whim·per** ['(h)wɪmpəʳ] ① wimmern ② *Hund:* winseln

to **whine** [(h)waɪn] ① *Hund:* winseln ② jammern (**about** über)

to **whinge** [(h)wɪndʒ] (*umgangsspr*) meckern

whip [(h)wɪp] ① die Peitsche ② (*Süßspeise*) die Creme ③ (*im britischen Parlament*) der Einpeitscher/die Einpeitscherin

to **whip** [(h)wɪp] <whipped, whipped> ① peitschen, schlagen ② [steif] schlagen *Sahne, Eiweiß* ③ (*übertragen umgangsspr*) vernichtend schlagen ④ (*umgangsspr*) **to whip someone into shape** jemanden auf Vordermann bringen ⑤ *Wind:* fegen ⑥ (GB) klauen

W

◆to **whip away** wegreißen
◆to **whip on** 1 antreiben 2 schnell anziehen *Kleidung*
◆to **whip out** herausholen
◆to **whip up** 1 antreiben *Pferde* 2 (*beim Kochen*) schlagen, verrühren; (*umgangsspr*) hinzaubern *Essen* 3 (*übertragen*) entfachen *Interesse;* mitreißen *Publikum*
whip·lash **whiplash [injury]** das Schleudertrauma
whipped cream [(h)wɪpt-] die Schlagsahne
whip·ping ['(h)wɪpɪŋ] 1 die Tracht Prügel 2 (*übertragen*) die Niederlage
whip·ping cream die Schlagsahne
whip-round ['wɪpraʊnd] (*umgangsspr*) die [spontane] Geldsammlung
to **whirl** [(h)wɜːl] wirbeln
whirl [(h)wɜːl] 1 der Wirbel 2 (*übertragen*) der Trubel 3 **my head is in a whirl** mir schwirrt der Kopf 4 **to give something a whirl** (*umgangsspr*) etwas versuchen
whirl·pool ['(h)wɜːlpuːl] 1 (*auch übertragen*) der Strudel 2 (*im Schwimmbad, Badezimmer*) der Jacuzzi®
whirl·wind ['(h)wɜːlwɪnd] 1 der Wirbelwind 2 (*übertragen*) der Wirbel, der Sturm; **a whirlwind romance** eine stürmische Romanze
whisk [(h)wɪsk] der Schneebesen
to **whisk** [(h)wɪsk] 1 schlagen *Sahne, Eiweiß* 2 **the horse was whisking its tail** das Pferd wedelte mit dem Schweif
◆to **whisk away** rasch [weg]nehmen
whisk·er ['(h)wɪskəʳ] 1 *meist Plural einer Katze, Ratte:* das Schnurrhaar 2 **whiskers** *Plural* (*beim Mann*) die Bartstoppeln ▶ WENDUNGEN: **by a whisker** um Haaresbreite
whisk·ers ['wɪskəz] *Plural* 1 der Backenbart 2 *einer Katze:* die Schnurrhaare ▶ WENDUNGEN: **by a whisker** fast, um ein Haar
whis·k(e)y ['hwɪski] der Whisky
to **whis·per** ['(h)wɪspəʳ] 1 flüstern 2 *Wind:* rauschen 3 **to whisper something to someone** jemandem etwas zuflüstern
whis·per ['(h)wɪspəʳ] 1 das Geflüster; **to talk in a whisper** im Flüsterton reden 2 das Gerücht
to **whis·tle** ['(h)wɪsl̩] pfeifen *Melodie, Lied*
whis·tle ['(h)wɪsl̩] 1 die Pfeife 2 der Pfiff
white¹ [(h)waɪt] 1 weiß; **a white person** ein Weißer/eine Weiße 2 (*übertragen*) *Mensch:* bleich; **white with terror** blass vor Schrecken; **white as a sheet** kreidebleich 3 **black or white?** *Kaffee:* mit oder ohne Milch?
white² [(h)waɪt] 1 (*Farbe*) das Weiß; **dressed in white** weiß gekleidet 2 **the white [of the eye]** das Weiße [im Auge] 3 **white of the** [*oder* **an**] **egg** das Eiweiß
white·board die Weißwandtafel, das Whiteboard

W

white-col·lar **white-collar worker** der/die Büroangestellte
White·hall [waɪt'hɔːl] (*übertragen*) die britische Exekutive

> L **Whitehall** ist die Straße in London, die vom *Trafalgar Square* zu den *Houses of Parliament* führt und in der sich die wichtigsten Regierungsgebäude befinden. Der Name wird oft verwendet, wenn von der britischen Regierung oder der Hauptverwaltung die Rede ist.
> Der *Cenotaph*, das wichtigste Kriegsdenkmal in Großbritannien, befindet sich hier und ist Mittelpunkt der jährlichen Gedenkfeier am *Remembrance Day*, an dem aller Soldaten gedacht wird, die in den beiden Weltkriegen gefallen sind.

white horse 1 der Schimmel 2 (GB) **white horses** *Plural* die Schaumkronen
White House das Weiße Haus (*Regierungssitz des Präsidenten der USA*)
white lie die Notlüge
white mag·ic die weiße Magie
to **whit·en** ['(h)waɪtᵊn] 1 weiß machen, bleichen 2 weiß [*oder* heller] werden
white-out ['waɪtaʊt] das starke Schneegestöber
white·wash ['waɪtwɒʃ] 1 die Tünche, der Kalk[anstrich] 2 (*übertragen*) die Schönfärberei 3 die totale Niederlage
to **white·wash** ['waɪtwɒʃ] 1 tünchen, weißen 2 (*übertragen*) rein waschen *Ruf* 3 (*übertragen*) zu Null schlagen *Gegner, Mannschaft*
white-water raft·ing [ˌwaɪtwɔːtə'rɑːftɪŋ] das Wildwasserrafting
white wine der Weißwein
Whit Mon·day [ˌwɪt'mʌndɪ] der Pfingstmontag
Whit·sun¹ ['(h)wɪtsᵊn] Pfingst-
Whit·sun² ['(h)wɪtsᵊn] Pfingsten
Whit Sun·day [ˌwɪt'sʌndɪ] der Pfingstsonntag
to **whizz**, (USA) to **whiz** [(h)wɪz] 1 (*umgangsspr*) **to whiz by** vorbeijagen 2 (*übertragen*) *Zeit:* rasen; **the holidays just whizzed past** die Ferien vergingen im Nu
whizz, (USA) **whizz** [(h)wɪz] (*umgangsspr*) das Genie; **computer whizz** das Computerass
whiz(z)-kid ['wɪzkɪd] (*übertragen*) der Senkrechtstarter, das Genie
who [huː] 1 *fragend* wer, wem, wen; **who would have thought it?** wer hätte das gedacht?; **who are you thinking of?** an wen denkst du? 2 *relativ* der/die/das, welche(r, s); **I think it was your dad who phoned** ich glaube, das war dein Vater, der angerufen hat; **the other people who live in the house** die anderen Leute, die in dem Haus wohnen
who·dun·(n)it [ˌhuː'dʌnɪt] (*umgangsspr*) der Krimi
who·ever [huː'evəʳ] 1 wer/wem/wen auch immer 2 *fragend* **whoever's calling at this time of night?** wer ruft denn zu dieser Zeit an?

③ (*ärgerlich*) **whoever did such a stupid thing?** wer zum Kuckuck hat so was Blödes getan? ④ egal wer/wen/wem

whole¹ [həʊl] ganz

whole² [həʊl] das Ganze; **the whole of** der/die/das Ganze, alle(s); [**taken**] **as a whole** als Ganzes, im Ganzen; **on the whole** im Ganzen gesehen, alles in allem

whole·food ['həʊlfuːd] die Vollwertkost, die Naturkost, die Biokost

whole·food shop der Naturkostladen, der Bioladen

whole-heart·ed [-'hɑːtɪd] ① aufrichtig; (*freundlich*) herzlich ② engagiert, rückhaltlos

whole-heart·ed·ly [ˌhəʊl'hɑːtɪd] uneingeschränkt

whole·meal bread ['həʊlmiːl'bred] das Vollkornbrot

whole·sale¹ ['həʊlseɪl] der Großhandel

whole·sale² ['həʊlseɪl] ① Großhandels-; **wholesale trade** der Großhandel ② (*übertragen*) umfassend, massenweise; *Vernichtung, Entlassungen:* Massen-

whole·sal·er ['həʊlseɪləʳ] der Großhändler/die Großhändlerin

whole·some ['həʊlsəm] gesund

who'll [huːl] *Kurzform von* **who will; who shall**

whol·ly ['həʊl(l)i] ganz, vollständig, völlig

whom [huːm] ① *fragend* wen; **to whom** wem ② *relativ* den, dem

whoop [(h)wuːp] das Freudengeschrei

to **whoop** [(h)wuːp] ① (*vor Freude*) schreien, brüllen ② **to whoop it up** ein großes Fest veranstalten, sich toll amüsieren

whoo·pee [(h)wʊ'piː] hurra; (*ironisch auch*) toll

whoop·ing cough ['huːpɪŋkɒf] der Keuchhusten

whoops [(h)wʊps] hoppla!

whoosh [(h)wʊʃ] (*umgangsspr*) zisch; **no sooner had she arrived than, whoosh, she was off again** kaum war sie gekommen, zack, war sie auch schon wieder weg

whop·per ['(h)wɒpəʳ] (*umgangsspr*) ① das Riesenbiest, das Mordsding ② die faustdicke Lüge

whop·ping ['(h)wɒpɪŋ] (*umgangsspr*) ① gewaltig, riesig ② *Lüge:* faustdick

whore [hɔːʳ] die Hure

who's [huːz] *Kurzform von* **who is; who has**

whose [huːz] ① *fragend* wessen; **whose is this?** wem gehört das? ② *relativ* dessen, deren

why¹ [(h)waɪ] ① warum, weshalb, wofür ② wieso, aus welchem Grunde

why² [(h)waɪ] **the whys and wherefores** das Warum und Wieso

wick [wɪk] ① der Docht ② **to get on someone's wick** jemandem auf den Keks gehen

wick·ed ['wɪkɪd] ① böse ② *Sache:* gemein, übel ③ (*slang*) geil

wick·er ['wɪkəʳ] das Flechtwerk, das Geflecht

wick·er basket der Weidenkorb

wick·er chair der Korbstuhl

wick·et ['wɪkɪt] (*beim Kricket*) der Dreistab

wick·et·keep·er ['wɪkɪtˌkiːpəʳ] (*beim Kricket*) der Torhüter/die Torhüterin

wide [waɪd] <wider, widest> ① breit, groß; **wide-eyed** mit weit aufgerissenen Augen ② (*übertragen*) umfangreich, umfassend; *Interessen:* vielseitig; **wide range** die reiche Auswahl ③ (*Sport*) **to shoot wide** danebenschießen ④ **wide of the mark** weit gefehlt; **far and wide** weit und breit

wide-an·gle, wide-an·gle lens das Weitwinkelobjektiv

wide-awake [ˌwaɪdə'weɪk] ① ganz wach, hellwach ② (*übertragen*) wachsam, aufmerksam (**to** auf)

wide·ly ['waɪdli] ① weit; **widely known** weit und breit bekannt ② in hohem Maße, sehr

to **wid·en** ['waɪdᵊn] ① verbreitern ② vertiefen *Kluft* ③ erweitern *Interessen* ④ breiter werden, sich ausbreiten

wide-open ganz offen

wide·spread ['waɪdspred] weit verbreitet

wid·ow ['wɪdəʊ] die Witwe

wid·owed ['wɪdəʊd] verwitwet

wid·ow·er ['wɪdəʊəʳ] der Witwer

width [wɪtθ] ① die Weite, die Breite; **to be 10 metres in width** 10 Meter breit sein ② (*übertragen*) die Vielfalt ③ die [Stoff]breite, die Bahn

to **wield** [wiːld] ① führen *Schwert, Feder;* schwingen *Axt* ② ausüben *Macht, Einfluss* (**over** über)

wife [waɪf, *Plural* waɪvz] <*Plural* wives> die Frau, die Ehefrau, die Gattin

> **V** **wives** ist die Pluralform von **wife**: *King Henry VIII had six wives.*

wig [wɪg] die Perücke

to **wig·gle** ['wɪgl] wackeln [mit]

wild¹ [waɪld] <wilder, wildest> ① wild; *Gebiet:* unbewohnt; **the Wild West** der wilde Westen ② *Kind:* unbändig, zügellos ③ **to go wild** *Mensch:* kein Maß mehr kennen, ausflippen ④ **to run wild** *Tier:* frei herumlaufen; *Kind:* herumtoben; *Garten:* verwildern; **to let one's imagination run wild** seiner Fantasie freien Lauf lassen ⑤ *Wut:* rasend; **to drive someone wild** jemanden zur Raserei bringen ⑥ *Laune, Stimmung:* ausgelassen, toll; *Applaus, Wetter:* stürmisch ⑦ **she's wild about it** sie ist wild [*oder* ganz versessen] darauf; **he's not exactly wild about the idea** er ist nicht gerade begeistert von der Idee ⑧ (*umgangssprr*) *Musik:* fetzig

wild² [waɪld] ① die Wildnis, die [freie] Natur; **in the wild** in der Wildnis; **in the wilds of Scotland** im tiefsten Schottland ② **to observe an**

animal in the wild ein Tier in freier Wildbahn beobachten

wild boar das Wildschwein

wil·der·ness ['wɪldənəs] <*Plural* wildernesses> (*auch übertragen*) die Wildnis

wild·fire ['waɪldˌfaɪəʳ] **to spread like wildfire** sich wie ein Lauffeuer verbreiten

wild goose <*Plural* wild geese> die Wildgans

wild-goose chase (*übertragen*) das vergebliche Bemühen

wild·life ['waɪldlaɪf] die Tierwelt

wild·ly ['waɪldli] *Benehmen:* wütend, stürmisch

wil·ful ['wɪlfl] ① absichtlich, vorsätzlich ② *Kind:* eigensinnig

will[1] [wɪl] <would, would> ① *zur Bildung des Futurs* werden; **I will go there tomorrow** ich werde morgen dort hingehen; **will you come with me?** wirst du mit mir [mit]kommen? ② (*Bereitschaft*) **this window won't open** dieses Fenster lässt sich nicht öffnen; **he won't let me in** er lässt mich nicht hinein; **I won't be a minute** ich bin gleich wieder da ③ *betonend* **he will keep interrupting me** er muss mich dauernd unterbrechen ④ *mahnend* **will you be quiet!** sei gefälligst ruhig! ⑤ *bittend* **open the door, will you?** mach bitte die Tür auf; **will you get me some eggs please?** holst du mir bitte ein paar Eier?

> **G** Die Kurzform für **I will** heißt **I'll**; für **you will — you'll** ... **they will — they'll**; für **will not – won't**.

will[2] [wɪl] ① der Wille; **against someone's will** gegen jemandes Willen; **of one's own free will** aus freiem Willen; **to do someone's will** jemandem seinen Willen tun; **to have a will of one's own** einen eigenen Willen haben; **will to live** Lebenswille ② **at will** nach Wunsch [*oder* Belieben] ③ **last will and testament** der Letzte Wille, das Testament ▸WENDUNGEN: **where there's a will there's a way** wo ein Wille ist, ist auch ein Weg

will·ful (USA) ① absichtlich, vorsätzlich ② *Kind:* eigensinnig

will·ing ['wɪlɪŋ] ① willig, geneigt ② bereitwillig ③ **God willing** so Gott will

will·ing·ly ['wɪlɪŋli] gern[e]; (*aus freien Stücken*) freiwillig

will·ing·ness ['wɪlɪŋnəs] die Bereitwilligkeit, die Bereitschaft

wil·low ['wɪləʊ] (*Baum*) die Weide

wil·lowy ['wɪləʊi] (*übertragen*) *Mann, Frau:* schlank, graziös

will pow·er ['wɪlˌpaʊəʳ] die Willenskraft

to **wilt** [wɪlt] ① [ver]welken ② (*übertragen*) müde werden

wily ['waɪli] verschlagen

wimp [wɪmp] (*abwertend umgangssprachlich*) der Waschlappen, der Schlappschwanz

win [wɪn] der Sieg

to **win** [wɪn] <won, won> ① gewinnen, siegen; erringen *Sieg;* **to win hands down** (*umgangsspr*) leichtes Spiel haben ② **you can't win** (*übertragen*) man macht's doch immer falsch ③ bekommen *Vertrag, Stipendium* ④ gewinnen *Rohstoff*

◆to **win over**, to **win round** für sich gewinnen, bekehren

◆to **win through** ① sich durchsetzen ② *Patient:* durchkommen ③ **we'll win through** wir werden es schaffen

to **wince** [wɪn(t)s] zusammenzucken (**at** bei)

wind [wɪnd] ① der Wind ② der Atem; **to get one's second wind** wieder zu Atem kommen ③ die Blähungen; **to break wind** einen fahren lassen ▸WENDUNGEN: **to get wind of something** von etwas Wind kriegen; **to see which way the wind blows** sehen, woher der Wind weht; **to take the wind out of someone's sails** jemandem den Wind aus den Segeln nehmen; **to put the wind up someone** (*umgangsspr*) jemandem Angst machen

to **wind** [waɪnd] <wound, wound> ① drehen, kurbeln ② wickeln (**round** um) ③ aufziehen *Uhr* ④ *Weg, Straße:* sich winden (**about/around** um), sich schlängeln

> **G** Richtiges Konjugieren von **wind**: wind, wound, wound — *Mr Brown wound the wool into a ball; have you wound the old clock?*

◆to **wind back** zurückspulen *Film*

◆to **wind down** ① herunterkurbeln *Scheibe* ② reduzieren *Produktion* ③ *Uhr:* ablaufen ④ (*übertragen*) *Mensch:* sich beruhigen

◆to **wind on** weiterspulen *Film*

◆to **wind up** ① aufwickeln, hochwinden ② aufziehen *Uhr* ③ auflösen *Geschäft* ④ zu Ende bringen *Diskussion;* abschließen *Rede* ⑤ (*umgangsspr*) enden, landen; **you'll wind up losing your job** am Ende hast du keinen Job mehr ▸WENDUNGEN: **to wind someone up** jemanden aufziehen; **he got wound up about it** er regte sich darüber auf

wind·break ['wɪndbreɪk] der Windschutz

wind en·er·gy die Windenergie

wind·fall ['wɪndfɔːl] ① das Fallobst ② (*übertragen*) der unverhoffte Glücksfall, der Gewinn

wind farm die Windfarm

wind·ing ['waɪndɪŋ] sich windend, sich schlängelnd

wind in·stru·ment ['wɪnd 'ɪnstrʊmənt] das Blasinstrument

wind·mill ['wɪndmɪl] die Windmühle

win·dow ['wɪndəʊ] ① das Fenster ② (*in Theater, Bank*) der Schalter ③ **shop window** das Schaufenster, die Auslage

win·dow box der Blumenkasten
win·dow clean·er der Fensterputzer/die Fensterputzerin
win·dow pane die Fensterscheibe
win·dow-shop·ping *kein Plural* der Schaufensterbummel; **to go window shopping** einen Schaufensterbummel machen
win·dow sill die Fensterbank, das Fenstersims
wind pow·er die Windkraft
wind·screen ['wɪndskriːn] die Windschutzscheibe
wind·screen wip·er der Scheibenwischer
wind·shield USA die Windschutzscheibe
wind·shield wip·er USA der Scheibenwischer
wind·surf·er ['wɪn(d),sɜːfəʳ] der Windsurfer/die Windsurferin
wind·surf·ing ['wɪn(d),sɜːfɪŋ] das Windsurfen; **to go windsurfing** windsurfen
wind tur·bine die Windturbine
windy ['wɪndi] ① windig ② (*übertragen*) *Mensch, Rede:* langatmig
wine [waɪn] der Wein
wine cool·er der Weinkühler, der Sektkühler
wine glass das Weinglas
wine list die Weinkarte
wine tast·ing die Weinprobe
wine wait·er der Weinkellner/die Weinkellnerin
wing [wɪŋ] ① der Flügel ② *Flugzeug:* die Tragfläche ③ *Auto:* der Kotflügel
wing·er ['wɪŋəʳ] der Außenstürmer/die Außenstürmerin, der Flügelstürmer/die Flügelstürmerin
to **wink** [wɪŋk] ① [mit den Augen] zwinkern; **to wink at someone** jemandem zuzwinkern [*oder* zublinzeln] ② *Stern:* flimmern
wink [wɪŋk] das Blinzeln, das Zwinkern ▶ WENDUNGEN: **in the wink of an eye** augenblicklich; **to not sleep a wink** [*oder* **not get a wink of sleep**] kein Auge zutun
win·ner ['wɪnəʳ] ① der Gewinner/die Gewinnerin, der Sieger/die Siegerin ② (*umgangsspr*) **a winner** eine todsichere Sache
win·ning[1] ['wɪnɪŋ] ① siegreich; **winning ticket** das Gewinnlos ② (*übertragen*) *Lächeln:* gewinnend
win·ning[2] ['wɪnɪŋ] **winnings** der [Geld]gewinn
win·ter ['wɪntəʳ] der Winter
to **win·ter** ['wɪntəʳ] überwintern (**in/at** in)
win·ter coat ① der Wintermantel ② *von Tieren:* das Winterfell
win·ter sea·son die Wintersaison
win·ter sports *Plural* der Wintersport
win·t(e)ry ['wɪntri] winterlich
wipe [waɪp] das [Ab]wischen; **to give something a wipe** etwas abwischen [*oder* putzen]
to **wipe** [waɪp] ① [ab]wischen; **to wipe dry** abtrocknen ② **wipe your nose** putz dir die Nase
◆ to **wipe down** [nass] abwischen
◆ to **wipe off** wegwischen, abwischen
◆ to **wipe out** ① auslöschen, völlig vernichten *Volk* ② wegwischen *Schrift*
◆ to **wipe up** abtrocknen *Geschirr*
wip·er ['waɪpəʳ] der Scheibenwischer
wip·er blade das Wischerblatt
wire ['waɪəʳ] ① der Draht ② USA das Telegramm
to **wire** ['waɪəʳ] ① mit Draht befestigen ② (*technisch*) eine Leitung legen in ③ USA **to wire someone** jemandem ein Telegramm schicken
wire fence der Drahtzaun
wire·less[1] ['waɪələs] <*Plural* wirelesses> GB ① der Radioapparat, das Radio ② *kein Plural* **on the wireless** im Rundfunk
wire·less[2] ['waɪələs] drahtlos; (*Radio*) Funk-, Radio-
wis·dom ['wɪzdəm] die Weisheit, die Klugheit
wis·dom tooth <*Plural* wisdom teeth> der Weisheitszahn
wise [waɪz] ① weise, klug, vernünftig; **to be none the wiser for something** durch etwas nicht schlauer geworden sein ② **to be wise to something** (*umgangsspr*) über etwas im Bilde sein; **to get wise to something** (*umgangsspr*) von etwas eine Ahnung bekommen
wise guy (*umgangsspr*) der/die Neunmalkluge, der Angeber
to **wish** [wɪʃ] ① [sich] wünschen, wollen ② **to wish someone [good] luck** jemandem Glück wünschen; **to wish someone well/ill** jemandem wohlwollen/übelwollen; **to wish someone happy birthday** jemandem zum Geburtstag gratulieren
wish [wɪʃ] <*Plural* wishes> der Wunsch; **with best wishes** mit herzlichen Glückwünschen
wish·ful ['wɪʃfᵊl] **wishful thinking** das Wunschdenken
wisp [wɪsp] *von Gras, Korn:* das [kleine] Büschel; **wisp of hair** die Haarsträhne
wispy ['wɪspi] klein, dünn
wist·ful ['wɪs(t)fᵊl] sehnsuchtsvoll, sehnsüchtig
wit [wɪt] ① **wits** *Plural* der Verstand, die geistigen Fähigkeiten; **to be at one's wits' end** mit seiner Kunst am Ende sein; **to have** [*oder* **keep**] **one's wits about one** einen klaren Kopf behalten; **scared out of one's wits** verrückt vor Angst ② der Geist, der Witz ③ der witzige Kopf
witch [wɪtʃ] <*Plural* witches> die Hexe
witch·craft ['wɪtʃkrɑːft] die Hexerei, die Zauberei
witch doc·tor der Medizinmann
witch-hunt die Hexenverfolgung
with [wɪθ] ① mit; **his hat doesn't go with his coat** sein Hut passt nicht zu seinem Mantel; **to be in with a group** eng mit einer Gruppe verbunden sein; **are you still with me?** sind Sie mitgekommen?; **with that, he left** und damit ging er weg ② bei; **with the window open** bei

offenem Fenster; **with all his faults** bei all seinen Fehlern; **have you got a pen with you?** hast du einen Stift dabei? ③ vor; **with anger/love** vor Ärger/Liebe ④ **to be with it** (*umgangsspr*) auf Draht sein ⑤ **to part with** sich trennen von ⑥ **to handle with care** vorsichtig behandeln

to **with·draw** [wɪð'drɔː] <withdrew, withdrawn> ① zurückziehen, zurücknehmen *Angebot* ② abheben *Geld* ③ sich zurückziehen ④ **to withdraw a child from school** ein Kind von der Schule nehmen ⑤ zurücktreten

with·draw·al [wɪð'drɔːᵊl] ① *von Angebot:* die Zurücknahme, die Zurückziehung ② *von Geld:* die Abhebung, die Entnahme ③ der Rücktritt (**from** von) ④ (*militärisch*) der Rückzug ⑤ (*aus der Gesellschaft*) der Ausstieg

with·draw·al symp·toms *Plural* die Entzugserscheinungen

to **with·hold** [wɪθ'həʊld] <withheld, withheld> ① zurückhalten ② **to withhold something from someone** jemandem etwas vorenthalten

with·in [wɪ'ðɪn] ① in ② *zeitlich* binnen ③ **within one's income** im Rahmen seines Einkommens ④ **to be within walking distance** zu Fuß erreichbar sein ⑤ **within reach/sight** in Reichweite/Sichtweite

with·out [wɪ'ðaʊt] ohne; **without saying a word** ohne ein Wort zu sagen

to **with·stand** [wɪð'stænd, wɪθ-] <withstood, withstood> sich widersetzen, widerstehen

wit·less ['wɪtləs] dumm; *Person auch:* einfältig; **to be scared witless** Todesängste ausstehen

wit·ness ['wɪtnəs] <*Plural* witness> ① das Zeugnis ② der Zeuge/die Zeugin (**to** für); **to call as a witness** als Zeugen benennen [*oder* vorladen]

to **wit·ness** ['wɪtnəs] ① bezeugen ② beglaubigen *Urkunde* ③ Augenzeuge sein

wit·ness stand, (USA) **wit·ness box** der Zeugenstand

wit·ty ['wɪti] geistreich, witzig

wives [waɪvz] *Pluralform von* **wife**

wiz·ard ['wɪzəd] ① der Zauberer, der Hexenmeister ② das Genie

WMD [ˌdʌbljuːem'diː] *Abkürzung von* **weapons of mass destruction** die Massenvernichtungswaffen

to **wob·ble** ['wɒbl̩] wackeln, [sch]wanken

wob·bly ['wɒbl̩i] schwankend, wack[e]lig

wok [wɒk] der Wok

woke [wəʊk] *2. Form von* **wake**

wok·en [wəʊkᵊn] *3. Form von* **wake**

wolf [wʊlf, *Plural* wʊlvz] <*Plural* wolves> der Wolf ▶ WENDUNGEN: **to cry wolf** blinden Alarm schlagen

◆ to **wolf down** hinunterschlingen

wolves [wʊlvz] *Pluralform von* **wolf**

wom·an ['wʊmən, *Plural* wɪmɪn] <*Plural* women> die Frau

> **V** **women** ist die Pluralform von **a woman** (= Frau): *There were four women working in the office.*

womb [wuːm] die Gebärmutter

wom·en ['wɪmɪn] *Pluralform von* **woman**

wom·en's lib [-'lɪb] (*umgangsspr*) die Frauenrechtsbewegung

won [wʌn] *2. und 3. Form von* **win**

won·der ['wʌndəʳ] ① die Verwunderung, das Erstaunen; **in wonder** voller Staunen ② das Wunder; **to do** [*oder* **work**] **wonders** Wunder wirken; [**it's**] **no wonder that ...** [es ist] kein Wunder, dass ...; **wonders will never cease!** es geschehen noch Zeichen und Wunder!

to **won·der** ['wʌndəʳ] ① sich fragen, gespannt sein; **to wonder why** sich fragen, warum; **to wonder what/how** gespannt sein, was/wie; **I wonder!** na ja, mal sehen! ② sich wundern; **to wonder at something** sich über etwas wundern ③ **it set him wondering** das gab ihm zu denken; **I was just wondering** das war nur so ein Gedanke; **to wonder about something** sich über etwas Gedanken machen ④ **I was wondering if you would like one** möchten Sie vielleicht eins?

won·der·ful ['wʌndəfᵊl] wundervoll, wunderbar

won·der·land ['wʌndəlænd] ① das Wunderland, das Zauberland ② (*übertragen*) das Paradies

won·ky ['wɒŋki] (*umgangsspr*) wack[e]lig, kipp[e]lig

won't [wəʊnt] *Kurzform von* **will not**

to **woo** [wuː] ① (*romantisch werben*) **to woo someone** jemandem den Hof machen ② umwerben; **to woo someone away** jemanden abwerben

wood[1] [wʊd] ① das Holz ② der Wald ③ **from the wood** *Bier:* vom Fass ▶ WENDUNGEN: **touch wood!** auf Holz geklopft!; **out of the wood**[**s**] über den Berg

wood[2] [wʊd] hölzern, Holz-

wood·ed ['wʊdɪd] bewaldet

wood·en ['wʊdᵊn] hölzern; **wooden floor** der Holzfußboden

wood·land ['wʊdlænd] das Waldland

wood·peck·er ['wʊdˌpekəʳ] der Specht

wood·wind ['wʊdwɪnd] ① das Holzblasinstrument ② **the woodwind** die Holzbläser

wood·work ['wʊdwɜːk] ① die Holzarbeit; **woodwork classes** ≈ der Werkunterricht ② die hölzernen Bauteile, das Balkenwerk

wood·worm ['wʊdwɜːm] <*Plural* woodworm> der Holzwurm

woody ['wʊdi] ① bewaldet ② holzig

W

to woof [wʊf] bellen; **"woof, woof"** „wau, wau"

wool [wʊl] die Wolle ▸ WENDUNGEN: **to pull the wool over someone's eyes** jemandem etwas vormachen

wool·len, (USA) **wool·en** ['wʊlən] wollen; **woollen goods** *Plural* die Wollwaren, die Wollsachen

wool·ly¹ ['wʊli] ① wollen ② wollig ③ (*übertragen*) nebelhaft; *Gedanke, Äußerung:* verworren

wool·ly² ['wʊli] das wollene Kleidungsstück

Worces·ter sauce [ˌwʊstərˈsɔːs], **Worces·ter·shire sauce** [ˌwʊstəʃərˈ-] (USA) die Worcestersoße

word [wɜːd] ① das Wort; **in a** [*oder* **one**] **word** mit einem Wort; **in other words** mit anderen Worten; **in so many words** ausdrücklich; **to have the last word** das letzte Wort haben; **to put into words** in Worte kleiden ② die kurze Äußerung [*oder* Bemerkung] (**about** über); **to have a word with someone** kurz mit jemandem sprechen ③ (*Versprechen*) **to break/give/keep one's word** sein Wort brechen/geben/halten; **to take someone at his word** jemanden beim Wort nehmen; **he is as good as his word** man kann sich auf ihn verlassen ④ **by word of mouth** mündlich ⑤ (*gehoben*) **to have word from someone** von jemandem Nachricht haben; **to leave word** eine Nachricht hinterlassen (**with** bei) ⑥ **to have words with someone** sich mit jemandem streiten ⑦ **words** *eines Lieds, Gedichts:* der Text

to word [wɜːd] in Worte kleiden, formulieren

word·ing ['wɜːdɪŋ] die Formulierung, der Wortlaut

word or·der die Wortstellung

word pro·ces·sor das Textverarbeitungssystem

wordy ['wɜːdi] wortreich

wore [wɔːr] *2. Form von* **wear**

work [wɜːk] ① die Arbeit; **at work** bei der Arbeit; **casual work** die Gelegenheitsarbeit; **clerical** [*oder* **office**] **work** die Schreibarbeit, die Büroarbeit; **fit for work** arbeitsfähig; **to be in work** Arbeit [*oder* eine Stelle] haben; **to be out of work** arbeitslos sein ② die [Arbeits]leistung; **his work is very thorough** er arbeitet sehr gründlich ③ (*geistlich*) das Werk; **works of Shakespeare** die Werke von Shakespeare; **work of art** das Kunstwerk ▸ WENDUNGEN: **to have one's work cut out** schwer arbeiten müssen; **to make light work of something** mit etwas leicht fertig werden; **to make short work of** kurzen Prozess machen mit

to work [wɜːk] ① arbeiten; **who does he work for?** wo ist er beschäftigt?, bei wem arbeitet er?; **she works at the hospital** sie arbeitet im Krankenhaus; **to work towards something** auf etwas hinarbeiten; **to work oneself hard** hart arbeiten, sich viel abverlangen; **to work one's way through something** sich durch etwas durcharbeiten ② *Gerät, Plan:* funktionieren; **it won't work** das klappt nicht; **he worked it so that we could finish early** (*umgangsspr*) er hat es fertiggebracht, dass wir früher aufhören konnten ③ *Pläne:* glücken, gelingen ④ **to work loose** lose werden, abgehen, sich lösen ⑤ bedienen *Maschine* ⑥ bewirtschaften *Gut*

◆ **to work away** **to work away** [**at something**] [an etwas] vor sich hinarbeiten

◆ **to work in** ① **she's worked in well with the team** sie hat sich bei dem Team gut eingearbeitet ② einbauen *Idee, Vorschlag* (**with** in)

◆ **to work off** ① sich losmachen ② abarbeiten; loswerden *Energie, Kopfschmerzen;* abreagieren *Gefühl*

◆ **to work on** ① weiterarbeiten ② **to work on something** an etwas arbeiten *Projekt, Idee usw.* ③ **to work** [**up**]**on someone** Einfluss ausüben auf jemanden; **she worked on him until he changed his mind** sie bearbeitete ihn, bis er seine Meinung änderte ④ ausgehen von *einer Idee, Zahlen*

◆ **to work out** ① ausrechnen ② ausarbeiten, entwickeln *Plan, Idee* ③ (*übertragen*) sich zusammenreimen ④ (*mathematisch*) lösen ⑤ (*umgangssp*r) *Aufgabe, Rätsel:* aufgehen ⑥ **to work someone out** jemanden verstehen, aus jemandem schlau werden ⑦ funktionieren, klappen; **things didn't work out** es ist schiefgegangen ⑧ (*sportlich*) trainieren

◆ **to work over** ① überarbeiten ② **to work someone over** jemanden zusammenschlagen

◆ **to work up** ① aufpeitschen; **to work oneself up** sich aufregen; **to get worked up about something** sich über etwas aufregen; **to work up to something** auf etwas hinauswollen, etwas im Sinn haben; **to work up to a climax** sich zu einem Höhepunkt steigern ② aufbringen *Begeisterung;* entwickeln *Appetit;* zum Erfolg bringen *Geschäft* ③ **to work one's way up** sich hocharbeiten

work·bench ['wɜːkbentʃ] die Werkbank

work·book ['wɜːkbʊk] das Arbeitsheft

work·day ['wɜːkdeɪ] der Arbeitstag, der Werktag; **on workdays** an Werktagen, werktags

work·er ['wɜːkər] der Arbeiter/die Arbeiterin, der Arbeitnehmer/die Arbeitnehmerin; **factory** [*oder* **industrial**] **worker** der Fabrikarbeiter/die Fabrikarbeiterin

work·force ['wɜːkfɔːs] *eines Werks:* die Belegschaft; *eines Landes:* die Arbeitskräfte

work·ing ['wɜːkɪŋ] ① arbeitend, werktätig, berufstätig ② *Bedingungen, Kleidung:* Arbeits-; **working day** der Arbeitstag, der Werktag; **working hours** die Arbeitszeit; **working lunch** das Arbeitsessen; *Hypothese, Modell:* Ar-

W

beits-; *Mehrheit:* arbeitsfähig (3) **in working order** gebrauchsfähig, betriebsfähig (4) **a working knowledge of computers** die Grundkenntnisse am Computer

work·ing-class der Arbeiterklasse, Arbeiter-

work·ing class die Arbeiterklasse

work·load ['wɜːkləʊd] die Arbeitslast

work·man ['wɜːkmən] <*Plural* workmen> der Handwerker

work·man·like ['wɜːkmənlaɪk] fachmännisch

work·man·ship ['wɜːkmənʃɪp] die Arbeitsausführung, die Qualität

work of art das Kunstwerk

work·out ['wɜːkaʊt] das Training

work per·mit die Arbeitserlaubnis

work·place ['wɜːkpleɪs] der Arbeitsplatz

works [wɜːks] *Plural* (1) (*technisch*) das Getriebe, das Uhrwerk (2) ⚠ *mit Singular* die Anlage, das Werk, die Fabrik; **public works** die Stadtwerke, die Versorgungswerke ▶ WENDUNGEN: **the works** (*umgangsspr*) das ganze Drum und Dran

works com·mit·tee, **works coun·cil** der Betriebsrat

work·sheet ['wɜːkshiːt] das Arbeitsblatt

work·shop ['wɜːkʃɒp] (1) die Werkstatt, die Werkstätte (2) die Arbeitsgruppe, der Workshop

works man·ag·er der Betriebsleiter/die Betriebsleiterin

works out·ing der Betriebsausflug

work·sta·tion ['wɜːksteɪʃᵊn] der Arbeitsplatz, die Fertigungsstation; (*in der Informatik*) die Workstation

work·top die Arbeitsplatte

world [wɜːld] die Welt; **in the world** auf der Welt; **all over the world** auf der ganzen Welt; **it's not the end of the world** deshalb geht die Welt nicht unter; **to come** [*oder* **go**] **down in the world** herunterkommen; **to go up in the world** es zu etwas bringen; **to go round the world** eine Weltreise machen; **a man of the world** ein Mann von Welt ▶ WENDUNGEN: **they are worlds apart** zwischen ihnen liegen Welten; **out of this world** (*umgangsspr*) sagenhaft; **to feel on top of the world** sich nicht besser fühlen können; **to have the best of both worlds** auf nichts verzichten müssen [*oder* können]; **to think the world of someone** große Stücke auf jemanden halten; **what in the world?** was in aller Welt?

W

World Bank [ˌwɜːld'bæŋk] die Weltbank

World Cup die Fußballweltmeisterschaft

world-fa·mous weltberühmt

world·ly ['wɜːldli] weltlich, irdisch, diesseitig, weltzugewandt

world rec·ord der Weltrekord

world war der Weltkrieg

world·wide [ˌwɜːld'waɪd] weltweit; **worldwide sales** der Weltumsatz

World Wide Web ['wɜːldˌwaɪd'web] (*in der Informatik*) **the World Wide Web** das World Wide Web, das Internet

worm [wɜːm] der Wurm

to **worm** [wɜːm] mit einem Wurmmittel behandeln *Tier* ▶ WENDUNGEN: **to worm information out of someone** Informationen aus jemandem herauslocken; **to worm oneself** [*oder* **one's way**] **in**[**to**] sich einschleichen in

worn [wɔːn] *3. Form von* **wear**

worn-out [ˌwɔːn'aʊt] (1) *Gegenstand:* verbraucht, abgenutzt (2) *Kleidung:* abgetragen (3) *Mensch:* erschöpft (4) (*übertragen*) *Phrase:* abgedroschen

wor·ried ['wʌrɪd] besorgt, beunruhigt (**about** über)

to **wor·ry** ['wʌri] (1) **to worry someone** jemanden beunruhigen, jemandem Sorgen machen (2) besorgt sein, sich Sorgen machen (**about** um); **don't worry!** machen Sie sich keine Sorgen! (3) **to worry someone with something** jemanden wegen etwas stören [*oder* belästigen]

wor·ry ['wʌri] die Sorge

wor·ry·ing ['wʌriɪŋ] beunruhigend

worse[1] [wɜːs] *Komparativ von* **bad, badly** (1) schlechter, übler; **you're worse than I am!** du bist noch schlimmer als ich!; **to go from bad to worse** immer schlimmer werden (2) **to be worse off** schlechter dran sein

worse[2] [wɜːs] das Schlimmere; **he's none the worse for it** es hat ihm nichts geschadet; **a change for the worse** eine Wendung zum Schlechteren

to **wors·en** ['wɜːsᵊn] [sich] verschlimmern, [sich] verschlechtern

wor·ship ['wɜːʃɪp] (1) die Verehrung, die Anbetung (2) der Gottesdienst

to **wor·ship** ['wɜːʃɪp] <worshipped *oder* USA worshiped, worshipped *oder* USA worshiped> (1) verehren, anbeten (2) vergöttern (3) den Gottesdienst abhalten

worst[1] [wɜːst] *Superlativ von* **bad, badly** schlechteste(r, s), übelste(r, s), schlimmste(r, s), am schlimmsten; **she sang the worst** sie sang am schlechtesten

worst[2] [wɜːst] das Schlechteste, das Schlimmste; **at** [**the**] **worst** schlimmstenfalls; **we saw him at his worst** wir sahen ihn im ungünstigsten Moment; **if the worst comes to the worst** im allerschlimmsten Fall; **the worst of it is that ...** das Schlimmste daran ist, dass ...; **the worst is yet to come** das dicke Ende kommt noch

worth[1] [wɜːθ] der Wert; **a dollar's worth of apples** für einen Dollar Äpfel; **did you get your money's worth?** sind Sie auf Ihre Kosten gekommen?

worth[2] [wɜːθ] wert; **it's worth a lot of money**

es ist viel Geld wert; **it's not worth it!** es lohnt sich nicht!; **it's worth the trouble** die Mühe lohnt sich; **it's worth a lot to me** es ist mir viel wert; (*übertragen*) es bedeutet mir sehr viel; **worth reading/seeing/mentioning** lesenswert/sehenswert/der Rede wert; **he shouted for all he was worth** er schrie mit ganzer Kraft

worth·less ['wɜːθləs] wertlos

worth·while [ˌwɜːθ'(h)waɪl] lohnend; **to be worthwhile** sich lohnen, der Mühe wert sein

worthy ['wɜːði] würdig, wert

would [wʊd] ① *zur Bildung des Konditionals* **she would prefer tea** sie hätte lieber Tee; **they said they would leave early** sie sagten, sie würden früh losfahren; **we would have eaten it if ...** wir hätten es gegessen, wenn ...; **would he do it?** würde er es vielleicht tun?; **would he have done it?** hätte er es getan?; **how would she know?** wie will sie das wissen?; **I wouldn't know** was weiß ich ② *betont* **but he would do it** aber er musste es unbedingt machen; **you would be the one who ...** typisch, dass ausgerechnet du ...; **he would, wouldn't he?** das sieht ihm ähnlich ③ *vergangene Gewohnheit* **he would go there every year** er fuhr jedes Jahr dahin ④ *Bereitschaft* **the car wouldn't start** das Auto wollte nicht anspringen; **they would rather not speak to him** sie würden lieber nicht mit ihm sprechen ⑤ **who would have thought it?** wer hätte das gedacht?; **you would think ...** man sollte meinen ...

> **G** Die Kurzform für **I would** heißt **I'd**; für **you would — you'd**; für **they would — they'd**; für **would not — wouldn't**.

would-be ['wʊdbiː] **a would-be musician** ein Möchtegernmusiker

wouldn't ['wʊdᵊnt] *Kurzform von* **would not**

to **wound** [wuːnd] verwunden, verletzen

wound[1] [waʊnd] die Wunde

wound[2] [waʊnd] *2. und 3. Form von* **wind**

wound·ed ['wuːndɪd] ① (*im Kampf*) verwundet, verletzt ② *Eitelkeit:* gekränkt

wove [wəʊv] *2. Form von* **weave**

wov·en ['wəʊvᵊn] *3. Form von* **weave**

wow [waʊ] (*umgangsspr*) **wow!** wow!, toll!

to **wow** [waʊ] (*umgangsspr*) **to wow someone** jemanden hinreißen

wow [waʊ] (*umgangsspr*) toll, wow

to **wrap** [ræp] <wrapped, wrapped> ① **to wrap something [up]** etwas einwickeln [*oder* verpacken] (**in** in) ② wickeln (**round** um)

wrap [ræp] das Umschlagtuch; **to take the wraps off something** etwas der Öffentlichkeit vorstellen; **under wraps** versteckt, geheim

◆ to **wrap up** ① einpacken ② (*umgangsspr*) unter Dach und Fach bringen ③ **to wrap up [warm]** sich warm anziehen ④ **wrap up!** (*umgangsspr*) halt den Mund! ⑤ **to be wrapped up in something** ganz in etwas aufgehen, von etwas völlig in Anspruch genommen sein

wrap·per ['ræpəʳ] ① die Verpackung, das Papier ② *von Buch:* der Schutzumschlag

wrap·ping pa·per ① das Packpapier ② das Geschenkpapier

wreath [riːθ] der Kranz

wreck [rek] ① (*Schiff*) das Wrack ② (*übertragen: Mensch*) das [elende] Wrack

to **wreck** [rek] ① zerstören, zertrümmern ② (*übertragen*) ruinieren, zu Grunde richten ③ vernichten *Pläne*

wreck·age ['rekɪdʒ] die Trümmer

wren [ren] (*Vogel*) der Zaunkönig

wrench [ren(t)ʃ] <*Plural* wrenches> ① (*technisch*) der Schraubenschlüssel ② der [plötzliche] Ruck ③ (*übertragen*) der Abschiedsschmerz

to **wrench** [ren(t)ʃ] ① **to wrench something away from someone** jemandem etwas entreißen ② (*medizinisch*) verrenken, verstauchen

to **wres·tle** ['resḷ] ① (*Sport*) ringen; **to wrestle [with someone]** [mit jemandem] ringen ② (*übertragen*) sich herumschlagen, sich abquälen (**with** mit)

wres·tler ['resḷəʳ] der Ringkämpfer/die Ringkämpferin

wres·tling ['resḷɪŋ] das Ringen

wres·tling match der Ringkampf

wretch·ed ['retʃɪd] ① elend, erbärmlich ② *Wetter:* scheußlich ③ (*umgangsspr*) **this wretched computer!** dieser verdammte Computer!

to **wrig·gle** ['rɪgḷ] sich unruhig hin- und herbewegen

◆ to **wriggle out** ▶ WENDUNGEN: **to wriggle out of something** sich bei etwas drücken

to **wring** [rɪŋ] <wrung, wrung> ① **to wring one's hands** die Hände ringen; (*auch übertragen*) umdrehen *Hals* ② **could you wring out the cloth?** kannst du das Tuch auswringen?

wrin·kle ['rɪŋkḷ] ① (*auf der Haut*) die Falte, die Runzel ② der Kniff

to **wrin·kle** ['rɪŋkḷ] ① *Stoff:* [zer]knittern ② runzeln *Stirn;* rümpfen *Nase*

wrin·kled ['rɪŋkḷd] ① *Haut:* runz[e]lig, faltig ② *Stoff:* zerknittert

wrin·kly ['rɪŋkli] (*umgangsspr: älterer Mensch*) der Grufti

wrist [rɪst] das Handgelenk

wrist·band ① das Armband ② das Schweißband

wrist·watch ['rɪstwɒtʃ] die Armbanduhr

to **write** [raɪt] <wrote, written> ① schreiben; **to write in full** ausschreiben ② aufzeichnen, verfassen ③ ausstellen *Scheck, Bescheinigung* ④ aufsetzen *Vertrag*

W

◆ to **write back** zurückschreiben

◆ to **write down** niederschreiben, aufschreiben

◆ to **write in** ① eintragen ② **to write in for something** etwas anfordern ③ (USA) ausfüllen *Wahlschein*

◆ to **write off** ① **to write off for something** etwas anfordern ② abschreiben *Schulden* ③ zu Schrott fahren; als Totalschaden abschreiben *Auto*

◆ to **write out** ① [voll] ausschreiben *Namen* ② ausstellen *Scheck, Quittung*

◆ to **write up** ① *Journalist:* berichten über ② ausarbeiten *Notizen*

write-off ['raɪtɒf] (*Auto*) der Totalschaden

writ·er ['raɪtəʳ] ① *von Brief usw.:* der Schreiber/die Schreiberin, der Verfasser/die Verfasserin ② der Schriftsteller/die Schriftstellerin

write-up ['raɪtʌp] der Pressebericht

writ·ing ['raɪtɪŋ] ① das Schreiben, das Schriftstück; **in writing** schriftlich; **to put in writing** niederschreiben ② die Handschrift ③ die Schriftstellerei

writ·ing desk der Schreibtisch

writ·ing pa·per das Schreibpapier

writ·ten¹ ['rɪtᵊn] *3. Form von* **write**

writ·ten² ['rɪtᵊn] schriftlich; *Wort:* geschrieben; **written language** die Schriftsprache

wrong¹ [rɒŋ] ① falsch, nicht richtig; **to do something wrong** etwas falsch [*oder* verkehrt] machen; **to get something/someone wrong** etwas/jemanden falsch verstehen ② unrecht, unangebracht; **to be wrong** Unrecht haben, sich irren ③ **wrong side out** mit der Innenseite nach außen ④ **there's something wrong with the copier** mit dem Kopierer stimmt etwas nicht; **what's wrong?** stimmt etwas nicht?; **to go wrong** schiefgehen, scheitern, nicht richtig funktionieren ⑤ **sorry, wrong number!** Sie haben sich verwählt!, Entschuldigung, ich habe mich verwählt! ► WENDUNGEN: **to get on the wrong side of someone** sich jemanden zum Gegner machen; **to get on the wrong side of the law** mit dem Gesetz in Konflikt kommen

wrong² [rɒŋ] das Unrecht, die Ungerechtigkeit; **to be in the wrong** im Unrecht sein; **to do wrong** Unrecht tun, sich etwas zuschulden kommen lassen

wrong·ful ['rɒŋfᵊl] ungerechtfertigt; **wrongful dismissal** die unrechtmäßige Entlassung

wrong·ly ['rɒŋli] falsch, zu Unrecht, fälschlicherweise

wrote [rəʊt] *2. Form von* **write**

wrung [rʌŋ] *2. und 3. Form von* **wring**

wry [raɪ] ironisch; **to make a wry face** das Gesicht verziehen; **a wry sense of humour** ein trockener Humor

WSW *Abkürzung von* **west-southwest** WSW

wuss (*abwertend umgangsspr*) der Waschlappen, der Schlappschwanz

WWW [ˌdʌblju:dʌblju:'dʌblju:] *Abkürzung von* **World Wide Web** WWW

W

Xx

X <*Plural* X's oder Xs>, **x** [eks] <*Plural* x's> ① X, x; **x marks the spot where ...** die Stelle, an der ..., ist angekreuzt ② (*Mathematik*) x, die unbekannte Größe ③ (*unbekannt*) **x number of people** x Leute; **Mrs. X** Frau X ④ (*umgangsspr: in Briefen nach Namen*) Küsschen

xeno·pho·bia [ˌzenə(ʊ)'fəʊbiə] die Fremdenfeindlichkeit

Xmas ['krɪs(t)məs, 'eksməs] <*Plural* xmases> (*umgangsspr*) Weihnachten

> **L** Das X von **Xmas** ist eigentlich der griechische Buchstabe *chi*. Er wurde in frühchristlicher Zeit zusammen mit *rho* als eine Abkürzung für Christus verwendet. In Großbritannien wird Xmas als Abkürzung für **Christmas** (Weihnachten) benutzt.

X-ray ['eksreɪ] die Röntgenaufnahme; **to take an X-ray of someone** jemanden röntgen; **to have an X-ray** geröntgt werden

to **X-ray** ['eksreɪ] röntgen, durchleuchten

xy·lo·phone ['zaɪləfəʊn] das Xylophon

Yy

Y <*Plural* Y's oder Ys>, **y** [waɪ] <*Plural* y's> ① Y, y ② (*Mathematik*) y, die zweite Unbekannte; **y-axis** die y-Achse

yacht [jɒt] die [Segel]jacht, die Motorjacht, die Yacht

yacht·ing ['jɒtɪŋ] das Segeln; **to go yachting** segeln gehen

yachts·man ['jɒtsmən] <*Plural* yachtsmen> der Segler

yachts·wom·an ['jɒtswʊmən, *Plural* 'jɒtswɪmɪn] <*Plural* yachtswomen> die Seglerin

yam [jæm] (USA) die Süßkartoffel

> **L** In den USA werden **yams** gebacken und mit Butter gegessen, oder auch mit einer süßen Soße gekocht. Man isst **yams** besonders häufig an **Thanksgiving**.

yank [jæŋk] der Ruck

to **yank** [jæŋk] mit einem Ruck ziehen

Yank [jæŋk] (*meist abwertend*) der Ami

to **yap** [jæp] <yapped, yapped> ① *Hund:* kläffen ② (*umgangsspr*) quatschen

yard [jɑːd] ① (*Maßeinheit*) das Yard (= *0,914 m*) ② der Hof; **schoolyard** der Schulhof ③ (USA) der Garten (*ohne Gemüse*)

yard·stick ['jɑːdstɪk] (*übertragen*) der Maßstab

to **yawn** [jɔːn] gähnen

yawn [jɔːn] das Gähnen

yawn·ing ['jɔːnɪŋ] gähnend

yeah [jeə] (*umgangsspr*) ja

year [jɪəʳ] ① das Jahr; **all the year round** das ganze Jahr über; **for years** seit Jahren, jahrelang; **last/this/next year** letztes/dieses/nächstes Jahr; **years ago** vor Jahren; **year in, year out** jahraus, jahrein ② der Jahrgang; **what year were you born?** welcher Jahrgang bist du?; **for his years** für sein Alter; **difference in years** der Altersunterschied; **year of birth** das Geburtsjahr; **year of manufacture** das Baujahr

year-long [ˌjɜː'lɒŋ, 'jɪə'lɒŋ] ein volles Jahr lang

year·ly ['jɪəli] jährlich; **yearly income** das Jahreseinkommen; **yearly output** die Jahresproduktion; **yearly subscription** der Jahresbeitrag

to **yearn** [jɜːn] sich sehnen (**for/after** nach)

yearn·ing ['jɜːnɪŋ] die Sehnsucht

yeast [jiːst] die Hefe

yell [jel] der Schrei; **give me a yell when you're ready** sag Bescheid, wenn du fertig bist

to **yell** [jel] **to yell [out]** schreien; **to yell at someone** jemanden anbrüllen

yel·low¹ ['jeləʊ] ① gelb; **parking on the yellow lines** Parken im Parkverbot ② (*umgangsspr*) feige

yel·low² ['jeləʊ] ① das Gelb ② das Eigelb

to **yel·low** ['jeləʊ] gelb werden, vergilben

yel·low·ish ['jeləʊɪʃ] gelblich

Yel·low Pages® *Plural* **the Yellow Pages®** die Gelben Seiten®

to **yelp** [jelp] ① *Hund:* kläffen, jaulen ② *Mensch, Kind:* aufschreien

yelp [jelp] ① das kurze Bellen ② der Aufschrei

Yem·en ['jemən] **the Yemen** der Jemen

Yem·eni¹ ['jeməni] jemenitisch

Yem·eni² ['jeməni] der Jemenit/die Jemenitin

yep [jep] (*slang*) ja

yes¹ [jes] ja, jawohl, doch

yes² [jes] das Ja

yes·ter·day¹ ['jestədeɪ] gestern; **the day before yesterday** vorgestern; **yesterday morning/afternoon/night** gestern Morgen/Nachmittag/Nacht; **yesterday week** vor acht Tagen

yes·ter·day² ['jestədeɪ] *ohne Artikel* der gestrige Tag

yet [jet] ① *zeitlich* **not yet** noch nicht; **haven't**

you finished yet? bist du immer noch nicht fertig?; **I have yet to see it myself** ich muss es selbst noch sehen ② *zeitlich* schon; **has she gone yet?** ist sie schon weg? ③ *zeitlich* bisher; **it's her best book yet** es ist ihr bestes Buch bisher ④ *vor Komparativ* **it's yet more expensive** es ist sogar noch teurer ⑤ dennoch, trotzdem

yeti ['jeti] <*Plural* yetis *oder* yeti> der Yeti

yew [ju:] **yew** [**tree**] die Eibe

Y-fronts® ['waɪfrʌnts] *Plural* (GB) die Herrenunterhose mit Eingriff

yield [ji:ld] ① der Ertrag, der [erzielte] Gewinn ② die Ernte

to **yield** [ji:ld] ① *Feld, Baum:* hervorbringen, liefern ② *Investition:* einbringen, abwerfen ③ **to yield to someone** jemandem nachgeben; **to yield to temptation** der Versuchung nachgeben; **to yield something to someone** etwas an jemanden abtreten ④ (USA) **to yield to another car** einem anderen Auto Vorfahrt gewähren

yob [jɒb], **yob·bo** ['jɒbəʊ] der Lümmel

to **yo·del** ['jəʊdəl] <yodelled *oder* (USA) yodeled, yodelled *oder* (USA) yodeled> jodeln

yoga ['jəʊgə] der Yoga

yo·gurt, yo·ghurt ['jəʊgət] der Joghurt

yoke [jəʊk] (*auch übertragen*) das Joch

yo·kel ['jəʊkəl] (*abwertend*) der Tölpel

yolk [jəʊk] der/das Dotter, das Eigelb

you [ju:, ju, jə] ① du/Sie/ihr; **do you children want an ice cream?** wollt ihr Kinder ein Eis?; **all of you** ihr/Sie alle; **if I were you** ich an deiner/Ihrer/eurer Stelle; **it's you!** du bist es!, ihr seid's!, Sie sind es! ② *Akkusativ* dich/Sie/euch ③ *Dativ* dir/Ihnen/euch; **that hairstyle just isn't you** die Frisur passt einfach nicht zu dir ④ *unbestimmt* man, einen, einem

you'd [ju:d] ① *Kurzform von* **you had** →**have** ② *Kurzform von* **you would** →**would**

you'll [ju:l] *Kurzform von* **you will, you shall** →**will, shall**

young¹ [jʌŋ] <younger, youngest> ① jung; **young people** die jungen Leute, die Jugendlichen ② **the night is still young** der Abend hat erst angefangen

young² [jʌŋ] **the young** die Jungen, die jungen Leute

young·ster ['jʌŋ(k)stəʳ] (*umgangsspr*) der/die Jugendliche; **you youngsters** ihr jungen Leute

your [jɔ:ʳ, jʊəʳ] ① dein/euer; *Höflichkeitsform* Ihr; **one of your friends** einer deiner/Ihrer Freunde ② *unbestimmt* sein; **you register and then you get your form** man meldet sich an, und dann bekommt man sein Formular ③ **your average German** (*umgangsspr*) der Durchschnittsdeutsche

you're [jɔ:ʳ, jəʳ] *Kurzform von* **you are**

yours [jɔ:z] ① deine(r, s), der/die/das Deine; *Plural* eure(r, s), der/die/das Eure; *Höflichkeitsform* Ihre(r, s), der/die/das Ihre; **a friend of yours** einer deiner/eurer/Ihrer Freunde; **it's yours!** es gehört dir/euch/Ihnen!; **this book is yours** dies Buch gehört dir/euch/Ihnen ② **yours sincerely** [*oder* **faithfully**] mit freundlichen Grüßen

your·self [jɔ:'self] <*Plural* yourselves> ① *Akkusativ* **you can see yourself in the mirror** du kannst dich im Spiegel sehen ② *Dativ* **did you hurt yourself?** hast du dir wehgetan? ③ *betont* du/ihr/Sie selbst; **will you do it yourself?** machst du/machen Sie das selbst?; **you said it yourself** das hast du/habt ihr/haben Sie selbst gesagt ④ [**all**] **by yourself** [ganz] allein, ohne Hilfe ⑤ **you don't seem to be yourself today** Sie sind heute wohl nicht ganz auf der Höhe

youth [ju:θ, *Plural* ju:ðz] <*Plural* youths> ① die Jugend; **the friends of his youth** seine Jugendfreunde ② die Jugendlichkeit ③ *mit Singular oder Plural* die Jugend, die jungen Leute ④ der junge Mann, der Jugendliche; **youths** (*meist abwertend*) die Jugendlichen

youth cen·tre, **youth club** der Jugendklub, das Jugendzentrum

youth·ful ['ju:θfəl] jugendlich

youth hos·tel die Jugendherberge

youth train·ing scheme das Ausbildungsförderungsprogramm

you've [ju:v] *Kurzform von* **you have**

yo-yo ['jəʊjəʊ] das Jo-Jo; **up and down like a yo-yo** immer auf und ab; **yo-yo dieting** das Abnehmen und gleich wieder Zunehmen

yuck [jʌk] (*umgangsspr*) igitt

yucky ['jʌki] <yuckier, yuckiest> (*umgangsspr*) ekelhaft

Yu·go·slav¹ ['ju:gə(ʊ)slɑ:v] (*historisch*) jugoslawisch

Yu·go·slav² ['ju:gə(ʊ)slɑ:v] (*historisch*) der Jugoslawe/die Jugoslawin

Yu·go·sla·via [ˌju:gə(ʊ)'slɑ:viə] (*historisch*) Jugoslawien

Yu·go·sla·vian [ˌju:gə(ʊ)'slɑ:viən] (*historisch*) jugoslawisch

yuk·ky ['jʌkɪ] (*umgangsspr*) ekelhaft

yum [jʌm], **yum-yum** [ˌjʌm'jʌm] (*umgangsspr*) lecker!

Zz

Z <*Plural* Z's *oder* Zs>, **z** [zed] <*Plural* z's> Z, z

Za·ire [zaɪ'ɪəʳ] Zaire

Za·irean[1], **Za·irian** [zaɪ'ɪəriən] zairisch

Za·irean[2], **Za·irian** [zaɪ'ɪəriən] der Zairer/die Zairerin

Zam·bia ['zæmbiə] Sambia

Zam·bian[1] ['zæmbiən] sambisch

Zam·bian[2] ['zæmbiən] der Sambier/die Sambierin

to **zap** [zæp] <zapped, zapped> (*umgangsspr*) ① löschen; (*beim Computerspiel*) killen ② (*beim Fernsehen*) zappen

zap·ping ['zæpɪŋ] *kein Plural* (*umgangsspr*) das Zappen

zeb·ra ['zebrə] das Zebra

zeb·ra cross·ing der Zebrastreifen

zero[1] ['zɪərəʊ] <*Plural* zero(e)s> ① die Null; **to be at zero** auf Null stehen ② *einer Skala:* der Nullpunkt ③ der Gefrierpunkt; **to fall to zero** auf null Grad fallen ④ (*übertragen*) der Nullpunkt, der Tiefpunkt, der Tiefstand ⑤ das Nichts

zero[2] ['zɪərəʊ] ① null, Null-; **zero degrees** null Grad ② **zero emission vehicle** das abgasfreie Fahrzeug; **zero gravity** die Schwerelosigkeit; **zero growth** das Nullwachstum ③ **zero hour** die Stunde Null

zig·zag[1] ['zɪgzæg] der Zickzack, die Zickzacklinie

zig·zag[2] ['zɪgzæg] ① im Zickzack ② Zickzack-, zickzackförmig; **zigzag path** der Zickzackweg

to **zig·zag** ['zɪgzæg] <zigzagged, zigzagged> im Zickzack [ver]laufen

Zim·ba·bwe [zɪm'bɑːbweɪ] Simbabwe

Zim·ba·bwean[1] [zɪm'bɑːbwiən] simbabwisch

Zim·ba·bwean[2] [zɪm'bɑːbwiən] der Simbabwer/die Simbabwerin

zinc [zɪŋk] das Zink

zip [zɪp] ① **zip [fastener]** der Reißverschluss ② (*umgangsspr*) die Dynamik, der Schwung

to **zip** [zɪp] <zipped, zipped> **he's just zipped to the shops** er ist eben schnell einkaufen gegangen

◆ to **zip up** **zip your jeans up!** mach den Reißverschluss [von deiner Jeans] zu!; **will you zip me up?** würdest du meinen Reißverschluss zumachen?

zip code, ZIP code [zɪp-] (USA) die Postleitzahl

zip fast·en·er (GB), **zip·per** ['zɪpəʳ] (USA) der Reißverschluss

zip·py ['zɪpi] (*umgangsspr*) schwungvoll, schnell

zo·di·ac ['zəʊdiæk] der Tierkreis; **sign of the zodiac** das Tierkreiszeichen

zom·bie ['zɒmbi] der Zombie; **like a zombie** total im Tran

zone [zəʊn] die Zone; **danger zone** die Gefahrenzone

zoo [zuː] der Zoo

zoo·keep·er ['zuːˌkiːpəʳ] der Tierpfleger/die Tierpflegerin

zoo·logi·cal [ˌzəʊə(ʊ)'lɒdʒɪkᵊl] **zoological gardens** der zoologische Garten, der Tierpark

zo·olo·gist [zu'ɒlədʒɪst] der Zoologe/die Zoologin

zo·ol·ogy [zu'ɒlədʒi] die Zoologie

zoom [zuːm] ① das Zoom; **zoom lens** das Zoomobjektiv ② (*Geräusch*) das Surren

to **zoom** [zuːm] ① (*umgangsspr*) sausen, rasen ② (*umgangsspr*) **he just zoomed through the work** er hatte die Arbeit im Nu fertig ③ surren

◆ to **zoom in** ① (*beim Fotografieren*) nah herangehen ② (*umgangsspr*) hereinsausen ③ **to zoom in on something** (*umgangsspr*) etwas sofort herausgreifen

zuc·chi·ni [zʊ'kiːni] (USA) die Zucchini

Z

A

Aa

A, a ① A, a [eɪ] ② **von A bis Z lesen** to read from A to Z; to read from cover to cover *Buch* ▶ WENDUNGEN: **wer A sagt, muss auch B sagen** in for a penny, in for a pound; **von A bis Z** everything

der **Aal** eel

aalen (*faulenzen*) to laze about *umgangsspr*

aalglatt slippery [as an eel]

das **Aas** (*Tierkadaver*) carrion

der **Aasgeier** (*auch übertragen*) vulture

ab ① from; **London ab 8.35 Uhr** leaving London 8:35 ② (*räumlich*) **auf und ab gehen** to walk up and down ③ (*örtlich*) **ab Werk** ex works ⚠ *Plural* ④ (*zeitlich*) **von nun ab, von jetzt ab** from now on; **ab heute** from today; **ab sofort** as of now; **ab und zu** now and again ⑤ (*entfernt*) off; **der Knopf ist ab** the button has come off

abändern to amend *Text*

abartig ① abnormal ② (*umgangsspr*) kinky

der **Abbau** ① *von Kohle:* mining; (*über Tage*) quarrying ② (*chemisch*) decomposition ③ *von Fabrikeinrichtung:* dismantling; **Abbau von Arbeitskräften** reduction in labour ⚠ *Singular*

abbauen ① to mine *Kohle;* (*über Tage*) to quarry ② (*demontieren*) to dismantle ③ (*chemisch*) to decompose ④ (*erlahmen*) to flag, to wilt

abbekommen ① (*erhalten*) to get ② to get off *Fleck*

abbestellen to cancel ['kæn(t)səl]; **jemanden abbestellen** to tell someone not to come; **eine Zeitung abbestellen** to cancel a newspaper subscription

abbezahlen to pay off

abbiegen ① to bend off *Gegenstand* ② to turn off (**in** into) ③ *Straße:* to bend; **nach links abbiegen** to turn [to the] left

die **Abbiegespur** (*Auto*) filter lane

abbilden ① to portray ② (*Informatik*) to map

die **Abbildung** ① (*Illustration*) illustration; **mit Abbildungen versehen** to illustrate ② (*Informatik*) mapping

abblasen (*umgangsspr*) to call off

das **Abblendlicht** dipped [*oder* USA dimmed] headlights

abblitzen **jemanden abblitzen lassen** (*umgangsspr*) to give someone the brush-off

abbrechen ① to break off *Gegenstand* ② to tear [teəʳ] down, to demolish *Häuser* ③ (*aufhören mit*) to stop; to break off *Aktivität;* **die Schule abbrechen** to drop out of school ④ (*Informatik*) to abort ▶ WENDUNGEN: **brich dir [mal] keinen ab!** (*umgangsspr*) don't make such a fuss!; **sich einen abbrechen** (*slang*) to make heavy weather of it

abbringen to get off; **jemanden von etwas abbringen** to make someone change his [*oder* her] mind about something

der **Abbruch** ① *von Gebäude:* demolition ② **einer Sache Abbruch tun** to do harm to something

abbuchen to debit *Konto*

die **Abbuchung** debit

das **Abc** alphabet

der **Abc-Schütze**, die **Abc-Schützin** (*umgangsspr*) child just starting school

abdanken ① to resign [rɪ'zaɪn] ② *Herrscher:* to abdicate

die **Abdankung** ① resignation [ˌrezɪg'neɪʃən] ② CH funeral service ['fjuːnərəlˌsɜːvɪs]

abdecken ① **ein Haus abdecken** to lift the roof off a house ② to tear [teəʳ] the roof off *Haus* ③ to clear *Tisch*

der **Abdeckstift** concealer [kən'siːləʳ] stick

abdichten ① to seal ② to damp-proof *gegen Feuchtigkeit*

die **Abdichtung** ① seal ② (*das Abdichten*) sealing

abdrehen ① to turn off *Gas, Wasser* ② *Flugzeug:* to veer off

abdrosseln to throttle *Motor*

der **Abdruck** imprint ['ɪmprɪnt]; *von Finger, Fuß:* print

abdrucken to print

der **Abend** ① evening; **am Abend** in the evening; **am nächsten Abend** the next evening; **gegen Abend** towards evening; **heute Abend** this evening ② (*später*) tonight ③ **zu Abend essen** to have supper [*oder* dinner]

das **Abendbrot** supper; **Abendbrot essen** to have supper

das **Abendessen** dinner

die **Abendkasse** (*im Theater*) box office

das **Abendkleid** evening dress

der **Abendkurs** evening classes ⚠ *Plural*

abendländisch western

das **Abendmahl** Holy Communion; **das Abendmahl empfangen** to take communion

das **Abendrot** [red] sunset

abends in the evening

die **Abendschule** night school ['naɪtskuːl]

das **Abenteuer** adventure

abenteuerlich adventurous [əd'ventʃərəs]

der **Abenteurer**, die **Abenteurerin** adventurer, adventuress

aber ① but; **oder aber** or else; **aber trotzdem** but still ② (*jedoch*) although [ɔːl'ðəʊ], though [ðəʊ]; **schönes Wetter — aber ziemlich kalt** nice weather — rather cold, though ③ (*verstär-*

A

kend) **aber, aber!** come, come!; **aber ja!** oh, yes!; **bist du aber braun!** aren't you brown!; **nun ist aber Schluss!** now that's enough! ④ **ohne Wenn und Aber** without any ifs and buts

der **Aberglaube** superstition [ˌsu:pə'stɪʃən]

abergläubisch superstitious [ˌsu:pə'stɪʃəs]

abermals once again

abfahrbereit ready to leave

abfahren to leave (**nach** for)

die **Abfahrt** ① departure ② (*beim Skifahren*) descent [dɪ'sent]

der **Abfahrtslauf** (*mit Ski*) downhill race

die **Abfahrt(s)zeit** time of departure

der **Abfall** ① (*allgemein*) waste; (*Hausmüll*) rubbish (GB), garbage ['gɑ:bɪdʒ] (USA) ② (*Abfalleimer*) rubbish bin (GB), trashcan (USA); **in den Abfall kommen** go into the bin [*oder* (USA) trashcan] ③ (*auf den Straßen*) litter

der **Abfalleimer** rubbish bin (GB), trashcan (USA)

abfällig disparaging, derogatory; **von jemandem abfällig sprechen** to speak disparagingly of someone

das **Abfallprodukt** waste product

die **Abfallverwertung** recycling [rɪ'saɪklɪŋ]

abfärben ① *Wäschestück:* to run ② **auf jemanden abfärben** (*übertragen*) to rub off on someone

abfertigen ① to check [in] *Gepäck* ② (*an Grenze*) to clear ③ to deal with, to attend to *Kundschaft* ④ **jemanden kurz abfertigen** to snub someone

abfinden ① to pay off *Person* ② **sich mit etwas schwer abfinden** to find it hard to accept something

die **Abfindung** ① (*Entschädigung*) compensation, indemnification ② *von Mitarbeiter:* redundancy payment

abflauen ① *Wind:* to die down, to subside ② (*übertragen*) to fade ③ *Nachfrage, Geschäft:* to fall [*oder* drop] off

die **Abflughalle** departure lounge [dɪ'pɑ:tʃər- laʊndʒ]

die **Abflugzeit** departure time

der **Abfluss** (*Rohr*) drainpipe

die **Abfrage** (*Informatik*) inquiry, query

abfragen ① to question (**über** on) ② (*in der Schule*) to test [orally] ③ (*Informatik*) to query

die **Abfuhr** (*Rüge*) rebuff, snub; **jemandem eine Abfuhr erteilen** to snub someone

abführen ① to lead [li:d] away *Mensch* ② to pay *Geld* (**an** to) ③ (*medizinisch*) to have a laxative effect

das **Abführmittel** (*medizinisch*) laxative

abfüllen ① (*in Flaschen*) to bottle ② (*slang: betrunken machen*) to get sloshed *slang*

abgängig Ⓐ missing

das **Abgangszeugnis** leaving certificate [sə'tɪfɪkət]; (*für Mitarbeiter*) reference ['refərən(t)s]

abgasarm low-emission [ˌləʊɪ'mɪʃən]

die **Abgase** (*Auto*) exhaust fumes [ɪg'zɔ:stˌfju:mz]

die **Abgasnormen** [exhaust] emission [ɪ'mɪʃən] standards

die **Abgasrückführung** exhaust-gas recirculation [ɪg'zɔ:stgæsˌri:sɜ:kjə'leɪʃən]

abgeben ① to hand in *Heft, Arbeit, Fundsachen* ② (*fortgeben*) to give away ③ (*im Sport*) to concede [kən'si:d] *Punkte;* to pass *Ball* ④ to give *Erklärung, Urteil* ⑤ **sich mit etwas abgeben** to bother oneself with something; **sich mit jemandem abgeben** to associate with someone

abgebrannt (*umgangsspr*) [stony] broke

abgebrüht (*umgangsspr*) hardened

abgedroschen hackneyed ['hæknid]

abgehackt broken; **abgehackte Worte** clipped words; **abgehackt sprechen** to speak in a clipped manner

abgehärtet hardy

abgehen ① *von Schule:* to leave ② *Knopf:* to come off ③ **es ist alles gut abgegangen** everything went [*oder* passed] off well

abgekartet **ein abgekartetes Spiel** a put-up job

abgelaufen ① (*Finanzwesen*) *Wechsel:* due, payable ② *Zeit:* expired

abgelegen remote

abgemacht OK!

abgeneigt **abgeneigt sein** to be adverse [*oder* reluctant] to ...; **ich wäre nicht abgeneigt** I wouldn't mind

abgenutzt worn; *Reifen:* worn-down

der/die **Abgeordnete** representative; (*im Parlament*) member of parliament

das **Abgeordnetenhaus** parliament

abgerissen ① (*umgangsspr*) *Person:* ragged ② *Kleider:* shabby

abgerundet rounded

der/die **Abgesandte** delegate ['delɪgət], envoy

abgeschieden (*abgelegen*) remote, solitary

abgeschlagen (*müde*) worn-out

abgeschlossen locked

abgesehen ① **abgesehen von ...** apart from ... ② **es auf jemanden abgesehen haben** to have it in for someone ③ **es auf etwas abgesehen haben** to have one's eye on something

abgespannt (*müde*) weary, tired out

abgestanden stale; *Bier:* flat

abgestumpft ① *Gefühl:* dull ② (*geistig*) insensitive (**gegenüber** to)

abgewöhnen **sich etwas abgewöhnen** to give up doing something; **jemandem etwas abgewöhnen** to cure someone of something

der **Abgleich** comparison

abgleichen to compare

abgöttisch idolatrous [aɪ'dɒlətrəs]; **jemanden**

abgöttisch lieben to idolize someone
abgrasen (*übertragen*) to comb [kəʊm], to scour ['skaʊəʳ]
abgrenzen to fence off; (*übertragen*) to delimit (**gegen** from); **sich gegen jemanden abgrenzen** to dissociate oneself from someone
der **Abgrund** precipice ['presɪpɪs]; (*übertragen*) abyss [ə'bɪs]
abgrundtief ① *Hass:* profound ② *See:* bottomless
abhacken to chop off *umgangsspr*
abhaken (*von Liste*) to tick [*oder* (USA) check] off
abhalten ① to keep off ② (*verhindern*) to stop; **jemanden davon abhalten, etwas zu tun** to keep someone from doing something; **lass dich nicht abhalten!** don't let me stop you!
abhandenkommen to get lost, to go missing
der **Abhang** slope
abhängen ① to take down *Bild* ② to uncouple *Zug* ③ (*nach dem Überholen*) to shake off *Auto* ④ (*übertragen*) **abhängen von** to depend on; **das hängt davon ab!** that depends!
abhängig *Person:* dependent (**von** on)
abhärten ① to toughen ['tʌfᵊn] up ② **sich abhärten** (*übertragen*) to harden oneself (**gegen** to)
abhauen (*slang: weggehen*) to push off; **hau ab!** get lost!
abheben ① to withdraw *Geld* ② to lift *Hörer* ③ *Flugzeug:* to take off; *Rakete:* to lift off ④ **sich von jemandem/etwas abheben** to stand out against someone/something
abhelfen einer Sache abhelfen to remedy something
abhetzen ① to tire out ② **sich abhetzen** to wear oneself out
die **Abhilfe** remedy; **Abhilfe schaffen** to take remedial action
abholen ① to call for *Person;* **jemanden am Bahnhof abholen** to meet someone at the station ② to collect, to fetch *Gegenstand;* **etwas abholen lassen** to send for something
der **Abholmarkt** furniture superstore (*where customers transport goods themselves*)
die **Abholzung** deforestation
abhören ① **einen Schüler abhören** to test a pupil [orally] ② to bug *Gespräch*
das **Abitur** ≈ A Levels ⚠ *Plural;* (*in Schottland*) ≈ Highers ⚠ *Plural;* (*in USA*) ≈ High School Diploma [ˌhaɪskuːldɪ'pləʊmə]
der **Abiturient**, die **Abiturientin** **sie ist Abiturientin** she's doing/she's done her A Levels
abkapseln **sich abkapseln** to cut oneself off
abkaufen **jemandem etwas abkaufen** to buy something from someone
abklappern (*umgangsspr*) to scour ['skaʊəʳ] (**nach** for)
abklären to clarify

der **Abklatsch** (*abwertend*) poor imitation
abklingen ① *Krankheit:* to ease off ② *Effekt, Wirkung:* to wear off
abknöpfen **jemandem etwas abknöpfen** (*umgangsspr*) to get something off someone
abkochen to boil; (*sterilisieren*) to sterilize
das **Abkommen** agreement; **ein Abkommen treffen** to come to an agreement
abkommen ① to get away; **vom Weg abkommen** to lose one's way ② **von etwas abkommen** to give up something ③ **von einem Thema abkommen** to get off a subject
abkratzen ① to scrape [*oder* scratch] off ② (*slang: sterben*) to kick the bucket, to pop off
abkriegen ① (*bekommen*) to get ② (*verletzt werden*) to get hurt
abkühlen (*auch übertragen*) to cool down
die **Abkühlung** cooling; **sich eine Abkühlung verschaffen** to cool oneself down
abkupfern (*umgangsspr*) to copy
abkürzen ① to abbreviate *Wort* ② (*verkürzen*) to cut short
die **Abkürzung** ① (*Grammatik*) abbreviation ② (*Weg*) short cut
abladen to unload *Last;* to dump *Müll*
die **Ablage** storage place; (*im Büro*) filing
die **Ablagerung** deposit
ablassen to let off *Dampf;* to drain off *Motoröl*
der **Ablauf** *einer Frist:* expiry; **nach Ablauf von ...** at the end of ...
ablaufen *Frist:* to run out
ablegen ① to take off *Kleidung, Hut* ② to give up *Gewohnheiten* ③ to file *Akten;* **eine Prüfung ablegen** to take an examination ④ *Schiff:* to cast off
ablehnen to decline, to reject [rɪ'dʒekt] *Angebot, Stelle*
die **Ablehnung** refusal; *von Angebot, Stelle:* rejection [rɪ'dʒekʃᵊn]; **auf Ablehnung stoßen** to meet with disapproval
ableisten **seinen Wehrdienst ableisten** to complete one's military service
ablenken ① (*zerstreuen*) to distract ② **vom Thema ablenken** to change the subject
die **Ablenkung** (*Zerstreuung*) diversion
ablesen to read
abliefern ① (*übergeben*) to hand over (**bei** to) ② to deliver *Waren*
die **Ablieferung** handing-in; *von Waren:* delivery; **bei Ablieferung** on delivery
ablösen ① (*entfernen*) to take off ② **jemanden ablösen** to take over from someone ③ **sich ablösen** to come off; *Haut:* to peel off; *Kollegen:* to take turns
die **ABM** *Abkürzung von* **Arbeitsbeschaffungsmaßnahme** job creation scheme [skiːm]
abmachen to agree on
die **Abmachung** agreement

A

abmehren CH (*abstimmen*) to take a vote
abmelden to cancel ['kæn(t)sᵊl] *Abonnement;* **sein Telefon abmelden** to have one's telephone disconnected; **sich bei jemandem abmelden** to tell someone that one is leaving/ not coming
abmessen (*auch übertragen*) to measure ['meʒəʳ]
die **ABM-Stelle** position assisted by job creation scheme [*oder* USA plan]
abnabeln sich von jemandem/etwas abnabeln to become independent of someone/ something
die **Abnahme** ① (*Verringerung*) decrease ['diːkriːs] ② (*wirtschaftlich*) decline ③ (*TÜV*) inspection
abnehmen ① to take off; **den Hörer abnehmen** to lift the receiver ② (*an Zahl*) to decrease [dɪ'kriːs] ③ (*an Gewicht*) to lose weight [luːz'weɪt] ④ **das nehme ich dir nicht ab!** (*umgangsspr*) I don't buy that!
die **Abneigung** dislike (**gegen** of), aversion (**gegen** to)
abnutzen to wear out
das **Abonnement** [abɔnə'mãː] subscription [səb'skrɪpʃᵊn]
abonnieren to subscribe to
abordnen to delegate ['delɪgeɪt]
die **Abordnung** delegation
abplagen sich mit etwas abplagen to slave away at something
abprallen (*auch übertragen*) to bounce [baʊn(t)s] off
abputzen to clean [off] *Schmutz*
abraten to warn (**von** against)
abräumen to clear away; **den Tisch abräumen** to clear the table
abreagieren to work off
abrechnen ① (*abziehen*) to deduct ② (*wirtschaftlich*) to cash up; **mit jemandem abrechnen** to settle up with someone *auch übertragen*
die **Abrechnung** ① (*an der Kasse*) cashing up ② (*Aufstellung*) statement (**über** for) ③ (*Rechnung*) bill; (*in der Wirtschaft*) invoice ['ɪnvɔɪs] ④ (*übertragen*) revenge [rɪ'vendʒ]
abregen sich abregen (*umgangsspr*) to calm [kɑːm] down
die **Abreise** departure (**nach** for)
abreisen to depart, to leave (**nach** for)
abreißen ① to tear [teəʳ] off ② to pull down *Haus*
abriegeln to block off *Straße*
abrufen ① to withdraw *Geld* ② to retrieve *Daten*
abrunden ① (*auch übertragen*) to round off ② to round down *Summe*
abrüsten to disarm
die **Abrüstung** (*militärisch*) disarmament
ABS *Abkürzung von* **Antiblockiersystem** ABS [ˌeɪbiː'es]
absacken ① *Flugzeug:* to drop ② (*in der Schule*) *Leistung:* to drop off
die **Absage** refusal; **jemandem eine Absage erteilen** to reject someone
absagen ① to cancel ['kæn(t)sᵊl] *Veranstaltung;* to decline *Einladung* ② **jemandem absagen** to tell someone that one cannot come
absägen to saw off
der **Absatz** ① (*Abschnitt*) paragraph ② *vom Schuh:* heel ③ *von Waren:* sales ⚠ *Plural* ④ *einer Treppe:* landing
abschaffen to abolish, to do away with, to get rid of
abschalten to switch off *auch übertragen*
abschätzen to assess; **ein abschätzender Blick** an appraising look
abschätzig disparaging; **eine abschätzige Bemerkung** a derogatory remark
abschauen ① to copy (**bei** from) ② (*umgangsspr: in der Schule*) **jemandem etwas abschauen** to copy something from someone
der **Abschaum** (*auch übertragen*) scum
abscheulich (*widerlich*) abominable; (*heimtückisch*) heinous ['heɪnəs]
abschieben ① (*deportieren*) to deport ② (*loswerden*) to get rid of ③ (*umgangsspr*) to push off
der **Abschied** farewell [ˌfeə'wel], parting; **von jemandem Abschied nehmen** to say goodbye to someone
abschirmen to shield [ʃiːld]
abschlachten (*übertragen*) to butcher
der **Abschlag** ① (*beim Fußball*) goal kick ② (*im Handel*) reduction ③ (*Zahlung*) part payment (**auf** of)
abschlagen ① to cut off *Gegenstand* ② (*militärisch*) to beat off *Angriff* ③ (*verweigern*) to turn down *Bitte*
abschlägig negative; **ein abschlägiger Bescheid** a negative reply; **etwas abschlägig bescheiden** to turn down something
die **Abschlagszahlung** part payment (**auf** of)
abschleppen ① to tow *Auto* ② (*umgangsspr*) to pick up *Person*
das **Abschleppseil** towrope ['təʊrəʊp]
der **Abschleppwagen** recovery vehicle [-ˌvɪəkl̩]
abschließen ① to lock up *Tür* ② (*beenden*) to complete ③ **eine Versicherung abschließen** to take out an insurance policy; **einen Vertrag abschließen** to conclude a contract
abschließend *Bemerkung:* final
der **Abschluss** ① (*Ende*) end ② (*wirtschaftlich*) business ['bɪznɪs] deal; **kurz vor dem Abschluss stehen** to be in the final stages *Plural*
die **Abschlussprüfung** (*in der Schule*) final examination

das **Abschlusszeugnis** (*in der Schule*) leaving certificate [sə'tɪfɪkət], diploma (USA)
abschmieren to grease *Auto*
abschminken 1 **sich abschminken** to take off one's make up 2 (*umgangsspr*) **sich etwas abschminken** to get something out of one's head
abschnallen 1 to undo 2 **da schnallst du ab!** (*umgangsspr*) it blows your mind!
abschneiden 1 to cut off; to cut *Haar* 2 **jemandem das Wort abschneiden** to cut someone short 3 (*übertragen*) **bei etwas gut/schlecht abschneiden** to do [*oder* come off] well/badly in something
der **Abschnitt** 1 (*Sektion*) section 2 (*Mathematik*) segment 3 (*in Buch*) passage ['pæsɪdʒ] 4 (*zeitlich*) period
abschöpfen to skim off *auch übertragen;* **Gewinn abschöpfen** to skim off the profits
abschrauben to unscrew [ʌn'skru:]
abschrecken to deter
abschreckend deterrent; **ein abschreckendes Beispiel** a warning
abschreiben 1 to copy out *Text* 2 (*bei einer Klassenarbeit*) to copy, to crib *umgangsspr* (**bei** off) 3 (*wirtschaftlich*) to deduct 4 **jemanden abschreiben** (*übertragen*) to write someone off
die **Abschrift** copy
die **Abschürfung** graze
abschüssig steep
abschütteln (*auch übertragen*) to shake off
abschweifen to digress; **vom Thema abschweifen** to deviate from the subject
absehbar foreseeable; **nicht absehbar** not to be foreseen, not foreseeable
absehen 1 **ein Ende ist noch nicht abzusehen** the end is not yet in sight 2 **ich will [einmal] davon absehen** I'm going to dispense with it
das **Abseits** (*im Sport*) offside
abseits 1 (*im Sport*) offside 2 **abseits der Straße** away from the road
absenden 1 to send, to post (GB) *Brief;* to mail (USA) *Brief* 2 to dispatch *Waren*
der **Absender**, die **Absenderin** sender
absetzbar *Betrag:* deductible
absetzen 1 (*verkaufen*) to sell 2 (*entlassen*) to dismiss; to depose *Herrscher* 3 to drop [off] *Fahrgast* 4 (*von der Steuer*) to deduct
die **Absicht** intention; **die Absicht haben, etwas zu tun** to intend to do something
absichtlich intentional; **etwas absichtlich tun** to do something on purpose
absolut absolute
absondern 1 to separate ['sepəreɪt] *Personen;* (*isolieren*) to isolate 2 (*medizinisch*) to secrete 3 **sich absondern** to cut oneself off

abspalten to split off
abspeichern (*Informatik*) to save, to file
absperren 1 to block *Straße* 2 (*technisch*) to turn off *Wasser, Gas* 3 to lock *Tür*
abspielen 1 to play *Tonmedien* 2 **sich irgendwo abspielen** to happen somewhere
die **Absprache** arrangement [ə'reɪndʒmənt]
absprechen 1 to arrange [ə'reɪndʒ] *Termin* 2 **sich mit jemandem absprechen** to arrange things with someone
der **Absprung** jump; **den Absprung schaffen** (*umgangsspr*) to make the break
abspülen 1 to rinse *Geschirr* 2 (*Geschirr spülen*) to do the dishes
abstammen 1 *Mensch:* to be descended [dɪ'sendɪd] (**von** from) 2 (*sprachlich*) to be derived (**von** from)
der **Abstand** 1 (*räumlich*) distance ['dɪstən(t)s]; **kurzer Abstand** short gap; **Abstand halten** to keep one's distance 2 (*zeitlich*) interval 3 (*Ablösungssumme*) indemnity 4 **mit Abstand** by far
abstauben 1 to dust *Gegenstände* 2 (*umgangsspr*) to cadge [kædʒ], to nick *umgangsspr* (**bei** from)
abstechen (*sich abheben*) **von etwas abstechen** to stand out against something
der **Abstecher** 1 (*Reise*) excursion 2 (*übertragen: vom Thema*) digression [daɪ'greʃən]
abstehen to stick out
absteigen 1 to get off, to dismount; **vom Fahrrad absteigen** to get off the bike 2 **in einem Hotel absteigen** to put up at [*oder* stay in] a hotel 3 (*im Sport*) to be relegated, to go down
abstellen 1 to put down *Gegenstand* 2 (*technisch*) to stop *Maschine;* (*abdrehen*) to turn off *Wasser, Gas* 3 to park *Fahrzeug*
das **Abstellgleis** siding
abstempeln 1 to stamp 2 (*übertragen*) to brand (**zu** as)
absterben (*auch übertragen*) to die
der **Abstieg** 1 descent [dɪ'sent] 2 (*übertragen*) decline
abstimmen 1 (*in Einklang bringen*) to match (**auf** with); to coordinate [kəʊ'ɔ:dɪneɪt] *Termine* (**auf** with) 2 (*in der Politik*) to take a vote (**über** on); **über etwas abstimmen lassen** to put something to the vote 3 **sich mit jemandem abstimmen** to come to an agreement with someone
die **Abstimmung** vote
abstinent 1 abstinent; **abstinent sein** to be a teetotaller 2 **sexuell abstinent** celibate ['seləbət]
der **Abstoß** 1 shove [ʃʌv] 2 (*im Fußball*) goal kick
abstoßen 1 (*beim Fußball*) to take a goal kick 2 (*übertragen*) to repel; to reject [rɪ'dʒekt] *Organ* 3 (*übertragen*) to be repulsive

A

abstoßend repulsive
abstottern (*umgangsspr*) to pay by instalments
abstrakt abstract
abstreiten (*leugnen*) to deny
abstumpfen (*übertragen*) to dull
der **Absturz** 1 fall 2 *von Flugzeug:* crash
abstürzen 1 *Mensch:* to fall 2 *Flugzeug:* to crash
absuchen 1 to search *Gelände* 2 (*mit Scheinwerfern*) to sweep
absurd absurd [əb'zɜːd]
der **Abszess** abscess ['æbses]
der **Abt** abbot
abtanzen to boogie
abtasten 1 to feel; (*medizinisch*) to palpate 2 (*elektrisch*) to scan
abtauen 1 to defrost *Gefrierfach* 2 *Schnee:* to thaw
die **Abtei** abbey
das **Abteil** *von Zug:* compartment
abteilen to divide off (**von** from)
die **Abteilung** 1 department 2 (*militärisch*) unit
der **Abteilungsleiter**, die **Abteilungsleiterin** head of department
die **Äbtissin** abbess
abtragen 1 to wear out *Kleider* 2 to wash away *Gestein*
abtreiben 1 *Schiff, Flugzeug:* to be driven off course 2 (*medizinisch*) **ein Kind abtreiben** to abort a pregnancy; **abtreiben lassen** to have an abortion
die **Abtreibung** (*medizinisch*) abortion
abtrennen 1 to take off; to detach *Abschnitt* 2 (*räumlich*) to divide off
abtreten 1 to cede *Ansprüche, Gebiet* 2 (*vom Amt*) to resign [rɪ'zaɪn] 3 (*im Theater*) to go off
abtrocknen to dry *Geschirr, Haare*
abtrünnig 1 renegade 2 *Land:* rebel ['rebᵊl]; **seinem Glauben abtrünnig werden** to renounce one's faith
abtun (*von sich schieben*) to dismiss
abturnend (*umgangsspr*) repulsive; **das finde ich super abturnend** I think that's a major turn-off
der **Abverkauf** Ⓐ (*Ausverkauf*) clearance ['klɪərᵊn(t)s] sale
abwägen (*übertragen*) to weigh [weɪ] up
abwälzen (*übertragen*) to shift (**auf** onto)
abwandern to migrate (**aus** from)
die **Abwärme** waste heat
der **Abwart**, die **Abwärtin** Ⓒⓗ caretaker, janitor
abwarten 1 to wait; **warte nur ab!** just you wait!; **abwarten und Tee trinken** to wait and see 2 **etwas abwarten** to wait something out
abwärts down; **es geht mit ihm abwärts** he is on the decline
der **Abwasch** 1 (*Geschirr*) dishes ⚠ *Plural* 2 Ⓐ (*Spülstein*) sink
abwaschen 1 to wash off *Schmutz* 2 to do the washing up
die **Abwaschmaschine** Ⓒⓗ dishwasher
das **Abwasser** sewage ['suːɪdʒ]
der **Abwasserkanal** sewer ['sʊəʳ]
abwechseln 1 **sich abwechseln** to alternate ['ɔːltəneɪt], to change, to vary 2 **sich miteinander abwechseln** *Personen:* to take turns
abwechselnd alternately [ɔː'lɜːnətli]
die **Abwechslung** change; **zur Abwechslung** for a change
der **Abweg** **auf Abwege geraten** to go astray
abwegig (*umgangsspr*) off-beat
abwehren 1 to ward off, to repulse *Angriff* 2 (*abweisen*) to dismiss 3 (*im Sport*) to clear *Ball* 4 (*ablehnen*) to refuse [rɪ'fjuːz]
die **Abwehrkräfte** (*medizinisch*) the body's defences
abweichen 1 (*von Kurs*) to deviate ['diːvieɪt] 2 *Meinungen:* to differ
abweisen 1 to turn away *Person* 2 to reject [rɪ'dʒekt], to turn down *Antrag*
abweisend *Haltung:* cold
abwenden 1 to avert *Unglück* 2 **sich abwenden** to turn away *auch übertragen*
abwerben to woo away [from]; (*wirtschaftlich*) to headhunt
abwerfen (*aus der Luft*) to drop
abwerten 1 (*im Finanzwesen*) to devaluate 2 (*übertragen*) to cheapen
abwesend 1 absent ['æbsᵊnt] 2 (*übertragen*) far-away
die **Abwesenheit** absence ['æbsᵊn(t)s]
abwickeln 1 (*übertragen*) to deal with *Angelegenheit* 2 (*wirtschaftlich*) to conclude *Geschäft*
abwimmeln (*umgangsspr*) to get rid of
abwischen to wipe off *Schmutz;* to wipe *Gesicht;* to dry *Tränen*
abwürgen 1 (*umgangsspr*) to squash, to stifle 2 to stall *Motor*
abzahlen to pay off
abzeichnen 1 to draw, to copy 2 to initial 3 **sich abzeichnen** to stand out, to become apparent
abziehen 1 to take out *Schlüssel* 2 to strip *Bett* 3 to take away, to subtract *Zahl;* to take off *Betrag* 4 *Truppen:* to withdraw
abzielen (*übertragen*) **abzielen auf** to be aimed at
die **Abzocke** (*abwertend umgangsspr*) profiteering, price gouging Ⓤⓢⓐ
abzocken (*slang*) to fleece [fliːs]; **er hat abgezockt** he has cleaned up
der **Abzug** 1 (*wirtschaftlich*) discount; *vom Lohn:* deduction; **nach Abzug der Kosten** after deducting costs 2 *von Fotos:* print 3 *von Gewehr:* trigger 4 *von Truppen:* withdrawal

abzüglich less

die **Abzugshaube** extractor [ɪk'stræktəʳ] hood

abzweigen to put [*oder* set] aside *Geld*

die **Abzweigung** junction

ach **ach!** oh!; **ach so!** I see!

die **Achse** ① (*Auto*) axle ② (*Mathematik*) axis; **auf Achse sein** (*umgangsspr*) to be on the road

die **Achsel** armpit; **die Achseln zucken** to shrug one's shoulders

die **Achselhöhle** armpit

die **Acht**[1] **außer Acht lassen** to disregard; **sich in Acht nehmen** to watch out

die **Acht**[2] ① (*Zahl*) [number] eight ② **die Acht** (*Straßenbahn, Bus*) the number eight [tram/bus]

acht eight; **viertel vor acht** a quarter to eight

achtbar respectable

achte(r, s) ① eighth, 8th ② **wir haben heute den achten Dezember** today is the eighth of December ③ **ich bin in der achten Klasse** I'm in Year 8

das **Achtel** eighth part, eighth

achtel eighth

achten ① (*schätzen*) to respect ② **auf etwas achten** to pay attention to something; **achte auf deine neuen Schuhe!** mind your new shoes!; **achte darauf, dass ...** be careful [*oder* take care] that ...

der **Achter** ① (*Boot*) eight ② (*Figur*) figure eight

die **Achterbahn** roller coaster

achtfach eightfold

achtjährig eight-year-old

achtlos careless

achttägig lasting a week

die **Achtung** ① respect (**vor** for); **sich Achtung verschaffen** to gain respect for oneself; **alle Achtung!** good for you! ② **Achtung!** attention!

achtzehn eighteen

achtzehnte(r, s) eighteenth

achtzig eighty

achtzigste(r, s) eightieth

ächzen to groan (**vor** with)

der **Acker** field

der **Ackerbau** agriculture, farming

das **Ackerland** arable land

ackern (*umgangsspr*) to slog away

der **ADAC** *Abkürzung von* **Allgemeiner Deutscher Automobil-Club** *German automobile club,* ≈ AA [ˌeɪ'eɪ] (GB), ≈ AAA [ˌtrɪpḷ'eɪ] (USA)

der **Adapter** adapter, adaptor

adaptieren Ⓐ (*herrichten*) to fix up

addieren to add

die **Addition** addition

der **Adel** nobility

ad(e)lig noble ['nəʊbḷ]

der/die **Ad(e)lige** nobleman ['nəʊbḷmən] *maskulin,* noblewoman *feminin*

die **Ader** ① (*anatomisch*) blood vessel ② *von Pflanze, von Gestein:* vein; (*elektrisch*) core

das **Adjektiv** adjective

der **Adjunkt**, die **Adjunktin** Ⓐ, (CH) (*Assistent*) junior civil ['sɪvᵊl] servant

der **Adler** eagle

adoptieren to adopt

die **Adoption** adoption

die **Adoptiveltern** adoptive parents

das **Adoptivkind** adopted child

das **Adrenalin** adrenalin

der **Adressat**, die **Adressatin** addressee

das **Adressbuch** directory

die **Adresse** address; **per Adresse ...** care of [*oder* c/o] ...

> **V** Vorsicht: **address** wird mit 2 ,d' und 2 ,s' geschrieben: *Tim's address is ...*

adressieren to address (**an** to)

die **Adria** Adriatic Sea

der **Advent** Advent

das **Adverb** adverb

der **Advokat**, die **Advokatin** ① advocate ['ædvəkət] ② Ⓐ, (CH) (*Rechtsanwalt*) lawyer

die **Advokatur** (CH) ① (*Büro*) lawyer's office ② (*Amt*) legal profession [-prəˌfeʃᵊn]

der **Affe** monkey; (*Menschenaffe*) ape

der **Affekt** **im Affekt handeln** to act in the heat of the moment

affektiert affected

die **Affenhitze** (*umgangsspr*) incredible [ɪn'kredɪbḷ] heat

affig affected

der **Afghane**, die **Afghanin** Afghan ['æfgæn]

Afrika Africa

der **Afrikaner**, die **Afrikanerin** African

afrikanisch African

der **Afroamerikaner**, die **Afroamerikanerin** Afro-American

afroamerikanisch Afro-American

der **After** (*anatomisch*) anus

die **After-Show-Party**, die **Aftershowparty** after show party

die **Agenda** (CH) ① notebook ② (*Tagesordnung*) agenda [ə'dʒendə]

der **Agent**, die **Agentin** agent ['eɪdʒᵊnt]

die **Agentur** agency ['eɪdʒᵊn(t)si]

die **Agglomeration** (CH) (*Ballungsraum*) conurbation

das **Aggregat** unit; (*für Strom*) power unit

agieren to act

die **Agrarwende** [movement for] sustainable [sə'steɪnəbḷ] agriculture

Ägypten Egypt ['iːdʒɪpt]

der **Ägypter**, die **Ägypterin** Egyptian [ɪ'dʒɪpʃᵊn]

ägyptisch Egyptian [ɪ'dʒɪpʃᵊn]

aha I see!

A

das **Aha-Erlebnis** sudden insight ['ɪnsaɪt]
ahnden to punish *Verstoß;* to avenge *Verbrechen, Tat*
ähneln to be like, to resemble; **sie ähneln sich sehr** they are very alike
ahnen to foresee, to know; **das konnte ich doch nicht ahnen!** I couldn't be expected to know that!
ähnlich similar; **jemandem ähnlich sehen** to resemble someone; **das sieht ihm ähnlich** (*umgangsspr*) that is just like him
die **Ähnlichkeit** similarity; **mit etwas Ähnlichkeit haben** to resemble something
die **Ahnung** ① (*Vorgefühl*) presentiment ② (*Wissen*) idea; **hast du eine Ahnung!** [a] fat lot you know about it!; **keine Ahnung!** no idea!
ahnungslos unsuspecting [ˌʌnsə'spektɪŋ]
der **Ahorn** (*Laubbaum*) maple [tree]
die **Ähre** ear
Aids, AIDS [eːts] *Abkürzung von* **Acquired Immune Deficiency Syndrome** aids, AIDS
der/die **Aids-Infizierte** person infected with aids
der **Airbag** ['ɛːɐ̯bɛk] (*Auto*) airbag
der **Airbus** airbus
die **Akademie** academy
der **Akademiker**, die **Akademikerin** (*Hochschulabsolvent*) university graduate ['grædʒuət]
akademisch academic
die **Akazie** acacia [ə'keɪʃə]
akklimatisieren **sich akklimatisieren** to become acclimatized
der **Akkord** ① (*Musik*) chord [kɔːd] ② (*Stücklohn*) piece rate; **im Akkord arbeiten** to do piece-work
die **Akkordarbeit** piece-work
das **Akkordeon** (*Musik*) accordion
das **Akkreditiv** letter of credit
der **Akku** (*elektrisch*) accumulator, battery
akkurat precise [prɪ'saɪs]
der **Akkusativ** (*Grammatik*) accusative
die **Akne** acne ['ækni]
der **Akrobat**, die **Akrobatin** acrobat
akrobatisch acrobatic
der **Akt** ① (*Tat*) act, action ② (*im Theater*) act ③ (*Malerei*) nude [njuːd] ④ Ⓐ (*Akte*) file, record ['rekɔːd]
die **Akte** file, records ['rekɔːdz] *Plural*
die **Akten** files, records ['rekɔːdz]; **zu den Akten legen** to file away
die **Aktennotiz** memo
der **Aktenordner** file
die **Aktentasche** briefcase
das **Aktenzeichen** reference ['refᵊrᵊn(t)s]
der **Akteur**, die **Akteurin** (*Film, Theater*) protagonist
die **Aktie** share; **in Aktien anlegen** to invest in shares ▶ WENDUNGEN: **na, wie stehen die Aktien?** (*humorvoll*) how are things?
die **Aktiengesellschaft** public limited company
das **Aktienkapital** share capital
der **Aktienkurs** (*wirtschaftlich*) share price
die **Aktion** ① action; (*Einsatz*) operation; **in Aktion treten** to go into action ② **das war eine geniale Aktion!** (*umgangsspr*) that was a great campaign!
der **Aktionär**, die **Aktionärin** shareholder Ⓖⓑ, stockholder Ⓤⓢⓐ
aktiv active
die **Aktiva** assets; **Aktiva und Passiva** assets and liabilities
das **Aktivgeschäft** *einer Bank:* lending business [-ˌbɪznɪs]
aktivieren ① (*chemisch*) to activate ② (*in Bewegung setzen*) to get moving
die **Aktivität** activity
aktualisieren to update [ʌp'deɪt]
die **Aktualität** topicality; **Aktualitäten** current events
der **Aktuar**, die **Aktuarin** Ⓒⓗ (*Schriftführer*) secretary
aktuell ① relevant; *Frage, Thema:* topical; **das ist nicht mehr aktuell** that's no longer relevant ② (*gegenwärtig*) *Problem, Thema:* current

> **F** Nicht verwechseln mit **actual** = wirklich, eigentlich!

die **Akupunktur** acupuncture
die **Akustik** acoustics [ə'kuːstɪks] ⚠ *Plural*
akustisch acoustic [ə'kuːstɪk]; **ich habe Sie akustisch nicht verstanden** I didn't catch what you said
akut ① (*medizinisch*) acute ② (*vordringlich*) urgent ['ɜːdʒᵊnt]
der **Akzent** ① (*sprachlich*) accent ['æksᵊnt] ② (*übertragen*) stress (**auf** on)
akzeptieren to accept [ək'sept]
der **Alarm** alarm; **Alarm schlagen** to sound the alarm
die **Alarmanlage** alarm system [-ˌsɪstəm]
alarmieren to alert
der **Albaner**, die **Albanerin** Albanian
Albanien Albania
albanisch Albanian
albern (*kindisch*) silly
der **Albtraum** nightmare ['naɪtmeəʳ]
das **Album** album
die **Alge** alga, ⚠ *Plural* algae
die **Algebra** (*Mathematik*) algebra ['ældʒɪbrə]
der **Algorithmus** algorithm
das **Alibi** alibi
die **Alibifunktion** **Alibifunktion haben** to be used as an alibi
die **Alimente** maintenance ['meɪntᵊnən(t)s] ⚠ *Singular*
alkalisch alkaline
der **Alkohol** alcohol
der **Alkoholeinfluss** **unter Alkoholeinfluss** under

A

the influence of alcohol
alkoholfrei non-alcoholic; **alkoholfreie Getränke** soft drinks
alkoholhaltig alcoholic
der **Alkoholiker**, die **Alkoholikerin** alcoholic
der **Alkoholismus** alcoholism
das **Alkoholproblem** drink problem
das **All** space; (*in der Philosophie*) universe
alle **alle werden** to run out
alle(r, s) 1 all; **alle Eltern sind willkommen** all parents are welcome 2 (*bestimmte Menge, Anzahl*) **alle Schüler in der Klasse 6c** all the pupils in form 6c; **alles Geld der Welt** all the money in the world; **alle meine Bücher** all [of] my books 3 everything; **alles, was Sie wollen** anything you like; **alles, was ...** all that ... 4 **alle 2 Tage** every other day; **alle 8 Tage** once a week 5 (*substantivisch:* ⚠ *im Englischen oft verneint*) **wir haben alle kein Geld mehr** none of us have any money left; **sie haben mir alle nicht gefallen** I didn't like any of them ▶WENDUNGEN: **auf alle Fälle** in any case; **vor allem** above all; **ein für allemal** once and for all; **alles in allem** on the whole; **was soll das alles?** what's all this about?; **was es nicht alles gibt!** well, now I've seen everything!
die **Allee** avenue

> **F** Nicht verwechseln mit **alley** = Gasse *f!*

allein(e) 1 alone; (*einsam*) lonely 2 **eine allein erziehende Mutter** a single mother; **allein stehend** single 3 (*selbstständig*) **das habe ich alleine gemacht** I did that by myself; **von allein** by oneself; **das Gerät ist von alleine ausgegangen** the machine switched off by itself; **das weiß ich von allein!** you don't have to tell me that!
der/die **Alleinerziehende**, der **Alleinerzieher**, die **Alleinerzieherin** single parent
der **Alleingang** solo run; **im Alleingang** on one's own
alleinig sole
die **Alleinvertretung** sole and exclusive representation
allemal **ein für allemal** once and for all
allenfalls if need be; (*höchstens*) at most
allerbeste(r, s) best of all, very best
allerdings 1 (*aber*) but 2 **allerdings!** certainly! ['sɜːtᵊnli]
allererste(r, s) very first; **zu allererst** first and foremost
die **Allergie** (*medizinisch*) allergy
allergisch allergic (**gegen** to)
Allerheiligen All Saints' Day
allerlei all sorts of [things]
allerletzte(r, s) very last
allermeiste(r, s) by far the most; **am allermeisten** most of all
allerneueste(r, s) very latest
allerwenigste(r, s) least of all; **in den allerwenigsten Fällen** in only a very few cases
allesamt all
allfällig CH 1 (*eventuell*) possible 2 (*gegebenenfalls*) possibly
allgemein general; **im Allgemeinen** generally, in general
die **Allgemeinbildung** general education
die **Allgemeinheit** general public
das **Allheilmittel** panacea [ˌpænəˈsiːə], cure-all
die **Allianz** alliance [əˈlaɪən(t)s]
der/die **Alliierte** ally; **die Alliierten** the Allies
alljährlich annual[ly], yearly
allmächtig omnipotent; **allmächtiger Gott!** heavens above!
allmählich 1 gradual 2 **etwas allmählich tun** to do something gradually [*oder* step by step]
der **Allradantrieb** (*Auto*) all-wheel drive
der **Alltag** (*übertragen*) everyday life
alltäglich (*gewöhnlich*) everyday
allwissend omniscient [ɒmˈnɪsiənt]
allzu **allzu oft** much too often; **allzu sehr** too much; **allzu viel** too much
Allzweck- (*in Zusammensetzungen*) all-purpose ...
der **Allzweckreiniger** general-purpose cleaner
die **Alm** alpine pasture
die **Alpen** **die Alpen** the Alps
das **Alpenveilchen** cyclamen [ˈsɪkləmən]
das **Alphabet** alphabet
alphabetisch alphabetical
der **Alptraum** nightmare [ˈnaɪtmeəʳ]
als 1 (*nach Komparativen*) than; **sie ist schöner/größer als Hannah** she is prettier/taller than Hannah 2 (*bei Vergleich*) as ... as; **so weit wie möglich** as far as possible 3 (*in Modalsätzen*) as if, as though [ðəʊ]; **es sieht so aus, als würde es regnen** it looks as though it might rain 4 (*temporal*) when; **gerade, als ...** just as ... 5 (*in der Eigenschaft*) **als Beweis** as proof; **als Kind** as a child 6 **alles andere als ...** anything but ...
also 1 so; **dir geht es also besser** so you are feeling better; **also doch** so ... after all; **du gehst also doch?** so you are going after all? 2 (*als Füllwort*) well; **also gut!** well all right then!; **also nein!** oh no!; **also so eine Frechheit!** what a cheek! 3 (*daher*) so, therefore; **sie bat mich darum, also bin ich gegangen** she asked me to, [and] so I left
alt 1 *Person.* old; **wie alt bist du?** how old are you?; **ich bin siebzehn Jahre alt** I'm seventeen years old 2 (*historisch*) ancient [ˈeɪn(t)ʃᵊnt]; *Sprachen:* classical ▶WENDUNGEN: **er ist nicht mehr der Alte** he is not the man

A

he used to be; **alles beim Alten lassen** to leave everything as it was; **alt aussehen** (*umgangsspr*) to look a right fool

> **G** Man kann **senior to** oder **older than** für „älter als" sagen: *Tom is five years senior to me* oder *Tom is five years older than me.*

der **Altar** altar
altbacken 1 *Brot:* stale 2 *Aussehen:* old-fashioned
der **Altbau** 1 (*altes Haus*) old building ['bɪldɪŋ] 2 (*Hausteil*) old part of a house
das **Altenheim**, das **Altenpflegeheim** old people's home
das **Alter** age; **im Alter von ...** at the age of ...; **das ist doch kein Alter!** that's no age at all!
altern 1 *Mensch:* to get older 2 *Wein, Spirituosen:* to mature
alternativ 1 alternative [ɔːl'tɜːnətɪv]; (*in der Politik*) unconventional 2 (*umweltbewusst*) ecologically [ˌiːkə'lɒdʒɪkəlli] minded
Alternativ- (*in Zusammensetzungen*) alternative [ɔːl'tɜːnətɪv]
die **Alternative** alternative [ɔːl'tɜːnətɪv]
das **Altersasyl** (CH) (*Altersheim*) old people's home
die **Altersgruppe** age group
das **Altersheim** old people's home
die **Altersrente**, das **Altersruhegeld** old-age pension
die **Altersschwäche** infirmity
die **Altersteilzeit** pre-retirement part-time employment
die **Altersversorgung** provision for old age
das **Altertum** antiquity
altertümlich (*veraltet*) antiquated
die **Alterung** ageing ['eɪdʒɪŋ], aging (USA)
der **Altglascontainer** bottle bank
der **Altjahresabend** (CH) (*Silvester*) New Year's Eve
altklug precocious [prɪ'kəʊʃəs]
die **Altlasten** poisonous ['pɔɪzənəs] waste
das **Altmaterial** scrap
der **Altmeister** (*im Sport*) ex-champion
altmodisch old-fashioned
das **Altpapier** waste paper
die **Altpapiersammlung** wastepaper collection
die **Altstadt** old part of town
der **Altweibersommer** Indian summer
die **Alufolie** tin foil, aluminium foil, aluminum foil (USA)
das **Aluminium** aluminium, aluminum (USA)
am 1 (*Zeitangabe*) **am 1. November** on November 1st; **Frankfurt am Main** Frankfurt on the Main; **am Abend** in the evening; **am Anfang** at the beginning; **am Tag darauf** on the following day 2 (*räumlich, örtlich*) on the; **am Fluss/Meer** by the river/sea; **am Eingang** at the entrance; **am Lager** in stock 3 (*zur Bildung des Superlativs*) **am besten** best; **er war am tapfersten** he was [the] bravest; **am liebsten gehe ich inlineskaten** I like going rollerblading best 4 (*umgangsspr: Verlauf*) **ich war am Arbeiten, als er anrief** I was working when he called; **sie war gerade am Weggehen** she was just about to leave 5 (*Zustand*) **am Leben** alive
der **Amateur**, die **Amateurin** [ama'tøːɐ̯] amateur ['æmətəʳ]
der **Amboss** anvil
die **Ambulanz** 1 (*im Krankenhaus*) outpatients ['aʊtˌpeɪʃənts] ⚠ *Singular* 2 (*Krankenwagen*) ambulance ['æmbjələn(t)s]
die **Ameise** ant
der **Ameisenbär** anteater
der **Ameisenhaufen** anthill
die **Ameisensäure** formic acid ['æsɪd]
amen amen!
Amerika America; **die Vereinigten Staaten von Amerika** the United States of America
der **Amerikaner**, die **Amerikanerin** American
amerikanisch American
das **Amiland** (*slang: USA*) Yankland *abwertend*
der **Ammann** (CH) 1 mayor ['meəʳ] 2 (*Beamter des Gerichts*) local magistrate
das **Ammoniak** (*chemisch*) ammonia
die **Amnestie** (*in der Politik*) amnesty
der **Amok** amok (GB), amuck (USA); **Amok laufen** to run amok
amortisieren **sich amortisieren** to pay for itself
die **Ampel** traffic lights ⚠ *Plural*
das **Ampere** (*elektrisch*) ampere
das **Amperemeter** amp meter, ammeter
die **Amphibie** amphibian
amputieren to amputate
die **Amsel** blackbird
das **Amt** 1 (*öffentliches*) office; **von Amts wegen** officially [ə'fɪʃəli] 2 (*Aufgabe*) duty, task 3 (*Behörde*) department 4 (*Telefonamt*) exchange
amtlich official [ə'fɪʃəl]; **amtliches Kennzeichen** registration [*oder* (USA) license] number
die **Amtsenthebung**, die **Amtsentsetzung** (A) dismissal from office
das **Amtsgericht** county court (GB), district court (USA)
der **Amtsrichter**, die **Amtsrichterin** county court judge [dʒʌdʒ] (GB), district court judge (USA)
das **Amtszeichen** dialling [*oder* (USA) dial] tone
die **Amtszeit** period of office
amüsant amusing
amüsieren 1 to amuse 2 **sich amüsieren** to enjoy oneself 3 **sich über etwas amüsieren** to find something funny
an 1 (*räumlich*) to; **sie ging ans Fenster** she went to the window; **ans Telefon gehen** to answer the phone 2 (*auf*) on; **sie hatte etwas an ihrer Jacke** she had something on her jacket 3 (*zeitlich*) on; **an einem Dienstag** on a Tuesday; **an diesem Abend** that evening; **es**

ist an der Zeit the time has come ④ (*Grund*) **jemanden an etwas erkennen** to recognize someone by something; **an etwas schuld sein** to be to blame for something ⑤ (*etwa*) **an die 500 Schüler** about five hundred pupils ⑥ **von nun an** from now on ⑦ (*Ankunft*) **Heidelberg an 16.25** arriving Heidelberg 16:25

analog ① analogous [əˈnæləgəs] ② (*Informatik*) analog

der **Analphabet**, die **Analphabetin** illiterate

die **Analyse** analysis [əˈnæləsɪs]

analysieren to analyse [*oder* USA analyze] [ˈænəlaɪz]

die **Ananas** pineapple

die **Anatomie** anatomy

anatomisch anatomical

anbahnen (*bevorstehen*) to be in the offing *umgangsspr*

der **Anbau** ① (*Gebäude*) extension ② (*landwirtschaftlich*) cultivation

anbauen ① to add, to build [bɪld] on *Gebäude* ② (*landwirtschaftlich*) to cultivate, to grow

die **Anbaufläche** cultivable land; (*bebaute Fläche*) area under cultivation

anbei enclosed; **anbei übersenden wir Ihnen ...** please find enclosed ...

anbelangen to concern [kənˈsɜːn]; **was mich/das anbelangt ...** as far as I am/that's concerned ...

anbeten ① (*religiös*) to worship ② (*übertragen*) to adore

anbiedern (*abwertend*) **sich bei jemandem anbiedern** to curry favour with someone

anbieten ① **jemandem etwas anbieten** to offer someone something, to offer something to someone ② *Mensch:* **sich anbieten, etwas zu tun** to offer to do something ③ (*naheliegen*) **es bietet sich an, das zu tun** it would seem to be the thing to do

anbinden ① to tie [up] ② **kurz angebunden sein** to be curt

der **Anblick** sight

anblicken to look at

das **Anbot** Ⓐ offer

anbrennen *Essen:* to get burnt; **anbrennen lassen** to burn ▶ WENDUNGEN: **nichts anbrennen lassen** (*umgangsspr*) to not miss out on anything; *Torwart:* to keep a clean sheet

anbringen ① (*installieren*) to install ② to make *Bitte, Beschwerde* (**bei** to)

der **Anbruch** beginning

andächtig devout

andauern to continue

andauernd (*ständig*) continuous [kənˈtɪnjuəs]; (*anhaltend*) continual; **jemanden andauernd unterbrechen** to keep on interrupting someone; **sie erhielt andauernd Anrufe** she kept getting phone calls

das **Andenken** ① memory; **zum Andenken an ...** in memory of ... ② (*Gegenstand*) keepsake (**an** from); (*von einer Reise*) souvenir

andere(r, s) ① (*verschieden*) different; **ein anderer Mann/eine andere Bluse** a different man/blouse; (*noch eine(r)*) another man/blouse; **das ist etwas Anderes** that is different; **ein anderes Mal** another time ② (*folgend*) **am anderen Morgen** the next morning ③ (*substantivisch: Person*) **ein anderer/eine andere** a different person; **jeder andere/kein anderer** anyone/no-one else; (*Sache*) a different one ④ **nichts anderes** nothing else; **nichts anderes als** nothing but; **alles andere als** anything but ⑤ **unter anderem** among other things *Plural* ⑥ **einer nach dem anderen** one at a time

andererseits on the other hand

ändern ① (*wechseln*) to change; **ich kann es nicht ändern** I can't do anything about it ② **sich ändern** to change

andernfalls otherwise

anders ① differently; **ich hätte es anders gemacht** I would have done it differently ② **jemand anders** someone else ③ **es sich anders überlegen** to change one's mind ④ **es geht nicht anders** there's no other way

andersherum the other way round

anderswo elsewhere

anderswoher from elsewhere

anderswohin elsewhere

anderthalb one and a half [hɑːf]

die **Änderung** alteration, change

anderweitig (*woanders*) elsewhere

andeuten **etwas andeuten** (*erkennen lassen*) to indicate something; (*zu verstehen geben*) to hint at something

die **Andeutung** **eine Andeutung über etwas machen** to hint at something

der **Andrang** *von Menschen:* crowd, rush; *von Blut:* rush

andrehen ① (*einschalten*) to turn on ② (*befestigen*) to tighten [ˈtaɪtən], to screw [skruː] in *Schraube* ③ **jemandem etwas andrehen** to palm something off on someone

andrerseits on the other hand

anecken to put people's backs up

aneignen **sich etwas aneignen** to acquire something (*widerrechtlich*) to appropriate something

aneinander each other; **sich aneinander gewöhnen** to get used to each other

aneinandergeraten to have a fight [faɪt]

aneinanderreihen **sich aneinanderreihen** to follow one another; **etwas aneinanderreihen** to string something together

anekeln to disgust

die **Anemone** anemone

A

anerkennen ① to recognize ['rekəgnaɪz], to acknowledge [ək'nɒlɪdʒ]; (*wirtschaftlich*) to accept [ək'sept] ② (*lobend*) to appreciate [ə'priːʃieɪt]; **ein anerkennender Blick** an appreciative look

anfahren ① *Fahrzeug:* to start, to pull away ② (*zusammenstoßen*) to run into, to hit ③ **jemanden anfahren** (*übertragen*) to shout at someone

die **Anfahrt** (*Reise*) journey

der **Anfall** (*medizinisch*) attack; (*epileptisch*) fit; **in einem Anfall von ...** in a fit of ...

anfallen ① **jemanden anfallen** to attack someone ② *Kosten:* to arise

anfällig ① (*gesundheitlich*) delicate ② **für etwas anfällig sein** to be susceptible to something

der **Anfang** beginning; **Anfang Mai** at the beginning of May; **für den Anfang** for the present; **von Anfang an** right from the beginning; **den Anfang machen** to begin, to start, to make a start

anfangen to begin, to start; **von vorn anfangen** begin [*oder* start] again; **fang nicht wieder damit an!** don't start all that again!; **ich weiß nicht, was ich damit anfangen soll** I don't know what to do with it

der **Anfänger**, die **Anfängerin** beginner

anfänglich ① *Schwierigkeiten:* initial ② (*zunächst*) at first

anfangs at first

der **Anfangsbuchstabe** first letter; **großer Anfangsbuchstabe** capital initial

das **Anfangsstadium** initial stage

anfassen ① to touch; **nicht anfassen!** don't touch! ② to tackle *Problem*

anfechtbar contestable

anfechten to contest [kən'test]; to appeal against *Urteil;* to dispute *Vertrag*

anfertigen to make

anflehen to implore (**um** for)

der **Anflug** *eines Flugzeugs:* approach

anfordern to request

die **Anforderung** ① (*Belastung*) demand; **hohe Anforderungen an jemanden stellen** to demand a lot of someone; **den Anforderungen genügen** to be able to meet the demands ② (*Bedürfnis*) requirement ③ (*das Anfordern*) request (**von** for)

die **Anfrage** ① inquiry ② (*im Parlament*) question ③ (*Informatik*) query

anfragen to inquire (**bei** of)

anfreunden **sich mit jemandem anfreunden** to make friends with someone; **sich mit etwas anfreunden** to get to like something

anführen ① (*als Führer*) to lead [liːd] ② (*zitieren*) to cite, to quote, to give *Beispiel*

der **Anführer**, die **Anführerin** leader; (*Anstifter*) ringleader

die **Anführungszeichen** inverted commas, quotation marks

die **Angabe** ① (*Aussage*) statement ② (*Auskunft*) information ⚠ *kein Plural* ③ **nähere** [*oder* **genauere**] **Angaben** details, particulars ④ **Angaben zur Person** personal details

angeben[1] ① (*nennen*) to give; **Gründe angeben** to state reasons ② (*behaupten*) to maintain

angeben[2] (*prahlen*) to boast, to show off

der **Angeber**, die **Angeberin** show-off

angeblich ① so-called ② **er hat angeblich Geld gestohlen** he allegedly stole money

angeboren innate

das **Angebot** offer; *von Waren:* supply; **Angebot und Nachfrage** supply and demand

angebracht (*sinnvoll*) reasonable

angebrannt burnt

angeheitert tipsy

angehen (*betreffen*) to concern [kən'sɜːn]; **das geht Sie nichts an!** that's none of your business!; **was geht das mich an?** what's that got to do with me?; **was mich angeht ...** for my part ...

angehend (*zukünftig*) prospective

angehören to be a member of

der/die **Angehörige** relative

der/die **Angeklagte** accused, defendant

die **Angel** (*Fischangel*) rod and line (GB), fishing pole (USA)

die **Angelegenheit** matter; **kümmere dich um deine eigenen Angelegenheiten!** mind your own business!

angelernt *Arbeiter:* semi-skilled

angeln **angeln gehen** to go fishing; **nach etwas angeln** to fish for something

angeloben (A) to swear [sweəʳ] in

die **Angelobung** (A) swearing [sweərɪŋ] in

die **Angelrute** fishing rod

angemessen appropriate [ə'prəʊpriət]; *Preis:* reasonable

angenehm agreeable, pleasant; **angenehme Reise!** have a pleasant journey!

angenommen **angenommen, dass ...** assuming [*oder* supposing] that ...

angesehen respected

angesichts in view of, considering

der/die **Angestellte** employee

angestrengt (*arbeiten*) hard

angetan **von jemandem/etwas angetan sein** to be impressed by someone/something; **es jemandem angetan haben** to appeal to someone

angetrunken inebriated

angewandt applied

angewiesen **angewiesen sein auf** to be dependent on

A

angewöhnen to get accustomed to

die **Angewohnheit** habit; **die Angewohnheit haben, etwas zu tun** to be in the habit of doing something

die **Angina** (*medizinisch*) angina

angleichen to adapt; **sich jemandem/etwas angleichen** to adapt oneself to someone/something

der **Angler**, die **Anglerin** angler

die **Anglistik** (*Studienfach*) English studies ⚠ *Plural*

angreifbar (*übertragen*) open to attack

angreifen ① (*feindlich*) to attack ② (*schwächen*) to weaken; (*beeinträchtigen*) to affect

angrenzend ① *Gebiet:* adjacent [ə'dʒeɪsənt] (**an** to) ② (*Informatik*) contiguous [kən'tɪgjuəs]

der **Angriff** attack (**auf** to); **etwas in Angriff nehmen** to tackle something

angriffslustig aggressive

die **Angst** anxiety [æŋ'zaɪəti] (**um** about); (*Furcht*) fear (**vor** of); **vor etwas Angst haben** to be afraid of something; **um jemanden Angst haben** to be anxious about someone; **keine Angst!** don't worry!

ängstigen ① **sich ängstigen** to worry ['wʌri] ② **jemanden ängstigen** to frighten someone

ängstlich (*angstvoll*) anxious ['æŋ(k)ʃəs]

der **Angstmacher**, die **Angstmacherin** (*abwertend*) scaremonger ['skeərmʌŋgər]

die **Angstmacherei** (*abwertend*) scaremongering ['skeərmʌŋgərɪŋ]

der **Angstzustand** state of anxiety [æŋ'zaɪəti]; **Angstzustände bekommen** to get in a panic

angurten to fasten ['fɑːsən] one's seat belt

anhaben ① *Kleidungsstücke:* to have on, to be wearing ② (*beeinträchtigen*) **sie können mir nichts anhaben** they can't touch me

anhalten ① to stop; **die Luft anhalten** to hold one's breath; **jemanden zu etwas anhalten** to encourage someone to do something ② (*stehen bleiben*) to stop ③ (*andauern*) to last ④ **um jemandes Hand anhalten** to propose to someone

anhaltend incessant [ɪn'sesənt]

der **Anhalter**, die **Anhalterin** hitch-hiker; **per Anhalter fahren** to hitch-hike

der **Anhang** ① appendix ② (*umgangsspr: Familie*) family

anhängen ① (*hinzufügen*) to add ② (*Informatik*) to attach ③ **jemandem etwas anhängen** (*umgangsspr*) to blame something on someone

der **Anhänger** ① (*Person*) follower, supporter ② (*für Gepäck*) tag; (*Schmuckstück*) pendant ③ (*Auto*) trailer

anhänglich clinging

anheben ① to raise *Gehalt* ② (*hochheben*) to lift up

anheuern to sign [saɪn] on

der **Anhieb** **auf Anhieb** (*umgangsspr*) straight away [*oder* off]

anhimmeln to worship; (*schwärmerisch ansehen*) to gaze adoringly at

anhören ① to listen ['lɪsən] to ② (*erhören*) **jemanden/jemandes Bitte anhören** to hear someone/someone's request ③ **das hört sich ja gut an!** that sounds good!

der **Animateur**, die **Animateurin** [anima'tøːɐ̯] host *maskulin*, hostess *feminin*

animieren to encourage [ɪn'kʌrɪdʒ]

der **Anis** ① (*Pflanze*) anise ② (*Gewürz*) aniseed

der **Ankauf** purchase

der **Anker** anchor ['æŋkər]; **vor Anker liegen** to be anchored; **den Anker lichten** to weigh anchor

anketten to chain up (**an** to)

die **Anklage** ① (*juristisch*) charge; **gegen jemanden Anklage erheben** to bring charges against someone ② (*Staatsanwalt*) prosecution

anklagen to charge; **jemanden anklagen, etwas getan zu haben** to accuse someone of having done something

der **Anklang** [**bei jemandem**] **Anklang finden** to be well received [by someone], to meet with approval [from someone]

anklicken (*Informatik*) to click on

anklopfen to knock [nɒk] (**an** at)

anknüpfen ① to tie on (**an** to) ② (*übertragen*) to start up; **an etwas anknüpfen** to take something up

ankommen[1] ① to arrive; **ich komme um 8:30 an** I arrive at 8:30 ② (*bei Bewerbungen*) to be taken on (**bei** by) ③ (*Anklang finden*) to go down (**bei** with); **bei jemandem ankommen** (*umgangsspr*) to have success with someone

ankommen[2] ① (*wichtig sein*) **es kommt darauf an, wie schnell man ist** it depends on how fast you are ② **es darauf ankommen lassen** to chance [tʃɑːn(t)s] it

ankündigen to announce [ə'naʊn(t)s]

die **Ankündigung** announcement [ə'naʊn(t)smənt]

die **Ankunft** arrival; **bei Ankunft** on arrival

die **Ankunftszeit** time of arrival

ankurbeln (*übertragen*) to boost

anlächeln to smile at; **jemanden nett anlächeln** to give someone a nice smile

anlachen ① to smile at ② **sich jemanden anlachen** (*umgangsspr*) to pick someone up, to pull someone (GB) *slang*

die **Anlage** ① (*Fabrik*) plant ② (*Park*) public park, gardens ⚠ *Plural* ③ (*Stereoanlage*) system ['sɪstəm] ④ (*im Finanzwesen*) investment ⑤ **als Anlage erhalten Sie ...** enclosed please find ...

der **Anlass** ① (*Ursache*) cause (**zu** for); **es besteht kein Anlass** there is no reason; **beim geringsten Anlass** for the slightest reason ② (*Gelegenheit*) occasion; **etwas zum Anlass nehmen**

A

zu ... to use something as an opportunity to ...

anlassen ① (*in Gang setzen*) to start *Auto* ② (*nicht ausziehen*) to keep on *Kleidung, Hut* ③ to leave on *Gerät*

der **Anlasser** starter [motor]

anlässlich on the occasion of

der **Anlauf** **einen Anlauf nehmen** to take a run-up; **erst beim zweiten Anlauf** only at the second go

anlaufen ① *Film:* to open ② (*beschlagen*) *Glas:* to steam up; *Metall:* to tarnish ③ *Schiff:* to call at; **das Schiff lief den Hafen an** the ship put into port

die **Anlaufschwierigkeit** teething problem *übertragen,* initial difficulty

die **Anlaufstelle** shelter, refuge ['refju:dʒ]

anlegen ① (*daranlegen*) to lay (**an** next to) ② (*anziehen*) to don ③ (*im Finanzwesen*) to invest ④ to start *Kartei* ⑤ to lay in *Vorräte* ⑥ (*Informatik*) to create *Datei* ⑦ *Schiff:* to berth ▶ WENDUNGEN: **sich mit jemandem anlegen** to pick a quarrel with someone

anlehnen ① to lean (**an** against); **die Tür anlehnen** to leave the door ajar ② **sich an etwas anlehnen** to follow something

anleiern (*umgangsspr*) **etwas anleiern** (*in die Wege leiten*) to launch something, to get something on the road

die **Anleihe** ① (*Darlehen*) loan ② (*Wertpapier*) bond

anleiten to instruct

die **Anleitung** (*auch technisch*) instructions ⚠ *Plural;* **unter Anleitung von ...** under the guidance of ...

das **Anliegen** (*Bitte*) request

anliegend ① (*benachbart*) adjacent [ə'dʒeɪsᵊnt] ② *Kleider:* tight-fitting ③ (*beiliegend*) enclosed

anlocken to attract *auch Kunden;* to lure *Tiere*

anlügen to lie to

anmachen ① (*befestigen*) to put up (**an** on) ② to dress *Salat* ③ to turn on *Licht, Radio* ④ (*ansprechen*) to chat up ⑤ (*umgangsspr: erregen*) to turn on ⑥ to light *Feuer*

anmailen **jemanden anmailen** to [e-]mail someone

anmaßend presumptuous [prɪ'zʌmptʃuəs]

anmelden ① to announce [ə'naʊn(t)s] ② **sich anmelden** to announce one's arrival ③ (*für einen Kurs*) **sich/jemanden anmelden** to enrol oneself/someone (**für** for); **jemanden bei einer Schule anmelden** to enrol someone at a school ④ **seinen Fernseher anmelden** to get a licence [*oder* (USA) license] for one's TV set ⑤ to declare *Abgaben, Zollwaren*

die **Anmeldung** ① (*Ankündigung*) announcement [ə'naʊn(t)smənt] ② (*zu einem Kurs*) enrolment; (*polizeilich*) registration ③ (*Rezeption*) reception [rɪ'sepʃᵊn]

anmerken ① (*bemerken*) to say ② (*schriftlich*) to note ③ **sich nichts anmerken lassen** to keep a straight face

die **Anmerkung** ① (*schriftlich*) note ② (*Bemerkung*) remark

die **Anmoderation** continuity [*oder* (USA) voiceover] announcement [ə'naʊn(t)smənt]

die **Anmut** grace [greɪs]

anmutig graceful ['greɪsfᵊl]

annähen to sew on (**an** to)

annähernd ① approximate [ə'prɒksɪmət] ② (*etwa*) about, approximately [ə'prɒksɪmətli]; **nicht annähernd so viel ...** not nearly as much ...

die **Annäherung** approach (**an** towards)

der **Annäherungsversuch** advances [əd'vɑ:n(t)sɪz] ⚠ *Plural*

die **Annahme** acceptance [ək'septən(t)s]; (*Vermutung*) assumption

annehmbar acceptable [ək'septəbl̩] (**für** to); *Preis:* reasonable

annehmen ① to accept [ək'sept] *Angebotenes* ② (*aufnehmen*) to take ③ (*vermuten*) to presume, to assume; **ich nehme an, er wollte ins Kino** I presume he wanted to go to the cinema; **etwas von jemandem annehmen** to expect something of someone ④ **sich einer Sache annehmen** to see to a matter

die **Annehmlichkeit** convenience [kən'vi:niən(t)s]; **die Annehmlichkeiten des Lebens** the comforts of life

anno (*im Jahre*) in [the year] ▶ WENDUNGEN: **von anno dazumal** [*oder* **Tobak**] (*humorvoll*) from the year dot

die **Annonce** [a'nõ:sə] advertisement

anonym anonymous [ə'nɒnɪməs]; **Anonyme Alkoholiker** Alcoholics Anonymous

der **Anorak** anorak

anordnen ① (*aufstellen*) to arrange [ə'reɪndʒ] ② (*befehlen*) to order

anpacken ① (*anfassen*) to grab ② (*übertragen*) to tackle; **kannst du mal mit anpacken?** can you lend me a hand?

anpassen ① (*technisch*) to fit [to] ② **sich an etwas anpassen** to adapt oneself to something

anpassungsfähig adaptable

die **Anpassungsfähigkeit** adaptability (**an** to)

anpflanzen to grow

anprangern to denounce [dɪ'naʊn(t)s]

anpreisen to extol; **sich [als etwas] anpreisen** to sell oneself [as something]

die **Anprobe** (*im Kaufhaus*) fitting room

anprobieren to try on

anpumpen (*umgangsspr*) **jemanden anpumpen** to borrow cash off someone

der **Anrainer**, die **Anrainerin** (A) [local] resident

anrechnen ① (*berechnen*) to charge ② (*gut-

A

schreiben) to take into account ③ **jemandem etwas hoch anrechnen** to think highly of someone for something

die **Anrede** form of address

> **L** In englischsprachigen Ländern ist es durchaus üblich, sich schon bei der ersten Begegnung mit dem Vornamen anzusprechen. Das gilt auch für Vorgesetzte und ihre Mitarbeiter. Es bedeutet aber nicht, dass man deshalb vertrauter miteinander umgeht.
> Hat jemand mehr als einen Titel, wird nur der wichtigere benutzt, z.B. „Professor Butler"; es gibt also keine Titel wie „Frau Prof. Dr. Schmidt". Der Doktortitel „Doctor" wird gewöhnlich nur für Ärzte und Ärztinnen verwendet.

anregen ① (*stimulieren*) to stimulate ② (*ermuntern*) to prompt (**zu** to)

anregend stimulating; (*körperlich*) invigorating

die **Anregung** (*Vorschlag*) idea; **auf Anregung von** on the suggestion of

anreichern ① (*auch übertragen*) to enrich ② (*vergrößern*) to enlarge

die **Anreise** journey

der **Anreiz** incentive [ɪn'sentɪv]

anrempeln to bump into; (*böswillig*) to jostle ['dʒɒsḷ]

die **Anrichte** ① sideboard ② (*Raum*) pantry

anrichten ① to prepare *Mahlzeit* ② (*verursachen*) to bring about

anrüchig notorious [nə(ʊ)'tɔːriəs]

der **Anruf** call

der **Anrufbeantworter** answering machine ['ɑːn(t)səʳɪŋməˌʃiːn], answerphone ['ɑːn(t)səfəʊn]

anrufen to phone, to call, to ring (GB)

> **G** Richtiges Konjugieren von **to ring**: ring, rang, rung
> *why don't you ring Mark?;*
> *I rang her last night but she wasn't in;*
> *he hadn't rung Mrs. Cook for a long time*

anrühren to mix *Farbe;* to blend *Sauce*

die **Ansage** announcement [ə'naʊn(t)smənt]

ansagen ① to announce [ə'naʊn(t)s] ② **angesagt sein** (*modisch*) to be in fashion; *Lokal, Disco:* to be the place to go; (*erforderlich*) to be the thing to do

der **Ansager**, die **Ansagerin** (*Radio*) announcer [ə'naʊn(t)səʳ]

ansammeln to accumulate; *Vorräte:* to build [bɪld] up

ansässig resident

der **Ansatz** ① (*technisch*) attachment; (*zur Verlängerung*) extension ② (*Philosophie*) approach

anschaffen (*kaufen*) to buy [baɪ], to purchase

die **Anschaffung** acquisition

anschalten to switch on *Gerät, Fernseher*

anschauen to look at

anschaulich (*klar*) clear, graphic; (*lebendig*) vivid; *Beispiel:* concrete

das **Anschauungsmaterial** visual ['vɪʒuəl] aids ⚠ *Plural*

der **Anschein** appearance [ə'pɪərᵊn(t)s]; **allem Anschein nach** to all appearances ⚠ *Plural;* **sich den Anschein geben** to pretend to be

anscheinend apparently

der **Anschlag** ① (*Mordversuch*) murderous ['mɜːdᵊrəs] attempt ② (*auf Schreibmaschine*) touch ③ (*Widerstand*) stop

anschließen ① (*technisch*) to connect ② **sich jemandem anschließen** to join someone ③ **ich schließe mich Ihnen/Ihrer Meinung an** I share your opinion, I'm of the same opinion as you

der **Anschluss** ① (*Bahn*) connection; **Anschluss haben nach ...** to have a connection to ... ② (*Telefonanschluss*) telephone, line ③ **im Anschluss an** following ▶WENDUNGEN: **den Anschluss verpassen** to miss the bus

der **Anschlusszug** connection

anschmiegen *Mensch:* to snuggle up (**an** to), to nestle ['nesḷ] (**an** against)

anschmiegsam *Stoff:* smooth

anschnallen ① to fasten ['fɑːsᵊn] *Sicherheitsgurt;* to clip on *Skier* ② **sich anschnallen** to fasten one's seat belt

anschnauzen to yell at

anschneiden ① to cut ② to touch on *Thema*

anschreiben ① (*an Tafel*) to write [raɪt] up ② (*zu jemandes Lasten aufschreiben*) to chalk up to someone's account; **anschreiben lassen** (*umgangsspr*) to buy on tick

anschreien to shout at

die **Anschrift** address

anschuldigen **jemanden [einer Sache] anschuldigen** to accuse someone [of something]

die **Anschwellung** (*auch medizinisch*) swelling

anschwemmen to wash up

das **Ansehen** (*Achtung*) reputation; **an Ansehen verlieren** to lose face

ansehen ① to look at ② (*besichtigen*) to have a look at; **sich etwas genau ansehen** to take a close look at something ③ **das sieht man ihr nicht an** she doesn't look it ④ to watch *Fernsehprogramm, Film* ▶WENDUNGEN: **sieh mal [einer] an!** well, I never!

ansehnlich (*beträchtlich*) considerable; **ein ansehnlicher Betrag** a tidy sum

ansetzen (*übertragen: bestimmen*) to fix; (*veranschlagen*) to estimate ['estɪmeɪt] *Betrag;* to put on *Fett*

die **Ansicht** ① (*übertragen*) opinion; **meiner Ansicht nach** in my opinion ② **zur Ansicht** on approval

die **Ansichtskarte** picture [post]card

ansiedeln **sich irgendwo ansiedeln** to settle

A

somewhere; *Firma:* to establish itself somewhere

die **Anspannung** strain

anspielen ① (*Fußball*) to kick off ② **auf etwas anspielen** to allude to something

die **Anspielung** allusion (**auf** to)

anspornen (*übertragen*) to encourage [ɪn'kʌrɪdʒ]

die **Ansprache** address

ansprechen ① to speak to (**auf** about); **ein Mann hat mich auf der Straße angesprochen** a man approached me in the street ② (*gefallen*) to appeal to; **das spricht mich nicht so an** that doesn't appeal to me much ③ (*reagieren*) to respond (**auf** to)

ansprechend attractive

der **Ansprechpartner**, die **Ansprechpartnerin** contact

anspringen *Auto:* to start

der **Anspruch** ① (*Recht*) claim (**auf** to); **auf etwas Anspruch haben** to have a right to something ② **jemanden völlig in Anspruch nehmen** to take up all of someone's time

anspruchslos *Mensch:* modest; *Arbeit:* simple, easy; *Roman:* light

anspruchsvoll (*viel verlangend*) demanding; (*hohe Anforderungen stellend*) ambitious [æm'bɪʃəs]

anstacheln **jemanden zu etwas anstacheln** to drive someone to something

die **Anstalt** institution

der **Anstand** decency ['diːsᵊn(t)si], propriety; **keinen Anstand haben** to have no manners ⚠ *Plural*

anständig (*auch übertragen*) decent ['diːsᵊnt]; (*umgangsspr*) *Essen:* square

anstandslos without difficulty

anstarren to stare [steəʳ] at

anstatt instead of

anstecken ① **sie hat mich mit ihrer Erkältung angesteckt** she's given me her cold, she's passed on her cold to me ② **sich anstecken** to catch an infection; **ich habe mich bei James angesteckt** I got it from James

ansteckend contagious [kən'teɪdʒəs], infectious [ɪn'fekʃəs] *auch übertragen*

die **Anstecknadel** pin

anstehen ① (*Schlange stehen*) to queue [kjuː] [up] (**nach** for), to line up (USA) (**nach** for) ② **was steht noch an?** what's left on the agenda?

ansteigen to rise, to go up

> **G** Richtiges Konjugieren von **to rise**: rise, rose, risen
> *water levels rise when the snow melts; the temperature rose by ten degrees; prices have risen dramatically this year*

anstelle instead (**von** of)

anstellen ① to turn on *Radio, Gerät* ② (*einstellen*) to employ ③ (*machen*) to manage; **wie stellt sie das nur an?** how does she manage it? ④ **sich anstellen** (*in Schlange*) to queue up (**für** for) ⑤ **sich anstellen** (*sich verhalten*) to act up; **stell dich nicht so an!** don't make such a fuss!

die **Anstellung** employment; **eine feste Anstellung** a permanent position

anstiften to incite [ɪn'saɪt]

der **Anstoß** ① (*im Sport*) kick-off ② **Anstoß erregen** to cause offence

anstoßen (*mit Gläsern*) to touch glasses; **auf etwas anstoßen** to drink to something

anstößig offensive

anstreichen ① (*markieren*) to mark ② (*mit Farbe*) to paint

der **Anstreicher**, die **Anstreicherin** painter

anstrengen ① to strain; **sein Gedächtnis anstrengen** to rack one's brains ⚠ *Plural* ② **sich anstrengen** to make an effort

anstrengend ① strenuous ['strenjuəs]; **das ist anstrengend für die Augen** it's a strain on the eyes ② *Mensch:* difficult

die **Anstrengung** effort; (*groß*) strain; **große Anstrengungen machen** to make every effort ⚠ *Singular*

der **Anstrich** ① (*Farbschicht*) coat of paint ② (*Note*) touch

der **Ansturm** rush

die **Antarktis** Antarctic

antarktisch Antarctic

antasten to infringe [ɪn'frɪndʒ] *Rechte*

der **Anteil** ① share (**an** of) ② **an etwas Anteil nehmen** take [*oder* show] an interest in something; (*mitfühlend sein*) be sympathetic over something

anteilig proportionate

die **Anteilnahme** interest (**an** in); (*Mitgefühl*) sympathy (**an** with)

die **Antenne** (*Radio*) aerial ['eəriəl]

antiautoritär antiauthoritarian

die **Antibabypille** contraceptive [ˌkɒntrə'septɪv] pill

das **Antibiotikum** (*medizinisch*) antibiotic

das **Antiblockiersystem** anti-lock [braking] system [-ˌsɪstəm], ABS [ˌeɪbiː'es]

antik ① *Möbel:* antique [æn'tiːk] ② (*aus der Antike*) ancient ['eɪn(t)ʃᵊnt]

die **Antike** antiquity

der **Antikörper** (*medizinisch*) antibody

die **Antikriegsbewegung** anti-war movement

die **Antilope** antelope

das **Antiquariat** (*Geschäft*) second-hand bookshop

die **Antiquität** antique [æn'tiːk]

die **Antiquitäten** antiques [æn'tiːks] *Plural*

der **Antiterrorkrieg** war on terror

antönen Ⓐ (*andeuten*) to hint

der **Antrag** application; **einen Antrag auf etwas**

stellen to make an application for something; (*juristisch*) to file a petition for something; (*im Parlament*) to propose a motion for something; **auf Antrag von** at the request of

das **Antragsformular** application form

antreffen ① to find; (*zufällig*) to come across ② **jemanden irgendwo antreffen** to meet someone somewhere

antreiben (*drängen*) to urge [ɜːdʒ]

antreten ① to begin *Reise;* to take up *neue Stelle* ② (*im Sport*) **gegen jemanden antreten** to compete against someone

der **Antrieb** ① (*übertragen*) drive; (*plötzlicher*) impetus ② *von Auto, Maschine:* drive ③ **aus eigenem Antrieb** on one's own initiative

antun ① to do; **warum tust du dir das an?** why are you doing that [*oder* this] to yourself? ② **tun Sie sich keinen Zwang an!** don't stand on ceremony!

anturnen (*slang*) to turn on

die **Antwort** answer ['ɑːn(t)səʳ], reply; **jemandem eine Antwort geben** to reply to someone; **als Antwort auf etwas** in response to something

antworten to answer ['ɑːn(t)səʳ], to reply; **auf etwas antworten** to answer something

anvertrauen **jemandem etwas anvertrauen** to entrust someone with something; (*übertragen*) to confide something to someone

anwachsen to increase [ɪn'kriːs] (**auf** to)

der **Anwalt**, die **Anwältin** lawyer; (*übertragen*) advocate ['ædvəkət]

der **Anwärter**, die **Anwärterin** candidate (**auf** for); (*im Sport*) contender

anweisen ① to transfer [træn(t)s'fɜːʳ] *Geld* ② (*anleiten*) to instruct

die **Anweisung** ① *von Geld:* transfer ['træn(t)sfɜːʳ] ② (*Anleitung*) instructions ⚠ *Plural* ③ (*Anordnung*) instruction; **auf Anweisung von ...** on the instructions of ...

anwendbar applicable (**auf** to)

anwenden to use (**auf** on)

der **Anwender**, die **Anwenderin** user

anwenderfreundlich user-friendly

die **Anwendung** ① use ② (*in der Informatik*) application ③ (*Kur*) treatment

anwesend present ['prezᵊnt]

die **Anwesenheit** presence ['prezᵊn(t)s]; **in Anwesenheit von ...** in the presence of ...

anwidern to disgust; **es widert mich an** it makes me feel sick

die **Anzahl** number; **die Anzahl der Leute** the number of people

die **Anzahlung** deposit; **eine Anzahlung auf etwas machen** to pay a deposit on something

anzapfen to tap *Fass, Elektrizität*

die **Anzeige** ① (*bei der Polizei*) report ② (*in der Zeitung*) advertisement ③ (*Bildschirmanzeige*) display

anzeigen ① **jemanden anzeigen** to report someone to the police ② **etwas anzeigen** (*auf Skala*) to indicate something

anziehen ① to put on *Kleidung* ② (*technisch*) to tighten ['taɪtᵊn] *Schraube* ③ (*Auto*) to apply *Handbremse* ④ to attract *Staub* ⑤ **sich anziehen** to get dressed ⑥ *Preise:* to go up

anziehend attractive

die **Anziehungskraft** ① (*physisch*) force of attraction ② (*übertragen*) appeal

der **Anzug** suit [suːt]

anzüglich *Bemerkungen:* lewd

anzünden to light *Feuer, Streichholz;* to set on fire *Gebäude*

apart striking

apathisch apathetic

aper (CH) (*schneefrei*) snowless

der **Apfel** apple

der **Apfelbaum** apple tree

der **Apfelsaft** apple juice [dʒuːs]

die **Apfelsine** orange

der **Apfelwein** cider ['saɪdəʳ]

der **Apostel** apostle [ə'pɒsḷ]

die **Apostelgeschichte** Acts ⚠ *Plural* of the Apostles [ə'pɒsḷz]

der **Apostroph** apostrophe [ə'pɒstrəfi]

die **Apotheke** chemist's ['kemɪsts] [shop] (GB), pharmacy ['fɑːməsi] (USA)

der **Apotheker**, die **Apothekerin** chemist ['kemɪst], pharmacist ['fɑːməsɪst], druggist ['drʌgɪst] (USA)

die **App** [æp] *kurz für* **Application** (*Computer*) app

der **Apparat** ① (*auch übertragen*) apparatus [æpᵊ'reɪtəs] ② (*Vorrichtung*) appliance [ə'plaɪən(t)s] ③ (*Gerät*) set ④ (*Telefon*) telephone; **am Apparat!** speaking!; **bleiben Sie am Apparat!** hold the line, please!

das **Appartement** [apartə'mãː] flat (GB), apartment (USA)

der **Appell** appeal

appellieren to appeal (**an** to)

der **Appetit** appetite (**auf** for); **Appetit bekommen** to get an appetite; **jemandem den Appetit verderben** to spoil someone's appetite; **Appetit auf etwas haben** to feel like something

> **L** Die Briten kennen keinen entsprechenden Ausdruck für „Guten Appetit" oder „Mahlzeit". Den Wunsch „Enjoy your meal" bekommt man nur in einem Restaurant zu hören. Zu Hause sagt man allenfalls auf Französisch *„Bon appétit!"*, aber normalerweise sagt man gar nichts.

appetitlich appetizing; (*übertragen*) attractive

die **Appetitlosigkeit** lack of appetite

applaudieren to applaud

der **Applaus** applause

die **Aprikose** apricot

der **April** ① April; **am 15. April** on 15th April, on April 15 (USA); (*gesprochen*) on the 15th of April, April the 15th (USA); **Anfang April** at the begin-

A

ning of April; **Ende April** at the end of April ② **der 1. April** April Fools' Day; **April, April!** April fool!

der **Aprilscherz** April fool's trick

apropos [apro'poː] by the way, that reminds me; **apropos Gesundheit ...** speaking of health ...

der **Aquamarin** aquamarine

das **Aquarell** watercolour [painting]

der **Äquator** equator

die **Ära** era

der **Araber** Arab

die **Araberin** Arabian woman

arabisch Arabic

die **Arbeit** ① work; **an die Arbeit gehen** to get down to work ② (*Lohnarbeit*) labour ['leɪbəʳ] ③ (*Stellung, Job*) job; **ohne Arbeit sein** to be out of work ④ (*Klassenarbeit*) test; (*Aufsatz*) Essay; **eine Arbeit schreiben** (*Klassenarbeit*) to do [*oder* sit] a test; **eine Arbeit über etwas schreiben** (*Aufsatz*) to write an essay on something

arbeiten ① to work (**an** on) ② *Organ:* to function ③ *Teig:* to rise ④ *Holz:* to warp

der **Arbeiter**, die **Arbeiterin** worker; (*ungelernter*) labourer ['leɪbᵊrəʳ]

der **Arbeitgeber**, die **Arbeitgeberin** employer

der **Arbeitnehmer**, die **Arbeitnehmerin** employee

das **Arbeitsamt** (*umgangsspr*) →**Bundesagentur für Arbeit** jobcentre ['dʒɒbsentəʳ] GB

die **Arbeitsbedingungen** working conditions

die **Arbeitsbelastung** workload

die **Arbeitsbeschaffungsmaßnahme** job-creation scheme [skiːm], job scheme

die **Arbeitserlaubnis** work permit [-ˌpɜːmɪt]

das **Arbeitsessen** working lunch

das **Arbeitsgericht** industrial tribunal

arbeitsintensiv labour-intensive [ˌleɪbəʳɪn-'ten(t)sɪv]

die **Arbeitskleidung** working clothes ⚠ *Plural*

die **Arbeitskraft** worker

der **Arbeitskreis** study group

arbeitslos out of work, unemployed

der/die **Arbeitslose** unemployed person

das **Arbeitslosengeld** earnings-related benefit

die **Arbeitslosenhilfe** unemployment benefit

die **Arbeitslosigkeit** unemployment

der **Arbeitsmarkt** labour ['leɪbəʳ] market

die **Arbeitsniederlegung** walkout

der **Arbeitsplatz** ① (*im Betrieb*) workplace ② (*Stelle*) job

die **Arbeitsplatzteilung** job sharing

der **Arbeitsschutz** health and safety protection at the workplace

der **Arbeitsspeicher** (*Informatik*) main memory

der **Arbeitstag** working day, workday

arbeitsunfähig ① (*krank*) unfit for work ② (*dauernd*) unable to work

der **Arbeitsunfall** work-related accident ['æksɪdᵊnt]

das **Arbeitsverhältnis** ① (*Stellung*) employment ② **Arbeitsverhältnisse** (*im Betrieb*) working conditions

der **Arbeitsvermittler**, die **Arbeitsvermittlerin** recruiter [rɪ'kruːtəʳ], recruitment agent [rɪ'kruːtmənt ˌeɪdʒᵊnt]

die **Arbeitsvermittlung** (*Bundesagentur für Arbeit*) jobcentre ['dʒɒbˌsentəʳ] GB; (*Agentur*) employment agency [-ˌeɪdʒᵊn(t)si]

der **Arbeitsvertrag** contract of employment

die **Arbeitszeit** working hours [aʊəʳz] ⚠ *Plural;* **gleitende Arbeitszeit** flexible working hours ⚠ *Plural,* flexitime *umgangsspr*

die **Arbeitszeitverkürzung** reduction of working hours [aʊəʳz]

das **Arbeitszeugnis** reference ['refᵊrᵊn(t)s] from one's employer

das **Arbeitszimmer** study

der **Archäologe**, die **Archäologin** archaeologist [ˌɑːki'ɒlədʒɪst]

die **Archäologie** archaeology [ˌɑːki'ɒlədʒi]

archäologisch archaeological [ˌɑːkiə'lɒdʒɪkᵊl]

der **Architekt**, die **Architektin** architect ['ɑːkɪtekt]

die **Architektur** architecture ['ɑːkɪtektʃəʳ]

das **Archiv** archives ['ɑːkaɪvz] ⚠ *Plural*

das **Areal** area

die **Arena** arena; (*Zirkusarena*) ring

arg ① (*böse*) wicked ② (*stark, schlimm*) terrible; **mein ärgster Feind** my worst enemy ③ (*sehr*) awfully, very

Argentinien Argentina [ˌɑːdʒᵊn'tiːnə]

der **Argentinier**, die **Argentinierin** Argentine ['ɑːdʒᵊntaɪn]

argentinisch Argentinian [ˌɑːdʒᵊn'tɪniən]

der **Ärger** ① (*Wut*) anger ② (*Unannehmlichkeit*) trouble; **jemandem viel Ärger machen** to cause someone a lot of trouble; **Ärger kriegen** to get into trouble; **mach keinen Ärger!** (*umgangsspr*) cool it!; **so ein Ärger!** what a nuisance!

ärgerlich ① (*verärgert*) annoyed, cross ② (*Ärger erregend*) annoying; **das ist ärgerlich** that is a nuisance

ärgern ① to annoy, to irritate ② (*belästigen*) to pester ③ **sich über etwas ärgern** to get annoyed [*oder* angry] about something; **sich über jemanden ärgern** to get angry [*oder* annoyed] with someone

das **Argument** argument ['ɑːgjəmənt]

argumentieren to argue ['ɑːgjuː]

argwöhnisch suspicious [sə'spɪʃəs]

die **Arie** (*Musik*) aria

der **Aristokrat**, die **Aristokratin** aristocrat

aristokratisch aristocratic

die **Arithmetik** arithmetic [ə'rɪθmətɪk] ⚠ *kein Plural*

die **Arktis** Arctic

arktisch arctic; (*Kaltluft*) polar
der **Arm** ① (*anatomisch*) arm; **jemanden in den Arm nehmen** to take someone in one's arms ⚠ *Plural*, to give someone a hug *umgangsspr* ② *von Leuchter:* branch ③ *von Waage:* beam ▶ WENDUNGEN: **jemanden auf den Arm nehmen** to pull someone's leg *umgangsspr*, to take someone for a ride *umgangsspr*
arm ① poor; **die Armen** the poor ② **arm dran sein** (*umgangsspr*) to have a hard time of it
die **Armaturen** ① (*technisch*) fittings; (*am Auto*) controls ② (*Wasserhähne*) taps (GB), faucets ['fɑːsɪts] (USA)
das **Armaturenbrett** (*Auto*) dashboard
das **Armband** ① *von Uhr:* strap ② (*Schmuckstück*) bracelet ['breɪslət]
die **Armbanduhr** wristwatch ['rɪstwɒtʃ]
die **Armee** army; **bei der Armee sein** to be in the army
der **Ärmel** sleeve ▶ WENDUNGEN: **etwas aus dem Ärmel schütteln** to produce something just like that
der **Ärmelkanal** [English] Channel
die **Armenküche** soup kitchen
die **Armlehne** armrest
ärmlich ① poor ② *Kleidung:* shabby ③ *Verhältnisse:* humble
armselig ① (*elend*) miserable ② *Ausrede:* pathetic
die **Armut** poverty
das **Aroma** ① (*Duft*) aroma ② (*Geschmack*) flavour ['fleɪvəʳ]
die **Aromatherapie** aromatherapy
aromatisch ① (*duftend*) aromatic ② (*würzig*) spicy
der **Arrest** detention
arrogant arrogant
die **Arroganz** arrogance ['ærəgən(t)s]
der **Arsch** (*umgangsspr*) arse (GB) *umgangsspr*, ass (USA) *umgangsspr*
das **Arschloch** arsehole, bastard *slang*
das **Arsen** arsenic
die **Art** ① (*Sorte*) kind, sort, type; **eine Art Gemüseeintopf** a type [*oder* sort] of vegetable stew ② (*Gattung*) species ['spiːʃiːz], *Plural* species ③ (*Benehmen*) behaviour [bɪ'heɪvjəʳ] ④ (*Wesen*) nature; **das ist eigentlich nicht seine Art** he's not usually like this; **es ist eigentlich nicht seine Art, ...** it's not like him to ... ⑤ (*Methode*) way; **auf diese Art** [in] this way; **auf die eine oder andere Art** some way or other
der **Artenreichtum** abundance of species [əˌbʌndən(t)səv'spiːʃiːz] ⚠ *kein Plural*
der **Artenschutz** protection of species ['spiːʃiːz]
die **Artenvielfalt** abundance of species ⚠ *kein Plural*
die **Arterie** artery
artig *Kinder:* good, well-behaved
der **Artikel** ① (*Grammatik*) article ② (*Ware*) article; (*einzelner Posten*) item ③ (*in der Zeitung*) article, feature
die **Artillerie** (*militärisch*) artillery
die **Artischocke** artichoke
der **Artist**, die **Artistin** artiste
die **Arznei** medicine ['medsᵊn]
das **Arzneimittel** drug
der **Arzt** doctor
der **Arzthelfer**, die **Arzthelferin** doctor's assistant
die **Ärztin** [female] doctor
ärztlich medical; **in ärztlicher Behandlung sein** be under medical care
das **As** (*in der Musik*) A flat
die **Asche** ash, ashes *Plural*
der **Aschenbecher** ashtray
das **Aschenbrödel**, das **Aschenputtel** Cinderella [ˌsɪndᵊr'elə]
der **Aschermittwoch** Ash Wednesday
der **ASCII-Code** ASCII code
die **Ascorbinsäure** ascorbic acid ['æsɪd]
der **Asiat**, der **Asiate**, die **Asiatin** Asian
asiatisch Asian
Asien Asia
asozial *Verhalten:* antisocial [ˌænti'səʊʃᵊl]
der **Asphalt** asphalt
asphaltieren to asphalt
das **Ass** ace [eɪs] *auch übertragen*
assimilieren to assimilate
der **Assistent**, die **Assistentin** assistant
assistieren **bei etwas assistieren** to assist in doing something
der **Ast** branch
die **Aster** (*Sternblume*) aster
die **Ästhetik** aesthetics [iːs'θetɪks] ⚠ *Plural* (GB), esthetics ⚠ *Plural* (USA)
ästhetisch aesthetic [iːs'θetɪk] (GB), esthetic (USA)
das **Asthma** asthma
asthmatisch asthmatic
astrein (*umgangsspr*) above board; **nicht ganz astrein** (*umgangsspr*) somewhat fishy *umgangsspr*
der **Astrologe**, die **Astrologin** astrologer [ə'strɒlədʒəʳ]
die **Astrologie** astrology [ə'strɒlədʒi]
astrologisch astrologic[al] [æstrə'lɒdʒɪk[ᵊl]]
der **Astronom**, die **Astronomin** astronomer
die **Astronomie** astronomy
astronomisch astronomic[al]
die **Astrophysik** astrophysics ⚠ *mit Singular*
der **Astrophysiker**, die **Astrophysikerin** astrophysicist [ˌæstrə(ʊ)'fɪzɪsɪst]
das **Asyl** ① (*in der Politik*) asylum [ə'saɪləm] ② (*übertragen: Schutzort*) sanctuary
der **Asylbewerber**, die **Asylbewerberin** asylum [ə'saɪləm] seeker
das **Asylrecht** right of [political] asylum [ə'saɪləm]
das **Atelier** [atə'li̯eː] studio

A

der **Atem** breath [breθ]; **wieder zu Atem kommen** to regain [*oder* catch] one's breath; **den Atem anhalten** to hold one's breath; **außer Atem sein** to be out of breath
atemberaubend breathtaking ['breθˌteɪkɪŋ]
atemlos breathless ['breθləs]
die **Atemwege** respiratory tract ⚠ *Singular*
der **Atemzug** breath [breθ]
der **Atheismus** atheism ['eɪθiɪzᵊm]
der **Atheist**, die **Atheistin** atheist ['eɪθiɪst]
atheistisch atheist[ic] [eɪθi'ɪstɪk]
der **Äther** ether ['iːθəʳ]
ätherisch ① (*auch übertragen*) ethereal [ɪ'θəriəl] ② *Öl:* essential
Äthiopien Ethiopia [iːθi'əʊpiə]
der **Äthiopier**, die **Äthiopierin** Ethiopian [iːθi'əʊpiən]
äthiopisch Ethiopian [iːθi'əʊpiən]
der **Athlet**, die **Athletin** athlete ['æθliːt]
athletisch athletic [əθ'letɪk]
der **Atlantik** Atlantic
atlantisch Atlantic; **der Atlantische Ozean** the Atlantic Ocean
der **Atlas** ① (*geologisch*) Atlas ② (*Kartenwerk*) atlas
atmen to breathe [briːð], to respire [rɪ'spaɪəʳ]; **wieder atmen können** to recover one's breath [breθ]
die **Atmosphäre** atmosphere ['ætməsfɪəʳ]
atmosphärisch atmospheric [ˌætməs'ferɪk]
die **Atmung** breathing ['briːðɪŋ], respiration
die **Atmungsorgane** respiratory organs
das **Atom** atom ['ætəm]
atomar nuclear; **atomar angetrieben sein** to be nuclear-powered
die **Atombombe** atomic bomb [æ'tɒmɪk bɒm], A-bomb ['eɪbɒm]
die **Atomenergie** atomic [*oder* nuclear] energy
die **Atomindustrie** nuclear ['njuːkliəʳ] industry
der **Atomkern** atomic nucleus [ætɒmɪk 'njuːkliəs]
die **Atomkraft** nuclear [*oder* atomic] energy
das **Atomkraftwerk** nuclear power station
die **Atomphysik** nuclear physics [njuːkliəʳ 'fɪzɪks] ⚠ *mit Singular*
das **Atomprogramm** nuclear [*oder* atomic] programme [*oder* (USA) program]
der **Atomreaktor** atomic [*oder* nuclear] reactor
atomwaffenfrei nuclear-free
ätsch serves you right!
das **Attentat** attempt on someone's life
der **Attentäter**, die **Attentäterin** assassin, assailant
das **Attest** certificate [sə'tɪfɪkət]; **ein Attest ausstellen** to grant a certificate; **sie bekam ein ärztliches Attest** she received a medical [*oder* doctor's] certificate
die **Attrappe** dummy; (*leere Packung*) show piece
attributiv (*Grammatik*) attributive
ätzen (*slang*) to make catty remarks
ätzend ① *Substanz:* corrosive, caustic ② *Geruch:* biting, pungent ③ (*umgangsspr*) revolting, sickening; **das ist echt ätzend** (*lästig, nervig*) it's such a pain
au(a) ouch!
die **Aubergine** [obɛr'ʒiːnə] aubergine [əʊbəʒiːn], egg-plant (USA)
auch ① too [tuː], as well; **das ist auch schön** that's nice too; **ich mag auch Katzen** I like cats too [*oder* as well]; **ich auch!** me too!; **er möchte auch mitkommen** he would like to come too [*oder* as well] ② (*verneint*) **auch nicht** not ... either; **sie mag auch keinen Fisch** she doesn't like fish either; **das ist auch nicht besser** that's not better either; **sie möchte kein Eis — [und] ich auch nicht** she doesn't want an ice-cream [and] neither [*oder* me neither] do I; **er geht nicht mit? — ich dann auch nicht** he's not coming? — then neither will I ③ (*zudem*) also; **es ist auch sehr kalt** it's also very cold ④ (*sogar*) even; **auch du kannst das** even you can do it ⑤ **auch wenn** even if ⑥ **sie ist nicht nur schön, sondern auch sehr begabt** not only is she pretty, but she's also very talented ⑦ **was auch kommen mag** whatever happens; **wo auch immer** wherever; **was auch immer** whatever ⑧ (*fragend*) **wozu auch?** what is the good of it?
die **Audienz** audience ['ɔːdiən(t)s] (**bei** with)
die **Audiodatei** audio file
die **Audioführung** audio tour
der **Audioguide** audio tour, audio guide
auf ① (*örtlich*) at, in; **auf der Post** at the post office; **auf dem Land** in the country; **auf der Straße** in [*oder* (USA) on] the street; **auf der Welt** in the world ② (*räumlich*) on; **auf dem Tisch** on the table; **auf der Insel Wight** on the Isle of Wight ③ (*bei*) **auf Anfrage** on inquiry; **auf Befehl von** by order of ④ **auf Deutsch** in German ⑤ **auf keinen Fall** on no account ⑥ **auf diese Weise** in this manner ⑦ (*offen*) open; **auf haben** to have open *Augen, Mund; Laden:* to be open ⑧ (*tragen*) **auf haben** to have on, to wear *Hut, Brille* ⑨ (*wach*) **noch auf sein** to be still up ⑩ **auf und davon** up and away ⑪ **auf und ab** up and down ⑫ **auf!** come along!
aufatmen to breathe [briːð] a sigh of relief [rɪ'liːf]
der **Aufbau** ① *einer Organisation:* set-up ② (*Struktur*) structure; *eines Kunstwerkes:* composition
aufbauen ① (*errichten*) to put up *Zelt* ② (*übertragen*) to build [bɪld] up; to structure *Aufsatz, Organisation* ③ **aufbauen auf** to be based on *Idee, Theorie, Tatsache* ④ (*übertragen*) **das baut mich jetzt wieder auf** that's making me feel better
aufbäumen **sich aufbäumen** *Tier:* to rear up; (*übertragen*) *Mensch:* to rebel [rɪ'bel]

A

aufbekommen (*umgangsspr*) ① (*öffnen*) to get open ② (*in der Schule*) to get as homework

aufbereiten to process ['prəʊses], to condition; to treat *Wasser;* to edit *Daten*

aufbessern to improve [ɪm'pruːv]; to increase [ɪn'kriːs] *Gehalt*

aufbewahren to keep; to store *Lebensmittel*

die **Aufbewahrung** storage ['stɔːrɪdʒ]

aufblasbar inflatable

aufblasen (*mit Luft füllen*) to blow up *Ballon;* to inflate *Reifen*

aufbleiben ① (*offen bleiben*) to stay open ② (*nicht schlafen gehen*) to stay up

aufblicken **zu jemandem aufblicken** to look up to someone

aufblühen ① to blossom ② (*gedeihen*) to flourish ['flʌrɪʃ]

aufbrauchen to use up

aufbrechen ① to break [*oder* force] open *Tür;* to pick *Schloss* ② (*fortgehen*) to leave, to set off (**nach** for)

aufbringen ① (*umgangsspr*) to get open *Tür* ② to summon up *Mut* ③ to raise *Geld* ④ (*reizen*) to irritate; **jemanden gegen jemanden aufbringen** to set someone against someone

der **Aufbruch** departure

das **Aufbruchsignal** green light

aufbürden **jemandem etwas aufbürden** to burden someone with something

aufdecken (*übertragen*) to uncover *Geheimnis;* to show *Karten*

aufdonnern (*abwertend umgangsspr*) **sich aufdonnern** to doll oneself up; **aufgedonnert** dolled up

aufdrängen ① **jemandem etwas aufdrängen** to force something on someone ② **sich jemandem aufdrängen** to impose on someone

aufdrehen ① to turn on *Hahn* ② (*lauter machen*) to turn up *Radio*

aufdringlich obtrusive; *Person:* pushy

aufdrücken (*umgangsspr*) to impose on *Pflicht, Aufgabe, Arbeit*

aufeinander ① (*folgend*) one after another ② (*räumlich*) one on top of each other

aufeinanderfolgen **dicht aufeinanderfolgen** to come thick and fast

aufeinanderfolgend successive [sək'sesɪv]

aufeinanderstoßen to clash

der **Aufenthalt** stay (**bei** with); **wie lange haben wir hier Aufenthalt?** how long are we stopping here?

die **Aufenthaltsgenehmigung** residence permit ['rezɪdən(t)sˌpɜːmɪt]

der **Aufenthaltsort** ① whereabouts ['(h)weərəbaʊts] ⚠ *Plural* ② [place of] residence ['rezɪdən(t)s]

der **Aufenthaltsraum** common-room, recreation [ˌriːkri'eɪʃən] room

die **Auferstehung** resurrection [ˌrezər'ekʃən]

aufessen to eat up

die **Auffahrt** ① (*vor einem Haus*) drive ② *Autobahn:* slip road

der **Auffahrunfall** collision

auffallend ① conspicuous [kən'spɪkjuːəs], striking ② **auffallend schön** strikingly beautiful ③ **auffallend gekleidet** showily dressed

auffällig striking

auffangen ① to catch [up] ② to cushion *Stöße* ③ to collect *Regenwasser*

auffassen ① (*auslegen*) to understand, to interpret; **wie soll ich das auffassen?** how am I to understand that? ② (*begreifen*) to grasp; to understand *Zusammenhänge*

die **Auffassung** (*Meinung*) opinion, view

auffinden to locate

auffliegen (*übertragen*) *Person:* to be busted

auffordern ① (*bitten*) to ask; **jemanden auffordern zu gehen** to ask someone to leave ② **Ärzte fordern zur Blutspende auf** doctors are appealing for blood [donations]

die **Aufforderung** ① (*Bitte*) request ② (*nachdrücklich*) demand

auffrischen ① *Wind:* to freshen ② to replenish *Vorräte* ③ to brush up [on] *Kenntnisse;* to refresh *Erinnerungen*

der **Auffrischungskurs** (*in der Schule*) refresher course

aufführen ① (*im Theater*) to perform ② (*auflisten*) to list ③ **sich unmöglich/schlecht aufführen** to behave abominably/badly; **sich aufführen wie ...** to behave like ...

die **Aufführung** (*im Theater*) performance [pə'fɔːmən(t)s]

auffüllen ① (*nachfüllen*) to top up ② (*ergänzen*) to replenish

die **Aufgabe** ① task, job; **es ist nicht meine Aufgabe, dich zu korrigieren** it's not my job to correct you ② (*in der Schule*) exercise ['eksəsaɪz]; **Aufgaben** (*Hausaufgaben*) homework ③ (*Pflicht*) duty

aufgabeln (*umgangsspr*) to pick up

der **Aufgabenbereich** area of responsibility

der **Aufgang** ① *von Sonne, Mond:* rising ② *von Treppe:* staircase ['steəkeɪs], steps *Plural,* stairway ['steəweɪ] USA

aufgeben ① to give up ② **Hausaufgaben aufgeben** to give [*oder* set] homework ③ **Gepäck aufgeben** to register luggage ④ **einen Brief aufgeben** to post [*oder* USA mail] a letter ⑤ **eine Anzeige aufgeben** to place an advert ⑥ **ich hab's satt, ich geb auf!** I've had enough, I give up!

aufgeblasen *Mensch:* puffed-up, self-important

aufgebracht outraged

aufgedonnert (*abwertend*) tarted [*oder* dolled] up *umgangsspr*

A

aufgedunsen bloated

aufgehen ① *Sonne, Mond:* to rise ② *Knopf, Schnürsenkel:* to come undone ③ *Teig:* to rise ④ *Saat:* to come up ⑤ **in Flammen aufgehen** to go up in flames; **jetzt geht mir ein Licht auf!** now it dawns on me!, now the penny's dropped!

> **G** Richtiges Konjugieren von **to rise**: rise, rose, risen
> *the sun rises in the east;*
> *the sun set and the moon rose in the sky;*
> *once it has risen, the dough is ready for baking*

aufgeklärt enlightened [ɪn'laɪt^{ə}nd]; **sexuell aufgeklärt sein** to know the facts of life

aufgelegt ① **gut/schlecht aufgelegt sein** to be in a good/bad mood ② **ich bin heute nicht zum Spaßen aufgelegt** I'm not in the mood for jokes today

aufgeregt ① excited [ɪk'saɪtɪd] ② (*nervös*) nervous ['nɜːvəs]; (*durcheinander*) flustered

aufgeschmissen (*umgangsspr*) in a [right] fix

aufgetakelt (*abwertend*) all dolled [*oder* tarted] up *umgangsspr*

aufgeweckt (*übertragen*) bright [braɪt], quick-witted

aufgreifen ① **jemanden aufgreifen** to apprehend someone ② (*übertragen*) to take up *Thema, Gedanke*

aufgrund because of

aufhaben ① to have on; to wear [weə^{r}] *Hut, Brille* ② **die Augen/den Mund aufhaben** to have one's eyes/one's mouth open ③ **Schularbeiten aufhaben** to have to do [one's/some] homework ④ *Geschäft, Museum, Schwimmbad:* to be open

aufhalten ① **die Tür aufhalten** to keep the door open ② to stop *Unglück, Person, Auto* ③ to delay, to hold up; **ich will Sie nicht länger aufhalten** don't let me keep you ④ **sich irgendwo aufhalten** to stay somewhere

aufhängen ① **etwas aufhängen** to hang up something ② **jemanden aufhängen** to hang someone

der **Aufhänger** (*Anknüpfungspunkt*) peg

aufheben ① (*vom Boden*) to pick up ② to keep *als Souvenir* ③ **ein Gesetz aufheben** to abolish [ə'bɒlɪʃ] a law; **ein Urteil aufheben** to reverse a sentence; **eine Vereinbarung aufheben** to cancel an agreement; **ein Exportverbot aufheben** to lift an embargo ④ (*vorzeitig beenden*) **eine Sitzung aufheben** to break up [*oder* close] a meeting

aufheitern ① to brighten ['braɪt^{ə}n] *Zimmer, Leben* ② **jemanden aufheitern** to cheer someone up ③ *Wetter:* to clear up

aufhellen ① **ein Zimmer aufhellen** to brighten ['braɪt^{ə}n] a room; **sich die Haare aufhellen lassen** to have one's hair lightened ② **sich aufhellen** *Wetter, Miene:* to brighten ['braɪt^{ə}n] up

aufhetzen to stir [stɜː^{r}] up

aufholen ① **Zeit aufholen** to make up time ② **eine Verspätung aufholen** *Zug:* to make up lost time ③ (*in einem Fach*) to catch up ④ (*im Sport*) to make up ground

aufhorchen to prick up one's ears

aufhören ① to stop; **sie hörte nicht auf zu singen** she kept on singing; **hör doch endlich auf!** will you stop it! ② (*enden*) to come to an end, to end

aufklappen to open [up]; to unfold *Liegestuhl;* to unclasp *Messer*

aufklären ① to clear up *Irrtum, Missverständnis* ② to solve *Verbrechen* ③ **jemanden über etwas aufklären** to inform someone about something ④ **jemanden aufklären** (*sexualkundlich*) to explain the facts of life to someone ⑤ **sich aufklären** *Irrtum:* to be resolved [*oder* cleared up]

aufklaren **es klart auf** it's clearing [up]

der **Aufkleber** sticker

aufkommen ① **für den Schaden aufkommen** to pay for the damage ② (*entstehen*) to arise; **es kam starker Wind auf** a strong wind sprang up ③ **Zweifel aufkommen lassen** to give rise to doubts

aufkrempeln to roll up

aufladen ① to load ② **jemandem eine Bürde aufladen** to burden [bɜːd^{ə}n] someone with something; **sich etwas aufladen** to burden oneself with something ③ **eine Batterie aufladen** to [re-]charge a battery ④ **sich aufladen** (*elektrisch*) to become charged

die **Auflage** ① *von Buch:* edition [ɪ'dɪʃ^{ə}n]; *von Zeitung:* circulation [ˌsɜːkjə'leɪʃ^{ə}n] ② (*Auflagenhöhe*) number of copies

auflassen ① **die Tür auflassen** to leave the door open ② **den Hut auflassen** to leave on one's hat

auflauern **jemandem auflauern** to lie in wait for someone

der **Auflauf** ① crowd ② (*Speise*) bake; **morgen essen wir Nudelauflauf** we'll have pasta bake tomorrow

auflaufen ① *Zinsen:* to accumulate [ə'kjuːmjəleɪt] ② *Schiff:* to run aground (**auf** on) ③ **jemanden auflaufen lassen** (*umgangsspr*) to drop someone in it

aufleben to liven up

auflegen ① to lay *Besteck, Geschirr* ② to replace [rɪ'pleɪs]; to put down *Hörer* ③ to put on *Schallplatte*

auflehnen **sich auflehnen** to revolt (**gegen** against)

auflesen to pick up [from the ground]

aufleuchten to light up

auflockern ① **den Boden auflockern** to break up the soil ② **den Unterricht [durch etwas] auflockern** to liven up the lesson [with something]

auflösen ① **etwas [in Wasser] auflösen** to dissolve something [in water] ② (*schließen*) **ein Geschäft auflösen** to wind [waɪnd] up a shop/business; **ein Konto auflösen** to close an account ③ **etwas löst sich [in einer Flüssigkeit] auf** something dissolves [in a liquid] ④ (*sich aufklären*) **das Missverständnis hat sich aufgelöst** the misunderstanding has been resolved; **Zweifel lösen sich auf** doubts [daʊts] are being dispersed

die **Auflösung** *von Aufgabe, Rätsel:* solution [sə'luːʃᵊn]; *von Problem:* resolution [ˌrezᵊl'uːʃᵊn]

aufmachen ① (*öffnen*) to open ② (*sich auf den Weg machen*) **sich aufmachen** to set out (**nach** for)

die **Aufmachung** ① *einer Person:* rig-out, get-up ② *eines Buches:* presentation

aufmerksam attentive; **jemanden auf etwas aufmerksam machen** to draw someone's attention to something

die **Aufmerksamkeit** attention, attentiveness; **das ist nur eine kleine Aufmerksamkeit** that's just a little something

aufmöbeln ① (*auf Vordermann bringen*) **sein Englisch/seine Mathekenntnisse aufmöbeln** to polish up one's English/one's [knowledge of] maths ② (*aufmuntern*) **jemanden aufmöbeln** to buck someone up

aufmuntern to cheer up

aufmüpfig (*umgangsspr*) rebellious [rɪ'beliəs]

die **Aufnahme** ① reception [rɪ'sepʃᵊn]; **jemandem eine freundliche Aufnahme bereiten** to give someone a warm reception ② reaction; **wie war die Aufnahme beim Elternbeirat?** how did the parents' association react? ③ admission [əd'mɪʃᵊn] (**in** to) ④ (*Foto*) photo ⑤ (*auf Tonband*) recording ⑥ (*das Filmen*) shooting, filming; **Achtung, Aufnahme!** action!

die **Aufnahmebedingung** entry requirement

das **Aufnahmeland** host country

die **Aufnahmeprüfung** entrance ['entrᵊn(t)s] examination

aufnehmen ① (*aufheben*) **einen Gegenstand [vom Boden] aufnehmen** to pick up an object [from the floor], to pick an object up [off the floor] ② (*zulassen*) **jemanden [in eine Schule/einen Orden] aufnehmen** to admit someone [to a school/an order] ③ (*auf etwas reagieren*) **jemanden/etwas [gut/kritisch] aufnehmen** to receive someone/something [well/critically]; **seine Kritik wurde nicht gut aufgenommen** his criticism was not well received ④ (*in der Tontechnik*) **etwas [auf Band] aufnehmen** to record something ⑤ (*etwas beginnen*) to begin; **[s]ein Studium aufnehmen** to take up one's studies ⑥ (*niederschreiben*) **ein Protokoll/ein Diktat aufnehmen** to take down minutes/a dictation ⑦ (*finanziell*) **Geld aufnehmen** to borrow money; **eine Hypothek aufnehmen** to take out a mortgage ['mɔːgɪdʒ] ⑧ **es mit jemandem aufnehmen können** to be a match for someone; **mit dem kannst du es nicht aufnehmen** you're no match for him

aufopfern ① **sich [für jemanden/etwas] aufopfern** to sacrifice ['sækrɪfaɪs] oneself [for someone/something] ② **[seine] Zeit für etwas aufopfern** to give up [one's] time for something

aufpassen to watch out; **pass auf!** watch out!; **pass bloß auf, was du sagst!** watch your language!; **auf jemanden aufpassen** to keep an eye on someone, to watch out for someone

aufpeppen (*umgangsspr*) to jazz up

aufpoppen ['aʊfpɔpn̩] (*in der Informatik*) *Fenster:* to pop up

der **Aufprall** impact

aufprallen ① **auf den Boden aufprallen** to hit the floor/ground ② **aufprallen auf** *Fahrzeug:* to collide [kə'laɪd] with, to run into, to hit

der **Aufpreis** surcharge ['sɜːtʃɑːdʒ]

aufpumpen to inflate *Luftballon;* to pump up *Reifen, Ball*

das **Aufputschmittel** stimulant

aufputzen (*herrichten*) to decorate

aufraffen ① **sich [vom Sofa/Bett] aufraffen** to pull oneself up [from the settee/one's bed] ② (*übertragen umgangsspr*) **sich aufraffen, etwas zu tun, sich zu etwas aufraffen** to rouse [raʊz] oneself to do something

aufräumen ① (*Ordnung schaffen*) **[sein Zimmer] aufräumen** to tidy up [one's room] ② (*übertragen: durchgreifen*) **mit etwas aufräumen** to do away with something

aufrecht erect [ɪ'rekt], upright; **aufrecht sitzen** to sit up

aufrechterhalten to maintain *Behauptung;* to keep up *Kontakt;* to uphold *Urteil, Lehre*

aufregen ① **jemanden [tierisch** *slang*] **aufregen** to annoy someone [terribly] ② **sich [tierisch** *slang*] **aufregen** to get [over]excited (**über** about)

die **Aufregung** excitement [ɪk'saɪtmənt]

aufreiben ① (*etwas erschöpfen*) to wear [weəʳ] down [*oder* out] ② (*etwas wund reiben*) to chafe [tʃeɪf]

aufreißen ① **eine Tüte/ein Geschenk aufreißen** to tear [teəʳ] open a bag/a present ② **eine Tür/ein Fenster aufreißen** to fling open a door/ a window ③ (*slang*) **jemanden aufreißen** to pull someone

aufrichten ① **etwas aufrichten** to set some-

A

thing upright ② **sich aufrichten** to straighten ['streɪtᵊn] up

aufrichtig sincere [sɪn'sɪəʳ] (**zu** towards); **mein aufrichtiges Beileid** my sincere condolences *Plural*

die **Aufrichtigkeit** sincerity [sɪn'serəti]

der **Aufruf** ① appeal [ə'piːl] (**an** to); **einen Aufruf an jemanden richten** to appeal to someone ② (*für Passagiere*) call

aufrufen ① **einen Namen aufrufen** to call a name; **einen Schüler/eine Schülerin aufrufen** to ask a pupil a question ② **eine Datei aufrufen** to call up a file ③ **einen Zeugen/eine Zeugin aufrufen** to summon a witness

der **Aufruhr** ① rebellion ② (*übertragen*) turmoil ['tɜːmɔɪl]

aufrührerisch rebellious [rɪ'beliəs]

aufrunden **einen Betrag aufrunden** to round up a figure

aufrütteln (*übertragen*) **jemanden aufrütteln** to stir [stɜːʳ] someone

aufsagen **ein Gedicht aufsagen** to recite [rɪ'saɪt] a poem

aufsammeln **die Blätter/Teile aufsammeln** to pick up the leaves/the pieces

aufsässig rebellious [rɪ'beliəs]

der **Aufsatz** ① essay; (*in der Schule*) composition ② (*oberer Teil*) top, upper part

aufschichten **Holz aufschichten** to pile up [*oder* stack] logs

aufschieben (*übertragen*) **eine Entscheidung/eine Begegnung aufschieben** to put off [*oder* postpone] a decision/an encounter

der **Aufschlag** ① (*Aufprall*) impact ② (*beim Ballsport*) service ③ (*Preisaufschlag*) surcharge ['sɜːtʃɑːdʒ]

aufschlagen ① **die Preise haben aufgeschlagen** prices have gone up, prices have been raised ② (*beim Sport*) **wer schlägt auf?** whose serve is it?; **der Ball schlug hart [auf dem Boden] auf** the ball hit the ground hard ③ **ein Zelt aufschlagen** to pitch a tent ④ **ein Buch [auf Seite 10] aufschlagen** to open a book [on page 10] ⑤ **sich den Kopf/das Knie aufschlagen** to cut open one's head/one's knee

aufschließen ① **die Tür aufschließen** to unlock the door ② **der Fahrer schloss zum Hauptfeld auf** the rider caught up with the main bunch

aufschlussreich informative, instructive

aufschnappen **ein Wort/eine Information aufschnappen** to pick up a word/a piece of information

aufschneiden to cut open; **ein Geschwür aufschneiden** to lance an ulcer

der **Aufschnitt** sliced cold meat

aufschrauben to unscrew

aufschrecken ① to startle [stɑːtl]; **aus dem Schlaf aufschrecken** to wake up with a start ② **jemanden aufschrecken** to give someone a start

der **Aufschrei** outcry

aufschreiben **sich etwas aufschreiben** to make a note of something; **[sich] einen Namen aufschreiben** to put down someone's name

der **Aufschub** delay, postponement

aufschwatzen (*umgangsspr*) **jemandem etwas aufschwatzen** to talk someone into taking something; **sich etwas aufschwatzen lassen** to get conned into getting/buying something; **warum hast du dir nur den Staubsauger aufschwatzen lassen?** why on earth did you let yourself get talked into buying the vacuum cleaner?

der **Aufschwung** ① (*im Sport*) swing-up ② (*Auftrieb*) **etwas gibt jemandem neuen Aufschwung** something gives someone fresh impetus ③ (*Aufwärtstrend*) upswing, upturn

das **Aufsehen** **Aufsehen erregen** to cause [*oder* create] a sensation [kri'eɪt]; **ohne großes Aufsehen** without any fuss

aufsetzen ① **den Hut/die Brille aufsetzen** to put on one's hat/one's glasses; **das Mittagessen/das Abendessen aufsetzen** to put on lunch/dinner ② **Kaffee aufsetzen** to make coffee ③ **einen Brief aufsetzen** to draft a letter ④ *Flugzeug:* to touch down

die **Aufsicht** ① supervision [ˌsuːpə'vɪʒᵊn]; **unter ärztlicher/polizeilicher Aufsicht stehen** to be under medical/police supervision; **über jemanden/etwas Aufsicht führen** to be in charge of someone/something; **einen Patienten unter ständige Aufsicht stellen** to keep a patient under constant supervision; **ein Kind ohne Aufsicht lassen** to leave a child unsupervised [*oder* without supervision] ② (*Person*) person in charge

der **Aufsichtsrat** board of directors

aufsperren to unlock

aufspielen **sich aufspielen** to give oneself airs; **sich als etwas aufspielen** to set oneself up as something

aufspringen ① **er sprang auf** he jumped to his feet ② *Mauer:* to crack; *Haut, Lippen:* to chap

aufspüren to track down *Verdächtigen*

aufstacheln **jemanden aufstacheln[, etwas zu tun]** to urge someone [to do something], to goad someone [into doing something]

der **Aufstand** rebellion, insurrection [ˌɪnsᵊr'ekʃᵊn]

aufstehen ① **die Tür steht auf** the door is open ② (*sich erheben*) to get up; **er stand sofort auf** he got up immediately

aufstellen ① to put up; **eine Falle aufstellen** to set a trap; **eine Maschine aufstellen** to install a machine ② **eine Mannschaft aufstel-**

len to draw up a team; **einen Rekord aufstellen** to set a record ③ **eine Kandidatin aufstellen** to nominate a candidate ④ **sich aufstellen** to stand; **sich hintereinander aufstellen** to line up; **sich im Kreis aufstellen** to form a circle

die **Aufstellung** ① (*einer Mannschaft*) line-up ② *eines Rekords:* setting ③ (*Liste*) list ④ *von Kandidaten:* nominating

der **Aufstieg** ① ascent [ə'sent] ② (*beruflich*) advancement [əd'vɑːn(t)smənt], promotion

aufstocken **einen Kredit aufstocken** to increase an overdraft (**um** by)

aufsuchen **jemanden aufsuchen** to call on someone

der **Auftakt** ① (*in der Musik*) up-beat ② (*Eröffnung, Beginn*) prelude; **den Auftakt zu etwas bilden** to mark the start of something

auftanken **das Auto auftanken** to fill up [*oder* refuel] the car

auftauchen ① to appear; (*aus dem Wasser*) to surface ['sɜːfɪs]; (*aus dem Nebel*) to emerge [ɪ'mɜːdʒ] ② (*übertragen*) *Probleme, Konflikte, Zweifel:* to arise [ə'raɪz]

auftauen ① **ein Hähnchen/einen Laib Brot auftauen** to defrost a chicken/a loaf of bread ② *Gefriergut:* to thaw

aufteilen ① (*an Personen*) to share [ʃeəʳ] out (**an** between); **einen Kuchen unter zehn Leuten aufteilen** to share a cake between ten people ② (*einteilen*) to split up (**in** into); **einen Kuchen in zehn Stücke aufteilen** to divide [*oder* cut] a cake into ten pieces

der **Auftrag** ① (*Anweisung*) instructions ⚠ *Plural*, orders ⚠ *Plural;* **jemandem den Auftrag geben, etwas zu tun** to instruct someone to do something ② (*Bestellung*) order; **etwas [bei einer Firma] in Auftrag geben** to order something [from a company]

auftragen ① **Speisen** [*oder* **das Essen**] **auftragen** to serve [*oder* the meal] food ② **Farbe auftragen** to put on paint ③ **jemandem etwas auftragen** to instruct someone to do something ④ **dick auftragen** (*umgangsspr*) to lay it on thick

der **Auftraggeber**, die **Auftraggeberin** client ['klaɪənt]; *von Firma:* customer

die **Auftragsbestätigung** confirmation of order

das **Auftragsbuch** order book

auftragsgemäß as instructed; (*wie bestellt*) as per order

auftreiben to find, to get hold of

das **Auftreten** ① appearance [ə'pɪərᵊn(t)s] ② (*Benehmen*) behaviour [bɪ'heɪvjəʳ]; **ein sicheres Auftreten haben** to have a self-assured manner

auftreten ① *Symptome, Schwierigkeiten:* to arise [ə'raɪz] ② (*im Theater*) to make an appearance [ə'pɪərᵊn(t)s]; (*im Fernsehen*) to appear on television ③ (*sich verhalten*) to behave; **sicher/bescheiden/arrogant auftreten** to behave in a self-assured/modest/an arrogant manner

der **Auftritt** ① appearance [ə'pɪərᵊn(t)s] ② (*im Theater*) **er hat seinen Auftritt im dritten Akt** he comes on in the third act ③ (*Theaterszene*) scene [siːn] ④ (*übertragen*) **einen Auftritt veranstalten** to make a scene

auftun ① **sich auftun** *Möglichkeit:* to open [up] ② (*umgangsspr*) **einen günstigen Kauf auftun** to find a bargain ['bɑːgɪn]

auftürmen ① (*aufstapeln*) to pile up ② **sich auftürmen** *Schulden, Schwierigkeiten:* to mount up

aufwachen to wake up

aufwachsen to grow up

der **Aufwand** ① expenditure [ɪk'spendɪtʃəʳ] (**an** of); (*Kosten*) expense (**an** of) ② (*Mühe*) effort; **der Aufwand lohnt sich nicht** it's not worth the effort ③ (*Prunk*) extravagance [ɪk'strævəgən(t)s]

aufwändig ① (*teuer*) costly ② (*luxuriös*) lavish ③ (*arbeitsintensiv*) labour-intensive [ˌleɪbəʳɪn'ten(t)sɪv], requiring a lot of work

die **Aufwandsentschädigung** expense allowance [-əˌlaʊən(t)s]

aufwärmen ① to heat up *Speisen* ② (*übertragen*) to bring up *Thema* ③ **sich aufwärmen** to warm oneself up

aufwärts up, upward[s]

aufwecken to wake up

> **G** Im Deutschen gibt es den Unterschied zwischen **aufwecken** und **aufwachen**, im Englischen wird beides mit **wake up** übersetzt

aufweisen to show; **[keinerlei] Verletzungen aufweisen** to show [no] signs of injury; **Fehler aufweisen** to contain mistakes

aufwenden to use [juːz]; **Geld aufwenden** to spend money; **Zeit/Energie aufwenden** to expend time/energy; **Mühe aufwenden** to take trouble ['trʌbl], to make an effort

aufwerfen **eine Frage aufwerfen** to raise a question; **das wirft viele Fragen auf** this gives rise to a lot of questions

aufwerten ① (*finanziell*) to revalue, to revaluate (USA) ② (*übertragen*) to increase [ɪn'kriːs] the value of

die **Aufwertung** revaluation

aufwiegeln **jemanden aufwiegeln** to stir up someone

aufwischen to wipe [up]

aufwühlen (*übertragen*) to stir up

aufzählen to list, to enumerate

die **Aufzeichnung** recording

aufziehen ① **die Uhr aufziehen** to wind up

A

the clock ② **den Vorhang aufziehen** to draw back the curtain[s] ③ (*übertragen*) **jemanden aufziehen** to make fun of someone (**mit** about) ④ *Wolken, Gewitter:* to gather

die **Aufzucht** *von Vieh:* rearing

der **Aufzug** ① (*Fahrstuhl*) lift GB, elevator USA ② (*im Theater*) act ③ (*umgangsspr: Kleidung*) get-up; **in dem Aufzug kommst du mir nicht in die Kirche!** you're not going to church dressed like that!

der **Augapfel** eyeball

das **Auge** eye; **mit den Augen zwinkern** to wink ▸ WENDUNGEN: **jemanden/etwas im Auge haben** to have one's eye on someone/something; **ein Auge zudrücken** (*umgangsspr*) to turn a blind eye; **jemandem etwas aufs Auge drücken** (*umgangsspr*) to impose something on someone; **das kann leicht ins Auge gehen!** (*umgangsspr*) it might easily go wrong!; **unter vier Augen** in private; **jemanden aus den Augen verlieren** to lose sight of someone; **aus den Augen, aus dem Sinn** out of sight, out of mind

der **Augenarzt**, die **Augenärztin** eye specialist [-ˌspeʃᵊlɪst]

der **Augenblick** moment; **Augenblick mal!** just a second!; **im letzten Augenblick** at the last moment

augenblicklich ① (*umgehend*) at once [wʌns] ② (*zurzeit*) at present ['prezᵊnt], presently USA

die **Augenbraue** eyebrow ['aɪbraʊ]

das **Augenlid** eyelid

die **Augentropfen** eye drops

die **Augenweide** feast for the eyes

die **Augenwimpern** eyelashes

der **Augenzeuge**, die **Augenzeugin** eyewitness (**bei** to)

der **August** August; **am 15. August** on 15th August, on August 15 USA; (*gesprochen*) on the 15th of August, August the 15th USA; **Anfang August** at the beginning of August; **Ende August** at the end of August

> **V** Im Deutschen wird bei **Monaten** der bestimmte Artikel verwendet: im August; der August ist ein heißer Monat, im Englischen dagegen nicht: in August; August is a hot month.

die **Auktion** auction ['ɔːkʃᵊn]

die **Aula** hall

das **Aus** ① (*im Sport*) touch, out of play ② (*übertragen: Ende*) end, finish ③ **vor dem beruflichen Aus stehen** to be at the end of one's career

aus ① (*örtlich, zeitlich*) from; **ich komme aus Deutschland** I'm from Germany; (*von innen*) out of ② (*begründend*) **aus Versehen** by mistake; **aus Spaß** out of fun, for a laugh *umgangsspr;* **aus Liebe** [**zu jemandem/etwas**] for love [of someone/something]; **aus Erfahrung** from experience [ɪk'spɪəriəns]; **aus Mitleid** out of sympathy ③ (*beschaffen*) **aus Stein/Metall** [made out] of stone/metal ④ (*ausgeschaltet*) off; **das Licht ist aus** the light is off ▸ WENDUNGEN: **was ist aus ihr geworden?** what has become of her?; **von mir aus!** I don't care!; **aus sein** to be over; **aus und vorbei** over and done with

ausatmen to breathe [briːð] out

der **Ausbau** ① *von Motor, Gerät:* removal ② (*Erweiterung*) extension [ɪk'stenʃᵊn]

ausbauen ① to remove *Motor, Gerät* (**aus** from) ② (*erweitern*) to extend

ausbaufähig ① (*umgangsspr*) promising *Vorschlag* ② (*erweiterungsfähig*) expandable

ausbedingen **sich etwas ausbedingen** to make something a condition [kən'dɪʃᵊn]; **ich muss mir ausbedingen, dass du mitkommst** I must make it a condition that you accompany me

ausbessern to mend *Kleidung;* to repair *Schaden*

ausbeulen to beat out *Autokarosserie*

die **Ausbeute** gain; (*Ertrag*) yield [jiːld] (**an** in)

ausbeuten to exploit [ɪk'splɔɪt]; **ich bin ausgebeutet worden** I have been exploited

die **Ausbeutung** exploitation

ausbezahlen to pay out *Betrag;* to buy out *Miteigentümer(in)*

ausbilden ① (*beruflich*) to train (**zu** as); **sich in Kfz-Mechanik/als Kfz-Mechaniker ausbilden lassen** to train in car mechanics/as a car mechanic; (*mit abschließender Qualifikation*) to qualify as a car mechanic; **er ist ausgebildeter Maurer** he is a trained [*oder* qualified] bricklayer ['kwɒlɪfaɪd] ② (*geistig, akademisch*) to educate ③ to form *Gegenstand;* (*plastisch*) to shape; **etwas rund ausbilden** to give something a round shape

der **Ausbilder**, die **Ausbilderin**, der **Ausbildner**, die **Ausbildnerin** instructor

die **Ausbildung** training, instruction; (*mit Qualifikation*) qualification [ˌkwɒlɪfɪ'keɪʃᵊn]; (*geistige Ausbildung*) education; **eine Ausbildung machen** to be in [vocational] training

die **Ausbildungsbeihilfe** educational grant

der **Ausbildungsplatz** training place

ausbitten **sich etwas ausbitten** to request something; **ich bitte mir etwas Bedenkzeit aus** I would like some time to think about it; **das bitte ich mir auch aus!** I should think so too!

ausbleiben *Gäste, Kunden:* to fail to appear; *Regen:* to hold off

ausblenden to fade out *Musik, Szene*

der **Ausblick** ① view [vjuː] (**auf** of) ② (*übertragen: berechtigte Hoffnung*) prospect ['prɒspekt] (**auf** for)

ausbrechen ① **aus dem Gefängnis ausbre-**

chen to escape from prison ② *Vulkan:* to erupt ③ **in Tränen ausbrechen** to burst into tears; **in Schweiß ausbrechen** to break [breɪk] into a sweat

ausbreiten ① **ein Handtuch/eine Karte ausbreiten** to spread out a towel/a map ② **sich ausbreiten** *Feuer, Nachricht, Klatsch:* to spread [spred]; **sich wie ein Lauffeuer ausbreiten** to spread like wildfire ③ **sich ausbreiten** *Person:* to spread out

der **Ausbruch** ① **Ausbruch aus dem Gefängnis** escape from prison ② **der Ausbruch des Kriegs** the outbreak of war ③ **der Ausbruch eines Vulkans** the eruption [ɪ'rʌpʃᵊn] of a volcano

ausbüchsen (*umgangsspr*) to break [breɪk] out, to run away

ausbürsten to brush *Kleidungsstück*

die **Ausdauer** ① (*körperlich*) endurance [ɪn'djʊəʳᵊn(t)s] ② (*Beharrlichkeit*) perseverance [ˌpɜːsɪ'vɪəʳᵊn(t)s]

ausdehnen ① (*räumlich*) to expand; (*zeitlich*) to extend ② (*übertragen*) to extend *Macht, Einfluss* (**auf** to) ③ **sich ausdehnen** *Abend, Besprechung:* to extend; *Material:* to stretch

ausdenken **sich etwas ausdenken** to think something up; (*in der Fantasie*) to imagine something

der **Ausdruck** ① (*Begriff*) term ② **etwas zum Ausdruck bringen** to express [ɪk'spres] something ③ (*Computerausdruck*) print-out

ausdrucken to print [out]

ausdrücken **sich ausdrücken** to express [ɪk'spres] oneself

ausdrücklich expressly [ɪk'spresli]; (*besonders*) particularly

ausdruckslos expressionless [ɪk'spreʃᵊnləs], inexpressive [ˌɪnɪk'spresɪv]

ausdrucksvoll expressive [ɪk'spresɪv]

die **Ausdrucksweise** mode of expression [ɪk'spreʃᵊn]

auseinander apart

auseinanderbrechen to break in two

auseinanderfallen to fall apart

auseinanderliegen **weit auseinanderliegen** to be [*oder* lie] far apart

auseinanderschreiben **etwas auseinanderschreiben** to write something as two words

auseinandersetzen **sich mit etwas auseinandersetzen** *Problem:* to tackle something

die **Auseinandersetzung** (*Streit*) argument ['ɑːgjəmənt]

auserlesen select

ausfahren ① (*spazieren fahren*) to go for a drive ② **jemanden ausfahren** to take someone for a drive ③ **Waren ausfahren** to deliver goods ④ **das Fahrgestell ausfahren** to lower the landing gear

die **Ausfahrt** (*für Fahrzeuge*) exit

ausfallen ① (*nicht stattfinden*) to be cancelled; **die Schule fällt morgen aus** there's no school tomorrow ② (*nicht funktionieren*) to fail; **der Anlasser fiel aus** the ignition failed

ausfallend abusive [ə'bjuːsɪv]

ausfällig *Verhalten:* impertinent; *Sprache:* abusive; **ausfällig werden** to become personal

die **Ausfallstraße** main road [leading out of a city]

ausfertigen to make out *Auftrag;* to issue ['ɪʃuː] *Reisepass, Dokument*

die **Ausfertigung** (*Kopie*) copy; **in doppelter/dreifacher Ausfertigung** in duplicate/triplicate ['djuːplɪkət/'trɪplɪkət]

ausfindig **jemanden/etwas ausfindig machen** to find someone/something; (*aufspüren*) to trace someone/something

ausflippen (*slang*) to freak out; **flipp doch nicht gleich aus!** cool it!

die **Ausflucht** excuse [ɪk'skjuːs]

der **Ausflug** trip; **einen Ausflug machen** go on a trip

der **Ausfluss** discharge

ausfragen **jemanden [nach etwas] ausfragen** to question someone [about something]

ausfressen ► WENDUNGEN: **etwas ausgefressen haben** to have been up to something; **na, was hast du schon wieder ausgefressen?** what have you been up to again?

die **Ausfuhr** export ['ekspɔːt], exportation

ausführbar feasible ['fiːzəbl], practicable

die **Ausfuhrbestimmungen** export ['ekspɔːt] regulations

ausführen ① (*exportieren*) to export [ɪk'spɔːt] ② to carry out *Bestellung, Auftrag*

ausführlich ① **ein ausführlicher Bericht** a detailed report ② **etwas ausführlich[er] beschreiben** to go into [*oder* describe] something in [greater] detail

ausfüllen to fill in [*oder* out] *Formular*

die **Ausgabe** ① (*Buch*) edition ② (*Verteilung*) distribution ③ (*Datenausgabe*) output ④ **Ausgaben** costs

der **Ausgang** ① exit ② **Ausgang haben** to have the day off ③ (*Ergebnis*) outcome

die **Ausgangssperre** curfew ['kɜːfjuː]; (*für Soldaten*) confinement to barracks

ausgeben ① to spend *Geld* ② (*aushändigen*) to issue ['ɪʃuː] *Aktien, Banknoten, Fahrkarten* ③ to deal *Spielkarten* ④ (*verteilen*) to give out, to distribute ⑤ **einen ausgeben** (*umgangsspr*) to stand a round; **ich gebe einen aus** this one's on me, it's my round ⑥ **sich für etwas/als jemand ausgeben** to pass oneself off as something/someone

> **G** Richtiges Konjugieren von **to spend**: spend, spent, spent
> *how much money do you spend on petrol?;*
> *he spent all his money on clothes and parties;*
> *I haven't spent a penny all week!*

A

ausgebucht booked up, fully booked
ausgedehnt ① *Bericht, Recherche:* extensive ② *Spaziergang:* long
ausgefallen extravagant
ausgeflippt (*slang*) flipped, freaked out
ausgeglichen balanced ['bælən(t)st]
ausgehen ① (*abends weggehen*) to go out ② *Vorräte:* to run out ③ *Feuer:* to go out ④ *Haare:* to fall out ⑤ **wir können davon ausgehen, dass ...** we can assume that ... ▶ WENDUNGEN: **schlecht ausgehen** to turn out badly; **es ging ja nochmal gut aus** it all turned out for the best; **leer ausgehen** to come away empty-handed
ausgelassen ① *Kinder, Stimmen:* boisterous ['bɔɪstᵊrəs] ② *Stimmung:* mad
ausgemacht (*abgemacht*) agreed
ausgenommen except
ausgepowert (*umgangsspr*) washed [wɒʃd] out [*oder* tired [taɪəd]]
ausgeprägt distinct
ausgepumpt (*übertragen*) whacked [(h)wækt] Ⓖⓑ *umgangsspr*, pooped out *umgangsspr*
ausgerechnet (*übertragen*) **ausgerechnet du/er/sie!** you/he/she of all people!; **ausgerechnet Bananen!** bananas, of all things!; **ausgerechnet ich musste darauf reinfallen** of all people, I had to fall for it; **ausgerechnet im Juni war das Schwimmbad geschlossen** in June, of all times, the swimming pool was shut
ausgeschlossen ① (*nicht möglich*) impossible ② **er fühlte sich ausgeschlossen** he felt excluded
ausgeschnitten *Kleidungsstück:* low-cut
ausgesprochen really; **es war ein ausgesprochen kalter Winter** it was an extremely [ɪk'striːmli] cold winter
ausgestorben ① *Tiergattung, Pflanzengattung:* extinct ② (*übertragen*) *Straßen, Dorf:* deserted [dɪ'zɜːtɪd]
ausgesucht ① **ein ausgesuchtes Stück** a choice [*oder* select] piece ② **er war ausgesucht höflich** he was exceptionally polite
ausgewählt select
ausgewogen balanced ['bælən(t)st]
ausgezeichnet excellent; **es geht mir ausgezeichnet!** I'm feeling marvellous!
ausgiebig substantial [səb'stænʃᵊl]; **ausgiebig frühstücken** to have a substantial breakfast
ausgießen to pour [pɔːʳ] out
der **Ausgleich** *von Konto:* balancing ['bælən(t)sɪŋ]; *von Schulden:* settling; *von Verlust:* compensation; **zum Ausgleich für etwas** [in order] to compensate for something
ausgleichen ① to level out *Fläche* ② **das Konto ausgleichen** to balance the account ③ **Schulden ausgleichen** to settle the debts ④ (*im Sport*) **Manchester United hat ausgeglichen!** Man United have equalized!
der **Ausgleichssport** keep-fit activities
ausgraben to dig up
die **Ausgrabungen** excavations
der **Ausguss** (*Spüle*) sink
aushalten ① (*ertragen*) to bear [beəʳ]; to stand *Schmerz;* **es ist nicht zum Aushalten!** it's unbearable!, I can't stand it any more!; **hier lässt es sich aushalten!** (*humorvoll umgangsspr*) it's not bad here! ② (*finanziell*) **jemanden aushalten** to keep someone; **sich aushalten lassen** to be a kept man *maskulin,* to be a kept woman *feminin*
aushändigen to hand over
der **Aushang** notice
das **Aushängeschild** sign [saɪn]
ausharren to wait
die **Aushebung** Ⓒⓗ (*Einberufung*) conscription
aushelfen jemandem aushelfen to help someone out (**mit** with, **bei** in)
die **Aushilfe** temporary worker; (*im Büro*) temp; **als Aushilfe arbeiten** to temp
aushilfsweise temporarily
aushöhlen (*übertragen*) to undermine
aushorchen to sound out
auskennen sich [**gut**] **auskennen** to know a lot (**in** about), to know one's way around
der **Ausklang** end
ausklingen ① *Glocken:* to ring out; *Lied:* to die away ② (*übertragen*) *Abend, Jahrtausend:* to come to an end, to end
ausklopfen to beat *Teppich*
das **Auskommen** livelihood; **sein Auskommen haben** to get by, to make a living
auskommen ① **ohne etwas auskommen** to do without something; **mit sehr wenig auskommen** to manage on very little ② **mit jemandem gut auskommen** to get along well with someone
auskosten (*übertragen*) to make the most of
auskundschaften to find out, to spy out
die **Auskunft** ① information ⚠ *kein Plural;* **könnten Sie mir bitte eine Auskunft geben?** could you give me some information, please? ② (*Telefonauskunft*) directory inquiries [də'rektᵊri ɪnˌkwaɪərɪz] ⚠ *Plural* ③ (*Auskunftsschalter*) information desk
auslachen jemanden [**wegen etwas**] **auslachen** to laugh [lɑːf] at someone [because of something]
ausladen to unload *Ladung*
die **Auslage** ① (*finanziell*) expense ② *von Waren:* display
auslagern to export *Daten*
das **Ausland das Ausland** foreign ['fɒrɪn] countries ⚠ *Plural;* **aus dem Ausland** from abroad; **ins Ausland gehen/reisen** to go/travel abroad; **im Ausland sein** to be abroad

der **Ausländer**, die **Ausländerin** foreigner ['fɒrɪnəʳ]; (*in der Rechtssprache*) alien

der/die **Ausländerbeauftragte** *official assigned to the integration of foreign immigrants*

ausländerfeindlich hostile to foreigners ['fɒrɪnəʳz], xenophobic [ˌzenə(ʊ)'fəʊbɪk]

ausländisch foreign ['fɒrɪn]

der **Auslandsaufenthalt** stay abroad [ə'brɔːd]

der **Auslandseinsatz** foreign [military] deployment

das **Auslandsgespräch** international call

der **Auslandskorrespondent**, die **Auslandskorrespondentin** foreign correspondent [ˌfɒrənˌkɒrə'spɒndənt]

die **Auslandsreise** trip abroad

auslassen ① (*weglassen*) to leave out ② (*nicht anziehen*) to leave off *Kleidung* ③ **sich über etwas auslassen** to go on about something

auslaufen ① (*Flüssigkeit*) to run out; *Farbe, Stoff:* to run; (*lecken*) to leak ② *Schiff:* to sail ③ (*zum Ende kommen*) **der Vertrag läuft bald aus** the contract expires soon; **die Saison läuft bald aus** the season is coming to an end

der **Ausläufer** ① *von Pflanzen:* runner ② (*Bergausläufer*) foothill

ausleeren to empty

auslegen ① **Waren auslegen** to display [*oder* lay out] merchandise ② (*interpretieren*) **einen Text/eine Stelle/ein Zitat auslegen** to explain a text/a passage/a quotation; **etwas falsch auslegen** to misinterpret something ③ (*leihen*) **jemandem Geld auslegen** to lend someone [some] money ④ (*bedecken*) to cover; **einen Raum mit Teppich auslegen** to carpet a room

die **Auslegeware** carpeting, carpets and rugs

ausleihen **jemandem etwas ausleihen** to lend someone something; [**sich**] **etwas von jemandem ausleihen** to borrow something from someone

> **G** Im Englischen wird ein Unterschied gemacht zwischen *jemandem* etwas ausleihen = **lend**, und *sich* etwas ausleihen = **borrow**!

auslernen (*als Auszubildende*) to finish one's training [*oder* apprenticeship [ə'prentɪsʃɪp]]; (*als Schüler oder Student*) to finish school [skuːl]/college ['kɒlɪdʒ]/university; **man lernt nie aus** you live and learn

die **Auslese** selection

auslesen ① to select, to pick out ② (*umgangsspr: zu Ende lesen*) to finish reading

ausliefern ① **Waren ausliefern** to deliver goods ② **jemanden an die Behörden ausliefern** to hand someone over to the authorities; **einen Verdächtigen ausliefern** to extradite a suspect ③ (*übertragen*) **jemandem ausgeliefert sein** to be at someone's mercy, to be at the mercy of someone

die **Auslieferung** ① *von Waren:* delivery ② *von Verdächtigem:* extradition

auslöschen (*ein Ende bereiten*) to extinguish [ɪk'stɪŋgwɪʃ]

auslosen **es wurde ausgelost, wer als erste gehen sollte** they drew lots to see who should go first; **den Gewinner auslosen** to draw the winner

der **Auslöser** ① trigger; (*für Bombe*) release button; (*beim Photoapparat*) shutter release ② (*übertragen: Anlass*) cause; **seine Worte waren der Auslöser für den Streit** his words triggered the row

die **Auslosung** draw

ausmachen ① to put out *Feuer, Zigarette, Kerze* ② to turn off *Radio, Fernseher;* to switch off *Licht, Motor* ③ (*vereinbaren*) **einen Termin ausmachen** to agree on a [date and] time, to arrange a [date and] time ④ (*bedeuten*) **das macht viel aus** it matters a lot; **das macht nichts aus** that doesn't matter ⑤ **macht es Ihnen etwas aus, wenn ich rauche?** do you mind if I smoke?

ausmalen **sich** [**etwas**] **ausmalen** to imagine [something]; **sich ausmalen, wie es wohl wird** to imagine how it will be

das **Ausmaß** ① (*von räumlicher Größe*) size; **in größerem Ausmaß** on a bigger scale ② (*übertragen: Tragweite*) extent; **das Ausmaß des Schadens/ihres Verrats/seiner Liebe** the extent of the damage/her deceit/his love; **das Ausmaß der Veränderungen/seines Verlusts** the scale of the changes/his loss

ausmessen to measure ['meʒəʳ] out

ausmisten (*umgangsspr: säubern*) to tidy out, to sort through [θruː]

die **Ausnahme** exception [ɪk'sepʃᵊn]; **mit Ausnahme von** with the exception of; **Ausnahmen bestätigen die Regel** the exception proves the rule

der **Ausnahmezustand** state of emergency [ɪ'mɜːdʒən(t)si]; **den Ausnahmezustand verhängen** to declare a state of emergency

ausnahmslos ① without exception ② **eine ausnahmslose Zustimmung** a unanimous agreement

ausnahmsweise as an exception [ɪk'sepʃᵊn]; **„darf ich mitgehen?" — „ausnahmsweise"** "may I go too?" — "just this once!"

ausnehmen ① (*Innereien entfernen*) **einen Fisch/einen Hasen ausnehmen** to gut a fish/a hare [heəʳ] ② (*ausschließen*) **jemanden ausnehmen** to make an exception of someone ③ (*übertragen: übers Ohr hauen*) **jemanden ausnehmen** to fleece someone ④ to raid *Verbrechernest*

ausnehmend exceptionally [ɪk'sepʃᵊnᵊli]

ausnutzen **eine Situation ausnutzen** to ex-

A

ploit a situation; **jemanden ausnutzen** to take advantage of someone

auspacken ① **ein Geschenk auspacken** to unwrap a present ② to unpack *Koffer;* **hast du schon ausgepackt?** have you unpacked yet? ③ (*slang: alles sagen*) to talk; **los, pack aus!** come on, out with it!

ausplaudern **ein Geheimnis ausplaudern** to let out a secret

ausplündern to plunder

ausposaunen (*umgangsspr*) to broadcast [brɔːdkɑːst]

ausprobieren to try out

der **Auspuff** exhaust [ɪgˈzɔːst]

die **Auspuffgase** exhaust fumes [ɪgˈzɔːstˌfjuːmz] *Plural*

das **Auspuffrohr** exhaust [pipe]

ausquetschen ① (*ausdrücken*) to squeeze [skwiːz] out ② (*übertragen*) **jemanden ausquetschen** to grill someone

ausradieren (*mit Radiergummi*) to erase

ausrangieren to throw out; to scrap *Auto, Lok*

ausrauben **jemanden ausrauben** to mug someone; **eine Bank ausrauben** to rob a bank

ausräumen ① **einen Schrank/eine Wohnung ausräumen** to clear out a cupboard/a flat; **die Möbel ausräumen** to move out the furniture ② (*übertragen*) **Missverständnisse ausräumen** to clear up any misunderstandings; **Zweifel ausräumen** to dispel doubts

ausrechnen to work out; (*berechnen*) to calculate

die **Ausrede** excuse [ɪkˈskjuːs]

ausreichen to be enough [ɪˈnʌf]; **keine Sorge, mein Geld reicht aus** don't worry, I've got enough money [to pay for this]

ausreisen to leave the country

das **Ausreisevisum** exit visa

ausreißen ① **einen Faden ausreißen** to pull out a thread [θred]; **sich/jemandem die Haare ausreißen** to tear out one's/someone's hair ② (*umgangsspr: weglaufen*) to run away

der **Ausreißer**, die **Ausreißerin** runaway

ausrenken to dislocate [ˈdɪsləkeɪt]

ausrichten ① (*übermitteln*) to tell; **jemandem etwas ausrichten** to give someone a message; **richten Sie ihr [meine] Grüße aus** give her my regards ② (*in der Technik*) to align [əˈlaɪn] ③ **ein Fest/eine Hochzeit ausrichten** to organise a party/a wedding

ausrotten ① to exterminate *Ungeziefer* ② (*übertragen*) to stamp out *Vorurteile, Ideen*

ausrufen to exclaim; **jemanden ausrufen lassen** to have a call put out for someone

das **Ausrufezeichen** exclamation mark

ausruhen **sich ausruhen** to have a rest

die **Ausrüstung** equipment

ausrutschen to slip

der **Ausrutscher** (*umgangsspr*) gaffe, slip [of the tongue [tʌŋ]]

die **Aussage** ① statement; **nach Aussage von** according to ② (*Zeugenaussage*) evidence ⚠ *kein Plural*

aussagen to say; (*in der Rechtssprache*) to state; **gegen jemanden aussagen** to testify against someone

ausschalten ① **das Gas ausschalten** to turn off the gas; **das Licht/den Fernseher/das Radio ausschalten** to switch off the light/the television/the radio ② (*übertragen*) **jemanden ausschalten** to eliminate someone

die **Ausschau** **nach jemandem Ausschau halten** to be on the lookout for someone

ausscheiden ① (*weggehen*) **aus einem Verein/einer Firma ausscheiden** to leave a club/a company; **aus einem Amt ausscheiden** to retire from a post ② (*im Sport*) to be disqualified, to drop out ③ (*nicht in Betracht kommen*) to be ruled out ④ **Gift/Säure ausscheiden** to excrete poison/acid

der **Ausscheidungskampf** qualifying contest [-ˌkɒntest]

die **Ausschilderung** signposting

ausschlachten ① **ein Fahrzeug/eine Maschine ausschlachten** to cannibalize a car/a machine ② (*übertragen: ausnutzen*) **eine Situation/eine Story ausschlachten** to exploit a situation/a story

ausschlafen ① (*lange schlafen*) to have a good [night's] sleep ② **seinen Rausch ausschlafen** to sleep it off

der **Ausschlag** ① (*Hautausschlag*) rash ② (*übertragen: entscheidend sein*) **den Ausschlag geben** to be the decisive factor

ausschlagen ① **ein Angebot ausschlagen** to turn down an offer ② **jemandem die Zähne ausschlagen** to knock someone's teeth out

ausschlaggebend decisive [dɪˈsaɪsɪv]

ausschließen ① (*im Sport, Wettbewerb*) **jemanden ausschließen** to disqualify someone (**von** from) ② **eine Möglichkeit/einen Irrtum ausschließen** to rule out a possibility/an error ③ (*übertragen: ausstoßen*) to expel; **er wurde aus dem Unterricht ausgeschlossen** he was excluded from class

ausschließlich exclusively; **ich sag das ausschließlich dir** I am telling you, and you only

der **Ausschluss** ① **unter Ausschluss der Öffentlichkeit stattfinden** to be closed to the public ② (*im Sport*) disqualification

ausschneiden to cut out

der **Ausschnitt** ① (*Teil*) part, section ② *eines Buches, Films:* excerpt [ˈeksɜːpt] ③ *eines Kleidungsstücks:* neckline; **V-Ausschnitt** V-neck [ˌviːˈnek]

ausschöpfen to exhaust [ɪgˈzɔːst] *Thema, Res-*

sourcen

die **Ausschreibung** 1 *einer offenen Stelle:* advertising ['ædvətaɪzɪŋ] 2 *eines Bauvorhabens:* invitation of tenders

die **Ausschreitung** riot ['raɪət]

der **Ausschuss** 1 (*Komitee*) committee 2 (*minderwertige Ware*) rejects ['ri:dʒekts] ⚠ *Plural*

ausschütten 1 to empty *Behälter;* to tip out *Flüssigkeit* 2 to distribute *Dividenden* 3 (*übertragen*) **jemandem sein Herz ausschütten** to pour one's heart out to someone

die **Ausschüttung** distribution

ausschweifend *Lebenswandel:* dissipated

das **Aussehen** appearance [ə'pɪərᵊn(t)s]

aussehen 1 **chic/schön aussehen** to look smart/lovely; **gut siehst du aus** you're looking well; **du siehst aber schlecht aus** you're not looking well at all 2 **so siehst du aus!** (*ironisch gemeint*) that's what you think!

außen 1 (*räumlich*) outside; **von außen** from the outside 2 **etwas außen vor lassen** to ignore something

der **Außenbezirk** outlying district, outskirts ⚠ *Plural*

der **Außendienst** **im Außendienst arbeiten** to work away from the office, work in sales

der **Außendienstmitarbeiter**, die **Außendienstmitarbeiterin** sales representative

der **Außenhandel** foreign ['fɒrɪn] trade

der **Außenminister**, die **Außenministerin** foreign ['fɒrɪn] minister, Foreign Secretary (GB), Secretary of State (USA)

das **Außenministerium** foreign ministry, Foreign Office (GB), State Department (USA)

die **Außenpolitik** foreign policy

außenpolitisch foreign policy; **ein außenpolitisch gefährliches Ereignis** a dangerous event with regard to foreign policy

das **Außenquartier** (CH) suburb

der **Außenseiter**, die **Außenseiterin** outsider

der **Außenspiegel** [out]side mirror

die **Außenstände** debts [dets] outstanding

der **Außenstürmer**, die **Außenstürmerin** (*im Sport*) wing

die **Außentemperatur** outside temperature ['temprətʃəʳ]

außer 1 (*ausgenommen*) except [ɪk'sept]; **außer montags** except Mondays 2 (*abgesehen von*) apart from; **ich kenne keinen außer ihm** I don't know anybody apart from him 3 **außer Atem sein** to be out of breath; **außer sich sein vor Wut/Freude** to be beside oneself with rage/joy 4 (*räumlich*) **außer Haus sein** to be out

außerdem besides

das **Äußere** exterior; *von Personen:* outward appearance [ə'pɪərᵊn(t)s]

äußere(r, s) 1 (*außen liegend*) outer; **der äußere Durchmesser** the external diameter 2 (*übertragen*) **der äußere Eindruck** the outward appearance [ə'pɪərᵊn(t)s]

außerehelich **eine außereheliche Affäre** an extramarital affair; **ein außereheliches Kind** an illegitimate [ˌɪlɪ'dʒɪtəmət] child

außergewöhnlich 1 (*besondere(r, s)*) **ein außergewöhnlicher Mensch** a remarkable [*oder* an extraordinary] person 2 (*ungewöhnlich*) **eine außergewöhnliche Erscheinung** an unusual appearance [ə'pɪərᵊn(t)s] 3 (*sehr*) extremely [ɪk'stri:mli]

außerhalb 1 (*zeitlich*) outside; **außerhalb der Geschäftszeiten** out of office hours [aʊəʳz] 2 (*räumlich*) outside; **außerhalb wohnen** to live out of town; **von außerhalb kommen** to be from out of town

äußerlich 1 (*die Außenseite betreffend*) external 2 (*nach außen hin*) **äußerlich blieb er ganz ruhig, aber innerlich kochte er vor Wut** outwardly he remained completely calm, but inwardly he was seething [with rage]

äußern 1 (*sagen*) **etwas äußern** to say something; **Kritik äußern** to voice criticism; **seine Wünsche äußern** to express one's wishes; **seine Meinung äußern** to give one's opinion 2 **sich äußern** to speak; (*Stellung nehmen*) to say something; **ich will mich dazu nicht äußern** I don't want to say anything about that

außerordentlich 1 (*ungewöhnlich*) unusual [ʌn'ju:ʒᵊl]; (*bemerkenswert*) extraordinary [ɪk'strɔ:dᵊnᵊri] 2 (*sehr*) exceptionally [ɪk'sepʃᵊnᵊli], extraordinarily [ɪk'strɔ:dᵊnᵊrᵊli]; **außerordentlich schön** of exceptional beauty; **der Sommer ist dieses Jahr außerordentlich heiß** this summer has been exceptionally hot

außerplanmäßig unscheduled [ʌn'ʃedju:ld]

äußerst exceedingly [ɪk'si:dɪŋli], extremely

außerstande **außerstande sein** [*oder* **sich außerstande sehen**], **etwas zu tun** to be incapable of doing something

äußerste(r, s) 1 *Planet, Schicht:* outermost; **der äußerste Norden des Landes** the extreme [*oder* far] north of the country 2 (*zeitlich*) latest possible 3 (*übertragen: extrem*) extreme, utmost; **im äußersten Falle** if the worst [wɜ:st] comes to the worst; **mit äußerster Kraft** with all one's strength

das **Äußerste** **bis zum Äußersten gehen** to go to extremes

äußerstenfalls at most

die **Äußerung** comment, remark

aussetzen 1 to abandon *Kind, Haustier* 2 **eine Belohnung aussetzen** to offer a reward 3 (*im Rechtswesen*) **eine Strafe aussetzen** to suspend a sentence; **eine Strafe zur Bewährung aussetzen** to give a suspended sentence 4 (*un-*

A

terbrechen) to interrupt; **eine Debatte/eine Verhandlung aussetzen** to adjourn [əˈdʒɜːn] a debate/a trial ⑤ (*kritisieren*) **an jemandem etwas auszusetzen haben** to find fault [fɔːlt] with someone; **daran ist doch [nun wirklich] nichts auszusetzen!** there's nothing wrong [rɒŋ] with it [at all]! ⑥ (*aufhören*) to stop; **er arbeitet ohne auszusetzen** he keeps on working [wɜːkɪŋ] without a break; (*beim Spiel oder Sport*) **setz mal aus** you'd better sit this one out ⑦ *Motor:* to fail

die **Aussicht** ① (*Blick*) view [vjuː] (**auf** of) ② (*übertragen: Verheißung*) prospect [ˈprɒspekt] (**auf** of); **jemandem etwas in Aussicht stellen** to promise someone something; **etwas in Aussicht haben** to have good prospects of something; **[das sind ja] schöne Aussichten!** (*umgangsspr: ironisch gemeint*) what a prospect!

aussichtslos (*zwecklos*) pointless; (*hoffnungslos*) hopeless

die **Aussichtsplattform** viewing platform

aussichtsreich promising

der **Aussichtsturm** lookout [*oder* observation] tower [taʊəʳ]

aussöhnen to reconcile [ˈrekənsaɪl]; **sich mit jemandem aussöhnen** to become reconciled with someone; **sie haben sich endlich ausgesöhnt** they have finally made it up [again]

ausspannen ① (*sich erholen*) to have a break, to relax; **spann mal aus!** have a break!, relax! ② **jemandem den Freund/die Freundin ausspannen** to pinch someone's boyfriend/girlfriend *umgangsspr*

aussperren to lock out

ausspielen ① **seine Karten ausspielen** to play one's cards ② (*übertragen*) **seine Überlegenheit ausspielen** to display one's superiority [suːˌpɪəriˈɒrəti] ③ (*manipulieren*) **jemanden gegen jemanden ausspielen** to play someone off against someone; **er hat sie gegeneinander ausgespielt** he played them off against each other

ausspionieren to spy out

die **Aussprache** ① (*Art des Sprechens*) pronunciation [prəˌnʌn(t)siˈeɪʃən]; (*Artikulation*) articulation ② (*Akzent*) accent [ˈæksənt] ③ (*Gespräch*) talk; **wir hatten eine Aussprache** we had a talk

aussprechen ① **ein Urteil/ein Wort aussprechen** to pronounce [prəˈnaʊns] [a] sentence/a word; **eine Warnung aussprechen** to give a warning ② **sich [mit jemandem] aussprechen** (*ein Problem klären*) to have it out [with someone] ③ **sich für/gegen etwas aussprechen** to declare oneself in favour of/against something

ausstaffieren ① to kit out ② **sich ausstaffieren** to dress up

der **Ausstand** strike; **in den Ausstand treten** to go on strike

ausstatten to equip

die **Ausstattung** equipment

ausstechen ① to cut out *Plätzchen, Rasen* ② to put out *Augen* ③ (*übertragen: übertrumpfen*) to outdo *Rivale, Gegner*

ausstehen ① (*ertragen*) to bear [beəʳ]; **Strapazen ausstehen** to endure [ɪnˈdʒʊəʳ] the strain; **ich kann sie nicht ausstehen** I can't stand her ② (*nicht eingetroffen sein*) *Geld:* to be due [*oder* outstanding]; **eine Antwort steht noch aus** an answer is still to come

aussteigen ① **aus dem Auto aussteigen** to get out of the car; **aus dem Bus/dem Zug/dem Schiff steigen** to get off the bus/train/boat ② (*umgangsspr: sich absetzen*) to drop out

der **Aussteiger**, die **Aussteigerin** (*umgangsspr*) dropout

ausstellen ① to exhibit [ɪgˈzɪbɪt]; to show *Bilder;* to display *Waren* ② to issue *Pass, Zeugnis;* to write [raɪt] *Rezept;* to make out *Rechnung, Quittung*

die **Ausstellung** exhibition [ˌeksɪˈbɪʃən]

aussterben *Tiere, Pflanzen:* to become extinct

die **Aussteuer** dowry [ˈdaʊri]

der **Ausstieg** ① exit ② (*aus einer Verpflichtung*) withdrawal (**aus** from)

der **Ausstoß** ① (*Produktion*) output ② (*Ausschluss*) expulsion ③ (*Emission*) emission [ɪˈmɪʃən]

ausstoßen to eject; to emit *Gas, Dampf*

die **Ausstrahlung** ① *von Wärme:* radiation [ˌreɪdiˈeɪʃən] ② (*im Radio oder Fernsehen*) broadcasting [brɔːdkɑːstɪŋ] ③ (*übertragen*) charisma [kəˈrɪzmə]

ausstrecken ① (*räumlich*) to extend (**nach** towards); **er streckte seine Hand nach dem Glas aus** he reached out for the glass ② (*sich dehnen*) **sich ausstrecken** to stretch oneself out

aussuchen to choose, to pick; **darf ich mir etwas aussuchen?** can I pick what I want?

der **Austausch** exchange; *von Ideen:* interchange [ˈɪntətʃeɪndʒ]

austauschbar interchangeable [ˌɪntəˈtʃeɪndʒəbl̩]

austauschen ① to exchange (**gegen** for) ② (*ersetzen*) to replace [rɪˈpleɪs] (**durch** with)

austeilen to distribute (**an** among); **Spielkarten austeilen** to deal out cards; **Essen austeilen** to serve food

die **Auster** oyster

der **Austernpilz** oyster mushroom

austoben **sich austoben** to let off steam; *Kinder:* to romp about

austragen ① to deliver *Briefe, Waren* ② to argue [ˈɑːgjuː] out *Meinungsverschiedenheit* ③ (*im*

Sport) **einen Wettkampf austragen** to hold a competition

der **Austragungsort** (*im Sport*) venue ['venjuː]

austreiben ① *Pflanzen:* to sprout [spraʊt] ② **den Teufel austreiben** to exorcize the devil

austreten ① *Flüssigkeit:* to come out (**aus** of); *Gas:* to escape [ɪ'skeɪp] (**aus** from) ② (*umgangsspr*) **ich muss mal eben austreten** I have to go to the loo ③ **aus der Kirche austreten** to leave the Church

austricksen (*umgangsspr*) to outwit

ausüben ① **einen Beruf ausüben** to practise a profession [prə'feʃᵊn]; **ein Amt ausüben** to perform an office ② **Druck [auf jemanden/etwas] ausüben** to put [*oder* exert] pressure [on someone/something]

ausufern to get out of hand

der **Ausverkauf** [clearance ['klɪərᵊn(t)s]] sale; (*wegen Geschäftsaufgabe*) closing-down sale; **im Ausverkauf** in the sales

ausverkaufen **etwas ausverkauft haben** to have sold out of something

ausverkauft sold out

die **Auswahl** ① selection (**an** of); **viel Auswahl haben** to have a large selection; (*Vielfalt*) variety; **eine große Auswahl an Waren** a wide range of goods ② (*im Sport*) **die deutsche Auswahl** the German team

auswählen to choose, to select (**unter** from among)

> **G** Richtiges Konjugieren von **to choose**: choose, chose, chosen
> *you can choose between strawberry, chocolate and vanilla flavour;*
> *they chose a room with a view of the bay;*
> *the winner hasn't been chosen yet*

der **Auswanderer**, die **Auswanderin** emigrant

auswandern *Einzelne:* to emigrate (**nach** to); *Volk:* to migrate

auswärtig ① non-local; **die auswärtigen Schüler** the pupils from out of town ② **der auswärtige Dienst** the foreign service; **das Auswärtige Amt** the Foreign Office (GB), the State Department (USA)

auswärts ① (*nach außen*) outwards ② (*außerhalb des Wohnsitzes*) away from home; **auswärts essen** to eine [*oder* eat] out

das **Auswärtsspiel** (*im Sport*) away game

auswechseln ① to change *Reifen* (**gegen** for) ② (*austauschen*) to exchange (**gegen** for) ③ (*ersetzen*) to replace [rɪ'pleɪs] (**gegen** by) ④ (*im Sport*) to substitute ['sʌbstɪtjuːt] (**gegen** for)

der **Auswechselspieler**, die **Auswechselspielerin** substitute

der **Ausweg** (*übertragen*) way out (**aus** of); **ich weiß [mir] keinen Ausweg mehr** I don't know any way out

ausweglos hopeless

ausweichen ① **einem Auto/einem Radfahrer ausweichen** to make way for a car/a cyclist ② **jemandem ausweichen** to avoid someone

ausweichend evasive [ɪ'veɪsɪv]; **ausweichend antworten** [*oder* **eine ausweichende Antwort geben**] to give an evasive answer

der **Ausweis** (*Personalausweis, Mitgliedsausweis*) [identity/membership] card, ID *umgangsspr*

ausweisen ① (*verweisen*) **jemanden ausweisen** to expel someone; (*aus dem Land*) to deport someone ② **sich ausweisen** to identify oneself; **können Sie sich ausweisen?** have you got any ID on you?

die **Ausweispapiere** identity papers

die **Ausweisung** expulsion [ɪk'spʌlʃᵊn]

ausweiten ① (*vergrößern*) to widen ② **sich ausweiten** (*übertragen*) to expand (**zu** into)

auswendig by heart [hɑːt]; **das kenne ich schon auswendig!** I know that inside out!

auswirken **sich auswirken** to have an effect (**auf** on); **sich günstig auswirken** to have a favourable ['feɪvᵊrəbl] effect

die **Auswirkung** ① (*Wirkung*) effect ② (*Folge*) consequence ['kɒn(t)sɪkwən(t)s]

auswischen ① (*wegwischen*) to wipe out ② **jemandem eins auswischen** (*umgangsspr*) to get one over on someone

auswuchten *Rad:* to balance ['bælən(t)s]

auszahlen ① **den Lohn auszahlen** to pay out the wages ['weɪdʒɪz]; **sie bekommt 1.500 Euro ausgezahlt** her net pay is 1,500 euros ② (*sich bezahlt machen*) **etwas zahlt sich aus** something pays

auszählen ① (*im Boxkampf*) **jemanden auszählen** to count someone out ② **Stimmen auszählen** to count votes

die **Auszahlung** ① *von Summe:* payment ② *von Gehalt:* paying off; (*durch Bank*) paying out

auszeichnen ① **Waren auszeichnen** to label merchandise ['mɜːtʃᵊndaɪz] ② **jemanden auszeichnen** to honour ['ɒnəʳ] someone ③ **sich auszeichnen** to distinguish oneself; **die Provence zeichnet sich durch ihre landschaftliche Schönheit aus** what makes Provence so special is the beautiful scenery

die **Auszeichnung** ① *von Ware:* labelling ② (*Ehrung*) distinction; **eine Prüfung mit Auszeichnung bestehen** to pass an examination with distinction ③ (*durch einen Orden*) decoration

ausziehbar extendable; *Antenne:* telescopic [ˌtelɪ'skɒpɪk]

ausziehen ① **eine Schublade ausziehen** to pull out a drawer [drɔːʳ]; **den Tisch ausziehen** to extend the table ② **den Pulli ausziehen** to

A

take off one's jumper ③ **sich ausziehen** to undress, to get undressed; (*in einer Bar*) to strip ④ **von zu Hause ausziehen** to leave home for good; **er zieht aus seiner Wohnung zu seiner Freundin** he is moving out of his flat into his girlfriend's home

der **Ausziehtisch** extending table

der/die **Auszubildende** trainee

der **Auszug** ① (*in der Chemie*) extract ['ekstrækt] ② (*in der Literatur*) *eines Werkes:* excerpt ['eksɜ:pt]; *des Inhalts:* summary

auszugsweise in extracts ['ekstrækts]

autark self-sufficient [ˌselfsə'fɪʃᵊnt]

authentisch authentic [ɔ:'θentɪk]

autistisch autistic

das **Auto** car; **Auto fahren** [**lernen**] to [learn to] drive; **mit dem Auto fahren** to go by car

der **Autoatlas** road atlas

die **Autobahn** motorway (GB), freeway (USA)

das **Autobahndreieck** motorway merging point

die **Autobahngebühr** motorway toll

das **Autobahnkreuz** motorway intersection

die **Autobahnraststätte** motorway service area

der **Autobahnzubringer** approach [ə'prəʊtʃ] road

die **Autobiografie**, die **Autobiographie** autobiography [ˌɔ:təbaɪ'ɒgrəfi]

der **Autobus** bus

der **Autodieb**, die **Autodiebin** car thief [θi:f]

die **Autofähre** car ferry

der **Autofahrer**, die **Autofahrerin** driver

autogen autogenous [ɔ:'tɒdʒənəs]; **autogenes Training hat ihm sehr geholfen** relaxation through self-hypnosis helped him a great deal

das **Autogramm** autograph

die **Autoimmunkrankheit** auto-immune disease

die **Autokarte** road map

das **Autokennzeichen** number plate (GB), license ['laɪsᵊn(t)s] plate (USA)

der **Autolenker**, die **Autolenkerin** (CH) driver

der **Automat** ① (*für Getränke*) vending machine [-məʃi:n]; (*Spielautomat*) slot-machine ② (*elektrische Sicherung*) cut-out

der **Automatenverkauf** automatic vending

die **Automatik** ① *eines Fahrzeugs:* automatic transmission ② *eines Systems:* automatic system ['sɪstəm]

die **Automatikschaltung** automatic gear change [*oder* (USA) shift]

der **Automatikwagen** automatic

automatisch automatic

automatisieren to automate

das **Automobil** car

die **Automobilausstellung** motor-show

die **Automobilbranche** car industry

der **Automobilhersteller** car manufacturer

autonom autonomous [ɔ:'tɒnəməs]

die **Autonomie** autonomy

die **Autopsie** (*Leichenuntersuchung*) post-mortem, autopsy

der **Autor**, die **Autorin** author ['ɔ:θəʳ]

das **Autoradio** car radio

der **Autoreifen** car tyre [*oder* (USA) tire] [taɪəʳ]

das **Autorennen** car race

die **Autorin** author ['ɔ:θəʳ]

autorisieren authorize ['ɔ:θᵊraɪz]

autoritär authoritarian [ˌɔ:θɒrɪ'teəriən]

die **Autorität** authority [ɔ:'θɒrəti]

der **Autoverleih**, die **Autovermietung** car hire [*oder* rental] firm

das **Autozubehör** car accessories [-əkˌsesᵊriz] ⚠ *Plural*

der **Avatar** (*im Internet*) avatar

avisieren to announce [ə'naʊn(t)s]

die **Axt** axe (GB), ax (USA)

die **Azoren** the Azores [ə'zɔ:z]

der **Azubi** *kurz für* **Auszubildende** trainee

die **Azubine** (*umgangssspr*) [female] trainee

Bb

B

B, b ① B, b [biː] ② (*in der Musik*) B flat
das **Baby** ['beːbi] baby; **meine Frau bekommt ein Baby** my wife is expecting [*oder* going to have] a baby
die **Babyausstattung** baby gear
die **Babyklappe** *hatch or container in which unwanted babies can be left anonymously*
die **Babynahrung** baby food
die **Babypause** (*umgangsspr*) parental leave ⚠ *kein Plural*
die **Babyschuhe** bootees [ˌbuː'tiːz] *Plural*
babysitten ['beːbizɪtn̩] to baby-sit
der **Babysitter**, die **Babysitterin** babysitter
der **Bach** brook [brʊk] ▶ WENDUNGEN: **den Bach runter gehen** to go down the tubes; **mit der Firma geht's den Bach runter** (*umgangsspr*) the company is going down the tubes
das **Backblech** baking tray
das **Backbord** (*am Schiff*) port [side]
die **Backe** cheek
backen to bake
der **Backenbart** sideburns ⚠ *Plural*
der **Backenknochen** cheek bone
der **Backenzahn** molar
der **Bäcker**, die **Bäckerin** baker
die **Bäckerei** bakery
der **Backfisch** fried fish
die **Backform** baking tin
der **Backofen** oven
die **Backpflaume** prune
das **Backpulver** baking powder
der **Backslash** ['bɛkslɛʃ] backslash
das **Bad** ① (*in der Wanne*) bath; **[sich] ein Bad einlaufen lassen** to run a bath; **ein Bad nehmen** to have a bath ② (*Badezimmer*) bathroom ③ (*Badeort*) spa
der **Badeanzug** swimsuit ['swɪmsuːt]
die **Badehose** trunks ⚠ *Plural*
die **Badekappe** bathing cap
der **Bademantel** beach robe; (*Morgenmantel*) bathrobe
der **Bademeister**, die **Bademeisterin** pool attendant
baden ① (*in der Wanne*) **[warm/kalt] baden** to have a [hot/cold] bath; **hast du schon gebadet?** have you had your bath yet? ② (*im Meer oder Schwimmbad*) to have a swim; **baden gehen** to go swimming, to go for a swim ③ **jemanden baden** to bathe someone
der **Badeort** ① (*Heilbad*) spa ② (*Seebad*) resort
der **Badestrand** bathing beach
das **Badetuch** bath towel [taʊəl]
die **Badewanne** bathtub
das **Badezimmer** bathroom
baff (*umgangsspr*) flabbergasted; **da war ich erst mal baff** I was gobsmacked
die **Bagatelle** trifle ['traɪfl]
der **Bagel** bagel ['beɪgᵊl]
der **Bagger** excavator
baggern ① to excavate *Graben* ② (*umgangsspr: arbeiten*) to slog ③ (*slang: flirten*) to pull
die **Bahamas** Bahamas
die **Bahn** ① (*Eisenbahn*) railway (GB), railroad (USA); **mit der Bahn fahren/reisen** to go/travel by train ② (*Weg, Kurs*) path, track ③ *eines Satelliten:* orbit; *eines Kometen:* path ④ (*Tapetenbahn*) length ▶ WENDUNGEN: **auf die schiefe Bahn kommen** [*oder* **geraten**] to get on the wrong track, to go astray
bahnbrechend pioneering [ˌpaɪə'nɪəᵊrɪŋ]
bahnen **etwas/jemandem einen Weg bahnen** to clear the way for something/someone
die **Bahnfahrt** train journey
der **Bahnhof** ① railway station (GB), railroad station (USA) ② (*übertragen*) **ich versteh [immer] nur Bahnhof** (*umgangsspr*) it's as clear as mud
die **Bahnhofsgaststätte** station buffet
die **Bahnhofshalle** concourse
die **Bahnpolizei** transport police ['træn(t)spɔːtˌpəˌliːs]
der **Bahnsteig** platform
der **Bahnübergang** level crossing (GB), grade crossing (USA)
die **Bahnverbindung** train connection
die **Bahre** stretcher; (*Totenbahre*) bier
die **Bai** bay
die **Baisse** slump
die **Bakterien** bacteria *Plural*
die **Balance** [ba'lãːsə] balance ['bælən(t)s]
balancieren [balã'siːrən] to balance ['bælən(t)s]
bald ① (*gleich*) soon; **möglichst bald** as soon as possible; **bis bald!** see you soon! ② (*fast*) almost, nearly; **ich hab's bald geschafft!** I'm almost done!
baldigst as soon as possible; (*in der Geschäftssprache*) at your earliest convenience [kən'viːniən(t)s]
der **Baldrian** (*Pflanze*) valerian
die **Balearen** Balearic [ˌbæli'ærɪk] Islands
der **Balkan** Balkans ['bɔːlkənz] *Plural*
der **Balken** (*Holzbalken*) beam; (*Stützbalken*) prop
der **Balkenkode** bar code
der **Balkon** ① balcony ② (*im Theater*) dress circle ['sɜːkl̩]
der **Ball**[1] (*zum Spielen*) ball
der **Ball**[2] (*Tanz*) ball
der **Ballast** ① (*schwere Traglast*) ballast ② (*übertra-

gen: Belastung*) burden

die **Ballaststoffe** roughage ['rʌfɪʤ] ⚠ *kein Plural,* fibre ['faɪbəʳ] ⚠ *kein Plural*

B

der **Ballen** (*Stoffballen*) bale

der **Ballermann** *beach on the Spanish island of Majorca especially popular with German tourists on cheap package tours*

das **Ballett** ballet ['bæleɪ]

der **Balletttänzer**, die **Balletttänzerin** ballet ['bæleɪ] dancer

der **Ballon** balloon

V Das Englische **balloon** wird mit 2 ‚l' und 2 ‚o' geschrieben.

der **Ballonrock** puffball skirt

das **Ballungsgebiet**, der **Ballungsraum** conurbation [ˌkɒnɜː'beɪʃᵊn]

der **Balsam** balm [bɑːm]; **Balsam für die Seele sein** to be like balm for the soul

das **Baltikum** Baltic States

baltisch Baltic

der **Bambus** bamboo

die **Bambussprossen** bamboo shoots

banal trite; **banal klingen, sich banal anhören** to sound banal [bə'nɑːl]

die **Banane** banana

der **Banause** (*abwertend*) philistine ['fɪlɪstaɪn]

das **Band** ① (*Stoffband*) ribbon; (*Maßband*) tape ② (*Tonband*) tape ③ (*Fließband*) conveyor [kən'veɪəʳ] belt ④ (*Verbindung*) bond, tie; **das Band** [*oder* **die Bande**] **der Freundschaft/der Liebe** the bonds of friendship/love ⑤ **am laufenden Band** (*umgangsspr*) continuously [kən'tɪnjuəsli]

der **Band** (*Buch*) volume

die **Band** [bænt] (*Musikband*) band

die **Bandage** [ban'daːʒə] bandage ['bændɪʤ]

bandagieren [banda'ʒiːrən] to bandage ['bændɪʤ]

die **Bandbreite** (*übertragen*) range

die **Bande** (*Verbrecherbande*) gang

die **Banderole** tax seal

der **Bänderriss** torn ligament

bändigen ① to tame *Tier* ② (*unter Kontrolle bringen*) to control *Kinder, Leidenschaft, Wut*

der **Bandit**, die **Banditin** bandit

das **Bandmaß** tape measure [-ˌmeʒəʳ]

die **Bandscheibe** intervertebral disc

der **Bandscheibenvorfall** slipped disc

der **Bandwurm** tape-worm

die **Bank**[1] ① (*Sitz- oder Gartenbank*) bench ② (*Untiefe*) sandbank ▶WENDUNGEN: **etwas auf die lange Bank schieben** to put something off

die **Bank**[2] (*Geldinstitut*) bank

der/die **Bankangestellte** bank employee

das **Bankett**[1] (*Festessen*) banquet

das **Bankett**[2] (*an Straßen*) verge [vɜːʤ] (GB), shoulder ['ʃəʊldəʳ] (USA)

der **Bankier** [baŋ'ki̯eː] banker; **er ist Bankier [von Beruf]** he is a banker [by profession]

das **Bankkonto** bank account

die **Bankleitzahl** bank sorting code

der **Bankrott** bankruptcy ['bæŋkrʌp(t)sɪ]; **Bankrott machen** to go bankrupt

bankrott (*wirtschaftlich*) bankrupt; (*gesellschaftlich, moralisch, politisch*) discredited

bankrottgehen to go bankrupt

die **Bankverbindung** bank details ⚠ *Plural*

das **Banner** banner

bar ① (*Geld*) cash; **bar zahlen** to pay cash [down] ② (*völlig*) pure; **barer Unsinn** utter nonsense ▶WENDUNGEN: **etwas für bare Münze nehmen** to take something at face value

der **Bär**, die **Bärin** bear [beəʳ]

die **Baracke** shack

der **Barcode** bar code

die **Bardame** barmaid

der **Bärendreck** (*Lakritze*) liquorice ['lɪkᵊrɪs]

barfuß barefoot[ed]

das **Bargeld** cash

bargeldlos non-cash

die **Barkasse** launch [lɔːn(t)ʃ]

der **Barkauf** cash purchase

die **Barke** skiff

barmherzig compassionate [kəm'pæʃᵊnət]

die **Barmherzigkeit** compassion [kəm'pæʃᵊn]

der **Barmixer**, die **Barmixerin** cocktail waiter *maskulin,* cocktail waitress *feminin*

das **Barock** baroque [bə'rɒk]

barock baroque [bə'rɒk]

das **Barometer** barometer

der **Barren** ① (*Edelmetallbarren*) ingot ② (*im Sport*) parallel bars ⚠ *Plural*

die **Barriere** [ba'ri̯eːrə] ① (*Hindernis*) barrier ['bæriəʳ] ② (*Bahnschranke*) level crossing barrier

die **Barrikade** barricade

der **Barsch** (*Raubfisch*) perch

barsch brusque [bruːsk]

der **Barscheck** open [*oder* uncrossed] cheque [tʃek]

der **Bart** beard [bɪəd]

die **Barzahlung** cash payment

der **Basar** bazaar [bə'zɑːʳ]

die **Base** (*Chemie*) base

der **Baseball** ['beɪsbɔːl] baseball

basieren auf etwas basieren to be based on something

das **Basilikum** basil

die **Basis** ① (*militärischer Stützpunkt*) base ② (*übertragen: Grundlage*) basis

die **Basisdemokratie** grass-roots democracy

das **Baskenland** Basque region

die **Baskenmütze** beret ['bereɪ]

der **Bass** bass [beɪs]

die **Bassgitarre** bass guitar ['beɪsgɪˌtɑːʳ]

das **Bassin** pool
basteln to do handicrafts; **ich bastele gern** I love doing handicrafts
der **Batist** cambric
die **Batterie** ① (*in der Technik*) battery ② (*beim Militär*) battery
batteriebetrieben battery operated
die **Batteriehaltung** battery farming (GB)
das **Batterieladegerät** battery charger
der **Bau** ① (*das Bauen*) construction; **im Bau** under construction ② (*Bauart*) structure ③ (*Gebäude*) building ['bɪldɪŋ] ④ (*Baustelle*) building site; **ich arbeite auf dem Bau** (*umgangsspr*) I'm a construction worker ⑤ (*Kaninchenbau*) burrow
die **Bauarbeiten** construction work ⚠ *Singular*
der **Bauarbeiter**, die **Bauarbeiterin** construction worker
der **Bauch** ① (*Körperteil*) stomach ['stʌmək], tummy *umgangsspr;* (*Dickbauch*) paunch [pɔːn(t)ʃ]; **einen Bauch haben** to have a potbelly *umgangsspr* ② (*übertragen: instinktiv*) [**etwas**] **aus dem Bauch heraus** [**tun**] [to do something] out of a gut feeling; **ich hab das einfach aus dem Bauch heraus getan** I just had a gut feeling
die **Bauchentscheidung** (*umgangsspr*) gut decision [-dɪˌsɪʒən]
die **Bauchfellentzündung** peritonitis [ˌperɪtə(ʊ)ˈnaɪtɪs]
das **Bauchgefühl** (*umgangsspr*) gut feeling
bauchig bulbous ['bʌlbəs]
der **Bauchnabel** navel
die **Bauchschmerzen** stomach ache ['stʌməkˌeɪk] ⚠ *Singular*
die **Bauchspeicheldrüse** pancreas ['pæŋkriəs]
der **Bauchtanz** belly dance
bauen ① to build [bɪld], to construct [kɒn'strʌkt] *Haus, Modellauto* ② **wir wollen bauen** we're going to build a house ▶WENDUNGEN: **Mist bauen** (*umgangsspr*) to mess [something] up

> **G** Richtiges Konjugieren von **to build**: build, built, built
> *it's important to build bridges between cultures; the toddler built a tower with his wooden blocks; they have built too many ugly buildings in this town*

der **Bauer** ① (*in der Landwirtschaft*) farmer ② (*Schachfigur*) pawn ③ (*Kartenfigur*) jack
die **Bäuerin** farmer; (*Frau des Bauern*) farmer's wife
bäuerlich rural
das **Bauernhaus** farmhouse
der **Bauernhof** farm
baufällig dilapidated
die **Baufirma** building ['bɪldɪŋ] contractor
das **Baugelände** building site
das **Baugerüst** scaffolding
die **Baugrube** excavation
der **Bauherr**, die **Bauherrin** client
das **Bauholz** timber, lumber (USA)
der **Bauingenieur**, die **Bauingenieurin** civil ['sɪvəl] engineer
das **Baujahr** *eines Autos:* year of construction, model
der **Baukasten** building ['bɪldɪŋ] kit
der **Baukonzern** building company, construction firm
das **Bauland** building land
der **Baum** tree
der **Baumarkt** DIY superstore
baumeln to dangle (**an** from); **mit den Beinen baumeln** to dangle one's legs
die **Baumgrenze** tree line
die **Baumnuss** (*Walnuss*) walnut ['wɔːlnʌt]
die **Baumschule** nursery
der **Baumstamm** tree trunk
das **Baumsterben** dying [off] of trees
der **Baumstumpf** tree stump
die **Baumwolle** cotton
der **Bauplan** building ['bɪldɪŋ] plan
der **Bauplatz** site
der **Bausch** (*Wattebausch*) ball
der **Bauschutt** rubble
bausparen to save with a building society ['bɪldɪŋsəˌsaɪəti]
die **Bausparkasse** building society ['bɪldɪŋsəˌsaɪəti] (GB), building and loan association [əˌsəʊʃi'eɪʃən] (USA)
der **Bausparvertrag** building society savings agreement (GB), savings contract with a building and loan association (USA)
der **Baustein** ① (*auch Spielzeug*) brick ② (*übertragen: Grundlage*) constituent [kən'stɪtjuənt]
die **Baustelle** (*Hausbaustelle*) building ['bɪldɪŋ] site; (*Straßenbaustelle*) roadworks ⚠ *Plural* (GB), construction work (USA)
der **Bauunternehmer**, die **Bauunternehmerin** building ['ɔɪldɪŋ] contractor
das **Bauwerk** building ['bɪldɪŋ]
der **Bayer**, die **Bayerin** Bavarian
bay(e)risch Bavarian
Bayern Bavaria
beabsichtigen to intend
beachten ① (*Aufmerksamkeit schenken*) to pay attention to ② to observe *Vorschrift*
beachtlich considerable
die **Beachtung** **Beachtung finden** to receive attention; **jemandem/etwas keine Beachtung schenken** to take no notice of someone/something
der **Beamer** ['biːmɐ] projector [prə(ʊ)'dʒektər]
der/die **Beamte**, die **Beamtin** civil ['sɪvəl] servant
beamtet permanently appointed as a civil servant
beängstigend alarming
beanspruchen ① **ein Recht** [**zu etwas**] **bean-**

B

spruchen to claim a right [to something] ② **[jemandes] Aufmerksamkeit beanspruchen** to demand [someone's] attention ③ **[viel] Zeit beanspruchen** to take [a lot of] time; **[wenig/viel] Platz beanspruchen** to take up [little/a lot of] space ④ (*abnutzen*) **etwas stark beanspruchen** to use something heavily

beanstanden to complain about

beantragen ① (*um Erlaubnis bitten*) to apply for (**bei** to) ② (*vorschlagen*) to propose

beantworten to answer ['ɑːn(t)səʳ]

bearbeiten ① (*arbeiten an*) to work on ② to edit *Buch* ③ to cultivate *Land* ④ to process ['prəʊses] *Daten, Datei* ⑤ **einen Fall bearbeiten** to work on a case ⑥ (*umgangsspr*) **jemanden bearbeiten** to work on someone

beatmen to give artificial [ˌɑːtɪ'fɪʃᵊl] respiration

beaufsichtigen to supervise ['suːpəvaɪz]

beauftragen ① **jemanden/eine Firma [mit etwas] beauftragen** to engage someone/a company [to do something] ② **jemanden beauftragen[, etwas zu tun]** to instruct someone [to do something]

der/die **Beauftragte** representative

bebauen ① to build [bɪld] on *Baugrundstück* ② to cultivate *Land*

das **Beben** earthquake

beben to tremble

bebildern to illustrate

der **Becher** cup; (*aus Glas*) tumbler; (*aus Ton*) mug; (*aus Plastik*) plastic cup

das **Becken** ① basin; (*Küchenbecken*) sink; (*Schwimmbecken*) pool ② (*Körperteil*) pelvis ③ (*Musikinstrument*) cymbal ['sɪmbᵊl]

bedacht careful, cautious ['kɔːʃəs]; **wohl bedacht** well considered

bedächtig deliberate [dɪ'lɪbᵊrət]

bedanken **sich [bei jemandem für etwas] bedanken** to say thank-you [to someone for something], to thank someone [for something]

der **Bedarf** ① (*Bedürfnis*) need (**an** for); **bei Bedarf** when required; **je nach Bedarf** according to demand ② (*an Waren*) requirements ⚠ *immer Plural*

bedauerlich unfortunate; *Zustand:* deplorable

bedauerlicherweise unfortunately, regrettably

bedauern **etwas bedauern** to regret something; **jemanden bedauern** to feel sorry for someone

bedauernswert, **bedauernswürdig** *Mensch:* pitiful

bedeckt *Himmel:* clouded, overcast

das **Bedenken** doubts [daʊts] ⚠ *Plural;* **ohne Bedenken** without a doubt

bedenken to consider

bedenkenlos unhesitating

bedenklich *Lage:* alarming, serious ['sɪəriəs]

bedeuten to mean; **was bedeutet dieses Wort?** what does this word mean?; **was hat das zu bedeuten?** what does this mean?

bedeutend ① (*gewichtig*) **ein bedeutender Mensch/eine bedeutende Entscheidung** an important person/an important decision ② (*groß*) **eine bedeutende Menge** a considerable amount ③ (*sehr, erheblich*) **bedeutend größer/kleiner sein** to be considerably larger/smaller

bedeutsam ① (*bedeutungsvoll*) meaningful ② (*wichtig*) important

die **Bedeutung** ① (*Wortsinn*) meaning ② (*Wichtigkeit*) importance; **von Bedeutung sein** to be important

bedeutungslos (*unwichtig*) insignificant [ˌɪnsɪg'nɪfɪkᵊnt]

bedienen ① (*in einem Geschäft*) **jemanden bedienen** to attend to [*oder* serve] someone; **werden Sie schon bedient?** are you being served? ② (*in der Gastronomie*) **jemanden bedienen** to wait on someone ③ **sich bedienen** to help oneself (**mit** to) ④ (*beim Kartenspiel*) **eine Farbe bedienen** to follow suit ⑤ **eine Maschine bedienen** to operate a machine; **das Telefon bedienen** to answer the telephone

die **Bedienerin** Ⓐ (*Putzfrau*) cleaning lady, cleaner

bedienstet (*angestellt*) **bedienstet sein** to be an employee

der/die **Bedienstete** (*im öffentlichen Dienst*) public employee; **seine Bediensteten** his servants

die **Bedienung** ① (*im Geschäft*) service; **die Bedienung ist hier ausgezeichnet** the service here is excellent ② (*Kellnerin*) waitress ③ *von Geräten:* operation

die **Bedienungsanleitung** operating instructions ⚠ *Plural*

bedingt partially ['pɑːʃᵊli]

die **Bedingung** condition; **unter der Bedingung, dass du auch mithilfst** on condition that you help out as well; **unter keiner Bedingung** under no circumstances

bedingungslos unconditional

bedrohen to threaten ['θretᵊn]

bedrohlich threatening

bedrücken **jemanden bedrücken** to depress someone, to get someone down

bedrückt depressed

der **Beduine**, die **Beduinin** Bedouin ['bedʊɪn]

das **Bedürfnis** need

bedürftig needy

beeilen **sich beeilen** to hurry up

beeindrucken to impress

beeinflussen **jemanden/eine Entscheidung beeinflussen** to influence someone/a decision; **jemanden beeinflussen** to persuade someone

beeinträchtigen **den Wert/den Absatz**

beeinträchtigen to reduce the value/the sales; **den Spaß beeinträchtigen** to spoil the fun

beenden 1 (*zu Ende führen*) to finish; **etwas vorzeitig beenden** to cut something short 2 (*ein Ende setzen*) **einen Streit/eine Beziehung beenden** to end a quarrel/a relationship 3 (*in der Informatik*) to exit, to quit

beerdigen to bury ['beri]

die **Beerdigung** 1 (*Bestattung*) burial ['beriəl] 2 (*Feier*) funeral ['fju:nᵊrəl]

die **Beere** berry

das **Beet** bed

befähigen to enable

befähigt capable

befahren to drive on; **diese Straße ist viel befahren** this road is very busy

befallen 1 *Krankheit, Fieber:* to attack, to strike 2 **von etwas befallen sein** to be affected by something; **von Schädlingen befallen sein** to be infested with pests

befangen 1 (*scheu*) bashful 2 (*voreingenommen*) prejudiced ['predʒədɪst]

befassen **sich mit etwas befassen** to deal with something

der **Befehl** command, order; (*in der Informatik*) instruction, command

befehlen to order

befestigen 1 to fix, to fasten ['fɑ:sᵊn] (**an** to) 2 (*mit Kleber*) to stick (**an** on/onto)

befinden 1 (*sein*) **sich** [**an einem bestimmten Ort**] **befinden** to be [at a certain place] 2 (*entscheiden*) **über etwas befinden** to decide about something

beflissen keen

befolgen 1 **ein Beispiel/einen Ratschlag befolgen** to follow an example/a piece of advice 2 **die Vorschriften befolgen** to comply with regulations

befördern 1 (*transportieren*) to carry; **Waren befördern** to transport goods 2 **jemanden befördern** to promote someone; **jemand wird befördert** someone is being promoted

die **Beförderung** 1 (*Warentransport*) transport ['træn(t)spɔ:t] 2 (*im Job*) promotion

befragen 1 (*ausfragen*) to question 2 (*eine Frage stellen*) to ask (**über/zu** about)

befreien to free (**von** from); (*freistellen*) to exempt (**von** from)

die **Befreiung** liberation; (*Erleichterung*) relief [rɪ'li:f]; (*Freistellung*) exemption

befremdend displeasing

befreunden **sich befreunden** to make friends (**mit** with)

befreundet **miteinander befreundet sein** to be friends

befriedigen to satisfy; **Ansprüche/Forderungen befriedigen** to meet expectations/demands

befriedigend 1 *Ergebnis:* satisfactory; *Gefühl:* satisfying; *Antwort:* adequate ['ædɪkwət]; *Lösung, Vorschlag:* acceptable [ək'septəbl] 2 *Schulzensur:* fair, satisfactory

befristen to restrict (**auf** to)

befristet restricted; **befristet sein** to be valid for a limited time; **ein befristetes Arbeitsverhältnis** a temporary appointment

die **Befruchtungsklinik** fertility clinic

befugt **befugt sein, etwas zu tun** to be authorized to do something

der **Befund** (*Ergebnisse*) findings ⚠ *Plural;* (*in der Medizin*) diagnosis [ˌdaɪəg'nəʊsɪs]

befürchten to fear

befürworten to approve [ə'pru:v], to recommend, to support

der **Befürworter**, die **Befürworterin** supporter

begabt talented (**für** at); (*geistig, musisch*) gifted (**für** at)

die **Begabung** talent

begeben **sich begeben** (*aufbrechen nach*) to go [to], to set out [for]

begegnen to meet

die **Begegnung** meeting; (*im Sport*) encounter

begehren to desire

begehrenswert desirable

begehrt in demand; *Person:* popular

begeistern 1 **jemanden begeistern** to fill someone with enthusiasm [ɪn'θju:zi'æzᵊm]; **ich bin begeistert!** I am over the moon! 2 **sich** [**für etwas**] **begeistern** to be enthusiastic [about something]

begeistert enthusiastic [ɪnˌθju:zi'æstɪk] (**von** about)

die **Begeisterung** enthusiasm [ɪn'θju:zi'æzᵊm]

die **Begier(de)** desire (**nach** for)

begierig eager; (*gierig*) greedy

der **Beginn** beginning; **bei Beginn** at the beginning

beginnen to begin, to start

> **G** Richtiges Konjugieren von **to begin**: begin, began, begun
> *let's begin with the good news;*
> *the choir began to sing;*
> *I have begun the cleaning, but I won't be finished before lunch*

beglaubigen (*durch Gutachten*) to attest; **etwas beglaubigen lassen** to have something attested; **ein Schriftstück beglaubigen** to witness a document; **eine Kopie beglaubigen** to authenticate a copy

begleichen (*bezahlen*) to settle

begleiten (*auch übertragen*) to accompany

der **Begleiter**, die **Begleiterin** companion; (*musikalisch*) accompanist

das **Begleitinstrument** accompanying instrument

das **Begleitschreiben** covering ['kʌvərɪŋ] letter (GB), cover ['kʌvəʳ] letter (USA)

die **Begleitung** 1 (*Gesellschaft*) company; **in**

B

Begleitung seiner Mitarbeiter in the company of his employees ② (*Begleiter(in)*) companion; **in Begleitung ihres Mannes** accompanied by her husband ③ (*musikalisch*) accompaniment [ə'kʌmpənimənt]

beglückwünschen to congratulate (**zu** on)

begnadet (*Künstler*) gifted

begnadigen to reprieve [rɪ'priːv]

begnügen ① **sich mit etwas begnügen** (*zufrieden sein*) to be satisfied with something ② **sich mit etwas begnügen** (*auskommen*) to make do with something

begraben ① **die Toten begraben** to bury ['beri] the dead ② (*übertragen*) **die Hoffnung begraben** to abandon all hope

das **Begräbnis** ① (*das Begraben*) burial ['beriəl] ② (*Feier*) funeral ['fjuːnᵊrəl]

begreifen to understand; **begreifen, dass/wie etwas geschah** to realize that/how something happened

begreiflich understandable; **jemandem etwas begreiflich machen** to make something clear to someone

begrenzen ① (*räumlich*) to mark the boundary ['baʊndᵊri] of ② (*übertragen*) to restrict (**auf** to)

der **Begriff** ① (*Vorstellung*) idea; **sein Begriff von Freiheit/Liebe** his idea [*oder* notion] of freedom/love; **für meine Begriffe** in my opinion ② (*Ausdruck*) term; **was verstehst du unter dem Begriff ‚Gleichheit'?** what do you think the term 'equality' means? ③ **schwer von Begriff sein** (*abwertend*) to be slow on the uptake; **im Begriff sein, etwas zu tun** to be about to do something

begriffsstutzig dense, slow

begründen ① (*Gründe geben*) **eine Entscheidung begründen** to give reasons for a decision ② to establish; to found *Firma, Verein*

begründet ① justified; **wohl begründet** well-founded; **nicht begründet** unfounded; **ein begründeter Vorwurf** a justified reproach ② (*bewiesen*) **eine begründete Tatsache** a proven fact

die **Begründung** reason; *einer Anklage, einer Behauptung:* grounds ⚠ *Plural*

begrüßen ① **jemanden begrüßen** to greet [*oder* welcome] someone ② (*übertragen*) **eine Entscheidung begrüßen** to welcome a decision

> **L** Im Englischen ist **hello** oder **hi** als Begrüßung für jede Tageszeit durchaus akzeptiert. Obwohl **hello** oder **hi** in sehr vielen Situationen verwendet wird, hat man auch die Möglichkeit, formeller zu sein. Vormittags kannst du **good morning**, nachmittags **good afternoon** und abends **good evening** sagen. Zum Abschied kann man außerdem **goodbye** bzw. **[bye-]bye** (= auf Wiedersehen) sagen; unter Freunden ist die Floskel **see you!** bzw. **see you soon!** (= bis bald!) durchaus üblich.

die **Begrüßung** welcome

begünstigen ① (*fördern*) to promote; to favour ['feɪvəʳ] *Wachstum, Handel* ② **jemanden begünstigen** to favour someone ③ (*im Rechtswesen*) to aid and abet

begutachten **etwas begutachten lassen** to get expert advice about something

begütert wealthy ['welθi]

behäbig CH ① (*reich*) rich, wealthy ② (*stattlich*) splendid, magnificent [mæg'nɪfɪsᵊnt]

das **Behagen** contentment

behagen to please; **das behagt mir aber gar nicht** I don't like it at all

behaglich ① (*gemütlich*) comfortable, cosy ② (*zufrieden*) contented

behalten ① (*aufbewahren*) to keep ② **etwas [im Gedächtnis/in Erinnerung] behalten** to remember something ③ (*nicht loswerden*) **eine Narbe behalten** to be left with a scar ④ (*übertragen*) **etwas für sich behalten** to keep something to oneself

der **Behälter** container

behandeln **eine Krankheit/einen Patienten behandeln** to treat an illness/a patient; **der behandelnde Arzt** the doctor in attendance; **ein Problem/ein Thema behandeln** to deal with a problem/a subject [*oder* topic]

die **Behandlung** treatment

beharren **auf seiner Meinung/seinem Standpunkt beharren** to insist on one's opinion/one's point of view [vjuː]

beharrlich insistent

behaupten ① (*aussagen*) to claim ② **seine Stellung behaupten** to maintain one's position; **seine Meinung behaupten** to assert one's opinion ③ **sich behaupten** to assert oneself

die **Behauptung** claim; (*unbewiesen*) assertion

die **Behausung** dwelling

beheben ① **den Schaden beheben** to repair the damage ② CH **Geld beheben** to withdraw money

der **Behelf** makeshift ['meɪkʃɪft]

beherbergen to house [haʊz], to accommodate *Gäste*

beherrschen ① to control; to govern, to rule *Volk;* **den Markt beherrschen** to dominate the market ② to master *Fremdsprache, Instrument* ③ **sich beherrschen** to control oneself

beherzigen to heed

behilflich **jemandem bei etwas behilflich sein** to help someone with something

behindern to hinder (**bei** in)

behindert disabled [dɪ'seɪbl̩d]

der/die **Behinderte** disabled person

die **Behinderung** ① (*Störung*) hindrance ['hɪndrən(t)s] ② (*im Sport oder Verkehr*) obstruction ③ (*Körperbehinderung*) disability ④ (*Nachteil*) handicap

die **Behörde** authority

behutsam careful, cautious [ˈkɔːʃəs]

bei ① (*räumlich, örtlich*) at, near, with; **bei mir/uns zu Hause** at home; **ich war bei meinen Eltern** I was at my parents' [home]; **beim Bäcker/Friseur** at the baker's/the hairdresser's ② (*an der Person*) **hast du Geld bei dir?** have you any money on you? ③ (*an*) **jemanden bei der Hand fassen** to take someone by the hand ④ (*zeitlich*) at, during, on; **bei Tag/bei Nacht** by day/at night ⑤ (*als Bedingung*) **bei zwanzig Grad unter Null** when it's twenty degrees below zero; **bei offenem Fenster schlafen** to sleep with the window open; **bei Feuer/Gefahr den Alarmknopf drücken** in case of fire/an emergency press the alarm ⑥ (*als Grund*) **bei ihrem Talent/seinem Aussehen** with her talent/his looks

beibehalten to keep

beibringen ① (*lehren*) **jemandem etwas beibringen** to teach [tiːtʃ] someone something ② (*mitteilen*) **jemandem etwas [schonend] beibringen** to break the news [gently] to someone ③ (*heranschaffen*) **Dokumente/Informationen beibringen** to furnish documents/information

die **Beichte** confession [kənˈfeʃ^{ə}n]; **die Beichte ablegen** to go to confession; **jemandem die Beichte abnehmen** to hear someone's confession

beichten (*auch übertragen*) to confess; **ich muss dir etwas beichten** I have to make a confession

beide both, the two; **alle beide** both of them; **keiner von beiden** neither of them; **beide Male** both times

beiderlei both

beiderseitig ① (*auf beiden Seiten*) on both sides ② (*gegenseitig*) bilateral

beides ① both [of them]; **beides ist möglich** both are possible ② **ich mag beides nicht** I don't like either [of them]

beidseits (CH) on both sides

beieinander together

der **Beifahrer**, die **Beifahrerin** ① [front-seat] passenger [ˈpæs^{ə}ndʒə^{r}] ② (*auf einem Motorrad*) pillion rider

der **Beifahrersitz** passenger [ˈpæs^{ə}ndʒə^{r}] seat

der **Beifall** ① (*Applaus*) applause [əˈplɔːz]; **Beifall spenden** [*oder* **klatschen**] to applaud [əˈplɔːd] ② (*übertragen: Billigung*) approval; **Beifall finden** to meet with approval

beifügen to enclose

die **Beigabe** addition

beige [beːʃ] beige [beɪʒ]

beigeben ① (*hinzufügen*) to add; **dem Gericht Salz beigeben** to add salt to the dish ② (*übertragen: aufgeben*) **klein beigeben** to give in

der **Beigeschmack** aftertaste

die **Beihilfe** ① (*finanziell*) financial assistance [faɪˌnæn(t)ʃ^{ə}ləˈsɪst^{ə}n(t)s] ② (*vom Staat*) allowance [əˈlaʊən(t)s], subsidy ③ **Beihilfe zum Mord** accessory to murder

beikommen jemandem/etwas beikommen to sort out someone/something

das **Beil** axe; (*klein*) hatchet

die **Beilage** ① (*in der Zeitung*) insert [ˈɪnsɜːt]; (*in einem Buch*) insertion ② (*Essensbeilage*) side-dish, side order

beiläufig casual [ˈkæʒjuəl]; **etwas beiläufig erwähnen** to mention something in passing

beilegen ① **einem Brief etwas beilegen** to enclose something in a letter ② (*schlichten*) **einen Streit beilegen** to settle a dispute [dɪˈspjuːt]

das **Beileid mein aufrichtiges Beileid** my heartfelt condolences ⚠ *Plural*

beiliegend enclosed

das **Bein** leg; **jemandem ein Bein stellen** to trip someone up; **die Beine übereinanderschlagen** to cross one's legs ▶ WENDUNGEN: **jemandem Beine machen** (*umgangsspr*) to make someone get a move on; **etwas auf die Beine stellen** (*umgangsspr*) to get something going [*oder* moving]; **sich für etwas ein Bein ausreißen** to go out of one's way for something; **wieder auf den Beinen sein** (*nach Krankheit*) to be back on one's feet again

beinahe almost, nearly

der **Beinbruch** leg fracture ▶ WENDUNGEN: **das ist kein Beinbruch!** it could be worse!

beinhalten ① (*enthalten*) to contain ② (*besagen*) to express, to say

der **Beipackzettel** instruction leaflet

der **Beirat** advisory council [-ˌkaʊn(t)s^{ə}l]

das/die **Beiried** (A) beef

beirren sich durch nichts beirren lassen to not to let oneself be put off by anything

beisammen together

beisammenhaben ▶ WENDUNGEN: **[sie] nicht alle beisammenhaben** (*umgangsspr*) to be not quite right in the head

das **Beisammensein** get-together

beiseite aside; **Spaß beiseite** seriously [ˈsɪəriəsli], joking apart

beiseitelegen etwas beiseitelegen to put something aside [*oder* to the side]; to put down *Brille, Buch*

beiseiteschaffen jemanden/etwas beiseiteschaffen to get rid of someone/something

das **Beis(e)l** (A) pub (GB), bar (USA)

beisetzen (*beerdigen*) to bury [ˈberi]

B

die **Beisetzung** funeral ['fjuːnᵊrəl]
das **Beispiel** 1 example (**für** of); **zum Beispiel** for instance; **wie zum Beispiel** such as 2 **sich ein Beispiel an jemandem nehmen** to take someone as an example; **mit gutem Beispiel vorangehen** to set a good example
beispiellos 1 (*nie da gewesen*) unprecedented [ʌn'presɪdᵊntɪd] 2 (*unerhört*) outrageous [ˌaʊt'reɪdʒəs]
beispielsweise for example
beißen 1 to bite (**in** into); **der Hund hat mir ins Bein gebissen** the dog's bitten my leg; **ich habe mir auf die Zunge gebissen** I bit my tongue [tʌŋ] 2 **sich beißen** *Farben:* to clash

G Richtiges Konjugieren von **to bite**: bite, bit, bitten
you mustn't bite your baby brother!; Penny bit into a huge bar of chocolate; the child was bitten by a dog

beißend **beißende Kälte** biting cold; **beißender Rauch/beißende Dämpfe** stinging smoke/fumes; **ein beißender Geschmack/Geruch** a pungent [*oder* sharp] taste/smell; **eine beißende Bemerkung** a cutting remark
beistehen **jemandem beistehen** to stand by someone
beistellen Ⓐ to make available
der **Beitrag** 1 (*Geldsumme*) contribution [ˌkɒntrɪ'bjuːʃᵊn]; (*Mitgliedsbeitrag*) [member's] fee; (*Versicherungsbeitrag*) premium 2 (*Anteil*) contribution [ˌkɒntrɪ'bjuːʃᵊn]; **einen Beitrag [zu etwas] leisten** to make a contribution [to something]
beitragspflichtig contributory [kən'trɪbjʊtəri]
der **Beitragssatz** rate of subscription [səb'skrɪpʃᵊn]
beitreten 1 to join *Partei, Verein* 2 to accede to *Vertrag*
der **Beitritt** entry (**zu** into); **den Beitritt zu etwas erklären** to become a member of something
das **Beitrittsgespräch** [EU] accession discussion [ək'seʃᵊndɪˌskʌʃᵊn]
der **Beiwagen** *von Motorrad:* sidecar
beizeiten in good time
beizen to stain *Holz*
bejahen 1 (*ja sagen*) to answer ['ɑːn(t)səʳ] in the affirmative 2 (*übertragen: gutheißen*) to approve of
bekämpfen to fight [faɪt]; **Schädlinge bekämpfen** to control pests
bekannt well-known (**für/wegen** for); **das ist mir bekannt** I know about that; **es ist [allgemein] bekannt, dass Rauchen krank macht** it is a well-known fact that smoking causes disease; **etwas bekannt geben** to announce something; **jemanden mit jemandem bekannt machen** to introduce someone to someone

der/die **Bekannte** acquaintance [ə'kweɪntᵊn(t)s]
bekanntgeben to announce [ə'naʊn(t)s]
bekanntlich as is [well] known
bekanntmachen (*öffentlich*) to make known to the public
die **Bekanntschaft** **seine/ihre Bekanntschaft machen** to make his/her acquaintance; **eine nette Bekanntschaft machen** to meet a nice person; **mit etwas Bekanntschaft machen** to come into closer contact with something
bekehren to convert [kən'vɜːt]; **sich bekehren** to be converted (**zu** to)
bekennen to confess; **sich schuldig bekennen** to admit one's guilt
bekifft (*umgangsspr*) stoned, high
beklagen 1 **einen Verlust beklagen** to lament someone's loss; **eine Entscheidung beklagen** to lament a decision 2 **sich [über jemanden/etwas] beklagen** to complain [about someone/something]
beklagenswert pitiable ['pɪtiəbl]
bekleckern 1 **den Teppich bekleckern** to stain the carpet 2 **ich habe mir das Hemd total bekleckert!** I've made a mess of my shirt!; **sie hat ihr T-Shirt mit Ketchup bekleckert** she's got [*oder* she's spilled] ketchup on her T-shirt
bekleiden 1 (*anziehen*) to dress (**mit** in) 2 (*übertragen: innehaben*) **eine Stellung bekleiden** to hold a post
die **Bekleidung** clothes [kləʊ(ð)z] ⚠ *Plural*
bekloppt loony, loopy *umgangsspr*
bekommen 1 (*erhalten*) **ein Geschenk/eine Nachricht bekommen** to get [*oder* receive [rɪ'siːv]] a present/message 2 (*gut tun*) **jemandem gut bekommen** to do someone good; **wohl bekomm's!** your health!

F Nicht verwechseln mit **to become** = werden!

bekömmlich *Speisen:* digestible [dɪ'dʒestəbḷ]
bekritteln (*umgangsspr*) to criticize ['krɪtɪsaɪz]
bekritzeln to scribble ['skrɪbḷ] over
bekümmert worried ['wʌrɪd]
beladen 1 (*vollmachen*) **ein Auto/einen Einkaufswagen [mit etwas] beladen** to load a car/a trolley [with something] 2 **ein [voll] beladenes Auto/ein [voll] beladener Einkaufswagen** a loaded car/trolley; **ein mit Schuld beladener Mensch** a person weighed down with guilt
der **Belag** 1 (*Überzug*) coating 2 (*Straßenbelag*) surface ['sɜːfɪs] 3 (*Zahnbelag*) plaque [plɑːk]
belagern to besiege [bɪ'siːdʒ], to lay siege to
belämmert (*slang: betreten*) sheepish
belangen (*rechtlich verfolgen*) **jemanden wegen Diebstahls belangen** to sue [*oder* prosecute] someone for theft

belanglos irrelevant, trivial
belassen **wollen wir es dabei belassen!** let's leave it at that!
belasten ① (*mit einem Gewicht*) to put weight [weɪt] on; **ein Fahrzeug belasten** to load a vehicle ['viːɪkl] ② (*übertragen: seelisch, geistig*) **jemanden** [**mit Verantwortung/Problemen**] **belasten** to burden someone [with responsibility/problems]; **diese Situation belastet mich** I'm finding the situation a real strain ③ (*in der Rechtssprache*) **jemanden belasten** to incriminate someone ④ **ein Konto belasten** to charge an account ⑤ **sich belasten** (*in der Rechtssprache*) to incriminate oneself
belästigen ① (*lästig sein*) **etwas belästigt jemanden** something bothers someone, someone is bothered by something ② (*zudringlich werden*) **jemanden belästigen** to pester someone
die **Belästigung** ① (*Ärgernis*) annoyance [ə'nɔɪən(t)s] ② (*Zudringlichkeit*) molesting; **sexuelle Belästigung** sexual harassment
die **Belastung** ① (*seelisch, geistig*) burdening; (*körperlich*) strain ② *eines Fahrzeugs:* load ③ *eines Kontos:* charge
belaufen **sich belaufen auf** to amount to
beleben ① (*anregen*) to liven up *Unterhaltung,* to stimulate ② **sich beleben** to liven up; *Konjunktur:* to be stimulated
belebend invigorating
belebt **eine belebte Straße** a crowded [*oder* busy] street
der **Beleg** receipt [rɪ'siːt]
belegen ① (*nachweisen*) to verify ② (*reservieren*) to reserve
die **Belegschaft** staff
belegt ① *Leitung:* busy ['bɪzi]; *Sitz:* occupied ② **ein belegtes Brot mit Käse** a cheese sandwich ③ *Stimme:* hoarse [hɔːs] ④ *Zunge:* furred
belehren to instruct, to teach
beleibt corpulent ['kɔːpjʊlənt], stout [staʊt]
beleidigen to insult [ɪn'sʌlt]; *Verhalten:* to offend
die **Beleidigung** insult ['ɪnsʌlt]
belesen well-read
beleuchten ① (*erhellen*) to light [up]; (*festlich auch*) to illuminate ② (*übertragen*) to examine *Tatsachen*
die **Beleuchtung** ① (*Lichtanlage*) lights ⚠ *Plural* ② (*übertragen: Untersuchung*) examination
Belgien Belgium ['beldʒəm]
der **Belgier**, die **Belgierin** Belgian ['beldʒən]
belgisch Belgian
die **Belichtung** (*Photografie*) exposure [ɪk'spəʊʒəʳ]
der **Belichtungsmesser** exposure meter
belieben **wie es Ihnen beliebt** as you wish
beliebig any; **jeder x-beliebige ...** any old ...
beliebt popular
die **Beliebtheit** popularity
beliefern to supply
bellen to bark
die **Belletristik** fiction and poetry
belohnen to reward
die **Belohnung** recompense, reward; **zur Belohnung** as a reward
die **Belüftung** (*Anlage*) ventilation
belügen **jemanden belügen** to lie to someone; **sich** [**selbst**] **belügen** to deceive [dɪ'siːv] oneself
bemängeln **etwas bemängeln** to find fault [fɔːlt] with something
bemannt *Rakete:* manned
bemerkbar noticeable ['nəʊtɪsəbl̩], perceptible [pə'septəbl̩]
bemerken ① (*merken*) to notice ② (*sagen*) to remark; **nebenbei bemerkt** by the way
bemerkenswert remarkable
die **Bemerkung** comment, remark
bemitleiden to pity
bemitleidenswert pitiable, pitiful
bemühen ① **jemanden bemühen** to trouble [*oder* bother] someone ② **sich bemühen** to try; **er bemüht sich sehr** he's trying hard; **sich um eine Stelle bemühen** to try for a position; **sich um jemanden bemühen** to try to help someone
die **Bemühung** effort, endeavour [ɪn'devəʳ]; **vielen Dank für Ihre Bemühungen** thank you for your trouble
bemuttern to mother
benachbart neighbouring ['neɪbərɪŋ]
benachrichtigen to inform (**von** of)
die **Benachrichtigung** notification
benachteiligen **jemanden benachteiligen** to discriminate against someone
die **Benachteiligung** (*Chancenungleichheit*) discrimination
die **Benefizveranstaltung** charity event
das **Benehmen** behaviour [bɪ'heɪvjəʳ]
benehmen **sich benehmen** to behave
beneiden **jemanden um etwas beneiden** to envy someone something
beneidenswert enviable
benennen to name
der **Bengel** (*umgangsspr*) rascal ['rɑːskəl]
benommen dazed [deɪzd]
benötigen to need, to require [rɪ'kwaɪəʳ]
benutzen to use
der **Benutzer**, die **Benutzerin** user
das **Benutzerhandbuch** user manual
das **Benutzerkonto** (*im Internet*) account
der **Benutzername** (*im Internet*) user name
die **Benutzeroberfläche** (*in der Informatik*) user [*oder* system ['sɪstəm]] interface
die **Benutzung** use; **etwas in Benutzung haben** to be using something

B

B

das **Benzin** petrol (GB), gasoline (USA)
der **Benzintank** fuel tank [ˈfjuːəl] (GB), gasoline tank (USA)
der **Benzinverbrauch** fuel consumption
beobachten to observe, to watch
der **Beobachter**, die **Beobachterin** observer
die **Beobachtung** observation
bequem ① (*angenehm*) **ein bequemer Stuhl** a comfortable [ˈkʌmftəbl] chair; **es sich bequem machen** to make oneself comfortable; **machen Sie es sich bequem** do make yourself feel at home ② (*träge*) **ein bequemer Mensch** an idle [ˈaɪdl] person ③ (*übertragen: leicht*) easy; **eine bequeme Ausrede/eine bequeme Methode** a convenient excuse/method; **es bequem haben** to have an easy time of it
die **Bequemlichkeit** ① (*Annehmlichkeit*) comfort [ˈkʌmfət] ② (*Faulheit*) idleness [ˈaɪdlnəs]
beraten ① (*Rat geben*) **jemanden beraten** to advise someone; **sich von jemandem/einem Anwalt beraten lassen** to consult someone/a lawyer ② (*beratschlagen*) **etwas beraten** to discuss something ③ **sich beraten** to discuss; **da müssen wir uns erst einmal noch beraten** we'll have to discuss things first
beratend advisory
der **Berater**, die **Beraterin** adviser
die **Beratung** ① (*Konsultation*) consultation [ˌkɒnsəlˈteɪʃən] ② (*Besprechung*) discussion [dɪˈskʌʃən]
berauschend intoxicating
berechenbar ① (*finanziell*) calculable ② (*übertragen: vorauszusehen*) predictable
berechnen ① (*auch übertragen*) to calculate ② (*in Rechnung stellen*) to charge
berechnend calculating
die **Berechnung** calculation
berechtigen to entitle
berechtigt legitimate [lɪˈdʒɪtəmət]; **zu etwas berechtigt sein** to be entitled to something; **berechtigt sein, etwas zu tun** to be entitled to do something
der **Bereich** ① (*Gebiet*) area ② (*Sachgebiet*) field [fiːld], area
bereichern ① (*übertragen: schöner machen*) to enrich ② to increase [ɪnˈkriːs] *Wissen* ③ **sich an etwas bereichern** to make a lot of money out of something
die **Bereicherung** ① (*übertragen*) enrichment ② *von Wissen:* expansion ③ **unser Gespräch war mir eine große Bereicherung** I gained a lot from our conversation
bereinigen to clear up
bereisen to travel
bereit ready; (*bereitwillig*) prepared, willing
bereiten ① (*zubereiten*) to prepare ② (*verursachen*) to cause [kɔːz]; [**jemandem**] **Schwierigkeiten bereiten** to cause difficulties [for someone]; **jemandem Ärger/Kummer bereiten** to cause someone trouble/grief; **es bereitet mir großes Vergnügen**[**, etwas zu tun**] it gives me great pleasure [to do something]
bereithalten to have ready [ˈredi]; (*übertragen*) to have in store
bereits already [ɔːlˈredi]
die **Bereitschaft** readiness [ˈredɪnəs]
der **Bereitschaftsdienst** emergency service [ɪˌmɜːdʒən(t)siˈsɜːvɪs]
bereitstellen to get ready; (*zur Lieferung*) to provide, to supply
bereitwillig eager
bereuen to regret
der **Berg** ① mountain; (*Hügel*) hill ② (*übertragen: Haufen*) heap, pile; **ich hab einen Berg Wäsche** [**zu waschen**] I've got heaps of washing [to do] ▶ WENDUNGEN: **über alle Berge sein** to be long gone
bergab ① (*den Berg hinunter*) downhill; **Achtung, es geht bergab!** we're going downhill! ② (*übertragen*) **mit mir/der Firma geht's bergab** I am going/the company is going downhill
der **Bergarbeiter** miner
bergauf ① (*den Berg hoch*) uphill ② (*übertragen*) **es geht mit ihm bergauf** things are looking up for him
die **Bergbahn** mountain railway
der **Bergbau** mining
bergen ① (*retten*) **jemanden bergen** to rescue [*oder* save] someone ② **eine Leiche/einen Toten bergen** to recover [rɪˈkʌvər] a body/a dead man; **ein Schiff/eine Ladung bergen** to salvage a ship/a cargo ③ (*beinhalten*) to involve; **Gefahr bergen** to hold danger; **Schätze** [**in sich**] **bergen** to promise treasures
der **Bergführer**, die **Bergführerin** mountain guide [gaɪd]
der **Berggipfel** mountain top
die **Bergkette** mountain range
der **Bergkristall** rock crystal [-ˌkrɪstəl]
das **Bergland** hilly region
der **Bergmann** miner
der **Bergrutsch** landslide
das **Bergsteigen** mountaineering
der **Bergsteiger**, die **Bergsteigerin** mountain climber [-ˌklaɪmər], mountaineer
die **Bergung** ① (*Rettung*) rescue [ˈreskjuː], saving ② *einer Leiche:* recovery [rɪˈkʌvəri] ③ *von Schiff oder Ladung:* salvage [ˈsælvɪdʒ]
die **Bergwacht** mountain rescue service [ˈreskjuːˌsɜːvɪs]
die **Bergwand** mountain face
die **Bergwanderung** hike in the mountains
das **Bergwerk** mine
der **Bericht** report

berichten to report
die **Berichterstattung** reporting
berichtigen to correct
Berlin Berlin ['bɜːlɪn]
der **Berliner**, die **Berlinerin** (*Mensch aus Berlin*) Berliner
der **Berliner** (*Gebäck*) doughnut ['doʊnʌt]
der **Bernstein** amber
berüchtigt infamous ['ɪnfəməs], notorious [nə(ʊ)'tɔːriəs]
berücksichtigen ① (*in Betracht ziehen*) to consider [kən'sɪdəʳ] ② (*bedenken*) to take into consideration
der **Beruf** ① (*Tätigkeit*) occupation; **was sind Sie von Beruf?** what do you do for a living?; **ich bin von Beruf Ärztin** I'm a doctor by profession ② (*Handwerk*) trade; **ich bin Klempner von Beruf** I'm a plumber by trade
berufen[1] ① **jemanden zu etwas berufen** to appoint someone to something ② **sich auf etwas berufen** to refer to something
berufen[2] (*zuständig*) competent; **sich zu etwas berufen fühlen** to feel one has a mission to do something
beruflich professional [prə'feʃənəl]
die **Berufsausbildung** training
der **Berufsberater**, die **Berufsberaterin** careers adviser
die **Berufsberatung** careers guidance [-ˌgaɪdən(t)s]
berufserfahren professionally experienced [prəˌfeʃənəliːk'spɪəriən(t)st]
die **Berufsfachschule** technical college ['teknɪkəlˌkɒlɪdʒ]
die **Berufskrankheit** occupational disease [dɪ'ziːz]
das **Berufsleben** professional [prə'feʃənəl] life
der **Berufspendler**, die **Berufspendlerin** commuter
die **Berufsschule** vocational college [-ˌkɒlɪdʒ]; **sie besucht die technische Berufsschule** she goes to technical college
berufstätig working
der **Berufsverkehr** commuter traffic
die **Berufung** ① (*starke Neigung*) vocation; (*spirituell*) calling ② **in die Berufung gehen** (*im Rechtswesen*) to appeal
beruhen ① (*gründen*) **auf Tatsachen beruhen** to be founded [*oder* based] on facts ② **etwas auf sich beruhen lassen** to let something rest
beruhigen ① **jemanden beruhigen** to calm [kɑːm] someone [down]; **ich kann Sie [da] beruhigen!** I can reassure you! ② **sich beruhigen** to calm down; *Verkehr:* to subside [səb'saɪd]; **so beruhigen Sie sich doch!** do calm down!
das **Beruhigungsmittel** tranquillizer ['træŋkwɪlaɪzəʳ]
berühmt famous ['feɪməs]
die **Berühmtheit** celebrity [sə'lebrəti]
berühren ① (*anfassen*) to touch [tʌtʃ]; **bitte nicht berühren!** don't touch! ② (*übertragen: nahe*) to move; **deine Anteilnahme berührt mich sehr** I am very touched by your compassion
besagen to say; **das besagt noch gar nichts** it doesn't mean anything
besagt said, aforementioned [ə'fɔːmenʃənd]; **es geschah an besagtem Tag** it happened that very day
besaitet zart besaitet sein to be highly sensitive
besammeln CH ① to assemble, to gather ② **sich besammeln** to assemble
die **Besammlung** CH assembly [ə'sembli]
besänftigen to calm [kɑːm] down, to soothe
die **Besatzung** ① (*Mannschaft*) crew [kruː] ② (*Verteidigungstruppe*) garrison; (*Besatzungsarmee*) occupying forces ⚠ Plural
besaufen sich besaufen (*slang*) to get plastered
beschädigen to damage ['dæmɪdʒ]
die **Beschädigung** damage (**von** to)
beschaffen to get hold of; to obtain *Genehmigung*
der **Beschaffungswert** acquisition [ˌækwɪ'zɪʃən] value
beschäftigen ① **sich beschäftigen mit** to be busy with *Aktivität;* to play with *Kinder;* to deal with *Thema* ② **jemanden beschäftigen** to employ someone ③ (*im Sinne sein*) **jemanden sehr beschäftigen** to weigh [weɪ] heavily on someone's mind
beschäftigt busy ['bɪzi], occupied; **viel beschäftigt** very busy; **ich bin ein viel beschäftigter Mann** I'm a very busy man
der/die **Beschäftigte** employee
die **Beschäftigung** ① (*Tätigkeit*) occupation ② (*Beruf*) job, employment
beschämt embarrassed
beschatten (*übertragen: überwachen*) **jemanden beschatten** to shadow someone; **jemanden beschatten lassen** to have someone followed; **ich werde beschattet!** I am being followed!
beschaulich ① (*geruhsam*) **ein beschauliches Leben/ein beschaulicher Abend** a quiet [*oder* tranquil] life/evening ② (*in sich gekehrt*) **ein beschaulicher Mensch/Charakter** a contemplative [kən'templətɪv] person/character
der **Bescheid** ① (*Antwort*) answer ['ɑːn(t)səʳ], reply; (*Auskunft*) information; **jemandem über etwas Bescheid geben** to let someone know about something ② (*Entscheidung*) decision [dɪ'sɪʒən]
bescheiden ① (*genügsam*) modest ② (*mittelmäßig*) mediocre [ˌmiːdi'əʊkəʳ]
bescheinigen to certify ['sɜːtɪfaɪ]; **den Emp-**

B

B

fang eines Schreibens bescheinigen to acknowledge [ək'nɒlɪdʒ] receipt [rɪ'siːt] of a letter; **hiermit wird bescheinigt, dass ...** this is to certify that ...; **können Sie mir das bescheinigen?** can you confirm that in writing?

die **Bescheinigung** certificate [sə'tɪfɪkət]; (*Quittung*) receipt [rɪ'siːt]

bescheißen (*slang*) **jemanden um etwas bescheißen** to do someone out of something *umgangsspr*

beschenken **jemanden beschenken** to give someone presents; **sich gegenseitig beschenken** to give each other presents

die **Bescherung** ① (*zu Weihnachten*) distribution of Christmas presents; **wir machen die Bescherung an Heiligabend** we open our presents on Christmas Eve ② (*ironisch*) [**das ist ja**] **eine schöne Bescherung!** this is a nice mess!; **da haben wir die Bescherung!** what did I tell you!

bescheuert (*slang*) stupid

beschichtet coated

beschimpfen to abuse [ə'bjuːz], to swear [sweəʳ] at

beschissen (*slang*) shitty *slang;* **es geht mir beschissen** I feel rotten

der **Beschlag** ① (*an Tür*) mounting ② (*übertragen: in Anspruch nehmen*) **etwas mit Beschlag belegen** to monopolize something; **jemanden in Beschlag nehmen** to monopolize someone

beschlagen *Brille, Scheibe:* steamed up

beschlagnahmen ① (*im Rechtswesen*) to confiscate ② (*übertragen: in Anspruch nehmen*) **jemanden/etwas beschlagnahmen** to monopolize someone/something

beschleunigen to accelerate [ək'seləreɪt], to speed [up]

die **Beschleunigung** acceleration [əkˌselə'reɪʃᵊn], speeding up

beschließen ① to pass *Gesetz;* to decide [dɪ'saɪd] on *Resolution* ② (*beenden*) to conclude *Sitzung, Veranstaltung*

der **Beschluss** decision [dɪ'sɪʒᵊn], resolution

beschmutzen ① (*auch übertragen*) to dirty [dɜːti], to soil ② **sich beschmutzen** to get oneself dirty

die **Beschneidung** ① (*medizinisch*) circumcision [ˌsɜːkəm'sɪʒᵊn] ② (*übertragen: Einschränkung*) curtailment

beschönigen to gloss over

beschränken ① to limit, to restrict (**auf** to) ② **sich** [**auf etwas**] **beschränken** to confine oneself [to something]

beschränkt ① (*eingeschränkt*) limited, restricted ② (*geistig*) limited, narrow

die **Beschränkung** limitation, restriction

beschreiben (*schildern*) to describe

die **Beschreibung** description; (*Anleitung*) instructions ⚠ *Plural*

beschriften to write [raɪt] on; (*etikettieren*) to label

beschuldigen **jemanden** [**einer Sache**] **beschuldigen** to accuse [ə'kjuːz] someone [of something]; (*rechtlich, gerichtlich*) **jemanden** [**einer Straftat**] **beschuldigen** to charge someone [with an offence]

die **Beschuldigung** accusation; (*rechtlich, gerichtlich*) charge

beschützen to protect, shelter (**vor** from)

der **Beschützer**, die **Beschützerin** protector

die **Beschwerde** ① **Beschwerden** (*körperlich*) aches [eɪks] and pains, trouble ['trʌbl] ⚠ *Singular* (**mit** with) ② (*Klage*) complaint [kəm'pleɪnt]; **eine Beschwerde einlegen** to lodge a complaint

beschweren **sich** [**über jemanden/etwas**] **beschweren** to complain [about someone/something]

beschwerlich arduous ['ɑːdjuəs]

beschwichtigen to appease, to calm [kɑːm]

beschwingt ① (*lebhaft, munter*) lively, sprightly ['spraitli] ② (*rasch, schnell*) swift

beschwipst (*umgangsspr*) tipsy

beschwören ① (*anflehen*) **jemanden beschwören** to beseech [*oder* implore] someone ② **eine Aussage beschwören** to make a statement under oath

beseitigen ① (*entfernen*) **etwas beseitigen** to get rid of [*oder* remove] something ② (*töten*) **jemanden beseitigen** [**lassen**] to do away with someone

der **Besen** broom

der **Besenstiel** broom-stick

besessen obsessed (**von** with)

besetzen ① (*einnehmen*) to occupy, to take; **ein Haus besetzen** to squat [skwɒt] [in a house] ② to fill *Stelle;* to cast *Rolle*

besetzt ① *Sitzplatz:* taken; **ist dieser Platz besetzt?** is this seat taken? ② *Toilette:* occupied ③ *Telefonleitung:* engaged [ɪn'geɪdʒd] (GB), busy ['bɪzi] (USA)

das **Besetztzeichen** engaged tone (GB), busy tone (USA)

besichtigen to have a look at; to visit *Stadt*

die **Besichtigung** visit [to]; *von Sehenswürdigkeiten:* sight-seeing tour

besiedelt populated

die **Besied(e)lung** settlement

besinnen **sich besinnen** (*nachdenken*) to think, to reflect

besinnlich contemplative [kən'templətɪv]

die **Besinnung** ① (*Bewusstsein*) consciousness ['kɒn(t)ʃəsnəs]; **die Besinnung verlieren** to lose consciousness; **wieder zur Besinnung kommen** to regain consciousness ② (*Reflexion*) reflection, contemplation ③ (*übertragen*)

die Besinnung verlieren to lose one's senses; **wieder zur Besinnung kommen** to come to one's senses

besinnungslos unconscious [ʌn'kɒn(t)ʃəs]

der **Besitz** 1 (*Eigentum*) possession [pə'zeʃᵊn]; **etwas in Besitz nehmen** take possession of something 2 (*Grundbesitz*) property, [real] estate

besitzanzeigend (*in der Grammatik*) possessive [pə'zesɪv]

besitzen (*haben*) to have; (*gehoben*) to own, to possess

der **Besitzer**, die **Besitzerin** owner, proprietor

besitzergreifend possessive [pə'zesɪv]

besoffen (*slang*) canned, pissed

besondere(r, s) special ['speʃᵊl]; (*außergewöhnlich*) exceptional [ɪk'sepʃᵊnᵊl]

die **Besonderheit** peculiarity [pɪˌkjuːli'ærəti]

besonders 1 (*hauptsächlich*) especially [ɪ'speʃᵊli], particularly; **die Show war sehr gut, besonders die Tänzer** the show was excellent, especially [*oder* in particular] the dancers 2 (*sehr*) **besonders schön/groß** particularly beautiful/big; **sie hat besonders hart gearbeitet** she worked particularly hard 3 **nicht besonders lustig/gut** not very funny/good; **der Film war nicht besonders** the film was nothing special

besonnen level-headed, considered

besorgen 1 (*beschaffen*) to get 2 (*erledigen*) to see to

besorgt anxious ['æŋ(k)ʃəs], worried ['wʌrɪd]; **er war um seine Zukunft besorgt** he was anxious about his future

die **Besorgung** **Besorgungen machen** to do the shopping

bespaßen (*umgangsspr*) **ein Kind bespaßen** to keep a child amused [*oder* entertained]

besprechen 1 **etwas besprechen** to discuss something, to talk something over 2 (*rezensieren*) to review [rɪ'vjuː] *Buch, Film, Theaterstück*

die **Besprechung** 1 (*Unterredung*) discussion [dɪ'skʌʃᵊn] 2 (*Sitzung*) conference ['kɒnfᵊrᵊn(t)s]

besser better; **umso besser!** so much the better!

bessern **sich bessern** *Zustand:* to get better, to improve [ɪm'pruːv]; *Person:* to mend one's ways; **sie hat sich nicht gebessert** she hasn't changed

die **Besserung** improvement [ɪm'pruːvmənt]; **[ich wünsche dir] gute Besserung!** [I hope you] get well soon!

der **Besserwisser**, die **Besserwisserin** (*abwertend*) know-all, know-it-all (USA)

der **Bestand** 1 (*Fortdauer*) continued existence [ɪg'zɪstᵊn(t)s]; **von Bestand sein** to be permanent 2 (*Lagerbestand*) stock (**an** of)

beständig 1 (*ständig*) constant ['kɒnstənt], continual [kən'tɪnjuəl] 2 (*gleich bleibend*) constant; *Wetter:* settled 3 (*dauerhaft*) resistant (**gegen** to)

die **Bestandsaufnahme** (*auch übertragen*) stocktaking

der **Bestandteil** 1 *eines Ganzen:* component [kəm'pəʊnənt], part 2 (*übertragen: etwas Dazugehöriges*) integral part

bestärken to confirm [kən'fɜːm]

bestätigen 1 to confirm *Buchung, Flug, Antwort;* **den Empfang bestätigen** to acknowledge [ək'nɒlɪdʒ] receipt 2 **sich bestätigen** *Verdacht:* to prove true

die **Bestätigung** 1 confirmation 2 (*Empfangsbestätigung*) acknowledg[e]ment of receipt [ək'nɒlɪdʒməntəvrɪ'siːt]

bestatten to bury ['beri]

die **Bestattung** burial ['beriəl]

das **Bestattungsinstitut** undertaker's (GB), mortician's [mɔːr'tɪʃᵊnz] (USA)

das **Bestattungsunternehmen** funeral parlour ['fjuːnᵊrəlˌpɑːləʳ]

beste(r, s) best; **besten Dank!** many thanks!; **der erste Beste** the first that comes along

bestechen to bribe, to corrupt; **sich bestechen lassen** to take bribes

bestechlich brib[e]able, corruptible

die **Bestechung** bribery, corruption

das **Besteck** cutlery, flatware (USA)

bestehen 1 (*existieren*) **es besteht der Verdacht/die Gefahr, dass ...** there's the suspicion/a risk that ...; **es besteht kein Zweifel, dass ...** there's no doubt that ...; **der Unterschied besteht darin, dass ...** the difference is, that ...; **bestehen bleiben** to remain [rɪ'meɪn] 2 (*zusammengesetzt sein*) **aus etwas bestehen** to consist of something 3 (*erfolgreich beenden*) **eine Prüfung bestehen** to pass a test; **einen Kampf bestehen** to win a fight [faɪt] 4 (*fordern*) **bestehen auf** to insist on

besteigen 1 **einen Berg besteigen** to climb a mountain 2 **ein Pferd besteigen** to mount a horse

bestellen 1 **Waren bestellen** to order goods 2 (*ausrichten*) **[jemandem] etwas bestellen** to leave a message [for someone] 3 (*eine Verabredung treffen*) **jemanden für zehn Uhr bestellen** to make an appointment for someone for ten o'clock; **ich bin für zehn Uhr bestellt** I have an appointment for ten o'clock

die **Bestellnummer** order number

die **Bestellung** (*Auftrag*) order

bestenfalls at best

bestens very well

die **Bestie** 1 (*Tier*) beast 2 (*Mensch*) brute

bestimmen 1 to determine; **eine Zeit/einen**

B

Ort bestimmen to fix [*oder* set] a time/a place ❷ to fix *Preis, Termin* ❸ **über etwas bestimmen** to decide on something ❹ (*prägen*) to characterize ['kærəktᵊraɪz]

bestimmt ❶ (*festgelegt*) fixed, set ❷ (*gewiss*) **eine [ganz] bestimmte Art** a certain way [*oder* manner] ❸ (*entschieden*) *Stimme:* firm ❹ (*klar, deutlich*) *Anweisungen:* precise [prɪ'saɪs] ❺ (*sicher*) certainly ['sɜːtᵊnli], definitely ['defɪnətli]; **ich komme ganz bestimmt** I'm definitely coming; **ich weiß bestimmt, dass ...** I know for certain that ... ❻ (*wahrscheinlich*) **ganz bestimmt kommt er noch** he's bound [baʊnd] to come; **das ist bestimmt für dich!** (*bei Anruf oder Besuch*) it's bound to be for you!; **bestimmt hat sie mein Buch vergessen** she's probably [*oder* bound to have] forgotten my book ❼ **der bestimmte Artikel** the definite article

die **Bestimmung** ❶ (*Vorschrift*) regulation ❷ (*Schicksal*) destiny ['destɪni]

bestmöglich best possible

die **Bestnote** **Bestnoten bekommen/vergeben** to get/give top marks

bestrafen to punish (**für/wegen** for)

die **Bestrafung** punishment

die **Bestrahlung** radiotherapy

das **Bestreben** effort, endeavour [ɪn'devəʳ]

bestrebt **bestrebt sein, etwas zu tun** to endeavour [ɪn'devəʳ] to do something

bestreiken **dieser Betrieb wird bestreikt** this factory is on strike

bestreiten ❶ (*anfechten*) to contest [kən'test]; to dispute [dɪ'spjuːt] *Entscheidung, Urteil* ❷ (*leugnen*) to deny [dɪ'naɪ]

der **Bestseller** ['bɛstzɛlɐ] bestseller

bestsituiert Ⓐ (*gut situiert*) well-off

bestürmen *mit Fragen:* to bombard

bestürzt dismayed (**über** at)

der **Besuch** ❶ visit; **ist das dein erster Besuch in Stuttgart?** is this your first trip to Stuttgart? ❷ (*Teilnahme*) attendance [ə'tendᵊn(t)s] (**bei** at) ❸ **Besuch haben** to have visitors ⚠ *Plural* ❹ **bei jemandem zu Besuch sein** to be visiting [*oder* staying with] someone; **meine Tante kommt zu Besuch** my aunt is coming to see me/us

besuchen ❶ to visit ❷ (*kurz*) **jemanden besuchen** to go and see someone, to call on someone ❸ (*teilnehmen*) to attend [ə'tend] *Kurs;* to go to *Schule, Konzert*

der **Besucher**, die **Besucherin** visitor

die **Besucherzahl** attendance [ə'tendᵊn(t)s]

die **Besuchszeit** visiting time

betagt aged ['eɪdʒd]

betätigen ❶ to operate *Maschine* ❷ **sich betätigen** to busy ['bɪzi] oneself

betäuben ❶ (*narkotisieren*) to anaesthetize [ə'niːsθətaɪz] ❷ (*benommen machen*) to stun

das **Betäubungsmittel** anaesthetic [ˌænəs'θetɪk]

die **Bete** **Rote Bete** beetroot

beteilen Ⓐ, ⒸⒽ (*beschenken*) to give presents ['prezᵊnts] to *Plural*

beteiligen ❶ **sich beteiligen** to participate [pɑː'tɪsɪpeɪt], to take part (**an** in) ❷ **sich an den Kosten beteiligen** to contribute to the expenses ❸ **jemanden beteiligen** to give someone a share

beteiligt **an etwas beteiligt sein** to be involved in something

die **Beteiligung** ❶ (*an Wettbewerb*) participation [pɑːˌtɪsɪ'peɪʃᵊn] (**an** in) ❷ (*an Wahlen*) turnout (**an** in) ❸ (*Anteil*) share (**an** in)

beten to pray, to say a prayer (**zu** to, **für** for)

beteuern to declare

der **Beton** [be'tɔŋ] concrete ['kɒŋkriːt]

betonen ❶ to stress *Wort* ❷ (*nachdrücklich sagen*) to emphasize ['emfəsaɪz]

betonieren to concrete ['kɒŋkriːt]

betont ❶ *Wort:* stressed, accented ❷ (*nachdrücklich*) emphatic [ɪm'fætɪk], pronounced [prə'naʊn(t)st]

die **Betonung** ❶ *von Wort:* stress ❷ (*Nachdruck*) emphasis ['emfəsɪs]

der **Betracht** **nicht in Betracht kommen** to be out of the question; **in Betracht ziehen** to take into consideration; **etwas außer Betracht lassen** to disregard something

betrachten ❶ (*anschauen*) to look at ❷ (*ansehen als*) to consider, to regard

beträchtlich ❶ *Summe, Vorsprung:* considerable ❷ **beträchtlich höher/niedriger/mehr** considerably higher/lower/more

der **Betrag** amount, sum; **Betrag dankend erhalten** payment received [rɪ'siːvd] with thanks

das **Betragen** ❶ (*Verhalten*) behaviour [bɪ'heɪvjəʳ], behavior ⓊⓈⒶ ❷ (*Führung, auch im Zeugnis*) conduct ['kɒndʌkt]

betragen ❶ *Kosten, Rechnung:* to amount to ❷ **sich betragen** to behave [bɪ'heɪv]

der **Betreff** re:

betreffen (*angehen*) to concern [kən'sɜːn], to relate to; **was das betrifft** as far as that goes

betreffend ❶ (*erwähnt*) concerned, in question; **die betreffenden Personen** those [people] concerned ❷ (*gemeint*) referred to

betreiben ❶ (*ausüben*) to pursue [pə'sjuː] *Studien;* to carry on *Geschäft* ❷ (*vorantreiben*) to push ahead

die **Betreibung** ⒸⒽ collection [kə'lekʃᵊn]

betreten ❶ (*hineingehen*) to enter; to go into *Raum* ❷ (*gehen auf*) to walk on [to] *Boden;* **Betreten verboten!** keep off!

betreuen to look after

der **Betrieb** ❶ (*Geschäft*) business ['bɪznɪs], concern [kən'sɜːn]; **jemand ist im Betrieb/nicht**

im Betrieb someone is at work/not at work ② (*Tätigkeit*) work; *einer Fabrik, Maschine:* operation ③ **außer Betrieb** out of order ④ (*Betriebsamkeit*) bustle ['bʌsḷ]; **in der Stadt war viel Betrieb** the town was very busy

die **Betriebsanleitung** operating instructions ⚠ *Plural*

der **Betriebsarzt**, die **Betriebsärztin** company doctor

der **Betriebsausflug** firm's outing

die **Betriebsferien** annual holiday

das **Betriebskapital** working capital

das **Betriebsklima** working conditions ⚠ *Plural*

die **Betriebskosten** ① *einer Maschine:* running costs *Plural* ② *einer Firma:* overheads ['əʊvəhedz] *Plural*

die **Betriebsleitung** management

der **Betriebsrat** (*Institution*) works committee

der **Betriebsrat**, die **Betriebsrätin** (*Angehörige(r) des Betriebsrates*) works committee member

das **Betriebssystem** operating system [-,sɪstəm]

der **Betriebsunfall** industrial accident ['æksɪdᵊnt]

die **Betriebswirtschaft** business ['bɪznɪs] management

betrinken sich betrinken to get drunk

betroffen ① (*bestürzt*) full of consternation (**von** by) ② (*in Mitleidenschaft gezogen*) affected (**von** by)

betrüblich deplorable

betrübt distressed; **tief betrübt** deeply distressed

der **Betrug** ① deceit [dɪ'siːt], deception [dɪ'sepʃᵊn] ② (*Rechtssprache*) fraud [frɔːd]

betrügen ① (*beim Spiel*) to cheat, to deceive [dɪ'siːv] ② (*in einer Beziehung*) to be unfaithful to

der **Betrüger**, die **Betrügerin** ① (*beim Spiel*) cheat; **du Betrüger!** you're a cheat! ② (*geschäftlich*) swindler; (*Hochstapler*) con-man

betrunken drunk

das **Bett** ① bed ② (*Bettdecke*) quilt [kwɪlt]

der **Bettanzug** Ⓒⓗ (*Bezug*) quilt-cover

der **Bettbezug** quilt-cover

die **Bettdecke** ① (*aus Wolle*) blanket ['blæŋkɪt] ② (*Steppdecke*) quilt

betteln to beg (**um** for)

die **Bettflasche** hot-water bottle

bettlägerig bed-ridden

das **Bettlaken** sheet

der **Bettler**, die **Bettlerin** beggar

das **Betttuch** sheet

der **Bettvorleger** bedside rug

die **Bettwäsche** bed linen

das **Bettzeug** bedding

beugen ① to bend; to bow [baʊ] *Kopf* ② to inflect; to conjugate *Verb;* to decline *Substantiv, Adjektiv* ③ **sich [nach vorne/über etwas] beugen** to bend [forward/over something] ④ **sich [jemandem] beugen** to submit [to someone]

> **G** Richtiges Konjugieren von **to bend**: bend, bent, bent
> *can you bend your arm like this?;*
> *Ben bent down to pick up a pen;*
> *we have bent over backwards to accommodate you!*

die **Beule** ① (*am Kopf*) bump; (*Schwellung*) swelling; (*aus Eiter*) boil ② (*im Blech*) dent

beunruhigen to worry ['wʌri]; (*stärker*) to alarm

beurkunden to certify ['sɜːtɪfaɪ]; **[sich] etwas beurkunden lassen** to have something certified

beurlauben to give leave; **jemanden für eine Woche beurlauben** to give someone a week off; **beurlaubt sein** to be on leave; **sich beurlauben lassen** to take leave; **sich für eine Woche beurlauben lassen** to take a week off

beurteilen to judge [dʒʌdʒ] (**nach** by)

die **Beurteilung** ① judg[e]ment ['dʒʌdʒmənt] ② *eines Buchs, Films:* review

die **Beute** booty, loot, spoil

der **Beutel** bag

der **Beutelschneider**, die **Beutelschneiderin** (*umgangsspr*) ① (*Taschendieb*) pickpocket ② (*Wucherer*) extortionist *abwertend*

bevölkert populated; **dicht bevölkert** densely populated

die **Bevölkerung** population

bevölkerungsreich populous ['pɒpjələs]

bevollmächtigen jemanden zu etwas bevollmächtigen to authorize someone to do something

der/die **Bevollmächtigte** authorized representative

bevor before; **ich gehe nicht, bevor du dich entschuldigt hast** I'm not leaving until you apologise

bevormunden jemanden bevormunden to tell someone what he/she should be doing

bevorstehen ① *Schwierigkeiten:* to lie ahead ② *Gefahr, Unwetter:* to be imminent

bevorstehend forthcoming, approaching

bevorzugen to prefer; (*begünstigen*) to favour ['feɪvəʳ] *Mitbewerber, Mitschüler*

bewachen to guard [gɑːd]

bewaffnet armed; **schwer bewaffnet** heavily armed

bewahren ① (*erhalten*) to keep ② (*beschützen*) to protect (**vor** from)

bewähren ① **sie hat sich als Lehrerin bewährt** she's proved [pruːvd] to be a good teacher ② *Gerät:* to prove [pruːv] worthwhile

bewahrheiten sich bewahrheiten to prove [pruːv] well-founded; *Befürchtungen, Hoffnungen:* to be confirmed

bewährt *Methode:* tried and tested; *Mittel:* prov-

B

en ['pru:vᵊn]

die **Bewährung** probation; **eine Strafe zur Bewährung aussetzen** to impose a suspended sentence

der **Bewährungshelfer**, die **Bewährungshelferin** probation officer

bewaldet wooded

bewältigen 1 (*meistern*) to manage 2 (*überwinden*) to get over

bewandert expert, knowledgeable ['nɒlɪdʒəbl̩]; **auf einem Gebiet bewandert sein** to be an expert in a subject [*oder* an area]

bewässern to irrigate

bewegen 1 to move, to set in motion 2 **jemanden zu etwas bewegen** to induce someone to do something 3 **sich bewegen** to move; (*sich Bewegung verschaffen*) to get some exercise 4 **es bewegt sich etwas** things *Plural* are starting to move [*oder* happen]

der **Beweggrund** motive

beweglich 1 (*bewegbar*) movable ['mu:vəbl], mobile ['məʊbaɪl] 2 (*leicht manövrierbar*) manoeuvrable [mə'nu:vᵊrəbl̩] 3 *Person, Tier:* agile ['ædʒaɪl] 4 *Verstand:* nimble

bewegt 1 (*ergriffen*) moved; **tief bewegt** deeply moved 2 *Vergangenheit:* eventful

die **Bewegung** 1 movement, motion 2 (*körperlich*) exercise ['eksəsaɪz] 3 (*politisch*) movement

bewegungslos motionless

der **Beweis** 1 proof (**für** of) 2 (*Rechtssprache*) evidence ['evɪdᵊn(t)s]; **den Beweis erbringen** to provide evidence (**für** of) 3 (*Mathematik*) demonstration

beweisbar provable ['pru:vəbl]

beweisen 1 to prove [pru:v]; **jemandem etwas beweisen** to prove something to someone 2 (*zeigen*) to show

das **Beweismaterial** evidence ['evɪdᵊn(t)s] ⚠ *Singular*

bewerben **sich [um etwas] bewerben** to apply [for something]

der **Bewerber**, die **Bewerberin** applicant

die **Bewerbung** application

das **Bewerbungsgespräch** [job] interview

das **Bewerbungsschreiben** letter of application

bewerkstelligen to manage; **ich werde es schon bewerkstelligen** I'll manage

bewerten 1 to assess [ə'ses] *Aufsatz;* to judge [dʒʌdʒ] *sportliche Leistung* 2 (*schätzen auf*) to value; **etwas zu hoch/niedrig bewerten** to overvalue/undervalue something

die **Bewertung** 1 *eines Aufsatzes:* assessment [ə'sesmənt]; *einer sportlichen Leistung:* judg[e]ment ['dʒʌdʒmənt] 2 (*Schätzung*) valuation

bewilligen 1 (*zugestehen*) to allow [ə'laʊ] 2 to grant *Kredit*

bewirken to bring about, to cause

bewohnbar habitable

bewohnen to live [lɪv] in; **bewohnt sein** to be inhabited

der **Bewohner**, die **Bewohnerin** *eines Hauses:* occupant; *eines Gebiets:* inhabitant

bewölken **es bewölkt sich** it's clouding over

bewölkt cloudy

der **Bewunderer**, die **Bewunderin** admirer [əd'maɪərəʳ]

bewundern to admire [əd'maɪəʳ] (**wegen** for)

bewundernswert, **bewundernswürdig** admirable ['ædmᵊrəbl̩]

die **Bewunderung** admiration [ˌædmə'reɪʃᵊn]

bewusst 1 (*überlegt*) conscious ['kɒn(t)ʃəs]; **jemandem etwas bewusst machen** to make someone aware of something 2 (*absichtlich*) *Beleidigung:* deliberate [dɪ'lɪbᵊrət] 3 (*mit Absicht*) deliberately [dɪ'lɪbᵊrətli]; **das hast du bewusst getan!** you did that deliberately [dɪ'lɪbᵊrətli]! [*oder* on purpose]

bewusstlos unconscious [ʌn'kɒn(t)ʃəs]; **bewusstlos werden** to lose consciousness ['kɒnʃəsnəs]

das **Bewusstsein** consciousness ['kɒn(t)ʃəsnəs]; **das Bewusstsein verlieren** to lose consciousness; **wieder zu Bewusstsein kommen** to regain consciousness

bezahlen to pay

> **G** Richtiges Konjugieren von **to pay**: pay, paid, paid
> *will you pay the waiter?,*
> *Mr. Brown paid $25 for the book,*
> *have you paid for the tickets?*

bezahlt **sich bezahlt machen** to pay off; **gut bezahlt** highly-paid

die **Bezahlung** pay

bezaubern to charm, to fascinate ['fæsɪneɪt]

bezaubernd charming, fascinating ['fæsɪneɪtɪŋ]

bezeichnen 1 (*beschreiben*) to describe 2 (*benennen*) to call

bezeichnend characteristic [ˌkærəktə'rɪstɪk] (**für** of)

die **Bezeichnung** term

beziehen 1 to cover *Sessel;* **die Betten beziehen** to change the beds 2 to move into *Haus* 3 (*bekommen*) to get; to obtain [əb'teɪn] *Gelder, Waren* 4 **einen Standpunkt beziehen** to adopt a point of view 5 **etwas auf sich beziehen** to take something personally 6 **sich beziehen auf ...** to refer to ...

die **Beziehung** 1 (*Verhältnis*) relationship; **die Beziehung zu meiner Mutter** the relationship with my mother 2 **diplomatische Beziehungen/intime Beziehungen** diplomatic/intimate relations 3 (*Verbindung*) connections; **er hat Beziehungen** he knows the right people ④ **in jeder Beziehung** in every respect

die **Beziehungsprobleme** relationship problems

beziehungsweise ① respectively; **zwei Briefmarken zu einem, beziehungsweise zwei Euro bitte** two stamps please — one for one euro, and one for two euros ② (*genauer gesagt*) or rather ③ (*oder*) or

beziffern ① (*angeben*) to estimate ['estɪmeɪt] ② **der Schaden beziffert sich auf 1000 Euro** the damage amounts to 1000 euros

der **Bezirk** district

das **Bezirksgericht** district court

die **Bezirksschule** CH secondary [*oder* USA high] school [sku:l]

das **Bezirksspital** CH district hospital

der **Bezug** ① (*Überzug*) cover ② (*finanziell*) **Bezüge** earnings ③ **Bezug nehmen auf ...** to refer to ...

der **Bezüger**, die **Bezügerin** CH ① (*Abonnent*) subscriber [səb'skraɪbəʳ] ② (*von Rente*) drawer ['drɔːəʳ] ③ (*von Steuern*) collector

bezüglich regarding, with regard to

die **Bezugsperson** person to whom [hu:m] one relates

bezwecken ① (*beabsichtigen*) to aim at ② **das bezweckt gar nichts bei mir!** that cuts no ice with me at all!

bezweifeln to question, to doubt [daʊt]

der **BH** bra

die **BI** *Abkürzung von* **Bürgerinitiative** [citizens' ['sɪtɪzᵊnz]] action group

die **Bibel** Bible ['baɪbl]

die **Bibelstelle** quotation from the Bible

der **Biber** beaver

die **Bibliografie**, die **Bibliographie** bibliography [ˌbɪbli'ɒgrəfi]

die **Bibliothek** library ['laɪbrᵊri]

der **Bibliothekar**, die **Bibliothekarin** librarian [laɪ'breəriən]

bieder ① (*spießig*) conventional, conservative ② (*rechtschaffen*) honest ['ɒnɪst]

biegen ① [**sich**] **biegen** to bend ② **um die Ecke biegen** to turn the corner ③ **gerade biegen** to straighten ['streɪtᵊn] ▶WENDUNGEN: **das biegen wir schon wieder hin** we'll sort things out

> **G** Richtiges Konjugieren von **to bend**: bend, bent, bent
> *the river bends its way through the valley,*
> *the shelf was so full of books it bent in the middle,*
> *she has bent the coat hanger out of shape*

biegsam ① *Material:* flexible ② *Körper:* supple

die **Biegung** bend

die **Biene** bee

der **Bienenhonig** natural honey

die **Bienenkönigin** queen bee

der **Bienenstock** beehive

die **Bienenwabe** honeycomb ['hʌnikəʊm]

das **Bienenwachs** beeswax

das **Bier** beer

die **Bierdose** beer can

der **Bierkasten** beer crate

das **Biest** ① (*Tier*) creature ② (*abwertend: Frau*) bitch *slang*; (*Mann*) bastard *slang*

bieten ① (*anbieten*) to offer; **hier ist was geboten!** this place rocks! *umgangsspr* ② (*bei Versteigerung*) to bid; **wer bietet mehr?** any more bids? ③ **das lasse ich mir nicht bieten!** I won't stand for that! ④ **so eine Gelegenheit bietet sich nicht wieder** an opportunity like that won't turn up again soon

der **Bikini** bikini

die **Bilanz** ① (*finanzielle Lage*) balance ['bælən(t)s] ② (*Abrechnung*) balance sheet ▶WENDUNGEN: **die** [**erschreckende/traurige**] **Bilanz** the [shocking/sad] outcome; **Bilanz ziehen** [**aus seinem Leben**] to take stock [of one's life]

die **Bilanzsumme** balance-sheet ['bælən(t)sʃi:t] total

das **Bild** picture; **sich von etwas ein Bild machen** to get an idea of something

bilden ① (*gestalten*) to form ② (*schaffen*) to create [kri:'eɪt] ③ to constitute ['kɒnstɪtju:t] *Bestandteil* ④ to form *Regierung* ⑤ (*geistig*) to educate ⑥ **sich bilden** (*wachsen*) to develop, to form; (*intellektuell*) to improve one's mind ⑦ **sich ein Urteil/eine Meinung bilden** to form a judgment/an opinion

> **V** das englische ‚build' bedeutet ‚bauen'!

bildend ① **die bildenden Künste** the fine arts ② **eine allgemein bildende Schule** a school providing general education

das **Bilderbuch** picture book

der **Bilderrahmen** picture frame

der **Bildhauer**, die **Bildhauerin** sculptor *maskulin und feminin*, sculptress *feminin*

die **Bildhauerei** sculpture ['skʌlptʃəʳ]

bildhübsch [as] pretty ['prɪti] as a picture

bildlich **bildlich gesprochen** figuratively ['fɪgjᵊrətɪvli] speaking; **sich etwas bildlich vorstellen** to picture something in one's mind

die **Bildplatte** video disc

der **Bildschirm** screen

die **Bildschirmarbeit** on-screen work

das **Bildschirmgerät** visual ['vɪʒuəl] display unit, VDU

der **Bildschirmschoner** screen saver

der **Bildschirmtext** viewdata

bildschön *Kunstwerk:* superb; *Mensch:* gorgeous ['gɔ:dʒəs]

das **Bildtelefon** videophone

die **Bildung** ① (*geistig, schulisch*) education

B

② (*Formung*) formation
die **Bildungslücke** gap in someone's education
der **Bildungsurlaub** educational holiday
die **Bildverarbeitung** image processing [ˈɪmɪdʒˌprəʊsesɪŋ]
das **Billard** [ˈbɪljart] billiards ⚠ *Singular*
die **Billardkugel** billiard ball
der **Billardstock** billiard cue
das **Billet** [bɪlˈjɛ(t)] ① (*für Bahn oder Theater*) ticket ② (*Brief*) letter
der **Billeteur**, die **Billeteuse** (*Schaffner*) conductor
das **Billett** ① Ⓐ note, letter card ② (CH) ticket
die **Billiarde** thousand trillion
billig cheap; *Ausrede:* feeble
billigen to approve [əˈpruːv] [of]
die **Billiglinie** low-cost airline
die **Billiglösung** cheap solution
die **Billion** trillion
der **Bimsstein** pumice [ˈpʌmɪs] stone
binär binary
die **Binde** ① bandage [ˈbændɪdʒ] ② (*Damenbinde*) sanitary towel [-ˌtaʊəl], sanitary napkin (USA)
das **Bindegewebe** connective tissue [-ˈtɪʃuː]
das **Bindeglied** link
die **Bindehaut** conjunctiva [ˌkɒndʒʌŋˈtaɪvə]
die **Bindehautentzündung** conjunctivitis [kənˌdʒʊŋ(k)tɪˈvaɪtɪs]
binden ① to tie *Knoten, Schlips* ② to bind *Buch* ③ (*absorbieren*) to absorb ④ **jemanden an sich binden** to tie someone to oneself ⑤ **sich [an jemanden] binden** to commit oneself [to someone]

> **G** Richtiges Konjugieren von **to tie**: tie, tied, tied
> *can you tie my apron for me, please?;*
> *they tied him to a lamppost for a joke;*
> *her hands had been tied by all the regulations*

bindend binding
der **Bindestrich** hyphen [ˈhaɪfᵊn]
der **Bindfaden** piece of string
die **Bindung** ① relationship ② (*Skibindung*) binding
binnen within; **binnen kurzem** before long
das **Binnengewässer** inland [ˈɪnlənd] water
der **Binnenhafen** inland port
der **Binnenhandel** domestic [dəˈmestɪk] trade
der **Binnenmarkt** home [*oder* domestic [dəˈmestɪk]] market; **der europäische Binnenmarkt** the EU single market
das **Binnenmeer** inland sea
die **Binnenschifffahrt** inland navigation
der **Bioabfall** organic waste [matter]
der **Biobauer**, die **Biobäuerin** organic farmer
die **Biochemie** biochemistry [ˌbaɪəʊˈkemɪstri]
der **Biochemiker**, die **Biochemikerin** biochemist [ˌbaɪəʊˈkemɪst]
biodynamisch biodynamic [ˌbaɪəʊdaɪˈnæmɪk]
die **Biografie**, die **Biographie** biography [baɪˈɒgrəfi]
biografisch, **biographisch** biographical [ˌbaɪəʊˈgræfɪkᵊl]
der **Bioladen** whole-food shop
der **Biolandbau** organic farming
der **Biologe**, die **Biologin** biologist [baɪˈɒlədʒɪst]
die **Biologie** biology [baɪˈɒlədʒi]
biologisch biological [ˌbaɪəˈlɒdʒɪkᵊl]; **biologisch abbaubar** biodegradable
die **Biophysik** biophysics [ˌbaɪəˈfɪzɪks] ⚠ *Singular*
die **Biotonne** dustbin for organic waste
die **Biowaffe** biological weapon
BIP *Abkürzung von* **Bruttoinlandsprodukt** GDP [ˌdʒiːdiːˈpiː]
die **Birke** birch
Birma Burma
der **Birmane**, die **Birmanin** Burmese
birmanisch Burmese
der **Birnbaum** pear [peəʳ] tree
die **Birne** ① (*Frucht*) pear [peəʳ] ② (*Glühbirne*) bulb ③ (*umgangsspr: Kopf*) nut
bis ① (*räumlich*) to; **bis hierher** [to] here; **bis hierher und nicht weiter** this far and no further ② (*zeitlich*) till, until; (*spätestens*) by; **bis einschließlich 2. Oktober** up to and including 2. October ③ **bis dann/bald/Montag!** see you then/soon/on Monday! ④ **alle bis auf einen** all except for one ⑤ **bis auf die Haut nass** soaked to the skin
der **Bisam** ① (*Moschusöl*) musk ② (*Pelz*) musquash
die **Bisamratte** muskrat
der **Bischof** bishop
bischöflich episcopal [ɪˈpɪskəpᵊl]
der **Bischofssitz** diocesan [daɪˈɒsɪsᵊn] town
bisexuell bisexual [baɪˈsekʃʊəl]
bisher until now; **bisher noch nicht** not as yet
bisherig previous [ˈpriːviəs]
Biskaya Biscay; **der Golf von Biskaya** the Bay of Biscay
das/der **Biskuit** sponge [spʌndʒ] [cake]
bislang until now; **bisher noch nicht** not as yet
der **Bison** bison
der **Biss** bite
bisschen ① **ein bisschen** a little bit; **kein bisschen** not a bit ② **ein bisschen Brot** a bit of [*oder* some] bread; **ein bisschen länger** a little longer; **ein bisschen mehr** a little bit more
der **Bissen** mouthful
bissig ① *Hund:* snappy ② *Bemerkung:* biting
das **Bistum** bishopric, diocese [ˈdaɪəsɪs]
bisweilen now and then
das **Bit** bit
die **Bitte** request; **ich habe eine Bitte an Sie** I have a favour to ask [of] you
bitte ① (*bittend, auffordernd*) please!; **gibst du mir bitte die Zeitung?** could you pass me the paper, [please]? ② **wie bitte?** sorry?, pardon? ③ (*nach „danke"*) not at all, you're welcome

K

Bitten

Requesting

Bitten	Requesting
Kannst/Könntest du bitte mal den Müll runterbringen?	Can/Could you please take the rubbish down?
Bitte sei so gut und bring mir meine Jacke.	Be a love and bring me my jacket.
Wärst du so nett und würdest mir eine Zeitung mitbringen?	Would you be good enough to bring me back a paper?
Würden Sie bitte so freundlich sein und Ihr Gepäck etwas zur Seite rücken?	Would you mind moving your luggage slightly to one side?
Darf ich Sie bitten, Ihre Musik etwas leiser zu stellen?	Could I ask you to turn your music down a little?

Um Hilfe bitten

Asking for help

Um Hilfe bitten	Asking for help
Kannst du mir einen Gefallen tun?	Could you do me favour?
Könntest du mir bitte helfen?	Could you help me please?
Könnten Sie mir bitte behilflich sein?	Could you give me a hand please?

4 (*nach „Entschuldigung“*) it's okay 5 (*beim Anbieten*) there you go [*oder* are] 6 (*was möchten Sie?*) **bitte** [**schön**]? can I help you? 7 **na bitte!** there you are!

L Als Erwiderung auf „thank you“ sagt man in englischsprachigen Ländern niemals „please“, sondern „you're welcome“, „no problem“ oder „that's OK“.

bitten 1 to ask; **jemanden um etwas bitten** to ask someone for something 2 **aber ich bitte Sie!** not at all

bitter bitter; *Wahrheit:* sad

bitterböse furious ['fjʊəriəs]

bizarr bizarre [bɪ'zɑːʳ]

blähen 1 *Segel:* to billow 2 **Bohnen blähen** beans cause flatulence

die **Blähung** flatulence ['flætjələn(t)s], wind

blamabel disgraceful [dɪs'greɪsfᵊl]

die **Blamage** [bla maːʒə] disgrace [dɪs'greɪs]

blamieren 1 **jemanden blamieren** to disgrace someone 2 **sich blamieren** to make a fool of oneself

blank 1 (*glänzend*) shining 2 (*blank gescheuert*) shiny 3 (*entblößt*) bare 4 *Unsinn:* sheer 5 **ich bin blank** I am dead broke

die **Blase** 1 bubble 2 (*Hautblase*) blister 3 (*Harnblase*) bladder

blasen to blow

G Richtiges Konjugieren von **to blow**: blow, blew, blown
the children love to blow bubbles;
the wind blew all night;
have you blown out all your candles?

die **Blasenentzündung** bladder infection, cystitis [sɪ'staɪtɪs]

blasiert blasé

das **Blasinstrument** wind instrument

die **Blaskapelle** brass band

die **Blasphemie** blasphemy ['blæsfəmi]

blass pale

das **Blatt** 1 *einer Pflanze:* leaf 2 (*Blatt Papier*) sheet 3 (*Zeitung*) paper 4 (*beim Kartenspiel*) hand

blättern to browse [braʊz]

der **Blätterteig** puff pastry ['peɪstri] GB, puff paste USA

das **Blattgold** gold leaf

die **Blattlaus** greenfly

blau 1 (*Farbe*) blue 2 (*umgangssspr: betrunken*) blotto, canned 3 **ein blaues Auge** a black eye; **blaue Flecken** bruises [bruːzɪz]

blauäugig (*naiv*) naïve [naɪ'iːv]
die **Blaubeere** bilberry, blueberry, huckleberry (USA)
der **Blauhelm** (*umgangsspr*) Blue Helmet
bläulich bluish
das **Blaulicht** flashing blue light
blaumachen (*von der Arbeit*) to skip work; (*von der Schule*) to skive off school [skuːl]
die **Blaumeise** blue tit
die **Blausäure** prussic acid ['æsɪd]
der **Blazer** ['bleːzɐ] blazer
das **Blech** ① metal, tin ② (*umgangsspr: Blödsinn*) rubbish
die **Blechbüchse**, die **Blechdose** tin (GB), can
blechen to cough [kɒf] up; **ganz schön für etwas blechen** to pay through one's nose for something
blechern (*im Klang*) tinny
die **Blechlawine** wave of cars
der **Blechschaden** damage ['dæmɪdʒ] to the bodywork
das **Blei** lead [led]
die **Bleibe** place to stay
bleiben ① to remain, to stay ② (*übrig bleiben*) to be left [over] ③ **bleibt's dabei?** so we'll stick to this?
bleibend lasting
bleich pale
das **Bleichmittel** bleaching agent [-ˌeɪdʒᵊnt]
bleiern leaden ['ledᵊn]
bleifrei unleaded [ʌn'ledɪd]
der **Bleistift** pencil ['pen(t)sᵊl]
der **Bleistiftspitzer** pencil ['pen(t)sᵊl] sharpener
die **Blende** ① (*Sonnenblende*) blinds *Plural* ② *einer Kamera:* aperture
blenden ① **jemanden blenden** to dazzle someone ② (*faszinieren*) to dazzle ③ **das Licht blendet** the light is dazzling
blendend (*wunderbar*) splendid
der **Blick** ① look; **Liebe auf den ersten Blick** love at first sight ② (*Aussicht*) view
blicken ① to look ② **sich blicken lassen** to drop in
der **Blickfang** eye-catcher
der **Blickkontakt** visual ['vɪʒuəl] [*oder* eye] contact
blind ① blind; **blind sein/werden** to be/go blind; **sie ist auf einem Auge blind** she's blind in one eye ② **blind [sein] für die Gefahr** [to be] oblivious to the danger; **blind [sein] vor Wut** [to be] blind with rage ③ *Alarm:* false [fɒls]
der **Blinddarm** appendix
die **Blinddarmentzündung** appendicitis [əˌpendɪ'saɪtɪs]
der/die **Blinde** blind man *maskulin*, blind woman *feminin*
der **Blindenhund** guide dog ['gaɪdɒg]
die **Blindenschrift** Braille
die **Blindheit** blindness
blindlings blindly
die **Blindschleiche** slow-worm
blinken ① *Sterne:* to glitter, to sparkle ② (*beim Fahren*) to indicate

> **F** Nicht verwechseln mit to **blink** = blinzeln!

der **Blinker**, das **Blinklicht** indicator
blinzeln ① (*vor Helligkeit*) to squint [skwɪnt] ② (*Augenzeichen geben*) to wink
der **Blitz** ① lightning ② *einer Kamera:* flash

> **V** **lightning** wird nie im Plural gebraucht: *there were flashes of lightning; a tall tree was struck by lightning.*

der **Blitzableiter** lightning conductor
blitzartig ① **eine blitzartige Entscheidung** a snap decision ② **etwas blitzartig tun** to do something like lightning [*oder* in a flash]
blitzblank spick and span
blitzen **es hat gestern Nacht geblitzt** there was lightning last night
das **Blitzgerät** flash gun
das **Blitzlicht** flash
der **Blitzschlag** flash of lightning
blitzschnell ① **eine blitzschnelle Entscheidung** a snap decision ② **etwas blitzschnell tun** to do something like lightning [*oder* in a flash]
der **Block** ① (*auch Häuserblock*) block ② (*Holzblock*) log ③ (*Schreibblock*) pad
die **Blockade** blockade
die **Blockflöte** recorder
das **Blockhaus** log cabin
blockieren ① to block *Straße* ② **eine Entscheidung/jemanden blockieren** to block a decision/someone ③ *Lenkung, Rad:* lock
blöd silly, stupid
blödeln to fool around
der **Blödmann** idiot, silly ass
der **Blödsinn** nonsense; **mach keinen Blödsinn!** don't mess about!
blödsinnig idiotic, stupid
das/der **Blog** *kurz für* **Weblog** blog
blöken to bleat
blond blond, fair

> **V** Bei blonden Jungen und Männern gebraucht man **blond**: *he is blond; he has blond hair,* bei blonden Mädchen und Frauen gebraucht man aber **blonde**: *she is blonde/ she is a blonde/ she has blonde hair.*

die **Blondine** blonde
bloß ① (*nackt*) bare; **mit bloßen Füßen** barefoot[ed]; **mit bloßem Auge** with the naked eye ② (*nichts als*) **bloßes Gerede** empty talk ③ (*nur*) only; **ich hab bloß Spaß gemacht** I was only joking ④ **etwas bloß legen** to uncover something ⑤ **bloß nicht!** God forbid!
bloßlegen ① to uncover ② (*übertragen*) to re-

veal *Geheimnis*

bloßstellen **jemanden/sich bloßstellen** to show someone/oneself up

bluffen ['blʊfn̩] (*umgangsspr*) to bluff

blühen ① *Blumen:* to bloom; *Bäume:* to blossom ② *Wirtschaft, Geschäfte:* to flourish ['flʌrɪʃ], to prosper, to thrive ③ (*bevorstehen*) to be in store; **da blüht uns noch was!** we're in for something there!

blühend ① blooming ② (*übertragen*) *Geschäfte, Konjunktur:* flourishing ['flʌrɪʃɪŋ]; *Fantasie:* vivid

die **Blume** ① flower ② (*Weinbouquet*) bouquet [bʊ'keɪ]

das **Blumenbeet** flower bed

der **Blumenkohl** cauliflower ['kɒliflaʊəʳ]

der **Blumenstrauß** bunch of flowers

der **Blumentopf** flowerpot

die **Blumenvase** vase

blumig flowery

die **Bluse** blouse

das **Blut** blood [blʌc]

blutarm ① anaemic [ə'ni:mɪk] ② (*farblos*) colourless

die **Blutarmut** anaemia [ə'ni:miə]

das **Blutbad** bloodbath

die **Blutbank** blood bank

blutbefleckt bloodstained

das **Blutbild** blood count

der **Blutdruck** blood pressure [-ˌpreʃəʳ]

die **Blüte** ① (*Blumenblüte*) bloom; (*Baumblüte*) blossom ② (*umgangsspr: falsche Banknote*) dud

der **Blutegel** leech

bluten to bleed (**aus** from)

> **G** Richtiges Konjugieren von **to bleed**: bleed, bled, bled
> *if you cut your knee it will bleed;*
> *his nose bled for ages;*
> *it has bled dry*

das **Blütenblatt** petal

der **Blütenstaub** pollen

der **Bluter**, die **Bluterin** haemophiliac [ˌhi:mə'fɪliæk]

der **Bluterguss** bruise [bru:z], haematoma [ˌhi:mə'təʊmə]

die **Blütezeit** (*übertragen*) prime

die **Blutfettwerte** plasma lipid concentrations *Plural*

das **Blutgefäß** blood vessel

das **Blutgerinnsel** blood clot

die **Blutgruppe** blood group

der **Bluthund** bloodhound

blutig bloody; *Anfänger:* absolute

blutjung very young

das **Blutkörperchen** [blood] corpuscle ['kɔ:pʌsl]

die **Blutorange** blood orange

das **Blutplasma** blood plasma

das **Blutpräparat** blood preparation

die **Blutprobe** blood test

blutrot blood-red

blutrünstig bloodthirsty

der **Blutsauger** bloodsucker

die **Blutsenkung** sedimentation of the blood

der **Blutspender**, die **Blutspenderin** blood donor

blutstillend styptic

blutsverwandt related by blood

der/die **Blutsverwandte** blood relation

die **Blutung** ① bleeding ② (*Monatsblutung*) period

blutunterlaufen bloodshot

das **Blutvergießen** bloodshed

die **Blutvergiftung** blood poisoning

der **Blutverlust** loss of blood

die **Blutwäsche** detoxification of the blood

die **Blutwurst** black pudding (GB), blood sausage [-ˌsɒsɪdʒ] (USA)

der **Blutzucker** blood sugar [-ˌʃʊgəʳ]

die **Bö** gust, sudden squall [skwɔ:l]

der **Bock** ① (*männlicher Nager, Rotwild*) buck; (*männliches Schaf*) ram; (*männliche Ziege*) he-goat ② (*Autogestell*) ramp ③ (*Sportgerät*) vaulting [vɒltɪŋ] horse ④ **ich hab keinen Bock!** I can't be bothered!

das **Bockbier** bock beer

bocken ① *Pferd:* to refuse [rɪ'fju:z] ② *Kind:* to act up

bockig awkward, stubborn

der **Bockshornklee** fenugreek

das **Bockspringen** ① (*Sportart*) vaulting ['vɒltɪŋ] ② (*Spiel*) leap-frog

die **Bockwurst** bockwurst (*large frankfurter*)

der **Boden** ① (*Erdboden*) ground ② (*Ackerboden*) soil ③ (*Fußboden*) floor ④ (*Dachboden*) loft ⑤ *von Gefäß, Meeresboden:* bottom

der **Bodenbelag** floor covering

die **Bodenfreiheit** ground clearance [-ˌklɪərᵊn(t)s]

der **Bodenfrost** ground frost

die **Bodenhaftung** ① road holding ② (*übertragen*) grounding; **die Bodenhaftung verlieren** to lose one's grounding

bodenlos ① bottomless ② (*unglaublich*) incredible [ɪn'kredɪbl̩]

der **Bodennebel** ground mist

die **Bodenoffensive** ground offensive

das **Bodenpersonal** ground staff [*oder* personnel]

die **Bodenschätze** mineral resources [-rɪˌzɔ:sɪz]

der **Bodensee** Lake Constance

bodenständig down-to-earth

die **Bodentruppen** ground troops *Plural*

der **Body** body stocking [*oder* suit [su:t]]

das **Bodybuilding** ['bɔdibɪldɪŋ] bodybuilding ['bɒdibɪldɪŋ]

der **Bogen** ① (*Kurve*) curve ② (*Waffe*) bow [bəʊ] ③ (*Papierbogen*) sheet

bogenförmig arched

der **Bogengang** arcade

der **Bogenschütze**, die **Bogenschützin** archer

die **Bohle** thick board

B

böhmisch Bohemian
die **Bohne** bean; **dicke Bohnen** broad beans
der **Bohnenkaffee** real coffee
das **Bohnenkraut** savory
die **Bohnenstange** beanpole
bohnern to polish
das **Bohnerwachs** floor polish [*oder* wax]
bohren 1 to bore *Tunnel;* (*mit Bohrer*) to drill; **in der Nase bohren** to pick one's nose 2 (*nachfragen*) to keep on; **so lange bohren, bis ...** to keep on asking until ...
der **Bohrer** (*Kraftbohrmaschine*) drill; (*Handbohrer*) gimlet
die **Bohrinsel** oil rig
das **Bohrloch** drill hole
der **Bohrturm** derrick
böig squally [skwɔːli]
der **Boiler** boiler
die **Boje** buoy [bɔɪ]
der **Bolivianer**, die **Bolivianerin** Bolivian [bə'lɪviən]
Bolivien Bolivia [bə'lɪviə]
das **Bollwerk** bulwark
der **Bolzen** 1 (*Schraubbolzen*) bolt 2 (*Zapfen, Stift*) pin
bombardieren 1 to bomb [bɒm] 2 (*mit Fragen, Wünschen*) to bombard
bombastisch bombastic
die **Bombe** bomb [bɒm]
der **Bombenerfolg** smash hit
das **Bombengeschäft** roaring trade
die **Bombenstimmung** fantastic atmosphere
bombig fantastic
der **Bon** [bɔŋ] (*Gutschein*) voucher ['vaʊtʃəʳ]
der/das **Bonbon** [bɔŋ'bɔŋ] sweet (GB), candy (USA)
die **Bonität** creditworthiness
der **Bonus** bonus
boomen to boom
das **Boot** boat
die **Bootsfahrt** boat trip
das **Bootshaus** boathouse
der **Bootsmann** 1 boatswain 2 (*beim Militär*) petty officer
der **Bootsverleih** boat hire business [-ˌbɪznɪs]
das **Bor** boron
das **Bord** (*Regal*) shelf
der **Bord** 1 *von Schiff, Flugzeug:* board; **an Bord gehen** to board the plane/ship; **von Bord gehen** to disembark 2 **über Bord werfen** to throw overboard
das **Bordell** brothel
die **Bordkarte** boarding card, boarding pass
das **Bordpersonal** aircrew ['eəʳkruː]
der **Bordstein** kerb[stone]
borgen to borrow (**von** from)
die **Borke** bark
der **Borkenkäfer** bark beetle
borniert narrow-minded
die **Börse** 1 stock market 2 (*Gebäude*) stock exchange
der **Börsenbericht** stock market report
der **Börsenkrach** [stock market] crash
der **Börsenkurs** market price
der **Börsenmakler**, die **Börsenmaklerin** stockbroker
die **Borste** bristle ['brɪsḷ]
die **Borte** trimming
bösartig 1 *Mensch:* malicious [mə'lɪʃəs] 2 *Tier:* vicious ['vɪʃəs] 3 *Tumor:* malignant [mə'lɪgnənt]
die **Böschung** 1 *einer Straße:* embankment 2 *von Fluss:* bank
böse 1 *Verletzung:* bad 2 (*moralisch*) evil 3 *Bemerkung, Beleidigung:* nasty 4 **böse sein** [**auf jemanden**] to be angry [with someone] 5 **er meinte es nicht böse** he meant no harm
der **Bösewicht** villain ['vɪlən]
boshaft malicious [mə'lɪʃəs], spiteful
die **Boshaftigkeit** maliciousness [mə'lɪʃəsnəs]
die **Bosheit** nastiness
der **Boss** boss
böswillig malevolent; **in böswilliger Absicht** with malicious intent
der **Botaniker**, die **Botanikerin** botanist ['bɒtᵊnɪst]
botanisch botanical [bə'tænɪkᵊl]; **botanischer Garten** botanic [bə'tænɪk] gardens ⚠ *Plural*
der **Bote**, die **Botin** messenger
der **Botengang** errand
die **Botschaft** 1 (*Nachricht*) message 2 (*Botschaftsgebäude*) embassy
der **Botschafter**, die **Botschafterin** ambassador
der **Bottich** tub
die **Bouillon** [bʊl'jɔŋ] bouillon ['buːjɔ̃(ŋ)]
die **Boulevardpresse** popular press
das **Bouquet** bouquet [bʊ'keɪ]
die **Boutique** boutique [buː'tiːk]
die **Bowle** 1 (*Gefäß*) punchbowl 2 (*Getränk*) punch
das **Bowling** [ten-pin] bowling
die **Box** (*Lautsprecher*) speaker
boxen to box
die **Boxengasse** pit lane
das **Boxenluder** pit groupie
der **Boxer** (*auch Hunderasse*) boxer
der **Boxhandschuh** boxing glove [glʌv]
der **Boxkampf** boxing match
boykottieren to boycott
brach 1 *Acker:* fallow 2 (*ungenutzt*) unexploited
brachliegen *Acker:* to lie fallow
das **Brainstorming** ['breːnstoːɐ̯mɪŋ] brainstorming session [-ˌseʃᵊn]
die **Branche** ['brãːʃə] 1 (*Wirtschaftszweig*) branch [brɑːnʃ] 2 (*Fach*) department, field
das **Branchenverzeichnis** Yellow Pages® ⚠ *Plural*
der **Brand** 1 (*Feuer*) fire; **in Brand geraten** to catch fire; **etwas in Brand setzen** to set something

on fire, to set fire to something ② (*Fäulnis*) gangrene ['gæŋgri:n] ③ (*Durst*) raging thirst

die **Brandblase** blister

die **Brandbombe** incendiary bomb [ɪn'sendiᵊriˌbɒm]

brandeilig extremely urgent ['ɜ:dʒᵊnt]

branden to surge [sɜ:dʒ]

der **Brandherd** ① source [sɔ:s] of the fire ② (*übertragen*) trouble spot

das **Brandmal** (*Narbe*) brand

brandmarken to brand

brandneu brand new

der **Brandschaden** fire damage [-ˌdæmɪdʒ]

der **Brandschutz** fire protection

der **Brandstifter**, die **Brandstifterin** arsonist, fire-raiser (GB)

die **Brandstiftung** arson

die **Brandung** surf, breakers *Plural*

die **Brandwache** (CH) fire service

die **Brandwunde** ① (*durch Verbrennen*) burn ② (*durch Verbrühen*) scald [skɔ:ld]

der **Branntwein** spirits ⚠ *Plural*

der **Brasilianer**, die **Brasilianerin** Brazilian [brə'zɪliən]

brasilianisch Brazilian [brə'zɪliən]

Brasilien Brazil [brə'zɪl]

der **Braten** roast [meat]

braten ① (*im Ofen*) to roast ② (*in der Pfanne*) to fry

> **G** Richtiges Konjugieren von **to fry**: fry, fried, fried
> *fry the onions until they are soft;*
> *I fried the sausages in a pan;*
> *the potatoes have been fried*

das **Brathähnchen** roast chicken

der **Brathering** fried herring

die **Bratkartoffeln** fried potatoes

die **Bratpfanne** frying pan

die **Bratsche** viola

die **Bratwurst** ① (*gebraten*) fried sausage ['sɒsɪdʒ] ② (*zum Braten*) frying sausage

der **Brauch** custom; **das ist bei uns so Brauch** that's traditional with us

brauchbar ① (*nützlich*) useful ② (*verwendungsfähig*) usable ③ (*gut, vernünftig*) decent ['di:sᵊnt]

brauchen ① (*nötig haben*) to need, to require; **Zeit brauchen** to take time ② (*gebrauchen*) to use

das **Brauchtum** customs *Plural*, traditions *Plural*

brauen to brew [bru:]

die **Brauerei** brewery ['bru:ᵊri]

braun ① brown ② *Haut:* tanned; **braun werden** to get a tan, to tan; **braun sein** to have a tan, to be tanned

die **Bräune** *der Haut:* tan

bräunen ① (*in Fett*) to brown ② **sich bräunen** to tan

die **Braunkohle** brown coal, lignite ['lɪgnaɪt]

brausen ① *Brandung, Wasser:* to foam ② *Beifall:* to thunder ③ *Auto:* to race

die **Brausetablette** effervescent [ˌefə'vesənt] tablet

die **Braut** bride

der **Bräutigam** [bride]groom

die **Brautjungfer** bridesmaid

das **Brautkleid** wedding dress

das **Brautpaar** bride and [bride]groom

der **Brautschleier** wedding veil

brav ① (*rechtschaffen*) honest ['ɒnɪst], upright ② (*artig*) good, well-behaved

> **F** Nicht verwechseln mit **brave** = mutig!

das **Brecheisen** crowbar, jemmy (GB), jimmy (USA)

brechen ① (*auch übertragen*) to break *Willen, Menschen, Rekord;* to cut *Steine* ② (*erbrechen*) to bring up, to vomit; **ich musste brechen** I had to be sick ③ *Brücke:* to give

das **Brechmittel** emetic

der **Brechreiz** nausea

der **Brei** mash ▶ WENDUNGEN: **um den heißen Brei herumreden** (*umgangsspr*) to beat about the bush [bʊʃ]

breit ① (*weit*) wide, broad; **20 Meter breit** 20 metres wide [*oder* across] ② **breiter machen** to widen ③ *Angebot, Auswahl:* wide ④ **die breite Masse** the masses ⚠ *Plural* ⑤ **sich breit machen** to spread [spred] [oneself]; **mach dich doch nicht so breit!** don't hog all that space! *umgangsspr*

> **F** Nicht verwechseln mit **bright** = hell!

das **Breitband** broadband

der **Breitbandanschluss** broadband connection

die **Breite** ① breadth [bretθ]; (*bei Maßen*) width; **eine Breite von 10 Metern haben** to be 10 metres in width ② (*Breitengrad*) latitude ▶ WENDUNGEN: **in die Breite gehen** to put on weight

der **Breitengrad** latitude

breitmachen (*übertragen umgangsspr*) **sich breitmachen** to make oneself at home

breitschlagen (*umgangsspr*) **jemanden breitschlagen** to talk someone round; **sich breitschlagen lassen** to let oneself be talked round

die **Breitseite** broadside

der **Breitwandfilm** wide-screen film

die **Bremsbacke** brake block

der **Bremsbelag** brake lining

die **Bremse**[1] (*Insekt*) horsefly

die **Bremse**[2] (*an Fahrzeug*) brake; **die Bremsen nachstellen** to adjust the brakes; **auf die Bremse treten** to put on the brakes

bremsen ① to brake ② (*übertragen*) to slow down

B

Briefe und E-Mails	Letters and e-mails
Anrede	**Forms of address**
Liebe/r …,	Dear …,
Hallo, …!/Hi, …!	Hello, …!/Hi, …!
Liebe/r Frau/Herr …,	Dear Mr/Mrs …,
Sehr geehrte/r Frau/Herr …,	Dear Mrs/Mr …,
Sehr geehrte Damen und Herren …,	Dear Sir or Madam …,
Schlussformeln	**Ending**
Tschüss!/Ciao!	Bye!/Cheerio!
Alles Gute!	All the best!
Herzliche/Liebe Grüße	Kind regards/With love from …
Viele Grüße	Best wishes,
Mit (den) besten Grüßen	Yours,
Mit freundlichen Grüßen	Yours sincerely/faithfully,

die **Bremsflüssigkeit** brake fluid
der **Bremsklotz** brake block
das **Bremslicht** brake light
das **Bremspedal** brake pedal
die **Bremsspur** skid mark
die **Bremstrommel** brake drum
der **Bremsweg** braking distance [-ˌdɪstᵊn(t)s]
brennbar combustible; (*entzündlich*) inflammable
brennen (1) *Feuer:* to burn; **es brennt!** fire! fire! (2) *Gerät:* to be on (3) *Verletzung:* to sting; *Druckstelle:* to hurt (4) to bake *Ziegel* (5) to distil *Schnaps*
brennend (1) *Kerze:* burning; *Pfeife, Zigarette:* lighted (2) *Hitze:* scorching (3) *Schmerz:* smarting (4) *Frage:* urgent ['ɜːdʒᵊnt]
der **Brenner** (1) (*Schweißbrenner*) welding torch (2) (*Gasbrenner, Ölbrenner*) burner
die **Brennerei** distillery
das **Brennglas** burning glass
das **Brennholz** firewood
das **Brennmaterial** fuel ['fjuːəl]
die **Brennnessel** stinging nettle
der **Brennpunkt** focus
der **Brennspiritus** methylated spirits *Plural*
der **Brennstab** fuel rod
der **Brennstoff** fuel
die **Brennstoffzelle** fuel cell [sel]
brenzlig (*umgangsspr:* *gefährlich*) dicey ['daɪsi], precarious [prɪ'keəriəs]; **die Sache wird für mich zu brenzlig** the matter is getting too hot for me
die **Bresche** breach, gap ▶WENDUNGEN: **in die Bresche springen** to step into the breach
die **Bretagne** Brittany
der **Bretone**, die **Bretonin** Breton ['bretᵊn]
das **Brett** (1) board; (*dicker*) plank (2) (*Spielbrett*) board (3) (*Essbrettchen*) platter (4) **die Liste hängt am schwarzen Brett** the list is pinned on the notice board
die **Bretterbude** shack
der **Bretterzaun** wooden fence
das **Brettspiel** board game
die **Brezel** pretzel
der **Brief** letter
der **Briefbeschwerer** paper-weight ['peɪpəʳweɪt]
der **Briefbogen** sheet of note paper
der **Brieffreund**, die **Brieffreundin** pen-friend
der **Briefkasten** (1) (*am Haus*) letter box (GB), mail box (USA) (2) (*in Säule*) pillar box, post box (GB), mail box (USA)
brieflich by letter
die **Briefmarke** stamp
der **Briefmarkensammler**, die **Briefmarkensamm-**

B

lerin stamp collector
der **Brieföffner** letter opener
das **Briefpapier** writing-paper
die **Brieftasche** wallet (GB), billfold (USA)
der **Briefträger**, die **Briefträgerin** postman *maskulin* (GB), postwoman *feminin* (GB), mailman *maskulin* (USA), mailwoman *feminin* (USA)
der **Briefumschlag** envelope
die **Briefwahl** postal vote
die **Brigade** brigade
das **Brikett** briquette [brɪ'ket]
der **Brillant** [brɪl'jant] diamond
die **Brille** 1 (*Lesebrille*) glasses ⚠ *Plural*; **eine Brille tragen** to wear glasses 2 (*Schutzbrille*) goggles ⚠ *Plural* 3 *von Toilettensitz:* [toilet] seat

> V **glasses** wird im Plural gebraucht: *where are my glasses?*

das **Brillenetui** spectacle [*oder* glasses ⚠ *Plural*] case
das **Brillengestell** spectacle frame
das **Brillenglas** lens
die **Brillenschlange** 1 (*Giftschlange*) cobra 2 (*abwertend: Brillenträger*) four-eyes
der **Brilli** (*umgangssprachlich*) [big] diamond
bringen 1 (*herbringen*) to bring; (*wegbringen*) to take 2 (*veröffentlichen*) to publish 3 **jemanden dazu bringen, etwas zu tun** to get someone to do something, to make someone do something 4 **Gewinn bringen** to yield [ji:ld] a profit 5 **in Erfahrung bringen** to get to know, to learn 6 **jemanden wieder zu sich bringen** to bring someone round; **jemanden zur Vernunft bringen** to bring someone to reason 7 **fertig bringen** (*vollenden*) to get done; (*imstande sein*) to manage 8 **das bringt nichts!** that's pointless!; **es zu etwas/nichts bringen** to get somewhere/nowhere

> G Richtiges Konjugieren von **to bring**: bring, brought, brought
> *you bring a salad and I'll bring a pudding;*
> *Kevin brought his mum a cup of tea;*
> *I've brought you a present back from my holiday*

brisant explosive
die **Brise** breeze
der **Brite**, die **Britin** Briton; **die Briten** the British
britisch British; **die Britischen Inseln** the British Isles
bröckeln to crumble
der **Brocken** 1 (*aus Stein*) chunk 2 (*Klumpen*) lump
brodeln *Lava, Schmelze:* to seethe
der **Brokat** brocade
der **Brokkoli** broccoli
das **Brom** bromine ['brəʊmi:n]
die **Brombeere** blackberry, bramble
der **Brombeerstrauch** bramble bush
der **Bronchialkatarr(h)** bronchial catarrh [ˌbrɒŋki:əlkə'tɑ:ʳ]
die **Bronchien** bronchi ['brɒŋki:], bronchial ['brɒŋki:əl] tubes
die **Bronchitis** bronchitis [brɒŋ'kaɪtɪs]
die **Bronze** bronze [brɒnz]
die **Bronzemedaille** bronze medal
die **Brosche** brooch [brəʊtʃ]
die **Broschüre** booklet
der **Brösel** crumb [krʌm]
das **Brot** 1 bread 2 (*Brotlaib*) loaf of bread; **zwei Brote** two loaves of bread
der **Brotaufstrich** [sandwich] spread
das **Brötchen** [bread] roll [rəʊl]
die **Broteinheit** carbohydrate unit
der **Brotkasten** bread bin
die **Brotrinde** crust
der **Browser** ['braʊzə] browser
der **Bruch** 1 (*auch übertragen*) break 2 (*Knochenbruch*) fracture; (*der Eingeweide*) hernia, rupture 3 (*mathematisch*) fraction 4 **in die Brüche gehen** *Beziehung:* to break up
das **Bruchband** truss
die **Bruchbude** tumbledown shanty
bruchfest unbreakable
brüchig 1 (*zerbrechlich*) fragile ['frædʒaɪl] 2 (*spröde*) brittle ['brɪtl] 3 (*rissig*) cracked 4 *Beziehung:* crumbling
die **Bruchrechnung** fractions ⚠ *Plural*
das **Bruchstück** fragment ['frægmənt]
bruchstückhaft fragmentary ['frægməntᵊri]
der **Bruchteil** fraction; **im Bruchteil einer Sekunde** in a split second
die **Bruchzahl** fraction
die **Brücke** 1 bridge [brɪdʒ] 2 (*Zahnbrücke*) bridge 3 (*Teppich*) rug 4 (*Gymnastikübung*) bridge
das **Brückengeländer** parapet
der **Brückenpfeiler** pier [pɪəʳ]
der **Bruder** 1 brother 2 **unter Brüdern** between friends
brüderlich brotherly, fraternal
die **Bruderschaft** brotherhood
die **Brühe** 1 broth 2 (*trübe Flüssigkeit*) sludge [slʌdʒ] 3 (*abwertend: dünnes Getränk*) muck
der **Brühwürfel** stock cube
brüllen to roar; *Mensch:* to shout; *Stier:* to bellow; *Kind:* to bawl
der **Brummbär** grouch [graʊtʃ]
brummen 1 (*summen*) to hum 2 *Käfer, Fliege:* to buzz 3 *Motor:* to drone, to purr 4 *Mensch:* to growl [graʊl], to grumble, to snarl 5 **mir brummt der Kopf** my head is spinning 6 *Geschäft, Wirtschaft:* to boom
der **Brummer** 1 (*Fliege*) blue-bottle [fly] 2 (*LKW*) juggernaut ['dʒʌgənɔ:t]
brummig grouchy, grumpy
der **Brummschädel** thick head
brünett dark-haired
die **Brünette** brunette
der **Brunnen** 1 (*Schöpfbrunnen*) well 2 (*Spring-

brunnen) fountain ③ (*Mineralbrunnen*) spring

die **Brunnenkresse** watercress

der **Brunnenschacht** well-shaft

die **Brunst** (*bei männlichen Tieren*) rut[ting]; (*bei weiblichen Tieren*) heat

brünstig (*bei männlichen Tieren*) rutting; (*bei weiblichen Tieren*) in heat

brüsk (*kurz angebunden*) brusque [bru:sk]; (*barsch*) curt

brüskieren to snub

Brüssel Brussels ['brʌsəlz]

die **Brust** ① (*Busen*) breast [brest] ② (*Brustkorb*) chest

das **Brustbein** breastbone ['brestbəʊn], sternum

der **Brustbeutel** money bag

brüsten **sich [mit etwas] brüsten** to boast [*oder* brag] [about something]

das **Brustfell** pleura ['plʊərə]

die **Brustfellentzündung** pleurisy ['plʊərəsi]

der **Brustkorb** chest, thorax ['θɔːræks]

der **Brustkrebs** breast cancer [-ˌkæn(t)səʳ]

das **Brustschwimmen** breaststroke

die **Brusttasche** ① (*außen*) breast pocket ② (*innen*) inside pocket

die **Brüstung** parapet

die **Brustwarze** nipple

die **Brut** ① (*Nest mit Jungen*) brood ② (*abwertend: Leute*) lot, mob, rabble; (*Kinder*) brats *Plural*

brutal brutal ['bru:təl]

die **Brutalität** brutality

brüten ① (*ausbrüten*) to brood, to sit ② (*nachdenken*) to ponder (**über** over)

der **Brüter** [nuclear] breeder; **schneller Brüter** fast-breeder [reactor]

der **Brutkasten** incubator

die **Brutstätte** (*übertragen*) hotbed

brutto gross

das **Bruttoeinkommen** gross income

das **Bruttogewicht** gross weight [weɪt]

das **Bruttoinlandsprodukt** gross domestic product

die **Bruttoregistertonne** gross register ton

das **Bruttosozialprodukt** gross national product

Btx *Abkürzung von* **Bildschirmtext** videotext

der **Bub(e)** ① (*Junge*) boy, lad ② (*bei Kartenspiel*) jack, knave [neɪv]

das **Buch** ① book ② **über etwas Buch führen** to keep a record of something

die **Buchbesprechung** book review

der **Buchdrucker**, die **Buchdruckerin** printer

die **Buche** beech

die **Buchecker** beechnut

das **Buchenholz** beech wood

die **Bücherei** library ['laɪbrəri]

das **Bücherregal** bookshelf

der **Bücherschrank** bookcase

der **Bücherwurm** bookworm

der **Buchfink** chaffinch

die **Buchführung** accounting, bookkeeping

der **Buchhalter**, die **Buchhalterin** bookkeeper

die **Buchhaltung** ① (*Sparte*) accounting, bookkeeping ② (*Abteilung*) accounts department

der **Buchhandel** book trade

der **Buchhändler**, die **Buchhändlerin** bookseller

die **Buchhandlung** bookshop

der **Buchmacher**, die **Buchmacherin** bookmaker

der **Buchprüfer**, die **Buchprüferin** auditor ['ɔːdɪtəʳ]

die **Buchprüfung** audit ['ɔːdɪt]

der **Buchs(baum)** box[-tree]

die **Buchse** socket

die **Büchse** ① (*Dose*) can ② (*Konservenbüchse*) tin ③ (*Sammelbüchse*) collecting box ④ (*Gewehr*) rifle ['raɪfl]

der **Büchsenöffner** tin opener (GB), can opener

der **Buchstabe** character ['kærəktəʳ], letter

buchstabieren to spell; **falsch buchstabieren** to misspell

> **G** Richtiges Konjugieren von **to spell**: spell, spelt/ spelled, spelt/ spelled
> *how do you spell your surname?,*
> *she spelt 'necessary' wrong;*
> *Ziggy's name has been spelt wrong again!*

buchstäblich literal

die **Bucht** bay; (*kleiner*) cove

die **Buchtel** (A) *a yeast pastry filled with jam*

die **Buchung** (*Reservierung*) booking, reservation

der **Buchweizen** buckwheat ['bʌk(h)wi:t]

der **Buchwert** book value

der **Buckel** ① (*buckliger Rücken*) hump, humpback ② (*umgangsspr: Rücken*) back

buckeln (*abwertend*) to kowtow [ˌkaʊ'taʊ]; **vor jemandem buckeln** to bow and scrape to someone

bücken **sich bücken** to bend, to stoop

> **G** Richtiges Konjugieren von **to bend**: bend, bent, bent
> *can you bend over and touch your toes?,*
> *Ben bent down to pick up a pen;*
> *she didn't go to work because she had bent over and hurt her back*

bucklig hunchbacked

der **Bückling**[1] (*Hering*) bloater, kipper

der **Bückling**[2] (*umgangsspr: Verbeugung*) bow [baʊ]

buddeln to dig

der **Buddhismus** Buddhism ['bʊdɪzəm]

der **Buddhist**, die **Buddhistin** Buddhist ['bʊdɪst]

die **Bude** ① (*Bretterbude*) hut ② (*Verkaufsstand*) booth, stall [stɒːl], stand ③ (*umgangsspr: Zimmer*) room, bedsit[ter]

das **Budget** [bʏ'dʒeː] budget ['bʌdʒɪt]

das **Büfett** [bʏ'feː] ① (*Möbel*) sideboard ② (*Schanktisch*) bar ③ (*Essen*) **ein kaltes Büfett** a cold buffet ['bʊfeɪ]

der **Büffel** buffalo

büffeln ① to swot up [on] *Lernstoff* ② **[für eine Mathe-/Chemiearbeit] büffeln** to cram [*oder* swot] [for a maths/chemistry test]

der **Bug** *von Schiff:* bow [baʊ]; *von Flugzeug:* nose

der **Bügel** 1 (*Kleiderbügel*) hanger 2 (*Steigbügel*) stirrup

das **Bügelbrett** ironing ['aɪənɪŋ] board

das **Bügeleisen** iron ['aɪən]

die **Bügelfalte** crease [kri:s]

bügelfrei non-iron

die **Bügelmaschine** rotary iron

bügeln to iron ['aɪən] *Wäsche;* to press *Hose;* **glatt bügeln** to iron smooth

die **Bühne** 1 (*im Theater*) stage 2 (*das Theater*) theatre ['θɪətəʳ], theater (USA) 3 **hinter der Bühne** behind the scenes *Plural* ▶ WENDUNGEN: **etwas über die Bühne bringen** to get something done

das **Bühnenbild** stage set

der **Bühnenbildner**, die **Bühnenbildnerin** stage designer [-dɪˌzaɪnəʳ]

das **Bühnenstück** play

der **Buhruf** boo; **es gab viele Buhrufe** there was a lot of booing

das **Bukett** bouquet [bʊ'keɪ]

der **Bulgare**, die **Bulgarin** Bulgarian [bʌl'geəriən]

Bulgarien Bulgaria [bʌl'geəriə]

bulgarisch Bulgarian [bʌl'geəriən]

die **Bulimie** bulimia [bʊ'lɪmiə]

das **Bullauge** porthole

die **Bulldogge** bulldog

der **Bulldozer** bulldozer

der **Bulle** 1 (*männliches Rind*) bull 2 (*bulliger Mann*) great ox of a man 3 (*slang: Polizist*) cop

die **Bullenhitze** boiling heat

der **Bumerang** boomerang

der **Bummel** stroll [strəʊl]

der **Bummelant**, die **Bummelantin** (*abwertend*) slowcoach (GB), slowpoke (USA)

die **Bummelei** dawdling ['dɔ:dlɪŋ]

bummeln 1 (*umherschlendern*) stroll 2 (*trödeln*) dawdle ['dɔ:dl]

der **Bummelstreik** go-slow; (*im öffentlichen Dienst*) work-to-rule

der **Bummelzug** (*abwertend*) slow train (GB), accommodation train (USA)

bumsen 1 (*schlagen*) to thump 2 (*slang: Sex haben*) to screw [skru:]

das **Bund** **ein Bund Karotten/Petersilie** a bunch of carrots/parsley

der **Bund** 1 (*Vereinigung*) association [əˌsəʊʃi'eɪʃᵊn] 2 (*Staatenbund*) alliance [ə'laɪən(t)s] 3 (*umgangsspr: Bundeswehr*) services *Plural;* **beim Bund** in the army 4 (*Bundesrepublik*) Federal Government; **Bund, Länder und Gemeinden** Federal Government, federal states and municipal authorities

das **Bündel** 1 *von Kleidern:* bundle; (*Bund*) bunch 2 (*an Fragen*) cluster

bündeln 1 to bundle up *Reisig* 2 to focus *Strahlen*

die **Bundesagentur für Arbeit** jobcentre ['dʒɒbsentəʳ] (GB)

das **Bundesarbeitsgericht** Federal Labour ['leɪbəʳ] Court

die **Bundesbank** Federal Bank

der **Bundesbürger**, die **Bundesbürgerin** citizen ['sɪtɪzᵊn] of the Federal Republic [of Germany]

das **Bundesgebiet** federal territory

das **Bundesgericht** (CH) Federal Appeals Court

der **Bundesgerichtshof** Federal Supreme [su:'pri:m] Court

die **Bundeshauptstadt** capital of the Federal Republic [of Germany]

das **Bundeshaus** (CH) Federal House of Parliament ['pɑ:ləmənt]

das **Bundesheer** (A) [Austrian ['ɒstriən]] Federal Armed Forces ⚠ *Plural*

der **Bundesinnenminister**, die **Bundesinnenministerin** Federal Minister of the Interior

der **Bundeskanzler**, die **Bundeskanzlerin** German Chancellor ['tʃɑ:n(t)sᵊləʳ]

das **Bundesland** federal state, Land

die **Bundesliga** National League [li:g]; (*Fußball*) German football league

der **Bundesnachrichtendienst** Federal Intelligence Service [-ɪn'telɪdʒᵊn(t)sˌsɜ:vɪs]

die **Bundespost** Federal Post Office

der **Bundespräsident**, die **Bundespräsidentin** 1 (*in Deutschland*) Federal President 2 (*in der Schweiz*) President of the Federal Council ['kaʊn(t)sᵊl]

der **Bundesrat** 1 (*in Deutschland*) Bundesrat (*Upper House of Parliament*) 2 (*in der Schweiz*) Federal Government [ˌgʌvᵊn'mənt] (*executive body*)

der **Bundesrat**, die **Bundesrätin** (CH), (A) Minister of State

die **Bundesregierung** Federal Government [ˌgʌvᵊn'mənt]

die **Bundesrepublik** Federal Republic; (*Deutschland*) Federal Republic of Germany

der **Bundesstaat** federal state

die **Bundesstraße** federal highway

der **Bundestag** Bundestag

der **Bundestagspräsident**, die **Bundestagspräsidentin** President of the Bundestag

die **Bundestagswahl** Bundestag election

das **Bundesverfassungsgericht** Federal Constitutional Court

der **Bundesverfassungsrichter**, die **Bundesverfassungsrichterin** Judge [dʒʌdʒ] of the German Federal Constitutional Court

die **Bundesversammlung** 1 (*in Deutschland*) Federal Convention 2 (*in der Schweiz*) Federal Assembly

B

die **Bundeswehr** Federal Armed Forces *Plural*
die **Bundfaltenhose** pleated trousers *Plural* GB, pegged [*oder* pleated] pants *Plural* USA
bündig **kurz und bündig** concisely [kən'saɪsli]
das **Bündnis** alliance [ə'laɪən(t)s]
der **Bündnispartner** alliance [ə'laɪən(t)s] partner
das **Bungeejumping** ['bandʒidʒampɪŋ] bungee jumping
der **Bunker** bunker; (*Schutzbunker*) air-raid shelter
bunt 1 (*vielfarbig*) colourful 2 (*farbig*) coloured 3 (*verschiedenartig*) varied; **ein buntes Durcheinander** a jumble
der **Buntspecht** spotted woodpecker
der **Buntstift** coloured pencil ['pen(t)səl], crayon ['kreɪɒn]
die **Buntwäsche** coloureds ['kʌlədz] ⚠ *Plural*
die **Bürde** 1 (*Last*) load 2 (*Belastung*) burden
die **Burg** castle ['kɑːsḷ]
bürgen 1 **für etwas bürgen** to guarantee something 2 **für jemanden bürgen** to vouch [vaʊtʃ] for someone
der **Bürger**, die **Bürgerin** citizen ['sɪtɪzən]
die **Bürgerinitiative** citizens' ['sɪtɪzənz] action group
der **Bürgerkrieg** civil ['sɪvəl] war
bürgerlich civil ['sɪvəl]; **das bürgerliche Gesetzbuch** the Civil Code
der **Bürgermeister**, die **Bürgermeisterin** mayor ['meəʳ]; (*Frau*) mayoress [ˌmeə'res]
die **Bürgerrechtsbewegung** civil ['sɪvəl] rights movement
der **Bürgersteig** pavement GB, sidewalk USA
die **Bürgerversammlung** town meeting
die **Bürgerwehr** militia [mɪ'lɪʃə]
die **Bürgschaft** security, surety ['ʃɔːrəti]; **eine Bürgschaft [für jemanden] stellen** to be a guarantor [ˌgærən'tɔːʳ] [*oder* stand security] for someone
Burgund Burgundy
der **Burgunder** (*Wein*) burgundy
das **Büro** office
der/die **Büroangestellte** office worker
die **Büroarbeit** office work
die **Büroklammer** paper clip
der **Bürokram** (*umgangsspr*) [bureaucratic [ˌbjʊərə(ʊ)'krætɪk]] paperwork
die **Bürokratie** bureaucracy [bjʊə'rɒkrəsi]
bürokratisch bureaucratic [ˌbjʊərə(ʊ)'krætɪk]
der **Bursche** 1 (*Halbwüchsiger*) boy, chap, lad 2 (*Kerl*) fellow, guy; **ein kluger Bursche** a clever fellow; **ein übler Bursche** a bad lot
burschikos tomboyish
die **Bürste** brush
bürsten to brush; **sich die Haare bürsten** to brush one's hair *Singular*
der **Bus** bus [bʌs]
der **Busbahnhof** bus [*oder* coach [kəʊtʃ]] station
der **Busch** 1 bush 2 (*einzelner Strauch*) shrub 3 (*Dickicht*) copse [kɒps], thicket ['θɪkɪt] 4 (*Urwald*) jungle ▶ WENDUNGEN: **da ist [et]was im Busch** there's something up
das **Büschel** 1 (*Haare*) tuft, wisp 2 (*Stroh*) bundle
büschelweise in tufts; **mir gehen büschelweise die Haare aus** I'm losing hair by the handful
der **Busen** breast
der **Busfahrer**, die **Busfahrerin** bus driver
die **Bushaltestelle** bus stop
die **Buslinie** bus route [ruːt]
der **Bussard** (*Greifvogel*) buzzard ['bʌzəd]
die **Buße** penance ['penən(t)s]; **für etwas Buße [ab]leisten** to do penance for something
büßen 1 **das wirst du mir [noch] büßen!** I'll make you pay for that! 2 CH **jemanden büßen** to fine someone, to impose a fine on someone
das **Bußgeld** fine
die **Büste** bust
der **Büstenhalter** brassiere ['bræsɪəʳ]
das **Butangas** butane
das **Büttenpapier** handmade paper
die **Butter** butter ▶ WENDUNGEN: **alles in Butter!** everything's OK!
die **Butterblume** buttercup
das **Butterbrot** bread and butter
das **Butterbrotpapier** greaseproof paper
die **Buttermilch** buttermilk
das **Butterschmalz** clarified butter
butterweich beautifully soft
das **Byte** [bai̯t] byte [baɪt]

Cc

C, c ① C, c [siː] ② **das hohe C** (*in der Musik*) top C

C *Abkürzung von* **Celsius** C, Celsius ['selsiəs], centigrade ['sentɪgreɪd]

ca. *Abkürzung von* **circa** approx., ca.

CAD *Abkürzung von* **computer-aided design** CAD

das **Café** [ka'feː] café

die **Cafeteria** cafeteria

der **Camcorder** ['kamkɔrdɐ] camcorder

der **Camion** [ka'mjɔ̃] (CH) heavy goods vehicle [-ˌvɪəkl̩]

das **Camping** camping

die **Campingausrüstung** camping gear

der **Campingbus** camper, dormobile®

der **Campingplatz** camping [*oder* caravan] site

der **Cappuccino** [kapʊ'tʃiːno] cappuccino [ˌkæpʊ'tʃiːnəʊ]

der **Car** [kaːɐ̯] (CH) coach (GB), bus

der **Cartoon** [kar'tuːn] cartoon

der **Carvingski** ['kaːɐ̯vɪŋˌʃiː] carving ski

die **Castingshow** ['kaːstɪŋʃoː] [TV] talent show

der **CB-Funk** citizen's ['sɪtɪzᵊnz] band, CB

die **CD** *Abkürzung von* **Compact Disc** CD [ˌsiː'diː], compact disc

der **CD-Brenner** CD rewriter [-'riːraɪtəʳ], CD burner

die **CD-ROM** CD-ROM [ˌsiːdiː'rɒm]

das **CD-ROM-Laufwerk** CD-ROM drive

der **CD-Spieler** compact disc player, CD player

der **CD-Ständer** CD rack

die **CDU** *Abkürzung von* **Christlich-Demokratische Union** CDU

der **Cellist**, die **Cellistin** [tʃɛ'lɪst] cellist ['tʃelɪst]

das **Cello** ['tʃɛlo] cello ['tʃeləʊ]

Celsius Celsius ['selsiəs], centigrade ['sentɪgreɪd]

das **Cembalo** ['tʃɛmbalo] cembalo ['tʃembələʊ], harpsichord ['hɑːpsɪkɔːd]

der **Cent** cent [sent]

das **Chamäleon** [ka'mɛːleɔn] chameleon [kə'miːliən]

der **Champagner** [ʃam'panjə] champagne [ʃæm'peɪn]

der **Champignon** ['ʃampɪnjɔŋ] mushroom

die **Chance** ['ʃãːsə] chance [tʃɑːn(t)s]; **eine Chance haben** to stand a chance (**bei** with); **bei der hast du keine Chancen** you don't stand a chance with her

die **Chancengleichheit** equal opportunities ⚠ *Plural*

das **Chaos** ['kaːɔs] chaos ['keɪɒs]

der **Chaot**, die **Chaotin** [ka'oːt] ① (*politisch*) anarchist ['ænəkɪst] ② (*slang: unordentlicher Mensch*) chaotic [keɪ'ɒtɪk] person ③ (*slang: ausgeflippte Person*) freak

chaotisch [ka'oːtɪʃ] chaotic [keɪ'ɒtɪk]

der **Charakter** ① (*Wesenszüge eines Menschen*) character ['kærəktəʳ] ② (*Persönlichkeit*) personality ③ *einer Sache:* nature

die **Charaktereigenschaft** character trait

charakterfest of firm character

charakterisieren to characterize ['kærəktᵊraɪz]

charakteristisch characteristic [ˌkærəktə'rɪstɪk]

charakterlos *Mensch:* unprincipled [ʌn'prɪn(t)səpl̩d]

der **Charakterzug** characteristic trait

charmant [ʃar'mant] charming

der **Charme** [ʃarm] charm [tʃɑːm]

der **Charterflug** ['tʃartɐ-] charter flight

die **Chartermaschine** ['tʃartɐ-] charter plane

das **Chassis** [ʃa'siː] chassis ['ʃæsi], frame

der **Chauffeur**, die **Chauffeurin** [ʃɔ'føːɐ̯] chauffeur ['ʃəʊfəʳ]

die **Chauffeuse** [ʃɔføːzə] female professional [prə'feʃᵊnᵊ] driver

der **Chauvi** male chauvinist ['ʃəʊvɪnɪst] pig

der **Chauvinist**, die **Chauvinistin** chauvinist ['ʃəʊvɪnɪst]

chauvinistisch chauvinist

checken ① (*überprüfen*) to check ② (*umgangssprachlich: begreifen*) to get it; **ich check das nicht!** I just don't get it!

der **Chef**, die **Chefin** ① boss ② *der Polizei:* chief [tʃiːf]

Chef

F Nicht verwechseln mit **chef** = der Koch!

der **Chefarzt**, die **Chefärztin** senior consultant [kən'sʌltᵊnt]

die **Chefetage** executive floor

der **Chefkoch**, die **Chefköchin** chef ⚠ *im Engli-*

schen ist ,chef' der Küchenchef!

der **Chefredakteur**, die **Chefredakteurin** editor-in-chief

der **Chefsekretär**, die **Chefsekretärin** personal assistant

C

die **Chemie** chemistry ['kemɪstri]

die **Chemiefaser** synthetic fibre [sɪnˌθetɪk'faɪbəʳ]

die **Chemikalien** chemicals ['kemɪkᵊlz]

der **Chemiker**, die **Chemikerin** chemist ['kemɪst]

chemisch ① chemical ['kemɪkᵊl]; **die chemische Zusammensetzung** the chemical composition ② **etwas chemisch reinigen** to dry-clean something

die **Chemotherapie** chemotherapy [ˌkiːmə(ʊ)-'θerəpi]

der **Chicorée** ['ʃikore] chicory

die **Chiffre** ['ʃɪfrə] ① (*Code*) cipher ['saɪfəʳ] ② (*in Zeitungsannoncen*) box number

die **Chiffreanzeige** box number advertisement

Chile Chile ['tʃɪli]

der **Chilene**, die **Chilenin** Chilean ['tʃɪliən]

chillen (*slang*) to chill [out]

China China ['tʃaɪnə]

der **Chinese**, die **Chinesin** Chinese [tʃaɪ'niːz]

chinesisch Chinese; **die Chinesische Mauer** the Great Wall of China

das **Chinin** quinine ['kwɪniːn]

der **Chip** [tʃip] ① (*Kartoffelchip*) crisp (GB), potato chip (USA) ② (*Spielmarke, auch in der Informatik*) chip

Chips

F Nicht verwechseln mit **chips** = die Pommes frites!

die **Chipkarte** smart card

der **Chirurg**, die **Chirurgin** surgeon ['sɜːdʒᵊn]

die **Chirurgie** surgery ['sɜːdʒᵊri]

chirurgisch surgical ['sɜːdʒɪkᵊl]; **einen chirurgischen Eingriff vornehmen** to carry out surgery

das **Chlor** chlorine ['klɔːriːn]

das **Chloroform** chloroform ['klɔːrəfɔːm]

das **Chlorophyll** chlorophyll ['klɔːrəfɪl]

die **Cholera** cholera

cholerisch choleric

das **Cholesterin** cholesterol [kə'lestᵊrɒl]

der **Cholesterinspiegel** cholesterol [kə'lestᵊrɒl] level

der **Chor**[1] ① (*Musikchor*) choir [kwaɪəʳ] ② (*im Theater*) chorus ['kɔːrəs]

der **Chor**[2] (*Gestühl*) chancel ['tʃɑːn(t)sᵊl], choir [kwaɪəʳ]

der **Choral** chant

der **Choreograf**, die **Choreografin** choreographer [ˌkɒri'ɒgrəfəʳ]

die **Choreografie** choreography [ˌkɒri'ɒgrəfi]

choreografieren to choreograph ['kɒriəgrɑːf]

der **Christ**, die **Christin** Christian

der **Christbaum** Christmas tree

das **Christentum** Christianity

das **Christkind** ① (*biblische Figur*) Christ [kraɪst] Child, baby Jesus ② (*weihnachtliche Gestalt*) *Christ child, who brings presents for children on 24th December;* **ans Christkind glauben** to believe in Father Christmas

christlich Christian

die **Christmesse**, die **Christmette** Christmas mass

der **Christus** ① Christ [kraɪst] ② **vor Christi Geburt** before Christ, B.C.; **nach Christi Geburt** A.D.; **700 nach Christus** in the year 700 of our Lord [*oder* [in] 700 A.D.]

das **Chrom** chrome [krəʊm]

das **Chromosom** chromosome ['krəʊməsəʊm]

die **Chronik** chronicle ['krɒnɪkl̩]

chronisch chronic ['krɒnɪk]

chronologisch chronological [ˌkrɒnə'lɒdʒɪkᵊl]

circa ['tsɪrka] about, circa ['sɜːkə]

das **Citro** (CH) lemonade

die **City-Maut**, die **Citymaut** ['sɪti-] ≈ congestion [kən'dʒestʃᵊn] pricing

clever ['klɛvɐ] (*umgangsspr*) *Person:* smart; *Plan:* cunning

die **Clique** ['klɪkə] group, set

der **Clown** [klau̯n] clown

das **Cockpit** ['kɔkpɪt] cockpit

der **Cocktail** ['kɔkteːl] cocktail

der **Code** code

codieren to codify ['kəʊdɪfaɪ], to encode

das/die **Cola** ['koːla] Coke®

das **Comicheft** comic

der **Computer** [kɔm'pjuːtɐ] computer

computeranimiert computer-animated

der **Computerarbeitsplatz** work station

computergesteuert computer-controlled

die **Computergrafik** computer graphics ⚠ *Plural*

das **Computernetzwerk** computer network

das **Computerspiel** computer game

die **Computertomografie** computer tomography

der **Container** [kɔn'te:nɐ] ① (*zum Transport*) container ② (*für Bauschutt*) skip

das **Containerschiff** container ship

das **Cookie** ['kʊkɪ] cookie

cool [ku:l] (*umgangsspr*) *Person, Kleidung, Musik:* cool; **ein cooler Typ** a cool guy; **bleib cool, Mann!** chill out, dude!

der **Cord** cord, corduroy

die **Cornflakes**® ['ko:ɐ̯nfle:ks] cornflakes®

Costa Rica Costa Rica

der **Costa-Ricaner**, die **Costa-Ricanerin** Costa Rican

costa-ricanisch Costa Rican

die **Couch** [kaʊ̯tʃ] couch

die **Couchgarnitur** suite [swi:t]

der **Couchtisch** coffee table

couragiert [kura'ʒi:ɐ̯t] courageous [kə'reɪdʒəs]

der **Cousin**, die **Cousine** [ku'zɛ̃:, ku'zi:nə] cousin ['kʌzᵊn]

die **Creme** [kre:m] cream

cremefarben cream-coloured

cremig creamy

das **Croissant** [krọa'sã:] croissant

die **CSU** *Abkürzung von* **Christlich-Soziale Union** CSU

der **Curry** ['kœri] curry

die **Currywurst** *a bratwurst sausage served with curry-flavoured ketchup and curry powder*

das **Cybercafé** ['sa̯ibɐ̯kafe:] cyber [*oder* Internet] café

der **Cyberspace** ['sa̯ibɐ̯spəɪs] cyberspace

D

Dd

D, d ① (*Buchstabe*) D, d [di:] ② (*in der Musik*) D, d

da ① (*dort*) there; **das Haus da** the house over there ② (*hier*) here ③ (*mit dabei*) **hast du deinen Geldbeutel da?** have you got your purse at hand? ④ (*im Anschluss*) **und da sagte er …** and then he said … ⑤ (*anwesend*) **da sein** to be there; **ist da jemand?** anybody there? ⑥ **ist die Post schon da?** has the post come yet? ⑦ (*weil*) as, since ⑧ **he, du da!** hey, you there! ⑨ **die da ist es gewesen** it was her who did it ⑩ **da haben wir den Salat!** now we're in for it! ⑪ **siehe da!** lo and behold! ⑫ **sie hatten den Hund gerade eingefangen, da lief er auch schon wieder weg** they had only just caught the dog, when he ran away again ⑬ **ich weiß nicht, ob ich da Zeit habe** I'm not sure, whether I'll have time then ⑭ **was soll man da noch sagen?** what else can you say? ⑮ **nichts da!** nothing doing!

DAAD *Abkürzung von* **Deutscher Akademischer Austauschdienst** German Academic Exchange Service

dabei ① (*beigefügt*) **ist die Beschreibung dabei?** are the instructions attached? ② **dabei darf man [allerdings] nicht vergessen, dass …** it shouldn't be forgotten here that … ③ **… und dabei bleibt's!** … and that's that!; **lassen wir es dabei!** let's leave it at that! ④ **was ist schon dabei?** so what of it?; **ich finde nichts dabei** I can't see any harm in it ⑤ **er aß und rauchte dabei** he ate and smoked at the same time ⑥ **dabei fühle ich mich nicht wohl** it doesn't feel right [to me] ⑦ **dabei kommt doch nichts raus!** but that's completely pointless! ⑧ **sie bleibt dabei** (*Aussage, Meinung*) she sticks with it ⑨ **sie ist nicht gekommen, dabei hat sie's versprochen** she didn't come, although she promised to

dableiben to stay; **bleib doch noch was da!** do stay a little longer!

das **Dach** roof ▶ WENDUNGEN: **unter Dach und Fach sein** to be in the bag; **eins aufs Dach kriegen** to get told off

der **Dachboden** attic

der **Dachdecker** tiler

das **Dachfenster** ① dormer window ② (*Dachluke*) skylight

der **Dachfirst** ridge [rɪdʒ] of the roof

der **Dachgepäckträger** roof rack

die **Dachgleiche** Ⓐ (*Richtfest*) topping-out ceremony [-ˌserɪməni]

der **Dachkännel** Ⓒⓗ (*Dachrinne*) gutter

die **Dachluke** skylight

die **Dachorganisation** parent organization

die **Dachpappe** roofing felt

die **Dachrinne** gutter

der **Dachs** badger ['bædʒəʳ]

der **Dachstuhl** roof truss

der **Dachziegel** roofing tile

der **Dackel** (*Hunderasse*) dachshund

dadurch ① (*örtlich*) that way, through [θru:] there ② (*als Grund*) by that, in that way ③ **dadurch, dass er krank ist, kann er seine neue Stelle nicht antreten** as he's ill, he can't start his new job ④ **dadurch, dass ich ihren Computer benutzen durfte, bekam ich den Aufsatz rechtzeitig fertig** thanks to her letting me use her computer, I managed to finish the essay in time

dafür ① (*für diese Sache*) for it, for that; (*für diesen Zweck*) for that; **der Kuchen ist dafür da, gegessen zu werden** the cake is there to be eaten ② **ich werde dafür sorgen, dass ...** I'll see to it that ... ③ **dafür sein** to be [all] for it ④ (*andererseits*) but then; **er ist zwar erfolgreich, dafür aber auch arrogant** he's successful alright, but arrogant with it ⑤ **dafür habe ich kein Verständnis** that's beyond me ⑥ **er ist dafür bekannt, dass er stiehlt** he's known for thieving [ˈθiːvɪŋ]

dagegen ① (*gegen etwas*) against that, against it; **ich habe nichts dagegen** I don't object, I've no objections; **haben Sie etwas dagegen, wenn ich gehe?** do you mind if I leave?; **dagegen kann man nichts machen** nothing can be done about it ② (*verglichen mit*) compared with ③ (*andererseits*) on the other hand

daheim at home

daher ① (*örtlich*) from there ② **das kommt daher, dass ...** that is because ...; **[von] daher ...** that's why ..., hence [hen(t)s] ③ (*deshalb*) **mein Auto ist kaputt, daher meine Verspätung** there's something wrong with my car, hence the delay

daherbringen Ⓐ ① to bring along ② (*abwertend*) to say without thinking

dahin ① (*örtlich*) there ② (*zeitlich*) by that time, by then, until then ► WENDUNGEN: **mir steht's bis dahin** I've had it [with that]

dahinten over there

dahinter ① behind that [*oder* it] ② **es steckt etwas dahinter** there is something in it

dahinterklemmen sich dahinterklemmen to put one's back into it

dahinterkommen to find out

die **Dahlie** dahlia [ˈdeɪliə]

damalig at the time, then; **meine damalige Freundin** my then girlfriend, my girlfriend at the time

der **Damast** damask

die **Dame** ① (*Frau*) lady; **meine Damen und Herren!** Ladies and Gentlemen! ② (*im Damespiel*) king ③ (*im Kartenspiel*) queen ④ (*Spiel*) draughts [drɑːfts] ⚠ *mit Singular oder Plural* (GB), checkers ⚠ *Singular* (USA)

das **Damebrett** draughtboard [ˈdrɑːftbɔːd] (GB), checkerboard (USA)

die **Damenbinde** sanitary towel [-ˌtaʊəl], sanitary napkin (USA)

das **Damenfahrrad** ladies' bicycle [ˈbaɪsɪkl̩]

die **Damenunterwäsche** lingerie [ˈlæ(n)ʒəri]

das **Damespiel** draughts [drɑːfts] ⚠ *mit Singular oder Plural* (GB), checkers ⚠ *Singular* (USA)

der **Damhirsch** fallow deer

damit ① (*mit dieser Sache*) **was willst du damit?** what do you want with that?; **was ist damit?** what about it?; **hör auf damit!** stop it!; **sind Sie damit einverstanden?** do you agree to that?; **damit kann ich nichts anfangen** I don't know what to do with it; **warum fängst du schon wieder damit an?** why do you have to drag that up again?; **heraus damit!** out with it! ② (*als Begründung*) so that; **ich hab dir nichts davon gesagt, damit du nicht böse wirst** I didn't tell you about it so that you wouldn't get angry

dämlich stupid

der **Damm** ① (*Uferdamm*) embankment ② (*Deich*) dyke [daɪk] ► WENDUNGEN: **wieder auf dem Damm sein** to be all right again

der **Dammbruch** breach in a dyke [daɪk]

dämm(e)rig (*Beleuchtung*) dim, faint

dämmern ① **es dämmert** (*morgens*) dawn is breaking; (*abends*) dusk is falling ② (*übertragen*) **es dämmerte ihr** it dawned upon her

die **Dämmerung** twilight [ˈtwaɪlaɪt]

der **Dämon** demon

der **Dampf** (*Wasserdampf*) steam; (*Dunst*) vapour [ˈveɪpəʳ] ► WENDUNGEN: **Dampf ablassen** to let off steam; **jemandem Dampf machen** to make someone get a move on *umgangsspr*

das **Dampfbügeleisen** steam iron [-ˌaɪən]

dampfen to steam

dämpfen ① to muffle *Geräusch;* to lower *Stimme* ② to dampen *Freude*

der **Dampfer** steamer, steamship

der **Dampfkessel** steam boiler

die **Dampfmaschine** steam engine

die **Dampfschifffahrt** steam navigation

die **Dampfwalze** steamroller

danach ① (*zeitlich*) after, after that ② (*demgemäß*) accordingly ③ **mir ist nicht danach zumute** I don't feel like it

der **Däne** Dane

daneben ① (*räumlich*) next to someone/something; **rechts daneben** to the right of someone/it ② (*zusätzlich*) in addition

danebengehen (*übertragen*) to go wrong [rɒŋ]

Dänemark Denmark

die **Dänin** Dane

dänisch Danish

der **Dank** (*Dankbarkeit*) gratitude; **vielen Dank!** thanks a lot!

dank dank deiner Bemühungen ... thanks to your efforts ...

dankbar ① grateful; **jemandem für etwas dankbar sein** to be grateful to someone for something ② (*übertragen*) **das ist eine/keine dankbare Aufgabe** that is/isn't a rewarding duty

die **Dankbarkeit** gratitude

danke thanks!; **danke schön!** thank you!

danken ① **jemandem [für etwas] danken** to thank someone [for something]; **nichts zu danken!** don't mention it! ② **dankend ablehnen**

K

Sich bedanken

Danke!

Danke sehr/Danke schön!/Vielen Dank!

Tausend Dank!

Danke, das ist sehr lieb von dir!

Vielen (herzlichen) Dank!

How to say thank you

Thank you!/Thanks!

Thank you very much!/Many thanks!

Thanks a million!

Thank you, that's very kind of you!

Thank you very much!

Auf Dank reagieren

Bitte!

Bitte schön!/Gern geschehen!/Keine Ursache!

Bitte, bitte!/Aber bitte, das ist doch nicht der Rede wert!

(Aber) das hab ich doch gern getan!/Das war doch selbstverständlich!

Reacting to being thanked

You're welcome!

You're welcome!/My pleasure./Don't mention it.

Not at all!/Please don't mention it!

(Not at all,) it was a pleasure!/The pleasure was mine!/I was happy to do it!

to decline with thanks

dann ① (*danach, also*) then; **und was geschah dann?** and what happened next? ② **dann und wann** now and then; **selbst dann nicht, wenn ...** not even if ... ③ **dann eben nicht!** well, suit yourself!

daran ① (*an etwas festmachen*) to ② (*zeitlich*) **im Anschluss daran** following it ③ **nahe daran sein, etwas zu tun** very nearly do something ④ **da ist was dran** there's something to it ⑤ **lass mich mal daran riechen** let me smell it ⑥ **daran kann ich nichts ändern** I can't do anything about it ⑦ **es liegt mir viel daran** it is very important to me ⑧ **sie ist daran gestorben** she died of it

darangehen **darangehen, etwas zu tun** to set about doing something

daranmachen **sich daranmachen, etwas zu tun** (*umgangsspr*) to get down to doing something

daransetzen to risk, to stake

darauf ① (*räumlich*) on ② (*zeitlich*) after that; **am Tag darauf** the next day ③ **etwas darauf sagen** to say something to that

daraufhin ① (*als Folge*) as a result [rɪ'zʌlt] ② (*im Hinblick darauf*) with regard to

daraus ① (*heraus*) out of ② (*aus Material*) from ③ (*aus etwas folgend*) **daraus ergibt sich, ...** from that it follows that ... ④ **daraus wird nichts!** forget it! ⑤ **daraus mache ich mir nichts** I'm not very keen on that

darbieten ① to perform *Aufführung* ② **sich darbieten** present [prɪ'zent] itself

die **Darbietung** performance [pə'fɔːmən(t)s]

darin ① (*räumlich*) in ② (*übertragen*) in that respect; **der Unterschied liegt darin, dass ...** the difference is that ...

darlegen **jemandem etwas darlegen** to explain something to someone

das **Darlehen** loan (**an/für** to)

der **Darm** (*Körperteil*) bowel ['baʊəl], intestines [ɪn'testɪnz] *Plural*

die **Darmerkrankung** intestinal [ɪn'testɪnəl] disease

die **Darmgrippe** gastric influenza

die **Darminfektion** intestinal [ɪn'testɪnəl] infection

der **Darmkrebs** cancer ['kæn(t)sər] of the intestine

die **Darmspiegelung** colonoscopy [ˌkɒlən'ɒskəpi]

darstellen ① (*schildern*) to describe *Tatsachen, Ereignis* ② (*bedeuten*) to constitute, to represent; **was stellt dieses Zeichen dar?** what does this symbol mean?

die **Darstellung** ① (*bildlich*) portrayal ② (*Beschreibung*) description ③ (*grafisch*) graph

darüber ① (*räumlich*) over something; (*quer darüber*) across something ② **darüber spreche ich nicht gern** I don't like to talk about it

3 **darüber hinweg sein** to have got over it; **darüber hinaus** over and above that

darum 1 (*deshalb*) that's why 2 **also, es geht darum, dass ich morgen nicht kann** the thing is that I can't make it tomorrow; **darum geht es gar nicht** that isn't the point 3 (*örtlich*) round something; **darum herumfahren** to drive round it

D

darunter 1 (*räumlich*) under [*oder* beneath] it, underneath 2 (*mit dabei*) among them; **es gab zehn Verletzte, darunter 3 Kinder** there were ten people injured, among them three children 3 (*weniger*) less; **alles was darunter ist ...** anything less than that ...; **Schüler im Alter von 15 und darunter** pupils aged 15 and under 4 **was verstehen Sie darunter?** what do you mean by that?

das 1 the 2 **das ist genau das, was ich meine** this is exactly what I mean 3 **siehst du das Haus, das ich meine?** do you see the house [which] I'm talking about?

das **Dasein** (*Existenz*) existence [ɪg'zɪstᵊn(t)s]

dass that; **so dass** so that

dasselbe, dasselbige the same

die **Datei** file

das **Dateisystem** file system [-ˌsɪstəm]

die **Daten** (*Angaben*) the facts

der **Datenabruf** data retrieval

die **Datenaufbereitung** data preparation

die **Datenautobahn** information superhighway

die **Datenbank** data bank

der **Datenbestand** database

der **Datenhandschuh** data glove [glʌv]

der **Datenmissbrauch** data abuse [ə'bju:s]

der **Datenschutz** data protection

die **Datensicherung** backup

das **Datensichtgerät** visual ['vɪʒuəl] display unit, VDU

der **Datenträger** data carrier

der **Datentypist**, die **Datentypistin** terminal operator

die **Datenverarbeitung** data processing [-ˌprəʊsesɪŋ]

datieren to date

der **Dativ** dative

die **Dattel** date

die **Dattelpalme** date palm [pɑ:m]

das **Datum** date

die **Dauer** 1 duration 2 (*Zeitspanne*) length 3 **für die Dauer von ...** for a period of ...; **auf die Dauer** in the long term; **von kurzer Dauer sein** to be short-lived

der **Dauerauftrag** standing order

dauergewellt *Haare:* permed

dauerhaft 1 durable, lasting 2 (*ständig*) permanent

der **Dauerlauf** jogging

dauern 1 (*lang sein*) to go on, to last; **die Vorstellung dauert zwei Stunden** the performance lasts two hours 2 (*Zeitaufwand*) to take; **dauert das noch lange?** will it take much longer?; **das dauert mir zu lange** it takes too long; **das dauert!** this is taking ages!; **es hat zwei Stunden gedauert bis die Feuerwehr kam** it took two hours for the fire brigade to arrive

dauernd 1 (*andauernd*) lasting; **etwas dauernd tun** to keep doing something 2 (*ständig*) permanent

der **Dauerregen** continuous [kən'tɪnjuəs] rain

der **Dauerschaden** permanent injury

die **Dauerwelle** permanent wave, perm

der **Dauerzustand** permanent state of affairs

der **Daumen** 1 thumb [θʌm] 2 **drücken Sie mir die Daumen!** keep your fingers crossed for me!

die **Daune** down [feather]

die **Daunendecke** continental quilt, duvet ['dju:veɪ]

die **Daunenjacke** quilted jacket

davon 1 (*räumlich*) from [something]; **Stuttgart liegt nicht weit davon** Stuttgart isn't far from it 2 (*dadurch*) from [something]; **davon kriegst du Pickel** you'll get spots from that 3 **das hängt davon ab, ob ...** that depends on whether ... 4 **das kommt davon!** I told you so! 5 **davon werde ich nicht satt** I'll still be hungry after that

davonfliegen to fly away

davonkommen to escape [ɪ'skeɪp], to get away

davonlaufen to run away (**vor** from)

davonmachen **sich davonmachen** to make off

davontragen 1 (*wegtragen*) to carry away 2 (*übertragen*) to suffer *Schaden, Verletzung* 3 to carry off; to win *Preis, Sieg*

davor 1 (*örtlich*) in front of 2 (*zeitlich*) before 3 **hast du Angst davor?** are you afraid of it?

der **DAX** *Abkürzung von* **Deutscher Aktien Index** DAX [dæks] index, German share index

dazu 1 (*räumlich*) there; **wozu gehört das? — das gehört dazu!** what does this belong to? — it belongs to that! 2 (*Zweck*) for that; **wozu dient das? — dazu!** what's this good for? — that! 3 **wie komme ich dazu!** why on earth should I! 4 **ich habe keine Lust dazu** I don't feel like it 5 **dazu fällt dir wohl nichts mehr ein?** don't know what to say now? *umgangsspr*

dazugehören 1 **das gehört mit dazu** it's all part of it 2 **es gehört schon einiges dazu** that takes a lot

dazutun to add

dazwischen 1 (*räumlich: zwischen*) between; **es ist kaum noch Platz dazwischen** there's hardly any room left in between 2 (*mittendrin*) amongst them

dazwischenfahren (*unterbrechen*) **jemandem dazwischenfahren** to rudely interrupt someone

dazwischenkommen **wenn nichts dazwischenkommt** if nothing crops [*oder* comes] up; **mir ist etwas dazwischen gekommen** something came up

dealen ['di:lən] to push; **mit Kokain dealen** to push cocaine

der **Dealer**, die **Dealerin** ['di:lɐ] pusher; (*international*) trafficker

die **Debatte** 1 debate 2 **das steht nicht zur Debatte** that's not the issue

debattieren to discuss [dɪ'skʌs]

der **Deckanstrich** top coat[ing]

das **Deckblatt** overlay ['əʊvəleɪ]

die **Decke** 1 (*Wolldecke*) blanket; (*Steppdecke*) quilt 2 (*Zimmerdecke*) ceiling ['si:lɪŋ] ► WENDUNGEN: **an die Decke gehen** to blow one's top; **mit jemandem unter einer Decke stecken** to be hand in glove [glʌv] with someone

der **Deckel** 1 *von Topf:* cover ['kʌvəʳ], lid 2 *von Buch:* cover

decken 1 to lay; to set *Tisch* 2 (*übertragen*) **jemanden decken** to cover ['kʌvəʳ] for someone 3 **sich decken** *Gleichung:* to be congruent; *Aussagen:* to correspond

die **Deckenbeleuchtung** ceiling ['si:lɪŋ] lighting

der **Deckname** code name

die **Deckung** 1 (*Schutz*) cover ['kʌvəʳ]; **in Deckung gehen** to take cover 2 *eines Schecks, Kredits:* cover

der **Decoder** [de'ko:dɐ] decoder

der **Defekt** defect ['di:fekt], fault [fɒlt]

defekt defective [dɪ'fektɪv], faulty

die **Defensive** defensive

definieren to define

die **Definition** definition [ˌdefɪ'nɪʃən]

definitiv 1 (*eindeutig*) definite ['defɪnət] 2 (*endgültig*) definitive [də'fɪnətɪv]

das **Defizit** 1 (*finanziell*) deficit ['defɪsɪt] 2 (*übertragen: Mangel*) deficiency [dɪ'fɪʃən(t)si] (**an** of)

deftig *Mahlzeit:* solid

der **Degen** rapier

degenerieren to degenerate [dɪ'dʒenəreɪt] (**zu** into)

degradieren 1 to demote; **zum gemeinen Soldaten degradiert werden** to be reduced to the ranks *Plural* 2 (*übertragen*) **jemanden [zu etwas] degradieren** to reduce someone [to the level of something]

dehnbar 1 *Stoff:* elastic 2 *Begriff:* flexible

dehnen to stretch

der **Deich** dyke [daɪk] (GB), dike (USA)

die **Deichsel** shaft

deichseln (*umgangsspr*) to wangle

dein your

deine(r, s) **das ist deine(r, s)** this is yours [*oder* your one]

deinerseits on your part

deinetwegen 1 (*wegen dir*) because of you 2 (*dir zuliebe*) for your sake

deinstallieren (*in der Informatik*) to uninstall

das **Dekagramm** (A) 10 grams [*oder* (GB) grammes]

der **Dekan**, die **Dekanin** dean

deklinieren to decline, to inflect

der/das **Dekor** decor

der **Dekorateur**, die **Dekorateurin** [dekora'tø:ɐ̯] 1 (*Schaufensterdekorateur*) window-dresser 2 (*Raumausstatter*) interior decorator

die **Dekoration** decoration, set

dekorativ decorative ['dekərətɪv]

dekorieren 1 to decorate ['dekəreɪt] 2 to dress *Schaufenster*

der/die **Delegierte** delegate ['delɪgət]

der **Delfin** dolphin

delikat 1 (*köstlich*) delicious [de'lɪʃəs] 2 (*heikel*) delicate ['delɪkət]

die **Delikatesse** delicacy

das **Delikt** (*Vergehen*) offence [ə'fen(t)s]; (*Verbrechen*) crime

das **Delirium** delirium

die **Delle** dent

delogieren (CH), (A) (*raussetzen*) to evict *Mieter*

der **Delphin** dolphin

das **Delta** delta

dem **wie dem auch sei** be that as it may

dementieren to deny *Meldung, Aussage*

dementsprechend 1 **jemanden dementsprechend behandeln** to treat someone accordingly 2 **eine dementsprechende Antwort** an appropriate answer

demnach therefore, according to that

demnächst soon

der **Demokrat**, die **Demokratin** democrat

die **Demokratie** democracy [dɪmɒkrəsi]

demokratisch democratic

demolieren to wreck [rek]

der **Demonstrant**, die **Demonstrantin** demonstrator ['demənstreɪtəʳ]

die **Demonstration** demonstration [ˌdemən'streɪʃən]

demonstrativ demonstrative [dɪ'mɒnstrətɪv]

das **Demonstrativpronomen** demonstrative pronoun

demonstrieren to demonstrate; **[für/gegen etwas] demonstrieren** to demonstrate [in support of/against something]

demontieren to dismantle

das **Demo-Tape**, das **Demotape** demo [tape]

die **Demut** humility

demütig humble

demütigen to humiliate

die **Demütigung** humiliation

denkbar conceivable [kən'si:vəbl]; **das ist [durchaus] denkbar** that is feasible

die **Denkblockade** mental block

D

D

denken to think; **an etwas denken** to think of something; **denk nach!** think!; **sie denkt praktisch** she's practically minded; **ich kann schon nicht mehr klar denken** I can't even think straight anymore; **dabei muss man ganz schön denken** it requires quite a lot of brainpower ▸ WENDUNGEN: **das habe ich mir gleich gedacht** I thought that all along; **dachte ich's mir doch!** I knew it!; **das kann ich mir denken** I can imagine; **laut denken** to think aloud; **den Laden gibt es schon, solange ich denken kann** the shop has been there as long as I can remember; **ich denke schon** I think so; **er denkt nur Gutes über sie** he only thinks the best of her; **ich denke mir die Sache so: ...** that's how I imagine it: ...; **ich denke gar nicht daran, das zu tun!** I wouldn't dream of doing that!

> **G** Richtiges Konjugieren von **to think**: think, thought, thought
> *she thinks one tank of petrol will be enough;*
> *I thought you weren't coming!;*
> *he hadn't thought it possible until now*

das **Denkmal** ① (*Monument*) monument ② (*Statue*) statue

der **Denkmalschutz** protection of historical monuments; **unter Denkmalschutz stehen** to be under a preservation order

denkwürdig memorable ['memᵊrəbl]

denn ① (*weil*) for ② **es sei denn** unless ▸ WENDUNGEN: **wen meinst du denn?** who do you mean?; **wieso denn?** how come?; **warum denn nicht?** why not?; **was soll das denn?** what's all this then?

dennoch nevertheless [ˌnevəðə'les], still

denunzieren to denounce [dɪ'naʊn(t)s]

das **Deo**, das **Deodorant** deodorant

der **Deoroller** roll-on deodorant

der **Deostift** deodorant stick

das **Departement** department [dɪ'pɑːtmənt]

die **Deponie** dump

deponieren to deposit

deportieren to deport

das **Depot** [de'poː] ① (*in Bank*) strong room ② (*in Lager*) warehouse ['weəhaʊs]

der **Depp** idiot

die **Depression** depression [dɪ'preʃᵊn]

depressiv depressive

deprimieren to depress

der ① the ② **der arme Philip!** poor Philip! ③ (*derjenige*) the one; **das ist der [Typ], von dem ich dir erzählt habe** this is the guy I told you about; **der mit dem Hut** the one with the hat ④ (*als Relativpronomen*) who; **jeder, der ein Eis möchte ...** anyone who wants an ice-cream ...

derart **derart, dass ...** so much that ...

derartig of that kind

derb ① (*kräftig*) *Stoff:* strong; *Leder:* tough [tʌf] ② (*grob*) *Witz, Sprache:* coarse, crude

derentwegen ① (*wegen einer Person*) on whose account ② (*wegen einer Sache*) on account of which

dergleichen of that kind, such; **und dergleichen** and the like

derjenige **derjenige, welcher ...** he who ...

dermaßen **dermaßen, dass ...** so much that ...

derselbe ① *Sache, Gegenstand:* the same ② *Person:* the same person; **das ist derselbe, der mich geschlagen hat** it's the same guy, who hit me

derzeit at present ['prezᵊnt]

derzeitig present ['prezᵊnt]

desertieren to desert [dɪ'zɜːt]

desgleichen likewise

deshalb ① therefore ② **deshalb also!** so that's why!

das **Design** [di'zajn] design [dɪ'zaɪn]

der **Designer**, die **Designerin** [di'zajnɐ] designer [dɪ'zaɪnəʳ]

die **Designermode** designer fashion

die **Desinfektion** disinfection [ˌdɪsɪn'fekʃᵊn]

das **Desinfektionsmittel** disinfectant [ˌdɪsɪn'fektᵊnt]

desinfizieren to disinfect

despotisch despotic

dessen ① *einer Person:* of whom [huːm], whose [huːz] ② *einer Sache, eines Tieres:* of which

das **Dessert** [dɛ'seːɐ] dessert

destillieren to distil

desto all the

destruktiv destructive [dɪ'strʌktɪv]

das **Detail** [de'taj] detail ['diːteɪl]; **ins Detail gehen** to go into details *Plural*

detailliert detailed

der **Detaillist** (CH) retailer, retail trader

der **Detektiv**, die **Detektivin** private investigator

detonieren to explode

deuten ① **ein Zeichen/die Zukunft deuten** to interpret a sign/predict the future ② (*mit dem Finger zeigen*) **auf etwas deuten** to point something out ③ **alles deutet auf einen Wirtschaftsaufschwung hin** everything seems to indicate an economic upswing

deutlich clear; **muss ich deutlicher werden?** have I not made myself plain enough?

die **Deutlichkeit** clarity

deutsch ① German; **auf Deutsch heißt das ...** in German it means ... ② **auf gut Deutsch** (*umgangsspr: genau gesagt*) in plain English

das **Deutsche** (*Sprache*) German

der/die **Deutsche** (*Person*) German

die **Deutsche Demokratische Republik** German Democratic Republic, GDR

Deutschland Germany

deutschsprachig German-speaking
der/die **Deutschstämmige** ethnic German
die **Devise** 1 (*Wahlspruch*) motto 2 (*Währung*) foreign [ˌfɒrɪn-] currency
der **Dezember** December; **am 15. Dezember** on 15th December, on December 15 (USA); (*gesprochen*) on the 15th of December, December the 15th (USA); **Anfang Dezember** at the beginning of December; **Ende Dezember** at the end of December
dezent discreet
dezentralisieren to decentralize [ˌdiːˈsentrəlaɪz]
der **Dezernent**, die **Dezernentin** head of department
die **Dezimalrechnung** calculation with decimals *Plural*
dezimieren to decimate [ˈdesɪmeɪt]
das **Dia** slide
der **Diabetes** diabetes
der **Diabetiker**, die **Diabetikerin** diabetic
die **Diagnose** diagnosis [ˌdaɪəgˈnəʊsɪs]
diagnostizieren to diagnose [ˈdaɪəgnəʊz]
diagonal diagonal [daɪˈægənəl]
die **Diagonale** diagonal
das **Diagramm** diagram
der **Diakon**, die **Diakonin** deacon
die **Diakonissin** deaconess
der **Dialekt** dialect [ˈdaɪəlekt]
der **Dialer** (*Internet-Einwahlprogramm*) dialer
der **Dialog** dialogue [ˈdaɪəlɒg], dialog
der **Dialogbetrieb** conversational mode
die **Dialyse** dialysis
der **Diamant** diamond
die **Diät** diet [ˈdaɪət]; **Diät halten** to be on a diet
dich 1 **ich mag dich** I like you 2 **magst du dich?** do you like yourself?
dicht 1 *Haar, Hecke:* thick; *Laub:* dense 2 **dicht gefolgt von** closely followed by 3 **dicht besiedelt** densely populated ▶ WENDUNGEN: **du bist wohl nicht ganz dicht!** you must be daft!
der **Dichter**, die **Dichterin** poet
dichthalten (*umgangsspr*) to hold one's tongue [tʌŋ], to keep one's mouth shut
die **Dichtung** (*Technik*) seal
die **Dichtungsscheibe** washer
dick 1 *Nebel, Baumstamm:* thick 2 *Mensch, Brieftasche:* fat 3 *Gehalt, Belohnung:* hefty 4 **dicke Freunde** (*umgangsspr*) close friends
der **Dickdarm** colon
dickflüssig thick, viscous [ˈvɪskəs]
das **Dickicht** thicket
dickköpfig (*übertragen*) obstinate, stubborn
die **Dickmilch** soured milk
die 1 the 2 **die arme Conny!** poor Conny! 3 (*diejenige*) the one; **die mit der gelben Tasche** the one with the yellow bag 4 (*als Relativpronomen*) **das ist die, die ich gestern gesehen habe** that's the one, who I saw yesterday
der **Dieb**, die **Diebin** thief [θiːf]
der **Diebstahl** theft
die **Diebstahlsicherung** anti-theft device [-dɪˌvaɪs]
diejenige **diejenige, welche ...** she who ...
die **Diele**[1] (*Brett*) floorboard
die **Diele**[2] (*Hausflur*) hall, hallway
dienen 1 (*bedienen, ergeben sein*) **jemandem/einer Sache/seinem Land dienen** to serve someone/a cause/one's country 2 **zu etwas dienen** to serve for something; **wozu dient das?** what's the use of this? 3 **womit kann ich dienen?** can I help you?
der **Diener**, die **Dienerin** servant *maskulin*, maid *feminin*
der **Dienst** 1 service; **der öffentliche Dienst** the civil service [ˌsɪvəlˈsɜːvɪs] 2 (*Berufsausübung*) duty; **Dienst haben** *Arzt:* to be on duty; *Apotheke:* to be open; **die Dienst habende Ärztin/der Dienst habende Beamte** the doctor/officer on duty 3 **Dienst nach Vorschrift** work-to-rule
der **Dienstag** Tuesday; **bis Dienstag!** see you [on] Tuesday!; **[am] Dienstagabend/Dienstagmorgen/Dienstagnachmittag** [on] Tuesday night [*oder* evening]/morning/afternoon; **dienstagabends/dienstagmorgens** on Tuesday evenings [*oder* nights]/mornings
dienstags on Tuesdays
der **Dienstgrad** rank
der **Dienstleister** service provider
die **Dienstleistung** service
dienstlich official [əˈfɪʃəl]; **ist es dienstlich oder privat?** is it a business or private matter?
die **Dienstreise** business [ˈbɪznɪs] trip
die **Dienststelle** office
die **Dienststunden** working hours [aʊəʳz]
die **Dienstvorschrift** official [əˈfɪʃəl] regulations *Plural*
die **Dienstzeit** period of service
diesbezüglich regarding this
diese 1 this; **diese Tasche ist zu teuer** this bag is too expensive; **diese Frau hat mich angesprochen und ...** this woman approached [əˈprəʊtʃt] me and ... 2 this one; **welche von diesen Hosen steht mir besser? — diese** which one of these trousers suits me better? — this one [*oder* that one]; **ich möchte aber diese** but I want this one
der **Diesel** 1 (*Motor*) diesel [engine] 2 **ich fahre einen Diesel** I drive a diesel 3 (*Kraftstoff*) diesel
dieselbe 1 *Gegenstand:* the same 2 *Person:* the same person; **das ist dieselbe, die ich im Park gesehen habe** it's the same girl/woman, who I saw in the park
der **Dieselmotor** diesel engine
dieser 1 this; **dieser Mantel ist zu groß** this

D

coat is too big; **dieser Mann ist ein Dieb** this man is a thief ② **dieser ist es** this is the one

dieses ① (*einzeln*) this; **dieses Pferd möchte ich reiten** I want to ride this horse; **dieses Haus ist schön** this is a nice house ② (*mehrere*) these; **diese Schuhe passen** these shoes fit ③ **dieses hier** this one here; **dieses ist das Haus, das ich meinte** this is the house that I was talking about ▸ WENDUNGEN: **dies und das** this and that

D

diesig *Wetter:* hazy, misty

diesjährig this year's

diesmal this time

diesseits on this side of ...

der **Dietrich** picklock, skeleton-key

differenzieren to make distinctions

diffus diffuse [dɪ'fjuːs]

digital digital ['dɪdʒɪtᵊl]

die **Digitaluhr** ① digital clock ② (*Armbanduhr*) digital watch

das **Diktat** (*in der Schule*) dictation; **wir schreiben heute ein Diktat** we've got a dictation today

der **Diktator** dictator [dɪk'teɪtəʳ]

die **Diktatur** dictatorship

diktieren to dictate

das **Diktiergerät** dictating machine [-məˌʃiːn]

der **Dill** dill

die **Dimension** dimension [ˌdaɪ'menʃᵊn]

der **Dimmer** dimmer [switch]

DIN *Abkürzung von* **Deutsche Industrie-Norm(en)** DIN, German Industrial Standard[s]; **DIN A 4** A4 [ˌeɪ'fɔːʳ]

das **Ding** thing

der/die/das **Dings** thingummy

der **Dinosaurier** dinosaur ['daɪnəsɔːʳ]

die **Diode** diode ['daɪəʊd]

das **Dioxin** dioxin [daɪ'ɒksɪn]

die **Diphtherie** diphtheria [dɪf'θɪəriə]

das **Diplom** diploma

die **Diplomarbeit** diploma thesis, dissertation

der **Diplomat**, die **Diplomatin** diplomat

der **Diplomatenkoffer** executive case

diplomatisch diplomatic

der **Diplomingenieur**, die **Diplomingenieurin** academically qualified engineer

dir [to] you ▸ WENDUNGEN: **mir nichts dir nichts** just like that

direkt ① *Weg:* direct ② *Antwort:* straight [streɪt] ③ **direkt gegenüber** directly [*oder* right] opposite ④ (*unverzüglich*) directly (GB), right [away], straight (USA); **direkt nach Hause kommen** to come home right away

die **Direktion** (CH) cantonal department

der **Direktor**, die **Direktorin** ① *einer Firma:* director ② *einer Schule:* head teacher (GB), principal ['prɪn(t)səpᵊl] (USA) ③ *eines Gefängnisses:* governor (GB), warden (USA)

der **Direktsaft** juice not from concentrate

die **Direktübertragung** live [laɪv] broadcast

der **Direktzugriff** direct access ['ækses]

der **Direktzugriffsspeicher** random access memory, RAM

der **Dirigent**, die **Dirigentin** conductor

dirigieren ① to conduct [kən'dʌkt] ② to direct *Verkehr*

der **Discjockey** ['dɪskdʒɔke] disc jockey

der **Discountladen** discount store

die **Diskette** [floppy] disk, diskette

das **Diskettenlaufwerk** disk drive

der **Diskjockey** ['dɪskdʒɔke] disc jockey

der **Diskont** discount

der **Diskontsatz** discount rate

die **Diskothek** discotheque ['dɪskəːtek]

diskret ① (*unauffällig*) discreet ② (*zurückhaltend*) reserved ③ (*behutsam*) cautious ['kɔːʃəs]

diskriminieren to discriminate

die **Diskriminierung** discrimination

der **Diskus** discus ['dɪskəs]

die **Diskussion** discussion [dɪ'skʌʃᵊn]

diskutieren to discuss [dɪ'skʌs]; **über etwas diskutieren** to discuss something

disponieren (*Anordnungen treffen*) to make arrangements [ə'reɪndʒmənts] *Plural*

disqualifizieren to disqualify (**von** from)

die **Dissertation** (*Doktorarbeit*) thesis

der **Dissident**, die **Dissidentin** dissenter, dissident

die **Distanz** ① distance ['dɪstᵊn(t)s] ② (*übertragen*) **auf Distanz gehen** to become distant

distanzieren sich von etwas distanzieren to dissociate oneself from something

die **Distel** thistle ['θɪsḷ]

die **Disziplin** discipline ['dɪsəplɪn]

diszipliniert disciplined ['dɪsəplɪnd]

die **Diva** diva

divers diverse, various ['veəriəs]

die **Diversifizierung** diversification [daɪˌvɜːsɪfɪ'keɪʃᵊn]

die **Dividende** dividend

dividieren to divide

der **Diwan** divan

der **DJ** ['diːdʒeɪ] (*umgangsspr*) DJ, deejay

die **DNS** *Abkürzung von* **Desoxyribonukleinsäure** DNA [ˌdiːen'eɪ]

doch ① (*dennoch*) nevertheless; **sie ist doch gekommen** she came after all ② (*aber*) but, and yet; **er wollte gehen, doch er konnte nicht** he wanted to leave, and yet he couldn't ③ **nicht doch!** don't do that!, stop it!; **komm doch!** oh, come-on!; **hör doch auf!** stop it now! ④ **du kommst nicht mit? — doch!** you're not coming? — yes, I am!; **möchtest du nicht mitkommen? — doch schon, aber ...** don't you want to come? — I do, but ... ⑤ **sie hat doch Recht** she's right after all ⑥ **wie heißt sie doch noch?** what was her name again?

der **Docht** wick
das **Dock** dock
die **Dogge** mastiff
die **Dohle** jackdaw
doktern (*umgangsspr*) **an etwas doktern** to tinker [around] with something
der **Doktor**, die **Doktorin** doctor; **seinen Doktor machen** to do a doctorate
der **Doktorand**, die **Doktorandin** PhD student
die **Doktorarbeit** thesis
der **Doktorvater**, die **Doktormutter** PhD supervisor
das **Dokument** document
der **Dokumentarfilm** documentary
dokumentarisch documentary
dokumentieren to document
der **Dolch** dagger
der **Dollar** dollar, buck *umgangsspr*
der **Dollarkurs** dollar [exchange] rate
dolmetschen to interpret
der **Dolmetscher**, die **Dolmetscherin** interpreter
der **Dom** cathedral
die **Domäne** domain
dominieren 1 *Eigenschaft:* to be predominant 2 *Mensch:* to dominate
die **Dominikanische Republik** Dominican Republic
das **Domino** dominoes ⚠ *Plural*
das **Domizil** residence ['rezɪdᵊn(t)s], domicile ['dɒmɪsaɪl]
der **Dompfaff** bullfinch
der **Dompteur**, die **Dompteurin**, die **Dompteuse** animal trainer
die **Donau** the Danube ['dænju:b]
der **Döner**, der **Dönerkebab** [doner] kebab
der **Donner** thunder
donnern to thunder; **es hat gedonnert und geblitzt** there was thunder und lightning
der **Donnerstag** Thursday; **bis Donnerstag!** see you [on] Thursday!; **[am] Donnerstagabend/Donnerstagmorgen/Donnerstagnachmittag** [on] Thursday night [*oder* evening]/morning/afternoon; **donnerstagabends/donnerstagmorgens** on Thursday evenings [*oder* nights]/mornings
donnerstags on Thursdays
Donnerwetter (*übertragen*) 1 (*anerkennend*) **Donnerwetter!** not bad at all! 2 (*wütend*) **Donnerwetter!** damn it!
doof daft, thick
das **Dopingmittel** [performance-enhancing] drug
die **Dopingsperre** doping ban
das **Doppel** 1 (*Duplikat*) duplicate ['dju:plɪkət] 2 (*beim Tennis*) doubles ⚠ *Plural*
der **Doppelagent**, die **Doppelagentin** double agent ['eɪdʒᵊnt]
das **Doppelbett** double bed
der **Doppeldecker** 1 (*Flugzeug*) biplane 2 (*Bus*) double-decker
doppeldeutig ambiguous [æm'bɪgjʊ:əs]
der **Doppelgänger**, die **Doppelgängerin** double
das **Doppelhaus** semi-detached house
das **Doppelkinn** double chin
das **Doppelleben** double life
der **Doppelname** double-barrelled name
der **Doppelpunkt** colon ['kəʊlɒn]
doppelt 1 double; **die doppelte Menge** twice [*oder* double] the amount; **doppelt so viel** twice as much 2 **etwas doppelt zählen** to count something twice
der **Doppelzentner** 100 kilograms
das **Doppelzimmer** double room
das **Dorf** village ['vɪlɪdʒ]
der **Dorfbewohner**, die **Dorfbewohnerin** villager ['vɪlɪdʒəʳ]
die **Dorfschaft** (CH) hamlet ['hæmlət]
der **Dorn** 1 thorn [θɔ:n] 2 *einer Gürtelschnalle:* tongue [tʌŋ]
das **Dornröschen** Sleeping Beauty
das **Dörrobst** dried fruit [fru:t]
der **Dorsch** cod
dort there
dorther from there
dorthin there
dortig die dortige Lage the situation there
die **Dose** 1 (*Konservenbüchse*) tin (GB), can 2 (*Steckdose*) socket

> **F** Nicht verwechseln mit **dose** = die Dosis!

dösen to doze
das **Dosenbier** canned beer
die **Dosenmilch** tinned [*oder* canned] milk
der **Dosenöffner** tin opener (GB), can opener
das **Dosenpfand** [beverage ['bevᵊrɪdʒ]] can deposit
dosieren to measure ['meʒəʳ] out
die **Dosis** dose
der/das **Dotter** yolk [jəʊk]
das **Double** ['du:bl] substitute
downloaden ['daʊnləʊd] to download
der **Dozent**, die **Dozentin** lecturer (GB), assistant professor (USA)
der **Drache** (*Fabeltier*) dragon
der **Drachen** 1 (*Papierdrachen*) kite; **einen Drachen steigen lassen** to fly a kite 2 (*abwertend: zänkische Frau*) dragon, battle-axe 3 (*Sportgerät*) hang-glider
das **Drachenfliegen** hang-gliding
das **Dragee** coated tablet
der **Draht** wire ▶ WENDUNGEN: **auf Draht sein** be on the ball
die **Drahtbürste** wire brush
das **Drahtgitter** wire netting
drahtig wiry
das **Drahtseil** wire cable
drall buxom
das **Drama** drama
dramatisch dramatic

D

D

dramatisieren to dramatize; (*hochspielen*) to make a to-do about

dran **du bist dran!** it's your turn! ▶WENDUNGEN: **sie ist arm dran** she's badly off; **drauf und dran sein, etwas zu tun** to be on the verge of doing something

der **Drang** impulse, urge [ɜːdʒ]

drängeln (*sich vordrängeln*) to jostle ['dʒɒsl̩], to push; **drängel doch nicht so!** stop shoving!

drängen 1 (*sich vordrängen*) to push; **jemanden zur Seite drängen** to push someone aside 2 **jemanden [zu etwas] drängen** to pressure someone [into doing something] 3 **die Zeit drängt** time's running out 4 **er drängte darauf, den besten Platz zu bekommen** he insisted on getting the best seat

drangsalieren 1 (*politisch, gesellschaftlich*) to oppress 2 (*belästigen*) to pester, to plague [pleɪg]

drastisch drastic

drauf (*umgangsspr*) **der hat schwer was drauf!** he knows his trade!

die **Draufgabe** 1 Ⓐ (*Zugabe*) encore 2 extra, bonus

der **Draufgänger**, die **Draufgängerin** daredevil, go-getter

draufgehen 1 (*sterben*) to snuff it *slang* 2 (*Geld*) to disappear; **bei so einem Auto geht viel Geld drauf** a car like that costs a packet to maintain *umgangsspr*

draufhaben to come out with *Sprüche, Antwort*

draufzahlen to pay extra

draußen 1 outside; **Kinder, geht draußen spielen** go and play outside kids 2 (*im Freien*) in the open air, out of doors 3 (*irgendwo*) **da draußen** out there

der **Dreck** 1 dirt, muck 2 (*umgangsspr: Kleinigkeit*) little thing

dreckig 1 dirty 2 **es geht ihm dreckig** (*umgangsspr*) he's badly off

der **Dreckspatz** mucky pup

der **Dreh** (*umgangsspr: Trick*) trick; **den Dreh heraushaben** to have got the hang of it

die **Drehbank** lathe [leɪð]

drehbar revolving, rotating

der **Drehbleistift** propelling pencil Ⓖ, mechanical [mɪ'kænɪkᵊl] pencil Ⓤ

das **Drehbuch** script

der **Drehbuchautor**, die **Drehbuchautorin** scriptwriter ['skrɪptraɪtəʳ]

drehen 1 to turn *Schraube, Knauf* 2 (*rotieren*) to rotate 3 to roll [rəʊl] *Zigarette* 4 to shoot *Film, Szene* 5 **ein Ding drehen** (*umgangsspr: Streich*) to pull a prank; (*Verbrechen*) to pull a job 6 **sich drehen** (*sich wenden*) to turn (**um** about) 7 **mir dreht sich alles** my head is spinning 8 **sich im Kreise drehen** to turn round and round; (*übertragen: nicht weiterkommen*) to be going round in circles ['sɜːklz] 9 **es dreht sich um meinen Sohn** it's about my son; **es dreht sich darum, ob ...** the point is whether ['weðəʳ] ...

das **Drehkreuz** turnstile

die **Drehorgel** barrel-organ, hurdy-gurdy

der **Drehstuhl** swivel-chair

die **Drehtür** revolving door

die **Drehzahl** revolutions per minute ['mɪnɪt], r. p. m.

die **Drei** 1 (*Zahl*) [number] three 2 (*Schulnote*) ≈ C; **eine Drei schreiben** ≈ to get a C 3 **die Drei** (*Straßenbahn, Bus*) the number three [tram/bus]

drei three; **viertel vor drei** a quarter to three; **drei viertel** three quarters

der **3-D-Drucker**, der **3D-Drucker** (*Computer*) three-D [*oder* 3D] printer

der **3-D-Film**, der **3D-Film** three-D [*oder* 3D] film Ⓖ, three-D [*oder* 3D] movie Ⓤ

das **Dreieck** triangle ['traɪæŋgl]

dreieckig triangular [traɪ'æŋgjələʳ]

dreierlei three sorts of

dreifach 1 threefold, triple 2 **die dreifache Menge** three times the amount; **Groß, der dreifache Olympiameister** three-times [*oder* triple] Olympic champion Gross

die **Dreifachsteckdose** triple socket

dreihundert three hundred

dreijährig three-year-old

das **Dreikönigsfest** Epiphany [ə'pɪfəni]

das **Dreirad** tricycle ['traɪsɪkl̩]

der **Dreisatz** rule of three

dreißig thirty ['θɜːti]

dreißigjährig 1 thirty years old 2 **ein dreißigjähriger Mann** a thirty-year-old man 3 **der Dreißigjährige Krieg** the Thirty Years' War

dreißigste(r, s) thirtieth ['θɜːtiəθ]

das **Dreißigstel** thirtieth ['θɜːtiəθ]

dreist 1 (*kühn*) bold 2 (*frech*) cheeky, impudent

dreistellig *Zahl:* three-figure

dreitägig three-day

dreiteilig three-piece ['θriːpiːs]

dreizehn thirteen [θɜː'tiːn]

dreizehnte(r, s) 1 thirteenth, 13th 2 **wir haben heute den dreizehnten Dezember** today is the thirteenth of December 3 **ich bin in der dreizehnten Klasse** I'm in Year 13

die **Dresche** (*umgangsspr*) thrashing; **Dresche kriegen** to get a good hiding

der **Dress** [sports] kit

dressieren to train

der **Dressman** male model

die **Dressur** training

drillen to drill

die **Drillinge** triplets

drin (*umgangsspr*) 1 (*in etwas*) in it 2 (*im

Haus) inside ▶ WENDUNGEN: **nichts drin!** no way!; **das ist nicht drin!** that's not on!

dringen ① to penetrate; **durch das Herz dringen** to penetrate the heart ② **in etwas dringen** to get through to something; **das Öl ist ins Grundwasser gedrungen** the oil has got into the ground water; **mit Fragen in jemanden dringen** to bombard someone with questions; **an die Öffentlichkeit dringen** to leak to the public ③ **auf etwas dringen** to insist on something

dringend, **dringlich** pressing, urgent ['ɜːdʒᵊnt]

drinnen inside

dritt wir waren zu dritt there were three of us; **wir sind zu dritt hingegangen** three of us went there

dritte(r, s) ① third [θɜːd], 3rd ② **die Dritte Welt** the Third World ③ **sie war Dritte** she came in third ④ **wir haben heute den dritten Dezember** today is the third of December

das **Drittel** third; **zwei Drittel** two thirds

drittel third

drittens thirdly

droben up there

die **Droge** drug

drogenabhängig drug-addicted, addicted to drugs

die **Drogenberatungsstelle** drug advice centre [əd'vaɪsˌsentəʳ]

die **Drogerie** chemist's ['kemɪsts] [shop] (GB), drugstore (USA)

der **Drogist**, die **Drogistin** chemist ['kemɪst] (GB), druggist (USA)

der **Drohbrief** threatening ['θretᵊnɪŋ] letter

drohen ① **jemandem drohen** to threaten someone ② *Gewitter, Krieg, Streit:* to be imminent ③ **der Firma droht der Ruin** the company is on the brink of financial [faɪ'nænʃᵊl] ruin; **sie drohte zu erfrieren** she was in danger of freezing to death

drohend ① *Katastrophe:* imminent ② *Gebärde:* threatening, menacing ['menɪsɪŋ]

die **Drohne** drone

dröhnen ① *Triebwerk:* to roar [rɔːʳ] ② *Lautsprecher:* to boom ③ (*widerhallen*) to resound [rɪ'zaʊnd]

die **Drohung** threat [θret]; **eine Drohung aussprechen/wahr machen** to make/carry out a threat

drollig ① (*komisch*) droll [drəʊl], funny ② (*seltsam*) odd

das **Dromedar** dromedary

die **Drossel** thrush

drosseln ① to choke *Motor* ② to turn down *Heizung* ③ **das Tempo drosseln** to cut down the speed

drüben over there

der **Druck**¹ ① (*auch übertragen*) pressure ['preʃəʳ] ② **jemanden unter Druck setzen** to put pressure on someone

der **Druck**² ① (*Buchdruck*) printing ② (*Druckerzeugnis*) copy ③ (*Schriftart*) print

der **Druckabfall** pressure ['preʃəʳ] drop [*oder* loss]

der **Druckausgleich** equalization of pressure ['preʃəʳ]

der **Druckbuchstabe** printed letter; **bitte in Druckbuchstaben schreiben** please print

der **Drückeberger** (*umgangsspr*) shirker ['ʃɜːkəʳ], slacker

drucken to print

drücken ① to press *Türklinke, Hand* ② to force down; to lower *Preise* ③ *Schuhe:* to pinch ④ **sich [vor etwas] drücken** to shirk [something], to get out of something

drückend ① (*schwer*) heavy [hevi] ② *Hitze:* oppressive [ə'presɪv]; *Luft:* sultry ['sʌltri]

der **Drucker** printer

der **Drücker** ① [push-]button ② *eines Gewehrs:* trigger ▶ WENDUNGEN: **auf den letzten Drücker** at the last minute; **am Drücker sein** to be in charge

die **Druckerei** printing works *Plural*

der **Druckfehler** misprint, printer's error

die **Druckkabine** pressurized ['preʃᵊraɪzd] cabin

der **Druckknopf** ① (*Klingel, am Instrumentenbrett*) push-button ② (*an Kleidung*) press-stud

die **Druckluft** compressed air

das **Druckmittel** means of exerting pressure

druckreif ready ['redi] for printing

die **Drucksache** printed matter

die **Druckschrift** block capitals

Drum mit allem Drum und Dran with all the trimmings *Plural*

drunten down there

drunter underneath ▶ WENDUNGEN: **da ging alles [nur] drunter und drüber** everything was topsy-turvy

die **Drüse** gland

der **Dschungel** jungle

DTP *Abkürzung von* **Desktoppublishing** DTP [ˌdiːtiː'piː]

du you; **bist du's?** is that you?; **ich geh jetzt, und du?** I'm off now, what about you?

der **Dübel** plug

dubios dubious ['djuːbiəs]

ducken sich [vor etwas] ducken to duck [something]

der **Duckmäuser** (*abwertend*) moral coward

der **Dudelsack** bagpipes *Plural*; **Dudelsack spielen** to play the bagpipes

das **Duell** duel [djuːəl]

das **Duett** duet [dju'et]; **im Duett singen** to sing a duet

der **Duft** ① (*angenehm*) scent [sent] ② *von Kaffee:* smell ③ *von Blume:* fragrance ['freɪgrən(t)s] ④ *von Parfüm:* perfume ['pɜːfjuːm]

D

duften to smell (**nach** of)

duftend fragrant ['freɪgrənt] (**nach** with)

duftig *Kleid:* light [laɪt]

dulden (*zulassen*) to tolerate ['tɒləreɪt]

dumm ① stupid ['stjuːpɪd] (GB), dumb [dʌm] (USA) ② **das ist gar nicht so dumm** that's not such a bad idea [aɪ'dɪə] ③ (*unangenehm*) annoying [ə'nɔɪɪŋ]; **so was Dummes!** what a nuisance ['njuːsəns]! ▶ WENDUNGEN: **jemandem dumm kommen** to get funny with someone; **der Dumme sein** to be the sucker; **dummes Zeug reden** to talk nonsense ['nɒnsəns]

dummerweise ① (*aus Dummheit*) foolishly; **ich habe dummerweise abgesagt** I was foolish enough to decline [dɪ'klaɪn] ② (*unglücklicherweise*) unfortunately [ʌn'fɔːtʃənətli]

die **Dummheit** ① (*geistig*) stupidity [stjuː'pɪdəti] ② (*dummer Fehler*) stupid thing; **mach keine Dummheiten!** don't do anything stupid!

der **Dummkopf** (*umgangsspr*) blockhead

dumpf ① *Ton:* hollow; *Geräusch:* muffled ② *Gefühl:* vague [veɪg]

die **Düne** dune [dʒuːn]

das **Düngemittel** fertilizer ['fɜːtɪlaɪzəʳ]

düngen ① (*natürlich*) to dung ② (*künstlich*) to fertilize

der **Dünger** ① (*natürlicher*) dung ② (*künstlicher*) fertilizer

dunkel ① *Farbe, Helligkeit:* dark; **es wird dunkel** it's getting dark ② (*tief*) *Ton:* deep ③ *Erinnerung:* vague [veɪg]

dunkelhäutig dark-skinned

die **Dunkelheit** darkness; **bei Eintritt der Dunkelheit** at nightfall

die **Dunkelkammer** darkroom

die **Dunkelziffer** [estimated] number of unreported cases

dünn ① *Figur:* thin ② *Haar:* fine ③ **dünn besiedelt** sparsely ['spɑːsli] settled ④ **sich dünn[e] machen** (*umgangsspr*) to beat it, to make off

der **Dünndarm** small intestine [ɪn'testɪn]

der **Dunst** ① (*Dampf*) steam ② (*diesige Luft*) haze

die **Dunstabzugshaube** extractor [ɪk'stræktəʳ] hood

dünsten to steam

dunstig hazy, misty

das **Dur** major ['meɪdʒəʳ]; **G-Dur** G major

durch ① (*räumlich*) through [θruː] ② (*mit Hilfe von*) through ③ (*mittels*) by means of; **sie machte ein Vermögen durch den Verkauf ihrer Firma** she made a fortune [by] selling her business ④ (*wegen*) due to, owing to; **die Narbe habe ich durch einen Unfall bekommen** I got the scar [skɑːʳ] from an accident ⑤ **durch Zufall** by chance [tʃɑːn(t)s] ⑥ **die ganze Nacht durch** all night [long]

durcharbeiten to work through

durchatmen to breathe [briːð] deeply

durchaus ① **es ist durchaus möglich** it's perfectly possible ② **er ist durchaus nicht dumm** he is by no means stupid

durchblicken ① to look through [θruː] ② (*übertragen: verstehen*) to understand; **ich blicke [da] nicht durch** I don't get it ▶ WENDUNGEN: **etwas durchblicken lassen** to hint at something

durchbraten to cook thoroughly ['θʌrəli]; **durchgebraten** well-done

durchbrechen to break [breɪk]

durchbrennen (*umgangsspr: abhauen*) to run away

durchbringen ① (*umgangsspr: verschwenden*) to blow *Geld* ② to pull through *einen Kranken, Verletzten*

der **Durchbruch** (*übertragen*) breakthrough ['breɪkθruː]

durchdacht **eine gut durchdachte Idee** a well thought-out idea

durchdenken to think through

durchdrehen (*umgangsspr*) to go berserk [bə'zɜːk], to crack up

durchdringen to penetrate ['penɪtreɪt]

das **Durcheinander** mess, muddle

durcheinanderbringen ① to get in a mess ② (*verwirren*) to confuse [kən'fjuːz] (**mit** with)

durcheinandergeraten to get mixed up

durcheinanderreden to all talk at once

die **Durchfahrt** ① (*das Durchfahren*) thoroughfare ['θʌrəˌfeəʳ]; **Durchfahrt verboten!** no thoroughfare! ② (*Tor*) gateway ③ (*Durchreise*) way through

der **Durchfall** diarrhoea [ˌdaɪə'rɪə] (GB), diarrhea (USA)

durchfallen ① (*durch Öffnung*) to fall [*oder* drop] through ② (*im Examen*) to fail

durchfragen **sich [nach Stuttgart] durchfragen** to ask one's way [to Stuttgart]

durchführbar feasible ['fiːzəbl], practicable

der **Durchgang** ① (*Verbindungsgang*) gateway ② (*Weg*) way; **Durchgang verboten!** no entry!

der **Durchgangsverkehr** through [θruː] traffic (GB), thru [θruː] traffic (USA)

durchgeben **ein Ergebnis durchgeben** to give a result; **eine Meldung durchgeben** to make an announcement

durchgebraten well done

durchgehen ① (*hindurch*) to go [*oder* walk] through ② (*umgangsspr: durchpassen*) to go through ③ *Antrag:* to be carried [*oder* passed] ④ *Pferd:* to bolt

durchgehend ① *Zug:* through [θruː] ② **durchgehend geöffnet** open 24 hours

durchgestylt fully styled

durchgreifen ① (*durchfassen*) to reach through ② (*übertragen: sich durchsetzen*) to take vigorous ['vɪgərəs] action

durchgreifend drastic
durchhalten ① to survive [sə'vaɪv] *Kampf* ② to hold out *Streik* ③ to stand *Belastung* ④ **er hat durchgehalten** he held out
durchkämmen to comb [kəʊm] *Gebiet, Haare*
durchkommen ① (*hindurch*) to come through ② (*übertragen: Erfolg haben*) to succeed [sək'si:d] (**mit** with); **damit kommst du mir nicht durch!** I won't let you get away with that! ③ (*genesen*) to pull through ④ (*in Prüfung*) to get through, to pass
durchkreuzen (*übertragen*) to foil; to thwart [θwɔ:t] *Pläne*
durchlässig permeable ['pɜ:miəbl]
der **Durchlauferhitzer** continuous-flow [kən'tɪnjuəsfləʊ] water heater
durchlesen to read through
durchmachen ① (*erleben*) to go through; **sie hat viel durchgemacht** she's been through a lot ② **eine Entwicklung/Wandlung durchmachen** to undergo a development/change ③ (*durcharbeiten*) to work through ④ (*feiern*) **wir haben gestern Nacht durchgemacht** we had [*oder* did] an all-nighter last night *umgangsspr*
der **Durchmesser** diameter [daɪ'æmɪtəʳ]
durchmogeln **sich durchmogeln** to fiddle one's way through
durchnehmen (*in der Schule*) to go through
durchqueren to cross, to traverse [trə'vɜ:s]
das **Durchreisevisum** transit visa
die **Durchsage** announcement [ə'naʊn(t)smənt]
durchsagen to announce [ə'naʊn(t)s]
durchschauen **jemanden durchschauen** to see through someone
durchschlagen **sich durchschlagen** to fight [faɪt] one's way through
durchschlagend ① *Maßnahmen:* effective [ɪ'fektɪv] ② *Erfolg:* sweeping
das **Durchschlagpapier** carbon [kɑ:bən] paper
durchschneiden to cut in two, to cut through
der **Durchschnitt** average ['ævərɪdʒ]; **im Durchschnitt** on average
durchschnittlich ① (*mittelmäßig*) average ['ævərɪdʒ] ② (*im Durchschnitt*) on average; **er verdient durchschnittlich 2000 Euro im Monat** he earns an average of 2000 euros a month
die **Durchschnittsgeschwindigkeit** average ['ævərɪdʒ] speed
der **Durchschnittswert** average ['ævərɪdʒ] value, mean value
die **Durchschrift** [carbon] copy
durchsehen ① to look through ② (*prüfen*) to check through
durchsetzen ① (*erzwingen*) to push through; **seinen Willen [bei jemandem] durchsetzen** to impose one's will [on someone] ② **sich [bei jemandem] durchsetzen** to assert [ə'sɜ:t] oneself [with someone]
die **Durchsicht** **bei Durchsicht der Akten** on checking the files
durchsichtig ① *Material, Argument:* transparent [træn'spærənt] ② *Kleidungsstück:* see-through ['si:θru:]
durchstehen to stand, to bear [beəʳ]
durchstöbern to scour ['skaʊəʳ] *Gegend* (**nach** for)
durchstreichen to cross out, to delete [dɪ'li:t]
durchsuchen to search [sɜ:tʃ] (**nach** for)
die **Durchsuchung** search (**auf** for)
durchtrieben cunning, sly
durchwachsen **durchwachsener Speck** streaky ['stri:ki] bacon
durchweg(s) without exception [ɪk'sepʃən]
durchwühlen ① (*durchstöbern*) to rummage ['rʌmɪdʒ] [through] (**nach** for) ② to dig up *Erde*
durchwursteln **sich durchwursteln** (*umgangsspr*) to muddle one's way through
durchziehen ① (*umgangsspr*) to get on with; to go ahead [ə'hed] with *Plan, Hochzeit;* **das musst du jetzt einfach durchziehen!** you just have to get on with it! ② *Truppen:* to go through
dürfen ① (*Erlaubnis haben*) **darf ich mitgehen?** can I go along?; (*höflicher*) may I go along?; **ich darf nicht auf die Party** I'm not allowed to go to the party; **darf man hier rauchen?** are you allowed to smoke here?; **darf ich rauchen?** may I smoke?, do you mind if I smoke? ② (*sollen*) **du darfst es nicht kaputt machen** you mustn't break [breɪk] it; **wir dürfen den Flug nicht verpassen** we mustn't [*oder* can't] miss the flight [flaɪt] ③ **das dürfte reichen** that should [ʃʊd] be enough
dürftig ① (*armselig*) *Behausung:* wretched ['retʃɪd] ② (*unzulänglich*) *Kenntnisse:* scanty
dürr ① (*trocken*) dry ② (*abwertend: mager*) scrawny ['skrɔ:ni]
die **Dürre** (*Trockenzeit*) drought [draʊt]
der **Durst** thirst [θɜ:st] (**nach** for); **Durst haben** to be thirsty; **seinen Durst löschen** to quench [kwentʃ] one's thirst
durstig thirsty ['θɜ:sti]
durstlöschend, **durststillend** thirst-quenching
die **Durststrecke** lean time
die **Dusche** shower ['ʃaʊəʳ]
duschen to take a shower
das **Duschgel** shower gel [dʒel]
die **Duschkabine** shower [cubicle ['kju:bɪkl]]
der **Duschvorleger** shower mat
die **Düse** ① nozzle ② (*Kraftstoffdüse*) jet
duselig (*umgangsspr*) daft
düsen (*umgangsspr*) to dash
der **Düsenantrieb** jet-propulsion
das **Düsenflugzeug** jet [plane]

duslig (*umgangsspr*) daft
düster ① *Miene, Stimmung:* dark, gloomy ② (*drohend*) *Wetter:* dismal [ˈdɪzməl], sinister [ˈsɪnɪstəʳ]
das **Dutzend** dozen [ˈdʌzən]
dutzendweise by the dozen
die **DVD** *Abkürzung von* **digital versatile disk** DVD [ˌdiːviːˈdiː]
dynamisch dynamic [daɪˈnæmɪk]
das **Dynamit** dynamite [ˈdaɪnəmaɪt]
die **Dynastie** dynasty [ˈdɪnəsti]

E e

E, e ① (*Buchstabe*) E, e [iː] ② (*in der Musik*) E, e
das **E-Auto** *Abkürzung von* **Elektroauto** e-car, electric car
die **Ebbe** ① (*sinkender Wasserspiegel*) ebb [tide]; **Ebbe und Flut** ebb and flow, the tides *Plural* ② (*gesunkener Wasserspiegel*) low tide
eben ① (*gleichmäßig*) even [ˈiːvən] ② (*von gleicher Höhe*) level ③ (*flach*) flat; **auf ebener Strecke** on the flat ④ (*glatt*) smooth [smuːð] ⑤ (*in der Mathematik*) plane ⑥ (*gerade noch*) just; **er hat es eben noch geschafft** he just made it ⑦ (*genau*) exactly [ɪgˈzæktli], precisely [prɪˈsaɪsli]; **eben!** exactly!; **das ist es ja eben!** that's precisely the point! ⑧ (*einfach, nun einmal*) just, simply; **so ist das eben** that's just the way it is ⑨ (*kurz*) **ich geh eben mal raus** I'm just going to go out for a little while
das **Ebenbild** image [ˈɪmɪdʒ]; **sie ist das genaue Ebenbild ihrer Mutter** she is the spitting image of her mother
ebenbürtig **jemandem ebenbürtig sein** to be someone's equal; **einander ebenbürtig sein** to be equals *Plural*
die **Ebene** ① (*Tiefland*) plain; (*Hochland*) plateau [ˈplætəʊ] ② (*mathematisch*) plane ③ (*übertragen*) level; **auf höchster/gleicher Ebene** at the highest/same level
ebenerdig ground-level
ebenfalls ① (*bei Bejahung*) too, as well *nachgestellt;* **ich mag das ebenfalls** I like it as well ② (*bei Verneinung*) not ... either [ˈaɪðəʳ]; **ich mag das ebenfalls nicht** I don't like it either ③ **einen schönen Abend noch — ebenfalls!** have a nice evening — you too!
das **Ebenholz** ebony
ebenso ① (*genauso*) just as; **du machst das ebenso gut wie sie** you do it just as well as she does [dʌz] ② (*ebenfalls*) as well; **ebenso sehr** [*oder* **viel**] just as much; **ebenso wenig** just as little
der **Eber** boar [bɔːʳ]
die **Eberesche** mountain ash, rowan
das **E-Bike** *Abkürzung von* **Elektrofahrrad** e-bike, electric bike
der **EC** *Abkürzung von* **Eurocity**(**zug**) Eurocity train (*linking major European cities*)
das **Echo** ① (*Widerhall*) echo [ˈekəʊ] ② (*übertragen: Reaktion*) response [rɪˈspɒns] (**auf** to)
die **Echse** lizard
echt ① (*nicht gefälscht*) genuine [ˈdʒenjuɪn]; *Urkunde, Unterschrift:* authentic [ɔːˈθentɪk]; *Gold, Marke:* real ② (*wirklich*) real; **du hast echt Glück gehabt** you were really lucky ③ *Freundschaft, Gefühl:* sincere [sɪnˈsɪəʳ] ④ (*typisch*) typical [ˈtɪpɪkəl]; **das ist echt Edgar!** that's typical of Edgar! ⑤ *Blondine:* natural ⑥ (*umgangsspr*) really, so; **das ist echt geil!** (*slang*) that's really wicked! *umgangsspr*
das **Eck** ① (*Ecke*) corner ② (*im Sport*) corner [of the goal]; **das kurze/lange Eck** the near/far corner [of the goal] ▶ WENDUNGEN: **über Eck** diagonally
die **EC-Karte** debit card
der **Eckball** corner
die **Eckbank** corner seat
die **Ecke** ① (*auch im Sport*) corner ② (*Kante, Rand*) edge [edʒ] ▶ WENDUNGEN: **an allen Ecken und Enden sparen** to scrimp and save
das **Eckhaus** corner house
eckig ① angular [ˈæŋgjʊləʳ]; *Klammer:* square [skweəʳ] ② (*übertragen*) *Gesicht, Bewegung:* jerky [ˈdʒɜːki]
der **Eckstein** (*auch übertragen*) cornerstone
der **Eckzahn** canine [ˈkeɪnaɪn] tooth
Ecuador Ecuador
der **Ecuadorianer**, die **Ecuadorianerin** Ecuadorian
edel ① (*adlig, vornehm*) noble [ˈnəʊbl̩] ② (*hochwertig*) precious [ˈpreʃəs] ③ *Pferd:* thoroughbred [ˈθʌrəbred]
das **Edelgas** noble [ˈnəʊbl] gas, inert [ɪˈnɜːt] gas
das **Edelholz** high-grade timber
das **Edelmetall** precious [ˈpreʃəs] metal
edelmütig magnanimous [mægˈnænɪməs]
der **Edelstahl** refined [*oder* high-grade] steel
der **Edelstein** precious [ˈpreʃəs] stone; (*geschliffen*) gem [dʒem], jewel [ˈdʒuːəl]
die **Edeltanne** noble [ˈnəʊbl̩] fir
das **Edelweiß** edelweiss
editieren to edit
der **Editor**, die **Editorin** editor

das **Edutainment** edutainment [ˌedʒʊ'teɪnmənt]
EDV *Abkürzung von* **elektronische Datenverarbeitung** EDP [ˌiːdiː'piː], electronic data processing [-ˌprəʊsesɪŋ]
der **Efeu** ivy ['aɪvi]
der **Effekt** effect [ɪ'fekt]
effektiv ① (*wirkungsvoll*) effective ② (*tatsächlich*) actual ['æktʃuəl]
egal (*umgangsspr*) **das ist mir ganz egal** it's all the same to me, I couldn't care [keəʳ] less
die **E-Gitarre** *Abkürzung von* **Elektrogitarre** electric guitar
der **Egoist**, die **Egoistin** egotist ['iːgətɪst]
egoistisch egotistical
der **Ego-Shooter** ['eːgoʃuːtɐ] first-person shooter
ehe ① (*bevor*) before; **eh[e] ich es vergesse ...** before I forget ... ② (*bis*) until; (*bei Verneinungen auch*) before; **ich kann nichts tun, ehe er zurückkommt** I can't do anything before he comes back
die **Ehe** marriage ['mærɪdʒ]
der **Eheberater**, die **Eheberaterin** marriage [guidance] ['mærɪdʒ[ˌgaɪdən(t)s]] counsellor
die **Eheberatung** ① (*das Beraten*) marriage guidance ['mærɪdʒˌgaɪdən(t)s] ② (*Stelle*) marriage guidance council [-ˌkaʊn(t)səl]
der **Ehebruch** adultery [ə'dʌltəri]; **Ehebruch begehen** to commit adultery
die **Ehefrau** wife
der **Ehegatte**, die **Ehegattin** spouse [spaʊs]
die **Eheleute** married ['mærid] couple *Singular*
ehelich ① *Wohnung, Bett:* conjugal ['kɒndʒʊgəl], marital ② *Kind:* legitimate [lɪ'dʒɪtəmət]
ehemalig ① *Chef, Schüler:* former, one-time ② **mein ehemaliger Freund** my ex-boyfriend
der **Ehemann** husband
das **Ehepaar** married couple
der **Ehepartner**, die **Ehepartnerin** husband *maskulin*, wife *feminin*, spouse
eher ① (*früher*) earlier ['ɜːliəʳ], sooner; **je eher, desto besser** the sooner the better ② (*lieber*) rather; **eher würde ich ins Kino gehen** I'd rather go to the cinema ③ (*vielmehr*) more; **er ist eher ein Bekannter als ein Freund** he's more an acquaintance [ə'kweɪntəns] than a friend ④ (*wahrscheinlicher*) more likely; **das wird eher der Grund sein** that's more likely to be the reason ⑤ **umso eher** the more so
der **Ehering** wedding ring
die **Eheschließung** wedding
die **Eheverkündung** (CH) marriage announcement
ehrbar ① (*ehrenhaft*) honourable ['ɒnərəbl̩] ② (*Respekt einflößend*) respectable
die **Ehre** honour ['ɒnəʳ]; **zu Ehren von ...** in honour of ...
ehren to honour ['ɒnəʳ]
ehrenamtlich ① *Mitglied:* honorary ['ɒnərəri] ② **etwas ehrenamtlich tun** to do something in an honorary capacity
der **Ehrenbürger**, die **Ehrenbürgerin** freeman, honorary citizen [ˌɒnərəri'sɪtɪzən]
der **Ehrendoktor**, die **Ehrendoktorin** honorary ['ɒnərəri] doctor
der **Ehrengast** guest of honour ['gestəvˌɒnəʳ]
der **Ehrenkodex** code of honour
das **Ehrenmitglied** honorary member
der **Ehrenplatz** ① (*auf Tribüne*) place of honour ② (*für Geschenk, Medaille*) special ['speʃəl] place
die **Ehrensache** point of honour
ehrenvoll, ehrenwert honourable ['ɒnərəbl̩]
das **Ehrenwort** word of honour; **ich gebe mein Ehrenwort** I give you my word
ehrerbietig ① (*respektvoll*) respectful ② (*rücksichtsvoll*) deferential [ˌdefə'renʃəl]
die **Ehrfurcht** ① (*Respekt*) deep respect (**vor** for) ② (*Scheu*) **Ehrfurcht [vor etwas/jemandem] haben** to be in awe [of something/someone]
ehrfürchtig, ehrfurchtsvoll reverent
das **Ehrgefühl** sense of honour ['ɒnəʳ]
der **Ehrgeiz** ambition
ehrgeizig ambitious [æm'bɪʃəs]
ehrlich ① honest ['ɒnɪst]; **sei mal ehrlich!** be honest! ② **ehrlich!** honestly! ['ɒnɪstli], really!; **ehrlich gesagt ...** to be honest ... ③ (*aufrichtig*) *Zuneigung:* sincere [sɪn'sɪəʳ]
die **Ehrlichkeit** ① honesty ['ɒnɪsti] ② (*Aufrichtigkeit*) sincerity [sɪn'serəti]
ehrwürdig venerable
das **Ei** ① (*Hühnerei*) egg ② **Eier** (*slang: Geld*) quid ⚠ *Singular* (GB); (*Dollar*) bucks *Plural* (USA) ③ **Eier** (*umgangsspr: Hoden*) balls *Plural*
▶ WENDUNGEN: **sich wie ein Ei dem andern gleichen** to be as alike as two peas in a pod; **jemanden wie ein rohes Ei behandeln** to handle someone with kid gloves [glʌvz]
die **Eibe** yew [juː]
die **Eiche** oak [əʊk]
die **Eichel** (*Frucht der Eiche*) acorn ['eɪkɔːn]
der **Eichelhäher** jay
eichen to calibrate
das **Eichenholz** oak
der **Eichenwald** oak wood
das **Eichhörnchen** squirrel ['skwɪrəl]
der **Eid** oath; **einen Eid leisten/schwören** to take/swear an oath (**auf** on)
die **Eidechse** lizard
die **Eidgenossenschaft** **die Schweizerische Eidgenossenschaft** the Swiss Confederation
der **Eierbecher** eggcup
der **Eierkuchen** pancake
eiern (*umgangsspr*) *Rad:* to wobble
die **Eierschale** eggshell
der **Eierschwamm** (A), (CH), das **Eierschwammerl** (A) chanterelle [ʃãː(n)tə'rel] [mushroom]
der **Eierstock** ovary ['əʊvəri]

E

der **Eifer** ① (*Eifrigkeit*) eagerness, zeal ② (*Begeisterung*) enthusiasm ③ **im Eifer des Gefechts** in the heat of the moment

die **Eifersucht** jealousy ['dʒeləsi] (**auf** of)

eifersüchtig jealous ['dʒeləs] (**auf** of)

eiförmig egg-shaped

eifrig eager, zealous ['zeləs]

das **Eigelb** egg yolk [jəʊk]

eigen ① **meine eigene Wohnung** my own flat ② **ich brauche mein eigenes Zimmer** I need a room to myself ③ **eine eigene Meinung** an opinion of one's own; **in eigener Sache** on one's own account ④ *Eingang:* separate ['sepərət] ⑤ (*eigentümlich*) *Reiz:* peculiar [pɪ'kjuːliər], strange [streɪndʒ] ⑥ (*pingelig*) fussy, particular; **darin ist sie eigen** she's very particular [*oder* fussy] about that ⑦ (*typisch*) **das ist ihr eigen** that's typical ['tɪpɪkəl] of her

die **Eigenart** ① (*Besonderheit*) peculiarity [pɪˌkjuːli'ærəti] ② (*charakteristische Eigenschaft*) characteristic [ˌkærəktə'rɪstɪk]

eigenartig ① (*sonderbar*) odd, strange [streɪndʒ] ② (*eigentümlich*) peculiar

der **Eigenbedarf** [one's own] personal use

das **Eigengewicht** ① (*Leergewicht eines LKWs*) unladen weight [weɪt] ② *von Produkt:* net weight

eigenhändig ① (*mit eigener Hand*) with one's own hand ② (*persönlich, selbst*) personal

das **Eigenheim** house of one's own

das **Eigenlob** self-praise; **Eigenlob stinkt** don't blow your own trumpet

eigenmächtig on one's own authority, without any authorization

die **Eigenmittel** one's own resources [rɪ'zɔːsɪz]

der **Eigenname** proper name

der **Eigennutz** self-interest

eigennützig selfish

die **Eigenproduktion** **aus Eigenproduktion** home-produced; *Obst, Gemüse:* home-grown

die **Eigenschaft** ① (*positiv*) quality ['kwɒlɪti] ② (*Merkmal*) characteristic [ˌkærəktə'rɪstɪk]; **gute und schlechte Eigenschaften** good and bad points ③ (*physikalisch, chemisch*) property ④ (*Funktion*) capacity [kə'pæsəti]; **in meiner Eigenschaft als ...** in my capacity as ...

das **Eigenschaftswort** adjective

eigensinnig obstinate, stubborn

eigentlich ① (*wirklich*) actually, really; **was ist eigentlich los?** what's actually going on? ② **eigentlich wollte ich nicht lange bleiben** I wasn't really going to stay long; **eigentlich nicht** not really ③ (*überhaupt*) anyway; **was willst du eigentlich hier?** what do you want here anyway?

das **Eigentor** own goal; **ein Eigentor schießen** score an own goal

das **Eigentum** property

der **Eigentümer**, die **Eigentümerin** owner

eigentümlich (*sonderbar*) odd, peculiar

die **Eigentumswohnung** owner-occupied flat

eigenwillig ① (*eigensinnig*) self-willed ② (*unkonventionell*) unconventional

eignen ① **sich eignen für/als** [*oder* **zu**] to be suitable ['suːtəbl] for/as ② **er würde sich als Kindergärtner eignen** he'd make a good nursery school teacher

das **Eiklar** Ⓐ egg white

der **Eilbrief** express letter ⒼⒷ, special-delivery [ˌspeʃəldɪ'lɪvəri] letter USA

die **Eile** hurry; **in Eile** in a hurry

der **Eileiter** oviduct

eilen **es eilt!** it's urgent!; **es eilt nicht** there's no hurry

eilig ① (*rasch, hastig*) hasty ['heɪsti], hurried; **ein eiliger Abgang** a hasty retreat ② **es eilig haben** to be in a hurry [*oder* rush] ③ (*dringend*) **es ist eilig!** this is urgent!

der **Eilzug** fast stopping train

die **Eilzustellung** express delivery, special ['speʃəl] delivery

der **Eimer** ① bucket, pail; **ein Eimer Wasser** a bucket[ful] of water ② (*umgangsspr*) **mein Fahrrad ist im Eimer** my bike's had it *umgangsspr;* **ich bin total im Eimer** I'm totally whacked [wækt] *umgangsspr*

ein[1] (*auf Elektrogeräten*) **ein/aus** on/off

ein[2], **eine**(**r**, **s**) ① (*bei Mengenangaben*) one; **das kostet einen Euro** it costs one euro; **es ist ein Uhr** it is one o'clock ② (*unbestimmter Artikel*) a *vor Konsonant,* an *vor gesprochenem Vokal;* **ein Auto** a car; **eine Stunde/ein Ei** an hour/an egg ③ **ein gewisser Herr ...** a certain ['sɜːtən] Mr ... ④ (*Person*) **einer von uns** one of us; **einer nach dem anderen** one after the other; **du bist mir eine[r]!** (*umgangsspr*) you're a one! ⑤ **das ist ein und dasselbe** it is one and the same thing; **das ist ein und derselbe** this is one and the same person

> **V** Der unbestimmte Artikel **an** wird vor Wörter, die mit den Vokalen a, e, i, o, u beginnen, gesetzt: *an apple, an egg, an ice-cream, an oyster, an umbrella;* und auch vor h, wenn man das h nicht hört: *an hour, an honest man.* — Wird aber ein u als [ju] ausgesprochen, dann wird vor das Wort ein **a** gesetzt: *a unit, a university.*

einander each other, one another

einarbeiten ① **jemanden einarbeiten** to train someone ② **sich einarbeiten** to get used to the work

die **Einarbeitungszeit** training period ['pɪəriəd]

einäschern to cremate *Leichnam*

einatmen to breathe [briːð] in

die **Einbahnstraße** one-way street

einbalsamieren to embalm [ɪm'bɑːm]

der **Einband** book cover ['kʌvər], case

einbändig one-volume
der **Einbau** installation
einbauen (*installieren*) to install
die **Einbauküche** fitted kitchen
der **Einbauschrank** built-in cupboard ['kʌbəd]
einberufen 1 to convene *Versammlung;* to summon *Parlament* 2 (*zum Militär*) to call up (GB), to draft (USA)
die **Einberufung** (*zum Militär*) conscription (GB), draft call (USA)
einbetten to embed
einbeziehen to include (**in** in)
einbiegen **in eine Straße einbiegen** to turn off into a street; **nach links einbiegen** to turn off to the left
einbilden 1 (*fantasieren*) to imagine; **das bildest du dir alles nur ein!** you're just imagining things! 2 **er bildet sich viel auf sein Aussehen ein** he is conceited [kən'siːtɪd] about his looks 3 **bilden Sie sich nur nicht ein, dass ...!** don't imagine that ...!, don't go thinking that ...! 4 **was bildest du dir eigentlich ein?** who do you think you are?
die **Einbildung** 1 (*Fantasie*) imagination 2 (*Illusion*) illusion [ɪ'luːʒən]; **das ist pure Einbildung!** it's just your imagination!
die **Einbildungskraft** imagination
einbinden (*übertragen*) to integrate (**in** into)
einbläuen (*umgangsspr*) 1 (*einschärfen*) to drum into; **ich hab ihr eingebläut, ja nichts zu sagen** I told her time and time again not to say a word 2 (*durch Schläge*) to thump into
einblenden to slot in *Werbespots*
der **Einblick** (*übertragen*) insight ['ɪnsaɪt] (**in** into); **sich [einen] Einblick in etwas verschaffen** to gain an insight into something
einbrechen 1 *Einbruch begehen*) break [breɪk] in, burgle, burglarize (USA); **man hat bei mir eingebrochen** I've been burgled; **in der Schule wurde eingebrochen** the school has been burgled [*oder* broken into] 2 **auf dem Eis einbrechen** to fall through [θruː] the ice
der **Einbrecher**, die **Einbrecherin** burglar
einbringen 1 to introduce [ˌɪntrə'djuːs] *Antrag;* to bring in *Gesetzentwurf* 2 to gather in *Ernte* 3 to earn [ɜːn] *Zinsen,* to yield [jiːld] 4 (*beitragen*) to contribute [kən'trɪbjuːt]
der **Einbruch** 1 burglary 2 **bei Einbruch der Dunkelheit/Nacht** at dusk/nightfall
einbuchten (*slang*) to put behind bars
einbürgern 1 **jemanden einbürgern** to naturalize someone; **sie ist in Kanada eingebürgert worden** she has become a naturalized Canadian; **sich einbürgern lassen** to become naturalized 2 (*übertragen*) *Wort, Sitte:* to become a habit
die **Einbuße** loss (**an** to)
einbüßen to lose [luːz]
einchecken to check in
eincremen to put cream on
eindämmen 1 to dam *Fluss* 2 (*übertragen: aufhalten*) to check *Brand, Hochwasser;* to contain *Seuche, Schaden*
eindecken **sich eindecken** to stock up (**mit** on)
eindeutig 1 (*nicht mehrdeutig*) unambiguous [ˌʌnæm'bɪgjuəs] 2 (*offensichtlich*) clear 3 **das war eindeutig deine Schuld** it was clearly your fault
eindringen to penetrate (**in** into)
der **Eindringling** intruder
der **Eindruck** 1 impression [ɪm'preʃən]; **den Eindruck haben, dass ...** to be under the impression that ... 2 **er macht mir einen netten Eindruck** he seems quite nice to me
eindrücklich (CH) impressive
eindrucksvoll impressive
einebnen (*auch übertragen*) to level
eineiig *Zwillinge:* identical
eineinhalb one and a half [hɑːf]; **vor eineinhalb Jahren** a year and a half ago
einengen (*auch übertragen*) to constrict
der **Einer** (*Boot*) single scull
das **Einerlei** sameness, monotony [mə'nɒtəni]
einerlei **das ist mir einerlei** it's all the same to me
einerseits on the one hand
einfach 1 (*nicht schwierig*) simple, easy 2 (*schlicht*) *Kleidung, Feier:* plain 3 (*gewöhnlich*) *Mensch:* ordinary 4 *Essen:* plain 5 *Knoten, Schleife:* simple 6 *Fahrt, Fahrkarte:* single 7 (*geradezu*) simply; **das ist einfach spitze!** that's so excellent! 8 **so etwas tut man einfach nicht** that simply isn't done
einfädeln 1 (*umgangsspr*) to set up *Komplott, Intrige* 2 to thread [θred] *Nadel, Faden*
einfahren 1 to drive into *Mauer, Auto* 2 to retract *Fahrgestell* 3 to bring in *Ernte, Gewinn* 4 to make *Verluste* 5 *Zug:* to come in, to arrive
die **Einfahrt** entrance ['entrən(t)s]
der **Einfall** (*Idee*) [sudden] idea
einfallen 1 **jemandem einfallen** to occur to someone; **mir fällt einfach nichts ein** I just can't think of anything 2 **dabei fällt mir ein, wie ich ...** that reminds me of how I ...; **jetzt fällt mir ein, wie ...** I just thought of how ... 3 **da musst du dir was/eine Ausrede einfallen lassen** you'll have to think of something/an excuse 4 **was fällt Ihnen ein!** how dare you! 5 *Licht:* to come in
einfallslos unimaginative
einfältig 1 (*naiv*) simple 2 (*dumm*) simple-minded
der **Einfaltspinsel** (*umgangsspr*) simpleton
das **Einfamilienhaus** detached house
einfangen (*auch übertragen*) to catch

E

einfarbig *Stoff:* self-coloured, all one colour

einfassen ① to edge [edʒ] *Beet, Grab* ② to trim *Knopfloch, Naht* ③ to set *Edelstein* (**mit** in)

einfinden **sich einfinden** to turn up, to arrive

einflößen **jemandem Wasser einflößen** to give someone water; **jemandem Angst/Vertrauen einflößen** to instil fear/confidence in someone

die **Einflugschneise** approach [əˈprəʊtʃ] path

der **Einfluss** influence [ˈɪnfluən(t)s]; **Einfluss auf jemanden haben/ausüben** to have/exert an influence on someone; **sie hat einen schlechten Einfluss auf ihn** she is a bad influence on him

der **Einflussbereich** sphere of influence [ˌsfɪəʳəvˈɪnfluən(t)s]

einflussreich influential [ˌɪnfluˈenʃᵊl]

einförmig (*eintönig*) monotonous [məˈnɒtᵊnəs]

einfrieren ① to freeze *Lebensmittel* ② *Rohr:* to freeze up

einfügen ① (*einpassen*) to fit (**in** into) ② (*nachträglich hinzufügen*) to insert [ɪnˈsɜːt] (**in** in) ③ **sich einfügen** (*sich anpassen*) to adapt (**in** to)

das **Einfühlungsvermögen** empathy

die **Einfuhr** import [ˈɪmpɔːt]

die **Einfuhrbestimmungen** import [ˈɪmpɔːt] regulations

einführen ① (*importieren*) to import [ɪmˈpɔːt] ② to introduce *neue Produkte, Ideen* (**in** to) ③ (*hineinstecken*) to insert [ɪnˈsɜːt] (**in** into)

die **Einführung** ① (*Einleitung*) introduction (**in** to) ② (*in ein Amt*) installation

der **Einführungspreis** introductory price

der **Einfuhrzoll** import [ˈɪmpɔːt] duty

die **Eingabe** ① (*Gesuch*) petition [pəˈtɪʃᵊn] (**an** to) ② *von Daten:* input

die **Eingabetaste** return [*oder* enter] key

der **Eingang** ① (*Tür*) entrance [ˈentrən(t)s] (**in** to) ② (*auch übertragen: Zutritt*) entry (**in** into, **zu** to); **Eingang verboten!** no entry! ③ (*Erhalt*) receipt [rɪˈsiːt]; *von Waren:* delivery; **nach Eingang** on receipt

eingangs initially [ɪˈnɪʃᵊli]

eingeben to enter, to feed, to key in *Daten*

eingebildet conceited [kənˈsiːtɪd]; **sie ist total eingebildet** she is full of herself

der/die **Eingeborene** native

die **Eingebung** inspiration

eingefallen ① *Wangen, Augen:* sunken ② *Gesicht:* haggard [ˈhægəd]

eingefleischt **ein eingefleischter Junggeselle** a confirmed bachelor

eingehen ① *Kleidungsstück, Wäsche:* to shrink ② *Pflanzen:* to die (**an** of) ③ (*umgangsspr*) *Betrieb:* to fold up ④ **auf eine Frage eingehen** to go into a question; **auf etwas näher eingehen** to go into the particulars of something; **auf jemanden eingehen** to devote one's time and attention to someone ⑤ *Post:* to come in ⑥ to make *Wette* ⑦ to take *Risiko*

eingehend ① (*ausführlich*) *Bericht:* detailed ② (*gründlich*) *Untersuchung:* thorough [ˈθʌrə] ③ *Post:* incoming

das **Eingemachte** ① (*Marmelade*) preserves *Plural* ② (*in Essig*) pickles ⚠ *Plural* ► WENDUNGEN: **jetzt geht's ans Eingemachte!** we're really scraping the barrel now

die **Eingemeindung** incorporation

eingenommen **von jemandem/etwas eingenommen sein** to be taken with someone/something; **gegen jemanden/etwas eingenommen sein** to be biased against someone/something; **von sich eingenommen sein** to be conceited

eingeschnappt (*umgangsspr*) cross, in a huff; **er ist immer gleich eingeschnappt** he goes into a huff easily

eingeschränkt limited, restricted

eingeschrieben *Brief, Mitglied:* registered

das **Eingeständnis** admission [ədˈmɪʃᵊn], confession [kənˈfeʃᵊn]

eingestehen to admit to, to confess to *Schuld, Diebstahl*

eingestellt ① **auf etwas eingestellt sein** to be prepared for something ② **sozial eingestellt** socially [ˈsəʊʃᵊli] minded [*oder* oriented] [ˈɔːrientɪd]

die **Eingeweide** bowels [ˈbaʊəlz], entrails

eingewöhnen **sich eingewöhnen** to settle down [*oder* in]

eingießen to pour [pɔːʳ] [out]

eingleisig *Bahnstrecke:* single-track

eingliedern ① to incorporate [ɪnˈkɔːpᵊreɪt] *Firma* (**in** with/into) ② to integrate *Person* (**in** into) ③ **sich eingliedern** to integrate oneself (**in** into)

eingreifen to intervene [ˌɪntəˈviːn]

der **Eingriff** ① (*operativer*) operation ② (*übertragen: Einmischung*) intervention

eingruppieren group (**in** in)

der **Einhalt** **Einhalt gebieten** to put a stop to

einhalten ① to keep *Versprechen* ② to keep to *Vereinbarung* ③ to follow *Regeln* ④ **eine Frist/einen Termin einhalten** to meet a deadline [ˈdedlaɪn] ⑤ **den Kurs einhalten** to stay on course ⑥ (*innehalten*) to pause

einhandeln ① **etwas gegen** [*oder* **für**] **etwas einhandeln** to trade something for something ② **sich Ärger einhandeln** to get into trouble

einheimisch ① *Tiere, Pflanzen:* native ② *Industrie, Produkt:* local ③ (*Mensch*) **die Einheimischen** the locals

die **Einheit** ① (*staatlich, national*) unity [ˈjuːnəti] ② (*Ganzes*) whole [həʊl] ③ (*Truppe, Maßeinheit, Telefoneinheit*) unit

Einkaufen	Shopping
Wo finde ich …?	Where can I find …?
Können Sie mir ein Feinkost-/ Lebensmittelgeschäft empfehlen?	Can you recommend a delicatessen/food store?
Werden Sie schon bedient?	Are you being served?
Danke, ich sehe mich nur um.	I'm just looking, thanks.
Was darf es sein?	What would you like?
Geben Sie mir bitte …	Could I have …, please?
Ich möchte …	I'd like …
Darf es sonst noch etwas sein?	Would you like anything else?
Könnten Sie es mir einpacken?	Could you wrap it up for me, please?

einheitlich ① (*genormt*) standard[ized] ② (*gleichförmig*) uniform ③ (*ein Ganzes bildend*) unified

die **Einheitsgebühr** consolidated [*oder* flat] rate

der **Einheitspreis** standard price [*oder* rate]

der **Einheitstarif** standard tariff

einheizen (*heizen*) to put the heating on ▶ WENDUNGEN: **jemandem tüchtig einheizen** (*umgangsspr*) to make things hot for someone

einhellig unanimous [juːˈnænɪməs]

einholen ① to lower *Fahne, Segel* ② to haul in *Netz, Boot* ③ to take *Rat* ④ **jemanden einholen** to catch up with someone ⑤ **verlorene Zeit einholen** to make up for lost time

einig ① in agreement, agreed (**in/über** on) ② **sich nicht einig sein** to disagree (**über** about) ③ **sich [über etwas] einig werden** to agree [on something] ④ *Paar, Volk:* united [juːˈnaɪtɪd]

einige(r, s) ① (*ein paar*) a few; **in einigen Tagen** in a few [*oder* couple of] days ② (*mehrere*) several; **ich hab's einige Male probiert** I tried several times ③ (*ein paar Leute*) some [people]; **einige sind schon vorgegangen** some have gone ahead [əˈhed] already; **einige andere** several others ④ **in einiger Entfernung** some distance away ⑤ **das wird dich einiges kosten** it's going to cost you

einigen **sich einigen** to agree, to come to an agreement (**über** on/about)

einigermaßen ① quite [kwaɪt]; **ein einigermaßen gutes Hotel** a fairly good hotel ② (*nicht schlecht*) so-so

die **Einigkeit** ① (*Eintracht*) unity [ˈjuːnɪti] ② (*Übereinstimmung*) agreement (**in/über** on)

die **Einigung** ① (*Übereinstimmung*) agreement ② (*gerichtlicher Vergleich*) settlement [ˈsetlmənt] ③ (*politisch*) unification [ˌjuːnɪfɪˈkeɪʃᵊn]

einimpfen (*übertragen*) **jemandem etwas einimpfen** to instil something into someone

einjährig ① (*ein Jahr alt*) one-year-old ② *Pflanze:* annual

einkalkulieren to take into account

einkassieren to collect

der **Einkauf** ① (*das Kaufen*) buying [ˈbaɪɪŋ] ② **Einkäufe machen** to go [*oder* do some] shopping; **machst du heute den Einkauf?** would you do the shopping today? ③ (*das Gekaufte*) purchase ④ (*Abteilung*) purchasing [*oder* buying] [department]

einkaufen to buy [baɪ]; **etwas einkaufen** to buy something; **einkaufen gehen** to go shopping; **sich [in eine Firma] einkaufen** to buy one's way [into a company]

die **Einkaufsabteilung** purchasing department

der **Einkaufsbummel** **einen Einkaufsbummel machen** to go on a shopping expedition

der **Einkaufspalast** retail palace [-ˌpælɪs]

die **Einkaufspassage** shopping arcade

der **Einkaufswagen** shopping cart, trolley

das **Einkaufszentrum** shopping centre [-ˌsentəʳ]

einkehren ① (*in Gasthof*) to stop [off] (**in** at) ② **es ist Ruhe eingekehrt** peace has set in

einkellern to store in a cellar [ˈseləʳ]

einklammern to bracket, to put in brackets

der **Einklang** ① (*Harmonie*) harmony ['hɑːməni]; **in Einklang bringen** to bring into accord, to harmonize ② (*musikalisch*) unison ['juːnɪsən]
einklemmen to jam, to trap
einkochen ① to preserve *Obst* ② to bottle *Marmelade*
das **Einkommen** income
die **Einkommenssteuererklärung** income tax return
E
die **Einkünfte** income ⚠ *Singular*, revenue ['revᵊnjuː] *Singular*
einladen ① to load *Waren* (**in** into) ② to invite *Gast* (**zu** to) ③ (*bezahlen*) **ich lade Sie ein** I'm treating you, this is my treat
die **Einladung** invitation
die **Einlage** ① (*Spareinlage*) deposit ② (*in Schuh*) support
einlagern to store
einlangen Ⓐ (*eintreffen*) to arrive
der **Einlass** (*Zutritt*) admission [əd'mɪʃᵊn]; **jemandem Einlass gewähren** to admit someone
einlassen ① (*hereinlassen*) to let in ② **ein Bad einlassen** to run a bath ③ **sich auf etwas einlassen** to let oneself in for something; **sich auf einen Streit einlassen** to get into [*oder* involved in] an argument ④ **sich mit jemandem einlassen** to get mixed up with someone
der **Einlauf** ① (*medizinisch*) enema ② (*im Sport*) finish
einlaufen ① *Wasser:* to run in ② *Kleidungsstück, Stoff:* to shrink ③ to wear [weəʳ] in *Schuhe*
einleben sich einleben to settle down
einlegen ① **eine Pause einlegen** to have a break [breɪk] ② **eine Schicht einlegen** to put on an extra shift ③ **ein gutes Wort für jemanden/bei jemandem einlegen** to put in a word for/with someone ④ **den ersten Gang einlegen** to engage first [gear] ⑤ **einen Film einlegen** to load the camera
die **Einlegesohle** insole
einleiten ① (*beginnen*) to start ② (*eröffnen*) to open ③ (*in Gang setzen*) to initiate [ɪ'nɪʃieɪt] ④ to take *Schritte, Maßnahmen*
einleitend introductory
die **Einleitung** ① *eines Buches:* introduction ② (*musikalisch*) prelude
einlenken (*übertragen*) to give way, to yield [jiːld]
einleuchten das leuchtet mir ein I can see the point
einleuchtend clear, plausible ['plɔːzɪbl]
einliefern (*bringen*) to deliver; **jemanden ins Krankenhaus einliefern** to admit someone to hospital
einloggen to log in
einlösen ① to cash [in] *Wechsel, Scheck* ② to keep *Versprechen, Wort*
einmachen ① to preserve [prɪ'zɜːv] *Obst;* **etwas in Essig einmachen** to pickle something ② (*in Gläser*) to bottle
das **Einmachglas** bottling jar
einmal ① (*nicht zweimal*) once ② (*ehemals*) once [upon a time]; **es war einmal ein Prinz ...** once upon a time there was a prince ... ③ (*in Zukunft*) one day, some time ④ (*jemals*) ever ⑤ **auf einmal** all of a sudden ⑥ **noch einmal** (*wieder*) again, once more; (*ein letztes Mal*) one last time ⑦ **nicht einmal** not even ..., not so much as ...
das **Einmaleins** [multiplication] tables ⚠ *Plural;* **das große/kleine Einmaleins** tables over/up to ten
einmalig ① (*einzigartig*) unique [juː'niːk] ② **einmalig!** fantastic! ③ **eine einmalige Zahlung/Gelegenheit** a one-off payment/opportunity
die **Einmannkapelle** one-man band
die **Einmischung** interference [ˌɪntə'fɪərᵊn(t)s], meddling (**in** in)
einmotorig *Flugzeug:* single-engine[d]
die **Einmündung** ① *eines Flusses:* confluence ['kɒnfluən(t)s] ② *einer Straße:* junction ['dʒʌŋʃᵊn]
einmütig unanimous [juː'nænɪməs]
die **Einnahme Einnahmen** income ⚠ *Singular; beim Geschäft:* takings *Plural;* (*beim Staat*) revenue ⚠ *Singular*
einnehmen ① to take *Arznei, Mittel* ② (*verdienen*) to earn *Geld;* to collect *Steuern;* to take *Geschäftseinnahmen* ③ (*auch übertragen*) to occupy *Platz* ④ to take *Stadt, Festung* ⑤ **jemanden für sich einnehmen** to win someone over
einnehmend winning, charming
einnicken (*umgangsspr*) to drop [*oder* nod] off
die **Einöde** (*auch übertragen*) wasteland
einordnen ① to file *Karteikarten* ② (*klassifizieren*) to classify ③ **sich** [**rechts/links**] **einordnen** *Auto:* to get in[to the right/left] lane ④ **ich kann ihn nicht einordnen** I can't place him
einpacken ① (*als Geschenk, Paket*) to wrap [ræp] up (**in** in) ② (*in Koffer*) to pack (**in** in) ③ (*in Schule*) to pack one's things
einparken to park
einplanen ① (*planen*) to include in one's plans ② (*berücksichtigen*) to allow for
einprägen jemandem prägt sich etwas ein something makes an impression on someone
einprägsam easily remembered
einprogrammieren to programme in, to input
einrahmen (*auch übertragen*) to frame
einräumen ① (*verstauen*) to put away ② to fill *Schrank, Regal* ③ to put [the] furniture in *Zimmer, Wohnung* ④ (*zugeben*) to admit, to concede [kən'siːd] ⑤ (*zugestehen*) to allow [ə'laʊ]
einrechnen to include
einreden ① **jemandem etwas einreden** to

talk someone into believing something ② **jemandem/sich einreden, dass ...** to persuade [pə'sweɪd] someone/oneself that ... ③ **auf jemanden einreden** to keep on and on at someone

einreichen ① to submit *Unterlagen* (**bei** to) ② to apply for *Pensionierung, Versetzungsgesuch* (**bei** to)

einreihen ① (*einordnen*) to put in ② **sich [in etwas] einreihen** to join [something]

die **Einreise** entry (**in** to); **bei der Einreise** on entry

die **Einreisebestimmungen** entry regulations

die **Einreisegenehmigung** entry permit [-ˌpɜːmɪt]

einreisen to enter [the country] ['kʌntri]

einrenken ① to set *Glieder, Gelenke* ② **das renkt sich schon wieder ein** (*umgangsspr*) it'll sort itself out

einrichten ① to open *Bankkonto* ② (*justieren*) to set up ③ (*möblieren*) to furnish ④ (*ausstatten*) to fit out ⑤ (*hinkriegen*) to arrange [ə'reɪndʒ]; **können Sie es irgendwie einrichten, dass ...?** could you possibly arrange things so that ...? ⑥ **sich einrichten** (*Wohnung möblieren*) to furnish one's flat ⑦ **kannst du dich auf halb acht einrichten?** could you get ready for half past seven?

die **Einrichtung** ① (*Möbel*) furnishings *Plural* ② (*Ausstattung*) fittings *Plural* ③ (*Institution*) institution [ˌɪnstɪ'tjuːʃᵊn]; **kulturelle/öffentliche Einrichtungen** cultural/public facilities

die **Eins** ① (*Zahl*) [number] one ② (*Schulnote*) A; **eine Eins schreiben** to get an A ③ (*beim Würfeln*) one ④ **die Eins/der Einser** (*Straßenbahn, Bus*) the number one [tram/bus]

eins ① (*Zahl*) one; **viertel vor eins** a quarter to one ② **eins a** (*umgangsspr: erstklassig*) A1 ③ **das ist mir alles eins** (*umgangsspr*) it's all the same to me

einsacken (*umgangsspr: kassieren*) to rake in

einsam ① *Mensch, Leben:* lonely ② (*vereinzelt*) **ein einsamer Wanderer** a solitary hiker ③ (*abgelegen*) *Haus, Insel:* secluded ④ (*leer*) *Strand:* empty

einsammeln to collect [in] *Geld*

der **Einsatz** ① (*eingesetztes Stück*) inset ['ɪnset] ② (*beim Glücksspiel*) stake ③ *von Kapital:* investment ④ (*militärisch, polizeilich*) action ⑤ *von Arbeitskräften:* employment [ɪm'plɔɪmənt] ⑥ (*Hingabe*) commitment (**für** to) ⑦ **unter Einsatz ihres Lebens** at the risk of her life

einsatzbereit ① *Gerät:* ready [redi] for use ② *Einsatztruppe:* ready for action

einschalten ① to switch on *Maschine, Licht* ② **jemanden [in etwas] einschalten** to bring someone in [on something]

die **Einschaltquote** audience ['ɔːdiən(t)s] rating

einschärfen **jemandem etwas einschärfen** to impress something [up]on someone

einschätzen ① (*beurteilen*) to assess *Situation, Aufsatz;* to judge [dʒʌdʒ] *Person* ② **etwas falsch einschätzen** to misjudge something; **etwas richtig einschätzen** to be right [raɪt] about something ③ **wie schätzen Sie die Lage ein?** how do you judge the situation? ④ **das ist schwer einzuschätzen** that's difficult to say ⑤ **sich einschätzen** to rate oneself

einschenken to pour [out]

einscheren to merge

einschicken to send in

einschiffen **sich einschiffen** to embark

einschlafen ① *Person, Tier:* to fall asleep ② *Fuß, Arm:* to go to sleep ③ (*übertragen*) *Freundschaft:* to peter out, to cool off

einschläfern to put to sleep *Tier*

einschläfernd (*narkotisierend*) soporific [ˌsɒpᵊr'ɪfɪk]

einschlagen ① to smash *Scheibe, Tür* ② to knock [nɒk] out *Zähne* ③ to hammer in *Nagel* ④ (*einwickeln*) to wrap [ræp] [up] ⑤ to take *Weg, Kurs* ⑥ *Geschoss:* to hit ⑦ *Blitz:* to strike ⑧ (*gut ankommen*) to be a big hit

einschlägig ① *Literatur:* relevant ② **einschlägig vorbestraft sein** to have been previously ['priːviəsli] convicted for a similar offence

einschleichen **sich einschleichen** *Fehler:* to creep in

einschließen ① (*in Zimmer, Schrank*) to lock up; **sich einschließen** to lock oneself in ② (*militärisch*) to encircle [ɪn'sɜːkl], to surround [sə'raʊnd] ③ (*übertragen*) to include

einschließlich ① including, inclusive of; **einschließlich Mehrwertsteuer/Porto** V.A.T./postage included ② **von Mittwoch bis einschließlich Freitag** from Wednesday to Friday inclusively, from Wednesday thru Friday (USA)

einschmeicheln **sich [bei jemandem] einschmeicheln** to ingratiate [ɪn'greɪʃieɪt] oneself [with someone]

einschnappen ① *Türschloss:* to click shut ② (*umgangsspr: beleidigt sein*) to get peeved (**über** about/at); **sie schnappt immer gleich ein** she goes into a huff easily

einschneidend (*übertragen*) ① (*drastisch*) drastic ② (*weit reichend*) far-reaching

der **Einschnitt** (*übertragen: Wendepunkt*) decisive [dɪ'saɪsɪv] point

einschränken ① (*reduzieren*) to reduce [rɪ'djuːs] *Ausgaben* ② (*begrenzen*) to limit *Rechte, Freiheit* ③ **sich einschränken** to economize

die **Einschränkung** ① (*Reduzierung*) reduction ② **ohne Einschränkung** without reservations *Plural*

der **Einschreib(e)brief**, das **Einschreiben** registered ['redʒɪstəd] letter (GB), certified ['sɜːtɪfaɪd] letter (USA)

einschreiben **sich einschreiben** (*an Universität*) to register (**an** at); (*in Verein*) to enrol[l]

einschreiten 1 (*Maßnahmen ergreifen*) to take action (**gegen** against) 2 (*eingreifen*) to intervene [ˌɪntəˈviːn]

einschüchtern to intimidate

die **Einschulung** enrolment in primary school [skuːl] (GB), enrollment in elementary school (USA)

E

einschweißen (*in Plastik*) to shrink-wrap [ˈʃrɪŋkræp]

die **Einschweißfolie** shrink wrap

einsehen 1 to look at *Akten* 2 (*begreifen*) to see 3 **das sehe ich nicht ein** I don't see why 4 **seine Schuld einsehen** to admit to being guilty [gɪlti]; **einen Fehler einsehen** to realize a mistake

einseifen 1 (*mit Seife*) to soap 2 (*umgangsspr: hereinlegen*) to con

einseitig 1 (*auch übertragen: von einer Seite*) one-sided 2 (*voreingenommen*) bias[s]ed 3 *Nahrung:* unbalanced [ʌnˈbælən(t)st] 4 *Abmachung, Kündigung:* unilateral [ˌjuːnɪˈlætᵊrᵊl]

einsenden to send in

der **Einsendeschluss** closing date

einsetzbar applicable [əˈplɪkəbl], usable [ˈjuːzəbl]

einsetzen 1 (*einfügen*) to put [*oder* fit] in 2 (*beim Spiel, Wetten*) to stake *Geld* 3 (*gebrauchen*) to use *Mittel* 4 to bring into action *Truppen* 5 *Regen:* to start 6 **sich** [**für etwas**] **einsetzen** to commit oneself [to something] 7 **sich** [**für jemanden**] **einsetzen** to give one's support [to someone]

die **Einsicht** 1 (*Erkenntnis*) insight [ˈɪnsaɪt] 2 (*Verständnis*) understanding; **zu der Einsicht kommen, dass ...** to come to realize that ... 3 **Einsicht in die Akten nehmen** to take a look in the files

einsichtig *Mensch:* reasonable

einsickern to seep in

der **Einsiedler**, die **Einsiedlerin** hermit

einsilbig (*übertragen*) monosyllabic [ˌmɒnə(ʊ)sɪˈlæbɪk]

einspannen 1 to harness *Pferd* 2 (*umgangsspr: zu Arbeiten heranziehen*) to rope in; **jemanden** [**für etwas**] **einspannen** to rope someone in [for something]

der **Einspänner** (*Kaffee mit Sahnehaube*) black coffee with whipped [wɪpt] cream

einsparen 1 to save *Geld* 2 to reduce [rɪˈdjuːs] *Kosten, Ausgaben*

einsperren 1 (*in Zimmer*) to lock in 2 (*umgangsspr: ins Gefängnis*) to put away

einspielen 1 to bring in *Geld* 2 **aufeinander eingespielt sein** to be a good team

die **Einsprache** (A), (CH) (*Einspruch*) objection [əbˈdʒekʃᵊn]; **Einsprache einlegen** to file an objection

einspringen (*helfen*) to stand in (**für** for)

der **Einspruch** objection [əbˈdʒekʃᵊn]; **gegen etwas Einspruch erheben** to object to something; (*Rechtssprache*) to file an objection to something

einspurig *Straße:* single-lane

einst 1 (*früher*) once [wʌns] 2 (*künftig*) some day

der **Einstand** **seinen Einstand geben** to celebrate starting one's new job

einstecken 1 (*hineinstecken*) to put in 2 (*auch übertragen: in Tasche*) to pocket 3 **er muss viel einstecken** he has to put up with a lot

einstehen (*bürgen*) to vouch [vaʊtʃ] (**für** for)

einsteigen 1 (*ins Auto*) to get in; **einsteigen in** to get into 2 (*in Zug, Bus*) to get on; **in den Zug einsteigen** to climb aboard [*oder* get on] the train 3 **in die Politik einsteigen** to go into politics

einstellen 1 to hire *Arbeiter;* to take on *Angestellte* 2 (*beenden*) to stop; (*zeitweilig*) to suspend 3 to cease [siːs] *Feuer, Gefecht* 4 to adjust [əˈdʒʌst] *Gerät* (**auf** to) 5 to tune in to *Sender* 6 to focus [ˈfəʊkəs] *Kamera* (**auf** on) 7 **sich einstellen** (*sich anpassen*) to adapt oneself (**auf** to)

die **Einstellung** 1 (*Haltung, Ansicht*) attitude 2 (*Gesinnung*) views [vjuːz] *Plural* 3 *von Arbeitskräften:* employment

der **Einstellungsstopp** freeze on recruitment [rɪˈkruːtmənt]

einstufen to classify

die **Einstufung** classification

einstürmen *Fragen, Zweifel, Gefühle:* to assail [əˈseɪl]

der **Einsturz** collapse [kəˈlæps]; *einer Höhle, eines Stollens:* cave-in

einstürzen 1 (*zusammenfallen*) to collapse 2 *Decke, Stollen:* to cave in

einstweilen 1 (*in der Zwischenzeit*) in the meantime 2 (*vorübergehend*) temporarily [ˈtempᵊrᵊrɪli], for the time being

einstweilig 1 temporary [ˈtempᵊrᵊri] 2 **einstweilige Verfügung** interim injunction [order]

eintägig one-day

die **Eintagsfliege** 1 (*Insekt*) mayfly 2 (*übertragen*) nine-days wonder [ˈwʌndəʳ]

eintasten to key in *Zahlen, Daten*

eintauchen 1 (*in Wasser*) to immerse [ɪˈmɜːs] (**in** to) 2 *Schwimmer:* to dive

eintauschen to exchange [ɪksˈtʃeɪndʒ]

einteilen 1 (*aufteilen*) to divide (**in** into) 2 to organize *Zeit, Arbeit* 3 to budget [ˈbʌdʒɪt] *Gelder, Mittel;* **du musst dein Geld besser einteilen** you must learn to budget 4 **jemanden** [**zu etwas**] **einteilen** to assign someone [to something]

die **Einteilung** (1) (*Aufteilung*) division (2) (*für bestimmte Aufgabe*) assignment [ə'saɪnmənt]

eintönig monotonous [mə'nɒtᵊnəs]

der **Eintopf**, das **Eintopfgericht** stew [stjuː]

einträchtig peaceable ['piːsəbl]

der **Eintrag** (*in Buch*) entry (**in** in)

eintragen (1) (*in Liste, Buch*) enter (2) (*amtlich*) register ['redʒɪstəʳ] (3) **sich [in eine Liste] eintragen** to put one's name down [on a list]

einträglich lucrative, profitable

eintreffen (1) (*ankommen*) to arrive (2) (*sich bestätigen*) *Voraussage, Ahnung:* to come true (3) (*geschehen*) to happen

eintreiben (1) to collect *Geld* (2) to recover *Schulden*

eintreten (1) to kick in *Tür* (2) **in ein Zimmer eintreten** to enter a room (3) **in einen Club/eine Partei eintreten** to join a club/party (4) **für jemanden/eine Sache eintreten** to stand up for someone/a cause (5) (*geschehen*) to happen; *Tod:* to occur (6) **ist schon eine Besserung eingetreten?** has there been any improvement [ɪm pruːvmənt] yet?

der **Eintritt** (1) (*Zutritt*) admittance [əd'mɪtən(t)s] (2) (*Eintrittsgeld*) admission [əd'mɪʃᵊn] (**in** to) (3) (*Beginn*) onset; **bei Eintritt der Dunkelheit** at nightfall

die **Eintrittskarte** ticket

eintrudeln (*umgangsspr*) to drift in

einüben (1) to practise *Lied* (2) to rehearse [rɪ'hɜːs] *Theaterstück, Rolle*

einverleiben **sich einverleiben** annex; to incorporate *Firma;* (*essen*) to put away

die **Einvernahme** Ⓐ, Ⓒⓗ (1) *von Zeugen, Angeklagten:* examination (2) *durch die Polizei:* questioning

das **Einvernehmen** (1) (*Übereinstimmung*) agreement; **in gegenseitigem Einvernehmen** in joint agreement (2) (*Harmonie*) harmony

einverstanden **einverstanden sein** to agree (**mit** with); **einverstanden!** agreed!

das **Einverständnis** (1) (*Zustimmung*) consent (2) **Einverständnis mit einer Straftat** connivance [kə'naɪvᵊns] at a criminal act (3) (*Übereinstimmung*) agreement

der **Einwahlknoten** (*im Internet*) POP, point of presence ['prezᵊn(t)s]

die **Einwahlnummer** dial-up number

der **Einwand** objection

der **Einwanderer**, die **Einwanderin** immigrant

einwandern to immigrate (**nach/in** to)

die **Einwanderung** immigration

einwandfrei (1) (*fehlerfrei*) perfect ['pɜːfɪkt] (2) (*unanfechtbar*) indisputable (3) **einwandfrei!** brilliant!

die **Einwegflasche** non-returnable bottle

die **Einwegkamera** disposable camera

der **Einwegrasierer** disposable razor

einweichen to soak, to steep

einweihen (1) to inaugurate [ɪ'nɔːgjəreɪt] *Museum, Schwimmbad* (2) **jemanden in etwas einweihen** to initiate [ɪ'nɪʃieɪt] someone into something

einweisen (1) (*in eine Arbeit*) to introduce [ˌɪntrə'djuːs] (2) (*in eine Klinik*) to admit (**in** to)

einwenden to object [əb'dʒekt] (**gegen** to)

einwerfen (1) to post Ⓖⓑ, to mail Ⓤⓢⓐ *Brief* (2) to throw in *Ball* (3) (*einwenden*) to throw in *Bemerkung*

einwickeln (1) to wrap [ræp] up *Geschenk* (2) **jemanden einwickeln** (*umgangsspr*) to take someone in

einwilligen to agree, to consent (**in** to)

einwirken (1) (*Wirkung zeigen*) to have an effect (**auf** on) (2) **auf jemanden einwirken** to influence ['ɪnfluəns] someone

der **Einwohner**, die **Einwohnerin** inhabitant

das **Einwohnermeldeamt** citizens' ['sɪtɪzᵊnz] registration office

der **Einwurf** (*im Sport*) throw-in

die **Einzahl** singular

einzahlen **Geld auf ein Konto einzahlen** to pay money ['mʌni] into an account

die **Einzahlung** deposit [dɪ'pɒzɪt]

der **Einzahlungsschein** Ⓒⓗ giro transfer form

das **Einzelbett** single bed

der **Einzelfahrschein** single [ticket]

der **Einzelgänger**, die **Einzelgängerin** loner

die **Einzelhaft** solitary confinement

der **Einzelhandel** retail trade

der **Einzelhändler**, die **Einzelhändlerin** retailer

die **Einzelheit** detail; **in allen Einzelheiten** in great detail

das **Einzelkind** only child; **als Einzelkind aufwachsen** to be brought [brɔːt] up an only child

einzeln (1) (*individuell*) individual [ˌɪndɪ'vɪdʒuəl] (2) (*abgetrennt*) separate ['sepᵊrət] (3) **einzelne** (*einige, wenige*) some (4) **der/die Einzelne** the individual; **jeder Einzelne** each and every one (5) **im Einzelnen aufführen** to list in detail; **einzeln aufführen** to list separately ['sepᵊrətli]

das **Einzelteil** (1) (*Bestandteil*) component [part] (2) (*einzelnes Teil*) separate ['sepᵊrət] part

das **Einzelzimmer** single room

einziehen (1) to retract *Fahrgestell* (2) to draw in *Bauch* (3) to lower *Segel, Flagge* (4) to collect *Steuern, Gebühren* (**bei/von** from) (5) to withdraw *Geldscheine* (6) to confiscate ['kɒnfɪskeɪt] *Führerschein* (7) to call up Ⓖⓑ, to draft Ⓤⓢⓐ *Wehrpflichtige* (8) (*einsaugen*) to suck in (9) to put in *Wand, Kabel* (10) **in eine Wohnung einziehen** to move in to an apartment; **bei jemandem einziehen** to move in with someone

einzig (1) **meine einzige Freundin** my only

E

[*oder* sole] friend ② **ich habe keinen einzigen Anruf bekommen** I haven't had a single phone call ③ **einzig und allein** simply and solely ④ **ein/kein einziges Mal** just once/not once

einzigartig unique [juːˈniːk]

der **Einzugsbereich** ① *einer Schule:* catchment area ② *einer Großstadt:* commuter belt

das **Einzugsgebiet** *eines Flusses:* drainage basin

E

das **Einzugsverfahren** direct debit

das **Eis** ① ice ② (*Speiseeis*) ice-cream ③ **etwas auf Eis legen** (*übertragen*) to put something on ice, to shelve something

die **Eisbahn** ice rink [ˈaɪsrɪŋk]

der **Eisbär** polar bear [beəʳ]

der **Eisbecher** sundae [ˈsʌndeɪ]

das **Eisbein** knuckle [ˈnʌkl̩] of pork

der **Eisberg** iceberg [ˈaɪsbɜːg]

der **Eisbeutel** ice-pack

der **Eisbrecher** icebreaker [ˈaɪsbreɪkəʳ]

die **Eiscreme** ice-cream

die **Eisdiele** ice-cream parlour [-ˌpɑːləʳ]

das **Eisen** iron [ˈaɪən] ▶ WENDUNGEN: **ein heißes Eisen sein** to be a hot potato

die **Eisenbahn** railway (GB), railroad (USA) ▶ WENDUNGEN: **es ist höchste Eisenbahn** (*umgangsspr*) it's high time

der **Eisenbahner** railwayman (GB), railroader (USA)

der **Eisenbahnwagen** ① (*für Personen*) railway carriage [-ˌkærɪdʒ] (GB), railroad car (USA) ② (*Güterwagen*) goods wagon

das **Eisenerz** iron [ˈaɪən] ore

die **Eisenhütte** steel mill, ironworks *Plural*

eisern ① (*aus Eisen*) iron [ˈaɪən] ② (*übertragen*) inflexible, iron; **eiserne Nerven** nerves of steel

eisgekühlt chilled

die **Eisglätte** black ice

das **Eishockey** ice hockey, hockey (USA)

eisig icy

der **Eiskaffee** iced coffee

eiskalt ① (*kalt wie Eis*) icy-cold ② (*kaltblütig*) cold-blooded ③ *Blick:* icy ④ **jemanden eiskalt umbringen** to kill someone in cold blood

der **Eiskasten** (A) refrigerator [rɪˈfrɪdʒəreɪtəʳ], fridge [frɪdʒ], icebox (USA)

der **Eiskunstlauf** figure [ˈfɪgəʳ] skating

eislaufen to ice-skate

der **Eisläufer**, die **Eisläuferin** ice-skater

der **Eisprung** ovulation [ˌɒvjəˈleɪʃən]

der **Eiswürfel** ice cube

der **Eiszapfen** icicle [ˈaɪsɪkl̩]

die **Eiszeit** Ice Age

eitel vain

die **Eitelkeit** vanity

der **Eiter** pus

eitern to fester

das **Eiweiß** ① (*beim Kochen*) egg-white ② (*in Biochemie*) protein [ˈprəʊtiːn]

eiweißreich rich in proteins

die **Eizelle** egg cell [sel], ovum [ˈəʊvəm]

der **Ekel** disgust, loathing

das **Ekel** (*umgangsspr: Scheusal*) creep

ekelhaft, **ekelig** ① (*widerlich*) disgusting, revolting ② (*schlimm*) *Wetter, Schmerzen:* nasty ③ (*gemein*) *Chef:* horrid

ekeln **das ekelt mich** it gives me the creeps; **sie ekelt sich vor ihr** she finds her disgusting [*oder* revolting]

eklig ① (*widerlich*) disgusting, revolting ② (*schlimm*) *Wetter, Schmerzen:* nasty ③ (*gemein*) *Chef:* horrid

die **Ekstase** ecstasy [ˈekstəsi]

Ekuador Ecuador [ˈekwədɔːʳ]

der **Ekuadorianer**, die **Ekuadorianerin** Ecuadorian [ˈekwədɔːriən]

das **Ekzem** eczema [ˈeksɪmə]

elastisch elastic

der **Elch** elk

der **Elefant** elephant [ˈelɪfənt] ▶ WENDUNGEN: **aus einer Mücke einen Elefanten machen** to make a mountain out of a molehill; **wie ein Elefant im Porzellanladen** like a bull in a china shop

elegant elegant

der **Elektriker**, die **Elektrikerin** electrician [ˌelɪkˈtrɪʃən]

elektrisch *Strom, Licht, Heizung:* electric; *Gerät, System:* electrical

elektrisieren (*auch übertragen*) electrify

die **Elektrizität** electricity [ˌelɪkˈtrɪsəti]

das **Elektrizitätswerk** power station

das **Elektroauto** electric car

das **Elektrofahrrad** electric bike

der **Elektroherd** electric cooker

der **Elektromotor** electric motor

das **Elektron** electron

die **Elektronen** electrons

das **Elektronenmikroskop** electron microscope [ˈmaɪkrəskəʊp]

die **Elektronik** electronics *Singular*

elektronisch electronic; **elektronisches Geld** electronic cash

der **Elektrorasierer** electric shaver

der **Elektrosmog** electrochemical smog

die **Elektrotechnik** electrical engineering

der **Elektrozaun** electric fence

das **Element** element

elementar elementary

das **Elend** ① (*Unglück*) distress, misery; **ein elendes Leben führen** to lead a miserable life ② (*krank*) awful, wretched [ˈretʃɪd]; **sich elend fühlen** to feel wretched ③ (*Armut*) poverty ④ **es ist ein Elend mit dir** you're hopeless

elend ① (*krank, übel*) awful, ill; **mir ist elend**

[**zumute**] I feel really awful ② (*niederträchtig*) wretched ['retʃɪd]
das **Elendsviertel** slums *Plural*
die **Elf** ① (*Zahl*) [number] eleven ② **die Elf** (*Straßenbahn, Bus*) the number eleven [tram/bus]
elf eleven; **viertel vor elf** a quarter to eleven
die **Elfe** elf, fairy ['feəri]
das **Elfenbein** ivory ['aɪvᵊri]; **eine Statue aus Elfenbein** an ivory statue
die **Elfenbeinküste** Ivory Coast
der **Elfenbeinturm** (*übertragen*) ivory tower [taʊəʳ]
der **Elfmeter** penalty kick; **einen Elfmeter schießen** to take a penalty
elfte(r, s) ① eleventh, 11th ② **wir haben heute den elften Dezember** today is the eleventh of December ③ **ich bin in der elften Klasse** I'm in Year 11
elitär elite
die **Elite** elite
das **Elixier** elixir
der **Ellbogen** elbow
die **Ellipse** ellipse
El Salvador El Salvador
Elsass Alsace [æl'sæs]
der **Elsässer**, die **Elsässerin** Alsatian [æl'seɪʃᵊn]
elsässisch Alsatian
die **Elster** magpie
die **Eltern** parents
der **Elternabend** parents' evening
das **Elterngeld** parental allowance (*available for 12 months following the birth of a child*)
die **Elternzeit** parental leave (*following the birth of a child*)
das **Email** [e'maj] enamel [ɪ'næmᵊl]
die **E-Mail** ['i:me:l] e-mail, email; **hast du eine E-Mail-Adresse?** do you have an e-mail address?
die **Emanzipation** emancipation [ɪˌmæn(t)sɪ'peɪʃᵊn]
emanzipieren **sich emanzipieren** to emancipate oneself
das **Embargo** embargo
der/das **Embryo** embryo ['embriəʊ]
die **Embryonalentwicklung** embryonic development
der **Embryonenschutz** embryo protection
der **Emigrant**, die **Emigrantin** emigrant
emigrieren to emigrate
die **Emission** *von Schadstoffen:* emission [ɪ'mɪʃᵊn]
das **Emoticon** emoticon, smiley
die **Emotion** emotion [ɪ'məʊʃᵊn]
emotional emotional
der **Empfang** ① *von Personen:* reception [rɪ'sepʃᵊn] ② *von Sachen:* receipt [rɪ'si:t] ③ **in Empfang nehmen** receive [rɪ'si:v]
empfangen ① (*erhalten*) to receive [rɪ'si:v] ② (*begrüßen*) to greet
der **Empfänger**, die **Empfängerin** ① *von Brief:* addressee ② *von Waren:* consignee [ˌkɒnsaɪ'ni:]
empfänglich susceptible [sə'septəbl] (**für** to)
die **Empfängnis** conception [kən'sepʃᵊn]
die **Empfängnisverhütung** contraception [ˌkɒntrə'sepʃᵊn]
die **Empfangsbestätigung** [acknowledg[e]ment of] receipt [əkˌnɒlɪdʒməntəvrɪ'si:t]
die **Empfangsdame** receptionist [rɪ'sepʃᵊnɪst]
empfehlen to recommend; **es ist nicht zu empfehlen** it's not to be recommended
empfehlenswert recommendable
die **Empfehlung** ① (*Rat*) recommendation ② **auf Empfehlung von ...** on the recommendation of ... ③ (*Zeugnis*) reference ['refᵊrᵊn(t)s]
empfinden to feel
empfindlich ① (*empfindungsvoll*) sensitive ② (*leicht gekränkt*) touchy ['tʌtʃi]
empfindsam sensitive
die **Empfindung** feeling
empor upwards
emporarbeiten **sich emporarbeiten** to work one's way up
die **Empore** gallery
empören ① to outrage ['aʊtreɪdʒ] ② **sich empören** to be indignant [ɪn'dɪgnənt] (**über** at)
empörend scandalous ['skændᵊləs]
der **Emporkömmling** (*abwertend*) upstart
empört indignant [ɪn'dɪgnənt] (**über** at)
emsig (*unermüdlich*) assiduous [ə'sɪdjuəs]
der **Endabnehmer** end customer
der **Endbahnhof** terminus
der **Endbenutzer**, die **Endbenutzerin** end user
das **Ende** ① (*räumlich*) end ② (*zeitlich*) end; **gegen Ende Mai** towards the end of May; **sie ist Ende dreißig** she is in her late thirties ③ **zu Ende sein** to be at an end; **zu Ende gehen** to come to an end; **etwas zu Ende bringen** to finish off something ④ (*Endstück*) piece [pi:s]
der **Endeffekt** **im Endeffekt** in the end
enden ① (*zu Ende gehen*) to end, to finish ② **sie endete im Gefängnis** she ended up in prison
das **Endergebnis** final result [rɪ'zʌlt]
endgültig definite ['defɪnət]; **jetzt ist endgültig Schluss!** that's it!
die **Endhaltestelle** terminus
die **Endivie** endive ['endaɪv]
das **Endlager** final depot, permanent storage depot ['depəʊ]
endlich ① **hör endlich auf!** will you stop that!; **komm jetzt endlich!** get a move on! ② **na endlich!** at last! ③ (*Mathematik, Philosophie*) finite
endlos endless
das **Endlospapier** continuous [kən'tɪnjuəs] stationery
die **Endoskopie** endoscopy [en'dɒskəpi]

E

K

E-Mails

E-mails

E

Mail an: julia_b@comp.net

Von: S. Bauer@webnet.de
An: juliaburton@comp.net
Betreff: Wochenende

Hallo Julia,

hast du am Samstag schon was vor? Ich habe mit Michael telefoniert, er kommt am Wochenende nach Berlin. Falls du Zeit hast, könnten wir zusammen ausgehen. Vielleicht zum Thai essen gehen und nachher noch in den Biergarten, falls das Wetter schön bleibt.

Was hältst du davon?

Sag mir bitte Bescheid, ob es klappt. Du kannst mich tagsüber auf dem Handy erreichen.

Mach's gut und hoffentlich bis Samstag.

Liebe Grüße

Susanne

New Message

From: S. Bauer@webnet.de
To: juliaburton@comp.net
Cc:
Subject: weekend

Hi Julia,

What are your plans for Saturday? I've spoken to Michael who's planning to come to Berlin at the weekend and I was thinking we could all go out together if you've got time. How do you fancy Thai food followed by a beer garden if the weather's good?

Let me know if you can make it – you can reach me on my mobile during the day.

See you Saturday all being well!

Love,

Susanne

der **Endspurt** final spurt
die **Endstation** terminus
die **Endung** ending
der **Endverbraucher**, die **Endverbraucherin** consumer
das **Endziel** ultimate ['ʌltɪmət] goal
die **Energie** energy
der **Energiebedarf** energy requirement [rɪ'kwaɪəmənt]
die **Energiegewinnung** generation of energy
energiesparend energy-saving
der **Energieverbrauch** energy consumption
die **Energieversorgung** supply of energy
energisch 1 (*tatkräftig*) energetic [ˌenə'dʒetɪk] 2 **energisch durchgreifen** to take vigorous ['vɪgᵊrəs] action
eng 1 (*schmal*) narrow 2 *Kleidungsstück, Schuhe:* tight [taɪt]; **enger machen** to take in 3 *Freundschaft:* close [kləʊs] 4 **in der engeren Wahl sein** to be on the short list
das **Engagement** [ãgaʒə'mã:] engagement [ɪn'geɪdʒmənt]
engagieren [ãga'ʒi:rən] 1 engage [ɪn'geɪdʒ] *Mitarbeiter, Schauspieler* 2 **sich engagieren** to become committed (**für** to)
engagiert committed

F Nicht verwechseln mit **engaged** = verlobt; *Toilette, Telefon* besetzt!

die **Enge** **jemanden in die Enge treiben** to drive someone into a corner, to corner someone
der **Engel** 1 angel ['eɪndʒᵊl] 2 (*als Kosewort*) darling, sweetheart ['swi:thɑ:t]
England England ['ɪŋlənd]
der **Engländer** Englishman ['ɪŋglɪʃmən]
die **Engländerin** Englishwoman
englisch English ['ɪŋglɪʃ]

G Es gibt im **American English** ein paar Unterschiede in der Schreibweise zum **British English**: Die meisten Wörter, die im britischen Englisch mit — *our* aufhören, hören im amerikanischen Englisch mit **-or** auf: *colour — color; humour — humor.* Bei einigen Verben, besonders bei denen die auf l oder p enden, verdoppelt sich im britischen Englisch der Endkonsonant, wenn -ed oder -ing angehängt werden. Im amerikanischen Englisch ist da nicht der Fall. Beispiele: *kidnapped — kidnaped; travelling — traveling.* Viele Wörter, die im britischen Englisch mit -re aufhören, werden im amerikanischen Englisch mit -er geschrieben: *centre — center; metre — meter; theatre — theater.* Im amerikanischen Englisch werden einige Wörter verkürzt: *axe → ax; catalogue → catalog; cheque → check; programme → program; doughnut → donut.*

der **Engpass** 1 (*in Natur*) defile [dɪ'faɪl], narrow pass 2 (*auch übertragen*) bottleneck
engstirnig narrow-minded
der **Enkel**, die **Enkelin** grandson *maskulin,* granddaughter ['græn(d)ˌdɔ:təʳ] *feminin;* (*Enkelkind*) grandchild
enorm enormous [ɪ'nɔ:məs]
das **Ensemble** [ã'sãbl] cast
entbehren to do without
entbehrlich dispensable
die **Entbindung** delivery
die **Entbindungsstation** maternity ward
entblößen to bare [beəʳ]
entblößt bare
entdecken 1 to discover [dɪ'skʌvəʳ] *Kontinent* 2 (*herausfinden*) to find out 3 (*sehen*) to spot
der **Entdecker**, die **Entdeckerin** discoverer [dɪ'skʌvᵊrəʳ]
die **Entdeckung** discovery [dɪ'skʌvᵊri]
die **Entdeckungsreise** expedition [ˌekspɪ'dɪʃᵊn]
die **Ente** 1 (*Schwimmvogel*) duck 2 (*Zeitungslüge*) canard, hoax [həʊks]
enteignen to dispossess [ˌdɪspə'zes], to expropriate [ɪk'sprəʊprieɪt]
enterben to disinherit [ˌdɪsɪn'herɪt]
die **Entertaste** enter key
entfachen (*auch übertragen*) to kindle
entfalten **sich entfalten** to develop [dɪ'veləp]
die **Entfaltung** (*übertragen*) development
entfernen 1 to remove [rɪ'mu:v] (**aus/von** from) 2 **sich entfernen** (*fortgehen*) to go away (**von** from)
entfernt 1 (*räumlich, zeitlich*) distant 2 (*übertragen*) *Verdacht:* remote [rɪ'məʊt], vague [veɪg] 3 **entfernt verwandt sein** to be distantly related; **ein entfernter Verwandter** a distant relative
die **Entfernung** 1 (*Distanz*) distance ['dɪstᵊn(t)s]; **auf eine Entfernung von** at a range of 2 (*das Entfernen*) removal [rɪ'mu:vᵊl]
der **Entfernungsmesser** rangefinder
entflammbar inflammable
entfremden **sich entfremden** to become alienated ['eɪliəneɪtɪd] (**von** from), to become estranged [ɪ'streɪndʒd] (**von** from)
der **Entfroster** defroster
entführen 1 to kidnap *Person* 2 to hijack ['haɪdʒæk] *Flugzeug*
der **Entführer**, die **Entführerin** 1 *einer Person:* kidnapper 2 *eines Flugzeugs:* hijacker
die **Entführung** 1 *einer Person:* kidnapping 2 *eines Flugzeugs:* hijacking
entgegen contrary ['kɒntrᵊri] to
entgegengehen 1 (*auf jemanden zugehen*) to go to meet; (*in Richtung*) to go towards; **er ging ihr entgegen** he walked [wɔ:kt] towards her 2 (*übertragen*) to face *Gefahr, Herausforderung*
entgegengesetzt 1 *Richtung:* opposite 2 (*übertragen*) *Meinung:* opposing
entgegenhalten 1 **jemandem etwas entgegenhalten** to hold out something towards someone 2 **einer Sache entgegenhalten, dass ...** to object to something that ...

entgegenkommen ① to come to meet, to meet halfway [ˌhɑːfˈweɪ] ② **jemandem entgegenkommen** to oblige someone [əˈblaɪdʒ]
entgegenkommend (*übertragen*) obliging
entgegentreten (*übertragen*) to counter
entgegnen to reply; **ich konnte nichts darauf entgegnen** I didn't know what to say [*oder* reply] to that
entgehen ① **das ist mir entgangen** I missed that; **mir ist nicht entgangen, dass ...** it didn't escape me that ... ② **lass dir das nicht entgehen!** don't miss your chance!, don't miss out on that! ③ **einer Gefahr entgehen** to escape danger

E

das **Entgelt** compensation; **gegen Entgelt** for a fee
entgiften to detoxify
entgleisen *Zug:* to be derailed, to jump the rails
entgleiten to slip away
das **Enthaarungsmittel** hair remover
enthalten ① (*beinhalten*) to contain ② (*fassen*) to hold ③ **sich enthalten** to abstain
enthaltsam ① (*von Genussmitteln*) abstemious [æbˈstiːmiəs] ② (*sexuell*) chaste, continent [ˈkɒntɪnənt]
entheben **jemanden seines Amtes entheben** to remove [rɪˈmuːv] someone from office
die **Enthüllung** (*übertragen*) disclosure [dɪsˈkləʊzəʳ], revelation
enthusiastisch enthusiastic (**über** about/at)
entkalken decalcify [ˌdiːˈkælsɪfaɪ]
entkoffeiniert decaffeinated [dɪˈkæfɪneɪtɪd]
entkommen escape [ɪˈskeɪp]; **mit knapper Not entkommen** to have a narrow escape
entkräften ① (*die Kräfte rauben*) to wear [weəʳ] out ② (*übertragen*) to invalidate *Argument*
die **Entkriminalisierung** decriminalization
entladen **sich entladen** *Batterie:* to discharge [dɪsˈtʃɑːdʒ]; (*übertragen*) *Ärger:* to vent itself
entlang along
entlarven (*übertragen*) to expose
entlassen ① (*aus Stellung*) to dismiss ② (*aus einer Klinik*) to discharge [dɪsˈtʃɑːdʒ]
das **Entlassungszeugnis** school [skuːl] leaving certificate [səˈtɪfɪkət]
entlasten ① (*von Last befreien*) to relieve [rɪˈliːv] ② (*übertragen: Arbeit abnehmen*) to relieve (**von** of) ③ (*Rechtssprache*) to exonerate [ɪɡˈzɒnəreɪt]
die **Entlastung** (*Erleichterung*) relief [rɪˈliːf]
entlaufen to run away
entledigen **sich einer Sache entledigen** to rid oneself of something
entlegen remote [rɪˈməʊt]
entleihen to borrow (**aus** from)
entlöhnen (CH) **jemanden für eine Sache entlöhnen** to pay someone for something
die **Entlöhnung** (CH) pay[ment]

entlüften to bleed *Bremsen, Heizung*
entmachten to deprive [dɪˈpraɪv] of power
entmutigen to discourage [dɪˈskʌrɪdʒ], to dishearten [dɪsˈhɑːtən]
entnehmen ① (*wegnehmen*) to take out (**aus** of) ② (*einem Buch*) to take (**aus** from) ③ (*übertragen*) **ich entnehme Ihrer Bemerkung, ...** I gather from your comment ...
entpuppen **sich entpuppen als ...** to turn out to be ...
entrahmt *Milch:* skimmed (GB), skim (USA)
entreißen to snatch away from
entrümpeln to clear out
entrüsten **sich entrüsten** to be outraged [ˈaʊtreɪdʒd] (**über** at)
entrüstet indignant [ɪnˈdɪɡnənt], outraged
der **Entsafter** juice extractor [ˈdʒuːsɪkˌstræktəʳ]
die **Entschädigung** compensation, recompense [ˈrekəmpəns]
entschärfen to defuse [ˌdiːˈfjuːz] *Bombe, Situation*
der **Entscheid** (CH) ① decision [dɪˈsɪʒən] ② (*richterlich oder amtlich*) ruling
entscheiden to decide [dɪˈsaɪd]; **jetzt wird es sich entscheiden** now we'll see
entscheidend decisive [dɪˈsaɪsɪv]
die **Entscheidung** decision [dɪˈsɪʒən]; **eine Entscheidung treffen** to make a decision
das **Entscheidungsspiel** decider [dɪˈsaɪdəʳ]
entschieden determined, resolute [ˈrezəˈluːt]
entschlacken to detox [ˌdiːˈtɒks] *Körper*
entschlafen (*sterben*) to pass away
entschließen **sich entschließen[, etwas zu tun]** to decide [to do something]
entschlossen ① determined, resolute [ˈrezəˈluːt]; **fest entschlossen sein** to be absolutely determined ② **kurz entschlossen** without further ado
der **Entschluss** decision [dɪˈsɪʒən], resolution; **einen Entschluss fassen** to make a decision
entschlüsseln ① to decipher [dɪˈsaɪfəʳ] *Geheimschrift* ② to decode *Funkspruch*
entschuldbar excusable [ɪkˈskjuːzəbl]
entschuldigen ① **jemanden entschuldigen** to excuse [ɪkˈskjuːz] someone ② **entschuldigen Sie bitte!** (*vor Frage oder Bitte; beim Eintreten*) excuse me!; (*als Entschuldigung*) [I am] sorry! ③ **sich [bei jemandem für etwas] entschuldigen** to apologize [to someone for something] ④ **würdest du mich entschuldigen?** would you excuse me please?
die **Entschuldigung** ① **eine Entschuldigung haben** to have an excuse [ɪkˈskjuːs] ② (*Brief*) excuse [ɪkˈskjuːs] note ③ **Entschuldigung!** (*vor Frage oder Bitte; beim Eintreten*) excuse me!; (*als Entschuldigung*) [I'm] sorry!
der **Entschuldigungsbrief** excuse [ɪkˈskjuːs] note
die **Entschwefelungsanlage** desulphurization

Sich entschuldigen	Apologizing
Zugeben, eingestehen	**Admitting, confessing**
Ich bin schuld daran.	It's my fault.
Ja, es war mein Fehler.	Yes, it was my mistake.
Da habe ich Mist gebaut.	I've really messed things up.
Sich entschuldigen	**Apologizing**
(Oh,) das hab ich nicht gewollt! –	(Oh,) I didn't mean to do that!
Das tut mir leid!	I'm sorry!
Entschuldigung!/Verzeihung!/Pardon!	Excuse me!/Sorry!/I beg your pardon!
Entschuldigen Sie bitte!	Please excuse me!/I'm sorry!
Ich muss mich dafür wirklich entschuldigen.	I really must apologize.
Auf Entschuldigungen reagieren	**Accepting apologies**
Schon okay!/Das macht doch nichts!	That's okay!/It doesn't matter at all!
Keine Ursache!/Macht nichts!	That's all right!/Never mind!
Machen Sie sich darüber keine Gedanken.	Don't worry about it.

[diːˌsʌlfəraɪˈzeɪʃən] plant

entsenden to dispatch, to send off

das **Entsetzen** horror [ˈhɒrəʳ]

entsetzen sich entsetzen to be horrified (**über** at)

entsetzlich 1 (*furchtbar*) appalling, dreadful [ˈdredfəl] 2 **entsetzlich kalt** awfully cold

entsetzt horrified (**über** at)

entsinnen sich entsinnen to recollect [ˌrekəlˈekt], to remember [rɪˈmembəʳ]

die **Entsorgung** sewage [ˈsuːɪdʒ] and refuse disposal, waste management

entspannen 1 to relax *Muskeln, Nerven* 2 **sich entspannen** to relax; *Lage:* to ease

die **Entspannung** 1 relaxation ⚠ *kein Plural* 2 *der Lage, an der Börse, in der Politik:* easing of tension ⚠ *kein Plural*

die **Entspannungspolitik** policy of détente [deɪˈtɑ̃nt]

die **Entspannungsübung** relaxation exercise

entsprechen 1 (*übereinstimmen mit*) to correspond to 2 to comply with, to conform to *Anforderung, Vorstellung*

entsprechend 1 (*angemessen*) appropriate [əˈprəʊpriət] 2 (*notwendig*) necessary [ˈnesəsəri] 3 **dem Alter entsprechend** according to age; **den Erwartungen entsprechend** as was [*oder* as we etc.] expected 4 (*jeweilig*) respective; **das entsprechende englische Wort dafür** the English equivalent [ɪˈkwɪvələnt]

entstehen 1 (*seinen Ursprung haben*) to originate [əˈrɪdʒəneɪt] (**aus** from); **diese Burg entstand im 15. Jahrhundert** this castle was built in the 15th century 2 *Schwierigkeiten:* to arise (**aus** from) 3 **durch das Unwetter entstand großer Schaden** the bad weather has caused a great deal of damage 4 **den Eindruck entstehen lassen, dass ...** to give the impression that ...

die **Entstehung** 1 (*Ursprung*) origin [ˈɒrɪdʒɪn] 2 (*Bildung*) formation

entstellen 1 (*verunstalten*) to disfigure [dɪsˈfɪgəʳ] *Gesicht* 2 (*auch übertragen*) to distort [dɪˈstɔːt] *Gesichtszüge, Tatsachen, Wahrheit*

die **Entstörungsstelle** telephone maintenance service

enttäuschen to disappoint

enttäuscht disappointed; **von jemandem enttäuscht sein** to be disappointed in someone
die **Enttäuschung** disappointment
entwaffnend (*übertragen*) disarming
die **Entwarnung** (*Signal*) all-clear; **Entwarnung geben** to give the all-clear
entwässern to drain *Boden*
entweder **entweder ... oder ...** either ['aɪðəʳ] ... or ...

E

entwerfen ① to sketch *Zeichnung* ② to design [dɪ'zaɪn] *Modell* ③ draft; to draw up *Schriftstück*
der **Entwerter** ticket machine [-mə,ʃiːn]
entwickeln ① to develop *Methode, Film* ② to display *Initiative, Mut* ③ **sich entwickeln** to develop (**zu** into); **das Projekt entwickelt sich gut** the project is coming along ④ **sich entwickeln** *Gase, Blasen:* to be produced
der **Entwickler** developer
die **Entwicklung** ① (*Fortschritt*) development ② (*Erzeugung*) generation, production
der **Entwicklungshelfer**, die **Entwicklungshelferin** development aid worker
die **Entwicklungshilfe** foreign [ˌfɒrɪn-] aid
das **Entwicklungsland** developing country
entwischen to escape [ɪ'skeɪp]
entwöhnen ① **einen Säugling entwöhnen** to wean an infant ② **einer Sache entwöhnt sein** to be weaned off something
der **Entwurf** ① (*Zeichnung, Plan*) outline, sketch ② (*Modell*) design [dɪ'zaɪn] ③ (*schriftlich*) draft
entziehen ① to take away *Führerschein, Sorgerecht* ② (*chemisch*) to extract [ɪk'strækt] ③ **sich einer Sache entziehen** to evade something
die **Entziehungskur** ① (*für Drogensüchtige*) cure for drug addiction ② (*für Alkoholiker*) cure for alcoholism ['ælkəhɒlɪzᵊm]
entziffern ① to decipher [dɪ'saɪfəʳ] *Geheimschrift* ② to decode *Funkspruch*
entzücken **entzückt sein über** to be in raptures over [*oder* about]
entzückend charming
der **Entzug** withdrawal [wɪð'drɔːᵊl]
die **Entzugserscheinung** withdrawal symptom [-ˌsɪm(p)təm]
die **Entzugsklinik** detoxification centre
entzündbar inflammable; **leicht entzündbar** highly inflammable
entzünden ① to light [laɪt] *Feuer* ② **sich entzünden** (*Feuer fangen*) to catch fire [faɪəʳ] ③ **sich entzünden** *Wunde:* to become inflamed ④ (*übertragen*) **sich entzünden** *Streit:* to be sparked off
entzündet *Wunde:* inflamed
die **Entzündung** inflammation
entzwei ① (*in zwei Teile zerbrochen*) in two ② (*kaputt*) broken
entzweien **sich entzweien** to fall out with each other
entzweigehen to break in two
der **Enzian** ① (*Gebirgspflanze*) gentian ['dʒentiən] ② (*Branntwein*) gentian spirit
die **Enzyklopädie** encyclop[a]edia [ɪnˌsaɪklə'piːdiə]
das **Enzym** enzyme ['enzaɪm]
die **Epidemie** epidemic [ˌepɪ'demɪk]
die **Epilepsie** epilepsy ['epɪlepsi]
der **Epileptiker**, die **Epileptikerin** epileptic [ˌepɪ'leptɪk]
die **Epoche** epoch ['iːpɒk]
das **Epos** epic poem ['pəʊɪm]
er ① he ② **ich bin größer als er** I am taller than him ③ **er ist es** it is him
das **Erachten** **meines Erachtens** in my opinion [ə'pɪnjən]
die **Erbanlage** hereditary [hɪ'redɪtᵊri] disposition
das **Erbarmen** ① (*Mitleid*) pity, compassion [kəm'pæʃᵊn]; **mit jemandem Erbarmen haben** to feel pity for someone ② (*Gnade*) mercy ['mɜːsi] (**mit** on); **kein Erbarmen mit jemandem kennen** to be merciless ['mɜːsɪləs] with someone
erbärmlich ① (*übertragen: niederträchtig*) *Lügner, Lüge:* miserable ['mɪzᵊrəbl] ② (*Mitleid erregend*) wretched ['retʃɪd]; **in erbärmlichem Zustand** in a wretched state
erbarmungslos merciless ['mɜːsɪləs], pitiless
erbauen to build [bɪld]
der **Erbauer**, die **Erbauerin** builder ['bɪldəʳ]
der **Erbe** heir [eəʳ]
das **Erbe** ① (*Erbteil*) inheritance [ɪn'herɪtᵊn(t)s] ② **kulturelles Erbe** cultural heritage
erben to inherit (**von** from)
erbeuten ① to get away with *Diebesgut* ② to carry off *Tierbeute*
der **Erbfaktor** gene [dʒiːn]
die **Erbfolge** succession [sək'seʃᵊn]
das **Erbgut** genetic [dʒəˌnetɪk-] make-up, genotype ['dʒenə(ʊ)taɪp]
erbgutschädigend genetically damaging [*oder* harmful]
die **Erbin** heiress ['eəres]
erbittert bitter
die **Erbkrankheit** hereditary [hɪ'redɪtᵊri] disease
erblassen to go [*oder* turn] pale (**vor** with)
erblich hereditary [hɪ'redɪtᵊri]
erblinden to go blind
die **Erbmasse** ① (*Erbteil*) inheritance [ɪn'herɪtᵊn(t)s] ② (*biologisch*) genetic [dʒəˌnetɪk-] make-up
erbrechen ① to throw up *Mageninhalt* ② **sich erbrechen** to vomit
erbringen to produce [prə'djuːs] *Beweis*
die **Erbschaft** inheritance [ɪn'herɪtᵊn(t)s]; **eine Erbschaft machen** to come into an inherit-

ance

die **Erbschaftssteuer** death [deθ] duty

die **Erbse** pea

das **Erbstück** heirloom ['eəlu:m]

die **Erdachse** earth's axis

die **Erdanziehung** gravitational pull of the earth [3:θ]

der **Erdapfel** Ⓐ potato [pə'teɪtəʊ]

die **Erdarbeiten** excavation *Singular*

die **Erdatmosphäre** earth's atmosphere ['ætməsfɪəʳ]

das **Erdbeben** earthquake ['3:θkweɪk]

die **Erdbeere** strawberry

der **Erdboden** ground, earth ▶WENDUNGEN: **etwas dem Erdboden gleichmachen** to raze something to the ground; **wie vom Erdboden verschwunden sein** to have disappeared off the face of the earth

die **Erde** ① (*Planet*) earth [3:θ]; (*Welt*) world [w3:ld]; **auf der Erde** on earth ② (*Boden*) ground; **über/unter der Erde** above/below ground ③ (*Bodenart*) soil

erdenklich imaginable [ɪ'mædʒᵊnəbl]; **alles Erdenkliche tun** to do everything imaginable

das **Erdgas** natural gas

das **Erdgeschoss** ground floor GB, first floor USA; **im Erdgeschoss** on the ground [*oder* USA first] floor

die **Erdkruste** earth's crust

die **Erdkugel** globe

die **Erdkunde** geography [dʒi:'ɒgrəfi]

die **Erdnuss** peanut

die **Erdoberfläche** earth's surface ['s3:fɪs]

das **Erdöl** oil, petroleum [pə'trəʊliəm]

das **Erdreich** earth [3:θ], soil

erdreisten **sich erdreisten** to have the audacity [ɔ:'dæsəti]

erdrosseln to strangle

erdrücken (*übertragen*) to overwhelm [ˌəʊvə'(h)welm]

der **Erdrutsch** (*auch übertragen*) landslide

der **Erdrutschsieg** landslide [victory]

die **Erdscholle** clod of earth

der **Erdstoß** seismic ['saɪzmɪk] shock

die **Erdstrahlen** field [fi:ld] lines

der **Erdteil** continent ['kɒntɪnənt]

erdulden to endure [ɪn'djʊəʳ]

die **Erdumdrehung** rotation of the earth [3:θ]

die **Erdumlaufbahn** earth [3:θ] orbit

die **Erdung** earthing GB, grounding USA

die **Erdwärme** geothermal [ˌdʒi:ə'θ3:mᵊl] energy

das **Erdzeitalter** geological [ˌdʒi:ə(ʊ)'lɒdʒɪkᵊl] era

ereifern **sich ereifern** to get worked up (**über** over)

ereignen **sich ereignen** to happen, to occur [ə'k3:ʳ]

das **Ereignis** event, occurrence [ə'kʌrᵊn(t)s]

ereignisreich eventful

erfahren[1] ① (*hören*) to hear [hɪəʳ], to learn [l3:n] (**von** from) ② (*herausfinden*) to find out ③ (*erleben*) to experience [ɪk'spɪəriən(t)s]

erfahren[2] *Person:* experienced [ɪk'spɪəriən(t)st]

die **Erfahrung** experience [ɪk'spɪəriən(t)s]; **etwas aus Erfahrung wissen** to know something from experience

erfahrungsgemäß as experience shows

erfassen ① (*begreifen*) to grasp ② (*statistisch*) to record [rɪ'kɔ:d], to register ③ (*einschließen*) to include ④ to gather *Daten, Information*

erfinden ① (*eine Erfindung machen*) to invent ② (*sich etwas ausdenken*) to fabricate

der **Erfinder**, die **Erfinderin** inventor

erfinderisch inventive

die **Erfindung** invention

der **Erfolg** ① (*Gelingen*) success [sək'ses] ② **viel Erfolg!** good luck!; **Erfolg haben** to be successful; **ein voller Erfolg sein** to be a complete success; **Erfolg versprechend** promising ③ **mit Erfolg** successfully [sək'sesfᵊli], with success; **ohne Erfolg** without success, unsuccessfully [ˌʌnsək'sesfᵊli] ④ (*Ergebnis*) result [rɪ'zʌlt]; **mit dem Erfolg, dass ...** with the result that ...

erfolgen *Zahlungen:* to be made

erfolglos unsuccessful [ˌʌnsək'sesfᵊl], without success

erfolgreich successful [sək'sesfᵊl]

die **Erfolgsbilanz** record of success [ˌrekɔ:dəvsək'ses]

der **Erfolgsdruck** performance pressure [pə'fɔ:mən(t)sˌpreʃəʳ]

das **Erfolgserlebnis** feeling of success [sək'ses], sense of achievement [ə'tʃi:vmənt]

das **Erfolgsrezept** recipe for success [ˌresɪpifəʳsək'ses]

erforderlich necessary ['nesəsᵊri]; **falls erforderlich** if required; **das Erforderliche tun** to do what is necessary

erfordern to call for, to require [rɪ'kwaɪəʳ]

erforschen ① (*erkunden*) to explore ② (*untersuchen*) to research [rɪ's3:tʃ]; **ein Gebiet erforschen** to do some research into an area

erfreuen ① to delight [dɪ'laɪt], to please ② **sich [an etwas] erfreuen** to delight [in something]

erfreulich pleasant ['plezᵊnt]

erfreulicherweise fortunately ['fɔ:tʃᵊnətli], happily

erfreut ① **sehr erfreut!** pleased to meet you! ② **über etwas erfreut sein** to be delighted [dɪ'laɪtɪd] about something

erfrieren ① *Mensch:* to freeze to death ② *Finger:* to get frostbitten ③ *Pflanze:* to be killed by frost

erfrischen to refresh

erfrischend (*auch übertragen*) refreshing

die **Erfrischung** refreshment

das **Erfrischungsgetränk** [cool] soft drink

E

erfüllen ① (*ausführen*) to fulfil *Aufgabe, Erwartungen* ② to comply with; to meet *Bedingungen* ③ **jemandem einen Wunsch erfüllen** to grant someone a wish

ergänzen to complete, to supplement ['sʌplɪment]

die **Ergänzung** ① (*Zusatz*) addition ② (*zu einem Gesetz*) amendment ③ (*zu einem Buch*) supplement ['sʌplɪmənt]

E

ergattern (*umgangsspr*) to get hold of

ergeben ① to amount [*oder* come] to *Betrag, Summe* ② *Untersuchung:* to show, to prove [pruːv] ③ **sich ergeben** (*aufgeben*) to surrender [səˈrendəʳ], to yield [jiːld] ④ (*resultieren*) to result [rɪˈzʌlt] (**aus** from); **hieraus ergibt sich, dass ...** it follows from this that ...

das **Ergebnis** result [rɪˈzʌlt]; **zu keinem Ergebnis führen** to lead nowhere

ergebnislos unsuccessful [ˌʌnsəkˈsesfəl], without result [rɪˈzʌlt]; **ergebnislos bleiben** to come to nothing

ergehen ① **etwas über sich ergehen lassen** to submit to something ② **wie wird es ihm ergehen?** what will become of him?

ergiebig (*auch übertragen*) productive

ergonomisch ergonomic

ergreifen ① to grasp, to seize [siːz] ② (*übertragen*) to take *Initiative, Maßnahmen;* to take up *Beruf* ③ (*übertragen*) **das hat mich sehr ergriffen** I was deeply moved by that

ergreifend (*übertragen*) moving [ˈmuːvɪŋ]

ergriffen (*bewegt*) moved [muːvd]

der **Erhalt** receipt [rɪˈsiːt]

erhalten ① (*bekommen*) to get, to receive [rɪˈsiːv]; **dankend erhalten** received with thanks ② (*bewahren*) to preserve; **gut/schlecht erhalten** well/poorly preserved

erhältlich available [əˈveɪləbl], obtainable

erhärten (*übertragen*) ① to substantiate [səbˈstænʃieɪt] *Verdacht, Behauptung* ② to corroborate [kəˈrɒbəreɪt] *Theorie*

erheben ① to raise *Gegenstand* ② to levy *Steuern* ③ [**gegen jemanden**] **Anklage erheben** to bring a charge [against someone] ④ **sich** [**gegen jemanden/ein Regime**] **erheben** to revolt [against someone/a regime]

erheblich ① (*beträchtlich*) considerable ② (*ernstlich*) serious [ˈsɪəriəs]

erheitern to cheer up

erhellen ① (*durch Licht*) to illuminate [ɪˈluːmɪneɪt], to light [laɪt] up ② (*übertragen: deutlich machen*) to elucidate [ɪˈluːsɪdeɪt]

erhitzen to heat up (**auf** to)

erhoffen to hope for

erhöhen to increase [ɪnˈkriːs]

erholen **sich erholen** (*sich entspannen*) to relax; **ich hab mich im Urlaub so gut erholt** I had such a relaxing holiday; (*von Krankheit, Krise*) to recover [rɪˈkʌvəʳ]

erholsam restful

die **Erholung** ① (*Ruhe*) rest ② (*Entspannung, Genesung*) recovery

das **Erholungsgebiet** recreational [ˌrekriˈeɪʃənəl] area

erinnern ① **jemanden an etwas erinnern** to remind someone of something; **erinnere mich daran, sie anzurufen** remind me to phone her ② **sich an jemanden/etwas erinnern** to remember someone/something

> **V** Unterschied zwischen **remember** und **remind**: remember something = sich (an etwas) erinnern: *Janet cannot remember his name;* — **remember to do** heißt daran denken, etwas zu tun: *remember to switch off all the lights.* ***remind someone*** heißt jemanden (daran) erinnern: *remind me to post the letters.*

die **Erinnerung** ① memory; **zur Erinnerung an ...** in memory of ... ② (*Andenken*) souvenir [ˌsuːvəˈnɪəʳ]; (*an eine Person*) keepsake

erkälten **sich erkälten** to catch a cold; **erkältet sein** to have a cold

die **Erkältung** cold; **sich eine Erkältung holen** to catch a cold

erkämpfen to win; **sich etwas hart erkämpfen** to fight [faɪt] hard for something

erkennbar ① (*sichtbar*) visible [ˈvɪzɪbl] ② (*wahrnehmbar*) discernible [dɪˈsɜːnəbl̩]

erkennen ① (*wiedererkennen*) to recognize [ˈrekəgnaɪz] (**an** by) ② (*deutlich sehen*) to see ③ (*einsehen*) to realize [ˈrɪəlaɪz] *Fehler*

erkenntlich **sich jemandem für etwas erkenntlich zeigen** to show someone one's gratitude [ˈgrætɪtjuːd] for something

die **Erkenntnis** ① (*Wissen*) knowledge [ˈnɒlɪdʒ] ② (*Einsicht*) realization

der **Erkennungsdienst** (*der Polizei*) police records [pəˌliːsˈrekɔːdz] department

der **Erker** bay [window]

erklären ① [**jemandem etwas**] **erklären** to explain [something to someone] ② to declare *Unabhängigkeit, Bekanntmachung* ③ (*sagen*) to say; **erklär mir mal, was du dir dabei gedacht hast** tell me what you thought [θɔːt] you were doing ④ **das erklärt sich von selbst** that's self-explanatory; **ich kann mir nicht erklären, warum ...** I just don't understand why ...

erklärt declared

die **Erklärung** ① (*Begründung*) explanation; **als Erklärung ...** by way of explanation ... ② (*Bekanntgabe*) declaration ③ (*Aussage*) statement; **eine Erklärung abgeben** to make a statement

erkranken to be taken sick, to fall ill

die **Erkrankung** disease [dɪˈziːz]

erkunden ① (*ausfindig machen*) to find out

2 (*militärisch*) to reconnoitre [ˌrekəˈnɔɪtəʳ], to scout

erkundigen 1 **sich nach jemandem erkundigen** to enquire [ɪnˈkwaɪəʳ] after someone; **sich über etwas erkundigen** to enquire about something 2 **erkundige dich mal** try and find out

erlahmen *Interesse:* to flag

erlangen to achieve [əˈtʃiːv], to attain

der **Erlass** (*Verordnung*) decree [dɪˈkriː], edict [iːdɪkt]

erlassen 1 to release [rɪˈliːs] *Schulden* 2 to enact *Gesetz*

erlauben 1 (*gestatten*) to allow [əˈlaʊ], to permit [pəˈmɪt]; **erlauben Sie mir, ...** allow me to ... 2 **was erlauben Sie sich!** how dare [deəʳ] you! 3 **erlauben Sie mal!** well I must say!, do you mind!

die **Erlaubnis** permission [pəˈmɪʃᵊn]; **jemanden um Erlaubnis bitten** to ask permission of someone

erläutern 1 (*erklären*) to explain 2 (*veranschaulichen*) to illustrate

die **Erläuterung** 1 (*Erklärung*) explanation 2 (*Veranschaulichung*) illustration

die **Erle** alder [ɒldəʳ]

erleben 1 (*durchmachen*) to experience [ɪkˈspɪəriən(t)s] *schwere Zeiten, Krise* 2 to have *Abenteuer, schöne Tage, Urlaub* 3 (*lebend sehen*) to live [lɪv] to see 4 **ich möchte mal erleben, dass ...** I'd like to see the day ... 5 **du kannst was erleben!** you're going to be in for it!

das **Erlebnis** experience [ɪkˈspɪəriən(t)s]

erledigen 1 (*ausführen*) to settle 2 (*umgangsspr: umbringen*) to do in 3 **er ist erledigt** he's done for; **sie ist für mich erledigt** I'm finished with her 4 **die Sache hat sich erledigt** it's all been taken care of, it's all sorted now

erlegen to shoot *Wild*

erleichtern 1 (*leichter machen*) to make easier [ˈiːziəʳ] 2 (*übertragen: lindern*) to relieve [rɪˈliːv]; **erleichtert sein** to feel relieved

erleiden to suffer

erlernen to learn [lɜːn]

erlesen select; *Geschmack:* exquisite [ɪkˈskwɪzɪt]

erleuchten to illuminate [ɪˈluːmɪneɪt], to light [laɪt] up

erliegen to succumb [səˈkʌm] to

das **Erliegen** **zum Erliegen kommen** to come to a standstill

der **Erlös** proceeds [ˈprəʊsiːdz] *Plural*

erloschen *Vulkan:* extinct

ermächtigen to authorize [ˈɔːθᵊraɪz], to empower

ermahnen to reprove [rɪˈpruːv] (**wegen** for)

ermäßigen to reduce [rɪˈdjuːs]

die **Ermäßigung** reduction [rɪˈdʌkʃᵊn]

das **Ermessen** **das liegt in Ihrem Ermessen** that's within your discretion [dɪˈskreʃᵊn]; **nach menschlichem Ermessen** as far as anyone can judge

die **Ermessensfrage** matter of discretion [dɪˈskreʃᵊn]

ermitteln 1 (*bestimmen*) to determine [dɪˈtɜːmɪn] *Zeitpunkt* 2 (*feststellen*) to establish *Tatsache, Identität* 3 (*ausfindig machen*) to trace *Person* 4 (*polizeilich*) to investigate; **in einem Fall ermitteln** to investigate a case

die **Ermittlung** **Ermittlungen anstellen** to make enquiries [ɪnˈkwaɪəriz] (**über** about)

ermöglichen to facilitate [fəˈsɪlɪteɪt], to make possible

ermorden to murder

ermüden to tire

ermüdend tiring [ˈtaɪərɪŋ]

die **Ermüdung** fatigue [fəˈtiːg]

ermutigen to encourage [ɪnˈkʌrɪdʒ]

ernähren 1 to feed *Kinder, Familie* 2 **sich ernähren** to live [lɪv] (**von** on)

die **Ernährung** (*Nahrung*) food, nourishment [ˈnʌrɪʃmənt]

der **Ernährungsberater**, die **Ernährungsberaterin** nutritionist [njuːˈtrɪʃᵊnɪst]

ernennen to appoint; **sie wurde zur Rektorin ernannt** she was appointed headmistress

die **Ernennung** appointment (**zu** as)

erneuerbar *Energiequellen:* renewable [rɪˈnjuːəbl]

erneuern 1 to replace [rɪˈpleɪs] *Reifen* 2 (*übertragen*) to renew *Freundschaft*

erniedrigen to humiliate [hjuːˈmɪlieɪt]; **erniedrigend** humiliating

der **Ernst** 1 (*Charakterzug*) seriousness [ˈsɪəriəsnəs] 2 **im Ernst** seriously [ˈsɪəriəsli]; **ganz im Ernst** in all seriousness [ˈsɪəriəsnəs]; **das ist mein Ernst** I'm serious about it

ernst 1 *Mensch, Gesichtsausdruck:* earnest, serious [ˈsɪəriəs] 2 (*bedrohlich*) *Situation:* serious 3 **das meinst du doch nicht ernst!** you can't be serious!; **es wird ernst** it's getting serious; **etwas/jemanden ernst nehmen** to take something/someone seriously

der **Ernstfall** emergency [ɪˈmɜːdʒən(t)si]; **im Ernstfall ...** in case of an emergency ...

ernsthaft earnest, serious [ˈsɪəriəs]

die **Ernte** 1 (*auch übertragen*) harvest 2 (*Ertrag*) crop

das **Erntedankfest** harvest [ˈhɑːvɪst] festival

ernten 1 to harvest; to reap *Getreide* 2 (*übertragen*) to reap *Erfolg, Ruhm* 3 (*übertragen*) to get *Applaus, Spott, Undank*

ernüchtern (*zur Vernunft bringen*) to sober [ˈsəʊbəʳ] up

die **Ernüchterung** disillusionment [ˌdɪsɪˈluːʒᵊnmənt]

E

erobern (*auch übertragen*) to conquer [ˈkɒŋkəʳ]
die **Eroberung** (*auch übertragen*) conquest [ˈkɒŋkwest]
die **Eröffnung** ① (*Beginn*) opening ② (*feierlich*) inauguration [ɪˌnɔːgjəˈreɪʃᵊn]
erörtern to discuss [dɪˈskʌs]
die **Erörterung** discussion [dɪˈskʌʃᵊn]
die **Erosion** erosion [ɪˈrəʊʒᵊn]
die **Erotik** eroticism [ɪˈrɒtɪsɪzᵊm]
erotisch erotic

E

der **Erpel** drake
erpicht **auf etwas erpicht sein** to be keen on something
erpressbar subject to blackmail
erpressen ① to blackmail *Person* ② **von jemandem ein Geständnis/Geld erpressen** to extort a confession/money from someone
der **Erpresser**, die **Erpresserin** blackmailer
erpresserisch blackmailing
die **Erpressung** blackmail
erproben to test, to try
erprobt (*bewährt*) proven [ˈpruːvᵊn]
erraten to guess [ges]
errechnen to calculate [ˈkælkjəleɪt], to work out
erregen ① (*bewirken*) to cause [kɔːz], to create [kriˈeɪt] ② to provoke *Mitleid* ③ to attract *Aufsehen, Neugier* ④ (*aufregen*) to excite [ɪkˈsaɪt] ⑤ (*sexuell*) to arouse [əˈraʊz]
der **Erreger** pathogen [ˈpæθə(ʊ)dʒən]
erreichbar ① **telefonisch erreichbar sein** to be contactable by phone ② **nicht erreichbar** *Ziel, Zustand:* unattainable ③ **er ist nie erreichbar** he is never available
erreichen ① (*zustande bringen*) to manage [ˈmænɪdʒ] ② to achieve [əˈtʃiːv] *Ziel, Absicht* ③ to reach *Alter, Gegenstand, Geschwindigkeit* ④ to catch *Zug* ⑤ (*kontaktieren*) to reach, to get hold of; **ich konnte sie nicht erreichen** I couldn't get hold of her
errichten ① (*bauen*) to erect ② (*gründen*) to establish
erringen to achieve [əˈtʃiːv], to gain
erröten to blush (**vor** with)
die **Errungenschaft** ① (*Leistung*) achievement [əˈtʃiːvmənt] ② (*Anschaffung*) acquisition [ˌækwɪˈzɪʃᵊn]
der **Ersatz** replacement [rɪˈpleɪsmənt], substitute; **als Ersatz** as a substitute
die **Ersatzbank** bench
die **Ersatzkasse** private health insurance [ɪnˈʃʊərᵊn(t)s] company
der **Ersatzmann** substitute
die **Ersatzmine** refill [ˈriːfɪl]
der **Ersatzreifen** spare tyre [ˈtaɪəʳ]
das **Ersatzteil** spare [speəʳ] [part]
erschaffen to create [kriˈeɪt]
erscheinen ① (*veröffentlicht werden*) to be published, to come out ② (*sichtbar werden*) to appear [əˈpɪəʳ]
die **Erscheinung** ① (*Naturerscheinung*) phenomenon [fɪˈnɒmɪnən] ② (*Äußeres*) appearance [əˈpɪərᵊn(t)s] ③ *eines Geistes:* apparition [ˌæpᵊrˈɪʃᵊn] ④ **in Erscheinung treten** to appear
das **Erscheinungsjahr** year of publication
erschießen **jemanden/sich erschießen** to shoot someone/oneself
erschlagen[1] to kill; **vom Blitz erschlagen werden** to be struck by lightning
erschlagen[2] (*umgangsspr*) worn out
erschließen ① to tap *Rohstoffquelle* ② to develop; to open up *Gelände, Markt* ③ to find; to acquire [əˈkwaɪəʳ] *Einnahmequelle*
erschöpfen to exhaust [ɪgˈzɔːst]
erschöpfend ① (*ausführlich*) exhaustive [ɪgˈzɔːstɪv] ② (*ermüdend*) exhausting [ɪgˈzɔːstɪŋ]
die **Erschöpfung** exhaustion [ɪgˈzɔːstʃᵊn]
erschrecken ① **jemanden erschrecken** to frighten [ˈfraɪtᵊn] [*oder* startle] someone; **hast du mich erschreckt!** you gave me such a fright [*oder* start]! ② **erschrick nicht** don't get a fright [fraɪt]; **bin ich erschrocken!** what a fright that gave me! ③ **es war erschreckend** [*oder* **ich war erschrocken**], **ihn so zu sehen** it was frightening to see him like that ④ **sich erschrecken** to get a fright; **sie hat sich ganz schön erschrocken** she got quite a fright
erschrocken startled
erschüttern ① (*erzittern lassen*) to shake ② (*übertragen: aus der Fassung bringen*) to upset [ʌpˈset]; (*umgangsspr*) to shatter
erschweren ① (*schwieriger machen*) to make more difficult ② (*verschlimmern*) to aggravate [ˈægrəveɪt]
erschwinglich within one's means
ersehen to see
ersetzen ① to replace [rɪˈpleɪs] *Ding* ② **jemandem den Schaden ersetzen** to compensate someone for the damage ③ **jemanden ersetzen** to take the place of someone
ersichtlich ① obvious [ˈɒbviəs]; **ohne ersichtlichen Grund** for no apparent reason ② **hieraus ist ersichtlich, dass ...** this shows that ...
ersparen ① to save *Geld* ② **erspar mir deine Belehrungen** spare me your lectures ③ **mir bleibt auch nichts erspart!** why does everything have to happen to me!
die **Ersparnis** ① (*Einsparung*) saving ② **meine Ersparnisse** (*erspartes Geld*) my savings
erst ① (*zuerst*) at first ② **ich muss das erst fertig machen** I must finish this first ③ (*nicht eher als*) not until; **sie fingen erst an, als wir da waren** they didn't start until we came

4 **erst gestern** only yesterday; **es ist erst elf Uhr** it's only eleven o'clock 5 **das ist fürs Erste genug** that's enough to begin with

erstatten jemandem seine/ihre Auslagen erstatten to refund [*oder* reimburse] someone for his/her expenses [ˌriːɪm'bɜːs]

die **Erstattung** *von Kosten:* refund ['riːfʌnd], reimbursement [ˌriːɪm'bɜːsmənt]

die **Erstaufführung** first-night [performance [pə'fɔːmən(t)s]]

das **Erstaunen** astonishment [ə'stɒnɪʃmənt], amazement; **in Erstaunen setzen** to amaze

erstaunen 1 to amaze; to astonish *jemanden, Publikum* 2 **erstaunt sein** to be astonished (**über** at)

erstaunlich amazing, astonishing

erstaunlicherweise amazingly

die **Erstausgabe** first edition

erste(r, s) 1 first, 1st 2 **erste Hilfe** first aid 3 **er war der Erste, der das gemacht hat** he was the first to do that; **er war als Erster zu Hause** he was the first home 4 **in erster Linie** first and foremost 5 **wir haben heute den ersten Dezember** today is the first of December

der **Erste-Hilfe-Kasten** first-aid box

ersteigen to climb [klaɪm]

ersticken 1 **jemanden ersticken** to suffocate someone 2 **sie erstickte** she suffocated; (*an einer Gräte*) she choked to death

erstklassig first-class, first-rate

die **Erstkommunion** first communion; **Erstkommunion feiern** to have one's first communion

erstmalig first

erstmals for the first time

erstrecken 1 **sich erstrecken** (*räumlich*) to extend, to stretch, to reach (**bis** to/as far as, **auf/über** over) 2 **sich über Jahre erstrecken** to carry on [*oder* last] for years

ersuchen jemanden um etwas ersuchen to request [rɪ'kwest] something of someone

ertappen to catch; **auf frischer Tat ertappt** caught [kɔːt] in the act [*oder* red-handed]

erteilen to give; to grant *Erlaubnis*

der **Ertrag** 1 (*Gewinn*) proceeds ['prəʊsiːdz] ⚠ *Plural,* return 2 *von Boden:* yield [jiːld]

ertragen to bear [beəʳ], to endure

> **G** Richtiges Konjugieren von **to bear**: bear, bore, borne
> *the pain was more than I could bear;*
> *he bore so much and never once complained;*
> *she has borne a great deal of suffering over the years*

erträglich bearable ['beərəbl], endurable [ɪn'djʊərebl]

die **Ertragsausschüttung** dividend distribution

die **Ertragssteigerung** increase ['ɪnkriːs] in profits

ertrinken to drown

erübrigen sich erübrigen *Worte, Gesten:* to be superfluous [suː'pɜːfluəs]; **alles Weitere erübrigt sich** there's no more to be said

erwachen to awake, to wake [up]

erwachsen[1] (*übertragen: entstehen*) to arise, to develop

erwachsen[2] adult, grown-up

der/die **Erwachsene** grown-up [person], adult

die **Erwachsenenbildung** adult education; **in der Erwachsenenbildung tätig sein** to work in adult education

erwägen to consider [kən'sɪdəʳ]

erwähnen to mention ['menʃən]

erwärmen 1 to heat, to warm [wɔːm] 2 **sich erwärmen** to heat up 3 (*übertragen*) **sich für etwas erwärmen** to take to something

erwarten 1 (*annehmen*) to expect 2 (*entgegensehen*) to await [ə'weɪt]; **ich weiß, was mich erwartet** I know what to expect

die **Erwartung** expectation; **das entspricht ganz meinen Erwartungen** this comes up to my expectations

erwartungsvoll expectant

erwecken 1 to raise [reɪz] *Hoffnungen* 2 to arouse [ə'raʊz] *Interesse, Verdacht*

erweichen (*übertragen: milde stimmen*) to move [muːv]; **sich nicht erweichen lassen** to be unmoved

erweisen 1 (*beweisen*) to prove [pruːv] 2 **jemandem einen Gefallen erweisen** to do someone a favour 3 **sich als unfähig erweisen** to show oneself to be incompetent; **er erwies sich als fähig** he proved to be competent; **sich als nützlich erweisen** to prove useful; **sich als falsch erweisen** to prove to be wrong 4 **es hat sich erwiesen, dass ...** it turned out that ...

erweiterbar *Computer, Programm:* upgradeable [ˌʌp'greɪdəbl]

erweitern 1 (*vergrößern*) to enlarge 2 (*verbreitern*) to widen

der **Erwerb** purchase ['pɜːtʃəs]

erwerben to acquire [ə'kwaɪəʳ]

erwerbsfähig fit for gainful employment *nachgestellt,* able to work *nachgestellt*

der/die **Erwerbsfähige** person able to work [*oder* fit for work]

erwerbslos unemployed

der/die **Erwerbstätige** gainfully employed person

erwerbsunfähig unable to work, incapacitated [ˌɪnkə'pæsɪteɪtɪd]

erwidern 1 (*antworten*) to answer ['ɑːn(t)səʳ], to reply [rɪ'plaɪ]; (*scharf*) to retort 2 to return *Gefallen, Gruß, Kompliment*

erwiesenermaßen as has been proved [pruːvd]

erwischen 1 (*fangen*) to catch 2 (*zufällig bekommen*) to get hold of

das **Erz** ore

E

erzählen to tell; **gut Geschichten erzählen können** to be a good storyteller ▶WENDUNGEN: **wem erzählst du das!** you're telling me!

> **G** Richtiges Konjugieren von **to tell**: tell, told, told
> *can you tell me what happened?; Rosa told me that Polly's pregnant; we haven't told him yet*

der **Erzähler**, die **Erzählerin** narrator [nə'reɪtəʳ]
die **Erzählung** story; (*formeller*) tale
der **Erzbischof** archbishop [ˌɑːtʃ'bɪʃəp]
der **Erzengel** archangel ['ɑːkeɪndʒᵊl]
erzeugen to produce [prə'djuːs]; to generate ['dʒenᵊreɪt] *Energie*
der **Erzeuger**, die **Erzeugerin** (*Hersteller*) manufacturer
das **Erzeugnis** produce ['prɒdjuːs]
der **Erzfeind**, die **Erzfeindin** arch-enemy
erziehbar **schwer erziehbar** maladjusted [ˌmælə'dʒʌstɪd]
erziehen ① (*aufziehen*) **Kinder erziehen** to bring up children; **er ist gut erzogen** he is well brought-up ② (*ausbilden*) to educate ['edʒʊkeɪt]
die **Erziehung** ① (*Erziehungszeit*) upbringing ② (*Bildung*) education [ˌedʒʊ'keɪʃᵊn]
das **Erziehungsgeld** →**Elterngeld**
der **Erziehungsurlaub** →**Elternzeit**
erzielen ① to reach [riːtʃ] *Einigung* ② to achieve [ə'tʃiːv] *Erfolg* ③ to obtain [əb'teɪn] *Ergebnis*
erzwingen to force [fɔːs]
es ① it; (*für Haustiere*) he/she ② **es gibt** there is/are; **es gibt keine Milch/Erdbeeren** there is no milk/are no strawberries ['strɔːbᵊriz] ③ **es war niemand da** there was nobody ④ **es ist kalt** it's cold; **mir ist es kalt** I am cold ⑤ **es sei denn, dass ...** unless ... ⑥ **ich bin es** it's me ⑦ **es regnet** it is raining ⑧ **es wurde getanzt** there was dancing
die **Esche** ash [tree]
der **Esel** ① (*Tier*) donkey ② (*als Schimpfwort*) ass, fool
die **Eselsbrücke** mnemonic [nɪ'mɒnɪk]
das **Eselsohr** (*übertragen*) dog-ear
eskalieren to escalate ['eskəleɪt]
der **Eskimo** Eskimo
eskortieren to escort [ɪ'skɔːt]
die **Espe** aspen
der/das **Essay** ['ɛse] essay
essbar *Pilz:* edible ['edɪbl]
das **Essen** ① (*Nahrung*) food ② (*Mahlzeit*) meal ③ **komm[t] zum Essen!** lunch/dinner is ready!; **gerade beim Essen sein** to be having lunch/dinner
essen ① to eat; **essen gehen** to eat out ② **zu Mittag/Abend essen** to have lunch/dinner ③ **die Sache ist gegessen** (*umgangsspr*) that's history

> **G** Richtiges Konjugieren von **to eat**: eat, ate, eaten
> *would you like something to eat?; we ate a lot of fresh fish on holiday; he has eaten nothing for the last three days*

die **Essensmarke** meal voucher ['vaʊtʃəʳ]
das **Essgeschirr** dinner-service
der **Essig** vinegar; **Essig und Öl** oil and vinegar ▶WENDUNGEN: **damit ist jetzt Essig** (*umgangsspr*) it's all off!
die **Essiggurke** pickled gherkin ['gɜːkɪn]
die **Essigsäure** acetic acid [əˌsiːtɪk'æsɪd]
die **Esskastanie** sweet chestnut
der **Esslöffel** soup [*oder* dessert] spoon
das **Essstäbchen** chopstick
der **Esstisch** dining table
das **Esszimmer** dining room
der **Este**, die **Estin** Estonian [es'təʊniən]
Estland Estonia [es'təʊniə]
estnisch Estonian
der **Estragon** tarragon
der **Estrich** (*Dachboden*) attic
etabliert established [ɪ'stæblɪʃt]
die **Etage** [e'taːʒə] floor [flɔːʳ]
die **Etagendusche** shared shower
die **Etagenwohnung** flat [occupying an entire floor]
die **Etappe** stage
der **Etat** [e'taː] budget ['bʌdʒɪt]
etepetete (*umgangsspr*) finicky ['fɪnɪki]
die **Ethik** ethics ['eθɪks] *Plural*
ethisch ethical ['eθɪkᵊl]
das **Etikett** label ['leɪbᵊl]
etliche(r, s) **etliche Male** quite a few times; **etliche tausend Tote** several thousand casualties ['kæʒjuəltiz]
das **Etui** case
etwa ① (*ungefähr*) about, approximately [ə'prɒksɪmətli]; **wann etwa?** roughly ['rʌfli] when? ② **sind Sie etwa nicht einverstanden?** do you mean to say that you don't agree?
etwaig possible
etwas ① **etwas tun** to do something ② (*mit Frage, Bedingung, Verneinung*) anything ③ **etwas Brot/Geld** some bread/money; **hast du etwas Brot/Geld?** have you got any bread/money? ④ **etwas Nettes** something nice ⑤ **kaum etwas** hardly anything ⑥ **noch etwas Tee?** some more tea? ⑦ **etwas mehr/weniger** a little more/less; **etwas Zeit** a little bit of time
die **EU** *Abkürzung von* **Europäische Union** EU [ˌiː'juː], European Union
euch ① **sie hat euch gesagt ...** she told you ... ② **er hat es euch gegeben** he gave it to you ③ **für/mit euch** for/with you ④ **wohnt sie jetzt bei euch?** is she staying with you now?
euere(r, s) ① your ② **sind das eure?** are these yours?

der **Eukalyptus** eucalyptus [ˌjuːkəlˈɪptəs]
der **EU-Kommissar**, die **EU-Kommissarin** EU Commissioner [kəˈmɪʃənəʳ]
die **EU-Kommission** EU Commission [kəˈmɪʃən]
das **EU-Land** European Union member state
die **Eule** owl
der **EU-Ministerrat** EU Council [ˈkaʊn(t)səl] of Ministers
das **EU-Mitgliedsland** EU member state
die **EU-Norm** EU standard
der **Eunuch** eunuch [ˈjuːnək]
euphemistisch euphemistic [ˌjuːfəˈmɪstɪk]
die **Euphorie** euphoria [juːˈfɔːriə]
euphorisch euphoric [juːˈfɒrɪk]
eure(**r**, **s**) ① your ② **sind das eure?** are these yours?
euretwegen because of you
euretwillen for your sake
eurige(**r**, **s**) yours
der **Euro** euro; **5 Euro** 5 euro[s]
die **Euro-Banknote** euro banknote
der **Eurocityzug** European Inter-City train
die **Euromünze** euro coin
Europa Europe
der **Europäer**, die **Europäerin** European
europäisch European
die **Europäische Gemeinschaft** European Community
der **Europäische Gerichtshof** European Court of Justice [ˈdʒʌstɪs]
das **Europäische Parlament** European Parliament [ˈpɑːləmənt]
die **Europäische Union** European Union
die **Europäische Zentralbank** European Central [ˈsentrəl] Bank
der **Europameister**, die **Europameisterin** European champion
das **Europaparlament** European Parliament [ˈpɑːləmənt]
der **Europapokal** European Cup
der **Europarat** Council [ˈkaʊn(t)səl] of Europe
der **Euroscheck** Eurocheque [ˈjʊərəʊtʃek]
die **Euroscheckkarte** Eurocheque card
der **Euroschein** euro note
die **Eurowährung** European currency
die **Eurozone** Eurozone, Euroland
der **EU-Staat** EU country
das **Euter** udder [ˈʌdə]
evakuieren to evacuate [ɪˈvækjʊeɪt]
die **Evangelien** gospels
evangelisch Protestant [ˈprɒtɪstənt]
das **Evangelium** gospel
eventuell ① (*etwaig*) possible; **die eventuellen Nachteile** the possible disadvantages ② (*nötigenfalls*) if need be; **eventuell könnte ich auch für ihn einspringen** I could cover for him if necessary ③ (*vielleicht*) perhaps; **eventuell [schon]** (*als Antwort*) possibly; **ich werde eventuell später dazukommen** I'll perhaps join you later

F Nicht verwechseln mit **eventual** = schließlich!

die **Evolution** evolution [ˌiːvəˈluːʃn]
ewig ① eternal [ɪˈtɜːnl], everlasting [ˌevəˈlɑːstɪŋ] ② forever; **das dauert ja ewig!** (*umgangsspr*) it's taking ages!
die **Ewigkeit** eternity [ɪˈtɜːnətɪ]
EWS *Abkürzung von* **Europäisches Währungssystem** EMS [ˌiːemˈes]
EWU *Abkürzung von* **Europäische Währungsunion** EMU [ˌiːemˈjuː]
exakt exact; **exakt arbeiten** to work accurately [ˈækjərətli]
das **Examen** examination [ɪɡˌzæmɪˈneɪʃn]; (*umgangsspr*) exam; **Examen machen** to take one's exams *Plural*
das **Exemplar** ① (*Buch*) copy ② (*Muster*) sample ③ (*Pflanze*) specimen [ˈspesəmɪn]
das **Exil** exile [ˈeksaɪl]; **im Exil** in exile
die **Existenz** existence [ɪɡˈzɪstən(t)s]; **sich eine Existenz aufbauen** to make a life for oneself
die **Existenzangst** fear of being unable to make ends meet
der **Existenzgründer**, die **Existenzgründerin** founder of a new business [ˈbɪznɪs]
die **Existenzgrundlage** basis of one's livelihood
das **Existenzminimum** subsistence [səbˈsɪstən(t)s] level
existieren ① (*bestehen*) to exist; **davon existiert nur ein Exemplar** there is only one copy of this ② (*leben können*) to live [lɪv], to subsist [səbˈsɪst] [**von** on)
exklusiv exclusive [ɪkˈskluːsɪv]
die **Exkursion** excursion [ɪkˈskɜːʃn]
exotisch exotic [ɪɡˈzɒtɪk]
die **Expedition** expedition [ˌekspɪˈdɪʃn]
das **Experiment** experiment [ɪkˈsperɪmənt]
experimentieren to experiment [ɪkˈsperɪment]
der **Experte**, die **Expertin** expert [ˈekspɜːt] (**für** in)
explodieren to explode [ɪkˈspləʊd]
die **Explosion** explosion [ɪkˈspləʊʒn]
die **Explosionsgefahr** danger [ˈdeɪndʒəʳ] of explosion
explosiv explosive [ɪkˈspləʊsɪv]
der **Export** export [ˈekspɔːt]
der **Exportartikel** export [ˈekspɔːt] article [*oder* commodity]
der **Exporteur** exporter
exportieren to export [ɪkˈspɔːt]
express *Postsendung:* by express
der **Expressionismus** expressionism [ɪkˈspreʃənɪzəm]
extern external
extra ① **das kostet extra** there's an extra [*oder* additional] charge for this ② **das hat er extra**

gemacht he's done that on purpose ['pɜːpəs] ③ **ich hätte gerne eine extra Rechnung** I'd like a separate bill, please ④ **das habe ich extra für meine Schwester gebastelt** I made that specially for my sister
das **Extrablatt** special ['speʃᵊl] edition
die **Extrafahrt** (CH) special ['speʃᵊl] excursion [*oder* trip]
der **Extrakt** extract ['ekstrækt]
extravagant extravagant
der **Extrazug** (CH) special ['speʃᵊl] train
das **Extrem** extreme; **von einem Extrem ins andere fallen** to go from one extreme to the other
extrem extreme
der **Extremist**, die **Extremistin** extremist [ɪk'striːmɪst]
die **Extremitäten** extremities
extrovertiert extrovert
exzellent excellent ['eksələnt]
exzentrisch eccentric [ɪk'sentrɪk]
der **Exzess** excess [ɪk'ses]; **etwas bis zum Exzess treiben** to take something to extremes
exzessiv excessive [ɪk'sesɪv]
die **EZB** *Abkürzung von* **Europäische Zentralbank** ECB [ˌiːsiː'biː], European Central ['sentrᵊl] Bank

Ff

F, f ① (*Buchstabe*) F, f [ef] ② (*in der Musik*) F, f
die **Fabel** fable
fabelhaft (*wunderbar*) fabulous
das **Fabelwesen** mythical ['mɪθɪkᵊl] creature
die **Fabrik** factory ['fæktri]; (*Werk*) works *Singular oder Plural;* (*Anlage*) plant

Fabrik

F Nicht verwechseln mit **fabric** = der Stoff!

der **Fabrikant**, die **Fabrikantin** (*Besitzer*) factory-owner
der **Fabrikarbeiter**, die **Fabrikarbeiterin** factory worker
das **Fabrikat** (*Marke*) brand, make
das **Fabrikgelände** factory premises ['premɪsɪz] ⚠ *Plural*
fabrikneu brand-new
fabrizieren to manufacture
das **Fach** ① (*Abteil*) compartment, division ② (*Brieffach*) pigeonhole ['pɪdʒənˌhəʊl] ③ (*Unterrichtsfach*) subject [sʌbdʒekt] ④ (*Zweig*) branch; **ein Mann/eine Frau vom Fach** an expert; **er versteht sein Fach** he knows his business
der **Facharbeiter**, die **Facharbeiterin** skilled worker
der **Facharzt**, die **Fachärztin** specialist ['speʃᵊlɪst] (**für** in)
der **Fachausdruck** technical ['teknɪkᵊl] term
der **Fächer** fan
die **Fachfrau** expert ['ekspɜːt]
das **Fachgebiet** [specialist ['speʃᵊlɪst]] field
das **Fachgeschäft** specialist shop [*oder* (USA) store]
der **Fachhändler**, die **Fachhändlerin** specialist retailer
die **Fachhochschule** ≈ technical ['teknɪkᵊl] college of higher education
die **Fachhochschulreife** *qualification allowing a student to study at a technical college of higher education*
die **Fachkenntnisse** specialized knowledge [ˌspeʃᵊlaɪzd'nɒlɪdʒ] ⚠ *kein Plural*
die **Fachleute** experts ['ekspɜːts]
fachlich technical ['teknɪkᵊl]
die **Fachliteratur** technical ['teknɪkl] literature
der **Fachmann** expert ['ekspɜːt]
die **Fachmesse** trade fair
fachsimpeln (*umgangsspr*) to talk shop
die **Fachsprache** technical language [-ˌlæŋgwɪdʒ]
das **Fachwerkhaus** half-timbered house [ˌhɑːf'tɪmbəd]
das **Fachwissen** expertise [ˌekspɜː'tiːz]
das **Fachwort** technical word
das **Fachwörterbuch** specialist ['speʃᵊlɪst] dictionary
die **Fachzeitschrift** trade journal; (*technisch*) technical journal; (*naturwissenschaftlich*) scientific [ˌsaɪən'tɪfɪk] journal
die **Fackel** torch [tɔːtʃ]

fade ① *Essen:* tasteless; **fade schmecken** to have no taste, to not taste of anything ② (*langweilig*) dull, flat
der **Faden** thread [θred] ▶ WENDUNGEN: **der rote Faden** the main idea; **den Faden verlieren** to lose the thread
fadenscheinig threadbare
das **Fagott** bassoon
fähig ① (*begabt*) able, capable ② (*qualifiziert*) fit, qualified ③ **er ist zu allem fähig** he is capable of anything
die **Fähigkeit** ability, capability
fahl fallow; *Gesicht:* pale
fahnden search [sɜːtʃ] (**nach** for)
die **Fahndung** search [sɜːtʃ] (**nach** for)
die **Fahne** ① flag ② **eine Fahne haben** (*umgangsspr*) to reek of alcohol
die **Fahnenstange** flagpole
der **Fahrausweis** ① ticket ② (CH) driving licence [-ˌlaɪsᵊn(t)s] (GB), driver's license (USA)
die **Fahrbahn** lane
fahrbar (*beweglich*) mobile ['məʊbaɪl]
die **Fähre** ferry
fahren ① to go (**mit** by); (*mit dem Rad*) to ride; (*mit einem Schiff*) to sail; **mit dem Bus fahren** to go by bus; **Auto/Motorrad fahren** to drive a car/ride a motorcycle; **per Anhalter fahren** to hitch[hike]; **rechts fahren!** keep right! ② **dieses Auto fährt mit Diesel** this car runs on diesel ③ (*befördern*) to take, to drive; **ich fahre dich zum Flughafen** I'll take [*oder* drive] you to the airport ④ **Peter fährt gut** Peter is a good driver ⑤ **Sie fahren besser, wenn ...** you would do better if ...

> **G** Richtiges Konjugieren von **to drive**: drive, drove, driven
> *will you drive or shall I?;*
> *Janet drove to Bath;*
> *we had driven a long way before we noticed the headlamps weren't working*

der **Fahrer**, die **Fahrerin** driver
die **Fahrerflucht** hit-and-run
die **Fahrerlaubnis** driving licence [-ˌlaɪsᵊn(t)s] (GB), driver's license (USA)
der **Fahrgast** passenger ['pæsᵊndʒəʳ]
das **Fahrgeld** fare [feəʳ]
die **Fahrgelegenheit** lift
die **Fahrgemeinschaft** driving pool (GB), car pool (USA)
das **Fahrgestell** *eines Autos:* chassis ['ʃæsi]; *eines Flugzeugs:* undercarriage ['ʌndəʳˌkærɪdʒ] (GB), landing gear (USA)
fahrig fidgety ['fɪdʒəti]
die **Fahrkarte** ticket
der **Fahrkartenautomat** ticket machine [-məˌʃiːn]
der **Fahrkartenschalter** ticket office
fahrlässig negligent ['neglɪdʒənt], careless
die **Fahrlässigkeit** negligence ['neglɪdʒən(t)s]; **grobe Fahrlässigkeit** culpable negligence
der **Fahrlehrer**, die **Fahrlehrerin** driving instructor
der **Fahrplan** timetable (GB), schedule ['ʃedjuːl] (USA)
fahrplanmäßig according to schedule ['ʃedjuːl]; **fahrplanmäßig ankommen** arrive on schedule; **alles verlief fahrplanmäßig** everything went according to schedule
der **Fahrpreis** fare [feəʳ]
die **Fahrprüfung** driving test
das **Fahrrad** bicycle ['baɪsɪkl̩], cycle ['saɪkl̩]; (*umgangsspr*) bike
der **Fahrradkurier**, die **Fahrradkurierin** bicycle courier ['baɪsɪkl̩ˌkʊriəʳ]
der **Fahrradständer** bicycle ['baɪsɪkl̩] stand
der **Fahrradweg** cycle ['saɪkl̩] path
der **Fahrschein** ticket
die **Fahrschule** driving school [skuːl]
der **Fahrschüler**, die **Fahrschülerin** learner [*oder* (USA) student] driver
die **Fahrspur** lane
der **Fahrstuhl** lift (GB), elevator ['elɪveɪtə] (USA)
die **Fahrt** ① (*im Wagen*) drive, ride ② (*Reise*) journey ['dʒɜːni], trip ▶ WENDUNGEN: **in Fahrt kommen** to get into one's stride
die **Fährte** track, trail
das **Fahrtenbuch** driver's log
der **Fahrtenschreiber** tachograph ['tækə(ʊ)grɑːf]
die **Fahrtkosten** travelling expenses
die **Fahrtrichtung** direction; **in Fahrtrichtung sitzen** to sit facing the engine
fahrtüchtig *Fahrzeug:* roadworthy; *Mensch:* fit to drive *nachgestellt*
der **Fahrtwind** headwind
fahruntüchtig *Mensch:* unfit to drive *nachgestellt; Fahrzeug:* unroadworthy
der **Fahrwerk** *von Flugzeug:* undercarriage ['ʌndəʳˌkærɪdʒ], landing gear
das **Fahrzeug** vehicle ['vɪəkl̩]
der **Fahrzeughalter**, die **Fahrzeughalterin** owner of a vehicle ['vɪəkl̩]
fair [fɛːɐ̯] fair; **fair [zu jemandem] sein** to be fair [to someone]; **das ist nicht fair!** that's not fair!
faktisch effective, real
der **Faktor** factor ['fæktəʳ]
die **Fakultät** faculty
der **Falke** falcon ['fɔːlkən]
der **Fall** ① (*Sturz*) fall; **jemanden zu Fall bringen** to make someone fall; (*übertragen*) **etwas zu Fall bringen** to cause the downfall of something ② (*Sachverhalt*) case, instance ['ɪn(t)stən(t)s] ③ *eines Anwalts, Arztes:* case ④ **gesetzt den Fall, dass ...** supposing that ...; **in diesem Fall** in this case [*oder* instance]; **auf jeden/keinen Fall** at any rate/on no account; **für den Fall, dass er ...** in case he ...; **auf alle Fälle** anyway; **im besten/schlimmsten Fall** at best/worst ⑤ **klarer Fall!** (*umgangsspr*) sure thing! ⑥ **das ist nicht mein Fall** (*um-*

F

gangsspr) that's not my cup of tea

die **Falle** 1 trap 2 (*umgangssspr: Bett*) sack 3 **jemandem eine Falle stellen** to set a trap for someone

fallen 1 to fall 2 *Preise, Temperatur:* to drop 3 *Schuss:* to be fired 4 to be made *Entscheidung;* to be passed *Urteil* 5 **im Krieg fallen** to be killed in action 6 *Wort:* to be uttered; *Bemerkung:* to be made; *Name:* to be mentioned 7 **über etwas fallen** to trip over something ▶ WENDUNGEN: **jemandem um den Hals fallen** to fling one's arms around someone's neck; **jemandem in den Rücken fallen** to stab someone in the back

F

> **G** Richtiges Konjugieren von **to fall**: fall, fell, fallen
> *watch you don't fall!;*
> *the vase fell off the shelf;*
> *the city has fallen into the hands of the enemy*

fällen 1 to fell *Bäume* 2 to make *Entscheidung;* **ein Urteil fällen** to pass sentence ['sentəns]

fällig due [dju:]; **fällig zum Ende des Jahres** due by the end of the year; **fällig werden** to fall due

das **Fallobst** windfall

falls 1 (*wenn*) if; **falls du nicht kommen kannst** if you're not able to come 2 (*für den Fall, dass ...*) in case ...

der **Fallschirm** parachute ['pærəʃu:t]; **mit dem Fallschirm abspringen** parachute

der **Fallschirmjäger** paratrooper

der **Fallschirmspringer**, die **Fallschirmspringerin** parachutist ['pærəʃu:tɪst]

die **Fallstudie** case study

falsch 1 (*verkehrt*) wrong [rɒŋ]; **etwas falsch aussprechen** to mispronounce something 2 (*unecht*) *Name, Zähne:* false [fɔ:ls] 3 *Pass, Alibi:* fake, forged [fɔ:dʒd]; *Geld:* counterfeit ['kaʊntəfɪt] 4 (*unehrlich*) false; **so ein falscher Hund!** (*umgangsspr*) he's such a snake-in-the-grass! 5 **etwas falsch verstehen** to misunderstand something 6 **falsch spielen** (*beim Musizieren*) to play the wrong note[s] 7 **falscher Alarm** false alarm

fälschen 1 to fake, to forge [fɔ:dʒ]; *Geld:* to counterfeit ['kaʊntəfɪt] 2 *Rechnung, Bilanz:* to falsify ['fɔ:lsɪfaɪ]

falschgehen *Uhr:* to be wrong

das **Falschgeld** counterfeit ['kaʊntəfɪt] money

fälschlich false [fɔ:ls], wrong [rɒŋ], mistaken

falschspielen (*beim Kartenspiel*) to cheat

der **Falschspieler**, die **Falschspielerin** cheat

die **Fälschung** fake, forgery ['fɔ:dʒəri]

fälschungssicher forgery-proof ['fɔ:dʒəri,pru:f]

das **Faltblatt** leaflet ['li:flət] GB, folder USA

das **Faltboot** collapsible boat GB, foldboat USA

das **Faltdach** convertible [kən'vɜ:tɪbl̩] top, folding roof

die **Falte** 1 fold 2 (*Bügelfalte*) crease; *von Rock:* pleat 3 (*im Gesicht*) wrinkle ['rɪŋkl̩]; **Falten werfen** to crease [kri:s], to pucker

falten to fold; **die Hände falten** to fold one's hands

der **Faltenrock** pleated skirt

der **Falter** butterfly

faltig creased ['kri:st]; *Haut:* wrinkled ['rɪŋkl̩d]

der **Falz** (*Faltung*) fold

falzen to fold

familiär (*zwanglos*) informal

die **Familie** family; **Familie Clark** the Clark family; **es liegt in der Familie** it runs in the family; **eine vierköpfige Familie** a family of four

> **V** **family** kann sowohl in der Einzahl als auch in der Mehrzahl stehen: *Maria's family comes from Italy; are your family all well?*

der **Familienname** surname ['sɜ:neɪm] GB, last name USA

der **Familienstand** marital status

der **Familienvater** family man

der **Fan** [fɛn] (*umgangsspr*) fan [fæn]

der **Fanatiker**, die **Fanatikerin** fanatic

fanatisch fanatical

die **Fanfare** fanfare ['fænfeəʳ]

der **Fang** 1 catch *auch übertragen* 2 (*Fischfang*) fishing 3 (*Kralle*) talon; **in jemandes Fängen** in someone's clutches

der **Fangarm** *eines Kraken:* tentacle ['tentəkl]

fangen 1 to catch *auch übertragen;* (*mit einer Falle*) to trap 2 **sich fangen** to steady oneself

> **G** Richtiges Konjugieren von **to catch**: catch, caught, caught
> *spiders use their webs to catch flies;*
> *she caught the ball with one hand;*
> *the police have caught the criminal*

die **Fangfrage** catch question

die **Fangleine** hawser

die **Fantasie** fantasy ['fæntəsi], imagination

fantasielos unimaginative, lacking in imagination

fantasieren 1 (*sich vorstellen*) to fantasize (**über** about) 2 (*im Fieber*) to be delirious [dɪlɪriəs]

fantasievoll imaginative

fantastisch 1 fantastic 2 (*großartig*) excellent, swell USA 3 (*unglaublich*) incredible [ɪn'kredɪbl̩]

der **Fantasyroman** fantasy novel

das **Fanzine** fanzine

FAQ *Abkürzung von* **frequently asked question** FAQ [,efeɪ'kju:]

der **Farbabzug** coloured print

die **Farbaufnahme** colour photo[graph]

die **Farbe** 1 colour GB, color USA; (*zum Malen*) paint; (*zum Färben*) dye [daɪ]; *von Gesicht:* complexion; **Farbe bekommen** to get a bit of colour ② *von Kartenspiel:* suit [su:t] ③ **Farbe bekennen** (*sich entscheiden*) to nail one's colours to the mast; (*gestehen*) to come clean

farbecht colourfast

färben to colour, to dye [daɪ] *Stoff, Haare;* **sich gelb färben** to turn yellow

farbenblind colour-blind

farbenfroh colourful

der **Farb(en)kasten** paintbox

der **Farbfernseher** colour TV

der **Farbfilm** colour film

die **Farbfoto**, die **Farbfotografie** colour photo [*oder* photograph]

farbig coloured

der/die **Farbige** (*Mensch*) black ⚠ *nur im Plural mit Artikel;* **eine Farbige/ein Farbiger** a black woman/a black man

> Die Bezeichnung **coloured** für eine(n) Farbige(n) gilt allgemein als abwertend. In Großbritannien ist **black** die korrekte Form. Als *politically correct* gilt in den USA zudem die Bezeichnung **African American**, wenn man über Farbige im Allgemeinen spricht.

der **Farbkopierer** colour [photo]copier

farblos colourless

die **Farbskala** colour range

der **Farbstift** coloured pencil ['pen(t)s^əl], crayon ['kreɪɒn]

der **Farbstoff** colouring; (*Pigment*) pigment

der **Farbton** hue [hju:], shade; (*Tönung*) tint

die **Färbung** ① (*Farbe*) colour, tinge [tɪndʒ]; (*Schattierung*) shade ② (*Tendenz*) slant

die **Farce** ['farsə] farce [fɑ:s]

der **Farn** fern

der **Fasan** pheasant ['feznt]

das **Faschierte** Ⓐ mince[d meat] (GB), ground meat (USA)

der **Fasching** carnival ['kɑ:nɪvl]

der **Faschingsdienstag** Shrove Tuesday

der **Faschismus** fascism ['fæʃɪz^əm]

der **Faschist**, die **Faschistin** fascist ['fæʃɪst]

faseln ① to babble *umgangsspr* ② **dummes Zeug faseln** to talk drivel *umgangsspr*

die **Faser** fibre ['faɪbə^r] (GB), fiber (USA)

faserig fibrous ['faɪbrəs]; *Fleisch, Spargel:* stringy

das **Fass** barrel ['bærəl]; **Bier vom Fass** draught [drɑ:ft] beer ▶WENDUNGEN: **ein Fass ohne Boden** a bottomless pit; **das schlägt dem Fass den Boden aus!** that's the last straw!

fassen ① (*ergreifen*) to take hold of; (*packen*) to grab; (*festnehmen*) to apprehend ② to set *Edelsteine* ③ (*enthalten*) to hold ④ (*begreifen*) to grasp, to understand; **es ist nicht zu fassen** it's unbelievable ⑤ to take *Entschluss, Mut;* **etwas ins Auge fassen** to contemplate something ⑥ **etwas in Worte fassen** to express something in words ⑦ (*sich sammeln*) to compose oneself ⑧ **sich kurz fassen** to be brief

die **Fassung** ① *von Juwelen:* setting; *einer Glühbirne:* socket ② *von Mensch:* composure [kəm'pəʊʒə^r]; **jemanden aus der Fassung bringen** to disconcert someone; **die Fassung verlieren** to lose one's composure; **etwas mit Fassung tragen** to take something calmly ③ (*Version, Bearbeitung*) version

fassungslos aghast [ə'gɑ:st], stunned

das **Fassungsvermögen** capacity [kə'pæsəti]

fast ① almost, nearly ② **fast dasselbe** much the same ③ **fast nichts** hardly anything ④ **fast nie** hardly ever

fasten to fast

die **Fastenkur** fast

der **Fastenmonat** month of fasting

die **Fastenzeit** Lent ⚠ *ohne Artikel*

das **Fast Food**, das **Fastfood** ['fa:stfu:t] fast food

die **Fastnacht** Shrovetide, carnival

der **Fastnachtsdienstag** Shrove Tuesday ⚠ *ohne Artikel*

faszinieren to fascinate ['fæsɪneɪt]; **fasziniert sein** to be fascinated (**von** by)

faszinierend fascinating ['fæsɪneɪtɪŋ]

fatal ① (*verhängnisvoll*) disastrous [dɪ'zɑ:strəs]; **fatale Folgen haben** to have fatal repercussions [ˌri:pə'kʌʃ^əns] ② (*peinlich*) embarrassing [ɪm'bærəsɪŋ]; **ein fatales Gefühl** an awkward feeling ⚠ *'fatal' bedeutet im Englischen meistens ‚tödlich'*

fauchen hiss

faul ① (*träge*) idle ['aɪdl], lazy ['leɪzi] ② (*verdorben*) rotten *auch übertragen; Zahn:* decayed ③ (*umgangsspr: verdächtig*) fishy; **an der Sache ist etwas faul** there's something fishy about the whole business ▶WENDUNGEN: **fauler Zauber** humbug

faulen to rot

faulenzen to laze [*oder* loaf] about

der **Faulenzer**, die **Faulenzerin** lazybones; (*Bummler*) loafer, idler ['aɪdlə^r]

die **Faulheit** idleness ['aɪdlnəs], laziness [leɪzɪnəs]

faulig *Obst:* going rotten; *Geruch:* foul [faʊl], putrid ['pju:trɪd]; *Wasser:* stale

die **Fäulnis** (*Fäule*) rottenness; (*Krankheit*) putrefaction

der **Faulpelz** (*umgangsspr*) lazybones ⚠ *Singular*

das **Faultier** sloth [sləʊθ]; (*fauler Mensch auch*) sluggard *abwertend*

die **Fauna** fauna [fɔ:nə]

die **Faust** ① fist ② **auf eigene Faust** (*umgangsspr*) off one's own bat ▶WENDUNGEN: **das passt wie die Faust aufs Auge** (*nicht passen*) it clashes horribly; (*genau passen*) it's a perfect match

der **Fausthandschuh** mitt[en]

die **Faustregel** rule of thumb [θʌm]

das **Fax** fax

faxen to fax

das **Fazit** result [rɪ'zʌlt]; **ein Fazit aus etwas zie-**

F

hen to sum something up

FCKW *Abkürzung von* **Fluorchlorkohlenwasserstoff** CFC [ˌsiːef'siː], chlorofluorocarbon [ˌklɔːrə(ʊ)flʊərə(ʊ)'kɑːbᵊn]

der **Feber** (A) February ['februᵊri]

der **Februar** February ['februᵊri]; **am 15. Februar** on 15th February, on February 15 (USA); (*gesprochen*) on the 15th of February, February the 15th (USA); **Anfang Februar** at the beginning of February; **Ende Februar** at the end of February

fechten to fence; (*kämpfen*) to fight [faɪt]

F

die **Feder** ① feather ['feðə]; (*Hutfeder*) plume ② (*in Polsterung*) spring ③ (*zum Schreiben*) quill [kwɪl]; *von Füller:* nib; (*mit Griff*) fountain pen

der **Federball** ① (*Ball*) shuttlecock ② (*Federballspiel*) badminton

das **Federbett** quilt (GB), feather comforter ['kʌmfətə] (USA)

federführend in [overall [ˌəʊvᵊr'ɔːl]] charge (**bei/für** of)

das **Federgewicht** (*im Boxen*) featherweight ['feðəʳˌweɪt]

der **Federhalter** pen

federleicht light as a feather

federn to be springy ['sprɪŋi]

die **Federung** ① springs ② *von Auto:* [spring] suspension [sə'spen(t)ʃᵊn]

die **Fee** fairy ['feəri]

das **Feed-back**, das **Feedback** ['fiːtbɛk] feedback; **jemandem [ein] Feed-back geben** to give someone feedback

das **Fegefeuer** purgatory [ˌpɜːgə'tri]

fegen ① (*mit Besen*) to sweep clean ② (CH) (*feucht wischen*) to wipe clean ③ to sweep [up] ④ (*umgangsspr: jagen*) to sweep

> **G** Richtiges Konjugieren von **to sweep**: sweep, swept, swept
> *she sweeps the yard every Saturday;*
> *George swept the leaves into a pile;*
> *have you swept the floor yet?*

fehlbesetzt *Rolle, Schauspieler:* miscast

der **Fehlbetrag** deficit ['defɪsɪt]

fehlen ① (*nicht da sein*) to be missing; (*in der Schule*) to be away (**in** from) ② (*mangeln*) to be lacking; **du fehlst mir** I miss you ▸ WENDUNGEN: **das hat uns gerade noch gefehlt!** that was all we needed!; **wo fehlt es?** what's the trouble?; **jetzt fehlt nur noch ...** ... is all we need

der **Fehler** ① mistake; (*Irrtum*) error ['erə]; **das war nicht mein Fehler** that was not my fault ② (*Defekt*) defect ['diːfekt], fault [fɔːlt] ③ (*im Sport*) **Fehler!** fault!

fehlerfrei perfect ['pɜːfɪkt]; (*makellos*) faultless ['fɔːltləs], flawless

fehlerhaft defective [dɪ'fektɪv], faulty [fɔːlti]

die **Fehlermeldung** error ['erə] message

die **Fehlgeburt** miscarriage [mɪ'skærɪdʒ]

der **Fehlgriff** mistake

die **Fehlkonstruktion** bad design [dɪ'zaɪn]

die **Fehlschaltung** faulty circuit ['sɜːkɪt]

der **Fehlschlag** failure ['feɪljə]

fehlschlagen to fail

der **Fehlstart** false start [ˌfɔːls'stɑːt] (GB), wrong [rɒŋ] start (USA)

der **Fehltritt** false step, lapse [læps]

die **Fehlzündung** backfiring

die **Feier** ① celebration [ˌselə'breɪʃᵊn] ② (*zeremonielle Feier*) ceremony ['serɪməni] ③ (*Party*) party ④ **zur Feier des Tages** in honour of the occasion

der **Feierabend** ① (*Arbeitsschluss*) end of work; (*Geschäftsschluss*) closing time (GB), quitting time (USA); **Feierabend machen** to finish work; **machen wir Feierabend für heute!** let's call it a day!; **schönen Feierabend!** have a nice evening! ② **Feierabend!** (*in der Kneipe*) time, please!

feierlich ① (*erhebend*) solemn ['sɒləm] ② (*festlich*) festive; **eine feierliche Angelegenheit** a festive occasion ③ (*förmlich*) ceremonious [ˌserɪ'məʊniəs]

die **Feierlichkeiten** celebrations [ˌselə'breɪʃᵊnz]

feiern to celebrate ['seləbreɪt]

der **Feiertag** ① holiday; (*kirchlich*) feast ② **der 1. Januar ist ein gesetzlicher Feiertag** the 1st January is a public holiday

feig(e) ① cowardly ['kaʊədli]; (*umgangsspr*) gutless ② in a cowardly way

die **Feige** fig

das **Feigenblatt** fig leaf

die **Feigheit** cowardice ['kaʊədɪs]

der **Feigling** coward ['kaʊəd]

die **Feile** file

feilen to file; **an etwas feilen** to file away at something

feilschen to haggle (**um** over)

fein ① (*nicht grob*) fine ② (*zart*) delicate ['delɪkət] *auch übertragen* ③ (*erlesen*) excellent ['ekslnt]; *Wein, Zigarre:* choice ④ (*prima, sehr gut*) splendid, great [greɪt] ⑤ (*vornehm*) refined, posh *umgangsspr* ⑥ (*einfühlsam*) sensitive; *Gehör, Geruchssinn:* acute [ə'kjuːt] ⑦ **fein säuberlich** nice and neat ⑧ **du hast dich heute aber fein gemacht!** you're dressed up today!

der **Feind**, die **Feindin** enemy ['enəmi], foe [fəʊ]

feindlich ① hostile ['hɒstaɪl] (**gegen** to) ② (*gegnerisch*) enemy

die **Feindschaft** enmity ['enməti]

feindselig hostile

die **Feindseligkeit** hostility [hɒ'stɪləti]

feinfühlend sensitive ['sensətɪv]; (*taktvoll*) tactful

feinfühlig sensitive

die **Feinfühligkeit** sensitivity [ˌsensɪ'tɪvəti]
das **Feingefühl** sensitivity; (*Takt*) tact
die **Feinheit** ① fineness ② (*Zartheit*) delicacy ③ (*Nuancen*) **die Feinheiten** the subtleties ['sʌtḷtiz], the nuances ['nju:ɑ:n(t)sɪz]
feinkörnig fine-grained
das **Feinkostgeschäft** delicatessen [ˌdelɪkə'tesn]
feinmaschig fine-meshed
die **Feinmechanik** precision [prɪ'sɪʒᵊn] engineering
der **Feinschmecker**, die **Feinschmeckerin** ① gourmet ['gʊəmeɪ] ② (*Kenner*) connoisseur [ˌkɒnə'sɜ:ʳ]
das **Feinschmeckerrestaurant** gourmet ['gʊəmeɪ] restaurant
die **Feinwäsche** (*Waschvorgang*) programme for delicates
das **Feinwaschmittel** mild detergent [dɪ'tɜ:dʒᵊnt]
feist fat, plump
feixen (*umgangsspr*) to smirk [smɜ:k]
das **Feld** ① field ② *eines Schachbretts:* square ③ (*Arbeitsbereich*) area, field ④ **auf freiem Feld** in the open country ▶ WENDUNGEN: **jemandem das Feld räumen** to give way to someone
der **Feldmesser** [land] surveyor [-səˌveɪəʳ]
der **Feldsalat** lamb's lettuce [læms'letɪs]
der **Feldstecher** pair ⚠ *Singular* of field glasses, field glasses ⚠ *Plural*
der **Feldwebel** sergeant ['sɑ:dʒᵊnt]
der **Feldweg** path [*oder* track] [across the fields]
der **Feldzug** campaign [kæm'peɪn]
die **Felge** [wheel] rim
die **Felgenbremse** calliper brake
das **Fell** ① coat; (*Vlies*) fleece [fli:s] ② (*Pelz*) fur [fɜ:]; *von kleinen Tieren:* skin; *von großen Tieren:* hide ③ **ein dickes Fell haben** to be thick-skinned, to have a thick skin
der **Fels(en)** rock
der **Felsblock** boulder ['bəʊldəʳ]
felsenfest firm as a rock; *Glaube:* unwavering [ʌn'weɪvrɪŋ] ▶ WENDUNGEN: **davon bin ich felsenfest überzeugt** I am dead certain about it
felsig craggy, rocky
die **Felswand** rock face
feminin feminine ['femənɪn]
der **Feminismus** feminism ['femənɪzm]
der **Feminist**, die **Feministin** feminist ['femənɪst]
feministisch feminist ['femənɪst]
der **Fenchel** fennel ['fenl]
das **Fenster** window
die **Fensterbank** window-sill
das **Fensterbrett** window-sill
der **Fensterbriefumschlag** window envelope
der **Fensterflügel** casement
der **Fensterladen** shutter
der **Fensterplatz** window seat
der **Fensterputzer**, die **Fensterputzerin** window cleaner
der **Fensterrahmen** window frame
die **Fensterscheibe** [window] pane
die **Ferien** holidays (GB), vacation (USA); **die großen Ferien** the summer holidays (GB), the long vacation (USA); **Ferien haben** to be on holiday [*oder* (USA) vacation]; **in die Ferien fahren** to go on holiday [*oder* (USA) vacation]
das **Ferienhaus** holiday cottage [-ˌkɒtɪdʒ]
der **Ferienkurs** holiday course
das **Ferienlager** holiday camp
der **Ferienpark** holiday park (GB), tourist resort (USA)
die **Ferienwohnung** holiday flat (GB), vacation apartment (USA)
die **Ferienzeit** holiday [period]
das **Ferkel** ① piglet ['pɪglət] ② (*umgangsspr: Dreckspatz*) mucky pup ③ (*Mensch*) dirty pig
fern ① (*räumlich*) distant, faraway ② (*zeitlich*) far-off ③ **von fern** from a distance ['dɪstəns], from afar ④ **fern von** far [away] from
das **Fernamt** telephone exchange
die **Fernbedienung** remote control
fernbleiben to stay away; **jemandem/etwas fernbleiben** to stay away from someone/something
ferner ① (*weiter*) further ② (*außerdem*) besides ③ (*weiterhin*) further[more]
der **Fernfahrer**, die **Fernfahrerin** long-distance [ˌlɒŋ'dɪstᵊn(t)s] lorry [*oder* (USA) truck] driver
das **Ferngespräch** long-distance call
ferngesteuert ① *Rakete:* remote-controlled ② (*übertragen*) manipulated
das **Fernglas** binoculars ⚠ *Plural*
fernhalten to keep away (**von** from)
die **Fernheizung** district heating
der **Fernkurs** correspondence [ˌkɒrɪ'spɒndən(t)s] course
das **Fernlicht** main beam (GB), high beam (USA)
der **Fernmeldesatellit** telecommunications satellite ['sætəlaɪt]
Fernost Far East
das **Fernrohr** ① telescope ['telɪskəʊp] ② (*Feldstecher*) field glass
der **Fernschreiber** teleprinter, telex
der **Fernsehansager**, die **Fernsehansagerin** television announcer [ə'naʊn(t)səʳ]
die **Fernsehantenne** television aerial ['eəriəl]
der **Fernsehapparat** television [set], TV
das **Fernsehen** television ['telɪˌvɪʒn]; **im Fernsehen** on television
fernsehen to watch television [*oder* TV]
der **Fernseher** television ['telɪˌvɪʒn], TV
das **Fernsehgerät** television [*oder* TV] set
der **Fernsehkoch**, die **Fernsehköchin** TV chef
das **Fernsehprogramm** ① (*Kanal*) channel (GB), station (USA) ② (*Sendefolge*) programme (GB), program (USA) ③ (*Programmzeitschrift*) [television] programme guide [gaɪd]
der **Fernsehsender** television station
die **Fernsehsendung** television program[me]

F

die **Fernsehübertragung** television broadcast
die **Fernsehzeitschrift** TV guide [gaɪd]
die **Fernsicht** clear view
der **Fernsprechansagedienst** information services ⚠ *Plural*
der **Fernsprechanschluss** telephone
der **Fernsprechauftragsdienst** answering service ['ɑːn(t)səʳɪŋˌsɜːvɪs]
die **Fernsprechauskunft** directory enquiries ⚠ *immer Plural*
der **Fernsprecher** telephone
die **Fernsteuerung** remote control; (*drahtlos*) radio control
das **Fernstudium** correspondence [ˌkɒrɪ'spɒndən(t)s] degree course, Open University course GB
der **Fernverkehr** long-distance [ˌlɒŋ'dɪstᵊn(t)s] traffic
die **Fernwärme** district heating
das **Fernweh** wanderlust
die **Ferse** heel ▶ WENDUNGEN: **jemandem auf den Fersen folgen** to be on someone's heels
fertig ① (*bereit*) ready ② (*vollendet*) finished; (*mit der Ausbildung*) qualified ③ (*reif*) mature ④ (*erschöpft*) *Mensch:* done in, shattered ⑤ **das Essen ist fertig** dinner is ready; **bist du mit deiner Arbeit fertig?** have you finished your work? ⑥ **mit dir bin ich fertig** I am through [*oder* finished] with you ⑦ **mit jemandem/etwas fertig werden** to cope with someone/something ⑧ **etwas fertig bringen** (*vollenden*) to get something done ⑨ **etwas fertig machen** (*vollenden*) to finish something; (*bereitmachen*) to get something ready
der **Fertigbau** prefabricated house, prefab *umgangsspr*
die **Fertigbauten** prefabricated houses
fertigbringen to be capable of; **der bringt es glatt fertig und ...** he's quite capable of ...
fertigen to manufacture [ˌmænjʊ'fæktʃə]
die **Fertigerzeugnisse** finished goods [*oder* products]
das **Fertiggericht** ready-to-serve [*oder* instant] meal
das **Fertighaus** prefab[ricated house] [priːˌfæbrɪkeɪtɪd'haʊs]
die **Fertigkeit** skill
fertigmachen ① **etwas fertigmachen** (*vollenden*) to finish something; (*bereitmachen*) to get something ready ② **jemanden fertig machen** (*umgangsspr: schlagen*) to lay into someone; (*erledigen*) to do for someone; (*ermüden*) *Arbeit, Probleme:* to take it out of someone
fertigstellen to finish [*oder* complete]
das **Fertigteil** finished part
die **Fertigung** production
die **Fertigungsstraße** production line
fesch smart
die **Fessel** (*auch übertragen*) fetter, shackle; **jemandem Fesseln anlegen** to fetter someone
der **Fesselballon** captive balloon
fesseln ① (*binden*) to bind; (*mit Fesseln*) to fetter, to shackle ② *Film, Buch:* to grip ▶ WENDUNGEN: **jemanden an sich fesseln** to bind someone to oneself
fesselnd (*packend*) gripping
das **Fest** celebration [ˌselə'breɪʃᵊn]; (*Party*) party
fest ① (*hart, stabil*) solid ['sɒlɪd] ② *Börsenkurse:* stable ③ (*nicht nachgebend*) firm; *Schlag:* hard; *Schuhe:* sturdy ④ (*nicht locker*) tight; *Schlaf:* sound ⑤ (*ständig*) regular; *Lohn, Gehalt, Preise:* fixed; *Stellung, Beruf, Wohnsitz:* permanent ['pɜːmənənt] ⑥ **fest angestellt** permanently employed ⑦ **fest versprechen** to promise faithfully; **ich bin fest entschlossen** I am absolutely determined ⑧ **Anne und Paul sind fest befreundet** Anne and Paul are going steady; **sie hat einen festen Freund** she has a steady boyfriend ⑨ (*umgangsspr: kräftig, tüchtig*) properly; (*nachdrücklich*) with a will
festbinden to tie, to fasten ['fɑːsᵊn] (**an** to)
festen CH (*feiern*) to celebrate ['seləbreɪt]
das **Festessen** banquet ['bæŋkwɪt]
festfahren ① to get stuck ② (*übertragen*) **festgefahren sein** to be at a deadlock ['dedlɒk]
festhalten ① to hold [tightly] ② (*aufnehmen*) to record [rɪ'kɔːd] ③ **an etwas festhalten** *Meinung:* to tick to something ④ **sich festhalten** to hold on [*oder* tight]; **sich festhalten an** to hold onto something ▶ WENDUNGEN: **halt dich fest!** hold tight!
festigen strengthen ['streŋθn]
der **Festiger** setting lotion
festklammern **sich festklammern** to cling on (**an** to)
das **Festland** ① **das europäische Festland** the Continent ② (*keine Insel*) mainland
festlegen ① (*bestimmen*) to lay down ② (*festsetzen*) to fix ③ (*vorschreiben*) to stipulate ['stɪpjəleɪt] ④ (*sich verpflichten*) to commit oneself (**auf** to); (*sich verbindlich entscheiden*) to tie oneself down (**auf** to)
festlich ① festive ② (*feierlich*) solemn ['sɒləm]
die **Festlichkeit** festivity
festliegen (*bestimmt sein*) to have been laid down; (*festgesetzt sein*) to have been fixed
festmachen ① (*festbinden*) to fasten ['fɑːsᵊn] (**an** onto) ② (*befestigen*) to fix (**an** onto) ③ to moor *Schiff*
festnageln to nail up, to nail down; **etwas an etwas festnageln** to nail something to something ▶ WENDUNGEN: **jemanden auf etwas festnageln** to pin someone down to something
die **Festnahme** arrest
festnehmen to [put under] arrest
die **Festplatte** hard disk

das **Festplattenlaufwerk** hard disk drive
der **Festpreis** fixed price
festschnallen to strap
festschrauben to screw [skruː] in tight
festsetzen (*bestimmen*) to fix (**auf** at)
festsitzen (*nicht weiterkönnen*) to be stuck; *Schiff:* to be aground
die **Festspiele** festival ⚠ *Singular*
feststehen 1 (*gewiss sein*) to be certain ['sɜːtᵊn] 2 (*endgültig sein*) to be definite ['defɪnət]
die **Feststellbremse** parking brake
feststellen 1 (*herausfinden*) to ascertain [ˌæsə'teɪn], to find [out] 2 (*erkennen*) to tell (**an** from) 3 (*entdecken*) to discover [dɪ'skʌvəʳ]; (*einsehen*) to realize 4 (*betonend äußern*) to emphasize 5 to lock, to stop *Gerät*
die **Feststellung** remark, statement
die **Festung** fort[ress]
der **Festzins** fixed interest
das **Fett** 1 fat 2 (*Schmiere*) grease ▶ WENDUNGEN: **er hat sein Fett weg** (*umgangsspr*) he's got his come-uppance
fett 1 fat 2 *Gewinn, Beute:* rich 3 *Essen:* fatty 4 **fett gedruckt** printed in bold [face [*oder* type]]
fettarm with a low fat content [-ˌkɒntent]
der **Fettfleck** grease spot
das **Fettgewebe** fatty tissue ['tɪʃuː]
fettig greasy; *Haut:* oily
fettleibig corpulent ['kɔːpjʊlənt]
das **Fettnäpfchen** ▶ WENDUNGEN: **ins Fettnäpfchen treten** to put one's foot in it
die **Fettsäure** fatty acid ['æsɪd]
die **Fettsucht** obesity [ə'biːsəti]
der **Fetzen** shred; (*Lumpen*) rag; *von Papier, Gespräch:* scrap
fetzig (*slang*) wild, crazy; *Kleidung auch:* racy
feucht damp, moist; *Klima:* humid ['hjuːmɪd]; *Hände:* sweaty ['sweti]
die **Feuchtigkeit** (*Zustand*) dampness, moistness; *von Klima:* humidity [hjuː'mɪdəti]
die **Feuchtigkeitscreme** moisturizing cream
feuchtwarm humid
feudal 1 feudal ['fjuːdl] 2 (*umgangsspr: prächtig*) plush (GB), swell (USA)
das **Feuer** 1 fire 2 (*für Zigarette*) light; **können Sie mir Feuer geben?** could you give me a light? 3 (*Glanz, Scheinen*) sparkle 4 (*Glut, Leidenschaft*) ardour ['ɑːdəʳ] 5 **am Feuer** by the fire 6 **Feuer [an]machen** to light a fire; **Feuer fangen** to catch fire; (*übertragen*) to be really taken
der **Feueralarm** fire alarm
der **Feueranzünder** firelighter
feuerbeständig fire-resistant ['faɪə rɪˌzɪstənt]
die **Feuerbestattung** cremation
feuerfest fireproof; (*Glas*) heat-resistant
feuergefährlich combustible, [in]flammable
die **Feuerleiter** fire escape [-ɪˌskeɪp]
der **Feuerlöscher** fire extinguisher [-ɪkˌstɪŋgwɪʃəʳ]
der **Feuermelder** fire alarm; (*automatisch*) fire detector
feuern 1 (*heizen*) to heat 2 (*umgangsspr: entlassen*) to fire, to sack
feuerrot fiery ['faɪ(ə)ri] red
der **Feuerschlucker** fire-eater
feuersicher fireproof
die **Feuerspritze** fire hose
der **Feuerstein** flint
die **Feuerstelle** [camp]fire
die **Feuerwache** fire station
die **Feuerwehr** fire brigade (GB), fire department (USA)
das **Feuerwehrauto** fire engine (GB), fire truck (USA)
die **Feuerwehrfrau** firewoman
die **Feuerwehrleiter** fireman's ladder
der **Feuerwehrmann** fireman
das **Feuerwerk** fireworks ⚠ *immer Plural*
der **Feuerwerkskörper** firework
das **Feuerzeug** [cigarette] lighter [ˌsɪgᵊr'etˌlaɪtəʳ]
das **Feuilleton** feature pages *Plural*
feurig fiery ['faɪ(ə)ri]
der **Fiaker** (A) (*Kutsche*) cab; (*Kutscher*) coachman ['kəʊtʃmən]
die **Fibel** (*Schulfibel*) primer ['praɪmə]
die **Fiche** (CH) file, record
die **Fichte** 1 spruce [spruːs], pine [*oder* fir] tree 2 (*Holz*) pine
ficken fuck *slang*
die **Fidschiinseln** Fiji Islands
das **Fieber** 1 fever ['fiːvə] 2 (*bei Krankheit*) temperature; **jemandem das Fieber messen** take someone's temperature; **[39 °C] Fieber haben** to have a temperature [of 39 °C]
die **Fieberblase** herpes ['hɜːpiːz] blister
fieberhaft feverish ['fiːvərɪʃ]
fiebern nach etwas fiebern to long feverishly for something
das **Fieberthermometer** [clinical] thermometer [θə'mɒmɪtə]
fiebrig feverish, febrile
fies (*umgangsspr*) nasty ['nɑːsti], horrid, horrible
die **Figur** figure ['fɪgə]
das **Filet** [fi'leː] *von Fleisch, Fisch:* fillet
das **Filetsteak** fillet steak [steɪk]
die **Filiale** branch [brɑːntʃ]
der **Filialleiter**, die **Filialleiterin** branch manager
die **Filipina** Filipina
der **Filipino** Filipino
der **Film** 1 film; **einen Film [in eine Kamera] einlegen** to load [a film into] a camera 2 (*Kinofilm*) film (GB), movie ['muːvi] (USA), motion picture; **in einen Film gehen** to go and see a film [*oder* (USA) movie] 3 (*Filmbranche*) films (GB), movies (USA); **einen Film drehen** to shoot a film [*oder* (USA) movie]
der **Filmemacher**, die **Filmemacherin** film-maker
filmen to film

F

die **Filmkamera** film camera (GB), movie camera (USA)
der **Filmprojektor** film projector (GB), movie projector (USA)
der **Filmregisseur**, die **Filmregisseurin** film director (GB), movie director (USA)
der **Filmriss** (*übertragen*) mental blackout
der **Filmschauspieler**, die **Filmschauspielerin** film [*oder* (USA) movie] actor *maskulin und feminin*, film [*oder* (USA) movie] actress *feminin*
das **Filmvorführgerät** cine-projector [ˈsɪniprə(ʊ)ˌdʒektəʳ]
die **Filmvorführung** film [*oder* (USA) movie] show
die **Filmvorschau** trailer (**auf** of)
der/das **Filter** filter
der **Filtereinsatz** filter pad
der **Filterkaffee** filter coffee (GB), drip coffee (USA)
filtern to filter
das **Filterpapier** filter paper
die **Filterzigarette** filter cigarette [-sɪgᵊrˌet]
der **Filz** ① (*Stoff*) felt ② (*Korruption*) corruption, sleaze; (*Vetternwirtschaft*) nepotism [ˈnepətɪzm]
filzen (*umgangsspr*) ① (*berauben*) to do over ② (*durchsuchen*) to frisk
der **Filzer** (*umgangsspr*) felt-tip [pen]
der **Filzschreiber**, der **Filzstift** felt-tip pen
das **Finale** ① finals [ˈfaɪnlz] ⚠ *Plural* ② *von Musikstück:* finale [fɪnɑːli]
das **Finanzamt** tax [*oder* fiscal] office
die **Finanzen** finances [ˈfaɪnæn(t)sɪz]
die **Finanzhilfe** financial assistance [faɪˌnæn(t)ʃᵊləˈsɪstᵊn(t)s], financial aid
finanziell financial [faɪˈnæn(t)ʃᵊl]
finanzieren to finance [ˈfaɪnæn(t)s]
die **Finanzierung** financing [ˈfaɪnæn(t)sɪŋ]
der **Finanzmarkt** financial [faɪˈnæn(t)ʃᵊl] market
der **Finanzminister**, die **Finanzministerin** (*in GB*) Chancellor of the Exchequer [ˌtʃɑːn(t)sᵊləʳəvðiːɪksˈtʃekəʳ]; (*in den USA*) Secretary of the Treasury [ˈtreʒᵊri]; (*in anderen Ländern*) minister of finance [ˈfaɪnæn(t)s]
das **Finanzministerium** (*in GB*) the Exchequer [ɪksˈtʃekəʳ]; (*in den USA*) Treasury [ˈtreʒᵊri] Department; (*in anderen Ländern*) ministry of finance
die **Finanzpolitik** financial policy
finden ① to find ② (*meinen*) to think; **ich finde nichts dabei** I think nothing of it; **etwas gut finden** to think something is good ③ **sich finden** to be found; (*in Ordnung kommen*) to sort itself out; **es wird sich schon alles finden** it will all sort itself out

> **G** Richtiges Konjugieren von **to find**: find, found, found
> *can you help me find my purse?;*
> *her son found a snail in the park;*
> *I have just found what I was looking for*

der **Finderlohn** finder's reward
findig resourceful [rɪˈzɔːsfᵊl]
die **Finesse** refinement; **mit allen Finessen** with every refinement
der **Finger** finger [ˈfɪŋgə] ▶ WENDUNGEN: **sich etwas aus den Fingern saugen** to dream something up; **jemandem auf die Finger klopfen** to rap someone's knuckles; **die Finger von jemandem/etwas lassen** to keep one's hands off someone/something; **überall seine Finger drin haben** (*umgangsspr*) to have a finger in every pie; **für den mache ich keinen Finger krumm** I won't lift a finger to help him
der **Fingerabdruck** fingerprint
fingerfertig dext[e]rous [ˈdekst[ᵊ]rəs]
der **Fingerhut** ① (*Nähutensil*) thimble [θɪmbl] ② (*Pflanze*) foxglove [ˈfɒksglʌv]
der **Fingernagel** fingernail [ˈfɪŋgəneɪl]
das **Fingerspitzengefühl** ① (*Feingefühl, Takt*) tact ② (*Einfühlungsvermögen*) instinctive feel[ing]
der **Fink** finch [fɪntʃ]
der **Finne**, die **Finnin** Finn
finnisch Finnish
Finnland Finland [ˈfɪnlənd]
finster ① (*dunkel*) dark ② (*unheimlich*) sinister ③ (*mürrisch, verdrossen*) grim, sullen
die **Firma** company, firm
der **Firmengründer**, die **Firmengründerin** founder of a business [ˈbɪznɪs]
der **Firmenwagen** company car
das **Firmenzeichen** logo
der **Firmling** candidate for confirmation
die **Firmung** confirmation
der **First** ① (*Dachfirst*) ridge [rɪdʒ] ② (*Berg*) crest, [mountain] ridge
der **Fisch** ① fish ② (*Sternbild*) Pisces [ˈpaɪsiːz] ⚠ *Singular;* **ich bin Fisch** I'm [a] Pisces ▶ WENDUNGEN: **kleine Fische** small fry

> **V** Der Plural von **fish** bleibt in den meisten Fällen unverändert **fish**: *the fishermen caught hundreds of fish;* wenn man jedoch von verschiedenen Fischarten spricht, verwendet man **fishes**: *cod, haddock, herring and other fishes.*

fischen to fish
der **Fischer** fisherman [ˈfɪʃəmən]
der **Fischfang** fishing
der **Fischhändler**, die **Fischhändlerin** fishmonger [ˈfɪʃmʌŋgəʳ] (GB), fish dealer (USA)
der **Fischotter** otter [ˈɒtəʳ]
das **Fischstäbchen** fish finger
die **Fischzucht** fish culture, fish-farming
fiskalisch fiscal
die **Fisole** (A) French bean, green bean
fit fit, in good shape
die **Fitness** fitness
das **Fitnesscenter** fitness centre, gym [dʒɪm]
das **Fitnessgerät** fitness [*oder* gym [ˈdʒɪm]] equipment ⚠ *kein Plural*
fix ① (*feststehend*) fixed ② (*umgangsspr: flink*)

quick ③ **fix und fertig sein** (*umgangsspr*) to be finished
fixieren CH to fix
fixiert fixated (**auf** on)
der **FKK-Strand** nudist ['nju:dɪst] beach
flach ① (*niedrig*) flat; *Haus:* low ② (*nicht tief*) shallow ③ *Böschung:* gentle ['dʒentl] ④ (*seicht*) shallow ⑤ **flach machen** to flatten
der **Flachbildfernseher** flat screen TV
der **Flachbildschirm** flat screen
das **Flachdach** flat roof
die **Fläche** area; (*Oberfläche*) surface ['sɜ:fɪs]
der **Flächeninhalt** area
flachfallen (*umgangsspr: nicht stattfinden*) to fall through [θru:], to be cancelled ['kæn(t)sᵊld]
das **Flachland** lowland
der **Flachs** ① (*Pflanze*) flax ② (*umgangsspr: Jux*) kidding
flachsen (*umgangsspr*) to kid around
flackern to flicker
das **Fladenbrot** round, flat loaf [of bread], ≈ Turkish bread
die **Flagge** flag
das **Flaggschiff** flagship
der **Flame** Fleming
die **Flamin** Flemish woman, Fleming
der **Flamingo** flamingo
flämisch Flemish
die **Flamme** ① flame ② **etwas auf kleiner Flamme kochen** to cook something on a low flame; (*übertragen*) to let something just tick over
flammend blazing; (*feurig*) fiery ['faɪ(ə)ri]
Flandern Flanders ⚠ *Singular*
der **Flanell** flannel ['flænl]
die **Flaniermeile** (*umgangsspr*) promenade
die **Flanke** ① (*beim Fußball*) cross; (*Position*) wing ② (*beim Turnen*) side-vault
flanken to centre [*oder* USA center] ['sentəʳ], to cross *Ball*
flapsen (*umgangsspr*) to joke
die **Flasche** ① bottle ② (*umgangsspr: Versager*) dead loss ③ **in Flaschen füllen** to bottle ▶ WENDUNGEN: **zur Flasche greifen** to take to the bottle
das **Flaschenbier** bottled beer
das **Flaschenkind** bottle-fed baby
der **Flaschenöffner** bottle-opener
der **Flaschenzug** pulley ['pʊli]
der **Flashmob** ['flæʃmɒb] flashmob
die **Flatrate** [flɛt'reɪt] flat rate
flatterhaft fickle
flattern ① *Vogel, Herz:* to flutter ② *Fahne:* to stream, to wave
flau ① (*schwach*) weak ② *Wind:* slack ③ **mir ist ganz flau** I feel queasy ['kwi:zi]
der **Flaum** down, fluff
flaumig downy, fluffy
flauschig fluffy
die **Flausen** (*umgangsspr*) fancy ideas
die **Flaute** ① (*Windstille*) calm [kɑ:m] ② *der Konjunktur:* slack period
die **Flechte** ① (*Algen und Pilzfäden*) lichen ['laɪkən] ② (*Krankheit*) herpes ['hɜ:pi:z], eczema ['eksɪmə]
flechten to plait [plæt] *Haar;* to weave [wi:v] *Korb, Matte*
der **Fleck** ① (*Stelle*) spot ② (*Schmutzfleck*) blot, stain ③ **nicht vom Fleck kommen** (*auch übertragen*) to not make any headway ④ **Flecken machen** to stain ⑤ **ein blauer Fleck** a bruise; **er hatte überall blaue Flecken** he was bruised all over
der **Flecken** (*Ort*) market town
fleckenlos spotless
der **Fleckentferner** stain-remover
der **Fleckerlteppich** Ⓐ rag rug
fleckig stained
die **Fledermaus** bat
der **Flegel** lout [laʊt]
flegelhaft loutish ['laʊtɪʃ]
das **Flehen** entreaty
flehen to entreat; **um etwas flehen** to beg for something; **zu jemandem flehen** to implore someone
flehentlich entreating, imploring
das **Fleisch** ① (*Nahrung*) meat ② (*lebendig*) flesh ③ **Fleisch fressend** carnivorous [kɑ:'nɪvᵊrəs] ▶ WENDUNGEN: **es ist mir in Fleisch und Blut übergegangen** it has become second nature to me
die **Fleischbrühe** meat stock
der **Fleischbrühwürfel** stock cube
der **Fleischer**, die **Fleischerin** butcher ['bʊtʃə]
das **Fleischklößchen** meat-ball
fleischlos meatless
die **Fleischtomate** beef tomato
die **Fleischvergiftung** botulism ['bɒtjʊlɪzm]
der **Fleischvogel** CH (*Roulade*) beef olive
die **Fleischwaren** meat products
der **Fleischwolf** mincer ['mɪn(t)səʳ] GB, meat grinder USA
die **Fleischwurst** pork sausage ['sɒsɪdʒ]
fleißig diligent ['dɪlɪdʒᵊnt], industrious [ɪn'dʌstriəs]; (*arbeitsam*) hard-working
flennen to blubber *umgangsspr*
die **Fleppe** (*slang*) driving licence [-ˌlaɪsᵊn(t)s] GB, driver's license USA
flexibel flexible ['fleksəbl]
die **Flexibilität** flexibility
der **Flicken** patch
flicken to mend; (*mit Flicken*) to patch

F Nicht verwechseln mit **to flick** = schnalzen mit!

F

der **Flickenteppich** rag rug
das **Flickzeug** 1 (*Nähzeug*) sewing kit 2 (*für Reifen*) [puncture] repair outfit
der **Flieder** (*Strauch*) lilac ['laɪlək]
fliederfarben lilac ['laɪlək]
die **Fliege** 1 (*Insekt*) fly 2 (*Krawatte*) bow [bəʊ] tie ▶ WENDUNGEN: **zwei Fliegen mit einer Klappe schlagen** to kill two birds with one stone; **komm, mach 'ne Fliege!** (*slang*) get lost!
fliegen 1 to fly; *Raumschiff:* to travel 2 (*eilen*) to fly 3 *Puls:* to race 4 to fly *Flugzeug* 5 (*slang: entlassen werden*) to be kicked out (**aus/von** of) ▶ WENDUNGEN: **auf jemanden fliegen** to be mad keen on someone *umgangsspr;* **durch eine Prüfung fliegen** to flunk one's exam *umgangsspr*

F

> **G** Richtiges Konjugieren von **to fly**: fly, flew, flown
> *we hope to fly to New York next year;*
> *the cat pounced and the bird flew away;*
> *the pilot had never flown a jumbo before*

das **Fliegengewicht** flyweight ['flaɪweɪt]
die **Fliegenklatsche** fly-swat
der **Fliegenpilz** fly agaric ['flaɪˌægərɪk]
der **Flieger** 1 (*Flugzeug*) plane 2 (*Person*) pilot
fliehen to flee (**vor** from); **zu jemandem fliehen** to take refuge with someone
die **Fliese** tile
der **Fliesenleger**, die **Fliesenlegerin** tiler
das **Fließband** assembly line
die **Fließbandfertigung** conveyor [kən'veɪəʳ] belt production
fließen to flow
fließend 1 flowing 2 *Grenze, Übergang:* fluid 3 **fließendes Wasser** running water 4 **fließend Englisch sprechen** to speak English fluently [*oder* fluent English]
das **Fließheck** fastback
flimmern *Bildschirm:* to flicker; *Hitze:* to shimmer; *Licht:* to glimmer
flink (*schnell*) quick
die **Flinte** rifle; (*Schrotflinte*) shot gun ▶ WENDUNGEN: **die Flinte ins Korn werfen** to throw in the towel
der **Flipper(automat)** (*umgangsspr*) pinball machine [-məˌʃiːn]
flippern (*umgangsspr*) to play pinball
flippig (*umgangsspr*) kooky, wild
flirten ['fløɐ̯tn̩] to flirt [flɜːt]
das **Flittchen** slut *abwertend slang*
die **Flitterwochen** honeymoon ⚠ *kein Plural;* **sie fahren in die Flitterwochen** they are going on their honeymoon
flitzen (*umgangsspr*) to whizz [(h)wɪz]
die **Flocke** flake; (*Staubflocke*) ball of fluff
flockig fluffy
der **Floh** flea [fliː] ▶ WENDUNGEN: **jemandem einen Floh ins Ohr setzen** to put an idea into someone's head
der **Flohmarkt** flea market
der **Flop** flop
florieren to bloom, to flourish ['flʌrɪʃ]
die **Floskel** set phrase
das **Floß** raft
die **Flosse** *eines Tauchers:* flipper; (*slang: Hand*) paw
die **Flöte** flute; (*Rohrflöte*) pipe
flöten to play [on] the flute ▶ WENDUNGEN: **flöten gehen** (*slang*) to go west
der **Flötist**, die **Flötistin** flautist ['flɔːtɪst]
flott 1 (*schnell*) quick 2 *Kleidung:* smart; *Stil, Artikel:* racy 3 *Schiff:* afloat [ə'fləʊt] ▶ WENDUNGEN: **mach mal ein bisschen flott!** get on with it!
flottbekommen 1 to float off *Schiff* 2 to get on the road *Auto*
die **Flotte** fleet
der **Flottenstützpunkt** naval base
flottmachen 1 to float off *Schiff* 2 to get on the road *Auto*
das **Flöz** seam
der **Fluch** 1 (*Verfluchung*) curse [kɜːs] 2 (*Kraftausdruck*) swear word ['sweə wɜːd]
fluchen to swear [sweəʳ] (**über** about)

> **G** Richtiges Konjugieren von **to swear**: swear, swore, sworn
> *it's rude to swear;*
> *she swore under her breath as she realised she had forgotten her keys;*
> *I have never sworn in front of the children*

die **Flucht** flight; (*erfolgreiche Flucht*) escape [ɪ'skeɪp]; **in die Flucht schlagen** to put to flight; **die Flucht ergreifen** to flee, to take flight; **auf der Flucht sein** *Flüchtling:* to be fleeing; (*vor der Polizei*) to be on the run
fluchtartig hasty ['heɪsti]
flüchten to flee; (*entkommen*) to escape [ɪ'skeɪp]
flüchtig 1 (*auf der Flucht*) fugitive ['fjuːdʒətɪv] 2 (*oberflächlich*) cursory ['kɜːsri]; **ich habe es nur flüchtig gelesen** I only skimmed through it; **jemanden flüchtig kennen** to know someone slightly; **ein flüchtiger Bekannter** a passing [*oder* nodding] acquaintance 3 (*sorglos, nachlässig*) careless 4 *von Chemikalien:* volatile
der **Flüchtigkeitsfehler** careless mistake
der **Flüchtling** refugee [ˌrefjʊ'dʒiː]
die **Flüchtlingskrise** refugee [*oder* migrant] crisis
der **Flug** 1 flight 2 **im Flug** in flight; (*schnell*) in a flash
der **Flugbegleiter**, die **Flugbegleiterin** flight attendant, member of the cabin crew [kruː]
das **Flugbegleitpersonal** cabin crew
das **Flugblatt** leaflet ['liːflət]
das **Flugboot** flying boat

der **Flugdatenschreiber** flight recorder
die **Flugdauer** flying time
der **Flugdrachen** hang glider
der **Flügel** ① *von Vogel, Haus, Tragfläche:* wing ② *von Ventilator, Hubschrauber:* blade; *von Windmühle:* vane ③ *von Fenster:* casement; *von Tür:* leaf, side ④ (*Piano*) grand piano [pi'ænəʊ] ▶ WENDUNGEN: **die Flügel hängen lassen** to be downcast
die **Flügelschraube** wing screw [skru:]
die **Flügeltür** double door
der **Fluggast** [airline] passenger ['pæsᵊndʒəʳ]
flügge [fully-]fledged; **flügge werden** (*auch übertragen*) to leave the nest
die **Fluggeschwindigkeit** flying speed
die **Fluggesellschaft** airline
der **Flughafen** airport; (*Militärflughafen*) aerodrome ['eərədrəʊm] GB, airdrome USA
die **Flughöhe** altitude
der **Flugkörper** ① flying object ['ɒbdʒɪkt] ② (*Kriegsgerät*) missile
der **Fluglehrer**, die **Fluglehrerin** flight instructor
das **Flugleitsystem** flight control system [-ˌsɪstəm]
der **Fluglotse**, die **Fluglotsin** air traffic controller
der **Flugplatz** airfield
flugs instantly, without delay
der **Flugschein** pilot's licence [*oder* USA license] [-ˌlaɪsᵊn(t)s]
die **Flugschneise** air corridor
die **Flugsicherung** air traffic control
das **Flugverbot** grounding order
die **Flugverbotszone** *area with a flying ban*
der **Flugverkehr** air traffic
die **Flugwaffe** CH air force
die **Flugzeit** flying time
der **Flugzettel** A (*Flugblatt*) leaflet
das **Flugzeug** aircraft, plane
die **Flugzeugbesatzung** aircrew ['eəʳkru:]
die **Flugzeughalle** hangar
der **Flugzeugträger** aircraft carrier
flunkern to tell fibs
das **Fluor** fluorine ['flɔ:ri:n]
der **Fluorchlorkohlenwasserstoff** chlorofluorocarbon [ˌklɔ:rə(ʊ)flʊərə(ʊ)'kɑ:bᵊn], CFC
die **Fluppe** (*slang*) fag GB *umgangsspr*, ciggy ['sɪgi] *umgangsspr*
der **Flur** hall; (*Korridor*) corridor
der **Flurschaden** damage ['dæmɪdʒ] to crops
der **Fluss** river ▶ WENDUNGEN: **im Fluss sein** (*sich verändern*) to be in a state of flux
flussabwärts downstream
flussaufwärts upstream
das **Flussbett** river bed
flüssig ① (*nicht fest*) liquid; *Metall, Glas:* molten ['məʊltən] ② (*umgangsspr: zahlungsfähig*) **flüssig sein** to be solvent [*oder* in funds]
die **Flüssigkeit** ① (*flüssiger Stoff*) liquid ② (*Zustand*) liquidity

Flur

F Nicht verwechseln mit **floor** = der Fußboden!

der **Flusskrebs** crayfish GB, crawfish USA
die **Flussniederung** river plain
das **Flusspferd** hippopotamus [ˌhɪpə'pɒtəməs]
das **Flussufer** riverbank
flüstern to whisper ['(h)wɪspəʳ] ▶ WENDUNGEN: **das kann ich dir flüstern** take it from me
die **Flut** ① flood [*oder* high] tide; **es ist Flut** the tide is coming in ② (*Menge*) floods [flʌdz]
fluten to flood
die **Fluthilfe** flood relief [-rɪˌli:f]
das **Flutlicht** floodlight [flʌdlaɪt]
das **Flutopfer** flood victim
die **Flutwelle** tidal wave [ˌtaɪdl'weɪv]
das **Fohlen** (*junges Pferd*) foal; (*Hengst*) colt [kəʊlt]; (*Stute*) filly
fohlen to foal
der **Föhn**[1] (*Wind*) foehn, föhn
der **Föhn**[2] (*Haartrockner*) hair-dryer
föhnen to blow-dry
die **Föhre** (*Nadelbaum*) Scots pine
die **Folge** ① (*Aufeinanderfolge*) succession [sək'seʃᵊn]; (*Reihenfolge*) order; (*Serie*) series ⚠ *Singular;* (*in der Mathematik*) sequence ['si:kwən(t)s] ② (*im Radio, TV*) episode ③ (*Konsequenz*) consequence ['kɒn(t)sɪkwən(t)s]; (*Ergebnis*) result [rɪ'zʌlt]; **als Folge davon** in consequence [*oder* as a result]; **dies hatte zur Folge, dass ...** the consequence [*oder* result] of this was that ...; **die Folgen tragen** to take the consequences
folgen ① (*verstehen*) to follow ② (*resultieren*) to follow (aus from); **es folgt daraus, dass ...** hence it follows that ... ③ (*gehorchen*) to do as one is told ④ **Fortsetzung folgt** to be continued
folgend following; **am folgenden Tag** the following day; **Folgendes** the following; **ich möchte noch Folgendes sagen ...** I would

like to say the following ...

folgende(r, s) following; **am folgenden Tag** the following day; **er schreibt Folgendes ...** he writes [as follows] ...; **es handelt sich um Folgendes ...** the matter is this ...

folgendermaßen as follows

folgenschwer with serious consequences [ˌsɪəriəs'kɒn(t)sɪkwən(t)sɪz]

folgerichtig consistent [kən'sɪstənt], logical ['lɒdʒɪkəl]

folgern to conclude (**aus** from)

folglich consequently ['kɒnsɪkwəntlɪ]

folgsam obedient

die **Folie** (*Metallfolie, Schicht*) foil; (*Plastikfolie*) film

die **Folklore** folklore

folkloristisch folkloric

die **Folter** ① torture ['tɔːtʃə] ② (*übertragen*) torment ▶ WENDUNGEN: **jemanden auf die Folter spannen** to keep someone in suspense

foltern to torture

die **Folterung** torture

das **Fon** ① (*umgangsspr*) phone ② (*technisch*) phon

der **Fön®** hair-dryer

der **Fond** (*im Auto*) back, rear

der **Fonds** (*Geldreserve*) funds *Plural;* (*Schuldverschreibung*) government bond

die **Fontäne** ① (*Strahl*) jet ② (*Springbrunnen*) fountain ['faʊntɪn]

foppen (*umgangsspr*) **jemanden foppen** to make a fool of someone

forcieren to force

die **Förderanlage** hauling plant

das **Förderband** conveyor [kən'veɪəʳ] belt

der **Förderkorb** [mine] cage [keɪdʒ]

förderlich beneficial [ˌbenɪ'fɪʃəl]; **jemandem/einer Sache förderlich sein** to be beneficial to someone/something

fordern ① (*verlangen*) to demand [dɪ'mɑːnd] (**von** of); (*Anspruch erheben*) to claim ② (*herausfordern*) to challenge ['tʃælɪndʒ] ③ **richtig** [*oder* **wirklich**] **gefordert werden** to be faced with a real challenge ④ **etwas fordert Anstrengung** something demands an effort ⑤ **der Unfall forderte viele Leben** the accident claimed many lives

fördern ① (*unterstützen*) to support; (*finanziell*) to sponsor ② (*propagieren*) to promote ③ to extract [ɪk'strækt] *Bodenschätze;* to mine *Erz, Kohle* ④ **zu Tage fördern** to bring to light

der **Förderturm** winding tower

die **Forderung** (*Verlangen*) demand (**nach** for); *von Lohn:* claim (**nach** for)

die **Förderung** ① (*Unterstützung*) support; (*finanzielle*) sponsorship ② (*Voranbringen*) promotion ③ (*Bergbau*) extraction; *von Kohle, Erz:* mining

die **Forelle** trout [traʊt]

die **Form** ① form; (*Umriss, Gestalt*) shape ② (*Gießform*) mould [məʊld]; (*Backform*) baking tin (GB), baking pan (USA) ③ (*Kondition*) condition, form ④ **einer Sache Form geben** [*oder* **verleihen**] to shape something; **feste Formen annehmen** to take shape ⑤ **der Form wegen** for form's sake

formal ① formal ② (*äußerlich*) technical ['teknɪkəl]

die **Formalität** formality

das **Format** ① format ② (*Niveau*) quality; (*Rang*) stature; **ein Staatsmann von Format** a statesman of high calibre [*oder* (USA) caliber]

formatieren to format

die **Formatierung** formatting

formbar malleable ['mæliəbl]

formbeständig dimensionally stable

das **Formblatt** [blank] form

die **Formel** ① formula ② (*Wortlaut*) *von Eid, Brief:* wording ③ **Formel-1-Rennen** Formula-One race

formell formal

formen to form, to shape

die **Formenlehre** morphology [mɔː'fɒlədʒi]

der **Formfehler** flaw [flɔː]

formieren ① to form *Zug, Kolonne;* to draw up *Truppen* ② **sich formieren** to form up

förmlich ① (*formell*) formal ② (*regelrecht*) positive, real

die **Förmlichkeit** formality

formlos ① (*gestaltlos*) formless ② (*zwanglos*) casual ['kæʒjuəl] ③ *Antrag:* unaccompanied by any forms

das **Formular** form (GB), blank (USA); **ein Formular ausfüllen** to fill in a form (GB), to fill out a blank (USA)

Formular

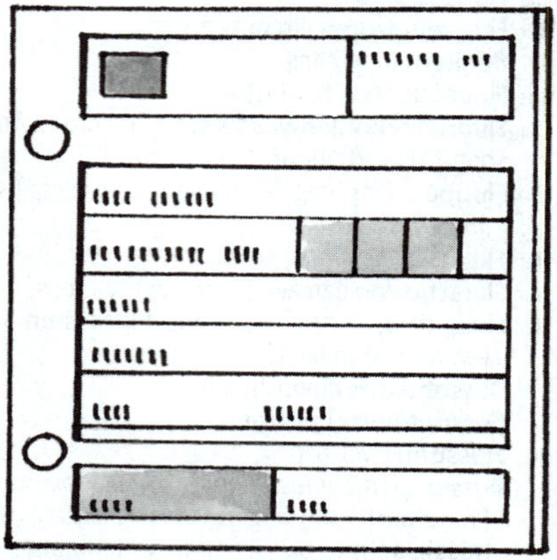

F Nicht verwechseln mit **formula** = die Formel!

formulieren to formulate, to word
forsch (*nassforsch*) brash
forschen ① (*suchen*) to search [sɜːtʃ] (**nach** for) ② (*wissenschaftlich*) to do research ['riːsɜːtʃ] work, to research [rɪ'sɜːtʃ]
der **Forscher**, die **Forscherin** (*Wissenschaftler*) research scientist [-ˌsaɪəntɪst]
die **Forschung** research [rɪ'sɜːtʃ] ⚠ *kein Plural;* **Forschung betreiben** to do research ['riːsɜːtʃ]
der **Forschungssatellit** research satellite
der **Forst** forest
das **Forstamt** forestry office
der **Forstarbeiter**, die **Forstarbeiterin** forestry worker
der **Förster**, die **Försterin** forester ['fɒrɪstə] (GB), forest ranger
das **Forsthaus** forester's lodge [lɒdʒ] (GB), ranger's lodge
die **Forstwirtschaft** forestry
fort ① (*verschwunden*) gone; (*weg*) away; **ich muss fort** I must be off ② (*weiter*) on; **in einem fort** without a break; **und so fort** and so on, and so forth
fortbewegen to move [muːv]
die **Fortbewegung** locomotion
das **Fortbewegungsmittel** means of transport ['træn(t)spɔːt]
fortbilden **jemanden/sich fortbilden** to continue someone's/one's education
die **Fortbildung** further education
fortbringen ① to take away; (*zur Reinigung, Reparatur*) to take in ② (*bewegen*) to move [muːv]
fortdauern to continue [kən'tɪnjuː]
fortfahren ① (*wegfahren*) to go [*oder* drive] away ② **mit etwas fortfahren** to continue [kən'tɪnjuː] with something; **fortfahren, etwas zu tun** to continue doing [*oder* to do] something
fortfallen ① (*abgeschafft werden*) to be abolished ② (*nicht mehr erfolgen*) to be stopped ③ (*aufhören zu existieren*) to cease [siːs] to exist ④ (*nicht mehr zutreffen*) to cease to apply
fortführen ① (*fortsetzen*) to continue [kən'tɪnjuː], to go on with *Beschäftigung;* to carry on *Geschäft, Krieg* ② (*wieder aufnehmen*) to resume
die **Fortführung** continuation [kənˌtɪnju'eɪʃn]
fortgehen to go away; **von zu Hause fortgehen** to leave home
fortgeschritten advanced [əd'vaːn(t)st]; (*Stunde*) late
fortgesetzt continual [kən'tɪnjuəl], incessant [ɪn'sesᵊnt]
fortjagen to chase away [*oder* off] [*oder* out]
fortkommen ① (*wegkommen*) to get away ② (*vorankommen*) to get on well ③ (*abhandenkommen*) to disappear [ˌdɪsə'pieʳ]
fortlaufen to run away; **jemandem fortlaufen** to run away from someone
fortlaufend ongoing; (*andauernd*) continual [kən'tɪnjuəl]
fortleben to live [lɪv] on
fortpflanzen to reproduce [ˌriːprə'djuːs]
die **Fortpflanzung** reproduction [ˌriːprə'dʌkʃn]; *von Pflanzen:* propagation [ˌprɒpə'geɪʃn]
die **Fortpflanzungsklinik** IVF [*oder* fertility] clinic
fortschaffen to remove
fortschicken to send away
der **Fortschritt** ① progress ['prəʊgres] ② (*wissenschaftlich*) advance [əd'vaːn(t)s] ③ **Fortschritte machen** [*oder* **erzielen**] to make progress
fortschrittlich progressive [prə'gresɪv]
fortsetzen (*fortführen*) to continue [kən'tɪnjuː]; **wird fortgesetzt** to be continued
die **Fortsetzung** instal[l]ment; **Fortsetzung folgt** to be continued
fortwährend continual [kən'tɪnjuəl], incessant [ɪn'sesᵊnt]
das **Forum** [discussion [dɪ'skʌʃᵊn]] forum
das **fossil** (*auch Brennstoff*) fossil [fɒsl]
das **Foto** photo ['fəʊtəʊ]; **ein Foto** [**von jemandem/etwas**] **machen** to take a photo [of someone/something]
der **Fotoapparat** camera [kæmərə]
die **Foto-CD** photo CD
fotogen photogenic [ˌfəʊtə(ʊ)'dʒenɪk]
der **Fotograf**, die **Fotografin** photographer [fə'tɒgrəfə]

Fotograf

F Nicht verwechseln mit **photograph** = das Foto!

die **Fotografie** ① (*Technik*) photography [fə'tɒgrəfi] ② (*Foto*) photograph ['fəʊtəgraːf]
fotografieren ① to take pictures ② **jemanden fotografieren** to take a photograph of someone; **sich fotografieren lassen** to have one's photo[graph] taken
die **Fotokopie** photocopy ['fəʊtəˌkɒpi]

fotokopieren to photocopy
das **Fotokopiergerät** photocopying machine [-məʃiːn]
der **Fotosatz** photo composition
das **Fotoshooting** [photo] shoot
die **Fotosynthese** photosynthesis [ˌfəʊtə(ʊ)-ˈsɪn(t)θəsɪs]
der **Fötus** foetus, fetus
das **Foul** [faʊl] foul; **ein Foul begehen** to commit a foul
foulen [ˈfaʊlən] to foul

F

die **Fracht** ① (*Ladung*) freight [freɪt]; (*Schiffsfracht*) cargo ② (*Frachtgebühr*) freightage [ˈfreɪtɪdʒ]
der **Frachtbrief** consignment [kənˈsaɪnmənt] note; *von Schiff:* bill of lading
der **Frachter** freighter [ˈfreɪtəʳ]
das **Frachtflugzeug** freight [ˈfreɪt] plane, freighter [ˈfreɪtəʳ]
frachtfrei carriage [ˈkærɪdʒ] paid
das **Frachtgut** freight [freɪt]
der **Frachtraum** ① (*Raum für die Fracht*) hold ② (*Ladekapazität*) cargo space
das **Frachtschiff** cargo ship, freighter [ˈfreɪtəʳ]
der **Frack** tail coat; **im Frack** in tails ⚠ *Plural*
die **Frage** ① question ② (*Problem*) problem ③ **etwas in Frage stellen** to call something into question ④ **in Frage kommen** to be considered; **nicht in Frage kommen** to be out of the question ⑤ **ohne Frage** without doubt
der **Fragebogen** questionnaire [ˌkwestʃəˈneəʳ]
fragen ① to ask; **etwas fragen** to ask a question; **nach jemandem/etwas fragen** to ask after someone/about something ② **sich etwas fragen** to wonder [ˈwʌndəʳ]; **da fragt man sich doch wirklich, ob ...** one can't help wondering if ...
die **Fragerei** (*abwertend*) questions ⚠ *Plural;* **was soll diese Fragerei?** what's with all these questions?
der **Fragesatz** interrogative sentence [ˌɪntəˈrɒgətɪv-ˈsentən(t)s]
die **Fragestellung** ① (*Formulierung einer Frage*) formulation of a question ② (*Problem, Frage*) question
die **Fragestunde** (*im Parlament*) question time
das **Fragewort** interrogative [ˌɪntəˈrɒgətɪv]
das **Fragezeichen** question mark
fraglich ① (*in Frage stehend*) in question; (*attributiv*) questionable [ˈkwestʃənəbl] ② (*zweifelhaft*) doubtful [ˈdaʊtfᵊl] ③ (*ungewiss*) uncertain [ʌnˈsɜːtᵊn]
fragwürdig ① doubtful [ˈdaʊtfl] ② (*dubios*) dubious [ˈdjuːbiəs]
die **Fraktion** parliamentary party (GB), congressional party (USA)
der **Fraktionsführer**, die **Fraktionsführerin** leader of the parliamentary party
die **Fraktur** fracture
die **Franchise** franchise
das **Franchising** franchising
frank frank, open; **frank und frei** frankly, openly
der **Franken** ① (*Währung*) [Swiss] franc ② (*Land*) Franconia
frankieren (*manuell*) to stamp; (*maschinell*) to frank
franko (*bei der Postbeförderung*) post-paid, P.P.; (*frei Haus*) *Lieferung:* carriage [ˈkærɪdʒ] paid
Frankreich France
die **Franse** ① *von Stoff:* fringe [frɪndʒ] ② *von Haar:* strand of hair
der **Franzose** Frenchman; **die Franzosen** the French
die **Französin** Frenchwoman
französisch French
der **Fraß** (*abwertend*) muck *umgangsspr*
die **Fratze** ① (*Grimasse*) grimace [grɪˈmeɪs]; **jemandem Fratzen schneiden** to pull a face at someone ② (*umgangsspr: hässliches Gesicht*) ugly face
die **Frau** woman; (*Ehefrau*) wife; (*Anrede*) Mrs[.] [ˈmɪsɪz]; (*Familienstand unbekannt*) Ms[.] [məz]

> **L** Der Anrede *Ms* kann man nicht entnehmen, ob eine Frau verheiratet ist oder nicht. Viele Frauen bevorzugen daher diese Anrede gegenüber *Miss* oder *Mrs*, wenn sie ihren Familienstand nicht unbedingt nennen wollen.

der **Frauenarzt** gynaecologist [ˌgaɪnəˈkɒlədʒɪst] (GB), gynecologist (USA)
die **Frauenärztin** gynaecologist [ˌgaɪnəˈkɒlədʒɪst] (GB), gynecologist (USA)
der/die **Frauenbeauftragte** official [əˈfɪʃᵊl] women's representative
die **Frauenbewegung** feminist movement
die **Frauenförderung** promotion of women
das **Frauenhaus** women's refuge [ˈrefjuːdʒ], refuge [for battered women]
die **Frauenklinik** gynaecological [ˌgaɪnəkəˈlɒdʒɪkᵊl] hospital [*oder* clinic]
das **Frauenleiden** gynaecological (GB) [*oder* (USA) gynecological] illness
die **Frauenzeitschrift** women's magazine
das **Fräulein** ① (*junge Frau*) young lady ② (*Anrede*) Miss; (*Kellnerin*) waitress
frech ① insolent; (*unverschämt*) impudent ② (*umgangsspr: keck*) cheeky (GB), fresh (USA); **sei nicht so frech!** don't be [so] cheeky! ③ (*kess*) bold; **eine freche Frisur** a daring hairstyle
der **Frechdachs** (*umgangsspr*) cheeky monkey
die **Frechheit** ① (*Verhalten*) cheek[iness], impudence [ˈɪmpjədᵊn(t)s], insolence [ˈɪn(t)sᵊlən(t)s] ② (*Bemerkung, Handlung*) bit of impudence [*oder* cheek]; **so eine Frechheit!**

what a cheek!

die **Fregatte** frigate ['frɪgət]

frei ① (*unabhängig*) free; (*freiberuflich*) freelance ['fri:lɑ:n(t)s]; **ich arbeite als freier Mitarbeiter** I work freelance; (*privat, nicht staatlich*) private ② *Posten, Amt, Wohnung:* vacant; *Taxi:* for hire ③ (*kostenlos*) free; **Eintritt frei!** admission free! ④ (*freisinnig*) liberal; (*freimütig*) free ⑤ **frei verfügbar** available ⑥ **einen Tag frei haben** to have a day off; **einen Tag frei nehmen** to take a day off; **sie hat heute Abend frei** she is off tonight ⑦ **unter freiem Himmel** in the open air; **auf freier Strecke** (*bei einer Bahnfahrt*) between stations *Plural* ⑧ **aus freien Stücken** of one's own free will ⑨ **ich bin so frei** may I? ⑩ **eine freie Marktwirtschaft** a free-market economy

das **Freibad** open-air [swimming] pool

der **Freiberufler**, die **Freiberuflerin** freelance[r] ['fri:lɑ:n(t)s(əʳ)]

freiberuflich self-employed; *Journalist, Autor:* freelance ['fri:lɑ:n(t)s]

der **Freibetrag** (*bei Steuern*) tax allowance [-əˌlaʊən(t)s]

das **Freie** **im Freien** in the open [air]

der **Freier** *einer Prostituierten:* punter, client (GB), john (USA)

freigeben ① to release (**für** to); to set free *Gefangenen;* to decontrol *Preise* ② (*eröffnen*) to open; **für die Öffentlichkeit freigeben** to open to the public ③ to pass *Film*

das **Freigepäck** baggage allowance ['bægɪdʒəˌlaʊər(t)s]

freig(i)ebig generous ['dʒenᵊrəs]

der **Freihafen** free port

freihalten ① to save *Platz;* (*reservieren*) to keep ② **jemanden freihalten** (*für ihn/sie bezahlen*) to pay for someone

der **Freihandel** free trade

die **Freihandelszone** **die Europäische Freihandelszone** the European Free Trade Area

freihändig (*Zeichnen*) freehand; (*Radfahren*) without hands

die **Freiheit** ① freedom; (*als Idealvorstellung*) liberty ['lɪbətɪ] ② (*Privileg*) freedom; **sich Freiheiten herausnehmen** to take liberties

freiheitlich liberal

die **Freiheitsstrafe** prison sentence ['prɪznˌsentən(t)s]; **eine Freiheitsstrafe von vier Jahren** four years' imprisonment [ɪm'prɪzənmənt]

die **Freikarte** free [*oder* complimentary] ticket

die **Freikörperkultur** nudism

das **Freilandei** free-range egg

freilassen to set free; (*Häftling*) to release [rɪ'li:s] (**aus** from); **gegen Kaution freilassen** to release on bail

freilegen (*auch übertragen*) to expose

die **Freileitung** overhead ['əʊvəhed] cable

freilich ① (*natürlich*) certainly ['sɜ:tᵊnli], of course, sure [ʃɔ:ʳ] (USA) ② (*allerdings*) admittedly ③ **ja freilich!** to be sure!, yes, of course!

die **Freilichtbühne** open-air theatre ['θɪətəʳ]

freimachen ① (*frankieren*) to stamp; (*maschinell*) to frank ② (*nicht arbeiten*) to take time off ③ **sich freimachen** to take one's clothes [kləʊ(ð)z] off

der **Freimaurer** Freemason

freimütig candid, frank, open

freisprechen **jemanden von etwas freisprechen** to acquit [ə'kwɪt] someone of something

der **Freispruch** acquittal [ə'kwɪtᵊl]; **die Verteidigung plädierte auf Freispruch** the defence pleaded not guilty

der **Freistaat** free state

freistehen ① *Wohnung:* to be empty ② **etwas steht jemandem frei** something is up to someone

freistellen ① (*ausnehmen, befreien*) to exempt (**von** from) ② to release [rɪ'li:s] *Arbeiter, Angestellte* (**für** for) ③ **jemandem etwas freistellen** to leave something [up] to someone

der **Freistoß** (*Fußball*) free kick

der **Freitag** Friday ['fraɪdeɪ]; **bis Freitag!** see you [on] Friday!; [**am**] **Freitagabend/Freitagmorgen/Freitagnachmittag** [on] Friday night [*oder* evening]/morning/afternoon; **freitagabends/freitagmorgens** on Friday evenings [*oder* nights]/mornings

freitags on Fridays

der **Freitod** suicide ['su:ɪsaɪd]

die **Freitreppe** flight of steps

der **Freiumschlag** stamped envelope; **ein adressierter Freiumschlag** a stamped addressed envelope

das **Freiwild** (*übertragen*) fair game

freiwillig voluntary ['vɒləntri]; *Schulbesuch, Krankenversicherung:* optional

der/die **Freiwillige** volunteer [ˌvɒlən'tiə]

das **Freizeichen** dialling tone

die **Freizeit** leisure ['leʒəʳ] [*oder* free] time

der **Freizeitausgleich** time off in lieu [lju:]

das **Freizeithemd** casual ['kæʒjuəl] shirt

die **Freizeitkleidung** ① casual clothes [ˌkæʒjuəl'kləʊ(ð)z] ⚠ *Plural* ② (*Warengattung*) leisure ['leʒəʳ] wear

der **Freizeitpark** amusement park

freizügig ① (*liberal*) liberal ['lɪbrəl] ② (*offen, geradeheraus*) permissive [pə'mɪsɪv]

fremd ① (*anders, unvertraut*) strange [streɪndʒ]; (*ausländisch*) foreign ['fɒrɪn] ② **jemandem** [*oder* **für jemanden**] **fremd sein** to be unknown to someone ③ (*jemand anderem gehörend*) someone else's ④ **ich bin hier fremd** I am a stranger here

fremdartig strange [streɪndʒ]; (*exotisch*) exotic

F

die **Fremde** foreign ['fɒrɪn] parts ⚠ *Plural;* **in der Fremde** in foreign parts

der/die **Fremde** ① (*unbekannte Person*) stranger ['streɪndʒəʳ] ② (*Ausländer*) foreigner ['fɒrɪnəʳ]

fremdeln to be shy with [*oder* towards] strangers

der **Fremdenführer**, die **Fremdenführerin** guide [gaɪd]

die **Fremdenlegion** Foreign [ˌfɒrɪn-] Legion

der **Fremdenverkehr** tourism

das **Fremdenverkehrszentrum** tourist centre [*oder* USA center]

F

das **Fremdenzimmer** guest [gest] room

der **Fremdkörper** foreign ['fɒrɪn] body *auch übertragen*

fremdschämen **sich fremdschämen** to feel embarrassed [for sb]

die **Fremdsprache** foreign language [ˌfɒrɪn'læŋgwɪdʒ]

der **Fremdsprachensekretär**, die **Fremdsprachensekretärin** bilingual [baɪ'lɪŋgwəl] secretary

fremdsprachlich **fremdsprachlicher Unterricht** [foreign-]language teaching

das **Fremdwort** foreign ['fɒrɪn] word

frenetisch frenetic [frə'netɪk], frenzied ['frenzid]

die **Frequenz** (*Häufigkeit*) frequency ['fri:kwənsi]

das **Fresko** fresco ['freskəʊ]

die **Fressalien** (*umgangsspr*) grub ⚠ *Singular*

die **Fresse** ① (*Mund*) gob *slang,* trap *slang;* **halt endlich deine Fresse!** will you shut your trap! ② (*Gesicht*) mug *slang*

das **Fressen** ① (*für Tiere*) food ② (*Fraß*) grub *umgangsspr* ▸WENDUNGEN: **ein gefundenes Fressen** a heaven-sent opportunity

fressen ① *Tiere:* to eat; (*weiden*) to feed; (*slang*) *Menschen:* to eat, to nosh *slang* ② **etwas fressen** *Tiere:* to feed on something; (*slang*) *Menschen:* to scoff [*oder* guzzle] something *slang* ③ (*verbrauchen*) to gobble up *umgangsspr* ④ (*an jemandem nagen*) *Hass, Neid:* to eat up ⑤ (*sich hineinbohren*) to eat one's way (**durch** through, **in** into)

die **Fresssucht** voracity [və'ræsəti], gluttony

das **Frettchen** ferret

die **Freude** ① joy (**über** at) ② (*Entzücken*) delight [dɪ'laɪt] (**über** at) ③ (*Vergnügen*) pleasure ['pleʒəʳ] ④ **vor Freude außer sich sein** to be mad with joy ⑤ **jemandem eine Freude machen** to do something to please someone

das **Freudengeschrei** shrieks [ʃri:ks] ⚠ *Plural* of joy

die **Freudentränen** tears [tɪəʳz] of joy

freudestrahlend beaming with delight [dɪ'laɪt]

freudig ① (*froh*) joyful; (*bereitwillig*) willing ② (*glücklich, beglückend*) happy; **ein freudiges Ereignis** (*Geburt*) a happy event

freudlos joyless

freuen ① **das freut mich, es freut mich, dass ...** I'm pleased [*oder* glad] that ...; **es freut mich, dir helfen zu können** I'm pleased to be able to help you ② **sich über etwas freuen** to be pleased [*oder* glad] about something ③ **sich auf etwas freuen** to look forward to something; **sich auf jemanden freuen** to look forward to seeing [*oder* meeting] someone

der **Freund** ① friend [frend]; **jemanden zum Freund haben** to have someone for a friend, to be friends with someone ② (*Liebhaber*) boyfriend ③ **kein Freund von Katzen** no lover of cats

das **Freundchen** (*umgangsspr: ironisch*) my friend; **Freundchen, Freundchen!** (*als Warnung*) watch it, mate!, just you watch it!

die **Freundin** ① friend [frend] ② *in Liebesbeziehung:* girlfriend

freundlich ① (*wohlgesonnen*) friendly ② (*gütig, nett*) kind (**zu** to) ③ (*angenehm*) pleasant ['pleznt]; (*heiter*) cheerful ④ **wären Sie wohl so freundlich zu ...?** would you be so kind as to ...?

die **Freundlichkeit** ① friendliness ['frendlɪnəs] ② (*nette Art*) kindliness ③ (*Heiterkeit*) cheerfulness ④ (*Gefälligkeit*) favour ['feɪvəʳ], kindness

die **Freundschaft** friendship [frenʃɪp]; **mit jemandem Freundschaft schließen** to make friends with someone

freundschaftlich friendly ['frendli]

das **Freundschaftsspiel** friendly [match] ['frendli]

der **Frevel** ① (*Verbrechen*) crime (**an** against) ② (*Sakrileg*) sacrilege ['sækrɪlɪdʒ]

frevelhaft sacrilegious [ˌsækrɪ'lɪdʒəs], sinful

der **Frieden** ① peace ② (*Ruhe*) tranquillity ③ **Frieden schließen** to make peace ▸WENDUNGEN: **um des lieben Friedens willen** (*umgangsspr*) for the sake of peace and quiet; **lass mich in Frieden!** leave me alone!

die **Friedensbewegung** peace movement

der **Friedenseinsatz** peacekeeping mission [-ˌmɪʃən]

der **Friedensrichter**, die **Friedensrichterin** ① justice ['dʒʌstɪs] of the peace, J.P. ② CH arbitrator, arbiter

der **Friedensstifter**, die **Friedensstifterin** peacemaker

die **Friedensverhandlungen** peace negotiations [nɪˌgəʊʃi'eɪʃnz]

der **Friedensvertrag** peace treaty

friedfertig peaceable

der **Friedhof** cemetery ['semətəri]

friedlich ① peaceful ['pi:sfl]; (*friedfertig*) peaceable ② **nun sei doch endlich friedlich!** (*umgangsspr*) now, give it a rest!

friedliebend peace-loving

frieren to freeze; **ich friere** I am [*oder* feel] cold

frigide frigid ['frɪdʒɪd]

die **Frikadelle** meatball

das **Frisbee**®, die **Frisbeescheibe**® frisbee®

frisch ① fresh; *Obst:* fresh-picked; (*noch feucht*) wet ② (*kühl*) chilly ['tʃɪli], cool; **ein frischer Wind** a fresh wind; (*übertragen*) a wind of change ③ (*munter*) bright [braɪt], cheery ④ **frisch gestrichen!** wet [*oder* (USA) fresh] paint! ⑤ **frisch verheiratet** newly married

das **Frischhaltedatum** sell-by date

die **Frischhaltefolie** cling film

die **Frischhaltepackung** air-tight pack[age], vacuum ['vækjuːm] pack[age]

der **Frischkäse** cream cheese

die **Frischzelle** live cell [laɪv'sel]

der **Friseur**, die **Friseurin** [fri'zøːɐ̯] hairdresser; (*für Herren auch*) barber ['bɑːbə]

der **Friseursalon** (*für Damen*) hairdresser's (GB), beauty salon (USA); (*für Herren auch*) barber's

die **Friseuse** [fri'zøːzə] hairdresser

frisieren ① **jemanden frisieren** to do someone's hair; (*kämmen*) to comb [kəʊm] someone's hair ② (*umgangsspr: manipulieren*) to fiddle; **die Bilanz frisieren** (*umgangsspr*) to cook the books ③ to hot [*oder* soup] up *Auto* ④ **sich frisieren** to do one's hair

der **Frisiersalon** (*für Damen*) hairdressing salon

der **Frisör**, die **Frisörin** hairdresser; (*für Herren auch*) barber ['bɑːbə]

die **Frisöse** female hairdresser

die **Frist** ① (*Zeitraum*) period ['pɪəriəd]; **jemandem mit einer Frist von einer Woche kündigen** to give someone a week's notice ② (*Zeitpunkt*) deadline ['dedlaɪn] (**für** for); (*Zahlungsziel*) last date for payment; (*Fristverlängerung, Aufschub*) period of grace; **eine Frist einhalten/versäumen** to meet/miss a deadline

die **Fristenregelung** *law permitting an abortion within the first three months of pregnancy*

fristgemäß, **fristgerecht** within the period stipulated

fristlos without notice

die **Frisur** hairstyle

die **Fritteuse** deep-fryer

frittieren to deep-fry

frivol frivolous ['frɪvᵊləs]

froh ① glad; (*erfreut*) pleased; **über etwas froh sein** to be glad about [*oder* pleased with] something ② (*erfreulich*) happy ③ **frohe Ostern/Weihnachten!** Happy Easter/Merry Christmas ['krɪsməs]!

fröhlich cheerful ['tʃɪəfl]

die **Fröhlichkeit** cheerfulness

die **Frohnatur** cheerful ['tʃɪəfl] nature

der **Frohsinn** cheerfulness

fromm (*gläubig*) religious [rɪ'lɪdʒəs]; **ein frommer Christ/Jude** a devout Christian/Jew; *Leben:* pious ['paɪəs]

die **Fronarbeit** (CH) voluntary work

frönen to indulge [ɪn'dʌldʒ]; **einer Sache frönen** to indulge in something

der **Fronleichnam**, das **Fronleichnamsfest** [Feast of] Corpus Christi

die **Front** ① (*Vorderseite*) front [frʌnt] ② (*Wetterfront*) front ③ (*im Krieg*) front; (*Kampflinie*) front line ④ (*Spitze*) lead [liːd] ▶ WENDUNGEN: **die Fronten wechseln** to change sides

frontal frontal [frʌntl]; **frontal zusammenstoßen** *Auto:* to crash head-on

der **Frontalzusammenstoß** head-on collision

die **Frontscheibe** windscreen (GB), windshield ['wɪndʃiːld] (USA)

der **Frosch** frog ▶ WENDUNGEN: **komm, sei kein Frosch!** (*umgangsspr*) come on, be a sport!

die **Froschperspektive** worm's eye view

der **Froschschenkel** frog's leg

der **Frost** frost; **es herrscht strenger Frost** there's a heavy frost; **bei eisigem Frost** in heavy frost

die **Frostbeule** chilblain ['tʃɪlbleɪn]

frösteln to shiver

frostig frosty

das **Frostschutzmittel** antifreeze ['æntɪfriːz]

der/das **Frottee** terry towelling [-ˌtaʊəlɪŋ]

das **Frotteehandtuch** terry towel [taʊəl]

frotzeln (*umgangsspr*) to tease; **über jemanden frotzeln** to make fun of someone

die **Frucht** fruit [fruːt]; **Früchte tragen** (*auch übertragen*) to bear fruit

fruchtbar ① fertile ['fɜːtaɪl]; (*übertragen auch*) prolific ② (*nutzbringend*) productive

die **Fruchtbarkeit** fertility [fɜː'tɪləti]

die **Fruchtblase** amniotic ['æmnɪɒtɪk] sac

fruchten **nichts fruchten** to be fruitless

das **Fruchtfleisch** fruit [fruːt] pulp

fruchtlos fruitless ['fruːtləs]

der **Fruchtsaft** fruit juice ['fruːtdʒuːs]

das **Fruchtwasser** amniotic [ˌæmnɪɒtɪk'] fluid

die **Fruchtwasseruntersuchung** amniocentesis [ˌæmnɪəʊsen'tiːsɪs]

der **Fruchtwechsel** crop rotation

der **Fruchtzucker** fructose

früh ① early ['ɜːli]; **früh aufstehen** to rise early; **heute/morgen früh** this/tomorrow morning; **es ist noch früh am Tag** it's still early in the day; **von früh bis spät** from morning till night ② (*schon in der Kindheit*) at an early age

der **Frühaufsteher**, die **Frühaufsteherin** early ['ɜːli] riser, early bird

die **Frühbuchung** early booking

die **Frühe** **in aller Frühe** at the crack of dawn

früher ① earlier ['ɜːliəʳ]; **früher am Abend** earlier on in the evening; **früher aufstehen** to get up [*oder* rise] earlier ② (*ehemalig*) former; (*vorherig*) previous ['priːviəs] ③ formerly, previously ['priːviəsli] ④ **ich habe ihn früher einmal gekannt** I used to know him; **es ist alles genau wie früher** everything's just as it used to be ⑤ **früher oder später** sooner or later

die **Früherkennung** early diagnosis [ˌdaɪəg'nəʊsɪs]

F

frühestens at the earliest; **wann kannst du frühestens kommen?** what is the earliest you can come?; **das Kleid ist frühestens in zwei Wochen fertig** it will take at least two weeks to make the dress

die **Frühgeburt** ① (*zu frühe Geburt*) premature birth [ˌpremətʃə'bɜːθ] ② (*zu früh geborenes Kind*) premature baby

das **Frühjahr** spring

die **Frühjahrsmüdigkeit** springtime lethargy ['leθədʒi]

F

der **Frühling** spring

Frühlings- spring

die **Frühlingsrolle** spring [*oder* USA egg] roll

frühmorgens early in the morning

die **Frühpensionierung** early retirement

frühreif ① (*körperlich*) mature at an early age ② (*im Benehmen*) precocious [prɪ'kəʊʃəs]

die **Frühschicht** early shift

das **Frühstück** breakfast ['brekfəst]; **zum Frühstück** for breakfast; **Übernachtung und Frühstück** bed and breakfast

frühstücken to have breakfast

frühzeitig ① (*früh*) early ② (*vorzeitig*) premature

der **Frust** (*umgangsspr*) frustration

die **Frustration** frustration

frustrieren to frustrate

der **Fuchs** ① (*auch Pelz*) fox ② (*Pferd*) chestnut; (*Rotfuchs*) sorrel

der **Fuchsbau** fox's den

die **Füchsin** vixen ['vɪksn]

die **Fuchsjagd** fox-hunt[ing]

der **Fuchsschwanz** ① *eines Fuchses:* fox's tail [*oder* brush] ② (*Säge*) handsaw

fuchsteufelswild (*umgangsspr*) hopping mad

die **Fuchtel** Ⓐ (*zänkische Frau*) shrew ▶WENDUNGEN: **unter jemandes Fuchtel stehen** to be under someone's thumb

die **Fuge**[1] ① joint [dʒɔɪnt] ② (*Falz*) groove ▶WENDUNGEN: **aus den Fugen geraten** to come apart [at the seams], to go awry [ə'raɪ]

die **Fuge**[2] (*Musikstück*) fugue [fjuːg]

fügen ① (*platzieren*) to place ② (*nachgeben*) **sich fügen** to be obedient; **er fügte sich in sein Schicksal** he resigned himself to his fate

die **Fügung** chance [tʃɑːn(t)s]; (*Zusammentreffen*) coincidence [kəʊ'ɪn(t)sɪdən(t)s]; **eine [göttliche] Fügung** providence ['prɒvɪdən(t)s]

fühlbar ① (*greifbar*) palpable ② (*deutlich*) marked ③ (*wahrnehmbar*) perceptible [pə'septəbl]

fühlen ① to feel; *Puls:* to take ② (*empfinden*) **Mitleid mit jemandem fühlen** to feel sympathy for someone ③ **wie fühlen Sie sich?** how are you feeling?; **sich besser fühlen** to feel better

> **G** Richtiges Konjugieren von **to feel**: feel, felt, felt
> *how do you feel today?,*
> *I felt very sorry for her,*
> *he had felt ill for a long time*

der **Fühler** *von Insekten, Schnecken:* antenna, feeler ▶WENDUNGEN: **seine Fühler nach etwas ausstrecken** to put out feelers towards something

die **Fuhre** (*Ladung*) load

führen ① (*anführen, vorangehen*) to lead [liːd] ② (*bringen, geleiten*) to take; to guide [gaɪd] *Touristen, Blinde* ③ (*im Sortiment haben*) to carry, to keep ④ to drive *Fahrzeug;* to sail *Schiff;* to fly *Flugzeug;* to operate *Fahrstuhl, Bagger* ⑤ to run *Unternehmen;* to command *Armee, Kompanie* ⑥ (*tragen, transportieren*) to carry ⑦ **was führt Sie zu mir?** what brings you here? ⑧ (*bewirken*) **zu etwas führen** to lead to something; **zu nichts führen** to come to nothing ⑨ (*an der Spitze, in Führung sein*) to lead [liːd]; (*im Sport*) to be in the lead; **mit zwei Punkten führen** to lead by two points ⑩ *Weg, Straße, Fahrstuhl:* to go; *Leitung, Kabel:* to run ⑪ **wohin soll das bloß führen?** where is this leading us? ⑫ **sich gut/schlecht führen** to conduct oneself well/badly

> **G** Richtiges Konjugieren von **to lead**: lead, led, led
> *he was chosen to lead the orchestra,*
> *Mrs. Jackson led her pony into the stable,*
> *our old cat has led a pleasant life*

führend leading; *Persönlichkeit:* prominent

der **Führer**, die **Führerin** ① leader; (*Oberhaupt, Anführer*) head ② *von Fahrzeug:* driver ③ (*Fremdenführer*) guide [gaɪd] ④ (*Buch*) guide

der **Führerausweis** CH driving licence [-ˌlaɪsən(t)s] GB, driver's license USA

die **Führerflucht** CH hit-and-run [driving]

führerlos *Partei:* leaderless, without a leader

der **Führerschein** driving licence [-ˌlaɪsən(t)s] GB, driver's license USA; **er macht gerade den Führerschein** he is learning to drive

der **Führerscheinentzug** disqualification from driving

die **Führerscheinprüfung** driving test

der **Fuhrpark** fleet [of vehicles ['vɪəkl]]

die **Führung** ① (*Vorsprung*) lead [liːd]; **in Führung liegen** to be in the lead ② (*Verantwortung*) direction, guidance ['gaɪdən(t)s]; (*Armee*) command [kə'mɑːnd]; (*Unternehmensführung*) management; (*Parteiführung*) leadership ③ (*in der Technik*) guide[way] ['gaɪd(weɪ)] ④ (*Verhalten*) conduct ['kɒndʌkt] ⑤ (*Besichtigung*) guided ['gaɪdɪd] tour (**durch** of)

die **Führungskraft** ① executive ② (*in der Politik*) leader

die **Führungsspitze** top management

das **Führungszeugnis** certificate of conduct [səˌtɪfɪkətəv'kɒndʌkt]

das **Fuhrunternehmen** haulage ['hɔːlɪdʒ] firm

der **Fuhrunternehmer**, die **Fuhrunternehmerin** haulage contractor

die **Fülle** ① (*Vollsein*) fullness ② (*Körperfülle*) corpulence ['kɔːpjʊlən(t)s] ③ (*Überfülle*) abundance [ə'bʌndən(t)s]; **in Hülle und Fülle** in abundance; **eine Fülle von Problemen/Fragen** a whole host of problems/questions

füllen ① to fill; to stuff *Gans, Huhn* ② **eine Lücke füllen** to stop a gap ③ **sich füllen** to fill up

der **Füller**, der **Füllfederhalter** fountain pen

das **Füllgewicht** ① (*Nettogewicht*) net weight [weɪt] ② *einer Waschmaschine:* maximum load

die **Füllung** ① filling; *von Essen auch:* stuffing; *von Praline:* centre ['sentəʳ] (GB), center (USA) ② (*Türfüllung*) panel ③ (*Zahnfüllung*) filling

fummeln (*umgangsspr*) to fumble (**an** with)

das **Fundament** foundation; **das Fundament für etwas schaffen** to lay the foundations for something

fundamental fundamental

der **Fundamentalist**, die **Fundamentalistin** fundamentalist

das **Fundbüro** lost-property office (GB), lost and found office [*oder* (USA) department]

die **Fundgrube** treasure ['treʒəʳ] trove

fundieren (*begründen*) to found; **gut fundiert** well-founded

die **Fundsache** recovered item; **Fundsachen** lost property △ *ohne Artikel, nur im Singular*

die **Fünf** ① (*Zahl*) [number] five ② (*Schulnote*) ≈ E; **eine Fünf schreiben** ≈ to get an E ③ **die Fünf** (*Straßenbahn, Bus*) the number five [tram/bus]

fünf five; **viertel vor fünf** a quarter to five ▶ WENDUNGEN: **fünfe gerade sein lassen** to turn a blind eye

das **Fünfeck** pentagon

fünffach fivefold

fünfhundert five hundred

fünfmal five times

die **Fünftagewoche** five-day week

fünftausend five thousand

fünfte(r, s) ① fifth, 5th ② **wir haben heute den fünften Dezember** today is the fifth of December ③ **ich bin in der fünften Klasse** I'm in Year 5

das **Fünftel** fifth

fünftel fifth

fünftens in the fifth place

fünfzehn fifteen

fünfzehnte(r, s) fifteenth

fünfzig fifty

fünfzigste(r, s) fiftieth

fungieren to function; **als Bote fungieren** to act as a messenger

der **Funk** radio

der **Funke** ① spark ② (*geringes Maß*) scrap; **ein Funke von Anstand** a scrap of decency; **ein Funke Hoffnung** a gleam of hope

funkeln to sparkle; *Edelstein:* to glitter; *Augen:* to gleam; (*vor Zorn*) to flash; *Stern:* to twinkle

funkelnagelneu (*umgangsspr*) brand-new

der **Funken** spark

funken ① **SOS funken** to radio an SOS ② (*senden*) to radio

das **Funkgerät** ① radio set; (*umgangsspr*) walkie-talkie [ˌwɔːki'tɔːki] ② (*Funkausrüstung*) radio equipment

funkgesteuert radio-controlled

das **Funkhaus** broadcasting station

das **Funkkolleg** educational radio broadcasts △ *Plural*

das **Funkloch** [signal] shadow, dead spot

der **Funkmast** radio [antenna] mast

das **Funksprechgerät** walkie-talkie [ˌwɔːki'tɔːki]

die **Funkstation** radio station

die **Funkstille** radio silence ['saɪlən(t)s] ▶ WENDUNGEN: **bei den beiden herrscht Funkstille** (*umgangsspr*) they are no longer talking to each other

die **Funktion** (*Amt*) office; **eine Funktion übernehmen** to take up a position

funktional functional

der **Funktionär**, die **Funktionärin** functionary

funktionell functional ['fʌŋ(k)ʃənəl], practical

funktionieren to function, to work

die **Funktionstaste** (*an der Tastatur*) function key

der **Funkturm** radio tower [taʊəʳ]

die **Funkverbindung** radio contact

der **Funkverkehr** radio traffic, wireless communication

für ① for ② (*anstatt*) instead of, for ③ (*zugunsten von*) in favour ['feɪvəʳ] of, for ④ (*als Gegenleistung*) [in exchange] for ⑤ **was für ein Mann ist er?** what kind of a man is he? ⑥ **Schritt für Schritt** step by step; **Tag für Tag** day after day; **Wort für Wort** word for word ⑦ **an und für sich** actually

die **Furche** (*Ackerfurche, Falte*) furrow ['fʌrəʊ]

die **Furcht** fear; **Furcht erregend** fearful, terrifying

furchtbar awful ['ɔːfl], dreadful ['dredfl], terrible ['terəbl]

fürchten ① **etwas fürchten** to be afraid of something, to fear something ② to fear (**um/für** for) ③ **sich vor etwas fürchten** to be afraid of something

fürchterlich dreadful ['dredfl], terrible ['terəbl]

furchtlos fearless, intrepid

füreinander for one another, for each other

das **Furnier** veneer [və'nɪəʳ]

furnieren to veneer

die **Fürsorge** ① (*Betreuung*) care ② (*Sozialfürsorge*) welfare ['welfeəʳ] ③ (*umgangsspr: Fürsorgeunterstützung*) relief [rɪ'liːf], assistance

[ə'sɪstᵊn(t)s]
das **Fürsorgeamt** (CH) social ['səʊʃᵊl] security office
fürsorglich careful
der **Fürsprecher**, die **Fürsprecherin** (CH) barrister
der **Fürst** prince
das **Fürstentum** principality [ˌprɪn(t)sɪ'pæləti]
die **Fürstin** princess [ˌprɪn'ses]
fürstlich 1 princely 2 (*üppig*) lavish
das **Furunkel** boil
der **Furz** (*umgangsspr*) fart
furzen to fart *umgangsspr*
der **Fusel** (*abwertend*) rotgut *abwertend*

F

die **Fusion** 1 fusion 2 (*in der Wirtschaft*) merger
fusionieren to merge (**mit** with)
der **Fuß** 1 (*auch Längenmaß*) foot 2 *von Stuhl, Tisch:* leg 3 **zu Fuß** on foot ▸ WENDUNGEN: **Fuß fassen** to establish oneself; **kalte Füße bekommen** to get cold feet; **auf eigenen Füßen stehen** to stand on one's own two feet; **auf großem Fuß leben** to live in style; **jemanden auf freien Fuß setzen** to set someone free
der **Fußabdruck** footprint
der **Fußabstreifer**, der **Fußabtreter** doormat
der **Fußball** 1 football (GB), soccer (USA) 2 (*der Ball*) football (GB), soccer ball (USA)
der **Fußballer**, die **Fußballerin** (*umgangsspr*) footballer
die **Fußballmannschaft** football team (GB), soccer team (USA)
der **Fußballplatz** football pitch (GB), soccer ground (USA)
das **Fußballspiel** football match (GB), soccer match (USA)
der **Fußballspieler**, die **Fußballspielerin** footballer
das **Fußballstadion** football stadium
der/das **Fußballtoto** football pools ⚠ *Plural*
die **Fußbank** footstool
der **Fußboden** floor
die **Fußbodenheizung** underfloor heating
die/der **Fussel** (*umgangsspr*) fluff
fusselig fluffy ▸ WENDUNGEN: **sich den Mund fusselig reden** (*umgangsspr*) to talk till one is blue in the face
fußen to rest; **das fußt auf der Annahme, dass ...** this rests on the assumption that ...
das **Fußende** bottom-end, foot
der **Fußgänger**, die **Fußgängerin** pedestrian [pə'destrɪən]
der **Fußgängerstreifen** (CH) pedestrian crossing
der **Fußgängerüberweg** pedestrian crossing
die **Fußgängerzone** pedestrian precinct [-ˌpriːsɪŋ(k)t]
das **Fußgelenk** ankle ['æŋkl] joint
das **Fußkettchen** anklet
der **Fußnagel** toenail
die **Fußnote** footnote
die **Fußpflege** chiropody [kɪ'rɒpədi]
der **Fußpfleger**, die **Fußpflegerin** chiropodist [kɪ'rɒpədɪst]
der **Fußpilz** athlete's foot
der **Fußraum** (*im Auto*) footwell
die **Fußschaltung** foot shifter [*oder* gear control]
der **Fußstapfen** footprints ▸ WENDUNGEN: **in jemandes Fußstapfen treten** to follow in someone's footsteps
der **Fußtritt** (*Stoß*) kick
das **Fußvolk das Fußvolk** the rank and file
der **Fußweg** (*für Fußgänger*) footpath
futsch (*umgangsspr*) 1 (*weg*) gone 2 (*kaputt*) bust
das **Futter**[1] (*für Tiere*) food; (*Viehfutter*) fodder
das **Futter**[2] *von Kleidungsstück:* lining; *von Tür:* casing
das **Futteral** case
futtern to scoff *umgangsspr*
füttern[1] to feed *Mensch, Tier*

> **G** Richtiges Konjugieren von **to feed**: feed, fed, fed
> *will you feed the chickens, please?*;
> *James fed his baby with a spoon*;
> *have you fed the dog yet?*

füttern[2] to line *Jacke, Rock*
die **Fütterung** feeding
das **Futur** (*Grammatik*) future [tense] ['fjuːtʃə]
futuristisch futurist[ic]

Gg

G, g ① (*Buchstabe*) G, g [dʒiː] ② (*in der Musik*) G, g
die **Gabe** ① (*Geschenk*) gift, present ['prezᵊnt] ② (*Begabung*) gift, talent ['tælənt]

> **V** Das deutsche Wort **Gift** heißt im Englischen **poison**!

die **Gabel** ① (*zum Essen*) fork ② (*Deichsel*) shafts ⚠ *Plural*
gabeln to fork
der **Gabelstapler** fork-lift truck
die **Gabelung** fork
gackern to cackle
gaffen to gape (**nach** at)
die **Gage** ['gaːʒə] fee
gähnen to yawn
galant gallant
die **Galaxie**, die **Galaxis** Galaxy ['gæləksi]
die **Galeere** galley
die **Galerie** gallery
der **Galgen** gallows ⚠ *immer Plural*
die **Galgenfrist** reprieve [rɪ'priːv]
der **Galgenhumor** gallows humour [-ˌhjuːməʳ]
die **Galle** ① (*Gallenblase*) gall bladder ② (*Flüssigkeit*) bile, gall [gɔːl]
die **Gallenblase** gall bladder
die **Gallenflüssigkeit** bile
die **Gallenkolik** biliary colic
der **Gallenstein** gall-stone
der **Galopp** gallop ['gæləp]; **im Galopp** at a gallop
galoppieren to gallop (**auf** at)
gammeln (*umgangsspr*) to bum around
der **Gammler**, die **Gammlerin** layabout ['leɪəˌbaʊt] *abwertend*
die **Gams** Ⓐ, die **Gämse** chamois ['ʃæmwɑː]
der **Gang** ① (*Besorgung*) errand ② *von Personen:* gait ③ (*Flur*) hallway; (*in Eisenbahnwagen*) corridor ④ (*beim Essen*) course [kɔːs] ⑤ (*von Auto*) gear [gɪə]; **in den zweiten Gang schalten** to change *oder* USA shift] into second [gear] ▶ WENDUNGEN: **etwas in Gang halten** to keep something moving; **etwas in Gang setzen** to set something going
die **Gangart** gait, walk
gangbar ① *Weg:* passable ② *Lösung:* practicable
gängig ① (*viel verlangt*) in demand ② (*gebräuchlich*) current ['kʌrənt]
die **Gangschaltung** gears [gɪəz] ⚠ *Plural*
der **Gangster** ['gɛŋstɐ] gangster
die **Gangway** ['gɛŋveː] steps ⚠ *Plural*, gangway
der **Ganove** (*umgangsspr*) crook
die **Gans** goose

> **V** **geese** ist die Pluralform von **a goose** = eine Gans: the geese are making a lot of noise.

das **Gänseblümchen** daisy ['deɪzi]
die **Gänsefüßchen** (*umgangsspr*) inverted commas, quotation marks *Plural*
die **Gänsehaut** goose pimples; **eine Gänsehaut bekommen** to get goose pimples
der **Gänsemarsch** **im Gänsemarsch** in single file
ganz ① (*vollständig*) entire, whole ② (*umgangsspr: heil*) intact ③ **die ganze Zeit** all the time ④ **ich bin ganz deiner Meinung** I quite agree ⑤ (*völlig*) quite ⑥ (*umgangsspr: wirklich*) really ⑦ **ganz und gar nicht** by no means, not at all ⑧ **im Großen und Ganzen** on the whole ⑨ **ganz wie Sie meinen** just as you think
das **Ganze** whole ▶ WENDUNGEN: **aufs Ganze gehen** to go all out
ganzheitlich ① (*einheitlich*) integrated ['ɪntɪgreɪtɪd] ② (*Sichtweise*) holistic [hə'lɪstɪk]
gänzlich completely, totally
die **Ganztagsbetreuung** full-time childcare
die **Ganztagsschule** all-day school [skuːl]
gar[1] *Essen:* cooked, done
gar[2] (*sogar*) even; **gar nicht/nichts** not/nothing at all
die **Garage** [ga'raːʒə] garage ['gærɪdʒ]
garagieren Ⓐ, CH (*parken*) to park *Auto*
die **Garantie** guarantee [ˌgærᵊn'tiː]
die **Garantiefrist** warranty period
garantieren to guarantee [ˌgærᵊn'tiː]
der **Garantieschein** guarantee [ˌgærn'tiː]
die **Garbe** (*Getreidehalme*) sheaf
die **Garde** guard [gɑːd]
die **Garderobe** ① (*Kleiderablage*) hall stand; (*Raum*) cloakroom GB, checkroom USA ② (*Kleidung*) wardrobe
der **Garderobenständer** hatstand, hall stand
die **Gardine** curtain GB, drape USA; **die Gardinen zuziehen** to draw the curtains
die **Gardinenstange** curtain rail
gären to ferment [fə'ment]
die **Garette** CH (*Schubkarren*) barrow
das **Garn** thread; (*Wollgarn*) yarn
die **Garnele** prawn
garnieren to garnish *Speisen*
die **Garnitur** (*Satz*) set ▶ WENDUNGEN: **erste/zweite Garnitur** top/second rank
garstig mean
der **Garten** garden
die **Gartenarbeit** gardening
der **Gartenbau** horticulture ['hɔːtɪkʌltʃə]
die **Gartenlaube** arbour ['ɑːbəʳ], bower ['baʊəʳ]
das **Gartenlokal** garden café
die **Gartenmöbel** garden furniture
die **Gartenschere** pruning shears ⚠ *immer Plural*

G

der **Gartensitzplatz** (CH) (*Terrasse*) patio
der **Gartenzaun** garden fence
der **Gärtner**, die **Gärtnerin** gardener
die **Gärtnerei** market garden
das **Gas** 1 gas 2 **Gas geben** to accelerate [ək'seləreɪt]; (*im Leerlauf*) to rev up
das **Gasfeuerzeug** gas lighter
die **Gasflasche** gas canister
gasförmig gaseous ['gæsiəs]
der **Gashahn** gas tap
der **Gashebel** throttle
die **Gasheizung** gas heating
der **Gasherd** gas cooker [*oder* stove]
der **Gaskocher** camping stove

G

die **Gasleitung** gas pipe
die **Gasmaske** gas mask
das **Gaspedal** accelerator [ək'seləreɪtəʳ] (GB), gas pedal (USA)
die **Gaspistole** gas pistol
die **Gasse** lane
der **Gassenjunge** street urchin
der **Gast** guest [gest]; **bei jemandem zu Gast sein** to be someone's guest
der **Gastarbeiter**, die **Gastarbeiterin** foreign [ˌfɒrɪn-] worker
das **Gästebuch** visitors' book
das **Gästezimmer** guest [gest] room
gastfreundlich hospitable [hɒ'spɪtəbl]
die **Gastfreundschaft** hospitality [ˌhɒspɪ'tæləti]
der **Gastgeber**, die **Gastgeberin** host [həʊst] *maskulin*, hostess *feminin*
das **Gasthaus** inn
der **Gasthof** inn
der **Gasthörer**, die **Gasthörerin** (*an Universität*) observer (GB), auditor [ɔːdɪtəʳ] (USA)
gastieren to make a guest appearance ['gestəˌpɪərəʳn(t)s]
die **Gastritis** gastritis [gæs'traɪtɪs]
die **Gastronomie** gastronomy [gæs'trɒnəmi]
gastronomisch gastronomic[al] [ˌgæstrə'nɒmɪk]
das **Gastspiel** guest performance ['gestpəˌfɔːmən(t)s]
die **Gaststätte** restaurant ['restərɒnt]
die **Gaststube** lounge [laʊndʒ], restaurant
der **Gastwirt**, die **Gastwirtin** innkeeper
die **Gastwirtschaft** inn
der **Gaszähler** gas meter
der **Gatte** husband ['hʌzbənd]
das **Gatter** trellis
die **Gattin** wife
die **Gattung** (*Art*) kind, sort; *von Pflanzen:* genus ['dʒenəs]
der **GAU** *Abkürzung von* **größter anzunehmender Unfall** maximum credible accident ['æksɪdəʳnt]; (*übertragen*) worst-case scenario [sɪ'nɑːriəʊ] *umgangsspr*
die/das **Gaudi** (*umgangssspr*) fun
der **Gaul** (*abwertend*) nag, hack
der **Gaumen** palate ['pælət]
der **Gauner** 1 (*Schwindler*) crook 2 (*umgangsspr: Schlauberger*) sly customer
die **Gaunerei** cheating, swindling
der **Gazastreifen** Gaza Strip
die **Gazelle** gazelle [gə'zel]
das **Gebäck** pastries ⚠ *Plural*
geballt concentrated ['kɒn(t)səʳntreɪtɪd]
gebärden to behave, to conduct [kən'dʌkt] oneself
die **Gebärdensprache** sign language ['saɪnˌlæŋgwɪdʒ]
gebären to give birth to
die **Gebärmutter** uterus ['juːtərəs], womb [wuːm]
das **Gebäude** building ['bɪldɪŋ]
der **Gebäudekomplex** [building ['bɪldɪŋ]] complex
die **Gebeine** (*Skelett*) remains ⚠ *immer Plural*
das **Gebell** barking
geben 1 to give 2 (*im Theater aufführen*) to put on 3 to deal *Karten* 4 **das gibt's doch nicht!** that can't be true! 5 **das wird sich geben** it'll all work out

> **G** Richtiges Konjugieren von **to give**: give, gave, given
> *give me a chance!;*
> *Dave gave Jenny his phone number,*
> *have you given him the car key?*

das **Gebet** prayer [preəʳ]
das **Gebiet** 1 area, region 2 (*Arbeitsgebiet*) field
gebieten 1 [**jemandem**] **etwas gebieten** to demand something [of someone] 2 (*vorschreiben*) to require; **die Lage gebietet schnelles Handeln** the situation requires quick action
gebieterisch 1 (*befehlend*) imperious [ɪm'pɪəriəs] 2 (*entschieden*) peremptory
das **Gebilde** 1 (*Ding*) object ['ɒbdʒɪkt] 2 (*Bauwerk*) construction [kən'strʌkʃəʳn]
gebildet educated ['edjʊkeɪtɪd]; (*kultiviert*) cultured
das **Gebirge** mountains ['maʊntɪnz] *Plural*, mountain range
gebirgig mountainous ['maʊntɪnəs]
der **Gebirgszug** mountain range
das **Gebiss** 1 (*Zähne*) teeth 2 (*künstliches*) dentures ['dentʃəz] ⚠ *Plural;* **ein Gebiss tragen** to have false [fɔːls] teeth
geblümt flowered; *Tapete:* floral ['flɔːrəl]
geboren 1 born; **sie ist in Schottland geboren** she was born in Scotland; **tot geboren** stillborn 2 **Maria Braun, geborene** [*oder* **geb.**] **Schmidt** Maria Braun, née Schmidt 3 (*übertragen*) **sie ist eine geborene Schauspielerin** she's a born actress
geborgen safe, secure [sɪ'kjʊə]; **sich** [**bei jemandem**] **geborgen fühlen** to feel secure [with someone]

das **Gebot** 1 (*Gesetz*) law 2 (*Vorschrift*) rule 3 (*das Erforderliche*) requirement [rɪ'kwaɪəmənt]; **das Gebot der Stunde** the order of the day; **etwas ist oberstes Gebot** something is of the utmost importance [*oder* top priority] [praɪ'ɒrəti] 4 (*Auktionsangebot*) bid[ding] 5 **die Zehn Gebote** the Ten Commandments

geboten advisable [əd'vaɪzəbl]; **dringend geboten** imperative

das **Gebotsschild** mandatory sign ['mændətᵊri,saɪn]

der **Gebrauch** 1 (*Benutzung*) use [ju:s]; **von etwas Gebrauch machen** to make use of something; **in Gebrauch sein** to be used; **vor Gebrauch schütteln** shake before use 2 *eines Wortes:* usage ['ju:sɪdʒ] 3 (*Brauch*) custom ['kʌstəm]

gebrauchen 1 (*benutzen*) to use [ju:z] 2 (*anwenden*) to apply 3 **ich könnte jetzt einen Kaffee gebrauchen** I could do with a cup of coffee now 4 **er ist zu nichts zu gebrauchen!** he is hopeless [*oder* useless]!

gebräuchlich 1 (*üblich*) customary ['kʌstəmᵊri] 2 (*verbreitet*) *Ausdruck, Wort:* common

die **Gebrauchsanweisung** 1 (*für Arznei*) directions *Plural* for use [ju:s] 2 (*für Geräte*) instructions *Plural*

gebrauchsfertig ready for use

der **Gebrauchsgegenstand** basic commodity

gebraucht 1 *Papier, Verpackung:* used 2 *Auto, Kleidung:* second-hand; **etwas gebraucht kaufen** to buy something second-hand

der **Gebrauchtwagen** second-hand car

das **Gebrechen** affliction [ə'flɪkʃᵊn]; **ein Gebrechen haben** to suffer from an ailment

gebrechlich infirm

gebrochen broken *auch übertragen*

die **Gebrüder** brothers

die **Gebühr** 1 (*für Benutzung*) charge 2 (*Beitrag, Honorar*) fee

gebührend due; **jemanden mit gebührender Achtung behandeln** to treat someone with the respect he/she deserves

die **Gebühreneinheit** [tariff] unit

die **Gebühreneinzugszentrale** *collection centre for radio and television licence fees*

gebührenfrei free of charge

gebührenpflichtig 1 chargeable ['tʃɑ:dʒəbl] 2 **gebührenpflichtige Autobahn** toll road (GB), turnpike (USA); **gebührenpflichtige Verwarnung** fine

der **Gebührenzähler** meter ['mi:təʳ]

gebunden 1 *Buch:* bound 2 (*festgebunden*) tied (**an** to) 3 (*durch Verpflichtungen*) tied down 4 (*vergeben*) *Mann, Frau:* spoken for, no longer free

die **Geburt** 1 birth; **von Geburt an** from birth 2 **das war eine schwere Geburt!** (*übertragen*) that was a tough job!

geburtenschwach *Jahrgang:* with a low birth rate

gebürtig 1 **aus München gebürtig sein** to be born in Munich 2 **er ist gebürtiger Ire** he is Irish by birth

das **Geburtsdatum** date of birth

das **Geburtsjahr** year of birth

der **Geburtsort** birthplace ['bɜ:θpleɪs], place of birth

der **Geburtstag** 1 birthday; **wann hast du Geburtstag?** when's your birthday?; **ich habe am 28. März Geburtstag** my birthday is on the 28th of March; **ich habe heute Geburtstag** it's my birthday today; **herzlichen Glückwunsch zum Geburtstag!** happy birthday!; **was wünschst du dir zum Geburtstag?** what would you like for your birthday?; **jemandem etwas zum Geburtstag schenken** to give someone something for his/her birthday 2 (*auf Formular*) date of birth

die **Geburtstagsfeier** birthday party

das **Geburtstagskind** birthday boy *maskulin*, birthday girl *feminin*

die **Geburtsurkunde** birth certificate [-sə,tɪfɪkət]

die **Geburtswehen** labour ['leɪbəʳ] pains *Plural*

das **Gebüsch** bushes ['bʊʃɪz] *Plural*

das **Gedächtnis** 1 memory; **zum Gedächtnis an ...** in memory of ... 2 **das ist mir im Gedächtnis geblieben** it stuck in my mind

der **Gedächtnisschwund** loss of [*oder* failing] memory; **Gedächtnisschwund haben** to suffer from [a] loss of memory

gedämpft 1 *Schall:* muffled 2 *Stimmung:* subdued [səb'dju:d]; *Farben auch:* muted

der **Gedanke** 1 thought [θɔ:t]; **ich kann doch nicht Gedanken lesen!** I'm not a mind-reader!; **der Gedanke an Milch macht mich ganz krank** the thought of [*oder* thinking of] milk makes me ill 2 (*Idee*) idea [aɪ'dɪə]; **da kommt mir ein Gedanke** I've got an idea; **wer hat dich auf den Gedanken gebracht?** who gave you that idea? 3 **sich Gedanken [zu etwas] machen** (*nachdenken*) to think [about something]; (*sich sorgen*) to worry [about something]; **mach dir keine Gedanken [darüber]** don't worry [about it] 4 **auf andere Gedanken kommen** to be distracted [dɪ'stræktɪd]; **dass du mir ja nicht auf dumme Gedanken kommst!** don't get into any mischief! ['mɪstʃɪf] 5 **mit dem Gedanken spielen, etwas zu tun** to toy with the idea of doing something

gedankenlos 1 (*rücksichtslos*) thoughtless ['θɔ:tləs] 2 (*zerstreut*) absent-minded [,æbsᵊnt'maɪndɪd]

der **Gedankenstrich** dash

die **Gedankenübertragung** telepathy [tə'lepəθi]

G

gedankenverloren lost in thought [θɔːt]
das **Gedeck** cover; **ein Gedeck auflegen** to lay a place
gedeihen to prosper, to thrive
gedenken (*beabsichtigen*) **gedenken, etwas zu tun** to propose to do something; **und wann gedenkst du heimzukommen?** and when do you mean to come home?
die **Gedenkfeier** commemoration
die **Gedenkminute** minute's silence [ˌmɪnɪt-ˈsaɪlən(t)s]
die **Gedenktafel** commemorative plaque [kəˈmemᵊrətɪvˌplɑːk]
der **Gedenktag** remembrance [rɪˈmembrəns] day

das **Gedicht** poem; **ein Gedicht aufsagen** to say [*oder* recite [rɪˈsaɪt]] a poem ▶ WENDUNGEN: **die Suppe ist ein Gedicht** the soup is divine
gediegen ① (*solide gearbeitet*) high-quality, solid ② (*stilvoll*) tasteful
das **Gedränge** ① (*Menschenmenge*) crowd ② (*Drängelei*) jostling [ˈdʒɒslɪŋ]
gedrängt (*voll*) packed
gedrückt *Stimmung:* depressed
gedrungen *Körper*[*bau*]: stout, sturdy
die **Geduld** patience [ˈpeɪʃᵊn(t)s]; **Geduld haben** to be patient [ˈpeɪʃᵊnt]; **keine Geduld haben** to be impatient; **die Geduld verlieren** to lose one's patience
gedulden **würden Sie sich einen Moment gedulden?** would you mind waiting a moment?
geduldig patient [ˈpeɪʃᵊnt]
die **Geduldsprobe** trial of [one's] patience [ˈpeɪʃᵊn(t)s]
geehrt ① (*geschätzt*) esteemed ② (*in Rede*) **Sehr geehrte Damen und Herren!** Ladies and Gentlemen! ③ (*im Brief*) **Sehr geehrter Herr ...!** Dear Mr ...,; **Sehr geehrte Frau ...!** Dear Mrs/Ms ...,
geeignet ① (*passend*) suitable [ˈsuːtəbl̩] ② (*fähig*) qualified ③ **er ist für diesen Posten nicht geeignet** he is not the right person for the job ④ [*Ehe*]*Mann/*[*Ehe*]*Frau:* right ⑤ *Maßnahmen:* appropriate [əˈprəʊpriət]
die **Gefahr** ① danger [ˈdeɪndʒəʳ]; **es besteht die Gefahr, dass ...** there's the danger that ...; **außer/in Gefahr sein** to be out of/in danger ② (*Risiko*) risk; **es besteht die Gefahr, dass ...** there's a risk that ...; **Gefahr laufen, etwas zu tun** to run the risk of doing something; **auf eigene Gefahr** at one's own risk
gefährden to endanger [ɪnˈdeɪndʒəʳ]
gefährlich dangerous [ˈdeɪndʒᵊrəs]; (*gewagt*) risky
gefahrlos safe
der **Gefährte**, die **Gefährtin** companion [kəmˈpænjən]
das **Gefälle** ① (*Abhang*) *einer Straße:* slope ② *eines Flusses:* fall ③ (*übertragen: Unterschied*) difference [ˈdɪfᵊrᵊn(t)s]; **das Nord-Süd-Gefälle** the North-South divide
gefallen ① **es gefällt mir** [**nicht**] I [don't] like it; **hat dir der Film gefallen?** did you enjoy the film? ② **wie gefällt dir meine Wohnung?** how do you like my flat? ③ **was mir an ihr gefällt, ist ihr Lächeln** what I like about her is the way she smiles ④ **sich etwas gefallen lassen** to put up with something; **ich lass mir das nicht länger gefallen!** I won't put up with it any longer!
gefallen *Krieger, Soldat:* killed in action
der **Gefallen** favour [ˈfeɪvəʳ]; **jemandem einen Gefallen tun** to do someone a favour; **jemanden um einen Gefallen bitten** to ask someone a favour
das **Gefallen** **an etwas Gefallen finden** to get pleasure from something
der/die **Gefallene** **die Gefallenen** those killed in action
gefällig (*angenehm*) pleasing
die **Gefälligkeit** favour [ˈfeɪvəʳ]; **jemandem eine Gefälligkeit erweisen** to do someone a favour
gefälligst **halt gefälligst den Mund!** kindly keep your mouth shut!; **mach gefälligst die Tür zu!** shut the bloody [*oder* (USA) damn] door!
gefangen ① *Flüchtender, Tier:* **gefangen nehmen** to capture; **gefangen genommen** captured ② **ich war** [**wie**] **gefangen von seiner Stimme** I was captivated by his voice
der/die **Gefangene** prisoner [ˈprɪznə]
die **Gefangennahme** ① capture [ˈkæptʃə] ② (*Verhaftung*) arrest; **bei ihrer Gefangennahme** on her arrest
die **Gefangenschaft** ① captivity [kæpˈtɪvəti]; **in Gefangenschaft geboren** born in captivity ② **in Gefangenschaft geraten** to be taken prisoner
das **Gefängnis** ① jail [dʒeɪl], prison [ˈprɪzᵊn]; **ins Gefängnis kommen** to be sent to prison; **im Gefängnis landen** to end up in prison ② (*Strafe*) imprisonment; **fünf Jahre Gefängnis bekommen** to get five years' imprisonment [*oder* years in prison]
die **Gefängnisstrafe** prison sentence [-ˌsentən(t)s]
der **Gefängniswärter**, die **Gefängniswärterin** prison officer
das **Gefasel** waffle
das **Gefäß** ① (*Behälter*) container, receptacle [rɪˈseptəkl̩] ② (*Blutbahn*) vessel
gefasst ① (*ruhig*) calm [kɑːm], composed ② **du kannst dich auf was gefasst machen!** I'll give you something to think about!
das **Gefecht** (*Schlacht*) battle; **außer Gefecht setzen** to put out of action *auch übertragen*
gefeit **gegen etwas gefeit sein** to be immune to something

das **Gefieder** feathers ['feðəz] *Plural*
gefiedert ① feathered ② *Blätter:* pinnate
gefinkelt Ⓐ (*durchtrieben*) cunning, crafty
gefleckt spotted
geflissentlich (*absichtlich*) intentional
das **Geflügel** poultry ['pəʊltri]
geflügelt winged
das **Gefolge** retinue
gefräßig gluttonous ['glʌtᵊnəs]
der/die **Gefreite** lance corporal (GB), private ['praɪvət] first class (USA)
gefrieren to freeze
das **Gefrierfach** freezing compartment
gefriergetrocknet freeze-dried
der **Gefrierpunkt** freezing point; **unter dem Gefrierpunkt** below zero
der **Gefrierschrank** [upright] freezer
die **Gefriertruhe** deep freeze, freezer
gefroren frozen; **hart gefroren** frozen solid
gefügig submissive [səb'mɪsɪv]
das **Gefühl** ① (*seelische, körperliche Empfindung*) feeling; **mit gemischten Gefühlen** with mixed feelings; **ich habe kein Gefühl in den Fingern** my fingers are numb ② (*Ahnung*) **ein ungutes Gefühl [bei etwas] haben** to have a funny feeling [about something]; **ich habe das Gefühl, dass ...** I have a feeling that ...; **etwas im Gefühl haben** to have a feel for something ③ (*Gespür*) sense [sens]; **kein Gefühl für Anstand haben** to have no sense of decency ④ **etwas mit Gefühl tun** to do something sensitively
gefühllos ① (*herzlos*) unfeeling ② *Körperteil:* numb [nʌm]
der **Gefühlsausbruch** emotional outburst
gefühlsbetont emotional
die **Gefühlsduselei** mawkishness ['mɔːkɪʃnəs]
gefühlsmäßig instinctive
gefühlt perceived; **gefühlte Temperatur** perceived temperature; **gefühlte Sicherheit** feeling of safety; **ich habe ihr gefühlt hundert Mal gesagt, dass ...** it feels like I've told her a hundred times that ...
gefühlvoll sensitive
gefüllt ① *Paprikaschoten, Tomaten:* stuffed ② (*voll*) full; **eine gut gefüllte Brieftasche** a well-stuffed wallet
gegebenenfalls if need be
gegen ① (*Gegenteil von: für*) against [ə'genst]; **gegen etwas sein** to be against something; **ich habe nichts gegen sie** I've got nothing against her ② **eine Leiter gegen eine Wand lehnen** to prop a ladder against a wall ③ **gegen einen Baum fahren** to crash into a tree ④ **gegen ein Uhr** towards one o'clock ⑤ **gegen bar** for cash ⑥ **gut gegen Kopfschmerzen** good for headaches
der **Gegenangriff** counter-attack
das **Gegenargument** counter-argument ['kaʊntəʳˌɑːgjəmənt]
die **Gegend** area ['eərɪə]; **hier in der Gegend** in this area, around here; **eine schöne Gegend Schottlands** a beautiful part of Scotland
die **Gegendarstellung** reply
gegeneinander against one another
gegeneinanderhalten to hold up side by side; **zwei Fotos gegeneinanderhalten** to compare two photos
die **Gegenfahrbahn** oncoming carriageway ['kærɪdʒweɪ]
das **Gegengift** antidote (**gegen** to)
die **Gegenleistung** **als Gegenleistung für ...** in return for ...
das **Gegenmehr** (CH) vote against
der **Gegensatz** ① contrast ['kɒntrɑːst]; **im Gegensatz zu ...** in contrast to ... ② **Gegensätze ziehen sich an** opposites attract ③ **Gegensätze** (*Meinungsverschiedenheiten*) differences ['dɪfᵊrᵊn(t)sɪz]
gegensätzlich contrasting; *Meinung:* different
die **Gegenseite** other side
gegenseitig ① mutual ['mjuːtʃuəl], reciprocal [rə'sɪprəkᵊl]; **in gegenseitigem Einverständnis** by mutual agreement ② **sich gegenseitig helfen/kaputtmachen** to help/destroy one another
die **Gegenseitigkeit** **das beruht [ganz] auf Gegenseitigkeit** the feeling is mutual
der **Gegenspieler**, die **Gegenspielerin** opponent [ə'pəʊnənt]
die **Gegensprechanlage** intercom
der **Gegenstand** ① object ['ɒbdʒɪkt], thing ② (*als Thema*) subject ['sʌbdʒekt], topic
gegenstandslos ① (*hinfällig*) irrelevant [ɪ'reləvᵊnt]; **bitte betrachten Sie dieses Schreiben als gegenstandslos, falls ...** please disregard this letter if ... ② (*unbegründet*) unfounded
die **Gegenstimme** vote against; **zehn Gegenstimmen** ten no votes [*oder* votes against]; **ohne Gegenstimmen** unanimously [juː'nænɪməsli]
das **Gegenstück** companion piece; **jemandes Gegenstück sein** to be someone's opposite
das **Gegenteil** opposite ['ɒpəsɪt]; **im Gegenteil** on the contrary ['kɒntrəri]; **ganz im Gegenteil!** quite the reverse!; **das Gegenteil bewirken** have the opposite effect
gegenteilig opposite
das **Gegenüber** **mein Gegenüber [am Tisch/im Zug]** the person opposite ['ɒpəsɪt] me [at the table/in the train]
gegenüber ① opposite; **sie wohnt gegenüber von mir** she lives opposite me [*oder* across from me]; **die Nachbarn von gegenüber** the neighbours opposite ② **sie saß mir gegenüber** she sat facing me [*oder* opposite me]

G

3 (*auf der anderen Straßenseite*) across the street 4 **mir gegenüber hat er nichts gesagt** he didn't say anything to me 5 (*im Vergleich zu*) in comparison with, compared to

gegenüberliegend opposite

gegenüberstehen to stand opposite

gegenüberstellen 1 to confront [kən'frʌnt]; **man hat ihn seinem Angreifer gegenübergestellt** he was confronted with his attacker 2 (*vergleichen*) to compare

die **Gegenüberstellung** 1 (*von Person*) confrontation [ˌkɒnfrʌn'teɪʃᵊn] 2 (*Vergleich*) comparison

G

der **Gegenverkehr** oncoming traffic

die **Gegenwart** 1 (*Anwesenheit*) presence ['prezᵊn(t)s] 2 (*Jetztzeit*) present ['prezᵊnt]

gegenwärtig 1 *Minister, Trainer:* present ['prezᵊnt] 2 (*in diesem Moment*) at present

der **Gegenwert** equivalent [ɪ'kwɪvᵊlənt]

der **Gegenwind** headwind; **wir hatten starken Gegenwind** there was a strong headwind

gegenzeichnen to countersign ['kaʊntəsaɪn]

der **Gegner**, die **Gegnerin** 1 (*im Sport*) adversary ['ædvəsᵊri], opponent [ə'pəʊnənt] 2 (*Feind*) enemy ['enəmi], foe [fəʊ] 3 (*Rivale*) rival ['raɪvl]

gegnerisch 1 (*im Sport*) opposing [ə'pəʊzɪŋ] 2 (*feindlich*) enemy ['enəmi]

das **Gehabe** affected behaviour [bɪ'heɪvjəʳ]

das **Gehalt** salary

der **Gehalt** content ['kɒntent]

die **Gehaltsabrechnung** salary statement

der **Gehaltsempfänger**, die **Gehaltsempfängerin** salaried employee

die **Gehaltserhöhung** rise in salary

die **Gehaltszulage** salary bonus

gehaltvoll nutritious [nju:'trɪʃəs], rich

gehandikapt handicapped (**durch** by)

gehässig spiteful

das **Gehäuse** 1 *von Radio, Kamera:* case 2 *von Obst:* core

gehbehindert **gehbehindert sein** to have difficulty in walking

das **Gehege** enclosure [ɪn'kləʊʒəʳ] ▶ WENDUNGEN: **jemandem ins Gehege kommen** to get in someone's way [*oder* under someone's feet]

geheim 1 secret ['si:krət]; **streng geheim** top secret 2 *Gedanken, Wünsche:* innermost, most private 3 **vor jemandem etwas geheim halten** to keep something secret from someone

der **Geheimagent**, die **Geheimagentin** secret agent ['eɪdʒᵊnt]

der **Geheimdienst** secret service

das **Geheimnis** 1 secret ['si:krət]; **ein Geheimnis verraten** to disclose a secret; **ein Geheimnis aus etwas machen** to make a big secret about something; **kein Geheimnis aus etwas machen** to make no secret of something 2 (*Rätselhaftes*) mystery ['mɪstᵊri]; **das Ganze war mir ein Geheimnis** it was all one big mystery to me

die **Geheimniskrämerei** secretiveness

geheimniskrämerisch secretive

geheimnisvoll mysterious [mɪ'stɪəriəs]; **tu nicht so geheimnisvoll!** don't be so mysterious!

die **Geheimnummer** 1 (*Telefonnummer*) secret number 2 (*für Bankautomat*) personal identification number, PIN [pɪn]

die **Geheimpolizei** secret police [pə'li:s]

die **Geheimschrift** code, secret writing

der **Geheimtipp** inside tip

geheimtun to be secretive

die **Geheimzahl** personal identification number, PIN [pɪn]

das **Gehen** (*auch als Sport*) walking

gehen 1 to go; (*zu Fuß*) to walk; **gehen wir!** let's go!; **schwimmen gehen** to go swimming 2 (*funktionieren*) to work; *Uhr:* to go, to run 3 *Waren:* to be selling well; **gut gehend** *Geschäft:* flourishing ['flʌrɪʃɪŋ], thriving ['θraɪvɪŋ] 4 **was geht hier vor?** what's going on here?; **das geht zu weit** that's going too far 5 **worum geht's?** what's the problem?; (*stärker*) what's all this about?; **es geht darum, dass ...** it's about ...; **darum geht es nicht** that's not the point 6 **das geht doch nicht!** you can't do that! 7 **geht es morgen?** will tomorrow be all right? 8 **solange es geht** as long as possible 9 **wie geht's?** how are you?; **es geht** so-so 10 **sich gehen lassen** to let oneself go

> **G** Richtiges Konjugieren von **to go**: go, went, gone
> *I'm sorry, I have to go now;*
> *they went to town this morning;*
> *I'm afraid he has gone for good*

geheuer **er/es ist mir nicht ganz geheuer** I feel uneasy about him/it

der **Gehilfe**, die **Gehilfin** assistant

das **Gehirn** brain

die **Gehirnerschütterung** concussion [kən'kʌʃᵊn]

der **Gehirnschlag** stroke

der **Gehirntumor** brain tumour [-ˌtju:məʳ]

die **Gehirnwäsche** brainwashing; **jemanden einer Gehirnwäsche unterziehen** to brainwash someone

das **Gehör** 1 hearing; **Gehör [bei jemandem] finden** to gain a hearing [with someone] 2 **ein musikalisches Gehör** an ear for music; **nach dem Gehör spielen** to play by ear

gehorchen to obey [ə'beɪ]

gehören 1 to belong; **das gehört mir** this belongs to me, this is mine; **wem gehört der Computer?** whose computer is it?; **gehört er**

dir? is it yours? ② **dazu gehört viel/viel Mut** it takes a lot/a lot of courage ③ (*Teil sein von*) to be part of; **das gehört zu meiner Arbeit** it's part of my job ④ (*räumlich*) **das gehört hierhin** this goes here; **der Hund gehört nicht ins Haus!** the house is no place for a dog! ⑤ **das gehört sich einfach nicht!** that's just not done!

der **Gehörgang** auditory ['ɔːdɪtᵊri] canal

gehörig ① (*gebührend*) *Respekt:* proper ② **eine gehörige Tracht Prügel** a good [*oder* sound] thrashing ③ **jemandem gehörig die Meinung sagen** to give someone a piece of one's mind

der/die **Gehörlose** deaf person

gehorsam obedient [ə'biːdɪənt]

der **Gehörschutz** ear muff, ear protectors *Plural*

der **Gehörsturz** [temporary] loss of hearing

der **Gehweg** (*Bürgersteig*) pavement (GB), sidewalk ['saɪdwɔːk] (USA)

der **Geier** vulture ['vʌltʃə]

die **Geige** fiddle, violin [ˌvaɪə'lɪn] ▶WENDUNGEN: **die erste Geige spielen** to call the tune

geil ① (*sexuell*) randy (GB), horny (USA) ② (*slang: toll*) ace [eɪs], brilliant; **das ist echt geil!** that's real[ly] wicked! *slang*

die **Geisel** hostage ['hɒstɪdʒ]; **jemanden als Geisel nehmen** to take someone hostage

die **Geiselnahme** hostage-taking

der **Geiselnehmer**, die **Geiselnehmerin** hostage-taker

das **Geißblatt** honeysuckle ['hʌniˌsʌkl̩], woodbine

die **Geißel** (*Plage*) scourge [skɜːdʒ]

geißeln to whip [(h)wɪp]; (*als Buße*) to flagellate ['flædʒᵊleɪt]

der **Geist** ① (*Gemüt, Verstand*) mind ② (*Gespenst*) ghost [gəʊst] ③ (*Gesinnung*) spirit; **der Geist der Zeit** the spirit of the times ⚠ *Plural* ④ (*Seele*) spirit ⑤ **von allen guten Geistern verlassen sein** to have taken leave of one's senses

die **Geisterbahn** ghost ['gəʊst] train

der **Geisterfahrer**, die **Geisterfahrerin** *person driving in the wrong direction*

die **Geisterstunde** witching hour [aʊəʳ]

geistesabwesend absent-minded [ˌæbsᵊnt'maɪndɪd]

der **Geistesblitz** brainwave

geistesgegenwärtig quick-witted

geistesgestört mentally deranged

geisteskrank mentally ill [ˌmentᵊli'ɪl]

die **Geisteskrankheit** mental illness

die **Geisteswissenschaften** arts; (*als Studium*) humanities

geistig ① (*intellektuell*) intellectual [ˌɪntə'lektʃʊəl] ② **geistig behindert** mentally disabled [dɪ'seɪbl̩d] ③ (*psychologisch*) mental ['mentᵊl] ④ (*seelisch*) spiritual ['spɪrɪtʃʊəl]

geistlich ① *Angelegenheit, Führer:* spiritual ['spɪrɪtʃʊəl] ② (*kirchlich*) ecclesiastical [ɪˌkliːzi'æstɪkᵊl]

der/die **Geistliche** member of the clergy ['klɜːdʒi]

geistlos ① (*langweilig*) dull ② (*dumm*) stupid ③ (*nichts sagend*) inane [ɪ'neɪn]

geistreich witty

geizen **mit etwas geizen** to be mean with something

der **Geizhals** miser

geizig ① mean ② (*sparsam, knauserig*) stingy ['stɪndʒi]

der **Geizkragen** miser, skinflint

das **Gejammer** moaning, whingeing ['(h)wɪndʒɪŋ]

gekauft **viel gekauft** frequently ['friːkwentli] bought, much purchased

das **Gekläff** yapping

gekocht *Wasser:* boiled; *Essen:* cooked

das **Gekritzel** ① (*Handschrift*) scrawl [skrɔːl] ② (*das Kritzeln*) scribbling

gekünstelt ① *Sprache, Benehmen:* affected ② *Lächeln:* forced [fɔːst]

das **Gel** gel [dʒel]

das **Gelaber** rabbiting on

das **Gelächter** laughter ['lɑːftəʳ]

geladen ① (*elektrisch*) charged [tʃɑːdʒd] ② *Gewehr:* loaded ③ **er war ziemlich geladen** he was rather ratty

gelähmt ① paralyzed ['perəlaɪzd] ② **ich war wie gelähmt vor Angst** I was paralyzed with fear

das **Gelände** ① (*Grundstück*) grounds *Plural* ② (*freies Land*) open country

das **Geländefahrzeug** off-road vehicle [-ˌvɪəkl̩]

das **Geländer** ① *von Treppe:* banisters ['bænɪstərs] *Plural* ② (*als Begrenzung*) railing

der **Geländewagen** off-road vehicle ['viːɪkl]

gelangen ① **[zu etwas] gelangen** to reach [something] ② **ans Ziel gelangen** (*übertragen*) to attain one's goal

gelangweilt bored

gelassen calm [kɑːm]

die **Gelassenheit** calmness ['kɑːmnəs]; (*Fassung*) composure [kəm'pəʊʒəʳ]

geläufig ① common; **das ist durchaus geläufig** that's quite common ② **das ist mir geläufig** I'm familiar with that

gelaunt **gut gelaunt** good-tempered, in a good mood, cheerful, in good spirits *Plural;* **schlecht gelaunt** bad-tempered, in a bad mood, ill-humoured

gelb ① yellow; *Verkehrsampel:* amber ['æmbə] ② **die Gelben Seiten**® the Yellow Pages®

das **Gelbfieber** yellow fever

die **Gelbsucht** jaundice ['dʒɔːndɪs]

das **Geld** ① money ② **ins Geld gehen** to cost a pretty penny; **Geld wie Heu haben** to have money to burn; **sein Geld wert sein** to be

G

good value; **das ist rausgeschmissenes Geld!** that's money down the drain!

die **Geldanlage** investment

der **Geldautomat** ① (*zum Geldabheben*) cashpoint, cash dispenser, automatic teller (USA) ② (*zum Geldwechseln*) change machine [-məʃiːn]

die **Geldautomatenkarte** cash[point] card

der **Geldbeutel** purse (GB), wallet (USA)

geldgierig avaricious [ˌævəˈrɪʃəs]

die **Geldkarte** cash card

der **Geldschein** banknote (GB), bill (USA)

die **Geldstrafe** fine

das **Geldstück** coin [kɔɪn]

G

die **Geldwäsche** money laundering [ˈmʌniˌlɔːndərɪŋ]

der **Geldwechsel** foreign [ˈfɒrɪn] exchange; **beim Geldwechsel entfallen Gebühren** commission is charged when changing money

der **Geldwechsler** (*Automat*) change machine [-məʃiːn]

der **Geldwert** *eines Gegenstandes:* cash value

das **Gelee** [ʒeˈleː] jelly [ˈdʒeli]

gelegen ① (*örtlich*) situated (GB), located (USA) ② (*günstig*) opportune [ˈɒpətjuːn] ③ **Sie kommen mir sehr gelegen** you are just the person I want to see; **das kommt mir gelegen** that suits me [fine]

die **Gelegenheit** ① (*Anlass*) occasion [əˈkeɪʒən] ② (*günstiger Umstand*) opportunity; **die Gelegenheit ergreifen[, etwas zu tun]** to take the opportunity [to do something]; **sobald sich die Gelegenheit ergibt** as soon as I get the opportunity ③ **bei erster Gelegenheit** at the first opportunity; (*förmlich*) at one's earliest convenience

der **Gelegenheitsarbeiter**, die **Gelegenheitsarbeiterin** casual [ˈkæʒjuəl] worker

der **Gelegenheitskauf** bargain [ˈbɑːgɪn]

gelegentlich now and again, occasionally [əˈkeɪʒənəli]; **er raucht gelegentlich ganz gern eine Zigarre** he likes an occasional cigar

gelehrig quick to learn

gelehrt learned [ˈlɜːnɪd]

der/die **Gelehrte** scholar [ˈskɒləʳ]

der **Geleitschutz** escort [ˈeskɔːt]

das **Gelenk** ① (*im Körper*) joint; (*Handgelenk*) wrist [rɪst]; (*Fußgelenk*) ankle [ˈæŋkl] ② (*mechanisch*) hinge [hɪndʒ]

die **Gelenkentzündung** arthritis [ɑːˈθraɪtɪs]

gelenkig ① (*geschmeidig*) supple ② (*beweglich*) agile [ˈædʒaɪl]

der **Gelenkrheumatismus** rheumatic fever [ruːˌmætɪkˈfiːvəʳ]

geliebt beloved [bəˈlʌɪd], dear; **viel geliebt** much-beloved

der/die **Geliebte** lover

gelieren [ʒeˈliːrən, ʒəˈliːrən] to gel [dʒel]

das **Gelingen** success [səkˈses]; **gutes Gelingen!** good luck!

gelingen to succeed [səkˈsiːd]; **es ist mir gelungen!** I succeeded!, I did it!; **es gelang mir, ihn umzustimmen** I succeeded in changing his mind, I managed to change his mind

gellend piercing [ˈpɪəsɪŋ], shrill

geloben to vow [vaʊ]; **ich habe mir gelobt, das Rauchen aufzugeben** I've sworn to give up smoking

das **Gelöbnis** vow

die **Gelse** (A) (*Stechmücke*) gnat [næt], mosquito [mɒsˈkiːtəʊ]

gelten ① (*Gültigkeit haben*) *Münze:* to be legal tender; *Pass:* to be valid; *Regel:* to apply ② (*eingeschätzt werden*) to go for; **sie gilt als Expertin** she's considered to be an expert ③ *Angebot:* to accept [əkˈsept]; **das lasse ich gelten!** I accept that! ④ (*im Sport, beim Spiel*) *Tor, Zug:* to count

geltend ① **[Ansprüche] geltend machen** to assert [claims] ② **die geltende Meinung** the prevailing opinion

die **Geltung** ① (*Gültigkeit*) validity; **Geltung haben** to be valid ② **sich Geltung verschaffen** to establish one's position ③ **etwas zur Geltung bringen** to show something to advantage

das **Geltungsbedürfnis** need for recognition

die **Geltungsdauer** period of validity

das **Gelübde** vow [vaʊ]; **ein Gelübde ablegen** to take a vow

gelungen ① *Scherz:* good; *Essen:* excellent ② **das war ein gelungener Abend** the evening was a success

gemächlich ① *Tempo:* unhurried; (*langsam*) slow ② **etwas gemächlich tun** to do something at a leisurely [ˈleʒəli] pace

der **Gemahl**, die **Gemahlin** spouse

das **Gemälde** painting

gemäß in accordance with; **gemäß den Bestimmungen** under the regulations

gemäßigt ① *Worte:* moderate [ˈmɒdərət] ② *Klima:* temperate [ˈtempərət]

das **Gemäuer** ruins *Plural*

das **Gemecker** whingeing [ˈ(h)wɪndʒɪŋ]; **hör mit dem Gemecker auf!** stop moaning!

gemein ① (*bösartig*) mean, wicked; *Lüge:* dirty ② **das gemeine Volk** the common people ③ **sie haben nichts miteinander gemein** they have nothing in common

die **Gemeinde** ① (*städtische*) community ② (*Kirchengemeinde*) parish ③ (*Anhängerschaft*) following

der **Gemeindeammann** (CH) head of the district council [ˈkaʊn(t)səl]

das **Gemeindehaus** parish hall

der **Gemeindepräsident**, die **Gemeindepräsiden-**

tin (CH) mayor ['meəʳ]

der **Gemeinderat** district council ['kaʊn(t)sᵊl]

der **Gemeinderat**, die **Gemeinderätin** district councillor ['kaʊn(t)sᵊləʳ]

die **Gemeindeschwester** district nurse

die **Gemeindesteuer** local tax

die **Gemeindesteuern** local rates (GB), local taxes (USA)

die **Gemeindeversammlung** (CH) district council ['kaʊn(t)sᵊl]

die **Gemeindeverwaltung** local authority

das **Gemeindezentrum** community centre [-ˌsentəʳ]

gemeingefährlich dangerous ['deɪndʒᵊrəs] to the community

das **Gemeingut** common property

die **Gemeinheit** 1 (*Eigenschaft*) meanness 2 (*Tat*) dirty trick 3 **so eine Gemeinheit!** what a nasty thing to do/say!

gemeinnützig charitable; *Verein:* non-profit-making

gemeinsam 1 *Eigenschaft, Interesse:* common 2 *Freund:* mutual ['mjuːtʃʊəl] 3 *Anstrengung, Ausflug, Erklärung, Konto:* joint 4 **mit jemandem gemeinsame Sache machen** to join up with someone 5 **etwas gemeinsam tun** to do something together

die **Gemeinschaft** 1 (*Gemeinde*) community 2 (*Zusammengehörigkeitsgefühl*) sense of community

gemeinschaftlich common

die **Gemeinschaftskunde** social ['səʊʃᵊl] studies *Plural*

die **Gemeinschaftspraxis** group practice [-ˌpræktɪs]

der **Gemeinschaftssinn** community spirit

das **Gemeinwohl** public welfare ['welfeəʳ], common good

das **Gemenge** 1 ([*chemische*] *Mischung*) mixture 2 (*Menschengewühl*) bustle ['bʌsl]

das **Gemetzel** massacre ['mæsəkəʳ]

das **Gemisch** mixture

gemischt mixed

das **Gemüse** vegetables ['vedʒtəblz] *Plural;* **ein Gemüse** a vegetable ▶WENDUNGEN: **junges Gemüse** whippersnappers ['(h)wɪpəʳˌsnæpəʳz] *Plural*

der **Gemüseanbau** market gardening (GB), truck farming (USA)

der **Gemüsegarten** kitchen garden

der **Gemüsehändler** die **Gemüsehändlerin** 1 (*Person*) greengrocer ['griːngrəʊsəʳ]; **beim/zum Gemüsehändler** at/to the greengrocer's 2 (*Laden*) greengrocer's

gemustert patterned ['pætᵊnd]

das **Gemüt** 1 (*Geist*) mind 2 **sich etwas zu Gemüte führen** to indulge in something *Glas Wein, Speise*

gemütlich 1 (*bequem*) comfortable ['kʌmftəbl], cosy; **es sich gemütlich machen** to make oneself comfortable; **sich [zuhause] einen gemütlichen Abend machen** to have a nice night in 2 (*gemächlich*) leisurely ['leʒəli] 3 (*gelassen*) easy-going

die **Gemütlichkeit** comfortableness, cosiness ['kəʊzɪnəs]

der **Gemütsmensch** good-natured person

die **Gemütsruhe** composure [kəm'pəʊʒəʳ]

die **Gemütsverfassung**, der **Gemütszustand** frame of mind

das **Gen** gene [dʒiːn]

genannt der/die oben Genannte the above-mentioned

genau 1 (*exakt*) exact [ɪg'zækt] 2 (*detailliert*) detailed 3 (*sorgfältig*) careful ['keəfᵊl] 4 **genau das meine ich!** that's exactly what I mean!; **[stimmt] genau!** exactly!; **passt genau!** fits perfectly!, it's a perfect fit! 5 **etwas genau machen** to do something accurately ['ækjərətli]; **meine Uhr geht genau** my watch keeps accurate time 6 **genau genommen** strictly speaking

die **Genauigkeit** exactness [ɪg'zæktnəs]

genauso 1 exactly the same; **mir geht es ganz genauso** I feel exactly the same 2 **genauso gut/viel/wenig wie** just as well/much/little as

der **Gendefekt** genetic defect [dʒəˌnetɪk'diːfekt]

genehmigen 1 (*amtlich*) to approve [ə'pruːv] *Antrag, Bauplan* 2 (*zugestehen*) to grant

die **Genehmigung** 1 (*amtlich*) *von Antrag, Bauplan:* approval [ə'pruːvəl] 2 (*Ermächtigung*) authorization

geneigt 1 *Publikum, Zuhörer:* willing 2 **einer Sache geneigt sein** to be well-disposed towards something

der **General**, die **Generalin** general

der **Generaldirektor**, die **Generaldirektorin** chairperson, chairman *maskulin,* chairwoman *feminin,* president ['prezɪdənt] (USA)

der **Generalintendant**, die **Generalintendantin** director

der **Generalkonsul**, die **Generalkonsulin** consul ['kɒn(t)sᵊl] general

das **Generalkonsulat** consulate ['kɒn(t)sjulət] general

die **Generalprobe** dress-rehearsal [rɪ'hɜːsᵊl]

der **Generalstreik** general strike

generalüberholen etwas generalüberholen to completely overhaul something

die **Generaluntersuchung** complete check-up

die **Generalversammlung** general meeting

die **Generation** generation

der **Generator** generator

generell 1 *Maßnahme:* general [dʒenərəl] 2 **generell kann man sagen, ...** generally

G

G

one can say ...
genervt **genervt sein** to be annoyed
genesen to recover
die **Genesung** recovery; **ich wünsche [Ihnen] baldige Genesung** I wish you a speedy recovery
die **Genetik** genetics [dʒəˈnetɪks] *Plural*
genetisch genetic [dʒəˈnetɪk]
Genf Geneva [dʒəˈniːvə]; **der Genfer See** Lake Geneva
die **Genforschung** genetic [dʒəˈnetɪk] research
genial 1 (*einfallsreich*) ingenious [ɪnˈdʒiːniəs] 2 **[einfach] genial!** [just] brilliant!
das **Genick** neck; **sich das Genick brechen** to break one's neck
die **Genickstarre** **Genickstarre haben** to have a stiff neck
das **Genie** [ʒeˈniː] genius [ˈdʒiːniəs]
genieren [ʒeˈniːrən] **sich genieren** to be embarrassed [ɪmˈbærəst]; **sie geniert sich vor mir** she is shy with me
genießen 1 to enjoy *Leben, Ruf, Vorteil, Wein;* **ich genoss jeden Augenblick** I savoured every moment 2 **sie genießt es, berühmt zu sein** she enjoys being famous
der **Genießer**, die **Genießerin** 1 connoisseur [ˌkɒnəˈsɜːʳ] 2 (*Feinschmecker*) gourmet [ˈgʊəmeɪ] 3 hedonist
der **Genitiv** genitive [ˈdʒenɪtɪv]
genormt standardized
der **Genosse**, die **Genossin** comrade [ˈkɒmreɪd]
die **Genossenschaft** co-operative [kəʊˈɒpərətɪv]
die **Genossin** comrade [ˈkɒmreɪd]
die **Gentechnik** genetic [dʒəˈnetɪk] engineering
gentechnikfrei GM-free (GB), not genetically engineered (USA)
die **Gentherapie** gene [ˈdʒiːn] therapy, genetic [dʒəˈnetɪk] therapy
der **Gentransfer** gene transfer [ˈdʒiːnˌtræn(t)sfɜːʳ]
genug 1 enough [ɪˈnʌf]; **danke, das ist genug** enough, thank you 2 **ich hab genug!** I've had enough!
die **Genüge** **das kenne ich zur Genüge** I know that well enough
genügen 1 (*ausreichen*) to be enough [ɪˈnʌf], to suffice [səˈfaɪs]; **das genügt [mir]** that'll do [me] 2 to fulfil *Erwartungen, Wünsche*
genügend (*ausreichend*) sufficient [səˈfɪʃᵊnt]
genügsam undemanding
die **Genugtuung** satisfaction
das **Genus** gender [ˈdʒendəʳ]
der **Genuss** 1 (*Vergnügen*) pleasure [ˈpleʒəʳ]; **in den Genuss von etwas kommen** to enjoy something 2 (*Verbrauch*) consumption
genüsslich **er trank genüsslich sein Bier** he drank his beer with great relish
die **Genussmittel** luxury [ˈlʌkʃᵊri] foods, alcohol and tobacco
genverändert *Tiere, Pflanzen:* genetically manipulated
geöffnet open; **wie lange haben Sie geöffnet?** what time do you close?
die **Geographie** geography [dʒiːˈɒgrəfi]
geographisch geographical [ˌdʒiːə(ʊ)ˈgræfɪk(ᵊl)]
der **Geologe**, die **Geologin** geologist [dʒiːˈɒlədʒɪst]
geologisch geological
die **Geometrie** geometry [dʒiːˈɒmɪtri]
geometrisch geometric [ˌdʒiːə(ʊ)ˈmetrɪk]
Georgien Georgia
der **Georgier**, die **Georgierin** Georgian
georgisch Georgian
das **Gepäck** luggage [ˈlʌgɪdʒ], baggage [ˈbægɪdʒ] (USA)
die **Gepäckabfertigung** luggage [ˈlʌgɪdʒ] check-in, baggage [ˈbægɪdʒ] check-in (USA)
die **Gepäckausgabe** luggage [*oder* (USA) baggage] reclaim
das **Gepäckschließfach** left luggage [*oder* (USA) baggage] locker
das **Gepäckstück** piece of luggage [*oder* (USA) baggage]
der **Gepäckträger** 1 (*Person*) porter (GB), baggage-handler (USA) 2 (*am Fahrrad*) carrier [ˈkæriəʳ]
der **Gepäckwagen** luggage van (GB), baggage car (USA)
gepfeffert 1 *Steak:* peppered 2 *Preise:* steep
gepflegt 1 *Haus, Rasen:* well cared-for 2 *Erscheinung, Person:* well-groomed
gepfropft crammed, jam packed *room, hall*
die **Gerade** 1 (*in Mathematik*) straight [streɪt] line 2 (*im Sport*) straight
gerade 1 *Gelände, Zahl:* even 2 (*geradlinig*) straight 3 (*soeben*) **ich wollte gerade gehen** I was just about to leave; **sie war gerade hier** she was here a moment ago 4 **er war nicht gerade freundlich** he wasn't exactly friendly; **das ist es ja gerade!** that's just it! 5 (*ausgerechnet*) **gerade heute** today of all days; **warum gerade ich?** why me of all people? 6 **gerade sitzen** to sit up [straight] 7 **etwas gerade biegen** to straighten something
geradeaus straight ahead
geradebiegen (*in Ordnung bringen*) to sort out
geradeheraus frankly
geradestehen 1 (*aufrecht*) to stand up straight 2 **für etwas geradestehen** (*übertragen*) to answer for something
geradewegs straight; **geradewegs auf jemanden zugehen** to walk straight up to someone
geradezu 1 (*beinahe*) almost 2 (*wirklich*) really
geradlinig 1 straight; *Entwicklung:* linear [ˈlɪniəʳ] 2 *Charakter:* straight
die **Geranie** geranium [dʒəˈreɪniəm]
das **Gerät** 1 (*Apparat*) gadget [ˈgædʒɪt] 2 (*Elektro-, Haushaltsgerät*) appliance [əˈplaɪən(t)s] 3 (*Fernseher, Radio*) set 4 (*Ausrüstung*) equipment

geraten ① (*ge'angen*) to get, to fall (**in** into) ② (*ausfallen*) to turn out; **nach jemandem geraten** to take after someone ③ (*zufällig*) **an etwas geraten** to come by something; **an jemanden geraten** to find someone ④ **an den Falschen/die Falsche geraten** to pick the wrong man/woman ⑤ **in Vergessenheit geraten** to fall into oblivion [ə'blɪviən]

das **Geräteturnen** apparatus gymnastics [dʒɪm'næstɪks] *Singular*

das **Geratewohl aufs Geratewohl** at random, on the off-chance

geraum vor geraumer Zeit long ago, a long time ago

geräumig roomy, spacious ['speɪʃəs]

das **Geräusch** noise

geräuscharm low-noise

geräuschempfindlich sensitive to noise

geräuschlos silent

geräuschvoll noisy

gerben to tan

gerecht ① just; *Lohn, Strafe:* fair ② **jemandem/einer Sache gerecht werden** to do justice ['dʒʌstɪs] to someone/something

die **Gerechtigkeit** justice ['dʒʌstɪs]

das **Gerede** ① talk ② (*Geschwätz*) gossip

gereizt ① (*wütend*) irritated ② (*reizbar*) irritable ③ *Atmosphäre:* strained

das **Gericht**[1] (*Essen*) dish

das **Gericht**[2] ① (*Behörde*) court [kɔːt]; **jemanden vor Gericht bringen** to take someone to court; **mit etwas vor Gericht gehen** to take legal action about something ② **das Jüngste Gericht** the Last Judgment

gerichtlich ① *Untersuchung:* judicial [dʒuː'dɪʃᵊl] ② **gegen jemanden gerichtlich vorgehen** to take legal action against someone

der **Gerichtsbeschluss** court decision [-dɪˌsɪʒᵊn]

der **Gerichtshof** law court, Court of Justice ['dʒʌstɪs]

der **Gerichtssaal** courtroom

der **Gerichtsschreiber**, die **Gerichtsschreiberin** (CH) clerk [klɑːk] of the court

das **Gerichtsverfahren** court [*oder* legal] proceedings [prə(ʊ)'siːdɪŋz] *Plural;* **gegen jemanden ein Gerichtsverfahren einleiten** to institute legal proceedings *Plural* against someone

die **Gerichtsverhandlung** ① (*zivilrechtlich*) hearing ② (*strafrechtlich*) trial

der **Gerichtsvollzieher**, die **Gerichtsvollzieherin** bailiff

gering ① (*niedrig*) low; **eine geringe Anzahl/Menge** a small number/amount ② (*wenig*) little; **von geringem Wert** of little value ③ **eine geringe Chance** a slim chance; **nicht das Geringste** nothing at all

geringfügig ① (*klein*) minor ② (*unwichtig*) insignificant [ˌɪnsɪg'nɪfɪkᵊnt]

geringschätzig contemptuous [kən'tem(p)tʃuəs]

gerinnen ① *Blut:* to coagulate [kəʊ'ægjəleɪt] ② *Milch:* to curdle

das **Gerinnsel** (*Blutgerinnsel*) clot

das **Gerippe** ① (*Skelett*) skeleton ['skelɪtən] ② *von Gebäude:* frame

gerissen crafty, cunning

der **Germane**, die **Germanin** Teuton ['tjuːtən]

germanisch Teutonic

der **Germanist**, die **Germanistin** German specialist [-ˌspeʃᵊlɪst], German scholar [-ˌskɒlər]

die **Germanistik** German studies ⚠ *Plural*

gern(e) ① gladly, with pleasure ['pleʒər] ② **aber gern!** of course! ③ **gern geschehen!** you're welcome! ④ **das glaube ich gern** I can well believe it

gernhaben to like

das **Geröll** rubble; (*größer*) boulders ['bəʊldərz] *Plural*

die **Gerste** barley

das **Gerstenkorn** (*im Auge*) sty

der **Geruch** smell; (*stark*) odour ['əʊdər]

geruchlos odourless ['əʊdələs], scentless ['sentləs]

der **Geruchssinn** sense of smell

das **Gerücht** rumour ['ruːmər]

geruhsam peaceful

das **Gerümpel** junk

das **Gerundium** gerund ['dʒerᵊnd]

das **Gerüst** ① (*für Gebäude*) scaffolding ['skæfəʊldɪŋ]; (*Gestell*) trestle [tresl] ② (*übertragen*) framework

gesalzen ① *Essen:* salted ② *Preise:* steep

gesamt entire, whole

der **Gesamtbetrag** total

der **Gesamteindruck** general impression [-ɪm'preʃᵊn]

die **Gesamtkosten** overall [ˌəʊvᵊr'ɔːl] costs

die **Gesamtschule** comprehensive school [ˌkɒmprɪ'hensɪvˌskuːl]

die **Gesamtwertung** (*im Sport*) overall [ˌəʊvᵊr'ɔːl] placings *Plural*

der/die **Gesandte**, die **Gesandtin** envoy

die **Gesandtschaft** legation

der **Gesang** ① (*das Singen*) singing ② (*Choral*) chant

das **Gesangbuch** hymnbook ['hɪmbʊk]

die **Gesangseinlage** musical insert ['ɪnsɜːt]

der **Gesangverein** choral society ['kɔːrᵊlsəˌsaɪəti]

das **Gesäß** buttocks *Plural*

geschädigt *Ruf:* damaged

das **Geschäft** ① (*Laden*) shop (GB), store (USA) ② (*Gewerbe*) business ['bɪznɪs]; **mit jemandem Geschäfte machen** to do business with someone; **mit etwas Geschäfte machen** to deal in something ③ **ein gutes Geschäft machen** to make a good deal; **das Geschäft geht gut** business is good ④ **ins Geschäft gehen** to go to

work [*oder* the office]
geschäftig busy ['bɪzi]
geschäftlich 1 **eine geschäftliche Angelegenheit** a business matter 2 **ich muss ihn geschäftlich sprechen** I must see him on business; **geschäftlich unterwegs** [*oder* **verreist**] away on business
der **Geschäftsbrief** business ['bɪznɪs] letter
die **Geschäftsfrau** businesswoman ['bɪznɪs]
geschäftsführend executive; **der geschäftsführende Direktor** the managing director
der **Geschäftsführer**, die **Geschäftsführerin** 1 (*einer Firma*) managing director 2 (*eines Vereins*) secretary

G

das **Geschäftsjahr** financial [*oder* fiscal] year
die **Geschäftsleute** business ['bɪznɪs] people ⚠ *Plural*
die **Geschäftsliste** (CH) agenda [ə'dʒendə], order of the day
der **Geschäftsmann** businessman ['bɪznɪsmən]
das **Geschäftsmodell** business model [*oder* concept]
der **Geschäftsraum** business premises ['bɪznɪsˌpremɪsɪz] ⚠ *Plural*
die **Geschäftsreise** business trip
der **Geschäftsschluss** closing time; **nach Geschäftsschluss** *eines Ladens:* after closing time
die **Geschäftsstelle** 1 offices *Plural* 2 (*Zweigstelle*) branch
geschäftstüchtig business-minded
die **Geschäftszeit** office hours [aʊəʳz] *Plural*
geschätzt 1 *Mensch:* respected; *Freund, Mitarbeiter:* valued 2 (*berechnet*) estimated ['estɪmeɪtɪd]
das **Geschehen** events *Plural*
geschehen 1 (*passieren*) to happen; **es muss etwas geschehen** something must be done; **was soll damit/mit ihm/mit ihr geschehen?** what's supposed to be done about it/with him/with her? 2 (*stattfinden*) to take place 3 **es wird dir nichts geschehen** nothing will happen to you, you'll be all right; **das geschieht dir recht** that serves you right 4 **gern geschehen!** you're welcome!
gescheit clever
das **Geschenk** gift, present ['prezᵊnt]; **jemandem ein Geschenk machen** to give someone a present
der **Geschenkgutschein** gift coupon, gift voucher
die **Geschenkpackung** gift pack
das **Geschenkpapier** wrapping ['ræpɪŋ] paper, gift wrap
die **Geschichte** 1 (*Erzählung*) story 2 history ['hɪstri]; **die Geschichte der Menschheit** the history of mankind; **die Geschichte zeigt uns, ...** history tells us ...; **in die Geschichte eingehen** to go down in history 3 (*Angelegenheit*) affair; **eine schöne Geschichte!** a fine mess!; **eine böse Geschichte** a nasty business; **die Geschichte mit seiner Frau** the trouble [*oder* business] with his wife
geschichtlich historical; **von großer geschichtlicher Bedeutung** of great historic importance
das **Geschichtsbuch** history book
das **Geschick**[1] (*Schicksal*) fate
das **Geschick**[2] (*Fertigkeit*) skill
die **Geschicklichkeit** skilfulness, skill
geschickt **geschickt sein** to be skilful
geschieden 1 (*ehelich*) divorced [dɪ'vɔːst] 2 (*übertragen*) **wir sind geschiedene Leute!** we're through!
das **Geschirr** 1 (*zum Kochen*) kitchenware, pots and pans *Plural* 2 (*schmutziges*) dishes *Plural;* **Geschirr spülen** to do the dishes [*oder* the washing-up] 3 (*Tafelgedeck*) service, crockery
der **Geschirrschrank** china cupboard ['tʃaɪnəˌkʌbəd]
der **Geschirrspüler**, die **Geschirrspülmaschine** dishwasher
das **Geschirrspülmittel** washing-up liquid
das **Geschirrtuch** tea towel
die **Geschirrwaschmaschine** (CH) dishwasher
das **Geschlecht** 1 sex; **Kinder beiderlei Geschlechts** children of both sexes ⚠ *Plural* 2 *eines Wortes:* gender ['dʒendəʳ] 3 (*Familie, Sippe*) house; **das Geschlecht der Habsburger** the Habsburg dynasty 4 **das menschliche Geschlecht** the human race
die **Geschlechtskrankheit** venereal disease, VD
die **Geschlechtsteile** genitals ['dʒenɪtᵊlz]
der **Geschlechtsverkehr** sexual intercourse
geschliffen 1 *Glas:* cut 2 *Rede:* polished
geschlossen 1 (*zu*) closed [kləʊzd] 2 **in sich geschlossen** *Charakter:* well-rounded 3 **geschlossene Gesellschaft** private party 4 **geschlossene Ortschaft** built-up area 5 **geschlossen für etwas stimmen** to vote unanimously [juː'nænɪməslɪ] in favour of something; **geschlossen hinter jemandem stehen** to stand solidly behind someone
der **Geschmack** taste *auch übertragen;* **an etwas Geschmack finden** to acquire a taste for something; **über Geschmack lässt sich streiten** there's no accounting for tastes ⚠ *Plural*
geschmacklos tasteless *auch übertragen*
die **Geschmacklosigkeit** lack of taste; **ihre Rede/Bemerkung war eine Geschmacklosigkeit** her speech/remark was in bad taste
die **Geschmack(s)sache** matter of taste; **das ist Geschmackssache** that's a matter of taste
der **Geschmacksverstärker** flavour ['fleɪvəʳ] enhancer
geschmackvoll tasteful; **geschmackvoll eingerichtet** tastefully furnished
geschmeidig 1 *Haut, Leder:* supple 2 *Bewegung, Körper:* lissom ['lɪsəm], lithe ['laɪð]
das **Geschöpf** creature

das **Geschoss** ① (*Rakete*) missile ② (*Kugel*) bullet ③ (*Stockwerk*) floor, storey, story (USA); **im zweiten Geschoss** on the second [*oder* (USA) third] floor

geschraubt (*gekünstelt*) stilted

das **Geschrei** (*Rufen*) shouting; (*stärker*) screaming

das **Geschwafel** waffle ['wɒfl]

das **Geschwätz** ① (*abwertend: Unsinn*) nonsense ② (*Klatsch*) gossip

geschwätzig gossipy

geschweige **geschweige denn ...** let alone ...

geschwind quickly

die **Geschwindigkeit** speed; **mit einer Geschwindigkeit von ...** at a speed of ...

die **Geschwindigkeitsbegrenzung**, die **Geschwindigkeitsbeschränkung** speed limit

die **Geschwindigkeitskontrolle** speed [*oder* radar] trap

die **Geschwister** brother[s] and sister[s], siblings; **hast du Geschwister?** have you got any brothers or sisters?; **wir sind vier Geschwister** there are four of us in our family

geschwollen ① *Knöchel:* swollen ['swəʊlən] ② *Stil:* pompous ['pɒmpəs], bombastic

der/die **Geschworene** juror; **die Geschworenen** the jury

die **Geschwulst** (*Krebs*) tumour ['tjuːməʳ]

das **Geschwür** ① (*auf der Haut*) sore; (*eitrig*) boil ② (*im Magen*) ulcer ['ʌlsəʳ]

das **Geselchte** (A) smoked meat

gesellen **sich zu jemandem gesellen** to join someone

gesellig *Mensch:* sociable ['səʊʃəbl̩]; **ein geselliges Beisammensein** a friendly get-together

die **Geselligkeit** (*Eigenschaft*) sociability [ˌsəʊʃə'bɪləti]

die **Gesellschaft** ① (*Gesamtheit*) society [sə'saɪəti] ⚠ *ohne Artikel* ② (*Kreis von Menschen*) group of people; (*geladene Gäste*) party ③ (*Begleitung*) company ['kʌmpəni]; **jemandem Gesellschaft leisten** to keep someone company ④ (*Firma*) company (GB), corporation (USA); **Gesellschaft mit beschränkter Haftung** private limited company (GB), Ltd, incorporated company (USA), Inc

der **Gesellschafter**, die **Gesellschafterin** ① (*einer Firma*) partner ② (*Begleiter*) escort ['eskɔːt]

gesellschaftlich social ['səʊʃəl]

gesellschaftsfähig socially acceptable [ˌsəʊʃəliək'septəbl̩]

das **Gesellschaftsspiel** party game

das **Gesetz** ① law (**über** on); **nach dem Gesetz** under the law ② (*Gesetzesvorlage*) bill ③ **ein ungeschriebenes Gesetz** an unwritten rule

das **Gesetzbuch** civil ['sɪvəl] code, statute book

der **Gesetzentwurf** bill

gesetzgebend *Körperschaft:* legislative ['ledʒɪslətɪv]

der **Gesetzgeber** legislator ['ledʒɪsleɪtəʳ]

die **Gesetzgebung** legislation [ˌledʒɪ'sleɪʃən]

gesetzlich legal ['liːgəl]

gesetzlos lawless; **die Gesetzlosen** the lawless

die **Gesetzmäßigkeit** ① (*Rechtmäßigkeit*) legitimacy [lɪ'dʒɪtəməsi] ② (*Regelmäßigkeit*) regularity

gesetzt **gesetzt den Fall, dass ...** supposing that ...

gesichert ① (*finanziell*) safe ② (*technisch*) secured; *Schraube:* locked

das **Gesicht** face; **ein [langes] Gesicht machen** to pull [*oder* make] a [long] face; **was machst du für ein Gesicht?** what's up with you? ▸ WENDUNGEN: **jemanden zu Gesicht bekommen** to see someone; **jemandem ins Gesicht schauen** to look someone in the eye; **jemandem ins Gesicht lügen** to lie to someone's face; **ich hab es ihm ins Gesicht gesagt** I told him to his face; **sein wahres Gesicht zeigen** to show one's true nature; **das Gesicht verlieren/wahren** to lose/save face; **den Tatsachen ins Gesicht sehen** to face the facts

der **Gesichtsausdruck** [facial] expression [ɪk'spreʃən]

die **Gesichtscreme** face cream

die **Gesichtsfarbe** complexion

das **Gesichtsfeld** field of vision, visual ['vɪʒuəl] field

die **Gesichtspflege** facial care *Singular*

der **Gesichtspunkt** point of view

die **Gesichtszüge** features

das **Gesindel** rabble, riff-raff

gesinnt disposed, minded; **anders gesinnt sein [als jemand]** to hold different views *Plural* [from someone]; **gleich gesinnt sein [wie jemand]** to hold the same views *Plural* [as someone]

die **Gesinnung** way of thinking

der **Gesinnungswandel** change of attitude

gesittet well-mannered

das **Gesöff** muck; (*Wein*) plonk

das **Gespann** ① (*übertragen: Menschenpaar*) pair; **die beiden geben ein gutes Gespann ab** the two of them make a good pair [*oder* team] ② (*von Zugtieren*) team

gespannt ① (*straff*) taut ② (*belastet*) *Atmosphäre:* strained ③ (*erwartungsvoll*) eager; (*neugierig*) curious ['kjʊəriəs]; **da bin ich aber gespannt!** that I'd like to see!

das **Gespenst** ① ghost [gəʊst], spectre ['spektəʳ] *auch übertragen* ② **du siehst Gespenster!** you're imagining things!

gespenstisch ① *Aussehen:* ghostly ['gəʊstli]; **sie sieht gespenstisch aus** she looks like a ghost ② (*übertragen: schauerlich*) eerie ['ɪəri]

gesperrt closed [kləʊzd]

das **Gespött** mockery; **sich zum Gespött machen** to make oneself a laughing-stock

das **Gespräch** ① conversation, talk; **ein Gespräch**

G

mit jemandem führen to have a talk with someone; [**mit jemandem**] **ins Gespräch kommen** to get talking [to someone] ② (*Telefongespräch*) call; **ein Gespräch für Sie!** there's a call for you!

gesprächig talkative ['tɔːkətɪv]

die **Gesprächseinheit** unit

gespreizt *Wortwahl, Stil:* affected [ə'fektɪd]

gesprenkelt speckled

das **Gespür** feel[ing]; **ich hatte das im Gespür** I had a feeling about that

die **Gestalt** ① (*äußere Form*) form; **Gestalt annehmen** to take shape ② (*Körperbau*) build [bɪld] ③ (*im Film, Roman*) character ['kærəktəʳ]

G

gestalten ① (*formen*) to form, to shape ② **einen Abend gestalten** to arrange an evening; **seine Freizeit gestalten** to organize one's leisure time

die **Gestaltung** arrangement [ə'reɪndʒmənt]

das **Gestammel** stammering

das **Geständnis** confession [kən'feʃᵊn]; **ein Geständnis ablegen** to make a confession

der **Gestank** stench [stentʃ], stink

gestatten ① to allow, to permit [pə'mɪt]; **gestatten** [**Sie**]? would you mind? ② **sich gestatten, etwas zu tun** to take the liberty of doing something

die **Geste** gesture ['dʒestʃəʳ]

gestehen ① to confess ② **offen gestanden** frankly speaking

das **Gestein** rock

das **Gestell** ① (*Regal*) shelf ② (*Ablage*) rack ③ (*Rahmen*) frame

gestern yesterday; **die Zeitung/Nachrichten von gestern** yesterday's [news]paper/news; **gestern früh** yesterday morning; **gestern Abend** last night; **gestern vor acht Tagen** a week ago yesterday

> **V** Für gestern Abend sagt man **last night**: *what did you do last night?*

gestochen *Schrift:* neat

das **Gestotter** stuttering

gestreckt ① **lang gestreckt** long ② *Galopp:* full

gestreift striped; **quer gestreift** cross-striped

gestrichen ① painted; **frisch gestrichen!** wet paint! ② **gestrichen voll** full to the brim ③ **ein gestrichener Esslöffel** a level tablespoon ④ **ich hab die Nase gestrichen voll!** I've had it up to here!

gestrickt knitted ['nɪtɪd]; **ein selbst gestrickter Pullover** a hand-knitted pullover

gestrig yesterday's, of yesterday; **am gestrigen Tag** yesterday; **am gestrigen Abend** yesterday evening

das **Gestrüpp** brushwood

das **Gestüt** stud farm

das **Gesuch** petition; (*Antrag*) application

gesucht ① (*polizeilich*) wanted ② (*begehrt*) sought-after ['sɔːtˌɑːftəʳ]

gesund ① *Appetit, Klima, Mensch:* healthy ['helθi]; **Milch ist gesund** milk is good for you; **rauchen ist nicht gesund** smoking is unhealthy ② *Ansichten, Firma, Politik:* sound; **wirtschaftlich gesund** financially sound ③ **sich gesund fühlen** to feel well; **gesund werden** to get well; **werd bald wieder gesund!** get well soon!

die **Gesundheit** ① health; **kalt duschen ist gut für die Gesundheit** cold showers are good for your health ② **Gesundheit!** [God] bless you!; **auf deine Gesundheit!** your health! ③ *einer Firma, Wirtschaft:* health

gesundheitlich **ein gesundheitliches Problem** a health problem; **aus gesundheitlichen Gründen** for health reasons; **wie geht's Dir gesundheitlich?** how's your health?; **gesundheitlich geht es ihm gut/schlecht** he's in good/poor health

das **Gesundheitsamt** public health department

die **Gesundheitsfürsorge** health care

die **Gesundheitsversorgung** healthcare *Singular*

das **Gesundheitswesen** health service

getönt *Brillengläser:* tinted

das **Getöse** din

getragen *Kleidung, Schuhe:* used [juːzd]

das **Getrampel** trampling, stamping

das **Getränk** drink

der **Getränkeautomat** drinks machine [-məʃiːn]

der **Getränkemarkt** drinks cash-and-carry

getrauen **sich getrauen** to dare [deəʳ]; **hast du dich getraut, sie zu fragen?** did you dare [to] ask her?; **ich hab mich nicht getraut**[**, zu fragen/zu gehen/etwas zu sagen**] I didn't dare [ask/go/say anything]

das **Getreide** grain, cereals ['sɪəriəlz] *Plural*

der **Getreideanbau** cultivation of grain

getrennt ① *Zimmer:* separate ['sepᵊrət] ② **getrennt leben** to live apart; **getrennt bezahlen** to pay separately, to go Dutch

getreu ① *Abbildung:* faithful, true ② **getreu dem Motto ...** true to the motto ...

das **Getriebe** gears *Plural;* (*im Auto*) gearbox

getrost **sei getrost** to rest assured [ə'ʃʊəʳd]

getrübt cloudy *auch übertragen,* troubled

das **Getto** ghetto ['getəʊ]

das **Getu**, das **Getue** (*abwertend*) fuss

das **Getümmel** ① (*Menschenmenge*) crowd ② (*Durcheinander*) turmoil; **sich ins Getümmel stürzen** to mingle with the crowd

geübt versed; *Fahrer, Reiter, Segler:* proficient [prə'fɪʃᵊnt]; **geübt im Reden/Schreiben sein** to be a proficient speaker/writer

das **Gewächs** plant

gewachsen **einer Sache gewachsen sein** to be up to something; **jemandem gewachsen**

sein to be a match for someone

das **Gewächshaus** hothouse, greenhouse

gewagt risky

gewählt ① *Politiker:* elected ② *Sprache:* refined ③ **sich gewählt ausdrücken** to choose one's words carefully

die **Gewähr** **ohne Gewähr** no liability [ˌlaɪəˈbɪləti] assumed; **für etwas Gewähr leisten** to guarantee [ˌgærənˈtiː] something

gewähren ① to grant *Bitte* ② to give *Asyl, Kredit, Rabatt, Vorteil* ③ **jemanden gewähren lassen** to let someone do as he/she likes

gewährleisten to ensure [ɪnˈʃɔːʳ]

der **Gewahrsam** **etwas in Gewahrsam nehmen** to take something into safe-keeping; **in sicherem Gewahrsam** in safe custody

die **Gewalt** ① (*Gewaltanwendung*) force; (*stärker*) violence [ˈvaɪələn(t)s]; **Gewalt anwenden** to use force ② (*Macht*) power; **jemanden in seiner Gewalt haben** to have someone in one's power ③ (*Kontrolle*) control (**über** of/over); **sich in der Gewalt haben** to have oneself under control; **keine Gewalt über etwas haben** to have no control over something ④ *eines Aufpralls, Knalls, Sturms:* force ⑤ **mit Gewalt** by force; **mit aller Gewalt** (*umgangsspr*) for all one is worth

die **Gewaltherrschaft** tyranny [ˈtɪrəni]

gewaltig ① *Leistung:* tremendous ② (*heftig*) violent ③ (*riesig*) huge; *Fehler, Irrtum:* big ④ **da täuschst du dich aber gewaltig!** you're way out! *umgangsspr*

gewaltlos ① *Widerstand:* non-violent [ˌnɒnˈvaɪələnt] ② **etwas gewaltlos tun** to do something without force [*oder* violence]

die **Gewaltlosigkeit** non-violence [ˌnɒnˈvaɪələn(t)s]

gewaltsam ① *Auseinandersetzung, Tod:* violent; **das gewaltsame Vorgehen** the use of force ② **gewaltsam eindringen** to enter by force [*oder* forcibly [ˈfɔːsəbli]]

gewalttätig violent

die **Gewalttätigkeit** ① (*Eigenschaft*) violence [ˈvaɪələn(t)s] ② (*Tat*) act of violence

gewandt (*geschickt*) skilful

das **Gewässer** waters *Plural*, stretch of water

das **Gewebe** ① (*biologisch*) tissue [ˈtɪʃuː] ② (*Stoff*) fabric

das **Gewehr** rifle

der **Gewehrkolben** butt

das **Geweih** antlers *Plural*

das **Gewerbe** trade; **ein Gewerbe ausüben** to carry out a trade

die **Gewerbesteuer** [local] business [ˈbɪznɪs] tax

gewerblich commercial [kəˈmɜːʃəl]

die **Gewerkschaft** trade union (GB), labor union (USA)

der **Gewerkschaft(l)er**, die **Gewerkschaft(l)erin** trade unionist

das **Gewerkschaftsmitglied** union member

das **Gewicht** ① weight [weɪt] ② **nicht ins Gewicht fallen** to be of no consequence

gewichtig (*übertragen*) important, weighty [ˈweɪti]

die **Gewichtszunahme** increase [ˈɪnkriːs] in weight [weɪt]

gewieft crafty, smart

das **Gewimmel** throng

das **Gewinde** thread [θred]

der **Gewinn** ① (*Erlös*) profit; **Gewinn abwerfen** to make a profit; **Gewinn bringend** profitable [ˈprɒfɪtəbl] ② (*Preis*) prize ③ (*im Glücksspiel*) winnings *Plural;* **einen großen Gewinn machen** to win a lot

der **Gewinnanteil** share of the profits

die **Gewinnbeteiligung** ① (*Grundsatz*) profit-sharing ② (*Ausschüttung*) bonus

gewinnen ① (*siegen*) to win (**bei** at) ② (*profitieren*) to gain ③ (*erzeugen*) to produce [prəˈdjuːs]; (*aus Altware*) to reclaim, to recover ④ to gain *Einfluss, Vorteil, Zeit* ⑤ **lieb gewinnen** to grow fond of

> **G** Richtiges Konjugieren von **to win**: win, won, won
> *he always lets his daughter win at chess;*
> *who won the match?;*
> *United has won the cup again*

gewinnend **ein gewinnendes Wesen haben** to have winning ways *Plural*

der **Gewinner**, die **Gewinnerin** winner

die **Gewinnung** ① *von Energie:* generation ② *von Erz, Kohle:* extraction

gewiss ① (*bestimmt*) certain [ˈsɜːtən] ② **ein gewisser Herr Thum** a certain Mr. Thum; **in gewissem Maß** to some extent; **sie hat das gewisse Etwas** she's got that certain something ③ (*sicher*) certainly [ˈsɜːtənli]; **aber gewiss doch!** but of course!, why, certainly!

das **Gewissen** ① conscience [ˈkɒn(t)ʃən(t)s] ② **jemandem ins Gewissen reden** to have a serious talk with someone

gewissenhaft conscientious [ˌkɒn(t)ʃiːˈen(t)ʃəs]

gewissenlos unscrupulous [ʌnˈskruːpjələs]

die **Gewissensbisse** pangs *Plural* of conscience [ˈkɒn(t)ʃən(t)s]; **er macht sich Gewissensbisse** his conscience is pricking him

die **Gewissensfrage** question of conscience [ˈkɒn(t)ʃən(t)s]

der **Gewissenskonflikt** moral conflict [ˈkɒnflɪkt]

gewissermaßen as it were, so to speak

die **Gewissheit** certainty [ˈsɜːtənti]; **ich muss mir darüber Gewissheit verschaffen** I must be certain about it

das **Gewitter** thunderstorm; **es ist ein Gewitter im Anzug** a storm is brewing *auch übertragen*

G

G

gewitterig thundery
gewittern **es gewittert** it's thundering
gewittrig thundery
gewöhnen 1 **etwas gewöhnt sein** to be used to something; **gewöhnt sein, etwas zu tun** to be used to doing something; **jemanden an etwas gewöhnen** to make someone get used to something 2 **sich an etwas gewöhnen** to get used to something
die **Gewohnheit** habit; **aus Gewohnheit** by habit; **zur Gewohnheit werden** to grow into a habit
gewohnheitsmäßig habitual
der **Gewohnheitsmensch** creature of habit
gewöhnlich 1 (*üblich*) usual ['ju:ʒᵊl] 2 (*normal*) ordinary 3 (*unfein*) common
gewohnt 1 *Arbeit, Gang:* usual 2 **etwas gewohnt sein** to be used to something
die **Gewöhnung** acclimatization [ə,klaɪmətaɪ'zeɪʃᵊn]
das **Gewölbe** vault [vɔ:lt]
gewölbt *Decke:* vaulted
das **Gewühl** (*Menschenmenge*) crowd, throng
das **Gewürz** 1 spice [spaɪs] 2 (*Salz und Pfeffer*) seasoning
die **Gewürzgurke** pickled gherkin ['gɜ:kɪn]
die **GEZ** *Abkürzung von* **Gebühreneinzugszentrale** *collection centre for radio and television licence fees*
gez. *Abkürzung von* **gezeichnet** sgd
gezackt serrated; *Fels:* jagged
gezeichnet 1 marked; **er war vom Krebs gezeichnet** cancer had left its mark on him 2 **unterschrieben** signed [saɪnd]
die **Gezeiten** tides
das **Gezeitenkraftwerk** tidal power station
das **Gezeter** clamour ['klæməʳ], yelling
gezielt 1 *Schuss:* well-aimed 2 *Kritik:* pointed 3 **etwas gezielt tun** to do something with a particular aim in mind
geziert affected
das **Gezwitscher** chirping [tʃɜ:pɪŋ], twitter
gezwungen 1 forced [fɔ:st] 2 (*unnatürlich*) stiff
gezwungenermaßen of necessity [nə'sesəti]
Ghana Ghana
der **Ghanaer**, die **Ghanaerin** Ghanaian [gɑ:'neɪən]
ghanaisch Ghanaian [gɑ:'neɪən]
das **Ghetto** ghetto ['getəʊ]
die **Gicht** gout [gaʊt]
der **Giebel** gable
die **Gier** greed (**nach** for)
gierig greedy (**nach** for)
gießen 1 (*in Gefäß*) to pour [pɔ:ʳ] 2 to water *Blumen* 3 to found *Glas* 4 (*regnen*) to pour [pɔ:ʳ]; **es goss [in Strömen]** it was pouring [with rain]
die **Gießerei** foundry ['faʊndri]
die **Gießkanne** watering can

GIF *Abkürzung von* **graphic interchange format** gif
das **Gift** 1 poison ['pɔɪzən]; *eines Tieres:* venom 2 (*Bosheit*) malice ['mælɪs] 3 **darauf kannst du Gift nehmen** you can bet your life [*oder* bottom dollar] on it

Gift

F Nicht verwechseln mit **gift** = das Geschenk!

das **Giftgas** poison gas
die **Giftgaskatastrophe** [poison] gas disaster
gifthaltig, gifthältig Ⓐ poisonous ['pɔɪzᵊnəs]; *Chemikalien:* toxic
giftig 1 *Pflanze:* poisonous ['pɔɪzᵊnəs]; *Schlange:* venomous ['venəməs]; *Substanz:* toxic 2 (*boshaft*) venomous
der **Giftmüll** toxic waste
der **Giftpilz** poisonous ['pɔɪzᵊnəs] mushroom, toadstool
die **Giftschlange** poisonous ['pɔɪzᵊnəs] snake
der **Giftstoff** toxic substance ['sʌbstᵊn(t)s]
der **Giftzwerg** nasty little squirt
der **Gigant** giant ['dʒaɪənt]
gigantisch enormous, gigantic [dʒaɪ'gæntɪk]
der **Gimpel** 1 (*Singvogel*) bullfinch ['bʊlfɪnʃ] 2 (*Einfallspinsel*) dunce [dʌns]
der **Ginster** broom; (*Stechginster*) gorse
der **Gipfel** 1 (*Bergspitze*) peak, summit 2 (*Gipfeltreffen*) summit 3 (*Höhepunkt*) height [haɪt] 4 **also, das ist doch der Gipfel!** that takes the cake [*oder* biscuit]!
gipfeln to culminate ['kʌlmɪneɪt] (**in** in)
das **Gipfeltreffen** summit [meeting]
der **Gips** plaster
der **Gipsabdruck** plaster cast
das **Gipsbein** leg in plaster
gipsen to plaster
der **Gipsverband** plaster cast
die **Giraffe** giraffe [dʒɪ'rɑ:f]
die **Girlande** garland
das **Giro** giro ['dʒaɪ(ə)rəʊ]
das **Girokonto** ['ʒi:rokɔnto] current account

die **Gischt** spray

die **Gitarre** guitar [gɪ'tɑːʳ]; **Gitarre spielen** to play the guitar

der **Gitarrist**, die **Gitarristin** guitarist [gɪ'tɑːrɪst]

das **Gitter** 1 (*Eisenstangen*) bars *Plural;* **hinter Gittern** behind bars 2 (*vor Türen, Fenstern*) grating, grid 3 (*aus Holz*) lattice ['lætɪs], trellis

das **Gitterfenster** barred window

der **Gitterrost** grating

die **Gladiole** gladiola, gladiolus, sword [sɔːd] lily

glamourös glamorous ['glæmᵊrəs]

der **Glanz** 1 gleam; (*von Oberfläche*) shine; (*von Farben*) brilliance ['brɪliən(t)s] 2 (*Ruhm*) glory

> **F** Nicht verwechseln mit **glance** = der Blick!

glänzen 1 to shine; (*glitzern*) to glisten ['glɪsᵊn]; *Augen:* to sparkle; (*vor Fett*) to be shiny 2 (*übertragen*) to be brilliant

> **F** Nicht verwechseln mit **to glance** = kurz ansehen!

glänzend 1 shining; (*glitzernd*) glistening ['glɪsᵊnɪŋ]; *Augen:* sparkling; (*vor Fett*) shining 2 (*übertragen*) brilliant 3 **glänzend aussehen** to look brilliant; **mir geht es glänzend** I'm doing great

die **Glanzleistung** brilliant achievement [ə'tʃiːvmənt]

glanzlos dull *auch übertragen*

das **Glanzpapier** glossy paper

glanzvoll brilliant, splendid

das **Glas** 1 glass; **zwei Glas Bier** two glasses of beer 2 (*Fernglas*) binoculars [bɪ'nɒkjələz] *Plural* 3 (*Brillenglas*) lens 4 (*Marmeladenglas*) jar; **ein Glas Marmelade/Gurken** a jar of jam/gherkins ['gɜːkɪnz]

der **Glascontainer** bottle bank

der **Glaser**, die **Glaserin** glazier ['gleɪzɪə]

die **Glaserei** glazier's workshop

das **Glasfaserkabel** fibre ['faɪbəʳ] optic cable

die **Glashütte** glassworks *Plural*

glasig 1 *Speck, Zwiebeln:* transparent 2 *Blick:* glassy

glasklar 1 clear as glass 2 (*übertragen*) crystal-clear [ˌkrɪstᵊl'klɪəʳ]

die **Glasmalerei** glass painting

die **Glasscheibe** sheet of glass; (*Fenster*) pane of glass

die **Glasscherbe** piece of broken glass

die **Glasur** 1 (*auf Keramik*) glaze 2 (*auf Kuchen*) icing ['aɪsɪŋ]

die **Glaswolle** glass wool

glatt 1 (*eben*) smooth [smuːð]; *Fahrbahn:* slippery; *Haar:* straight [streɪt]; *Stoff:* without creases *nachgestellt* 2 *Ablauf, Landung:* smooth; *Absage:* flat; **eine glatte Eins** a straight A 3 (*ausgesprochen*) downright ['daʊnraɪt]; **eine glatte Lüge** an outright lie 4 **glatt ablehnen/leugnen** to flatly refuse/deny; **das habe ich doch glatt vergessen** I clean forgot about it 5 **glatt bügeln** to iron smooth *Hose* 6 **glatt rasiert** clean shaven; *Beine:* shaved

glattbügeln 1 to iron ['aɪən] smooth *Hose* 2 (*übertragen*) to iron out *Probleme*

das **Glatteis** [black] ice ▶WENDUNGEN: **jemanden aufs Glatteis führen** to take someone for a ride

glätten 1 (*glatt machen*) to smooth out 2 (*übertragen: in Ordnung bringen*) to iron ['aɪən] out

glattgehen to go smoothly; **es wird schon glattgehen!** it'll be all right!

glattweg **etwas glattweg tun** to do something just like that; **etwas glattweg abstreiten** to flatly deny something; **das hab ich glattweg vergessen!** I've completely [*oder* clean] forgotten all about it!

die **Glatze** bald [bɔːld] head; **eine Glatze bekommen** to be going bald; **eine Glatze haben** to be bald

der **Glatzkopf** baldie ['bɔːldi]

glatzköpfig bald [bɔːld]

der **Glaube** 1 (*Vertrauen, religiös*) faith (**an** in); **in gutem Glauben** in good faith; **jemandem Glauben schenken** to believe someone; **den Glauben [an jemanden/etwas] verlieren** to lose faith [in someone/something] 2 (*Meinung, Überzeugung*) belief

glauben 1 (*meinen*) to think; **glaubst du?** do you think so?; **ich glaube, ja** [*oder* **schon**] I think so; **ich glaube, nein** I don't think so 2 (*für wahr halten*) **jemandem glauben** to believe someone; **ich glaube ihr kein Wort!** I don't believe a word she's saying!; **an etwas glauben** to believe in something 3 **es ist kaum zu glauben** I can hardly believe it; **ob du es glaubst oder nicht** believe it or not 4 **wer's glaubt, wird selig!** a likely story!; **das glaubst du wohl selbst nicht!** you can't be serious ['sɪəriəs]!

das **Glaubensbekenntnis** creed

gläubig religious [rɪ'lɪdʒəs]

der/die **Gläubige** believer; **die Gläubigen** the faithful *Plural*

der **Gläubiger**, die **Gläubigerin** creditor

glaubwürdig 1 *Beweis, Geschichte, Person:* credible ['kredəbl̩] 2 *Hinweis:* reliable [rɪ'laɪəbl]

die **Glaubwürdigkeit** *einer Person:* credibility

gleich 1 (*identisch*) same 2 (*ähnlich*) similar 3 (*rechnerisch*) equal; **zur gleichen Zeit** at the same time; **in gleichem Abstand** at an equal distance; **zwei mal zwei ist gleich vier** two times two is four 4 **das ist mir gleich** it's

G

all the same to me; (*negativer*) I don't care at all ⑤ (*sofort*) at once; **ich komme gleich** I'll be right there; **bis gleich!** see you [in a minute]! [*oder* moment] ⑥ (*direkt*) **gleich gegenüber/hier** right opposite/here ⑦ (*fast*) **es ist gleich zehn** it is nearly ten o'clock; **wir sind gleich da** we're nearly there ⑧ (*in gleicher Weise*) equally ⑨ **das bleibt sich gleich** it doesn't matter ⑩ **gleich gesinnt sein wie** to hold the same views as; **gleich lautend** identical ⑪ **gleich aussehen** to look the same; **gleich alt/groß sein wie ...** to be the same age/height as ...

G

gleichaltrig of the same age

gleichartig ① of the same kind ② (*ähnlich*) similar

gleichbedeutend das ist gleichbedeutend mit ... that's tantamount to ...

gleichberechtigt with equal rights; **gleichberechtigt sein** to have equal rights

die **Gleichberechtigung** equal rights *Plural*

gleichen ① to be like ② **sich gleichen** to be alike

gleichentags (CH) [on] the same day

gleichermaßen (*in gleicher Weise*) in a similar manner

gleichfalls (*auch*) also; **danke, gleichfalls!** thanks, the same to you!

gleichförmig (*eintönig*) monotonous [mə'nɒtᵊnəs]

das **Gleichgewicht** balance ['bælən(t)s] *auch übertragen;* **das Gleichgewicht verlieren, aus dem Gleichgewicht kommen** to lose one's balance; **jemanden aus dem Gleichgewicht bringen** to throw someone off balance

gleichgültig ① indifferent (**gegenüber** towards) ② **das ist mir völlig gleichgültig!** I don't give a damn!

die **Gleichgültigkeit** indifference [ɪn'dɪfᵊrən(t)s] (**gegenüber** towards)

das **Gleichheitszeichen** equals sign ['iːkwəlzˌsaɪn]

gleichmachen ① to level out ② **dem Erdboden gleichmachen** to raze to the ground

gleichmäßig ① (*zu gleichen Teilen*) equal ② (*ebenmäßig*) even ③ (*regelmäßig*) *Abstand, Puls:* regular; **in gleichmäßigem Abstand** at regular intervals ⚠ *Plural* ④ **gleichmäßig atmen** to breathe regularly; **etwas gleichmäßig auftragen/verteilen** to apply/distribute something evenly

gleichmütig composed

das **Gleichnis** parable ['pærəbl]

gleichsam as it were, so to speak

gleichschenk(e)lig isosceles [aɪ'sɒsᵊliːz]

gleichseitig equilateral [ˌiːkwɪ'lætᵊrᵊl]

gleichsetzen to equate [ɪ'kweɪt]

der **Gleichstand den Gleichstand erzielen** to draw level

die **Gleichstellung** equality [ɪ'kwɒləti]; **Gleichstellung von Mann und Frau** equality between the sexes *Plural*

der **Gleichstrom** direct current, D.C.

die **Gleichung** equation [ɪ'kweɪʒᵊn]

gleichwertig ① equal ['iːkwəl] ② (*chemisch*) equivalent [ɪ'kwɪvᵊlənt]

gleichwinklig equiangular [ˌiːkwi'æŋgjʊləʳ]

gleichwohl nevertheless [ˌnevəðə'les]

gleichzeitig at the same time

gleichziehen to catch up

das **Gleis** ① line, track, rails *Plural* ② platform

die **Gleisarbeiten** track repairs

gleiten ① to glide ② *Arbeitnehmer:* to be on flexitime

das **Gleitflugzeug** glider

das **Gleitmittel** lubricant ['luːbrɪkənt]

das **Gleitschirmfliegen** paragliding

die **Gleitsichtbrille** varifocal glasses ⚠ *Plural*

die **Gleitzeit** flexible working hours [aʊəʳz] *Plural,* flexitime

der **Gletscher** glacier ['glæsiəʳ]

die **Gletscherspalte** crevasse [krə'væs]

das **Glied** ① (*Arm, Bein*) limb [lɪm] ② **an allen Gliedern zittern** to be shaking all over ③ (*einer Kette*) link *auch übertragen*

das **Gliederarmband** expanding bracelet

gliedern ① to subdivide (**in** into) ② **sich gliedern** to be composed, to consist (**in** of)

die **Gliederschmerzen** rheumatic [ruː'mætɪk] pains

die **Gliederung** (*Struktur*) structure

die **Gliedmaßen** limbs [lɪms]

der **Glimmstängel** fag (GB), ciggy ['sɪgi]

glimpflich ① *Unfall:* minor; *Urteil:* light, mild ② **glimpflich davonkommen** to get off lightly

glitschig slippery

glitz(e)rig sparkly

glitzern to glitter; *Stern:* to twinkle

global global ['gləʊbᵊl], worldwide

die **Globalisierung** globalization

der **Globalisierungskritiker**, die **Globalisierungskritikerin** critic of globalization

der **Globus** globe

die **Glocke** bell ▸ WENDUNGEN: **etwas an die große Glocke hängen** to shout something from the rooftops ⚠ *Plural*

die **Glockenblume** bellflower, bluebell

glockenförmig bell-shaped

das **Glockenspiel** ① chimes *Plural* ② (*Instrument*) glockenspiel

der **Glockenturm** bell tower [taʊəʳ], belfry ['belfriː]

glorifizieren to glorify

das **Glossar** glossary

die **Glosse** gloss (**zu** on)

die **Glotze** (*Fernseher*) goggle-box

glotzen to stare [steəʳ] (**auf** at)

das **Glück** ① luck; **viel Glück!** good luck!; **was für ein Glück!** what a stroke of luck! ② **Glück**

Glückwünsche / Good wishes

Glückwünsche	Good wishes
Herzlichen Glückwunsch!	Congratulations!
Viel Erfolg!	Good luck!
Viel Glück!	Best of luck!/Good luck!
Gute Besserung!	Get well soon!
Schöne Ferien!	Have a great holiday!
Frohe Ostern!	Happy Easter!
Frohe Weihnachten und ein gutes neues Jahr!	Merry Christmas and a Happy New Year!
Alles Gute zum Geburtstag!	Happy Birthday!
Meine besten Wünsche zum Geburtstag!	Best wishes on your birthday!/Many happy returns of the day!
Ich drücke dir die Daumen.	I'll keep my fingers crossed (for you)!

haben to be lucky; **kein Glück haben** to be out of luck [*oder* unlucky]; **Glück gehabt!** that was lucky!; **da hast du aber Glück gehabt!** you were lucky there!; **ein Glück, dass ...** it's a good thing that ...; **zum Glück** fortunately ['fɔːtʃənətli] 3 **auf gut Glück** on the off-chance 4 **jemandem [zu etwas] Glück wünschen** to congratulate someone [on something] 5 (*Freude*) happiness; **ihre Kinder sind ihr ganzes Glück** her children are her whole life

die **Glucke** mother hen *auch übertragen*

glücken to be a success [sək'ses]

gluckern *Wasser:* to gurgle

glücklich 1 happy; **glücklich machen** to make happy; **sich glücklich schätzen** to consider oneself lucky 2 *Gewinner, Zufall:* lucky; **eine glückliche Hand bei etwas haben** to have a knack when it comes to something

glücklicherweise fortunately ['fɔːtʃənətli], luckily

der **Glücksbringer** lucky charm

der **Glücksfall** stroke of luck (GB), lucky break (USA)

das **Glückskind** lucky person

der **Glücksklee** four-leaf clover

der **Glückspilz** lucky fellow [*oder* beggar]

das **Glücksrad** wheel [wiːl] of fortune

die **Glückssache** matter of luck

das **Glücksspiel** game of chance ['tʃɑːn(t)s]

der **Glücksspieler**, die **Glücksspielerin** gambler

der **Glückstreffer** 1 (*auch im Lotto*) stroke of luck 2 (*beim Schießen*) lucky shot

der **Glückwunsch** congratulations *Plural;* **herzlichen Glückwunsch zum Geburtstag!** happy birthday!

> **V** **congratulations** = „Herzlichen Glückwunsch" wird im Plural gebraucht: *Congratulations on passing the exam!*

die **Glückwunschkarte** greetings card

die **Glühbirne** light bulb

glühen 1 to glow 2 **vor Zorn glühen** to burn with anger

glühend 1 (*intensiv*) *Berge, Farben, Gesicht:* glowing 2 *Hitze:* blazing; **glühend heiß** burning hot; *Metall:* red-hot; **rot glühend** red-hot 3 *Leidenschaft, Wunsch:* ardent; *Hass:* burning; *Verehrer:* fervent

der **Glühwein** mulled wine

das **Glühwürmchen** glow-worm

das **Glupschauge** goggle eye

die **Glut** embers *Plural*

die **Gluthitze** sweltering heat

glutrot fiery ['faɪ(ə)ri] red

das **Glykol** glycol ['glaɪkɒl]

die **GmbH** *Abkürzung von* **Gesellschaft mit beschränkter Haftung** Ltd ['lɪmɪtɪd] (GB), Inc [ɪŋk] (USA)

die **Gnade** 1 mercy; **um Gnade bitten** to beg for mercy; **Gnade vor Recht ergehen lassen** to temper justice with mercy 2 **Gottes Gnade** God's grace

die **Gnadenfrist** reprieve [rɪ'priːv]; **eine Gnadenfrist von zwei Monaten** a two months' reprieve

das **Gnadengesuch** plea for clemency ['klemənsi]

gnadenlos merciless ['mɜːsɪləs]

gnädig 1 (*erbarmend*) merciful ['mɜːsɪfəl] 2 (*herablassend*) condescending [ˌkɒndɪ'sendɪŋ]

der **Gnom** gnome [nəʊm]

das **Goal** [goːl] Ⓐ, ⒸⒽ goal

der **Gobelin** [Gobelin] tapestry

der **Gockel** cock

das **Gold** gold

der **Goldbarren** gold ingot ['ɪŋgət]

der **Goldbarsch** redfish

das **Golddoublé** rolled gold

G

golden 1 *Hochzeit:* golden ['gəʊldən] 2 *Armband, Uhr:* gold 3 **die goldene Mitte wählen** to strike a happy medium

goldfarben, goldfarbig golden

der **Goldfisch** goldfish

goldgelb golden

die **Goldgrube** gold-mine *auch übertragen*

der **Goldhamster** golden hamster

goldig (*übertragen*) sweet ⒼⒷ, cute ⓊⓈⒶ

der **Goldklumpen** gold nugget

die **Goldmedaille** gold medal ['medəl]

der **Goldmedaillengewinner**, die **Goldmedaillengewinnerin** gold medallist ['medəlɪst]; **sie ist dreifache Goldmedaillengewinnerin** she is a triple gold medallist

der **Goldregen** (*Strauch*) laburnum

goldrichtig dead right

der **Goldschmied**, die **Goldschmiedin** goldsmith

der **Goldschnitt** gilt edging

das **Goldstück** (*Münze*) gold coin

der **Golf** gulf; **der Golf** the Gulf

das **Golf** golf

der **Golfplatz** golf course

der **Golfschläger** golf club

der **Golfspieler**, die **Golfspielerin** golfer

der **Golfstaat** Gulf state

der **Golfstrom** Gulf Stream

die **Gondel** 1 (*Boot*) gondola ['gɒndələ] 2 (*Seilbahnkabine*) car

gönnen 1 **sich etwas gönnen** to allow oneself something; **gönn dir was!** spoil yourself! 2 **ich gönne es ihm** I am happy [*oder* pleased] for him; **sie gönnt mir den Erfolg nicht** she begrudges me [*oder* is jealous ['dʒeləs] of] my success

gönnerhaft patronizing

googeln ['guːgl̩n] to google (**nach** for)

die **Göre** 1 brat 2 (*Mädchen*) kid

der **Gorilla** gorilla

die **Gosse** gutter; **in der Gosse landen** to end up in the gutter

die **Gotik** Gothic ['gɒθɪk]

gotisch Gothic ['gɒθɪk]

der **Gott** 1 God; **der liebe Gott** the good Lord; **an Gott glauben** to believe in God 2 **Gott sei Dank!** thank God!; **um Gottes willen!** for heaven's sake!; (*betroffen*) oh no! 3 **leider Gottes** unfortunately

die **Götterspeise** fruit [fruːt] jelly

der **Gottesdienst** service

das **Gotteshaus** place of worship

die **Gotteslästerung** blasphemy ['blæsfəmi]

die **Gottheit** 1 (*Göttlichkeit*) divinity 2 (*ein Gott*) godhead

die **Göttin** goddess

göttlich divine

gottlob **gottlob!** thank goodness!

gottlos (*übertragen: verrucht*) wicked ['wɪkɪd]

gottverlassen godforsaken

das **Gottvertrauen** trust in God

das **GPS** *Abkürzung von* **Global Positioning System** gps

das **Grab** grave

der **Grabbeltisch** clearance ['klɪərən(t)s] table

der **Graben** 1 (*am Straßenrand*) ditch 2 (*Schützengraben*) trench 3 (*geologisch*) rift [valley]

graben (*mit Spaten*) to dig (**nach** for)

die **Grabinschrift** epitaph ['epɪtaːf]

das **Grabmal** monument

der **Grabstein** gravestone

der **Grad** 1 degree 2 **im höchsten Grade** extremely

der **Graf** 1 (*außerhalb Großbritanniens*) count; (*als Titel*) Count 2 (*innerhalb Großbritanniens*) earl [ɜːl]; (*als Titel*) Earl

die **Grafik** 1 (*Werk*) graphic ['græfɪk] 2 (*Gewerbe*) graphic arts *Plural* 3 (*Diagramm*) diagram ['daɪəgræm]

der **Grafiker**, die **Grafikerin** graphic artist

die **Grafikkarte** graphics card

die **Gräfin** countess ['kaʊntɪs]; (*als Titel*) Countess

grafisch 1 graphic ['græfɪk] 2 (*schematisch*) schematic [skiː'mætɪk]

der **Grafit** graphite ['græfaɪt]

die **Grafschaft** county

das **Gramm** gram[me]

die **Grammatik** grammar

grammatisch grammatical

der **Granat** (*Edelstein*) garnet

der **Granatapfel** pomegranate

die **Granate** shell

der **Granatwerfer** trench mortar

grandios magnificent [mæg'nɪfɪsənt], terrific

der **Granit** granite ['grænɪt]

die **Grapefruit** ['greːpfruːt] grapefruit

die **Graphik** 1 (*Werk*) graphic 2 (*Gewerbe*) graphic arts *Plural* 3 (*Diagramm*) diagram

der **Graphit** graphite

das **Gras** grass ▶ WENDUNGEN: **über etwas Gras wachsen lassen** to let the dust settle over something; **ins Gras beißen** to bite the dust

grasen to graze

grasgrün grass-green
der **Grashalm** blade of grass
der **Grashüpfer** grasshopper
grassieren *Gerücht:* to circulate ['sɜːkjəleɪt]; *Krankheit:* to rage
grässlich ① (*grauenvoll*) hideous ['hɪdiəs], horrible ② (*widerlich*) awful, dreadful
der **Grat** (*Bergrücken*) ridge [rɪdʒ]
die **Gräte** fish-bone
gratis free [of charge]
die **Gratisprobe** free sample
gratulieren to congratulate (**zu** on); [**ich**] **gratuliere!** [my] congratulations! *Plural;* **jemandem zum Geburtstag gratulieren** to wish someone a happy birthday [*oder* many happy returns *Plural*]
das **Grau** grey
grau ① grey; **graue Haare bekommen** to go grey; **grau meliert** *Haare:* greying ② **der graue Alltag** the humdrum everyday life, the dull routine; **in der grauen Vergangenheit** in the misty past
das **Graubrot** *bread made from rye and wheat flour*
der **Gräuel** ① (*Grauen*) horror ② (*Schandtat*) outrage
die **Gräueltat** atrocity [ə'trɒsəti]; **eine Gräueltat begehen** to commit an atrocity
das **Grauen** (*Entsetzen*) horror; **Grauen erregend** gruesome ['gruːsəm], horrid
grauen **mir graut es davor** I dread it
grauenhaft, **grauenvoll** gruesome ['gruːsəm], horrid
der **graue Star** cataract
grauhaarig grey-haired
gräulich ① *Farbe:* greyish ② abominable, atrocious [ə'trəʊʃəs]
die **Graupe** grain of pearl barley
der **Graupelschauer** sleet
grausam cruel ['kruːəl] (**zu** to)
die **Grausamkeit** cruelty ['kruːəlti]
grausig horrible
grauslich Ⓐ (*unangenehm, ekelhaft*) terrible
gravieren to engrave
die **Gravierung** engraving [ɪn'greɪvɪŋ]
die **Gravitation** gravitation
die **Gravitationskraft** gravitational force
graziös graceful ['greɪsfəl]
greifbar ① (*zur Verfügung*) available ② **in greifbarer Nähe** within reach
greifen ① (*ergreifen*) to grasp; **hinter sich/nach etwas greifen** to reach behind/for something ② (*einrasten*) to grip ③ *Maßnahmen, Strategie:* to have an effect (**bei** on) ④ (*wirksam werden*) to be effective ⑤ **zum Greifen nahe liegen** to be within one's grasp ⑥ **zur Flasche greifen** to take to the bottle ⑦ **zum Äußersten greifen** to go to extremes ⚠ *Plural* ⑧ **um sich greifen** *Krankheit, Unsitte:* to spread [spred]
der **Greis**, die **Greisin** old man *maskulin,* old woman *feminin*
grell ① *Farbe:* loud ② *Sonne:* dazzling
das **Gremium** body, committee
die **Grenze** ① (*von Staat*) border; **die Grenze zu Dänemark** the border with Denmark ② (*von Gemeinde*) boundary ③ (*privat*) boundary ④ (*übertragen*) limits *Plural;* **sich** [**noch**] **in Grenzen halten** to keep within limits; **sein Mut kennt keine Grenzen** there's no limit to his courage; **alles hat seine Grenzen** there's a limit to everything ⑤ **seine Grenzen kennen** to know one's limitations
grenzen border *auch übertragen* (**an** on)
grenzenlos boundless *auch übertragen*
der **Grenzfall** borderline case
das **Grenzgebiet** border area
die **Grenzlinie** (*im Sport*) line [marking the edge of the playing area]
der **Grenzschutz** frontier guard [gɑːd]
die **Grenzstadt** border town
der **Grenzübergang** border [*oder* frontier] crossing
der **Grenzverkehr** border traffic
der **Grenzwert** limit
grenzwertig (*umgangsspr*) borderline
der **Grieche**, die **Griechin** Greek
Griechenland Greece [griːs]
griechisch Greek
der **Grieß**(**brei**) semolina [ˌseməl'iːnə] [pudding]
der **Griff** ① (*Stiel*) handle ② *von Revolver:* butt ③ *von Tür:* knob [nɒb] ④ (*Halten von Hand*) grasp, grip ⑤ **etwas im Griff haben** to have got the hang of something [*oder* something under control]; **etwas in den Griff bekommen** to get to grips with something
griffbereit handy
das **Griffbrett** *von Musikinstrument:* fingerboard
griffig ① (*handlich*) handy ② (*gut greifend*) non-slip
der **Grill** ① (*zum Grillen*) grill ② (*am Auto*) grille
die **Grille** cricket
grillen ① (*in der Küche*) to grill ② (*im Garten*) to barbecue ['bɑːbɪkjuː]
die **Grimasse** grimace [grɪ'meɪs]; **Grimassen schneiden** to pull faces
grimmig ① (*zornig*) grim ② *Kälte:* severe [sə'vɪəʳ]
das **Grinsen** grin
grinsen to grin
die **Grippe** influenza [ˌɪnflʊ'enzə], flu [fluː] *umgangsspr*
der **Grips** brains ⚠ *Plural*
grob ① (*nicht fein*) coarse [kɔːs]; **grob gemahlen** coarse-ground ② (*verletzend*) rude ③ *Fehler:* serious ['sɪəriəs]; **grobe Fahrlässigkeit** gross negligence ['neglɪdʒəns] ④ **grob geschätzt** at a rough estimate ⑤ **aus dem**

G

Gröbsten heraus sein to be over the worst
grölen to bawl
der **Groll** resentment
grollen 1 (*böse sein*) **jemandem grollen** to bear a grudge against someone 2 *Donner:* to peal, to roll
Grönland Greenland ['gri:nlənd]
das **Gros** gross [grəʊs]
der **Groschenroman** cheap novel (GB), dime novel (USA)
groß 1 (*bedeutend*) great 2 (*räumlich*) large; (*umfangreich*) big *auch übertragen;* (*riesig*) huge; *Fläche:* extensive, vast 3 (*hoch gewachsen*) tall 4 (*großartig*) grand 5 *Hitze:* intense; *Fehler:* bad 6 **die großen Ferien** the summer holidays [*oder* (USA) vacation *Singular*] 7 **das ist jetzt große Mode** that's all the fashion now 8 **[ganz] groß rauskommen** to make the big time 9 **meine große Schwester** my big sister 10 **er ist mal wieder in großer Eile** he's in a terrible rush again 11 **das war ein großer Irrtum** that was a big mistake 12 **die Maschine verursachte großen Lärm** the machine [mə'ʃi:n] made a lot of noise 13 **großen Hunger haben** to be very hungry; **große Schmerzen haben** to be in a lot of pain ⚠ *Singular* 14 **sich große Mühe geben** to make a big effort
der **Großabnehmer**, die **Großabnehmerin** bulk purchaser
großartig 1 (*wunderbar*) wonderful ['wʌndəfᵊl] 2 (*hervorragend*) splendid, great
die **Großaufnahme** close-up ['kləʊsʌp]
Großbritannien Great Britain
der **Großbuchstabe** capital
die **Größe** 1 (*Format, Umfang, von Kleidung, von Schuhen*) size; **welche Größe hast du?** what size are you? [*oder* do you take?] 2 (*Höhe*) height [haɪt]; **er hat deine Größe** he is your height; **der Größe nach aufstellen** to line up in order of height 3 (*Ausdehnung*) dimensions [ˌdaɪ'menʃᵊnz] ⚠ *Plural* 4 (*Wichtigkeit*) magnitude ['mægnɪtju:d] 5 (*Bedeutung*) greatness; (*bedeutende Persönlichkeit*) important figure 6 **eine unbekannte Größe** an unknown quantity 7 (*Großartigkeit*) generosity [ˌdʒenᵊ'rɒsəti]; **er bewies mit seiner Geste menschliche Größe** his gesture showed true human greatness
der **Großeinkauf** bulk purchase
die **Großeltern** grandparents
großenteils for the most part, mostly
der **Größenwahn** megalomania [ˌmegələʊ'meɪnɪə]; **an Größenwahn leiden** to be a megalomaniac
die **Großfahndung** dragnet operation, manhunt
die **Großfamilie** extended family
das **Großformat** large size
der **Großgrundbesitzer**, die **Großgrundbesitzerin** big landowner
der **Großhandel** wholesale trade
der **Großhändler**, die **Großhändlerin** wholesaler
großherzig generous ['dʒenᵊrəs], magnanimous [mæg'nænɪməs]
das **Großhirn** cerebrum [sə'ri:brəm]
großkotzig swanky
die **Großmama** grandma
das **Großmaul** loudmouth
großmütig magnanimous [mæg'nænɪməs]
die **Großmutter** grandmother
der **Großonkel** great-uncle
der **Großrat**, die **Großrätin** (CH) member of a cantonal parliament ['pɑ:ləmənt]
der **Großraum** conurbation [ˌkɒnɜ:'beɪʃᵊn]
das **Großraumabteil** open carriage ['kærɪdʒ]
das **Großraumbüro** open-plan office
das **Großraumflugzeug** large-capacity [kə'pæsəti] aircraft
großspurig boastful ['bəʊstfᵊl]
die **Großstadt** city
der **Großstädter**, die **Großstädterin** city-dweller
großstädtisch big-city
die **Großtante** great-aunt
der **Großteil** large part; **zum Großteil** for the most part
größtenteils for the most part
das **Großunternehmen** big firm, large-scale enterprise
der **Großvater** grandfather
die **Großveranstaltung** big event
die **Großwetterlage** 1 general weather ['weðəʳ] situation 2 **die politische Großwetterlage** the general political climate
großziehen to raise [reɪz]
großzügig 1 (*freigebig*) generous ['dʒenᵊrəs], liberal 2 (*weiträumig*) spacious ['speɪʃəs]
die **Großzügigkeit** generosity [ˌdʒenᵊ'rɒsəti]
grotesk grotesque [grə(ʊ)'tesk]
die **Grotte** grotto
die **Grube** 1 hole, hollow 2 (*Bergbau*) mine, pit
grübeln to brood (**über** over)
grüezi (CH) hello
die **Gruft** (*Grabgewölbe*) tomb [tu:m], vault
der **Gruftie** goth
grün 1 green; **ein grüner Salat** a lettuce 2 (*unreif*) *Tomaten, Pflaumen:* green; **noch sehr grün sein** to lack experience ▶ WENDUNGEN: **grüne Witwe** grass widow; **grüne Welle** phased traffic lights *Plural;* **das ist dasselbe in Grün** (*umgangsspr*) that's one and the same thing; **sie sind sich nicht grün** there's no love lost between them; **jemandem grünes Licht geben** to give someone the go-ahead
die **Grünanlage** park
der **Grund**[1] 1 (*Ursache*) reason; **aus welchem Grund?** for what reason?; **auf Grund von ...**

due to …, because of …; **aus gesundheitlichen Gründen** for reasons of health; **ohne jeden Grund** for no apparent reason ② (*Anlass*) reason; **einen Grund zum Feiern haben** to have good cause for celebration; **ich habe keinen Grund zum Klagen** I have no reason to complain

der **Grund**[2] ① *von Gefäß, Grube:* bottom; **im Grunde meines Herzens** at the bottom of my heart ② (*Grundstück*) land ③ (*Erdboden*) ground ④ **von Grund auf** completely ⑤ **im Grunde** basically ⑥ **einer Sache auf den Grund gehen** to get to the bottom of something ⑦ **einer Sache etwas zu Grunde legen** to base something on something; **der Anklage liegen Fakten zu Grunde** the accusation is based on facts ⑧ **zu Grunde richten** to ruin, to destroy

die **Grundausbildung** basic training

der **Grundbegriff** basic principle ['prɪn(t)səpl̩]

der **Grundbesitz** landed property, real estate

der **Grundbesitzer**, die **Grundbesitzerin** landowner

das **Grundbuch** land register

gründen ① to found ② **sich gründen auf** to be based on

der **Gründer**, die **Gründerin** founder

grundfalsch utterly wrong [rɒŋ]

die **Grundfläche** floor space

die **Grundgebühr** standing charge

das **Grundgesetz** (*bundesdeutsche Verfassung*) **das Grundgesetz** the German Constitution

grundieren to prime

die **Grundierfarbe** undercoat

das **Grundkapital** capital stock, equity capital

die **Grundlage** basis, foundation

grundlegend ① fundamental, basic (**für** to) ② **grundlegend falsch** fundamentally wrong

gründlich thorough ['θʌrə]

die **Gründlichkeit** thoroughness ['θʌrənəs]

grundlos ① (*unbegründet*) unfounded ② (*sehr tief*) bottomless

das **Grundnahrungsmittel** staple food

der **Gründonnerstag** Maundy Thursday [ˌmɔːndi'θɜːzdi]

das **Grundrecht** fundamental right

der **Grundriss** ① (*eines Gebäudes*) ground plan ② (*Skizze*) outline, sketch

der **Grundsatz** principle ['prɪn(t)səpl̩]

grundsätzlich ① (*im Allgemeinen*) in principle ['prɪn(t)səpl̩]; **grundsätzlich schon** basically yes; **grundsätzlich nicht** absolutely not ② (*stets*) always; **grundsätzlich nein sagen** to say no on principle ③ *Frage, Unterschied:* fundamental

die **Grundschule** primary [*oder* USA elementary] school

der **Grundschullehrer**, die **Grundschullehrerin** primary [*oder* USA elementary] school teacher

der **Grundstein** foundation-stone

das **Grundstück** ① (*Parzelle*) plot; (*größer*) estate [ɪ'steɪt] ② (*Grund und Boden*) property ③ (*Baugrund*) site

der **Grundstücksmakler**, die **Grundstücksmaklerin** estate agent [-ˌeɪdʒənt] GB, realtor USA

das **Grundübel** (*Grundproblem*) basic problem

die **Gründung** foundation

grundverschieden entirely different

das **Grundwasser** ground water

der **Grundwasserspiegel** ground-water level, water table

der **Grundwert** basic value *meist Plural*

der **Grundwortschatz** basic [*oder* essential] vocabulary

die **Grundzahl** ① (*Kardinalzahl*) cardinal number ② (*von Potenz oder Logarithmus*) base number

der/die **Grüne** Green [party member]; **die Grünen** the Green Party

grünen to turn green

der **Grünfink** greenfinch

die **Grünfläche** green [*oder* open] space

das **Grünfutter** green fodder

der **Grünkohl** kale

grünlich greenish

der **Grünschnabel** greenhorn

der **Grünspan** verdigris ['vɜːdɪgrɪs]

der **Grünstreifen** ① (*am Straßenrand*) grass verge [vɜːdʒ] ② (*Mittelstreifen*) central ['sentrəl] reservation GB, median strip USA

grunzen to grunt

das **Grünzeug** (*umgangsspr: Salat und Gemüse*) greens *Plural*

die **Gruppe** ① group ② (*Arbeitsgruppe*) team

die **Gruppenarbeit** teamwork

der **Gruppendruck** peer pressure [-ˌpreʃəʳ]

gruppenweise in groups

gruppieren ① to group ② **sich gruppieren** to form groups *Plural;* **die Häuser gruppieren sich um den Marktplatz** the houses are grouped around the market square

die **Gruppierung** grouping

die **Gruselgeschichte** horror story

gruselig gruesome ['gruːsəm]

der **Gruß** ① greeting; **viele Grüße** best wishes ② **jemandem herzliche Grüße bestellen** to give one's kindest regards to someone; **jemandem einen Gruß ausrichten** to give one's regards ⚠ *Plural* to someone, to say hello to someone *umgangsspr*

grüßen ① to greet; **grüß dich!** hi! ② (*beim Militär*) to salute

gucken to look; **guck mal!** look!

das **Guckloch** peephole

der **Guerillakrieg** guerrilla war[fare]

Guinea Guinea ['gɪni]

der **Guineer**, die **Guineerin** Guinean ['gɪniən]

guineisch Guinean
der/das **Gulasch** goulash
der **Gulden** guilder ['gɪldə]
gültig 1 *Pass:* valid 2 *Bestimmungen, Preise:* current 3 (*allgemein anerkannt*) universal
die **Gültigkeitsdauer** period of validity
der **Gummi** 1 (*auch Radiergummi*) rubber 2 (*Kondom*) rubber
das **Gummiband** rubber band
das **Gummibärchen** jelly baby
der **Gummibaum** rubber plant
die **Gummihandschuhe** rubber gloves [glʌvz]
der **Gummiknüppel** [rubber] truncheon ['trʌn(t)ʃᵊn]

G

der **Gummischlauch** tube
der **Gummistrumpf** elastic stocking
die **Gummizelle** padded cell [sel]
die **Gunst** favour ['feɪvəʳ]; **zu deinen Gunsten** in your favour ⚠ *Singular;* **zu Gunsten von ...** in favour ⚠ *Singular* of ...
günstig 1 (*vorteilhaft*) favourable ['feɪvᵊrəbl̩]; *Moment:* right; **im günstigsten Falle** at best; **bei günstiger Witterung** weather permitting; **günstig gelegen** [**für**] well situated [for]; **eine Immobilie in günstiger Lage** a well-situated property 2 (*preiswert*) cheap; **etwas günstig erstehen/verkaufen** to buy/sell something for a good price
die **Gurgel** throat
das **Gurgelmittel** gargle
gurgeln (*mit Mundwasser*) to gargle
die **Gurke** 1 (*Salatgurke*) cucumber 2 (*Essiggurke*) gherkin ['gɜːkɪn]
gurren to coo
der **Gurt** 1 (*Riemen*) strap 2 (*Gürtel*) belt
der **Gürtel** 1 (*für Hose*) belt 2 (*Absperrung*) cordon
die **Gürtellinie** waist ▶WENDUNGEN: **ein Schlag unter die Gürtellinie** a punch below the belt
die **Gürtelrose** shingles *Singular*
die **Gürtelschnalle** buckle
die **Gurtpflicht** **es besteht Gurtpflicht** wearing of seat-belts ⚠ *Plural* is compulsory
GUS *Abkürzung von* **Gemeinschaft unabhängiger Staaten** CIS [ˌsiːaɪ'es], Community of Independent States
der **Guss** 1 (*Wasserguss*) gush 2 (*Regenguss*) downpour ['daʊnpɔːʳ] 3 (*Zuckerguss*) frosting, icing ['aɪsɪŋ] 4 **aus einem Guss** (*übertragen*) a unified whole
das **Gusseisen** cast iron ['aɪən] (GB), pig iron (USA)
gusseisern cast-iron
die **Gussform** mould [məʊld]
das **Gut** 1 (*Landgut*) estate [ɪ'steɪt] 2 **Güter** goods
gut 1 good; *Wetter:* nice; **ein guter Mensch** a good person; **kein guter Tänzer** not much of a dancer 2 **wie geht's? — gut!** how are you? — fine!; **ganz gut** not bad; **so gut es geht** as best as possible 3 **gut so!** that's it!; **gut gemacht!** well done!; **mach's gut!** take care! 4 **das ist schön und gut, aber ...** it's all very well but ... 5 **schon gut!** all right!, OK!; **nun gut!** all right then! 6 **wozu ist das gut?** what's that for?; **das ist gut gegen Grippe** that's good for flu 7 **du siehst gut aus** (*allgemein*) you're good-looking; (*heute*) you're looking good [*oder* great]; (*gesundheitlich*) you're looking well 8 **mir ist nicht gut** I'm not feeling [too] well; **das wird dir gut tun** that will do you good 9 **du hast gut lachen/reden!** it's easy for you to laugh/say!; **das kann gut sein** that may well be 10 **jemanden gut finden** to like someone; **das gefällt mir gut** I like it very much 11 **gut bezahlt** highly-paid, well-paid; **gut gehend** flourishing ['flʌrɪʃɪŋ]; **gut gelaunt** cheerful; **gut gemeint** well-meaning, well-meant 12 **das schmeckt gut** that tastes nice 13 **etwas gut können** to be good at something 14 **seid ihr gut angekommen?** did you get back alright? 15 **jemandem alles Gute wünschen** to wish someone well; (*für Prüfung*) to wish someone luck 16 **dabei kann nichts Gutes rauskommen** nothing good can possibly come of it 17 **das ist nochmal gut ausgegangen** that was a close shave 18 **etwas wendet sich zum Guten** something comes right in the end 19 **bis London sind es noch gut 50 Kilometer** it's still a good 50 kilometres to London

> **G** **well — better — best**: *Dave knows me well, my brother knows me better, but my mum knows me (the) best.* — Vorsicht: *he plays the guitar* ***well***, aber: *he is a* ***good*** guitarist.

das **Gutachten** expert ['ekspɜːt] opinion
der **Gutachter**, die **Gutachterin** expert
gutartig *Geschwulst:* benign [bɪ'naɪn]
gutbürgerlich *Küche:* good plain, home[-style]
das **Gutdünken** discretion [dɪ'skreʃᵊn]; **nach seinem Gutdünken** at his discretion, as he sees fit
die **Güte** 1 (*Freundlichkeit*) kindness 2 (*Qualität*) quality 3 [**ach**] **du meine Güte!** goodness me!
das **Gute** **etwas Gutes** something good; **ich habe nur Gutes gehört** I've only heard good things; **jemandem Gutes tun** to be good to someone; **alles Gute!** all the best!; **das Gute daran ...** the good thing about it ...
der **Güterbahnhof** goods depot [ˌdepəʊ] (GB), freight ['freɪt] depot (USA)
der **Güterfernverkehr** long-distance haulage ['hɔːlɪdʒ] ⚠ *ohne Artikel*
die **Gütergemeinschaft** community of property
die **Gütertrennung** separation [ˌsepᵊr'eɪʃᵊn] of property
der **Güterwagen** goods truck (GB), freight ['freɪt] car (USA)

der **Güterzug** goods train (GB), freight train [freɪt] (USA)
das **Gütezeichen** ① quality mark ② (*übertragen*) hallmark
gutgläubig (*leichtgläubig*) credulous ['kredjʊləs], trusting, gullible
das **Guthaben** credit
gutheißen **etwas gutheißen** to approve [ə'pruːv] of something
gütig ① (*freundlich*) friendly ['frendli], kind ② (*voller Güte*) generous ['dʒenᵊrəs]
gutmütig good-natured
der **Gutsbesitzer**, die **Gutsbesitzerin** landowner
der **Gutschein** ① (*als Zahlung*) coupon ['kuːpɒn], voucher ['vaʊtʃəʳ] ② (*für umgetauschte Waren*) credit note
gutschreiben to credit ['kredɪt]
die **Gutschrift** ① (*Bescheinigung*) credit note ② (*Betrag*) credit [item]
der **Gutshof** estate [ɪ'steɪt]
gutwillig willing, obliging
der **Gymnasiast**, die **Gymnasiastin** grammar school pupil [-ˌpjuːpᵊl] (GB), high school student (USA)
das **Gymnasium** grammar school [skuːl] (GB), high school (USA); **aufs Gymnasium gehen** to go to grammar [*oder* (USA) high] school

F Nicht verwechseln mit **gymnasium** = die Turnhalle!

die **Gymnastik** gymnastics [dʒɪm'næstɪks] ⚠ *Singular*, keep fit; **Gymnastik machen** to do keep-fit exercises
der **Gymnastikanzug** leotard ['liːətɑːd]
der **Gynäkologe**, die **Gynäkologin** gynaecologist [ˌgaɪnə'kɒlədʒɪst]

H

Hh

H, h ① H, h [eɪtʃ] ② (*Note*) B ③ **H-Dur** B major; **H-Moll** B minor
ha¹ *Abkürzung von* **Hektar** ha
ha² ha!
das **Haar** ① hair; **lange/kurze Haare** long/short hair ⚠ *Singular*; **blonde/schwarze Haare** blonde/black hair ⚠ *Singular*; **glatte/lockige/krause Haare** straight/curly [*oder* wavy]/frizzy hair ⚠ *Singular* ② **sich die Haare schneiden lassen** to have one's hair cut; **sich die Haare kämmen** to comb [kəʊm] one's hair; **ich muss [mir] noch die Haare waschen** I've got to wash my hair ▶ WENDUNGEN: **ein Haar in der Suppe finden** to find something to quibble ['kwɪbl] about; **etwas ist an den Haaren herbeigezogen** something is far-fetched; **mir standen die Haare zu Berge** my hair stood on end; **kein gutes Haar an jemandem lassen** to pick [*oder* pull] someone to pieces ⚠ *Plural*; **sich in die Haare geraten** to pick a quarrel [with each other]; **sich ständig in den Haaren liegen** to be constantly quarrel[l]ing; **um ein Haar** (*beinahe*) within a hair's breadth; **um kein Haar besser** not a whit better
der **Haarausfall** loss of hair; **sie hat Haarausfall** she is losing her hair
die **Haarbürste** hairbrush
haaren ① *Tier:* to moult [məʊlt] ② *Pelz:* to shed hairs *Plural*
die **Haarfarbe** colour of hair; **was für eine Haarfarbe hat sie?** what's the colour of her hair?
der **Haarfestiger** [hair] setting lotion
haarig hairy *auch übertragen*
die **Haarklammer** hairgrip (GB), bobby pin (USA)
die **Haarnadel** hairpin
die **Haarnadelkurve** hairpin bend
haarscharf **die Kugel ging haarscharf an ihm vorbei** the bullet missed him by a hair's breadth [bredθ]
der **Haarschnitt** haircut
die **Haarspalterei** hair-splitting
die **Haarspange** hair slide
der/das **Haarspray** hair spray
haarsträubend hair-raising
das **Haarteil** hair-piece
der **Haartrockner** hair-dryer
die **Haarverlängerung** hair extension
das **Haarwasser** hair lotion
das **Hab** **mit Hab und Gut** with all one's belongings *Plural*
die **Habe** possessions [pə'zeʃᵊnz] *Plural*, belongings *Plural*
das **Haben** (*Kontostand*) credit [side] ['kredɪt]
haben ① to have, to have got ② **Durst/Hunger haben** to be thirsty/hungry; **Ferien haben** to be on holiday; **wann hast du Geburtstag?** when is your birthday?; **ich habe am 22. Februar Geburtstag** my birthday is on the 22nd of February; **ich habe [heute] Geburtstag!** it's my birthday [today]! ③ **den wievielten haben wir heute?** what date is it today?; **heute haben wir den ...** today is the ... ④ **für etwas zu haben sein** to be keen on something; **das haben Sie davon!** that'll teach you! ⑤ **ich kann das eben nicht [ab]haben** (*leiden*) I just can't stand it ⑥ **ich hab's!** I've got it!; **etwas fertig haben** to have finished something ⑦ **jemanden lieb haben** to love

someone ⑧ **es gut haben** to be lucky; **lieber haben** to prefer; **nötig haben** to need ⑨ **Recht haben** to be right; **Unrecht haben** to be wrong ⑩ **etwas haben wollen** (*verlangen*) to ask for something; (*wünschen*) to desire, to want something ⑪ **zu tun haben** (*beschäftigt sein*) to be busy; **was haben Sie?** what's the matter with you?; **hab dich nicht so** don't make such a fuss ⑫ **da haben Sie's!** there you are!; **das haben wir gleich!** we'll have that fixed in a jiffy! ⑬ **und damit hat sich's!** and that's that!

G Im Englischen benötigt man zwei Wörter für *haben* [besitzen]: **have got** — Jenny **has got** an apartment; she **hasn't got** a garden. In den USA wird nur **have** benutzt. Man sagt z.B.: **I have a cat**. Fragen lauten in Großbritannien **have you got ...?** und in den USA **do you have ...?** Die Verneinung lautet: **I don't have ...** oder **I haven't got ...**

der **Habenichts** have-not, pauper
habgierig covetous [ˈkʌətəs], greedy
der **Habicht** hawk
die **Habseligkeiten** [few] personal belongings [*oder* effects]
die **Habsucht** covetousness [ˈkʌvətəsnəs], greed[iness]
habsüchtig covetous [ˈkʌvətəs], greedy
der **Hackbraten** meat loaf
die **Hacke¹** (*Ferse*) heel
die **Hacke²** (*Gerät*) hoe [həʊ]; (*Picke*) pick[axe]
hacken ① to chop *Holz* ② to hoe *Feld, Garten* ③ (*mit Spitzhacke*) to hack; **klein hacken** to chop up small ④ (*picken*) *Vogel:* to peck (**nach** at) ⑤ (*in Informatik*) to hack (**in** into)
der **Hacker**, die **Hackerin** hacker
das **Hackfleisch** mince[d meat] (GB), ground meat (USA) ▸ WENDUNGEN: **aus jemandem Hackfleisch machen** to make mincemeat of someone
die **Hackordnung** pecking order *auch übertragen*
hadern to quarrel [ˈkwɒrəl], to wrangle [ˈræŋgl̩] (**mit** with, **über** over)
der **Hafen** ① harbour [ˈhɑːbəʳ], port; **in einen Hafen einlaufen** to enter a harbour ② (*übertragen: sicherer Ort*) haven
die **Hafenanlagen** ① (*Docks*) docks ② (*Hafeneinrichtungen*) port facilities
der **Hafenarbeiter**, die **Hafenarbeiterin** docker (GB), longshoreman (USA)
die **Hafengebühren** harbour-dues [ˈhɑːbəʳˌdjuːz]
die **Hafenrundfahrt** conducted boat tour of the harbour [ˈhɑːbəʳ]
die **Hafenstadt** port; (*am Meer*) seaport
der **Hafer** oats ⚠ *Plural* ▸ WENDUNGEN: **ihn sticht der Hafer** he's feeling his oats ⚠ *Plural*
die **Haferflocken** porridge [ˈpɒrɪdʒ] oats; **grobe Haferflocken** rolled oats
die **Haft** ① (*Haftstrafe*) imprisonment; **zu zehn Jahren Haft verurteilt werden** to be sentenced to ten years' imprisonment; **in Haft** in prison ② (*vor dem Prozess*) custody [ˈkʌstədi]; **in Haft** in custody; **in Haft nehmen** to take into custody
haftbar [legally] responsible [*oder* liable] (**für** for); **jemanden haftbar machen** to make [*oder* hold] someone liable (**für** for)
der **Haftbefehl** arrest warrant [wɒrənt]
haften¹ (*kleben*) to adhere, to stick (**an** to); **an etwas haften bleiben** to stick to something

G Richtiges Konjugieren von **to stick**: stick, stuck, stuck
the dust always sticks to my computer screen;
the burnt cheese stuck to the baking tray;
it has stuck in my mind ever since

haften² (*haftbar sein*) to be liable [*oder* responsible] (**für** for)
der **Häftling** prisoner
die **Haftnotiz** self-adhesive [selfədˈhiːsɪv] note
die **Haftpflicht** (*Schadenersatzpflicht*) liability (**für** for)
die **Haftpflichtversicherung** ① (*für Personen*) personal [*oder* (USA) public] liability insurance [ɪnˈʃʊərᵊn(t)s] ② (*für KFZ*) third-party insurance
die **Haftschalen** contact lenses
die **Haftung** ① (*Schadenersatz*) liability; **beschränkte Haftung** limited liability ② (*Verantwortung für Personen*) responsibility ③ *von Reifen:* adhesion [ədˈhiːʒᵊn], grip
der **Hag** (CH) (*Hecke*) hedge
die **Hagebutte** hip, rosehip
der **Hagebuttentee** rosehip tea
der **Hagel** ① hail ② (*übertragen*) hail, torrent, stream
das **Hagelkorn** hailstone
hageln to hail *auch übertragen;* **es hagelt** it's hailing; **es hagelte Kritik** there was a storm of criticism
der **Hagelschauer** hailstorm
hager lean, thin
der **Hahn¹** ① (*Wasserhahn*) tap (GB), faucet [ˈfɑːsɪt] (USA); (*Sperrhahn*) stopcock ② (*Zapfhahn*) spigot
der **Hahn²** (*Gockel*) cock (GB), rooster (USA) ▸ WENDUNGEN: **der Hahn im Korb sein** to be the cock of the walk; **es kräht kein Hahn danach** nobody cares a hoot about it
der **Hahnenschrei** cockcrow; **beim ersten Hahnenschrei** at cockcrow
der **Hahnentritt**, das **Hahnentrittmuster** dogtooth check
der **Hai** shark *auch übertragen*
der **Hain** grove
Haiti Haiti
der **Haitianer**, die **Haitianerin** Haitian
haitianisch Haitian

häkeln to crochet ['krəʊʃeɪ]
die **Häkelnadel** crochet hook
der **Haken** ① (*aus Metall; auch beim Boxen*) hook; (*aus Holz*) peg ② (*Zeichen: Häkchen*) tick GB, check USA ③ **die Sache hat einen Haken** there's a catch; **der Haken daran ist, ...** the thing is, ...
die **Hakennase** hooked nose
halb ① half [hɑːf] *auch übertragen;* **eine halbe Stunde** half an hour; **ein halbes Jahr** six months ⚠ *Plural;* **zum halben Preis** [at] half price ② **es ist halb eins** it is half past twelve ③ **das ist doch halb so schlimm** it's not that bad ④ **machen wir halbe-halbe!** let's go halves!; **nichts Halbes und nichts Ganzes** neither ['naɪðər] one thing nor the other; **wir machen keine halben Sachen** we don't do things by halves ⑤ (*in Zusammensetzungen: zur Hälfte*) half-; (*technisch*) semi-; **halb nackt** half-naked [ˌhɑːf'neɪkɪd]; **halb offen** half-open; **halb tot** half-dead; **halb voll** half-full ⑥ (*beinahe*) almost; **halb so viel [wie]** half as much [as]; **noch ein halbes Kind sein** to be scarcely ['skeəsli] more than a child
halbamtlich semi-official [ˌsemiə'fɪʃəl]
halbautomatisch semiautomatic
der **Halbbruder** half-brother
halbfertig half-finished
halbflüssig semi-fluid
der **Halbgott** demigod *auch übertragen*
halbieren ① to halve [hɑːv]; (*zerschneiden*) to cut in halves *Plural* ② (*in Geometrie*) to bisect
die **Halbinsel** peninsula [pə'nɪn(t)sjələ]
das **Halbjahr** half-year, six months *Plural*
halbjährig **ein halbjähriger Vertrag** a six months' *Plural* contract
halbjährlich ① *Bericht:* half-yearly GB, semi-annual USA ② (*alle halbe Jahr*) every six months *Plural*
der **Halbkanton** CH sub-canton
der **Halbkreis** semicircle ['semiˌsɜːkl]
die **Halbkugel** hemisphere ['hemɪsfɪə]
halblang mid-length; **mach's halblang!** hang on a minute!
der **Halbmond** ① (*Himmelskörper*) half-moon ② (*im Wappen*) crescent ['kresənt]
die **Halbpension** half-board
der **Halbschuh** shoe
das **Halbschwergewicht** (*im Boxen*) light-heavyweight ['laɪtˌheviweɪt]
die **Halbschwester** half-sister
halbtags **halbtags arbeiten** to work part-time
halbwegs ① (*ein bisschen*) a bit; **sich halbwegs normal benehmen** to behave halfway normally ② (*leidlich*) fairly; **es geht mir halbwegs gut** I'm feeling fairly OK *umgangsspr;* **halbwegs in Ordnung** reasonably OK *umgangsspr*
die **Halbwertszeit** half-life
die **Halbzeit** ① (*Spielhälfte*) half [hɑːf] ② (*Pause*) half-time
die **Halde** ① (*Schuttplatz*) waste dump ② (*Kohlenhalde*) pithead stocks ⚠ *Plural,* slagheap
die **Hälfte** ① half [hɑːf]; **meine Hälfte** my half [*oder* share] ② **[bis] zur Hälfte** halfway; **um die Hälfte** by half; **um die Hälfte mehr** half as much again; **mehr als die Hälfte** more than half
die **Halle** ① (*großer Raum*) hall ② (*Vorhalle*) vestibule ['vestɪbjuːl] ③ (*Hotelhalle*) lobby, lounge [laʊndʒ] ④ (*Sporthalle*) gym[nasium] [dʒɪm('neɪziəm)]; **in der Halle [spielen]** [to play] indoors
hallen to echo ['ekəʊ]; (*widerhallen*) to reverberate *auch übertragen*
das **Hallenbad** indoor swimming pool
hallo hello, hallo ['hæləʊ]

> **L** Im Englischen ist *hello* oder *hi* als Begrüßung für jede Tageszeit weitverbreitet. Man hat natürlich auch die Möglichkeit, formeller zu sein. Vormittags kann man *good morning,* nachmittags *good afternoon* und abends *good evening* sagen. Zum Abschied sagt man *goodbye* bzw. *[bye-]bye* (auf Wiedersehen); unter Freunden ist die Floskel *see ya!* bzw. *see ya soon!* (bis bald) üblich.

der **Halm** ① (*einer Blume*) stalk [stɔːk], stem ② (*Grashalm*) blade ③ (*Strohhalm*) straw
der **Halogenscheinwerfer** halogen ['hælədʒen] headlight
der **Hals** ① (*Nacken*) neck; **sich den Hals brechen** to break one's neck ② (*Kehle*) throat ▶ WENDUNGEN: **Hals über Kopf** in a rush; **jemanden am Hals haben** to be saddled with someone; **sich jemanden/etwas vom Hals schaffen** to get someone/something off one's back; **das hängt mir zum Hals heraus** I am sick and tired of that; **sich jemandem an den Hals werfen** to throw oneself at someone; **er kann den Hals auch nie voll kriegen!** he's never satisfied!; **Hals- und Beinbruch!** break a leg!
der **Halsabschneider** cutthroat
das **Halsband** ① (*Schmuck*) necklace ['nekləs] ② (*für Tier*) collar ['kɒlər]
halsbrecherisch ① *Tempo:* breakneck ['breɪknek] ② (*riskant*) daredevil
die **Halsentzündung** sore throat
die **Halskette** (*Schmuck*) necklace ['nekləs]
die **Halsschlagader** carotid [artery]
die **Halsschmerzen** sore throat ⚠ *Singular;* **Halsschmerzen haben** to have a sore throat ⚠ *Singular*
halsstarrig ① (*verstockt*) obstinate, stubborn ② (*eigensinnig*) wilful GB, stiff-necked USA
das **Halstuch** scarf
der **Halswirbel** cervical vertebra

H

der **Halt** ① (*Festigkeit*) hold; (*Stütze*) support; (*innerer Halt*) stability ② (*Anhalten, Aufenthalt*) halt, stop; **ohne Halt** non-stop; **Halt machen** to [make a] stop ③ **vor nichts Halt machen** to stop at nothing

halt[1] ① stop!, hold on! *umgangsspr* ② (*beim Militär*) halt!

halt[2] (*umgangsspr: nun einmal*) just, simply; **das ist halt so** that's just the way it is

haltbar ① *Behauptung, Position:* tenable ['tenəbl]; *Zustand:* tolerable ② **haltbar sein** *Lebensmittel:* to keep [well]; **nur begrenzt haltbar** perishable

die **Haltbarkeit** ① (*von Lebensmitteln*) shelf life ② (*Widerstandsfähigkeit*) durability

das **Haltbarkeitsdatum** best-before date

H

die **Haltbarkeitsdauer** shelf life

der **Haltegriff** grab handle

halten ① (*festhalten*) to hold ② (*aufrechterhalten*) to maintain *Niveau, Tempo* ③ (*behalten*) to keep *Festung, Stellung;* to hold *Position, Rekord* ④ (*beschäftigen, besitzen*) to keep *Chauffeur, Gärtner, Haustier* ⑤ (*tragen, stützen*) to hold up, to support ⑥ (*veranstalten*) to hold *Bazar, Gottesdienst;* to give *Rede, Vorlesung* ⑦ to save *Torschuss; Torwart:* to make a save ⑧ (*erfüllen*) to keep *Versprechen* ⑨ **halt den Mund!** shut up! ⑩ (*haften bleiben*) to hold ⑪ (*anhalten*) to stop ⑫ (*bestehen bleiben*) *Frisur, Preise, Wetter:* to last; *Lebensmittel:* to keep; *Stoffe:* to wear well ⑬ **sich halten** *Blumen, Nahrungsmittel:* to keep; *Wetter:* to last; *Preise:* to hold; (*im Kampf*) to hold out ⑭ **er hat sich gut gehalten** (*er sieht jung aus*) he's aged [*oder umgangsspr* kept] well ⑮ **sich links/rechts halten** to keep to the left/right ⑯ **Schwimmen hält fit** swimming keeps you fit ⑰ **zu jemandem halten** to stand by someone ⑱ (*erachten, einschätzen*) **jemanden für einen Freund halten** to regard someone as a friend; **wofür halten Sie mich eigentlich?** really, what do you take me for?; **was halten Sie von ihm?** what do you think of him?; **sich für klug/etwas Besonderes halten** to think oneself very clever/special ⑲ **jemanden auf dem Laufenden halten** to keep someone posted ⑳ **sich an jemanden halten** to turn to someone ㉑ **sich an eine Abmachung halten** to stick to an agreement; **sich an die Spielregeln halten** to play the game; **sich an ein Versprechen halten** to keep a promise

die **Haltestelle** (*Bushaltestelle*) stop

das **Halteverbot** **hier ist Halteverbot** there's no stopping here; **du stehst im Halteverbot** you're in a no-stopping zone

haltlos ① (*schwach*) unstable, unsteady [ʌn'stedi] ② (*hemmungslos*) unrestrained ③ *Verdacht:* unfounded

die **Haltung** ① (*Körperhaltung*) posture ['pɒstʃə] ② (*Einstellung*) attitude ③ (*Auftreten*) bearing ['beəʳɪŋ]; **Haltung bewahren** to maintain one's composure

der **Halunke** ① (*Schuft*) scoundrel ['skaʊndrᵊl] ② (*humorvoll*) rascal ['rɑːskᵊl], scamp

hämisch ① malicious [mə'lɪʃəs], rancorous ['ræŋkᵊrəs], spiteful; *Lächeln:* sardonic ② **sich hämisch über etwas freuen** to gloat over something

der **Hammel** ① (*Tier*) wether ② (*Fleisch*) mutton ③ (*Dummkopf*) muttonhead *umgangsspr*

das **Hammelfleisch** mutton

der **Hammer** ① hammer; (*aus Holz*) mallet ② (*übertragen: schwerer Schnitzer*) howler; **sich einen Hammer leisten** to drop a clanger ③ **das ist ja 'n Hammer!** (*unerhört*) that's absurd!; (*toll*) that's smashing!

hämmern ① to hammer *auch übertragen* ② *Herz, Puls:* to pound

die **Hämorrhoiden**, die **Hämorriden** haemorrhoids ['hemᵊrɔɪdz]

der **Hampelmann** ① (*Spielzeug*) jumping jack ② (*zappelige Person*) fidget ['fɪdʒɪt] ③ (*willensschwache Person*) puppet; **er hat sich zu ihrem Hampelmann gemacht** he lets her push him around

der **Hamster** hamster

hamstern (*speichern*) to hoard [hɔːd]

die **Hand** ① hand; **in die Hände klatschen** to clap one's hands; **Hände hoch!** hands up!; **von Hand** by hand; (*in Zusammensetzungen*) manual ['mænjuəl] ② **Hand aufs Herz!** cross your heart!; **das liegt doch wohl auf der Hand** that's obvious, isn't it?; **es lag in ihrer Hand** it was in her hands *Plural* ③ **weder Hand noch Fuß haben** to not make sense ④ **etwas in die Hand nehmen** (*anfassen*) to pick something up; (*in Angriff nehmen*) to take something in hand ⑤ **alle Hände voll zu tun haben** to have one's hands full ⑥ **etwas bei der** [*oder* **zur**] **Hand haben** to have something to hand *Gegenstand;* to have something ready *Ausrede, Erklärung* ⑦ **Hand in Hand** hand in hand ⑧ **zu Händen von ...** (*Brief*) [for the] attention of ... ⑨ **eine Hand voll** a handful ▸ WENDUNGEN: **eine Hand wäscht die andere** you scratch my back and I'll scratch yours; **von der Hand in den Mund leben** to live from hand to mouth; **in festen Händen sein** *Person:* to be spoken for; **etwas aus erster Hand wissen** to know something first hand; **die Situation fest in der Hand haben** to have the situation well in hand; **sich mit Händen und Füßen gegen etwas wehren** to fight something tooth and nail

die **Handarbeit** ① (*kunsthandwerklich*) handicraft ['hændɪkrɑːft]; (*nicht Maschinenarbeit*) handiwork; **dieser Tisch ist Handarbeit** this table

is handmade ② (*Nähen, Stricken, Häkeln*) needlework
der **Handball** (*Sportart*) [European] handball
die **Handbewegung** ① movement [*oder* sweep] of the hand ② (*Geste*) gesture ['dʒestʃəʳ]
die **Handbremse** handbrake
das **Handbuch** ① (*mit Anweisungen*) handbook, manual ['mænjuəl] ② (*Führer*) guide [gaɪd]
das **Händchen** ① little hand ② **Händchen halten** to hold hands ▶WENDUNGEN: **für etwas ein Händchen haben** to have a knack [næk] for something
der **Händedruck** handshake
der **Handel** ① (*das Handeln*) trade (**mit** in) ② **im Handel** on the market; **Handel treiben** to trade; **etwas in den Handel bringen** to put something on the market ③ (*Abmachung*) deal ④ (*Wirtschaftszweig*) commerce ['kɒmɜːs]
das **Handeln** ① (*Handeltreiben*) trading ② (*Feilschen*) haggling ③ (*Agieren*) action ④ (*Verhalten*) behaviour [bɪ'heɪvjəʳ]
handeln ① (*agieren*) to act ② (*sich verhalten*) to behave ③ **von etwas handeln** *Buch, Film:* to deal with ④ (*feilschen*) to haggle (**um** about/over) ⑤ (*Handel treiben*) to trade (**mit** in) ⑥ **an der Börse gehandelt werden** to be quoted ⑦ **worum handelt es sich?** what's it about?; **es handelt sich um ...** it is a matter of ..., it concerns ...; **darum handelt es sich nicht** that is not the issue
die **Handelsakademie** Ⓐ commercial college [kə'mɜːʃəlˌkɒlɪdʒ]
die **Handelsbank** merchant bank
die **Handelsbeziehungen** trade relations
die **Handelsbilanz** balance ['bæl͏ən(t)s] of trade; **aktive/passive Handelsbilanz** balance of trade surplus/deficit
das **Handelsdefizit** trade deficit [-ˌdefɪsɪt]
handelseinig, **handelseins** **handelseinig sein/werden** to agree terms
die **Handelsgesellschaft** commercial [kə'mɜːʃəl] company
das **Handelsgesetz** commercial law
die **Handelskammer** chamber of commerce ['kɒmɜːs] GB, Board of Trade USA
der **Handelspartner**, die **Handelspartnerin** trading partner
das **Handelsregister** Register of Companies
die **Handelsschule** commercial college [kə'mɜːʃəlˌkɒlɪdʒ] GB, business school ['bɪznɪsˌskuːl] USA
der **Handelsvertreter**, die **Handelsvertreterin** sales representative
die **Handelsware** commodity, merchandise ['mɜːtʃəndaɪs]
die **Handelswaren** commodities, merchandise ⚠ *Singular*
der **Handfeger** brush
die **Handfläche** palm [pɑːm]
das **Handfunkgerät** walkie-talkie [ˌwɔːki'tɔːki]
handgearbeitet handmade
das **Handgelenk** wrist [rɪst]
das **Handgemenge** (*Schlägerei*) scuffle ['skʌfl̩]; **in ein Handgemenge verwickelt werden** to get into a scuffle
das **Handgepäck** hand luggage [-ˌlʌgɪdʒ], hand baggage [-ˌbægɪdʒ] USA
das **Handgerät** ① hand-held device [-dɪˌvaɪs] ② (*im Sport*) hand apparatus
handgeschrieben handwritten ['hændˌrɪtən]
handgestrickt hand-knitted ['hændˌnɪtɪd]
handgreiflich **handgreiflich werden** to get violent
der **Handgriff** ① (*Bewegung*) movement ② **mit einem Handgriff** with a flick of the wrist; **das ist doch nur ein Handgriff** that only needs a flick of the wrist
handhaben ① (*auch übertragen*) to handle *Waffe, Werkzeug, Situation* ② to operate *Gerät* ③ (*übertragen*) to apply *Methode*
handicapiert CH (*im Sport*) handicapped
händisch Ⓐ (*manuell*) manual ['mænjuəl]
der **Handkarren** handcart
der **Handkoffer** small suitcase ['suːtkeɪs]
der **Handkuss** ① kiss on the hand ② **mit Handkuss** (*übertragen*) with pleasure ['pleʒəʳ]
der **Handlanger**, die **Handlangerin** ① (*Zuarbeiter*) helper ② (*Komplize*) accomplice [ə'kʌmplɪs], henchman
der **Händler**, die **Händlerin** ① (*Handeltreibende*) trader, dealer ② (*Ladeninhaber*) shopkeeper GB, storekeeper USA
handlich handy
die **Handlung** ① action; (*Tat*) act ② (*im Buch, Film*) plot
handlungsfähig capable of acting
die **Handlungsweise** (*Art und Weise*) manner of acting
das **Handmehr** CH (*Abstimmung durch Handheben*) show of hands ⚠ *Plural*
die **Handorgel** CH (*Handharmonika*) accordion
die **Handpflege** care of the hands, manicure ['mænɪkjʊəʳ]
der **Handrücken** back of the hand
die **Handschellen** handcuffs
die **Handschrift** ① handwriting ['hændˌraɪtɪŋ]; **eine leserliche/unleserliche Handschrift haben** to have a legible/an illegible hand ② (*Text*) manuscript ['mænjəskrɪpt] ③ **das trägt ihre Handschrift** it bears her [trade]mark
handschriftlich handwritten ['hændˌrɪtən]
der **Handschuh** glove [glʌv]
das **Handschuhfach**, der **Handschuhkasten** glove [glʌv] compartment
der **Handstand** handstand
die **Handtasche** [hand]bag GB, purse USA

H

der **Handteller** palm [pɑːm] [of the hand]
das **Handtuch** towel ['taʊəl] ▶WENDUNGEN: **das Handtuch werfen** to throw in the sponge [*oder* towel]
das **Handumdrehen** **im Handumdrehen** in a jiffy, in no time
die **Handvoll** handful
das **Handwerk** ① (*handgefertigte Arbeit*) handicraft ② (*Berufsstand*) trade; **sein Handwerk verstehen** to know one's job [*oder* trade] ▶WENDUNGEN: **jemandem das Handwerk legen** to put a stop to someone's game
der **Handwerker**, die **Handwerkerin** ① [skilled] manual worker ② (*Kunsthandwerker[in]*) craftsperson, craftsman *maskulin*, craftswoman *feminin*

H

der **Handwerksmeister**, die **Handwerksmeisterin** master craftsperson
das **Handwerkszeug** tools ⚠ *Plural*
das **Handy** ['hɛndi] mobile [phone] (GB), cell [sel] phone (USA)
die **Handyhülle** (*feste Hülle*) mobile [phone] cover; (*Tasche*) mobile [phone] pouch; (*Verstärkung*) mobile [phone] case
der **Handzettel** handbill, leaflet
der **Hanf** hemp
der **Hang** ① (*Abhang*) slope ② **einen Hang zum Übertreiben haben** to have a tendency to exaggerate
die **Hängebrücke** suspension bridge [sə'spen-(t)ʃᵊn,brɪdʒ]
die **Hängelampe** droplight
die **Hängematte** hammock
hängen ① to hang; **die Wäsche hängt an der Leine** the washing is hanging on the line ② **an etwas hängen** to be fond of something ③ **an jemandem hängen** (*gernhaben*) to be fond of someone; (*wie eine Klette*) to cling to someone ④ **hängen bleiben** (*in der Schule*) to repeat a year; **im Gedächtnis hängen bleiben** to stick in one's memory ⑤ (*anbringen*) to hang; **wir müssen noch die Bilder an die Wand hängen** we still have to hang the pictures on the wall; **hast du deine Jacke in den Kleiderschrank gehängt?** have you hung your jacket in the wardrobe? ⑥ **sich an jemanden hängen** to latch on to someone ⑦ (*henken*) **jemanden hängen** to hang someone; **der Verbrecher wurde gehängt** the criminal was hanged

> **G** Richtiges Konjugieren von **to hang**: hang, hung, hung
> *bats can hang upside down;*
> *the lamp hung from the ceiling;*
> *I haven't hung my coat up yet*

hängend ① (*baumelnd*) hanging ② *Schultern:* sagging

der **Hansdampf** **[ein] Hansdampf in allen Gassen** a Jack-of-all-trades
hänseln to tease
der **Hanswurst** ① fool; (*im Zirkus*) clown ② **für andere den Hanswurst machen** to do the donkey work for others
die **Hantel** dumbbell ['dʌmbel]
hantieren ① (*arbeiten*) to work ② **an etwas hantieren** to be busy [*oder* tinker] with something ③ **mit etwas hantieren** to handle something
der **Happen** morsel, mouthful, bite
happig steep; **das ist ganz schön happig** that's a bit much
die **Hardware** ['haːɐ̯tvɛɐ̯] hardware
die **Harfe** harp
die **Harke** rake
harken to rake
harmlos ① *Mensch, Tier:* harmless ② *Vergnügen:* innocent ['ɪnəsᵊnt] ③ *Unfall, Verletzung:* minor
die **Harmonie** harmony *auch übertragen*
harmonieren to harmonize *auch übertragen* (**mit** with)
die **Harmonika** ① (*Ziehharmonika*) concertina [ˌkɒn(t)sə'tiːnə] ② (*Mundharmonika*) mouth organ ③ (*Handharmonika*) accordion
harmonisch ① (*in Musik*) harmonic ② (*übertragen*) harmonious [hɑː'məʊniəs]
der **Harn** urine; **Harn lassen** to pass water
die **Harnblase** [urinary] bladder
die **Harnröhre** urethra
die **Harnwege** urinary tract ⚠ *Singular*
die **Harpune** harpoon
harsch harsh
hart ① hard *auch übertragen* ② *Gesichtszüge, Umrisse:* sharp ③ (*widerstandsfähig*) tough [tʌf] ④ *Winter:* rough [rʌf] ⑤ (*solide, stabil*) stable ⑥ (*grausam*) cruel ['kruːəl] ⑦ (*streng*) severe [sə'vɪəʳ]; *Worte:* harsh ⑧ **sie ist hart im Nehmen** she's a tough cookie ⑨ **hart zu jemandem sein** to be hard on someone; **jemanden hart anpacken** to be hard on someone; **hart [gegenüber jemandem] bleiben** to remain adamant [towards someone]; **hart werden** to harden *auch übertragen* ⑩ **hart arbeiten** to work hard ⑪ (*nahe, beinahe*) close [kləʊs]; **hart an der Grenze** close to the limit ⑫ **ein hart gekochtes Ei** a hard-boiled egg; **hart gesotten** tough [tʌf]; *Ei:* hard-boiled
die **Härte** ① hardness ② (*Zähigkeit*) toughness ['tʌfnəs] ③ (*Rauheit*) roughness ['rʌfnəs] ④ (*Strenge*) severity [sɪ'verəti]
der **Härtefall** hardship case
härten to harden *auch übertragen;* to temper *Stahl*
der **Härtetest** ① endurance test ② (*übertragen*)

acid test

die **Hartfaserplatte** hardboard (GB), fiberboard ['faɪbəbɔ:d] (USA)

hartherzig hard-hearted

hartnäckig 1 (*eigensinnig*) obstinate ['ɒbstɪnət], stubborn 2 (*beharrlich*) persistent [pə'sɪstᵊnt] 3 *Krankheit:* refractory [rɪ'fræktᵊri]

das **Harz** resin

harzig resinous ['rezɪnəs]

das **Hasch** (*umgangsspr: Haschisch*) hash, grass, pot

das **Haschisch** hashish

der **Hase** hare [heəʳ] ▶ WENDUNGEN: **sehen, wie der Hase läuft** (*umgangsspr*) see which way the wind blows; **da liegt der Hase im Pfeffer** there's the rub

die **Haselnuss** hazel[nut]

der **Hasenfuß** (*Feigling*) coward

der **Hasenpfeffer** jugged hare [dʒʌgd'heəʳ]

die **Hasenscharte** harelip [heəʳ'lɪp]

der **Hass** hate, hatred; **einen Hass auf jemanden kriegen** to become angry with someone; **aus Hass** out of hatred

hassen 1 to hate (**wegen** for) 2 (*verabscheuen*) to detest (**wegen** for)

hasserfüllt 1 **ein hasserfüllter Blick** a look filled with hatred 2 **jemanden hasserfüllt ansehen** to look daggers at someone

hässlich 1 (*unschön*) ugly 2 (*scheußlich*) hideous ['hɪdiəs] 3 (*unangenehm*) unpleasant [ʌn'plezᵊnt] 4 (*gemein*) mean, nasty

die **Hässlichkeit** ugliness

die **Hast** 1 (*Eile*) haste, hurry; **in aller Hast** in a great hurry 2 (*Überstürzung*) precipitation [prɪˌsɪpɪ'teɪʃᵊn]

hasten to hurry

hastig 1 (*eilig*) hasty ['heɪsti], hurried 2 (*überstürzt*) precipitate [prɪ'sɪpɪtət]

hätscheln (*verzärteln*) to pamper

die **Haube** 1 cap, hood 2 (*Motorhaube*) bonnet (GB), hood (USA) ▶ WENDUNGEN: **unter die Haube kommen** to get spliced

der **Hauch** 1 (*Atem*) breath [breθ] 2 (*Lufthauch*) breeze 3 (*übertragen*) **ein Hauch von ...** a hint [*oder* touch] of ...

hauchdünn 1 *Kleidung:* filmy 2 wafer-thin

hauchen (*leise sprechen*) to whisper ['(h)wɪspəʳ] softly

die **Haue** 1 (*Hacke*) hoe 2 (*Prügel*) [good] hiding

hauen 1 to chop *Fleisch, Holz* 2 to break *Kohle, Steine;* to cut *Erz* 3 (*schlagen*) to hit 4 **sich hauen** to scrap, to fight [faɪt]

der **Hauer** (*Eberzahn*) tusk

der **Haufen** 1 heap; (*gleichmäßig*) pile 2 (*große Menge*) great number; **ein Haufen Arbeit** a pile of work; **ein Haufen Geld** stacks ⚠ *Plural* of cash [*oder* money], loads ⚠ *Plural* of money *umgangsspr;* **ein Haufen Freunde** lots of friends 3 (*Ansammlung*) accumulation [əˌkju:mjə'leɪʃᵊn] 4 (*abwertend: Leute*) bunch ▶ WENDUNGEN: **etwas über den Haufen werfen** to mess something up; **jemanden über den Haufen rennen** to send someone flying

haufenweise in heaps *Plural;* **etwas haufenweise haben** to have piles *Plural* of something

häufig 1 (*oft vorkommend*) frequent ['fri:kwənt] 2 (*weit verbreitet*) common, widespread 3 **etwas häufig tun** to do something frequently [*oder* often]

die **Häufigkeit** frequency

das **Haupt** 1 head 2 (*in Zusammensetzungen*) chief [tʃi:f], main, principal ['prɪn(t)səpᵊl]

der **Hauptaktionär**, die **Hauptaktionärin** major shareholder

der **Hauptaltar** high altar

der **Hauptbahnhof** central ['sentrᵊl] station

hauptberuflich as one's main occupation

der **Hauptbestandteil** principal ['prɪn(t)səpᵊl] ingredient

der **Hauptdarsteller**, die **Hauptdarstellerin** principal ['prɪn(t)səpᵊl] actor, principal actress *feminin*

der **Haupteingang** main entrance ['entrən(t)s]

das **Hauptfach** main subject

das **Hauptgebäude** main building ['bɪldɪŋ]

das **Hauptgericht** (*Essen*) main course; **als Hauptgericht** as a main course

die **Hauptgeschäftszeit** main business hours ['bɪznɪsˌaʊəʳz] ⚠ *Plural*

der **Hauptgewinn** first prize

der **Haupthahn** mains stopcock

die **Hauptleitung** 1 (*elektrisch*) mains *Singular* 2 (*Rohr*) main pipe

der **Häuptling** chief[tain] ['tʃi:f[tᵊn]]

die **Hauptmahlzeit** main meal

die **Hauptperson** 1 (*auch übertragen*) central ['sentrᵊl] figure 2 (*Schlüsselfigur*) key man *maskulin,* key woman *feminin* 3 *eines Romans:* hero *maskulin,* heroine *feminin* 4 (*Film, Theater*) principal character [ˌprɪn(t)səpᵊl'kærəktəʳ]

die **Hauptpost**, das **Hauptpostamt** main post office

das **Hauptquartier** headquarters *Plural,* HQ

die **Hauptrolle** 1 (*Theater, Film*) leading role [*oder* part]; **mit ... in der Hauptrolle** starring ... 2 **die Hauptrolle spielen** (*Film*) to star; (*übertragen*) to be all-important

die **Hauptsache** main point; **das ist die Hauptsache** that's all that matters

hauptsächlich 1 chief [tʃi:f], main, principal ['prɪn(t)səpᵊl] 2 **ich beschäftige mich hauptsächlich mit Kindern** I mainly deal with children

die **Hauptsaison** high season

der **Hauptsatz** main clause

der **Hauptschalter** main switch

die **Hauptschlagader** aorta

H

die **Hauptschuld** main blame *kein Plural*
die **Hauptschule** ≈secondary modern school [skuːl] GB (⚠ *in GB gibt es diese Art von Schule nicht mehr*), ≈ junior high school USA
der **Hauptspeicher** (*Informatik*) main storage
die **Hauptstadt** capital; **die Hauptstadt von Schottland ist Edinburgh** the capital of Scotland is Edinburgh
die **Hauptstraße** ① (*in der Stadt*) high street GB, main street USA ② (*für Fernverkehr*) arterial road GB, highway USA
der **Haupttreffer** jackpot
die **Hauptverhandlung** main hearing
die **Hauptverkehrsstraße** ① (*in der Stadt*) main street ② (*Durchgangsstraße*) main thoroughfare [ˈθʌrəˌfeəʳ] ③ (*Städteverbindung*) main highway
die **Hauptverkehrszeit** rush hour [aʊəʳ]
der **Hauptwaschgang** main wash
das **Hauptwort** (*Substantiv*) noun
das **Haus** ① house; (*Gebäude*) building [ˈbɪldɪŋ]; (*Heim*) home; **das kommt mir nicht ins Haus** I'm not having that in the house; **nach Hause** home; **ich möchte nach Hause** I want to go home; **zu Hause** at home; **wenn wir wieder zu Hause sind** when we're back [at] home; **er ist in London zu Hause** his home town is London; **fühlen Sie sich wie zu Hause!** make yourself at home!; **Haus und Hof** house and home ② *eines Fürsten, einer Firma:* House; **Herr X ist nicht im Hause** Mr X is not in ③ (*Publikum*) house; (*Theatergebäude*) theatre [ˈθɪətəʳ] GB, theater USA; **ein volles Haus** (*im Theater*) a full house ④ **Lieferung frei Haus** (*in der Wirtschaft*) free delivery ⑤ **außer Haus essen** to eat out ▶ WENDUNGEN: **aus gutem Hause** from a good family; **ins Haus stehen** to be in store; **von Haus aus** (*ursprünglich*) originally; (*von Natur aus*) naturally
der **Hausanzug** leisure suit [ˈleʒəʳˌsuːt]
die **Hausapotheke** medicine [ˈmedsᵊn] cabinet
die **Hausarbeit** ① (*Haushalt*) chores [tʃɔːʳz] ⚠ *Plural,* housework ② (*in der Schule*) homework
der **Hausarrest** ① (*juristisch*) house arrest; **jemanden unter Hausarrest stellen** to place someone under house arrest ② (*im Internat*) detention ③ (*durch Eltern*) **Tom hat leider Hausarrest** I'm afraid Tom's been grounded
der **Hausarzt**, die **Hausärztin** family doctor
die **Hausaufgabe** (*in der Schule*) homework ⚠ *kein Plural;* **seine Hausaufgaben machen** to do one's homework ⚠ *Singular*
hausbacken (*abwertend*) drab, homespun, homely USA
die **Hausbar** cocktail cabinet
der **Hausbesetzer**, die **Hausbesetzerin** squatter
der **Hausbesitzer**, die **Hausbesitzerin** house owner
der **Hausbewohner**, die **Hausbewohnerin** occupant
das **Häuschen** ① (*kleines Haus*) small house ② (*im Grünen*) cottage [ˈkɒtɪdʒ] ▶ WENDUNGEN: **aus dem Häuschen geraten** to go wild with excitement
der **Hauseingang** entrance [ˈentrən(t)s]
hausen (*abwertend*) to dwell
der **Häuserblock**, der **Häuserkomplex** block [of buildings]
der **Hausflur** (*Diele*) [entrance [ˈentrən(t)s]] hall GB, hallway; (*Gang*) corridor
die **Hausfrau** housewife
der **Hausgebrauch** **mein Spanisch reicht gerade für den Hausgebrauch** I just about get by with my Spanish
hausgemacht home-made
der **Haushalt** ① (*Hausgemeinschaft*) household ② (*Etat*) budget [ˈbʌdʒɪt] ③ **jemandem den Haushalt führen** to keep house for someone
der **Haushälter**, die **Haushälterin** housekeeper
die **Haushälterin** housekeeper
das **Haushaltsgeld** housekeeping money
das **Haushaltsgerät** domestic appliance [əˈplaɪən(t)s]
das **Haushaltsjahr** (*Politik*) fiscal [*oder* financial [faɪˈnæn(t)ʃᵊl]] year
der **Hausherr**, die **Hausherrin** ① (*Gastgeber*) host *maskulin,* hostess *feminin* ② (*Hauswirt*) landlord *maskulin,* landlady *feminin*
haushoch ① gigantic [dʒaɪˈgæntɪk]; *Wellen:* mountainous ② *Niederlage:* crushing; *Sieg:* overwhelming [ˌəʊvəˈ(h)welmɪŋ]; **haushoch gewinnen** to win hands down; **haushoch verlieren** to get a thrashing; **haushoch überlegen** vastly superior
hausieren (*auch übertragen*) **mit etwas hausieren** to hawk something
der **Hausierer**, die **Hausiererin** hawker
der **Hauslehrer**, die **Hauslehrerin** private tutor
häuslich (*das Zuhause liebend*) home-loving
das **Hausmädchen** [house]maid
der **Hausmann** house-husband
die **Hausmannskost** plain fare [feəʳ]
die **Hausmarke** own brand [*oder* label]
der **Hausmeister**, die **Hausmeisterin** caretaker GB, janitor USA
das **Hausmittel** (*gegen Krankheiten*) household remedy
die **Hausnummer** house number
die **Hausordnung** rules ⚠ *Plural* of the house
der **Hausrat** household effects ⚠ *Plural*
die **Hausratversicherung** household contents insurance [ˈkɒntentsɪnˌʃʊərᵊn(t)s]
der **Hausschlüssel** front-door key
die **Hausschuhe** slippers
das **Haustier** pet
die **Haustür** front door

der **Hauswart** Ⓐ caretaker, janitor

die **Haut** ① skin ② *(zur Lederverarbeitung)* hide ③ *einer Frucht:* peel ④ *von Flüssigkeit:* film; *von Milch:* skin ▸ WENDUNGEN: **eine dicke Haut haben** *(umgangsspr)* to be thick-skinned; **mit Haut und Haaren** *(umgangsspr)* completely, totally; **nur Haut und Knochen sein** to be nothing but skin and bone; **mit heiler Haut davonkommen** to escape without a scratch; **nass bis auf die Haut** soaked to the skin; **ich möchte nicht in seiner Haut stecken** *(umgangsspr)* I wouldn't like to be in his shoes; **das geht einem unter die Haut** *(umgangsspr)* that gets under your skin

die **Hautabschürfung** *(medizinisch)* excoriation

der **Hautarzt**, die **Hautärztin** *(medizinisch)* dermatologist

der **Hautausschlag** rash

die **Hautcreme** skin cream

häuten ① to skin *Tier* ② **sich häuten** *Schlange:* to shed skin

hauteng skin-tight

die **Hautkrankheit** skin disease

der **Hautkrebs** skin cancer [-ˌkæn(t)səʳ]

die **Havarie** accident ['æksɪdᵊnt]; *(Schaden)* damage ['dæmɪdʒ]

die **Haxe** knuckle ['rʌkl̩]

HDTV *Abkürzung von* **High Definition Television** HDTV [ˌeɪtʃdiːtiː'viː]

die **Hebamme** midwife

der **Hebel** lever ▸ WENDUNGEN: **alle Hebel in Bewegung setzen** to move heaven and earth; **am längeren Hebel sitzen** to have the whip hand

heben ① *(hochheben)* to lift, to raise ② *(übertragen: verbessern)* to improve [ɪm'pruːv] *Leistung, Niveau;* to raise *Leistung, Niveau* ③ **sich heben** *Nebel:* to lift; *Vorhang:* to rise ④ **sich heben** *Stimmung:* to improve ▸ WENDUNGEN: **einen heben** *(umgangsspr)* to have a drink

der **Hebräer**, die **Hebräerin** Hebrew

hebräisch Hebrew

der **Hecht** *(Raubfisch)* pike

das **Heck** *von Schiff:* stern; *von Auto:* rear; *von Flugzeug:* tail

die **Hecke** hedge [hedʒ]

die **Heckenrose** dog rose

die **Heckklappe** tailgate

der **Heckmotor** rear engine

die **Heckscheibe** *(Auto)* rear window

die **Heckscheibenheizung** rear window heater

der **Heckspoiler** rear spoiler

das **Heer** ① *(militärisch)* army ② *(übertragen: Schwarm)* swarm ③ *(umgangsspr: große Menge)* host

die **Hefe** yeast

der **Hefeteig** yeast dough [dəʊ]

das **Heft** ① *(zum Schreiben)* notebook ② *(Übungsheft)* exercise ['eksəsaɪz] book ③ *(Broschüre)* booklet ④ *einer Zeitschrift:* issue ['ɪʃuː], number

heften ① *(mit Klammer)* to clip (**an** to); *(mit Heftklammer)* to staple (**an** to) ② to stitch *Buch* ③ to baste, to tack *Saum, Naht*

der **Hefter** ① *(Mappe)* folder ② *(Bürogerät)* stapler

heftig ① *(stark, gewaltig)* violent ② *(Intensität)* intense ③ *Regen:* lashing, heavy ④ *Kritik, Kämpfe:* fierce [fɪəs] ⑤ *(Schmerz)* severe [sə'vɪəʳ]

die **Heftklammer** staple

das **Heftpflaster** *(medizinisch)* adhesive [əd'hiːsɪv] plaster [*oder* USA tape]

die **Heftzwecke** drawing-pin GB, thumbtack ['θʌmtæk] USA

die **Hegemonialmacht** hegemonic [ˌhegɪ'mɒnɪk] power

hegen ① *(pflegen)* to care for ② *(übertragen)* to entertain, to nourish ['nʌrɪʃ] *Gefühle*

der **Heide**, die **Heidin** heathen, pagan

die **Heide** *(Landschaft)* heath

das **Heidekraut** heather

die **Heidelbeere** bilberry, blueberry, huckleberry USA

die **Heidenangst** *(umgangsspr)* **eine Heidenangst haben** to be scared stiff *umgangsspr*

das **Heidengeld** *(umgangsspr)* **ein Heidengeld** a packet

der **Heidenspaß** *(umgangsspr)* terrific fun; **einen Heidenspaß haben** to have a ball

heidnisch heathen, pagan

heikel *Sache, Thema:* delicate, tricky; *Person:* fussy, particular

heil ① *(unverletzt)* unhurt, unscathed [ʌn'skeɪðd] ② *(ganz, intakt)* undamaged [ʌn'dæmɪdʒd] ③ *(geheilt)* cured, healed

heilbar ① *Wunden:* healable ② *Krankheit:* curable

der **Heilbutt** *(Raubfisch)* halibut

heilen ① *(auch übertragen)* to cure *Krankheit* ② *Wunde:* to heal

heilfroh *(umgangsspr)* jolly glad

die **Heilgymnastik** physiotherapy

heilig ① holy ② *(vor Namen)* **der Heilige Petrus** Saint Peter ③ **das ist mir heilig** that is sacred to me

der **Heiligabend** Christmas Eve

> **L** **Christmas Eve** ist in Großbritannien und Irland ein normaler Arbeitstag. Vor dem Schlafengehen hängen die Kinder **Christmas stockings** (große Socken) oder auch Kopfkissenbezüge auf, die in der Nacht mit Geschenken gefüllt werden. Gefeiert wird am **Christmas Day** (25. Dezember). Traditionell isst man einen mit Brät gefüllten Truthahn mit Röstkartoffeln und Preiselbeersoße. Danach gibt es den **Christmas pudding** oder **plum pudding**, einen gedämpften Kuchen mit Korinthen, Rosinen und Sultaninen. **Christmas crackers** sind eine britische Erfindung aus der Mitte des 19. Jhs.: verzierte Papprollen mit einem kleinen Geschenk in der Mitte, einem witzigen

Spruch und einer Papierkrone. Sie werden meistens während des Mittagessens von jeweils zwei Personen auseinandergerissen. Ebenfalls seit Mitte des 19. Jhs. ist es in Großbritannien üblich, ab Anfang Dezember **Christmas cards** (Weihnachtskarten) an alle Verwandte, Freunde und Bekannte zu verschicken.

der/die **Heilige** saint
heiligen to sanctify; (*heilighalten*) to hallow; **geheiligt werde Dein Name** hallowed be Thy name
die **Heiligkeit** holiness; **Eure/Seine Heiligkeit** Your/His Holiness
heiligsprechen to canonize
die **Heiligsprechung** canonization
das **Heiligtum** 1 (*heiliger Ort*) shrine 2 (*umgangsspr: heiliger Gegenstand*) most sacred object
die **Heilkraft** 1 healing power 2 (*medizinisch*) *einer Pflanze:* medicinal [məˈdɪsɪnᵊl] properties *Plural*
das **Heilkraut** medicinal [məˈdɪsɪnᵊl] herb
die **Heilkunde** medicine [ˈmedsᵊn]
das **Heilmittel** remedy
die **Heilpflanze** medicinal [məˈdɪsɪnᵊl] plant
der **Heilpraktiker**, die **Heilpraktikerin** non-medical practitioner (GB), naturopathic doctor (USA)
die **Heilquelle** medicinal [məˈdɪsɪnᵊl] spring
heilsam (*auch übertragen*) beneficial [ˌbenɪˈfɪʃᵊl], salutary
die **Heilsarmee** Salvation Army
die **Heilung** 1 *einer Wunde:* healing; *eines Kranken:* curing 2 (*Gesundung*) cure
der **Heilungsprozess** healing process [-ˌprəʊses]
das **Heilwasser** mineral [spring] water
das **Heim** home
heim home
die **Heimarbeit** outwork
die **Heimat** 1 (*allgemein*) home; **in der Heimat** back home; **aus der Heimat** from back home 2 (*Stadt*) home town 3 (*Heimatland*) native [*oder* home] country
heimatlich (*zur Heimat gehörig*) native, home
heimatlos homeless
der **Heimatschein** (CH) certificate of origin [*oder* domicile]
die **Heimatstadt** home town
heimfahren to go home; **er ist heimgefahren** he drove home; **sie hat mich heimgefahren** she drove me home
die **Heimfahrt** return journey; (*mit dem Schiff*) return voyage
heimisch 1 (*vertraut*) at home, familiar; *Gewässer:* home; **sich heimisch fühlen in ...** to feel at home in ... 2 *Pflanzen, Tiere:* native
die **Heimkehr** homecoming
heimkehren to return home (**aus** from)
heimlich 1 (*geheim*) secret 2 (*verstohlen*) furtive
die **Heimlichtuerei** (*umgangsspr*) secretive ways ⚠ *Plural* (**mit** about)
die **Heimreise** journey home; (*mit dem Schiff*) homeward voyage; **auf der Heimreise sein** to be homeward-bound
heimtückisch 1 (*boshaft*) malicious [məˈlɪʃəs] 2 *Krankheit:* insidious [ɪnˈsɪdiəs] 3 (*gefährlich, trügerisch*) treacherous [ˈtretʃᵊrəs]
heimwärts homeward[s]
der **Heimweg** way home; **auf dem Heimweg sein** to be on one's way home; **sich auf den Heimweg machen** to set off [for] home
das **Heimweh** 1 homesickness; **Heimweh haben** to be homesick 2 (*übertragen: Nostalgie*) nostalgia
heimzahlen (*übertragen*) **jemandem etwas heimzahlen** to pay someone back for something
die **Heirat** marriage [ˈmærɪdʒ]; (*Hochzeitsfeier*) wedding
heiraten to get married; **jemanden heiraten** to marry someone
der **Heiratsantrag** proposal [of marriage [ˈmærɪdʒ]]; **jemandem einen Heiratsantrag machen** to propose to someone
heiser hoarse; (*belegt*) husky
die **Heiserkeit** hoarseness
heiß 1 hot; **drückend heiß** oppressively hot; **mir ist heiß** I am hot 2 *Zone:* torrid 3 **etwas heiß machen** (*erhitzen*) to heat something up 4 (*leidenschaftlich*) hot; **etwas heiß ersehnen** to long for something ardently; **heiß geliebt** ardently beloved 5 (*slang*) **echt heiß** really cool; **der Typ ist echt heiß** that guy is so gorgeous [*oder* (USA) cute] 6 **das macht mich nicht heiß** that doesn't really tickle my fancy *umgangsspr;* (*erotisch*) that doesn't turn me on 7 **heißer Draht** hot line; **heißer Tipp** hot tip
heißblütig hot-blooded
heißen 1 to be called; **wie heißen Sie?** what's your name?; **ich heiße Tim** my name's Tim; **wie heißt das?** what do you call this?; **was heißt ... auf Englisch?** what's ... in English?, what's the English [word] for ...?; **nach jemandem heißen** to be called after [*oder* (USA) for] someone 2 (*bedeuten*) mean; **was heißt das für uns?** what does that mean for us?; **das soll nicht heißen, dass ...** that's not to say that ... 3 **es heißt ...** (*man sagt*) it is said ..., they say ...; (*es steht geschrieben*) it says ... 4 **das heißt** that is; **d.h.** i.e.; (*mit anderen Worten*) that is to say 5 (*nennen*) call 6 **jemanden willkommen heißen** to bid someone welcome
der **Heißhunger** craving (**auf** for)
die **Heißluft** hot air
der **Heißluftherd** convection [*oder* fan-assisted] oven
heiter 1 (*sonnig, hell*) bright [braɪt], fair

2 (*fröhlich*) cheerful 3 (*erheiternd*) amusing, funny 4 (*abgeklärt, ausgeglichen*) serene ▶ WENDUNGEN: **aus heiterem Himmel** out of the blue; **das kann ja noch heiter werden!** that'll be a bunch of laughs!

die **Heiterkeit** 1 cheerfulness 2 **zur allgemeinen Heiterkeit** to everyone's amusement

die **Heizanlage** heating system [-ˌsɪstəm], heater (USA)

die **Heizdecke** electric blanket

heizen 1 to heat *Wohnung* 2 to fire *Ofen* 3 (*die Heizung in Betrieb haben*) to have the heating on 4 (*Wärme abgeben*) to give off heat 5 **mit Öl heizen** to use fuel oil for heating

das **Heizkissen** heating pad

der **Heizkörper** radiator

die **Heizkosten** heating costs

der **Heizlüfter** fan heater

das **Heizmaterial** fuel [for heating]

das **Heizöl** fuel oil

die **Heizung** (*technisch*) heating

der **Heizungskeller** boiler room

das/der **Hektar** hectare

die **Hektik** hectic pace; **nur keine Hektik!** take it easy!

hektisch hectic

der **Held**, die **Heldin** hero *maskulin*, heroine *feminin*

heldenhaft heroic

die **Heldentat** heroic deed

helfen 1 help (**bei** with); **kann ich irgendwie helfen?** is there anything I can do?; **du kannst mir beim Spülen helfen** you can help me do the washing-up 2 **jemandem aus der Patsche helfen** (*umgangsspr*) to help someone out of a jam 3 **sich zu helfen wissen** to be able to take care of oneself 4 **ich kann mir nicht helfen, ich liebe ihn** I can't help myself, I love him 5 **es hilft nichts** it's no good

der **Helfer**, die **Helferin** 1 (*Helfende*) helper 2 (*Gehilfe*) assistant

hell 1 (*nicht dunkel*) light; **es wird langsam hell** it's slowly getting light; **es ist schon hell** it's light already 2 *Farbe:* light, pale 3 *Haut:* fair 4 *Klang:* clear 5 (*auch übertragen: leuchtend*) bright [braɪt] 6 **ein helles Bier** ≈ a lager 7 (*völlig*) *Wahnsinn, Freude:* sheer; **in helle Wut geraten** to fly into a blind rage

hellblau light blue

hellblond light blond

hellhörig *Wohnung:* poorly soundproofed; *Wand:* thin

die **Helligkeit** 1 brightness ['braɪtnəs] 2 (*in der Physik auch*) light intensity

helllicht am helllichten Tage in broad daylight

der **Hellraumprojektor** (CH) overhead projector [prə'dʒektəʳ]

der **Hellseher**, die **Hellseherin** clairvoyant *maskulin*, clairvoyante [ˌkleə'vɔɪənt] *feminin*

hellwach wide-awake

der **Helm** helmet

die **Helmpflicht es besteht Helmpflicht** the wearing of crash helmets is compulsory

das **Hemd** 1 (*Oberhemd*) shirt 2 (*Unterhemd*) vest (GB), undershirt (USA)

hemmen 1 to hamper, to hinder *Fortschritt* 2 **sich gegenseitig hemmen** to hold each other back

die **Hemmschwelle** inhibition threshold; **da sinkt die Hemmschwelle** it reduces inhibitions

die **Hemmungen** 1 inhibitions 2 (*Bedenken*) scruples ['skruːplz]

hemmungslos 1 (*ungezügelt*) unrestrained 2 (*skrupellos*) unscrupulous [ʌn'skruːpjələs]

das **Hendl** (A) chicken

der **Hengst** stallion (GB), stud (USA)

der **Henkel** handle

die **Henkersmahlzeit** (*übertragen*) last meal

das **Henna** henna

die **Henne** hen

die **Hepatitis** hepatitis [ˌhepə'taɪtɪs]

her 1 (*örtlich*) here; **von hier her** from here; **von oben her** from above; **kommen Sie her!** come here [to me]! 2 **her damit!** give it here! *umgangsspr* 3 (*zeitlich*) ago; **wie lange ist das her?** how long ago was that? 4 **vom Geld her** as far as money goes 5 **hinter jemandem her sein** (*umgangsspr*) to be after someone 6 **mit ihm ist es nicht weit her** (*umgangsspr*) he's no great shakes

herab down, downward[s]; **von oben herab** from above; (*herablassend*) condescendingly [ˌkɒndɪ'sendɪŋli]

herablassen 1 let down, lower; **sich herablassen** to let oneself down 2 **sich herablassen, etwas zu tun** (*übertragen*) to condescend to do something

herablassend condescending [ˌkɒndɪ'sendɪŋ]

herabsehen to look down

herabsetzen 1 to cut [down], to reduce [rɪ'djuːs] *Preise, Steuern* 2 (*schlechtmachen*) to belittle, to disparage [dɪ'spærɪdʒ]

heran close [kləʊs], near; **komm näher heran** come closer

herankommen 1 (*näher kommen*) to come near 2 (*übertragen*) *Zeit:* to approach, to draw near 3 (*erreichen*) to reach; **an jemanden/etwas herankommen** to reach someone/something 4 **die Dinge an sich herankommen lassen** to wait and see what happens 5 **man kann nur schwer an ihn herankommen** (*menschlich*) it is difficult to get anywhere near him

heranwachsen (*auch übertragen*) to grow up

heranziehen 1 (*näher bringen*) to pull up (**an** to, **zu** towards) 2 to call in *Arzt* 3 **jemanden zu etwas heranziehen** to call [up]on someone

H

for something

herauf up, upwards; **hier herauf** up here; **von unten herauf** from below

heraufkommen to come up

heraufziehen 1 (*nach oben ziehen*) to pull up 2 *Gewitter:* to approach, to draw near

heraus 1 out; **zum Fenster heraus** out of the window 2 (*übertragen*) **aus ... heraus** out of ... 3 **von innen heraus** from within 4 **heraus damit!** (*umgangsspr: mit der Sprache*) out with it!; (*her damit!*) hand it over! 5 **aus dem Alter bin ich heraus** that's all behind me

herausbekommen 1 to get back *Wechselgeld;* **Sie bekommen einen Euro zwanzig heraus** you get one euro twenty [cents] change 2 to get out *Nagel, Flecken* 3 (*herausfinden*) to find out; (*lösen*) to solve; **sie werden nicht viel aus ihm herausbekommen** they won't get much out of him

H

herausbringen 1 to bring out *auch Produkt;* to release *CD, Album* 2 to get out *Nagel, Flecken* 3 (*übertragen: lösen*) to solve; (*herausfinden*) to find out 4 (*übertragen: hervorbringen, sagen*) to get out; **jemanden/etwas groß herausbringen** to give someone/something a big build-up

herausfinden 1 (*auch übertragen*) to find out 2 **ich finde selber heraus, danke** I'll find my own way out, thanks

der **Herausforderer**, die **Herausfordererin** challenger ['tʃælɪndʒəʳ]

herausfordern 1 (*auch im Sport*) to challenge ['tʃælɪndʒ] (**zu** to) 2 (*provozieren*) to provoke

herausfordernd 1 (*frech*) provoking 2 (*provokativ*) provocative

die **Herausforderung** 1 (*auch im Sport*) challenge ['tʃælɪndʒ] 2 (*Provokation*) provocation

herausgeben 1 (*zurückgeben*) to return 2 (*aushändigen*) **jemandem etwas herausgeben** to hand over something to someone 3 to deliver, to hand out *Ware* 4 **Wechselgeld herausgeben** to give change (**auf** for); **Sie haben mir zu wenig herausgegeben** you gave me too little change; **können Sie mir herausgeben?** can you give me change? 5 (*herausreichen*) to pass out 6 to edit *Buch* 7 *Verleger:* to publish

der **Herausgeber**, die **Herausgeberin** 1 (*Verfasser*) editor 2 (*Verleger*) publisher

heraushalten to keep out (**aus** of); **das Wild wird aus dem Park herausgehalten** deer is kept out of the park; **ich würde mich da heraushalten** I would keep out of it

herauskommen 1 (*auch übertragen*) to come out 2 *Buch:* to be published, to come out 3 (*als Ergebnis*) to come (**bei** of); (*bei Rechenaufgaben*) to be the answer ['ɑːn(t)səʳ] 4 **groß herauskommen** to be a big hit 5 **dabei kommt nichts heraus** that doesn't get us anywhere

herausnehmen 1 (*auch medizinisch*) to take out 2 **sich etwas herausnehmen** (*übertragen*) to take liberties *Plural*

herausragen 1 (*hervorstehen*) to jut out; (*höher sein*) to tower [taʊəʳ] 2 (*übertragen: hervorstechen*) to stand out

herausragend outstanding

herausreden **sich aus etwas herausreden** to talk oneself out of something

herausreißen 1 to tear [teəʳ] out (**aus** of); to pull out *Wurzel;* to extract *Zahn* 2 (*ablenken*) **jemanden aus seiner Arbeit herausreißen** to interrupt someone in their work

herausstellen 1 to put out *Gegenstände* 2 (*im Sport*) to turn out *Spieler* 3 (*betonen*) to emphasize 4 **sich herausstellen** to turn out; **wie es sich herausstellte ...** as it turned out ...; **die Aufgabe stellte sich als äußerst schwierig heraus** the exercise turned out to be extremely difficult

herausstrecken to stick out

heraussuchen to pick out, to choose

herausziehen 1 to pull out 2 (*entfernen*) to remove (**aus** from)

herb 1 (*bitter*) bitter 2 *Kritik:* harsh 3 *Parfüm:* tangy 4 *Wein:* dry

herbeieilen to come running [up]

herbeiführen 1 (*bewirken*) to bring about; (*verursachen*) to cause 2 (*nach sich ziehen*) to give rise to *Probleme* 3 to arrange [ə'reɪndʒ] for *Begegnung*

die **Herberge** 1 (*Obdach*) shelter 2 (*Gasthof*) inn 3 (*Alpenhütte, Jugendherberge*) hostel

die **Herbergsmutter**, der **Herbergsvater** warden

das **Herbizid** herbicide ['hɜːbɪsaɪd]

der **Herbst** (*auch übertragen*) autumn ['ɔːtəm] GB, fall USA; **im Herbst** in the autumn [*oder* USA fall]

herbstlich autumnal; (*attributiv*) autumn ['ɔːtəm]

der **Herd** (*Küchenherd*) stove, cooker

die **Herde** herd; *von Schafen:* flock

herein in, into; **herein!** come in!; **immer nur herein!** roll up!

hereinbrechen 1 *Dunkelheit:* to close [kləʊz] in; *Nacht, Dämmerung:* to fall; *Unwetter:* to break (**über** over) 2 **hereinbrechen über** *Unglück:* to befall

hereinfallen (*betrogen werden*) to be taken in (**auf** by)

hereinkommen to come in [*oder* inside]

hereinlassen to let in

hereinlegen (*umgangsspr*) **jemanden hereinlegen** to take someone for a ride

hereinplatzen to burst in

die **Herfahrt** journey here; **auf der Herfahrt** on the journey [*oder* way] here

herfallen **über jemanden herfallen** (*angreifen*) to set upon someone; (*mit Fragen*) to pitch into someone; (*kritisieren*) to pull someone to pieces; **über etwas herfallen** to pounce upon something

der **Hergang** course of events ⚠ *kein Plural*

hergeben to give away, to hand over; **gib es her!** give it to me!; **gib mal her** let's [*oder* let me] have a look

herholen to fetch, to go and get

der **Hering** ① (*Speisefisch*) herring ② (*Zeltpflock*) [tent] peg

herkommen ① to come here; (*sich nähern*) to approach ② (*abstammen*) to come (**von** from); **von wo kommst du her?** where do you come from?

die **Herkunft** ① (*Abstammung*) descent [dɪ'sent]; **britischer Herkunft** of British descent ② (*soziale*) background ③ (*Ursprung*) origin

das **Herkunftsland** country of origin; **sicheres Herkunftsland** (*Politik*) safe country of origin

hermachen ① **sich über etwas hermachen** (*umgangsspr*) to get stuck into something; (*über Essen*) to dig into something ② **sich über jemanden hermachen** to lay into someone ③ **etwas hermachen** to look impressive

hernehmen to get; **und wo soll er das hernehmen?** and where is he supposed to get that from?

das **Heroin** heroine

der **Herpes** (*medizinisch*) herpes ['hɜːpiːz]

der **Herr** ① (*Mann*) gentleman ['dʒentlmən] ② (*Gebieter*) lord, master ③ (*Anrede ohne Namen*) sir; **Sehr geehrte Herren** Dear Sirs ④ (*Anrede mit Namen*) Mr; **Herr Professor Maier** Professor Maier; **Sehr geehrter Herr Beck** Dear Mr Beck ⑤ **meine Damen und Herren!** ladies and gentlemen! ⑥ **Herren** (*Toilette*) Gentlemen, Men['s room] ▶ WENDUNGEN: **einer Sache Herr werden** to master something; **Herr seiner Sinne sein** to be in control of one's senses

die **Herrenbekleidung** menswear

herrenlos *Sache:* ownerless; *Gepäckstück, Jacke:* abandoned; *Tier:* stray

die **Herrentoilette** gentlemen's [*oder* men's] toilet, gents [dʒents] *umgangsspr*

herrlich ① (*großartig*) magnificent [mæg'nɪfɪsᵊnt] ② (*wunderbar*) marvel[l]ous ['mɑːvᵊləs] ③ (*prächtig*) splendid

die **Herrschaft** ① (*Staatsgewalt*) rule; (*eines Monarchen*) reign [reɪn] ② (*Macht*) power; (*Kontrolle*) control ③ **meine Herrschaften!** (*Anrede*) ladies and gentlemen!

herrschen ① (*die Macht haben*) to rule ② (*regieren*) to govern; *König:* to reign [reɪn] ③ (*vorherrschen*) *Meinung:* to prevail ④ (*bestehen*) *Tatsache:* to be

herrschend ① *Klasse, Partei:* ruling; *König:* reigning [reɪnɪŋ] ② *Meinung:* prevailing ③ (*augenblicklich*) present ['prezᵊnt]; *Mode, Trend:* current

der **Herrscher**, die **Herrscherin** ruler (**über** of); (*Fürst*) sovereign ['sɒvᵊrɪn]

das **Herrscherhaus** [ruling] dynasty ['dɪnəsti]

herrschsüchtig domineering

herstellen (*erzeugen*) to make, to produce [prə'djuːs]

der **Hersteller**, die **Herstellerin** (*Produzent*) producer [prə'djuːsəʳ]

die **Herstellung** production

die **Herstellungskosten** production costs

herüber over [here]; (*über Grenze*) across

herum ① about, [a]round; **um die Taille herum** around the waist; **um das Dorf herum** round about the village; **oben herum** round the top; **falsch herum** the wrong way round ② (*ungefähr*) **um sechs Uhr herum** round [*oder* at] about six o'clock; **um Weihnachten herum** round about Christmas; **es kostet so um die 10 Euro herum** (*umgangsspr*) it costs somewhere round 10 euros

herumdrehen ① to turn round ② (*wenden*) to turn over

herumführen ① **jemanden [um etwas] herumführen** to lead someone around [something] ② (*bei Besichtigung*) **jemanden [in etwas] herumführen** to show someone around something ③ **um etwas herumführen** *Straße, Weg:* to go around something

herumgehen ① (*umhergehen*) **sie gingen in der Stadt herum** they walked around town ② (*um Grundstück, Raum*) to go around ③ (*zirkulieren*) *Gerücht, Foto:* to be passed around

herumhängen to hang around

herumkommandieren (*umgangsspr*) to boss about; **er kommandiert mich ständig herum** he always bosses me about; **kommandiere nicht herum!** don't give orders!

herumkommen ① (*reisen*) to get around; **er ist weit herumgekommen** he has seen a lot of the world ② **um etwas herumkommen** (*nicht tun müssen*) to get out of something

herumkriegen ① **sie hat ihn doch noch herumgekriegt** (*umgangsspr*) she finally talked him into it ② **wie kriegen wir am besten die Zeit herum?** what's the best way for us to kill the time?

herumlaufen ① (*umgangsspr*) to run around ② **frei herumlaufen** *Verbrecher:* to be at large; *Hund:* to run free

herumliegen (*umgangsspr*) to lie around; (*verstreut*) to be scattered about; (*faul*) to laze around

herumreichen to pass [*oder* hand] round

herumschlagen **sich mit einem Problem herumschlagen** (*umgangsspr*) to struggle with a problem
herumsitzen to sit around
herumsprechen **sich herumsprechen** *Gerücht:* to get around
herumstehen (*umgangsspr*) to stand around
herumtreiben (*umgangsspr: herumhängen*) to hang around
herunten Ⓐ (*hier unten*) down here
herunter ① down; **von oben herunter** from above ② **die Treppe herunter** down the stairs; **hier herunter** down here
herunterfallen to fall down
heruntergehen ① to go downstairs ② to go down *Treppe* ③ (*übertragen*) *Preise:* to go down, to fall

H

heruntergekommen ① down-and-out ② (*äußerlich*) dowdy ③ (*finanziell*) run-down ④ (*moralisch*) degenerate [dɪˈdʒenᵊrət] ⑤ (*verfallen*) dilapidated
herunterhandeln to beat down *Preis*
herunterhängen to hang down
herunterkommen ① (*nach unten kommen*) to come down; **komm von der Fensterbank herunter!** come down from [*oder* off] the windowsill! ② (*moralisch*) to degenerate [dɪˈdʒenəreɪt]
herunterladen (*Internet*) to download
herunterlassen to let down; to lower *Jalousie*
heruntermachen ① (*abmachen, wegmachen*) to take down ② **etwas heruntermachen** (*umgangsspr*) to tear something to pieces ③ **jemanden heruntermachen** (*umgangsspr*) to run someone down
herunterputzen (*umgangsspr*) to tear [teəʳ] strips off
herunterschlucken to swallow
hervor **unter etwas hervor** from under something
hervorgehen ① (*als Sieger*) to come out ② (*entstehen*) to develop, to spring (**aus** from) ③ (*folgen, sich ergeben*) to follow (**aus** from); (*herrühren*) to result [rɪˈzʌlt] (**aus** from)
hervorheben (*betonen*) to emphasize, to stress
hervorholen to get out, to produce [prəˈdjuːs]
hervorragen ① (*hervorstehen*) to jut out; (*höher sein*) to tower [taʊəʳ] ② (*übertragen: hervorstechen*) to stand out
hervorragend (*ausgezeichnet*) excellent, outstanding
hervorrufen ① (*verursachen*) to cause, to give rise to ② to arouse [əˈraʊz] *Bewunderung*
hervortreten ① (*heraustreten*) to step out ② *Augen, Adern:* to protrude ③ (*auftauchen*) to emerge [ɪˈmɜːdʒ] [from behind]; (*sichtbar werden*) to become evident; **hervortreten lassen** to set off (**vor** against)

das **Herz** ① heart ② (*Farbe beim Kartenspiel*) hearts ⚠ *Plural;* (*einzelne Spielkarte*) heart ③ (*als Kosewort*) sweetheart ▶ WENDUNGEN: **ein gutes Herz haben** to be good-hearted; **jemandem das Herz brechen** to break someone's heart; **sein Herz verlieren** to lose one's heart; **das liegt mir [sehr] am Herzen** I am [very] concerned about that; **jemandem etwas ans Herz legen** to recommend [*oder* entrust] something to someone; **jemanden ins Herz schließen** to take someone to one's heart; **schweren Herzens** with a heavy heart; **mit ganzem Herz** wholeheartedly; **jemandem zu Herzen gehen** to touch someone's heart; **sich etwas zu Herzen nehmen** to take something to heart; **ein Herz und eine Seele sein** to be bosom friends
der **Herzanfall** heart attack
der **Herzfehler** heart defect [-ˌdiːfekt]
herzhaft (*kräftig*) hearty
herziehen **über etwas herziehen** (*lästern*) to pull something to pieces
herzig delightful [dɪˈlaɪtfᵊl], sweet
der **Herzinfarkt** heart attack
der **Herzkasper** (*slang*) heart attack
das **Herzklopfen** throbbing of the heart; **ich bekam Herzklopfen** my heart started pounding
herzkrank suffering from a heart condition
das **Herzleiden** heart disease
herzlich ① *Empfang:* warm ② *Lachen:* hearty; *Grüße:* kind ③ **herzlichen Dank!** thank you very much indeed!; **herzliches Beileid!** you have my heartfelt sympathy!; **herzliche Grüße** best regards; (*vertrauter*) love (**an** to) ④ utterly; **herzlich wenig** precious [ˈpreʃəs] little ⑤ **herzlich lachen** to have a good laugh
die **Herzlichkeit** (*Wärme*) warmth
herzlos heartless
der **Herzog** duke
die **Herzogin** duchess
das **Herzogtum** (*Land*) duchy
der **Herzschlag** ① heartbeat ② (*Herzversagen*) heart failure
der **Herzschrittmacher** pacemaker
der **Herzstillstand** cardiac arrest
die **Herztransplantation** heart transplant [-ˌtræn(t)splɑːnt]
das **Herzversagen** heart failure
herzzerreißend heart-rending
der **Hesse**, die **Hessin** Hessian
hessisch Hessian
heterosexuell heterosexual
hetzen ① (*jagen*) to chase, to hunt ② (*eilen, antreiben*) to hurry, to rush ③ (*übertragen: Hass schüren*) to agitate, to stir up hatred (**gegen** against)
die **Hetzkampagne** (*abwertend*) smear campaign [-kæmˌpeɪn]

das **Heu** hay ▶ WENDUNGEN: **Geld wie Heu haben** to be rolling in money *umgangsspr,* to have pots of money *umgangsspr*

die **Heuchelei** hypocrisy

heucheln 1 to play the hypocrite ['hɪpəkrɪt], to be hypocritical [ˌhɪpəʊ'krɪtɪkᵊl] 2 **etwas heucheln** to feign something

der **Heuchler**, die **Heuchlerin** hypocrite ['hɪpəkrɪt]

heuchlerisch hypocritical [ˌhɪpəʊ'krɪtɪkᵊl]

heuer Ⓐ this year

heulen 1 to howl; (*laut*) to yell 2 *Tiere:* to howl, to yelp 3 *Sirene:* to wail

heurig Ⓐ, Ⓒⓗ this year's

der **Heuschnupfen** hay fever

die **Heuschrecke** grasshopper; (*in heißen Ländern*) locust

heute today, this day; **heute Abend** this evening, tonight; **heute früh, heute Morgen** this morning; **heute Mittag** today at twelve o'clock Ⓖⓑ, today noon Ⓤⓢⓐ; **heute vor 8 Tagen** a week ago today; **den Wievielten haben wir heute?** what date is it today?; **von heute an** from this day on; **bis heute** until today; **es ist bis heute nicht gekommen** it hasn't arrived to date

heutig 1 of this day, today's 2 (*gegenwärtig*) contemporary; (*neuzeitlich*) modern; **vom heutigen Tag** *Brief:* of today['s date]

heutzutage nowadays, these days

die **Hexe** witch; **die alte Hexe** (*abwertend*) the old hag

hexen 1 to practise witchcraft 2 (*Wunder wirken*) to work miracles; **ich kann doch nicht hexen!** (*umgangsspr*) I am not a magician!

der **Hexenschuss** (*umgangsspr*) lumbago [lʌm'beɪgəʊ]

die **Hexerei** sorcery ['sɔːsᵊri], witchcraft; **das ist doch keine Hexerei** (*umgangsspr*) that's no magic

der **Hieb** 1 (*Schlag*) blow; (*Streich*) stroke 2 (*beim Fechten*) slash 3 **Hiebe bekommen** to get a thrashing

hier 1 (*räumlich*) here; **dieses Buch hier** this book here; **hier im Garten ist es schön** it's lovely here in the garden 2 (*hierzulande*) in this country; **ich bin nicht von hier** I'm not from here 3 (*in dem Fall*) here, in this case 4 **hier und da** (*örtlich*) here and there; (*zeitlich*) now and then

die **Hierarchie** hierarchy ['haɪ(ə)rɑːki]

hierauf 1 (*obendrauf*) [on] here; **hierauf lag ein Buch** there was a book here 2 (*daraufhin*) thereupon; **hierauf folgte ein Fischgericht** this was followed by a fish dish

hieraus 1 from [*oder* out of] here; **hieraus kann niemand entkommen** nobody can escape from here 2 (*aus diesem Material*) out of this; **hieraus wird die Skulptur geschnitzt** the sculpture is carved out of this 3 **hieraus folgt ...** it follows from this ...

hierbei 1 (*währenddessen*) while doing this 2 (*dabei*) here; **hierbei sind die Regeln zu beachten** attention should be paid to the rules here

hierbleiben to stay here

hierdurch 1 (*hier hindurch*) through [θruː] here 2 (*hiermit*) by this means, hereby, herewith

hierfür for it/this

hierher 1 [over] here; **hierher!** come here!; **das gehört hierher** it goes [*oder* belongs] here 2 **bis hierher und nicht weiter** this far and no further

hierin 1 (*in Gefäß, Raum*) in here 2 in this; **hierin sehe ich kein Problem** I don't see a problem in this

hiermit 1 with this 2 **hiermit erkläre ich ...** I herewith declare ...; **hiermit wird bestätigt ...** this is to certify ... 3 **hiermit ist die Sache erledigt** that settles that

hierüber 1 (*nach hier*) over here 2 (*oberhalb dieser Stelle*) over it 3 (*betreffend*) about this

hiervon (*von diesem*) from this/it; (*über dieses Thema*) about this/it

hierzu 1 (*dafür*) for this 2 (*dazu*) with this 3 (*zu diesem Thema*) about this, concerning [kən'sɜːnɪŋ] this

hierzulande in this country

hiesige(r, s) local

die **Hi-Fi-Anlage** ['haɪfi-] stereo system [-ˌsɪstəm], hi-fi [ˌhaɪ'faɪ]

das **Hightech** ['haɪ'tɛk] high-tech

die **Hilfe** 1 help; **erste Hilfe** first aid; **zu Hilfe!** help! help!; **jemandem zu Hilfe kommen** to come to someone's aid; **Hilfe suchend** imploring, seeking help 2 (*finanziell*) aid; (*Beistand*) assistance [ə'sɪstᵊn(t)s] 3 (*für Notleidende*) relief [rɪ'liːf] 4 (*Hilfskraft*) help 5 **etwas zu Hilfe nehmen** to make use of something

die **Hilfeleistung** assistance [ə'sɪstᵊn(t)s], help

der **Hilferuf** 1 cry for help 2 (*übertragen*) urgent ['ɜːdʒᵊnt] appeal

hilflos helpless

hilfreich 1 helpful 2 (*nützlich*) useful

die **Hilfsaktion** relief [rɪ'liːf] action

der **Hilfsarbeiter**, die **Hilfsarbeiterin** unskilled worker

hilfsbedürftig 1 in need [of help] *nachgestellt* 2 **die Hilfsbedürftigen** the needy

hilfsbereit 1 (*helfend, hilfreich*) helpful 2 (*entgegenkommend*) obliging; **er ist stets hilfsbereit** he is always ready to help

die **Hilfsdatei** help file

die **Hilfskraft** assistant

das **Hilfsmittel** 1 (*Hilfe*) aid 2 (*Maßnahme*) means, measure ['meʒəʳ]

H

das **Hilfsverb** auxiliary verb
das **Hilfswerk** relief [rɪ'li:f] organization
das **Hilfszeitwort** auxiliary verb
der **Himalaja** Himalayas *Plural*
die **Himbeere** raspberry ['rɑ:zbᵊri]
der **Himmel** 1 sky; **am Himmel** in the sky; **unter freiem Himmel schlafen** to sleep in the open air 2 (*religiös*) heaven; (*Paradies*) paradise; (*übertragen: Gott, Schicksal*) Heaven ▶ WENDUNGEN: **aus heiterem Himmel** out of the blue; **um Himmels willen!** for Heaven's sake!; **dem Himmel sei Dank!** thank Heaven!; **du lieber Himmel!** good Heavens!
das **Himmelbett** four-poster
himmelblau sky-blue
die **Himmelfahrt** Ascension [ə'sen(t)ʃᵊn]; (*Feiertag*) Ascension Day; **Mariä Himmelfahrt** the Assumption of the Virgin Mary

H

die **Himmelsrichtung** direction
himmelweit (*umgangsspr*) *Unterschied:* considerable; **sich himmelweit unterscheiden** to be completely different; **himmelweit voneinander entfernt** far apart from one another
himmlisch 1 heavenly 2 (*wunderbar*) divine; *Wetter:* gorgeous ['gɔ:dʒəs]
hin 1 (*dorthin*) there; **schau dort hin** look over there; (*zu*) towards; **schieb es zu mir hin** push it towards me 2 **hin und her** (*auf und ab*) to and fro; (*hin und zurück*) there and back; **das Hin und Her** the comings and goings ⚠ *Plural;* **hin und zurück** there and back 3 **auf seinen Rat hin** on his advice 4 **hin und wieder** [every] now and again 5 (*umgangsspr*) *Ruf:* ruined; (*kaputt*) broken 6 **sie war ganz hin [und weg]** (*umgangsspr: hingerissen*) she was really carried away
hinab down, downward[s]
hinarbeiten to aim (**auf** at)
hinauf up; **da hinauf** up there
hinauffahren to go up, to drive up
hinaufgehen 1 to go up; **die Treppe hinaufgehen** to go upstairs 2 *Preise:* to rise
hinaufsteigen to climb [klaɪm] up
hinaus 1 (*auswärts*) out; **hinaus mit euch!** out you go!; **sie gingen hinaus in die Stadt** they went out into the town 2 **ein Zimmer zum Meer hinaus** a room overlooking the sea 3 (*zeitlich*) **auf Jahre hinaus** for years to come 4 (*übertragen*) **über etwas hinaus** on top of something; (*jenseits*) beyond something; **darüber hinaus ...** on top of this ..., in addition [to this] ...
hinausbefördern to kick [*oder* throw] out
hinausbegleiten to see out (**aus** of)
hinausgehen 1 (*den Raum verlassen*) to go out 2 *Tür, Zimmer, Fenster:* to open (**auf** onto) 3 (*übertragen*) **über etwas hinausgehen** to go beyond something; (*übertreffen, übersteigen*) to exceed something
hinauslaufen 1 (*hinausrennen*) to run out 2 **auf etwas hinauslaufen** (*übertragen*) to come to something
hinauslehnen to lean out
hinausschieben to put off, to postpone
hinauswerfen 1 (*aus Fenster*) to throw out 2 (*umgangsspr: entfernen*) to chuck out 3 (*umgangsspr: entlassen*) to fire *umgangsspr,* to sack *slang*
hinauswollen (*beabsichtigen*) to be driving at; **hoch hinauswollen** to aim high
hinauszögern to delay
hinbiegen (*umgangsspr*) 1 (*bereinigen*) **ein Problem hinbiegen** to iron out a problem 2 (*drehen*) **es so hinbiegen, dass ...** to manage it so that ...
der **Hinblick** **im Hinblick auf ...** (*in Bezug auf*) with regard to ...; (*angesichts*) in view of ...
hinbringen to take there; **ich bringe dich hin** I'll take you there
hinderlich **hinderlich sein** to be a hindrance; **du bist mir nur hinderlich** you are just a hindrance to me
hindern 1 (*aufhalten*) to hinder; (*hemmen*) to hamper, to impede 2 **jemanden daran hindern, etwas zu tun** to prevent someone from doing something; **es hindert dich doch niemand** no one's stopping you

> **V** **prevent** wird oft zusammen mit **from** gebraucht: *Jack prevented her from leaving.*

das **Hindernis** 1 (*auch übertragen*) obstacle 2 (*Erschwernis*) hindrance ['hɪndrən(t)s] 3 (*Behinderung*) handicap
das **Hindernisrennen** obstacle race; (*auf Pferden*) steeplechase
hindeuten **hindeuten auf** to indicate
der **Hindu** Hindu [ˌhɪn'du:]
der **Hinduismus** Hinduism ['hɪndu:ɪzᵊm]
hinduistisch Hindu
hindurch 1 (*räumlich*) through [θru:]; **mitten hindurch** right through 2 (*zeitlich*) throughout [θru:'aʊt]; **die ganze Nacht hindurch** the whole night through; **die ganze Woche hindurch** throughout the whole week
hinein 1 (*räumlich*) in, inside, into; **hinein mit euch!** in you go! 2 (*zeitlich*) into; **bis in den April hinein** well into April; **bis in die Nacht hinein** well into the night
hineingehen 1 to go in[to] 2 **in mein Auto gehen fünf Leute hinein** my car holds five people
hineinpassen to fit
hineinversetzen **sich in jemanden hineinversetzen** to put oneself in someone's place; **sich in eine Rolle hineinversetzen** to acquaint oneself with a role; **sich in eine andere Men-**

talität hineinversetzen to try to understand a different mentality

hinfahren to go there, to drive there

die **Hinfahrt** ① (*mit Zug, Flugzeug*) outward journey; (*mit dem Schiff*) voyage out ② **auf der Hinfahrt** on the way there

hinfallen to fall [down]

der **Hinflug** outward flight

die **Hingabe** ① (*Ergebenheit*) devotion ② (*Begeisterung*) dedication

hingegen but

hingehen to go there

hinhalten ① **jemandem etwas hinhalten** to hold something out to someone ② **jemanden hinhalten** to put someone off

hinhauen (*slang*) ① (*ausreichen*) to do ② (*klappen*) to work

hinhören to listen ['lɪsᵊn]; **genau hinhören** to listen carefully

hinken ① to limp ② (*unpassend sein*) to be inappropriate [ˌɪnə'prəʊpriət]; **der Vergleich hinkt** that's a lame comparison

hinknien to kneel [niːl] down

hinkommen ① to get there; **wie kommst du hin?** how are you getting there? ② **wo kommen die Teller hin?** where do the plates go? ③ **das dürfte so hinkommen** (*ausreichen*) that should be enough; (*stimmen*) that should be right

hinkriegen (*umgangsspr*) ① **etwas gut hinkriegen** to do a good job of something ② **ich kriege das schon wieder hin** (*repariert*) I'll have that fixed again, no problem ③ **wir kriegen das schon wieder hin** (*Problem gelöst*) we'll sort it out, don't worry

hinlegen ① (*niederlegen*) to put down; (*flach*) to lay down ② (*umgangsspr*) **dafür habe ich 200 Euro hingelegt!** I had to fork out 200 euros for that! ③ **sich hinlegen** to lie down

hinnehmen to accept [ək'sept], to take

die **Hinreise** ① (*mit dem Zug, Flugzeug*) outward journey; (*mit dem Schiff*) voyage out ② **auf der Hinreise** on the way there

hinreißend (*bezaubernd*) enchanting

hinrichten to execute *Verbrecher*

die **Hinrichtung** execution

der **Hinschied** (CH) death

hinschmeißen ① (*umgangsspr: hinwerfen*) to fling down ② (*umgangsspr: aufgeben*) to chuck in

hinsetzen to sit down

die **Hinsicht** **in jeder Hinsicht** in every respect; **in dieser Hinsicht** in this regard

hinsichtlich (*bezüglich*) with regard to

hinstellen ① (*absetzen*) to put [down] (**auf** onto) ② **jemanden als jemanden/etwas hinstellen** to make someone out to be someone/something ③ **sich irgendwo hinstellen** to stand somewhere; (*mit dem Auto*) to park somewhere

hinten ① (*weiter zurück*) behind; **hinten bleiben** to stay behind; (*übertragen*) to lag behind; **weit hinten** far behind [*oder* back] ② (*auf der Rückseite*) at the back; **hinten im Auto** in the back of the car; **nach hinten** to[wards] the back; **von hinten** from behind ③ **das stimmt hinten und vorne nicht** that's totally wrong

hinter ① (*räumlich*) behind; **er stand hinter dem Baum** he stood behind the tree; **hinter meinem Rücken** behind my back; **hinter dem Haus** behind [*oder* at the back of] the house ② (*zeitlich*) **ich habe eine Grippe hinter mir** I've just got over a bout of flu ③ **sich hinter jemanden stellen** to stand behind [*oder* support] someone ④ (*übertragen*) **hinter etwas stecken** to be at the bottom of something; **hinter etwas kommen** (*herausfinden*) to get to the bottom of something

das **Hinterbein** ① hind leg ② **sich auf die Hinterbeine stellen** (*umgangsspr: sich wehren*) to put up a fight; (*sich anstrengen*) to pull one's socks up

der/die **Hinterbliebene** (*juristisch*) surviving relative; **die Hinterbliebenen** the bereaved

hintere(r, s) ① back, rear; **das hintere Ende** the back end ② **die hinteren Zimmer** the rooms at the back

hintereinander ① (*zeitlich*) one after the other [*oder* another]; **drei Tage hintereinander** three days running ② (*räumlich*) one behind the other

der **Hintergedanke** ulterior motive

hintergehen (*betrügen*) to deceive [dɪ'siːv]

der **Hintergrund** background; **vor diesem Hintergrund** (*auch übertragen*) against this background

der **Hinterhalt** (*auch übertragen*) ambush; **jemanden aus dem Hinterhalt angreifen** to ambush someone

hinterhältig *Methoden:* underhand

hinterher ① (*räumlich*) behind; **dem Kind hinterher** after the child ② (*zeitlich*) afterward[s]; **hinterher sind wir ins Kino gegangen** afterwards we went to the cinema

hinterherlaufen ① to run behind ② (*umgangsspr*) **jemandem hinterherlaufen** to run after someone

der **Hinterhof** backyard

hinterlassen ① **jemandem eine Nachricht hinterlassen** to leave a message for someone ② (*testamentarisch*) **jemandem etwas hinterlassen** to bequeath something to someone ③ **er hinterlässt eine Frau und zwei Kinder** he leaves behind a wife and two children

hinterlegen (*als Pfand*) to leave

hinterlistig ① (*tückisch*) crafty; (*verschlagen*)

cunning ② (*betrügerisch*) deceitful [dɪ'siːtfᵊl] ③ (*falsch*) false, perfidious [pə'fɪdiəs]

der **Hintermann** (*übertragen*) backer

der **Hintern** ① (*umgangsspr*) bottom, bum (GB), butt (USA) ② **sich auf den Hintern setzen** (*umgangsspr: hinfallen*) to fall on one's bottom; (*energisch arbeiten*) to pull [*oder* get] one's finger out

das **Hinterrad** rear wheel

hinterrücks ① (*von hinten*) from behind ② (*übertragen: heimtückisch*) behind someone's back

hintersinnen (CH) to brood

hinterste(**r, s**) last, back; (*entlegenste*) farthest

das **Hinterteil** rear [rɪəʳ] end *auch umgangsspr*

die **Hintertreppe** back stairs *Plural*

die **Hintertür** ① back door ② (*übertragen: Ausweg*) loophole

H

hinterziehen **Steuern hinterziehen** to evade tax[es]

hinüber over; **die Straße hinüber** across the road; **den Fluss hinüber** across the river

hinunter down; **bis hinunter nach Spanien** down to Spain

hinuntergehen to go down; (*zu Fuß*) to walk down

hinweg over

hinwegkommen **über etwas hinwegkommen** (*übertragen*) to get over something

hinwegsehen ① **über etwas hinwegsehen** to ignore something ② (*darüber sehen*) **über etwas hinwegsehen** to see over [*oder* past] something

hinwegsetzen (*übertragen*) **sich über etwas hinwegsetzen** to disregard something

der **Hinweis** ① (*Anhaltspunkt*) indication (**auf** to); (*für Polizei*) clue ② (*Anspielung*) allusion (**auf** to) ③ (*amtlicher Hinweis*) notice; (*Rat*) tip ④ (*Verweisung*) reference ['refᵊrᵊn(t)s] (**auf** to)

hinweisen ① (*zeigen*) to point (**auf** to) ② **jemanden auf etwas hinweisen** to point something out to someone ③ (*verweisen*) to refer (**auf** to) ④ (*betonen*) **auf etwas hinweisen** to emphasize something

hinwerfen ① **jemandem etwas hinwerfen** to throw something down to someone ② (*umgangsspr*) to chuck [in] *Arbeit, Stelle*

der **Hinz** **Hinz und Kunz** every Tom, Dick and Harry

hinziehen ① (*anziehen*) to attract (**zu** to) ② (*in die Länge ziehen*) to drag out ③ **sich hinziehen** *Fluss, Weg:* to stretch (**bis/nach** to) ④ **sich hinziehen** (*zeitlich*) to drag on

hinzu in addition, besides; **hinzu kommt, dass er lügt** besides he's lying

hinzukommen ① (*herbeikommen*) to arrive ② **bei/zu etwas hinzukommen** (*sich anschließen*) to join something ③ (*beigefügt werden*) to be added (**zu** to); **es kommt noch hinzu, dass ...** to add to this the fact that ...; **hinzu kommt, dass es ständig geregnet hat** on top of that it rained the whole time

hinzuziehen to consult *Arzt, Experte*

der **Hiphop** ['hɪphɔp] hip-hop

das **Hirn** ① (*Anatomie*) brain ② (*umgangsspr: Intelligenz*) brains ⚠ *Plural*

das **Hirngespinst** (*abwertend*) fantasy

die **Hirnhautentzündung** (*medizinisch*) meningitis [ˌmenɪn'dʒaɪtɪs]

hirnrissig (*umgangsspr*) crazy, hare-brained ['heəʳbreɪnd]

der **Hirntod** brain death

der **Hirsch** deer; (*männliches Tier*) stag

> **V** Der Plural von **deer** bleibt unverändert deer: *we saw ten deer in Richmond Park.*

die **Hirschkeule** haunch [hɔːn(t)ʃ] of venison

die **Hirschkuh** hind [haɪnd]

die **Hirse** (*Getreideart*) millet

der **Hirte** herdsman; (*Schafshirte*) shepherd

der **Historiker**, die **Historikerin** historian

historisch ① (*geschichtlich*) historical ② (*übertragen: sehr bedeutsam*) historic

die **Hitze** ① heat; (*Wetter*) hot weather; **ist das eine Hitze heute** it's so hot today ② **in der Hitze des Gefechts** in the heat of the moment

hitzebeständig heat-resistant

hitzeempfindlich heat-sensitive

die **Hitzewelle** heat wave

hitzig ① (*aufbrausend*) hot-headed ② *Debatte:* heated

der **Hitzschlag** heatstroke

HIV *Abkürzung von* **Human Immunodeficiency Virus** HIV [ˌeɪtʃaɪ'viː]

HIV-positiv HIV-positive

die **H-Milch** UHT-milk

HNO *Abkürzung von* **Hals, Nasen, Ohren** ENT [ˌiːen'tiː]

das **Hobby** hobby

der **Hobel** ① (*technisch*) plane ② (*Gemüsehobel*) slicer

hobeln to plane *Holz;* to slice *Gurke*

das **Hoch** ① (*Ruf*) cheer (**auf/für** for) ② (*Höhepunkt, Wetterlage*) high

hoch ① high; (*groß, hoch gewachsen*) tall ② *Preise:* high ③ *Ehre:* great ④ **das hohe C** (*in der Musik*) top C ⑤ **ein hohes Tier** (*umgangsspr*) a big fish ⑥ **im hohen Norden** in the far North ⑦ **auf hoher See** on the high seas *Plural* ⑧ **in hohem Maße** to a high degree ⑨ (*nach oben*) up; **etwas hoch halten** to hold something up; **Hände hoch!** hands up!; **Kopf hoch!** chin up! ⑩ (*Qualität*) highly; **hoch begabt** highly talented; **hoch bezahlt** highly paid; **hoch qualifiziert** highly qualified ⑪ (*Mathematik*) **2 hoch 3** 2 to the power of 3 ⑫ **es geht**

hoch her things are pretty lively

die **Hochachtung** deep respect

hochachtungsvoll (*in Briefen*) Yours faithfully

hocharbeiten **sich hocharbeiten** to work one's way up

die **Hochburg** stronghold

das **Hochdeutsch** ① (*kein Dialekt*) standard German; **Hochdeutsch sprechen** to speak standard German ② (*nicht Niederdeutsch*) High German

der **Hochdruck** ① high pressure ['preʃəʳ] ② (*Bluthochdruck*) high blood pressure ③ **mit Hochdruck arbeiten** to work at full stretch

die **Hochebene** plateau

hocherfreut overjoyed, delighted [dɪ'laɪtɪd]

das **Hochgebirge** high mountains *Plural*

das **Hochgefühl** elation

hochgehen ① (*steigen*) to rise, to go up ② (*umgangsspr: zornig werden*) to hit the ceiling [*oder* roof] ③ (*umgangsspr: explodieren*) to blow up; **etwas hochgehen lassen** to blow something up

der **Hochgeschwindigkeitszug** high-speed train

das **Hochglanzmagazin** glossy [magazine]

hochgradig extreme

hochhalten ① to hold up *Gegenstand, Arm* ② to uphold *Tradition*

das **Hochhaus** high-rise building ['bɪldɪŋ]; (*Wolkenkratzer*) skyscraper

hochheben to lift, to raise, to hold up *Hand, Arm;* to lift up *Kind, Last*

hochkant **hochkant stehen** to stand on end

hochkommen to come up; **das Abendessen ist mir hochgekommen** I threw up my dinner *umgangsspr*

die **Hochkonjunktur** (*in der Wirtschaft*) boom

das **Hochland** highland; **das schottische Hochland** the Scottish Highlands ⚠ *Plural*

die **Hochleistung** first-class performance [pə'fɔːmən(t)s]

hochmütig haughty ['hɔːti], arrogant

hochnäsig (*abwertend*) stuck-up, snooty

der **Hochofen** [blast] furnace

die **Hochrechnung** projection

die **Hochsaison** high season

die **Hochschulbildung** university/college education; **ohne Hochschulbildung** without a university/college education

die **Hochschule** college ['kɒlɪdʒ]; (*Universität*) university

> **V** Eine **High School** ist eine Oberschule wie Gymnasium oder Realschule *siehe* ***Schule***

der **Hochschullehrer**, die **Hochschullehrerin** university/college ['kɒlɪdʒ] lecturer

das **Hochschulwesen** higher education, university and college system

hochschwanger heavily pregnant ['pregnənt]

die **Hochseefischerei** deep-sea fishing

hochsensibel *Gerät, Person:* highly sensitive

der **Hochsommer** midsummer

die **Hochspannung** ① (*Elektronik*) high-voltage ② (*übertragen*) great suspense

der **Hochspannungsmast** (*Elektronik*) electricity pylon [elɪk'trɪsəti,paɪlɒn]

der **Hochsprung** (*im Sport*) high jump

höchst highly, most

der **Hochstapler**, die **Hochstaplerin** (*Schwindler*) con man

der **Höchstbetrag** maximum amount

höchste(**r, s**) ① highest; (*größte*) tallest; **der höchste Berg** the highest mountain; **das höchste Gebäude** the tallest building; **am höchsten** highest; (*am größten*) tallest ② (*äußerste*) utmost; (*extrem*) extreme; **im höchsten Maße** to the highest degree; **im höchsten Fall** at the most ③ (*maximal*) maximum; **höchste Geschwindigkeit** maximum [*oder* top] speed ④ (*schwerste*) heaviest ⑤ **höchste Zeit** high time

höchstens ① (*bestenfalls*) at best, at [the] most ② (*nicht mehr als*) not more than ...

die **Höchstform** (*auch übertragen*) top form

die **Höchstgeschwindigkeit** top speed; **zulässige Höchstgeschwindigkeit** speed limit

die **Höchstgrenze** upper limit

die **Höchstleistung** ① (*Bestleistung*) best performance [pə'fɔːmən(t)s] ② (*im Sport*) record ['rekɔːd]

das **Höchstmaß** maximum amount

höchstpersönlich in person

höchstwahrscheinlich in all probability, most likely

die **Hochtouren** **auf Hochtouren laufen** to operate at full speed; **die Party lief auf Hochtouren** the party was in full swing

hochtrabend (*abwertend: aufgeblasen*) pompous ['pɒmpəs]

der **Hochverrat** high treason

das **Hochwasser** ① (*Wasserstand*) high water; (*Überschwemmung*) flood ② (*Flut*) high tide

hochwertig of high quality, high-quality

die **Hochzahl** (*Mathematik*) exponent

die **Hochzeit** wedding ▶WENDUNGEN: **auf allen Hochzeiten tanzen** to have a finger in every pie

die **Hochzeitsfeier** wedding reception [-rɪ,sepʃᵊn]

die **Hochzeitsreise** honeymoon

der **Hochzeitstag** ① (*Tag der Hochzeit*) wedding day ② (*Jahrestag*) wedding anniversary

hochziehen to pull up

die **Hocke** (*beim Turnen*) squat; **in die Hocke gehen** to squat

hocken ① to squat ② (*umgangsspr: sitzen*) to sit [around]

der **Hocker** stool ▶WENDUNGEN: **das reißt mich**

nicht vom Hocker (*umgangsspr*) that doesn't bowl me over

der **Höcker** *vom Kamel, auch Buckel:* hump

das **Hockey** ['hɔki] hockey

der **Hoden** (*Anatomie*) testicle

der **Hof** 1 (*Platz*) yard; (*Innenhof*) courtyard; (*Hinterhof*) backyard 2 (*Bauernhof*) farm 3 (*Fürstenhof*) court; **bei Hofe** at court

hoffen to hope; **auf etwas hoffen** to hope for something, to set one's hopes on something; **auf jemanden hoffen** to set one's hopes on someone; **ich hoffe es** I hope so

hoffentlich hopefully, I hope so; **hoffentlich nicht** I hope not, hopefully not

die **Hoffnung** hope (**auf** in); **jemandem keine Hoffnungen machen** to not hold out any hopes for someone; **sich Hoffnung machen** to have hopes; **er machte sich Hoffnungen auf den ersten Preis** he had hopes of getting the first prize

hoffnungslos hopeless

der **Hoffnungsschimmer** glimmer of hope

höflich polite; (*zuvorkommend*) courteous ['kɜːtiəs]; (*respektvoll*) respectful

das **Hoftor** yard gate

hohe(r, s) 1 high; (*groß*) tall 2 *Preise:* high 3 *Ehre:* great; *Geburt:* noble ['nəʊbl̩] 4 *Strafe:* heavy, severe [sə'vɪəʳ]

die **Höhe** 1 height [haɪt] 2 (*Gipfel*) summit; (*kleiner*) hill 3 (*Ausmaß, Größenordnung, Niveau*) level 4 **die Preise in die Höhe treiben** to force up the prices; **in die Höhe gehen** *Preise:* to go up 5 *von Umfang, Wert, Betrag:* amount; **ein Betrag in Höhe von ...** an amount of ... 6 (*Mathematik, Flughöhe*) altitude 7 (*geographisch*) latitude 8 (*Tonhöhe*) pitch; (*von Stereoanlage*) treble

die **Hoheit** 1 (*staatlich*) sovereignty ['sɒvrᵊnti] (**über** over) 2 (*Titel*) Highness; **Seine/Ihre Königliche Hoheit** His/Her Royal Highness

das **Hoheitsgebiet** sovereign ['sɒvᵊrɪn] territory

der **Höhenmesser** altimeter ['æltɪmiːtəʳ]

die **Höhensonne** 1 (*im Gebirge*) mountain sun 2 (*UV-Strahler*) sun lamp

der **Höhenunterschied** difference ['dɪfᵊrᵊn(t)s] in altitude

der **Höhepunkt** 1 high point 2 *einer Entwicklung:* apex, summit; *des Tages, einer Veranstaltung:* highlight; *der Karriere, der Macht:* peak, pinnacle; *eines Dramas:* climax 3 (*auch übertragen*) zenith

höher 1 higher 2 *Macht:* superior [suː'pɪəriəʳ]; *Klasse:* upper 3 **eine höhere Gewalt** an act of God; **eine höhere Instanz** (*juristisch*) a higher court; (*Behörde*) a higher authority; **eine höhere Schule** a secondary school [skuːl] (GB), a high school (USA)

hohl 1 hollow; *Wangen, Augen:* sunken 2 *Geräusch:* dull, hollow 3 (*übertragen: leer*) empty

die **Höhle** cave, cavern; (*Loch*) hole; (*eines Tiers*) den, hole

der **Hohlraum** hollow space; (*Höhlung*) cavity

der **Hohn** (*Geringschätzung*) scorn; (*Spott*) derision, mockery; **das ist der reinste Hohn** it's sheer mockery

höhnisch mocking, scornful, sneering

holen 1 to fetch, to [go and] get; **ich hole mir ein Bier** I'll [go and] get myself a beer 2 (*abholen*) to pick up; **ich hole dich um acht ab** I'll pick you up at eight; **jemanden holen lassen** to send for someone 3 **die Polizei/einen Arzt holen** to call the police/a doctor 4 (*erringen, gewinnen*) **sie holte den ersten Preis** she won first prize

Holland Holland

der **Holländer** Dutchman

die **Holländerin** Dutchwoman

holländisch Dutch

die **Hölle** hell ▶ WENDUNGEN: **jemandem die Hölle heiß machen** (*umgangsspr*) to give someone hell; **jemandem das Leben zur Hölle machen** (*umgangsspr*) to make someone's life hell

höllisch (*umgangsspr: sehr, riesig*) hellish; **höllisch aufpassen** to keep one's eyes skinned; **eine höllische Angst haben** (*umgangsspr*) to be scared stiff; **höllisch wehtun** (*umgangsspr*) to hurt like hell; **höllisch schwer** (*umgangsspr*) hellishly difficult

holp(e)rig 1 *Straße, Weg:* bumpy, uneven 2 *Sprache, Stil:* clumsy

der **Holunder** (*Strauch*) elder

die **Holunderbeere** elderberry

das **Holz** wood; (*zum Bauen*) timber (GB), lumber (USA); **aus Holz** made of wood

hölzern (*auch übertragen*) wooden

der **Holzfäller** lumberjack, woodcutter

holzfrei wood-free

der **Holzhandel** timber [*oder* (USA) lumber] trade

der **Holzklotz** wooden block

die **Holzkohle** charcoal

der **Holzschnitt** (*Kunstwerk*) woodcarving

der **Holzschuh** (*Pantine*) clog

die **Holzspäne** wood shavings

der **Holzwurm** woodworm

die **Homepage** ['hoːmpeːtʃ] home page

die **Homo-Ehe** (*umgangsspr*) gay marriage ['mærɪdʒ]

homogen homogen[e]ous [ˌhɒmə'dʒiːniəs]

homogenisieren to homogenize [hə'mɒdʒənaɪz]

homöopathisch hom[o]eopathic ['həʊmiə(ʊ)pæθɪk]

die **Homosexualität** [homozɛksu̯ali'tɛːt] homosexuality

homosexuell homosexual

der/die **Homosexuelle** homosexual
der **Honig** honey
die **Honigbiene** honeybee
die **Honigmelone** honeydew melon
das **Honorar** fee
honorieren 1 to appreciate [ə'pri:ʃieɪt]; **wurde seine Hilfe honoriert?** was his help appreciated? 2 (*bezahlen*) to pay; **jemandem etwas honorieren** to pay someone for something
der **Hopfen** hop; (*Brauhopfen*) hops ⚠ *Plural*
hoppla [wh]oops!; **hoppla, jetzt komm ich!** look out, here I come!
hopsen (*umgangsspr*) to hop, to skip
das **Hörbuch** audiobook
horchen 1 (*hören*) to listen ['lɪsᵊn] (**auf** to) 2 (*an der Tür*) to eavesdrop ['i:vzdrɒp]
die **Horde** (*auch abwertend*) horde [hɔ:d], mob
hören 1 to hear; **hast du das gehört?** did you hear that?; **schlecht hören** to be hard of hearing 2 (*zuhören*) to listen ['lɪsᵊn] (**auf** to); to go to *Vorlesung;* **Radio hören** to listen to the radio; **Musik hören** to listen to music; **hör mal!** listen! 3 (*mitbekommen*) **ich habe gehört, Sie sind aus Schottland?** I hear you're from Scotland; **ich habe zufällig gehört, wie sie sagte, dass ihr schlecht ist** I overheard her saying that she felt sick 4 **auf jemanden hören** (*gehorchen*) to obey someone; (*einen Rat befolgen*) to listen to someone; **wenn du nur auf mich gehört hättest!** if only you'd listened to me! 5 **du gehst jetzt ins Bett, hörst du!** off to bed with you, do you hear! 6 **also hör mal, was soll das eigentlich?** hang on a minute, what's all this about anyway? 7 **das hört sich gut an!** that doesn't sound bad, that sounds good 8 **von sich hören lassen** to keep in touch; **Sie werden noch von mir hören!** (*als Drohung*) you'll be hearing from me!

> **G** Richtiges Konjugieren von **to hear**: hear, heard, heard
> *can everybody hear what I'm saying?,*
> *she heard her favourite song playing on the radio,*
> *have you heard the good news yet?*

das **Hörensagen** **vom Hörensagen** from hearsay
der **Hörer**, die **Hörerin** (*Radio*) listener ['lɪsᵊnəʳ]
der **Hörer** (*Telefonhörer*) receiver [rɪ'si:vəʳ]
das **Hörgerät** hearing aid
hörig sexually dependent; **jemandem hörig sein** to be sexually dependent on someone
der **Horizont** (*auch übertragen*) horizon; **am Horizont** on the horizon
horizontal horizontal
die **Horizontale** horizontal [line]
das **Hormon** hormone
das **Horn** 1 horn 2 (*Musikinstrument*) horn; (*militärisch*) bugle ['bju:gl] ▶ WENDUNGEN: **sich die Hörner abstoßen** to sow one's wild oats

das **Hörnchen** croissant
die **Hornhaut** 1 hard skin 2 (*im Auge*) cornea
die **Hornisse** hornet
das **Horoskop** horoscope ['hɒrəskəʊp]
der **Hörsaal** lecture theatre [-ˌθɪətəʳ], lecture theater (USA)
das **Hörspiel** (*Radio*) radio play
horten to hoard
das **Höschen** (*Damenslip*) panties ⚠ *Plural,* pair of panties
die **Hose** trousers ⚠ *Plural* (GB), pants ⚠ *Plural* (USA); **eine Hose** a pair of trousers [*oder* (USA) pants]; **eine kurze Hose** shorts ⚠ *Plural,* a pair of shorts; **diese Hose ist zu eng** these trousers are too tight ▶ WENDUNGEN: **tote Hose sein** (*slang: langweilig sein*) to be a drag; (*erfolglos sein*) to be a dead loss

> **F** Nicht verwechseln mit **hose** = der Schlauch!

der **Hosenanzug** trouser suit [su:t] (GB), pantsuit ['pæntsu:t] (USA)
der **Hosensack** (CH) trouser pocket
der **Hosenschlitz** fly; **dein Hosenschlitz ist offen** your flies are open
die **Hosentasche** trouser pocket
die **Hosenträger** braces [breɪsɪz] *Plural* (GB), suspenders *Plural* (USA)
das **Hospital** hospital, infirmary
die **Hostie** host
das **Hotel** hotel; **in welchem Hotel bist du?** which hotel are you staying in?
die **Hotelfachschule** college ['kɒlɪdʒ] of hotel management
der **Hotelier** hotelier
die **Hotellerie** hospitality ⚠ *kein Plural*
die **Hotline** ['hɔtlaɪn] hotline
HTML *Abkürzung von* **Hypertext Markup Language** HTML [ˌeɪtʃti:em'el]
der **Hubraum** (*Auto*) cubic capacity [ˌkju:bɪkkə'pæsəti]
hübsch 1 (*gut aussehend*) pretty ['prɪti]; (*nett*) nice; **ganz hübsch!** rather pretty! 2 (*umgangsspr: ironisch*) fine, nice, pretty; **eine hübsche Summe Geld** a tidy sum of money 3 (*umgangsspr: beträchtlich, ziemlich*) pretty 4 **Ihr zwei Hübschen** (*umgangsspr*) the two of you
der **Hubschrauber** helicopter
huckepack piggyback
hudeln (A) to do something sloppily, to do slipshod work
der **Huf** hoof
das **Hufeisen** horseshoe
die **Hüfte** hip
das **Hüftgelenk** hip joint; **ein neues Hüftgelenk** a hip replacement
der **Hügel** hill; (*kleiner*) hillock
hüg(e)lig hilly

das **Huhn** chicken; (*Henne*) hen ▶ WENDUNGEN: **wie ein verrücktes Huhn** (*umgangsspr*) like a headless chicken
das **Hühnchen** chicken
das **Hühnerauge** (*medizinisch*) corn
die **Hühnersuppe** chicken soup
die **Hülle** cover; *von Brief:* envelope; *von Schallplatten:* sleeve; **in Hülle und Fülle** in abundance
die **Hülse** ① (*Schale*) hull, husk; (*Schote*) pod ② (*technisch*) case, shell; *von Geschoss:* case
die **Hülsenfrüchte** pulses *Plural*
human ① humane ② (*verständnisvoll*) considerate (**gegenüber** to/towards)
humanitär humanitarian
die **Hummel** bumble-bee
der **Hummer** lobster

H

der **Humor** [sense of] humour ['hju:məʳ]; **[Sinn für] Humor haben** to have a sense of humour
humorlos humourless ['hju:mələs]
humorvoll humorous ['hju:mᵊrəs]
humpeln ① to hobble ② (*umgangsspr: hinken*) to limp
der **Humus** humus ['hju:məs]
der **Hund** ① dog; (*Jagdhund*) hound ② (*als Schimpfwort*) bastard, swine ▶ WENDUNGEN: **er ist bekannt wie ein bunter Hund** he's a well-known character
die **Hundehütte** [dog-]kennel
die **Hundeleine** dog leash
hundemüde (*umgangsspr*) dog tired, dead beat *umgangsspr*
hundert a hundred; (*betont*) one hundred
die **Hundert** (*Zahl*) hundred
das **Hundert** hundred; **Hunderte [von Menschen]** hundreds [of people]
hundertmal a hundred times
hundertprozentig ① one hundred per cent [pə'sent]; **aus hundertprozentiger Wolle sein** to be one hundred per cent wool; *Alkohol:* pure ② (*umgangsspr*) **er ist ein hundertprozentiger Bayer** he's a Bavarian through and through ③ (*umgangsspr: völlig*) absolute; **du hast hundertprozentig Recht** you're absolutely right; **ein hundertprozentiger Erfolg** a total success; **hundertprozentig sicher sein** to be one hundred per cent certain
hundertste(r, s) hundredth
das **Hundertstel** hundredth
hunderttausend a hundred thousand
die **Hundesteuer** dog licence ['laɪsᵊn(t)s] [*oder* (USA) license] fee
die **Hündin** bitch
der **Hunger** ① hunger (**nach** for); **[großen] Hunger haben** to be [very] hungry; **Hunger bekommen** to get hungry; **ich sterbe vor Hunger!** I'm starving! ② (*Verlangen*) craving, yearning (**nach** for)

die **Hungerhilfe** famine relief [-rɪˌli:f]
der **Hungerlohn** pittance ['pɪtᵊn(t)s]; **für einen Hungerlohn arbeiten** to work for a pittance
hungern ① (*Hunger leiden*) to go hungry, to starve ② (*fasten*) to go without food ③ (*übertragen: verlangen*) to hunger (**nach** for)
die **Hungersnot** famine
der **Hungerstreik** hunger strike; **in den Hungerstreik treten** to go on hunger strike
hungrig (*auch übertragen*) hungry (**nach** for)
die **Hupe** (*Auto*) horn
hupen to hoot, to sound one's horn
hüpfen to hop; (*springen*) to jump, to skip; *Ball:* to bounce [baʊn(t)s]
die **Hürde** (*auch übertragen*) hurdle
der **Hürdenlauf** hurdles ⚠ *mit Singular*
die **Hure** (*abwertend*) whore
huschen to dart, to flash
der **Husten** cough [kɒf]; **Husten haben** to have a cough
husten to cough; **stark husten** to have a bad cough
der/das **Hustenbonbon** cough sweet
der **Hustensaft** cough mixture
der **Hut** ① hat ② **Hut ab!** (*vor jemandes Leistung*) I take my hat off to you/her/him/that
hüten ① to look after, to tend ② to keep *Geheimnisse* ③ **das Bett hüten** to stay in bed ④ **sich vor etwas/jemandem hüten** to be on one's guard against something/someone ⑤ **sich hüten, etwas zu tun** to take care not to do something
die **Hutsche** (A) (*Schaukel*) swing
die **Hütte** hut; (*kleines Häuschen*) cottage ['kɒtɪdʒ]; (*Holzkabine, Blockkabine*) cabin; (*Hundehütte*) kennel
der **Hüttenkäse** cottage ['kɒtɪdʒ] cheese
die **Hyäne** hyena [haɪ'i:nə]
die **Hyazinthe** hyacinth ['haɪəsɪn(t)θ]
der **Hydrant** hydrant ['haɪdrᵊnt]
hydraulisch hydraulic [haɪ'drɔ:lɪk]
die **Hydrokultur** hydroponics [ˌhaɪdrə(ʊ)'pɒnɪks] ⚠ *mit Singular*
die **Hygiene** hygiene ['haɪdʒi:n]
hygienisch hygienic [haɪ'dʒi:nɪk]
die **Hymne** hymn [hɪm]
die **Hyperaktivität** hyperactivity [ˌhaɪpəʳæk'tɪvəti]
die **Hyperbel** hyperbola [haɪ'pɜ:bᵊlə]
die **Hyperinflation** hyperinflation [ˌhaɪpəʳɪn'fleɪʃᵊn]
der **Hyperlink** ['haɪpəlɪŋk] hyperlink
die **Hypnose** hypnosis [hɪp'nəʊsɪs]
hypnotisieren to hypnotize ['hɪpnətaɪz]
die **Hypothek** (*finanziell*) mortgage ['mɔ:gɪdʒ]
die **Hypothese** hypothesis [haɪ'pɒθəsɪs]
hypothetisch hypothetical [ˌhaɪpə(ʊ)'θetɪkᵊl]
die **Hysterie** hysteria [hɪ'stɪəriə]
hysterisch hysteric [hɪ'sterɪk]

I i

I, i I, i [aɪ]
i.A. *Abkürzung von* **im Auftrag** pp, per procurationem, by proxy
der **IC** *Abkürzung von* **Intercity(zug)** intercity
der **ICE** *Abkürzung von* **Intercity Express** high-speed train
das **Ich** self; (*psychologisch*) ego
ich I; **ich selbst** I myself; **ich bin es** it's me; **hier bin ich!** here I am!; **du und ich** you and me [*oder* I]; **„wer hat meinen Bleistift?“ — „ich nicht!“** “who's got my pencil?” — “not me!”
die **Ich-AG** Me plc (GB), Me, Inc. (USA) (*business start-up grant to promote self-employment among the unemployed*)
der **Ich-Erzähler**, die **Ich-Erzählerin**, der **Icherzähler**, die **Icherzählerin** first-person narrator
das **Icon** ['aɪkən] icon
der **IC-Zuschlag** Intercity surcharge ['sɜːtʃɑːdʒ]
das **Ideal** ideal ['aɪdɪəl]
ideal ideal [aɪ'dɪəl], perfect ['pɜːfɪkt]
idealistisch idealistic [aɪˌdɪə'lɪstɪk]
die **Idee** ① (*Einfall*) idea (**zu** for) ② **eine Idee zu kurz** (*umgangsspr*) a trifle too short
ideenreich (*einfallsreich*) full of ideas
identifizieren ① to identify ② **sich identifizieren** to identify (**mit** with)
identisch identical (**mit** with)
der **Identitätsbetrug** identity fraud *kein Plural*
der **Identitätsdiebstahl** identity theft
die **Identitätskarte** (CH) identity card
die **Ideologie** ideology
ideologisieren to indoctrinate
idiomatisch idiomatic
der **Idiot** (*abwertend*) idiot
idiotisch idiotic
das **Idol** idol
idyllisch idyllic [ɪ'dɪlɪk]
der **Igel** hedgehog ['hedʒhɒg]
igitt ugh! [ʊh], yuk!
die **Ignoranz** ignorance ['ɪgnᵊrᵊn(t)s]
ignorieren to ignore, to take no notice of
ihm ① (*für Person*) him; **ich habe es ihm gesagt** I told him; **er hat es ihm gegeben** he gave it to him; **ein Buch von ihm** a book of his ② (*für Sache*) it
ihn ① (*für Person*) him; **ich mag ihn nicht** I don't like him ② (*für Sache*) it
Ihnen (*Anrede*) you; **ich wünsche Ihnen eine gute Fahrt** I wish you a pleasant journey; **wie geht es Ihnen?** how are you?
ihnen them; **ein Freund von ihnen** a friend of theirs; **ich gab ihnen Essen** I gave them food
Ihr ① (*Anrede*) your; **ist das Ihres?** is this yours? ② (*Briefschluss*) **Ihr Robert Schuster** Yours, Robert Schuster ⚠ *immer großgeschrieben und mit Komma*
ihr ① (*für Person*) her; **gib es ihr zurück** give it back to her; **ich habe es ihr gesagt** I told her ② (*für Sache*) it ③ (*bezogen auf Plural*) you; **ihr seid zu spät** you're too late ④ (*einer Person gehörend*) her; **ihr Buch** her book ⑤ (*eines Tiers, eines Gegenstands*) its ⑥ (*bezogen auf Plural*) their
ihrerseits ① (*auf eine Person bezogen*) for her part; (*auf eine Sache bezogen*) for its part; (*auf mehrere Personen bezogen*) for their part ② (*von ihr*) on her part; **eine Entschuldigung ihrerseits kam nicht** there was no apology on her part; (*von ihnen*) on their part
Ihrerseits ① **Sie Ihrerseits hatten Unrecht** you for your part were in the wrong ② (*von Ihnen*) on your part; **das war ein Fehler Ihrerseits** that was a mistake on your part
ihretwegen ① (*bei Person*) because of her; (*auf eine Mehrzahl bezogen*) because of them ② (*zuliebe*) for her sake; (*auf eine Mehrzahl bezogen*) for their sake ③ (*bei Sache*) because of it; (*auf eine Mehrzahl bezogen*) because of them
ihretwillen (*ihr zuliebe*) for her [sake]; (*ihnen zuliebe*) for their sake
Ihretwillen for your sake
illegal illegal [ɪ'liːgᵊl]
der/die **Illegale** illegal immigrant
illegitim illegitimate [ˌɪlɪ'dʒɪtəmət]
die **Illusion** illusion [ɪ'luːʒᵊn]; **sich Illusionen machen** to have illusions
illusorisch illusory
die **Illustration** illustration [ɪlə'streɪʃᵊn]
der **Illustrator**, die **Illustratorin** illustrator
illustrieren to illustrate ['ɪləstreɪt]; **jemandem etwas illustrieren** to illustrate something for someone
die **Illustrierte** magazine [mægə'ziːn]
im ① (*räumlich*) in the; **im Bett** in bed; **im Haus** in the house; **im zweiten Stock** on the second floor ② **im Fernsehen** on television; **im Radio** on the radio; **im Theater/Kino** in the theatre/cinema ③ (*zeitlich*) **im Juli** in July; **im nächsten Jahr** next year
das **Image** ['ɪmɪtʃ] image ['ɪmɪdʒ]
der **Imageschaden** damage ['dæmɪdʒ] to someone's [public] image
imaginär imaginary [ɪ'mædʒɪnərɪ]
der **Imam** [i'maːm] Imam [ɪ'mɑːm]
der **Imbiss** (*kleine Mahlzeit*) snack, bite to eat
die **Imbissstube** snack bar
imitieren to imitate

der **Imker**, die **Imkerin** beekeeper

immatrikulieren to register (**an** at)

immer ① (*häufig*) always; **ich nehme immer ein Käsebrot** I always have a cheese sandwich; (*jedes Mal*) constantly; **er will sich immer vordrängeln** he always wants to push in; **immer unterbricht sie einen** she constantly interrupts people; **immer wenn** every time, whenever; **immer wieder** time [*oder* again] and again ② **für immer** for ever ③ **wie immer** as usual ④ **schon immer** always ⑤ **immer noch** still; **immer noch nicht** still not [yet]; **sie war immer noch nicht fertig** she still hadn't finished ⑥ (*in Mengen*) **immer mehr** more and more; **immer größer** bigger and bigger ⑦ (*bei Wegangaben*) **immer geradeaus!** keep straight ahead!; **immer weiter, immer zu!** keep on! keep going! ⑧ **immer schön langsam!** (*umgangsspr*) take your time! ⑨ **was auch immer** what[so]ever; **wie auch immer** how[so]ever

immergrün evergreen

immerhin ① (*wenigstens*) at least ② (*schließlich*) after all

immerzu all the time

der **Immigrant**, die **Immigrantin** immigrant

der **Immissionsschutz** protection against pollution

die **Immobilien** real estate ⚠ *Singular*, property ⚠ *Singular*

der **Immobilienmakler**, die **Immobilienmaklerin** [real] estate agent [-ˌeɪdʒənt] (GB), realtor (USA)

immun immune (**gegen** to)

die **Immunabwehr** immune defence [system]

die **Immunisierung** immunization

die **Immunität** immunity (**gegen** to)

die **Immunschwächekrankheit** immune deficiency [dɪ'fɪʃən(t)si] syndrome

das **Immunsystem** immune system [-ˌsɪstəm]

der **Imperativ** (*Grammatik*) imperative

das **Imperfekt** (*Grammatik*) imperfect [*oder* past] tense

der **Imperialismus** (*Politik*) imperialism

impfen to vaccinate ['væksɪneɪt] (**gegen** against)

der **Impfpass** vaccination [ˌvæksɪ'neɪʃən] card

der **Impfstoff** vaccine ['væksiːn]

die **Impfung** vaccination [ˌvæksɪ'neɪʃən]

implantieren to implant [ɪm'plɑːnt]

implizit implicit [ɪm'plɪsɪt]

imponieren **jemandem imponieren** to impress someone

imponierend impressive

der **Import** ① (*Einfuhr*) import ['ɪmpɔːt] ② (*importierte Waren*) imports ⚠ *Plural*

importieren to import [ɪm'pɔːt]

imposant impressive

impotent impotent

die **Impotenz** impotence ['ɪmpətən(t)s]

imprägnieren (*wasserdicht machen*) to waterproof

der **Impressionismus** impressionism [ɪm'preʃən-ɪzəm]

improvisieren to improvise; (*in der Musik auch*) to extemporize

der **Impuls** impulse

impulsiv impulsive

imstande, **im Stande** **zu etwas imstande sein** to be capable of doing something; **imstande sein, etwas zu tun** to be able to do something

in ① (*räumlich*) in, at; **in der Schule** at school [skuːl]; **er wohnt in Berlin** he lives in Berlin; **warst du schon in Schottland?** have you ever been to Scotland? ② (*hinein in*) into; **er stieg in das Auto** he got into the car ③ (*zu, nach*) to; **sie geht in die Schule** she goes to school; **gehen wir in die Stadt?** shall we go into town? ④ (*zeitlich*) in; **in der Nacht** at night, during the night; **im vorigen Jahr** last year; **im Alter von ...** at the age of ...; (*innerhalb*) within; **in den nächsten zwei Tagen** within the next two days; **noch in dieser Woche** by the end of the week ⑤ (*Fach, Thema*) **in Englisch ist er ziemlich schwach** he's rather weak at English ⑥ (*umgangsspr*) **in sein** to be in, to be the in thing

> **V** **at** im örtlichen Sinn wird gebraucht, um zu sagen, wo sich jemand/etwas genau befindet: *Sam lives at 248 Main Street; Vera works at Winther's chemist's shop;* — **in** wird dagegen gebraucht, um zu sagen, in welcher Gegend sich jemand/etwas befindet: *Douglas lives in Edinburgh/in Scotland; Steve works in Kensington.*

inadäquat inadequate [ɪn'ædɪkwət]

der **Inbegriff** (*Verkörperung*) embodiment, perfect ['pɜːfɪkt] example

inbegriffen **Service inbegriffen** service included, including service

indem ① (*während*) while; (*in dem Augenblick*) as ② (*dadurch, dass*) **er kühlte den Knöchel, indem er Eis drauf legte** he cooled his ankle by putting ice on it

der **Inder**, die **Inderin** Indian

indes, **indessen** ① (*inzwischen*) in the meantime, meanwhile ② (*jedoch*) however

der **Indianer**, die **Indianerin** American Indian, Native American

indianisch Native American, Indian

Indien India

der **Indikativ** (*Grammatik*) indicative

indirekt indirect

indisch Indian; **der Indische Ozean** the Indian Ocean

indiskutabel out of the question

der **Individualist**, die **Individualistin** individualist [ˌɪndɪ'vɪdʒuəlɪst]

individualistisch individualistic

individuell individual; *Note:* personal; **individuell verschieden sein** to differ from person to person
das **Individuum** individual
das **Indiz** ① (*juristisches Beweismittel*) piece of circumstantial evidence ② (*Hinweis*) indication (**für** of)
indogermanisch Indo-European
Indonesien Indonesia
indonesisch Indonesian
die **Industrialisierung** industrialization
die **Industrie** industry
das **Industriegebiet** industrial area
industriell industrial
die **Industrie- und Handelskammer** ≈ Chamber of Commerce ['kɒmɜːs]
der **Industriezweig** branch of industry
ineinander into one another, into each other; **sie haben sich ineinander verliebt** they've fallen in love with one another
ineinandergreifen (*technisch*) to mesh [with each other]; (*übertragen: sich überschneiden*) to overlap [ˌəʊvə'læp]
die **Infektion** (*medizinisch*) infection
die **Infektionskrankheit** infectious [ɪn'fekʃəs] disease
infiltrieren to infiltrate
der **Infinitiv** (*Grammatik*) infinitive
infizieren ① to infect ② **sich anstecken** to catch an infection; **sich mit einem Virus infizieren** to get infected with a virus
die **Inflation** (*finanziell*) inflation
die **Inflationsrate** (*finanziell*) rate of inflation
die **Info** (*umgangsspr*) info ⚠ *Singular*
infolge as a result [rɪ'zʌlt] of, owing to
infolgedessen consequently
die **Informatik** computer science [-ˌsaɪən(t)s]
der **Informatiker**, die **Informatikerin** computer scientist [-ˌsaɪəntɪst]
die **Information** information (**über** on/about); **die neuesten Informationen** the latest information ⚠ *Singular*

> **V** Das englische **information** ein Sammelbegriff; eine einzelne Auskunft wird mit **a piece of information** übersetzt. Das Verb steht im Englischen nach **information** immer im *Singular*!

informativ informative
informieren ① to inform (**über** about, **von** of); **jemanden informieren** to let someone know ② **sich informieren** to find out (**über** about)
infrage ① **infrage kommen** (*möglich sein*) to be possible; (*in Betracht kommen*) to be considered ② **für jemanden nicht infrage kommen** to be out of the question for someone; **das kommt nicht infrage** that's out of the question ③ **etwas infrage stellen** to question something

die **Infrastruktur** infrastructure
der **Ingenieur**, die **Ingenieurin** engineer
das **Ingenieurbüro** engineering firm
der **Ingwer** ginger ['dʒɪndʒəʳ]
der **Inhaber**, die **Inhaberin** ① *eines Geschäfts, einer Firma:* owner, proprietor ② *von Konto, Rekord, Patent:* holder; *von Wertpapier, Urkunde:* bearer ['beərəʳ]
inhaftieren to take into custody
inhalieren to inhale
der **Inhalt** ① *einer Packung:* contents ['kɒntents] *Plural* ② *von Buch, Film:* content; (*Überschrift im Buch*) contents ⚠ *Plural* ③ (*Sinn, Bedeutung*) *des Lebens:* meaning ④ (*Mathematik: von Fläche*) area; (*von Raum*) volume
inhaltlich as regards content
die **Inhaltsangabe** (*Zusammenfassung*) précis ['preɪsiː], summary; *von Film, Roman:* synopsis [sɪ'nɒpsɪs]
das **Inhaltsverzeichnis** table of contents
die **Initiale** initial [ɪ'nɪʃᵊl]
die **Initiative** ① initiative [ɪ'nɪʃətɪv]; **aus eigener Initiative** on one's own initiative ② (CH) (*in der Politik*) petition for a referendum
die **Injektion** injection [ɪn'dʒekʃᵊn]
inklusive ① **inklusive Frühstück** including breakfast, breakfast included ② **bis zum 3. August inklusive** up to and including August 3rd
inkompetent incompetent
inkonsequent inconsistent

> **F** Nicht verwechseln mit **inconsequential** = belanglos!

das **Inland** ① (*das Landesinnere*) inland ['ɪnlænd]; **weiter im Inland** further inland ② (*im Gegensatz zum Ausland*) home
der **Inlandflug** domestic flight
inländisch domestic, home; *Ware:* home-made
die **Inlineskates** in-line skates
inmitten in the midst of
innehaben to hold
innen ① inside; (*im Haus*) indoors ② (*auf Innenseite*) on the inside ③ **nach innen** inward[s] ④ **von innen** from within
der **Innenarchitekt**, die **Innenarchitektin** interior designer [dɪ'zaɪnəʳ]
der **Innendienst** office work
der **Innenminister**, die **Innenministerin** minister of the interior; (*in GB*) Home Secretary; (*in den USA*) Secretary of the Interior
das **Innenministerium** ministry of the interior, Home Office (GB), Department of the Interior (USA)
die **Innenpolitik** home affairs ⚠ *Plural;* (*bestimmte*) domestic policy
innenpolitisch concerning [kən'sɜːnɪŋ] home affairs [*oder* (USA) domestic policy]
der **Innenraum** interior

die **Innenseite** inside
der **Innenspiegel** rear-view mirror
die **Innenstadt** town centre ['sentəʳ]; (*einer Großstadt*) city centre, downtown (USA)
innerbetrieblich internal; **es wird innerbetrieblich entschieden** it will be decided in-house
das **Innere** (1) inside; *eines Gebäudes auch:* interior (2) **im tiefsten Inneren** (*übertragen*) in one's heart of hearts
innere(r, s) (1) inner (2) *Angelegenheit, Verletzungen:* internal
die **Innereien** innards
innerhalb (1) **innerhalb dieser Räume** within these rooms; **innerhalb des Hauses** inside the house (2) **innerhalb einer Woche** within a week
innerlich (1) (*körperlich*) internal (2) (*übertragen: nach innen*) inwardly (3) (*übertragen: von innen heraus*) inner

I

das **Innerste** (1) (*innerstes Teil*) innermost part (2) (*übertragen*) **tief im Innersten** in one's heart of hearts
innert (A), (CH) (*binnen*) within
innig (1) (*sehnlich*) heartfelt; **jemanden heiß und innig lieben** to be madly in love with someone (2) (*vertraut*) intimate
die **Innovation** innovation
innovativ innovative
inoffiziell unofficial [ˌʌnəˈfɪʃᵊl]
ins (1) (*in das*) **ins Kino** to the cinema; **ins Bett gehen** to go to bed; **ins Nachthemd schlüpfen** to get into one's nightie (2) **kannst du das ins Englische übersetzen?** can you translate that into English?
der **Insasse**, die **Insassin** *einer Anstalt:* inmate; (*Fahrgast*) passenger ['pæsᵊndʒəʳ]
insbesondere especially [ɪ'speʃᵊli], in particular, particularly
die **Inschrift** inscription [ɪn'skrɪpʃᵊn]; (*auf Münzen*) legend ['ledʒənd]; (*auf Grabstein*) epitaph
das **Insekt** insect
der **Insektenstich** insect sting
das **Insektizid** insecticide [ɪn'sektɪsaɪd]
die **Insel** island, isle; **die Britischen Inseln** the British Isles
das **Inserat** advertisement
der **Inserent**, die **Inserentin** advertiser
inserieren to advertise (**in** in)
insgeheim secretly
insgesamt altogether; **insgesamt kamen 20 Leute** 20 people came altogether; **es beläuft sich auf insgesamt ...** it amounts to a total of ...; **es war insgesamt eine gelungene Veranstaltung** it was all in all a successful event
insofern, **insoweit** (1) (*was dies betrifft*) in that respect, as far as that goes (2) **du hast insofern recht, als dass ...** you're right inasmuch as [*oder* in so far as] ...
die **Inspektion** inspection; *von Auto:* service
der **Inspektor**, die **Inspektorin** inspector; (*Aufseher, Verwalter*) superintendent [ˌsuːpᵊrɪn'tendᵊnt]
die **Inspirationsquelle** source [sɔːs] of inspiration
der **Installateur**, die **Installateurin** (*Klempner*) plumber ['plʌməʳ]; (*Monteur*) fitter; (*für Gas*) gas-fitter
installieren (*auch übertragen*) to install
instand, **in Stand** **etwas in Stand halten** (*in Ordnung*) to maintain something; (*funktionsfähig*) to keep something in working order; **etwas in Stand setzen** (*funktionstüchtig machen*) to get something into working order; (*reparieren*) to repair something
inständig **inständig bitten** to beseech, to implore; **inständig hoffen** to hope fervently
die **Instandsetzung** (*Überholung*) overhaul ['əʊvəhɔːl]; (*Reparatur*) repair
die **Instanz** (1) (*juristisch*) court (2) (*Behörde*) authority (3) **in erster/letzter Instanz** in the first/last instance
der **Instinkt** instinct
instinktiv instinctive
das **Institut** (1) institute (2) (*Strafinstitut*) institution
die **Institution** institution
das **Instrument** instrument; (*Werkzeug*) tool
der **Insulaner**, die **Insulanerin** islander
das **Insulin** insulin ['ɪn(t)sjəlɪn]
inszenieren (1) (*im Theater*) to stage, to put on (2) to produce [prə'djuːs] *Film;* (*Regie führen*) to direct (3) to stage *Streit*
die **Inszenierung** production
intakt intact
die **Integration** integration
integrieren (1) to integrate (**in** into) (2) **sich integrieren** to become integrated (**in** into)
der **Intellekt** intellect
intellektuell intellectual
der/die **Intellektuelle** intellectual
intelligent intelligent [ɪn'telɪdʒᵊnt]
die **Intelligenz** (1) (*Denkfähigkeit*) intelligence [ɪn'telɪdʒᵊn(t)s] (2) (*als Kollektivbezeichnung*) intelligentsia [ɪnˌtelɪ'dʒentsiə] ⚠ *Plural*
die **Intensität** intensity
intensiv (1) *Gefühl, Farbe:* intense (2) *Arbeit:* intensive
intensivieren to intensify
der **Intensivkurs** intensive course
die **Intensivstation** (*medizinisch*) intensive care unit
die **Interaktion** interaction
interaktiv (*auch Informatik*) interactive
der **Intercityzug** intercity [train]
interessant interesting
das **Interesse** interest (**für/an** in); **Interesse haben an ...** to be interested in ...; **Interesse verlieren an ...** to lose interest in ...; **von allgemei-**

nem Interesse of general interest

interessehalber out of interest

der **Interessent**, die **Interessentin** interested person [*oder* party]

interessieren ① **jemanden für etwas interessieren** to interest someone in something; **das interessiert doch niemanden** nobody's interested ② **sich für etwas interessieren** to be interested in something

intern internal

das **Internat** boarding school [skuːl]

international international

das **Internet** internet; **im Internet** on the internet; **im Internet surfen** to surf the internet

die **Internetadresse** uniform resource locator, URL [juːɑːˈel]

der **Internetbrowser** internet explorer

das **Internet-Café** cybercafé

das **Internetforum** internet [*oder* web] forum

der **Internetserver** internet server

der **Internetsurfer** internet surfer

der **Internetzugang** internet access [ˈækses]

der **Interpret**, die **Interpretin** (*Musik*) interpreter, singer

die **Interpretation** interpretation

interpretieren to interpret; **etwas falsch interpretieren** to misinterpret something

die **Interpunktion** punctuation

das **Interrailticket®** InterRail® pass

das **Intervall** (*auch in der Musik*) interval

das **Interview** [ˈɪntəvjuː] interview

interviewen [ɪntəˈvjuːən] to interview

intim ① intimate; *Freund, Bekannter:* close [kləʊs] ② **mit jemandem intim sein** to be intimate with someone

der **Intimbereich** (*anatomisch*) genital [ˈdʒenɪtᵊl] area

die **Intimität** intimacy (**mit** with)

das **Intimleben** sex life

intolerant **intolerant gegenüber jemandem/einer Sache** intolerant toward[s] someone/of something

das **Intranet** (*firmeninternes Netzwerk*) intranet

intransitiv (*Grammatik*) intransitive

die **Intrige** intrigue [ˈɪntriːg]

introvertiert introverted

der **Invalide** invalid [ˈɪnvəlɪd]; **Invalide sein** to be an invalid

die **Invasion** invasion [ɪnˈveɪʒᵊn]

das **Inventar** inventory

die **Inventur** stock-taking; **Inventur machen** to stock-take

investieren (*auch übertragen*) to invest (**in** in)

die **Investition** investment

inwendig inside; **in- und auswendig** inside out

inwiefern, **inwieweit** to what extent

inzestuös *Beziehung, Verhältnis:* incestuous [ɪnˈsestjuəs]

die **Inzucht** inbreeding

inzwischen ① [in the] meantime, meanwhile; **er hatte inzwischen davon erfahren** he found out about it in the meantime ② **es ist inzwischen drei Uhr** it's now three o'clock ③ **sie hat inzwischen 30 Paar Schuhe** she's got 30 pairs of shoes by now; **inzwischen hätte er da sein müssen** he should have arrived by now

das **Ion** ion [ˈaɪən]

der **Irak** **der Irak** Iraq [ɪrɑːk]

der **Iraker**, die **Irakerin** Iraqi [ɪˈrɑːkɪ]

der **Iran** **der Iran** Iran [ɪˈrɑːn]

der **Iraner**, die **Iranerin** Iranian [ɪˈreɪnɪən]

der **Ire** Irishman

irgend ① (*überhaupt*) **wenn irgend möglich** if at all possible ② **irgend so ein[e]** ... some ... or other

irgendein ① some; **irgendein Mensch hat behauptet, Cola macht dumm** some person claims that cola makes you stupid ② **gib mir irgendein Blatt Papier** give me any old piece of paper ③ **gibt es irgendein Problem?** is there any problem? ④ **irgendein anderer** someone else; (*in verneinten oder Fragesätzen*) anyone else

irgendeine(r) (*substantivisch*) ① (*bei Personen*) someone, somebody; (*in verneinten oder Fragesätzen*) anyone, anybody; **kann dir irgendeiner helfen?** can anyone help you? ② (*bei Sachen*) something; (*in verneinten oder Fragesätzen*) any of them; **welche Schüssel soll ich nehmen? — irgendeine!** which bowl should I use? — any one will do!

irgendein(e)s any of them; (*von zweien*) either of them; **welches Bett möchtest du? — irgendeines** which bed do you want? — any of them [*oder* it doesn't matter]; (*von zweien auch*) ... — either of them

irgendetwas something; (*in verneinten oder Fragesätzen*) anything

irgendjemand someone, somebody; (*in verneinten oder Fragesätzen*) anyone, anybody, somebody; **ich bin nicht irgendjemand** I'm not just anybody

irgendwann ① sometime ② (*fragend oder bedingend*) ever; **schau doch kurz vorbei, wenn du irgendwann mal in München bist** pop in for a visit if you're ever in Munich ③ **wirst du mit dem Studium irgendwann weitermachen?** are you going to continue your studies some day? ④ **irgendwann werden sie dich erwischen!** they'll catch you sooner or later

irgendwas anything, something; **irgendwas stimmt da nicht** there's something wrong there

irgendwie ① at all, possibly; **kannst du dir das**

irgendwie vorstellen? can you imagine it at all?, can you possibly imagine it? ② somehow [or other]; **ich finde ihn irgendwie komisch** I find him a bit odd somehow; **du tust mir irgendwie leid** I can't help feeling sorry for you

irgendwo somewhere; (*fragend, verneinend oder bedingend*) anywhere; **gibt es irgendwo einen Supermarkt?** is there a supermarket anywhere?

irgendwoher from somewhere; (*fragend, verneinend oder bedingend*) from anywhere

irgendwohin somewhere; (*fragend, verneinend oder bedingend*) anywhere

die **Irin** Irishwoman

irisch Irish

Irland Ireland; (*auf Gälisch*) Eire ['eərə]

die **Ironie** irony

I

ironisch ironic

irrational (*auch Mathematik*) irrational

irre ① (*verrückt*) crazy, insane, mad ② (*umgangsspr*) **ein irres Erlebnis** an incredible experience; **ein irrer Typ** (*slang*) a really cool guy; **das ist ja echt irr**[e]! (*slang*) that's wicked! *slang*, far out! (USA) *slang* ③ (*slang: sehr*) incredibly; **das hat irre viel gekostet** it was incredibly expensive; **irre gut** (*slang*) way-out

der/die **Irre** (*abwertend*) lunatic

irreal unreal

irreführen ① (*falschen Weg zeigen*) to mislead ② (*täuschen*) to deceive [dɪ'siːv]

irreführend misleading

irrelevant irrelevant (**für** to)

irren ① (*herumirren*) to roam, to wander; **er irrte durch das Kaufhaus** he wandered about in the department store ② **sich irren** to be mistaken; **sich in etwas irren** to be mistaken about something; **ich kann mich auch geirrt haben** I may have been mistaken; **er hat sich in der Nummer geirrt** he got the wrong number; **jeder kann sich mal irren** anyone can make a mistake

das **Irrenhaus** (*abwertend*) mental asylum [-ə,saɪləm] ▶ WENDUNGEN: **hier geht es zu wie im Irrenhaus** it's like a madhouse in here

die **Irrfahrt** odyssey

irritieren ① (*ärgern*) to irritate ② (*verwirren*) to confuse

irrsinnig ① (*verrückt*) crazy, insane, mad ② (*umgangsspr: stark, klasse*) incredible [ɪn'kredɪbl], terrific ③ **es war irrsinnig heiß** it was incredibly hot

der **Irrtum** ① error; (*Fehler, Versehen*) mistake; **im Irrtum sein, sich im Irrtum befinden** to be in error; **da muss ein Irrtum vorliegen** there must be some mistake ② **Irrtum, mein Lieber!** you're wrong there, my son! *umgangsspr*

irrtümlich ① wrong [rɒŋ], mistaken ② (*aus Versehen*) by mistake

die **ISBN** *Abkürzung von* **Internationale Standardbuchnummer** ISBN [,aɪesbiː'en]

das **ISDN** *Abkürzung von* **Integrated Services Digital Network** ISDN [,aɪesdiː'en]

der **Islam** Islam

islamisch Islamic

das **Island** Iceland

der **Isländer**, die **Isländerin** Icelander

isländisch Icelandic

die **Isolation** ① (*isoliertes Dasein*) isolation ② *von Häftlingen:* [solitary] confinement ③ (*technisch*) insulation [,ɪn(t)sjə'leɪʃᵊn]

die **Isolationshaft** solitary confinement

das **Isolierband** (*Elektronik*) insulating tape

isolieren ① (*absondern*) to isolate ② (*Elektronik*) to insulate *auch Häuser, Fenster* ③ **sich isolieren** to isolate oneself [from the world]

die **Isomatte**® roll [*oder* foam] mat

Israel Israel ['ɪzreɪl]

der/die **Israeli** Israeli [ɪz'reɪlɪ]

israelisch Israeli [ɪz'reɪlɪ]

der **Israelit**, die **Israelitin** (*historisch*) Israelite ['ɪzrɪəlaɪt]

israelitisch (*historisch*) Israelite ['ɪzrɪəlaɪt]

der **Ist-Zustand**, der **Istzustand** actual state

Italien Italy ['ɪtəlɪ]

der **Italiener**, die **Italienerin** Italian [ɪ'tæljən]

italienisch Italian [ɪ'tæljən]

J j

J, j J, j [dʒeɪ]

ja ① (*zustimmend*) yes; **ja, ich bin es** yes, it's me ② **ja?** (*wirklich?*) really? ③ **ja?** (*beim Abheben vom Telefon*) hello? ④ (*bestätigend*) **ich sehe Sie also morgen, ja?** I'll see you tomorrow, right?; **aber ja!** of course! ⑤ **das ist ja schrecklich!** that's just terrible!; **das ist ja unglaublich!** that's absolutely incredible ⑥ **da bist du ja!** there you are! ⑦ (*schließlich*) after all; **er ist ja nicht mehr der Jüngste** he's no longer the youngest after all ⑧ **ihr wisst ja gar nicht, was für ein Glück ihr habt** you have no idea how lucky you are ⑨ **ich habe es Ihnen ja gesagt!** I told you, didn't I!; **aber du wolltest ja nicht auf mich hören** but you didn't want to listen to me, did you ⑩ **ja und?** so? ⑪ **wage es ja nicht!** don't you dare [do that]!; **geh ja nicht ans Telefon!** don't answer the phone!

das **Ja** yes; **mit Ja antworten** to answer yes

die **Jacht** yacht [jɒt]

die **Jacke** jacket, USA AUCH coat

das **Jackett** [ʒa'kɛt] jacket

die **Jagd** ① hunt (**nach** for); (*nach Verbrecher auch*) pursuit [pə'sjuːt] ② (*das Jagen*) hunting; (*übertragen*) chase (**nach** after); **auf die Jagd gehen** to go hunting ③ **Jagd machen auf ...** to hunt for ...

der **Jagdhund** hound

das **Jagdrevier** shoot

der **Jagdschein** hunting licence [*oder* (USA) license] [-ˌlaɪsᵊn(t)s]

jagen ① to hunt *auch Menschen;* to pursue [pə'sjuː] *Verbrecher* ② (*verfolgen, hetzen*) to chase ③ (*auf die Jagd gehen*) to go hunting ▶WENDUNGEN: **damit kann man mich jagen** (*umgangssprachlich*) I wouldn't touch that with a barge pole (GB)

der **Jäger** ① hunter ② (*militärisch*) rifleman ③ (*Jagdflugzeug*) fighter ['faɪtəʳ] [plane]

die **Jägerin** huntress

der **Jaguar** (*Raubtier*) jaguar ['dʒægjʊə]

das **Jahr** year; **ein halbes Jahr** six months; **alle zwei Jahre** every two years; **Jahr für Jahr** year after year; **im Jahre 2010** in [the year] 2010; **in den besten Jahren** in the prime of one's life; **pro Jahr** a year, per annum; **von Jahr zu Jahr** from year to year

jahrelang ① **jahrelanges Warten** years of waiting; **jahrelange Forschung** years of research ② **wir haben jahrelang gewartet** we waited for years

Jahres- annual

die **Jahresbilanz** annual balance ['bælən(t)s] sheet

der **Jahrestag** anniversary

der **Jahreswechsel** turn of the year; (*Neujahr*) New Year; **zum Jahreswechsel** at the turn of the year

die **Jahreszahl** date, year

die **Jahreszeit** season

jahreszeitlich seasonal

der **Jahrgang** ① (*Altersklasse*) age-group, year ② *von Wein:* vintage

das **Jahrhundert** century ['sen(t)ʃᵊri]

die **Jahrhundertwende** turn of the century

jährlich ① annual, yearly; **ein jährliches Einkommen von ...** an annual salary of ... ② annually; **einmal jährlich** once a year

der **Jahrmarkt** fair

das **Jahrtausend** millennium

das **Jahrzehnt** decade

jähzornig violent-tempered

die **Jalousie** [ʒalu'ziː] [Venetian] blind [[vəˌniːʃn] blaɪnd] (GB), shades *Plural* (USA)

jämmerlich ① (*elend, erbärmlich*) wretched ['retʃɪd] ② (*Mitleid erregend*) pitiful ③ *Bezahlung:* pathetic, paltry ④ (*umgangssprachlich*) *Ausrede:* pathetic ⑤ (*umgangssprachlich*) **sie hat jämmerlich gelitten** she suffered terribly

jammern ① (*weinen*) to wail (**über** over) ② (*umgangssprachlich*) to whinge [(h)wɪndʒ], to whine [(h)waɪn] *abwertend;* **hör auf zu jammern!** stop whingeing ['wɪndʒɪŋ]!

jammerschade (*umgangssprachlich*) **es ist jammerschade, dass ...** it's a crying shame that ...

der **Janker** (A) cardigan

der **Jänner** (A) January ['dʒænjuᵊri]

der **Januar** January ['dʒænjuᵊri]; **am 15. Januar** on 15th January, on January 15 (USA); (*gesprochen*) on the 15th of January, January the 15th (USA); **Anfang Januar** at the beginning of January; **Ende Januar** at the end of January

Japan Japan [dʒə'pæn]

der **Japaner**, die **Japanerin** Japanese [dʒæpə'niːz]

japanisch Japanese [dʒæpə'niːz]

der **Jargon** [ʒar'gõː] jargon ['dʒɑːgən]

der **Jasmin** (*Pflanze*) jasmine ['dʒæzmɪn]

jäten to weed; **Unkraut jäten** to do the weeding

die **Jauche** liquid manure [mə'njʊə]

jauchzen to rejoice [rɪ'dʒɔɪs]

jaulen (*auch übertragen*) to howl

das **Jawort** **jemandem das Jawort geben** to consent to marry someone; (*bei der Trauung*) to say I do

der **Jazz** jazz

je ① (*jeweils*) each, every; **sie kosten je drei Euro** they cost three euros each ② (*jemals*) ever; **schlimmer denn je** worse than ever 3 (*mit Steigerungsformen*) **je eher, desto besser** the sooner the better 4 **je nach ...** depending on ...; **sortiere sie je nach Größe** sort them according to size 5 **je nachdem** that depends

die **Jeans** [dʒiːns] jeans *Plural*

die **Jeansjacke** denim jacket

der **Jeansrock** denim skirt

jede(r, s) 1 (*alle*) every; **jeden Tag** every day; **jeden Tag einmal/zweimal** once/twice a day; **jeden zweiten Tag** every other day; **jeder Mensch** every person 2 (*einzeln*) **jeder neue Kunde erhält eine Gratisprobe** every new customer receives a free sample; **wir haben 5 Zimmer — jedes hat ein eigenes Bad** we have 5 rooms [to let] — each one has its own bathroom 3 **jedes Mal** each time, every time; **jedes Mal, wenn ich da bin** whenever [*oder* each time] I'm there 4 (*beliebig*) any; **du kannst jedes nehmen** you can take any, any one will do; **jeden Augenblick** any minute; **in jedem Fall** in any case; **bei jedem Wetter** in any kind of weather 5 (*alle Personen*) everyone, everybody; **jeder möchte das Hühnchen — keiner nimmt das Steak** everyone wants [the] chicken — no one's having [the] steak; **so was hat doch jeder!** everyone's got one of those! 6 (*beliebige Person*) **du kannst jeden fragen** you can ask anybody 7 **jeder wird dir das sagen** anyone will tell you that

> V **everybody** und **everyone** sind immer in der Einzahl.

jedenfalls 1 (*auf jeden Fall*) in any case; **ich komme jedenfalls mit** I'm coming anyhow 2 (*zumindest*) at least; **er war's jedenfalls nicht** it wasn't him, that's for sure 3 (*beim Erzählen*) **jedenfalls wollte er mir das Geld nicht geben** well [*oder* so] anyhow, he didn't want to give me the money

jedermann 1 (*ein jeder*) everyone, everybody 2 (*jeder beliebige*) anyone, anybody

jederzeit [at] any time; **Sie können mich jederzeit anrufen** you can call me any time

jedoch however ⚠ *meist nachgestellt,* though [ðəʊ] ⚠ *immer nachgestellt;* **ich habe jedoch sehr wenig Zeit** I have very little time however; **er möchte es jedoch versuchen** he'd like to try though

jemals ever; **wirst du mir jemals zuhören?** will you ever listen to me?

jemand 1 somebody, someone; **jemand hat das Licht angelassen** someone has left the light on 2 (*in fragenden und verneinenden Sätzen*) anybody, anyone; **hat jemand Lust auf ein Eis?** does anyone fancy an ice cream?; **sonst noch jemand?** anyone else?; **ist jemand da?** is there anyone here?

jene(r, s) 1 (*substantivisch*) that one, those ones *Plural* 2 **dies und jenes** this and that 3 (*adjektivisch*) that; (*bezogen auf Plural*) those; **in jenem Sommer** that summer

das **Jenseits** hereafter

jenseits 1 (*räumlich*) on the other side of 2 **er ist jenseits von Gut und Böse** (*umgangsspr*) he's past it

Jesus Jesus ['dʒiːzəs]

jetzig (*im Augenblick*) present ['prezᵊnt]; (*laufend*) current

jetzt 1 now; **ich möchte jetzt gehen** I'd like to leave now; **jetzt nicht** not now; **erst jetzt** only now 2 **gerade jetzt** this very moment 3 **bis jetzt** so far, up to now 4 **von jetzt an** from now on

jeweilig 1 (*derzeitig*) of the day; (*vorherrschend*) prevailing 2 (*betreffend*) respective

jeweils 1 (*zur gleichen Zeit*) at a time 2 (*jedes Mal*) each time; (*jeder einzelne*) each

der **Job** [dʒɔp] 1 (*umgangsspr*) job 2 (*in der Informatik*) task

jobben ['dʒɔbn̩] (*umgangsspr*) to work, to do casual ['kæʒjuəl] work

die **Jobbörse** job market; (*Veranstaltung für Hochschulabsolventen*) [graduate ['grædʒuət]] job fair

der **Jockey** jockey

das **Jod** iodine ['aɪədiːn]

joggen ['dʒɔgn̩] to jog

der **Jogger**, die **Joggerin** jogger

der **Jogginganzug** jogging suit [suːt]

der/das **Joghurt**, der/das **Jogurt** yog[h]urt

die **Johannisbeere** **rote/schwarze Johannisbeere** redcurrant/blackcurrant

das **Jo-Jo** yo-yo

jonglieren [ʒɔŋ'liːrən] to juggle

Jordanien Jordan ['dʒɔːdn]

das **Journal** [ʒʊr'naːl] 1 (*Tagebuch*) diary 2 (*Fachzeitschrift*) journal

der **Journalismus** [ʒʊrna'lɪsmʊs] journalism

der **Journalist**, die **Journalistin** [ʒʊrna'lɪst] journalist

jubeln to cheer, to shout with joy; **die Menge jubelte** the crowds cheered

das **Jubiläum** 1 (*einer bedeutenden Person*) jubilee ['dʒuːbɪliː] 2 (*sonstiger Jahrestag*) anniversary

jucken 1 to itch; **es juckt überall** I'm itching all over 2 **sich jucken** (*kratzen*) to scratch ▶ WENDUNGEN: **das juckt mich doch nicht!** (*umgangsspr*) I don't care!

der **Juckreiz** itch

der **Jude** Jew; **er ist Jude** he's Jewish

das **Judentum** Jewry ['dʒʊəri]

die **Jüdin** Jewess *abwertend;* **sie ist Jüdin** she's Jewish

jüdisch Jewish
das **Judo** judo ['dʒuːdəʊ]
die **Jugend** ① (*Jugendzeit*) youth; **von Jugend an** [*oder* **auf**] from one's youth; **in meiner Jugend** when I was young ② (*Jugendlichkeit*) youthfulness ③ (*junge Menschen*) young people ⚠ *Plural*
die **Jugendhaft** juvenile detention
die **Jugendherberge** youth hostel
jugendlich ① (*jung*) young ② (*jung wirkend*) youthful ③ (*juristisch*) juvenile
der/die **Jugendliche** young person, teenager; (*Minderjähriger*) minor
die **Jugendzeit** youth
Jugoslawien Yugoslavia
jugoslawisch Yugoslav, Yugoslavian
der **Juli** July [dʒə'laɪ]; **am 15. Juli** on 15th July, on July 15 (USA); (*gesprochen*) on the 15th of July, July the 15th (USA); **Anfang Juli** at the beginning of July; **Ende Juli** at the end of July
jung (*auch übertragen*) young
der **Junge** boy
das **Junge** *generell von Tieren:* young one; *von Hund:* puppy; *von Katze:* kitten; *von Raubtier:* cub; *von Vogel:* nestling; **die Jungen** the young
der **Jünger** (*auch übertragen*) disciple [dɪ'saɪpl̩]
jünger ① (*Komparativ von jung*) younger; **sie ist fünf Jahre jünger als ich** she is five years younger than me; **er sieht jünger aus, als er ist** he looks younger than he is ② *Entwicklung, Geschichte:* recent ['riːsᵊnt]
die **Jungfrau** virgin; (*Sternzeichen*) Virgo
der **Junggeselle** bachelor; **ein eingefleischter Junggeselle** a confirmed bachelor
die **Junggesellin** unmarried woman
jüngst recently ['riːsᵊntli]
jüngste(r, s) ① (*Superlativ von jung*) youngest; **sie ist nicht mehr die Jüngste** (*umgangsspr*) she's no [spring] chicken any more ② (*letzte*) latest; *Zeit, Vergangenheit:* [most] recent ['riːsᵊnt]; **in der jüngsten Zeit** recently; **die jüngsten Ereignisse** the latest events ③ **der Jüngste Tag** Doomsday; **das Jüngste Gericht** the Last Judg[e]ment
der **Juni** June [dʒuːn]; **am 15. Juni** on 15th June, on June 15 (USA); (*gesprochen*) on the 15th of June, June the 15th (USA); **Anfang Juni** at the beginning of June; **Ende Juni** at the end of June
junior (*unveränderlich*) junior, jun., jr.
der **Junior** junior
der **Jupe** (CH) skirt
der **Jura** (*Geographie*) Jura Mountains *Plural*
Jura law *Singular;* **Jura studieren** to study [*oder* read] law
der **Jurist**, die **Juristin** ① (*ausgebildeter*) jurist ② (*Jurastudent*) law student
juristisch legal; **die juristische Fakultät** the faculty of law (GB), the law school (USA); **ein juristisches Problem** a juridical problem
die **Jury** [ʒy'riː] jury
das **Jus** (A) law
die **Justiz** justice ['dʒʌstɪs]
der/die **Justizbeamte**, die **Justizbeamtin** judicial [dʒuː'dɪʃᵊl] officer
der **Justizminister**, die **Justizministerin** minister of justice ['dʒʌstɪs]; (*in GB*) Lord [High] Chancellor ['tʃɑːn(t)sᵊləʳ]; (*in den USA*) Attorney General
das **Justizministerium** Ministry of Justice; (*in den USA*) Department of Justice
das **Juwel** (*auch übertragen*) gem [dʒem], jewel ['dʒuːəl]
das **Juweliergeschäft** jeweller's [*oder* (USA) jeweler's] shop
der **Jux** (*umgangsspr*) **aus Jux** for a laugh
die **JVA** *Abkürzung von* **Justizvollzugsanstalt** prison

J

Kk

K, k K, k [keɪ]
das **Kabarett** cabaret ['kæbəreɪ]
das **Kabel** 1 wire ['waɪəʳ]; (*Telefonkabel*) flex 2 (*Drahtseil*) cable
der **Kabelanschluss** (*TV*) cable connection; **haben Sie Kabelanschluss?** do you have cable?
das **Kabelfernsehen** cable television
der **Kabeljau** cod
der **Kabelkanal** cable channel
die **Kabine** 1 (*Umkleidekabine, Duschkabine*) cubicle ['kju:bɪkḷ] 2 (*Telefon*) booth 3 *von Schiff, Flugzeug:* cabin 4 *von Drahtseilbahn:* car

F Nicht verwechseln mit **cabin** = die Hütte!

das **Kabinett** (*Politik*) cabinet
der **Kabis** CH cabbage ['kæbɪdʒ]
das **Kabriolett** (*Auto*) convertible [kən'vɜ:tɪbḷ]
die **Kachel** [glazed] tile [taɪl]
der **Kachelofen** tiled stove
der **Kadaver** carcass
der **Kader** cadre ['kɑ:dəʳ]
der **Käfer** beetle
das **Kaff** (*abwertend*) dump; **so ein Kaff!** what a dump!
der **Kaffee** 1 coffee; **Kaffee mit Milch** white coffee GB, coffee with milk USA; **zwei Kaffee, bitte!** two coffees, please!; **Kaffee kochen** to make coffee 2 **jemanden zum Kaffee einladen** to invite someone for [afternoon] coffee; **ich bin zum Kaffee eingeladen** I've been invited for coffee
die **Kaffeebohne** coffee bean
das **Kaffeehaus** A café ['kæfeɪ]
die **Kaffeekanne** coffeepot
der **Kaffeelöffel** coffee spoon
die **Kaffeemaschine** coffee machine [-məʃi:n]
die **Kaffeepause** coffee break
das **Kaffeeservice** coffee set
die **Kaffeetasse** coffee cup
der **Käfig** cage [keɪdʒ]
die **Käfighaltung** caging
kahl 1 (*glatzköpfig*) bald [bɔ:ld]; **kahl geschoren** *Mensch:* shaven; *Schaf:* shorn; **sich kahl rasieren lassen** to have one's head shaved 2 *Berg, Landschaft:* barren, bleak 3 *Baum, Felsen, Raum, Wand:* bare
der **Kahlkopf** 1 (*Glatze*) bald head 2 (*abwertend: Person*) bald man *maskulin,* bald woman *feminin*
kahlköpfig bald-headed [bɔ:ld'hedɪd]
der **Kahn** 1 (*kleines Boot*) boat 2 (*Lastschiff*) barge [bɑ:dʒ]
der **Kai** quay [ki:]
der **Kaiser**, die **Kaiserin** emperor ['empərə] *maskulin,* empress ['emprəs] *feminin*
die **Kaiserkrone** 1 (*eines Kaisers*) imperial crown 2 (*Liliengewächs*) crown imperial
kaiserlich imperial
das **Kaiserreich** empire ['empaɪəʳ]
der **Kaiserschnitt** Caesarean [sɪ'zeəriən] [section]
das **Kajal** kohl
die **Kajüte** cabin ['kæbɪn]
der **Kakadu** cockatoo
der **Kakao** 1 (*Bohnen, Pulver*) cocoa ['kəʊkəʊ] 2 (*Getränk*) hot chocolate ['tʃɒklət] ▶ WENDUNGEN: **jemanden durch den Kakao ziehen** to take the mickey out of someone *umgangsspr*
die **Kakerlake** cockroach ['kɒkrəʊtʃ]
die **Kaktee**, der **Kaktus** cactus ['kæktəs]
das **Kalb** calf [kɑ:f]
kalben to calve [kɑ:v]
das **Kalbfleisch** veal [vi:l]
das **Kalb(s)leder** calfskin ['kɑ:fskɪn]
das **Kalbsschnitzel** veal cutlet
der **Kalender** 1 (*Wandkalender*) calendar ['kæləndə] 2 (*Taschenkalender*) diary

V **calendar** wird hinten mit einem a geschrieben: a calendar of Heidelberg for 2018.

das **Kalenderjahr** calendar year
das **Kaliber** (*auch übertragen: Format*) calibre ['kælɪbəʳ] GB, caliber USA
Kalifornien California
das **Kalium** potassium [pə'tæsiəm]
der **Kalk** lime
der **Kalkboden** calcareous [kæl'keəriəs] soil
kalkhaltig 1 *Boden:* chalky ['tʃɔ:ki] 2 *Wasser:* hard
der **Kalkstein** limestone
die **Kalkulation** 1 (*Berechnung*) calculation 2 (*Kostenvoranschlag*) estimate ['estɪmət]
kalkulierbar calculable
kalkulieren to calculate
die **Kalorie** calorie
kalorienarm 1 **das Getränk ist kalorienarm** the drink is low in calories 2 **ein kalorienarmes Getränk** a low-calorie drink
kalt 1 (*auch übertragen*) cold 2 **mir ist kalt** I am cold; **mir wird kalt** I'm getting cold 3 **eine Flasche Wein/den Kaviar kalt stellen** to chill a bottle of wine/the caviar 4 (*übertragen: unbewegt*) **kalt bleiben** to remain unmoved ▶ WENDUNGEN: **kalt lächelnd** cool as you please; **kalte Füße kriegen** (*umgangsspr*) to get cold feet; **jemandem die kalte Schulter zeigen** to give someone the

brush-off

kaltblütig ① (*gnadenlos*) *Mensch, Mord:* cold-blooded ② (*gelassen*) cool ③ **jemanden kaltblütig umbringen** to kill someone in cold blood

die **Kälte** ① *von Wetter:* cold ② (*Kälteperiode*) cold spell ③ (*übertragen*) coldness

kälteempfindlich sensitive to cold

das **Kälteschutzmittel** anti-freeze

die **Kaltluft** cold air

kaltmachen (*slang*) **jemanden kaltmachen** to do someone in

kaltschnäuzig (*umgangsspr*) ① (*gefühllos*) callous ['kæləs], cold ② (*unverschämt*) insolent

der **Kaltstart** cold start

das **Kalzium** calcium ['kælsiəm]

das **Kamel** ① camel ['kæmᵊl] ② (*übertragen: Trottel*) dope

das **Kamelhaar** camel-hair (GB), camel's-hair (USA)

die **Kamelie** camellia [kə'mi:liə]

die **Kamera** camera

der **Kamerad**, die **Kameradin** ① (*beim Militär*) comrade ['kɒmreɪd] ② (*Gefährte*) companion [kəm'pænjən] ③ (*umgangsspr: Freund*) chum (GB), buddy (USA)

kameradschaftlich ① comradely ② (*rein freundschaftlich*) friendly, platonic ③ **sich kameradschaftlich verhalten** to act loyally

die **Kamerafrau** camerawoman

die **Kameraführung** camera work

der **Kameramann** cameraman

Kamerun Cameroon [ˌkæmə'ru:n]

die **Kamille** camomile

der **Kamillentee** camomile tea [ˌkæməmaɪl'ti:]

der **Kamin** ① (*Schornstein, auch von Berg*) chimney ② (*im Zimmer*) fireplace, fireside

der **Kaminaufsatz** mantelpiece ['mæntᵊlpi:s]

der **Kaminfeger**, die **Kaminfegerin** chimney sweep

der **Kamm** ① *für Haare:* comb [kəʊm] ② *von Vögeln, Wellen:* crest ③ *von Rind:* neck ④ *von Berg:* crest, ridge [rɪdʒ] ▸ WENDUNGEN: **du kannst doch nicht alles über einen Kamm scheren!** you can't just lump everything together!

kämmen ① to comb [kəʊm] *Haare* ② to card *Wolle* ③ **sich kämmen** to comb one's hair

die **Kammer** ① (*kleines Zimmer*) small room ② *von Parlament:* chamber ['tʃeɪmbəʳ]

die **Kampagne** campaign [kæm'peɪn]; **eine Kampagne starten** to launch a campaign

der **Kampf** ① (*auch übertragen*) fight [faɪt] (**um** for) ② (*Schlacht*) battle (**um** for) ③ (*Wettkampf, Wettstreit*) contest ['kɒntest] (**um** for)

der **Kampfeinsatz** combat mission [-ˌmɪʃᵊn]

kämpfen ① to fight [faɪt] (**um/für** for); **gegen jemanden/etwas kämpfen** to fight someone/something ② **mit den Tränen kämpfen** to fight back one's tears

G Richtiges Konjugieren von **to fight**: fight, fought, fought
sometimes I have to fight to be heard;
they fought against poverty and injustice;
the soldier had fought in many different war zones

der **Kampfer** camphor ['kæmfəʳ]

kämpferisch aggressive

der **Kampfhund** fighting ['faɪtɪŋ] dog

der **Kampfrichter**, die **Kampfrichterin** ① *bei Ballsportarten:* referee ② *beim Tennis:* umpire ['ʌmpaɪəʳ] ③ *beim Schwimmen, Skilaufen:* judge [dʒʌdʒ]

der **Kampfsport** martial ['mɑ:ʃᵊl] art

kampieren to camp

Kanada Canada ['kænədə]

der **Kanadier**, die **Kanadierin** Canadian [kə'neɪdiən]

kanadisch Canadian

der **Kanal** ① (*natürlicher*) channel; (*künstlicher*) canal [kə'næl] ② **der Ärmelkanal** the [English] Channel ['tʃænᵊl] ③ (*Entwässerungskanal*) drain; (*Abwasserkanal*) sewer ['sʊəʳ] ④ (*Radio, TV*) channel

der **Kanaldeckel** drain cover

die **Kanalinseln** Channel Islands

die **Kanalisation** *für Abwässer:* sewerage system ['sʊərɪdʒˌsɪstəm]

das **Kanalrohr** sewer ['sʊəʳ] pipe

der **Kanaltunnel** Channel ['tʃænᵊl] Tunnel

die **Kanaren** Canaries [kə'neəriz]

der **Kanarienvogel** canary [kə'neəri]

die **Kanarischen Inseln** Canary Islands

der **Kandidat**, die **Kandidatin** ① (*Anwärter*) candidate ['kændɪdeɪt] ② (*Bewerber*) applicant ['æplɪkənt]

die **Kandidatur** candidature (GB), candidacy (USA)

kandidieren to run, to stand (**für** for)

kandiert *Früchte:* candied

der **Kandis**, der **Kandiszucker** [sugar ['ʃʊgəʳ]] candy

das **Känguru** kangaroo [ˌkæŋgə'ru:]

das **Kaninchen** rabbit

der **Kanister** can

das **Kännchen** ① *für Milch:* jug ② *für Kaffee:* pot; **ein Kännchen Kaffee, bitte!** a pot of coffee please!

die **Kanne** ① *für Öl:* can ② *für Kaffee/Tee:* pot ③ *für Milch:* churn [tʃɜ:n]

der **Kannibale**, die **Kannibalin** cannibal

die **Kanone** ① gun; (*altertümliches Modell*) cannon ['kænən] ② (*umgangsspr: Ass, Könner*) ace [eɪs] ③ (*slang: Revolver*) piece, rod ▸ WENDUNGEN: **das ist unter aller Kanone!** that's really atrocious [ə'trəʊʃəs]!

das **Kanonenfutter** (*umgangsspr*) cannon fodder

die **Kante** ① *bei Fläche/Gegenstand:* edge [edʒ] ② (*Rand*) border

kantig ① *Holz:* edged [edʒd] ② *Gesicht:* angular ['æŋgjʊlə]

K

die **Kantine** canteen [kæn'tiːn]
der **Kanton** canton
die **Kantonsschule** (CH) ≈ grammar school [skuːl] (GB), ≈ high school (USA)
das **Kanu** canoe [kə'nuː]; **Kanu fahren** to canoe, to go canoeing
die **Kanüle** needle
die **Kanzel** 1 *in der Kirche:* pulpit 2 *im Flugzeug:* cockpit
die **Kanzlei** 1 *einer Behörde:* office 2 *eines Rechtsanwalts:* chambers ['tʃeɪmbəz] ⚠ *Plural*
der **Kanzler**, die **Kanzlerin** chancellor ['tʃɑːn(t)sᵊləʳ]
das **Kanzleramt** chancellery ['tʃɑːn(t)sᵊlᵊri]
das **Kap** cape
die **Kapazität** 1 (*Volumen*) capacity [kə'pæsəti] 2 (*übertragen: Experte*) authority [ɔː'θɒrəti] (**auf** on)
die **Kapelle** 1 (*Kirchlein*) chapel ['tʃæpᵊl] 2 (*Musikgruppe*) band
der **Kapellmeister**, die **Kapellmeisterin** 1 (*Leiter einer Musikkapelle*) bandmaster 2 (*Dirigent*) conductor

K

die **Kaper** caper
kapern to capture, to seize [siːz]
kapieren (*umgangsspr*) **etwas kapieren** to get something; **kapiert?** got it?; **er kapiert aber schnell** he really catches on quick
das **Kapital** 1 (*Geld*) capital ['kæpɪtᵊl]; **aus etwas Kapital schlagen** (*auch übertragen*) to capitalize on something 2 (*übertragen: Vorzug*) asset ['æset] (**an** in)
die **Kapitalanlage** capital investment
der **Kapitalanleger**, die **Kapitalanlegerin** investor
der **Kapitalertrag** yield [jiːld] on capital
der **Kapitalismus** capitalism ['kæpɪtəlɪzᵊm]
das **Kapitalverbrechen** serious ['sɪəriəs] crime; (*mit Todesstrafe*) capital crime
der **Kapitän** captain ['kæptɪn]
das **Kapitel** (*auch übertragen*) chapter [tʃæptə] ▸ WENDUNGEN: **das ist ein Kapitel für sich** that's another story
das **Kapitell** capital
die **Kapitulation** surrender [sᵊr'endəʳ]; (*auch übertragen*) capitulation [kəˌpɪtjʊ'leɪʃᵊn] (**vor** to)
kapitulieren to surrender [sᵊr'endəʳ], to capitulate [kə'pɪtjʊleɪt]; **kapitulieren angesichts** [*oder* **vor**] **der Gefahr** to capitulate in the face of danger
der **Kaplan** chaplain ['tʃæplɪn]
die **Kappe** 1 *für Kopf:* cap 2 *von Flasche:* top ▸ WENDUNGEN: **ich nehme alles auf meine Kappe** (*umgangsspr*) I take [the] full responsibility
kappen (*auch übertragen*) to cut
die **Kapsel** capsule ['kæpsjuːl]
kaputt (*umgangsspr*) 1 (*funktionsunfähig, zerbrochen*) broken 2 *Beziehung, Ehe:* broken 3 *Nerven:* shattered 4 *Gesundheit, Leber:* ruined 5 (*übermüdet*) done in, shattered, knackered ['nækəd] *umgangsspr* 6 **mach dich doch nicht kaputt!** don't wear yourself out!; **ein kaputter Typ** (*umgangsspr*) a wreck [rek]
kaputtgehen (*umgangsspr*) 1 (*entzweigehen*) to break [breɪk] 2 *Auto, Gerät, Maschine:* to break down 3 *Beziehung, Ehe:* to break up (**an** because of) 4 **an dem Job geh ich noch kaputt!** this job will be the death of me!

> **G** Richtiges Konjugieren von **to break**: break, broke, broken
> *if you aren't gentle, it will break;*
> *the bench broke under the weight;*
> *the old radio has finally broken*

kaputtlachen **sich kaputtlachen** (*umgangsspr*) to die laughing; **da lachst du dich kaputt!** this one'll kill you!
kaputtmachen 1 to break *Gegenstand* 2 to ruin *Kleidungsstück* 3 (*übertragen: erschöpfen*) to wear [weəʳ] out; **deine Geldsorgen machen dich noch ganz kaputt** your money worries will be the death of you
die **Kapuze** 1 *von Jacke, Mantel:* hood 2 *von Mönchskutte:* cowl
das **Kapuzenshirt** hoodie, hoody
der **Karabiner** 1 (*Gewehr*) carbine ['kɑːbaɪn] 2 (*Haken*) karabiner [ˌkærə'biːnəʳ], snap link
die **Karaffe** 1 (*offen*) carafe [kə'ræf] 2 (*mit Stöpsel*) decanter [dɪ'kæntəʳ]
die **Karambolage** collision, crash
der **Karamell** caramel
das **Karat** carat
das **Karate** karate [kə'rɑːti]
der/das **Kardamom** cardamom
der **Kardinal** cardinal ['kɑːdɪnᵊl]
die **Kardinalzahl** cardinal number
das **Kardiogramm** cardiogram
der **Karfiol** (A) cauliflower ['kɒliflaʊəʳ]
der **Karfreitag** Good Friday
karg 1 (*mager, spärlich*) meagre ['miːgəʳ], sparse 2 (*unfruchtbar*) barren
kärglich meagre ['miːgəʳ], sparse
die **Karibik** the Caribbean [ˌkærɪ'biːən]
kariert 1 *Stoff:* checked, chequered ['tʃekəd], checkered (USA) 2 *Papier:* squared
die **Karies** tooth decay *kein Plural*
die **Karikatur** caricature ['kærɪkətʃʊə]
karikieren to caricature
Karl Charles; **Karl der Große** Charlemagne ['ʃɑːləmeɪn]
der **Karneval** carnival ['kɑːnɪvᵊl]
Kärnten Carinthia [kə'rɪnθɪə]
das **Karo** 1 (*Quadrat*) square; (*Raute*) diamond 2 (*quadratisches Stoffmuster*) check 3 (*Kartenfarbe*) diamonds ⚠ *Plural;* (*Einzelkarte*) diamond
die **Karosse** [state] coach

die **Karosserie** bodywork
die **Karotte** carrot ['kærət]
die **Karpaten** Carpathians
der **Karpfen** carp
der **Karpfenteich** carp pond
die **Karre**, der **Karren** ① (*Wagen*) cart ② (*Schubkarren*) [wheel-]barrow ③ (*abwertend: altes Auto*) crate
die **Karriere** career; **Karriere machen** to make a career for oneself
die **Karrierefrau** (*abwertend*) career woman
der **Karrieremacher**, die **Karrieremacherin** (*abwertend*) careerist
die **Karte** ① (*Landkarte*) map; (*Seekarte*) chart ② (*Eintrittskarte, Fahrkarte*) ticket ③ (*Postkarte, Spielkarte, Visitenkarte*) card ④ (*Speisekarte*) menu ['menju:] ⑤ **Karten mischen** to give the cards a shuffle; **Karten spielen** to play cards ⑥ **jemandem die Karten legen** to tell someone's fortune from the cards ▸ WENDUNGEN: **alle Karten in der Hand haben** to hold all the trumps; **alles auf eine Karte setzen** to put all one's eggs in one basket
die **Kartei** card file [faɪl]
die **Karteikarte** file card
das **Kartell** cartel
das **Kartellamt** Monopolies Commission [mə'nɒpəlizkə,mɪʃən] (GB)
das **Kartenspiel** ① card game ② (*die Spielkarten*) pack [*oder* (USA) deck] of cards
der **Kartenspieler**, die **Kartenspielerin** card-player
das **Kartentelefon** cardphone
der **Kartenvorverkauf** advance [əd'vɑ:n(t)s] sale of tickets
die **Kartoffel** potato [pə'teɪtəʊ] ▸ WENDUNGEN: **jemanden wie eine heiße Kartoffel fallen lassen** to drop someone like a hot potato

> **V** **potatoes** ist die Pluralform von **potato**: *Norman ate six potatoes.*

der **Kartoffelbrei** mashed potatoes ⚠ *Plural*
die **Kartoffelchips** [potato] crisps (GB), [potato] chips (USA)

> **V** In Großbritannien sind ‚chips' Pommes-Frittes!

der **Kartoffelpuffer** potato fritter
der **Kartoffelsalat** potato salad
die **Kartoffelschale** ① (*mitgegart*) potato skin ② (*als Abfall*) potato peel
der **Karton** ① (*Pappe*) cardboard ② (*Schachtel*) cardboard box
kartoniert paperback
das **Karussell** car[r]ousel [,kærə'sel], merry-go-round, roundabout (GB); **Karussell fahren** to go on the merry-go-round
das **Karzinogen** carcinogen [kɑ:'sɪnədʒən]
kaschieren ① (*übertragen: überdecken*) conceal [kən'si:l] ② to laminate *Bucheinband*
Kaschmir Kashmir
der **Kaschmir** *kurz für* **Kaschmirwolle** cashmere
der **Käse** ① cheese ② (*umgangsspr: Quatsch*) rubbish
der **Käsekuchen** cheesecake
der **Kasernenhof** barrack square
käsig (*umgangsspr*) *Gesichtsfarbe:* pasty ['peɪsti]
das **Kasino** ① (*Spielbank*) casino [kə'si:nəʊ] ② (*Offiziersclub*) [officers'] mess
die **Kaskoversicherung** ① (*Teilkasko*) third-party insurance [ɪn'ʃʊərən(t)s] ② (*Vollkasko*) fully comprehensive insurance
der **Kasper** ① (*Theaterfigur*) Punch ② (*übertragen*) clown; **den Kasper machen** to play the clown [*oder* fool]
das **Kasperletheater** ① (*Spiel*) Punch and Judy show ② (*Gestell*) Punch and Judy theatre ['θɪətər]
die **Kasse** ① (*Geldkasten*) cash box ② *im Laden:* cash desk, till; *in der Bank:* cash desk; *im Supermarkt:* check-out ③ *im Theater:* box office ④ (*Krankenkasse*) medical health insurance [ɪn'ʃʊərən(t)s] ▸ WENDUNGEN: **Kasse machen** to cash up; **knapp bei Kasse sein** (*umgangsspr*) to be short of cash; **jemanden zur Kasse bitten** to ask someone to pay up
der **Kassenautomat** cash dispenser
der **Kassenbeleg** sales receipt [-rɪ,si:t], sales check (USA)
der **Kassenbon** sales slip (GB), sales check (USA)
das **Kassengestell** (*umgangsspr*) *von Brille:* National Health spectacle frame (GB)
der **Kassenpatient**, die **Kassenpatientin** health plan patient ['peɪʃənt]
kassenpflichtig *Medikament, Therapie:* covered by statutory health insurance [-ɪn,ʃʊərən(t)s]
der **Kassensturz** cashing-up; **Kassensturz machen** *privat:* to check one's finances; *eines Geschäfts:* to cash up
der **Kassenzettel** sales slip (GB), sales check (USA)
die **Kassette** ① (*Kästchen*) case ② *für Bücher:* box ③ (*Verkaufspackung*) pack, set ④ *Musik, Video:* cassette [kə'set]
das **Kassettendeck** cassette deck
der **Kassettenrekorder** cassette recorder
kassieren ① **[bei jemandem] kassieren** to collect [from someone] *Geld, Miete* ② (*im Lokal*) **darf ich kassieren?** would you mind settling the bill now? ③ (*umgangsspr: Profit machen*) to make money; **er hat dabei ganz hübsch kassiert** he really cashed in on it ④ (*umgangsspr: wegnehmen*) to take away *Führerschein* ⑤ (*umgangsspr: schnappen, einlochen*) to nab *Person*
der **Kassierer**, die **Kassiererin** ① *in Bank, Geschäft:* cashier [kæ'ʃɪə] ② *im Verein:* treasurer ['treʒərər]

K

die **Kastanie** chestnut ['tʃesnʌt]
der **Kastanienbaum** chestnut tree
kastanienbraun maroon; *Haarfarbe:* chestnut
der **Kasten** 1 (*Schachtel*) box; (*Kiste*) case; (*Truhe*) chest 2 (*Briefkasten*) letter box 3 (*TV*) box 4 (*Haus*) barrack[s] 5 (*altes Auto*) crate 6 Ⓐ cupboard ['kʌbəd]
kastrieren (*auch übertragen*) to castrate
der **Kasus** case
der **Katalog** catalogue ['kætəlɒg] GB, catalog USA
der **Katalysator** 1 (*auch übertragen*) catalyst ['kætəlɪst] 2 *von Auto:* catalytic converter [ˌkætəˌlɪtɪkən'vɜːtəʳ]
der **Katamaran** catamaran
der/das **Katapult** catapult
der **Katarr(h)** catarrh [kə'tɑːʳ]; **einen Katarr haben** to have catarrh
katastrophal catastrophic
die **Katastrophe** catastrophe [kə'tæstrəfi]; **so eine Katastrophe!** what a disaster!
die **Katastrophenhilfe** disaster relief [-rɪˌliːf]
die **Kategorie** category
kategorisch 1 *Antwort:* categorical 2 **kategorisch nein sagen** to give a categorical no
der **Kater** 1 (*männliche Katze*) tomcat 2 (*übertragen: Alkoholnachwirkung*) hangover
die **Katharsis** catharsis [kə'θɑːsɪs]
die **Kathedrale** cathedral [kəθiːdrəl]
das **Katheter** catheter
der **Katholik**, die **Katholikin** [Roman] Catholic ['kæθlɪk]
katholisch [Roman] Catholic
katzbuckeln (*abwertend*) **vor jemandem katzbuckeln** to grovel before someone
das **Kätzchen** kitten
die **Katze** cat ►WENDUNGEN: **die Katze aus dem Sack lassen** let the cat out of the bag; **wenn die Katze aus dem Haus ist, tanzen die Mäuse** when the cat's away the mice will play; **es war alles für die Katz** it was a sheer waste of time
das **Katzenauge** 1 (*Rückstrahler*) reflector 2 (*Fahrbahnmarkierung*) cat's-eye
der **Katzenjammer** (*umgangsspr*) 1 (*depressive Stimmung*) the blues ⚠ *Plural* 2 (*nach Alkoholkonsum*) hangover
der **Katzensprung** (*umgangsspr*) stone's throw
die **Katzenstreu** cat litter
das **Kauderwelsch** (*Sprachengemisch*) hotchpotch; (*Fachjargon*) lingo
kauen to chew
kauern to crouch
der **Kauf** 1 (*Einkaufen*) buying ['baɪɪŋ] 2 (*das Eingekaufte*) purchase; **ein guter Kauf** a good buy 3 **etwas in Kauf nehmen** to accept something, to put up with something
kaufen 1 (*erwerben*) to buy [baɪ] 2 (*umgangsspr: bestechen*) to buy off ►WENDUNGEN: **na warte, den kauf ich mir!** just you wait and see, I'll give him a piece of my mind!

> **G** Richtiges Konjugieren von **to buy**: buy, bought, bought
> *shall I buy you a newspaper?*;
> *she bought him a watch for his birthday*;
> *we've bought a new car*

der **Käufer**, die **Käuferin** buyer ['baɪəʳ], purchaser
die **Kauffrau** businesswoman ['bɪznɪsˌwʊmən]
das **Kaufhaus** department store
die **Kaufkraft** 1 *des Käufers:* spending power 2 *von Geld:* purchasing ['pɜːtʃəsɪŋ] power
der **Kaufladen** *als Spielzeug:* toy shop
käuflich 1 (*angeboten*) on [*oder* for] sale, purchasable ['pɜːtʃəsəbl] 2 (*übertragen: bestechlich*) venal ['viːnəl]; **er ist nicht käuflich** one can't buy him [off]
der **Kaufmann** 1 (*Einzelhändler*) small shopkeeper; (*Lebensmittelhändler*) grocer ['grəʊsəʳ] 2 (*Händler*) trader 3 (*Geschäftsmann*) businessman ['bɪznɪsmən]
kaufmännisch commercial [kə'mɜːʃəl], business ['bɪznɪs]; **der kaufmännische Leiter ist für den Vertrieb zuständig** the commercial director is responsible for sales
der **Kaufpreis** purchase price
der **Kaufvertrag** contract of sale, sales contract
der **Kaugummi** chewing gum ['tʃuːɪŋ gʌm]
die **Kaulquappe** tadpole
kaum hardly, scarcely ['skeəsli]; **das wird wohl kaum passieren** that's scarcely likely to happen
die **Kaution** 1 (*für Miete*) deposit; **eine Kaution hinterlegen** to leave a deposit 2 (*für Gefangenen*) bail; **gegen Kaution** on bail

> **F** Nicht verwechseln mit **caution** = die Vorsicht!

der **Kautschuk** India rubber
der **Kauz** (*Eule*) screech owl ►WENDUNGEN: **ein komischer Kauz** an odd bird
der **Kavalier** gentleman ['dʒentlmən]
das **Kavaliersdelikt** peccadillo
der **Kaviar** caviar
keck 1 (*kühn*) bold 2 (*flott*) jaunty 3 (*frech*) cheeky, saucy
der **Keeper**, die **Keeperin** goalkeeper
die **Kefe** CH (*Zuckererbse*) mange-tout [ˌmɑ̃(n)ʒ'tuː] [pea]
der **Kegel** 1 (*geometrische Figur*) cone 2 (*Figur beim Kegeln*) ninepin, skittle; (*beim Bowling*) pin
die **Kegelbahn** skittle alley; (*für Bowling*) bowling alley ['bəʊlɪŋˌæli]
kegelförmig conic[al]
kegeln to play skittles; (*beim Bowling*) to go bowling
die **Kehle** throat

der **Kehlkopf** larynx ['lærɪŋks]
die **Kehlkopfentzündung** laryngitis [ˌlærɪn'dʒaɪtɪs]
kehren[1] ① (*drehen, wenden*) to turn ② **jemandem/einer Sache den Rücken kehren** to turn one's back on someone/something
kehren[2] (*fegen*) to sweep

> **G** Richtiges Konjugieren von **to sweep**: sweep, swept, swept
> *she sweeps the yard every Saturday;*
> *George swept the leaves into a pile;*
> *have you swept the floor yet?*

der/das **Kehricht** (CH) rubbish, trash (USA)
die **Kehrmaschine** ① (*für Straße*) road-sweeper ② (*für Teppich*) carpet-sweeper
die **Kehrschaufel** dustpan
die **Kehrseite** ① (*umgangsspr: Rücken*) back ② *von Münze:* reverse [rɪ'vɜːs] ③ (*übertragen: Nachteil*) drawback; **die Kehrseite der Medaille** the other side of the coin
kehrtmachen (*umkehren*) to turn back
die **Kehrwoche** *the cleaning of communal areas in and around an apartment building;* **die Kehrwoche machen** to carry out cleaning duties for a week
keifen ① (*meckern*) to nag ② (*giftig zanken*) to bicker
der **Keil** (*auch übertragen*) wedge [wedʒ]
die **Keilerei** (*umgangsspr*) brawl, punch-up (GB)
keilförmig wedge-shaped ['wedʒʃeɪpt]
der **Keilriemen** fan belt
der **Keim** ① (*Krankheitserreger*) germ [dʒɜːm] ② (*Schössling*) shoot, sprout ③ (*übertragen*) seed; **etwas im Keim ersticken** to nip something in the bud
keimen ① (*auch übertragen*) to germinate ['dʒɜːmɪneɪt]; (*treiben*) *Pflanze:* to shoot, to sprout ② (*übertragen*) *Hoffnung, Verdacht:* to awaken
keimfrei sterile ['steraɪl]
der **Keimling** (*Spross*) shoot
keimtötend antiseptic, germicidal [ˌdʒɜːmɪ'saɪdᵊl]
kein(e) (*vor Substantiv*) ① no, not any; **kein Geld/keine Zeit** no money/no time; **ich habe kein Geld** I've got no money, I haven't got any money; **kein Mensch** nobody, not anybody; **kein einziges Mal** not a single time ② (*kaum, nicht einmal*) less than; **es hat keine zehn Minuten gedauert** it took less than ten minutes
keine(r, s) (*allein stehend*) ① *von Menschen: als Subjekt:* no-one, nobody; **keiner war da** no-one [*oder* nobody] was there; **ich sah keinen** I saw no-one [*oder* nobody] ② *von Menschen: als Subjekt oder Objekt nach Verneinung:* not anyone, not anybody; **keiner war da** there wasn't anyone [*oder* anybody] there; **ich sah keinen** I didn't see anybody [*oder* anyone] ③ *von Gegenständen: als Subjekt:* not one, none ④ *von Gegenständen: als Subjekt oder Objekt:* not any, none; **ich hab keins** I haven't got any, I have none ⑤ **keiner von uns** none of us; **keiner von uns beiden** neither ['naɪðəʳ] of us
keinerlei **keinerlei Beweise** no proof what[so]ever [*oder* at all]; **keinerlei Rücksicht nehmen** to show no consideration what[so]ever [*oder* at all]
keinesfalls on no account, under no circumstances ['sɜːkəmstæn(t)sɪz]
keineswegs ① (*keinesfalls*) by no means, not at all ② (*nicht im Geringsten*) not in the least
der/das **Keks** biscuit ['bɪskɪt] (GB), cookie (USA)
der **Kelch** ① (*Trinkgefäß*) goblet ② (*Kommunionkelch*) communion cup ③ *von Blüten:* calyx ['keɪlɪks]
die **Kelle** ① (*Schöpfkelle*) ladle ['leɪdl] ② (*Maurerkelle*) trowel ['traʊəl] ③ (*Zugführerkelle*) signalling disc
der **Keller** cellar ['seləʳ]
die **Kellerassel** woodlouse, [*Plural* woodlice]
das **Kellergeschoss** basement
die **Kellerwohnung** basement flat
der **Kellner**, die **Kellnerin** waiter *maskulin,* waitress *feminin*
der **Kelte**, die **Keltin** Celt
keltern to press
Kenia Kenya
kennen ① to know [nəʊ]; (*bekannt sein mit*) to be acquainted [ə'kweɪntɪd] with ② **jemanden kennen lernen, sich kennen lernen** (*zum ersten Mal sehen*) to meet someone; (*näher*) to become acquainted with [*oder* get to know] someone ③ **jemanden näher kennen lernen** to get to know someone better ④ **kennst du mich noch?** do you remember me? ⑤ **da kennst du mich aber schlecht!** that just shows how little you know me!

> **G** Richtiges Konjugieren von **to know**: know, knew, known
> *do you know him well?;*
> *he knew the region well as he had lived there for years;*
> *I have known Sam for three years*

der **Kenner**, die **Kennerin** ① (*Weinkenner*) connoisseur [ˌkɒnə'sɜːʳ] ② (*Experte*) expert ['ekspɜːt] (**von** in/on)
die **Kennkarte** identity card
die **Kennnummer** identification number
die **Kenntnis** **etwas zur Kenntnis nehmen** to take note of something
die **Kenntnisse** ① (*Talente*) attainments ② (*Fertigkeiten*) accomplishments ③ (*Wissen*) knowledge ['nɒlɪdʒ] ⚠ *Singular;* **gute Kenntnisse in Mathe haben** to have a good knowledge of maths
die **Kennung** ① (*in der Telekommunikation*) iden-

K

tity, identification ② (*in der Informatik*) user identifier, UID
das **Kennwort** ① (*Chiffre*) code name ② (*Losungswort*) password
das **Kennzeichen** ① (*Charakteristikum*) characteristic [ˌkærəktəˈrɪstɪk] (**für/von** of) ② *von KFZ:* number plate GB, license plate USA
kennzeichnen ① (*markieren*) to mark; **etwas als zerbrechlich kennzeichnen** to mark something fragile ② (*charakterisieren*) to characterize [ˈkærəktᵊraɪz]
die **Kennziffer** reference [ˈrefᵊrᵊn(t)s] number
kentern to capsize [kæpˈsaɪz]
die **Keramik** ceramics [səˈræmɪks] ⚠ *Plural*
die **Kerbe** notch
der **Kerl** (*umgangsspr*) chap, fellow, bloke GB, guy [gaɪ] USA
der **Kern** ① *von Obst:* pip; *von Kirsche:* stone ② *von Atom, Zelle:* nucleus [ˈnjuːklɪəs] ③ (*übertragen: Hauptsache*) core, heart
die **Kernfusion** nuclear fusion [ˈfjuːʒᵊn]
kerngesund as fit as a fiddle
kernig robust; *Ausspruch:* earthy
die **Kernkraft** nuclear power
das **Kernkraftwerk** nuclear power station
kernlos pipless; *Trauben:* seedless
die **Kernphysik** nuclear physics *Singular*
der **Kernreaktor** nuclear reactor
die **Kernspaltung** nuclear fission [ˈfɪʃᵊn]
das **Kernstück** crucial [ˈkruːʃᵊl] part; *einer Sammlung:* main item
das **Kerosin** kerosene
die **Kerze** ① (*Wachskerze*) candle ② (*Zündkerze*) plug
kerzengerade dead straight [streɪt], straight as a die
der **Kerzenhalter** candle-holder
das **Kerzenlicht** candlelight [ˈkændḷlaɪt]; **bei Kerzenlicht** by candlelight; **ein Essen bei Kerzenlicht** a candlelit dinner
der **Kerzenständer** candle holder, candlestick
kess (*umgangsspr*) cheeky, saucy [ˈsɔːsi]
der **Kessel** ① (*Teekessel*) kettle ② (*Dampfkessel*) boiler ③ (*Talkessel*) basin
der **Kesselstein** fur, scale
der/das **Ketchup** [ˈketʃap] ketchup
die **Kette** ① chain; **an die Kette legen** to chain up ② (*Halskette*) necklace [ˈnekləs] ③ (*Bergkette*) range ④ **eine Kette von Unfällen** a series [*oder* string] of accidents
das **Kettenfahrzeug** tracked vehicle [-ˌvɪəkḷ]
das **Kettenglied** [chain-]link
der **Kettenraucher**, die **Kettenraucherin** chain-smoker
die **Kettenreaktion** chain reaction
die **Kettensäge** chainsaw
der **Ketzer**, die **Ketzerin** (*auch übertragen*) heretic [ˈherətɪk]
ketzerisch (*auch übertragen*) heretical [həˈretɪkᵊl]
keuchen to pant [pænt]
der **Keuchhusten** whooping-cough [ˈ(h)wuːpɪŋˌkɒf]
die **Keule** ① (*Schlagwerkzeug*) club, cudgel [ˈkʌdʒᵊl] ② (*Fleischstück*) leg
keusch (*auch übertragen*) chaste
das **Keyboard** [ˈkiːboːɐ̯t] keyboard
KI *Abkürzung von* **Künstliche Intelligenz** AI [ˌeɪˈaɪ]
die **Kichererbse** chickpea
kichern to giggle
der **Kickertisch** table football GB, foosball table USA
kidnappen [ˈkɪtnɛpn̩] to kidnap
der **Kidnapper**, die **Kidnapperin** [ˈkɪtnɛpɐ] kidnapper
der **Kiebitz** (*Vogel*) peewit, lapwing
die **Kiefer** (*Nadelbaum*) pine
der **Kiefer** (*Körperteil*) jaw [dʒɔː]
der **Kieferorthopäde**, die **Kieferorthopädin** orthodontist
der **Kiel**[1] *einer Feder:* quill
der **Kiel**[2] *eines Schiffs:* keel
das **Kielwasser** (*auch übertragen*) wake; **in jemandes Kielwasser segeln** (*übertragen*) to follow in someone's wake
die **Kieme** gill [gɪl]
der **Kies** ① gravel [ˈgrævᵊl] ② (*slang: Geld*) dough [dəʊ]
der **Kiesel** pebble
die **Kieselerde** silica
der **Kieselstein** pebble
das **Kilo** kilo, kilogram[me] [ˈkɪləgræm] GB, kilogram USA; **ein Kilo Bananen** a kilo [ˈkiːləʊ] of bananas
das **Kilobyte** [ˈkiːlobaɪ̯t] kilobyte [ˈkɪlə(ʊ)baɪt]
das **Kilogramm** kilogram[me] GB, kilogram USA
das **Kilohertz** kilohertz
der **Kilometer** kilometre [kɪˈlɒmɪtəʳ] GB, kilometer USA
der **Kilometerzähler** milometer [maɪˈlɒmɪtə] GB, odometer USA
die **Kilowattstunde** kilowatt hour [aʊəʳ]
das **Kind** child [tʃaɪld]; **als Kind** as a child; **sie erwartet/bekommt ein Kind** she's expecting/going to have a baby ► WENDUNGEN: **sich bei jemandem lieb Kind machen** soft-soap someone *abwertend*

F Nicht verwechseln mit **kind** = die Art!

die **Kinderarmut** child poverty
der **Kinderarzt**, die **Kinderärztin** paediatrician [ˌpiːdiəˈtrɪʃᵊn], pediatrician USA
die **Kinderfahrkarte** child's ticket, half [hɑːf]
der **Kinderfreibetrag** child allowance [-əˌlaʊən(t)s]
der **Kindergarten** nursery school [skuːl] GB, kindergarten USA

der **Kindergärtner**, die **Kindergärtnerin** nursery school [*oder* (USA) kindergarten] teacher

das **Kindergeld** child benefit

die **Kinderkrankheit** ① children's disease ② (*übertragen*) teething troubles ⚠ *Plural*

die **Kinderlähmung** polio ['pəʊlɪəʊ][myelitis]

kinderleicht dead easy

kinderlieb **ein kinderlieber Hund** a dog which is fond of children; **sie sind sehr kinderlieb** they are very fond of children

kinderlos childless

das **Kindermädchen** nanny

kinderreich **eine kinderreiche Familie** a large family, a family with a lot of children

kindersicher *Schloss:* childproof

der **Kindersitz** (*im Auto*) child's safety seat

das **Kinderspiel** ① (*Spiel für Kinder*) children's game ② (*übertragen*) child's play; **das ist doch ein Kinderspiel!** that's child's play!

der **Kinderspielplatz** children's playground

das **Kinderspielzeug** child's toy

die **Kindertagesstätte** day nursery

der **Kinderteller** *im Restaurant:* child's portion

der **Kinderwagen** pram (GB), [baby-]carriage [['beɪbi],kærɪdʒ] (USA)

das **Kinderzimmer** child's [*oder* children's] room

kindgerecht child-orient[at]ed

die **Kindheit** childhood

kindisch childish

kindlich ① *Verhalten:* childlike ② **sich kindlich verhalten** to act like a child; **kindlich wirken** to be childlike

das **Kinn** chin

der **Kinnhaken** (*beim Boxen*) hook to the chin

die **Kinnlade** jaw[-bone]

das **Kino** cinema ['sɪnəmə]; **ins Kino gehen** to go to the cinema [*oder* (USA) movies] ['mu:viz]

der **Kiosk** kiosk ['ki:ɒsk]

das **Kipferl** (A) croissant ['krwæsɑ̃(ŋ)]

die **Kippe** (*umgangsspr*) ① (*Zigarettenkippe*) stub ② **es steht auf der Kippe[, ob ...]** it's touch and go [whether ...]

kippen ① (*umkippen*) to tilt *Behälter, Fenster, Tisch* ② *Mensch:* to tip over; *Fahrzeug:* to topple, to overturn

der **Kippwagen** dump truck, tipper

die **Kirche** church [tʃɜ:tʃ]; **in der Kirche** at church; **in die Kirche gehen** to go to church

der **Kirchenchor** church choir [kwaɪəʳ]

das **Kirchenfest** religious [rɪ'lɪdʒəs] festival [*oder* (USA) holiday]

die **Kirchengemeinde** parish

das **Kirchenjahr** ecclesiastical [ɪ,kli:zi'æstɪkəl] year

die **Kirchensteuer** church tax

der **Kirchhof** (*Friedhof*) graveyard

kirchlich ① *Feiertag, Musik, Trauung:* church ② *Amt, Gebot, Gericht:* ecclesiastical [ɪ,kli:zi'æstɪkəl] ③ (*religiös*) *Land, Mensch:* religious [rɪ'lɪdʒəs] ④ **sich kirchlich trauen lassen, kirchlich heiraten** to get married in church

der **Kirchturm** [church] steeple, church tower [taʊəʳ]

die **Kirchweih** (*Volksfest*) fair (GB), kermis (USA)

der **Kirschbaum** cherry tree

die **Kirsche** cherry

das **Kirschwasser** kirsch

das **Kissen** ① (*Sofakissen*) cushion [kʊʃən] ② (*Kopfkissen*) pillow

der **Kissenbezug** ① (*für Sofakissen*) cushion cover ② (*für Kopfkissen*) pillow case

die **Kiste** ① (*Behälter*) box; (*Truhe*) chest ② *von Bier, Sprudel:* crate; *von Wein:* case ③ (*umgangsspr: Fernseher*) box

der **Kitsch** (*abwertend*) kitsch

kitschig (*abwertend*) kitschy

das **Kittchen** (*umgangsspr*) clink

der **Kittel** ① (*Arbeitskittel*) overall ['əʊvərɔ:l] ② (*Arztkittel*) coat

das **Kitz** ① (*Zicklein*) kid ② (*Rehkitz*) fawn

kitzelig (*auch übertragen*) ticklish

kitzeln (*auch übertragen*) to tickle ['tɪkl]

die **Kiwi** (*Frucht*) kiwi

klaffen to gape

kläffen to yap

die **Klage** ① (*zivilrechtlich*) action, suit [su:t]; (*strafrechtlich*) charge ② (*Beschwerde*) complaint (**über** about); **keinen Grund zur Klage haben** to have no reason to complain ③ (*Wehklagen*) lament (**über/um** for)

klagen ① (*sich beklagen*) to complain (**über** about); **jemandem sein Leid klagen** to pour out one's sorrows to someone ② (*trauern*) **um jemanden/etwas klagen** to mourn someone/something ③ (*gerichtlich*) to sue [su:] (**auf** for)

der **Kläger**, die **Klägerin** plaintiff

klamm ① (*feuchtkalt*) clammy ② (*erstarrt*) numb [nʌm]

die **Klammer** ① (*Haarklammer*) [hair]grip ② (*Büroklammer, Wundklammer*) clip; (*Heftklammer*) staple ③ (*Wäscheklammer*) peg ④ (*Rechenzeichen, Satzzeichen*) bracket; **in Klammern setzen** to put in brackets

der **Klammeraffe** (*Computersprache*) 'at' sign [saɪn]

klammheimlich (*umgangsspr*) ① *Abreise, Affäre:* clandestine [klæn'destɪn] ② **etwas klammheimlich tun** to do something on the quiet

die **Klamotten** (*slang*) gear ⚠ *Singular*

der **Klang** ① (*Geräusch*) sound ② (*Tonqualität*) tone

klangvoll ① *Sprache, Stimme:* sonorous ['sɒnərəs] ② (*übertragen*) *Name:* fine-sounding

klappbar ① (*zusammenklappbar*) collapsible

K

[kəˈlæpsɪbl], folding ② (*nach unten oder oben klappbar*) hinged [hɪndʒd], tipping

das **Klappbett** folding bed

die **Klappe** ① flap; (*Deckel*) lid ② *von Blasinstrument:* key ③ (*Herzklappe, Ventil*) valve ④ (*slang: Mund*) trap; **eine große Klappe haben** to have a big mouth; **die Klappe halten** to pipe down; **halt die Klappe!** shut up!

klappen ① to fold; **nach oben/unten klappen** *Bett, Sitz:* to fold up/down; *Kragen:* to turn up/down; **nach vorn/hinten klappen** to tip forward/back ② (*umgangsspr: in Ordnung sein*) to work [wɜːk] ③ (*übertragen: gut gehen*) to work out; **es hat alles geklappt** everything worked out fine; **alles klappte wie am Schnürchen** everything went like clockwork

die **Klapper** rattle

klapp(e)rig rickety

die **Klapperkiste** (*abwertend: altes Auto*) boneshaker, rattletrap

klappern ① *Fenster, Geschirr:* to clatter, to rattle ② *mit den Zähnen:* to chatter ③ *Absatz, Mühle:* to clack

K

die **Klapperschlange** rattlesnake

das **Klappmesser** clasp-knife [-knaɪf], flick-knife

das **Klapprad** folding bicycle [ˈbaɪsɪkḷ]

der **Klappsitz** folding seat

der **Klappstuhl** folding chair

der **Klaps** (*leichter Schlag*) slap, smack; **jemandem einen Klaps versetzen** to slap [*oder* smack] someone

die **Klapsmühle** (*umgangsspr*) loony bin (GB), bughouse (USA)

klar ① (*deutlich, offensichtlich*) clear; **klar und deutlich** distinctly, plainly; **es ist klar, dass ...** it is obvious that ...; **ist das klar?** do I make myself plain? ② **klar sehen** see clearly ③ **sich darüber im Klaren sein, dass ...** realize that ... ④ **klar wie Kloßbrühe!** (*umgangssprr*) clear as mud! ⑤ (*fertig*) ready [redi] ⑥ **klarer Fall!** (*umgangsspr*) sure thing! ⑦ **alles klar?** (*umgangsspr*) everything OK?

die **Kläranlage** sewage [ˈsuːɪdʒ] plant

klären ① to purify *Luft, Wasser* ② to clarify *Sachlage* ③ to settle *Angelegenheit, Problem*

klargehen (*umgangsspr*) to be OK [*oder* okay]; **geht klar!** that's OK [*oder* okay]!

die **Klarinette** clarinet [ˌklærəˈnet]; **Klarinette spielen** to play the clarinet

klarkommen (*umgangsspr*) ① (*sein Auskommen haben*) to get by; **ich komm schon klar** I'll get by [*oder* manage] ② **mit jemandem/etwas klarkommen** to cope with [*oder* get on with] someone/something

klarlegen to make clear, to explain

klarmachen ① (*erklären*) to make clear ② to make ready *Schiff* ③ **sich etwas klarmachen** to realize something

die **Klarsichtfolie** cling [*oder* clear] film

die **Klarsichthülle** clear plastic folder

die **Klarsichttüte** clear plastic [re-sealable] bag (*as required by EU policy for the carriage of liquids in cabin luggage*)

der **Klartext** **im Klartext** in plain language [*oder* (GB) English]; **mit jemandem Klartext reden** to give someone a piece of one's mind

die **Klasse** ① (*Kategorie*) class ② *beim Sport:* league [liːg] ③ (*Güteklasse*) grade ④ (*Schulklasse*) class; **die Klasse ist laut** the class is [*oder* are] noisy; (*Klassenstufe*) form ⑤ (*Klassenzimmer*) classroom

die **Klassenarbeit** [class] test

das **Klassenbuch** register [ˈredʒɪstəʳ]

der **Klassenkamerad**, die **Klassenkameradin** classmate

der **Klassenlehrer**, die **Klassenlehrerin** form tutor

der **Klassensprecher**, die **Klassensprecherin** class [*oder* course] representative

das **Klassenzimmer** classroom

klassifizieren to classify

die **Klassifizierung** classification

die **Klassik** ① *in der Kunst:* classical period ② *in der Musik:* classical music

klassisch ① (*die Klassik betreffend*) classical ② (*typisch*) classic

der **Klassizismus** classicism [ˈklæsɪsɪzᵊm]

der **Klatsch** (*abwertend: Gerede*) gossip

klatschen ① to clap *Takt* ② **in die Hände klatschen** to clap one's hands ③ (*umgangsspr: tratschen*) to gossip (**über** about)

der **Klatschmohn** poppy

klatschnass (*umgangsspr*) soaking wet

die **Klaue** ① *von Raubtier:* claw; *von Raubvogel:* talon ② (*umgangsspr: unleserliche Schrift*) scrawl [skrɔːl]

klauen (*slang*) ① **jemandem etwas klauen** to nick [*oder* pinch] something from someone ② **sie klaut** she pinches things

die **Klausel** ① (*Zusatz*) clause ② (*Bedingung*) stipulation

die **Klausur** exam, paper; **eine Klausur schreiben** to sit an exam

das **Klavier** piano [pɪˈænəʊ]; **Klavier spielen** to play the piano

der **Klavierspieler**, die **Klavierspielerin** piano-player

kleben ① (*mit Klebstoff*) to glue, to paste; (*anhaften*) to stick (**an** to); **es klebt nicht** it won't stick ② (*übertragen: festhalten*) to cling (**an** to) ③ **jemandem eine kleben** (*umgangsspr*) to give someone a belting

> **G** Richtiges Konjugieren von **to stick**: stick, stuck, stuck
> *we could stick it together with glue;*
> *Maisie stuck pictures in her scrap book;*
> *he had stuck four posters to the window before anyone stopped him*

der **Kleber** ① glue ② Ⓒⓗ sticker
der **Kleb(e)streifen** adhesive [əd'hi:sɪv] tape
klebrig sticky
der **Klebstoff** adhesive [əd'hi:sɪv], glue
kleckern (*beim Essen*) to make a mess ▶WENDUNGEN: **nicht kleckern, sondern klotzen!** think big!
der **Klecks** *Tinte:* blot; *Farbe:* blob
klecksen ① (*mit Tinte*) to blot ② (*abwertend: malen*) to daub [dɔ:b]
der **Klee** clover ['kləʊvə]
das **Kleeblatt** ① (*Pflanze*) cloverleaf; **ein dreiblättriges Kleeblatt** a three-leaf clover ② (*übertragen: drei Leute*) threesome
das **Kleid** ① dress ② (*Kleidung*) **Kleider** clothes [kləʊ(ð)z]

V Zu **clothes** gibt es keine Einzahl: *Susan's clothes are always smart.*

kleiden (*auch übertragen*) to clothe [kləʊð], to dress; **sich gut kleiden** to dress well
der **Kleiderbügel** coat hanger
die **Kleiderbürste** clothes [kləʊ(ð)z] brush
das **Kleidergeschäft** clothes shop
der **Kleiderhaken** coat hook
der **Kleiderkasten** Ⓐ, Ⓒⓗ wardrobe ['wɔ:drəʊb]
die **Kleiderordnung** dress code
der **Kleiderschrank** wardrobe
die **Kleidung** clothes [kləʊ(ð)z] ⚠ *Plural*, clothing ['kləʊðɪŋ] ⚠ *kein Plural*

V **clothing** wird nie im Plural gebraucht: *in winter we wear warm clothing.*

das **Kleidungsstück** garment
die **Kleie** bran
klein ① (*kurz*) *Finger, Zeh:* little; **einen kleinen Moment bitte!** just one moment please! ② (*gering*) **das kleinere Übel** the lesser evil ③ (*unbedeutend*) small; **er ist nur ein kleiner Fisch** he is just small fry; **der kleine Mann** (*übertragen*) the man in the street ④ (*an Anzahl, Umfang, Wert*) small; **ein klein wenig** a little bit ⑤ *Mensch, Schritt:* short ⑥ (*nicht gravierend*) *Fehler, Vergehen:* minor ⑦ **bis ins Kleinste** in minute detail ⑧ **klein hacken** to chop up small ⑨ **klein anfangen** to start off in a small way ⑩ **meine kleine Schwester** my little sister; **er ist noch klein** he's still young
die **Kleinanzeige** classified ad
Kleinasien Asia Minor
das **Kleinformat** small size
das **Kleingeld** small change
das **Kleinholz** firewood, kindling ▶WENDUNGEN: **Kleinholz aus jemandem machen** to make mincemeat out of someone; **Kleinholz aus etwas machen** to smash something to pieces
die **Kleinigkeit** ① (*kleines Ding*) little thing ② (*Bagatelle*) trifling matter; **das ist doch eine Kleinigkeit** that isn't [asking] much ③ (*Detail*) minor detail ④ (*ein bisschen*) **eine Kleinigkeit zu essen** a little something to eat, a bite to eat ⑤ (*Geschenk*) **ich hab dir eine Kleinigkeit mitgebracht!** I've got you a little something!
kleinkariert (*abwertend*) small-time; **sei doch nicht so kleinkariert!** don't be so small-minded!
das **Kleinkind** infant; **als Kleinkind** as an infant
der **Kleinkram** (*umgangsspr*) odds and ends ⚠ *Plural*
kleinkriegen (*umgangsspr*) ① to chop up ② (*kaputtmachen*) to smash
kleinlaut sheepish, subdued [sʌb'dju:d]; **da wurde er ganz kleinlaut** it took the wind right out of his sails
kleinlich ① (*pedantisch*) petty ② (*knauserig*) mean ③ (*engstirnig*) small-minded
das **Kleinod** gem [dʒem]
die **Kleinstadt** small town
kleinstädtisch provincial [prə(ʊ)'vɪn(t)ʃəl]
der **Kleinwagen** small car
der **Kleister** paste
die **Klemme** ① (*Klammer*) clip ② (*übertragen*) fix, jam, tight spot; **in der Klemme sitzen** to be in a fix; **in die Klemme geraten** to get into a jam
klemmen ① *Tür:* to jam, to stick ② **die Bücher unter den Arm klemmen** to tuck the books under one's arm
der **Klempner**, die **Klempnerin** plumber ['plʌməʳ]
der **Klepper** (*abwertend*) nag
der **Klerus** clergy ['klɜ:dʒi]
die **Klette** ① (*Pflanze*) burdock ② (*umgangsspr: lästige Person*) pest, nuisance ['nju:sən(t)s]
klettern to climb [klaɪm]
die **Kletterpflanze** climbing ['klaɪmɪŋ] plant
der **Klettverschluss** Velcro®
das **Klima** ① climate ['klaɪmət]; **in Süditalien herrscht warmes Klima** the climate is warm in Southern Italy ② (*übertragen*) atmosphere ['ætməsfɪə]; **im Büro herrscht ein schlechtes Klima** there's a bad atmosphere in the office
die **Klimaanlage** air-conditioning [system ['sɪstəm]]
klimaneutral *Energie, Technologie:* climate neutral, not contributing to climate change *nachgestellt*
klimatisiert air-conditioned
klimaverträglich *Energie, Autos:* climate-friendly
der **Klimawandel** climate change ⚠ *kein Plural*
der **Klimmzug** pull-up
klimpern ① (*mit Münzen usw.*) to jingle ② (*abwertend: Klavier spielen*) to plonk away
die **Klinge** blade
die **Klingel** bell
klingeln ① (*läuten*) to ring (**nach** for) ② *Motor:* to knock [nɒk]

K

G Richtiges Konjugieren von **to ring**: ring, rang, rung
please ring the bell for attention; the telephone rang but nobody answered; the bus didn't stop because he hadn't rung the bell

der **Klingelton** ring tone
klingen 1 (*sich anhören*) to sound; **das klingt gut** that sounds good 2 (*erklingen*) *Glas:* to clink; *Glocke:* to ring
die **Klinik** clinic
das **Klinikum** clinical complex
klinisch clinical
die **Klinke** (*Türklinke*) handle
der **Klinker** clinker
die **Klippe** 1 *am Steilufer:* cliff 2 *im Meer:* rock
der **Klips** clip
klirren to clink
das **Klistier** enema
die **Klitsche** (*abwertend*) small-time outfit
klitschnass (*umgangsspr*) sopping wet
das **Klo** (*umgangsspr*) loo GB, john USA
die **Kloake** 1 (*Abwasserkanal*) sewer ['sʊəʳ] 2 (*übertragen*) cesspool ['sespu:l]
klobig bulky
klonen to clone
klönen (*umgangsspr*) to have a chat, to natter GB
das **Klopapier** (*umgangsspr*) toilet paper
klopfen 1 (*an der Tür*) to knock [nɒk] (**an** at); **es klopft** there is a knock at [*oder* on] the door; (*sanft*) to tap (**an** at, **auf** on) 2 *Herz:* to beat; (*stärker*) to pound 3 *Motor:* to knock 4 to beat *Fleisch, Teppich*
klopffest *Benzin:* anti-knock ['ænti,nɒk]
der **Klöppel** *von Glocke:* clapper, tongue [tʌŋ]
kloppen **sich kloppen** (*umgangsspr*) to scrap
der **Klops** (*umgangsspr*) meatball
das **Klosett** lavatory ['lævətᵊri], toilet
der **Kloß** (*Knödel*) dumpling; (*Fleischkloß*) meatball ▶ WENDUNGEN: **einen Kloß im Hals haben** to have a lump in one's throat
das **Kloster** 1 *von Mönchen:* monastery ['mɒnəstəri]; **ins Kloster gehen** to enter a monastery 2 (*von Nonnen*) convent ['kɒnvənt]; **ins Kloster gehen** to enter a convent
der **Klotz** *aus Holz:* block [of wood]
klotzen (*slang*) 1 (*hart arbeiten*) to slog [away] 2 (*angeben*) to show off 3 (*großzügig ausgeben*) to splash out
der **Klub** club
die **Kluft** 1 (*auch übertragen: Lücke*) gap 2 **eine Kluft überbrücken** to bridge a gulf
klug 1 (*intelligent*) clever 2 (*verständig*) sensible, wise 3 **der Klügere gibt nach** discretion is the better part of valour
der **Klumpen** 1 lump 2 *Erde:* clod 3 *Gold:* nugget
der **Klumpfuß** club-foot

K

der **Klüngel** (*abwertend*) clique [kli:k]
knabbern to nibble
der **Knabe** 1 (*Bub*) boy, lad 2 **ein alter Knabe** (*umgangsspr*) an old chap
das **Knäckebrot** crispbread; **zwei Scheiben Knäckebrot** two slices of crispbread
knacken 1 (*brechen*) to crack 2 (*slang: pennen*) to [have a] kip 3 to crack *Nuss, Rätsel* 4 (*slang*) to break into *Auto, Tresor*
der **Knackpunkt** (*umgangsspr*) critical point, crucial ['kru:ʃᵊl] point
der **Knacks** 1 (*Riss, Sprung*) crack 2 (*umgangsspr*) **einen Knacks haben** *Gerät:* to be playing up; *Ehe:* to be in trouble
der **Knall** bang; *von Kork:* pop; *von Tür:* bang ▶ WENDUNGEN: **Knall auf Fall** all of a sudden; **einen Knall haben** to be off one's rocker
knallbunt gaudy ['gɔ:di]
der **Knalleffekt** (*umgangsspr*) surprise [sə'praɪz] twist
knallen 1 *Tür:* to bang, to slam 2 *Sektkorken:* to [go] pop 3 *Peitsche:* to crack 4 (*umgangsspr*) *Sonne:* to blaze down
die **Knallerbse** cap bomb [bɒm], toy torpedo
knallhart (*umgangsspr*) hard as nails
knallrot 1 scarlet, bright [braɪt] red 2 *Gesicht:* as red as a beetroot, bright red; **knallrot anlaufen** to go [*oder* turn] bright red
knapp 1 (*spärlich*) scarce [skeəs]; (*dürftig*) meagre ['mi:gəʳ] GB, meager USA 2 *Kleidung:* scanty 3 (*kurz, präzise*) *Stil, Worte:* concise [kən'saɪs] 4 *Geld:* tight; **knapp bei Kasse sein** (*umgangsspr*) to be short of money 5 (*kaum ausreichend*) *Geld, Miete, Zeit:* barely sufficient [sə'fɪʃᵊnt] 6 *Sieg:* narrow 7 (*gerade noch, so eben*) just; **mit knapper Not** only just; **es knapp schaffen** to just about manage 8 **mit knapper Mehrheit** with a narrow majority
die **Knarre** (*slang: Gewehr*) shooter
knarren to creak
der **Knast** (*slang: Gefängnis*) clink, USA AUCH jug; **im Knast** in the clink; **Knast schieben** to do time
knattern 1 (*rattern*) to rattle 2 *Motor:* to roar
der/das **Knäuel** *Garn:* ball
der **Knauf** *einer Tür:* knob [nɒb]
knauserig (*umgangsspr*) stingy ['stɪndʒi] (**mit** with)
knausern (*umgangsspr*) to be stingy (**mit** with)
knautschen (*umgangsspr*) to crumple [up]
die **Knautschzone** crumple zone
der **Knebel** gag
knebeln (*auch übertragen*) to gag
der **Knecht** *eines Bauern:* farmhand
die **Knechtschaft** servitude
kneifen 1 **jemanden kneifen** to pinch someone 2 (*umgangsspr: sich drücken*) to chicken

out (**vor** of)

die **Kneipe** (*umgangssspr*) pub (GB), bar (USA); **in die Kneipe gehen** to go to the pub

die **Kneipentour** pub [*oder* (USA) bar] crawl [krɔːl]

die **Knete** ① (*slang: Geld*) dough [dəʊ] ② (*Knetgummi*) plasticine® ['plæstəsiːn]

kneten to knead [niːd]

der **Knetgummi** plasticine® ['plæstəsiːn]

die **Knetmasse** modelling clay

knicken ① (*brechen*) to snap ② (*falten*) to fold

knick(e)rig (*umgangsspr: geizig*) stingy ['stɪndʒi]

der **Knicks** curts[e]y

das **Knie** ① (*Körperteil*) knee [niː] ② *von Fluss:* bend ③ *von Rohr:* angle ▶ WENDUNGEN: **jemanden in die Knie zwingen** to force someone to his/her/their knees

die **Kniebeuge** knee-bend ['niːbend]

knien to kneel [niːl] (**vor** before)

G Richtiges Konjugieren von **kneel**: kneel, knelt, knelt — *Steve knelt down to look for his pen under his desk; have you ever knelt on a chair?*

die **Kniescheibe** kneecap ['niːkæp]

der **Kniestrumpf** knee-length ['niːleŋ(k)θ] sock

der **Kniff** (*umgangsspr: Trick*) knack [næk], trick; **den Kniff raushaben** to get [*oder* have got] the knack

knifflig ① (*schwierig*) fiddly ② (*heikel*) tricky

der **Knilch** (*abwertend umgangsspr*) bloke, guy (USA)

knipsen (*umgangsspr*) ① (*fotografieren*) to snap, to take pictures ② (*lochen*) to punch

der **Knirps** (*kleiner Junge*) little fellow

knirschen ① *Schnee:* to crunch ② *Getriebe, Zähne:* to grind

knistern ① *Feuer:* to crackle ② *Papier, Seide:* to rustle ['rʌsl̩]

knitterfrei crease-resistant

knittern to crease ['kriːs]

knobeln ① (*würfeln*) to play dice ② (*grübeln, nachdenken*) to puzzle ['pʌzl̩] (**an** over)

der **Knoblauch** garlic ['gɑːlɪk]

die **Knoblauchzehe** clove of garlic

der **Knöchel** ① *von Fuß:* ankle ['æŋkl] ② *von Finger:* knuckle ['nʌkl̩]

der **Knochen** bone; **mir tun alle Knochen weh** (*umgangsspr*) every bone in my body is aching ['eɪkɪŋ]

die **Knochenarbeit** hard graft

der **Knochenbau** bone structure

der **Knochenbruch** fracture

das **Knochengerüst** skeleton ['skelɪtᵊn]

das **Knochenmark** bone marrow

knochig bony

der **Knödel** dumpling

die **Knolle** ① (*Pflanzenteil*) nodule ['nɒdjuːl]; *von Kartoffel:* tuber ['tjuːbəʳ] ② (*abwertend: Nase*) conk

der **Knopf** ① *an Kleidern:* button ② *an Geräten:* [push-]button

das **Knopfloch** buttonhole

die **Knopfzelle** round cell [sel] battery

der **Knorpel** ① *im menschlichen Körper:* cartilage ['kɑːtɪlɪdʒ] ② *an Bratenstücken:* gristle ['grɪsl̩]

knorpelig *Fleisch:* gristly ['grɪsli]

die **Knospe** bud

der **Knoten** ① knot [nɒt] ② (*in Fachsprache*) node ③ (*Geschwulst*) lump

der **Knotenpunkt** junction

knotig *Finger, Zweige:* gnarled [nɑːld]

knülle (*umgangsspr: betrunken*) sloshed

der **Knüller** (*umgangsspr*) ① (*Sensation*) big hit ② (*sensationelle Zeitungsmeldung*) scoop

knüpfen ① to knot [nɒt], to tie *Band, Knoten* ② to mesh *Netz*

der **Knüppel** ① (*Waffe*) cudgel ['kʌdʒᵊl]; (*Polizeiknüppel*) truncheon ['trʌn(t)ʃᵊn] ② (*Steuerknüppel*) control stick; *an Gangschaltung:* gear stick

die **Knüppelschaltung** floor change (GB), floor shift (USA)

knurren ① *Hund:* to growl; (*wütend knurren*) to snarl ② *Magen:* to rumble

knusprig *Brötchen:* crisp

knutschen (*umgangsspr*) to smooch, to snog

der **Knutschfleck** (*umgangsspr*) love bite

die **Koalition** coalition [ˌkəʊə'lɪʃᵊn]

die **Koalitionsregierung** coalition government

die **Kobra** cobra

der **Koch**, die **Köchin** cook; **viele Köche verderben den Brei** too many cooks spoil the broth

das **Kochbuch** cookbook, cookery book

kochen ① *Wasser:* to boil ② *Essen:* to cook; **er kocht gut** he is a good cook ③ **vor Wut kochen** (*umgangsspr*) to be boiling with rage ④ to cook *Essen* ⑤ to boil *Suppe, Wasser* ⑥ to make *Kaffee*

kochen

F Nicht verwechseln mit **to cook** = zubereiten!

K

das **Kochgeschirr** (*im Haushalt*) pots and pans ⚠ *Plural*
die **Köchin** cook
der **Kochlöffel** cooking spoon
die **Kochnische** kitchenette
die **Kochplatte** boiling ring, hotplate
das **Kochrezept** recipe ['resɪpi]
das **Kochsalz** common salt
der **Kochtopf** pot; (*mit Stiel*) saucepan ['sɔːspən]
die **Kochwäsche** washing that can be boiled
der **Köder** (*auch übertragen*) bait
ködern 1 to lure *Tier* 2 (*übertragen*) to entice [ɪn'taɪs]; **sich ködern lassen** to swallow the bait
der **Kodex** code, codex
das **Koffein** caffeine ['kæfiːn]
koffeinfrei decaffeinated [dɪ'kæfɪneɪtɪd]
der **Koffer** case, bag; **seine Koffer packen** to pack one's bags *auch übertragen*
der **Kofferraum** boot (GB), trunk (USA)
der **Kognak** brandy
der **Kohl** 1 (*Gemüse*) cabbage ['kæbɪdʒ] 2 (*umgangsspr: Quatsch*) rubbish

K

die **Kohle** 1 (*Steinkohle*) coal 2 (*slang: Geld*) dough [dəʊ], dosh ▶ WENDUNGEN: **wie auf heißen Kohlen sitzen** to be on tenterhooks
das **Kohlendioxid** carbon dioxide
der **Kohlendioxidausstoß** carbon emissions [-ɪ'mɪʃənz] *Plural*
das **Kohlenhydrat** carbohydrate [ˌkɑːbə'haɪdreɪt]
die **Kohlensäure** carbonic acid ['æsɪd]
der **Kohlenstoff** carbon
die **Kohlenstoffsteuer** carbon tax (*tax imposed on polluters based on the amount of greenhouse gasses they release*)
die **Kohlmeise** great tit
kohlrabenschwarz 1 *Augen, Haar:* jet black 2 *Nacht:* pitch black
der **Kohlrabi** kohlrabi [ˌkəʊl'rɑːbi]
die **Kohlsprosse** (A) (*Rosenkohl*) Brussel[s] sprout
die **Koinzidenz** coincidence [kəʊ'ɪn(t)sɪdən(t)s]
die **Koje** berth, bunk ▶ WENDUNGEN: **sich in die Koje hauen** (*slang*) to hit the sack
der **Kojote** 1 (*Präriewolf*) coyote [kɔ'əʊti] 2 (*abwertend: Schuft*) cad
das **Kokain** cocaine
die **Kokosflocken** desiccated coconut
die **Kokosnuss** coconut
die **Kokospalme** coconut palm [pɑːm]
der **Koks** (*Brennstoff, Droge*) coke
der **Kolben** 1 (*im Motor*) piston 2 (*umgangsspr: Nase*) conk
der **Kolibri** humming bird
die **Kolik** colic
der **Kollaps** collapse
der **Kollege**, die **Kollegin** colleague ['kɒliːg]
kollegial helpful; **sich kollegial verhalten** to be a good colleague

das **Kollegium** *von Lehrern:* staff
die **Kollegmappe** document case
die **Kollekte** collection, offertory ['ɒfətəri]
kollidieren 1 (*auch übertragen*) to collide [kə'laɪd] (**mit** with) 2 (*zeitlich*) to clash (**mit** with)
die **Kollision** 1 (*auch übertragen*) collision [kə'lɪʒən] (**mit** with) 2 (*zeitlich*) clash (**mit** with)
Köln Cologne [kə'ləʊn]
das **Kölnischwasser** eau de Cologne [kə'ləʊn], cologne
die **Kolonie** colony ['kɒləni]
kolonisieren to colonize
die **Kolonne** 1 (*Reihe an Wörtern oder Zahlen*) column ['kɒləm] 2 *von Militärfahrzeugen:* convoy 3 (*Autoschlange*) line 4 (*Arbeiterkolonne*) gang
der **Koloss** colossus [kə'lɒsəs]
kolossal 1 (*riesig*) colossal 2 (*umgangsspr*) *Fehler:* huge 3 **sich kolossal irren/verschätzen** (*umgangsspr*) to make a huge mistake/miscalculation
Kolumbien Columbia
die **Kolumne** column ['kɒləm]
der **Kolumnist**, die **Kolumnistin** columnist ['kɒləmnɪst]
das **Koma** coma; **im Koma** in a coma
der **Kombi** (*Auto*) estate [car] (GB), station wagon (USA)
die **Kombination** 1 (*Zusammenstellung*) combination 2 (*Schlussfolgerung*) deduction 3 *von Kleidung:* ensemble, suit [suːt]
kombinieren 1 (*verbinden*) to combine 2 (*folgern*) to deduce [dɪ'djuːs] 3 (*vermuten*) to suppose
der **Kombiwagen** estate car (GB), station wagon (USA)
die **Kombüse** galley
der **Komet** comet
der **Komfort** [kɔm'foːɐ̯] 1 (*Luxus*) luxury ['lʌkʃəri]; **eine Wohnung mit allem Komfort** a flat with all mod cons 2 (*Bequemlichkeiten*) comfort
komfortabel 1 (*mit Komfort*) luxurious [lʌg'ʒʊəriəs] 2 (*bequem*) comfortable
der **Komiker**, die **Komikerin** comedian [kə'miːdɪən]
komisch 1 (*spaßig*) comic[al], funny; **das Komische daran ist, ...** the funny thing about it is ... 2 (*merkwürdig*) strange [streɪndʒ], funny; **komisch, dass er noch nicht da ist** strange [*oder* funny] that he's not here yet
das **Komitee** committee [kə'mɪti]

> **V** **committee** wird mit 2 ‚m', 2 ‚t' und 2 ‚e' geschrieben: *the committee meets every Wednesday.*

das **Komma** 1 *als Satzzeichen:* comma 2 (*Dezimalkomma*) decimal point; **drei Komma zwei [3,2]** three point two [3.2]; **null Komma vier [0,4]** [nought] point 4 [0.4] der **Kommandant**, die **Kommandantin** commanding officer

die **Kommanditgesellschaft** limited partnership

das **Kommando** 1 (*Befehl*) command, order; **auf Kommando** on [the] command 2 (*Befehlsgewalt*) command (**über** of); **das Kommando führen** to be in command

die **Kommandobrücke** bridge [brɪdʒ]

kommen 1 to come; **ich komme!** [I'm] coming!; **er wird gleich kommen** he won't be long; **es kommt jemand** someone's coming, there's someone coming; **los, komm!** come on! 2 (*herüberkommen*) to come over 3 (*ankommen, hinkommen*) to arrive; **wann kommt der Zug?** when's the train coming in [*oder* due]?; **[zu etwas] zu früh/spät/rechtzeitig kommen** to be early/late/on time [for something]; **wann soll das Baby kommen?** when's the baby due?; **wer zuerst kommt, mahlt zuerst** first come, first served 4 (*gelangen, hinkommen*) to get (**nach/zu** to); **wie komme ich zu dir?** how do I get to your place? 5 (*stammen*) **woher kommst du?** where are you from?; **ich komme aus Edinburgh** I'm from Edinburgh 6 (*Aufenthalt beginnen*) **ins Gefängnis kommen** to be sent to prison; **ins Krankenhaus kommen** to go into hospital; **bald in die Schule kommen** to be starting school soon 7 (*aufkommen*) *Gewitter:* to come [up]; *Regen:* to start 8 (*als Ursache*) **woher kommt es, dass ...?** why [*oder* how] is it that ...?; **das kommt daher, dass ...** it is because ...; **das kommt davon, dass du so dickköpfig bist!** that's what you get for being so pig-headed! 9 **zu sich kommen** (*aus Ohnmacht erwachen*) to come to one's senses 10 (*erledigen*) **ich komme einfach nicht dazu** I just don't get round to it 11 (*Ziel erreichen*) **so kommst du nie zu etwas** you'll never get anywhere like that 12 (*geraten*) **in Schwierigkeiten kommen** to get into trouble ▶ WENDUNGEN: **zu kurz kommen** to come off badly; **hinter etwas kommen** to find out something; **ich hab es kommen sehen** I could see it coming; **so musste es ja kommen** this was bound to happen

> **G** Richtiges Konjugieren von **to come**: come, came, come
> *come again soon!;*
> *she came last week but I haven't seen her since;*
> *look who has come to see you!*

kommend *Woche:* next; **in den kommenden Jahren** in the years to come

der **Kommentar** 1 *bei Sportveranstaltung:* commentary ['kɒməntəri] 2 (*Bemerkung, Presseerklärung*) comment ['kɒment] 3 **einen Kommentar abgeben** to make a comment

kommentieren to comment on

der **Kommilitone**, die **Kommilitonin** fellow student

der **Kommissar**, die **Kommissarin** 1 *in Politik, Verwaltung:* commissioner [kə'mɪʃənəʳ] 2 *bei der Polizei:* inspector

der **Kommissär**, die **Kommissärin** 1 inspector 2 Ⓐ, Ⓒⓗ commissioner [kə'mɪʃənəʳ]

kommissarisch (*vorläufig*) temporary

die **Kommission** commission [kə'mɪʃən]

die **Kommode** chest of drawers ['drɔːʳz]

kommunal 1 (*örtlich*) local 2 (*städtisch*) municipal [mjuː'nɪsɪpəl]

die **Kommunalpolitik** local [government] politics ⚠ *Plural*

die **Kommunalwahl** local [government] elections ⚠ *Plural*

die **Kommunalwahlen** local [*oder* municipal] elections

die **Kommune** 1 (*Gemeinde, Ortschaft*) community 2 (*Wohngemeinschaft*) commune ['kɒmjuːn]

die **Kommunikation** communication

das **Kommunikee** communiqué

die **Kommunion** Communion

der **Kommunismus** communism ['kɒmjʊnɪzəm]

der **Kommunist**, die **Kommunistin** Communist ['kɒmjʊnɪst]

kommunistisch communist

die **Komödie** 1 comedy ['kɒmədi] 2 (*übertragen*) farce [fɑːs]

kompakt compact [kəm'pækt]

die **Kompanie** 1 (*beim Militär*) company ['kʌmpəni] 2 (*Handelsgesellschaft*) trading company, Co

der **Komparativ** comparative

der **Komparse** 1 *beim Film:* extra 2 *beim Theater:* supernumerary [ˌsuːpə'njuːmərəri]

der **Kompass** compass ['kʌmpəs]

kompatibel compatible [kəm'pætəbl]

kompensieren to compensate (**für** for)

kompetent 1 (*zuständig*) competent 2 (*fähig*) able

komplett complete

der **Komplex** complex ['kɒmpleks]

komplex complex

die **Komplikation** complication

das **Kompliment** compliment ['kɒmplɪmənt]; **jemandem ein Kompliment machen** to pay someone a compliment

der **Komplize**, die **Komplizin** accomplice [ə'kʌmplɪs]

kompliziert complicated

die **Komplizin** accomplice [ə'kʌmplɪs]

der/das **Komplott** conspiracy [kən'spɪrəsi], plot

komponieren to compose [kəm'pəʊz], to write [raɪt] *Lied*

der **Komponist**, die **Komponistin** composer [kəm'pəʊzəʳ]

der **Kompost** compost
kompostierbar degradable [dɪˈgreɪdɪbl]
kompostieren to compost
das **Kompott** stewed fruit [fruːt]
die **Kompresse** compress [ˈkɒmpres]
komprimieren 1 to compress [kəmˈpres] 2 (*übertragen*) to condense [kənˈdens]
der/das **Kompromiss** compromise [ˈkɒmprəmaɪz]; **einen Kompromiss schließen** to reach a compromise
kompromisslos uncompromising
kompromittieren to compromise [ˈkɒmprəmaɪz]
der **Kondensator** condenser [kənˈdensəʳ]
kondensieren (*auch übertragen*) to condense [kənˈdens]
die **Kondensmilch** condensed milk
der **Kondensstreifen** vapour [ˈveɪpəʳ] trail
der **Konditor**, die **Konditorin** pastry [ˈpeɪstri] cook
die **Konditorei** cake shop
die **Konditorwaren** cakes and pastries
das **Kondom** condom [ˈkɒndɒm]
der **Kondor** condor
der **Kondukteur** (CH) conductor
das **Konfekt** confectionery [kənˈfekʃənəri]
die **Konfektionsgröße** size; **welche Konfektionsgröße haben Sie?** what size are you?
die **Konfektionskleidung** ready-made clothing
die **Konferenz** 1 (*Veranstaltung*) conference [ˈkɒnfərən(t)s] 2 (*Besprechung*) meeting
die **Konfession** denomination; **welcher Konfession gehören Sie an?** what is your denomination?
konfessionell denominational
konfessionslos non-denominational
das **Konfetti** confetti
die **Konfirmation** confirmation [ˈkɒnfəmeɪʃən]
die **Konfiserie** 1 cake shop, confectionary [kənˈfekʃənəri] 2 (*Konditoreiwaren*) confectionery
konfiszieren to confiscate
die **Konfitüre** jam
der **Konflikt** conflict [ˈkɒnflɪkt]
konform concurring
die **Konfrontation** confrontation
konfrontativ confrontational
konfrontieren to confront [kənˈfrʌnt] (**mit** with)
konfus 1 *Gedanken, Gerede:* confused, muddled 2 **du machst mich ganz konfus!** you're confusing me!
das **Konglomerat** conglomeration
der **Kongress** 1 (*politischer*) congress [ˈkɒŋgres]; (*Fachkongress*) convention 2 (*Parlamentskammer in den USA*) Congress
der **König** king; **die Heiligen Drei Könige** the Three Wise Men
die **Königin** queen
königlich royal
das **Königreich** kingdom
die **Konjugation** conjugation
konjugieren to conjugate
die **Konjunktion** conjunction
der **Konjunktiv** subjunctive [səbˈdʒʌŋktɪv]
die **Konjunktur** 1 (*Wirtschaftslage*) economic situation 2 (*Hochkonjunktur*) boom; **die Wirtschaft hat Konjunktur** the economy is booming
konkav concave
konkret concrete [ˈkɒŋkriːt]
konkretisieren to put in concrete terms
der **Konkurrent**, die **Konkurrentin** competitor
die **Konkurrenz** 1 (*Wettbewerb*) competition [ˌkɒmpəˈtɪʃən] 2 **Konkurrenz haben** to have competition; **jemandem Konkurrenz machen** to compete with someone 3 (*die Konkurrenten*) competitors, competition
konkurrenzlos (*vor Substantiv*) unrivalled [ʌnˈraɪvəld], unrivaled (USA), without competition *nachgestellt*
konkurrieren to compete (**mit** with)
der **Konkurs** bankruptcy [ˈbæŋkrʌptsi]; **Konkurs anmelden** to declare oneself bankrupt; **in Konkurs gehen** to go bankrupt
die **Konkursmasse** bankrupt's estate
das **Können** (*Fähigkeit*) ability
können 1 (*beherrschen, verstehen*) to know [nəʊ]; **Klavier spielen können** to know how to play the piano; **[gut] Englisch können** to speak English [well]; **kein Englisch können** to speak no English, to not speak any English 2 (*vermögen*) can, to be able to; **kannst du morgen kommen? — ich kann leider nicht** can [*oder* will you be able to] you come tomorrow? — unfortunately I won't be able to; **ich konnte gerade noch bremsen** I just about managed to brake; **ich kann nicht mehr** (*mehr essen*) I can't eat any more; (*körperlich erschöpft*) I've had it; (*seelisch erschöpft*) I can't go on, I can't take any more 3 (*dürfen: im Präsens*) may; **kann ich mal?** may I?; (*in allen anderen Zeiten*) to be allowed to; **ich konnte bei ihnen nicht rauchen** I wasn't allowed to smoke at their place 4 (*wahrscheinlich oder möglich sein*) to be likely to, may; **du könntest Recht haben** you could [*oder* may] [*oder* might] be right; **kann schon sein** could be, maybe; **keine Sorge, er kann noch rechtzeitig kommen** don't worry, he could [*oder* may] [*oder* might] still be on time; **das kann [einfach] nicht sein** that [simply] can't be true 5 **ich kann nichts dafür** [*oder* **dazu**] (*umgangsspr*) it's not my fault; **du kannst mich mal!** (*umgangsspr*) get lost [*oder* stuffed]!; **man kann nie wissen** you never know; **das kannst du mir glauben** [you can] take my word for it;

kannst du gerne machen! go right ahead!, suit yourself!

konsequent consistent

F Nicht verwechseln mit **consequent** = daraus folgend!

die **Konsequenz** 1 (*Folgerichtigkeit*) consistency 2 (*Folge*) consequence ['kɒn(t)sɪkwən(t)s], result [rɪ'zʌlt] 3 **Konsequenzen ziehen** to take the appropriate steps

konservativ 1 *Einstellung, Kleidung:* conservative 2 (*politisch konservativ in GB*) Conservative, Tory

die **Konserve** preserved food; (*in Büchse*) tinned food GB, canned food

die **Konservenbüchse**, die **Konservendose** tin GB, can

konservieren to conserve [kən'sɜːv], to preserve [prɪ'zɜːv]

das **Konservierungsmittel** preservative

der **Konsonant** consonant ['kɒnsənənt]

das **Konsortium** consortium

konstant 1 *Geschwindigkeit, Größe:* constant ['kɒnstənt] 2 *Leistung, Wachstum:* steady [stedi]

die **Konstante** constant ['kɒnstənt]

die **Konstitution** constitution

konstitutionell constitutional

konstruieren 1 (*auch übertragen*) to construct 2 (*entwerfen*) to design [dɪ'zaɪn]

die **Konstruktion** 1 (*auch übertragen*) construction 2 (*Bauweise, Entwurf*) design

konstruktiv constructive

der **Konsul**, die **Konsulin** consul ['kɒn(t)sᵊl]

das **Konsulat** consulate ['kɒn(t)sjulət]

konsultieren to consult

der **Konsum** (*Verbrauch*) consumption

der **Konsument**, die **Konsumentin** consumer [kən'sjuːm]

die **Konsumgesellschaft** consumer association [-əsəʊʃiˌeɪʃᵊn]

die **Konsumgüter** consumer goods

konsumieren to consume

der **Konsumismus** consumerism

der **Kontakt** contact ['kɒntækt]; **mit jemandem Kontakt aufnehmen** to contact someone; **in Kontakt mit jemandem stehen** to be in contact with someone

der **Kontaktbildschirm** touch[-sensitive] screen

kontaktfreudig sociable ['səʊʃəbl̩]

die **Kontaktlinse** contact lens

kontemplativ contemplative [kən'templətɪv]

kontern to counter

der **Kontext** context

der **Kontinent** continent ['kɒntɪnənt]

das **Kontinentalklima** continental climate ['klaɪmət]

das **Kontingent** 1 (*an Ware usw.*) quota 2 (*Zuteilung*) allotment

kontinuierlich continuous [kən'tɪnjuəs]

die **Kontinuität** continuity

das **Konto** 1 account; **auf ein Konto einzahlen** [*oder* **überweisen**] to pay into an account 2 **das geht auf mein Konto** (*ich bezahle*) this [one] is on me; (*übertragen: ich bin verantwortlich*) this is my doing

der **Kontoauszug** [bank] statement

die **Kontoführung** account management

der **Kontoinhaber**, die **Kontoinhaberin** account holder

die **Kontonummer** account number

der **Kontostand** [bank] balance [-ˌbæleən(t)s]; **den Kontostand abfragen** to check one's [bank] balance

der **Kontrahent**, die **Kontrahentin** 1 (*Gegenspieler*) opponent 2 (*Vertragspartner*) contracting party

die **Kontraindikation** contra-indication

konträr contrary ['kɒntrᵊri], opposite

der **Kontrast** contrast ['kɒntrɑːst]

das **Kontrastmittel** contrast ['kɒntrɑːst] medium

das **Kontrastprogramm** alternative [ɔːl'tɜːnətɪv] program[me]

kontrastreich (*nach Substantiv*) rich in contrast ['kɒntrɑːst]

der **Kontrollabschnitt** counterfoil

die **Kontrolle** 1 (*Überprüfung*) check; **jemanden/etwas einer Kontrolle unterziehen** to do a check on someone/something 2 (*Kontrollpunkt*) checkpoint 3 (*Aufsicht*) inspection; (*Kontrolleur*) inspector 4 (*Beherrschung, Gewalt*) **Kontrolle über jemanden** control of someone; **unter Kontrolle bringen** to get under control

kontrollierbar 1 (*beherrschbar*) controllable 2 (*überprüfbar*) verifiable [ˌverɪ'faɪəbl]

kontrollieren 1 (*nachprüfen*) to check (**auf/nach** for) 2 (*beherrschen, lenken*) to control

die **Kontrolllampe** 1 pilot lamp 2 (*am Auto*) warning light

der **Kontrollturm** control tower [taʊəʳ]

die **Kontroverse** controversy

die **Kontur** contour, outline

die **Konvention** convention [kən'venʃᵊn]

die **Konventionalstrafe** penalty for breach of contract

konventionell conventional [kən'venʃᵊnᵊl]

die **Konvergenz** convergence [kən'vɜːdʒən(t)s]

die **Konversation** conversation

der **Konversionskurs** conversion rate

konvertierbar *Währung:* convertible [kən'vɜːtɪbl]

konvertieren to convert [kən'vɜːt] (**in** into)

konvex convex

der **Konvoi** convoy

das **Konzentrat** (*chemisch*) concentrate ['kɒn-

K

(t)sᵊntreɪt]

die **Konzentration** concentration [ˌkɒn(t)sᵊn'treɪʃᵊn] (**auf** on)

die **Konzentrationsfähigkeit** powers of concentration [ˌkɒn(t)sᵊn'treɪʃᵊn], ability to concentrate ['kɒn(t)sᵊntreɪt]

das **Konzentrationslager** concentration [ˌkɒn(t)sᵊn'treɪʃᵊn] camp

konzentrieren ① **seine Aufmerksamkeit/Bemühungen/Gedanken auf etwas konzentrieren** to concentrate one's attention/efforts/thoughts on something ② **sich auf etwas konzentrieren** to concentrate on something; **er kann sich nur schwer konzentrieren** he has difficulty concentrating

das **Konzept** ① (*für Aufsatz*) rough [rʌf] copy; (*für Rede*) notes ⚠ *Plural* ② (*Rohentwurf*) draft [drɑːft] ③ (*Plan*) plan, programme ④ (*Begriff, Vorstellung*) concept ['kɒnsept] ▶ WENDUNGEN: **jemanden aus dem Konzept bringen** to put someone off; (*bestürzen*) to upset someone; **das passt mir nicht ins Konzept!** it doesn't fit in with my plans!; (*gefällt mir nicht*) I don't like the idea!

K

F Nicht verwechseln mit **concept** = der Begriff!

der **Konzern** group

das **Konzert** ① (*Vorstellung*) concert; **ins Konzert gehen** to go to a concert ② (*Musikstück*) concerto [kən'tʃeətəʊ]

der **Konzertflügel** concert grand

der **Konzertsaal** concert hall

das **Konzil** council ['kaʊn(t)sᵊl]

konzipieren conceive [kən'siːv]

die **Kooperation** cooperation

die **Koordination** coordination

koordinieren to coordinate [kəʊ'ɔːdɪneɪt]

der **Kopf** ① (*Körperteil*) head; **Kopf hoch!** (*umgangsspr*) chin up!; **Kopf und Kragen riskieren** (*umgangsspr*) to risk one's neck; **von Kopf bis Fuß** from top to toe ② (*übertragen: Verstand*) brain; **er ist ein kluger Kopf** he's an intelligent person ③ (*übertragen: Geist, Sinn*) mind; **er geht mir nicht mehr aus dem Kopf** I can't get him out of my mind; **sich etwas durch den Kopf gehen lassen** to think something over; **sich etwas aus dem Kopf schlagen** to get something out of one's head; **ich habe andere Dinge im Kopf** I have other things on my mind; **sich etwas in den Kopf setzen** to take something into one's head; **sich über etwas den Kopf zerbrechen** to rack one's brains over something ④ **pro Kopf [Einkommen]** per capita [income]; **ein Stück Kuchen pro Kopf** one piece of cake each ⑤ (*oberster Teil eines Objekts*) top ⑥ (*leitende Persönlichkeit*) leader ▶ WENDUNGEN: **ich weiß nicht, wo mir der Kopf steht** I don't know whether I'm coming or going; **etwas auf den Kopf stellen** to turn something upside down; **auf dem Kopf stehen** to be upside down; **jemandem den Kopf verdrehen** (*umgangsspr*) to turn someone's head

der **Kopfball** header ['hedə]

die **Kopfbedeckung** headgear

das **Köpfchen** (*umgangsspr*) **Köpfchen haben, ein kluges Köpfchen sein** to have [got] brains

köpfen ① (*hinrichten*) to behead [bɪ'hed] ② (*umgangsspr*) to crack *Flasche Wein, Sekt* ③ (*beim Fußball*) **ins Tor köpfen** to head a goal, to head the ball in

das **Kopfende** head

die **Kopfhaut** scalp

der **Kopfhörer** headphones ⚠ *Plural*

das **Kopfkissen** pillow

kopflos (*übertragen*) panicky

das **Kopfrechnen** mental arithmetic [ə'rɪθmətɪk]

der **Kopfsalat** lettuce ['letɪs]

der **Kopfschmerz** headache ['hedeɪk]; [**leichte/rasende**] **Kopfschmerzen haben** to have a [slight/splitting] headache ⚠ *Singular*

der **Kopfsprung** header ['hedə]; **einen Kopfsprung machen** to take a header, to dive headfirst

der **Kopfstand** headstand; **einen Kopfstand machen** to stand on one's head

der **Kopfsteinpflaster** cobbles ⚠ *Plural*

die **Kopfstütze** headrest

das **Kopftuch** [head]scarf

kopfüber (*auch übertragen*) headlong

das **Kopfweh** (*umgangsspr*) headache ['hedeɪk]; **Kopfweh haben** to have a headache

die **Kopie** ① (*Fotokopie*) copy ② (*Durchschlag*) carbon copy ③ (*eines Fotos oder Films*) print ④ (*Imitation*) imitation

kopieren ① (*fotokopieren*) to copy ② (*übertragen*) to copy, to imitate ③ (*durchpausen*) to trace

der **Kopierer**, das **Kopiergerät** [photo]copier

die **Koppel** (*Weide*) paddock ['pædək]

die **Koralle** coral

der **Koran** Koran; **im Koran steht, dass ...** it is written ['rɪtᵊn] in the Koran that ...

der **Korb** ① basket ② (*Bienenkorb*) hive ③ (*Förderkorb*) cage [keɪdʒ] ④ (*Korbgeflecht*) wicker ▶ WENDUNGEN: **jemandem einen Korb geben** to turn someone down; **einen Korb bekommen** to be turned down, to be given the brush-off ['brʌʃɒf]

der **Korbball** netball

der **Korbstuhl** wicker chair

der **Kord** corduroy ['kɔːdərɔɪ]

die **Kordhose** corduroy [*oder* cord] trousers ⚠ *Plural*

Korea Korea [kə'rɪə]

der **Koreaner**, die **Koreanerin** Korean [kəˈrɪən]
der **Koriander** coriander
die **Korinthe** currant [ˈkʌrᵊnt]
der **Kork** cork
der **Korken** ① *aus Kork:* cork ② *aus Plastik:* stopper
der **Korkenzieher** corkscrew [ˈkɔːkskruː]
das **Korn** ① *Samen:* seed ② *im Bild:* grain ③ *Pfeffer:* corn ④ *Getreide:* grain

F Nicht verwechseln mit **corn** = das Getreide!

der **Korn** (*umgangsspr: Kornbranntwein*) corn schnapps
die **Kornblume** cornflower
der **Kornkreis** crop circle [ˈsɜːkl̩]
der **Körper** ① body ② *eines Schiffs:* hull
der **Körperbau** build [bɪld], physique [fɪˈziːk]
körperbehindert physically disabled [dɪˈseɪbl̩d]
der/die **Körperbehinderte** disabled [dɪˈseɪbl̩d] person; **die Körperbehinderten** the disabled
das **Körpergewicht** weight [weɪt]
die **Körpergröße** height [haɪt]
körperlich *Anstrengung, Arbeit, Schmerzen:* physical [ˈfɪzɪkl]
die **Körperpflege** personal hygiene [ˈhaɪdʒiːn]
die **Körpersprache** body language [-ˌlæŋgwɪdʒ]
der **Körperteil** part of the body
die **Körperverletzung** physical injury; **schwere Körperverletzung** (*Straftat*) grievous [ˈgriːvəs] bodily harm
korpulent corpulent
korrekt ① (*richtig*) correct [kəˈrekt]; **korrekt antworten** to answer correctly, to give the correct answer ② (*angemessen*) proper; **sich korrekt kleiden/verhalten** to dress/behave properly [*oder* decently]
die **Korrektur** ① (*Berichtigung*) correction ② (*Korrekturlesen*) proof-reading ③ *von Schularbeiten:* marking
die **Korrekturtaste** correction key
das **Korrekturzeichen** proofreader's mark
der **Korrespondent**, die **Korrespondentin** correspondent [ˌkɒrəˈspɒndənt]
die **Korrespondenz** correspondence [ˌkɒrɪˈspɒndən(t)s]
korrespondieren ① **mit jemandem korrespondieren** to correspond with someone ② **mit etwas korrespondieren** to correspond to [*oder* with] something
der **Korridor** corridor; (*Hausflur*) hall
korrigieren ① (*berichtigen*) to correct ② (*Korrektur lesen*) to proofread ③ to mark *Schularbeiten*
korrupt corrupt [kəˈrʌpt]
die **Korruption** corruption
der **Korse**, die **Korsin** Corsican
das **Korsett** corset
koscher kosher

der **Kosename** pet name
das **Kosewort** term of endearment
der **Kosinus** cosine
die **Kosmetik** ① (*Körperpflege*) beauty treatment ② (*kosmetisches Mittel*) cosmetic; **Kosmetika** cosmetics [kɒzˈmetɪks] ⚠ *Plural*
der **Kosmetiker**, die **Kosmetikerin** beautician [bjuːˈtɪʃᵊn]; **sie ist Kosmetikerin** she's a beautician
der **Kosmetikkoffer** vanity case
das **Kosmetiktuch** paper tissue [ˈtɪʃuː]
kosmetisch (*auch übertragen*) cosmetic
kosmisch cosmic
der **Kosmopolit**, die **Kosmopolitin** cosmopolitan
der **Kosmos** cosmos
die **Kost** ① fare [feəʳ], food; **leichte Kost** light food [ˈdaɪət] ② **Kost und Logis** board and lodging
kostbar precious [ˈpreʃəs], valuable [ˈvæljʊəbl̩]
die **Kostbarkeit** precious object [ˈpreʃəsˌɒbdʒɪkt], treasure [ˈtreʒəʳ]; **das Armband ist eine Kostbarkeit** the bracelet is very valuable
die **Kosten** ① (*Preis*) cost ⚠ *Singular* ② (*Ausgaben*) expenses; (*Auslagen*) outlay ⚠ *Singular* ③ **auf jemandes Kosten** at someone's expense *auch übertragen;* **auf seine Kosten kommen** to get one's money's worth *auch übertragen*
kosten¹ ① (*preislich*) to cost; **was** [*oder* **wie viel**] **kostet das?** what [*oder* how much] does it cost? ② **koste es, was es wolle** (*auch übertragen*) whatever the cost ③ (*erfordern*) to take *Mühe, Zeit* ④ **das hat sie den Sieg/das Leben gekostet** it cost her the victory/her life

G Richtiges Konjugieren von **to cost**: cost, cost, cost
the CD costs £12;
the postage cost more than the parcel itself!;
the renovation work has cost much more than was expected

kosten² (*probieren*) to taste *auch Freuden;* [**von**] **etwas kosten** to taste something
kostendeckend cost-effective
kostenlos ① free ② **etwas kostenlos tun** to do something for free [*oder* free of charge]
der **Kostenvoranschlag** estimate [ˈestɪmət]
köstlich ① (*wohlschmeckend*) delicious [dɪˈlɪʃəs] ② (*übertragen: erlesen*) choice, exquisite ③ (*übertragen: amüsant*) priceless; **sich köstlich amüsieren** to have a ball
die **Kostprobe** ① (*Geschmacksprobe*) taste ② (*übertragen: Beispiel*) sample
kostspielig costly, expensive
das **Kostüm** ① (*Zweiteiler*) suit [suːt] ② (*Verkleidung*) costume, fancy dress
das **Kostümfest** fancy-dress ball
die **Kostümprobe** dress rehearsal
der **Kot** faeces [ˈfiːsiːz] ⚠ *Plural*
das **Kotelett** chop

K

die **Koteletten** sideburns

der **Kotflügel** wing (GB), fender (USA)

kotzen ① (*slang*) to puke *umgangsspr;* **sich die Seele aus dem Leib kotzen** to puke one's guts out *umgangsspr* ② **das ist ja zum Kotzen!** (*slang*) it really makes you sick! *umgangsspr;* **du kotzt mich an!** (*slang*) you make me sick! *umgangsspr*

die **Krabbe** ① (*Taschenkrebs*) crab ② (*Garnele*) shrimp; (*größer*) prawn

krabbeln to crawl [krɔːl]

der **Krach** ① (*Lärm*) din, noise; **Krach machen** to make a noise; **mach nicht so 'nen Krach!** stop making such a racket! ② (*Schlag*) bang, crash ③ (*umgangsspr: Streit*) quarrel, row [raʊ]; **mit jemandem Krach kriegen** to have a row with someone; **sie haben Krach** they're not on speaking terms ④ (*Aufruhr, Krawall*) racket; **Krach machen** to make a racket

krachen ① (*Lärm machen*) to crash ② *Donner:* to crash; *Holz:* to creak; *Schuss:* to ring out ③ (*umgangsspr: zusammenstoßen*) to crash; **es hat gekracht** there's been a crash ④ (*umgangsspr*) **..., sonst kracht's!** ... or there'll be trouble!; **..., dass es nur so krachte** ... with a vengeance ['vendʒᵊn(t)s]

K

krächzen croak; **mit krächzender Stimme** in a croaking voice

die **Kraft** ① (*Körperkraft*) strength; **viel Kraft haben** be very strong; **mit aller Kraft** with all one's strength; **mit [aller]letzter Kraft** with one's [very] last ounce of strength; **nach [besten] Kräften** to the best of one's ability; **er war am Ende seiner Kräfte** he couldn't take any more; **wieder zu Kräften kommen** to regain one's strength ② (*Wirksamkeit*) power ③ **treibende Kraft** (*übertragen*) driving force ④ (*Arbeitskraft*) employee, worker ⑤ (*Gültigkeit, Rechtmäßigkeit*) force; **in Kraft sein/setzen/treten** to be in/bring into/come into force; **außer Kraft setzen** to annul

F Nicht verwechseln mit **craft** = das Handwerk!

kraft by virtue of, on the strength of

der **Kraftakt** (*übertragen*) show of strength

der **Kraftfahrer**, die **Kraftfahrerin** driver

das **Kraftfahrzeug** motor vehicle [-ˌvɪəkḷ]

der **Kraftfahrzeugbrief** [vehicle ['vɪəkḷ]] registration document

das **Kraftfahrzeugkennzeichen** vehicle ['viːɪkl] registration

die **Kraftfahrzeugsteuer** motor vehicle tax

die **Kraftfahrzeugversicherung** car insurance [-ɪnˌʃʊərᵊn(t)s]

kräftig ① (*stark*) strong; *Händedruck:* firm ② (*intensiv, kraftvoll*) *Geschmack, Stimme:* powerful; *Farbe:* rich ③ (*nahrhaft*) nourishing ['nʌrɪʃɪŋ] ④ **kräftig gebaut** strongly built; **kräftig drücken/treten/zuschlagen** to press/kick/hit hard; **kräftig schütteln** to shake well; **jemanden kräftig verprügeln** to give someone a good beating ⑤ (*als Verstärkung: viel, stark, sehr*) really; **die Preise sind kräftig gestiegen** prices really went up; **es hat kräftig geregnet** it rained heavily; **sich kräftig täuschen** to be really [*oder* very much] mistaken

kraftlos (*schwach*) feeble ['fiːbḷ], weak

die **Kraftprobe** (*auch übertragen*) trial of strength

das **Kraftrad** motorcycle ['məʊtəʳˌsaɪkḷ]

der **Kraftstoff** fuel ['fjuːᵊl]

kraftvoll ① *Stimme:* powerful ② (*tatkräftig*) energetic [ˌenə'dʒetɪk]

der **Kraftwagen** motor car

das **Kraftwerk** power station

der **Kragen** collar; **jemanden am Kragen packen** to grab someone by the collar ▸WENDUNGEN: **Kopf und Kragen riskieren** to risk one's neck; **jetzt geht es ihr an den Kragen** she's in for it now; **das kann ihn den Kragen kosten** that could be his downfall

der **Kragenknopf** collar button

die **Kragenweite** collar size ▸WENDUNGEN: **das/er ist nicht meine Kragenweite** (*umgangsspr*) that's/he's not my cup of tea; **das ist genau meine Kragenweite!** (*umgangsspr*) that's right up my street!

die **Krähe** crow

die **Krähenfüße** (*Fältchen*) crow's-feet

der **Krake** octopus

krakeelen (*abwertend umgangsspr*) to kick up a racket

die **Kralle** ① claw; (*eines Raubvogels*) talon ② (*slang: Hand*) paw ③ (*Parkkralle*) clamp

krallen ① **sich an etwas krallen** to cling to something; **die Finger in etwas krallen** to dig one's fingers into something ② (*slang: klauen*) **sich etwas krallen** to pinch something

der **Kram** (*umgangsspr*) (*Zeug*) stuff; (*Plunder*) junk ▸WENDUNGEN: **das passt mir gar nicht in den Kram** that doesn't suit me at all; **den ganzen Kram hinschmeißen** to chuck the whole business in

der **Krämer** grocer ['grəʊsəʳ]

die **Krämerseele** (*abwertend*) petty-minded man *maskulin,* petty-minded woman *feminin*

der **Kramladen** junk shop, tatty little shop

der **Krampen** pick[axe]

der **Krampf** ① *von Muskeln:* cramp; (*einzelne Zuckungen*) spasm; (*wiederholte Zuckungen*) convulsion ② (*umgangsspr: Getue*) palaver; **so ein Krampf!** what nonsense!

die **Krampfader** varicose vein

krampfhaft ① *Zuckung:* convulsive ② (*umgangsspr*) *Versuch:* desperate, frantic ③ (*übertragen*) *Lachen:* forced [fɔːst]

der **Kran** crane
der **Kranführer**, die **Kranführerin** crane operator
der **Kranich** (*Vogel*) crane
krank ① *Mensch, Tier:* ill, sick; **krank werden** to fall ill; **schwer krank sein** to be seriously ill [*oder* gravely]; **sich krank stellen** to pretend to be ill ② *Organ, Pflanze:* diseased [dɪ'zi:zd]; *Bein, Zahn:* bad ③ *Firma, Wirtschaft:* ailing ④ (*übertragen*) **das macht mich ganz krank!** this is getting on my nerves!
der/die **Kranke** sick person; **die Kranken** the sick ⚠ *Plural*
kränkeln ① *Mensch:* to be sickly ② *Firma, Wirtschaft:* to be ailing
kränken **jemanden kränken** to hurt someone, to hurt someone's feelings
das **Krankengeld** ① *vom Staat:* sickness benefit ② *von Firma:* sick pay
die **Krankengymnastik** physiotherapy [ˌfɪziə(ʊ)-'θerəpi]
das **Krankenhaus** hospital; **im Krankenhaus liegen** to be in hospital
die **Krankenkasse** health insurance [ɪn'ʃʊərᵊn(t)s] company
die **Krankenpflege** nursing
der **Krankenpfleger** male nurse
die **Krankenschwester** nurse
der **Krankentransport** transportation of sick people
die **Krankenversicherung** health insurance [-ɪnʃʊərᵊn(t)s]
der **Krankenwagen** ambulance ['æmbjələn(t)s]
krankfeiern to take [*oder* pull] a sickie *slang*
krankhaft ① *Wucherung, Zelle:* diseased ② (*seelisch, zwanghaft*) pathological [ˌpæθə'lɒdʒɪkᵊl] ③ *Eifersucht:* chronic ['krɒnɪk], pathological
die **Krankheit** ① (*allgemein*) illness, sickness; **wegen Krankheit** due to illness ② (*bestimmte*) disease [dɪ'zi:z]
kränklich sickly, in poor health *nachgestellt*
krankmelden **sich krankmelden** to report sick; (*telefonisch*) to phone in sick
die **Krankmeldung** notification of illness [to one's employer]
krankschreiben to issue ['ɪʃu:] a sick note
die **Kränkung** insult ['ɪnsʌlt], offence [ə'fen(t)s]; **jemandem eine Kränkung zufügen** to hurt [*oder* offend] someone
der **Kranz** ① *auf Grab:* wreath [ri:θ] ② *als Schmuck oder Preis:* garland ['gɑ:lənd] ③ (*kreisförmig Eingefasstes*) ring
krass ① *Beispiel:* glaring; *Unterschied:* extreme ② *Fall, Vorfall:* blatant ['bleɪtᵊnt] ③ *Gegensatz:* stark ④ **krass gesagt** to put it bluntly ⑤ (*slang*) [**das war**] **voll krass!** [that was] unreal!
der **Krater** crater ['kreɪtə]
die **Krätze** scabies ['skeɪbi:z] ⚠ *Singular;* **die Krätze haben** to have scabies ⚠ *ohne Artikel*

kratzen ① **jemanden/sich kratzen** to scratch someone/oneself ② (*abkratzen*) to scrape (**von** off) ► WENDUNGEN: **das kratzt mich nicht** (*umgangsspr*) I don't give a damn [about that]
der **Kratzer** (*Schramme*) scratch
kratzfest scratch-resistant, non-scratch
kraulen[1] *im Schwimmen:* to do the crawl [krɔ:l]
kraulen[2] (*liebkosen*) to fondle; **jemandem den Bart/in den Haaren kraulen** to run one's fingers through someone's beard/hair
kraus ① *Papier:* crinkly ② *Haar:* frizzy ③ *Stirn:* wrinkled ['rɪŋkḷd]; **die Stirn kraus ziehen** to knit one's brow, to frown
das **Kraut** ① (*Heilkraut, Würzkraut*) herb ② (*Kohlgemüse*) cabbage ['kæbɪdʒ] ③ (*abwertend: Tabak*) tobacco [tə'bækəʊ] ► WENDUNGEN: **wie Kraut und Rüben** higgledy-piggledy [ˌhɪgḷdi-'pɪgḷdi]; **dagegen ist kein Kraut gewachsen** there is no remedy for that
der **Kräutertee** herb tea
der **Krautkopf** Ⓐ cabbage ['kæbɪdʒ]
der **Krawall** ① (*Aufruhr*) riot ['raɪət] ② (*Krach, Lärm*) racket; **Krawall machen** to make a racket
die **Krawatte** tie; **eine Krawatte binden** to knot a tie
die **Krawattennadel** tie-pin
kraxeln (*umgangsspr*) to clamber
kreativ creative [kri:'eɪtɪv]
die **Kreativität** creativity [ˌkri:eɪ'tɪvətɪ]
der **Krebs** ① (*Flusskrebs*) crayfish Ⓖⓑ, crawfish Ⓤⓢⓐ; (*Taschenkrebs*) crab ② (*Sternzeichen*) Cancer ['kæn(t)səʳ] ③ (*Krankheit*) cancer ['kænsə]; **Krebs erregend** carcinogenic [ˌkɑ:sɪnə(ʊ)'dʒenɪk]
krebsartig *Geschwür:* cancerous ['kæn(t)sᵊrəs]
der **Krebserreger** carcinogen [kɑ:'sɪnədʒᵊn]
die **Krebsfrüherkennung** early cancer ['kæn(t)səʳ] diagnosis
das **Krebsgeschwür** ① (*medizinisch*) carcinoma [ˌkɑ:sɪ'nəʊmə] ② (*übertragen*) cancer ['kæn(t)səʳ]
die **Krebsvorsorge**, die **Krebsvorsorgeuntersuchung** cancer ['kæn(t)səʳ] check-up
der **Kredit** credit ['kredɪt], loan; **auf Kredit** on credit; **einen Kredit aufnehmen** to raise a loan
der **Kreditgeber** creditor
die **Kreditkarte** credit card
die **Kreditkrise** credit crunch [*oder* Ⓖⓑ squeeze]
die **Kreide** chalk [tʃɔ:k]
kreidebleich, **kreideweiß** [as] white as chalk [tʃɔ:k] *nachgestellt*
die **Kreidezeichnung** chalk [tʃɔ:k] drawing
die **Kreidezeit** Cretaceous period
kreieren to create
der **Kreis** ① circle ['sɜ:kḷ]; **im Kreis gehen/sitzen** to walk/sit in a circle; **sich im Kreis[e] drehen** to turn round in a circle; (*übertragen*) to go

K

round in circles ⚠ *Plural* ② (*Sphäre, Wirkungskreis*) sphere [sfɪəʳ] ③ (*Landkreis, Stadtkreis*) district ④ (*übertragen*) *von Menschen:* circle

kreischen to shriek [ʃri:k], to screech

der **Kreisel** (*Spielzeug*) spinning top

kreisen ① (*um eine Achse*) to revolve (**um** around) ② *Planet, Satellit:* to orbit; **der Satellit kreist um den Mond** the satellite is orbiting the moon ③ *Blut:* to circulate ['sɜ:kjəleɪt] (**in** through) ④ (*übertragen*) *Aufmerksamkeit, Gedanken, Gespräch:* to revolve (**um** around)

kreisförmig ① *Bahn:* circular ['sɜ:kjələʳ] ② **kreisförmig angeordnet** arranged in a circle

der **Kreislauf** ① *von Blut, Geld:* circulation [ˌsɜ:kjə'leɪʃᵊn] ② *der Natur:* cycle ['saɪkl̩]

die **Kreislaufstörungen** circulatory disorders; **Kreislaufstörungen haben** to have circulatory problems

die **Kreissäge** circular ['sɜ:kjələʳ] saw

der **Kreißsaal** delivery room

die **Kreisstadt** district [*oder* county] town (GB)

der **Kreisverkehr** roundabout [traffic] (GB), rotary ['rəʊtərɪ] [traffic] (USA)

das **Krematorium** crematorium (GB), crematory (USA)

die **Krempe** brim

der **Krempel** (*umgangsspr*) (*Zeug*) stuff; (*Gerümpel*) junk ▶ WENDUNGEN: **du kannst deinen Krempel allein machen!** you can damn well do it yourself!; **den [ganzen] Krempel hinschmeißen** to chuck the whole thing in

der **Kren** (A) (*Meerrettich*) horseradish ['hɔ:sˌrædɪʃ]

krepieren ① (*slang: sterben*) *Mensch:* to croak [it] ② (*übertragen*) *Bombe, Granate:* to explode

das **Krepppapier** crepe paper

die **Kreppsohle** crepe sole

die **Kresse** cress

das **Kreuz** ① cross; (*als Anhänger*) crucifix ['kru:sɪfɪks] ② **das/ein Kreuz machen** [*oder* **schlagen**] to make the sign of the cross ③ (*Kartenfarbe*) clubs ⚠ *Plural;* (*einzelne Kreuzkarte*) club ④ (*Rücken*) small of the back; **das Kreuz tut mir weh** my back is aching, I've got backache ['bækeɪk] ⑤ (*Musikvorzeichen*) sharp ▶ WENDUNGEN: **jemanden aufs Kreuz legen** (*umgangsspr*) to take someone for a ride

der **Kreuzer** cruiser ['kru:zəʳ]

die **Kreuzfahrt** cruise [kru:z]; **eine Kreuzfahrt machen** to go on a cruise

das **Kreuzfeuer** (*auch übertragen*) crossfire; **im Kreuzfeuer stehen** to be caught in the crossfire

der **Kreuzgang** cloister

kreuzigen to crucify ['kru:sɪfaɪ]

die **Kreuzigung** crucifixion [ˌkru:sə'fɪkʃᵊn]

die **Kreuzotter** adder

die **Kreuzschlitzschraube** cross-head screw [skru:]

die **Kreuzschmerzen** backache ['bækeɪk] ⚠ *Singular;* **Kreuzschmerzen haben** to have backache

die **Kreuzspinne** cross [*oder* garden] spider

die **Kreuzung** ① (*Straßenkreuzung*) crossroads ⚠ *Singular* (GB), intersection (USA) ② (*in Biologie*) cross-breeding; (*Geschöpf*) cross-breed, hybrid ['haɪbrɪd]

das **Kreuzverhör** cross-examination; **jemanden ins Kreuzverhör nehmen** to cross-examine someone

der **Kreuzweg** way of the Cross

das **Kreuzworträtsel** crossword puzzle

der **Kreuzzug** (*auch übertragen*) crusade

kribbeln ① (*jucken*) to itch, to tickle (**vor** with) ② (*prickeln*) to prickle, to tingle (**vor** with) ③ (*übertragen*) **es kribbelt mir in den Fingern, endlich anzufangen** I'm dying to get started

kriechen ① to creep, to crawl [krɔ:l] ② (*umgangsspr: unterwürfig sein*) to grovel *umgangsspr* (**vor** before)

die **Kriechspur** (*umgangsspr*) slow [*oder* crawler ['krɔ:ləʳ]] lane

der **Krieg** ① war; **in den Krieg ziehen** to go to war (**gegen** against); **Krieg führen** to wage war (**mit/gegen** on) ② **Krieg führend** belligerent [bə'lɪdʒᵊrənt]

kriegen (*umgangsspr*) ① (*bekommen*) to get; **den Zug kriegen** to catch the train ② **die Wut kriegen** to get angry

> **G** Richtiges Konjugieren von **to get**: get, got, got [*oder* (USA) gotten]
> *I hope I get this job!;*
> *she got an award for her bravery;*
> *Max has got another cold*

der **Krieger** warrior

kriegerisch warlike; *Haltung:* belligerent [bə'lɪdʒᵊrənt]

der **Kriegsausbruch** outbreak of war

das **Kriegsbeil** tomahawk ▶ WENDUNGEN: **das Kriegsbeil begraben** to bury the hatchet

der **Kriegsdienstverweigerer** conscientious objector [ˌkɒn(t)ʃi:'en(t)ʃəsəb'dʒektə]

der/die **Kriegsgefangene** prisoner ['prɪznə] of war

die **Kriegsgefangenschaft** captivity; **in Kriegsgefangenschaft geraten/sein** to become/be a prisoner of war

das **Kriegsgericht** court-martial [ˌkɔ:t'mɑ:ʃᵊl]; **jemanden vor ein Kriegsgericht stellen** to court-martial someone

das **Kriegsschiff** warship

der **Kriegsverbrecher** war criminal ['krɪmɪnᵊl]

kriegsversehrt war-disabled ['wɔ:ʳdɪˌseɪbl̩d]

der **Krimi** (*umgangsspr*) [crime] thriller

der/die **Kriminalbeamte**, die **Kriminalbeamtin** detective

die **Kriminalität** ① (*Verbrechertum*) crime ② (*Kri-

minalitätsrate) crime rate

die **Kriminalpolizei** Criminal Investigation Department, CID [ˌsiːaɪ'diː] (GB), detective force (USA)

der **Kriminalroman** [crime] thriller, detective novel

kriminell criminal ['krɪmɪnᵊl]

der/die **Kriminelle** criminal

der **Krimskrams** (*umgangsspr: Zeug*) odds and ends ⚠ *Plural*

der **Kringel** (*umgangsspr*) squiggle

die **Kripo** CID [ˌsiːaɪ'diː], Criminal Investigation Department (GB), detective force (USA)

die **Krippe** ① (*Weihnachtskrippe*) crib; (*in der Bibel*) manger ['meɪndʒəʳ] ② (*Kinderhort*) crèche [kreʃ]

der **Krippentod** cot death

die **Krise** crisis ['kraɪsɪs]

kriseln (*umgangsspr*) **es kriselt** there is a crisis looming

krisenfest crisis-proof

der **Krisenherd** flashpoint, trouble spot

der **Kristall** crystal ['krɪstᵊl]

kristallen crystal

der **Kristallzucker** refined sugar [-ʃʊgəʳ]

das **Kriterium** criterion; **die Kriterien** the criteria

die **Kritik** ① criticism ['krɪtɪsɪzᵊm]; **Kritik an jemandem/etwas üben** criticize someone/something ② *von Film, Buch, Theaterstück:* review; **der Film hat eine gute Kritik** the film got good reviews ⚠ *Plural* ③ (*die Kritiker*) critics ⚠ *Plural*

der **Kritiker**, die **Kritikerin** critic ['krɪtɪk]

kritiklos uncritical [ʌn'krɪtɪkᵊl]

kritisch critical

kritisieren to criticize ['krɪtɪsaɪz]

kritteln (*abwertend*) to find fault (**an** with)

die **Kritzelei** (*abwertend*) scribble ['skrɪbl̩]

kritzeln to scribble

der **Kroate**, die **Kroatin** Croat ['krəʊæt]

Kroatien Croatia [krəʊ'eɪʃə]

kroatisch Croatian [krəʊ'eɪʃᵊn]

der **Krokant** praline

die **Krokette** croquette [krɒ'ket]

das **Krokodil** crocodile ['krɒkədaɪl]

die **Krokodilstränen** (*abwertend*) crocodile tears [trɪəʳz]

das **Krokoleder** (*umgangsspr*) crocodile skin [*oder* leather]

der **Krokus** crocus

die **Krone** ① *eines Königs:* crown ② *auf Zahn:* cap, crown ③ *eines Baums:* top, crown ④ (*Währungseinheit*) crown ▶ WENDUNGEN: **einen in der Krone haben** to have had a drop too much; **das setzt dem Ganzen die Krone auf!** now that really takes the biscuit! *umgangsspr*

krönen to crown; **jemanden zum König krönen** to crown someone king ▶ WENDUNGEN: **von Erfolg gekrönt** crowned with success; **der krönende Abschluss** the culmination

der **Kronkorken** crown cork

der **Kronleuchter** chandelier [ʃændə'lɪəʳ]

der **Kronprinz** crown prince; (*im Vereinigten Königreich*) Prince of Wales

die **Kronprinzessin** crown princess; (*im Vereinigten Königreich*) Princess Royal [ˌprɪnses'rɔɪəl]

die **Krönung** ① coronation [ˌkɒrə'neɪʃᵊn] ② (*übertragen*) culmination

der **Kropf** goitre ['gɔɪtəʳ]

die **Kröte** ① (*Tier*) toad ② **Kröten** (*slang: Geld*) dough [dəʊ] ⚠ *Singular slang*

die **Krücke** ① (*Gehhilfe*) crutch ② (*übertragen*) prop ③ (*umgangsspr: Versager*) washout, dead loss

der **Krug** ① jug; **ein Krug Wasser** a jug[ful] of water ② (*Trinkgefäß*) tankard, mug

der **Krümel** crumb [krʌm]

krümelig crumbly

krumm ① crooked ['krʊkɪd]; (*verbogen*) bent ② *Beine:* bandy; *Nase auch:* hooked; *Rücken:* hunched ③ (*umgangsspr: unehrlich*) crooked; **ein krummes Ding drehen** to do something crooked

krümmen ① to bend *Gegenstand, Körperteil* ② **sich krümmen** *Fluss, Straße:* to wind [waɪnd]; *Wurm:* to writhe [raɪð]; **sich vor Schmerzen krümmen** to writhe with pain

krummmachen **keinen Finger krummmachen** to not lift a finger

krummnehmen **etwas krummnehmen** (*umgangsspr*) to take offence at something

die **Krümmung** ① (*Biegung*) bend, turn ② *von Rückgrat:* curvature ['kɜːvətʃə]

die **Kruste** ① *von Erde:* crust ② *von Wunde:* scab ③ *von Braten:* crackling

das **Krustentier** crustacean [krʌs'teɪʃᵊn]

das **Kruzifix** crucifix ['kruːsɪfɪks]

die **Krypta** crypt [krɪpt]

Kuba Cuba ['kjuːbə]

der **Kubaner**, die **Kubanerin** Cuban

der **Kübel** (*Eimer*) bucket, pail ▶ WENDUNGEN: **es gießt wie aus Kübeln** it's raining cats and dogs, it's bucketing down

das **Kubikmeter** cubic metre [ˌkjuːbɪk'miːtəʳ]

die **Kubikzahl** cube number

das **Kubikzentimeter** cubic centimetre [*oder* (USA) centimeter] [ˌkjuːbɪk'sentɪmiːtəʳ]

die **Küche** ① (*Raum*) kitchen ['kɪtʃᵊn] ② (*Kochkunst*) cooking, cuisine [kwɪ'ziːn]; **die schwäbische Küche** Swabian cuisine

der **Kuchen** cake

die **Küchenabfälle** kitchen slops [*oder* waste]

der **Küchenchef**, die **Küchenchefin** chef

die **Kuchenform** cake tin

der **Küchenherd** cooker, kitchen range

die **Küchenschabe** cockroach ['kɒkrəʊtʃ]

der **Küchenschrank** [kitchen] cupboard ['kʌbəd]

das **Küchentuch** kitchen towel [-ˌtaʊəl]

K

der **Kuckuck** ① (*Vogel*) cuckoo ['kʊku:] ② (*umgangsspr: Pfandsiegel*) bailiff's seal
die **Kuckucksuhr** cuckoo clock
der/das **Kuddelmuddel** (*umgangsspr*) muddle, mess
die **Kufe** ① *von Flugzeug:* skid ② *von Schlitten:* runner
die **Kugel** ① (*runder Körper*) ball ② (*geometrische Figur*) sphere [sfɪəʳ] ③ (*Geschoss*) bullet ['bʊlɪt] ▸WENDUNGEN: **eine ruhige Kugel schieben** to have a cushy time
der **Kugelblitz** ball-lightning
kugelförmig spherical ['sferɪkᵊl]
das **Kugellager** ball bearing ['beəʳɪŋ]
kugeln to roll
kugelrund ① *Gegenstand:* as round as a ball ② (*umgangsspr: dick*) *Baby:* roly-poly
der **Kugelschreiber** ballpoint pen, biro®
kugelsicher bullet-proof
das **Kugelstoßen** shot put [pʌt]
die **Kuh** ① cow ② **blinde Kuh** (*Spiel*) blind-man's-buff
der **Kuhhandel** (*umgangsspr*) **das ist doch ein Kuhhandel** it's a bit of horse-trading
kühl ① *Temperatur, Wetter:* chilly, cool; **kühl lagern** to keep in a cool place; **mir wird etwas kühl** I'm getting rather chilly ② (*übertragen: besonnen*) cool; (*abweisend*) cold
die **Kühlbox** cool box, cooler
kühlen ① to cool *Luft, Motor, Stirn* ② (*im Kühlschrank*) to refrigerate [rɪ'frɪdʒᵊreɪt]; (*auf Eis*) to chill ③ **Tee kühlt** tea has a cooling effect
der **Kühler** ① *im Motor:* radiator ['reɪdɪeɪtə] ② (*umgangsspr: Kühlerhaube*) bonnet (GB), hood (USA)
der **Kühlergrill** radiator ['reɪdɪeɪtə] grille
die **Kühlerhaube** bonnet (GB), hood (USA)
der **Kühlraum** cold-storage room
der **Kühlschrank** refrigerator [rɪ'frɪdʒᵊreɪtəʳ], fridge [frɪdʒ] (GB), icebox (USA)
die **Kühltruhe** chest freezer, freezer cabinet
das **Kühlwasser** cooling water
kühn (*auch übertragen*) bold; **das übertrifft meine kühnsten Erwartungen/Träume** this is beyond my wildest hopes/dreams
der **Kuhstall** cowshed
das **Küken** chick
kulant obliging [ə'blaɪdʒɪŋ]
der **Kuli** ① (*Lastträger*) coolie ② (*umgangsspr: Kugelschreiber*) ballpoint, biro®
kulinarisch culinary ['kʌlɪnᵊri]
die **Kulisse** ① scenery ['si:nᵊri] ② (*übertragen: Hintergrund*) background ▸WENDUNGEN: **hinter den Kulissen** behind the scenes; **die Kulisse für etwas bilden** to provide the backdrop for something
kullern (*umgangsspr*) to roll
der **Kult** ① cult [kʌlt]; **einen Kult mit jemandem/etwas treiben** to make a cult out of someone/something ② (*Verehrung*) worship
die **Kultfigur** cult figure
kultig (*slang*) cult
kultivieren to cultivate
kultiviert ① (*auch übertragen*) cultivated ② (*anspruchsvoll, verfeinert*) sophisticated ③ **kultiviert reisen** to travel in style
die **Kultstätte** place of ritual worship
die **Kultur** ① (*Gesamtheit von Kunst und Wissenschaft*) culture ['kʌltʃə] ② (*Gesellschaftsform, Lebensform*) civilization [ˌsɪvᵊlaɪ'zeɪʃᵊn]; **die morgenländische Kultur** Eastern civilization
der **Kulturbanause**, die **Kulturbanausin** (*abwertend*) philistine
der **Kulturbeutel** toilet bag, sponge [spʌndʒ] bag (GB)
kulturell cultural
die **Kulturgeschichte** history of civilisation
das **Kultusministerium** ministry of education and the arts
der **Kümmel** ① (*Gewürz*) caraway ['kærəweɪ] ② (*umgangsspr: Schnaps*) *schnapps flavoured with caraway*
der **Kummer** ① (*Betrübtheit*) grief, sorrow ['sɒrəʊ] ② (*Probleme, Sorgen*) worry ['wʌri]; **Kummer haben** to have problems ⚠ *Plural;* **jemandem Kummer bereiten** to cause someone worry [*oder* trouble]
kümmerlich ① *Aufsatz, Wissen:* scanty ② *Auskommen, Lohn, Mahlzeit:* miserable ['mɪzərəbl], measly ['mi:zli], paltry ['pɔ:ltri] ③ (*mickrig, schwächlich*) puny
kümmern ① (*betreffen*) to concern [kən'sɜ:n]; **das kümmert niemanden** nobody cares about this; **was kümmert das mich?** what do I care? ② **sich kümmern um** to look after, to take care of; **kannst du dich um den Einkauf/die Karten kümmern?** would you see to the shopping/the tickets?
der **Kumpan**, die **Kumpanin** ① (*umgangsspr: Freund*) pal ② (*abwertend: Mittäter*) accomplice [ə'kʌmplɪs]
der **Kumpel** ① (*Bergmann*) miner ② (*umgangsspr: Freund*) mate (GB), pal, buddy (USA)
der **Kunde**, die **Kundin** ① *im Geschäft:* customer ['kʌstəmə] ② *einer Bank, Versicherung:* client ['klaɪənt]
der **Kundenbetreuer** (*in Callcentern*) customer service officer; (*in Banken*) account manager
der **Kundendienst** ① (*Serviceleistung*) after-sales service ② (*Kundendienstabteilung*) service department ③ **das Auto muss zum Kundendienst** the car needs a service
die **Kundenkarte** store card
die **Kundennummer** customer account number
der **Kundenstock** (A) customers ⚠ *Plural*
kundgeben ① (*bekannt machen*) to make known ② (*zum Ausdruck bringen*) to express
die **Kundgebung** (*politisch*) rally
kundig ① (*informiert*) well-informed; **sich**

über etwas kundig machen to inform oneself about something ② (*erfahren, sachkundig*) expert

kündigen ① **dem Arbeitgeber** [*oder* **den Arbeitsplatz**] **kündigen** to hand in one's notice [to one's employer]; **die Wohnung zum 1. Januar kündigen** to give in one's notice for January 1st ② to cancel ['kæn(t)sᵊl] *Kredit, Mitgliedschaft;* to terminate *Vertrag* ③ [**dem Arbeitnehmer/Mieter**] **zum 1. Juli kündigen** to give [the employee/tenant] notice for July 1st [*oder* as of July 1st]; **man hat uns die Wohnung gekündigt** we were given notice to quit ④ [**die Mitgliedschaft**] **kündigen** to cancel one's membership

die **Kündigung** ① *von Arbeitsplatz, Wohnung:* notice; **die Kündigung erhalten** *des Arbeitsplatzes:* to be given notice; *der Wohnung:* to be given notice to quit; **mit der Kündigung drohen** to threaten to give in one's notice ② (*Entlassung*) dismissal ③ *von Mitgliedschaft, Vertrag:* cancellation [ˌkæn(t)sᵊl'eɪʃᵊn]

die **Kündigungsfrist** period of notice

der **Kündigungsschutz** protection against unlawful dismissal

die **Kundin** ① *im Geschäft:* customer ['kʌstəmə] ② *einer Bank, Versicherung:* client

die **Kundschaft** ① *von Geschäft:* customers ['kʌstəməz] ⚠ *Plural* ② *von Dienstleistungsbetrieb:* clients ['klaɪənts] ⚠ *Plural*

künftig ① *Leben, Mann:* future ['fju:tʃə] ② *von jetzt an:* in future

die **Kunst** ① (*Malerei, Bildhauerei*) art; **die** [**griechische**] **Kunst** [Greek] art ② (*Geschicklichkeit*) skill ③ (*Kniff*) trick ④ **die bildenden Künste** the plastic arts; **die schönen Künste** the fine arts ⑤ (*übertragen*) **das ist keine Kunst!** that's easy!

die **Kunstakademie** academy of art

die **Kunstausstellung** art exhibition [-eksɪˌbɪʃᵊn]

der **Kunstdünger** artificial fertilizer [ˌɑ:tɪˌfɪʃᵊl-'fɜ:təlaɪzə]

die **Kunsterziehung** (*Schulfach*) art

die **Kunstfaser** synthetic fibre [sɪnˌθetɪk'faɪbəʳ]

kunstfertig skilful (GB), skillful (USA)

die **Kunstgalerie** art gallery

die **Kunstgeschichte** history of art

der **Kunstgriff** trick

das **Kunstleder** artificial [ˌɑ:tɪ'fɪʃᵊl] leather, imitation leather

der **Künstler**, die **Künstlerin** ① artist ['ɑ:tɪst] ② (*übertragen: Könner*) genius ['dʒi:niəs] (**in** at)

künstlerisch artistic; **künstlerisch wertvoll** of artistic value

der **Künstlername** *von Schauspieler:* stage name; *von Schriftsteller:* pen name

künstlich ① *Blume, Licht:* artificial [ˌɑ:tɪ'fɪʃᵊl] ② *Faser:* synthetic [sɪn'θetɪk] ③ *Haar, Fingernägel, Zähne:* false

der **Kunstmaler**, die **Kunstmalerin** painter

die **Kunstsammlung** art collection

die **Kunstseide** artificial [ˌɑ:tɪ'fɪʃᵊl] silk

der **Kunststoff** plastic ['plæstɪk]; **aus Kunststoff** [made of] plastic

das **Kunststück** ① stunt, trick ② (*übertragen*) **das ist kein großes Kunststück!** it's no big deal!

das **Kunstturnen** gymnastics [dʒɪm'næstɪks] ⚠ *Singular*

das **Kunstwerk** work of art

kunterbunt ① *Gruppe, Sammlung:* motley ② (*vielfarbig*) many-coloured ③ (*abwechslungsreich*) varied

das **Kupfer** copper

die **Kuppe** ① *von Berg:* rounded hilltop ② *von Finger:* tip

die **Kuppel** cupola ['kju:pələ], dome

kuppeln ① (*im Auto*) to operate the clutch ② (*miteinander verbinden*) to couple ['kʌpl], to join; **den Anhänger an das Auto kuppeln** to hitch the trailer to the car

die **Kupplung** clutch; **die Kupplung treten** to depress the clutch; **die Kupplung kommen lassen** to let the clutch out

die **Kur** cure; (*einzelne Behandlung*) treatment; **in Kur fahren** to go for a cure

die **Kür** ① *beim Tanzen, Turnen:* free section ② *beim Eiskunstlauf:* free skating

das **Kuratorium** ① (*Gremium*) board of trustees ② (*Komitee, Vereinigung*) committee

die **Kurbel** crank

die **Kurbelwelle** crankshaft

der **Kürbis** ① (*Frucht*) pumpkin ② (*abwertend: Kopf*) nut

der **Kurgast** patient ['peɪʃᵊnt] at a health resort

der **Kurier** courier ['kʊriəʳ]

der **Kurierdienst** courier service ['kʊriəʳˌsɜ:vɪs]; **mit dem** [*oder* **per**] **Kurierdienst** by courier service

kurieren to cure

kurios (*seltsam*) curious, odd

die **Kuriosität** curiosity

der **Kurort** health resort, spa [spɑ:]

die **Kurpackung** (*für Haare*) hair-repair kit

der **Kurpfuscher**, die **Kurpfuscherin** (*abwertend*) quack

der **Kurs** ① (*auch übertragen*) course [kɔ:s]; **Kurs nehmen** to set course (**auf** for) ② *von Partei:* line; **ein harter Kurs** a hard line ③ *von Währungen:* rate of exchange; *von Aktien:* price; **die Aktien stehen hoch im Kurs** shares are high ④ (*Lehrgang*) course (**für/in** in) ▶ WENDUNGEN: [**bei jemandem**] **hoch im Kurs stehen** to be popular [with someone]

der **Kurseinbruch** slump in prices

kursieren *Gerücht:* circulate ['sɜ:kjəleɪt]

kursiv 1 *Schrift:* italic 2 **etwas kursiv drucken** to print something in italics

die **Kursivschrift** italics

die **Kursschwankung** price fluctuation [ˌflʌktʃuˈeɪʃᵊn]

der **Kursteilnehmer**, die **Kursteilnehmerin** course participant [pɑːˈtɪsɪpᵊnt]

der **Kurswagen** through [θruː] coach

die **Kurve** (*auch in Mathematik*) curve; (*Biegung*) bend ▸WENDUNGEN: **die Kurve kratzen** (*umgangsspr*) to scarper

kurvenreich *Straße:* bendy, winding [ˈwaɪndɪŋ]

kurz 1 (*räumlich*) short; **kurze Hose** shorts ⚠ *Plural;* **kürzer machen** to shorten 2 (*zeitlich*) short; **über kurz oder lang** sooner or later; [**bis**] **vor kurzem** [until] recently [ˈriːsᵊntli]; **vor kurzer Zeit** lately 3 (*für kurze Zeit*) [**bei jemandem**] **kurz vorbeischauen** to drop in [on someone]; **jemandem kurz schreiben** to drop someone a line; **jemanden kurz anrufen** to give someone a ring [*oder* tinkle] [*oder* bell] 4 (*bündig*) *Besuch, Brief, Rede, Zusammenfassung:* brief 5 **kurz vorher/nachher** just [*oder* shortly] before/after; **kurz vor Stuttgart/Weihnachten** just [*oder* shortly] before Stuttgart/Christmas 6 **für kurze Zeit** briefly; **kurz auf Toilette gehen** to go quickly to the toilet 7 **kurz und gut, kurz gesagt** in a word, in a nutshell, in short; **kurz und bündig** concisely [kənˈsaɪsli]; **um es kurz zu machen** to cut a long story short; **sich kurz fassen** to make it brief ▸WENDUNGEN: **zu kurz kommen** to come off badly; **den Kürzeren ziehen** (*umgangsspr*) to get the worst of it

die **Kurzarbeit** short time; **Kurzarbeit machen** to be on short time

die **kurzarbeiten** to be on short time

kurzärmelig short-sleeved

der **Kurzbrief** memo

die **Kürze** 1 (*geringe Länge*) shortness 2 *von Aufsatz, Bericht, Besuch:* brevity 3 **in aller Kürze** very briefly

kürzen 1 (*kürzer machen*) to shorten 2 to abridge [əˈbrɪdʒ] *Buch;* to cut *Film, Rolle, Theaterstück* 3 to cut [back] *Gelder, Subventionen;* to reduce [rɪˈdjuːs] *Arbeitszeit, Gehalt* 4 (*in Mathematik*) to reduce, to cancel [ˈkæn(t)sᵊl] *Bruch*

kurzerhand 1 (*ohne Umschweife*) without further ado 2 (*auf der Stelle*) on the spot

die **Kurzfassung** abridged [əˈbrɪdʒd] version

der **Kurzfilm** short

die **Kurzform** abbreviated form

kurzfristig 1 *Lösung, Planung:* short-term 2 *Abreise, Ersatz, Zusage:* immediate 3 (*für kurze Zeit*) for a short time 4 (*ohne große Ankündigung*) at short notice; **etwas kurzfristig absagen** to call something off at short notice

die **Kurzgeschichte** short story

kurzlebig short-lived [ʃɔːtˈlɪvd]

kürzlich lately, recently [ˈriːsᵊntli]; **erst kürzlich** just recently, just the other day

die **Kurznachrichten** news summary ⚠ *Singular,* the news headlines

der **Kurzschluss** short-circuit [ʃɔːtˈsɜːkɪt]

die **Kurzschlusshandlung** rash action

kurzsichtig (*auch übertragen*) short-sighted [ʃɔːtˈsaɪtɪd]

der **Kurzstreckenflug** short-haul flight

die **Kurzstreckenrakete** short-range missile

die **Kürzung** 1 shortening 2 *von Buch:* abridgement [əˈbrɪdʒmənt] 3 **von Gehältern** cut, reduction

die **Kurzwaren** haberdashery [ˌhæbəˈdæʃᵊri] ⚠ *Singular* (GB), notions (USA)

kurzweilig entertaining

die **Kurzwelle** short wave

das **Kurzzeitgedächtnis** short-term memory

kuscheln 1 cuddle; **lass uns kuscheln** let's have a cuddle 2 **sich an jemanden/etwas kuscheln** to snuggle up to someone/something

der **Kuschelrock** soft rock

kuschen (*abwertend*) to knuckle [ˈnʌkl̩] under (**vor** to)

die **Kusine** cousin [ˈkʌzᵊn]

der **Kuss** kiss

küssen to kiss; **sie küssten sich** they were kissing

die **Küste** coast; (*unmittelbares Ufer*) shore

das **Küstengewässer** coastal waters

die **Küstenschifffahrt** coastal shipping

der **Küster** sexton, verger [ˈvɜːdʒəʳ]

die **Kutsche** 1 carriage [ˈkærɪdʒ], coach 2 (*umgangsspr: Auto*) jalopy

die **Kutte** habit

die **Kutteln** tripe ⚠ *Singular*

der **Kutter** cutter

das **Kuvert** [kuˈveːɐ̯] envelope

Kuwait Kuwait [kʊˈweɪt]

der **Kuwaiter**, die **Kuwaiterin** Kuwaiti [kʊˈweɪti]

das **KZ** *Abkürzung von* **Konzentrationslager** concentration [ˌkɒn(t)sᵊnˈtreɪʃᵊn] camp

K

L

L, l L, l [el]
labern to prattle on *abwertend*
labil delicate [ˈdelɪkət]; (*psychisch*) weak
das **Labor** laboratory [ləˈbɒrətᵊri], lab *umgangsspr*

Labor

F Nicht verwechseln mit **labo(u)r** = die Arbeit!

der **Laborant**, die **Laborantin** lab[oratory] technician [-tekˌnɪʃᵊn]
das **Labyrinth** maze
die **Lache** ① (*Pfütze*) puddle, pool ② (*Gelächter*) laugh [lɑːf], way of laughing [ˈlɑːfɪŋ]
lächeln to smile (**über** at)
das **Lachen** laughing [lɑːfɪŋ], laughter [ˈlɑːftəʳ]; **das ist nicht zum Lachen** that's not funny; **Ihnen wird das Lachen noch vergehen!** you'll soon be laughing on the other side of your face! *umgangsspr*
lachen ① to laugh [lɑːf] (**über** at) ② **vor Freude lachen** to laugh with joy; **Tränen lachen** to cry with laughter ▶WENDUNGEN: **dass ich nicht lache!** don't make me laugh!; **[bei jemandem] nichts zu lachen haben** to have a tough time of it [with someone]; **wer zuletzt lacht, lacht am besten** he who laughs last, laughs longest
lächerlich ① (*zum Lachen*) ridiculous [rɪˈdɪkjələs] ② (*unbedeutend*) petty ③ **jemanden lächerlich machen** to make someone look silly [*oder* ridiculous]; **damit machst du dich nur lächerlich** you're just making a fool of yourself with that ④ **etwas ins Lächerliche ziehen** to make a joke out of something
das **Lachgas** laughing [lɑːfɪŋ] gas
lachhaft laughable [ˈlɑːfəbl̩]
der **Lachs** salmon [ˈsæmən]
der **Lachsschinken** smoked ham
der **Lack** varnish, lacquer [ˈlækəʳ]; (*Autolack*) paint

F Nicht verwechseln mit **lack** = der Mangel!

der **Lackel** Ⓐ (*Tölpel*) oaf [əʊf] *abwertend*
lackieren to varnish; to paint *Fingernägel;* to spray *Auto*
das **Lackleder** patent leather [ˈpeɪtᵊnt ˈleðəʳ]
der **Lackschuh** patent-leather shoe
das **Ladegerät** battery charger
das **Ladekabel** (*für Handy- und Computerakkus*) charging cable; (*für Autobatterien*) [battery] charger lead
der **Laden[1]** (*Fensterladen*) shutter
der **Laden[2]** ① (*Geschäft*) shop (GB), store (USA); **der Laden öffnet um 9 Uhr** the shop opens at 9 o'clock ② (*Kneipe*) place
laden ① to load *Fracht* (**auf** onto, **in** into) ② to charge *Batterie* ③ to load *Feuerwaffe, Kamera* ④ **etwas auf sich laden** to burden oneself with something
der **Ladenbesitzer**, die **Ladenbesitzerin** shopkeeper
der **Ladendieb**, die **Ladendiebin** shoplifter
die **Ladenkette** chain of shops
der **Ladenpreis** retail price
der **Ladenschluss** closing time
die **Ladenschlusszeiten** closing hours [aʊəʳz]
die **Laderampe** loading ramp
der **Laderaum** cargo space
die **Ladestation** charging station
lädieren to damage [ˈdæmɪdʒ]
die **Ladung** ① cargo, load *auch übertragen* ② *einer Batterie:* charge
die **Lage** ① (*Situation*) situation [sɪtʃuˈeɪʃᵊn]; **ich bin da in einer peinlichen Lage** I'm in a somewhat awkward situation; **lass uns erst mal die Lage peilen** let's check this out first *umgangsspr* ② position [pəˈzɪʃᵊn]; **dazu bin ich nicht in der Lage** I'm not in a position to do that ③ (*örtliche Lage*) location; **in günstiger Lage** well-situated ④ (*Schicht*) layer
der **Lageplan** layout plan, site plan, map of the area
das **Lager** ① camp *auch übertragen;* **das Lager abbrechen** to break camp ② (*Warenlager*) store; (*Lagerhaus*) warehouse [ˈweəʳhaʊs]; (*Vorrat*) stocks ⚠ *Plural* ③ (*Ablagerung*) deposit ④ *von Maschine:* bearing [ˈbeəʳɪŋ] ▶WENDUNGEN: **etwas auf Lager haben** to have something in store; **hast du noch mehr Witze auf Lager?** do you have any more jokes on tap?

F Nicht verwechseln mit **lager** = das helle Bier!

L

das **Lagerfeuer** campfire
die **Lagerhaltung** storekeeping
das **Lagerhaus** warehouse ['weəʳhaʊs], store
lagern ① (*hinlegen*) to lay down ② to store *Waren* ③ *Truppen:* to camp
der **Lagerraum** storeroom
die **Lagerung** storage ['stɔːrɪdʒ]
der **Lagerverwalter**, die **Lagerverwalterin** storekeeper, store supervisor
die **Lagune** lagoon [lə'guːn]
lahm ① (*gelähmt*) lame ② *Fete, Typ:* dreary, dull; **du lahme Ente!** you slowcoach!; **das ist eine lahme Ausrede!** that's a lame excuse!
der **Lahmarsch** slowcoach (GB) *slang*, slowpoke (USA) *slang*
lahmarschig damn [dæm] slow *slang*
lahmen to be lame (**auf** in)
lähmen to paralyse ['pærəlaɪz] *auch übertragen*
lahmlegen **etwas lahmlegen** to paralyse something, to bring something to a standstill
die **Lahmlegung**, die **Lähmung** paralysis [pə'ræləsɪs]
der **Laib** loaf; **ein Laib/zwei Laib Brot** a loaf/two loaves of bread
der **Laich** spawn
laichen to spawn
der **Laie** ① layman ② **in dem Fach bin ich leider nur Laie** I'm afraid I don't know much about that subject
die **Lake** brine
das **Laken** sheet
die **Lakritze** liquorice ['lɪkᵊrɪs]
lallen to slur; **sie hat nur noch gelallt** she was slurring her words
das **Lama** llama ['lɑːmə]
die **Lamelle** ① *von Pilzen:* lamella ② *von Jalousien:* slat
die **Lametta** ① tinsel ② (*Orden*) gongs ⚠ *Plural*
das **Lamm** lamb [læm]
das **Lammfell** lambskin ['læmskɪn]
die **Lampe** lamp
das **Lampenfieber** stage fright [fraɪt]
der **Lampenschirm** lampshade
der **Lampion** Chinese [tʃaɪ'niːz] lantern
das **Land** ① (*Festland, Gelände*) land; **an Land gehen** to go ashore; **an Land gespült werden** to be washed ashore ② (*im Gegensatz zur Stadt*) country ['kʌntri]; **auf dem Land[e]** in the country; **wir ziehen aufs Land** we're moving to the countryside ③ (*Staat*) country; **hier zu Lande** here, in this country ④ (*Bundesland der BRD*) Land; (*in Österreich*) province ['prɒvɪn(t)s] ▶ WENDUNGEN: **wieder Land sehen** to see daylight
der **Landadel** landed gentry
der **Landammann** (CH) highest official [ə'fɪʃᵊl] in a Swiss canton
der **Landarbeiter**, die **Landarbeiterin** farm [*oder* agricultural] worker
die **Landbevölkerung** rural population
der **Landeanflug** approach
die **Landebahn** runway, landing-strip
landeinwärts inland ['ɪnlænd]
landen ① to land; **weich landen** to make a soft landing ② (*enden*) to end up *umgangsspr;* **im Gefängnis landen** to end up in jail ▶ WENDUNGEN: **bei jemandem landen** to get through to someone; **bei ihm kannst du damit nicht landen** you won't get anywhere with him with that
die **Landenge** isthmus ['ɪsməs], neck of land
die **Ländereien** estates
das **Länderspiel** international [ˌɪntə'næʃᵊnᵊl]
die **Landesgrenze** *eines Staates:* national border, frontier
das **Landesinnere** interior
die **Landesregierung** government of a Land; (*in Österreich*) provincial [prə(ʊ)'vɪn(t)ʃᵊl] government
der **Landesteg** landing stage
der **Landesverrat** high treason
die **Landeszentralbank** state central ['sentrᵊl] bank
die **Landflucht** migration [*oder* drift] from the land
das **Landgericht** district court [kɔːt]
das **Landgut** estate
das **Landhaus** country house
die **Landkarte** map
der **Landkreis** administrative district
landläufig popular ['pɒpjələʳ]
das **Landleben** country life
der **Ländler** (A) country dance
ländlich rural
die **Landplage** (*nervige Sache*) pest *umgangsspr*
die **Landratte** landlubber
die **Landschaft** ① (*ländliche Gegend*) countryside ['kʌntrɪsaɪd] ② (*auf Bildern*) landscape
landschaftlich scenic ['siːnɪk]; (*regional*) regional ['riːdʒᵊnᵊl]
der **Landschaftsgärtner**, die **Landschaftsgärtnerin** landscape gardener
die **Landstraße** road; (*im Gegensatz zur Autobahn*) ordinary road
der **Landstreicher**, die **Landstreicherin** tramp, hobo (USA)
der **Landtag** federal state parliament ['pɑːləmənt]
die **Landung** landing
die **Landungsbrücke** jetty, landing-stage
die **Landvermessung** land surveying [-səˌveɪɪŋ]
der **Landwirt**, die **Landwirtin** farmer
die **Landwirtschaft** agriculture ['ægrɪkʌltʃəʳ], farming
landwirtschaftlich agricultural [ˌægrɪ'kʌltʃᵊrᵊl]
der **Landwirtschaftsminister**, die **Landwirtschaftsministerin** minister of agriculture (GB), agriculture secretary (USA)
das **Landwirtschaftsministerium** ministry of agri-

culture (GB), Department of Agriculture (USA)

die **Landzunge** spit of land

lang 1 long; (*groß*) *Mensch:* tall 2 **seit langem** for a long time; **das ist schon lange her** that's a long time ago 3 **den ganzen Tag lang** the whole day long; **sein ganzes Leben lang** all his life 4 **lang ersehnt** longed-for 5 **etwas lang und breit erzählen** to tell something at great length ['leŋ(k)θ] 6 **lang gestreckt** long ▶ WENDUNGEN: **ein langes Gesicht machen** to pull a long face; **lange Finger machen** pinch; **eine lange Leitung haben** to be slow on the uptake

langatmig long-winded

die **Länge** 1 (*zeitlich, räumlich*) length ['leŋ(k)θ]; **der Länge nach** lengthwise; **sich in die Länge ziehen** to go on and on 2 (*Längengrad*) longitude ['lɒndʒɪtjuːd]

langen 1 (*geben*) to give, to hand, to pass 2 (*genügen*) to be enough [ɪ'nʌf]; **das langt** that'll do; **es langt!** that's enough!; **mir langt's!** I've had enough! 3 (*sich [er]strecken*) to reach (**nach** for)

der **Längengrad** longitude ['lɒndʒɪtjuːd]

das **Längenmaß** linear measure ['lɪniəʳˌmeʒəʳ]

längerfristig 1 *Planung:* longer-term 2 **längerfristig planen** to plan for the longer term; **längerfristig gesehen** looked at over a longer period of time

die **Langeweile** boredom ['bɔːdəm]; **Langeweile haben** to be bored; **vor lauter Langeweile** out of sheer boredom

langfädig (CH) long-winded

der **Langfinger** pickpocket

langfristig 1 *Planung:* long-term 2 in the long term; **langfristig planen** to plan for the long term

langjährig *Freundschaft, Mitarbeiter:* long-standing, of many years' standing

der **Langlauf** (*Skilanglauf*) cross-country skiing ['skiːɪŋ]

der **Langlaufski** cross-country ski

langlebig (*haltbar*) long-lasting

die **Langlebigkeit** *von Mensch, Tier:* longevity [lɒn'dʒevəti]

länglich elongated ['iːlɒŋgeɪtɪd], oblong ['ɒblɒŋ]

längs 1 **längs der Linie** along the line 2 (*der Länge nach*) lengthwise; **etwas längs aufschneiden** to cut something open lengthways

die **Längsachse** longitudinal [ˌlɒndʒɪ'tjuːdɪnəl] axis

langsam 1 slow 2 slowly 3 (*allmählich*) just about; **langsam reicht es mir** I'm just about fed up with it 4 **immer schön langsam!** easy does it! 5 **das geht mir viel zu langsam** that's way too slow for me

die **Langsamkeit** slowness

der **Langschläfer**, die **Langschläferin** late riser

längst 1 (*schon lange*) for a long time 2 (*vor langer Zeit*) long ago 3 **noch längst nicht** not by any means 4 **der Zug war längst weg** the train had long since gone

längste(r, s) longest

längstens 1 (*spätestens*) at the latest 2 (*höchstens*) at the most

der **Langstreckenflug** long-haul [*oder* long-distance [ˌlɒŋ'dɪstən(t)s]] flight

die **Languste** crayfish, crawfish (USA)

langweilen 1 to bore 2 **sich langweilen** to be [*oder* get] bored; **sich zu Tode langweilen** to be bored to death

langweilig 1 boring, tedious ['tiːdiəs] 2 (*langsam, lahm*) slow

die **Langwelle** long wave

langwierig lengthy

Langzeit- long-term

der/die **Langzeitarbeitslose** long-term unemployed [person]

die **Langzeitarbeitslosigkeit** long-term unemployment

das **Langzeitgedächtnis** long-term memory

die **Langzeitmaßnahme** long-term measure ['meʒəʳ]

die **Langzeitwirkung** long-term effect

die **Lanze** lance [lɑːns] ▶ WENDUNGEN: **für jemanden eine Lanze brechen** to take up the cudgels for someone

Laos Laos

der **Lapislazuli** lapis lazuli

die **Lappalie** mere nothing, trifle

der **Lappen** (*Stück Stoff*) cloth, rag ▶ WENDUNGEN: **jemandem durch die Lappen gehen** to slip through someone's fingers *umgangsspr*

läppisch 1 (*dumm*) silly 2 (*sehr gering*) ridiculous [rɪ'dɪkjələs]

das **Laptop** ['lɛptɒp] laptop

die **Lärche** (*Baum*) larch [lɑːtʃ]

das **Larifari** airy-fairy ['eəri'feəri] nonsense *abwertend*

der **Lärm** 1 (*Krach*) noise 2 (*Radau*) row [raʊ] 3 (*Aufsehen*) fuss

die **Lärmbelästigung** noise disturbance [-dɪˌstɜːbən(t)s], noise pollution

lärmempfindlich sensitive to noise

lärmen to be noisy

der **Lärmpegel** noise level

der **Lärmschutz** 1 noise prevention 2 noise barrier

die **Lärmschutzwand** noise barrier

die **Larve** larva

die **Lasagne** [la'zanjə] lasagne [lə'zænjə], lasagna (USA)

lasch 1 (*schlaff*) limp 2 (*zu nachgiebig*) lax

die **Lasche** (*Schlaufe*) loop

der **Laser** ['leɪzeʳ] laser

der **Laserdrucker** laser printer

L

lassen ① (*erlauben*) to let; **ich möchte so gerne auf die Party gehen – lässt du mich?** I really want to go to the party – will you let me? ② (*veranlassen*) **etwas machen lassen** to have something done; **ich lasse meinen Anzug reinigen** I have my suit cleaned ③ (*belassen*) **lass es doch einfach so, wie es ist** just leave it the way it is ④ (*unterlassen*) to omit; **lassen Sie das!** stop it!; **lass mich in Ruhe!** leave me alone!; **tu, was du nicht lassen kannst!** do what you think you must!; **sie kann's einfach nicht lassen** she just can't help it ⑤ **jemandem etwas lassen** to let someone have something ⑥ (*zurücklassen*) to leave ⑦ (*hinaus-, hineinlassen*) to let (**aus** out of, **in** into) ⑧ **er lässt sich nicht überreden** he will not be persuaded ⑨ **sich einen Bart/die Haare wachsen lassen** to grow a beard/one's hair ⚠ *Singular* ⑩ **jemanden rufen** [*oder* **kommen**] **lassen** to send for someone ⑪ **ich habe mir sagen lassen, ...** I've been told ... ⑫ **das lässt sich machen!** that's possible!; **lass mich nur machen!** leave it to me! ⑬ **etwas offen lassen** to leave something open *Laden, Tür*

L

lässig (*ungezwungen*) casual ['kæʒjuəl]

die **Last** ① burden, load; **jemandem zur Last fallen** to be a burden on someone; (*jemandem lästig sein*) to trouble ['trʌbl̩] someone ② (*Fracht*) cargo ③ (*Kosten*) charges ⚠ *Plural,* costs ⚠ *Plural*

lasten to weigh [weɪ] [heavily] (**auf** on); **alle Verantwortung lastet auf mir** all the responsibility rests on me

der **Laster** lorry (GB), truck (USA)

das **Laster** vice

lasterhaft depraved

das **Lästermaul** scandalmonger ['skændᵊlˌmʌŋgəʳ]

lästern ① to blaspheme [ˌblæs'fiːm] *Gott* ② **über jemanden lästern** to make nasty remarks about someone

lästig ① (*belästigend*) troublesome ['trʌbᵊlsəm] ② (*ärgerlich*) annoying; **du kannst wirklich lästig sein** you can be a real nuisance ['njuːsᵊns]; **er wird langsam lästig** he's becoming a nuisance

der **Lastkahn** barge [bɑːdʒ]

der **Lastkraftwagen** heavy goods vehicle [-ˌvɪəkl̩]

die **Lastschrift** ① (*Anzeige*) debit note ② (*Buchung*) debit entry

der **Lastwagen** lorry (GB), truck (USA)

der **Lastzug** juggernaut (GB), tractor-trailer (USA)

die **Lasur** glaze, varnish

Latein Latin ▶ WENDUNGEN: **ich bin mit meinem Latein am Ende** I'm at my wits' end

Lateinamerika Latin America

der **Lateinamerikaner**, die **Lateinamerikanerin** Latin American

lateinamerikanisch Latin-American

lateinisch Latin; **auf Lateinisch** in Latin

die **Laterne** lantern ['læntən]; (*Straßenlaterne*) streetlight

der **Laternenpfahl** lamppost

das **Latex** latex ['leɪteks]

der **Latschen** ① (*Hausschuh*) slipper ② (*alter Schuh*) worn-out shoe

latschen ① (*herumlaufen*) to traipse [treɪps] *umgangsspr* ② (*schlurfen*) to slouch [slaʊtʃ] along *umgangsspr*

die **Latte** ① (*Brett*) slat ② (*beim Hochsprung*) bar; (*beim Fußball*) crossbar ▶ WENDUNGEN: **eine ganze Latte von ...** a whole string of ...

der **Lattenrost** slatted frame

der **Lattenzaun** picket fence, paling [ˌpeɪlɪŋ]

der **Latz** ① (*Kleiderlatz*) bib ② (*Hosenlatz*) flap

die **Latzhose** dungarees [ˌdʌŋgə'riːz] ⚠ *Plural*

lau ① *Wasser:* lukewarm ② (*mild*) mild [maɪld]

das **Laub** leaves ⚠ *Plural*

der **Laubbaum** deciduous [dɪ'sɪdjuəs] tree

die **Laube** ① (*Gang*) arbour ['ɑːbəʳ] ② (*Gartenhäuschen*) summerhouse

der **Laubfrosch** tree frog

die **Laubsäge** fretsaw

der **Laubwald** deciduous [dɪ'sɪdjuəs] forest

der **Lauch** leek

die **Lauchzwiebel** spring onion

die **Lauer** **auf der Lauer liegen** [*oder* **sein**] to lie in wait

lauern to lie in wait (**auf** for)

der **Lauf** ① (*schneller Schritt*) run ② *von Maschine:* operation [ɒpə'reɪʃᵊn], running ③ *in der Informatik:* run ④ (*Wettlauf*) race ⑤ (*Verlauf*) course [kɔːs]; **der Lauf der Dinge** the way things go; **im Laufe der Jahre** over the years; **den Dingen ihren** [*oder* **freien**] **Lauf lassen** to let things take their course; **seinen Gefühlen freien Lauf lassen** to give way [*oder* give free rein] to one's feelings

die **Laufbahn** (*Beruf*) career [kə'rɪəʳ]; **eine Laufbahn einschlagen** to embark on a career

laufen ① (*rennen*) to run; (*zu Fuß gehen*) to walk [wɔːk] ② (*funktionieren*) to work; *Maschine, Uhr:* to go ③ (*undicht sein*) to leak; *Nase:* to run ④ (*im Gange sein*) to go on; *Film:* to be on; **was läuft im Kino?** what's on at the cinema? ⑤ **die Sache ist gelaufen** it's all wrapped up ⑥ **wie laufen die Geschäfte?** how's business ['bɪznɪs]? ⑦ **die Versicherung läuft auf meinen Namen** the insurance [ɪn'ʃʊərᵊn(t)s] is in my name ⑧ **Ski laufen** to ski; **Rollschuh laufen** to roller-skate; **Schlittschuh laufen** to skate ⑨ **sich warm laufen** to warm up ⑩ **laufen lassen** to let go ⑪ **mit diesen Schuhen läuft es sich schlecht** these shoes are uncomfortable

G Richtiges Konjugieren von **to run**: run, ran, run
don't run before you can walk;
the film ran for two hours;
have you run all the way?

laufend ① *Monat, Jahr:* current ② (*ständig*) regular ['regjələʳ]; (*regelmäßig*) routine [rəʊ'ti:n] ③ **am laufenden Band** continuously [kən'tɪnjuəsli] ④ **auf dem Laufenden bleiben** to keep oneself up-to-date ⑤ **laufend etwas tun** to do something continually; **das passiert laufend** it happens all the time

der **Läufer**, die **Läuferin** runner

der **Läufer** ① *beim Schach:* bishop ② *auf der Treppe:* runner; *in der Wohnung:* rug

das **Lauffeuer** **die Nachricht verbreitete sich wie ein Lauffeuer** the news spread like wildfire

das **Laufgitter** playpen

läufig *Hündin:* on heat

die **Laufkundschaft** occasional [ə'keɪʒənəl] customers ⚠ *Plural,* passing trade

die **Laufmasche** ladder (GB), run (USA)

der **Laufpass** ▶ WENDUNGEN: **jemandem den Laufpass geben** give someone his/her marching orders ⚠ *Plural*

der **Laufschritt** ① (*schneller Schritt*) trot; **im Laufschritt** trotting ② (*beim Militär*) at the double ['dʌbl]

der **Laufstall** playpen

der **Laufsteg** *für Models:* catwalk

der **Laufvogel** flightless bird

das **Laufwerk** *eines Computers:* drive

die **Lauge** ① *aus Salz:* leach, lye [laɪ] ② *aus Seife:* soapy water

die **Laune** ① (*Grille, Einfall*) whim [(h)wɪm]; **aus einer Laune heraus** on a whim ② (*Stimmung*) mood; (*schlechte Laune*) [bad] temper; **guter/schlechter Laune sein** to be in a good/bad mood

launisch ① (*launenhaft*) moody ② (*unberechenbar*) capricious [kə'pri:ʃəs]

die **Laus** louse [laʊs], *Plural* lice ▶ WENDUNGEN: **eine Laus ist ihm über die Leber gelaufen** he got out of bed on the wrong [rɒŋ] side

lauschen ① (*zuhören*) to listen ['lɪsən]; **jemandem lauschen** to listen to someone; **auf etwas lauschen** to listen for something ② (*heimlich horchen*) to eavesdrop ['i:vzdrɒp]

lauschig (*gemütlich*) cosy, snug

der **Lausejunge** rascal ['rɑ:skəl], scamp

lausen to delouse [di:'laʊs]

lausig ① lousy ['laʊzi] *umgangsspr* ② **lausig schlecht** awfully bad

der **Laut** sound [saʊnd]; **keinen Laut von sich geben** to not make a sound

laut¹ ① loud [laʊd]; *Farben:* loud, shrill ② (*lärmend*) noisy; **ist es dir hier zu laut?** is it too noisy for you here? ③ **lauter!** (*Aufforderung an Redner*) speak up! (GB), louder! (USA) ④ **laut vorlesen** to read out loud ⑤ **das Radio lauter stellen** to turn the radio up ⑥ **er wird immer gleich laut** he always immediately raises his voice ⑦ **laut und deutlich sprechen** to speak loud and clearly

laut² **laut meinen Anweisungen** according to my instructions; **laut Gesetz** according to the law

lauten *Befehl:* to say; *Inhalt eines Schreibens:* to go, to read; *Name:* to be; *These, Rede:* to go

läuten to ring; **bei jemandem läuten** to ring someone's bell; **es hat eben geläutet** the bell just rang

lautend **gleich lautend** identical

lauter ① (*rein*) pure [pjʊəʳ]; **das sind lauter Lügen** that's nothing but lies ② (*aufrichtig, ehrbar*) honourable ['ɒnərəbl] ③ **das sind lauter Freunde** they're friends, all of them; **lauter Lügen!** nothing but lies!; **lauter dummes Zeug reden** to talk sheer nonsense ④ **vor lauter Krach** for all the noise

lauthals at the top of one's voice

lautlos silent, soundless ['saʊndləs]

die **Lautschrift** phonetic script

der **Lautsprecher** [loud]speaker

die **Lautsprecherbox** speaker

lautstark loudly

die **Lautstärke** volume ['vɒlju:m]

der **Lautstärkeregler** volume control

lauwarm slightly warm, lukewarm [ˌlu:k'wɔ:m] *auch übertragen*

die **Lava** lava

das **Lavabo** (CH) wash-basin

der **Lavendel** lavender ['lævəndəʳ]

die **Lawine** avalanche ['ævəlɑ:n(t)ʃ]

die **Lawinengefahr** danger of avalanches [ˌdeɪndʒəʳəv'ævəlɑ:n(t)ʃɪz]

lax lax

das **Lazarett** military hospital; (*Krankenstation*) sick bay

das **LCD** *Abkürzung von* **liquid crystal display** LCD [ˌelsi:'di:]

der **Lebemann** playboy

das **Leben** ① life, *Plural* lives [laɪvz]; **am Leben bleiben** to stay alive; **am Leben sein** to be alive; **er hat mir das Leben gerettet** he saved my life; **wir fürchten um sein Leben** we fear for his life; **ums Leben kommen** to lose one's life ② **ein Kampf auf Leben und Tod** a fight to the death; (*übertragen*) a life-and-death struggle ③ (*Betriebsamkeit*) activity, life; **Leben in die Bude bringen** to liven the place up ④ **so ist das Leben** such is life ⑤ **etwas ins Leben rufen** to bring something into being ⑥ **etwas für sein Leben gernhaben/gern tun** to be mad about something/about doing something ⑦ **im Leben stehen** to know what life is all about ⑧ **nie im Leben** never ever

L

9 **jemandem das Leben zur Hölle machen** to make someone's life hell

leben 1 to live [lɪv] (**für** for) 2 **lebt er noch?** is he still alive? 3 **man lebt nur einmal!** you only live once [wʌn(t)s]! 4 **von etwas leben** to live [*oder* subsist] on something

lebend 1 alive, live [laɪv]; **er ist der lebende Beweis für ...** he is living proof of ... 2 **die lebenden Sprachen** modern languages

lebendig 1 alive, live [laɪv] 2 (*lebhaft*) lively ['laɪvli]; *Erinnerung:* vivid

die **Lebendigkeit** liveliness ['laɪvlinəs], vividness

der **Lebensabend** old age

der **Lebensabschnitt** period of life

die **Lebensarbeitszeitverkürzung** shortening of one's working life

die **Lebensart** 1 (*Lebensweise*) way [*oder* manner] of living 2 (*Lebensstil*) style, lifestyle, way of life

die **Lebensbedingungen** living conditions

die **Lebensdauer** life

die **Lebenserfahrung** experience [ɪk'spɪəriən(t)s] of life

das **Lebenserhaltungssystem** (*im Krankenhaus*) life-support machine [-məʃiːn]

die **Lebenserwartung** life expectancy

die **Lebensfreude** zest for life

lebensfroh full of the joys of life

die **Lebensgefahr** 1 [mortal] danger ['deɪndʒəʳ] 2 **unter Lebensgefahr** at the risk of one's life 3 **Vorsicht! Lebensgefahr!** Caution! Danger! 4 **in Lebensgefahr sein** to be in danger of one's life; **außer Lebensgefahr sein** to be out of danger

lebensgefährlich highly dangerous ['deɪndʒəʳrəs]; *Verletzung:* critical

der **Lebensgefährte**, die **Lebensgefährtin** partner

das **Lebensgefühl** awareness of life

die **Lebenshaltungskosten** cost of living ⚠ *Singular*

die **Lebenslage** situation [sɪtju'eɪʃən]; **in jeder Lebenslage** in any situation

lebenslänglich 1 *Kampf:* lifelong 2 **er hat lebenslänglich bekommen** he got life

der **Lebenslauf** (*geschriebener*) curriculum vitae [kəˌrɪkjələm'viːteɪ], CV (GB), résumé ['rezʊmeɪ] (USA)

lebenslustig lively, fond of life

die **Lebensmittel** food ⚠ *Singular*

das **Lebensmittelgeschäft** grocery ['grəʊsəri] shop [*oder* (USA) store]; **im Lebensmittelgeschäft** at the grocer's [*oder* (USA) grocery store]

die **Lebensmittelverarbeitung** food processing [-ˌprəʊsesɪŋ]

die **Lebensmittelvergiftung** food poisoning

die **Lebensqualität** quality of life

der **Lebensraum** environment [ɪn'vaɪ(ə)rənmənt], habitat

der **Lebensretter**, die **Lebensretterin** rescuer ['reskjuːəʳ]

der **Lebensstandard** standard of living, living standards ⚠ *Plural*

der **Lebensunterhalt** living, livelihood ['laɪvlihʊd]; **sich seinen Lebensunterhalt verdienen** to earn [*oder* make] a living

die **Lebensversicherung** life insurance [-ɪnʃʊərən(t)s], GB AUCH life assurance [-əʃʊərən(t)s]; **eine Lebensversicherung abschließen** to take out life insurance

die **Lebensweise** way of life, habits ⚠ *Plural*

die **Lebensweisheit** worldly wisdom

lebenswert worth living

lebenswichtig essential, vital ['vaɪtəl]

das **Lebenszeichen** sign [saɪn] of life; **er gab kein Lebenszeichen mehr von sich** he showed no signs of life any more

die **Lebenszeit** 1 lifetime 2 **auf Lebenszeit** for life; **Beamter auf Lebenszeit** permanent civil ['sɪvəl] servant

die **Leber** liver ['lɪvəʳ]

der **Leberfleck** mole [məʊl]

das **Leberleiden** liver disorder

die **Leberpastete** liver pâté ['pæteɪ]

der **Lebertran** cod-liver oil

die **Leberwurst** liver sausage [-ˌsɒsɪdʒ] (GB), liverwurst ['lɪvəwɜːst] (USA) ▶ WENDUNGEN: **spiel doch nicht immer die beleidigte Leberwurst!** must you always get into a huff?

das **Lebewesen** living being [*oder* creature ['kriːtʃəʳ]]

das **Lebewohl** farewell [ˌfeə'wel]; **jemandem Lebewohl sagen** to bid someone farewell

lebhaft 1 lively ['laɪvli]; (*temperamentvoll*) vivacious [vɪ'veɪʃəs] 2 *Geschäft:* brisk 3 *Interesse:* keen 4 *Verkehr:* heavy, busy ['bɪzi] 5 *Phantasie:* vivid

der **Lebkuchen** gingerbread ['dʒɪndʒəʳbred]

leblos 1 (*ohne Leben*) lifeless 2 (*unbeseelt*) inanimate [ɪ'nænɪmət]

die **Lebzeiten** **zu seinen Lebzeiten** (*als er noch lebte*) in his lifetime; (*zu seiner Zeit*) in his day

lechzen to thirst, to crave (**nach** for)

das **Lecithin** lecithin ['lesɪθɪn]

das **Leck** leak

leck leaky

lecken[1] (*undicht sein*) to leak

lecken[2] 1 (*schlecken*) to lick 2 **seine Wunden lecken** to lick one's wounds [wuːndz] 3 **leck mich!** (*slang*) piss off! ▶ WENDUNGEN: **sich die Finger nach etwas lecken** to be dying ['daɪɪŋ] for something

lecker delicious [de'lɪʃəs]

der **Leckerbissen** titbit

das **Leder** 1 leather ['leðəʳ]; **zäh wie Leder** as tough as old boots *umgangsspr* 2 (*der Fußball*) ball ▶ WENDUNGEN: **jemandem ans Leder wol-**

len to want to get one's hands on someone; **jemandem das Leder gerben** to tan someone's hide

der **Lederhandschuh** leather glove [glʌv]

die **Lederjacke** leather jacket

ledern ① (*aus Leder*) leather ② (*zäh*) leathery

die **Lederwaren** leather goods

ledig single

der/die **Ledige** single person

lediglich merely ['mɪəli]

leer ① empty ② *Wohnung, Haus:* vacant; (*unmöbliert*) unfurnished ③ (*unbeschrieben*) blank ④ *Akku:* flat ⑤ **leeres Gerede** idle ['aɪdḷ] talk; **leere Versprechungen** vain [*oder* empty] promises ⑥ **mit leeren Händen** empty-handed ⑦ **leer ausgehen** to come away empty-handed ⑧ **die Straßen waren wie leer gefegt** the streets were deserted

die **Leere** emptiness; **gähnende Leere** a yawning void

leeren to empty

das **Leergewicht** unladen weight [weɪt]

das **Leergut** empties ⚠ *Plural*

der **Leerlauf** ① (*Gang*) neutral ['nju:trᵊl]; **im Leerlauf** in neutral ② (*Untätigkeit*) period of inactivity, slack

die **Leertaste** space bar

die **Leerung** **nächste Leerung** *eines Briefkastens:* next collection

legal legal ['li:gᵊl], lawful

legalisieren to legalize ['li:gᵊlaɪz]

die **Legalität** legality [lɪ'gælɪti]

der **Legastheniker**, die **Legasthenikerin** dyslexic [dɪ'sleksɪk]

die **Legebatterie** hen battery

> **V** **to lay** heißt legen: *the dog laid back its ears;* **to lie** heißt liegen: *the dog likes to lie on the couch.*

legen ① to lay, to put; (*an einen bestimmten Platz*) place ② to lay *Teppich, Kabel* ③ **Wert auf etwas legen** to set great store by something ④ **Eier legen** to lay eggs ⑤ **jemandem das Handwerk legen** to put a stop to someone's game ⑥ **die Katze legte sich auf das Sofa** the cat lay down on the sofa ⑦ **sich legen** *Staub:* to settle (**auf** on) ⑧ **sich legen** (*aufhören, abklingen*) to abate, to die down, to subside; *Zorn, Begeisterung:* to wear off; **das legt sich** that'll sort itself out *umgangsspr*

legendär legendary ['ledʒəndᵊri]

die **Legende** legend ['ledʒənd]

leger [le'ʒe:ɐ] casual ['kæʒjuəl]

die **Legierung** alloy ['ælɔɪ]

die **Legion** legion ['li:dʒən]

der **Legionär** legionary ['li:dʒənᵊri]

die **Legislative** legislative ['ledʒɪslətɪv] body, legislature ['ledʒɪslətʃəʳ]

die **Legislaturperiode** legislative period, parliamentary [ˌpɑ:lə'mentᵊri] term (GB), congressional term (USA)

legitim legitimate [lɪ'dʒɪtəmət]

der **Lehm** loam; (*Ton*) clay

lehmig loamy

die **Lehne** (*Rückenlehne*) back[rest]; (*Armlehne*) arm[rest]

lehnen ① to lean (**an** against) ② **sich aus dem Fenster lehnen** to lean out of the window ③ **sich an etwas lehnen** to lean against something

> **G** Richtiges Konjugieren von **to lean**: lean, leant/ leaned, leant/ leaned
> *you can lean on me;*
> *Mr Smith leant the ladder against the tree;*
> *you seem to have leant in some wet paint*

der **Lehnsessel**, der **Lehnstuhl** easy chair, armchair

das **Lehramt** **das Lehramt** the teaching profession; **ein Lehramt** a teaching post

der/die **Lehrbeauftragte** assistant lecturer (GB), associate [ə'səʊʃiət] lecturer (USA)

der **Lehrberuf** ① (*Beruf eines Lehrers*) teaching profession [prə'feʃᵊn] ② (*Beruf mit Lehrzeit*) skilled trade

die **Lehre** apprenticeship [ə'prentɪsʃɪp]; **in die Lehre gehen** to serve one's apprenticeship (**bei** with)

lehren to teach; *an Universität:* to lecture ['lektʃəʳ]

der **Lehrer**, die **Lehrerin** teacher; (*Privat-, Nachhilfelehrer*) tutor ['tʃu:təʳ]

das **Lehrfach** subject

der **Lehrgang** course [kɔ:s] (**für** in); **einen Lehrgang besuchen** to take a course

der **Lehrkörper** teaching staff

die **Lehrkraft** teacher

der **Lehrling** apprentice [ə'prentɪs]

das **Lehrmittel** teaching materials

der **Lehrplan** [teaching] curriculum [kə'rɪkjələm]; *einer Klassenstufe:* syllabus ['sɪləbəs]

lehrreich (*informativ*) instructive [ɪn'strʌktɪv]

die **Lehrstelle** position as an apprentice [ə'prentɪs]

der **Lehrstuhl** chair (**für** of)

die **Lehrzeit** apprenticeship [ə'prentɪsʃɪp]

der **Leib** ① (*Körper*) body ② (*Unterleib*) abdomen ['æbdəmən] ③ **er war mit Leib und Seele bei der Sache** he put his heart and soul into it ▶ WENDUNGEN: **halt ihn mir vom Leib!** keep him away from me!

das **Leibgericht** favourite ['feɪvᵊrɪt] dish

leiblich ① (*körperlich*) bodily, physical ['fɪzɪkᵊl] ② *Mutter, Vater:* natural ['nætʃᵊrᵊl] ③ **jemandes leibliches Wohl** someone's well-being

der **Leibwächter**, die **Leibwächterin** bodyguard ['bɒdigɑ:d]

die **Leiche** body, corpse ▶ WENDUNGEN: **über Lei-**

L

chen gehen to stop at nothing; **nur über meine Leiche!** over my dead body!
leichenblass deathly pale
die **Leichenhalle** mortuary ['mɔːtʃuəri]
das **Leichenschauhaus** morgue [mɔːg]
die **Leichenstarre** rigor mortis
der **Leichnam** corpse
leicht 1 light 2 (*einfach*) easy; **leichter gesagt als getan** easier said than done 3 (*geringfügig*) slight [slaɪt]; **eine leichte Erkältung** a slight cold 4 **leichte Musik** easy listening; **leichte Unterhaltung** light entertainment 5 **man hat's nicht leicht** life isn't easy 6 **leicht gekleidet sein** to be lightly [*oder* thinly] dressed; **leicht bekleidet** scantily dressed 7 (*schnell*) easily 8 **es sich leicht machen** to make things easy for oneself 9 **leicht verdaulich** easily digestible [dɪ'dʒestəbl]; **leicht verderblich** perishable 10 **leicht verwundet** slightly wounded ['wuːndɪd] ▶ WENDUNGEN: **etwas auf die leichte Schulter nehmen** to take something too lightly
der **Leichtathlet**, die **Leichtathletin** athlete ['æθliːt]
die **Leichtathletik** athletics [æθ'letɪks] ⚠ *kein Plural*
leichtfallen **jemandem leichtfallen** to be easy for someone

L

leichtfertig thoughtless ['θɔːtləs]; **er geht leichtfertig mit Waffen um** he is careless with weapons
das **Leichtgewicht** (*im Boxen*) lightweight ['laɪtweɪt]
leichtgläubig credulous
leichthin lightly
die **Leichtigkeit** (*Mühelosigkeit*) ease; **mit Leichtigkeit** with no trouble at all
das **Leichtmetall** light metal
der **Leichtsinn** carelessness, recklessness, foolishness
leichtsinnig careless, reckless, foolish
das **Leid** 1 (*Sorge, Betrübnis*) grief, sorrow ['sɒrəʊ] 2 (*Schaden*) harm 3 **jemandem sein Leid klagen** to tell someone one's troubles 4 **Freud und Leid mit jemandem teilen** to share one's joys and sorrows with someone 5 **jemandem etwas zu Leide tun** to do someone harm, to harm someone; **er tut keiner Fliege etwas zu Leide** he wouldn't hurt a fly
leid **ich bin** [*oder* **habe**] **es leid** I'm tired of it
das **Leiden** suffering; (*Krankheit*) illness; (*Beschwerden*) complaint [kəm'pleɪnt]
leiden 1 to suffer (**an/unter** from); **Not leiden** to suffer hardship 2 **leiden können** to like; **ich kann ihn nicht leiden** I don't like him; (*stärker*) I can't stand him
die **Leidenschaft** passion ['pæʃən]
leidenschaftlich passionate ['pæʃənət]; **etwas leidenschaftlich gern tun** be passionately fond of doing something, to love [*oder* adore] doing something
leidenschaftslos dispassionate [dɪ'spæʃənət]
leider unfortunately [ʌn'fɔːtʃənətli]; **leider muss ich gehen** I'm afraid I have to go; **leider ja!** I'm afraid so!; **leider lässt sich das nicht machen** unfortunately that can't be done
leidig tiresome ['taɪəsəm]
leidlich reasonable ['riːzənəbəl]; **es geht ihr so leidlich** she is so-so, she's not too bad
der/die **Leidtragende** the one to suffer
leidtun **es tut mir leid, dass ...** I'm sorry that ..., I regret that ...; [**das**] **tut mir leid!** I'm sorry [about that]!
leidvoll grievous ['griːvəs], full of suffering; *Erfahrung:* painful
das **Leidwesen** [**sehr**] **zu meinem Leidwesen** [much] to my regret
der **Leierkasten** hurdy-gurdy ['hɜːdi,gɜːdi]
die **Leihbibliothek**, die **Leihbücherei** lending library ['laɪbrəri]
leihen 1 (*ausleihen*) to lend 2 (*borgen*) to borrow; **ich habe es mir geliehen** I've borrowed it 3 **jemandem sein Ohr leihen** to lend someone one's ear

> **V** Wenn man etwas von jemandem ausleiht, heißt es **to borrow from someone**: *Kim borrowed £20 from her friend.* — Wenn man aber etwas jemandem verleiht, heißt es **to lend to someone**: *Jane lent her mobile phone to Jenny; Dad often lends me money.*

die **Leihgabe** loan
das **Leihhaus** pawnshop
die **Leihmutter** surrogate ['sʌrəgɪt] mother
leihweise on loan
der **Leim** 1 glue 2 **aus dem Leim gehen** (*auseinanderfallen*) to fall apart ▶ WENDUNGEN: **jemandem auf den Leim gehen** to fall for someone's tricks
leimen 1 (*Kleben*) to glue [together] 2 (*hereinlegen*) to take for a ride
die **Leine** 1 rope; *für Wäsche:* line 2 *für Hund:* leash, lead [liːd]
das **Leinen** 1 linen ['lɪnɪn]; **ein Kleid aus Leinen** a linen dress 2 (*Bucheinband*) cloth; **in Leinen gebunden** clothbound
der **Leinsamen** linseed
das **Leintuch** sheet
die **Leinwand** 1 canvas 2 *im Kino, für Dias:* screen
leise 1 (*still*) quiet ['kwaɪət]; **sei doch leise!** don't make such a noise!; **sprechen Sie doch bitte etwas leiser!** please keep your voice down a bit! 2 *Stimme:* soft; *Brise:* gentle ['dʒentl] ▶ WENDUNGEN: **ich habe nicht die leiseste Ahnung** I haven't got the slightest [*oder* faintest] idea
die **Leiste** 1 (*Holzleiste*) strip; (*Umrandung*) border 2 (*Körperteil*) groin
leisten 1 (*vollbringen*) to achieve [ə'tʃiːv]; **gute Arbeit leisten** to do a good job 2 **sich etwas**

leisten (*erlauben*) to allow oneself something; (*gönnen*) to treat oneself to something; **sich etwas leisten können** to be able to afford something; **das kann ich mir nicht leisten** I can't afford that ③ **jemandem Hilfe leisten** to help someone ④ **Ersatz leisten** to provide a replacement

die **Leistengegend** groin

die **Leistung** ① performance [pəˈfɔːmən(t)s]; (*geleistete Arbeit*) work; **nach Leistung bezahlt werden** be paid on results ⚠ *Plural;* **die Leistungen sind besser geworden** the levels of performance have improved; **schwache Leistung!** poor show! ② *von Versicherung, Krankenkasse:* benefit

der **Leistungsdruck** pressure [ˈpreʃəʳ] [to do well], stress of performance [pəˈfɔːmən(t)s]

das **Leistungsfach** special [ˈspeʃəl] subject

leistungsfähig ① (*tüchtig*) efficient [ɪˈfɪʃənt] ② (*produktiv*) productive [prəˈdʌktɪv]; (*konkurrenzfähig*) competitive [kəmˈpetətɪv] ③ *Motor:* powerful [ˈpaʊəfəl] ④ (*zahlungskräftig*) solvent [ˈsɒlvənt]

der **Leitartikel** leader (GB), editorial (USA)

das **Leitbild** model [ˈmɒdəl]

leiten ① (*führen*) to lead [liːd] ② (*lenken*) to guide [gaɪd] ③ (*verantwortlich sein*) to be in charge of; (*als Manager*) to direct [daɪˈrekt], to manage ④ *in der Technik:* to conduct [kənˈdʌkt]

> **G** Richtiges Konjugieren von **to lead**: lead, led, led
> *she was chosen to lead the political party;*
> *he led the government for ten years;*
> *the prime minister has successfully led the country out of recession*

leitend ① (*führend*) leading ② *Stellung:* managerial [mænəˈdʒɪəriəl] ③ *in der Technik:* conductive; **nicht leitend** non-conductive

der **Leiter**, die **Leiterin** ① leader ② (*Chef*) head [hed]; (*Geschäftsführer*) manager *maskulin und feminin,* manageress *feminin* ③ (*Schulleiter*) head teacher (GB), principal [ˈprɪn(t)səpəl] (USA)

der **Leiter** (*elektrisch*) conductor

die **Leiter** ladder ▶WENDUNGEN: **die Leiter zum Erfolg** the stairway to success [səkˈses]

der **Leitfaden** guide [gaɪd]; (*einführendes Handbuch*) introduction

der **Leitgedanke** central [ˈsentrəl] idea

das **Leitmotiv** central theme; *in der Musik:* leitmotiv

die **Leitplanke** crash barrier

die **Leitung** ① (*das Führen*) leading ② (*das Lenken, Steuern*) guiding [ˈgaɪdɪŋ] ③ (*Vorsitz*) leadership; (*Management*) management ④ (*Telefon-, Stromleitung*) cable, wire; (*Gas-, Wasserleitung im Haus*) pipe; (*Zuführungsleitung für Gas und Wasser*) main ⑤ (*Verbindung*) line ⑥ (*Dirigent*) **unter der Leitung von ...** conducted by ... ▶WENDUNGEN: **er hat eine ziemlich lange Leitung** he's rather slow on the uptake

das **Leitungsrohr** main; (*im Haus*) pipe

das **Leitungswasser** tap water

der **Leitzins** prime rate, base rate

die **Lektion** lesson; **das wird ihm eine Lektion sein** that'll teach him a lesson

der **Lektor**, die **Lektorin** (*in einem Verlag*) editor

die **Lektüre** (*Lesestoff*) reading matter

die **Lende** loin

der **Lendenwirbel** lumbar vertebra

lenken ① (*führen, leiten*) to direct [daɪˈrekt], to guide [gaɪd] ② to steer [stɪəʳ] *Fahrzeug* ③ to direct *Aufmerksamkeit, Schritte, Gespräch* (**auf** to)

der **Lenker** steering wheel; *von Fahrrad:* handlebars ⚠ *Plural*

das **Lenkrad** steering wheel

die **Lenkstange** handlebars ⚠ *Plural*

der **Lenz** (*Frühling*) springtime

der **Leopard** leopard [ˈlepəd]

die **Lerche** (*Singvogel*) lark

lernbehindert with learning difficulties

lernen ① to learn; **schwimmen lernen** to learn to swim; **von ihr kannst du nur lernen!** she could really teach you a thing or two!; **er lernt gut/schlecht** he learns quickly/slowly, he's a good/bad learner ② (*in Lehrberuf*) to train ③ (*zur Schule gehen*) to go to school [skuːl]; (*studieren*) to study; *für eine Prüfung:* to revise

> **G** Richtiges Konjugieren von **to learn**: learn, learnt/ learned, learnt/ learned
> *would you like to learn a foreign language?;*
> *I learnt to drive last year;*
> *he had learnt to write by the time he was three*

das **Lernerwörterbuch** learner's dictionary

der **Lernfahrausweis** (CH) provisional licence [ˈlaɪsən(t)s] (GB), learners' permit [ˈpɜːmɪt] (USA)

lesbar (*leserlich*) legible [ˈledʒəbəl]

die **Lesbe** (*umgangsspr*), die **Lesbierin** lesbian [ˈlezbiən]

lesbisch lesbian

das **Lesebuch** reader

die **Leselampe** reading lamp

lesen ① to read; **ein Gedicht laut lesen** to read a poem out loud ② **das Buch liest sich gut** the book is a good read; **bei dem Licht liest es sich nicht gut** this light is not very good for reading

> **G** Richtiges Konjugieren von **to read**: read [riːd], read [red], read [red]
> *I read the newspaper every morning;*
> *Paul read a story to his little brother;*
> *have you read her new novel?*

lesenswert worth reading

die **Leseprobe** ① *aus Buch:* extract [ˈekstrækt] ② *beim Theater:* reading

der **Leser**, die **Leserin** reader

L

die **Leseratte** bookworm
der **Leserbrief** letter to the editor
leserlich legible ['ledʒəbᵊl]
der **Lesesaal** reading room
der **Lesestoff** reading [matter]
das **Lesezeichen** bookmark
die **Lesung** reading
der **Lette**, die **Lettin** Latvian ['lætviən]
lettisch Latvian ['lætviən]
Lettland Latvia ['lætviə]
letzte(r, s) ① (*zeitlich, räumlich*) last; **er ging als Letzter** he was the last to go; (*abschließend, endgültig*) final; **der letzte Wille** the last will and testament ② (*äußerste*) extreme [ɪk'striːm] ③ (*neueste*) latest; **die letzten Meldungen** [*oder* **Nachrichten**] the latest news ④ **in letzter Zeit** recently ⑤ **bis aufs Letzte** to the last ⑥ **das wäre das Letzte, was ich tun würde** that would be the last thing I would do ▶ WENDUNGEN: **das ist das Letzte!** that's the limit!
letztendlich in the end
letztens recently ['riːsᵊntli]
letztere the latter
letztlich in the end
die **Leuchtboje** light-buoy ['laɪtbɔɪ]
die **Leuchte** ① light; (*Lampe*) lamp ② (*begabter Mensch*) genius ['dʒiːniəs], shining star
leuchten ① (*scheinen*) to shine; (*glühen*) to glow ② **jemandem mit einer Lampe leuchten** to shine a [*oder* the] lamp for someone (**in** into, **auf** onto)
leuchtend shining
der **Leuchter** (*Kerzenleuchter*) candlestick; (*Kronleuchter*) chandelier [ˌʃændə'lɪəʳ]
die **Leuchtrakete** signal rocket
die **Leuchtreklame** neon sign [saɪn]
die **Leuchtschrift** neon letters ⚠ *Plural*
der **Leuchtstift** highlighter ['haɪˌlaɪtəʳ]
der **Leuchtturm** lighthouse
leugnen deny [dɪ'naɪ]; **es ist nicht zu leugnen, dass ...** it cannot be denied that ...
die **Leukämie** leukaemia [luː'kiːmiə]
die **Leute** people ['piːpᵊl]

> **V** **people** = Leute, ist ein Plural: *most people like watching TV;* — **a people** = ein Volk, ist Singular. Der Plural heißt peoples: *the peoples of Europe.*

die **Leviten** ▶ WENDUNGEN: **jemandem die Leviten lesen** to read someone the riot ['raɪət] act
das **Lexikon** ① encyclop[a]edia [ɪnˌsaɪklə'piːdiə] ② (*Wörterbuch*) dictionary ['dɪkʃᵊnᵊri]
das **Lezithin** lecithin ['lesɪθɪn]
der **Libanese**, die **Libanesin** Lebanese [ˌlebə'niːz]
libanesisch Lebanese [ˌlebə'niːz]
der **Libanon** the Lebanon ['lebənən]
die **Libelle** ① dragonfly ② (*an Wasserwaage*) spirit level

liberal liberal ['lɪbᵊrᵊl]
liberalisieren to liberalize ['lɪbᵊrᵊlaɪz]
der **Liberalismus** liberalism
Liberia Liberia [laɪ'bɪəriə]
der **Libero** sweeper
Libyen Libya ['lɪbiə]
der **Libyer**, die **Libyerin** Libyan ['lɪbiən]
libysch Libyan
das **Licht** ① light; **etwas ans Licht bringen** to bring something out into the open; **Licht in eine Situation bringen** to clarify a situation ② **bei Licht betrachtet** (*am Tage*) in the daylight; (*übertragen*) in the cold light of day ③ **etwas ins rechte Licht rücken** (*richtigstellen*) to show something in its true colours; **etwas in rosigem Licht sehen** to look at something through rose-tinted spectacles ④ **grünes Licht für etwas geben** to give permission [pə'mɪʃᵊn] for something ⑤ (*Kerze*) candle ['kændḷ] ▶ WENDUNGEN: **jemanden hinters Licht führen** to pull the wool over someone's eyes; **ihm ging ihm ein Licht auf** it began to dawn on him; **sein Licht unter den Scheffel stellen** to hide one's light under a bushel
licht ① (*hell*) light ② *Haar:* thin; *Wald:* sparse [spɑːs] ▶ WENDUNGEN: **ein lichter Augenblick** a lucid moment
das **Lichtbild** slide
der **Lichtblick** bright [braɪt] spot
lichtdurchlässig translucent [trænz'luːsᵊnt]
lichtempfindlich sensitive to light; (*technisch*) photosensitive
lichten¹ ① (*ausdünnen*) to thin out ② **sich lichten** to thin out; *Nebel:* to clear; *Wolken, Dunkel:* to lift ③ (*schrumpfen*) to dwindle
lichten² **den Anker lichten** to weigh anchor [ˌwer'æŋkəʳ]
lichterloh **lichterloh brennen** to be ablaze
die **Lichtgeschwindigkeit** **mit Lichtgeschwindigkeit** at the speed of light
das **Lichtjahr** light year
die **Lichtquelle** source [sɔːs] of light
der **Lichtschalter** light switch
der **Lichtschutz** sun protection
der **Lichtschutzfaktor** protection factor
lichtundurchlässig opaque [ə(ʊ)'peɪk]
die **Lichtung** clearing, glade
die **Lichtverhältnisse** light[ing] conditions
das **Lid** eyelid
der **Lidschatten** eye-shadow
der **Lidstrich** eye-liner
lieb ① (*geschätzt*) dear; (*geliebt*) beloved [bɪ'ləʊvɪd] ② (*nett*) nice; (*liebenswürdig*) kind ③ (*artig, brav*) good ④ **ich würde lieber nach Hause gehen** I'd rather go home; **am liebsten würde ich ...** what I'd like most would be to ... ⑤ **ach, du liebe Zeit!** goodness me! ⑥ **lieb gewinnen** to grow fond of; **lieb**

haben to be fond of, to love

liebäugeln **mit etwas liebäugeln** to have one's eye on something; **mit dem Gedanken liebäugeln, etwas zu tun** to be toying with the idea of doing something

die **Liebe** love; **Liebe macht blind** love is blind; **Liebe auf den ersten Blick** love at first sight; **sie ist meine große Liebe** she's the love of my life

lieben to love; **etwas nicht lieben** to not like something; **das würde ich liebend gern tun** I'd love to do so

liebenswert lovable

liebenswürdig 1 (*liebenswert*) amiable ['eɪmiəbᵊl] 2 (*freundlich*) kind [kaɪnd]; **wären Sie wohl so liebenswürdig, ...?** would you be so kind as to ...?

die **Liebenswürdigkeit** kindness

lieber 1 **er mag Techno lieber als Hiphop** he prefers techno to hip hop; **nichts lieber als das** there's nothing I'd rather do 2 (*eher*) rather; **ich möchte lieber nach Hause gehen** I'd [*oder* I would] rather go home 3 (*besser*) better; **wir sollten lieber gehen** we'd better be going

der **Liebesbrief** love letter

die **Liebeserklärung** **jemandem eine Liebeserklärung machen** to declare one's love to someone

der **Liebeskummer** **Liebeskummer haben** to be lovesick

das **Liebeslied** love song

die **Liebesmüh** ▶ WENDUNGEN: **es ist vergebliche Liebesmüh** it's all futile ['fjuːtaɪl]

das **Liebespaar** lovers

liebevoll loving

der **Liebhaber**, die **Liebhaberin** 1 (*Geliebte*) lover 2 (*Enthusiast*) enthusiast [ɪn'θjuːziæst]; (*Kenner*) connoisseur [ˌkɒnə'sɜːʳ]

liebkosen to caress [kə'res]

lieblich 1 (*anmutig*) lovely 2 (*reizend*) charming 3 *Wein:* medium sweet

der **Liebling** 1 (*Günstling*) favourite ['feɪvᵊrɪt] 2 (*Geliebte*) darling

lieblos unloving, unfeeling, careless

die **Lieblosigkeit** 1 (*Charakterzug*) unkindness [ʌn'kaɪndnəs] 2 (*Äußerung, Tat*) unkind act

die **Liebschaft** [love] affair ['lʌv əˌfeəʳ]

der/die **Liebste** sweetheart

das **Lied** song ▶ WENDUNGEN: **es ist immer das alte Lied** it's always the same old story

das **Liederbuch** songbook

der **Liedermacher**, die **Liedermacherin** singer-songwriter [ˌsɪŋəʳ'sɒŋraɪtəʳ]

das **Lieferabkommen** delivery contract

der **Lieferant**, die **Lieferantin** supplier

lieferbar (*vorrätig*) available [ə'veɪləbᵊl]; **die Ware ist sofort lieferbar** the article can be supplied at once

die **Lieferbedingungen** terms of delivery

liefern 1 (*versorgen mit*) to supply [sə'plaɪ]; (*ausliefern*) to deliver [dɪ'lɪvəʳ] 2 (*zur Verfügung stellen*) to furnish ['fɜːnɪʃ], to provide; to produce [ɔrə'djuːs] *Beweis;* to yield [jiːld] *Ertrag, Ernte* 3 **ein spannendes Spiel liefern** to put on an exciting game ▶ WENDUNGEN: **wir sind geliefert!** we're done for!

der **Lieferschein** delivery [dɪ'lɪvᵊri] note

die **Lieferung** 1 (*Versorgung*) supply [sə'laɪ] 2 (*Auslieferung*) delivery [dɪ'lɪvᵊri]; **zahlbar bei Lieferung** payable on delivery; **Lieferung frei Haus** free delivery

der **Lieferwagen** van (GB), panel truck (USA); (*offener*) pick-up

die **Liege** couch [kaʊtʃ]

liegen 1 to lie; **sich wund liegen** to get bedsores; **im Bett liegen bleiben** to stay [*oder* remain] in bed 2 (*gelegen sein*) to be situated ['sɪtjueɪtɪd]; **wo liegt Leeds?** where is Leeds situated?; (*sein, sich befinden*) to be 3 (*passen*) to suit [suːt]; **er liegt mir nicht** he's not my type; **das liegt mir absolut nicht** that's absolutely not my line [*oder* thing] 4 **mir liegt viel daran** it means a lot to me; **daran liegt mir wenig/nichts** that doesn't matter much/at all to me 5 **an mir soll's nicht liegen** it's all right by [*oder* with] me; **es liegt bei Ihnen, ob ...** it rests with you whether ... 6 **es liegt mir fern, ihn zu verurteilen** it is not my job to judge him 7 **liegen bleiben** to remain lying; (*nicht verkauft werden*) to not sell; (*vergessen werden*) to be left behind 8 **meine Arbeit ist liegen geblieben** my work was left undone 9 **liegen lassen** (*vergessen*) to leave behind; to leave *Arbeit;* **jemanden links liegen lassen** (*umgangsspr*) to ignore [*oder* disregard] someone 10 **alles liegen und stehen lassen** to leave everything behind

> **G** Richtiges Konjugieren von **to lie**: lie, lay, lain
> *our cat likes to lie by the fire;*
> *he lay by the pool and read a book;*
> *John got sunstroke because he had lain in the sun all day*

der **Liegeplatz** berth [bɜːθ]

der **Liegestuhl** deckchair

der **Liegewagen** couchette coach [kuː'ʃet'kaʊtʃ] (GB), couchette car (USA)

der **Lift** lift (GB), elevator ['elɪveɪtəʳ] (USA)

die **Liga** league [liːg]

der **Likör** liqueur [lɪ'kjʊəʳ]

lila purple ['pɜːpᵊl], lilac ['laɪlək]

die **Lilie** lily ['lɪli]

der **Liliputaner**, die **Liliputanerin** (*kleiner Mensch*) dwarf [dwɔːf]

die **Limonade** 1 *aus Zitronen:* lemonade [ˌlemə'neɪd] 2 *aus Orangen:* orangeade [ˌɒrᵊndʒ'eɪd]

L

die **Limousine** saloon (GB), sedan [sɪ'dæn] (USA)
die **Linde** ① (*Baum*) lime [tree] ② (*Lindenholz*) lime wood
lindern ① (*erleichtern*) to ease, to alleviate [ə'li:vieɪt], to relieve [rɪ'li:v] ② (*mildern*) to soothe [su:θ]
die **Linderung** relief [rɪ'li:f]
das **Lineal** ruler
die **Linie** ① line ② (*Straßenbahnlinie*) number; (*Eisenbahn-, Buslinie*) line ③ **in erster Linie** first of all ④ **auf die schlanke Linie achten** to watch one's waistline ▶ WENDUNGEN: **eine klare Linie** a clear line
der **Linienbus** public service bus, regular bus
der **Linienflug** scheduled ['ʃedju:ld] flight
der **Linienrichter**, die **Linienrichterin** *beim Fußball:* referee's assistant; *beim Tennis:* line-judge ['laɪndʒʌdʒ]; *beim Rugby:* touch-judge ['tʌtʃdʒʌdʒ]
das **Linienschiff** liner
liniert ruled
link (*abwertend*) ▶ WENDUNGEN: **ein ganz linker Hund** a real shady character
die **Linke** ① (*Hand*) left hand; *beim Boxen:* left ② (*Seite*) left side ③ *in der Politik:* **die Linke** the left; (*Partei*) **Die Linke** *left-wing German political party*
linke(r, s) ① left ② *Politiker(in)*: left-wing; **der linke Flügel von Labour** Labour's left wing ③ **linke Seite** left-hand side; (*Tuchseite*) wrong [rɒŋ] side
linken **jemanden linken** to con someone, to take someone for a ride *umgangsspr*
linkisch awkward ['ɔ:kwəd]
links ① left; (*auf der Linken*) on the left; (*nach, zur Linken*) to the left; **sich links einordnen** move into the left-hand lane ② *in der Politik:* **links sein** be left-wing ▶ WENDUNGEN: **jemanden links liegen lassen** to ignore [ɪg'nɔ:] someone; **das mach ich mit links** that's kid's stuff for me
der **Linksaußen** ① *im Fußball:* outside left ② *in der Politik:* extreme left-winger [ɪk'stri:m'leftwɪŋəʳ]
der **Linkshänder**, die **Linkshänderin** left-hander, left-handed person
linkshändig left-handed
die **Linkskurve** left-hand bend
linksradikal extreme left-wing; **sie ist linksradikal** she is a left-wing radical
der **Linksverkehr** driving on the left
die **Linse** ① (*Hülsenfrucht*) lentil ['lentᵊl] ② (*aus Glas, Kontaktlinse*) lens; (*Objektiv*) objective [əb'dʒektɪv]
die **Lippe** lip ▶ WENDUNGEN: **eine [dicke] Lippe riskieren** to boast, to brag
der **Lippenstift** lipstick
die **Liquidität** solvency
lispeln to lisp

die **List** ① (*Verschlagenheit*) artfulness, cunning ② (*Trick*) ruse [ru:z], trick; **mit etwas List und Tücke** with a little deception

> **F** Nicht verwechseln mit **list** = die Liste!

die **Liste** ① (*Aufstellung*) list; **eine Liste aufstellen** to draw up a list; **etwas in eine Liste eintragen** to put something down on a list ② (*Register*) register
listig cunning
die **Litanei** litany ['lɪtᵊni] ▶ WENDUNGEN: **die alte Litanei** the same old story *umgangsspr*
Litauen Lithuania [ˌlɪθju'eɪniə]
der **Litauer**, die **Litauerin** Lithuanian [ˌlɪθju'eɪniən]
litauisch Lithuanian
der **Liter** litre ['li:təʳ] (GB), liter (USA)
literarisch literary
die **Literatur** literature ['lɪtrətʃəʳ]
die **Literaturangabe** bibliographical reference ['refᵊrᵊn(t)s]
der **Literaturpreis** literary prize
die **Literaturwissenschaft** literary studies ⚠ *Plural*
die **Litfaßsäule** advertising column [-ˌkɒləm]
live [laif] live [laɪv]
die **Livesendung** live broadcast ['laɪvˌbrɔ:dkɑ:st]
die **Lizenz** licence ['laɪsᵊn(t)s] (GB), license (USA)
das **Lob** praise
die **Lobby** lobby
der **Lobbyist**, die **Lobbyistin** lobbyist
loben ① to praise ② **das lob ich mir** that's what I like
lobenswert praiseworthy ['preɪzˌwɜ:ði]
das **Loblied** hymn [hɪm] of praise ▶ WENDUNGEN: **ein Loblied auf jemanden anstimmen** to sing someone's praises ⚠ *Plural*
das **Loch** ① hole; *im Reifen:* puncture; (*Lücke*) gap; *beim Billard:* pocket ② (*schlechte Wohnung*) dump *umgangsspr* ③ (*Gefängnis*) nick *slang* ④ **schwarzes Loch** black hole ▶ WENDUNGEN: **auf dem letzten Loch pfeifen** to be on one's last legs
lochen ① **etwas lochen** to punch a hole into something ② to clip *Fahrkarte*
der **Locher** punch
die **Locke** curl [kɜ:l], lock; **Locken haben** to have curly hair ⚠ *Singular*
locken[1] to lure, to entice [ɪn'taɪs]; **jemanden in einen Hinterhalt locken** to lure someone into a trap
locken[2] **sich locken** (*kräuseln*) to curl [kɜ:l]
der **Lockenstab** curling tongs [ˌkɜ:lɪŋ'tɒŋz] ⚠ *Plural*
der **Lockenwickler** curler [kɜ:ləʳ]
locker ① (*lose*) loose [lu:s]; *Seil:* slack ② (*gelöst, entspannt*) relaxed ③ (*lässig, cool*) cool [ku:l]
lockerlassen **nicht lockerlassen** to not let up
lockermachen to fork [*oder* shell] out *Geld*

lockern ① (*locker machen*) to loosen [ˈluːsᵊn], to slacken ② (*entspannen*) to relax ③ **sich lockern** (*im Sport*) to loosen up; (*entspannter werden*) to get more relaxed

lockig curly [ˈkɜːli]

der **Lockvogel** decoy [ˈdiːkɔɪ], lure

lodern to blaze

der **Löffel** ① spoon ② (*Löffelvoll*) spoonful ▶ WENDUNGEN: **er hat die Weisheit nicht gerade mit Löffeln gefressen** he's not exactly the brightest guy you'll ever meet, he's no Einstein

die **Loge** [ˈloːʒə] ① *im Theater:* box ② *eines Pförtners:* lodge [lɒdʒ]

die **Logik** logic [ˈlɒdʒɪk]

das **Logis** lodgings [ˈlɒdʒɪŋz] ⚠ *Plural*

logisch ① logical [ˈlɒdʒɪkᵊl] ② (*selbstverständlich*) naturally [ˈnætʃᵊrᵊli]; (*natürlich*) of course ③ **logisch denken** think logically

logo (*slang*) you bet *umgangsspr*

das **Logo** logo

der **Logopäde**, die **Logopädin** speech therapist

der **Lohn** ① pay, wage, wages ⚠ *Plural* ② (*Belohnung*) reward

die **Lohnabrechnung** pay slip

lohnen ① (*belohnen*) to reward ② (*wert sein*) to be worth [wɜːθ] ③ **sich lohnen** to be worth it, to be worthwhile [wɜːθwaɪl]; **das lohnt sich doch nicht für dich** it's not really worth your while

lohnend ① (*einträglich*) profitable [ˈprɒfɪtəbᵊl] ② (*nutzbringend*) worthwhile [wɜːθwaɪl]

die **Lohnerhöhung** wage increase [-ˌɪnkriːs]

der **Lohnscheck** pay cheque [ˈpeɪtʃek]

die **Lohnsteuer** income tax

die **Lohnsteuerkarte** [income] tax card

die **Lohnuntergrenze** minimum wage

die **Loipe** cross-country ski [skiː] run [*oder* course]

das **Lokal** ① (*Kneipe*) pub (GB), bar (USA) ② (*Restaurant*) restaurant [ˈrestᵊrɒnt]

lokalisieren to locate

die **Lokalnachrichten** local news

die **Lokomotive** engine [ˈendʒɪn], locomotive [ˌləʊkəˈməʊtɪv]

der **Lokomotivführer**, die **Lokomotivführerin** engine driver (GB), engineer [ˌendʒɪˈnɪr] (USA)

der **Lorbeer** (*Gewürz*) bay leaf ▶ WENDUNGEN: [**sich**] **auf seinen Lorbeeren ausruhen** to rest on one's laurels [ˈlɒrᵊlz]

das **Los** ① (*Schicksal*) lot; **sie hat ein schweres Los** her lot is hard ② (*Lotterielos*) lottery ticket ③ **etwas durch das Los entscheiden** to decide something by casting lots; **das große Los** [**ziehen**] to [hit] the jackpot

los ① (*locker*) loose [luːs] ② **jemanden/etwas los sein** to be [*oder* have got] rid of someone/something ③ **was ist los?** what's up [*oder* wrong [rɒŋ]]? ④ **hier ist nichts los** there's nothing going on here; **mit ihm ist aber auch gar nichts los!** he's a dead loss, he is! *umgangsspr* ⑤ **los!** (*vorwärts*) come on!; (*weiter, geh*) go on!; (*beweg dich*) get going! ⑥ **nun aber los!** off we go!

losbinden to untie [ʌnˈtaɪ] (**von** from)

losbrechen ① to break [breɪk] off ② to break out; **gleich bricht ein Gewitter los** a thunderstorm is about to break

das **Löschblatt** sheet of blotting paper

löschen[1] ① to extinguish [ɪkˈstɪŋgwɪʃ] *Feuer* ② to quench *Durst* ③ to erase [ɪˈreɪz] *Daten, Tonband;* to clear [klɪəʳ] *Speicher, Bildschirm;* to cancel [ˈkæn(t)sᵊl] *Information* ④ to pay off *Schuld* ⑤ *Feuerwehr:* to put out a [*oder* the] fire

löschen[2] (*entladen*) to unload

das **Löschpapier** blotting paper

die **Löschtaste** delete key

lose loose [luːs]; (*locker*) slack; **etwas lose verkaufen** to sell something loose

das **Lösegeld** ransom [ˈrænsᵊm]

losen to draw [*oder* cast] lots (**um** for)

lösen ① (*entfernen, losmachen*) to remove (**von** from) ② (*lockern*) to loosen [luːsᵊn] ③ to solve [sɒlv] *Problem* ④ to buy [baɪ] *Fahrkarte* ⑤ to cancel [ˈkæn(t)sᵊl] *Vertrag* ⑥ **sich lösen** to come loose (**von** from); **sich von jemandem lösen** to break away from someone; **der Umschlag hat sich gelöst** the cover has come off ⑦ **sich lösen** *Schuss:* go off

losfahren to drive off

losgehen ① (*sich lösen, abgehen*) to come off ② (*aufbrechen*) to set off ③ *Gewehr, Bombe:* to go off ④ (*anfangen*) to start; **gleich geht's los!** it's just about to start! ⑤ **auf jemanden losgehen** to go for someone

loskommen to get away (**von** from)

loslassen ① (*nicht mehr festhalten*) to let go of; **lass mich los! loslassen!** let me go! let go! ② **die Hunde auf jemanden loslassen** to set the dogs on someone ③ **jemanden auf jemanden loslassen** (*übertragen*) to let someone loose on someone

löslich soluble [ˈsɒljəbᵊl]; *Kaffee:* instant

losmachen ① (*lösen*) to unfasten [ʌnˈfɑːsᵊn] ② (*ablegen*) to cast off ③ (*sich beeilen*) to get a move on ④ **sich losmachen** to get away; *Hund:* to get loose (**von** from)

losreißen ① to tear [teəʳ] off ② **sich losreißen** *Hund:* to break [breɪk] free ③ (*sich trennen können*) to tear oneself away (**von** from)

die **Lösung** solution [səˈluːʃᵊn]

das **Lösungsmittel** solvent

loswerden ① (*sich befreien von*) to get rid of ② (*verlieren*) to lose [luːz] *Geld*

losziehen (*aufbrechen*) to set out (**nach** for)

das **Lot** ① (*Senkblei*) plumb [plʌm] line ② *in der Mathematik:* perpendicular [ˌpɜːpᵊnˈdɪkjʊləʳ]; **ein Lot fällen** to drop a perpendicular

L

löten to solder
Lothringen Lorraine [lə'reɪn]
der **Lothringer**, die **Lothringerin** *person from the Lorraine region of France*
die **Lotion** lotion ['ləʊʃᵊn]
der **Lötkolben** soldering iron [-ˌaɪən]
der **Lotos** lotus ['ləʊtəs]
der **Lotse** 1 (*Fluglotse*) flight controller; (*Schiffslotse*) pilot ['paɪlət] 2 (*Führer*) guide [gaɪd]
lotsen to pilot ['paɪlət]
die **Lotterie** lottery
das **Lotterielos** lottery ticket
das **Lotto** lottery; **Lotto spielen** to play the lottery; **im Lotto gewinnen** to win the lottery
der **Löwe** 1 lion [laɪən] 2 (*Sternzeichen*) Leo ['liːəʊ]
der **Löwenanteil** lion's share
der **Löwenzahn** dandelion ['dændɪlaɪən]
die **Löwin** lioness ['laɪənes]
loyal loyal [lɔɪəl]; **jemandem gegenüber loyal sein** to be loyal to someone
die **Loyalität** loyalty ['lɔɪəlti]
die **LP** [ɛl'peː, ɛl'piː] *Abkürzung von* **Langspielplatte** LP [ˌel'piː]
der **Luchs** lynx [lɪŋks]
die **Lücke** 1 gap 2 *in Gesetz:* loophole
lückenhaft (*unvollständig*) defective [dɪ'fektɪv], incomplete; (*fragmentarisch*) fragmentary ['frægməntᵊri]
lückenlos 1 (*vollständig*) complete 2 (*ununterbrochen*) unbroken
die **Luft** 1 air [eəʳ] 2 (*Atem*) breath [breθ]; **tief Luft holen** to take a deep breath 3 **dicke Luft!** a pretty bad atmosphere! 4 **die Luft ist rein!** the coast is clear! *umgangsspr* 5 **für mich ist er Luft** he doesn't exist as far as I am concerned 6 **sich Luft machen** to give vent to one's feelings 7 **jetzt halt aber mal die Luft an!** now, come off it! *umgangsspr* 8 **da ist die Luft raus** that's off the agenda [ə'dʒendə] *übertragen* 9 **in die Luft gehen** to hit the roof, to explode *übertragen* 10 **etwas in die Luft jagen** to blow [bləʊ] something up 11 **sich in Luft auflösen** to disappear [ˌdɪsə'pɪəʳ] into thin air 12 **etwas liegt in der Luft** something is in the air ▸ WENDUNGEN: **jemanden an die Luft setzen** to give someone the push *umgangsspr;* **das ist völlig aus der Luft gegriffen** that's pure invention
der **Luftangriff** air raid ['eəˌreɪd] (**auf** on)
der **Luftballon** balloon [bə'luːn]
die **Luftblase** air bubble ['bʌbl̩]
luftdicht airtight ['eəʳtaɪt]
der **Luftdruck** air pressure [-ˌpreʃəʳ]
lüften 1 to air *Betten* 2 to let some air in *Raum*
die **Luftfahrt** aviation [ˌeɪvi'eɪʃᵊn]
die **Luftfeuchtigkeit** atmospheric humidity [ˌætməs'ferɪkˌhjuː'mɪdəti]
die **Luftfracht** air freight [freɪt]
das **Luftgewehr** airgun
die **Luftgitarre** (*humorvoll*) air guitar [-gɪˌtɑːʳ]
luftig 1 (*windig*) breezy 2 *Kleid:* light [laɪt]
das **Luftkissenboot** hovercraft ['hɒvəkrɑːft]
luftleer vacuous ['vækjuəs]; **ein luftleerer Raum** a vacuum ['vækjuːm]
die **Luftlinie** (*direkte Verbindung*) **Luftlinie 100 km** 100 km as the crow flies
das **Luftloch** 1 (*zum Luftholen*) air hole 2 *beim Flug:* air pocket
die **Luftmatratze** air-bed, Li-Lo® ['laɪləʊ]
die **Luftpost** **mit Luftpost** by airmail
die **Luftpumpe** air pump, [bicycle ['baɪsɪkl̩]] pump
der **Luftraum** airspace
die **Luftröhre** windpipe
das **Luftschiff** airship
die **Luftschlange** paper streamer
das **Luftschloss** (*Hirngespinst*) castle ['kɑːsl̩] in the air
der **Luftsprung** jump in the air; **er machte vor Freude einen Luftsprung** he jumped for joy
die **Lüftung** airing [eərɪŋ]; (*Ventilation*) ventilation [ˌventɪ'leɪʃᵊn]
der **Luftverkehr** air traffic
die **Luftverschmutzung** air pollution [pə'luːʃᵊn]
die **Luftwaffe** air force
der **Luftzug** draught [drɑːft] (GB), draft (USA)
die **Lüge** lie; **das ist eine glatte Lüge** that's an outright lie; **nur Lügen erzählen** to lie through one's teeth *umgangsspr* ▸ WENDUNGEN: **Lügen haben kurze Beine** truth will out
lügen to lie; **lügen wie gedruckt** to lie like mad *umgangsspr,* to lie through one's teeth *umgangsspr;* **ich müsste lügen, wenn ...** I would be lying if ...

> **G** Richtiges Konjugieren von **to lie**: lie, lied, lied
> *it's silly to lie about your age;*
> *he lied about his qualifications;*
> *has she lied about things like that before?*

der **Lügendetektor** lie detector
der **Lügner**, die **Lügnerin** liar ['laɪəʳ]
die **Luke** hatch; (*Dachluke*) skylight
lukrativ lucrative
der **Lulatsch** **langer Lulatsch** beanpole *umgangsspr*
der **Lümmel** **so ein Lümmel!** what an oaf! [*oder* a lout]; **du Lümmel!** cheeky!
lümmeln **sich lümmeln** to lounge [laʊndʒ] [about]
der **Lump** rogue [rəʊg]
der **Lumpen** rag
lumpen ▸ WENDUNGEN: **sich nicht lumpen lassen** to splash out *umgangsspr*
die **Lunge** lungs ⚠ *Plural;* (*einzelner Lungenflügel*) lung
der **Lungenbraten** Ⓐ loin roast ['lɔɪnˌrəʊst]
die **Lungenentzündung** pneumonia [njuː'məʊniːə]
der **Lungenkrebs** lung cancer [-ˌkæn(t)səʳ]

die **Lupe** magnifying ['mægnɪfaɪɪŋ] glass ▶ WENDUNGEN: **jemanden/etwas unter die Lupe nehmen** to scrutinize ['skru:tɪnaɪz] someone/something closely

die **Lust** 1 (*Freude*) joy, pleasure ['pleʒəʳ] 2 (*sinnliche Begierde*) desire; (*Sinneslust*) lust [lʌst] 3 **wenig Lust haben zu etwas** to not be keen on something; **die Lust [an etwas] verlieren** to lose interest [in something]; **ich habe keine Lust dazu** I don't feel like it; **hast du Lust, ins Kino zu gehen?** do you feel like going to the cinema?; **mir ist die Lust vergangen** I no longer feel like it; **bleib, so lange du Lust hast** stay as long as you like

der **Luster** Ⓐ (*Kronleuchter*) chandelier [ʃændə'lɪəʳ]

lustig 1 funny; **es wurde später noch ganz lustig** later on things got quite merry 2 **sich über jemanden lustig machen** to make fun of someone

lustlos 1 (*ohne Begeisterung*) unenthusiastic [ˌʌnɪnˌθju:zi'ætɪk] 2 *Markt, Börse:* dull, slack

lutschen to suck; **an etwas lutschen** to suck something

der **Lutscher** lollipop

die **Lutschtablette** lozenge ['lɒzɪndʒ]

Luxemburg Luxembourg ['lʌksᵊmbɜ:g]

der **Luxemburger**, die **Luxemburgerin** Luxembourger ['lʌksᵊmbɜ:gəʳ]

luxemburgisch Luxembourgian [ˌlʌksᵊm'bɜ:giən]

luxuriös luxurious [lʌg'ʒʊəriəs]

der **Luxus** luxury ['lʌkʃᵊri]; (*abwertend*) extravagance [ɪk'strævəgən(t)s]

die **Luxusausführung** de luxe model [də'lʌksˌmɒdᵊl]

die **Lymphe** lymph [lɪmf]

der **Lymphknoten** lymph [lɪmf] node

lynchen to lynch [lɪn(t)ʃ]

die **Lyrik** lyric poetry [ˌlɪrɪk'pəʊɪtri]

Mm

M, m M, m [em]

m *kurz für* **Meter** m

machbar possible, feasible ['fi:zəbl̩]

machen 1 (*tun*) to do; **wie macht man das?** how do you do it?; **ich mache das schon** I'll see to that; **gut, mach ich!** OK, I'll do that!; **was macht sie?** what is she doing?; (*beruflich*) what does she do for a living?; **was macht dein Bruder?** how is your brother? 2 (*verursachen*) to make 3 (*ausmachen*) to matter; **das macht nichts!** that doesn't matter!; **das bisschen Regen macht mir nichts** I don't mind a bit of rain 4 **mach's gut!** see you!, take care!; **mach mal!** get a move on! 5 **für etwas wie gemacht sein** to be made for something 6 **jemanden zum Klassensprecher machen** to make someone class representative 7 **das Auto macht's nicht mehr lange** that car is not going to last for much longer 8 **der Junge macht sich** the boy is getting on alright 9 **die Pflanze macht sich gut in der Ecke** the plant looks good in that corner 10 **eine Erfahrung machen** to have an experience; **sich an die Arbeit machen** to get down to work; **wir müssen uns auf den Weg machen** we must be going [*oder* setting off] [*oder* heading off]

G Richtiges Konjugieren von **to do**: do, did, done
I still need to do the washing;
look what Megan did!;
he was punished even though he had done nothing wrong

der **Macho** ['matʃo] macho ['mætʃəʊ] *umgangsspr*

die **Macht** power [paʊəʳ]; **an die Macht kommen** to come [in]to power; **Macht ausüben** to exercise ['eksəsaɪz] power; **Macht über jemanden haben** to have a hold on someone

der **Machthaber**, die **Machthaberin** ruler

mächtig 1 powerful 2 *Essen:* heavy; *Hunger:* terrific 3 **sich mächtig anstrengen** to make a tremendous effort

der **Machtkampf** struggle for power

machtlos powerless

die **Macke** 1 *eines Menschen:* quirk [kwɜ:k] 2 (*Fehler*) fault [fɔ:lt], defect ['di:fekt]

das **Mädchen** girl ▶ WENDUNGEN: **Mädchen für alles sein** to be the general dogsbody

mädchenhaft girlish

der **Mädchenname** 1 girl's name 2 *einer verheirateten Frau:* maiden name

die **Made** maggot ['mægət]

madig worm-eaten ['wɜ:mi:tᵊn]

madigmachen jemandem etwas madigmachen to put someone off something

das **Magazin** 1 (*Zeitschrift*) magazine [ˌmægə'zi:n] 2 (*Lager*) storeroom

der **Magaziner**, die **Magazinerin** Ⓒⓗ (*Lagerist*) storekeeper

die **Magd** maid[servant]; *auf dem Bauernhof:* farm girl

der **Magen** stomach ['stʌmək]

die **Magenbeschwerden** stomach ['stʌmək] trouble ⚠ *Singular*

der **Magenbitter** bitters ⚠ *Plural*
das **Magengeschwür** gastric ulcer [-ˌʌlsəʳ]
die **Magenschmerzen** stomach ache ['stʌməkˌeɪk] ⚠ *Singular;* **ich habe Magenschmerzen** I've got stomach ache
die **Magenverstimmung** stomach upset [-ˌʌpset]
mager ① (*dünn*) lean [liːn], thin ② (*dürftig*) meagre ['miːgəʳ], poor [pɔːʳ]
die **Magermilch** skimmed milk
der **Magerquark** low-fat curd cheese [ˌkɜːd'tʃiːz]
die **Magersucht** anorexia [ˌænəʳ'eksiə]
die **Magie** magic
der **Magier**, die **Magierin** magician [mə'dʒɪʃən]
magisch magic[al]
der **Magister**, die **Magistra** Master's degree, Master's *umgangsspr*
der **Magistrat**[1] municipal council [mjuːˌnɪsɪpəl-'kaʊn(t)səl]
der **Magistrat**[2] Ⓒⓗ federal councillor ['kaʊn(t)sələʳ]
das **Magnesium** magnesium [mæg'niːziəm]
der **Magnet** magnet ['mægnət]
das **Magnetfeld** magnetic field
magnetisch magnetic [mæg'netɪk]
das **Mahagoni** mahogany [mə'hɒgəni]
der **Mähdrescher** combine [harvester] [ˌkɒm-baɪn'hɑːvɪstəʳ]
mähen to mow [məʊ] *Rasen;* to cut *Gras*

M

> **G** Richtiges Konjugieren von **to mow**: mow, mowed, mown
> *we need to mow the lawn;*
> *she mowed the lawn and trimmed the hedge;*
> *has he mown the lawn yet?*

das **Mahl** meal
mahlen to grind; **fein gemahlen** fine[ly] ground [graʊnd]

> **G** Richtiges Konjugieren von **to grind**: grind, ground, ground
> *you grind pepper in a pepper mill;*
> *the chef ground the spices and added them to the curry;*
> *the machine has ground the wheat into flour*

die **Mahlzeit** ① meal ② **Mahlzeit!** enjoy [your meal]!
die **Mähne** mane
mahnen ① (*ermahnen*) to admonish [əd'mɒnɪʃ] ② (*an fällige Zahlung erinnern*) **jemanden mahnen** to demand payment from someone; (*schriftlich*) to send a reminder to someone
die **Mahnung** ① reminder ② (*Ermahnung*) admonition [ˌædmə'nɪʃən]
der **Mai** ① May; **am 15. Mai** on 15th May, on May 15 Ⓤⓢⓐ; (*gesprochen*) on the 15th of May, May the 15th Ⓤⓢⓐ; **Anfang Mai** at the beginning of May; **Ende May** at the end of May ② **der Erste Mai** May Day
das **Maiglöckchen** lily of the valley
der **Maikäfer** cockchafer ['kɒkˌtʃeɪfəʳ]
Mailand Milan [mɪ'læn]
die **Mailbox** ['meɪlbɔks] mailbox
mailen ['meːlən] to e-mail, email
der **Mais** ① (*Anbaupflanze*) maize [meɪz] Ⓖⓑ, corn Ⓤⓢⓐ ② (*Maisfrucht*) sweet corn
der **Maiskolben** corn cob
die **Majestät** majesty ['mædʒəsti]
majestätisch majestic [mə'dʒestɪk]
der **Major**, die **Majorin** major ['meɪdʒəʳ]
der **Majoran** marjoram ['mɑːdʒərəm]
der **Majorz** Ⓒⓗ majority [mə'dʒɒrəti] vote
makaber macabre [mə'kɑːbr(ə)]
Makedonien →**Mazedonien**
der **Makel** flaw [flɔː]
makellos ① spotless ② (*ohne Fehler*) faultless ['fɔːltləs]; *Benehmen:* immaculate [ɪ'mækjələt]
das **Make-up** [meːk'ʔap] make-up ['meɪkʌp]; **Make-up auflegen** to put on one's make-up
der **Makler**, die **Maklerin** ① (*für Immobilien*) estate agent [-ˌeɪdʒənt] Ⓖⓑ, realtor ['riːəltəʳ] Ⓤⓢⓐ ② *an der Börse:* broker ['brəʊkəʳ]
die **Makrele** mackerel ['mækrəl]
mal ① **komm mal her!** come here a minute!; **ich bin nun mal so** that's just the way I am ② **eine Zahl mal zwei nehmen** to multiply ['mʌltɪplaɪ] a number by two; **das Bild ist 50 mal 20 Zentimeter groß** the picture is 50 centimetres by 20
das **Mal**[1] ① **ein einziges Mal** once [wʌn(t)s]; **das letzte Mal** [the] last time; **beim ersten Mal** the first time; **nächstes Mal** next time ② **das habe ich dir schon x-mal gesagt** I've already told you that countless times before; **ein für alle Mal** once and for all; **er wird von Mal zu Mal schlechter** he's getting worse every time
das **Mal**[2] ① (*Zeichen*) mark ② (*Mahnmal*) memorial [mə'mɔːriəl]
die **Malaria** malaria [mə'leəriə]
Malaysia Malaysia [mə'leɪziə]
das **Malbuch** colouring book
malen to paint; (*zeichnen*) to draw [drɔː]
der **Maler**, die **Malerin** painter
die **Malerei** painting
malerisch picturesque [ˌpɪktʃəʳ'esk]
Malta Malta ['mɔːltə]
der **Malteser**, die **Malteserin** Maltese [ˌmɔːl'tiːz]
maltesisch Maltese [ˌmɔːl'tiːz]
das **Malz** malt [mɔːlt]
die **Mama** mum[my] Ⓖⓑ, mom [mɑːm] Ⓤⓢⓐ
man one; **wie sagt man das auf Englisch?** how do you say that in English?; **man hat mir gesagt** I was told; **man kann nie wissen** you never can tell
das **Management** ['mɛnɪtʃmənt] management
der **Manager**, die **Managerin** ['mɛnɪdʒɐ] manager ['mænɪdʒəʳ]
manche(r, s) some, several; **manch einer** many

a person; **so manches** (*vieles*) a good many things

mancherlei various ['veəriəs]

manchmal sometimes

der **Mandant**, die **Mandantin** client

die **Mandarine** mandarin, tangerine [ˌtændʒᵊr'iːn]

das **Mandat** ① (*Auftrag*) mandate; (*von Anwalt auch*) brief ② (*Abgeordnetensitz*) seat

die **Mandel** ① almond ['ɑːmənd] ② (*Drüse*) tonsil ['tɒnsᵊl]

die **Mandelentzündung** tonsillitis [ˌtɒn(t)sᵊ'laɪtɪs]

die **Manege** arena [ə'riːnə], ring

die **Mangel** mangle; (*Heißmangel*) rotary iron [-ˌaɪən] ▶ WENDUNGEN: **jemanden in die Mangel nehmen** to give someone a grilling *umgangsspr*

der **Mangel** ① (*Fehlen*) lack; (*Knappheit*) shortage ['ʃɔːtɪdʒ] (**an** of) ② (*Fehler*) fault [fɔːlt]; (*technisch*) defect ['diːfekt]

mangelhaft ① (*Schulnote*) unsatisfactory [ʌnˌsætɪs'fæktᵊri]; (*unzureichend*) insufficient [ˌɪnsə'fɪʃᵊnt] ② (*fehlerhaft*) defective [dɪ'fektɪv], faulty ['fɔːlti]

mangeln¹ to press *Wäsche*

mangeln² (*fehlen*) to want; **es mangelt an etwas** there is a lack of something; **es mangelt ihr an nichts** she lacks for nothing

mangels for lack of

manierlich *Kind:* well-mannered; *Aussehen:* respectable [rɪ'spektəbᵊl]

das **Manifest** manifesto

die **Maniküre** manicure ['mænɪkjʊəʳ]

die **Manipulation** manipulation

manipulieren to manipulate [mə'nɪpjəleɪt]

der **Mann** man; (*Ehemann*) husband ['hʌzbənd]

das **Mannequin** ['manəkɛ̃] model ['mɒdᵊl]

männlich ① male; **ein männliches Meerschweinchen** a male guinea ['gɪni] pig ② (*in der Grammatik*) masculine ['mæskjəlɪn] ③ (*mannhaft*) manly ['mænli]

das **Mannsbild** Ⓐ male

die **Mannschaft** team

der **Mannschaftsführer**, die **Mannschaftsführerin** captain ['kæptɪn]

das **Manöver** manoeuvre [mə'nuːvəʳ] ⒼⒷ, maneuver ⓊⓈⒶ

die **Mansardenwohnung** attic flat

der **Manschettenknopf** cufflink ['kʌflɪŋk]

der **Mantel** ① coat [kəʊt] ② *eines Rohrs:* jacket ③ *eines Reifens:* casing ['keɪsɪŋ]

manuell manual

das **Manuskript** manuscript ['mænjəskrɪpt]

das **Mäppchen** (*für Stifte*) pencil ['pen(t)sᵊl] case

die **Mappe** ① (*Aktentasche*) briefcase ['briːfkeɪs] ② (*Hefter*) folder

der **Marathon** marathon ['mærəθᵊn]

der **Marathonlauf** marathon

das **Märchen** ① fairytale ② (*Lüge*) tall story

Mappe

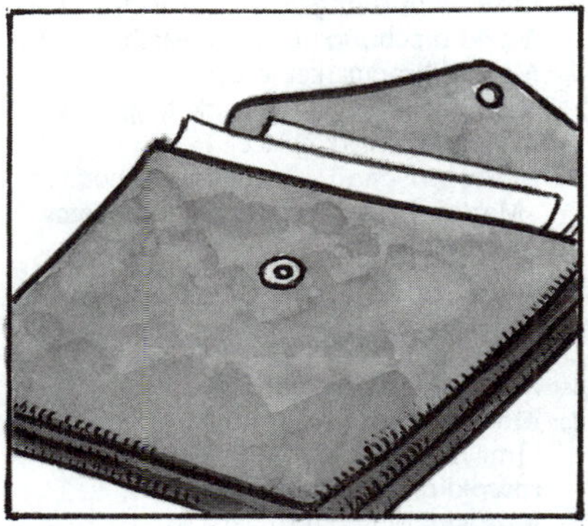

F Nicht verwechseln mit **map** = die Landkarte!

der **Märchenprinz** **der Märchenprinz** Prince Charming

der **Marder** marten ['mɑːtɪn]

die **Margarine** margarine [ˌmɑːdʒə'riːn]

der **Marienkäfer** ladybird ⒼⒷ, ladybug ⓊⓈⒶ

das **Marihuana** marijuana [ˌmærɪ'wɑːnə]

die **Marille** Ⓐ apricot ['eɪprɪkɒt]

die **Marine** navy

die **Marionette** ① (*Holzpuppe*) puppet ['pʌpɪt], marionette [ˌmæriə'net] ② (*willenloser Mensch*) puppet

das **Mark** marrow ['mærəʊ] ▶ WENDUNGEN: **das geht mir durch Mark und Bein** that goes right through me

die **Mark** ① (*Währung*) [Deutsch]mark ② **mit jeder Mark rechnen müssen** to have to count every penny

markant striking

die **Marke** ① (*Automarke*) make ② (*Warensorte*) brand [brænd] ③ (*Briefmarke*) stamp; (*Rabattmarke*) trading stamp ④ (*Essensmarke*) [luncheon] voucher ['lʌnʃənˌvaʊtʃəʳ]

der **Markenartikel** branded article

die **Markeneinführung** brand launch [lɔːn(t)ʃ]

der **Markenname** brand name

das **Markenzeichen** trademark

das **Marketing** marketing

die **Marketingaktion** advertising campaign [-kæmˌpeɪn]

markieren ① to mark ② (*simulieren*) to play

der **Markierstift** highlighter ['haɪlaɪtəʳ]

die **Markierung** mark

die **Markise** awning

das **Markstück** one-mark piece

der **Markt** ① (*in der Wirtschaft*) market; **auf den Markt bringen** to put on the market; **auf dem Markt sein** (*erhältlich sein*) to be on the market ② (*Marktplatz*) marketplace; **auf dem**

M

Markt at the market
die **Markteinführung** [market] launch [lɔːn(t)ʃ]
die **Marktforschung** market research [rɪˈsɜːtʃ]
der **Marktführer** market leader
die **Marktlücke** gap in the market, opening
der **Marktplatz** marketplace
die **Marktwirtschaft** market economy; **freie Marktwirtschaft** free-market economy
die **Marmelade** jam

> **F** Nicht verwechseln mit **marmalade** = die Orangenmarmelade!

der **Marmor** marble [ˈmɑːbᵊl]
der **Marokkaner**, die **Marokkanerin** Moroccan [məˈrɒkən]
marokkanisch Moroccan
Marokko Morocco [məˈrɒkəʊ]
die **Marone** [sweet] chestnut [ˈtʃesnʌt]
die **Marotte** quirk
der **Mars** Mars
der **Marsch** march ▸ WENDUNGEN: **jemandem den Marsch blasen** to give someone a piece of one's mind
die **Marsch** (*Landschaft*) fen, marsh
der **Marschall** marshal [ˈmɑːʃᵊl]
marschieren to march
die **Marschmusik** military marches ⚠ *Plural*
die **Marter** torture [ˈtɔːtʃəʳ]
martern to torment [tɔːˈment], to torture [ˈtɔːtʃəʳ]
der **Marterpfahl** stake
der **Märtyrer**, die **Märtyrerin** martyr [ˈmɑːtəʳ]
der **Marxismus** Marxism ⚠ *ohne Artikel*
marxistisch Marxist
der **März** March; **am 15. März** on 15th March, on March 15 (USA); (*gesprochen*) on the 15th of March, March the 15th (USA); **Anfang März** at the beginning of March; **Ende März** at the end of March
das **Marzipan** marzipan [ˈmɑːzɪpæn]
die **Masche** ① (*Strickmasche*) stitch ② (*Netzschlinge*) hole, mesh ▸ WENDUNGEN: **immer die alte Masche!** the same old trick!
der **Maschendraht** wire netting
die **Maschine** ① (*Gerät*) machine [məˈʃiːn] ② (*Auto*) engine [ˈendʒɪn] ③ (*Flugzeug*) plane ④ **etwas mit der Maschine schreiben** to type something
maschinell mechanical [mɪˈkænɪkᵊl]
der **Maschinenbau** mechanical [mɪˈkænɪkᵊl] engineering
der **Maschinenbauingenieur**, die **Maschinenbauingenieurin** mechanical engineer
das **Maschinengewehr** machine [məˈʃiːn] gun
der **Maschinenschlosser**, die **Maschinenschlosserin** fitter
die **Masern** measles [ˈmiːzlz] ⚠ *mit Singular*
die **Maserung** grain

die **Maske** ① mask [mɑːsk]; **sie ließ ihre Maske fallen** (*übertragen*) she let her mask slip ② (*im Theater*) make-up [ˈmeɪkʌp]
der **Maskenbildner**, die **Maskenbildnerin** make-up artist
maskieren ① to disguise [dɪsˈgaɪz] ② **sich maskieren** to disguise oneself
das **Maskulinum** masculine [ˈmæskjəlɪn]
das **Maß** ① (*Maßeinheit*) measure [ˈmeʒəʳ] (**für** of) ② (*Maßband*) tape measure ③ (*gemessene Größe*) measurement [ˈmeʒəmənt] ④ (*Ausmaß*) degree [dɪˈgriː], extent [ɪkˈstent]; **ein gewisses Maß an ...** a certain degree of ... ⑤ **in höchstem Maße** extremely [ɪkˈstriːmli] ⑥ **in Maßen** in moderation [ˌmɒdᵊrˈeɪʃᵊn]; **Maß halten** to be moderate [ˈmɒdᵊrət] ▸ WENDUNGEN: **das macht das Maß voll** that does it; **das Maß ist voll!** this takes the biscuit [ˈbɪskɪt]! *umgangsspr,* enough is enough!
die **Maß** (*Liter Bier*) litre [ˈliːtəʳ] [*oder* (USA) liter] of beer [liːtəʳ]
die **Massage** [maˈsaːʒə] massage [ˈmæsɑː(d)ʒ]
das **Massaker** massacre [ˈmæsəkəʳ]
die **Masse** ① (*ungeformter Stoff*) mass [mæs] ② (*Menge*) lots [*oder* heaps] of *umgangsspr;* **eine ganze Masse von ...** a great deal of ... ③ (*beim Kochen*) mixture [ˈmɪkstʃəʳ] ④ (*Menschenmenge*) crowd [kraʊd] ⑤ (*in der Physik*) mass
die **Massenarbeitslosigkeit** mass unemployment
massenhaft ① on a massive scale ② (*sehr viel*) masses of
die **Massenmedien** mass media [ˌmæsˈmiːdiə] ⚠ *Plural*
die **Massentierhaltung** intensive livestock farming
der **Massentourismus** mass tourism [ˈtʊərɪzᵊm]
die **Massenvernichtungswaffen** weapons of mass destruction *Plural*
der **Masseur**, die **Masseurin** [maˈsøːɐ̯] masseur [mæsˈɜːʳ], masseuse [mæsˈɜːz] *feminin*
die **Masseuse** [maˈsøːzə] masseuse [mæsˈɜːz]
maßgebend, **maßgeblich** authoritative [ɔːˈθɒrɪtətɪv]; **eine maßgebende Persönlichkeit** a person in authority [ɔːˈθɒrəti]; **deine Meinung ist für mich nicht maßgebend** your opinion carries no weight with me
massieren to massage [ˈmæsɑː(d)ʒ]
massig ① *Möbel:* massive [ˈmæsɪv] ② **massig viel** stacks of
mäßig ① (*gemäßigt*) moderate [ˈmɒdᵊrət], temperate [ˈtempᵊrət] ② (*mittelmäßig*) indifferent ③ (*gering*) moderate
massiv ① (*fest, pur*) solid [ˈsɒlɪd] ② *Beleidigung:* gross [grəʊs]; *Kritik:* heavy [hevi]
maßlos ① (*unmäßig*) immoderate [ɪˈmɒdᵊrət] ② (*gewaltig*) extreme [ɪkˈstriːm] ③ *Eifer:* boundless [ˈbaʊndləs]
die **Maßnahme** measure [ˈmeʒəʳ]; **Maßnahmen**

ergreifen, um etwas zu tun to take measures to do something

der **Maßstab** ① (*Richtlinie*) standard ['stændəd]; **Maßstäbe setzen** to set standards ② (*Zollstock*) rule ③ (*maßstäbliches Verhältnis*) scale

maßvoll moderate ['mɒdᵊrət]

der **Mast** ① (*Strommast*) pylon ['paɪlɒn] ② (*Schiffs-, Antennenmast*) mast [mɑːst]

die **Mast** (*das Mästen*) **die Mast** fattening

mästen to fatten

masturbieren to masturbate ['mæstəbeɪt]

das **Match** [mɛtʃ] match [mætʃ]

der **Matchball** (*beim Tennis*) match point

das **Material** ① (*Substanz*) material [mə'tɪəriəl] ② (*Gerätschaften*) materials ⚠ *Plural*

der **Materialismus** materialism [mə'tɪəriəlɪzᵊm]

materialistisch materialist, materialistic *abwertend*

die **Materie** ① matter ② (*Thema*) subject matter; **die Materie beherrschen** to know one's stuff

die **Mathematik** mathematics [mæθᵊm'ætɪks] ⚠ *mit Singular*; maths [mæθ] ⚠ *mit Singular*; **Mathematik ist mein Lieblingsfach** maths is my favourite subject

der **Mathematiker**, die **Mathematikerin** mathematician [ˌmæθᵊmə'tɪʃᵊn]

mathematisch mathematical [ˌmæθᵊm'ætɪkᵊl]

der **Matjeshering** *lightly cured young herring*

die **Matratze** mattress ['mætrəs]

der **Matrose** ① (*Seemann*) sailor ② (*Dienstgrad*) rating

der **Matsch** ① (*Brei*) mush ② (*Schlamm*) mud; (*Schneematsch*) slush

matschig ① (*breiig*) mushy ② (*schlammig*) muddy; (*mit Schneematsch*) slushy

matt ① (*glanzlos*) dull ② (*schwach*) weak ③ (*beim Schach*) mate; **jemanden matt setzen** to checkmate someone

die **Matte** mat ▶ WENDUNGEN: **auf der Matte stehen** to be at someone's place; (*bereit sein*) to be there and ready for action

die **Mattscheibe** telly Ⓖⓑ *umgangsspr*, tube ⓊⓈⒶ *umgangsspr* ▶ WENDUNGEN: **Mattscheibe haben** to be not quite with it

die **Maturität** ⒸⒽ (*Hochschulreife*) ≈ A Levels *Plural* Ⓖⓑ, scholastic aptitude test, S.A.T. ⓊⓈⒶ

mau poor [pɔːʳ], bad; *Geschäft:* slack

die **Mauer** wall

mauern to build [bɪld], to lay bricks

das **Maul** ① mouth; *eines Tieres:* jaws [dʒɔːz] ⚠ *Plural* ② **halt's Maul!** shut your gob! *umgangsspr* ③ **ein großes Maul haben** to be a big-mouth *umgangsspr* ④ **ein loses Maul haben** to have a cheeky tongue [tʌŋ] ⑤ **sich über jemanden das Maul zerreißen** to dis[s] someone behind their back *umgangsspr* ⑥ **das Maul zu voll nehmen** to bite off more than one can chew

der **Maulesel** mule [mjuːl]

der **Maulkorb** muzzle

die **Maultaschen** *filled pasta squares*

das **Maultier** mule [mjuːl]

der **Maulwurf** mole [məʊl]

der **Maurer**, die **Maurerin** bricklayer

die **Maus** ① (*auch für Computer*) mouse [maʊs] ② **Mäuse** (*Geld*) dough [dəʊ] ⚠ *Singular slang*

> **V** Die Pluralform von **mouse** ist **mice**: *there were five tiny mice in the attic.*

die **Mausefalle** mousetrap ['maʊstræp]

der **Mausklick** click of the mouse

der **Mauskursor** mouse pointer

das **Mauspad** ['mauspɛt] mouse pad

die **Maut** toll [təʊl]

maximal ① **maximale Geschwindigkeit** maximum ['mæksɪməm] speed ② **zwanzig, maximal dreißig Leute** twenty, at most thirty people

das **Maximum** maximum ['mæksɪməm]

die **Mayonnaise** mayonnaise ['meɪə'neɪz]

Mazedonien Macedonia [ˌmæsɪ'dəʊniə]

mazedonisch Macedonian [ˌmæsɪ'dəʊniən]

die **Mechanik** mechanics [mɪ'kænɪks] ⚠ *mit Singular*

der **Mechaniker**, die **Mechanikerin** mechanic [mɪ'kænɪk]

mechanisch mechanical [mɪ'kænɪkᵊl]

der **Mechanismus** mechanism ['mekənɪzᵊm]

meckern ① *Ziege:* to bleat [bliːt] ② (*nörgeln*) to bleat *umgangsspr*, to moan *umgangsspr* (**über** at)

die **Medaille** [me'daljə] medal ['medᵊl]

die **Medien** media ['miːdiə] ⚠ *mit Singular oder Plural*

das **Medikament** medicine ['medsᵊn]

die **Meditation** meditation [ˌmedɪ'teɪʃᵊn]

mediterran Mediterranean

meditieren meditate ['medɪteɪt]

die **Medizin** medicine ['medsᵊn]; **Medizin einnehmen** to take medicine; **Medizin nehmen müssen** to be on medication [ˌmedɪ'keɪʃᵊn]

der **Mediziner**, die **Medizinerin** ① (*Arzt*) doctor ['dɒktəʳ] ② (*Medizinstudent*) medic ['medɪk]

medizinisch ① *Behandlung, Forschung:* medical; **jemanden medizinisch behandeln** to give someone medical treatment ② (*heilend*) medicinal [mə'dɪsɪnᵊl]; *Shampoo:* medicated

der **Medizinmann** medicine man ['medsᵊnˌmæn]

das **Meer** sea [siː]; **die Meere** the oceans ['əʊʃᵊnz]; **eine Stadt am Meer** a town by the sea

die **Meerenge** straits [streɪts] ⚠ *Plural*

die **Meeresalge** seaweed ⚠ *kein Plural*

die **Meeresbiologie** marine biology

die **Meeresfrüchte** seafood ['siːfuːd] ⚠ *Singular*

der **Meeresspiegel** sea level; **über/unter dem Meeresspiegel** above/below sea level

M

der **Meerrettich** horseradish ['hɔːsˌrædɪʃ]
das **Meerschweinchen** guinea pig ['gɪniˌpɪg]
das **Meerwasser** sea water
das **Megabyte** [mega'bait] megabyte ['megəbaɪt]
das **Megahertz** megahertz
das **Mehl** 1 flour ['flaʊəʳ]; (*grobes*) meal 2 (*Pulver*) powder ['paʊdəʳ]
mehlig 1 floury ['flaʊəri] 2 *Früchte:* mealy
der **Mehltau** mildew ['mɪldjuː]
mehr 1 more; **immer mehr** more and more; **etwas mehr** a little more; **viel[e] mehr** much [many] more; **umso mehr** all the more; **nichts mehr** no more; **noch mehr** even more; **noch mehr?** any more?; **mehr kann man sich doch nicht wünschen** what more could one want?; **zum Kindererziehen gehört mehr als nur ...** there's more to bringing up children than just ... 2 **reden wir nicht mehr darüber!** let's say no more about it!; **kein Wort mehr!** not another word!; **es war niemand mehr da** everyone had gone; **nicht mehr lange** not much longer
das **Mehr** (CH) majority [mə'dʒɒrəti] ⚠ *mit Singular oder Plural*
mehrdeutig ambiguous [æm'bɪgjuːəs]
mehrere several ['sevᵊrᵊl]
mehrfach 1 (*vielfach*) multiple ['mʌltɪpᵊl] 2 (*wiederholt*) repeated 3 (*mehrere Male*) several times
das **Mehrfamilienhaus** house for several families
mehrfarbig multicoloured [ˌmʌltɪ'kʌləd]
die **Mehrheit** majority [mə'dʒɒrəti]; **in der Mehrheit sein** to be in the majority; **mit knapper Mehrheit** by a small majority
mehrjährig 1 of several years; **mehrjährige ...** several years of ... 2 *Pflanze:* perennial [pə'reniəl]
die **Mehrkosten** additional costs
mehrmals several times
das **Mehrparteiensystem** multiparty system ['sɪstəm]
mehrsprachig multilingual
mehrstündig **mehrstündige Abwesenheit** an absence of several hours; **nach einem mehrstündigen Gespräch** after talks lasting several hours
mehrtägig **ein mehrtägiger Aufenthalt** a stay of several days
die **Mehrwegflasche** returnable bottle; (*Pfandflasche*) *re-usable bottle on which a refundable deposit is paid*
die **Mehrwegverpackung** re-usable [foodstuff] packaging
die **Mehrwertsteuer** value added tax, VAT [ˌviːeɪ'tiː]
mehrwöchig **mehrwöchige Verhandlungen** negotiations lasting several weeks; **nach mehrwöchiger Dauer** after several weeks
die **Mehrzahl** 1 (*Plural*) plural 2 (*Mehrheit*) majority [mə'dʒɒrəti]; **die Mehrzahl der Fälle** the majority of cases
meiden avoid
die **Meile** mile
der **Meilenstein** milestone
meilenweit for miles; **sie liefen meilenweit** they walked for miles; **meilenweite Strände** miles [and miles] of beaches; **meilenweit von ihr entfernt** miles from her
mein my; **ich habe meine eigene Wohnung** I've got a flat of my own
meine, meiner, meines mine; **seine Freunde sind nicht meine** his friends are not mine
der **Meineid** perjury ['pɜːdʒᵊri]; **einen Meineid leisten** to commit perjury
meinen 1 (*glauben*) to think; **meinen Sie?** do you think so?; **was meinen Sie?** what do you think?; **meinen Sie nicht auch?** don't you agree? 2 (*sagen wollen*) to mean 3 **damit bin ich gemeint** that's meant [ment] for me; **so war das nicht gemeint** it wasn't meant like that; **gut gemeint** well-meant
meinetwegen 1 (*von mir aus*) for my part; **meinetwegen!** that's okay with me!, I don't mind! 2 (*um meinetwillen*) for my sake
die **Meinung** opinion [ə'pɪnjən]; **der Meinung sein, dass ...** to be of the opinion that ...; **meiner Meinung nach** in my opinion; **seine Meinung äußern** to express an opinion; **seine Meinung ändern** to change one's opinion

> **F** Nicht verwechseln mit **meaning** = die Bedeutung!

die **Meinungsforschung** opinion polling
die **Meinungsumfrage** opinion poll, canvassing ['kænvəsɪŋ]
die **Meinungsverschiedenheit** disagreement [ˌdɪsə'griːmᵊnt], difference ['dɪfᵊrᵊn(t)s] of opinion
die **Meise** (*kleiner Singvogel*) tit[mouse] ► WENDUNGEN: **eine Meise haben** to be nuts *umgangsspr*
der **Meißel** chisel ['tʃɪzᵊl]
meißeln to chisel ['tʃɪzᵊl]
meist mostly, most of the time
meiste(r, s) **die meisten** most people; **die meiste Zeit** most of the time; **die meisten sind Studenten** they are mostly students
meisten **am meisten** most of all
meistens mostly, most of the time
der **Meister**, die **Meisterin** 1 *im Handwerk:* master 2 *im Sport:* champion
meisterhaft 1 masterly 2 in a masterly manner
meistern 1 to master 2 **Schwierigkeiten meistern** to overcome difficulties
die **Meisterprüfung** *examination for the master craftsman's diploma*
die **Meisterschaft** championship
die **Melancholie** melancholy ['melənkᵊli]

M

melancholisch melancholy ['melənkᵊli]
die **Melanzani** Ⓐ aubergine ['əʊbəʒi:n] GB, eggplant USA
das **Meldeamt** registration office
melden ① (*ankündigen*) to announce [ə'naʊn(t)s] ② (*benachrichtigen*) to report ③ **sich melden** (*in der Schule*) to put one's hand up ④ **sich zu etwas melden** to put oneself forward for something ⑤ (*am Telefon*) to answer ['ɑ:n(t)səʳ]; **er hat sich nicht gemeldet** he didn't answer the phone ⑥ **sich bei jemandem melden** to get in touch with someone; **melde dich mal wieder!** keep in touch! ⑦ **sich krankmelden** to report [*oder* phone in] sick
die **Meldepflicht** obligation to report something; *beim Einwohnermeldeamt:* obligation to register your address
meldepflichtig *Krankheit:* notifiable
die **Meldung** ① *in den Medien:* report (**über** on) ② *im Sport:* entry ③ (*dienstlich*) report
die **Melisse** balm [bɑ:m]
melken ① to milk ② (*anpumpen*) to fleece [fli:s] *umgangsspr*
die **Melodie** melody ['melədi]
melodisch melodic [mə'lɒdɪk], tuneful
die **Melone** ① (*Frucht*) melon ['melən] ② (*Hut*) bowler ['bəʊləʳ] hat GB, derby ['dɑ:bi] USA
die **Memoiren** [me'mo̯a:rən] memoirs ['memwɑ:ʳz]
die **Menge** ① (*bestimmte Anzahl*) quantity ['kwɒntɪti] ② **eine Menge** (*viele*) a great many, lots of; **jede Menge** lots and lots ③ **sich eine Menge einbilden** to think a lot of oneself ④ (*Menschenmenge*) crowd [kraʊd] ⑤ (*in der Mathematik*) set
die **Mensa** canteen, refectory [rɪ'fektᵊri]
der **Mensch** ① man, person; **ich bin auch nur ein Mensch** I'm only human after all; **er ist ein guter Mensch** he's a good soul [səʊl]; **kein Mensch war da** nobody was there ② **Menschen** (*Leute*) people ['pi:pᵊl] ⚠ *Plural;* **die Menschen** mankind [mæn'kaɪnd] ③ **Mensch!** (*bewundernd*) wow!
der **Menschenaffe** ape [eɪp]
der **Menschenfresser** cannibal ['kænɪbᵊl]; (*Löwe*) man-eater
der **Menschenhandel** slave trade
die **Menschenkenntnis** **Menschenkenntnis haben** to be a good judge of character ['kærɪtəʳ]
menschenleer deserted [dɪ'zɜ:tɪd]
die **Menschenmenge** crowd [kraʊd] [of people]
menschenmöglich **das Menschenmögliche tun** to do all that is humanly possible
das **Menschenrechte** human rights
die **Menschenrechtsgruppe** human rights organization
die **Menschenrechtsverletzung** violation of human rights
die **Menschenseele** **keine Menschenseele war da** not a soul [səʊl] was there
das **Menschenskind** **Menschenskind!** heavens above!
menschenunwürdig inhumane [ˌɪnhju:'meɪn]; **jemanden menschenunwürdig behandeln** to treat someone in an inhumane way
der **Menschenverstand** **gesunder Menschenverstand** common sense
die **Menschenwürde** human dignity ['dɪgnɪti]
die **Menschheit** **die Menschheit** humanity [hju:'mænɪti], mankind [mæn'kaɪnd]
menschlich ① human ['hju:mən]; **die menschliche Gesellschaft** the society of man ② (*human*) humane [hju:'meɪn]
die **Menschlichkeit** humanity [hju:'mænɪti]
die **Menstruation** menstruation [ˌmenstru'eɪʃᵊn]
die **Mentalität** mentality
das **Menu**, das **Menü** (*auch in der Informatik*) menu ['menju:]
menügesteuert menu-driven
merci CH thanks
merken ① (*wahrnehmen*) to notice ② (*spüren*) to feel; **merkst du was?** can you feel anything?; **ich hab nichts gemerkt** I didn't feel a thing ③ **sich etwas merken** to remember something
das **Merkmal** characteristic [ˌkærəktə'rɪstɪk]
der **Merkur** Mercury ['mɜ:kjᵊri]
merkwürdig (*seltsam*) curious ['kjʊəriəs], strange [streɪndʒ]
messbar measurable ['meʒᵊrəbl̩]
der **Messbecher** measuring jug ['meʒᵊrɪŋˌdʒʌg]
die **Messe**[1] (*Gottesdienst*) mass [mæs]
die **Messe**[2] (*Ausstellung*) [trade] fair
die **Messehalle** exhibition [ˌeksɪ'bɪʃᵊn] hall
messen ① to measure ['meʒəʳ]; **können Sie mir den Blutdruck messen?** could you take my blood pressure?; **jemandes Zeit messen** to time someone ② **er misst 1,70 m** he measures 1.70 metres, his height is 1.70 metres, he is 1.70 metres tall ③ **sich mit jemandem messen** to compete with someone
das **Messer** ① knife [naɪf] ② **ein Kampf bis aufs Messer** a fight to the finish ▶WENDUNGEN: **unters Messer kommen** to go under the knife *umgangsspr*

> **V** **knives** ist die Pluralform von **knife** (= ein Messer): *Jenny put four knives and forks on the table.*

die **Messerspitze** knife point; **eine Messerspitze Muskat** a pinch of nutmeg
der **Messerstich** stab wound [wu:nd]
der **Messestand** exhibition [ˌeksɪ'bɪʃᵊn] stand GB, booth USA
der **Messias** Messiah [mə'saɪə]

M

das **Messing** brass [brɑːs]
das **Messinstrument** measuring gauge [*oder* USA gage] [ˈmeʒᵊrɪŋˌgeɪdʒ]
der **Messwert** measurement [ˈmeʒəmənt]
das **Metall** metal [ˈmetᵊl]; **aus Metall** made of metal, metallic [meˈtælɪk]
der **Metallarbeiter**, die **Metallarbeiterin** metalworker
metallisch 1 (*aus Metall*) metal [ˈmetᵊl] 2 *Klang:* metallic [meˈtælɪk]
die **Metallverarbeitung** metalworking
die **Metapher** metaphor [ˈmetəfɔːʳ]
die **Metaphysik** metaphysics *Singular*
die **Metastase** metastasis
der **Meteorologe** meteorologist [ˌmiːtiᵊˈrɒlədʒɪst]
die **Meteorologin** meteorologist
der/das **Meter** metre [ˈmiːtəʳ] GB, meter USA
die **Methode** method [ˈmeθəd]
der **Methylalkohol** methyl alcohol [ˌmeθᵊlˈælkəhɒl], methanol
die **Metropole** metropolis [məˈtrɒpəlɪs]
der **Metzger**, die **Metzgerin** butcher [ˈbʊtʃəʳ]
die **Metzgerei** butcher's [ˈbʊtʃəz]
die **Meute** 1 (*Jagdhunde*) pack of hounds [haʊndz] 2 (*Pöbel*) mob
die **Meuterei** mutiny [ˈmjuːtɪni]
der **Meuterer**, die **Meuterin** mutineer [ˌmjuːtɪˈnɪəʳ]
meutern 1 (*rebellieren*) to mutiny [ˈmjuːtɪni] 2 (*aufmucken*) to moan *umgangsspr*
der **Mexikaner**, die **Mexikanerin** Mexican [ˈmeksɪkᵊn]
mexikanisch Mexican [ˈmeksɪkᵊn]
Mexiko Mexico [ˈmeksɪkəʊ]
miauen to miaow [miːˈaʊ]
mich me; (*reflexiv*) myself
mick(e)rig 1 *Pflanze:* stunted 2 *Betrag:* mingy [ˈmɪndʒi] *umgangsspr* 3 *Person:* puny [ˈpjuːni]
der **Mief** (*muffige Luft*) fug *umgangsspr*
die **Miene** 1 expression [ɪkˈspreʃᵊn], face 2 **ohne eine Miene zu verziehen** without turning a hair ▶ WENDUNGEN: **gute Miene zum bösen Spiel machen** to grin and bear it
mies lousy [laʊzi] *umgangsspr*
miesmachen **jemanden/etwas miesmachen** to run someone/something down
die **Miesmuschel** mussel [ˈmʌsᵊl]
das **Mietauto** rental car, hire car GB
die **Miete** rent; **zur Miete wohnen** to live in rented accommodation
mieten to rent *Wohnung;* to rent, to hire *Auto, Fahrrad*
der **Mieter**, die **Mieterin** tenant [ˈtenənt]
die **Mieterhöhung** rent increase [-ˌɪnkriːs]
das **Mietshaus** tenement [ˈtenəmənt], block of flats GB, apartment house USA
der **Mietvertrag** lease [liːs], tenancy agreement
der **Mietwagen** rental car, hire[d] car GB
die **Mietwohnung** rented flat, USA apartment
die **Migräne** migraine [ˈmaɪgreɪn]; **Migräne haben** to have a migraine
der **Mikrochip** microchip
das **Mikrofon** microphone [ˈmaɪkrəfəʊn]
das **Mikroskop** microscope [ˈmaɪkrəskəʊp]
mikroskopisch microscopic [ˌmaɪkrəˈskɒpɪk]
die **Mikrowelle** microwave [ˈmaɪkrəweɪv]
die **Milbe** mite
die **Milch** milk
die **Milchflasche** milk bottle
der **Milchkaffee** milky coffee
das **Milchprodukt** dairy product
die **Milchprodukte** dairy [ˈdeəri] products
das **Milchpulver** powdered milk
der **Milchreis** rice pudding [ˈpʊdɪŋ]
die **Milchsäure** lactic acid [ˈæsɪd]
die **Milchstraße** Milky Way [weɪ]
der **Milchzahn** milk tooth
mild 1 (*sanft*) mild [maɪld]; **milde Luft** balmy air 2 (*nachsichtig*) lenient [ˈliːniənt] 3 **... und das ist noch milde ausgedrückt** ... to put it mildly
mildern 1 to ease, to soothe [suːð] *Schmerz* 2 (*mäßigen*) to moderate [ˈmɒdᵊreɪt] 3 **mildernde Umstände** extenuating [eksˈtenjueɪtɪŋ] circumstances
das **Milieu** [miˈli̯øː] 1 (*gesellschaftlich*) background 2 (*Umwelt*) environment [ɪnˈvaɪrᵊnmənt] 3 (*Atmosphäre*) atmosphere [ˈætməsfɪəʳ]
militant militant
das **Militär** armed forces ⚠ *Plural*
die **Militärdiktatur** military dictatorship
militärisch military [ˈmɪlɪtri]
die **Militärregierung** military government
der **Militärstützpunkt** military base
die **Miliz** militia [mɪˈlɪʃə]
das **Millennium** millennium
der **Milliardär**, die **Milliardärin** multimillionaire [ˌmʌltiˌmɪljəˈneəʳ]
die **Milliarde** billion [bɪliən]
das **Millimeter** millimetre [ˈmɪlɪˌmiːtəʳ] GB, millimeter USA
die **Million** million [ˈmɪliən]

> **V** **million** wird nach einer Zahl nicht im Plural gebraucht: *fifty million people watched the World Cup Final.*

der **Millionär**, die **Millionärin** millionaire [ˌmɪljəˈneəʳ]
die **Millionenstadt** city with over a million inhabitants
die **Milz** spleen
die **Mimik** facial expression [ɪkˈspreʃᵊn]
minder less; **mehr oder minder** more or less
minderbemittelt 1 (*finanziell*) less well-off 2 (*geistig*) [mentally] less gifted

die **Minderheit** minority [maɪˈnɒrəti]
minderjährig **minderjährig sein** to be a minor
der/die **Minderjährige** minor
mindern ① (*vermindern*) to lessen ② (*beeinträchtigen*) to detract from ③ to reduce [rɪˈdjuːs] *Wert*
minderwertig inferior [ɪnˈfɪəriəʳ], low-quality
die **Minderwertigkeit** inferiority [ɪnˌfɪəriˈɒrɪti]; *von Gütern:* low quality
das **Minderwertigkeitsgefühl** feeling of inferiority
der **Minderwertigkeitskomplex** inferiority complex [ɪnˌfɪəriˈɒrɪti ˌkɒmpleks]
die **Minderzahl** **in der Minderzahl sein** to be in the minority [maɪˈnɒrəti]
das **Mindestalter** minimum age
der **Mindestbetrag** minimum amount
mindeste(r, s) ① least, slightest [ˈslaɪtɪst]; **das wäre ja wohl das Mindeste gewesen!** that's the least you could have done! ② **nicht im Mindesten** not in the least
mindestens at least
die **Mindestgeschwindigkeit** minimum speed
der **Mindestlohn** minimum wage [weɪdʒ]
die/das **Mindmap** [maɪndmæp] mind map
die **Mine** ① *im Krieg:* mine [maɪn] ② *eines Bleistiftes:* lead [led]; *eines Kugelschreibers:* refill [ˈriːfɪl] ③ *im Bergbau:* mine
das **Mineral** mineral [ˈmɪnᵊrᵊl]
das **Mineralöl** mineral oil
die **Mineralölsteuer** tax on oil
das **Mineralwasser** mineral water
die **Minibar** (*in Hotel*) mini-bar
das **Minigolf** miniature [ˈmɪnɪtʃəʳ] golf; (*mit Hindernissen*) crazy golf (GB)
minimal minimal [ˈmɪnɪmᵊl]
das **Minimum** minimum [ˈmɪnɪməm]
der **Minirock** miniskirt
der **Minister**, die **Ministerin** minister [ˈmɪnɪstəʳ], secretary
das **Ministerium** ministry [ˈmɪnɪstri] (GB), department (USA)
der **Ministerpräsident**, die **Ministerpräsidentin** prime minister; **der Ministerpräsident von Bayern** the chief minister [*oder* the premier] of Bavaria
die **Minorität** minority
das **Minus** ① (*Mangel*) deficit [ˈdefɪsɪt] ② (*Minuspunkt*) bad point ③ (*Nachteil*) disadvantage [ˌdɪsədˈvɑːntɪdʒ]
minus ① **zehn minus vier ist sechs** ten minus [ˈmaɪnəs] four is six ② **bei 20 Grad minus** at 20 degrees below zero
das **Minuszeichen** minus sign [saɪn]
die **Minute** ① minute [ˈmɪnɪt]; **zehn Minuten vor sechs** ten minutes to six ② **in letzter Minute** at the last moment
minutenlang ① for several minutes ② several minutes of
der **Minutenzeiger** minute [ˈmɪnɪt] hand
die **Minze** mint
mir ① to me ② **ich habe mir den Arm verletzt** I've hurt my arm ③ **diese Jacke gehört mir** this jacket is mine ④ **ein Freund von mir** a friend of mine ⑤ **von mir aus!** I don't mind! ⑥ **mir nichts, dir nichts** just like that
die **Mirabelle** mirabelle
das **Mischbrot** bread made from rye and wheat flour
mischen ① to mix ② to shuffle *Karten* ③ **sich mischen** to mix ④ **sich unters Volk mischen** to mingle [with the crowd]
der **Mischling** ① *Tier:* half-breed [ˈhɑːfbriːd] ② (*abwertend*) *Mensch:* person of mixed parentage, half-caste [ˈhɑːfkɑːst] *abwertend*
das **Mischpult** mixing desk
die **Mischung** ① (*Mixtur*) mixture; *von Kaffee, Tee, Tabak:* blend ② (*Kombination*) combination [ˈkɒmbɪˈneɪʃᵊn] (**aus** of)
miserabel (*mies*) lousy [ˈlaʊzi]
die **Misere** plight [plaɪt], dreadful state
missachten ① (*verachten*) to despise ② (*ignorieren*) to disregard, to ignore
die **Missachtung** ① (*Verachtung*) disdain [of] ② (*Nichtbeachtung*) disregard
missbehagen **etwas missbehagt mir an der Situation** something makes me uneasy about the situation
das **Missbehagen** uneasiness
missbilligen to disapprove [ˌdɪsəˈpruːv] of
die **Missbilligung** disapproval
der **Missbrauch** ① *von Macht, Menschen:* abuse [əˈbjuːs] ② *von Notbremse:* improper use
missbrauchen ① abuse [əˈbjuːz] ② **jemanden zu** [*oder* **für**] **etwas missbrauchen** to use someone for something
missen **ich möchte das nicht missen** I wouldn't [like to] do without it
der **Misserfolg** failure [ˈfeɪljəʳ]
der **Missetäter**, die **Missetäterin** (*humorvoll*) culprit
das **Missfallen** **jemandes Missfallen erregen** to incur [ɪnˈkɜːʳ] someone's displeasure
missfallen to displease [dɪˈspliːz]
die **Missgeburt** ① deformed child ② (*Schimpfwort*) freak
das **Missgeschick** mishap [ˈmɪshæp]; **ihr ist ein kleines Missgeschick passiert** she's had a slight mishap
missglücken to fail [feɪl]; **sein Versuch missglückte** he failed in his attempt
missgönnen **jemandem etwas missgönnen** to begrudge [bɪˈgrʌdʒ] someone something
die **Missgunst** resentment, envy [ˈenvi]
missgünstig resentful, envious [ˈenviəs]
misshandeln to ill-treat, to maltreat [ˈmælˈtriːt]
die **Misshandlung** maltreatment
die **Mission** mission [ˈmɪʃᵊn]

M

der **Missionar**, die **Missionarin** missionary ['mɪʃᵊnᵊri]
missionarisch missionary ['mɪʃᵊnᵊri]
das **Misslingen** failure ['feɪljəʳ]
misslingen to fail
missmutig morose [mə'rəʊs]
missraten to go wrong [rɒŋ]
der **Missstand** deplorable state of affairs; **soziale Missstände** social evils
das **Misstrauen** distrust [dɪ'strʌst], mistrust [mɪ'strʌst] (**gegenüber** of); **Misstrauen gegen jemanden hegen** to mistrust someone
misstrauen to mistrust
das **Misstrauensvotum** vote of no confidence ['kɒnfɪdᵊn(t)s]
misstrauisch distrustful
missverständlich unclear
das **Missverständnis** misunderstanding [ˌmɪsʌndə'stændɪŋ]
missverstehen to misunderstand
der **Mist** ① (*Dung*) dung [dʌŋ]; (*Dünger*) manure [mə'njʊəʳ]; (*Misthaufen*) muck heap ② (*Blödsinn*) rubbish *umgangsspr;* **was soll der Mist!** oh, for crying out loud! *umgangsspr* ③ **Mist!** blast! [blɑːst] ④ **da hast du Mist gemacht!** you've screwed up there! *umgangsspr* ▶ WENDUNGEN: **das ist nicht auf seinem Mist gewachsen** he didn't do that off his own bat, that wasn't his doing

M

Mist

F Nicht verwechseln mit **mist** = der Nebel!

die **Mistel** mistletoe ['mɪsḷtəʊ]
der **Misthaufen** muck heap
der **Mistkäfer** dung beetle
das **Miststück** **Miststück!** (*zu einem Mann*) bastard! ['bɑːstəd] *slang;* (*zu einer Frau*) bitch! *slang*
mit ① with; **was ist mit dir los?** what's the matter with you? ② **bring ein Buch mit** bring a book with you; **ich hab mein Scheckheft nicht mit** I haven't got my cheque book with me; **komm mit!** come along [*oder* as well]! ③ **mit dem Auto** by car ④ **mit der Zeit** in time ⑤ (*ebenfalls*) as well; **mit dabei sein** to be there too ⑥ **er ist mit einer der besten Schlagzeuger seiner Generation** he's one of the best drummers of his generation ⑦ **er liegt mit Kopfschmerzen im Bett** he's in bed with a headache
die **Mitarbeit** collaboration; **unter Mitarbeit von ...** in collaboration with ...
mitarbeiten ① (*bei Projekt*) to collaborate [kə'læbᵊreɪt] (**an** on); (*mithelfen*) to cooperate [kəʊ'ɒpᵊreɪt] (**bei** on) ② **im Unterricht mitarbeiten** to take an active part in lessons
der **Mitarbeiter**, die **Mitarbeiterin** ① (*Angestellte*) employee [ɪm'plɔɪiː] ② (*Kollege*) colleague ['kɒliːg]
mitbekommen ① (*verstehen*) to get; **ich hab nichts mitbekommen** I didn't get a thing *umgangsspr* ② (*als Gabe*) to get to take with one ③ **hast du den Unfall mitbekommen?** did you notice [*oder* see] the accident?
mitbenutzen to share
mitbestimmen ① to have a say (**bei** in) ② **etwas mitbestimmen** (*beeinflussen*) to have an influence on something
die **Mitbestimmung** participation [pɑːˌtɪsɪ'peɪʃᵊn]
der **Mitbewohner**, die **Mitbewohnerin** flatmate
mitbringen ① to bring *Geschenk* ② to bring along *Person* ③ (*besitzen*) to have, to possess [pə'zes] ④ **kannst du mir etwas mitbringen?** can you bring something back for me?
der **Mitbürger**, die **Mitbürgerin** fellow citizen ['sɪtɪzᵊn]
mitdenken **bei etwas mitdenken** to follow something
miteinander ① with each other ② (*gemeinsam*) together; **alle miteinander** one and all ③ **gut miteinander auskommen** to get along well
miterleben to see, to witness
der **Mitesser** blackhead ['blækhed]
mitfahren to go with; **kann ich mitfahren?** can you give me a lift?
der **Mitfahrer**, die **Mitfahrerin** [fellow] passenger ['pæsᵊndʒəʳ]
mitfühlen **ich kann das mitfühlen** I feel for [*oder* sympathize with] you
mitfühlend sympathetic [ˌsɪmpə'θetɪk]
mitgeben **jemandem etwas mitgeben** to give someone something to take with him/her/them
das **Mitgefühl** sympathy ['sɪmpəθi]
mitgehen ① to go along ② **etwas mitgehen lassen** to walk off with something *umgangsspr*

mitgenommen run-down, worn-out [ˌwɔːn'aʊt]; **du siehst mitgenommen aus** you look the worse for wear

die **Mitgift** dowry ['daʊri]

das **Mitglied** member (**bei** of)

mithalten ① to keep pace ② (*bei Versteigerung*) to stay in the bidding

mithelfen to help

mithilfe with the help (**von** of)

mithören ① (*belauschen*) to listen ['lɪsᵊn] in on ② (*zufällig*) to overhear [ˌəʊvə'hɪəʳ]; **ich habe alles mitgehört** I heard everything

mitkommen ① (*begleiten*) to come along (**mit** with); **kommst du mit?** are you coming too? ② (*geistig folgen*) to keep up

mitkriegen to understand, to realize

der **Mitläufer**, die **Mitläuferin** (*abwertend*) fellow traveller

das **Mitleid** sympathy ['sɪmpəθi], compassion [kəm'pæʃᵊn], pity (**mit** for); **mit jemandem Mitleid haben** to have pity on someone; **kein Mitleid zeigen** to show no pity, to be pitiless

mitleidig sympathetic [ˌsɪmpə'θetɪk]

mitmachen ① **etwas** [*oder* **bei etwas**] **mitmachen** to join in [*oder* to take part in] something; **einen Kurs mitmachen** to do a course ② (*erleiden*) to go through [θruː] ③ **das mache ich nicht länger mit** I won't put up with that/this any longer

der **Mitmensch** fellow creature [ˌfeləʊ'kriːtʃəʳ]

mitnehmen ① to take along; **kannst du mich mitnehmen?** can you give me a lift? ② (*erschöpfen*) to exhaust [ɪg'zɔːst], to wear [weəʳ] out ③ (*in Mitleidenschaft ziehen*) to affect

mitreden da kann ich natürlich nicht mitreden I wouldn't know anything about that

mitreißen ① (*mitschleppen*) to drag along ② (*begeistern*) to carry away

mitschicken ① (*auch schicken*) to send along ② *in einem Brief:* to enclose [ɪn'kləʊz]

mitschreiben ① to take down ② **ich schreibe immer mit** I always take notes

mitschuldig partly to blame (**an** for)

der/die **Mitschuldige** accomplice [ə'kʌmplɪs]

der **Mitschüler**, die **Mitschülerin** ① (*Klassenkamerad*) classmate ['klɑːsmeɪt] ② (*Schulkamerad*) schoolmate ['skuːlmeɪt]

mitsingen to sing along

mitspielen ① (*mitmachen*) to join in ② (*im Sport*) to play (**bei** in) ③ (*so tun als ob*) to play along ▶ WENDUNGEN: **jemandem übel mitspielen** to behave maliciously towards someone

das **Mitspracherecht** right to have a say; **ein Mitspracherecht bei etwas haben** to have a say in something

der **Mittag** ① midday, noon, lunchtime; **gegen Mittag** at noon ② **zu Mittag essen** to have lunch ③ **ich mache jetzt Mittag** I'm having my lunch-break

das **Mittagessen** lunch

mittags at lunchtime

die **Mittagspause** lunch hour [aʊəʳ], lunch break

der **Mittagsschlaf** afternoon nap

die **Mittagszeit** lunch time

der **Mittäter**, die **Mittäterin** accomplice [ə'kʌmplɪs]

die **Mitte** ① middle ② **Mitte Mai** in the middle of May ③ **sie ist Mitte zwanzig** she is in her mid-twenties ④ **Mitte des Jahres** halfway through the year

mitteilen ① to tell ② **sich jemandem mitteilen** to communicate [kə'mjuːnɪkeɪt] with someone

G Richtiges Konjugieren von **to tell**: tell, told, told *could you please tell us how to proceed?*, *the management told the staff about the job cuts; we haven't told anyone about it yet*

die **Mitteilung** notification [ˌnəʊtɪfɪ'keɪʃᵊn]; (*Notiz*) memo ['meməʊ]

das **Mittel** ① (*Präparat, Zubereitung*) preparation; (*Medizin*) medicine ['medsᵊn] ② (*Hilfsmittel*) means ⚠ *mit Singular;* (*Maßnahme, Methode*) method ['meθəd]; **ein Mittel zum Zweck** a means to an end ③ **Mittel und Wege finden** to find ways and means; **mir ist jedes Mittel recht** I don't care how I do it; **etwas mit allen Mitteln versuchen** to try one's utmost to do something

F Nicht verwechseln mit **middle** = die Mitte!

das **Mittelalter** Middle Ages ⚠ *Plural*

mittelalterlich medieval [ˌmedi'iːvᵊl]

Mittelamerika Central [ˌsentrᵊl-] America

der **Mittelamerikaner**, die **Mittelamerikanerin** Central American

mittelamerikanisch Central American

Mitteleuropa Central Europe [ˌsentrᵊl'jʊərəp]

mitteleuropäisch Central European [ˌjʊərə'piːən]

das **Mittelfeld** midfield

der **Mittelfinger** middle finger

mittellos without means

mittelmäßig mediocre [ˌmiːdi'əʊkəʳ]

das **Mittelmeer** Mediterranean [ˌmedɪtᵊr'eɪniən]

die **Mittelohrentzündung** inflammation of the middle ear

der **Mittelpunkt** centre ['sentəʳ] (GB), center (USA); **im Mittelpunkt stehen** to be the centre of attention

mittels by means of

die **Mittelschule** (CH) secondary school [skuːl] (GB), high school (USA)

der **Mittelstand** middle classes ⚠ *Plural*

die **Mittelstreckenrakete** medium-range missile, intermediate-range [ˌɪntə'miːdiətreɪndʒ] missile

M

der **Mittelweg** middle course; **einen Mittelweg einschlagen** to steer a middle course
die **Mittelwelle** medium ['miːdiəm] wave
mitten ① **mitten auf/in/unter ...** in the midst of ... ② **mitten durch ...** right across [*oder* through [θruː]] ... ③ **mitten in der Nacht** in the middle of the night; **mitten im Winter** in the depth [depθ] of winter
die **Mitternacht** midnight
mittlere(r, s) ① middle; **die mittlere Entfernung** the middle distance ② (*durchschnittlich*) average ['ævᵊrɪdʒ] ③ (*mittelmäßig*) mediocre [ˌmiːdi'əʊkəʳ], middling ④ **mittleren Alters** middle-aged [ˌmɪdḷ'eɪdʒd]
mittlerweile in the meantime, meanwhile
der **Mittwoch** Wednesday ['wenzdeɪ]; **bis Mittwoch!** see you [on] Wednesday!; **[am] Mittwochabend/Mittwochmorgen/Mittwochnachmittag** [on] Wednesday night [*oder* evening]/morning/afternoon; **mittwochabends/mittwochmorgens** on Wednesday evenings [*oder* nights]/mornings
mittwochs on Wednesdays
mitwirken ① (*mitarbeiten*) to collaborate [kə'læbᵊreɪt] (**an/bei** on); (*bei einer Zeitung*) to contribute [kən'trɪbjuːt] (**bei** to) ② (*beteiligt sein*) to be involved (**an/bei** in) ③ (*mitspielen*) to take part (**an/bei** in) ④ (*mit im Spiel sein*) to play a part (**an/bei** in) ⑤ (*auftreten bei Aufführung*) to perform [pə'fɔːm] (**an/bei** in)
die **Mitwirkung** collaboration; **unter Mitwirkung von** in collaboration with
der **Mitwisser**, die **Mitwisserin** accessory [ək'sesᵊri] [to]
mitwollen willst du mit? do you want to come along?
mitzählen ① (*einrechnen*) to count in ② (*eingeschlossen werden*) to be included
mixen to mix
der **Mixer** ① (*Barmixer*) cocktail waiter, barman ② (*Mixgerät*) blender; *zum Rühren:* mixer
die **Mixtur** mixture
mm *Abkürzung von* **Millimeter** mm
die **MMS** *Abkürzung von* **Multimedia Messaging Service** MMS [ˌemem'es]
das **Mobbing** [psychological [ˌsaɪkə'lɒdʒɪkᵊl]] bullying (*especially in the workplace*)
die **Möbel** furniture ['fɜːnɪtʃəʳ] ⚠ *mit Singular*

> **V** **furniture** wird nie im Plural gebraucht: *their furniture was rather old.*

das **Möbelstück** piece of furniture
mobil ① (*beweglich*) movable ['muːvəbᵊl], mobile ['məʊbaɪl] ② (*flink*) nimble ['nɪmbᵊl]
der **Mobilfunk** mobile communications ⚠ *Plural*
das **Mobilgerät** mobile device
das **Mobiliar** furnishings ['fɜːnɪʃɪŋz] ⚠ *Plural*
die **Mobilität** mobility [mə'bɪləti]
das **Mobiltelefon** mobile [*oder* (USA) cellular] phone
möblieren furnish ['fɜːnɪʃ]; **ein möbliertes Zimmer** a furnished room
das **Modalverb** modal verb
die **Mode** ① fashion ['fæʃᵊn]; **in Mode** in fashion; **es ist große Mode** it's all the fashion; **aus der Mode kommen** to go out of fashion; **die neue[ste] Mode** all the latest style ② (*Brauch*) custom

> **F** Nicht verwechseln mit **mode** = die Weise, die Methode!

modebewusst fashion-forward
das **Model** ['mɔdḷ] model
das **Modell** ① model ['mɒdᵊl] ② (*Nachbildung*) mock-up, model ③ (*Mannequin*) model ④ **jemandem Model stehen** to sit for someone
das **Modem** modem ['məʊdem]
die **Modenschau** fashion parade [pə'reɪd]
der **Moderator**, die **Moderatorin** presenter [prɪ'zentəʳ]
moderig musty
modern ① (*zeitgemäß*) modern ['mɒdᵊn], up-to-date ② (*modisch*) fashionable ['fæʃᵊnəbᵊl]
modernisieren to modernize
der **Modeschmuck** costume jewellery
der **Modeschöpfer**, die **Modeschöpferin** fashion designer [-dɪˌzaɪnəʳ]
modisch fashionable ['fæʃᵊnəbᵊl], stylish ['staɪlɪʃ]
der **Modus** mode
das **Mofa** small moped ['məʊped]
mogeln to cheat
mögen ① (*gernhaben*) to like; **ich mag ihn nicht** I don't like him; **sie mögen sich** they like each other ② **was möchten Sie trinken?** what would you like to drink? ③ (*können*) may; **da mögen Sie Recht haben** you may be right; **das mag ja sein** that may be so ④ (*wollen*) to want; **ich möchte jetzt allein sein** I wish [*oder* I'd like] to be alone now
möglich ① possible ['pɒsəbᵊl]; (*eventuell*) potential [pə'tenʃᵊl]; **möglich ist alles** anything is possible ② **nicht möglich!** never!; **schon möglich** maybe ③ **sein Möglichstes tun** to do one's utmost
möglicherweise possibly ['pɒsəbli]
die **Möglichkeit** ① (*das Möglichsein*) possibility [ˌpɒsə'bɪləti] ② (*Aussicht*) chance [tʃɑːn(t)s]; **es besteht die Möglichkeit, dass ...** there is a possibility that ... ③ **ist denn das die Möglichkeit!** that's impossible!
möglichst möglichst ... as ... as possible
der **Mohn** ① (*Pflanze*) poppy ② (*Samen*) poppy seed
die **Möhre** carrot ['kærət]
der **Mokka** mocha ['mɒkə]
der **Molch** newt [njuːt]

M

das **Molekül** molecule ['mɒlɪkju:l]
molekular molecular [mə(ʊ)'lekjələʳ]
die **Molke** whey [(h)weɪ]
die **Molkerei** dairy ['deəri]
das **Moll** minor ['maɪnəʳ]
mollig 1 (*warm*) cosy ['kəʊzi] 2 (*dick*) plump
der **Moment** 1 moment ['məʊmənt] 2 **einen Moment!** just a moment! 3 **im Moment** at the moment 4 **im ersten Moment** for a moment
momentan 1 **die momentane Lage** the present situation 2 **wir haben momentan viel zu tun** we're very busy at the moment
der **Monarch**, die **Monarchin** monarch ['mɒnək]
die **Monarchie** monarchy ['mɒnəki]
der **Monarchist**, die **Monarchistin** monarchist ['mɒnəkɪst]
der **Monat** month [mʌnθ]; **im Monat Mai** in the month of May
monatlich monthly
die **Monatsbinde** sanitary towel ['sænɪtᵊri,taʊəl]
der **Mönch** monk [mʌŋk]
der **Mond** moon ▶ WENDUNGEN: **sie lebt hinter dem Mond** she's out of touch
die **Mondfinsternis** eclipse [ɪ'klɪps] of the moon, lunar eclipse
die **Mondrakete** lunar rocket
der **Mondschein** moonlight
die **Mondsichel** crescent ['kresᵊnt] moon
der **Mongole**, die **Mongolin** Mongol ['mɒŋgəl]
die **Mongolei** Mongolia [mɒŋ'gəʊliə] ⚠ *kein Artikel*
der **Monitor** monitor ['mɒnɪtəʳ]
der **Monolog** monologue ['mɒnᵊlɒg]; **einen Monolog halten** to hold a monologue
das **Monopol** monopoly [mə'nɒpᵊli] (**auf/für** on)
monoton monotonous [mə'nɒtᵊnəs]
die **Monotonie** monotony
das **Monster** monster
der **Monsun** monsoon
der **Montag** Monday; **bis Montag!** see you [on] Monday!; [**am**] **Montagabend/Montagmorgen/Montagnachmittag** [on] Monday night [*oder* evening]/morning/afternoon; **montagabends/montagmorgens** on Monday evenings [*oder* nights]/mornings
die **Montage** [mɔn'ta:ʒə] 1 (*Aufbau*) installation [,ɪnstə'leɪʃᵊn] 2 (*Zusammenbau*) assembly [ə'sembli]; (*Einbau*) fitting 3 **auf Montage sein** to be away on a job
das **Montageband** assembly line
montags on Mondays
der **Montenegriner**, die **Montenegrinerin** Montenegrin [,mɒntɪ'ni:grən]
montenegrinisch Montenegrin [,mɒntɪ'ni:grən]
Montenegro Montenegro [,mɒntɪ'ni:grəʊ]
der **Monteur**, die **Monteurin** [mɔn'tø:ɐ] fitter; (*Mechaniker*) mechanic [mɪ'kænɪk]; (*Elektromonteur*) electrician [,elɪk'trɪʃᵊn]
montieren 1 (*aufbauen*) to install [ɪn'stɔ:l] 2 (*zusammenbauen*) to assemble 3 to mount [maʊnt] *Schriftsatz*
das **Monument** monument ['mɒnjəmənt]
monumental monumental
das **Moor** bog; (*Hochmoor*) moor [mɔ:ʳ]
das **Moos** moss
das **Moped** moped ['məʊped]
der **Mops** (*Hund*) pug
mopsen **jemandem etwas mopsen** to pinch something from someone *umgangsspr*
die **Moral** 1 moral ['mɒrᵊl] standards ⚠ *Plural* 2 *einer Geschichte:* moral ['mɒrᵊl] 3 **eine doppelte Moral** double standards ⚠ *Plural*
moralisch moral; **moralisch verpflichtet sein** to be duty-bound
die **Moralpredigt** **jemandem eine Moralpredigt halten** to give someone a sermon
der **Mord** murder; [**einen**] **Mord begehen** to commit [a] murder
der **Mordanschlag** **einen Mordanschlag auf jemanden verüben** to carry out an assassination [ə,sæsɪ'neɪʃᵊn] attempt on someone
die **Morddrohung** murder threat [θret]
morden to kill, to murder
der **Mörder**, die **Mörderin** murderer; (*Frau auch*) murderess
mörderisch 1 (*grässlich*) murderous ['mɜ:dᵊrəs] 2 (*rücksichtslos*) cutthroat ['kʌtθrəʊt]
der **Mordfall** murder case (GB), homicide ['hɒmɪsaɪd] [case] (USA)
die **Mordkommission** murder squad [skwɒd] (GB), homicide division ['hɒmɪsaɪdɪ,vɪʒᵊn] (USA)
der **Mordskrach** terrible din *umgangsspr*
morgen 1 tomorrow [tə'mɒrəʊ]; **morgen früh** tomorrow morning; **bis morgen musst du fertig sein** you've got to have finished by tomorrow 2 **morgen in einer Woche** a week tomorrow; **morgen um diese Zeit** this time tomorrow 3 **von morgen an** as from tomorrow 4 **bis morgen!** see you tomorrow!
der **Morgen** morning; **am Morgen** in the morning; **am frühen Morgen** early in the morning; **am nächsten Morgen** the next morning; **heute/gestern Morgen** this/yesterday morning; **guten Morgen!** good morning!
morgendlich morning
das **Morgenessen** (CH) breakfast [,brekfəst]
das **Morgengrauen** daybreak; **im Morgengrauen** at first light
der **Morgenmuffel** (*umgangsspr*) **ein Morgenmuffel sein** to be terribly grumpy in the morning
morgens in the morning
morgig 1 (*von morgen*) tomorrow's 2 (*am nächsten Tag*) tomorrow; **unser morgiger**

M

Ausflug our trip tomorrow; **der morgige Tag** tomorrow

das **Morphium** morphine

morsch rotten, brittle

das **Morsealphabet** Morse code

der **Mörtel** mortar

das **Mosaik** mosaic [məˈzeɪɪk]

Mosambik Mozambique [ˌməʊzæmˈbiːk]

die **Moschee** mosque [mɒsk]

der **Moschus** musk

die **Mosel** Moselle

Moskau Moscow [ˈmɒskəʊ]

der **Moskito** mosquito [mɒsˈkiːtəʊ]

das **Moskitonetz** mosquito [mɒsˈkiːtəʊ] net

der **Moslem** Muslim [ˈmʊzlɪm]

moslemisch Muslim

der **Most** ① (*Saft*) fruit juice [ˈfruːtdʒuːs] ② (*Obstwein*) cider [ˈsaɪdəʳ]

das **Motiv** ① (*Beweggrund*) motive [ˈməʊtɪv] ② (*Gegenstand*) subject ③ *in der Malerei:* motif [məʊˈtiːf]; *in der Musik:* theme

die **Motivation** motivation [ˌməʊtɪˈveɪʃᵊn]

motivieren to motivate [ˈməʊtɪveɪt]

die **Motivierung** motivation

der **Motor** motor; (*Verbrennungsmotor*) engine [ˈendʒɪn]

das **Motorboot** motorboat

die **Motorfahrzeugsteuer** (CH) motor vehicle [ˈvɪəkl̩] tax, road tax (GB)

die **Motorhaube** bonnet (GB), hood (USA)

das **Motorrad** motorbike

der **Motorradfahrer**, die **Motorradfahrerin** motorcyclist [ˈməʊtəʳˌsaɪklɪst]

der **Motorroller** [motor] scooter

der **Motorschaden** engine breakdown

der **Motorsport** motor racing [-ˌreɪsɪŋ]

die **Motte** moth

die **Mottenkugel** mothball

das **Motto** motto; *in Buch:* epigraph [ˈepɪɡrɑːf]

motzen (*slang*) to whinge [(h)wɪndʒ]

das **Mountainbike** [ˈmaʊntn̩baɪk] mountain bike

der **Mountainbiker**, die **Mountainbikerin** mountain biker

die **Möwe** seagull

Mozambique Mozambique [ˌməʊzæmˈbiːk]

der **MP3-Player** [ɛmpeːˈdraɪˌpleːɐ] MP3 Player

die **Mücke** gnat [næt], midge [mɪdʒ], mosquito [mɒsˈkiːtəʊ]

der **Mückenstich** gnat [ˈnæt] bite, mosquito [mɒsˈkiːtəʊ] bite

der **Mucks** (*umgangsspr*) **keinen Mucks sagen** to not make a sound; **ohne einen Mucks** without a murmur

mucksmäuschenstill (*umgangsspr*) as quiet as a mouse

müde ① (*schläfrig*) tired [taɪəd]; **ich bin müde** I'm tired; **er wird langsam müde** he's getting tired now ② (*überdrüssig*) tired, weary [ˈwɪəri]; **er wird es nie müde, über Politik zu sprechen** he never tires of talking about politics

die **Müdigkeit** tiredness [ˈtaɪədnəs]

der **Muffel** (*umgangsspr*) grump, wet blanket

muffig ① *Geruch:* musty ② (*mürrisch*) grumpy

die **Mühe** trouble [ˈtrʌbl]; **sich Mühe geben, etwas zu tun** to make an effort to do something; **das ist nicht der Mühe wert** it's not worth the trouble [*oder* effort]; **jemandem viel Mühe machen** to put someone to a lot of trouble; **mit Müh und Not** with great difficulty

mühelos effortless

mühevoll laborious [ləˈbɔːriəs]

die **Mühle** ① mill ② *für Kaffee usw.:* grinder ③ (*Spiel*) nine men's morris

mühsam ① arduous [ˈɑːdjuəs] ② with difficulty

mühselig laborious

der **Mulatte**, die **Mulattin** mulatto

die **Mulde** hollow

der **Müll** refuse [ˈrefjuːs], rubbish (GB), garbage [ˈɡɑːbɪdʒ] (USA)

die **Müllabfuhr**, die **Müllbeseitigung** refuse [ˈrefjuːs] collection, garbage [ˈɡɑːbɪdʒ] collection (USA)

die **Mullbinde** gauze bandage [ˌɡɔːzˈbændɪdʒ]

der **Müllcontainer** rubbish container, garbage container (USA)

die **Mülldeponie** waste disposal site (GB), sanitary landfill (USA)

der **Mülleimer** rubbish bin (GB), garbage can (USA)

der **Müllhaufen** rubbish heap, garbage heap (USA)

die **Mülltonne** dustbin (GB), garbage can (USA)

die **Mülltrennung** waste separation [ˌsepᵊrˈeɪʃᵊn]

> **L** Die Mülltrennung und das Recycling setzen sich auch in Großbritannien immer mehr durch. Heutzutage findet man z.B. überall **bottle banks** (= Altglascontainer). Oft stehen sie zusammen mit Behältern für Blechdosen, Altpapier und manchmal auch für Altkleider. Gebrauchte Kleidung wird jedoch meist den **charity shops** gegeben. Es liegt jedoch oft an dem einzelnen Bürger, seine Wertstoffe selber zu entsorgen, da diese nicht von der Müllabfuhr abgeholt werden.

die **Müllverbrennungsanlage** incineration [ɪnˌsɪnᵊrˈeɪʃᵊn] plant

der **Müllwagen** dustcart (GB), garbage truck (USA)

mulmig (*umgangsspr*) **mir wird ganz mulmig zumute** I'm feeling queasy [ˈkwiːzi]

multiethnisch *Gesellschaft, Schulklasse:* multiethnic

multikulturell multicultural

multinational multinational

die **multiple Sklerose** multiple sclerosis [ˌmʌltɪpl̩skləˈrəʊsɪs]

multiplizieren (*auch übertragen*) **etwas mit etwas multiplizieren** to multiply something by something

multitasken [ˈmʊltiˌtaːskn̩] (*umgangsspr*) to

multitask

die **Mumie** mummy

der **Mumm** (*umgangsspr*) **die hat Mumm [in den Knochen]** she's got guts *Plural*

der **Mumps** mumps

der **Mund** mouth [maʊθ] ▶ WENDUNGEN: **halt den Mund!** shut up!; **da läuft einem ja das Wasser im Munde zusammen!** that looks really mouth-watering!; **sich etwas vom Munde absparen** to scrimp and save for something; **den Mund ziemlich voll nehmen** to brag

die **Mundart** dialect

munden **sich etwas munden lassen** to savour ['seɪvəʳ] something

münden ① *Wasserlauf:* to flow (**in** into) ② (*auch übertragen*) *Weg:* to lead [li:d] (**auf/in** into)

der **Mundgeruch** bad breath [breθ]

die **Mundharmonika** mouth organ

mündig ① of age ② (*verantwortungsbewusst*) responsible [rɪ'spɒnsəbl]

mündlich verbal ['vɜ:bᵊl]; **die mündliche Prüfung** the oral [ɔ:rᵊl] examination, oral test

die **Mundpropaganda** verbal propaganda

die **Mündung** mouth [maʊθ]; *einer Schusswaffe:* muzzle ['mʌzl]

das **Mundwasser** mouthwash ['maʊθwɒʃ]

das **Mundwerk** **ein großes Mundwerk haben** to have a big mouth

die **Mund-zu-Mund-Beatmung** mouth-to-mouth resuscitation [rɪˌsʌsɪ'teɪʃᵊn]

die **Munition** (*auch übertragen*) ammunition [ˌæmjə'nɪʃᵊn]

das **Münster** (*Gebäude*) cathedral [kə'θi:drəl], minster

munter ① (*lebhaft*) lively ['laɪvli]; (*lustig*) cheerful ② (*wach*) awake ③ **gesund und munter** fit as a fiddle, hale and hearty

der **Münzautomat** slot machine [-məˌʃi:n]

die **Münze** coin

der **Münzfernsprecher** ① (*Gerät*) payphone ② (*Zelle*) callbox

mürbe ① *Gebäck:* crumbly ② *Fleisch:* tender ③ *Gestein:* brittle ④ (*übertragen*) worn-down; **jemanden mürbe machen** to wear [weəʳ] someone down

der **Mürb(e)teig** short pastry [-ˌpeɪstri]

murmeln murmur; (*unverständlich*) mumble, mutter

das **Murmeltier** marmot GB, groundhog USA ▶ WENDUNGEN: **wie ein Murmeltier schlafen** (*umgangsspr*) to sleep like a log

mürrisch ① (*übel gelaunt*) grumpy ② (*abweisend*) morose, sullen ['sʌlᵊn]

die **Muschel** ① mussel ② (*Muschelschale*) shell ③ (*Telefonmuschel*) mouthpiece ['maʊθpi:s]

die **Museen** museums [mju:'zi:əmz]

das **Museum** museum [mju:'zi:əm]

die **Musik** music ['mju:zɪk]; **Musik machen** to play some music

musikalisch musical ['mju:zɪkᵊl]

der **Musikant**, die **Musikantin** musician [mju:'zɪʃᵊn]

der **Musiker**, die **Musikerin** musician [mju:'zɪʃᵊn]

die **Musikhochschule** college ['kɒlɪdʒ] of music

das **Musikinstrument** musical instrument

die **Musikkapelle** band

der **Musiklehrer**, die **Musiklehrerin** music teacher

der **Musikunterricht** music lessons *Plural*

musizieren to play instruments *Plural*

die **Muskatnuss** nutmeg

der **Muskel** muscle ['mʌsl̩]

der **Muskelkater** (*umgangsspr*) aching muscles *Plural* ['eɪkɪŋ 'mʌsl̩z]; **Muskelkater haben** to be stiff

der **Muskelprotz** (*umgangsspr*) muscleman ['mʌsl̩mæn]

die **Muskelzerrung** pulled muscle ['mʌsl̩]

die **Muskulatur** muscles ['mʌsl̩z] *Plural*

muskulös muscular ['mʌskjələʳ]

das **Müsli** muesli ['mu:zli]

das **Muss** **es ist kein Muss** it's not a must

die **Muße** leisure ['leʒəʳ]; **dafür habe ich keine Muße** I don't have the time [for it]

müssen ① (*gezwungen sein*) to have to, must; **ich muss es nicht tun** I don't have to do it; **ich hätte es tun müssen** I should have done it; **musst du jetzt unbedingt gehen?** do you really have to go now?; **das muss leider sein** I'm afraid it has to be ② (*eigentlich sollen*) ought [ɔ:t] to, should; **sein Gesicht hätten Sie sehen müssen** you ought to have seen his face ③ (*Vermutung*) **ich muss es wohl verloren haben** I must have lost it; **das müsste eigentlich reichen** this should be enough [ɪ'nʌf]; **das Haus muss hier irgendwo sein** the house has got to be somewhere around here ④ **das musst du wissen** you have to decide that

müßig ① (*untätig*) idle ['aɪdl̩] ② (*überflüssig*) pointless

das **Muster** ① (*Probestück*) sample ② *eines Stoffes:* pattern

mustern ① (*kritisch betrachten*) to scrutinize ['skru:tɪnaɪz] ② (*beim Militär*) **jemanden mustern** to give someone his/her medical

die **Musterung** (*Wehrdienst*) medical [examination] [for military service]

der **Mut** ① (*Tapferkeit*) courage ['kʌrɪdʒ]; **den Mut verlieren** to lose heart [hɑ:t]; **nur Mut!** take courage!; **jemandem Mut machen** to encourage someone ② (*Gefühl*) **mir ist nicht zum Lachen zu Mute** I am not in the mood for laughing ['lɑ:fɪŋ]; **wie ist dir zu Mute?** how do you feel?

mutig brave, courageous [kə'reɪdʒəs]

mutlos discouraged [dɪ'skʌrɪdʒd]; **jemanden mutlos machen** to discourage someone

die **Mutlosigkeit** despondency, dejection

M

die **Mutter**[1] *einer Schraube:* nut
die **Mutter**[2] (*Elternteil*) mother ['mʌðəʳ]; **Mutter Gottes** Mother of God
mütterlich maternal, motherly
das **Muttermal** birthmark, mole
das **Muttersöhnchen** (*abwertend umgangsspr*) mummy's boy
die **Muttersprache** mother tongue [tʌŋ]
der **Muttersprachler**, die **Muttersprachlerin** native speaker
der **Muttertag** Mother's Day
die **Mutti** (*umgangsspr*) mummy (GB), mommy (USA)
die **Mütze** cap
MwSt. *Abkürzung von* **Mehrwertsteuer** VAT [ˌviːeɪ'tiː]
mysteriös mysterious [mɪ'stɪəriəs]
die **Mystik** mysticism ['mɪstɪsɪzᵊm]
mystisch mystic[al] ['mɪstɪk(ᵊl)]
der **Mythos** ① (*Gerücht*) myth [mɪθ] ② (*Sage*) story, legend ['ledʒənd]

Nn

N, **n** N, n [en]
N *Abkürzung von* **Norden** N
na (*umgangsspr*) well; **na also** [*oder* **bitte**]**!** there you are!; **na und?** so what?; **na, und ob!** you bet!; **na warte!** just you wait!; **na so was!** well, I never!; **na endlich!** at last!; **na, siehst du!** well, there you are!
der **Nabel** navel, umbilicus [ʌm'bɪlɪkəs]
die **Nabelschnur** umbilical [ʌm'bɪlɪkḷ] cord
nach ① (*zeitlich*) after; **nach zwanzig Minuten** after twenty minutes; **zwei Minuten nach eins** two minutes past [*oder* (USA) after] one; **einer nach dem anderen** one after the other ② (*die Richtung angebend*) to; **gehen Sie bitte nach hinten/vorn** please go [*oder* move] to the back/front; **der Zug nach Manchester** the train for [*oder* to] Manchester; **nach Hause** home ③ (*gemäß*) according [ə'kɔːdɪŋ] to; (*in Anlehnung an*) after; **nach dem Gesetz** according to the law; **nach einem Roman von Bowles** after a novel by Bowles ④ **nach und nach** little by little; **nach wie vor** still ⑤ **wir müssen ihm nach** we must follow him
nachahmen to imitate ['ɪmɪteɪt]
die **Nachahmung** imitation
der **Nachbar**, die **Nachbarin** neighbour ['neɪbəʳ]
das **Nachbarhaus** neighbouring ['neɪbᵊrɪŋ] house, house next door
die **Nachbarschaft** neighbourhood ['neɪbəhʊd]
nachbeten (*umgangsspr*) to parrot
nachdem after; **je nachdem** it [all] depends; **je nachdem, wie …** depending on how …
nachdenken to think (**über** about)
nachdenklich pensive, thoughtful ['θɔːtfᵊl]
der **Nachdruck** (*Betonung*) emphasis ['emfəsɪs], stress
nachdrücklich emphatic [ɪm'fætɪk]
nacheifern **jemandem nacheifern** to emulate ['emjəleɪt] someone
nacheinander ① (*räumlich*) one after another ② (*zeitlich*) in succession [sək'seʃᵊn]
nachempfinden to feel; **das kann ich Ihnen nachempfinden** I can understand your feelings
nacherzählen to retell
nachfahren to follow [on]
die **Nachfolge** succession [sək'seʃᵊn]; **jemandes Nachfolge antreten** to succeed [sək'siːd] someone
der **Nachfolger**, die **Nachfolgerin** successor [sək'sesəʳ]
die **Nachforschung** enquiry [ɪn'kwaɪəri] (GB), inquiry [ɪn'kwaɪəri] (USA); *der Polizei:* investigation; **Nachforschungen anstellen** to make enquiries
die **Nachfrage** (*Verlangen*) demand (**nach** for)
nachfragen to ask, to enquire [ɪn'kwaɪəʳ] (GB), to inquire (USA)
nachfühlen to feel; **das kann ich dir nachfühlen** I can understand your feelings
nachfüllen ① to refill [ˌriː'fɪl] ② (*nachschenken*) to top up
der **Nachfüllpack**, die **Nachfüllpackung** refill ['riːfɪl] [pack]
nachgeben ① (*federn*) to give ② (*übertragen*) **jemandem/einer Sache nachgeben** to give way to someone/something ③ *Börsenkurse:* to drop, to fall
nachgehen ① (*folgen*) to follow ② (*ausüben*) to practise; *Studium, Interessen:* to pursue [pə'sjuː] ③ (*erforschen*) to investigate, to look into ④ **jemandem nachgehen** *Ereignisse, Tod:* to haunt [hɔːnt] someone ⑤ *Uhr:* to be slow
nachgiebig ① (*weich*) soft; (*entgegenkommend*) compliant [kəm'plaɪənt] ② (*biegsam*) pliable ['plaɪəbl]
nachgucken (*umgangsspr*) to check, to have a look
nachhaltig lasting, sustained [sə'steɪnd]
nachhelfen **jemandem/einer Sache nachhelfen** to give someone/something a helping hand

nachher ① (*später*) later ② (*womöglich*) **nachher sagt er noch, dass ...** he might just claim that ... ③ **bis nachher!** so long!, see you later!
die **Nachhilfe** extra [*oder* private] tuition [tju'ɪʃᵊn]
die **Nachhilfestunde** private lesson
nachholen ① (*Versäumtes aufholen*) to make up [for] ② (*nachkommen lassen*) **jemanden nachholen** to let someone [*oder* get someone to] join one
nachjagen ① to chase after ② (*übertragen*) **einer Sache nachjagen** to pursue [pə'sju:] something
nachkaufen ① (*zeitlich*) to buy [baɪ] later ② (*als Ersatz*) to buy replacements [rɪ'pleɪsmənts] [for]
der **Nachkomme** descendant [dɪ'sendənt]
nachkommen ① (*später kommen*) to come later; (*folgen*) to follow ② (*Schritt halten*) to keep up (**mit** with)
die **Nachkriegszeit** post-war period
der **Nachlass** ① (*Preisnachlass*) discount, reduction (**auf** on) ② (*Erbschaft*) estate
nachlassen ① to reduce [rɪ'dju:s] *Preis* ② (*abnehmen*) to decrease [dɪ'kri:s] ③ (*sich abschwächen*) to ease off; *Sturm:* to abate
nachlässig careless, negligent ['neglɪdʒənt]
die **Nachlässigkeit** carelessness ['keələsnəs], negligence ['neglɪdʒən(t)s]
nachlaufen **jemandem/einer Sache nachlaufen** (*auch übertragen*) to run after someone/something
nachlösen **eine Fahrkarte nachlösen** to buy a ticket on the train
nachmachen ① (*nachahmen*) to copy, to imitate [ɪmɪteɪt] ② (*fälschen*) to forge [fɔ:dʒ]; (*kopieren*) to copy ③ (*parodieren*) to mimic ▶ WENDUNGEN: **das soll mir mal jemand nachmachen!** I'd like to see someone else do that!
nachmessen to check
der **Nachmittag** afternoon; **am Nachmittag** in the afternoon; **am Nachmittag des 10. März** on the afternoon of March 10th; **heute Nachmittag** this afternoon; **gestern Nachmittag** yesterday afternoon
nachmittags in the afternoon
die **Nachnahme** cash [*oder* (USA) collect] on delivery
die **Nachnahmegebühr** COD charge
der **Nachname** last name, surname ['sɜ:neɪm]
nachprüfen to check; (*auf Richtigkeit*) to verify ['verɪfaɪ]
nachreichen to hand in later
die **Nachricht** ① (*Mitteilung*) message ['mesɪdʒ] ② (*Meldung*) news ③ (*Bestätigung*) confirmation [ˌkɒnfə'meɪʃᵊn] ④ **die Nachrichten** the news

> **V** **news** wird meist im Singular gebraucht: *the news is good; is there any news of Norman?; here is today's news*

die **Nachrichtenagentur** news agency [-ˌeɪdʒᵊn(t)si]
der **Nachrichtendienst** intelligence service [ɪn'telɪdʒᵊn(t)sˌsɜ:vɪs]
der **Nachrichtensprecher**, die **Nachrichtensprecherin** newsreader ['nju:zˌri:dəʳ] (GB), newscaster ['nju:zkɑ:stəʳ] (USA)
nachrüsten ① to refit *Gerät, Auto* ② *Armee:* to rearm [ˌri:'ɑ:m], to deploy new arms
nachsagen ① (*wiederholen*) to repeat [rɪ'pi:t] ② **jemandem etwas nachsagen** (*behaupten*) to say something of someone
die **Nachsaison** off season, low season (GB)
nachschauen ① (*prüfen*) to have a look ② **jemandem/einer Sache nachschauen** to gaze after someone/something ③ to look up *Wort*
nachschicken to forward ['fɔ:wəd] *Briefe*
nachschlagen ① to look up *Wort* ② (*ähneln*) **jemandem nachschlagen** to take after someone
der **Nachschub** ① (*Verstärkung*) reinforcements [ˌri:ɪn'fɔ:smənts] *Plural* ② (*Verpflegung*) supplies *Plural* (**an** of)
nachschwätzen (A) to parrot
das **Nachsehen** **das Nachsehen haben** to be left standing
nachsehen ① to look up *Information* ② **jemandem etwas nachsehen** to forgive [fə'gɪv] someone for something ③ (*überprüfen*) to check ④ **jemandem/einer Sache nachsehen** to gaze after someone/something ⑤ (*prüfen*) to have a look
nachsenden to forward *Briefe*
die **Nachsicht** forbearance [fɔ:'beərən(t)s], leniency ['li:niənsi]; **Nachsicht üben** to be lenient [*oder* forbearing]
nachsichtig ① (*geduldig*) forbearing [fɔ:'beərɪŋ] (**mit** with) ② (*mild*) lenient ['li:niənt] (**mit** towards)
nachsitzen to be kept in, to get detention
die **Nachspeise** dessert [dɪ'zɜ:t]
das **Nachspiel** ① (*im Theater*) epilogue ['epɪlɒg] ② (*eines Musikstücks*) closing section ③ (*übertragen*) sequel ['si:kwəl]
nachspielen ① to play *Musikstück* ② (*beim Fußball*) to play extra time
nachsprechen **jemandem etwas nachsprechen** to repeat [rɪ'pi:t] something after someone; **jemandem nachsprechen** to repeat what someone says
nächst **nächst zu jemandem** beside someone
der/die **Nächste** ① next one ② (*Mitmensch*) neighbour ['neɪbəʳ]
nächste ① nearest ② (*zeitlich oder räumlich folgend*) next; **nächsten Mittwoch** next Wednesday ③ *Verwandte:* closest ④ **aus nächster Nähe** from close by
nachstellen ① (*neu justieren*) to readjust

N

[ˌriːəˈdʒʌst]; to put back *Uhr* ② **jemandem nachstellen** (*ihn verfolgen*) to pursue [pəˈsjuː] someone; (*ihn belästigen*) to pester someone

die **Nächstenliebe** compassion [kəmˈpæʃᵊn]; **Nächstenliebe üben** to love one's neighbour [*oder* (USA) neighbor] [as oneself] [ˈneɪbəʳ]

nächstliegend most plausible

das **Nächstliegende** (*übertragen*) **das Nächstliegende** the most obvious [ˈɒbviəs] thing

die **Nacht** (*auch übertragen*) night [naɪt]; **bei** [*oder* **in der**] **Nacht** at night; **bei Nacht und Nebel** (*umgangsspr*) at dead of night; **die ganze Nacht hindurch** all night [long]; **über Nacht** (*auch übertragen*) overnight; **diese Nacht** tonight [təˈnaɪt]; **über Nacht bleiben** to stay the night; **gute Nacht!** good night

die **Nachtarbeit** night work

der **Nachteil** ① disadvantage [ˌdɪsədˈvɑːntɪdʒ] ② (*Schaden*) detriment

nachteilig ① (*von Nachteil*) disadvantageous [ˌdɪsˌædvənˈteɪdʒəs] ② (*ungünstig*) unfavourable [ʌnˈfeɪvᵊrəbl̩]

nächtelang for nights on end

nachten (CH) to grow dark

das **Nachtessen** (CH) supper, evening meal

die **Nachteule** (*umgangsspr*) nightbird [ˈnaɪtˌbɜːd]

das **Nachthemd** (*für Damen*) nightdress [ˈnaɪtdres]; (*umgangsspr*) nightie [ˈnaɪti]; (*für Herren*) nightshirt [ˈnaɪtʃɜːt]

N

die **Nachtigall** nightingale [ˈnaɪtɪŋgeɪl]

der **Nachtisch** dessert [dɪˈzɜːt]

der **Nachtklub** night club

das **Nachtleben** night life

das **Nachtlokal** nightspot

der **Nachtrag** ① *zu einem Buch:* supplement [ˈsʌplɪmənt]; *zu einem Manuskript:* addendum [əˈdendəm] ② *zu einem Brief:* postscript [ˈpəʊstskrɪpt]

nachtragen ① (*hinterhertragen*) to carry after ② (*hinzufügen*) to add ③ **jemandem etwas nachtragen** (*übertragen*) to bear someone a grudge for something

nachtragend unforgiving [ˌʌnfəˈgɪvɪŋ]

nachträglich ① (*zusätzlich*) additional [əˈdɪʃᵊnᵊl] ② (*später*) later ③ (*verspätet*) belated [bɪˈleɪtɪd]; **nachträglich herzlichen Glückwunsch** belated best wishes *Plural*

nachtrauern jemandem/einer Sache nachtrauern to mourn [mɔːn] the loss of someone/something

nachts at night [naɪt] (GB), nights (USA); **bis 2 Uhr nachts** till two in the morning

die **Nachtschicht** nightshift; **Nachtschicht haben** to be on nightshift

die **Nachtschwester** night nurse

der **Nachttisch** bedside table

die **Nachtwache** night duty ⚠ *ohne Artikel*

der **Nachtwächter**, die **Nachtwächterin** ① night guard [gɑːd] ② (*früher in Städten*) [night] watch

die **Nachuntersuchung** follow-up examination

nachvollziehbar comprehensible [ˌkɒmprɪˈhensɪbl]

nachvollziehen to comprehend [ˌkɒmprɪˈhend]

nachweinen jemandem/einer Sache nachweinen to shed tears [tɪəz] over someone/something

der **Nachweis** ① (*Beweis*) proof (**für/über** of) ② (*Bescheinigung*) certificate [səˈtɪfɪkət]

nachweisbar ① (*beweisbar*) provable [ˈpruːvəbl] ② (*auffindbar*) detectable

nachweisen ① (*beweisen*) to prove [pruːv] ② to detect *Fehler*

nachwerfen jemandem etwas nachwerfen to throw [θrəʊ] something after someone; (*umgangsspr*) to give someone something on the cheap

die **Nachwirkung** ① (*spätere Wirkung*) after-effect ② (*Auswirkung*) consequence [ˈkɒn(t)sɪkwən(t)s]

der **Nachwuchs** ① (*beruflich*) young [jʌŋ] people *Plural* ② (*humorvoll: Nachkommen*) offspring *Plural*

nachzahlen ① (*mehr zahlen*) to pay extra ② (*später zahlen*) to pay later

die **Nachzahlung** back payment

nachziehen ① to drag behind one *Bein* ② to pencil [ˈpen(t)sᵊl] over *Augenbrauen* ③ to tighten [ˈtaɪtᵊn] up *Schraube* ④ (*hinterherziehen*) to follow

der **Nachzügler**, die **Nachzüglerin** (*auch übertragen*) latecomer

der **Nacken** neck

nackt ① *Person:* naked [ˈneɪkɪd], nude [njuːd] ② *Körperteil:* bare [beəʳ]; **die nackte Wahrheit** the naked truth

die **Nacktheit** ① *von Mensch:* nudity [ˈnjuːdəti] ② (*Kahlheit*) bareness [ˈbeənəs]

die **Nadel** needle; (*Anstecknadel*) pin

der **Nadelbaum** conifer

der **Nagel** nail; (*großer*) spike; (*hölzerner*) peg ▶ WENDUNGEN: **den Nagel auf den Kopf treffen** to hit the nail on the head; **Nägel mit Köpfen machen** to do the job properly; **etwas an den Nagel hängen** to chuck something in *umgangsspr;* **sich etwas unter den Nagel reißen** to pinch something *umgangsspr*

die **Nagelfeile** nail file

der **Nagellack** nail varnish

der **Nagellackentferner** nail polish [*oder* varnish] remover

nageln to nail (**an** to)

nagelneu (*umgangsspr*) brand-new

nagen ① (*auch übertragen*) to gnaw [nɔː] (**an** at); (*knabbern*) to nibble (**an** at) ② (*zerfressen*) to eat (**an** into)

nagend ① *Hunger:* gnawing ['nɔːɪŋ] ② *Zweifel:* nagging

das **Nagetier** rodent

nah ① (*räumlich*) close [kləʊs], near (**an/bei** to), nearby; **von Nahem** from close up ② **nahe der Kirche** close to [*oder* near] the church ③ (*zeitlich*) approaching [ə'prəʊtʃɪŋ], near; **die nahe Zukunft** the near future ④ **ich war den Tränen nahe** I was on the verge [vɜːdʒ] of tears ⑤ (*eng, befreundet*) close ▶ WENDUNGEN: **der Nahe Osten** the Middle East

die **Nähe** ① (*räumlich*) nearness, proximity; (*Nachbarschaft*) neighbourhood ['neɪbəhʊd], vicinity [vɪ'sɪnəti]; **es ist ganz in der Nähe** it is quite near; **in unmittelbarer Nähe** in close proximity; **in der/unserer Nähe** close by [us]; **aus der Nähe** from close up ② (*zeitlich*) closeness

nahebei nearby

nahebringen **jemandem etwas nahebringen** to bring something home to someone

nahegehen **jemandem nahegehen** to upset [ʌp'set] someone

nahekommen **einander** [*oder* **sich**] **nahekommen** to become close

nahelegen **jemandem etwas nahelegen** to suggest [sə'dʒest] something to someone

naheliegend obvious ['ɒbviəs]

nahen to approach [ə'prəʊtʃ]

nähen to sew [səʊ]

> **G** Richtiges Konjugieren von **to sew**: sew, sewed, sewn
> *it's difficult to sew in a straight line;*
> *her grandmother sewed the teddy's ears back on;*
> *the tailor has sewn the hem on my dress*

näher ① (*räumlich*) nearer [nɪərəʳ]; **einer Sache näher sein** to be closer [*oder* nearer] to something ② (*zeitlich*) closer ③ (*eingehender*) more detailed; **können Sie das näher beschreiben?** could you describe that in more detail? ④ (*enger*) closer; **die nähere Umgebung** the immediate vicinity [və'sɪnəti] ⑤ (*räumlich, zeitlich*) closer, nearer; **bitte treten Sie näher!** please step up!; **näher kommen** to come nearer; **jemandem näher kommen** to get closer to someone ⑥ (*genauer*) more closely; **näher kennen lernen** to get to know better

das **Nähere** details *Plural;* **ich möchte Näheres darüber erfahren** I would like to know more about it

die **Näherin** seamstress

nähern **sich jemandem/einer Sache nähern** to approach [ə'prəʊtʃ] someone/something, to get closer to someone/something

nahetreten **jemandem nahetreten** to become familiar with someone

nahezu almost, nearly

das **Nähgarn** [sewing] thread

der **Nahkampf** ① *im Krieg:* close [kləʊs] combat ② *im Sport:* clinch

die **Nähmaschine** sewing machine ['səʊɪŋməʃiːn]

die **Nähnadel** [sewing] needle

nähren ① (*ernähren*) to feed ② (*übertragen*) to cherish, to foster, to nourish ['nʌrɪʃ] ③ (*nahrhaft sein*) to be nourishing ['nʌrɪʃɪŋ]

nahrhaft ① *Essen:* nourishing ['nʌrɪʃɪŋ], nutritious [njuː'trɪʃəs] ② *Boden:* fertile ['fɜːtaɪl]

der **Nährstoff** nutrient ['njuːtriənt]

die **Nahrung** food

das **Nahrungsmittel** foodstuff

die **Nahrungsmittelindustrie** food industry

die **Nahrungsmittelvergiftung** food poisoning

der **Nährwert** nutritional value

die **Naht** ① (*Saum*) seam ② (*in der Chirurgie*) suture ['suːtʃəʳ] ③ (*in der Technik*) joint

der **Nahverkehr** local traffic

der **Nahverkehrszug** local train, commuter train

naiv naive [naɪ'iːv]

die **Naivität** naivety [naɪ'iːvəti]

der **Name** ① name; **unter dem Namen xy** under the name of xy; **seinen Namen nennen** to give one's name; **dem Namen nach** by name; **im Namen der Gerechtigkeit** in the name of justice ② (*Ruf*) name, reputation [ˌrepjə'teɪʃᵊn] ▶ WENDUNGEN: **in Gottes Namen, ja!** (*umgangsspr*) for heaven's sake, yes!

namenlos ① (*ohne Namen*) nameless; (*anonym*) anonymous [ə'nɒnɪməs] ② (*äußerst*) unutterably

namens ① (*genannt*) by the name of, named ② (*im Auftrag von*) in the name of, on behalf [bɪ'hɑːf] of

der **Namenstag** name day, saint's day

nämlich ① (*und zwar*) namely ② (*umgangsspr: weil*) because; **ich kann nicht kommen, ich habe nämlich noch zu tun** I can't come because I've still got some work to do

der **Napf** bowl

die **Narbe** ① (*auch übertragen*) scar [skɑːʳ] ② (*Ledernarbe*) grain ③ *einer Pflanze:* stigma

die **Narkose** an[a]esthesia [ˌænəs'θiːziə]

der **Narr** ① fool ② (*Hofnarr*) jester ▶ WENDUNGEN: **jemanden zum Narren halten** to make a fool of someone; **einen Narren an jemandem/etwas gefressen haben** to dote on someone/something

die **Närrin** fool

närrisch foolish, crazy

die **Narzisse** narcissus [nɑː'sɪsəs]

naschen ① (*Süßigkeiten essen*) to eat sweet things [secretly] ② (*verstohlen probieren*) to pinch a bit ③ **etwas naschen** to nibble something

die **Naschkatze** (*umgangsspr*) **eine Naschkatze**

N

sein to have a sweet tooth

die **Nase** (*auch übertragen*) nose ▶WENDUNGEN: **auf der Nase liegen** (*umgangsspr: hingefallen sein*) to be flat on one's face; (*krank sein*) to be laid up; **jemanden vor die Nase gesetzt bekommen** (*umgangsspr*) to have someone put above [*oder* appointed over] one; **jemandem etwas unter die Nase reiben** (*umgangsspr*) to rub someone's nose in something; **jemandem auf der Nase herumtanzen** (*umgangsspr*) to play someone up; **seine Nase in alles hineinstecken** (*umgangsspr*) to stick one's nose into everything; **jemanden an der Nase herumführen** to lead someone by the nose; **jemandem die Tür vor der Nase zuschlagen** to slam the door in someone's face; **die Nase voll haben von ...** (*umgangsspr*) to be fed up with ...

das **Nasenbluten** nosebleed; **er hat Nasenbluten** his nose is bleeding

das **Nashorn** rhinoceros [raɪ'nɒsᵊrəs]

nass wet; **nass bis auf die Haut** soaked to the skin

die **Nässe** wetness; **vor Nässe schützen** to keep dry

nasskalt chilly and damp

das **Nastuch** (CH) handkerchief ['hæŋkətʃiːf]

das **Natel** (CH) ① mobile ['məʊbaɪl] phone, cellphone (USA) ② (*Mobilfunknetz*) cellular network

die **Nation** nation ['neɪʃᵊn]

national national ['næʃᵊnᵊl]

die **Nationalhymne** national anthem

der **Nationalismus** nationalism

der **Nationalist**, die **Nationalistin** nationalist

nationalistisch nationalist[ic]

die **Nationalität** nationality [ˌnæʃᵊn'æləti]

die **Nationalmannschaft** national team

der **Nationalrat** National Assembly; (A), (CH) National Council ['kaʊn(t)sᵊl]

der **Nationalrat**, die **Nationalrätin** Deputy to the National Council; (A), (CH) Member of the National Council

der **Nationalsozialismus** National Socialism ['səʊʃᵊlɪzᵊm]

das **Natrium** sodium

das **Natron** sodium bicarbonate

die **Natter** (*auch übertragen*) adder, viper

die **Natur** ① (*auch Naturzustand*) nature ['neɪtʃəʳ] ② (*freie Natur, Land*) countryside ['kʌntrɪsaɪd] ③ **von Natur aus schüchtern** shy by nature; **das geht mir wider die Natur** that goes against the grain [with me]

das **Naturdenkmal** natural monument

das **Naturereignis** natural phenomenon [fɪ'nɒmɪnən]

der **Naturfreund**, die **Naturfreundin** nature lover

naturgetreu lifelike, true to life

die **Naturheilkunde** naturopathy

die **Naturkatastrophe** natural disaster

der **Naturkostladen** health [helθ] food shop

die **Naturkunde** natural history

natürlich ① natural ② (*selbstverständlich*) of course; **natürlich!** of course!, sure!

die **Natürlichkeit** naturalness

das **Naturprodukt** natural product

der **Naturschutz** nature conservation

das **Naturschutzgebiet** nature reserve [rɪ'zɜːv]

die **Naturwissenschaften** natural sciences ['saɪən(t)sɪz] *Plural*

der **Naturwissenschaftler**, die **Naturwissenschaftlerin** natural scientist ['saɪəntɪst]

naturwissenschaftlich scientific [ˌsaɪən'tɪfɪk]

die **Navigation** navigation [nævɪ'geɪʃᵊn]

das **Navisystem** (*umgangsspr*) satnav

der **Nazi** Nazi

der **Nebel** ① fog; (*dünn*) mist ② (*übertragen*) haze ③ *eines Sterns:* nebula ['nebjələ]

neb(e)lig foggy, misty

der **Nebelscheinwerfer** fog lamp [*oder* (USA) light]

neben ① (*örtlich*) beside, next to ② (*außer*) apart [*oder* (USA) aside] from ③ (*im Vergleich zu*) compared with

nebenan next door

die **Nebenausgaben** additional expenses

nebenbei ① (*zu gleicher Zeit*) at the same time ② (*außerdem*) besides [bɪ'saɪdz], moreover [mɔːʳ'əʊvəʳ] ③ (*beiläufig*) incidentally [ˌɪn(t)sɪ'dentᵊli]; **nebenbei bemerkt** by the way

der **Nebenberuf** second job

die **Nebenbeschäftigung** sideline

der **Nebeneffekt** side effect

nebeneinander ① (*räumlich*) side by side ② (*zeitlich*) at the same time

der **Nebeneingang** side entrance ['entrən(t)s]

das **Nebenfach** subsidiary [səb'sɪdiᵊri] subject (GB), minor (USA)

der **Nebenfluss** tributary ['trɪbjətᵊri]

das **Nebengebäude** outbuilding ['aʊtˌbɪldɪŋ]

nebenher ① (*gleichzeitig*) at the same time ② (*zusätzlich*) in addition

die **Nebenklage** ancillary suit [suːt]

die **Nebenkosten** additional costs *Plural*

die **Nebenrolle** minor part

die **Nebensache** minor matter, trifle ['traɪfl]

nebensächlich minor, unimportant

die **Nebensaison** off-season

nebenstehend in the margin ['mɑːdʒɪn]; **nebenstehende Abbildung** the illustration opposite

die **Nebenstelle** ① (*Telefon*) extension ② (*Vertretung*) agency ['eɪdʒᵊn(t)si]; (*Filiale*) branch

die **Nebenstraße** ① (*innerhalb einer Stadt*) side street ② (*außerhalb der Stadt*) minor road

der **Nebenverdienst** additional income

die **Nebenwirkung** side effect

das **Nebenzimmer** next [*oder* adjoining [ə'dʒɔɪnɪŋ]] room

nebst together [tə'geðəʳ] with

necken ① **jemanden mit etwas necken** to tease someone about something ② **sich necken** to have a tease

der **Neffe** nephew ['nefju:]

das **Negativ** negative

negativ negative

nehmen ① to take ② (*wegnehmen*) to take; to take away *Schmerz* ③ **man nehme ...** take ...; **sich einen Anwalt nehmen** to get a lawyer ['lɔɪəʳ] ④ **etwas zu sich nehmen** to take [*oder* have] something ⑤ **jemanden zu sich nehmen** to take someone in; **etwas auf sich nehmen** to take something upon oneself; **wie viel nehmen Sie dafür?** how much do you take for that? ⑥ **die Dinge nehmen, wie sie kommen** to take things as they come; **sie weiß ihn zu nehmen** she knows how to take him; **wie man's nimmt** (*umgangsspr*) that depends [on your point of view] ⑦ **etwas in die Hand nehmen** to take something in hand; **eine Hürde nehmen** to clear a hurdle *auch übertragen;* **es sich nicht nehmen lassen, etwas zu tun** to insist on doing something

> **G** Richtiges Konjugieren von **to take**: take, took, taken
> *take three eggs and two cups of flour,*
> *Paul took his briefcase to work,*
> *she has taken too many tablets*

der **Neid** envy (**auf** of)

neiden **jemandem etwas neiden** to envy someone something

der **Neider**, die **Neiderin** envious ['enviəs] person

neidisch envious, jealous ['dʒeləs] (**auf** of)

die **Neige** **bis zur bitteren Neige** right to the bitter end; **zur Neige gehen** to draw to an end

neigen ① (*beugen*) to bend; (*senken*) to lower; (*kippen*) to tilt ② **zu etwas neigen** to tend [*oder* to have a tendency] to something ③ **sich neigen** *Ebene:* to slope; *Person:* to bend ④ (*sich verneigen*) to bow [baʊ]

die **Neigung** ① (*Gefälle*) incline ['ɪnklaɪn] ② (*Tendenz*) tendency; (*Hang*) inclination [ˌɪnklɪ'neɪʃᵊn]

nein no; **da sage ich nicht Nein/nein** I wouldn't say no; **nein und nochmals nein!** for the last time: no!; **nein, so was!** well I never!

die **Neinstimme** no[-vote]

der **Nektar** nectar

die **Nektarine** nectarine

die **Nelke** ① (*Blume*) pink; (*gefüllt*) carnation ② (*Gewürz*) clove

nennen ① to call ② (*aufzählen, angeben*) to name ③ (*erwähnen*) to mention ④ **jemanden/etwas nach jemandem nennen** to name someone/something after [*oder* USA for] someone ⑤ **und der nennt sich Musiker!** and he calls himself a musician!

der **Nenner** denominator [dɪ'nɒmɪneɪtəʳ]; **etwas auf einen gemeinsamen Nenner bringen** (*auch übertragen*) to reduce something to a common denominator

der **Neofaschismus** neo-fascism [ˌniəʊ'fæʃɪzᵊm]

das **Neon** neon

der **Neonazi** neo-Nazi

der **Neonazismus** neo-Nazism

neonazistisch neo-Nazi

das **Neonlicht** neon light

der **Nerv** nerve [nɜ:v]; **jemandem auf die Nerven gehen** (*umgangsspr*) to get on someone's nerves; **die Nerven verlieren** to lose control, to lose one's cool *umgangsspr;* **Sie haben Nerven!** (*umgangsspr*) you've got a nerve!

nerven (*umgangsspr*) to irritate; **jemanden nerven** to get on someone's nerves

nervenaufreibend nerve-[w]racking

das **Nervenbündel** (*umgangsspr*) bundle of nerves

die **Nervensäge** (*abwertend umgangsspr*) pain in the neck

das **Nervensystem** nervous system ['nɜ:vəsˌsɪstəm]

der **Nervenzusammenbruch** nervous ['nɜ:vəs] breakdown

nervös nervous ['nɜ:vəs]

die **Nervosität** nervousness ['nɜ:vəsnəs]

der **Nerz** mink

die **Nessel** nettle ▸ WENDUNGEN: **sich in die Nesseln setzen** to put oneself in a [tight] spot

das **Nest** nest; (*abwertend: Kleinstadt*) little place; (*Dorf*) dump

die **Netikette** (*Internet-Benimmregeln*) netiquette ['netɪket]

nett ① (*freundlich*) nice ② (*hübsch*) cute [kju:t], pretty ['prɪti]

netto net

das **Nettoeinkommen** net income

das **Nettogewicht** net weight [weɪt]

der **Nettolohn** net salary

das **Netz** ① net; *einer Spinne:* web ② *Telefon, Computer:* network; (*elektrisch*) grid ③ *für Gepäck:* rack

der **Netzanschluss** mains connection

die **Netzhaut** retina ['retɪnə]

die **Netzspannung** line [*oder* GB mains] voltage

der **Netzstecker** power plug

das **Netzteil** mains adapter GB, power supply unit USA, power pack

das **Netzwerk** network; **soziales Netzwerk** social network

netzwerken (*umgangsspr*) to network

der **Netzwerker**, die **Netzwerkerin** networker

der **Netzzugang** internet access [-ˌækses]

neu ① new; **neueste Nachrichten** latest news;

N

das ist mir neu that's new[s] to me ② (*frisch*) fresh, recent ['riːsᵊnt] ③ **aufs Neue, von neuem** anew [ənjuː] ④ **jemandem ein gutes Neues Jahr wünschen** to wish someone a Happy New Year

der **Neuankömmling** newcomer ['njuːˌkʌməʳ]

die **Neuanschaffung** recent ['riːsᵊnt] acquisition; **wir erwägen die Neuanschaffung eines Autos** we are thinking of buying a new car

neuartig new

die **Neuauflage** new edition

der **Neubau** new building ['bɪldɪŋ]

das **Neubaugebiet** development area; (*schon bebaut*) area of new housing

die **Neubauwohnung** newly-built flat [*oder* (USA) apartment]

der **Neueinsteiger** newcomer

neuerdings recently ['riːsᵊntli]

die **Neuerscheinung** new publication

die **Neuerung** ① innovation ② (*Reform*) reform

Neufundland Newfoundland

neugeboren newborn; **ich fühle mich wie neugeboren** I feel like a new man/woman ['wʊmən]

das **Neugeborene** newborn

die **Neugier(de)** curiosity [ˌkjʊəri'ɒsəti]; **aus Neugierde** out of curiosity

neugierig curious ['kjʊəriəs] (**auf** about)

die **Neuheit** novelty

die **Neuigkeit** [piece of] news *Plural*

N

das **Neujahr** New Year; **Prost Neujahr!** here's to the New Year!

Neukaledonien New Caledonia

neulich recently ['riːsᵊntli], the other day

der **Neuling** newcomer ['njuːˌkʌməʳ]

neumodisch (*umgangsspr*) newfangled

der **Neumond** new moon

die **Neun** ① (*Zahl*) [number] nine ② **die Neun** (*Straßenbahn, Bus*) the number nine [tram/bus]

neun nine; **viertel vor neun** a quarter to nine

neunte(r, s) ① ninth [eɪtθ], 9th ② **wir haben heute den neunten Dezember** today is the ninth of December ③ **ich bin in der neunten Klasse** I'm in Year 9

das **Neuntel** ninth

neuntel ninth

neunzehn nineteen

neunzehnte(r, s) nineteenth

neunzig ninety

neunzigste(r, s) ninetieth

die **Neurodermitis** neurodermatitis

der **Neurologe**, die **Neurologin** neurologist [njʊə'rɒlədʒɪst]

die **Neurose** neurosis [njʊə'rəʊsɪs]

neurotisch neurotic [njʊə'rɒtɪk]

der **Neuschnee** fresh snow

Neuseeland New Zealand [ˌnjuː'ziːlənd]

der **Neuseeländer**, die **Neuseeländerin** New Zealander

neuseeländisch New Zealand

neutral neutral ['njuːtrᵊl]

die **Neutralität** neutrality [njuː'træləti]

das **Neutrum** (*auch übertragen*) neuter ['njuːtəʳ]

neuwertig as [good as] new

der **Newbie** (*Neuling im Internet*) newbie

die **Newsgroup** ['njuːzgruːp] newsgroup

nicht ① (*Verneinung*) not; **er tanzt nicht** he's not dancing; (*nie*) he doesn't dance; **sie wohnt nicht mehr hier** she no longer lives here, she doesn't live here anymore; **nicht mehr als ...** no more than ...; **noch nicht** not yet; **nicht einmal das** not even that; **durchaus nicht/ganz und gar nicht** not at all/by no means; **nicht, dass ich wüsste** not that I know of ② **du kommst nicht? — ich auch nicht!** you're not coming? — me neither!; **ich rauche auch nicht** I don't smoke either ③ (*rhetorisch*) **schön, nicht?** nice, isn't it?; **du kommst/liebst mich doch, nicht wahr?** you're coming, aren't you?/you love me, don't you?; **es ist nicht zu glauben** it is unbelievable [ˌʌnbɪ'liːvəbl]; **was du nicht sagst!** you don't say! ④ **nicht essbar** non-edible; **nicht rostend** stainless; **nicht Zutreffendes streichen** delete where not applicable

der **Nichtangriffspakt** non-aggression pact

die **Nichte** niece [niːs]

nichtig ① invalid [ɪn'vælɪd], void ② (*leer*) empty; (*unbedeutend*) trifling

die **Nichtigkeit** ① (*Ungültigkeit*) invalidity [ˌɪnvə'lɪdəti], voidness ['vɔɪdnəs] ② (*Leere, Eitelkeit*) emptiness, vanity; (*Kleinigkeit*) trifle ['traɪfl]

der **Nichtraucher**, die **Nichtraucherin** non-smoker

das **Nichtraucherabteil** (*im Zug*) non-smoking carriage [-kærɪdʒ]

der **Nichtraucherbereich** non-smoking [*oder* smoke-free] area

das **Nichts** ① nothingness ['nʌθɪŋnəs] ② (*Geringfügigkeit*) trifle ['traɪfl] ③ (*unbedeutender Mensch*) nobody

nichts ① nothing; **ganz und gar nichts, überhaupt nichts** nothing at all; **nichts zu machen!** nothing doing!; **so viel wie nichts** next to nothing ② (*in fragenden oder bedingenden Sätzen*) **nichts als ...** nothing [*oder* not anything] but ...; **haben Sie nichts anderes?** don't you have anything else?; **er hatte nichts bei sich** he didn't have anything on him ► WENDUNGEN: **es macht nichts** it doesn't matter; **nichts zu danken!** don't mention it!; **nichts da!** no chance!; **das ist nichts für mich** that's not my kind of thing; **wenn es weiter nichts ist!** if that's all there is to it!; **nichts sagend** meaningless

der **Nichtschwimmer**, die **Nichtschwimmerin** nonswimmer
nichtsdestoweniger nevertheless
der **Nichtsnutz** good-for-nothing
das **Nickel** nickel
nicken 1 (*auch übertragen*) to nod 2 (*umgangsspr: schlafen*) to snooze
das **Nickerchen** (*umgangsspr*) nap, snooze; **ein Nickerchen machen** to have a nap
nie never; **fast nie** hardly ever; **nie und nimmer** never ever; **nie wieder** never again
nieder 1 low 2 *Triebe:* base 3 *Herkunft:* humble 4 *Arbeiten:* menial 5 **der niedere Adel** the lesser nobility
niederdrücken 1 to press down 2 (*bedrücken*) to depress
niederfallen to fall down
der **Niedergang** decline
niedergehen 1 *Regen:* to fall 2 *Lawine:* to descend [dɪ'send] 3 *Gewitter:* to break
der/die **Niedergelassene** (CH) official resident
niedergeschlagen dejected, depressed
niederknien to kneel [niːl] down
die **Niederlage** (*auch übertragen*) defeat [dɪ'fiːt]; **eine Niederlage erleiden** to suffer a defeat
die **Niederlande die Niederlande** the Netherlands ['neðələnds] ⚠ *Singular oder Plural*
der **Niederländer**, die **Niederländerin** Dutchman/Dutchwoman; **die Niederländer** the Dutch *Plural*
niederländisch Dutch
niederlassen 1 (*gehoben: sich setzen*) to sit down 2 (*seinen Wohnsitz nehmen*) **sich irgendwo niederlassen** to settle down somewhere 3 (*Geschäft eröffnen*) to establish oneself; *Arzt, Anwalt:* to set up a practice ['præktɪs]
die **Niederlassung** 1 *eines Rechtsanwalts:* establishment 2 (*Geschäftsniederlassung*) registered ['redʒɪstəd] office; (*Zweigstelle*) branch
die **Niederlassungsbewilligung** (CH) residence permit [pɜːmɪt]
niederlegen 1 (*hinlegen*) to lay down 2 to resign [rɪ'zaɪn] *Amt* 3 **die Arbeit niederlegen** (*übertragen*) to stop work
die **Niederlegung** *eines Amtes:* resignation [ˌrezɪg'neɪʃᵊn]
der **Niederschlag** (*Regen, Schnee*) precipitation [prɪˌsɪpɪ'teɪʃᵊn]
niederschlagen 1 to knock [nɒk] down *Gegner* 2 to cast down *Augen* 3 to suppress [sə'pres] *Aufstand* 4 to dismiss [dɪs'mɪs] *Gerichtsverfahren* 5 **sich in etwas niederschlagen** to result [rɪ'zʌlt] in something
niederschmetternd (*übertragen*) shattering
niederstrecken 1 to lay low 2 **sich niederstrecken** to stretch out
die **Niedertracht** despicableness [dɪ'spɪkəblnəs], vileness
niederträchtig despicable [dɪ'spɪkəbl], vile, mean
niedertreten to trample down
niedlich sweet (GB), cute [kjuːt] (USA)
niedrig (*auch übertragen*) low
der **Niedriglohnbereich** low-wage sector
der **Niedriglohnsektor** low-wage sector
niemals never
niemand nobody, no one; **ich sehe niemanden** I don't see anybody; **niemand anders** nobody else; **niemand außer ihm** nobody but him
das **Niemandsland** no man's land
die **Niere** kidney ['kɪdni]
der **Nierenstein** kidney stone
das **Nierenversagen** kidney failure
nieseln to drizzle
der **Nieselregen** drizzle
niesen to sneeze
die **Niete** 1 (*Los*) blank 2 (*umgangsspr: Versager*) dead loss, failure ['feɪljəʳ]; (*Reinfall*) flop 3 (*Stift*) rivet; (*an Hosen*) stud
nieten to rivet
niet- und nagelfest (*umgangsspr*) nailed down
der **Nikolaus** 1 (*Name*) Nicholas ['ɪkᵊləs] 2 (*Heiliger*) St Nicholas; (*Fest*) St Nicholas' Day ⚠ *wird aber in Großbritannien nicht gefeiert*
das **Nikotin** nicotine
nikotinarm low-nicotine
nikotinfrei nicotine-free
der **Nikotingehalt** nicotine content [-ˌkɒntent]
das **Nilpferd** hippopotamus [ˌhɪpə'pɒtəməs]
nimmer never
der **Nimmersatt** glutton (GB), grab-all (USA)
nippen to sip (**an** at)
nirgends nowhere; **es ist nirgends zu finden** we can't find it anywhere
nirgendwo nowhere; **es ist nirgendwo zu finden** we can't find it anywhere
die **Nische** niche [niːʃ]
nisten 1 to nest 2 (*übertragen*) to lodge [lɒdʒ]
der **Nistplatz** nesting site
das **Nitrat** nitrate ['naɪtreɪt]
das **Nitrit** nitrite ['naɪtraɪt]
das **Niveau** 1 (*auch übertragen*) level 2 **das Theaterstück hat Niveau** the play is of a high standard; **das ist unter meinem Niveau** that's beneath me
niveaulos mediocre [ˌmiːdi'əʊkəʳ]
niveauvoll high-class
die **Nixe** water sprite
nobel 1 (*edelmütig*) noble ['nəʊbl] 2 *Geste:* generous ['dʒenᵊrəs] 3 (*elegant, kostspielig*) posh

F Nicht verwechseln mit **noble** = edel, adlig!

der **Nobelpreis** Nobel prize

N

noch ① **weder A noch B** neither A nor B ② (*weiterhin*) still; **bist du noch da?** are you still there?; **noch immer, immer noch** still; **noch nicht** not yet; **er ist noch nicht da** he's not here yet ③ **ich möchte gerne noch bleiben** I'd like to stay on longer ④ **noch am selben Tag** on the very same day; **noch heute** this very day; **ich werde noch heute damit anfangen** I'll get started on it today ⑤ **noch nie** never [before] ⑥ (*außerdem, sonst*) [**wünschen Sie**] **noch etwas?** [do you wish] anything else? ⑦ **noch einen Kaffee bitte** another cup of coffee, please; **Geld noch und noch** (*umgangsspr*) heaps and heaps of money ⑧ (*bei Steigerungsformen*) **noch besser** even better; **noch mehr** even more; **noch jetzt** even now ⑨ **noch vor zwei Tagen** no more than two days ago ⑩ **gerade noch** [only] just; **da haben wir noch Glück gehabt** we were lucky there ⑪ **nur noch** only; **ich habe nur noch einen Freund** I have only one friend left ⑫ **wie war doch noch Ihr Name?** what was your name again? ⑬ **noch obendrein** on top of everything

nochmalig renewed [rɪˈnjuːd]

nochmals again

der **Nomade**, die **Nomadin** nomad

der **Nominativ** nominative

nominieren to nominate

die **Nonne** nun

das **Nonnenkloster** convent [ˈkɒnvənt]

Nordamerika North America

das **Nordatlantische Verteidigungsbündnis** NATO Alliance [ˈneɪtəʊəˌlaɪən(t)s]

der **Norden** ① (*Himmelsrichtung*) north; **im Norden von ...** in the north of ...; **aus dem** [*oder* **von**] **Norden** from the north; **nach Norden** north; *Verkehr:* north bound ② (*Landesteil*) North; **im Norden Deutschlands** in the North of [*oder* in Northern] Germany; **ich komme aus dem Norden** I'm from the North

Nordeuropa northern Europe

die **Nordhalbkugel** Northern Hemisphere [ˈhemɪsfɪəʳ]

nordirisch Northern Irish

Nordirland Northern Ireland [ˈaɪələnd]

nordisch ① (*nördlich*) northern ② (*skandinavisch*) Nordic

nördlich ① northern; **der nördliche Polarkreis** the Arctic Circle [ˈsɜːkl] ② north (**von** of) ③ **nördlich der Stadt** to the north of the town

der **Nordosten** north-east; **aus Nordosten** from the north-east

nordöstlich ① north-eastern ② north-east (**von** of) ③ **nordöstlich der Kirche** to the north-east of the church

der **Nordpol** North Pole

die **Nordsee** North Sea

der **Nordwesten** north-west; **aus Nordwesten** from the north-west

nordwestlich ① north-western ② north-west (**von** of) ③ **nordwestlich der Straße** to the northwest of the street

der **Nordwind** north wind

die **Nörgelei** grumbling

nörgeln ① (*murren*) to grumble ② (*kritisieren*) to carp (**an** about)

die **Norm** standard; **die Norm sein** to be the usual thing

normal normal; *Maß, Gewicht:* standard

das **Normalbenzin** regular [petrol]

normalerweise normally

der **Normalfall** normal case; **das ist der Normalfall** that's the norm; **im Normalfall** normally, usually [ˈjuːʒəli]

der **Normalverbraucher** average [ˈævərɪdʒ] consumer ▶ WENDUNGEN: **Otto Normalverbraucher** (*umgangsspr*) Mr Average

normen to standardize

normieren to standardize

die **Normierung**, die **Normung** standardization

Norwegen Norway [ˈnɔːweɪ]

der **Norweger**, die **Norwegerin** Norwegian [nɔːˈwiːdʒən]

norwegisch Norwegian

die **Nostalgie** nostalgia [nɒsˈtældʒə]

nostalgisch nostalgic [nɒsˈtældʒɪk]

die **Not** ① (*Mangel*) want; (*Elend*) neediness; **aus Not** out of poverty ② (*Notwendigkeit*) necessity [nəˈsesəti] ③ (*Schwierigkeit*) difficulty, trouble [ˈtrʌbl] ④ (*Bedrängnis*) distress; **ich bin in großer Not** I'm in dire straits ⑤ **zur Not** (*falls nötig*) if necessary [ˈnesəsəri]; (*so eben noch*) at a pinch ▶ WENDUNGEN: **seine liebe Not haben mit ...** to have a hard time with ...; **aus der Not eine Tugend machen** to make a virtue [ˈvɜːtjuː] of necessity; **Not macht erfinderisch** necessity is the mother of invention

der **Notar**, die **Notarin** notary

das **Notariat** notary's office

der **Notarzt**, die **Notärztin** emergency [ɪˈmɜːdʒən(t)si] doctor

die **Notaufnahme** casualty [ˈkæʒjuəlti] [unit]

der **Notausgang** emergency exit

die **Notbremse** emergency brake

der **Notdienst** **Notdienst haben** (*Apotheke*) to be open 24 hours; (*Arzt*) to be on call

die **Note** ① *in der Schule:* grade, mark ② *in der Musik:* note; **nach Noten singen/spielen** to sing/play from music

das **Notebook** [ˈnoʊtbʊk] notebook

das **Notenblatt** sheet of music

der **Notenschlüssel** clef

das **Notepad** [ˈnəʊtpæd] (*Computer*) notepad

der **Notfall** emergency [ɪˈmɜːdʒən(t)si]; **im Notfall**

if needs be; **bei einem Notfall** in case of emergency

notfalls if need be

die **Notfallstation** (CH) casualty ['kæʒjuəlti]

notgedrungen ① imperative [ɪm'perətɪv] ② perforce [pə'fɔːs]

notieren ① (*Notizen machen*) to make a note of, to note [down] ② (*an der Börse*) to quote [kwəʊt] (**mit** at)

nötig ① (*notwendig*) necessary ['nesəsᵊri]; **etwas [bitter] nötig haben** to need something [badly]; **nur das Nötigste** only the bare necessities [nə'sesətiz] *Plural* ② (*dringend*) urgently ['ɜːdʒᵊntli]; **ich muss mal ganz nötig** I'm dying to go ▶ WENDUNGEN: **Sie haben's gerade nötig, sich zu beschweren!** (*umgangsspr*) you're a fine one to complain!

nötigen to force; **jemanden dazu nötigen, etwas zu tun** to force someone to do something

die **Nötigung** coercion [kəʊ'ɜːʃᵊn]

die **Notiz** ① *in der Zeitung:* item ② (*Vermerk*) note ③ **[keine] Notiz nehmen von** to take [no] notice of

F Nicht verwechseln mit **note** = die Benachrichtigung!

der **Notizblock** notepad, memo pad

die **Notlage** (*Elend*) plight [plaɪt]; **in einer Notlage sein** to be in serious ['sɪəriəs] difficulties *Plural*

die **Notlandung** emergency [ɪ'mɜːdʒən(t)si] landing

die **Notlösung** temporary ['tempᵊrᵊri] solution

notorisch notorious [nə(ʊ)'tɔːriəs]

der **Notruf** emergency call

der **Notstand** [state of] emergency

das **Notstandsgebiet** disaster area

das **Notstromaggregat** emergency generator

die **Notunterkunft** emergency accommodation

die **Notwehr** self-defence [ˌselfdɪ'fen(t)s] (GB), self-defense (USA)

notwendig necessary ['nesəsᵊri]; **notwendig brauchen** to need urgently ['ɜːdʒᵊntli]; **das Notwendigste** (*das Nötigste*) the bare necessities [nə'sesətiz] *Plural;* (*das Wesentliche*) the essentials *Plural*

die **Notwendigkeit** necessity [nə'sesəti]

der **Nougat** nougat ['nuːgɑː]

der **November** November; **am 15. November** on 15th November, on November 15 (USA); (*gesprochen*) on the 15th of November, November the 15th (USA); **Anfang November** at the beginning of November; **Ende November** at the end of November

der **Nu** **im Nu** in a flash [*oder* a jiffy]

nüchtern ① (*nicht betrunken*) sober ② (*vernünftig*) down-to-earth, rational ③ (*fade, trocken*) dry, insipid ④ **auf nüchternen Magen** on an empty stomach ['stʌmək]

die **Nudel** ① noodle ② **Nudeln** pasta ⚠ *Singular;* (*in einer Suppe*) noodles ③ (*umgangsspr*) **komische Nudel** funny character

der **Nugat** nougat ['nuːgɑː]

nuklear nuclear

der **Nuklearabfall** nuclear waste

die **Nuklearindustrie** nuclear industry

der **Nukleartest** nuclear test

die **Null** ① (*Ziffer*) nought [nɔːt]; *auf Skalen, Thermometer:* zero ② (*umgangsspr: Versager*) washout

null ① zero ② *im Sport:* nil; *beim Tennis:* love [lʌv]; **40 zu null** 40-love ③ **es ist null Uhr zwanzig** it's twenty past [*oder* (USA) after] midnight ▶ WENDUNGEN: **null und nichtig** null and void; **in null Komma nichts** (*umgangsspr*) in no time at all; **null Ahnung haben von etwas** (*slang*) to not have a clue [kluː] about something

der **Nullpunkt** ① zero ② **die Stimmung sank unter den Nullpunkt** the atmosphere ['ætməsˈfɪəʳ] froze; **den Nullpunkt erreicht haben** to have reached rock bottom

die **Nummer** ① *auch von Zeitung:* number ② (*Größe*) size ③ (*umgangsspr: Typ*) character ['kærəktəʳ] ▶ WENDUNGEN: **auf Nummer Sicher gehen** (*umgangsspr*) to play it safe

nummerieren to number

die **Nummerierung** numbering

das **Nummernschild** number plate (GB), license ['laɪsəns] plate (USA)

nun ① (*jetzt*) now; **nun, da ...** now that ...; **was nun?** what now?; **von nun an** from now on; **nun erst recht!** just for that! ② (*dann*) then; **nun gut** all right then ③ (*also*) well ④ **nun ja, aber ...** all right, but ...; **das habe ich nun davon** serves me right; **hat sich das nun gelohnt?** was that supposed to be worth it?

nur ① (*einschränkend*) only; **wenn nur ...** if only ...; **nicht nur ..., sondern auch ...** not only ...[,] but also ... ② (*nichts außer*) nothing but; **immer nur Ärger** nothing but trouble ['trʌbl] ③ (*mit Verneinung*) **alle kommen, nur er nicht** everyone's coming except for him ④ (*bloß*) just; **nur weil** just because; **nur einmal** just once; **du brauchst es nur zu sagen** just say the word ⑤ (*fragend*) **warum tut er das nur?** why on earth [ɜːθ] does he do that?; **was hat er nur?** I wonder ['wʌndəʳ] what's wrong with him?

V **only** steht meistens vor dem Verb: *I only wanted to help; I've only got three pills left.* ***Only*** kann auch direkt vor dem Wort, auf das es sich bezieht, stehen: *only Emma saw the dog* = nur Emma sah den Hund — sonst sah ihn niemand; *Emma only saw the dog* = Emma hat den

N

Hund nur gesehen — sie hat ihn nicht gestreichelt; *Emma saw only the dog* = Emma sah nur den Hund — sonst nichts.

nuscheln (*umgangsspr*) to mumble ['mʌmbl̩]

die **Nuss** nut ▶ WENDUNGEN: **eine harte Nuss zu knacken haben** to have a tough [tʌf] nut to crack; **er ist eine harte Nuss** he's a tough nut to crack

der **Nussbaum** 1 walnut ['wɔːlnʌt] tree 2 (*Holz*) walnut

nussig *Geschmack:* nutty

die **Nüster** nostril ['nɒstrəl]

die **Nutte** (*abwertend slang*) whore [hɔːʳ] GB, hooker USA

der **Nutz sich etwas zu Nutze machen** (*verwenden*) to utilize ['juːtɪlaɪz] something; (*ausnutzen*) to take advantage [əd'vɑːntɪdʒ] of something

nütze zu etwas/nichts nütze sein to be useful for something/to be of no use for anything

der **Nutzen** 1 (*Vorteil*) advantage [əd'vɑːntɪdʒ], benefit; (*Gewinn*) profit 2 (*Nützlichkeit*) usefulness ['juːsfəlnəs]; **jemandem von Nutzen sein** to be useful ['juːsfəl] to someone

nutzen, nützen 1 (*gebrauchen*) to make use [juːs] of, to use 2 **jemandem nützen** to be of use to someone; **zu etwas nützen** to be of use for something 3 **es nützt nichts** it's no use; **das nützt wenig** that's not much use

nützlich 1 useful ['juːsfəl] 2 (*hilfreich*) helpful

die **Nützlichkeit** usefulness

nutzlos useless ['juːsləs]

die **Nutzlosigkeit** uselessness ['juːsləsnəs]

die **Nutzung** 1 (*Gebrauch*) use 2 (*das Ausnutzen*) exploitation

das **Nylon** nylon ['naɪlɒn]

die **Nymphe** nymph [nɪm(p)f]

O o

O

O[1], **o** O, o [əʊ]

o[2] oh!

die **Oase** (*auch übertragen*) oasis [əʊ'eɪsɪs]

ob 1 (*Frage einleitend*) if, whether ['weðəʳ]; **frage sie einfach, ob sie Lust hat** just ask her whether [*oder* if] she feels like it 2 (*vergleichend*) **als ob** as if 3 **ob sie mich wohl liebt?** I wonder ['wʌndəʳ] if she loves me 4 **ich weiß nicht, ob sie kommen** I don't know whether [or not] they're coming 5 (*umgangsspr*) **und ob!** you bet!

das **Obdach** shelter

obdachlos homeless

der/die **Obdachlose** homeless person

das **Obdachlosenasyl**, das **Obdachlosenheim** shelter [*oder* hostel] for the homeless

die **Obduktion** post-mortem

die **O-Beine** (*umgangsspr*) bandy [*oder* bow [bəʊ]] legs

oben 1 (*in der Höhe*) up; **hier/dort oben** up here/there 2 (*hoch oben, am oberen Ende*) at the top; **ganz oben** (*auch übertragen*) right [raɪt] at the top; **von oben herab** [down] from above [ə'bʌv]; (*übertragen*) condescendingly [ˌkɒndɪ'sendɪŋli] 3 (*im oberen Stock*) upstairs; **nach oben** upwards; (*im Haus*) upstairs 4 (*an der Oberfläche*) on the surface ['sɜːfɪs] 5 (*vorher: in Brief*) above [ə'bʌv]; **oben erwähnt** above-mentioned; **siehe oben** see above; **wie oben erwähnt** as mentioned above 6 **von oben bis unten** from top to bottom; (*bei Person*) from head [hed] to toe 7 **oben ohne** (*umgangsspr*) topless

obenan at the top

obenauf on the top; **wieder obenauf sein** (*umgangsspr: wieder gesund sein*) to be back on form

obendrein (*umgangsspr*) on top of everything

der **Ober** waiter; **Herr Ober!** waiter!

der **Oberarm** upper arm

der **Oberarzt**, die **Oberärztin** senior consultant [kən'sʌltᵊnt]

der **Oberbefehl den Oberbefehl haben** to be in supreme command (**über** of)

der **Oberbefehlshaber**, die **Oberbefehlshaberin** commander-in-chief

der **Oberbegriff** generic term

der **Oberbürgermeister**, die **Oberbürgermeisterin** mayor ['meəʳ]

obercool (*slang*) totally cool

obere(r, s) 1 upper 2 **die oberen Zehntausend** (*umgangsspr*) the upper crust

die **Oberfläche** 1 (*auch übertragen*) surface ['sɜːfɪs]; **an die Oberfläche kommen** to [come to the] surface; (*übertragen*) to emerge [ɪ'mɜːdʒ] 2 *eines Körpers:* surface area

oberflächlich (*auch übertragen*) superficial [ˌsuːpə'fɪʃᵊl]

die **Oberflächlichkeit** superficiality [ˌsuːpəˌfɪʃi'æləti]

das **Obergeschoss** upper floor; **im dritten Obergeschoss** on the third [*oder* USA fourth] floor

oberhalb above [ə'bʌv]

das **Oberhaupt** head [hed]

das **Oberhaus** Upper House, House of Lords GB

oberirdisch above ground; *Leitungen:* overhead ['əʊvəhed]
der **Oberkörper** upper part of the body
der **Oberleutnant** lieutenant [lef'tenənt] (GB), first lieutenant (USA)
die **Oberlippe** upper lip
oberpeinlich (*umgangsspr*) cringeworthy ['krɪndʒˌwɜːði]
das **Obers** (A) cream
der **Oberschenkel** thigh [θaɪ]
die **Oberschicht** upper class
die **Oberseite** top side
der **Oberst** colonel ['kɜːnᵊl]
der **Oberstaatsanwalt**, die **Oberstaatsanwältin** senior public prosecutor (GB), attorney general (USA)
oberste(r, s) ① topmost, uppermost ② (*übertragen*) supreme [suː'priːm]; **der Oberste Gerichtshof** the High Court of Justice (GB), the Supreme Court (USA)
die **Oberstufe** ≈ sixth [sɪksθ] form
das **Oberverwaltungsgericht** Higher Administrative Court
obgleich although [ɔːl'ðəʊ], even though [ðəʊ]
obige(r, s) above [ə'bʌv]
das **Objekt** object ['ɒbdʒɪkt]
das **Objektiv** lens [lenz], objective
objektiv objective [əb'dʒektɪv]
die **Objektivität** objectivity [ˌɒbdʒɪk'tɪvəti]
die **Oblate** wafer ['weɪfəʳ]
die **Obligation** [debenture] bond; **Obligationen aufrufen/tilgen** to call in/redeem bonds
obligatorisch obligatory [ə'blɪgətᵊri]; *Schulfächer:* compulsory [kəm'pʌlsᵊri]
das **Obst** fruit [fruːt]

> **V** **fruit** wird in der Einzahl gebraucht: *I like fresh fruit with my muesli; the old pear tree still produces fruit* — **fruits** wird für verschiedene Obstsorten gebraucht: *Kate likes apples, bananas, cherries and other fruits.*

der **Obstbaum** fruit [fruːt] tree
die **Obsternte** ① (*das Ernten*) fruit-gathering ['fruːtˌgæðᵊrɪŋ], fruit-picking ⚠ *ohne Artikel* ② (*geerntetes Obst*) fruit crop [*oder* harvest]
die **Obsthandlung** fruiterer's ['fruːtᵊrəʳz] (GB), fruit store (USA)
der **Obstkuchen** fruit tart [*oder* cake]
der **Obstsalat** fruit salad
die **Obsttorte** fruit flan [*oder* tart]
obszön obscene [əb'siːn]
obwohl although [ɔːl'ðəʊ]
der **Ochse** bullock ['bʊlək], ox
öde ① (*leer, verlassen*) abandoned [ə'bændənd], empty; (*unbewohnt*) bleak, desolate ['desᵊlət]; (*unbebaut*) waste ② (*langweilig*) dreary ['drɪəri], dull
oder ① or; **entweder ... oder** either ... or; **oder aber** or else ② **Sie kommen doch, oder?** you're coming, aren't you?; **sie kommt nicht, oder doch?** she won't come, or will she?
der **Ofen** ① (*Herd*) stove [stəʊv]; (*Backofen*) oven ['ʌvən] ② (*Brennofen*) kiln; (*Heizofen*) heater ▶ WENDUNGEN: **jetzt ist der Ofen aus!** (*umgangsspr*) that does it!
offen ① open; **Tag der offenen Tür** open day ② **offen halten** to keep open; **die Ohren offen halten** to keep one's ear to the ground; **offen lassen** to leave open *Tür* ③ **offen stehen** *Tür, Fenster:* to be open ④ (*frei*) vacant ['veɪkənt]; **eine offene Stelle** a vacant post, a vacancy ['veɪkᵊnsi] ⑤ (*unerledigt*) *Rechnung:* outstanding ⑥ (*unentschieden*) **es ist noch alles offen** nothing's been decided as yet ⑦ (*aufrichtig*) **zu jemandem offen sein** to be open with someone; **ein offenes Wort mit jemandem reden** to have a frank talk with someone; **seine Meinung offen sagen** to speak one's mind; **offen gesagt ...** to tell you the truth ..., to be honest ... ⑧ **ich bin offen für alles** I'm open to everything ⑨ **auf offener See** on the open sea ⑩ *Wein:* by the carafe [kə'ræf]
offenbar ① obvious ['ɒbviəs] ② (*vermutlich*) apparently [ə'pærᵊntli]
offenbleiben (*übertragen*) *Frage:* to remain open
offenhalten (*übertragen*) **etwas offenhalten** to keep something open *Entscheidung;* **sich einen Ausweg offenhalten** to have a way out
die **Offenheit** candour ['kændəʳ], frankness, openness
offenherzig ① (*freimütig*) candid, frank, openhearted ② (*humorvoll*) *Kleid, Bluse:* revealing
offenkundig clear, obvious ['ɒbviəs]
offenlassen (*übertragen*) **etwas offenlassen** to leave something open *Entscheidung;* **wir haben das noch offengelassen** we left the matter open
offensichtlich obvious ['ɒbviəs]
offenstehen *Rechnung:* to be outstanding; **jemandem offenstehen** (*zugänglich sein*) to be open to someone
öffentlich public; **etwas öffentlich bekannt machen** to make something public; **ein öffentliches Geheimnis** an open secret; **die öffentliche Meinung** public opinion
die **Öffentlichkeit** public; **in aller Öffentlichkeit** in public; **an die Öffentlichkeit gelangen** to become known; **die Öffentlichkeit scheuen** to shun publicity
offiziell official [ə'fɪʃᵊl]
der **Offizier** officer ['ɒfɪsəʳ]
offline ['ɔfˌlaɪn] (*in der Informatik*) offline
der **Offlinebetrieb** offline mode
öffnen to open

O

die **Öffnung** opening
die **Öffnungszeiten** business hours ['bɪznɪsˌaʊəʳz]
oft 1 frequently ['fri:kwəntli], often 2 **des Öfteren** quite often
öfter(s) (*gelegentlich*) [every] once in a while
oftmals frequently ['fri:kwəntli], often
oh oh!
ohne 1 without [wɪ'ðaʊt]; **sei ohne Sorge** don't worry; **ohne mich!** count me out! 2 **ohne weiteres** just like that; **so ohne weiteres geht das nicht** it doesn't work that easily 3 **die Sache ist nicht ohne** (*umgangsspr*) it's not quite that easy; **er ist gar nicht so ohne** (*umgangsspr*) he's got what it takes 4 **ohne etwas zu tun** without doing anything; **ohne dass ich es bemerkte, ...** without my noticing it ...
die **Ohnmacht** 1 (*Bewusstlosigkeit*) faint, swoon; **in Ohnmacht fallen** to faint (**vor** from) 2 (*Machtlosigkeit*) powerlessness ['paʊələsnəs]
ohnmächtig 1 (*bewusstlos*) unconscious [ʌn'kɒn(t)ʃəs]; **ohnmächtig werden** to faint (**vor** from) 2 (*machtlos*) powerless 3 **ohnmächtige Wut** helpless rage
das **Ohr** ear [ɪəʳ]; **jemandem zu Ohren kommen** to reach someone's ears ▶ WENDUNGEN: **sich aufs Ohr legen** to have a nap; **viel um die Ohren haben** to have a lot on one's plate; **jemanden übers Ohr hauen** to pull a fast one on someone; **bis über beide Ohren in jemanden verliebt sein** to be head over heels in love with someone; **die Ohren steifhalten** to keep one's chin up; **die Ohren spitzen** to prick up one's ears
ohrenbetäubend deafening ['defənɪŋ]
die **Ohrfeige** box on the ears; **jemandem eine Ohrfeige geben** to slap someone's face
ohrfeigen to slap
das **Ohrläppchen** [ear]lobe
der **Ohrring** earring ['ɪərɪŋ]
der **Ohrstecker** ear stud, stud earring
der **Ohrstöpsel** earplug
Öko- eco-
der **Öko** environmental activist
der **Ökologe**, die **Ökologin** ecologist [i:'kɒlədʒɪst]
die **Ökologie** ecology [i:'kɒlədʒi]
ökologisch ecological [ˌi:kə'lɒdʒɪkəl]
der **Ökonom**, die **Ökonomin** economist
die **Ökonomie** economy
ökonomisch 1 economic 2 (*sparsam*) economical
die **Ökosteuer** environmental tax
das **Ökosystem** ecosystem ['i:kə(ʊ)ˌsɪstəm]
die **Oktave** octave
der **Oktober** October; **am 15. Oktober** on 15th October, on October 15 (USA); (*gesprochen*) on the 15th of October, October the 15th (USA); **Anfang Oktober** at the beginning of October; **Ende Oktober** at the end of October
ökumenisch ecumenical [ˌi:kjʊ'menɪkəl]
das **Öl** 1 oil 2 **in Öl malen** to paint in oils *Plural*
das **Ölbild** oil painting
der **Oldtimer** ['o:lttaj̯mɐ] classic [*oder* vintage] car
ölen to oil
die **Ölfarbe** oil paint [*oder* colour] ['kʌləʳ]
das **Ölgemälde** oil painting
die **Ölgewinnung** oil extraction
die **Ölheizung** oil-fired heating
ölig (*auch übertragen*) oily
die **Olive** olive
das **Olivenöl** olive oil
olivgrün olive green
die **Ölleitung** pipeline
die **Ölpest** oil pollution
die **Ölquelle** oil well
die **Ölsardine** sardine [sɑ:'di:n]
der **Öltanker** oil tanker
der **Ölwechsel** oil change
die **Olympiade** Olympics [ə'lɪmpɪks] *Plural*
die **Olympiamannschaft** Olympic team
das **Olympiastadion** Olympic stadium ['steɪdiəm]
olympisch **die Olympischen Spiele** the Olympic Games
die **Oma** (*umgangsspr*) grandma, granny
das **Omelett**, die **Omelette** omelette ['ɒmlət]
der **Omnibus** bus; **mit dem Omnibus fahren** to go by bus
der **Onkel** uncle ['ʌŋkl]
online ['ɔnlaj̯n] (*in der Informatik*) online; **online gehen** to go online
die **Onlineausgabe** online edition
die **Onlinebank** internet bank, online bank
das **Onlinebanking** ['ɔnlaj̯nbæŋkɪŋ] online banking
die **Onlinebestellung** online order
der **Onlinebetrieb** online mode
der **Onlinechat** ['ɔnlaj̯ntʃæt] online chat
der **Onlinedienst** online service
der **Onlinehandel** e-commerce
das **Onlinelernen** cyberstudy
das **Onlineportal** web portal; **im Onlineportal** in [*oder* at] the web portal
das **Onlineshopping** ['ɔnlaj̯nʃɔpɪŋ] online shopping
das **Onlineticket** online ticket
der **Onlinezugang** internet [*oder* online] access ['ækses]
der **Opa** (*umgangsspr*) gran[d]dad, grandpa
die **Oper** 1 opera ['ɒpərə] 2 (*Opernhaus*) opera house
die **Operation** operation [ˌɒpər'eɪʃən]
der **Operationssaal** operating theatre ['θɪətəʳ] (GB), operating room (USA)
operativ 1 (*in der Medizin*) operative, surgical ['sɜ:dʒɪkəl]; **etwas operativ entfernen** to remove something surgically; **ein operativer Eingriff** surgery ['sɜ:dʒəri] 2 (*in der Wirt-*

schaft) *Verluste:* operational; **sie schreiben operativ rote Zahlen** they are operating in the red

die **Operette** operetta

operieren (*auch übertragen*) to operate; **jemanden am Magen operieren** to operate on someone's stomach

der **Opernsänger**, die **Opernsängerin** opera singer

das **Opfer** ① (*auch übertragen*) sacrifice ['sækrɪfaɪs]; **ein Opfer [für jemanden] bringen** to make a sacrifice [for someone]; **kein Opfer scheuen** to consider [kən'sɪdəʳ] no sacrifice too great ② (*Geschädigter*) victim; **jemandem/einer Sache zum Opfer fallen** to fall victim to someone/something

opfern ① (*auch übertragen*) to sacrifice ['sækrɪfaɪs] ② **sich opfern** to sacrifice oneself; (*humorvoll*) to be a martyr ['mɑːtəʳ]

das **Opium** opium ['əʊpiəm]

der **Opportunismus** opportunism

der **Opportunist**, die **Opportunistin** opportunist

opportunistisch opportunist[ic]

die **Opposition** opposition [ˌɒpə'zɪʃᵊn]

der **Oppositionsführer**, die **Oppositionsführerin** Leader of the Opposition

die **Optik** ① optics *Singular* ② (*Aussehen*) look, appearance [ə'pɪəˑᵊn(t)s]

der **Optiker**, die **Optikerin** optician [ɒp'tɪʃᵊn]

optimal optimal

optimieren to optimize

der **Optimismus** optimism ['ɒptɪmɪzᵊm]

der **Optimist**, die **Optimistin** optimist ['ɒptɪmɪst]

optimistisch optimistic [ˌɒptɪ'mɪstɪk]

optisch visual ['vɪʒuəl]; *Täuschung:* optical

das **Orakel** oracle ['ɒrəkl]

die **Orange** [o'rãːʒə] (*Frucht*) orange ['ɒrɪndʒ]

das **Orange** (*Farbe*) orange

orangefarben, **orangefarbig** orange

die **Orangenmarmelade** marmalade

der **Orangensaft** orange juice [dʒuːs]

die **Orangenschale** orange peel

der **Orang-Utan** orang-utan

das **Orchester** orchestra ['ɔːkɪstrə]

die **Orchidee** orchid ['ɔːkɪd]

der **Orden** ① (*Mönchsorden*) order ② (*Auszeichnung*) decoration [ˌdekᵊ'reɪʃᵊn]; **jemandem einen Orden für etwas verleihen** to decorate someone for something

ordentlich ① (*aufgeräumt*) orderly, tidy ② *Verhältnisse, Familie:* respectable [rɪ'spektəbl] ③ *Preis, Leistung:* reasonable ['riːzᵊnəbl] ④ (*umgangsspr: tüchtig, gehörig*) proper, real; **eine ordentliche Tracht Prügel** a proper hiding

ordinär vulgar ['ɔːdᵊnᵊri]

F Nicht verwechseln mit **ordinary** = gewöhnlich!

ordnen ① (*organisieren*) to order, to organize ② (*in Ordnung bringen*) to put in order ③ (*sortieren*) to arrange [ə'reɪndʒ] ④ **sich ordnen** to get into order ⑤ **sich zu etwas ordnen** to form something

der **Ordner** file

die **Ordnung** ① order; **Ordnung halten** to keep things in order; **Ordnung muss sein!** we must have order! ② (*Regelung*) rules *Plural* ③ (*Gesetzmäßigkeit*) routine [ruː'tiːn] ④ (*Rang*) order ⑤ **in Ordnung** all right, OK; **das bringen Sie wieder in Ordnung!** you'll sort this out!; **können Sie diese Maschine wieder in Ordnung bringen?** can you fix this machine? [mə'ʃiːn]; **die Maschine ist [wieder] in Ordnung** the machine is fixed [again]; **mit meinem CD-Spieler ist etwas nicht in Ordnung** there's something wrong with my CD-player; **klar, geht in Ordnung!** (*umgangsspr*) sure, that's OK!

das **Ordnungsamt** regulatory agency [-ˌeɪdʒᵊn(t)si] (*municipal authority responsible for registration, licensing, and regulating public events*)

ordnungsgemäß in accordance with the rules [*oder* regulations]

die **Ordnungsstrafe** fine

ordnungswidrig illegal

die **Ordnungswidrigkeit** infringement [ɪn'frɪndʒmənt]

die **Ordnungszahl** ordinal number

das **Organ** ① organ ② (*Zeitung*) organ ③ (*Amt, Stelle*) instrument, organ

der **Organhandel** trade in human organs

die **Organisation** organization [ˌɔːgᵊnaɪ'zeɪʃᵊn]

das **Organisationstalent** organizing ability

organisatorisch organizational [ˌɔːgᵊnaɪ'zeɪʃᵊnᵊl]; **organisatorisches Talent besitzen** to have a gift for organization

organisch ① organic ② (*körperlich*) physical ['fɪzɪkᵊl]

organisieren ① to organize ['ɔːgᵊnaɪz] ② **sich organisieren** to organize

der **Organismus** organism ['ɔːgᵊnɪzᵊm]

der **Organist**, die **Organistin** organist ['ɔːgᵊnɪst]

die **Organspende** organ donation

der **Organspender**, die **Organspenderin** organ donor

die **Organtransplantation**, die **Organverpflanzung** organ transplantation

der **Orgasmus** orgasm ['ɔːgæzᵊm]

die **Orgel** organ

das **Orgelkonzert** (*Musikstück*) organ concerto [-kənˌtʃeətəʊ]; (*Konzert*) organ recital [rɪ'saɪtᵊl]

die **Orgie** orgy ['ɔːdʒi]

der **Orient** Orient ['ɔːriənt]

der **Orientale**, die **Orientalin** man from the Middle East *maskulin,* woman from the Middle East

O

feminin
orientalisch Middle Eastern
orientieren ① **sich orientieren** to orientate ['ɔːriənteɪt] oneself (**an/nach** by) ② (*auch übertragen*) to orientate (**auf/nach** towards)
die **Orientierung** orientation [ˌɔːriən'teɪʃᵊn]; **die Orientierung verlieren** to lose one's bearings *Plural*
der **Orientierungssinn** sense of direction
das **Original** ① original [ə'rɪdʒᵊnᵊl] ② (*origineller Mensch*) character ['kærəktəʳ], original
original original
die **Originalfassung** original [version]; **in der englischen Originalfassung** in the original English version
originell ① (*geistvoll*) witty ② (*neu*) novel
der **Orkan** ① hurricane ② (*übertragen*) storm
orkanartig hurricane force
das **Ornament** ornament
der **Ort** ① (*Platz, Stelle*) place; **am Ort des Verbrechens** at the scene of the crime; **Ort der Handlung** scene [siːn] of the action ② (*Ortschaft*) place ► WENDUNGEN: **an Ort und Stelle** on the spot; **an Ort und Stelle ankommen** to arrive at one's destination
die **Orthographie**, die **Orthografie** orthography [ɔː'θɒgrəfi]
der **Orthopäde**, die **Orthopädin** orthopaedist [ˌɔːθə(ʊ)'piːdɪst]
die **Orthopädie** orthopaedics [ˌɔːθə(ʊ)'piːdɪks] *Singular*
orthopädisch orthopaedic [ˌɔːθə(ʊ)'piːdɪk]
örtlich local
die **Ortschaft** (*Stadt*) town; (*Dorf*) village ['vɪlɪdʒ]; **eine geschlossene Ortschaft** a built-up area ['eəriə]
ortsfremd non-local
das **Ortsgespräch** local call
der **Ortsname** place name
die **Ortsnetzkennzahl** dialling [*oder* (USA) area] code
das **Ortsschild** place name sign [saɪn]
der **Ortstarif** local rate
der **Ortsteil** district
die **Ortszeit** local time
der **O-Saft** (*Orangensaft*) OJ
die **Öse** eyelet ['aɪlət]
der **Ost** East
Ostafrika East Africa
Ostasien Eastern Asia ['eɪʃə]
Ostdeutschland ① (*Region*) Eastern Germany ② (*DDR*) East Germany
der **Osten** ① (*Himmelsrichtung*) east; **im Osten von ...** in the east of ...; **aus dem** [*oder* **von**] **Osten** from the east ② (*Landesteil*) the East ③ **der Nahe Osten** the Near East; **der Mittlere Osten** the Middle East; **der Ferne Osten** the Far East
das **Osterei** Easter egg
die **Osterglocke** daffodil ['dæfədɪl]
der **Osterhase** Easter bunny
österlich [of] Easter
der **Ostermontag** Easter Monday
das **Ostern** Easter; **frohe Ostern!** Happy Easter!
Österreich Austria ['ɒstriə]
der **Österreicher**, die **Österreicherin** Austrian ['ɒstriən]
österreichisch Austrian ['ɒstriən]
der **Ostersonntag** Easter Sunday
die **Ost-Erweiterung** eastward expansion [of the EU]
Osteuropa Eastern Europe
der **Ostfriese**, die **Ostfriesin** East Frisian ['friːʒᵊn]
ostfriesisch East Frisian
Ostfriesland East Friesland
östlich ① easterly ② **östlich von ...** [to the] east of ...; **östlich des Turms** [to the] east of the tower
die **Ostsee** **die Ostsee** the Baltic [Sea]
die **Oststaaten** (*in USA*) Eastern states *Plural*
die **Ost-West-Beziehungen** East-West relations *Plural*
oszillieren to oscillate ['ɒsɪleɪt]
die **Otter** (*Schlange*) adder, viper ['vaɪpəʳ]
der **Otter** (*Fischotter*) otter
outen ['aʊtən] **sich outen** to out oneself
die **Ouvertüre** overture
oval oval
das **Oxid** oxide
die **Oxidation** oxidation ⚠ *ohne Artikel*
oxidieren to oxidize
der **Ozean** ocean ['əʊʃᵊn]
der **Ozelot** ocelot ['ɒsᵊlɒt]
das **Ozon** ozone ['əʊzəʊn]
die **Ozonbelastung** ozone build-up ['bɪldʌp] [in the lower atmosphere]
das **Ozonloch** hole in the ozone layer
die **Ozonschicht** ozone layer
der **Ozonsmog** ozone smog

O

Pp

P, p P, p [piː]

das **Paar** 1 pair; **ein Paar Schuhe** a pair of shoes 2 (*zwei Menschen*) couple ['kʌpl]; **die beiden sind ein ungleiches Paar** the two of them make an odd couple

paar ein paar a few; (*zwei, drei*) a couple of; **ein paar Mal** a few [*oder* couple of] times; **vor ein paar Tagen** a few days ago

die **Paararbeit** pair work

paaren *Tiere:* to mate

paarweise in pairs *Plural*

die **Pacht** 1 (*Pachtverhältnis*) lease [liːs] 2 (*Entgelt*) rent

pachten 1 to lease 2 **etwas für sich gepachtet haben** (*umgangsspr*) to have the [*oder* a] monopoly on something

der **Pächter**, die **Pächterin** tenant

das **Päckchen** 1 package; (*Postpäckchen*) small parcel ['pɑːsᵊl] 2 (*Schachtel*) packet

packeln Ⓐ (*paktieren*) to make a deal

packen 1 (*festhalten*) to grab, to seize [siːz]; **jemanden am Kragen packen** to grab someone by the collar 2 (*begeistern*) to grip, to thrill 3 (*einpacken*) to pack; to make up *Paket* 4 (*umgangsspr: hinkriegen*) to manage; **der Zug geht in zehn Minuten, packen wir das noch?** the train leaves in ten minutes, can we still make it? 5 (*umgangsspr: gehen*) **packen wir's!** let's get going! 6 (*umgangsspr: kapieren*) **ich pack's nicht!** I don't get it!

packend gripping, thrilling

das **Packpapier** wrapping ['ræpɪŋ] paper

die **Packung** 1 (*Schachtel*) packet; **eine Packung Zigaretten** a pack[et] of cigarettes 2 (*Kompresse*) compress

die **Packungsbeilage** *information leaflet included in medicine packets*

der **Pädagoge**, die **Pädagogin** 1 teacher 2 (*Erziehungswissenschaftler*) education[al]ist

die **Pädagogik** educational theory ⚠ *ohne Artikel*

die **Pädagogin** 1 teacher 2 (*Erziehungswissenschaftler*) education[al]ist

pädagogisch educational

das **Paddel** paddle

das **Paddelboot** canoe [kə'nuː]

paddeln to canoe, to paddle

der **Page** bellboy Ⓖⓑ, bellhop Ⓤⓢⓐ

das **Paket** 1 parcel ['pɑːsᵊl] 2 (*Packung*) packet 3 (*übertragen*) package

Pakistan Pakistan

der **Pakt** agreement, pact

der **Palast** (*auch übertragen*) palace ['pælɪs]

Palästina Palestine ['pæləstaɪn]

der **Palästinenser**, die **Palästinenserin** Palestinian [,pælə'stɪniən]

palästinensisch Palestinian

die **Palatschinke** Ⓐ stuffed pancake

der **Palm** palmtop ['pɑːmtɒp]

die **Palme** palm [pɑːm] [tree] ▸ WENDUNGEN: **so etwas bringt mich wirklich auf die Palme!** (*umgangsspr*) things like that really drive me mad!

der **Palmsonntag** Palm [pɑːm] Sunday

die **Pampelmuse** grapefruit ['greɪpfruːt]

das **Pamphlet** (*abwertend*) defamatory pamphlet

die **Pandemie** pandemic

panieren to coat with breadcrumbs ['bredkrʌmz] *Plural*

das **Paniermehl** breadcrumbs ['bredkrʌmz] *Plural*

die **Panik** panic; **in Panik geraten** to get into a panic

panisch panic-stricken; **eine panische Angst vor etwas haben** to be terrified of something

die **Panne** 1 breakdown; (*Reifenpanne*) puncture; **er hatte eine Panne** his car broke down; (*eine Reifenpanne*) he had a puncture 2 (*umgangsspr: Schnitzer*) blunder Ⓖⓑ, goof Ⓤⓢⓐ

der **Pannendienst** breakdown service

das **Panorama** panorama

der **Panter**, der **Panther** panther

der **Pantoffel** slipper ▸ WENDUNGEN: **unterm Pantoffel stehen** *Mann:* to be henpecked

der **Pantoffelheld** (*umgangsspr*) henpecked husband

pan(t)schen to adulterate [ə'dʌltəreɪt] *Wein, Whisky*

der **Panzer** 1 tank 2 *einer Schildkröte:* shell

der **Papa** (*umgangsspr*) dad, daddy; (*als Anrede*) Dad

der **Papagei** parrot

der **Papi** (*umgangsspr*) daddy

das **Papier** 1 (*auch Schriftstück*) paper ['peɪpəʳ]; **ein Blatt Papier** a sheet of paper 2 (*Wertpapier*) security, bond 3 **Papiere** (*Ausweise*) [identity] papers; (*Dokumente*) documents

der **Papierkorb** wastepaper [,weɪst'peɪpəʳ] basket Ⓖⓑ, wastebasket Ⓤⓢⓐ

das **Papiertaschentuch** paper handkerchief

die **Papiertüte** paper bag

der **Pappbecher** paper cup

die **Pappe** cardboard

die **Pappel** poplar

pappig sticky

der **Pappkarton** cardboard box

die **Pappschachtel** cardboard box

der **Pappteller** paper plate

der **Paprika** (*Gewürz*) paprika ['pæprɪkə]

die **Paprika** (*Gemüse*) **eine rote/grüne Paprika** a

P

red/green pepper
der **Papst** pope; (*übertragen*) high priest
päpstlich papal
der **Paradeiser** Ⓐ tomato [tə'mɑ:təʊ]
das **Paradies** (*auch übertragen*) paradise ['pærədaɪs]
paradox paradoxical [ˌpærə'dɒksɪkəl]
der **Paragraph** paragraph; *eines Gesetzes:* section
parallel (*auch übertragen*) parallel (**zu** to)
die **Parallele** (*auch übertragen*) parallel (**zu** to)
die **Parallelstraße** parallel street
die **Paranuss** Brazil nut
der **Parasit** parasite
parat ready ['redi]; **etwas parat haben/halten** to have/keep something ready
das **Parfum**, das **Parfüm** perfume ['pɜ:fju:m], scent [sent]
die **Parfümerie** perfumery [pə'fju:məri]
parfümieren ① to perfume [pə'fju:m], to scent [sent] ② **sich parfümieren** to put perfume on
der **Pariser** Parisian [pə'rɪziən]
die **Pariserin** Parisienne
der **Park** park
der **Parka** parka
die **Parkbank** park bench
parken ① to park ② **„Parken verboten!"** "No Parking!"
das **Parkett** ① parquet ['pɑ:keɪ] [flooring] ② (*im Theater*) stalls (GB), parquet (USA)
die **Parkgebühr** parking fee
das **Parkhaus** multi-storey [*oder* (USA) multi-story] car park
parkieren (CH) to park
die **Parklücke** parking space
der **Parkplatz** car park (GB), parking lot (USA)
die **Parkplatznot** lack of parking spaces
die **Parkscheibe** parking disc (*a plastic dial with a clock-face that drivers place in the windscreen to show the time from when the car has been parked*)
der **Parkstreifen** lay-by, parking bay
der **Parksünder**, die **Parksünderin** parking offender
die **Parkuhr** parking meter
das **Parkverbot** parking ban
das **Parlament** parliament ['pɑ:ləmənt]
der **Parlamentarier**, die **Parlamentarierin** parliamentarian
das **Parlamentsgebäude** parliament building [-ˌbɪldɪŋ]
das **Parlamentsmitglied** member of parliament
die **Parlamentssitzung** sitting of parliament
die **Parlamentswahl** parliamentary election
der **Parmesan** Parmesan [cheese]
die **Partei** ① party; **die Partei wechseln** to change parties ⚠ *Plural* ② (*Mieter*) tenant ③ **für jemanden Partei ergreifen** to take someone's side
der **Parteiführer**, die **Parteiführerin** party leader
die **Parteiführung** party leadership
parteiisch biased
parteilos independent
das **Parteimitglied** party member
die **Parteipolitik** party politics ⚠ *Singular*
der **Parteitag** party convention [*oder* conference ['kɒnfərən(t)s]]
der/die **Parteivorsitzende** party chair, party chairman *maskulin*, party chairwoman *feminin*
das **Parterre** ① ground [*oder* (USA) first] floor ② (*im Theater*) pit (GB), parterre (USA)
die **Partie** game; **eine Partie Schach** a game of chess ▶ WENDUNGEN: **eine gute Partie machen** to marry well; **mit von der Partie sein** to be in on it
das **Partizip** participle [pɑ:'tɪsɪpl̩]; **Partizip Präsens/Perfekt** present/past participle
der **Partner**, die **Partnerin** partner
die **Partnerbörse** [online] dating service [*oder* site]
die **Partymeile** (*umgangsspr*) party mecca
die **Partnerschaft** partnership
die **Partnerstadt** twin town
die **Party** party; **eine Party geben** to have a party
der **Partyservice** party catering service
der **Pass** ① passport ② (*Gebirgspass*) pass ③ (*beim Fußfall*) pass
die **Passage** [pa'sa:ʒə] (*Einkaufspassage*) arcade
der **Passagier** [pasa'ʒi:ɐ̯] passenger ['pæsəndʒər]; **blinder Passagier** stowaway
die **Passagierliste** passenger ['pæsəndʒər] list
der **Passant**, die **Passantin** passer-by
der **Passat(wind)** trade wind
das **Passbild** passport photo[graph]
passen ① (*einpassen*) to fit (**in** in/into) ② *Fußballspieler:* to pass ③ (*von der Größe her*) to fit; **das Kleid passt wie angegossen** the dress fits like a glove [glʌv] ④ **zu etwas passen** to go with something; **diese Farben passen nicht gut zueinander** these colours don't go together well; **zu jemandem passen** to be suited ['su:tɪd] to someone; **sie passen gut zueinander** they are well suited to each other ⑤ (*angenehm sein*) to suit [su:t]; **wann passt es Ihnen?** what time would suit you? ⑥ (*beim Quiz, Kartenspiel*) to pass
passend ① *Größe:* fitting ② *Farbe, Stil:* matching; **dazu passende Schuhe** shoes to match ③ ([*an*]*genehm*) suitable ['su:təbl̩] ④ *Bemerkung, Worte:* appropriate [ə'prəʊpriət], fitting ⑤ **haben Sie es passend?** *Geldbetrag:* have you got the right money?
das **Passfoto** passport photo
passieren ① (*vorbeifahren*) to pass ② (*durch ein Sieb*) to strain ③ (*sich ereignen*) to happen; **was ist mit ihr passiert?** what happened to her?
die **Passionsfrucht** passion fruit ['pæʃənfru:t]
das **Passiv** passive [voice]

P

passiv passive
die **Passivität** passivity
das **Passivrauchen** passive smoking
die **Passkontrolle** passport control
das **Passwort** password
die **Paste** paste
die **Pastellfarbe** pastel
der **Pastellton** pastel shade
die **Pastete** pie
der **Pastor** (*anglikanisch*) vicar; (*freikirchlich*) minister
das **Patchwork** ['pɛtʃwøːɐ̯k] patchwork
die **Patchworkfamilie** ['pɛtʃwøːɐ̯k-] patchwork family
der **Pate** godfather
das **Patenkind** godchild
der **Patenonkel** godfather
die **Patenschaft** (*auch übertragen*) sponsorship ['spɒnsəʃɪp]; (*für Täufling*) godparenthood
das **Patent** ① patent; **ein Patent anmelden** to apply for a patent **auf** on) ② CH permit ['pɜːmɪt], licence ['laɪsᵊn(t)s] GB, license USA
patent ① (*glänzend*) ingenious [ɪn'dʒiːniəs] ② (*praktisch*) handy ③ (*prima*) great [greɪt]
das **Patentamt** patent office
die **Patentante** godmother
patentieren to patent; [**sich**] **etwas patentieren lassen** to take out a patent on something
das **Patentrecht** patent law
das **Pathos** emotiveness
der **Patient,** die **Patientin** patient ['peɪʃᵊnt]
die **Patin** godmother ['gɒdmʌðəʳ]
der **Patriarch** (*auch übertragen*) patriarch ['peɪtriɑːk]
der **Patriot,** die **Patriotin** patriot
patriotisch patriotic
der **Patriotismus** patriotism
die **Patrone** cartridge ['kɑːtrɪdʒ]
patsch (*beim Schlag*) smack
die **Patsche** (*umgangssprachlich*) **in der Patsche sitzen** to be in a fix; **jemandem aus der Patsche helfen** to get someone out of a jam
patschnass (*umgangssprachlich*) soaking wet
der **Patzer** (*umgangssprachlich*) boob GB, goof USA
patzig (*umgangssprachlich*) snotty
die **Pauke** kettledrum ▸ WENDUNGEN: **mit Pauken und Trompeten durchfallen** to fail miserably ['mɪzᵊrəbli]; **auf die Pauke hauen** (*umgangssprachlich*) to paint the town red
pauken ① (*umgangssprachlich: büffeln*) to swot; **etwas pauken** to swot up on something ② to drum
der **Pauker** ① drummer ② (*umgangssprachlich: Lehrer*) teacher
pausbäckig chubby-cheeked
pauschal ① (*alles inbegriffen*) inclusive ② (*einheitlich*) flat-rate; **jemandem etwas pauschal berechnen** to charge someone a flat rate for something
der **Pauschalbetrag** lump sum
die **Pauschale** flat rate
der **Pauschalpreis** all-inclusive price
die **Pause** ① break [breɪk]; (*kurzes Innehalten*) pause [pɔːz]; (*Unterbrechung*) interval; (*Rast*) rest; **eine Pause machen** (*zur Erholung, Entspannung*) to make [*oder* take] a break; (*rasten*) to have a rest; (*innehalten*) to pause; **die große Pause** (*in der Schule*) break GB, recess ['riːses] USA ② (*in der Musik*) rest
pausenlos incessant [ɪn'sesᵊnt], non-stop; **pausenlos arbeiten** to work incessantly [*oder* non-stop]
der **Pavian** baboon [bə'buːn]
das **Pay-TV** ['peːtiːviː] pay TV
der **Pazifik** Pacific [pə'sɪfɪk]
der **Pazifismus** pacifism ['pæsɪfɪzᵊm]
der **Pazifist,** die **Pazifistin** pacifist ['pæsɪfɪst]
pazifistisch pacifist ['pæsɪfɪst]
der **PC** [peː'tseː] *Abkürzung von* **Personal Computer** PC [ˌpiː'siː]
das **Pech** ① (*Material*) pitch ② (*umgangssprachlich: Missgeschick*) bad luck; **vom Pech verfolgt sein** to be dogged by bad luck ▸ WENDUNGEN: **wie Pech und Schwefel zusammenhalten** to be as thick as thieves [θiːvz]
der **Pechvogel** (*umgangssprachlich*) unlucky person
das **Pedal** pedal
pedantisch pedantic
peelen to exfoliate
der **Pegel** ① (*Wasserstand*) water level gauge [geɪdʒ] ② (*Radio*) level recorder
peilen (*umgangssprachlich*) **die Lage peilen** to see how the land lies; **über den Daumen peilen** to guess [*oder* estimate] roughly ['rʌfli]
peinigen to torment
peinlich ① (*unangenehm*) embarrassing [ɪm'bærəsɪŋ]; **es ist mir sehr peinlich, aber ich muss es Ihnen einmal sagen** I don't know how to put it, but you really ought [ɔːt] to know ② (*genau, gewissenhaft*) meticulous [mə'tɪkjələs]; **er vermied es peinlichst, zu ...** he was at great pains not to ...; **er achtet peinlichst auf sein Äußeres** he takes great pains over his appearance
die **Peitsche** whip [wɪp]
peitschen to whip; **gegen etwas peitschen** to lash against something
der **Pelikan** pelican
die **Pelle** (*umgangssprachlich*) skin; **jemandem auf die Pelle rücken** to badger [*oder* pester] someone
pellen ① (*umgangssprachlich*) to peel, to skin ② **sich pellen** to peel
die **Pellkartoffeln** *potatoes boiled in their skins*
der **Pelz** ① (*gegerbt*) fur ② (*ungegerbtes Fell*) hide, skin ▸ WENDUNGEN: **jemandem auf den Pelz rücken** (*umgangssprachlich*) to crowd someone

der **Pelzmantel** fur coat
das **Pendel** pendulum
pendeln ① **hin und her pendeln** to swing to and fro, to oscillate [ˈɒsɪleɪt] ② *Personen:* to commute
der **Pendelverkehr** ① shuttle service ② (*Berufsverkehr*) commuter traffic
pendent (CH) pending
die **Pendenz** (CH) pending matter
der **Pendler**, die **Pendlerin** commuter
penetrant ① *Gestank:* penetrating [ˈpenɪtreɪtɪŋ] ② (*aufdringlich*) pushing
peng Peng! bang
penibel meticulous [məˈtɪkjələs]
der **Penis** penis [ˈpiːnɪs]
das **Penizillin** penicillin [ˌpenɪˈsɪlɪn]
pennen (*umgangsspr*) to doss down, to kip
der **Penner**, die **Pennerin** (*abwertend umgangsspr*) ① tramp ② (*Schlafmütze*) sleepyhead
die **Pension** [pɑ̃ˈzi̯oːn] ① (*Ruhegehalt*) pension [ˈpenʃᵊn] ② (*Ruhestand*) retirement [rɪˈtaɪəmənt]; **in Pension gehen** to retire ③ (*Gästehaus*) guesthouse [ˈgesthaʊs]
pensionieren [pɑ̃zi̯oˈniːrən] to pension off; **sich pensionieren lassen** to retire
pensioniert retired
das **Pensum** workload; **sein tägliches Pensum erledigen** to do one's daily stint
die **Peperoni** chilli (GB), chili (USA)
peppig (*umgangsspr*) lively, upbeat
per ① (*bis, am, mittels*) by; **per Post** by post ② (*pro*) per ③ **sie sind per du** [**miteinander**] (*umgangsspr*) they're on first-name terms [with each other] ④ **per se** per se [ˌpɜːˈseɪ]
das **Perfekt** perfect [ˈpɜːfɪkt] [tense]
perfekt ① (*vollkommen*) perfect [ˈpɜːfɪkt] ② (*abgemacht*) settled
die **Perfektion** perfection [pəˈfekʃᵊn]
das **Pergamentpapier** greaseproof paper
die **Periode** ① (*Zeitabschnitt*) period [ˈpɪəriəd] ② (*Menstruation*) period ③ (*Elektrizität*) cycle [ˈsaɪkl̩]
das **Periodensystem** periodic table
periodisch periodic[al]
die **Peripherie** periphery [pəˈrɪfᵊri]
die **Perle** ① pearl [pɜːl]; (*aus Holz, Glas*) bead ② (*übertragen*) gem [dʒem] ③ *Wasser, Schweiß:* bead ④ (*Luftblase*) bubble
perlen ① *Flüssigkeit:* to sparkle, to effervesce [ˌefəˈves] ② (*rinnen*) to trickle
die **Perlenkette** string of pearls
das **Perlhuhn** guinea [ˈgɪni] fowl
das **Perlmutt** mother-of-pearl
permanent permanent
perplex dumbfounded [dʌmˈfaʊndɪd]
der **Perser**, die **Perserin** Persian [ˈpɜːʒən]
Persien Persia [ˈpɜːʒə]
persisch Persian
die **Person** ① (*Mensch*) person [ˈpɜːsən] ② (*Einzelwesen*) individual; **ich für meine Person** I for my part ③ (*im Film*) character [ˈkærəktəʳ] ④ (*Grammatik*) person
das **Personal** ① (*die Angestellten*) personnel, staff ② (*Dienerschaft*) servants ⚠ *Plural*
die **Personalabteilung** personnel department
der **Personalausweis** identity card
der **Personalberater**, die **Personalberaterin** personnel consultant [-kənˌsʌltᵊnt]
der **Personal Computer** personal computer
die **Personalien** particulars *Plural*
das **Personalpronomen** personal pronoun
die **Personalvermittlung** employment agency [-ˌeɪdʒᵊn(t)si]
der **Personenaufzug** (*gehoben*) [passenger] lift (GB), elevator (USA)
der **Personenkraftwagen** (*gehoben*) motorcar
persönlich ① personal; (*auf Brief*) private ② personally; **nehmen Sie doch nicht immer alles persönlich!** don't always take everything personally! ③ **ich persönlich meine ...** I for my part think ... ④ **der Kaiser persönlich** the Emperor himself
die **Persönlichkeit** ① personality ② **eine Persönlichkeit des öffentlichen Lebens** a public figure
die **Perspektive** ① (*optisch*) perspective [pəˈspektɪv] ② (*Aussichten*) prospects [ˈprɒspekts] ⚠ *Plural* ③ (*Gesichtspunkt*) angle
perspektivlos without prospects [ˈprɒspekts]
Peru Peru
der **Peruaner**, die **Peruanerin** Peruvian
peruanisch Peruvian
die **Perücke** wig
pervers perverted [pəˈvɜːtɪd]
der **Pessimismus** pessimism
der **Pessimist**, die **Pessimistin** pessimist
pessimistisch pessimistic; **da bin ich ziemlich pessimistisch** I'm rather pessimistic about it
die **Pest** plague [pleɪg] ▶ WENDUNGEN: **wie die Pest stinken** (*umgangsspr*) to stink to high heaven
die **Petersilie** parsley [ˈpɑːsli]
das **Petroleum** paraffin (GB), kerosene (USA)

F Nicht verwechseln mit **petroleum** = das Erdöl!

petzen (*umgangsspr*) to tell tales
der **Pfad** path
der **Pfadfinder** boy scout
die **Pfadfinderin** girl guide [gaɪd] (GB), girl scout (USA)
der **Pfahl** (*Zaunpfahl*) stake; (*Pfosten*) post
die **Pfalz die Pfalz** the Palatinate [pəˈlætɪnət]
das **Pfand** ① (*auch übertragen*) pledge [pledʒ] ② (*Flaschenpfand*) deposit; **auf dieser Flasche sind 50 Cent Pfand** there's a deposit of 50 cents on this bottle
der **Pfandbrief** mortgage [ˈmɔːgɪdʒ] bond

pfänden **etwas pfänden** to impound something; **jemanden pfänden lassen** to get the bailiffs onto someone

die **Pfandflasche** returnable bottle

die **Pfanne** 1 pan 2 (*Dachpfanne*) pantile ▶WENDUNGEN: **jemanden in die Pfanne hauen** to do the dirty ['dɜːti] on someone GB, to play a mean trick on someone

der **Pfannkuchen** pancake

das **Pfarramt** vicarage ['vɪkᵊrɪdʒ]

die **Pfarrei** 1 (*Gemeinde*) parish 2 (*Pfarramt*) priest's office

der **Pfarrer** (*anglikanisch*) vicar; (*von Freikirchen*) minister; (*katholisch*) parish priest

der **Pfau** peacock

der **Pfeffer** pepper ▶WENDUNGEN: **er kann bleiben, wo der Pfeffer wächst!** (*umgangsspr*) he can take a running jump!

die **Pfefferminze** peppermint

der **Pfefferminztee** peppermint tea

die **Pfeffermühle** pepper mill

pfeffern 1 (*mit Pfeffer würzen*) to add pepper [to] 2 (*umgangsspr: schmeißen*) to hurl

die **Pfeife** 1 whistle ['(h)wɪsl̩]; (*Querpfeife*) fife; *einer Orgel:* pipe 2 (*Tabakspfeife*) pipe; **Pfeife rauchen** to smoke a pipe 3 (*umgangsspr: Versager*) washout 4 **nach jemandes Pfeife tanzen** to dance to someone's tune

pfeifen 1 to whistle ['(h)wɪsl̩]; (*als Schiedsrichter*) to ref 2 *Wind:* to howl ▶WENDUNGEN: **ich pfeife darauf!** (*umgangsspr*) I couldn't care [keəʳ] less!

der **Pfeil** 1 arrow; **Pfeil und Bogen** bow and arrow 2 (*Wurfpfeil*) dart

der **Pfeiler** (*auch übertragen*) pillar

der **Pfennig** penny

das **Pferd** 1 horse; **zu Pferde** on horseback 2 (*Schachfigur*) knight [naɪt] ▶WENDUNGEN: **keine zehn Pferde bringen mich dahin** wild horses won't drag me there; **man kann mit ihm Pferde stehlen** he's a real sport!; **aufs falsche Pferd setzen** to back the wrong [rɒŋ] horse; **er arbeitet wie ein Pferd** he works like mad

die **Pferderennbahn** racecourse

das **Pferderennen** 1 horse-race; **zum Pferderennen gehen** to go to the races 2 (*Sportart*) horse-racing ['hɔːsˌreɪsɪŋ]

der **Pferdeschwanz** horse's tail; (*Frisur*) ponytail

der **Pferdestall** stable ['steɪbl]

der **Pfiff** 1 (*Pfeifen*) whistle ['(h)wɪsl̩] 2 (*Flair*) flair ['fleəʳ]

der **Pfifferling** 1 chanterelle [ˌʃɑ̃ː(n)tə'rel] 2 **keinen Pfifferling wert** (*umgangsspr*) not worth a straw

pfiffig cute, sharp

das **Pfingsten**, das **Pfingstfest** Whitsun ['(h)wɪtsᵊn]

der **Pfingstmontag** Whit Monday

der **Pfirsich** peach

die **Pflanze** plant

pflanzen to plant

der **Pflanzenfresser** herbivore

das **Pflanzenschutzmittel** pesticide ['pestɪsaɪd]

pflanzlich vegetable ['vedʒtəbl̩] ⚠ *nur vor Substantiv*

das **Pflaster** 1 (*Straßenpflaster*) pavement 2 (*Heftpflaster*) sticking plaster ▶WENDUNGEN: **ein teures Pflaster** a pricey ['praɪsi] place; **ein heißes Pflaster** a dangerous ['deɪndʒᵊrəs] place

pflastern to pave *Straße;* (*mit Kopfsteinpflaster*) to cobble

der **Pflasterstein** paving stone; (*Kopfstein*) cobble

die **Pflaume** 1 plum; (*getrocknet*) prune 2 (*umgangsspr*) twat GB *slang*

die **Pflege** 1 care; **jemanden/etwas in Pflege geben** to have someone/something looked after 2 (*Krankenpflege*) nursing 3 *von Kunst, Garten:* cultivation 4 (*Instandhaltung*) maintenance ['meɪntᵊnən(t)s]

pflegebedürftig 1 in need of care ⚠ *immer nachgestellt;* **pflegebedürftig sein** to need looking after 2 **die Instrumente sind sehr pflegebedürftig** the instruments need a lot of care and attention

die **Pflegeeltern** foster parents *Plural*

der **Pflegefall** **er ist ein Pflegefall** he needs constant nursing care; **zum Pflegefall werden** to become completely dependent

das **Pflegeheim** nursing home

das **Pflegekind** foster child

pflegeleicht *Kleidung:* easy-care; (*übertragen*) easy to handle

pflegen 1 to care for, to look after; to tend *Garten;* to nurse *Kranke* 2 to cultivate *Kunst, Beziehungen* 3 (*in Stand halten*) to maintain 4 (*gewöhnlich tun*) **etwas zu tun pflegen** to be accustomed [ə'kʌstəmd] to doing something 5 **sich pflegen** to care about one's appearance [ə'pɪərəns]

die **Pflegespülung** conditioner

die **Pflicht** 1 duty; **seine Pflicht [gegenüber jemandem] erfüllen** to do one's duty [by someone]; **seine Pflicht verletzen/vernachlässigen** to fail in/neglect one's duty 2 (*im Sport*) compulsory *Plural* exercises ['eksəsaɪzɪz]

pflichtbewusst conscientious [ˌkɒn(t)ʃiː'en(t)ʃəs]; **pflichtbewusst sein** to have a sense of duty

das **Pflichtfach** compulsory subject [kəm'pʌlsᵊri]

das **Pflichtgefühl** sense of duty

die **Pflichtübung** compulsory exercise ['eksəsaɪz]

pflücken to pick *Obst, Blumen*

der **Pflug** plough [plaʊ] GB, plow USA

pflügen (*auch übertragen*) to plough [plaʊ] GB, to plow USA

P

die **Pforte** gate

der **Pförtner**, die **Pförtnerin** porter; (*in Industriebetrieb*) gateman

der **Pfosten** post

die **Pfote** ① paw ② (*slang: Hand*) mitt ▶WENDUNGEN: **jemandem eins auf die Pfoten geben** (*umgangsspr*) to rap someone's knuckles; **sich die Pfoten verbrennen** (*umgangsspr*) to burn one's fingers ['fɪŋgəz]; **er hat überall seine Pfoten drin** (*umgangsspr*) he's got a finger in every pie

pfui (*Ausdruck des Ekels*) ugh [ʊh]; (*der Empörung*) boo; (*der Missbilligung*) tut! tut!

das **Pfund** ① pound; (*geschrieben nach Zahl*) lbs [paʊndz] ② **Pfund** [**Sterling**] pound [sterling]

pfuschen (*umgangsspr*) ① (*in der Schule, beim Spiel*) to cheat ② (*schlampen*) **bei etwas pfuschen** to bungle something ③ **jemandem ins Handwerk pfuschen** (*umgangsspr*) to interfere [ˌɪntə'fɪəʳ] with someone

die **Pfütze** puddle

das **Phänomen** phenomenon [fɪ'nɒmɪnən]

phänomenal phenomenal [fɪ'nɒmɪnəl]

die **Phantasie** imagination; **sie hat Phantasie** she's got imagination

phantasielos unimaginative, lacking in imagination

phantasieren to fantasize; *bei Krankheit:* to be delirious [dɪ'lɪriəs]

phantasievoll highly imaginative

phantastisch fantastic

das **Phantombild** identikit [picture]

die **Pharmaindustrie** pharmaceutical [ˌfɑːmə'sjuːtɪkᵊl] industry

P

die **Philippinen** **die Philippinen** the Philippines ['fɪlɪpiːnz]

der **Philippiner** Filipino [ˌfɪlɪ'piːnəʊ]

die **Philippinerin** Filipina [ˌfɪlɪ'piːnə]

philippinisch Philippine ['fɪlɪpiːn]

die **Philologie** philology

der **Philosoph**, die **Philosophin** philosopher [fɪ'lɒsəfəʳ]

die **Philosophie** philosophy [fɪ'lɒsəfi]

philosophieren to philosophize

philosophisch philosophical [ˌfɪlə'sɒfɪkᵊl]

phischen (*im Internet*) to phish

der **Phisher**, die **Phisherin** (*im Internet*) phisher

das **Phishing** (*im Internet*) phishing

die **Phobie** phobia ['fəʊbiə]

die **Phonetik** phonetics *Singular*

das **Phosphat** phosphate ['fɒsfeɪt]

der **Phosphor** phosphorus ['fɒsfᵊrəs]

die **Photosynthese** photosynthesis [ˌfəʊtə(ʊ)'sɪn(t)θəsɪs]

die **Phrase** ① phrase [freɪz] ② **eine abgedroschene Phrase** a hackneyed ['hæknid] phrase

der **pH-Wert** pH value

die **Physik** physics ['fɪzɪks] *Singular*

physikalisch physical ['fɪzɪkᵊl]

der **Physiker**, die **Physikerin** physicist ['fɪzɪsɪst]

F Nicht verwechseln mit **physician** = der Arzt!

der **Physiotherapeut**, die **Physiotherapeutin** physiotherapist [ˌfɪziə(ʊ)'θerəpɪst]

die **Physiotherapie** physiotherapy [ˌfɪziə(ʊ)'θerəpi]

physisch physical ['fɪzɪkᵊl]

das **Pi** pi

der **Pianist**, die **Pianistin** pianist ['piːənɪst]

das **Piano** piano [pi'ænəʊ]

der **Pickel¹** (*Spitzhacke*) pickaxe

der **Pickel²** (*im Gesicht*) spot (GB), pimple

Pickel

F Nicht verwechseln mit **pickles** = das eingelegte Gemüse!

pickelig spotty, pimply

picken to peck (**nach** at)

das **Picknick** picnic; **Picknick machen** to have a picnic

V **picnicking** und **picnicked** werden mit einem ‚k' geschrieben.

piepen ① *Vögel:* to cheep; *Mäuse, Kinder:* to squeak [skwiːk] ② **bei dir piept's doch!** you must be off your head! *umgangsspr*

das **Pigment** pigment

das **Pik** (*Kartenfarbe*) spades ⚠ *Plural;* **Pik-Ass** ace [eɪs] of spades

pikant piquant ['piːkənt], spicy ['spaɪsi]

pikiert (*umgangsspr*) put out (**über** by); **ein pikiertes Gesicht machen** to look put out

piksen (*umgangsspr*) to prick

der **Pilger**, die **Pilgerin** pilgrim

pilgern to go on a pilgrimage ['pɪlgrɪmɪdʒ]

die **Pille** ① pill; **ich nehme die Pille** I'm on the pill ② **eine bittere Pille** a bitter pill

der **Pilot**, die **Pilotin** pilot

das **Pils** pilsner [beer]

der **Pilz** ① mushroom; (*Giftpilz*) toadstool ② (*biolo-*

gisch) fungus

die **Pilzerkrankung** fungal disease

die **Pilzvergiftung** fungus poisoning ['pɔɪzᵊnɪŋ]

PIN *Abkürzung von* **personal identification number** pin [pɪn]

der **Pinguin** penguin ['peŋgwɪn]

die **Pinie** (*Nadelbaum*) pine [tree]

pink bright [braɪt] pink ⚠ *das englische 'pink' bedeutet ,rosa'*

das **Pink** bright [braɪt] pink

pinkeln (*umgangsspr*) to pee

die **Pinnwand** notice board

der **Pinscher** (*Hunderasse*) pinscher

der **Pinsel** brush; (*zum Malen auch*) paint brush

pinseln (*umgangsspr*) to paint

die **Pinzette** tweezers ⚠ *Plural,* pair of tweezers

der **Pionier** pioneer [ˌpaɪə'nɪəʳ]

der **Pirat** pirate

die **Pisse** piss

pissen ① (*urinieren*) to piss ② (*regnen*) to piss down

die **Pistazie** pistachio [pɪ'stɑːʃiəʊ]

die **Piste** ① runway; (*Rennpiste*) circuit ['sɜːkɪt] ② (*Skipiste*) piste [piːst]

die **Pistole** pistol

das **Pixel** *Abkürzung von* **picture element** pixel

plädieren to plead (**auf/für** for)

die **Plage** ① (*Seuche*) plague [pleɪg] ② (*übertragen*) nuisance ['njuːsᵊn(t)s]; **es ist wirklich eine Plage mit ihm** he's a real nuisance

plagen ① (*quälen*) to harass, to plague [pleɪg]; (*belästigen*) to bother ② (*heimsuchen*) to haunt [hɔːnt]; **von Zweifeln geplagt werden** to be plagued by doubts ③ **sich plagen** (*sich herumschlagen*) to be bothered (**mit** by); (*sich abmühen*) to slog away (**mit** at)

das **Plakat** ① (*zum Ankleben*) bill, poster; **„Plakate ankleben verboten!"** "Bill posters will be prosecuted!" ② (*zum Aufstellen*) placard

die **Plakette** ① (*Ansteckknopf*) badge [bædʒ] ② (*amtliche Plakette*) plaque [plɑːk]

der **Plan** ① (*Vorhaben*) plan ② (*Fahr-, Stundenplan*) schedule ['ʃedjuːl], timetable ③ (*Stadtplan*) map ④ (*Grundriss*) plan

die **Plane** ① (*wasserdichter Stoff*) tarpaulin [tɑː'pɔːlɪn] ② (*Planendach*) awning ['ɔːnɪŋ] ③ (*LKW-Plane*) hood [hʊd]

planen to plan

der **Planet** planet

das **Planetarium** planetarium

planieren to level *Erdboden*

die **Planke** plank; (*Leitplanke*) crash barrier ['bæriəʳ]

das **Plankton** plankton

planlos ① (*ohne System*) unsystematic [ˌʌnsɪstə'mætɪk] ② (*ohne Ziel*) random

planmäßig ① (*wie geplant*) according to plan ② (*fahrplanmäßig*) on schedule ['ʃedjuːl]

die **Plantage** [plan'taːʒə] plantation

das **Plan(t)schbecken** paddling pool

plan(t)schen to splash around

die **Planung** planning; [**noch**] **in Planung sein** to be [still] being planned

das **Plappermaul** (*umgangsspr*) babbler

plappern to blab

plärren (*umgangsspr*) ① (*heulen, weinen*) to howl ② (*schlecht singen*) to screech ③ *Radio:* to blare [bleəʳ]

das **Plastik** plastic

der **Plastikbecher** plastic cup

die **Plastikfolie** plastic film

die **Plastiktüte** plastic bag; (*Tragetasche*) carrier ['kæriəʳ] bag

das **Platin** platinum

platonisch platonic

plätschern *Bach, Quelle:* to ripple, to splash

platt ① (*eben, flach*) flat ② (*abgeschmackt*) flat; (*gewöhnlich*) dull ③ (*umgangsspr: überrascht*) flabbergasted ④ **einen Platten haben** (*umgangsspr*) to have a flat [tyre]

plattdeutsch Low German

die **Platte** ① (*aus Metall, Glas*) sheet; (*Tischplatte*) [table]top; (*Steinplatte*) flag[stone]; (*aus Holz*) board [bɔːd]; (*Felsenplatte*) ledge [ledʒ], slab ② (*Schallplatte*) record ['rekɔːd], disc (GB), disk (USA) ③ (*Essen*) dish; (*Servierteller*) platter

das **Plattencover** record ['rekɔːd] sleeve

die **Plattenfirma** record ['rekɔːd] company

das **Plattenlabel** record label

der **Plattenspieler** record player

die **Plattform** ① platform ② (*Basis*) basis ['beɪsɪs]

der **Platz** ① place; **etwas** [**wieder**] **an seinen Platz stellen** to put something [back] in its place ② (*freier Raum*) room, space; **Platz machen** to make room (**für** for); (*aus dem Weg gehen*) to get out of the way ③ (*öffentlicher Platz*) square [skweəʳ] ④ (*Sitzplatz*) seat; **Platz nehmen** to take a seat; **ist hier noch ein Platz frei?** is there a free seat here?; **dieser Platz ist besetzt** this seat's taken ⑤ (*Spielfeld*) playing field; (*Tennis-, Handballplatz*) court [kɔːt]; (*Fußballplatz*) field [fiːld], pitch ▸ WENDUNGEN: **fehl am Platze sein** to be out of place; **auf die Plätze, fertig, los!** ready ['redi], steady, go!; **das erste Haus am Platz** the best hotel in town

die **Platzangst** claustrophobia [ˌklɔːstrə'fəʊbiə]; **Platzangst bekommen** to get claustrophobic

das **Plätzchen** [Christmas] biscuit ['bɪskɪt] (GB), cookie ['kʊki] (USA)

platzen ① (*bersten*) to burst [bɜːst] ② (*aufreißen*) to split ③ (*umgangsspr: fehlschlagen*) to fall through [θruː]; *Freundschaft:* to break up; **die Party ist geplatzt** the party is off; **einen Termin platzen lassen** to call off an appointment [ə'pɔɪntmənt] ④ (*umgangsspr*) *Wechsel, Scheck:* to bounce [baʊn(t)s] ⑤ (*umgangsspr*)

P

er platzte ins Zimmer he burst into the room

platzieren ① (*hinstellen, hinsetzen, hinlegen*) to put ② (*zielen*) to place ③ **sich platzieren** (*im Sport*) to be placed; (*umgangsspr: sich stellen, sich setzen, sich legen*) to plant oneself

der **Platzregen** downpour ['daʊnpɔːʳ]

die **Platzreservierung** reservation [of a seat]

platzsparend space-saving, saving space

die **Platzwunde** cut, laceration [ˌlæsəʳ'eɪʃən]

die **Plauderei** chat; (*über Nichtssagendes*) small talk

plaudern ① (*plauschen*) to chat (**über/von** about) ② (*ausplaudern*) to talk

plausibel plausible ['plɔːzɪbl]

das **Playback** ['pleːbɛk] (*bei Schallplattenaufnahme*) double tracking; (*bei Fernsehaufnahme*) miming

die **Pleite** (*umgangsspr*) ① bankruptcy ['bæŋkrəpsi]; **Pleite machen** to go bust ② (*übertragen*) to flop

pleite (*umgangsspr*) broke, bust; **ich bin pleite** I'm broke

pleitegehen to go bust

die **Plenarsitzung** plenary session [-ˌseʃən]

das **Plenum** plenum

die **Plombe** ① (*Verplombung*) lead [led] seal ② (*Zahnplombe*) filling

plombieren ① (*versiegeln*) to seal [siːl] ② to fill *Zahn*

plötzlich ① *Tot, Entschluss:* sudden ② all of a sudden, suddenly; **plötzlich krachte es** suddenly there was a bang; **es kam alles so plötzlich** it all happened so suddenly

plump ① (*ungeschickt*) awkward ['ɔːkwəd]; (*unbeholfen*) clumsy ② (*taktlos, roh*) crude ③ (*unschön, unansehnlich*) ungainly

P

der **Plunder** junk

plündern ① to loot, to plunder ② (*humorvoll*) to raid *Kühlschrank*

der **Plural** plural

das **Plus** ① plus ② (*Mehrumsatz*) increase ['ɪnkriːs]; (*Überschuss*) surplus ['sɜːpləs]; (*schwarze Zahlen*) credit ③ (*Pluspunkt*) advantage [əd'vɑːntɪdʒ]

plus plus; **wir haben plus 15 Grad** it's 15 degrees plus

das **Plüschtier** soft toy

das **Plusquamperfekt** past perfect ['pɜːfɪkt], pluperfect

der **Pneu** (CH) tyre ['taɪəʳ]

der **Po** bum *umgangsspr*

pochen ① (*klopfen*) to knock [nɒk] (**an** at); (*leicht, leise*) to tap ② *Herz:* to pound; *Blut, Schläfen:* to throb ③ **auf etwas/sein gutes Recht pochen** to insist on something/one's rights

die **Pocke** pock; **die Pocken** smallpox

der **Podcast** ['pɔtkɑːst] podcast

das **Podest** ① (*Rednerbühne*) platform ② (*Sockel*) pedestal

die **Poesie** poetry ['pəʊɪtri]

poetisch poetic [pəʊ'etɪk]

die **Pointe** ['po̯ɛ̃ːtə] ① *von Witz:* punchline ② (*Hauptsache*) [main] point

der **Pokal** ① goblet ② (*im Sport*) cup

der **Pokalsieger** cup winner

das **Poker** poker

pokern ① to play poker ② (*feilschen*) to haggle (**um** over)

der **Pol** pole ▶ WENDUNGEN: **der ruhende Pol** the calming influence

polar polar

der **Polarkreis** polar circle ['sɜːkl]; **der nördliche Polarkreis** the Arctic Circle; **der südliche Polarkreis** the Antarctic Circle

der **Polarstern** Pole Star

der **Pole**, die **Polin** Pole [pəʊl]

polemisch polemical

Polen Poland ['pəʊlənd]

polieren to polish ['pɒlɪʃ]

die **Politesse** [female] traffic warden (GB), meter maid (USA)

die **Politik** ① politics ⚠ *Singular* ② (*bestimmte Richtung*) policy ③ (*politischer Standpunkt*) politics ⚠ *Plural*

der **Politiker**, die **Politikerin** politician [ˌpɒlɪ'tɪʃən]

politisch ① political ② (*diplomatisch, klug*) politic

der **Politologe**, die **Politologin** political scientist [-ˌsaɪəntɪst]

die **Polizei** police [pə'liːs] ⚠ *Plural*

> **V** **police** wird im Plural gebraucht: *the police are coming.*

der/die **Polizeibeamte**, die **Polizeibeamtin** police [pə'liːs] officer

die **Polizeibuße** (CH) fine

die **Polizeidienststelle** police station

der **Polizeihund** police dog

polizeilich ① police; **polizeiliche Ermittlungen** police investigations ② **polizeilich überprüft werden** to be checked by the police; **polizeilich gemeldet sein** to be registered with the police

der **Polizeiposten** (CH) police station

der **Polizeipräsident**, die **Polizeipräsidentin** chief [tʃiːf] constable (GB), chief of police (USA)

das **Polizeipräsidium** police headquarters ⚠ *mit Singular oder Plural*

das **Polizeirevier** ① (*Wache*) police station (GB), station house (USA) ② (*Bezirk*) police district (GB), precinct ['priːsɪŋ(k)t] (USA)

der **Polizeischutz** **unter Polizeischutz stehen** to be under police protection

die **Polizeistreife** police patrol

der **Polizist** policeman [pə'liːsmən]

die **Polizistin** police woman
die **Polizze** Ⓐ [insurance [ɪn'ʃʊərᵊn(t)s]] policy
der **Pollen** pollen
der **Pollenflug** pollen count
polnisch Polish ['pəʊlɪʃ]
das **Polster** ① upholstery ② (*Wattierung bei Kleidung*) pad[ding] ③ (*Kissen*) cushion ['kʊʃᵊn]
die **Polstergarnitur** living room suite [swi:t]
die **Polstermöbel** upholstered furniture ⚠ *Singular*
der **Polstersessel** [upholstered] armchair, easy chair
der **Polterabend** *party on the eve of a wedding*
poltern ① (*laut sein*) to bang [about] ② (*rumpeln*) to rumble
der **Polyester** polyester
der **Polyp** ① (*Nesseltier*) polyp ② (*medizinisch*) **Polypen** adenoids ['ædᵊnɔɪdz] ③ (*slang: Polizist*) cop
die **Pomade** pomade
die **Pommes** (*umgangsspr*), die **Pommes frites** [pɔm'frɪt] chips GB, French fries USA
das **Pony** pony
der **Pool** [pu:l] pool
der **Popo** bum *umgangsspr*
populär popular ['pɒpjələʳ] (**bei** with)
die **Pore** pore [pɔ:ʳ]
der **Porno** porn
der **Pornofilm** blue movie
die **Pornografie**, die **Pornographie** pornography [pɔ:'nɒgrəfi]
porös ① (*mit Poren*) porous ['pɔ:rəs] ② (*brüchig*) perished
das **Portal** portal
das **Portemonnaie** purse
der **Portier** [pɔr'ti̯e:] porter
die **Portion** ① (*beim Essen*) portion ['pɔ:ʃᵊn]; **eine Portion Kaffee** a pot of coffee ② (*umgangsspr: Anteil*) amount ▶ WENDUNGEN: **eine halbe Portion** (*Schwächling*) a half-pint ['hɑ:fpaɪnt]
das **Portmonee** purse
das **Porto** postage ['pəʊstɪdʒ] (**für** on)
portofrei postage paid, post free
portopflichtig liable to postage
das **Porträt** [pɔr'trɛ:] portrait ['pɔ:treɪt]
Portugal Portugal
der **Portugiese**, die **Portugiesin** Portuguese [,pɔ:tʃə'gi:z]
portugiesisch Portuguese [,pɔ:tʃə'gi:z]
der **Portwein** port [wine]
das **Porzellan** china ['tʃaɪnə]; (*dünnes Porzellan*) porcelain ['pɔ:sᵊlɪn]
die **Posaune** trombone [trɒm'bəʊn]
die **Pose** pose
die **Position** position [pə'zɪʃᵊn]; (*auf einer Liste*) item
positiv positive
das **Positiv** positive
possierlich comical, funny
die **Post** ① post [pəʊst], mail; **auf die Post warten** to be waiting for the post [*oder* mail] to come; **ist die Post schon da?** has the post [*oder* mail] come yet?; **du hast Post** you've got post [*oder* mail]; **seine Post lesen** to go through one's post [*oder* mail] ② (*Postgebäude*) post office; **zur Post gehen** to go to the post office ③ **etwas auf** [*oder* **in**] **die Post geben** to post [*oder* mail] something; **jemandem etwas mit der Post schicken** to post [*oder* mail] something to someone; **mit getrennter Post** under separate cover
das **Postamt** post office
der/die **Postbeamte**, die **Postbeamtin** post office official [ə'fɪʃᵊl]
der **Postbote**, die **Postbotin** postman ['pəʊstmən] *maskulin* GB, postwoman ['pəʊst,wʊmən] *feminin* GB, mailman *maskulin* USA, mailwoman *feminin* USA
der **Posten** ① (*Anstellung*) job, position; **einen Posten neu besetzen** to fill a vacancy ② (*Streikposten*) picket ③ (*Wachtposten*) guard [gɑ:d], sentry ▶ WENDUNGEN: **auf verlorenem Posten stehen** to be fighting a lost cause; **ich bin heute noch nicht ganz auf dem Posten** I'm not feeling quite up to par today
das **Postfach** post office box, PO box
das **Postgeheimnis** postal secrecy
die **Postkarte** postcard GB, postal card USA
der **Postkasten** letterbox GB, pillar box GB, mailbox USA
postlagernd ① to be called for *nachgestellt* ② **etwas postlagernd schicken** to send something poste restante [,pəʊst'restɑ:nt]
die **Postleitzahl** post code GB, zip code USA
das **Postpaket** parcel ['pɑ:sᵊl]
der **Poststempel** postmark
die **Postüberweisung** Girobank transfer
die **Postzustellung** postal delivery
die **Potenz** ① (*des Mannes*) potency ['pəʊtᵊnsi] ② *einer Zahl:* power [paʊəʳ]; **zweite/dritte Potenz** square/cube
potenzieren (*in der Mathematik*) **6 potenziert mit 3** 6 [raised] to the power of 3, cube 6; **6 potenziert mit 4/5** 6 [raised] to the power of 4/5
der **Pott** pot
das **Poulet** CH chicken
die **Powerfrau** (*humorvoll*) superwoman
das **Powidl** Ⓐ (*Pflaumenmus*) plum jam
die **Pracht** splendour ['splendəʳ]; **in seiner ganzen Pracht** in all its splendour
das **Prachtexemplar** [real] beauty
prächtig ① (*auch als Ausruf*) splendid ② **wir verstehen uns prächtig** we're getting [*oder* we get] on like a house on fire *umgangsspr*
das **Prachtstück** [real] beauty
das **Prädikat** predicate ['predɪkət]
die **Präferenz** preference ['prefᵊrᵊn(t)s]

P

E-Mail an einen Freund

Hallo Martin,
mir geht es blendend in Frankreich! Hier ist es echt heiß und sonnig; nachmittags sind wir meistens am Strand. Ma und Pa liegen die ganze Zeit in der Sonne und lesen, während Chris und ich im Meer schwimmen oder am Strand Badminton spielen.

Auch der Zeltplatz ist schön, und es sind jede Menge andere Kinder hier, die so alt sind wie wir. Manchmal hängen wir am Swimmingpool rum oder wir spielen zusammen Fußball. Für heute Abend ist eine Disko geplant, das könnte Spaß machen … Alles Weitere in einer Woche!

Hoffe, du hast schöne Ferien, bis bald!

Daniel

E-mail to a friend

Hi Martin,
Having a great time in France! It's really hot and sunny here and we spend most afternoons on the beach. Mum and dad are always lying in the sun reading, while Chris and I swim in the sea or play badminton on the sand.

The campsite's nice too and there are lots of other kids our age here. Sometimes we hang out by the pool or play football together. There's a disco tonight which might be fun… More news next week!

Hope you're enjoying the holidays, see you soon!

Daniel

der **Präfix** prefix ['priːfɪks]

Prag Prague [prɑːg]

prägen ① to stamp (**auf** on) ② to mint *Münze* ③ (*übertragen*) to coin *Wendung* ④ (*übertragen: formen*) to shape *Charakter* ⑤ (*übertragen: Einfluss haben*) to have a deep influence ['ɪnfluən(t)s] on ⑥ (*übertragen: kennzeichnen*) to characterize ['kærəktᵊraɪz] *Landschaft, Stadtbild*

pragmatisch pragmatic; **etwas pragmatisch sehen** to view something pragmatically

prähistorisch prehistoric

prahlen to boast, to brag

der **Prahler**, die **Prahlerin** boaster

prahlerisch boastful, bragging

die **Praktik** practice ['præktɪs]

der **Praktikant**, die **Praktikantin** trainee [ˌtreɪ'niː]

das **Praktikum** work placement, internship (USA); **ein Praktikum machen** to do a work placement

praktisch ① *Erfahrung, Rat:* practical; (*nützlich*) handy ② *Beispiel:* concrete ③ **praktischer Arzt** general practitioner, GP ④ **praktisch veranlagt** practically minded ⑤ (*fast, so gut wie*) virtually; **praktisch nie** hardly ever; **ich bin praktisch fertig** I'm as good as ready

praktizieren ① **etwas praktizieren** to put something into practice; **seinen Glauben praktizieren** to practise one's religion ② to practise; **praktizierender Arzt** practising doctor

die **Praline**, das **Praliné** chocolate (GB), chocolate candy (USA)

prall ① (*üppig*) *Hüften, Po:* well-rounded; *Brüste:* full; *Arme, Schenkel:* strong ② (*fest*) *Tomaten:* firm ③ *Sonne:* blazing ④ **prall gefüllt mit** bulging [*oder* bursting] with

prallen ① *Ball:* to bounce [baʊn(t)s] (**gegen** against) ② (*zusammenstoßen*) *Auto:* to collide (**gegen** with) ③ *Sonne:* to blaze down (**auf** on)
die **Prämie** ① (*Preis*) award, prize ② (*Belohnung*) bonus; (*für Mitgliedswerbung*) reward ③ (*Versicherungsprämie*) premium ['pri:miəm]
prämieren to give an award; **prämiert werden** *Buch, Film:* to be given an award
die **Pranke** *von Tier:* paw
das **Präparat** ① (*Substanz*) preparation ② (*für Mikroskop*) slice
die **Präposition** preposition [ˌprepə'zɪʃᵊn]
die **Prärie** prairie ['preəri]
der **Präsens** present ['prezᵊnt] [tense]
die **Präsentation** presentation
präsentieren present [prɪ'zent]; **jemandem etwas präsentieren** to present someone with something
der **Präsenzdiener** Ⓐ (*Soldat im Grundwehrdienst*) military service recruit [-'sɜ:vɪsrɪˌkru:t]
der **Präsenzdienst** Ⓐ (*Grundwehrdienst*) military service
der **Präser** johnny
das **Präservativ** condom ⚠ *das englische Wort ‚preservative' bedeutet Konservierungsstoff*
der **Präsident**, die **Präsidentin** ① *eines Staates:* president ['prezɪdᵊnt]; **Herr Präsident** Mister President; **Frau Präsidentin** Madam President ② (*Vorsitzende(r)*) chairperson, chairman *maskulin*, chairwoman *feminin*
das **Präsidium** (*Hauptquartier*) headquarters *Singular oder Plural*
prasseln *Regen:* to drum
prassen to live it up
das **Präteritum** preterite, past tense
präventiv preventive
die **Praxis** ① **in der Praxis** in practice ['præktɪs]; **etwas in die Praxis umsetzen** to put something into practice ② *eines Arztes oder Rechtsanwalts:* practice ③ (*Sprechzimmer eines Arztes*) surgery ['sɜ:dʒᵊri] Ⓖⓑ, doctor's office Ⓤⓢⓐ ④ (*Sprechzimmer eines Rechtsanwalts*) office
die **Praxisgebühr** consultation charge (*a quarterly payment that a patient with medical insurance must make for visits to the doctor*)
präzis(e) precise [prɪ'saɪs]
die **Präzision** precision [prɪ'sɪʒᵊn]
die **Präzisionsbombe** smart bomb [bɒm]
predigen ① (*in Kirche*) to preach ② **jemandem etwas predigen** (*umgangsspr*) to lecture someone on something
der **Prediger**, die **Predigerin** preacher
die **Predigt** sermon ['sɜ:mən]; [**jemandem**] **eine Predigt halten** to give [someone] a sermon (**über** on/about)
der **Preis** ① (*Kaufpreis*) price (**für** of); **zum halben Preis** at half-price; **zum Preis von** at a price of ② (*bei Wettbewerb*) prize [praɪz]; (*Auszeichnung*) award ③ (*Belohnung*) reward ▶ WENDUNGEN: **um jeden Preis** at any price
das **Preisausschreiben** competition
die **Preiselbeere** cranberry
die **Preisempfehlung** **unverbindliche Preisempfehlung** recommended price
preisen to praise [preɪz]
die **Preiserhöhung** price increase [-ˌɪnkri:s]
die **Preisermäßigung** price reduction
die **Preisfrage** ① (*Frage des Preises*) question of price ② (*Quizfrage*) prize question
preisgeben ① **ein Geheimnis preisgeben** to divulge a secret ② (*ausliefern*) to expose; **jemanden der Lächerlichkeit preisgeben** to expose someone to ridicule ③ (*aufgeben*) to abandon; to surrender [sᵊr'endəʳ] *Gebiet*
preisgekrönt award-winning
das **Preis-Leistungs-Verhältnis** cost effectiveness; **da stimmt das Preis-Leistungsverhältnis** it is good value for money
die **Preisliste** price list
der **Preisnachlass** price reduction
das **Preisrätsel** puzzle competition
das **Preisschild** price tag
der **Preisträger**, die **Preisträgerin** award winner
preiswert ① inexpensive, good value [for money] ② **preiswert einkaufen** to get value for money, to get one's money's worth; **hier kann man preiswert übernachten** they have rooms [*oder* accommodation] at reasonable prices
prellen ① (*im Ballsport*) to bounce [baʊn(t)s] ② (*betrügen*) **jemanden um etwas prellen** to cheat [*oder* swindle] someone out of something; **die Zeche prellen** to go [*oder* run] off without paying
die **Prellung** bruise [bru:z]
die **Premiere** première ['premieəʳ], opening night
der **Premierminister**, die **Premierministerin** prime minister
die **Presse** press
die **Presseagentur** press [*oder* news] agency [-ˌeɪdʒᵊn(t)si]
das **Pressebüro** press office
die **Pressefreiheit** freedom of the press
die **Pressekonferenz** press conference [-ˌkɒnfᵊrᵊn(t)s]
die **Pressemeldung** press report
pressen ① to press, to squeeze ② (*zwängen*) to force (**in** into) ③ to press *CD*
der **Presserummel** (*umgangsspr*) feeding-frenzy in the press
pressescheu media-shy
der **Pressesprecher**, die **Pressesprecherin** press officer
die **Pressezensur** censorship ['sen(t)səʃɪp] of the press
pressieren Ⓒⓗ, Ⓐ **es pressiert** it's urgent; **mir**

P

pressierts I'm in a hurry
der **Pressluftbohrer** pneumatic [njuːˈmætɪk] drill
der **Presslufthammer** pneumatic hammer
das **Prestige** prestige
der **Preuße**, die **Preußin** Prussian [ˈprʌʃᵊn]
Preußen Prussia [ˈprʌʃə]
preußisch Prussian [ˈprʌʃᵊn]
prickeln (*kribbeln*) to tingle
prickelnd 1 *Gefühl:* tingling 2 *Humor:* piquant [ˈpiːkənt] 3 *Sekt:* bubbly 4 (*erregend*) thrilling
der **Priester** priest
die **Priesterin** priestess
prima 1 (*erstklassig*) first-class 2 (*toll*) fantastic, great, swell (USA)
primär primary; **sich primär seinem Beruf widmen** to concentrate primarily on one's work
der **Primararzt**, die **Primarärztin** (A) (*leitender Arzt*) [senior] consultant [kənˈsʌltᵊnt], medical director (USA)
der **Primarius**, die **Primaria** (A) (*Chefarzt*) [senior] consultant [kənˈsʌltᵊnt], medical director (USA)
die **Primarschule** (CH) primary school [skuːl] (GB), elementary school (USA)
die **Primel** primrose
primitiv primitive [ˈprɪmɪtɪv]
der **Prinz** prince; **Prinz Charles** Prince Charles
die **Prinzessin** princess [prɪnˈses]; **Prinzessin Anne** Princess Anne
das **Prinzip** 1 principle [ˈprɪn(t)səpl̩] 2 **im Prinzip** in principle; **aus Prinzip** as a matter of principle, on principle
prinzipiell 1 *Unterschiede, Erwägungen:* fundamental 2 (*im Prinzip*) in principle [ˈprɪn(t)səpl̩]; **prinzipiell ist das möglich** in principle this is possible; **ich lüge prinzipiell nicht** I don't lie on principle; **etwas prinzipiell ablehnen** to reject something on principle
die **Priorität** priority; **Prioritäten setzen** to set [one's] priorities
die **Prise** **eine Prise Salz** a pinch of salt
privat 1 private [ˈpraɪvət] 2 **privat versichert sein** to be privately insured
die **Privatadresse** home address
die **Privatangelegenheit** private [ˈpraɪvət] matter; **das ist meine Privatangelegenheit** that's my business
der **Privatdetektiv**, die **Privatdetektivin** private detective [dɪˈtektɪv], private eye *umgangsspr*
das **Privatgrundstück** private property
das **Privatleben** private life
der **Privatpatient**, die **Privatpatientin** private patient [ˈpeɪʃᵊnt]
das **Privatrecht** private [*oder* civil [ˈsɪvᵊl]] law
die **Privatschule** private school [skuːl]
die **Privatsphäre** privacy; **die Privatsphäre von jemandem verletzen** to invade someone's privacy
das **Privileg** privilege [ˈprɪvᵊlɪdʒ]
das **Pro** **das Pro und Kontra** the pros and cons ⚠ *Plural*
pro per; **pro Jahr** a year; (*formeller*) per annum; **pro Kopf** [*oder* **Person**] per capita [*oder* person]; **drei Euro pro Stück** three euros each
die **Probe** 1 (*Prüfung, Versuch*) test; **eine Probe machen** to do a test; **die Probe bestehen** to pass the test; **jemanden auf die Probe stellen** to put someone to the test 2 (*Beispiel, Kostprobe, Warenprobe*) sample 3 (*Theaterprobe*) rehearsal [rɪˈhɜːsᵊl] ▶WENDUNGEN: **die Probe aufs Exempel machen** to put it to the test
der **Probealarm** practice [ˈpræktɪs] alarm
das **Probeexemplar** specimen [ˈspesəmɪn] copy
die **Probefahrt** test drive; **eine Probefahrt machen** to do a test drive [*oder* run]
proben to rehearse [rɪˈhɜːs]
die **Probezeit** probationary period
probieren 1 to try *auch Essen* 2 **probier es noch mal** try again, have another go [*oder* try]
das **Problem** problem [ˈprɒbləm]; **kein Problem!** no problem!
die **Problematik** **die Problematik erkennen** to recognize the problems; **auf die Problematik hinweisen** to point out difficulties
problematisch problematic, difficult
problemlos 1 *Sache:* unproblematic 2 **problemlos ablaufen** to run smoothly
das **Produkt** product [ˈprɒdʌkt]
die **Produktion** production [prəˈdʌkʃᵊn]
produktiv productive [prəˈdʌktɪv]
die **Produktivität** productivity
der **Produzent**, die **Produzentin** producer [prəˈdjuːsəʳ]
produzieren to produce [prəˈdjuːs]
professionell professional [prəˈfeʃᵊnᵊl]
der **Professor**, die **Professorin** professor [prəˈfesəʳ]
der **Profi** 1 (*Experte*) pro *umgangsspr* 2 (*im Sport*) professional [prəˈfeʃᵊnᵊl]
das **Profil** 1 *vom Gesicht:* profile [ˈprəʊfaɪl] 2 *von Reifen, Schuhsohle:* tread
der **Profit** profit [ˈprɒfɪt]; **Profit machen** to make a profit; **Profit aus etwas schlagen** to profit from something; **Profit bringend** profitable
profitabel profitable
profitieren to profit [ˈprɒfɪt] (**von** from/by)
die **Prognose** 1 (*in Medizin, Wirtschaft*) prognosis [prɒgˈnəʊsɪs] 2 (*Wettervorhersage*) forecast
das **Programm** 1 programme [ˈprəʊgræm] (GB), program (USA) 2 (*Computerprogramm*) program 3 (*Theaterveranstaltungen*) bill 4 (*Sendekanal*) channel; **was kommt im anderen Programm?** what's on the other channel? 5 (*Programmheft*) program[me] guide [gaɪd] 6 (*Tagesordnung*) agenda [əˈdʒendə]; **was steht für heute auf dem Programm?** (*Pläne*

P

haben) what's the program[me] for today?; (*Tagesordnung*) what's on today's agenda?

der **Programmfehler** program error

programmieren to program ['prəʊgræm] *Computer*

der **Programmierer**, die **Programmiererin** programmer ['prəʊgræməʳ]

die **Programmiersprache** programming language [-ˌlæŋgwɪdʒ]

progressiv progressive

das **Projekt** project ['prɒdʒekt]

die **Projektion** projection

der **Projektleiter**, die **Projektleiterin** project ['prɒdʒekt] leader

der **Projektor** projector [prə'dʒektəʳ]

projizieren to project [prə(ʊ)'dʒekt] (**auf** onto)

proklamieren to proclaim

das **Pro-Kopf-Einkommen** income per capita

der **Pro-Kopf-Verbrauch** per capita consumption

der **Prolet** prole [prəʊl] *umgangsspr*

der **Proletarier**, die **Proletarierin** proletarian

der **Prolog** prologue ['prəʊlɒg]

die **Promenade** promenade

die **Promenadenmischung** (*humorvoll*) mongrel

die **Promille** 1 (*Tausendstel*) thousandth 2 (*Blutalkohol*) alcohol level; **er hatte 2,6 Promille** he had an alcohol level of 260 millilitres

die **Promillegrenze** legal [alcohol] limit

prominent 1 prominent 2 *Schauspieler, Künstler:* well-known

der/die **Prominente** 1 (*in Politik*) prominent figure, VIP [ˌviːaɪ'piː] 2 (*im Showbusiness*) celebrity [sə'lebrəti]

die **Prominenz** 1 prominent figures ⚠ *Plural* 2 (*aus der Medienwelt*) celebrities [sə'lebrətiz]

promovieren 1 to do a doctorate; **sie promovierte über Bach** she did her doctorate on Bach 2 (*den Doktorgrad erwerben*) to obtain a doctorate; **sie hat in Harvard promoviert** she obtained her doctorate from Harvard; **ein promovierter Kunstwissenschaftler** an art historian with a doctorate

prompt 1 *Antwort:* prompt 2 **prompt antworten** to reply promptly

das **Pronomen** pronoun ['prəʊnaʊn]

die **Propaganda** 1 (*politisch*) propaganda [ˌprɒpə'gændə] 2 (*Werbung*) publicity [pʌb'lɪsəti]

der **Propeller** propeller [prə'pelə]

der **Prophet**, die **Prophetin** prophet ['prɒfɪt]

prophezeien to prophesy; **jemandem ein langes Leben prophezeien** to prophesy [*oder* predict] that someone will enjoy a long life; **sie haben der Firma ein gutes Jahr prophezeit** they have predicted a good year for the company

die **Prophezeiung** prophecy

die **Proportion** proportion

proportional proportional; **die Kosten steigen proportional zur Größe** the costs increase in proportion to the size

der **Proporz** Ⓒⓗ, Ⓐ proportional representation ⚠ *ohne Artikel*

die **Prosa** prose [prəʊz]

pros(i)t cheers!, here's to you [*oder* your health]!; **prosit Neujahr!** here's to the New Year!

der **Prospekt** 1 (*Werbeprospekt*) brochure ['brəʊʃəʳ] 2 (*einzelner Zettel*) leaflet

prost cheers

die **Prostituierte** prostitute ['prɒstɪtjuːt]

die **Prostitution** prostitution [ˌprɒstɪ'tjuːʃᵊn]

der **Protagonist**, die **Protagonistin** protagonist

das **Protein** protein

der **Protest** protest ['prəʊtest]; **aus Protest** in protest; **gegen etwas Protest einlegen** to make a protest against something

der **Protestant**, die **Protestantin** Protestant ['prɒtɪstᵊnt]

protestieren to protest [prə(ʊ)'test] (**gegen** against)

die **Prothese** 1 (*künstliches Gliedmaß*) prosthesis ['prɒsθəsɪs], artificial limb [ɑːtɪˌfɪʃᵊl'lɪm] 2 (*Zahnprothese*) dentures ⚠ *Plural,* false teeth *umgangsspr*

das **Protokoll** 1 (*Niederschrift*) record ['rekɔːd] 2 (*Sitzungsprotokoll*) minutes ['mɪnɪts] ⚠ *Plural;* **wer schreibt Protokoll?** who's taking the minutes? 3 (*Polizeiprotokoll*) **etwas zu Protokoll geben** to make a statement

protokollieren to record [rɪ'kɔːd]; to take minutes ['mɪnɪts] *Sitzung*

protzen to show off; **vor jemandem mit etwas protzen** to show something off to someone

protzig showy, swanky *umgangsspr*

der **Proviant** provisions ⚠ *Plural*

die **Provinz** 1 (*Teil eines Landes*) province ['prɒvɪn(t)s] 2 (*kulturell zweitrangige Gebiete*) **die Provinz** the provinces *Plural;* **das ist ja die finsterste Provinz hier** we're out in the sticks here *umgangsspr*

provinziell provincial [prə(ʊ)'vɪn(t)ʃᵊl]

der **Provinzler**, die **Provinzlerin** provincial [prə(ʊ)'vɪn(t)ʃᵊl]

die **Provision** *von Verkäufer, Makler:* commission [kə'mɪʃᵊn]

> **F** Nicht verwechseln mit **provision** = die Versorgung, die Vorkehrung!

provisorisch provisional [prə'vɪʒᵊnᵊl], temporary

das **Provisorium** provisional solution

die **Provokation** provocation [ˌprɒvə'keɪʃᵊn]

provozieren to provoke [prə'vəʊk]

die **Prozedur** procedure [prə(ʊ)'siːdʒəʳ]

das **Prozent** 1 (*in Mathematik*) per cent [pə'sent];

P

wie viel Prozent? what percentage?; **zehn Prozent** ten per cent ② *(Preisnachlass)* **ich bekomme hier Prozente** I get a discount here; **zehn Prozent bekommen** to get a ten percent discount ③ *(Alkoholgehalt)* alcohol content [-ˌkɒntent]; **wie viel Prozent hat dieser Weinbrand?** what's the alcohol content of this brandy?

der **Prozentsatz** percentage [pə'sentɪdʒ]

prozentual ein prozentualer Anteil von 7% a percentage of 7; **sich prozentual an den Kosten beteiligen** to share a percentage of the costs

der **Prozess** ① *(Gerichtsverfahren)* trial; *(Rechtsfall)* case; **seinen Prozess gewinnen/verlieren** to win/lose one's case; **einen Prozess gegen jemanden führen** to take legal action against someone ② *(Vorgang, Verfahren)* process ['prəʊses] ▶WENDUNGEN: **mit jemandem/etwas kurzen Prozess machen** to make short work of someone/something

die **Prozession** procession [prə'seʃᵊn]

der **Prozessor** processor ['prəʊsesəʳ]

prüde ① prudish ['pruːdɪʃ] ② **sei doch nicht so prüde** don't be such a prude

prüfen ① *(Kenntnisse abfragen)* to examine [ɪg'zæmɪn] ② *(proben, ausprobieren)* to test ③ *(besichtigen, mustern)* to inspect ④ *(nachprüfen, überprüfen)* to check *Ölstand* (**auf** for); **prüfen, ob ...** to check whether ... ⑤ to audit *Bilanz, Bücher* ⑥ *(erwägen, betrachten)* to consider *Angebot, Vorschlag*

der **Prüfer**, die **Prüferin** examiner

die **Prüfung** ① *(Examen)* exam [ɪg'zæm], examination; **eine Prüfung bestehen/machen** to pass/take an exam[ination] ② *(Musterung)* inspection [ɪn'spekʃᵊn] ③ *(Nachprüfung, Überprüfung)* check[ing] ④ *(Wirtschaftsprüfung)* audit ⑤ *(Erwägung, Betrachtung)* consideration

P

die **Prüfungsangst** exam nerves ⚠ *Plural;* **Prüfungsangst haben** to suffer from exam nerves

die **Prüfungsaufgabe** exam question

das **Prüfungsergebnis** exam results [-rɪˌzʌlts] ⚠ *Plural*

das **Prüfungszeugnis** exam [*oder* examination] certificate [sə'tɪfɪkət]

die **Prügel eine Tracht Prügel** [**bekommen**] [to get] a thrashing

die **Prügelei** brawl, fight [faɪt]

prügeln ① to beat *Mensch, Tier* ② **sich** [**mit jemandem**] **prügeln** to fight [faɪt] [someone] (**um** for)

der **Prunk** splendour ['splendəʳ]

das **Prunkstück** showpiece ['ʃəʊpiːs]

prusten to snort; **vor Lachen prusten** to snort with laughter ['lɑːftəʳ]

das **PS** *Abkürzung von* **Pferdestärke** hp, horse power

PS *(am Briefende) Abkürzung von* **Postskriptum** PS, postscript

der **Psalm** psalm [sɑːm]

das **Pseudonym** pseudonym ['sjuːdənɪm]

die **Psyche** psyche ['saɪki]

der **Psychiater**, die **Psychiaterin** psychiatrist [saɪ'kaɪətrɪst], shrink *umgangsspr*

psychiatrisch psychiatric [ˌsaɪki'ætrɪk]

psychisch ① *(psychologisch)* psychological [ˌsaɪkə'lɒdʒɪkᵊl] ② *(übersinnlich) Erscheinung, Phänomen:* psychic ['saɪkɪk]

die **Psychoanalyse** psychoanalysis [ˌsaɪkəʊə'næləsɪs]

der **Psychoanalytiker**, die **Psychoanalytikerin** psychoanalyst [ˌsaɪkəʊ'ænᵊlɪst]

der **Psychologe**, die **Psychologin** psychologist [saɪ'kɒlədʒɪst]

psychologisch psychological [ˌsaɪkə'lɒdʒɪkᵊl]

der **Psychopath**, die **Psychopathin** psychopath ['saɪkə(ʊ)pæθ]

der **Psychoterror** psychological [ˌsaɪkə'lɒdʒɪkᵊl] blackmail; **Psychoterror gegen jemanden ausüben** to psychologically blackmail someone

der **Psychotherapeut**, die **Psychotherapeutin** psychotherapist [ˌsaɪkə(ʊ)'θerəpɪst]

die **Pubertät** puberty ['pjuːbəti]; **in die Pubertät kommen** to reach puberty; **sie ist mitten in der Pubertät** she is going through her adolescence

die **Publikation** publication

das **Publikum** ① *(Zuhörerschaft, Zuschauer)* audience ['ɔːdiən(t)s] ② *(im Sport)* spectators ⚠ *Plural*

der **Publikumsliebling** crowd-pleaser

publizieren to publish

der **Pudding** blancmange [blə'mɒn(d)ʒ]; *(zum kalt Anrühren)* instant whip

Pudding

F Nicht verwechseln mit **pudding** = die Nachspeise!

der **Pudel** poodle ▶WENDUNGEN: **was stehst du da**

wie ein begossener Pudel? why are you looking so sheepish?
pudelwohl sich pudelwohl fühlen to feel on top of the world
der **Puder** powder ['paʊdəʳ]
pudern to powder ['paʊdəʳ]; **sich die Nase pudern** to powder one's nose
der **Puderzucker** icing sugar ['aɪsɪŋʃʊgəʳ]
der **Puff** ① (*Stoß*) thump ② (*vertraulicher Stoß in die Seite*) nudge [nʌdʒ] ③ (*slang: Bordell*) brothel
der **Puffer** ① buffer ② (*aus Kartoffeln*) potato fritter
der **Pulli**, der **Pullover** jersey, GB AUCH jumper, pullover ['pʊləʊvəʳ], sweater ['swetəʳ]
der **Puls** pulse [pʌls]; **hoher/niedriger Puls** high/low pulse rate; **jemandem den Puls fühlen** to feel someone's pulse
die **Pulsader** artery
der **Pulsschlag** pulse-beat
das **Pult** desk
das **Pulver** ① powder ['paʊdəʳ] ② (*Schießpulver*) gunpowder
pulverig powdery ['paʊdəri]
der **Pulverkaffee** instant coffee
der **Pulverschnee** powder snow
der **Puma** puma (GB), cougar ['ku:gəʳ] (USA)
pummelig chubby
der **Pump etwas auf Pump kaufen** (*umgangsspr*) to buy something on tick *umgangsspr*
die **Pumpe** ① (*Wasserpumpe*) pump [pʌmp] ② (*Herz*) ticker *umgangsspr*
pumpen ① to pump [pʌmp] *Wasser* ② **jemandem Geld pumpen** (*umgangsspr*) to lend someone money; **kann ich mir 10 Euro von dir pumpen?** can I borrow 10 euros off you? *umgangsspr*
der **Punker**, die **Punkerin** punk
der **Punkt** ① (*zur Bewertung, auch im Sport*) point; (*beim Kartenspiel*) pip; **einen Punkt machen** to win a point; **Sieger nach Punkten** (*im Sport*) winner on points ② (*Satzzeichen*) full stop (GB), period ['pɪəriəd] (USA); (*i-Punkt*) dot ③ (*Ort, Zeitpunkt*) point, spot; **an diesem Punkt** at this point ④ (*bei Bericht, Diskussion, Liste*) item, point; **Punkt für Punkt** point by point; **ein strittiger Punkt** a disputed point ⑤ **der springende Punkt** the crucial point ⑥ **bis zu einem gewissen Punkt** up to a certain point ⑦ **Punkt 10 Uhr** at ten sharp ⑧ **nun mach aber mal einen Punkt!** come off it! *umgangsspr*
das **Pünktchen** little dot
pünktlich ① *Person:* punctual ② **pünktlich sein** to be on time; **nicht pünktlich sein** to be late; **pünktlich ankommen** to arrive on time
die **Pünktlichkeit** punctuality
die **Punktzahl** score
der **Punsch** punch [pʌnʃ]
die **Pupille** pupil ['pju:pəl]
die **Puppe** ① (*Kinderspielzeug*) doll; (*Marionette*) puppet ['pʌpɪt] ② (*Schaufensterpuppe*) dummy ③ (*Insektenlarve*) pupa ['pju:pə] ④ (*Mädchen*) doll *umgangsspr*
das **Puppentheater** puppet theatre ['θɪətəʳ]
pur ① (*rein*) pure [pjʊəʳ] ② (*völlig*) sheer; **eine pure Lüge** a blatant lie; **die pure Wahrheit** the plain truth; **die pure Wahrheit** the plain truth
das **Püree** purée ['pjʊəreɪ]
der **Purpur** purple ['pɜ:pəl]
purpurn, **purpurrot** crimson
der **Purzelbaum** somersault ['sʌməsɔ:lt]; **einen Purzelbaum machen** to [do a] somersault
purzeln to tumble (**über** over)
die **Puste** breath [breθ]; **außer Puste sein** to be out of breath
die **Pustel** ① (*Pickel*) pimple ② (*eitrige Beule*) pustule ['pʌstju:l]
pusten to blow, to puff
die **Pute** turkey [hen]
der **Puter** turkey [cock]
der **Putsch** coup [d'état] [ˌku:(deɪ'tɑ:)], revolt
putschen to revolt, to organize a coup [d'état] [ˌku:(deɪ'tɑ:)]
der **Putz** (*Verputz*) plaster; (*Rauputz*) roughcast ['rʌfkɑ:st] ▶ WENDUNGEN: **auf den Putz hauen** (*groß feiern*) to have a rave-up; (*prahlen*) to show off; (*Krach schlagen*) to kick up a fuss
putzen ① (*reinigen*) to clean; (*abwischen*) to wipe; **putzen gehen** to work as a cleaner; **ich putze gerade** I'm doing the cleaning ② to blow, to wipe *Nase;* **sich die Nase putzen** to blow one's nose ③ to brush *Zähne;* **sich die Zähne putzen** to brush one's teeth ④ to polish, to shine (USA) *Schuhe* ⑤ **sich putzen** *Katze:* to clean itself
die **Putzfrau** cleaning lady (GB), cleaner, scrubwoman (USA)
putzig ① (*merkwürdig*) funny ② (*süß, niedlich*) cute
der **Putzlappen**, der **Putzlumpen** [polishing] cloth
das **Putzmittel** cleanser ['klenzəʳ]
das **Puzzle** ['pʊzl] jigsaw ['dʒɪgsɔ:] puzzle; **ein Puzzle machen** to do a jigsaw [puzzle]
der **Pyjama** [py'dʒa:ma] pyjamas [pɪ'dʒɑ:məz] ⚠ *Plural* (GB), pajamas [pə'dʒɑ:məz] ⚠ *Plural* (USA); **wo ist mein Pyjama?** where are my pyjamas?
die **Pyramide** pyramid ['pɪrəmɪd]
die **Pyrenäen** the Pyrenees *Plural*

P

Qq

Q, q Q, q [kjuː]

das **Quadrat** square

quadratisch ① (*Gleichung*) quadratic [kwɒdˈrætɪk] ② (*quadratförmig*) square

der **Quadratkilometer** square kilometre [*oder* ⓊⓈⒶ kilometer] [kɪˈlɒmɪtəʳ]

der **Quadratmeter** square metre [*oder* ⓊⓈⒶ meter] [ˈmiːtəʳ]

der **Quadratzentimeter** square centimetre [*oder* ⓊⓈⒶ centimeter] [ˈsentɪmiːtəʳ]

quaken ① *Ente:* to quack; *Frosch:* to croak ② *Mensch:* to squawk

quäken to screech

die **Qual** ① (*körperlich*) pain ② (*seelisch*) anguish [ˈæŋgwɪʃ]

quälen ① (*peinigen*) to torment [tɔːˈment], to torture [ˈtɔːtʃəʳ] ② (*jemandem zusetzen*) to pester ③ **sich quälen** (*sich abmühen*) to struggle (**mit** with); (*seelisch*) to torture oneself (**mit** over)

quälend *Erinnerung:* tormenting; *Schmerz:* excruciating [ɪkˈskruːʃieɪtɪŋ]; *Ungewissheit, Zweifel:* agonizing

die **Quälerei** ① (*körperlich*) torture [ˈtɔːtʃəʳ] ② (*seelisch*) torment [ˈtɔːment] ③ (*Mühsal*) struggle

die **Qualifikation** qualification [ˌkwɒlɪfɪˈkeɪʃᵊn]; (*Abschluss, Kompetenz*) qualifications ⚠ *Plural;* **um die Qualifikation für die WM spielen** to play to qualify for the World Cup

qualifizieren (*auch im Sport*) to qualify [ˈkwɒlɪfaɪ] (**für** for)

die **Qualität** ① (*Güte*) quality [ˈkwɒləti]; **hervorragende/schlechte Qualität** excellent [*oder* top]/poor quality ② (*gute Seiten*) **er hat auch seine Qualitäten** he does have his good points

qualitativ qualitative, in quality; **eine qualitative Verbesserung** an improvement in quality; **eine qualitativ bessere Wohnung** a better-quality flat; **qualitativ hochwertige Bücher** high-quality books

die **Qualle** jellyfish

der **Qualm** dense smoke

qualmen ① (*Zigaretten rauchen*) to puff away *umgangsspr;* **er qualmt mal wieder eine** he's having another fag *umgangsspr* ② *Motor, Ofen, Schornstein:* to give off smoke

qualmig smoky

qualvoll agonizing, painful

die **Quantität** quantity

quantitativ in quantity; **eine quantitative Steigerung** an improvement in quantity

die **Quarantäne** [karanˈtɛːnə] quarantine [ˈkwɒrᵊntiːn]; **unter Quarantäne stellen** to put in quarantine; **in Quarantäne kommen** to be put into quarantine

der **Quark** ① soft curd cheese ② (*Quatsch*) rubbish *umgangsspr*

das **Quartal** quarter [ˈkwɔːtəʳ]

die **Quarte** fourth

das **Quartett** quartet[te]

das **Quartier** ① (*Unterkunft*) accommodation ② (*beim Militär*) billet, quarters [ˈkwɔːtəz] ⚠ *Plural;* **Quartier beziehen** to take up [one's] quarters ③ Ⓒⓗ (*Stadtteil*) district, quarter

der **Quarz** quartz [kwɔːts]

die **Quarzuhr** quartz clock [*oder* watch]

quasi almost

quasseln to blether *umgangsspr;* **hör auf zu quasseln!** stop blathering!

die **Quasselstrippe** blether *umgangsspr,* chatterbox *umgangsspr*

die **Quaste** *von Pinsel:* brush

der **Quatsch** ① (*Unsinn, dummes Geschwätz*) rubbish *umgangsspr,* twaddle *umgangsspr;* **so ein Quatsch!** what a load of rubbish!; **red keinen Quatsch!** stop talking such rubbish! ② (*Unüberlegtheiten, Dummheiten*) nonsense; **lass den Quatsch!** stop that nonsense!, stop it!; **mach keinen Quatsch!** don't be silly!

quatschen ① **Blödsinn quatschen** to talk twaddle *umgangsspr* ② (*dumm daherreden*) to gab *umgangsspr* ③ (*plaudern, quasseln*) to blether *umgangsspr,* to have a blether ④ (*sich unterhalten*) to have a chat (**über** about) ⑤ (*slang: etwas ausplaudern*) to blab; **hast du wieder mal gequatscht?** have you been blabbing again?

der **Quatschkopf** ① (*Schwätzer*) windbag *umgangsspr* ② (*Blödmann*) fool

das **Quecksilber** mercury, quicksilver [ˈkwɪkˌsɪlvəʳ]

die **Quelle** ① *eines Flusses:* spring ② (*Ölquelle*) well ③ (*Ursprung*) source [sɔːs] ▶ WENDUNGEN: **an der Quelle sitzen** to have direct access

quellen ① (*herausquellen*) *Wasser:* to well up ② (*aufquellen*) *Hülsenfrüchte:* to swell [up]

die **Quellenangabe** reference [ˈrefᵊrᵊn(t)s]

das **Quellwasser** spring water

quengelig whining [ˈ(h)waɪnɪŋ]; **quengelig sein** to whine [(h)waɪn]

quengeln to whine

quer crossways, crosswise; **kreuz und quer** [**durchs Land**] all over [the country]

die **Quere** ▶ WENDUNGEN: **jemandem in die Quere kommen** to get in someone's way

die **Querflöte** flute

der **Querschnitt** cross section

querschnitt(s)gelähmt paraplegic [ˌpærə-

'pli:dʒɪk], paralysed ['pærəlaɪzd] below the waist *nachgestellt*

querstellen **sich querstellen** to be awkward

die **Querstraße** side street, turning; **bei der zweiten Querstraße** at the second turning; **zwei Querstraßen entfernt wohnen** to live two blocks away; **die Schulstraße ist eine Querstraße zur Sonnenbergstraße** Schulstraße runs at right angles to Sonnenbergstraße

die **Querverbindung** direct connection

quetschen 1 (*drücken*) to squeeze 2 (*zerquetschen*) to crush, to squash 3 (*einklemmen*) to crush; **sich den Finger quetschen** to squash one's finger 4 (*sich klemmen*) **sich quetschen** to be crushed 5 (*sich zwängen*) **sich in etwas quetschen** to squeeze into something

quieken *Maus:* to squeak; *Schwein:* to squeal

quietschen 1 (*knarren*) to creak, to squeak 2 *Mensch, Reifen:* to squeal

die **Quinte** fifth

das **Quintett** quintet[te]

der **Quirl** (*Küchengerät*) beater, whisk [(h)wɪsk]

quirlig lively

quitt **jetzt sind wir quitt** now we're even [*oder* quits]

die **Quitte** quince [kwɪn(t)s]

quittieren 1 (*bescheinigen*) to give a receipt [rɪ'si:t] for *Empfang, Sendung* 2 (*kündigen*) to quit *Dienst*

F Nicht verwechseln mit **to quit** = kündigen!

die **Quittung** 1 (*Beleg*) receipt [rɪ'si:t]; **eine Quittung ausstellen** to give a receipt (**über** for) 2 (*übertragen: Strafe*) penalty, price

das **Quiz** quiz [kwɪz]; **ein Quiz machen** to do a quiz

der **Quizmaster**, die **Quizmasterin** quizmaster ['kwɪzmɑ:stəʳ]

die **Quote** 1 (*Quantum*) quota 2 (*statistischer Anteil*) proportion

der **Quotient** quotient

Rr

R, **r** R, r [ɑ:ʳ]; **das R rollen** to roll the r

der **Rabatt** (*Preisnachlass*) discount ['dɪskaʊnt]; **5 % Rabatt auf etwas geben/bekommen** to give/get a 5% discount on something

der **Rabbi**, der **Rabbiner** rabbi ['ræbaɪ]

der **Rabe** (*Vogel*) raven ▶ WENDUNGEN: **stehlen wie ein Rabe** to thieve like a magpie

rabenschwarz pitch-black

rabiat violent, rough [rʌf]; **rabiat werden** to get [*oder* turn] violent

die **Rache** 1 revenge [rɪ'vendʒ]; **aus Rache** out of revenge; **Rache an jemandem nehmen** to take revenge on someone (**für** for) 2 (*Vergeltung*) vengeance ['vendʒᵊn(t)s]; **Rache schwören** to swear vengeance

der **Rachen** 1 *von Mensch:* throat 2 *von Tier:* jaws ⚠ *Plural*

rächen 1 to avenge [ə'vendʒ] *Toten, Unrecht* 2 **sich [an jemandem] rächen** to take revenge [on someone] (**für** for)

der **Rächer**, die **Rächerin** avenger [ə'vendʒəʳ]

die **Rachitis** rickets ⚠ *Singular*

die **Rachsucht** vindictiveness

rachsüchtig vindictive

das **Rad** 1 wheel 2 (*Fahrrad*) bicycle ['baɪsɪkl], bike *umgangsspr;* **Rad fahren** to ride a bicycle [*oder* bike] 3 (*im Sport*) cartwheel; **ein Rad schlagen** to [do *oder* turn] a] cartwheel ▶ WENDUNGEN: **das fünfte Rad am Wagen sein** to be in the way

der **Radar** radar ['reɪdɑ:ʳ]

die **Radarkontrolle** radar speed check

der **Radau** din, row [raʊ] *umgangsspr;* **Radau machen** to kick up a row

der **Raddampfer** paddle steamer

radeln to bike, to pedal

das **Radfahren** cycling ['saɪklɪŋ]

der **Radfahrer**, die **Radfahrerin** cyclist ['saɪklɪst]

der **Radfahrweg** cycle ['saɪkl] track

radieren 1 to erase, to rub out 2 (*Grafiktechnik*) to etch

der **Radiergummi** rubber (GB), eraser (USA)

das **Radieschen** radish

radikal 1 *Gegner:* radical ['rædɪkᵊl] 2 **etwas radikal ablehnen** to reject something categorically; **radikal vorgehen** to take drastic action (**gegen** against)

das **Radio** radio ['reɪdiəʊ]; **Radio hören** to listen to the radio; **das kam gestern im Radio** that was on the radio yesterday; **im Radio übertragen werden** to be broadcast on the radio

radioaktiv radioactive [ˌreɪdiəʊ'æktɪv]; **radioaktiv verseucht** contaminated by radioactivity; **radioaktive Strahlung** radiation

die **Radioaktivität** radioactivity [ˌreɪdiəʊæk'tɪvəti]

der **Radiowecker** radio alarm [clock]

das **Radium** radium

der **Radius** radius ['reɪdiəs]

die **Radkappe** hub cap

der **Radler** (*Fahrradfahrer*) cyclist ['saɪklɪst]

das **Radler** (*Getränk*) shandy

das **Radrennen** cycle ['saɪkl̩] race

der **Radrennfahrer**, die **Radrennfahrerin** racing cyclist ['reɪsɪŋ,saɪklɪst]

der **Radsport** cycling ['saɪklɪŋ]

die **Radtour** cycle ['saɪkl̩] tour

der **Radwechsel** **einen Radwechsel machen** to change a wheel

der **Radweg** cycle ['saɪkl̩] path

raffen ① **etwas an sich raffen** to grab [*oder* snatch] something ② (*verstehen*) **raffst du das jetzt endlich?** do you get it?; **ich raff das nicht** I just don't get it; **ich hab's gerafft!** I've got it!

die **Raffgier** greed

raffgierig grasping

die **Raffinerie** refinery [rɪ'faɪnᵊri]

die **Raffinesse** ① (*abwertend*) cunning ② (*Feinheit*) refinement

raffiniert ① *Öl, Zucker:* refined ② (*schlau*) cunning; **raffiniert!** very clever!, crafty! ③ (*chic*) stylish

ragen to loom, to tower [taʊᵊʳ] (**über** over)

der **Rahm** cream

der **Rahmen** ① (*für Bild*) frame; (*für Dia*) mount ② (*übertragen: Bereich*) framework; **im Rahmen des Möglichen** within the bounds of possibility ▸ WENDUNGEN: **aus dem Rahmen fallen** (*anders sein*) to be different [from the rest]; (*sich daneben benehmen*) to step out of line

rahmen ① to frame *Bild* ② to mount *Dia*

die **Rakete** ① (*in Raumfahrt*) rocket ② (*beim Militär*) missile

Rakete

F Nicht verwechseln mit **racket** = der Schläger!

die **Rallye** ['rali] rally

das **RAM** *Abkürzung von* **random access memory** RAM

rammen ① to ram *Pfahl* ② to hit *Schiff;* **ein Auto rammen** to bump into [*oder* to hit] a car

die **Rampe** ① (*Verladerampe*) ramp ② (*auf Theaterbühne*) apron ③ (*Raketenrampe*) missile base

das **Rampenlicht** ▸ WENDUNGEN: **im Rampenlicht stehen** to be in the limelight

ramponieren ① to bash; to ruin *Auto, Kleidung* ② **ramponiert aussehen** *auch Mensch:* to look the worse for wear

der **Ramsch** junk, rubbish

der **Ramschladen** junk shop

der **Rand** ① *eines Abgrundes:* brink ② (*Begrenzung*) border; *von Straße:* side, verge [vɜːdʒ]; *von Stadt:* outskirts ⚠ *Plural;* **am Rande der Stadt** on the outskirts of the city; **am Rande des Waldes** at the edge of the forest ③ *von Hut:* brim, rim ④ *von Tasse:* brim; **voll bis zum Rand** full to the brim ⑤ *von Teller:* edge [edʒ] ⑥ *von Buchseite:* margin; **etwas an den Rand schreiben** to write something in the margin ▸ WENDUNGEN: **mit etwas zu Rande kommen** to cope with something; **ich komme damit einfach nicht zu Rande** I simply can't manage [*oder* cope with] it; **du treibst mich an den Rand des Wahnsinns!** you're driving me mad!

randalieren to go on the rampage

die **Rande** (CH) beetroot

die **Randgruppe** fringe group ['frɪndʒ,gruːp]

der **Randstein** kerb

der **Rang** ① (*Rangstufe*) rank; **hohen Ranges** high ranking; **ein Offizier höchsten Ranges** an officer of the highest rank ② (*Stellung*) position; **von hohem Rang** of high standing ③ (*im Theater*) circle ['sɜːkᵊl]; **vor leeren/überfüllten Rängen spielen** to play to an empty/a packed house; **auf dem obersten Rang** in the gallery ④ (*im Stadion*) **auf den Rängen** in the stands

die **Rangelei** ① (*Balgerei*) scrapping ② (*übertragen*) wrangling ['ræŋglɪŋ]

rangeln (*übertragen*) to wrangle ['ræŋgl̩] (**um** for)

der **Rangierbahnhof** marshalling yard

rangieren ① (*übertragen: Stellung einnehmen*) to rank; **an erster Stelle rangieren** to come first; **etwas rangiert ganz oben** something has top priority ② (*manövrieren*) to shunt (GB), to switch (USA) *Zug*

die **Rangliste** ranking[s] list

die **Rangordnung** (*Hierarchie*) hierarchy ['haɪ(ə)rɑːki]

ranhalten **sich ranhalten** (*eilen*) to get a move on

ranken **sich ranken** *Pflanze:* to entwine itself (**um** around)

ranklotzen (*schwer arbeiten*) to get stuck in *umgangsspr*

der **Ranzen** ① (*Schulmappe*) satchel ② (*Bauch*) paunch

ranzig rancid ['ræn(t)sɪd]

der **Rap** [rɛp] rap

rappelvoll jam-packed, chock-a-block *nachgestellt*

rappen ['ræpn̩] to rap

der **Rappen** (CH) [Swiss] centime

der **Rapper**, die **Rapperin** ['ræpɐ] rapper

der **Raps** rape

rar (*selten*) rare [reəʳ], scarce [skeəs]

die **Rarität** rarity

rarmachen **sich rarmachen** to make oneself scarce

rasant ① (*sehr schnell*) fast, rapid ['ræpɪd] ② *Aufstieg, Erfolg:* meteoric

rasch ① speedy, swift ② **rasch!** quick!

> **F** Nicht verwechseln mit **rash** = hastig, voreilig!

das **Rascheln** rustling ['rʌslɪŋ]

rascheln to rustle ['rʌsl̩]

der **Rasen** ① (*Grasfläche*) grass, lawn ② (*Sportfeld*) field

rasen ① (*sich schnell bewegen*) to race, to tear [teəʳ]; **gegen einen Laternenpfahl rasen** to crash into a lamp post ② (*wüten, toben*) to rave

rasend ① (*sehr schnell*) tearing ['teərɪŋ] ② (*sehr wütend*) furious ['fjʊəriəs], raging; **rasend vor Wut sein** to be raging with fury ③ (*intensiv*) *Schmerz:* excruciating [ɪk'skruːʃieɪtɪŋ]; **rasende Kopfschmerzen** a splitting headache ④ **rasend eifersüchtig** madly jealous ⑤ **du machst mich rasend!** you're driving me crazy!

der **Rasenmäher** lawnmower

der **Raser**, die **Raserin** (*mit Auto*) speed merchant *umgangsspr*

der **Rasierapparat** razor

die **Rasiercreme** shaving cream

rasieren ① to shave; **jemanden rasieren** to give someone a shave ② **sich rasieren** to shave; **sich trocken rasieren** to use an electric shaver; **sich nass rasieren** to have a wet shave; **sich rasieren lassen** to have a shave; **sich die Beine/unter den Armen rasieren** to shave one's legs/armpits

die **Rasierklinge** razorblade

das **Rasiermesser** [open [*oder* cut-throat]] razor

der **Rasierpinsel** shaving brush

der **Rasierschaum** shaving lather, shaving foam

das **Rasierwasser** aftershave

die **Raspel** grater

raspeln to grate

die **Rasse** ① (*Menschenrasse*) race ② (*Tierrasse*) breed

rasseln [**mit** [*oder* **an**] **etwas**] **rasseln** to rattle [something] ▶ WENDUNGEN: **durch eine Prüfung rasseln** (*umgangsspr*) to flunk an exam *umgangsspr*

die **Rassendiskriminierung** racial discrimination

der **Rassenhass** racial hatred

die **Rassentrennung** racial segregation

rassig ① (*heißblütig*) *Frau, Mann:* hot-blooded ② *Erscheinung, Gesichtszüge:* striking ③ (*schnittig*) *Auto, Pferd:* sleek

der **Rassismus** racialism ['reɪʃəlɪzəm], racism ['reɪsɪzəm]

der **Rassist**, die **Rassistin** racist ['reɪsɪst]

rassistisch racist ['reɪsɪst]

die **Rast** rest; **Rast machen** to stop; (*beim Wandern*) to stop for a rest; (*beim Autofahren*) to stop for a break; **ohne Rast** without respite

rasten to rest; **ohne zu rasten** without a rest

der **Rasthof** (*an Autobahn*) service area

rastlos ① (*unermüdlich*) untiring ② (*innerlich unruhig*) restless

der **Rastplatz** parking place, picnic area

die **Raststätte** (*an Autobahn*) service area; (*mit Restaurant*) motorway restaurant

die **Rasur** shave; **eine glatte Rasur** a close shave

der **Rat** ① (*Ratschlag*) advice [əd'vaɪs]; **jemandem einen Rat geben** to give someone a piece of advice; **jemandem Ratschläge geben** to give someone advice; **jemanden um Rat fragen** to ask someone's advice, to ask someone for advice; **jemanden/etwas zu Rate ziehen** to consult someone/something ② (*Versammlung*) council ['kaʊn(t)səl] ③ (CH) cantonal parliament ['pɑːləmənt]

die **Rate** ① (*Teilzahlung*) instalment (GB), installment (USA); **auf Raten kaufen** to buy on instalment terms; **in Raten zahlen** to pay in instalments ② *von Inflation:* rate

raten ① (*einen Rat geben*) to advise [əd'vaɪz], to give advice [əd'vaɪs]; **jemandem raten, etwas zu tun** to advise someone to do something; **zu einer Operation raten** to recommend an operation ② (*erraten*) to guess [ges]; **rate mal!** have a guess!; **dreimal darfst du raten** I'll give you three guesses

der **Ratenkauf** hire purchase (GB), installment plan (USA)

die **Ratenzahlung** payment in instalments

das **Ratespiel** guessing ['gesɪŋ] game, quiz

das **Rathaus** town hall; *von größerer Stadt:* city hall

ratifizieren to ratify

die **Ration** ration ['ræʃən]; **eiserne Ration** iron rations ⚠ *Plural*

rational rational ['ræʃənəl]

rationalisieren to rationalize

die **Rationalisierung** rationalization ⚠ *kein Plural*

rationell *Arbeitsweise:* efficient [ɪ'fɪʃənt]

> **F** Nicht verwechseln mit **rational** = vernünftig!

rationieren to ration

ratlos ① helpless; **ein ratloses Gesicht machen** to look helpless ② **ratlos sein** to be at a loss

die **Ratlosigkeit** helplessness
das **Rätoromanische** Rhaeto-Romanic [ˌriːtəʊrə(ʊ)ˈmænɪk]
ratsam advisable; **etwas für ratsam halten** to believe something advisable
ratschen to [have a] blether *umgangssprhi*
der **Ratschlag** piece of advice [ədˈvaɪs]

> **G** **advice** mit ‚c' ist ein Substantiv und wird nie im Plural gebraucht: *a piece of advice, some advice.* **advise** mit ‚s' ist ein Verb: *Jane advised him to go to Oxford.*

das **Rätsel** ① (*Denkaufgabe*) riddle ② (*Kreuzworträtsel*) puzzle ③ (*Geheimnis*) mystery [ˈmɪstᵊri], riddle; **das ist mir ein Rätsel** it baffles me; **sie ist mir ein Rätsel** she is a mystery to me
rätselhaft ① (*geheimnisvoll*) mysterious [mɪˈstɪəriəs] ② (*undurchschaubar*) enigmatic
rätseln to speculate (**über** about/on)
die **Ratte** rat
rattern to clatter, to rattle
rau ① (*uneben*) rough [rʌf] ② (*wund*) *Hals:* sore; *Hände, Lippen:* chapped; *Haut:* raw ③ *Stimme:* hoarse [hɔːs] ④ *Sitten:* rude ⑤ *Klima, Wetter:* harsh, raw ⑥ **in rauen Mengen** by the ton, masses of
der **Raub** ① (*Räuberei*) robbery ② (*Geraubtes*) booty
der **Raubbau** ① (*an Natur*) overexploitation ② **mit seiner Gesundheit Raubbau treiben** to ruin one's health
rauben ① to steal *Geld;* **jemandem etwas rauben** to rob someone of something ② (*entführen*) to abduct; to kidnap *Kind*
der **Räuber**, die **Räuberin** robber
die **Raubkatze** big cat
die **Raubkopie** pirate copy
der **Raubmord** murder with robbery as a motive
das **Raubtier** predator
der **Raubüberfall** robbery (GB), hold-up (USA)
der **Raubvogel** bird of prey [preɪ]
der **Rauch** smoke
das **Rauchen** smoking; **Rauchen verboten!** no smoking!
rauchen ① to smoke *Pfeife, Zigarre;* **eine rauchen [gehen]** to [go and] have a smoke ② (*dampfen*) *Kamin, Lok:* to [give off] smoke
der **Raucher**, die **Raucherin** smoker
das **Raucherabteil** smoking compartment
die **Raucherecke** smokers' corner
der **Räucherlachs** smoked salmon [ˈsæmən]
das **Raucherlokal** smoker's pub [*oder* bar] (*where smoking is permitted*)
räuchern to smoke
rauchig smoky
das **Rauchverbot** smoking ban; **hier herrscht Rauchverbot** there's no smoking here

die **Rauchvergiftung** smoke poisoning; **eine Rauchvergiftung erleiden** to be overcome by fumes
raufen ① **sich mit jemandem raufen** to have a scrap with someone *umgangsspr* (**um** over) ② **sich die Haare raufen** to tear [teəʳ] one's hair
die **Rauferei** scrap *umgangsspr,* scuffle [ˈskʌfl̩]
der **Raum** ① (*Weltall*) space ② (*Zimmer*) room ③ (*Gebiet*) area; **im Raum München** in the Munich area; (*größer*) region ④ (*übertragen: Spielraum*) scope
räumen ① to vacate *Gebiet, Posten, Stellung;* **das Feld räumen** to quit the field ② to clear *Gebäude, Lager, Straße* ③ to move out of *Wohnung* ④ to check out of, to vacate *Hotelzimmer* ⑤ to clear *Mine* ⑥ **etwas vom Tisch räumen** to clear something off the table; **etwas in den Schrank räumen** to put something away into the wardrobe ▸WENDUNGEN: **jemanden aus dem Weg räumen** to get rid of someone
die **Raumfähre** space shuttle
die **Raumfahrt** **die [bemannte] Raumfahrt** [manned] space travel
die **Raumkapsel** ① space capsule [-ˌkæpsjuːl] ② (*Sonde*) space probe
räumlich **räumlich beengt wohnen** to live in cramped conditions
der **Raummangel** lack of room [*oder* space]
das **Raumschiff** spaceship
die **Raumsonde** space probe
die **Raumstation** space station
die **Räumung** ① *von Warenbestand:* clearance [ˈklɪərᵊn(t)s] ② *einer Wohnung:* vacation ③ (*Evakuierung*) evacuation
der **Räumungsverkauf** clearance [ˈklɪərᵊn(t)s] sale
raunen to whisper [ˈ(h)wɪspəʳ]
raunzen to grouch [graʊtʃ]
die **Raupe** caterpillar [ˈkætəpɪləʳ]
das **Raupenfahrzeug** caterpillar® [ˈkætəpɪləʳ]
rausbekommen ① (*Geld zurückerhalten*) to get [some] change; **Sie bekommen noch drei Euro raus** here's three euros change ② (*herausfinden*) **etwas rausbekommen** to find out something; **haben Sie rausbekommen, wer es war?** did you find out who did it?
der **Rausch** ① (*Trunkenheit*) intoxication; **sie hat einen Rausch** she is drunk; **seinen Rausch ausschlafen** to sleep it off ② (*Ekstase*) ecstasy [ˈekstəsi]
rauschen ① *Brandung, Wasser:* to roar ② *Wind:* to murmur [ˈmɜːməʳ] ③ *Blätter, Stoff:* to rustle [ˈrʌsl̩]
rauschfrei free of background noise
das **Rauschgift** drugs ⚠ *Plural;* **Rauschgift nehmen** to take drugs
der **Rauschgifthändler**, die **Rauschgifthändlerin** drug trafficker

R

rauschgiftsüchtig **rauschgiftsüchtig sein** to be a drug addict
der/die **Rauschgiftsüchtige** drug addict
rausekeln to freeze out
rausfliegen ① (*aus einer Firma*) to get one's marching orders ② (*aus einem Lokal oder der Schule*) to be chucked out *umgangsspr*
rausgeben to give change; **Sie haben mir zu wenig rausgegeben!** you've given me too little change!; **auf zwanzig Euro kann ich nicht rausgeben** I haven't got change for twenty euros
raushalten **sich aus etwas raushalten** to stay out of something; **halt dich da raus!** stay out of it!
rauskriegen ① (*herausfinden*) to find out ② (*entfernen*) to get out *Fleck*
räuspern **sich räuspern** to clear one's throat
rausschmeißen (*umgangsspr*) ① to chuck [*oder* sling] out *Gegenstand, Müll* ② (*entlassen*) **jemanden rausschmeißen** to give someone the boot ③ **das ist rausgeschmissenes Geld!** that's money down the drain!
die **Raute** (*in Geometrie*) rhombus ['rɒmbəs]
die **Razzia** bust, raid; **eine Razzia durchführen** [*oder* **machen**] to carry out a raid
das **Reagenzglas** test tube
reagieren ① to react (**auf** to); **empfindlich reagieren** to be sensitive (**auf** to); **verärgert reagieren** to react angrily (**auf** to); **schnell reagieren** to react instantly ② (*auf Behandlung*) to respond (**auf** to)
die **Reaktion** ① reaction [ri'ækʃᵊn] (**auf** to) ② (*auf Behandlung*) response (**auf** to)
der **Reaktor** reactor [ri'æktəʳ]
das **Reaktorunglück** reactor accident ['æksɪdᵊnt]
real real
realisierbar realizable
realisieren ① to realize ② to carry out *Plan, Idee*
realistisch realistic
die **Realität** reality
die **Realschule** ≈ secondary modern school [sku:l] (GB), ≈ junior high school (USA)
die **Rebe** ① (*Rebstock*) vine ② (*Weinranke*) shoot
der **Rebell**, die **Rebellin** rebel ['rebᵊl]
rebellieren to rebel [rɪ'bel], to revolt
die **Rebellion** rebellion [rɪ'beliən]
rebellisch rebellious [rɪ'beliəs]; **rebellisch werden** to become agitated
das **Rebhuhn** partridge ['pɑ:trɪdʒ]
der **Rechen** rake
die **Rechenaufgabe** sum, arithmetical [ˌærɪθ'metɪkᵊl] problem
der **Rechenfehler** miscalculation, arithmetical [ˌærɪθ'metɪkᵊl] error
die **Rechenmaschine** calculator
die **Rechenschaft** **jemanden zur Rechenschaft ziehen** to call someone to account; **über etwas Rechenschaft ablegen müssen** to be held to account for something
der **Rechenschritt** calculation
die **Recherchen** investigation ⚠ *Singular;* **Recherchen über jemanden/etwas anstellen** to investigate someone/something
recherchieren to investigate
das **Rechnen** ① arithmetic [ə'rɪθmətɪk], sums ⚠ *Plural* ② (*als Schulfach*) arithmetic
rechnen ① (*berechnen*) to calculate, to work out; **von heute an gerechnet** counting from today ② (*in der Schule*) to do sums; **gut rechnen können** to be good at sums ③ (*einkalkulieren*) to estimate ['estɪmeɪt], to reckon; **die Kinder nicht gerechnet** not counting the children ④ (*erwarten*) **ich hatte mit einer Woche gerechnet** I was reckoning on one week; **ich rechne mit zehn Gästen** I'm expecting ten people; **damit/mit dir hatte ich nicht gerechnet** I wasn't expecting that/you; **kann ich mit dir rechnen?** are you on?, can I count you in?; **du kannst mit mir rechnen!** count me in!; **mit mir brauchst du nicht zu rechnen!** count me out! ⑤ (*sparsam sein*) **rechnen müssen** to have to economize
der **Rechner** ① (*Taschenrechner*) calculator ② (*Computer*) computer [kəm'pju:təʳ]
die **Rechnung** ① (*im Restaurant*) bill (GB), check (USA); **die Rechnung bitte!** can I have the bill, please?; **das geht auf meine Rechnung** (*zum Ober*) I'm paying; (*zum Eingeladenen*) this one's on me ② *von Firma:* invoice ['ɪnvɔɪs] ③ (*Schätzung*) calculation; **nach meiner Rechnung müsste er Sonntag ankommen** by my calculations he will [*oder* should] arrive on Sunday
das **Rechnungsdatum** billing date, date of invoice ['ɪnvɔɪs]
der **Rechnungsprüfer**, die **Rechnungsprüferin** auditor
das **Rechnungswesen** accountancy
das **Recht** ① (*Anspruch*) right (**auf** to); **das Recht haben, etwas zu tun** to have the right to do something; **das ist mein gutes Recht** I'm within my rights ② (*Gesetz*) law; **von Rechts wegen** by rights ⚠ *Plural;* **nach französischem Recht** under French law; **Recht und Ordnung** law and order; **gleiches Recht für alle** equal rights for all ③ **im Recht sein** to be in the right ④ (*Übereinstimmung*) **Sie haben ganz Recht** you're quite right; **da gebe ich dir Recht** I agree with you there
recht ① (*richtig*) properly; **wenn ich Sie recht verstehe ...** if I get you right ...; **ich weiß nicht recht** I don't really know; **wenn ich mich recht erinnere ...** if I remember correctly ... ② (*ziemlich*) quite; **es war recht nett, aber ...** it was quite nice but ... ③ (*sehr*) very;

R

recht herzlichen Dank thank you very much indeed ④ **jetzt erst recht** now more than ever; **jetzt erst recht nicht** now I really won't [do it]; **da war ich erst recht wütend** that really got me angry ⑤ **geschieht dir recht!** serves you right! ⑥ (*gelegen*) **ist es dir recht?** do you mind?; **mir ist's recht so** I don't mind; **mir wäre es recht, wenn ihr morgen kommen würdet** I'd rather you came tomorrow; **es war ihr nicht recht** she wasn't at all pleased

rechte(r, s) ① (*Richtung*) right; **das rechte Gebäude** the building on the right; **auf der rechten Straßenseite** on the right-hand side of the street ② (*korrekt, moralisch richtig*) right; **du bist auf dem rechten Weg** you're on the right track; **es ist nur recht und billig, dass ...** it's only right that ... ③ **die rechte Hand des Direktors** the director's right-hand man

die **Rechte** ① (*Hand*) right hand; (*beim Boxen*) right ② (*politisch*) **die Rechte** the right

der/die **Rechte** (*politisch*) right-winger

das **Rechteck** rectangle ['rektæŋgəl]

rechteckig rectangular [rek'tæŋgjələʳ]

rechtfertigen ① to justify *Entscheidung, Handlung* ② **sich rechtfertigen** to justify oneself

die **Rechtfertigung** justification; **was brachte er zu seiner Rechtfertigung vor?** how did he justify himself?

rechthaberisch **sie ist so rechthaberisch** she is such a know-all

rechtlich ① legal ② **jemanden rechtlich belangen** to take someone to court

rechtlos without rights

rechtmäßig ① *Ehefrau:* lawful; *Anspruch:* legitimate [lɪ'dʒɪtəmət] ② *Besitzer, Erbe, Thronfolger:* rightful

rechts ① on the right; **nach/von rechts** to/from the right; **zweite Straße rechts** second road on your right; **rechts von** to the right of; **rechts oben/unten** top/bottom right ② **rechts abbiegen** to turn right; **sich rechts halten** to keep right; **sich rechts einordnen** to move into the right-hand lane ③ (*politisch*) **rechts sein** [*oder* **stehen**] to be right-wing ④ **rechts stricken** to knit plain

R

die **Rechtsabteilung** legal department

der **Rechtsanwalt**, die **Rechtsanwältin** lawyer (GB), attorney [ə'tɜːni] (USA); **sich einen Rechtsanwalt nehmen** to get a lawyer [*oder* an attorney]

der **Rechtsaußen** ① (*im Sport*) outside right ② *einer Partei:* extreme right-winger

das **Rechtschreiben** spelling

der **Rechtschreibfehler** spelling mistake

die **Rechtschreibreform** spelling reform

die **Rechtschreibung** spelling

der **Rechtsextremismus** right-wing extremism [ɪk'striːmɪzəm]

der **Rechtsextremist**, die **Rechtsextremistin** right-wing extremist [ɪk'striːmɪst]

der **Rechtshänder**, die **Rechtshänderin** right-handed person; **ich bin Rechtshänderin** I am right-handed

rechtsherum to the right, clockwise

die **Rechtslage** legal position

die **Rechtsnorm** legal rule, rule of law

die **Rechtsprechung** dispensation of justice ['dʒʌstɪs]

rechtsradikal radical right-wing

die **Rechtsschutzversicherung** legal costs insurance [ɪn'ʃʊərən(t)s]

der **Rechtsstaat** state under the rule of law

rechtsstaatlich founded on the rule of law *nachgestellt*

die **Rechtsstaatlichkeit** rule of law

der **Rechtsstreit** lawsuit ['lɔːsuːt]

der **Rechtsverkehr** driving on the right; **in Österreich ist Rechtsverkehr** in Austria they drive on the right

rechtswidrig illegal [ɪ'liːgəl]

rechtwinklig right-angled

rechtzeitig ① (*früh genug*) timely; (*pünktlich*) punctual ② **rechtzeitig zu Weihnachten** in time for Christmas; **rechtzeitig da sein/ankommen** (*früh genug*) to be there/to arrive in due [*oder* good] time; **gerade noch rechtzeitig ankommen** to arrive just in time

das **Reck** horizontal bar

recken ① **die Glieder recken** to stretch one's limbs; **den Hals recken** to crane one's neck ② **sich recken und strecken** to have a good stretch

recyceln [ri'saɪkl̩n] to recycle [rɪ'saɪkl̩]

das **Recycling** [ri'saɪklɪŋ] recycling [rɪ'saɪkl̩ɪŋ]

der **Redakteur**, die **Redakteurin** [redak'tøːɐ] editor ['edɪtəʳ]

die **Redaktion** ① (*die Redakteure*) editorial staff ② (*Büro*) editorial office ③ (*das Redigieren*) editing

die **Rede** ① (*Vortrag*) speech; (*Ansprache*) address [ə'dres]; **eine Rede halten** to make a speech ② (*das Reden, Gespräch*) talk; **wovon ist die Rede?** what are you talking about?; **es ist die Rede davon, dass er zurücktreten will** there is some talk [*oder* mention] of him resigning ③ **davon kann keine Rede sein** that's out of the question ④ **[jemandem] Rede und Antwort stehen** to justify oneself [to someone]; **jemanden zur Rede stellen** to take someone to task ⑤ **nicht der Rede wert!** don't mention it! ⑥ **direkte Rede** direct ['daɪrekt] speech; **indirekte Rede** indirect ['ɪndɪrekt] speech

redefaul uncommunicative

redegewandt eloquent

reden ① to speak, to talk (**mit** with/to, **über**

about); **miteinander reden** to talk to each other [*oder* one another]; **sie reden nicht mehr miteinander** they're not on speaking terms anymore; **sie hat kein Wort geredet** she didn't say a word ② **du hast gut reden!** it's easy for you to talk!; **wie redest du denn mit mir!** don't talk to me like that!; **reden wir nicht mehr davon!** let's drop it!; **darüber lässt sich reden** that's a possibility; **er lässt nicht mit sich reden** (*ist entschlossen*) he's adamant; (*ist uneinsichtig*) he won't listen ['lɪsᵊn] ③ **lauter reden** to speak up

die **Redensart** saying

die **Redewendung** idiomatic expression [ɪk'spreʃᵊn]

der **Redner**, die **Rednerin** speaker

redselig talkative ['tɔːkətɪv]

reduzieren to reduce [rɪ'djuːs] (**auf** to)

der **Reeder**, die **Reederin** ship-owner

die **Reederei** shipping company

reell ① *Chance:* real ② *Angebot, Preis:* fair

das **Referat** ① (*auf der Uni*) seminar paper; **ein Referat halten** to present a paper (**über** on) ② (*in der Schule*) project ['prɒdʒekt]; **ein Referat halten** to present a project (**über** on)

der **Referendar**, die **Referendarin** ① (*Gerichtsreferendar*) articled clerk [klɑːk] ② (*Lehranwärter*) trainee teacher

der **Referent**, die **Referentin** ① (*Sprecher*) speaker ② (*Sachbearbeiter*) consultant [kən'sʌltᵊnt]

die **Referenz** reference ['refᵊrᵊn(t)s]

die **Reflation** reflation

reflektieren ① to reflect; **ein reflektierendes Nummernschild** a reflector number plate ② (*nachdenken*) to reflect (**über** upon)

der **Reflex** ① *von Nerven:* reflex ['riːfleks] ② *von Licht:* reflection

die **Reflexbewegung** reflex [movement]

die **Reflexion** reflection

das **Reflexivpronomen** reflexive pronoun

die **Reform** reform [rɪ'fɔːm]

die **Reformation** reformation [ˌrefə'meɪʃᵊn]

reformbedürftig in need of reform ⚠ *immer nachgestellt*

das **Reformhaus** health food shop [*oder* (USA) store]

reformieren to reform [rɪ'fɔːm]

die **Reformkost** health food

der **Refrain** [re'frɛ̃ː] refrain [rɪ'freɪn], chorus ['kɔːrəs]

das **Regal** (*für Bücher*) shelf; **etwas ins Regal stellen** [*oder* **räumen**] to put something on the shelf

V **shelves** ist die Pluralform von **a shelf**: *there are two bookshelves in my bedroom.*

rege ① (*betriebsam*) active; *Anteilnahme, Beteiligung:* lively ['laɪvli]; **um 16.30 herrscht ein reger Verkehr** traffic is very busy at 4.30 pm ② (*rührig*) active; **ein reger Geist** a lively soul ③ (*flink*) agile ['ædʒaɪl]

die **Regel** ① (*Vorschrift*) rule ② **in der Regel** as a rule; **sich etwas zur Regel machen** to make a habit of something ③ (*Menstruation*) period ['pɪəriəd]

regelbar adjustable [ə'dʒʌstəbᵊl]

der **Regelfall** rule; **im Regelfall** as a rule

regelmäßig ① regular ② (*immer*) as a rule; **sich regelmäßig treffen** to meet regularly; **er kommt regelmäßig zu spät** he is always late

die **Regelmäßigkeit** regularity

regeln ① (*einstellen*) to regulate ② (*in Ordnung bringen*) to settle; **ich werde das schon regeln** I'll see to it; **das wird sich schon regeln** it'll sort itself out

regelrecht ① real [riəl]; *Beleidigung, Betrug:* downright ['daʊnraɪt] ② (*sehr*) really; **sie wurde regelrecht frech** she was getting downright cheeky

die **Regelschmerzen** period pains

die **Regelung** ① (*Abmachung*) arrangement [ə'reɪndʒmənt]; **eine Regelung treffen** to make an arrangement ② (*Vorschrift*) regulation, rule ③ *von Gerät:* controls ⚠ *Plural*

regelwidrig ① against the rules ⚠ *immer nachgestellt* ② **regelwidrig spielen** to foul

der **Regen** rain; **im Regen** in the rain; **bei strömendem Regen** in the pouring rain; **es sieht nach Regen aus** it looks like rain ▶ WENDUNGEN: **vom Regen in die Traufe kommen** to jump out of the frying pan into the fire

regen ① **sich regen** *Person:* to move; **ich kann mich kaum noch regen** I'm hardly able to move ② **sich regen** *Geräusch:* to stir; **nichts regte sich** nothing stirred, everything was still ③ **sich regen** (*sich bemerkbar machen*) *Gewissen, Zweifel:* to stir

der **Regenbogen** rainbow ['reɪnbəʊ]

der **Regenmantel** raincoat, mac *umgangsspr*

der **Regenschauer** shower ['ʃaʊəʳ]

der **Regenschirm** umbrella

der **Regent**, die **Regentin** (*Herrscher*) ruler, sovereign ['sɒvᵊrɪn]

der **Regentropfen** raindrop

der **Regenwald** rainforest

der **Regenwurm** earthworm ['ɜːθwɜːm]

die **Regenzeit** rainy season

der **Reggae** ['rɛge, 'rɛgi] reggae

die **Regie** [re'ʒiː] (*im Theater, beim Film*) direction, production; [**bei einem Film/Theaterstück**] **Regie führen** to direct [a film/play]; **unter der Regie von** directed by

regieren ① *Herrscher:* to reign [reɪn] (**über** over) ② (*beherrschen*) to govern, to rule; **einen Staat regieren** to rule over [*oder* to govern] a state

die **Regierung** ① (*Kabinett*) government ['gʌvᵊn-

R

mənt] *Singular oder Plural* ② **an die Regierung kommen** to come to office; **an der Regierung sein** to be in office ③ (*Herrschaft*) rule; *von Monarch:* reign [reɪn]

der **Regierungschef**, die **Regierungschefin** head of the government ['gʌvᵊnmənt]

die **Regierungserklärung** government statement

die **Regierungspartei** ruling party

der **Regierungssprecher**, die **Regierungssprecherin** government spokesperson

der **Regierungswechsel** change of government

die **Regierungszeit** term of office

das **Regime** [re'ʒi:m] (*abwertend*) regime

das **Regiment** regiment ['redʒɪmənt] ▸ WENDUNGEN: **das Regiment führen** to be the boss; **ein strenges Regiment führen** to be a strict master

die **Region** region ['ri:dʒᵊn]

regional regional ['ri:dʒᵊnᵊl]; **regional verschieden** varying from region to region

der **Regionalteil** local news section

der **Regisseur**, die **Regisseurin** [reʒɪ'sø:ɐ̯] director

das **Register** ① (*Stichwortverzeichnis*) index ② (*amtliche Liste*) register ['redʒɪstəʳ] ③ (*musikalisch*) register ▸ WENDUNGEN: **alle Register ziehen** to pull out all the stops *umgangsspr*

registrieren ① (*verzeichnen*) to register ['redʒɪstəʳ] ② (*wahrnehmen*) to note [nəʊt]

das **Reglement** (CH) statute ['stætju:t], rules ⚠ *Plural*

der **Regler** ① (*an Fernseher, HiFi*) control ② *von Motor:* governor

reglos motionless

regnen to rain; **es regnet** it's raining; **es regnet in Strömen** it's pouring ['pɔ:rɪŋ]

regnerisch rainy

regulär (*normal*) normal ['nɔ:mᵊl]

regulieren ① (*technisch einstellen*) to adjust ② to settle *Rechnung, Schaden*

R

die **Regulierungsbehörde** regulatory authority

die **Regung** (*sachte Bewegung*) movement

regungslos motionless

das **Reh** deer

das **Rehabilitationszentrum** rehabilitation centre ['sentəʳ]

rehabilitieren to rehabilitate

der **Rehbock** roebuck ['rəʊbʌk]

der **Rehbraten** roast venison

die **Rehkeule** leg of venison

der **Reibach** **einen [kräftigen] Reibach machen** to make a killing *umgangsspr*

die **Reibe** grater

der **Reibekuchen** ≈ potato fritter (GB), ≈ latke (USA) (*grated raw potatoes fried into a pancake*)

reiben ① to rub; **an etwas reiben** to rub something ② to grate *Käse, Obst* ③ **sich reiben** to rub oneself (**an** on/against); **sich die Augen/Nase reiben** to rub one's eyes/nose ▸ WENDUNGEN: **jemandem etwas unter die Nase reiben** to rub someone's nose in something

die **Reibereien** friction ⚠ *Singular;* **es gab Reibereien zwischen ...** there was friction between ...

die **Reibung** (*in Physik*) friction

reibungslos ① (*in Physik*) frictionless ② (*übertragen*) trouble-free; **das ging ja reibungslos** that went off smoothly ['smu:ðli]

das **Reich** ① (*Kaiserreich*) empire; (*Königreich*) kingdom ② (*übertragen: Bereich*) realm [relm]

reich ① (*wohlhabend, üppig*) rich, wealthy (**an** in) ② **eine reiche Partie** a good catch; **reich heiraten** to marry into money ③ (*umfassend*) large; *Auswahl, Kenntnisse:* wide (**an** of) ④ **jemanden reich belohnen** to give someone a rich reward; **jemanden reich beschenken** to shower someone with presents

der/die **Reiche** rich man *maskulin,* rich woman *feminin;* **die Reichen** the rich *Plural*

reichen ① (*geben*) to hand; (*herüberreichen*) to pass ② (*genügen*) to be enough [ɪ'nʌf], to do, to suffice [sə'faɪs]; **danke, das reicht!** thanks, that's enough!; **reicht die Milch?** is there enough milk? ③ (*sich erstrecken*) to stretch (**bis** to); **bis zu etwas [hin] reichen** to reach something ④ (*es satthaben*) **jetzt reicht's mir aber!** that's the last straw!; **mir reicht's, ich gehe jetzt nach Hause!** I've had enough, I'm going home!

reichhaltig ① (*vielfältig*) wide ② *Essen:* rich

reichlich ① (*groß, umfangreich*) *Vorrat:* ample; *Portion, Trinkgeld:* generous ['dʒenᵊrəs] ② (*sehr viel*) amply; (*reichlich vorhanden*) plentiful; **reichlich Zeit haben** to have plenty of time; **es gab reichlich zu Essen** there was plenty of food ③ (*ziemlich*) pretty ['prɪti]; **er kam reichlich spät** he was rather late

der **Reichtum** ① (*Wohlstand*) wealth [welθ], riches ⚠ *Plural* ② (*übertragen: Überfluss*) abundance [ə'bʌndən(t)s] (**an** of)

die **Reichweite** ① *eines Geschosses, Radios:* range ② (*nächste Nähe*) **in/außer Reichweite** within/out of reach

der **Reif** ① (*Raureif*) hoar [hɔ:ʳ] [*oder* white] frost ② (*Armreif*) bangle

reif ① *Alter, Früchte:* ripe ② (*gereift*) *auch Mensch:* mature [mə'tʃʊəʳ] ③ **reif für etwas sein** to be ready for something; **ich bin reif für die Insel!** I am ready for a holiday! ④ **wenn die Zeit reif ist** when the time is ripe

die **Reife** ① (*das Reifsein*) ripeness ② **mittlere Reife** General Certificate of Secondary Education, GCSE ⚠ *meist Plural* (GB); **ich mache die mittlere Reife** I'm doing my GCSEs ③ *von Mensch:* maturity [mə'tʃʊərəti]

der **Reifen** ① (*Gummireifen*) tyre (GB), tire (USA) ② (*Armreifen*) bangle

reifen ① *Obst:* to ripen ② (*übertragen*) to mature [mə'tʃʊəʳ]

der **Reifendruck** tyre pressure [-ˌpreʃəʳ]

die **Reifenpanne** flat, puncture

der **Reifenwechsel** change of tyres

reiflich ① careful, thorough ['θʌrə] ② **sich etwas reiflich überlegen** to give careful consideration [*oder* thought] to something

die **Reihe** ① (*Aufreihung, Reihenfolge*) line, row [rəʊ]; **in einer Reihe** in a line; **sich der Reihe nach aufstellen** to line up; **immer der Reihe nach!** one after the other!; **du bist an der Reihe!** it's your turn! ② (*Sitzreihe*) tier [tɪəʳ]; **in der ersten/letzten Reihe** in the front/back row ③ (*Anzahl*) number (**von** of); (*Serie*) series ['sɪəri:z] (**von** of) ▶WENDUNGEN: **aus der Reihe tanzen** to step out of line; **etwas auf die Reihe kriegen** to put something straight

die **Reihenfolge** order

das **Reihenhaus** terraced ['terɪst] house Ⓖⓑ, row [rəʊ] house ⓊⓈⒶ

reihenweise ① (*in Reihen*) in rows [rəʊz] ② (*in Mengen*) by the dozen

der **Reim** rhyme [raɪm] ▶WENDUNGEN: **kannst du dir einen Reim darauf machen?** can you make sense of it [all]?; **darauf kann ich mir keinen Reim machen** I can't make head [n]or tail of it

reimen [**sich**] **reimen** to rhyme [raɪm] (**auf/mit** with)

das **Rein** Ⓐ (*Topf*) casserole ['kæsᵊrəʊl]

rein¹ ① (*umgangsspr*) →**herein** in, into; **herein!** come in!; **immer nur herein!** roll up! ② (*umgangsspr*) →**hinein** (*räumlich*) in, inside, into; **hinein mit euch!** in you go! ③ (*umgangsspr*) →**hinein** (*zeitlich*) into; **bis in den April hinein** well into April; **bis in die Nacht hinein** well into the night

rein² ① (*sauber*) clean ② (*unschuldig*) pure; **reines Gewissen** clear conscience ['kɒn(t)ʃᵊn(t)s] ③ (*völlig*) pure; **der reinste Blödsinn!** sheer nonsense! ④ (*verstärkend*) **reine Bosheit** malice pure and simple; **der reinste Wahnsinn** sheer madness; **die reine Wahrheit** the plain truth ⑤ **reine Wolle** pure wool ⑥ **reiner Zufall** pure coincidence ⑦ (*völlig*) absolutely; **rein gar nichts** absolutely nothing; **rein zufällig** by sheer chance ▶WENDUNGEN: **etwas ins Reine bringen** to sort something out; **mit jemandem ins Reine kommen** to get things straightened out with someone

das **Reindl** Ⓐ (*kleiner Topf*) small casserole ['kæsᵊrəʊl]

der **Reinfall** disaster [dɪ'zɑ:stəʳ], flop *umgangsspr*

reinfallen **auf etwas reinfallen** to be taken in by something; **auf jemanden reinfallen** to fall for someone's line

der **Reingewinn** net profit

reinhauen ① (*viel essen*) **hau rein!** dig in! *umgangsspr* ② (*verprügeln*) **jemandem eine reinhauen** to punch [*oder* hit] someone in the face

reinigen ① to clean ② (*chemisch reinigen*) to dry-clean ③ **sich reinigen** to cleanse [klenz] oneself

die **Reinigung** ① (*Vorgang*) cleaning ② (*Anstalt*) dry cleaner's; **etwas in die Reinigung bringen** to take something to the dry cleaner's

die **Reinigungskraft** cleaner

die **Reinmachefrau** cleaning lady

reinrassig ① *Pferd:* thoroughbred ['θʌrəbred] ② *Hund:* pedigree

reinvestieren to reinvest [ˌri:ɪn'vest]

der **Reis** rice

die **Reise** ① (*mit festem Ziel*) journey ['dʒɜ:ni]; **gute Reise!** have a pleasant journey!; **eine Reise machen** to go on a journey; **wohin geht die Reise?** where are you off to? *umgangsspr* ② (*Schiffsreise*) voyage ['vɔɪɪdʒ] ③ (*kurze Reise*) trip; **gute Reise!** have a nice trip! ④ **auf Reisen sein** to be away travelling

die **Reiseapotheke** first aid kit

das **Reisebüro** travel agency [-ˌeɪdʒᵊn(t)si]

der **Reiseführer** (*Buch*) guidebook ['gaɪdbʊk]

das **Reisegepäck** luggage ['lʌgɪdʒ] Ⓖⓑ, baggage ['bægɪdʒ] ⓊⓈⒶ

die **Reisegesellschaft** party of tourists

die **Reisekrankheit** travel sickness

der **Reiseleiter**, die **Reiseleiterin** courier ['kʊriəʳ]

reiselustig keen on travel[ling] *nachgestellt*

reisen to travel; **ins Ausland reisen** to go abroad [ə'brɔ:d]

der/die **Reisende** traveller Ⓖⓑ, traveler ⓊⓈⒶ

der **Reisepass** passport ['pɑ:spɔ:t]

der **Reiseprospekt** travel brochure [-ˌbrəʊʃəʳ]

der **Reisescheck** traveller's cheque [tʃek] Ⓖⓑ, traveler's check ⓊⓈⒶ

die **Reisetasche** holdall, travel bag

der **Reiseveranstalter**, die **Reiseveranstalterin** tour operator

der **Reiseverkehr** holiday traffic

die **Reiseversicherung** travel insurance [-ɪnʃʊərᵊn(t)s]

das **Reiseziel** destination

das **Reisfeld** paddy field

der **Reißaus** ▶WENDUNGEN: **Reißaus nehmen** to clear off *umgangsspr*, to take to one's heels *umgangsspr*

reißen ① (*zerren*) [**an etwas**] **reißen** to drag [something] ② (*fortreißen*) to pull, to tear [teəʳ]; **er riss das Blatt vom Kalender** he ripped the page off the calendar; **sie riss es mir aus der Hand** she tore it out of my hand ③ (*zerreißen*) to tear [teəʳ] ④ **an sich reißen** to seize [si:z] hold of, to usurp [ju:'zɜ:p]; to seize [si:z] *Macht;* to monopolize *Unterhaltung*

R

5 to break, to tear [teəʳ]; **Seide reißt leicht** silk is easily torn ▶ WENDUNGEN: **wenn alle Stricke reißen** if all else fails, if the worst comes to the worst; **sich um etwas reißen** to scramble for something

> **G** Richtiges Konjugieren von **to tear**: tear, tore, torn
> *tear the material into strips;*
> *he tore a sheet of paper from the pad;*
> *the picture was torn from a magazine*

reißend 1 *Fluss:* raging 2 (*umgangsspr*) **die neuen Videospiele finden reißenden Absatz** the new video games are selling like hot cakes

der **Reißer** 1 (*Verkaufsschlager*) [top] seller 2 (*Film*) cheap thriller

der **Reißverschluss** zip GB, zipper USA

die **Reißzwecke** drawing pin

reiten to ride; **reiten gehen** to go riding, to go for a ride; **gut/schlecht reiten** to be a good/bad rider; **auf einem Pferd reiten** to ride a horse

> **G** Richtiges Konjugieren von **to ride**: ride, rode, ridden
> *he rides his bike to school;*
> *the soldiers rode on white horses;*
> *have you ridden this horse before?*

der **Reiter**, die **Reiterin** rider, horseman *maskulin*, horsewoman *feminin*

das **Reitpferd** saddle horse

die **Reitschule** riding school [sku:l]

der **Reitstiefel** riding boot

das **Reitturnier** riding tournament ['tɔ:nəmənt], horse show

der **Reitunterricht** **Reitunterricht nehmen** to take riding lessons

der **Reitweg** bridle path

der **Reiz** 1 (*Anziehung*) attraction; **der Reiz des Neuen** the novelty [appeal]; **einen Reiz auf jemanden ausüben** to hold great attraction for someone 2 (*physiologisch*) stimulus

R

reizbar sensitive, touchy ['tʌtʃi]

reizen 1 to irritate *Haut* 2 (*verlocken*) to appeal to; **reizt es dich nicht, mal was ganz anderes zu tun?** aren't you tempted to do something completely different?; **es reizt mich schon, etwas anderes zu tun** I like the idea of doing something different 3 (*provozieren*) to provoke; **jemanden bis aufs Blut reizen** to make someone's blood boil

reizend charming, delightful [dɪ'laɪtfᵊl]

reizlos dull

die **Reizung** (*leichte Entzündung*) irritation

reizvoll attractive, charming

die **Reklamation** complaint [kəm'pleɪnt]

> **F** Nicht verwechseln mit **reclamation** = die Wiedergewinnung!

die **Reklame** 1 (*Reklamewesen, Werbung*) advertising ['ædvətaɪzɪŋ] 2 **Reklame machen für** to advertise ['ædvətaɪz] 3 (*Anzeige*) advertisement [əd'vɜ:tɪsmənt] 4 (*im Fernsehen*) advert ['ædvɜ:t] GB, commercial [kə'mɜ:ʃᵊl] USA; **ich hasse Reklame** I hate adverts

reklamieren 1 (*bemängeln*) to query *Fehler* 2 (*sich beschweren*) **[etwas] reklamieren** to make a complaint [about something]

> **F** Nicht verwechseln mit **to reclaim** = [wieder]gewinnen; zurückverlangen!

rekonstruieren to reconstruct (**aus** from)

der **Rekord** record ['rekɔ:d]; **einen Rekord aufstellen/brechen** to establish/break a record

der **Rekordinhaber**, die **Rekordinhaberin** record ['rekɔ:d] holder

die **Rekordzeit** record ['rekɔ:d] time

der **Rekrut** recruit [rɪ'kru:t]

rekrutieren to recruit [rɪ'kru:t]

die **Rekrutierung** recruitment [rɪ'kru:tmənt]

der **Rektor**, die **Rektorin** 1 (*an Universität*) vice-chancellor [vaɪs'tʃɑ:n(t)sᵊləʳ] GB, rector USA 2 (*an Schule*) head teacher, principal ['prɪn(t)səpᵊl] USA

das **Relais** relay

die **Relation** relation; **in keiner Relation zu etwas stehen** to bear no relation to something

relativ relative

die **Relativitätstheorie** the theory of relativity

relevant relevant ['reləvənt]

die **Religion** 1 religion [rɪ'lɪdʒᵊn] 2 (*Glaube*) faith 3 (*Schulfach*) religious [rɪ'lɪdʒəs] instruction [*oder* education]

die **Religionsfreiheit** freedom of worship

die **Religionsgemeinschaft** religious [rɪ'lɪdʒəs] community

der **Religionsunterricht** religious instruction

religiös religious [rɪ'lɪdʒəs]

das **Remis** (*im Schach*) draw

die **Remoulade** tartar sauce [ˌtɑ:təʳ'sɔ:s]

rempeln to jostle ['dʒɒsl̩]

die **Renaissance** [rənɛ'sã:s] Renaissance [rə'neɪsᵊn(t)s]

das **Rendezvous** 1 (*Verabredung*) rendezvous ['rɒndɪvu:] 2 (*im Weltall*) docking

die **Rennbahn** racetrack

das **Rennboot** speedboat

das **Rennen** race; **zum Rennen gehen** (*Pferderennen*) to go to the races; (*Autorennen*) to go to the racing ▶ WENDUNGEN: **gut im Rennen liegen** to be well placed; **das Rennen machen** to come out on top; **aus dem Rennen sein** to be out of the running; **das Rennen ist gelaufen** it's all over

rennen 1 (*laufen*) to run; **um die Wette rennen** to have a race 2 **gegen jemanden rennen** (*anrempeln*) to bump into someone

G Richtiges Konjugieren von **to run**: run, ran, run
if you don't run to the station you'll miss your train;
she ran as fast as she could;
the thief had run out of the shopping centre by the time the police arrived

der **Renner** (*Verkaufsschlager*) winner
der **Rennfahrer**, die **Rennfahrerin** ① (*auf Fahrrad*) racing cyclist ['reɪsɪŋˌsaɪklɪst] ② (*Auto*) racing driver
das **Rennpferd** racehorse
das **Rennrad** racing ['reɪsɪŋ] bike
der **Rennsport** racing ['reɪsɪŋ]
die **Rennstrecke** ① (*für Autos, Pferde*) track ② (*für Läufer*) distance ['dɪstᵊn(t)s]
der **Rennwagen** racing ['reɪsɪŋ] car
renovieren ① to renovate ['renəveɪt] ② (*streichen, tapezieren*) to redecorate [ˌriː'dekᵊreɪt]
die **Renovierung** ① renovation [ˌrenə'veɪʃᵊn] ② (*Streichen, Tapezieren*) redecorating [ˌriː'dekᵊreɪtɪŋ]
rentabel profitable ['prɒfɪtəbᵊl]; **das ist eine rentable Sache** it will pay [off]
die **Rente** [old age] pension ['penʃᵊn]; **Rente beziehen** to get a pension; **in Rente gehen** to retire; **in Rente sein** to be retired ⚠ *das englische Wort ‚rent' bedeutet Miete!*
das **Rentenalter** retirement age; **im Rentenalter sein** to have reached retirement age
der **Rentenanspruch** right to a pension
der **Rentenempfänger**, die **Rentenempfängerin** pensioner ['penʃᵊnəʳ]
die **Rentenversicherung** pension scheme [skiːm] (GB), retirement insurance [-ɪnʃʊərᵊn(t)s] (USA)
das **Rentier** reindeer ['reɪndɪəʳ]
rentieren das rentiert sich [nicht] it's [not] worth it

F Nicht verwechseln mit **to rent** = mieten!

der **Rentner**, die **Rentnerin** [old age] pensioner, OAP
die **Reparatur** repair; **etwas in Reparatur geben** to have something repaired
reparaturbedürftig in need of repair ⚠ *immer nachgestellt*
reparieren to repair; (*ausbessern*) to mend
die **Reportage** [repɔr'taːʒə] report
der **Reporter**, die **Reporterin** reporter [rɪ'pɔːtəʳ]
der **Repräsentant**, die **Repräsentantin** representative
das **Repräsentantenhaus** House of Representatives (USA)
repräsentativ representative
repräsentieren ① (*darstellen*) to represent ② (*öffentlich*) to perform official and social duties; **die Prinzessin muss viel repräsentieren** the princess has to perform many official duties

die **Reproduktion** reproduction
reproduzieren to reproduce [ˌriːprə'djuːs]
das **Reptil** reptile ['reptaɪl]
die **Republik** republic [rɪ'pʌblɪk]
der **Republikaner**, die **Republikanerin** republican
die **Requisiten** (*im Theater*) props
resch (A) (*knusprig*) crisp, crunchy
das **Reservat** ① (*für Menschen*) reservation ② (*für Tiere und Pflanzen*) [nature] reserve
die **Reserve** ① reserve [rɪ'zɜːv] (**an** of); **in Reserve haben** to have in reserve ② (*an Geld*) reserve fund ③ (*übertragen: Zurückhaltung*) reserve; **jemanden aus der Reserve locken** to bring someone out of his/her shell
die **Reservebank** [substitutes'] bench
der **Reservekanister** spare tank
das **Reserverad** spare wheel
der **Reservespieler**, die **Reservespielerin** substitute
reservieren to reserve [rɪ'zɜːv]
die **Residenz** residence ['rezɪdᵊn(t)s]
resignieren to give up

F Nicht verwechseln mit **to resign** = kündigen!

resolut resolute
die **Resonanz** ① (*musikalisch*) resonance ['rezᵊnən(t)s] ② (*übertragen*) response [rɪ'spɒns]; **große Resonanz finden** to get a good response
der **Respekt** respect [rɪ'spekt] (**vor** for); **vor jemandem/etwas Respekt haben** to respect someone/something; **bei allem Respekt** with all due respect
respektieren to respect [rɪ'spekt]
respektlos disrespectful [ˌdɪsrɪ'spektfᵊl]
respektvoll respectful [rɪ'spektfᵊl]
die **Ressource** resource [rɪ'zɔːs]
der **Rest** ① (*Überbleibsel*) rest; **der letzte Rest** the last bit ② (*Trinkgeld*) **der Rest ist für Sie!** keep the change! ③ *eines Gebäudes:* remains [rɪ'meɪnz] ⚠ *Plural* ④ **die Reste** (*vom Essen*) the leftovers ⚠ *Plural* ⑤ *einer Gleichung:* remainder [rɪ'meɪndəʳ] ⑥ (*Stoffrest*) remnant ▶ WENDUNGEN: **jemandem den Rest geben** to finish someone off; **das hat ihm den Rest gegeben** that was the final straw for him
das **Restaurant** restaurant ['restᵊrɒnt]
restaurieren to restore
restlich remaining; **die restlichen ...** the rest of the ...
restlos restlos ausverkauft/begeistert/erledigt completely sold out/bowled over/knackered
der **Restposten** remaining stock
das **Resultat** (*Ergebnis*) result [rɪ'zʌlt]; **zu einem Resultat kommen** to arrive at a conclusion
resultieren to result [rɪ'zʌlt] (**aus** from)
das **Retourbillett** ['rətuːɐ̯bɪljɛt] (CH) (*Rückfahrkarte*)

R

return ticket, round-trip ticket (USA)

das **Retourgeld** (CH) (*Wechselgeld*) change

retournieren (CH) to return, to give back

retten ① (*erretten*) to save (**vor** from); **jemandem das Leben retten** to save someone's life; **jemanden vor dem Ersticken retten** to save someone from suffocating ② (*befreien*) to rescue ['reskjuː] ③ **sich retten** to escape ▸WENDUNGEN: **sich vor etwas nicht retten können** to be swamped [*oder* snowed under] with something

der **Retter**, die **Retterin** rescuer ['reskjuːəʳ], saviour ['seɪvjəʳ]

der **Rettich** radish ['rædɪʃ]

die **Rettung** ① rescue ['reskjuː] ② **du bist meine letzte Rettung** you're my last hope

das **Rettungsboot** lifeboat

die **Rettungsinsel** inflatable life raft

rettungslos ① *Lage:* hopeless ② **rettungslos verliebt sein** to be hopelessly in love (**in** with)

der **Rettungsring** lifebelt

der **Rettungsschwimmer**, die **Rettungsschwimmerin** lifeguard ['laɪfgɑːd]

der **Rettungswagen** ambulance ['æmbjələn(t)s], rescue vehicle ['reskjuːˌviːɪkl]

die **Return-Taste** [rɪ'tøːɐ̯ntastə] (*in der Informatik*) return key

die **Reue** remorse (**über** of); (*religiös*) repentance [rɪ'pentən(t)s] (**über** of)

reuevoll, **reumütig** remorseful, contrite, repentant

die **Revanche** [re'vãːʃə] ① (*Rache*) revenge [rɪ'vendʒ] ② (*im Sport*) return match ③ (*im Spiel*) **ich will eine Revanche** I want a chance to get even

revanchieren [revã'ʃiːrən] ① **sich [bei jemandem] revanchieren** to take one's revenge [on someone] (**für** for) ② **ich werde mich bei Gelegenheit revanchieren** (*sich erkenntlich zeigen*) I'll make it up to you another time

R

das **Revier** ① (*humorvoll*) patch ② *eines Tiers:* territory ③ (*Jagdgründe*) hunting ground ④ (*Polizeiwache*) beat (GB), precinct ['priːsɪŋ(k)t] (USA) ⑤ (*Polizeistation*) police [pə'liːs] station (GB), station house (USA)

die **Revision** ① (*im Recht*) appeal; **in die Revision gehen** to appeal ② *von Meinung, Politik, eines Absatzes:* revision

die **Revolution** revolution [revə'luːʃən]

revolutionär revolutionary [revə'luːʃənəri]

der **Revolver** gun, revolver [rɪ'vɒlvəʳ] (GB)

das **Revolverblatt** (*Skandalblatt*) scandal sheet

die **Revue** (*Show*) revue [rɪ'vjuː]

die **Rezension** review

das **Rezept** ① (*für Arznei*) prescription [prɪ'skrɪpʃən] (**für** for); **etwas auf Rezept bekommen** to get something on prescription ② (*Kochrezept*) recipe ['resɪpi] (**für** for) ③ (*übertragen*) cure (**für/gegen** for)

Rezept

F Nicht verwechseln mit **receipt** = die Quittung!

rezeptfrei ① *Medikament:* non-prescription [ˌnɒnprɪ'skrɪpʃən], available without prescription *nachgestellt* ② **das ist rezeptfrei** you can get this without a prescription

die **Rezeption** (*in Hotel*) reception [rɪ'sepʃən]

rezeptpflichtig available on prescription [prɪ'skrɪpʃən] *nachgestellt*

der **Rhabarber** rhubarb ['ruːbɑːb]

der **Rhein** Rhine [raɪn]

Rheinland-Pfalz Rhineland-Palatinate

der **Rhesusfaktor** rhesus factor

rhetorisch rhetorical [rɪ'tɒrɪkəl]

das **Rheuma** rheumatism ['ruːmətɪzəm]

das **Rhinozeros** rhinoceros [raɪ'nɒsərəs]

rhythmisch rhythmical ['rɪðmɪk(əl)]

der **Rhythmus** rhythm ['rɪðəm]

das **Ribisel** (A) (*Johannisbeere*) **rote/schwarze Ribisel** redcurrant/blackcurrant

richten[1] ① (*lenken*) to direct [daɪ'rekt] (**auf** towards) ② to turn *Augen, Aufmerksamkeit, Blicke, Lichtstrahl* (**auf** on) ③ (*zielen*) to point *Kamera, Waffe* (**auf** at) ④ (*in Ordnung bringen*) to fix; **ich richte das schon wieder** I'll fix it ⑤ (*zubereiten, vorbereiten*) to prepare *Essen* ⑥ **sich richten** (*sich wenden*) *Aufmerksamkeit:* to be turned (**auf** towards); *Kritik, Protest:* to be directed [*oder* aimed] (**gegen** at/against) ⑦ **sich richten** (*sich herrichten*) to get ready; **sich die Haare richten** to do one's hair ⑧ **sich nach den Regeln richten** to comply with the rules ⑨ **sich an jemanden richten** (*herantreten an*) to consult someone ⑩ **diese Frage richtet sich an Sie** this question is aimed at you ⑪ **ich richte mich ganz nach dir** I'll fit in with you

richten[2] (*urteilen*) **über jemanden richten** to judge someone

der **Richter**, die **Richterin** judge [dʒʌdʒ]

die **Richterskala**, die **Richter-Skala** Richter scale [ˈrɪktəˌskeɪl]

richtig ① (*nicht falsch*) correct, right; **sehe ich das richtig?** am I right?; **bin ich hier richtig nach Coventry?** is this the right way to Coventry? ② **richtig!** (*stimmt!*) that's right! ③ (*wirklich*) proper, real ④ (*auf korrekte Weise*) right, correctly; **etwas richtig machen** to do something the right way; **geht deine Uhr richtig?** is your watch right?; **wenn ich mich richtig erinnere ...** if I remember correctly ... ⑤ (*geradezu*) really; **das ist richtig lecker!** this is really tasty! ⑥ **du kommst [mir] gerade richtig!** (*gelegen*) you're the very person I need!; (*ironisch*) you're all I need! ▶ WENDUNGEN: **du bist wohl nicht ganz richtig!** you must be out of your mind!

richtigliegen **bei jemandem richtigliegen** to have come to the right person

richtigstellen **etwas richtigstellen** to correct something

die **Richtlinien** guidelines [ˈgaɪdlaɪnz]

die **Richtung** ① direction [dɪˈrekʃᵊn]; **ich fahre Richtung Berlin** I'm heading for Berlin; **in Richtung Norden** towards the north; (*auf Autobahn*) on the northbound carriageway; **in jeder Richtung** each way; (*übertragen*) in every respect; **in alle/allen Richtungen** in all directions ② *einer Ansicht, Meinung, Tendenz:* trend ③ **etwas in dieser Richtung** something along those lines

riechen to smell; **an/nach etwas riechen** to smell at/of something; **gut/schlecht riechen** to smell good/bad ▶ WENDUNGEN: **er kann mich nicht riechen** he hates my guts; **das konnte ich doch nicht riechen!** how was I to know?

riechend **übel riechend** evil-smelling

der **Riecher** ▶ WENDUNGEN: **einen Riecher für etwas haben** to have a good nose for something; **ich hab den richtigen Riecher gehabt** I knew it all along

der **Riegel** ① (*an Türschloss*) bolt ② (*Stück*) bar; **ein Riegel Schokolade** a bar of chocolate ▶ WENDUNGEN: **einer Sache einen Riegel vorschieben** to put a stop to something

der **Riemen** ① (*Gürtelriemen*) strap; **den Riemen enger schnallen** to tighten one's belt ② (*Treibriemen*) belt ▶ WENDUNGEN: **sich am Riemen reißen** to get a grip on oneself

der **Riese** giant [ˈdʒaɪənt]

rieseln ① *Flüssigkeit:* to trickle ② *Schnee:* to float down

der **Riesenfehler** huge blunder

riesengroß gigantic [dʒaɪˈgæntɪk]

das **Riesenrad** Ferris [*oder* big] wheel

der **Riesenslalom** giant [ˈdʒaɪənt] slalom

riesig ① gigantic [dʒaɪˈgæntɪk], enormous ② **sich riesig freuen** to be delighted (**über** at) ③ (*super*) brilliant [ˈbrɪliənt]

das **Riff** reef [riːf]

die **Rille** groove

das **Rind** ① (*Tier*) cow [kaʊ]; **Rinder** cattle ⚠ *Plural* ② (*Rindfleisch*) beef

die **Rinde** ① *von Käse:* rind [raɪnd] ② (*Baumrinde*) bark ③ (*Brotrinde*) crust

der **Rinderbraten** ① (*Bratstück*) joint of beef ② (*Braten*) roast beef [ˌrəʊstˈbiːf]

das **Rinderfilet** fillet of beef

der **Rinderwahnsinn** mad cow disease, BSE

das **Rindfleisch** beef

das **Rindvieh** ① cattle ⚠ *Plural* ② (*Schimpfwort*) ass

der **Ring** ① (*auch im Sport*) ring ② (*Straße*) ring road

die **Ringelblume** marigold

das **Ringelspiel** Ⓐ (*Karussell*) roundabout [ˈraʊndəˌbaʊt] ⒼⒷ, merry-go-round

das **Ringen** wrestling [ˈreslɪŋ]

ringen ① (*Ringkampf machen*) to wrestle [ˈresl̩] (**mit** with) ② (*kämpfen*) to struggle (**um** for); **nach Atem ringen** to gasp for breath; **um Fassung ringen** to struggle to keep one's composure; **mit den Tränen ringen** to struggle to fight back the tears; **nach Worten ringen** to struggle for words ③ **[verzweifelt] die Hände ringen** to wring one's hands [in despair]

der **Ringer**, die **Ringerin** wrestler [ˈresl̩əʳ]

der **Ringfinger** ring finger

der **Ringkampf** wrestling [ˈreslɪŋ] match

ringsumher around [əˈraʊnd]

die **Rinne** ① (*Rille*) groove ② (*Abflussrinne*) channel

rinnen (*fließen*) to run

der **Rinnstein** gutter

das **Rippchen** spare ribs ⚠ *Plural*

die **Rippe** rib ▶ WENDUNGEN: **nichts auf den Rippen haben** to be just skin and bones

das **Risiko** risk; **ein Risiko eingehen** to take a risk; **auf eigenes Risiko** at one's own risk

die **Risikogruppe** [high] risk group

riskant risky

riskieren to risk; **sein Leben riskieren** to risk one's life; **du musst schon was riskieren** you'll have to take a risk; **du riskierst deine Stelle** you'll risk losing your job

der **Riss** ① (*in Stoff*) rip, tear [teəʳ]; **einen Riss bekommen** to get ripped [*oder* torn] ② (*Sprung*) crack ③ (*Spalt*) crevice [ˈkrevɪs] ④ (*übertragen: Kluft*) rift

rissig ① *Wand:* cracked; **rissig werden** to crack ② *Haut, Lippen:* chapped

der **Ritt** ride

der **Ritter** knight [naɪt]; **jemanden zum Ritter schlagen** to knight someone

die **Ritterburg** knight's castle [naɪtsˈkɑːsl̩]

die **Ritterrüstung** knight's armour [naɪtsˈɑːməʳ]

das **Ritual** ritual ['rɪtʃuəl]
der **Ritz** (*Spalte*) crack
die **Ritze** ① (*Spalte*) crack ② (*Fuge*) join, gap
ritzen ① (*kratzen*) to scratch ② (*einritzen*) to carve
der **Rivale**, die **Rivalin** rival ['raɪvəl]
rivalisieren **mit jemandem rivalisieren** to compete with someone
die **Rivalität** rivalry ['raɪvəlri]
RNS *Abkürzung von* **Ribonukleinsäure** RNA [ˌɑːren'eɪ] ⚠ *ohne Artikel*
die **Robbe** seal
die **Robe** ① (*Amtsrobe*) robe [rəʊb] ② (*Abendkleid*) gown
der **Roboter** robot ['rəʊbɒt]
robust ① (*widerstandsfähig*) tough [tʌf] ② (*kräftig gebaut*) robust [rəʊ'bʌst]
röcheln to groan
der **Rock** ① (*Kleidungsstück*) skirt [skɜːt] ② (*Musik*) rock
das **Rockfestival** rock festival
rockig rocky
der **Rodel** sleigh [sleɪ], toboggan [tə'bɒgən]
die **Rodelbahn** toboggan run
rodeln to sledge [sledʒ], to toboggan [tə'bɒgən]
die **Rodung** clearing
der **Roggen** rye [raɪ]
das **Roggenbrot** rye [raɪ] bread
roh ① (*ungebraten*) raw; *Schinken:* uncooked ② (*unbearbeitet*) rough [rʌf]; *Diamant:* uncut ③ (*grob*) *Mensch:* rough [rʌf]; **mit roher Gewalt** with brute force ▸ WENDUNGEN: **jemanden wie ein rohes Ei behandeln** to handle someone with kid gloves [glʌvz]
der **Rohbau** shell
der **Rohfassung** rough [rʌf] draft
der **Rohgewinn** gross profit
die **Rohheit** ① (*Grobheit*) rudeness ② (*Brutalität*) brutality
die **Rohkost** raw fruit and vegetables ['vedʒtəbl̩z] ⚠ *Plural*
das **Rohöl** crude oil
das **Rohr** ① (*Röhre*) pipe ② (*Schilf*) reed
der **Rohrbruch** burst pipe
das **Röhrchen** **ich musste ins Röhrchen blasen** I was breathalysed ['breθəlaɪzd]
die **Röhre** ① (*Rohr*) tube [tʃuːb] ② (*Backofen*) oven ['ʌvən] ▸ WENDUNGEN: **in die Röhre gucken** (*leer ausgehen*) to be left out; (*fernsehen*) to watch telly [*oder* USA the tube]
die **Rohrleitung** pipe, conduit ['kɒndjuɪt]
der **Rohrzucker** cane sugar [-ʃʊgəʳ]
die **Rohseide** raw silk ⚠ *ohne Artikel*
der **Rohstoff** raw material
der **Rohstoffmangel** lack of raw materials
der **Rohstoffpreis** price of raw materials, commodity price
die **Rollbahn** ① (*Startbahn*) runway ② (*Zubringerbahn*) taxiway
die **Rolle** ① (*Zusammengerolltes*) roll [rəʊl] ② (*Garnrolle*) reel ③ (*Möbelroller*) castor ④ (*im Sport*) forward roll; **eine Rolle rückwärts machen** to do a backward roll ⑤ (*im Film, Theater*) part, role [rəʊl] ⑥ **[das] spielt keine Rolle!** never mind!; **das spielt hier keine Rolle!** that doesn't concern us now!; **Geld spielt keine Rolle!** money is no object! ▸ WENDUNGEN: **ich bin ganz von der Rolle** I feel like I've been hit over the head
rollen ① (*kugeln*) to roll [rəʊl]; **die Augen rollen** to roll one's eyes ② (*aufrollen*) to roll up ③ *Donner:* to rumble ④ **sich in eine Decke rollen** to curl up in a blanket ▸ WENDUNGEN: **den Stein ins Rollen bringen** to start the ball rolling; **etwas kommt ins Rollen** something is gathering momentum
das **Rollenspiel** role play
der **Roller** ① (*Spielzeug*) scooter; **Roller fahren** to ride a scooter ② (*Motorroller*) motor scooter; **Roller fahren** to ride a motor scooter
der **Rollerblader**, die **Rollerbladerin** in-line skater
das **Rollfeld** runway
der **Rolli** (*umgangsspr*) polo neck, turtleneck USA
der **Rollkragen** polo neck, turtleneck USA
der **Rollkragenpulli** polo neck, turtleneck [sweater ['swetəʳ]] USA
der **Rollladen** shutter
das **Rollo** blind
der **Rollschuh** roller skate; **Rollschuh laufen** to roller-skate
der **Rollschuhläufer**, die **Rollschuhläuferin** roller skater
der **Rollstuhl** wheelchair; **an den Rollstuhl gefesselt** confined to a wheelchair
der **Rollstuhlfahrer**, die **Rollstuhlfahrerin** wheelchair user
rollstuhlgerecht suitable ['suːtəbl̩] for wheelchairs *nachgestellt*
die **Rolltreppe** escalator ['eskəleɪtəʳ]
ROM *Abkürzung von* **Read Only Memory** ROM [rɒm]
der **Roman** novel ['nɒvəl]
romanisch ① **die romanischen Sprachen** the Romance [rəʊ'mæns] languages ② **romanischer Stil** Romanesque [ˌrəʊmən'esk] style
die **Romantik** Romanticism [rə(ʊ)'mæntɪsɪzəm]
romantisch ① *Kunstepoche:* Romantic [rəʊ'mæntɪk] ② *Mensch, Stimmung:* romantic
der **Römer**, die **Römerin** Roman ['rəʊmən]
römisch Roman ['rəʊmən]; **römisch 12** 12 in Roman numerals
röntgen to X-ray ['eksreɪ]
die **Röntgenaufnahme** X-ray
das **Röntgenbild** X-ray
die **Röntgenstrahlen** X-rays
das **Rosa** pink

rosa pink ▶ WENDUNGEN: **etwas durch die rosarote Brille sehen** to see something through rose-coloured glasses
die **Rose** rose [rəʊz]
der **Rosenkohl** Brussels sprouts ⚠ *Plural*
der **Rosenkranz** rosary
der **Rosenmontag** *Monday before Shrove Tuesday, climax of the German carnival celebrations*
rosig rosy
die **Rosine** raisin [ˈreɪzᵊn] ▶ WENDUNGEN: **Rosinen im Kopf haben** to have big ideas; **sich die Rosinen herauspicken** to take the pick of the bunch
der **Rosmarin** [ˈroːsmariːn] rosemary
der **Rost** ① (*auf Metall*) rust; **Rost ansetzen** to start to rust ② (*Bratrost*) grill
der **Rostbraten** ≈ roast [joint]
rosten to get rusty, to rust
rösten ① to toast *Brot* ② to roast *Fleisch, Kaffee* ③ to fry *Kartoffeln*
rostfrei stainless
das **Rösti** (CH) (*Bratkartoffeln nach Schweizer Art*) ≈ hash browns ⚠ *Plural*
rostig rusty
die **Röstkartoffeln** fried potatoes
das **Rot** ① red ② **die Ampel stand auf Rot** the lights were red; **bei Rot über die Ampel fahren** to jump the lights
rot ① red; **eine rote Nase** a red nose ② **rot werden** to blush ▶ WENDUNGEN: **rot sehen** to see red ④ (*Ampel*) red; **es ist rot** it's red
rotblond strawberry blonde; **rotblond sein** to be sandy-haired
rotbraun reddish brown
die **Röteln** German measles [ˈmiːzᵊlz] ⚠ *Singular*
röten **sich röten** to turn red
rothaarig red-haired
rotieren to rotate ▶ WENDUNGEN: **ich bin voll am Rotieren!** I don't know whether I'm coming or going!
das **Rotkehlchen** robin [redbreast]
der **Rotkohl**, das **Rotkraut** red cabbage
rötlich reddish
das **Rotlichtviertel** red-light district
der **Rotstift** red pencil [ˈpen(t)sᵊl] ▶ WENDUNGEN: **den Rotstift ansetzen** to make cut[back]s ⚠ *Plural*
der **Rotwein** red wine
der **Rotz** ▶ WENDUNGEN: **Rotz und Wasser heulen** to cry one's eyes out *umgangsspr*
rotzfrech insolent
die **Roulade** [ruˈlaːdə] beef olive
das **Roulette** roulette [ruːˈlet]
die **Route** [ˈruːtə] route [ruːt]
die **Routine** [ruˈtiːnə] routine [ruːˈtiːn]
routiniert experienced [ɪkˈspɪəriən(t)st]
der **Rowdy** [ˈraudi] hooligan
rubbeln to rub, to scratch
die **Rübe** **gelbe Rübe** carrot; **rote Rübe** beetroot; **weiße Rübe** turnip ▶ WENDUNGEN: **eins auf die Rübe bekommen** to get a bash on the nut *umgangsspr*
der **Rubel** rouble [ˈruːbᵊl] ▶ WENDUNGEN: **da rollt der Rubel** the money [*oder umgangssspr* dosh] is rolling in
das **Rubin** ruby [ˈruːbi]
die **Rubrik** category
der **Ruck** ① (*Stoß*) jerk, start; **mit einem Ruck** at one go ② *von Fahrzeugen:* jolt ▶ WENDUNGEN: **sich einen Ruck geben** to make an effort
die **Rückantwort** reply
ruckartig jerky
der **Rücken** back; **mir tut der Rücken weh** I have a sore back, my back is aching ▶ WENDUNGEN: **hinter jemandes Rücken** behind someone's back; **jemandem in den Rücken fallen** to stab someone in the back; **jemandem den Rücken zuwenden** to turn one's back on someone; **es lief mir kalt den Rücken herunter** it sent shivers down my spine
rücken ① (*Platz machen*) to move [over]; **könnten Sie ein bisschen rücken?** could you move over a bit? ② **an etwas rücken** to move something ③ **näher rücken** to come closer; **in weite Ferne rücken** to recede into the distance
das **Rückenmark** spinal cord
die **Rückenschmerzen** **Rückenschmerzen haben** to have backache [ˈbækeɪk]
das **Rückenschwimmen** backstroke; **kannst du Rückenschwimmen?** can you do the backstroke?
der **Rückenwind** tail wind; **wir haben Rückenwind** we've got the wind behind us
die **Rückerstattung** refund [ˈriːfʌnd]
die **Rückfahrkarte** return ticket (GB), round-trip ticket (USA)
die **Rückfahrt** return journey; **auf der Rückfahrt** on the way back
der **Rückfall** (*bei Krankheit*) relapse [ˈriːlæps]
rückfällig **rückfällig werden** to relapse [rɪˈlæps]; *Straftäter:* to reoffend; **ein rückfälliger Täter** a repeat offender
das **Rückfenster** rear window
der **Rückflug** return flight [flaɪt]
das **Rückflugticket** return [air] ticket
die **Rückfrage** query
die **Rückgabe** return
der **Rückgang** drop, fall (**an** in)
rückgängig **rückgängig machen** to cancel [ˈkæn(t)sᵊl] *Auftrag, Termin;* to call off *Verlobung*
das **Rückgrat** backbone, spine ▶ WENDUNGEN: **jemandem das Rückgrat brechen** to ruin someone; **kein Rückgrat haben** to have got no backbone
der **Rückhalt** support ⚠ *ohne Artikel* ▶ WENDUNGEN: **ohne Rückhalt** unreservedly

R

die **Rückhand** (*beim Tennis*) backhand
die **Rückkehr** return; **bei seiner Rückkehr** (*in Vergangenheit*) on his return; (*in Zukunft*) when he gets back
die **Rücklage** ① savings *Plural* ② (*Reserve*) reserve fund
rückläufig declining
das **Rücklicht** rear light
die **Rückmeldung** ① (*an der Universität*) re-registration ② (*Reaktion*) reaction, response
das **Rückporto** return postage
die **Rückreise** return journey
der **Rucksack** backpack, rucksack ['rʌksæk] (GB)
der **Rucksacktourist**, die **Rucksacktouristin** backpacker
die **Rückschau** ① (*in Medien*) review ② **Rückschau halten** to look back
der **Rückschlag** ① *von Schusswaffe:* recoil ['riːkɔɪl] ② (*Rückfall*) relapse ['riːlæps]; **einen Rückschlag erleiden** to suffer a relapse ③ (*übertragen*) setback; **einen Rückschlag erleiden** to suffer a setback
die **Rückseite** ① *von Blatt, Zeitung:* back page ② *von Banknote:* reverse [rɪ'vɜːs] ③ *von Gebäude:* rear [rɪəʳ]; **auf der Rückseite** at the rear
die **Rücksicht** consideration; **mit Rücksicht auf jemanden** out of consideration for someone; **keine Rücksicht auf jemanden nehmen** to show no consideration for someone
rücksichtslos ① (*unüberlegt*) inconsiderate [ˌɪnkən'sɪdᵊrət]; *Verhalten:* reckless ② (*skrupellos*) ruthless
die **Rücksichtslosigkeit** thoughtlessness ['θɔːtləsnəs] ⚠ *ohne Artikel*
rücksichtsvoll considerate [kən'sɪdᵊrət], thoughtful ['θɔːtfᵊl] (**gegenüber** towards)
der **Rücksitz** ① (*im Auto*) backseat ② *von Zweirad:* pillion; **auf dem Rücksitz mitfahren** to ride pillion
der **Rückspiegel** rear[-view] mirror
das **Rückspiel** return match
der **Rückstand** ① (*Außenstände*) arrears [ə'rɪəʳz] ⚠ *Plural* ② (*Verzug*) delay; **er ist mit der Miete 3 Monate im Rückstand** his rent is 3 months in arrears ③ (*im Sport*) **mit drei Punkten im Rückstand sein** to be three points down; **einen Rückstand aufholen** to close the gap ④ *von Chemikalien:* residue ['rezɪdjuː]
rückständig ① (*überfällig*) overdue [ˌəʊvə'djuː] ② (*zurückgeblieben*) backward
die **Rücktaste** backspace [key]
der **Rücktritt** ① (*vom Amt*) resignation [ˌrezɪg'neɪʃᵊn]; **seinen Rücktritt einreichen/erklären** to hand in/announce one's resignation ② (*vom Vertrag*) withdrawal [wɪð'drɔːᵊl]
die **Rücktrittbremse** back-pedal [*oder* coaster] brake
der **Rückumschlag** self-addressed stamped envelope
die **Rückwand** rear wall
rückwärts backwards
rückwärtsfahren to reverse
der **Rückwärtsgang** reverse gear; **im Rückwärtsgang** in reverse
der **Rückweg** way back; **auf dem Rückweg** on the way back; **sich auf den Rückweg machen** to head back
die **Rückzahlung** repayment
der **Rückzieher** **einen Rückzieher machen** to climb down, to back out
der **Rückzug** retreat [rɪ'triːt]
der **Rüde** (*Hund*) male dog
das **Rudel** ① (*Hunde, Wölfe*) pack ② (*Wild*) herd [hɜːd]
das **Ruder** ① (*Bootsruder*) oar [ɔːʳ] ② (*Steuerruder*) rudder ['rʌdəʳ]
das **Ruderboot** rowing boat ['rəʊɪŋbəʊt], rowboat (USA)
rudern ① to row [rəʊ] ② **mit den Armen rudern** to wave one's arms about
das **Rüebli** (CH) (*Karotte*) carrot ['kærət]
der **Ruf** ① call, shout [ʃaʊt]; (*Schrei*) cry; **ein Ruf nach Frieden** a cry for peace ② (*Ansehen*) reputation [repju:'teɪʃᵊn]; **einen guten Ruf haben** to have a good reputation; **ist er wirklich so schlimm wie sein Ruf?** is he really as bad as people make him out to be?
rufen ① (*herbeirufen*) to call ② **rufen lassen** to send for *Arzt* ③ (*schreien*) to cry, to shout [ʃaʊt]; **um Hilfe rufen** to cry [*oder* call] for help ④ **du kommst mir wie gerufen** you are just what I needed ⑤ **die Arbeit ruft** duty calls
der **Rufmord** character ['kærəktəʳ] assassination
der **Rufname** forename ['fɔːneɪm]
die **Rufnummer** telephone number
das **Rufzeichen** (A) (*Ausrufezeichen*) exclamation [ˌekskla'meɪʃᵊn] mark
das **Rugby** ['rakbi] rugby
rügen **jemanden** [**wegen etwas**] **rügen** to reprimand ['reprɪmɑːnd] someone [for something]
die **Ruhe** ① (*Schweigen*) quiet ['kwaɪət]; **Ruhe bitte!** quiet please! ② (*Stille*) silence ['saɪlən(t)s] ③ (*innere Ruhe*) calm [kɑːm], calmness; **er ist immer die Ruhe selbst** he's as cool as a cucumber; **er hat die Ruhe weg!** he's unflappable!; **immer mit der Ruhe!** keep calm!; **zur Ruhe kommen** to get some peace ④ (*Erholung*) rest; **viel Ruhe brauchen** to need a lot of rest ⑤ (*Frieden*) **in Ruhe lassen** to leave alone; **lass mich in Ruhe!** stop bothering me! ⑥ (*Ungestörtheit*) peace, quiet; **ich brauche meine Ruhe** I need a bit of peace
ruhelos restless
ruhen ① to rest ② *Antrag:* to be suspended
die **Ruhepause** **eine Ruhepause einlegen** to take [*oder* have] a break
der **Ruhestand** retirement; **im Ruhestand** [**sein**] [to be] retired; **in den Ruhestand treten** to retire;

jemanden in den Ruhestand versetzen to retire someone

die **Ruhestörung** disturbance [dɪ'stɜːbᵊn(t)s] of the peace

der **Ruhetag** ① *von Arbeit:* day off ② *von Restaurant:* closing day; **Montag Ruhetag** closed on Mondays

ruhig ① *auch Meer:* calm [kɑːm]; **bleib ruhig!** keep calm! ② (*geräuscharm*) quiet ['kwaɪət]; **ruhig wohnen** to live in a quiet area ③ (*als Verstärkung*) **ihr könnt ruhig dableiben** feel free to stay here; **komm ruhig rein** do come in; **das darfst du mir ruhig glauben!** take my word for it! ④ *Gewissen:* clear [klɪəʳ] ⑤ *Hand:* steady ['stedi]

der **Ruhm** glory; **Ruhm erlangen** to come to fame

rühmen ① (*loben*) to praise [preɪz] ② **sich einer Sache rühmen** to boast of something

das **Rührei** scrambled eggs ⚠ *Plural*

rühren ① (*umrühren*) to stir ② (*innerlich*) to move, to touch [tʌtʃ]; **jemanden zu Tränen rühren** to move someone to tears; **das rührt mich nicht im Mindesten** that leaves me cold ③ **sich rühren** (*sich bewegen*) to stir; **sich nicht vom Fleck rühren** to not budge ④ **sich rühren** (*sich melden*), **sie hat sich seit Jahren nicht gerührt** she hasn't been in touch for years

rührend ① *Film:* touching ['tʌtʃɪŋ] ② **das ist rührend von dir!** that's sweet of you!

die **Rührung** emotion [ɪ'məʊʃᵊn]; **vor Rührung nicht sprechen können** to be choked with emotion

der **Ruin** ruin ['ruːɪn]; **jemanden in den Ruin stürzen** to ruin someone; **vor dem Ruin stehen** to be on the brink [*oder* verge] of ruin

die **Ruine** ruin ['ruːɪn]

ruinieren ① to ruin ['ruːɪn] *Firma, Menschen* ② to spoil *Kleider* ③ **sich ruinieren** to ruin oneself

rülpsen to belch [beltʃ] *umgangsspr,* to burp *umgangsspr*

der **Rülpser** burp *umgangsspr*

der **Rum** rum [rʌm]

der **Rumäne**, die **Rumänin** Romanian [rʊ'meɪniən]

Rumänien Romania [rʊ'meɪniə]

rumkriegen **jemanden rumkriegen** to talk someone round *umgangsspr*

der **Rummel** ① (*Jahrmarkt*) fair; **auf den Rummel gehen** to go to the fair ② (*Betriebsamkeit*) bustle ['bʌsl̩] ③ (*Aufhebens*) fuss [fʌs]

der **Rummelplatz** fairground

der **Rumpf** ① (*Körper, Leib*) trunk; (*Torso*) torso ② *eines Schiffs:* hull; *eines Flugzeugs:* fuselage ['fjuːzᵊlɑːʒ]

rümpfen ▶ WENDUNGEN: **die Nase rümpfen** to turn up one's nose (**über** at)

das **Rumpsteak** rump steak

rund ① *Form, Summe:* round [raʊnd] ② (*rundherum*) [a]round; **rund um die Welt** [a]round the world; **rund um die Uhr** [a]round the clock ③ (*etwa*) about ④ **heute Nacht geht's rund** there'll be a lot happening tonight

die **Runde** ① (*im Rennsport*) lap ② (*beim Boxen*) round ③ **über die Runden kommen** (*im Sport*) to go the distance ④ (*Polizeirundgang*) round ⑤ (*Runde Bier usw.*) round; **eine Runde ausgeben** to stand a round ⑥ (*Leute, Gesellschaft*) company ['kʌmpəni] ▶ WENDUNGEN: **über die Runden kommen** to pull through

die **Rundfahrt** tour

der **Rundflug** sightseeing flight

der **Rundfunk** broadcasting; **im Rundfunk** on the radio

der **Rundfunksender** radio station

die **Rundfunksendung** radio programme

der **Rundgang** ① (*Besichtigung*) tour (**durch** of); **einen Rundgang machen** to do a tour ② (*Spaziergang*) walk; **einen Rundgang machen** to go for a walk ③ (*zur Inspektion*) rounds ⚠ *Plural;* **einen Rundgang machen** to do one's rounds

rundlich plump

die **Rundreise** tour (**durch** of)

das **Rundschreiben** circular ['sɜːkjələʳ]

die **Rundung** curve [kɜːv]

runterhauen **jemandem eine runterhauen** to give someone a clip [a]round the ear

runzelig wrinkled ['rɪŋkl̩d]

runzeln **die Stirn runzeln** to frown [fraʊn]

rupfen ① to pull up *Unkraut* ② to pluck *Huhn*

ruppig gruff

die **Rüsche** (*an Kleidung*) frill, ruche [ruːʃ]

der **Ruß** soot

der **Russe**, die **Russin** Russian ['rʌʃᵊn]

der **Rüssel** ① (*auch übertragen: Nase*) snout [snaʊt] ② *von Elefant:* trunk

rußig sooty

russisch Russian ['rʌʃᵊn]

Russland Russia ['rʌʃə]

rüsten (*militärisch*) to arm

rüstig sprightly ['spraɪtli]

> **F** Nicht verwechseln mit **rusty** = rostig!

rustikal rustic

die **Rüstung** ① (*Ritterrüstung*) armour ['ɑːməʳ] ② (*Aufrüstung*) armament

die **Rute** ① (*Stock*) rod; (*Gerte*) switch ② (*Tierschwanz*) tail; *von Fuchs:* brush ③ (*Penis von Tier*) penis ['piːnɪs]

der **Rutsch** ① (*Abwärtsbewegung*) slide ② (*Erdrutsch*) landslide ③ (*politisch*) shift ▶ WENDUNGEN: **einen guten Rutsch [ins neue Jahr]!** Happy New Year!

die **Rutschbahn**, die **Rutsche** (*für Kinder*) slide
rutschen 1 (*gleiten*) to slide 2 (*nicht gut sitzen*) *Hose, Rock, Strumpf:* to slip down 3 (*ausrutschen*) *Mensch:* to slip; *Auto:* to skid 4 **rutsch mal!** move up a bit!

> **G** Richtiges Konjugieren von **to slide**: slide, slid, slid
> *the children like to slide down the banister,*
> *he slid the money across the table;*
> *the ring had slid down the side of the armchair*

der **Rutscher** Ⓐ 1 (*Ausflug*) short trip; **ich mache mal einen Rutscher zur Maria** I'm just going to pop over to Maria's [house] 2 (*kurze Distanz*) a stone's throw away; **es ist doch nur ein Rutscher bis zur Bushaltestelle** the bus stop is just a stone's throw away
rutschfest non-slip
rutschig slippery
rütteln **an etwas rütteln** to shake something ▶WENDUNGEN: **daran gibt's nichts zu rütteln!** (*ist unbestritten*) there's no doubt about that!; (*ist unabänderlich*) that's the way it is!

Ss

S, s 1 S, s [es] 2 (*Mehrzahl*) S[']s, s's
s. *Abkürzung von* **siehe** see
S *Abkürzung von* **Süden** S
der **Saal** 1 hall 2 (*Theatersaal*) auditorium [ˌɔːdɪ'tɔːrɪəm] 3 (*für Konferenz, Sitzung*) room
die **Saat** 1 (*das Säen*) sowing ['səʊɪŋ] 2 (*das Ausgesäte*) seed 3 (*Getreide*) young crops ⚠ *Plural*
der **Sabbat** Sabbath ['sæbəθ]
sabbern to dribble
der **Säbel** sabre ['seɪbəʳ] GB, saber USA ▶WENDUNGEN: **mit dem Säbel rasseln** to rattle one's sabre
die **Sabotage** sabotage ['sæbətɑː(d)ʒ]
der **Sachbearbeiter**, die **Sachbearbeiterin** 1 specialist ['speʃəlɪst] 2 (*in einer Behörde*) official [ə'fɪʃəl] in charge
die **Sachbeschädigung** criminal damage ['dæmɪdʒ]
das **Sachbuch** non-fiction book
die **Sache** 1 (*Ding*) thing; (*Gegenstand*) object ['ɒbdʒɪkt] 2 **Sachen** (*Besitz*) things; (*Kleider*) clothes [kləʊ(ð)z]; **seine Sachen packen** to pack one's bags 3 (*Angelegenheit*) matter; **kommen wir zur Sache!** let's get to the point!; **das ist Ihre Sache** that's your problem; **das ist meine Sache** that's my business; **das ist nicht deine Sache!** that's none of your business! *umgangsspr* 4 (*Frage, Problem*) **das gehört nicht zur Sache** that's beside the point; **das tut nichts zur Sache** it's of no account 5 **das ist nicht jedermanns Sache** that's not to everybody's taste 6 **bei der Sache sein** to be on the ball; **bei der Sache bleiben** to keep to the point 7 **sich seiner Sache sicher sein** to be sure of one's ground 8 **seine Sache gut machen** to do a good job
das **Sachgebiet** [specialist ['speʃəlɪst]] field
die **Sachkenntnis** expert knowledge ['nɒlɪdʒ]; **Sachkenntnisse haben** to have expert knowledge
sachkundig 1 well-informed, knowledgeable ['nɒlɪdʒəbl] 2 **sich sachkundig machen** to inform oneself
sachlich 1 (*sachbezogen*) relevant ['reləvənt] 2 (*objektiv*) objective [əb'dʒektɪv]; **bleiben Sie mal sachlich!** don't get personal! 3 (*nüchtern*) matter-of-fact 4 (*schmucklos*) functional ['fʌŋkʃənəl] 5 (*unparteiisch*) impartial [ɪm'pɑːʃəl]
sächlich neuter ['njuːtəʳ]
der **Sachschaden** damage ['dæmɪdʒ] to property; **am Haus entstand großer Sachschaden** there was significant damage to the property; **Sachschaden in Höhe von ...** damage amounting to ...
der **Sachse** Saxon
Sachsen Saxony
die **Sächsin** Saxon
sächsisch Saxon
sacht(e) 1 (*sanft*) gentle ['dʒentl]; **sachte mit jemandem umgehen** to be gentle on someone 2 (*vorsichtig*) cautious ['kɔːʃəs]; **sachte mit etwas umgehen** to be careful with something 3 **sachte, sachte!** easy does it!
der **Sachverhalt** circumstances ['sɜːkəmstæn(t)sɪz] ⚠ *Plural*, facts ⚠ *Plural*
der/die **Sachverständige** 1 expert ['ekspɜːt], specialist ['speʃəlɪst] 2 (*vor Gericht*) expert witness
der **Sack** (*aus Jute*) sack [sæk]; (*aus Papier*) bag ▶WENDUNGEN: **die Katze im Sack kaufen** to buy a pig in a poke; **fauler Sack!** lazy bugger!
die **Sackgasse** blind alley, dead end ▶WENDUNGEN: **wir stecken in einer Sackgasse** we've come to a dead end
der **Sadismus** sadism ['seɪdɪzəm]
der **Sadist**, die **Sadistin** sadist ['seɪdɪst]
sadistisch sadistic [sə'dɪstɪk]
säen to sow [səʊ] *Saat* ▶WENDUNGEN: **dünn**

gesät few and far between

> **G** Richtiges Konjugieren von **to sow**: sow, sowed, sown
> *we tried to sow some seeds but the earth was too hard;*
> *the gardener sowed grass behind the house;*
> *this field has been sown with rye*

die **Safari** safari [sə'fɑːri]

der **Saft** 1 (*Obstsaft*) juice [dʒuːs] 2 (*Pflanzensaft*) sap 3 (*Flüssigkeit*) liquid ▶ WENDUNGEN: **jemanden im eigenen Saft schmoren lassen** to let someone stew in his/her own juice

saftig 1 (*voll von Saft*) juicy ['dʒuːsi] 2 (*übertragen*) *Farbe, Wiese:* lush 3 (*übertragen*) *Preise, Rechnung, Strafe:* steep, hefty

der **Saftladen** dump *umgangsspr*

die **Sage** legend ['ledʒənd]

die **Säge** saw

das **Sagen** ▶ WENDUNGEN: **das Sagen haben** to have the final say

sagen 1 (*äußern*) to say; **sag mal ...** say, ...; **was sagst du dazu?** what do you say to that?; **sag bloß!** you don't say!; **das kann man** [*oder* **kannst du**] **wohl sagen!** you can say that again!; **ich sagte mir ...** I said to myself ... 2 (*mitteilen*) to tell; **wem sagen Sie das!** you don't need to tell me that!; **das kann man wohl sagen!** you're telling me!; **das sagt mir alles** that tells me all I need to know; **das hab ich dir doch gleich gesagt** I told you so 3 (*bedeuten*) to mean; **was hat das zu sagen?** what does that mean?; **das hat nichts zu sagen** it's of no account 4 (*bestimmen*) **sie hat nichts zu sagen** she has no say in the matter; **Sie haben mir nicht zu sagen, was ich tun soll!** don't you tell me what to do! 5 **er lässt sich nichts sagen** he won't listen to reason 6 **ich habe mir sagen lassen ...** I've been told ... 7 **das sagst du** [*oder* **sagt sich**] **so leicht** easier said than done

> **G** Richtiges Konjugieren von **to say**: say, said, said
> *how do you say that in French?;*
> *Jane said "Yes";*
> *I have said that to her before*

sägen 1 to saw 2 (*schnarchen*) to snore

sagenhaft 1 legendary ['ledʒəndᵊri] 2 (*enorm*) fabulous 3 (*super*) fantastic 4 (*sehr*) **sagenhaft schön** incredibly beautiful

die **Sahne** cream

die **Saison** [zɛ'zõː] season ['siːzᵊn]; **außerhalb der Saison** in [*oder* during] the off-season

der **Saisonarbeiter**, die **Saisonarbeiterin** seasonal worker

die **Saite** string ▶ WENDUNGEN: **andere Saiten aufziehen** to get tough

das **Saiteninstrument** stringed instrument

das **Sakko** sports jacket [*oder* (USA) coat]

die **Salami** salami [sə'lɑːmi]

das **Salär** (A), (CH) (*Lohn*) salary

der **Salat** 1 (*Gericht*) salad ['sæləd] 2 (*Pflanze*) lettuce ['letɪs] ▶ WENDUNGEN: **da haben wir den Salat!** now we're in a right pickle! *umgangsspr*

die **Salatgurke** cucumber

die **Salatschüssel** salad bowl

die **Salatsoße** salad dressing

die **Salbe** ointment

der **Salbei** sage [seɪdʒ]

der **Saldo** balance ['bælən(t)s]

die **Salmonellenvergiftung** salmonella [ˌsælmə'nelə] poisoning

der **Salon** 1 (*Gesellschaftszimmer*) drawing room (GB), parlor (USA) 2 (*Friseursalon*) salon ['sælɒn]

salopp 1 (*nachlässig*) sloppy, slovenly 2 *Ausdruck, Sprache:* slangy 3 **saloppe Kleidung** casual ['kæʒjuəl] wear

der **Salto** somersault ['sʌməsɔːlt]; **einen Salto** [**vorwärts/rückwärts**] **machen** to do a [forward/backward] somersault

salü (CH) 1 (*zur Begrüßung*) hi, hello 2 (*zum Abschied*) bye[-bye]

das **Salz** salt [sɒlt]

salzen to salt [sɒlt]

der **Salzgehalt** salt content [-ˌkɒntent]

salzig salty [sɒlti]

die **Salzkartoffeln** boiled potatoes

die **Salzsäure** hydrochloric acid [ˌhaɪdrə(ʊ)klɒrɪk'æsɪd]

die **Salzstange** pretzel ['pretsᵊl] stick

der **Salzstreuer** salt cellar [-ˌseləʳ] (GB), salt shaker

das **Salzwasser** saltwater

der **Samen** 1 *von Pflanze:* seed 2 *von Tier:* sperm 3 *vom Mann:* semen ['siːmᵊn]

sammeln 1 (*auflesen, ernten*) to gather 2 to collect *Briefmarken usw.* 3 **Kräfte sammeln** to gather one's strength 4 **sich sammeln** (*sich konzentrieren*) to collect one's thoughts

der **Sammler**, die **Sammlerin** collector

die **Sammlung** 1 *von Sammelstücken:* collection 2 *von Geld:* **eine Sammlung durchführen** to hold a collection (**für** for) 3 *von Gedichten:* anthology

der **Samstag** Saturday ['sætədeɪ]; **bis Samstag!** see you [on] Saturday!; [**am**] **Samstagabend/Samstagmorgen/Samstagnachmittag** [on] Saturday night [*oder* evening]/morning/afternoon; **samstagabends/samstagmorgens** on Saturday evenings [*oder* nights]/mornings

samstags on Saturdays

der **Samt** velvet

samt along [*oder* together] with ▶ WENDUNGEN: **samt und sonders** all and sundry

die **Samthandschuhe** ▶ WENDUNGEN: **jemanden mit Samthandschuhen anfassen** to handle someone with kid gloves [glʌv]

S

sämtlich (*alle*) all; **sämtliche Kinder** all the children

der **Sand** sand [sænd] ▶ WENDUNGEN: **etwas in den Sand setzen** to muck something up; **im Sande verlaufen** to come to nothing

die **Sandale** sandal ['sændᵊl]

die **Sandbank** sandbank, sandbar

sandig sandy

der **Sandkasten** sandpit (GB), sandbox (USA)

das **Sandkorn** grain of sand

der **Sandkuchen** ≈ Madeira cake

der **Sandmann** sandman ['sændmæn]

das **Sandpapier** sandpaper

der **Sandstrand** sandy beach

der **Sandsturm** sandstorm

das/der **Sandwich** ['zɛntvɪtʃ] sandwich

sanft ① (*weich*) soft; **mit sanfter Stimme** softly, in a soft voice; **jemanden mit sanften Augen anschauen** to look at someone tenderly ② (*leicht*) gentle ['dʒentl̩] ③ (*mild*) mild ④ **mit sanfter Gewalt** gently but firmly

sanftmütig gentle ['dʒentl̩]

der **Sänger**, die **Sängerin** singer; (*Jazz, Pop auch*) vocalist

sang- und klanglos **sang- und klanglos verschwinden** to just simply disappear

sanieren ① to redevelop [ˌriːdɪ'veləp] *Stadtgebiet* ② to rescue ['reskjuː], to turn round *Firma* ③ to clean up *Fluss, Umwelt*

die **Sanierung** ① *von Stadtgebiet:* redevelopment [ˌriːdɪ'veləpmənt] ② *von Firma:* rescue ['reskjuː] operation ③ *der Umwelt:* cleaning up

sanitär sanitary; **die sanitären Anlagen** the sanitation [*oder* sanitary] facilities

die **Sanität** (CH), (A) (*Krankenwagen*) ambulance ['æmbjələn(t)s]

der **Sanitäter**, die **Sanitäterin** paramedic

Sankt saint [seɪnt], St[.]; **Sankt Nikolaus** Santa [Claus]

die **Sanktion** sanction; **Sanktionen verhängen** to impose sanctions

sanktionieren to sanction

die **Sardelle** anchovy ['æntʃəvi]

die **Sardine** sardine [sɑː'diːn]

der **Sarg** coffin, casket (USA)

der **Sarkasmus** sarcasm

sarkastisch sarcastic

der **Satan** Satan ['seɪtᵊn]

der **Satellit** satellite ['sætᵊlaɪt]

die **Satellitenantenne** satellite dish

das **Satellitenfernsehen** satellite television

die **Satellitennavigation** satellite navigation

die **Satellitenschüssel** satellite dish

der **Satin** satin ['sætɪn]

die **Satire** satire ['sætaɪəʳ] (**auf** on)

satt ① (*gesättigt*) full; **bist du satt [geworden]**? have you had enough to eat?; **ich bin satt** I've had enough to eat; **das macht satt** it is very filling ② (*kräftig*) *Farbe:* rich

der **Sattel** saddle

die **Satteltasche** saddle bag

satthaben **etwas satthaben** to be fed up with something, to be sick and tired of something *umgangsspr*

sättigen ① to satiate *Person* ② (*stillen*) to satisfy *Hunger, Neugierde* ③ **das sättigt** this is filling

sättigend filling

sattsehen **ich kann mich nicht daran sattsehen** I can't see enough of it

der **Saturn** [der] **Saturn** Saturn ['sætɜːn]

der **Satz** ① (*Sprache*) sentence ['sentən(t)s] ② (*im Druckwesen: das Gesetzte*) type ③ (*beim Tennis*) set; **Hewitt gewinnt mit 3:1 Sätzen** Hewitt wins 3 sets to 1 ④ **ein Satz Briefmarken** a set of stamps ⑤ (*Sprung*) jump, leap; **einen Satz machen** to jump, to leap ⑥ (*Gebühr*) charge

der **Satzball** set point

der **Satzbau** syntax ['sɪntæks]

die **Satzung** constitution

das **Satzzeichen** punctuation mark

die **Sau** ① (*weibliches Schwein*) sow [saʊ] ② (*Schimpfwort*) [dirty] swine!; (*für Mann*) bastard! *umgangsspr;* (*für Frau*) bitch! *umgangsspr* ▶ WENDUNGEN: **jemanden zur Sau machen** to have a go at someone *umgangsspr;* **wie eine gesengte Sau fahren** to drive like a maniac; **unter aller Sau** lousy ['laʊzi]

sauber ① (*rein*) clean; **ist der Hund auch sauber?** is the dog house-trained? ② (*gut gearbeitet*) accurate ['ækjərət] ③ **etwas sauber halten** to keep something clean ▶ WENDUNGEN: **du bist wohl nicht ganz sauber!** you must be off your head!

die **Sauberkeit** ① (*Reinheit*) cleanness ② (*im Hause*) cleanliness ['klenlinəs]

säuberlich **fein säuberlich** neatly and tidily

säubern ① (*reinigen*) to clean ② (*übertragen*) **etwas von etwas säubern** to purge something of something

saublöd bloody stupid *umgangsspr*

die **Sauce** sauce [sɔːs]

Saudi-Arabien Saudi Arabia [ˌsaʊdiə'reɪbiə]

saudiarabisch Saudi Arabian [ˌsaʊdiə'reɪbiən]

sauer ① sour ['saʊəʳ]; **saure Gurken** pickled cucumber; **sauer werden** to turn sour ② (*chemisch*) acidic [ə'sɪdɪk]; **saurer Regen** acid rain ③ (*übertragen: ärgerlich*) cross (**auf** with); **sauer werden** get annoyed; **sauer auf etwas reagieren** to take something amiss ④ **sauer verdientes Geld** hard-earned money

der **Sauerbraten** braised beef (GB), sauerbraten (USA)

die **Sauerei** ① (*Unordnung*) **eine Sauerei machen** to make a bloody mess *umgangsspr;* **so eine Sauerei!** what a bloody mess! *umgangsspr* ② (*Gemeinheit*) **so eine Sauerei!**

it's a bloody scandal [*oder* disgrace]! *umgangsspr*
das **Sauerkraut** pickled cabbage ['kæbɪdʒ], sauerkraut
die **Sauermilch** sour milk
der **Sauerstoff** oxygen ['ɒksɪdʒən]
der **Sauerstoffmangel** lack of oxygen
die **Sauerstoffmaske** oxygen mask
der **Sauerteig** sourdough ['saʊəʳdəʊ]
saufen 1 (*slang: Alkohol trinken*) to booze *umgangsspr;* **wie ein Loch saufen** to drink like a fish *umgangsspr* 2 *Tier:* to drink
der **Säufer**, die **Säuferin** heavy drinker, boozer *umgangsspr*
die **Sauferei** 1 (*Saufgelage*) booze-up *umgangsspr* 2 (*Trinkgewohnheit*) boozing *umgangsspr*
saugen 1 (*einsaugen*) to suck 2 (*mit Staubsauger*) to vacuum ['vækjuːm], to hoover *umgangsspr* 3 **an etwas saugen** to suck something ▶WENDUNGEN: **sich etwas aus den Fingern saugen** to conjure something up
säugen to suckle ['sʌkl]
der **Säuger** mammal
der **Sauger** (*auf Flasche*) teat
das **Säugetier** mammal
der **Säugling** baby
saukalt damn [dæm] cold *umgangsspr*
der **Saukerl** bloody bastard *umgangsspr*
die **Säule** column ['kɒləm]
der **Saum** 1 (*Nähsaum*) seam 2 (*Einfassung*) hem
saumäßig 1 (*schlecht*) bloody awful *umgangsspr,* lousy ['laʊzi] *umgangsspr* 2 (*sehr, extrem*) bloody, damn [dæm] *umgangsspr*
säumen (*einfassen*) to hem
die **Sauna** sauna ['sɔːnə]
die **Säure** (*chemische*) acid ['æsɪd]
die **Sauregurkenzeit** (*für Medien*) silly season
säurehaltig acidic [ə'sɪdɪk]
der **Saurier** dinosaur ['daɪnəsɔːʳ]
säuseln 1 *Wind:* to whisper ['(h)wɪspəʳ] 2 *Stimme:* to purr
sausen 1 *Fahrzeug:* to roar [rɔːʳ] 2 *Mensch:* to tear [teəʳ]; **ich saus mal schnell zum Metzger!** I'll just nip round to the butcher's! *umgangsspr* 3 *Wind:* to whistle ['(h)wɪsl] ▶WENDUNGEN: **etwas sausen lassen** to drop something
der **Saustall** pigsty ['pɪgstaɪ]
das **Sauwetter** **so ein Sauwetter!** awful [*oder* lousy] weather! *umgangsspr*
sauwohl **sich sauwohl fühlen** to feel really great
das **Saxophon**, das **Saxofon** saxophone ['sæksəfəʊn]; **Saxofon spielen** to play the saxophone
SB *Abkürzung von* **Selbstbedienung** self-service
die **S-Bahn®** 1 (*System*) suburban railway 2 (*Zug*) suburban train
der **S-Bahnhof®** suburban railway station
die **SB-Bank** self-service bank
scannen ['skɛnən] to scan
der **Scanner** ['skɛnɐ] scanner
die **Schabe** cockroach
schaben to scrape
der **Schabernack** **jemandem einen Schabernack spielen** to play a prank on someone
schäbig 1 (*unansehnlich*) shabby, tacky (USA); **schäbig aussehen** to look shabby 2 (*gemein*) mean (GB)
die **Schablone** stencil ['sten(t)səl] ▶WENDUNGEN: **jemanden in eine Schablone zwängen** to stereotype someone
das **Schach** 1 (*Spiel*) chess; **eine Partie Schach** a game of chess; **spielst du Schach?** can you play chess? 2 (*Spielstellung: Schach bieten*) check!; **Schach und matt!** checkmate! ▶WENDUNGEN: **jemanden in Schach halten** to stall someone; (*mit Waffe*) to keep someone covered
das **Schachbrett** chessboard
die **Schachfigur** 1 chessman 2 (*übertragen*) pawn; (*politisch*) figurehead ['fɪgəhed]
schachmatt 1 (*im Spiel*) **schachmatt!** checkmate! 2 (*übertragen: erledigt*) knackered ['nækəd] *umgangsspr*
der **Schachspieler**, die **Schachspielerin** chess player
der **Schacht** 1 (*im Bergwerk*) shaft 2 (*im Kanal*) drain 3 (*Einstiegsschacht*) manhole
die **Schachtel** 1 box 2 **eine Schachtel Zigaretten** a packet of cigarettes 3 (*abwertend*) **alte Schachtel!** old bag!
der **Schachzug** (*auch übertragen*) move
schade 1 **wie schade!** that's a shame!; **es ist sehr schade** it's a great pity; **schade, dass du nicht bleiben kannst** what [*oder* it's] a pity you can't stay 2 **es ist schade um ihn** it is a pity about him; **um die ist es nicht schade** she's no great loss 3 **sich für etwas zu schade sein** to consider oneself too good for something
der **Schädel** 1 *von Skelett:* skull 2 (*Kopf*) head; **mir brummt der Schädel** my head is throbbing; **jemandem den Schädel einschlagen** to knock out someone's brains
der **Schaden** 1 damage ['dæmɪdʒ] (**an** to) 2 **Schaden verursachen** to cause damage (**an** to); **großen Schaden anrichten** to do a lot of damage (**an** to); **jemandem Schaden zufügen** to do someone harm; **den Schaden wiedergutmachen** to make good the damage
schaden 1 (*Schaden zufügen*) to damage ['dæmɪdʒ] 2 (*schädlich sein*) to harm; **Rauchen schadet der Gesundheit** smoking can damage your health ▶WENDUNGEN: **was kann denn das schaden?** where's the harm in that?;

S

ein Versuch kann nicht[s] schaden there's no harm in trying; **das schadet dir gar nichts** (*geschieht dir recht*) it serves you right; (*tut dir gut*) it won't do you any harm [at all]

der **Schadenersatz** compensation

die **Schadenfreude** malicious [mə'lɪʃəs] joy [*oder* delight [dɪ'laɪt]]; **voller Schadenfreude** gleefully, gloatingly

schadenfroh 1 gloating 2 **schadenfroh lachen** to laugh with malicious delight [*oder* glee]

der **Schadensersatz** compensation

schädigen to damage ['dæmɪdʒ]; to harm *Person*

schädlich damaging, harmful (**für** to)

der **Schädling** pest

das **Schädlingsbekämpfungsmittel** pesticide ['pestɪsaɪd]

schadlos sich an jemandem schadlos halten to make someone pay

der **Schadstoff** pollutant

schadstoffarm *Auto:* low-emission [ˌləʊɪ'mɪʃᵊn]

die **Schadstoffbelastung** pollution

schadstofffrei emission-free [ɪˌmɪʃᵊn'friː]

das **Schaf** 1 (*Tier*) sheep 2 **du dummes Schaf!** silly twit! ▶ WENDUNGEN: **das schwarze Schaf der Familie** the black sheep of the family

> **V** Die Pluralform von **sheep** ist ebenfalls **sheep**: *a flock of a hundred sheep.*

der **Schäfer**, die **Schäferin** shepherd ['ʃepəd]; (*Frau auch*) shepherdess [ˌʃepə'des]

der **Schäferhund** Alsatian [æl'seɪʃᵊn] GB, German shepherd ['ʃepəd] [dog] USA

schaffen 1 (*erzeugen*) to create 2 (*erreichen*) to manage; to pass *Prüfung;* **ich hab's geschafft!** I did it!; **wie hast du das bloß geschafft?** how did you do it?; **es schaffen, etwas zu tun** to manage to do something; **das wäre geschafft!** there, that's done! 3 **etwas aus der Welt schaffen** to settle something; **schaff mir den Hund fort!** get that dog out! 4 **er macht sich im Garten zu schaffen** he's pottering about in the garden; **sich an etwas zu schaffen machen** to fiddle about with something; **damit hatte ich nichts zu schaffen** this had nothing to do with me, I had nothing to do with this ▶ WENDUNGEN: **jemandem zu schaffen machen** to give someone trouble; **diese Sache macht mir zu schaffen** this is really giving me a headache

der **Schaffner**, die **Schaffnerin** 1 (*im Bus*) conductor 2 (*im Zug*) conductor, guard [gɑːd] GB

die **Schafherde** flock of sheep

das **Schafott** scaffold

der **Schafskäse** feta, sheep's milk cheese

die **Schafwolle** sheep's wool

der **Schafzüchter** sheep breeder [*oder* farmer]

der **Schal** scarf

> **V** **scarves** ist die Pluralform von **a scarf**: *I have four knitted scarves.*

schal *Getränk:* flat; *Geschmack:* stale

die **Schale** 1 (*Gefäß*) bowl [bəʊl] 2 (*äußere Hülle von Obst*) skin; (*geschälte Hülle von Obst*) peel 3 *von Schalentieren:* shell ▶ WENDUNGEN: **sich in Schale werfen** to get dressed up

schälen 1 to pare *Apfel* 2 to shell *Ei* 3 to skin *Kartoffel* 4 to peel *Orange* 5 **sich schälen** *Haut, Lack:* to peel

der **Schall** sound

schalldämmend noise-reducing ['nɔɪzrɪˌdjuːsɪŋ], sound-absorbing

die **Schalldämmung** sound-absorption

der **Schalldämpfer** 1 (*am Auto*) silencer ['saɪlən(t)səʳ] GB, muffler USA 2 (*an Waffe*) silencer

schalldicht soundproof

schallen 1 (*tönen*) to sound 2 (*erschallen*) to ring out 3 (*widerhallen*) to resound [rɪ'zaʊnd]

schallend 1 **mit schallendem Gelächter** with a gale of laughter ['lɑːftəʳ]; **eine schallende Ohrfeige** a resounding [rɪ'zaʊndɪŋ] slap 2 **schallend lachen** to roar [rɔːʳ] with laughter

die **Schallgeschwindigkeit** speed of sound

die **Schallplatte** record ['rekɔːd]

die **Schallwelle** sound wave

das **Schaltbrett** switchboard, control panel

schalten 1 (*im KFZ*) to change gear; **in den dritten [Gang] schalten** to change [*oder* USA shift] into third [gear] 2 (*per Schalter*) to switch (**auf** to) 3 (*reagieren*) to react; **schnell schalten** to be quick on the uptake; **ich hab nicht geschaltet** I didn't get the message [*oder* it]

der **Schalter** 1 (*Hebel*) switch 2 (*in Bank, Post*) counter 3 (*Fahrkartenschalter*) ticket window

die **Schalterstunden** business hours ['bɪznɪsˌaʊəʳz]

das **Schaltgetriebe** manual gearbox [*oder* transmission]

der **Schalthebel** gear lever ['gɪəˌliːvəʳ]

das **Schaltjahr** leap year

der **Schaltknüppel** gear stick

die **Schaltung** 1 (*im KFZ*) gear change 2 (*Verkabelung*) wiring

die **Scham** shame [ʃeɪm]; **vor Scham rot werden** to go red with shame; **nur keine falsche Scham!** no need to be embarrassed!

schämen sich schämen to be ashamed (**wegen** of); **schäm dich!** you should be ashamed of yourself!, shame on you!; **sich vor jemandem schämen** to feel ashamed in front of someone

das **Schamhaar** pubic ['pjuːbɪk] hair

schamlos shameless

die **Schande** 1 disgrace [dɪs'greɪs]; **so eine**

S

Schande! this is a disgrace! ② **jemandem Schande machen** to put someone to shame; **mach uns keine Schande!** don't disgrace us!; **zu meiner Schande** to my shame

schänden to desecrate *Friedhof, Kirche*

der **Schandfleck** eyesore

schändlich disgraceful [dɪs'greɪsfəl]

die **Schandtat zu jeder Schandtat bereit sein** (*humorvoll*) to be game for anything

die **Schänke** inn

die **Schanze** ski jump

die **Schar** ① (*Menge*) crowd [kraʊd]; **in Scharen** in droves ② (*Vögel*) flock ③ (*Gruppe*) band

scharen sich um jemanden scharen to gather around someone

scharenweise in droves

scharf ① (*schneidend*) *auch Zunge, Bemerkung:* sharp ② *Essen:* hot ③ (*beißend*) caustic; *Hund:* fierce [fɪəs] ④ (*streng*) severe [sə'vɪəʳ], tough [tʌf]; **[gegen jemanden] scharf durchgreifen** to get tough [with someone] ⑤ (*klar*) sharp; *Auge:* keen ⑥ (*slang: geil*) horny *slang,* randy ⑦ (*slang: sexy*) *Film usw.:* hot ⑧ **scharfer Verstand** keen intellect ⑨ **scharf nachdenken** to think hard ⑩ **scharf nach links abbiegen** to turn a sharp left ⑪ **scharf schießen** to shoot with live ammunition ⑫ **scharf auf jemanden/etwas sein** to be very keen on someone/something

die **Schärfe** ① *von Messerschneide, Bild:* sharpness ② (*Strenge*) severity [sə'verɪti] ③ *von Gewürz, Speise:* spiciness ['spaɪsɪnəs]

schärfen to sharpen

scharfmachen to incite [ɪn'saɪt], to egg on *Person, Hund*

der **Scharfmacher**, die **Scharfmacherin** rabble-rouser

der **Scharfschütze** marksman

der **Scharfsinn** acumen ['ækjʊmən], keen perception [pə'sepʃən]

scharfsinnig astute [ə'stjuːt], perceptive [pə'septɪv]

das **Scharlach** ① (*Farbe*) scarlet ② (*Krankheit*) scarlet fever

das **Scharnier** hinge [hɪndʒ]

das **Schaschlik** [shish] kebab

der **Schatten** ① shade; **30° im Schatten** 30 degrees in the shade ② *eines Menschen oder Gegenstandes:* shadow ['ʃædəʊ]; **im Schatten** in the shadow ▶ WENDUNGEN: **in jemandes Schatten stehen** to be in someone's shadow; **jemanden in den Schatten stellen** to put someone in the shade; **über seinen eigenen Schatten springen** to force oneself to do something; **niemand kann über seinen eigenen Schatten springen** the leopard cannot change its spots

> **V** **shade** ist der Schatten, in den man geht, wenn es in der Sonne zu heiß ist: *I prefer to sit in the shade rather than in the sun; the tree provided some shade from the sun.* ***Shadow*** dagegen ist der Schatten, den jemand oder ein Gegenstand wirft: *just before the sun sets our shadows are very long.*

die **Schattenseite** ① shady side ② (*Nachteil*) drawback; **die Schattenseite[n] des Lebens** the dark side[s] of life

schattig shady

der **Schatz** ① treasure ['treʒəʳ] ② **Schätze** (*Reichtümer*) riches; **ein Schatz an Erfahrungen** (*übertragen*) a wealth [welθ] of experience ③ (*Kosewort*) sweetheart (GB), cutie (USA); **[mein] Schatz** (*als Anrede*) love, sweetie

schätzen ① (*hoch achten*) to think highly of; **etwas zu schätzen wissen** to appreciate [ə'priːʃieɪt] something; **schätzen lernen** to learn to appreciate; **jemanden gering schätzen** (*verachten*) to think little of someone; **etwas gering schätzen** (*nicht würdigen*) to not properly appreciate something ② (*ehren*) to respect ③ (*veranschlagen*) to assess, to estimate ['estɪmeɪt] (**auf** at); **grob geschätzt** at a rough estimate; **wie alt schätzt du ihn?** how old would you say he is? ④ (*meinen*) to think ⑤ **sich glücklich schätzen** to count oneself lucky

die **Schätzung** ① (*Werteinschätzung*) valuation ② (*Veranschlagung*) estimate ['estɪmət]; **meiner Schätzung nach** in my estimation

schätzungsweise approximately [ə'prɒksɪmətli], roughly ['rʌfli]; **schätzungsweise 3000 Zuschauer** an estimated 3000 viewers; **es wird schätzungsweise länger dauern** I reckon [*oder* think] it'll take longer

die **Schau** ① (*Vorführung*) show; **etwas zur Schau stellen** to exhibit ['egzɪbɪt] something ② (*übertragen*) **das ist nur Schau** it's just for show; **es war alles nur Schau** it was all show; **eine Schau abziehen** to put on a show

das **Schaubild** diagram ['daɪəgræm]

der **Schauder** shiver, shudder; **ein Schauder überlief sie** a shudder ran through her body

schauderhaft ghastly ['gɑːstli]

schaudern to shudder

schauen ① (*blicken*) to look (**auf** at) ② (*nachsehen*) to have a look; **ich schau mal nach** I'll [go and] have a look ③ **schau zu, dass ...** see that ...

der **Schauer** shower ['ʃaʊəʳ]; **vereinzelte Schauer** scattered showers

das **Schauermärchen** horror story

die **Schaufel** shovel ['ʃʌvəl]

schaufeln to shovel ['ʃʌvəl]

das **Schaufenster** shop window

der **Schaufensterbummel** ▶ WENDUNGEN: **einen**

S

Schaufensterbummel machen to go window-shopping

die **Schaufensterpuppe** shop[-window] dummy, mannequin ['mænɪkɪn]

die **Schaukel** swing

schaukeln 1 (*auf Schaukel*) to swing 2 (*auf Stuhl*) to rock 3 (*pendeln*) to sway to and fro ▸ WENDUNGEN: **wir werden das Kind schon schaukeln** we'll manage to work it out

das **Schaukelpferd** rocking horse

der **Schaukelstuhl** rocking chair

schaulustig curious, gawping *abwertend umgangsspr*

der/die **Schaulustige** onlooker

der **Schaum** 1 foam 2 (*Seifenschaum*) lather 3 (*Bierschaum*) froth

schäumen 1 to foam, to froth 2 *Seife:* to lather 3 *Sekt, Sprudel:* to bubble ▸ WENDUNGEN: **vor Wut schäumen** to foam with rage

schaumig frothy; *Seife, Shampoo:* lathery

der **Schaumschläger** (*übertragen*) show-off

der **Schaumstoff** foam material

der **Schauplatz** scene [siːn]

schaurig 1 (*entsetzlich*) gruesome ['gruːsəm] 2 (*schlimm*) dreadful

das **Schauspiel** 1 (*Theateraufführung*) drama, play 2 (*Anblick*) sight, spectacle ['spektəkᵊl]

der **Schauspieler**, die **Schauspielerin** actor, actress *feminin*

schauspielern to act

das **Schauspielhaus** theatre ['θɪətəʳ] GB, theater USA

die **Schauspielkunst** dramatic art, drama

die **Schauspielschule** drama school [skuːl]

der **Scheck** cheque [tʃek] GB, check USA (**über** for); **einen Scheck ausstellen** to write a cheque; **jemandem einen Scheck ausstellen** to make a check out [*oder* payable] to someone; **einen Scheck einlösen** to cash a cheque; **mit Scheck bezahlen** to pay by cheque

das **Scheckheft** chequebook ['tʃekbʊk] GB, checkbook USA

die **Scheckkarte** cheque [guarantee [ˌgærᵊn'tiː]] card GB, check cashing card USA

die **Schecknummer** cheque [*oder* USA check] number

die **Scheibe** 1 disc 2 (*Schießscheibe*) target 3 (*Glasscheibe*) pane 4 (*Brotscheibe*) slice ▸ WENDUNGEN: **von ihr könntest du dir eine Scheibe abschneiden!** you could take a leaf out of her book!

der **Scheibenwischer** windscreen wiper GB, windshield ['wɪndʃiːld] wiper USA

der **Scheich** sheik[h] [ʃeɪk]

die **Scheide** 1 *von Messer:* sheath 2 (*Körperteil*) vagina [və'dʒaɪnə]

scheiden 1 **sich scheiden lassen** to get divorced [dɪ'vɔːsd]; **sie lassen sich scheiden** they are getting divorced [*oder* a divorce]; **ich will mich scheiden lassen** I want to get a divorce [*oder* get divorced]; **sich von jemandem scheiden lassen** to get a divorce from someone, to divorce someone 2 **hier scheiden sich die Wege/Geister** here the roads part/opinions differ here

die **Scheidung** divorce [dɪ'vɔːs]; **die Scheidung einreichen** to file a petition for divorce

das **Scheidungskind** child from a broken home

der **Schein** 1 (*Bescheinigung*) certificate [sə'tɪfɪkət] 2 (*Geldschein*) note [nəʊt] GB, bill USA 3 (*Anschein*) appearances [ə'pɪərᵊn(t)sɪz] ⚠ *Plural;* **um den Schein zu wahren** for the sake of appearances; **der Schein trügt** appearances are deceptive; **etwas zum Schein tun** to pretend to do something 4 (*Lichtschein*) light; (*Schimmer*) gleam

scheinbar 1 (*anscheinend*) *Widerspruch:* apparent, seeming 2 (*falsch, vorgeblich*) feigned [feɪnd] 3 (*allem Anschein nach*) seemingly, apparently; **es macht dir scheinbar nichts aus** you don't seem to mind

scheinen 1 (*leuchten*) to shine 2 (*den Anschein haben*) to appear, to seem; **mir scheint ...** it seems to me ...; **es scheint mir, dass ...** it appears to me that ...; **wie es scheint** as it seems; **es scheint fast so, als ob ...** it would seem that ...; **es schien ihn nicht zu stören** he didn't seem bothered [by it]

> **G** Richtiges Konjugieren von **to shine**: shine, shone, shone
> *he likes to polish the windows until they shine;*
> *the lanterns shone in the darkness;*
> *the sun has shone for days and there has been no sign of rain*

die **Scheinfirma** bogus company

scheinheilig 1 hypocritical [ˌhɪpəʊ'krɪtɪkᵊl] 2 (*arglos*) **tu nicht so scheinheilig!** stop acting the innocent!

der **Scheinwerfer** 1 (*am Auto*) headlamp, headlight 2 (*zur Beleuchtung im Stadion*) floodlight ['flʌdlaɪt]

das **Scheinwerferlicht** headlight ▸ WENDUNGEN: **im Scheinwerferlicht stehen** to be in the glare of publicity, to be [very much] in the public eye

der **Scheiß** ▸ WENDUNGEN: **red keinen Scheiß!** don't talk crap! *slang;* **mach keinen Scheiß!** stop messing about! *umgangsspr*

die **Scheiße** 1 (*Kot*) shit *slang* 2 (*als Ausruf*) shit! *slang* ▸ WENDUNGEN: **in der Scheiße sitzen** to be up shit creek *slang*

scheißen to shit *slang* ▸ WENDUNGEN: **auf etwas scheißen** to not give a shit about something *slang*

der **Scheitel** parting GB, part USA ▸ WENDUNGEN: **vom Scheitel bis zur Sohle** from top to toe

der **Scheiterhaufen** stake

S

scheitern ① (*fehlschlagen*) to fail (**an** because of); **sein Versuch scheiterte** he failed in his attempt; **die Verhandlungen sind gescheitert** the negotiations have broken down; **zum Scheitern verurteilt** doomed to failure; **etwas zum Scheitern bringen** to scupper something ② (*im Sport*) to be defeated (**an** by)

schellen Ⓒ (*läuten*) **bei jemandem schellen** to ring at someone's door; **es hat geschellt** there was a ring at the door

die **Schelte** **Schelte bekommen** to get a scolding

das **Schema** ① (*Muster*) pattern ['pætᵊn] ② (*Plan*) scheme [ski:m] ③ (*Diagramm*) diagram ['daɪəgræm] ▶ WENDUNGEN: **nach Schema F vorgehen** to follow the rules

> **F** Nicht verwechseln mit **scheme** = der Plan!

schematisch schematic [ski:'mætɪk]

der **Schemel** stool

der **Schenkel** ① (*Oberschenkel*) thigh [θaɪ]; **sich auf den** [*oder* **die**] **Schenkel klopfen** to slap one's thigh[s] ② (*Griff*) arm ③ *von Winkel:* side

schenken ① to give; **was schenkst du ihm zum Geburtstag?** what will you get him for his birthday?; **sie hat mir das geschenkt** she gave this to me as a present; **das habe ich geschenkt bekommen** I got it as a present; **wir schenken uns dieses Jahr nichts** we're not giving each other presents this year ② **jemandem** [**keine**] **Aufmerksamkeit schenken** to pay [no attention to someone ③ **das ist ja geschenkt!** (*sehr billig*) that's a real bargain! ▶ WENDUNGEN: **das Museum können wir uns schenken** we can give the museum a miss; **deine Versprechungen kannst du dir schenken** keep your promises

die **Scherbe** fragment ['frægmənt]; **eine Glasscherbe** a splinter of glass; **eine Porzellanscherbe** a broken piece of china; **in Scherben gehen** to break, to shatter; (*übertragen*) *Ehe:* to fall to pieces

die **Schere** ① scissors ['sɪzəz] ⚠ *Plural;* **eine Schere** a pair (*Singular*) of scissors; **wo ist meine Schere?** where are my scissors? ② (*große Schere*) shears [ʃɪəʳz] ⚠ *Plural*

> **V** **scissors** werden immer im Plural gebraucht: *Where are the scissors? — **a pair of scissors*** wird aber im Singular verwendet: *This is my pair of scissors.*

scheren[1] ① to crop *Hecke usw.* ② to shear [ʃɪəʳ] *Schaf, Teppich* ③ **kurz geschorenes Haar** hair cropped short

scheren[2] (*umgangsspr: sich kümmern*) **was schert mich/dich das?** what do I/you care?; **scher dich um deinen eigenen Kram!** mind your own business!

scheren[3] (*weggehen*) **scher dich fort!** beat it! *umgangsspr,* get lost! *umgangsspr*

die **Scherereien** trouble ['trʌbᵊl] ⚠ *Singular;* **nichts als Scherereien** nothing but trouble; **jemandem viel Scherereien machen** to cause [*oder* give] someone a lot of trouble

die **Schermaus** Ⓐ, Ⓒ (*Maulwurf*) mole [məʊl]

der **Scherz** ① joke; **zum Scherz** for a joke; **im Scherz** jokily; **ich bin nicht zu Scherzen aufgelegt** I'm not in a joking mood ② **mach keine Scherze!** you're joking!; **Scherz beiseite!** no kidding! *umgangsspr*

scherzen to joke; **Sie scherzen!** you can't be serious!; **ich scherze nicht** I'm not joking; **mit ihr ist nicht zu scherzen** she is not to be trifled with

scherzhaft jocular

scheu shy; (*zaghaft*) timid ['tɪmɪd]

scheuchen ① to drive; **das Vieh aus dem Stall scheuchen** to shoo the cattle out of the shed ② (*umgangsspr*) to chase; **jemanden aus dem Bett scheuchen** to chase someone out of bed

scheuen ① (*fürchten*) to shy away from ② (*vermeiden*) to shun; **keine Mühe scheuen** to go to endless trouble; **keine Kosten scheuen** to spare no expense ③ (*zurückschrecken*) **sich nicht scheuen, etwas zu tun** to be not afraid of doing something ④ (*von Pferden*) to shy (**vor** at)

das **Scheuermittel** scouring agent ['skaʊəʳɪŋ-ˌeɪdʒᵊnt]

scheuern ① (*putzen*) to scour ['skaʊəʳ]; (*schrubben*) to scrub ② (*reiben*) to chafe [tʃeɪf] (**an** at)

die **Scheune** barn

scheußlich ① (*schlimm*) dreadful ② (*ekelhaft*) hideous ['hɪdiəs] ③ *Wetter, Geschmack:* ghastly ['gɑ:stli]

die **Schicht** ① (*Lage, Staubschicht*) layer ② (*auf Flüssigkeiten*) film ③ (*Farbschicht*) coat ④ (*Gesellschaftsschicht*) [social ['səʊʃᵊl]] class ⑤ (*Arbeitsabschnitt*) shift ⑥ (*Arbeitsgruppe*) gang [gæŋ]

der **Schichtarbeiter**, die **Schichtarbeiterin** shift worker

der **Schichtwechsel** change of shift

schick (*elegant*) elegant ['elɪgᵊnt]; (*modisch reizvoll*) stylish, chic; **ein schickes Kleid** a smart dress

schicken ① to send ② **jemanden einkaufen schicken** to send someone to do the shopping

> **G** Richtiges Konjugieren von **send**: send, sent, sent — *my aunt sent me a parcel for my birthday; the parcel was sent by airmail.*

das **Schicksal** ① fate ② **das ist Schicksal!** such is life! ▶ WENDUNGEN: **jemanden seinem Schicksal überlassen** to leave someone to his/her

S

fate

der **Schicksalsschlag** stroke of fate

das **Schiebedach** sunroof

schieben to push; (*mit mehr Kraft*) to shove [ʃʌv]

die **Schiebetür** sliding door

die **Schiebung** (*Begünstigung*) string-pulling; (*im Sport*) rigging; **Schiebung!** fix!

das **Schiedsgericht** arbitration tribunal

der **Schiedsrichter**, die **Schiedsrichterin** ① referee; (*bei Ballspielen, Hockey*) umpire ['ʌmpaɪəʳ] ② (*Preisrichter*) judge [dʒʌdʒ]

schief ① (*krumm*) crooked ['krʊkɪd] ② (*geneigt*) tilted; **das Bild hängt schief** the picture isn't straight [streɪt]

schiefgehen to go wrong [rɒŋ]; **irgendwas muss schiefgegangen sein!** something must have gone wrong! ▶ WENDUNGEN: **keine Sorge, wird schon schiefgehen!** don't worry, it'll turn out OK!

schielen ① to squint ② **nach etwas schielen** (*verstohlen*) to sneak a look [*oder* to steal a glance] at something; (*offen*) to eye something up

das **Schienbein** shin [ʃɪn]

die **Schiene** ① (*Bahnschiene*) rail ② (*für gebrochene Knochen*) splint

schier pure ▶ WENDUNGEN: **das ist der schiere Wahnsinn!** that's sheer madness! *umgangsspr*

schießen ① to shoot; to fire *Kugel;* to kick *Ball;* to score *Tor* ② to shoot (**auf** at); (*mit Schusswaffe*) to fire (**auf** at) ③ (*sich schnell bewegen*) to shoot *umgangsspr*

> **G** Richtiges Konjugieren von **to shoot**: shoot, shot, shot
> *shoot the ball into the goal!;*
> *the gangster shot the sheriff;*
> *has he shot her?*

die **Schießerei** shoot-out

das **Schiff** ship; **Schiff ahoi!** ship ahoy!

S

der **Schiffbau** shipbuilding ['ʃɪpˌbɪldɪŋ]

der **Schiffbruch** shipwreck ['ʃɪprek]; **Schiffbruch erleiden** to be shipwrecked ▶ WENDUNGEN: **Schiffbruch erleiden** to fail

die **Schifffahrt** ① (*Navigation*) navigation [ˌnævɪ'geɪʃᵊn] ② (*das Schifffahren*) shipping

die **Schiffsladung** cargo

der **Schiffsrumpf** hull

die **Schikane** ① harassment ['hærəsmənt] ② (*im Sport*) chicane [ʃɪ'keɪn] ③ **eine Wohnung mit allen Schikanen** a flat with all the modern conveniences [*oder* GB all mod cons] ④ **das war reine Schikane** it was sheer bloody-mindedness

schikanieren to harass ['hærəs]; (*tyrannisieren*) to bully ['bʊli]

der **Schild** ① (*Schutzschild*) shield [ʃi:ld] ② (*Tierpanzer*) shell ▶ WENDUNGEN: **etwas im Schilde führen** to be up to something

das **Schild** ① (*Zeichen*) sign [saɪn]; (*an Tür*) nameplate ② (*Aufkleber*) label; (*Preisschild*) ticket

die **Schilddrüse** thyroid ['θaɪrɔɪd] [gland]

schildern to describe; (*umreißen*) to sketch

die **Schilderung** ① (*Beschreibung*) description ② (*Bericht*) account

die **Schildkröte** (*Seeschildkröte*) turtle; (*Landschildkröte*) tortoise ['tɔ:təs]

das **Schilf** reeds ⚠ *Plural*

der **Schimmel** ① (*Pferd*) white horse ② (*Schimmelpilz*) mould [məʊld]

schimmelig ① (*verschimmelt*) mouldy ['məʊldi] ② (*moderig*) mildewed ['mɪldju:d]

schimmeln to go mouldy ['məʊldi]

der **Schimmer** to gleam, to glimmer, to glitter ▶ WENDUNGEN: **keinen [blassen] Schimmer von etwas haben** to not have the foggiest idea about something *umgangsspr*

schimmern to shimmer

der **Schimpanse** chimpanzee [ˌtʃɪmpᵊn'zi:]

schimpfen to curse (**auf** at); **mit jemandem schimpfen** to tell someone off

das **Schimpfwort** swear [sweəʳ] word

der **Schinken** ham

der **Schirm** umbrella; (*Sonnenschirm*) parasol, sunshade

der **Schiss** ▶ WENDUNGEN: **Schiss haben** to be in a blue funk *slang;* **Schiss vor etwas haben** to be shit-scared of something *slang*

die **Schlacht** battle

schlachten ① to slaughter ['slɔ:təʳ] ② to break into *Sparschwein*

das **Schlachtfeld** battlefield

der **Schlachthof** slaughterhouse ['slɔ:təʳhaʊs]

der **Schlaf** sleep; **keinen Schlaf finden** to be unable to sleep; **einen festen/leichten Schlaf haben** to be a sound/light sleeper

der **Schlafanzug** pyjamas [pɪ'dʒɑ:məz] ⚠ *Plural* GB, pajamas [pə'dʒɑ:məz] ⚠ *Plural* USA

> **V** **pyjamas** wird im Plural gebraucht: *Where are my pyjamas?* — Aber **a pair of pyjamas** (= Schlafanzug) wird im Singular gebraucht: *Is this my pair of pyjamas?*

die **Schläfe** temple

schlafen ① to sleep ② **schlafen wir erst einmal darüber!** let's sleep on it! ③ **bei jemandem schlafen** to stay overnight with someone ④ **mit jemandem schlafen** to sleep with someone

> **G** Richtiges Konjugieren von **to sleep**: sleep, slept, slept
> *I sleep all day and work all night;*
> *I slept very well last night;*
> *have you ever slept in a tent?*

schlaff ① (*herabhängend*) slack ② (*welk, matt*)

flabby ③ (*kraftlos*) limp ④ (*Grundsätze*) lax [læks]
die **Schlaflosigkeit** sleeplessness, insomnia [ɪn'sɒmniə]
das **Schlafmittel** sleeping drug
schläfrig drowsy ['draʊzi], sleepy
der **Schlafsaal** dormitory ['dɔːmɪtᵊri]
der **Schlafsack** sleeping bag
die **Schlaftablette** sleeping pill
der **Schlafwagen** sleeping car, sleeper
der **Schlafwandler**, die **Schlafwandlerin** sleepwalker
das **Schlafzimmer** bedroom
der **Schlag** ① blow [bləʊ] ② (*übertragen*) **das ist ein harter Schlag** that's a hard blow ③ (*Herzschlag*) beat ④ (*Schlaganfall*) stroke ⑤ (*elektrischer Schlag*) shock ⑥ **ein Schlag ins Gesicht** a slap in the face ⑦ **mit einem Schlag** all at once ⑧ **vom gleichen Schlag sein** to be cast in the same mould [məʊld] ▸WENDUNGEN: **einen Schlag haben** to have a screw loose *umgangsspr;* **ich dachte, mich trifft der Schlag!** I was thunderstruck!
die **Schlagader** artery ['ɑːtᵊri]
der **Schlaganfall** stroke
die **Schlagbohrmaschine** hammer drill
schlagen ① to strike ② (*prügeln*) to beat; **jemanden bewusstlos schlagen** to beat someone unconscious ③ (*treffen*) to hit ④ (*mit Werkzeug*) to knock [nɒk] ⑤ (*besiegen*) to beat, to defeat; **jemanden im Tennis schlagen** to beat someone at tennis ⑥ **gegen die Tür schlagen** to beat on the door ⑦ *Herz:* to beat ⑧ *Turmuhr:* to strike ⑨ **ich gebe mich geschlagen** I admit defeat ⑩ **sich mit jemandem schlagen** to have a fight with someone ⑪ **sich gut schlagen** to do well

> **G** Richtiges Konjugieren von **to beat**: beat, beat, beaten
> *Laura is brilliant at chess always beats her opponents;*
> *City beat the Rovers by three goals to one;*
> *he had been beaten by his uncle as a child*

der **Schlager** ① (*Lied*) pop song ② (*Hit*) hit ③ (*Buch*) bestseller
der **Schläger**[1] racquet ['rækɪt] (GB), racket (USA); (*für Hockey*) stick; (*für Tischtennis*) bat
der **Schläger**[2] (*Raufl ustiger*) thug
die **Schlägerei** brawl [brɔːl], fight [faɪt]
schlagfertig quick-witted; **schlagfertig antworten** to be quick with an answer
das **Schlaginstrument** percussion instrument
das **Schlagobers** (A) whipped cream
der **Schlagrahm** (CH) whipped cream
die **Schlagsahne** whipped cream
das **Schlagwort** slogan
die **Schlagzeile** headline
das **Schlagzeug** drums ⚠ *Plural*
der **Schlagzeuger**, die **Schlagzeugerin**, der **Schlagzeugspieler**, die **Schlagzeugspielerin** drummer
der **Schlamassel** mess *umgangsspr;* **im Schlamassel stecken** to be in a fine mess *umgangsspr*
der **Schlamm** mud
die **Schlammlawine** mudslide
die **Schlampe** slut *slang*
schlampen (*umgangsspr*) to do a sloppy job
schlampig ① (*unordentlich*) untidy ② *Arbeit, Tätigkeit:* slipshod
die **Schlange** ① snake ② (*Menschenschlange*) queue [kjuː] (GB), line (USA); **Schlange stehen** to queue up (GB), to stand in line (USA)
schlängeln **sich schlängeln** to wind one's way; *Fluss auch:* to meander
der **Schlangenbiss** snake bite
die **Schlangenlinie** wavy line; **Schlangenlinien fahren** to zigzag
schlank ① *Wuchs:* slim ② *Körperteil, Gegenstand:* slender
die **Schlankheitskur** diet; **eine Schlankheitskur machen** to be on a diet
schlapp shattered, worn out
der **Schlappschwanz** (*abwertend*) wimp
das **Schlaraffenland** land of milk and honey
schlau ① (*verschlagen*) cunning, wily ② (*klug*) clever, smart ③ **können Sie daraus schlau werden?** what do you make of this?
der **Schlauch** ① (*Wasserschlauch*) hose ② (*im Reifen*) tube
das **Schlauchboot** rubber dinghy ['dɪŋgi]
schlauchen ① to fag [*oder* wear] [someone] out *umgangsspr* ② **ich bin vielleicht geschlaucht!** I feel so worn out! *umgangsspr*
die **Schlaufe** loop
der **Schlaumeier** clever dick *umgangsspr,* smart alec *umgangsspr*
schlecht ① (*nicht gut*) bad; (*ungenügend*) poor ② (*verdorben: Milch*) off; **die Milch ist schlecht** the milk is [*oder* has gone] off ③ **mir ist schlecht** I feel sick ④ **schlecht abschneiden** to do badly ⑤ **schlecht für jemanden sein** to be bad for someone ⑥ **er spielt schlecht Tennis** he's bad at tennis; **ich kann schlecht lügen** I'm very bad at telling lies; **sie war immer schlecht in Sprachen** she was always poor at languages ⑦ **mehr schlecht als recht** after a fashion ⑧ **schlecht über jemanden reden** to speak ill of someone ⑨ **das geht schlecht** that's not really possible; **das kann man schlecht machen** one can't very well do that ⑩ **schlecht gelaunt** bad-tempered
schlechtmachen to run down, to disparage [dɪ'spærɪdʒ]
schleichen ① (*langsam gehen*) to creep ② (*im Dunkeln herumschleichen*) to prowl [praʊl] about ③ **sich um eine Ecke schleichen**

S

to creep [*oder* sneak] [a]round a corner ④ **schleich dich!** get lost! *umgangssprachlich*

der **Schleier** veil [veɪl] ▶ WENDUNGEN: **den Schleier lüften** to reveal the secret

schleierhaft mysterious [mɪ'stɪəriəs]; **das ist mir völlig schleierhaft** it's a complete mystery to me

die **Schleife** bow [bəʊ]; (*Schlaufe*) loop

schleifen¹ ① (*ziehen*) to drag ② **die Kupplung schleifen lassen** to slip the clutch ▶ WENDUNGEN: **alles schleifen lassen** to let everything slide

schleifen² ① (*zuschleifen*) to cut ② (*schärfen*) to sharpen, to whet [(h)wet]

der **Schleim** ① slime; (*Körperflüssigkeit*) mucus ['mju:kəs] ② (*Haferschleim*) gruel [grʊəl]

schleimig (*auch übertragen*) slimy

schlemmen to have a feast

schlendern to saunter ['sɔ:ntəʳ], to stroll

schlenkern to dangle, to swing

schleppen ① (*schwer tragen*) to lug ② (*hinter sich herschleppen*) to drag along; (*abschleppen*) to tow [təʊ] ③ **sich schleppen** to drag oneself

schleppend (*zögernd*) sluggish; **schleppend in Gang kommen** to be slow in getting started

der **Schlepplift** ski tow ['ski:təʊ]

die **Schleuder** ① (*Steinschleuder*) sling (GB), slingshot (USA) ② (*Wäscheschleuder*) spin drier

die **Schleudergefahr** risk of skidding

schleudern ① (*werfen, stoßen*) to hurl; (*mit Schleuder*) to sling ② *Auto:* to skid; **ins Schleudern kommen** to go into a skid

der **Schleudersitz** ① ejector seat ② (*übertragen*) hot seat

schleunigst right away

die **Schleuse** ① (*Kanalschleuse*) lock ② (*Wehrschleuse*) sluice [slu:s] gate

schlicht simple; **das ist schlicht und einfach falsch** that is just simply wrong

schlichten ① to settle *Streit* ② **in etwas schlichten** to mediate in something

S

> **G** Richtiges Konjugieren von **shut**: shut, shut, shut — *Paul shut the window; have you shut the front door?*

schließen ① (*zumachen*) to close [kləʊz], to shut ② (*beenden*) to close ③ to conclude; **Frieden schließen** to make peace; **einen Vertrag schließen** to conclude [*oder* enter into] a contract; (*zwischen Staaten*) to sign a treaty ④ **eine Lücke schließen** to close a gap ⑤ (*zumachen*) to close [*oder* shut] down ⑥ (*schlussfolgern*) to infer [ɪn'fɜ:ʳ] ⑦ **die Tür schließt nicht richtig** the door doesn't close properly ⑧ **die Hunde wurden in den Zwinger geschlossen** the dogs were locked into the kennel ⑨ **der Kongress schloss mit einem Konzert** the convention finished with a concert ⑩ **diese Wunde schließt sich langsam** this wound [wu:nd] is closing [up] slowly

> **G** Richtiges Konjugieren von **to shut**: shut, shut, shut
> *would you mind if I shut the window?, they shut the shop and went home for tea; have you shut the front door?*

das **Schließfach** ① (*Postschließfach*) post office box, PO box ② (*Bankschließfach*) safe-deposit box ③ (*Gepäckschließfach*) left-luggage ['lʌgɪdʒ] locker

schließlich ① (*endlich*) eventually, finally ② (*immerhin*) after all

schlimm ① (*auch übertragen*) bad ② **es hätte schlimmer kommen können** it could have been worse; **es kommt noch schlimmer** there is worse to come ③ **umso schlimmer!** so much the worse! ④ **es könnte schlimmer sein** worse things happen at sea *umgangssprachlich* ⑤ **ist doch halb so schlimm** it's not as bad as all that ⑥ **das Schlimmste ist vorbei** the worst is over; **das Schlimmste daran ist ...** the worst of it is ...

die **Schlinge** ① (*Schleife, Öse*) loop ② (*zum Fangen*) snare [sneəʳ] ③ (*Binde*) sling

schlingen¹ ① (*binden*) to tie [taɪ] ② (*umschlingen*) to wrap [ræp] ③ **sich um etwas schlingen** *Pflanze:* to coil [kɔɪl] around something

schlingen² (*herunterschlingen*) **schling nicht so!** don't bolt your food like that!

der **Schlips** tie, necktie ['nektaɪ] (USA)

der **Schlitten** ① sledge [sledʒ] (GB), sled (USA); **Schlitten fahren** to go tobogganing [tə'bɒgᵊnɪŋ] ② (*umgangssprachlich: Wagen*) motor ['məʊtəʳ], wheels *umgangssprachlich* ▶ WENDUNGEN: **mit jemandem Schlitten fahren** to give someone a hard time

der **Schlittschuh** [ice] skate

die **Schlittschuhbahn** ice rink

der **Schlittschuhläufer**, die **Schlittschuhläuferin** skater

der **Schlitz** slit; (*Einwurfschlitz*) slot

das **Schlitzohr** sly fox *umgangssprachlich*

der **Schlögel** (A) leg; (*vom Wild*) haunch [hɔ:n(t)ʃ]

das **Schloss** ① (*Burg*) castle ['kɑ:sl̩]; (*Palast*) palace ['pælɪs] ② (*Verschluss*) lock; (*Kofferschloss*) fastener ['fɑ:sᵊnəʳ]

der **Schlosser**, die **Schlosserin** locksmith; (*Bauschlosser*) fitter

die **Schlosserei** metalworking shop

der **Schlot** ① (*Schornstein*) chimney; (*Fabrikschlot*) smokestack ② (*Vulkanöffnung*) vent ▶ WENDUNGEN: **rauchen wie ein Schlot** to smoke like a chimney *umgangssprachlich*

die **Schlucht** gorge [gɔ:dʒ], ravine [rə'vi:n]

schluchzen to sob

der **Schluck** gulp; **ein Schluck Wasser** a mouthful of water; **ein kleiner Schluck** a sip
der **Schluckauf** hiccups ['hɪkʌps] ⚠ *Plural*
schlucken ① (*auch übertragen*) to swallow ['swɒləʊ]; (*herunterwürgen*) to gulp down ② to swallow; **das schluckt meine ganzen Ersparnisse** that swallows up all my savings
die **Schluckimpfung** oral vaccination [ˌvæksɪ'neɪʃᵊn]
schlummern to slumber
der **Schlund** ① gullet ② (*Abgrund*) abyss [ə'bɪs], chasm ['kæzᵊm]
schlüpfen ① to slip ② *Küken:* to hatch out
der **Schlüpfer** panties ⚠ *Plural*
schlürfen to slurp
der **Schluss** ① (*Ende, Halt*) end ② (*Abschluss*) ending ③ **jetzt ist aber Schluss!** that's enough now!; **Schluss damit!** stop it! ④ **Schluss für heute!** that's it for today! ⑤ **Schluss machen** (*mit der Arbeit*) to call it a day; (*Selbstmord begehen*) to end it all; **mit jemandem Schluss machen** to finish with someone ⑥ **zum Schluss** in the end ⑦ **welchen Schluss ziehen Sie daraus?** what conclusion do you draw from this?; **ein voreiliger Schluss** a rash conclusion
der **Schlüssel** ① (*auch übertragen*) key (**zu** to) ② (*Schraubenschlüssel*) spanner ['spænəʳ] GB, wrench [ren(t)ʃ] USA ③ (*Notenschlüssel*) clef [klef]
das **Schlüsselbein** collarbone
der **Schlüsselbund** bunch of keys
das **Schlüsselloch** keyhole; **durchs Schlüsselloch gucken** to spy through the keyhole
die **Schlussfolgerung** conclusion; **aus etwas Schlussfolgerungen ziehen** to draw conclusions from something
das **Schlusslicht** ① rear light ② (*übertragen*) **das Schlusslicht bilden** to bring up the rear [rɪəʳ]
der **Schlussverkauf** sales ⚠ *Plural*
schmächtig frail [freɪl], slight [slaɪt]
schmackhaft tasty; **jemandem etwas schmackhaft machen** to make something tempting to someone
schmal ① (*eng*) narrow ['nærəʊ]; **er hat schmale Lippen** he has thin lips ② (*schlank*) slender, slim
schmälern to diminish *Wert;* to belittle *Verdienste*
die **Schmalspur** narrow gauge [geɪdʒ]
das **Schmalz** lard
schmalzig *Musik, Film:* slushy *umgangsspr,* schmaltzy ['ʃmɔːltsi] *umgangsspr*
der **Schmarotzer** ① (*Mensch*) sponger ['spʌndʒəʳ] GB, freeloader USA ② (*Tiere, Pflanzen*) parasite ['pærəsaɪt]
der **Schmarren** Ⓐ *pancake broken up with a fork* ▶WENDUNGEN: **erzähl mir keinen Schmarren** don't give me that [old] rubbish
schmatzen to eat noisily
schmecken ① (*Geschmack haben*) to taste (**nach** of); **gut schmecken** to taste good [*oder* nice] ② **das schmeckt mir nicht** I don't like the taste of it; **das schmeckt nicht schlecht** it tastes all right to me; **das hat geschmeckt!** that was good!; **wie schmeckt's?** how do you like it?
die **Schmeichelei** flattery
schmeichelhaft (*auch übertragen*) flattering
schmeicheln to flatter
schmeißen to throw [θrəʊ] *Ball* ▶WENDUNGEN: **eine Sache** [*oder* **den Laden**] **schmeißen** to run the show
schmelzen to melt; *Schnee auch:* to thaw [θɔː]
der **Schmelzkäse** cheese spread
der **Schmelzpunkt** melting point
der **Schmerz** ① pain ② **Schmerzen haben** to be in pain; **hast du noch Schmerzen?** is it still hurting? ③ **er schrie vor Schmerzen** he screamed in pain
schmerzempfindlich *Körperteil:* sensitive; *Mensch:* sensitive to pain
schmerzen (*wehtun*) to hurt; **sein Arm schmerzt noch immer** his arm is still giving him pain

> **G** Richtiges Konjugieren von **to hurt**: hurt, hurt, hurt
> *my feet hurt after all that walking;*
> *Terry's toe hurt for days before he went to the doctors;*
> *has your foot hurt like this before?*

das **Schmerzensgeld** compensation
schmerzhaft painful
schmerzlich painful; **ein schmerzlicher Verlust** a severe [sɪ'vɪəʳ] loss
schmerzlos ① painless ② **kurz und schmerzlos** short and sweet
das **Schmerzmittel** painkiller
die **Schmerztablette** painkiller
der **Schmetterling** butterfly
schmettern to smash; **etwas in die Ecke schmettern** to fling something into the corner
der **Schmied** smith
schmiegen sich an jemanden schmiegen to snuggle up to someone
schmieren ① to smear [smɪəʳ] ② to lubricate *Maschinen* ③ (*schlecht schreiben*) to scrawl [skrɔːl] ④ (*schmierig sein*) to smear ⑤ (*bestechen*) **jemanden schmieren** to grease someone's palm ▶WENDUNGEN: **es läuft wie geschmiert** it's going like clockwork
das **Schmiergeld** bribe
die **Schmiergelder** bribe ⚠ *Singular;* **Schmiergelder nehmen** to take bribes [*oder* a bribe]
das **Schmierpapier** scrap paper
die **Schmierseife** soft soap

S

der **Schmierzettel** piece of jotting paper

die **Schminke** make-up ['meɪkʌp]

schminken **sich schminken** to put on make-up

das **Schmirgelpapier** sandpaper

schmökern **in einem Buch schmökern** to bury ['beri] oneself in a book

schmollen to sulk

der **Schmollmund** pout [paʊt]

schmoren to braise [breɪs] ▶WENDUNGEN: **jemanden schmoren lassen** to leave someone to stew [stju:]

der **Schmuck** ① (*Juwelen*) jewellery ['dʒu:əlri] (GB), jewelry (USA), ⚠ *‚schmuck‘ bedeutet im amerikanischen Englisch ‚Idiot‘!* ② (*Dekoration*) decoration [ˌdekəˈreɪʃən]

schmücken ① to adorn, to decorate ['dekəreɪt] ② **sich schmücken** to adorn oneself

schmuddelig messy, dirty

der **Schmuggel** smuggling ['smʌglɪŋ]

schmuggeln to smuggle ['smʌgḷ]

die **Schmuggelware** contraband, smuggled ['smʌgḷd] goods

der **Schmuggler**, die **Schmugglerin** smuggler ['smʌgləʳ]

schmunzeln to grin

schmusen to have a cuddle; **mit jemandem schmusen** to cuddle someone

der **Schmutz** dirt ▶WENDUNGEN: **jemandes Namen durch den Schmutz ziehen** to blacken someone's name

schmutzig dirty; **etwas schmutzig machen** to get something dirty

der **Schnabel** ① beak, bill ② (*Mund*) gob *umgangsspr*, trap *umgangsspr*; **halt den Schnabel!** shut your trap! *umgangsspr*

die **Schnake** gnat [næt], midge [mɪdʒ]

die **Schnalle** buckle

schnallen ① to strap (**an** to) ② (*slang*) **etwas schnallen** to get something

das **Schnäppchen** bargain ['bɑ:gɪn]

der **Schnäppchenmarkt** bargain [ˌbɑ:gɪn-] basement

schnappen ① (*etwas ergreifen, erwischen*) to grab, to snatch ② **Luft schnappen gehen** to go and get some fresh air ③ (*fangen*) to nab *umgangsspr*; **die Polizei hat ihn dabei geschnappt, wie er ...** the police nabbed him when [*oder* as] he ... ④ **nach Luft schnappen** to gasp for breath

der **Schnappschuss** snapshot

der **Schnaps** booze (GB), liquor [lɪ'kjʊəʳ] (USA)

schnarchen to snore

schnattern ① *Gans, Ente:* to quack ② (*viel reden*) to gabble, to prattle

schnauben *Pferd:* to snort ▶WENDUNGEN: **vor Wut schnauben** to snort with rage

schnaufen to puff, to wheeze

der **Schnauz** (CH) moustache [mə'stɑ:ʃ]

der **Schnauzbart** moustache [mə'stɑ:ʃ] (GB), mustache (USA)

die **Schnauze** ① muzzle ② (*Mund*) trap *umgangsspr*; **halt die Schnauze!** shut your trap! *umgangsspr* ③ *von Flugzeug:* nose; *von Auto:* front

schnäuzen **sich schnäuzen** to blow [bləʊ] one's nose

die **Schnecke** snail ▶WENDUNGEN: **jemanden zur Schnecke machen** to give someone a dressing-down

das **Schneckentempo** ▶WENDUNGEN: **im Schneckentempo** at a snail's pace

der **Schnee** ① snow [snəʊ] ② (*Heroin, Kokain*) snow ▶WENDUNGEN: **Schnee von gestern sein** to be ancient history

der **Schneeball** snowball

die **Schneeballschlacht** snowball fight [faɪt]; **eine Schneeballschlacht machen** to have a snowball fight

der **Schneebesen** whisk [(h)wɪsk]

die **Schneeflocke** snowflake

das **Schneeglöckchen** snowdrop

die **Schneegrenze** snowline

die **Schneeketten** snow chains *Plural*

der **Schneemann** snowman

der **Schneematsch** slush

der **Schneeregen** sleet

der **Schneesturm** snowstorm

das **Schneewittchen** Snow White

schneiden ① to cut ② **sich die Nägel schneiden** to cut one's nails ③ **sich schneiden** to cut oneself; **sich am Finger schneiden** to cut one's finger ④ **sich die Haare schneiden lassen** to have one's hair cut ⑤ (*ignorieren*) **jemanden schneiden** to cut someone dead ▶WENDUNGEN: **da hast du dich aber geschnitten!** you're very much mistaken here!

> **G** Richtiges Konjugieren von **to cut**: cut, cut, cut
> *it's time to cut the cake!;*
> *he cut the apple into four pieces;*
> *the hairdresser has cut my hair too short*

schneidend ① (*beißend*) biting ② (*durchdringend*) piercing ['pɪəsɪŋ]

der **Schneider**, die **Schneiderin** tailor; (*Damenschneider*) dressmaker

der **Schneidezahn** incisor [ɪn'saɪzəʳ]

schneien to snow [snəʊ]

schnell ① fast [fɑ:st]; (*rasch*) quick ② **mach schnell!** hurry up!; **schnell, schnell!** quick, quick! ③ quickly, fast; **er arbeitet schnell** he is a fast worker

der **Schnellhefter** loose-leaf binder

die **Schnelligkeit** speed; **mit großer Schnelligkeit** at top speed

der **Schnellimbiss** snack bar

schnellstens as quickly as possible

die **Schnellstraße** expressway

der **Schnellzug** fast train
schniefen to sniffle
das **Schnippchen** ▶WENDUNGEN: **jemandem ein Schnippchen schlagen** to outsmart someone
der/das **Schnipsel** shred
der **Schnitt** ① cut ② (*Längs-, Querschnitt*) section ['sekʃᵊn] ③ **im Schnitt** on average ['ævᵊrɪdʒ]
die **Schnittblumen** cut flowers *Plural*
die **Schnitte** **eine Schnitte Brot** a slice of bread
der **Schnittlauch** chives [tʃaɪvz] ⚠ *Plural*
die **Schnittmenge** intersection
der **Schnittpunkt** point of intersection
die **Schnittstelle** (*beim Computer*) interface
die **Schnittwunde** cut; (*tiefe Schnittwunde*) gash
das **Schnitzel** pork [*oder* veal] cutlet
schnitzen to carve
der **Schnorchel** snorkel ['snɔːkᵊl]
schnorren to scrounge [skraʊndʒ] *umgangsspr;* **etwas bei jemandem schnorren** to cadge [*oder* scrounge] something off someone
der **Schnorrer**, die **Schnorrerin** scrounger ['skraʊndʒəʳ] *umgangsspr,* sponger ['spʌndʒəʳ] *umgangsspr*
schnüffeln ① (*schnuppern*) to sniff (**an** at) ② *Detektiv:* to snoop around
der **Schnuller** dummy (GB), pacifier ['pæsɪfaɪəʳ] (USA)
die **Schnulze** tearjerker ['tɪəʳˌdʒɜːkəʳ] *umgangsspr*
der **Schnupfen** cold; **Schnupfen haben** to have a cold
schnuppern to sniff (**an** at)
die **Schnur** string; (*Kordel*) cord; (*Leitungsschnur*) flex
schnüren to tie together; to lace up *Schuhe*

> **G** Richtiges Konjugieren von **to tie**: tie, tied, tied
> *can you tie your shoelaces on your own yet?, Doug tied the ropes together, the sticks had been tied together with string*

schnurlos cordless
der **Schnurrbart** moustache [mə'stɑːʃ] (GB), mustache [mə'stɑːʃ] (USA)
schnurren ① (*surren*) to whir [wɜːʳ] ② *Katze:* to purr [pɜːʳ]
der **Schnürsenkel** shoelace
der **Schober** (A) (*Scheune*) barn
der **Schock** shock
schockieren to shock
die **Schokolade** chocolate ['tʃɒkᵊlət]
die **Scholle** ① (*Fisch*) plaice [pleɪs] ② (*Eisbrocken*) [ice] floe
schon ① (*bereits*) already; **ich lebe schon seit 2 Jahren in Berlin** I have been living in Berlin for 2 years; **das habe ich schon oft gehört** I've heard that often; **ich bin schon lange fertig** I've been ready for ages; **wartest du schon lange?** have you been waiting long?; **schon immer** always ② (*jemals*) ever; **sind Sie schon mal in Spanien gewesen?** have you ever been to Spain? ③ (*bloß*) just [dʒʌst]; **wenn ich das schon höre!** if I even hear that! ④ **na wenn schon!** so what! ⑤ **was ist das schon!** that's nothing! ⑥ **ja, schon ...** yes, well ... ⑦ **das ist schon möglich** that's quite possible ⑧ **mach schon!** get a move on! ⑨ **morgen schon gar nicht** tomorrow least of all
schön ① (*hübsch*) beautiful, lovely ② (*angenehm*) nice; **hier ist es schön warm** it's nice and warm here ③ **heute Nachmittag wird es schön** it's going to be fine this afternoon ④ **eines schönen Tages** one fine day ⑤ **das ist ja eine schöne Ausrede** that's a fine excuse; **du bist mir ein schöner Freund!** a fine friend you are! ⑥ **das ist ja alles schön und gut, aber ...** that's all very well, but ... ⑦ (*gut*) well; **schlaf schön!** sleep well! ⑧ (*ziemlich*) pretty ['prɪti]; **ganz schön lange** quite a while ⑨ **das wäre ja noch schöner!** whatever next!
schonen ① (*verschonen*) to spare ② (*sorgfältig behandeln*) to look after, to take care of ③ **sich schonen** to take care of oneself
schonend ① (*vorsichtig*) gentle ['dʒentl̩] ② (*mild*) mild [maɪld] ③ **etwas schonend behandeln** to treat something with care; **jemandem etwas schonend beibringen** to break something to someone gently
der **Schongang** (*an Waschmaschine*) gentle ['dʒentl̩] action wash
die **Schönheit** ① beauty ② (*schöne Frau*) beautiful woman, beauty
der **Schönheitsfehler** blemish
die **Schonkost** light diet [daɪət]
die **Schonung** ① (*vorsichtige Behandlung*) saving; **zur Schonung der Möbel** for the protection of the furniture ② **sie braucht noch Schonung** she still needs to take it easy
schonungslos ① (*ohne Gnade*) merciless ['mɜːsɪləs] ② bluntly
der **Schopf** shock of hair ▶WENDUNGEN: **die Gelegenheit beim Schopf packen** to seize the opportunity
schöpfen ① to scoop; to ladle ['leɪdl̩] *Suppe* (**aus** from) ② to summon up *Mut, Kraft;* **Verdacht schöpfen** to become suspicious
der **Schöpfer**, die **Schöpferin** ① creator [kri'eɪtəʳ] ② (*Gott*) **der Schöpfer** the Creator
die **Schöpfung** ① (*Kreation, Werk*) creation [kri'eɪʃᵊn] ② (*Erfindung*) invention ③ (*in Bibel*) **die Schöpfung** the Creation
der **Schöps** (A) (*Hammel*) wether ['weðəʳ]
der **Schorf** scab
der **Schornstein** chimney; (*von Schiff*) funnel; (*Fabrikschornstein*) smokestack
der **Schornsteinfeger**, die **Schornsteinfegerin** [chimney] sweep
der **Schoß** lap; **auf jemandes Schoß sitzen** to sit

S

on someone's lap
der **Schoßhund** lapdog
der **Schotte** Scot, Scotsman; **die Schotten** the Scots
der **Schottenrock** kilt
die **Schottin** Scotswoman; **die Schottinnen** Scottish women
schottisch Scottish
Schottland Scotland
schraffieren to hatch
schräg 1 (*ungerade*) oblique [ə(ʊ)'bli:k] 2 (*geneigt*) sloping 3 (*quer laufend*) diagonal [daɪ'ægᵊnᵊl] 4 (*nicht parallel*) obliquely [ə(ʊ)'bli:kli] 5 (*diagonal*) diagonally ▶ WENDUNGEN: **jemanden schräg ansehen** to look askance at someone
die **Schräge** slope
der **Schrägstrich** slash, oblique [ə(ʊ)'bli:k]
die **Schramme** scratch
der **Schrank** cupboard ['kʌbəd] (GB), closet ['klɒzɪt] (USA); (*Kleiderschrank*) wardrobe ['wɔ:drəʊb]
die **Schranke** (*auch übertragen*) barrier
schrankenlos unlimited
die **Schraube** screw [skru:] ▶ WENDUNGEN: **bei ihm ist eine Schraube locker** he has a screw loose *umgangsspr*
schrauben to screw [skru:]; **etwas fester schrauben** to screw something tighter
der **Schraubendreher** screwdriver ['skru:ˌdraɪvəʳ]
der **Schraubenschlüssel** spanner
der **Schraubenzieher** screwdriver ['skru:ˌdraɪvəʳ]
der **Schraubverschluss** screw [skru:] top [*oder* cap]
der **Schrebergarten** allotment [ə'lɒtmənt]
der **Schreck** 1 fright [fraɪt], scare [skeəʳ]; **einen Schreck bekommen** to get a fright; **jemandem einen Schreck[en] einjagen** to give someone a fright 2 **mit dem Schrecken davonkommen** to escape with no more than a fright
schrecken 1 to frighten ['fraɪtᵊn] 2 **aus dem Schlaf schrecken** to be startled out of one' sleep
schreckhaft easily startled
schrecklich 1 (*furchtbar*) terrible 2 **du bist wirklich schrecklich!** you're awful! *umgangsspr* 3 (*sehr*) **er ist schrecklich eingebildet** he's awfully conceited
der **Schrei** cry; (*lauter*) shout; (*gellend*) yell [jel]; (*kreischend*) scream [skri:m], shriek [ʃri:k] ▶ WENDUNGEN: **der letzte Schrei** the latest thing
der **Schreibblock** writing pad
das **Schreiben** letter
schreiben 1 to write [raɪt]; **wie schreibt man das?** how do you spell that? 2 **jemandem schreiben** to write to someone

> **G** Richtiges Konjugieren von **to write**: write, wrote written
> *write to me soon!;*
> *she wrote a beautiful poem;*
> *by the time he turned 30 he had already written three books*

die **Schreibmaschine** typewriter ['taɪpˌraɪtəʳ]; **Schreibmaschine schreiben** to type; **mit der Schreibmaschine geschrieben** typewritten ['taɪpˌrɪtᵊn]
der **Schreibtisch** desk
die **Schreibwaren** stationery ⚠ *kein Plural*
die **Schreibwarenhandlung** stationer's
schreien to shout; (*laut schreien*) to scream [skri:m]
der **Schreihals** bawler [bɔ:ləʳ]
der **Schreiner**, die **Schreinerin** carpenter
die **Schreinerei** carpenter's workshop
schreiten 1 to stride 2 **zur Tat schreiten** to get down to action
die **Schrift** 1 (*Handschrift*) handwriting ['hændˌraɪtɪŋ] 2 (*in der Typografie*) type [taɪp] 3 (*Bibel*) **die Heilige Schrift** the Holy Scriptures *Plural*
die **Schriftart** type[face]
schriftlich 1 written ['rɪtᵊn]; **die schriftliche Prüfung** the written exam 2 **jemandem etwas schriftlich geben** to give someone something in writing
der **Schriftsteller**, die **Schriftstellerin** author ['ɔ:θəʳ], writer ['raɪtəʳ]
schrill shrill [ʃrɪl]
der **Schritt** 1 (*auch übertragen*) step; **es sind nur ein paar Schritte** it's only a few steps 2 (*Gang*) gait [geɪt], walk 3 (*einer Hose*) crotch 4 **mit jemandem Schritt halten** to keep up with someone 5 **Schritt für Schritt** step by step 6 (*den Anfang machen*) **den ersten Schritt tun** to take the first step
die **Schrittgeschwindigkeit** walking speed
das **Schritttempo** **im Schritttempo fahren** to crawl [krɔ:l] along
schrittweise gradually ['grædʒuəli]
schroff 1 (*steil abfallend*) steep; (*jäh*) precipitous [prɪ'sɪpɪtəs] 2 (*zerklüftet*) rugged 3 (*barsch*) curt [kɜ:t] 4 (*groß*) **ein schroffer Gegensatz** a sharp contrast
die **Schrotflinte** shotgun
der **Schrott** scrap metal
der **Schrottplatz** scrapyard
schrottreif ready for the scrap heap
schrubben 1 (*putzen*) to scrub 2 **sich schrubben** to scrub oneself
schrullig odd
schrumpfen 1 (*auch übertragen*) to shrink 2 *Firma:* to decline

> **G** Richtiges Konjugieren von **to shrink**: shrink, shrank, shrunk
> *these jeans shrink to fit;*
> *my pullover shrank in the wash;*
> *their profits have shrunk dramatically over the past four years*

S

die **Schubkarre**, der **Schubkarren** wheelbarrow ['wi:lˌbærəʊ]
die **Schublade** drawer ['drɔ:ʳ]
der **Schubs** **jemandem einen Schubs geben** to give someone a shove [ʃʌv]
schubsen to push [pʊʃ], to shove [ʃʌv]
schüchtern *Versuch:* shy, timid ['tɪmɪd]
die **Schüchternheit** shyness
schuften to slave away *umgangsspr*
der **Schuh** shoe; **Schuhe putzen** to clean [*oder* USA shine] shoes ▶WENDUNGEN: **jemandem etwas in die Schuhe schieben** to put the blame for something on someone
die **Schuhcreme** shoe polish
die **Schuhgröße** shoe size
der **Schuhmacher**, die **Schuhmacherin** shoemaker
die **Schuhsohle** sole
die **Schularbeit** 1 (*Hausaufgaben*) homework ⚠ *kein Plural* 2 Ⓐ (*Klassenarbeit*) [class] test
die **Schularbeiten**, die **Schulaufgaben** homework *Singular;* **wir haben Schulaufgaben auf** we've got homework to do
der **Schulausflug** school outing ['sku:lˌaʊtɪŋ]
die **Schulbildung** [school] education
das **Schulbuch** school book ['sku:lˌbʊk]
der **Schulbus** school [sku:l] bus
die **Schuld** 1 (*moralische Schuld*) guilt [gɪlt] 2 **jemandem die Schuld an etwas geben** to blame someone for something; **die Schuld auf sich nehmen** to take the blame; **ihn trifft keine Schuld** he's not to blame; **sie hat keine Schuld** she's not to blame 3 (*finanziell*) **eine Schuld begleichen** (*auch übertragen*) to pay off a debt [det]
schuld 1 **daran bin ich schuld** I'm to blame for this; **wer ist schuld?** whose fault [fɔ:lt] is it?; **er ist schuld** it's his fault; **wer ist schuld an dem Unfall?** who is to blame for this accident?; **du bist schuld, wenn wir den Zug verpassen** it's your fault if we miss the train 2 **ich bin nicht schuld, wenn ...** it won't be my fault if ... 3 **du bist selbst schuld** that's your own fault
schuldbewusst **schuldbewusst sein** to feel guilty ['gɪlti]
die **Schulden** 1 debts [dets] 2 **er hat Schulden bei mir** he is in my debt [det]; **Schulden machen** to get [*oder* run] into debt ▶WENDUNGEN: **sich etwas zu Schulden kommen lassen** to do something wrong [rɒŋ]
schulden 1 (*auch übertragen*) to owe [əʊ] 2 **jemandem etwas schulden** to owe someone something
die **Schuldenfalle** debt [det] trap
schuldenfrei free of debt [det] *nachgestellt*
das **Schuldgefühl** feeling of guilt [gɪlt]
schuldig 1 (*auch moralisch*) guilty ['gɪlti] 2 **was bin ich [Ihnen] schuldig?** what do I owe [əʊ] you?; **ich bin dir noch ein Essen schuldig** I owe you a meal
schuldlos blameless
der **Schuldner**, die **Schuldnerin** debtor ['detəʳ]
die **Schule** school [sku:l]; **in der Schule** at school; **in die Schule gehen** to go to school; **die Schule wechseln** to change schools; **die Schule schwänzen** to play truant ['tru:ənt] ▶WENDUNGEN: **durch eine harte Schule gehen** to learn the hard way; **Schule machen** to become the accepted thing

> **L** Im amerikanischen Schulsystem beginnen die Schüler mit der **elementary school** (1.–6./8. Klasse). In manchen Gegenden geht man nach der **sixth grade** (6. Klasse) schon in eine andere Schule, die **junior high school** (7.–9. Klasse) heißt. Danach besuchen die Schüler 3 Jahre lang die **high school**. In Gegenden ohne **junior high school** geht man nach 8 Jahren **elementary school** direkt zur **high school**, die dann mit der **ninth grade** (9. Klasse) anfängt. Die Schule endet für alle Schüler nach der **twelfth grade** (12. Klasse). (Zu den verschiedenen Arten von Schulen Großbritanniens und der USA siehe → **school, boarding school, comprehensive school, elementary school, high school, junior school.**)

das **Schulenglisch** **dazu reicht mein Schulenglisch gerade noch** the English I learnt at school is just about good enough for that
der **Schüler** schoolboy ['sku:lbɔɪ]; **alle Schüler dieser Schule** all the pupils ['pju:pəlz] at this school
der **Schüleraustausch** school [sku:l] exchange
der **Schülerausweis** student ['stju:dənt] card
die **Schülerin** schoolgirl ['sku:lgɜ:l]
das **Schulfach** subject
die **Schulferien** school holidays GB, vacation [veɪ'keɪʃən] USA
schulfrei **morgen ist schulfrei** there's no school tomorrow
der **Schulfreund**, die **Schulfreundin** school friend
das **Schulgeld** school fees ⚠ *Plural*
das **Schulheft** exercise ['eksəsaɪz] book
der **Schulhof** school playground, schoolyard
das **Schuljahr** 1 school year [jɪəʳ] 2 (*Jahrgang*) year
die **Schulkenntnisse** school knowledge [-ˌnɒlɪdʒ] ⚠ *Singular*
das **Schulkind** schoolchild
die **Schulklasse** class [klɑ:s]
der **Schulleiter**, die **Schulleiterin** head teacher, principal ['prɪn(t)səpəl] USA
die **Schulmedizin** orthodox medicine ['medsən]
die **Schulpflicht** compulsory school attendance [ə'tendər(t)s]
schulpflichtig **schulpflichtig sein** to be required to attend school; **Kinder im schulpflichtigen Alter** children of school age
der **Schulschluss** end of school

S

K

Dankesbrief an meine Gastfamilie

Stuttgart, den 12.8.2017

Liebe Mrs Seaton, lieber Mr Seaton and lieber John,

ich möchte mich noch einmal recht herzlich für die schönen Tage bei Ihnen bedanken. Ich bin ein bisschen traurig, dass die Zeit bei Ihnen so schnell vergangen ist.

Meine Englischlehrerin hat gesagt, ich hätte in den zwei Wochen wirklich große Fortschritte gemacht. Sie hat den anderen in der Klasse geraten, auch einmal an so einem Austausch teilzunehmen.

Jetzt freue ich mich schon auf April, wenn John nach Stuttgart kommt. Meine Eltern und ich haben schon Pläne gemacht, was wir mit ihm unternehmen wollen. Ich hoffe, dass es ihm hier genauso gut gefällt, wie mir bei Ihnen.

Bitte grüßen Sie auch besonders Jenny und Kate von mir. Ich hoffe, dass ich Sie schon bald wiedersehe.

Viele liebe Grüße

Thomas

Thank-you letter to my host family

Stuttgarter Str. 9
71234 Stuttgart
12th August, 2017

Dear Mr and Mrs Seaton, dear John,

I'd like to thank you once again for the really lovely time I spent with you. I am a little sad that it all went so quickly.

My English teacher said that I had made great progress in those two weeks. She suggested the rest of the class should go on an exchange too.

I'm already looking forward to April, when John comes over to Stuttgart. My parents and I have already planned where we want to go with him. I hope he will like it here as much as I did with you.

Please give my regards to Jenny and Kate too. I hope to see you again soon.

With love from

Thomas

der **Schulschwänzer**, die **Schulschwänzerin** pupil ['pju:pᵊl] who plays truant

der **Schulsprecher**, die **Schulsprecherin** head boy *maskulin*, head girl *feminin*

die **Schulter** ① shoulder ['ʃəʊldəʳ] ② **mit den Schultern zucken** to shrug one's shoulders ▸WENDUNGEN: **etwas auf die leichte Schulter nehmen** to take something lightly

schulterlang *Haare:* shoulder-length ['ʃəʊldəʳˌleŋ(k)θ]

die **Schulung** ① training ② (*Kurs*) [training] course; **an einer Schulung für Manager teilnehmen** to do a course in management

der **Schulunterricht** school lessons ⚠ *Plural*

der **Schulverweis** exclusion; (*befristet*) suspension [sə'spen(t)ʃᵊn]

der **Schulweg** way to school

das **Schulwesen** school system [-ˌsɪstəm]

die **Schulzeit** **während meiner Schulzeit** when I was in school

das **Schulzeugnis** school report

schummeln to cheat [tʃi:t]

die **Schuppe** ① *von Fisch:* scale ② (*auf der Kopfhaut*) **Schuppen haben** to have dandruff ['dændrʌf] ▸WENDUNGEN: **es fiel mir wie Schuppen von den Augen** the scales fell from my eyes

der **Schuppen** ① (*Verschlag*) shed (GB), shack (USA) ② (*Lokal*) dive *umgangsspr*

schüren ① to poke, to rake *Feuer* ② (*übertragen*) to stir up *Streit, Zwietracht*

die **Schürfwunde** abrasion, graze

der **Schurke** rascal ['rɑ:skᵊl], rogue [rəʊg]

die **Schurwolle** virgin wool

die **Schürze** apron ['eɪprən]; **sich eine Schürze umbinden** to put an apron on

der **Schuss** ① (*mit einer Waffe*) shot; **einen Schuss abfeuern** to fire a shot ② (*Torschuss*) shot ③ (*kleine Menge einer Flüssigkeit*) dash; **ein Schuss Whisky** a shot of whisky ④ (*Heroininjektion*) fix *umgangsspr*, shot *umgangsspr*; **sich einen Schuss setzen** to shoot up ▸WENDUNGEN: **nicht zum Schuss kommen** to not get a look in; **weit ab vom Schuss sein** to be miles from where the action is; **gut in Schuss sein** to be in good shape

die **Schüssel** ① bowl [bəʊl] ② (*Toilettenschüssel*) pan

schusssicher bullet-proof

die **Schusswunde** bullet wound ['bʊlɪtˌwu:nd]

der **Schuster**, die **Schusterin** shoemaker

der **Schutt** rubble

der **Schuttabladeplatz** [rubbish] dump, [garbage ['gɑ:bɪdʒ]] dump (USA)

der **Schüttelfrost** shivering fit

schütteln ① to shake ② **jemandem die Hand schütteln** to shake hands with someone ③ **sich schütteln** to shiver; **sich vor Lachen schütteln** to shake with laughter

> **G** Richtiges Konjugieren von **to shake**: shake, shook, shaken
> *please shake before opening;*
> *they agreed on a price and shook hands;*
> *have you shaken the mixture well?*

schütten ① (*gießen*) to pour [pɔ:ʳ] ② **es schüttet** it is pouring with rain

der **Schüttstein** (CH) sink

der **Schutz** ① protection (**gegen** from) ② (*Obdach, Zuflucht*) shelter (**gegen/vor** from) ③ **jemanden in Schutz nehmen** to stand up for someone ④ **im Schutz des Felsens** in the shelter of the rock; **im Schutz der Dunkelheit** under cover of darkness

der **Schutzanzug** protective clothes [kləʊ(ð)z] ⚠ *Plural*

schutzbedürftig in need of protection *nachgestellt*

das **Schutzblech** mudguard ['mʌdgɑ:d]

der **Schütze** ① marksman ② (*Dienstgrad in der Armee*) private ['praɪvɪt] ③ (*Sternzeichen*) Sagittarius [ˌsædʒɪ'teəriəs]

schützen ① to protect (**gegen** against) ② (*Schutz bieten*) to offer protection (**vor** from, **gegen** against) ③ **sich schützen** to protect oneself

der **Schutzengel** guardian angel [ˌgɑ:diən'eɪndʒᵊl]

der **Schutzfilm** protective coat

der **Schutzhelm** safety helmet

die **Schutzimpfung** vaccination [ˌvæksɪ'neɪʃᵊn], inoculation [ɪˌnɒkjə'leɪʃᵊn]

schutzlos ① (*ungeschützt*) unprotected ② (*wehrlos*) defenceless; **einer Sache schutzlos ausgeliefert sein** to be defenceless against something; **jemandem schutzlos ausgeliefert sein** to be at someone's mercy

die **Schutzmaßnahme** precaution

der **Schutzmechanismus** protective mechanism [-ˌmekənɪzᵊm]

der **Schutzumschlag** *von Buch:* dust cover [*oder* jacket]

die **Schutzvorrichtung** safety device [-dɪˌvaɪs]

der **Schutzweg** (A) (*Fußgängerüberweg*) pedestrian [pɪ'destriən] crossing

die **Schutzweste** bullet-proof vest

der **Schwabe**, die **Schwäbin** Swabian ['sweɪbiən]

schwäbisch Swabian

schwach ① (*körperlich*) weak [wi:k] ② (*gering, schlecht*) poor [pɔ:ʳ] ③ **ich fühl mich ganz schwach vor Hunger** I feel faint with hunger ④ **mit schwacher Stimme** in a feeble voice ⑤ **ein schwacher Trost** a poor consolation [ˌkɒnsə'leɪʃᵊn]; **eine schwache Ausrede** a lame excuse ⑥ **schwach auf den Beinen sein** to feel weak at the knees ⑦ **sie ist schwach in Mathematik** her maths is weak

8 **das schwache Geschlecht** the weaker sex ▶ WENDUNGEN: **mach mich nicht schwach!** don't tempt me!

die **Schwäche** (*auch übertragen*) weakness; **sie hat eine Schwäche für Schokolade** she's got a weakness for chocolate

schwächen to weaken

der **Schwachkopf** dimwit *umgangsspr*

der **Schwächling** weakling

der **Schwachsinn** mental deficiency [-dɪˌfɪʃᵊn(t)si] ▶ WENDUNGEN: **das ist doch Schwachsinn!** that's a mug's game! *umgangsspr*

schwachsinnig 1 *Geisteszustand:* mentally deficient [dɪ'fɪʃᵊnt] 2 **das ist doch total schwachsinnig!** that's idiotic! *umgangsspr*

die **Schwachstelle** weak point

der **Schwachstrom** weak current

schwafeln to blether ['bleðəʳ] on *umgangsspr*

der **Schwager** brother-in-law

die **Schwägerin** sister-in-law

die **Schwalbe** swallow ['swɒləʊ]

der **Schwall** torrent; *von Wasser auch:* gush

der **Schwamm** 1 sponge [spʌndʒ]; **etwas mit dem Schwamm abwischen** to sponge something 2 (*Hausschwamm*) dry rot ▶ WENDUNGEN: **Schwamm drüber!** let's forget it!

schwammig 1 spongy ['spʌndʒi] 2 (*vage*) vague [veɪg]

der **Schwan** swan [swɒn]

schwanger pregnant ['pregnənt]; **sie ist im 5. Monat schwanger** she's five months pregnant

die **Schwangerschaft** pregnancy ['pregnən(t)si]

der **Schwangerschaftsabbruch** abortion

der **Schwangerschaftstest** pregnancy ['pregnən(t)si] test

schwanken 1 (*wanken*) to stagger 2 (*zögern*) to hesitate ['hezɪteɪt] 3 (*fluktuieren*) to fluctuate ['flʌktʃueɪt]

der **Schwanz** *von Tier, Flugzeug:* tail

schwänzen to skip; **die Schule schwänzen** to play truant ['tru:ənt] (GB) *umgangsspr*, to play hooky ['hʊki] (USA) *umgangsspr*

der **Schwarm** 1 swarm [swɔ:m] 2 (*Person*) heart-throb, crush *umgangsspr;* **Peter ist ihr neuer Schwarm** she's got a crush on Peter now

schwärmen 1 *Bienen:* to swarm [swɔ:m] 2 **für jemanden schwärmen** to be crazy about someone 3 **ins Schwärmen geraten** to go into raptures

die **Schwärmerei** passion ['pæʃᵊn]

schwarz 1 (*Farbe*) black 2 (*illegal*) illicit [ɪ'lɪsɪt]; *Geld:* untaxed 3 **ich habe es schwarz auf weiß** I've got it in black and white 4 **in den schwarzen Zahlen** in the black 5 **schwarz werden** to blacken 6 **ihm wurde schwarz vor Augen** he had a blackout 7 (*im Universum*) **ein schwarzes Loch** a black hole ▶ WENDUNGEN: **da kannst du warten, bis du schwarz wirst!** you can wait till the cows come home!

die **Schwarzarbeit** illicit [ɪ'lɪsɪt] work, moonlighting *umgangsspr*

schwarzarbeiten to work illegally, to moonlight *umgangsspr*

der **Schwarzarbeiter**, die **Schwarzarbeiterin** person doing illicit [ɪ'lɪsɪt] work

das **Schwarzbrot** black bread

der/die **Schwarze** (*Person*) black person

schwärzen to blacken

schwarzfahren to dodge paying one's fare [feəʳ]

das **Schwarzgeld** illegal earnings ⚠ *Plural*

schwarzhaarig black-haired

der **Schwarzhandel** black market trading

der **Schwarzmarkt** black market

der **Schwarzmarktpreis** black market price

schwarzsehen to be pessimistic

der **Schwarzwald** 1 **der Schwarzwald** the Black Forest 2 **Schwarzwälder Kirschtorte** Black Forest gateau

der **Schwarzweißfilm** black-and-white film

schwatzen 1 (*sich unterhalten*) to talk 2 (*plappern*) to prattle *umgangsspr* 3 **dummes Zeug schwatzen** to talk a load of rubbish

schwatzhaft 1 (*redselig*) talkative ['tɔ:kətɪv] 2 (*klatschsüchtig*) gossipy *umgangsspr*

die **Schwebebahn** overhead ['əʊvəhed] railway

der **Schwebebalken** [balance] beam

schweben 1 (*an etwas schweben*) to be suspended; (*hängen*) to hang [hæŋ] 2 (*in der Luft*) to float [fləʊt]; (*auf der Stelle in der Luft*) to hover ['hɒvəʳ] 3 (*noch unentschieden*) to be undecided [ˌʌndɪ'saɪdɪd] 4 **in Lebensgefahr schweben** to be in danger of dying; (*im Krankenhaus*) to be in a critical condition

der **Schwede** Swede [swi:d]

Schweden Sweden

die **Schwedin** Swede, Swedish woman

schwedisch Swedish

der **Schwefel** sulphur ['sʌlfəʳ] (GB), sulfur ['sʌlfəʳ] (USA)

das **Schwefeldioxid** sulphur dioxide

schwefelhaltig sulphur[e]ous ['sʌlf[ᵊ]rəs]

schweifen 1 to roam [rəʊm], to rove [rəʊv], to wander about 2 **den Blick schweifen lassen** to let one's gaze wander

das **Schweigegeld** hush money

die **Schweigeminute** **eine Schweigeminute einlegen** to observe a minute of silence

das **Schweigen** silence ['saɪlən(t)s] ▶ WENDUNGEN: **jemanden zum Schweigen bringen** to silence someone

schweigen 1 (*still sein*) to be silent 2 **ganz zu schweigen von ...** let alone ..., to say nothing of ...

die **Schweigepflicht** **die ärztliche Schweigepflicht** a doctor's duty of confidentiality; **der**

S

Schweigepflicht unterliegen to be bound to maintain confidentiality

schweigsam ① (*still*) quiet ② (*wortkarg*) taciturn ['tæsɪtɜːn] ③ (*verschwiegen*) discreet [dɪ'skriːt]

die **Schweigsamkeit** quietness

das **Schwein** ① (*Tier*) pig GB, hog USA ② (*Schimpfwort*) **du Schwein!** you bastard! *umgangsspr* ③ **armes Schwein!** poor sod! *umgangsspr* ▶ WENDUNGEN: **Schwein haben** to be lucky

der **Schweinebraten** roast pork

das **Schweinefleisch** pork

die **Schweinegrippe** swine flu

der **Schweinehund** (*Schimpfwort*) stinker *umgangsspr*, swine *umgangsspr* ▶ WENDUNGEN: **seinen inneren Schweinehund überwinden** to overcome one's weaker self

das **Schweinekotelett** pork chop

die **Schweinerei** ① (*Unordnung*) mess ② (*Gemeinheit*) dirty trick; **so eine Schweinerei!** that's scandalous!

der **Schweinestall** (*auch übertragen*) pigsty ['pɪgstaɪ], pigpen USA

der **Schweiß** ① sweat [swet], perspiration [ˌpɜːspᵊr'eɪʃᵊn] ② **in Schweiß ausbrechen** to break out in a sweat ▶ WENDUNGEN: **im Schweiße seines Angesichts** in the sweat of his brow [braʊ]

der **Schweißausbruch** sweating ['swetɪŋ] ⚠ *kein Plural*

schweißen to weld

die **Schweißfüße** sweaty ['sweti] feet

schweißgebadet bathed in sweat [swet]

der **Schweißtropfen** bead of sweat

die **Schweiz** **die Schweiz** Switzerland ⚠ *ohne Artikel*

der **Schweizer** ① Swiss ② **Schweizer Käse** Swiss cheese

das **Schweizerdeutsch** Swiss German

die **Schweizerin** Swiss woman [*oder* girl]

schweizerisch Swiss

schwelgen ① to indulge [ɪn'dʌldʒ] oneself (**in** in) ② **im Luxus schwelgen** to wallow ['wɒləʊ] in luxury

die **Schwelle** ① (*auch übertragen*) threshold ['θreʃhəʊld]; **an der Schwelle** on the threshold ② (*Bahnschwelle*) sleeper GB, tie [taɪ] USA

schwellen to swell

> **G** Richtiges Konjugieren von **to swell**: swell, swelled, swollen
> *after a storm the river swells with rain;*
> *Katie's finger swelled up;*
> *his ankle has swollen to twice its normal size*

die **Schwellung** swelling

die **Schwemme** glut (**an** of)

schwemmen **etwas an Land schwemmen** to wash something ashore

schwenken ① to wave *Fahne* ② (*in Butter*) to toss ③ **die Kamera schwenkte auf das Haus** the camera panned in to the house

schwer ① (*von Gewicht*) heavy ['hevi] ② (*drückend, lästig*) oppressive [ə'presɪv] ③ *Situation:* difficult, hard ④ (*schwerwiegend*) serious ['sɪəriəs] ⑤ **schweren Herzens** with a heavy heart ⑥ **es ist schwer, mit ihm auszukommen** he is hard to get on with; **es war nicht allzu schwer, ihn zu finden** there was not much difficulty in finding him ⑦ **schwer zu sagen** difficult to say ⑧ **jemandem das Leben schwer machen** to make life difficult for someone ⑨ (*sehr*) really; **ich muss schwer aufpassen** I must be very careful; **da hast du dich aber schwer getäuscht!** you are seriously mistaken there!; **ich werd mich schwer hüten!** no way! ⑩ **schwer bewaffnet** heavily armed; **schwer erziehbar** maladjusted [ˌmælə'dʒʌstɪd]; **schwer krank** seriously ill; **schwer verdaulich** indigestible [ˌɪndɪ'dʒestəbᵊl]; **schwer verletzt** seriously injured; **schwer verständlich** hard to understand

die **Schwerarbeit** heavy work

der/die **Schwerbehinderte** person with serious disabilities

der/die **Schwerbeschädigte** seriously disabled [ˌsɪəriəslidɪseɪbl̩d] person

schwerelos weightless ['weɪtləs]

schwerfallen to be difficult; **das dürfte dir doch nicht schwerfallen** you shouldn't find that too difficult; **es fällt mir schwer, das zu glauben** I find it difficult to believe that

schwerfällig ① (*körperlich*) heavy ② (*geistig*) dull, slow [sləʊ]

das **Schwergewicht** (*im Boxen*) heavyweight ['heviweɪt]

schwerhörig ① hard of hearing ② **bist du schwerhörig oder was?** are you deaf [def] or what? *umgangsspr* ▶ WENDUNGEN: **auf dem Ohr ist sie schwerhörig** when it comes to that sort of thing, she doesn't want to know

die **Schwerkraft** gravity

schwerlich hardly

das **Schwermetall** heavy metal

die **Schwermut** melancholy ['melənkᵊli]

schwermütig melancholy ['melənkᵊli]

schwernehmen **etwas schwernehmen** to take something hard

der **Schwerpunkt** ① (*in Physik*) centre ['sentəʳ] of gravity ② (*übertragen*) main emphasis ['emfəsɪs], stress

das **Schwert** sword [sɔːd]

der **Schwerverbrecher**, die **Schwerverbrecherin** serious offender

der/die **Schwerverletzte** serious casualty [ˌsɪəriəs'kæʒjuəlti]

S

schwerwiegend serious ['sɪəriəs]

die **Schwester** 1 sister 2 (*Nonne*) nun 3 (*Krankenschwester*) nurse

die **Schwesterfirma** sister [*oder* associate [ə'səʊʃiət]] company

die **Schwiegereltern** parents-in-law

die **Schwiegermutter** mother-in-law

der **Schwiegersohn** son-in-law

die **Schwiegertochter** daughter-in-law ['dɔːtərˌɪnlɔː]

der **Schwiegervater** father-in-law

schwierig difficult; **es ist schwierig, mit ihm auszukommen** he is difficult to get on with; **das ist nicht schwierig** there's nothing difficult about it

die **Schwierigkeit** 1 difficulty 2 **in Schwierigkeiten geraten** to get into difficulties; **Schwierigkeiten überwinden** to get out of difficulties; **jemanden in Schwierigkeiten bringen** to create difficulties for someone; **jemandem Schwierigkeiten machen** to make things difficult for someone

das **Schwimmbad** swimming pool

das **Schwimmbecken** pool

schwimmen 1 to swim; **schwimmen gehen** to go swimming [*oder* for a swim]; **ich gehe gern schwimmen** I like going swimming 2 *Dinge:* to drift, to float [fləʊt] 3 **mir schwimmt's vor den Augen** I feel dizzy ▶ WENDUNGEN: **ins Schwimmen geraten** to begin to flounder ['flaʊndər]

> **G** Richtiges Konjugieren von **to swim**: swim, swam, swum
> *I can't swim very well;*
> *the duck swam across the pond;*
> *have you ever swum in the sea?*

der **Schwimmer**, die **Schwimmerin** swimmer

die **Schwimmflosse** *von Fisch:* fin; *von Taucher, Wal, Robben:* flipper

der **Schwimmlehrer**, die **Schwimmlehrerin** swimming instructor

S

die **Schwimmweste** life jacket

der **Schwindel** 1 (*Gefühl*) dizziness 2 **Schwindel erregend** causing giddiness 3 (*Täuschung*) swindle; (*Betrug, Schwindelei*) fraud [frɔːd]; **das ist ja alles Schwindel!** it's all lies!; **auf den Schwindel falle ich nicht herein!** I'm not falling for that!

der **Schwindelanfall** **einen Schwindelanfall haben** to have a dizzy turn

schwindelfrei **schwindelfrei sein** to have a good head for heights [haɪts]

schwind(e)lig dizzy, giddy; **mir ist schwindelig** I feel dizzy

schwindeln[1] 1 (*aus Schwindelgefühl*) **mir schwindelt** I feel dizzy 2 **in schwindelnder Höhe** at a dizzy[ing] height

schwindeln[2] (*lügen*) to lie

der **Schwindler**, die **Schwindlerin** 1 (*Betrüger*) swindler 2 (*Lügner*) liar

schwingen 1 to swing 2 *Pendel:* to swing 3 (*vibrieren*) to vibrate [vaɪ'breɪt] 4 **sich aufs Fahrrad schwingen** to jump onto one's bike

> **G** Richtiges Konjugieren von **to swing**: swing, swung, swung
> *the pendulum swings backwards and forwards;*
> *the gymnast swung around the bar;*
> *the cupboard door has swung open again*

die **Schwingung** oscillation [ˌɒsɪ'leɪʃən]; **etwas in Schwingung versetzen** to set something swinging

der **Schwips** **einen Schwips haben** to be tipsy

schwirren 1 (*sausen*) to whizz [(h)wɪz] 2 (*surren*) to buzz 3 **mir schwirrt der Kopf** my head is buzzing

schwitzen to sweat [swet], to perspire [pə'spaɪər] ▶ WENDUNGEN: **wegen etwas ins Schwitzen geraten** to get into a sweat about something

schwören 1 to swear [sweər] 2 **ich könnte schwören, dass ...** I could swear to it that ...; **ich habe mir geschworen, nie wieder zu rauchen** I swore to myself I'd never smoke again

> **G** Richtiges Konjugieren von **to swear**: swear, swore, sworn
> *I swear it wasn't me!;*
> *they swore they would never part;*
> *I could have sworn I heard the bell ring*

schwul (*auch abwertend, umgangsspr*) gay *umgangsspr*

schwül close [kləʊs], sultry ['sʌltri]

der **Schwule** (*auch abwertend, umgangsspr*) gay *umgangsspr*

der **Schwung** 1 (*Elan*) zest 2 **etwas in Schwung bringen** to get something going 3 (*Bewegung*) swing

schwungvoll 1 (*mit Bewegung*) sweeping 2 *Mensch:* with plenty of drive; **schwungvoll sein** to have plenty of drive 3 **eine schwungvolle Rede** a stirring speech

der **Schwur** oath [əʊθ]; **einen Schwur leisten** to take an oath

die **Sechs** 1 (*Zahl*) [number] six 2 (*Schulnote*) ≈ F; **eine Sechs schreiben** ≈ to get an F 3 **die Sechs** (*Straßenbahn, Bus*) the number six [tram/bus]

sechs six; **viertel vor sechs** a quarter to six

das **Sechseck** hexagon ['heksəgən]

sechshundert six hundred

sechsjährig six-year-old; **ein sechsjähriges Kind** a six-year-old child

sechstausend six thousand

sechste(r, s) 1 sixth, 6th 2 **wir haben heute den sechsten Dezember** today is the sixth of December 3 **ich bin in der sechsten Klasse**

I'm in Year 6
das **Sechstel** sixth part, sixth
sechstel sixth
sechstens sixthly
sechzehn sixteen
sechzehnte(r, s) sixteenth
sechzig sixty
die **Sechzigerjahre** **in den Sechzigerjahren** in the sixties
sechzigste(r, s) sixtieth
das **Sechzigstel** sixtieth part
der **Secondhandladen** [zɛkn̩t'hɛnt-] second-hand shop
der **See** (*Binnensee*) lake

See

F Nicht verwechseln mit **sea** = das Meer!

die **See** (*Weltmeer*) sea [siː]; **wir leben an der See** we live by the sea
der **Seefahrer** seafarer ['siːˌfeərəʳ]
die **Seefahrt** seafaring ['siːˌfeərɪŋ] ⚠ *ohne Artikel*
der **Seehund** seal [siːl]
der **Seeigel** sea urchin ['ɜːtʃɪn]
seekrank seasick; **ich werde immer seekrank** I always get seasick
der **Seelachs** coley
die **Seele** ① soul [səʊl] ② **von ganzer Seele** with all one's heart ▶ WENDUNGEN: **nun hat die arme Seele Ruh!** that'll put him out of his misery!; **du sprichst mir aus der Seele!** that's exactly what I think!
seelenruhig as cool as a cucumber ['kjuːkʌmbəʳ] *umgangsspr*
seelisch ① *Schaden:* psychological [ˌsaɪkə'lɒdʒɪkᵊl]; **seelisch bedingt sein** to have psychological causes ② *Gleichgewicht, Grausamkeit, Gesundheit:* mental ③ *Belastung, Qual, Entwicklung:* emotional
der **Seelöwe** sea lion
die **Seelsorge** pastoral care
der **Seelsorger**, die **Seelsorgerin** pastor ['pɑːstəʳ]
die **Seeluft** sea air
der **Seemann** sailor ['seɪləʳ], seaman ['siːmən]
die **Seemeile** nautical mile
die **Seenot** distress; **in Seenot geraten** to get into distress
der **Seenotruf** nautical distress signal
das **Seepferd**, das **Seepferdchen** sea horse
der **Seeräuber** pirate ['paɪrət]
die **Seereise** voyage; (*Kreuzfahrt*) cruise [kruːz]
die **Seerose** water lily
der **Seestern** starfish
der **Seetang** seaweed
der **Seeteufel** monkfish ['mʌŋkfɪʃ]
das **Seeufer** lakeside
der **Seevogel** sea bird
die **Seewarte** naval [*oder* marine] observatory
die **Seezunge** sole
das **Segel** sail [seɪl] ▶ WENDUNGEN: **jemandem den Wind aus den Segeln nehmen** to take the wind out of someone's sails
das **Segelboot** sailing boat, sailboat (USA)
segelfliegen to glide
das **Segelflugzeug** glider
der **Segelklub** sailing club
segeln to sail [seɪl]
die **Segelohren** jug ears *umgangsspr*
die **Segelregatta** sailing regatta
das **Segelschiff** sailing ship [*oder* vessel]
der **Segen** blessing; **das war ein wahrer Segen** that was a real godsend ▶ WENDUNGEN: **jemandem seinen Segen erteilen** to give someone one's blessing
der **Segler**, die **Seglerin** yachtsman ['jɒtsmən] *maskulin*, yachtswoman ['jɒtsˌwʊmən] *feminin*
das **Segment** segment
segnen to bless
sehbehindert visually impaired
das **Sehen** **ich kenne sie nur vom Sehen** I know her only by sight
sehen ① to see ② **ich habe gesehen, wie es passiert ist** I saw it happen ③ **es war nichts zu sehen** there was nothing to be seen ④ **sie will mich nicht mehr sehen** she doesn't want to see me anymore ⑤ **sehe ich richtig, ist das nicht ...?** am I seeing things or is that ...? ⑥ **ich sehe mich nicht in der Lage, das zu tun** I can't see my way to doing that; **ich sah mich gezwungen, ...** I felt obliged [ə'blaɪdʒd] to ... ⑦ **mal sehen, ob wir helfen können** we'll see if we can help; **wollen wir mal sehen, was passiert** let's just see what happens ⑧ **er sah kurz auf die Uhr** he took a quick look at his watch ⑨ **darf ich mal sehen?** can I have a look?; **lass mal sehen!** let's have a look! ⑩ **sieh mal!** just look! ⑪ **so gesehen** seen [*oder* looked at] in this way ⑫ **sich sehen lassen** to appear [ə'pɪəʳ] ⑬ **so kannst du dich sehen lassen** like that you're presentable [prɪ'zentəbᵊl]; **diese Arbeit kann sich sehen**

S

lassen this piece of work is not bad at all ⑭ **nach jemandem sehen** to come [*oder* go] to see someone

> **G** Richtiges Konjugieren von **to see**: see, saw, seen
> *I can't see without my glasses; I saw her in the park yesterday; Emma has seen the film before*

sehenswert ① (*interessant*) worth seeing ② (*bemerkenswert*) remarkable

die **Sehenswürdigkeit** sight

der **Sehfehler** visual defect [ˈvɪʒuəlˌdiːfekt]

die **Sehkraft** [eye]sight

die **Sehne** ① sinew [ˈsɪnjuː], tendon ② (*Bogensehne*) string

sehnen **sich nach etwas/jemandem sehnen** to long for something/someone

die **Sehnenzerrung** pulled tendon

die **Sehnsucht** ① longing; (*stärker*) yearning [jɜːnɪŋ] (**nach** for) ② **Sehnsucht haben** to have a longing [*oder* yearning]

sehnsüchtig ① longing; (*stärker*) yearning [jɜːnɪŋ] ② **sehnsüchtig auf jemanden warten** to long for someone

sehr ① very; **ich mag ihn sehr** I like him very much; **sie mag ihn so sehr** she likes him so much ② **das ist sehr gut möglich** that's very possible ③ **ihr Haus ist sehr viel größer als unseres** their house is very much bigger than ours ④ **ich bin nicht sehr musikalisch** I'm not much of a musician ⑤ **sie war sehr verlegen** she was very embarrassed ⑥ **wie sehr er sich auch bemüht, ...** however much he tries, ... ⑦ **danke sehr!** thank you very much! ⑧ **das ist wirklich sehr nett von dir** that's really very kind of you

die **Sehstörung** visual defect [ˈvɪʒuəlˌdiːfekt]

der **Sehtest** eye test

seicht ① (*flach, nicht tief*) shallow [ˈʃæləʊ] ② *Film, Buch:* trivial [ˈtrɪviəl]

S

die **Seide** silk; **aus reiner Seide sein** to be [made of] pure silk

seidenweich silky soft

seidig silky

die **Seife** soap [səʊp]; **ein Stück Seife** a cake of soap

die **Seifenoper** soap opera *umgangsspr*

das **Seil** rope; (*Kabel*) cable

die **Seilbahn** cable railway

seilhüpfen, **seilspringen** to skip

der **Seiltänzer**, die **Seiltänzerin** tightrope walker [ˈtaɪtrəʊpˌwɔːkəʳ]

sein ① to be; **ich bin ja so müde!** I'm so tired!; **du bist ja betrunken!** you're drunk!; **er ist Deutscher** he is German ② **ist was?** is something wrong?; **was ist?** what's the matter? ③ **wer ist das?** who is that?; **ich bin's** it's me ④ **sei so nett und ...** be so kind as to ... ⑤ **das kann schon sein** that may well be ⑥ **sie ist jetzt wer** she's made it now ⑦ **danke, mir ist jetzt nicht nach Alkohol** thanks, but I don't feel like drinking right now ⑧ **wie wär's mit einem Spaziergang?** how about going for a walk? ⑨ **wann ist die Prüfung noch mal?** when is the exam again? ⑩ (*in Vergangenheit*) **sie ist schon gegangen** she's already gone ⑪ **wie lange bist du schon da?** how long have you been here?

sein (*männlich*) his; **er liegt in seinem Bett** he's lying in his bed; (*bei Mädchen*) her; **das Mädchen sucht seinen Schirm** the girl is looking for her umbrella; (*bei Tieren*) its, his/her; **der Hund kaut auf seinem Knochen** the dog is chewing on his [*oder* its] bone; (*bei Sachen*) its; **der Baum hat seine Blätter verloren** the tree has lost its leaves; (*allgemeines ‚man'*) one's/his/their; **jeder hat seine Sorgen** everybody has his [*oder* their] problems

seinerseits **er seinerseits** he for his part

seinetwegen ① (*wegen ihm*) on account of him, on his account ② (*für ihn*) on his behalf [bɪˈhɑːf]

seinetwillen **um seinetwillen** for his sake

seit ① (*Zeitpunkt*) since; **ich bin seit 3 Uhr hier** I've been here since 3 o'clock; **ich komme schon seit 2001 hierher** I've been coming here since 2001 ② (*Zeitraum*) for; **wir leben seit 5 Jahren in Bonn** we've been living in Bonn for 5 years now; **ich habe sie seit 2 Jahren nicht gesehen** I haven't seen her for 2 years; **ich kenne ihn schon seit Jahren** I've known him for years ③ **ich jogge erst seit kurzem** I only recently started jogging; **sie kennen sich schon seit langem** they've known each other for a long while; **seit neuestem steht er auf Klassik** he's become a classic fan lately ④ **seit wann?** (*von wann an?*) since when?; (*wie lange?*) how long?

> **V** **since** wird bei genauen Zeitangaben gebraucht: *Vivian has been waiting since two o'clock; we have lived here since 2003;* — **for** wird dagegen für Zeiträume gebraucht: *Vivian has been waiting for two hours; we have lived here for three years.*

seitdem ① **seitdem er auf die Schule geht, er ist ganz brav geworden** since he's been at school, he has become very good ② **seitdem war sie nicht mehr im Kino** she hasn't gone to the cinema since

die **Seite** ① side ② (*Flanke*) flank ③ (*Richtung*) direction; **er kam von dieser Seite** he came from that direction [dɪˈrekʃᵊn] ④ *von Buch usw.:* page; **auf Seite 17** on page 17 ⑤ *von Kleidungsstück:* **rechte/linke Seite** right/wrong side ⑥ **er trat zur Seite** he moved [*oder* stood] aside [*oder* to one side] ⑦ **Seite an Seite** side by side ⑧ **jemandem zur Seite stehen** to stand by someone ⑨ **von väterlicher Seite** from the paternal [pəˈtɜːnəl] side ⑩ **alles hat seine zwei Seiten** there are always two sides to every story ⑪ **er ist auf unserer Seite** he's on our side ⑫ **die Seiten wechseln** to change sides ⑬ **von meiner Seite aus** as far as I'm concerned ⑭ **Schokolade ist meine schwache Seite** I have a weakness for chocolate; **Fremdsprachen sind nicht gerade meine starke Seite** I'm pretty useless at foreign languages ▶ WENDUNGEN: **jemanden auf die Seite schaffen** to get rid of someone

der **Seitenairbag** side airbag

die **Seitenangabe** page reference [-ˌrefərən(t)s]

der **Seitenausgang** side exit

der **Seiteneingang** side entrance [ˈentrən(t)s]

der **Seitenhieb** **jemandem einen Seitenhieb geben** to sideswipe someone

seitenlang several pages long; **seitenlange Briefe schreiben** to write endless letters

die **Seitenlinie** (*Fußball*) touchline; (*Tennis*) sideline

seitens on the part of

der **Seitensprung** **einen Seitensprung machen** to have a bit on the side *umgangsspr*

das **Seitenstechen** **Seitenstechen haben** to have a stitch [in one's side]

die **Seitenstraße** side street [*oder* road]

der **Seitenwechsel** (*im Sport*) changeover

die **Seitenzahl** ① (*Zahl auf der Seite*) page number ② (*Gesamtzahl*) number of pages

seither since then; **seither war ich nicht mehr im Schwimmbad** I haven't been to the swimming pool since

seitwärts sideways

der **Sekretär** ① [male] secretary [ˈsekrətəri] ② (*Möbelstück*) bureau [ˈbjʊərəʊ]

das **Sekretariat** office

die **Sekretärin** secretary [ˈsekrətəri]

der **Sekt** sparkling wine

die **Sekte** sect

sekundär secondary

der **Sekundarlehrer**, die **Sekundarlehrerin** (CH) secondary school [skuːl] teacher (GB), high school teacher (USA)

die **Sekundarschule** (CH) secondary [*oder* (USA) high] school [skuːl]

die **Sekunde** second [ˈsekənd]; **auf die Sekunde genau** to the second; **im Bruchteil einer Sekunde** in a split second

der **Sekundenzeiger** second hand

selbst ① **ich selbst habe es gesehen!** I saw it myself!; **ich selbst habe nicht mit ihr gesprochen** I haven't spoken to her personally ② (*statt jemand anders*) **okay, ich mache es selbst** OK, I'll do it myself ③ (*Handarbeit*) **das habe ich selbst gemacht** I made it myself; **selbst gestrickt** hand-knitted; **selbst gemachte Marmelade** home-made jam ④ **das muss sie selbst entscheiden** she's got to decide that by herself; **das muss sie selbst wissen** that's her business ⑤ (*sogar*) **selbst Peter war da** even Peter was there ⑥ **selbst wenn ich Lust hätte, ...** even if I wanted to, ... ⑦ **das versteht sich von selbst** that goes without saying

der **Selbstauslöser** (*beim Fotoapparat*) delay timer, delayed-action shutter release

die **Selbstbedienung** self-service

der **Selbstbedienungsladen** self-service shop

die **Selbstbefriedigung** masturbation [ˌmæstəˈbeɪʃən]

die **Selbstbeherrschung** **die Selbstbeherrschung verlieren/wahren** to lose/keep one's self-control

das **Selbstbestimmungsrecht** right to self-determination

selbstbewusst self-assured [ˌselfəˈʃʊəd], self-confident [ˌselfˈkɒnfɪdənt]

das **Selbstbewusstsein** self-confidence [ˌselfˈkɒnfɪdən(t)s]; **kein Selbstbewusstsein haben** to have no self-confidence

das **Selbstgespräch** **Selbstgespräche führen** to talk to oneself

die **Selbsthilfegruppe** self-help group

selbstklebend self-adhesive [selfədˈhiːsɪv]

die **Selbstkontrolle** self-restraint, self-control

der **Selbstkostenpreis** cost price; **zum Selbstkostenpreis** at cost price

die **Selbstkritik** self-criticism [ˌselfˈkrɪtɪsɪzəm]

der **Selbstlaut** vowel [vaʊəl]

selbstlos unselfish

die **Selbstmedikation** self-medication

das **Selbstmitleid** self-pity

der **Selbstmord** suicide [ˈsuːɪsaɪd]; **Selbstmord begehen** to commit suicide

der **Selbstmörder**, die **Selbstmörderin** suicidal person

selbstmordgefährdet suicidal [ˌsuːɪˈsaɪdəl]

der **Selbstmordversuch** suicide attempt

selbstsicher self-confident

selbstständig ① independent ② (*nicht angestellt*) **sich selbstständig machen** to start up one's own business, to set up on one's own ▶ WENDUNGEN: **sich selbstständig machen** to grow legs *humorvoll*

der/die **Selbstständige** self-employed person

selbsttätig automatic

selbstverständlich ① **jemandem zu helfen, das ist doch selbstverständlich** it's perfectly natural to help other people ② **es ist doch selbstverständlich!** it goes without saying ③ **etwas für selbstverständlich halten** to take something for granted ④ **kommst du? —**

selbstverständlich! are you coming? — of course!

die **Selbstverständlichkeit** **das war doch eine Selbstverständlichkeit!** that was only natural; (*nach Hilfe*) not at all!

die **Selbstverteidigung** self-defence [ˌselfdɪ'fen(t)s]

das **Selbstvertrauen** self-confidence [ˌself'kɒnfɪdᵊn(t)s]; **kein Selbstvertrauen haben** to have no self-confidence

die **Selbstverwirklichung** self-realization

das **Selbstwertgefühl** self-esteem

das **Selfie** selfie

der **Selfiestick**, die **Selfie-Stange** selfie stick

selig ① (*in der Religion*) blessed ['blesɪd] ② (*wonnig*) blissful ③ (*gestorben*) **meine selige Mutter** my late mother ▶ WENDUNGEN: **wer's glaubt, wird selig!** tell me another! *umgangsspr*

der/die **Sellerie** ① (*Sellerieknolle*) celeriac [sə'leriæk] ② (*Stangensellerie*) celery ['selᵊri]

selten ① *Tiere, Pflanzen, Vorkommnisse:* rare [reəʳ] ② (*knapp*) scarce [skeəs] ③ (*ungewöhnlich*) unusual [ʌn'juːʒᵊl]; **seltenes Exemplar** (*eines Buches*) rare copy ④ **das ist ein selten guter Wein** this wine is exceptionally good ⑤ (*nicht oft*) rarely, seldom; **ich gehe selten ins Theater** I rarely go to the theatre; **wir sehen uns höchst selten** we hardly ever meet ▶ WENDUNGEN: **selten so gelacht!** what a laugh [lɑːf]! *umgangsspr*

die **Seltenheit** rarity

seltsam strange [streɪndʒ]; (*sonderbar*) odd, queer [kwɪəʳ]

das **Semester** term (GB), semester [sə'mestəʳ] (USA); **im 10. Semester sein** to be in one's fifth year

die **Semesterferien** vacation [və'keɪʃᵊn] ⚠ *Singular*

das **Semikolon** semicolon [ˌsemɪ'kəʊlən]

das **Seminar** ① (*Fakultätsabteilung*) department ② (*Kurs*) seminar ['semɪnɑːʳ] ③ (*Priesterseminar*) seminary ['semɪnᵊri] ④ (*Studienseminar*) teacher training college [-ˌkɒlɪdʒ]

die **Semmel** roll [rəʊl]

der **Senat** senate ['senɪt]

der **Senator**, die **Senatorin** senator ['senətəʳ]

senden¹ (*schicken*) to send (**an** to); **jemandem etwas senden** to send someone something

senden² (*Radio, TV*) to broadcast ['brɔːdkɑːst]; (*Funksignal*) to transmit

die **Sendepause** intermission [ˌɪntə'mɪʃᵊn]

der **Sender** ① (*Anlage*) transmitter ② (*Fernsehen*) channel ['tʃænᵊl] (GB), station ['steɪʃᵊn] (USA)

der **Sendeschluss** closedown, end of broadcasts

die **Sendezeit** broadcasting time; **zur besten Sendezeit** at prime time

die **Sendung** ① (*von Gütern*) consignment [kən'saɪnmənt] ② (*im Fernsehen*) programme ['prəʊgræm]; **auf Sendung** on air

Senegal ['zeːnegal] Senegal

der **Senegalese**, die **Senegalesin** Senegalese

senegalesisch [zenega'leːsɪʃ] Senegalese

der **Senf** mustard ['mʌstəd] ▶ WENDUNGEN: **seinen Senf dazu geben** to have one's say

senil senile ['siːnaɪl]

der **Senior** ① **der Senior einer Gruppe** the eldest of a group ② (*umgangsspr: Chef*) boss ③ (*älterer Mitbürger*) senior citizen ['sɪtɪzᵊn]; **Senioren** senior citizens

das **Seniorenheim** old people's home

die **Seniorin** senior citizen

senken ① to lower [ləʊəʳ] *Stimme, Preise* ② (*in der Technik*) to sink ③ **sich senken** (*sinken*) to sink; (*absacken*) to sag; *Nacht, Nebel:* to fall

senkrecht vertical ['vɜːtɪkᵊl], perpendicular [ˌpɜːpᵊn'dɪkjʊləʳ]

die **Senkung** ① *von Preis, Ausgaben:* reduction; **eine Senkung der Kosten** a reduction in costs; **eine Senkung der Steuern vorschlagen** to propose lowering taxes ② *von Boden, Straße:* subsidence [səb'saɪdᵊn(t)s]; *des Wasserspiegels:* fall

die **Sensation** sensation [sen'seɪʃᵊn]

sensationell sensational [sen'seɪʃᵊnᵊl]

sensationslüstern sensation-seeking

sensibel sensitive ['sensɪtɪv]

> **F** Nicht verwechseln mit **sensible** = vernünftig!

die **Sensibilität** sensitivity

der **Sensor** sensor

die **Sensortaste** sensor control

sentimental sentimental [ˌsentɪ'mentᵊl]

die **Sentimentalität** sentimentality

separat separate ['sepᵊrət]; *Wohnung, Zimmer:* self-contained

der **September** September [sep'tembəʳ]; **am 15. September** on 15th September, on September 15 (USA); (*gesprochen*) on the 15th of September, September the 15th (USA); **Anfang September** at the beginning of September; **Ende September** at the end of September

der **Serbe**, die **Serbin** Serbian ['sɜːbiən]

Serbien Serbia ['sɜːbiə]

serbisch Serbian ['sɜːbiən]

die **Serie** ① (*im Fernsehen, Radio*) series ['sɪəriːz] ② (*von Briefmarken usw.*) set ③ **in Serie hergestellt werden** to be mass-produced

> **V** **series** wird zusammen mit einem Verb im Singular gebraucht: *a new television series begins today.*

serienmäßig *Ausstattung:* standard; **serienmäßig sein** to be a standard feature

der **Serienmord** serial killing

die **Seriennummer** serial number

der **Serientäter**, die **Serientäterin** repeat offender

seriös ① *Angebot:* serious [ˈsɪəriəs] ② **eine seriöse Firma** a reputable company ③ (*anständig*) **er ist sehr seriös** he's very respectable

F Nicht verwechseln mit **serious** = ernst!

der **Server** [ˈsœːrvɐ] server
der **Service**[1] [ˈzøɐ̯vɪs] (*Dienstleistung*) service
das **Service**[2] [zɛrˈviːs] (*Geschirr*) dinner service; (*Gläserservice*) set
servieren to serve; **das Abendessen servieren** to serve dinner
die **Serviererin** waitress
die **Serviertochter** (CH) waitress
der **Serviervorschlag** serving suggestion [-səˌdʒestʃᵊn]
die **Serviette** napkin, serviette [ˌsɜːviˈet]
die **Servolenkung** power-assisted steering
Servus (A) (*zur Begrüßung*) hello!; (*beim Abschied*) [good]bye!
der **Sessel** easy chair; (*Lehnstuhl*) armchair
der **Sessellift** chairlift
sesshaft **sesshaft werden** to settle down; **er war in Paris sesshaft** he lived in Paris
setzen ① **sich setzen** to sit down; *Vogel:* to perch [pɜːtʃ]; *Schwebestoffe:* to settle ② **darf ich mich zu Ihnen setzen?** may I join you?; **setz dich zu mir/neben mich** sit by/with me!; **sich auf einen Stuhl setzen** to sit down in a chair ③ to plant [plɑːnt] *Pflanze* ④ (*in Setzerei*) to set ⑤ **jemandem eine Frist von drei Tagen setzen** to set someone a time limit of three days ⑥ **Geld auf etwas setzen** to bet on something ⑦ **sich den Hut auf den Kopf setzen** to put one's hat on one's head ⑧ **seine Unterschrift unter ein Schriftstück setzen** to put one's signature to a document ⑨ **etwas auf die Tagesordnung setzen** to put something on the agenda; **etwas in die Zeitung setzen** to put something in the paper ⑩ (*springen*) to jump (**über** over) ⑪ **auf jemanden setzen** to put one's money on someone ⑫ **sich etwas in den Kopf setzen** to put [*oder* take] something into one's head
die **Seuche** epidemic [ˌepɪˈdemɪk]
seufzen to sigh [saɪ] (**vor** with); **seufzend** with a sigh
der **Seufzer** groan, sigh [saɪ]; **einen Seufzer ausstoßen** to heave a sigh
der **Sex** sex
der **Sexismus** sexism
sexistisch sexist
die **Sexualität** sexuality [ˌsekʃuˈæləti]
die **Sexualkunde** sexual education
sexuell sexual
das **Shampoo** [ˈʃampu] shampoo [ʃæmˈpuː]
die **Shareware** [ˈʃɛːɐ̯vɛːɐ̯] (*in Informatik*) shareware
der **Shootingstar** [ˈʃuːtɪŋstaːɐ̯] (*umgangsspr*) overnight success, whizz-kid [ˈ(h)wɪzkɪd]
die **Shorts** [ʃoːɐ̯ts] shorts *Plural*, pair of shorts

V **shorts** werden im Englischen immer im Plural gebraucht: *Where are my blue shorts?* — **a pair of shorts** wird aber im Singular verwendet: *This is Peter's pair of shorts.*

das **Showbusiness** [ˈʃoːˈbɪznɪs] show business [-ˌbɪznɪs]
siamesisch Siamese; **siamesische Zwillinge** Siamese [ˌsaɪəˈmiːz] twins
Sibirien Siberia [saɪˈbɪəriə]
sibirisch Siberian
sich ① (*im Akkusativ: männlich*) himself; (*weiblich*) herself; (*sächlich*) itself; (*in Mehrzahl*) themselves; **sie hat sich geschnitten** she's cut herself; **er hat sich das Bein gebrochen** he has broken his leg ② (*im Dativ*) himself/herself/itself/themselves; **er hatte kein Geld bei sich** he had no money on him; **mit sich reden** to talk to oneself ③ **außer sich sein** to be beside oneself ④ **wieder zu sich kommen** to regain consciousness [ˈkɒnʃəsnəs] ▸WENDUNGEN: **an sich ist die Sache ganz einfach** basically it's no problem at all; **an sich ist er ganz nett** he's quite nice really; **an und für sich** on the whole; **das ist eine Sache für sich** that is another story
die **Sichel** ① sickle ② (*Mondsichel*) crescent [ˈkresᵊnt]
sicher ① (*vor Gefahr*) safe; (*geborgen*) secure ② (*gewiss*) certain [ˈsɜːtᵊn], sure [ʃɔːʳ]; **sie sind sicher bald wieder zurück** I'm sure they'll be back soon ③ (*selbstbewusst*) self-assured [əˈʃʊəʳd] ④ **sind Sie sich [dessen] sicher?** are you sure of that?; **ich bin mir nicht ganz sicher, aber …** I don't know for certain, but …; **es ist absolut sicher, dass …** it's an absolute certainty that …; **ich bin mir da ganz sicher** I'm perfectly sure; **da bin ich mir nicht so sicher** I'm not so sure about that; **das ist sicher** that's for sure ⑤ **sich seiner Sache sicher sein** to be sure of what one is doing/saying ⑥ **das meinst du doch sicher nicht so, oder?** surely you don't mean it? ⑦ **aber sicher!** take it from me! ⑧ **vor etwas sicher sein** to be safe from something; **etwas sicher aufbewahren** to keep something safe ⑨ **es ist so gut wie sicher** it's a safe guess ⑩ **ich weiß aus sicherer Quelle, dass …** I'm reliably informed that … ⑪ **sicher ist sicher** better safe than sorry
die **Sicherheit** ① (*vor Gefahr*) safety; **sich in Sicherheit bringen** to get oneself to safety ② (*bei der Bank*) security ③ (*Gewissheit*) certainty [ˈsɜːtᵊnti]; **mit Sicherheit wissen, dass …** to know for certain that …; **wird das**

passieren? – ja, mit Sicherheit will it happen? – yes, for sure; **das ist mit Sicherheit richtig** that's definitely right ④ **zur Sicherheit** for security

der **Sicherheitsgurt** safety [*oder* seat] belt

sicherheitshalber to be on the safe side

die **Sicherheitskontrolle** security check; **eine Sicherheitskontrolle durchführen** to run a security check

die **Sicherheitsmaßnahme** safety precaution

die **Sicherheitsnadel** safety pin

der **Sicherheitsrat** Security Council [-ˌkaʊn(t)sᵊl]

die **Sicherheitsvorschrift** safety regulation

sicherlich certainly ['sɜːtᵊnli], sure [ʃɔːʳ]

sichern ① (*sicher machen*) to secure [sɪ'kjʊəʳ] ② (*schützen*) to safeguard ['seɪfgɑːd] ③ to save *Software* ④ to put the safety catch on *Gewehr* ⑤ **sich etwas sichern** to secure something for oneself ⑥ **sich gegen etwas sichern** to guard oneself against something

sicherstellen ① (*garantieren*) to guarantee [ˌgærᵊn'tiː] ② *Polizei:* to take possession [pə'zeʃᵊn] of

die **Sicherung** ① fuse [fjuːz]; **die Sicherung ist durchgebrannt** I've fused the lights ② (*Sicherstellung*) safeguarding ['seɪfˌgɑːdɪŋ] ③ (*Vorrichtung*) safety mechanism [-ˌmekənɪzᵊm] ④ (*beim Computer*) backup

die **Sicherungskopie** (*beim Computer*) backup [copy]

die **Sicht** ① (*Aussicht*) view [vjuː] ② (*Sichtverhältnisse*) visibility [ˌvɪzə'bɪləti]; **gute/schlechte Sicht** good/poor visibility; **die Sicht beträgt nur 100 Meter** visibility is down to only 100 metres ③ **in Sicht sein** to be within sight [saɪt]; **die Küste kam in Sicht** we came in sight of the coast ④ **auf lange Sicht** in the long run

sichtbar ① visible ['vɪzəbᵊl]; **sichtbar werden** to appear [ə'pɪəʳ] ② (*deutlich werden*) **sichtbar werden** to become apparent

sichten ① (*sehen*) to sight [saɪt] ② (*durchsehen*) to examine [ɪg'zæmɪn] ③ (*aussuchen*) to sift, to sort out

sichtlich obvious ['ɒbviəs]; **sie war sichtlich beeindruckt** she was visibly impressed

die **Sichtverhältnisse** visibility [ˌvɪzə'bɪləti] ⚠ *Singular;* **die Sichtverhältnisse waren sehr schlecht** visibility was very bad ⚠ *ohne Artikel und im Singular*

die **Sichtweite** **außer Sichtweite** out of sight [saɪt]; **in Sichtweite kommen** to come into sight

sickern to seep

das **Sickerwasser** *surface water seeping through the ground*

Sie ① you; **was möchten Sie trinken?** what would you like to drink? ② **gehen Sie schon!** go!

sie ① (*als Subjekt*) she; **sie mag gerne Schokolade** she loves chocolate; **sie war's nicht, ich war's** it wasn't her, it was me ② (*als Objekt*) her; **ich mag sie** I like her; **kann ich sie bitte sprechen?** can I talk to her please? ③ **ich bin größer als sie** I'm taller than her ④ (*für Objekte*) it; **wo ist die Vase? — sie ist auf dem Tisch** where's the vase [vɑːz]? — it's on the table ⑤ (*im Plural*) they; **sie sind im Urlaub** they are on holiday; **ich kann sie nicht sehen** I can't see them

das **Sieb** sieve [sɪv]; (*Teesieb*) strainer; (*für Salat*) colander ['kʌləndəʳ]

sieben[1] to sieve [sɪv], to sift *Speisen*

sieben[2] seven ['sevᵊn]; **viertel vor sieben** a quarter to seven

die **Sieben** ① (*Zahl*) [number] seven ② **die Sieben** (*Straßenbahn, Bus*) the number seven [tram/bus]

siebenhundert seven hundred

siebenjährig seven-year-old

der **Siebenschläfer** fat dormouse

siebte(r, s) ① seventh, 7th ② **wir haben heute den siebten Dezember** today is the seventh of December ③ **ich bin in der siebten Klasse** I'm in Year 7 ▶ WENDUNGEN: **im siebten Himmel sein** to be in seventh heaven

das **Siebtel** seventh part, seventh

siebtel seventh

siebtens in the seventh place

siebzehn seventeen [ˌsevᵊn'tiːn]

siebzehnte(r, s) seventeenth

das **Siebzehntel** seventeenth

siebzig seventy ['sevᵊnti]

die **Siebzigerjahre** **in den Siebzigerjahren** in the seventies

siebzigste(r, s) seventieth ['sevᵊntiəθ]

der **Siedepunkt** boiling point

der **Siedler**, die **Siedlerin** settler

die **Siedlung** ① (*Ansiedlung*) settlement ② (*Wohnsiedlung*) housing estate

der **Sieg** victory (**über** over); **den Sieg erringen** to be victorious

das **Siegel** seal [siːl]

siegen to win; (*im Krieg*) to be victorious [vɪk'tɔːriəs]

der **Sieger**, die **Siegerin** ① victor ② (*bei Wettkampf*) winner; **der zweite Sieger** the runner-up; **Sieger sein** to be the winner

die **Siegerehrung** presentation ceremony [-ˌserɪməni]

siegreich victorious [vɪk'tɔːriəs]

das **Signal** ① (*für Bahn*) signal ['sɪgnᵊl] ② (*Zeichen*) sign [saɪn]

die **Signalanlage** signals ⚠ *Plural*

die **Signatur** signature ['sɪgnətʃəʳ]

signieren to sign [saɪn]

S

die **Silbe** syllable ['sɪləbl̩]
die **Silbentrennung** syllabification [sɪˌlæbɪfɪ'keɪʃən]
das **Silber** ① silver ② (*Silberzeug*) silverware
silberfarben, silberfarbig silver[-coloured]
die **Silberhochzeit** silver wedding
die **Silbermedaille** silver medal [ˌsɪlvə'medəl]
die **Silbermünze** silver coin
silbern silver
die **Silhouette** [zi'lu̯ɛtə] silhouette [ˌsɪlu'et]
der/das **Silvester** New Year's Eve
Simbabwe Zimbabwe
die **SIM-Karte** (*in der Telekommunikation*) SIM card
simpel ① (*einfach*) plain, simple ② (*dumm*) stupid
der/das **Sims** (*Fenstersims*) sill; (*vorspringender Rand*) ledge [ledʒ]; (*Kaminsims*) mantelpiece ['mæntəlpi:s]
simsen (*umgangsspr*) to text, to send a text message
simulieren ① to malinger [mə'lɪŋgər]; **Blindheit simulieren** to pretend to be blind ② (*in der Informatik*) to [computer-]simulate
simultan simultaneous [ˌsɪməl'teɪniəs]; **simultan dolmetschen** to interpret simultaneously
die **Sinfonie** symphony ['sɪmfəni]
das **Sinfoniekonzert** symphony concert
Singapur Singapore [ˌsɪŋə'pɔ:r]
singen ① to sing ② (*slang: gestehen*) to squeal [skwi:l] *umgangsspr*

> **G** Richtiges Konjugieren von **to sing**: sing, sang, sung
> *she always sings out of tune;*
> *Tom sang an old Welsh song;*
> *have you sung this song before?*

die **Single** ['zɪŋl̩] (*CD, Schallplatte*) single
der **Single** ['zɪŋl̩] (*Lediger*) single person
die **Singlebörse** [online] dating site
der **Singular** singular ['sɪŋgjələr]
der **Singvogel** songbird
sinken ① to sink; *Preise:* to drop, to fall ② **in jemandes Achtung sinken** to sink in someone's estimation

> **G** Richtiges Konjugieren von **to sink**: sink, sank, sunk
> *do you think it will sink any further?;*
> *the ship sank off the coast of Norway;*
> *the pound has sunk two cents against the dollar*

der **Sinn** ① (*Sinnesorgan*) sense; **die fünf Sinne** the five senses ② (*Verstand*) mind; **sich etwas aus dem Sinn schlagen** to put something out of one's mind; **das geht mir nicht aus dem Sinn** I can't get it out of my mind; **was hast du im Sinn?** what do you have in mind? ③ (*Bedeutung*) meaning; **im übertragenen Sinn** in the figurative sense ④ **das hat keinen Sinn** that's pointless ⑤ **in gewissem Sinne** in a sense ⑥ **mein Leben hat keinen Sinn** my life is meaningless ▸ WENDUNGEN: **von Sinnen sein** to be out of one's senses

> **F** Nicht verwechseln mit **sin** = die Sünde!

das **Sinnesorgan** sense organ
die **Sinnestäuschung** illusion [ɪ'lu:ʒən]
der **Sinneswandel** change of mind
sinnfrei senseless, senselessly, without sense; **sinnfrei reden** to talk senselessly; **sinnfrei argumentieren** to put forward senseless arguments
sinngemäß **etwas sinngemäß wiedergeben** to give the gist [dʒɪst] of something
sinnlich ① (*auf die Sinne bezüglich*) sensuous ['sen(t)sjʊəs] ② (*den Sinnengenuss betreffend*) sensual ['sen(t)sjʊəl]; **ein sinnlicher Mensch** a sensualist ['sensjʊəlɪst]
die **Sinnlichkeit** sensuality [ˌsen(t)sju'æləti]
sinnlos ① (*zwecklos*) useless ② (*absurd, verrückt*) absurd [əb'zɜ:d] ③ (*ohne Bedeutung*) meaningless ④ **sinnloser Hass** blind hatred ⑤ **es ist einfach sinnlos** (*unverständlich*) it just doesn't make sense; (*zwecklos*) it's totally pointless
die **Sinnlosigkeit** senselessness
sinnvoll ① (*zweckmäßig*) convenient [kən'vi:niənt] ② (*klug*) ingenious [ɪn'dʒi:niəs] ③ **es wäre sinnvoll, jetzt darüber zu reden** it would be a good idea to talk about it now
die **Sintflut** ① (*in Bibel*) Flood [flʌd] ② (*übertragen*) deluge ['delju:dʒ]
die **Sippe** ① (*von Menschen*) family ② (*Art*) species ['spi:ʃi:z]
die **Sirene** (*auch übertragen*) siren ['saɪ(ə)rən]
der **Sirup** (*Zuckersaft*) treacle ['tri:kəl]; (*Fruchtsaft mit Zucker*) syrup ['sɪrəp]
die **Sitte** custom ['kʌstəm]
die **Sittenlosigkeit** immorality
der **Sittich** parakeet [ˌpærə'ki:t]
das **Sittlichkeitsverbrechen** sex crime
die **Situation** situation [ˌsɪtju'eɪʃən]
der **Sitz** ① seat; **verstellbarer Sitz** adjustable seat ② (*Wohnsitz*) residence ['rezɪdən(t)s]; **mit Sitz in Berlin** with headquarters [ˌhed'kwɔ:təz] in Berlin ③ *von Kleidern:* fit

> **G** Richtiges Konjugieren von **sit**: sit, sat, sat — *David sat on a wall; he had sat there yesterday too.*

sitzen ① to sit; **bleib [doch] sitzen!** don't get up!; **sitzen bleiben** to remain seated ② **die Firma sitzt in Hamburg** the company has its headquarters in Hamburg ③ *Kleider:* to fit; **das Kleid sitzt nicht** the dress doesn't fit properly ④ (*im Gefängnis*) to do time *umgangsspr;* **im Gefängnis sitzen** to be in prison; **er musste**

S

fünf Jahre sitzen he had to do five years *umgangsspr* 5 (*in der Schule*) **sitzen bleiben** to repeat a year 6 **auf einer Ware sitzen bleiben** to be left with a product 7 **diese Beleidigung lasse ich nicht auf mir sitzen!** I am not going to take that insult lying down! 8 **jemanden sitzen lassen** (*im Stich lassen*) to leave someone in the lurch GB 9 **das hat gesessen!** that hit home!; **die Bemerkung saß** the remark was very apt ▶ WENDUNGEN: **einen sitzen haben** to have had one too many

> **G** Richtiges Konjugieren von **to sit**: sit, sat, sat
> *you can't sit here all day!*;
> *the cat sat on a wall*;
> *have you sat in the first-class compartment before?*

die **Sitzgelegenheit** seating; **es gab keine Sitzgelegenheiten** there was no seating; **eine Sitzgelegenheit suchen** to look for a seat

der **Sitzplatz** seat

die **Sitzung** 1 (*Konferenz*) meeting 2 (*Gericht*) session ['seʃᵊn]

der **Sitzwürfel** cube footstool

Sizilien Sicily ['sɪsɪli]

die **Skala** 1 scale [skeɪl] 2 (*übertragen*) range

der **Skandal** 1 scandal ['skændᵊl] 2 (*Lärm*) fuss, row [raʊ]

skandalös scandalous ['skændᵊləs]

Skandinavien Scandinavia [ˌskændɪ'neɪviə]

skandinavisch Scandinavian [ˌskændɪ'neɪviən]

der **Skat** skat [skæt]

das **Skateboard** ['skeːtboːɐ̯t] skateboard

skateboarden ['skeɪtboːdn̩] to skateboard

der **Skateboarder**, die **Skateboarderin** skateboarder

das **Skelett** skeleton ['skelɪtᵊn]

die **Skepsis** scepticism ['skeptɪsɪzᵊm]

der **Skeptiker**, die **Skeptikerin** sceptic

skeptisch sceptical ['skeptɪkᵊl]

der **Ski** ski [skiː]; **Ski fahren** [*oder* **laufen**] to ski

der **Skianzug** ski suit [suːt]

die **Skiausrüstung** ski equipment

der **Skifahrer**, die **Skifahrerin** skier

der **Skilauf**, das **Skilaufen** skiing

der **Skiläufer**, die **Skiläuferin** skier

der **Skilehrer**, die **Skilehrerin** skiing instructor

der **Skilift** ski lift

der **Skinhead** ['skɪnhɛt] skinhead

die **Skipiste** ski run

das **Skispringen** ski jumping ⚠ *ohne Artikel*

die **Skizze** 1 (*Abriss*) sketch 2 (*Entwurf*) draft; (*Plan*) outline

skizzieren 1 (*umreißen*) to sketch 2 to outline *Plan*

der **Sklave** slave

der **Sklavenhandel** slave trade

der **Sklaventreiber**, die **Sklaventreiberin** (*auch übertragen*) slave-driver

die **Sklaverei** slavery

die **Sklavin** slave

das/der **Skonto** [cash] discount

der **Skorpion** 1 scorpion ['skɔːpiən] 2 (*Sternzeichen*) Scorpio ['skɔːpiəʊ]

der **Skrupel** 1 scruple ['skruːpl̩] 2 **ohne jeden Skrupel** without the slightest scruple; **keine Skrupel haben** to have no scruples

skrupellos unscrupulous [ʌn'skruːpjələs]

> **F** Nicht verwechseln mit **scrupulous** = gewissenhaft!

die **Skulptur** sculpture ['skʌlptʃəʳ]

der **Slalom** slalom ['slɑːləm]

der **Slang** [slɛŋ] slang

der **Slawe**, die **Slawin** Slav [slɑːv]

slawisch Slavonic [slə'vɒnɪk]

der **Slip** 1 briefs ⚠ *Plural* 2 (*für Frauen*) panties ⚠ *Plural*

> **F** Nicht verwechseln mit **slip** = der Zettel!

die **Slipeinlage** panty liner

der **Slowake**, die **Slowakin** Slovak ['sləʊvæk]

die **Slowakei** Slovakia [slə'vækɪə]

slowakisch Slovak, Slovakian [slə'vækiən]

Slowenien Slovenia [slə'viːniə]

der **Slum** [slam] slum

der **Smog** smog [smɒg]

der **Smogalarm** smog alert

der **Smoking** dinner jacket GB, tuxedo [tʌk'siːdəʊ] USA

> **F** Nicht verwechseln mit **smoking** = das Rauchen!

die **SMS** *Abkürzung von* **Short Message Service** text[-message]; **eine SMS senden** to send a text

das **Snowboard** ['snoːboːɐ̯t] snowboard

snowboarden ['snoːboːɐ̯dn̩] to snowboard

der **Snowboarder**, die **Snowboarderin** snowboarder

so 1 so 2 (*auf diese Art*) like this, thus 3 **so!** (*da!*) there you are! 4 (*ja?*) **so?** is that so? 5 **ach so!** oh, I see! 6 **so oder so** one way or another 7 **heute ist es nicht mehr so warm wie gestern** it's colder than yesterday; **er ist so alt wie mein Bruder** he's the same age as my brother; **ich bin noch nicht so weit** I'm not ready yet 8 **na so was!** well I never! *umgangsspr* 9 **ich will mal nicht so sein** all right, but just this once 10 **er war so dumm und hat es ihnen gesagt** he was so stupid as to tell them 11 **ich bin ja so müde** I'm so very tired; **ich wünsche es mir so sehr** I want it so much; **er redet immer so viel!** he's always talking so much! 12 **so kam es, dass ...** so it was that ... 13 **der so genannte ...** the so-called ... 14 **und was machst du so?** and

S

what are you up to these days? *umgangsspr* 15 **so dass ...** so that ... 16 **so reich er auch ist** however rich he may be

sobald as soon as; **ich komme, sobald ich fertig bin!** I'll come as soon as I'm finished

die **Socke** sock

der **Sockel** base; (*von Statue*) pedestal ['pedɪstᵊl]

das **Sodawasser** soda [water]

das **Sodbrennen** heartburn ['hɑːtbɜːn]

soeben just; **soeben habe ich gehört ...** I have just heard ...

das **Sofa** sofa ['səʊfə]; (*kleines Sofa*) settee [set'iː]

sofern provided [that]

sofort at once, immediately [ɪ'miːdiətli]; **sofort!** (*komme sofort!*) coming!

die **Soforthilfe** emergency relief [ɪˌmɜːdʒən(t)si-rɪ'liːf] ⚠ *ohne Artikel*

die **Software** ['sɔftvɛːɐ̯] software

der **Softwareentwickler** ['zɔftvɛːɐ̯-] software developer

das **Softwarepaket** software package

sogar even; **sie ist sogar allein gekommen** she even came on her own

sogleich immediately

die **Sohle** sole [səʊl]

der **Sohn** son [sʌn]

die **Sojabohne** soybean

solang(e) so long as; **solange ich lebe** for the rest of my life; **solange du hier bist, ist alles gut** as long as you're here, everything is fine

die **Solarenergie** solar ['səʊləʳ] energy

das **Solarium** solarium [sə(ʊ)'leəriəm]

solch such; **solch ein Glück** such luck

solche(r, s) such; **sie mag solche Filme nicht** she doesn't like that kind of film; **ich hab solchen Durst!** I'm so thirsty!

der **Soldat**, die **Soldatin** soldier ['səʊldʒəʳ]

solid(e) 1 (*fest gebaut*) solid ['sɒlɪd] 2 **er hat solide Kenntnisse in Geschichte** he's got a sound knowledge of history 3 (*anständig*) respectable [rɪ'spektəbᵊl]

solidarisch eine solidarische Haltung an attitude of solidarity; **sich mit jemandem solidarisch erklären** to declare one's solidarity with someone

solidarisieren sich solidarisieren to show [one's] solidarity

die **Solidarität** solidarity; **aus Solidarität** out of solidarity

der **Solidaritätszuschlag** *surcharge on income tax to finance the economic rehabilitation of former East Germany*

der **Solidarpakt** solidarity pact

der **Solist** soloist ['səʊləʊɪst]

sollen 1 **was soll ich mit ihm machen?** what shall I do with him?; **soll ich dir helfen?** shall I help you? 2 (*bei Ratschlägen*) **du solltest das nicht tun!** you shouldn't do that! 3 (*bei Anweisungen*) **du sollst deine Mutter anrufen** you are to call your mother; **ich soll hier aufräumen** I'm supposed to clean up here 4 (*angeblich*) **sie soll ihn verlassen haben** she's supposed [*oder* said] to have left him; **er soll sehr reich sein** he is said to be very rich; **hier soll bald ein Einkaufszentrum entstehen** they're planning to build a shopping mall here 5 **was soll das [bedeuten]?** what's that supposed to mean? 6 **was soll [denn] das?** what do you think you're doing?; **[he], was soll das?** (*Ausruf*) [hey], what's that all about?; (*Vorwurf*) what's the point of that? 7 **was soll ich hier?** what am I here for?; **was soll ich dazu sagen?** what am I supposed to say? 8 **was soll's?** so what?, what the heck! *umgangsspr* 9 **was soll das heißen?** what does that mean? 10 **was soll ich tun?** what am I to do? 11 **man sollte meinen, ...** one would think ... 12 **sollte er es vergessen haben?** can he have forgotten it? 13 **das hätten Sie nicht glauben sollen** you shouldn't have believed it 14 **sie weiß nicht, was sie tun soll** she doesn't know what to do 15 **so etwas soll es geben** these things happen

das **Solo** solo ['səʊləʊ]

Somalia Somalia

der **Somalier**, die **Somalierin** Somali

somalisch Somali

somit consequently ['kɒnsɪkwentli], therefore

der **Sommer** summer; **im Sommer** in [the] summer; **im nächsten Sommer** next summer

sommerlich (*sommerlich warm*) summery; **sommerlich warme Temperaturen** warm, summer-like temperatures

die **Sommersprossen** freckles

das **Sonderangebot** special ['speʃᵊl] offer

die **Sonderausführung** custom-built model

sonderbar odd, strange [streɪndʒ]

die **Sonderbedingungen** special ['speʃᵊl] terms *Plural*

die **Sonderbeilage** *einer Zeitung:* special supplement [ˌspeʃᵊl'sʌplɪmənt]

der **Sonderfall** special case

das **Sonderkommando** special unit

der **Sondermüll** hazardous ['hæzədəs] waste

sondern 1 **das ist nicht schwarz, sondern blau** it's not black but blue 2 **sondern was?** what then? 3 **das ist nicht nur dumm, sondern auch gefährlich** it's not only stupid but also dangerous

der **Sonderpreis** special price

die **Sonderregelung** special provision

die **Sonderschule** special school [skuːl]

die **Sonderstellung** special position

der **Sonderurlaub** special leave; (*im Todesfall*) compassionate [kəm'pæʃᵊnət] leave GB

die **Sondervergütung** fringe [frɪndʒ] benefits, sup-

S

plementary ['sʌpləmentᵊri] benefits ⚠ *Plural*
der **Sonderzug** special train
das **Sonett** sonnet ['sɒnɪt]
der **Sonnabend** Saturday
sonnabends on Saturdays
die **Sonne** sun
sonnen **sich sonnen** to sun oneself ▶WENDUNGEN: **sich in etwas sonnen** to bask [bɑːsk] in something
die **Sonnenallergie** sun allergy
der **Sonnenaufgang** sunrise; **bei Sonnenaufgang** at sunrise
das **Sonnenbad** sunbathing ⚠ *ohne Artikel;* **ein Sonnenbad nehmen** to sunbathe
die **Sonnenblume** sunflower
das **Sonnenblumenöl** sunflower oil
der **Sonnenbrand** sunburn; **ich habe mir einen Sonnenbrand geholt** I've got sunburn
die **Sonnenbrille** sunglasses ⚠ *Plural*
die **Sonneneinstrahlung** insolation
die **Sonnenenergie** solar ['səʊləʳ] energy
die **Sonnenfinsternis** eclipse [ɪ'klɪps] of the sun
das **Sonnenlicht** sunlight
die **Sonnenmilch** suntan lotion
das **Sonnenöl** suntan oil
der **Sonnenschein** sunshine
der **Sonnenschirm** (*für Garten*) sunshade; (*für Straße*) parasol ['pærəsɒl]
das **Sonnenschutzmittel** sunscreen
der **Sonnenstich** sunstroke
der **Sonnenstrahl** sunbeam
das **Sonnensystem** solar system ['səʊləʳˌsɪstəm]
der **Sonnenuntergang** sunset, sundown (USA); **bei Sonnenuntergang** at sunset
sonnig sunny
der **Sonntag** Sunday; **bis Sonntag!** see you [on] Sunday!; [**am**] **Sonntagabend/Sonntagmorgen/Sonntagnachmittag** [on] Sunday night [*oder* evening]/morning/afternoon; **sonntagabends/sonntagmorgens** on Sunday evenings [*oder* nights]/mornings

S

sonntags on Sundays
die **Sonn- und Feiertage** Sundays and public holidays
sonst ① (*im Übrigen*) otherwise; **mach schon, sonst kommen wir zu spät!** hurry up or we'll be late! ② (*außerdem*) else; **sonst noch Fragen?** any other questions?; **sonst noch etwas?** anything else?; **sonst nichts** nothing else ③ (*gewöhnlich, üblicherweise*) usually ['juːʒᵊli]; **sonst essen wir immer um zwölf** we usually have lunch at twelve ④ **sonst nirgends** nowhere else ⑤ **wenn es sonst nichts ist** if that is all ⑥ **wie sonst** as usual ['juːʒᵊl] ⑦ **wer sonst soll schuld sein?** who's fault could it have been otherwise?
sonstig other
der **Sopran** soprano [sə'prɑːnəʊ]
die **Sorge** ① (*Kummer*) care ② (*quälende Sorge*) worry ['wʌri] ③ **keine Sorge!** don't worry! ④ **Sorgen haben** to have problems ⑤ **jemandem Sorgen machen** to worry someone ⑥ **sich um jemanden Sorgen machen** to worry about someone; **sich über etwas keine Sorgen machen** to not bother ['bɒðəʳ] about something ⑦ **lass das mal meine Sorge sein!** leave that to me!
sorgen ① (*sich kümmern um*) **für jemanden sorgen** to look after someone; **ich sorge fürs Essen** I'll take care of the food ② **bitte sorgen Sie dafür, dass ...** please see that ... ③ **dafür werde ich schon sorgen!** I'll see to that! ④ **sich sorgen** to worry ['wʌri]; **sich um jemanden sorgen** to be worried about someone
das **Sorgerecht** custody ['kʌstədi]
die **Sorgfalt** care; **mit großer Sorgfalt** with great care
sorgfältig careful
sorglos ① (*unachtsam*) careless ② (*unbekümmert*) carefree
sorgsam careful ['keəfᵊl]
die **Sorte** ① (*Art*) kind [kaɪnd], sort; (*Klasse*) grade ② (*Marke*) brand [brænd] ③ (*Währungen*) **Sorten** foreign currency [ˌfɒrɪn'kʌrᵊnsi] ⚠ *Singular* ④ **erste Sorte** best quality ['kwɒləti], A 1
sortieren to sort
das **Sortiment** range [of goods]; **ein großes Sortiment an Tee** a wide range of tea
die **Soße** sauce [sɔːs]; (*Bratensauce*) gravy
das **Souvenir** [zuvə'niːɐ̯] souvenir [ˌsuːvᵊn'ɪəʳ]
der **Souvenirladen** souvenir shop
souverän [zuvə'rɛːn] ① (*selbstständig*) sovereign ['sɒvᵊrɪn] ② (*überlegen*) superior [suː'pɪəriəʳ]
der **Souverän** (CH) voting public
die **Souveränität** ① sovereignty ['sɒvrᵊnti] ② (*Überlegenheit*) superior [suː'pɪəriəʳ] ease
soviel ① **soviel ich weiß, ...** as far as I know ... ② **soviel er auch arbeitete, ...** however much he worked ...
soweit as [*oder* so] far as; **soweit ich weiß** as far as I know
sowie ① (*sobald als*) as soon as; **sowie er gegangen war, ...** as soon as he had left, ... ② (*und auch*) as well as
sowieso ① anyhow, in any case, anyway; **ich wollte sowieso nicht kommen** I didn't want to come anyway ② **sowieso!** (*geht klar*) that's understood! *umgangsspr*
sowohl **ich mag sowohl Peter als auch Ralf** I like Peter as well as Ralf [*oder* both Peter and Ralf]
sozial social ['səʊʃᵊl]
die **Sozialabgaben** social security contributions *Plural*

das **Sozialamt** social welfare ['welfeəʳ] office

der **Sozialarbeiter**, die **Sozialarbeiterin** social worker

die **Sozialausgaben** public expenditure ⚠ *Singular*

der **Sozialdemokrat**, die **Sozialdemokratin** social democrat ['deməkræt]

sozialdemokratisch social-democratic

die **Sozialhilfe** income support (GB), welfare ['welfeəʳ] (USA); **von der Sozialhilfe leben** to live off social security

der **Sozialhilfeempfänger**, die **Sozialhilfeempfängerin** person receiving income support

die **Sozialisation** socialization [ˌsəʊʃəlaɪ'zeɪʃən]

der **Sozialismus** socialism ['səʊʃəlɪzəm]

der **Sozialist**, die **Sozialistin** socialist ['səʊʃəlɪst]

sozialistisch socialist

die **Sozialkompetenz** social competence

die **Sozialleistungen** social security benefits

die **Sozialpolitik** social policy

der **Sozialstaat** welfare [ˌwelfeəʳ-] state

die **Sozialversicherung** National Insurance [ɪn'ʃʊərən(t)s] (GB), Social Security (USA)

die **Sozialwissenschaften** social sciences ['saɪən(t)sɪz] *Flural*

die **Sozialwohnung** council ['kaʊn(t)səl] flat [*oder* house] (GB), social housing

der **Soziologe**, die **Soziologin** sociologist [ˌsəʊʃi'ɒlədʒɪst]

die **Soziologie** sociology [ˌsəʊʃi'ɒlədʒi]

die **Soziologin** sociologist

sozusagen so to speak

die **Spaghetti**, die **Spagetti** [ʃpa'gɛti] spaghetti [spə'geti] ⚠ *Singular oder Plural*

spähen aus dem Fenster spähen to peer out of the window; **durch etwas spähen** to peep through something

der **Spalt** ① (*Felsspalt*) crevice ['krevɪs], fissure ['fɪʃəʳ] ② (*Riss*) crack ③ (*Öffnung*) opening ④ **die Tür einen Spalt öffnen** to open the door slightly

die **Spalte** ① (*in Zeitung*) column ['kɒləm] ② (*Gletscherspalte*) crevasse [krə'væs] ③ (*in Holz, Wand*) crack

spalten ① to split, to chop, to cleave *Holz* ② to crack *Chemikalien* ③ **die Meinungen über diese Frage sind gespalten** opinions are divided on this question

die **Spaltung** ① (*auch übertragen*) splitting ② (*von Atom*) fission [fɪʃən] ③ (*von Partei*) split

die **Spammail** spam [mail]

das **Spanferkel** sucking pig

die **Spange** ① (*Schließe*) clasp [klɑːsp] ② (*Haarspange*) hair slide (GB), barrette [bə'ret] (USA)

Spanien Spain [speɪn]

der **Spanier**, die **Spanierin** Spaniard ['spænjəd]; **die Spanier** the Spanish

spanisch Spanish ['spænɪʃ]

das **Spannbetttuch** fitted sheet

die **Spanne** (*Verdienstspanne*) margin

spannen ① (*strecken*) to stretch ② to tighten ['taɪtən] *Saiten* ③ to draw [drɔː] *Bogen* ④ to cock *Flinte* ⑤ *Kleider:* to be too tight, to be a tight fit

spannend exciting [ɪk'saɪtɪŋ]; (*aufregend*) thrilling

der **Spanner** peeping Tom *umgangsspr*

die **Spannkraft** tension; *von Muskel:* tone

der **Spannteppich** (CH) [fitted] carpeting

die **Spannung** ① tension ② (*elektrische Spannung*) tension voltage ['vəʊltɪdʒ]; **unter Spannung stehen** to be live ③ (*Erregung*) excitement [ɪk'saɪtmənt]; (*Ungewissheit*) suspense [sə'spens]; **voller Spannung warten** to wait in suspense

der **Spannungsmesser** voltmeter

die **Spannweite** ① (*von Flügeln*) wingspan ② (*in der Architektur*) span

die **Spanplatte** chipboard

das **Sparbuch** savings book

die **Sparbüchse** moneybox

sparen ① to save *Geld* ② (*sparsam sein*) to economize [ɪ'kɒnəmaɪz] ③ **an etwas sparen** to be sparing with something ④ **auf etwas sparen** to save up for something ▶ WENDUNGEN: **das kannst du dir sparen!** save your breath [breθ]! *umgangsspr*

der **Sparer**, die **Sparerin** saver

der **Spargel** asparagus [ə'spærəgəs]

das **Sparguthaben** savings ⚠ *Plural*

das **Sparheft** (CH) bankbook, passbook

die **Sparkasse** savings bank

spärlich ① *Einkünfte, Ausbeute:* scanty ['skænti] ② *Haarwuchs, Vegetation:* sparse [spɑːs] ③ **spärlich bekleidet** scantily dressed ④ **spärlich bevölkert** sparsely populated ⑤ **ein spärlicher Gewinn** a meagre ['miːgə] profit ⑥ **spärlich vorhanden** scarce [skeəs]

die **Sparmaßnahme** cost-cutting measure [-ˌmeʒəʳ]

der **Sparpreis** budget ['bʌdʒɪt] [*oder* economy] price

sparsam ① *Mensch:* thrifty [θrɪfti] ② (*haushaltend*) economical [ˌiːkə'nɒmɪkəl] ③ **sparsam mit etwas umgehen** to use something sparingly

die **Sparsamkeit** ① *von Mensch:* thrift [θrɪft] ② (*sparsame Lebensführung*) economizing [ɪ'kɒnəmaɪzɪŋ]

das **Sparschwein** piggy bank *umgangsspr*

der **Spartarif** budget tariff (GB), budget rate (USA)

der **Spaß** ① (*Scherz*) joke; **ich hab doch nur Spaß gemacht** I was] only joking; **er versteht keinen Spaß** he can't take a joke; **ich bin nicht zu Späßen aufgelegt** I'm not in a joking mood; **Spaß beiseite!** joking apart! ② (*Vergnügen*) fun; **aus Spaß** for fun; **Schwimmen macht mir Spaß** I enjoy swimming; **viel Spaß!** enjoy yourself!; **es macht Spaß** it's fun; **du hast mir den ganzen Spaß verdorben** you've spoilt my fun!

das **Spaßbad** waterpark

spaßen ① to jest [dʒest], to joke ② **du spaßt wohl!** you must be joking! ③ **er lässt nicht mit sich spaßen** he is not to be trifled ['traɪfld] with; **damit ist nicht zu spaßen** that is no joking matter

spaßig droll [drəʊl], funny

der **Spaßverderber**, die **Spaßverderberin** spoilsport

der **Spaßvogel** joker

spät ① late ② **zu spät kommen** to be late; **ich kam zu spät fürs Kino** I was late for the cinema ③ **ich bin heute Morgen zu spät aufgestanden** I was late in getting up this morning ④ **er bezahlt seine Miete immer zu spät** he is always late with his rent ⑤ **es ist schon spät** it's getting late ⑥ **er geht sehr spät ins Bett** he keeps very late hours ⑦ **spät zu Abend essen** to have a late dinner ▶ WENDUNGEN: **besser spät als nie** better late than never

der **Spaten** spade

später ① later ② **bis später!** see you later! ③ **früher oder später** sooner or later ④ **komm um sechs und keine Minute später** come at six and no later

spätestens at the latest

die **Spätschicht** late shift

die **Spätvorstellung** late show

der **Spatz** sparrow

spazieren ① to stroll [strəʊl] ② **spazieren gehen** to go for a walk ③ **spazieren fahren** (*im Auto*) to go for a drive; (*auf Zweirad*) to go for a ride

der **Spaziergang** stroll [strəʊl], walk [wɔːk]; **einen Spaziergang machen** to go for a stroll [*oder* walk]

der **Spaziergänger**, die **Spaziergängerin** stroller [strəʊəʳ]

S

die **SPD** *Abkürzung von* **Sozialdemokratische Partei Deutschlands** SPD

der **Specht** woodpecker

der **Speck** ① (*Schweinespeck*) bacon ['beɪkᵊn] ② (*Fettpolster*) **Speck ansetzen** to put on weight

die **Speckrolle** (*umgangsspr*) roll of fat, spare tyre (GB)

der **Spediteur**, die **Spediteurin** ① (*Fuhrunternehmer*) haulage ['hɔːlɪdʒ] contractor ② (*Schiffsfracht*) shipping agent [-ˌeɪdʒᵊnt] ③ (*Möbel*) furniture ['fɜːnɪtʃəʳ] remover

die **Spedition** haulage company

die **Speditionskosten** haulage costs *Plural*

speditiv (CH) swift, speedy

das **Speerwerfen** javelin ['dʒævᵊlɪn] [throwing]

die **Speiche** spoke

der **Speichel** spittle, saliva [sə'laɪvə]

die **Speichelprobe** saliva sample

der **Speicheltest** saliva test

der **Speicher** ① (*Lager*) storehouse; (*Boden*) attic ['ætɪk], loft; **auf dem Speicher** in the loft ② (*Wasserspeicher*) reservoir ['rezəvwɑːʳ] ③ (*Computer*) memory ['memᵊri]

die **Speicherkarte** (*in der Informatik*) memory card

speichern ① to store *Waren* ② (*beim Computer*) to save (**auf** onto)

der **Speicherplatz** (*Computer*) storage space

der **Speicherstick** [-stɪk] (*in der Informatik*) memory stick

die **Speicherung** storage ['stɔːrɪdʒ]

die **Speise** ① (*Nahrung*) food [fuːd] ② (*Gericht*) dish

das **Speiseeis** ice cream

die **Speisekarte** menu ['menjuː]; **Herr Ober, bitte die Speisekarte!** excuse me, may I have the menu ['menjuː], please!

speisen ① (*essen*) to eat ② to charge *Akku*

das **Speiseöl** edible ['edɪbl̩] oil

die **Speiseröhre** oesophagus [iː'sɒfəgəs]

der **Speisewagen** dining ['daɪnɪŋ] car (GB), diner ['daɪnəʳ] (USA)

spektakulär spectacular [spek'tækjələʳ]

die **Spekulation** speculation [ˌspekjə'leɪʃᵊn]; **das sind reine Spekulationen** that's pure speculation

spekulieren ① to speculate; **über sein Alter kann man nur spekulieren** one can only speculate about his age; **an der Börse mit Aktien spekulieren** to speculate in shares on the stock market ② **auf etwas spekulieren** to have hopes of something

spendabel open-handed

die **Spende** donation [də'neɪʃᵊn]

spenden to donate; **für einen guten Zweck spenden** to give to a good cause

> **F** Nicht verwechseln mit **to spend** = ausgeben *(Geld)*!

der **Spender**, die **Spenderin** ① donator ② (*Blut-, Organspender*) donor ['dəʊnəʳ]

spendieren **jemandem etwas spendieren** to buy something for someone; **er spendierte seinen Freunden eine Runde Bier** he treated his friends to a round of beer

das **Sperma** sperm [spɜːm]

die **Sperre** ① (*Straßensperre*) roadblock ② (*Bahnhofssperre*) barrier ['bæriəʳ] (GB), gate (USA) ③ (*Blockierung*) blockade [blɒk'eɪd]

sperren ① to cut off *Licht, Gas* ② to close [kləʊz] *Straße* ③ to disqualify [dɪ'skwɒlɪfaɪ] *Sportler* ④ **einen Scheck sperren** to stop a cheque [tʃek] ⑤ **sich gegen etwas sperren** to jib [dʒɪb] at something

die **Sperrfrist** qualifying period

das **Sperrgut** bulky freight [freɪt]
sperrig bulky
der **Sperrmüll** bulky refuse ['refju:s]
die **Sperrmüllabfuhr** bulky waste collection
die **Sperrstunde** ① (*im Lokal*) closing time GB ② (*Armee*) curfew ['kɜ:fju:]
die **Spesen** expenses [ɪk'spensɪz]
die **Spezialausbildung** specialist ['speʃᵊlɪst] training
das **Spezialgebiet** special ['speʃᵊl] field
spezialisieren **sich auf etwas spezialisieren** to specialize ['speʃᵊlaɪz] in something
die **Spezialisierung** specialization [ˌspeʃᵊlaɪ'zeɪʃᵊn]
der **Spezialist**, die **Spezialistin** specialist ['speʃᵊlɪst]
die **Spezialität** speciality [ˌspeʃi'æləti], specialty ['speʃᵊlti] USA
speziell special ['speʃᵊl]
spezifisch specific [spə'sɪfɪk]
die **Spezifizierung** specification [ˌspesɪfɪ'keɪʃᵊn]
die **Sphäre** sphere [sfɪəʳ]
die **Sphinx** sphinx [sfɪŋks]
spicken ① to lard *Braten* ② (*abschreiben*) **bei jemandem spicken** to crib from someone *umgangsspr*
der **Spiegel** mirror ['mɪrəʳ]
das **Spiegelbild** ① mirror image ['ɪmɪdʒ] ② (*übertragen*) reflection [rɪ'flekʃᵊn]
das **Spiegelei** fried egg
spiegeln ① to reflect [rɪ'flekt] ② **sich spiegeln** to be reflected
die **Spiegelreflexkamera** reflex camera
der **Spiegelschrank** mirrored cabinet [*oder* wardrobe]
das **Spiel** ① (*das Spielen*) play ② (*Karten, Billard, Sport*) game; (*sportlicher Wettkampf*) match ③ (*Schach-, Kegelspiel*) set ④ **das Spiel abbrechen** to abandon [ə'bændən] play ▶ WENDUNGEN: **jemanden aus dem Spiel lassen** to keep someone out of it; **auf dem Spiel stehen** to be at stake; **etwas aufs Spiel setzen** to risk something; **jemandem das Spiel verderben** to ruin someone's plans; **leichtes Spiel mit jemandem haben** to have an easy job of it with someone; **das Spiel ist aus!** the game's up!
der **Spielautomat** slot machine [-məʃi:n]
die **Spielbank** casino [kə'si:nəʊ]
spielen ① to play ② *Schauspieler:* to act, to play ③ **der Film spielt in Amerika** the film is set in America ④ **spiel doch nicht immer den Idioten!** stop playing the idiot! ⑤ **sie spielte mit dem Gedanken, ins Ausland zu gehen** she toyed [tɔɪd] with the idea of going abroad ⑥ **seine Freude war nur gespielt** he was only pretending to be happy ⑦ **um Geld spielen** to play for money ⑧ **er spielt nur mit dir** he is just playing you along
spielend ① playing ② **das schaffen wir spielend!** we'll manage easily

der **Spieler**, die **Spielerin** ① player ② (*Glücksspieler*) gambler
spielerisch ① (*verspielt*) playful ② (*mit Leichtigkeit*) **er tat es mit spielerischer Leichtigkeit** he did it with the greatest of ease ③ (*im Sport*) **die spielerische Leistung** the playing
der **Spielerwechsel** substitution
das **Spielfeld** field, court [kɔ:t]
der **Spielfilm** feature film
der **Spielkamerad**, die **Spielkameradin** playmate
die **Spielkarte** playing card
das **Spielkasino** casino [kə'si:nəʊ]
der **Spielleiter**, die **Spielleiterin** ① (*beim Film, Theater, Fernsehen*) director ② (*im Sport*) organizer
der **Spielplatz** ① (*von Schule*) playground ② (*Sport*) playing field
der **Spielraum** scope; **wir brauchen Spielraum für Veränderungen** we need scope for changes
die **Spielregel** ① rule [of a game] ② **sich an die Spielregeln halten** to stick to the rules *auch übertragen*
die **Spielsachen** playthings, toys [tɔɪz]
der/die **Spielsüchtige** compulsive gambler
das **Spielverbot** ban; **Spielverbot haben** to be banned
der **Spielverderber**, die **Spielverderberin** spoilsport
die **Spielzeit** ① season ② (*im Sport*) playing time
das **Spielzeug** toy [tɔɪ]
der **Spieß** ① (*Waffe*) spear [spɪəʳ] ② (*für Essen*) spit ▶ WENDUNGEN: **den Spieß umdrehen** to turn the tables
spießbürgerlich narrow-minded *abwertend*
der **Spießer**, die **Spießerin** petit bourgeois [ˌpeti'bɔ:ʒwɑ:]
spießig narrow-minded *abwertend*
die **Spießigkeit** (*abwertend umgangsspr*) narrow-mindedness
der **Spinat** spinach ['spɪnɪtʃ]
die **Spinne** spider
spinnen ① to spin *Garn* ② (*verrückt sein*) to be mad *umgangsspr;* **spinnst du?** are you crazy?; **du spinnst wohl!** you must be kidding!
der **Spinner**, die **Spinnerin** nutcase GB, screwball ['skru:bɔ:l] USA
das **Spinn(ge)webe** cobweb
der **Spion** ① spy ② (*Türspion*) spyhole
die **Spionage** espionage ['espiənɑ:ʒ]
spionieren ① to spy ② (*übertragen*) to snoop [snu:p] about
die **Spirale** ① spiral ['spaɪərᵊl] ② (*für Verhütung*) coil [kɔɪl]
die **Spirituosen** spirits
das **Spital** CH hospital ['hɒspɪtᵊl]
spitz ① pointed; *Winkel:* acute ② *Schrei:* shrill ③ (*scharf*) keen; **auf jemanden spitz sein** to be keen on someone

S

der **Spitzbart** goatee [gəʊ'tiː] GB

spitzbekommen **etwas spitzbekommen** to get wise to something

der **Spitzbube** 1 (*Schurke*) rascal ['rɑːskəl], rogue [rəʊg] 2 (*frecher Bengel*) scamp *umgangsspr*

die **Spitze** 1 (*von Gegenständen*) point; (*von Finger*) tip; (*von Gebäuden*) top 2 (*Führungsschicht*) leaders ⚠ *Plural;* (*führende Persönlichkeit*) head [hed]; **an der Spitze eines Unternehmens stehen** to be at the head of a company 3 (*Zigarettenspitze*) holder ▶ WENDUNGEN: **etwas auf die Spitze treiben** to carry something too far; **das ist ja Spitze!** that's great! 5 (*an Geweben*) lace [leɪs]

der **Spitzel** 1 (*Informant*) spy 2 (*Polizeispitzel*) police [pə'liːs] informer

spitzen 1 to sharpen *Bleistift* 2 **die Lippen spitzen** to pucker one's lips ▶ WENDUNGEN: **die Ohren spitzen** to prick up one's ears

der **Spitzenkandidat** favourite ['feɪvᵊrɪt] candidate

die **Spitzenleistung** top performance [pə'fɔːmən(t)s]

die **Spitzenqualität** top quality

der **Spitzenreiter** 1 (*Hit*) hit 2 (*im Sport*) leader ['liːdəʳ] 3 (*Verkaufshit*) top seller

spitzfindig oversubtle ['əʊvəʳˌsʌtl̩]

der **Spitzname** nickname ['nɪkneɪm]

spitzzüngig sharp-tongued [ʃɑːp'tʌŋd]

der **Splitter** 1 (*aus Holz, Metall*) splinter 2 (*Bruchstück*) fragment ['frægmənt]

der **Sponsor**, die **Sponsorin** sponsor ['spɒnsəʳ]

spontan spontaneous [spɒn'teɪniəs]

sporadisch sporadic [spə'rædɪk]; **ich gehe nur sporadisch aus** I don't go out very often

der **Sport** sport [spɔːt]; **Sport treiben** to go in for sport; **sie treibt sehr viel Sport** she does a lot of sport ▶ WENDUNGEN: **sich einen Sport aus etwas machen** to get a kick out of something

das **Sportabzeichen** sports certificate [-səˌtɪfɪkət]

die **Sportart** kind of sport; **ich liebe alle Sportarten** I like all kinds of sport

S

der **Sportbericht** sports report

das **Sportgeschäft** sports shop [*oder* USA store]

die **Sporthalle** sports hall

der **Sportlehrer**, die **Sportlehrerin** 1 (*in der Schule*) PE [ˌpiː'iː] teacher, gym [dʒɪm] teacher 2 (*in Verein*) sports instructor

der **Sportler** sportsman

die **Sportlerin** sportswoman

sportlich 1 (*trainiert*) athletic [æθ'letɪk] 2 *Erfolg:* sporting 3 *Auto:* sporty 4 **sportliche Kleidung** casual wear ['kæʒjuəlˌweəʳ]

die **Sportnachrichten** (*in Zeitung*) sports news

der **Sportplatz** sports field GB, sporting ground USA; (*in der Schule*) playing field

die **Sportveranstaltung** sport[ing] event

der **Sportverein** sports club

der **Sportwagen** sports car; (*Zweisitzer*) open two-seater GB, roadster ['rəʊdstəʳ] USA

der **Spott** 1 mockery 2 (*Verachtung ausdrückend*) derision [dɪ'rɪʒᵊn]

spotten to mock

> **F** Nicht verwechseln mit **to spot** = entdecken!

spöttisch 1 (*spottend*) mocking 2 (*satirisch*) satirical [sə'tɪrɪkᵊl]

sprachbegabt **sprachbegabt sein** to be good at languages

die **Sprache** 1 language ['læŋgwɪdʒ] 2 (*Sprechweise*) speech 3 **etwas zur Sprache bringen** to mention something 4 **wir sprechen die gleiche Sprache** we speak the same language ▶ WENDUNGEN: **mir verschlug es die Sprache** it took my breath away

der **Sprachfehler** speech defect [-ˌdiːfekt]

die **Sprachkenntnisse** linguistic proficiency [lɪŋ'gwɪstɪkˌprə'fɪʃᵊnsi] *Singular;* **Bewerber mit deutschen Sprachkenntnissen** applicants with a knowledge of German

der **Sprachkurs** language ['læŋgwɪdʒ] course

die **Sprachlehre** grammar

der **Sprachlehrer**, die **Sprachlehrerin** language ['læŋgwɪdʒ] teacher

sprachlos 1 **einfach sprachlos sein** to be simply speechless 2 **jemanden sprachlos machen** to strike someone dumb [dʌm]

das **Sprachstudium** course of study in languages

die **Sprachwissenschaft** linguistics [lɪŋ'gwɪstɪks] ⚠ *mit Singular*

der/das **Spray** [ʃpreː] spray

sprechen 1 to speak [spiːk] (**mit** to/with, **über** of/about); **sprichst du Deutsch?** do you speak German?; **mit dir spreche ich nicht mehr!** I'm not speaking to you!; **antworte, wenn man mit dir spricht!** speak when you're spoken to!; **kann ich bitte Herrn X. sprechen?** could I talk to Mr X please? 2 (*sich unterhalten*) to talk [tɔːk] (**mit** with/to, **von** about/of) 3 **es spricht vieles dafür, dass ...** there's every reason to believe that ...; **was spricht dagegen?** what's there to be said against it?; **das spricht für sich** that speaks for itself 4 **kann ich dich einen Moment sprechen?** can I see you for a moment? 5 **er hat davon gesprochen, dass er ins Ausland fahren will** he's been talking of going abroad 6 **er ist nicht zu sprechen** he's not in ▶ WENDUNGEN: **schlecht auf jemanden zu sprechen sein** to be on bad terms with someone; **wir sprechen uns noch!** you haven't heard the last of this!

> **G** Richtiges Konjugieren von **to speak**: speak, spoke, spoken
> *she can speak fluent Italian;*
> *the nurse spoke quietly to the doctor;*
> *you should have spoken to Bill about that*

der **Sprecher**, die **Sprecherin** ① (*Redner*) speaker ② *einer Firma:* spokesperson ③ (*Ansager*) announcer [ə'naʊnˑ(t)səʳ]

das **Sprechfunkgerät** walkie-talkie [ˌwɔːki'tɔːki]

die **Sprechstunde** consulting hours [aʊəʳz] ⚠ *Plural;* **Sprechstunde samstags von ... bis ...** surgery from ... to ... on Saturdays

die **Sprechstundenhilfe** doctor's receptionist [rɪ'sepʃᵊnɪst]

das **Sprechzimmer** consulting room (GB), doctor's office (USA)

spreizen to spread *Beine*

sprengen[1] ① (*mit Sprengstoff*) to blow [bləʊ] up ② **die Bank sprengen** to break [breɪk] the bank

sprengen[2] (*besprengen*) to sprinkle; to water *Rasen*

der **Sprengkörper** explosive device [-dɪˌvaɪs]

der **Sprengstoff** explosive [ɪk'spləʊsɪv]

der **Sprengstoffanschlag** bomb [bɒm] attack

das **Sprichwort** proverb ['prɒvɜːb]

sprießen ① *Triebe:* to sprout [spraʊt] ② (*aus dem Boden sprießen*) to shoot, to spring up

der **Springbrunnen** fountain ['faʊntɪn]

springen ① to jump; **die Lokomotive sprang aus den Schienen** the engine jumped the track ② (*ins Wasser*) to dive ③ (*mit einem Satz*) to leap [liːp] ④ *Ball:* to bounce [baʊn(t)s] ⑤ (*platzen*) to burst [bɜːst]; (*Risse bekommen*) to crack; **dünnes Glas springt leicht** thin glass cracks easily

springend der springende Punkt the crucial ['kruːʃᵊl] point

der **Springer** (*beim Schach*) knight [naɪt]

der **Springer**, die **Springerin** jumper

die **Springflut** spring tide

der **Sprit** (*umgangsspr*) petrol *kein Plural*

der **Spritfresser** (*umgangsspr*) gas guzzler

die **Spritze** ① (*Instrument*) syringe [sɪ'rɪndʒ] ② **jemandem eine Spritze geben** to give someone an injection [ɪn'dʒekʃᵊn]; **eine Spritze bekommen** to get [*oder* have] an injection ③ (*Feuerspritze*) hose [həʊz]

spritzen ① to inject [ɪn'dʒekt] *Medikament* ② **jemanden spritzen** to give someone an injection ③ (*lackieren*) to spray ④ to splash *Wasser* ⑤ (*slang*) to shoot *Heroin* ⑥ (*herausspritzen*) to spurt [spɜːt]

der **Spritzer** splash

spritzig ① (*lebendig*) lively ② *Wein:* tangy ['tæŋi]

die **Spritztour** spin *umgangsspr;* **eine Spritztour machen** to go for a spin *umgangsspr*

spröde ① (*brüchig*) brittle ② *Haut:* rough [rʌf] ③ (*verschlossen*) aloof [ə'luːf]

der **Spross** ① (*bei Pflanze*) shoot, sprout [spraʊt] ② (*Nachkomme*) scion [saɪən]

die **Sprosse** (*Leitersprosse*) rung, step

der **Sprössling** (*humorvoll: Abkömmling*) offspring

der **Spruch** ① (*Ausspruch*) saying; (*Lehrspruch*) aphorism ['æfᵊrɪzᵊm] ② **das sind doch alles nur Sprüche!** that's just talk! ▶ WENDUNGEN: **Sprüche klopfen** to talk fancy *umgangsspr*

der **Sprudel** ① (*Mineralwasser*) sparkling mineral water ② (*süß*) fizzy drink

sprudeln ① *Wasser:* to bubble ② (*durch Kohlensäure*) to fizz ▶ WENDUNGEN: **vor Begeisterung sprudeln** to bubble with enthusiasm [ɪn'θjuːziæzᵊm]

die **Sprühdose** aerosol ['eərəsɒl]

sprühen ① (*auch lackieren*) to spray ② *Funken:* to fly

der **Sprung** ① jump; (*ins Wasser*) dive ② (*Riss*) crack

das **Sprungbrett** (*auch übertragen*) springboard

sprunghaft ① *Mensch:* volatile ['vɒlətaɪl] ② *Anstieg:* rapid ['ræpɪd]

die **Sprungschanze** ski jump

das **Sprungtuch** (*von Feuerwehr*) jumping sheet (GB), life net (USA)

der **Sprungturm** diving platform

die **Spucke** spittle

spucken ① (*speien*) to spit ② (*sich erbrechen*) to puke [pjuːk] *umgangsspr* ▶ WENDUNGEN: **große Töne spucken** to talk big

spuken ① to haunt [hɔːnt] ② **hier spukt's** this place is haunted

die **Spüle** sink unit

spülen ① to flush *WC* ② to wash up *Geschirr* ③ *Waschmaschine:* to rinse

der **Spülkasten** (*bei Toilette*) cistern ['sɪstən]

der **Spüllappen** dishcloth

die **Spülmaschine** dishwasher

das **Spülmittel** washing-up liquid ['lɪkwɪd]

die **Spülung** *von Toilette:* flush

das **Spülwasser** dishwater

die **Spur** ① (*Bodenabdruck*) trace; (*Fährte*) track; **jemandem auf der Spur sein** to be on someone's track ② (*winzige Menge*) trace; *von Gewürz:* touch [tʌtʃ] ③ (*Fahrbahnspur*) lane; **die Spur wechseln** to change lanes; **auf der rechten Spur fahren** to drive in the right-hand lane ▶ WENDUNGEN: **auf der falschen Spur sein** to be on the wrong track; **nicht die Spur!** not at all!

spürbar noticeable ['nəʊtɪsəbl]; **heute ist es spürbar wärmer als gestern** it's noticeably warmer than yesterday

spüren ① (*fühlen*) to feel ② **etwas zu spüren bekommen** to feel the effects of something

das **Spurenelement** trace element

der **Spürhund** ① (*für Drogen*) sniffer dog ② (*für Verschüttete*) tracker dog

spurlos ① **spurlos verschwinden** to disappear [ˌdɪsə'pɪəʳ] without a trace ② **spurlos an jemandem vorübergehen** to have no effect on someone

der **Spurt** spurt

spurten *Sportler:* to spurt [spɜ:ʳt]

das **Squash** [skvɔʃ] squash

die **Squashhalle** squash courts ⚠ *Plural*

der **Staat** ① (*Staatswesen*) state ② (*Land*) country ['kʌntri] ③ **zum Wohle des Staates** in the national interest

der **Staatenbund** confederation [of states]

staatlich ① (*staatsbezüglich*) state; (*national*) national ['næʃənəl] ② (*öffentlich*) public ['pʌblɪk] ③ **staatlich anerkannt** state-approved [ə'pru:vd]; **staatlich geprüft** state-certified ['sɜ:tɪfaɪd] ④ **staatliches Hoheitsgebiet** state territory ['terɪtəri] ⑤ **staatliche Unterstützung** state allowance [ə'laʊən(t)s]

der **Staatsakt** state ceremony [-ˌserɪməni]

der/die **Staatsangehörige** **ein deutscher Staatsangehöriger sein** to be a German national ['næʃənəl]

die **Staatsangehörigkeit** nationality [ˌnæʃən'æləti]

der **Staatsanwalt** public prosecutor [ˌpʌblɪk'prɒsɪkju:təʳ] (GB), district attorney [ə'tɜ:rni] (USA)

die **Staatsausgaben** public expenditure ⚠ *kein Plural*

der/die **Staatsbeamte**, die **Staatsbeamtin** civil servant [ˌsɪvəl'sɜ:vənt]

der **Staatsbesuch** state visit ['vɪzɪt]

der **Staatsbürger**, die **Staatsbürgerin** citizen ['sɪtɪzən]

die **Staatsbürgerschaft** nationality; **doppelte Staatsbürgerschaft** dual nationality

der **Staatsdienst** civil service [ˌsɪvəl'sɜ:vɪs]

das **Staatseigentum** state property

das **Staatsexamen** state exam[ination]

das **Staatsgebiet** national territory

das **Staatsgeheimnis** state secret ▶ WENDUNGEN: **ein Staatsgeheimnis aus etwas machen** to be very secretive ['si:krətɪv] about something

der **Staatshaushalt** national budget [-ˌbʌdʒɪt]

die **Staatskasse** treasury ['treʒəri], public purse (GB)

die **Staatskosten** public expenses *Plural;* **auf Staatskosten** at public expense

der **Staatsminister**, die **Staatsministerin** state minister

das **Staatsoberhaupt** head [hed] of state

der **Staatspräsident**, die **Staatspräsidentin** president ['prezɪdənt]

die **Staatsschuld** national debt [det]

der **Staatssekretär**, die **Staatssekretärin** state secretary (GB), undersecretary (USA)

der **Staatsstreich** coup [d'état] [ˌku:(deɪ'tɑ:)]

der **Stab** ① (*leitende Gruppe*) panel ['pænəl] ② (*Stange*) rod; (*Stock*) stick

das **Stäbchen** **mit Stäbchen essen** to eat with chopsticks ['tʃɒpstɪks]

der **Stabhochsprung** pole vault ['pəʊlvɔ:lt]

stabil ① (*nicht schwankend*) stable ② (*fest*) firm ③ *Mensch:* sturdy

stabilisieren ① to stabilize ['steɪbəlaɪz] ② to consolidate [kən'sɒlɪdeɪt] *Macht*

die **Stabilität** stability [stə'bɪləti]

der **Stachel** ① *von Pflanzen:* prickle ② (*Dorn*) thorn [θɔ:n] ③ *von Insekten:* sting ④ *von Igel:* spine

die **Stachelbeere** gooseberry ['gʊzbəri]

der **Stacheldraht** barbed wire [ˌbɑ:bd'waɪəʳ]

der **Stacheldrahtzaun** barbed-wire fence [ˌbɑ:bd'waɪəʳ]

stachelig ① *Pflanzen:* prickly, thorny [θɔ:ni] ② *Tiere:* spiny

das **Stachelschwein** porcupine ['pɔ:kjəpaɪn]

der **Stadel** (CH), (A) (*Scheune*) barn; (*Schuppen*) shed

das **Stadion** stadium ['steɪdiəm]

das **Stadium** stage; **in diesem Stadium** at this stage

die **Stadt** (*kleinere*) town; (*Großstadt*) city; **in die Stadt ziehen** to move into town/the city; **in die Stadt gehen** to go into town; **in der Stadt wohnen** to live in town/in the city; **die Stadt München** the city of Munich

der **Stadtammann** (CH) mayor [meəʳ]

die **Stadtautobahn** urban motorway

die **Stadtbevölkerung** urban population [ˌpɒpjə'leɪʃən]

die **Stadtbibliothek** city library ['laɪbrəri]

der **Städtebau** urban development [dɪ'veləpmənt]

die **Städtepartnerschaft** town twinning

der **Städter**, die **Städterin** city dweller

die **Stadtflucht** exodus ['eksədəs] from the cities

der **Stadtführer** ① (*Buch*) city guide [gaɪd] ② (*Person*) city guide [gaɪd]

das **Stadtgebiet** ① *von Kleinstadt:* municipal [mju:'nɪsɪpəl] area ② *von Großstadt:* city zone

städtisch ① town *vor Substantiv,* city *vor Substantiv* ② **die städtische Bevölkerung** the urban population; **die städtische Lebensweise** the urban way of life

die **Stadtmauer** city wall

die **Stadtmitte** town centre ['sentəʳ], downtown (USA)

der **Stadtplan** [street] map

der **Stadtrand** outskirts ⚠ *Plural* of a town/city

der **Stadtrat** (*Gremium*) town/city council ['kaʊn(t)səl]; **sie ist im Stadtrat** she's a member of the town council

der **Stadtrat**, die **Stadträtin** town/city councillor ['kaʊn(t)sələʳ]

die **Stadtrundfahrt** sightseeing tour [of a/the city/town]; **eine Stadtrundfahrt machen** to go on a sightseeing tour of the town/city

der **Stadtstreicher**, die **Stadtstreicherin** town/city vagrant, tramp

der **Stadtteil** ① part of town/the city ② (*Verwaltungsbezirk*) district

das **Stadttor** city gate

der **Stadtverkehr** city [*oder* town] traffic

die **Stadtverwaltung** town [*oder* city] council

['kaʊn(t)sᵊl], municipal [mjuː'nɪsɪpᵊl] authority

das **Stadtviertel** ① part of town ② (*Verwaltungsbezirk*) district

die **Stadtwerke** municipal services [mjuː'nɪsɪpᵊl-ˌsɜːvɪsɪz], council services ['kaʊn(t)sᵊlˌsɜːvɪsɪz] *Plural*

das **Stadtzentrum** town centre ['sentəʳ], downtown (USA)

die **Staffel** ① (*Flugstaffel*) squadron ['skwɒdrᵊn] ② (*im Sport*) relay; **Staffel laufen** to run in a relay

die **Staffelei** easel ['iːzᵊl]

der **Staffellauf** relay race ['riːleɪˌreɪs]

der **Staffelläufer**, die **Staffelläuferin** relay runner

staffeln ① to graduate ['grædʒueɪt]; to grade *Gehälter, Preise, Tarife* ② to stagger *Arbeitszeiten, Mieten*

die **Stagnation** stagnation [stæg'neɪʃᵊn]

stagnieren to stagnate [stæg'neɪt]

der **Stahl** steel; **so hart wie Stahl** as hard as steel
▶ WENDUNGEN: **Nerven aus Stahl** nerves of steel

der **Stahlbeton** reinforced [ˌriːɪn'fɔːst] concrete

stahlhart ① *Muskeln:* as hard as steel ② *Blick:* steely

der **Stahlhelm** steel helmet ['helmɪt]

die **Stahlindustrie** steel industry

das **Stahlwerk** steel mill

staken to pole; to punt *Stechkahn*

staksen ① to stalk [stɔːk] ② (*unsicher gehen*) to totter

staksig gawky [gɔːki]

der **Stall** ① (*für Pferde*) stable ② (*für Kühe*) cowshed ['kaʊʃed] (GB), cow barn (USA) ③ (*für Schweine*) pigsty ['pɪgstaɪ] (GB), [pig]pen (USA)

der **Stallknecht** stableman

der **Stamm** ① (*Baumstamm*) trunk ② (*Kundschaft*) regulars ['regjələz] ⚠ *Plural* ③ (*Volksstamm*) tribe ④ *eines Wortes:* root

die **Stammaktie** ordinary share, common stock (USA)

der **Stammbaum** ① (*Abstammung*) family tree ② *von Zuchttieren:* pedigree

das **Stammbuch** family register

stammeln to stammer

stammen ① (*abstammen*) to come [kʌm], to stem (**aus/von** from); **woher stammen Sie?** where do you come from? ② (*zeitlich*) to date (**aus/von** from); **das Bild stammt aus den frühen 70er Jahren** the picture goes [*oder* dates] back to the early seventies ③ **das Rezept stammt von meiner Tante** I've got this recipe from my aunt ④ **das Bild stammt von mir** this painting is by me

der **Stammgast** regular ['regjələʳ]

der **Stammhalter** son and heir [eəʳ]

stämmig (*kräftig*) sturdy, husky

das **Stammkapital** ordinary share capital

die **Stammkneipe** local

der **Stammkunde**, die **Stammkundin** regular customer

das **Stammlokal** favourite ['feɪvᵊrɪt] café/restaurant

der **Stammplatz** usual ['juːʒᵊl] seat

der **Stammtisch** ① (*Runde*) group of regulars ② **er ist zum Stammtisch gegangen** he's gone off for a drink with his mates [to the local]; **montags hat er seinen Stammtisch** every Monday he meets up with his mates at their local *umgangsspr*

stampfen ① (*mit dem Fuß*) to stamp; (*stapfen*) to trudge [trʌdʒ] ② (*feststampfen*) to stamp; **Kartoffeln stampfen** to mash potatoes

der **Stampfer** ① (*Kartoffelstampfer*) [potato] masher ② (*für Sand, Schotter*) tamper

der **Stand** ① (*das Stehen*) standing position ② (*Halt für Fuß*) foothold, footing ③ (*Bude, Marktstand*) booth [buːð], stand ④ (*Wasserstand*) level ⑤ (*der Sterne*) position [pə'zɪʃᵊn]; (*der Sonne*) height [haɪt] position ⑥ *von Barometer:* level; *von Thermometer:* reading ['riːdɪŋ] ⑦ (*im Sport*) score; (*Tabellenstand*) standings ⚠ *Plural* ⑧ (*Lage, Zustand*) condition [kən'dɪʃᵊn], state ⑨ (*Entwicklungsstufe*) stage; **beim jetzigen Stand der Dinge** the way things stand at the moment ⑩ (*Beruf, Gewerbe*) profession [prə'feʃᵊn], trade ⑪ (*soziale Stellung*) status ⑫ **einen schweren Stand haben** to have a tough [tʌf] job ⑬ **etwas auf den neuesten Stand bringen** to bring something up to date

der **Standard** standard ['stændəd]

die **Standardausführung** basic model

standardisieren to standardize

das **Standbein** (*beim Sport*) pivot leg

das **Ständchen** serenade [ˌserə'neɪd]; **jemandem ein Ständchen bringen** to serenade someone

der **Ständer** ① (*Gestell*) stand ② (*Erektion*) hard-on

der **Ständerat** (CH) upper chamber of the Swiss parliament ['pɑːləmənt]

das **Standesamt** registry office ['redʒɪstriˌɒfɪs]

standesamtlich eine standesamtliche Trauung a registry office wedding (GB), a civil wedding (USA); **standesamtlich heiraten, sich standesamtlich trauen lassen** to get married in a registry office

der/die **Standesbeamte**, die **Standesbeamtin** registrar [ˌredʒɪ'strɑːʳ]

standfest ① (*stabil*) stable ['steɪbl] ② (*übertragen*) steadfast ['stedfɑːst]

standhaft steadfast; **sich standhaft weigern** to staunchly ['stɔːnʃli] refuse

die **Standhaftigkeit** ① steadfastness ['stedfɑːstnəs] ② (*Entschlossenheit*) resolution [ˌrezᵊl'uʃᵊn]

standhalten ① *Bauwerk:* to hold ② (*widerstehen*) to stand firm; **der Versuchung standhalten** to resist temptation

ständig ① (*dauernd*) permanent ② (*laufend*) constant, continual [kən'tɪnjuəl]; **ein ständi-**

S

ges Einkommen a regular income ③ (*immer*) constantly; **mit ihr haben wir ständig Ärger** she's a constant nuisance

der **Standl** Ⓐ stand

das **Standlicht** sidelights ⚠ *Plural* GB, parking lights ⚠ *Plural* USA

der **Standort** ① (*Aufenthalt*) location, site ② (*Position*) position [pə'zɪʃᵊn] ③ *von Pflanzen:* habitat

die **Standpauke** **jemandem eine Standpauke halten** to give someone a telling-off

der **Standpunkt** standpoint, point of view [vjuː]; **auf dem Standpunkt stehen, dass ...** to take the view that ...; **von meinem Standpunkt aus** from my point of view

die **Standspur** hard shoulder ['ʃəʊldəʳ]

die **Standuhr** grandfather clock

die **Stange** ① (*Stab*) pole ② (*Gardinenstange, Gitterstange*) bar, rod ③ **ein Anzug von der Stange** a suit off the peg ④ **eine Stange Geld** a tidy sum ⑤ **eine Stange Zigaretten** a carton of cigarettes ▸ WENDUNGEN: **jemandem die Stange halten** to stand up for someone; **bei der Stange bleiben** to stick at it *umgangsspr*

der **Stängel** stalk [stɔːk], stem

das **Stangenbrot** French loaf

stänkern to stir [stɜːʳ] things up

das **Stanniolpapier** silver paper

stanzen ① (*ausstanzen*) to punch ② (*einstanzen*) to stamp

der **Stapel** ① (*Haufen*) pile, stack ② **vom Stapel laufen** *Schiff:* to be launched [lɔːnʃt] ③ **etwas vom Stapel lassen** (*von sich geben*) to come out with something

der **Stapellauf** launch[ing]

stapeln to stack up; **sich stapeln** to pile up

stapelweise piles [*oder* heaps] *Plural* of

stapfen to plod, to trudge [trʌdʒ]

der **Star**[1] (*Singvogel*) starling

der **Star**[2] [staːɐ̯] (*im Showgeschäft*) star

stark ① *Mensch, Kaffee, Tabak:* strong ② *Staat, Stimme:* powerful ['paʊəfᵊl] ③ (*beleibt*) large ④ *Raucher, Regen:* heavy ['hevi] ⑤ (*slang: großartig*) great [greɪt]; **ein starker Typ** a great guy ⑥ (*beträchtlich*) greatly; **er hat mich stark beeindruckt** I was greatly impressed by him ⑦ (*mit Verb*) a lot; **stark rauchen** to smoke a lot [*oder* heavily] ['hevɪli] ⑧ (*mit Adjektiv*) very; **stark gesalzen** very salty; **stark befahrene Straße** busy road; **ich bin stark erkältet** I have got a bad cold; **stark gefragt** *Ware:* in great demand ⑨ (*slang: hervorragend*) **stark singen** to be a great singer

die **Stärke** ① (*Speisestärke*) starch ② (*Kraft*) strength [streŋθ] ③ (*Intensität*) intensity ④ (*Macht*) power ⑤ *von Werkstoffen:* thickness ⑥ *einer Mannschaft, Truppe:* size ⑦ **Englisch gehört nicht [gerade] zu meinen Stärken** English is not [exactly] one of my strong points

stärken ① (*kräftigen*) to strengthen ['streŋθᵊn]; **jemandes Selbstvertrauen stärken** to give a boost to someone's confidence ② (*zu Kräften bringen*) to fortify ③ to starch *Wäsche* ④ **sich stärken** (*zu Kräften kommen*) to fortify oneself; **komm, stärk dich erst mal** come and have a bite [*oder* something] to eat

der **Starkstrom** power [*oder* heavy] current

die **Stärkung** (*Erfrischung*) refreshment [rɪ'freʃmənt]; **eine kleine Stärkung zu sich nehmen** to have a light [laɪt] snack

starr ① (*steif*) stiff (**vor** with) ② (*unbeweglich*) rigid ['rɪdʒɪd] (**vor** with) ③ (*bewegungslos*) motionless ['məʊʃᵊnləs] (**vor** with); *Blick:* fixed; **starr vor Schrecken** paralysed ['pærᵊlaɪzd] with terror ④ (*unbeugsam*) *Haltung:* intransigent [ɪn'træn(t)sɪdʒᵊnt]

starren (*starr blicken*) to stare [steəʳ] (**auf** at)

starrsinnig stubborn

der **Start** ① (*auch beim Sport*) start; **ein guter Start ins Leben** a good start in life; **einen guten/schlechten Start haben** to get off to a good/bad start ② *von Flugzeug:* take-off ③ *von Rakete:* launch [lɔːnʃ]

die **Startbahn** runway

startbereit ① (*beim Sport*) ready ['redi] to start ② *von Flugzeug:* ready for take-off ③ **bist du startbereit?** are you all set [*oder* ready] to go?

starten ① (*auch beim Sport*) to start; (*teilnehmen*) to take part; **drei Läufer/Schwimmer starteten für Deutschland** three athletes ran/swam for Germany ② *Auto, Motor, Unternehmen:* to start ③ *Flugzeug:* to take off ④ *Rakete:* to lift off ⑤ (*abreisen*) to set off (**nach** for) ⑥ to launch *Rakete, Satellit* ⑦ (*in Gang setzen*) to start *Auto*

die **Starterlaubnis** ① (*beim Sport*) permission [pə'mɪʃᵊn] to take part ② (*für Flugzeug*) clearance ['klɪərᵊn(t)s] [for take-off]

das **Starthilfekabel** jump leads [liːds] ⚠ *Plural,* jumper cables ⚠ *Plural* USA

das **Startkapital** starting capital

die **Startlinie** starting line

der **Startschuss** starting signal; **den Startschuss geben** to fire the [starting] pistol

das **Startsignal** start signal *auch übertragen* (**zu** for) ▸ WENDUNGEN: **das Startsignal geben** to give the green light (**zu** for)

das **Startup** start-up

die **Statik** ① (*von Gebäuden*) structural stability ② (*in der Technik*) statics *Singular*

die **Station** ① (*Abschnitt*) stage; (*des Lebens*) phase [feɪz] ② (*Haltestelle*) stop; **Station machen** to stop over ③ (*im Krankenhaus*) ward [wɔːd]; **auf Station zwei** in ward two

stationär ① *Abteilung:* inpatient ['ɪnˌpeɪʃᵊnt] ② **stationär behandeln** to treat in hospital

stationieren to station

S

die **Stationsschwester** ward sister

der **Statist** ① (*beim Theater*) supernumerary [ˌsuːpəˈnjuːməʳrʳi] ② (*beim Film*) extra

die **Statistik** statistics ⚠ *Plural*

statistisch statistical; **statistische Angaben** statistical returns

das **Stativ** tripod [ˈtraɪpɒd]

die **Statt** **jemanden an Kindes Statt annehmen** to adopt someone

statt instead of; **statt zur Schule zu gehen** instead of going to school

stattdessen instead [ɪnˈsted]

die **Stätte** place

stattfinden *Spiel, Treffen:* to take place; *Konzert:* to be held

stattlich ① (*ansehnlich*) *Gebäude:* stately ② *Erscheinung, Frau, Mann:* imposing ③ (*prächtig*) magnificent [mægˈnɪfɪsᵊnt] ④ (*beträchtlich*) *Summe:* considerable [kənˈsɪdᵊrebl]

die **Statue** statue [ˈstætʃuː]

die **Statur** build [bɪld], stature [ˈstætʃəʳ]

der **Status** status [ˈsteɪtəs]

das **Statussymbol** status symbol [ˈsteɪtəsˌsɪmbᵊl]

der **Stau** ① (*Verkehrsstau*) traffic jam ② (*Wasserstau*) build-up [ˈbɪldʌp]

der **Staub** dust; **Staub wischen** to dust; **Staub saugen** to vacuum [ˈvækjuːm], to hoover *umgangsspr* ▶ WENDUNGEN: **sich aus dem Staub machen** to make off, to do a runner

das **Staubecken** reservoir [ˈrezəvwɑːʳ]

stauben ① (*staubig sein*) to be dusty ② (*Staub aufwirbeln*) to make dust

staubig dusty

staubsaugen to vacuum [ˈvækjuːm], to hoover *umgangsspr*

der **Staubsauger** vacuum [ˈvækjuːm] cleaner, Hoover *umgangsspr*

das **Staubtuch** duster

die **Staubwolke** cloud of dust

die **Stauchung** compression [kəmˈpreʃᵊn]

der **Staudamm** dam

stauen ① to dam up *Wasser* ② **sich stauen** *Verkehr:* to become congested; *Menschenmenge:* to crowd; *Wasser:* to build [bɪld] up; **der Verkehr staut sich an der Ampel** there is a tailback at the traffic lights

die **Staugefahr** risk of congestion [kənˈdʒestʃᵊn]

die **Staumauer** dam wall

das **Staunen** astonishment [əˈstɒnɪʃmənt], amazement; **jemanden in Staunen versetzen** to amaze [*oder* astonish] someone; **wir sind aus dem Staunen nicht mehr herausgekommen** we could scarcely believe our ears/eyes

staunen ① to be astonished [*oder* amazed] (**über** at) ② **sie sah mich staunend an** she looked at me in astonishment ③ **da staunst du, was?** you didn't expect that, did you?; **da hat sie nicht schlecht gestaunt** she was gobsmacked *umgangsspr*

der **Stausee** reservoir [ˈrezəvwɑːʳ]

die **Stauung** ① traffic jam, tailback ② (*das Aufstauen*) build-up [ˈbɪldʌp]

das **Steak** [steːk] steak

das **Stechen** (*Schmerz*) sharp [*oder* stabbing] pain

> **G** Richtiges Konjugieren von **sting**: sting, stung, stung — *the bee stung Kate; David was stung by a wasp.*

stechen ① *Dorn:* to prick ② *Biene:* to sting; *Mücke:* to bite ③ (*mit Waffe*) to stab (**nach** at) ④ (*im Kartenspiel*) to take, to trump; **mit der Dame den Buben stechen** to take the jack with the queen ⑤ **Torf stechen** to cut peat ⑥ **in See stechen** to put to sea ⑦ **sich stechen** to prick oneself (**an** on); **ich hab mich in den Daumen gestochen!** I've pricked my thumb!

stechend ① *Blick:* piercing [ˈpɪəsɪŋ] ② *Geruch:* pungent ③ *Schmerz:* sharp

der **Stechginster** furze, gorse

die **Stechkarte** time [*oder* GB clocking] card

die **Stechmücke** gnat [næt], mosquito [mɒsˈkiːtəʊ]

die **Stechpalme** holly

die **Stechuhr** time clock

der **Steckbrief** ① (*Poster*) 'wanted' poster ② (*Beschreibung*) description [of the wanted person]

steckbrieflich **steckbrieflich gesucht werden** to be on the wanted list

die **Steckdose** socket

die **Steckdosenleiste** power strip

stecken ① (*hineintun*) to put ② (*befestigen*) to pin (**an** onto) ③ (*feststecken*) to be stuck; **steckt der Schlüssel?** is the key in the lock? ④ **was steckt dahinter?** what's behind it? ⑤ **es steckt viel Arbeit dahinter** there's a lot of work in it ⑥ **stecken bleiben** to get stuck, to stick fast; (*in einer Rede*) to falter [ˈfɔːltəʳ] ⑦ **die Kugel blieb ihr im Arm stecken** the bullet lodged in her arm ⑧ **den Schlüssel stecken lassen** to leave the key in the lock

der **Stecken** (*Stock*) stick

der **Stecker** plug

die **Stecknadel** pin

die **Steckrübe** swede [swiːd], turnip

der **Steckschlüssel** box spanner

der **Steg** ① (*Laufbrett*) gangplank ② (*Fußgängerbrücke*) footbridge [ˈfʊtbrɪdʒ] ③ (*Landesteg*) jetty [ˈdʒeti] ④ (*an Instrument*) bridge

der **Stegreif** **aus dem Stegreif** off the cuff; **aus dem Stegreif reden** to make an ad-lib [*oder* impromptu] speech [ɪmˈprɒmtjuː], to ad-lib *umgangsspr;* **aus dem Stegreif spielen** to improvise [ˈɪmprəvaɪz]

das **Stehen** **im Stehen** standing; **[zu viel] Stehen ist ungesund** standing up [for too long] is not good for you

F Nicht verwechseln mit **to stay** = bleiben!

stehen ① to stand; (*sich befinden*) *Buch im Regal:* to be; **wo stehst du?** (*mit dem Auto*) where have you parked? ② *von Kleidern:* to suit [suːt]; **das steht dir** that suits you ③ **Wache stehen** to stand guard ④ **sich gut stehen** to be well-off ⑤ **darauf steht Gefängnis** that's punishable by imprisonment; **darauf steht eine Belohnung** there's a reward for it ⑥ **wie stehst du dazu?** what's your opinion on that? ⑦ **wie steht's?** how's things?; **es steht nicht gut für ihn** things don't look too bright for him ⑧ **wo steht das?** where does it say that?; **was steht im Brief?** what does the letter say? ⑨ **mir steht's bis hier** I'm sick and tired of it ⑩ **stehen bleiben** *Fahrzeuge, Kolonne:* to come to a standstill; *Person:* to stop; (*nicht umfallen*) to remain standing; *Motor:* to cut out ⑪ **stehen lassen** (*dalassen*) to leave; (*vergessen*) to leave behind; **er ließ die Suppe stehen** he left the soup untouched ⑫ **jemanden draußen stehen lassen** to leave someone standing outside

G Richtiges Konjugieren von **to stand**: stand, stood, stood
please stand over there and wait to be called;
the guard stood by the entrance;
I have stood here for over an hour

stehend *Wasser:* stagnant ['stægnənt]
der **Stehimbiss** snack bar
der **Stehkragen** stand-up collar
die **Stehlampe** standard lamp (GB), floor lamp (USA)
die **Stehleiter** stepladder
stehlen ① to steal ② **jemandem die Zeit stehlen** to waste someone's time ③ **sich in das/aus dem Haus stehlen** to sneak into/out of the house

G Richtiges Konjugieren von **to steal**: steal, stole, stolen
he tried to steal her handbag;
he stole a glance at her across the crowded room;
someone must have stolen Sean's wallet

S

der **Stehplatz** ① (*in Bus usw.*) standing room; **einen Stehplatz haben** to have to stand ② (*für Konzert*) standing ticket
die **Steiermark** Styria ['stɪrɪə]
steif ① (*unbeweglich*) stiff; (*erstarrt*) numb [nʌm] ② (*geziert*) strained; (*förmlich*) formal ③ **steif gefroren** frozen stiff ④ **steif und fest behaupten, dass ...** to insist stubbornly that ... ⑤ **halt die Ohren steif!** keep your chin up! *umgangsspr*
die **Steifheit** ① (*Unbeweglichkeit*) stiffness ② (*Starrheit*) numbness ['nʌmnəs] ③ (*übertragen*) formality
der **Steigbügel** stirrup ['stɪrəp]
das **Steigeisen** (*zum Klettern*) crampon
steigen ① (*hinaufklettern*) to climb [klaɪm] (**auf** onto); **Treppen steigen** to climb stairs; **auf einen Baum/Berg/eine Leiter steigen** to climb [up] a tree/mountain/ladder ② **aufs Pferd steigen** to mount the [*oder* one's] horse; **aufs Fahrrad/Motorrad steigen** to get on[to] the [*oder* one's] bicycle/motorbike ③ *Preise, Temperatur:* to rise ④ *Chancen, Gehalt, Ungeduld:* to increase [ɪn'kriːs] ⑤ *Flugzeug:* to climb [klaɪm]; **sich hochschlängeln** *Straße:* to climb up ⑥ **einen Drachen steigen lassen** to fly a kite ⑦ **die Spannung steigt** the tension is mounting; **die Stimmung stieg** the mood improved ⑧ **aus dem Bett steigen** to climb out of bed; **auf die Bremse steigen** to slam on the brakes ⚠ *Plural* ⑨ (*umgangsspr: stattfinden*) **wann steigt deine Fete?** when are you having your party?
steigend ① *Inflation, Preise:* rising ② *Tendenz:* upward
steigern ① to increase [ɪn'kriːs] ② (*intensivieren*) to intensify ③ (*bei Auktionen*) to bid (**um** for) ④ **sich steigern** to increase; (*sich verbessern*) to improve [ɪm'pruːv]; **du kannst dich/er kann sich noch steigern** there's room for improvement
die **Steigerung** ① increase ['ɪnkriːs] (**um** of) ② (*Intensivierung*) intensification ③ (*Verbesserung*) improvement [ɪm'pruːvmənt]
die **Steigung** ① (*Hang*) slope ② *einer Straße:* gradient ['greɪdiənt], grade (USA)
steil steep; **steil abfallen** to plunge [plʌndʒ]
der **Steilhang** steep slope
die **Steilküste** steep coast, cliffs ⚠ *Plural*
das **Steilufer** steep bank
der **Stein** ① stone ② (*Spielstein*) piece [piːs] ③ *von Obst:* stone ▶ WENDUNGEN: **da fällt mir ein Stein vom Herzen!** that's a load off my mind!; **jemandem Steine in den Weg legen** to put obstacles ['ɒbstəklz] in someone's way; **den Stein ins Rollen bringen** to start the ball rolling; **ich hab bei ihr einen Stein im Brett** I'm well in with her
der **Steinadler** golden eagle
der **Steinbock** ① (*Tier*) ibex ['aɪbeks] ② (*Sternzeichen*) Capricorn
der **Steinbruch** quarry ['kwɒri]
der **Steinbutt** turbot ['tɜːbət]
das **Steingut** stoneware ['stəʊnweəʳ]
steinhart [as] hard as a rock *nachgestellt*
steinig stony ['stəʊni]
steinigen to stone
die **Steinkohle** hard coal
das **Steinkohlenbergwerk** coal mine, colliery ['kɒljəri]
der **Steinpilz** porcini [pɔː'tʃiːniː] mushroom
steinreich stinking [*oder* filthy] rich, loaded *um-*

gangsspr

der **Steinschlag** rockfall; **Achtung Steinschlag!** beware of falling rocks! ⚠ *Plural*

die **Steinzeit** Stone Age

der **Steinzeitmensch der Steinzeitmensch** Stone Age man

das **Steißbein** coccyx ['kɒksɪks]

die **Steißlage** (*medizinisch*) breech presentation

die **Stellage** Ⓐ shelves [ʃelvz] ⚠ *Plural,* shelving

die **Stelle** ① (*Ort*) place ② (*Fleck*) spot ③ (*Anstellung*) job; **sich um eine Stelle bewerben** to apply for a vacancy ['veɪkənsi]; **offene** [*oder* **freie**] **Stelle** vacancy ④ (*Buchstelle*) passage ['pæsɪdʒ]; (*Zitat*) quotation [kwə'teɪʃᵊn] ⑤ (*Behörde*) authority [ɔːθɒrəti], agency ['eɪdʒᵊn(t)si] USA ⑥ (*in Mathematik*) digit ['dɪdʒɪt] ⑦ **an erster Stelle** in the first place; **an meiner Stelle** in my place; **an dieser Stelle** in this place; **wenn ich an Ihrer Stelle wäre** if I were you ⑧ **an Stelle von** in place of, instead of ⑨ **zur Stelle sein** to be at hand, to be present; **sie war sofort zur Stelle** she was there like a shot ⑩ **auf der Stelle** at once; **auf der Stelle tot sein** to be dead on the spot ⑪ **auf der Stelle treten** to not get anywhere

stellen ① (*setzen, hinstellen*) to put ② (*besorgen, zur Verfügung stellen*) to provide [prə'vaɪd] ③ (*regulieren, einstellen*) to set (**auf** at); **das Radio leiser/lauter stellen** to turn the radio down/up; **eine Uhr stellen** to set a watch/clock (**auf** for) ④ **etwas kalt/warm stellen** to keep something refrigerated/heated ⑤ **eine Frage stellen** to ask a question ⑥ **sich schlafend stellen** to pretend to be asleep ⑦ **auf sich selbst gestellt sein** to have to fend for oneself ⑧ **sich in die Ecke stellen** to [go and] stand in the corner ⑨ **sich der Polizei stellen** to give oneself up to the police ⑩ **sich gut mit jemandem stellen** to get on someone's good side

der **Stellenabbau** reduction [*oder* shedding] of staff

das **Stellenangebot** job offer

die **Stellenanzeige** job advertisement, job ad *umgangsspr*

die **Stellenbeschreibung** job description

das **Stellengesuch** "employment wanted" advertisement

die **Stellensuche** job search; **auf Stellensuche sein** to be looking for a job, to be job-hunting *umgangsspr*

die **Stellenvermittlung** employment agency [ɪm'plɔɪmənt,eɪdʒᵊn(t)si]

stellenweise in places *Plural;* **stellenweise Regen** rain in places *Plural,* scattered rain; **stellenweise Nebel** patchy fog

der **Stellplatz** (*für Auto*) parking space

die **Stellung** ① (*Körperstellung*) position [pə'zɪʃᵊn] ② (*Ansehen*) standing ③ (*Rang*) status ④ (*Posten*) job, position ⑤ **zu etwas Stellung nehmen** to express one's opinion on something; **möchten Sie dazu Stellung nehmen?** would you like to comment on that?

die **Stellungnahme** statement; **eine Stellungnahme zu etwas abgeben** to make a statement on something

stellvertretend ① (*vorübergehend*) acting; **stellvertretend für** in place of, on behalf [bɪ'hɑːf] of ② *von Amts wegen:* deputy ['depjəti]; **stellvertretende Geschäftsführerin** deputy managing director; **stellvertretender Vorsitzender** vice-chairman

der **Stellvertreter**, die **Stellvertreterin** ① (*vorübergehender*) representative [,reprɪ'zentətɪv] ② (*für Arzt*) locum ③ (*amtlicher*) deputy ④ (*militärischer*) second in command

das **Stemmeisen** crowbar

stemmen ① (*hochstemmen*) to lift ② (*stützen*) to press

der **Stempel** ① stamp ② (*Stempelabdruck*) stamp ③ (*Poststempel*) postmark ④ (*Echtheitsstempel*) hallmark

stempeln ① to stamp ② (*postalisch*) to postmark

die **Stenographie** shorthand

stenographieren ① to do shorthand ② **etwas stenographieren** to take something down in shorthand

der **Stenotypist**, die **Stenotypistin** shorthand typist

die **Steppdecke** quilt [kwɪlt], comforter USA

die **Steppe** steppe [step]

steppen (*tanzen*) to tap-dance

der **Stepptanz** tap-dancing

die **Steppweste** quilted ['kwɪltɪd] waistcoat

der **Sterbefall** death [deθ]

die **Sterbehilfe** (*Euthanasie*) euthanasia [,juːθə'neɪziə]; **jemandem Sterbehilfe geben** to help someone to die

das **Sterben** death; **die Angst vorm Sterben** fear of death; **im Sterben liegen** to be dying

sterben ① to die [daɪ] (**an** of); **eines gewaltsamen/natürlichen Todes sterben** to die a violent/natural death ② (*übertragen*) **daran wirst du nicht sterben!** it won't kill you!; **ich bin vor Langeweile fast gestorben** I was bored to tears; **die ist für mich gestorben!** I'm through [*oder* I've had it] with her!

sterbenselend mir ist sterbenselend I feel wretched ['retʃɪd]

sterbenskrank mortally ['mɔːtᵊli] ill

die **Sterberate** death [*oder* mortality] rate

die **Sterbesakramente** last rites

die **Sterbeurkunde** death certificate [-sə,tɪfɪkət]

sterblich mortal; **ihre sterblichen Überreste** her mortal remains

der/die **Sterbliche** mortal

die **Sterblichkeit** mortality

die **Sterblichkeitsrate** mortality rate

das **Stereo** stereo ['steriəʊ]

die **Stereoanlage** stereo [system ['sɪstəm]]

stereotyp (*übertragen*) *Antwort, Bild:* stereotypical, stereotyped

steril sterile ['steraɪl]

die **Sterilisation** sterilization [ˌsterᵊlar'zeɪʃᵊn]

sterilisieren to sterilize ['sterᵊlaɪz]

der **Stern** (*Himmelskörper*) star ▶ WENDUNGEN: **unter einem guten Stern geboren sein** to be born under a lucky star; **es steht in den Sternen** it's in the lap of the gods; **das steht noch in den Sternen** it's still written in the stars; **nach den Sternen greifen** to reach for the stars

das **Sternbild** ① (*in Astronomie*) constellation [ˌkɒnstə'leɪʃᵊn] ② (*in Astrologie*) sign [saɪn]

das **Sternchen** (*im Text*) asterisk ['æstᵊrɪsk]

das **Sternenbanner** Star-Spangled Banner, Stars and Stripes *Plural*

sternenklar starlit; *Himmel, Nacht:* starry ['stɑːri]

sternförmig star-shaped

sternhagelvoll plastered ['plɑːstəd], legless

sternhell starlit

die **Sternschnuppe** shooting star

die **Sternsinger** carol singers

die **Sternstunde** (*übertragen*) ① (*Erfolgsmoment*) great moment [in one's life] ② **die Mondlandung war eine wahre Sternstunde der Menschheit** landing on the moon was a real turning point in the history of mankind

die **Sternwarte** observatory [əb'zɜːvətri]

das **Sternzeichen** star sign [saɪn], sign of the zodiac ['zəʊdiæk]; **was bist du für ein Sternzeichen?** what star sign are you?; **im Sternzeichen Fische geboren** born under the sign of Pisces ['paɪsiːz]

das **Stethoskop** stethoscope ['steθəskəʊp]

stetig steady [stedi]

stets (*immer*) always ['ɔːlweɪz]; **stets zu Diensten** ever at your service

das **Steuer** ① *von Auto:* steering wheel; **am Steuer sitzen** to be at [*oder* behind] the wheel ② *von Flugzeug:* controls [kən'trəʊlz] ⚠ *Plural;* **am Steuer sitzen** to be at the controls ⚠ *Plural* ③ *von Schiff:* helm; **am Steuer stehen** to be at the helm ④ **das Steuer übernehmen** to take over *auch übertragen;* **das Steuer [fest] in der Hand haben** to be [firmly] in control *übertragen*

die **Steuer** ① tax; **nach/vor Abzug der Steuern** after/before tax; **Steuern zahlen** to pay tax ⚠ *Singular;* **Steuern eintreiben/erheben/hinterziehen** to collect/levy/evade taxes ② (*umgangsspr: Behörde*) the tax people; **sie arbeitet bei der Steuer** she works at the Inland Revenue

die **Steuerbelastung** tax burden

der **Steuerberater**, die **Steuerberaterin** tax consultant [-kənˌsʌltᵊnt]

der **Steuerbescheid** tax assessment

steuerbord starboard

die **Steuereinnahmen** tax revenue ['revᵊnjuː] ⚠ *Singular*

die **Steuererhöhung** tax increase [-ˌɪnkriːs]

die **Steuererklärung** tax return [*oder* declaration] [ˌdeklə'reɪʃᵊn]; **die Steuererklärung abgeben** to submit one's tax return

der **Steuererlass** remission [rɪ'mɪʃᵊn] of tax

die **Steuerermäßigung** tax reduction

die **Steuererstattung** tax refund [-ˌriːfʌnd]

die **Steuerfahndung** investigation of tax evasion

steuerfrei exempt [ɪg'zempt] from tax *nachgestellt*

der **Steuerfreibetrag** tax-free allowance [ə'laʊən(t)s]

der **Steuerfuß** (CH) rate of taxation

die **Steuergelder** taxes

das **Steuergerät** ① controller, control unit ② (*in der Rundfunktechnik*) receiver [rɪ'siːvəʳ]

die **Steuerhinterziehung** tax evasion [ɪ'veɪʒᵊn]

die **Steuerklasse** tax category

der **Steuerknüppel** control column [-ˌkɒləm] (GB), control stick (USA)

der **Steuermann** ① helmsman ['helmzmən] ② (*Schiffsoffiziersrang*) first mate ③ (*im Rudersport*) cox[swain]

steuern ① to drive *Auto* ② to pilot *Flugzeug* ③ to steer *Schiff* ④ (*regulieren*) to control

das **Steuerparadies** tax haven

steuerpflichtig liable ['laɪəbl] to tax *nachgestellt*

der **Steuerprüfer**, die **Steuerprüferin** tax inspector

das **Steuerpult** control [kən'trəʊl] desk

das **Steuerrad** [steering] wheel

das **Steuerruder** rudder

der **Steuersatz** rate of taxation

die **Steuerschuld** tax owing *kein art*

die **Steuersenkung** tax cut

die **Steuerung** (*im Flugzeug*) controls [kən'trəʊlz] ⚠ *Plural*

der **Steuerzahler**, die **Steuerzahlerin** taxpayer

das **Steuerzeichen** (*in der Informatik*) control character [kən'trəʊlˌkærəktəʳ]

der **Steward** ['stjuːɐt] steward

die **Stewardess** ['stjuːɐdɛs] stewardess

stibitzen to nick, to pinch

der **Stich** ① (*Nadelstich*) prick; (*Messerstich*) stab ② *einer Mücke:* bite; *einer Biene:* sting ③ (*Nähstich*) stitch ④ (*Schmerz*) piercing ['pɪəsɪŋ] pain; **Stiche in der Seite haben** to have a stitch ⚠ *Singular* ⑤ (*Kupferstich*) engraving ⑥ **die Milch hat einen Stich** the milk's gone off ▶ WENDUNGEN: **jemanden im Stich lassen** to let someone down; **du hast wohl einen Stich!** you must be nuts!

sticheln (*übertragen*) to make sneering remarks *Plural* (**gegen** about)
der **Stichentscheid** (*in der Politik*) casting vote
die **Stichfrage** tiebreak question ['taɪbreɪk]
stichhaltig 1 *Argument, Grund:* sound, valid 2 *Beweis:* conclusive [kən'klu:sɪv]
stichhältig Ⓐ sound, valid
die **Stichprobe** spot check; **Stichproben machen** to do [*oder* carry out] spot checks
der **Stichpunkt** note, keyword
der **Stichtag** qualifying ['kwɒlɪfaɪɪŋ] date
die **Stichwaffe** stabbing weapon ['wepən]
das **Stichwort** 1 (*im Wörterbuch*) headword ['hedwɜ:d] 2 (*schriftliches*) keyword; **sich ein paar Stichworte aufschreiben** to jot down [*oder* take] a few notes 3 (*im Theater*) cue [kju:]
die **Stichwunde** stab wound [wu:nd]
sticken to embroider [ɪm'brɔɪdəʳ]
stickig (*muffig*) close [kləʊs], stuffy
die **Sticknadel** embroidery needle [ɪm'brɔɪdəri]
das **Stickoxid**, das **Stickoxyd** nitric oxide [ˌnaɪtrɪk'ɒksaɪd]
der **Stickstoff** nitrogen ['naɪtrədʒən]
der **Stiefbruder** stepbrother
der **Stiefel** boot ▶WENDUNGEN: **das sind zwei Paar Stiefel** they are quite different
die **Stiefeltern** step-parents
das **Stiefkind** stepchild
die **Stiefmutter** stepmother
das **Stiefmütterchen** (*Pflanze*) pansy ['pænzi]
die **Stiefschwester** stepsister
der **Stiefsohn** stepson
die **Stieftochter** stepdaughter ['stepˌdɔ:təʳ]
der **Stiefvater** stepfather
die **Stiege** (*schmale Treppe*) narrow flight of stairs
das **Stiegenhaus** Ⓐ staircase
der **Stieglitz** goldfinch
der **Stiel** 1 (*Griff*) handle 2 (*Besenstiel*) broomstick 3 *von Glas:* stem 4 *von Pflanze:* stalk [stɔ:k]; (*Stängel*) stem 5 **Eis am Stiel** ice lolly
die **Stielaugen** **Stielaugen bekommen** [*oder* **machen**] to gape; **er hat vielleicht Stielaugen gemacht!** his eyes nearly popped out of his head!
der **Stier** 1 (*Rind*) bull 2 (*Sternzeichen*) Taurus ['tɔ:rəs] ▶WENDUNGEN: **den Stier bei den Hörnern packen** to take the bull by the horns
stieren to stare [steəʳ] (**auf** at)
der **Stierkampf** bullfight ['bʊlfaɪt]
der **Stierkämpfer**, die **Stierkämpferin** bullfighter ['bʊlfaɪtəʳ]
der **Stift** 1 (*Bleistift*) pencil ['pen(t)səl]; (*Kugelschreiber*) pen; (*Malstift*) crayon ['kreɪɒn] 2 (*Holzstift*) peg; (*Nagel*) tack
das **Stift** (*Theologiestift*) seminary ['semɪnəri]
der **Stifteköcher** desk tidy
stiften 1 (*geben, schenken*) to donate [də'neɪt] 2 (*gründen*) to found 3 (*verursachen*) to bring about, to cause [kɔ:z]; **Frieden stiften** to make peace; **Unfrieden stiften** to sow discord
der **Stifter**, die **Stifterin** 1 (*Schenkender*) donator 2 (*Gründer*) founder
die **Stiftskirche** collegiate [kə'li:dʒiət] church
die **Stiftung** 1 (*Schenkung*) donation [də'neɪʃən] 2 (*Gründung*) foundation
der **Stil** style [staɪl]; **alles in großem Stil tun** to do everything on a grand scale
stilgetreu in the original style
stilisieren to stylize
stilistisch stylistic [staɪ'lɪstɪk]; **dein Aufsatz ist stilistisch gut** your essay is stylistically very good
still 1 (*ruhig*) quiet, silent; **sei still!** be quiet!; **still werden** to go quiet, to fall silent 2 (*unbewegt*) still [stɪl]; **bleib/halt still!** keep still!, don't move! 3 *Gesellschafter, Teilhaber:* dormant, silent 4 **sich im Stillen denken** to think to oneself
die **Stille** 1 (*Ruhe*) quietness ['kwaɪətnəs]; **er wurde in aller Stille begraben** he was given a quiet burial 2 (*Schweigen*) silence ['saɪlən(t)s] 3 *von Luft:* stillness
stillen 1 (*befriedigen*) to satisfy ['sætɪsfaɪ] 2 to quench [kwenʃ] *Durst* 3 to satisfy *Hunger, Neugierde, Verlangen* 4 to ease [i:z] *Schmerz* 5 to staunch [stɔ:nʃ] *Blut* 6 to breast-feed *Baby*
stillhalten 1 to keep still 2 (*schweigen*) to keep quiet [kwaɪət]
das **Stillleben** (*in Malerei*) still life
stilllegen 1 to shut down *Betrieb* 2 to lay up *Fahrzeug*
stillliegen 1 *Verkehr:* to have come to a standstill 2 *Fabrik:* to be shut down
stillschweigend **stillschweigendes Einvernehmen** tacit ['tæsɪt] understanding; **stillschweigendes Übereinkommen** tacit agreement
stillsitzen to sit still
der **Stillstand** 1 (*Halt*) standstill 2 **zum Stillstand kommen** *Verkehr, Wirtschaft:* to come to a standstill; *Blutung, Maschine, Motor:* to come to a stop 3 **zum Stillstand bringen** to bring to a stop [*oder* standstill] *Verkehr, Wirtschaft;* **die Produktion zum Stillstand bringen** to bring production to a standstill 4 (*Unterbrechung*) interruption [ɪntə'rʌpʃən]
stillstehen 1 to be at a standstill 2 (*stehen bleiben*) to stop; **die Zeit schien stillzustehen** time seemed to be standing still
das **Stilmöbel** period ['pɪəriəd] furniture ⚠ *Singular*
die **Stimmabgabe** **die Stimmabgabe** voting
die **Stimmbänder** vocal cords
stimmberechtigt entitled [ɪn'taɪtl̩d] to vote *nachgestellt;* **nicht stimmberechtigt** non-voting

S

der/die **Stimmberechtigte** person entitled [ɪn'taɪt|d] to vote
die **Stimmbeteiligung** (CH) poll
der **Stimmbruch** **er ist im Stimmbruch** his voice is breaking
der **Stimmbürger**, die **Stimmbürgerin** (CH) person entitled [ɪn'taɪt|d] to vote
die **Stimme** 1 voice; **mit tiefer Stimme** in a deep voice 2 (*Wahlstimme*) vote; **jemandem seine Stimme geben** to give one's vote to a person; **er gewann mit einer Mehrheit von 150 Stimmen** he won by 150 votes 3 (*in Musik*) part 4 (*Pressestimme*) comment
stimmen 1 (*richtig sein*) to be right; (*wahr sein*) to be true; **stimmt das?** is that true [*oder* right] [*oder* correct]?; **stimmt's?** right?; **stimmt!** right!; **stimmt's oder hab' ich Recht?** am I right or am I right? 2 **stimmt so!** (*beim Geben von Trinkgeld*) keep the change! 3 **das stimmt nicht** that's wrong 4 (*abstimmen*) to vote (**für** for, **gegen** against); **mit Ja/Nein stimmen** to vote for/against 5 **ein Instrument [höher/niedriger] stimmen** to tune an instrument [up/down] 6 **bei dem stimmt's wohl nicht!** he's got a screw loose!
die **Stimmengleichheit** tie; **bei Stimmengleichheit** in the event of a tie
die **Stimmenmehrheit** majority [mə'dʒɒrəti] of votes; **über eine Stimmenmehrheit verfügen** to have the majority
die **Stimmenthaltung** abstention
der **Stimmenverlust** loss of votes
die **Stimmgabel** tuning fork
stimmhaft *Konsonant:* voiced
stimmig *Argument:* coherent [kə'hɪərᵊnt]
die **Stimmlage** register ['redʒɪstəʳ]
stimmlos *Konsonant:* unvoiced [ʌn'vɔɪst]
das **Stimmrecht** right to vote
die **Stimmung** 1 (*Gemütsstimmung*) mood; **in guter/schlechter Stimmung sein** to be in a good/bad mood; **ich bin nicht in der richtigen Stimmung [dazu]** I'm not in the mood [for it] 2 (*Atmosphäre*) atmosphere ['ætməsfɪəʳ]; **Stimmung machen** to get things *Plural* going 3 (*der Truppe*) morale [mə'rɑːl] 4 (*öffentliche Meinung*) public opinion
die **Stimmungskanone** **sie ist eine echte Stimmungskanone** she's the life and soul of the party
das **Stimmungstief** low [period]
der **Stimmungsumschwung** 1 change of atmosphere 2 (*politisch*) swing 3 *von Börse, Markt:* change of tendency
stimmungsvoll (*idyllisch*) idyllic [ɪ'dɪlɪk]
der **Stimmzettel** ballot paper
stimulieren to stimulate
stinkbesoffen legless, sloshed

die **Stinkbombe** (*umgangsspr*) stink bomb [bɒm]
stinken to stink *auch übertragen* (**nach** of); **hier stinkt's!** what a smell [*oder* pong]! *umgangsspr* ▶ WENDUNGEN: **die ganze Sache stinkt!** the whole business stinks!; **mir stinkt's!** I'm fed up [*oder slang* pissed off]!; **mir stinkt es, dass ...** it pisses me off that ... *slang*

> **G** Richtiges Konjugieren von **to stink**: stink, stank, stunk
> *those dustbins stink!;*
> *the blocked drains stank of sewage;*
> *the harbour area has always stunk of fish*

stinkfaul bone idle ['aɪd|]
stinkig 1 smelly 2 (*übertragen: verärgert*) pissed off *slang;* **sei doch nicht so stinkig!** don't be like that!
stinklangweilig dead boring
stinknormal perfectly ordinary ['ɔːdᵊnᵊri]
stinkreich stinking rich
stinksauer fuming
das **Stinktier** skunk
stinkvornehm [dead] posh
die **Stinkwut** **eine Stinkwut haben** to be livid (**auf** with)
das **Stipendium** 1 (*als Auszeichnung*) scholarship ['skɒləʃɪp] 2 (*Studienbeihilfe*) grant
die **Stirn** forehead ['fɔːhed], brow; **hohe/niedrige Stirn** high/low forehead; **die Stirn runzeln** to frown ▶ WENDUNGEN: **jemandem/etwas die Stirn bieten** to defy someone/something
das **Stirnband** headband
die **Stirnhöhle** frontal sinus
die **Stirnhöhlenvereiterung** sinusitis [ˌsaɪnə'saɪtɪs]
das **Stirnrunzeln** frown
stöbern to rummage ['rʌmɪdʒ] (**nach** for)
stochern 1 to poke (**in** at) 2 **im Essen stochern** to pick at one's food 3 **im Feuer stochern** to poke the fire
der **Stock** 1 stick; (*Spazierstock*) cane; **am Stock gehen** to walk with a stick 2 (*Billardstock*) cue [kjuː] 3 (*Stab*) staff 4 (*Stockwerk*) floor [flɔːʳ], storey (GB), story (USA); **im ersten Stock** on the first [*oder* (USA) second] floor; **einen Stock höher/tiefer** one floor up/down ▶ WENDUNGEN: **am Stock gehen** (*umgangsspr*) to be on one's last legs
stockbesoffen pissed *slang*
das **Stockbett** bunk bed
stockdunkel pitch-dark
der **Stöckelschuh** stiletto [stɪ'letəʊ]
stocken 1 (*zögern*) to hesitate ['hezɪteɪt] 2 (*innehalten*) to break off, to stop short; **mir stockte das Herz** my heart skipped a beat 3 (*nicht weitergehen*) to make no progress ['prəʊgres]; *Verkehr:* to be halted ['hɔːltɪd] 4 **ins Stocken geraten** to begin to flag
stockend hesitant ['hezɪtənt]
das **Stockerl** (A) (*Hocker*) stool

S

der **Stockfisch** dried cod
stockkonservativ arch-conservative [ˌɑːtʃkən-ˈsɜːvətɪv], ultra conservative
stocknüchtern stone-cold sober [ˈsəʊbəʳ]
stocksauer pissed off (GB) *slang* (**auf** with), dead mad *umgangsspr* (**auf** at)
stocksteif stiff as a poker
die **Stockung** ① *von Verhandlungen:* breakdown ② (*Unterbrechung*) interruption ③ *von Verkehr:* traffic jam
das **Stockwerk** floor [flɔːʳ], storey (GB), story (USA); **im oberen Stockwerk** upstairs; **ein Stockwerk höher/tiefer** one floor up/down
der **Stockzahn** (A), (CH) (*Backenzahn*) molar [ˈməʊləʳ], back tooth
der **Stoff** ① (*Gewebe*) fabric, material [məˈtɪəriəl]; **aus was für einem Stoff ist das Kleid?** what material is the dress [made of]? ② (*Materie, Unterrichtsstoff*) [subject] matter; (*Thema*) topic ③ (*Gesprächsstoff*) subject ④ (*slang: Rauschgift*) dope, stuff; **sich Stoff beschaffen** to score some stuff ⑤ (*Substanz*) substance [ˈsʌbstᵊn(t)s]
das **Stofftier** soft toy
der **Stoffwechsel** metabolism [məˈtæbᵊlɪzᵊm]
stöhnen to groan
der **Stollen¹** (*Kuchen*) fruit [fruːt] loaf (GB), stollen (USA) (*sweet bread made with dried fruit often with marzipan in the centre, eaten at Christmas*)
der **Stollen²** (*Bergbau*) gallery
stolpern to stumble, to trip (**über** over) ▶ WENDUNGEN: **über etwas stolpern** (*etwas entdecken*) to stumble across something
der **Stolperstein** stumbling block
der **Stolz** pride; **ihr ganzer Stolz** her pride and joy
stolz ① proud (**auf** of); **zu stolz sein, etwas zu tun** to have too much pride to do something; **darauf kannst** [*oder* **darfst**] **du stolz sein** that's something to be proud of; **das ist nichts, worauf man stolz sein kann** that's nothing to be proud of ② (*imposant*) majestic [məˈdʒestɪk], stately ③ *Preis, Summe:* princely
stolzieren ① (*hochmütig*) to stalk [stɔːk] ② (*angeberisch*) to strut
der **Stopfen** stopper; (*Korken*) cork
stopfen ① to fill *Loch, Lücke, Pfeife* ② (*hineinstopfen*) to stuff ③ to darn; to mend *Strümpfe* ④ (*zustopfen*) to plug; to stop up *auch Leck* ⑤ *Essen:* to be filling ▶ WENDUNGEN: **jemandem den Mund stopfen** to silence [ˈsaɪləns] someone
das **Stopfgarn** darning cotton [*oder* thread]
die **Stopfnadel** darning needle
der **Stopp** (*Halt*) halt, stop
der **Stoppelbart** stubbly beard
das **Stoppelfeld** stubble field
stoppelig stubbly
stoppen ① (*anhalten*) to stop; **stopp!** stop right there! ② (*mit der Stoppuhr*) **jemanden stoppen** to time someone
das **Stoppschild** stop sign [saɪn]
die **Stopptaste** stop button
die **Stoppuhr** stopwatch
der **Stöpsel** ① (*Pfropfen*) stopper ② (*für Wasserbecken*) plug ③ (*übertragen: kleiner Junge*) runt, shortie
der **Stör** sturgeon [ˈstɜːdʒᵊn]
der **Storch** stork
stören ① to disturb *Frieden, Schlaf;* to spoil *Harmonie, Verhältnis* ② (*unangenehm berühren*) to disturb; **was mich an ihr stört, ist ...** what I don't like about her is ... ③ (*lästig sein*) to bother; **störe ich?** am I intruding?; **ich hoffe, ich störe [Sie] nicht** I hope I'm not bothering you; **stört es dich, wenn ich rauche?** do you mind if I smoke?; **das stört** this is annoying ④ (*unterbrechen*) to interrupt; (*stärker*) *Schüler:* to disrupt; **darf ich kurz stören?** may I interrupt you for a moment? ⑤ (*im Weg sein*) to be in the way; **du störst** you're in the way ⑥ **bitte nicht stören** please do not disturb ⑦ **etwas als störend empfinden** to find something bothersome [ˈbɒðəsᵊm]
der **Störenfried** troublemaker [ˈtrʌblˌmeɪkəʳ]
stornieren **einen Auftrag stornieren** to cancel an order; **eine Buchung stornieren** to reverse [rɪˈvɜːs] an entry
die **Stornierung** *eines Auftrags:* cancellation [ˌkæn(t)sᵊlˈeɪʃᵊn]; *einer Buchung:* reversal [rɪˈvɜːsᵊl]
der **Storno** reversal
störrisch ① obstinate [ˈɒbstɪnət], stubborn ② *Kind:* refractory [rɪˈfræktᵊri] ③ *Pferd:* restive ④ **störrische Haare** unmanageable [ʌnˈmænɪdʒəbl] hair ⚠ *Singular*
die **Störung** ① (*Beeinträchtigung*) disturbance [dɪˈstɜːbᵊn(t)s] ② (*Unterbrechung*) disruption [dɪsˈrʌpʃᵊn]; **entschuldigen Sie bitte die Störung!** pardon the intrusion! ③ (*im Radio*) interference [ˌɪntəˈfɪərᵊn(t)s] ④ (*in Gerät, Maschine*) trouble [ˈtrʌbl]; (*Fehler*) fault [fɔːlt]; **eine Störung beseitigen** to remove a fault
der **Störungsdienst** faults service
störungsfrei trouble-free; *Radio:* free from interference [ˌɪntəˈfɪərᵊn(t)s] *nachgestellt*
der **Stoß** ① push, shove [ʃʌv]; **jemandem einen Stoß versetzen** to give someone a push ② (*leichter Schlag*) nudge [nʌdʒ] ③ (*Erschütterung*) shock ④ (*Stich*) stab ⑤ (*Fechtstoß*) thrust ⑥ (*Schwimmstoß*) stroke ⑦ (*Haufen*) pile; (*größerer Haufen*) stack; (*Aktenstoß*) file [of deeds]; (*Papierstoß*) bundle
der **Stoßdämpfer** shock absorber
stoßen ① *einen Stoß geben:* to push; (*leicht*) to

S

poke; (*mit der Faust*) to punch; (*mit dem Fuß*) to kick ② (*mit einer Waffe*) to thrust ③ (*Stich versetzen*) to stab ④ **sich stoßen** (*anstoßen*) to bump [*oder* knock] oneself [nɒk]; **sich den Kopf stoßen** to hit one's head; **sich an etwas stoßen** to bump against something ⑤ **an/gegen etwas stoßen** to hit/run into something ⑥ **an etwas stoßen** (*angrenzen an*) to border on ⑦ **auf Widerstand stoßen** to meet with resistance [rɪ'zɪstᵊns] ▶ WENDUNGEN: **sich an etwas stoßen** to take offence at [*oder* exception [ɪk'sepʃᵊn] to] something

die **Stoßstange** bumper

die **Stoßzeit** (*im Verkehr*) rush hour [aʊəʳ]

stottern ① *Mensch:* to stutter ② *Auto:* to splutter

die **Strafandrohung** warning of criminal proceedings [prə(ʊ)'siːdɪŋz]

die **Strafanstalt** penal ['piːnᵊl] institution

die **Strafanzeige** **Strafanzeige gegen jemanden erstatten** to bring a charge against someone

die **Strafarbeit** homework given as a punishment ['pʌnɪʃmənt], extra work (USA)

die **Strafbank** penalty bench, sin bin *umgangsspr*

strafbar punishable ['pʌnɪʃəbl]; **eine strafbare Handlung** an offence [*oder* (USA) offense]; **strafbar sein** to be an offence; **sich strafbar machen** to commit an offence

die **Strafe** ① (*Bestrafung*) punishment ['pʌnɪʃmənt]; **zur Strafe** as a punishment; **das ist die Strafe dafür, dass ...** that's the penalty you pay for ...; **seine gerechte Strafe bekommen** to get one's just deserts [dɪ'zɜːts] ⚠ *Plural* ② (*Geldstrafe*) fine; **sie musste 50 Dollar Strafe dafür zahlen** she had to pay a 50 dollar fine for it ③ (*Gefängnisstrafe*) sentence ['sentən(t)s] ④ (*im Sport*) penalty

strafen ① to punish (**für** for) ② **jemanden mit Verachtung strafen** to treat someone with contempt

der **Straferlass** ① (*Amnestie*) amnesty ['æmnəsti] ② (*Strafnachlass*) remission [rɪ'mɪʃᵊn] [of a sentence ['sentən(t)s]]

S

straff ① *Seil:* taut [tɔːt] ② *Haut:* firm ③ (*eng sitzend*) close-fitting [ˌkləʊs'fɪtɪŋ], tight [taɪt] ④ *Disziplin, Kontrolle, Organisation:* tight, strict

straffällig **straffällig werden** to commit a criminal offence

die **Straffälligkeit** delinquency, criminal activity

straffen ① (*enger machen*) to tighten ['taɪtᵊn] ② to tauten [tɔːtᵊn] *Seil* ③ **sich straffen** (*sich spannen*) to become taut

straffrei **straffrei ausgehen** [*oder* **bleiben**] to go unpunished

die **Straffreiheit** immunity from criminal prosecution

der/die **Strafgefangene** prisoner ['prɪzᵊnəʳ]

das **Strafgericht** criminal court

das **Strafgesetzbuch** criminal code

sträflich ① (*zu bestrafend*) criminal ② (*unverzeihlich*) unpardonable [ʌn'pɑːdᵊnəbl]

der **Sträfling** ① prisoner ['prɪzᵊnəʳ] ② (*Zuchthäusler*) convict ['kɒnvɪkt]

das **Strafmaß** sentence ['sentən(t)s]

strafmildernd extenuating [ɪk'stenjueɪtɪŋ]

die **Strafminute** **fünf Strafminuten erhalten** to be sent off for five minutes

die **Strafpredigt** **jemandem eine Strafpredigt halten** to give someone a dressing-down [*oder* lecture]

der **Strafprozess** criminal case, criminal proceedings [prə(ʊ)'siːdɪŋz] ⚠ *Plural*

der **Strafpunkt** penalty point

der **Strafraum** penalty area

das **Strafrecht** criminal law

strafrechtlich criminal

das **Strafregister** criminal records ['rekɔːdz] ⚠ *Plural*

der **Strafstoß** penalty kick

die **Straftat** criminal offence [*oder* (USA) offense] [ə'fen(t)s]

der **Strafverteidiger**, die **Strafverteidigerin** counsel for the defence [dɪ'fens]

der **Strafvollzug** penal system ['piːnᵊlˌsɪstəm]

der **Strafwurf** penalty throw

der **Strafzettel** ticket

der **Strahl** ① (*Lichtstrahl*) ray ② (*Elektronenstrahl*) beam ③ (*Wasserstrahl*) jet

strahlen ① *Wärme:* to radiate ['reɪdieɪt] ② *Sonne:* to shine ③ *Uran:* to be radioactive [ˌreɪdiəʊ'æktɪv] ④ *Gesicht:* to beam; **sie strahlte übers ganze Gesicht** her face was beaming with joy

die **Strahlenbelastung** radiation exposure [-ɪkˌspəʊʒəʳ]

strahlend ① *Braut:* radiant [*oder* glowing]; *Gesicht:* beaming; *Lächeln:* bright [braɪt], radiant ② *Tag:* bright [*oder* glorious ['glɔːriəs]] ③ (*radioaktiv verseucht*) radioactive

die **Strahlendosis** dose of radiation [ˌreɪdi'eɪʃᵊn]

das **Strahlenrisiko** radiation risk

der **Strahlenschutz** radiation protection

strahlensicher radiation-proof

die **Strahlentherapie** radiotherapy

strahlenverseucht contaminated [kən'tæmɪneɪtɪd] [with radiation]

die **Strahlung** radiation [ˌreɪdi'eɪʃᵊn]

strahlungsarm *Bildschirm:* low-radiation

die **Strähne** ① (*Haarsträhne*) strand ② (*gefärbte Haarsträhne*) streak, highlights ['haɪlaɪts] ⚠ *Plural;* **sich Strähnen [ins Haar] machen lassen** to have highlights ⚠ *Plural* put in[to one's hair]

stramm ① (*eng sitzend*) close-fitting [ˌkləʊz'fɪtɪŋ], tight [taɪt]; **stramm sitzen** *Kleidung:* to be a tight fit ② *Seil:* taut [tɔːt] ③ *Beine:* sturdy ['stɜːdi]

strammstehen to stand at attention

die **Strampelhöschen** rompers ⚠ *Plural*
strampeln 1 *Baby:* to thrash about; **das Baby strampelte mit den Beinen** the baby was kicking its feet 2 (*auf dem Fahrrad*) to pedal
der **Strand** 1 (*Ufer*) seashore; **am Strand** on the shore 2 (*sandiger Strand, Badestrand*) beach; **am Strand** on the beach

> **F** Nicht verwechseln mit **strand** = die [Haar]strähne; der [Woll]faden!

das **Strandcafé** seaside café
stranden *Schiff:* to be stranded, to run aground [ə'graʊnd]
der **Strandkorb** canopied ['kænəpid] beach-chair
der **Strandläufer** (*Vogel*) sandpiper
die **Strandwache er/sie ist bei der Strandwache** he/she is a lifeguard
strangulieren to strangle
die **Strapaze** hardship, strain; **die Strapazen des Alltags** the strain ⚠ *Singular* of everyday life
strapazieren 1 (*abnützen*) to wear [weəʳ] out *Möbel, Schuhe;* **das Sofa sieht sehr strapaziert aus** the sofa looks really worn 2 (*belasten*) to strain *Augen;* to be hard on *Haare, Haut;* **seine Nerven strapazieren** to strain one's nerves 3 **strapazier nicht meine Geduld!** don't test my patience to the limit!
strapazierfähig 1 *Kleidung, Teppich:* hard-wearing 2 *Schuhe:* sturdy
strapaziert 1 *Kleidung, Schuhe, Teppich:* worn 2 *Beziehung, Nerven:* strained 3 *Haare, Haut:* damaged ['dæmɪdʒd] 4 **strapaziert aussehen** to look worn out [*oder* exhausted [ɪg'zɔːstɪd]]
strapaziös tiring ['taɪərɪŋ], wearing ['weərɪŋ]
der **Straps** suspender [se'spendəʳ] belt (GB), garter belt (USA)
die **Straße** 1 street; **die Straßen von München** the streets of Munich; **auf der Straße spielen** to play in the streets ⚠ *Plural;* **durch die Straßen fahren** to drive through the streets; **über die Straße gehen** to cross the street 2 (*Verkehrsstraße*) road; **auf der Straße** on the road; **die Straße zur Post** the road to the post office; **die Straße nach London** the London road, the road to London; **über die Straße gehen** to cross the road; **eine stark befahrene Straße** a busy ['bɪzi] road 3 (*Meerenge*) straits ⚠ *Plural;* **die Straße von Dover/Gibraltar** the Straits ⚠ *Plural* of Dover/Gibraltar 4 **der Mann auf der Straße** the man in the street

> **V** **road** wird für Verkehrsstraßen außerhalb der Städte und Dörfer gebraucht: *we were on the road to London;* — **street** wird für Straßen mit Häusern und Geschäften in Städten und Dörfern gebraucht: *John met his friend in the street.*

die **Straßenarbeiten** road works
der **Straßenarbeiter**, die **Straßenarbeiterin** road worker
die **Straßenbahn** tram (GB), streetcar (USA); **mit der Straßenbahn fahren** to go by tram/streetcar
die **Straßenbahnhaltestelle** tram stop (GB), streetcar stop (USA)
die **Straßenbahnlinie** tram route [ruːt] (GB), streetcar line (USA)
das **Straßenbahnnetz** tramway system [-ˌsɪstəm] (GB), streetcar system (USA)
der **Straßenbau** road construction
der **Straßenbelag** road surfacing ['sɜːfəsɪŋ] ⚠ *kein Plural*
die **Straßenbeleuchtung** street lighting ['laɪtɪŋ]
die **Straßenbenutzungsgebühr** toll
das **Straßencafé** street cafe
die **Straßenecke** street corner; **eine Straßenecke weiter** one block [further] up
die **Straßenfeger**, die **Straßenfegerin** road sweeper
der **Straßengraben** [road] ditch
der **Straßenjunge** street urchin ['ɜːtʃɪn] (GB), dead-end kid (USA)
der **Straßenkampf** street fight [faɪt]
die **Straßenkarte** road map
die **Straßenkreuzung** crossroads ⚠ *Singular oder Plural;* **an einer Straßenkreuzung** at a crossroads
der **Straßenlärm** road noise
die **Straßenmarkierung** (*Mittellinie*) road marking
der **Straßenmusikant**, die **Straßenmusikantin** street musician [mjuː'zɪʃən], busker
der **Straßenrand** kerb [kɜːb], curb (USA)
der **Straßenräuber** mugger
die **Straßenreinigung** street cleaning
das **Straßenschild** street sign [saɪn ˌʒɪɛʟ...: street sign]
die **Straßenschlacht** street riot ['raɪət]
die **Straßensperre** roadblock
die **Straßenüberführung** 1 (*für Fahrzeuge*) flyover (GB), overpass (USA) 2 (*für Fußgänger*) pedestrian bridge [pə'destriənˌbrɪdʒ]
die **Straßenunterführung** underpass, subway
die **Straßenverhältnisse** road conditions [kən'dɪʃənz]
der **Straßenverkehr** traffic
die **Straßenverkehrsordnung** Highway Code
das **Straßenverzeichnis** street directory [dɪ'rektəri]
die **Strategie** strategy ['strætədʒi]
strategisch strategic [strə'tiːdʒɪk]
sträuben 1 *Fell, Haare:* to stand on end; **mir sträubten sich die Haare** my hair stood on end 2 **sich sträuben** *Mensch:* to be reluctant; **sich gegen etwas sträuben** to fight against something
der **Strauch** shrub; (*Busch*) bush
der **Strauß**¹ (*Blumenstrauß*) bunch of flowers *Plural*
der **Strauß**² (*Laufvogel*) ostrich
strawanzen (A) (*sich herumtreiben*) to hang

S

around

die **Strebe** ① (*Stütze, Pfeiler*) prop ② (*Verstrebung*) strut

streben (*sich mühen um*) to strive (**nach** for/after)

der **Streber**, die **Streberin** swot (GB), grind (USA)

strebsam (*fleißig*) industrious [ɪnˈdʌstriəs], ambitious [æmˈbɪʃəs]

die **Strecke**[1] ① (*Distanz*) distance [ˈdɪstᵊn(t)s]; **eine Strecke zurücklegen** to cover a distance; **es ist noch eine ganze Strecke** it's quite a long way yet ② (*in Geometrie*) line ③ (*Streckenabschnitt*) stretch ④ (*Route*) route [ruːt]; **die Strecke Stuttgart-Hamburg** the Stuttgart-Hamburg route; **es hat auf der ganzen Strecke geregnet** it rained all the way there ⑤ **der Zug hielt auf freier Strecke an** the train stopped between stations ⚠ *Plural* ⑥ (*im Sport*) track ▶ WENDUNGEN: **auf der Strecke bleiben** to fall by the wayside

die **Strecke**[2] **zur Strecke bringen** to bag *Tier;* to hunt down *Menschen*

strecken ① (*dehnen*) to stretch; **die Beine strecken** to stretch one's legs ② (*verlängern*) to eke out *Geld, Vorräte;* (*Speisen verdünnen*) to thin down ③ **die Zunge aus dem Mund strecken** to stick out one's tongue ④ **sich strecken** to have a stretch

die **Streckenstilllegung** line closure

streckenweise ① (*räumlich*) here and there ② (*zeitlich: ab und zu*) at times

der **Streckmuskel** extensor [muscle] [ɪkˈstensəʳ[ˌmʌsḷ]]

der **Streckverband** traction bandage [-ˌbændɪdʒ]

der **Streich** trick; **jemandem einen Streich spielen** to play a trick on someone ▶ WENDUNGEN: **auf einen Streich** in one go

die **Streicheleinheit** (*Zärtlichkeit*) **ich brauche ein paar Streicheleinheiten** I need some tender loving care ⚠ *Singular*

streicheln ① (*liebkosen*) to caress [kəˈres] ② (*streichen*) to stroke; **jemandem die Hände streicheln** to stroke someone's hands

streichen ① (*mit Hand, Gegenstand*) to stroke; **über etwas streichen** (*mit der Hand*) to stroke something; **sich die Haare aus der Stirn streichen** to brush one's hair out of one's face ② (*mit Farbe*) to paint ③ to spread [spred] *Butter usw.* ④ (*löschen*) to delete; **von einer Liste streichen** to cross [*oder* scratch] off a list ⑤ to cancel [ˈkæn(t)sᵊl] *Auftrag, Flug, Programm, Veranstaltung* ⑥ to cut *Gelder, Subventionen* ⑦ (*umherstreichen*) to ramble; *Verbrecher:* to prowl; **durch die Gegend streichen** to stroll around

das **Streichholz** match

die **Streichholzschachtel** matchbox

das **Streichinstrument** string[ed] instrument

der **Streichkäse** cheese spread [spred]

das **Streichquartett** string quartet [kwɔːˈtet]

die **Streichwurst** meat paste, pâté

der **Streifen** ① stripe; (*breiter*) streak [striːk] ② (*Stück*) strip ③ (*Klebestreifen*) tape

streifen ① (*leicht berühren*) to brush, to touch [tʌtʃ]; (*mit Auto, Flugzeug*) to scrape; **die Kugel streifte ihn nur/ihn nur am Kopf** the bullet only grazed him/his head ② (*hinwegstreifen*) to glide (**über** over) ③ (*im Gespräch*) to touch upon ④ **den Ring vom Finger streifen** to slip the ring off one's finger ⑤ (*angrenzen*) to border (**an** upon) ⑥ (*umherstreifen*) to ramble, to roam; **durch die Wälder streifen** to roam the woods

der **Streifendienst** patrol duty

der **Streifenwagen** patrol car (GB), squad [skwɒd] car

der **Streifschuss** graze; **einen Streifschuss abbekommen** to be grazed [by a bullet]

der **Streik** strike; **einen Streik abbrechen** to call off a strike; **einen Streik ausrufen** to call a strike; **in den Streik treten** to go on strike

der **Streikaufruf** call for strike action

der **Streikbrecher**, die **Streikbrecherin** strike-breaker

streiken ① to be on strike, to strike ② (*humorvoll*) **ich streike!** I'm out!, count me out! ③ *Gerät:* to pack up; **der Fernseher streikt mal wieder** the telly has packed up again *umgangsspr*

der/die **Streikende** striker

der **Streikposten** picket; **Streikposten aufstellen** to set up a picket line; **Streikposten stehen** to picket

das **Streikrecht** freedom to strike

der **Streit** ① (*Wortstreit*) dispute [dɪˈspjuːt], argument [ˈɑːgjəmənt]; **Streit haben** to have an argument [*oder* a row]; **ich habe Streit mit meinem Freund** my boyfriend and I are having an argument; **sie haben Streit** they're having an argument; **Streit anfangen** to start an argument; **einen Streit vom Zaun brechen** to kick up a row ② (*Gezänk*) squabble [ˈskwɒbl] ③ (*heftiger, auch handgreiflich*) fight [faɪt]

streiten ① (*zanken*) to quarrel [ˈkwɒrᵊl]; (*mit Worten*) to argue [ˈɑːgjuː] (**über** about); **mit jemandem über etwas streiten** to have an argument with someone over something ② **darüber lässt sich streiten** this is open to argument ③ **sich streiten** to quarrel; (*mit Worten*) to argue; **sie streiten sich ständig** they're constantly arguing; **wir wollen uns nicht darüber streiten** let's not have a quarrel about it

die **Streiterei** ① (*Zank*) quarrelling ② (*Wortgefecht*) arguing [ˈɑːgjuːɪŋ] ③ (*Auseinandersetzung*) argument [ˈɑːgjəmənt]

S

der **Streitfall** dispute; **im Streitfall** in case of dispute
die **Streitfrage** [disputed] issue ['ɪʃuː]
streitig ① (*juristisch*) **streitig sein** to be under dispute ② **jemandem ein Recht streitig machen** to contest someone's right to do something
die **Streitkräfte** forces ['fɔːsɪz]
streitlustig (*aggressiv*) aggressive [ə'gresɪv]
streitsüchtig quarrelsome
der **Streitwert** amount in dispute
streng ① (*unnachsichtig*) severe [sə'vɪəʳ]; **jemanden streng bestrafen** to punish someone severely ② (*unnachgiebig, ernst*) stern; **mit strenger Miene** with a stern face ③ *Kälte:* intense ④ (*bestimmt*) strict; **es wird streng auf Pünktlichkeit geachtet** they are very strict about punctuality ⑤ *Regeln:* stringent ['strɪndʒənt] ⑥ *Charakter, Sitten:* austere [ɒːs'tɪəʳ] ⑦ *Geschmack:* sharp ⑧ **streng geheim** top secret; **streng genommen** strictly speaking; **streng verboten!** strictly forbidden! ⑨ Ⓒⓗ, Ⓐ (*anstrengend*) strenuous ['strenjuəs], exhausting [ɪg'zɔːstɪŋ]
die **Strenge** ① (*Unnachsichtigkeit*) severity [sɪ'verɪti] ② (*Ernst*) sternness ③ (*von Sitten, Charakter*) austerity [ɒs'terəti] ④ (*Bestimmtheit*) strictness
der **Stress** stress [stres]; **Stress haben** to be under [a lot of] stress; **das ist so ein Stress!** this is really stressful!; **ich bin schwer im Stress** I'm really stressed out
stressen ① **jemanden stressen** to stress someone, to put someone under stress ② **gestresst sein** to be under a lot of pressure; **die Arbeit stresst mich** work is stressing me out
stressfrei stress-free
stressig stressful
streuen ① (*verstreuen*) to scatter ② (*bestreuen*) to sprinkle *Salz, Zucker* ③ to grit *Straße;* (*mit Salz*) to salt [sɒlt] ▸ WENDUNGEN: **jemandem Sand in die Augen streuen** to throw dust in someone's eyes
das **Streufahrzeug** gritter
streunen ① *Mensch:* to roam ② *Tier:* to stray; **ein streunender Hund** a stray dog
das **Streusalz** road salt
der **Streusand** grit
das **Streusel** crumble mixture
der **Streuselkuchen** crumble-topped cake
der **Strich** ① (*Pinselstrich*) stroke ② (*Linie*) line ③ (*kurzer Strich, Gedankenstrich*) dash ▸ WENDUNGEN: **jemanden nach Strich und Faden betrügen** to sell someone down the river; **jemandem einen Strich durch die Rechnung machen** to put a spoke in someone's wheel; **keinen Strich machen** to not lift a finger; **es geht mir gegen den Strich** it goes against the grain; **auf den Strich gehen** to go on the game
der **Strichcode** bar code
stricheln eine gestrichelte Linie a dotted line
der **Stricher** rent boy
der **Strichjunge** rent boy
das **Strichmädchen** streetwalker ['striːtˌwɔːkəʳ]
das **Strichmännchen** stick figure
der **Strichpunkt** semicolon [ˌsemɪ'kəʊlən]
strichweise here and there
der **Strick** cord; (*dicker*) rope ▸ WENDUNGEN: **jemandem einen Strick aus etwas drehen** to trip someone up with something; **wenn alle Stricke reißen** if all else fails
stricken to knit [nɪt]
das **Strickgarn** knitting ['nɪtɪŋ] wool
die **Strickjacke** cardigan
die **Strickleiter** rope ladder
die **Stricknadel** knitting [nɪtɪŋ] needle
die **Strickwaren** knitwear ['nɪtweəʳ] ⚠ *Singular*
das **Strickzeug** knitting
striegeln to curry *Pferd*
die **Strieme**, der **Striemen** weal
strikt strict [strɪkt]; **etwas strikt einhalten** to be strict about something
strippen to [do a] strip
der **Stripper**, die **Stripperin** stripper ['strɪpəʳ]
strittig controversial [ˌkɒntrə'vɜːʃəl], debatable [dɪ'beɪtəbl]
das **Stroh** straw [strɔː]; **aus Stroh** [made] of straw
strohblond straw-coloured; **sie ist strohblond** she is flaxen-haired
die **Strohblume** strawflower
das **Strohdach** thatched roof
der **Strohhalm** straw ▸ WENDUNGEN: **sich an einen Strohhalm klammern** to clutch at straws ⚠ *Plural*
der **Strohhut** straw hat
der **Strohmann** (*übertragen*) front man
der **Strohsack** palliasse ['pæliæs]
die **Strohwitwe** grass widow
der **Strohwitwer** grass widower ['wɪdəʊəʳ]
der **Strolch** scamp, rogue [rəʊg], bum Ⓤⓢⓐ
die **Strolchenfahrt** Ⓒⓗ joyride ['dʒɔɪraɪd]
der **Strom**¹ ① (*Fluss*) large river ② (*Strömung*) current; **mit/gegen den Strom** with/against the current ▸ WENDUNGEN: **gegen den Strom schwimmen** to go against the tide [of opinion/fashion]; **es gießt in Strömen** it's pouring ['pɔːrɪŋ] [with rain]

F Nicht verwechseln mit **stream** = der Bach!

der **Strom**² (*Elektrizität*) current; **mit Strom versorgen** to provide electricity; **etwas steht unter Strom** something is live; **ein Strom führendes Kabel** a live wire
der **Stromabnehmer**, die **Stromabnehmerin** electricity [ˌelɪk'trɪsəti] consumer

S

stromabwärts downstream
stromaufwärts upstream
der **Stromausfall** power failure ['feɪljəʳ]
strömen ① to stream ② **strömender Regen** pouring rain
die **Stromerzeugung** power generation [dʒenᵊ'reɪʃᵊn]
das **Stromkabel** power cable
der **Stromkreis** circuit ['sɜːkɪt]
das **Stromnetz** power supply system [-ˌsɪstəm]
die **Stromquelle** source [sɔːs] of power
die **Stromrechnung** electricity [ˌelɪk'trɪsəti] bill
die **Stromstärke** strength of the electric [ɪ'lektrɪk] current
der **Stromstoß** electric shock
die **Stromtankstelle** (*für Elektrofahrzeuge*) charging station
die **Strömung** ① (*in Wasser, Luft*) current ② (*Tendenz, Richtung*) trend
der **Stromverbrauch** power consumption [kən'sʌmʃᵊn]
die **Stromversorgung** power supply
der **Stromzähler** electricity [ˌelɪk'trɪseti] meter
die **Strophe** ① (*in Lied*) verse [vɜːs] ② (*in Gedicht*) stanza
strotzen to abound (**vor** with); **vor Gesundheit/Kraft strotzen** to be bursting with health/strength; **vor Fehlern nur so strotzen** to be littered with mistakes
strubbelig *Fell, Haar:* tousled ['taʊzḷd]
der **Strudel** ① (*Wasser*) whirlpool ['(h)wɜːlpuːl] ② (*übertragen*) whirl [(h)wɜːl] ③ (*Gebäck*) strudel
die **Struktur** ① structure ['strʌktʃəʳ] ② *von Gewebe:* texture ['tekstʃəʳ]
strukturell structural
strukturschwach economically underdeveloped
der **Strumpf** ① (*Herrenstrumpf*) sock ② (*Damenstrumpf*) stocking
das **Strumpfband**, der **Strumpfhalter** suspender [sə'spendəʳ] (GB), garter (USA)
die **Strumpfhose** tights [taɪts] ⚠ *Plural* (GB), pantyhose (USA); **eine Strumpfhose** a pair of tights (GB), a pantyhose (USA)
die **Strumpfwaren** hosiery ['həʊziəri] ⚠ *Singular*
struppig ① *Bart, Haare:* unkempt ② *Tier:* shaggy
die **Stube** living room; (*gute Stube*) parlour ['pɑːləʳ]
der **Stubenhocker**, die **Stubenhockerin** stay-at-home
stubenrein *Hund:* house-trained (GB), housebroken (USA)
der **Stuck** stucco
das **Stück** ① piece [piːs]; **ein Stück Brot** a piece of bread; **zwei Stück Kuchen** two pieces of cake; **ich möchte drei Stück von diesen** [*oder* **davon**] I'll take three of these; **ein Stück Seife** a bar of soap; **Stück für Stück** piece by piece ② (*Streckenabschnitt*) part; **er kam ein Stück mit** he came along part of the way; **jemanden ein Stück im Wagen mitnehmen** to give someone a lift; **ein Stück spazieren gehen** to go for a walk ③ (*Bruchstück*) fragment ['frægmənt]; **in Stücke gehen** to break into pieces; **in Stücke schlagen** to smash to pieces ④ (*Theaterstück*) play ⑤ (*musikalisch*) piece ⑥ **2 Euro das Stück** 2 euros each ⑦ **ein schönes Stück Geld** a pretty penny; **ein ganzes Stück größer** quite a bit taller ⑧ **ein freches Stück sein** to be a cheeky devil; **du mieses Stück!** (*für Mann*) you rotten bastard!; (*für Frau*) you bitch!
das **Stückchen** ① little piece [*oder* bit] ② (*des Weges*) part of the way
der **Stückpreis** price for one
die **Stückzahl** number of pieces
der **Student**, die **Studentin** student
der **Studentenausweis** student card
das **Studentenfutter** nuts and raisins *Plural*
das **Studentenheim** student hostel; (*auf dem Campus*) hall of residence ['rezɪdᵊn(t)s]
das **Studentenwerk** student union
das **Studentenwohnheim** (*auf dem Campus*) hall of residence ['rezɪdᵊn(t)s]
studentisch student *vor Substantiv*
die **Studie** ① (*Abhandlung*) essay (**über** on) ② (*Untersuchung*) report (**über/zu** on)
der **Studienanfänger**, die **Studienanfängerin** first year student
die **Studienbeihilfe** educational grant
der **Studiendirektor** deputy head, vice principal ['prɪn(t)səpᵊl] (USA)
das **Studienfach** subject ['sʌbdʒekt]
die **Studienfahrt** (*in Schule*) educational trip
die **Studiengebühren** tuition [tju'ɪʃᵊn] fee *Plural*
der **Studienplatz** place at university
der **Studienrat**, die **Studienrätin** teacher at a secondary school [skuːl]
die **Studienreise** study trip
studieren to study; **Medizin studieren** to study medicine; **sie studiert noch** she's still a student
das **Studio** studio ['stjuːdiəʊ]
das **Studium** study ['stʌdi]; **ein Studium aufnehmen** to begin one's studies ⚠ *Plural;* **sein Studium abschließen** to finish one's degree; **was macht dein Studium?** how are you getting on at university?, how are your studies coming along?
die **Stufe** ① (*Treppenstufe*) step; **Vorsicht Stufe!** mind the step! ② (*Stadium*) stage ③ (*Rang*) grade ▸WENDUNGEN: **sich mit jemandem auf eine Stufe stellen** to place oneself on a level with someone
der **Stufenbarren** asymmetric [ˌeɪsɪ'metrɪk] bars ⚠ *Plural*
stufenlos **stufenlos verstellbar** fully adjustable

[ə'dʒʌstəbl]

der **Stufenschnitt** (*Haarschnitt*) layered ['leɪəd] cut

stufenweise step by step

der **Stuhl** ① chair ['tʃeəʳ]; **ist der Stuhl noch frei?** is this chair taken? ② to electrocute someone; **das haut dich glatt vom Stuhl!** it knocks you sideways!

Stuhl

F Nicht verwechseln mit **stool** = der Hocker!

das **Stuhlbein** chair leg

die **Stuhllehne** back of a chair

die **Stulle** sandwich ['sænwɪdʒ], sarnie *umgangsspr*

stülpen **etwas über etwas stülpen** to put something over something; **nach außen stülpen** to turn inside out

stumm ① (*sprechunfähig*) mute ② (*schweigend*) silent ['saɪlənt]; **stumm dasitzen** to sit in silence

der **Stummel** stub

der **Stummfilm** silent movie ['mu:vi]

der **Stümper**, die **Stümperin** bungler, incompetent person

stümperhaft bungled; **stümperhafte Arbeit** botched job

der **Stumpf** stump

stumpf ① *Bleistift, Messer:* blunt ② *Winkel:* obtuse [əb'tju:s] ③ (*geistig abgestumpft*) dull

der **Stumpfsinn** **so ein Stumpfsinn!** how tedious! ['ti:diəs]

stumpfsinnig ① (*geistig*) mindless ② (*elend langweilig*) tedious ['ti:diəs]

die **Stunde** ① hour [aʊəʳ]; **eine halbe Stunde** half an hour; **eine Dreiviertelstunde** three quarters ⚠ *Plural* of an hour; **jede volle Stunde** every hour on the hour; **er kriegt 30 Euro die Stunde** he is paid 30 euros an hour ② (*Unterrichtsstunde*) lesson; **in der ersten Stunde habe ich Mathe** my first lesson is maths ⚠ *Singular* ▸ WENDUNGEN: **die Stunde der Wahrheit** the moment of truth

stunden **jemandem etwas/eine Schuld stunden** to give someone time to pay something/his/her debt

die **Stundenkilometer** kilometres [*oder* (USA) kilometers] per hour [kɪˌlɒmɪtəʳzpəʳaʊəʳ]

stundenlang lasting for hours [aʊəʳz]; **er telefoniert stundenlang** he's on the phone for hours

der **Stundenlohn** hourly wage [ˌaʊəli'weɪdʒ]

der **Stundenplan** timetable (GB), schedule ['ʃedju:l] (USA); **ein voller Stundenplan** a heavy timetable; **wie sieht dein Stundenplan aus?** what's your timetable like?

der **Stundensatz** hourly rate [ˌaʊəli'reɪt]

stundenweise ① *ein paar Stunden lang:* for a few hours [aʊəʳz] at a time ② (*pro Stunde*) **stundenweise bezahlt werden** to be paid by the hour ③ **eine stundenweise Beschäftigung** a casual ['kæʒjuəl] job

der **Stundenzeiger** hour [aʊəʳ] hand

stündlich ① *Bus, Zug:* hourly ['aʊəli] ② **stündlich fahren** to run every hour

der **Stunk** **Stunk machen** to kick up a row; **es gab Stunk** all hell broke loose

stupide (*geistlos*) mindless

stupsen to nudge [nʌdʒ]

die **Stupsnase** snub nose

stur ① (*eigensinnig*) stubborn; **ein sturer Bock sein** to be pig-headed ② (*unnachgiebig*) obdurate ['ɒbdjᵊrət]

die **Sturheit** ① (*Eigensinn*) stubbornness ② (*Unnachgiebigkeit*) obdurateness ['ɒbdjᵊrətnəs]

der **Sturm** ① (*Unwetter*) storm; **die Ruhe vor dem Sturm** (*auch übertragen*) the calm before the storm *auch übertragen* ② (*Angriff*) assault [ə'sɔ:lt] ③ (*beim Fußball*) forward line ▸ WENDUNGEN: **Sturm läuten** to keep one's finger on the doorbell

der **Sturmangriff** assault (**auf** on)

stürmen ① *Wind:* to blow; *Orkan:* to rage; **es stürmt!** it's blowing a gale! ② (*eilen*) to storm ③ to invade *Geschäft, Museum* ④ to storm *Bühne, Feindesstellung, Feld*

der **Stürmer**, die **Stürmerin** forward

die **Sturmflut** storm tide

sturmfrei **sturmfreie Bude haben** to have got the place to oneself

stürmisch ① *Überfahrt, Wetter:* stormy; **stürmische See** rough [rʌf] sea ② (*ungestüm*) impetuous [ɪm'petʃuəs]; *Liebhaber:* ardent, passionate ['pæʃᵊnət]; **nicht so stürmisch!** take it easy! ③ (*unausgeglichen*) *Beziehung, Ehe:* turbulent ['tɜ:bjələnt]

der **Sturmschaden** storm damage [-ˌdæmɪdʒ]

der **Sturmvogel** petrel ['petrᵊl]

die **Sturmwarnung** gale warning

der **Sturz** ① (*Hinfallen*) fall ② *einer Regierung:* overthrow ['əʊvəθrəʊ]; *eines Politikers:* downfall ③ *einer Währung:* collapse [kə'læps]

S

stürzen ① (*kippen*) to turn upside down ② to overthrow [ˌəʊvəˈθrəʊ] *Regierung* ③ (*fallen*) to fall [down], to tumble; **sie ist gestürzt** she fell [*oder* had a fall]; **ins Meer stürzen** *Auto, Flugzeug:* to crash into the sea ④ (*rennen*) **er kam ins Zimmer gestürzt** he came bursting into the room ⑤ *Regierung:* to fall ⑥ **sich auf jemanden stürzen** to rush upon someone ⑦ **sich auf die Arbeit stürzen** to throw oneself into work; **sich auf die Zeitung stürzen** to grab the newspaper; **sich in Schulden stürzen** to plunge into debt ⚠ *Singular;* **sich ins Unglück stürzen** to plunge into misery; **sich in Unkosten stürzen** to go to great expense ⚠ *Singular*

der **Sturzflug** nosedive

der **Sturzhelm** crash helmet

der **Stuss** (*umgangsspr*) rubbish; **so ein Stuss!** what a load of rubbish!

die **Stute** mare [meəʳ]

der **Stutz** Ⓒ (*steiles Wegstück*) steep slope

die **Stütze** ① support; (*Pfeiler*) pillar ② (*Hilfe*) aid, help; **er ist mir eine große Stütze** he is my mainstay ③ (*slang: Arbeitslosenunterstützung*) dole money; **von der Stütze leben** to be on the dole

der **Stutzen** connecting piece

stutzen[1] (*beschneiden*) to trim; to clip *Flügel, Hecke*

stutzen[2] ① (*zögern*) to hesitate [ˈhezɪteɪt] ② (*stehen bleiben*) to stop short ③ (*zweimal hinschauen*) to do a double take

stützen ① to support; (*abstützen*) to shore up ② (*finanziell*) to back ③ (*übertragen*) to back up ④ **sich stützen** to lean (**auf** on) ⑤ **sich stützen** *Verdacht:* to be based (**auf** on)

stutzig **jemanden stutzig machen** to make someone suspicious [səˈspɪʃəs]; **stutzig werden** to begin to wonder

die **Stützmauer** supporting wall

der **Stützpunkt** base

S

das **Styropor**® polystyrene [ˌpɒlɪˈstaɪriːn]

das **Subjekt** subject [ˈsʌbdʒekt]

subjektiv subjective [səbˈdʒektɪv]

die **Subkultur** subculture [ˈsʌbˌkʌltʃəʳ]

das **Substantiv** noun

die **Substanz** ① (*Stoff*) substance [ˈsʌbstənts] ② (*innerer Gehalt*) essence [ˈesən(t)s] ③ **seine ewige Kritik geht mir langsam an die Substanz** his constant criticism is beginning to get to me

subtrahieren to subtract

die **Subtraktion** subtraction [səbˈtrækʃən]

subtropisch subtropical

der **Subunternehmer**, die **Subunternehmerin** subcontractor [ˌsʌbkənˈtræktəʳ]

die **Subvention** (*vom Staat*) subsidy [ˈsʌbsɪdi]

subventionieren to subsidize [ˈsʌbsɪdaɪz]; **staatlich subventioniert** state-subsidized

die **Suchaktion** search [sɜːtʃ]; **eine Suchaktion durchführen** to carry out a search

die **Suche** search (**nach** for); **auf der Suche sein** to be looking (**nach** for); **auf die Suche nach etwas/jemandem gehen** to go in search of something/someone; **sich auf die Suche nach etwas machen** to start looking for something; **vergebliche Suche** wild goose chase

suchen ① to look; (*intensiver*) to search (**nach** for) ② (*humorvoll*) **du wirst gesucht** you're wanted; **da kannst du lange suchen!** you'll never find it! ③ **Streit suchen** to be looking for trouble; **Abenteuer suchen** to go out in search of adventure ④ **sein Recht suchen** to seek redress; **seinen Vorteil suchen** to look out for oneself; **Schutz/Zuflucht suchen** to seek shelter/refuge ⑤ **was suchst du hier?** what are you doing here?; **du hast hier nichts zu suchen** you've got no business being here

der **Sucher** *von Kamera:* viewfinder

die **Suchfunktion** (*im Internet*) search function

das **Suchgerät** locating equipment

der **Suchlauf** search

die **Suchmaschine** (*im Internet*) search engine

der **Suchscheinwerfer** searchlight

die **Sucht** ① (*medizinisch*) addiction [əˈdɪkʃən] (**nach** to) ② (*übertragen*) obsession [əbˈseʃən] (**nach** with); **es wird bei ihm zur Sucht** it is becoming an obsession with him

die **Suchtgefahr** danger [ˈdeɪndʒəʳ] of addiction

süchtig ① addicted (**nach** to), hooked *umgangsspr* (**nach** on) ② **etwas macht süchtig** something is addictive; **davon wirst du süchtig** that's addictive

der/die **Süchtige** addict [ˈædɪkt]

die **Suchtklinik** addiction clinic

der/die **Suchtkranke** addict

das **Suchtmittel** addictive substance [ˈsʌbstən(t)s]

Süd south [saʊθ]; **Hamburg Süd** South Hamburg

Südafrika South Africa

der **Südafrikaner**, die **Südafrikanerin** South African

südafrikanisch South African

Südamerika South America

der **Südamerikaner**, die **Südamerikanerin** South American

südamerikanisch South American

Sudan [**der**] **Sudan** [the] Sudan [suːˈdɑːn]

das **Süddeutsch** South German

der/die **Süddeutsche** South German

Süddeutschland South Germany

der **Süden** ① (*Himmelsrichtung*) south; **im Süden von ...** in the south of ...; **aus dem** [*oder* **von**] **Süden** from the south; **nach Süden** south; *Verkehr:* southbound ② (*Landesteil*) South; **im Süden Deutschlands** in the South of [*oder* in

Southern] Germany; **ich komme aus dem Süden** I'm from the South
Südengland the South of England
Südeuropa Southern Europe
die **Südfrüchte** citrus ['sɪtrəs] and tropical fruit ⚠ *Singular*
die **Südhalbkugel** southern hemisphere ['hemɪsfɪəʳ]; **auf der Südhalbkugel** in the southern hemisphere
Südkorea South Korea
die **Südküste** south coast
südlich ① southern ['sʌðən] *vorangestellt;* **Wind aus südlicher Richtung** southerly wind; **in südlicher Richtung** southwards; *Verkehr:* southbound ② **südlich von** to the south of; **weiter südlich sein** to be further south
südlichste(r, s) der südlichste Punkt Großbritanniens Britain's southernmost point
der **Südosten** south-east; **aus Südosten** from the south-east
südöstlich ① south-eastern ② south-east (**von** of) ③ **südöstlich der Kirche** to the south-east of the church
der **Südpol** South Pole
die **Südsee** South Pacific [pə'sɪfɪk]
die **Südstaaten** Southern States
Südtirol South Tyrol
der **Südtiroler**, die **Südtirolerin** South Tyrolean [ˌtɪrəʊ'liən]
südwärts southward[s]
der **Südwesten** south-west; **aus Südwesten** from the south-west
südwestlich ① south-western ② south-west (**von** of) ③ **südwestlich der Kirche** to the south-west of the church
der **Südwind** south wind
der **Suff im Suff wird er böse** when he's had a few he turns nasty; **das hat sie im Suff getan** she was drunk when she did that
süffig light [laɪt] and sweet; **der Wein ist süffig** this wine is going down well
suggerieren to suggest [sə'dʒest]; **wie der Titel suggeriert** as the title suggests; **jemandem wird suggeriert, dass ...** someone is given the impression that ...
die **Suggestivfrage** leading question
suhlen sich suhlen to wallow
sühnen ein Verbrechen sühnen to atone for a crime
das **Sulfat** sulphate ['sʌlfeɪt]
der **Sultan** sultan ['sʌltᵊn]
die **Sultanine** sultana [sᵊl'tɑːnə] (GB), seedless raisin
die **Sülze** brawn
das **Sümmchen ein hübsches Sümmchen** a tidy little sum
die **Summe** ① (*beim Rechnen*) sum ② (*Gesamtsumme*) total ③ (*Betrag*) amount
summen ① to hum; **vor sich hin summen** to be humming away to oneself ② *Insekt, Motor:* to buzz
summieren sich summieren auf to amount to, to come to; **es summiert sich** it all adds up
der **Sumpf** ① marsh; (*in den Tropen*) swamp [swɒmp] ② (*Ölsumpf im Motor*) sump
das **Sumpffieber** malaria [mə'leəriə]
das **Sumpfgebiet** marshland; (*in den Tropen*) swampland
sumpfig marshy; (*in den Tropen*) swampy
die **Sumpfpflanze** marsh plant
die **Sünde** ① sin; **eine Sünde begehen** to sin ② (*übertragen*) **das ist noch lange keine Sünde!** that's by no means a crime!
der **Sündenbock** scapegoat ['skeɪpgəʊt]; **jemanden zum Sündenbock machen** to use someone as [*oder* to make someone] a scapegoat
der **Sünder**, die **Sünderin** sinner
sündhaft ① *Leben:* sinful ② **sündhaft teuer** prohibitively [prə'hɪbətɪvli] expensive
sündig sinful
sündigen ① to sin (**gegen** against) ② (*humorvoll: essen*) to indulge [ɪn'dʌldʒ]
super great [greɪt], super
das **Super**, das **Superbenzin** four-star petrol (GB), premium ['priːmiəm] (USA)
die **Superfrau** superwoman; **ich bin doch keine Superfrau!** I'm no superwoman!
der/die **Supergescheite** know-all
der **Superlativ** superlative [suː'pɜːlətɪv]
superleicht dead easy
die **Supermacht** superpower
der **Supermann** superman ['suːpəmæn]; **ich bin doch kein Supermann!** I'm no superman!
der **Supermarkt** supermarket; **im Supermarkt** at the supermarket
die **Supermarktkette** supermarket chain
die **Suppe** (*dünne Suppe*) soup [suːp]; (*dicke Suppe*) broth ▶ WENDUNGEN: **da hast du dir eine schöne Suppe eingebrockt** you've got yourself into a right pickle; **die Suppe auslöffeln müssen** to have to face the music; **jemandem die Suppe versalzen** to queer ['kwɪəʳ] someone's pitch
das **Suppenfleisch** meat for making soup
das **Suppengrün** herbs and vegetables ['vedʒtəbl̩z] for flavouring soup
das **Suppenhuhn** boiling fowl
die **Suppenschüssel** tureen [tə'riːn]
der **Suppenteller** soup plate
das **Surfbrett** ['søːɐfbrɛt] surfboard
surfen ['zøːɐ̯fn̩] to surf
der **Surfer**, die **Surferin** ['søɐ̯fɐ] (*auch im Internet*) surfer
surren to buzz
suspekt suspicious [sə'spɪʃəs], dodgy ['dɒdʒi] *umgangsspr.;* **das ist mir suspekt** that seems suspicious to me; **sie ist mir suspekt** she

S

seems a bit dodgy to me *umgangsspr*

suspendieren to suspend

süß ① (*im Geschmack*) sweet ② (*goldig*) sweet, cute [kjuːt]; **süß aussehen** to look sweet [*oder* cute] ③ **er ist ein Süßer** (*ist lieb*) he's a sweetie; (*isst gern Süßes*) he's got a sweet tooth

süßen to sweeten

die **Süßigkeiten** sweets (GB), candy ⚠ *Singular* (USA)

die **Süßkirsche** sweet cherry

süßlich ① (*im Geschmack*) sweetish ② (*widerlich*) mawkish ['mɔːkɪʃ] ③ (*rührselig*) maudlin ['mɔːdlɪn], sugar-coated ['ʃʊgəʳˌkəʊtɪd]

süßsauer ① *Gericht:* sweet-and-sour ② *Lächeln:* forced [fɔːst]

die **Süßspeise** sweet (GB), dessert [dɪ'zɜːt]

der **Süßstoff** sweetener

das **Süßwasser** freshwater

der **Swimmingpool** [swimming] pool

das **Symbol** symbol ['sɪmbᵊl]

symbolisch symbolic [sɪm'bɒlɪk] (**für** of)

symbolisieren to symbolize ['sɪmbᵊlaɪz]

die **Symmetrie** symmetry ['sɪmətri]

symmetrisch symmetrical [sɪ'metrɪkᵊl]

die **Sympathie** (*Zuneigung*) liking ['sɪmpəθi]

F Nicht verwechseln mit **sympathy** = das Mitleid!

der **Sympathisant**, die **Sympathisantin** sympathizer ['sɪmpəθaɪzəʳ]

sympathisch ① *Lächeln:* pleasant ['plezᵊnt], lovely ['lʌvli]; *Mensch:* nice ② **er ist mir sympathisch** I think he's nice, I like him; **sie ist mir nicht sehr sympathisch** I don't really like her ⚠ *im Englischen bedeutet ‚sympathetic' mitfühlend!*

F Nicht verwechseln mit **sympathetic** = mitfühlend!

die **Symphonie** symphony ['sɪmfəni]

das **Symptom** symptom ['sɪm(p)təm]

symptomatisch symptomatic [ˌsɪm(p)tə'mætɪk] (**für** of)

die **Synagoge** synagogue ['sɪnəgɒg]

synchronisieren ① to synchronize ['sɪŋkrənaɪz] *auch übertragen* ② to dub *Film;* **synchronisiert** dubbed

der **Synchronsprecher**, die **Synchronsprecherin** dubbing actor

die **Synchronstimme** dubbing voice

das **Syndikat** syndicate ['sɪndɪkət]

der **Synergieeffekt** synergetic effect

die **Synode** synod

das **Synonym** synonym ['sɪnənɪm]

die **Syntax** syntax ['sɪntæks]

die **Synthese** synthesis ['sɪn(t)θəsɪs] (**aus** of)

synthetisch synthetic [sɪn'θetɪk]

die **Syphilis** syphilis ['sɪfɪlɪs]

Syrien Syria ['sɪriə]

der **Syrier**, die **Syrierin** Syrian ['sɪriən]

syrisch Syrian ['sɪriən]

das **System** ① (*Anlage*) system ['sɪstəm] ② (*Methode*) method; **das hat alles kein System!** there's no system to it!

systematisch systematic [ˌsɪstə'mætɪk]

der **Systemfehler** system error

der **Systemkritiker**, die **Systemkritikerin** (*politisch*) critic of the system

das **Szenario** scenario [sɪ'nɑːriəʊ]

die **Szene** ① (*Bühne*) stage ② (*auch übertragen: Auftritt*) scene [siːn]; **[jemandem] eine Szene machen** to make a scene [in front of someone]; **sich in Szene setzen** to draw attention to oneself ③ (*umgangsspr*) scene [siːn]; **sich in der Szene auskennen** to know the scene

der **Szenenkenner**, die **Szenenkennerin** insider

der **Szenenwechsel** scene [siːn] change

Tt

T, t T, t [tiː]

t *Abkürzung von* **Tonne** ton

der **Tabak** tobacco [təˈbækəʊ]

die **Tabaksteuer** duty on tobacco

die **Tabakwaren** tobacco ⚠ *Singular*

tabellarisch tabular [ˈtæbjələʳ]

die **Tabelle** table; (*als Grafik*) chart

die **Tabellenform in Tabellenform** in tabular form

der **Tabellenführer** league [liːg] leaders ⚠ *Plural;* **Tabellenführer sein** to be at the top of the league [table]

der **Tabellenletzter Tabellenletzter sein** to be at the bottom of the league [table]

der **Tabellenplatz** place [*oder* position] in the league [liːg]

der **Tabellenstand** league [liːg] situation

der **Tabernakel** tabernacle [ˈtæbəˌnækl]

das **Tablar** ⓒⓗ shelf

das **Tablett** tray

Tablett

F Nicht verwechseln mit **tablet** = die Tablette!

die **Tablette** pill, tablet

tabu taboo

das **Tabuwort** taboo word

der **Tacho** (*umgangsspr*) speedo

der **Tachometer** speedometer

der **Tadel** ① (*Vorwurf*) reproach [rɪˈprəʊtʃ] ② (*Kritik*) censure [ˈsen(t)sjəʳ] ③ (*Verweis*) reprimand [ˈreprɪmaːnd]

tadellos ① *Benehmen:* irreproachable [ˌɪrəˈprəʊtʃəbl]; *Deutsch:* faultless [ˈfɔːltləs]; *Manieren:* impeccable [ɪmˈpekəbl] ② (*vollkommen*) perfect [ˈpɜːfɪkt]; **was willst du denn, das ist doch tadellos** what are you on about, there's nothing wrong with it

tadeln ① (*zurechtweisen*) to rebuke, to reprimand ② (*kritisieren*) to criticize [ˈkrɪtɪsaɪz]

tadelnd *Blick:* reproachful [rɪˈprəʊtʃfəl]

die **Tafel** ① (*Schultafel*) blackboard; **an die Tafel schreiben** to write on the blackboard ② **eine Tafel Schokolade** a bar of chocolate ③ (*Tabelle*) index, list ④ (*festlicher Tisch*) [dinner] table

das **Tafelobst** dessert fruit [fruːt]

die **Tafelrunde** round table

die **Täfelung** panelling, paneling ⓤⓢⓐ

das **Tafelwasser** table water

der **Taft** taffeta [ˈtæfɪtə]

der **Tag** ① day; **Tag für Tag** day after day; **auf den Tag [genau]** to the day; **in acht Tagen** a week today, in a week's time; **er kommt in 3 Tagen** he's coming in 3 days; **er muss jeden Tag kommen** he will arrive any day now; **welcher Tag ist heute?** what day is it today?; **zweimal am Tag** twice a day; **von dem Tag an** from that day on; **den ganzen Tag** all day; **irgendwann im Laufe des Tages** some time during the day; **am folgenden Tag** the next day; **eines Tages** one day; **eines schönen Tages** one fine day ② **tags darauf** the next day; **tags zuvor** the day before ③ (*als Gruß*) **guten Tag!** (*morgens*) good morning!; (*nachmittags*) good afternoon!; (*beim Vorstellen*) how do you do?; **jemandem guten Tag sagen** to say hello to someone; **schönen Tag noch!** have a nice day! ④ **heute ist nicht mein Tag** it's not my day today; **seinen guten/schlechten Tag haben** to be in a good/bad mood ⑤ (*Tageslicht*) daylight [ˈdeɪlaɪt]; **es ist Tag** it is light; **es wird Tag** it is getting light; **bei Tage** in the daytime ⑥ **zu Tage fördern** to unearth [ʌnˈɜːθ]; **zu Tage kommen** [*oder* **treten**] to come to light ⑦ **Tag der offenen Tür** open day ⑧ (*übertragen: Periode*) **sie hat ihre Tage** she has got her period; **wann kriegst du deine Tage?** when will you get your period? ▶ WENDUNGEN: **ein Unterschied wie Tag und Nacht** as different as chalk and cheese; **man soll den Tag nicht vor dem Abend loben** don't count your chickens before they're hatched; **zu Tage fördern** (*enthüllen*) to bring to light

tagaus tagaus, tagein day in, day out

der **Tagebau** open-cast mining

das **Tagebuch** diary [ˈdaɪəri]; **Tagebuch führen** to keep a diary

tagelang lasting for days [on end] *nachgestellt;* **nach tagelangem Warten** after days of waiting

der **Tagelöhner**, die **Tagelöhnerin** day labourer [-ˌleɪbᵊrəʳ]

tagen *Gericht, Parlament:* to sit

der **Tagesablauf** daily routine

T

der **Tagesanbruch** **bei Tagesanbruch** at daybreak
die **Tagescreme** day cream
das **Tagesgeschehen** events of the day ⚠ *Plural*
die **Tageskarte** ① (*für Bus, Straßenbahn*) day ticket ② (*Speisekarte*) menu of the day, today's menu ['menju:]
der **Tageskurs** current rate
das **Tageslicht** daylight ['deɪlaɪt]; **bei Tageslicht** in [the] daylight ▸WENDUNGEN: **ans Tageslicht bringen/kommen** to bring/come to light
die **Tagesmutter** child minder
die **Tagesordnung** agenda [ə'dʒendə]; **was steht heute auf der Tagesordnung?** what's today's agenda?
die **Tagesration** daily rations ['ræʃᵊnz] ⚠ *Plural*
die **Tagesschau** [television] news ⚠ *Singular;* **die Tagesschau kommt um 8 Uhr** the news is on at 8 o'clock
die **Tagesstätte** day-care centre [-ˌsentəʳ]
die **Tagestour** day trip
die **Tageszeit** time of day; **um diese Tageszeit** at this time of day; **zu jeder Tageszeit** at any hour
die **Tageszeitung** daily paper
täglich ① *Arbeit, Brot, Pflichten:* daily ② **etwas täglich tun** to do something every day; **einmal/zweimal/dreimal täglich** once/twice/three times a day
tagsüber during the day
tagtäglich (*jeden Tag*) every single day
die **Tagung** ① conference ['kɒnfᵊrᵊn(t)s] ② *von Ausschuss, Gericht:* sitting
der **Taifun** typhoon [taɪ'fu:n]
die **Taille** ['taljə] waist [weɪst]
der **Takt** ① (*Rhythmus*) time ② (*Takteinheit*) bar ③ *von Auto:* stroke ④ (*Taktgefühl*) tact; **sie hat überhaupt keinen Takt** she hasn't got an ounce of tact, she's completely tactless ▸WENDUNGEN: **ein paar Takte mit jemandem reden** to give someone a piece of one's mind
das **Taktgefühl** [sense of] tact
taktieren to manoeuvre [mə'nu:vəʳ]
die **Taktik** tactics ⚠ *Plural;* **eine gute Taktik** good tactics ⚠ *Plural*
der **Taktiker**, die **Taktikerin** tactician [tæk'tɪʃᵊn]
taktisch tactical; **taktisch vorgehen** to use tactics *Plural*
taktlos tactless
die **Taktlosigkeit** tactlessness; **so eine Taktlosigkeit!** what a tactless thing to say!
der **Taktstock** baton
taktvoll tactful
das **Tal** valley; (*poetisch*) vale
das **Talent** gift, talent ['tælənt] (**zu** for); **großes** [*oder* **viel**] **Talent haben** to be very talented; **ein echtes Talent sein** to have real talent
talentfrei (*ironisch*) untalented, devoid of [any] talent
die **Talfahrt** ① (*beim Skifahren*) descent [dɪ'sent] ② *von Aktien, Währung:* decline [dɪ'klaɪn]
der **Talisman** [lucky] charm
die **Talkshow** ['tɔ:kʃo:] chat [*oder* talk] show
der **Talmud** ['talmu:t] Talmud ['tælmʊd]
die **Talsperre** ① (*Staumauer*) river dam ② (*Speichersee*) storage reservoir ['rezəvwa:ʳ]
die **Talstation** *von Skilift:* station at the bottom end
talwärts down into the valley
der **Tampon** tampon ['tæmpɒn]
das **Tandem** tandem ['tændəm]; **Tandem fahren** to ride a tandem
der **Tandler**, die **Tandlerin** Ⓐ (*Trödler*) junk dealer
der **Tang** seaweed
die **Tangente** tangent ['tændʒᵊnt]
tangieren **das tangiert mich nicht** it's got nothing to do with me
der **Tango** tango ['tæŋgəʊ]; **Tango tanzen** to do [*oder* dance] the tango
der **Tank** (*Behälter, auch Panzer*) tank [tæŋk]
der **Tankdeckel** filler cap
tanken ① to tank [*oder* fill] up *Benzin;* **wo kann man hier tanken?** where can I get petrol round here? ② **Sonne/frische Luft tanken** to get some sunshine/fresh air ③ (*slang: viel trinken*) **sie hat ganz schön getankt** she's really tanked up
der **Tanker** tanker ['tæŋkəʳ]
die **Tankstelle** petrol station GB, gas station USA
der **Tankwart**, die **Tankwartin** petrol pump attendant GB, gas station attendant USA
die **Tanne** fir [fɜ:ʳ], pine
der **Tannenbaum** ① fir [*oder* pine] tree ② (*Weihnachtsbaum*) Christmas tree
der **Tannenzapfen** fir [*oder* pine] cone
Tansania Tanzania
der **Tansanier**, die **Tansanierin** Tanzanian
tansanisch Tanzanian
die **Tante** aunt [ɑ:nt], auntie [ɑ:nti] *umgangsspr*
der **Tante-Emma-Laden** corner shop
der **Tanz** dance
tanzen to dance; **Walzer tanzen** to do a waltz [wɒlts]; **tanzen gehen** to go dancing
der **Tänzer**, die **Tänzerin** dancer
die **Tanzfläche** dance floor
der **Tanzkurs** dancing course
das **Tanzlokal** café with dancing
die **Tanzmusik** dance music
der **Tanzpartner**, die **Tanzpartnerin** [dancing] partner
die **Tanzschule** dancing school [sku:l]
die **Tanzstunde** dancing lesson
das **Tanzturnier** dancing contest [-ˌkɒntest]
die **Tapete** wallpaper ['wɔ:lˌpeɪpəʳ]
der **Tapetenwechsel** change of scenery ['si:nᵊri]
tapezieren to paper
tapfer ① (*beherrscht*) brave; **etwas tapfer ertragen** to put on a brave front ② (*mutig*)

T

bold, courageous [kə'reɪdʒəs]

die **Tapferkeit** (*Mut*) boldness, courage ['kʌrɪdʒ]

tappen (*tapsen*) to go [*oder* come] falteringly ▶ WENDUNGEN: **im Dunkeln tappen** to grope in the dark

die **Tarantel** tarantula

der **Tarif** 1 (*Lohntarif*) rate 2 (*Zolltarif*) tariff ['tærɪf]

die **Tarifgruppe** wage group

tariflich agreed

der **Tariflohn** standard wage

die **Tarifverhandlungen** collective wage negotiations [nɪˌgəʊʃi'eɪʃᵊnz] *Plural*

der **Tarifvertrag** wage agreement

die **Tarifzone** (*im öffentlichen Verkehr*) fare [feəʳ] zone

tarnen 1 to camouflage ['kæməflɑːʒ] 2 to disguise [dɪs'gaɪz] *Absichten*

die **Tarnung** 1 (*militärisch*) camouflage ['kæməflɑːʒ] 2 *von Agenten:* disguise [dɪs'gaɪz]

die **Tasche** 1 (*bei Kleidungsstücken*) pocket; [**sich**] **etwas in die Tasche stecken** to pocket something, to put something into one's pocket 2 (*Beutel*) pouch [paʊtʃ] 3 (*Handtasche*) bag GB, purse [pɜːs] USA 4 (*Aktentasche*) briefcase 5 (*übertragen*) **etwas aus eigener Tasche bezahlen** to pay for something out of one's own pocket; **tief in die Tasche greifen** to dig deep into one's pockets ▶ WENDUNGEN: **sich in die eigene Tasche lügen** to kid oneself

das **Taschenbuch** paperback

der **Taschendieb** pickpocket

das **Taschengeld** pocket money

der **Taschenkrebs** common crab

die **Taschenlampe** torch GB, flashlight USA

das **Taschenmesser** pocket knife [naɪf] GB, jackknife ['dʒæknaɪf] USA; (*kleiner*) penknife

der **Taschenrechner** pocket calculator ['kælkjəleɪtəʳ]

der **Taschenschirm** collapsible umbrella

der **Taschenspiegel** pocket mirror

das **Taschentuch** handkerchief ['hæŋkətʃiːf]

die **Taschenuhr** pocket watch

das **Taschenwörterbuch** pocket dictionary ['dɪkʃᵊnᵊri]

die **Tasse** cup; **eine Tasse Tee** a cup of tea ▶ WENDUNGEN: **sie hat nicht alle Tassen im Schrank** (*umgangsspr*) she's got a screw loose

die **Tastatur** keyboard ['kiːbɔːd]

die **Taste** 1 *von Klavier, Computer:* key; **eine Taste drücken** to press a key 2 *von Telefon, Radio:* button

F Nicht verwechseln mit **taste** = der Geschmack!

tasten 1 to feel; **nach etwas tasten** to grope for something 2 **sich an der Wand entlang tasten** to feel one's way along the wall

das **Tastentelefon** push-button telephone

das **Tastfeld** touchpad

der **Tastsinn** sense of touch

die **Tat** 1 (*das Handeln*) action; **ein Mann der Tat** a man of action; **in die Tat umsetzen** to put into action 2 (*Heldentat, Untat*) act, deed 3 **eine gute Tat** a good deed 4 (*Leistung*) feat 5 **auf frischer Tat ertappen** to catch in the act 6 **in der Tat** indeed

der/die **Tatbeteiligte** accomplice [ə'kʌmplɪs]

tatenlos **ich konnte nur tatenlos zusehen** I could only stand and watch

der **Täter**, die **Täterin** perpetrator ['pɜːpɪtreɪtəʳ]; **unbekannte Täter** persons unknown

tätig 1 active; **in einer Sache tätig werden** to take action in a matter 2 **als Journalist tätig sein** to work as a journalist; **sie ist an der Börse tätig** she's in stock-broking

die **Tätigkeit** 1 (*Aktivität*) activity; (*Beschäftigung*) occupation 2 (*Arbeit*) work; (*Beruf*) job

die **Tatkraft** drive, energy ['enədʒi], vigour ['vɪgəʳ]

tatkräftig energetic [ˌenə'dʒetɪk]

der **Tatort** scene [siːn] of the crime

die **Tatortspur** sample taken from a crime scene [siːn]

tätowieren to tattoo; **sich tätowieren lassen** to have [*oder* get] oneself tattooed

die **Tätowierung** tattooing

die **Tatsache** fact; **Tatsache ist, ...** the fact is, ...; **den Tatsachen ins Auge blicken** to face the facts

der **Tatsachenbericht** documentary [ˌdɒkjə'mentᵊri]

tatsächlich 1 *Wert:* actual, real 2 (*in Wirklichkeit*) actually, really; **er ist es tatsächlich** it really is him; **tatsächlich?** really?

tätscheln to pat; **jemandem die Wange tätscheln** to pat someone on the cheek

die **Tatze** paw [pɔː]

das **Tau** (*Seil*) rope

der **Tau** (*Niederschlag*) dew [djuː]

taub 1 (*ohne Gehör*) deaf [def]; **auf einem/dem rechten Ohr taub** deaf in one/the right ear 2 **sich taub stellen** to pretend not to hear 3 (*gefühllos*) numb [nʌm]; **meine Hände waren taub vor Kälte** my hands were numb with cold

die **Taube** 1 dove [dʌv], pigeon ['pɪdʒən] 2 (*als Symbol*) dove

die **Taubheit** 1 (*Gehörlosigkeit*) deafness ['defnəs] 2 (*Erstarrung von Körperteil*) numbness ['nʌmnəs]

taubstumm deaf-mute

der/die **Taubstumme** deaf mute

tauchen 1 to dive (**nach** for) 2 (*mit Tauchgerät*) to scuba-dive ['skuːbədaɪv] (**nach** for) 3 **die Hand ins Wasser tauchen** to dip one's

T

hand into the water
der **Taucher**, die **Taucherin** diver
der **Taucheranzug** diving suit [suːt]
die **Taucherausrüstung** diving equipment [ɪ'kwɪpmənt]
die **Taucherbrille** diving goggles ⚠ *Plural*
die **Taucherflosse** flipper
die **Taucherkrankheit** diver's paralysis [pə'ræləsɪs]
die **Taucherin** → Taucher
die **Tauchermaske** diving mask
der **Tauchsieder** portable immersion [ɪ'mɜːʃᵊn] heater
tauen to melt; *Schnee auch:* to thaw [θɔː]; **es taut** it is thawing
das **Taufbecken** font
die **Taufe** ① (*das Sakrament*) baptism ② (*Vorgang*) christening ['krɪsᵊnɪŋ]
taufen ① to baptize *Gläubigen;* **sich taufen lassen** to be baptized ② (*nennen*) to christen *Kind, Schiff, Hund;* **jemanden/ein Schiff auf den Namen ... taufen** to christen someone/a ship ...
der **Taufpate** godfather; **meine Taufpaten** my godparents
die **Taufpatin** godmother
taugen ① (*wert sein*) to be good; **taugt es was?** is it any good?; **es taugt nichts** it's no good; **zu etwas taugen** to be fit for something; **er taugt nichts** he is no good ② (*geeignet sein*) to be suitable ['suːtəbl̩] (**zu/für** for); **sie taugt zu nichts** she's useless
der **Taugenichts** good-for-nothing
tauglich ① (*geeignet*) suitable ['suːtəbl̩] (**zu/für** for) ② (*fürs Militär*) fit [for service]
der **Taumel** ① (*Schwindel*) giddiness ['gɪdinəs] ② (*übertragen: Rausch*) frenzy; **im Taumel der Gefühle** in the whirl of emotions
taumeln to stagger
der **Tausch** ① exchange [ɪks'tʃeɪndʒ], swap [swɒp] *umgangsspr;* **im Tausch gegen** in exchange for; **einen guten Tausch machen** to get a good deal ② (*Tauschhandel*) barter
tauschen ① (*umtauschen*) to exchange [ɪks'tʃeɪndʒ] (**gegen** for) ② to barter *Güter* ③ to exchange *Blicke, Worte* ④ **mit jemandem tauschen** to do a swap with someone; **mit dir möchte ich nicht tauschen** I wouldn't want [*oder* like] to be in your shoes *Plural*
täuschen ① (*hintergehen*) to deceive [dɪ'siːv]; **so leicht können Sie mich nicht täuschen!** you won't fool me so easily! ② (*irreführend sein*) to be deceptive [dɪ'septɪv]; **es täuscht** it's deceptive; **sich täuschen lassen** to let oneself be deceived [*oder* fooled] ③ **sich täuschen** to be wrong [rɒŋ], to be mistaken (**über** about); **da täuschst du dich** [**aber gewaltig**] you're [very] wrong there; **wenn mich nicht alles täuscht** if I'm not [very much] mistaken ④ **sich in jemandem täuschen** (*positiv*) to be wrong [*oder* mistaken] about someone; (*negativ*) to be disappointed in someone; **wir haben uns in ihr sehr getäuscht** she was a great disappointment to us
täuschend ① *Ähnlichkeit:* striking ② **jemandem täuschend ähnlich sehen** to bear a striking resemblance to someone, to look just like someone
die **Täuschung** ① (*das Täuschen*) deception [dɪ'sepʃᵊn] ② (*Irrtum*) mistake
tausend a [*oder* one] thousand; **viele Tausende** thousands of; **tausend Dank** thanks a million

> **V** Nach Zahlen verwendet man **thousand** ohne ein s am Ende: *five thousand inhabitants.*

der **Tausendfüß(l)er** millipede ['mɪlɪpiːd]
tausendmal a thousand times *Plural*
das **Tausendstel** thousandth; **eine Tausendstel Sekunde** one thousandth of a second
das **Tauwetter** thaw [θɔː]; **es herrscht Tauwetter** it's thawing
das **Tauziehen** tug of war *auch übertragen*
die **Taxcard** (CH) phonecard
das **Taxi** cab, taxi[cab] ['tæksi]; **mit dem Taxi fahren** to come/go by taxi
der **Taxifahrer**, die **Taxifahrerin** taxi [*oder* cab] driver
der **Taxistand** taxi rank
das **Team** [tiːm] team; **im Team arbeiten** to work as part of a team, to work in a team
die **Teamarbeit** teamwork
die **Technik** ① (*Technologie*) technology [tek'nɒlədʒi] ② (*Funktionsweise eines Geräts*) mechanics [mɪ'kænɪks] ⚠ *Plural* ③ (*auch als Fach: Ingenieurwissenschaft*) engineering [ˌendʒɪ'nɪərɪŋ] ④ (*Verfahren, auch in Kunst oder im Sport*) technique [tek'niːk] ⑤ **verstehst du etwas von Technik?** are you any good at [*oder* do you know anything about] technical matters? *Plural;* **ich verstehe nichts von Technik** I am hopeless when it comes to technical matters
der **Techniker**, die **Technikerin** ① [technical] engineer ['teknɪkᵊlˌendʒɪ'nɪəʳ] ② (*im Sport*) technician [tek'nɪʃᵊn]
technisch ① (*technologisch*) technological [ˌteknə'lɒdʒɪkᵊl]; **technische Hochschule** institute of technology ② (*die Ausführung betreffend*) technical ['teknɪkᵊl]; **die technischen Daten** the specifications ③ **er ist technisch begabt** he is technically minded; **technischer Zeichner** engineering draughtsman ['drɑːftsmən] *maskulin;* **technische Zeichnerin** engineering draughtswoman *feminin*
der **Technische Überwachungsverein** →TÜV Technical Control Board
die **Technologie** technology [tek'nɒlədʒi]
der **Tee** tea; **eine Tasse Tee** a cup of tea

der **Teebeutel** tea bag
das **Tee-Ei** infuser (GB), tea ball (USA)
der **Teefilter** tea filter
die **Teekanne** teapot
der **Teelöffel** teaspoon; **zwei Teelöffel Milch** two teaspoons of milk
der **Teenager** ['ti:neɪdʒɐ] teenager
der **Teenie** ['ti:ni] young teenager
die **Teepause** tea break
der **Teer** tar
das **Teeservice** tea set
das **Teesieb** tea strainer
der **Teich** pond
der **Teig** ① (*Brot- oder Nudelteig*) dough [dəʊ] ② (*Blätter- oder Mürbeteig*) pastry ['peɪstri]
teigig doughy ['dəʊi]
die **Teigwaren** pasta ['pæstə] ⚠ *Singular*
der **Teil** ① (*Bruchteil, Teil von etwas*) part; **in zwei Teile zerschneiden** to cut in two ② (*Anteil*) share ③ **ein Teil der Leute** some of the people ④ **5 Teile Sand auf einen Teil Zement** 5 parts of sand to 1 of cement ⑤ **zum Teil** partly; **zum größten Teil** for the most part; **zum Teil war es recht gut** there were some quite good bits ⚠ *Plural;* **ich war zum Teil selbst schuld** it was partly my fault ⑥ **ich für meinen Teil** I for my part; **sich seinen Teil denken** to draw one's own conclusions ⚠ *Plural*
der **Teilabschnitt** section, segment
teilbar divisible [dɪ'vɪzəbl] (**durch** by)
das **Teilchen** (*auch in Physik*) particle ['pɑ:tɪkl]
teilen ① (*in Teile zerlegen*) to divide [dɪ'vaɪd] (**in** into) ② **10 durch 5 teilen** to divide 10 by 5 ③ (*aufteilen*) to share [ʃeəʳ] (**unter** amongst, **mit** with); **du teilst wohl nicht gern?** you don't like sharing, do you? ④ (*teilhaben*) to share *Erfahrung, Freude* ⑤ **sich teilen** *Fluss, Straße:* to fork; *Vorhang:* to part ⑥ **sich [in Gruppen] teilen** to split up [into groups] ⑦ **die Meinungen teilen sich [in diesem Punkt]** opinions are divided [*oder* differ] [on this point]; **geteilter Meinung sein** to be of different opinions ⚠ *Plural*
der **Teilerfolg** partial success [ˌpɑ:ʃəlsək'ses]
der **Teilhaber**, die **Teilhaberin** partner, associate [ə'səʊʃiət]; **als Teilhaber eintreten** to join a partnership
die **Teilnahme** ① (*Beteiligung*) participation [pɑ:ˌtɪsɪ'peɪʃən] (**an** in) ② (*Anwesenheit*) attendance [ə'tendən(t)s] (**an** at) ③ (*Mitgefühl*) sympathy ['sɪmpəθi]
teilnahmslos (*gleichgültig*) apathetic, indifferent (**gegenüber** towards)
teilnahmsvoll sympathetic [ˌsɪmpə'θetɪk] (**gegenüber** towards)
teilnehmen ① (*sich beteiligen*) to participate [pɑ:'tɪsɪpeɪt], to take part (**an** in) ② **an einem Lehrgang teilnehmen** to do a course; **an einem Wettbewerb teilnehmen** to take part in a competition, to enter a competition ③ (*anwesend sein*) to attend; **am Unterricht teilnehmen** to attend class[es] ④ (*sich interessieren*) to take an interest (**an** in)
der **Teilnehmer**, die **Teilnehmerin** ① (*Beteiligte*) participant [pɑ:'tɪsɪpənt] ② (*im Sport*) competitor
teils partly; **wie geht's dir? — teils, teils** how are you? — so-so
die **Teilung** division [dɪ'vɪʒən]
teilweise ① partly; (*manchmal*) sometimes; **der Roman ist teilweise gut** the novel is good in parts *Plural* ② *Besserung:* partial ['pɑ:ʃəl]
die **Teilzahlung** ① (*Teilzahlungskauf*) hire purchase ② (*Rate*) instal[l]ment; **auf Teilzahlung kaufen** to buy on hire-purchase
die **Teilzeitarbeit** part-time employment
die **Teilzeitkraft** part-time worker
der **Teint** complexion [kəm'plekʃən]
der **Telearbeiter**, die **Telearbeiterin** ['te:lə-] teleworker
das **Telebanking** ['te:ləbɛŋɪŋ] (*im Internet*) home banking
das **Telefon** telephone, phone *umgangsspr;* **ans Telefon gehen** to answer the phone; **am Telefon sein** to be on the phone
der **Telefonanruf** phone call
das **Telefonat** telephone call
die **Telefonauskunft** directory enquiries [dɪˌrektəriɪn'kwaɪəriz] ⚠ *Plural* (GB), directory information (USA)
das **Telefonbuch** phone book
das **Telefongespräch** ① (*Anruf*) [telephone] call; **ein Telefongespräch führen** to make a call ② (*Unterhaltung am Telefon*) telephone conversation
telefonieren to make a telephone call; **sie telefoniert den ganzen Tag** she's on the phone all day long; **mit jemandem telefonieren** to speak to someone on the phone; **er telefoniert gerade mit Edgar** he's on the phone to Edgar; **telefonieren gehen** to make a phone call
telefonisch telefonisch anfragen to inquire [ɪn'kwaɪəʳ] by telephone; **er ist telefonisch erreichbar** he can be contacted by phone
der **Telefonist**, die **Telefonistin** (*in Firma*) switchboard operator
die **Telefonkarte** phonecard
die **Telefonleitung** telephone line
die **Telefonnummer** telephone [*oder umgangsspr* phone] number; **eine Telefonnummer wählen** to dial a number
die **Telefonrechnung** phone bill
die **Telefonseelsorge** crisis line, Samaritans *Plural*
die **Telefonzelle** telephone box [*oder* (USA) booth]
die **Telefonzentrale** switchboard; **über die Telefonzentrale** through the switchboard

Telefonieren

Wo ist die nächste Telefonzelle?
Wie lautet die Vorwahl von der Schweiz?

Ich möchte ein R-Gespräch anmelden.
Hallo, mit wem spreche ich, bitte?
Kann ich bitte Frau Wagner sprechen?
Ich verbinde.
Bleiben Sie bitte am Apparat.
Tut mir leid, sie ist nicht da.
Möchten Sie eine Nachricht hinterlassen?
Ich rufe später noch mal an.
Kein Anschluss unter dieser Nummer.

Making a phone call

Where is the nearest phone box?
What's the (international dialling) code for Switzerland?
I'd like to make a reverse-charge call.
Hello, who's calling, please?
Could I speak to Frau Wagner, please?
I'll put you through.
Please hold the line.
I'm sorry, she's not here/in.
Would you like to leave a message?
I'll call/phone again later.
The number you have called has not been recognized.

telegrafieren to telegraph, to wire [waɪəʳ], to cable

das **Telegramm** telegram [ˈtelɪgræm] (GB), wire [waɪəʳ] (USA)

die **Telekommunikation** telecommunications ⚠ *Plural*

die **Telenovela** *long-running drama series, similar in format to a soap opera, but with a set number of episodes*

das **Teleobjektiv** telephoto lens

die **Telepathie** telepathy [tɪˈlepəθi]

das **Teleskop** telescope [ˈtelɪskəʊp]

das **Telex** telex [ˈteləks]

der **Teller** plate; **ein Teller/zwei Teller Suppe** a plate of/two plates of soup; **ein Teller/zwei Teller [voll] Lasagne** a plateful of/two platefuls of lasagne

der **Tempel** temple

das **Temperament** ① (*Wesensart*) temper, temperament [ˈtempᵊrəmənt]; **mein Temperament ist mit mir durchgegangen** I lost my temper [*oder umgangsspr* cool] ② (*Lebhaftigkeit*) vivacity [vɪˈvæsəti]; **Temperament haben** (*anerkennend*) to be very vivacious [vɪˈveɪʃᵊs]

temperamentvoll lively, vivacious [vɪˈveɪʃes]

die **Temperatur** temperature [ˈtemprətʃəʳ]; **jemandes Temperatur messen** to take someone's temperature; **erhöhte Temperatur haben** to have a temperature

das **Tempo** ① speed ② **Tempo!** hurry up!

das **Tempo®** paper handkerchief

das **Tempolimit** speed limit

temporär temporary [ˈtempᵊrᵊri]

der **Temposünder**, die **Temposünderin** speeder

das **Tempotaschentuch®** paper handkerchief

die **Tendenz** ① (*in Wirtschaft*) trend ② (*Neigung*) tendency; **die Tendenz haben[,] zu ...** to tend [*oder* have a tendency] to ...

tendieren to tend (**zu** towards)

Teneriffa Tenerife [ˌtenᵊrˈiːf]

das **Tennis** tennis

die **Tennishalle** indoor tennis centre [-ˌsentəʳ]

der **Tennisplatz** tennis court

der **Tennisschläger** tennis racket

das **Tennisspiel** game of tennis

der **Tenor** tenor [ˈtenəʳ]

der **Teppich** carpet; **etwas unter den Teppich kehren** to sweep something under the carpet *auch übertragen*

der **Teppichboden** fitted carpet

der **Termin** ① (*für Fertigstellung*) date, deadline [ˈdedlaɪn]; **einen Termin einhalten** to meet a deadline ② (*Liefertag*) delivery [dɪˈlɪvᵊri] date ③ (*bei Arzt, Besprechung*) appointment ④ **schon einen anderen Termin haben** to have a prior [praɪəʳ] engagement ⑤ (*bei Gericht*) hearing

das **Terminal** [ˈtøɐ̯minḷ] terminal

die **Terminbörse** futures ⚠ *Plural* market
der **Terminkalender** [appointments] diary
der **Terminplan** schedule ['ʃedju:l]
die **Terminplanung** time scheduling
die **Termite** termite ['tɜ:maɪt], white ant
das **Terpentin** turpentine
das **Terrain** ① land, terrain [tə'reɪn] ② (*übertragen*) territory
die **Terrasse** terrace ['terɪs]
die **Terrine** tureen [tə'ri:n]
das **Territorium** territory
der **Terror** ① terror ['terəʳ] ② (*slang*) **Terror machen** to raise hell *umgangsspr;* **mach keinen Terror!** lay off the pressure, will you! *umgangsspr*
die **Terrorabwehr** counterterrorism
der **Terroranschlag** terrorist attack
terrorisieren to terrorize ['terəraɪz]
der **Terrorismus** terrorism ['terərɪzəm]
der **Terrorist**, die **Terroristin** terrorist ['terərɪst]
terroristisch terrorist
die **Terrormiliz** terrorist militia ⚠ *mit Singular oder Plural*
das **Terrornetzwerk** terrorist network
das **Terroropfer** victim of terror[ism]
die **Terrorzelle** terrorist cell
das **Terzett** trio ['tri:əʊ]
der **Tesafilm**® Sellotape® (GB), Scotch tape® (USA)
der **Test** test
das **Testament** ① (*Nachlass*) will; **sein Testament machen** to make a will ② **das Alte/Neue Testament** the Old/New Testament ③ (*übertragen: Vermächtnis*) legacy
die **Testamentseröffnung** reading of the will
das **Testbild** (*im Fernseher*) test card
testen to test (**auf** for)
das **Testergebnis** test results [-rɪˌzʌlts] ⚠ *Plural*
der **Tetanus** tetanus
die **Tetanusschutzimpfung** tetanus vaccination [-væksɪˌneɪʃən]
teuer ① (*kostspielig*) expensive; **wie teuer ist es?** how much is it?; **das Heizöl ist schon wieder teurer geworden!** fuel oil has gone up again! ② (*lieb*) dear ▶WENDUNGEN: **das wird ihn teuer zu stehen kommen** that will cost him dear; **da ist guter Rat teuer** it's hard to know what to do
die **Teuerungsrate** rate of price increase [-ˌɪnkri:s]
der **Teufel** ① devil; **der Teufel** the Devil, Satan ② (*zur negativen Verstärkung*) **wer/wo/was zum Teufel ...?** who/where/what the devil ...?; **weiß der Teufel!** God knows!; **pfui Teufel!** how disgusting! ③ (*beschimpfend*) **jemanden zum Teufel wünschen** to wish someone in hell; **den Teufel werd ich tun!** I'll be damned if I will! ▶WENDUNGEN: **in Teufels Küche kommen** to get into a hell of a mess; **wenn man vom Teufel spricht** talk of the devil; **etwas auf Teufel komm raus tun** to be doing something like mad [*oder* crazy]
der **Teufelskreis** vicious [ˌvɪʃəs'sɜ:kl] circle
teuflisch ① *Plan:* devilish, diabolical [ˌdaɪə'bɒlɪkəl], fiendish ['fi:ndɪʃ] ② (*umgangsspr: sehr*) **es tut teuflisch weh** it hurts like hell
der **Text** ① *von Buch usw.:* text ② *von Lied:* words ⚠ *Plural; von Schlager:* lyrics ['lɪrɪks] ⚠ *Plural* ③ (*unter Bild*) caption
der **Texter**, die **Texterin** ① ad writer [-ˌraɪtəʳ], copywriter ['kɒpiˌraɪtəʳ] ② (*für Lieder*) lyricist ['lɪrɪsɪst]
das **Textilgeschäft** clothes [kləʊ(ð)z] shop
die **Textilien** textiles ['tekstaɪlz]
die **Textilindustrie** textile industry
die **Textstelle** passage ['pæsɪdʒ]
die **Textverarbeitung** word processing [-ˌprəʊsesɪŋ]
das **Textverarbeitungsprogramm** word processor [-ˌprəʊsesəʳ], word processing ['prəʊsesɪŋ] program
das **Theater** ① theatre ['θɪətəʳ] (GB), theater (USA); **im Theater** at the theatre; **ins Theater gehen** to go to the theatre; **ich bin beim Theater** I work for the theatre ② (*übertragen*) fuss; **Theater spielen** to put on an act; **mach kein Theater!** don't make a fuss!; **es ist immer das gleiche Theater!** it's always the same old story
die **Theateraufführung** performance [pə'fɔ:mən(t)s]
der **Theaterbesuch** visit to the theatre
der **Theaterbesucher**, die **Theaterbesucherin** theatregoer ['θɪətə'gəʊəʳ]
die **Theaterkasse** box office
die **Theaterprobe** rehearsal [rɪ'hɜ:səl]
das **Theaterstück** [stage] play
theatralisch theatrical [θi:'ætrɪkəl]
die **Theke** ① (*im Lokal*) bar ② (*im Laden*) counter
das **Thema** ① *eines Gesprächs:* subject, topic; **Thema Nummer eins** the number one topic; **kommen wir zum Thema!** let's get to the point!; **kein Thema sein** to be no subject for discussion; **das Thema wechseln** to change the subject; **zum Thema werden** to become an issue ② (*Leitgedanke*) theme ③ (*in Schule*) **das Thema verfehlen** to not answer the question
die **Thematik** topic
der **Themenpark** theme [*oder* amusement] park
die **Themse** Thames [temz]
der **Theologe** die **Theologin** theologian [ˌθi:ə'ləʊdʒən]
die **Theologie** theology [θi'ɒlədʒi]
theologisch theological [ˌθi:ə'lɒdʒɪkəl]
theoretisch ① theoretical [θɪə'retɪkəl] ② **theoretisch stimmt das** that's right in theory
die **Theorie** theory ['θɪəri]; **in der Theorie** in theory

T

der **Therapeut**, die **Therapeutin** therapist
die **Therapie** therapy
therapieren to give therapy to, to treat
das **Thermalbad** thermal bath [ˌθɜːməlˈbɑːθ]
die **Thermalquelle** thermal spring [ˌθɜːməlˈsprɪŋ]
thermisch thermal [ˈθɜːməl]
das **Thermometer** thermometer [θəˈmɒmɪtəʳ]
der **Thermometerstand** thermometer reading
die **Thermosflasche** thermos® [ˈθɜːməs] flask, vacuum [ˈvækjuːm] flask
der **Thermostat** thermostat [ˈθɜːməstæt]
die **These** thesis [ˈθiːsɪs]
die **Thora** [ˈtoːra] Torah [ˈtɔːrə]
die **Thrombose** thrombosis [θrɒmˈbəʊsɪs]
der **Thron** throne; **den Thron besteigen** to ascend to the throne
thronen ① (*auf dem Thron sitzen*) to sit enthroned ② (*übertragen*) to sit in state
die **Thronfolge** line of succession [səkˈseʃən]
der **Thronfolger**, die **Thronfolgerin** heir [eəʳ] to the throne
der **Thunfisch** tuna[fish]
Thüringen Thuringia
der **Thüringer**, die **Thüringerin** Thuringian
thüringisch Thuringian
der **Thymian** thyme [taɪm]
Tibet Tibet
der **Tick** (*Schrulle*) quirk [kwɜːk]; **der Kerl hat doch einen Tick!** that fellow's just crazy!
ticken *Uhr:* to tick ▸ WENDUNGEN: **du tickst wohl nicht richtig!** you're off your rocker [*oder* head]!
der **Tie-Break** (*im Tennis*) tiebreak[er]
das **Tief** ① (*Wettertief*) depression [dɪˈpreʃən] ② (*Stimmungstief*) low; **ich bin in einem echten Tief** I've hit a real low [point]; **er hat gerade ein Tief** he's feeling rather down at the moment, he's feeling quite low right now
tief ① deep; **der Teich war 3 Meter tief** the pond was 3 metres deep; **einen Stock tiefer** one floor down ② (*tiefgründig*) profound [prəˈfaʊnd]; **tief schürfend** profound ③ (*niedrig*) low; **die tief stehende Sonne** the sun low down on the horizon ④ (*dunkel*) deep ⑤ *Schlaf:* deep, sound ⑥ **im tiefsten Winter** in the depths *Plural* of winter ⑦ **tief [durch]atmen** to draw a deep breath ⑧ (*sehr*) **tief betrübt/bewegt** deeply distressed/moved; **tief greifend** far reaching; **tief in Gedanken** deep in thought ⚠ *Singular* ▸ WENDUNGEN: **bis tief in die Nacht** until the small hours ⚠ *Plural;* **tief im Innern** in one's heart of hearts *Plural;* **tief in jemandes Schuld stehen** to be deeply indebted to someone; **das lässt tief blicken** this is very revealing
der **Tiefbau** civil engineering [ˌendʒɪˈnɪərɪŋ]
tiefblau deep blue
das **Tiefdruckgebiet** low-pressure [ˈpreʃəʳ] area
die **Tiefe** ① depth; **in hundert Metern Tiefe** at a depth of a hundred meters ② (*Tiefgründigkeit*) deepness, profundity [prəˈfʌndɪti]
die **Tiefebene** lowlands ⚠ *Plural,* plain
der **Tiefflieger** low-flying aircraft
der **Tiefgang** (*übertragen*) depth
die **Tiefgarage** underground car park
tiefgekühlt frozen [ˈfrəʊzən]
tiefgründig deep, profound
das **Tiefkühlfach** deep-freeze compartment
die **Tiefkühlkost** frozen food
die **Tiefkühltruhe** freezer
das **Tiefland** lowlands ⚠ *Plural*
der **Tiefpunkt** low point; **ich bin auf einem Tiefpunkt** I've reached [*oder* hit] a low
tiefschwarz jet-black
die **Tiefsee** deep sea
tiefsinnig profound
der **Tiefstand** low *auch übertragen*
die **Tiefsttemperatur** minimum temperature
das **Tier** ① animal; (*großes Tier*) beast ② (*brutale Person*) brute ▸ WENDUNGEN: **ein hohes Tier** a big shot
die **Tierart** animal species [-ˌspiːʃiːz]
der **Tierarzt**, die **Tierärztin** veterinary surgeon [ˌvetərɪnəriˈsɜːdʒən], veterinarian [ˌvetərɪˈneəriən] (USA), vet (GB) *umgangsspr*
die **Tierfabrik** (*abwertend umgangsspr*) factory farm
das **Tierheim** animal shelter
tierisch ① *Fett:* animal ② (*roh*) bestial [ˈbestiəl] ③ (*slang: unerträglich*) beastly; **es tut tierisch weh** it hurts like mad ④ (*slang: sehr, riesig*) **ich hab mich tierisch gelangweilt** I was bored out of my mind; **ich hab mich tierisch gefreut** I was dead pleased; **ich hatte tierisch Angst** I was dead scared ⑤ (*slang: super*) **tierisch!** brill!, ace!
die **Tierklinik** animal hospital
der **Tierkreis** zodiac [ˈzəʊdiæk]
das **Tierkreiszeichen** sign [saɪn] of the zodiac
die **Tierkunde** zoology [zuˈɒlədʒi]
tierlieb(end) fond of animals *Plural nachgestellt*
die **Tiermedizin** veterinary science [ˌvetərɪnəriˈsaɪəns]
das **Tiermehl** meat and bone meal
die **Tiernahrung** pet food
der **Tierpark** zoo
die **Tierquälerei** cruelty [ˈkruːəlti] to animals *Plural*
der **Tierschutz** protection of animals
der **Tierschützer**, die **Tierschützerin** animal conservationist
der **Tierschutzverein** society [səˈsaɪəti] for the prevention of cruelty to animals *Plural,* RSPCA (GB)
der **Tierversuch** animal experiment
die **Tierzucht** stockbreeding
der **Tiger**, die **Tigerin** tiger [ˈtaɪgəʳ]; (*weiblich auch*) tigress [ˈtaɪgres]

T

das **Tigerbaby** baby tiger, tiger cub
tigern **durch die Gegend/Straßen tigern** to mooch about the place/around town
tilgen to pay off *Schulden*
die **Tilgung** *von Schulden:* repayment [rɪ'peɪmənt]
die **Tilgungsrate** repayment instalment
das **Timing** ['taɪmɪŋ] timing
die **Tinktur** tincture ['tɪŋktʃəʳ]
die **Tinte** ink ▸ WENDUNGEN: **in der Tinte sitzen** to be in the soup
der **Tintenfisch** cuttlefish/octopus/squid [skwɪd]
der **Tintenkiller** ink eraser pen
der **Tintenstrahldrucker** inkjet [printer]
der **Tipp** ① (*Rat*) tip ② (*Andeutung*) hint ③ (*an Polizei*) tip-off ④ (*im Lotto*) bet
der **Tippelbruder** gentleman ['djentlmən] of the road
tippeln ① (*kurze Schritte machen*) to trip ② *Kind:* to patter
tippen ① (*auf Schreibmaschine*) to type [taɪp] ② (*leicht berühren*) to tap, to touch [tʌtʃ] lightly; **jemandem auf die Schulter tippen** to tap someone on the shoulder ③ (*raten*) to bet, to guess [ges]; **auf jemanden/eine Mannschaft tippen** to put one's money on someone/a team ④ (*Tippzettel ausfüllen*) to fill in the pools [*oder* lottery] coupon; **ich tippe im Lotto** I do the lottery
der **Tippfehler** typing ['taɪpɪŋ] error
tipptopp ① (*ausgezeichnet*) first-class ② **tipptopp sauber** spotless ③ **er hat tipptopp ausgeschaut** he was immaculately [ɪ'mækjələtli] dressed
Tirol the Tyrol
der **Tiroler**, die **Tirolerin** Tyrolese [ˌtɪrəʊ'li:z], Tyrolean [ˌtɪrəʊ'liən]
der **Tisch** table; **am Tisch** at the table; **sich zu Tisch setzen** to sit down at table; **wer saß bei Ihnen am Tisch?** who was at your table?; **den Tisch decken** to set [*oder* lay] the table; **bitte zu Tisch!** dinner/lunch is served! ▸ WENDUNGEN: **etwas unter den Tisch fallen lassen** to drop something; **reinen Tisch machen** to get things straight [streɪt]
die **Tischdecke** tablecloth
das **Tischgebet** grace [greɪs]; **das** [*oder* **ein**] **Tischgebet sprechen** to say grace
die **Tischlampe** table lamp
der **Tischler**, die **Tischlerin** joiner; (*Möbeltischler*) cabinetmaker; (*Bautischler*) carpenter
die **Tischlerei** joiner's workshop
der **Tischnachbar**, die **Tischnachbarin** fellow diner
die **Tischplatte** tabletop
die **Tischrede** after-dinner speech
das **Tischtennis** table tennis
die **Tischtennisplatte** table-tennis table
der **Tischtennisschläger** table-tennis bat
das **Tischtuch** tablecloth

der **Titel** title; **einen Titel führen** to have a title
das **Titelbild** cover ['kʌvəʳ] [picture]
das **Titelblatt** (*einer Zeitschrift*) cover
die **Titelmusik** theme music
die **Titelrolle** lead [li:d] role
die **Titelseite** front page; (*einer Zeitschrift*) cover
der **Titelsong** title song [*oder* track]
der **Titelverteidiger**, die **Titelverteidigerin** title holder
die **Titten** (*slang*) tits, boobs
tja well
der **Toast**[1] [to:st] (*Trinkspruch*) toast; **einen Toast auf jemanden ausbringen** to propose a toast to someone
der **Toast**[2] [to:st] (*Toastbrot*) toast; **Toast machen** to make some toast
der **Toaster** ['to:stɐ] toaster
der **Tobel** Ⓐ, ⒸⒽ (*Schlucht*) ravine [rəvi:n]
toben ① (*wüten*) to rage ② *Kind:* to rollick about
tobsüchtig raving mad
der **Tobsuchtsanfall** maniacal fit [məˌnaɪəkᵊl'fɪt]; **einen Tobsuchtsanfall bekommen** to throw a fit [*oder* tantrum]
die **Tochter** daughter ['dɔ:təʳ]
die **Tochtergesellschaft** subsidiary [səb'sɪdiᵊri] company
der **Tod** ① death [deθ]; **[bei einem Unfall] zu Tode kommen** to die [in an accident]; **sich vor dem Tod fürchten** to be afraid of death; **zum Tode verurteilen** to sentence to death ② **zu Tode** to death *auch übertragen;* **sich zu Tode schämen** to be utterly ashamed of oneself; **jemanden zu Tode erschrecken** to scare the [living] daylights out of someone; **zu Tode erschrocken sein** to be frightened to death, to get the fright of a lifetime; **zu Tode betrübt** in the depths of despair ③ **sich den Tod holen** (*vor Kälte*) to catch one's death of cold
todernst ① **mit todernster Mine** looking dead[ly] serious ['sɪəriəs] ② **ich meine es todernst** I am dead[ly] serious
die **Todesangst** ① mortal agony ② **Todesängste ausstehen** to be scared to death, to be frightened out of one's mind
die **Todesanzeige** obituary [ə'bɪtʃʊəri]
der **Todesfall** death [deθ]
die **Todesgefahr** mortal danger ['deɪndʒəʳ]; **sich in Todesgefahr begeben** to put one's life at risk
der **Todeskampf** death throes [θrəʊz] ⚠ *Plural*
der **Todeskandidat** (*Verurteilter*) condemned [kən'demd] man
das **Todesopfer** casualty ['kæʒjuəlti], death [deθ]
die **Todesstrafe** ① (*als Urteil*) death penalty ② **die Todesstrafe [abschaffen/wiedereinführen]** [to abolish/reintroduce] capital punishment
der **Todestag** ① (*Sterbetag*) day of someone's death ② (*Jahrestag*) anniversary [ˌænɪ'vɜ:sᵊri] of

someone's death
die **Todesursache** cause [kɔːz] of death
das **Todesurteil** death sentence [-ˌsentən(t)s]
todkrank dangerously ['deɪndʒᵊrəsli] ill
todlangweilig dead boring
tödlich ① *Gefahr:* deadly ['dedli], mortal; *Dosis, Gift, Waffe:* lethal ['liːθᵊl]; *Unfall:* fatal ['feɪtᵊl] ② **tödlich verunglücken** to be killed in an accident ③ (*übertragen: übel*) **es war tödlich!** it was the pits! *Plural*
todmüde dead tired
die **Todsünde** mortal sin
todtraurig dreadfully sad
todunglücklich desperately unhappy
das **Töff** Ⓒⓗ (*Motorrad*) motorbike, motorcycle ['məʊtəʳˌsaɪkl]
die **Toilette** (*WC*) lavatory, toilet ['tɔɪlət], loo *umgangsspr;* **auf die Toilette gehen** to go to the toilet; **auf der Toilette sein** to have gone to the toilet
das **Toilettenpapier** toilet paper
Tokio Tokyo
tolerant tolerant ['tɒlərənt] (**gegen** of)
die **Toleranz** tolerance ['tɒlᵊrᵊn(t)s] (**gegen** of)
tolerieren to tolerate
toll ① (*super*) groovy, terrific ② (*verrückt*) crazy, mad ③ **das Tollste dabei ist ...** the most incredible part about it is ...
die **Tolle** quiff [kwɪf]
die **Tollkirsche** belladonna [ˌbelə'dɒnə], deadly ['dedli] nightshade
tollkühn recklessly daring, daredevil *vorangestellt*
der **Tollpatsch** clumsy creature ['kriːtʃəʳ]
tollpatschig clumsy
die **Tollwut** rabies ['reɪbiːz]
der **Tölpel** fool
die **Tomate** tomato [tə'mɑːtəʊ] ▶ WENDUNGEN: **rot wie eine Tomate** red as a beetroot

> **V** **tomatoes** ist die Pluralform von **a tomato**: *I like tomatoes and potatoes.*

der/das **Tomatenketchup** tomato ketchup
das **Tomatenmark** tomato purée
die **Tombola** tombola
die **Tomographie**, die **Tomografie** tomography [tə'mɒgrəfi]
der **Ton¹** (*Erdart*) clay
der **Ton²** ① (*Laut*) sound; **lass keinen Ton darüber verlauten!** don't say a word about it!; **sie hat keinen Ton herausgebracht** she couldn't say a word; **keinen Ton von sich geben** to not utter a sound; **jemanden in den höchsten Tönen loben** to praise someone to the skies ② (*Umgangston*) tone; **das gehört zum guten Ton** that's how the best people do it; **der Ton macht die Musik** it's not what you say but the way you say it; **ich verbitte mir diesen Ton!** I won't be spoken to like that!; **sich im Ton vergreifen** to hit the wrong note ③ (*Farbton*) tone
tonangebend **tonangebend sein** to set the tone
der **Tonarm** *von Plattenspieler:* pickup arm
die **Tonart** ① (*in Musik*) key [kiː] ② (*Tonfall*) tone ▶ WENDUNGEN: **eine andere Tonart anschlagen** to change one's tune
das **Tonband** ① (*Magnetband*) tape ② (*Tonbandgerät*) tape recorder
die **Tonbandaufnahme** tape recording
tönen ① (*erklingen*) to sound ② (*großspurig reden*) to hold forth, to sound off ③ to tint *Haare;* **sich die Haare tönen** to tint one's hair ⚠ *Singular*
der **Tonfall** ① tone of voice ② (*Intonation*) intonation [ˌɪntə'neɪʃᵊn]
der **Tonfilm** sound film
das **Tongeschirr** earthenware ['ɜːðᵊnweəʳ]
die **Tonhöhe** pitch
die **Tonlage** pitch [level]
die **Tonleiter** scale
tonlos ① (*ohne einen Laut*) toneless ② *Stimme:* flat; **mit tonloser Stimme** in a flat voice
die **Tonne** ① (*Behälter*) cask, barrel ② (*Mülleimer*) bin ③ (*dicker Mensch*) fatty ④ (*Gewichtseinheit*) ton
das **Tonsignal** dial tone
die **Tonstörung** sound interference [-ɪntəˌfɪərᵊn(t)s]
das **Tonstudio** recording [rɪ'kɔːdɪŋ] studio
die **Tonsur** tonsure ['tɒnʃəʳ]
der **Tontechniker**, die **Tontechnikerin** sound technician [-tekˌnɪʃᵊn]
der **Tonträger** sound carrier ['kæriəʳ]
die **Tönung** ① (*das Tönen*) tinting; **sich eine Tönung ins Haar machen lassen** to have one's hair tinted ② (*Farbton*) shade, tone
die **Tönungscreme** colouring ['kʌlᵊrɪŋ] cream
der **Topact** (*Band*) headline act
der **Topas** topaz
der **Topf** pot; (*Kochtopf*) saucepan ['sɔːspən] ▶ WENDUNGEN: **alles in einen Topf werfen** to lump everything together
der **Topfen** Ⓐ (*Quark*) curd cheese, quark [kwaːk]
die **Töpferei** pottery
die **Töpferscheibe** potter's wheel
die **Töpferwaren** earthenware ['ɜːðᵊnweəʳ] ⚠ *Singular*
topfit **topfit sein** to be in top form
der **Topflappen** oven-cloth ['ʌvənklɒθ]
die **Topfpflanze** potted plant
der **Tor** (*Narr*) fool
das **Tor** ① gate *auch übertragen* ② (*Durchfahrt*) gateway ③ (*beim Fußball*) goal; **ein Tor erzielen** to score a goal; **immer noch kein Tor** no score yet; **im Tor stehen** to keep goal
der **Torbogen** archway ['ɑːtʃweɪ]
die **Torchance** scoring chance [ˌskɔːrɪŋ'tʃɑːn(t)s]

T

der **Torf** peat; **Torf stechen** to cut peat
der **Torhüter**, die **Torhüterin** goalkeeper, goalie *umgangsspr*
töricht foolish
der **Torjäger** striker
torkeln to reel, to stagger
die **Torlatte** crossbar
die **Torlinie** goal line
torlos goalless; **torlos enden** to end in a goalless draw
der **Törn** cruise [kru:z]; **einen Törn machen** to go on a cruise
der **Tornado** tornado [tɔ:'neɪdəʊ]
torpedieren to torpedo *auch übertragen*
der **Torpedo** torpedo [tɔ:'pi:dəʊ]
der **Torpfosten** 1 gatepost 2 (*im Sport*) goalpost
der **Torraum** goal area
die **Torschlusspanik** fear of being left on the shelf
der **Torschütze**, die **Torschützin** scorer
der **Torso** torso ['tɔ:səʊ]
die **Torte** 1 (*Sahnetorte*) gateau ['gætəʊ] 2 (*Obsttorte*) flan
der **Torwart**, die **Torwartin** goalkeeper
tosen 1 *Meer:* to roar 2 *Sturm:* to rage
tot 1 *Mensch, auch Leitung usw.:* dead [ded]; **sie war sofort tot** she died instantly; **tot geboren** stillborn; **tot umfallen** to drop dead *auch übertragen* 2 **das Tote Meer** the Dead Sea
total (*völlig*) total ['təʊtᵊl]; **ich war total überrascht** it came [to me] as a complete surprise; **total falsch** all wrong; **ich hab alles total falsch gemacht** I did it all wrong; **total betrunken** plastered; **total pleite** flat broke
totalitär totalitarian [teˌtælɪ'teəriən]
der **Totalschaden** write-off ['raɪtɒf]; **Totalschaden haben** to be a [complete] write-off
totärgern sich totärgern to be livid (**über** at); **ich könnte mich totärgern!** (*über sich selber*) I could kick myself!
der/die **Tote** 1 deceased [dɪ'si:st], dead person; (*Leiche*) corpse 2 (*bei Krieg, Unfall*) casualty ['kæʒjuəlti]; **es gab 50 Tote** fifty people were killed
töten 1 (*umbringen*) to kill 2 to deaden ['dedᵊn] *Nerv*
die **Totenfeier** funeral ceremony ['fju:nᵊrəlˌserɪməni]
der **Totengräber** gravedigger
der **Totenkopf** 1 skull 2 (*zur Warnung*) skull and crossbones ⚠ *Singular*
der **Totenschein** death certificate [-səˌtɪfɪkət]
die **Totenstille** deathly silence [ˌdeθli'saɪlən(t)s]; **es herrschte Totenstille** there wasn't a sound
totfahren to knock [nɒk] down and kill
totkriegen er ist nicht totzukriegen there's no stopping him
totlachen ich lach mich tot you're so funny; **ich hab mich fast totgelacht** I nearly killed [*oder* wet] myself laughing
das **Toto** (*Fußballtoto*) football pools ⚠ *Plural;* **Toto spielen** to play the [football] pools ⚠ *Plural;* **im Toto gewinnen** to win the [football] pools ⚠ *Plural*
totschießen jemanden totschießen to shoot someone dead
der **Totschlag** manslaughter ['mænˌslɔ:təʳ] (GB), homicide ['hɒmɪsaɪd] (USA)
totschlagen to kill *auch übertragen*
totschweigen to hush up
die **Tötung** 1 (*das Töten*) killing 2 **fahrlässige Tötung** (*juristisch*) manslaughter ['mænˌslɔ:təʳ] through culpable negligence, involuntary manslaughter
das **Touchpad** ['tatʃpæd] touchpad
der **Touchscreen** ['tatʃskri:n] touch screen
das **Toupet** [tu'pe:] toupee ['tu:peɪ]
toupieren to backcomb ['bækəʊm]
die **Tour** [tu:ɐ̯] 1 (*Ausflug*) tour [tʊəʳ]; (*Fahrt*) trip 2 **komm mir ja nicht auf die Tour!** don't you try that one on me!; **in einer Tour** nonstop 3 (*Motorenumdrehung*) revolution
der **Tourismus** tourism ['tɔ:rɪzᵊm]
der **Tourist**, die **Touristin** tourist ['tɔ:rɪst]
die **Touristenklasse** tourist class
das **Touristenvisum** tourist visa
die **Tournee** tour [tʊəʳ]; **auf Tournee gehen/sein** to go/be on tour
toxisch toxic
der **Trab** (*Gangart*) trot; **im Trab** at a trot ▶ WENDUNGEN: **jemanden auf Trab bringen** to get someone moving, to make someone get a move on; **auf Trab sein** to be on the move
die **Trabantenstadt** satellite ['sætəlaɪt] town
traben to trot
die **Tracht** 1 (*Kleidung*) dress, garb 2 (*Schwesterntracht*) uniform ['ju:nɪfɔ:m] ▶ WENDUNGEN: **eine Tracht Prügel** a good hiding
trachten (*streben*) to strive (**nach** for/after); **jemandem nach dem Leben trachten** to seek to kill someone
trächtig pregnant ['pregnənt]
die **Tradition** tradition [trə'dɪʃᵊn]
traditionell traditional
der **Trafik** (A) tobacconist's [tə'bækᵊnɪsts] shop
der **Trafikant**, die **Trafikantin** (A) tobacconist [tə'bækᵊnɪst]
die **Tragbahre** stretcher
tragbar 1 *Gerät:* portable 2 (*erträglich*) bearable ['beərəbl] (**für** to)
träge sluggish
tragen 1 to carry *Kind, Last, Rucksack;* **in der Hand tragen** to carry in one's hand; **auf dem Rücken tragen** to carry on one's back; **etwas bei sich tragen** to carry something with one; **trägst du deinen Ausweis bei dir?** do you carry your ID card around with you? 2 to bear

T

[beəʳ] *Kosten, Namen, Schulden* 3 to produce [prə'dju:s] *Ernte;* to bear [beəʳ] *Früchte;* to yield [ji:ld] *Zinsen* 4 (*anhaben*) to have on; to wear [weəʳ] *Kleidung* 5 **die Haare kurz/lang tragen** to wear one's hair short/long; **einen/keinen Bart tragen** to have/not have a beard 6 **die Verantwortung tragen** to bear the responsibility 7 (*erdulden*) to endure [ɪn'djuʊəʳ] 8 (*stützen*) to support 9 *Eis:* to bear [beəʳ] 10 *Acker, Baum:* to crop 11 **sich tragen** *Kleid, Stoff:* to wear [weəʳ]; **Kaschmir trägt sich himmlisch gut** cashmere ['kæʃmɪəʳ] feels heavenly to wear 12 **sich mit dem Gedanken tragen, etwas zu tun** to entertain the idea of doing something

> **G** Richtiges Konjugieren von **to wear**: wear, wore, worn
> *you need to wear protective goggles in the laboratory;*
> *the bride wore flowers in her hair;*
> *Mr. Jones has never worn glasses*

der **Träger** 1 (*Gepäckträger*) porter 2 *von Namen:* bearer ['beərəʳ] 3 *von Kleidung:* wearer ['weərəʳ] 4 (*Balken*) beam; (*Eisenträger*) girder ['gɜ:dəʳ] 5 (*an Kleidung*) strap 6 (*Hosenträger*) braces ['breɪsɪz] ⚠ *Plural* 7 (*Kulturträger, Staat*) representative; (*Veranstaltungsträger*) sponsor

trägerlos *BH, Kleid:* strapless

die **Tragetasche** carrier ['kæriəʳ] bag

die **Tragfähigkeit** load-bearing capacity [kə'pæsəti]

die **Tragfläche** wing

die **Trägheit** 1 (*Antriebslosigkeit*) sluggishness 2 (*Faulheit*) idleness ['aɪdl̩nəs], laziness ['leɪzinəs]

die **Tragik** tragedy ['trædʒədi]

tragisch tragic ['trædʒɪk]; **das ist nicht so tragisch** that's not the end of the world; **nimm's nicht so tragisch** don't take it to heart like that

die **Tragödie** tragedy ['trædʒədi] *auch übertragen*

die **Tragweite** 1 (*Reichweite*) range 2 (*Ausmaß*) scope 3 (*Konsequenzen*) consequences ['kɒn(t)sɪkwən(t)sɪz] ⚠ *Plural*

T

der **Trainer**, die **Trainerin** ['trɛ:nɐ] coach, trainer

trainieren [trɛ'ni:rən] 1 (*üben*) to train, to practise (**zu** for); **Hochsprung trainieren** to practise the high jump; **da musst du schon noch etwas trainieren!** you'll have to practise that a bit more! 2 to coach *Mannschaft* (**zu** for)

das **Training** ['trɛ:nɪŋ] 1 (*im Sport*) training; **zum Training gehen** to go training 2 (*Übung*) practice ['præktɪs]

der **Trainingsanzug** tracksuit ['træksu:t]

die **Trainingshose** tracksuit trousers [*oder* bottoms] ⚠ *Plural*

die **Trainingsjacke** tracksuit top

der **Trakt** (*Gebäudetrakt*) part, wing

die **Traktandenliste** (CH) agenda [ə'dʒendə], order of the day

das **Traktandum** (CH) item on the agenda

der **Traktor** tractor ['træktəʳ]

die **Tram** (CH) tram[way] [træm]

trampeln to trample, to stamp one's feet

das **Trampeltier** **du Trampeltier!** clumsy beggar!

trampen [trɛmpn̩] to hitchhike

der **Tramper**, die **Tramperin** ['trɛmpɐ] hitch-hiker

> **F** Nicht verwechseln mit **tramp** = der Landstreicher!

das **Trampolin** trampoline [ˌtræmpᵊ'li:n]

tranchieren to carve

die **Träne** tear [tɪəʳ]; **in Tränen ausbrechen** to burst into tears; **Tränen lachen** to laugh till one cries; **den Tränen nah** on the verge of tears ▸ WENDUNGEN: **mir kommen [gleich] die Tränen** (*ironisch*) my heart bleeds for you/him/etc.

tränen **mir tränen die Augen** my eyes are watering

das **Tränengas** tear [tɪəʳ] gas

der **Trank** beverage ['bevᵊrɪdʒ], drink

die **Tränke** watering place

tränken 1 to water *Tier* 2 (*durchnässen*) to soak

die **Transaktion** transaction [træn'zækʃᵊn]

transatlantisch transatlantic

transchieren to carve

der **Transfer** transfer ['træn(t)sfɜ:ʳ]

die **Transfersumme** transfer fee

der **Transformator** transformer

die **Transfusion** transfusion [ˌtræns'fju:ʒᵊn]

der **Transistor** transistor [træn'zɪstəʳ]

der **Transit** transit

die **Transitgüter** transit goods

transitiv transitive

der **Transitverkehr** 1 transit traffic 2 (*Handel*) transit trade

das **Transitvisum** transit visa

transparent transparent [ˌtræn'spærᵊnt]

transpirieren to perspire [pə'spaɪəʳ]

der **Transport** transport ['træn(t)spɔ:t]

transportabel transportable [ˌtræn'spɔ:təbl]

das **Transportband** conveyor [kən'veɪəʳ] belt

der **Transporter** 1 (*Schiff*) cargo ship 2 (*Flugzeug*) transport ['træn(t)spɔ:t] plane 3 (*Fahrzeug*) van

transportfähig moveable ['mu:vəbl]

transportieren 1 to transport [træn'spɔ:t] *Güter* 2 to move [mu:v] *Patient* 3 *Förderband:* to move 4 *Kamera:* to wind [waɪnd] on

die **Transportkosten** transport ['træn(t)spɔ:t] costs *Plural*

das **Transportmittel** means of transport ['træn(t)spɔ:t]

das **Transportunternehmen**, der **Transportunternehmer** haulage ['hɔ:lɪdʒ] contractor der **Transportweg** (*Route*) transport route ['træn(t)spɔːtˌruːt]; (*Entfernung*) distance

die **Transuse** slowcoach

der **Transvestit** transvestite [trænz'vestaɪt]

das **Trapez** ① (*im Zirkus*) trapeze [trə'piːz] ② (*in Geometrie*) trapezium [trə'piːziəm]

tratschen to gossip

die **Traube** ① (*Fruchtstand*) bunch of grapes; *einzelne Beere:* grape ② (*Haufen, Gruppe*) bunch, cluster

der **Traubensaft** grape juice [dʒuːs]

der **Traubenzucker** dextrose, glucose

trauen ① (*verheiraten*) to marry; **sich trauen lassen** to get married ② (*vertrauen*) to trust; **ich traute meinen Ohren nicht** I couldn't believe my ears ③ **sich trauen** (*wagen*) to dare [deəʳ]; **du traust dich ja sowieso nicht!** you wouldn't dare anyway!

die **Trauer** ① (*Gram*) grief [griːf], sorrow ['sɒrəʊ] ② (*um einen Verstorbenen*) mourning ['mɔːnɪŋ] (**um** over); **in tiefer Trauer ...** (*in Traueranzeige*) much loved and sadly missed by ...

die **Traueranzeige** death [deθ] notice

das **Traueressen** Ⓒⓗ funeral ['fjuːnᵊrəl] meal

der **Trauerfall** death [deθ], bereavement [bɪ'riːvmənt]

die **Trauerfamilie** Ⓒⓗ mourners ['mɔːnəʳz] ⚠ *Plural*

die **Trauerkleidung** mourning ['mɔːnɪŋ]

der **Trauerkloß** (*umgangsspr*) wet blanket

trauern to mourn [mɔːn] (**um** for)

die **Trauerweide** weeping willow

das **Trauerzirkular** Ⓒⓗ *letter announcing someone's death*

der **Traum** dream *auch übertragen;* **mein Traum ging in Erfüllung** my dream came true; **ich denke nicht im Traum daran!** I wouldn't dream of it!

das **Trauma** trauma ['trɔːmə] *auch übertragen*

traumatisch traumatic *auch übertragen*

träumen ① to dream *auch übertragen;* **schlecht träumen** to have bad dreams [*oder* a bad dream]; **von etwas träumen** to dream about something; **etwas Schönes/Schlimmes träumen** to have a pleasant/nasty dream ② **ich träume davon, Schriftstellerin zu werden** it is my dream to be a writer ③ **das hätte ich mir nicht träumen lassen** I'd never have thought it possible ④ (*nicht aufpassen*) to daydream; **träum nicht!** wake up!

> **G** Richtiges Konjugieren von **to dream**: dream, dreamt/dreamed, dreamt
> *he often dreams at night,*
> *Lisa dreamt about a red dragon,*
> *I have always dreamt of being a millionaire*

der **Träumer**, die **Träumerin** [day]dreamer

träumerisch ① (*verträumt*) dreamy ② (*schwärmerisch*) wistful

die **Traumfrau** **meine Traumfrau** the woman of my dreams

traumhaft ① (*wunderbar*) fantastic ② **traumhaft schön** absolutely beautiful

der **Traummann** **mein Traummann** the man of my dreams

die **Traumnote** perfect mark; **mit der Traumnote Eins abschließen** to achieve a perfect score of straight As *Plural*

das **Traumpaar** perfect ['pɜːfɪkt] couple

die **Traumwelt** dream world

traurig ① sad (**über** at) ② (*beklagenswert*) sorry

die **Traurigkeit** sadness

der **Trauring** wedding ring

die **Trauung** wedding ceremony [-ˌserɪməni]; **eine kirchliche Trauung** a church wedding; **eine standesamtliche Trauung** a registry office wedding

der **Trauzeuge**, die **Trauzeugin** best man *maskulin*, [marriage] witness

der **Treck** trek

der **Treff** ① (*Treffen*) meeting ② (*Treffpunkt*) haunt [hɔːnt]

das **Treffen** ① meeting; **ein Treffen ausmachen** to arrange to meet ② (*im Sport*) encounter [ɪn'kaʊntəʳ]

treffen ① (*begegnen*) to meet; (*stoßen auf*) to hit upon, to run into ② (*schlagen*) to hit, to strike ③ (*kränken*) to hurt; **das hat dich sehr getroffen, nicht?** you took it very hard, didn't you? ④ to take *Maßnahmen* ⑤ **das Richtige treffen** to choose just the right thing; **du bist gut getroffen** (*auf Foto*) that's a really nice picture of you ⑥ *Schlag:* to hit; **nicht treffen** to miss ⑦ **auf etwas/jemanden treffen** to meet something/someone ⑧ **sich treffen** (*geschehen*) to happen; **es hat sich so getroffen, dass ...** it so happened that ...; **es trifft sich gut, dass ...** it is convenient [*oder* good] that ... ⑨ **sich [mit jemandem] treffen** to meet [up with someone]; **wir trafen uns zufällig** we met [*oder* ran into each other] by chance

> **G** Richtiges Konjugieren von **to meet**: meet, met, met
> *would you like to meet for coffee?,*
> *they met for a drink before the match,*
> *have you met there before?*

treffend (*passend*) apt

der **Treffer** ① hit; **einen Treffer erzielen** to score a hit ② (*Tor*) goal; **einen Treffer erzielen** to shoot a goal ③ (*in der Lotterie*) winner

der **Treffpunkt** meeting place; (*auf Flughafen, Bahnhof*) meeting point; **sollen wir einen Treffpunkt ausmachen?** shall we arrange a place to meet?

T

das **Treibeis** drift ice

das **Treiben** activity; **ein buntes Treiben** hustle ['hʌsl] and bustle

treiben 1 (*in Bewegung setzen*) to drive 2 to do *Geschäfte, Handel, Sport* 3 to sprout [spraʊt] *Blüten, Knospen* 4 **du treibst mich noch zum Wahnsinn!** you're driving me mad!; **etwas auf die Spitze treiben** to carry something too far; **es zu weit treiben** to go too far; **jemanden zur Verzweiflung treiben** to drive someone to despair 5 (*im Wasser*) to drift 6 **sich treiben lassen** to drift; **die Dinge treiben lassen** to allow things to drift, to let things drift 7 *Baum, Pflanze:* to sprout 8 (*harntreibend sein*) to have a diuretic [ˌdaɪjʊ'retɪk] effect 9 **na, was treibt er denn so?** well, what's he been up to lately?; **was hat dich dazu getrieben?** what made you do that? 10 **es [mit jemandem] treiben** to have it off with someone; **sie treiben es [miteinander]** they're doing it

treibend die treibende Kraft the driving force

das **Treibgut** flotsam

das **Treibhaus** hothouse

der **Treibhauseffekt** greenhouse effect

das **Treibhausgas** greenhouse gas

das **Treibhausklima** global warming

der **Treibsand** quicksand

der **Treibstoff** fuel ['fju:əl]

die **Treibstoffkosten** fuel costs

der **Treibstoffverbrauch** fuel consumption

der **Trend** trend (**zu** towards)

der **Trendforscher**, die **Trendforscherin** trend analyst

trendig (*umgangsspr*) trendy

der **Trendscout** trend-spotter

trennbar separable ['sepᵊrəbl̩]

trennen 1 to separate ['sepᵊreɪt] (**von** from) 2 to undo *Naht* 3 to disconnect; to interrupt *Leitung* 4 (*unterscheiden*) to distinguish [dɪ'stɪŋgwɪʃ] (**zwischen** between) 5 (*auseinanderbringen*) to come between; **uns kann nichts trennen** nothing can come between us 6 **sich von jemandem trennen** (*Abschied nehmen*) to part with [*oder* from] someone; **sich von etwas trennen** to part with something, to give something up; **von der Uhr kann ich mich nicht trennen** I can't bear to part with this watch 7 **sich [von jemandem] trennen** (*für immer auseinandergehen*) to split up [with someone]; **sie haben sich getrennt** they separated [*oder* split up]

die **Trennung** 1 *auch von Paar:* separation [ˌsepᵊr'eɪʃᵊn]; **sie entschlossen sich zur Trennung** they decided to split up [*oder* separate] ['sepᵊreɪt] 2 (*Abschied*) parting 3 (*Auflösung*) dissolution

der **Trennungsstrich** hyphen ['haɪfᵊn]

die **Trennwand** partition wall

die **Treppe** staircase ['steəkeɪs] (GB), stairs ⚠ *Plural*, stairway (USA); **eine Treppe** a flight of stairs; **die Treppe hinaufgehen** to go upstairs, to go up the stairs ⚠ *Plural;* **die Treppe hinuntergehen** to go downstairs, to go down the stairs ⚠ *Plural;* **eine Treppe höher/tiefer** one floor up/down

das **Treppengeländer** banister

das **Treppenhaus** 1 stairwell ['steəwel], staircase ['steəkeɪs] 2 (*Eingangsbereich*) hall[way]

die **Treppenstufe** stair [steəʳ], step

der **Tresen** 1 (*Theke*) bar 2 (*Ladentisch*) counter

der **Tresor** 1 safe 2 (*Raum in einer Bank*) vault [vɔ:lt]

das **Tretboot** pedal boat, pedalo

treten 1 (*in Kuhfladen, Pfütze*) to step, to tread [tred] 2 **in die Pedale treten** to pedal hard 3 (*mit Fuß anstoßen*) to kick; **gegen etwas treten** to kick something; **nach etwas treten** to kick [out] at something; (*Fußtritt geben*) to kick; **nach jemandem/etwas treten** to take a kick at someone/something; **gegen das Bein getreten werden** to get kicked in the leg 4 **in den Streik treten** to go on strike ▸ WENDUNGEN: **ich glaub, mich tritt ein Pferd!** well, I'll be blowed!

> **G** Richtiges Konjugieren von **to tread**: tread, trod, trodden
> *please don't tread on the flower beds!;*
> *he trod on her toes by mistake;*
> *the path had been trodden down by the ramblers*

treu 1 *Ehepartner:* faithful ['feɪθfəl] 2 (*loyal*) *Freund, Kunde:* loyal [lɔɪəl] 3 (*ergeben*) *Diener:* devoted [dɪ'vəʊtɪd] 4 **seinen Grundsätzen treu bleiben** to stick to one's principles

die **Treue** 1 (*eheliche Treue*) fidelity, faithfulness ['feɪθfəlnəs] 2 (*Ergebenheit*) loyalty ['lɔɪəlti]

der **Treuhänder** fiduciary [fɪ'dju:ʃiəri], trustee

treuherzig innocent ['ɪnəsᵊnt]; (*vertrauensselig*) trusting

treulos 1 faithless ['feɪθləs], disloyal [dɪs'lɔɪəl] 2 **du treulose Tomate!** some friend you are!

der **Triathlon** triathlon [traɪ'æθlɒn]

die **Tribüne** 1 (*Rednertribüne*) platform, rostrum 2 (*Zuschauertribüne*) gallery, stand

der **Trichter** funnel

der **Trick** 1 (*Kniff*) trick; **ein ganz gemeiner Trick** a dirty trick; **da ist ein Trick dabei** there's a special trick to it; **den Trick heraushaben** to have got the knack [næk] 2 (*im Film, Theater*) special ['speʃᵊl] effect

der **Trickbetrüger**, die **Trickbetrügerin** confidence ['kɒnfɪdᵊn(t)s] trickster

der **Trickfilm** (*Zeichentrickfilm*) cartoon

der **Trickfilmzeichner**, die **Trickfilmzeichnerin** cartoonist

T

die **Trickkiste** (*übertragen*) bag of tricks ⚠ *Plural;* **in die Trickkiste greifen** to resort [rɪ'zɔːt] to tricks ⚠ *Plural*

der **Trieb** ① (*Naturtrieb*) drive; (*Geschlechtstrieb*) sex drive ② (*Drang, Verlangen*) desire [dɪ'zaɪəʳ], urge [ɜːdʒ] ③ (*Selbsterhaltungstrieb*) instinct ④ *einer Pflanze:* shoot

triebhaft ① *Handlung:* compulsive [kəm'pʌlsɪv] ② *Mensch:* ruled by one's physical urges *Plural nachgestellt*

der **Triebtäter**, die **Triebtäterin** sex[ual] offender

das **Triebwerk** engine ['endʒɪn]

triefen ① **ich triefe!** I'm dripping wet!; **vor Nässe triefen** to be soaking wet ② (*rinnen*) to drip; **meine Nase trieft** I've got a runny nose ③ **vor Selbstmitleid nur so triefen** to ooze [*oder* gush with] self-pity

triftig ① *Argument:* convincing [kən'vɪn(t)sɪŋ] ② *Grund:* good

das **Trikot** [tri'koː] ① (*Sporthemd*) jersey ['dʒɜːzi]; **das gelbe Trikot** the yellow jersey ② (*enger Turnanzug*) leotard ['liːətɑːd] ③ *eines Fußballspielers:* shirt

trillern ① to trill ② *Vögel:* to warble ['wɔːbl]

die **Trillerpfeife** whistle ['(h)wɪsl̩]

trimmen ① to trim *auch Hund* ② **sich trimmen** to do keep-fit exercises *Plural* ③ **sich auf alt/jung trimmen** to do oneself up to look old/young

trinkbar drinkable

trinken ① to drink; **jemandem etwas zu trinken geben** to give someone a drink; **möchtest du etwas zu trinken?** would you like something to drink? ② **Kaffee/Tee trinken** to have some coffee/tea; **einen Saft trinken** to have a glass of juice ③ **zu trinken anfangen** (*Alkohol*) to take to drink; **einen trinken gehen** to go out drinking

> **G** Richtiges Konjugieren von **to drink**: drink, drank, drunk
> *you should drink more water,*
> *she drank too much coffee and couldn't sleep,*
> *he has never drunk alcohol before*

der **Trinker**, die **Trinkerin** drinker

die **Trinkflasche** sports bottle

das **Trinkgeld** tip; **jemandem ein Trinkgeld geben** to tip someone

der/das **Trinkjogurt**, der/das **Trinkjoghurt** yoghurt drink

der **Trinkspruch** toast; **einen Trinkspruch auf jemanden ausbringen** to propose a toast to someone

das **Trinkwasser** drinking water

die **Trinkwasseraufbereitung** drinking water purification

die **Trinkwasserknappheit** drinking-water shortage

die **Trinkwasserversorgung** drinking water supply

der **Tritt** ① (*Schritt*) step; **Tritte hören** to hear footsteps ② (*Gang*) tread [tred] ③ (*Fußtritt*) kick; **jemandem einen Tritt geben** [*oder* **versetzen**] to give someone a kick; **ein Tritt in den Hintern** a kick up the backside

die **Trittleiter** stepladder

der **Triumph** triumph ['traɪəmf]

der **Triumphbogen** triumphal arch

triumphieren (*frohlocken*) to exult [ɪg'zʌlt]

triumphierend triumphant

trivial trivial ['trɪviəl]

die **Trivialliteratur** light [laɪt] fiction

trocken ① dry [draɪ] ② (*dürr*) arid ③ *Husten:* hacking ▸WENDUNGEN: **auf dem Trockenen sitzen** to be broke

die **Trockenheit** ① dryness ['draɪnəs] ② (*Dürre*) drought [draʊt]

trockenlegen ① to drain *Land* ② to change *Baby*

die **Trockenmilch** dried [draɪd] milk

das **Trockenobst** dried fruit [fruːt]

die **Trockenperiode** dry spell

die **Trockenzeit** ① *von Wäsche:* drying ['draɪɪŋ] time ② (*Jahreszeit*) dry season

trocknen to dry

der **Trockner** [tumble] drier ['draɪəʳ]

der **Trödel** (*umgangsspr*) junk

der **Trödelmarkt** flea [fliː] market

trödeln to dawdle [dɔːdl]; **trödel nicht so rum!** stop dawdling!

der **Trödler**, die **Trödlerin** ① (*Händler*) junk dealer ② (*Bummler*) dawdler ['dɔːdləʳ]

die **Trommel** ① drum; **Trommel spielen** to play the drums ⚠ *Plural* ② *von Waschmaschine:* barrel ③ *von Revolver:* revolving [rɪ'vɒlvɪŋ] breech

das **Trommelfell** eardrum ['ɪədrʌm]

trommeln to drum

der **Trommler** drummer

die **Trompete** trumpet ['trʌmpɪt]; **Trompete spielen** to play the trumpet

der **Trompeter** trumpeter ['trʌmpɪtəʳ]

die **Tropen** tropics

der **Tropenhelm** sun helmet

die **Tropenkrankheit** tropical disease [dɪ'ziːz]

der **Tropf** ① (*Infusion*) drip; **am Tropf hängen** to be on a drip ② **armer Tropf!** poor devil!

der **Tropfen** ① (*auch als Medikament*) drop; **ein Tropfen Wasser** a drop of water ② (*Schweißtropfen*) bead

tropfen to drip; **deine Nase tropft!** your nose is running!

tropfnass dripping wet

die **Tropfsteinhöhle** stalactite ['stæləktaɪt] cave

die **Trophäe** trophy ['trəʊfi]

tropisch tropical

der **Trost** ① comfort ['kʌmfət]; **jemandem Trost spenden** to comfort someone; **Trost suchen** to look for a shoulder to cry on ② (*Entschädigung*) consolation [ˌkɒnsə'leɪʃᵊn]; **zum Trost**

T

as a consolation; **das ist ein schöner Trost!** some consolation that is! ▶ WENDUNGEN: **du bist wohl nicht ganz bei Trost!** you must be out of your mind!

trösten ① to comfort ['kʌmfət], to console [kən'səʊl] ② (*aufmuntern*) to cheer up; **sich trösten** to cheer up, to console oneself (**mit** with); **trösten Sie sich!** never mind!; **tröste dich, ich hab auch nichts gewonnen** if it's any consolation, I didn't win anything either

tröstlich comforting ['kʌmfətɪŋ]

trostlos ① (*hoffnungslos*) hopeless ② (*freudlos*) cheerless ③ (*elend*) wretched ['retʃɪd] ④ (*öde*) dreary ['drɪəri]

die **Trostlosigkeit** ① (*Elend*) wretchedness ['retʃɪdnəs] ② (*Hoffnungslosigkeit*) hopelessness

der **Trostpreis** consolation [ˌkɒnsə'leɪʃᵊn] prize

der **Trott** ① (*Gangart*) trot ② (*übertragen*) routine [ruː'tiːn], rut; **der alte Trott** the same old rut

der **Trottel** fool, idiot ['ɪdiət], dope

trotten to trot along

das **Trottinett** Ⓒⓗ (*Roller*) scooter

das **Trottoir** (*Bürgersteig*) pavement Ⓖⓑ, sidewalk ['saɪdwɔːk] Ⓤⓢⓐ

der **Trotz** ① defiance [dɪ'faɪən(t)s]; **aus Trotz** out of spite ② (*Trotzköpfigkeit*) contrariness [kən'treərinəs]

trotz despite [dɪ'spaɪt], in spite of; **trotz alledem** for all that

das **Trotzalter** **er befindet sich gerade im Trotzalter** he's going through a defiant phase

trotzdem nevertheless [ˌnevəðə'les]; **sie tat es trotzdem** she did it anyway

trotzen ① **jemandem trotzen** to defy [dɪ'faɪ] someone ② (*trotzig sein*) to be awkward ['ɔːkwəd], to be contrary [kən'treəri]; **er trotzt mal wieder** he's going through one of his awkward phases *Plural* again

trotzig ① (*die Stirne bietend*) defiant [dɪ'faɪənt] ② *Kind:* awkward ['ɔːkwəd] ③ (*trotzköpfig*) contrary [kən'treəri]

der **Trotzkopf** **sei doch nicht so ein Trotzkopf!** don't be so stubborn!

T

die **Trotzreaktion** act of defiance [dɪ'faɪən(t)s]

trübe ① (*glanzlos*) dim, dull ② *Flüssigkeit:* muddy ③ *Himmel:* cloudy ['klaʊdi], overcast ④ *Stimmung:* gloomy, pretty ['prɪti] bleak ▶ WENDUNGEN: **trübe Tasse** drip, wet blanket

der **Trubel** hurly-burly

trüben ① to dull *Glas, Metall* ② (*übertragen*) to mar; to spoil *Freude, Verhältnis* ③ to strain *Beziehungen;* **sie sieht aus, als könnte sie kein Wässerchen trüben** she looks as if butter wouldn't melt in her mouth ④ **sich trüben** *Flüssigkeit:* to go cloudy ['klaʊdi] ⑤ **sich trüben** *Beziehungen, Verhältnis:* to become strained

trübselig ① (*betrübt*) gloomy ② (*trostlos*) bleak, depressing [dɪ'presɪŋ]

der **Trübsinn** gloom *kein Plural*

trübsinnig gloomy, melancholy ['melənkᵊli]

die **Trübung** clouding

die **Trüffel** truffle ['trʌfl]

das **Trugbild** delusion [dɪ'luːʒᵊn]

trügen ① **wenn mich nicht alles trügt** unless I am very much mistaken ② **der Schein trügt** appearances are deceptive [dɪ'septɪv]

die **Truhe** chest, trunk

die **Trümmer** ① *von Gebäude:* ruins ['ruːɪnz]; **in Trümmern liegen** to be in ruins ② *von Flugzeug usw.:* wreckage ['rekɪdʒ] ⚠ *Singular*

das **Trümmerfeld** (*übertragen*) scene of devastation [ˌsiːnəvdevə'steɪʃᵊn]

der **Trumpf** trump [card]; **was ist Trumpf?** what's trumps?

die **Trunkenheit** **[wegen] Trunkenheit am Steuer** [for] drunken driving

die **Trunksucht** alcoholism ['ælkəhɒlɪzᵊm]

die **Truppe** ① (*beim Theater*) company ['kʌmpᵊni], troupe [truːp] ② (*Armee*) troops ⚠ *Plural;* (*Einheit*) unit ['juːnɪt] ▶ WENDUNGEN: **er ist nicht gerade [einer] von der schnellen Truppe** he's pretty slow on the uptake

der **Truppenabzug** withdrawal [wɪð'drɔːᵊl] of troops

die **Trute** Ⓒⓗ (*Truthenne*) turkey ['tɜːki]

der **Truthahn** turkey [cock]

die **Truthenne** turkey [hen]

der **Tschad** Chad

der **Tscheche**, die **Tschechin** Czech [tʃek]

Tschechien the Czech Republic [ˌtʃekrɪ'pʌblɪk]

tschechisch Czech [tʃek]

die **Tschechische Republik** Czech Republic [ˌtʃekrɪ'pʌblɪk]

die **Tschechoslowakei** (*ehemalige*) Czechoslovakia [ˌtʃekə(ʊ)slə(ʊ)'vækiə]

das **T-Shirt** ['tiːʃøːɐ̯t] T-shirt

der **Tsunami** tsunami

die **Tube** tube [tjuːb]; **eine Tube Zahnpasta/Tomatenmark** a tube of toothpaste/tomato purée ▶ WENDUNGEN: **auf die Tube drücken** (*umgangsspr*) to get a move on; (*im Auto*) to put one's foot down

die **Tuberkulose** tuberculosis [tjuːˌbɜːkjə'ləʊsɪs]

das **Tuch** cloth

tüchtig ① (*fähig*) capable ['keɪpəbl]; (*leistungsfähig*) efficient [ɪ'fɪʃᵊnt] ② (*fleißig*) good ③ (*umgangsspr: sehr*) **tüchtig arbeiten** to work hard; **tüchtig essen** to eat heartily ['hɑːtᵊli]

die **Tücke** ① (*Gefahr*) peril ② **so seine Tücken haben** to be tricky

tuckern *Fahrzeug:* to chug along

tückisch ① (*boshaft*) malicious [mə'lɪʃəs] ② (*gefährlich*) treacherous ['tretʃᵊrəs] ③ (*unberechenbar*) pernicious [pə'nɪʃəs]

tüfteln **an etwas tüfteln** to fiddle about with something; (*an Denkaufgabe*) to try to work out something

der **Tüftler**, die **Tüftlerin** person who likes fiddly work; **er ist ein Tüftler** he likes fiddling about [*oder* tinkering] with things

die **Tugend** virtue ['vɜːtjuː]; **aus der Not eine Tugend machen** to make a virtue of necessity

tugendhaft virtuous ['vɜːtʃuəs]

der **Tüll** tulle [tjuːl]

die **Tulpe** tulip

tummeln **sich tummeln** (*umhertollen*) to romp about

der **Tumor** tumour ['tjuːməʳ]; **ein gutartiger/bösartiger Tumor** a benign [bɪ'naɪn]/malignant tumour

der **Tümpel** pool

der **Tumult** ① (*Bewegung in Menschenmenge*) commotion [kə'məʊʃᵊn] ② (*innerer Aufruhr*) tumult ['tjuːmʌlt], turmoil

das **Tun** conduct ['kɒndʌkt], doings ⚠ *Plural;* **mein ganzes Tun** everything I do

tun ① (*machen*) to do; **es gibt [noch] viel zu tun** there's a lot [still] to be done; **wir müssen da etwas tun** we'll have to do something about it; **und was soll ich da tun?** and what do you want me to do about it?; **sein Möglichstes tun** to do one's best [*oder* utmost] ['ʌtməʊst]; **sie tut es gern** she loves doing it; **er tut es ungern** he hates doing it ② **zu tun haben** to have things to do; **alle Hände voll zu tun haben** to have one's hands full (**mit** with) ③ **jemandem etwas tun** to touch [tʌtʃ] someone; (*stärker*) to hurt someone; **ich tu dir nichts** I won't hurt [*oder* touch] you; **jemandem Unrecht tun** to do someone an injustice ④ (*legen, stellen*) to put [pʊt]; **tu's da hin** put it over there ⑤ **nichts mit jemandem zu tun haben wollen** to want nothing to do with someone ⑥ **es mit jemandem zu tun bekommen** to get into trouble with someone ⑦ **was hat das damit zu tun?** what's that got to do with it?; **das hat damit nichts zu tun** it's got nothing to do with it ⑧ **das tut's auch** this will do; **20 Euro tun's auch!** 20 euros should do! ⑨ **es tut mir sehr leid** I am very sorry; **er tut mir leid** I am sorry for him; **tut mir leid!** sorry! ⑩ **tut das weh?** does it hurt?; **es tut [mir] weh** it hurts ⑪ **tut das gut?** does that feel good?; **das tut gut** that feels good ⑫ **es tut sich was** something is going on ⑬ **so tun als ob** to pretend [prɪ'tend]; **sie tut nur so** she's only pretending; **tu doch nicht so!** stop pretending!; **er tut sehr überlegen** he acts very aloof; **tu doch nicht so doof!** stop acting such a fool! ▶ WENDUNGEN: **gesagt, getan** no sooner said than done

> **G** Richtiges Konjugieren von **to do**: do, did, done
> *shall I do it now or later?;*
> *look what Megan did!;*
> *he was punished even though he had done nothing wrong*

tünchen to whitewash

der **Tuner** tuner amplifier

Tunesien Tunisia [tjuː'nɪziə]

der **Tunesier**, die **Tunesierin** Tunisian [tjuː'nɪziən]

tunesisch Tunisian [tjuː'nɪziən]

der **Tunfisch** tuna ['tjuːnə]

der **Tunichtgut** good-for-nothing

tunken to dip

tunlichst **ich werde es tunlichst vermeiden, ...** I'll do my best to avoid ...

der **Tunnel** tunnel ['tʌnəl]

die **Tunte** (*abwertend*) queen

das **Tüpfelchen** dot ▶ WENDUNGEN: **das Tüpfelchen auf dem „i"** the icing on the cake

tüpfeln to dot, to spot

der **Tupfen** spot; (*kleiner Tupfen*) dot

tupfen to dab

der **Tupfer** swab [swɒb]

die **Tür** ① door [dɔːʳ]; **es ist jemand an der Tür** there's someone at the door; **gehst du bitte an die Tür?** would you answer the door?; **ich komme gerade zur Tür rein** I've just this minute come [*oder* got] in; **vor der Tür stehen** to be on the doorstep; **jemandem die Tür vor der Nase zuschlagen** to slam the door in someone's face ② **Tür an Tür mit jemandem leben** to live next door to someone; **zwei Türen weiter wohnen** to live two doors further down/up; **Tag der offenen Tür** open day ▶ WENDUNGEN: **Ostern steht vor der Tür** Easter is just around the corner; **mit der Tür ins Haus fallen** to blurt it out; **zwischen Tür und Angel** in passing

die **Türangel** door hinge [hɪndʒ]

der **Turbinenantrieb** turbine drive

turbulent turbulent ['tɜːbjələnt]

der **Türgriff** door handle

der **Türke**, die **Türkin** Turk

die **Türkei** Turkey ['tɜːki]

der **Türkis** turquoise ['tɜːkwɔɪz]

türkisch Turkish ['tɜːkɪʃ]

Türkisch Turkish; **das Türkische** Turkish

die **Türklinke** door handle

der **Turm** ① tower [taʊəʳ] ② (*Kirchturm*) steeple ③ (*Schachfigur*) castle ['kɑːsl], rook

türmen **sich türmen** to tower [taʊəʳ]; *Rechnungen, Bücher:* to pile up

das **Turmspringen** high diving

die **Turmuhr** [tower] clock

das **Turnen** ① (*Sportart*) gymnastics [dʒɪm'næstɪks] ⚠ *Plural* ② (*Schulfach*) physical ['fɪzɪkl] education, PE [ˌpiː'iː]

turnen ① to do gymnastics [dʒɪm'næstɪks] ⚠ *Plural* ② (*herumturnen*) to climb [klaɪm] about; *Kinder:* to romp

der **Turner**, die **Turnerin** gymnast ['dʒɪmnæst]

die **Turnhalle** gymnasium [dʒɪm'neɪziəm]

die **Turnhose** gym [dʒɪm] shorts ⚠ *Plural*

das **Turnier** ① (*Sportturnier*) tournament ['tɔːnəmənt] ② (*Tanzturnier*) competition

das **Turnierpferd** competition horse

der **Turnierreiter**, die **Turnierreiterin** competition rider

der **Turnlehrer**, die **Turnlehrerin** gym [dʒɪm] teacher, PE [ˌpiːˈiː] teacher

der **Turnschuh** trainer (GB), sneaker (USA)

die **Turnstunde** gym [*oder* PE] lesson

die **Turnübung** exercise [ˈeksəsaɪz]

der **Turnunterricht** (*Turnstunde*) gym, PE

der **Turnverein** gymnastics [dʒɪmˈnæstɪks] club

das **Turnzeug** gym [dʒɪm] kit

der **Türöffner** buzzer

der **Türrahmen** door [dɔːʳ] frame

das **Türschild** doorplate

die **Türschnalle** (A) (*Türgriff*) door handle

der **Tusch** (*musikalischer*) flourish [ˈflʌrɪʃ]

die **Tusche** Indian [ˈɪndiən] ink

tuscheln to whisper [ˈ(h)wɪspəʳ]; **hinter jemandes Rücken tuscheln** to talk behind someone's back

die **Tüte** bag; **in Tüten verpacken** to put in bags ▸WENDUNGEN: **kommt nicht in die Tüte!** no way [José]!

tuten to toot

der **TÜV** *Abkürzung von* **Technischer Überwachungsverein** MOT [ˌeməʊˈtiː]; **mein Auto muss zum TÜV** I need to take my car for its MOT

die **TÜV-Plakette** MOT certificate [ˌeməʊˈtiːsəˌtɪfɪkət] (GB) (*disc on number plate showing that a car has a technical seal of approval*)

der **TV** *Abkürzung von* **Turnverein** sports club

das **TV** *Abkürzung von* **Television** TV [ˌtiːˈviː]

der **Twen** person in his/her twenties, twenty-something *umgangsspr*

twittern [ˈtwɪtɐn] (*im Internet*) to twitter

der **Twist** (*Tanz*) twist; **Twist tanzen** to do the twist

der **Typ** ① (*Modell*) model ② (*Menschenart*) type; **sie sind vom Typ her völlig verschieden** they are totally different types of people ③ **nicht mein Typ** not my type; **sie ist mein Typ** she's my type ④ (*Kerl*) bloke; **der Typ da** the guy over there; **kaputter Typ** bum

der **Typhus** typhoid [ˈtaɪfɔɪd] fever

typisch typical [ˈtɪpɪkəl] (**für** of); **typisch deutsch** typically German

die **Typografie**, die **Typographie** typography [taɪˈpɒgrəfi]

typografisch, **typographisch** typographic[al] [ˌtaɪpə(ʊ)ˈgræfɪk(əl)]

der **Tyrann** tyrant [ˈtaɪrənt]

tyrannisch tyrannical [tɪˈrænɪkəl]

tyrannisieren to tyrannize [ˈtɪrənaɪz]

Uu

U, **u** U, u [juː]

u. *Abkürzung von* **und** and, &

die **U-Bahn** underground, tube [tjuːb] (GB) *umgangsspr*; subway (USA); **mit der U-Bahn fahren** to go by underground [*oder* subway]; **wann kommt die nächste U-Bahn?** when is the next tube?; **hier kommt meine U-Bahn** there's my tube

der **U-Bahnhof** underground [*oder* (GB) tube] station

das **Übel** (*Missstand*) evil [ˈiːvəl]; **ein notwendiges Übel** a necessary evil; **das kleinere Übel sein** to be the lesser evil; **zu allem Übel** to make matters ⚠ *Plural* worse

U

übel ① bad; *Krankheit, Wunde, Trick:* nasty; **das schmeckt gar nicht so übel** it doesn't taste bad at all ② (*Befinden*) **mir ist übel** I feel sick; **davon kann einem ja übel werden!** it's enough to make you feel sick! ③ *Person, Charakter:* wicked; **ein übler Bursche** a bad lot ④ **nicht übel** not bad; **das wäre gar nicht so übel** that wouldn't be such a bad thing ⑤ **in eine üble Lage geraten** to fall on evil [ˈiːvəl] days ⑥ **übel dran sein** to be in a bad way ⑦ (*schlecht, schlimm*) badly ⑧ **übel gelaunt** ill-humoured [ˌɪlˈhjuːməd] ▸WENDUNGEN: **nehmen Sie es mir nicht übel, aber ...** don't take it the wrong way but ...; **ich nehme es Ihnen nicht übel** I do not blame you for it; **jemandem etwas übel auslegen** to take something amiss; **er wird es wohl oder übel tun müssen** he'll have to do it whether he likes it or not; **ich hätte nicht übel Lust ...** I wouldn't mind ...

die **Übelkeit** nausea [nɔːʒə]

der **Übeltäter**, die **Übeltäterin** offender

üben to practise [ˈpræktɪs], to practice (USA); **ich übe 20 Stunden in der Woche Klavier** I practise [playing] the piano for 20 hours every week; **Kritik an etwas/jemandem üben** to criticize [ˈkrɪtɪsaɪz] something/someone

über ① (*räumlich*) over; (*oberhalb*) above [əˈbʌv], on top of; **über Bord** overboard; (*darüber hinaus*) across, beyond; (*auf*) on, upon ② (*zeitlich*) over; **über Mittag bleiben** to stay over lunch; **über Nacht** during the night ③ (*betreffend*) about, on; **ein Buch über ...** a book on ... ④ (*bei Zahlenangaben*) for; **ein Scheck über 2.000 Euro** a cheque for 2,000 euros ⑤ (*mehr als*) over; **über fünfzig Jahre alt** over [*oder* past] fifty ⑥ via ['vaɪə]; **über München fliegen** to fly via Munich ⑦ **es geht nichts über ...** there is nothing better than ... ⑧ **über den Dingen stehen** to be above it all ⑨ **über und über** all over

überall everywhere (GB), all over (USA)

überängstlich overanxious [ˌəʊvəʳˈæŋ(k)ʃəs]

überanstrengen to overexert, to overstrain

überarbeiten ① to go over; to revise *Buch* ② **sich überarbeiten** to overwork [oneself]

die **Überarbeitung** ① *von Buch, Artikel:* revision ② (*Überanstrengung*) overwork ['əʊvəwɜːk]

überaus exceedingly [ɪkˈsiːdɪŋli], extremely

überbacken **etwas mit Käse überbacken** to top something with cheese and brown it in the oven [*oder* under the grill]; **ein überbackener Pfannkuchen** pancake au gratin

überbelasten to overload [ˌəʊvəlˈəʊd]

überbelichten to overexpose *Film*

überbevölkert overpopulated

überbewerten to overestimate [ˌəʊvəʳˈestɪmeɪt]

die **Überbezahlung** overpayment

überbieten ① (*übertragen*) to outdo [ˌaʊtˈduː]; **das ist nicht mehr zu überbieten!** (*umgangsspr*) that beats everything! ② **sich überbieten** to surpass oneself

das **Überbleibsel** (*Rest*) remnant ['remnənt]; (*Speiserest*) leftover

der **Überblick** ① (*freie Sicht*) view [vjuː] ② **sich einen Überblick über etwas verschaffen** to get a general idea of something; **den Überblick verlieren** to lose track; **ihm fehlt der Überblick** he doesn't know what's going on

überbrücken **die Zeit mit Lesen überbrücken** to fill the time by reading

überdenken to consider [kənˈsɪdəʳ], to think over; **etwas noch einmal überdenken** to reconsider [ˌriːkənˈsɪdəʳ] something

überdimensional oversize[d]

die **Überdosis** overdose ['əʊvədəʊs]; **eine Überdosis Schlaftabletten nehmen** to take an overdose of sleeping pills; **sich eine Überdosis Heroin verpassen** to overdose on heroin

überdreht (*umgangsspr*) wound [waʊnd] up

überdrüssig **jemandes/einer Sache überdrüssig sein** to be tired of someone/something; **er wurde des neuen Spiels schnell überdrüssig** he soon grew tired of the new game

überdurchschnittlich above-average [əˈbʌvˌævərɪdʒ]

übereifrig overzealous [ˌəʊvəʳˈzeləs], overenthusiastic

übereinander ① (*räumlich*) on top of each other ② (*einander betreffend*) about each other

übereinanderlegen **etwas übereinanderlegen** to lay [*oder* put] something one on top of the other

übereinanderschlagen **die Beine übereinanderschlagen** to cross one's legs

die **Übereinkunft** agreement; **eine Übereinkunft erzielen** to come to an agreement

übereinstimmen ① *Personen:* to agree; **mit jemandem in etwas übereinstimmen** to agree with someone on something ② *Messdaten, Rechnungen:* to correspond; (*zusammenpassen*) to match

die **Übereinstimmung** agreement (**in** on)

überempfindlich oversensitive (**gegen** to); *Haut:* hypersensitive [ˌhaɪpəʳˈsen(t)sɪtɪv]

überfahren ① to run over *Tier* ② to go through [θruː] *Ampel* ③ (*umgangsspr: übertölpeln*) to stampede [stæmˈpiːd]; **jemanden überfahren** to walk all over someone

die **Überfahrt** crossing

der **Überfall** (*Angriff*) attack (**auf** on); *auf eine Bank:* hold-up; *auf eine Person:* mugging; **keine Bewegung, dies ist ein Überfall!** freeze, this is a hold-up!

überfallen ① (*angreifen*) to attack; to hold up *Bank;* to mug *Person* ② *Schlaf:* to come over

überfliegen ① to fly over ② (*übertragen*) to glance over

der **Überfluss** ① abundance [əˈbʌndən(t)s], plenty (**an** of); **im Überfluss leben** to live in luxury [ˈlʌkʃəri]; **im Überfluss vorhanden** in plentiful supply ② **zu allem Überfluss** superfluously [suːˈpɜːfluəsli]; (*obendrein*) into the bargain

überflüssig superfluous [suːˈpɜːfluəs]; (*unnötig*) unnecessary [ʌnˈnesəsəri]; **überflüssig zu sagen, dass ...** it goes without saying that ...

überfluten (*auch übertragen*) to flood

überfordern to overtax; **damit ist er überfordert** that's asking too much of him

überführen **jemanden einer Sache überführen** to convict someone of something

die **Überführung** ① flyover, overpass (USA); *für Fußgänger:* footbridge ['fʊtbrɪdʒ] ② *eines Täters:* conviction

überfüllt *Zug:* overcrowded; *Schublade:* crammed; *Kurs:* oversubscribed ['əʊvəʳsəbˌskraɪbd]

die **Übergabe** ① handing over; **bei der Übergabe des Wagens war sie nicht dabei** she was not present when the car was handed over ② (*Auslieferung*) surrender [səˈrendəʳ]

der **Übergang** ① crossing ② (*Wechsel*) transition; **für den Übergang** in the interim

die **Übergangszeit** transitional [trænzɪʃənəl] period

übergeben ① (*abliefern*) to hand over ② to hand over *Amt, Würde* (**an** to) ③ **eine Sache einem Anwalt übergeben** to place a matter in the hands of a lawyer ④ **sich übergeben** to vomit

übergehen ① (*zu einer Partei*) to go over

U

② (*sich verändern*) to change, to turn (**in** into); *Farben:* to merge [mɜːdʒ] (**in** into) ③ **zum nächsten Punkt übergehen** to go on to the next point ④ **jemandes Einwände übergehen** to ignore someone's objections

das **Übergepäck** excess baggage [ɪkˌses'bægɪdʒ]

das **Übergewicht** ① overweight [ˌəʊvəʳ'weɪt]; **an Übergewicht leiden** to be overweight ② (*übertragen*) predominance [prɪ'dɒmɪnən(t)s]

überglücklich overjoyed [ˌəʊvə'dʒɔɪd]

die **Übergröße** *von Kleidung:* outsize; *von Reifen:* oversize

überhängen ① (*hinausragen*) to hang over ② **jemandem/sich eine Jacke überhängen** to put a jacket round someone's/one's shoulders; **sich eine Tasche umhängen** to hang a bag over one's shoulder

überhäufen ① to overwhelm [ˌəʊvə'(h)welm] (**mit** with); **jemanden mit Geschenken überhäufen** to shower someone with gifts ② **jemanden mit Vorwürfen überhäufen** to heap reproaches upon someone's head

überhaupt ① (*sowieso*) in general ② **woher weißt du das überhaupt?** where did you get that from anyway? ③ **überhaupt nicht** not at all ④ **hast du dir darüber überhaupt Gedanken gemacht?** did you actually think it through? ⑤ **ich denke überhaupt nicht daran, ...** I've no intention whatsoever of ...; **weißt du überhaupt, ...?** do you realize ...?; **weißt du überhaupt, ob sie kommt?** do you even know if she's coming?

die **Überheblichkeit** arrogance ['ærəgən(t)s]

überhitzen to overheat

überhöht *Preise:* excessive [ɪk'sesɪv]

überholen ① (*auch übertragen*) to overtake, to pass (USA) ② to overhaul [ˌəʊvə'hɔːl] *Gegenstände;* to recondition *Motor* ③ **überholen verboten!** no overtaking!, no passing! (USA)

die **Überholspur** overtaking lane (GB), passing lane (USA)

überholt (*veraltet*) outdated

das **Überholverbot** restriction on passing [*oder* (GB) overtaking]

U

überhören ① **das letzte Wort habe ich überhört** I didn't catch the last word; (*absichtlich*) I'll ignore that last word ② **also das will ich ja wohl überhört haben!** I can't believe I heard that!

> **F** Nicht verwechseln mit **to overhear** = zufällig [mit]hören!

überkochen to boil over ▸ WENDUNGEN: **das brachte sie zum Überkochen** that made her blow her top

überladen ① *Fahrzeug:* overloaded [ˌəʊvəˡl'əʊdɪd] ② *Stil:* ornate ③ *Bild:* cluttered

überlassen ① **jemandem etwas überlassen** to let someone have something; (*übertragen*) to leave it up to someone ② **jemanden sich selbst überlassen** to leave someone to his/her own devices

die **Überlastung** *eines Menschen:* overtaxing; (*zu großer Stress*) overstress; (*Zustand*) strain

der **Überlauf** overflow ['əʊvəfləʊ]

überlaufen[1] (*sehr überfüllt*) overcrowded; **völlig mit Touristen überlaufen** totally overrun with tourists *umgangsspr*

überlaufen[2] *Wasser:* to overflow [ˌəʊvə'fləʊ]; *kochende Milch:* to boil over; **zum Überlaufen voll** full to overflowing ▸ WENDUNGEN: **das Fass zum Überlaufen bringen** to be the last straw

überleben ① (*länger leben als*) to outlive, to survive [sə'vaɪv] (**um** by) ② (*durchstehen*) to live through [lɪv] ③ **das überlebe ich nicht!** (*umgangsspr*) that'll be the death of me!; **du wirst es schon überleben** (*humorvoll*) it won't kill you

der/die **Überlebende** survivor [sə'vaɪvəʳ]

der **Überlebenskünstler**, die **Überlebenskünstlerin** [born] survivor

überlegen[1] ① (*nachdenken*) to think ② (*durchdenken*) to think over [*oder* about]; **das werde ich mir überlegen** I'll give it some thought ③ **sie hat es sich anders überlegt** she's changed her mind

überlegen[2] **jemandem überlegen sein** to be superior [suː'pɪəriəʳ] to someone (**an** in)

überlegt wohl überlegt well-considered

die **Überlegung** consideration, reflection

überleiten zu etwas überleiten to lead to something

die **Überlieferung** tradition; **mündliche Überlieferung** oral tradition

überlisten to outwit

das **Übermaß** excess [ɪk'ses] (**an/von** of); **im Übermaß** in excess

übermorgen the day after tomorrow

übermüdet overtired

der **Übermut** high spirits ⚠ *Plural*

übermütig high-spirited

übernächste(r, s) next ... but one; **übernächste Woche** the next week but one, the week after next; **am übernächsten Tag** two days later

übernachten to sleep; **bei jemandem übernachten** to stay at someone's place

die **Übernachtung** overnight stay; **vier Übernachtungen mit Frühstück** for nights with breakfast; **was berechnen Sie für die Übernachtung?** what do you charge for the night?

die **Übernahme** ① taking over; **er war zur Übernahme der Wohnung bereit** he agreed to take over the flat ② *von Amt, Verantwortung:* assumption ③ *einer Firma:* takeover

übernatürlich supernatural

übernehmen ① (*fortführen*) to take over ② (*annehmen*) to take on; to undertake *Arbeit;* to assume *Amt, Verantwortung* ③ **sich übernehmen** to overdo it; **sich mit Arbeit übernehmen** to take on too much work
überprüfen to check (**auf** for); to screen *Person;* to inspect *Maschine*
überqueren to cross
überragen[1] ① to tower [taʊəʳ] above; **sie überragt sie um einen Kopf** she is a head taller than her ② (*übertreffen*) to outclass
überragen[2] to project [prə(ʊ)'dʒekt]; **der Ast ragt über den Zaun** the branch sticks out over the fence
überraschen ① to surprise [sə'praɪz] ② **sie wurden vom Sturm überrascht** they were caught [kɔːt] in the rain ③ **lass dich überraschen!** wait and see!
überraschend surprising [sə'praɪzɪŋ]; (*unerwartet*) unexpected
die **Überraschung** surprise [sə'praɪz]
überreden to persuade [pə'sweɪd]
überreichen to hand over; (*feierlich*) to present [prɪ'zent]
der **Überrest** remains ⚠ *Plural*
überrumpeln **jemanden überrumpeln** to take someone by surprise
das **Überschallflugzeug** supersonic jet
die **Überschallgeschwindigkeit** supersonic speed
überschätzen ① **sein Beitrag wird überschätzt** his contribution is overrated ② to overestimate [,əʊvᵊr'estɪmeɪt] *Entfernung*
überschlagen ① (*berechnen*) to estimate roughly ['estɪmeɪt,rʌfli] ② **sich überschlagen** *Person:* to do a somersault ['sʌməsɔːlt]; *Fahrzeug:* to turn over; *Stimme:* to crack ③ **sie überschlägt sich immer vor Freundlichkeit** she's always falling over herself to be friendly
überschneiden **sich überschneiden** *Linien:* to intersect; (*übertragen*) to overlap [,əʊvə'læp]
überschreiten ① (*überqueren*) to cross ② to exceed [ɪk'siːd] *Maß;* to transgress *Grenze* ③ **er hat die Sechzig schon überschritten** he's past sixty already
die **Überschrift** heading; *einer Zeitung:* headline
der **Überschuss** surplus ['sɜːpləs] (**an** of)
überschüssig surplus ['sɜːpləs]
überschwänglich effusive
überschwemmen (*auch übertragen*) to flood [flʌd]
die **Überschwemmung** flood
der **Überseehandel** overseas trade
übersehbar *Schaden, Kosten, Dauer:* assessable
übersehen ① to look over *Gegend;* **die Lage übersehen** to be in full command of the situation ② (*ignorieren*) to overlook; (*nicht bemerken*) to fail to notice

> **F** Nicht verwechseln mit **to oversee** = beaufsichtigen!

übersetzen to translate; **aus dem Englischen ins Deutsche übersetzen** to translate from English into German ⚠ *ohne Artikel*
der **Übersetzer**, die **Übersetzerin** translator
die **Übersetzung** translation
die **Übersicht** ① (*Überblick*) overall view; **die Übersicht verlieren** to lose track of things ② (*Zusammenfassung*) survey ['sɜːveɪ]; (*in Tabellenform*) table

> **F** Nicht verwechseln mit **oversight** = das Versehen!

übersichtlich ① clear ② *Gelände:* open
überspannt *Ideen:* eccentric [ɪk'sentrɪk], extravagant
überspitzt ① *Bemerkung:* oversubtle ['əʊvəʳ,sʌtl] ② (*übertrieben*) exaggerated [ɪg'zædʒᵊreɪtɪd]
überspringen ① to jump *Hindernis* ② (*auslassen*) to skip
überstehen ① (*durchstehen*) to get through [θruː]; **ich habe das Schlimmste jetzt überstanden** I'm over the worst now ② (*überwinden*) to overcome ③ (*überleben*) to survive [sə'vaɪv] *auch übertragen* ④ **das wäre überstanden!** thank heavens that's over!
übersteigen ① to exceed [ɪk'siːd] *Erwartungen* ② **das Projekt übersteigt seine Fähigkeiten** the project is beyond him [*oder* his abilities]
überstimmen to outvote
die **Überstunden** overtime ⚠ *Singular;* **Überstunden machen** to work overtime; **fünf Überstunden machen** (*umgangsspr*) to do five hours overtime
überstürzen ① to rush into ② **sich überstürzen** *Ereignisse:* to happen in a rush
überstürzt overhasty [,əʊvə'heɪsti], rash
übertölpeln **jemanden übertölpeln** to dupe someone, to take someone in
übertragbar ① *Rechte, Fahrkarte:* transferable [træn(t)s'fɜːrəbl] (**auf** to) ② *Krankheit:* communicable; **diese Grippeart ist nicht auf Menschen übertragbar** this strain of flue cannot be passed on to humans ③ (*anwendbar*) applicable (**auf** to)
übertragen ① to transfer [træn(t)s'fɜːʳ] (**auf** to) ② **das kann man auch auf andere Situationen übertragen** you can equally apply that to other situations ③ **seine Zuversicht hat sich auf das ganze Team übertragen** his confidence has spread throughout the team ④ *Radio, TV:* to broadcast ⑤ **das Virus überträgt sich durch Blut** the virus is passed on [*oder* transmitted] through blood
übertreffen ① to surpass [sə'pɑːs] (**an** in) ② **alle Erwartungen bei weitem übertref-**

fen to exceed all expectations by far; **das übertrifft alles** that beats everything; **nicht zu übertreffen sein** to be unsurpassable

übertreiben ① to exaggerate [ɪg'zædʒᵊreɪt] ② (*zu weit treiben*) to overdo; **man kann's auch übertreiben** you can overdo things; **er übertreibt es mit seinen Bemerkungen** he goes too far with his comments

die **Übertreibung** exaggeration [ɪgˌzædʒᵊr'eɪʃᵊn]

übertreten[1] **zu einer anderen Religion übertreten** to convert to another religion; **zu einer anderen Partei übertreten** to go over to another party

übertreten[2] to break *Gesetz, Verbot*

die **Übertretung** violation

übertrieben ① exaggerated [ɪg'zædʒᵊreɪtɪd] ② (*unmäßig*) excessive [ɪk'sesɪv]

übervölkert overpopulated

die **Übervölkerung** overpopulation

überwachen ① (*kontrollieren*) to supervise ['suːpəvaɪz] ② (*beobachten*) to keep under surveillance [sɜː'veɪlən(t)s] ③ *auf Monitor:* to monitor ['mɒnɪtəʳ]

die **Überwachung** ① (*Kontrolle*) supervision [ˌsuːpə'vɪʒᵊn] ② (*Beobachtung*) observation; *eines Verdächtigen:* surveillance [sɜː'veɪlən(t)s]

überwältigen ① to overpower ② to overcome *Angst* ③ **von Hass überwältigt werden** to be overwhelmed [ˌəʊvə'welmd] by hate

überwältigend ① (*überragend*) overwhelming [ˌəʊvə'(h)welmɪŋ]; *Schönheit:* stunning ② **seine Leistung war nicht gerade überwältigend** his performance was nothing to write home about

überweisen ① to transfer [træn(t)s'fɜːʳ] *Geld;* **die Firma hat uns das Geld überwiesen** the company has transferred the money to our account ② to refer *Patienten* (**an** to)

die **Überweisung** ① *von Geld:* transfer ['træn(t)sfɜːʳ] ② (*Formular*) payment order ③ *an Facharzt:* referral (**an** to)

der **Überweisungsauftrag** transfer ['træn(t)sfɜːʳ] order

überwiegend ① predominant; **die überwiegende Mehrheit** the vast majority ② **es waren überwiegend Rentner** it was mainly pensioners

überwinden ① to overcome; to get over *Schwierigkeiten* ② (*hinter sich lassen*) to outgrow ③ **sich überwinden, etwas zu tun** to bring oneself to do something

die **Überwindung** overcoming; **eine Methode zur Überwindung von Schwierigkeiten** a method to overcome problems; **es hat ihn viel Überwindung gekostet, sie anzurufen** it took him a lot of will power to ring her

überwintern to winter; *Tiere:* to hibernate ['haɪbəneɪt]

U

überwuchern to overgrow

überzeugen ① to convince [kən'vɪn(t)s] ② (*überreden*) to persuade [pə'sweɪd] ③ **überzeugen können** to be convincing [kən'vɪnsɪŋ] ④ **überzeugen Sie sich selbst davon!** go and see for yourself!

überzeugend convincing [kən'vɪn(t)sɪŋ]

die **Überzeugung** conviction [kən'vɪkʃᵊn]; **es ist meine feste Überzeugung** it's my firm conviction; **der Überzeugung sein, dass ...** to be convinced that ...

die **Überzeugungskraft** persuasiveness [pə'sweɪsɪvnəs], persuasive powers

überziehen[1] ① (*bedecken*) to cover; (*mit Belag*) to coat ② to overdraw *Konto* (**um** by) ③ **sich überziehen** to become overcast

überziehen[2] ① (*anziehen*) to put on ② **sie hätte mir fast eins übergezogen** she almost whacked me *umgangsspr*

der **Überziehungskredit** overdraft provision

der **Überzug** ① (*Schicht*) coat[ing] ② (*Hülle*) cover

üblich ① usual ['juːʒᵊl]; **wie üblich** as usual ② (*herkömmlich*) customary; **allgemein üblich sein** to be common practice ③ (*normal*) normal; **nicht üblich** unusual [ʌn'juːʒᵊl] ④ **das ist bei uns so üblich** that's normal for us

das **U-Boot** submarine

übrig ① left, remaining; **übrig bleiben** to be left [over]; **jemandem etwas übrig lassen** to leave something for someone ② **das Übrige** the remainder; **im Übrigen** by the way ③ **hast du eine Zigarette übrig?** could you spare me a cigarette? ④ **zu wünschen übrig lassen** to leave something to be desired

übrigbleiben **es bleibt ihm nichts anderes übrig** he has no other choice

übrigens by the way, incidentally [ˌɪn(t)sɪ'dentᵊli]

übrighaben **für jemanden nichts übrighaben** (*umgangsspr*) to have no time for someone; **für jemanden etwas übrighaben** (*umgangsspr*) to have a soft spot for someone

die **Übung** ① exercise ['eksəsaɪz] ② (*praktische Ausübung*) practice ['præktɪs]; **aus der Übung** out of practice ⚠ *ohne Artikel*

das **Ufer** *eines Flusses:* bank; *am Meer:* shore [ʃɔːʳ]; **direkt am Ufer** right on the waterfront; **etwas ans Ufer spülen** to wash something ashore; **das rettende Ufer erreichen** to reach terra firma [ˌterə'fɜːmə]

das **Ufo** *Abkürzung von* **unbekanntes Flugobjekt** UFO [ˌjuːef'əʊ]

Uganda Uganda [juː'gændə]

der **Ugander**, die **Uganderin** Ugandan [juː'gændən]

ugandisch Ugandan

die **Uhr** ① (*Wand-, Standuhr*) clock; (*Armband-,*

K

Uhrzeit/Time

What time is it?
Wie spät ist es?

5:15	It's (a) quarter past five.	It's fifteen minutes past five.	It's five fifteen.
8:25	It's twenty-five past eight.	It's twenty-five minutes past eight.	It's eight twenty-five.
9:30	It's half past nine.	It's nine thirty.	
11:10	It's ten past eleven.	It's ten minutes past eleven.	It's eleven ten precisely.
11:40	It's twenty to twelve.	It's twenty minutes to twelve.	It's eleven forty.
13:45	It's (a) quarter to two.	It's fifteen minutes to two.	It's one forty-five.
17:55	It's five to six.	It's five minutes to six.	It's five fifty-five.

Taschenuhr) watch [wɒtʃ]; **meine Uhr geht vor/nach** my watch is fast/slow; **meine Uhr geht genau** my watch keeps exact time ② (*Anzeigeinstrument*) gauge [geɪdʒ], gage (USA) ③ (*bei Zeitangaben*) **wie viel Uhr ist es?** what time is it?; **es ist zehn Uhr** it's ten o'clock; **um wie viel Uhr?** at what time?; **der Laden ist rund um die Uhr geöffnet** the shop is open 24 hours

L Die 24-Stundeneinteilung wird in englischsprachigen Ländern meist nur bei Fahrplänen benutzt. Die Zeit von Mitternacht bis 12 Uhr mittags wird mit **a.m.**, die Zeit von 12 Uhr mittags bis Mitternacht mit **p.m.** bezeichnet, z.B. 10.30 Uhr = 10.30 a.m. (*ante meridiem*), 14.50 = 2.50 p.m. (*post meridiem*), weniger formell sagt man *ten thirty in the morning* und *two fifty in the afternoon*.

der **Uhrzeiger** hand

der **Uhrzeigersinn** **im Uhrzeigersinn** clockwise; **im entgegengesetzten Uhrzeigersinn** anticlockwise, counterclockwise (USA)

die **Uhrzeit** time; **haben sie die genaue Uhrzeit?** do you have the correct time?

der **Uhu** eagle owl

die **Ukraine** **die Ukraine** [the] Ukraine

der **Ukrainer**, die **Ukrainerin** Ukrainian

ukrainisch Ukrainian

ulkig (*umgangsspr*) funny

die **Ulme** elm

das **Ultimatum** ultimatum; **jemandem ein Ultimatum stellen** to give someone an ultimatum

die **Ultrakurzwelle** ultra-high frequency, ultrashort wave

der **Ultraschall** ultrasound

das **Ultraschallbild** ultrasound picture

die **Ultraschalluntersuchung** ultrasound

ultraviolett ultraviolet

um ① (*räumlich*) [a]round; **um die Ecke** [a]round the corner; **um die Welt** [a]round the world ② (*ungefähr*) about, around ③ (*Maße*) **um 6 Uhr** at six [o'clock]; **um einen Kopf größer** taller by a head; **um diese Zeit** at this time; **etwa um 6 Uhr** round about six ④ **um jeden Preis** at any price; **um keinen Preis** not at any price; **um alles in der Welt** for anything in the world; **um ein Haar** by a hair ⑤ (*wegen*) because of ..., for ..., for the sake of ...; **um Himmels willen!** for heaven's sake!; **es tut mir leid um ihn!** I'm sorry for him! ⑥ **um zu** [in order] to ⑦ (*ungefähr*) about; **so um Ostern** about Easter; **so um acht [Uhr]?** around about eight [o'clock]? ⑧ **deine Zeit ist um** your time is up

umändern to alter

umarmen to embrace [ɪm'breɪs]; (*fester*) to hug

die **Umarmung** embrace [ɪm'breɪs]; (*fester*) hug

umbauen to rebuild [ˌriː'bɪld] *Gebäude;* to change *Kulissen*

umbenennen **etwas [in etwas] umbenennen**

U

to rename something [something]

umbesetzen to recast *Rolle;* to reassign [ˌriːəˈsaɪn] *Posten, Stelle, Amt*

umbiegen ① to bend ② (*umkehren*) to turn round

umbilden to reshuffle *Kabinett*

umblättern to turn [over] the page

umblicken **sich umblicken** to look back; **sich nach jemandem/etwas umblicken** to turn round to look at someone/something; **sich nach allen Seiten umblicken** to look in all directions

umbringen to kill

der **Umbruch** radical change

umbuchen ① to transfer [træn(t)sˈfɜːʳ] *Betrag* (**auf** to) ② **eine Reise umbuchen** to change one's booking (**auf** for)

umdefinieren to redefine

umdenken to change one's ideas/views

umdrehen ① (*auf andere Seite*) to turn over; **sich im Bett umdrehen** to turn over in bed; (*auf den Kopf stellen*) to turn upside down ② (*um die Achse*) to turn round; to turn *Schlüssel* ③ **sich nach etwas umdrehen** to turn round to look at something ④ to wring [rɪŋ] *Hals;* to twist *Arm* ▸ WENDUNGEN: **den Spieß umdrehen** to turn the tables

die **Umdrehungszahl** number of revolutions per minute [ˈmɪnɪt]/second

umeinander about each other; (*räumlich*) [a]round each other

umfahren (*niederfahren*) to run down

die **Umfahrung** (CH), (A) bypass, beltway (USA)

umfallen ① to fall down; *Gerüst:* to collapse [kəˈlæps], to fall over ② **tot umfallen** to drop dead ③ **ich bin zum Umfallen müde** I'm knackered *umgangsspr*

der **Umfang** ① (*Größe*) size; *der Erde:* circumference [səˈkʌm(p)fᵊrᵊn(t)s] ② (*Anzahl*) amount [əˈmaʊnt] ③ (*Ausmaß*) extent; *von Arbeit:* scope; **in großem Umfang** on a large scale; **in vollem Umfang** fully ④ **solchen Umfang annehmen, dass ...** to assume such proportions that ...

umfangreich extensive [ɪkˈstensɪv]

umfassen ① to clasp, to grasp ② (*enthalten*) to contain; to cover *Zeitperiode* ③ (*bestehen aus*) to consist [kənˈsɪst] of, to comprise [kəmˈpraɪz]

umfassend ① *Lexikon:* comprehensive [ˌkɒmprɪˈhensɪv] ② *Suche:* extensive [ɪkˈstensɪv] ③ (*vollständig*) complete, full

das **Umfeld** environment [ɪnˈvaɪrᵊnmənt]

die **Umfrage** survey [ˈsɜːveɪ], poll; **eine Umfrage machen** to conduct [*oder* carry out] a survey

umfüllen to transfer [træn(t)sˈfɜːʳ] into another container/bottle; **Wein in eine Karaffe umfüllen** to decant wine

der **Umgang** ① company; **sie ist wirklich kein Umgang für dich** she's really no fit company for you, hanging out with her really won't do you any good *umgangsspr* ② (*Bekanntenkreis*) acquaintances [əˈkweɪntᵊn(t)sɪz] ⚠ *Plural*

umgänglich ① (*verträglich*) affable [ˈæfəbl] ② (*entgegenkommend*) obliging [əˈblaɪdʒɪŋ]

die **Umgangsformen** manners

die **Umgangssprache** colloquial [kəˈləʊkwiəl] speech

der **Umgangston** tone

umgeben to surround [səˈraʊnd]

die **Umgebung** ① surroundings [səˈraʊndɪŋz] ⚠ *Plural;* **London und Umgebung** London and surroundings ② (*Nachbarschaft*) neighbourhood [ˈneɪbəhʊd] ③ (*Milieu*) background

umgehen[1] ① *Gerücht:* to circulate [ˈsɜːkjəleɪt] ② *Gespenst:* to walk [wɔːk] ③ **mit jemandem umgehen** to handle someone; **er weiß mit ihr umzugehen** he knows how to handle her ④ **mit etwas umgehen** to use something

umgehen[2] ① to go round *Hindernis* ② to bypass *Ansiedlung* ③ to evade [ɪˈveɪd]; to circumvent [ˌsɜːkəmˈvent] *Verordnung*

die **Umgehung** avoidance [əˈvɔɪdᵊn(t)s]; *von Gesetz, Vorschrift:* circumvention [ˌsɜːkəmˈven(t)ʃᵊn]; **durch Umgehung des Themas ...** by avoiding the subject ...; **unter Umgehung der Vorschriften** by getting round the regulations

die **Umgehungsstraße** bypass

umgekehrt ① reversed; *Reihenfolge:* reverse ② (*gegenteilig*) contrary [ˈkɒntrᵊri] ③ (*anders herum*) the other way round ④ (*am Satzanfang: dagegen*) conversely ⑤ (*anders herum*) the other way round; **gerade umgekehrt!** quite the contrary!

umgraben to dig over

umgucken (*umgangsspr*) **sich nach etwas umgucken** to look about for something

der **Umhang** cape

umhängen **sich etwas umhängen** to put something on

die **Umhängetasche** shoulder [ˈʃəʊldəʳ] bag

umher about, around; **rings umher** all around

umhören to ask around

umkehrbar reversible; **nicht umkehrbar** irreversible

umkehren to turn back

umkippen ① to tip over; to knock [nɒk] over *Vase* ② to tip over; *Getränk:* to be spilled

umklammern to clasp; **sie umklammerte ihre Tasche fest mit den Fingern** she clutched her bag tightly

der **Umkleideraum** changing room

umkommen to be killed, to die; **ich komme um vor Hitze!** (*umgangsspr*) the heat is killing me!; **vor Langeweile umkommen** (*umgangsspr*) to be bored to death

U

der **Umkreis** (*Umgebung*) surroundings [sə'raʊndɪŋz] ⚠ *Plural;* **im Umkreis von** within a radius of

umkreisen to circle ['sɜːkl] *Tier, Mensch;* to revolve round *Gegenstand;* to orbit *Planet*

umkrempeln to turn up *Hose, Ärmel*

die **Umlage** share of the cost

der **Umlauf** ① circulation [ˌsɜːkjə'leɪʃᵊn]; **im Umlauf sein** to circulate ['sɜːkjəleɪt]; **Geld in Umlauf bringen** to put money into circulation ② *von Erde usw.:* rotation

die **Umlaufbahn** orbit

der **Umlaut** umlaut, vowel [vaʊəl] mutation

umlegen **jemanden umlegen** to bump someone off *umgangsspr*

umleiten to divert [daɪ'vɜːt] *Verkehr*

die **Umleitung** detour, diversion

umlernen ① to retrain ② (*Ansichten ändern*) to change one's views

umpacken to repack

umrahmen to frame

umranden to circle ['sɜːkl]

umräumen ① (*anders anordnen*) to rearrange [ˌriːə'reɪndʒ]; (*an anderen Platz bringen*) to shift ② *Möbel:* to rearrange

der **Umrechnungskurs** exchange rate

umrennen to knock [nɒk] down

der **Umriss** outline; (*Kontur*) contour ['kɒntʊəʳ]

umrühren to stir [stɜːʳ]

der **Umsatz** turnover

die **Umsatzbeteiligung** commission [kə'mɪʃᵊn]

der **Umsatzrückgang** drop in turnover

die **Umsatzsteigerung** increase ['ɪnkriːs] in turnover

die **Umsatzsteuer** sales tax

umschalten ① to switch over ② *Radio, TV:* to change over (**auf** to) ③ *Auto:* to shift (**in** to)

die **Umschalttaste** *am Computer:* shift key

umschauen **sich umschauen** to look around (**nach** for); (*nach hinten*) look back

der **Umschlag** ① envelope; (*Hülle*) cover ['kʌvə] ② *eines Buches:* jacket ['dʒækɪt] ③ **kalter Umschlag** cold compress

der **Umschlagbahnhof** transfer ['træn(t)sfɜːʳ] station

umschlagen ① to turn over *Seite;* to turn down *Kragen* ② *Wetter:* to change; *Wind:* to veer round

umschließen ① (*umgeben*) to enclose ② **jemanden/etwas mit den Armen umschließen** to take someone/something in one's arms

umschlingen to embrace [ɪm'breɪs]; **jemanden/etwas mit den Armen umschlingen** to hold someone/something tightly in one's arms

umschreiben ① to paraphrase *Wort;* to talk around *Sachverhalt* ② (*festlegen*) to outline; **klar umschriebene Pflichten** clearly outlined duties ③ to transfer [træn(t)s'fɜːʳ] *Vermögen* (**auf** to)

die **Umschrift** transcription [træn'skrɪpʃᵊn]

die **Umschuldung** rescheduling of debts [dets]

umschulen ① (*auf andere Schule*) to transfer [træn(t)s'fɜːʳ] to another school [skuːl] ② (*auf etwas Neues*) to retrain

der **Umschulungskurs** retraining course

umschütten ① (*ausschütten*) to spill ② (*in ein anderes Gefäß*) to decant

der **Umschwung** ① (*plötzliche Veränderung*) drastic change ② (*ins Gegenteil*) reversal [rɪ'vɜːsᵊl] ③ Ⓒⓗ estate

umsehen to look around (**nach** for); (*zurück*) to look back; **sich in der Stadt umsehen** to have a look around the town

umsetzen ① to turn over *Waren* ② **etwas in die Tat umsetzen** to translate something into action ③ **sich umsetzen** to change seats

der **Umsiedler**, die **Umsiedlerin** resettler

umso ① **umso besser** all the better, so much the better ② **je mehr ..., umso weniger ...** the more ... the less ...; **umso mehr, als ...** all the more considering ...

umsonst ① (*vergeblich*) in vain ② (*erfolglos*) without success [sək'ses] ③ (*ohne Bezahlung*) for nothing, free of charge

die **Umstände** ① (*Situation*) circumstances ['sɜːkəmstæn(t)sɪz]; **es geht ihr den Umständen entsprechend gut** she is as well as can be expected under the circumstances ② **unter Umständen** under certain circumstances; **unter keinen Umständen** under no circumstances; **unter allen Umständen** at all costs ③ (*Förmlichkeiten*) fuss ⚠ *Singular;* **ohne große Umstände** without much fuss; **machen Sie sich meinetwegen keine Umstände!** don't trouble ['trʌbl] yourself on my account! ④ (*Schwierigkeiten*) trouble ⚠ *Singular*

umständlich ① *Arbeitsweise:* awkward ['ɔːkwəd] and involved ② *Vorbereitungen:* elaborate [ɪ'læbᵊrət] ③ *Erklärung:* long-winded

umsteigen ① *Bahn, Bus:* to change (**nach** for) ② (*umgangsspr*) to switch (**auf** to)

umstellen ① to rearrange [ˌriːə'reɪndʒ] *Möbel* ② to switch over *Betrieb, Hebel* ③ **sich auf etwas umstellen** to adjust to something

die **Umstellung** ① rearrangement [ˌriːə'reɪndʒmənt] ② (*Anpassung*) adjustment [ə'dʒʌstmənt] (**auf** to) ③ **das wird eine große Umstellung für ihn sein** it will be a big change for him ④ **Umstellung auf Computer** computerization [kəmˌpjuːtᵊraɪ'zeɪʃᵊn]; **Umstellung auf Erdgas** conversion [kən'vɜːʃᵊn] to natural gas

umstimmen **jemanden umstimmen** to change someone's mind; **er lässt sich nicht umstimmen** he's not to be persuaded [pə'sweɪdɪd]

U

umstoßen to knock [nɒk] over [*oder* down]; to upset [ʌp'set] *Pläne*
umstritten 1 (*noch nicht ausdiskutiert*) disputed [dɪ'spjuːt] 2 (*fraglich*) controversial [ˌkɒntrə'vɜːʃᵊl]
die **Umstrukturierung** restructuring
der **Umsturz** overthrow ['əʊvəθrəʊ]
umstürzen 1 to overthrow [ˌəʊvə'θrəʊ] *Regierung* 2 (*umfallen*) to fall over; *Fahrzeug:* to overturn
der **Umtausch** exchange; **Badehosen sind vom Umtausch ausgeschlossen** swimming trunks cannot be exchanged
umtauschen 1 to exchange; **kann ich das umtauschen?** is it possible to exchange this? 2 to change *Geld* (**in** into)
umtriebig dynamic [daɪ'næmɪk], go-getting
die **Umwälzung** radical change
umwandeln to change, to convert [kən'vɜːt] (**in** into); to commute *Strafe*
umwechseln to change *Geld* (**in** into)
der **Umweg** 1 detour ['diːtʊəʳ]; **einen Umweg machen** (*unabsichtlich*) to go the long way round; (*absichtlich*) to make a detour 2 (*übertragen*) roundabout way; **auf Umwegen** indirectly
die **Umwelt** environment [ɪn'vaɪrᵊnmənt]
die **Umweltbedingungen** environmental conditions *Plural*
die **Umweltbelastung** environmental damage ['dæmɪdʒ]
das **Umweltbewusstsein** environmental awareness
die **Umwelteinflüsse** environmental influences ['ɪnfluən(t)sɪz] *Plural*
umweltfreundlich non-polluting, ecologically [ˌiːkə'lɒdʒɪkᵊlᵊli] friendly
die **Umweltgefährdung** environmental threat
die **Umweltkatastrophe** ecological [ˌiːkə'lɒdʒɪkᵊl] disaster
die **Umweltpolitik** environment[al] policy
die **Umweltschäden** environmental damage [-ˌdæmɪdʒ]
der **Umweltschutz** environmental conservation
der **Umweltschützer**, die **Umweltschützerin** environmentalist [ɪnˌvaɪrᵊn'mentᵊlɪst], conservationist

U

das **Umweltschutzgesetz** environmental protection law
die **Umwelttechnologie** green technology [tek'nɒlədʒi]
die **Umweltverschmutzung** pollution of the environment
umweltverträglich *Produkte, Stoffe:* ecologically [ˌiːkə'lɒdʒɪkᵊlᵊli] compatible
die **Umweltvorschrift** environmental regulation
die **Umweltzerstörung** destruction of the environment
umwerfen 1 to overturn 2 (*ändern*) to upset [ʌp'set] 3 **das hat mich völlig umgeworfen!** that really threw me! *umgangsspr*
umziehen 1 to move (**nach** to) 2 **sich umziehen** to change one's clothes [kləʊ(ð)z]
umzingeln to surround [sə'raʊnd]
der **Umzug** 1 (*Festzug*) procession [prə'seʃᵊn] 2 (*Wohnungswechsel*) move, removal
der **Umzugskarton** removal [*oder* (USA) moving] box
unabhängig 1 independent (**von** of) 2 **unabhängig davon, was Sie meinen** irrespective [ˌɪrɪ'spektɪv] of what you think
die **Unabhängigkeit** independence [ˌɪndɪ'pendən(t)s]
unabsehbar unforeseeable
unabsichtlich unintentional
unachtsam 1 (*unaufmerksam*) inattentive 2 (*nicht sorgsam*) careless ['keələs]
die **Unachtsamkeit** carelessness
unähnlich dissimilar; **jemandem unähnlich sein** to be unlike someone
unanfechtbar irrefutable
unangemeldet unannounced [ˌʌnə'naʊn(t)st]; *Besucher:* unexpected
unangemessen 1 *Preis:* unreasonable 2 *Benehmen, Bemerkung:* inappropriate [ˌɪnə'prəʊpriət]
unangenehm 1 unpleasant [ʌn'plezᵊnt] 2 **er kann unangenehm werden** he can get quite nasty 3 **es wäre mir unangenehm zu fragen** I'd feel awkward ['ɔːkwəd] about asking
unannehmbar unacceptable [ˌʌnək'septəbl̩]
die **Unannehmlichkeit** trouble ['trʌbl] ⚠ *Singular;* **Unannehmlichkeiten haben/bekommen** to be in/get into trouble
unanschaulich abstract
unanständig 1 *Kleidung:* indecent [ɪn'diːsᵊnt] 2 (*obszön*) dirty
unantastbar sacrosanct
unappetitlich (*auch übertragen*) unappetizing
unartig naughty ['nɔːti]
unauffällig 1 inconspicuous [ˌɪnkən'spɪkjuəs] 2 (*unscheinbar*) unobtrusive 3 *Kleidung:* nondescript ['nɒndɪskrɪpt] 4 **er verhielt sich unauffällig** he kept a low profile
unaufgefordert 1 unsolicited [ˌʌnsə'lɪsɪtɪd] 2 without being asked
unaufhörlich incessant [ɪn'sesᵊnt]
unaufmerksam 1 inattentive 2 **das war wirklich unaufmerksam von dir!** that was really thoughtless of you!
die **Unaufmerksamkeit** inattentiveness
unaufrichtig insincere [ˌɪnsɪn'sɪəʳ] (**gegenüber** towards)
unaussprechlich inexpressible
unausstehlich intolerable
unausweichlich inevitable [ɪ'nevɪtəbl̩]
unbarmherzig merciless ['mɜːsɪləs]
unbeabsichtigt unintentional

unbedenklich completely harmless
unbedeutend ① (*unwichtig*) insignificant [ˌɪnsɪɡˈnɪfɪkᵊnt], unimportant ② (*geringfügig*) minor
unbedingt ① (*absolut*) absolute ② (*bedingungslos*) unconditional ③ (*auf jeden Fall*) really ④ (*erforderlich*) absolutely; **das ist nicht unbedingt nötig** that's not absolutely necessary [ˈnesəsᵊri] ⑤ **Sie müssen unbedingt kommen!** you really must come!
unbefangen uninhibited [ˌʌnɪnˈhɪbɪtɪd]
unbefriedigend unsatisfactory [ʌnˌsætɪsˈfæktᵊri]
unbefristet lasting for an indefinite period; *Arbeitsvertrag, Visum:* permanent; **unbefristet sein** to be valid indefinitely
unbefugt unauthorized; **unbefugt hereinkommen** to enter without authorization
unbegabt untalented
unbegreiflich ① (*unverständlich*) incomprehensible [ɪnˌkɒmprɪˈhensəbl] ② (*unergründlich*) inscrutable [ɪnˈskruːtəbl] ③ **das ist mir unbegreiflich** I can't understand that
unbegrenzt unlimited
unbegründet groundless, unfounded
unbehaglich ① (*körperlich*) uncomfortable [ʌnˈkʌmftəbl] ② (*gefühlsmäßig*) uneasy
unbeholfen awkward [ˈɔːkwəd], clumsy
unbekannt unknown; *Gegend:* unfamiliar [ˌʌnfəˈmɪljəʳ]
der/die **Unbekannte** unknown person, stranger [ˈstreɪndʒəʳ]
unbekümmert ① (*unbesorgt*) unconcerned [ˌʌnkənˈsɜːnd] ② (*sorglos*) happy-go-lucky
unbelastet unencumbered [ˌʌnɪŋˈkʌmbəd]
unbeleuchtet *Straße:* unlit
unbeliebt unpopular (**bei** with); **er ist ziemlich unbeliebt bei den Studenten** he's quite unpopular with the students
unbemannt *Rakete:* unmanned
unbemerkt unnoticed [ʌnˈnəʊtɪst]
unbenutzt unused [ʌnˈjuːzd]; *Taschentuch:* clean
unbeobachtet unobserved; **in einem unbeobachteten Augenblick** when nobody was looking
unbequem ① (*lästig*) awkward [ˈɔːkwəd] ② (*ungemütlich*) uncomfortable [ʌnˈkʌmftəbl]
unberechenbar unpredictable [ˌʌnprɪˈdɪktəbl]
unberührt ① untouched [ʌnˈtʌtʃt] ② **die unberührte Natur** unspoilt [ʌnˈspɔɪlt] nature ⚠ *ohne Artikel*
unbeschädigt undamaged [ʌnˈdæmɪdʒd]
unbeschränkt ① unrestricted ② *Macht:* absolute ③ **jemandem unbeschränkte Vollmacht geben** to give someone carte blanche
unbeschreiblich ① indescribable [ˌɪndɪˈskraɪbəbl] ② **unbeschreiblich schön** unbelievably [*oder* incredibly] beautiful
unbeschwert (*sorglos*) carefree [ˈkeəfriː]
unbesiegbar invincible [ɪnˈvɪn(t)səbl]
unbesorgt ① unconcerned [ˌʌnkənˈsɜːnd] ② **seien Sie unbesorgt!** don't worry!; **Sie können ganz unbesorgt sein** you can set your mind at ease
unbeständig *Wetter:* changeable [ˈtʃeɪndʒəbl]
unbestechlich *Person:* incorruptible
unbestimmt ① (*ungewiss*) uncertain [ʌnˈsɜːtᵊn] ② (*unklar*) vague [veɪɡ] ③ *Artikel:* indefinite [ɪnˈdefɪnət] ④ **auf unbestimmte Zeit** for an indefinite period
unbestritten ① undisputed ② **es ist unbestritten, dass ...** nobody denies that ...
unbeteiligt ① (*gleichgültig*) indifferent, unconcerned [ˌʌnkənˈsɜːnd] ② (*nicht teilnehmend*) uninvolved (**an/bei** in)
unbetont unstressed
unbewacht unguarded [ʌnˈɡɑːdɪd]; *Parkplatz:* unattended
unbewaffnet unarmed
unbeweglich ① (*nicht bewegbar*) immovable [ɪˈmuːvəbl] ② (*still stehend*) motionless ③ *Körper:* stiff ④ (*geistig unbeweglich*) inflexible
unbewohnt *Gegend:* uninhabited [ˌʌnɪnˈhæbɪtɪd]; *Haus:* unoccupied
unbewusst ① unconscious [ʌnˈkɒn(t)ʃəs] ② (*nicht gewollt*) involuntary [ɪnˈvɒlənt ᵊri]
unbezahlbar ① (*zu teuer*) unaffordable ② (*sehr nützlich*) invaluable [ɪnˈvæljuəbl] ③ **ihr Humor ist unbezahlbar** nothing beats her sense of humour *umgangsspr*
unbezahlt ① unpaid ② *Rechnung:* unsettled
unblutig bloodless; **der Kampf verlief unblutig** it was a battle without bloodshed
unbrauchbar useless; (*nicht zu verwenden*) unusable
und ① and ② **und so weiter** and so forth [*oder* so on] ③ **und das tat ich auch** which I did ④ **seien Sie so gut und ...** be so kind as to ... ⑤ **und wenn ...** even if ...; **und wenn du noch so bettelst** no matter how much you beg ⑥ **und?** so what? ⑦ **und dann?** (*danach*) and then?; (*was dann*) then what?
undankbar ① *Mensch:* ungrateful (**gegen** to) ② *Aufgabe:* thankless
die **Undankbarkeit** ungratefulness, ingratitude
undefinierbar indefinable
undenkbar unthinkable
undeutlich ① indistinct ② **er spricht undeutlich** he mumbles
undicht ① (*gegen Luft*) not airtight [ˈeəʳtaɪt]; (*gegen Wasser*) not watertight [ˈwɔːtəʳtaɪt] ② **undicht sein** to leak; **eine undichte Stelle** (*auch übertragen*) a leak
das **Unding** absurdity [əbˈzɜːdəti]

U

undiszipliniert undisciplined [ʌnˈdɪsɪplɪnd]
undurchlässig impermeable [ɪmˈpɜːmiəbl̩]
undurchsichtig ① opaque [ə(ʊ)ˈpeɪk] ② (*obskur*) obscure [əbˈskjʊəʳ] ③ **er ist ein undurchsichtiger Typ** he's a shady character *umgangsspr*
uneben uneven; (*rau*) rough [rʌf]
unecht ① *Diamanten:* fake; *Haare:* artificial [ˌɑːtɪˈfɪʃəl] ② (*unaufrichtig*) false; *Freundlichkeit:* insincere [ˌɪnsɪnˈsɪəʳ]
unehelich illegitimate [ˌɪlɪˈdʒɪtəmət]
unehrlich dishonest [dɪˈsɒnɪst]
die **Unehrlichkeit** dishonesty [dɪˈsɒnɪsti]
uneigennützig selfless
uneingeschränkt absolute; *Rechte, Handel:* unlimited; **uneingeschränkt zustimmen** to agree without qualification
uneinheitlich non-uniform; *Öffnungszeiten, Systeme, Gesellschaft:* varied; **uneinheitlich sein** to vary
uneinig ① divided ② **mit jemandem uneinig sein** to disagree with someone
die **Uneinigkeit** disagreement
unempfindlich ① insensitive (**gegen** to) ② (*strapazierfähig*) hard-wearing; *Pflanzen:* hardy
unendlich ① infinite ② (*zeitlich*) endless, never-ending ③ **unendlich viele Blumen** countless flowers ④ **unendlich traurig** incredibly sad ⑤ **auf unendlich eingestellt** *Kamera:* focused on infinity ⑥ **unendlich viele Bestellungen** no end of orders
die **Unendlichkeit** **die Unendlichkeit** infinity ⚠ *ohne Artikel;* (*zeitlich*) endlessness
unentbehrlich ① indispensable (**für** to) ② *Wissen:* essential
unentgeltlich free of charge; **die unentgeltliche Benutzung von etwas** the free use of something; **unentgeltlich arbeiten** to work for free
unentschieden ① undecided [ˌʌndɪˈsaɪdɪd]; *Frage:* open ② *Spiel:* drawn; **unentschieden enden** to end in a draw; **unentschieden spielen** to draw
die **Unentschlossenheit** indecision [ˌɪndɪˈsɪʒən]
unentschuldbar inexcusable
unerfahren inexperienced [ˌɪnɪkˈspɪəriən(t)st]
unerfreulich unpleasant [ʌnˈplezənt]
unergründbar, **unergründlich** puzzling
unerhört ① (*empörend*) outrageous [ˌaʊtˈreɪdʒəs] ② **unerhört!** bloody cheek! *umgangsspr;* **das ist ja unerhört!** that's the limit! ③ **unerhört groß** incredibly big; **unerhört viel [davon]** an incredible amount [of it]
unerklärbar, **unerklärlich** inexplicable
unerlaubt without permission [pəˈmɪʃən]; (*ungesetzlich*) illegal
unermüdlich tireless [ˈtaɪələs], untiring

unerreichbar ① (*übertragen*) unattainable ② (*unzugänglich*) inaccessible [ˌɪnəkˈsesəbl̩]
unersättlich insatiable [ɪnˈseɪʃəbl]
unerschwinglich exorbitant [ɪɡˈzɔːbɪtənt], prohibitive; **für jemanden unerschwinglich sein** to be beyond someone's means
unersetzlich irreplaceable [ˌɪrɪˈpleɪsəbl̩]
unerträglich unbearable [ʌnˈbeərəbl̩]; *Frechheit:* insufferable [ɪnˈsʌfərəbl̩]
unerwartet unexpected
unerwünscht ① unwelcome; *Kind:* unwanted ② **Hunde sind hier nicht erwünscht** dogs aren't welcome here
unfähig ① (*untüchtig*) incompetent ② (*nicht fähig*) incapable (**zu** of)
unfair unfair; **das war wirklich unfair** that really wasn't fair
der **Unfall** accident [ˈæksɪdənt]; **er hat seinen Finger bei einem Unfall verloren** he lost his finger in an accident
der **Unfallarzt**, die **Unfallärztin** casualty [ˈkæʒjuəlti] doctor
die **Unfallflucht** hit-and-run [driving]; **Unfallflucht begehen** to commit a hit-and-run-offence
der **Unfallschaden** accident damage
der **Unfallschutz** prevention of accidents
die **Unfallversicherung** accident insurance [ˈæksɪdəntɪnˌʃʊərən(t)s]
der **Unfallwagen** car involved in an accident
unfassbar ① incomprehensible [ɪnˌkɒmprɪˈhensəbl] ② **es war für ihn unfassbar** he just couldn't believe it
unfreiwillig ① (*unbeabsichtigt*) unintentional ② (*gezwungen*) compulsory [kəmˈpʌlsəri]
unfreundlich ① *Person:* unfriendly ② *Wetter:* inclement
unfruchtbar infertile; (*fruchtlos*) fruitless [ˈfruːtləs]
die **Unfruchtbarkeit** infertility; *von Boden auch:* barrenness
der **Unfug** nonsense; **Unfug treiben** to get up to mischief [ˈmɪstʃɪf]; **lass den Unfug!** stop that nonsense!
der **Ungar**, die **Ungarin** Hungarian [hʌŋˈgeəriən]
ungarisch Hungarian
Ungarn Hungary [ˈhʌŋgəri]
ungebildet uneducated; (*unkultiviert*) uncultured
ungeboren unborn
ungebräuchlich uncommon
ungebunden **frei und ungebunden** footloose and fancy-free
die **Ungeduld** impatience [ɪmˈpeɪʃən(t)s]; **vor Ungeduld** with impatience
ungeduldig impatient [ɪmˈpeɪʃənt]
ungeeignet unsuitable [ʌnˈsjuːtəbl̩] (**für** for); **sie ist für diesen Beruf ungeeignet** she's unsuited to this profession

U

ungefähr ① approximately [ə'prɒksɪmətli], roughly [rʌfli] ② **ungefähr um zehn** around ten ③ **das kommt schon nicht von ungefähr** that's certainly no accident ④ approximate [ə'prɒksɪmət]; **nach ungefähren Schätzungen** at a rough [rʌf] guess ⚠ *Singular*

ungefährlich ① (*sicher*) safe ② (*harmlos*) harmless

das **Ungeheuer** monster *auch übertragen*

ungeheuer ① (*riesig*) enormous, immense; **ungeheuere Ausmaße annehmen** to take on enormous dimensions ② (*genial, kühn*) tremendous ③ (*vermessen*) outrageous [ˌaʊt'reɪdʒəs] ④ (*monströs*) monstrous ['mɒn(t)strəs] ⑤ (*sehr*) enormously ⑥ (*negativ*) terribly

ungehorsam disobedient (**gegenüber** to)

der **Ungehorsam** disobedience [ˌdɪsə(ʊ)'biːdiən(t)s] (**gegenüber** to)

ungeklärt *Frage, Verbrechen:* unsolved

ungelegen inconvenient [ˌɪnkən'viːniənt]; **das kommt mir ungelegen** that's inconvenient for me; **komme ich ungelegen?** is this an inconvenient time for you?

ungelernt unskilled

ungeliebt unloved

ungemütlich ① uncomfortable [ʌn'kʌmftəbl] ② *Person:* uncomfortable to be with ③ *Wetter:* unpleasant [ʌn'plezᵊnt]

ungenau ① imprecise [ˌɪmprɪ'saɪs]; (*nicht fehlerlos*) inaccurate ② (*nicht wahrheitsgetreu*) inexact

die **Ungenauigkeit** ① inaccuracy ② (*durch Abweichung von Tatsachen*) inexactitude

ungenießbar ① (*nicht essbar*) inedible [ɪ'nedɪbl]; (*nicht trinkbar*) undrinkable ② (*umgangsspr*) *Angelegenheit:* unpalatable [ʌn'pælətəbl] ③ (*umgangsspr*) *Mensch:* unbearable [ʌn'beərəbḷ]

ungenügend insufficient [ˌɪnsə'fɪʃᵊnt]; *Schulnote:* unsatisfactory

ungenutzt unused; *Ressourcen:* unexploited; **etwas ungenutzt lassen** to not take advantage of something

ungepflegt *Rasen:* neglected; *Mensch:* untidy

ungerade *Zahl:* odd *vor Substantiv*

ungerecht unfair, unjust

die **Ungerechtigkeit** injustice [ɪn'dʒʌstɪs]

ungern unwillingly, reluctantly; **das tue ich nur höchst ungern** I really dislike doing it

ungeschickt *Person:* clumsy; *Bemerkung:* tactless

ungeschliffen ① *Edelstein:* uncut; *Messer:* blunt ② *Benehmen:* uncouth [ʌn'kuːθ]

ungeschminkt ① without make-up ② (*übertragen*) unvarnished; **die ungeschminkte Wahrheit** the plain truth

ungeschoren **jemanden ungeschoren davonkommen lassen** to let someone off scot-free; **ungeschoren davonkommen** to escape unscathed [ʌn'skeɪθd]

ungesellig unsociable [ʌn'səʊʃəbḷ]

ungesetzlich illegal, unlawful

ungestört undisturbed

ungestraft with impunity

ungesund unhealthy [ʌn'helθi]

ungeübt unpractised

ungewiss uncertain [ʌn'sɜːtᵊn]; **die haben mich ganz schön im Ungewissen gelassen** they really kept me in the dark

die **Ungewissheit** uncertainty [ʌn'sɜːtᵊnti]

ungewöhnlich unusual [ʌn'juːʒᵊl]

ungewohnt ① (*fremd*) unfamiliar; **das ist ungewohnt für mich** I am not used to it ② (*unüblich*) unusual [ʌn'juːʒᵊl]

ungewollt unintentional; *Schwangerschaft:* unwanted

das **Ungeziefer** pests *Plural,* vermin *Plural*

ungezogen naughty ['nɔːti]

ungezwungen relaxed; **sich ungezwungen bewegen** to feel quite free

ungläubig ① disbelieving ② (*nicht religiös*) unbelieving

unglaublich incredible [ɪn'kredɪbḷ]

unglaubwürdig ① *Sache:* implausible [ɪm'plɔːzəbḷ] ② *Zeuge:* unreliable; **sich unglaubwürdig machen** to lose credibility

ungleich ① (*nicht gleichwertig*) unequal ② (*unähnlich*) dissimilar, unlike; **ungleiches Paar** odd couple ③ (*verschieden*) different; *Strümpfe:* odd

ungleichmäßig uneven

das **Unglück** ① (*Unheil*) misfortune; **das bringt Unglück!** that's unlucky! ② (*Unfall*) accident ['æksɪdᵊnt]; (*Missgeschick*) mishap ③ (*Schicksalsschlag*) disaster; **sich ins Unglück stürzen** to rush headlong into disaster; **so ein Unglück!** what a disaster! ④ (*Pech*) bad luck ⑤ (*seelisch*) unhappiness ⑥ **zu allem Unglück** to top it all

unglücklich ① (*bedauerlich*) unfortunate ② (*glücklos*) unlucky ③ (*traurig*) unhappy ④ *Liebe:* unrequited [ˌʌnrɪ'kwaɪtɪd]; **unglücklich verliebt** crossed in love ⑤ **unglücklich ausgehen** to turn out badly

unglücklicherweise unfortunately [ʌn'fɔːtʃᵊnətli]

der **Unglücksfall** ① accident ['æksɪdᵊnt] ② (*unglückliche Begebenheit*) mishap

ungültig ① (*nichtig*) void; **etwas für ungültig erklären** to declare something null and void ② (*nicht gültig*) invalid [ɪn'vælɪd]; *Tor:* disallowed ③ **ungültig werden** *Pass:* to expire

ungünstig ① *Situation:* unfavourable [ʌn'feɪvᵊrəbḷ] ② *Termin:* inconvenient [ˌɪnkən'viːniənt] ③ *Wetter:* bad

ungut **ein ungutes Gefühl haben** to have an

U

uneasy feeling; **nichts für ungut!** no offence!
unhandlich unwieldy [ʌnˈwiːldi]
unheilbar incurable [ɪnˈkjʊərəbl̩]; **unheilbar krank sein** to have a terminal illness
unheimlich 1 (*beängstigend*) frightening [ˈfraɪtᵊnɪŋ]; (*nicht geheuer*) uncanny 2 (*umgangsspr: hervorragend*) tremendous 3 **mir ist unheimlich** I have an uncanny feeling; **er ist mir unheimlich** he gives me the creeps 4 **mir ist unheimlich kalt** I'm incredibly cold
unhöflich impolite
die **Unhöflichkeit** impoliteness
unhygienisch unhygienic [ˌʌnhaɪˈdʒiːnɪk]
die **Uniform** uniform
uninteressant uninteresting; **das ist doch völlig uninteressant!** that's of absolutely no interest!
uninteressiert 1 (*nicht interessiert*) uninterested (**an** in) 2 (*gleichgültig*) disinterested
die **Universität** university
das **Universum** universe
unklar 1 (*unverständlich*) unclear [ʌnˈklɪəʳ] 2 (*ungeklärt*) unclarified 3 (*undeutlich*) indistinct 4 **über etwas im Unklaren sein** to be in the dark about something 5 **es war ihm völlig unklar, woher die Katze kam** he didn't have the faintest idea where the cat had come from
die **Unklarheit** uncertainty [ʌnˈsɜːtᵊnti]
unklug unwise
unkompliziert straightforward [streɪtˈfɔːwəd], uncomplicated
unkonzentriert lacking in concentration [ˌkɒn(t)sᵊnˈtreɪʃᵊn]; **unkonzentriert arbeiten** to lack concentration in one's work
die **Unkosten** costs, expenses; **die laufenden Unkosten** the running costs
das **Unkraut** weed *meist Plural*
unkündbar *Stellung:* not subject to notice *nachgestellt; Vertrag:* not subject to termination *nachgestellt*
unleserlich unreadable [ʌnˈriːdəbl]
unlogisch illogical [ɪˈlɒdʒɪkᵊl]
unlösbar 1 *Problem:* insoluble 2 (*untrennbar*) indissoluble
unlöslich *Substanz:* insoluble
der **Unmensch** brute
unmenschlich inhuman
unmissverständlich unequivocal [ˌʌnɪˈkwɪvəkᵊl]
unmittelbar 1 (*direkt*) direct 2 *Nachbarschaft:* immediate [ɪˈmiːdiət]
unmöglich 1 *Mensch, Benehmen:* impossible 2 **jemanden/sich unmöglich machen** to make someone/oneself look ridiculous; **sie hat sich auf der Party unmöglich gemacht** she made a fool of herself at the party
unmoralisch immoral

U

unmündig under age
unmusikalisch unmusical
unnachgiebig 1 *Material:* inflexible 2 (*übertragen*) intransigent [ɪnˈtræn(t)sɪdʒᵊnt], unyielding [ʌnˈjiːldɪŋ]
unnachsichtig severe [səˈvɪəʳ]; (*gnadenlos*) unrelenting (**gegenüber** towards)
unnahbar unapproachable [ˌʌnəˈprəʊtʃəbl]
unnatürlich unnatural
unnötig unnecessary [ʌnˈnesəsᵊri]; **sich unnötig aufregen** to get unnecessarily excited
unordentlich 1 *Lebenswandel:* disorderly 2 *Zimmer:* untidy
die **Unordnung** disorder; (*Durcheinander*) mess
unparteiisch impartial [ɪmˈpɑːʃᵊl]
unpassend inappropriate [ˌɪnəˈprəʊpriət], unsuitable [ʌnˈsjuːtəbl̩]; *Zeitpunkt auch:* inopportune
unpersönlich impersonal
unpraktisch 1 *Mensch:* unpractical 2 *Maschine:* impractical
unpünktlich *Mensch:* unpunctual; *Zug:* not on time
unrasiert unshaven
das **Unrecht** 1 injustice [ɪnˈdʒʌstɪs], wrong [rɒŋ]; **zu Unrecht** unjustly; **nicht zu Unrecht** not without good reason; **ihr ist viel Unrecht geschehen** she has been deeply wronged [rɒŋd] 2 **im Unrecht sein** to be wrong
unrechtmäßig illegal; **der unrechtmäßige Besitzer** the unlawful owner
unregelmäßig irregular
unreif 1 unripe 2 *Mensch:* immature
unrentabel unprofitable
unrichtig incorrect
die **Unruhe** 1 (*innere Unruhe*) restlessness 2 (*Krach*) noise 3 **Unruhe stiften** to make trouble [ˈtrʌbl] *übertragen,* to create [kriˈeɪt] unrest 4 **politische Unruhen** political unrest ⚠ *Singular*
unruhig 1 restless 2 (*laut*) noisy 3 *Meer, Schlaf, Zeit:* troubled [trʌbld] 4 (*nervös*) fidgety [ˈfɪdʒəti]
uns 1 (*im Akkusativ*) us; **lass uns da raus!** leave us out of it! 2 (*im Dativ*) [to] us; **sie haben es uns geschenkt** they gave it [to] us 3 (*in Verbindung mit reflexivem Verb*) [to] ourselves; **wir haben uns einen Urlaub geleistet** we have treated ourselves to a holiday
unsachgemäß improper; **etwas unsachgemäß behandeln** to treat something improperly
unsachlich unobjective; **unsachlich werden** to become personal
unsanft rough [rʌf]; **unsanft geweckt werden** to be rudely awoken
unsauber dirty
unschädlich harmless, innocuous [ɪˈnɒkjuəs]
unscharf *Foto:* blurred [blɜːd]

unscheinbar inconspicuous [ˌɪnkənˈspɪkjuəs]; (*unattraktiv*) unprepossessing
unschlagbar unbeatable
unschlüssig undecided [ˌʌndɪˈsaɪdɪd]; **sich über etwas unschlüssig sein** to be undecided about something
die **Unschuld** innocence [ˈɪnəsᵊn(t)s]
unschuldig ① innocent [ˈɪnəsᵊnt] ② **an etwas unschuldig sein** to be not guilty [ˈgɪlti] of something; **an dem Unfall bin ich völlig unschuldig** I am completely without blame in the accident
unselbstständig dependent
unser ① our ② (*1. Person Plural*) of us
unsereiner, **unsereins** (*umgangsspr*) the likes of us
unseresgleichen people like us
uns(e)rige ① ours ② **die Unsrigen** our people; **wir haben das Unsrige getan** we have done our part
unsertwegen ① for our sake ② **unsertwegen haben sie jetzt das Konzert verpasst** because of us they've missed the concert now
unsicher ① (*gefährlich*) unsafe ② (*verunsichert*) shaky, unsure [ʌnˈʃʊəʳ] ③ (*zweifelhaft*) uncertain [ʌnˈsɜːtᵊn] ④ **unsicher auf den Beinen** unsteady [ʌnˈstedi] on one's feet ⑤ **er ist sich unsicher, ob er kommen kann** he's not sure whether he'll be able to come
die **Unsicherheit** ① (*Ungewissheit*) uncertainty [ʌnˈsɜːtᵊnti] ② *Mensch:* insecurity ③ (*mangelnde Verlässlichkeit*) unreliability [ˌʌnrɪlaɪəˈbɪlɪti]
der **Unsinn** ① nonsense, rubbish; **Unsinn reden** to talk nonsense; **Unsinn!** nonsense! ② **lass den Unsinn!** stop fooling about!
unsinnig ① (*sinnlos*) nonsensical ② (*ungerechtfertigt*) absurd [əbˈzɜːd]
unsittlich indecent [ɪnˈdiːsᵊnt]
unsozial *Maßnahme:* unsocial [ʌnˈsəʊʃᵊl]; *Einstellung:* antisocial [ˌæntiˈsəʊʃᵊl]
unsportlich unathletic
unsresgleichen people like us
unsretwegen ① for our sake ② **unseretwegen haben sie jetzt das Konzert verpasst** because of us they've missed the concert now
unsrige(r, s) ① ours ② **die Unsrigen** our people; **wir haben das Unsrige getan** we have done our part
unsterblich immortal
die **Unsterblichkeit** immortality
unsympathisch disagreeable [ˌdɪsəˈgriːəbl], unpleasant [ʌnˈplezᵊnt]; **der ist mir unsympathisch** I don't like him

> **F** Nicht verwechseln mit **unsympathetic** = gefühllos!

untätig idle [ˈaɪdl]; **untätig zusehen** to stand idly by
untauglich unfit (**für** for)
unteilbar indivisible
unten ① (*unterhalb*) below, underneath ② **von oben bis unten** from top to bottom ③ **hier unten** down here ④ (*im Haus*) downstairs ⑤ (*am unteren Ende, im unteren Teil*) at the bottom ⑥ **unten am Fluss** down by the river; **unten im Keller** down in the cellar
unter ① under; (*unterhalb*) below, underneath ② (*zwischen*) among, amongst, between; **unter Freunden** among friends [frendz]; **unter uns gesagt** between you and me ③ **wir sind unter uns** we are by ourselves [ˌaʊəˈselvz] ④ (*weniger als*) below, under; **unter dem Durchschnitt** below average ⑤ **unter anderem** among other things ⑥ **unter der Woche** during the week
der **Unterarm** forearm [ˈfɔːʳɑːm]
unterbelichtet *Foto:* underexposed
unterbesetzt **personell unterbesetzt** understaffed
das **Unterbewusstsein** subconscious [sʌbˈkɒn(t)ʃəs]; **im Unterbewusstsein** subconsciously [sʌbˈkɒn(t)ʃəsli]
unterbrechen ① to interrupt ② **wir sind unterbrochen worden** we've been cut off ③ **verzeihen Sie, dass ich Sie unterbreche** forgive me for interrupting
unterbringen ① (*verstauen*) to put ② (*beherbergen*) to accommodate; (*bei sich zu Hause*) to put up
der **Unterbruch** (CH) interruption
unterdessen meanwhile
unterdrücken ① (*beherrschen*) to oppress; to suppress *Aufstand, Freiheit* ② to hold back *Bemerkung, Gefühl, Tränen;* to suppress *Lachen, Neugierde*
die **Unterdrückung** *von Menschen:* oppression [əˈpreʃᵊn]; *eines Aufstands:* suppression [səˈpreʃᵊn]
untere(r, s) lower
untereinander ① (*räumlich*) one below the other ② (*gegenseitig*) each other; (*miteinander*) among one another
unterernährt malnourished [ˌmælˈnʌrɪʃt]
die **Unterführung** underpass
der **Untergang** ① *der Sonne:* setting ② *eines Schiffs:* sinking ③ (*Zugrundegehen*) decline, ruin
der/die **Untergebene** subordinate [səˈbɔːdᵊnət]
untergehen ① *Sonne:* to set ② *Schiff:* to sink ③ (*zugrunde gehen*) to decline, to be ruined; *Menschen:* to perish ④ **im Lärm untergehen** to be drowned out by the noise ▶ WENDUNGEN: **davon geht die Welt nicht unter!** that isn't the end of the world!
untergeordnet subordinate [səˈbɔːdᵊnət]
das **Untergeschoss** basement

das **Untergewicht** **Untergewicht haben** to be underweight [ˌʌndəʳˈweɪt]
der **Untergrund** ① (*Farbschicht*) undercoat ② (*politisch*) underground
unterhalb below
der **Unterhalt** ① keep ② (*für Exehepartner, Kinder*) maintenance [ˈmeɪntᵊnən(t)s] ③ *von Auto, Wohnung:* upkeep
unterhalten ① to entertain *Gäste* ② (*ein Gespräch führen*) **sie haben sich unterhalten** they were talking to each other; **sich mit jemandem über etwas unterhalten** to talk with [*oder* to] someone about something; **ich würde mich gern mal mit dir unterhalten** I should like to have a little talk with you ③ **sich unterhalten** (*sich vergnügen*) to amuse oneself, to enjoy oneself; **ich hoffe, dass Sie sich gut unterhalten** I hope you're having a good time
unterhaltend, **unterhaltsam** entertaining
die **Unterhaltspflicht** obligation to pay maintenance [ˈmeɪntᵊnən(t)s]
die **Unterhaltung** ① (*Amüsement*) entertainment ② (*Gespräch*) conversation
das **Unterhaus** Lower House; *in GB:* House of Commons; **im Unterhaus** in the Commons ⚠ *Plural;* **Mitglied des Unterhauses** member of parliament [ˈpɑːləmənt] (GB), MP (GB)
das **Unterhemd** vest (GB), undershirt (USA)
das **Unterholz** undergrowth
die **Unterhose** ① underpants ⚠ *Plural,* briefs [briːfs] ⚠ *Plural* ② *für Damen:* pants ⚠ *Plural,* panties ⚠ *Plural* (USA)
unterirdisch ① underground; *Fluss:* subterranean [ˌsʌbtᵊrˈeɪniən] ② (*abwertend umgangsspr*) lousy, crummy *umgangsspr*
der **Unterkiefer** lower jaw
unterkriegen (*umgangsspr*) ① **er lässt sich nicht unterkriegen** he doesn't give in ② **lass dich nicht unterkriegen** don't let it get you down
die **Unterkühlung** hypothermia [ˌhaɪpə(ʊ)ˈθɜːmiə]
die **Unterkunft** accommodation; **Unterkunft und Verpflegung** board and lodging
die **Unterlage** ① *zum Schreiben:* pad ② (*Schriftstück*) document
unterlassen ① (*versäumen*) to omit ② (*nicht durchführen*) to not carry out; (*nicht tun*) to refrain from ③ **unterlassen Sie das!** stop that!
die **Unterlassung** omission [ə(ʊ)ˈmɪʃᵊn]
unterlegen ① (*schwächer*) inferior [ɪnˈfɪəriəʳ]; **jemandem unterlegen sein** to be inferior to someone ② (*im Kampf*) defeated
der **Unterleib** abdomen
die **Unterleibsschmerzen** abdominal pain ⚠ *Singular*
unterliegen **jemandem unterliegen** to lose to someone

U

die **Unterlippe** lower lip
das **Untermenü** *von Computern:* submenu
die **Untermiete** **zur Untermiete wohnen** to be a subtenant [*oder* lodger [ˈlɒdʒəʳ]]
der **Untermieter**, die **Untermieterin** lodger [ˈlɒdʒəʳ] (GB), roomer (USA)
das **Unternehmen** ① (*Firma*) company ② (*Vorhaben*) enterprise
unternehmen ① (*tun*) to do; (*durchführen*) to undertake ② **Schritte gegen jemanden unternehmen** to take steps against someone; **dagegen müssen wir etwas unternehmen** we must take some action against that
der **Unternehmensberater**, die **Unternehmensberaterin** management consultant [-kənˌsʌltᵊnt]
die **Unternehmensberatung** management [*oder* business [ˈbɪznɪs-]] consultancy
die **Unternehmensgründung** business start-up
die **Unternehmensgruppe** group [of companies], consortium
der **Unternehmer**, die **Unternehmerin** entrepreneur [ˌɒntrəprəˈnɜːʳ]; (*Arbeitgeber*) employer

> **F** Nicht verwechseln mit **undertaker** = der Leichenbestatter!

unternehmerisch entrepreneurial [ˌɒntrəprəˈnɜːriəl]
der **Unternehmerverband** employer's association [-əˌsəʊʃiˈeɪʃᵊn]
die **Unternehmung** (CH) company
unternehmungslustig enterprising; **sie ist ziemlich unternehmenslustig** she's pretty adventurous
der **Unteroffizier** non-commissioned [ˌnɒnkəˈmɪʃᵊnd] officer, NCO, non-com (USA)
unterordnen ① to subordinate [səˈbɔːdɪneɪt] to ② **sich jemandem unterordnen** to subordinate oneself to someone
unterprivilegiert underprivileged [ˌʌndəʳˈprɪvᵊlɪdʒd]
der **Unterricht** ① classes ⚠ *Plural,* lessons ⚠ *Plural;* **am Unterricht teilnehmen** to attend classes; **theoretischer Unterricht** theoretical [θɪəˈretɪkᵊl] instruction; **Unterricht geben** to teach; **während des Unterrichts** in [*oder* during] class ② (*Lehren*) teaching
unterrichten ① **jemanden in etwas unterrichten** to teach someone something; **er unterrichtet in einer Grundschule** he teaches in a primary school ② (*informieren*) to inform (**von/über** about); **sich von jemandem über etwas unterrichten lassen** to be informed by someone about something; **gut unterrichtete Kreise** well-informed circles

> **G** Richtiges Konjugieren von **to teach**: teach, taught, taught
> *Mr. James teaches at the local primary school;*

she taught maths and physics;
he had taught at the same school for 30 years

der **Unterrichtsstoff** subject matter

die **Unterrichtsstunde** lesson Ⓖⓑ, period [ˈpɪəriəd] ⓊⓈⒶ

der **Unterrock** slip, petticoat

untersagen **jemandem etwas untersagen** to forbid someone something; **jemandem untersagen etwas zu tun** to forbid someone to do something

der **Untersatz** mat; *für Blumentopf:* saucer [ˈsɔːsəʳ]

unterschätzen to underestimate [ˌʌndəʳˈestɪmeɪt]

unterscheiden ① to distinguish [dɪˈstɪŋgwɪʃ] (**zwischen** between) ② (*auseinanderhalten*) to tell apart; **können Sie die beiden unterscheiden?** can you tell which is which?; **man kann John einfach nicht von Paul unterscheiden** you simply can't tell John from Paul ③ **sich unterscheiden** to differ (**von** from); **worin unterscheiden sich die beiden?** what is the difference between the two of them?

der **Unterschenkel** lower leg

unterschieben (*unterstellen*) **jemandem etwas unterschieben** to falsely attribute something to someone

der **Unterschied** ① difference [ˈdɪfᵊrᵊn(t)s]; **das ist kein großer Unterschied** that makes no difference ② (*Unterscheidung*) distinction; **einen Unterschied zwischen ... und ... machen** to make a distinction between ... and ... ③ **im Unterschied zu jemandem/etwas** unlike someone/something

unterschiedlich ① different ② (*veränderlich*) variable [ˈveəriəbl]; **das ist sehr unterschiedlich** it varies a lot; **Beiträge von unterschiedlicher Qualität** contributions of varying quality

unterschlagen to embezzle *Geld;* to withhold *Briefe, Beweise;* to suppress *Testament*

die **Unterschlagung** embezzlement

unterschreiben to sign [saɪn]

die **Unterschrift** signature [ˈsɪgnətʃəʳ]; **seine Unterschrift unter etwas setzen** to put one's signature to something

unterschwellig subliminal

die **Unterseite** underside

unterste(r, s) lowest; **die unterste Schublade** the bottom drawer

unterstellen[1] ① (*unterbringen*) to keep ② **sich unterstellen** to take shelter

unterstellen[2] ① (*unterschieben*) to insinuate [ɪnˈsɪnjueɪt]; **wollen Sie mir Fahrlässigkeit unterstellen?** are you insinuating that I was negligent? ② **14 Mitarbeiter sind mir unterstellt** I'm in charge of 14 employees

die **Unterstellung** insinuation

unterstreichen (*auch übertragen*) to underline

die **Unterstufe** lower grade

unterstützen (*auch übertragen*) to support (**bei/in** in); (*finanziell*) to subsidize; (*fördern*) to sponsor

die **Unterstützung** ① (*Tätigkeit*) support ② (*Zuschuss*) aid, assistance [əˈsɪstᵊn(t)s]; (*Beihilfe*) benefit payment

der **Untersuch** ⒸⒽ examination [ɪgˌzæmɪˈneɪʃᵊn]

untersuchen ① to examine (**auf** for); (*genau prüfen*) to scrutinize [ˈskruːtɪnaɪz] ② to investigate *Verbrechen* ③ to survey [səˈveɪ] *Thema* ④ to test *Blut* (**auf** for) ⑤ (*überprüfen*) to check; to verify *Angaben*

die **Untersuchung** ① examination ② *eines Verbrechens:* investigation (**über** into) ③ *eines Themas:* survey [ˈsɜːveɪ] ④ *einer Substanz:* test ⑤ **eine ärztliche Untersuchung** a medical examination

die **Untersuchungshaft** custody; **in Untersuchungshaft sein** to be on remand

der **Untersuchungsrichter**, die **Untersuchungsrichterin** examining magistrate

die **Untertasse** saucer [ˈsɔːsəʳ]

untertauchen ① to immerse [ɪˈmɜːs] *Gegenstand;* to duck *Person* ② to dive; *U-Boot auch:* to submerge [səbˈmɜːdʒ] ③ (*verschwinden*) to disappear

die **Unterteilung** subdivision

der **Untertitel** ① subtitle ② *eines Films:* caption

die **Untertreibung** understatement

untervermieten to sublet

die **Unterversorgung** shortage

die **Unterwäsche** underwear [ˈʌndəweəʳ]

unterwegs ① on the way ② (*außer Haus*) out ③ **geschäftlich unterwegs** away on business [ˈbɪznɪs]

die **Unterwelt** (*auch übertragen*) underworld

unterwerfen ① to subjugate *Land, Volk* ② **sich jemandem/einer Sache unterwerfen** to submit to someone/something

unterwürfig (*abwertend*) servile

unterzeichnen to sign [saɪn]

untragbar intolerable

untrennbar inseparable [ɪnˈsepᵊrəbl̩]

untreu unfaithful; **bin ich dir jemals untreu gewesen?** have I ever been unfaithful to you?; **sich selbst untreu werden** to be untrue to oneself

die **Untreue** unfaithfulness; (*in Partnerschaft*) infidelity

untröstlich inconsolable (**über** about)

untypisch atypical (**für** of)

unübersichtlich ① *Kurve:* blind ② *Organisation:* confused

unübertroffen unsurpassed [ˌʌnsəˈpɑːst]

unumstritten undisputed

ununterbrochen ① (*nicht unterbrochen*) uninterrupted ② (*unaufhörlich*) continuous [kənˈtɪnjuəs], incessant [ɪnˈsesᵊnt]; **sie kichert**

U

ununterbrochen she never stops giggling

unveränderlich unchanging

unverändert ① unchanged ② **er war unverändert freundlich** he was as friendly as ever; **auch morgen ist es wieder unverändert kalt** it will remain just as cold tomorrow

unverantwortlich irresponsible [ˌɪrɪ'spɒnsəbl]

unverbesserlich incorrigible

unverbindlich ① *Angebot, Aussage:* non-binding ② without obligation; **etwas unverbindlich reservieren** to book something without obligation ③ (*distanziert*) *Verhalten, Mensch:* detached

unverbleit lead-free [led'friː], unleaded [ʌn'ledɪd]

unverdaulich indigestible [ˌɪndɪ'dʒestəbl̩]

unverdorben (*auch übertragen*) unspoilt

unvereinbar incompatible; **miteinander unvereinbar sein** to be incompatible

unvergänglich ① *Gefühl, Eindruck, Erinnerung:* abiding [ə'baɪdɪŋ] ② *Ruhm, Kunstwerk:* immortal

unvergesslich unforgettable

unvergleichlich incomparable [ɪn'kɒmpᵊrəbl]

unverhältnismäßig ① disproportionately [ˌdɪsprə'pɔːʃᵊnətli] ② (*übermäßig*) excessively [ɪk'sesɪvli]

unverheiratet unmarried

unverhofft unexpected; **völlig unverhofft** out of the blue

unverhohlen undisguised [ˌʌndɪs'gaɪzd], open; **jemanden unverhohlen kritisieren** to criticise someone openly

unverkäuflich ① unmarketable ② **unverkäufliches Muster** free sample ③ **„unverkäuflich“** “not for sale”

die **Unverletzlichkeit** inviolability

unverletzt unhurt, uninjured [ʌn'ɪndʒəd]; *Körperteil:* undamaged [ʌn'dæmɪdʒd]

unvermeidlich inevitable [ɪ'nevɪtəbl]; (*nicht zu umgehen*) unavoidable

unvermutet unexpected

unvernünftig ① unreasonable ② (*töricht*) stupid

unverschämt ① impertinent; *Benehmen:* impudent; **die sind vielleicht unverschämt!** the bloody nerve they've got! *umgangsspr;* **grins nicht so unverschämt!** take that cheeky grin off your face! ② *Lüge:* blatant ['bleɪtᵊnt] ③ *Preis:* exorbitant [ɪg'zɔːbɪtᵊnt] ④ **unverschämt gut aussehen** to be incredibly good looking

die **Unverschämtheit** ① (*Benehmen*) impertinence [ɪm'pɜːtɪnən(t)s], impudence ['ɪmpjədᵊn(t)s] ② **die Unverschämtheit haben, zu ...** to have the nerve [*oder* face] to ...; **so eine Unverschämtheit!** it's outrageous [aʊt'reɪdʒəs]!

unverschuldet ① (*ohne Schulden*) free from debt [det]; *Grundstück:* unencumbered ② (*ohne Schuld*) through no fault of one's own

unverständlich ① (*unbegreifbar*) incomprehensible [ɪnˌkɒmprɪ'hensəbl] ② (*kaum zu hören*) inaudible [ɪ'nɔːdəbl̩]

unverträglich ① (*streitsüchtig*) quarrelsome ['kwɒrᵊlsəm] ② (*unbekömmlich*) intolerable; *Essen:* indigestible [ˌɪndɪ'dʒestəbl̩]

unverwechselbar unmistakable [ˌʌnmɪ'steɪkəbl]

unverwundbar invulnerable [ɪn'vʌlnᵊrəbl]

unverwüstlich indestructible [ɪndɪ'strʌktəbl]; *Gesundheit:* robust

unverzeihlich unpardonable

unvollkommen ① (*fehlerhaft*) imperfect ② (*unvollständig*) incomplete

unvollständig incomplete

unvorbereitet unprepared (**auf** for)

unvoreingenommen unbiased [ʌn'baɪəst], unprejudiced [ʌn'predʒədɪst]

unvorhergesehen unforeseen [ˌʌnfɔː'siːn]; *Besuch:* unexpected

unvorsichtig careless ['keələs]; (*voreilig*) rash

unvorstellbar inconceivable [ˌɪnkən'siːvəbl̩]

unwahr untrue

unwahrscheinlich ① improbable, unlikely ② **unwahrscheinliches Glück** incredible [ɪn'kredɪbl̩] luck ③ **unwahrscheinlich kalt** incredibly cold

unweigerlich ① inevitable ② (*grundsätzlich*) invariably [ɪn'veəriəbli] ③ (*unvermeidlich*) inevitably

das **Unwesen** **sein Unwesen treiben** to be up to one's tricks

das **Unwetter** storm

unwichtig unimportant; (*unbedeutend*) insignificant [ˌɪnsɪg'nɪfɪkᵊnt]; (*ohne Belang*) irrelevant

unwiderstehlich irresistible

unwillig reluctant

unwillkommen unwelcome

unwillkürlich ① (*spontan*) spontaneous [spɒn'teɪniəs] ② (*instinktiv*) instinctive ③ **ich musste unwillkürlich lachen** I couldn't help laughing

unwirklich unreal [ʌn'rɪəl]

unwirksam ineffective

unwirtschaftlich uneconomical

die **Unwissenheit** ignorance ['ɪgnᵊrᵊn(t)s]; **Unwissenheit schützt vor Strafe nicht** ignorance is no excuse

unwohl ① (*unpässlich*) indisposed, unwell; **ich fühle mich unwohl** I don't feel well ② (*unbehaglich*) uneasy ③ **sich bei jemandem unwohl fühlen** to feel uncomfortable with someone [ʌn'kʌmftəbl]

das **Unwohlsein** [slight] nausea

das **Unwort** **Unwort des Jahres** taboo [*oder* worst] word of the year
unwürdig ① unworthy; **jemandes/einer Sache unwürdig sein** to be unworthy of someone/something ② *Verhältnisse, Situation:* disgraceful [dɪsˈgreɪsfᵊl]
unzählbar countless
unzählig countless, innumerable [ɪˈnjuːmᵊrəbl]
die **Unze** ounce [aʊn(t)s]
unzerbrechlich unbreakable [ʌnˈbreɪkəbl]
unzerkaut unchewed
unzertrennlich inseparable [ɪnˈsepᵊrəbl̩]
unzufrieden discontented, dissatisfied; (*unglücklich*) unhappy
die **Unzufriedenheit** discontent, dissatisfaction
unzugänglich ① *Gebäude:* inaccessible [ˌɪnəkˈsesəbl̩] ② *Person:* unapproachable [ˌʌnəˈprəʊtʃəbl]
unzulänglich inadequate; *Erfahrungen, Kenntnisse:* insufficient [ˌɪnsəˈfɪʃᵊnt]
unzulässig inadmissible
unzumutbar unreasonable
unzurechnungsfähig not responsible for one's actions; **er wurde für unzurechnungsfähig erklärt** he was certified insane
unzureichend inadequate; *Erfahrungen, Kenntnisse:* insufficient [ˌɪnsəˈfɪʃᵊnt]
unzusammenhängend disjointed, incoherent [ˌɪnkəˈhɪərᵊnt]
unzuverlässig unreliable
unzweifelhaft ① undoubted [ʌnˈdaʊtɪd] ② undoubtedly [ʌnˈdaʊtɪdli], without doubt
üppig ① *Lebensstil:* luxurious [lʌgˈʒʊəriəs] ② *Fantasie:* rich ③ *Ausstattung, Essen:* sumptuous [ˈsʌm(ɔ)tʃuəs] ④ *Frau:* voluptuous [vəˈlʌptʃuəs] ⑤ *Vegetation, Wachstum:* luxuriant [lʌgˈʒʊəriənt]
die **Urabstimmung** strike ballot
uralt ancient [ˈeɪn(t)ʃᵊnt], very old
das **Uran** uranium
die **Uraufführung** first night [*oder* performance [pəˈfɔːmən(t)s]], premiere [ˈpremieəʳ]; *eines Films:* first showing
der **Ureinwohner**, die **Ureinwohnerin** native, original inhabitant
der **Urenkel** great-grandson
die **Urenkelin** great-granddaughter [ˌgreɪtˈgræn(d)dɔːtəʳ]
die **Urgeschichte** prehistory
die **Urgroßeltern** great-grandparents
die **Urgroßmutter** great-grandmother
der **Urgroßvater** great-grandfather
das **Urheberrecht** copyright [ˈkɒpiraɪt]
urheberrechtlich **urheberrechtlich geschützt** copyright[ed] [ˈkɒpiraɪt[ɪd]]
der **Urin** urine [ˈjʊərɪn]
der **Urintest** urine test
die **Urkunde** ① document; *eines Kaufes:* deed ② (*Bescheinigung*) certificate [səˈtɪfɪkət]
die/der **URL** *Abkürzung von* **Uniform Resource Locator** URL [ˌjuːɑːˈel]
der **Urlaub** holiday (GB), vacation (USA); **drei Wochen Urlaub** three weeks' holiday [*oder* (USA) vacation]; **im Urlaub** on holiday [*oder* (USA) vacation]; **in Urlaub fahren** to go on holiday [*oder* (USA) vacation]; **Urlaub haben** to be on holiday [*oder* (USA) vacation]; **Urlaub nehmen** to take a holiday [*oder* (USA) vacation]; **einen Tag Urlaub nehmen** to take a day off
urlauben (*umgangsspr*) to [go on] holiday [*oder* (USA) vacation]
der **Urlauber**, die **Urlauberin** holidaymaker (GB), vacationer (USA)
das **Urlaubsgeld** holiday pay
die **Urlaubszeit** holiday season
die **Ursache** ① cause [kɔːz] ② (*Grund*) reason; **ohne jede Ursache** for no reason at all ③ (*Beweggrund*) motive; **ich habe dazu keine Ursache** I have no reason for that ④ **keine Ursache!** (*nach Dank*) you're welcome!; (*nach Entschuldigung*) that's all right!
der **Ursprung** ① origin ② (*übertragen*) source [sɔːs] ③ (*Herkunft*) extraction ④ **seinen Ursprung haben** to originate (**in** in)
ursprünglich ① original ② (*anfänglich*) initial [ɪˈnɪʃᵊl] ③ *Natur:* unspoilt ④ originally ⑤ (*anfänglich*) at first
das **Urteil** ① judgement [ˈdʒʌdʒmənt]; **ein Urteil fällen** to pass judgement (**über** on); **darüber können Sie sich überhaupt kein Urteil erlauben!** you're in no position to judge that! ② (*Ansicht*) opinion [əˈpɪnjən]; **sich ein Urteil bilden** to form an opinion (**über** about) ③ (*Strafmaß*) sentence [ˈsentən(t)s]
urteilen ① **über etwas/jemanden urteilen** to judge something/someone; **urteilen Sie nicht zu hart über ihn** don't judge him too harshly ② **man sollte nie vorschnell urteilen** one should never jump to conclusions
der **Urwald** jungle [ˈdʒʌngl]
urwüchsig ① (*ursprünglich*) native, original ② (*unverbildet*) natural, unspoilt ③ (*derb*) sturdy
die **Urzeit** ① primeval times ⚠ *Plural* ② **seit Urzeiten** (*umgangsspr*) for donkey's years; **vor Urzeiten** ages ago
der **Urzustand** original state
der **USB-Stick** (*in der Informatik*) USB flash drive
das **Utensil** utensil
die **Utopie** utopia
utopisch utopian
die **UV-Strahlen** UV rays

U

Vv

V, v V, v [viː]
V *Abkürzung von* **Volt** V
vage vague [veɪg]
die **Vagina** vagina [vəˈdʒaɪnə]
das **Vakuum** vacuum [ˈvækjuːm]
vakuumverpackt vacuum-packed [ˈvækjuːm-pækt]
der **Valentinstag** Valentine's Day
die **Valuta** foreign [ˌfɒrɪn-] currency
der **Vampir** vampire
der **Vandale** vandal, hooligan
der **Vandalismus** vandalism
die **Vanille** vanilla
das **Vanilleeis** vanilla ice cream
die **Vanillesauce** vanilla sauce [sɔːs]; *mit Ei:* custard
variabel variable
die **Variante** variant
variieren to vary
die **Vase** vase [vɑːz]
der **Vater** father
das **Vaterland** fatherland, native [*oder* mother [ˈmʌðəʳ]] country; **mein Vaterland** my country
väterlicherseits on one's father's side; **meine Großmutter väterlicherseits** my paternal grandmother
das **Vaterunser** **das Vaterunser** the Lord's Prayer [ˈpreəʳ]
der **Vati** (*umgangsspr*) dad[dy], USA AUCH pop
der **Vatikan** Vatican
der **V-Ausschnitt** **ein Pullover mit V-Ausschnitt** a V-neck [ˌviːˈnek] sweater
der **Veganer**, die **Veganerin** vegan
der **Vegetarier**, die **Vegetarierin** vegetarian [ˌvedʒɪˈteəriən]
vegetarisch vegetarian [ˌvedʒɪˈteəriən]
die **Vegetation** vegetation [ˌvedʒɪˈteɪʃᵊn]
vegetieren ① to vegetate [ˈvedʒɪteɪt] ② (*kümmerlich leben*) to eke [iːk] out a miserable existence
das **Veilchen** ① violet [ˈvaɪələt] ② (*umgangsspr: blaues Auge*) shiner, black eye
das **Velo** (CH) bicycle [ˈbaɪsɪkḷ], bike *umgangsspr*
der **Velours** velours [vəˈlʊəz]
die **Vene** vein [veɪn]
Venezuela Venezuela
das **Ventil** ① valve ② (*übertragen*) outlet
der **Ventilator** fan, ventilator
verabreden ① (*arrangieren*) to arrange [əˈreɪndʒ]; to fix *Zeitpunkt;* **verabredet sein** to have a date ② **sich mit jemandem verabreden** to arrange to meet someone
die **Verabredung** ① appointment ② (*Vereinbarung*) arrangement [əˈreɪndʒmənt] ③ (*Treffen*) engagement [ɪnˈgeɪdʒmənt]; *mit Freund, Freundin:* date; **ich habe heute Abend eine Verabredung** I've got a date tonight
verabschieden ① **sich von jemandem verabschieden** to say goodbye to someone ② to pass *Gesetz*
verachten ① to despise [dɪˈspaɪz] ② (*ironisch*) **ein Kaffee wäre jetzt nicht zu verachten** I wouldn't mind a cup of coffee now
verächtlich contemptuous [kənˈtem(p)tʃuəs]; *Blick:* scornful
die **Verachtung** contempt [kənˈtemt], disdain [dɪsˈdeɪn], scorn; **sie strafen ihn mit Verachtung** they treat him with contempt
verallgemeinern to generalize
veraltet ① (*ungebräuchlich*) obsolete ② *Ansichten:* antiquated [ˈæntɪkweɪtɪd] ③ (*aus der Mode*) out-of-date *vor Substantiv;* **das ist veraltet** that is out of date
die **Veranda** porch, veranda
veränderlich changeable
verändern ① to change ② **sich beruflich verändern** to change one's job
die **Veränderung** change
verängstigt frightened [ˈfraɪtᵊnd], scared [skeəd]
veranlagt ① **künstlerisch veranlagt sein** to have an artistic bent ② **er ist eben so veranlagt** that's just the way he is ③ **ich bin überhaupt nicht praktisch veranlagt** I'm not practically minded at all
die **Veranlagung** ① *charakterlich:* disposition ② *körperlich:* predisposition ③ (*Hang*) tendency ④ (*Talent*) bent
veranlassen **jemanden dazu veranlassen, etwas zu tun** to cause [kɔːz] someone to do something; **dieser Artikel veranlasst mich dazu, Ihnen zu schreiben** this article has made me want to write to you
die **Veranlassung** ① **auf Veranlassung von jemandem** at someone's instigation ② (*Anlass*) reason, cause; **keine Veranlassung zu etwas haben** to have no reason for something
veranschaulichen to illustrate
veranstalten ① to arrange [əˈreɪndʒ], to organize ② **eine Sammlung veranstalten** to take up a collection
der **Veranstalter**, die **Veranstalterin** organizer; *von Konzerten, Shows:* promoter
die **Veranstaltung** event
der **Veranstaltungskalender** calendar of events
der **Veranstaltungsort** venue
verantworten ① to accept the responsibility [rɪˌspɒnsəˈbɪləti] for ② **etwas vor jemandem**

verantworten to answer ['ɑːnsəʳ] for something to someone

verantwortlich ① responsible ② (*haftbar*) liable ['laɪəbl] ③ **jemanden für etwas verantwortlich machen** to hold someone responsible for something

die **Verantwortung** responsibility (**für** for); **die volle Verantwortung für etwas übernehmen** to take full responsibility for something; **zur Verantwortung ziehen** to call to account; **auf Ihre Verantwortung!** you take the responsibility!

verantwortungsbewusst responsible [rɪ'spɒnsəbl]

das **Verantwortungsbewusstsein** sense of responsibility

verantwortungslos irresponsible [ˌɪrɪ'spɒnsəbl]

verarbeiten ① **Leder zu Schuhen verarbeiten** to make leather into shoes ② to process ['prəʊses] *Rohstoffe, Daten* (**zu** into) ③ (*verbrauchen*) to consume ④ (*geistig verarbeiten*) to assimilate, to digest [daɪ'dʒest]

verärgern to annoy, to vex

verärgert angry, annoyed

die **Verarmung** impoverishment

verarschen (*umgangsspr*) **jemanden verarschen** to take the piss out of someone

verarzten (*umgangsspr: versorgen*) to fix up

die **Verätzung** burn

das **Verb** verb [vɜːb]

verbal verbal

der **Verband** ① (*für Verletzung*) dressing; *mit Binden:* bandage ['bændɪdʒ] ② (*Einheit*) unit ③ (*Vereinigung*) association [əˌsəʊʃi'eɪʃᵊn], federation

der **Verbandskasten** first-aid box

das **Verbandszeug** first-aid kit

die **Verbannung** exile

verbauen ① to spoil *Stadtteil* ② **sich/jemandem den Weg verbauen** to bar one's/someone's way (**zu** to)

verbergen ① to conceal [kən'siːl], to hide (**vor** from) ② **sich verbergen** to conceal [kən'siːl] [*oder* hide] oneself (**vor** from)

verbessern ① to improve [ɪm'pruːv] *Lage;* **sie konnte ihren Rekord verbessern** she was able to improve on her record ② to correct *Fehler* ③ **sich verbessern** *Lage:* to get better, to improve; *Schüler:* to do better ④ (*sich berichtigen*) to correct oneself

die **Verbesserung** ① improvement [ɪm'pruːvmənt] ② *eines Fehlers:* correction

verbesserungsfähig capable of improvement [ɪm'pruːvmənt] *nachgestellt*

verbeugen to bow [baʊ] (**vor** to)

die **Verbeugung** bow [baʊ]; **eine Verbeugung machen** to bow [baʊ]

verbiegen ① to bend ② **sich verbiegen** to bend; *Holz:* to warp [wɔːp]

verbieten ① to forbid [fə'bɪd]; **viele Ärzte verbieten ihren Patienten das Rauchen** many doctors forbid their patients to smoke ② (*besonders amtlicherseits*) to prohibit ③ **jemandem den Mund verbieten** to forbid someone to speak

> **G** Richtiges Konjugieren von **to forbid**: forbid, forbade, forbidden
> *I forbid you to talk to him;*
> *Mrs Lee forbade her son to play with matches;*
> *the teachers have forbidden the use of mobile phones in the classroom*

verbilligt reduced [rɪ'djuːst]

verbinden ① (*auch übertragen: verknüpfen*) to connect, to link ② (*gefühlsmäßig*) to join together, to unite [juː'naɪt] ③ (*am Telefon*) **jemanden mit jemandem verbinden** to put someone through to someone; **Sie sind leider falsch verbunden!** I'm sorry you've got the wrong number! ④ to dress *Wunde;* (*mit Binden*) to bandage ['bændɪdʒ] ⑤ (*kombinieren*) to combine [kəm'baɪn] ⑥ **sich zu einer Gruppe verbinden** to join together to form a group

verbindlich ① (*entgegenkommend*) obliging [ə'blaɪdʒɪŋ] ② (*verpflichtend*) obligatory [ə'blɪgətᵊri]; (*bindend*) binding; **verbindlich zusagen** accept definitely ③ **verbindlichsten Dank!** my best thanks!, thank you ever so much!

die **Verbindung** ① (*Kombination*) combination ② (*Vereinigung*) association [əˌsəʊʃi'eɪʃᵊn]; **studentische Verbindung** fraternity [frə'tɜːnɪti] ③ (*Beziehung, Kontakt*) contact (**zu/mit** with); **ich werde meine Verbindungen spielen lassen** I'll use my connections ④ **sich mit jemandem in Verbindung setzen** to get in touch with someone, to contact someone; **mit jemandem/etwas in Verbindung stehen** to be in touch with someone/something; **mit jemandem in Verbindung bleiben** to keep in touch with someone ⑤ *Telefon:* connection (**nach** to); **eine Verbindung zwischen ... und ... herstellen** (*auch übertragen*) to establish a connection between ... and ... ⑥ *chemisch:* compound (**aus** of) ⑦ **Ihr Name wird mit dem Skandal in Verbindung gebracht** your name is mentioned in connection with the scandal

verbissen dogged ['dɒgɪd], grim

verbittert embittered, bitter

verblassen to pale, to fade; **neben etwas verblassen** to pale into insignificance beside something

verbleit *Benzin:* leaded ['ledɪd]

verblöden (*umgangsspr*) to become a zombie

verblüffen ① (*erstaunen*) to amaze, to stun

② (*verwirren*) to baffle, to stupefy ['stju:pɪfaɪ]

verblühen (*auch übertragen*) to fade, to wither [wɪðəʳ]

verbluten to bleed to death

verbohrt ① (*eigensinnig*) obdurate ['ɒbdjᵊrət], stubborn ② (*unflexibel*) inflexible

verborgen hidden; **im Verborgenen** secretly; **sich verborgen halten** to hide

das **Verbot** ban, prohibition [ˌprəʊɪ'bɪʃᵊn]

verboten ① forbidden [fə'bɪdᵊn]; **das ist hier verboten** you're not allowed to do that here ② (*amtlich*) prohibited [prə'hɪbɪtɪd]; (*ungesetzlich*) illegal [ɪ'li:gᵊl] ③ **Zutritt verboten!** keep out!, no admittance!; **Rauchen verboten** no smoking

das **Verbotsschild** sign [saɪn] [prohibiting something]

der **Verbrauch** ① consumption (**von/an** of) ② **sparsam im Verbrauch** economical

verbrauchen to consume [kən'sju:m]; (*aufbrauchen*) to use up

der **Verbraucher**, die **Verbraucherin** consumer [kən'sju:məʳ]

die **Verbraucherberatung** consumer advice [əd'vaɪs]

verbraucherfreundlich consumer-friendly

die **Verbrauchsgüter** consumer goods

verbraucht ① used up, finished ② *Luft:* stale ③ *Mensch:* worn-out

das **Verbrechen** (*auch übertragen*) crime (**gegen/an** against)

der **Verbrecher**, die **Verbrecherin** criminal

verbreiten ① to spread *Gerücht, Virus* ② **sich verbreiten** to spread *Geruch, Stimmung*

> **G** Richtiges Konjugieren von **to spread**: spread, spread, spread
> *this strain of flu spreads very quickly;*
> *they spread nasty rumours about her;*
> *when I came home I found he had spread his things everywhere*

verbreitern to widen

verbreitet common ['kɒmən], widespread ['waɪdspred]

die **Verbreitung** ① spreading; **die Verbreitung der Nachricht ist verboten** it is prohibited to spread the news ② (*Ausbreitung*) spread; **die Verbreitung der Krankheit** the spread of the disease

V

verbrennen ① to burn [bɜ:n]; **ich habe mir die Finger verbrannt** I've burnt my fingers; **sich an etwas die Finger verbrennen** (*übertragen*) to burn one's fingers in something ② to cremate [krɪ'meɪt] *Leiche* ③ (*versengen*) to scorch ④ **er verbrannte** he burned to death ⑤ **sich verbrennen** to burn oneself

die **Verbrennung** ① burning; *von Leiche:* cremation ② (*Verletzung*) burn; **sie trug nur leichte Verbrennungen davon** she was not seriously ['sɪəriəsli] burned

der **Verbrennungsmotor** combustion engine

verbrühen ① to scald [skɔ:ld] ② **sich verbrühen** to scald oneself

verbuchen to mark up; **etwas als Erfolg verbuchen** to mark something up as a success

verbummeln (*umgangsspr*) ① (*vertrödeln*) to idle ['aɪdl̩] away ② (*verlieren*) to lose [lu:z] ③ (*verpassen*) to miss ④ (*vergessen*) to forget

verbunden ① (*verknüpft*) connected ② **damit sind Gefahren/Kosten verbunden** that involves dangers/costs ③ **falsch verbunden!** sorry, wrong number!

verbünden **sich verbünden** to form an alliance

die **Verbundenheit** closeness

der/die **Verbündete** ally ['ælaɪ]

verbüßen to serve

verchromt chrome-plated [krəʊm'pleɪtɪd]

der **Verdacht** ① suspicion [sə'spɪʃᵊn]; **Verdacht erregen** to arouse suspicion; **in Verdacht haben** to suspect [sə'spekt]; **ich habe den Verdacht, dass ...** I have a suspicion that ...; **mein Verdacht hat sich bestätigt** I was right in my suspicion; **unter Verdacht stehen** to be under suspicion; **der Verdacht fiel auf ihn** suspicion fell on him ② **auf Verdacht** (*umgangsspr*) on spec

verdächtig ① suspicious [sə'spɪʃəs] ② **sich verdächtig machen** to lay oneself open to suspicion ③ **der Verdächtige** the suspect ['sʌspekt]

der/die **Verdächtige** suspect

verdächtigen to suspect [sə'spekt]; **der Schiedsrichter wird verdächtigt, Bestechungsgelder angenommen zu haben** the referee is suspected of having taken bribes

die **Verdächtigung** suspicion [sə'spɪʃᵊn]

verdammt ① **verdammt** [**nochmal**]! damn [dæm] [it all]!, blast! ② **die verdammte Tür geht nicht auf** the bloody ['blʌdi] door won't open *umgangsspr* ③ **das war verdammtes Pech** that was damn unlucky ④ **mir tun die Füße verdammt weh** my feet hurt like hell *umgangsspr*

verdampfen to evaporate [ɪ'væpᵊreɪt], to vaporize

verdanken ① **jemandem etwas zu verdanken haben, jemandem etwas verdanken** to owe [əʊ] something to someone ② **das haben wir nur dir zu verdanken** (*als Vorwurf*) we've got you to thank for it; **das hat er sich selbst zu verdanken** he's only got himself to blame

die **Verdankung** (CH), (A) thanks ⚠ *Plural* (**an** to)

verdattert (*umgangsspr*) flabbergasted ['flæbəgɑ:stɪd]

verdauen ① (*auch übertragen*) to digest [daɪ'dʒest]; to come to terms with *Schicksals-*

schlag ② to digest one's food

verdaulich ① digestible [dɪ'dʒestəbḷ] ② **leicht verdaulich** easy to digest, easily digestible; (*übertragen*) light [laɪt]; **schwer verdaulich** hard to digest, indigestible [ˌɪndɪ'dʒestəbl]; (*übertragen*) heavy-going

die **Verdauung** digestion [dɪ'dʒestʃᵊn]

verdecken to cover ['kʌvə] up *Absichten*

verderben ① to spoil *Geschäft, Spaß;* **jemandem die Freude an etwas verderben** to spoil someone's enjoyment of something ② (*ruinieren*) to ruin ['ruːɪn] ③ **sich den Magen verderben** to upset one's stomach; **sich die Augen verderben** to ruin one's eyesight ④ **es sich mit jemandem verderben** to fall out with someone ⑤ *Wurst, Milch:* to go off ⑥ *Ernte:* to be ruined ['ruːɪnd] ⑦ *Material:* to become spoiled

> **G** Richtiges Konjugieren von **to spoil**: spoil, spoilt/ spoiled, spoilt/ spoiled
> *if you add too much salt you'll spoil the soup;*
> *his bad behaviour spoilt the party;*
> *our holiday was spoilt by the accident*

verderblich *Lebensmittel:* perishable

verdeutlichen ① to show clearly ② (*klarmachen*) to clarify ③ (*erklären*) to explain

verdichten sich verdichten *Nebel, Wolken:* to become thicker; *Eindruck:* to intensify; *Verkehr:* to increase [ɪn'kriːs]

verdienen ① (*einnehmen*) to earn [ɜːn]; *Gewinn:* to make; **er hat daran Millionen verdient** he has made millions from this ② (*wert sein*) to deserve [dɪ'zɜːv]; **er verdient es, bestraft zu werden** he deserves to be punished; **er bekam, was er verdiente** he got what he deserved

der **Verdienst** income

das **Verdienst** achievement [ə'tʃiːvmənt]; **seine Verdienste um die Musik** his contributions to music; **es ist sein Verdienst, dass ...** it's thanks to him that ...

der **Verdienstausfall** loss of earnings

verdoppeln ① to double ['dʌbl]; to redouble *Anstrengungen* ② **sich verdoppeln** to double

verdorben ① *Laune, Freude, Party:* spoilt ② **der Fisch ist verdorben** the fish has gone off ③ *Magen:* upset [ʌp'set] ④ *Charakter:* corrupt

verdrängen ① (*vertreiben*) to drive out; **jemanden aus dem Amt verdrängen** to oust [aʊst] someone from office ② to drive away *Sorgen;* (*ins Unterbewusstsein*) to suppress

verdrehen ① to twist ② to roll *Augen;* to contort *Glieder* ③ to distort *Tatsache* ④ **jemandem den Kopf verdrehen** to turn someone's head

verdreifachen to triple

verdrücken (*umgangsspr*) ① to polish off *Essen* ② **sich verdrücken** to slink away; **verdrücken wir uns!** let's beat it!

verdunkeln ① to darken ② to black out *Theater* ③ to obscure [əb'skjʊəʳ] *Beweggründe* ④ **sich verdunkeln** to get dark

die **Verdunk(e)lung** black-out

verdünnen ① to dilute; **mit Wasser verdünnen** to water down ② to thin down *Farbe*

der **Verdünner** *für Farben:* thinner

verdunsten to evaporate [ɪ'væpᵊreɪt]

der **Verdunster** humidifier

verdursten to die of thirst

verdutzt (*umgangsspr*) ① (*erstaunt*) taken aback ② (*verwirrt*) baffled

veredeln to refine; **veredelt** refined

verehren ① (*anbeten*) to honour ['ɒnəʳ] ② (*bewundern*) to admire [əd'maɪəʳ] ③ **verehrte Anwesende!** Ladies and Gentlemen!

der **Verehrer**, die **Verehrerin** admirer

die **Verehrung** admiration

vereidigen to swear [sweəʳ] in

vereidigt sworn; **gerichtlich vereidigt** certified before the court

der **Verein** ① association [əˌsəʊʃi'eɪʃᵊn]; **ein eingetragener Verein** a registered society ② *Sport:* club

vereinbar compatible [kəm'pætɪbl]; (*logisch*) consistent [kən'sɪstənt]

vereinbaren ① (*absprechen*) to agree ② to arrange [ə'reɪndʒ] *Termin, Treffen* ③ **etwas mit etwas vereinbaren** to reconcile ['rekᵊnsaɪl] something with something

vereinbart agreed

die **Vereinbarung** agreement, arrangement [ə'reɪndʒmənt]; **eine Vereinbarung treffen** to make an agreement

vereinen to unite

vereinfachen to simplify

vereinheitlichen to standardize

vereinigen ① to unite [juː'naɪt] ② (*verbinden*) to combine [kəm'baɪn] ③ (*fusionieren*) to merge [mɜːdʒ] (**zu** into, **mit** with)

vereinigt united [juː'naɪtɪd]; **die Vereinigten Staaten [von Amerika]** the United States [of America]

die **Vereinigung** ① (*Organisation*) organization ② *von Firmen usw.:* amalgamation

vereinsamen to become lonely

vereinsamt isolated ['aɪsəleɪtɪd], lonely

die **Vereinsamung** loneliness

das **Vereinsmitglied** club member

die **Vereinssatzung** club rules *Plural*

vereint united [juː'naɪtɪd]; **die Vereinten Nationen** the United Nations

vereinzelt occasional [ə'keɪʒᵊnᵊl] ⚠ *vor Substantiv,* sporadic

vereisen ① to freeze ② *Straße:* to freeze over ③ *Scheibe:* to ice over ④ *Tragfläche:* to ice up

vereitern to go septic; **vereitert sein** to be

V

septic
vererben ① **jemandem etwas vererben** to leave [*oder* bequeath [bɪ'kwi:ð]] something to someone ② to transmit *Krankheit* ③ to pass on *Eigenschaften* ④ **diese Krankheit vererbt sich** this illness is hereditary [hɪ'redɪtᵊri]; **diese Krankheit vererbt sich von der Mutter auf den Sohn** this illness is passed on from mother to son
vererblich hereditary
verewigen ① (*unsterblich machen*) to immortalize ② **sich auf einer Wand verewigen** to scrawl one's name on a wall
das **Verfahren** ① (*Methode*) method ② (*Gericht*) proceedings [prə(ʊ)'si:dɪŋz] ③ (*technisch*) process ['prəʊses], technique [tek'ni:k]
verfahren[1] (*umgangsspr*) **eine verfahrene Angelegenheit** a bungle, a muddle
verfahren[2] ① (*vorgehen*) to proceed [prə(ʊ)'si:d] ② **sich verfahren** to lose [lu:z] one's way
die **Verfahrenstechnik** process ['prəʊses] engineering
die **Verfahrensweise** procedure [prə(ʊ)'si:dʒəʳ]
der **Verfall** decline; *eines Gebäudes:* dilapidation; **der Verfall der Moral** the decline in morals
verfallen[1] ① (*zerfallen*) to decay [dɪ'keɪ], to go to ruin [ru:ɪn]; (*körperlich, geistig, kulturell*) to decline ② *Scheck, Fahrkarte:* to expire ③ **jemandem verfallen** to become a slave to someone; **dem Alkohol verfallen** to become addicted to alcohol
verfallen[2] ① *Häuser:* dilapidated ② *Scheck:* expired [ɪk'spaɪəd]
das **Verfallsdatum** best-before date
verfälschen to falsify; **die Wahrheit verfälschen** to distort the truth
verfangen **sich verfangen** to become entangled
verfärben ① to change colour ② **die Wäsche hat sich verfärbt** something in the washing has run and stained it
verfassen to write [raɪt]
der **Verfasser**, die **Verfasserin** author [ɔ:θəʳ], writer ['raɪtəʳ]
die **Verfassung** ① *eines Staates:* constitution ② (*Zustand*) state; **ich bin nicht in der Verfassung, zu ...** I'm in no fit state to ...
verfassungsmäßig constitutional, according to the constitution
verfassungswidrig unconstitutional
verfaulen to decay, to rot
der **Verfechter**, die **Verfechterin** advocate ['ædvəkət]
verfehlen ① to miss *Ziel* ② **sich verfehlen** to miss each other
verfeinden **sich mit jemandem verfeinden** to make an enemy of someone
verfeinern ① to refine; (*verbessern*) to improve [ɪm'pru:v] ② to round off *Essen* ③ **sich verfeinern** to become refined; (*sich verbessern*) to improve [ɪm'pru:v]
die **Verfilmung** ① (*das Filmen*) filming ② (*der Film*) film version
verfilzt ① (*übertragen*) entangled ② *Wolle:* felted; *Haare:* matted
verfluchen to curse [kɜ:s]
verfolgen ① to pursue [pə'sju:] *Person, Ziel, Idee* ② to follow *Entwicklung, Spur, Unterricht* ③ (*politisch*) to persecute; (*gerichtlich*) to prosecute ④ **diese Ereignisse verfolgen mich noch immer** these events still haunt me
der **Verfolger**, die **Verfolgerin** pursuer [pə'sju:əʳ]
der/die **Verfolgte** victim of persecution
die **Verfolgung** ① pursuit [pə'sju:t]; **die Verfolgung aufnehmen** to take up the pursuit ② (*politisch usw.*) persecution
die **Verfolgungsjagd** chase, pursuit [pə'sju:t]
der **Verfolgungswahn** persecution complex
verfressen (*abwertend umgangsspr*) greedy
verfügbar available; *Einkommen:* disposable
verfügen ① **über etwas verfügen** to have something [at one's disposal] ② **über jemanden/etwas verfügen** to be in charge of someone/something; **Sie können über ihr Erbe frei verfügen** your inheritance can be used however you like; **du kannst nicht über mich verfügen!** you can't tell me what to do!
die **Verfügung** ① **sich zur Verfügung halten** to be available ② **jemandem zur Verfügung stehen** to be at someone's disposal; **jemandem etwas zur Verfügung stellen** to put something at someone's disposal
verführen ① (*in Versuchung führen*) to tempt; **jemanden zu etwas verführen** to encourage someone to do something ② (*sexuell*) to seduce [sɪ'dju:s]
verführerisch ① enticing [ɪn'taɪsɪŋ] ② *Person:* seductive
die **Verführung** seduction
vergammelt (*abwertend umgangsspr*) scruffy
vergangen ① (*früher*) bygone, past; **in längst vergangenen Zeiten** in times long past ② (*letzte*) last; **vergangenes Jahr** last year
die **Vergangenheit** ① past ② *in der Grammatik:* past tense ③ (*Geschichte*) history
die **Vergangenheitsbewältigung** coming to terms with the past
vergänglich transient, transitory
vergeben ① to award [ə'wɔ:d] *Auftrag, Preis* (**an** to); **ist die Stelle schon vergeben?** has the vacancy been filled already? ② **jemandem etwas vergeben** to forgive someone for something ③ to throw away *Chancen* ④ **er würde sich nichts vergeben, wenn er sich einmal bedanken würde** it wouldn't hurt him to say

V

thank you once in a while ⑤ **der Sitz ist schon vergeben** this seat has been taken already; **nein, ich glaube sie ist noch nicht vergeben** no, I don't think she's spoken for, yet

> **G** Richtiges Konjugieren von **forgive**: forgive, forgave, forgiven — *Mrs Lee forgave her son for telling lies; our teacher has forgiven us for being naughty.*

vergebens in vain, vainly

vergeblich ① futile ② in vain

die **Vergeblichkeit** futility ⚠ *ohne Artikel*

die **Vergebung** forgiveness; **[jemanden] um Vergebung bitten** to ask for [someone's] forgiveness

vergehen ① (*vorbeigehen*) to pass; *Liebe:* to die; **wie die Zeit vergeht!** how time flies! ② (*dahinschwinden*) to fade, to waste away ③ (*nachlassen*) to wear [weəʳ] off; **das vergeht!** (*umgangsspr*) it'll pass! ④ **dem wird das Lachen schon noch vergehen** he'll be laughing on the other side of his face in the end ⑤ **sich an jemandem vergehen** (*sexuell*) to indecently assault [ə'sɔːlt] someone

die **Vergeltung** revenge [rɪ'vendʒ]; **Vergeltung üben** to take revenge

der **Vergeltungsschlag** retaliatory strike

vergessen ① to forget ② (*liegen lassen*) to leave [behind] ③ **das werde ich Ihnen nie vergessen** I won't ever forget that; **das kannst du vergessen!** forget it! ④ **sich vergessen** to forget oneself

> **G** Richtiges Konjugieren von **to forget**: forget, forgot, forgotten
> *don't forget your keys!;*
> *Jack forgot to ring me yesterday;*
> *I have forgotten his name*

vergesslich forgetful

vergeuden to waste

die **Vergeudung** waste

vergewaltigen ① to rape ② to violate *Sprache*

die **Vergewaltigung** rape; (*übertragen*) violation

vergewissern **sich vergewissern, ob ...** to make sure that ...

vergiften (*auch übertragen*) to poison

die **Vergiftung** poisoning

vergilbt yellowed

das **Vergissmeinnicht** forget-me-not

der **Vergleich** ① comparison ② **das ist ja wirklich kein Vergleich!** there's really no comparison! ③ **im Vergleich zu** compared with, in comparison with

vergleichbar comparable ['kɒmpᵊrəbl] (**mit** to/with)

vergleichen ① to compare (**mit** to/with) ② **sich mit jemandem vergleichen** to compare oneself with [*oder* to] someone; **wollen Sie sich etwa mit ihm vergleichen?** don't tell me you mean to compare yourself to him!

vergleichsweise comparatively

das **Vergnügen** ① (*Genuss*) pleasure ['pleʒəʳ]; **mit Vergnügen** with pleasure ② (*Freude*) joy; **das macht mir Vergnügen** I enjoy it ③ (*Amüsement*) amusement; **viel Vergnügen!** enjoy yourself!, have a good time!; **etwas zu seinem Vergnügen tun** to do something for one's own amusement; **ich mache das nicht zu meinem Vergnügen** I'm not doing it for the fun of it ④ (*Spaß*) fun; **[nur] zum Vergnügen** [just] for fun ⑤ **das wird ein teures Vergnügen** that's going to be an expensive bit of fun

vergnügen **sich vergnügen** to amuse oneself, to enjoy oneself; **sich mit jemandem/etwas/einer Tätigkeit vergnügen** to amuse oneself with someone/something/by doing something

vergnügt cheerful

der **Vergnügungspark** amusement park

vergöttern (*übertragen*) to idolize ['aɪdᵊlaɪz]

vergraben ① to bury ['beri] ② **sich vergraben** (*sich zurückziehen*) to hide oneself away ③ **sie vergräbt sich in ihren Büchern** she buries herself in her books

vergriffen *Ware:* out of stock; *Buch:* out of print

vergrößern ① to enlarge ② to increase [ɪn'kriːs] *Anzahl, Umfang* ③ (*ausdehnen*) to extend; to expand *Absatzmärkte, Unternehmen* ④ (*technisch*) to magnify ['mægnɪfaɪ]; to blow up *Negativ* ⑤ **sich vergrößern** to grow; (*anwachsen*) to increase ⑥ (*sich ausdehnen*) to expand; *Pupille:* to dilate [daɪ'leɪt]

die **Vergrößerung** ① (*auch Foto*) enlargement ② (*zahlenmäßig*) increase ['ɪnkriːs]

das **Vergrößerungsglas** magnifying ['mægnɪfaɪɪŋ] glass

die **Vergünstigung** ① (*Vorteil*) perk; **in meinem neuen Job gibt es viele Vergünstigungen** my new job comes with many perks ② (*Ermäßigung*) reduction

die **Vergütung** ① *von Unkosten:* refunding [ˌriː'fʌndɪdʒ] ② (*Bezahlung*) payment

verhaften to arrest [ə'rest]; **Sie sind verhaftet!** you are under arrest!

die **Verhaftung** arrest

das **Verhalten** ① (*Benehmen*) behaviour [bɪ'heɪvjəʳ] ② (*Haltung*) attitude ③ (*Vorgehen*) conduct ['kɒndʌkt]

verhalten ① **sich verhalten** (*sich benehmen*) to behave [bɪ'heɪv]; (*handeln*) to act; **er wusste nicht, wie er sich verhalten sollte** he didn't know what to do ② **sich ruhig verhalten** to keep quiet [kwaɪət] ③ **die Sache verhält sich folgendermaßen** the matter is as follows

die **Verhaltensforschung** behavioural [bɪ'heɪvjᵊrᵊl] research

verhaltensgestört disturbed, maladjusted

V

[ˌmælə'dʒʌstɪd]

die **Verhaltensweise** behaviour [bɪ'heɪvjəʳ]

das **Verhältnis** 1 proportion [prə'pɔːʃᵊn], relation; **in keinem Verhältnis zu etwas stehen** to be out of all proportion to something 2 [love] affair [ə'feəʳ]; **mit jemandem ein Verhältnis haben** to have an affair with someone 3 **Verhältnisse** (*Lage*) conditions *Plural*, situation ⚠ *Singular;* **bei den derzeitigen Verhältnissen** under present conditions 4 **Verhältnisse** (*Umstände*) circumstances ['sɜːkəmstæn(t)sɪz]; **in gesicherten Verhältnissen** in easy circumstances; **er lebt über seine Verhältnisse** he lives beyond his means 5 (*menschliche Beziehung*) relationship [rɪ'leɪʃᵊnʃɪp] (**zu** with) 6 **wir müssen klare Verhältnisse schaffen** we must get things straight; **ich bin für klare Verhältnisse** I want to know how we stand

verhältnismäßig 1 (*proportional*) proportionally [prə'pɔːʃᵊnᵊli] 2 (*ziemlich*) relatively

das **Verhältniswahlrecht** [system ['sɪstəm] of] proportional representation

verhandeln to negotiate [nɪ'gəʊʃieɪt] (**über** about)

die **Verhandlungen** negotiations [nɪˌgeʊʃi'eɪʃᵊnz]; **Verhandlungen aufnehmen** to enter into negotiations (**mit** with)

verhandlungsbereit ready [*oder* prepared] to negotiate *nachgestellt*

das **Verhängnis** disaster; **jemandem zum Verhängnis werden** to be someone's undoing

verhängnisvoll 1 fatal, fateful 2 (*katastrophal*) disastrous [dɪ'zɑːstrəs]

verharmlosen to belittle, to play down

verharren to pause

verhaspeln **sich verhaspeln** to get into a tangle

verhasst hated

verhätscheln to pamper; (*verderben*) to spoil *Kind*

verhauen (*umgangsspr*) 1 (*prügeln*) to beat up 2 **ich hab den Aufsatz [gründlich] verhauen** I've made a [complete] mess [*oder* hash] of the essay

verheddern **sich verheddern** to get into a tangle

verheerend 1 devastating ['devəsteɪt] 2 (*umgangsspr: schrecklich*) frightful ['fraɪtfᵊl], ghastly ['gɑːstli]

verheimlichen to conceal [kən'siːl]; **sie hat es ihr verheimlicht** she kept it a secret from her

verheiraten 1 to marry (**mit** to) 2 **sich [mit jemandem] verheiraten** to get married [to someone]

verheiratet married (**mit** to)

die **Verheißung** promise

verheißungsvoll promising

verhelfen **jemandem zu etwas verhelfen** to help someone to [get] something

verherrlichen to glorify

verhexen to bewitch; **das ist doch wie verhext!** (*umgangsspr*) there must be a jinx [dʒɪnks] on it!

verhindern to prevent [prɪ'vent]; to avert [ə'vɜːt] *Unheil*

verhöhnen to deride [dɪ'raɪd], to scoff at

das **Verhör** 1 (*Befragung*) interrogation, questioning 2 *vor Gericht:* examination

verhüllen to cover ['kʌvəʳ], to veil [veɪl]

verhungern to die of starvation, to starve to death; **jemanden verhungern lassen** to let someone starve to death

verhüten 1 to prevent [prɪ'vent]; **das möge Gott verhüten!** God forbid! 2 (*beim Geschlechtsverkehr*) to use contraception [ˌkɒntrə'sepʃᵊn]; **sie verhüten nicht** they don't use any contraception

die **Verhütung** 1 (*Verhinderung*) prevention [prɪ'venʃᵊn] 2 (*Empfängnisverhütung*) contraception [ˌkɒntrəsepʃᵊn]

das **Verhütungsmittel** contraceptive [ˌkɒntrə'septɪv]

verifizieren to verify

verinnerlichen to internalize

verirren **sich verirren** to lose [luːz] one's way, to get lost; (*übertragen*) to go astray

verjagen (*auch übertragen*) to chase away

die **Verjährung** limitation

verkabeln 1 to cable *Drähte* 2 to connect up *Apparate* 3 to link up to the cable network *TV*

verkalken 1 (*Kalk ansetzen*) to calcify ['kælsɪfaɪ]; *Arterien:* to become hardened; *Wasserleitung:* to fur up 2 (*umgangsspr*) *Person:* to become senile

die **Verkalkung** 1 (*das Kalkansetzen*) calcification [ˌkælsɪfɪ'keɪʃᵊn]; *einer Wasserleitung:* furring 2 (*umgangsspr: Vergreisung*) senility

verkatert (*umgangsspr*) hung-over

der **Verkauf** 1 sale; **etwas zum Verkauf anbieten** to put something up for sale 2 (*das Verkaufen*) selling 3 (*Verkaufsabteilung*) sales department

verkaufen 1 (*auch übertragen*) to sell (**für** for) 2 **zu verkaufen** for sale; **gegen bar verkaufen** to sell for cash; **dieses Produkt lässt sich nicht verkaufen** there's just no market for this product 3 **sich verkaufen** *Ware:* to sell; *Person:* to sell oneself

> **G** Richtiges Konjugieren von **to sell**: sell, sold, sold
> *I'll try and sell it on the internet;*
> *they sold everything half price;*
> *have you sold the house yet?*

der **Verkäufer**, die **Verkäuferin** 1 *im Laden:* shop assistant 2 seller

verkäuflich 1 for sale 2 **leicht/schwer ver-**

käuflich easy/hard to sell

die **Verkaufsabteilung** sales department

das **Verkaufsangebot** sales offer

die **Verkaufsbedingungen** conditions of sale, terms and conditions

der **Verkaufserlös** sales revenue

der **Verkaufsleiter**, die **Verkaufsleiterin** sales manager

der **Verkaufspreis** retail price

der **Verkehr** ① traffic; **den Verkehr umleiten** to divert [daɪ'vɜːt] the traffic ② (*Umlauf*) circulation [ˌsɜːkjə'leɪʃᵊn]; **etwas aus dem Verkehr ziehen** to withdraw something from circulation; (*aus dem Straßenverkehr*) to withdraw something from service ③ (*Geschlechtsverkehr*) intercourse

verkehren ① to run; to fly *Flugzeug* ② **bei jemandem verkehren** to visit someone regularly; **sie verkehrten in teuren Bars** they frequented expensive nightclubs; **in Akademikerkreisen verkehren** to mix with academics

die **Verkehrsampel** traffic lights ⚠ *Plural*

das **Verkehrsaufkommen** volume of traffic

verkehrsberuhigt traffic-calmed ['træfɪkˌkɑːmd]

das **Verkehrschaos** traffic chaos ['træfɪkeɪɒs]

die **Verkehrsdurchsage** traffic announcement ['træfɪkəˌnaʊn(t)smənt]

der **Verkehrsfunk** radio traffic service

die **Verkehrsinsel** traffic island (GB), safety isle (USA)

der **Verkehrsknotenpunkt** traffic junction

die **Verkehrskontrolle** traffic control; **bei jemandem eine Verkehrskontrolle machen** to stop someone

der **Verkehrsminister**, die **Verkehrsministerin** transport ['træn(t)spɔːt] minister (GB), Secretary of Transportation (USA)

das **Verkehrsmittel** ① means of transport [*oder* (USA) transportation] ② **öffentliche Verkehrsmittel** public transport [*oder* (USA) transportation] ⚠ *Singular*

das **Verkehrsnetz** transport system [-ˌsɪstəm]

der **Verkehrspolizist**, der **Verkehrspolizistin** traffic policeman [-pəˌliːsmən], traffic policewoman *feminin* (GB), speed cop (USA)

der **Verkehrspolizistin** traffic policewoman (GB), [female] speed cop (USA)

die **Verkehrsregel** traffic regulation

die **Verkehrsregelung** traffic control

verkehrsreich *Gegend:* busy ['bɪzi]; **eine verkehrsreiche Straße** a busy street

das **Verkehrsschild** road sign [saɪn]

die **Verkehrssicherheit** road safety

die **Verkehrstote** road fatalities [*oder* deaths]

der **Verkehrsunfall** road accident [-ˌæksɪdᵊnt]

die **Verkehrsverbindung** [transport] link

verkehrswidrig contrary ['kɒntrᵊri] to road traffic regulations

das **Verkehrszeichen** road sign [saɪn], traffic sign

verkehrt ① (*falsch*) wrong [rɒŋ] ② wrongly ['rɒŋli] ③ **etwas verkehrt machen** to do something the wrong way ④ **etwas verkehrt herum anhaben** (*umgangsspr*) to have something on back to front; (*innen nach außen*) to have something on inside out ⑤ **du hältst das Bild verkehrt rum** you're holding the picture the wrong way round ⑥ **das Verkehrteste, was du tun konntest** the worst thing you could do

verklagen to sue [suː] (**wegen** for); **jemanden auf etwas verklagen** to take someone to court for something

verkleben ① (*zusammenkleben*) to stick together ② (*zukleben*) to cover ['kʌvəʳ] (**mit** with)

verkleiden **sich verkleiden** to disguise [dɪs'gaɪz] oneself, to dress up

die **Verkleidung** disguise [dɪs'gaɪz]

verkleinern ① to make smaller ② to scale down *Maßstab;* to reduce [rɪ'djuːs] *Foto* ③ (*optisch*) to make everything [seem] smaller ④ **sich verkleinern** to become smaller ⑤ (*sich verringern*) to decrease [dɪ'kriːs]; (*übertragen*) to become less

die **Verkleinerungsform** diminutive

verklemmt *Person:* inhibited, uptight

die **Verklemmtheit** inhibitedness, uptightness

verkneifen (*umgangsspr*) **sich etwas verkneifen** to stop oneself from doing/saying something

verkniffen ① (*angestrengt*) strained ② (*verbissen*) pinched

verknittern to crumple

verknoten ① to knot [nɒt] *Schnur* ② to tie up *Paket*

verknüpfen ① (*verknoten*) to tie [together] ② (*verbinden*) to combine; **sie verknüpfte den Ausflug mit einem Museumsbesuch** she combined the trip with a visit to the museum ③ (*in Zusammenhang bringen*) to link (**mit** to); **Ruhm und Macht sind eng verknüpft** glory and power are closely linked

verkohlen to char [tʃɑːʳ]; *Braten:* to burn to a cinder ['sɪndəʳ] ▸ WENDUNGEN: **du willst mich wohl verkohlen?** you're trying to have me on, aren't you?

verkommen[1] ① (*zugrunde gehen*) to go to the dogs; (*sittlich*) to become dissolute ② *Gebäude:* to become dilapidated ③ *Lebensmittel:* to go off

verkommen[2] ① *Person:* depraved [dɪ'preɪvd] ② *Gebäude:* dilapidated

verkorkst (*umgangsspr*) ① *Magen:* upset [ʌp'set]; *Mensch:* screwed [skruːd] up ② **die Sache ist völlig verkorkst** it's a real mess

verkörpern to personify

verkrachen (*umgangsspr*) **sich mit jemandem verkrachen** to fall out with someone

verkraften to come to terms with, to cope with
verkrampft 1 *Sitzhaltung:* cramped; *Lächeln:* forced [fɔːst] 2 (*übertragen*) tense
verkriechen 1 **sich verkriechen** to hide oneself away 2 **verkriech dich!** get lost! *umgangsspr*
verkrüppelt crippled
verkrustet 1 *Wunde:* scabby 2 *Strukturen:* decrepit
verkühlen **sich verkühlen** to catch a chill
verkümmern 1 *Instinkt:* to become stunted 2 *Person:* to waste away 3 *Talent:* to go to waste 4 *Glieder:* to atrophy ['ætrəfi]
verkürzen 1 to shorten 2 (*beschränken, herabsetzen*) to cut down, to reduce [rɪ'djuːs] 3 **sich die Zeit mit Lesen verkürzen** to pass the time reading
die **Verkürzung** 1 shortening 2 (*zeitlich*) reduction; **die Verkürzung der Wartezeiten** the reduction in waiting time
verladen to load
die **Verladerampe** loading ramp
der **Verlag** publishing house, publisher's ⚠ *Plural*
verlagern to move
das **Verlagshaus** publishing house
das **Verlangen** 1 (*Forderung*) demand 2 (*Wunsch*) desire [dɪ'zaɪəʳ]; **ich habe kein Verlangen, ihn zu sehen** I have no desire [*oder* wish] to see him 3 request; **auf Verlangen der Lehrer** at the request of the teachers 4 (*Sehnsucht*) longing, yearning ['jɜːnɪŋ] 5 (*Begierde*) craving ['kreɪvɪŋ] (**nach** for)
verlangen 1 (*fordern*) to demand, to insist on; **er verlangte nach einer Erklärung** he demanded [*oder* insisted on] an explanation 2 (*wünschen*) to desire [dɪ'zaɪəʳ] 3 (*haben wollen*) to ask for, to want 4 (*erfordern*) to require [rɪ'kwaɪəʳ] 5 (*beanspruchen*) to claim [kleɪm] 6 **am Telefon verlangt werden** to be wanted ['wɒntɪd] on the phone 7 (*sich sehnen*) to long (**nach** for) 8 **das ist zu viel verlangt** that's asking too much
verlängern 1 (*länger machen*) to lengthen 2 to extend, to prolong *Frist* 3 **sich verlängern** (*räumlich*) to be lengthened; (*zeitlich*) to be prolonged
die **Verlängerung** 1 *einer Frist:* prolongation 2 *von Spielzeit:* extra time GB, overtime USA
die **Verlängerungskabel** extension lead [liːd]
verlangsamen 1 to reduce [rɪ'djuːs] *Tempo* 2 to slow down *Fahrt, Verkehr* 3 **sich verlangsamen** to slow [down]
verlassen¹ 1 to leave 2 (*im Stich lassen*) to abandon, to desert [dɪ'zɜːt], to forsake [fə'seɪk] 3 **sich auf etwas/jemanden verlassen** to count [*oder* rely [rɪ'laɪ]] on something/someone; **Sie können sich darauf verlassen** you can count on it

verlassen² 1 (*im Stich gelassen*) deserted [dɪ'zɜːtɪd], forsaken [fə'seɪkᵊn] 2 (*einsam*) lonely 3 (*öde*) desolate
verlässlich reliable [rɪ'laɪəbl]
der **Verlauf** course; **im Verlauf der Verhandlungen** in the course of negotiations; **einen guten/schlechten Verlauf nehmen** to go well/badly
verlaufen 1 *Zeit:* to pass 2 (*vor sich gehen*) to proceed [prə(ʊ)'siːd], to run; **alles ist gut verlaufen** everything went well 3 (*auseinanderfließen*) to run 4 (*sich erstrecken*) to run 5 **im Sande verlaufen** to peter out 6 **sich verlaufen** (*sich verlieren*) to disappear; (*sich verirren*) to get lost, to lose one's way
die **Verlaufsform** continuous [kən'tɪnjuəs] form
verlegen¹ 1 (*an falschen Platz legen*) to mislay, to misplace [mɪ'spleɪs] 2 to move [muːv]; **sie haben ihre Firmenzentrale nach Paris verlegt** they have moved their company headquarters to Paris 3 (*zeitlich*) to postpone (**auf** until) 4 to publish *Buch* 5 to lay *Kabel, Fliesen*
verlegen² embarrassed
die **Verlegenheit** 1 embarrassment 2 **jemanden in Verlegenheit bringen** to embarrass someone
der **Verleger**, die **Verlegerin** publisher
die **Verlegung** 1 *eines Termins:* postponement 2 (*Ortswechsel*) transfer ['træn(t)sfɜːʳ] 3 *von Kabeln, Rohren:* laying ⚠ *ohne Artikel*
verleiden **jemandem etwas verleiden** to put someone off something
der **Verleih** 1 hiring [out] 2 (*Firma*) rental company
verleihen 1 (*verborgen*) to lend [out] GB, to loan USA; (*gegen Entgelt*) to rent [out] 2 to bestow *Titel;* to confer *Amt* 3 to award [ə'wɔːd] *Auszeichnung*
verleiten 1 (*verlocken*) to tempt [tempt] 2 (*verführen*) to lead [liːd] astray 3 **du hast sie dazu verleitet mitzugehen** you've talked her into coming along
verlernen to forget, to unlearn [ʌn'lɜːn]
verletzbar (*auch übertragen*) vulnerable ['vʌlnᵊrəbl]
verletzen 1 **sich verletzen** to get hurt [hɜːt] 2 to hurt, to injure ['ɪndʒəʳ]; **sich am** [*oder* **das**] **Bein verletzen** to injure one's leg 3 (*übertragen*) **jemanden verletzen** to hurt someone's feelings; **es verletzte ihn sehr** it was very hurtful ['hɜːtfᵊl] to him 4 **seine Pflicht verletzen** to fail in one's duty

> **G** Richtiges Konjugieren von **to hurt**: hurt, hurt, hurt
> *I didn't mean to hurt you;*
> *the accusation hurt her deeply;*
> *how many people have been hurt?*

verletzend *Bemerkung:* hurtful, offending

V

verletzlich vulnerable
verletzt injured, wounded ['wu:ndɪd]
der/die **Verletzte** injured person; *bei Unfall:* casualty ['kæʒjuəlti]
die **Verletzung** 1 (*Wunde*) injury 2 (*juristisch*) violation
verleugnen to deny [dɪ'naɪ]; **sich verleugnen lassen** to pretend not to be there
verleumden to slander; (*schriftlich*) to libel ['laɪbᵊl]
die **Verleumdung** 1 (*das Verleumden*) slandering 2 (*Wort, Bemerkung*) slander; (*in Schriftform*) libel
verlieben **sich verlieben** to fall in love (**in** with)
verliebt 1 **in jemanden verliebt sein** to be in love with someone 2 **bis über beide Ohren verliebt** head over heels in love
verlieren 1 to lose [lu:z] 2 to shed *Blätter, Haare* 3 **den Verstand verlieren** to go out of one's mind 4 **wir wollen kein Wort mehr darüber verlieren** let's not waste [weɪst] another word on it 5 **du kannst nichts verlieren** you can't lose

> **G** Richtiges Konjugieren von **to lose**: lose, lost, lost
> *be careful you don't lose it;*
> *Joe lost his all his money in the casino;*
> *have you lost my phone number?*

der **Verlierer**, die **Verliererin** loser ['lu:zəʳ]; **ein schlechter Verlierer sein** to be a bad loser
verlinken **etwas mit etwas verlinken** (*im Internet*) to link something to something
verloben **sich mit jemandem verloben** to become engaged to someone
die **Verlobte** fiancée [fi'ɑ̃:(n)seɪ]
der **Verlobter** fiancé [fi'ɑ̃:(n)seɪ]
die **Verlobung** engagement [ɪn'geɪdʒmənt]
verlockend tempting
verlogen 1 *Person:* mendacious [men'deɪʃᵊs] 2 *Moral:* hypocritical [ˌhɪpəʊ'krɪtɪkᵊl]
die **Verlogenheit** 1 *einer Person:* mendacity [men'dæsəti] 2 *von Moral:* hypocrisy [hɪ'pɒkrəsi]
verloren 1 lost 2 (*hilflos*) forlorn 3 **verloren gehen** to get lost
verlosen to raffle
die **Verlosung** draw, raffle
verlottert (*umgangsspr*) 1 (*moralisch*) dissolute 2 *Erscheinung:* scruffy 3 (*heruntergewirtschaftet*) run-down
der **Verlust** loss; **mit Verlust verkaufen** to sell at a loss
die **Verlustmeldung** 1 report of the loss; **hast du eine Verlustmeldung für dein Fahrrad gemacht?** have you reported the loss of your bicycle? 2 (*beim Militär*) casualty ['kæʒjuəlti] report

vermachen **jemandem etwas vermachen** to bequeath [bɪ'kwi:ð] something to someone
das **Vermächtnis** legacy
vermählen **sich [mit jemandem] vermählen** to marry [someone]; **frisch vermählt** newly married
vermarkten 1 to market 2 (*übertragen*) to commercialize [kə'mɜ:ʃᵊlaɪz]
vermasseln (*umgangsspr*) to mess up
vermehren to increase [ɪn'kri:s]; (*fortpflanzen*) to breed
die **Vermehrung** 1 increase ['ɪnkri:s] 2 (*Fortpflanzung*) reproduction
vermeiden to avoid; **es lässt sich nicht vermeiden** it cannot be helped
der **Vermerk** note, remark
vermessen 1 to measure ['meʒəʳ] 2 to survey [sə'veɪ] *Land*
vermieten 1 to let (GB), to rent (USA) 2 **Zimmer zu vermieten** rooms to let (GB), rooms for rent (USA)
der **Vermieter**, die **Vermieterin** landlord *maskulin,* landlady *feminin*
die **Vermietung** letting ⚠ *ohne Artikel,* renting out ⚠ *ohne Artikel; von Auto, Boot:* renting [*oder* (GB) hiring] [out] ⚠ *ohne Artikel*
vermindern 1 to reduce [rɪ'dju:s] 2 **sich vermindern** to decrease [dɪ'kri:s]; **sich um 10 % vermindern** to be reduced by 10 %
vermischen 1 to mix; to blend *Whisky, Tee, Tabak* 2 **sich vermischen** to mix; (*übertragen*) to mingle
vermissen 1 to miss; **vermisst werden** to be missing 2 **jemanden als vermisst melden** to report someone missing 3 **er wird sehr vermisst** we miss him a lot; *Verstorbener:* we miss him deeply
der/die **Vermisste** missing person
vermitteln 1 **jemandem eine Stelle/Wohnung vermitteln** to find someone a job/flat; to arrange [ə'reɪndʒ] *Auftrag, Geschäft* 2 (*weitergeben*) to convey *Gefühl, Bild, Idee;* to pass on *Kenntnisse, Wissen* 3 **[in etwas] vermitteln** to mediate [in something]; **er vermittelte zwischen den beiden Ländern** he mediated between the two countries
die **Vermittlung** 1 *einer Stelle, Wohnung:* finding ⚠ *ohne Artikel* 2 (*Schlichtung*) mediation
das **Vermögen** 1 fortune; **ein Vermögen kosten** to cost a fortune 2 (*Fähigkeit*) capability
vermögend (*reich*) wealthy ['welθi], well-off
der **Vermögensberater**, die **Vermögensberaterin** financial consultant [faɪˌnæn(t)ʃᵊlkən'sʌltᵊnt]
die **Vermögenssteuer** net worth tax
vermummt 1 (*verkleidet*) cloaked, disguised [dɪs'gaɪzd] 2 (*eingemummt*) muffled-up
vermuten 1 (*annehmen*) to presume [prɪ'zju:m], to suppose, to reckon 2 (*mutma-*

ßen) to suspect [sə'spekt], to guess [ges]

vermutlich ① presumed; *Täter:* suspected; **sie ist vermutlich unschuldig** she is presumed innocent; **es war vermutlich ein Tumor** presumably it was a tumour ② **vermutlich ist er zu Tisch** I presume [*oder* presumably] he's gone to lunch

die **Vermutung** ① (*Annahme*) assumption, supposition [ˌsʌpə'zɪʃᵊn]; (*Mutmaßung*) conjecture ② (*Verdacht*) suspicion [sə'spɪʃᵊn]

vernachlässigen ① to neglect ② (*nicht berücksichtigen*) to ignore ③ **sich vernachlässigt fühlen** to feel neglected ④ **sich vernachlässigen** (*äußerlich*) to neglect one's appearance

die **Vernachlässigung** neglect

vernähen to stitch up *Wunde*

vernarben to heal up

vernarrt infatuated (**in** with), crazy (**in** about)

vernaschen (*umgangsspr*) **er hat sie vernascht** he managed to get her into bed

vernehmen ① (*hören*) to hear; **hast du das vernommen?** did you hear that? ② (*erfahren*) to learn, to understand ③ (*vor Gericht*) to examine ④ (*verhören*) to question

die **Vernehmlassung** (CH) ① (*Bekanntmachung*) notice, announcement ② (*Stellungnahme*) opinion

die **Vernehmung** ① *vor Gericht:* examination ② (*Verhör*) questioning

verneigen **sich verneigen** to bow [baʊ] (**vor** to)

verneinen ① (*leugnen*) to deny [dɪ'naɪ] ② **etwas verneinen** to answer in the negative

die **Verneinung** ① (*Leugnung*) denial [dɪ'naɪəl] ② **die Verneinung einer Frage** answering a question in the negative

vernetzen ① to connect (**mit** up to) ② (*in Informatik*) to network, to integrate into a network

vernetzt networked

die **Vernetzung** (*in Informatik*) networking

vernichten ① (*ausrotten*) to exterminate ② (*zerstören*) to destroy

vernichtend ① *Blick:* withering ② *Kritik:* scathing ['skeɪðɪŋ] ③ *Niederlage, Schlag:* crushing ④ *Urteil:* devastating ⑤ **jemanden vernichtend schlagen** (*im Sport*) to beat someone hollow ⑥ **eine Armee vernichtend schlagen** to destroy an army utterly

die **Vernichtung** ① (*Ausrottung*) extermination ② (*Zerstörung*) destruction

die **Vernichtungswaffe** weapon of mass destruction

verniedlichen to play down

die **Vernunft** good sense, reason; **Vernunft annehmen** to see reason; **nimm doch endlich Vernunft an!** won't you see reason!; **jemanden zur Vernunft bringen** to bring someone to his/her senses ⚠ *Plural*

vernünftig ① (*einsichtig*) sensible; **sei doch vernünftig!** be reasonable [*oder* sensible]! ② (*rational*) rational ③ (*akzeptabel*) *Preis, Vorschlag:* reasonable ④ (*ordentlich*) decent ['diːsᵊnt] ⑤ (*einigermaßen*) **vernünftig kochen** to cook reasonably well

veröden ① *Landschaft:* to become desolate ② to atrophy; to obliterate *Krampfadern*

veröffentlichen to publish

die **Veröffentlichung** publication

verordnen **jemandem ein Medikament verordnen** to prescribe medication for someone

verpachten to lease (**an** to); **verpachtet sein** to be under lease (**an** to)

verpacken ① (*in Karton, Paket*) to pack ② (*einwickeln*) to wrap [ræp]

die **Verpackung** ① packing; (*aus Papier*) wrapping ['ræpɪŋ] ② (*übertragen*) packaging

die **Verpackungskosten** packaging charges *Plural*

das **Verpackungsmaterial** packaging

verpäppeln to pamper, to mollycoddle

verpassen ① to miss *Bus, Gelegenheit* ② **jemandem eine verpassen** to clout someone

verpennen (*umgangsspr*) ① (*verschlafen*) to oversleep; **ich hab den Tag total verpennt** I slept right through the day ② to forget *Geburtstag, Termin, Verabredung;* **ich hab's total verpennt** I totally forgot

verpesten to contaminate, to pollute

verpetzen to sneak [*oder* tell] on (**bei** to)

verpfänden ① to pawn ② (*in Rechtssprache*) to mortgage ['mɔːgɪdʒ] *Hypothek*

verpfeifen **jemanden [bei der Polizei] verpfeifen** to grass on someone *umgangsspr*

verpflanzen to transplant [træn'splɑːnt] *auch übertragen*

verpflegen ① to feed; **sich selbst verpflegen** to cook for oneself ② to ration *Armee*

die **Verpflegung** ① (*das Verpflegen*) catering ② *einer Armee:* rationing ③ (*Essen*) food; *in der Armee:* rations ⚠ *Plural*

die **Verpflegungskosten** cost of food ⚠ *Singular*

verpflichten ① **sich verpflichtet fühlen, etwas zu tun** to feel obliged to do something; **sich jemandem verpflichtet fühlen** to feel under an obligation to someone; **jemandem zu Dank verpflichtet sein** to be obliged to someone ② to engage [ɪn'geɪdʒ] *Mitarbeiter, Schauspieler* ③ **sich verpflichten** (*vertraglich*) to commit oneself

die **Verpflichtung** ① (*moralische*) obligation ② **dienstliche Verpflichtungen haben** to have official duties; **seinen Verpflichtungen nachkommen** to fulfil one's obligations ③ (*Einstellung*) *eines Mitarbeiters, Schauspielers:* engagement [ɪn'geɪdʒmənt]

verpfuschen to make a mess of, to bungle

verpissen **verpiss dich!** piss off!

verplant **das Wochenende hab ich schon**

verplant I have already planned the weekend

verplappern **sich verplappern** to open one's mouth too wide

verplempern **ich verplempere hier nur meine Zeit** I'm just wasting my time here

verplomben to seal

verpönt frowned on (**bei** by)

verprassen to dissipate, to squander (**für** on)

verprügeln to thrash

der **Verputz** plaster[work]; (*Rauputz*) roughcast ['rʌfkɑːst]

verputzen 1 to plaster 2 (*essen*) to polish off

verqualmen **verqualm mir ja nicht die Wohnung!** don't pollute my flat with your cigarettes!

verqualmt filled with [*oder* full of] smoke

verquollen 1 *Gesicht:* bloated 2 *Augen:* puffy

verrammeln to barricade *Tür*

verramschen (*billig abgeben*) to flog

der **Verrat** 1 betrayal (**an** of); **an jemandem Verrat begehen** to betray someone 2 *in Rechtssprache:* treason (**an** against); **an seinem Land Verrat begehen** to commit treason against one's country

verraten 1 to betray *Geheimnis, Freund, Land* 2 **verraten und verkauft sein** to have been sold down the river 3 (*ausplaudern*) to tell; **nichts verraten!** don't say a word!; **hast du das etwa verraten?** have you given it away? 4 **verrate mir mal, wie das gehen soll!** just tell me how that's supposed to work! 5 **sich verraten** to give oneself away

der **Verräter**, die **Verräterin** traitor (**an** to)

verrechnen 1 (*gegeneinander aufrechnen*) to set off against 2 (*Scheck einziehen*) to clear 3 **sich verrechnen** to miscalculate; (*sich täuschen*) to be mistaken; **da hast du dich aber schwer verrechnet!** you're very much mistaken there!

der **Verrechnungsscheck** crossed cheque [tʃek] (GB), voucher check (USA)

verrecken 1 *Tier:* to die 2 **die/der kann von mir aus verrecken** she/he can go to hell as far as I'm concerned 3 **nicht ums Verrecken!** not on your life!

verregnet 1 *Tag, Wochenende:* rainy 2 *Urlaub:* spoiled by rain

verreisen to go out of town, to go away [*oder* on a journey]; **verreist sein** to be away

verrenken 1 **sich die Schulter verrenken** to dislocate one's shoulder 2 **sich den Hals verrenken** to crane one's neck

die **Verrenkung** *der Schulter usw.:* dislocation

verrennen **sich in etwas verrennen** to get stuck on something

verrichten to perform

verriegeln to bolt

verringern 1 to reduce [rɪ'djuːs] 2 **sich verringern** (*abnehmen*) to decrease [dɪ'kriːs]

die **Verringerung** 1 reduction 2 (*Abnahme*) decrease ['diːkriːs] 3 (*Verschlechterung*) deterioration

verrinnen *Zeit:* to elapse

verrohen **brutale Filme verrohen die Menschen** violent films have a brutalizing effect on people; **die Menschen verrohen** people become brutalized (**durch** by)

verrosten to rust

verrostet rusty

verrotten 1 (*verfaulen*) to rot 2 (*zu Kompost werden*) to decompose

verrottet rotten

verrucht despicable, loathsome

verrücken (*verschieben*) to shift

verrückt 1 (*geisteskrank*) insane, mad 2 (*umgangsspr*) **wie verrückt** like mad; **jemanden verrückt machen** to drive someone mad; **ich werd verrückt!** I'll be blowed!; **du bist wohl verrückt!** you must be crazy!; **bist du total verrückt geworden?** have you gone raving mad? 3 **verrückt spielen** to be acting up; **der Fernseher spielt verrückt** the telly is acting up 4 **ich bin verrückt nach ihr** I'm crazy about her

die **Verrücktheit** 1 (*Zustand*) craziness 2 (*Handlung*) crazy thing 3 (*Geisteskrankheit*) madness

das **Verrücktwerden** **es ist zum Verrücktwerden!** it's enough to drive you round the bend!

der **Verruf** **in Verruf geraten/bringen** to fall/bring into disrepute

verrufen disreputable

verrühren to mix

verrußt sooty

verrutschen to slip

der **Vers** 1 (*Lied, Strophe*) verse 2 (*Zeile*) line

das **Versagen** 1 (*Fehlschlag*) failure 2 *von Maschine:* breakdown (GB), slip-up (USA) 3 **menschliches Versagen** human error

versagen 1 (*verweigern*) to refuse [rɪ'fjuːz]; **jemandem etwas versagen** to deny someone something 2 *Person:* to fail; **ich habe versagt** I failed 3 *Bremse:* to fail; *Gewehr:* to fail to go off; *Maschine:* to break down

der **Versager**, die **Versagerin** failure

versalzen 1 to oversalt *Speise;* **die Suppe ist versalzen** there's too much salt in the soup 2 **jemandem etwas versalzen** to spoil something for someone

versammeln **sich versammeln** *Klasse:* to assemble; *Parlament:* to sit; *Mitglieder:* to meet

die **Versammlung** 1 (*Veranstaltung*) meeting; **eine Versammlung abhalten** to hold a meeting; **eine Versammlung einberufen/vertagen** to convene/adjourn [ə'dʒɜːn] a meeting 2 (*versammelte Menschen*) assembly

V

die **Versammlungsfreiheit** freedom of assembly
der **Versand** dispatch
die **Versandabteilung** despatch department
der **Versandhandel** mail-order ⚠ *ohne Artikel*
das **Versandhaus** mail order company
der **Versandhauskatalog** mail order catalogue [-ˌkætəlɒg]
die **Versandkosten** delivery [*oder* shipping] costs
versauen to mess up; **jemandem den Tag versauen** to ruin someone's day
versäumen ① (*vernachlässigen*) to neglect ② **[es] versäumen, etwas zu tun** to fail to do something ③ to miss *Unterricht* ④ **da hast du nichts versäumt!** you didn't miss much! ⑤ to lose [lu:z] *Zeit*
verschaffen ① **jemandem etwas verschaffen** to procure something for someone, to provide someone with something ② **sich etwas verschaffen** to get [*oder* obtain] something ③ **sich Klarheit verschaffen** to clarify the/a matter
die **Verschalung** casing, panelling, paneling (USA)
verschämt embarrassed
verschanzen **sich verschanzen** to entrench oneself (**hinter** behind)
verschärfen ① (*erhöhen*) to increase [ɪn'kri:s] ② (*verschlimmern*) to aggravate *Lage* ③ to tighten ['taɪtən] up *Vorschriften* ④ **sich verschärfen** (*sich steigern*) to increase; *Krise:* to intensify ⑤ **sich verschärfen** (*sich verschlimmern*) to become aggravated
verschaukeln **du willst mich wohl verschaukeln?** are you taking me for a ride?
verschenken ① to give away *auch übertragen* ② **sein Herz an jemanden verschenken** to give someone one's heart
verscherbeln to flog
verscherzen **sich etwas verscherzen** to forfeit [*oder* lose] something; **sich [die] Sympathien verscherzen** to lose popularity
verscheuchen to frighten ['fraɪtən] away
verschicken (*versenden*) to dispatch
verschieben ① (*verrücken*) to move, to shift ② (*aufschieben*) to defer, to postpone, to put off (**um** for) ③ to traffic in *Devisen, Waren* ④ **sich verschieben** *Möbel usw.:* to move out of place ⑤ **sich verschieben** *Feier, Termin:* to be postponed (**um** for)
die **Verschiebung** (*Aufschiebung*) postponement
verschieden ① (*unterschiedlich*) different (**von** from); **verschieden sein** to differ, to vary; **verschieden groß sein** to differ in size; *von Kleidern, Schuhen:* to be a different size ② (*auseinandergehend*) differing; **verschiedener Meinung sein** to differ, to disagree; **wir waren verschiedener Meinung** we disagreed (**über** on/about) ③ (*mehrere, einige*) several, various ['veəriəs] ④ **Verschiedenes** several things ⚠ *Plural* ⑤ **das ist verschieden** (*hängt davon ab*) that depends
verschiedenartig ① (*unterschiedlich*) different ② (*mannigfaltig*) various ['veəriəs]
die **Verschiedenheit** ① (*Unterschiedlichkeit*) difference ['dɪfərən(t)s] ② (*Unähnlichkeit*) dissimilarity; *in der Meinung:* discrepancy [dɪ'skrepən(t)si] ③ (*Mannigfaltigkeit*) diversity, variety
verschießen ① to use up *Munition* ② to miss *Ball*
verschiffen to ship
verschimmeln to get mouldy ['məʊldi]
verschlafen[1] ① to miss by oversleeping *Termin* ② to sleep through [θru:] *Tag* ③ to sleep away *Leben* ④ **ich hab verschlafen** I overslept
verschlafen[2] ① (*beim Aufwachen*) drowsy, sleepy ② (*trottelig*) dozy
verschlagen sly, wily ['waɪli]
verschlampen (*verlieren*) to go and lose [lu:z]
verschlechtern ① to make worse *Lage, Zustand* ② to impair *Qualität* ③ **sich verschlechtern** *Lage, Zustand:* to deteriorate, to get worse ④ **ich will mich nicht verschlechtern** (*finanziell*) I don't want to be worse off financially
die **Verschlechterung** deterioration
verschleiern ① (*mit Schleier*) to veil ② to cover up *Absichten* ③ **sich verschleiern** *Mensch:* to veil oneself ④ **ihr Blick verschleierte sich** her gaze became blurred; **der Himmel verschleierte sich** the sky became hazy
verschleiert ① *Mensch:* veiled ② *Blick:* blurred [blɜ:d] ③ *Himmel:* hazy
der **Verschleiß** ① (*Abnutzung*) wear and tear [teər] ② (*Verbrauch*) consumption; **einen hohen Verschleiß an Klopapier haben** to go through an awful lot of toilet paper
verschleißen to wear out
verschleppen ① to abduct *Menschen* ② (*verzögern*) to draw out ③ to protract *Krankheit*
verschleudern ① (*vergeuden*) to squander ② to sell dirt cheap *Ware*
verschließbar ① *Flasche:* closable ② *Tür, Zimmer:* lockable
verschließen ① (*abschließen*) to lock ② (*wegschließen*) to lock away ③ (*zumachen*) to close [kləʊz] ④ **sich verschließen** *Person:* to shut oneself off (**vor** from)
verschlimmern ① to aggravate; to make worse *Situation usw.* ② **sich verschlimmern** to get worse, to worsen
die **Verschlimmerung** worsening
verschlingen ① (*verknoten*) to entwine ② (*herunter schlucken*) to devour, to swallow; (*gierig*) to gobble up
verschlissen *Kleider:* worn
verschlossen ① (*zu*) closed [kləʊzd], shut ② (*mit Schlüssel*) locked; **vor verschlossener**

Tür stehen to be left standing on the doorstep ③ (*übertragen: reserviert*) reserved

die **Verschlossenheit** reserve

verschlucken ① to swallow ② **sich verschlucken** to swallow the wrong way, to choke on one's food

verschlungen entwined

der **Verschluss** ① (*Schloss*) lock; **unter Verschluss** under lock and key ② (*Deckel*) top; *von Flasche:* stopper ③ *von Kamera:* shutter ④ (*an Waffe*) breechblock

verschlüsseln to [en]code

die **Verschlüsselung** *in der Informatik:* encryption [ɪnˈkrɪpʃᵊn]

verschmähen to spurn

verschmelzen to fuse *Metalle*

verschmerzen to get over; **das wirst du doch noch verschmerzen** you'll get over it

verschmieren ① to fill in *Loch, Riss* ② (*verstreichen*) to spread (**in** over) ③ (*schmierig machen*) to smear; **wie siehst du denn aus, du bist ja ganz verschmiert!** look at you, you've got stuff smeared all over you *umgangsspr*

verschmitzt mischievous [ˈmɪstʃɪvəs]

verschmort ① *Fleisch:* burned ② *Leitung:* charred

verschmust **meine Tochter ist sehr verschmust** my daughter likes being cuddled

verschmutzen ① to dirty, to soil ② to pollute *Umwelt* ③ *Gegenstand, Person:* to get dirty ④ *Umwelt:* to become polluted

verschmutzt ① *Gegenstand, Person:* dirty, soiled ② *Umwelt:* polluted

verschnaufen to draw a breath

die **Verschnaufpause** breather [ˈbriːðəʳ]

verschneit snow-covered

verschnörkelt ornate

verschnupft **verschnupft sein** (*erkältet*) to have a cold

verschnüren to tie up

verschollen ① *Flugzeug, Mensch:* missing ② (*in Rechtssprache*) presumed dead

verschonen **jemanden von etwas verschonen** to spare someone something; **verschon mich mit deinem Geschwätz!** no more of your nonsense!; **von etwas verschont bleiben** to be spared something

verschönern to brighten [ˌbraɪtᵊn-] up, to embellish

verschränken ① to fold *Arme* ② to cross *Beine*

verschreiben ① (*verordnen*) to prescribe [prɪˈskraɪb] ② **sich verschreiben** (*falsch schreiben*) to make a slip of the pen ③ **sich einer Sache [ganz] verschreiben** to dedicate oneself [wholly] to something

verschreibungspflichtig only available on prescription [prɪˈskrɪpʃᵊn]

verschroben eccentric [ɪkˈsentrɪk], odd

verschrotten to scrap

verschüchtert intimidated, timid

das **Verschulden** fault; **ohne mein Verschulden** through no fault of mine

verschulden ① **das hast du verschuldet** you're to blame for this ② **sich verschulden** to get into debt [det]

verschuldet **bei jemandem verschuldet sein** to be indebted to someone

die **Verschuldung** indebtedness [ɪnˈdetɪdnəs]

verschütten ① to spill *Flüssigkeit* ② **er war drei Tage lang verschüttet** he had been trapped for three days

> **G** Richtiges Konjugieren von **to spill**: spill, spilt/ spilled, spilt/ spilled
> *try not to spill anything;*
> *Mike spilt milk over his jacket;*
> *Daisy has just spilt all the orange juice on the floor*

verschwägert related by marriage [ˈmærɪdʒ] (**mit** to)

verschweigen **jemandem etwas verschweigen** to conceal [*oder* hide] something from someone

verschweißen to weld together

verschwenden ① to waste ② to squander *Geld* (**an/für** on)

der **Verschwender**, die **Verschwenderin** wasteful person, spendthrift

verschwenderisch ① spendthrift, wasteful ② (*extravagant*) extravagant

die **Verschwendung** wastefulness; **so eine Verschwendung!** what a waste!

die **Verschwendungssucht** extravagance [ɪkˈstrævəgən(t)s]

verschwiegen *Person:* discreet

die **Verschwiegenheit** *von Person:* discretion [dɪˈskreʃᵊn]

verschwimmen (*undeutlich werden*) to become blurred

das **Verschwinden** disappearance [ˌdɪsəˈpɪərᵊn(t)s]

verschwinden ① to disappear, to vanish ② **verschwinde!** clear off!

verschwitzen **ich hab's total verschwitzt!** I completely forgot about it!

verschwitzt sweaty [ˈsweti]

verschwommen ① (*vage*) vague [veɪg] ② *Sicht:* blurred [blɜːd]; **ich sehe alles nur verschwommen** everything looks hazy to me

verschwören **sich verschwören** to conspire, to plot (**mit** with, **gegen** against)

die **Verschwörung** conspiracy, plot

die **Verschwörungstheorie** conspiracy theory

das **Versehen** ① (*unabsichtlich*) mistake, slip; **aus Versehen** by mistake ② (*Irrtum*) error

versehen ① (*ausstatten*) to provide, to supply (**mit** with) ② **das Kleid ist mit Schleifen ver-**

sehen the dress has bows on it ③ **sich versehen** to be mistaken

versehentlich ① (*unabsichtlich*) inadvertent; (*irrtümlich*) erroneous [ɪ'rəʊniəs] ② (*irrtümlicherweise*) by mistake, inadvertently

versenden ① to send ② to forward *Ware* ③ (*verfrachten*) to ship

versenken ① to send to the bottom; to sink *Schiff* ② **sich ganz in etwas versenken** to become absorbed in something

die **Versenkung** **in der Versenkung verschwinden** (*vergessen werden*) to sink into oblivion; **aus der Versenkung auftauchen** to re-emerge on the scene

versessen **auf etwas versessen sein** to be crazy [*oder* mad] about something; **darauf versessen sein, etwas zu tun** to be desperate to do something

die **Versessenheit** keenness (**auf** on)

versetzen ① *von einer Stelle zu einer andern:* to move, to shift ② to transplant [træn'splɑːnt] *Pflanze* ③ to transfer [træn(t)s'fɜːʳ] *Mitarbeiter* ④ (*in höhere Schulklasse*) to move up; **Bernhard wird nicht versetzt** Bernhard won't be moved up ⑤ **jemandem einen Schlag versetzen** to deal someone a blow ⑥ **jemanden versetzen** (*nicht erscheinen*) to stand someone up; **ihr Freund hat sie versetzt** her friend stood her up ⑦ **jemanden in die Lage versetzen, etwas zu tun** to put someone in a position to do something ⑧ **versetzen Sie sich in meine Lage!** put yourself in my place! ⑨ **jemanden in den vorzeitigen Ruhestand versetzen** to pension someone off ⑩ **jemanden in Angst versetzen** to terrify someone; **jemanden in Wut versetzen** to send someone into a rage

die **Versetzung** ① *im Beruf:* transfer ['træn(t)sfɜːʳ] ② *in der Schule:* moving up

verseuchen ① (*infizieren*) to infect ② (*vergiften*) to contaminate

die **Verseuchung** ① (*Infektion*) infection ② (*mit Giftstoff*) contamination

versichern ① (*beteuern*) to affirm; (*bestätigen*) to assure [ə'ʃʊəʳ]; **ich versichere dir, dass ...** I can assure you that ... ② to assure *Leben;* to insure *Eigentum;* **sich versichern** to insure oneself ③ **sich [einer Sache] versichern** (*sich vergewissern*) to make sure [of something]

der/die **Versicherte** insured [*oder* assured [ə'ʃʊəʳd]] party

die **Versicherung** ① *von Eigentum:* insurance [ɪn'ʃʊərᵊn(t)s]; *von Leben:* assurance [ə'ʃʊərᵊn(t)s] ② (*Bekräftigung*) affirmation; (*Bestätigung*) assurance

der **Versicherungsbeitrag** insurance premium

die **Versicherungsdauer** term of an insurance policy

der **Versicherungsfall** insurance job

die **Versicherungspflicht** compulsory insurance [*oder* statutory] ⚠ *ohne Artikel*

die **Versicherungspolice** insurance policy

die **Versicherungsprämie** insurance premium

der **Versicherungsschutz** insurance cover

die **Versicherungssumme** sum insured [*oder* assured [ə'ʃʊəʳd]]

der **Versicherungsvertreter**, die **Versicherungsvertreterin** insurance agent [ɪn'ʃʊərᵊn(t)s-ˌeɪdʒᵊnt]

versickern to seep away

versieben (*verpatzen*) to blow it

versiegeln to seal

versilbern to silver-plate

versinken ① (*untergehen*) to sink; *Schiff:* to founder ② **die Sonne versank am Horizont** the sun sank beneath the horizon ③ (*übertragen*) to lose [luːz] oneself; **in Gedanken versunken sein** to be lost in thought

versklaven to enslave *auch übertragen*

das **Versmaß** metre ['miːtəʳ]

versöhnen ① to reconcile ['rekᵊnsaɪl] *auch übertragen* (**mit** to) ② **sich versöhnen** to become reconciled (**mit** to)

die **Versöhnung** reconciliation [ˌrekᵊnsɪli'eɪʃᵊn]

versorgen ① (*sich kümmern um*) to look after, to take care of ② (*finanziell oder materiell unterhalten*) to provide for ③ (*beliefern*) to provide, to supply (**mit** with) ④ **sich mit Proviant versorgen** to provide oneself with food ⑤ **sich selbst versorgen** to take care of oneself

die **Versorgung** ① (*Pflege*) care; **ärztliche Versorgung** medical care ② (*Belieferung*) supply; **Versorgung mit Energie** power supply ③ **die Versorgung seiner Familie** providing for his family

das **Versorgungsnetz** ① *von Strom:* supply grid ② *von Waren:* supply network

verspachteln to fill in

verspannen **sich verspannen** *Muskel:* to tense up; **du bist ja ganz verspannt** you're all tensed up

die **Verspannung** tenseness

verspäten **sich verspäten** (*zu spät kommen*) to be late; (*aufgehalten werden*) to be delayed

verspätet ① belated, late ② *Zug, Flug:* delayed

die **Verspätung** ① delay; **alle Züge haben Verspätung** there are delays ⚠ *Plural* to all trains; **[15 Minuten] Verspätung haben** to be [15 minutes] late ② *von Person:* late arrival

verspekulieren ① **sich verspekulieren** (*finanziell*) to ruin oneself by speculation ② **sich verspekulieren** (*übertragen*) to be out in one's calculations *Plural*

versperren ① (*blockieren*) to bar, to block; **Sie versperren mir die Sicht!** you're obstructing my view! 2 (*verschließen*) to lock up

verspielen 1 to gamble away *auch übertragen* 2 **der hat bei mir verspielt!** I've had quite enough of him! 3 **sich verspielen** (*beim Musizieren*) to make a mistake

verspielt playful

verspotten to mock

versprechen 1 to promise; **versprochen?** promise? 2 **was versprichst du dir davon?** what do you expect to gain by it? 3 (*sich verplappern*) to make a slip of the tongue

das **Versprechen** promise

verspritzen 1 (*versprühen*) to spray 2 (*durch Planschen*) to spatter, to splash

verstaatlichen to nationalize

die **Verstaatlichung** nationalization

die **Verstädterung** urbanization

der **Verstand** 1 (*Intellekt*) intellect, mind; **ein scharfer Verstand** a keen mind 2 (*Denkfähigkeit*) reason 3 **den Verstand verlieren** to go out of one's mind; **hast du den Verstand verloren?** have you gone mad?, are you out of your mind? 4 (*Vernunft*) [common] sense; **der Verstand sagt uns, ...** common sense tells us ..., it is common sense ... 5 (*Urteilsfähigkeit*) judgement ['dʒʌdʒmənt] 6 **ohne [Sinn und] Verstand** mindlessly

verstandesmäßig rational, intellectual

der **Verstandesmensch** rational person

verständig 1 (*einsichtig*) understanding 2 (*vernünftig*) reasonable, sensible

verständigen 1 (*informieren*) to inform, to notify (**von** of) 2 **sich [mit jemandem] verständigen** (*kommunizieren*) to communicate [with someone]

die **Verständigung** 1 (*Informieren*) information, notification 2 (*Kommunikation*) communication 3 (*Übereinkunft*) agreement, understanding

verständlich 1 (*einsichtig, deutlich*) *Aussprache:* intelligible 2 (*begreiflich*) understandable; **schwer verständlich** difficult to understand 3 (*begreifbar*) comprehensible 4 (*hörbar*) audible ['ɔːdəb]; **kaum verständlich** barely audible 5 **sich verständlich machen** to make oneself heard

verständlicherweise understandably

das **Verständnis** 1 (*Begreifen*) comprehension, understanding (**für** of) 2 (*Mitgefühl*) sympathy (**für** for) 3 (*Sinn für etwas*) appreciation [əˌpriːʃi'eɪʃᵊn] (**für** of) 4 **dafür/für solche Leute habe ich kein Verständnis** I have no time for that kind of thing/people

verständnislos 1 (*nicht verstehend*) uncomprehending 2 (*ohne Einfühlungsvermögen*) unsympathetic [ˌʌnsɪmpə'θetɪk] (**für** towards)

verständnisvoll 1 (*verstehend*) understanding 2 (*mitfühlend*) sympathetic [ˌsɪmpə'θetɪk] (**für** towards)

verstärken 1 to reinforce [ˌriːɪn'fɔːs] *auch übertragen,* to strengthen *auch übertragen* 2 (*durch Lautsprecher*) to amplify 3 (*steigern*) to intensify 4 (*vermehren*) to increase [ɪn'kriːs] 5 **sich verstärken** (*sich vermehren*) to increase 6 **sich verstärken** (*intensiver werden*) to intensify, to strengthen

der **Verstärker** amplifier

die **Verstärkung** 1 reinforcement [ˌriːɪn'fɔːsmənts], support 2 (*Intensivierung*) intensification 3 (*Vermehrung*) increase ['ɪnkriːs] 4 *durch Truppen:* reinforcements [ˌriːɪn'fɔːsmənts] ⚠ *Plural*

verstaubt dusty

verstauchen to sprain; **ich habe mir die Hand/den Knöchel verstaucht** I've sprained my hand/my ankle ['æŋkl]

verstauen to pack *Gepäck* (**in** into)

das **Versteck** 1 hiding ['haɪdɪŋ] place 2 **Versteck spielen** to play hide-and-seek

verstecken 1 to conceal [kən'siːl], to hide (**vor** from) 2 **sich verstecken** to conceal oneself, to hide (**vor** from)

> **G** Richtiges Konjugieren von **to hide**: hide, hid, hidden
> *if you don't hide the biscuits Roger will eat them all!;*
> *Sandra hid the Christmas presents in the loft;*
> *where have you hidden your report?*

versteckt 1 (*verborgen*) concealed [kən'siːld], hidden 2 (*verstohlen*) furtive

verstehen 1 (*begreifen*) to understand; **verstanden?** do you understand me?, got the idea?, OK?; **ich verstehe!** I see! 2 (*deuten*) to interpret 3 (*einsehen*) to see 4 **was verstehen Sie unter „exzentrisch"?** what do you understand by "eccentric"?; **wie verstehen Sie seine Bemerkungen?** what do you understand by his remarks?; **jemandem zu verstehen geben, dass ...** to give someone to understand that ... 5 **ich verstehe nichts!** (*vor Lärm*) I can't hear a word! 6 **falsch verstehen** to misunderstand 7 **sie verstehen sich** they understand each other; (*kommen miteinander aus*) they get on [*oder* along] well [with each other] 8 **das versteht sich von selbst** that goes without saying

> **G** Richtiges Konjugieren von **to understand**: understand, understood, understood
> *I'm sorry, I don't understand;*
> *Barry understood the foreigners well;*
> *have you understood everything?*

versteifen 1 (*verstärken*) to reinforce [ˌriːɪn'fɔːs], to strengthen 2 **sich versteifen** *Gelenk:* to become stiff 3 **sich auf etwas versteifen** to become set on something

versteigern to auction [off]; **etwas versteigern**

V

lassen to put something up for auction

die **Versteigerung** auction

versteinert **wie versteinert dastehen** to be rooted to the spot

die **Versteinerung** ① (*Vorgang*) petrifaction ② (*Fossil*) fossil ['fɒsᵊl]

verstellbar adjustable

verstellen ① (*in Unordnung bringen*) to misplace [mɪ'spleɪs], to put in the wrong place ② to shift *Möbel* ③ (*versperren*) to block; **das Sofa verstellt mir den Weg** the settee is in [*oder* is blocking] my way ④ **wer hat den Fernseher verstellt?** who's been fiddling with the television? ⑤ to disguise [dɪs'gaɪz] *Handschrift, Stimme* ⑥ **sich verstellen** (*vorgeben*) to dissemble, to hide one's true feelings *Plural*

versteuern to pay duty [*oder* tax] on

die **Versteuerung** taxation

verstimmt ① *Klavier:* out of tune ② *Mensch:* put out ③ *Magen:* upset [ʌp'set]

verstockt obstinate, stubborn

verstohlen *Blick:* furtive, surreptitious [ˌsʌrəp'tɪʃəs]

verstopfen ① to stop up *Loch* ② to block

verstopft ① *Abfluss:* blocked ② *Darm:* constipated ③ *Nase:* blocked [up]

die **Verstopfung** ① (*Blockierung*) blockage ['blɒkɪdʒ] ② *von Darm:* constipation; **Verstopfung haben** to be constipated

verstorben deceased [dɪ'si:st], late *vorangestellt*

verstört disturbed; (*vor Angst*) distraught [dɪ'strɔ:t]; **einen verstörten Eindruck machen** to look distraught

der **Verstoß** offence [ə'fen(t)s] (**gegen** against), violation (**gegen** of)

verstoßen ① (*vertreiben*) to expel (**aus** from) ② (*sich vergehen*) to offend (**gegen** against); **das verstößt gegen die Regel** this is against the rule

verstrahlt contaminated by radiation

verstreichen ① *Zeit:* to elapse, to pass [by]; *Frist:* to expire ② (*auftragen*) to put on; to spread *Farbe, Salbe* (**auf** to)

verstreuen to scatter

die **Verstümmelung** mutilation

verstummen to fall silent

der **Versuch** ① attempt; **ein Versuch, etwas zu tun** an attempt at doing [*oder* to do] something; **es ist einen Versuch wert** it's worth a try; **beim ersten Versuch** at the first try; **er unternahm keinen Versuch, uns zu helfen** he made no attempt to help us; **alle Versuche scheiterten** all attempts failed ② (*Experiment*) experiment; (*Test*) test; **einen Versuch durchführen** to conduct [*oder* carry out] an experiment

versuchen ① to attempt, to try; **es versuchen** to have a try; **versuch es doch mal!** have a go!; **versuch es noch mal!** have another try!; **versuch es mal mit Geduld** try a little patience; **versuchen, etwas zu tun** to attempt [*oder* try] to do something; **lass mich mal versuchen!** let me have a try!; **ich werd es mal versuchen** I'll give it a try ② (*sich sehr bemühen*) to strive ③ (*kosten, probieren*) to taste; **versuch mal!** have a taste! ④ **sich an etwas versuchen** to try one's hand at something

> **G** Richtiges Konjugieren von **to try**: try, tried, tried
> *please try to concentrate!;*
> *he tried to answer all the questions;*
> *I have tried seven different types of cheese*

das **Versuchskaninchen** guinea ['gɪni] pig *übertragen*

die **Versuchsperson** test person; **die Versuchspersonen** the test group ⚠ *Singular*

die **Versuchsreihe** series *Singular* of experiments

das **Versuchstier** laboratory animal

versuchsweise (*als Versuch*) on a trial basis

die **Versuchung** temptation; **in Versuchung führen** to lead into temptation; **in Versuchung kommen** to be tempted

versumpfen (*übertragen: zechen*) to go on a bender *umgangsspr*

versunken ① *Schiff:* sunken ② *Kultur:* submerged ③ (*vertieft*) absorbed, immersed; **in Gedanken versunken** lost in thought

versüßen **jemandem etwas versüßen** to make something more pleasant for someone

vertagen ① to adjourn [ə'dʒɜ:n] *Sitzung, Verhandlung* (**auf** until) ② (*verschieben*) to postpone (**auf** until) ③ **sich vertagen** to be adjourned; *Gericht:* to adjourn (**auf** until)

die **Vertagung** ① *von Sitzung, Verhandlung:* adjournment [ə'dʒɜ:nmənt] ② *im Parlament:* prorogation

vertauschen (*verwechseln*) to mix up; **man hat unsere Jacken vertauscht!** they got our jackets mixed up!

verteidigen to defend; **sich verteidigen** to defend oneself; **sich selbst verteidigen** (*vor Gericht*) to conduct one's own defence

der **Verteidiger**, die **Verteidigerin** ① (*auch beim Sport*) defender ② (*Befürworter*) advocate ['ædvəkət] ③ (*Anwalt*) counsel [*oder* (USA) attorney] for the defence

die **Verteidigung** (*auch im Fußball*) defence (GB), defense (USA)

der **Verteidigungsminister**, die **Verteidigungsministerin** Minister of Defence

das **Verteidigungsministerium** Ministry of Defence

verteilen ① to distribute (**an** to, **unter** among) ② (*ausstreuen*) to spread (**über** over) ③ **sich verteilen** *Personen:* to spread out ④ **sich verteilen** (*zeitlich*) to be spread (**über** over)

die **Verteilung** ① (*Austeilung*) distribution ② (*Zu-

teilung) allocation

verteuern ① to make dearer ② **sich verteuern** to become dearer

die **Verteuerung** increase [ˌɪnkriːs-] in price

verteufelt ① *Angelegenheit:* devilish ② **verteufeltes Glück haben** to be damned lucky ③ **verteufelt wehtun** to hurt like mad

vertiefen ① to deepen *auch übertragen* ② **sich in etwas vertiefen** to become absorbed in something

die **Vertiefung** ① deepening ② *in Oberfläche:* depression [dɪˈpreʃᵊn] ③ *von Kenntnissen usw.:* consolidation ⚠ *ohne Artikel*

vertikal vertical [ˈvɜːtɪkᵊl]

das **Vertilgungsmittel** ① *gegen Insekten:* pesticide [ˈpestɪsaɪd] ② *gegen Unkraut:* weed-killer

vertippen **sich vertippen** (*mit Schreibmaschine*) to make a typing error

vertrackt tricky **so eine vertrackte Sache** what an awkward business

der **Vertrag** ① (*Arbeitsvertrag*) contract ② (*Abkommen*) agreement; (*politisch*) treaty

vertragen ① (*aushalten*) to endure, to stand, to tolerate; **ich kann alles vertragen, nur keine Schlamperei** I can tolerate anything except sloppiness ② (*bekömmlich sein*) **er kann keinen Fisch vertragen** fish does not agree with him; **ich kann keine Sonne vertragen** I can't take the sun; **er kann keinen Spaß vertragen** he can't take a joke; **sie kann nichts vertragen** (*Alkohol*) she can't take her drink ③ (*brauchen*) **ich könnte einen vertragen** (*Alkohol*) I could do with a drink ④ **sich [mit jemandem] vertragen** to get along [with someone]; **wir vertragen uns wieder** we've made up, we're friends again

vertraglich ① *Regelung:* contractual ② **vertraglich gebunden** bound by contract

verträglich ① (*umgänglich*) *Mensch:* easy-going, amicable, peaceable ② (*bekömmlich*) wholesome; *Speisen:* digestible [dɪˈdʒestəbl̩]

der **Vertragsabschluss** completion of a contract

die **Vertragsbedingungen** terms [*oder* conditions] of a contract

der **Vertragsbruch** breach of contract

die **Vertragsdauer** contractual period

der **Vertragspartner**, die **Vertragspartnerin** partner to a contract [*oder* treaty]

die **Vertragsverletzung** breach of contract

vertragswidrig ① *Handlung usw.:* contrary [ˈkɒntrᵊri] to the agreement ② **jemandem vertragswidrig kündigen** to make someone redundant contrary to the terms of contract

das **Vertrauen** ① confidence [ˈkɒnfɪdᵊn(t)s], trust (**zu/in** in) ② **im Vertrauen [gesagt]** strictly in confidence; **zu jemandem Vertrauen haben** to be confident in someone, to trust someone; **jemanden ins Vertrauen ziehen** to admit [*oder* take] someone into one's confidence; **er ist ein Vertrauen erweckender Mensch** he is a person who inspires confidence

vertrauen ① **jemandem vertrauen** to trust in someone ② **auf die Zukunft vertrauen** to have faith in the future

der **Vertrauensarzt**, die **Vertrauensärztin** independent examining doctor

der **Vertrauensbruch** breach of trust

vertrauensvoll trusting

vertrauenswürdig trustworthy

vertraulich ① (*geheim*) confidential ② (*freundschaftlich*) familiar

verträumt ① (*träumerisch*) dreamy ② (*idyllisch*) sleepy

vertraut ① (*intim*) intimate ② *Freund:* close [kləʊs] ③ *Gesicht:* familiar ④ **sich mit dem Gedanken vertraut machen, dass ...** to get used to the idea that ...; **sich mit etwas vertraut machen** to acquaint oneself with something

der/die **Vertraute** intimate friend

die **Vertrautheit** ① (*Intimität*) intimacy ② (*Bekanntheit*) familiarity

vertreiben ① to drive away; (*aus Land*) to expel (**aus** from); **Menschen aus ihrer Heimat vertreiben** to drive people out of their native land ② (*handeln mit*) to sell ③ **sich die Zeit [mit etwas] vertreiben** to while [*oder* pass] away one's time [doing something]

die **Vertreibung** expulsion

vertretbar justifiable; **nicht vertretbar** (*unhaltbar*) untenable

vertreten ① (*als Bevollmächtigter*) to represent; **er vertritt die Firma in Edinburgh** he represents the firm in Edinburgh ② (*zeitweilig ersetzen*) to replace [rɪˈpleɪs] ③ (*einstehen*) to answer [ˈɑːn(t)səʳ] for ④ **jemanden [vor Gericht] vertreten** to plead someone's case ⑤ to attend to *Interessen* ⑥ **ich vertrete die Ansicht ...** I take the view ... ⑦ **sich die Beine vertreten** to stretch one's legs

der **Vertreter**, die **Vertreterin** ① (*Repräsentant*) representative ② (*Stellvertreter*) deputy; (*für Arzt oder Geistlichen*) locum [tenens] ③ (*Fürsprecher*) advocate [ˈædvəkət] ④ (*Handelsvertreter*) sales representative, sales rep *umgangsspr*

die **Vertretung** ① *in der Schule:* supply teacher ② (*Ersatz*) replacement [rɪˈpleɪsmənt]; **für jemanden die Vertretung übernehmen** to take the place of someone ③ (*Agentur*) agency [ˈeɪdʒᵊn(t)si]

der **Vertrieb** sales, marketing

die **Vertriebsabteilung** sales department

die **Vertriebskosten** marketing [*oder* distribution] costs

der **Vertriebsleiter**, die **Vertriebsleiterin** sales manager

das **Vertriebsnetz** network of distributors
vertrocknen ① *Quelle:* to dry up ② *Pflanze:* to wither ③ *Lebensmittel:* to go dry
vertrösten **jemanden von einem Tag auf den nächsten vertrösten** to put someone off from day to day
vertrottelt dopy
vertun **ich hab mich** [**schwer**] **vertan** I've made a [big] mistake
vertuschen to hush up
verübeln **jemandem etwas verübeln** to take something amiss; **ich kann's dir nicht verübeln** I can't blame you [for that]
verulken to make fun of, to tease
verunfallen CH to have an accident ['æksɪdᵊnt]
verunglücken ① *Auto, Person:* to have an accident; *Flugzeug:* to crash; **mit dem Auto verunglücken** to have a car accident; **mit dem Flugzeug verunglücken** to be in a plane crash; **tödlich verunglücken** to be killed in an accident ② (*misslingen*) to go wrong [rɒŋ]; **der Kuchen ist mir verunglückt** I fluffed the cake *umgangsspr*
verunmöglichen CH to make impossible
verunsichern to make uncertain [ʌn'sɜːtᵊn] (**in** of)
verunsichert uncertain [ʌn'sɜːtᵊn]
verunstalten to disfigure
veruntreuen to embezzle
verursachen to cause; **Beschwerden verursachen** to give rise to trouble ⚠ *Singular*
der **Verursacher**, die **Verursacherin** culprit
verurteilen ① to condemn [kən'dem] *auch übertragen* ② **jemanden zu drei Jahren Gefängnis verurteilen** to sentence someone to three years imprisonment; **jemanden zu einer Geldstrafe verurteilen** to impose a fine on someone
die **Verurteilung** ① condemnation *auch übertragen* ② (*Schuldspruch*) conviction
vervielfältigen to duplicate ['djuːplɪkeɪt]
vervollständigen to complete
die **Vervollständigung** completion ⚠ *ohne Artikel*
verwackeln to blur *Foto*
verwählen **sich verwählen** to dial the wrong number; **Verzeihung, ich habe mich verwählt!** sorry, [I've dialled the] wrong number!
verwahren (*aufheben*) to have in safekeeping, to keep [safe]; **etwas an einem sicheren Ort verwahren** to put something away safely
verwahrlost ① (*vernachlässigt*) neglected ② *Äußeres einer Person:* unkempt ③ (*moralisch*) decadent
die **Verwahrlosung** ① *von Person:* neglect of oneself ② *von Gebäude:* dilapidation ③ (*moralisch*) depravity
verwaist ① (*ohne Eltern*) orphaned ② (*verlassen*) deserted [dɪ'zɜːtɪd]

V

verwalten ① to administer *Erbe, Vermögen* ② to manage; to run *Firma* ③ to govern *Gebiet, Staat* ④ to hold *Amt*
der **Verwalter**, die **Verwalterin** administrator
die **Verwaltung** ① administration ② *einer Firma:* management
der **Verwaltungsapparat** administrative machinery [-məʃiːnᵊri]
der/die **Verwaltungsbeamte**, die **Verwaltungsbeamtin** civil [ˌsɪvᵊl-] servant
der **Verwaltungsbezirk** administrative district
die **Verwaltungskosten** administrative costs [*oder* expenses] *Plural*
verwandeln ① to change ② **sich verwandeln** to turn (**in** into) ③ **einen Elfmeter/Eckball verwandeln** to score from a penalty/corner
die **Verwandlung** change, transformation
verwandt related (**mit** to)

> **V** **related** wird zusammen mit **to** gebraucht: *Peter is not related to Paul; they are just friends.*

der/die **Verwandte** relation, relative
die **Verwandtschaft** ① (*das Verwandtsein*) relationship ② (*die Verwandten*) relations ⚠ *Plural*
verwandtschaftlich family
die **Verwarnung** caution, warning; **jemandem eine Verwarnung erteilen** to give someone a warning; (*gebührenpflichtig*) to fine someone; (*im Fußball*) to give [*oder* show] someone a yellow card
verwechseln to mix up; **ich hab eure Mäntel verwechselt** I got your coats mixed up; **jemanden mit jemand anderem verwechseln** to take someone for someone else; **zum Verwechseln ähnlich** as like as two peas
die **Verwechslung** ① confusion; **es gab eine Verwechslung** there's been a mix-up ② (*Irrtum*) mistake
verwegen daring, bold
verwehen to drift *Schnee*
die **Verwehung** *von Schnee, Sand:* drift
die **Verweichlichung** softness
verweigern ① **jemandem etwas verweigern** to deny [*oder* refuse] someone something ② **das Essen verweigern** to refuse to eat ③ **den Wehrdienst verweigern** to refuse to do one's military service
die **Verweigerung** denial, refusal
verweint ① *Gesicht:* tear-stained ['tɪəʳsteɪnd] ② *Augen:* tear-swollen ['tɪəʳˌswəʊlən]
der **Verweis** ① (*Rüge*) rebuke, reprimand; **jemandem einen Verweis erteilen** to reprimand [*oder* rebuke] someone ② (*Hinweis in Buch usw.*) reference ['refᵊrᵊn(t)s] (**auf** to)
verweisen ① (*hinweisen*) to refer; **auf etwas verweisen** to refer to something; **jemanden**

auf etwas/an jemanden verweisen to refer someone to something/someone ② **jemanden des Landes/von der Schule verweisen** to expel someone from the country/from school

verwelken ① *Blume:* to wilt ② *Schönheit:* to fade

verwendbar usable ['ju:zəbl̩] (**zu** for)

verwenden ① to use; (*benutzen*) to employ; **viel Zeit verwenden** to spend a lot of time (**auf** on) ② (*verwerten*) to utilize

die **Verwendung** ① employment, use ② *von Geld, Zeit:* expenditure (**auf** on)

der **Verwendungszweck** purpose, use

verwerflich reprehensible [ˌreprɪ'hen(t)səbl̩]

verwerten ① to make use of, to utilize ② to exploit [ɪk'splɔɪt] *Rohstoff*

die **Verwertung** using, utilization

verwesen ① *Blätter, Leichnam:* to decay ② *Fleisch:* to rot

die **Verwestlichung** Westernization

die **Verwesung** decomposition; **in Verwesung übergehen** to start to decay

verwickeln ① to tangle up *Fäden* ② **jemanden in etwas verwickeln** to involve someone in something ③ **sich verwickeln** to become tangled

verwickelt (*übertragen*) complicated, intricate

die **Verwicklung** involvement (**in** in)

verwildert ① *Tier:* wild ② *Garten:* overgrown ③ *Aussehen:* unkempt

verwinkelt full of corners *Plural*

verwirklichen ① to realize ② **sich verwirklichen** (*in Erfüllung gehen*) *Traum, Wunsch:* to be realized, to come true ③ **sich [selbst] verwirklichen** to fulfil oneself

verwirren to confuse; **verwirrt dich das?** does that confuse you?

verwirrt ① (*durcheinander*) confused ② (*verlegen*) embarrassed

die **Verwirrung** confusion; **Verwirrung stiften** to cause confusion; **jemanden in Verwirrung bringen** to confuse someone

verwittert weathered

verwitwet widowed; **Frau Braun, verwitwete Schwarz** Mrs Braun, the widow of Mr Schwarz

verwöhnen ① to spoil *Kind;* **ich lasse mich gern verwöhnen** I like to be spoilt ② (*verzärteln*) to pamper

verwöhnt ① *Kind:* spoiled ② *im Geschmack:* discriminating ③ **vom Schicksal verwöhnt** smiled upon by fate

verworren ① *Lage:* complicated, intricate ② *Gedanken:* confused

verwundbar vulnerable *auch übertragen*

verwunden to injure, to wound [wu:nd]

verwunderlich ① (*erstaunlich*) amazing, surprising [sə'praɪzɪŋ]; **es ist nicht verwunderlich, dass ...** it is no wonder that ...; **das ist kaum verwunderlich** it's hardly to be wondered at ② (*sonderbar*) strange [streɪndʒ]

die **Verwunderung** astonishment; **zu meiner Verwunderung** to my astonishment

verwundet wounded [wu:ndɪd] *auch übertragen;* **leicht verwundet** slightly wounded

der/die **Verwundete** wounded ['wu:ndɪd] person, injured person

die **Verwundung** wound [wu:nd], injury

verwünschen ① (*verzaubern*) to cast a spell on ② (*verfluchen*) to curse

verwurzelt (*übertragen*) deeply rooted (**in/mit** in)

verwüsten to devastate, to ravage

die **Verwüstung** devastation

verzagt despondent, disheartened

verzählen **sich verzählen** to miscount [mɪ'skaʊnt]

verzaubern ① to put a spell on; **jemanden in etwas verzaubern** to turn someone into something ② (*bezaubern*) to enchant

verzehnfachen to increase [ɪn'kri:s] tenfold

der **Verzehr** consumption

verzehren ① to consume *auch übertragen* ② **sich verzehren** to eat one's heart out (**vor** with); **sich vor Kummer verzehren** to be consumed with grief; **sich vor Sehnsucht nach jemandem verzehren** to pine for someone

das **Verzeichnis** ① (*Liste*) list ② (*Register*) register ['redʒɪstəʳ] ③ (*Telefonverzeichnis*) directory

verzeigen (CH) **jemanden verzeigen** to report someone to the police

verzeihen ① (*vergeben*) to forgive ② (*entschuldigen*) to excuse [ɪk'skju:z], to pardon ③ (*vor Frage, Störung*) **verzeihen Sie!** excuse me!, I beg your pardon! ④ (*bei Anrempelung*) **verzeihen Sie!** sorry!

> **G** Richtiges Konjugieren von **to forgive**: forgive, forgave, forgiven
> *how can I ever forgive you?;*
> *she said sorry and Anna forgave her straight away;*
> *Tara has forgiven us for forgetting her birthday*

verzeihlich ① forgivable ② (*entschuldbar*) excusable, pardonable

die **Verzeihung** ① (*Vergebung*) forgiveness; **jemanden um Verzeihung bitten** to apologize to someone ② (*wie bitte?*) pardon?; *vor Frage, Störung:* excuse [ɪk'skju:z] me!; *bei Anrempelung:* sorry!

verzerren ① (*auch übertragen*) to distort *Klang, Tatsachen* ② to contort *Gesicht* ③ **sich verzerren** to become contorted [*oder* distorted] (**zu** in)

verzerrt **ein verzerrtes Bild von der Wirklichkeit** a distorted view of life

die **Verzerrung** distortion *auch übertragen*

der **Verzicht** renunciation [rɪˌnʌn(t)si'eɪʃᵊn] (**auf** of); **Verzicht auf etwas üben** to renounce [*oder* forego] something

verzichten ① (*auskommen ohne*) to do without; **danke, ich verzichte!** thanks, but no thanks! ② **auf eine Erbschaft/ein Eigentum verzichten** to renounce an inheritance/a possession; **auf einen Anspruch verzichten** to waive a right

verziehen ① to spoil *Kind* ② **den Mund verziehen** to twist one's mouth (**zu** into); **das Gesicht verziehen** to pull a face; **keine Miene verziehen** to not bat an eyelid ③ **sich verziehen** *Holz:* to warp ④ **sich verziehen** (*verschwinden*) to disappear; *Gewitter:* to pass; *Wolken:* to disperse ⑤ **los, verzieh dich!** shove off!

verzieren to decorate

die **Verzierung** decoration; **die Verzierungen** the decoration ⚠ *Singular*

verzinsen to pay interest on; **mit 8 % verzinst sein** to bear interest at 8 %; **verzinstes Darlehen** loan with interest

verzinslich **verzinsliches Darlehen** loan with interest

verzogen ① *Holz:* warped ② *Kind:* spoiled ③ (*aus Wohnung*) moved away; **„Empfänger verzogen"** "no longer at this address"

verzögern ① to delay; (*verlangsamen*) to slow down ② **sich verzögern** to be delayed

die **Verzögerung** ① delay ② (*das Verzögern*) delaying ③ (*Verlangsamung*) slowing down

verzollen **etwas verzollen** to pay duty on something; **haben Sie etwas zu verzollen?** have you anything to declare?

verzollt duty-paid

die **Verzückung** **in Verzückung über etwas geraten** to go into raptures ⚠ *Plural* over something

der **Verzug** ① (*Aufschub*) delay; **ohne Verzug** without delay; **in Verzug geraten** to fall behind (**mit** with) ② **es ist Gefahr im Verzug** there is danger ahead

verzweifeln to despair (**an** of); **nur nicht gleich verzweifeln!** hang in there! *umgangsspr;* **es ist zum Verzweifeln!** it's maddening!

verzweifelt ① *Situation:* despairing ② *Lage:* desperate ③ **er ist verzweifelt** he is in despair; **ich bin völlig verzweifelt!** I just don't know what to do! ④ **verzweifelt kämpfen** to fight desperately

die **Verzweiflung** ① (*als Gemütszustand*) despair; **in Verzweiflung geraten** to despair ② (*Ratlosigkeit*) desperation ③ **aus reiner Verzweiflung** in sheer desperation; **jemanden zur Verzweiflung bringen** to drive someone to distraction

die **Verzweiflungstat** act of desperation; **sich zu einer Verzweiflungstat hinreißen lassen** to do something desperate

verzweigen **sich verzweigen** to branch out

verzweigt ramified *auch übertragen*

die **Verzweigung** (CH) ① (*Autobahndreieck*) motorway junction ② *einer Straße:* branching [off]

verzwickt knotty ['nɒti], tricky, complicated

der **Veteran** veteran ['vetᵊrᵊn] *auch übertragen*

das **Veto** veto ['viːtəʊ]; **sein Veto gegen etwas einlegen** to veto something

das **Vetorecht** power of veto; **das Vetorecht haben** to have a veto

der **Vetter** cousin

die **Vetternwirtschaft** nepotism

die **VHS** *Abkürzung von* **Volkshochschule** adult education centre [-ˌsentəʳ]

via via ['vaɪə]

der **Viadukt** viaduct ['vaɪədʌkt]

die **Vibration** vibration [vaɪ'breɪʃᵊn]

vibrieren to vibrate

die **Videoaufzeichnung** video recording

der **Videoclip** video clip

der **Videogerät** video set

die **Videokamera** video camera

die **Videokassette** video cassette

der **Videorekorder** video [recorder]

die **Videoschaltung** video link

der **Videotext** teletext ['telɪtekst]

die **Videothek** videotape library ['laɪbrᵊri]; (*Laden*) video shop [*oder* store]

das **Vieh** livestock ⚠ *Singular oder Plural;* (*Rinder*) cattle *Plural;* **500 Stück Vieh** 500 head of cattle ► WENDUNGEN: **jemanden wie ein Stück Vieh behandeln** to treat someone like dirt

> **V** **cattle** ist im Englischen ein Plural: *the cattle are in the field.*

das **Viehfutter** fodder

die **Viehzucht** cattle [*oder* stock] breeding

viel ① a great deal, a lot of, much; **so viel** so much; **so viel du willst** as much as you like; **halb so viel** half as much; **so viel wie gestern** as much as yesterday; **wie viel** how much; **zu viel** too much; **noch einmal so viel** as much again; **viel besser** much better; **ziemlich viel** a good deal [of] ② **viel Vergnügen!** have a good time!; **viel Glück!** good luck!; **vielen Dank!** thanks a lot! ③ **viele** a lot of, many; **so viele** so many; **wie viele** how many; **sehr viel[e]** very much, a great many; **davon gibt es nicht mehr viele** there aren't a lot left; **ziemlich viele** a good many ④ **die Straße ist viel befahren** this street is very busy; **viel beschäftigt** very busy; **viel gekauft** much-purchased; **viel geliebt** much-loved; **viel gereist** much-travelled; **ein viel sagender Blick** a meaningful look; **viel versprechend** [very] promising ⑤ **sich nicht viel aus etwas machen** to not make much of something

V **many** wird für zählbare Dinge, Tiere und Personen gebraucht: *many people make that mistake.* — **much** wird für nicht zählbare Dinge und Mengen gebraucht: *Norman has eaten too much ice-cream*

vieldeutig ambiguous [æmˈbɪgjʊːəs]
vielerlei *Dinge:* all sorts of, various [ˈveəriəs]
vielfach ① **vielfacher Millionär** multimillionaire [ˌmʌltiˌmɪljəˈneəʳ] ② **auf vielfache Weise** in many ways ⚠ *Plural;* **auf vielfachen Wunsch** at the request of many people
die **Vielfalt** great variety
vielfältig diverse, varied
vielleicht ① (*möglicherweise*) maybe, perhaps; **könnten Sie mir vielleicht behilflich sein?** could you by any chance be able to help? ② (*ungefähr*) **er war vielleicht um die 30** he may have been about 30 ③ **glaubst du mir vielleicht nicht?** you do believe me, don't you?; **kannst du mir vielleicht sagen, wie das gehen soll?** (*aggressiv*) do you think you could tell me how that's supposed to work, then? ④ (*wirklich*) really; **der ist vielleicht ein Idiot!** he really is an idiot!; **das war vielleicht gut/peinlich!** it was so good/embarrassing!; **die hat vielleicht [doof] geguckt!** you should have seen her [stupid] face!
vielmal(s) ① (*viele Male*) many times *Plural;* **ich danke Ihnen vielmals** many thanks *Plural* ② (*sehr*) a lot, very much; **ich bitte vielmals um Entschuldigung** I'm awfully sorry
vielmehr **er ist, vielmehr war, Soldat** he is, or rather was, a soldier
vielseitig ① *Bildung, Können:* all-round ② *Interessen:* varied ③ *Mensch:* versatile ④ **auf vielseitigen Wunsch** by popular request
die **Vielzahl** ① (*Menge*) multitude ② (*Fülle*) abundance [əˈbʌndən(t)s]
die **Vier** ① (*Zahl*) [number] four ② (*Schulnote*) ≈ D; **eine Vier schreiben** ≈ to get a D ③ **die Vier** (*Straßenbahn, Bus*) the number four [tram/bus]
vier ① four; **viertel vor vier** a quarter to four ② **unter vier Augen** face to face; **jemanden unter vier Augen sprechen** to speak to someone privately ③ **auf allen vieren** on all fours
das **Viereck** quadrangle, square
viereckig quadrangular, square
der **Vierer** (*Ruderboot*) four
vierfach ① *Mord:* fourfold, quadruple ② **die vierfache deutsche Meisterin** the four time German champion ③ **in vierfacher Ausfertigung** in quadruplicate
vierhändig **vierhändig spielen** to play something for four hands
vierhundert four hundred
vierjährig ① (*vier Jahre alt*) four-year-old ② (*vier Jahre lang*) four-year
die **Vierlinge** quadruplets
viermal four times; **viermal so viele** four times as many
der **Vierradantrieb** four-wheel drive
vierspurig *Straße:* four-lane
vierstellig **eine vierstellige Zahl** a four-figure number
das **Viersternehotel** 4-star hotel
vierte(r, s) ① fourth, 4th ② **wir haben heute den vierten Dezember** today is the fourth of December ③ **ich bin in der vierten Klasse** I'm in Year 4 ④ **im vierten Gang fahren** to drive in fourth
vierteilig ① **ein vierteiliger Roman/Film** a four-part novel/film ② **ein vierteiliges Service** a four piece set
viertel quarter; **ein viertel Pfund** a quarter of a pound
das **Viertel** ① (*Maß*) fourth [part] ② **Viertel nach elf** [a] quarter past eleven; **Viertel vor zwölf** [a] quarter to twelve ③ **ein Viertel[e]** (*Wein*) a glass of wine ④ (*Stadtteil*) district, quarter
das **Vierteljahr** quarter [of a year], three months *Plural;* **in einem Vierteljahr** in three month's *Plural* time
vierteljährlich ① *Rechnung usw.:* quarterly ② **vierteljährlich erscheinen** to be published every three months [*oder* quarterly]
der **Viertelliter** quarter of a litre [ˈliːtəʳ]
die **Viertelstunde** quarter of an hour [aʊəʳ] Ⓖⓑ, quarter hour Ⓤⓢⓐ; **in einer Viertelstunde** in quarter of an hour
viertelstündlich **der Bus/die Bahn fährt viertelstündlich** the bus/train runs every quarter of an hour
der **Viertürer** four-door model
vierzehn fourteen; **vierzehn Tage** a fortnight; **in vierzehn Tagen** in a fortnight's time Ⓖⓑ, in two weeks Ⓤⓢⓐ
vierzehntägig fortnightly [ˈfɔːtnaɪtli]
vierzehnte(r, s) fourteenth
das **Vierzehntel** fourteenth
vierzig forty
vierzigste(r, s) fortieth
die **Vierzimmerwohnung** four-room flat [*oder* Ⓤⓢⓐ apartment]
Vietnam Vietnam
der **Vietnamese**, die **Vietnamesin** Vietnamese
vietnamesisch Vietnamese
der **Vikar** curate
die **Villa** villa
violett violet [ˈvaɪələt]
die **Violine** violin; **Violine spielen** to play the violin
der/die **VIP** *Abkürzung von* **very important person** VIP [ˌviːaɪˈpiː]
die **Viper** (*Giftschlange*) adder, viper [ˈvaɪpəʳ]
die **Virenwarnung** *im Internet:* virus warning
virtuell virtual; **virtuelle Realität** virtual reality
das **Virus** virus [ˈvaɪrəs]

die **Viruskrankheit** viral disease
der **Visagist**, die **Visagistin** make-up artist
das **Visier** ① *von Helm:* visor ② *von Gewehr:* sight
visieren (CH) (*abzeichnen*) to certify
die **Vision** vision ['vɪʒᵊn]
die **Visite** ① *im Krankenhaus:* round; **wann ist hier auf Station Visite?** when are the doctors going on their round on this ward? ② *zu Hause:* house call, visit
die **Visitenkarte** (*auch übertragen*) visiting card (GB), calling card (USA)
die **Viskose** viscose ['vɪskəʊs]
visuell visual ['vɪʒuəl]
das **Visum** visa
vital vigorous ['vɪgᵊrəs]
die **Vitalität** vitality
das **Vitamin** vitamin ['vɪtəmɪn]
der **Vitaminmangel** vitamin deficiency [-dɪˌfɪʃᵊn(t)si]
vitaminreich rich in vitamins *Plural*
die **Vitamintabletten** vitamin tablets
die **Vitrine** ① (*Schaukasten*) showcase ② (*Glasschrank*) glass cabinet
der **Vize** number two
der **Vizemeister**, die **Vizemeisterin** ① (*Einzelathlet*) runner-up ② (*Mannschaft*) runners-up ⚠ *Plural*
der **Vizepräsident**, die **Vizepräsidentin** ① *in der Politik:* vice-president ② *einer Firma:* deputy chair, deputy chairman *maskulin,* deputy chairwoman *feminin*
der **Vizeweltmeister**, die **Vizeweltmeisterin** ① (*Einzelathlet*) runner-up in the World Cup ② (*Mannschaft*) runners-up ⚠ *Plural* in the World Cup
der **V-Mann** contact
der **Vogel** bird ▶ WENDUNGEN: **ein seltsamer Vogel** a strange customer; **jemandem den Vogel zeigen** to tap one's forehead; **einen Vogel haben** to have a screw loose
das **Vogelbauer** birdcage ['bɜːdkeɪdʒ]
das **Vogelfutter** birdseed
die **Vogelgrippe** bird flu *umgangsspr,* avian influenza
das **Vogelnest** bird's nest
die **Vogelscheuche** (*auch übertragen umgangsspr*) scarecrow ['skeəkrəʊ]
die **Vogelwarte** ornithological station
der **Vogerlsalat** (A) lamb's lettuce [læms'letɪs]
die **Vogesen** the Vosges [vəʊʒ]
die **Vokabel** word ⚠ *das englische Wort 'vocabulary' bedeutet ‚Wortschatz'*
das **Vokabelheft** vocabulary book
das **Vokabular** vocabulary
der **Vokal** vowel [vaʊəl]
das **Volk** ① (*Nation*) people, nation; **das litauische Volk** the Lithuanian people; **ein Mann aus dem Volk** a man of the people; **die Stimme des Volkes** the voice of the nation; **zum Volk sprechen** to address the nation ② (*Menge*) crowd ③ (*die unteren Schichten*) the lower classes ⚠ *Plural* ④ **das ist ein Volk für sich** they're a race apart
der **Völkerbund** League of Nations [liːg]
die **Völkergemeinschaft** international community
die **Völkerkunde** ethnology
der **Völkermord** genocide ['dʒenəsaɪd]
das **Völkerrecht** international law
die **Völkerverständigung** international understanding
die **Volksabstimmung** plebiscite ['plebɪsaɪt]
die **Volksbefragung** public opinion poll
der **Volksentscheid** referendum
das **Volksfest** funfair
der **Volksheld**, die **Volksheldin** popular hero *maskulin,* popular heroine *feminin*
die **Volkshochschule** adult education centre
die **Volksinitiative** (CH) petition for a referendum
die **Volkskunde** folklore
das **Volkslied** folk song
die **Volksrepublik** people's republic; **die Volksrepublik China** the People's Republic of China
der **Volksstamm** tribe
der **Volkstanz** folk dance
die **Volkstracht** national costume
volkstümlich ① traditional ② (*beim Volk beliebt*) popular
der **Volksvertreter**, die **Volksvertreterin** representative of the people
der **Volkswirt**, die **Volkswirtin** economist
die **Volkswirtschaft** ① (*Nationalökonomie*) national economy ② (*Studienfach*) economics ⚠ *Plural*
die **Volkszählung** census ['sen(t)səs]
voll ① (*angefüllt*) full (**von** of); **der Saal ist voll[er Leute]** the hall is full of people ② (*gedrängt*) crowded ③ (*ganz*) complete, entire, whole; **die volle Summe** the entire sum; **die volle Wahrheit** the whole truth; **drei volle Jahre** three whole years ④ (*vollzählig*) complete ⑤ (*gefüllt*) filled; **mit vollem Mund sprechen** to speak with one's mouth full ⑥ (*betrunken*) plastered ⑦ (*satt*) full ⑧ **mit vollem Mund** with one's mouth full ⑨ **aus dem Vollen schöpfen** to draw on unlimited resources *Plural* ⑩ **etwas voll verstehen** to understand something completely ⑪ **voll dahinterstehen** to be fully behind something ⑫ **jemanden für voll nehmen** to take someone seriously
vollautomatisch fully automatic
das **Vollbad** [proper] bath
der **Vollbart** [full] beard
das **Vollblut** (*Pferd*) thoroughbred ['θʌrəbred] [horse] (GB), blooded horse (USA)
die **Vollbremsung** emergency [ɪ'mɜːdʒən(t)si] stop;

eine Vollbremsung machen to do an emergency stop
vollbringen to accomplish, to achieve [ə'tʃi:v]; **ein Wunder vollbringen** to perform a miracle
vollbusig full-bosomed
der **Volldampf** **mit Volldampf** full steam ahead
das **Völlegefühl** unpleasant feeling of fullness
vollenden 1 (*abschließen*) to complete 2 (*vervollkommnen*) to make complete
vollendet 1 (*vollkommen*) completed 2 *Schönheit:* perfect ['pɜ:fɪkt]
die **Vollendung** 1 completion; **vor Vollendung des 30. Lebensjahres** before completion of one's 30th year 2 (*Vervollkommnung, Vollkommenheit*) perfection
der **Volleyball** ['vɔlibal] volleyball
vollführen to execute, to perform
vollfüllen to fill up *Gefäß, Behälter*
das **Vollgas** **mit Vollgas** at full throttle, full tilt *umgangsspr;* **Vollgas geben** to step on the gas *umgangsspr*
die **Vollglatze** **eine Vollglatze haben** to be entirely bald
völlig complete; **völliger Blödsinn!** utter nonsense!
volljährig of age; **volljährig werden** to come of age
die **Volljährigkeit** majority [mə'dʒɒrəti]
die **Vollkaskoversicherung** fully comprehensive insurance [ɪn'ʃʊərən(t)s]
vollklimatisiert fully air-conditioned
vollkommen 1 (*perfekt*) perfect ['pɜ:fɪkt] 2 (*völlig*) complete
die **Vollkommenheit** perfection
das **Vollkornbrot** wholemeal bread
vollmachen *Gefäß:* to fill up; (*vervollständigen*) to complete; **die Windeln vollmachen** to fill nappies
die **Vollmacht** 1 power, authority 2 *juristisch:* power of attorney; **jemandem eine Vollmacht ausstellen** [*oder* **erteilen**] to give someone power of attorney
die **Vollmilch** full-cream milk
die **Vollmilchschokolade** milk chocolate
der **Vollmond** full moon
die **Vollpension** full board
vollpumpen to fill with air
vollschlank (*füllig*) full-figured
vollschreiben to fill with writing
vollständig 1 complete, entire 2 **etwas vollständig machen** to complete something
die **Vollständigkeit** completeness; **der Vollständigkeit halber** to complete the picture
vollstopfen **sich den Bauch vollstopfen** to stuff oneself
die **Vollstreckung** execution
volltanken to fill up *Auto, Kanister*
der **Volltreffer** bull's eye *auch übertragen*
die **Vollversammlung** plenary meeting
das **Vollwaschmittel** detergent [dɪ'tɜ:dʒənt]
vollwertig *Ersatz:* fully adequate
die **Vollwertkost** wholefood
vollzählig 1 *Versammlung:* complete 2 **wir sind vollzählig erschienen** everyone of us came
vollziehen to carry out
die **Vollzugsanstalt** penal ['pi:nəl] institution
der **Volontär**, die **Volontärin** trainee
das **Volontariat** unpaid internship; **ein Volontariat bei der Zeitung machen** to do an unpaid internship with a newspaper
das **Volt** volt
das **Volumen** volume *auch übertragen*
der **Volumentarif** (*in der Telekommunikation*) volume rate
von 1 of; **das ist lieb von dir** that's kind of you; **eine Freundin von mir** a friend of mine 2 (*durch*) by 3 (*räumlich*) from; **von rechts/links** from the right/left; **von oben/unten** from the top/bottom; **von hinten/vorne** from behind/the front 4 (*zeitlich*) **von ... an** from ... on; **von ... bis** from ... until; **von nun an** henceforth; **von morgen an** from tomorrow; **von Zeit zu Zeit** from time to time; **von vornherein** from the [very] beginning 5 **von klein auf** from childhood 6 **von selbst** automatically 7 **von wegen!** no way!; **von mir aus!** I don't mind! 8 **dieses Gedicht ist von Milton** this poem is by Milton; **das hab ich von dir** I got that from you 9 **das hängt vom Wetter ab** that depends on the weather 10 **grüßen Sie ihn von mir** my best regards to him
voneinander from [*oder* of] each other
vor 1 (*örtlich*) before; **vor dem Hause** in front of the house; **das tut man nicht vor Leuten** it's not done in front of people 2 (*zeitlich*) **vor ihrer Ankunft** before [*oder* prior to] her arrival; **vor zwei Jahren** two years ago 3 (*bei Uhrzeit*) **fünf [Minuten] vor zehn** five [minutes] to ten; **nicht vor** not till; **vor der Zeit** before time (GB), ahead of time (USA) 4 **vor allem** above all, first of all 5 (*ursächlich*) **vor Angst** with fear; **vor lauter Arbeit** with all this work; **vor Lachen** for laughing 6 **vor Aufregung** for excitement 7 **vor Zeugen** in presence of witnesses 8 **vor sich hin** to oneself 9 **vor und zurück** backwards and forwards 10 **nach wie vor** still
vorab first of all, to begin with
der **Vorabend** (*der vorhergehende Abend*) the evening before
die **Vorahnung** premonition, presentiment
voran 1 (*vorn*) first, in front of 2 (*vorwärts*) forwards
vorangehen 1 to go in front; **jemandem vorangehen** to go ahead of someone 2 **mit**

gutem Beispiel vorangehen to set a good example ③ **es geht gut voran mit der Arbeit** work is coming along well

vorankommen ① **im Beruf vorankommen** to get on in one's career; **im Leben vorankommen** to get on in life; **wie kommst du voran?** how are you getting on? ② (*Fortschritte erzielen*) to make progress ['prəʊgres]

die **Voranmeldung** appointment

der **Voranschlag** estimate ['estɪmət]

die **Voranzeige** ① *für Theaterstück:* advance [əd'vɑːn(t)s] notice ② *für Film:* trailer (GB), preview (USA)

der **Vorarbeiter**, die **Vorarbeiterin** foreman *maskulin*, forewoman *feminin*

voraus ① (*voran*) in front; **jemandem [weit] voraus sein** to be [streets] ahead of someone; **Joyce war seiner Zeit voraus** Joyce was ahead of his time ② **im Voraus** in advance

vorausahnen to anticipate [æn'tɪsɪpeɪt]

vorausgehen to go in front

vorausgesetzt vorausgesetzt, dass ... provided [that] ...

die **Voraussage** prediction; *für Wetter:* forecast

voraussagen jemandem etwas voraussagen to predict something for someone

voraussehbar foreseeable

voraussetzen to presuppose; **als selbstverständlich voraussetzen** to take for granted

die **Voraussetzung** ① (*Vorbedingung*) prerequisite; **unter der Voraussetzung, dass ...** on condition that ... ② (*Annahme*) premise ['premɪs]

die **Voraussicht** foresight ['fɔːˀsaɪt]; **aller Voraussicht nach** in all probability

voraussichtlich ① *Ankunft usw.:* expected ② (*wahrscheinlich*) probably

die **Vorauszahlung** advance [əd'vɑːn(t)s] payment; **[nur] gegen Vorauszahlung!** cash in advance!

der **Vorbau** porch; (*Balkon*) balcony

der **Vorbehalt** reservation; **große Vorbehalte haben** to have grave reservations; **unter dem Vorbehalt, dass ...** with the reservation that ...

vorbehaltlos unconditional

die **Vorbehandlung** pretreatment

vorbei ① (*räumlich*) past; **kommst du vorbei?** can you get past?; (*zum Besuch*) will you drop by? ② (*zeitlich*) gone, over; **es ist vier [Uhr] vorbei** it's past [*oder* gone] four [o'clock]; **das ist jetzt alles vorbei** all that is over now; **was vorbei ist, ist vorbei** what's past, is past; **die Traurigkeit ist vorbei** the sadness is gone

vorbeifahren an jemandem/etwas vorbeifahren to drive past someone/something; **der Wagen ist eben hier vorbeigefahren** the car drove past here a few moments ago

vorbeigehen ① **an jemandem vorbeigehen** (*auch übertragen*) to go past [*oder* pass by] someone; **im Vorbeigehen** in passing *auch übertragen* ② (*kurz besuchen*) **ich gehe nachher mal bei ihm vorbei** I'll look in on him later in the day ③ (*aufhören*) to pass; **das geht schon wieder vorbei** it'll pass

vorbeikommen (*besuchen*) **bei jemandem vorbeikommen** to drop in on someone; **komm doch mal vorbei** why don't you drop in [*oder* come round] some time

vorbeilassen to let pass

vorbeireden aneinander vorbeireden to talk at cross purposes *Plural*

vorbeischießen ① (*vorbeisausen*) **[an jemandem/etwas] vorbeischießen** to shoot past [someone/something] ② **[am Ziel] vorbeischießen** to miss the target

vorbelastet at a disadvantage [ˌdɪsəd'vɑːntɪdʒ]; **da ist er/sie erblich vorbelastet** it runs in his/her family

die **Vorbemerkung** preface ['prefɪs]

vorbereiten ① to prepare ② **sich vorbereiten** to prepare [oneself] (**auf/für** for) ③ **vorbereitet sein** to be ready [*oder* prepared] (**auf** for)

die **Vorbereitung** preparation

der **Vorbesitzer**, die **Vorbesitzerin** previous ['priːviəs] owner

vorbestellen ① to order in advance [əd'vɑːn(t)s] *Ware* ② to book *Tisch, Zimmer*

die **Vorbestellung** ① *von Ware:* advance [əd'vɑːn(t)s] order ② *von Zimmer:* booking (GB), reservation (USA)

vorbestraft previously convicted [ˌpriːviəslikən'vɪktɪd]; **vorbestraft sein** to have a criminal record

vorbeugen ① (*vermeiden*) to prevent; **vorbeugen ist besser als heilen** prevention is better than cure ② **sich vorbeugen** to bend forward

vorbeugend preventive, prophylactic [ˌprɒfɪ'læktɪk]

die **Vorbeugung** ① prevention (**von/gegen** of); **zur Vorbeugung gegen** for the prevention of ② (*medizinisch*) prophylaxis [ˌprɒfɪ'læksɪs]; **zur Vorbeugung gegen** as a prophylaxis against

das **Vorbild** ① model; **jemanden als Vorbild hinstellen** to hold someone up as a model; **sich jemanden zum Vorbild nehmen** to model oneself on someone ② (*Beispiel*) example; **sich jemanden zum Vorbild nehmen** to take someone as an example

vorbildlich exemplary; **ein vorbildlicher Schüler** a model pupil

die **Vorbildung** *schulisch:* educational background

der **Vorbote** harbinger

vorbringen ① (*sagen*) to say; to express *Forderung, Meinung* ② to bring forward *Beweise*

vorchristlich pre-Christian [ˌpriː'krɪstʃən]

die **Vorderachse** front axle

V

die **Vorderansicht** front view
Vorderasien Near East
das **Vorderbein** foreleg
vordere front
die **Vorderfront** frontage ['frʌntɪdʒ]
der **Vordergrund** 1 foreground; **im Vordergrund** in the foreground 2 (*übertragen*) **sich in den Vordergrund schieben** to push oneself to the fore
der **Vordermann** person in front
das **Vorderrad** front wheel
der **Vorderradantrieb** front-wheel drive
der **Vorderschinken** shoulder ['ʃəʊldəʳ] ham
die **Vorderseite** front
der **Vordersitz** front seat
vorderste(r, s) foremost; **die vorderste Reihe** the front row
das/der **Vorderteil** front, front part
das **Vordiplom** intermediate [ˌɪntə'mi:diət] exam
vordränge(l)n **sich vordrängen** to push to the front; **sich in einer Schlange vordrängen** to jump a queue (GB), to push to the front of a line (USA)
vordringen to advance [əd'vɑ:n(t)s]; **in den Weltraum vordringen** to penetrate into space
der **Vordruck** (*Formular*) form (GB), blank (USA)
vorehelich premarital
voreilig rash; **voreilige Schlüsse ziehen** to jump to conclusions
voreingenommen prejudiced ['predʒədɪst] (**gegen** against); **die Prüfer waren mir gegenüber voreingenommen** the examiners were biased against me
die **Vorentscheidung** preliminary decision [dɪ'sɪʒᵊn]
die **Vorentscheidungsrunde** preliminary round
vorerst for the time being
der **Vorfahr** ancestor ['ænsestəʳ], forefather
die **Vorfahrt** right of way; **die Vorfahrt beachten/nicht beachten** to observe/ignore the right of way
vorfahrtsberechtigt **ich war/war nicht vorfahrtsberechtigt** I had/didn't have the right of way
das **Vorfahrtsschild** give way sign [saɪn] (GB), yield [ji:ld] sign (USA)
die **Vorfahrtsstraße** major road
der **Vorfall** 1 (*Geschehnis*) incident ['ɪn(t)sɪdᵊnt], occurrence [ə'kʌrᵊn(t)s] 2 *von Bandscheibe:* prolapse
vorfallen (*geschehen*) to happen, to occur; **es ist etwas vorgefallen** something has happened
vorfinden to discover [dɪ'skʌvəʳ], to find
die **Vorfreude** anticipation [ænˌtɪsɪ'peɪʃᵊn] (**auf** of)
vorführen 1 to show; **jemandem etwas vorführen** to show something to someone *auch Film* 2 (*präsentieren*) to present [prɪ'zent] 3 to model *Kleidung* 4 to demonstrate *Gerät* 5 to bring forward *Angeklagten*
die **Vorführung** 1 *von Film:* show 2 *von Theaterstück, Show:* performance [pə'fɔ:mən(t)s] 3 *von Mode:* presentation
der **Vorgang** 1 (*Ereignis*) event 2 (*Hergang*) course of events 3 (*Prozess*) process ['prəʊses]
der **Vorgänger**, die **Vorgängerin** predecessor [ˌpri:dɪ'sesəʳ]
der **Vorgarten** front garden (GB), dooryard (USA)
vorgeben 1 *im Sport:* to give 2 (*vortäuschen*) to pretend
das **Vorgebirge** foothills ⚠ *Plural*
vorgefasst **vorgefasste Meinung** prejudice ['predʒədɪs]
vorgefertigt prefabricated
vorgeheizt preheated
das **Vorgehen** 1 (*Verfahren*) procedure [prə(ʊ)'si:dʒəʳ] 2 **ein gemeinsames Vorgehen** a concerted action
vorgehen 1 (*nach vorn gehen*) to go forward; **sie ging vor zur Anmeldung/zur Lehrerin** she went right up to the reception desk/the teacher 2 (*früher gehen*) to go on ahead; (*als Erster gehen*) to go first; **wir gehen schon vor und treffen euch dann am Bahnhof** we'll leave now and we'll see you at the station 3 (*handeln*) to act, to proceed [prə(ʊ)'si:d] 4 (*juristisch*) to take legal proceedings [prə(ʊ)'si:dɪŋz] (**gegen** against) 5 (*wichtiger sein*) to have priority; **die Arbeit geht vor** work comes first 6 (*sich ereignen*) to go on, to happen; **was geht hier vor?** what's going on here? 7 *Uhr:* to be fast; **meine Uhr geht [drei Minuten] vor** my watch is [three minutes] fast
die **Vorgeschichte** 1 (*Urgeschichte*) prehistory 2 (*vorausgegangener Verlauf*) [past] history
der **Vorgeschmack** foretaste
der/die **Vorgesetzte** superior [su:'pɪəriəʳ]
vorgestern the day before yesterday
vorgreifen **einer Sache vorgreifen** to anticipate something; **jemandem vorgreifen** to forestall someone
das **Vorhaben** 1 (*Plan*) plan 2 (*Absicht*) intention
vorhaben 1 (*beabsichtigen*) to have in mind, to intend; **ich habe vor, mit ihr zu sprechen** I intend to speak to her; **mit jemandem Großes vorhaben** to have great plans for someone 2 (*geplant haben*) to have planned; **was hast du heute vor?** what do you have planned for today?, what are you up to today? *umgangsspr;* **wenn Sie nichts anderes vorhaben** unless you are otherwise engaged; **haben Sie morgen [schon] etwas vor?** do you have any plans for tomorrow?; **ich habe vor, nach Schottland zu fahren** I am planning to go to Scotland; **was hast du damit vor?** what are you go-

V

ing to do with that?

die **Vorhalle** entrance ['entrən(t)s] hall, vestibule; *im Parlament:* lobby

vorhalten 1 (*als Beispiel*) **er hält ihr ständig ihren Bruder vor** he keeps holding up her brother as an example to her 2 (*vorwerfen*) **jemandem etwas vorhalten** to reproach someone with something 3 **die Hand vor den Mund halten** to put one's hand in front of one's mouth 4 (*ausreichen*) to last; **das hält noch lange vor** this will last for a good while longer

die **Vorhaltungen** reproaches; **jemandem Vorhaltungen machen** to reproach someone; **jemandem Vorhaltungen dafür machen, dass er/sie etwas getan hat** to reproach someone for having done something

die **Vorhand** *im Tennis:* forehand

vorhanden 1 (*verfügbar*) available 2 (*existierend*) existing; **ein Bad war nicht vorhanden** there was no bathroom

der **Vorhang** curtain (GB), shade (USA); **den Vorhang zuziehen** to draw the curtain; **den Vorhang aufziehen** to draw back the curtain

das **Vorhängeschloss** padlock

die **Vorhaut** foreskin

vorher (*früher*) before now; **am Tag vorher** the day before, the previous day; **kurz vorher** a short time before

vorherbestimmen to predetermine

vorherbestimmt predestined

vorhergehen (*übertragen*) to precede [priːˈsiːd]

vorherig 1 (*früher*) previous [ˈpriːviəs] 2 (*ehemalig*) former

die **Vorherrschaft** 1 predominance [prɪˈdɒmɪnən(t)s] 2 *politisch:* hegemony

vorherrschend 1 (*tonangebend*) predominant 2 (*weit verbreitet*) prevailing

die **Vorhersage** 1 prediction 2 *von Wetter:* forecast

vorhersagen 1 to foretell, to predict 2 to forecast *Wetter*

> **G** Richtiges Konjugieren von **to forecast**: forecast, forecast, forecast
> *it's difficult to forecast the extent to which house prices will rise;*
> *the weatherman forecast rain for the rest of the week;*
> *thunderstorms had been forecast but they still went out in the boat*

vorhersehbar foreseeable

vorhersehen to foresee

> **G** Richtiges Konjugieren von **to foresee**: foresee, foresaw, foreseen
> *I don't foresee any problems;*
> *she foresaw what would happen;*
> *nobody had foreseen the true extent of the disaster*

vorheucheln [jemandem] **etwas vorheucheln** to feign [feɪn] something [to someone]

vorhin just now

der **Vorhof** 1 forecourt 2 *von Herz:* vestibule

vorig 1 (*früher*) previous [ˈpriːviəs] 2 (*vergangen*) last

das **Vorjahr** previous [ˈpriːviəs] year

die **Vorkehr** (CH) precaution [prɪˈkɔːʃᵊn]

die **Vorkehrung** precaution [prɪˈkɔːʃᵊn]; **die nötigen Vorkehrungen treffen** to take the necessary precautions

die **Vorkenntnisse** 1 (*Wissen*) previous knowledge [ˈpriːviəsˌnɒlɪdʒ] ⚠ *Singular* (**in** of) 2 (*Erfahrung*) previous experience [ˌpriːviəsɪkˈspɪəriən(t)s] ⚠ *Singular* (**in** in); **Vorkenntnisse nicht erforderlich** no previous experience ⚠ *Singular* necessary

das **Vorkommen** 1 (*das Auftreten*) occurrence [əˈkʌrᵊn(t)s] 2 *von Bodenschätzen:* deposit

vorkommen 1 (*geschehen*) to happen; **so was soll vorkommen!** that's life!; **das kann schon mal vorkommen** that can happen to anybody 2 **so etwas ist mir noch nicht vorgekommen** I've never heard of such a thing 3 (*auftreten*) to be found; **Bären kommen nur in Wäldern vor** bears are only to be found in woodlands ⚠ *Plural* 4 (*den Anschein haben*) to seem; **es kommt mir so vor** so it seems to me; **das kommt dir nur so vor** you're just imagining it 5 (*sich fühlen*) **ich komme mir dumm vor** I feel stupid; **du kommst dir wohl sehr klug vor?** I suppose you think you're very clever?

die **Vorkriegszeit** pre-war years *Plural*

die **Vorladung** summons ⚠ *Singular*

die **Vorlage** 1 (*das Vorlegen*) presentation 2 (*Muster*) model, pattern; **etwas als Vorlage nehmen** to copy from something 3 (*Gesetzesvorlage*) bill

vorlassen (*vorgehen lassen*) **jemanden vorlassen** to let someone go in front

der **Vorläufer** (*übertragen*) precursor

vorläufig 1 *Regelung usw.:* temporary 2 (*provisorisch*) provisional 3 (*vorerst*) temporarily; (*fürs Erste*) for the time being

vorlaut cheeky (GB), fresh (USA); **vorlautes Wesen** pertness; **werd mir nur nicht vorlaut!** don't get fresh with me!

vorlegen 1 *bei Tisch:* to serve 2 (*zeigen*) to produce [prəˈdjuːs], to show 3 to submit *Schriftstück* 4 to present [prɪˈzent] *Vorschlag*

vorlesen to read aloud [*oder* out loud]; **jemandem etwas vorlesen** to read something to someone

die **Vorlesung** lecture

vorletzt last but one, penultimate; **vorletztes Jahr** the year before last

die **Vorliebe** preference [ˈprefᵊrᵊn(t)s]; **ich habe eine Vorliebe für Gorgonzola** I like Gorgonzola a lot; **sie redet mit Vorliebe über Politik** she loves talking politics

vorliegen 1 (*eingereicht sein*) to be in; *Gesetzesvorlage:* to be before the house 2 (*vorhanden sein*) to be, to exist; **da muss ein Irrtum vorliegen** there must be some mistake 3 **was liegt vor?** what's up?

vorliegend 1 *Akten:* on hand 2 *Gründe:* existing 3 **im vorliegenden Fall** in the present case

vorlügen **jemandem etwas vorlügen** to tell someone lies *Plural*

vormachen 1 **jemandem etwas vormachen** (*zeigen*) to show someone how to do something; **machst du mir das mal vor?** can you show me [how to]? 2 **jemandem etwas vormachen** (*täuschen*) to fool someone; **machen Sie sich nichts vor!** don't fool [*oder* kid] yourself!; **ich lass mir nichts vormachen!** I won't be taken for a ride!

die **Vormachtstellung** supremacy [suːˈpreməsi] (**gegenüber** over)

vormalig former

vormals formerly

der **Vormann** foreman

der **Vormarsch** advance [ədˈvɑːn(t)s]; **auf dem Vormarsch sein** to be on the advance

vormerken 1 to make a note of, to note down 2 **einen Platz vormerken** to book [*oder* reserve] a seat 3 **sich vormerken lassen** to have one's name put down

der **Vormittag** morning

vormittags in the morning; [**um**] **11 Uhr vormittags** [at] 11 am

der **Vormund** guardian [ˈgɑːdiən]

die **Vormundschaft** guardianship [ˈgɑːdiənʃɪp]

vorn 1 in front; **vorn im Bus** at the front of the bus; **nach vorn** forward; **ganz vorn** right in the front; **vorn in** at the front of; **weit vorn** a long way ahead; **vorn liegen** to be ahead; (*im Rennen*) to lead, to be in the lead 2 (*am Anfang*) at the beginning; **von vorn** from the beginning; **noch einmal von vorn** all over again; **von vorn anfangen** (*neues Leben*) to start afresh 3 **das ist von vorn bis hinten erstunken und erlogen!** this is all a pack of lies!

der **Vorname** Christian name (GB), first name (USA)

vornehm 1 (*kultiviert*) distinguished [dɪˈstɪŋgwɪʃt] 2 (*edel*) noble [ˈnəʊbl] 3 (*sozial hochgestellt*) high-ranking; (*adlig*) aristocratic 4 (*elegant*) fashionable 5 **vornehm tun** to act posh

vornehmen 1 (*durchführen*) to carry out; to make *Änderungen* 2 **sich etwas vornehmen** (*in Angriff nehmen*) to get to work on something 3 **sich etwas vornehmen** (*planen*) to intend to do something 4 **sich jemanden vornehmen** to have a word with someone

vornherein **von vornherein** from the start

vornüber forwards

Vor-Ort- (*in Zusammensetzungen*) on-site ...; **Vor-Ort-Montage** on-site assembly

der **Vorort** suburb

der **Vorplatz** forecourt

vorprogrammiert 1 (*automatisch*) automatic 2 (*vorbestimmt*) predetermined

der **Vorrang** 1 (*Vordringlichkeit*) priority (**vor** over) 2 (*Reihenfolge*) precedence [ˈpresɪdᵊn(t)s] (**gegenüber** over) 3 **den Vorrang vor jemandem haben** to have precedence over someone

vorrangig primary, [having] priority

der **Vorrat** stock, supply; **einen Vorrat anlegen** to lay in stocks ⚠ *Plural;* **auf Vorrat haben** to keep in stock; **auf Vorrat kaufen** to buy in supplies ⚠ *Plural*

vorrätig 1 (*auf Lager*) in stock; **nicht vorrätig** out of stock 2 (*verfügbar*) available

der **Vorratsraum** store room; *im Laden:* stock room

der **Vorraum** (*Foyer*) foyer

das **Vorrecht** prerogative

der **Vorredner**, die **Vorrednerin** previous speaker; **mein Vorredner** the previous speaker

der **Vorreiter**, die **Vorreiterin** forerunner

die **Vorrichtung** device [dɪˈvaɪs], gadget [ˈgædʒɪt]

vorrücken 1 to move forward; to move on *Schachfigur* 2 *Armee:* to advance [ədˈvɑːn(t)s]

der **Vorruhestand** early retirement; **in den Vorruhestand treten** to take early retirement; **jemanden in den Vorruhestand versetzen** to retire someone early

die **Vorrunde** preliminary round

vorsagen **jemandem etwas vorsagen** to tell someone something

die **Vorsaison** early season

der **Vorsatz** 1 intention; **mit guten Vorsätzen** with good intentions; **mit dem Vorsatz zu ...** with the intention of ...; **den Vorsatz fassen, etwas zu tun** to resolve to do something 2 (*in Rechtssprache*) **mit Vorsatz** with intent

vorsätzlich 1 deliberate [dɪˈlɪbᵊrət], intentional; (*willentlich*) wilful; **etwas vorsätzlich tun** to do something deliberately 2 (*in Rechtssprache*) premeditated; **etwas vorsätzlich tun** to do something with intent

vorschicken to send forward

vorschieben 1 (*davorschieben*) to push in front 2 (*nach vorn schieben*) to push forward; to stick out *Kinn, Kopf* 3 (*vorschützen*) to put forward as a pretext *Ausrede, Grund* 4 **sich vorschieben** *Person:* to press forward; *Wolken:* to move forward

vorschießen to advance [ədˈvɑːn(t)s] *Geld*

der **Vorschlag** 1 proposal (GB), proposition (USA); [**jemandem**] **einen Vorschlag machen** to propose something [to someone] 2 (*Anregung*)

V

Vorschlagen	Making suggestions
Wie wär's, wenn wir heute mal ins Kino gehen würden?	How about going to the cinema today?
Wie wär's mit einer Tasse Tee?	How about a cup of tea?
Was hältst du davon, wenn wir mal eine Pause machen würden?	What do you think about having a break now?
Hast du Lust, spazieren zu gehen?	Would you like to go for a walk?

suggestion [sə'dʒestʃᵊn]; **auf meinen Vorschlag** at my suggestion; **mein Vorschlag lautet ...** my suggestion is ...

vorschlagen 1 to propose, to suggest [sə'dʒest]; **ich schlage vor, wir gehen** I suggest going; **was schlagen Sie vor?** what do you suggest we do? 2 (*nominieren*) **jemanden für etwas vorschlagen** to nominate someone for something

vorschnell rash

vorschreiben 1 (*anordnen*) to stipulate 2 (*diktieren*) to dictate; **ich lasse mir nichts vorschreiben!** I won't be told what to do! 3 to prescribe [prɪ'skraɪb] *Dosis*

die **Vorschrift** 1 (*Bestimmung*) regulation; **laut Vorschrift** according to regulation; **das verstößt gegen die Vorschriften** that is contrary to the regulations 2 (*Anweisung*) instruction, order; **ich lasse mir von niemandem Vorschriften machen** I don't take orders from anyone

vorschriftsmäßig 1 regulation; **die vorschriftsmäßige Kleidung** regulation clothing 2 (*korrekt*) correct 3 *Dosis:* prescribed [prɪ'skraɪbd] 4 **etwas vorschriftsmäßig tun** to do something according to [the] regulations [*oder* as instructed]

das **Vorschulalter** pre-school ['pri:sku:l] age; **im Vorschulalter** at pre-school age; **er ist jetzt im Vorschulalter** he has reached pre-school age

die **Vorschule** preschool ['pri:sku:l]

der **Vorschuss** advance [əd'vɑ:n(t)s] (**auf** on)

vorschweben mir schwebt ... vor I'm thinking of ...

vorschwindeln jemandem etwas vorschwindeln to lie to someone

vorsehen 1 **der Vertrag sieht vor, dass ...** the contract [*oder* treaty] stipulates that ... 2 **wie vorgesehen** according to plan; **so war das nicht vorgesehen** it wasn't planned to happen that way 3 **sich vorsehen** to beware (**vor** of), to take care; **sieh dich vor, was du sagst!** watch what you say!

die **Vorsehung** providence ['prɒvɪdᵊn(t)s]

vorsetzen 1 (*nach vorn*) to put forward 2 (*davorsetzen*) to put in front 3 (*anbieten*) **jemandem etwas vorsetzen** to offer someone something

die **Vorsicht** 1 care; **Vorsicht walten lassen** to take care 2 (*Umsicht*) prudence ['pru:dᵊn(t)s]; **Vorsicht walten lassen** to be prudent 3 (*Behutsamkeit*) wariness 4 (*bei Gefahr*) caution; **Vorsicht walten lassen** to be cautious; **Vorsicht!** beware!, take care!, watch out!; *auf Kisten:* [handle] with care!; **Vorsicht Stufe!** mind the step!; **Vorsicht bissiger Hund!** beware of the dog!

vorsichtig careful; (*besonnen*) cautious ['kɔ:ʃəs]

vorsichtshalber as a precaution; **etwas vorsichtshalber tun** to take the precaution of doing something

die **Vorsichtsmaßnahme** precaution; **es ist eine reine Vorsichtsmaßnahme** it's purely precautionary; **Vorsichtsmaßnahmen treffen** to take precautions

die **Vorsilbe** prefix ['pri:fɪks]

vorsingen 1 **jemandem etwas vorsingen** to sing something to someone 2 *beim Theater:* to audition

der **Vorsitz** chairmanship; (*Präsidentenamt*) presidency

der/die **Vorsitzende** 1 chairperson, chairman *maskulin,* chairwoman *feminin;* **der Vorsitzende Deng** Chairman Deng 2 *von Verein:* president

die **Vorsorge Vorsorge treffen** to take precautions ⚠ *Plural; fürs Alter:* to make provisions ⚠ *Plural*

vorsorgen [**für etwas**] **vorsorgen** to provide [for something], to make provisions [for something]

die **Vorsorgeuntersuchung** preventive medical check-up

V

die **Vorspeise** starter
die **Vorspiegelung** **unter Vorspiegelung falscher Tatsachen** under false pretences
das **Vorspiel** ① *in der Musik:* prelude ② *beim Theater:* prologue ['prəʊlɒg] ③ *beim Geschlechtsverkehr:* foreplay
vorspielen ① (*musikalisch*) **jemandem etwas vorspielen** to play something for someone ② (*beim Theater*) **jemandem etwas vorspielen** to act something for someone ③ (*übertragen*) **jemandem etwas vorspielen** to act out a sham of something in front of someone; **spiel mir doch nichts vor!** don't bother putting on an act for me! ④ *von Musik:* to play ⑤ (*als Theater- oder Musikprobe*) to audition; **jemanden vorspielen lassen** to audition someone
vorspringen ① to leap forward ② (*hervorragen*) *Kinn, Nase:* to jut out, to project [prə(ʊ)'dʒekt], to protrude
vorspringend ① projecting ② *Kinn, Nase:* prominent
der **Vorsprung** ① (*Vorteil*) advantage [əd'vɑːntɪdʒ] (**über** of) ② *im Sport:* lead [liːd] (**vor** over); **er hat 10 m Vorsprung** he is in the lead by ten meters; **sie hat eine Sekunde Vorsprung** she leads by one second; **jemandem Vorsprung geben** to give someone a head start; **jemandem 15 Minuten Vorsprung geben** to give someone a 15-minute start
die **Vorstadt** suburb
der **Vorstand** ① (*Gremium*) board ② *von Verein:* committee ③ (*Person*) chief [tʃiːf] executive, managing director
die **Vorstandssitzung** board meeting
der/die **Vorstandsvorsitzende** chair of the board of directors
vorstehend *Ecken, Zähne:* prominent, protruding
der **Vorsteher**, die **Vorsteherin** ① *von Büro:* [office] manager ② *von Bahnhof:* stationmaster
vorstellen ① **die Uhr [um eine Stunde] vorstellen** to put one's watch/the clock forward [an hour] ② **jemandem etwas vorstellen** to present [*oder* show] someone something ③ **darf ich Ihnen Herrn X vorstellen?** allow me to introduce Mr X, I'd like you to meet Mr X ④ **sich jemanden/etwas vorstellen** (*in der Phantasie*) to imagine someone/something; (*sich ausmalen*) to picture someone/something; **ich hab dich mir anders vorgestellt** I had a different picture of you, I imagined you looked different ⑤ **stell dir vor!** fancy that!; **wie stellst du dir das vor?** how do you think that's going to work?; **du kannst dir nicht vorstellen wie ...** you can't imagine how ...; **was stellst du dir darunter vor?** what do you mean by that? **ich kann mir nicht viel darunter vorstellen** it doesn't mean much to me ⑥ **sich [jemandem] vorstellen** to introduce oneself [to someone] ⑦ **sich vorstellen** (*bei Bewerbung*) to go for an interview
die **Vorstellung** ① *Theaterstück:* performance [pə'fɔːmən(t)s]; *Film:* showing ② (*Gedanke*) idea, notion; **sich eine Vorstellung von etwas machen** to form an idea of something; **du hast vielleicht Vorstellungen!** you've got funny ideas!, you don't know a thing! ⚠ *Singular;* **du machst dir keine Vorstellung!** you wouldn't believe it!, you have no idea! ③ (*Vorstellungskraft*) imagination; **bei der Vorstellung allein schaudert mich** the thought alone [*oder* just thinking about it] makes me shudder ④ *von Person:* introduction; *von Produkt:* presentation
das **Vorstellungsgespräch** interview
die **Vorstellungskraft**, das **Vorstellungsvermögen** imagination
die **Vorsteuer** prior [turnover] tax, input tax (GB)
die **Vorstrafe** previous ['priːviəs] conviction
der **Vortag** day before; **am Vortag** [on] the previous day
vortäuschen to feign [feɪn]
die **Vortäuschung** pretence [prɪ'ten(t)s]; **unter Vortäuschung falscher Tatsachen** under false pretences
der **Vorteil** ① advantage [əd'vɑːntɪdʒ]; **Vorteile bringen** to be advantageous; **für jemanden von Vorteil sein** to be advantageous to someone; **es hat den Vorteil, dass es billig ist** it has the advantage of being cheap ② **die Vor- und Nachteile** the pros and cons ③ **damit sind Sie mir gegenüber im Vorteil** that gives you an advantage over me; **jemandem gegenüber im Vorteil sein** to have the advantage over someone ④ **Vorteile aus etwas ziehen** to benefit from something; **du bist ja nur auf den eigenen Vorteil bedacht** you're only after your own interests ⚠ *Plural*
vorteilhaft advantageous [ˌædvən'teɪdʒəs]; **es ist [nicht] vorteilhaft für mich ...** it is [not] to my advantage to ...; **es wirkte sich vorteilhaft für uns aus** it worked out to our advantage
der **Vortrag** ① (*Lesung*) lecture; **einen Vortrag halten** to give a lecture ② (*Standpauke*) **jemandem einen Vortrag halten** to give someone a good talking-to
vortragen ① (*berichten*) to report ② (*darlegen*) to present [prɪ'zent] ③ **ein Gedicht vortragen** to recite a poem
vortrefflich excellent, splendid
vortreten ① to step forward ② (*hervorragen*) *Klippe, Kinn, Nase:* to jut out, to project [prə(ʊ)'dʒekt]
der **Vortritt** ① precedence ['presɪdən(t)s]; **jemandem den Vortritt lassen** to let someone go first ② (CH) (*Vorfahrt*) right of way

vorüber over, past

vorübergehen ① (*vorbeigehen*) **an jemandem/etwas vorübergehen** to go past [*oder* pass by] someone/something ② (*zeitlich*) to pass ③ (*zu Ende gehen*) to be over; **das geht vorüber** it'll pass

vorübergehend ① (*momentan*) momentary ② (*zeitweilig*) temporary

die **Vorübung** preliminary exercise ['eksəsaɪz]

der **Vor- und Zuname** first name and surname

die **Voruntersuchung** preliminary investigation

das **Vorurteil** bias, prejudice ['predʒədɪs]; **ein Vorurteil haben** to be prejudiced, to have a prejudice (**gegen** against); **keine Vorurteile haben** to be unbiased (**gegen** against); **es gibt eine Menge Vorurteile** there's a lot of prejudice ⚠ *Singular* (**hinsichtlich** about)

vorurteilsfrei ① *Mensch:* unprejudiced [ʌn'predʒədɪst]; *Entscheidung:* unbiased ② **vorurteilsfrei handeln/denken** to act/think without prejudice [*oder* bias]

die **Vorverkaufsstelle** advance [əd'vɑːn(t)s] booking office

vorverlegen ① to bring forward *Termin* ② to push forward *Front*

der **Vorverstärker** preamplifier

die **Vorverurteilung** rush to judgement ['dʒʌdʒmənt]; **Vorverurteilung durch die Medien** trial by media

vorwagen **sich vorwagen** to venture forward

die **Vorwahl** ① *politisch:* preliminary election (GB), primary (USA) ② *Telefon:* dialling code (GB), area code (USA)

der **Vorwand** pretext; **unter dem Vorwand, dass ...** under the pretext that ...; **sie sucht nur nach einem Vorwand** she's only making excuses ⚠ *Plural*

vorwärts forward, onward; **vorwärts!** let's go!, forward march!

vorwärtsbringen to advance [əd'vɑːn(t)s]; **jemanden vorwärtsbringen** to help someone to get on

der **Vorwärtsgang** forward gear

vorwärtsgehen **vorwärtsgehen** to progress [prə(ʊ)'gres]; **geht es vorwärts mit deinem Projekt/deiner Arbeit?** how is your project/work coming on?

vorwärtskommen **in/mit etwas vorwärtskommen** to make progress in/with something; **wir kamen im Schlamm nur langsam vorwärts** we made slow progress through the mud; **im Leben vorwärtskommen** to get on in life

die **Vorwäsche** pre-wash

vorwegnehmen to anticipate [æn'tɪsɪpeɪt]

vorweisen ① to produce [prə'djuːs], to show ② (*übertragen*) **etwas vorweisen können** to have something to show for

vorwerfen ① (*hinwerfen*) **jemandem etwas vor die Füße werfen** to chuck something in front of someone's feet *umgangsspr* ② (*tadeln*) **jemandem etwas vorwerfen** to reproach someone for something ③ (*beschuldigen*) **jemandem etwas vorwerfen** to accuse someone of something; **er hat mir vorgeworfen, dass ich unehrlich sei** he accused me of being dishonest ④ **sich nichts vorzuwerfen haben** to have nothing to reproach oneself with

vorwiegend ① *Meinung:* predominant ② (*vor allem*) chiefly ['tʃiːfli], mainly, predominantly

vorwitzig ① (*vorlaut*) forward, pert ② (*keck*) cheeky

das **Vorwort** foreword, preface ['prefɪs]

der **Vorwurf** ① (*Vorhaltung*) reproach; **jemandem etwas zum Vorwurf machen** to reproach someone with something ② (*Beschuldigung*) accusation; **jemandem etwas zum Vorwurf machen** to accuse someone of something

vorwurfsvoll reproachful

das **Vorzeichen** ① omen; **kein gutes Vorzeichen** a bad omen ② *von Krankheit:* preliminary symptom ['sɪm(p)təm] ③ *in der Musik:* key signature [-ˌsɪgnətʃəʳ]

vorzeigbar presentable

vorzeigen to produce [prə'djuːs], to show

das **Vorzeigeobjekt** showpiece

die **Vorzeit** ① (*Urzeit*) prehistoric times ⚠ *Plural* ② (*weit zurückliegende Zeit*) dim and distant past

vorzeitig ① (*zu früh*) early ② *Altern, Tod:* premature

der **Vorzeitmensch** prehistoric man

vorziehen ① (*hervorziehen*) to pull out; to draw *Vorhang* ② (*lieber mögen*) to prefer; **was ziehen Sie vor?** which do you prefer?; **ich ziehe das Leben auf dem Land vor** my preference is for country life ③ (*bevorzugen*) to favour ['feɪvəʳ]; **sie wird immer vorgezogen** she's always the favourite ④ (*bevorzugt abfertigen*) to give priority to *Gepäck, Passagier*

das **Vorzimmer** *von Büro:* outer office

der **Vorzug** ① (*Vorteil*) advantage [əd'vɑːntɪdʒ]; **den Vorzug haben, dass ...** to have the advantage that ... ② **einer Sache den Vorzug geben** to prefer something; (*Vorrang geben*) to give precedence (**über** over)

vorzüglich excellent, superb; *Qualität:* exquisite

die **Vorzugsbehandlung** special ['speʃəl] treatment

der **Vorzugspreis** special price

das **Votum** (CH) (*Diskussionsbeitrag im Parlament*) contribution to the debate

der **Voyeur** voyeur [vwɑː'jɜːʳ]

vulgär vulgar

der **Vulkan** volcano

der **Vulkanausbruch** volcanic eruption

vulkanisch volcanic

Ww

W, **w** W, w ['dʌbl̩juː]

W *Abkürzung von* **Westen** W

die **Waage** ① (*Gerät*) balance ['bæləntʃ)s], scales [skeɪlz] ⚠ *Plural*, pair of scales *Singular;* **sich auf die Waage stellen** to step on the scales ⚠ *Plural* ② (*Sternbild*) Libra

waagerecht horizontal, level

wabbelig *Person:* flabby

die **Wabe** honeycomb ['hʌnikəʊm]

wabenförmig honeycombed

wach ① awake; **wach liegen** to lie awake; **wach werden** to wake up; **ist er schon wach?** has he woken up yet? ② (*wachsam, aufgeweckt*) alert, wide-awake

die **Wache** ① (*Polizeiwache*) police [pə'liːs] station ② (*Wachdienst*) guard [gɑːd] ③ (*Posten*) sentinel, sentry ④ **Wache haben** to be on watch [*oder* guard duty]; **die Wache ablösen** to relieve the guard

wachen ① (*aufpassen*) to watch (**über** over) ② (*Wache halten*) to keep watch

der **Wacholder** juniper

wachrufen to call to mind, to evoke

das **Wachs** wax

wachsam ① vigilant, watchful ② (*vorsichtig*) on one's guard

wachsen[1] ① (*größer werden*) to grow; **du bist aber gewachsen!** have you grown! ② (*zunehmen*) to increase [ɪn'kriːs], to mount ③ **sich einen Bart wachsen lassen** to grow a beard; **sich die Haare wachsen lassen** to let one's hair grow ④ (*übertragen*) **jemandem gewachsen sein** to be a match for someone ⑤ **wild wachsend** wild[-growing]

> **G** Richtiges Konjugieren von **to grow**: grow, grew, grown
> *teenagers grow so quickly!;*
> *he grew a curly moustache;*
> *our profits have grown by over 30% in two years*

wachsen[2] (*mit Wachs*) to wax

das **Wachsfigurenkabinett** waxworks ⚠ *Plural*

das **Wachstuch** oilcloth

das **Wachstum** ① growth ② (*übertragen*) increase ['ɪnkriːs]

wachstumsfördernd growth-promoting

wachstumshemmend growth-inhibiting

die **Wachstumsrate** growth rate

der **Wächter**, die **Wächterin** (*Aufseher*) attendant

der **Wachtmeister** constable ['kʌn(t)stəbl̩] (GB), patrolman (USA)

der **Wachturm** watchtower ['wɒtʃtaʊəʳ]

wack(e)lig ① *Zahn:* wobbly ② *Stuhl:* rickety ③ *Unternehmen:* shaky ④ **wackelig auf den Beinen sein** to be shaky on one's legs

der **Wackelkontakt** loose connection

wackeln ① to wobble ② (*zittern*) to shake ③ *Zahn:* to be loose ④ **mit dem Kopf/den Ohren wackeln** to shake one's head/wiggle [*oder* waggle] one's ears

wacker ① **sich wacker halten** to hold one's ground ② (*tüchtig*) upright

die **Wade** calf [kɑːf]

der **Wadenkrampf** cramp in the [*oder* one's] calf [kɑːf]

der **Wadenwickel** leg compress

die **Waffe** weapon *auch übertragen;* (*Schusswaffe*) gun; **Waffen tragen** to bear arms

die **Waffel** ① waffle ② (*Eiswaffel*) wafer

die **Waffengewalt** **mit Waffengewalt** by force of arms ⚠ *Plural*

der **Waffenhandel** arms traffic

der **Waffeninspektor**, die **Waffeninspektorin** weapons inspector

der **Waffenschein** firearms licence [-ˌlaɪsᵊn(t)s] (GB), gun license (USA)

der **Waffenstillstand** armistice ['ɑːmɪstɪs]

der **Wagemut** daring

wagemutig daring

der **Wagen** ① (*PKW*) car ② (*Wagon*) carriage ['kærɪdʒ] (GB), car (USA) ③ (*Sternbild*) **der Große Wagen** the Plough [plaʊ], the Great Bear, the Big Dipper; **der Kleine Wagen** the Little Bear [*oder* Dipper]

wagen ① to venture; **sich vor die Tür wagen** to venture out of doors ⚠ *Plural* ② (*aufs Spiel setzen*) to risk; **wer nicht wagt, der nicht gewinnt** nothing ventured, nothing gained ③ (*sich getrauen*) to dare [deəʳ]; **wie wagst du es!** how dare you!; **das wagt er nicht!** he daren't do it! ④ **es wagen** to take a chance; **ich hab es nicht gewagt** I didn't have the nerve

> **V** **to dare [to] do something** (= wagen, etwas zu tun): *how dare you tell me I'm a liar!* — Die verneinte Form von **to dare** ist **dare not** oder kurz **daren't** und wird immer ohne **to** gebraucht: *Bart daren't tell the truth; he doesn't dare disobey his father.*

der **Wagenheber** jack

die **Wagenladung** *von Lastwagen:* truckload

der **Waggon** ① (*Bahn*) wag[g]on (GB), freight ['freɪt] car (USA) ② (*Ladung*) wag[g]onload (GB), carload (USA); **ein Waggon [voll] Kohlen** a wag[g]onload of coal

waghalsig daredevil

das **Wagnis** ① (*Risiko*) risk ② (*waghalsiges Unternehmen*) hazardous business ['hæzədəsˌbɪznɪs]

das **Wagniskapital** venture capital

W

der **Wagon** →**Waggon** wag[g]on (GB), freight ['freɪt] car (USA)

die **Wahl** ① *in der Politik:* election; **zur Wahl gehen** to go to the polls ⚠ *Plural;* **in die engere Wahl kommen** to be shortlisted ② (*Auswahl, Möglichkeit*) choice; **ich habe keine andere Wahl** I have no choice; **keine andere Wahl haben, als ...** to have no alternative but ...; **wenn ich die Wahl hätte ...** if I could choose ...; **es stehen vier Themen zur Wahl** there are four topics to choose from [*oder* you can choose from] ③ (*Qualität*) **erste Wahl** top quality

wählbar eligible ['elɪdʒəbl̩]

wahlberechtigt entitled [ɪn'taɪtl̩d] to vote

der/die **Wahlberechtigte** person entitled to vote

die **Wahlbeteiligung** poll; **eine hohe/niedrige Wahlbeteiligung** a high/low turnout

der **Wahlbetrug** electoral fraud

der **Wahlbezirk** ward

wählen ① (*Stimme abgeben*) to vote ② (*Wahl abhalten*) to hold elections *Plural;* **wählen gehen** to go to the polls *Plural* ③ **jemanden wählen** to elect [*oder* vote for] someone; **sie wurde zur Vorsitzenden/Präsidentin gewählt** she was elected chairwoman/president ④ (*auswählen*) **jemanden/etwas wählen** to choose someone/something ⑤ to dial *Telefonnummer*

der **Wähler**, die **Wählerin** voter

das **Wahlergebnis** election result [-rɪˌzʌlt]

wählerisch discriminating, particular, choosy

die **Wählerschaft** electorate [ɪ'lektᵊrət]

das **Wahlfach** *in der Schule:* optional subject

die **Wahlheimat** country of one's choice

der **Wahlhelfer**, die **Wahlhelferin** electoral assistant

die **Wahlkabine** polling booth

der **Wahlkampf** election campaign [-kæmˌpeɪn]; **einen Wahlkampf führen** to fight an election campaign

die **Wahlkampftaktik** election campaign [kæm'peɪn] tactics *Plural*

der **Wahlkreis** constituency (GB), district (USA)

das **Wahllokal** polling station

wahllos ① (*gedankenlos*) indiscriminate [ˌɪndɪ'skrɪmɪnət] ② (*ohne zu überlegen*) indiscriminately [ˌɪndɪ'skrɪmɪnətli] ③ (*zufälligerweise*) at random, haphazardly

die **Wahlniederlage** election defeat

das **Wahlplakat** election poster

das **Wahlprogramm** election manifesto

das **Wahlrecht** right to vote; **das allgemeine Wahlrecht** universal suffrage

der **Wahlschein** postal vote form (GB), absentee [ˌæbsᵊn'tiː] ballot (USA)

der **Wahlsieg** electoral victory

der **Wahlspruch** motto

der **Wählton** dialling tone

die **Wahlurne** ballot box

wahlweise alternatively [ɔːl'tɜːnətɪvli]

der **Wahn** (*Manie*) mania

der **Wahnsinn** ① insanity ② (*umgangsspr*) madness; **das ist reiner Wahnsinn!** this is sheer madness! ③ **Wahnsinn!** wow!, that's incredible!

wahnsinnig ① (*als Krankheit*) insane ② (*umgangsspr*) crazy, mad (**vor** with); **jemanden wahnsinnig machen** to drive someone crazy [*oder* mad]; **du machst mich noch wahnsinnig!** you're driving me mad!, you're driving me round the bend!; **wahnsinnig werden** to go crazy [*oder* mad] (**vor** with); **wie wahnsinnig** like mad ③ (*super*) terrific ④ (*arg*) awful, dreadful; **wahnsinnige Schmerzen** awful pain ⑤ (*sehr*) incredibly; **sich wahnsinnig freuen** to be absolutely delighted, to be as pleased as Punch *umgangsspr;* **es ist mir wahnsinnig peinlich** I feel dreadful about it

der/die **Wahnsinnige** lunatic

wahr ① (*nicht falsch*) true; **nicht wahr?** right?; **echt wahr?** really?; **wie wahr!** too true! ② **das darf doch nicht wahr sein!** you're joking!, I don't believe it!; **da hast du ein wahres Wort gesprochen** you're not wrong there! ③ (*echt, wirklich*) real; **der wahre Grund** the real reason; **die wahre Liebe** true love ④ **das ist das Wahre!** that's the genuine article!; **das ist nicht das Wahre** it's not the real thing ⑤ **so wahr ich hier stehe** as God is my witness

währen to last

während ① **während der Schulstunde** during the lesson ② (*vor Nebensatz*) while; **während wir Pause hatten, ...** while we were on our break, ... ③ (*bei Gegensätzen*) whereas; **sie ging, während ich dablieb** she went off, while I stayed on

wahrhaben **etwas nicht wahrhaben wollen** to not want to admit something

wahrhaft *Freund:* real, true

wahrhaftig ① (*wahr*) really ② (*tatsächlich*) actually

die **Wahrheit** truth; **die Wahrheit sagen** to tell the truth; **in Wahrheit** in reality; **sie nimmt es mit der Wahrheit nicht so genau** she's not the most honest of people

wahrheitsgetreu truthful

wahrnehmbar noticeable ['nəʊtɪsəbl̩], perceptible [pə'septəbl̩]; **nicht wahrnehmbar** imperceptible [ˌɪmpə'septəbl̩]

wahrnehmen ① (*sinnlich*) to perceive [pə'siːv]; (*bemerken*) to be aware of ② to take *Gelegenheit;* to observe *Frist, Termin* ③ to look after *Interessen*

die **Wahrnehmung** (*sinnlich*) perception [pə'sepʃᵊn]

W

wahrsagen ① **die Zukunft wahrsagen** to predict the future; **jemandem die Zukunft wahrsagen** to predict someone's future ② (*aus Karten*) **sie kann wahrsagen** she can tell fortunes; **jemandem wahrsagen** to tell someone's fortune

der **Wahrsager**, die **Wahrsagerin** fortune-teller

die **Wahrsagung** prediction

währschaft (CH) ① *Mensch:* down to earth ② *Material, Ware:* reliable ③ *Essen:* wholesome

wahrscheinlich ① *Kandidat:* likely, probable; **das ist [nicht] sehr wahrscheinlich** that is very [un]likely ② (*wie es scheint*) probably; **es ist nicht sehr wahrscheinlich, dass er kommt** he is not very likely to come, he probably won't come

die **Wahrscheinlichkeit** likelihood, probability; **aller Wahrscheinlichkeit nach** in all probability; **wie groß ist die Wahrscheinlichkeit, dass ...?** how likely is it that ...?

die **Wahrscheinlichkeitsrechnung** probability calculus

die **Währung** currency

der **Währungsfonds** monetary fund

die **Währungsreform** currency reform

die **Währungsunion** monetary union

das **Wahrzeichen** ① emblem ② *einer Stadt:* symbol ['sɪmbᵊl]

die **Waise** orphan; **sie ist Waise** she's an orphan

das **Waisenhaus** orphanage ['ɔːfᵊnɪdʒ]

der **Wal** whale [(h)weɪl]

der **Wald** wood; (*Forst*) forest ▶ WENDUNGEN: **den Wald vor lauter Bäumen nicht sehen** to miss the wood for the trees

der **Waldbrand** forest fire

die **Walderdbeere** wild strawberry

das **Waldhorn** French horn

der **Waldlehrpfad** nature trail

der **Waldmeister** woodruff

der **Waldrand** edge [edʒ] of the forest

waldreich densely wooded

das **Waldsterben** dying of the forests

der **Waldweg** forest path

Wales [weɪlz] Wales

der **Walfang** whaling ['(h)weɪlɪŋ]

der **Waliser**, die **Waliserin** Welshman *maskulin*, Welsh woman *feminin;* **die Waliser** the Welsh *Plural*

walisisch Welsh

der **Walkman®** ['vɔːkmɛn] walkman® ['wɔːkmən]

der **Wall** ① embankment ② *zum Schutz:* rampart

wallend *Haar:* flowing

der **Wallfahrer**, die **Wallfahrerin** pilgrim

die **Wallfahrt** pilgrimage ['pɪlgrɪmɪdʒ]; **eine Wallfahrt machen** to go on a pilgrimage

die **Walnuss** walnut

die **Walpurgisnacht** Walpurgis [væl'pʊəgɪs] night

das **Walross** walrus

walten **über etwas walten** to rule over something; **Vernunft walten lassen** to let reason prevail

die **Walze** ① (*Rolle*) roller ② *in Spieluhr:* cylinder ['sɪlɪndəʳ], drum

walzen to roll

wälzen ① (*rollen*) to roll ② to pore over *Akten, Bücher;* **Probleme wälzen** to turn over problems in one's mind ③ **sich [im Schlamm] wälzen** to roll [*oder* wallow] [in the mud] ④ **sich vor Schmerzen wälzen** to writhe with pain ⚠ *Singular* ⑤ **die Schuld auf jemanden wälzen** to put the blame on someone

der **Walzer** waltz; **[einen] Walzer tanzen** to dance the waltz

der **Wälzer** (*dickes Buch*) heavy tome

die **Wampe** paunch

die **Wand** ① wall; **eine Wand hochziehen** to put up a wall ② (*Scheidewand*) partition ③ *von Gefäß:* side ▶ WENDUNGEN: **weiß wie die Wand sein** to be as white as a sheet; **die Wände haben Ohren** walls have ears; **die Wände hochgehen** to go up the wall ⚠ *Singular;* **da redet man gegen eine Wand!** it's like talking to a brick wall!

der **Wandbehang** wall hanging

der **Wandel** (*Änderung*) change; **im Wandel der Zeiten** throughout the ages

wandelbar changeable

wandeln¹ to stroll, to walk

wandeln² **sich wandeln** to change

die **Wanderausstellung** touring [*oder* travelling] exhibition [ˌeksɪ'bɪʃᵊn]

der **Wanderer**, die **Wanderin** hiker ['haɪkəʳ]

die **Wanderkarte** trail map

wandern ① (*gehen*) to roam, to wander ② (*als Freizeitgestaltung*) to hike, to ramble; **ich wandere gern** I like hiking [*oder* hillwalking] ③ **in den Müll wandern** to end up in the bin

der **Wanderpokal** challenge ['tʃælɪndʒ] cup

die **Wanderschaft** travels ⚠ *Plural;* **auf Wanderschaft gehen** to go off on one's travels ⚠ *Plural*

die **Wanderung** (*Ausflug*) walk; **eine Wanderung machen** to go on a walk [*oder* hike]

die **Wandkarte** wall map

der **Wandschrank** wall cupboard [-ˌkʌbəd]

der **Wandteppich** tapestry

die **Wanduhr** wall clock

die **Wandverkleidung** *aus Holz:* panelling, paneling (USA)

die **Wange** cheek

wankelmütig fickle, inconstant

wanken to sway; **ins Wanken geraten** to begin to rock [*oder* sway]

wann ① when ② **seit wann?** how long?; (*entrüstet oder bezweifelnd*) since when?; **seit wann weißt du das?** how long have you

W

known?

die **Wanne** ① *zum Baden:* tub ② *für Öl:* sump (GB), oil pan (USA)

der **Wanst** paunch

die **Wanze** bug

das **Wappen** ① *einer Familie:* [coat of] arms ② *auf Münze:* heads ⚠ *Plural;* **Wappen oder Zahl?** heads or tails? ⚠ *Plural*

wappnen sich wappnen to prepare [oneself] (**gegen** for)

die **Ware** ① (*als Produkt*) product ② (*Artikel*) article ③ (*als Verkaufsware*) merchandise ['mɜːtʃəndaɪs]; **Waren** goods

das **Warenangebot** range of goods for sale

der **Wareneingang** ① (*Abteilung*) incoming goods department ② (*gelieferte Waren*) goods received [rɪ'siːvd]

das **Warenhaus** [department] store

F Nicht verwechseln mit **warehouse** = das Lagerhaus!

der **Warenkorb** basket of goods

die **Warenprobe** trade sample

die **Warenumsatzsteuer** (CH) value-added tax

das **Warenzeichen** trademark

warm ① warm *auch übertragen; Essen, Trinken, Wetter:* hot; **warm werden** to get hot; **komm rein ins Warme** come into the warm ② **das Essen warm stellen** to keep the food warm; **warm werden** to warm up ③ **sich warm laufen** *Auto, Sportler:* to warm up

die **Wärme** ① warmth *auch übertragen* ② *in der Physik:* heat

wärmen ① to warm ② **sich wärmen** to warm oneself; **sich die Hände wärmen** to warm one's hands ③ *Kleidung:* to be warm; **der Schal wärmt schön** this scarf keeps you nice and warm

der **Wärmeregler** thermostat

die **Wärmflasche** hot-water bottle

warmhalten sich jemanden warmhalten to keep in with someone

warmherzig warm-hearted

die **Warmluft** warm air

der **Warmstart** *in der Informatik:* warm start

der **Warmwasserspeicher** hot-water tank

warmwerden mit jemandem warmwerden to warm to someone

die **Warnblinkanlage** warning flasher device [-dɪˌvaɪs]

das **Warndreieck** warning triangle

warnen to warn; **sie hat mich davor gewarnt** she warned me against it; **jemanden davor warnen, etwas zu tun** to warn someone not to do something; **ich warne dich!** I'm warning you!

der **Warnhinweis** warning label

das **Warnlicht** warning light

der **Warnlichtschalter** hazard warning switch

das **Warnschild** warning sign [saɪn]

der **Warnschuss** warning shot

der **Warnstreik** token strike

die **Warnung** warning (**vor** about)

Warschau Warsaw

die **Wartehalle** departure lounge [laʊndʒ]

die **Warteliste** waiting list

warten[1] ① to wait (**auf** for); **warte mal** wait a minute; **worauf wartest du denn noch?** well, what are you waiting for?; **darauf habe ich schon lange gewartet** I've been waiting for that [to happen]; **ich warte schon seit einer Ewigkeit!** I've been waiting for ages! ② **da kannst du lange warten!** I wouldn't dream of it!; **na warte!** just you wait!

warten[2] (*pflegen*) to service, to maintain

der **Wärter**, die **Wärterin** ① attendant ② *im Gefängnis:* warder *maskulin* (GB), wardress *feminin* (GB), guard [gɑːd] (USA)

der **Warteraum** waiting room

die **Warteschlange** queue [kjuː]

die **Warteschleife Warteschleifen ziehen** to circle ['sɜːkl̩]

die **Wartezeit** waiting period

das **Wartezimmer** waiting room

die **Wartung** ① *von Gerät:* maintenance ['meɪntənən(t)s] ② *von Auto:* servicing ['sɜːvɪsɪŋ]

wartungsarm low-maintenance [ˌləʊ'meɪntənən(t)s]

warum why; **warum auch nicht!** and why not!; **warum nicht gleich so?!** that's more like it!; **das Warum und Weshalb** the whys and wherefores ⚠ *Plural*

die **Warze** wart

was[1] ① (*als Frage*) what; **was?** what?; **was ist denn?** what is it now?; **was ist los?** what's the matter?, what's going on?; **was für ein ...?** what kind of ...?; **was weiß ich?** how should I know?; **ist gut, was?** good, isn't it?; **nicht schlecht, was?** not bad, is it?; **schmeckt gut, was?** tastes good, doesn't it? ② **weißt du was, ...** tell you what, ..., you know what, ...; **und was weiß ich** and what have you; **was du nicht sagst!** you don't say!; **was auch immer!** whatever! ③ **alles, was ich habe** everything I've got; **das, was ich dir gesagt habe** what I told you; **du weißt, was ich meine** you know what I mean

was[2] →**etwas** ① (*als Frage*) **ist was?** something the matter?; **weißt du was?** do you know anything? ② **na, so was!** well, I never! ③ **ich will dir mal was sagen, ...** I'll tell you what, ..., I'll tell you something, ...

die **Waschanlage** ① *für Auto:* car wash ② *für Scheiben:* windscreen wiper (GB), windshield ['wɪndʃiːld] washer (USA)

waschbar washable

der **Waschbär** raccoon
das **Waschbecken** washbasin
die **Wäsche** ① (*Bettwäsche*) linen ② (*das Waschen*) washing; **in der Wäsche sein** to be in the wash; **Wäsche waschen** to do the washing ▶ WENDUNGEN: **schmutzige Wäsche waschen** to wash one's dirty linen in public; **da hat er aber dumm aus der Wäsche geschaut!** you should have seen the look on his face!
waschecht ① *Farbe:* fast ② (*typisch*) genuine ['dʒenjuɪn], pukka; **sie ist eine waschechte Schwäbin** she's a born and bred Swabian
die **Wäscheklammer** clothes [kləʊ(ð)z] peg
der **Wäschekorb** dirty-clothes basket
die **Wäscheleine** [clothes] line
waschen ① to wash; **Wäsche waschen** to do the washing; **sie hat mir die Haare gewaschen** she washed my hair ② **sich waschen** to have a wash; **sich die Haare/Hände waschen** to wash one's hair ⚠ *Singular*/hands
die **Wäscherei** laundry
die **Wäscheschleuder** spin drier [*oder* dryer]
der **Wäscheständer** clothes horse
der **Wäschetrockner** tumble drier [*oder* dryer]
die **Waschküche** laundry
der **Waschlappen** ① flannel (GB), washrag (USA) ② (*abwertend: Schwächling*) sissy, softy
die **Waschmaschine** washing machine [-məʃiːn]
das **Waschmittel** detergent [dɪ'tɜːdʒᵊnt]
das **Waschpulver** washing powder
der **Waschraum** washroom
der **Waschsalon** launderette (GB), Laundromat® (USA)
die **Waschstraße** car-wash plant
das **Waschweib** (*abwertend: Tratschtante*) gossip
das **Waschzeug** toilet things ⚠ *Plural*
das **Wasser** ① water; **unter Wasser stehen** to be under water, to be flooded ② **mir lief das Wasser im Munde zusammen** my mouth watered ▶ WENDUNGEN: **der Ausflug ist ins Wasser gefallen** the excursion is off; **sich über Wasser halten** to stay above water; **jemandem das Wasser abgraben** to steal someone's thunder; **er kann ihr nicht das Wasser reichen** he doesn't measure ['meʒəʳ] up to her
der **Wasseranschluss** water connection
die **Wasseraufbereitungsanlage** water treatment plant
der **Wasserball** ① (*Ball*) beach ball ② (*Spiel*) water polo
das **Wasserbett** waterbed
der **Wasserdampf** steam
wasserdicht ① *Alibi, Kleidung:* waterproof ② *Uhr, Zelt:* watertight ['wɔːtəʳtaɪt]
der **Wasserfall** waterfall ▶ WENDUNGEN: **reden wie ein Wasserfall** to talk nineteen to the dozen
die **Wasserfarbe** watercolour
das **Wasserflugzeug** seaplane
das **Wasserglas** tumbler, water glass
der **Wasserhahn** water tap (GB), faucet ['fɑːsɪt] (USA)
wässerig ① watery ② (*übertragen*) **jemandem den Mund wäss[e]rig machen** to make someone's mouth water
der **Wasserkessel** ① *im Heizraum:* boiler ② *im Haushalt:* kettle
die **Wasserkraft** water power
das **Wasserkraftwerk** hydroelectric power station
die **Wasserleitung** ① (*Rohr*) water pipe ② (*Anlagen*) plumbing ['plʌmɪŋ]
der **Wassermann** (*Sternzeichen*) Aquarius; **Petra ist Wassermann** Petra is an Aquarian
die **Wassermelone** watermelon
wässern ① to soak *Sardellen* ② to water *Pflanze*
die **Wasserpflanze** aquatic plant
die **Wasserpistole** water pistol
die **Wasserratte** ① *Mensch:* water baby ② *Tier:* water rat
das **Wasserrohr** water pipe
wasserscheu scared [skeəd] of water
das **Wasserschutzgebiet** protected water-gathering grounds ⚠ *Plural*
der **Wasserski** water-ski; **Wasserski fahren** to go [*oder* do] water-skiing
der **Wasserspeicher** reservoir
der **Wassersport** water sports ⚠ *Plural*
der **Wasserstand** water level; **hoher/niedriger Wasserstand** high/low water
der **Wasserstoff** hydrogen ['haɪdrədʒən]
die **Wasserstoffbombe** hydrogen bomb ['haɪdrədʒən͵bɒm], H-bomb
der **Wasserstoffverbrennungsmotor** hydrogen ['haɪdrədʒən] engine
der **Wasserstrahl** jet of water
der **Wasserturm** water tower [taʊəʳ]
die **Wasseruhr** water meter
der **Wasserverbrauch** water consumption
die **Wasserversorgung** water supply
die **Wasserwaage** spirit level
der **Wasserweg** waterway; **auf dem Wasserweg** by water [*oder* sea]
das **Wasserwerk** waterworks ⚠ *mit Singular*
das **Wasserzeichen** watermark
waten to wade
watscheln to waddle
die **Watschen** (A) (*Ohrfeige*) slap on the face
das **Watt**[1] (*Wattlandschaft*) mudflats ⚠ *Plural*
das **Watt**[2] (*elektrische Einheit*) watt; **500 Watt** 500 watts
die **Watte** cotton wool (GB), cotton (USA)
der **Wattebausch** cotton-wool ball
das **Wattestäbchen** cotton bud
wattieren ① (*füttern*) to line with padding ② (*absteppen*) to quilt
das **Web** Web
der **Webbrowser** ['wɛbraʊzɐ] web browser
weben to weave

W

die **Weberei** ① *Betrieb:* weaving mill ② (*das Weben*) weaving

der **Weblog** ['wɛblɔk] blog

die **Webseite**, die **Website** ['wɛbˌsaɪt] website

der **Webstuhl** loom

der **Wechsel** ① change ② **ein Wechsel zwischen ... und ...** an alternation between ... and ...; **im Wechsel** alternately [ɔːl'tɜːnətli] ③ *von Geld:* exchange ④ *im Bankwesen:* bill [of exchange]; **einen Wechsel ausstellen** to draw a draft ⑤ *von Spieler:* substitution; *beim Staffellauf:* baton change

die **Wechselbeziehung** correlation, interrelation; **in Wechselbeziehung zueinander stehen** to be correlated

das **Wechselgeld** change

wechselhaft changeable

die **Wechseljahre** menopause ⚠ *Singular;* **in die Wechseljahre kommen** to start the menopause ⚠ *Singular;* **in den Wechseljahren sein** to be in one's menopause ⚠ *Singular*

der **Wechselkurs** rate of exchange

wechseln ① **die Arbeit/das Zimmer wechseln** to change jobs ⚠ *Plural*/rooms ⚠ *Plural;* **die Wohnung wechseln** to move house; **das T-Shirt/die Kleider wechseln** to change into a clean T-shirt/some clean clothes [kləʊ(ð)z] ② **sie hat den Freund gewechselt** she's got a new boyfriend ③ (*umwechseln*) to change (**in** into); **können Sie mir einen Euro wechseln?** can you give me change for a euro?; **Euro in Dollar wechseln** to exchange euros for dollars ④ to exchange *Ersatzteil*

wechselnd ① changing; (*abwechselnd*) alternating ['ɔːltəneɪtɪŋ] ② (*unterschiedlich*) variable

wechselseitig (*gegenseitig*) mutual

das **Wechselspiel** interplay

der **Wechselstrom** alternating ['ɔːltəneɪtɪŋ] current, A.C.

die **Wechselstube** bureau de change

wechselweise alternately [ɔːl'tɜːnətli], in turn

die **Wechselwirkung** interaction

der **Wecken** Ⓐ ① (*Brot*) loaf ② (*Gebäck*) Viennese roll

wecken to wake [up], to waken; **jemanden wecken** to wake someone up; **hab ich dich geweckt?** did I wake you up?; **sich wecken lassen** to have someone wake one up

der **Wecker** alarm clock; **sich den Wecker auf 7 Uhr stellen** to set the alarm [*oder* one's alarm clock] for 7 o'clock ▶ WENDUNGEN: **jemandem auf den Wecker gehen** to get on someone's nerves ⚠ *Plural*

wedeln ① **mit etwas wedeln** (*winken*) to wave something ② **der Hund wedelt mit dem Schwanz** the dog wags its tail ③ (*beim Skifahren*) to wedel

weder **weder ... noch ...** neither ... nor; **weder in dem einen, noch in dem anderen Fall** in neither case

weg ① **ich muss weg** I must be off; **ich kann jetzt nicht weg** I can't leave now; **er ist schon weg** he has already gone ② **weg da!** out of the way!; **weg mit euch!** scram!; **los, weg von hier!** let's get out of here!; **Hände** [*oder* **Finger**] **weg!** hands off! ③ **ich war** [**hin und**] **weg** (*begeistert*) I loved it ④ **bist du über ihn weg?** (*verkraftet*) are you [*oder* have you got] over him?

der **Weg** ① path *auch übertragen* ② (*Richtung, Route*) way; **auf dem Weg hierher** on the way here; **ich bin** [**schon**] **auf dem Weg!** I'm on my way!; **wir müssen uns auf den Weg machen** we must be making tracks ⚠ *Plural,* we must get going; **jemanden nach dem Weg nach ... fragen** to ask someone the way to ... ③ (*Art und Weise*) way; **es gibt viele Wege, das Problem zu lösen** there are many ways of solving this problem ④ **aus dem Weg!** out of my way!; **geh mir aus dem Weg!** get out of my way!; **du bist mir im Weg!** you're in my way! ⑤ **jemanden aus dem Weg räumen** to get someone out of the way; **jemandem aus dem Weg gehen** to keep out of someone's way; **jemanden nicht über den Weg trauen** to not trust someone an inch ⑥ **etwas zu Wege bringen** to manage [*oder* accomplish] something

der **Wegbereiter**, die **Wegbereiterin** forerunner, precursor; **Wegbereiter für etwas sein** to pave the way for something; **Wegbereiter für jemanden sein** to prepare the way for someone

wegblasen to blow away

wegbleiben ① to stay away ② (*nicht mehr kommen*) to stop coming ③ (*ausgelassen werden*) to be omitted

wegbringen ① to take away ② (*zur Reparatur*) to take in ③ to get off *Fleck* (**von** from)

wegdrücken to push away

wegdürfen to be allowed [to go] out

wegen ① because of, on account of; **wegen seiner Mutter** on account of his mother; **jemanden wegen etwas bestrafen** to punish someone for something ② **wegen was?** why? ③ **von wegen!** nothing of the sort!

wegfahren ① *Zug:* to leave ② (*mit Auto*) to drive away ③ (*verreisen*) to go away

wegfallen (*überflüssig werden*) to no longer become necessary

wegfegen to sweep away *auch übertragen*

wegfliegen ① *Vogel:* to fly away ② *Flugzeug:* to fly out (**von** of)

wegführen ① to lead [liːd] away ② *vom Thema:* to lead off

Nach dem Weg fragen	Asking directions
Entschuldigung, wie komme ich bitte nach …?	Excuse me, how do I get to …?
Können Sie mir sagen, wie ich zur Post komme?	Could you tell me how to get to the post office?
Immer geradeaus bis zu …	Straight ahead until …
Dann bei der Ampel rechts abbiegen.	Turn right at the traffic lights.
Folgen Sie den Schildern.	Follow the signs.
Sie können es nicht verfehlen.	You can't miss it.
Welcher Bus fährt nach …?	Which bus goes to …?
Ist dies der richtige Bus nach …?	Is this the right bus for …?
Wie weit ist das?	How far is it?
Sie sind hier falsch. Sie müssen zurückfahren bis zu …	You're in the wrong place. You need to go back to …

weggeben 1 (*verschenken*) to give away 2 *Kind:* to give away 3 (*zum Reparieren bringen*) to take in

weggehen 1 (*sich entfernen*) to go, to leave; **geh weg!** [just] go away! 2 (*ausgehen*) to go out 3 *Fleck:* to come off 4 *Waren:* to sell; **wie warme Semmeln weggehen** to sell like hot cakes 5 *Schmerz, Trauer:* to go away; **das geht so schnell nicht weg** this will take time

weghaben 1 (*erledigt haben*) to have got done; **was ich weg hab, hab ich weg** what's done is done 2 **einen weghaben** (*betrunken sein*) to be tight; (*verrückt sein*) to be off one's head

wegjagen to chase [*oder* drive] away

wegkommen 1 (*weggehen können*) to get away 2 (*abhandenkommen*) to disappear, to get lost 3 **mach, dass du wegkommst!** make yourself scarce [skeəs]! 4 **gut bei etwas wegkommen** to come off well with something

weglassen 1 (*gehen lassen*) to let go 2 (*auslassen*) to leave out

weglaufen to run away (**vor** from)

weglegen to put away; (*zur Seite*) to put aside

wegmüssen (*fortgehen müssen*) to have to be off

wegnehmen to take away

wegräumen to clear away

wegschaffen 1 (*beseitigen*) to get rid of 2 (*wegräumen*) to clear away

wegscheren **sich wegscheren** to shove off

wegschicken 1 (*um etwas zu holen*) to send off 2 (*abschicken*) to send away

wegschmeißen to chuck away

wegschütten to pour [pɔːʳ] away

wegsehen to look away

wegstecken to put away

wegstellen to put away

wegstoßen to push away; (*mit Fuß*) to kick away

wegtragen to carry away

wegtun to put away

der **Wegweiser** sign [saɪn], signpost

wegwerfen to throw away

die **Wegwerfwindel** disposable nappy [*oder* (USA) diaper [ˈdaɪəpəʳ]]

wegwischen 1 to wipe off 2 to dismiss *Einwand, Kritik*

wegziehen 1 (*fortziehen*) to pull away 2 (*beiseiteziehen*) to draw back 3 (*umziehen*) to move away

weh 1 **o weh!** oh dear! 2 (*wund*) sore; **mir tut alles weh** I'm aching all over; **es tut mir weh, zu …** it grieves me to …

die **Wehen** 1 labour [ˈleɪbəʳ] pains; **die Wehen fangen bei ihr an** she's going into labour 2 (*übertragen*) birth pangs

wehen 1 *Fahne:* to wave 2 *Haare:* to blow about 3 *Geruch, Klang:* to drift 4 *Wind:* to blow

wehklagen to lament (**über** over)

wehleidig ① (*überempfindlich*) oversensitive to pain; **sei nicht so wehleidig!** don't be such a sissy! ② (*voller Selbstmitleid*) self-pitying
wehmütig ① (*melancholisch*) melancholy ['melənkəli] ② (*sehnsüchtig*) wistful
die **Wehr** **sich zur Wehr setzen** to defend oneself
das **Wehr** weir [wɪəʳ]
der **Wehrdienst** military service; **jemanden zum Wehrdienst einberufen** to call someone up (GB), to draft someone (USA)
der **Wehrdienstverweigerer** conscientious [ˌkɒn-(t)ʃiːˈen(t)ʃəs] objector
wehren ① **sich wehren** (*sich widersetzen*) to [put up a] fight; **sich gegen etwas wehren** to fight something; **sich mit Händen und Füßen wehren** to put up a real fight ② (*sich verteidigen*) to defend oneself (**gegen** against)
wehrlos ① defenceless ② (*hilflos*) helpless
der **Wehrmann** (CH), (A) soldier
die **Wehrpflicht** **allgemeine Wehrpflicht** conscription
wehrpflichtig liable for military service
der/die **Wehrpflichtige** ① (*vor der Erfassung*) person liable for military service ② (*Eingezogener*) conscript ['kɒnskrɪpt] (GB), draftee (USA)
wehtun to hurt; **es tut weh** it hurts; **mein Kopf/Rücken tut weh** I have a sore head/back; **mir tut alles weh** I'm aching all over

> **G** Richtiges Konjugieren von **to hurt**: hurt, hurt, hurt
> *ouch – that really hurts!;*
> *Terry's toe hurt for days before he went to the doctors;*
> *oh dear, have I hurt you?*

das **Weib** woman
das **Weibchen** *Tier:* female, mate
der **Weiberheld** ladykiller, womanizer
weibisch effeminate
weiblich ① female ② (*feminin*) feminine
die **Weiblichkeit** (*feminine Eigenschaft*) femininity
weich ① soft *auch übertragen;* **ein weich gekochtes Ei** a soft-boiled egg ② *Fleisch:* tender ③ **weich werden** to soften; (*nachgeben*) to give in; **du wirst doch wohl nicht weich werden?** you're not going to give in, are you?; (*gerührt werden*) to be moved ④ **ich bekam weiche Knie** my knees turned to jelly
die **Weiche** points *Plural*
die **Weichen** points *Plural* (GB), switch ⚠ *Singular* (USA); **die Weichen stellen** to switch the points ▶ WENDUNGEN: **die Weichen stellen** to set the course
weichen ① to give way *auch übertragen* ② (*zurückweichen*) to retreat (**vor** from) ③ (*nachlassen*) to ease ④ (*verschwinden*) to go
weichherzig soft-hearted
der **Weichkäse** soft cheese
weichlich ① (*weich*) soft ② (*schwächlich*) weak ③ (*verweichlicht*) effeminate
der **Weichling** softy, weakling
die **Weichsel** ① *Fluss:* Vistula ② (A), (CH) sour cherry
der **Weichspüler** softener
die **Weide** ① *Pflanze:* willow ② *für Vieh:* pasture
weiden ① *Reh usw.:* to graze ② to put out to pasture *Vieh* ③ **sich an etwas weiden** to revel in something; (*schadenfroh*) to gloat over something
das **Weidengeflecht** wickerwork
weigern **sich weigern** to refuse [rɪˈfjuːz]
die **Weigerung** refusal
die **Weihe** (*kirchlich*) consecration
weihen to consecrate
der **Weiher** pond
das **Weihnachten** Christmas; **fröhliche Weihnachten!** merry Christmas!; **etwas zu Weihnachten bekommen** to get something for Christmas; **was hast du ihr zu Weihnachten geschenkt?** what did you get her for Christmas?
weihnachtlich *Stimmung:* Christmassy
der **Weihnachtsabend** Christmas Eve
der **Weihnachtsbaum** Christmas tree
die **Weihnachtsfeier** Christmas party
der **Weihnachtsfeiertag** **erster Weihnachtsfeiertag** Christmas Day; **zweiter Weihnachtsfeiertag** Boxing Day
das **Weihnachtsfest** Christmas
das **Weihnachtsgeld** Christmas money
das **Weihnachtsgeschenk** Christmas present [-ˌprezənt]
das **Weihnachtslied** carol
der **Weihnachtsmann** Father Christmas, Santa Claus
der **Weihnachtsmarkt** Christmas fair
der **Weihrauch** incense ['ɪnsen(t)s]
das **Weihwasser** holy water
weil because
die **Weile** **eine Weile** a [little] while; **eine ganze Weile** a good while
weilen (*bleiben*) to stay
der **Weiler** hamlet
der **Wein** wine ▶ WENDUNGEN: **jemandem reinen Wein einschenken** to tell someone the plain truth
die **Weinbeere** (A), (CH) (*Rosine*) raisin
der **Weinberg** vineyard
die **Weinbergschnecke** edible ['edɪbl̩] snail
der **Weinbrand** brandy
weinen to cry; (*bitterlich*) to weep (**um** for, **über** over, **aus/vor** with); **jemanden zum Weinen bringen** to make someone cry

> **G** Richtiges Konjugieren von **to weep**: weep, wept, wept
> *sad films always make me weep;*
> *they all wept at the sad news;*
> *she had not wept so much since she was a child*

weinerlich whining ['(h)waɪnɪŋ]
der **Weinessig** wine vinegar
die **Weinflasche** wine bottle
das **Weinglas** wineglass
das **Weingut** winegrowing estate
die **Weinhandlung** wine shop
die **Weinkarte** wine list
die **Weinlese** grape harvest, vintage
die **Weinprobe** wine tasting
die **Weinrebe** vine
weinrot wine-red
der **Weinstock** vine
die **Weinstube** wine bar
die **Weintraube** grape
die **Weise** 1 (*Art, Verfahren*) manner, way; **die Weise wie ...** the way in which ... 2 **auf diese Weise** that way; **auf irgendeine Art und Weise** in one way or another; **in gewisser Weise** in a way; **in keinster Weise!** under no circumstances! ⚠ *Plural,* no way! *umgangsspr* 3 (*Melodie*) melody, tune
weise wise
weisen **jemandem den Weg weisen** to show someone the way
die **Weisheit** wisdom
der **Weisheitszahn** wisdom tooth
weismachen **jemandem etwas weismachen** to make someone believe something; **lassen Sie sich nichts weismachen!** don't be taken in!
weiß 1 white; **weiß werden** to turn white 2 **sie ist ganz weiß geworden** she turned white as a sheet 3 **das Weiße Haus** the White House 4 **weiß glühend** incandescent [ˌɪnkæn'desᵊnt], white-hot
die **Weissagung** prophecy
das **Weißblech** tinplate
das **Weißbrot** white bread
die **Weißglut** **jemanden zur Weißglut bringen** to make someone livid
das **Weißgold** white gold
der **Weißkohl** Ⓐ white cabbage ['kæbɪdʒ]
die **Weißwandtafel** whiteboard
der **Weißwein** white wine
weit 1 (*lang gezogen*) wide 2 (*breit*) broad 3 (*lang*) long 4 (*Entfernung*) far; **von weitem** from a long way off 5 **weit gefehlt!** far from it!; **bei weitem** by far 6 **wie weit bist du?** how far have you got?; **ich bin gleich so weit** I'm almost ready [*oder* done] *umgangsspr;* **es ist gleich so weit** it'll soon be time; **so weit fertig sein** to be more or less ready 7 **das geht zu weit** that's going too far 8 **weit blickend** far-sighted 9 **das ist weit gehend richtig** this is largely true, this is true to a large extent 10 **weit gereist** widely travelled; **weit hergeholt** far-fetched 11 **weit reichend** *Waffen:* long-range; *Konsequenzen:* far-reaching 12 **weit verbreitet** widespread; **weit verzweigt** with many branches *Plural*
weitab far away (**von** from)
weitaus far; **weitaus der beste ...** by far the best ...
der **Weitblick** (*übertragen*) far-sightedness
die **Weite** 1 (*Entfernung*) distance ['dɪstᵊn(t)s] 2 (*als Maß*) width 3 (*Größe*) expanse ▶ WENDUNGEN: **das Weite suchen** to take to one's heels ⚠ *Plural*
weiten 1 to widen; to stretch *Schuhe* 2 **sich weiten** to widen, to broaden *auch übertragen*
weiter 1 (*Steigerungsform von weit*) farther 2 (*zusätzlich*) further 3 (*zudem*) furthermore 4 (*noch hinzu*) further 5 (*sonst*) otherwise; **weiter nichts?** is that all? 6 **immer weiter** on and on; **und so weiter** and so on
weiterbilden **sich weiterbilden** to continue one's education
die **Weiterbildung** continuation of one's education, further education
weiterbringen to advance [əd'vɑːn(t)s], to take further
das **Weitere** 1 **das Weitere** the rest; **alles Weitere** everything else 2 (*Genaueres*) **Weiteres** further details ⚠ *Plural* 3 **ohne weiteres** just like that; **bis auf weiteres** for the time being
weiterempfehlen to recommend
weiterführen 1 (*fortsetzen*) to carry on, to continue 2 **das führt uns nicht weiter** that doesn't get us anywhere
weitergeben 1 to pass on 2 to transmit *Nachricht*
weitergehen 1 to go on 2 **so kann es nicht weitergehen** things can't go on like this; **wie soll es nun weitergehen?** what's going to happen now?
weiterhelfen **jemandem weiterhelfen** to help someone along
weiterhin furthermore
weiterkommen 1 (*auf dem Weg*) to get further 2 (*Fortschritte machen*) to make headway
weitermachen 1 **[etwas] weitermachen** to carry on [with something] 2 **mach weiter so!** (*als Ermutigung*) keep it up!; **mach nur weiter so!** (*als Warnung*) just see where it'll get you!
die **Weiterreise** **gute Weiterreise!** hope the rest of your journey goes well!
weitersagen to pass on; **jemandem etwas weitersagen** to pass something on to someone
die **Weiterverarbeitung** processing ['prəʊsesɪŋ]
weither from far away
weithin **weithin bekannt/beliebt** widely known/popular
weitläufig 1 *Gebäude:* spacious ['speɪʃəs] 2 (*verzweigt*) rambling
weitsichtig 1 long-sighted GB, far-sighted USA 2 (*übertragen*) far-sighted

W

der **Weitsprung** long jump (GB), broad jump (USA)
das **Weitwinkelobjektiv** wide-angle lens
der **Weizen** wheat [(h)wi:t]
welch **welch ein Glück/Anblick** what luck/a sight
welche(r, s) 1 (*als Frage*) which 2 (*Ding*) that, which; **ich habe verschiedene Kuchen, welchen möchtest du?** I've got different kinds of cake, which one would you like? 3 (*Mensch*) who; **siehst du den Mann? — welchen meinst du?** do you see that man? — who do you mean?; **welcher von den beiden?** which of the two?
welk 1 *Blume:* faded, wilted 2 *Blatt:* dead 3 *Haut:* flaccid ['flæsɪd]
welken to fade, to wilt
das **Wellblech** corrugated iron ['aɪən]
die **Welle** 1 wave 2 *Radio:* wavelength 3 *für Maschine:* shaft ▸WENDUNGEN: **Wellen schlagen** to create a stir ⚠ *Singular;* **grüne Welle** traffic pacer, linked traffic lights ⚠ *Plural* (GB), synchronized ['sɪŋkrənaɪzd] traffic lights ⚠ *Plural* (USA)
wellen **sich wellen** to become wavy
der **Wellenbrecher** breakwater
wellenförmig wave-like, wavy
die **Wellenlänge** 1 *in der Physik:* wavelength 2 (*übertragen*) **auf gleicher** [*oder* **einer**] **Wellenlänge liegen** to be on the same wavelength
die **Wellenlinie** wavy line
das **Wellenreiten** surfing
der **Wellensittich** budgerigar ['bʌdʒərɪgɑːʳ], budgie ['bʌdʒi] *umgangsspr*
wellig 1 *Oberfläche:* undulating 2 *Haar:* wavy
die **Wellpappe** corrugated cardboard
der **Welpe** pup
der **Wels** (*Fisch*) catfish
welsch (CH) Swiss-French
die **Welschschweiz** (CH) French Switzerland
der **Welschschweizer**, die **Welschschweizerin** (CH) French Swiss
welschschweizerisch (CH) Swiss-French
die **Welt** 1 world; **auf der Welt** on earth; **in aller Welt** all over the world; **die Welt ist klein!** it's a small world!; **du bist in der Welt herumgekommen** you've travelled about a fair bit; **der schnellste Läufer der Welt** the fastest runner in [all] the world 2 **zur Welt bringen** to bring into the world, to give birth to; **zur Welt kommen** to be born 3 **aus der Welt schaffen** to do away with, to eliminate 4 **alle Welt** all the world, everybody 5 **das kostet doch nicht die Welt!** it won't cost the earth!; **davon geht die Welt nicht unter!** it's not the end of the world!; **nicht um alles in der Welt!** not for a million dollars!, not on your life!
das **Weltall** universe; **im Weltall** in space
die **Weltanschauung** philosophy of life
die **Weltausstellung** world exhibition [ˌeksɪ'bɪʃən]
die **Weltbank** World Bank
weltberühmt world-famous
der/die **Weltbeste** *Sportler:* world record ['rekɔːd] holder
die **Weltbevölkerung** world population
das **Weltbild** view of life
der **Weltenbummler**, die **Weltenbummlerin** globetrotter
weltfremd unworldly
die **Weltgeschichte** universal history
die **Weltkarte** map of the world
das **Weltklima** global climate
der **Weltkrieg** **der Erste/Zweite Weltkrieg** World War One/Two; **während des zweiten Weltkriegs** during the Second World War
weltlich 1 mundane, worldly 2 (*nicht kirchlich*) secular
die **Weltliteratur** world literature
die **Weltmacht** world power
weltmännisch sophisticated, urbane
der **Weltmarkt** world market
das **Weltmeer** ocean ['əʊʃən]
der **Weltmeister**, die **Weltmeisterin** world champion
die **Weltmeisterschaft** world championship
die **Weltoffenheit** cultural openness
die **Weltpremiere** world premiere
der **Weltrang** **von Weltrang** world-famous
die **Weltrangliste** world ranking
der **Weltraum** space; **im Weltraum** in space
die **Weltraumfähre** space shuttle
die **Weltraumfahrt** space travel
die **Weltraumforschung** space research
die **Weltreise** journey round the world; **eine Weltreise machen** to go on a trip around the world
der **Weltrekord** world record ['rekɔːd]
der **Weltsicherheitsrat** UN Security Council [-ˌkaʊn(t)səl]
die **Weltsprache** world language [-ˌlæŋgwɪdʒ]
die **Weltstadt** metropolis
die **Welttournee** world tour
der **Weltuntergang** end of the world *auch übertragen*
weltweit global, worldwide
die **Weltwirtschaft** world economy
der **Weltwirtschaftsgipfel** world economic summit
das **Weltwunder** **die sieben Weltwunder** the Seven Wonders of the World
die **Weltzeit** world time, universal time
wem 1 to whom [huːm]; **wem glaubst du, ihr oder mir?** who[m] do you believe, her or me?; **wem hast du es gegeben?** who[m] did you give it to? 2 **von wem hat er das?** (*bekommen*) who gave him that?; (*gehört*) who told him that?
wen who, whom [huːm]; **wen meinst du?** who do you mean?; **an wen hast du das**

W

geschickt? who did you send it to?, to whom did you send it?; **wen auch immer ...** whoever ...

die **Wende** (*Wandel*) change

die **Wendefläche** turning area

die **Wendeltreppe** spiral staircase

wenden 1 to turn; (*in entgegengesetzte Richtung*) to turn [a]round; (*auf die andere Seite*) to turn over; **bitte wenden!** [please] turn over!, PTO 2 (*umkehren*) to turn [a]round 3 **sich an jemanden wenden** (*um Hilfe*) to turn to someone; (*um Auskunft*) to consult someone 4 **sich gegen jemanden wenden** to come out against someone

der **Wendepunkt** turning point

wendig 1 (*behände*) agile ['ædʒaɪl], nimble 2 *Auto:* manoeuvrable [mə'nuːvᵊrəbl̩] 3 *Person:* agile

die **Wendung** 1 turn 2 (*Änderung*) change 3 (*Redewendung*) expression [ɪk'spreʃᵊn], phrase

wenig 1 (*ein bisschen*) little; **ein wenig Salz** a little salt 2 **ich habe wenig Zeit** I haven't got much time; **zu wenig** not enough 3 **wenige** few, some, not many

weniger 1 (*unzählbar*) *Zeit:* less; **es wird immer weniger** it's getting less and less; **noch weniger** even less 2 (*zählbar*) *Leute:* fewer 3 **du wirst ja immer weniger!** you're fading away!

> **V** **less** = weniger wird für Mengen gebraucht: *There is less juice in your glass than in my glass; Lisa has eaten less than her brother;* — **fewer** wird für zählbare Dinge oder Personen gebraucht: *there are fewer pages in this book than in that one.*

wenigste(r, s) 1 (*unzählbar*) least *Plural;* **und das ist noch das wenigste!** and that's the least of it! 2 (*zählbar*) fewest; **am wenigsten** fewest

wenigstens at least; **du könntest dich wenigstens entschuldigen** at the very least you could apologize, the least you could do is apologize

wenn 1 (*falls*) if, in case; **na, wenn das so ist!** well, in that case! 2 (*zeitlich*) when; **immer wenn ...** whenever ... 3 **wenn man bedenkt, dass ...** considering ... 4 **außer wenn** unless 5 **na, wenn schon!** so, what of it!

wenngleich although [ɔːl'ðəʊ], even though [ðəʊ]

wer 1 (*relativ*) **wer das glaubt, ...** he [*oder* anyone] who believes that ... 2 (*als Frage*) who?; (*auswählend: welcher*) which?; **wer von den beiden?** which of the two? 3 (*umgangsspr: jemand*) somebody, someone; **da ist wer [für dich]** there's someone [*oder* someone] [to see you]; **wer sein** to be somebody 4 (*in Fragen oder Bedingungssätzen*) anybody, anyone; **ist da wer?** is anybody there? 5 **wer auch immer ...** whoever ...

die **Werbeagentur** advertising agency [-ˌeɪdʒᵊn-(t)si]

der **Werbeanruf** telemarketing call

der **Werbebanner** *im Internet:* banner

die **Werbebranche** advertising industry

das **Werbefernsehen** television commercials [-kəˌmɜːʃᵊlz] ⚠ *Plural*

der **Werbefilm** advertising film; (*Werbespot*) commercial [kə'mɜːʃᵊl]

die **Werbefläche** advertising space

das **Werbegeschenk** [promotional] gift

die **Werbekampagne** advertising campaign [-kæmˌpeɪn]

das **Werbekonzept** advertising concept [-ˌkɒnsept]

das **Werbematerial** advertising material

werben 1 (*kommerziell*) **[für etwas] werben** to advertise something 2 **neue Leser werben** to attract new readers

der **Werbeprospekt** advertising leaflet

der **Werbeslogan** advertising slogan

der **Werbespot** commercial [kə'mɜːʃᵊl]

die **Werbestrategie** advertising strategy

der **Werbetext** advertising copy

werbewirksam effective [for advertising purposes]

die **Werbung** 1 (*Reklame*) advertising; **für etwas Werbung machen** to advertise something 2 (*Werbeabteilung*) publicity [pʌb'lɪsəti] department

der **Werdegang** (*beruflicher*) career

werden 1 **wir werden sehen** we shall [*oder* we will] [*oder* we'll] see 2 **es wird schon richtig sein** it'll be okay; **es wird schon gut gehen** it'll be all right 3 **das Abendessen wird kalt** dinner is getting cold 4 **Schreiner/Lehrerin werden** to become a carpenter/teacher 5 **alt/müde werden** to get old/tired; **blind/grau werden** to go blind/grey 6 (*sich verwandeln in*) to turn into; **vom Frosch zum Prinzen werden** to turn from a frog into a prince 7 **anders werden** to change 8 **was soll das werden?** what's that going to be?; **was willst du mal werden?** what would you like to become later?; **ich werde mal Schriftstellerin** I'm going to be a writer 9 **Erster werden** to come in first

werfen 1 to throw (**nach** at); **mit etwas werfen** to throw something 2 (*Junge kriegen*) to have, to throw 3 **einen Blick auf etwas werfen** to cast one's eyes ⚠ *Plural* over something

> **G** Richtiges Konjugieren von **to throw**: throw, threw, thrown
> *Jason likes to throw his money about;*
> *he threw the ball over the fence;*
> *she was thrown into prison for 20 years*

die **Werft** shipyard

das **Werk** ① (*Buch, Kunstwerk*) work; **ein literarisches Werk** a work of literature ② (*Gesamtwerk*) works ⚠ *Plural* ③ (*Fabrik*) works *Plural;* **ab Werk** ex works *Plural* ④ **am Werk sein** to be at work

die **Werkbank** workbench

der/die **Werksangehörige** works [*oder* factory] employee

der **Werksarzt**, die **Werksärztin** company doctor

werkseigen company

das **Werksgelände** works premises [-ˌpremɪsɪz] *Plural*

die **Werkstatt** ① workshop ② *für Autos:* garage ③ *eines Künstlers:* studio

der **Werkstoff** material

das **Werkstück** workpiece

der **Werktag** work[ing] day

werktags on workdays

werktätig working; **er ist werktätig** he works [*oder* has got a job]; **die werktätige Bevölkerung** the working population

das **Werkzeug** tool *auch übertragen;* **mein ganzes Werkzeug** all my tools ⚠ *Plural*

der **Werkzeugkasten** toolbox

der **Werkzeugmacher**, die **Werkzeugmacherin** toolmaker

die **Werkzeugmaschine** machine [məˈʃiːn] tool

der **Werkzeugschrank** tool cabinet

der **Wermut** ① *Pflanze:* wormwood ② *Wein:* vermouth [ˈvɜːməθ]

der **Wert** ① (*Geldwert, Bedeutung*) value; **im Wert steigen** to increase in value; **im Wert sinken** to decrease in value; **Juwelen im Wert von einer Million Euro** jewels worth a million euros ② (*Wertgegenstand*) article of value ③ (*Ergebniswert, Testwert*) results [rɪˈzʌlts] ④ **sittliche Werte** moral standards ⑤ **Wert auf etwas legen** to attach value to something; **hat das einen Wert?** (*Sinn*) is there a point?; **das hat keinen Wert** this is pointless

wert es ist sein Geld wert it's good value!; **was ist das wert?** what's this worth?; **das ist nichts wert** this is worthless; **ob es der Mühe wert ist?** is it worth the trouble?

wertbeständig stable in value *nachgestellt*

werten ① (*beurteilen*) to judge [dʒʌdʒ] ② (*einstufen*) to rate (**als** as) ③ (*Punkte geben*) to give a score ④ (*benoten*) to grade

wertfrei unbiased, without prejudice [ˈpredʒədɪs]

die **Wertgegenstände** valuables [ˈvæljʊəbl̩z]

das **Wertkartenhandy** *mobile phone using a payment card*

wertlos ① valueless, worthless ② (*nutzlos*) useless

die **Wertminderung** depreciation [ˌdɪpriːʃɪˈeɪʃᵊn]

das **Wertpapier** bond, security

der **Wertpapierhandel** securities ⚠ *Plural* trading

die **Wertsachen** valuables [ˈvæljʊəbl̩z]

die **Wertschätzung** esteem, high regard

die **Wertschöpfung** increase [ˈɪnkriːs] in value, added value

die **Wertschrift** Ⓒⓗ security, bond

die **Wertung** ① assessment, evaluation ② (*Beurteilung*) judging [ˈdʒʌdʒɪŋ] ③ *im Sport:* scoring [ˈskɔːrɪŋ]

der **Wertverlust** depreciation [ˌdɪpriːʃɪˈeɪʃᵊn]

wertvoll ① precious [ˈpreʃəs], valuable [ˈvæljʊəbl̩] ② (*ethisch*) worthy

die **Wertvorstellung** moral concept [-ˌkɒnsept]

der **Wertzuwachs** capital appreciation [əˌpriːʃiˈeɪʃᵊn]

das **Wesen** ① (*Geschöpf*) being; (*tierisch*) creature; **menschliches Wesen** human being ② (*Grundzüge*) nature; **sie hat nicht gerade ein angenehmes Wesen** she does not have a pleasant nature

der **Wesenszug** characteristic [ˌkærəktəˈrɪstɪk]

wesentlich ① (*essenziell*) essential [ɪˈsenʃᵊl] ② (*grundlegend*) fundamental; **das macht keinen wesentlichen Unterschied** that doesn't make a big difference; **das Wesentliche** the essential part; (*Kern*) the gist [dʒɪst]; **im Wesentlichen** essentially [ɪˈsenʃᵊli] ③ (*beträchtlich*) considerably ④ (*grundlegend*) fundamentally ⑤ **es ist mir wesentlich lieber, wenn wir ...** I'd much rather we ...

weshalb ① (*Frage*) why [waɪ] ② (*relativ*) for which reason

die **Wespe** wasp

wessen ① (*von wem*) whose [huːz] ② (*wovon*) of what

die **Weste** ① (*Herrenweste*) waistcoat ② (*Strickweste*) cardigan

Weste

F Nicht verwechseln mit **vest** = das Unterhemd!

der **Westen** ① (*Himmelsrichtung*) west; **im Westen von ...** to the west of ...; **aus dem** [*oder* **von**] **Westen** from the west ② (*Landesteil*) the

West ③ **der Wilde Westen** the Wild West

die **Westentasche** waistcoat [*oder* USA vest] pocket ▶ WENDUNGEN: **etwas wie seine Westentasche kennen** (*umgangsspr*) to know something like the back of one's hand

der **Western** western

Westfalen Westphalia [ˌwesˈfeɪliə]

die **Westküste** west coast

westlich ① western ⚠ *nur vor Substantiv* ② *Regierungen usw.:* Western ⚠ *nur vor Substantiv* ③ *Wind:* westerly ④ **das Dorf liegt westlich vom Fluss** the village lies to the west of the river ⑤ **westlich des Dorfes** west of the village

westwärts westward[s], [to the] west

weswegen ① (*Frage*) why ② (*relativ*) for which reason

die **Wettannahme** betting office

der **Wettbewerb** competition

der **Wettbewerber**, die **Wettbewerberin** competitor

die **Wettbewerbsfähigkeit** competitiveness

die **Wette** bet; **ich gehe jede Wette ein, dass ...** I'll bet you anything that ...; **was gilt die Wette?** what will you bet me?; **mit dir renne ich nicht um die Wette** I'm not going to race you

wetten ① to bet (**auf** on) ② **ich habe mit ihm gewettet, dass ...** I have a bet with him that ...; **ich habe mit ihm um 10 Euro gewettet** I bet him 10 euros ③ **wetten, dass ich das tue!** bet you I do!; **ich wette, es schneit** I bet it's going to snow

> **G** Richtiges Konjugieren von **to bet**: bet, bet(ted), bet(ted)
> *I bet he won't stay away for long;*
> *Mary bet all her money on one horse;*
> *have you bet on a race before?*

das **Wetter** ① weather [ˈweðəʳ] ② **bei [diesem] kalten Wetter** in [this] cold weather; **bei jedem Wetter** in all weathers ⚠ *Plural*

die **Wetteraussichten** weather [ˈweðəʳ] outlook ⚠ *Singular,* weather prospects [-ˌprɒspekts] *Plural*

der **Wetterbericht** weather report

der **Wetterdienst** weather service

die **Wetterkarte** weather chart [*oder* map]

die **Wetterlage** weather situation

wettern to curse and swear [sweəʳ]; **gegen** [*oder* **auf**] **etwas wettern** to rail against something

der **Wettersatellit** weather [ˈweðəʳ] satellite

der **Wetterumschwung** sudden change in the weather

die **Wettervoraussage**, die **Wettervorhersage** weather forecast

der **Wettkampf** competition [ˌkɒmpəˈtɪʃᵊn]

der **Wettlauf** ① race; **einen Wettlauf machen** to run a race ② **das Projekt war ein unglaublicher Wettlauf mit der Zeit** the project was an unbelievable race against the clock

das **Wettrennen** race

wetzen ① (*schärfen*) to sharpen, to whet [(h)wet] ② (*umgangsspr: rennen*) to scoot

die **WG** *Abkürzung von* **Wohngemeinschaft** flat share

das **Whiteboard** [ˈwaɪtbɔːɐ̯t] whiteboard

wichsen **seine Schuhe wichsen** to polish [*oder* USA shine] one's shoes

wichtig ① important; **nicht [besonders] wichtig sein** to be of no [great] importance ② **sich wichtig vorkommen** to be full of oneself

wichtigmachen to put on airs; **sie will sich nur wichtigmachen** she's just putting on airs [*oder* giving herself airs]

wickeln ① (*einwickeln*) to wrap [ræp] (**in** in) ② (*schlingen*) to wind [waɪnd] (**um** [a]round) ③ to coil *Spule* ④ **jemanden um den Finger wickeln** to twist someone round one's finger ⑤ **einen Säugling wickeln** to put on a baby's nappy [*oder* USA diaper] ⑥ **sich wickeln** to wrap [ræp] oneself [*oder* itself] (**in** in, **um** around)

der **Widder** ① (*Schafbock*) ram ② (*Sternzeichen*) Aries [ˈeəriːz]

wider ① **wider Erwarten** contrary to expectations ② **das Für und Wider** the pros and cons ⚠ *Plural* ③ **er hat die Aufgabe wider Willen übernommen** he accepted the job against his will

widerfahren **jemandem widerfahren** to happen to someone; to befall someone *Unglück*

widerlegen to refute

widerlich ① (*eklig*) disgusting ② *Person:* repulsive

widerrechtlich unlawful

die **Widerrede** **ohne Widerrede** without protest; **keine Widerrede!** don't argue!

der **Widerruf** revocation

widerrufen to recant

der **Widersacher**, die **Widersacherin** antagonist

widersetzen **sich jemandem/einer Sache widersetzen** to oppose someone/something; to resist someone/something *Angreifern, Festnahme*

widerspiegeln ① (*auch übertragen*) to reflect ② **sich widerspiegeln** to be reflected

widersprechen ① to contradict ② **sich selbst widersprechen** to contradict oneself; **sie widersprachen einander** they contradicted each other; **diese Aussagen widersprechen sich** these statements are inconsistent

der **Widerspruch** ① contradiction; **im Widerspruch zu etwas stehen** to be contradictory to something ② **keine Widersprüche!** no arguments!

widersprüchlich contradictory

W

der **Widerstand** ① (*Widersetzung*) resistance [rɪ'zɪstᵊn(t)s]; **jemandem/gegen etwas keinen Widerstand leisten** to offer no resistance to someone/something ② **auf Widerstand stoßen** to meet with resistance ③ *im Stromkreis:* resistor
widerstandsfähig resistant (**gegen** to)
die **Widerstandskraft** robustness
widerstandslos without resistance [rɪ'zɪstᵊn(t)s]
widerstehen to resist; (*standhalten*) to withstand
widerstreben **es widerstrebt mir, so etwas zu tun** I am reluctant to do anything like that
widerwillig ① reluctant, unwilling ② **sie ging widerwillig mit** she went along reluctantly
widmen ① **jemandem etwas widmen** to dedicate something to someone ② **jemandem/etwas seine Aufmerksamkeit widmen** to devote one's attention to someone/something ③ **sich seinen Gästen widmen** to attend to one's guests
die **Widmung** dedication (**an** to)
widrig adverse
wie ① (*fragend*) how; **wie geht's?** how are you?; **wie geht's im Büro?** how are things at the office?; **wie viele?** how many?; **wie viel** how much; **um wie viel größer** how much bigger; **wie kommt es, dass ...?** how is it that ...?; **wie ist das möglich?** how can that be?; **wie wäre es damit?** how about it? ② (*welcher Art, was*) what; **wie ist er?** what's he like?; **wie sind die Zimmer?** what are the rooms like? ③ (*vergleichend bei Adjektiv/Adverb*) as; (*vergleichend bei Substantiv*) like; **wie verrückt** (*umgangsspr*) like anything ④ (*als*) **er sah, wie sie runterfiel** he saw her fall/falling down ⑤ **wie z.B.** such as ▶ WENDUNGEN: **wie bitte?** pardon?; **na, und wie!** and how!; **wie man's nimmt** that depends
wieder ① again; **komm doch mal wieder vorbei!** you must come round again! ② **immer wieder** time and again; **schon wieder!** not again!; **da bin ich wieder** it's me again ③ **wieder einführen** to reintroduce [ˌri:ɪntrə'dju:s]
der **Wiederaufbau** reconstruction
wiederbekommen to get back
wiederbeleben to revive
der **Wiederbelebungsversuch** ① attempt at resuscitation [rɪˌsʌsɪ'teɪʃᵊn] ② (*übertragen*) attempt at revival
wiederbringen to bring back
wiedererkennen to recognize ['rekəgnaɪz]
wiedereröffnen to reopen [ˌri:'əʊpᵊn]
die **Wiedereröffnung** reopening
wiedererzählen to retell
wiederfinden to find again
die **Wiedergabe** ① *eines Bildes:* reproduction ② (*übertragen*) rendering
wiedergeben ① (*zurückgeben*) to give back ② (*beschreiben*) to describe ③ (*reproduzieren*) to reproduce [ˌri:prə'dju:s]
wiedergewinnen (*auch übertragen*) to regain; to win back *Person*
wiedergutmachen to make good, to compensate for *Fehler, Schaden*
die **Wiedergutmachung** compensation; **als Wiedergutmachung für mein schlechtes Benehmen** to make up for my bad behaviour; **als Wiedergutmachung des Unrechts** to rectify the wrong
wiederhaben ① **er hat es wieder** he's got it back ② **etwas wiederhaben wollen** to want something back
wiederherstellen to restore
wiederholen ① (*noch einmal tun*) to repeat [rɪ'pi:t]; (*mehrmals*) to reiterate [ri'ɪtᵊreɪt] ② **sich wiederholen** *Person:* to repeat oneself; *Ereignis:* to recur
wiederholt repeated; **wiederholte Male** repeatedly
die **Wiederholung** ① repetition [ˌrepɪ'tɪʃᵊn]; *mehrmalig:* reiteration [riˌɪtᵊr'eɪʃᵊn] ② *im Radio, TV:* repeat ③ *von Lernstoff:* revision ④ *von Spiel:* replay ['ri:pleɪ]; *von Strafstoß:* retake ['ri:teɪk]
das **Wiederhören** **auf Wiederhören!** goodbye!
der **Wiederkäuer** ruminant
die **Wiederkehr** return
wiederkehren to return
wiederkommen to come back
wiedersehen **jemanden wiedersehen** to see someone again; **wann sehen wir uns wieder?** when can we meet again?
das **Wiedersehen** **auf Wiedersehen!** goodbye!, see you again!
wiederum ① again ② (*andererseits*) on the other hand
wiedervereinigen to reunify
die **Wiedervereinigung** *in Deutschland:* [German] reunification [ˌri:ju:nɪfɪ'keɪʃᵊn]
wiederverwendbar reusable
die **Wiederverwertung** recycling [rɪ'saɪklɪŋ]
die **Wiederwahl** re-election
die **Wiederzulassung** readmission [ˌri:əd'mɪʃᵊn]; *von Auto:* relicensing [ˌri:'laɪsᵊn(t)sɪŋ]
die **Wiege** cradle ['kreɪdl]
wiegen¹ to weigh [weɪ]; **Gepäck wiegen lassen** to weigh in luggage; **was wiegt er jetzt?** how much does he weigh now?
wiegen² ① (*schaukeln*) to rock ② to shake slowly *Kopf* ③ **sich wiegen** *Boot:* to rock gently; *Bäume, Personen:* to sway
wiehern ① to neigh [neɪ] ② (*abwertend: lachen*) to bray
Wien Vienna [vi'enə]
der **Wiener**, die **Wienerin** ① Viennese [ˌviə'ni:z]; **er**

W

ist Wiener he is from Vienna ② **Wiener Schnitzel** veal cutlet, Wiener schnitzel; **Wiener Würstchen** frankfurter ['fræŋkfɜ:təʳ] GB, wiener USA

die **Wiese** meadow ['medəʊ]

das **Wiesel** weasel ['wi:zᵊl]

wieso why; **wieso weißt du das?** how do you know that?

wievielt ① **den Wievielten haben wir heute?** what day of the month [mʌnθ] is it?; **am Wievielten hat er Geburtstag?** when is his birthday exactly? ② **zum wievielten Mal ist die Vase jetzt schon umgefallen?** how many times has that vase [vɑ:z] fallen down now? ③ **zu wievielt wart ihr auf der Weihnachtsfeier?** how many of you were there at the Christmas do?

das **Wild** ① game; (*Rotwild*) deer [dɪəʳ] ② (*Fleisch*) venison

wild ① wild; **wild wachsend** wild[-growing] ② (*unzivilisiert*) savage ['sævɪdʒ] ▶ WENDUNGEN: **das ist doch halb so wild!** (*umgangsspr*) it's not all that bad!; **er ist ganz wild auf Eis** he's crazy about ice cream; **es macht ihn wild, wenn er angelogen wird** he gets mad when he is lied to; **sie hüpfte wie wild durch die Gegend** she jumped around like crazy

wildfremd (*umgangsspr*) **ein wildfremder Mann/eine wildfremde Frau** a complete stranger ['streɪndʒəʳ]

das **Wildleder** suede [sweɪd]

die **Wildnis** wilderness

das **Wildschwein** wild boar [ˌwaɪld'bɔ:ʳ]

der **Wille** ① will ② **seinen Willen durchsetzen** to get one's own way ③ (*Absicht*) intention ④ **beim besten Willen nicht** not with the best will in the world; **das geschah gegen meinen Willen** that was done against [ə'genst] my will; **ich kann mich beim besten Willen nicht erinnern** I can't for the life of me remember ⑤ **jemands letzter Wille** someone's last will and testament

willenlos spineless; **willenlos sein** to have no will of one's own

die **Willenskraft** willpower

willig willing

willkommen welcome; **herzlich willkommen!** welcome!; **jemanden bei sich willkommen heißen** to welcome someone to one's house

willkürlich arbitrary

wimmeln to swarm [swɔ:m], to teem (**von** with)

wimmern to whimper ['(h)wɪmpəʳ]

der **Wimpel** pennant

die **Wimper** eyelash; **ohne mit der Wimper zu zucken** without batting an eyelid

die **Wimperntusche** mascara [mə'skɑ:rə]

der **Wind** wind [wɪnd] ▶ WENDUNGEN: **jemandem den Wind aus den Segeln nehmen** to take the wind out of someone's sails; **von etwas Wind bekommen** to get wind of something; **mach nicht so viel Wind!** (*umgangsspr*) don't make such a fuss!

der **Windchill** [-tʃɪl] wind chill

die **Windel** nappy GB, diaper ['daɪəpəʳ] USA

winden ① (*wickeln*) to wind [waɪnd] ② **sich winden** *Pflanze, Schlange:* to wind [itself]; *Fluss:* to meander [mi'ændəʳ]; *Weg:* to wind ③ **sich vor Schmerz winden** to writhe [raɪð] with [*oder* in] pain

die **Windenergie** wind power

windgeschützt sheltered [from the wind]

der **Windhund** ① greyhound ['greɪhaʊnd] ② (*abwertend: Luftikus*) careless ['keələs] and unreliable sort, jack the lad

windig ① windy [wɪndi] ② (*abwertend: unsicher*) dubious ['dju:biəs]

die **Windjacke** windcheater

die **Windmühle** windmill

die **Windpocken** chickenpox ⚠ *mit Singular*

die **Windrichtung** wind direction

die **Windschutzscheibe** windscreen GB, windshield ['wɪndʃi:ld] USA

die **Windstärke** wind force

die **Windung** meander [mi'ændəʳ]; *von Schraube:* threat

der **Winkel** ① angle; **spitzer Winkel** acute angle; **stumpfer Winkel** obtuse angle; **rechter Winkel** right angle ② (*Werkzeug*) square [skweəʳ] ③ (*Stelle, Ecke*) corner ④ **toter Winkel** dead angle [*oder* space]

winken ① **jemandem winken** to wave to someone; **jemandem zum Abschied winken** to wave someone goodbye ② **mit etwas winken** to wave something ③ (*in Aussicht stehen*) to be in store

winklig *Gässchen:* twisty; *Altstadt:* full of winding ['waɪndɪŋ] streets

winseln *Hund:* to whine [(h)waɪn]; (*abwertend*) *Mensch:* to whimper ['(h)wɪmpəʳ]; (*um Gnade*) to grovel

der **Winter** winter ⚠ *ohne Artikel;* **es wird Winter** winter is coming; **im Winter** in winter; **mitten im Winter** in the depth of winter

der **Wintergarten** conservatory

die **Winterkleidung** winter clothing

winterlich wintry

der **Winterreifen** winter tyre

der **Winterschlaf** hibernation [ˌhaɪbə'neɪʃᵊn]; **Winterschlaf halten** to hibernate

der **Winterschlussverkauf** winter sales

der **Wintersport** winter sports ⚠ *Plural;* **Schlittschuhlaufen ist ein Wintersport** ice skating is a winter sport

der **Winzer**, die **Winzerin** winegrower

winzig ① (*sehr klein*) tiny ['taɪni]; **winzig klein** minute [maɪ'nju:t] ② (*unbedeutend*) petty

der **Winzling** (*abwertend*) mite

die **Wippe** seesaw

wippen ① to seesaw ② (*auf und ab*) to bob up and down; (*hin und her*) to teeter

wir ① we ② **wir beide/drei** the two/three of us; **wer ist da? — wir sind's!** who's there? — it's us!

der **Wirbel** ① (*auch übertragen*) whirl [(h)wɜ:l] ② *im Wasser:* eddy, whirlpool ['(h)wɜ:lpu:l] ③ *im Rücken:* vertebra, *Plural* vertebrae ④ *am Scheitel:* crown ⑤ (*umgangsspr*) commotion [kə'məʊʃᵊn]

wirbeln to whirl [(h)wɜ:l]; *Staub, Laub:* to swirl; *Trommel:* to roll [rəʊl]

die **Wirbelsäule** spine

der **Wirbelsturm** whirlwind ['(h)wɜ:lwɪnd]

das **Wirbeltier** vertebrate ['vɜ:tɪbreɪt]

wirken ① (*wirksam sein*) to have an effect (**auf** on) ② **und das soll wirken?** and that's going to work, is it? ③ **er wirkt jünger** he appears [*oder* seems] younger ④ (*am Werk sein*) to be at work ⑤ **Wunder wirken** to work wonders

wirklich ① really ② **ach wirklich?** (*als Antwort*) [what,] really?; **hat er das wirklich gesagt?** did he actually say that? ③ **ein wirklicher Löwe!** a real lion!

die **Wirklichkeit** ① reality [ri'æləti] ⚠ *ohne Artikel* ② **in Wirklichkeit war es ganz anders** the reality was quite different

wirksam effective; **wirksam werden** to take effect; **wirksam bleiben** to remain in effect

der **Wirkstoff** active substance ['sʌbstᵊn(t)s]

die **Wirkung** ① effect (**bei/auf** on) ② **seine Wirkung verfehlen** to not have the desired effect

wirkungslos ineffective

wirkungsvoll effective

die **Wirkungsweise** *eines Medikaments:* [mode of] action; **die Wirkungsweise von Sekten** the way sects work

wirr ① (*durcheinander*) confused ② (*unordentlich*) tangled ③ *Geschichten:* weird [wɪəd]; *Ideen:* wild [waɪld] ④ **er ist ein wirrer Kopf** he has crazy ideas

der **Wirrwarr** confusion

der **Wirt** landlord

die **Wirtin** landlady

die **Wirtschaft** ① (*Volkswirtschaft*) economy ② (*Gastwirtschaft*) pub (GB), bar (USA)

wirtschaften to budget ['bʌdʒɪt]; **sparsam wirtschaften** to economize

wirtschaftlich (*sparsam*) economical

die **Wirtschaftlichkeit** economy

das **Wirtschaftsabkommen** economic agreement

der **Wirtschaftsaufschwung** economic upturn

die **Wirtschaftsbeziehungen** economic [*oder* trade] relations *Plural*

das **Wirtschaftsdelikt** economic crime

die **Wirtschaftsentwicklung** economic development

das **Wirtschaftsgymnasium** *grammar school where the emphasis is on business studies, economics and law*

die **Wirtschaftshilfe** economic aid ⚠ *ohne Artikel*

die **Wirtschaftskrise** economic crisis

die **Wirtschaftslage** economic situation

der **Wirtschaftsminister**, die **Wirtschaftsministerin** Minister for Economic Affairs (GB), Secretary of Commerce ['kɒmɜ:s] (USA)

das **Wirtschaftsministerium** Ministry of Trade and Commerce ['kɒmɜ:s] (GB), Department of Commerce (USA)

die **Wirtschaftspolitik** economic policy

der **Wirtschaftsprüfer**, die **Wirtschaftsprüferin** accountant

der **Wirtschaftsteil** business ['bɪznɪs] section

die **Wirtschafts- und Währungsunion** economic and monetary union

das **Wirtschaftswachstum** economic growth

die **Wirtschaftswissenschaft** economics *Singular*

das **Wirtschaftswunder** economic miracle

der **Wirtschaftszweig** branch of industry

das **Wirtshaus** (*Lokal*) pub (GB), bar (USA); (*Gasthof*) inn

der **Wisch** (*abwertend*) bumf *umgangsspr*

wischen to wipe; (*reinigen*) to wipe clean ▶ WENDUNGEN: **von jemandem eine gewischt bekommen** to get a clout from someone; **einen gewischt bekommen** (*einen Stromschlag bekommen*) to get a shock

der **Wischlappen** cloth

wispern to whisper ['(h)wɪspəʳ]

wissbegierig eager to learn; **ein wissbegieriger Schüler** a pupil who is eager to learn

wissen ① to know (**von** about); **woher weiß sie das?** how does she know? ② (*sich erinnern*) **weißt du noch?** do you remember? ③ **Bescheid wissen** to be well informed ④ (*rhetorisch*) **was weiß ich?** who knows?; **weiß ich doch nicht!** how should I know?; **nicht, das ich wüsste** not that I know of; **soviel ich weiß** as far as I know; **man kann nie wissen** you never know ⑤ **jemanden etwas wissen lassen** to tell someone something, to let someone know something ⑥ **ich will von ihm nichts mehr wissen** I don't want anything more to do with him

> **G** Richtiges Konjugieren von **to know**: know, knew, known
> *I'm sorry, I don't know where he is!;*
> *thankfully, Lisa knew what to do;*
> *had he known about it earlier, he would have acted sooner*

das **Wissen** knowledge ['nɒlɪdʒ]; **meines Wissens**

to the best of my knowledge

die **Wissenschaft** science ['saɪən(t)s]

der **Wissenschaftler**, die **Wissenschaftlerin** scientist ['saɪəntɪst]; (*Geisteswissenschaftler*) academic

wissenschaftlich scientific [ˌsaɪən'tɪfɪk]

das **Wissensgebiet** field of knowledge ['nɒlɪdʒ]

wissenswert worth knowing

die **Witfrau** CH widow ['wɪdəʊ]

wittern (*auch übertragen*) to scent [sent]

die **Witterung** weather

die **Witterungsverhältnisse** weather conditions *Plural*

die **Witwe** widow ['wɪdəʊ]; **Witwe werden** to be widowed

der **Witwer** widower ['wɪdəʊəʳ]

der **Witz** 1 joke; **einen Witz über etwas machen** to make a joke about something; **das soll wohl ein Witz sein!** you must be joking!; **mach keine Witze!** you're joking! 2 (*geistvolle Schärfe*) wit

witzig 1 (*spaßig*) funny 2 (*geistreich*) witty

die **WM** *Abkürzung von* **Weltmeisterschaft** world championship

wo 1 where; **wo seid ihr?** where are you? 2 **... wo doch alles so schön gelaufen ist ...** when everything was running so smoothly ['smuːðli] 3 **wo er nun schon mal da ist ...** since he's here already 4 **jetzt, wo sie in Rente geht ...** now that she's going to retire ...

woanders elsewhere [ˌels'weəʳ], somewhere else

wobei 1 (*Frage*) how; (*bei was*) at what 2 **wobei mir gerade einfällt, dass ...** which reminds [rɪ'maɪndz] me now that ... 3 **wobei ich denke, dass ...** although I think that ...

die **Woche** week; **in einer Woche** in a week; **Woche für Woche** week in, week out; **dreimal die Woche** three times a week; **morgen in einer Woche** a week tomorrow

die **Wochenarbeitszeit** working week

das **Wochenblatt** weekly

das **Wochenende** weekend; **am Wochenende** at [*oder* USA on] the weekend; **schönes Wochenende!** have a nice weekend!; **übers Wochenende verreisen** to go away for the weekend; **ein langes Wochenende machen** to take a long weekend

die **Wochenkarte** week's travelcard

wochenlang for weeks; **nach wochenlanger Warterei** after weeks of waiting

der **Wochentag** 1 weekday 2 (*bestimmter*) day of the week

wöchentlich weekly; **einmal wöchentlich** once [wʌn(t)s] a week; **sich wöchentlich abwechseln** to take turns every week

die **Wochenzeitschrift** weekly [magazine]

wodurch 1 (*Frage*) how; **wodurch kam das?** how did it come about? 2 (*Relativpronomen*) through [θruː] which; **wodurch ich Probleme bekam** which caused me problems

wofür 1 (*Frage*) for what, what ... for; **wofür halten Sie mich?** what do you take me for? 2 (*relativ*) for which, which ... for; **wofür er sich interessiert** what he's interested in; **wofür ich dir sehr dankbar bin** for which I'm very grateful to you

wogegen 1 (*gegen was*) against [ə'geɪnst] what 2 (*relativ*) against which, which ... against

woher 1 (*Frage*) from where, where ... from; **woher wissen Sie das?** how do you know that? 2 (*wie*) how 3 (*relativ*) from which, where ... from 4 **ach, woher!** (*umgangsspr*) nonsense!

wohin 1 (*Frage*) where [to]; **wohin gehst du?** where are you going to? 2 (*relativ*) where; **der Ort, wohin ich gehe** the place where I'm going 3 **ich muss mal wohin** (*umgangsspr*) I've got to pay a visit

das **Wohl** 1 well-being 2 **auf Ihr Wohl!** here's to you! your health!; **zum Wohl!** cheers!

wohl 1 (*gut, gesund*) well; **ich fühle mich nicht wohl** I don't feel well 2 (*zwar, freilich*) all right, it is true, to be sure [ʃɔːʳ]; **ich habe es wohl gewusst, aber was konnte ich machen?** it's true that I knew but what could [kʊd] I have done? 3 (*wahrscheinlich*) probably; **sie ist wohl krank** she's probably ill; **das ist wohl das Beste** I suppose [sə'pəʊz] it's the best thing; **du bist wohl verrückt!** you must be mad! 4 (*gut*) **wohl durchdacht** well thought [θɔːt] out; **wohl geordnet** well-ordered; [**jemandem**] **wohl tun** to do [someone] good; **wohl überlegt** well-considered ▶ WENDUNGEN: **wohl bekomm's!** your health [helθ]!; **wohl oder übel** like it or not

wohlauf **wohlauf sein** to be well

das **Wohlbefinden** well-being

das **Wohlbehagen** feeling of well-being

wohlbehalten safe and sound

das **Wohlergehen** welfare ['welfeəʳ]

der **Wohlfahrtsstaat** welfare state

wohlgemerkt mind [maɪnd] [you]; **die waren wohlgemerkt die Ersten** mind you, they were the first ones

wohlhabend prosperous ['prɒspᵊrəs], well-to-do

wohlig pleasant ['plezᵊnt]; (*heimelig*) cosy ['kəʊzi]

der **Wohlstand** affluence ['æfluən(t)s], prosperity

die **Wohlstandsgesellschaft** affluent society [sə'saɪəti]

die **Wohltat** **das ist eine wahre Wohltat!** oh, that feels good!

der **Wohltäter**, die **Wohltäterin** benefactor

wohltätig charitable; **für einen wohltätigen Zweck** for a good cause [kɔːz]

die **Wohltätigkeitsveranstaltung** charity performance [-pəˌfɔːmən(t)s]

der **Wohnanhänger** caravan (GB), trailer (USA)

die **Wohnanlage** housing development [*oder* estate]

der **Wohnblock** block of flats

der **Wohncontainer** Portakabin® (GB)

wohnen ① to live [lɪv] ② (*vorübergehend*) to stay (**bei** with); **im Hotel wohnen** to stay at a hotel

die **Wohnfläche** living space

das **Wohngebiet** residential [ˌrezɪˈden(t)ʃᵊl] area

das **Wohngeld** housing benefit

die **Wohngemeinschaft** flat share

das **Wohnhaus** residential building [ˌrezɪˈden(t)ʃᵊl-ˌbɪldɪŋ]

das **Wohnheim** ① *für Rentner:* residential [ˌrezɪˈden(t)ʃᵊl] home ② *für Obdachlose:* hostel ③ *für Studenten:* hall [of residence [ˈrezɪdᵊn(t)s]] (GB), dorm[itory] (USA)

die **Wohnküche** kitchen-cum-living room

die **Wohnlage** residential [ˌrezɪˈden(t)ʃᵊl] area

wohnlich cosy [ˈkəʊzi]

das **Wohnmobil** camper, motor caravan, recreation vehicle [ˌriːkriˈeɪʃᵊnˌvɪəkl̩] (USA)

der **Wohnort** [place of] residence [ˈrezɪdᵊn(t)s]

das **Wohnrecht** right of residence [ˈrezɪdᵊn(t)s]

der **Wohnsitz** domicile [ˈdɒmɪsaɪl]; **wo hast du deinen ersten Wohnsitz?** where is your main address?; **ohne festen Wohnsitz** of no fixed abode

die **Wohnung** flat (GB), apartment (USA)

der **Wohnungsmangel** housing shortage

der **Wohnungsmarkt** housing market

die **Wohnungsnot** serious [ˈsɪəriəs] housing shortage

die **Wohnungssuche** **auf Wohnungssuche sein** to be flat-hunting

das **Wohnviertel** residential [ˌrezɪˈden(t)ʃᵊl] area

der **Wohnwagen** caravan (GB), trailer (USA)

das **Wohnzimmer** living room

der **Wolf** wolf [wʊlf] ▸ WENDUNGEN: **ein Wolf im Schafspelz** a wolf in sheep's clothing

V **wolves** ist die Pluralform von **wolf**: *the ten wolves hunted in a pack.*

die **Wolke** (*auch übertragen*) cloud [klaʊd] ▸ WENDUNGEN: **aus allen Wolken fallen** to be flabbergasted [ˈflæbəgaːstɪd]

der **Wolkenbruch** cloudburst [ˈklaʊdbɜːst]

der **Wolkenkratzer** skyscraper

wolkenlos cloudless [klaʊdləs]

wolkig cloudy [ˈklaʊdi]

die **Wolldecke** [woollen] blanket

die **Wolle** wool; **reine Wolle** pure wool ▸ WENDUNGEN: **sich in die Wolle kriegen** to be at each other's throats

wollen¹ (*aus Wolle*) woollen

wollen² ① (*beabsichtigen*) to want; **ich will später Medizin studieren** I want to study medicine [ˈmedsᵊn] ② **ich wollte dich mal was fragen** I just wanted [ˈwɒntɪd] to ask you something ③ **was ich damit sagen wollte, ist ...** what I meant [ment] to say is ... ④ **er wollte nur helfen** he only meant to help ⑤ **der Knopf will nicht zugehen** the button won't do up; **das Kind will nicht hören** the child won't listen ⑥ **na, dann wollen wir mal!** all right, let's get started!

wollen³ ① (*wünschen*) to want; **sie will ein Fahrrad** she wants a bike ② **ich will nicht ins Kino** I don't want to go to the cinema ③ **mach, was du willst** do what you like ④ **was will er von mir?** what does he want from me? ⑤ **du kannst sagen, was du willst** (*umgangsspr*) you can say what you like

die **Wolljacke** cardigan

womit ① (*Frage*) with what, what ... with; **womit hat er das gemacht?** what did he do that with?; **womit kann ich dienen?** what can I do for you? ② (*relativ*) with which; **womit ich** (*bei Bezug auf ganzen Satz*) by which

womöglich possibly

wonach ① (*Frage*) **wonach ist dir?** what do you feel like?; **wonach suchst du?** what are you looking for? ② (*relativ: zufolge*) according to which

woran ① what; **woran arbeiten Sie?** what are you working on? ② **woran kann man das erkennen?** how can you tell? ③ **sie weiß nicht genau, woran sie mit ihrer Chefin ist** she doesn't know exactly where she stands with her boss ④ (*relativ, mit Bezug auf vorausgehenden Satz*) by which

worauf ① (*Frage*) what; **worauf wartest du?** what are you waiting for? ② (*relativ: zeitlich*) whereupon [ˌweərəˈpɒn]; **worauf sie ging** whereupon she left; **worauf du dich verlassen kannst!** just you wait and see!

woraus ① (*Frage*) [out of] what, what ... of ② (*relativ*) out of which, from which

worin ① (*Frage*) in what, what ... in ② (*relativ*) in which

das **Wort** ① word [wɜːd]; **Wort für Wort** word for word ② (*Versprechen*) word; **sein Wort halten** to keep one's word; **ich gebe dir mein Wort darauf** I give you my word on it; **sein Wort brechen** to break [breɪk] one's word ③ (*beim Sprechen*) **mir fehlen die Worte** words fail me; **jemandem ins Wort fallen** to interrupt someone; **zu Wort kommen** to get a chance to speak ④ (*Formulierung*) **mit einem Wort** in a word; **mit anderen Worten** in other words ⑤ **für jemanden ein gutes Wort einlegen** to put in a word for someone

die **Wortart** part of speech
das **Wörterbuch** dictionary ['dɪkʃᵊnᵊri]
der **Wortlaut** wording
wörtlich 1 literal; **etwas wörtlich übersetzen** to translate something literally 2 *Wiedergabe:* word-for-word 3 **wörtliche Rede** direct speech
wortlos 1 silent ['saɪlənt] 2 **sie ging wortlos aus dem Zimmer** she left the room without saying a word
die **Wortmeldung** request to speak
der **Wortschatz** vocabulary [və'kæbjəlᵊri]
das **Wortspiel** pun, play on words
wortwörtlich 1 word for word, verbatim [vɜː'beɪtɪm] 2 **er nimmt einfach alles wortwörtlich** he takes absolutely everything literally 3 **das habe ich wortwörtlich so gehört** that was exactly what I heard
worüber 1 (*Frage*) about what, what ... about; **worüber habt ihr gesprochen?** what did you talk about? 2 (*relativ*) about which, which ... about
worum 1 about what, what ... about; **worum handelt es sich?** what's it about? 2 (*relativ*) about which, which ... about
worunter **worunter leidet sie?** what does she suffer from?
wovon 1 from what, what ... from; **wovon lebst du?** what do you live on? 2 **wovon redet er?** what is he talking ['tɔːkɪŋ] about?; **wovon handelt der Film?** what is the film about? 3 (*relativ*) from which, which ... from; (*bei Bezug auf vorausgehenden Satz*) about which, which ... about
wovor 1 before what, what ... before; **wovor fürchtest du dich?** what are you afraid of? 2 (*relativ*) before which, which ... before
wozu 1 to what, what ... to; **wozu soll das gut sein?** what is that supposed to be good for? 2 (*warum*) why; **wozu denn?** why?; (*warum sollte ich?*) why should I? 3 (*relativ*) to which, which ... to
das **Wrack** (*auch übertragen*) wreck [rek]
der **Wucherpreis** extortionate price
die **Wucherung** (*Geschwür*) growth
die **Wucht** 1 force [fɔːs]; (*Stoßkraft*) momentum [mə'mentəm] 2 **das Auto ist mit voller Wucht gegen den Baum gefahren** the car crashed into the tree at full throttle ['θrɒtl] 3 **du bist eine Wucht!** you're a star! *umgangssprachlich*
wuchtig massive
wühlen 1 *Nager:* to burrow ['bʌrəʊ] 2 (*stöbern*) **nach etwas wühlen** to rummage ['rʌmɪdʒ] for something 3 **sich durch etwas wühlen** to burrow one's way through something
der **Wühltisch** bargain ['bɑːgɪn] counter
der/die **Wulst** bulge [bʌldʒ]
wulstig bulged [bʌldʒd]; *Lippen:* thick [θɪk]
wund 1 sore [sɔːʳ]; **ein wunder Punkt** a sore point 2 **sich wund reiben** to rub oneself sore; **sich wund liegen** to get bedsores; **sie hat sich gestern die Füße wund gelaufen** her feet are sore from all that walking she did yesterday
die **Wunde** (*auch übertragen*) wound [wuːnd]
das **Wunder** 1 (*überraschendes Ereignis*) wonder ['wʌndəʳ] 2 (*Übernatürliches*) miracle ['mɪrəkl] 3 (*Person*) marvel 4 **das ist kein Wunder** no wonder; **er wird sein blaues Wunder erleben** (*umgangsspr*) he won't know what's hit him
wunderbar 1 marvellous ['mɑːvᵊləs], wonderful ['wʌndəfᵊl] 2 (*übernatürlich*) miraculous [mɪ'rækjələs]
das **Wunderkind** child prodigy ['prɒdɪdʒi]
wundern 1 **es würde mich nicht wundern, wenn ...** I wouldn't be surprised [sə'praɪzd] if ...; **das wundert mich jetzt wirklich** now that really does surprise me 2 **ich hab mich gewundert, was das sollte** I wondered what all that was about 3 **sich wundern** to be surprised [*oder* astonished [ə'stɒnɪʃd]] (**über** at)
wunderschön lovely ['lʌli], wonderful ['wʌndəfᵊl]
wundervoll 1 marvellous ['mɑːvᵊləs], wonderful ['wʌndəfᵊl] 2 (*übernatürlich*) miraculous [mɪ'rækjələs]
der **Wunsch** 1 wish; (*sehnliches Verlangen*) desire [dɪ'zaɪəʳ] 2 (*Bitte*) request [rɪ'kwest]; **haben Sie noch einen Wunsch?** is there anything else you'd like?; **dein Wunsch sei mir Befehl** your wish is my command 3 **es ging alles nach Wunsch** everything was going smoothly
das **Wunschdenken** wishful thinking
wünschen 1 to wish; **was wünscht er sich zu Weihnachten?** what does he want for Christmas?; **er wünscht sich ein Fahrrad** he would like [*oder* wants] a bike 2 **sie wünscht sich, dass ihr Vater wieder gesund wird** she wishes her father would recover from his illness 3 **sie hat alles, was man sich nur wünschen kann** she has everything she could wish for 4 **jemandem alles Gute wünschen** to wish someone all the best; **jemandem frohe Weihnachten wünschen** to wish someone a merry Christmas 5 **das lässt zu wünschen übrig** that leaves something to be desired
wünschenswert desirable
das **Wunschkonzert** musical request programme
der **Wunschzettel** wish list; *an Weihnachten:* letter to Santa Claus
die **Würde** dignity ['dɪgnɪti]; **unter jemandes Würde** beneath someone's dignity
würdelos undignified [ʌn'dɪgnɪfaɪd]
würdevoll dignified ['dɪgnɪfaɪd]

würdig ① (*wert*) worthy ['wɜːðɪ] ② (*würdevoll*) dignified ['dɪgnɪfaɪd]

würdigen ① **etwas zu würdigen wissen** to appreciate [ə'priːʃieɪt] something ② **sie haben uns keines Blickes gewürdigt** they didn't deign [deɪn] to look at us

der **Wurf** ① throw [θrəʊ]; *beim Handball:* shot ② (*das Werfen*) throwing ③ **ein Wurf Welpen** a litter of puppies

der **Würfel** ① die, dice, *Plural* dice; **Würfel spielen** to play [at] dice ② *in der Mathematik:* cube

der **Würfelbecher** shaker

würfelförmig cube-shaped

das **Würfelspiel** ① dice game ② (*eine Partie*) game of dice ③ (*Brettspiel*) board game

der **Würfelzucker** cube sugar [-ʃʊgəʳ], lump sugar; **zwei Stück Zucker** two lumps [of sugar]

die **Wurfsendung** ① circular ['sɜːkjələʳ] ② **Wurfsendungen** junk mail ⚠ *Singular*

würgen ① (*gewaltsam*) to strangle, to throttle ② (*beim Essen*) to choke (**an** on) ③ to retch ▶ WENDUNGEN: **mit Hängen und Würgen** by the skin of one's teeth

der **Wurm** ① worm [wɜːm]; (*Made, Larve*) maggot ② (*umgangsspr: Kind*) [little] mite ▶ WENDUNGEN: **da ist der Wurm drin!** (*umgangsspr*) there's something wrong [rɒŋ] somewhere!

wurmen (*umgangsspr*) **es wurmt mich** it's getting to me

wurmstichig *Holz:* full of wormholes

die **Wurst** sausage ['sɒsɪdʒ] ▶ WENDUNGEN: **das ist mir Wurst** (*umgangsspr*) it is all the same to me *umgangsspr;* I don't give a hang (USA) *umgangsspr;* **jetzt geht's um die Wurst!** (*umgangsspr*) and now for the moment of truth!

das **Würstchen** ① [small] sausage ['sɒsɪdʒ] ② (*abwertend: ein Niemand*) squirt [skwɜːt] ③ **armes Würstchen** poor devil

die **Würstchenbude**, der **Würstchenstand** hot dog stand

wursteln (*umgangsspr*) to muddle along

die **Würze** seasoning ['siːzᵊnɪŋ], spice [spaɪs] *auch übertragen*

die **Wurzel** ① root ② **Wurzeln schlagen** to take root; (*sich einleben*) to put down roots; **der will wohl hier Wurzeln schlagen!** looks like he intends to hang around here all day!

würzen ① to season ['siːzᵊn] ② (*übertragen*) to add spice to

würzig ① *Speisen:* tasty; (*scharf*) spicy ② (*aromatisch*) aromatic ③ *Luft:* fragrant ['freɪgrənt]

der **Wust** ① (*unordentlicher Haufen*) heap ② (*Menge*) pile (**an** of)

wüst chaotic [keɪ'ɒtɪk]; **wüst aussehen** to look a real mess; **ein wüstes Durcheinander** complete chaos

die **Wüste** ① desert ['dezət] ② (*Öde*) wilderness ③ **jemanden in die Wüste schicken** (*umgangsspr*) to send someone packing

die **Wut** ① fury ['fjʊəri], rage; **jemanden in Wut bringen** to infuriate [ɪn'fjʊərieɪt] someone; **in Wut geraten** to fly into a rage; **eine Wut auf jemanden haben** to be mad at someone ② **er kochte vor Wut** (*umgangsspr*) he was boiling with rage; **er sieht so aus, als würde er gleich vor Wut platzen** he looks like he's going to hit the roof any minute now ③ **ich hab vielleicht eine Wut im Bauch!** I'm absolutely livid!

der **Wutausbruch** outburst of rage, tantrum

wüten to rage

wütend ① enraged, furious ['fjʊəriəs] ② **wütend sein** to be in a rage; **auf jemanden wütend sein** to be mad at someone; **über etwas wütend sein** to be furious about something ③ **eine wütende Menschenmenge** an angry mob

wutentbrannt in a fury

WWW *Abkürzung von* **World Wide Web** the Web

Xx

X ① X, x [eks] ② (*unbekannt*) **Herr X** Mr X ③ (*viele*) **x Leute/Anfragen/Briefe** umpteen people/requests/letters
die **x-Achse** x axis
die **X-Beine** knock knees [nɒk'ni:z]; **X-Beine haben** to be knock-kneed
x-beliebig (*umgangsspr*) any [old]
x-mal (*umgangsspr*) **ich hab dir schon x-mal gesagt** I've told you umpteen times
das **Xylophon**, das **Xylofon** xylophone ['zaɪləfəʊn]

Yy

Y, y Y, y [waɪ]
die **y-Achse** y axis
die **Yacht** yacht [jɒt]
der/das **Yoga** yoga
das **Ypsilon** ① (*Buchstabe*) Y, y [waɪ] ② (*griechischer Buchstabe*) upsilon

Zz

Z, z Z, z [zed]
Zack (*umgangsspr*) **auf Zack sein** to be on the ball; **er hat das Auto wieder auf Zack gebracht** he knocked the car back into shape again
zack zack, zack! chop, chop!; **zack, schon war sie da** snap, and there she was
zackig ① (*gezackt*) jagged ['dʒægɪd]; *Blätter:* serrated [sɪ'reɪtɪd] ② (*umgangsspr*) *Mensch:* smart ③ (*umgangsspr*) *Rhythmus:* brisk
zaghaft timid
zäh ① tough [tʌf] ② **er ist ein zäher Hund** he is pretty damn tough *umgangsspr*
zähflüssig thick; *Verkehr:* slow-moving
die **Zahl** ① number; **eine dreistellige Zahl** a three-figure number ② (*Ziffer*) figure ['fɪgəʳ], numeral ['nju:mᵊrᵊl] ③ (*Zahlzeichen*) cipher ['saɪfəʳ] ④ **eine große Zahl von Leuten** large numbers of people ⑤ **der Zahl nach** in number
zählbar countable
zahlen ① to pay; **bar zahlen** to pay cash; **auf Rechnung zahlen** to pay on account ② **dieses Mal zahle ich!** this one's on me! ③ **Herr Ober, bitte zahlen!** waiter, the bill [*oder* (USA) check] please! ④ **die Firma zahlt gut** the company pays well
zählen ① to count [kaʊnt]; **bis zehn zählen** to count to ten ② (*dazugehören*) **er zählt zu den bekanntesten Malern unserer Zeit** he ranks as one of the best-known painters of our time; **Spinnen zählen nicht zu den Insekten** spiders don't belong to the class of insects ③ (*gültig sein*) **komm, das zählt nicht!** come on, that doesn't count! ④ (*wichtig sein*) **für sie zählt nur ihre Arbeit** her work is all she cares about ⑤ (*sich verlassen*) **du kannst auf mich zählen** you can count on me
das **Zahlenschloss** combination lock
das **Zahlenverhältnis** [numerical] ratio
der **Zähler** ① *in der Mathematik:* numerator ['nju:mᵊreɪtəʳ] ② (*Ablesegerät*) meter ['mi:təʳ]
der **Zählerstand** meter reading
die **Zahlkarte** giro transfer [ˌdʒaɪ(ə)rəʊ'træn(t)sfɜ:ʳ] form
zahllos countless, innumerable [ɪ'nju:mᵊrəbl]
zahlreich numerous ['nju:mᵊrəs]
der **Zahltag** payday
die **Zahlung** ① payment ['peɪmənt] ② **etwas in Zahlung geben** to trade something in; **in Zahlung nehmen** to take as a trade-in
die **Zählung** count
der **Zahlungsauftrag** payment order
zahlungsfähig solvent
die **Zahlungsfrist** period allowed for payment
zahlungskräftig wealthy
das **Zahlungsmittel** means of payment ⚠ *mit Singular*
zahlungspflichtig obliged [*oder* liable] to pay *nachgestellt*
der **Zahlungsverkehr** payment transactions *Plural*
das **Zählwerk** counter
das **Zahlwort** numeral
zahm (*auch übertragen*) tame
zähmen ① to tame ② to control *Leidenschaft*

X

die **Zähmung** taming

der **Zahn** ① tooth [tu:θ], *Plural* teeth [ti:θ]; **sich einen Zahn ziehen lassen** to have a tooth out; **sich die Zähne putzen** to brush one's teeth ② **falsche Zähne** false [fɔ:ls] teeth ▶ WENDUNGEN: **jemandem auf den Zahn fühlen** (*scharf befragen*) to grill someone; **Haare auf den Zähnen haben** (*abwertend*) to be a Tartar; **bis an die Zähne bewaffnet sein** to be armed to the teeth; **die Zähne zeigen** to show one's teeth; **der Zahn der Zeit** the ravages ['rævɪdʒɪz] of time; **einen Zahn zulegen** (*slang*) to get a move on

der **Zahnarzt**, die **Zahnärztin** dentist

die **Zahnbürste** tooth brush

das **Zahnfleisch** gum ▶ WENDUNGEN: **auf dem Zahnfleisch gehen** (*umgangsspr*) to be on one's last legs

das **Zahnfleischbluten** bleeding of the gums

die **Zahnpasta** tooth paste

die **Zahnschmerzen** toothache ['tu:θˌeɪk] ⚠ *Singular;* **ich habe Zahnschmerzen** I have toothache

die **Zahnseide** dental floss

die **Zahnspange** brace [breɪs]

der **Zahnstocher** tooth pick

die **Zange** ① pliers ['plaɪəz] ⚠ *Plural,* a pair of pliers ② *von Krebs:* pincers ['pɪn(t)səʳz] ⚠ *Plural* ▶ WENDUNGEN: **jemanden in die Zange nehmen** to put the screws [skru:z] on someone

zanken **sich zanken** to quarrel ['kwɒrəl], to row [raʊ], to squabble ['skwɒbl]; **sich mit jemandem zanken** to have a row with someone

das **Zäpfchen** suppository [səpɒzɪtᵊri]

der **Zapfen** *eines Nadelbaums:* cone

die **Zapfsäule** petrol [*oder* (USA) gas] pump

zappelig fidgety ['fɪdʒəti], wriggly ['rɪgḷi]; **zappelig werden** to get the fidgets

zappeln *Kind:* to fidget ['fɪdʒɪt]; *Fisch:* to wriggle ['rɪgḷ] ▶ WENDUNGEN: **jemanden zappeln lassen** to keep someone on tenterhooks

zappen ['tsapṇ] (*umgangsspr*) to channel-hop

zart ① tender ② *Haut:* soft ③ *Farbe:* pale

zartfühlend ① (*taktvoll*) tactful ② (*empfindlich*) sensitive

zärtlich ① *Mutter:* loving ② *Kuss:* tender

die **Zärtlichkeit** ① (*Zärtlichsein*) tenderness ② (*Liebkosung*) caress [kə'res] ③ (*Gefühl*) affection [ə'fekʃᵊn]

der **Zauber** ① magic ['mædʒɪk] ② (*Reiz*) charm ③ (*Bann*) spell ▶ WENDUNGEN: **fauler Zauber** humbug

die **Zauberei** magic, sorcery ['sɔ:sᵊri]; **wie durch Zauberei** as if by magic

der **Zauberer** ① (*Magier*) magician [mə'dʒɪʃᵊn]; (*Hexer*) sorcerer ['sɔ:sᵊrəʳ], wizard ② (*Zauberkünstler*) conjurer ['kʌndʒᵊrəʳ]

zauberhaft enchanting

die **Zauberin** sorceress ['sɔ:sᵊrɪs]

der **Zauberkünstler**, die **Zauberkünstlerin** conjurer ['kʌndʒᵊrəʳ]

zaubern ① (*Magie ausüben*) to do magic ② (*Zauberkunststücke zeigen*) to do magic tricks ③ **ich kann doch nicht zaubern!** (*umgangsspr*) I'm not a magician [mə'dʒɪʃᵊn]! ④ **sie hat aus Resten ein tolles Abendessen gezaubert** she conjured up a great dinner out of leftovers

der **Zauberspruch** [magic] spell

der **Zauberstab** [magic] wand [wɒnd]

der **Zaubertrank** magic potion

der **Zaum** bridle ['braɪdl]; **im Zaum halten** to keep a tight [taɪt] rein on

der **Zaun** fence

der **Zaunpfahl** [fence] post

z. B. *Abkürzung von* **zum Beispiel** e.g. [ˌi:'dʒi:]

das **Zebra** zebra ['zebrə]

der **Zebrastreifen** zebra crossing (GB), crosswalk (USA)

die **Zecke** tick

die **Zeckenimpfung** vaccination [ˌvæksɪ'neɪʃᵊn] for tick bites

der **Zeh**, die **Zehe** ① toe [təʊ]; **große Zehe** big toe ② *Knoblauch:* clove ③ **jemandem auf die Zehen treten** (*umgangsspr*) to tread [tred] on someone's toes

der **Zehennagel** toe nail

die **Zehenspitze** tip of the toe; **auf [den] Zehenspitzen gehen** to [walk on] tiptoe

die **Zehn** ① (*Zahl*) [number] ten ② **die Zehn** (*Straßenbahn, Bus*) the number ten [tram/bus]

zehn ten; **viertel vor zehn** a quarter to ten

der **Zehner** ① *in der Mathematik:* ten ② (*umgangsspr: Geldschein*) tenner

die **Zehnerkarte** *für Bus usw.:* ten-journey ticket; *für Museum usw.:* ten-visit ticket

die **Zehnerpackung** packet of ten

zehnjährig ten-year-old

der **Zehnkampf** decathlon [dɪ'kæθlɒn]

zehnmal ten times

zehntausend ① ten thousand ② **die oberen Zehntausend** the upper crust

zehnte(r, s) ① tenth, 10th ② **wir haben heute den zehnten Dezember** today is the tenth of December ③ **ich bin in der zehnten Klasse** I'm in Year 10

das **Zehntel** tenth

zehntel tenth

zehren ① **an jemandem/etwas zehren** to wear someone/something out; **an jemandes Nerven/Gesundheit zehren** to ruin someone's nerves/health ② **von etwas zehren** to live on something

das **Zeichen** ① sign [saɪn] ② (*Hinweis, Signal*) signal; **ein Zeichen geben** to give a sign [*oder* signal] ③ **als Zeichen der Verehrung** as a token of respect; **zum Zeichen, dass ...** to show that ... ④ (*Anzeichen*) indication ⑤ (*Schriftzeichen*) character ['kærəktəʳ]

der **Zeichenblock** drawing pad

das **Zeichenbrett** drawing board

das **Zeichendreieck** setsquare (GB), triangle (USA)

die **Zeichenerklärung** *auf Landkarte:* legend ['ledʒənd]; *auf Fahrplänen:* key to the symbols

der **Zeichenlehrer**, die **Zeichenlehrerin** art teacher

das **Zeichenpapier** drawing paper

die **Zeichensetzung** punctuation [pʌŋktʃu'eɪʃᵊn] ⚠ *ohne Artikel*

die **Zeichensprache** sign language ['saɪnˌlæŋgwɪdʒ]

der **Zeichentisch** drawing table

der **Zeichentrickfilm** [animated] cartoon

der **Zeichenunterricht** art lesson

zeichnen to draw

> **G** Richtiges Konjugieren von **to draw**: draw, drew, drawn
> *Mr. Miller loves to draw;*
> *I drew a picture of a boat;*
> *look – she's drawn you a picture!*

der **Zeichner**, die **Zeichnerin** draughtsman ['drɑːftsmən] *maskulin,* draughtswoman ['drɑːftsˌwʊmən] *feminin*

die **Zeichnung** drawing ['drɔːɪŋ]

der **Zeigefinger** forefinger ['fɔːˌfɪŋgəʳ], index finger

zeigen ① to show; **er zeigte uns die Wohnung** he showed us around the flat; **zeig mal, was du geschrieben hast** let me see what you have been writing [raɪtɪŋ] ② **dir werd ich's zeigen!** (*umgangsspr*) I'll show you! ③ (*anzeigen, deuten*) to point (**auf** at); **kannst du mir zeigen, wer von ihnen Daniel ist?** could you point Daniel out to me? ④ **es zeigt den Luftdruck an** it shows the air pressure ⑤ **sich zeigen** (*sichtbar werden*) to appear [ə'pɪəʳ]; (*sich herausstellen*) to prove [pruːv], to turn [tɜːn] out ⑥ **da zeigt sich mal wieder, dass ...** it all goes to prove that ... ⑦ **sich dankbar zeigen** to show one's gratitude ⑧ **so kannst du dich nicht zeigen** you can't go out like that

> **G** Richtiges Konjugieren von **to show**: show, showed, shown
> *let me show you our holiday photos;*
> *Andrew showed Dan his new mobile phone;*
> *he has shown me how to operate the coffee machine*

der **Zeiger** ① indicator, pointer ② *einer Uhr:* hand

die **Zeile** ① line ② **du solltest ihm ein paar Zeilen schreiben** you should drop him a line

der **Zeilenabstand** line spacing

die **Zeilenlänge** line length

die **Zeit** ① time; **morgen um diese Zeit** this time tomorrow; **wie die Zeit vergeht!** how time flies! ② **das hat Zeit** there's no hurry about it; **sich bei etwas Zeit lassen** to take one's time over something ③ **von Zeit zu Zeit** from time to time; **die ganze Zeit** all the time; **eine Zeit lang** [for] a while [waɪl]; **in letzter Zeit** lately; **Zeit raubend** time-consuming; **Zeit sparend** time-saving ④ **alles zu seiner Zeit!** there's a time and a place for everything! ⑤ **das wird aber auch Zeit!** about time too!; **es wird langsam Zeit, dass sie kommt** it's about time she was here ⑥ (*Ära, Epoche*) age; **zur Zeit Kaiser Wilhelms I.** at the time of Emperor William I; **das waren noch Zeiten!** those were the days! ⑦ *in der Grammatik:* tense ⑧ *beim Sport:* **jemandes Zeit auf 100 Meter stoppen** to time someone over 100 metres

das **Zeitalter** age [eɪdʒ], era [ɪərə]

die **Zeitangabe** (*Uhrzeit*) time; (*Datum*) date

die **Zeitansage** ① *im Radio:* time check ② *per Telefon:* speaking clock

die **Zeitarbeit** temporary ['tempᵊrᵊri] work

die **Zeitarbeitsfirma** temping agency

die **Zeitbombe** time bomb [bɒm]

der **Zeitdruck** time pressure [-ˌpreʃəʳ]; **unter Zeitdruck** under pressure

die **Zeiteinteilung** time management

der **Zeitgeist** Zeitgeist

zeitgemäß up-to-date

der **Zeitgenosse**, die **Zeitgenossin** ① contemporary [kən'tempᵊrᵊri] ② **seltsamer Zeitgenosse** (*abwertend*) oddball

zeitgenössisch contemporary

die **Zeitgeschichte** contemporary history

zeitig early ['ɜːli]

die **Zeitkarte** season ['siːzᵊn] ticket (GB), commutation ticket (USA)

zeitlich ① temporal ['tempᵊrᵊl] ② **passt dir das zeitlich?** is the time convenient for you? ③ **zeitlich zusammenfallen** to coincide [ˌkəʊɪn'saɪd] ④ **Dinge zeitlich aufeinander abstimmen** to synchronize ['sɪŋkrənaɪz] things

zeitlos timeless

die **Zeitlupe** **etwas in Zeitlupe zeigen** to show something in slow motion

das **Zeitlupentempo** ① slow motion ② **im Zeitlupentempo** at a snail's pace

der **Zeitplan** schedule ['ʃedjuːl]

der **Zeitpunkt** ① (*Termin*) time ② (*Augenblick*) moment

der **Zeitraum** period ['pɪəriəd] of time

die **Zeitschaltuhr** time switch

die **Zeitschrift** magazine; (*wissenschaftlich*) journal ['dʒɜːnᵊl], periodical [ˌpɪəri'ɒdɪkᵊl]

das **Zeitschriftenabonnement** magazine subscription [-səbˌskrɪpʃᵊn]

die **Zeitschriftenbeilage** pull-out section

die **Zeitspanne** period of time

die **Zeittafel** chronological [ˌkrɒnə'lɒdʒɪkᵊl] table

der **Zeittakt** unit length

die **Zeitung** [news]paper; **eine Zeitung abonnieren** to subscribe [səb'skraɪb] to a newspaper; **das steht aber in der Zeitung!** but it's in the paper!
die **Zeitungsanzeige** newspaper advertisement
der **Zeitungsartikel** newspaper article; (*kurzer Artikel*) item
der **Zeitungsausschnitt** newspaper cutting
der **Zeitungsausträger**, die **Zeitungsausträgerin** paper boy *maskulin*, paper girl *feminin*, newspaper deliverer
die **Zeitungsbeilage** newspaper supplement [-ˌsʌplɪmənt]
der **Zeitungsjargon** journalese [ˌdʒɜːnᵊl'iːz]
die **Zeitungsmeldung** newspaper report
das **Zeitungspapier** newsprint; (*als Altpapier, zum Einwickeln*) newspaper
der **Zeitungsverkäufer**, die **Zeitungsverkäuferin** newsvendor
die **Zeitverschiebung** time lag
die **Zeitverschwendung** waste [weɪst] of time
der **Zeitvertreib** 1 (*Hobby*) pastime ['pɑːstaɪm] 2 **zum Zeitvertreib** to pass the time
zeitweilig 1 occasional 2 (*vorübergehend*) temporary
zeitweise 1 occasionally 2 (*vorübergehend*) temporarily
das **Zeitwort** verb
das **Zeitzeichen** time signal
zelebrieren to celebrate ['seləbreɪt]
die **Zelle** 1 cell [sel] 2 (*Telefonzelle*) telephone box (GB), booth [buːð] (USA)
das **Zellgewebe** cell tissue ['selˌtɪʃuː]
der **Zellkern** nucleus
das **Zellophan®** cellophane ['seləfeɪn]
der **Zellstoff** cellulose ['seljələʊs]
die **Zellteilung** cell [sel] division
das **Zelt** 1 tent 2 *von Indianern:* teepee ['tiːpiː], wigwam 3 *von Zirkus:* big top ► WENDUNGEN: **seine Zelte abbrechen** to pack one's bags
zelten to camp
das **Zeltlager** camp
der **Zeltplatz** campsite
der **Zement** cement [sɪ'ment]
der **Zenit** zenith
zensieren 1 to censor ['sen(t)səʳ] 2 (*benoten*) to mark
der **Zensor**, die **Zensorin** censor ['sen(t)səʳ]
die **Zensur** 1 (*Kontrolle*) censorship ['sen(t)səʃɪp]; **der Zensur unterliegen** to be censored 2 (*Note*) mark; **gute Zensuren** good marks
zensurieren (A), (CH) to censor ['sen(t)səʳ]
das **Zentimeter** centimetre ['sentɪmiːtəʳ] (GB), centimeter (USA)
der **Zentner** hundredweight ['hʌndrədweɪt]
zentnerweise by the hundredweight
zentral (*auch übertragen*) central ['sentrᵊl]
die **Zentralbank** central bank
die **Zentrale** 1 *einer Firma:* head office 2 *von Militär, Polizei:* headquarters [ˌhed'kwɔːtəʳz] ⚠ *Plural* 3 (*Telefonzentrale*) exchange [ɪks'tʃeɪndʒ]; *in Firma:* switchboard
die **Zentraleinheit** central processing [ˌsentrᵊl-'prəʊsesɪŋ] unit, CPU
die **Zentralheizung** central heating
zentralisieren to centralize ['sentrᵊlaɪz]
die **Zentralregierung** central government
die **Zentralverriegelung** central locking
zentrieren to centre ['sentəʳ], to center (USA)
die **Zentrifugalkraft** centrifugal [ˌsentrɪ'fjuːgᵊl] force
die **Zentrifuge** centrifuge ['sentrɪ'fjuːdʒ]
das **Zentrum** (*auch übertragen*) centre ['sentəʳ] (GB), center (USA); **im Zentrum New Yorks** in the centre of New York (GB), in downtown New York (USA)
zerbeißen etwas zerbeißen to chew [tʃuː] something to pieces
zerbombt bombed out
zerbrechen 1 to break into pieces ['piːsɪz] 2 **sich den Kopf zerbrechen** to rack one's brains
zerbrechlich fragile ['frædʒaɪl]; **Vorsicht, zerbrechlich** fragile, handle with care
zerbröckeln to crumble
zerdrücken to crush; (*zu Brei*) to mash
die **Zeremonie** ceremony ['serɪməni]
zeremoniell ceremonial [ˌserɪ'məʊniəl]
der **Zerfall** disintegration; *von Gebäude, Material usw.:* decay; *von Kultur, Land:* decline
zerfallen[1] 1 *Häuser:* to decay, to fall into ruin 2 (*übertragen*) to decline 3 **zu Staub zerfallen** to crumble into dust
zerfallen[2] *Gebäude:* tumbledown
das **Zerfallsprodukt** daughter ['dɔːtəʳ] product
der **Zerfallsprozess** decomposition
zerfetzen (*auch übertragen*) to tear [teəʳ] to pieces
zerfetzt tattered; *Kleidung:* ragged
zerfleischen 1 to tear [teəʳ] to pieces *Tier* 2 (*übertragen*) **sich zerfleischen** (*sich quälen*) to torment oneself; (*einander fertigmachen*) to tear each other apart
zerfressen 1 (*übertragen*) to consume 2 **von Motten zerfressen** moth-eaten; **von Würmern zerfressen** worm-eaten ['wɜːmˌiːtᵊn]
zergehen 1 (*sich auflösen*) to dissolve 2 **auf der Zunge zergehen** to melt in the mouth
zerhacken to chop up
zerkleinern (*zerhacken*) to chop up
zerknittern to crease [kriːs], to crumple
zerknüllen to crumple [*oder* scrunch] up
zerkratzen to scratch [badly]
zerlegbar etwas ist zerlegbar something can be dismantled [*oder* taken apart]
zerlegen 1 (*auseinandernehmen*) to take apart

2 **etwas in seine Einzelteile zerlegen** to take something to pieces
zerlumpt (*abwertend*) ragged ['rægɪd], tattered
zermalmen (*auch übertragen*) to crush
zermartern **sich den Kopf zermartern** to rack one's brains (**über** over)
zermürbend trying
zerquetschen to crush, to squash
zerreiben (*auch übertragen*) to crumble, to crush; (*im Mörser*) to grind
zerreißen 1 (*versehentlich*) to tear [teəʳ]; (*absichtlich*) to tear up 2 (*in Stücke*) to dismember 3 *Papier, Stoff:* to tear; *Faden, Seil:* to break ▶ WENDUNGEN: **ich kann mich doch nicht zerreißen!** I can't be in two places at once!
die **Zerreißprobe** real test
zerren 1 (*reißen*) to tear [teəʳ] (**an** at); **an etwas zerren** to tug at something 2 **sich einen Muskel zerren** to pull [*oder* strain] a muscle
die **Zerrung** strain, pulling
zerschlagen[1] 1 to smash; (*zerschmettern*) to shatter 2 **sich zerschlagen** (*übertragen*) to fall through [θruː], to come to nothing
zerschlagen[2] (*erschöpft*) washed [wɒʃd] out
zerschmettern (*auch übertragen*) to shatter
zerschneiden to cut up
zersetzen **sich zersetzen** to decompose
zersetzend (*abwertend*) subversive
der **Zersetzungsprozess** decomposition; (*übertragen*) decline, decay
zersplittern to shatter; *Holz:* to splinter
zerspringen 1 (*in Stücke gehen*) to shatter 2 (*Sprünge bekommen*) to crack
zerstampfen 1 to pound; to mash *Kartoffeln* 2 (*zertrampeln*) to trample on
zerstechen **von Mücken zerstochen** bitten all over by midges [mɪdʒɪz]
zerstören 1 (*auch übertragen*) to destroy 2 (*ruinieren*) to ruin ['ruːɪn] 3 **jemandes Hoffnungen zerstören** to wreck [rek] someone's hopes
zerstörerisch destructive
die **Zerstörung** 1 destruction 2 (*Ruin*) ruin
zerstreuen 1 to scatter *Asche* 2 (*auflösen, vertreiben*) to disperse 3 **jemandes Zweifel zerstreuen** to dispel someone's doubts [daʊts]
zerstreut (*übertragen*) absent-minded [ˌæbsᵊnt'maɪndɪd]
die **Zerstreuung** diversion; **zur Zerstreuung** as a distraction
zerstückeln 1 to cut up 2 to dismember *Leiche*
zerteilen (*aufteilen*) to split up
zertrampeln to trample on
zertreten to crush
zertrümmern to smash [up], to destroy, to wreck [rek]

zerzaust *Haar:* dishevelled
zetern 1 (*schreien*) to clamour ['klæməʳ]; (*keifen*) to nag 2 (*jammern*) to moan
der **Zettel** piece [piːs] of paper; (*beschrieben*) note
das **Zeug** (*umgangsspr*) 1 stuff 2 (*Kleider, Dinge*) things ⚠ *Plural* 3 (*Quatsch*) rubbish; **red kein dummes Zeug!** don't talk drivel! ▶ WENDUNGEN: **das Zeug zu etwas haben** to have got what it takes to be something; **sie hat das Zeug dazu** she's got what it takes; **sich ins Zeug legen** to put one's shoulder to the wheel
der **Zeuge**, die **Zeugin** (*auch übertragen*) witness; **als Zeuge aussagen** to [bear] witness
die **Zeugenaussage** testimony
der **Zeugenstand** witness box [*oder* (USA) stand]
die **Zeugin** witness
das **Zeugnis** 1 *in der Schule:* report 2 *vom Arbeitgeber:* reference ['refᵊrᵊn(t)s]; **jemandem ein Zeugnis ausstellen** to give someone a reference
zeugungsfähig fertile
zeugungsunfähig sterile
z.H(d). *Abkürzung von* **zu Händen** attn.
zicken (*slang*) to kick up a fuss *umgangsspr*
der **Zickzack** 1 zigzag 2 **im Zickzack fahren** [*oder* **gehen**] to zigzag
die **Ziege** 1 goat 2 **blöde Ziege!** (*abwertend*) stupid cow!
der **Ziegel** 1 brick 2 (*Dachziegel*) tile
der **Ziegelstein** brick
der **Ziegenbock** billy-goat
der **Ziegenkäse** goat's cheese
der **Ziegenpeter** (*umgangsspr*) mumps ⚠ *Singular*
ziehen 1 to pull; **nach oben ziehen** to pull up 2 (*zerren*) to tug 3 to grow *Pflanzen;* to breed *Tiere* 4 **einen Zahn ziehen** to pull out a tooth 5 **es zieht** there's a draught [drɑːft]; **zieht's dir?** are you in a draught? 6 **sich in die Länge ziehen** to drag on 7 **etwas nach sich ziehen** to lead to [*oder* entail] something 8 **an seiner Zigarette ziehen** to pull at one's cigarette 9 (*zu einem Wohnort*) to move [muːv]; **er zieht nach München** he's moving to Munich ['mjuːnɪk]; **zu jemandem ziehen** to move in with someone 10 **was zieht dich denn nach Chicago?** what is it that draws you to Chicago?, what's the attraction of Chicago [for you]?; **da zieht's mich gar nicht hin** I wouldn't want to go there at all ▶ WENDUNGEN: **das zieht bei mir nicht!** (*umgangsspr*) that doesn't wash [wɒʃ] with me!; **so was zieht immer!** that sort of thing always goes down well!; **den Kürzeren ziehen** (*umgangsspr*) to come off worst [wɜːst], to get the worst of it
die **Ziehharmonika** concertina [ˌkɒn(t)sə'tiːnə]
die **Ziehung** draw
das **Ziel** 1 *einer Reise:* destination 2 (*Zweck, Absicht*) aim, goal [gəʊl], objective; **sein Ziel**

verfehlen to miss one's aim; **sich hohe Ziele setzen** to aim high ③ *im Rennsport:* finish; **durchs Ziel gehen** to cross the finishing line ④ (*Zielscheibe*) target

zielen ① to aim (**auf** at) ② *Bemerkung:* to be aimed (**auf** at)

die **Zielgerade** home straight [streɪt]

zielgerichtet purposeful

die **Zielgruppe** target group

ziellos aimless, purposeless

der **Zielort** destination

die **Zielscheibe** ① target ② *von Angriffen:* object ['ɒbdʒɪkt]

die **Zielsetzung** target

zielsicher unerring

zielstrebig single-minded

ziemlich ① quite; **ziemlich groß** quite big; **ziemlich viele Leute** quite a few people ② **das ist so ziemlich dasselbe** it's pretty much the same ③ **eine ziemliche Enttäuschung** quite a disappointment

zieren ① (*schmücken*) to adorn ② **sich zieren** (*Umstände machen*) to make a fuss; (*beim Essen*) to need some coaxing

zierlich *Hand:* delicate; *Frau:* petite

die **Zierpflanze** ornamental plant

die **Ziffer** ① figure ['fɪgəʳ], number ② **vier Ziffern hinter dem Komma** four digits behind the point ③ **römische Ziffern** Roman numerals

das **Zifferblatt** ① dial ['daɪəl], [clock]face ② *einer Armbanduhr:* [watch]face

zig (*umgangsspr*) umpteen; **ich habe es dir zigmal gesagt** I've told you umpteen times

die **Zigarette** cigarette [ˌsɪgᵊr'et]

der **Zigarettenautomat** cigarette machine [-məˌʃiːn]

die **Zigarettenpackung** cigarette packet [*oder* pack]

die **Zigarre** cigar [sɪ'gɑːʳ]

der **Zigeuner**, die **Zigeunerin** (*abwertend*) gypsy ['dʒɪpsi] (*abwertend*)

das **Zimmer** room; **Zimmer frei** vacancies ['veɪkᵊn(t)siz] *Plural*

die **Zimmerantenne** indoor aerial ['eəriəl]

die **Zimmerdecke** ceiling ['siːlɪŋ]

das **Zimmermädchen** chambermaid ['tʃeɪmbəmeɪd]

der **Zimmermann** carpenter

zimmern **etwas zimmern** to make something from wood

die **Zimmerpflanze** indoor plant

die **Zimmertemperatur** room temperature ['temprətʃəʳ]

die **Zimmervermittlung** accommodation agency [əˌkɒmə'deɪʃᵊnˌeɪdʒᵊn(t)si]

zimperlich ① (*zart besaitet*) squeamish ['skwiːmɪʃ] ② (*geziert*) affected ③ **sei nicht so zimperlich!** don't make such a fuss!

der **Zimt** cinnamon ['sɪnəmən]

das **Zink** zinc

zinken (*umgangsspr*) to mark *Karten*

das **Zinn** tin

der **Zinnbecher** pewter ['pjuːtəʳ] tankard

der **Zinnsoldat** tin soldier

die **Zinsen** interest ⚠ *Singular;* **Zinsen tragen** to bear interest; **ein Darlehen zu 5 % Zinsen** a loan at 5 % interest

die **Zinserhöhung** rise in interest rates

der **Zinsertrag** interest yield [jiːld]

der **Zinseszins** compound interest

der **Zinsfuß** rate of interest

zinslos interest-free

der **Zinssatz** interest rate, rate of interest

der **Zipfel** ① *von Stoff:* corner ② *von Wurst:* end

die **Zipfelmütze** pointed cap

zirka about, circa ['sɜːkə]

der **Zirkel** ① (*Gerät*) compasses ⚠ *Plural* ② (*Personenkreis*) circle ['sɜːkl̩]

die **Zirkulation** circulation [ˌsɜːkjə'leɪʃᵊn]

der **Zirkus** ① circus ['sɜːkəs] ② (*umgangsspr: Getue*) to-do; **der macht wieder einen Zirkus!** he's kicking up such a fuss again!

das **Zirkuszelt** big top

zischeln to whisper ['(h)wɪspəʳ]

zischen ① (*sprechen*) to hiss ② *Fett:* to sizzle; *Limonade:* to fizz ③ (*umgangsspr*) **er zischte durch die Gegend** he whizzed around; **die Kugel zischte durch die Luft** the bullet whizzed [wɪzd] through the air

das **Zitat** quotation

die **Zither** zither ['zɪðəʳ]

zitieren ① (*Zitat angeben*) to quote [kwəʊt] (**aus** from) ② (*vorladen*) to summon (**vor** before)

das **Zitronat** candied lemon peel

die **Zitrone** lemon

die **Zitronenschale** lemon peel

die **Zitrusfrucht** citrus fruit [fruːt]

zitterig shaky

zittern ① (*vor Wut, Furcht*) to tremble ['trembl] (**vor** with); (*vor Kälte*) to shiver (**vor** with) ② (*vibrieren*) to quiver ['kwɪvəʳ] ③ **am ganzen Körper zittern** to tremble all over; **mit zitternder Stimme** with a shaky voice ④ **er zittert vor ihr** he's terrified of her

zittrig shaky

die **Zitze** teat

das **Zivil** **in Zivil** in plain clothes [kləʊ(ð)z]; **ein Polizist in Zivil** a plain clothes policeman

zivil ① (*nicht militärisch*) civilian [sɪ'vɪliən] ② (*umgangsspr: anständig, angemessen*) civil ['sɪvᵊl]; *Preise:* reasonable ['riːzᵊnəbl]

die **Zivilbevölkerung** civilian population

die **Zivilcourage** courage ['kʌrɪdʒ] [of one's convictions]

der **Zivildienst** community service for conscientious [ˌkɒn(t)ʃiː'en(t)ʃəs] objectors

die **Zivilisation** civilization [ˌsɪvᵊlaɪ'zeɪʃᵊn]

zivilisiert civilized ['sɪvəlaɪzd]
der **Zivilist**, die **Zivilistin** civilian [sɪ'vɪliən]
der **Zivilprozess** civil ['sɪvəl] action
das **Zivilrecht** civil law
zocken (*slang*) to gamble
der **Zoff** (*slang*) trouble ['trʌbl], strife; **sie hatte Zoff mit ihrer Mutter** she had a row [raʊ] with her mother
zögern ① to hesitate ② **er hat ohne zu zögern ja gesagt** he said yes without hesitating
der/das **Zölibat** celibacy ['seləbəsi]; **im Zölibat leben** to be celibate
der **Zoll** ① customs duty ['dju:ti]; **Zoll auf etwas zahlen** to pay duty on something ② (*Amt, Behörde*) customs ⚠ *Plural* ③ (*altes Längenmaß*) inch
die **Zollabfertigung** customs clearance [-ˌklɪərən(t)s]
das **Zollamt** customs office
der/die **Zollbeamte**, die **Zollbeamtin** customs officer
die **Zollbegleitpapiere** customs documents *Plural*
die **Zollbehörde** customs [authority]
die **Zollerklärung** customs declaration
die **Zollfahndung** customs investigation department
zollfrei duty-free
die **Zollinhaltserklärung** customs declaration
die **Zollkontrolle** customs check
zollpflichtig dutiable ['dju:tiəbl] (GB), customable (USA)
der **Zollstock** folding rule
der **Zombie** (*auch übertragen*) zombie ['zɒmbi]
die **Zone** zone
der **Zoo** zoo [zu:]
die **Zoologie** zoology [zu'ɒlədʒi]
das **Zoom** [zu:m] zoom lens
zoomen **jemanden/etwas zoomen** to zoom in on someone/something
der **Zopf** ① plait [plæt] ② (*nicht geflochten*) pigtail ③ (*Gebäck*) plaited [plætɪd] loaf
der **Zorn** anger; (*Wut*) rage; **seinen Zorn an jemandem auslassen** to vent one's anger on someone
der **Zornesausbruch** fit of anger [*oder* rage]
zornig angry; **zornig auf jemanden/über etwas sein** to be angry with someone/about something
die **Zote** smutty joke
zottelig *Haar:* shaggy
zu[1] ① (*hin*) to [tu:]; **zur Bank gehen** to go to the bank; **zur Schule gehen** to go to school ② (*in Richtung*) towards [tə'wɔ:dz]; **er kam zu mir herüber** he walked [wɔ:kt] over towards me ③ (*daneben*) **setz dich zu mir** come and sit with me; **darf ich mich zu dir setzen?** can I sit next to you? ④ (*Lage*) at; **zu Hause** at home ⑤ (*zeitlich*) at; **zu Beginn** at the beginning; **zu Weihnachten** at Christmas; **was wünschst du dir zu Weihnachten?** what would [wʊd] you like for Christmas? ⑥ (*um etwas zu tun*) **zum Reiten/Schwimmen gehen** to go horse riding/swimming ⑦ (*für*) for; **ein Buch zum Lesen** a book [bʊk] to read ⑧ (*mit*) **was sollen wir zum Essen trinken?** what shall we drink with our meal? ⑨ (*als*) **zur Belohnung** as a reward; **zur Probe** on approval [ə'pru:vəl] ⑩ (*mittels*) **zu Fuß** on foot ⑪ **es steht 3 : 1** the score is three-one ⑫ **zu Ende gehen** to come to a close ⑬ (*mit Infinitiv*) to; **das ist noch zu prüfen** that's still to be checked ⑭ **es ist zum Verrücktwerden!** it's enough to drive you mad! ⑮ **sie waren zu fünft** there were five of them
zu[2] (*allzu*) too; **es ist zu heiß/kalt** it's too hot/cold
zu[3] (*geschlossen*) **die Tür ist zu** the door is closed [*oder* shut]
zuallererst first [fɜ:st] of all
zuallerletzt last of all
das **Zubehör** accessories [ək'sesəriz] ⚠ *Plural*
zubeißen to bite; *Hund:* to snap
zubereiten to prepare; to mix *Getränk*
die **Zubereitung** preparation
zubilligen **jemandem etwas zubilligen** to grant someone something
zubinden to tie up; to lace up *Schuhe*
zubleiben (*umgangsspr*) to stay shut
zubringen ① to pass, to spend *Zeit* ② (*umgangsspr*) **etwas zubringen** (*zumachen können*) to get something shut
der **Zubringer** ① (*Straße*) feeder road ② (*Bus*) airport bus
die **Zucchini** [tsʊ'ki:ni:] courgettes [kɔ:'ʒets] ⚠ *Plural* (GB), zucchini [zʊ'ki:ni] *Singular oder Plural* (USA)
züchten ① to breed *Tiere;* to keep *Bienen* ② to grow *Pflanzen*
zucken ① (*nervös, krampfhaft*) to twitch; (*vor Schmerz*) to wince ② (*zusammenfahren*) to start ③ *Blitz:* to flash ④ **mit den Achseln zucken** to shrug one's shoulders
zücken ① to draw *Messer* ② (*umgangsspr*) to pull [*oder* whip] out *Brieftasche*
der **Zucker** sugar ['ʃʊgər]; **zwei Löffel Zucker** two spoons of sugar
die **Zuckerdose** sugar bowl
der **Zuckerguss** icing ['aɪsɪŋ] (GB), frosting (USA)
zuckerig sugary ['ʃʊgəri]
zuckerkrank diabetic [ˌdaɪə'betɪk]
der/die **Zuckerkranke** diabetic
das **Zuckerrohr** sugar ['ʃʊgər] cane
die **Zuckerrübe** sugar beet
der **Zuckerstreuer** sugar caster [*oder* sprinkler]
zuckersüß (*auch übertragen*) sugar-sweet, [as] sweet as sugar
zudecken to cover ['kʌvər] [up]

zudem in addition, moreover [mɔːˈəʊvəʳ]
zudrehen ① to turn [tɜːn] off *Wasserhahn* ② (*zuwenden*) to turn ③ **jemandem den Rücken zudrehen** to turn one's back on someone
zudringlich ① intrusive ② **zudringlich werden** to make advances
zudrücken to press shut ▶ WENDUNGEN: **ein Auge zudrücken** (*umgangsspr*) to turn a blind eye
zueinander ① (*gegenseitig*) to each other ② (*zusammen*) together ③ **zueinander passen** *Farben:* to go together, to match; *Personen:* to suit [suːt] each other
zuerkennen jemandem etwas zuerkennen to award something to someone; **wem wurde der Oskar zuerkannt?** who was awarded the Oscar?
zuerst ① (*als erster*) first [fɜːst] ② (*zunächst*) at first ③ (*als nächstes*) **zuerst gehe ich schwimmen** first of all I'm going swimming ④ (*zum ersten Mal*) first, for the first time ⑤ **wer zuerst kommt, mahlt zuerst** first come, first served
die **Zufahrt** entrance [ˈentrən(t)s]
die **Zufahrtsstraße** approach road
der **Zufall** ① accident [ˈæksɪdᵊnt], chance [tʃɑːn(t)s]; **durch Zufall** by chance; **es war reiner Zufall, dass ...** it was pure [pjʊəʳ] coincidence that ... ② **welch [ein] Zufall!** what a coincidence!
zufallen ① *Tür:* to close [kləʊz], to shut ② **jemandem zufallen** *Aufgabe, Rolle:* to fall to someone
zufällig ① *Ergebnis, Zusammentreffen:* chance [tʃɑːn(t)s], accidental [ˌæksɪˈdentᵊl] ② by chance ③ **das war rein zufällig** it was pure chance; **ich war zufällig da** I happened to be there ④ **haben Sie zufällig ihre Telefonnummer?** have you got her phone number by any chance?
die **Zufallsbekanntschaft** chance acquaintance [tʃɑːn(t)səˈkweɪntᵊn(t)s]
der **Zufallstreffer** fluke, lucky goal
zufliegen ① (*umgangsspr*) *Tür:* to slam shut ② **auf jemanden zufliegen** *Vogel:* to fly to[wards] someone
die **Zuflucht** (*auch übertragen*) refuge [ˈrefjuːdʒ], shelter (**vor** from)
der **Zufluss** ① inflow ② (*Nebenfluss*) tributary
zuflüstern jemandem etwas zuflüstern to whisper [wɪspəʳ] something to someone
zufolge ① (*gemäß*) according to ② (*aufgrund*) as a consequence [ˈkɒn(t)sɪkwən(t)s] of
zufrieden ① satisfied; **mit etwas zufrieden sein** to be satisfied with something ② **er ist damit zufrieden** he's happy with it *umgangsspr* ③ **zufrieden stellen** to satisfy; **schwer zufrieden zu stellen** difficult to please; **zufrieden stellend** satisfactory
zufriedengeben sich mit etwas zufriedengeben to be content with something
die **Zufriedenheit** ① contentedness ② (*Befriedigung*) satisfaction
zufriedenlassen to let alone, to leave in peace
zufrieren to freeze up [*oder* over]
zufügen ① **jemandem Kummer zufügen** to cause someone sorrow; **jemandem Unrecht zufügen** to do someone an injustice ② (*hinzufügen*) **etwas etwas zufügen** to add something to something
die **Zufuhr** supply
zuführen ① to supply; **dem Körper Flüssigkeit zuführen** to supply the body with liquids ② **auf etwas zuführen** to lead to something
der **Zug** ① train; **mit dem Zug fahren** to go by train; **im Zug** on the train; **jemanden zum Zug bringen** to see someone off at the station ② (*Charakterzug*) characteristic [ˌkærəktəˈrɪstɪk], trait ③ (*Gesichtszug*) feature [ˈfiːtʃəʳ] ④ **das war kein schöner Zug von ihm** that wasn't very nice of him ⑤ (*Zugluft*) draught [drɑːft] (GB), draft (USA) ⑥ *an Zigarette:* drag, pull; **einen Zug machen** to take a pull ⑦ **ich gehe vor dem Abendessen noch ein paar Züge schwimmen** I'm off for a quick swim before dinner ⑧ *beim Spiel:* **du bist am Zug!** it's your move! ▶ WENDUNGEN: **Zug um Zug** step by step; **in einem Zug** in one go; **[nicht] zum Zug kommen** to [not] get a look-in; **in den letzten Zügen liegen** to be at one's last gasp; **etwas in vollen Zügen genießen** to enjoy something to the full
die **Zugabe** ① *im Theater:* encore [ˈɒŋkɔːʳ] ② (*zusätzlich zu etwas*) **als Zugabe** into the bargain [ˈbɑːgɪn]
das **Zugabteil** train compartment
der **Zugang** ① (*auch übertragen: Zutritt*) access [ˈækses]; **zu etwas Zugang haben** to have access to something; **kein Zugang!** no entry, no admittance ② (*Eingang, Einfahrt*) entrance [ˈentrən(t)s] ③ *von Waren:* receipt [rɪˈsiːt]; *von Schülern:* intake; *von Patienten:* admission [ədˈmɪʃᵊn]
zugänglich ① (*erreichbar*) accessible [əkˈsesəbl̩] ② (*benutzbar*) available; *Bibliotheken:* open; **der Allgemeinheit zugänglich** open to the public ③ *Personen:* approachable [əˈprəʊtʃəbl]
die **Zugbrücke** drawbridge [ˈdrɔːbrɪdʒ]
zugeben (*eingestehen*) to admit; **gib's zu!** admit it!
zugegen bei etwas zugegen sein to be present at something
zugehen (*umgangsspr*) ① (*schließen*) to shut ② **auf jemanden/etwas zugehen** to ap-

proach [*oder* go towards] someone/something ③ **es geht auf den Winter zu** winter is drawing [drɔːɪŋ] near ④ **er geht auf die 50 zu** he's coming on for 50 ⑤ **hier geht es nicht mit rechten Dingen zu** there's something fishy around here; **dort ging's sehr lustig zu** we had a great time there

zugehören **jemandem/einer Sache zugehören** to belong to someone/something

zugehörig accompanying

die **Zugehörigkeit** affiliation ⚠ *ohne Artikel;* **ein Gefühl der Zugehörigkeit** a sense of belonging

zugeknöpft (*abwertend*) reserved [rɪ'zɜːvd], uncommunicative

der **Zügel** (*auch übertragen*) rein [reɪn]; **die Zügel anziehen** to draw in the reins; (*übertragen*) to keep a tighter rein (**bei** on)

zugelassen ① *Auto, Arzt:* licensed ['laɪsᵊn(t)st] ② **amtlich zugelassen** authorized ['ɔːθᵊraɪzd] ③ **für Jugendliche nicht zugelassen** adults only

zügellos unrestrained

die **Zügellosigkeit** lack of restraint

zügeln ① to rein in *Pferd* ② (*übertragen*) to check, to curb ③ **sich zügeln** to restrain oneself

das **Zugeständnis** concession [kən'seʃᵊn]

zugestehen ① (*einräumen*) to concede [kən'siːd], to grant ② (*zugeben*) to admit

zugetan *einer Person:* fond [of]; *dem Essen:* partial ['pɑːʃᵊl] to

die **Zugfahrkarte** train ticket

der **Zugführer**, die **Zugführerin** guard [gɑːd] (GB), conductor (USA)

zugig draughty ['drɑːfti] (GB), drafty (USA)

zugkräftig (*übertragen*) catchy, eye-catching

zugleich ① (*ebenso*) both ② (*zur gleichen Zeit*) at the same time

die **Zugluft** draught [drɑːft] (GB), draft (USA)

die **Zugmaschine** traction engine

das **Zugpferd** (*übertragen*) crowd puller

zugreifen ① (*schnell nehmen*) to grab it/them; *Angebot:* to go for it ② (*bei Tisch*) to help oneself; **greifen Sie zu!** help yourself!

das **Zugrestaurant** dining car

die **Zugriffsberechtigung** access ['ækses] authorization

zugrunde, **zu Grunde** ① **er legte seiner Rede die aktuellsten Ergebnisse zugrunde** he based his speech on the latest findings ② **zugrunde richten** to ruin, to destroy

der **Zugschaffner**, die **Zugschaffnerin** train conductor

zugunsten, **zu Gunsten** in favour ['feɪvəʳ] of; (*für Hilfsbedürftige*) in aid of

zugutehalten **jemandem etwas zugutehalten** to make allowances for something

zugutekommen **jemandem zugutekommen** to be of benefit to someone

die **Zugverbindung** train connection

der **Zugvogel** migratory ['maɪgrətᵊri] bird

zuhalten ① to keep shut [*oder* closed [kləʊzd]]; **sich die Ohren zuhalten** to put one's hands over one's ears ② **auf etwas zuhalten** to make straight for something

der **Zuhälter** pimp, ponce

zuhauen (*umgangsspr*) ① to slam *Tür* ② (*jemanden schlagen*) to strike out

das **Zuhause** home

zuhause (A), (CH) ① at home ② **er ist in Paris zuhause** he is [*oder* comes] from Paris ③ **fühl dich wie zuhause!** make yourself at home!

zuhören ① **jemandem zuhören** to listen ['lɪsᵊn] to someone ② **nun hören Sie mal zu!** now listen! ③ **ich höre sehr genau zu!** I'm all ears [ɪəʳz]! ④ **da hast du eben schon wieder nicht zugehört!** well, you just weren't listening again!

der **Zuhörer**, die **Zuhörerin** listener ['lɪsᵊnəʳ]; **die Zuhörer** the audience ['ɔːdiən(t)s] ⚠ *Singular*

zujubeln to cheer

zukehren **jemandem den Rücken zukehren** (*auch übertragen*) to turn one's back [up]on someone

zuknöpfen to button up

zukommen ① **auf jemanden zukommen** to come towards [tə'wɔːdz] someone ② **jemandem etwas zukommen lassen** to let someone have something ③ **etwas auf sich zukommen lassen** to wait and see ④ **sie wusste nicht, was mit diesem Projekt auf sie zukam** she didn't know what she was in for with this project

die **Zukunft** ① future ['fjuːtʃəʳ]; **in Zukunft** in future; **in naher Zukunft** in the near future ② *in der Grammatik:* future tense

zukünftig ① future ② **mein Zukünftiger, meine Zukünftige** (*humorvoll*) my intended ③ in future; **zukünftig machst du deine Hausaufgaben gewissenhafter** you'll make more effort with your homework in future

die **Zukunftsaussichten** future prospects ['prɒspekts]

die **Zukunftsmusik** (*umgangsspr*) pie [paɪ] in the sky

die **Zukunftsperspektive** future prospects ['prɒspekts] *Plural*

zulächeln **jemandem zulächeln** to smile at someone

die **Zulage** bonus [payment]

zulangen ① (*bei Tisch*) to help oneself ② (*aushelfen*) to lend a hand

zulassen ① to leave shut *Tür* ② (*Zugang gewähren*) to admit ③ (*dulden*) to allow, to permit [pə'mɪt] ④ (*amtlich*) to authorize ['ɔːθᵊraɪz];

Z

to register ['redʒɪstəʳ] *Arzt, Heilpraktiker;* to license ['laɪsəns] *Kraftfahrzeug* ⑤ **sie ist zum Studium zugelassen worden** she got a place at university

zulässig permissible

die **Zulassung** ① admission [əd'mɪʃᵊn] ② (*Lizenz*) licence ['laɪsᵊn(t)s]; **jemandem die Zulassung entziehen** to revoke someone's licence ③ *von Auto:* registration [document]

die **Zulassungsbedingungen** conditions *Plural* of admission [əd'mɪʃᵊn]

die **Zulassungsbeschränkung** restriction on admission[s] [əd'mɪʃᵊn[z]]

die **Zulassungsprüfung** entrance ['entrən(t)s] exam

die **Zulassungsstelle** registration office

der **Zulauf** **großen Zulauf haben** to be very popular; *Film, Ausstellung:* to draw large crowds

zulegen ① (*hinzufügen*) to add ② **einen Zahn zulegen** (*umgangsspr*) to get a move [mu:v] on ③ *Gewicht:* to put on weight [weɪt] ④ (*umgangsspr*) **sich etwas zulegen** to get oneself something, to treat oneself to something; **sich einen Bart zulegen** to grow a beard

zuleide, **zu Leide** **jemandem etwas zuleide tun** to do someone harm, to harm someone; **er tut keiner Fliege etwas zuleide** he wouldn't hurt a fly

zuleiten ① **jemandem etwas zuleiten** to forward something to someone ② to supply *Wasser, Strom*

die **Zuleitung** (*zuleitendes Rohr*) supply pipe

zuletzt ① (*als Letzter*) last; **bis zuletzt** till the very end ② (*endlich*) in the end

zuliebe **jemandem zuliebe** for someone's sake

der **Zulieferer** supplier

die **Zulieferindustrie** component supplying industry

zum (*zu dem*) **zum Beispiel** for instance [*oder* example]; **zum Glück** fortunately; **zum Teil** partially ['pɑ:ʃᵊli]

zumachen ① (*schließen*) to close [kləʊz], to shut; to stop up *Loch;* to seal *Brief* ② (*umgangsspr: sich beeilen*) to get a move on ③ (*umgangsspr: den Laden zumachen*) to close down

zumal particularly as

zumeist for the most part, mostly

zumindest at least

zumute, **zu Mute** **mir ist nicht zum Lachen zumute** I am not in the mood for laughing ['lɑ:fɪŋ]; **wie ist dir zumute?** how do you feel?

zumuten **jemandem etwas zumuten** to expect [ɪk'spekt] something of someone; **jemandem zu viel zumuten** to expect too much of someone

die **Zumutung** unreasonable [ʌn'ri:zᵊnəbl] demand; **das ist eine Zumutung!** that's a bit much!

zunächst ① (*vor allem*) first of all ② (*vorläufig*) for the time being ③ (*anfangs*) at first

die **Zunahme** increase ['ɪnkri:s]

zünden ① (*Feuer fangen*) to catch fire [faɪəʳ] ② *Pulver:* to ignite [ɪg'naɪt]; *Streichholz:* to light [laɪt] ③ to detonate *Bombe* ④ **na, hat's gezündet?** well, has the penny dropped? *umgangsspr*

zündend *Rede:* stirring ['stɜ:rɪŋ]; *Vorschlag:* exciting [ɪk'saɪtɪŋ]; *Idee:* ingenious [ɪn'dʒi:niəs]

das **Zündholz** match

die **Zündholzschachtel** matchbox

die **Zündkerze** sparking plug (GB), spark plug

der **Zündschlüssel** ignition [ɪg'nɪʃᵊn] key

der **Zündstoff** (*übertragen*) dynamite ['daɪnəmaɪt]

die **Zündung** ignition [ɪg'nɪʃᵊn]

zunehmen ① to gain weight [weɪt]; **5 Kilo zunehmen** to gain 5 kilos ② (*anwachsen*) to increase [ɪn'kri:s] (**an** in) ③ **zunehmender Mond** waxing moon

die **Zuneigung** affection; **Zuneigung für jemanden empfinden** to feel affection for someone

die **Zunge** ① tongue [tʌŋ]; **jemandem die Zunge herausstrecken** to stick one's tongue out at someone ② **eine scharfe Zunge haben** to have a sharp tongue ③ **ich hab's auf der Zunge!** (*umgangsspr*) it's on the tip of my tongue!

der **Zungenbrecher** tongue twister ['tʌŋ,twɪstəʳ]

der **Zungenkuss** French kiss

die **Zungenspitze** tip of the tongue [tʌŋ]

zunutze, **zu Nutze** **sich etwas zunutze machen** (*verwenden*) to utilize something

zuordnen ① **etwas/jemanden einer Sache zuordnen** to assign something/someone to something; **jedem wurde ein Platz zugeordnet** everybody was assigned a seat; **sie wird den Kubisten zugeordnet** she is classified as a cubist ② **die Antworten sollen den Fragen zugeordnet werden** the answers have to be matched with the questions

zupacken (*umgangsspr*) ① (*bei einer Gelegenheit*) to grasp ② (*bei der Arbeit*) to get down to it ③ (*helfen*) to lend a hand

zupfen ① to pluck *Saite, Augenbraue* ② **jemanden am Ärmel zupfen** to tug at someone's sleeve

zur (*zu der*) **zur See fahren** to go to sea

zurechnungsfähig of sound mind

zurechtfinden **sich zurechtfinden** to find one's way (**in** around)

zurechtkommen ① (*auskommen*) to manage ['mænɪdʒ] (**mit** on) ② (*bewältigen*) to cope (**mit** with) ③ **mit jemandem auskommen** to get on with someone

zurechtlegen ① to get ready ['redi] ② **sich etwas zurechtlegen** (*übertragen*) to work [wɜ:k] something out

zurechtmachen ① to prepare [prɪ'peəʳ] (GB), to fix (USA) *Zimmer* ② **sich zurechtmachen** to get dressed; (*sich schminken*) to put on one's make-up

zurechtweisen to reprimand
zureden **jemandem zureden** (*überreden*) to keep on at someone; (*ermutigen*) to encourage [ɪn'kʌrɪdʒ] someone
zurichten ① (*beschädigen*) to make a mess of ② (*verletzen*) to injure; **jemanden übel zurichten** to beat someone up
zurück ① back; **hin und zurück** there and back; **Bonn hin und zurück, bitte** a return to Bonn, please ② (*im Rückstand*) behind ③ **zurück!** back off!
zurückbekommen to get back
zurückbezahlen to pay back, to repay
zurückbleiben ① to stay [*oder* remain] behind ② (*auch übertragen: nicht Schritt halten*) to fall behind ③ (*übrig bleiben*) to be left [behind] ④ *Schaden:* to remain
zurückblicken to look back (**auf** to)
zurückbringen ① (*wieder herbringen*) to bring back ② (*wieder wegbringen*) to take back
zurückdenken to think back (**an** to)
zurückdrängen ① to drive [*oder* force [fɔːs]] back ② (*übertragen*) to repress
zurückerstatten to refund [ˌriː'fʌnd]; to reimburse [ˌriːɪm'bɜːs] *Ausgabe*
zurückfahren ① to drive [*oder* go] back ② (*plötzlich zurückweichen*) to start back
zurückfallen ① (*in einen Fehler, in ein Laster*) to relapse [rɪ'læps] (**in** into) ② (*im Sport*) to drop back ③ (*an Besitzer*) to revert [rɪ'vɜːt] (**an** to) ④ (*leistungsmäßig*) to fall behind
zurückfinden to find one's way back
zurückfordern to demand back
zurückführen **etwas auf etwas zurückführen** to attribute something to something; **das ist darauf zurückzuführen, dass ...** that is attributable to the fact that ...
zurückgeben ① to give back ② (*erwidern*) to return [rɪ'tɜːn]
zurückgeblieben retarded [rɪ'tɑːdɪd]
zurückgehen ① to go back (**nach/in** to) ② (*zurückweichen*) to retreat ③ *Geschäft:* to fall off ④ *Tradition:* **auf etwas zurückgehen** to go back to something ⑤ **zurückgehen lassen** to return, to send back
zurückgezogen ① *Leben:* secluded ② *Person:* withdrawn ③ in seclusion [sɪ'kluːʒᵊn]
zurückgreifen to fall back (**auf** upon)
zurückhalten ① (*nicht fortlassen*) to hold [*oder* keep] back ② (*aufhalten*) to hold up ③ (*übertragen: unterdrücken*) to repress ④ (*hindern*) to keep ⑤ (*verheimlichen*) **etwas zurückhalten** to hold something back ⑥ **sich zurückhalten** (*sich beherrschen*) to contain oneself; (*bescheiden sein*) to keep in the background
zurückhaltend ① (*beherrscht*) restrained ② (*vorsichtig*) cautious ['kɔːʃəs] ③ (*reserviert*) reserved [rɪ'zɜːvd]

die **Zurückhaltung** reserve ⚠ *ohne Artikel*
zurückholen ① to fetch back ② **jemanden zurückholen** (*übertragen*) to ask someone to come back
zurückkehren to come back, to return (**von/aus** from)
zurückkommen (*auch übertragen*) to come back, to return
zurücklassen ① (*hinterlassen*) to leave ② (*liegen lassen*) to leave behind
zurücklegen ① (*an seinen Platz*) to put back ② to lay back *Kopf* ③ (*aufbewahren, reservieren*) to put aside ④ to lay aside *Geld* ⑤ to cover ['kʌvəʳ] *Strecke*
zurückliegen ① (*örtlich*) to be behind ② (*zeitlich*) **das liegt zehn Jahre zurück** that was ten years ago
zurücknehmen to take back *auch Behauptung, Vorwurf*
zurückrudern ① to row back ② (*übertragen*) to backpedal
zurückrufen ① to call back ② (*zurückbeordern*) to recall [rɪ'kɔːl]
zurückschalten **in den 1. Gang zurückschalten** to change down into 1st gear
zurückschauen (*auch übertragen*) to look back (**auf** at/on)
zurückschicken to send back
zurückschlagen ① to beat back; to repulse *Angriff, Feind* ② to return *Ball* ③ (*auch übertragen*) to hit [*oder* strike] back ④ *Pendel:* to swing back
zurückschrecken ① to shrink [*oder* start] back (**vor** from) ② **vor nichts zurückschrecken** to stop at nothing
zurücksenden to send back
zurückstecken ① to lower one's expectations; (*weniger ausgeben*) to cut back ② (*nachgeben*) to backtrack
zurückstehen (*hintanstehen*) to take second place
zurückstellen ① to put back *auch Uhr* ② (*beiseitestellen*) to put aside ③ (*hintanstellen*) to defer [dɪ'fɜːʳ]
zurückstufen to downgrade
zurücktreiben to drive back
zurücktreten ① to step back; **bitte zurücktreten!** stand back, please! ② (*beim Fußball*) to kick back ③ (*übertragen*) *Regierung:* to resign [rɪ'zaɪn] ④ (*von einem Vertrag*) to withdraw (**von** from)
zurückverlangen to demand back
zurückversetzen **sich in etwas zurückversetzen** to be transported back to something
zurückweichen ① (*erschrocken*) to shrink back (**vor** from) ② (*übertragen*) to retreat
zurückweisen (*auch übertragen*) to reject [rɪ'dʒekt]

zurückwerfen ① to throw back ② (*wirtschaftlich*) to set back (**um** by)

zurückzahlen to pay back, to repay

zurückziehen ① (*zurücknehmen*) to withdraw ② **sich zurückziehen** to retire [rɪ'taɪəʳ]; (*auch übertragen*) to withdraw (**von/aus** from)

zurufen **jemandem zurufen** to call [out to] someone; **jemandem etwas zurufen** to shout something to someone

zurzeit at the moment

die **Zusage** ① (*Versprechen*) promise ② (*Bestätigung*) confirmation [ˌkɒnfə'meɪʃᵊn] ③ (*Annahme*) acceptance [ək'septən(t)s]

zusagen ① (*versprechen*) to promise ['prɒmɪs] ② (*auf Einladung*) to accept [ək'sept], to promise to come ③ (*behagen, gefallen*) to appeal [ə'pi:l] to

zusammen ① together ② **zusammen sein** to be together ③ **sollen wir den Vorspeisenteller zusammen bestellen?** shall we order the starter platter between us?

die **Zusammenarbeit** ① cooperation ② *mit dem Feind:* collaboration ③ *einer Gemeinschaft:* team work

zusammenarbeiten ① to cooperate, to work together ② (*mit dem Feind*) to collaborate

zusammenbauen to put together, to assemble; **etwas wieder zusammenbauen** to reassemble something

zusammenbeißen **die Zähne zusammenbeißen** to grit one's teeth

zusammenbleiben to stay together

zusammenbrechen ① (*zusammenfallen*) to cave in ② *Wirtschaft:* to collapse ③ *Mensch:* to break [breɪk] down ④ **der Verkehr ist völlig zusammengebrochen** traffic has come to a complete standstill

zusammenbringen ① to bring together [*oder* into contact with each other] *Leute* ② (*umgangsspr: zustande bringen*) to manage; to put together *Gedanken, Sätze* ③ to raise *Geld*

der **Zusammenbruch** breakdown, collapse [kə'læps]

zusammendrücken to press together; (*verdichten*) to compress

zusammenfahren ① (*erschrecken*) to start ② *Verkehrsopfer:* to run over ③ *Fahrzeuge:* to collide [kə'laɪd]

zusammenfallen ① (*einstürzen*) to collapse ② (*sich decken*) to coincide [ˌkəʊɪn'saɪd]

zusammenfalten ① to fold [up] ② **sie faltete ihre Hände zusammen** she folded her hands

zusammenfassen ① (*vereinigen*) to unite [ju:'naɪt] ② (*in Bericht*) to summarize ③ (*als Fazit*) to sum up; **lassen Sie mich [kurz] zusammenfassen** just to sum up

die **Zusammenfassung** ① (*Vereinigung*) union ['ju:njən] ② (*Abriss, Auszug*) *eines Textes:* abstract, summary

zusammenfügen to fit together

zusammenführen to bring together; (*nach Trennung*) to reunite

zusammengehören ① to belong together ② *Einzelteile:* to go together

die **Zusammengehörigkeit** unity

zusammengesetzt composed [kəm'pəʊzd]

der **Zusammenhalt** solidarity

zusammenhalten ① to hold together ② to hold on to *Geld* ③ *Freunde:* to stick together

der **Zusammenhang** ① connection [kə'nekʃᵊn] (**von/zwischen** between); **im Zusammenhang mit etwas** in connection with something ② *in einem Text:* context ③ (*Wechselbeziehung*) correlation (**von/zwischen** between) ④ **etwas aus dem Zusammenhang reißen** to detach something from its context; **in diesem Zusammenhang** in this context

zusammenhängen ① (*übertragen*) to be connected ② **das hängt nicht damit zusammen** that has got nothing to do with it

zusammenhängend coherent [kə'hɪərᵊnt]; (*ununterbrochen*) continuous [kən'tɪnjuəs]

zusammenhang(s)los incoherent; **etwas zusammenhanglos darstellen** to give an incoherent account of something

zusammenklappbar ① folding ② *Tisch, Stuhl:* collapsible [kə'læpsɪbl]

zusammenklappen ① to fold up *Messer, Stuhl;* to shut *Schirm* ② (*umgangsspr: kollabieren*) *Person:* to collapse; (*durch Ermüdung*) to flake out

zusammenkleben to stick together; *Buchseiten:* to be stuck together

zusammenknüllen to crumple up

zusammenkommen ① to come together ② (*sich treffen*) to meet ③ *Umstände:* to combine; **da kommt mal wieder alles zusammen** and everything is happening at the same time again ④ (*umgangsspr: sich ansammeln*) to accumulate [ə'kju:mjəleɪt]

zusammenkrachen ① (*umgangsspr*) *Gebäude:* to come crashing down ② (*umgangsspr*) *Fahrzeuge:* to crash into each other

zusammenlaufen to flow together *Flüsse;* to gather *Menschen*

zusammenleben to live [lɪv] together

das **Zusammenleben** living together ⚠ *ohne Artikel*

zusammenlegen ① (*zusammenfalten*) to fold ② *Spender:* to club together

zusammennehmen ① (*sich anstrengen*) to make an effort ② (*im Benehmen*) to control oneself, to pull oneself together; **nimm dich zusammen!** pull yourself together! ③ **alles zusammengenommen** all in all ④ **er nahm seinen ganzen Mut zusammen** he mustered all his courage

zusammenpacken ① to pack up ② (*umgangsspr: aufgeben*) to pack it all in

zusammenpassen ① *Personen:* to suit [suːt] each other ② *Dinge:* to go together

der **Zusammenprall** collision

zusammenprallen ① to collide [kəˈlaɪd] ② (*übertragen*) to clash

zusammenpressen to squeeze [skwiːz] together; (*verdichten*) to compress

zusammenrechnen to add up, to total; **alles zusammengerechnet** all together; (*übertragen*) all in all

zusammenreißen **sich zusammenreißen** to pull oneself together

zusammenrücken ① *Personen:* to move [muːv] up closer ② *Dinge:* to move together

zusammenschlagen ① (*zerschlagen*) to smash up ② to clap *die Hände* ③ (*verprügeln*) to beat up

zusammenschließen **sich [zu etwas] zusammenschließen** to join together [to form something]

der **Zusammenschluss** amalgamation; *von Firmen auch:* merger [ˈmɜːdʒəʳ]

zusammenschreiben ① to write [raɪt] together *Wörter* ② **völligen Mist zusammenschreiben** to write a lot of nonsense

zusammenschrumpfen ① to shrivel [ˈʃrɪvᵊl] up ② (*übertragen*) to dwindle (**auf** to)

das **Zusammensein** ① being together ② (*Treffen*) get-together

zusammensetzen ① to put together; (*aus Teilen*) to assemble ② (*Personen nebeneinandersetzen*) to seat together ③ **sich zusammensetzen** to sit together; (*bestehen aus*) to consist of, to be composed of

die **Zusammensetzung** ① (*Aufbau*) composition ② (*Kombination*) combination

zusammenstellen ① to put together ② (*arrangieren*) to arrange [əˈreɪndʒ] ③ to draw up *Liste* ④ to assemble *Gruppe*

der **Zusammenstoß** (*auch übertragen*) collision [kəˈlɪʒᵊn], crash

zusammenstoßen ① to knock [nɒk] together ② *Autos:* to collide

zusammenstürzen to collapse [kəˈlæps], to tumble down

zusammentreffen ① to meet ② (*gleichzeitig geschehen*) to coincide [ˌkəʊɪnˈsaɪd]

zusammentun ① (*umgangsspr*) to put together ② **sich zusammentun** to combine forces, to get together

zusammenzählen to add [*oder* sum] up

zusammenziehen ① to draw together ② (*in eine Wohnung*) to move in together ③ *Muskel:* to contract ④ **ein Gewitter zieht sich zusammen** (*auch übertragen*) a storm is brewing [bruːɪŋ]

der **Zusatz** ① addition; **durch Zusatz von ...** by adding ... ② (*Nahrungszusatz*) additive; **ohne Zusatz von Farbstoffen** without the addition of artificial colouring

die **Zusatzklausel** additional clause

die **Zusatzkosten** additional costs *Plural*

zusätzlich ① additional [əˈdɪʃᵊnᵊl]; (*ergänzend*) supplementary [ˈsʌpləmentᵊri] ② **das hat er noch zusätzlich gekauft** he bought [bɔːt] that in addition to the other things

zuschauen **jemandem bei etwas zuschauen** to watch someone do/doing something

der **Zuschauer**, die **Zuschauerin** ① spectator ② *im Theater:* member of the audience [ˈɔːdiən(t)s] ③ *am Fernseher:* viewer [ˈvjuːəʳ] ④ (*neugieriger Zuschauer*) bystander, onlooker

der **Zuschauerraum** auditorium

zuschicken ① **jemandem etwas zuschicken** to send someone something [*oder* something to someone] ② **sich etwas zuschicken lassen** to send for something

zuschießen (*beitragen*) to contribute

der **Zuschlag** *im Zug:* supplement [ˈsʌplɪmənt]

zuschlagen ① to slam *Tür;* to shut *Buch* ② **die Tür schlug zu** the door banged shut ③ (*schlagen*) to strike ④ (*umgangsspr: zugreifen*) to get in quickly

zuschließen to lock

zuschneiden ① to cut to size ② **auf jemanden/etwas genau zugeschnitten sein** to be tailor-made for someone/something

zuschnüren to lace up; **die Angst schnürte ihr die Kehle zu** she was choked with fear

zuschreiben ① **jemandem etwas zuschreiben** to ascribe something to someone ② **er schrieb ihnen die Schuld am Bankrott zu** he blamed them for the bankruptcy

die **Zuschrift** reply

zuschulden, **zu Schulden** **sich etwas zuschulden kommen lassen** to do something wrong

der **Zuschuss** ① grant, subsidy ② **dafür habe ich von meinen Eltern einen Zuschuss bekommen** my parents gave me something towards it

zusehen ① (*beobachtend*) to watch [wɒtʃ] ② (*unbeteiligt*) to look on ③ **zusehen, dass ...** to see to it that ... ④ **ich kann doch nicht [einfach] zusehen, wie sie ...** I can't sit back and watch her ...

zusperren to lock; **vergiss nicht zuzusperren** don't forget to lock up

zuspielen ① **jemandem den Ball zuspielen** to pass the ball to someone ② **jemandem etwas zuspielen** to pass something on to someone

zuspitzen **die Lage spitzt sich zu** the situation [ˌsɪtjuˈeɪʃᵊn] is coming to a head [*oder* getting critical] der **Zuspruch** ① **sich großen Zuspruchs erfreuen** to be very popular ② **ermutigender/tröstender Zuspruch** words of encouragement/comfort

der **Zustand** ① (*Beschaffenheit*) condition, state ② **der gegenwärtige Zustand** the status quo ③ **in gutem/schlechtem Zustand** in good/bad shape; *Gebäude:* in good/bad repair ④ **in angetrunkenem Zustand** under the influence of alcohol ⑤ **Zustände kriegen** (*umgangsspr*) to hit the roof *umgangsspr*

zustande, **zu Stande** ① **zustande bringen** to achieve [əˈtʃiːv], to manage ② **zustande kommen** (*geschehen*) to come about; (*erreicht werden*) to be achieved

zuständig ① (*verantwortlich*) responsible ② **dafür bin ich nicht zuständig** that's not in my department

zustecken **jemandem etwas** [**heimlich**] **zustecken** to slip someone something

zustehen **etwas steht jemandem zu** someone is entitled to something; **es steht ihm nicht zu, darüber zu urteilen** he has no right to judge that

zustellen ① [**jemandem**] **etwas zustellen** to deliver something [to someone] ② (*umgangsspr: blockieren*) to block

die **Zustellgebühr** delivery charge

die **Zustellung** delivery

zustimmen ① to agree ② (*einwilligen*) to consent

die **Zustimmung** ① (*Einverständnis*) agreement, assent ② **allgemeine Zustimmung finden** to meet with general approval [əˈpruːvᵊl]

zustoßen ① to push shut *Tür* ② **jemandem zustoßen** to happen to someone

der **Zustrom** ① inflow ② *von Menschen:* influx; **auf der Messe herrschte reger Zustrom von Besuchern** crowds of visitors thronged to the fair

zutage, **zu Tage** ① **zutage fördern** to unearth [ʌnˈɜːθ]; (*übertragen*) to bring to light [laɪt] ② **zutage kommen** [*oder* **treten**] (*auch übertragen*) to come to light

die **Zutaten** ingredients [ɪnˈgriːdiənts]

zuteilen (*zuweisen*) to allocate [ˈæləkeɪt], to allot

zutiefst deeply

das **Zutrauen** ① confidence [ˈkɒnfɪdᵊn(t)s] (**zu** in) ② **Zutrauen zu jemandem haben** to trust someone; **Zutrauen zu jemandem fassen** to begin to trust someone

zutrauen ① **jemandem etwas zutrauen** to credit someone with something; (*für fähig halten*) to believe someone capable of something ② **sich zu viel zutrauen** (*sich übernehmen*) to take on too much ③ **dem ist alles zuzutrauen!** I can well believe it of him! ④ **das trau ich mir zu** I think I can manage that

zutraulich *Mensch:* trusting; *Tier:* friendly [frendli]

zutreffen ① (*richtig sein*) to be correct; **das trifft genau auf mich zu** that's me spot on ② (*gelten*) to apply (**für** to)

zutreffend ① (*richtig*) correct, right [raɪt] ② (*auf etwas zutreffend*) applicable ③ **Zutreffendes bitte ankreuzen** mark with a cross where applicable

der **Zutritt** ① access [ˈækses]; **kein Zutritt!**, **Zutritt verboten!** no admittance!, no entry! ② **sich zu einem Raum Zutritt verschaffen** to gain admission to a room

zutun **kein Auge zutun** to not sleep a wink

zuverlässig ① reliable [rɪˈlaɪəbl] ② **sie ist zuverlässig** she is reliable ③ **ich weiß aus zuverlässiger Quelle, dass ...** I am reliably informed that ...

die **Zuverlässigkeit** reliability [rɪˌlaɪəˈbɪləti]

die **Zuversicht** confidence [ˈkɒnfɪdᵊn(t)s]

zuversichtlich confident; **ich bin ganz zuversichtlich, dass ...** I have every confidence that ...

zuvor ① before ② (*zuerst*) beforehand ③ **kurz zuvor** shortly before ④ **am Tag zuvor** the day before

zuvorkommen ① to anticipate [ænˈtɪsɪpeɪt] ② (*verhindern*) to forestall ③ **er ist mir schon wieder zuvorgekommen** he beat me to it again

zuvorkommend obliging, courteous [ˈkɜːtiəs]

der **Zuwachs** ① increase [ˈɪnkriːs] (**an** of) ② **Zuwachs bekommen** (*umgangsspr*) to have an addition to the family

zuwachsen *Wunde:* to heal up, to close

die **Zuwachsrate** growth rate

zuwandern to immigrate

zuwege, **zu Wege** **zuwege bringen** to manage; (*erreichen*) to accomplish [əˈkʌmplɪʃ]

zuweisen **jemandem etwas zuweisen** to assign someone something

zuwenden ① (*auch übertragen*) to turn towards ② **sich jemandem zuwenden** to turn to face someone; (*sich widmen*) to devote oneself to someone

die **Zuwendung** ① love and care ② *Geld:* contribution

zuwerfen ① to slam *Tür* ② **jemandem einen Blick zuwerfen** to cast a glance at someone ③ **jemandem den Ball zuwerfen** to throw someone the ball

zuwider **das ist mir zuwider** I detest that

zuzahlen **20 Euro zuzahlen** to pay another 20 euros

zuziehen ① to draw *Vorhang* ② (*schließen*) to close [kləʊz] ③ **sich eine Krankheit zuziehen** to contract an illness; **sich Verletzungen**

zuziehen to sustain [sə'steɪn] injuries ④ (*in Ortschaft*) **wir sind neu zugezogen** we've just recently moved here

zuzüglich plus

der **Zwang** ① (*Notwendigkeit*) compulsion [kəm'pʌlʃᵊn] ② (*moralischer*) constraint ③ (*Gewalt*) force [fɔːs] ④ **tu dir keinen Zwang an!** feel free! ⑤ **etwas unter Zwang tun** to be forced to do something

zwängen to squeeze [skwiːz] (**in** into, **durch** through)

zwanglos ① (*locker*) casual ['kæʒjuəl] ② (*ungezwungen*) free and easy ③ (*ohne Förmlichkeit*) informal

die **Zwangsarbeit** hard labour ['leɪbəʳ]

die **Zwangsjacke** (*auch übertragen*) straitjacket

die **Zwangslage** predicament; **in eine Zwangslage geraten** to get into a predicament

zwangsläufig inevitable; **dazu musste es ja zwangsläufig kommen** it was inevitable that that would happen

die **Zwangsräumung** eviction

die **Zwangsversteigerung** compulsory sale

zwanzig twenty

zwanzigfach twentyfold

zwanzigjährig twenty-year-old

zwanzigste(r, s) twentieth

zwar ① (*erklärend*) it is true [truː], to be sure [ʃɔːʳ] ② **und zwar** namely [*oder* that is] ③ **ich hab zwar keine Lust, aber ...** I don't really feel like it, but ... ④ **komm her, und zwar sofort!** come here, and I mean right now!

der **Zweck** ① (*Verwendung*) purpose ['pɜːpəs] ② (*Sinn, Nutzen*) point; **es hat keinen Zweck!** it's no use!; **es hat keinen Zweck zu bleiben** there's no point in staying; **zu welchem Zweck?** to what end?; **Sinn und Zweck ist ...** the point is that ...; **jemandes Zwecken dienen** to serve someone's purposes

die **Zwecke** drawing pin (GB), thumbtack ['θʌmtæk] (USA)

zwecklos ① (*unnütz*) useless ② (*sinnlos*) pointless

zweckmäßig ① (*geeignet*) suitable ['suːtəbḷ] ② (*sinnvoll*) appropriate [ə'prəʊpriət]

zwecks for the purpose of

die **Zwei** ① (*Zahl*) [number] two ② (*Schulnote*) ≈ B; **eine Zwei schreiben** ≈ to get a B ③ **die Zwei** (*Straßenbahn, Bus*) the number two [tram/bus]

zwei ① two; **viertel vor zwei** a quarter to two ② **zu zweien** in twos, two by two ③ **[nur] wir zwei** [just] the two of us

das **Zweibettzimmer** twin room

zweideutig ① ambiguous [æm'bɪgjʊəs], equivocal [ɪ'kwɪvəkᵊl] ② (*obszön*) suggestive [sə'dʒestɪv]

zweidimensional two-dimensional

die **Zweidrittelmehrheit** two-thirds majority [mə'dʒɒrəːi]; **mit Zweidrittelmehrheit** with a two-thirds majority

der **Zweier** (*umgangsspr: Schulnote*) good, B (GB)

zweierlei two kinds of; **zweierlei Sorten** two different kinds

zweifach ① (*doppelt*) double ['dʌbl] ② (*zweimal*) twice [twaɪs] ③ **in zweifacher Ausfertigung** in duplicate ['djuːplɪkət]

das **Zweifamilienhaus** two-family house (GB), duplex ['djuːpleks] house (USA)

zweifarbig two-colour, two-tone

der **Zweifel** doubt [daʊt] (**an** about); **etwas in Zweifel ziehen** to cast doubt on something; **es steht außer Zweifel, dass ...** it's beyond doubt that ...; **ohne jeden Zweifel** without question; **jemandem gegenüber Zweifel hegen** to be dubious about someone

zweifelhaft ① doubtful ['daʊtfᵊl] ② (*verdächtig*) dubious ['djuːbiəs]

zweifellos ① undisputed ② without doubt [daʊt]; (*als Antwort*) undoubtedly [ʌn'daʊtɪdli]

zweifeln ① to doubt [daʊt] ② **ich zweifle nicht daran** I don't doubt it ③ **an sich selbst zweifeln** to lose faith in oneself

der **Zweifelsfall** ① doubtful ['daʊtfᵊl] case ② **im Zweifelsfall** in case of doubt; (*gegebenenfalls*) if necessary ['nesəsᵊri]

der **Zweig** (*auch übertragen*) branch; (*kleiner*) twig ▶ WENDUNGEN: **auf keinen grünen Zweig kommen** (*umgangsspr*) to get nowhere

die **Zweigniederlassung** branch, subsidiary [səb'sɪdiᵊri]

die **Zweigstelle** branch

zweihundert two hundred

zweijährig ① (*zwei Jahre alt*) two-year-old ② *Pflanze:* biennial [baɪ'eniəl]

die **Zweiklassengesellschaft** divided society [sə'saɪəti]

zweimal ① twice ② **sich etwas nicht zweimal sagen lassen** to not have to be told something twice

zweimalig two times over *nachgestellt*

zweireihig ① (*in zwei Reihen*) double-row ['dʌbḷˌrəʊ] ② *Jacke:* double-breasted

zweisprachig *Wörterbuch, Land:* bilingual [baɪ'lɪŋgwᵊl]; *Vertrag:* in two languages ['læŋgwɪdʒəz]

zweit ① **zu zweit** in twos ② **das Leben zu zweit** living with someone ③ **wir sind zu zweit** there are two of us ④ **gehen wir doch zu zweit hin** let's go there together

zweitbeste(r, s) second best

zweite(r, s) ① second, 2nd ② (*nächster*) next ③ **Zweite[r]** runner-up ④ **an zweiter Stelle** in second place ⑤ **zweiter Klasse fahren** to go second class ⑥ **wir haben heute den zwei-**

Z

ten Dezember today is the second of December

zweiteilig ① *Kleidungsstück:* two-piece ['tu:pi:s] ② *Fernsehserie:* two-part

zweitens secondly

zweitklassig (*übertragen*) second-rate

zweitletzte last but one

zweitrangig second-rate

die **Zweitstimme** second vote

der **Zweitürer** two-door car

das **Zwerchfell** diaphragm ['daɪəfræm]

der **Zwerg**, die **Zwergin** ① dwarf [dwɔ:f]; (*Gartenzwerg*) gnome [nəʊm] ② (*Knirps*) midget ['mɪdʒɪt] ③ (*abwertend*) squirt [skwɜ:t]

die **Zwetschge** plum

zwicken ① (*kneifen*) to pinch; **sie hat mich ins Ohr gezwickt** she pinched my ear ② **das zwickt mich** that's pinching me

die **Zwickmühle in der Zwickmühle sitzen** to be in a dilemma [dɪ'lemə]

der **Zwieback** rusk (GB), cracker (USA)

die **Zwiebel** ① onion ['ʌnjən] ② *einer Blume:* bulb

die **Zwiebelsuppe** onion soup

der **Zwiebelturm** onion dome

das **Zwiegespräch** dialogue ['daɪəlɒg]

das **Zwielicht** ① twilight ['twaɪlaɪt] ② (*abends*) dusk; (*morgens*) half-light ['hɑ:flaɪt]

zwielichtig (*abwertend*) shady ['ʃeɪdi]

der **Zwiespalt** conflict ['kɒnflɪkt]; **in einen Zwiespalt geraten** to get into a conflict

zwiespältig *Charakter:* ambivalent; *Gefühle:* mixed

der **Zwilling** ① twin; **eineiige Zwillinge** identical twins ② (*Sternzeichen*) **Zwillinge** Gemini ['dʒemɪnaɪ]

der **Zwillingsbruder** twin brother

die **Zwillingsschwester** twin sister

zwingen ① to compel, to force [fɔ:s]; **sie haben mich zum Reden gezwungen** they forced me to talk ② **sich zwingen** to force oneself; **sich zwingen, etwas zu tun** to force oneself to do something

der **Zwinger** kennels ⚠ *Plural*

zwinkern ① to blink ② (*als Zeichen*) to wink

zwischen ① between [bɪ'twi:n] ② (*unter einer Anzahl*) among, amongst [ə'mʌŋst]

die **Zwischenbemerkung** interjection

die **Zwischenbilanz** ① interim balance ['bælən(t)s] ② (*übertragen*) provisional appraisal [prə,vɪʒᵊnᵊlə'preɪzᵊl]; **eine Zwischenbilanz ziehen** to take stock provisionally [prə'vɪʒᵊnᵊli]

das **Zwischending** cross; **ein Zwischending zwischen ... und ... sein** to be halfway between ... and ...

zwischendurch ① in between [bɪ'twi:n] ② **etwas zwischendurch machen** (*nebenher*) to fit something in

das **Zwischenergebnis** ① provisional [*oder* interim] result [rɪ'zʌlt] ② *im Sport:* latest score

der **Zwischenfall** incident ['ɪn(t)sɪdᵊnt]; **ohne Zwischenfälle** without incidents, smoothly ['smu:ðli]

die **Zwischengröße** in-between size

der **Zwischenhalt** (CH) intermediate stop

der **Zwischenhändler** middleman

die **Zwischenlagerung** temporary storage

die **Zwischenlandung** stopover; **ohne Zwischenlandung** non-stop

die **Zwischenmahlzeit** snack

zwischenmenschlich ① between people ['pi:pl] ② **zwischenmenschliche Beziehungen** interpersonal relations

die **Zwischenprüfung** intermediate [,ɪntə'mi:diət] examination

der **Zwischenraum** ① (*zeitlich*) interval ['ɪntəvᵊl] ② (*Lücke*) gap

der **Zwischenruf** interruption; **Zwischenrufe** heckling ⚠ *Singular*

das **Zwischenspiel** (*auch übertragen*) interlude ['ɪntəlu:d]

die **Zwischenstation** intermediate [,ɪntə'mi:diət] stop; **Zwischenstation machen** to stop off

die **Zwischenzeit** ① (*Zeitraum*) interval ② *im Sport:* intermediate [,ɪntə'mi:diət] time ③ **in der Zwischenzeit** in the meantime

das **Zwischenzeugnis** interim report

zwitschern to chirp [tʃɜ:p], to twitter

der **Zwitter** hermaphrodite [hɜ:'mæfrədaɪt]

die **Zwölf** ① (*Zahl*) [number] twelve ② **die Zwölf** (*Straßenbahn, Bus*) the number twelve [tram/bus]

zwölf ① twelve ② **zwölf Uhr** [**mittags**] twelve noon ▸ WENDUNGEN: **fünf Minuten vor zwölf** at the eleventh hour

der **Zwölfkampf** twelve-exercise ['twelv,eksəsaɪz] event

zwölfte(r, s) ① twelfth [twelfθ], 12th ② **wir haben heute den zwölften Dezember** today is the twelfth of December ③ **ich bin in der zwölften Klasse** I'm in Year 12

die **Zwölftonmusik** twelve-tone music

das **Zyankali** potassium cyanide [pə,tæsiəm'saɪənaɪd]

der **Zyklon** cyclone ['saɪkləʊn]

der **Zyklus** cycle ['saɪkl̩]

der **Zylinder** ① cylinder ['sɪlɪndəʳ] ② (*Hut*) top hat, topper

zylindrisch cylindrical [sə'lɪndrɪkᵊl]

der **Zyniker**, die **Zynikerin** cynic ['sɪnɪk]

zynisch cynical [sɪnɪkᵊl]

Zypern Cyprus ['saɪprəs]

die **Zypresse** cypress ['saɪprəs]

der **Zypriot**, die **Zypriotin** Cypriot ['sɪpriət]

zypriotisch, **zyprisch** Cypriot ['sɪpriət]

die **Zyste** cyst [sɪst]

Der Anhang

Dieser Teil deines Wörterbuches bietet dir viele nützliche Extras. So hast du die Möglichkeit, mehr über die englische Sprache und die englischsprachige Welt zu erfahren. Das findest du auf den folgenden Seiten:

Bildseiten

Hier kannst du deinen Wortschatz zu gebräuchlichen Themen erweitern.

- Moderne Kommunikation
- Die Küche
- Obst
- Kleidung
- Musikinstrumente
- Mein Schreibtisch
- Geschirr und Besteck
- Gemüse
- Schuhe und Accessoires
- Sportartikel

Landkarten

Erfahre, wo überall auf der Welt Englisch gesprochen wird! Auf den Karten zu Deutschland, Österreich und der Schweiz, kannst du sehen, wie die Länder, Kantone, Hauptstädte und Hauptorte auf Englisch heißen.

- Die englischsprachige Welt
- Kanada
- Australien und Neuseeland
- Österreich
- Britische Inseln
- Vereinigte Staaten von Amerika
- Deutschland
- Die Schweiz

Englische Minigrammatik

Englische Minigrammatik

Damit du die wichtigsten Englischhilfen immer schnell zur Hand hast, bietet dir dein Wörterbuch neben den vielen anderen nützlichen Extras auch eine kleine Grammatik. In dieser übersichtlichen Minigrammatik wird dir alles anhand von anschaulichen Beispielen erklärt. So gewinnst du schnell einen guten Überblick und hast die Möglichkeit, dir Grammatikthemen, die du früher schon einmal gelernt hast, bequem wieder ins Gedächtnis zu rufen.

1. Substantiv (Hauptwort)

Das Geschlecht der Substantive

Im Englischen gibt es, wie im Deutschen, drei grammatische Geschlechter:

- Männliche Personen heißen **maskulin**.
- Weibliche Personen heißen **feminin**.
- Alles andere heißt **sächlich**.

Da es jedoch nur einen Artikel gibt (***a/an, the***), erkennt man das Geschlecht nur am Pronomen (persönliches Fürwort):

a/ the girl	**she/ her**
a/ the boy	**he/ him**
a/ the CD	**it**

The girl bought **a new CD**. **She** played **it** for **a boy**. **The boy** thought **it** was cool. **He** bought **it** too.

Babys und Tiere werden als sächlich behandelt, es sei denn, man kennt ihr Geschlecht:

A strange **dog** came into the garden and I chased **it** out.	*Ein fremder Hund kam in den Garten, und ich habe ihn rausgejagt.*
I called my **dog, Rex,** and **he** came running.	*Ich habe meinen Hund, Rex, gerufen, und er kam angelaufen.*
I made a funny face at **a baby** and **it** smiled at me.	*Ich habe vor dem Baby Gesichter geschnitten, und es hat mich angelächelt.*
We have **a** new **baby** - **she**'s called Karen.	*Wir haben ein neugeborenes Baby, es heißt Karen.*

Die Pluralbildung der Substantive

Im **Plural** (Mehrzahl) wird an das Hauptwort ein *-s* angehängt:

cloud - cloud**s**	*Wolke - Wolken*
dog - dog**s**	*Hund - Hunde*
shoe - shoe**s**	*Schuh - Schuhe*
play - play**s**	*Spiel - Spiele*
book - book**s**	*Buch - Bücher*
cake - cake**s**	*Kuchen - Kuchen*
cat - cat**s**	*Katze - Katzen*

Bei Wörtern die mit *-s, -ss, -sh, -ch, -x, -z* enden, wird *-es* angehängt:

bus – buses	*Bus – Busse*
boss – bosses	*Boss – Bosse*
brush – brushes	*Bürste – Bürsten*
church – churches	*Kirche – Kirchen*
box – boxes	*Schachtel – Schachteln*

Endet ein Wort mit *-y* nach einem Konsonanten, so wird diese Endung umgewandelt zu *-ies* :

body – bodies	*Körper – Körper*
fly – flies	*Fliege – Fliegen*
lady – ladies	*Dame – Damen*
story – stories	*Geschichte – Geschichten*

Ausnahmen:

boy – boys	*Junge – Jungen*
monkey – monkeys	*Affe – Affen*
day – days	*Tag – Tage*
play – plays	*Spiel – Spiele*
way – ways	*Weg – Wege*

Wörter die mit *-o* nach einem Konsonanten enden, erhalten oft *-es* am Ende:

hero – heroes	*Held – Helden*
potato – potatoes	*Kartoffel – Kartoffeln*
tomato – tomatoes	*Tomate – Tomaten*
volcano – volcanoes	*Vulkan – Vulkane*

Bei manchen Wörtern ist *-es* oder *-s* möglich:

mosquito – mosquitoes or mosquitos	*Fliege – Fliegen*
zero – zeroes or zeros	*Null – Nullen*

Aber die meisten bekommen einfach ein zusätzliches *-s* :

radio – radios	*Radio – Radios*
studio – studios	*Studio – Studios*
video – videos	*Video – Videos*

Einige auf *-f* oder *-fe* endende Wörter erhalten im Plural die Endung *-ves* :

half – halves	*Hälfte – Hälften*
leaf – leaves	*Blatt – Blätter*
shelf – shelves	*Regal – Regale*
wife – wives	*Frau – Frauen*
knife – knives	*Messer – Messer*
thief – thieves	*Dieb – Diebe*
wolf – wolves	*Wolf – Wölfe*

Manche Wörter ändern beim Übergang vom Singular zum Plural ihre Vokale:

child – children	*Kind – Kinder*
man – men	*Mann – Männer*
goose – geese	*Gans – Gänse*
woman – women	*Frau – Frauen*
mouse – mice	*Maus – Mäuse*
foot – feet	*Fuß – Füße*

Viele Tierbezeichnungen bleiben in der Mehrzahl unverändert:

a bison	two **bison**	*ein Bison*	*zwei Bisons*
a deer	three **deer**	*ein Reh*	*drei Rehe*
a sheep	four **sheep**	*ein Schaf*	*vier Schafe*
salmon	five **salmon**	*ein Lachs*	*fünf Lachse*

Die vier Fälle (Nominativ, Akkusativ, Dativ, Genitiv)

Nominativ und Akkusativ (*direct object*) haben dieselbe Form:

The song is totally cool.	*Der Song ist total cool.*
The story was weird.	*Die Geschichte war unheimlich.*
He petted **the dog**.	*Er streichelte den Hund.*
Please pass **the ketchup**.	*Bitte gib mal den Ketchup rüber.*
We need **a break**.	*Wir brauchen eine Pause.*
Give **the cat** its dinner.	*Gib der Katze ihr abendliches Futter.*

Der Dativ (*indirect object*) kann mit oder ohne ***to*** gebildet werden:

I sent an e-mail to Barbara. *oder* I sent Barbara an e-mail.	*Ich habe eine E-Mail an Barbara geschickt.* *oder* *Ich habe Barbara eine E-Mail geschickt.*

Der Genitiv kann gebildet werden mit **of** oder mit **'s** (sächsischer Genitiv); im Allgemeinen wird die Form mit **of** für Gegenstände verwendet und der Genitiv mit **'s** für Personen:

What is the name **of** the hotel?	*Wie ist der Name des Hotels/von dem Hotel?*
What is George**'s** sister doing?	*Was macht Georgs Schwester?*
What is the baby**'s** name?	*Wie ist der Name des Babys/von dem Baby?*

Im Unterschied zum Deutschen wird bei Ausdrücken wie den Folgenden immer **of** verwendet:

a glass **of** water	*ein Glas Wasser*
a pair **of** jeans	*eine Jeans*
the city **of** London	*die Stadt London*
a piece **of** paper	*ein Stück Papier*
a herd **of** cattle	*eine Viehherde*
the Isle **of** Wight	*die Insel Wight*

Wörter wie ***shop, surgery, church, cathedral, house*** werden nach dem sächsischen Genitiv oft weggelassen:

at the grocer**'s** (*anstatt:* at the grocer's shop)	*beim Lebensmittelhändler*
at the dentist**'s** (*anstatt:* at the dentist's surgery)	*beim Zahnarzt*
a visit to St. Paul**'s** (*anstatt:* St. Paul's Cathedral)	*ein Besuch der St. Pauls Kathedrale*
at John**'s** (*anstatt:* John's house)	*bei John zu Hause*

2. Adjektiv (Eigenschaftswort)

Der Adjektiv bleibt nach Geschlecht und Zahl immer unverändert:

a **nice** postman	*ein netter Postbote*
a **cool** song	*ein cooler Song*
three **nice** postmen	*drei nette Postboten*
some **cool** songs	*ein paar coole Songs*

Steigerung von Adjektiven

Einsilbige Adjektive steigert man durch das Anhängen von ***-er*** oder ***-est***:

clean, clean**er**, clean**est**	*sauber, sauberer, am saubersten*

Einsilbige Adjektive, die mit ***-e*** enden, werden mit ***-r*** und ***-st*** gesteigert:

saf**e**, saf**er**, saf**est**	*sicher, sicherer, am sichersten*

Bei einsilbigen Adjektiven mit Endbuchstaben ***-d, -g, -n, -t*** werden diese bei der Steigerung verdoppelt, wenn ihnen ein kurzes, betontes ***a, e, i, o*** vorausgeht:

bi**g**, bi**gger**, bi**ggest**	*groß, größer, am größten*
ho**t**, ho**tter**, ho**ttest**	*heiß, heißer, am heißesten*
hi**p**, hi**pper**, hi**ppest**	*hip, hipper, am hippsten*

Bei zweisilbigen Adjektiven, die mit ***-y*** enden, wird dieses zu ***-ier*** und ***-iest***:

happ**y**, happ**ier**, happ**iest**	*glücklich, glücklicher, am glücklichsten*

Einige zweisilbige Adjektive, die mit ***-le*** enden, erhalten zur Steigerung ein ***-r*** und ***-st***:

gent**le**, gent**ler**, gent**lest**	*sanft, sanfter, am sanftesten*
simp**le**, simp**ler**, simp**lest**	*einfach, einfacher, am einfachsten*

Einige andere zweisilbige Adjektive bekommen zur Steigerung ***-er*** und ***-est***:

clever, clever**er**, clever**est**	*klug, klüger, am klügsten*
common, common**er**, common**est**	*häufig, häufiger, am häufigsten*
narrow, narrow**er**, narrow**est**	*eng, enger, am engsten*
loud, loud**er**, loud**est**	*laut, lauter, am lautesten*
quiet, quiet**er**, quiet**est**	*ruhig, ruhiger, am ruhigsten*

Andere zweisilbige und alle mehrsilbigen Adjektive werden mit **more** und **most** gesteigert:

comfortable, **more** comfortable, **most** comfortable	*bequem, bequemer, am bequemsten*
The sofa is **more** comfortable than the chair, and the bed is **the most** comfortable of all.	*Das Sofa ist bequemer als der Stuhl, und das Bett ist am bequemsten.*

Es gibt auch Adjektive mit unregelmäßiger Steigerung:

good, **better, best**	*gut, besser, am besten*
bad, **worse, worst**	*schlecht, schlechter, am schlechtesten*
far, **farther** or **further**	*weit, weiter, am weitesten*
much/many, **more, most**	*viel/viele, mehr, am meisten*
little, **less, least**	*wenig, weniger, am wenigsten*

3. Adverb (Umstandswort)

Adverbien werden gebildet, indem man an ein Adjektiv ***-ly*** anhängt:

That rhymes perfect**ly**.	*Das reimt sich perfekt.*
We were total**ly** surprised.	*Wir waren völlig überrascht.*
He did his homework careful**ly**.	*Er hat seine Hausaufgaben mit Sorgfalt gemacht.*
She smiled confident**ly**.	*Sie lächelte zuversichtlich.*

Ein Sonderfall ist ***well***, das Adverb zu ***good***:

She speaks English **well**.	*Sie spricht gut Englisch.*

Adjektive mit der Endung ***-y*** bekommen ***-ily*** angehängt:

They rushed about happ**ily**, shouting nois**ily**.	*Sie liefen fröhlich herum und riefen sich laut etwas zu.*

Adjektive mit der Endung ***-le*** bekommen die Endung ***-ly***:

Are you sitting comfortab**ly**?	*Sitzt du bequem?*
You are simp**ly** great!	*Du bist einfach großartig!*

An die Endung ***-ic***, wird ***-ally*** angehängt:

Josh is phys**ically** fit.	*Josh ist körperlich fit.*
He was mag**ically** transformed into a spider.	*Er wurde durch einen Zauber in eine Spinne verwandelt.*

Es gibt jedoch auch Adverbien die nicht mit ***-ly*** gebildet werden:

How **far** can you jump?	*Wie weit kannst du springen?*
How **fast** can you walk?	*Wie schnell kannst du gehen?*
You're doing **fine**.	*Du machst es gut.*
Pull **hard**!	*Zieh kräftig!*
I've **just** missed the bus.	*Ich habe gerade den Bus verpasst.*
You've arrived too **late**.	*Du bist zu spät angekommen.*
Money matters very **little**.	*Geld ist kaum wichtig.*
Have you been waiting **long**?	*Wartest du schon lange?*
You exercise too **much**.	*Du trainierst zu viel.*
The train drew **near**.	*Der Zug kam näher.*
See you **soon**!	*Bis bald!*

Steigerung von Adverbien

Adverbien, die mit *-ly* enden, werden mit ***more*** und ***most*** gesteigert:

slowly, **more** slowly, **most** slowly	*langsam, langsamer, am langsamsten*

Adverbien, die nicht mit *-ly* enden, werden mit *-er* und *-est* gesteigert:

fast, fast**er**, fast**est**	*schnell, schneller, am schnellsten*

Manche Adverbien besitzen unregelmäßige Steigerungsformen:

badly, **worse, worst**	*schlecht, schlechter, am schlechtesten*
far, **farther** or **further, farthest** or **farthest**	*weit, weiter, am weitesten*
little, **less, least**	*wenig, weniger, am wenigsten*
much, **more, most**	*viel, mehr, am meisten*
well, **better, best**	*gut, besser, am besten*

4. Verb (Zeitwort)

Präsens (einfache Gegenwart)

I	*ich*	knock	hide	stay	go	wash	study
you	*du, Sie*	knock	hide	stay	go	wash	study
he **she** **it**	*er* *sie* *es*	knock**s**	hid**es**	stay**s**	go**es**	wash**es**	stud**ies**
we	*wir*	knock	hide	stay	go	wash	study
you	*ihr, Sie*	knock	hide	stay	go	wash	study
they	*sie*	knock	hide	stay	go	wash	study

- An die 3. Person Singular (***he, she, it***) wird *-s* angehängt. Die anderen Formen bleiben unverändert.
- Ein *-y* nach einem Konsonanten wird zu *-ies*:

she stud**ies**	*sie lernt*
he tr**ies**	*er versucht*

- Den Endungen *-s, -ch, -sh, -x, -z* wird *-es* angehängt:

he wash**es**	*er wäscht*
she pass**es**	*sie geht vorbei*
it fizz**es**	*es sprudelt*

- Der Endung *-o* folgt *-es*:

he go**es**	*er geht*
it echo**es**	*es schallt*

Die einfache Gegenwart wird verwendet für:

- Tatsachen:

The earth **goes** round the sun.	*Die Erde dreht sich um die Sonne.*
I **like** cycling.	*Ich fahre gerne Rad.*

- Gewohnheiten:

I **brush** my teeth after breakfast.	*Ich putze mir nach dem Frühstück die Zähne.*

- Vorhaben:

We **leave** for London next Friday.	*Wir fahren nächsten Freitag nach London.*

Verlaufsform der Gegenwart

Die Verlaufsform gibt an, was gerade geschieht. Sie wird gebildet aus:

am, are, is + Partizip Präsens (Mittelwort der Gegenwart)

Singular (Einzahl)		Plural (Mehrzahl)	
I **am** (I'**m**)	*ich bin*	we **are** (we'**re**)	*wir sind*
you **are** (you'**re**)	*du bist*	you **are** (you'**re**)	*ihr seid*
he, she, it **is** (he'**s**, she'**s**, it'**s**)	*er, sie, es ist*	they **are** (they'**re**)	*sie sind*

I **am staying**.	*Ich bleibe (noch).*
You **are smiling**.	*Du lächelst gerade.*
He **is reading**.	*Er liest gerade.*

Das Partizip Präsens entsteht durch Anhängen von ***-ing*** an die Grundform:

walk**ing**	*gehend*
stepp**ing**	*schreitend*
danc**ing**	*tanzend*
lying	*liegend*
flee**ing**	*flüchtend*
travel**ling**	*reisend*

- Eine Endung mit ***-e*** wird gestrichen:

arriv**e**, arriv**ing**	*ankommen, ankommend*

- Die Endung ***-ie*** ändert sich in ***-y***:

tie, **tying**	*binden, bindend*

- Bei den meisten einsilbigen Verben wird ein Endkonsonant verdoppelt:

sto**p**, stop**ping**	*halten, haltend*

Die Verlaufsform wird verwendet für:

- Augenblickliches Geschehen:

I'**m watching** TV.	*Ich gucke gerade fern.*
You **are talking** too loudly.	*Du sprichst zu laut.*

- Fortdauerndes Geschehen:

I **am learning** how to drive.	*Ich lerne gerade Autofahren.*
They'**re taking** English in school.	*Sie haben in der Schule Englisch.*

- Geplante Vorhaben:

We **are having** a barbecue tomorrow.	*Wir wollen morgen grillen.*
Sally **is buying** the sausages for it and I **am bringing** the drinks.	*Sally kauft die Würstchen, und ich bringe die Getränke mit.*

Präteritum (einfache Vergangenheit)

Bei den meisten Verben wird die einfache Vergangenheit gebildet, indem man zur Grundform ***-ed*** hinzufügt.

I	open**ed**	arrive**d**	stop**ped**	carr**ied**
you	open**ed**	arrive**d**	stop**ped**	carr**ied**
he	open**ed**	arrive**d**	stop**ped**	carr**ied**
she	open**ed**	arrive**d**	stop**ped**	carr**ied**
it	open**ed**	arrive**d**	stop**ped**	carr**ied**
we	open**ed**	arrive**d**	stop**ped**	carr**ied**
you	open**ed**	arrive**d**	stop**ped**	carr**ied**
they	open**ed**	arrive**d**	stop**ped**	carr**ied**

- Zur Endung ***-e*** wird nur ***-d*** angefügt:

agree**d**	*stimmte zu*
arrive**d**	*kam an*

- Ein ***-y*** am Ende wird zu ***-ied:***

carr**ied**	*trug*
cr**ied**	*weinte*

- Bei den meisten einsilbigen Zeitwörtern wird der Endkonsonant verdoppelt:

he stop**ped**	*er hielt an*
we drag**ged**	*wir zogen*
she hum**med**	*sie summte*

Die einfache Vergangenheit wird verwendet für:

- vergangene Ereignisse:

They **arrived yesterday**.	*Sie sind gestern angekommen/kamen gestern an.*
We **moved** house **last year**.	*Wir sind letztes Jahr umgezogen/zogen letztes Jahr um.*
Who **invented** the telephone?	*Wer hat das Telefon erfunden/erfand das Telefon?*

- Erzählungen:

Then he **planted** the magic beans.	*Dann pflanzte er die Zauberbohnen.*

Verlaufsform der Vergangenheit

Die Verlaufsform der Vergangenheit wird gebildet mit:

was, were + Partizip Präsens (Mittelwort der Gegenwart)

Singular (Einzahl)		Plural (Mehrzahl)	
I **was**	*ich war*	we **were**	*wir waren*
you **were**	*du warst*	you **were**	*ihr wart*
he, she, it **was**	*er, sie, es war*	they **were**	*sie waren*

I **was staying**.	*Ich blieb.*
You **were eating**.	*Du warst beim Essen.*
He **was listening**.	*Er hörte zu.*

Die Verlaufsform der Vergangenheit wird für Tätigkeiten zu einem bestimmten Zeitpunkt in der Vergangenheit verwendet:

What **were** you **doing** at midnight on New Year's Eve?	*Was hast Du an Silvester um Mitternacht gemacht?*
I **was** just **copying** a file when my computer crashed.	*Ich war gerade dabei, eine Datei zu kopieren, als mein Computer abstürzte.*
'You **weren't listening** to me, **were** you?' 'No, sorry, I **wasn't**.'	*„Du hast mir nicht zugehört, stimmt's?" „Nein, tut mir leid, hab ich nicht."*
While he **was eating** lunch, his friends came over.	*Er war gerade beim Mittagessen, als seine Freunde vorbeikamen.*

Perfekt (vollendete Gegenwart)

Das Perfekt wird gebildet mit:

has, have + Partizip Perfekt

Singular (Einzahl)		Plural (Mehrzahl)	
I **have** (I'**ve**)	*ich habe*	we **have** (we'**ve**)	*wir haben*
you **have** (you'**ve**)	*du hast*	you **have** (you'**ve**)	*ihr habt*
he, she, it **has** (he'**s**, she'**s**, it'**s**)	*er, sie, es hat*	they **have** (they'**ve**)	*sie haben*

I **have stayed**.	
He **has left**.	

Im Gegensatz zum Deutschen wird das **Perfekt** immer mit ***have*** gebildet:

I **have** been busy lately.	*In letzter Zeit war ich sehr beschäftigt.*
Our guests **have** arrived!	*Unsere Gäste sind eingetroffen!*
Joan **has** gone already.	*Joan ist schon gegangen.*

Das Perfekt wird verwendet:

- für Erläuterungen:

I can't pay – I'**ve lost** my purse.	*Ich kann nicht bezahlen – ich habe mein Portemonnaie verloren.*
I'm staying home today – I'**ve caught** a cold.	*Ich bleibe heute zu Hause – ich habe mir eine Erkältung geholt.*

- in Folgerungen:

Jack **has arrived**, so we can begin.	*Jack ist angekommen, also können wir anfangen.*

- mit ***already, just, yet, ever, never, before***:

I'**ve already collected** the mail.	*Ich habe die Post schon geholt.*
We'**ve just finished** our breakfast.	*Wir sind gerade mit dem Frühstück fertig.*
I **haven't finished** my breakfast **yet**.	*Ich habe noch nicht zu Ende gefrühstückt.*
Have you **ever seen** the band live?	*Hast du die Band schon mal live gesehen?*
I'**ve never surfed** the web.	*Ich habe noch nie im Internet gesurft.*
He'**s done** that **before**.	*Er hat das schon mal gemacht.*

Plusquamperfekt (vollendete Vergangenheit)

Das Plusquamperfekt wird gebildet mit:

had + Partizip Perfekt

Singular (Einzahl)		Plural (Mehrzahl)	
I **had** (I'**d**)	*ich hatte*	we **had** (we'**d**)	*wir hatten*
you **had** (you'**d**)	*du hattest*	you **had** (you'**d**)	*ihr hattet*
he, she, it **had** (he'**d**, she'**d**, it'**d**)	*er, sie, es hatte*	they **had** (they'**d**)	*sie hatten*

I **had stayed**.	*Ich war geblieben.*
She **had eaten**.	*Sie hatte gegessen.*

Im Gegensatz zum Deutschen wird das Plusquamperfekt stets mit ***had*** gebildet:

I **had** been there before.	*Ich war da schon mal gewesen.*
She **had** gone already by the time you showed up.	*Sie war schon gegangen, als du aufgetaucht bist.*
We **had** just arrived when the film started.	*Wir waren gerade angekommen, als der Film anfing.*

Die Form des Plusquamperfekt benutzt man, um über Ereignisse zu sprechen, die *vor* einem bestimmten Zeitpunkt in der Vergangenheit stattfanden:

'When I **arrived** at the bus stop the bus **had** already **gone**.' – '**Had** it? Bad luck!'	*„Als ich an der Bushaltestelle ankam, war der Bus schon weg." – „Tatsächlich? Pech!"*
I **broke** my new CD player yesterday because I **hadn't read** the instructions.	*Ich habe gestern meinen neuen CD-Player ruiniert, weil ich die Bedienungsanweisung nicht gelesen hatte.*

Futur (Zukunft)

Das Futur wird gebildet mit:

will (***shall*** – nur zusammen mit ***I*** und ***we***) + Grundform des Verbs.

Singular (Einzahl)		Plural (Mehrzahl)	
I **will**/**shall** (I'**ll**)	*ich werde*	we **will**/**shall** (we'**ll**)	*wir werden*
you **will** (you'**ll**)	*du wirst*	you **will** (you'**ll**)	*ihr werdet*
he, she, it **will** (he'**ll**, she'**ll**, it'**ll**)	*er, sie, es wird*	they **will** (they'**ll**)	*sie werden*

I **shall be staying** overnight.	*Ich werde über Nacht bleiben.*
He **will be arriving** soon.	*Er wird bald ankommen.*
I **shall be working** at home all day tomorrow.	*Ich werde morgen den ganzen Tag zu Hause arbeiten.*
You'**ll be sunbathing** on a beach this time tomorrow.	*Du wirst morgen um diese Zeit an einem Strand in der Sonne liegen.*
The new sports centre **will be opening** soon.	*Das neue Sportzentrum wird bald öffnen.*

Man verwendet die Verlaufsform von ***go + to + Grundform***, um über Absichten oder wahrscheinliche Ereignisse zu sprechen:

I'**m going to learn** how to ski.	*Ich werde Skifahren lernen.*
We **are going to go** to France for our vacation.	*Wir fahren im Urlaub nach Frankreich.*
I think it'**s going to rain**.	*Ich denke, es wird regnen.*

Verlaufsform

Die Verlaufsform wird mit ***be*** und dem Partizip Präsens (***-ing***) gebildet. Mit der Verlaufsform wird eine Handlung ausgedrückt, die gerade abläuft, noch andauert oder noch nicht abgeschlossen ist, war oder sein wird:

I **am working**.	*Ich bin beim Arbeiten.*
It **is raining**.	*Es regnet gerade.*
I **have been staying** at a hotel.	*Ich habe in einem Hotel gewohnt.*
I **have been trying** to call her for the last two hours, but it's no good.	*Ich versuche seit zwei Stunden sie anzurufen, aber es klappt nicht.*
How long **have** you **been living** in Stuttgart?	*Wie lange wohnst du schon in Stuttgart?*
She'**s been listening** to rap lately.	*Neuerdings hört sie Rap.*
I **had been thinking** about going on holiday.	*Ich hatte dran gedacht, in Urlaub zu fahren.*
It had **been raining** during the night.	*Es hat während der Nacht geregnet.*
She **had been having** driving lessons for 5 months and felt ready for the test.	*Sie hatte 5 Monate lang Fahrstunden genommen, und fühlte sich bereit für die Prüfung.*

Die englischen unregelmäßigen Verben

Viele der englischen Verben, die man am häufigsten braucht, haben unregelmäßige Vergangenheitsformen. Solche Formen kommen in fast jedem englischen Text vor und du brauchst sie, sobald du von etwas sprechen willst, das in der Vergangenheit passiert ist. Wenn du also die englischen unregelmäßigen Verben gut lernst, dann machst du schnell große Fortschritte im richtigen Sprechen, Schreiben und Lesen. Du findest die Tabellen der englischen unregelmäßigen Verben in der hinteren Klappe deines Wörterbuches.

Lerntipp 1: Gehe die Liste durch und mache vor jedes Wort, das du schon kennst einen Punkt. Kümmere ich dann zunächst um diese Verben und versuche, dir die jeweiligen Vergangenheitsformen zu merken. Am besten du schreibst sie in dein Vokabelheft oder auf ein extra Blatt. Vor jedes Verb, dessen Vergangenheitszeiten du sicher kannst, darfst du ein + schreiben. Die Verben mit + solltest du dann ab und zu wiederholen, damit sie dir nicht aus dem Gedächtnis rutschen. Suche dir jemanden, der dich alle + Verben abfragt. Wenn du dich abfragen lässt, solltest du die unregelmäßigen Formen sprechen und schreiben. So arbeitet dein Gehirn mit doppelter Lernpower.

Lerntipp 2: Hole dir die Vokabeltrainer-App. Die Anweisung für den Download steht auf der Rückseite der vorderen Umschlagsklappe. Wenn du regelmäßig und konzentriert mit der App die unregelmäßigen Verben lernst und wiederholst, wirst du schon bald Fortschritte machen.

5. Modalverben

Die Verben ***will, shall, can, could, would, should, may, might, must*** und ***need not*** werden zusammen mit der Grundform anderer Verben benutzt. Sie ändern ihre Form in der 3. Person Singular nie (→ es wird kein ***-s*** angehängt).

will/shall

Singular (Einzahl)	Plural (Mehrzahl)
I **will**/**shall** (I'**ll**)	we **will**/**shall** (we'**ll**)
you **will** (you'**ll**)	you **will** (you'**ll**)
he, she, it **will** (he'**ll**, she'**ll**, it'**ll**)	they **will** (they'**ll**)

Die verneinte Kurzform: **won't, shan't** (would **not,** shall **not**)

will und ***shall*** werden in den folgenden Bedeutungen benutzt:

- Vorhaben:

OK, we **shall** (or we'**ll**) **see** you tomorrow.	*Gut, wir sehen uns dann morgen.*
I **shall** (or I'**ll**) **make** a list of everything I need.	*Ich werde eine Liste von allem, was ich brauche, machen.*

- Versprechen:

I **will remember** to buy milk.	*Ich werde daran denken, Milch zu kaufen.*
I **won't forget**.	*Ich werde es nicht vergessen.*

- Abwägen („sollen"):

Shall we **tell** her or **shan't** we?	*Sollen wir es ihr sagen oder nicht?*

- Konsequenz:

We'**ll be** late if we don't hurry.	*Wir werden zu spät kommen, wenn wir uns nicht beeilen.*
I **shan't** (or **won't**) **need** these books any more.	*Ich werde diese Bücher nicht mehr brauchen.*

- Entschiedenheit:

No, I **won't go** mountain climbing.	*Nein, ich werde nicht zum Bergsteigen gehen.*

- Vorhersage:

You'**ll love** Scotland.	*Es wird dir in Schottland gut gefallen.*
It'**ll be** dark soon.	*Es wird bald dunkel sein.*
Your dad **will be** pleased with your marks, **won't** he?	*Dein Vater wird sich über deine Noten freuen, was meinst du?*

- Erinnerung:

You **will water** the flowers, **won't** you?	*Du wirst doch die Blumen gießen?*

- Weigerung:

He **won't eat** his dinner.	*Er will das Abendessen einfach nicht essen.*
The car **won't start**.	*Das Auto will einfach nicht starten.*

can

Singular (Einzahl)	Plural (Mehrzahl)
I **can**	we **can**
you **can**	you **can**
he, she, it **can**	they **can**

Die verneinte Kurzform: can'**t** (can**not**)

Man verwendet ***can*** für:

- Fähigkeiten:

'**Can** you **ride** a horse?' – 'No, I **can't**.'	*„Kannst du reiten?" – „Nein, kann ich nicht."*
He **can** really **rap**!	*Rappen, das kann er einfach!*

- Bitte und Erlaubnis:

'**Can** I **borrow** your bike?' – 'Yes, of course you **can**.'	*„Kann ich mir dein Fahrrad leihen?" – „Ja, natürlich."*

- Bitten:

Can you **help** me, please?	*Kannst du mir bitte helfen?*
Can you **tell** me how to get to the bus station?	*Kannst du mir sagen, wie ich zur Bushaltestelle komme?*

- Vorschläge:

Can you **ask** your mom for the money?	*Kannst du nicht deine Mutter um das Geld bitten?*
Can't you **find out** on the internet?	*Kannst du das nicht übers Internet rausfinden?*

could

Singular (Einzahl)	Plural (Mehrzahl)
I **could**	we **could**
you **could**	you **could**
he, she, it **could**	they **could**

Die verneinte Kurzform: could**n't** (could **not**)

could wird verwendet für:

- Vergangenheitsform von *can*:

I asked if he **could ride** a horse, but he said he **couldn't**.	*Ich habe gefragt, ob er reiten könne, aber er sagte, er könne es nicht.*
I had lost the key so I **couldn't open** the door.	*Ich hatte den Schlüssel verloren und konnte deshalb die Tür nicht öffnen.*
I **couldn't believe** it.	*Ich konnte es nicht glauben.*

- Vorschläge:

We **could go** for a swim this afternoon.	*Wir könnten heute Nachmittag schwimmen gehen.*
You **could dye** your hair blue.	*Du könntest dir die Haare blau färben.*

- Höfliches Bitten:

Please **could** I **open** a window?	*Könnte ich vielleicht ein Fenster öffnen?*
Could we **take** a break?	*Könnten wir eine Pause machen?*
Please, **could** you **help** me?	*Könntest du mir bitte helfen?*

- Konditionalsätze:

We **could fly** if we had wings.	*Wir könnten fliegen, wenn wir Flügel hätten.*

would

Singular (Einzahl)	Plural (Mehrzahl)
I **would** (I'**d**)	we **would** (we'**d**)
you **would** (you'**d**)	you **would** (you'**d**)
he, she, it **could** (he'**d**, she'**d**, it'**d**)	they **would** (they'**d**)

Die verneinte Kurzform: would**n't** (would **not**)

Man verwendet ***would*** für:

- Vergangenheitsform von *will*:

He promised he **would come** early.	*Er hat versprochen, früh zu kommen.*
I knew **we'd be** late if we didn't hurry.	*Ich wusste, dass wir zu spät kommen würden, wenn wir uns nicht beeilten.*
I said I **would help** but then I couldn't.	*Ich habe gesagt, ich würde helfen, aber dann konnte ich nicht.*
I asked him to lend me his bike, but he **wouldn't**.	*Ich habe ihn gebeten, mir sein Fahrrad zu leihen, aber er wollte nicht.*

- Höfliches Bitten:

Please **would** you **move** your car?	*Würden Sie bitte Ihr Auto wegstellen?*
Would you **go out** with me?	*Würdest du mit mir ausgehen?*

- Mit *like*, bei Angeboten, Vermutungen, und Wünschen:

Would you **like** something to eat?	*Möchtest du etwas zu essen?*
I bet you **would like** to see the concert.	*Ich wette, du möchtest zu dem Konzert gehen.*
I'**d like** a rest now.	*Ich möchte mich jetzt ausruhen.*

- Konditionalsätze:

I **would buy** a helicopter if I had plenty of money.	*Ich würde einen Hubschrauber kaufen, wenn ich viel Geld hätte.*
He **would** never **wear** that!	*Das würde er nie anziehen!*
It **would be** lovely to see you again.	*Es wäre sehr schön, dich wiederzusehen.*

should

Singular (Einzahl)	Plural (Mehrzahl)
I **should**	we **should**
you **should**	you **should**
he, she, it **should**	they **should**

Die verneinte Kurzform: should**n't** (should **not**)

Man verwendet ***should*** im Sinne von ***ought to***, um Folgendes auszudrücken:

- richtiges Verhalten:

You **shouldn't tell** lies, **should** you?	*Du sollst doch nicht lügen!*

- was sein sollte:

Kids **should have** supportive teachers and parents.	*Kinder sollten Lehrer und Eltern haben, die sie unterstützen.*

- Vorschläge und Ratschläge:

Shouldn't we **book** tickets?	*Sollten wir nicht Karten vorbestellen?*
You really **should check out** this new CD.	*Du solltest dir wirklich diese neue CD mal angucken.*

- was wahrscheinlich ist:

The program **should work** OK.	*Das Programm sollte jetzt laufen.*
Phone them – they **should be** awake by now.	*Ruf sie an, jetzt um die Zeit sollten sie wach sein.*

may

Singular (Einzahl)	Plural (Mehrzahl)
I **may**	we **may**
you **may**	you **may**
he, she, it **may**	they **may**

Man verwendet ***may*** für:

- Möglichkeiten:

Bring a swimsuit – we **may go** swimming.	*Bring einen Badeanzug mit, wir gehen vielleicht schwimmen.*
It **may snow** later today.	*Kann sein, dass es nachher schneit.*

- Bitte und Erlaubnis:

'**May** I **use** your mobile?' – 'Yes, of course you **may**.'	*„Kann ich dein Handy benutzen?" – „Ja, klar kannst du."*
You **may unfasten** your seatbelts.	*Sie können jetzt die Sicherheitsgurte öffnen.*
You **may** not **take** calculators into the exam.	*Es ist nicht erlaubt, Taschenrechner mit in die Prüfung zu nehmen.*

might

Singular (Einzahl)	Plural (Mehrzahl)
I **might**	we **might**
you **might**	you **might**
he, she, it **might**	they **might**

Die verneinte Kurzform: might**n't** (might **not**)

might wird verwendet für:

- Möglichkeiten:

Take an umbrella – it **might rain**.	*Nimm einen Schirm mit, es könnte regnen.*
He **might** change his mind, **mightn't** he?	*Vielleicht ändert er seine Meinung ja noch?*

- Als Vergangenheitsform von ***may***:

We thought we **might go** swimming.	*Ich dachte, wir würden vielleicht schwimmen gehen.*

must

Singular (Einzahl)	Plural (Mehrzahl)
I **must**	we **must**
you **must**	you **must**
he, she, it **must**	they **must**

Die verneinte Kurzform: must**n't** (must **not**)

Man verwendet ***must*** für:

- Verbote („nicht dürfen") und Anordnungen („müssen"):

You **mustn't move** forward till the light goes green.	*Du darfst nicht losfahren, bis die Ampel nicht grün ist.*
The doctor told her that she **must lose** weight.	*Der Arzt hat ihr gesagt, dass sie abnehmen muss.*

- Unangenehme Entscheidungen:

I **must get up** early tomorrow.	*Ich muss morgen früh aufstehen.*

- Notwendigkeiten:

We **must try** to be fair, **mustn't we**?	*Wir müssen versuchen, fair zu sein, meinst du nicht?*

- Vorschläge und Einladungen:

You **must read** this book!	*Dieses Buch musst du einfach lesen!*
You **must come round** one evening.	*Du musst mal abends vorbeikommen.*

- Wahrscheinlichkeit und Bestimmtheit:

Their children **must be** grown up by now.	*Ihre Kinder müssten inzwischen erwachsen sein.*
It **must be** nice to live in the country.	*Es muss nett sein, auf dem Land zu leben.*
There **must be** a mistake somewhere!	*Da muss irgendwo ein Fehler sein!*

need not

Singular (Einzahl)	Plural (Mehrzahl)
I **need not**	we **need not**
you **need not**	you **need not**
he, she, it **need not**	they **need not**

Die Kurzform: needn't (need **not**)

need not bedeutet „etwas nicht brauchen“:

We **needn't get up** yet – it's only 6 o'clock.	*Wir brauchen noch nicht aufzustehen, es ist erst 6 Uhr.*
You **needn't go** to the trouble – I'll be okay.	*Du brauchst dir die Mühe nicht zu machen, es geht schon in Ordnung.*

6. Pronomen (Fürwort)

Personalpronomen (persönliches Fürwort)

Singular (Einzahl)				Plural (Mehrzahl)			
Subjekt		Objekt		Subjekt		Objekt	
I	*ich*	**me**	*mich, mir*	**we**	*wir*	**us**	*uns*
you	*du/Sie*	**you**	*dich, dir/ Sie, Ihnen*	**you**	*ihr/Sie*	**you**	*euch/Sie, Ihnen*
he **she** **it**	*er* *sie* *es*	**him** **her** **it**	*ihn, ihm* *sie, ihr* *es, ihm*	**they**	*sie*	**them**	*sie, ihnen*

Subjekt	
I saw a concert last night.	*Ich habe gestern Abend ein Konzert gesehen.*
You are a fast runner!	*Du bist aber ein schneller Läufer!*
He doesn't enjoy dancing.	*Er tanzt nicht gerne.*
She was late as usual.	*Sie war wie immer zu spät.*
It's raining.	*Es regnet gerade.*
We want our lunch.	*Wir wollen unser Mittagessen.*
You are all welcome.	*Du bist willkommen.*
They rushed off to the gym.	*Sie machten sich eilig auf zum Fitnessstudio.*

Objekt	
Watch **me**! Show **me** the photo.	*Guck **mich** an!* *Zeig **mir** das Photo.*
I've chosen **you** as captain. I'm giving **you** the job.	*Ich habe **dich** als Kapitän ausgewählt.* *Ich gebe **dir** den Job.*
Mum likes **him**. She baked **him** a cake.	*Mama mag **ihn**.* *Sie hat **ihm** einen Kuchen gebacken.*
Dad scolded **her**. Send **her** a present	*Papa hat **sie** gescholten.* *Schick **ihr** ein Geschenk.*
Do you like **it**? Give **it** some milk.	*Magst du **es**?* *Gib **ihm** etwas Milch.*
He took **us** to the airport. He bought **us** tickets.	*Er hat **uns** zum Flughafen gebracht.* *Er hat **uns** Tickets gekauft.*
I love **you** all. We've kept **you** some seats.	*Ich liebe **euch** alle.* *Wir haben **euch** ein paar Sitze freigehalten.*
I occasionally write **them** a letter. I miss **them**.	*Ich schreibe **ihnen** ab und zu einen Brief.* *Ich vermisse sie.*

Die Präpositionen ***to*** oder ***for*** können verwendet werden, wenn das Pronomen besonders hervorgehoben werden soll:

Send the document directly **to me**.	*Schicken Sie das Dokument direkt an mich.*
I've found just the right present **for you**.	*Ich habe genau das richtige Geschenk für dich gefunden.*

Possessivpronomen (besitzanzeigendes Fürwort)

Possessivpronomen werden zusammen mit Substantiven verwendet. Sie sind im Singular und Plural gleich:

my book	*mein Buch*	**my** books	*meine Bücher*
your book	*dein/Ihr Buch*	**your** books	*deine/Ihre Bücher*
his book	*sein Buch*	**his** books	*seine Bücher*
her book	*ihr Buch*	**her** books	*ihre Bücher*
its ear	*sein Ohr*	**its** ears	*seine Ohren*
our car	*unser Auto*	**our** cars	*unsere Autos*
your car	*euer/Ihr Auto*	**your** cars	*eure/Ihre Autos*
their car	*ihr Auto*	**their** cars	*ihre Autos*

Possessivpronomen werden auch allein stehend benutzt:

mine	That book is **mine**!	*Das ist mein Buch!*
yours	I'll go my way and you go **yours**.	*Ich gehe meinen Weg, und du gehst deinen.*
his	If it's **his**, give it to him.	*Wenn es seins ist, gib es ihm.*
hers	That purse is **hers** – I saw her with it yesterday.	*Das ist ihr Portemonnaie, ich habe sie gestern damit gesehen.*
ours	You got your share and we want **ours**.	*Du hast deinen Teil, und wir wollen unseren.*
yours	Hey kids, are these things **yours**?	*Hey Kinder, sind das eure Sachen?*
theirs	It isn't my car – it's **theirs**.	*Es ist nicht mein Auto, es ist ihres.*

Demonstrativpronomen (hinweisendes Fürwort)

Singular (Einzahl)		Plural (Mehrzahl)	
this	*dieser, diese, dieses*	**these**	*diese*
that	*jener, jene, jenes*	**those**	*jene*

This, that, these und ***those*** können vor Substantiven oder allein stehend verwendet werden:

These jeans fit better than **those**. **Those ones** are too tight.	*Diese Jeans passt besser als die andere. Die andere ist zu eng.*
This is an English book and **that** is a German book.	*Das hier ist ein englisches Buch, und das dort ein deutsches.*
These are wild flowers and **those** are garden flowers.	*Diese Blumen hier sind wildwachsend, die dort aus dem Garten.*
'Hallo! Who's **that**?' 'Hi, Sam, **this** is Peter.'	*„Hallo! Wer ist da?" – „Hi, Sam, hier ist Peter."*
That was a long time ago.	*Das war vor langer Zeit.*
This has been a very long day.	*Das war heute ein sehr langer Tag.*

Reflexivpronomen (rückbezügliches Fürwort)

myself	**I** enjoyed **myself** at the party.	*Ich habe mich bei der Party gut amüsiert.*
yourself	Are **you** talking to **yourself**?	*Sprichst du mit dir selbst?*
himself, herself, itself	**He** helped **himself** to more potatoes.	*Er nahm sich noch ein paar Kartoffeln.*
ourselves	**We**'ve made **ourselves** at home.	*Wir haben es uns gemütlich gemacht.*
yourselves	Give **yourselves** a rest after that long trip.	*Ruht euch nach der langen Reise erst mal aus.*
themselves	**They** congratulated **themselves** on a good job.	*Sie beglückwünschten sich zu der guten Arbeit.*

Relativpronomen (bezügliches Fürwort)

Relativpronomen haben im Singular und im Plural dieselbe Form:

	Personen		Dinge		Personen oder Dinge	
Nominativ	**who**	*der, die, das*	**which**	*der, die, das*	**that**	*der, die, das*
Genitiv	**whose**	*dessen, deren*	**of which/ whose**	*dessen, deren*		
Dativ	**to/for whom**	*dem, deren, denen*	**to/for which**	*dem, deren, denen*		
Akkusativ	**who/whom**	*den, die, das*	**which**	*den, die, das*	**that**	*den, die, das*

the lady **who/that** entered;	*die Frau, die hereinkam;*
people **who/that** love animals;	*Leute, die Tiere lieben;*
the things **that/which** interest me;	*die Dinge, die mich interessieren;*
children **whose** parents both work;	*Kinder, deren Eltern beide arbeiten;*
the man to **whom** I spoke *or* the man **that** I spoke to;	*der Mann, mit dem ich gesprochen habe;*
the girl **whom/who/that** I love;	*das Mädchen, das ich liebe;*
the subject **that/which** I hate;	*das Thema, das ich hasse;*

Das Relativpronomen kann entfallen, wenn es das Objekt eines Verbs oder einer Präposition ist:

the girl I love;	*das Mädchen, das ich liebe;*
the skates I want;	*die Schlittschuhe, die ich möchte;*
the man I spoke to;	*der Mann, mit dem ich gesprochen habe;*
the girls I go out with;	*die Mädchen, mit denen ich ausgehe;*

Interrogativpronomen (Fragefürwort)

who?	*wer?*	**Who** said that?	*Wer hat das gesagt?*
whose?	*wessen?*	**Whose** mobile phone is ringing?	*Wessen Handy klingelt?*
whom?/who?	*wem?*	**Whom/Who** did you help?	*Wem hast du geholfen?*
whom?/who?	*wen?*	**Whom/Who** did you see?	*Wen hast du gesehen?*
what?	*was?*	**What** do you want?	*Was willst du?*
		What caused the delay?	*Was hat die Verzögerung verursacht?*
which?	*welche, welcher, welches?*	**Which** video game has the best graphics?	*Welches Videospiel hat die besten Grafiken?*
		Which of them is your boyfriend?	*Welcher von ihnen ist dein Freund?*

Man verwendet ***who/whose/whom*** um nach Personen zu fragen, ***what*** um nach Dingen zu fragen, und ***which*** um nach Personen oder Dingen innerhalb einer Gruppe zu fragen:

What colour shall I paint the walls?	*In welcher Farbe soll ich die Wände streichen?*
What English songs do you know?	*Welche englischen Lieder kennst du?*
Which subject do you like best?	*Welches Thema magst du am liebsten?*

Beachte: Wenn das **wh**-Fragewort das Subjekt eines Verbs ist, benutzt man *nicht* ***do*** um die Frage zu bilden:

Who made that noise?	*Wer hat den Lärm gemacht?*
What goes 'miaow?'	*Was macht ‚miau'?*

Präpositionen stehen bei einer Frage normalerweise am Ende:

Where do you come **from**?	*Wo kommst du her?*
What are you looking **for**?	*Was suchst du?*
What do you want this **for**?	*Wofür willst du das?*
What are you laughing **at**?	*Worüber lachst du?*
Who are you speaking **to**?	*Mit wem sprichst du?*

Die unbestimmten Pronomen *some* und *any*

Man verwendet ***some*** und seine Verbindungen (***someone/somebody, something***)

- in positiven Sätzen:

I'd better buy **some** flowers for her.	*Ich würde besser ein paar Blumen für sie kaufen.*
There's **some** food in the fridge.	*Im Kühlschrank ist was zu essen.*
Wear **something** cool.	*Zieh was Cooles an.*
Somebody is knocking at the door.	*Jemand klopft an der Tür.*
'Is that strawberry jam?' 'Yes, do have **some**.'	*„Ist das Erdbeermarmelade?" – „Ja, nimm dir davon."*

- in Fragen, auf die man positive Antworten erwartet:

'Could I have **some** more tea?' 'Yes, help yourself.'	*„Könnte ich noch etwas Tee haben?" – „Ja, bedien dich."*

Man verwendet ***any*** und seine Verbindungen (***anyone/anybody, anything***)

- in negativen Sätzen und Sätzen mit negativen Adverbien wie z. B.

hardly, seldom, barely, rarely:

I have**n't** got **any** friends in London	*Ich habe überhaupt keine Freunde in London.*
I **hardly** know **anybody** there.	*Ich kenne dort kaum jemanden.*

- in Fragen, bei denen die Antwort unbestimmt ist:

Does **anybody** here speak Japanese?	*Spricht hier irgendjemand Japanisch?*
Are there **any** chocolates left?	*Sind noch ein paar Pralinen übrig?*
Can I do **anything** for you?	*Kann ich irgendwas für dich tun?*

- in Konditionalsätzen:

I've probably eaten all the chocolates, but **if** you can find **any,** you're welcome to them.	*Es kann sein, dass ich alle Pralinen gegessen habe, aber wenn du welche findest, dann kannst du sie gerne nehmen.*

Die unbestimmten Pronomen ***somebody/someone, anybody/anyone, nobody/no-one*** und ***everybody/ everyone*** sind zwar Singular, man nimmt aber mit dem Plural ***they, them*** auf sie Bezug:

Phone **everybody** and tell **them** about the change of plan.	*Ruf jeden an und informiere sie über die Änderung des Plans.*

7. Präpositionen (Verhältniswörter)

above

Your nose is **above** your mouth.	*Deine Nase ist über deinem Mund.*
Our plane flew **above** the clouds.	*Unser Flugzeug flog über den Wolken.*

across

A fallen tree was lying **across** the path.	*Ein umgestürzter Baum lag quer über den Weg.*
Can you swim right **across** the river?	*Kannst du über den Fluss schwimmen?*
The post office is just **across** the street.	*Die Post ist auf der anderen Straßenseite.*

after

The dog is running **after** the cat.	*Der Hund läuft der Katze hinterher.*
Which letter comes **after** T in the alphabet?	*Welcher Buchstabe kommt im Alphabet nach T?*

against

Peter is leaning **against** the wall.	*Peter lehnt an der Wand.*
Jean and Kate are playing **against** each other in the finals.	*Jean und Kate spielen im Endspiel gegeneinander.*

ahead of

There are three people **ahead of** me in the queue.	*Es sind drei Leute vor mir in der Schlange.*
Jane is well **ahead of** the other runners.	*Jane ist den anderen Läufern weit voraus.*

along

There are cars parked all **along** the road.	*Entlang der ganzen Straße sind Autos geparkt.*
Sue is jogging **along** the track.	*Sue joggt den Weg entlang.*
The barges moved slowly **along** the canal.	*Die Lastkähne bewegten sich langsam den Kanal entlang.*

among

There's a wolf **among** the sheep.	*Es ist ein Wolf unter den Schafen.*
You can share these sweets **among** you.	*Ihr könnt diese Süßigkeiten unter euch aufteilen.*

around, round, about

We sat **around** (or **round**) the table.	*Wir saßen um den Tisch.*
Don't leave your books lying **around** (or **about**) the room.	*Lass deine Bücher nicht im Zimmer herumliegen.*
I don't know my way **about** (or **around**) the school yet.	*Ich kenne mich in der Schule noch nicht aus.*

as

Sam is nearly **as** tall **as** his Dad.	*Sam ist fast so groß wie sein Vater.*

at

Three people are waiting **at** the bus stop.	*Es warten drei Leute an der Bushaltestelle.*
Mum is not **at** home.	*Mama ist nicht zu Hause.*
She is **at** a meeting.	*Sie ist in einer Besprechung.*
I live **at** 56 Market Street.	*Ich wohne in der Market Street 56.*
Four people are sitting **at** the table.	*Es sitzen vier Leute am Tisch.*
Tony threw a snowball **at** me.	*Tony warf einen Schneeball nach mir.*
You're very good **at** skateboarding!	*Du fährst sehr gut Skateboard!*
The CDs are on sale **at** £4.50 each.	*Die CDs sind im Sonderangebot für je £4,50.*
She's driving **at** 100 km per hour.	*Sie fährt 100 km/h.*

behind

The sun disappeared **behind** a cloud.	*Die Sonne verschwand hinter einer Wolke.*
I'm standing **behind** Emma, and Susan is standing **behind** me.	*Ich stehe hinter Emma, und Susan steht hinter mir.*

below

Your chin is **below** your mouth.	*Dein Kinn ist unter deinem Mund.*
The sun sank **below** the horizon.	*Die Sonne verschwand hinter dem Horizont.*

beneath, underneath, under

There are two stools **beneath** (or **underneath** or **under**) the table.	*Es sind zwei Hocker unter dem Tisch.*
Place a mat **beneath** (or **underneath** or **under**) the mug.	*Leg einen Untersetzer unter die Tasse.*

beside

Sally is sitting on the sofa with Ben **beside** her.	*Sally sitzt auf dem Sofa mit Ben neben sich.*
The railway runs **beside** the road.	*Die Eisenbahnlinie verläuft neben der Straße.*

between, in between

A truck is parked **between** the two cars.	*Ein Lastwagen parkt zwischen den beiden Autos.*
Food sometimes gets stuck **in between** your teeth.	*Essen bleibt manchmal zwischen den Zähnen hängen.*

by

It's nice to sit **by** the fire in winter.	*Es ist schön, im Winter am Feuer zu sitzen.*
Granny lives **by** the sea.	*Oma wohnt am Meer.*
Sue travels to work **by** train.	*Susan fährt mit dem Zug zur Arbeit.*
Do you prefer to travel **by** sea or **by** air?	*Reist du lieber mit dem Schiff oder mit dem Flugzeug?*
A lot of litter was left **by** the tourists.	*Die Touristen hinterließen viel Müll.*
Did you build that model **by** yourself?	*Hast du dieses Model selbst gebaut?*

close to

Don't stand so **close to** me!	*Steh nicht so dicht neben mir!*

down

Dave jumped **down** the steps two at a time.	*Dave sprang, zwei auf einmal nehmend, die Stufen hinunter.*
Please don't drop litter **down** the lift shaft.	*Bitte keinen Müll in den Aufzugschacht werfen.*

except

I like all kinds of fruit **except** grapefruits.	*Ich mag alle Früchte außer Grapefruits.*
Everyone **except** Peter is working hard.	*Alle außer Peter arbeiten hart.*

for

Here's a present **for** you.	*Hier ist ein Geschenk für dich.*
I got a computer game **for** my birthday.	*Ich habe zum Geburtstag ein Computerspiel bekommen.*
I'm going to Scotland **for** my holidays.	*Ich fahre in meinen Ferien nach Schottland.*
What is this tool **for**?	*Wofür ist dieses Werkzeug?*
I asked her **for** a packet of crisps.	*Ich habe sie um eine Packung Chips gebeten.*

from

Here's a letter **from** Peter.	*Hier ist ein Brief von Peter.*

How far is it **from** Oxford to Cambridge?	*Wie weit ist es von Oxford nach Cambridge?*
Your bike is different **from** mine.	*Dein Fahrrad ist anders als meins.*

in

Jenny is sitting **in** the big armchair.	*Jenny sitzt im großen Sessel.*
What is **in** this box?	*Was ist in dieser Kiste?*
Dave and Fred are **in** the football team.	*Dave und Fred sind in der Fußballmannschaft.*
This computer was made **in** Taiwan.	*Dieser Computer wurde in Taiwan hergestellt.*
I saw the advertisement **in** a newspaper.	*Ich habe die Anzeige in einer Zeitung gesehen.*
Are you **in** this photograph?	*Bist du auf diesem Foto?*

in front of

This is a picture of me **in front of** our house.	*Das ist ein Bild von mir vor unserem Haus.*
I had to stand up **in front of** the class and tell a story.	*Ich musste mich vor die Klasse stellen und eine Geschichte erzählen.*
I talked to the boy **in front of** me at the checkout.	*Ich sprach mit dem Jungen vor mir an der Kasse.*

inside

How did that fly get **inside** the balloon?	*Wie ist diese Fliege in den Luftballon gekommen?*

instead of

Try using a pen **instead of** a pencil.	*Versuch einen Füller statt eines Bleistifts zu benutzen.*

into

I cut the tart **into** eight pieces.	*Ich schneide den Kuchen in acht Stücke.*
He got **into** bed and fell asleep right away.	*Er ging ins Bett und schlief sofort ein.*
The bird dived **into** the water.	*Der Vogel tauchte ins Wasser ein.*

like

I have a bike **like** that.	*Ich habe ein Fahrrad wie dieses.*
George is very **like** his Dad.	*George ist seinem Vater sehr ähnlich.*

near, close to

Our new flat is very **near** (or **close to**) the shopping centre.	*Unsere neue Wohnung ist sehr nahe beim Einkaufszentrum.*

of

Would you like a cup **of** tea and a slice **of** cake?	*Möchtest du eine Tasse Tee und ein Stück Kuchen?*

The bucket is full **of** water.	*Der Eimer ist voll Wasser.*
I'm afraid **of** spiders.	*Ich habe Angst vor Spinnen.*

off

Fred fell **off** his stool.	*Fred fiel von seinem Hocker.*
Two people got **off** the train.	*Zwei Leute stiegen aus dem Zug aus.*
A buckle has come **off** my shoe.	*Mir ist der Schuh aufgegangen.*
Please keep **off** the flowerbeds.	*Bitte die Blumenbeete nicht betreten.*

on

There's a jug of juice **on** the table.	*Es ist ein Krug mit Saft auf dem Tisch.*
You've got a dirty mark **on** your face.	*Du hast einen Schmutzfleck im Gesicht.*
That's a nice picture **on** the wall.	*Das ist ein hübsches Bild an der Wand.*
The diagram you want is **on** page 24.	*Das Schaubild, das du möchtest, ist auf Seite 24.*
There's a good film **on** television tonight.	*Sie zeigen heute Abend einen guten Film im Fernsehen.*
Dad is **on** the phone.	*Papa ist am Telefon.*
I write all my letters **on** my computer.	*Ich schreibe alle meine Briefe auf meinem Computer.*
Our neighbours are away **on** holiday.	*Unsere Nachbarn sind im Urlaub.*

onto

The dog is not allowed to climb onto the bed.	*Der Hund darf nicht aufs Bett klettern.*
Sally is getting **onto** the bus.	*Sally steigt in den Bus.*

on top of

The dirty dishes are piled one **on top of** another in the sink.	*Das schmutzige Geschirr stapelt sich im Waschbecken.*
Your spectacles are **on top of** the bookcase.	*Deine Brille ist auf dem Bücherschrank.*

opposite

Jack is sitting **opposite** Milly.	*Jack sitzt Milly gegenüber.*
The school is **opposite** the public library.	*Die Schule ist gegenüber der Bücherei.*

out of

George is looking **out of** the window.	*George schaut aus dem Fenster.*
Zoë is climbing **out of** the swimming pool.	*Zoë steigt aus dem Schwimmbecken.*

Steve took some plates **out of** the cupboard.	*Steve nahm ein paar Teller aus dem Schrank.*

outside

I'll wait **outside** the gate for you.	*Ich werde vor dem Tor auf dich warten.*
Don't go **outside** the school grounds.	*Verlasst das Schulgelände nicht.*

over, all over

The horse jumped **over** the gate.	*Das Pferd sprang über das Gatter.*
We are now flying **over** the Alps.	*Wir fliegen gerade über die Alpen.*
You've got paint **all over** your shirt.	*Du hast überall Farbe auf dem Hemd.*
Children **over** 5 must have a ticket.	*Kinder über 5 brauchen einen Fahrschein.*

past

Harry waved as I walked **past** his house.	*Harry hat gewinkt, als ich an seinem Haus vorbei ging.*

through

There's a train coming **through** the tunnel.	*Es kommt ein Zug durch den Tunnel.*
The window is so dirty you can't see **through** it.	*Das Fenster ist so schmutzig, dass man nicht hindurchsehen kann.*

than

Dave is already taller **than** his Dad.	*Dave ist schon größer als sein Vater.*

to

Give it **to** me.	*Gib es mir.*
I must write **to** Uncle Robert.	*Ich muss Onkel Robert schreiben.*
Who is Mum talking **to**?	*Mit wem spricht Mama?*
Does this train go **to** Edinburgh?	*Fährt dieser Zug nach Edinburgh?*
Sally has just been **to** the hairdresser.	*Sally war gerade beim Frisör.*
I usually walk **to** school in the mornings.	*Normalerweise gehe ich morgens zu Fuß zur Schule.*
Peter pinned the badge **to** his pullover.	*Peter steckte das Abzeichen an seinen Pullover.*
Do these gloves belong **to** you?	*Gehören diese Handschuhe dir?*
Where is the key **to** this cupboard?	*Wo ist der Schlüssel zu diesem Schrank?*

towards

The cat is crawling **towards** the bird.	*Die Katze kriecht auf den Vogel zu.*

under

The key is **under** the doormat.	*Der Schlüssel ist unter der Fußmatte.*
How long can you stay **under** the water?	*Wie lange kannst du unter Wasser bleiben?*
Children **under** 5 travel free.	*Kinder unter 5 fahren umsonst.*

up

The cat climbed **up** the tree.	*Die Katze kletterte auf den Baum.*
Jane ran **up** the stairs two at a time.	*Jane rannte die Treppe hinauf, zwei Stufen auf einmal nehmend.*

with

I'm eating my lunch **with** a fork.	*Ich esse mein Mittagessen mit einer Gabel.*
Susan is dancing **with** Frank.	*Susan tanzt mit Frank.*
The furniture is covered **with** dust.	*Die Möbel sind mit Staub bedeckt.*
What's wrong **with** my computer?	*Was stimmt nicht mit meinem Computer?*
Dad is very angry **with** us!	*Papa ist sehr wütend auf uns!*

within

The ball has to land **within** this circle.	*Der Ball muss innerhalb dieses Kreises aufkommen.*

without

A Manx cat is a cat **without** a tail.	*Eine Manxkatze ist eine Katze ohne Schwanz.*
I cannot see very well **without** my glasses.	*Ich kann ohne meine Brille nicht sehr gut sehen.*

Präpositionen der Zeit

about, around

I'll call you **about** (or **around**) 11 o'clock.	*Ich rufe dich gegen 11 Uhr an.*

after

Carol arrived **after** 11 o'clock.	*Carol kam nach 11 Uhr an.*
After lunch I'll go shopping.	*Nach dem Mittagessen werde ich einkaufen gehen.*

at

The lesson starts **at** 9 o'clock.	*Die Unterrichtsstunde beginnt um 9 Uhr.*
Some animals are active only **at** night.	*Manche Tiere sind nur nachts aktiv.*
In Britain children start school **at** the age of five.	*In Großbritannien gehen die Kinder mit 5 Jahren in die Schule.*

before

You must be home **before** 11 o'clock.	*Du musst vor 11 Uhr zu Hause sein.*
Always wash your hands **before** eating.	*Wasche immer deine Hände vor dem Essen.*

between ... and

The office is open **between** 9 o'clock **and** 11 o'clock today.	*Das Büro ist heute zwischen 9 Uhr und 11 Uhr geöffnet.*

by

Please hand in your work **by** 11 o'clock.	*Bitte geben Sie ihre Arbeit bis 11 Uhr ab.*
We hope the house will be finished **by** the end of May.	*Wir hoffen, das Haus wird Ende Mai fertig sein.*
Animals that hunt **by** (or **at**) night are called nocturnal animals.	*Tiere die nachts jagen, nennt man Nachttiere.*

for

I've been waiting at this bus stop **for** a quarter of an hour.	*Ich habe an dieser Bushaltestelle eine Viertelstunde gewartet.*
Dad's going abroad **for** three weeks.	*Papa geht für drei Wochen ins Ausland.*

from ... to, till, until

The shop is open **from** 9 o'clock **to** (or **till** or **until**) 11 o'clock today.	*Das Geschäft ist heute von 9 Uhr bis 11 Uhr geöffnet.*

during

Pupils only attend school **during** the morning.	*Die Schüler besuchen die Schule nur am Vormittag.*
I visited the Tower of London **during** my holiday.	*Während meiner Ferien habe ich den Tower in London besichtigt.*

in

I must leave **in** ten minutes.	*Ich muss in zehn Minuten gehen.*
Pupils do their homework **in** the afternoon.	*Die Schüler machen Ihre Hausaufgaben am Nachmittag.*
We always go abroad **in** the summer.	*Wir fahren im Sommer immer ins Ausland.*
We moved to Surrey **in** 1998.	*Wir sind 1998 nach Surrey gezogen.*

on

I was born **on** 24th February 1990.	*Ich bin am 24. Februar 1990 geboren.*
Do you go to school **on** Saturdays?	*Gehst du samstags in die Schule?*
I had an exam **on** Friday.	*Ich hatte am Freitag eine Prüfung.*
We open our presents **on** Christmas Eve.	*Wir öffnen unsere Geschenke am Weihnachtsabend.*

past

The time is a quarter **past** eleven.	*Es ist Viertel nach elf.*
Get up! It's half **past** eight!	*Steh auf! Es ist halb neun.*
The bus leaves at twenty-five **past** six.	*Der Bus fährt fünfundzwanzig nach sechs.*

since

Mum has been talking to her friend ever **since** 10 o'clock.	*Mama redet schon seit 10 Uhr mit ihrer Freundin.*
We have lived in London **since** 2001.	*Wir wohnen seit 2001 in London.*

to

The time is a quarter **to** eleven.	*Es ist Viertel vor elf.*
Hurry up! It's ten **to** nine!	*Beeil dich! Es ist zehn vor neun!*

until, till

The doctor will be in her surgery **until** (or **till**) 1 o'clock.	*Der Arzt wird bis 1 Uhr in der Praxis sein.*

8. Konjunktionen (Bindewörter)

Konjunktionen sind Wörter wie **and, or** und **but**, die verwendet werden um Wörter, Wendungen oder Sätze miteinander zu verbinden.

Dogs **and** cats are the most popular household pets.	*Hunde **und** Katzen sind die beliebtesten Haustiere.*
Would you like tea **or** coffee?	*Möchten Sie Tee **oder** Kaffee?*
Our holiday was short **but** enjoyable.	*Unser Urlaub war zwar kurz, **aber** nett.*
I tried to open the door **but** it was locked.	*Ich versuchte die Tür zu öffnen, **aber** sie war abgeschlossen.*
Both Kate **and** Emma want to go to university.	***Sowohl** Kate **als auch** Emma wollen studieren.*
Simon was **both** a good footballer **and** an expert swimmer.	*Simon war **sowohl** ein guter Fußballspieler **als auch** ein erfahrener Schwimmer.*
George **both** looks like his Dad **and** behaves like him.	*George sieht aus wie sein Vater **und** benimmt sich auch wie er.*
There's **either** jelly **or** ice cream for dessert.	*Es gibt **entweder** Wackelpudding **oder** Eis zum Nachtisch.*
My keys are **either** somewhere in my bag **or** in the car.	*Meine Schlüssel sind **entweder** irgendwo in meiner Tasche **oder** im Auto.*
My keys were **neither** in my bag **nor** in the car.	*Meine Schlüssel waren **weder** in meiner Tasche **noch** im Auto.*
He **neither** likes sport **nor** takes any kind of exercise.	*Er mag **weder** Sport **noch** hält er sich auf irgendeine Weise fit.*

Konjunktionen der Zeit

Remember to water the flowers, **while** you are staying in the apartment.	*Denk daran die Blumen zu gießen,* ***solange*** *du in der Wohnung bist.*
Call me **as soon as** you arrive.	*Ruf mich an,* ***sobald*** *du ankommst.*
I hurt my ankle **when** I fell down the stairs.	*Ich habe mir den Knöchel verletzt,* ***als*** *ich die Treppe hinunter fiel.*
He whistled **as** he walked along the road.	*Er ging pfeifend die Straße entlangging.*
Read the document carefully **before** you sign it!	*Lesen Sie das Dokument genau durch,* ***bevor*** *Sie es unterschreiben!*
After you have signed it, return it in the envelope provided.	*Schicken Sie es im beigefügten Umschlag zurück,* ***nachdem*** *Sie es unterschrieben haben.*
Once you have read the instructions properly, you may use the machine.	***Wenn*** *du die Anweisungen gründlich gelesen hast, kannst du die Maschine benutzen.*
You've grown a lot **since** I last saw you.	*Du bist groß geworden,* ***seit*** *ich dich das letzte Mal gesehen habe.*
Wait here **until** I call you.	*Warte hier,* ***bis*** *ich dich rufe.*

Konjunktionen des Ortes

This is **where** we live.	*Hier wohnen wir.*
These plants will grow **wherever** the soil is sandy.	*Diese Pflanzen wachsen* ***überall dort, wo*** *der Boden sandig ist.*

Konjunktionen des Grundes

Barbara went out for a walk **because** she needed some exercise.	*Barbara ging nach draußen spazieren,* ***weil*** *sie etwas Bewegung brauchte.*
Seeing the weather is so bad, we shall have to cancel the match.	***Da*** *das Wetter so schlecht ist, werden wir das Spiel absagen müssen.*
You can stay up late tonight, **since** it's your birthday.	*Du darfst heute lange aufbleiben,* ***weil*** *du Geburtstag hast.*
As I didn't have his home telephone number, I rang his mobile.	***Da*** *ich seine Festnetznummer nicht hatte, rief ich ihn auf dem Handy an.*
Take an umbrella **in case** it rains.	*Nimm einen Schirm mit,* ***falls*** *es regnet.*

Konjunktionen des Zwecks

Wait for an hour or two, **so that** the paint has time to dry.	*Warte eine oder zwei Stunden,* ***damit*** *die Farbe trocknen kann.*
Keep your comments brief, **in order that** everyone gets a chance to speak.	*Halten Sie Ihre Kommentare kurz,* ***so dass*** *jeder die Chance bekommt etwas zu sagen.*
Get there early, **in order** to be sure of a seat.	*Sei früh da,* ***um*** *sicher einen Platz zu bekommen.*

Konjunktionen des Zugeständnisses

Although I didn't have a map, I found the right street easily.	*__Obwohl__ ich keine Karte hatte, habe ich die richtige Straße leicht gefunden.*
We completed our walk in good time, **though** the weather was not ideal.	*Wir lagen bei unserer Tour gut in der Zeit, __obwohl__ das Wetter nicht optimal war.*
I enjoyed the Italian play, **even though** I didn't understand very much.	*Ich habe das italienische Theaterstück genossen, __auch wenn__ ich nicht viel verstanden habe.*
The spoons are lovely, **even if** they aren't real silver.	*Die Löffel sind sehr hübsch, __auch wenn__ sie nicht echt Silber sind.*

Konjunktionen der Art und Weise

Fred stared at the numbers, **as if** he was trying to memorize them.	*Fred starrte auf die Zahlen, __als ob__ er versuchte, sie sich einzuprägen.*
It was raining **as though** it would never stop.	*Es regnete, __als ob__ es nie mehr aufhören würde.*
Andrew laid the table **the way** his mother always did it.	*Andrew deckte den Tisch __so__, __wie__ es seine Mutter immer getan hatte.*
Jim shrieked **like** he had seen a ghost.	*Jim schrie, __als__ hätte er einen Geist gesehen.*

Konjunktionen des Vergleichs

I can't walk **as** fast **as** you can.	*Ich kann nicht __so__ schnell gehen __wie__ du.*
Their television has a clearer picture **than** ours does.	*Ihr Fernseher hat ein klareres Bild __als__ unserer.*

Konjunktionen der Folge

It started to rain, **so** we couldn't finish our game.	*Es fing an zu regnen, __so dass__ wir unser Spiel nicht beenden konnten.*
The moon went behind a cloud, **so that** we could no longer see our way.	*Der Mond verschwand hinter einer Wolke, __so dass__ wir unseren Weg nicht mehr sehen konnten.*
Charley cycled so fast **that** he got home before the bus.	*Charley fuhr mit dem Rad so schnell, __dass__ er vor dem Bus zu Hause war.*

Konjunktionen der Bedingung

If you know the answer, put your hand up.	*__Wenn__ ihr die Antwort wisst, hebt die Hand.*
You may go out **as long as** you tell me where you are going.	*Du kannst ausgehen, __wenn__ du mir sagst, wo du hingehst.*
You'll never get to university **unless** you work hard now.	*Du wirst nie studieren können, __wenn__ du jetzt __nicht__ hart arbeitest.*

Indirekte Rede

Dave told me **that** he was moving to London.	*Dave erzählte mir, __dass__ er nach London zieht.*
We wondered **whether** we'd get our exam results before the end of the week.	*Wir haben uns gefragt, __ob__ wir unsere Prüfungsergebnisse noch vor Ende der Woche bekommen würden.*

9. Question Tags (Bestätigungsfragen)

Nach einer **positiven Aussage**, kommt eine **negative Question Tag** (Bestätigungsfrage).

I'm *a bit late,* ***aren't I?***

You're *coming with me,* ***aren't you?***

Joe is *your friend,* ***isn't he?***

Everybody was *happy,* ***weren't they?***

It was *a great day,* ***wasn't it?***

You've *finished,* ***haven't you?***

I'd *better explain,* ***hadn't I?***

You agree *with me,* ***don't you?***

That fish smells, doesn't it?

They got *worried,* ***didn't they?***

Lisa can *come too,* ***can't she?***

You could *help me,* ***couldn't you?***

You will *remember,* ***won't you?***

We shall *need this map,* ***shan't we?***

You must *be quick,* ***mustn't you?***

Nach einer **negativen Aussage**, kommt eine **positive Question Tag** (Bestätigungsfrage).

I'm not *too late,* ***am I?***

You aren't *listening,* ***are you?***

It isn't *raining,* ***is it?***

There were no *chips left,* ***were there?***

You haven't *seen this film before,* ***have you?***

Harry hasn't *changed his e-mail address,* ***has he?***

I'd *better* ***not*** *delete this file,* ***had I?***

You don't *like my new shoes,* ***do you?***

It doesn't *matter too much,* ***does it?***

Nobody called *while I was out,* ***did they?***

We can't *get in without a key,* ***can we?***

I couldn't *leave without saying goodbye,* ***could I?***

You won't *forget,* ***will you?***

You wouldn't *think it was summer,* ***would you?***

There shouldn't *be any problems,* ***should there?***

Das englische Alphabet

Das englische Alphabet ist dem deutschen sehr ähnlich. Allerdings kommen im Englischen keine Umlaute, Ä, Ö und Ü und kein ß vor. Die folgende Tabelle zeigt dir, wie jeder einzelne Buchstabe korrekt auf Englisch ausgesprochen wird.

a	b	c	d	e	f	g	h	i	j	k	l	m
[eɪ]	[biː]	[siː]	[diː]	[iː]	[ef]	[dʒiː]	[eɪtʃ]	[aɪ]	[dʒeɪ]	[keɪ]	[el]	[em]

n	o	p	q	r	s	t	u	v	w	x	y	z
[en]	[əʊ]	[piː]	[kjuː]	[ɑː]	[es]	[tiː]	[juː]	[viː]	['dʌbljuː]	[eks]	[waɪ]	[zed]

Wenn du ein deutsches Wort oder z. B. einen Namen, in dem Umlaute oder der Buchstabe ß vorkommen, auf Englisch buchstabieren willst, dann helfen dir die Übersetzungen aus dieser Tabelle.

ä	ö	ü	ß
eɪ-umlaut	əʊ-umlaut	juː-umlaut	eszett [es'zed]

Die wichtigsten britischen und amerikanischen Abkürzungen

Abkürzungen führen schneller zum Ziel. Das ist in der Sprache genauso wie bei einem Spaziergang. Wer die Abkürzungen nicht kennt, der muss einen längeren Weg gehen. Damit du die wichtigsten Abkürzungen, die in England und Amerika gebräuchlich sind, verstehst und selbst immer korrekt verwenden kannst, findest du hier eine sehr nützliche Nachschlageliste.

AA	(GB) Automobile Association	*≈ ADAC*
AC	alternating current	*AC*
a/c	account	*Konto*
AD	anno Domini	*a. D., n. Chr.*
AI	artificial intelligence	*künstliche Intelligenz*
aids, AIDS	Acquired Immune Deficiency Syndrome,	*Aids, AIDS*
a. m.	ante meridiem	*vormittags*
ASAP	as soon as possibile	*baldmöglichst*
Av(e).	avenue	*Ave.*
BA	Bachelor of Arts	*Bakkalaureus der philosophischen Fakultät*
B & B	bed and breakfast	*Zimmer mit Frühstück*
BBC	British Broadcasting Corporation	*BBC*
BC	before Christ	*v. Chr.*
bit	binary digit	*Bit*
BR	British Rail	*britische Eisenbahngesellschaft*
BSc	Bachelor of Science	*Bakkalaureus der Naturwissenschaften*
BSE	bovine spongiform encephalopathy	*BSE*
BST	British Summer Time	*britische Sommerzeit*
c.	circa	*ca.*
CAD/CAM	computer-aided design and manufacture	*CAD/CAM*
cc	cubic centimetres	*cm³*
CCTV	closed-circuit television	*Überwachungskamera*
ccw.	counterclockwise	*gegen den Uhrzeigersinn*
CD	compact disc	*CD*
CD-ROM	compact disc read-only memory	*CD-ROM*
CEO	chief executive officer	*Generaldirektor(in)*
CET	Central European Time	*MEZ*
cf.	Confer	*vgl.*
CFC	chlorofluorocarbon	*FCKW*
CIA (USA)	Central Intelligence Agency	*CIA*
CID (GB)	Criminal Investigation Department	*≈ Kripo*
CIS	Commonwealth of Independent States	*GUS*
ckw.	clockwise	*im Uhrzeigersinn*
cm	centimetre	*cm*
CPU	central processing unit	*CPU*
CV	curriculum vitae	*Lebenslauf*
cwt.	hundredweight	*≈ Zentner*
DC	direct current	*Gleichstrom*

Dip	Diploma	Dipl.
DIY	do-it-yourself	Heimwerken
DJ	disc jockey	DJ
DNA	deoxyribonucleic acid	DNS
DOS	Disk Operating System	DOS
doz.	dozen	Dtzd.
DP	data processing	DV
DVD	digital versatile disc	DVD
E	east	O
ECG	electrocardiogram	EKG
EDP	electronic data processing	EDV
EEG	electroencephalogram	EEG
EFTA	European Free Trade Association	EFTA
e. g.	(exempli gratia) for example	z. B.
ELT	English language teaching	ELT (Unterricht des Englischen als Fremdsprache)
encl.	enclosure	Anl.
ENT	ear, nose and throat	HNO
est.	established	gegr.
etc.	et cetera	usw.
EU	European Union	EU
F	Fahrenheit	Fahrenheit
FA (GB)	Football Association	≈ DFB
FBI (USA)	Federal Bureau of Investigation	FBI
ff	the following	ff.
FIFA	Federation of International Football Association	FIFA
FO (GB)	Foreign Office	AA
ft	foot or feet	ft
g	gram	g
gall.	gallon	Gallone
GATT	General Agreement on Tariffs and Trade	GATT
GBH (GB)	grievous bodily harm	schwere Körperverletzung
GCSE	General Certificate of Secondary Education	Abschluss der Sekundarstufe
GDP	Gross Domestic Product	BIP
GM	grant-maintained	öffentlich bezuschusst
GM	genetically modified	gentechnisch behandelt
GMO	genetically modified organism	gentechnisch veränderter Organismus
GMT	Greenwich Mean Time	WEZ
GNP	Gross National Product	BSP
GP	general practitioner	Arzt/Ärztin für Allgemeinmedizin
GPO	General Post Office	Hauptpost
h & c	hot and cold (water)	kaltes und warmes Wasser
HIV	human immunodeficiency virus	HIV
hl	hectolitre	hl
HIV	human immunodeficiency virus	HIV

Hon.	Honorary	*Ehren-*
HOV (USA)	high occupancy vehicle	*Fahrzeug mit mindestens zwei Insassen*
HP	horse power	*PS*
HQ	headquarters	*Hauptsitz*
HRH	His/Her Royal Highness	*S.M./I.M.*
ht	height	*Höhe*
HTML	hypertext mark-up language	*HTML*
Hz	hertz	*Hz*
IATA	International Air Transport Association	*IATA*
ibid.	ibidem (in the same place)	*ibd.*
IC	integrated circuit	*integrierter Schaltkreis*
ID	identification	*Personalausweis*
i. e.	id est	*d. h.*
illus.	ilustrated or illustration	Abb.
IMF	International Monetary Fund	*IWF*
Inc. (USA)	Incorporated	*AG*
IOC	International Olympic Committee	*IOK*
IQ	Intelligence Quotient	*IQ*
IRA	Irish Republican Army	*IRA*
ISBN	International Standard Book Number	*ISBN*
ISDN	Integrated Services Digital Network	*ISDN*
IT	Information Technology	*IT*
ITV (GB)	Independent Television	*englisches Privatfernsehen*
JP (GB)	Justice of the Peace	*Friedensrichter*
Jr	Junior	*jun.*
KB	kilobyte	*KB*
kg	kilogram	*kg*
KJ	kilojoule	*kJ*
km	kilometre	*km*
km/h	kilometres per hour	*km/h*
KO	knockout	*K. o.*
kWh	kilowatt hour	*kWh*
l	litre	*l*
LAN	local area network	*LAN*
lat.	latitude	*Br.*
lb	pound	*lb*
LCD	liquid crystal display	*LCD- Anzeige*
Ltd	Limited	*GmbH*
LW	long wave	*LW*
m	metre	*m*
m	mile	*Meile*
MA	Master of Arts	ª *M.A.*
MB	megabyte	*MB*
MHR (USA)	Member of the House of Representatives	*Mitglied des Repräsentantenhauses*

mm	millimetre	*mm*
MMS	Multimedia Messaging Service	*MMS*
MOD (GB)	Minstry of Defense	*Verteidigungsministerium*
MOT	Ministry of Transport	*TÜV*
MP	Member of Parliament	*[Parlaments]abgeordnete(r)*
MP3	MPEG-Audio-Layer-3	*MP3*
mph	miles per hour	*Meilen pro Stunde*
Mr	Mister	*Herr*
Mrs	Mistress	*Frau*
Ms		*Frau*
MW	medium wave	*MW*
N	north	*Norden*
NASA (USA)	National Aeronautics and Space Administration	*NASA*
NATO	North Atlantic Treaty Organisation	*NATO*
NB	nota bene	*NB*
NE	northeast	*NO*
NHS (GB)	National Health Service	*staatlicher Gesundheitsdienst*
no.	number	*Nr.*
OAP	old-age pensioner	*Rentner*
OAS	Organization of American States	*OAS*
OECD	Organization for Economic Cooperation and Development	*OECD*
OHP	overhead projector	*Overheadprojektor*
o. n. o.	or nearest offer	*oder gegen Höchstgebot*
OPEC	Organization of Petroleum Exporting Countries	*OPEC*
OT	Old Testament	*AT*
oz	ounce	*Unze*
p	page	*S.*
p	penny	*Penny*
PA	personal assistant	*persönliche(r) Assistent*
PA.	public address system	*Lautsprecheranlage*
p. a.	per annum (yearly)	*pro Jahr*
p & p	postage and packing	*Porto und Verpackung*
PAYE	Pay As You Earn	*Quellenabzugssystem*
PC	Police Constable	*Polizeiwachtmeister*
PC	Personal Computer	*PC*
PC	political correctness	*politische Korrektheit*
PE	physical education	*Sport[unterricht]*
PhD	PhilosophiaeDoctor (Doctor of Philosophy)	*Dr.*
PIN	personal identification number	*PIN*
plc (GB)	public limited company	*AG*
PLO	Palestine Liberation Organization	*PLO*
PM (GB)	Prime Minister	*Premierminister*
p.m.	post meridiem	*nachm.*
POB	Post-Office Box	*Postf.*

pp	pages	*S.*
PR	public relations	*PR*
Prof.	Professor	*Prof.*
PS	postscript	*PS*
PT	physical training	*Sport[unterricht]*
pt	pint	*Pint*
pto	please turn over	*b. w.*
QC (GB)	Queen's Counsel	*Kronanwalt/Kronanwältin*
RAF	Royal Air Force	*britische Luftwaffe*
RAM	random access memory	*RAM*
R & B	rhythm and blues	*Rhythm and Blues*
RC	Roman Catholic	*rk*
Rd	road	*Str.*
RE	religious education	*Religionslehre*
Rep.	Republic	*Rep*
RN (GB)	Royal Navy	*Königliche Marine*
RNA	ribonucleic acid	*RNS*
ROM	read-only memory	*ROM*
RRP	recommended retail price	*unverbindliche Preisempfehlung*
RSVP	répondez s'il vous plait	*u. A. w. g.*
RUC	Royal Ulster Constabulary	*die ehemalige Polizeibehörde Nordirlands*
S	south	*S*
s	second	*Sek.*
s. a. e.	stamped addressed envelope	*frankierter Rückumschlag*
SAYE	Save As You Earn	*staatliches Sparförderungsprogramm*
sci-fi	science fiction	*Sciencefiction*
Sen.	(USA) Senator	*Senator(in)*
SGML	Standard Generalized Markup Language	*SGML*
SMS	short message service	*SMS*
Sq.	square	*Pl.*
St.	street	*Str.*
st.	stone	*britische Gewichtseinheit, die 6,35 kg entspricht*
t	tonne	*t*
TB	tuberculosis	*TB*
tbs.	tablepoon(ful)	*Essl.*
TUC	Trades Union Congress	*≈ DGB*
UEFA	Union of European Football Associations	*UEFA*
UFO	unidentified flying object	*UFO*
UHF	ultrahigh frequency	*UHF*
UHT	ultra heat treated	*H-*
UN	United Nations	*UN*
UNO	United Nations Organization	*UNO*
UPI (USA)	United Press International	*UPI*
USW	ultrashort waves	*UKW*

UV	ultraviolet	*UV*
VAT	value-added tax	*MwSt.*
VDU	visual display unit	*VDU*
VHF	very high frequency	*UKW*
VIP	very important person	*VIP*
vol	volume	*Bd.*
W	west	*Westen*
WASP (USA)	White Anglo-Saxon Protestant	*weißer amerikanischer Protestant angelsächsischer Herkunft*
w. c.	water closet	*WC*
WHO	World Health Organization	*WGO*
WMD	weapons of mass destruction	*Massenvernichtungswaffen*
w/o	without	*o.*
WW	World War	*Weltkrieg*
WWW	World Wide Web	*WWW*
Xmas	Christmas	*Weihnachten*
yd	yard	*Yard*
YHA	Youth Hostels Association	*≈ DJH*

Lerntipp:

Mit Hilfe der Abkürzungslisten kannst du deinen Wortschatz sehr sinnvoll erweitern. Es lohnt sich also, die Listen genau anzuschauen und Wörter oder Abkürzungen, die hier aufgeführt werden, zu lernen.

Die Zahlwörter

Ganz egal, worüber man spricht oder wovon ein Text handelt, immer wieder kommen Zahlwörter vor. Wenn du also die folgenden Tabellen gründlich lernst, dann wirst du im Englischen mit Zahlwörtern nie Probleme haben.

null	0	nought, zero
eins	1	one
zwei	2	two
drei	3	three
vier	4	four
fünf	5	five
sechs	6	six
sieben	7	seven
acht	8	eight
neun	9	nine
zehn	10	ten
elf	11	eleven
zwölf	12	twelve
dreizehn	13	thirteen
vierzehn	14	fourteen
fünfzehn	15	fifteen
sechzehn	16	sixteen
siebzehn	17	seventeen
achtzehn	18	eighteen
neunzehn	19	nineteen
zwanzig	20	twenty
einundzwanzig	21	twenty-one
zweiundzwanzig	22	twenty-two
dreiundzwanzig	23	twenty-three
dreißig	30	thirty
einunddreißig	31	thirty-one
zweiunddreißig	32	thirty-two
vierzig	40	forty
einundvierzig	41	forty-one
fünfzig	50	fifty
einundfünfzig	51	fifty-one
sechzig	60	sixty
einundsechzig	61	sixty-one
siebzig	70	seventy
einundsiebzig	71	seventy-one
achtzig	80	eighty
einundachtzig	81	eighty-one
neunzig	90	ninety
einundneunzig	91	ninety-one
hundert	100	a [*oder* one] hundred
hundert(und)eins	101	hundred and one
hundert(und)zwei	102	hundred and two

hundert(und)zehn	110	hundred and ten
zweihundert	200	two hundred
dreihundert	300	three hundred
vierhundert(und)einundfünfzig	451	four hundred and fifty-one
tausend	1000	a [*oder* one] thousand
zweitausend	2000	two thousand
zehntausend	10 000	ten thousand
eine Million	1 000 000	a [*oder* one] million
zwei Millionen	2 000 000	two million
eine Milliarde	1 000 000 000	a [*oder* one] billion
eine Billion	1 000 000 000 000	a [*oder* one] trillion

Die Ordnungszahlen
Ordinal numbers

erste	1.	1st	first
zweite	2.	2nd	second
dritte	3.	3rd	third
vierte	4.	4th	fourth
fünfte	5.	5th	fifth
sechste	6.	6th	sixth
siebente	7.	7th	seventh
achte	8.	8th	eighth
neunte	9.	9th	ninth
zehnte	10.	10th	tenth
elfte	11.	11th	eleventh
zwölfte	12.	12th	twelfth
dreizehnte	13.	13th	thirteenth
vierzehnte	14.	14th	fourteenth
fünfzehnte	15.	15th	fifteenth
sechzehnte	16.	16th	sixteenth
siebzehnte	17.	17th	seventeenth
achtzehnte	18.	18th	eighteenth
neunzehnte	19.	19th	nineteenth
zwanzigste	20.	20th	twentieth
einundzwanzigste	21.	21st	twenty-first
zweiundzwanzigste	22.	22nd	twenty-second
dreiundzwanzigste	23.	23rd	twenty-third
dreißigste	30.	30th	thirtieth
einunddreißigste	31.	31st	thirty-first
vierzigste	40.	40th	fortieth
einundvierzigste	41.	41st	forty-first
fünfzigste	50.	50th	fiftieth
einundfünfzigste	51.	51st	fifty-first
sechzigste	60.	60th	sixtieth
einundsechzigste	61.	61st	sixty-first
siebzigste	70.	70th	seventieth
einundsiebzigste	71.	71st	seventy-first

achtzigste	80.	80th	eightieth
einundachtzigste	81.	81st	eighty-first
neunzigste	90.	90th	ninetieth
hundertste	100.	100th	(one) hundredth
hundertunderste	101.	101st	hundred and first
zweihundertste	200.	200th	two hundredth
dreihundertste	300.	300th	three hundredth
vierhundert(und)einund-fünfzigste	451.	451st	four hundred and fifty-first
tausendste	1000.	1000th	(one) thousandth
tausend(und)einhundertste	1100.	1100th	thousand and (one) hundredth
zweitausendste	2000.	200th	two thousandth
einhunderttausendste	100 000.	$100\,000^{th}$	(one) hundred thousandth
millionste	1 000 000.	$1\,000\,000^{th}$	millionth
zehnmillionste	10 000 000.	$10\,000\,000^{th}$	ten millionth

Die Bruchzahlen
Fractions

ein halb	$^1/_2$		one [*oder* a] half
ein Drittel	$^1/_3$		one [*oder* a] third
ein Viertel	$^1/_4$		one [*oder* a] quarter
ein Fünftel	$^1/_5$		one [*oder* a] fifth
ein Zehntel	$^1/_{10}$		one [*oder* a] tenth
ein Hundertstel	$^1/_{100}$		one hundredth
ein Tausendstel	$^1/_{1000}$		one thousandth
ein Millionstel	$^1/_{1\,000\,000}$		one millionth
zwei Drittel	$^2/_3$		two thirds
drei Viertel	$^3/_4$		three quarters
zwei Fünftel	$^2/_5$		two fifths
drei Zehntel	$^3/_{10}$		three tenths
anderthalb	$1^1/_2$		one and a half
zwei(und)einhalb	$2^1/_2$		two and a half
fünf drei achtel	$5^3/_8$		five and three eighths
eins Komma eins	1,1	1.1	one point one
zwei Komma drei	2,3	2.3	two point three

Vervielfältigungszahlen
Multiples

einfach	single		vierfach	fourfold, quadruple
zweifach	double		fünffach	fivefold
dreifach	threefold, treble, triple		hundertfach	(one) hundredfold

Mathematische Zeichen

Zusätzlich findest du hier die englischen Ausdrücke für die wichtigsten Mathematikzeichen.

Zeichen	Beispiel	Englisch	Deutsch
$+$	$4 + 4 = 8$	four plus four equal(s)/make(s) eight	vier plus vier ist/macht acht
$-$	$6 - 2 = 4$	six minus/less two equal(s)/make(s) four	sechs minus zwei ist/macht vier
$\times$ *oder* $\cdot$	$3 \times 2 = 6$	three multiplied by two equal(s)/make(s) six	drei mal zwei ist/macht sechs
$\div$ *oder* $:$	$8 \div 2 = 4$	eight divided by two equal(s)/make(s) four	acht geteilt durch 2 ist/macht vier
$=$	$x = 9$	x equals nine/x is equal to nine	x ist gleich neun
¼	$x \neq 9$	x does not equal nine/x is not equal to nine	x ist ungleich neun
$>$	$x > 5$	x is greater than five	x ist größer als fünf
$<$	$x < 5$	x is less than five	x ist kleiner als fünf

Lerntipp:

So kannst du Englisch und Mathe ganz leicht verbinden: Versuche beim Rechnen einfach alles was du schreibst, auf Englisch mitzusprechen. Das ist am Anfang gar nicht so einfach, ist aber ein super Training.

Britische und amerikanische Maße und Gewichte

In England und Amerika wird in anderen Einheiten gemessen und gewogen, als du es gewohnt bist. Damit du weißt, was gemeint ist, wenn von *yards*, *inches*, *acres* oder *gallons* die Rede ist, bietet dir dein Wörterbuch die folgenden Übersichtstabellen. Hier siehst du das Verhältnis der einzelnen Einheiten untereinander und immer auch eine Umrechnung in die dir vertrauten Maßeinheiten.

Längenmaße

Linear Measures

1 inch (in) 1″		= 2,54 cm
1 foot (ft) 1′	= 12 inches	= 30,48 cm
1 yard (yd)	= 3 feet	= 91,44 cm
1 mile (m)	= 1760 yards	= 1,609 km

Nautische Maße

Nautical Measures

1 nautical, sea mile	= 10 cables	= 1,852 km

Flächenmaße

Square Measures

1 square inch		= 6,452 cm^2
1 square foot	= 144 sq inches	= 929,029 cm^2
1 square yard	= 9 sq feet	= 0,836 m^2
1 acre	= 4840 sq yards	= 40,47 Ar
1 square mile	= 640 acres	= 2,59 km^2

Raummaße

Cubic Measures

1 cubic inch		= 16,387 cm^3
1 cubic foot	= 1728 cu inches	= 0,028 m^3
1 cubic yard	= 27 cu feet	= 0,765 m^3

Britische Flüssigkeitsmaße

Liquid Measures of Capacity

1 pint (pt)	= 4 gills	= 0,568 l
1 quart (qt)	= 2 pints	= 1,136 l
1 gallon (gal)	= 4 quarts	= 4,546 l
1 barrel	= *(für Öl)* 35 gallons	= 159,106 l
	(Bierbrauerei) 36 gallons	= 163,656 l

Amerikanische Flüssigkeitsmaße

Liquid Measures of Capacity

1 pint	= 4 gills	= 0,473 l
1 quart	= 2 pints	= 0,946 l
1 gallon	= 4 quarts	= 3,785 l
1 barrel	= *(für Öl)* 42 gallons	= 159,106 l

Handelsgewichte
Avoirdupois Weights

1 ounce (oz)	= 16 drams	= 28,35 g
1 pound (lb)	= 16 ounces	= 453,59 g
1 stone	= 14 pounds	= 6,348 kg
1 quarter	= 28 pounds	= 12,701 kg
1 hundredweight (cwt)	= (GB *long cwt*) 112 pounds	= 50,8 kg
	(USA *short cwt*) 100 pounds	= 45,36 kg
1 ton	= (GB *long ton*) 20 cwt	= 1016 kg
	(USA *short ton*) 2000 pounds	= 907,185 kg

Temperaturumrechnung

Wie warm oder kalt es ist, wird in England und Amerika nicht in °C (Grad Celsius) angegeben. In der englischsprachigen Welt wird die Temperatur in der Einheit °F (Grad Fahrenheit) gemessen. Wenn dir also z. B. in England jemand sagt, dass es morgen 68 Grad warm wird, dann brauchst du keine Angst zu haben.

Wie du aus der folgenden Tabelle leicht ablesen kannst, entsprechen 68 °F angenehmen 20 °C.

Um selbst Temperaturen von °C nach °F und umgekehrt umrechnen zu können, findest du hier auch die entsprechenden Formeln.

Fahrenheit (°F)	0	32	50	70	90	98,6	212
Celsius (°C)	-17,8	0	10	21,1	32,2	37	100

zur Umrechnung 32 abziehen und durch 1,8 teilen

Celsius (°C)	-10	0	10	20	30	37	100
Fahrenheit (°F)	14	32	50	68	86	98,6	212

zur Umrechnung mit 1,8 multiplizieren und 32 addieren

Bildquellen

II PC: Fotolia (TAlex), New York; II Laptop: Fotolia (Maksym Yemelyanov), New York; II Webcam: Thinkstock (schamie), München; II MP3-Player: Fotolia (pizuttipics), New York; II Lautsprecher: Fotolia (Artur Synenko), New York; II Handy: Fotolia (RTimages), New York; II USB-Stick: Fotolia (heigri), New York; II Smartphone: Fotolia (Andrew Barker), New York; II Drucker: Fotolia (sonne fleckl), New York; II Kopfhörer: Fotolia (Vitas), New York; II Scanner: Fotolia (Lusoimages), New York; II Tonerkartusche,: Fotolia (Klaus Eppele), New York; III Textmarker: Fotolia (Africa Studio), New York; III Schultasche: iStockphoto (artisteer), Calgary, Alberta; III Winkelmesser: iStockphoto (RusN), Calgary, Alberta; III Zirkel: iStockphoto (ChuckSchugPhotography), Calgary, Alberta; III Geodreieck: iStockphoto (Zocha_K), Calgary, Alberta; III Lineal: iStockphoto (Armin Staudt), Calgary, Alberta; III Filzstifte: iStockphoto (nongnewnun12), Calgary, Alberta; III Füller: iStockphoto (sabinadimitriu), Calgary, Alberta; III Federmäppchen: iStockphoto (hatman12), Calgary, Alberta; III Tacker: Fotolia (Rulan), New York; III Tesafilm: Fotolia (Diana Taliun), New York; III Locher: Fotolia (interklicks), New York; III Taschenrechner: Fotolia (robert), New York; IV Geschirrtuch: Fotolia (kornienko), New York; IV Mixer: Fotolia (mariocigic), New York; IV Schöpfkelle: Fotolia (nito), New York; IV Küchenmaschine: Thinkstock (Vitaliy Pakhnyushchyy), München; IV Kochlöffel: Fotolia (Schwoab), New York; IV Bratpfanne: Fotolia (cretolamna), New York; IV Handrührgerät: Fotolia (Denis Gladkiy), New York; IV Pürierstab: Fotolia (Alexander Morozov), New York; IV Kaffeemaschine: Fotolia (Alexander Morozov), New York; IV Wasserkocher: Fotolia (Sergii Moscaliuk), New York; IV Kochtopf: Fotolia (karandaev), New York; IV Mikrowelle: Fotolia (mrgarry), New York; IV Toaster: Fotolia (okinawakasawa), New York; IV Einbauküche: Fotolia (stock_for_free), New York; V Tablett: Fotolia (Kitch Bain), New York; V Flaschenöffner: iStockphoto (Libortom), Calgary, Alberta; V Tasse und Untertasse: iStockphoto (VSanandhakrishna), Calgary, Alberta; V Korkenzieher: Fotolia (Africa Studio), New York; V Becher: iStockphoto (design56), Calgary, Alberta; V Käsemesser: Fotolia (Lightzoom), New York; V Tischgedeck: Fotolia (Africa Studio), New York; V Steakmesser: Fotolia (Schlierner), New York; V Zahnstocher: Fotolia (Fotofermer), New York; V Karaffe: Fotolia (Coprid), New York; V Dosenöffner: Fotolia (cretolamna), New York; V Schüssel: Fotolia (Vitaly Korovin), New York; V Stäbchen: iStockphoto (gsermek), Calgary, Alberta; VI Ananas: Fotolia (Oleksiy Ilyashenko), New York; VI Birne: Fotolia (valeriy555), New York; VI Banane: Fotolia (valeriy555), New York; VI Erdbeere: Fotolia (azureus70), New York; VI Kiwi: Fotolia (valeriy555), New York; VI Weintraube: Fotolia (valeriy555), New York; VI Zitrone: iStockphoto (mariusFM77), Calgary, Alberta; VI Orange: iStockphoto (ValentynVolkov), Calgary, Alberta; VI Apfel: Fotolia (valeriy555), New York; VI Kirsche: Fotolia (valeriy555), New York; VI Mango: Fotolia (Natika), New York; VI Pflaume: Fotolia (valeriy555), New York; VI rote/schwarze Johannisbeeren: Fotolia (azureus70), New York; VI Kokosnuss: Fotolia (valeriy555), New York; VII Kartoffel: iStockphoto (kaanates), Calgary, Alberta; VII grüne Bohne: Fotolia (Zbyszek Nowak), New York; VII Olive: Fotolia (valeriy555), New York; VII Mais: Fotolia (valeriy555), New York; VII Tomate: Fotolia (valeriy555), New York; VII Aubergine: Fotolia (valeriy555), New York; VII Brokkoli: iStockphoto (kaanates), Calgary, Alberta; VII Paprika: Fotolia (valeriy555), New York; VII Radieschen: Fotolia (valeriy555), New York; VII Gurken: Fotolia (valeriy555), New York; VII Champignon: Fotolia (Natika), New York; VII Kopfsalat: Fotolia (jerome signoret), New York; VII Zwiebel: iStockphoto (ValentynVolkov), Calgary, Alberta; VII Kohlrabi: Fotolia (Natika), New York; VII Zucchini: Fotolia (silencefoto), New York; VII Kürbis: Fotolia (Malyshchyts Viktar), New York; VII Lauch: Fotolia (volga1971), New York; VII Spargel: Fotolia (marrfa), New York; VII Fenchel: Fotolia (Jessmine), New York; VII Karotten: iStockphoto (egal), Calgary, Alberta; VIII Bluse: Fotolia (okinawakasawa), New York; VIII Hemd: iStockphoto (DonNichols), Calgary,

Alberta; **VIII** Wintermantel: iStockphoto (adisa), Calgary, Alberta; **VIII** Rock: Fotolia (cedrov), New York; **VIII** Pyjama: Fotolia (nito), New York; **VIII** Trägertop: Fotolia (ludmilafoto), New York; **VIII** Strickjacke: Thinkstock (Alexandru Chiriac), München; **VIII** Boxershorts: iStockphoto (romikmk), Calgary, Alberta; **VIII** T-Shirt: Fotolia (BEAUTYofLIFE), New York; **VIII** Bikini: Fotolia (Alexandra Karamyshev), New York; **VIII** Shorts: Fotolia (Khvost), New York; **VIII** kurze Hose: iStockphoto (Tarzhanova), Calgary, Alberta; **VIII** Büstenhalter/BH: Fotolia (Robert Lehmann), New York; **VIII** Leggings: Fotolia (Elnur), New York; **VIII** Slip: Fotolia (Ruslan Kudrin), New York; **VIII** Kleid: Fotolia (Alexandra Karamyshev), New York; **VIII** Hose: iStockphoto (pioneer111), Calgary, Alberta; **VIII** Badehose: iStockphoto (LeventKonuk), Calgary, Alberta; **VIII** Pullover: iStockphoto (Grape_vein), Calgary, Alberta; **VIII** Jacke: Fotolia (BEAUTYofLIFE), New York; **IX** Sonnenbrille: Fotolia (Jiri Hera), New York; **IX** Rucksack: Fotolia (Andrew Buckin), New York; **IX** Strumpfhose: Fotolia (Elnur), New York; **IX** Uhr: Fotolia (Cobalt), New York; **IX** Handschuh: Fotolia (adisa), New York; **IX** Ballerina: Fotolia (lalouetto), New York; **IX** Regenschirm: Fotolia (Artem Merzlenko), New York; **IX** Socke: Fotolia (Liaurinko), New York; **IX** Gürtel: Fotolia (Jiri Hera), New York; **IX** Gummistiefel: Fotolia (PRILL Mediendesign), New York; **IX** Flip-Flop: Fotolia (Africa Studio), New York; **IX** Halskette: Fotolia (Unclesam), New York; **IX** Schal: Fotolia (Shariff Che'Lah), New York; **IX** Turnschuh: Fotolia (humbak), New York; **IX** Sandale: Fotolia (adisa), New York; **IX** Hut: Fotolia (Little_wine_fly), New York; **IX** Mütze: Fotolia (Kira Nova), New York; **IX** Kappe: iStockphoto (jml5571), Calgary, Alberta; **IX** Brille: Fotolia (rangizzz), New York; **IX** Geldbeutel: iStockphoto (valio84sl), Calgary, Alberta; **X** Dudelsack: Fotolia (photlook), New York; **X** Harfe: Fotolia (scalaphotography), New York; **X** akustische Gitarre: Fotolia (Brian Jackson), New York; **X** Querflöte: Fotolia (MUE), New York; **X** Akkordeon: Fotolia (Klaus Eppele), New York; **X** Fagott: Fotolia (MUE), New York; **X** Horn: Fotolia (deusexlupus), New York; **X** Tuba: Fotolia (alephcomo1), New York; **X** Cello: Fotolia (cynoclub), New York; **X** Saxofon: Fotolia (Henry Schmitt), New York; **X** Oboe: Fotolia (MUE), New York; **X** Posaune: Fotolia (Henry Schmitt), New York; **X** Trompete: Fotolia (Henry Schmitt), New York; **X** Flügel: Fotolia (venusangel), New York; **X** Mundharmonika: Fotolia (Denis Ivatin), New York; **X** Panflöte: Fotolia (Distrikt3), New York; **X** elektrische Gitarre: Fotolia (mekcar), New York; **X** Geige: Fotolia (Klaus Eppele), New York; **X** Klarinette: Fotolia (apops), New York; **X** Rassel: Fotolia (Constantinos), New York; **XI** Musikfestival: Thinkstock (A J James), München; **XI** Bongos: Fotolia (ILYA AKINSHIN), New York; **XI** Triangel: Thinkstock (egal), München; **XI** Schlagzeugstock: Fotolia (Lucky Dragon USA), New York; **XI** Rockkonzert: Fotolia (Andrey Armyagov), New York; **XI** Schlagzeug: Fotolia (ReMuS), New York; **XI** Becken: Fotolia (cjansuebsri), New York; **XI** Noten: Thinkstock (photoknot), München; **XI** Tamburin: Fotolia (Maruba), New York; **XI** Mischpult: Fotolia (bizoo_n), New York; **XI** Kesselpauke: Fotolia (dvs71), New York; **XI** Konzerthalle: Thinkstock (toxawww), München; **XI** Fans: Fotolia (G.Light), New York; **XII** Badmintonschläger: Fotolia (by-studio), New York; **XII** Baseballschläger: Fotolia (Kelpfish), New York; **XII** Fussball: Thinkstock (igorkov), München; **XII** Tischtennisschläger: Fotolia (PinkBlue), New York; **XII** Vorhand: Fotolia (Nicholas Piccillo), New York; **XII** Hockeyschläger: Fotolia (Igor Sokolov), New York; **XII** Schwimmerin: Fotolia (Andres Rodriguez), New York; **XII** Baseballhandschuh: Fotolia (Africa Studio), New York; **XII** Puck: Fotolia (piai), New York **XII** Skiläufer: Fotolia (dell), New York

Bildteil

Gehörst du auch zu den vielen Menschen, die mit Hilfe von Bildern besonders gut lernen können? Auf den folgenden Seiten findest du Bildersammlungen und englische Wörter zu wichtigen Alltagsbereichen.
Mit diesen 10 Themenseiten kannst du deinen Wortschatz leicht erweitern, da du immer gleich eine bunte Vorstellung von dem, was du lernen willst, im Kopf hast.

der Desktop-Computer
desktop computer
[ˌdesktɒp kəmˈpjuːtəʳ]

die USB-Schnittstelle
USB-interface
[ˌjuːesˈbiː ˈɪntəfeɪs]

das CD/DVD-Laufwerk
CD/DVD drive
[ˌsiːˈdiː/ˌdiːviːˈdiː draɪv]

die Tastatur
keyboard
[ˈkiːbɔːd]

der Bildschirm
screen
[skriːn]

die Maus
mouse
[maʊs]

das Scrollrad
scroll wheel
[ˈskrəʊl wiːl]

der Scanner
scanner
[ˈskænəʳ]

der Laserdrucker
laser printer
[ˈleɪzəʳ ˌprɪntəʳ]

die Tonerkartusche
ink cartridge
[ˈɪŋk ˌkɑːtrɪdʒ]

der/das Laptop
laptop
[ˈlæptɒp]

das Smartphone
smartphone
[ˈsmɑːtfəʊn]

der USB-Stick
USB flash drive
[ˌjuːesˈbiː ˈflæʃ draɪv]

der Lautsprecher
loudspeaker
[laʊdˈspiːkəʳ]

die Webcam
webcam
[ˈwebkæm]

der Touchscreen
touchscreen
[ˈtʌtʃˌskriːn]

das Handy
mobile phone
[ˌməʊbaɪl ˈfəʊn]

der MP3-Player
MP3 player
[ˌempiːˈθriː ˌpleɪəʳ]

der Kopfhörer
headphones
[ˈhedfəʊns]

die Schere
scissors
[ˈsɪzəz]

der Textmarker
highlighter
[ˈhaɪlaɪtəʳ]

der Farbstift
coloured pencil
[kʌləd ˈpensəl]

das Notizbuch
notebook
[ˈnəʊtbʊk]

die Haftnotiz
self-adhesive note
[selfədˌhiːsɪv ˈnəʊt]

der Haftstreifen
self-adhesive strip
[selfədˌhiːsɪv ˈstrɪp]

der Bleistiftspitzer
pencil sharpener
[ˈpen(t)sᵊl ˌʃɑːpənəʳ]

der Bleistift
pencil
[ˈpensəl]

der Radiergummi
eraser
[ɪˈreɪzəʳ]

der Kugelschreiber
ballpoint
[ˈbɔːlpɔɪnt]

die Büroklammer
paper clip
[ˈpeɪpəʳ klɪp]

die Reißzwecke
drawing pin
[ˈdrɔːɪŋ pɪn]

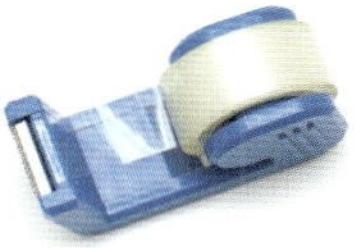

der Tesafilm®
Sellotape®
[ˈseləteɪp]

der Tacker
stapler
[ˈsteɪpləʳ]

der Locher
hole punch
[ˈhəʊl pʌnʃ]

der Taschenrechner
pocket calculator
[ˌpɒkɪt ˈkælkjəleɪtəʳ]

das Federmäppchen
pencil case
[ˈpen(t)sᵊlkeɪs]

der Füller
fountain pen
[ˈfaʊntɪnpen]

der Filzstift
felt-tip pen
[felt tɪp ˈpen]

die Schultasche
schoolbag
[ˈskuːlbæg]

das Lineal
ruler
[ˈruːləʳ]

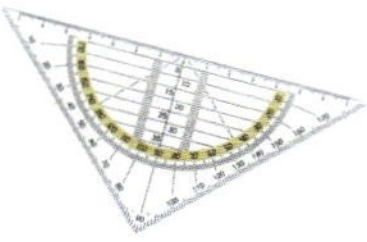

das Geodreieck
set square
[ˈsetskweəʳ]

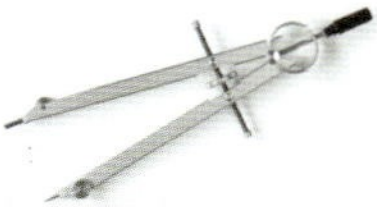

der Zirkel
compass
[ˈkʌmpəs]

der Winkelmesser
protractor
[prəʊˈtræktəʳ]

die Einbauküche
fitted kitchen
[fɪtɪd ˈkɪtʃɪn]

die Dunstabzugshaube
extractor hood
[ɪkˈstræktəʳ hʊd]

der Herd
stove
[stəʊv]

der Kühlschrank
fridge
[frɪʤ]

der Gefrierschrank
freezer
[ˈfriːzəʳ]

der Backofen
oven
[ˈʌvən]

das Geschirrtuch
tea towel
[ˈtiː taʊəl]

das Spülbecken
sink
[sɪŋk]

die Schublade
drawer
[ˈdrɔːʳ]

die Spülmaschine
dishwasher
[ˈdɪʃwɒʃəʳ]

die Schöpfkelle
ladle
[ˈleɪdl̩]

die Kaffeemaschine
coffee machine
[ˈkɒfiː məˌʃiːn]

der Toaster
toaster
[ˈtəʊstəʳ]

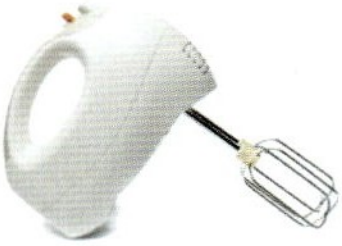

das Handrührgerät
hand mixer
[hænd ˈmɪksəʳ]

die Bratpfanne
frying pan
[ˈfraɪɪŋ pæn]

der Wasserkocher
electric kettle
[ɪˌlektrɪk ˈketl̩]

der Kochtopf
saucepan
[ˈsɔːspən]

der Kochlöffel
wooden spoon
[ˌwʊdən ˈspuːn]

der Pürierstab
hand-held blender
[ˌhændheld ˈblendəʳ]

der Mixer
blender
[ˈblendəʳ]

die Mikrowelle
microwave
[ˈmaɪkrəweɪv]

die Küchenmaschine
food processor
[ˈfuːd prəʊsesəʳ]

die Serviette
napkin
[ˈnæpkɪn]

die Gabel
fork
[fɔːk]

die Tischdecke
table cloth
[ˈteɪbl ˌklɒθ]

der Essteller
dinner plate
[ˈdɪnəʳ pleɪt]

das Wasserglas
water glass
[ˈwɔːtəʳ glɑːs]

das Weinglas
wine glass
[ˈwaɪn glɑːs]

der Dessertlöffel
dessert spoon
[dɪˈzɜːt spuːn]

der Suppenlöffel
soup spoon
[ˈsuːp spuːn]

das Messer
knife
[naɪf]

die Schüssel
bowl
[bəʊl]

die Karaffe
carafe
[kəˈræf]

das Steakmesser
steak knife
[ˈsteɪk naɪf]

der Zahnstocher
toothpick
[ˈtuːθpɪk]

das Tablett
tray
[treɪ]

der Korkenzieher
corkscrew
[ˈkɔːkskruː]

das Käsemesser
cheese knife
[ˈtʃiːz naɪf]

das Stäbchen
chopstick
[ˈtʃɒpstɪk]

der Dosenöffner
tin opener
[ˈtɪn əʊpənəʳ]

der Becher
mug
[mʌg]

die Tasse und die Untertasse
cup and saucer
[kʌp] [ˈsɔːsəʳ]

der Flaschenöffner
bottle opener
[ˈbɒtl̩əʊpənəʳ]

die Erdbeere
strawberry
[ˈstrɔːbəri]

die Himbeere
raspberry
[ˈrɑːzbəri]

die Brombeere
blackberry
[ˈblækbəri]

die Heidelbeere
blueberry
[ˈbluːbəri]

die roten Johannisbeeren
redcurrants
[ˈredˌkʌrənts]

die schwarzen Johannisbeeren
blackcurrants
[ˈblækˌkʌrənts]

der Apfel
apple
[ˈæpl̩]

die Birne
pear
[peəʳ]

die Pflaume
plum
[plʌm]

die Kirsche
cherry
[ˈtʃeri]

die Weintraube
grape
[greɪp]

die Banane
banana
[bəˈnɑːnə]

die Zitrone
lemon
[ˈlemən]

die Orange
orange
[ˈɒrɪndʒ]

die Ananas
pineapple
[ˈpaɪnæpl̩]

die Kiwi
kiwi
[ˈkiːwiː]

die Mango
mango
[ˈmæŋgəʊ]

die Kokosnuss
coconut
[ˈkəʊkənʌt]

die Kartoffel
potato
[pəˈteɪtəʊ]

die Zucchini
courgette
[kɔːˈʒet]

die Aubergine
aubergine
[ˈəʊbəʒiːn]

die Tomate
tomato
[təˈmɑːtəʊ]

die grüne Bohne
green bean
[griːn ˈbiːn]

die Olive
olive
[ˈɒlɪv]

die Gurke
cucumber
[ˈkjuːkʌmbəʳ]

der Kürbis
pumpkin
[ˈpʌmpkɪn]

der Kopfsalat
lettuce
[ˈletɪs]

der Champignon
button mushroom
[ˌbʌtən ˈmʌʃrʊm]

der Mais
sweetkorn
[ˈswiːtkɔːn]

der Lauch
leek
[liːk]

der/die Paprika
sweet pepper
[ˌswiːt ˈpepəʳ]

der Spargel
asparagus
[əˈspærəgəs]

der Kohlrabi
kohlrabi
[ˌkəʊlˈrɑːbi]

das Radieschen
radish
[ˈrædɪʃ]

der Fenchel
fennel
[ˈfenəl]

die Karotte
carrot
[ˈkærət]

die Zwiebel
onion
[ˈʌnjən]

der Brokkoli
broccoli
[ˈbrɒkəli]

das T-Shirt
T-shirt
[ˈtiːʃɜːt]

der Schlafanzug
pyjamas
[pɪˈʤɑːməz]

der Pullover
jumper
[ˌʤʌmpəʳ]

das Kleid
dress
[dres]

der Wintermantel
winter coat
[ˈwɪntəʳ kəʊt]

das Hemd
shirt
[ʃɜːt]

das Trägertop
vest
[vest]

die Bluse
blouse
[blaʊz]

die Regenjacke
raincoat
[ˈreɪnkəʊt]

die Hose
trousers
[ˈtraʊzəz]

die Strickjacke
cardigan
[ˈkɑːdɪgən]

der Rock
skirt
[skɜːt]

die kurze Hose
shorts
[ʃɔːts]

die Boxershorts
boxers
[ˈbɒksəz]

die Shorts
shorts
[ʃɔːts]

die Badehose
swimming trunks
[ˈswɪmɪŋ trʌŋks]

der Bikini
bikini
[bɪˈkiːni]

der Büstenhalter/der BH
bra
[brɑː]

die Leggings
leggings
[ˈlegɪŋz]

der Slip
briefs
[briːfs]

der Sonnenhut
sun hat
[ˈsʌn hæt]

die Kappe
cap
[kæp]

die Brille
glasses
[ˈglɑ:sɪz]

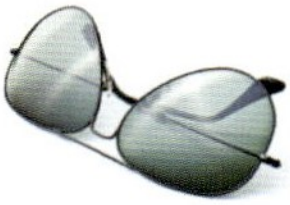

die Sonnenbrille
sunglasses
[ˈsʌnglɑ:sɪz]

der Regenschirm
umbrella
[ʌmˈbrelə]

die Uhr
watch
[wɒtʃ]

der Handschuh
glove
[glʌv]

die Mütze
woolly hat
[wʊli ˈhæt]

die Halskette
necklace
[ˈnekləs]

die Sandale
sandal
[ˈsændəl]

der Ballerina
ballet flat
[ˈbæleɪ flæt]

der Gummistiefel
wellington boot
[welɪŋtən ˈbu:t]

der Gürtel
belt
[belt]

die Socke
sock
[sɒk]

der Schal
scarf
[skɑ:f]

der Geldbeutel
purse (GB)
[pɜ:s]

der Rucksack
rucksack
[ˈrʌksæk]

die Strumpfhose
tights
[taɪts]

der Turnschuh
plimsoll
[ˈplɪm(p)səl]

der Flip-Flop®
flip-flop
[ˈflɪpflɒp]

das Cello
cello
[ˈtʃeləʊ]

die Geige
violin
[ˌvaɪəˈlɪn]

die akustische Gitarre
acoustic guitar
[əˌkuːstɪk gɪˈtɑːʳ]

die Harfe
harp
[hɑːp]

die elektrische Gitarre
electric guitar
[ɪˌlektrɪk gɪˈtɑːʳ]

die Rassel
maracas
[məˈrækəz]

die Tuba
tuba
[ˈtjuːbə]

die Posaune
trombone
[trɒmˈbəʊn]

das Fagott
bassoon
[bəˈsuːn]

die Oboe
oboe
[ˈəʊbəʊ]

das Horn
French horn
[fren(t)ʃ ˈhɔːn]

die Trompete
trumpet
[ˈtrʌmpɪt]

die Panflöte
pan pipes
[ˈpæn paɪps]

das Saxofon
saxophone
[ˈsæksəfəʊn]

die Klarinette
clarinet
[ˌklærɪˈnet]

die Querflöte
flute
[fluːt]

die Mundharmonika
harmonica
[hɑːˈmɒnɪkə]

der Dudelsack
bagpipes
[ˈbægpaɪps]

das Akkordeon
accordion
[əˈkɔːdiən]

der Flügel
grand piano
[grænd piˈænəʊ]

das Schlagzeug
drum kit
[ˈdrʌm kɪt]

das Tamburin
tambourine
[ˌtæmbərˈiːn]

das Becken
cymbal
[ˈsɪmbəl]

die Kesselpauke
kettle drum
[ˈketl drʌm]

die Noten
musical score
[ˈmjuːzikəl skɔːʳ]

der Schlagzeugstock
drumstick
[ˈdrʌmstɪk]

die Bongos
bongo drums
[ˈbɒŋgəʊ drʌmz]

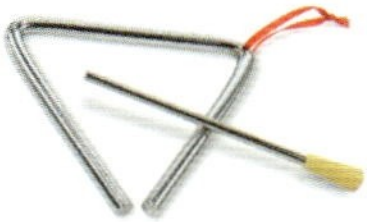

der/die/das Triangel
triangle
[ˈtraɪæŋgl̩]

das Rockkonzert
rock concert
[ˈrɒk ˌkɒnsət]

① *der Scheinwerfer*
spotlight
[ˈspɒtlaɪt]

② *das Mikrofon*
microphone
[ˈmaɪkrəfəʊn]

③ *der Bassist*
bass guitarist
[ˈbeɪs gɪˌtɑːrɪst]

④ *der Verstärker*
amplifier
[ˈæmplɪfaɪəʳ]

⑤ *der Gitarrist*
guitarist
[gɪˈtɑːrɪst]

⑥ *der Schlagzeuger*
drummer
[ˈdrʌməʳ]

⑦ *der Frontmann*
lead singer
[liːd ˈsɪŋəʳ]

die Konzerthalle
concert venue
[ˈkɒnsət ˌvenjuː]

die Fans
fans
[fænz]

das Musikfestival
music festival
[ˈmjuːzɪk ˌfestɪvəl]

das Mischpult
mixing desk
[ˈmɪksɪŋ desk]

der Fußball
football
[ˈfʊtbɔːl]

der Schienbeinschoner
shin guard
[ˈʃɪn ɡɑːd]

der Fußballschuh
football boot
[ˈfʊtbɔːl buːt]

der Tennisball
tennis ball
[ˈtenɪs ˌbɔːl]

der Tennisschläger
tennis racket
[ˈtenɪs ˌrækɪt]

der Badmintonschläger
badminton racket
[ˈbædmɪntən ˌrækɪt]

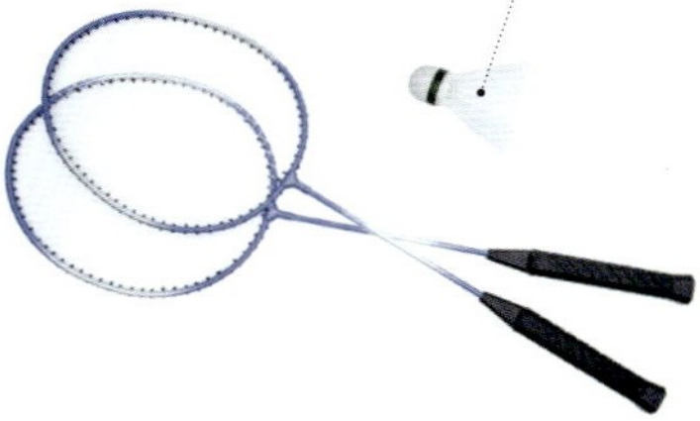

der Federball
shuttlecock
[ˈʃʌtl̩kɒk]

der Tischtennisschläger
table tennis bat
[ˈteɪbl̩ ˌtenɪs bæt]

der Tischtennisball
table tennis ball
[ˈteɪbl̩ ˌtenɪs bɔːl]

die Schwimmerin
swimmer
[ˈswɪməʳ]

die Badekappe
swimming cap
[ˈswɪmɪŋ ˌkæp]

der Schwimmanzug
swimming costume
[ˈswɪmɪŋ ˌkɒstjuːm]

die Schwimmbrille
goggles
[ˈɡɒɡl̩z]

der Sturzhelm
helmet
[ˈhelmət]

der Skistock
ski stick
[ˈskiː stɪk]

der Skistiefel
ski boot
[ˈskiː buːt]

der Skianzug
ski suit
[ˈskiː suːt]

der Baseballschläger
baseball bat
[ˈbeɪsbɔːl bæt]

der Baseballhandschuh
baseball glove
[ˈbeɪsbɔːl ɡlʌv]

der Hockeyschläger
hockey stick
[ˈhɒki stɪk]

der Puck
puck
[pʌk]

Kartenteil

Englisch ist viel mehr als nur ein Unterrichtsfach in der Schule.
Diese Weltsprache wird jeden Tag von vielen hundert Millionen Menschen gesprochen.
Deshalb findest du in deinem Wörterbuch Karten, die dir die Länder zeigen, in denen Englisch die Hauptsprache ist, also England, die USA, Kanada und Australien.
Darüber hinaus gibt dir eine Weltkarte eine gute Übersicht darüber, wo überall auf der Welt Englisch gesprochen wird.
Und da dies ein englisch-deutsches Wörterbuch ist, bietet es dir auch Landkarten von Deutschland, Österreich und der Schweiz.

The English-Speaking World
Die englischsprachige Welt

1 : 89 000 000

0 1000 2000 3000 km
0 1000 2000 miles

- Countries where English is the official language
  Staaten, in denen Englisch die offizielle Landessprache ist
- Countries where English is one of the official languages
  Staaten, in denen Englisch eine der offiziellen Landessprachen ist

B.	BOTSWANA BOTSUANA
Br. V.	British Virgin Islands Britische Jungfernin[…] (U. K.)
C.	CAMEROON KAMERUN
G.	THE GAMBIA GAMBIA
Gi.	Gibraltar (U. K.)
Gu.	Guam (USA)

MIC. FEDERATED STATES OF MICRONESIA
FÖDERIERTE STAATEN VON MIKRONESIEN
N. Northern Mariana Is.
Nördliche Marianen (USA)
P. PAPUA NEW GUINEA
PAPUA NEUGUINEA
P. R. Puerto Rico (USA)
R. RWANDA
RUANDA
S. SINGAPORE
SINGAPUR
S. A. SOUTH AFRICA
SÜDAFRIKA
S. I. SOLOMON ISLANDS
SALOMONEN
S. L. SIERRA LEONE
ST K. ST KITTS AND NEVIS
ST. KITTS UND NEVIS
ST V. ST VINCENT AND THE GRENADINES
ST. VINCENT UND DIE GRENADINEN
U. UGANDA
Z. ZAMBIA
SAMBIA
ZI. ZIMBABWE
SIMBABWE

Countries in the Pacific Ocean:
Staaten im Pazifischen Ozean:

1 Midway (USA)
2 Hawaii (USA)
3 MARSHALL ISLANDS
MARSHALLINSELN
4 NAURU
5 KIRIBATI
6 TUVALU
7 SAMOA
8 FIJI
FIDSCHI
9 TONGA
10 COOK ISLANDS
COOKINSELN

British Isles
Britische Inseln
0 50 100 150 200 km
0 50 100 150 mi
Shetland Islands
Shetland-Inseln
Orkney Islands
Orkney-Inseln
Outer Hebrides
Äußere Hebriden
ATLANTIC OCEAN
ATLANTISCHER OZEAN
Scotland
Schottland
Spey
Tay
North Sea
Nordsee
Glasgow
Edinburgh
Tweed
North Channel/Nordkanal
UNITED KINGDOM
VEREINIGTES KÖNIGREICH
Northern Ireland
Nordirland
Belfast
Isle of Man
England
IRELAND
IRLAND
Irish Sea
Irische See
Dublin
Manchester
Liverpool
Shannon
Barrow
Suir
Trent
St George's Channel
St.-Georgs-Kanal
Wales
Birmingham
Ouse
Severn
Thames
Themse
Oxford
Cardiff
London
Isle of Wight
English Channel
Ärmelkanal
Scilly Isles
Scilly-Inseln
Channel Is. (U. K.)
Kanalinseln
Alderney
Guernsey
Sark
Jersey
FRANCE
FRANKREICH
Seine

Canada
Kanada
RUSSIA
RUSSLAND
Bering Sea
Beringmeer
Beaufort Sea
Beaufortsee
UNITED STATES
VEREINIGTE STAATEN
Alaska
Yukon
Yukon Territory
Yukon-territorium
Whitehorse
Gulf of Alaska
Golf von Alaska
Mackenzie
Gt. Bear L.
Gr. Bärensee
Northwest Territories
Nordwestterritorien
Yellowknife
Gt. Slave L.
Gr. Sklavensee
Nunavut
Iqaluit
Baffin Bay
Greenland (Denm.)
Grönland (Dän.)
ICELAND
ISLAND
Arctic Circle
Nördlicher Polarkreis
Labrador Sea
Labradorsee
ATLANTIC OCEAN
ATLANTISCHER OZEAN
Newfoundland
Neufundland
St. John's
St. Pierre and Miquelon (Fr.)
St. Pierre und Miquelon (Fr.)
Hudson Bay
PACIFIC OCEAN
PAZIFISCHER OZEAN
British Columbia
Britisch Kolumbien
Victoria
Peace R.
Peace
Athabasca
L. Athabasca
Athabascasee
Alberta
Edmonton
Saskatchewan
Regina
Manitoba
Nelson
L. Winnipeg
Winnipegsee
Winnipeg
Columbia
Ontario
Québec
Québec
St. Lawrence R.
St.-Lorenz-Strom
N. B.
P. E. I.
Charlottetown
Fredericton
Halifax
N. S.
Ottawa
Toronto
L. Superior
Oberer See
Huronsee
L. Ontario
Ontariosee
L. Erie
Eriesee
L. Michigan
Michigansee
Missouri
Mississippi
UNITED STATES OF AMERICA
VEREINIGTE STAATEN VON AMERIKA
N. B. New Brunswick
Neubraunschweig
N. S. Nova Scotia
Neuschottland
P. E. I. Prince Edward Island
Prinz-Eduard-Insel
0 500 1000 1500
0 500 1000 mi
120 110 100 90 80
50 60 40

C. Connecticut
D. C. District of Columbia
M. Maryland
Ma. Massachusetts
N. H. New Hampshire
R. I. Rhode Island
S. C. South Carolina
Südkarolina
V. Vermont
W. V. West Virginia
Westvirginia
CANADA
KANADA
Olympia
Washington
Salem
Oregon
Boise
Idaho
Montana
Helena
Missouri
North Dakota
Bismarck
Norddakota
Minnesota
St. Paul
South Dakota
Pierre
Süddakota
Wyoming
Cheyenne
Nebraska
Lincoln
Iowa
Des Moines
Wisconsin
Madison
Michigan
Lansing
L. Superior
Oberer See
Huronsee
Michigansee
Maine
Augusta
Albany
Boston
New York
Hartford
Pennsylvania
Harrisburg
Trenton
New Jersey
Dover
Delaware
Washington D.C.
Richmond
Virginia
Ohio
Columbus
Indiana
Indianapolis
W. V.
Charleston
Illinois
Springfield
Jefferson City
Missouri
Frankfort
Kentucky
Nashville
Tennessee
Raleigh
North Carolina
Nordkarolina
S. C.
Columbia
Atlanta
Georgia
Alabama
Montgomery
Mississippi
Louisiana
Baton Rouge
Tallahassee
Florida
BAHAMAS
Straits of Florida
Floridastraße
ATLANTIC OCEAN
ATLANTISCHER OZEAN
Gulf of Mexico
Golf von Mexiko
Nevada
Carson City
Sacramento
California
Kalifornien
Salt Lake City
Utah
Denver
Colorado
Rio Grande
Topeka
Kansas
Arkansas
Oklahoma
Oklahoma City
Arkansas
Little Rock
Arizona
Phoenix
Santa Fe
New Mexico
Texas
Austin
MEXICO
MEXIKO
PACIFIC OCEAN
PAZIFISCHER OZEAN
A. Annapolis
C. Concord
J. Jackson
M. Montpelier
P. Providence
Midway (USA)
Hawaii (USA)
PACIFIC OCEAN
Tropic of Cancer
Nördl. Wendekreis
Honolulu
PAZIFISCHER OZEAN
0 500 1000 km
RUSSIA
RUSSLAND
Alaska (USA)
Yukon
CANADA
KANADA
Bering Sea
Beringmeer
Juneau
0 500 1000 km
Tropic of Cancer
Nördlicher Wendekreis
0 200 400 600 km
0 200 400 mi
United States of America
Vereinigte Staaten von Amerika

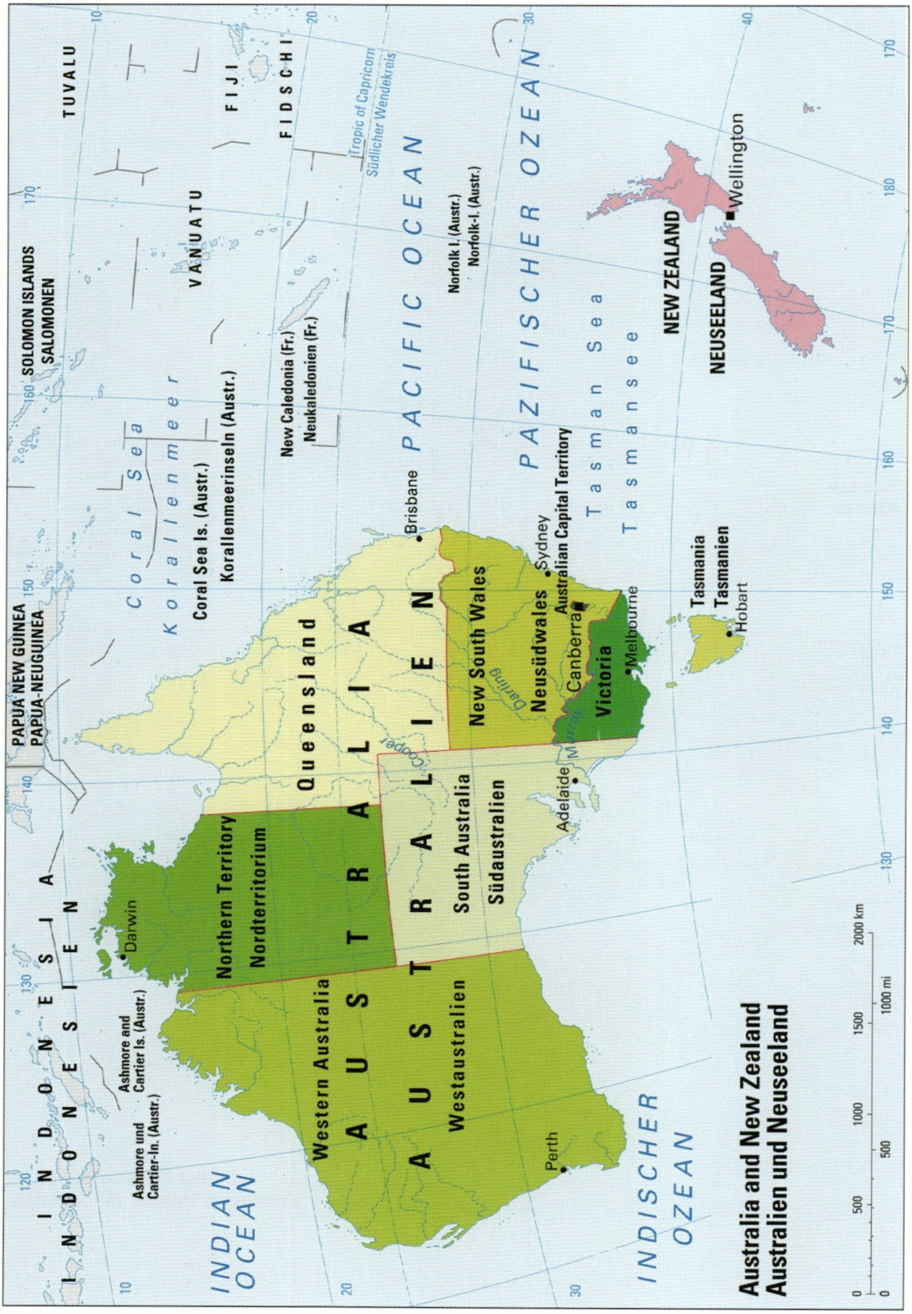

Australia and New Zealand
Australien und Neuseeland
INDONESIA
INDONESIEN
PAPUA NEW GUINEA
PAPUA-NEUGUINEA
SOLOMON ISLANDS
SALOMONEN
TUVALU
VANUATU
FIJI
FIDSCHI
Ashmore and Cartier Is. (Austr.)
Ashmore und Cartier-In. (Austr.)
Coral Sea
Korallenmeer
Coral Sea Is. (Austr.)
Korallenmeerinseln (Austr.)
New Caledonia (Fr.)
Neukaledonien (Fr.)
Norfolk I. (Austr.)
Norfolk-I. (Austr.)
Tropic of Capricorn
Südlicher Wendekreis
PACIFIC OCEAN
PAZIFISCHER OZEAN
INDIAN OCEAN
INDISCHER OZEAN
Tasman Sea
Tasmansee
AUSTRALIA
AUSTRALIEN
Western Australia
Westaustralien
Northern Territory
Nordterritorium
South Australia
Südaustralien
Queensland
New South Wales
Neusüdwales
Australian Capital Territory
Victoria
Tasmania
Tasmanien
NEW ZEALAND
NEUSEELAND
Darwin
Perth
Adelaide
Brisbane
Sydney
Canberra
Melbourne
Hobart
Wellington
Cooper
Darling
Murray
0 500 1000 1500 2000 km
0 500 1000 mi